59
67
25–30
22
46
66
21
18
20
2
33
68
71
17
70
15
73
16
72
69
32
34
35
40
42
41
43
44
31
82
83
81
84
45

MÄNNER BANDE
MÄNNER BÜNDE

ISBN 3-923158-19-X

Umschlag: Feuerlandindianer als Kloketen verkleidet.
Nach Martin Gusinde (1931).

MÄNNERBANDE MÄNNERBÜNDE

ZUR ROLLE DES MANNES IM KULTURVERGLEICH

Herausgegeben von Gisela Völger und Karin v. Welck

Mit einem einführenden Essay von René König

Band 1

Zweibändige Materialiensammlung zu einer Ausstellung
des Rautenstrauch-Joest-Museums für Völkerkunde
in der Josef-Haubrich-Kunsthalle Köln
vom 23. März bis 17. Juni 1990

Stadt Köln

Die Ausstellung
„Männerbünde–Männerbande.
Zur Rolle des Mannes im Kulturvergleich"
steht unter der Schirmherrschaft von
Johannes Rau
Ministerpräsident des Landes Nordrhein-Westfalen

Grußwort

des Ministerpräsidenten des Landes Nordrhein-Westfalen

Mit der Ausstellung „Männerbünde – Männerbande. Zur Rolle des Mannes im Kulturvergleich", die ein Vierteljahr lang in der Josef-Haubrich-Kunsthalle in Köln gezeigt wird, unternimmt das Rautenstrauch-Joest-Museum erneut den weit ausgreifenden Versuch, ein Thema aufzuarbeiten, das in allen Kulturen, zu allen Zeiten und den gesamten Globus umfassend das Leben der Menschen geprägt und nichts von seiner Aktualität verloren hat. Es scheint gleichsam wie geschaffen, den Hintergrund für eine tagesaktuelle Diskussion abzugeben, die auch den Wettstreit der Parteien in den Wahlgängen dieses Jahres bestimmen wird.

Dieser wagemutige Versuch knüpft an die besonders erfolgreiche Ausstellung „Die Braut" an. Ich wünsche mir – und verbinde damit die Hoffnung, die mich zur Übernahme der Schirmherrschaft bewogen hat –, daß der Besuch der Ausstellung Augen öffnet, zu kritischer Diskussion anregt, jedenfalls aber Einsichten in das die Geschlechter Verbindende gibt und nicht das Trennende zementiert.

Hier wird eine große Materialfülle zusammengetragen, für die gewiß Wegweiser nötig sind: Über Bedeutung und Prägung von Männerbünden in Politik und Kirchen, im Christentum ebenso wie im Islam und in den Naturreligionen, in der hochindustriellen Gesellschaft Europas wie bei den Völkern Afrikas, Asiens und in der Südsee. Und hier werden auch Strukturen unserer jüngsten Vergangenheit sichtbar gemacht, ist doch männerbündisches Verhalten ein wesentliches Merkmal des Faschismus in seinen unterschiedlichen Ausprägungen gewesen. Freilich: Wir finden das typisch rigide und kaum in seiner Sinnhaftigkeit in Frage gestellte Reglement der Männerbünde bis auf den heutigen Tag, sei es im Zeremoniell der studentischen Verbindungen oder im rituellen Gehabe der sogenannten Fanclubs in unseren Fußballstadien.

Das Thema dieser Ausstellung ist sicherlich – vielleicht gerade weil unausgesprochen – auch die Rolle der Frau in unserer Gesellschaft, ist die Notwendigkeit, ihre Gleichberechtigung endlich zu verwirklichen. Denn indem die Ausstellung den Mann in den Mittelpunkt rückt, fordert sie uns auf zum Nachdenken über die Rolle der Frau, zur Verbesserung der Stellung der Frau in Politik, Beruf und im Alltag. Das wird um so eher gelingen, je radikaler wir jenes starre Reglement aufbrechen, das die Männerbünde im Innersten zusammenhält.

Die Materialienbände

Herausgeberinnen	Gisela Völger und Karin v. Welck
Redaktion	Burkhard Fenner, Brigitte Majlis, Karin Kathöfer, Gisela Völger, Klaus Volprecht, Karin v. Welck
An den Redaktionsarbeiten wirkten außerdem mit	Ludgera Freifrau v. Eltz, Uta Garenfeld, Cornelia Mallebrein, Dagmar v. Plessen, Hermann Josef Roth, Katharina Stottele, Marianne Vetters, Maria Wellershoff, Sibylle Zerr
Bildrecherchen	Karin Kathöfer, Brigitte Majlis
Übersetzungen	Anke Beuder, Claudia Blume, Gertrud Boden, Ursula Dyckerhoff, Monika Friesinger, Angelika Hutter, Karsten Krickau, Vincenz Melches, Cornelia Meran, Karin Kathöfer, Waldemar Stöhr, Hannelore Uedelhoven, Alke Wierth
Layout	Bärbel Messmann
Umschlag	Angelika Maurer-Schleiffer und Reiner Geyer
Fotos	Die Namen der Fotografen sind bei den Abbildungen vermerkt
Gesamtherstellung	Druck- & Verlagshaus Wienand, Köln

Ausstellung

Verantwortlich	Gisela Völger
Konzept und Gesamtleitung	Gisela Völger und Karin v. Welck
Wissenschaftliche Mitarbeiter	Ursula Dyckerhoff, Burkhard Fenner, Karin Kathöfer, Brigitte Majlis
Künstlerische Mitarbeiter	Stephan Andreae mit Andreas Schmid

Studenten des Instituts für Völkerkunde der Universität zu Köln, die im Rahmen eines zweisemestrigen Seminars unter der Leitung von Gisela Völger und Karin v. Welck an der Ausstellung mitarbeiteten:
Anke Beuder, Claudia Blume, Gertrud Boden, Christiane Breuer, Sabine Coldehoff, Dorothea Deters, Anna Essel, Monika Friesinger, Theresa Hoppe, Brigitte Klopfer, Achim Korres, Karsten Krickau, Christiane Meier, Waltraut Meier, Kirsten Niepenberg, Monika Pack, Yun-Sun Park, Britta Resas, Ralf-Peter Stumme, Hannelore Uedelhoven, Edith Uenzelmann, Sabine Volmert, Alke Wierth, Horst Wilden

Gestaltung der Text-Bild-Tafeln	Bärbel Messmann
Didaktisches Material	Susanne v. der Heide, Richard Kreidler, Joachim Langenkamp, Cornelia Meran, Peter Noelke, Beate Schneider
Werbung	Karin Bolenius, Joachim Langenkamp
Plakat	Angelika Maurer-Schleiffer und Reiner Geyer
Architektonische Gestaltung	Stefan Schmitz
Dekoration	Friedhelm Misiejuk, Marianne Papler, Maria Bechthold
Bauleitung	Paul Josef Kohlhof
Sekretariat	Sigrid Timmerbeil mit Irmgard Korn
Verwaltung	Reinhard Tränkner, Otmar Böhmer
Technische Vorbereitungsarbeiten	Manfred Lierz mit Tekleyes Beyene, Wolfgang Dorfschäfer, Harry Köhler, Stephan Meinert, Herbert Müller

Dank

Die Ausstellung wurde durch das Entgegenkommen folgender Leihgeber ermöglicht:

Bayreuth
Deutsches Freimaurer Museum e. V.

Bergisch Gladbach
Godehard Graf Hoensbroech
Familie Kintzer

Berlin
Museum für Völkerkunde

Bonn
Bundesministerium der Verteidigung

Braunschweig
Hans-Peter Zimmer

Bremerhaven
Deutsches Schiffahrtsmuseum

Cuxhaven
Wrackmuseum

Dortmund
Westdeutsche Kostüm-Werkstätten

Dresden
Staatliches Museum für Völkerkunde

Frankfurt
Historisches Museum
Privatsammlung
Saeed Motamed

Hamburg
Museum für Völkerkunde
Werner Jahn

Heidelberg
Völkerkunde-Museum der J. u. E. v. Portheim-Stiftung

Inden
Michael Denkler-Gietz

Köln
Akademische Vereinigung Rheinstein (CV)
Burschenschaft Germania
Deutsches Sportmuseum
1. FC Köln
Erzbischöfliches Diözesan-Museum
Festkomitee Kölner Karneval
Freimaurer-Logen
Arjomand Kauran
Kölnisches Stadtmuseum
Polizei Köln, Schutzbereich LV
Puppenspiele der Stadt Köln
Rotary-Club
Alexander Schmid
Schnütgen-Museum
Schützenverein Köln-Stammheim
Sankt Sebastianus Schützenbruderschaft Köln-Stammheim e. V., gegründet vor 1594

Krefeld
Thomas Andreae

Kreuzberg
Rheinische Malteserritter-Genossenschaft

Leverkusen/Opladen
Bund der historischen Deutschen Schützenbruderschaften

Mannheim
Städtische Kunsthalle
Städtisches Reiß-Museum

München
Bayrische Staatsgemäldesammlung
Erika Fondakowski
Galerie Wittenbrink
Neue Pinakothek

Nürnberg
Germanisches Nationalmuseum
Burschenschaft Pythagoras

Overath
Stephan Andreae
Familie Andreae

Rastatt
Wehrgeschichtliches Museum

Solingen
Peter Brand
Firma Dr. Hog

Stuttgart
Lindenmuseum

Witzenhausen
Jugendburg Ludwigstein

Würzburg
Institut für Hochschulkunde

Amsterdam
Loed van Bussel
Joods Historisch Museum

Leiden
Rijksmuseum voor Volkenkunde

Rotterdam
Museum voor Land- en Volkenkunde

Tervuren
Koninklijk Museum voor Midden-Afrika

Paris
M. Pierre Restany

Basel
Naturhistorisches Museum

Bern
Bernisches Historisches Museum

Neuchâtel
Musée d'Ethnographie

Solothurn
Naturmuseum

Zürich
Museum Riedberg

Wien
Archiv der Großloge von Österreich
Historisches Museum
Kunsthistorisches Museum
Museum für Völkerkunde
Österreichisches Museum für Volkskunde
Firma Zahn und Co.

Puente Genil
Agrupacion de Cofradias

Istanbul
Türkiye Askeri Müzesi
Atatürk Kitapligi
Josephine Powell
Divan Edibiyati Müzesi

Chicago
Field Museum of Natural History

Victoria
Royal British Columbia Museum

Tokio
Shochiku Company Ltd.

Für Rat und Unterstützung danken wir:

Dr. Monni Adams, Cambridge
Agrupacíon de Cofradias y Corporaciones Biblicas, Puente Genil
Dr. Johanna Agthe, Frankfurt
Dr. Karl Albrecht-Weinberger, Wien
Dr. Irmtraut Freifrau v. Andrian-Werburg, Nürnberg
Prof. Horst Antes, Berlin
Dr. Ursula Apitzsch, Bremen
Prof. Dr. Gerhard Baer, Basel
Julia Bailey, Cambridge
Peter Baltes, Cuxhaven
Ulrich Becker, Würzburg
Achim Beckmann, Köln
Dr. R. Bedaux, Leiden
Dr. Klaus Beitl, Wien
Dr. Veronika Bendt, Berlin
Prof. Dr. Burton Benedikt, Berkeley
Gert Berghoff, Köln
Lic. phil. Elisabeth Biasio, Zürich
Dr. Henning Bischof, Mannheim
Oberstleutnant Uwe-Peter Böhm, Rastatt
Dr. Walter Böhning, Heidelberg
Albrecht Baron Boeselager, Kreuzberg
Prof. Dr. Hugo Borger, Köln
Prof. Dr. Gerhard Bott, Nürnberg
Dr. Günther Bräutigam, Nürnberg
Jan Brügelmann, Köln
Dr. Rainer Budde, Köln
Dr. Bernward Deneke, Nürnberg
Deutsche Lufthansa, Köln
Dr. Bodo von Dewitz, Köln
Dr. Reiner Dieckhoff, Köln
Christiane Doege, Köln
Thomas C. Dove, Köln
Jörg Drechsel, Karlsruhe
Dr. Günter Düriegel, Wien
Dr. Dieter Eisleb, Berlin
Col. Nejat Eralp, Istanbul
Dr. Michael Euler-Schmidt
Prof. Dr. Anton von Euw, Köln
Cathérine Eymard, Köln
Dr. Diana Fane, Brooklyn
Dr. Christian Feest, Wien
Dr. Irene Fellmann, Bonn
Dr. Eberhard Fischer, Zürich
Genevieve Fisher, Cambridge
Max Flintrop, Köln
Dr. Katharina Focke, Köln
Dr. Till Förster, Bayreuth
Sir Brinsley Ford, London
Dr. Hermann Forkl, Stuttgart
Dr. Stanley Freed, New York
Günter Friedrich, Köln
Dr. Herbert Ganslmayr, Bremen
Dr. Huguette van Geluwe, Tervuren
Dr. Peter Gerber, Zürich
Prof. Dr. Erika Glassen, Istanbul
Dr. Nina Gockerell, München
Prof. Dr. Roger Goepper, Köln
Mr. G. Gohr, London
Dr. H. J. Gortzak, Amsterdam
Prof. Dr. Nelson Graburn, Berkeley
Dr. Charlotte von Graffenried, Bern
Dr. Franz Grieshofer, Wien
Mrs. C. Gross, Chicago
Dr. Gabriele Guelil, Istanbul
Bahatti Gürsöz, Bonn
Dr. Wilhelm Robert van Gulik, Leiden
Dr. Richard Haas, Berlin
Dr. Jaques Hainard, Neuchâtel
Linda Hansen, Rotterdam
Dr. Thomas Hauschild, Köln
Dr. Dieter Heintze, Bremen
Prof. Dr. Klaus Helfrich, Berlin
Prof. Dr. Karl H. Henking, Zürich
Prof. Dr. I. Hijiya-Kirschnereit, Trier
Godehard Graf Hoensbroech, Bergisch Gladbach
Dr. Marion Gräfin Hoensbroech, Bergisch Gladbach
Lorenz Homberger, Zürich
Dr. Alan L. Hoover, Victoria
Dr. Rainer Hubert, Wien
Dr. Heinz Israel, Dresden
Prof. Utz Jaeckel, Tübingen
Werner Jahn, Hamburg
Dr. Alfred Janata, Wien
Dr. Axel Janeck, Nürnberg
José Segundo Jiménez Rodríguez, Puente Genil
Prof. Dr. Ulla Johansen, Köln

Dr. Aldona Jonaitis, New York
Almut Junker, Frankfurt
Dr. Roland Kaehr, Neuchâtel
Dr. Johannes Kalter, Stuttgart
Dr. Peter Kann, Wien
Cilette Keller, Neuchâtel
Karl v. Kempis, Bonn
Dr. Kirdel, Bremerhaven
Dr. Ernst Kläy, Bern
Janice B. Klein, Chicago
Prof. Dr. Brigitte Klesse, Köln
Prof. Dr. Axel Knauf, Heidelberg
Prof. Dr. R. Knußmann, Hamburg
Dr. Rainer Koch, Frankfurt
Dr. Hans-Joachim Koloss, Berlin
Hofrat Dr. Georg Kugler, Wien
Dr. Hans Kurio, Berlin
Dr. Lotte Kurras, Nürnberg
Dr. Thomas Leims, Bonn
Wolfgang Leweke, Opladen
Dr. Philip Lewis, Chicago
Prof. Dr. Wolfgang Lindig, Frankfurt
Prof. Dr. Rudolf Prinz zur Lippe, Hude
Dr. Wulf Lohse, Hamburg
Robert v. Lucius, Johannesburg
Heribert Malchers, Köln
Prof. Dr. Hans Manndorff, Wien
Gisela Marx, Köln
Dr. Dean S. McMurry, Köln
Cornelia Meran, Wien
Dr. Winfried Mogge, Witzenhausen
Dr. Claudius Müller, Berlin
Dr. Elke Müller-Mees, Mühlheim
Prof. Dr.-Ing. Wolfgang Müller-Wiener, Darmstadt
Dr. Joachim Niemeyer, Rastatt
Dr. Peter Noelke, Köln
Dr. Nazan Ölcer, Istanbul
Wilhelm Oepen, Köln
Marianne Papler, Köln
Fuensanta Plata García, Puente Genil
Dr. Klaus Pechstein, Nürnberg
Dr. Hanns Peter, Wien
Louis F. Peters II, Köln
Prof. Dr. Georg Pfeffer, Berlin
Karla Prause, Köln
Dr. Corinna Raddatz, Hamburg
Hans Stefan Rath, Wien
Holger Rathke, Köln
Drs. Hein Reedijk, Rotterdam
Prof. Dr. Gisela Reineking von Bock, Köln
Johannes Reiss, Eisenstadt
Pierre Restany, Paris
Jürgen Reulecke, Siegen
Dr. Christa Freifrau v. Richthofen, London
Drs. Fred Ros, Rotterdam
Pater Hermann Josef Roth, Köln
Hans-Ulrich Sanner, M. A., Frankfurt
Dr. Werner Schäfke, Köln
Helge Scheerbarth, Lübeck
Prof. Dr. Karl Schefold, Basel
Johannes Schiffgen, Köln
Prof. Dr. Annemarie Schimmel, Bonn
Dr. Markus Schindelbeck, Berlin
Prof. Dr. E. Schlesier, Göttingen
Prof. Adolf Schmitt, Köln
Dr. Herbert Schneider, Bayreuth
Dr. Klaus Schneider, Burkina Faso
Veronika Schumacher, Paderborn
Birga Schwarzer, Köln
Prof. Dr. Thomas Schweizer, Tübingen
Dr. Margarete Schweizer, Tübingen
Irmgard Sellmann, Köln
Dr. Siegfried Seyfarth, Frankfurt
Dr. Christian Siebeck, Ankara
William C. Siegmann, Brooklyn
Kathleen K. Skelly, Cambridge
Dr. Eberhard Slenezka, Nürnberg
Drs. Dirk Smidt, Leiden
Prof. Dr. Hubertus F. von Sonnenburg, München
Prof. Daniel Spoerri, Überstorf
Patricia Stahl, Frankfurt
Prof. Dr. Michael Stolleis, Frankfurt
Dr. Miklos Szalay, Zürich
Prof. Dr. Josef Franz Thiel, Frankfurt
Prof. Dr. Peter Thiele, Stuttgart
Prof. Dr. Monika Thiel-Horstmann, Köln
Prof. Dr. Hans-Peter Thurn, Düsseldorf
Dr. Franz Uhle-Wettler, Meckenheim
Prof. Dr. Laszlo Vajda, München
Dr. James Vanstone, Chicago
Prof. Dr. Wolfgang Vollrath, Essen
Dr. Edward van Voolen, Amsterdam
Dr. K. Vos, Leiden
Dr. Walter Warthol, Wien
Adrian Wiesler, Basel
Prof. Dr. Dietrich Wildung, Berlin
Dr. Aloys Winterling, München
Dr. Mechthild Wiswe, Braunschweig
Dr. Kjell Zetterström, Göteborg
Prof. Dr. Jürgen Zwernemann, Hamburg

Vorwort

Das Rautenstrauch-Joest-Museum für Völkerkunde setzt mit der Ausstellung „Männerbünde – Männerbande“ die Reihe seiner weithin beachteten Präsentationen interkultureller Vergleiche fort. Das Vorhaben ist die logische Fortsetzung der vor einigen Jahren von vielen Menschen besuchten Darbietung „Die Braut – geliebt, verkauft, getauscht, geraubt“. Stand damals die Rolle der Frau zur Diskussion, tritt nun der Mann in den Mittelpunkt der Analyse. Umsichtig wie mutig zugleich bietet die Ausstellung Einsichten nicht zu dem Mann als solchem, sondern eher zum Gruppenverhalten von Männern, weist eben Männerbünde vor, die Männerbande in jeder Bedeutung des Wortes Bande in ‚Aktion‘ zeigen. Damit wird der Tatbestand der herrschenden Rolle von Männerbünden in Männerbanden offengelegt. So trifft die Ausstellung, die eine in wissenschaftlichen Argumenten gründende ist, einen gerade heute überaus aktuellen gesellschaftspolitischen Zusammenhang. Denn in dem Maße, in dem die Gleichberechtigung der Frau nicht mehr bloß diskutiert, sondern auf vielen gesellschaftlichen Feldern realisiert wird, muß es für die interkulturell agierende Forschung ein dringendes Gebot sein, die Rolle des Mannes in Vergangenheit und Gegenwart strikt zu hinterfragen.

Das differenzierte Gedankengebäude, welches dem ehrgeizigen Vorhaben zugrunde liegt, kommt in den zwei Katalogbänden, die zu dieser Ausstellung erscheinen, in sprechender Weise zum Ausdruck. Vielfältige Aspekte sind erkennbar, augenfällig das Bemühen, den Stand der Forschung zu reflektieren und daraus Fragestellungen abzuleiten, die die Forschung auf Wege mit neuer Blickrichtung zu lenken vermögen. Verschiedentlich sind auch in den reichen Materialienbänden konkrete neue Forschungsansätze zu finden. Insgesamt bieten die beiden Bücher Material, das im einzelnen wie insgesamt geeignet sein dürfte, die Diskussion dieses gewichtigen Problemkreises entweder zu beleben oder – worauf es Gisela Völger und Karin v. Welck vor allem ankommt – erst überhaupt von neuem, und dabei nicht bloß auf die wissenschaftliche Diskussion begrenzt, in Gang zu setzen.

Allen, die wegen des Ernstes des behandelten Themas sich bereitfanden, kostbare Kulturgüter und Kunstwerke für die Dauer von drei Monaten dem Rautenstrauch-Joest-Museum für Völkerkunde zur Verfügung zu stellen, möchte ich dafür an dieser Stelle herzlich danken. Dieser Dank gilt auch dem Ausstellungsarchitekten Stefan Schmitz aus Köln, der es verstanden hat, die einzelnen ‚Stationen‘ dieser Präsentation in einen überzeugenden architektonischen Rahmen einzufügen. Die Art der Ausstellungsarchitektur macht das möglich, worauf es Museumsleuten immer wieder ankommen muß: Durch kultur-geschichtliche Darbietungen ‚Erlebniswelten‘ zu errichten, die zum Denken führen, ohne daß der Besucher sofort merkt, daß er gerade dazu verführt wird. Die künstlerische Mitarbeit von Stephan Andreae war dabei eine unverzichtbare Unterstützung.

Eine wichtige Hilfe stellt der didaktische Führer, den der Museumsdienst Köln verantwortet, dar. Er entstand auf der Grundlage von Manuskripten, die Studenten des Instituts für Völkerkunde der Universität zu Köln in einem zweisemestrigen Seminar erarbeiteten. Anzuführen ist auch ein ‚Kinderbuch‘, das Cornelia Meran verdankt wird.

Insgesamt gilt mein Dank allen denjenigen, die die praktische Realisation ermöglicht haben. Dies sind neben den Mitarbeitern der Museumsverwaltung, die der Bauverwaltung sowie die der Josef-Haubrich-Kunsthalle.

Dank schulden wir für direkte Unterstützung der Lufthansa und der Mannesmann AG, die durch ihre Mitwirkung zu erkennen geben, daß sie die gesellschaftspolitische Relevanz der Ausstellung durchaus sehen und bereitwillig gefördert haben.

Aufgrund eines Ratsbeschlusses aus dem Jahre 1989 entstehen derzeit die Pläne für den Neubau des Rautenstrauch-Joest-Museums für Völkerkunde an der Markmannsgasse. Die Entwürfe von Gottfried Böhm und dessen Büro lassen einen Museumsneubau erwarten, der es erlauben wird, die engagierte Arbeit von Gisela Völger und Karin v. Welck und deren Mitarbeitern demnächst in einem Rahmen zur Geltung zu bringen, der der Bedeutung dieses einzigen Völkerkundemuseums im bevölkerungsreichsten Bundesland Nordrhein-Westfalen zu gesteigerter Wirkung verhelfen wird. Ich spreche die Hoffnung aus, daß die nächste große interkulturelle Studie, die Gisela Völger und Karin v. Welck erwägen, und die dem Verhältnis von Frau und Mann gelten soll, bereits in diesem Neubau stattfinden kann. Dieser wird nämlich auch Flächen für Wechselausstellungen enthalten und es damit ermöglichen, solche interkulturellen Vergleiche auch immer wieder an den reichen und bislang leider unzureichend präsentierten Beständen des Rautenstrauch-Joest-Museums zu messen.

Prof. Dr. Hugo Borger
Generaldirektor der Museen
der Stadt Köln

Zum Inhaltsverzeichnis

Die vorliegende Materialiensammlung zum Thema „Männerbünde – Männerbande. Zur Rolle des Mannes im Kulturvergleich“ gliedert sich in zwei Teile. Im ersten werden Grundfragen zum Thema abgehandelt. Dies beginnt mit der Erörterung der ideengeschichtlichen Entwicklung des Terminus ‚Männerbund‘ (Aufsätze 1 bis 9) und des Zusammenhangs zwischen Männerbund und den Strukturen der Macht (Aufsätze 10 bis 17). Anschließend, in den Abschnitten ‚Christentum und Judentum‘ beziehungsweise ‚Islam‘, werden männerbündische Aspekte analysiert, die in den Religionen des Abendlandes und des Orients eine prägende Rolle spielten und spielen.

Im zweiten Teil der Materialiensammlung werden in regionalen Fallbeispielen Männerbünde in Afrika (Band I, Aufsätze 33 bis 45), Europa (Band II, Aufsätze 46 bis 66), Asien (Aufsätze 67 bis 73), Amerika (Aufsätze 74 bis 80) und der Südsee, einschließlich Australien (Aufsätze 81 bis 84), untersucht. Daran schließen sich Beiträge an, die verschiedene Männerbünde aus einer Innensicht heraus beschreiben (Aufsätze 85 bis 96), das heißt, sie sind von Mitgliedern der jeweiligen Bünde verfaßt – wobei durchaus für Außenstehende interessante Einzelheiten zugunsten der vom Bund geforderten Geheimhaltung verschwiegen werden.

Die Innensicht eines Männerbundes wird – unter anderem aus diesem Grund – stets von der Außensicht abweichen. Dies wird am Beispiel der Freimaurer deutlich (Aufsätze 50 und 89). Auf der anderen Seite belegen Aufsätze wie die von Eugen Drewermann (Nr. 86) und Burton Benedict (Nr. 90) zu den Themen Kleriker und englischer Club, daß es durchaus möglich ist, aus der Perspektive der Innensicht heraus hinsichtlich der analytischen Durchdringung fast so etwas wie eine Außensicht des Bundes zu verfassen. Voraussetzung ist entweder eine kritische Distanz, wie im Fall des Theologen Eugen Drewermann, der gleichzeitig Psychoanalytiker ist, oder die fachliche Kompetenz, wie im Falle von Burton Benedict, der Ethnologe ist.

Die Gliederung eines so umfassenden Themas, wie es das der Männerbünde darstellt, kann auf vielfältige Weise geschehen, was sich schon allein darin zeigt, daß die Gliederung dieser Materialiensammlung von der der Ausstellung abweicht. Während wir uns in der Ausstellung dem Phänomen über seine wichtigsten Funktionen nähern, haben wir uns nach langen Diskussionen entschlossen, nur im ersten Teil der Materialiensammlung thematisch vorzugehen und den zweiten Teil nach Regionen zu gliedern. Da in den meisten Aufsätzen des zweiten Teils die Männerbünde in ihren vielfältigen Funktionen und Aufgaben beschrieben sind, war eine funktionsorientierte Gliederung unmöglich: Vereinfachend gesagt, viele Bünde sind Jugendbund, Altersklasse, Kultgemeinschaft, Beerdigungsgesellschaft und Wirtschaftsclub in einem.

Die Mehrzahl der Beiträge wurde eigens für diese Materialiensammlung geschrieben. Ausnahmen bilden die Aufsätze von Klaus Theweleit (Nr. 7 und 95) und Eugen Drewermann (Nr. 86). Einige Beiträge wurden in Englisch und Französisch verfaßt und für diese Materialiensammlung von unseren Studenten, die sich während eines zweisemestrigen Seminars an der Vorbereitung der Ausstellung beteiligten, übersetzt. Im Inhaltsverzeichnis sind diese Aufsätze mit * gekennzeichnet.

Um den Lesern die Erschließung des reichhaltigen Materials zu erleichtern, haben wir uns – wie schon bei der Publikation zur Brautausstellung – auch diesmal wieder um eine leserfreundliche Gestaltung bemüht: Jedem Aufsatz ist eine Zusammenfassung vorangesetzt, die zusammen mit den Zwischenüberschriften und den ausführlichen Bildlegenden eine schnelle Orientierung über den Inhalt des jeweiligen Aufsatzes ermöglichen. Querverweise und Kolumnentitel oberhalb der Kopfleiste des Satzspiegels geben eine zusätzliche Orientierungshilfe.

Die Materialiensammlung ist die wissenschaftliche Grundlage unseres Projekts. Sie soll zugleich aber auch anregende Lektüre und Stoff für weiterführende Diskussionen und Forschungen bieten, in denen – so hoffen wir –, angeregt durch diese Materialiensammlung und die Ausstellung, das faszinierende Thema ‚Männerbund‘ weiter erforscht und analysiert werden wird.

Inhalt

Mit einem * gekennzeichneten Aufsätze wurden bereits an anderer Stelle veröffentlicht.

„Meer kenne uns,
meer helfe uns."

Konrad Adenauer

Zur Ausstellung und zur Materialiensammlung

Gisela Völger und Karin v. Welck

Die Ausstellung und die Materialiensammlung zum Thema „Männerbünde – Männerbande. Zur Rolle des Mannes im Kulturvergleich" setzen das 1985 vom Rautenstrauch-Joest-Museum durchgeführte Projekt „Die Braut – geliebt, vertauscht, gekauft, geraubt" fort, in der es um die kulturvergleichende Betrachtung der Rolle der Frau ging. Die nun vorliegende Materialiensammlung „Männerbünde – Männerbande" stellt das Mittelstück einer Trilogie dar, die in den nächsten Jahren mit einer Ausstellung und einer Materialiensammlung zum Thema „Geschlechterbeziehungen" abgeschlossen werden soll.

Das Konzept der kulturvergleichenden Ausstellungen des Rautenstrauch-Joest-Museums entstand aus der Erkenntnis, daß erst durch den Vergleich mit anderen Kulturen unsere eigene, uns selbstverständlich erscheinende Kultur als eine von vielen erfahren wird – nicht minder exotisch als die fremder Völker. Erst im Vergleich mit dem Fremden werden Einsichten ermöglicht, die zur Bestimmung und Klärung unseres eigenen Standorts herangezogen werden sollten, und die uns davor bewahren können, aus einer eurozentristischen Weltsicht heraus das Eigene als das einzig Wahre und Richtige anzunehmen.

Für eine ethnologische Ausstellung über Männerbünde im Jahre 1990 gab es vor allem drei Gründe: Erstens ist eine Revision des durch Heinrich Schurtz 1902 in die wissenschaftliche Diskussion eingeführten Terminus „Männerbund" schon lange überfällig. Der von Schurtz verwendete Terminus wurde nach Erscheinen seines Buches „Altersklassen und Männerbünde" sehr schnell von den Ethnologen, Soziologen, Volkskundlern, Skandinavisten und schließlich auch Germanisten aufgegriffen und in der Folge zu einem ideologisch überfrachteten Begriff, der in der deutschen Politik und damit in der Geschichte Deutschlands eine problematische Bedeutung erlangen sollte.

Wie zu zeigen sein wird, ist die ideologische Belastung des Begriffs noch immer nicht aus der Wissenschaftsdiskussion verschwunden. Nach langer Pause in den ersten Jahrzehnten nach dem Zweiten Weltkrieg ist sie seit kurzem wieder, angeregt durch die feministische Kritik an den patriarchalischen Herrschaftsverhältnissen, belebt worden.

Wir fühlen uns als Ethnologinnen zu dieser Ausstellung und zu dieser Materialiensammlung herausgefordert, weil unser Fach, das mit Heinrich Schurtz' Arbeit einer verhängnisvollen politischen und gesellschaftlichen Entwicklung den Weg bereitet hat, es bisher an einer Aufarbeitung dieses Tatbestandes auf breiter Basis hat fehlen lassen, wenn man von der punktuellen Auseinandersetzung in fachspezifischen Zusammenhängen absieht (Müller 1984; Bleibtreu-Ehrenberg 1980). In anderen Disziplinen (zum Beispiel in der Volkskunde und Skandinavistik) ist man, wie einige Beiträge dieser Bände zeigen, schon weiter vorgedrungen. Dabei fehlt es in der neueren Ethnologie durchaus nicht an Einzeluntersuchungen, wie ebenfalls in der vorliegenden Publikation deutlich wird (Schweizer Nr. 3; Zetterström Nr. 37; Bollig Nr. 35; Kaplan Nr. 38; Kempf Nr. 83).

Der zweite Grund für das Ausstellungsprojekt „Männerbünde" ist die in unserer Gesellschaft noch immer nicht erreichte Gleichberechtigung der Frau gegenüber dem Mann. In einer Zeit, in der selbst so traditionelle männerbündische Vereinigungen wie das Militär oder der Rotary Club den Einschluß von Frauen nicht mehr verhindern können und Frauen auch in Berufe eindringen, die bisher als Domäne der Männer galten – wie Tischler, Mechaniker, Steinmetz, Polizist und viele andere mehr –, stellt die vorliegende Publikation die Frage nach der Notwendigkeit und nach der Funktion von Männerbünden in Vergangenheit und Zukunft.

Die beruflichen Männerreservate werden zwar, laut René König in seinem Einführungsessay zu diesem Band, immer weniger. Dennoch muß festgehalten werden, daß gerade in den entscheidenden gesellschaftsbestimmenden und Geschichte machenden Berufen und Gremien wie Politik, Wirtschaft und Wissenschaft die Frauen nach wie vor drastisch unterrepräsentiert sind (s. den Beitrag von v. Münch Nr. 12). In den Universitäten sind nur zwei Prozent der ordentlichen Professoren Frauen, und in den Kliniken liegt der Prozentsatz sogar noch darunter. Ob das ausschließlich mit der formellen Dominanz der Männer in diesen Bereichen zu tun hat oder ob hier der informelle Bereich der Bünde mithineinwirkt, ist eine Frage, die sich angesichts der Tatsache stellt, daß Männerbünde in keiner Gesellschaft der Welt zahlreicher sind als in den Industriegesellschaften mit ihrer durchorganisierten, durchgefächerten und nach männerbündisch erprobten Regeln (siehe das Motto zu diesem Band von Konrad Adenauer) funktionierenden Verteilung von Macht. Wie ein so harmloser Bund wie ein Männergesangverein in Nordhessen das gesellschaftliche Miteinander eines Dorfes reglementieren kann und damit indirekt, aber nachhaltig an der Erhaltung der nachgeordneten Position der Frau

William Hogarths spöttisch-liebevollem, sozialkritischem Blick entgingen die komischen Seiten von Männerbünden nicht, wenngleich er sie nicht explizit thematisiert hat. Hier nimmt er im Jahr 1736 eine Versammlung von Hörern um die Oxforder Lehrkanzel von William Fisher im Jesus College aufs Korn, die in typischer College-Tracht einer Vorlesung lauschen. Die wenigsten konzentrieren sich auf den Vortrag, einer schläft, einige unterhalten sich und einige sind offenbar absorbiert von der Tätigkeit und der Person des Malers und schauen sozusagen „in die Kamera“. Foto: Privatbesitz.

mitwirkt, zeigt deutlich der Beitrag von Hüwelmeier (Nr. 61), auch wenn diese ethnologische Darstellung hier idealtypisch überhöht erscheint.

Neben der Auseinandersetzung mit Heinrich Schurtz und der Rezeption seiner Arbeit und damit der zeitbedingten Problematik, in der unser Männerbund-Projekt wurzelt, gibt es schließlich noch einen dritten, einen rein museologischen Grund, sich diesem Thema zuzuwenden. Wer wie wir nach der Ausstellung „Die Braut – geliebt, verkauft, getauscht, geraubt. Zur Rolle der Frau im Kulturvergleich“ eine entsprechende Ausstellung über den Mann machen möchte, kommt sehr schnell auf das Thema Männerbünde, weil kaum ein anderes männerrelevantes Phänomen sich so gut im Museum darstellen läßt wie dieses. Sind doch Männerbünde rund um den Erdball geradezu berühmt für ihren Reichtum an Paraphernalien, das heißt Ritualgegenständen, Masken und Schmuck, die zur Aufführung der oft geheimen Riten der Männerbünde als unerläßlich erachtet werden und von denen die Museen voll sind.

Zur Definition von Männerbund im Kontext dieser Materialiensammlung

Wie René König feststellt, ist der interkulturelle Vergleich geeignet aufzuzeigen, daß es für jede Lebensform verschiedene Lösungsmöglichkeiten gibt. Das Problem, das sich dabei stellt, ist die der Begriffsbildung, die Spielraum für Varianten offenhalten muß. Die Frage, bei welchem Grad der Variabilität der Bereich des Neuen beginnt, kann vermutlich nie völlig zufriedenstellend gelöst werden. Dennoch „kann man sagen, daß es eine Konventionalität der durchschnittlichen Begriffsbildungen gibt, an die man sich ungefähr halten kann, vor allem, wenn das Bewußtsein dafür wachgehalten wird, daß unerwartete und aus dem Rahmen fallende Varianten immer auftreten können“ (König 1985: 26). In diesem Sinn befassen sich die vorliegende Materialiensammlung und die Ausstellung mit einem Phänomen, das in der Ethnologie mit Geheimbund, Altersklasse oder Männerhaus mehr oder weniger vage umschrieben wird. In den meisten Fällen beziehen die so bezeichneten Institutionen in außereuropäischen Gesellschaften alle zu einer lokalen Gemeinschaft gezählten männlichen Individuen ein. Allerdings kann normalerweise nicht jedes Mitglied den höchsten Grad der meist hierarchisch strukturierten Institution erreichen.

Vielfach überschneiden sich in der Wirklichkeit Begriffe, die die Ethnologen scharf trennen möchten. So kann es sein, daß die Zugehörigkeit zu einem Geheimbund, zu einer Kultgemeinschaft oder einem Männerhaus nach Altersklassen geregelt ist. Zum Beispiel teilen ‚klassische‘ Altersklassengesellschaften wie die der Indianer der nordamerikanischen Prärien und der südäthiopischen Viehzüchter (vgl. Wilderotter Aufsatz Nr. 76 und Haberland Aufsatz Nr. 34) die wichtigsten Aufgaben im Kult Angehörigen eines bestimmten, meist fortgeschrittenen Altersgrades zu. Solche Überschneidungen in den Institutionen machten übrigens schon Heinrich Schurtz zu schaffen (1902: 318ff.). Wie wenig geeignet der Begriff Männerhaus ist, um Wirklichkeit eindeutig zu beschreiben, verdeutlicht Pfeffer im zweiten Band unserer Materialiensammlung (Nr. 68) anhand von zwei Beispielen aus Indien und Pakistan. Sie zeigen auf, daß es die Institution Männerhaus in Gesellschaften mit völlig unterschiedlicher Religion und divergierendem Wertesystem geben kann und sie dann natürlich auch verschiedene Bedeutung hat.

Die unscharfen, wissenschaftliche Ordnung und Systematik nur vortäuschenden ethnologischen Begriffe, wie Geheimbund und Männerhaus, bezeichnen in ihrer Gesamtheit eine keineswegs ‚natürliche', sondern historisch gewachsene Grundtendenz männlichen Verhaltens: Männer verbünden sich mit dem Ziel, die männliche Dominanz in der Gesellschaft zu erhalten, was von den Mitgliedern vieler Bünde unumwunden zugegeben wird (vgl. zum Beispiel Aufsätze Nr. 6, 38, 68, 83).

Da diese Begriffe sich so schlecht voneinander abgrenzen lassen, gehen wir von dem allgemeineren Terminus ‚Männerbund' aus. Er ist umfassender, und gerade seine ideologische Belastung seit seiner Einführung in die Wissenschaftsdiskussion erlaubt, ja erfordert die Fortsetzung einer kritischen Wertung dieses Begriffs. Die Geschichte dieses Terminus ist damit integrierender Bestandteil unseres Konzepts. Deswegen müssen wir auch über die von Aparna Rao (Aufsatz Nr. 69) wiedergegebene Definition des Begriffes von Ulla Johansen hinausgehen: „Als Männerbünde verstehen wir fest institutionalisierte, das heißt, über Generationen währende Kontinuität und eigene rituelle Formen besitzende Zusammenschlüsse von Männern. Die Zugehörigkeit der Mitglieder ... ist lebenslänglich geplant, und es herrschen ... prinzipielle Egalität und gemeinsame Interessenschwerpunkte." Abgesehen davon, daß die Egalität in Männerbünden nicht immer gegeben ist – viele Männerbünde sind geradezu gekennzeichnet durch hierarchische Strukturen –, glauben wir, daß die nicht natur-, sondern historisch bedingten, das heißt menschengemachten Gesetzmäßigkeiten, Regeln und Ziele des Zusammenschlusses von Männern auch in temporären Bünden wirksam sind.

Unter dem Terminus ‚Männerbund' verstehen wir in Zusammenhang unseres Projektes daher Zusammenschlüsse von Männern, die freiwillig und bewußt geschlossen wurden. Dies können zum Beispiel studentische Verbindungen, Schützengesellschaften, aber auch durch die Gemeinschaft vorgeschriebene Bünde sein, wie die Altersklassen der *aborigines* in Australien oder Initiationsbünde in Westafrika. Mit der Mitgliedschaft in einem Männerbund ist die Anerkennung von Werten und geistigen Zielen verbunden, die häufig eine Überhöhung des in der jeweiligen Gesellschaft geltenden Wertesystems darstellen. Wesentliche Charakteristika sind zudem eine gewisse Esoterik mit der Aura des Geheimnisvollen, ein Aufnahmeritus (Initiation) und eine hierarchische Struktur. Am Anfang eines Männerbundes steht oft eine charismatische Führerpersönlichkeit, der sich die Mitglieder bedingungslos unterordnen.

Die Funktion von Männerbünden ist vielfältig: Traditionell stehen kultische und religiöse Aufgaben im Mittelpunkt; weiterhin können sie gesellschaftlichen Aufstieg bewirken. Nicht nur in akephalen Gesellschaften, also Sozietäten ohne institutionalisierte zentrale Autorität, wie zum Beispiel die australischen *aborigines,* sondern auch in vielen anderen, bilden oder bestimmen Männerbünde das gesellschaftliche Aufstiegsregulativ. Das heißt, Prestige und Einfluß sind (fast) immer eng mit der Mitgliedschaft in einem Männerbund verknüpft. In technologisch einfachen Gesellschaften mit komplexen und ganzheitlichen Systemen der symbolischen Klassifikation – zum Beispiel bei verschiedenen Ethnien auf Neuguinea –, wird die Zugehörigkeit eines Individuums zu einer bestimmten Gruppe von der Gemeinschaft vorgeschrieben, so etwa die Zugehörigkeit zu einer Altersklasse. Zwar gibt es auch dort einen gewissen individuellen Handlungsspielraum, doch ist dieser wesentlich geringer als zum Beispiel in unserer Gesellschaft, in der eine größere Auswahl an Gruppen-Mitgliedschaften zur Verfügung steht und die individuelle Entscheidung für oder gegen eine besondere Gruppierung möglich ist. Allerdings wird bei vielen Bünden die individuelle Entscheidung dadurch eingeschränkt, daß die ‚Altmitglieder' die neuen Mitglieder auswählen (also durch Kooptationsverfahren).

Ziel der Ausstellung und dieser Materialiensammlung ist es, die strukturell unterschiedlichen gruppenbildenden und -bestimmenden

Verhältnisse menschlicher Gesellschaften anhand von repräsentativen Beispielen von Männerbünden widerzuspiegeln. Gleichzeitig sollen die bei aller Verschiedenheit vorhandenen Grundstrukturen dieses Phänomens herausgearbeitet werden.

Seit Heckethorn (1885), Schurtz (1902) und Webster (1908) gelten Melanesien (insbesondere Neuguinea), Westafrika und Nordamerika (insbesondere mit den Pueblo-Indianern des Südwestens und den Kwakiutl der Nordwestküste) als klassische Hochregion der Männerbünde. Dieses Phänomen wurde gemeinhin damit begründet, daß in einfach strukturierten Gesellschaften den Männerbünden zur Regulierung des Gemeinschaftslebens, vor allem in bezug auf Recht und Ordnung sowie auf den Fortbestand des Gemeinwesens durch religiöse Praxis, die Aufgabe zufalle, Machtstrukturen festzulegen und damit den Zugang zur Macht zu regeln. Um so verblüffender war es, daß sich bereits in der Vorbereitungsphase des Projekts zeigte, daß das von Heckethorn, Schurtz und Webster aufgestellte Postulat von der ‚natürlichen' Notwendigkeit von Männerbünden gerade in einfachen Gesellschaften so nicht aufrechtzuerhalten ist. Recherchen ergaben, daß offenbar die Zahl und Machtfülle von Männerbünden mit der Komplexität von Gesellschaften steigt: Nirgends gibt es mehr Männerbünde als in der ‚westlichen Welt'. Als weiteres Faktum arbeitet die Ausstellung heraus, daß in den westlichen Industriegesellschaften Männerbünde gegenwärtig an einem Wendepunkt angelangt zu sein scheinen: In diesen Gesellschaften nehmen immer mehr Männerbünde, freiwillig oder durch Gerichtsentscheide gezwungen, auch Frauen in ihre Reihen auf. Das prominenteste Beispiel sind die Rotarier, die in ihrer Weltkonferenz im Frühjahr 1989 in Singapur den Grundsatzbeschluß faßten, die Ausgrenzung von Frauen aufzugeben. Ob allerdings mit diesen Veränderungen eine generelle Neuverteilung der Machtpositionen in Politik, Wirtschaft und Wissenschaft zwischen den Geschlechtern verbunden ist, wird sich noch zeigen müssen.

Im Titel der Ausstellung und Materialiensammlung haben wir dem Terminus ‚Männerbund' das Wort ‚Männerbande' zur Seite gestellt. Dies geschah, um deutlich zu machen, daß die emotionalen Beziehungen, die sich zwischen den Mitgliedern eines Männerbundes entwickeln, in vielen Bünden sozusagen das Rückgrat bilden. Damit meinen wir nicht alleine das homoerotische Moment, dem Blüher (1921) seine Aufmerksamkeit widmete, und das ganz sicher eine wichtige Rolle spielt, sondern auch die Beziehungen, die sich durch das gemeinsame Durchleiden der Initiationsriten entwickeln oder durch die in der Gemeinschaft vollzogene Ablösung von der Geborgenheit bei der Mutter und/oder durch das heroische Durchstehen eines Stirb-und-Werde-Rituals vor den Augen der Kameraden. Die Emotionalität solcher Vorgänge ist offensichtlich ein außerordentlich zusammenbindendes Faktum, das unseres Erachtens noch viel zu wenig untersucht worden ist. Möglicherweise können hierzu mit Hilfe der Erklärungsansätze, die die Psychoanalyse zur Verfügung stellt, erhellende Erkenntnisse gewonnen werden – wenngleich das Problem der Übertragbarkeit der in Europa entwickelten Psychoanalyse auf außereuropäische Kulturen bisher noch nicht zufriedenstellend geklärt worden ist.

So viel läßt sich jedoch aus dem weltweiten Auftreten der Vorstellung und der Symbolik eines Geburtsrituals in den Aufnahmeriten vieler Männerbünde sagen, daß sich hier eine psychoanalytische Deutung im Sinne des Gebärneids des Mannes auf die Frau geradezu aufdrängt. Rosenmayr (Aufsatz Nr. 36) geht so weit, in der Geborgenheit und unwidersprochenen Autorität eines Männerbundes bei den Bambara in Mali die Fortsetzung der primären Mutter-Kind-Beziehung zu sehen. Wenn man im Kulturvergleich verfolgt (Ausstellung und Materialiensammlung ermöglichen es), welche Ideologisierung durch Männer die natürlichen Vorgänge wie Geburt, Leben, Tod und Fruchtbarkeit in Mythen, Religionen und Philosophien erfahren haben, wie diese Vorgänge in einen artifiziellen Zusammenhang mit Tötung und Krieg gestellt werden und wie Männer sich in kultischer Hinsicht zu den Herrn solcher Vorgänge machen, dann muß man nach den kompensatorischen Motiven fragen, die dahinter stehen (vgl. Meier-Seethaler 1988: 123, 288ff., 338, 341ff.). Sollte der Gebärneid etwas noch Tiefergehendes und den Menschen noch allgemeiner Betreffendes sein als der Ödipus-Komplex (vgl. die Aufsätze 5, 6 und 82)?

Daß das Wort Männerbande durchaus doppeldeutig ist, haben wir bei den Überlegungen, welchen Titel wir unserem Projekt geben sollten, nicht ungern zur Kenntnis genommen, denn die aus männerbündischen Motiven heraus entwickelten kriminellen Gemeinschaften wie die Mafia (Aufsatz Nr. 14) oder der explizit repressive *dukduk*-Bund (Aufsatz Nr. 81) gehören ja auch zu dem vielschichtigen Problem Männerbund.

Mit großem Ernst werden in Männerbünden rund um den Erdball – und auch in unserer eigenen Gesellschaft – oft geheime Riten ausgeführt. In solchen Riten kommunizieren Männer unter Ausschluß der Frauen mit transzendenten Mächten. Ohne diese Handlungen – so wird den Nichteingeweihten eingeredet – kann der Kosmos nicht weiterbestehen und können Menschen, Tiere und Pflanzen nicht fruchtbar sein. Hier ein Ritual der Tshokwe (vgl. Aufsätze Nr. 43 und 44): Samakhoho und die Maske der Hyäne Cimbungu. Region von Dundo. Foto: M. L. Bastin.

Zur wissenschaftsgeschichtlichen Einordnung des Begriffs Männerbund

Heinrich Schurtz, als Ethnologe am Bremer Überseemuseum tätig, schuf mit seinem Buch „Altersklassen und Männerbünde. Eine Darstellung der Grundformen der Gesellschaft" (1902) einen – wie sich schnell zeigte, und wie es auch in dieser Publikation und in der Ausstellung zum Ausdruck kommen wird – wissenschaftlichen Terminus, der durch seinen zeitbedingten, deutlich tendenziösen antifeministischen und politischen Zuschnitt schwer belastet ist. Nichtsdestoweniger wirkt er in diesem Sinne bis in unsere Zeit hinein. Typischerweise fand der Terminus in keiner anderen Sprache ein Äquivalent, was unsere Verhandlungen mit ausländischen Autoren und Leihgebern für dieses Buch und diese Ausstellung nicht gerade erleichterte. In einem englischen Beitrag zu unserem Buch über das *college* in Oxford (Burke, Nr. 53) wurde der Terminus Männerbund als deutsches Fremdwort verwendet aus Ermangelung eines entsprechenden englischen Wortes, ähnlich wie das bei ‚Heimweh' oder ‚Kindergarten' im angelsächsischen Sprachgebrauch der Fall ist.

Der Männerbund ist offenbar eine Phänomen, dessen geistesgeschichtliche Verwurzelung auf die Deutschen beschränkt ist, und der auf jeden Fall in der internationalen Forschung und Wissenschaftsdiskussion keinen so eindeutig ideologischen Schwerpunkt wie bei uns bildete. Dennoch bewegte die Frage des Männerbunds zu Heinrich Schurtz' Zeiten auch im Ausland die Gemüter. Von einem synchronen Interesse zeugen breitangelegte Kampagnen, die Wissenschaftler der amerikanischen Völkerkundemuseen durchführten. Sie befaßten sich Ende des 19. und zu Beginn dieses Jahrhunderts verstärkt mit der Erforschung der Altersklassen, Kriegerbünde und Kultgemeinschaften der nordamerikanischen Indianer (Boas 1897; Dorsey 1903; Kroeber 1902/07; Lowie 1916).

Der auch im Ausland auszumachende Trend blieb jedoch auf Detailstudien beschränkt, ohne daß man dort – so wie Schurtz – in einer Zusammenschau zu so fragwürdigen Thesen gelangte wie: die Frau sei die Vertreterin des Geschlechtslebens, sie hätte geringere intellektuelle Gaben als der Mann und eine starke, auf die Familie und die Verwandtschaft beschränkte Emotionalität, „während der Mann dem rein geselligen Dasein, das Gleiches mit Gleichem zu erhöhter Kraftentfaltung und gesteigertem Lebensbewußtsein vereinigt, aus seinem innersten Wesen heraus huldigt und die Liebe zum Weibe als Episode betrachtet" (Schurtz 1902: 21; vgl. Müller 1984: 22; Reulecke: Nr. 1 in diesem Band).

Das zunächst enthusiastisch aufgenommene Buch, dessen Thesen so perfekt den Wunschvorstellungen der heroisch gestimmten Männer des Wilhelminischen Zeitalters entsprach, fand erst sehr viel später ernsthafte Kritik. Es waren vor allem auf dem Gebiet der Männerbünde spezialisierte Forscher, die Einsprüche erhoben wie R. H. Lowie, der bei den Crow und bei den Assiniboine Untersuchungen zum Thema angestellt hat (1929: v. a. 292) oder E. Schlesier, dessen Aussagen auf langjähriger Feldforschung zu den melanesischen Geheimbünden gründen (1953; 1959; vgl. Bleibtreu-Ehrenberg 1980: 42f.). Schlesier stellte fest, daß es schlichtweg unzutreffend sei, daß Frauen sich nicht für Politik interessierten, wo dies den Anschein machte, läge dies an den Männern, die darauf achteten, dies zu verhindern, wenn solche Tendenzen sich bemerkbar machten. Wie auch Bleibtreu-Ehrenberg konstatierte (1980: 44ff.), werden normalerweise solche Tendenzen durch die Abstammungsrechnung und die Familienordnung verhindert: In patrilinearen Gesellschaften mit patrilokaler Residenz des Ehepaares sind die Frauen Fremde im Patriclan der Ehemänner. Die Männer eines Ortes bilden also eine Abstammungsgemeinschaft und somit häufig auch eine Kultgemeinschaft, ein Zusammenhang, in dem es für Frauen nur geringe Möglichkeiten der Solidarisierung gibt. Sie bleiben also in den Gruppen, in die sie eingeheiratet haben, Fremde, ihre Arbeit ist weitgehend auf die Haushaltsführung beschränkt, was zusätzlich zu ihrer Isolierung beiträgt.

Solche Verhältnisse, die die Folge künstlich fixierter, historisch tradierter Verhältnisse sind, hat Schurtz schlichtweg als ‚Natur' ausgegeben und gab damit eine „Wesensaussage" von verhängnisvoller Konsequenz ab (Müller 1984: 193f.; vgl. Bleibtreu-Ehrenberg 1980: 44f.), wie die Rezeptionsgeschichte von Schurtz' Männerbundbegriff zeigen sollte.

Zur politischen und gesellschaftlichen Rezeption des Begriffs Männerbund

Den Einfluß, den Heinrich Schurtz über Hans Blüher, Alfred Baeumler und Otto Höfler in politischer und gesellschaftlicher Hinsicht ausübte, und welche Bedeutung er damit für die ideologische Begründung der verschiedenen Institutionen des nationalsozialistischen Regimes hatte, beschreiben ausführlich verschiedene Beiträge dieser Bände, zum Beispiel Reulecke (Nr. 1), v. See (Nr. 11), v. Schnurbein (Nr. 57) und Grieshofer (Nr. 59). Dies braucht daher hier nicht weiter ausgeführt zu werden. Die ideologische Belastung des Phänomens führte dazu, daß nach dem Ende des NS-Reiches die Diskussion um die Funktion von Männerbünden abbrach, die mit ihr einhergehende Forschung eingestellt wurde und betretenes Schweigen sich breitmachte. Daß die männerbündische Ideologie damit jedoch schlagartig völlig aus den Köpfen verschwunden sei, wäre eine leichtfertige, vermessene Behauptung. Wissenschaftlich handgreiflich lebte sie noch einmal in dem 1951 erschienenen Buch des Volkskundlers Will-Erich Peuckert „Geheimkulte" auf, das vor kurzem (1988) wieder aufgelegt wurde. Daß diese Neuauflage ohne irgendeine editorische Bemerkung der namhaften Herausgeber erfolgte, ist als wissenschaftliches Skandalon zu werten. Das geistige Fundament des „ethnischen Fundamentalismus" der Deutschen, mit seinem Amalgam aus deutschnationalen, konservativen Grundüberlegungen und Vorurteilen (Sombart 1988: FAZ 17. Februar), findet hier noch einmal unverblümt Ausdruck: „Die soziale und psychische ‚Grundhaltung' ebenso der deutschen wie der den deutschen näherstehenden nördlichen europäischen Völker ist wohl als eine ‚das Männliche Betonende' zu charakterisieren ... Es scheint, als ob die mitteleuropäische antikommunistische Aktion die männlich betonten Abwehrkräfte zu aktivieren hätte – und wer mit offenen Augen in das politische Geschehen blickt, bemerkt, daß dieser Weg in immer neuen Ansätzen eingeschlagen wurde, ob in den bösen Freikorps-Kämpfen in den 20er Jahren, ob in den Bürgerkriegs-Armeen

Ein Bild aus einer Zeit als das College noch ein Männerbund war. Peter Burke (Aufsatz Nr. 53) vergleicht die Halle eines Colleges (hier die Halle des Christ Church College in Oxford) mit dem Langhaus der Irokesen und den Männerhäusern von pazifischen Gesellschaften. „Richtige Männer können nur von Männern erzogen werden" – dies ist die Idee, die sich hinter solchen Institutionen verbirgt. Dies gilt um so mehr in Gesellschaften, in denen sich die Väter erst dann um die Erziehung ihrer Söhne kümmern, wenn diese im fortgeschrittenen Alter sind. Foto: Keystone Pressedienst, Hamburg.

‚Stahlhelm' und ‚Reichsbanner' 1930, ob in den Hitlerschen Formationen, die dann 1933/45 zu willenlosen Werkzeugen in der Hand von Mördern wurden, und daß der Weg in unseren Tagen unbewußt von neuem eingeschlagen wird. Ich hörte in einer Studentenversammlung, als sie anno 1951 die Frage der Remilitarisierung und der Abwehr diskutierte und sich ein starker Prozentsatz zu dem ‚ohne mich' bekannte, wie eine Studentin aufstand und mit einem einzigen Satz die Stimmen der alle Teilnahme ablehnenden jungen Männer niederschlug; sie fragte: ‚Und wenn die Bolschewisten hier einrücken werden und es geht zu, wie 1945 es im Osten zugegangen ist, wollen Sie dann zusehen, wie wir Mädchen vergewaltigt werden?' Sie hatte spezifisch männliche Kräfte oder Tugenden angerufen und dieser Anruf macht lebendig, was in Schlaf gelegen hatte" (Peuckert 1988: 619f.).

Die Versuchung, das Fortleben einer solchen ideologischen Fixierung auf vermeintliche ‚Natur' in Verbindung mit einem künstlichen Feindbild zur Legitimierung von politischen Männerbünden zu belächeln vergeht, wenn man sich klar macht, wie sehr es die ganze Nachkriegspolitik beeinflußt hat. Und ob angesichts von Perestroika und dem Sturz der Mauer, die dieses Feindbild spätestens jetzt obsolet machen müßten, die Ideologie auf immer schwindet, sei dahin gestellt. Denn die vermeintliche ‚Natur' der Frau und des Mannes hat noch andere mächtige Hüter, zum Beispiel die Kirche, die sich, wie es Hubert Treiber belegt (Aufsatz Nr. 19), lange Zeit durch die Bibel in ihrer Auffassung legitimiert sah, nach der der Mann gegenüber der Frau mit einer *ratio superior* ausgestattet ist. Die andauernde Wirksamkeit solcher Fixierungen in der gegenwärtigen Politik und Gesellschaft ist mehr als die Auswirkung „männerbündlerischer Sehnsüchte" (Reulecke Nr. 1). Ernst Axel Knauf und Hans-Jürgen Heinrichs haben den dankenswerten Versuch unternommen, das Männerbündische, das heißt, die bewußte Ausgrenzung der Frau in den Anfängen des Staates und in der heutigen Politik in ihren Beiträgen zu erfassen (Nr. 2 und 10). Demgegenüber belegt eine so uneingeschränkt positive Sicht der Rolle des Männerbundes bei der Herausbildung des Staates, wie in der Darlegung von Wolfgang Lipp, einmal mehr, daß das Gedankengut und die Vorstellungswelt von Heinrich Schurtz auch in der jetzigen Wissenschaftlergeneration noch Anhänger hat.

Makrostudie, Mikrostudie, Materialiensammlung

Das Projekt Männerbünde muß auch auf dem Hintergrund der heutigen Situation des Faches Ethnologie gesehen werden. Große globale Übersichten im Stile von Schurtz zu verfassen, liegt heute nicht mehr in der Absicht der Wissenschaftler. Man glaubt mehr an die Tugenden der Präzision in Mikrostudien. An dem in ihnen zutage tretenden Variantenreichtum und der sich galoppierend anhäufenden Datenfülle droht das Fach allerdings schier zu ersticken. Eine umfassende Bilanz daraus zu ziehen, scheint, von Ausnahmen abgesehen (zum Beispiel Müller 1984), die Arbeitskapazität eines einzelnen Wissenschaftlers – und sei er auch noch so kenntnisreich und gebildet – zu überfordern. Daneben dürften auch die unzulässigen Verallgemeinerungen, Unschärfen und Ungenauigkeiten, die eine Arbeit wie die von Schurtz zusätzlich zu der ideologischen Befrachtung belasten, ein Menetekel darstellen.

In einer solchen Zeit, so denken wir, macht es Sinn, in der Art einer Materialiensammlung den gegenwärtigen Wissensstand zu einem brisanten Thema wie formelle und informelle Männermacht in unserer Gesellschaft zusammenzufassen und dadurch einem breiteren Publikum, aber auch den Nachbarwissenschaften Primärquellen zugänglich zu machen. Mit einiger Befriedigung konnten wir feststellen, wie die Vorgängerprojekte „Rausch und Realität. Drogen im Kulturvergleich" (1981) und „Die Braut – geliebt, verkauft, geraubt, vertauscht. Zur Rolle der Frau im Kulturvergleich" (1985) durch Benutzung in den Medien und in den Nachbarwissenschaften fortwirkten. Beispielsweise gab es im Anschluß an die Drogenausstellung ein großes Dossier in „Die Zeit", das die Erkenntnisse unserer zweibändigen Materialiensammlung verwertete und umsetzte. Und das Buch „Ursprünge und Befreiungen. Eine dissidente Kulturtheorie" von Carola Meier-Seethaler (1988) macht ausgiebig Gebrauch von den in den Materialienbänden zur Brautausstellung präsentierten Primärquellen, die von ihr zum Nachweis alter matrizentrischer Kulturzüge in heutigen Gesellschaften und damit zur Begründung weitreichender Theorien herangezogen wurden.

Im übrigen fühlten wir uns während der Vorbereitung unseres Männerbund-Projekts durch den amerikanischen Soziologen Neil Postman bestätigt, der in einem Vortrag auf der 15. Generalkonferenz des Internationalen Museumsrats (ICOM, Den Haag 28. August bis 5. September 1989) postulierte, daß Museen im fundamentalen Sinn politische Institutionen seien und deshalb gesellschaftlich wichtige Fragen der Gegenwart in ihren Ausstellungen aufzugreifen hätten. Postman forderte, daß die Museen keine Generatoren technisch-materialistisch geprägter Ideologie sein dürften, sondern mit alternativen Ausstellungskonzepten eine Gegenkultur zu schaffen hätten, in der die historisch-kulturellen Wurzeln der betroffenen Gesellschaft ebenso offengelegt werden müßten wie die Konsequenzen der zivilisatorischen Entwicklungen. Museen hätten mit ihren Aktivitäten Anstöße zum Nachdenken und zum Dialog zu geben – alles Forderungen, denen wir mit dem Männerbund-Projekt zu entsprechen hoffen.

Blickwandel in der Problematik der Männerbünde

René König

Der Soziologe René König beschreibt die wissenschaftliche Auseinandersetzung mit dem Phänomen ‚Männerbund' von den zwanziger Jahren bis in die Gegenwart. Dabei zeigt er auf, daß das Problem der Männerbünde zwischen den Weltkriegen im Zentrum des Interesses von Soziologen und Ethnologen stand, insbesondere die Frage nach der Rolle von Männerbünden in der Regelung politischer Bewegungen. Den Wert der heutigen wissenschaftlichen Auseinandersetzung mit dem Phänomen Männerbund sieht König vor allem in der Erforschung von Spezialaspekten des Themas. Daran anknüpfend stellt er die These auf, daß sich in der Zukunft die Rolle von Männerbünden zumindest in den Industriegesellschaften ändern wird, weil die männlichen Reservate immer weniger werden. Folgerichtig zeigt er auf, daß die wissenschaftliche Auseinandersetzung mit der Rolle der Frau in unserer Gesellschaft an Bedeutung zunimmt und es gilt, die erheblichen Forschungslücken auf diesem Gebiet aufzuarbeiten.

Der entscheidende Punkt der Diskussion, die in der vorliegenden Materialiensammlung aufgerollt wird, liegt meines Erachtens darin, daß heute die bisherige Definition des Terminus Männerbund grundsätzlich in Frage gestellt wird. Dies trägt der Tatsache Rechnung, daß das Phänomen Männerbund einen derartigen Stellenwandel in unserer Problemperspektive erfahren hat, daß wir das Ganze völlig neu durchdenken und lokalisieren müssen.

Männerbund und Jugendbewegung

Die vorgelegten reichlichst dokumentierten Einzeldarstellungen, respektive Kapitel, in diesem Band eröffnen den Blick auf eine unerhört variierte Landschaft. Die Fallbeispiele stehen heute in einem ganz anderen Zusammenhang, als es noch vor fünfzig Jahren der Fall war. Als ich als Student circa 1925 in der Ethnologie und Soziologie zu arbeiten begann, stand das Problem der Männerbünde noch im Zentrum der Diskussion, und zwar sowohl für den Soziologen wie für den Ethnologen. Damals war das Problem in einer sehr spezifischen Rahmenordnung verankert, nämlich in denjenigen Menschen (oder besser: in den jungen Männern), wie sie etwa alltäglich im ‚Wandervogel' oder, allgemein gesagt, in der ‚Jugendbewegung' zusammenkamen und sich eine eigene Lebensordnung einzurichten suchten (vgl. Aufsätze Nr. 1 und Nr. 58). Es ist dabei zu beachten, daß es in diesem Zusammenhang keineswegs – was zu erwarten gewesen wäre – gleichzeitig zu analogen weiblichen Gruppen kam. Wenn es die überhaupt gab, so blieben sie durchaus peripher. Die Jungmännerbünde erwiesen sich jedoch bald als eine zentral wichtige Kategorie der sozial-kulturellen Lebensordnungen, deren wachsende Bedeutung für die Entfaltung der männlichen Persönlichkeit völlig unabweisbar erschien. Sie traten darum an zahllosen Orten in Erscheinung im Sinne – wie man damals sagte – einer ‚bündischen Jugend', die nach damaliger Anschauung eine wesentliche Stufe in der Entwicklung des Menschen darstellte und daher als unabdingbar angesehen wurde. Das galt im großen wie im kleinen Format. Den relativ formlosen Freundschaftsgruppen geringen Umfangs standen große umfassende Bünde, sogar bis zur Größe kleiner Nationen gegenüber, deren eindrucksvollste Darstellung man etwa bei Stefan George und seinen Jüngern studieren konnte (vgl. Aufsatz Nr. 93). Dagegen steht heute die Tatsache, daß man das Stichwort „Bund" in den neueren soziologischen Lexiken vielfach vergeblich suchen wird, während darüber noch vor fünfzig Jahren eine umfangreiche Diskussion im Gange war, die neben anderen von Hermann Schmalenbach (1885–1950) Anfang der zwanziger Jahre (1922) ausgelöst und von Hans Blüher (1895–1955) in seinen Werken

Mit dem Ersten Weltkrieg versinken die naturschwärmerische Romantik und die ideologische Unschuld der Jugendbewegung. Eine ,Wandervogel-Hundertschaft' schließt sich den ,Freikorps' an und versucht, inmitten mörderischer Auseinandersetzungen an der deutsch-polnischen Grenze die soziale Utopie von der männerbündischen Gemeinschaft der Kameraden vorzuleben. Stolz schmücken sich auch junge Bündische, die den Krieg nicht mehr selbst kennenlernten, mit ,soldatischen Accessoires'. Foto: Julius Groß, 1921. Archiv Burg Ludwigstein.

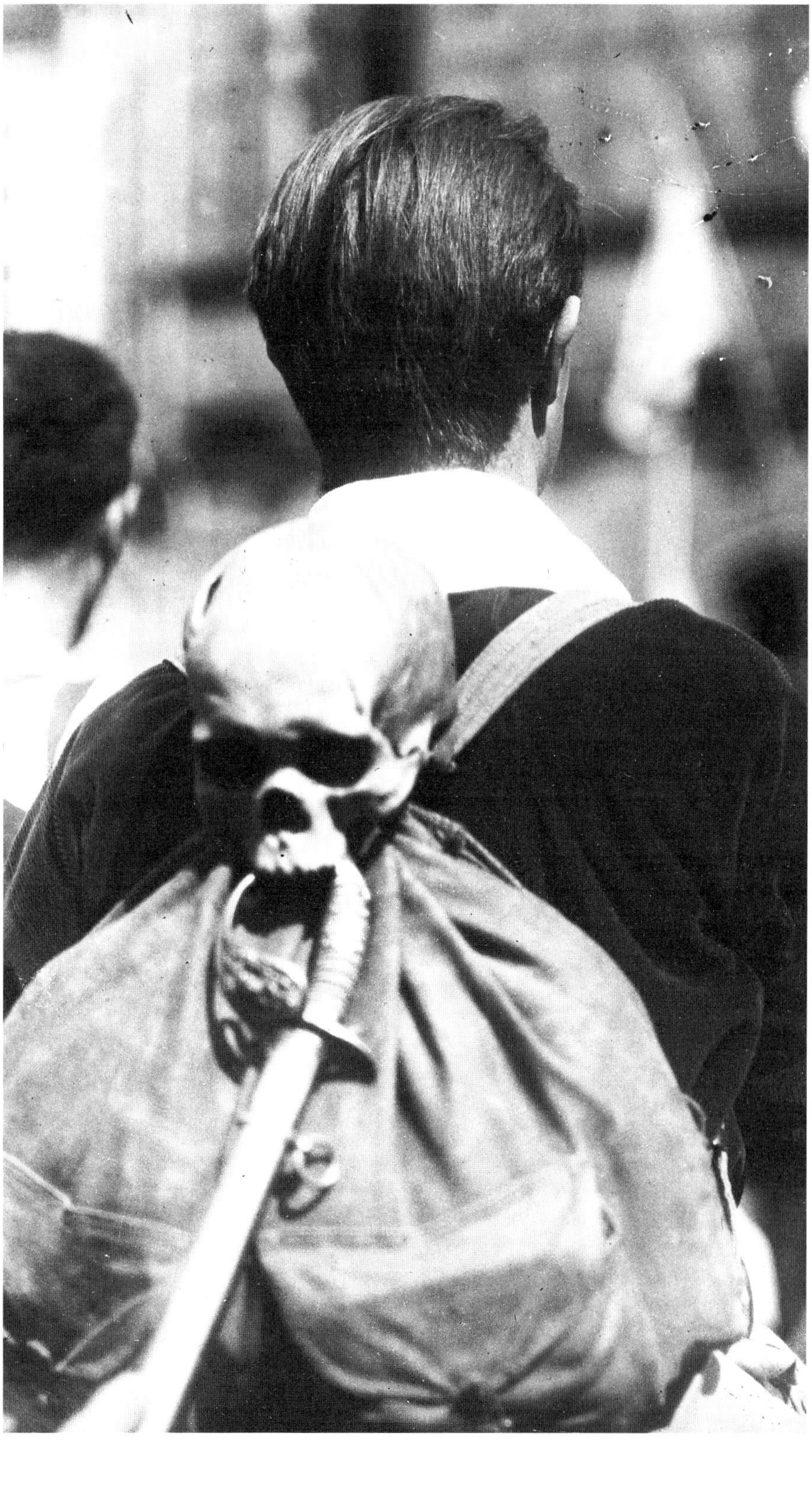

über den Wandervogel (1912, 1917/19) erweitert worden war. Sie hat die alte soziologische Begriffsantinomie von Gemeinschaft und Gesellschaft zu einer Dreierkombination „Gemeinschaft – Gesellschaft – Bund" erweitert, wie wir es noch in dem klassischen deutschen Lexikon der Soziologie von Wilhelm Bernsdorf (1961: 135f.) dargestellt finden können.

Dabei fällt in der Diskussion um die Bünde der Jugendbewegung die Vorbetonung des männlichen Geschlechts auf. Gelegentlich trat sogar eine deutliche homosexuelle Note in den Vordergrund. Das weibliche Geschlecht blieb von den Bünden und der Diskussion um die Bünde weitgehend ausgeschlossen. Das bündische Verhalten der männlichen Jugendlichen wurde diskutiert als ein durch innerliche (vorübergehende oder kurzfristige) Umstände verursachtes Phänomen und nicht als ein auf Dauer eingestelltes gestaltungsfähiges oder sozialstrukturelles Prinzip. Die Diskussion darüber wurde vor allem in den zwanziger Jahren sehr intensiv geführt und beschäftigte die Öffentlichkeit weithin. Dabei wurde die Problematik der Homoerotik zu einem wesentlichen Etikett der Jugendbewegung von damals, verschwand mit ihr aus der Diskussion und ist heute ein rein historisches Phänomen. Genauso sind der Gemeinschaftsgedanke und viele der früheren bündischen Denkweisen mit dem Ende der Jugendbewegung wieder verschwunden. Was sich in den zwanziger Jahren als ,ewiger' Wert gebärdete, war im Grunde nur eine sehr kurzfristige Modeerscheinung und wurde bald durch temporäre Vereinigungen ganz anderer Art ersetzt.

Eine Frage, die sich in diesem Zusammenhang aufdrängt, ist, ob der Frauenbewegung unserer Tage einmal ein ähnliches Schicksal beschieden sein wird wie der Jugendbewegung. Während auf die Frauenbewegung weiter unten eingegangen werden wird, darf (und die folgenden Texte in dieser Materialiensammlung werden das belegen) schon jetzt festgestellt werden, daß Frauenbünde zumindest sehr viel seltener sind als Männerbünde, ja daß es fraglich ist, ob es sie im gleichen Sinn wie Männerbünde gibt oder überhaupt geben kann.

Als ich als Student mit der Analyse solcher Fragen begann, stand das Problem der Männerbünde im Zentrum der Diskussion, vor allem natürlich im Rahmen des politischen und wirtschaftlichen Handelns. Das rechtfertigte auch die Beschäftigung mit diesen Problemen, ihren Erscheinungsformen und Varianten, vor allem jedoch mit der Analyse des Zusammenhangs von Männerbünden und gesamtgesellschaftlichen Strukturen, zum Beispiel der Macht (vgl. Aufsatz Nr. 10). Hierher gehörte natürlich auch die Frage nach der Rolle von Männerbünden in der Regelung politischer Massenbewegungen im Stile des Nationalsozialismus (vgl. Aufsätze Nr. 11 und 13).

Gibt es heute noch männliche Reservate?

Heute gilt, was wir im Vorwort von Gisela Völger und Karin v. Welck zu dieser Materialiensammlung lesen, nämlich, „daß es in keiner Gesellschaft der Welt mehr Männerbünde gibt als in den Industriegesellschaften mit ihrer durch und durch organisierten, aufgefächerten Verteilung der Macht". Hier muß man zwischen dem instrumentalistischen Aspekt und dem spezifisch sozialen (respektive dem ‚bündischen') trennen. Der Grund dafür ist offensichtlich: Die Verteilung der ‚kommerziellen' Aspekte ist nicht immer mit der gleichen Form von sozialen Beziehungen gekoppelt. Dabei kann der soziologische Gesichtspunkt völlig verschieden sein von dem instrumentellen Außenanblick. Worauf es dem Soziologen ankommt ist nicht der instrumentelle Aspekt, sondern die Art der Verbundenheit, also die Solidarität, respektive die Gruppenperspektive des Ganzen, also alles wesentlich sozialpsychologische Größen, deren jeweilige Eigenarten bei der Analyse des Phänomens Männerbund zu berücksichtigen sind. Die zu untersuchenden Aspekte fächern sich auf in ethnologische, biologische und psychoanalytische, wie dies ja auch in den Aufsätzen zu ‚Grundfragen' der Männerbund-Problematik dieser Materialiensammlung der Fall ist. Zieht man ein Fazit der Schwerpunkte der heutigen Forschungen um Männerbünde, so läßt sich feststellen: während früher die Analyse der Männerbünde ein zentrales Thema der Diskussion über die historische Entfaltung der Gesellschaften darstellte, ist sie heute weitgehend auf den Rang eines Spezialaspektes gerückt, der aber nicht weniger wichtig ist als die früher geübten Analysen, nur reduziert und weniger umfassend. Daß es auch Ausnahmen von dieser Tendenz gibt, zeigen die Forschungsansätze von Ernst Axel Knauf (Aufsatz Nr. 2), Thomas Schweizer (Aufsatz Nr. 3) und Wolfgang Lipp (Aufsatz Nr. 4) in dieser Materialiensammlung.

Im Vorwort der beiden Herausgeberinnen dieser Materialiensammlung finden wir eine weitere höchst bezeichnende Bemerkung, die den aufmerksamen Leser nachdenklich machen sollte: „In einer Zeit, in der selbst so traditionelle männerbündische Vereinigungen wie das Militär oder der Rotary Club den Einschluß von Frauen nicht mehr verhindern können und Frauen auch in Berufe eindringen, die bisher als Domäne der Männer galten, wie Tischler, Mechaniker, Steinmetz, Polizist und viele andere mehr, stellt die vorliegende Publikation die Frage nach der Notwendigkeit und nach der Funktion von Männerbünden." Damit ist die zentrale Fragestellung der bisherigen Forschung sehr richtig getroffen, und zwar derart, daß dieser Fund geradezu eine Katastrophe für die zukünftige Diskussion bedeutet, das heißt, daß er zumindest die Aufrollung der „Frage nach der Notwendigkeit und nach der heutigen Funktion von Männerbünden" sehr problematisch macht. Mit anderen Worten: Darf man daraus schließen, daß letztlich alle Positionen, die in den heutigen Wirtschaftsgesellschaften anfallen, auch von Frauen eingenommen werden können? Oder anders: Gibt es wirklich noch männliche Reservate? Ich glaube, es werden zunehmend weniger.

Zur Entwicklung der Frauenberufe

Die Problematik für die zukünftige Forschung sehe ich im folgenden Sachverhalt: Wenn sich die gesamtgesellschaftliche Situation der Männer wirklich geändert hat, so ist das Gleiche von den Frauen zu sagen. So gilt zum Beispiel für die Analyse der gesellschaftlichen Bedeutung der Berufe: Wenn früher der Beruf der Männer im Vordergrund des soziologischen Interesses stand, sind es jetzt die Frauenberufe. Wobei der Terminus Frauenberuf eine völlig neue Dimension beinhaltet und man den Terminus und die Realitäten von heute mit denen von gestern und vorgestern nicht mehr vergleichen kann. Heute finden wir nicht nur rein quantitativ mehr berufstätige Frauen, sondern durchweg einen allgemeinen Aufstiegsprozeß der Frauen, die sich nahezu vollständig aus der subalternen Stellung von früher befreit und einen ungewöhnlichen Wandel durchgemacht haben.

Es gibt eine Parallele in der Berufswelt der Männer und der der Frauen insoweit, als auch in der der Männer die subalternen Berufe einen derartigen Aufstieg durchgemacht haben, daß die heutigen Verhältnisse mit denen vom Anfang des Jahrhunderts völlig unvergleichbar geworden sind. Waren zum Beispiel zu Anfang des Jahrhunderts die untersten Positionen von heimischen Arbeitern besetzt, so sind in den fortgeschrittenen Industriekulturen heute weitgehend Fremdarbeiter in den subalternen Positionen zu finden, während die einheimischen Arbeiter alle miteinander (mit relativ wenigen Ausnahmen) einen enormen Aufstieg durchgemacht haben. Die wirtschaftliche Lage der einheimischen Arbeiter hat sich in all ihren Aspekten (Lohn, sozialer Schutz bei Arbeitslosigkeit, Krankheit und im Alter durch gesetzlich geregelte Arbeitslosenhilfen, Krankenversicherungen und Renten) derart geändert, daß sie mit denen von vor 50 Jahren total unvergleichbar sind. Der soziale Staat ist eine feste Größe geworden, so daß das Phänomen der Proletarisierung völlig zurückgetreten ist. Aber nicht dieser allgemeine Aspekt soll uns hier interessieren, sondern vor allem seine Auswirkung auf die Frauenberufe. Befanden sich diese noch vor relativ kurzer Zeit am untersten Ende der Skala, so haben die Frauenberufe, respektive die weiblichen Berufe, einen sozialen und wirtschaftlichen Aufstieg sondergleichen durchgemacht, der die Situation heute am Ende des Jahrhunderts mit der vom Anfang völlig unvergleichbar macht: Heute sind nicht nur mehr Frauen berufstätig als früher, sondern ihre wirtschaftliche Stellung hat ebenfalls einen totalen Wandel erfahren. Das heißt natürlich nicht, daß sie alle miteinander wirtschaftlich aufgestiegen sind; aber dadurch, daß es immer mehr Frauen in Führungspositionen gibt, hat die Stellung der berufstätigen Frau insgesamt einen völlig neuen Stellenwert gewonnen, und auch die Rolle der Hausfrau wird neu diskutiert.

Die Berufstätigkeit der Frau ist heute nicht eine Notlösung oder ein Seitenzweig der Entwicklung, sondern hat einen sozialen Wandel der Struktur der weiblichen Arbeitswelt erfahren, wobei sich die Differenzierung über ein sehr breites Band bemerkbar macht. Und zwar gilt das nicht nur für Frauen ohne Familie, sondern auch für Frauen mit Kindern, wobei das Verhältnis der ökonomischen Position durchaus zwischen Männern und Frauen geteilt sein kann – allerdings ist das noch ein völlig unerforschtes Gebiet, wie überhaupt die Brechung männlicher Privilegien durch Frauen bisher weitgehend unerforscht ist.

Warum gibt es so wenig Frauenbünde?

Schon vor 1962 schrieb ich: „Die Entwicklung der modernen Wirtschaft hat es mit sich gebracht, daß die Frau zunehmend beruflich tätig geworden ist, und zwar außerhäuslich berufstätig. Ich betone das mit Absicht, um den Anschein zu vermeiden, als sei die Frau früher nicht wirtschaftlich tätig gewesen. Man kann so sagen: die Frau ist in den meisten Gesellschaften, die wir kennen, wirtschaftlich tätig, aber diese Tätigkeit beschränkte sich weitgehend auf eine Tätigkeit innerhalb des Hauses, der Haushaltung. Mit der außerhäuslichen Erwerbstätigkeit hat die Frau dagegen eine Rolle übernommen, die bisher nur der Mann innehatte. Es liegt nun auf der Hand, daß die kulturellen Normen, die diese Tätigkeit regeln, zunächst aus der Männerwelt übernommen werden, so daß eine Art Vakuum in der Frauenwelt entsteht. Sie hat wirtschaftlich die Rolle des Mannes weitgehend übernommen, ohne noch eigene, der weiblichen Kultur angemessene Normen für diese Tätigkeit zu entwickeln. Zahllose Probleme der Frauenarbeit heute hängen mit dieser ungenügenden Definition der weiblichen außerhäuslichen Erwerbstätigkeit zusammen. Allerdings läßt sich auch beobachten, daß mit der Gewöhnung an diese außerhäusliche Erwerbstätigkeit die Frau allmählich immer sicherer wird in der Definition ihrer Stellung innerhalb der modernen Wirtschaftsgesellschaft. Das Ergebnis wird sein die Entwicklung einer eigenen weiblichen Arbeitskultur, die sich deutlich unterscheiden läßt von der männlichen Arbeitskultur." (König 1965: 65f.).

Die Frage, die sich hier stellt, ist leicht angesprochen, aber schwer zu belegen. Mit einem Wort, es handelt sich um einen Tatbestand, der schon mehrfach erwähnt wurde, nämlich die relative Seltenheit der Frauenbünde (falls es überhaupt welche gab). Daß die Frage der Frauenbünde so schwer zu belegen ist, hat unter anderem damit zu tun, daß es auch zu diesem Problem bisher kaum Untersuchungen gibt. Bisher ist nur festzustellen, daß es in den Industriegesellschaften erst in letzter Zeit zur Bildung von Frauenbünden kommt, die aber, verglichen mit der Häufigkeit der Männerbünde, die zweifellos zur Förderung der wirtschaftlichen Lage der Männer beigetragen hat, immer noch Ausnahmen darstellen. Unmittelbar anschließend muß die Frage erörtert werden, wodurch sich der jahrzehntelange Mangel eines solchen wirtschaftlichen Antriebsfaktors zur Bildung von Frauenbünden erklärt, das heißt, warum die Frauen nicht schon viel früher Bünde zur Verbesserung ihres wirtschaftlichen Netzwerkes gegründet haben. Nach traditioneller Auffassung wurden die Frauen mehrheitlich nur dann vor die Notwendigkeit gestellt, zum Unterhalt der Familie beizutragen, wenn die Leistungen der Männer nicht ausreichten.

Die sich wandelnde Arbeits- und Wirtschaftswelt hat zweifellos nicht nur auf die Männer, sondern auch auf die Frauen einen spürbaren Einfluß gehabt. Damit hat sich ihre Ausgangsposition im Kampf um die wirtschaftliche Selbstdarstellung mit der Zeit genau so verschoben wie bei den Männern. Während aber die Männer in dieser Situation bereits über ein Minimum an Erfahrungen über die wirtschaftliche Selbsterhaltung in einer sich zutiefst wandelnden wirtschaftlichen Umwelt verfügten, lag dies bei den Frauen grundsätzlich anders. Sie befanden sich weitgehend in einer Situation der unverschuldeten Verspätung der Entwicklung, weil sie der Alltag unserer männerdominierten Kultur weitgehend fernhielt von der wirtschaftlichen, politischen (und sozialpolitischen) Situation der Umwelt. Angesichts der Rückständigkeit ihrer Entwicklung vor der allgemeinen politischen und wirtschaftlichen Situation war ihre ständige Verspätung vor den Anforderungen der Gegenwart zu verzeichnen, während sich die Männer – auch mit Hilfe der relativ autonomen bündischen Aufklärungsaktionen – leichter in der neuen Gegenwart zurechtfanden. Die Männer hatten also einen grundsätzlichen Vorteil bei ihrer Anpassung an die immerfort sich wandelnden wirtschaftlichen Situationen, während die Frauen relativ abseits standen und gewissermaßen nur ‚mitgenommen' wurden, aber nicht aufgrund einer aktiven Erweiterung ihres Erfahrungsbereichs selber teilhatten, und zwar in einer die Selbstaktivität fördernden Weise der angedeuteten Entwicklung. Das konnte erst nach einer längeren Anpassungsperiode eintreten, vor allem erst nach einer grundsätzlichen Umgestaltung ihrer Stellung in dieser Welt, die nicht mehr nur ‚erlitten' wurde, sondern auch im Rahmen der ‚sozialen Bewegung' der zweiten Hälfte des 19. Jahrhunderts und am Anfang des 20. Jahrhunderts mehr und mehr in einer bewußt (wenn auch ungeplant) verwandelten Umwelt, zunehmend zur Aktivität erweckt wurde.

Die Chance der Frauen

Genau hier aber begann die neue Welt der Frauen. Als Opfer dieses Wandels machten sie einen Bewußtseinswandel durch, der darum so schwerfällig und langatmig ausfiel, weil sie zunächst mindestens teilweise nach wie vor am Rande des Wirtschaftsfeldes standen. Das Ergebnis dieser Entwicklung war die moderne Frauenbewegung. Diese hatte ihren Ursprung nicht in bündischen Vereinigungen, sondern im Druck der Verhältnisse. Allerdings wären bündische Zusammenschlüsse der aktiven Mitglieder sicher nützlich gewesen, aber diese hielten sich gewissermaßen in kleinsten Kreisen, wo sie historisch kaum zu fassen sind. Trotzdem entstand in der Frauenbewegung das neue Selbstbewußtsein der Frau als aktive und belastete Teilnehmerin am sozialen Wandel – eine Entwicklung, die vor circa hundert Jahren einsetzte. Gewiß haben gruppenartige (also soziale) Einflüsse dabei mitgewirkt, dennoch waren und blieben die Frauen, insbesondere der Untermittel- und Unterschichten ohne Hilfe von außen, wegen anderweitiger Belastungen durch die Familie und durch ihre subalterne Stellung auf dem Arbeitsmarkt sowie aufgrund mangelnder Information und ‚Aufklärung' durchweg auf sich selber angewiesen. Sie erlitten also in der Tat eine Situation totalster Isolierung, die nur schwer – wenn überhaupt – zu überwinden war. Hier hätten Frauenbünde Abhilfe schaffen können, aber sie hatten gewissermaßen noch keine Chance sich aufzubauen.

Die Männerbünde der Industriegesellschaften fanden ihre Erweckung in den sozialistischen politischen Bewegungen der Zeit, also in dem Versuch, der Sicherung der

Das Bild, das bei der Papstfeier im Berliner Sportpalast am 12. Februar 1935 aufgenommen wurde, dokumentiert die männerdominierte Welt der Kleriker (vgl. Aufsätze 88–90) und der Jugendbewegung (vgl. Aufsätze 2 und 59) vor dem Zweiten Weltkrieg. Seither haben die Frauen, nicht zuletzt mit Hilfe der Frauenbewegung, ein soziales, wirtschaftliches und kulturelles Selbstbewußtsein entwickelt, aufgrund dessen es – wie René König meint – zunehmend weniger männliche Reservate geben wird. Foto: Bildarchiv Preussischer Kulturbesitz.

menschlichen Persönlichkeit angesichts der Ungleichheit und Entmenschlichung, denen die Gesellschaft von damals durch die wirtschaftliche Entwicklung ausgesetzt war. Dabei wurden von Beginn an die Frauen weitgehend übergangen, und es dauerte lange, bis angesichts der Männerbewegung in der Wirtschaft auch eine analoge Frauenbewegung entstanden war.

Das entscheidende Ergebnis scheint mir zu sein, daß die Erwekkung des sozialen, wirtschaftlichen und kulturellen Selbstbewußtseins der Frauen nicht von außen an sie herangetragen wurde, sondern – im Gegensatz zur Entwicklung der durchschnittlichen Männerwelt – erst allmählich nach der Erweckung eines selbständigen Bewußtseins erwuchs. Dies Selbstbewußtsein wird sich vermutlich in der Zukunft mehr und mehr in bündischen Organisationen der Frauenbewegung niederschlagen. Festzuhalten ist, daß die Frauenbewegung in der Entfaltung eigener bündischer Organisationen zweifellos verspätet gewesen ist.

Zusammenfassend läßt sich feststellen, daß – im Gegensatz zur Männerwelt – in der Frauenwelt die Gestaltung der beruflichen, wirtschaftlichen und politischen Existenz nicht von außen, sondern durch die Frauen selbst gefördert wurde, sie also zum großen Teil das Ergebnis eines persönlichen Bewußtseinswandels ist. Die Emanzipation der Frauen ist über Jahrzehnte aus eigener Initiative errungen worden – einer ihrer Erfolge ist, daß heute zumindest einige Frauen gleichberechtigt in das Berufsleben eingerückt sind. Die auch bei diesem Prozeß immer noch festzustellenden Probleme zeigt Eva-Marie v. Münch in der vorliegenden Materialiensammlung auf (Aufsatz Nr. 12).

Grundfragen

Das Jahr 1902 und die Ursprünge der Männerbund-Ideologie in Deutschland

Jürgen Reulecke

Im Jahr 1902 erschien nicht nur Lenins Propaganda-Schrift für den Marxismus „Was tun?", sondern auch das Buch „Altersklassen und Männerbünde" des Ethnologen Heinrich Schurtz, in dem Thesen formuliert wurden, die gut dreißig Jahre später in Deutschland ihre übersteigerte Ausformulierung und Umsetzung erfuhren. Durch die Männerbünde des Heeres, der SA, SS und des Arbeitsdienstes, planten die Nationalsozialisten den deutschen Mann an Leib und Charakter zu formen: Die Männerbünde sollten zur Keimzelle des Staates werden. Nach dem Zweiten Weltkrieg verschwand die Männerbund-Ideologie zwar aus der offiziellen Politik; männerbündlerische Sehnsüchte und Tendenzen dagegen zeigen sich auch heute noch vielerorts in den verschiedensten Formen.

Daß manche Jahre Umbruchjahre sind, erfahren die Menschen oft ganz hautnah: Kriegsausbrüche, Revolutionen, politische Umbrüche signalisieren unübersehbar, daß die Geschichte einen Sprung macht. Andere Jahre erweisen sich dagegen – in der selektiven Wahrnehmung der Nachlebenden – erst sehr viel später als Zeiten von Weichenstellungen oder als Wurzelgründe entscheidender Wandlungen. Von den Zeitgenossen ahnen meist die wenigsten etwas davon, und auch von der allemal kleinen Zunft der Hellseher, Propheten und Wahrsager ist gemeinhin dazu nichts zu erfahren. Das Jahr 1902 gehört zur letztgenannten Kategorie. Am Ende dieses Jahres hatte wohl kein Beobachter irgendeinen Grund dafür gesehen, warum 26 Jahre später ein in 24 Sprachen übersetzter Bestseller mit dem Titel „Jahrgang 1902" erscheinen würde und sechs weitere Jahre darauf ein wichtiger Ideologe im Umfeld der Gründung eines sogenannten ‚Dritten Reiches' behaupten konnte, im Jahre 1902 sei in einem ‚unvergleichlichen Buch' ein Grundgesetz menschlichen Zusammenlebens erstmalig dargestellt worden – ein Gesetz, dessen Erkenntnis ein bedeutsamer Fortschritt und die Voraussetzung zur gerechten Lösung eines tiefen menschlichen Konflikts gewesen sei – womit der Autor den „kaum überbrückbaren Gegensatz zwischen Mann und Weib" meint (Baeumler 1934: 167). Beide publizistischen Ereignisse scheinen auf den ersten Blick nichts miteinander zu tun gehabt zu haben, doch spannt sich zwischen ihnen ein Bogen, der für die Geschichte der das 20. Jahrhundert bestimmenden, einigermaßen klar fixierbaren Generationen von kaum zu unterschätzender Bedeutung war: Der Jahrgang 1902, dessen Vorkriegs- und Kriegserfahrungen die autobiographisch gefärbte Erzählung von Ernst Glaeser aus dem Jahre 1928 beschreibt, war der älteste (männliche) Altersjahrgang jener Kohorte, die nicht mehr an die Front gekommen ist – Teile des Jahrgangs 1901 wurden kurz vor Kriegsende noch eingezogen –; sie hat den Krieg ausschließlich aus der Perspektive der ‚Heimatfront' erlebt. Über diese Jahrhundertkohorte, das heißt, die ab 1902 bis ca. 1910 Geborenen, ist inzwischen einiges geschrieben worden (z. B. Reulecke 1988): Aufgewachsen unter den desolaten Lebensverhältnissen in der Kriegs- und Nachkriegskrisenzeit, war sie einerseits voll Skepsis gegenüber den älteren Generationen (Ernst Glaeser 1928, Klappentext der Aufl. von 1978: „Der Krieg, das sind unsere Eltern!"), andererseits in besonderer Weise anfällig für neue Heilslehren und die Propagierung antibürgerlicher Lebensformen. Eine herausragende Stelle auf der Palette entsprechender Empfehlungen von meist aus der mittleren Generation stammenden Zeitkritikern an die in den zwanziger Jahren junge Generation nahm der Männerbund ein.

Lenin, Key und Hentschel

1902: ein Durchschnittsjahr des Wilhelminischen Kaiserreichs ohne irgendwelche spektakulären Ereignisse, wie Schulthess' Europäischer Geschichtskalender für dieses Jahr ausweist. Und dennoch: Es war ein Jahr mit einer bemerkenswerten Fülle von Steinen, die in den Teich geworfen wurden und dann ihre ausgreifenden Ringe ziehen sollten! In diesem Jahr veröffentlichte zum Beispiel Lenin seine epochemachende Schrift „Was tun?"; sie erschien im März in Stuttgart und beflügelte in entscheidender Weise alle folgenden marxistischen Bewegungen, indem sie eine ‚Partei neuen Typs' propagierte, jenen Parteityp, der bis vor kurzem im gesamten Ostblock unangefochten dominierte.

Lenin verglich darin seine Epoche mit der des Übergangs vom Knaben- zum Mannesalter („Stimmbruch") und forderte nachdrücklich den revolutionären Aufbruch in eine neue Phase, in der der „streitbare Marxismus gestärkt und gereift" sein werde und die Marxisten als „wahre Vorhut der revolutionärsten Klasse" agieren sollten (Lenin 1962: 230ff.). In demselben Jahr erschien in Deutschland auch das berühmte Buch der Schwedin Ellen Key „Das Jahrhundert des Kindes". Die Schwerter – so hieß es darin – würden erst dann zu Pflugscharen umgeschmiedet, wenn die ganze Menschheit zur „Heiligkeit der Generation" erwache, d.h., wenn sich mit der neuen Generation auch die Menschennatur wandele und im neuen Jahrhundert „dem Kampfe ums Dasein edlere Formen (verleihe)" (Key 1978: 5). Kurze Zeit später notierte dann bereits ein Zeitbeobachter mit Blick auf Ellen Keys Motto, das als Jahrhundert des Kindes begrüßte Jahrhundert sei längst zum Jahrhundert der Jugend avanciert (Korn 1910: 5) – eine Behauptung, deren Berechtigung sich erst aus der Rückschau in ihrer vollen Breite ergeben sollte!

Fast gleichzeitig mit Lenins und Keys Schriften fanden die Zeitgenossen noch ein weiteres programmatisches Werk eines Wilibald Hentschel auf dem Markt, welches zu beweisen versuchte, daß die arische Rasse am Scheidewege stehe und ein neues Geschlecht dazu berufen sei, ein „Heldenvolk der Zukunft" hervorzubringen: „Das neu entstandene arische Kampf-Ideal der deutschen Nation" schaffe den Helden der Zukunft, einen „germanischen Lykurgos"; ihn zeichne „arischer Hochsinn" aus, er werde den „Heilsweg der arischen Völker – die planvolle Züchtung der hellen Rasse vorbereiten" (Hentschel 1901: 13 und 402f.). Jeweils hundert „Ario-Heroiker" sollten in speziellen eugenischen Zuchtkolonien mit tausend „Nordinnen" zusammengebracht werden, um so eine „neue völkische Oberschicht" zu erzeugen (dazu Hermand 1988: 78f.). Daß vor der Realisierung solcher oder ähnlicher Pläne ein Führungswechsel ganz besonderer Art erzwungen werden mußte, war den Wortführern in solchen Gedankengestrüppen klar: „Ein Blutwechsel tut der Nation not, eine Empörung der Söhne gegen die Väter, die Ersetzung des Alters durch die Jugend", lautete zum Beispiel eine besonders klingende Parole bei Arthur Moeller van den Bruck 1904 (zit. bei Stambolis 1982: 88).

Weitere Aufbruchsstrategien, werbende Phrasen, Hoffnungen und utopische Entwürfe von Geburtshelfern unterschiedlichster Provenienz, die sich intensiv darum bemühten, dem neugeborenen Jahrhundert ideologisch auf die Sprünge zu helfen, lassen sich leicht finden (s. dazu Hermand 1988). Neuere Untersuchungen über das geistige Klima um die Jahrhundertwende machen die sozialen wie mentalen Wurzelgründe solcher ideologiegesättigter Zukunftsentwürfe verständlich; ihre Fernwirkungen sind bekannt; ihre Folgen bis heute spürbar.

Heinrich Schurtz und seine Rezensenten

Es scheint leicht zu sein, in diese geistige Landschaft auch jenes weitere Buch aus dem Jahre 1902 einzuordnen, dessen Lob aus der Feder des NS-Philosophen Alfred Baeumler einleitend schon zitiert worden ist: das Buch von Heinrich Schurtz „Altersklassen und Männerbünde". Der Verfasser, am 11.12. 1863 als Sohn eines Zwickauer Arztes geboren, hatte bei dem Leipziger (Anthropo-)Geographen Friedrich Ratzel studiert und promoviert, sich aber schon früh zur Völkerkunde hin orientiert. Seit 1893 war er Assistent am Bremer Übersee-Museum, das damals vor dem Hintergrund reichsdeutscher Kolonialbegeisterung einen beträchtlichen Zuwachs seiner völkerkundlichen Bestände zu verzeichnen hatte, die Schurtz von nun an betreute (Abel 1969: 75ff.). Schurtz veröffentlichte in den 1890er Jahren zunächst eine Reihe von ethnographischen Detailstudien, so zum Beispiel über afrikanische Trachten und Augenornamente, über Speiseverbote, Wurfmesser und die Entstehungsgeschichte des Geldes, ehe er – noch keine vierzig

Jahre alt – seine beiden umfassenden Werke herausbrachte: 1900 seine „Urgeschichte der Kultur“, 1902 seine „Darstellung der Grundformen der Gesellschaft“, so der Untertitel von „Altersklassen und Männerbünde“. Am 2.5. 1903 starb dieser vielgereiste und äußerst engagierte Ethnologe an einer Blinddarmentzündung; die Reaktionen der Fachwelt auf sein letztes Werk, das für den Verfasser selbst überraschend auf eine neue Theorie der Gesellschaftsentstehung hinausgelaufen war, aber noch in einem weiteren Buch über die Grundformen des Staates fortgesetzt werden sollte, konnte er also kaum noch zur Kenntnis nehmen (Ratzel 1903: 51ff.).

Bereits im Jahre 1891 hatte Schurtz in seiner Studie „Grundzüge einer Philosophie der Tracht“ das wissenschaftliche Credo formuliert, das seine Untersuchungen bestimmen sollte: „Wir müssen auf uns selbst zurückgehen, müssen die toten Ergebnisse der Völkerforschung mit unserem eigenen Blute beleben, und in *diesem* Sinne verlangen wir eine *deduktive Ethnologie*“ (zit. Abel 1969: 75). Er setzte sich damit von der vorherrschenden ‚induktiven Ethnologie‘ ab, die – so Schurtz – im Kleinkram zu ersticken drohe. Auch Schurtz’ Buch ist zwar voller ‚Kleinkram‘, aber der Verfasser erstickt nicht darin, im Gegenteil: Seine akribisch vorgeführten ethnographischen Details vom gesamten Erdkreis liefern ihm Belege und Differenzierungsmöglichkeiten für eine Kernthese, die – so lassen manche der Rezensionen noch jetzt ahnen – auf die damaligen Fachleute atemberaubend gewirkt (s.u.) und auch heute keineswegs ihren (frag-würdigen) Reiz verloren hat, selbst wenn man den zeitgenössischen Diskurs über die Ursprünge der Lebensformen in Staat und Gesellschaft, anknüpfend etwa an Bachofens ‚Mutterrecht‘ aus dem Jahre 1861 (dazu Wesel 1980), nicht mehr im einzelnen kennt.

Schurtz geht von konträren Trieben aus, die Frau und Mann primär bestimmen: dem Familientrieb und dem mannmännlichen Geselligkeitstrieb: „Darum ist das Weib der Hort aller Gesellschaftsformen, die aus der Vereinigung zweier Personen verschiedenen Geschlechts hervorgehen, der Mann dagegen der Vertreter aller Arten des rein geselligen Zusammenschlusses und damit der höheren sozialen Verbände“ (Schurtz 1902: IV). Ausdruck dieses anthropologischen Gegensatzes sind bei den Naturvölkern schon seit den frühesten Anfängen die Familienhäuser der Frauen auf der einen, die Männerhäuser, clubartigen Vereinigungen und Geheimbünde auf der anderen Seite. Die Einteilung in die drei Altersklassen Kinder, Unverheiratete nach der Knaben- oder Mädchenweihe und in festen Ehen lebenden Menschen der älteren Generationen spielt dabei eine entscheidende zusätzliche sozialordnende Rolle. Insbesondere den „sympathischen Vereinigungen“ der (jüngeren) Männer kommt nach Schurtz eine große Bedeutung zu, da sich aus ihnen die Grundformen des öffentlichen Lebens und des Staates entwikkeln; ja, hier liegen geradezu die Anfänge jedes Staatswesens, das demnach im wesentlichen von Kräften gespeist wird, die in einem zum Familienleben und zur Ehe feindlichen Verhältnis stehen: Noch im Status als Ehemann huldige der Mann – so Schurtz – dem männerbündlerischen Dasein, „das Gleiches mit Gleichem zu erhöhter Kraftentfaltung und gesteigertem Lebensbewußtsein vereinigt“, aus seinem innersten Wesen heraus; die Liebe zum Weibe sei für ihn deshalb immer nur Episode. „Hier liegt ein tiefer, kaum überbrückbarer Gegensatz zwischen Mann und Weib, der sich in tragischen Konflikten äußern kann, aber auch das Treiben des Alltags durchzieht und in Deutschland vorwiegend in dem ewigen Zwiespalt zwischen Stammtisch und Familienleben auftritt, um im Kampf um den Hausschlüssel den Gipfel kleinlicher Komik zu erreichen“ (ebd.: 21). Die demgegenüber „geringe soziale Kraft des Weibes“ sei darauf zurückzuführen, „daß es innerlich stets (von unnormalen oder pathologischen Frauen abgesehen) für die Rechte des Geschlechtslebens eintritt.“ Hierum bewege sich das Tun und Denken des Weibes mit Vorliebe (ebd.: 20). Zur Absicherung ihrer jeweiligen Positionen hätten die beiden Kontrahenten „schon auf den Stufen, die bisher von den Soziologen für primitiv angesehen wurden, äußerst künstliche Einrichtungen“ geschaffen (zit. nach Ratzel 1903: 61).

Man muß nicht Feminist/in sein, um bei manchen der a-historischen Brückenschläge des Ethnologen in die Gegenwart einer modernen Massenindustriegesellschaft um 1900 zusammenzuzucken, doch ist eine kritische Auseinandersetzung mit den in eindringlicher und gut verständlicher Sprache präsentierten Schurtz’schen Untersuchungsergebnissen hier nicht das Thema, sondern deren Anstoß zur Entstehung jener spezifischen deutschen Männerbundideologie, die schließlich im Nationalsozialismus ihre nicht nur übersteigerte Ausformulierung, sondern auch am weitesten gehende Umsetzung in reale Formen erfahren hat.

Mit Hilfe von exemplarischen Äußerungen sollen im folgenden kurz drei Stufen auf diesem Wege charakterisiert werden (1902–04, 1917–22, 1933/34).

Die unmittelbaren Reaktionen der Völkerkundler und der Wissenschaftler benachbarter Disziplinen auf das Buch von Schurtz waren durchweg zustimmend bis enthusiastisch: der Verfasser habe die Gabe bewiesen, „die Dinge so zu sehen, wie sie sind" (Ratzel 1903: 61); eines der „dunkelsten Probleme der Völkerkunde und der politischen Anthropologie" sei nun einer Lösung nahegebracht worden (v. Luschan 1904: 297). In seinem „genialen Treffer" (Vierkandt 1903: 64) zeige Schurtz, daß „die Grundtriebe der Gesellschaftsbildungen ... den Wechsel der Zeiten überdauert (hätten)"; es sei überraschend, wie identisch viele Gebilde in den primitiven Völkern und in der hochzivilisierten Gegenwart seien (S. 1904: 178). Ganz neue Gesichtspunkte ergäben sich nun für die sich im Aufbau befindlichen Sozialwissenschaften (Schmidt 1902: 464); eine Revision vieler bestehender Auffassungen, zum Beispiel Bachofens, über die Ursprünge der gesellschaftlichen Differenzierungen könne in der Folgezeit nicht ausbleiben (E. 1902: 295; ähnlich Vierkandt 1902: 549). Ein weiterer Rezensent (Steinmetz 1902: 82) lobt nachdrücklich Schurtz' Impulse für eine neue „soziologische Moraltheologie" und spielt damit auf dessen bemerkenswerte Feststellung an, die bisherige „altruistische Sittenlehre" bedürfe von jetzt an einer gründlichen Revision, „da offenbar aus den Geschlechts- und Familientrieben einerseits, den reinen Gesellschaftstrieben andererseits zwei sehr verschiedene und oft völlig entgegengesetzte Arten von Moralgesetzen hervorgehen müssen" (Schurtz 1902: VI). Die umfassende Beweiskraft der Forschungen von Schurtz wird immer wieder gerühmt: Viele Aspekte des menschlichen Zusammenlebens könnten erst jetzt „in ihrem tiefsten Wesen" erfaßt und „in ihrer wahren Bedeutung für das Ganze" gewürdigt werden; insbesondere die natürlich begründeten Unterschiede und Abstufungen des Geschlechts und des Alters seien mit der Schurtzschen Untersuchung als „zwei unverrückbare" Grundkonstanten bewiesen (Achelis 1903: 415). Allerdings könnten – so ein weiterer Rezensent, der nun tatsächlich fast hellseherisch begabt gewesen zu sein scheint (Helmolt 1902: 638f.) – nur die wenigsten Zeitgenossen bereits „die unverhältnismäßige Tragweite der Ergebnisse dieses Buches ahnen", deshalb würden diese Ergebnisse auch „nicht sofort Gemeingut der Gesamtwissenschaft" und somit die „Sittenlehre" beeinflussen: Das Werk werde nur langsam seinen Weg gehen, „aber endlich wirds doch tagen".

Von Schurtz zu Blüher, Plenge und Schmalenbach

Zwar nicht das Buch, aber die Idee des Männerbundes ‚tagte' dann bereits wenige Jahre später, und zwar zunächst einmal sehr stark im literarisch-künstlerischen Bereich. Nikolaus Sombart nennt das Jahr 1907 als Stichjahr; in diesem Jahr schrieb Stefan George „Der siebente Ring", Thomas Mann „Der Tod in Venedig", zwei Werke – so Sombart (1988: 167) –, „in denen die kulturelle Essenz des Männerbundes ihren höchsten künstlerischen Ausdruck findet." Mit Essenz meint Sombart die mannmännliche bund- und staatsbezogene Erotik, wie sie insbesondere zwischen Meister und Jünger, charismatischem Führer und Gefolgschaft, sowie im Freundschaftsbund zwischen dem reiferen Mann und dem Jüngling bestehen kann. Ein dezidiertes Wiederaufgreifen des Schurtzschen Buches dagegen ließ noch zehn weitere Jahre auf sich warten, bis 1917 – also in einer Hoch-Zeit des soldatischen Männerbundes an den Fronten – der damals 29jährige Hans Blüher sein Buch „Die Rolle der Erotik in der männlichen Gesellschaft" herausbrachte. Vor dem Krieg hatte dieser stark von der Jugendbewegung, aber auch von Freud geprägte Autor bereits ein höchst umstrittenes Werk geschrieben (Blüher 1912), das die Wandervogelbewegung als ein erotisches Phänomen interpretierte. Seit 1915 begann Blühers Denken verstärkt um die Rolle und Funktion der Männerbünde zu kreisen; sie seien „das geschärfteste Organ der Vergeistigung des Volkes", schrieb er im Oktober 1915: Das vergangene liberale Kultur-Zeitalter habe sich den geistigen Funktionswert der Männerbünde verscherzt, indem es durch voreilige Gleichsetzung von Mann und Weib das „gemischte Publikum" geschaffen habe. Im Männerbund gebe dagegen der überlegene, charismatische Männerheld den Geist nach unten weiter und schaffe so „Kasten-Ausgleich" (zit. Reulecke 1985: 207f.).

In einem mehrfach gehaltenen Vortrag hat Blüher 1918 die in seinem Buch von 1917 breit dargelegten Elemente einer „Theorie der menschlichen Staatsbildung nach

Der Schriftsteller Hans Blüher (1888–1955) hatte durch seine Schriften entscheidenden Einfluß auf die deutsche Wandervogelbewegung. Er versuchte die tiefenpsychologischen Wurzeln des in jedem Mann latent vorhandenen ‚dunklen Verbündungsdrangs' zu analysieren und war davon überzeugt, daß ein Mann erst im Männerbund seine Fähigkeiten voll ausschöpfen könne und daher die Elite des Staates durch die ‚Schule des Männerbundes' gehen müsse – eine These, die die Nationalsozialisten allzu gern übernahmen. Das Foto aus dem Archiv Burg Ludwigstein, zeigt Blüher im Alter von 32 Jahren.

Wesen und Wert" – so dessen Untertitel – auf kurze Nenner gebracht und sich dabei ausdrücklich auf Schurtz als „sehr wissensreichen Forscher" berufen (Blüher 1918: 21). Allerdings wirft er ihm vor, dem männlichen „Gesellungstriebe" nicht wirklich auf den Grund gegangen zu sein und ihn deshalb im „Zufälligen, Gelegentlichen, Unverbindlichen" belassen zu haben. Blüher dagegen sucht nach den tiefenpsychologischen Wurzeln des in jedem Mann latent vorhandenen „dunklen Verbündungsdranges, der es nicht aushält, unbenannt und dunkel zu bleiben, sondern sich irgendwie in den Dienst des Geistigen und des Lichtes stellen muß" (ebd. 24) und findet diesen Ursprung im mannmännlichen Eros. Er sei es, „der im tiefsten Untergrunde des menschlichen Staatstumes rauscht" (ebd.: 22); alle wirklich formenden Männerbünde, nicht die als bloße „Abwürfe" charakterisierten männlichen Zweckverbände, würden durch Erotik bestimmt (dazu Reulecke 1985, Schoeps 1988). Erst der Männerbund befreie den Mann zu voller schöpferischer Tätigkeit, während die Familie destruktiv auf ihn wirke; die Elite des Volkes müsse daher durch die Schule des Männerbundes gehen (Blüher 1924: 8).

Blüher fand viel Zustimmung, aber auch scharfe, geradezu vernichtende Kritik, wobei besonders der streitbare Soziologe Johann Plenge herausragte (Schäfers 1967, Schildt 1987): Er bezeichnete Blüher als den Propagandisten eines „Affenbundes (von) Onanisten und Päderasten" (Plenge 1920: 3) und beklagte, daß dessen Schriften ein „sittlich gesundes Volk" zu vergiften drohten – dies im Verein mit einem „Teil des jüdischen Literatentums, der auf den Theatern und in den Feuilletons der Zeitungen so viel zur Verschweinerung unseres Geisteslebens beigetragen hat" (ebd.: 31). Das grundlegende Werk von Schurtz werde „durch Blüher von Grund aus veräfft". Da Plenge mannmännliche Erotik für kraß zerstörerisch hält, für Fäulnis, die die Männergesellschaft auflöse, findet er im Anschluß an Schurtz in der „Kameradschaft, Solidarität und Bruderschaft, und im Verhältnis zum Führer wie ähnlich zum Lehrer, in echtem Gefolgschaftsgeist und Treue" die konstituierenden Elemente der Männergesellschaft (ebd.: 18).

Die extremen Positionen bei der Weiterführung der Männerbundideologie über den Ersten Weltkrieg hinaus sind mit Blühers und Plenges Deutungen gut markierbar; zwischen ihnen befand sich ein breites Spektrum von partiellen Übernahmen, Erweiterungen, Verallgemeinerungen, aber auch kritischen Einschränkungen. Wieweit etwa die Feststellung von Georg Höltker in dem renommierten „Handwörterbuch der Soziologie" (1931: 351), die Männerbünde übten auch heute noch einen „gewaltigen Einfluß auf das Gesellschaftsleben" aus und seien für die Entwicklung des Staatsgedankens „nicht unwesentlich von Nutzen gewesen", in den einschlägigen Wissenschaften geteilt wurde oder nur „Ausdruck einer sehr einseitigen Schulmeinung" war (König 1987: 265), wäre erst nach intensiven Recherchen zu klären. Daß aber männerbündlerisches Ideengut in trivialisierter Form in der Weimarer Republik äußerst populär war, ist unbezweifelbar; viele der bestehenden Männerbünde im Bereich der Jugendbewegung und der soldatischen Verbände bezogen Bestätigung und Sinn aus dem breiten Wissenschaftlerdiskurs über das ‚Bündische'. Der von einem charismatischen Führer geleitete Bund wurde zu einem Gegenbild zum ungeliebten Parlamentarismus jener Jahre (Reulecke 1985), und auch die Soziologie nahm sich des Phänomens ‚Bund' jetzt abständiger und kritischer an, ausgehend von einem sehr gründlichen Aufsatz Hermann Schmalenbachs aus dem Jahre 1922. Der Autor wies überzeugend diverse „Schiefheiten in Schurtz' Sozialtheorie" nach und distanzierte sich zugleich nachdrücklich von „dem Unfug..., den der Literat Hans Blüher von Schurtz aus angerichtet hat" (Schmalenbach 1922: 87, 89), um nun seinerseits den ‚Bund' als eine dritte autonome Größe zwischen die von Ferdinand Tönnies herausgearbeiteten Gegensatzbegriffe Gemeinschaft und Gesellschaft zu stellen (König 1987: 185ff.).

Aufnahmen aus den Jahren um 1925 dokumentieren, daß Gymnastik auf den Tagungen der bündischen Jugend eine wichtige Rolle spielte. Kameradschaft, Solidarität und Bruderschaft sollten auch durch den gemeinsamen Sport geformt werden: Eine Idee, die die Nationalsozialisten wenig später für die Männerbünde des Heeres übernahmen. Foto: Archiv Burg Ludwigstein.

Fahnen mit runenartigen Zeichen gehörten zu den wichtigen Symbolen der bündischen Jugend, die sich Pfingsten 1933, als diese Aufnahme entstand, zur Notgemeinschaft ‚Großdeutscher Bund' zusammenschloß, um so ihre Eigenständigkeit gegenüber der Hitlerjugend zu retten. Doch vergebens: Kurz nach der Proklamation wurde das Jugendlager wegen „Gefährdung der öffentlichen Ruhe und Ordnung" abgebrochen. Wenige Tage später löste der Reichsjugendführer der NSDAP, Baldur v. Schirach, den Großdeutschen Bund auf. Foto: Julius Groß. Archiv Burg Ludwigstein.

Die Männerbundideologie der Nationalsozialisten

Solche differenzierenden Bemühungen blieben aber dann doch letztlich die Ausnahme. „Die bündischen Elemente in der deutschen politischen Gegenwartsideologie" – so der Titel einer Dissertation aus dem Jahre 1934 (Kost 1934) – begannen stark zu wuchern und fanden schließlich im nationalsozialistischen Umfeld einen ausgezeichneten Nährboden: Die Ideologie des Männerbundes eignete sich vorzüglich, um klare Dichotomien und Freund-Feind-Kategorien zu bilden (Sombart 1988: 172ff.). Sie bot zugleich vielfältige Möglichkeiten, den inneren Aufbau des NS-Staates zu legitimieren:

„Die Männerbünde des Heeres und der SA, der SS und des Arbeitsdienstes sind allesamt Verlängerungen der HJ in das Mannesalter hinein. Ihre erzieherische Kernaufgabe ist ein und dieselbe. In ihren Ordnungen und durch sie soll der politische deutsche Mensch geformt werden, und zwar vor allem auf dem Wege der Übung und Gewöhnung, mit Hilfe planvoller Anstrengungen, die den häufig wiederholten Einsatz der leiblichen und charakterlichen Kräfte fordern, und unter Betonung der Erziehung zur Wehrhaftigkeit. Gemeinsam ist ihnen allen auch die

Vorherrschaft der leiblichen und Willenserziehung. Geistige Schulung und insbesondere Bildung stehen zurück." (Sturm 1933: 141f.) – so heißt es dann lapidar in einem 1933 erschienenen überarbeiteten Grundwerk der NS-Pädagogik, das sich in seinem Kapitel über die Jugend- und Männerbünde im Dritten Reich sehr stark an den NS-Ideologen Alfred Baeumler anlehnte. Dieser wiederum hatte sich in den 1920er Jahren zunächst mit Bachofens ‚Mutterrecht' beschäftigt, dann jedoch das Buch von Schurtz für sich entdeckt und ‚ausgeschlachtet'. Seit 1933 an der Berliner Universität Professor für Philosophie und politische Pädagogik, gehörte er zu den wichtigsten akademischen Propagandisten des Nationalsozialismus und wurde später der Leiter des Amtes Wissenschaft in Alfred Rosenbergs Dienststelle, die die gesamte weltanschauliche Erziehung der NSDAP kontrollierte. Unter dem Titel „Männerbund und Wissenschaft" legte er 1934 eine in der Folgezeit oft zitierte und vielbeachtete Aufsatzsammlung vor, die auf in den Jahren vorher gehaltenen Reden basierte (Baeumler 1934) und immer wieder auf das Thema Männerbund / Staat / Volk zurückkommt. Schurtz' Buch wird dabei ganz distanzlos und unkritisch zur Beweisführung herangezogen (ebd.: 166 f.), wenn es darum geht, „das intimste deutsche Problem" zu lösen, das laut Baeumler darin bestehe, dem „Philisterium", das heißt, der bürgerlich-liberalen Entartung des Männerbundes zu entgehen und ihn als „deutschen Männerbund... aus der Tiefe unseres Seins und Wesens neu (zu erzeugen)" (ebd.: 34). Nicht die Familie sei die Keimzelle des Staates, sondern dieser werde „künstlich geschaffen durch die Taten und die Vereinigung freier Männer". Wenn jedoch der junge Mann den Platz nicht finde, den er zur Entfaltung seiner heroischen Kräfte brauche, dann „hat er nur die Wahl, zum nüchternen Geschäftsmann, zum Weiberknecht oder zum versimpelten Familienvater zu werden" (ebd. 42).

Zitate ähnlichen Inhalts lassen sich ebenso wie Belege für die Übernahme der auf holzschnittartige Maximen gebrachten Männerbundideologie in den NS-Kampfverbänden in großer Zahl finden. Der zusammenhaltende Kitt dieser ‚Bünde' reichte von bedingungsloser Treue zu Volk und Führer bis hin zur Bereitschaft zur Selbstaufopferung: „Treu leben, todtrotzend kämpfen, lachend sterben" – so lautete zum Beispiel ein Motto der Hitler-Jugend. Und so blieb denn in jenem „obskurantistisch-mystisch-aggressiven Klima trotziger Selbstbehauptung" letztlich nur noch die radikale Alternative Sieg oder Untergang... (Sombart 1988: 175).

Vielleicht kann man es zusammenfassend so sagen: In einer Phase beschleunigter Erosion traditioneller bürgerlicher Werte und Lebensformen, in der gleichzeitig die naturwissenschaftliche Beweisführung via unbezweifelbarer Naturgesetzlichkeit auch in den Bereich des menschlichen Miteinanderlebens übertragen wurde, boten sich solche atavistischen Denkgebäude wie das der Geburt des Staates aus den Männerbünden, für das Heinrich Schurtz 1902 die ethnologische Basis geliefert hatte, als überzeugende Sinnstiftungen an. ‚Fortschrittliche Reaktion', lautete das Schlagwort für all diese Bestrebungen in den letzten Jahrzehnten vor dem Ersten Weltkrieg (Hermand 1988). Hielt sich Schurtz bei seinen Brückenschlägen in seine Gegenwart trotz einiger Vorstöße noch eher zurück, so war das bei seinen Jüngern nicht mehr der Fall, im Gegenteil: die bürgerliche Lebensform, so Baeumler, sei der aktuelle, bedrohliche Gegner, den die soldatischen Männerbünde überwinden müßten. Mit dem Untergang des auf solchen ideologischen Bausteinen mitaufgebauten Dritten Reiches verschwand dann auch das Männerbundsyndrom aus der offiziellen politischen Kultur in Deutschland, ein Syndrom, ohne das die deutsche Mentalitätsgeschichte in der ersten Hälfte des 20. Jahrhunderts nicht zu verstehen ist (Reulecke 1985, Sombart 1988). Mentalitäten wechselt man aber nicht wie ein Hemd, deshalb sind in manchen Köpfen vielfältige Reste männerbündlerischer Sehnsüchte durchaus noch vorhanden, nicht nur in der Neonazi-Szene, deren innere Auseinandersetzungen belegen, daß das eigentümliche Gewächs ‚Männerbund' auf dem deutschen ‚Sonderweg' in die Moderne auch in ganz sichtbarer Form keineswegs ausgestorben ist (Wolschner 1986).

Der Staat als Männerbund – Religionsanthropologische Aspekte der politischen Evolution

Ernst Axel Knauf

Welche materiellen Voraussetzungen und Rahmenbedingungen der menschlichen Existenz haben zur politischen Marginalisierung der Frau in den vergangenen Jahrtausenden geführt? Sind diese erkannt und für die spät-industrielle Gegenwart als irrelevant herausgestellt, bleibt aber noch die Frage nach der Herkunft der ideologischen Rechtfertigung dieser Marginalisierung, die als überwunden zu bezeichnen ein Euphemismus wäre.

For Carrie

Nun haben auch im Kanton Appenzell die Frauen das aktive und passive Wahlrecht. Es soll Appenzellerinnen geben, die darüber nicht glücklich sind: bedeutet ihre Gleichstellung im Bereich der öffentlich ausgeübten Macht doch auch das Ende der Jahrtausende alten geschlechtlichen Macht-Verteilung, nach der die Männer im Bereich der Öffentlichkeit und die Frauen im Bereich der Häuslichkeit das Sagen haben (und in welchem Bereich die wirklichen Entscheidungen fallen, darüber kann man durchaus streiten). Nein, Europas Männer haben gewiß keinen Grund, auf den Orient herabzusehen, in dem traditionellerweise die Männer auf der Straße oder in den Kaffeehäusern ihrem Klatsch nachgehen, derweil die Frauen die Arbeit machen (und hinter den Mauern der *harims* ihren Männern das Taschengeld zuteilen). Im folgenden soll den Ursprüngen der ‚geschlechtlichen politischen Arbeitsteilung' nachgegangen werden, die sich darin ausdrückt, daß, seit es explizite, institutionalisierte gesellschaftliche Machtausübung (mit anderen Worten, den Staat) gibt, diese Betätigung fast ausschließlich Männern überlassen blieb (und wenn, durch die Zufälle der dynastischen Legitimation, doch einmal eine Frau Regierungschefin wurde, dann sahen sich diese Frauen, ob als Pharao Hatschepsut oder als Czarina Katharina, in der Regel dem Zwang ausgesetzt zu beweisen, daß sie die besseren Männer waren). Verstehen heißt nicht rechtfertigen; es heißt im Gegenteil, die Hinfälligkeit der realen Bedingungen dieses, trotz Frauenquoten, noch kräftig nachwirkenden Zustandes und mögliche Ursprünge seiner ideologischen Begründung aufzuzeigen.

Weil unser Denken und Handeln nicht von der Welt ‚an sich' geleitet ist, die wir nicht kennen und nicht kennen können (Popper 1984), sondern von der Welt unserer Vorstellungen, darum erscheint es sinnvoll, dieses komplexe und im beschränkten Rahmen eines kurzen Aufsatzes auch nur annäherungsweise zu umreißende Thema unter dem Aspekt seiner ideologischen Bewältigung anzugehen, das heißt, für die Menschen vorstaatlicher Gesellschaften und jene der frühen Staaten, unter dem Gesichtspunkt der Religion. Was immer Götter noch sein können, sie sind immer auch der Grundkonsens ihrer Verehrer-Gemeinschaften (Durkheim 1912).

Die europäische Zivilisation, der wir angehören und in deren Begrifflichkeit wir kommunizieren, hat zwei mythische Wurzeln: die biblische Überlieferung und die der ‚klassischen' Antike (auch wenn die reale Kenntnis dieses Überlieferungsbereiches dank der Erziehungspolitik der letzten beiden Jahrzehnte immer mehr auf eine immer kleinere Elite beschränkt wird). Wenn ich im folgenden die religiöse Reflektion der politischen Evolution auf dem Boden Palästinas verfolge, dann auch, weil die überproportionale archäolo-

„Nein, Europas Männer haben gewiß keinen Grund, auf den Orient herabzusehen, in dem traditionellerweise die Männer auf der Straße oder in den Kaffeehäusern ihrem Klatsch nachgehen, derweil die Frauen die Arbeit machen (und hinter den Mauern der harims ihren Männern das Taschengeld zuteilen)." Foto: W. Formella, Köln.

gische Betätigung in diesem Land zusammen mit dem Sachverhalt, daß es seit dem achten Jahrtausend v. Chr. im Zentrum der ökumenischen und politischen Evolution stand, erlaubt, die Vorgeschichte des Staates hier besonders weit zurückzuverfolgen. Auf Parallelen wie Unterschiede zum antiken Griechenland wird am Rande hinzuweisen sein. Hätten die Griechen ihren Staat nicht als ‚Männersache' empfunden, hätten sie die Gegenwelt der Amazonen nicht erfinden müssen.

Der Staat des Deuteronomium

Einen Begriff für ‚Staat' hat das Alte Testament sowenig wie der gesamte Alte Orient. Es kann aber kein Zweifel aufkommen, daß die Sache ‚Staat' in den Gesetzen des Deuteronomium (5. Buch Mosis) vorliegt: 16,18–20 behandelt die Einsetzung von Richtern und Beamten, denen nach 17,8–13 ein Gewaltmonopol zukommt. Für das sechste und fünfte Jahrhundert v. Chr., in dem die Gesetze konzipiert und redigiert wurden, beschreibt es sogar einen ungemein modernen Staat. Denn diese Funktionäre erscheinen als eine menschliche Einrichtung aufgrund von Praktikabilitätserwägungen (1,9–18). Der göttlich legitimierte König, der in den Staaten Israel und Juda in der ersten Hälfte des ersten Jahrtausends v. Chr. seinerseits den aus seinen ‚Dienern' bestehenden Staatsapparat legitimierte, wird hier (17,14–20) dagegen fakultativ und funktionslos – denn außer Beschränkungen seiner Macht hinzunehmen (Armee, Staatsschatz, diplomatische Heiraten), hat er nach dem Deuteronomium weiter nichts zu tun, als dasselbe fleißig zu lesen.

Mit diesem ‚Königsgesetz' erweist sich das Deuteronomium bereits als Utopie, nicht als eine Sammlung von Gesetzen, die in der Geschichte Israels vor 586 v. Chr. jemals in Kraft gestanden hätten, (als von einem beamteten Richtertum – und einem staatlichen Gewalt-Monopol – noch keine Rede sein konnte; Niehr 1986). Zwar haben die Verfasser des Deuteronomiums, die zugleich das für die Folgezeit maßgebliche Bild der Geschichte Israels von der Schöpfung bis zum Untergang des Staates Juda 586 v. Chr. redigierten, sich alle Mühe gegeben, ihren Gesetzesentwurf als seit Urzeiten verbindlich und im Jahre 622 v. Chr. unter dem König Josia ‚wiederaufgefundenen' hinzustellen, doch ist diese Fiktion leicht zu destruieren (Levin 1984). Mit dieser Konstruktion geben sich die Verfasser allerdings als Nachkommen und Nachfolger der Politiker zu erkennen, die Josias Versuch einer imperialistischen Politik zwischen den Großmächten mitgetragen und mitverantwortet haben. Als Gesetzessammler wie Historiker versuchen sie, aus dem Scheitern dieser Politik ihrer Väter (und der Kritik eines Jeremia) die Konsequenzen für die Zukunft zu ziehen (Albertz 1989).

Daß ihre Verfasser diese Gesetze als Utopie gemeint haben, verraten sie einmal mit ihrer Verortung in der mythischen Vorzeit des Volkes, bevor es sein Land in Besitz nahm (1,1–8 und öfter). Möglicherweise haben sie gehofft, diese – durchaus blutig und gewaltsam vorgestellte – Inbesitznahme in ihren eigenen Tagen zu ‚wiederholen' (nein, sie hat nie stattgefunden, aber der Gedanke bleibt schlimm genug). Vielleicht aber erwarteten sie die Realisierung ihrer Utopie schon von jenseits der historischen Zeit. Chiliastische Erwartungen wie die, daß es in dieser Zukunft keine Armut mehr geben solle (15,4), lassen diese Möglichkeit offen, wie volkswirtschaftlicher und politischer Realismus keineswegs eine Stärke dieser Autoren war. Neben dem ganz unköniglich gedachten König ist hier an das Zinsverbot zu denken (23,19) und eine Regelung von Schuldverhältnissen, die sich nur ein caritativer Verein erlauben kann (15,7–11: dieser Aspekt wird vom Text nachgerade betont). Die Befreiung vom Wehrdienst ist in einer Weise geregelt, die keine Armee der Welt bei Gefahr der Selbst-Auflösung akzeptieren könnte (20,5–8, besonders 8). Nichts liegt den Gesetzen mehr am Herzen als die Frage des richtigen Kultes des richtigen Gottes (6; 12–14; 16,1–17; 18, 9–22). Als Staats-Gesetz angewandt, hätten solche Regelungen unter den Bedingungen der Antike diplomatische Missionen ebenso unmöglich gemacht wie Staatsverträge: In beiden Fällen wäre den Göttern beider Staaten Respekt zu zollen gewesen und nicht nur Einem. Nicht Steuern werden geregelt (im Gegenteil: der König soll ja nicht zuviel Geld zur Verfügung haben!), sondern ausschließlich die Kirchensteuer, und nicht die Versorgung der Richter und Beamten wird sichergestellt, sondern die der Priester und Leviten (18,1–8). Diese ‚Verfassung' decouvriert sich selbst, wenn in 23,1–8 auf einmal nicht mehr vom ‚Volk' die Rede ist, sondern von der „Versammlung" (oder „Gemeinde"). Mit anderen Worten: es liegt nicht die Verfassung eines Staates vor, sondern die Satzung eines Vereins (zu dessen sozialer Verortung die Ungleichbehandlung von „Landsleuten" und „Ausländern" 23,20 Auskunft gibt).

Der ‚Staat' des Deuteronomium ist ein Männerbund (wie die Gruppe seiner Verfasser wahrscheinlich einer war). Man kann nicht einwenden, der Staat sei hier eben noch ‚theokratisch' konzipiert. Gewiß waren alle frühen Staaten ‚Theokratien' (Fried 1967; Service 1975), insofern die Legitimation, die der institutionalisierte Staat aufgrund seiner Effizienz bezieht (oder im Falle seines Versagens verliert), im Prozeß seiner Evolution als Vertrauensvorschuß zu erbringen war, der im Rahmen antiken prä-rationalen und prä-funktionalen Denkens nur religiös formuliert werden konnte. Aber wie die sehr rationale Behandlung von Königtum und Beamtentum zeigt, sind wir mit dem Deuteronomium schon weit jenseits des frühen Staates.

Auf die staatlichen Züge des deuteronomischen Konstrukts wurde hingewiesen. Als Männerbund hat er allerdings nur Bürger und keine Bürgerinnen. Wenn in 1,1 „ganz Israel" angeredet ist, sind dies, wie aus dem folgenden zweifelsfrei hervorgeht, nur die männlichen Israeliten. 13,6 nennt in hierarchischer Abstufung Bruder, Sohn, Tochter und dann erst die Frau. Sie wird als zum „Haus(rat?)" gehörig mitgemeint (zum Beispiel 15,20), dann aber, wenn einmal die Angehörigen des „Hauses" aufgezählt werden, trotzdem vergessen (16,11). Nur die Männer können im Deuteronomium eine Scheidung aussprechen; bei Konfliktfällen des Scheidungsrechtes interessiert ausschließlich, welcher Mann die Frau weiter versorgen muß, der Ehemann oder der Schwiegervater – wie die in ihrem Selbstwertgefühl verletzte Frau weiter mit ihrem Mann auskommen soll, ist nicht im Blick (22,13–19; 22,28–29). Man kommt nicht umhin, diese und andere, Frauen betreffende Regelungen (21, 10–13; 25,11–12) der sexistischen Grausamkeit anzuklagen. Nur in einem nicht-geschlechtsspezifischen Fall wird die Frau als mögliche Täterin in diesen ‚Gesetzen aus der Männerwelt' ausdrücklich genannt: beim Frevel des „Götzendienstes", insbesondere der Verehrung von Astralgottheiten (17,2–5). Wir kommen darauf zurück.

Man kann darauf verweisen, daß die frauenfeindlichen Männerphantasien in den sozialen Verhältnissen der Juden im fünften Jahrhundert v. Chr. kein Korrelat haben: Nach zeitgenössischen Papyri konnten Frauen aktiv ihre Scheidung betreiben, verwalteten ihr eigenes Vermögen und traten als Unternehmerinnen auf (Proverbien 31, 15–18). Damit hätte man aber die ‚Verfassungsutopie' des Deuteronomiums angesichts ihrer dreifachen Rezeption in Judentum, Christentum und Islam zu schnell relativiert. Wir mögen uns über die konzeptionelle Ungleichbehandlung der Geschlechter in diesem Buch entsetzen; wir sollten uns aber noch mehr über den Befund entsetzen, daß diese Art der Ungleichheit jahrtausendelang in Europa (und mancherorts noch heute) ein realer und als ‚natürlich' empfundener Zustand war. Verbalisiert diese Utopie nicht Momente des Staates (und macht sie damit kritisierbar), die diesem seit seiner Entstehung anhaften, freilich erst unter spezifischen ideologischen (antik: religiösen) Voraussetzungen in dieser Weise formuliert werden konnten?

Geschlechtliche Arbeitsteilung und religiöse Segregation in der Steinzeit

Nach der Analogie rezenter Jäger-Sammler-Kulturen (wie den australischen Ureinwohnern; Wilpert 1987) ist schon beim Menschen der Steinzeit mit geschlechtlicher Arbeitsteilung zu rechnen: Männer jagen und Frauen sammeln, in der Regel jedenfalls. Diese Arbeitsteilung beruht nun nicht, wie unverbesserliche Chauvinisten wohl annehmen könnten, auf einer angeborenen männlichen ‚Überlegenheit', sondern im Gegenteil auf dem evolutionsbiologisch marginalen Charakter des Mannes (nicht nur als Gattung, sondern vor allem als statistische Mehrheit): Hennen läßt man leben, damit sie weiter Eier legen, und die Hähnchen kommen in den Grill. Da Hominiden sehr lange trächtig sind (darin nur vom Kamel und vom Elefanten übertroffen) und gewöhnlich nur ein Junges zur Welt bringen, das darüber hinaus in den ersten Lebensjahren auf eine Symbiose mit der Mutter angewiesen ist, waren Frauen für den Fortbestand der Art viel zu wertvoll, um gefahrenträchtigen Situationen ausgesetzt zu werden. Auf ein Männchen mehr oder weniger kam es hingegen, wenn es um den biologischen Fortbestand der Horde ging, nicht an. Wegen ihrer – in der Regel sich über ein volles Erwachsenen-Leben erstreckenden – Belastung mit Fetus und Kleinkindern kamen Frauen in der Regel nur für Tätigkeiten in der unmittelbaren Nähe des Lagerplatzes in Betracht, während Männer in einem größeren Aktionsradius tätig sein konnten. (Es ist daher kein Zufall, daß den Frauen beim Übergang der Menschheit zur seßhaften Lebensweise eine ausschlaggebende Rolle zukam). Frauen haben ihren evolutionsbiologischen ‚Wert' von Natur aus; Männer mußten sich zur Fortpflanzung hingegen erst qualifizieren, sich und der Bande ihren ‚Wert beweisen', ihren Rang in der Konkurrenz mit Mit-Bewerbern ‚erkämpfen' (Knussmann 1985).

Die geschlechtliche Arbeitsteilung der Steinzeit ist ein letztlich biologisch bedingter Sachverhalt. Insofern aber auch der steinzeitliche Mensch bereits ein Kultur-Wesen war (und sich bereits auf dem Weg zu einer Zivilisation befand, die eines Tages den biologischen Unterschied soweit kompensieren sollte, daß Frauen alle Männer-Rollen offenstehen, zumindest in der Theorie), äußert sich die geschlechtliche Arbeitsteilung der Steinzeit auch auf konzeptionell-ideologischem Gebiet: des Zerfallens der metaphysischen Welt des frühen Menschen in eine Männer-Welt und eine Frauen-Welt. Beide Geschlechter haben Mythen und Riten, von denen das jeweils andere Geschlecht partiell oder ganz ausgeschlossen ist. Frauen initiieren Frauen, und Männer initiieren Männer. Eine religiös eigenständige Frauen-Welt wird sich lange halten, zumindest bis zu den dionysischen Mysterien der Griechen. Wegen der größeren Unabhängigkeit des Mannes vom ‚Herd' der eigenen Bande kommt es schon in den vor-politischen Jäger-Sammler-Gesellschaften zu Gruppen-übergreifenden religiösen Zusammenschlüssen von Männern, Männerbünden. Auf kulturellem Gebiet zeichnet sich bereits in der Steinzeit eine Dichotomie ab, die sich durch die kommenden Jahrtausende hindurchziehen wird: weibliches Kulturschaffen (Körperbemalung, Korbflechterei) galt vergänglichen Objekten und ist daher weitgehend verloren, während Männer in dauerhaftem Material gearbeitet haben: der Waffen-Produktion etwa und den Höhlenbildern, die nach Motivik wie Gebrauchsspuren im Zusammenhang mit Jagd- (also Männer-) Ritualen entstanden sind. Männern fiel es darum jahrtausendelang leicht, sich als die ‚eigentlichen' Kulturträger zu verstehen – wenn man ‚Kultur' entsprechend selektiv definiert. Und unter biologischem Gesichtspunkt läßt sich verstehen, daß Männer Grund hatten, ihre angeborene Marginalität zu kompensieren. Bei der Arbeit in dauerhaftem Material könnte schon in der Steinzeit ein Wunsch nach über-individueller Transzendierung des persönlichen Todes eine Rolle gespielt haben, während Frauen in ihren Kindern fortleben, und man kennt halt (zumindest vor der Entwicklung von Genom-Analysen) mit Sicherheit immer nur die Mutter.

Das labile Ungleichgewicht der Geschlechter macht verständlich, warum schon in der Steinzeit ‚Führungspositionen', soweit es welche gab, von Männern eingenommen wurden (Weippert 1988: 92). Die männlichen Verhaltens- und Denkweisen, die dazu führen sollten, daß, sobald es politische Macht auszuüben gab, Männer sich dieser Aufgabe mit Hingabe angenommen haben, sind biologisch (und steinzeitlich) präformiert. Daß freilich eines Tages politische Macht darauf warten würde, ausgeübt zu werden – das hat die Menschheit den Frauen zu verdanken.

Frühe Ackerbaukulturen und die Geburt der Großen Göttin

Mit dem Ende der Altsteinzeit (Epipaläolithikum oder ‚Mesolithikum', Mittlere Steinzeit) wurden die Hominiden im Vorderen Orient (seit circa 15000 v. Chr.) seßhaft; das heißt, ihre weibliche Komponente wurde lokostabil, während die Männer weiter auf die Jagd gingen. Wie neue Gerätetypen (Sicheln, Mörser, Reibsteine), aber auch eine rapide Verschlechterung der Zahn-Gesundheit im archäo-pathologischen Befund zeigen, überwog bei der Ernährung der von den Frauen erarbeitete kohlehydratreiche pflanzliche Anteil die von den Männern bereitgestellte tierische Komponente bald bei weitem. In unzulässiger Vereinfachung könnte man sagen: Eines Tages zogen die Männer auf eine besonders ausgedehnte Jagd, und als sie zurückkamen, hatten die Frauen inzwischen die ersten Getreidesorten domestiziert und damit die Männer nicht nur biologisch, sondern nun auch ökonomisch marginalisiert. Um wieder bedeutsam zu sein, erfanden die Männer den Staat. Natürlich ging beides, die Domestikation der Pflanzen (später Tiere) und die Evolution des Staates, nicht so schnell vor sich, sondern erstreckte sich über circa 10000 Jahre. Zumindest die Domestikation des Getreides war in den Anfängen ein unbewußter Prozeß: die primitiven Feuerstein-Komposit-Sicheln, mit denen die Halme mehr abgerissen als abgeschnitten wurden, sorgten dafür, daß in dem Augenblick, in dem die Frauen nicht nur ernteten, sondern auch säten, vorzugsweise solche Körner zur Aussaat kamen, die fester am Halm saßen als es bei Wildgetreide in der Regel der Fall ist. Nach einigen Jahrtausenden waren auf diese Weise neue Getreide-Sorten entstanden, die den Vorteil, mit geringerem Verlust geerntet zu werden, mit dem Nachteil verbinden, nunmehr gedroschen werden zu müssen (Wagstaff 1985: 29–47).

Mit dem Übergang des weiblichen Teils der Menschheit vom Nahrungssammeln zur Nahrungsproduktion (ab achttausend v. Chr.) sprechen wir von der ‚neolithischen (jungsteinzeitlichen) Revolution', die, auch wenn sie eine Evolution war, die Voraussetzung des zivilisatorischen Prozesses bildete. Das Motiv zur Aufnahme der Nahrungsproduktion seitens der Frauen lag zweifellos im Wunsch, die seit der ausgehenden Altsteinzeit unter günstigen klimatischen Bedingungen erreichte *stabilitas loci* (Seßhaftigkeit) auch unter weniger günstigen Klimaverhältnissen beizubehalten. Noch im Laufe der frühen Jungsteinzeit begannen die Frauen, die ersten Haustiere (Ziege und Schaf) zu domestizieren, wozu sie ihre Getreideüberschüsse einsetzen konnten (Jäger haben nur ein Tier von zweifelhaftem Wert domestiziert: den fleischfressenden Hund; die zur Zähmung erforderliche Einstellung zum Tier ist der des Jägers sonst diametral entgegengesetzt). Damit erschloß sich die Frau als Bäuerin auch den Beruf der Hirtin. Bis etwa fünftausend v. Chr. scheint Viehzucht aber in Palästina keine so große Rolle gespielt zu haben, daß die männliche Jagd überflüssig geworden wäre. Auf einer jungsteinzeitlichen Stufe fast ohne Viehzucht, mit männlicher Jagd und weiblichem Ackerbau, trafen die Europäer die Ureinwohner Nordamerikas im 17. und 18. Jahrhundert n. Chr. an, deren Verhältnisse die geschlechtliche Arbeitsteilung in unserer eigenen Vor- und Frühgeschichte zu rekonstruieren helfen (Edmunds 1984: 2–18).

Dadurch, daß Nahrung über das natürliche Angebot hinaus durch Arbeit erzeugt werden konnte, verschob sich die mögliche Obergrenze einer gemeinsam wirtschaftenden und wohnenden Gruppe weit nach oben. Umfaßt eine Bande von Jägern und Sammlern selten mehr als fünfzig Köpfe und oft weniger, so ist gerade das frühe Neolithikum Palästinas (achttausend bis sechstausend v. Chr.) durch Großdörfer mit bis zu zweitausend Bewohnern charakterisiert. Eine politische Organisation dieser Dörfer ist nicht nachzuweisen, wohl aber eine Gliederung nach Sippen (lokalen Linienverbänden ohne übergreifende Stammesstruktur). Es ist anzunehmen, daß Männer Familien-Häupter blieben und Sippenhäupter wurden (es ist aber ausgeschlossen, daß diese ‚Ältesten', außer zu repräsentieren und zu disputieren und den Konsens der von ihnen Repräsentierten einzuholen, auch etwas zu kommandieren hatten). Frauen waren nun auch ökonomisch zu bedeutsam, um sich an Palavern zu beteiligen.

„Kennen wir auf religiösem Gebiet aus der Altsteinzeit nur Tierdarstellungen, also ‚Götter' der Männer, so tritt in den frühen Ackerbaukulturen (offenbar universal) die ‚Große Göttin' an die Spitze der metaphysischen Welt, deren starkbetonte Hüften und Brüste sie als Fruchtbarkeitssymbol auswiesen, wenn ihr Geschlecht es nicht schon täte." Steinfigur aus Munhatta, 6. Jahrtausend v. Chr. Zeichnung: H. Malzkorn nach Weippert 1988.

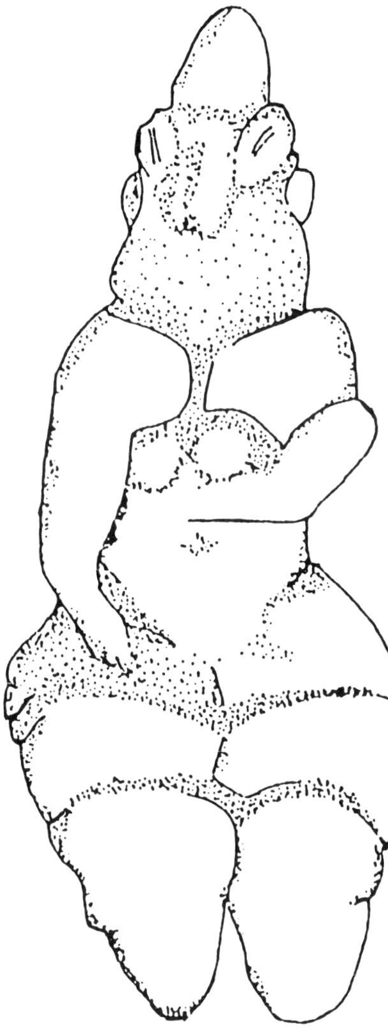

Auf ideologischen Gebiet jedoch vollzieht sich ebenfalls eine Revolution: Kennen wir auf religiösem Gebiet aus der Altsteinzeit nur Tierdarstellungen (zu Palästina: Weippert 1988: 90–93), also ‚Götter' der Männer, so tritt in den frühen Ackerbaukulturen (offenbar universal) die ‚Große Göttin' an die Spitze der metaphysischen Welt, eine Frauengestalt, deren starkbetonte Hüften und Brüste sie als Fruchtbarkeitssymbol auswiesen, wenn ihr Geschlecht es nicht schon täte. Tritt neben die Göttin ein Gott, wie in den Statuen von Ain Ghazal (Jordanien; Weippert 1988: 197; Mershen 1988: 22), so ist er wesentlich kleiner. In den Sippendörfern der Jungsteinzeit gibt es zum ersten Mal so etwas wie ein Pantheon: den Versuch, einen gesamtgesellschaftlichen, Frauen wie Männer umfassenden Konsens über die Struktur der metaphysischen Welt herzustellen. Die ‚Große Göttin' als oberste Garantin der gesellschaftlichen Ordnung reflektiert in den jungsteinzeitlichen Bauern-Jäger-Kulturen die dominante Rolle der ‚Mutter Erde' und ihrer weiblichen Bearbeiterinnen.

Die heilige Jagd

Seit etwa fünftausend v. Chr. hat die Jagd in Palästina ihre wirtschaftliche Bedeutung verloren; die Viehzucht der entwickelten Dorfkultur (neben Ackerbau und Gartenbau) hat sie abgelöst. Im Chalkolithikum (‚Kupfersteinzeit', im wesentlichen das fünfte und vierte Jahrtausend v. Chr.) entwickeln sich innerhalb der Dorfkultur Zentralorte ersten Grades, die zusammen mit einem Kunsthandwerk (Kupferguß und Elfenbeinschnitzerei) auf die Entstehung von ‚Häuptlingstümern' *(chiefdoms)* schließen lassen (Service 1975; Levy 1986). Aus den Sippendörfern der Jungsteinzeit haben sich lokale Stämme mit einfacher sozialer Schichtung gebildet, die „tribale Klassengesellschaft" (Dostal 1985) ist entstanden. Kronen, Zeremonialkeulen und Szepter, aber auch der ethnologische Vergleich legen es nahe, daß die politischen Führer dieser immer noch vor-staatlichen Gesellschaft, die (Priester-)Häuptlinge wiederum Männer waren. Es scheint allerdings, als seien in Häuptlingstümern die Chance von Frauen, dieses ‚charismatische' (das heißt, an die Persönlichkeit und die Zustimmung des Stammes zu ihr gebundene) ‚Amt' zu bekleiden, größer als in den frühen Staaten: Die ersten, im achten und siebten Jahrhundert belegten Leitungspersonen der arabischen Beduinen waren Frauen, die erst nach einer Reihe von Niederlagen gegen die vordringenden Assyrer von Männern abgelöst wurden, und bis ins 19. Jahrhundert hinein hat es bei den Beduinen immer wieder prominente weibliche Anführer gegeben (Knauf 1989a: 21 Anm. 106). Das Chalkolithikum scheint eine Periode penetranter Friedlichkeit gewesen zu sein: Die Siedlungen waren unbefestigt, und die schönen, im Hohlguß entstandenen Kupfer-Keulen hätten eine Kollision mit einem feindlichen Kopf schwerlich ohne Schaden überstanden. Freilich ist denkbar, daß Auseinandersetzungen zwischen benachbarten Stämmen so weit ritualisiert waren, daß die Siedlungen nicht berührt wurden (vgl. den Fall der Maring auf Neu-Guinea; Harris 1978: 39–58).

Angesichts des Bevölkerungswachstums im Chalkolithikum und einer zunehmenden Produktion von agrarischen Überschüssen, die nun auch Rinderhaltung und die Herausbildung eines sekundären (handwerklichen) Sektors ermöglichte, ist die Annahme unabweislich, daß sich nun auch Männer in der Landwirtschaft betätigten. Die Vertreibung aus dem Paradies der Jäger und Sammler mit einer Wochenarbeitszeit von circa zwanzig Stunden (wie sie bislang noch nicht einmal der DGB zu fordern gewagt hat) überzog nun auch die Männer mit dem ‚Schweiß des Angesichts' (und es ist ja richtig, daß Eva vom Apfel dieser Erkenntnis zuerst gekostet hat). Man kompensierte den Verlust an Lebensqualität mit metaphysischem Statusgewinn: Neben die ‚Große Göttin', deren Zeugnisse auch noch das ganze Chalkolithikum durchziehen, tritt nun gleichgroß, und das heißt gleichberechtigt, der Regengott (Levy 1986: 93). Die Jagd, die ihre materielle Daseinsberechtigung verloren hat, erhält als ‚heilige Jagd' soziale Funktion: dem Gott beim Regenmachen zu helfen.

Mit der ‚heiligen Jagd' ist nicht das königliche Jagen gemeint, das als Ausdruck der herrscherlichen Sorge für die Bewahrung des Kosmos im Kampf gegen das Chaos bei den Pharaonen und den Herrschern Mesopotamiens seit dem dritten Jahrtausend v. Chr. als imperiale Ikone neben das gleichfalls ikonenhafte ‚Erschlagen der Feinde' tritt (Keel 1977). Die ‚königliche Jagd' ist spätestens beim Assyrerkönig Assurbanipal (668–631 v. Chr.) zum Sport geworden, mit dem sich der Ausübende seine persönliche ‚Supermännlichkeit' beweist und die als Statussymbol bis heute überlebt hat. Die ‚heilige Jagd' meint spezifisch die Jagd, insbesondere auf Steinbock und Antilope, als Regenzauber. (Seit dem vierten Jahrtausend v. Chr. trennt sich die Kultur- und Religions-Entwicklung in den Flußoasen, den Zentren der frühen Staaten und Imperien, von der sozialen und politischen Evolution in den regenbewässerten Bergländern wie Griechenland, Kleinasien, Syrien-Palästina und Südarabien, in denen tribale Strukturen bis in die Gegenwart erhalten blieben). Die Verbindung von ‚Jagd' und ‚Regen' ist dann kein Rätsel, wenn man bedenkt, welche Funktion der männliche Gott, der Gott der Männer, neben der ‚Großen Göttin', die die Pflanzen gebiert, allein haben kann. Diese Verbindung wird allenfalls verstärkt durch den lunaren und/oder astralen Charakter früher Regengötter (verständlich in einem Klima, das festumrissene jahreszeitliche Regenzeiten kennt), deren Symbolik im Gehörn der gejagten Tiere wiederkehrt.

Die Jagd auf den Ibex hat sich als Regen-Ritual in Südarabien bis zur Gegenwart gehalten (Serjeant 1976). Im alten Südarabien gehörte die *attar*-Jagd, das heißt, die dem Stern-Gott (und Regenspender) geweihte Jagd auf Ibexe und Antilopen zu den rituellen Aufgaben des *mukarrib*, eines (ursprünglich) religiösen Mittlers zwischen den Stämmen untereinander (ausgedrückt als Mittler-Funktion zwischen den Stämmen und den Göttern), der mit der südarabischen Staatenbildung im achten und siebten Jahrhundert v. Chr. (Knauf 1989b) zum Oberhaupt des sabäischen Staates werden sollte (Beeston 1948; Müller 1989). Die Interpretation der religiösen Verhältnisse Palästinas im vierten und dritten Jahrtausend v. Chr. im Lichte südarabischer Befunde ist insofern berechtigt, als linguistische wie archäologische Beobachtungen zeigen, daß die Semiten Arabiens sich erst Ende des dritten Jahrtausends v. Chr. von den syrischen Semiten getrennt und zugweise, von Norden nach Süden und Westen nach Osten, die arabische Halbinsel der bäuerlichen und viehzüchtenden Kultur erschlossen haben (Knauf 1988a). Wie auf sprachlichem, so haben sie auch auf religiösem Gebiet Archaismen erhalten, die in ihrem Ursprungsland späteren Innovationen zum Opfer gefallen sind: so etwa das weibliche Geschlecht der Sonnen- und entsprechend das männliche Geschlecht der Venus-Stern-Gottheit, eines Regenspenders, während im Norden unter dem Einfluß der ganz anders strukturierten ägyptischen und mesopotamischen Politik und Religion seit dem dritten Jahrtausend v. Chr. die Sonne männlich, die Sterngottheit weiblich wurde (Astarte!). Dementsprechend begegnen Ibex und Antilope in Palästina seit dem zweiten Jahrtausend v. Chr. als Symboltiere einer Göttin.

Daß die ‚heilige Jagd' in Palästina in den Bauern-Viehzüchter-Kulturen der ausgehenden Jung- und der Kupfer-Steinzeit praktiziert wurde, belegen zwei Kultanlagen im damals wie heute landwirtschaftlich ungenutzten, aber wildreichen Kontext: Biq'at Uvda (Weippert 1988: 116) und Engedi (ebd. 137–139). Beide stehen in Architektur wie Kultinventar in der Tradition der seßhaften Kultur der Jungsteinzeit, sie lassen sich unter keinen Umständen mit Restbeständen von Jäger-Sammler-Gruppen in Verbindung bringen, die im örtlichen und zeitlichen Kontext der Anlagen auch nicht nachzuweisen sind. Steinsetzungen bei Biq'at Uvda zeigen den ‚Herrn der Tiere' (der ikonographisch im zweiten Jahrtausend zur ‚Herrin der Tiere' wird, während das männliche Haupt des Pantheons zum Garanten der kosmischen und staatlichen Ordnung wird, worin sich in der Götterwelt ein Geschlechtsrollen-Tausch zwischen der Besetzung des ‚zivilisatorischen Zentrums' und der ‚wilden Peripherie' vollzogen hat); in der Ikonographie des Kultinventars von Engedi, das Kronen, Zepter und Keulen umfaßt, dominieren Ibex, Capride und ein Vogel, der hier die coelestische Konnotation des verehrten Gottes anzeigt (und, wie Ibex und Capride, im Zuge der Kulturentwicklung ebenfalls in den Bereich der Göttin abwandert).

Seit dem dritten Jahrtausend v. Chr. läßt sich die ‚heilige Jagd' in Palästina nicht mehr nachweisen (allenfalls wurde sie Anfang des ersten Jahrtausends in Edom noch praktiziert, das in mehr als einer Hinsicht das Nordende Arabiens darstellt, wenn man die Überlieferung vom ‚Jäger Esau' in Genesis 25,27; 27,1–41 so deuten darf); Entwicklungen, die im Zeichen des heraufkommenden Staates standen und von denen einige schon angedeutet wurden, haben sie hier überflüssig gemacht. Sicher ist aber, daß die jagenden Häuptlinge der Kupfersteinzeit und ihre Jagdgenossenschaften bei dieser Entwicklung eine entscheidende Rolle spielten. Auf die südarabische Staatenbildung wurde schon verwiesen. In Nordarabien hat 166/169 n. Chr. der Stamm der Thamud den römischen Kaisern einen Tempel gebaut. Als ‚Stamm' *(ethne)* erscheinen die Bauherren aber nur in der griechischen Version der Bauinschrift; in ihrer einheimischen (nabatäischen) Fassung ist es eine ‚Kultgenossenschaft' (*śirkat* oder *śarikat*), die das Werk ausführt (Knauf 1989a: 153), und *sharikah* heißen Festgesellschaften, die sich zur Ausführung eines Opfers zusammenschließen, in Südarabien noch heute (Dostal 1983: 196).

Der Pflug, der Staat und der Aufstieg des Wettergottes

Spätestens seit dem Anfang des dritten, wenn nicht schon im vierten Jahrtausend v. Chr. löst in Palästina der Pflug den früheren Hackbau (und die noch frühere Bodenbearbeitung mit dem Grabstock) ab. Damit ist die primäre (landwirtschaftliche) Produktion zur Domäne der Männer geworden, die wegen ihres größeren Körpergewichts zur Arbeit mit dem Pflug (und mit dem ebenfalls von Ochsen gezogenen Dreschschlitten) besser geeignet sind. Die wiederum höheren Überschüsse des Pflugbaus ermöglichen im Gefüge der internationalen Beziehungen im Rahmen des sich seit dem Anfang des zweiten Jahrtausends v. Chr. herausbildenden mediterranen Weltwirtschaftssystems auch in Palästina die Bildung von Staaten, die durch eine im (unproduktiven) tertiären Bereich (Handel, Verwaltung) tätige und wiederum männliche Bevölkerung charakterisiert sind. Vom dritten Jahrtausend v. Chr. bis weit in das industrielle Zeitalter fiel im Rahmen der geschlechtlichen Arbeitsteilung der weiblichen Hälfte der Menschheit die ‚häusliche', dem männlichen Teil die ‚öffentliche' Produktion zu. Dabei ist zu beachten, daß auch bei Nichtbewertung der Haushaltsführungs-Arbeit die häusliche Produktion bis zu fünfzig Prozent (und vielleicht auch einmal mehr) des Brutto-Sozialproduktes betragen haben kann (Mershen 1987).

Die Verschiebungen in der gesellschaftlichen Relevanz der geschlechtlich verteilten Arbeit schlagen sich in der Entwicklung der Götterwelt dergestalt nieder, daß an deren Spitze nun ein männlicher, alter Gott steht (El, bei den griechen Kronos, später Zeus), während die ‚Arbeit der Götter', das heißt, die Aufrechterhaltung eines Leben ermöglichenden Zustandes der Welt, einem jungen, kämpferischen Gott zufällt (Baal, bei den frühen Israeliten Jahwe, bei den Griechen Zeus). Beide Götter haben aber, in Anerkennung der realen Bedeutung der Frau, weibliche Pendants, die eingreifen, wenn immer ihre Männer versagen – und das müssen sie recht häufig: Zeus, der doch eigentlich die Ordnung der Welt garantieren sollte, gefährdet sie regelmäßig durch seine Eskapaden, und die eifersüchtige Hera (bei den Semiten: Aschera) muß die Grenze zwischen Göttern und Menschen wiederherstellen; Baal würde im Kampf gegen Mot, den ‚Tod', auf Dauer unterliegen, wenn ihn nicht seine Schwester und Geliebte Anat (bei den Griechen:

„Wie sehr sich die Bronzezeit noch bewußt war, daß nur Frauen und Männer zusammen eine Welt konstituieren, zeigt eine Elfenbeinschnitzerei aus Meggido. Sie zeigt den Stadtkönig, wie er in der Rolle Els auf dem Thron sitzt und die Weltordnung zelebriert. Vor ihm steht, gleichgroß, seine Frau. Daß sie nicht ebenfalls auf einem Thron sitzt, wird durch einen Kopfschmuck wettgemacht, der dem König fehlt. Gerade hat sie ihm die Trinkschale gereicht und ordnet (oder entfernt?) nun sein Gewand!" 3. Viertel des 2. Jahrtausend v. Chr. Zeichnung: H. Malzkorn nach Weippert 1988.

Athene) retten würde. Darin, daß Anat sich mit gleicher Energie der Liebe hingibt, wie dem Abschlachten feindlicher Krieger, liegt vielleicht nicht nur ein chthonisches Relikt der ‚Großen Göttin' vor, sondern eine frühe Einsicht in den konventionellen, nicht ‚naturgegebenen' Charakter der geschlechtlichen Rollen-Verteilung. Die Mythen, auf die hier verwiesen wird (beste Übersetzung: Coogan 1978), entstammen der zweiten Hälfte des zweiten Jahrtausends v. Chr. In ihnen haben die Götter, auch der Wettergott, ihre früheren astralen Konnotationen verloren (die in Südarabien erhalten blieben), sie sind personal geworden. Diese Mythen stellen hohe konzeptionelle Leistungen dar; auf der Ebene der (nur ikonographisch) faßbaren Volksreligion fallen die Göttinnen (zumindest Anat und Astarte) – noch oder schon? – in einer zusammen (Weippert 1988: 300–309). Die Grundstruktur des palästinischen (und griechischen) Pantheons wird sich bis in die christliche Volksreligion (also das empirische, nicht theologisch reflektierte und interpretierte Christentum) hinein erhalten: Gottvater, Jungfrau und Gottesmutter, Gottessohn.

Von Staaten (und Städten) im Vollsinne des Wortes kann man in Palästina wohl erst seit dem Beginn des zweiten Jahrtausends v. Chr. (der Mittelbronzezeit) reden. Die bisweilen „Stadtstaaten" genannten Herrschaftskomplexe der frühen Bronzezeit (dem dritten Jahrtausend v. Chr.) verfügten über Zentralorte zweiter Ordnung, aber keiner höheren, und lassen auch architektonische Realisierungen institutionalisierter Herrschaft wie alle Anzeichen für die Tätigkeit einer Bürokratie vermissen. Wir werden diese Herrschaften wohl angemessener ‚komplexe Häuptlingstümer' nennen (Steele 1990). Doch vollzieht sich schon in ihnen der Aufstieg des Wettergottes zum himmlischen Oberhaupt der irdischen Politie. Symboltier des Wettergottes (in Südarabien: des Mondgottes) ist der Stier, dessen Opferung in Südarabien bis heute in Beziehung zur Fruchtbarkeit der Felder gesetzt wird (Dostal 1983: 197). Eine Terrakotta aus Khirbet ez-Zaraqon (zweite Hälfte des dritten Jahrtausends v. Chr.) zeigt den Priester-Häuptling auf einem Altar in Gebetshaltung stehend, mit einem Kultständer vor sich, den ein Stierkopf krönt (Mershen 1988: 32).

Wie sehr sich die Bronzezeit aber noch bewußt war, daß nur Frauen und Männer zusammen eine humane Welt konstituieren, zeigt eine Elfenbeinschnitzerei aus Megiddo (Weippert 1988: 334). Sie zeigt den Stadtkönig einmal, wie er (in der Rolle Baals) vom Sieg über seine Feinde zurückkehrt. Sie zeigt ihn aber auch, wie er in der Rolle Els auf dem Thron sitzt und die Weltordnung zelebriert. Vor ihm steht, gleichgroß, seine Frau. Daß sie nicht ebenfalls auf einem Thron sitzt, wird durch einen Kopfschmuck wettgemacht, der dem König fehlt. Gerade hat sie ihm die Trinkschale gereicht und ordnet (oder entfernt?) nun sein Gewand. Beide gemeinsam halten eine Lotosblüte am Stiel, die (nach dem Kanon der ägyptischen Ikonographie, wie er am Hof von Megiddo als bekannt vorausgesetzt werden kann) ihre gemeinsame Liebe symbolisiert. Drei Vögel, die die Szene umflattern, verweisen auf jene Göttin, die die Griechen später Aphrodite nennen sollten. Welcher Abstand zum unglücklichen König des Deuteronomium, der so einsam wie sein Gott auf dem Thron sitzt und die Bibel liest.

In den vier Registern dieses kultischen Tonständers aus Taanach finden sich abwechselnd Symbole der Göttin und des Gottes. Von unten nach oben: 1. Die ‚Herrin der Tiere', die Göttin flankiert von Löwen. 2. Der unsichtbare Gott, Jahwe, zwischen Cheruben. 3. Der Lebensbaum, flankiert von Capriden und Feliden. 4. Die geflügelte Sonnenscheibe, ein Symbol imperialer Herrschaft, über einem Jungstier. 10. Jahrhundert v. Chr. Zeichnung: H. Malzkorn nach Weippert 1988.

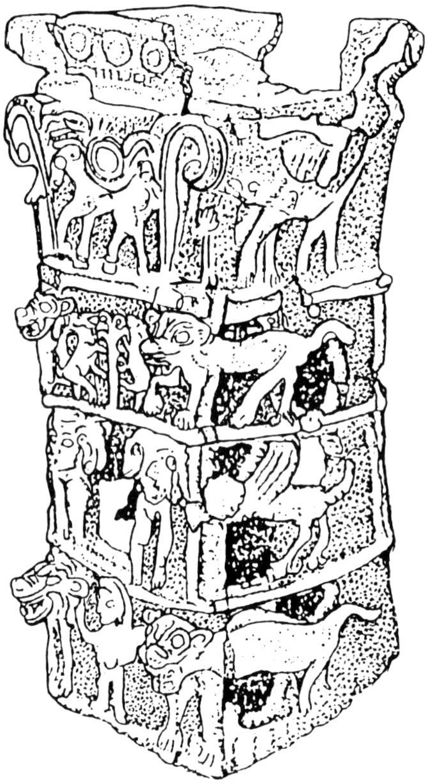

Der Eine Gott und sein Staat

Daß es einmal so weit kommen sollte, war in den Anfängen der Religion Israels keineswegs abzusehen. Jahwe war ein Wettergott wie Baal. Wie Baal fuhr er auf den Wolken daher (Richter 5,4), war der Jungstier sein Postament. Wie Baal hatte er im Staat Israel Anat zur Frau, wie El im Staat Juda seine Aschera (Weippert: im Druck). Neben dem gemeinsamen, offiziellen Pantheon liefen am Anfang des ersten Jahrtausends v. Chr. eine religiöse Männerwelt und eine religiöse Frauenwelt nebeneinander her. Aus dem Anfang des zweiten Jahrtausends haben wir von den männlichen Göttern nur Namen, und von den weiblichen nur Bilder (Weippert 1988: 232–236). Auch im inschriftlichen Material des ersten Jahrtausends v. Chr. sind die Göttinnen unterrepräsentiert, die dagegen im Bildmaterial dominieren (ebd. 471f., 672; Knauf 1988b).

Wie kam es zum Konzept des Einen (und männlichen) Gottes, das durch das Werk der Deuteronomisten die hebräische Bibel dominiert und vom ursprünglichen israelitischen Polytheismus nur noch Spuren erkennen läßt? Die Diskussion ist im Fluß, und ich kann an dieser Stelle nicht mehr, als Hinweise geben, in welcher Richtung ich die Lösung des Problems suchen möchte. Sicher ist, daß das Konzept des Einen Gottes von einer kleinen, radikalen Minderheit ausgearbeitet wurde (Lang 1983) und mit Überzeugung auch immer nur von Minderheiten rezipiert und praktiziert wurde (im christlichen Bereich zumindest vor dem Aufkommen des Protestantismus; der islamische Fundamentalismus verfolgt fanatisch die islamische Volksreligion, die einen recht volkreichen Himmel kennt, und auch in den Ritualen des nachbiblischen Judentums gibt es weibliche Hypostasen). Die Gläubigen interessieren sich in der Regel nicht für die Zahl der Götter, sondern dafür, ob sie ihnen helfen, die Welt zu meistern. Sicher spielt bei der Entstehung des Einen Gottes der Prophet Hosea eine Rolle, dessen Jahwe keine Frau und dessen Israel keine andere Götter mehr haben darf, damit sie ganz einander gehören können. Eine derartige Vermischung von göttlichem und menschlichem Bereich kann auf Dauer nicht gut gehen, und welche Charaktereigenschaften man Hosea immer zuschreiben will, eine gehörige Portion Narzißmus muß dazugehören.

Hier deutet sich die Lösung des religionsgeschichtlichen Rätsels an: Es scheint, als habe Judäa unter Josia (getötet 609 v. Chr.) versucht, nach dem Modell der Assyrer selbst imperiale Politik zu machen. Gerade hatte man die Herrschaft der assyrischen Könige abgeschüttelt, die sich von ihrem Gott beauftragt sahen, die ganze Welt zum ‚Land des Gottes Assur' zu machen. Nach jener, aus den Tiefen der Steinzeit herrührenden Grundstruktur männlichen Denkens, wonach es im Kampf um die Gunst der Weibchen nur Sieger gibt oder Besiegte, bemühten sich die Unterdrückten von gestern nach Kräften, Unterdrücker von heute zu werden. Der Staat Juda hat diesen Versuch in Imperialismus 586 v. Chr. mit der totalen Niederlage bezahlen müssen. Nach den Erfahrungen der deutschen Geschichte im zwanzigsten Jahrhundert n. Chr. ist das Ausmaß der narzißtischen Kränkung, die den judäischen Politikern widerfahren war, abzuschätzen (A. und M. Mitscherlich 1967). Wir haben in den Verfassern der deuteronomistischen Literatur die Erben und Nachfahren der Verlierer von 586 v. Chr. erkannt, und die Struktur ihres Versuches, die Niederlage zu verarbeiten, zeigt, daß sie daraus doch nichts gelernt haben. Die Schlachten, die sie auf Erden verloren hatten, gewinnen sie nun, wohlfeil, im Himmel. Das Imperium, das sie in Palästina nicht errichten konnten, dehnen sie nun auf den Kosmos aus, indem sie ihren Nationalgott zum Schöpfer und Herren der ganzen Erde machen. (Man kann sagen, daß der Monotheismus im intellektuellen Klima des fünften Jahrhunderts v. Chr. ‚in der Luft lag', doch hat der philosophische Monotheismus der Griechen nicht einen Gott zum Einzigen zu machen versucht, sondern, wie schon die Ägypter im zweiten Jahrtausend v. Chr., das eine Göttliche in und hinter allen Göttern gedacht, deren Kult und deren Verehrer und Verehrerinnen dadurch nicht diskriminiert, sondern im Gegenteil philosophisch ‚gerechtfertigt' wurden). Daß mit dem Massaker an allen Göttern auch die eigene Göttin eliminiert wurde – um so besser (neben den assyrischen Astralgottheiten nennt Deteronomium 16,21 nur Aschera als ‚Götzen', dessen Kult Israelitinnen und Israeliten bei Todesstrafe untersagt wurde): Denn dieser Gott, der nun wirklich nichts weiter als eine gigantische männliche Allmachtsphantasie ist, kann es unmöglich dulden, durch eine Partnerin relativiert zu werden.

Die Erklärung des biblischen Monotheismus als verinnerlichten Imperialismus erklärt den totalitären Charakter des deuteronomischen Gesellschaftsentwurfs, der Lebensbereiche außerhalb der Zuständigkeit des Staatsgottes nicht gelten läßt (während es zuvor selbstverständlich war, daß man Familiengötter hatte, von denen die Öffentlichkeit nichts zu wissen brauchte [etwa Genesis 31,19.34], daß sich junge Frauen zu Ritualen in den Wald zurückzogen [Richter 11,40], die die Männer nichts angingen). Weil dieser Imperialismus nach außen nichts zu beherrschen hat, richtet er um so viel mehr Agression nach innen.

Aber das sei doch nur ein Gesellschaftsentwurf der Antike, der nie Wirklichkeit geworden ist? Immerhin: spricht der erste Schöpfungsbericht noch in gut kanaanäischer Tradition von Mann *und* Frau als Ebenbild der Gottheit (Genesis 1, 27), so wird im zweiten Schöpfungsbericht die Frau zu einem Sekundärprodukt des Mannes (Genesis 2,21f.) – in pikanter Umkehrung der Biologie. War bei den alten Israeliten noch jedes Jungtier der Göttin heilig, die den Herden ihre Fruchtbarkeit verlieh (Knauf 1988b), so ist der männliche Eine Gott nur noch an männlicher Erstgeburt interessiert (Deuteronomium 15, 19). Hier hilft keine Apologetik: Der konzeptionelle Beitrag unserer eigenen biblischen Überlieferung zur Marginalisierung und Deklassierung der Frau ist beträchtlich. Und ehe wir mit Fingern auf den Ayatollah Khomeini als Inbegriff des monotheistischen (monomanen) Fanatismus zeigen, sollten wir eingestehen, daß die tödliche Verfolgung Andersdenkender und Andersgläubiger, den Völkermord, auch nur gedacht zu haben (Deuteronomium 7,1–11 u. ö.), schlimm genug ist.

Zu Recht warfen die Römer den frühen Christen Atheismus vor: Denn ob im Himmel nur ein Gott in gräßlicher Einsamkeit oder kein Gott mehr thront, macht den Himmel gleich öde und leer. Wer glaubt, die Komplexität der metaphysischen Welt auf einen Gott reduzieren zu können, wird bald entdecken, daß es dann auch ganz ohne geht. Gottfried Benns Gedicht „Mann, du alles auf Erden" endet:

„Keine Götter mehr zum bitten
keine Müttter mehr als Schoß
schweige und habe gelitten
sammle dich und sei groß."

Wie aber, wenn es menschlicher wäre, ein bißchen weniger groß zu sein? Wenn es in diesen Zeilen gar nicht um die Unterdrückung der Frau, sondern die Selbst-Unterdrükkung des Mannes geht, der im Zuge seiner sozialen Evolution seine biologische Benachteiligung als Jäger, Priester und König, Handwerker, Künstler, Arbeiter und Bauer nicht nur kompensiert, sondern bisweilen als Kreuzzugsprediger und Hexenjäger auch überkompensiert hat? Wenn nach der Emanzipation der Frau nun auch die Emanzipation des Mannes in Angriff zu nehmen wäre – vom Hominiden-Männchen zum Menschen?

Das alles aber sind alte und längst vergangene Geschichten. Wir leben in einer Demokratie mit allgemeinem, gleichen und freien Wahlrecht. Die Frau hat sich die Öffentlichkeit erobert, die *res publica* erschlossen (zumindest, seit die späte Industriegesellschaft auf ihre außerhäusliche Arbeitskraft nicht mehr verzichten kann). Die Frau und die Religion haben die Plätze getauscht: Jene gewann die Öffentlichkeit, diese wurde Privatsache.

Pragmatischer Agnostizismus ist nun die religiöse Attitude der verfaßten Allgemeinheit, des Staates, und das ist nur gut so. Dadurch, daß die Religion heute in den Bereich des Privaten abgewandert ist, ist sie freilich nicht irrelevant, so wenig es die Frauen vor ihrer Beteiligung an der politischen Macht waren. Die Gesellschaft der Bundesrepublik (und nicht nur ihr kirchensteuerzahlendes Segment) kann von der Theologie, die sie schließlich finanziert, das eine erwarten: in unser aller Interesse an der Humanisierung des eigenen Mythos zu arbeiten. Es sieht aber nicht so aus, als würden sich viele zur Bearbeitung dieser Aufgabe drängen.

Männerbünde und ihr kultureller Kontext im weltweiten interkulturellen Vergleich

Thomas Schweizer

Die Ethnologen des 19. Jahrhunderts legten auf dem Hintergrund karger Daten und spekulativer Ideen die begrifflichen und theoretischen Fundamente dieser Disziplin. In diesem Rahmen erschloß Heinrich Schurtz die Altersklassen und Männerbünde als ethnologisches Thema. Wie korrekt sind jedoch seine Hypothesen über den Zusammenhang zwischen Männerbünden, sexueller Freizügigkeit, Initiationsriten und Krieg aus heutiger Sicht? Zur Prüfung werden weltweite Daten über Männerbünde und ihr kulturelles Umfeld aus der elektronischen Datenbank *World Cultures* ausgewertet. Dieser systematische Vergleich einer größeren Zahl nicht-industrialisierter Kulturen erbringt die Erkenntnis, daß Absonderung der Männer, Dramatisierung ihrer Rolle und aggressive Handlungen als Teilaspekte des Männerbundes weltweit verbreitet sind. Doch geht die Institution des Männerbundes nicht zwangsläufig mit organisierter Gewaltausübung, sexueller Freizügigkeit und Initiationsritualen in den verglichenen Kulturen einher. Diese von Schurtz postulierten Verbindungen erweisen sich vielmehr als zufällig.

Die klassische Sicht: Begriffe, Hypothesen und Spekulationen

1902 begründete Heinrich Schurtz mit seiner vergleichenden Abhandlung „Altersklassen und Männerbünde" die ethnologische Forschung über Zusammenschlüsse von Männern (vgl. dazu Aufsatz Nr. 1). Schurtz' Untersuchung unterliegt als weiterer Deutungsrahmen eine ‚Männerphantasie' des 19. Jahrhunderts, die er an das exotische Material heranträgt. Dieser Interpretationsrahmen überbetont den Unterschied zwischen Mann und Frau: Dem Mann wird der höherbewertete Bereich der ‚Kultur' und damit des edlen Strebens zugewiesen, während die Rolle der Frau als stärker naturbestimmt und auf den häuslichen Bereich beschränkt gezeichnet wird. Die seinerzeit gültigen ethnologischen und soziologischen Theorien einerseits und das von Reisenden und frühen Ethnographen zusammengetragene empirische Material andererseits boten den speziellen Hintergrund für Schurtz' Entdeckung: Er systematisierte und beschrieb als erster die von Männern getragenen sozialen Gruppen jenseits der Verwandtschaft. Altersklassen, Männerhäuser, Clubs und Geheimgesellschaften betrachtete er als typische Zweckverbände, in denen der biologisch angelegte „Gesellschaftstrieb" der Männer zum Ausdruck gelangte (1902: 14): „Zwei Hauptarten der menschlichen Gesellschaft lassen sich ohne weiteres unterscheiden, solche, die auf Blutsverwandtschaft, also im Grunde auf die geschlechtliche Fortpflanzung zurückgehen und der bewußten Wahl des einzelnen nicht unterliegen, und solche, denen sich der einzelne Mensch mehr oder minder freiwillig beigesellt."

Da „das Weib im Durchschnitt ungeselliger ist als der Mann" (ebd.: 17) entstand der folgende Unterschied zwischen den Geschlechtern im sozialen Leben (ebd.: IV): „[D]as Weib steht vorherrschend unter dem Einfluß der Geschlechtsliebe und der aus ihr entspringenden Familiengefühle, der Mann dagegen wird mehr durch einen reinen Geselligkeitstrieb, der ihn mit seinesgleichen verbindet, in seinem Verhalten bestimmt. Darum ist das Weib der Hort aller Gesellschaftsformen, die aus der Vereinigung zweier Personen verschiedenen Geschlechts hevorgehen, der Mann dagegen der Vertreter aller Arten des rein geselligen Zusammenschlusses und damit der höheren sozialen Verbände. Die bei zahlreichen Naturvölkern vorhandene Trennung zwischen den Männerhäusern, in denen die Männer gemeinsam hausen, und den Familienhäusern der Frauen ist der klarste und primitivste Ausdruck dieses tiefen, schon in den Anfängen alles Gesellschaftslebens vorhandenen Gegensatzes."

In seinem Werk bemühte sich Schurtz einmal um begriffliche Klärung der verschiedenen, von Männern getragenen und nicht auf Verwandtschaft beruhenden Institutionen. Diese begrifflich unterschiedenen Phänomene belegte er sodann mit einer Fülle von ethnographischen Beispielen. Dies geschah in der Form eines nach Regionen geordneten, aber ansonsten unsystematischen weltweiten interkulturellen Vergleichs. Schurtz postulierte darüber hinaus für die von ihm unterschiedenen Institutionen eine Entwicklungsabfolge: Altersklassen bilden die Vorform, Männerhäuser sind eine Zwischenstufe, und Clubs sowie Geheimgesellschaften stellen das Endstadium der Geselligkeit in ihrer reinsten, männlichen Form dar. Diese evolutionäre Reihung ist nach heutiger Erkenntnis empirisch falsch. Schurtz' zeitbedingter, den Geschlechtsunterschied hypostasierender und spekulativer Deutungsrahmen ist gleichfalls wissenschaftlich überholt. Ungeachtet dieser nach dem jetzigen Forschungsstand gravierenden Mängel liefert Schurtz erste Begriffsbestimmungen und Hypothesen, die ich als Ausgangspunkt meiner eigenen interkulturell vergleichenden Analyse der Männerbünde zugrunde legen möchte. Auch ist hervorzuheben, daß Schurtz im Vergleich zu manchen seiner Zeitgenossen (zum Beispiel A. Bastian) eher nüchtern, begrifflich klar und empirisch argumentiert.

Am Beispiel des Männerhauses, der räumlichen Fassung eines Männerbundes, beschrieb Schurtz (1902: 203) dessen charakteristische Ausprägung: „[D]as typische Männer- oder Junggesellenhaus kann als ein Gebäude bezeichnet werden, indem sich die mannbar gewordenen, aber noch nicht verheirateten Jünglinge aufhalten. Hier kochen sie ihre Mahlzeiten, hier arbeiten und spielen sie, hier ist nachts ihre Schlafstelle. Die verheirateten Männer dagegen bewohnen mit Weibern und Kindern einzelne, in der Regel weit kleinere Häuser; Frauen und Kindern ist der Zutritt zu den Junggesellenhäusern in den meisten Fällen ganz versagt, wohl aber sind die mannbaren Mädchen hier willkommen und huldigen mit den Bewohnern des Hauses der freien Liebe."

An anderer Stelle (ebd.: 95f.) verband Schurtz mit diesem idealtypischen Bild von der Absonderung der jungen Männer im Männerhaus und voreehelicher sexueller Freizügigkeit auch das Vorhandensein ausgeprägter Initiationsriten, die für die Gemeinschaft den Übergang zur Kategorie der jungen Männer sichtbar machen. Weiterhin schlug er den Bogen zum Krieg, weil im Männerhaus die Krieger versammelt sind (ebd. 207): „Die jungen Krieger übernehmen in gefährlichen Zeiten die Wache des Dorfes, ihr Haus wird zur Wachstube, zugleich aber bei Alarm der Sammelpunkt aller Waffenfähigen, die Citadelle und das Zeughaus des Ortes." Beim Zusammenschluß von Gruppen Gleichaltriger zu festen Verbänden (Clubs, Geheimbünde etc.) sah Schurtz (1902: 319) ebenfalls einen Zusammenhang zum Krieg: „Als festere einflußreiche Gruppe treten aber ... nur die Klassen der alten Leute und der jungen unverheirateten Männer auf, die Alten deshalb, weil ihnen ein hohes Maß von Erfahrung und Weltklugheit eine gewisse Überlegenheit verbürgt, die Junggesellen aber, weil sie die kriegerische Unternehmungslust und das vorwärts treibende Element innerhalb des Stammes vertreten."

Spätere Ethnologen, die in der älteren Tradition der deutschen Sozialethnologie standen, übernahmen und verfeinerten Schurtz' Begriffe und Beobachtungen. So behauptete zum Beispiel Richard Thurnwald (1958: 117–8) gleichfalls Zusammenhänge zwischen der Existenz von Altersbünden und Initiationsriten und postulierte ebenfalls eine Verbindung zur Kriegsführung, da Kriegerverbände vielfach organisatorisch auf Altersbünden mit Initiationsriten aufbauen. Den begrifflichen Unterschied zwischen Altersbund und Männerbund sah Thurnwald im Überwiegen des sozialen Charakters bei dem einen und der zentralen kultischen Zwecksetzung bei dem anderen. Geheimgesellschaften als noch speziellere Zusammenschlüsse verbinden soziale und kultische Zwecke und weisen als entscheidendes Definitionsmerkmal Zugangsbeschränkungen auf. Der amerikanische Ethnologe Robert H. Lowie (1950: Kap. 13) diskutierte ebenfalls die Schurtzschen Begriffe und hob dessen Verdienst bei der Erfassung der Zweckverbände *(sodalities)* wie folgt hervor (ebd.: 316): „Die weitreichendste Funktion der Zweckverbände wurde von Schurtz klar erkannt. Dadurch, daß sie Kooperation über die engen Grenzen der Blutsverwandtschaft hinaus ermöglichen, ebnen sie – zumindest theoretisch – den Weg für einen breiteren Zusammenschluß entweder in Form eines Staates oder einer übergeordneten Religion" (Übers. Red.).

Heinrich Schurtz beschrieb (1902: 203) am Beispiel des Männerhauses die aus seiner Sicht typische Ausprägung von Männerbünden: „Hier kochen sie ihre Mahlzeiten, hier arbeiten und spielen sie, hier ist nachts ihre Schlafstelle". Mit diesem idealtypischen Bild der Absonderung der jungen Männer verband Schurtz das Vorhandensein von Initiationsriten und die Idee, daß die jungen Männer in gefährlichen Zeiten der Dorfgemeinschaften als Krieger zur Verfügung zu stehen hätten. Die Abbildung zeigt ein Männerhaus der Marind-anim in Kumbe, Süd-Neuguinea. Foto nach: van Baal 1966: Plate IV.

Ein Methodenproblem: Die Universalität der Männerbünde

Ein mit dem interkulturellen Vergleich verbundenes methodologisches Problem bleibt allerdings nach heutiger Sicht in der Abhandlung von Schurtz, aber auch in den Arbeiten seiner Nachfolger ungelöst: Es fehlt der schlüssige Beweis dafür, daß die behaupteten Zusammenhänge zwischen Altersklassen, Männerbünden, Männerhäusern, Freizügigkeit und Krieg wirklich weltweit gelten. Zwar zitiert Schurtz zahlreiche ethnographische Beispiele, aber deren Auswahl ist willkürlich, die Belege sind aus dem Kontext gerissen, die Quellen weisen teilweise schlechte Qualität auf, und die als Beispiel herangezogenen Kulturen sind zuweilen benachbart oder über gemeinsame Ursprünge historisch miteinander verbunden. Ist dies dann ein oder sind es mehrere Beweise für die Richtigkeit der Hypothesen? Schurtz selbst fiel an einer Stelle seiner Arbeit (1902: 446) diese historische Verknüpfung ebenfalls auf, als er schrieb, es bestehe aufgrund sprachlicher Evidenzen und des räumlichen Verbreitungsmusters „[d]ie Möglichkeit, daß die entwikkelteren Formen der Männerverbände [gemeint ist das Männerhaus] aus dem malayischen Gebiete gewissermaßen ausgestrahlt sind.."[1] Die unsystematische Fallauswahl und die ungenügenden statistischen Verfahren der damaligen Zeit ließen keine strenge Prüfung von Schurtz' Hypothesen zu. So blieben die als Galtons Problem (1889) diskutierte Frage nach der historischen Unabhängigkeit der Fälle und damit verbunden die Frage der Universalität oder raumzeitlichen Beschränktheit der postulierten Zusammenhänge unbeantwortet (vgl. zum damaligen interkulturellen Vergleich Schweizer 1989).

Der Einwand der Willkür bei der Auswahl der ethnographischen Beispiele trifft auch auf Thurnwald und Lowies Folgestudien zu, wenngleich sie Quellen besserer Qualität verwenden konnten. In der Zeit danach entstanden auf der Grundlage von Feldforschungen Intensivstudien über Initiationsrituale und über Geschlechtersegregation auf der Verhaltens- als auch auf der Ebene der Überzeugungen. Vor allem die Forschungen über die Gesellschaften Papua-Neuguineas, in denen der Geschlechterunterschied scharf betont und eine männliche Überlegenheitsideologie vertreten wird, vertieften das ethnologische Wissen um die Zusammenhänge im Bereich der männerdominierten Sozialorganisation, Politik, Ökonomie, Religion und Ideologie (Herdt 1982, 1984 als Überblick). Vergleiche im melanesischen Raum systematisierten die regionalen Befunde über die Formen, Ursachen und Wirkungen der männerbezogenen Phänomene in dieser Kernregion der Männerbünde (Allen 1967, Keesing 1982). Abgesehen von zahlreichen interkulturellen Vergleichsstudien über Initiationsriten (Paige und Paige 1981 als exemplarische Studie) gibt es jedoch keine systematischen Vergleiche über Männerbünde auf der Grundlage weltweiten Datenmaterials.

Auf dem Hintergrund dieser Forschung über Männerbünde kann daher die folgende Aufgabe bestimmt werden: – welche Phänomene, die begrifflich oder hypothetisch mit den Männerbünden im weiteren Sinne in Verbindung gebracht wurden, hängen tatsächlich empirisch zusammen? Diese Frage problematisiert den systemhaften und weltweiten Zusammenhang der verschiedenen von Schurtz und seinen Nachfolgern erkannten Einzelphänomene über Männerbünde. Das begriffliche und empirische Spektrum sollte allerdings um zusätzliche Aspekte der Dominanz von Männern in der sozialen sowie politischen Organisation, in der Wirtschaft und im religiös-ideologischen Bereich erweitert werden, um auf diese Weise die Einbindung der Männerbund-Phänomene in den weiteren kulturellen Kontext erfassen zu können.

– welche historischen oder regionalen Besonderheiten schränken die universellen Zusammenhänge im Bereich der Männerbünde und ihres kulturellen Kontext ein? Diese Frage problematisiert das von Francis Galton (1889) aufgeworfene Problem der historischen Uanbhängigkeit der Fälle im interkulturellen Vergleich.

Beide Fragen sollen nun mit den heutigen Mitteln des weltweiten interkulturellen Vergleichs untersucht werden.

Die moderne Perspektive: Männerbund-Phänomene in der elektronischen Datenbank

Anders als zu Zeiten Schurtz' und seiner Zeitgenossen sind die Daten für interkulturelle Vergleiche über nicht-industrialisierte Gesellschaften heute sowohl reichhaltiger als auch qualitätsvoller geworden. Auch die statistischen Analyseverfahren wurden verbessert und gestatten verfeinerte Auswertungen (Schweizer 1989). Die elektronische Datenbank und Diskettenzeitschrift „*World Cultures*" ist eine Sammlung veröffentlichter Informationen über eine weltweite Standardstichprobe von 186 gutbeschriebenen Kulturen (Schmidt und Schweizer 1990). Über 1000 Phänomene aus allen Bereichen der menschlichen Kultur (Wirtschaft, Gesellschaft, Politik, Erziehung, Religion) sind in dieser Datenbank mit Zahlenkodes erfaßt. Die Kodes geben an, ob ein bestimmtes Phänomen in einer Kultur vorkommt oder fehlt; gegebenenfalls informiert ein Kode auch über das Ausmaß der Verbreitung oder der Intensität des Phänomens. Die Kodes wurden durch Auswertung ethnologischer Primärquellen über die betreffenden Kulturen gewonnen. Für diesen Artikel habe ich einige der in der Datenbank enthaltenen Informationen herausgegriffen, die mir für das Thema Männerbünde besonders aussagekräftig erschienen. Sie befassen sich einmal mit männlicher Dominanz im Einstellungs- und Wissensbereich, in der Erziehung und Sozialordnung. Ergänzt habe ich zudem einige kontrastive Daten über die Rolle der Frau und – im Sinne der Schurtzschen Vermutungen – über Sexualität und Krieg. Die linke Spalte von Tabelle 1 (unten) informiert über die 24 ausgewählten Phänomene.

Faktorenanalyse: Dimensionen der Männerbünde und ihres kulturellen Umfelds

Das Datenmaterial über die Verbreitung der 24 Phänomene in den 186 Kulturen ist in sich sehr vielgestaltig. Die verschiedenen Phänomene sind nach unmittelbarer Anschauung keineswegs auf eine eindeutige und leicht verstehbare Art miteinander verflochten. Wenn solch verwickelte Verhältnisse bestehen, greift man heutzutage in den Sozial- und Verhaltenswissenschaften zur Statistik. Statistische Verfahren zerlegen auf kontrollierte Weise die empirischen Beziehungsnetze in Untergruppen und machen dadurch das Muster der Beziehungen zwischen den Einzelphänomenen durchschaubar. Ich habe zu diesem Zweck das Verfahren der Faktorenanalyse verwendet. Es zergliedert den Phänomenbereich in übergeordnete Begriffe, die den in den Einzelphänomenen enthaltenen gemeinsamen Anteil bündeln. Solche ‚Faktoren' genannten übergeordneten Begriffe sind beim hier gewählten Verfahren untereinander *nicht* korreliert, das heißt, unabhängig voneinander. Sie bündeln daher sehr unterschiedliche übergeordnete Eigenschaften in einem Phänomenbereich. Ein Einzelphänomen kann voll unter einen Faktor fallen, dann zeigt sich an ihm die übergeordnete Eigenschaft sehr deutlich. Es gibt aber auch mehrdimensionale Phänomene, an deren Ausprägung mehrere Faktoren beteiligt sind. Auch läßt das Modell zu, daß in jedem Phänomen spezifische Anteile enthalten sind, die durch die gemeinsamen Faktoren nicht wiedergegeben werden. Wie viele Faktoren in einem Datenfeld gefunden werden und wie vielgestaltig dieser Bereich damit ist, bleibt eine empirische Frage.

Tabelle 1 stellt in vereinfachter Form das Ergebnis der Faktorenanalyse dar, das ich für die hier ausgewählten Daten gefunden habe. 80 Prozent der Variation in diesem Datenfeld läßt sich auf die gemeinsamen Faktoren zurückführen, was ein sehr gutes Analyseergebnis ist. Neun unterschiedliche Faktoren werden erkannt. Dies unterstreicht die Vielgestaltigkeit des Phänomenbereichs, der sich nicht in einem schlichten Sinn auf einen Generalfaktor ‚Männerherrschaft'/ ‚Männerbund' reduzieren läßt. In Tabelle 1 stehen die Faktoren im Kopf der Tabelle. Die in den Zeilen aufgeführten Phänomene sind so angeordnet worden, daß man leicht erkennt, welches Phänomen zu welchem Faktor gehört (angezeigt durch Kreuze im Schnittpunkt der Zeilen/Spalten). Faktor I beispielsweise setzt sich aus den Phänomenen 1 bis 3 zusammen. Die Faktoren I bis V sind die einflußreichsten, unter diesen ist V der bedeutsamste, während die Faktoren VI bis IX eine schwächere Bündelungskraft aufweisen. Es kommt nun darauf an, die rechnerisch erkannten Faktoren inhaltlich zu benennen und damit zu deuten.

Faktor I bündelt eine ‚männliche Überlegenheitsideologie': In den Mythen dominieren Männersymbole; in der Religion spielen Frauen als Schöpferinnen und Kulturbringerinnen keine Rolle; außerdem herrscht in diesen Kulturen die Auffassung, daß Frauen den Männern grundsätzlich unterlegen seien. *Faktor II* umfaßt ‚Sexualrestriktionen': das Fehlen vorehelichen Geschlechtsverkehrs bei den Männern, Jungfräulichkeit als Norm und das Verbot vorehelichen Sexes. *Faktor III* spezifiziert ‚Männerdominanz in Verwandtschaft und Ritual': Bei diesen Faktoren spielen fraternale Interessengruppen eine große Rolle. Gemeint sind Zusammenschlüsse von miteinander verwandten und an einem Ort siedelnden Männern (nach der Heirat behalten sie ihren Wohnort, während die Frauen von außerhalb einheiraten), die von der Verwandtschafts- und politischen Ethnologie als sehr einflußreiche Machtgruppen in Stammesgesellschaften erkannt wurden (Paige und Paige 1981: 53ff.; White und Burton 1988). Neben der Mitgliedergröße und den Entscheidungsbefugnissen dieser Gruppen ist in diesem Faktor auch die Institution der Beschneidung (Circumcision) enthalten, ein Ritual, das den männlichen Status dramatisiert. *Faktor IV* erfaßt den ‚Krieg'. Hierzu gehören gewaltsame Aktivitäten wie häufiger externer Krieg (bezogen auf rivalisierende politische Einheiten); Krieger genießen hohes Prestige; Plünderungskrieg (Raub von Gütern und Verschleppung von Menschen) kommt vor, und eine aggressive Männerrolle wird angestrebt. Dies sind gleichfalls Kulturen, in denen ‚Härte' *(toughness)* zur Männerrolle gehört und in denen (außenbezogene) Männer und (stärker häuslich gebundene) Frauen sehr unterschiedliche, nämlich getrennte Beiträge zur Gewinnung des Lebensunterhalts leisten. *Faktor V* enthält die enger mit dem ‚Männerbund' assoziierten Phänomene: primär das Vorhandensein von exklusiven Versammlungsplätzen für Männer (zum Beispiel Männerhäuser); sodann ein höheres Ausmaß männlicher Aggressivität, das sich in häufigen Gewalttaten und Vergewaltigungen äußert; Ablehnung von Homosexualität; Betonung männlicher Härte als Erziehungsideal; Bestehen von Ritualen, die den Zusammenhalt der Männer fördern. Unter diesen Faktor fällt auch aus dem Vorstellungsbereich der Kultur die Idee, daß Frauen in den Mythen keine Rolle als Schöpferinnen oder Kulturbringerinnen spielen. *Faktor VI* spezifiziert das ‚Machtgefälle zwischen den Geschlechtern', nämlich eine größere Macht der Frauen in Wirtschaft und Politik einerseits und im Gegensatz dazu männliche Dominanz andererseits (was sich gegenseitig ausschließt). *Faktor VII* (‚Männerinitiation') beinhaltet die Ritualisierung der männlichen Statusübergänge, während *Faktor VIII* (‚Fraueninitiation') ergänzend, jedoch unabhängig hierzu, die Markierung der Lebensabschnitte bei Frauen beschreibt. *Faktor IX* erfaßt die ‚Geschlechtszuschreibung übernatürlicher Wesen', die als männlich, weiblich oder neutral kategorisiert werden. Dieses Phänomen weist offenbar andere Bezüge auf als die Geschlechtermarkierung in Schöpfungsmythen, die in andere Faktoren einging.

Tabelle 1: Die Tabelle stellt in vereinfachter Form das Ergebnis der Faktorenanalyse zu Männerbund-Phänomenen und ihrem kulturellen Umfeld dar. (Es wurden Daten über 186 Kulturen aus der elektronischen Datenbank ‚World Cultures' ausgewertet.) Technische Anmerkung: Berechnung eines Faktorenmodells mit orthogonaler Rotation in Systat; Schwankungen der Fallzahl durch Datenmangel; dargestellt sind Ladungen > 0,35. Tabelle: Th. Schweizer.

PHÄNOMEN	FAKTOR I	II	III	IV	V	VI	VII	VIII	IX
1. Männliche Symbolik in Schöpfungsmythen	+								
2. Frauen keine Schöpfer oder Kulturbringer (Mythen)	+						+		
3. Überzeugung, Frauen seien Männern unterlegen	+								
4. Fehlen vorehelichen Geschlechtsverkehrs (Männer)		+							
5. Norm der Jungfräulichkeit		+							
6. Verbot vorehelichen Sex (beide Geschlechter)		+							
7. Fraternale Interessengruppe: Mitgliederzahl			+						
8. Fraternale Interessengruppe: Einfluß			+						
9. Beschneidung (Circumcision)			+						
10. Externer Krieg				+					
11. Hohes Prestige für Krieger				+					
12. Plünderungskrieg				+					
13. Aggressive Männerrolle als Ideal				+					
14. Versammlungsplätze für Männer (exklusiv)					+				
15. Hohes Ausmaß männlicher Aggressivität					+				
16. Ablehnung von Homosexualität					+				
17. Männliche Härte als Erziehungsideal				+	+				
18. Männliche Solidargruppen und Rituale					+				
19. Macht der Frauen in kulturellen Teilbereichen						+			
20. Dominanz der Männer in kult. Teilbereichen (gering)						+			
21. Ausmaß männlicher Initiationsriten							+		
22. Ausmaß weiblicher Initiationsriten								+	
23. Geschlechtszuschreibung übernatürlicher Wesen									+
24. Getrennte Beiträge von Mann und Frau zum Unterhalt				+					

Welche Gesamtdeutung erwächst nun aus diesem Befund? Die Faktorenanalyse trennt Begriffsdimensionen und bündelt Phänomene zu Teilgruppen, die Schurtz und die älteren Theoretiker der Männerbünde auf der Grundlage unsystematischer Vergleiche und heterogenen Datenmaterials für zusammengehörig hielten. Die bedeutungsvolleren Ergebnisse besagen auf der Basis der heute möglichen verfeinerten Verfahren und qualitätsvolleren Daten: Männliche Überlegenheitsideologie, sexuelle Freizügigkeit, männerdominierte Verwandtschaftsgruppen, Krieg, Initiationsriten und die Männerbünde im engeren Sinne sind keineswegs verschiedene Seiten derselben Medaille. Vielmehr variieren diese Phänomene frei und unabhängig voneinander. Sie können in bestimmten Kulturen und zu bestimmten Zeiten gekoppelt auftreten. Hinter dieser Koexistenz verbirgt sich jedoch kein systematischer, gesetzmäßiger Zusammenhang, sondern lediglich der Zufall. Dies ist auch der Grund dafür, daß in verschiedenen Orten und Zeiten diese Phänomene in ganz unterschiedlicher Kombination auftreten, überdauern oder verschwinden können. Männerbünde, so der Befund, sind also nicht grundsätzlich mit männlichen Überlegenheitsphantasien, organisierter Gewalt, sexueller Freizügigkeit und ausgeprägten Ritualen verbunden. Damit sind die Schurtzschen Hypothesen über das kulturelle Umfeld der Männerbünde eindeutig widerlegt worden. Richtig erkannt haben er und seine Nachfolger allerdings, daß Männerbünde in vielen Kulturen der Welt eine grundlegende Institution darstellen und daß dieser Institution ein aggressives Moment anhaftet. Räumliche und soziale Absonderung der Männer, Dramatisierung ihrer Rolle, die in spontane Gewaltakte einmünden kann, sind die typischen Kennzeichen eines Männerbundes. Die Tatsache, daß die Kriegsphänomene einen von den Männerbund-Phänomenen getrennten Faktor bilden, ist darin begründet, daß das Ausmaß und das organisatorische Niveau der mit Männerbünden verbundenen impulsiven Gewaltausübung geringer ist als dies selbst in nicht-industrialisierten Gesellschaften bei der geplanten und organisierten Kriegsführung der Fall ist.

Regionalanalyse: Die Universalität des Männerbundes

Eine Aufgliederung des hier analysierten Datenmaterials nach Regionen zeigt, daß die unter dem *Faktor V* behandelten Männerbund-Phänomene weltweit verbreitet sind. Es gibt keine Region, in der diese Phänomene fehlen. Zu recht kann man daher die Auffassung vertreten, daß Männerbünde eine universelle Institution innerhalb der menschlichen Kultur darstellen. Allerdings erweist die regionale Analyse auch, daß *einzelne* Aspekte des Männerbundes regional unterschiedlich vertreten sind. So finden sich zum Beispiel in Festlandasien mehr Kulturen ohne Versammlungsorte für Männer als in anderen Regionen, und auch Härte wird in einer größeren Zahl asiatischer Gesellschaften nicht als Rollenideal für Männer angestrebt. Dennoch läßt sich auf der Grundlage der *World Cultures* Daten festhalten, daß historische und regionale Besonderheiten bei der Verbreitung der Männerbund-Phänomene gegenüber dem weltweiten Vorherrschen dieser Institution in ganz unterschiedlichen Kulturen zurücktreten (vgl. Karte Seite 30). In diesem Punkt ist Schurtz nach dem heutigen Forschungsstand zuzustimmen. Denn auch in Schurtz' Werk erhalten die regionalen und historischen Sonderformen im Vergleich zum Männerbund als einem allgemeinen Phänomen ein geringeres Gewicht.

Daß der Männerbund eine kulturelle Universalie darstellt, ist Heinrich Schurtz' bedeutende Entdeckung. Seine weitergehenden Schlußfolgerungen über das kulturelle Umfeld der Männerbünde hingegen – besonders die Verbindungen dieser Institution mit sexueller Freizügigkeit und Krieg – müssen ebenso wie sein spekulativer Deutungsrahmen nach dem heutigen Daten- und Analysestand als Chimäre zurückgewiesen werden. Die Absonderung von Männern, die Dramatisierung ihres Status, das aggressive Zurschaustellen und Handeln kommt auch in unserer eigenen Kultur vor, also im Kontext komplexer, moderner Gesellschaften. Dies mag der abschließende Hinweis auf das Beispiel des Fußballspiels, vor allem auf das männerbündische Geschehen innerhalb sowie außerhalb der Stadien, verdeutlichen (vgl. dazu die Aufsätze Nr. 63 und 64).

Schematische Karte der Verbreitung von Kulturen mit männlichen Solidargruppen und Ritualen. 1 bedeutet das Vorhandensein, 0 das Fehlen solcher ‚Männergruppen' in einer untersuchten Kultur. Die mit Hilfe der Datenbank ‚World Cultures' erstellte grobe Verbreitungskarte erweist, daß solche Gruppen in vielen Kulturen der Welt auftreten. Karte: Th. Schweizer.

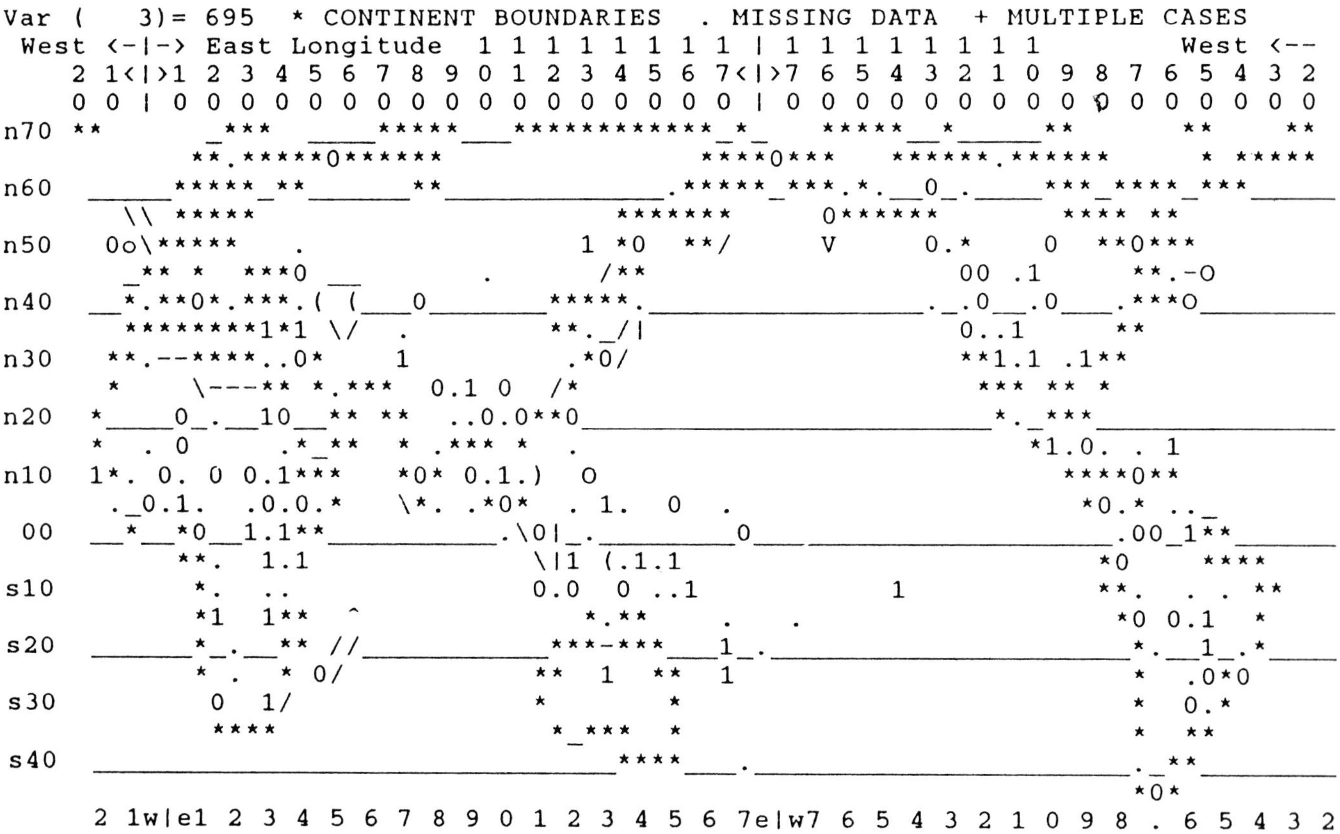

Anmerkung

1 Nach dem heutigen Erkenntnisstand ist diese Deutung abwegig, weil die Kulturen des malaiisch-indonesischen Raums den Unterschied zwischen den Geschlechtern in der Form von sozialer Segregation, Riten und Normen wesentlich schwächer markieren als dies zum Beispiel im benachbarten melanesischen Raum der Fall ist. Dieses Gebiet und nicht das malaiisch-indonesische bildet ein Zentrum der ‚Männerkulte' im Pazifik.

Männerbünde, Frauen und Charisma
Geschlechterdrama im Kulturprozeß

Wolfgang Lipp

Die Überlegungen setzen an in vorgeschichtlicher Zeit. Männerbünde sind entstanden im Schoße archaischer, mutterzentrierter Gesellschaften. Sie antworteten auf eine zunächst unklare, gegenüber den Funktionen der gebärenden Frau wenig profilierte soziale Geschlechterrolle des Mannes, begründeten sich als Schuld- und Opfergemeinschaft (‚Vatermord', ‚Entsagung von Frauen'; hier wird an die Theorie Sigmund Freuds erinnert) und nahmen teils „asketische", teils „charismatische" Züge (Max Weber) an. Männerbünde wurden so zum Motor neuer, oft revolutionärer soziokultureller Entwicklungen (‚Freiheit', ‚Brüderlichkeit', bei gleichzeitigem tendenziellen Ausschluß von Frauen); sie sprengten eng gewordene ältere Prinzipien sozialstruktureller Gliederung (Männerhaus, Herrschaft, Staat versus Familie, Verwandtschaft, Sippe) und stellten Gesellschaft und Kultur auf stratifikatorische, dann funktionale Differenzierung um.

Männerbünde treten in Völkern und Kulturen in erstaunlicher Vielfalt auf. Von Altersklassen, Syssitien, Geheimgesellschaften, wie die Ethnologie sie untersucht, über Zechen, Gilden, Schützenverbände, wie sie Gegenstand der Volkskunde wurden, bis hin zu Clubs aller Art, Freischaren, Bruderschaften oder Vaganten, die die Kulturgeschichte und schließlich die Soziologie behandeln, spannen sie einen weiten Bogen. Man mag dann zögern, die Phänomene auf einen Mittelpunkt, ein einheitliches Prinzip oder gemeinsame Ursprünge in der kulturellen Evolution zu beziehen. Das verbindende Etwas, das Männerbünde prägt, ist in der Tat schwierig zu bestimmen. Soziokulturelle Wirklichkeit – wie gerade Männerbünde sie darstellen – ist vielschichtige, vieldeutige, von Stufe zu Stufe selbstgeformte Wirklichkeit. Der folgende Versuch, die Anfänge, Beweggründe und Entwicklungen von Männerbünden zu rekonstruieren, wird hierauf sorgfältig zu achten haben. Bei allen Vorbehalten, die vorschnellen theoretischen Verallgemeinerungen gelten müssen, bleibt es aber legitim, die Frage ins Grundsätzliche zu wenden und Männerbünde, über Fallstudien hinaus, in umfassendere kulturgeschichtliche Zusammenhänge einzuordnen.

Dabei stelle ich die These auf, daß Männerbünden im Kulturprozeß eine strategische Rolle zukommt, insofern sie die Wirkweisen ‚segmentärer Differenzierung', die das Nebenher der Verwandtschaftsformen, der Clans und Stämme der frühen ‚gentilgesellschaftlichen' Systeme gliederten, zunehmend mit Mechanismen ‚stratifikatorischer', das heißt schichtspezifischer, dann ‚funktionaler' Differenzierung durchsetzten. Jene bislang statischen, archaischen Kulturen wurden dadurch nicht nur dynamisiert; sie entwickelten Herrschaftsordnungen und gingen zu Systemen sozialer Schichtung über. Ihr innerer sozialer Aufbau wurde komplexer, differenzierter und reicherte schließlich die äußeren, auf Sachziele bezogenen Aktivitäten an. Männerbünde waren – und sind im Kern bis heute – mit ihrem sozialen Gegenüber: Frauen, Müttern und den durch sie repräsentierten, alten familialen (filiativen, gentilistischen) Ordnungen kulturdialektisch intim dabei verbunden. Sie vertieften die mutterzentrierten, in der späteren Entfaltung mutterrechtlichen Kulturen, aus denen sie hervorgegangen waren, rituell-religiös, indem sie das Blutopfer, vor allem die Kopfjagd, zur Blüte brachten; am Ende sprengten sie sie selbst und überwanden die Beschränkungen, denen das Mutterrecht verhaftet blieb, im Rahmen eigentümlicher ‚charismatischer' Bewegungen und im Lichte eines ‚neuen Geistes'.

Reifeweihen – warum Männer zu Männern erst werden

Wie sehen die Entwicklungen im einzelnen aus? Die ältere Forschung hatte die Entstehung von Männerbünden mit der Bildung vor allem von Altersklassen – Gruppen also von jungen Männern (Jünglingen, Epheben), denen Mädchengruppen entsprechen konnten – zusammengebracht. Man nahm an, Altersklassen regelten in den Kulturen das Verhältnis primär der Generationen (der Jungen, Erwachsenen, Alten), daneben besorgten sie, wie man meinte, die Weitergabe von Kulturgut überhaupt (vgl. besonders Schurtz 1902; Webster 1908). Jüngere Arbeiten setzen die Akzente inzwischen anders. Sie stellen heraus, daß ‚Reifeweihen' zu starken Anteilen von Geschlechts- und Fruchtbarkeitsriten durchzogen sind, und zeigen, daß Fruchtbarkeitsriten das Zentrum der Vorgänge bildeten. Biologisch vorgegebene Sexualität wird kulturell demnach hier definiert und übergeleitet in ‚*gender*' (vgl. Ortner und Whitehead 1981). Gerade in Gesellschaften, die strukturell darauf aufbauten, Abstammungslinien zu konstruieren und Verwandtschaften herzustellen, mußte es wichtig sein, das Verhältnis der Geschlechter: Mann und Frau, mannbaren Mädchen und Jünglingen, denen Vaterschaft zukommen konnte, vorab zu klären; Verwandtschaft, so die neue Perspektive, wird begründet, fortgepflanzt und erweitert dadurch, daß Ehen geschlossen werden. Ehen sind gebunden an Heiratsregeln; sie geben Menschen regulär, auf lizenzierte Weise, einander zum Mann und zur Frau. Jene Institutionen, die den Status heiratsfähiger Männer und Frauen vermitteln, haben daher hohe Bedeutung. Während der Reifeweihen geht es weniger also um den Übergang vom Kindheits- zum Erwachsenenstadium, als um das Erlangen vielmehr der je kulturtypischen Geschlechterrolle (vgl. exemplarisch Herdt 1982; ferner Lipp 1986).

Für die Entwicklung zum Mann zum Beispiel sind zwei Schritte nötig: Erstens die Trennung von Nicht-Männern, das heißt, von Frauen und Kindern, und zweitens die Aufnahme in Gruppen von Männern, in ‚Männerhäusern'.

In gleichgeschlechtlichen, oft von älteren Männern geleiteten, exklusiven Gruppen erfahren Männer im Zuge zum Beispiel diverser, äußerlich homosexueller Praktiken (vgl. Karsch-Haack 1911; Baumann 1955) ihre Geschlechtsidentität erst kulturell; sie erproben sie in räumlicher, sozialer und emotionaler Trennung und können sie so auf Dauer begründen.

Durch die Initiationsriten werden Männer in der ersten Phase in einen Schwellenbereich (*liminalitas*, vgl. dazu Turner 1969) gestoßen, der ‚Wald', ‚Wildnis' oder verschlingenden ‚Schlund' repräsentiert, von Entwöhnungen, Schrecknissen, Martern bis zur Todesqual besetzt ist, aber auch Transzendenzen öffnet, Begegnungen mit Geistern ermöglicht und zur Wieder- und Selbstgeburt führt. Im zweiten Abschnitt sind sie im Männerhaus und konkreten, sozial etablierten ‚Männerbund' in eine Ordnung (*structure*, vgl. Turner ebd.) aufgenommen, die ihren Stamm, ihre spezifisch gegliederte soziokulturelle Welt, faktisch und praktisch trägt.

An dieser Stelle ist ein Exkurs zu machen: Reifeweihen von Jünglingen einerseits, Mädchen zum anderen, haben, wie die Forschung zeigt, weder quantitativ noch qualitativ im Leben der Kulturen gleiches Gewicht (s. zum Beispiel Thurnwald 1932: 52ff.); sie stehen zueinander vielmehr asymmetrisch; Mädchenweihen sind Jünglingsweihen teils nachgebildet, teils schlagen sie Seitenwege ein oder bleiben bei rudimentären Formen stehen. Auf der Suche nach Gründen muß man hypothetisch auf dunkle, hocharchaische Verhältnisse zurückgehen. Die Prägung der Geschlechtsrollenidentität von Mädchen konnte anscheinend schon von Frühzeiten kultureller Entwicklung an als weniger wichtig, weniger dringlich gelten: Frauen, die menstruierten, schwanger wurden, kreißten und stillten, demonstrierten ihr Geschlechtswesen augenfällig. Sie waren, für jedermann erfahrbar und sichtbar, gleichsam von Natur aus Frauen, während Männer zu Männern erst werden mußten. Man hat drastisch vom Schmieden (‚*ritual forging*', Poole 1982) männlicher Geschlechtsidentität gesprochen. Dabei geht man davon aus, daß Kultur, auf die Ursprünge zurückgeführt, zunächst Verwandtschaft – i. e. ‚Filiation' – bedeutet, die aus offensichtlicher, gebäraktlicher Abstammung resultiert.

Insoweit waren primär Frauen, genauer Mutter-Kind-Dyaden, Orientierungs- und Ordnungspunkt archaischer kultureller Systeme. Gerade in der Übergangszone von Natur zu Kultur, in der sich nach und nach Institutionen, herausbildeten und die Instinkte zurückgedrängt wurden, war der Aufbau von Verwandtschaftssystemen sehr wichtig. Die offensichtlichste und eindeutigste Verwandtschaft besteht zwischen einer Mutter und ihrem Kind (Mut-

Die Uraustralier, bei denen sich der Geschlechtsantagonismus besonders scharf ausgeprägt zeigt, kennen Kultbünde, die Frauen ausschließen. Bei den Reifeweihen müssen die jungen Aborigines sich der ,Mika-Operation' (Subinzision) unterziehen, bei der die Harnröhre aufgeschlitzt wird, wodurch sie sozusagen zu ,menstruierenden Männern' werden. Dadurch entledigen sie sich des ,unreinen' mütterlichen Blutes, um den Anspruch der überlegeneren, ,reineren' Physis gegenüber Frauen voll vertreten zu können. Foto: A. Lommel (vgl. Aufsatz Nr. 84).

ter-Kind-Dyade). Die Rolle der Frau war für die aufkeimende soziale Ordnung, die ersten Verwandtschafts-Systeme daher bestimmend (s.f.a. Gough 1875; Tyrell 1978). Demgegenüber spielten die Männer für den Aufbau emergenter soziokultureller Ordnung eine zunächst untergeordnete Rolle, nicht zuletzt, da der Zusammenhang zwischen Zeugung und Geburt lange unbekannt oder unbewußt blieb (so Reed 1918; Malinowski 1922).

Männerrolle und Männerhaus, Männerbund und Mutterrecht

Was die weitere Entwicklung betrifft, läßt das ethnographische Material vermuten, daß die Kulturgeschichte zwei Wege ging. Ein erster, in Sackgassen führender Weg lag darin, daß Männer versuchten, sich an Frauen: die Herdmitte also von Urkulturen, anzunähern, indem sie androgyne Potenzen stärkten, ihre Geschlechtsrolle, soweit sie entwickelt war, wechselten und ,Weibeinkörperung' übten. Der zweite, erfolgreichere Weg lief darauf hinaus, die männliche Geschlechtsidentität selbst zu profilieren, Vater-Status anzunehmen und im Verwandtschaftssystem abgehobene, eigene Position zu beziehen. Beispiele für erstere Strategien sind vor allem im Schamanismus, jenem ursprünglich von Frauen besetzten Kultkomplex, zu finden, durch den Geistervermählungen, Geistkontakte, Geisterheilung und Fruchtbarkeit beschworen wurden, oder werden im Phänomen der Couvade, des Männerkindbetts, oder schließlich des schwangeren Manns deutlich (vgl. näher Lipp 1986 und 1989a). Die zweite Alternative wird immer zielstrebiger in der Einrichtung von Männerhäusern,

Männerbünden und Männerclubs realisiert. Von der Grundintention her gesehen, mündet sie in der Zuerkennung (soziokulturellen Attribuierung) ausdifferenzierter, nunmehr autonomer Männer- und Väterrollen und hat zur Folge, daß Verwandtschaft, jene urkulturelle Herdinstitution, zunehmend über männliche Abstammungslinien definiert wird.

Zieht man ein erstes Resümee, ergibt sich, daß Männerbünde primär nicht in männer-, sondern frauenzentrierten Kulturen auftraten; dies galt nicht nur für archaische, notwendigerweise nur hypothetisch rekonstruierte Entwicklungsstufen, sondern betrifft auch spätere, in der Forschung präziser überschaute Phasen, wie ein Blick auf das Mutterrecht selbst zeigt. Versteht man unter Mutterrecht das Prinzip, Verwandtschaftssysteme matrilinear (nicht patrilinear, nicht bilateral), von Mutter-zu-Mutter-Deszendenzen her zu gliedern, waren es in der Tat gerade mutterrechtliche – evolutionär noch immer frühe – Kulturen, die Männerbünde hervorbrachten. Hatte den Zusammenhang schon Johann Jakob Bachofen bemerkt, so bestätigt ihn auch die neuere Ethnologie. Am Beispiel der Irokesen etwa, jener Indianerstämme im Nordosten Nordamerikas, die die Aufmerksamkeit schon in klassischer Zeit auf sich zogen (vgl. erstmals Lafiteau 1724; neuerdings z. B. Schumacher 1972), zeigt sich, daß Männerbünde in dieser auf Hackbau beruhenden, hauswirtschaftlich von Frauen verwalteten Kultur einen durchaus wichtigen, in Politik und Öffentlichkeit schließlich dominierenden Faktor bildeten. Unübersehbar wurden die Bezüge auch bei den diversen gut erforschten matrilinearen Systemen Polynesiens, Melanesiens (zum Beispiel den Trobriandern) und besonders Neuguineas. Männerbünde sind dort nicht wegzudenken; sie stellen eine sozialstrukturell immer stärker durchschlagende, die Gesellschaft am Ende in zwei Hälften, Männer und Frauen (und ihre Häuser), teilende Macht dar. Von Gruppen, die Geschlechtsidentität regelten, haben sie sich entschieden zu Organen, zum Beispiel exklusiven, gegenüber Frauen (oder nicht/noch nicht aufgenommenen Männern) hermetisch abgeschlossenen ‚Geheimbünden' weiterentwickelt, die das Kultwesen des Stammes regelten, die Tabuvorschriften auslegten und praktisch polizeiliche, Frauen im Grenzfall terrorisierende Funktion ausübten (vgl. neben älteren Materialsammlungen zum Beispiel Schlesier 1958; Stagl 1971).

Zum ‚Drama', das Mann und Frau hier bewegt – jenem Kampf um Geschlechtsrollenfindung, Rollenschicksal und Rollenidentität (vgl. grundsätzlich Lipp 1984) –, ist zu ergänzen, daß die Dinge durchaus oft zugespitzt, ja horrend verlaufen konnten. Systeme, in denen Mutterrecht herrscht, sind keineswegs *a priori* als aggressionsimmun, emotional entspannt und friedliebend zu bezeichnen. Sie scheinen mit einem von Hinterindien ausgehenden, bis Mittel- und Südamerika reichenden Kulturkreis zusammenzufallen, in denen der ‚Kriegspfad' hohen Rang genoß und Aktivitäten, die aufs Blut gehen, im inneren kultischen und religiösen Leben selbst obenan standen (vgl. Schmidt 1955: 156ff.). Opferrituale grausamster Art – wie zumindest der späte, heutige Beobachter urteilen kann – wurden – vom Durchbohren und Hängen, Häuten und Herz-Herausreißen bis hin zur Kopfjägerei – hier gewiß in der Regel von Männern, vereint in Männerbünden, begangen; als Blutopfer blieben sie aber, wie eine tiefere Analyse zeigt (vgl. zum Beispiel Sanday 1981), intim benachbart mit Fruchtbarkeitskulten, Kulten des Bluts, von Blutfluß, Blutmacht und Blutsverlangen, Kulten also, die Frauen als gebärende, Früchte ziehende, den ganzen Stamm nährende Mächte damals magisch wohl an sich zogen.

Männerbünde – Motor nachmutterrechtlicher kultureller Entwicklungen

Obwohl Männerbünde aus weiblich dominierten, später explizit mutterrechtlich geprägten Kulturen hervorgingen, veränderten die neuen kultischen und organisatorischen Faktoren wie Passageriten, Männerhäuser etc. das Stammesleben entschieden und sprengten die bisher gültigen Prinzipien. Die aufkommenden patrilinearen Systeme konnten an Vorgaben, Zwischenformen und Überleitungen, wie männerbündische Strukturen sie darstellten, offenbar anknüpfen, und jene starken zusätzlichen Motive, die zu Vaterrecht und schließlich Vaterherrschaft führten – Großwildjagd, Viehbewirtschaftung (Hirtenökonomie) und kriegerische Überlagerung –, fielen auf tragfähigen Boden. Sieht man die Dinge differenzierungstheoretisch (dazu grundsätzlich Luhmann 1977), wurde namentlich wichtig, daß Männerbünde quer zum bestehenden segmentären Gliederungsprinzip, wie es Gentilgesellschaften, einschließlich patrilinearer Ordnungen, generell bestimmt, den Grundstein zur stratifikatorischen, ja im Ansatz

Die Yaka in Südwestzaire kennen die Beschneidung der Knaben, der eine rituelle Trennung von den Müttern und Geschwistern vorangeht und der eine dreijährige Lehrzeit in einem eigenen Camp folgt, während der sie die männliche Rolle einüben. Nach Abschluß führen die maskierten Initianden Tänze auf, deren Sinn es ist, Kinder, Mädchen und Frauen zu schrecken und ihnen auf diese Weise die Macht der Männer, die so unübersehbar über die Mittel gebieten, mit den transzendentalen Kräften auf vertrautem Fuß zu verkehren, zu demonstrieren. Foto: van Doorslaer (vgl. Aufsatz Nr. 41).

funktionalen sozialen Gliederung legten. Gentilgesellschaften waren durch das Nebenher vieler einzelner, gleichförmiger und autarker Kleinverwandtschaften (Hausverbände, Sippen, Clans) charakterisiert – die Ethnologie spricht von akephalen, kopf- und spitzenlosen Ordnungen –, während Männerbünde das System durchgehend nunmehr nach den Kriterien des gleichen, bei jedermann (jeder Frau) anzutreffenden Geschlechts strukturierten. Sie bewirkten im ersten, augenfälligsten Aspekt damit einerseits, daß die Gesellschaft in Geschlechtsklassen zerfallen konnte, die sich ökonomisch, sozial und kultisch im Extremfall antagonistisch gegenüberstanden. Andererseits bauten sie Zusammenschlüsse auf, die Solidarisierung jenseits der verwandtschaftlichen, nur privaten Einheiten ermöglichten und nicht nur auf den Bund – zum Beispiel eine geheime Bundeslade –, sondern den Stamm, das Volk, die Öffentlichkeit als ganze zielten (so im Grundsatz schon Schurtz 1902; vgl. Höfler 1934: 323, 341 u. ö.; Schumacher 1972: besonders 132ff.).

Blickt man auf das Verhältnis, das zwischen Männerbünden und Frauen besteht, von hier aus einmal zurück, ergibt sich dreierlei: Die zunehmende institutionelle Befestigung von Männerbünden hatte vielfach zur Folge – und bewirkt im Echo noch heute –, daß Frauen, ja durch sie (*qua* Mütter) repräsentierte, familien- und sippenbezogene Ansprüche generell, zurückgedrängt und an Macht und Einfluß beschnitten wurden. Ohne unterstellen zu müssen, daß Männer und Männerbünde einen Kampf der Geschlechter mit dem Ziel, Frauen zu unterdrücken, in Angst und Schrecken zu halten und ökonomisch auszubeuten, bewußt entfachten, wird man feststellen können, daß Effekte dieser Art von Fall zu Fall sich faktisch ergaben. Es bestand die Tendenz, auf der Grundlage der neuen, geschlechtsklassifikatorischen Prinzipien die Welt, bis hin zu Kosmogoniekonzepten, nicht nur in Hälften als solche, sondern „gute" und „böse", „bessere" und „schlechtere" Hälften einzuteilen (s. Müller 1984, mit breitem ethnographischen Material). Sie lief in der fraglichen kulturgeschichtlichen Phase darauf hinaus, Frauen oft auf der negativen, negierten, repressiv betroffenen Seite anzusiedeln. Männer und ihre Bünde, die, wie in Melanesien, im Stamm vielfach die Organisation der Feste übernahmen, richteten es beispielsweise ein, das besondere kultische Gut, dessen Teilhaberrechte sie mitverwalteten, regelmäßig gegen

Wirtschaftsgüter, zum Beispiel Schweine, Yamsfrüchte etc. einzutauschen. Deren Bereitstellung oblag, rituell gefordert und legitimiert zugleich, ausschließlich den Frauen. Ideologiekritisch gesehen entspricht der Ausbeutung, die hier indiziert werden kann, die ebenso illusionäre, von handfesten materiellen Interessen besetzte Zweiteilung in eine höhere ‚geistige' Schicht und einen Bodensatz alltäglicher, wirtschaftlicher, ‚stofflicher' Angelegenheiten. Es blieb nicht aus, daß Männer und Männerbünde die Theorie, die sie über die Dinge entwickelten, durch Ausbau entsprechender Herrschafts-, Kontroll- und Sanktionsapparate häufig praktisch festschrieben. Daß Frauen sich schließlich den Zumutungen, Klischees und Restriktionen, denen sie sich im Dasein gegenüberfanden, auch im Rollenselbstverständnis am Ende kaum entziehen konnten, ergänzt das Bild.

Nicht weniger bedeutsam als der skizzierte, unmittelbar vom Verhältnis, das heißt Machtverhältnis, der Geschlechter her verstandene Zusammenhang ist ein zweiter, sozialstrukureller und sozialevolutionärer Punkt: Mit der Institutionalisierung von Männerbünden trat, wie schon sichtbar geworden, im Kulturprozeß eine neue Qualität insofern auf, als segmentäre soziale Differenzierung um stratifikatorische, später funktionale zunehmend erweitert wurde. Vom rückschauenden Beobachter her erscheint ihre Existenz komplementär und korrespondierend. Für Gentilgesellschaften und nachfolgende transitorische Systeme ergaben sich jedoch strukturelle Spannungen. Männer, in Männerbünden zusammengeschlossen, mußten Frauen, Frauen, in Familien und Sippe wurzelnd, aber Männer als Gefahr ansehen. Aus der Urfamilie und ihren keimhaften funktionalen Voraussetzungen ursprünglich gemeinsam hervorgegangen, begannen die Prinzipien der inzwischen entwickelten Bezugsgruppen einander zu widersprechen; Bund und Sippe liefen, was den täglichen praktischen Einsatz, die sachlichen Anforderungen, vor allem aber die Loyalitäten und unterschiedlichen solidarischen Bezugspunkte betraf, für Mann und Frau zunehmend auseinander und bezogen Positionen vermeintlich wechselseitiger Exklusivität (so Max Weber 1964: Bd. I, 276f.; vgl. La Fontaine 1978; Tyrell 1986).

Exkurs: Weibliche Interessen, Weiberbünde

Mußten Familie und Verwandtschaft auch dort, wo inzwischen die Väter dominierten, aus männerbündischer Sicht banal und beschränkt erscheinen, nahmen Männer, die Bünden anhingen, Rotten bildeten und sich geheim und heimlich machten, für Frauen die Züge von Wilden, Verwilderten und Werwölfen an. Das Bild des ‚wilden Mannes' ist in Bräuchen, in Sagen und Märchen, wie gerade Frauen sie überliefern, weit verbreitet und spielt ein lebhafte, bis in die Gegenwart reichende symbolische Rolle in den Kulturen auch Europas (vgl. Mannhardt 1905: Bd. I, 333–347; Wolfram 1980). Männer, die Weib und Kind, ob für kurz oder länger, verließen, die die Sippe hintanstellten und Gemeinschaft in Bünden suchten, wurden in den Augen von Frauen zu Werwölfen – etymologisch „Männer, die wie Wölfe leben" –, weil sie das Haus, jene Herdstelle von Kultur, mieden und vielleicht ganz aufgaben. Sie setzten sich ab in eine andere, von den Frauen, aber auch weiteren, männlichen Repräsentanten (Vätern) von Verwandtschaft und Familie als Gegenwelt angesehene Welt. Es war nur folgerichtig, diese Herausforderung bevorzugt mit der Strategie, die Männer zu redomestizieren und an das Haus zurückzubinden (vgl. La Fontaine 1981), zu beantworten. In schöner symbolischer Verdichtung zeigt beispielsweise ein Brauch aus Kortsch in Südtirol noch im 20. Jahrhundert, wie Frauen den wilden Mann – der, zottelbärtig, einen Wurzelstock, die Keule, als Zeichen nicht nur männlicher Kraft, sondern männerbündischer Club-Gewalt trägt – umstellen, mit Seidenbändern binden und mit sich führen (Bildnachweis in Wolfram 1980: Abb. 26). Gegen die Keule, gegen Waffe und Rodungswut, die reißt und zerstört, steht hier das Band, das Flechtwerk, das auf weiblichen Fleiß, auf Arbeit und häusliche Kultur verweist – das freilich den Menschen auch fesseln kann. So umgarnen die Frauen den Mann und holen ihn heim. Daß die Keule die Fesseln aufs neue sprengt, daß sie Ketten bricht und auch ‚Freiheit' schafft, ist eine andere Seite; sie wird näher noch unten erörtert.

Der dritte noch offene Punkt betrifft den Umstand, daß Frauen am Ende selbst versuchten, aus ihrer beengten, segmentär geklammerten Welt, dem Haus, der Familie, der Verwandtschaft auszubrechen und Rollen im dynamischeren, bündischen System zu übernehmen. Zwar war das Bemühen, Männer am Haus zu halten und sie dem Haus zu verpflichten – bis hin zu der vom Feminismus protegierten modernen Figur des ‚Hausmanns' –, keineswegs nur erfolglos geblieben, ja es ließe sich begründen, die Kulturgeschichte als ganze, und gerade in ihren späteren, zivilen und zivilisatorischen Phasen, als Prozeß anzusehen, durch den zunehmend weibliche, eben auf das Haus, das Intime, die Entlastung von Außenarbeit bezogene Bedürfnisse befriedigt wurden (vgl. zum Beispiel Gehlen 1969: „Elargierung des Familienethos"); festzustellen ist gleichwohl, daß auch Frauen stets danach drängten, die Schwelle des engeren, familial (gentilistisch) bestimmten Frauenhauses zu überschreiten, sich bündisch zu organisieren und ‚Frauenhäuser' in einer weiteren, differenzierteren Welt einzurichten. „Weiberbünde" sind kulturgeschichtlich durchaus häufig anzutreffen (vgl. z. B. Wolfram 1933). Dabei fällt auf, daß sie Männerbünden dialektisch, im Sinne des Motivs der „verkehrten Welt" (dazu Mühlmann 1961), oft nur nachgebildet waren – als hätte das Bedürfnis bestanden, den Clubs der Männer, ihrer Wildheit und Unheimlichkeit, drastisch auch etwas Eigenes, Orgiastisches, Mänadisches entgegenzusetzen (das brauchtümlich dann meist gebändigt blieb); Weiberbünde, von Mütter- und Hebammenrunden über Spinnstubengemeinschaften bis hin zum Kaffeekränzchen, hielten sich im typisch Weiblichen häufig befangen und entwickelten sich nur selten zu Gruppen, die zu direkten öffentlichen, politischen, sachthematischen Aktionen kamen. Dies entsprach kaum beschränkten, etwa von Natur aus engen, weiblichen Dispositionen als solchen, sondern war in hohem Maße strukturell, von der inzwischen etablierten männlichen Gesellschaftsordnung her bedingt. Wie die Kulturgeschichte gerade auch Europas belegt, hatten es Frauen schwer, sich in einer jenseits des Hauses gelegenen Welt, die von Männerbünden besetzt war, bündisch auch selbst zu formieren. So scheiterte die Bewegung der Beginen (12. und 13. Jahrhundert nach Chr.), jener von Lüttich ausgehenden religiösen Frauengruppen, die nach eigener Regel und eigenem – mystischen – Religionsverständnis leben wollten, seinerzeit offenbar daran, daß die bestehenden, kirchlich approbierten Orden (Benediktiner, Zisterzienser) – Männerhäuser – Unterordnung sehr nachhaltig forderten (vgl. dazu Aufsatz Nr. 19). Die neu begründeten, ambitionierten Bettelorden (Dominikaner, Franziskaner), die soeben selbst auf den Plan getreten waren, machten den Frauen den Rang noch zusätzlich streitig (vgl. Grundmann 1970). Je mehr die Orden sich gegen Beginen oder ähnliche fromm bewegte Frauen sperrten – „do lies mich got niergen eine", sollte Mechthild von Magdeburg klagen (vgl. Grundmann 1970: 328) –, desto eher neigten sie zum Häresievorwurf und scheuten nicht davor zurück, Verworfenheit, Ketzertum oder Hexerei zu unterstellen. Beispiele aus späteren Jahrhunderten bestätigen das Bild. Hat man zum Beispiel die französische Revolution, die Arbeiterfrage, die Jugendbewegung im Blick, waren Frauen bis in die Gegenwart außerstande, sich im Geschehen, so begeistert sie mitziehen mochten, auf Dauer eigenständig, mit eigenen Ansprüchen, Ideen und Interessen zu behaupten. Die Guillotine, Ausschlüsse, ein Wegschieben und Verdrängen traten dazwischen. Vielleicht ändern sich aber die Dinge. Vielleicht schlägt der moderne, selbstbewußte, entschieden politische Feminismus ein neues Kapitel auf. So hat der Rotary Club, einer der erfolgreichsten Männerbünde des 20. Jahrhunderts, auf Druck des Feminismus volle Mitgliedschaft inzwischen auch Frauen zugestanden (vgl. dazu Aufsatz Nr. 52). Und Parlamente, Parteien, Gremien aller Art führen Quotenregelungen ein... (vgl. dazu Aufsatz Nr. 12).

Männerliebe, Männerfreiheit, Herrschaft

Kehren wir zurück zu den Männerbünden. Was macht ihr Wesen, den Kern ihres Zusammenschlusses, ihren ‚Geist' eigentlich aus? Es hieße die Frage verkürzen, wollte man sie mit dem Hinweis allein auf besondere männliche Qualitäten beantworten, die bald biologisch, bald psychologisch, bald kulturgeschichtlich zu konstatieren seien. Männer schließen sich zu Bünden weder nur zusammen, weil sie von Natur aus, als Jäger, Krieger und kurz: geborene Aggressoren, gegen Frauen Organisationsvorsprung hätten, noch auch deswegen, weil sie – wie Schurtz (1902) und namentlich Blüher (1917) meinten – zur Homoerotik neigten und nicht nur nach Frauengunst, sondern höherer, freierer Männerliebe strebten. Annahmen solcher Art, die auf Triebanlagen, ja gar Einzeltriebe rekurrieren, werden der Komplexität der Phänomene ebensowenig gerecht wie die These, Männer hätten Männerbünde eingerichtet, um Frauen, wie die Kulturgeschichte überall belege (vgl. zum Beispiel Bornemann 1970; dagegen auch Aufsätze Nr. 46 und 82), mit Absicht in Schach zu halten und zu beherrschen bis heute. Ursachen aber auch Zweckerklärungen wie die genannten führen auf Gebieten, die kulturwissenschaftlich zu erschließen sind, schnell in die Irre. Am Platz sind vielmehr hier Netzbegriffe, Funktionalitätskonzepte und offene interpretative Methoden.

Schon nach älterer soziologischer Bestimmung stellen ‚Bünde' neben ‚Gemeinschaft' und ‚Gesellschaft' einen offenbar dritten, eigenständigen Weg sozialer Gruppenbildung dar (Schmalenbach 1922; vgl. Lipp 1989b). Institutionen wie Familien, Sippen, Nachbarschaften sind ‚gemeinschaftlich', reine Zweckverbände „gesellschaftlich" geprägt (Tönnies 1887). Bünde lassen solche Elemente nicht nur konvergieren, sondern geben ihnen den Charakter des Verschworenen; sie dynamisieren zugleich das Handeln, binden es an Führer und gliedern es ein in Bewegungen, die bei allen gefühlshaften, auf Zusammenschluß gerichteten Merkmalen auch Zwecke kennen, Projekte verfolgen und nach außen drängen. Maßgeblich war es Max Weber, der zur Klärung der Dinge hier beitrug. Er ordnete Bünde – Männerbünde –, wie die zeitgenössische Ethnologie (Männerhäuser, zum Beispiel Berserkerwesen) sie ihm skizzierte, mit sicherem Blick dem für ihn in Gesellschaft, Religion und Kultur hochbedeutsamen, ‚Herrschaft' begründenden Phänomen des ‚Charisma' zu und zeigte, daß sie mit ‚Gemeinden' aller Art, ‚Gefolgschaften', wie Charismatiker und ihre besonderen ‚übernatürlichen' Kräfte sie anziehen, eng verquickt sind. In der Tat haben Bünde mit Gruppen, die Weber als charismatisch beschrieb, viel gemein, und es lohnt, der von ihm gelegten theoretischen Fährte in der Folge näher nachzugehen (vgl. auch Lipp 1985).

Weber bezeichnete charismatische Bewegungen als einzigartige, „spezifisch ‚schöpferische' revolutionäre Macht der Geschichte" (1964: Bd. 2, 837). Die Bestimmung trifft auf Bünde insofern zu, als gerade sie – wie schon hervorgehoben – daran mitwirkten, im Kulturprozeß die Prinzipien sozialer Differenzierung umzusteuern und von statischen, segmentären Mechanismen zu verlagern auf stratifikatorische und schließlich funktionale Gliederung. Bünde, Männerbünde, waren es ja, die die Familien- und Sippenordnung der alten gentilistischen Welt gesprengt und um Seiten wie Herrschaft, Priestertum, später Öffentlichkeit, Staat, Politik und ganzes, die Blutsverbände übersteigendes Volk erweitert haben. Daß die neuen, komplexeren Ordnungen verlangten, Weib und Kind, Vater und Mutter zu verlassen, umzukehren und kompromißlos dem neuen Geist, einem neuen Herrn zu folgen, ist in Jesu Gebot, jenem Bibelwort, zwar exemplarisch festgehalten; es bestimmt die Prämissen, die für Bünde und charismatische bündische Bewegungen gelten generell und hat in der Geschichte von Stufe zu Stufe, Ablösung zu Ablösung, neuem Bund zu neuem Bund, eine Welle unaufhörlicher revolutionärer Entwicklungen eingeleitet. So trugen, blickt man nur auf Europa, Männerbünde, Männerorden nicht nur die großen, erneuernden und zugleich neu auch ordnenden, religiösen Strömungen; Bünde, namentlich Geheimbünde waren es auch, die wie die Rosenkreutzer, die Freimaurer, die Carbonari, wie die Tellen und Härster der Schweiz (dazu namentlich Wackernagel 1960), die Burschenschafter in Deutschland entscheidend hinter freiheitskämpferischen politischen Aufbrüchen, so nationalen Selbstbestimmungen standen (vgl. Reinalter 1982).

Der gesamte Zusammenhang ist in zweifacher Weise dialektisch zu sehen: Von Anfang an sind Bünde, erstens durch den Gegensatz von Mann und Frau, den Geschlechterkampf, geprägt. Zwar trat das Geschlechterthema als konkretes, Lösung heischendes soziales Problem in späteren, von neuen Fragen betroffenen Entwicklungen relativ zurück; als Schlüssel, dem universelle interpretative Macht zukam, wirkte es symbolisch dennoch weiter. Gewiß, in der jüngeren, immer facettenreicheren, immer objektiveren Kulturgeschichte begegnen sich Mann und Frau längst nicht mehr so direkt, so hart auf hart, wie es einst – und auch das schon war Mythos – Amazonen und Griechen durchkämpften. Die Typik der Bilder, die Kraft der Symbole blieb letztlich aber erhalten; sie steigt aus Gründen, die hier nicht näher zu erläutern sind, aus Tiefendimensionen, zum Beispiel der Seele (vgl. Jung 1976), immer wieder neu ans Licht und deutet das Geschehen, die Welt des Tags, auf ihre Weise.

Der zweite dialektische Bezug liegt im Umstand, daß Bünde, indem sie ‚Umkehr', ‚Bewegung' und ‚Freiheit' schaffen, Ordnungen auch neu aufbauen, das Recht reformieren und Zwänge, soziale Zwänge, neu bewirken. Bünde haben insofern ein Doppelgesicht; nehmen sie einerseits die Züge von Außenseitern (*outlaws*), Untergrundgruppen, Banden und Rebellen an – Symbol dafür ist z. B. der ‚wilde Mann', ist das ‚wilde Heer' (vgl. zum Beispiel Wolfram 1980) –, treten sie zum anderen als Verbände auf, die – wie vielfach Zechen, (Jungmännerscharen), Schützengilden oder Veteranen – das Brauchgeschehen verwalten, die Prestigeordnung (den Verhaltenskodex) bestimmen oder Volksjustiz üben. Bünde erscheinen im Kulturprozeß, dessen institutionelle Muster, Handlungspotentiale und Spannungsgrade ständig schwanken, insoweit bald als Repräsentanten –

„Männer, in Männerbünden zusammengeschlossen, mußten Frauen, Frauen, in Familien und Sippe wurzelnd, aber Männer als Gefahr ansehen. Aus der Urfamilie... ursprünglich gemeinsam hervorgegangen, begannen die Prinzipien der inzwischen entwickelten, neuen Bezugsgruppen einander zu widersprechen; Bund und Sippe liefen, was den täglichen praktischen Einsatz, ... die Loyalitäten und unterschiedlichen solidarischen Bezugspunkte betraf, ... auseinander.“ Abb.: Umschlag Müller 1984.

also Bewahrer und Wahrer, Verfechter und Idealisten –, bald als Freibeuter, Hasardeure und Gegenmächte gegebener sozialer Ordnungen. Ihr Charakterbild, ihr Rollenspiel im Dasein schillert. Ähnlich wie charismatische Bewegungen generell, die Achtung und Verehrung, Randständigkeit und höchste Bewertung zugleich erfahren, operieren auch Bünde in eigentümlichen normativen Zwischenfeldern; sie sind imstande, wichtige soziokulturelle Entwicklungen gerade von hier – jenen Zonen der Ambivalenz – her anzutreiben.

Opfer, Schuldverschworenheit, Charisma

Will man die skizzierte doppelte Dialektik besser verstehen, wird es nötig, die Analysen abschließend nochmals ins Grundsätzliche zu wenden. Bünde, Männerbünde, stellen, wie wir sahen, Phänomene komplexer Größenordnung dar. Daß es falsch wäre, sie nur auf eine einzige Ursache zurückzuführen, zeigt schon ein Blick auf ihre in der Regel vielschichtige, kultische und religiöse Besetzung. Bünde gehen mit Kulten – den Riten vor allem des Übergangs – gehen mit Mythen und Mysterien enge Symbiosen ein; sie tragen ‚Religion‘ – die Summe von Heilsgütern, Heilslehren und Heilspraktiken, die ein Gemeinwesen pflegt – am Ende organisatorisch, richten sie als ‚Kirche‘ ein und machen sie zum ‚Amts‘-Betrieb. Was aber ist, bei Lichte betrachtet, Religion? Wenn Bünde Kulte, Geheimnisse, Transzendenzen verwalten: was betreiben sie, näher besehen, dabei im Kern?

Bünde sind Bünde von Opferern, sind Opferbünde. Im Zentrum von Religion – wie früh schon Robertson Smith (1889; ethnologisch), zuletzt vor allem René Girard aufzeigten (1972; kulturwissenschaftlich, philosophisch) – steht das Opfer, im Opfer aber treffen Spannungen, ja Widersprüche aufeinander, die das Wesen auch charismatischer, ‚Gnade‘ spendender, und bündischer Vorgänge prägen. Ohne daß es möglich wäre, das Phänomen bis in Einzelheiten zu verfolgen, ist maßgeblich festzuhalten, daß Opfer zum Opfer erst wird, wenn es nicht einseitig auf Objekte, die geopfert werden, sondern auf sich selbst gerichtet ist und sich als Selbstopfer vollzieht. Nicht die Opferung anderer, sondern Abstinenz, Askese, die Opferung eigener Substanzen bewirken im ‚Drama‘, das hier geschieht, beim Publikum ‚Läuterung‘, ‚Umkehr‘ und ‚Wiedergeburt‘. Sie verheißen ‚Heil‘, rufen ‚Jünger‘ an, ‚weihen‘ sie und stiften ‚Gemeinden‘, die man ‚Bünde‘ nennt.

Was aber bindet nun Männer, die sich in Bünden verbinden? Wenn Opfern, Selbstopfern, paradox am Ende bedeutet, ein Sakrileg zu begehen – denn das Geschehen greift ein in Leben, es reißt es heraus aus Gefügen, die *a priori* Ordnung hatten –, werden Bünde im Anblick von ‚Schuld‘, aus Schuldgefühl und Schuldverschworenheit geschlossen. Sie stehen auf als Gemeinschaften derer, die das alte ‚Gesetz‘, das zugleich ‚Naturzustand‘ war, verbrecherisch brachen, die schuldig wurden und sich bereiten, selbstopfernd selbst in den ‚Tod‘ zu gehen.

‚Tod‘ und ‚Leben‘, Schicksal und Schuld erscheinen in vielen Gestalten; ihre Symbolik reicht weit, und man muß ihren Radius näher bestimmen. Für Männerbünde und ihren Ursprung, das Drama der Geschlechter in archaischer Zeit, hat die kühne Deutung, die Sigmund Freud in „Totem und Tabu“ (1913) vorlegte, immer noch klärende Kraft; sie gewinnt zusätzliches Profil im Lichte der Opfertheorie. Hervorgegangen aus vorkulturellen ‚Urhorden‘, haben sich Bünde, Männerbünde, demnach gebildet, als die Jungmänner, um die Frauen der Horde zu besitzen, den allgewaltigen, die Frauen beanspruchenden Vater ermordet hatten. Betroffen von der Tat, im Anblick ihrer Schuld schworen sie einander, das Hordenhaupt *post mortem* dadurch zu ehren, daß sie Askese übten, sich im Stamm die Frauen versagten und Abstand nahmen vom Weibe (vgl. Aufsatz Nr. 5). So sehr man gewiß hier bezweifeln kann, ob Freuds Konstruktion ethnographisch belegbare, empirische Verhältnisse erfaßte, so aufschlußreich bleibt sie für die Theorienbildung, und man hat Gründe, auf die ‚Geschichte‘ zu hören und zweierlei an ihr festzuhalten, wie das folgende darlegt.

Brudertum, Schwesternschaft

Bedeutsam im Zusammenhang ist erstens, daß jener Urbund, um den es uns geht, sich nicht als Päderastenklub konstituiert hat, sondern als Bund von Männern, die Gegengeschlechtlichkeit im Bann jener Schuld, die sie auf sich luden, selbstopfernd bändigten, zurücknahmen und sich als ‚Brüder' erkannten. In Männerbünden schuldverschworen zusammengeschweißt, haben Männer im Gefolge ihrer Tat erfahren, daß zwischen Himmel und Erde Dinge existieren, die den Kreis von Frauen, Fruchtbarkeit, Familie und Sippe übersteigen. Sie entdeckten die emergente, neue soziale Wirklichkeit des ‚Brudertums', begründeten Phratrien und überstammliche, später staatsbezogene Gemeinschaften und waren von hier aus in der Lage, auch verschiedenste ‚funktionale', zweckhafte und sachliche Projekte zu verfolgen. In der Tat spielen ‚Bruderschaften', ‚Blutsbruderschaften', im wörtlichen, vor allem aber übertragenen Sinn kardinale Rollen im Bundwesen bis heute. Ihr Leitmotiv – ‚Brüderlichkeit' – hatte im Kern revolutionäre Wirkung und bestimmte von Stufe zu Stufe, Realisation zu Realisation den Kulturprozeß neu.

Die zweite Perspektive, die Freuds Geschichte eröffnet, knüpft an die Opfertheorie an und führt auf den Zusammenhang, der zwischen Opfer, Selbstopfer, bündischer Schuld und Charisma besteht, zurück. Wenn Freud betonte, daß sich der vom Vatermord aufgewühlte, kathartisch zugleich zu sich gebrachte Bruderbund in Zukunft der Frauen des Stammes enthielt, legte er das wichtige Moment der Askese, allgemeiner gesprochen, der Selbstnegation – hier der Männer – bloß. Er hat so bestätigt, daß Kultur schon im Ursprung, im Grundverhältnis der Geschlechter, auf Triebumkehr, Triebverzicht und Bereitschaft zum Opfer angelegt ist, und gibt gute Hilfen, die Dramatik der Lage noch deutlicher zu sehen. Bünde, Männerbünde, sind nicht so sehr als Pakte, die Macht über Frauen geben, zu verstehen. Sie fungieren auch nicht bloß als Stammtisch, an den Söhne, vielleicht Schwiegersöhne, sich flüchten, um loszukommen von Müttern; sie stellen ‚Orden' vielmehr derer dar, die Mütter und Frauen, ja Väter selbst und ihnen nachgeordnete, autoritative und institutionelle Instanzen abtöteten in sich und so gewärtigten, Bett und Herd, Familie und bisher gültige normative Maßstäbe generell zu verlieren. Bünde bestehen, so gesehen, aus Menschen, die sich – wie der Typus des ‚Helden' es in der Mythologie vorgibt – vom Dasein selbstquälerisch abgetrennt haben, Männern, die ‚Leid' auf sich nahmen und nun mitleidend, mitbetroffen, sympathisierend einander verbunden sind. Eben darin liegt aber ihr Charisma: durch jene so entschiedene wie paradoxe, schuldhafte wie befreiende, selbstopfernde Tat ein Tor aufgestoßen zu haben, das zu neuen Ufern führt und überstrahlt ist von neuem kulturellen Glanz.

Daß diese letzten, zusammenfassenden Überlegungen überhöht sind ins Idealtypische, braucht nicht betont zu werden. Die Dinge liegen vom Typus, von ihrem Begriff, ihrer Theorie realiter immer ab; sie gehen in der Praxis notwendige Wege der Trivialisierung, der Anpassung, des Kompromisses; sie gehen Wandelwege. Die Frage, was Männerbünde faktisch bestimmt, wie sie näher beschaffen sind und was sie konkret bewegen, bleibt insoweit der Forschung stets neu gestellt. Sie bleibt nicht weniger offen dort, wo im Zentrum des Augenmerks Frauen stehen. Daß Frauenbünde existieren, ist evident und wurde erwähnt. Verglichen mit Bünden von Männern entfalteten sie sich vielfach nur rudimentär. Sie haben die besonderen organisatorischen Potentiale, jene Bewegtheit, Stoßkraft und ausstrahlende charismatische Wirkung, die Bünde entladen können, nur selten voll aktiviert, und man mag fragen, ob moderne Varianten – wie sie namentlich im Feminismus versammelt sind – in Zukunft radikaler verfahren und ihre Chancen ausschöpfen werden.

So unterschiedlich man hier werten kann: Ein Kriterium, die Zusammenhänge zu beurteilen, wird in der Kategorie des Opfers liegen. Erst Opferbereitschaft, die Bereitschaft zum Selbstopfer führt dazu, die Trägheit der Verhältnisse zu durchbrechen, das Publikum zu ‚fraternisieren' – radikal zu ‚verschwestern' also – und anstehenden sozialen Projekten den nötigen, revolutionären Schwung zu geben. Zwischen Strömungen, die im Feminismus die Lobby sehen, für Frauen im System, je statushöher je besser, hohe Stellenquoten zu fordern, und Bünden, die jenseits planer Zwecke, jenseits von Selbstverwirklichung, die Kraft auch zum Selbstverzicht aufbringen, wird man insoweit unterscheiden müssen. Überzeugung und Glanz auch für Dritte, Befreiung und Erneuerung gehen am Ende von letzteren aus. Die Zeit wird zeigen, ob im Drama der Geschlechter, das ein sensibles Stadium erreicht hat, die alten Muster noch länger wirken.

Zur Psychoanalyse von Männerbünden (Morphologie von Brüderlichkeit)

Wilhelm Salber

Psychologische Gesichtspunkte, die soziale ‚Verbindungen' erklären, finden sich in Sigmund Freuds psychoanalytischem Konzept; es hebt in (dramatischen) Bildern Wirkungs-Strukturen heraus, von denen sich die Vielfalt der Phänomene ableiten läßt, die bei Männerbünden zutage treten. Zentral wird dabei das Symbol des Opfermahls. Das Opfermahl versinnlicht einen Verwandlungsprozeß, der den widersprüchlichen und spannungsvollen Betrieb der seelischen Wirklichkeit neu und anders organisiert – im Herstellen einer ‚gemeinsamen Substanz': der brüderlichen Schicksalsgemeinschaft. Die brüderliche ‚Gleichheit' nimmt Schuld auf sich, unterwirft sich Opfern und Einschränkungen, gewinnt aber zugleich eine eigene Freiheit und eine eigene ‚Allmacht'. Von besonderem Interesse sind die Metamorphosen, in denen der Strukturierungsprozeß von „Brüderlichkeit" die Probleme der seelischen Wirklichkeit behandelt – in Auseinandersetzung mit väterlichen und mütterlich-weiblichen Lebensentwürfen.

Geschichte des Seelischen in Bildern

In einem Koffer des Nachlasses von Sandor Ferenczi fand man vor einigen Jahren ein unveröffentlichtes Manuskript von Sigmund Freud. Es skizzierte in einer Folge von Bildern, daß der seelische Apparat geschichtlich geworden ist. Die Bilder verdeutlichen sechs verschiedenartige Wirkungskreise des Seelischen, die mit entsprechenden Neuroseformen verbunden sind (Freud 1914: 85).

So bringt die Eiszeit, die den Menschen aus einem paradiesischen Zustand vertreibt, die Real-Angst und dann die Angst vor der eigenen ‚Libido' hervor (Angsthysterie).

Sobald der Zustand wieder etwas stabiler geworden ist, kommt ein typischer Konflikt zwischen Selbsterhaltungstendenzen und Fortpflanzungstendenzen auf – das Seelische kann nicht alles zugleich betreiben. Eine Lösung liegt darin, daß die sich bildende Kultur dazu zwingt, die ‚Fortpflanzungslust' einzuschränken – Sparen an ‚Libido'; als Neurose entspricht dem die Konversionshysterie.

Das Libido-Sparen fördert die Entwicklung von Intelligenz: Nun entwickelt sich eine neue seelische Organisation, in der ‚Väter' auftreten. Sie helfen den Menschen als Magier und ‚Intellektuelle' und fordern für diese Hilfe eine besondere Entschädigung – unantastbare Führungsgewalt und Verfügung über die Frauen. Probleme, die die neue Organisationsform mit sich bringt, verdeutlicht die Zwangsneurose.

Für die erste Generation der Söhne bedeutet das Zwangs-System, daß sie dummgehalten werden (Kastration). Wenn sie in die Krankheit fliehen, bildet sich Hebephrenie aus sowie eine Rückkehr zum Autoerotismus.

Bei der nächsten Generation der Söhne greift der Zwang jedoch nicht mehr: Sie verbrüdern sich – sie verbinden sich in Homosexualität; soziale Gefühle entstehen. Der Abwehr von Homosexualität entspricht die Paranoia.

Das Seelische gewinnt geschichtlich eine neue Struktur, wenn daraus eine Revolte erwächst, die den ‚Vater' beseitigt. Paradoxerweise ist das jedoch keine glatte Lösung: Triumph und Trauer treten zugleich auf. Der Vatermord geht über in die Vergöttlichung des Vaters. Dem entsprechen Melancholie und Manie als Abwandlung des Narzißmus.

In der Folge der Bilder bietet Freud psycho-logische Erklärungen für die Wandlungen an, in denen das Seelische geschichtlich zustandekommt. Die Bilder suchen Strukturen sichtbar zu machen – sie wollen nicht mit ethnologischen Datensammlungen konkurrieren. In den Bildern von Sigmund Freud hat Sexualität einen doppelten Sinn: Sie kennzeichnet sinnliche-materiale Handlungen und ist zugleich ein Bild für Betriebs-Probleme des Seelischen wie Bindung, Halt, Veränderung, Revolte.

Seelische Betriebs-Grundlagen von Männerbünden

Was haben wir nun von dieser Entwicklungs-Skizze in Bildern? Sie macht auf psychologische Gesichtspunkte aufmerksam, die wir berücksichtigen müssen, wenn wir über seelische ‚Verbindungen' sprechen. Psychologisch sind soziale Verbände nicht dadurch zu erklären, daß sich Menschen mit ‚freiem Willen' und nach ‚Vernunftgründen' zu einem Verein zusammenschließen. Freuds Konzept läßt unsere Selbstverständlichkeiten, die wir gerne bei solchen Erklärungen bemühen, ins Wanken kommen.

Die Geschichte der Bild-Strukturen zeigt, daß nicht zu jeder Zeit und beliebig lebensbedeutsame seelische Formen produziert werden können. Daß etwas in Gang kommt, setzt andere Entwicklungen voraus und muß mit bestimmten Konsequenzen rechnen. Die Lage, in der wir uns jeweils befinden, wird zudem durch Notwendigkeiten des (ganzen) Seelen-Betriebs bestimmt, der uns in weiten Teilen unbewußt ist und über den wir keineswegs freie Verfügung haben. In allen seelischen Wirkungskreisen (Bildern) wirken sich Probleme des ganzen Betriebs aus – Gegenläufe, Maße, Haushaltsprobleme, Regulationen, Ausschließungen, Folgen, Lösungs-Muster. An den Neurosen werden spezifische Betriebs-Störungen in extremer Weise spürbar.

Man könnte sich zu jeder geschichtlichen Ausprägung des Seelischen einen entsprechenden ‚Bund' vorstellen, dessen psychologische Bedeutung jeweils mit dem spezifischen Bild-Muster zusammenhängt: Schutz vor Gewalt-Einbrüchen, Parteinahme in Konflikten zwischen Selbsterhalten und Sexualität, Zusammenschluß der Dumm-Gehaltenen, Ausbreitung ‚sozialer' Gefühle in Brüderschaften. Das wäre schon mehr als eine Einteilung der Verbände nach Uniformen, Absichten und Riten.

Doch die Erklärungen, die sich von Freuds Geschichts-Bildern ableiten lassen, spitzen sich bei der Entwicklung von Männerbünden in dem Brüder-Bild zu, das überraschenderweise mit Führern, Zwang, Revolte, Opfer, Ambivalenz und nicht zuletzt auch mit Müttern und Frauen zu tun hat. Alle Bünde können in den Sog der Dramatik geraten, die sich aus den Problemen dieser überaus spannungsvollen Betriebs-Struktur des Seelischen ergibt.

Männerbünde als reale und autonome Seelengebilde

Thomas Hobbes entwarf 1651 das Bild einer kunstvollen Organisation, die die übliche Trennung zwischen einer Einzelseele und der Gesellschaft nicht mehr zuließ. Hobbes dachte bei dieser Massenseele noch an einen Vertrag, der sie begründete. Sigmund Freud nimmt demgegenüber eine „Massenseele" an, die von vornherein unbewußt in jedem einzelnen Menschen wirksam ist (Freud 1921). Das Bild, in dem sich diese Massenseele ausgestaltet, gibt dem Erleben und Handeln der „Individuen" überhaupt erst eine Richtung; es weist ihnen einen bestimmten Platz an, organisiert und verteilt ihre Tätigkeiten, gibt ihnen Ansehen und Ansichten.

Der Seelen-Betrieb, der hier die einzelnen ‚definiert', folgt eigenen Lebensgesetzen, er bringt eigene Interessen und Probleme mit sich, er will sich ausbreiten, er muß um sein Leben kämpfen, er sucht sich zu erhalten. Eine solche ‚Massenseele' kann in eigene Zwänge geraten, aber sie kann auch eine Produktions-Einheit werden, die neue Möglichkeiten der Ausgestaltung von Seelischem in dieser Wirklichkeit eröffnet.

Was hält nun die ‚Seele' von Männerbünden zusammen? Nicht eine Summe von Absichtserklärungen – vielmehr die Produktions-Geschichte einer bestimmten ‚Massenseele'. Nach Ansicht von Freud hat bei der Brüder-Geschichte vor allem die Opfermahlzeit eine ‚bindende Kraft' (Freud 1912/13). – Warum?

In Sandor Ferenczis Nachlaß fand sich ein unveröffentlichtes Manuskript Sigmund Freuds, das den Ausgangspunkt der in diesem Beitrag ausgeführten Gedanken bildet. Ferenczi war bis zu seinem Tode im Jahre 1932 mit Sigmund Freud trotz tiefgreifender fachlicher Auseinandersetzungen eng verbunden. Die Bewunderung des ungarischen Psychoanalytikers für Sigmund Freud ist auf diesem Foto von einem gemeinsamen Ferienaufenthalt in Csorbato unübersehbar. Foto: Ullstein Bilderdienst Berlin.

Das kann man nicht einfach durch eine Definition beantworten; dazu muß man sich den ganzen Betrieb ansehen, seine Drehungen und Wendungen, die mit dem Bild der ‚Brüderlichkeit' verbunden sind. Die Beschreibung der eigentümlichen Gebräuche, der Initiationsriten, der Zeichen und Geheimnisse und nicht zuletzt auch der seltsamen Stimmungen, die sich in den Versammlungen von Männerbünden ausbreiten, macht darauf aufmerksam, daß hier eine neue Art von Gemeinsamkeit ihren Anspruch erhebt. Sie hebt sich ab von Gemeinsamkeiten, die mit Väterlichem oder mit Mütterlichem/Weiblichem zu tun haben; diese anderen Gemeinsamkeiten sind jedoch nicht einfach weg – sie brodeln weiter unter der Gemeinsamkeit von ‚Brüderlichem'.

Angesichts der widerspruchsvollen Struktur des Gesamt-Betriebes ist die neue Gemeinsamkeit von ‚Brüdern' etwas, das erstritten werden muß – es führt eine Art ‚dritter Macht' in die Geschichte des Seelischen ein. Das Gemeinsame einer ‚Brüderlichkeit' bricht mit dem alten Gesetz der Väter wie der Mütter – das bringt harte Konsequenzen für die neue Kultur mit sich, und das befreit sie keineswegs von eigenen Problemen und Widersprüchlichkeiten.

Für Sigmund Freud muß sich jede seelische Organisation erproben in der Auseinandersetzung mit dem Kern-Konflikt, dem Ödipus-Drama, das sich zwischen Väterlich/Männlichem und Mütterlich/Weiblichem und der neuen Generation entfaltet. Insofern ist für Sigmund

Freud Psychologie von vornherein Sozialpsychologie. Die Seele der ‚Brüderlichkeit' bildet sich in diesem Schema aus und sucht darüber hinauszukommen. Sie produziert eine ‚eigene' Verwandtschaft von ‚Brüdern', quer zu den Familien-Banden, die durch das väterliche oder das mütterliche Prinzip festgelegt werden.

Das bringt eine neue (produktive) Beweglichkeit mit sich; das zwingt jedoch auch zu einer Lebensform, bei der sich die Anhänger des neuen Seelen-Bildes wie Verschwörer durch bestimmte ‚Vergehen' aneinanderketten. Das Ganze wird belebt durch das Versprechen einer neuen ‚Allmacht' – dafür muß man aber auch bereit sein, einen hohen Preis an Einschränkungen zu zahlen; denn die Gesetze des Seelen-Betriebs lassen sich nicht außer Kraft setzen.

Zu den Formen, in denen sich die ‚Brüderlichkeit' modelliert – und immer wieder erzwingt – zählen das gemeinsame Bestehen von Todesgefahren und die Homosexualität. ‚Brüderlichkeit' zeigt sich im Füreinander-Einstehen; unabhängig von der Gewalt und der Liebe, die Väter oder Mütter/Frauen versprechen. In einem ‚allmächtigen' Entwicklungsversprechen belebt sich für die Brüder eine Ganzheit vor jeder Differenzierung (Narzißmus); sie ist ein ‚seliger' und ‚krank-machender' Zustand zugleich (Freud 1914).

Opfermahl produziert ‚gemeinsame Substanz'

Erst jetzt läßt sich die Frage nach der bindenden Kraft des Opfermahls genauer stellen, tiefer verstehen und beantworten – nachdem etwas von der spannungsvollen Wirkungs-Struktur des seelischen Betriebs und seiner Behandlung in Richtung ‚Brüderlichkeit' sichtbar geworden ist. Die Opfermahlzeit ist nicht ein Handlungs-Element, das lose herumtreibende seelische ‚Elemente' verbindet. Durch sie wird vielmehr eine neue Drehung des ganzen seelischen Betriebs bewerkstelligt – daß diese Drehung eine Gestalt findet, in der sie wirksam und angemessen zum Ausdruck kommen kann, darin liegt die bindende Kraft des Opfermahls.

In diesem Opfermahl verdichtet sich, daß der Vater getötet und im Verzehren angeeignet wird, daß eine gemeinsame Schuld auf sich genommen und ein ‚heiliges Band' hergestellt wird, das alle Beteiligten mit dem zum Gott Erhöhten einigt. In einem Anders-werden-Können, in einer Verwandlung, liegt der Sinn dieser ‚Kommunion'.

Das Opfermahl gestaltet die widerspruchsvollen Notwendigkeiten des seelischen Betriebs im Sinne einer gleich-machenden Gemeinschafts-Leistung um. Es behandelt und verarbeitet zugleich die Zwänge der Vater-Geschichte wie die Verlokkungen und Forderungen des Mütterlichen/Weiblichen. Sigmund Freud geht hier wieder von einer Beschreibung aus: Nach dem Vater-Mord zeigen sich zugleich Triumph und Trauer, die Enthemmung aller Triebe und die Erhebung des Vaters zu einem göttlichen Gesetzgeber (Freud 1912/13). In der Opfermahlzeit identifizieren sich die Teilnehmer mit einer gemeinsamen ‚Seele', die charakterisiert ist durch Revolte, Umbringen, Entbindung und zugleich durch Schuld, (erneuerte) Gebote und Verbote sowie (erneuerte) Idealbildungen.

Das Opfermahl bindet, weil es eine neue seelische Struktur-Gleichung herstellt. Eine ‚gemeinsame Substanz' wird produziert – das bedeutet, die Brüder des neuen Bundes lassen sich ein auf einen ungeheuren und bis dahin unerhörten Verwandlungsprozeß. Darin liegt die ‚kulturbegründende Tat' des Opfermahls. Seine bindende Kraft ist paradoxerweise die Kraft eines Verwandlungsprozesses. Daher kann die neue Verfassung des Brüder-Bundes zum Prototyp für die Bildung von Kulturen werden.

In seiner Formel von der „infantilen Wiederkehr des Totemismus" hält Freud die Bild-Struktur fest, die verständlich macht, warum und wie Kulturen immer wieder neu – auch in der Lebensgeschichte des einzelnen – begründet werden müssen im Durchgang durch ein widerspruchsvolles Getriebe und in Entscheidungen, die notwendig mit Umbringen, Ausschließen, Umwandlungen, Schuld, Neueinrichtung von Ordnung verbunden sind. Gegenüber den Un-Gleichheiten, die das Gesetz des Vaters oder die Naturgewalt des Mütterlichen/Weiblichen mit sich bringen, ist das Herstellen brüderlicher ‚Gleichheit' zugleich Gesetzesbruch, Revolte, Wende und eine Neuordnung der Freiheiten und Notwendigkeiten des Gesamtbetriebs.

Wie es bereits die Beschreibung von Triumph und Trauer, von Schuld und (neuem) Gebot, von Mord und Erhöhung, von Aneignung und Umbildung zeigt, muß auch die neue ‚brüderliche' Verfassung den Widersprüchen und Zwängen, die beim Umgang mit der Wirklichkeit aufkommen, einen Platz anweisen. Sie muß fertigwerden mit den Rivalitäten des Seelischen, mit Liebe und Haß. Sie muß Stellung nehmen zu Lebensverheißungen und zu der Erfahrung des Todes (Unsterblichkeitsproblem). Sie muß die Tendenz behandeln, die Ordnung wieder mit einem Führer zu verbinden, der von Aufgaben und Verantwortung zu entlasten verspricht. Sie muß aber auch verkraften, was im Seelischen darauf drängt, sich dem Sog der Verwandlungen anheimzugeben, die mit der Anziehungskraft und der Vernichtungsgewalt des Mütterlichen/Weiblichen einhergehen.

Jeder entschiedene Kultivierungsprozeß hat seine Kehrseiten; an seinen Störungsstellen zeichnet sich deutlich ab, welche Züge seiner Konstruktion besonders ausgeprägt und auch besonders belastet sind. Auch das ‚andere', das ausgeschlossen werden soll, wird hier sichtbar, indem es sich heimlich durchsetzt in Verstellungen, in Fehlleistungen, in Komischem, in Verkehrungen. Sigmund Freud hat mit der Belebung des ‚Narzißmus' durch die Brüder-Gemeinschaft vor allem das Schwanken zusammengebracht, das im Bild von Manie und Melancholie zum Ausdruck kommt. Hier wird ein ‚Dazwischen' deutlich, das man eigens berücksichtigen muß, wenn man sich mit der Morphologie und den Metamorphosen des Brüder-Bundes beschäftigt.

Metamorphosen des neuen Bundes

Bei seiner Analyse der Massenseele kommt Sigmund Freud auf ihre ‚Morphologie' zu sprechen; er kannte das Konzept Goethes, das zugleich das Ganze einer Lebensform und ihre Verwandlungen in den Griff nehmen will. Wenn wir auf die Gestalt in Verwandlungen achten, die sich bei Brüder-Bünden zeigt, können wir ihre Eigenart noch genauer verstehen; denn das Seelische ist keine statische Einrichtung, sondern ein ‚Werk im Voranschreiten'. Die ‚gemeinsame Substanz' konstituiert sich in einem Produktions-Prozeß – in seiner Dramatik, bei seiner Reise durch die Wirklichkeit findet Seelisches Leben und Sinn.

Eine Beschreibung der Prozesse, in denen die neue Verfassung des Bruder-Bundes ihren Ausdruck findet, macht darauf aufmerksam, daß hier Unternehmen ins Werk gesetzt werden, die einen sehr ausgeprägten Aufwand an Gestaltungs-Formen betreiben. Die komplizierte Gestalt des Opfermahls wird gleichsam zum Muster für andere Ausgestaltungen, die die besondere Verwandlungsrichtung des Bruder-Bundes absichern oder erweitern wollen. Sigmund Freud hat in seiner Bilderfolge zur Geschichte des Seelischen das Aufkommen von ‚Intelligenz' mit dem Sparen an Libido und den Hilfs-Angeboten von Vätern zusammengebracht. Von da her legt sich nahe, eine gesteigerte Beweglichkeit und Verfügbarkeit von Intelligenz, Lust an Können und Neuerungen mit einer ‚freien Form' von Intelligenz zusammenzubringen, die für den Brüder-Bund charakteristisch ist.

Der Bruder-Bund mußte die Entwicklung der Formen-Bildung und ihrer ‚freien Künste' fördern, weil er einen plastischen und gestalthohen Zwischen-Zustand auszuformen suchte: zwischen der Willkür der Väter und der unaufhaltsamen Verwandlung durch Mütterliches/Weibliches. Der Aufwand für freie Formen unterstützt die ‚freie Gleichheit' der Brüder-Bünde, die sich behaupten muß sowohl gegen die Verlockungen und Drohungen durch die Gewalt eines (allein) freien Vaters wie durch die Gewalt der berauschenden, aber auch vernichtenden Natur-Gewalt des Mütterlichen/Weiblichen.

Die neu-gewonnene ‚Freiheit' seelischer Formenbildung schwebt jedoch nicht ab ins Boden- und Konturlose: Sie wird durch das schwere Gewicht am Boden gehalten, das sich aus der eigentümlichen Gestalt ‚brüderlicher' Gleichheit ergibt. Der Brüder-Bund muß ‚seine' Gleichheit immer wieder als feste Gestalt herstellen – Gleichheit in den Aufgaben, in den ‚Eigenschaften', in den Ansprüchen, in der Berechtigung, in der Unantastbarkeit der Brüder.

Das spitzt sich zu in einer quälend-belastenden (und dennoch erhebenden) Gleichheit: ‚gleiche' Bereitschaft, Verpöntes auf sich zu nehmen, mit alten Gesetzen zu brechen, sich von bestimmten Verlockungen abzuwenden, sich als Außenseiter einschätzen zu lassen – das wird markiert in Homosexualität, Frauenfeindlichkeit, Kameradschaft angesichts des Todes, Bereitschaft zu Verschwörung, Revolte und Opfer.

Auf diese Weise gerät der Brüder-Bund in den Geruch eines ‚Ordens', der – vielleicht stellvertretend für die ganze Menschheit – sein eigenes Schicksal auf sich nimmt, das Schicksal von Rittern, Mönchen, Entdeckern, Abenteurern, Utopisten, Helden, Revolutionären oder auch von Standhaften, Konsequenten, Idealisten, Aufrechten. Das sieht nach Einseitigkeit aus, – aber das ist keine einfache Sache, sondern das Produkt einer hochorganisierten ‚Massenseele', die sich in vielfältigen Umbildungen erhält und ausgestaltet.

Denn in seiner Ausbildung von Lebensformen ist der Brüder-Bund so beweglich, daß er auch die (ausgeschlossene) Welt der Väter und der Mütter umgestalten und einbeziehen kann. Der Brüder-Bund erweist sich als ‚begabt', den verschiedenen Notwendigkeiten des seelischen Gesamt-Betriebes gerechtzuwerden. Die Ordnungen des Vaters, die den einzelnen von seinen schweren Lebensaufgaben entlasten, werden von der ‚Brüderlichkeit' übernommen als Gebote eines Vaters im Himmel; sie werden abgeleitet aus Mythen der Vorzeit oder aus ‚geheimen' Vorschriften einer fernen Welt.

Der Ordnungs-Zwang kann zu einem eigenen ‚Geist' der brüderlichen Vereinigung werden, – der ‚Geist' des Bundes ist wichtiger als das Leben des einzelnen; in ihm liegt die wahre Unsterblichkeit. Auch die Gefallenen leben in diesem Geiste weiter. Diese Umbildungen des väterlichen Prinzips verhindern, daß die Vereinigung der Brüder in Anarchie ausartet. Das Betonen von Brüderlichkeit verbindet sich durchaus mit Disziplin, Kontrolle und Zwang.

Den Umbildungen der väterlichen Ordnung entsprechen Umbildungen der mütterlich-weiblichen Seite der Wirklichkeit. Die brüderliche ‚Massenseele' wird zur Mutter für die, die sich allein und verloren glaubten. In Initiationsriten wird der Eintritt in das neue Leben, die Dramatik der Verhältnisse des Werdens und die Auseinandersetzung mit dem Tod kultiviert. Die Wirklichkeit des Mütterlich-Weiblichen wird umgestaltet in den wilden Festen und Träumen des Bundes. Da die Naturgewalt des Mütterlich-Weiblichen keineswegs eine friedfertige Angelegenheit ist, kann sie auch zum Ausdruck kommen im Rausch der Kämpfe, der Wagnisse und der Vernichtung.

In seltsamer Weise dabei sind die Frauen auch durch die betonte Abweisung oder Abwesenheit, die der Brüder-Bund herstellt. Paradoxerweise kann das Weibliche abwesend-anwesend sein als ‚Thema eins' von Männerbünden: im Bekunden ewiger Feindschaft, in rechtfertigenden Männer-Theorien und -Phantasien, in den Kompromißformen des Witzes wie auch im Überaufwand von Vermeidungen, die das Weibliche wie ein ‚Negativ' ständig anwesend sein lassen.

Drehwerke

Die Bedeutung von Struktur-Bildern liegt darin, daß seelische Zusammenhänge, die wir beobachten können, von ihnen her erklärt oder abgeleitet werden. Daher kann man hier auch die Frage stellen, was denn nun Stammtische oder die vielen Männer-Vereine von heute, die doch recht friedlich und sogar bisweilen langweilig anmuten, mit dieser ungeheuren Dramatik von Brüder-Bünden zu tun haben. Andere Fragen stellen sich von der Beobachtung aus, daß Männerbünde durchaus in den Dienst eines Führers treten können. Schließlich könnte man auch fragen, ob denn Frauen-Bünde ebenfalls etwas mit dem Struktur-Bild von ‚Brüderlichkeit' zu tun haben.

In dem knappen Rahmen dieser Abhandlung lassen sich Antworten nur in einer Reihe von Thesen bündeln, die weiteren Analysen und Untersuchungen eine Richtung geben.

Freuds Entwicklungs-Geschichte des Seelischen zeigt, daß väterliche Ordnung und Brüder-Bund nicht einfach als etwas zeitlich voneinander Getrenntes anzusehen sind. In ihnen werden vielmehr zwei Richtungen einer Lösung der Grundprobleme des Seelen-Betriebs sichtbar, die zugleich auftreten, die einander ergänzen oder die sich auch in Dienst nehmen können. Das gleiche gilt auch im Verhältnis zu einer mütterlich-weiblichen Lösungsrichtung seelischer Probleme.

Ein ‚Führer' kann den Brüder-Bund zu ‚seinem' Männerbund machen, indem er alle Brüder seiner Liebe in gleicher Weise versichert, indem er ihnen Beistand und Entlastung bei der Lösung ihrer Schwierigkeiten verspricht und sich mit ihnen zusammen verpflichtet, bestimmte ‚Ideale' bei der Behandlung und Gestaltung der Wirklichkeit durchzusetzen. Die durch den Zwang des Führers entstehenden Regungen von Abwehr und Haß werden dann auf einen Gegner (Feindbild) abgelenkt, der dem Ganzen fremd gegenübersteht. Das kann ein ‚äußerer' Feind sein, das kann aber auch ein ‚innerer' Feind sein, der allgegenwärtig ist und daher ständig verfolgt werden kann. Der Nationalsozialismus brachte eine besondere Drehung in diesen Betrieb, indem er das ‚Ideal' mit der ‚Reinheit' des (mütterlichen) Blut- und Boden-Bildes verband (Reich 1933).

Auf dem Hintergrund des Struktur-Bildes von brüderlichen Bünden lassen sich Bewegungen verfolgen, die mehr nach ‚rechts' oder nach ‚links' gehen können. Die Bewegung nach ‚links' geht in Richtung eines Brüder-Kommunismus oder einer Permanenten Revolution, für die jede ‚Führung' nur ein Zwischenstadium sein kann. Solche Bewegungen sind bisher immer gescheitert, weil die Zentralgewalt, die für eine gewisse Zeit dem ‚Führer' zugestanden werden sollte, sich zu einem Ordnungssystem mit eigenen ‚Rechten' ausweitete, das die Brüder an die Wand stellte. Es spricht jedoch für die Macht des brüderlichen Struktur-Bildes, daß trotz aller Rückschläge die Hoffnung auf ein ‚reines' Brüder-Reich immer wieder neues Leben gewinnt, wie man auch nach dem Umbruch in der DDR beobachten kann.

Zwischen den ‚Linken' und den ‚Rechten' können sich nach dem Muster von Brüderlichkeit Elite-Verbände formieren, die ihre eigene Gewalt so ausbauen, daß sie zum Zünglein an der Waage werden. Sie können die Ordnung eines Führers stützen, aber sie können ihn auch zugunsten eines neuen Führers stürzen. Sie können die ‚linken' Brüder zum Vorbild nehmen, aber sie können sie auch in Lager sperren oder vernichten.

Als gemäßigte Abkömmlinge dieser ‚auserwählten' Brüder lassen sich die vielgestaltigen Männer-Vereine im kapitalistischen wie im sozialistischen System verstehen. Die Bild-Struktur von ‚Brüderlichkeit' wirkt sich hier als eine Hoffnung aus, unter ‚Gleichen' einen Freiraum zu gewinnen, der nicht durch die Hierarchien von Wirtschaft, Bürokratie und Staat bestimmt wird.

In der eigentümlichen Stimmung bei solchen Männer-Vereinen, in ihrem Aufwand an Ritualen und Geheimnisbildungen, der bisweilen ins Komische umschlägt, und in der sich ausbreitenden ‚Langeweile' wird spürbar, daß das nur ein schwacher Abglanz eines viel dramatischeren Strukturierungsprozesses ist: Wenn man wirklich etwas für die Welt und ihre Veränderungen tun wollte, dann ginge es auf ein neues Opfermahl zu.

Es charakterisiert wohl die meisten Männer-Vereine heute, daß solche Konsequenzen ausgekuppelt werden – gleichsam in einem Stillhalte-Abkommen mit den Hierarchien; als Lektüre kann dabei 1990 Umberto Eco's Brüder-Phantasie kursieren („Der Name der Rose"; „Das Foucaultsche Pendel"). Daß man die Struktur-Konsequenzen von Brüderlichkeit ahnt und sie doch nicht realisieren kann, das macht die Beschreibungen des Zustandes von Männer-Vereinen psychologisch verständlich.

Insofern nähern sich heute einige Frauen-Bünde stärker der Struktur von ‚Brüderlichkeit', indem sie eine Gemeinsamkeit, die Revolten nicht ausschließt, mehr oder weniger ausdrücklich herzustellen suchen. Im Hinblick auf die analoge Struktur von Entwicklung ist es ein Streit um Worte, ob man diese Richtung nun eigens als Schwestern-Bund kennzeichnen sollte.

Männerbünde aus ethnopsychoanalytischer Sicht

Mario Erdheim und Brigitta Hug

Männerbünde und Männerhäuser tragen dazu bei, das gesellschaftliche Verhältnis zwischen den Geschlechtern festzuschreiben und die Herrschaft der Männer zu sichern. Die Ethnopsychoanalyse fragt nach den bewußten und unbewußten Voraussetzungen der Macht im Männerhaus. Um ihre Herrschaft aufrechterhalten zu können, müssen die Männer den Frauen gegenüber die Komplementarität der Geschlechter, ihr gegenseitiges Aufeinanderangewiesensein, verleugnen, sie ihnen unbewußt machen und sich als unabhängig von ihnen darstellen. Das gelingt ihnen über die symbolische Aneignung weiblicher Funktionen wie der Menstruation bei der Beschneidung und über die zeremonielle Inszenierung einer Scheinwirklichkeit, die den Frauen als tatsächliche Realität ausgegeben wird und deren wahren Gehalt die Männer deshalb vor ihnen geheimhalten. In der Institution des Männerhauses zeigt sich auch die Dissoziation von Arbeit und Sinngebung. Als sinnvoll, das heißt, als unerläßlich für die Sicherung der Fruchtbarkeit etc., wird demnach nicht die Herstellung lebensnotwendiger Güter gesehen, sondern die Zelebrierung heiliger Rituale im Männerhaus und oft genug der Krieg mit der Erbeutung feindlicher Trophäen. Die Kriegsführung als sinngebende Instanz zu deklarieren, ermöglicht den Männern, die täglichen wirtschaftlichen Leistungen der Frauen herabzusetzen und ihre eigenen Tätigkeiten aufzuwerten.

Siehe dazu auch Farbseite I.

Die Ethnopsychoanalyse beschäftigt sich mit der gesellschaftlichen Produktion von Unbewußtheit. Sie untersucht den Beitrag, den die Institutionen dazu leisten, bestimmte, den kulturellen Fortbestand bedrohende Aspekte der Kultur bei ihren Angehörigen unbewußt zu machen und anschließend auch unbewußt zu halten. Männerbünde und Männerhaus erweisen sich als Schlüsselinstitutionen, an welchen die vielfältigsten Strategien der Unbewußtmachung sowie deren Konsequenzen für die Individuen ebenso wie für die Künstler studiert werden können. Die zeitliche Konstanz und das transkulturelle Vorkommen vermitteln dem Männerhaus und dem kulturellen Komplex, in den es eingebettet ist, den Schein von Natur, einen Schein, der so stark ist, daß er auch die Theorien über das Männerhaus leicht durchdringt. Dieser Schein entsteht nicht zuletzt dadurch, daß sich diese Art Kultur als Produkt, nicht aber als Produzent des Geschlechterverhältnisses gibt, und so meint man, sie gründe auf dem Urgestein der Geschlechterdifferenz.

Heinrich Schurtz, einer der „großen Klassiker der deutschen Ethnologie" (K. E. Müller) und erster Theoretiker der Männerbünde, unterschied zwischen „zwei Hauptarten der menschlichen Gesellschaft", nämlich dem naturhaften, der Blutsverwandtschaft entspringenden Geschlechtsverband einerseits und dem künstlichen, auf Freiwilligkeit beruhenden Geselligkeitsverband andererseits (1902: 14). Er schreibt weiter: „Von den gesellschaftlichen Verbänden sekundärer Art ... ist die erdrückende Zahl von Männern gebildet: die wenigen Verbände, zu denen die Angehörigen des weiblichen Geschlechts zusammengetreten sind, ... können nur als schwache Nachahmungen der reinen Männergesellschaften gelten ... Auf der anderen Seite sind im Weibe die Gefühle der Geschlechts- und vor allem der Elternliebe, die als Wurzeln der natürlichen Gesellschaftsgruppen zu betrachten sind, stärker und vielseitiger entwickelt als im Manne ..." (ebd.). Schurtz ordnete die Frau der Familie und den Mann der Gesellschaft zu und postulierte eine „natürliche geschlechtliche Abneigung" (ebd.: 44): „Aber in Wahrheit besteht zwischen den normalen Vertretern der beiden Geschlechter ein solcher Unterschied, daß ein gegenseitiges volles Verstehen kaum möglich ist. Namentlich scheint, wie ein Blick auf die Völkerkunde lehrt, dieses Gefühl der Verständnislosigkeit gegenüber dem Weib beim Mann leicht zu einer Antipathie auszuwachsen, die je nach der Stufe der Gesittung als Brutalität, Verachtung, Weiberscheu, Spott oder Ironie zu Tage tritt, sobald die geschlechtliche Anziehung schwindet oder überhaupt nicht vorhanden ist" (ebd.: 44–45).

Auf eine verwandte Art und Weise argumentierte Hans Blüher in seinem seinerzeit vielbeachteten und noch in den fünfziger Jahren wiederaufgelegten Buch „Die Rolle der Erotik in der männlichen Gesellschaft. Eine Theorie der menschlichen Staatsbildung nach Wesen und Wert" (1919). Und der Volkskundler Will-Erich Peuckert reihte sich mit seinem Werk „Geheimkulte" (1951) in dieselbe Tradition ein: „Die Burschenschaft repräsentierte ein aktives, die Mädchenschaft ein passives gesellschaftliches Prinzip. Die weibliche Soziabilität ist nämlich anders geartet als die männliche, sie ist vor allem geeignet, die brauchtümliche Überlieferung aufzunehmen und zu erhalten. Sie wird durch Schamgefühl und mütterlichen Instinkt bestimmt und richtet sich im allgemeinen nur unter vom anderen Geschlecht bedingten Voraussetzungen nach außen" (ebd.: 55).

Aber diese theoretischen Versuche, das Männerhaus und seine Kultur zu begreifen, widerspiegeln und verdoppeln lediglich das Männerhaus-Phänomen statt es zu analysieren. Für uns sind sie jedoch deshalb interessant, weil sie darauf verweisen, daß das Phänomen des Männerhauses auch in unserer gegenwärtigen Kultur trotz seiner Anachronizität weiterexistiert. Klaus E. Müller hält in seinem Buch „Die bessere und die schlechtere Hälfte. Ethnologie des Geschlechterkonfliktes" die auch in der Gegenwart gültigen Stereotype fest: „Es wäre ein leichtes, Beispiele derartiger Einstellungen, auch aus neuerer Zeit, noch beliebig viel mehr anzuführen. Nach einer Umfrage, die Anfang der sechziger Jahre an deutschen Universitäten vorgenommen wurde, waren nicht wenige Professoren der Meinung, daß etwa die ‚Stärke der Frau ihrer Natur nach nicht im abstrakten Denken liege', die Universität sei reine ‚Männersache', und Frauen, die eine Karriere an der Hochschule anstrebten, verfolgten damit eine ‚verrückte Idee'. Frauen sind also ärmer an geistigen Gaben, dafür aber stärker mit Gefühlskräften gesegnet, die sie indessen, mangels der Disziplin, die allein vernünftige Einsicht gewährt, nicht immer und voll unter Kontrolle zu halten vermögen. Sie bedürfen daher der männlichen Einführung" (1984: 22–23).

Mühelos lassen sich also die Modelle des Geschlechterverhältnisses gänzlich anderer Gesellschaftsformationen in unserer modernen wiederfinden. Will man bei der Geschlechterfrage der Gefahr der Biologisierung entgehen, so muß man nach den Institutionen suchen, die diese Konstanz schaffen.

Das Männerhaus ist zuerst einmal ein politisches Phänomen: „In der vorkolonialen Zeit", schreibt Milan Stanek, „stellte die Versammlung aller erwachsenen Männer im Männerhaus die höchste politische Gewalt dar. Sie war die höchste integratorische, integrative Leistung, der umfassendste Ausdruck der gemeinschaftlichen Existenz, und – gegen außen gerichtet – die größte Konzentration der kriegerischen Macht" (1987: 623). Die ethnopsychoanalytische Betrachtung setzt daran an, daß diese zentrale politische Institution sich in ihrer Symbolik wesentlich über das Verhältnis der Geschlechter zueinander organisiert und so auch das Potential der Sexualität in den Dienst der politischen Ordnung zu stellen vermag. Die Ethnopsychoanalse fragt nach den bewußten und unbewußten Voraussetzungen der Machtakkumulation im Männerhaus. Das Politische bestimmt ja nicht nur das Zusammenspiel ökonomischer Kräfte, es regelt nicht nur Über- und Unterordnung, sondern bestimmt ebenfalls diejenigen Wertstrukturen, welche über Sinn und Sinnlosigkeit in weiten Handlungsbereichen entscheiden. Besonders um diese letzte Leistung zu erbringen, muß das Politische sowohl objektiv in Ökonomie und Gesellschaft als auch subjektiv im Gefühlsleben der Individuen verankert werden. ‚Sinn' ist ja nicht bloß etwas Kognitives (wie etwa die Mittel-Zweck-Relation), sondern ein gefühlsmäßiges, sich dem Lust-Unlust-Verhältnis fügendes Phänomen. Der Sinn des Politischen äußert sich im Selbstbewußtsein der Männer, in ihrem Gefühl der Überlegenheit gegenüber den Frauen, in ihrem Mut als Krieger, in ihrer Lust an der Selbstdarstellung und am Kampf. Das daraus resultierende Zusammengehörigkeitsgefühl vermittelt der Institution des Männerhauses den für seine integrative Funktion in der Kultur so wichtigen Glanz.

Das Männerhaus und die Menstruation

Wie tief die Fundamente des Männerhauses reichen, wird ersichtlich, wenn wir ein scheinbar weit abgelegenes Phänomen, nämlich die Menstruation, heranziehen und zum Kulturkomplex des Männerhauses in Bezug bringen. Man kann in gewisser Hinsicht die Menstruationshütte als das Pendant zum Männerhaus betrachten. In vielen traditionellen Gesellschaften wird von der menstruierenden Frau verlangt, sie solle sich von der sozialen Gemeinschaft absondern. Am strengsten beschützt vor jeder Berührung mit Menstruierenden sind die Kultgegenstände der Männer; oft ist es deshalb den Frauen bei Todesstrafe verboten, das Männerhaus zu betreten. Ein Tropfen Menstrualblut auf dem heiligen Kriegsbündel, das Macht und Sieg symbolisiert, genügt im Glauben der Winnebago-Indianer, um seine Wirkung zu zerstören. Um dies zu verhindern, binden die Männer das Kriegsbündel in Zederblätter ein, von denen sie glauben, sie könnten die gefährliche Kraft des weiblichen Blutes immunisieren. Nähert sich doch einmal eine Frau dem Bündel, wird ihr Blutfluß nicht versiegen, und sie muß sterben (Radin 1923: 88).

Die Räume, in denen die menstruierenden Mädchen isoliert werden, sind zumeist ziemlich klein, so daß der Aufenthalt darin zur Qual werden kann (Buschan 1935: 511). Diese Einschließungen hatten unter anderem auch den Zweck, den Körper des Mädchens nach dem Schönheitsideal dieser Gesellschaften zu formen: Die Haut der Töchter wohlhabender und angesehener Männer sollte hell und das Fleisch weich sein, damit sie begehrenswert würden und eine angemessene Heirat eingehen könnten. Unterwirft sich die Frau den vielen Geboten und Verboten, kann sie den männlichen Kulturbereichen nicht schaden. Durch ihren Gehorsam sichert sie das Weiterbestehen von männlichen Institutionen, die durch die dem Menstrualblut innewohnenden magischen Kräfte gefährdet werden können. In verschiedenen Mythen wird der Ursprung der Menstruation mit der Erschaffung religiöser Kulte assoziiert, welche Fruchtbarkeit, Erfolg und Sicherheit garantieren sollen (Frazer 1913; Buschan 1935). Frauen ist der Zugang zu diesen Zeremonien verboten; vor allem könnte sich die Anwesenheit menstruierender Frauen störend auf die in diesen Riten vollzogenen oder symbolisch dargestellten Beziehungen zwischen Menschen (Männern) und göttlichen Wesen auswirken. „Die Arapesh", schreibt Schlesier, „glauben, daß sowohl von Männern als auch von Frauen bestimmte ‚Kräfte' ausstrahlten, die aber von ganz verschiedener Art seien. Sie verwenden zur Kennzeichnung die Worte ‚heiß' und ‚kalt'. Die von den Frauen ausgehenden Kräfte haben auf alle übernatürlichen Vorgänge und auf alle ‚höheren Wesen' einen ‚kühlenden Effekt'. In ähnlicher Weise behaupten die Mbowamb, die Geister wollten mit den Frauen nichts zu schaffen haben, diese störten das gute Einvernehmen der Männer mit den übernatürlichen Mächten" (1958: 311).

Die Absonderung und Ausschließung der menstruierenden Frau aus diesen Kulten wird demzufolge zur Voraussetzung für die Erhaltung der männlichen Ordnung. Diese Praxis legitimiert den Antagonismus, die Distanz sowie die asymmetrische Beziehung zwischen Mann und Frau und demonstriert gleichzeitig, wie die menstruierende Frau sich zu verhalten hat. Eingeschrieben im Körper und institutionell abrufbar, reproduzieren sich die entsprechenden Phantasien bis in unsere Gegenwart. In ihrem Buch „*Women's Room*" schrieb Marilyn French: „Sie träumte, sie sei in dem Raum, wo die Prüfungen abgehalten wurden, einem holzgetäfelten Raum mit kleinen, in Vierecke unterteilten Fenstern und einem großen glänzenden Tisch. Die drei Männer, die sie prüfen wollten, saßen an einem Ende des Tisches, als sie hineinkam, und stritten miteinander. Sie war kaum durch die Türe getreten, als sie den Haufen in der Ecke bemerkte. Sie wußte sofort was es war, aber sie konnte es nicht glauben, sie schämte sich so und ging näher, um es genauer zu betrachten. Es war das, was sie dachte. Sie war entsetzt. Diese schmutzigen Tampons, diese blutigen Unterhosen gehörten ihr, sie wußte, daß sie ihr gehörten, und sie wußte, daß die Männer das auch wußten. Sie stellte sich davor, aber es war unmöglich, sie zu verbergen. Die Männer hatten aufgehört, sich zu streiten und hatten sich ihr zugewandt und musterten sie..." (1977: 513; Übers. M. E./B. H.).

Bei den vielfältigen Tabus, welche die Menstruation umgeben, geht es nicht nur um eine allgemeine Kontrolle der Sexualität des Menschen, auch nicht nur um die gegensätzliche Beziehung zwischen Trieb und Kultur, sondern vor allem um eine Disziplinierung der Frau durch den Mann. Die entsprechenden Mythen und Rituale stellen die Beziehung zwischen Mann und Frau dar; sie beschreiben in metaphorischer Sprache die Konstituierung von Macht und Herrschaft zwischen den Geschlechtern, und ihre zentralen Inhalte sind die geschlechtsspezifische Arbeitsteilung ebenso wie die unterschiedlichen Verhaltens- und Rollenanforderungen an Mann und Frau. Zwar wurde wiederholt darauf hingewiesen, daß die Menstruationstabus auch ihr Gutes hatten: Sie versicherten die Frauen in ihrer Identität und boten ihnen die Möglichkeit, sich von den Männern und oft auch von der Arbeit zurückzuziehen, um unter sich Geselligkeit zu pflegen, aber man übersah dabei, daß es dabei lediglich darum ging, die Disziplinierung den Frauen auch erträglich zu machen.

Die Angst vor und die Faszination von der Menstruation wird in der Regel auf die Bedeutung des Blutes zurückgeführt: „Der Grund für die verbreiteten Tabus, die den Mädchen in der Pubertät auferlegt werden, ist die tiefsitzende Furcht, welche der primitive Mensch überall vor dem Menstruationsblut empfindet. Er hat immer Angst davor, besonders aber beim ersten Auftreten. Deshalb sind die Einschränkungen, denen die Frauen bei der ersten Menstruation unterworfen werden, üblicherweise strenger als diejenigen, die sie beim späteren Auftreten des mysteriösen Flusses einhalten müssen" (Frazer 1913: 76; Übers. M.E./B.H.).

Diese Aussage impliziert, allein das Blut sei Ursache für die Ausschließung von menstruierenden Frauen (vgl. Müller 1984: 101ff.). Diese biologistische Erklärung läßt die Machtverhältnisse ebenso wie die Arbeitsteilung zwischen den Geschlechtern in den Hintergrund treten. Erstmenstruierende sind aber nicht nur deshalb besonders gefährdet und für die Gemeinschaft gefährlich, weil sie zu menstruieren beginnen, sondern auch und sogar vor allem, weil sie Adoleszente sind. Während der Pubertät wird dem Mädchen gezeigt, wo sein zukünftiger Platz in der Gesellschaft ist. In die von Frazer und vielen anderen Theoretikern vermutete Angst des primitiven Menschen vor dem geheimnisvollen Blut mischt sich die für die Gemeinschaft bedrohliche Krise der Adoleszenz. Parin u. a. machen darauf aufmerksam, daß bei den Dogon sich um die Regelblutung „Teile der Überlieferungen (gruppieren), in denen die Einpassung der Frau in die Gesellschaft weniger gut gelungen zu sein scheint; an dieser Stelle ist das Gesellschaftsgefüge gleichsam brüchig" (1963: 42). Tatsächlich bezeugen viele der ethnographischen Beispiele, daß die Einpassung der Frau in die Gesellschaft keine harmonische oder idyllische Angelegenheit ist. Vor allem das erstmenstruierende Mädchen wird zum Teil auf grausame und schmerzvolle Weise von der Gemeinschaft getrennt, damit es den Status der erwachsenen Frau erreichen kann. Der Zustand der Regression, in den die Schmerzen das Individuum versetzen, machen es für jeden angebotenen Halt empfänglich: „Sein Leiden muß einen Sinn haben, und die kulturell verankerten Anschauungen über die Menstruation stiften diesen Sinn. Der heilige Ernst, mit dem die Frauen die traditionellen Riten ausführen, macht das Mädchen glauben, alles, was mit ihm geschehe, sei nötig, weil sein Blut schmutzig und gefährlich ist. All die Qualen dienten also der eigenen Gesundheit, all die Beschränkungen müsse sie sich zu ihrem eigenen und zum Schutz der Gemeinschaft auferlegen. Durch die Riten der Menarche wird also ein körperlicher Vorgang dazu benutzt, der Frau bestimmte Einstellungen zu ihrem Körper, bestimmte Vorschriften und Beschränkungen so tief einzuschreiben, daß sie ihr als natürlich erscheinen. Die kulturellen Definitionen der Menstruation sind mit dem Körpervorgang selbst so verwachsen, daß sie deren Richtigkeit nicht mehr anzweifeln kann. Die Einschreibung bestimmter Verhaltensweisen mit Hilfe von Ritualen und legitimatorischem ‚Wissen', hier den medizinischen und religiösen Ansichten über die Menstruation, dient der Sicherung von Herrschaft..." (Waldeck 1988: 340).

Die beiden Feuerlandindianer bei ihrer Aufnahme in den Kloketenbund hat Martin Gusinde bei seinen Feldforschungen zwischen 1919 und 1923 fotografiert. Kloketen waren Geister, in deren Kulte die Feuerlandindianer ihre jungen Männer in geheimen Zeremonien einwiesen. Ziel war dabei der Wunsch aller erwachsenen Männer, die Gesellschaftsordnung, in der sie gegenüber den Frauen eine Vormachtstellung einnahmen, zu sichern. Auf dem Höhepunkt der Reifefeier wurde den Jünglingen offenbart, daß es die Geister, die ihnen vorher so viel Angst eingeflößt hatten, gar nicht gab. Foto: M. Gusinde 1931: Tafel 27.

Die Produktion von Unbewußtheit

Wir waren von der These ausgegangen, die Menstruationshütte sei das Pendant zum Männerhaus gewesen. Einer der Höhepunkte der männlichen Initiation bestand bekanntlich darin, daß den Jünglingen offenbart wurde, daß es die Geister, die ihnen zuvor solche Angst bereitet hatten, nicht gab, daß sie nur dazu dienten, die Frauen zu ängstigen, um sie besser unter Kontrolle zu halten. Früher einmal – erzählten die vor den Frauen geheimgehaltenen Mythen –, da hätten die Frauen geherrscht, aber den Männern sie es durch List gelungen, die Macht zu erobern. Von den Feuerland-Indianern (Selk'nam, Yamana und Halakwúlup) berichtete M. Gusinde: „Von jetzt an wollten sie für sich selber das Kloketen-Geheimnis hüten und sich in seinem Dienste mit der Absicht betätigen, ihre künftigen Weiber durch Erschrecken einzuschüchtern und in ständiger Untertänigkeit einzuzwängen. Niemals mehr sollten die Frauen ihre frühere Herrschaft erlangen können oder auch nur den Versuch wagen, sie an sich zu reißen. (...) Der Sprecher schloß die uralte Mythe folgendermaßen ab: ‚So lautet die Geschichte vom schweren Betrug der Frauen. Seit jener allgemeinen Umwälzung dürfen nur die Männer hier in dieser großen Hütte zusammenkommen. Wenn die jungen Burschen schweigen gelernt haben, treten sie hier als Prüflinge ein. (...) Ihr wißt es jetzt, was die ‚Geister' sind: ein Spiel der Männer! Hütet euch, den Weibern etwas davon zu verraten. Der letzte unserer Männer muß dieses Geheimnis mitnehmen in sein Grab! Nie soll es eine Frau erfahren, daß wir Männer hier in der großen Hütte die Geisterrollen spielen, uns bemalen, die Masken aufsetzen und derart hergerichtet heraustreten, damit die Leute bei den Wohnhütten uns sehen und in Angst geraten. Hütet dieses Geheimnis!" (1946: 299).

Unverschleiert erinnert der Mythos die Männer daran, was sie zu unternehmen hatten, um das hierarchische Verhältnis gegenüber den Frauen und die Distanz zu ihnen aufrechtzuerhalten. Die soziale Realität der Feuerland-Indianer war zwar durchaus egalitär im Geschlechterverhältnis, aber der Mythos entwarf bereits die hierarchische Utopie, welche die geistige Grundlage des Männerhauses und seines Herrschaftsmodells bildete. Seine Verkündigung stellte den Höhepunkt der Initiation dar, die den Unterschied schuf zwischen den Männern, die das Geheimnis wußten, und den Frauen und Kindern, die es nicht kannten, nicht kennen durften. Unbewußtheit wurde so zur Voraussetzung der Herrschaft. Dabei bedeutet ‚Unbewußtheit' nicht einfach ‚Nicht-wissen'; die Männer mußten die Frauen glauben machen, daß es Geister gäbe, mußten also falsches Wissen produzieren und durch entsprechende Zeremonien als wahr erscheinen lassen. Dieses ‚Wissen' hatte eine bestimmte Funktion, nämlich alle jene Phantasien, Wünsche, Vorstellungen oder Wahrnehmungen von Frauen, die im Widerspruch zu denjenigen der Männer traten, unbewußt zu machen. Konfrontiert mit der von den Männern inszenierten Realität, mußten die Frauen lernen, ihre Vermutungen aufzugeben und sich anzupassen.

Beim Auftreten der Menarche, berichtet Gusinde von den Yamana, muß das Mädchen „verschiedene, nicht unerhebliche Einschränkungen" einhalten, es muß fasten und soll sich vor allem in der Hütte aufhalten, fleißig und zurückgezogen sein. Ist nichts zu tun, so solle es „ruhig am Boden hocken, möglichst regungslos verweilen, neugieriges Herumschauen unterlassen und Stillschweigen üben. Der nächtliche Schlaf wird ansehnlich gekürzt und zeitiges aufstehen unbedingt gefordert" (1937: 754). Andere Frauen unterweisen sie in ihren Pflichten.

„Sein ganzer Ausdruck zeigt Ernst und innere Sammlung... Die Augen hält es niedergeschlagen und bewegt sich, als wäre es furchtsam und eingeschüchtert. Weder Sonne noch Regenbogen, weder Mond noch Sterne darf es anschauen, viel weniger eine bequeme oder nachlässige Haltung einnehmen. (...) Um der Vorschrift, wenig oder gar nichts zu essen, wirksamen Nachdruck zu verleihen, erzählen die Frauen folgende Geschichte: ‚Einst saß eine (Erstmenstruierende, M.E.) allein in einem Kanu. Sie kannte das Verbot und aß trotzdem heimlich einige Beeren. Bald kam ein starker Isakuma heran, faßte sie, hob sie aus dem Kanu heraus und fraß sie auf. Nur ihre Eingeweide ließ er übrig, die nachher andere Leute am Ufer fanden. Jetzt wußten sie, was geschehen war. So wurde jenes ungehorsame Mädchen bestraft.' Einem jeden Mädchen gibt man bei seiner ersten Menstruation diese Warnung" (ebd.: 755). Ein beträchtlicher Teil der Ermahnung bezog sich auf die Disziplin: „Erhebe dich morgens zeitig vom Schlaflager. Gleich fange zu arbeiten an, sei fleißig und schweigsam den ganzen Tag. (...) Du wirst nicht mehr lange frei sein wie bisher; bald wirst du dich verheiraten und lebst dann zusammen mit deinem Gatten. Tue gern, was er von dir verlangt; sei immer gern zu seinen Diensten. Meide jeden Streit mit deinem Gatten. Fängt er an zu zanken, dann halte dich schweigsam" (1931: 412).

Die gesellschaftliche Produktion von Unbewußtheit im Verhältnis zwischen Männern und Frauen kann geradezu als Modell für die Funktion des Unbewußten im Dienste der Herrschaft betrachtet werden. Mit der zunehmenden Klassenspaltung wurden die Mechanismen schwerer durchschaubar, gleichsam ‚natürlicher', und sie erfaßten die herrschende Klasse selber. Bei den Feuerland-Indianern wußten immerhin noch die initiierten Männer, daß es die Geister, die sie den Frauen vormachten, nicht gab. Als das System der Herrschaft umfassender wurde, mußten auch die Männer, bzw. die Mehrheit der Herrschenden, daran glauben.

Was aber war es, was unbewußt gemacht werden mußte? Der Kern, dessen Wahrnehmung aus dem Bewußtsein verbannt werden mußte, war die zerbrochene Komplementarität zwischen den Geschlechtern. Auch der Mythos, der von der früheren Herrschaft der Frauen erzählt, stellt die Asymmetrie, wenn auch die umgekehrte, als das einzig denkbare Modell dar. Was zum Verschwinden gebracht werden mußte, war das gegenseitig Aufeinanderangewiesensein. Die Tendenz zur Unbewußtmachung sog bei manchen Kulturen sogar auch das allen Offensichtliche in sich hinein: die Leistung beider Geschlechter bei der Schaffung neuen Lebens. „Den wichtigeren, ja letztlich entscheidenden Beitrag zur Sicherung der biologischen Reproduktion", faßt Müller die Zeugungstheorien wildbeuterischer Gesellschaften zusammen, „leisteten also ohne Frage die Männer" (1984: 74). Dabei tauchen allerdings auch unangenehme, die männliche Potenz infragestellende Probleme auf. Auch für sie fand sich jedoch eine Lösung. „Bei Kinderlosigkeit wird die Schuld zumeist bei der Frau gesucht. Dem Mann kann angesichts einer Anschauung, derzufolge er zwar nicht ausschließlich, aber doch zur Hauptsache lediglich für die Geistkinderübermittlung zuständig ist, eine physiologische Insuffizienz ja nur sehr bedingt angelastet werden. (...) Für die Frau dagegen stellt Unfruchtbarkeit, auch bei Wildbeutern bereits,... häufig eine vernichtende Schande dar" (1984: 74).

Ein anderer Schritt im Abbau der Komplementarität zwischen den Geschlechtern stellte die ‚Aneignung' der Menstruation durch die Männer dar: „Wenn man jedoch von der Tatsache ausgeht, daß die Subinzisionswunde ‚Vulva' genannt wird, dann werden die Operation selbst und das wiederholte Öffnen der Wunde und das Bluten daraus verständlich. Dann scheint der Zweck des Rituals darin zu liegen, symbolisch das weibliche Sexualorgan herzustellen, während das erneute Öffnen der Wunde vielleicht das periodische Phänomen der Menstruation symbolisiert. (...) Hogbin berichtet, daß die Wogeo-Männer Neu-Guineas sagen, die Frauen würden automatisch durch die Menstruation gereinigt, doch die Männer müßten, um sich vor Krankheit zu schützen, periodisch den Penis inzisieren und ein wenig Blut fließen lassen; dieser Eingriff wird oft ‚die Menstruation des Mannes' genannt" (Bettelheim 1954: 142–143).

Bettelheim brachte dieses Phänomen in Zusammenhang mit dem Neid der Männer auf die Frauen. Seine Ausgangsthese war, „daß das eine Geschlecht in bezug auf die Sexualorgane und -funktionen des anderen Neid empfindet" (ebd.: 75), und er interpretierte Rituale der Initiation als symbolische Mittel, den Neid auf die Frau kulturell zu verarbeiten. Tatsächlich ist der Neid für das Individuum ein zwar quälendes, aber sozial außerordentlich wichtiges Gefühl, denn er zwingt es, sich jeweils in eine Position zu phantasieren, die ihm eigentlich unzugänglich ist. So gesehen treibt der Neid dazu an, die einmal gesetzten Schranken zu überschreiten. Der zwischen den Geschlechtern herrschende Neid ist also eine wichtige psychische Voraussetzung, um die Sichtweisen der Geschlechter miteinander zu verbinden. Allerdings wohnt ihm, wie Melanie Klein (1957/58) aufgezeigt hat, auch eine zerstörerische Kraft inne: Bekommt das Subjekt nicht das, was es neidet, dann wird es das Objekt zu vernichten trachten. Bettelheims These ist deshalb wichtig, weil sie ein Licht wirft auf eine Tendenz im Verhältnis zwischen den Geschlechtern, nämlich die dazwischenliegenden Grenzen zu verschieben. Diese Tendenz erhält jedoch in der Initiation eine ganz bestimmte Fassung: Sie führt dazu, daß sich die Männer die weiblichen Funktionen symbolisch aneignen; weil sie aber das, worum sie die Frauen beneiden, trotz aller Opfer real nicht bekommen, breitet sich das zerstörerische Moment des Neides aus, und es kommt zur vernichtenden Entwertung alles Weiblichen. Dieser psychische Mechanismus tritt in den Dienst der Unbewußtmachung der Komplementarität zwischen den Geschlechtern. Bettelheim übersah diesen Aspekt, weil er von einem homöostatischen Gesellschaftsmodell ausging und das Konfliktpotential im Verhältnis zwischen den Geschlechtern unterschätzte.

In diesen Zusammenhang gehört auch die rituelle Homosexualität. Sie inszeniert mit dem ganzen emotionalen Aufwand der rituell gezügelten Sexualität die Verleugnung der Komplementarität zwischen den Geschlechtern und die vollständige Unabhängigkeit der Männer von den Frauen. Wie Barbara Bohle in ihrem Beitrag zusammenfaßt, sind es nun die Männer selber, welche Männer produzieren: „Die Männer schaffen sich auf diese Weise die ideologischen Voraussetzungen, um die ‚Kreation' und ‚Geburt' von Männern unabhängig von Frauen denken und durchführen zu können" (vgl. Aufsatz Nr. 82).

Die kulturelle Bedeutung des Männerhauses

Das Männerhaus ist mit jenem Wertsystem verwoben, auf Grund dessen die männlichen Tätigkeiten, insbesondere der Krieg und die Jagd, die höchste Wertschätzung genießen, während die weiblichen Tätigkeiten als an sich wertlos erachtet werden. „Schon bei Wildbeutern genießen die Aktivitäten der Männer stets die größere Aufmerksamkeit und das höhere Prestige", schreibt Müller, und fährt fort: „In agrarischen Kulturen ist das Bild das gleiche. Die Tätigkeiten der Männer besitzen grundsätzlich, in ökonomischer wie sozialer und religiöser Hinsicht, die größere Bedeutung für die Gesellschaft. Bei Pflanzern spielt auch die Jagd in dieser Beziehung noch eine besondere Rolle. (...) Selbst dort, wo ihr Beitrag zum Unterhalt de facto nur kaum ins Gewicht fällt, muß das ihre Wertschätzung keinesfalls schmälern" (1984: 248–249).

Bereits Veblen sprach von der „alten, barbarischen Unterscheidung zwischen Plackerei und Heldentat" (1899: 28): „Krieg zu führen, Politik zu treiben, das Amt eines Priesters auszuüben und Volksfeste zu veranstalten, unterscheiden sich im Urteil der Menge wesentlich von der Arbeit, die der Herstellung der lebensnotwendigen Dinge dient" (ebd.). „Die Unterscheidung zwischen Heldentat und Plackerei fällt mit dem Unterschied zwischen den Geschlechtern zusammen" (ebd.: 31).

Hier deutet sich eine Tendenz an, die für den weiteren Verlauf der Geschichte außerordentliche Folgen zeitigte: die Dissoziation von Arbeit und Sinngebung. Die „Herstellung der lebensnotwendigen Dinge" erschien als zwar zum Überleben nützlich und notwendig, aber bar eines tieferen Sinnes. Sinnvoll – sakral –, das waren die heiligen Rituale, der Tanz, die Musik und die Feste, die im Männerhaus gefeiert wurden. Dieser Sinn speiste sich aber nicht aus der Arbeit, sondern oft genug nur aus dem Krieg. Männer mußten in den Krieg, um dort die Trophäen zu holen, die für den Fortbestand der Kraft, welche die Fruchtbarkeit in der Natur und Gesellschaft gewährleistete, notwendig waren. Man kann es auch so sagen: Die Kraft ist nicht die Arbeit, sondern etwas, was sich der Mann durch Töten aneignen kann. Erst dank dieser Kraft wird die Arbeit, auch die der Frauen,

Früchte tragen. Das heißt aber auch, daß die Arbeit an sich kraft- und sinnlos ist. Es muß etwas hinzutreten, um aus der Arbeit eine Produktivkraft zu machen. Und dieses Etwas ist merkwürdigerweise etwas Destruktives, nämlich der ritualisierte Krieg, der gar nicht auf einen unmittelbaren ökonomischen Gewinn ausgerichtet ist.

Daß die Menschen Feste feiern, ist unmittelbar einleuchtend. Warum aber reichen die Feste nicht aus, um Männern und Frauen die Kraft für die Arbeit zu geben? Warum reicht die Anstrengung der Arbeit nicht aus, um Grund genug zum Feiern abzugeben? Kurz: Warum muß der Krieg als sinngebende Instanz wirksam werden? Die Antwort drängt sich auf: Weil mittels des Krieges die Frauen entwertet werden können. Im Bereich der Ökonomie waren die Frauen auf Grund ihrer alltäglichen Leistungen in der Machtposition; wollte man sie als Arbeitskraft behalten, mußte die Entwertung den ökonomischen Bereich als Ganzes betreffen und jenseits der Arbeit, im Imaginären und Sakralen ansetzen. Maya Nadig verweist darauf, „daß die Frauen mehr als die Hälfte der gesellschaftlich notwendigen Arbeit verrichten. Eine Untersuchung des Internationalen Arbeitsamtes Ende der siebziger Jahre kommt zum Schluß, daß die Frauen mit Feld-, Fabrik- und Hausarbeit zwei Drittel aller Weltarbeitsstunden leisten, jedoch nur einen Zehntel des Welteinkommens als Lohn erhalten" (1984: 48).

Die ‚Weiblichkeit' selber mußte zur Kulturbarriere gemacht werden (Nadig), und die Frau erschien unbeteiligt an den großen künstlerischen, wissenschaftlichen und politischen Errungenschaften. Indem die Arbeit entwertet wurde, konnte, wie Nadig pointiert sagt, der Wahn der Männer (der *machismo*) zur kulturproduzierenden Instanz werden: „... die Betonung von Ehre und Männlichkeit zeigte sich in einer bestimmten Art von Erzählungen: über den Militärdienst, abenteuerliche Erfahrungen außerhalb des Dorfes, in den USA, der Hauptstadt, anderen Gegenden, ... und die Aufzählung der Anzahl Kinder und Frauen, die einer hatte. Oft wurde in partizipativer Identifikation die Größe und Macht jener Institution, an der man meist im untersten Rang teilhatte, idealisierend hervorgehoben und betont" (1986: 389).

Man kann weiter die These aufstellen, daß der Krieg als Sinnproduktor um so wichtiger wurde, als die Bedeutung der Arbeit verleugnet werden mußte. Der Krieg wurde zum Beweis dafür, daß das im Männerhaus symbolisierte Wertsystem der ‚Wahrheit' entsprach. Diese ‚Beweisart' beschrieb Nietzsche in „Menschliches-Allzumenschliches": „Keine Macht auf Erden läßt sich behaupten, wenn lauter Heuchler sie vertreten; die katholische Kirche mag noch so viele ‚weltliche' Elemente besitzen, ihre Kraft beruht auf jenen auch jetzt noch zahlreichen priesterlichen Naturen, welche sich das Leben schwer und bedeutungstief machen, und deren Blick und abgehärmter Leib von Nachtwachen, Hungern, glühenden Gebeten, vielleicht selbst von Geißelhieben reden; diese erschütterten die Menschen und machten ihnen Angst: Wie wenn es nötig wäre so zu leben? Dies ist die schauderhafte Frage, welche ihr Anblick auf die Zunge legt. Indem sie diesen Zweifel säen, gründen sie immer wieder von neuem einen Pfeiler ihrer Macht" (1886: 66–67).

Der eindrücklichste Beweis dafür, daß man kein Heuchler ist und es ernst meint, ist letztlich die Bereitschaft, den Tod auf sich zu nehmen. Für die Sinnproblematik wird der Krieg so wichtig, weil er zum Ort wird, wo die Männer beweisen müssen, daß sie – zumindest sie – an die Werte glauben, die das Männerhaus verkörpert und die Hierarchie im Verhältnis zwischen den Geschlechtern begründet.

Arbeit und Sinngebung können auch sozial weitgehend auseinanderfallen und verschiedenen Gruppen bzw. Klassen zugeordnet werden. Max Weber verweist in seiner Religionssoziologie auf diese Möglichkeit, wenn er schreibt: „Die restlose Durchreglementierung des Lebens des frommen Hindu, die für europäische Vorstellungen ganz ungeheuerlichen Ansprüche, welche Tag für Tag an den Frommen gestellt werden, würden bei wirklich genauer Durchführung die Vereinigung eines exemplarisch frommen innerweltlichen Lebens mit intensiven Erwerb nahezu ausschließen. (...) Nur der Besitzende, von intensiver Arbeit Entbundene könnte diesen Ritualismus durchführen" (1956: 414).

Die Dissoziation von Arbeit und Sinngebung verknüpft sich mit dem Geschlechterantagonismus: Die Einhaltung der Rituale wird vor allem Sache der Männer, die Arbeit, die ‚Plackerei', Sache der Frauen. Die Entwertung der Frauen und die

Entwertung der Arbeit gingen in der Folge Hand in Hand und bestimmten auf grundlegende Art und Weise, was als ,Kultur', das heißt, als sinnvoll bzw. sinnlos gelten sollte. Für diese Art Kultur wurde, wie Veblen deutlich machte, die Trophäe zum zentralen Gegenstand: „Das dauerhafte Ergebnis der produktiven Arbeit ist das materielle Erzeugnis – für gewöhnlich ein Gebrauchsgegenstand. Auch die Heldentat bezweckt im allgemeinen ein greifbares Ergebnis, das als Trophäe oder Beute zur Schau gestellt wird. In einer späteren Entwicklungsphase ist es üblich, ein Ehrenabzeichen oder einen Orden zu tragen, die auf eine vollbrachte Heldentat hinweisen und gleichzeitig die höhere oder geringere Bedeutung der Tat angeben, die sie symbolisieren. Je größer die Bevölkerung und je komplexer und vielfältiger die menschlichen Beziehungen sind, desto sorgfältiger werden solche und ähnliche Merkmale und Erscheinungen ausgewählt und ausgestaltet. Im Verlauf dieses Prozesses tritt allmählich an die Stelle von Trophäen und Beute ein System von Rängen, Titeln, Graden und Abzeichen, wovon die typischen Beispiele Wappen, Medaillen und Orden genannt werden sollen" (1899: 59).

Das Männerhaus blieb in all seinen Transformationen der sakrale Ort, an welchem die Trophäen aufbewahrt und die Rituale zelebriert wurden, welche die Dissoziation von Arbeit und Sinngebung mit all ihren sozialen Konsequenzen aufrechterhielten. Rituale machen die Welt einfacher und überschaubarer. Arnold Gehlen sagt vom Ritus: „Hier liegt ein großartiger Prozeß der Vereinfachung vor, der sich im Imperativ darstellt. Dieses Imperativ: ,Man soll angesichts des Kultbildes den und den Ritus vollziehen' entlastet vom Willensentschluß, das Verhalten ist schon vorentschieden, und zwar unabhängig von der jeweiligen Affektlage, Stimmung und Randbedingungen der Situation" (1956: 179).

Aus dieser Sicht sind Rituale also Befehle, Handlungsanweisungen. Sie sollen quasi automatisch durchgeführt werden, das heißt, das Denken stört, verführt höchstens dazu, daß man den Ritus falsch vollzieht und er deshalb unwirksam wird. Rituale müssen also bis zur eigentlichen Bewußtlosigkeit eingeübt werden. Rituale bilden somit einen Gegensatz zum selbstreflexiven Denken. Wo Rituale den Alltag durchreglementieren, muß das selbstreflexive Denken ausgeschaltet werden. Wenn das selbstreflexive Denken als ein Instrument für die Suche nach Sinn betrachtet werden kann, so ist das Ritual ein Mittel zur Durchsetzung eines Sinns, der nicht mehr hinterfragt werden soll. Ist der Alltag rituell durchorganisiert, dann bedeutet das in der Regel, daß die Suche nach Sinn verboten ist, zumindesten ist diese Suche sozial unerwünscht. Das trifft vor allem auf jene Bereiche der Kultur, die unwandelbar, anachron, gehalten werden sollen. Da die Suche nach Sinn ja nicht berechenbar, das Ergebnis nicht voraussehbar ist, ist sie immer auch destabilisierend. Jene Bereiche der Kultur, die vor einem Wandel geschützt werden sollen, werden in der Regel ,durchreglementiert', und erhalten sich so außerordentlich stabil. Wo wir auf solche Gegebenheiten stoßen, befinden wir uns in der Nähe von ,Männerhäusern', zum Beispiel militärischen oder kirchlichen, oft auch akademischen Institutionen.

Narzißmus und Kultur

Aus der Sicht der Psychoanalyse verfügt der Mensch über zwei Arten von ,Energiereservoirs', aus welchen sich sein Handeln speist: erstens den narzißtischen und zweitens den sexuellen. Den Kern des Narzißmus bilden die Größen- und Allmachtsphantasien, die den Menschen maßlos und unersättlich machen. Eissler (1971) hat darauf hingewiesen, daß es besonders die Verbindung zwischen dem Narzißmus und der Aggression ist, welche den Menschen zu solch einem destruktiven Wesen macht, wie es seine Geschichte belegt. Es wäre allerdings verfehlt, den Narzißmus nur von seiner negativen Seite her zu betrachten, die Größen- und Allmachtsphantasien sind vielmehr ein entscheidender Antrieb für das Individuum, um über sich hinauszuwachsen und die ursprünglich gegebenen Situationen zu transzendieren. In seiner Kulturtheorie hat Freud die kulturschaffende Macht der Sexualität hervorgehoben. Im „Unbehagen in der Kultur" (1930) schrieb er, Kultur „sei ein Prozeß im Dienste des Eros, der vereinzelte Individuen, später Familien, dann Stämme, Völker und Nationen zu einer großen Einheit, der Menschheit, zusammenfassen wolle. Warum das geschehe, wissen wir nicht, das sei eben das Werk des Eros; die Menschenmengen sollen libidinös aneinander gebunden werden; die Notwendigkeit allein, die Vorteile der Arbeitsgemeinschaft werden sie nicht zusammenhalten. Diesem Programm der Kultur widersetzt sich aber der natürliche Aggressionstrieb des Menschen, die Feindseligkeit einer gegen alle, alle gegen einen" (ebd.: 481).

Kultur steht aber nicht nur im Dienste des Eros, sondern auch des Narzißmus, sie soll nicht nur immer mehr Menschen miteinander in Verbindung bringen, sondern auch Größe und Allmacht ausdrücken. Die narzißtischen und die erotisch-sexuellen Antriebe stehen immer wieder im Streit miteinander: Was der Allmacht des einen dient, kann oft nur durch die Verelendung des anderen erreicht werden. Unsere These lautet: Die Institution des Männerhauses trug wesentlich dazu bei, daß die Schaffung von Kultur in erster Linie auf die narzißtischen Quellen zurückgriff und die erotisch-sexuellen nur kümmerlich fließen ließ. Kultur und männlicher Narzißmus stützten einander, schlossen tendenziell die Frauen aus und enthemmten vor allem die männliche Aggressivität. Es gibt vielerlei Weisen, wie der Mensch mit seinen Omnipotenzphantasien umgehen kann. So gehört zum Beispiel der Wunsch zu fliegen zum Narzißmus. In Träumen und Mythen erscheint er realisierbar, und das Individuum hofft, mittels Geisterhilfe, Magie oder Drogen, sich seinen Wunsch zu erfüllen. Von dieser Hoffnung bis zum Bau der Flugzeuge führt ein langer Weg, auf welchem es zur Transformation der Allmachtsphantasien kommen muß. Die Erkenntnis, daß der „Allmacht der Gedanken" (Freud 1912/13) enge Grenzen gesetzt sind, stellt bereits eine schwere Kränkung dar, und es ist nicht leicht, diese Kränkung zu ertragen und gleichzeitig an den Größenphantasien festzuhalten. Das illustriert etwa die Entwicklung vom Schneider von Ulm, der einfach vom Münster hinunter sprang, zu Otto Lilienthal, der seine Größenphantasien so modifiziert hatte, daß er mit dem merkwürdigen Holzgestell am Rücken seinen Flugexperimenten nachgehen konnte.

Das Verhältnis der Größen- und Allmachtsphantasien zur Realität versetzt das Individuum in geradezu unerträgliche Spannungen. Es kann sie vermeiden, indem es seinen Narzißmus abzutöten versucht; und in Frömmigkeit und Schicksalsergebenheit finden seine Omnipotenzphantasien durch Delegation auf Göttliches ihre Ruhe. Eine andere Möglichkeit bietet der Krieg: Man unterwirft sich einer Autorität, die die Größe verkörpert, welche man selber nicht hat und auch nicht beansprucht. Die Identifikation mit dem ‚größeren Ganzen' versöhnt den Narzißmus mit den alltäglichen Demütigungen. Eine dritte Möglichkeit schließlich stellt die Verwandlung der Omnipotenzphantasien durch den Arbeitsprozeß dar. Aber gerade diese Möglichkeit, die den Narzißmus in den Dienst der Realitätsbewältigung gestellt hätte, wurde durch die von der Institution des Männerhauses fixierte Dissoziation von Arbeit und Sinngebung außer Kraft gesetzt. Weil Arbeit sich immer gegen die Allmacht der Gedanken wendet und insofern den Narzißmus immer kränkt, war es psychologisch gesehen leicht, Arbeit und Sinngebung auseinanderzudividieren. Der Krieg hingegen befriedigte auf eine merkwürdige Art die archaischsten Formen des Narzißmus: Bis man verloren hat, kann man sich ja immer den Sieg phantasieren, und gerade dann, wenn die Chancen schlecht stehen, meint man, es sei lediglich eine Frage des Mutes, ob man gewinnen oder verlieren werde. Die für die Geschichte der Kultur so schicksalhafte Entkoppelung von Arbeit und Sinngebung stützte und förderte die narzißtischen Anteile des Individuums.

Homosexuelle Aspekte von Männerbünden unter besonderer Berücksichtigung des Faschismus

Klaus Theweleit

Die 1977 erschienene Publikation von Klaus Theweleit „Männerphantasien" gilt heute bereits als Klassiker der Literatur über den Faschismus. Theweleit beschreibt in seinem Buch die ‚faschistische Politik' als Tätigkeit bestimmter männlicher Körper. In seiner Auseinandersetzung mit dem Thema zieht er sowohl Erkenntnisse der psychoanalytischen Forschung als auch der Literatur- und Geschichtswissenschaft heran. Für das Kapitel ‚Grundfragen' dieser Materialiensammlung wurde aus seinem Buch ein Abschnitt zum Thema Homosexualität ausgewählt.* Ein weiteres Kapitel aus Theweleits „Männerphantasien" mit dem Titel „Der Umbau des Leibes in der Kadettenanstalt" findet sich im zweiten Band der Materialiensammlung (Aufsatz Nr. 95). Die Zitierweise und die – für diesen Abdruck neu numerierten – Anmerkungen des Autors wurden unverändert aus Theweleit (²1987) übernommen.

Die Attraktion des Mannes als gesellschaftliches Wesen

Der Hauptgrund für die Zuwendung des Wunsches zum anderen Mann dürfte jedoch in der gesellschaftlichen Organisation liegen, die die Frauen von der lustintensiven öffentlichen Tätigkeit abschneidet. An den Frauen hängt in der männlich dominierten Gesellschaft viel zuwenig ‚Welt', als daß sie mit ‚erfahrenen' Männern konkurrieren könnten. Schon deshalb erscheinen sie als viel weniger liebenswert. Der Traum vom Heldenleben, von Stärke, Aufstieg und Glanz, Esprit und Jagd, von der Weite, die zu erobern, vom Gipfel, der zu erklimmen ist, von der strahlenden Schönheit des ‚freien Männerhelden', dem dies gelingt – wie sollte er sich an Frauen haften können, an die privaten, eingeschlossenen Wesen, die mit dem Schmutz des Alltäglichen in Beziehung stehen, nicht aber mit den Taten der Großen, die den Weltlauf bestimmen.[1]

„Dieser acht Männer allein wegen hat es sich gelohnt zu leben. Die Zusammenarbeit mit ihnen hieß einen alles vergessen, was die Welt an Not, was die Linke an Schmutz zur Verfügung hatte."[2]

Dagegen kommen alle Frauen der Geschichte und die lebenden schon gar nicht auf. Ein Abenteuer mit der Königin von Saba hätte von Selchow sich vielleicht erträumt – um schließlich das Glück zu genießen, sie zu verlassen oder von einem Löwen zerrissen zu sehen.

„Indifferente Schüler, die keinen Hang zu erwachsenen Männern haben, taugen sowieso nicht viel, und es lohnt sich nicht, mit ihnen viel her zu machen."[3] – Sie werden gewiß der falschen Seite verfallen; ‚frauenliebend' – ‚männerliebend' trennt Blüher wie die Spreu vom Weizen.

„Ich verspüre für die Scheidemänner keine Sympathie..."[4] (Thor Goote). Aber alle für diese:

„Wir lagen tagsüber völlig entkleidet im glühendheißen Sand und ließen uns von der Sonne braten, und als wir am Nachmittage angegriffen wurden, war nicht Zeit gewesen zum Ankleiden, und seltsam genug mochte der Anblick der nackten Männer gewesen sein, die in den Gräben standen und schossen, die dann zum Gegenstoß vorgingen, blanken Leibes, nur das Gewehr in der Hand, weiße, glänzende Jugend, nackt und wehrhaft in der gleißenden Sonne. Noch im Walde schimmerten die schlanken Körper durch die Stämme, und dieser Angriff war der tollste und beschwingteste, den ich je erlebt"[5] (Salomon).

Diese Skulptur „Kameradschaft" von Joseph Thorak wurde nach dem Zweiten Weltkrieg von ihrem Standort vor dem Haus der Kunst entfernt. Mit diesem äußerlichen Akt ist der Traum vom Heldenleben jedoch nicht aus den Männerköpfen verschwunden. Bei allen Bemühungen um Gleichberechtigung sind Frauen weitgehend nach wie vor die privaten eingeschlossenen Wesen, die mit dem Schmutz des Alltäglichen in Beziehung stehen, nicht aber mit den Taten der Großen, die den Weltlauf bestimmen. Foto: K. Theweleit (²1987).

Es fällt vielleicht schwer, in unseren Vätern Männer zu sehen, die auch aus Lust an solchen Zügen zu den Faschisten gelaufen sind. Als wir sie kennenlernten, war davon nicht mehr viel zu sehen – sie hatten es längst gehabt. Aber der Schluck, den sie in den zwölf Jahren genommen haben, war nicht zu knapp, wenn auch letzten Endes bitter. Bitter wie alles auf den höchsten männlichen Höhen.

„Den Gegner achten, aber ihn bekämpfen, nicht als Menschen, sondern als reines Prinzip; für seine Idee einstehen mit allen Mitteln des Geistes und der Gewalt bis zum Flammenwurf und zum Gasangriff. Darüber kann man sich nur mit Männern unterhalten"[6] (Ernst Jünger).

„Eine Frau, die da mittun wollte, ‚würde feststellen, daß die ganze Struktur ebenso für einen anderen Geistestyp eingerichtet ist wie ein Herrenpissoir für einen anderen Körpertyp'",[7] meinte Elaine Morgan.

Und wo dieser Körpertyp gesellschaftlich dominiert, müßte die Bemerkung von Dannecker/Reiche, daß „die Disposition zur Lohnarbeit das allgemeinste kollektive Triebschicksal in Gesellschaften mit kapitalistischer Produktionsweise" sei,[8] ergänzt werden. In Gesellschaften, in denen das Produktionsverhältnis der Geschlechter von Männern dominiert wird (produziert wird darin ein großer Teil der Realität der menschlichen Beziehungen), dürfte die Disposition zur Männerliebe das allgemeinste kollektive Triebschicksal sein – vom Mann aus gesehen. Bei den Frauen wird es modifiziert zur Bereitschaft, sich einem Mann (den Männern) zu unterwerfen.

Mit anderen Worten: die Haltung ‚von Mann zu Mann' und ‚das verstehst du nicht, meine Liebe' bedürfen bei uns keiner besonderen *psychischen* Disposition des einzelnen. Es bedarf einer besonderen psychischen Disposition und Erziehung, diese Haltungen *nicht* zu haben.

Daraus kann man ableiten, daß jeder Mann hier, der die Männergesellschaft ablehnt, homosexueller ist als ihre treuesten Anhänger, eben weil er wahrscheinlich überhaupt sexueller ist.

Auf diesem Hintergrund von ‚latenter' Homosexualität zu sprechen, erscheint mir als irreführend. Was man da ‚latent' nennt, ist der offenkundige Zustand der Gesellschaft, die die Attraktion durch das ‚Männliche' dadurch verordnet, daß sie das ‚Weibliche' entwertet und alle Bedrohungen für das ‚männliche' Ich mit dem Weiblichen codiert. („Jene Falltür ins Nichts, die an einer sehr gut geheimgehaltenen Stelle ihres Wesens verborgen liegt [...]. Aber wer im Bunde ist, kann nicht sinken, denn er hat sein bestes Wesen dem Manne verpfändet."[9] [Blüher])

Freud und Geschichte

Freud, 1904: „Die Erziehung der Knaben durch männliche Personen (Sklaven in der antiken Welt) scheint die Homosexualität zu begünstigen; beim heutigen Adel wird die Häufigkeit der Inversion wohl durch die Verwendung männlicher Dienerschaft wie durch die geringe persönliche Fürsorge der Mütter für ihre Kinder um etwas verständlicher."[10]

Die Bemerkung, nebenher gemacht in den „Drei Abhandlungen zur Sexualtheorie", wirft, harmlos wie sie ist, die Freudschen Versuche einer psychoanalytischen Erklärung der Entstehung der ‚Inversion', insbesondere ihr Zentrum: die Identifizierung des homosexuell werdenden Mannes mit der Mutter – schlicht um. So ein bißchen Geschichte genügt schon, die Brüchigkeit eines theoretischen Gebäudes sichtbar werden zu lassen; auf einen grundsätzlichen Mangel der Psychoanalyse verweist das insoweit, wie sie an ihrem un-, ja anti-geschichtlichen Charakter festzuhalten gewillt ist.

Der Schluß, der daraus zu ziehen wäre: daß die ‚Homosexualität' kein Problem für Ärzte, aber unser aller politisches Problem ist. Wer sie theoretisch vom allgemeinen Männerwesen und dem allgemeinen Schicksal der Sexualität hier abtrennen will, hilft dabei, diese so wie sie sind zu erhalten und *bestimmte* Formen homosexueller Praxis zu denunzieren und zu klinisieren.

Machtkampf als homosexueller/ anti-homosexueller Kampf

Wie sich die sexuellen Beziehungen zwischen Männern in den soldatischen Bünden im einzelnen abspielten, läßt sich ohne authentisches Material – das wären vor allem Aussagen der direkt Beteiligten – nicht beantworten. Aber zwei Züge lassen sich mit einiger Sicherheit aus dem Gerüchteschwall herauslösen. Da ist zunächst die Tatsache, daß bis zur Ausschaltung Röhms und der Entmachtung der SA 1934 manche nationalsozialistische Führer ihre homosexuellen Beziehungen nicht besonders verbargen, jedenfalls nicht vor der internen Öffentlichkeit der Rechten. Roßbach schreibt in seinen 1950 veröffentlichten Memoiren:

„Röhm machte aus seinen homosexuellen Neigungen in seiner burschikosen Weise gar kein Hehl. Hitler wußte das seit 1926. Trotzdem hatte er ihn zum Stabschef der SA gemacht."[11]

Daß dasselbe für ihn selbst gilt, verschweigt Roßbach im Jahre 1950 jedoch schon wieder. Röhms Homosexualität „war doch seit Monaten Tagesgespräch", bemerkt er zu den „Enthüllungen" über die „sexuellen Verfehlungen" hoher SA-Führer wie Heines, Heydebreck und Ernst, besonders „die zynische Art, mit der ausgerechnet Goebbels sich zum Sittenrichter aufwarf, ekelte mich an".[12]

Dies bringt uns zum zweiten Punkt: daß der Bereich des ‚Homosexuellen' nie öffentlich sanktioniert wurde, also obskur blieb und damit in Machtkämpfen innerhalb der Rechten immer eine bevorzugte Rolle spielen konnte. Immer war es möglich, die ‚entlarvte' Homosexualität als verkommen gegen die geltende Sittlichkeitsmoral zu halten und die Abweichler von der Norm zu ächten. Davon wurde ausgiebig Gebrauch gemacht. Manche scheinbar ‚politische' Auseinandersetzungen innerhalb der männlich-nationalen Organisationen scheinen sexuelle Gründe gehabt zu haben. Das reicht von Schießereien aus Eifersucht[13] bis zur Wahrscheinlichkeit, viele als ‚Rotmord', ausgegebene Tötungen von SA-Männern im Verlauf der zwanziger Jahre würden auf interne Händel, in die Brüche gegangene Freundschaften, verstrickt mit internen Positionskämpfen zurückgehen.

Beweisen läßt sich das wenigstens soweit, daß in den meisten Fällen von ‚Rotmord' nachweislich ‚Rote' nicht beteiligt waren.[14]

(Um es noch einmal zu betonen: Der Terror kommt nicht aus der Homosexualität; aber Männerbünde neigen zur Ausbildung ‚homosexueller' Praktiken, die, selber aggressiver Art, zum Umklappen in jede andere Form der Aggressivität fähig sind. Das gilt aber für ihre ‚heterosexuellen' Praktiken im Prinzip auch.) Im Bericht von Roßbach fällt auf, daß er „ausgerechnet" Goebbels die Berechtigung zum „Sittenrichter" abspricht. Was er mit dem „ausgerechnet" meint, bleibt im dunkel, und das ist ein typischer Zug solcher Äußerungen: sie setzen einen ‚allgemein bekannten' Gerüchtekreis voraus, für den ausgemacht ist, daß *jeder* der höheren oder tieferen Herren seinen Dreck am Stecken hat und es lediglich eine Frage der Machtkonstellation ist, wieweit man ihn deswegen wird unter Druck setzen können oder nicht. Die Denunziation des abweichend Sexuellen richtet sich also nach dem Opportunitätsprinzip. In dieser Funktion ist sie zum *Hauptkampfmittel* der deutschen Faschisten in ihren internen Machtkämpfen geworden. Anders als Stalin erhob Hitler gegen niemanden aus den eigenen Reihen den Vorwurf, er sei zu den Kommunisten übergelaufen, ein Agent der dritten Internationale; anstelle der politischen wurde die ‚sexuelle Verfehlung' ins Feld geführt und da bevorzugt die ‚Homosexualität'.

Mit ihrer Hilfe wurde nicht nur Röhm ausgeschaltet. 1938 war es der Generaloberst Fritsch, der die Nachfolge von Blombergs als Oberkommandierender des Heeres antreten sollte – ein Posten, den Hitler selbst begehrte. Zunächst wurde Blomberg mit Hilfe Görings eine ‚Frau mit schlechtem Ruf' angedreht. Das brachte ihn zu Fall. Fritsch wurde von Hitler mit einem Strichjungen konfrontiert, der – gegen das Ehrenwort von Fritsch, er sei nicht homosexuell – den Generaloberst ‚beschuldigte'. (Die Vorwürfe gegen Fritsch waren erfunden.)[15]

Die ekstatische Vereinigung mit den Toten ist männliches Wunschdenken in vielen männerbeherrschten Kulturen der Welt. Nekrophilie und ihre Verherrlichung ist ein Grundzug solcher Kulturen. „Berühmter Männer Grab ist die ganze Erde" sagt Perikles in seiner Rede auf die Gefallenen Athens (431 v. Chr.). Und bei den Mongolen heißt es zur Zeit Dschingis Khans: „Ist es nicht schön, wenn man, als Mann geboren, von einem Mann stirbt und dann mit seinem Köcher und Bogen zusammen als Leiche daliegt?" Arno Breker, „Die Kameraden". Foto: C. Rohrbach.

Die Machtkämpfe der Faschisten werden also offiziell codiert nicht mit der drohenden Unterwanderung durch die falsche *politische* Linie (wie in der UdSSR). Sie schieben die falsche *sittliche* Haltung vor.

Warum? Vom politischen Gegner scheinen, ist er erst einmal geschlagen, nur geringe Bedrohungen für die Haltbarkeit der faschistischen Herrschaft auszugehen. Viel höher schätzt das Nazi-Ich die Gefahren ein, die von möglichen Decodierungen des Normverhaltens in den eigenen Reihen ausgehen: die Gefahren des Sexuellen im weitesten Sinn.

Vom ‚politischen' Kommunismus fühlten sich die Nazis an der Macht demnach kaum gefährdet, wohl aber von seinen verschlingenden, verschmelzenden Fähigkeiten, die sie an sich selber spürten und deren Auftreten und Ausbreitung sie durch die öffentliche Denunziation hoher Generäle bzw. Parteiführer als ‚unsittlicher' und daher untragbarer Männer öffentlich bekämpften.

Double double-bind

Für die Beibehaltung des Verbots der Homosexualität spricht aus all dem zweierlei: zum einen durfte sie nicht erlaubt werden, weil die Gefahr bestand, daß sie sich zu einer Sexualität hätte entwickeln können, die nicht ohne weiteres mehr organisatorisch fesselbar gewesen wäre.

Zum zweiten wäre mit ihrer Legalisierung ein Bereich der *Übertretung* weggefallen, in den eingeweiht und aufgenommen zu werden, gleichbedeutend war mit einer Zugehörigkeit zum Bereich des Geheimen wie der Machtelite. Auf beides konnten die Nazis nicht verzichten, weil sie auf anderen gesellschaftlichen Gebieten eben diesen Zugang *nicht* gewährten. Statt des Zugangs zu gesellschaftlichen Entscheidungen gewährten sie die Freiheit, das *Verbotene* zu tun.

Das ist eine Fessel in doppeltem Sinn: eine Fessel an die ‚Bewegung', die dies gewährt, die aber aus der Freiwilligkeit umschlagen kann in ein Zwangsverhältnis: tust du nicht mehr, was die ‚Bewegung' verlangt, kannst du bloßgestellt und zur Rechenschaft gezogen werden. Auch hier lauert also letztendlich ein *double-bind*. Er fügt sich dem beschriebenen *double-bind* von Inzestverbot/Inzestgebot auf der mann/männlichen Seite hinzu: du sollst Männer lieben, aber du darfst nicht homosexuell sein. Und: du sollst das Verbotene tun, wirst aber dafür bestraft (wenn die Mächtigen es wollen). Es sind konstruierte *double-binds*, mit Zeitzünder sozusagen; eine ‚Gratwanderung' zwischen ihnen mag für besonders geschickte Jongleure mit den Machtverhältnissen zwar möglich sein – aber das hebt sie nicht auf. Am besten man gehorcht und verdrängt die Widersprüche. Die möglichen Deterritorialisierungen (Aufhebung bestimmter bürgerlicher Verbote) sind sämtlich so kanalisiert, daß sie in ein System von Verwirrung und Abhängigkeiten münden, in dem sich nur leben läßt, wenn man es als System bedingungslosen Gehorsams akzeptiert oder als System der endlosen Intrige. Nur die *Macht* hält es zusammen. Blüher hat das Produkt gesehen:

„Da fällt zunächst die Männerschönheit seiner Leibgarde auf. Er umgab sich mit ausgezeichnet schönen Jünglingen, die der Stolz unseres Stammes wären, jene feingeschnittenen, als ‚nordisch' bezeichneten Gesichter. Das war Hitlers männliche Gesellschaft, der Typus, zu dem er sich bekannte. Wenn man aber in die Augen dieser Jünglinge sah, entdeckte man, daß sie leer waren. Bald konnte man ein unheimliches Flackern in ihrem Blick bemerken. Ich kannte diese Menschen doch aus der Jugendbewegung her! Aber was war aus ihnen geworden…? Hier lag eine heimtückische Verzauberung vor.

Sie liebten doch den Führer! Er aber hatte nicht einen einzigen Freund. Er *verdrängte* sofort und verwies die jungen Leute in unerwünschte Ehen, um Frauen unglücklich, aber zu Müttern zu machen. Ich habe viele dieser Jünglinge in meiner Sprechstunde gehabt und kann ein Lied von ihrem Elend singen."[16]

Anmerkungen

* Der Abdruck erfolgt mit freundlicher Genehmigung des Autors und des Stroemfeld/Roter Stern Verlags aus Klaus Theweleit: „Männerphantasien" (^{2}1987: 328–335).

1 Wie der Faschismus jedoch versuchte, der *Hausarbeit* der Frauen eine direkt reichserhaltende Bedeutung zu verleihen, indem er einen bedeutenden Zusammenhang zwischen der Wirtschaftslage im Reich und der verantwortlichen Art der Haushaltsführung suggerierte, vgl. bei Tim Mason: Zur Lage der Frauen in Deutschland 1930 bis 1940, S. 147f. Auch sie bekamen ihren Anteil an „großer Geschichte", nur nicht im Männerrevier.

2 von Selchow: Hundert Tage…, S. 352

3 Blüher: Wandervogel…, S. 247

4 Goote: Wir tragen das Leben, S. 266

5 Salomon: Die Geächteten, S. 246

6 Jünger: Kampf als inneres Erlebnis, S. 96

7 Morgan: Der Mythos vom schwachen Geschlecht, S. 188

8 Dannecker/Reiche: Der gewöhnliche Homosexuelle, S. 327

9 Blüher: Die Rolle der Erotik…, S. 322

10 Freud: Drei Abhandlungen zur Sexualtheorie, GW V, S. 131

11 Roßbach: Mein Weg durch die Zeit, S. 138; vgl. auch Sohn-Rethel: Ökonomie und Klassenstruktur…, S. 210; Charles Bloch: Die SA, S. 38, unterstellt Hitler eine Kenntnis der Röhmschen Homosexualität erst seit 1932; das ist unglaubhaft. Bei Maser: Frühgeschichte der NSDAP, ist Röhm ein „hinterhältiger Offizier", der „homosexuellen Lastern frönte"… (S. 192); „Röhm! Reden Sie nicht von diesem dreckigen homosexuellen Schwein! Das war die richtige Blase perverser, blutgieriger Revolutionäre!" (Göring während der Nürnberger Prozesse zu Gilbert: Nürnberger Tagebuch, S. 83)

12 Roßbach: Mein Weg…, S. 164

13 Vgl. Waite: Vanguard of Nazism, S. 222f.

14 Vgl. dazu die Bücher Gumbels, vor allem aber Scheer: Blut und Ehre, darin den Abschnitt: Die Legende der 400 Morde, S. 136–158 und S. 168ff.; Das Prinzip des „Reichstagsbrands" hat eine lange Tradition die zwanziger Jahre hindurch.

15 Gilbert: Nürnberger Tagebuch, S. 286–291; – in der Dissertation „Das Staats- und Gesellschaftsbild deutscher Generale beider Weltkriege im Spiegel ihrer Memoiren" von Gotthard Breit, Freiburg 1972, heißt das alles „Fritsch-Krise". Das Wort „Homosexualität" wird vermieden. Wissenschaftskitsch: „Die anwesenden Offiziere waren bestürzt und beschämt darüber, daß das ehrenrührige Verhalten des ranghöchsten Offiziers der Wehrmacht seine Entlassung unumgänglich gemacht hatte; dadurch sahen sie die Würde des ganzen Offizierskorps befleckt. (...) Auch konnten sie sich nicht vorstellen, daß das Staatsoberhaupt nur auf Grund vager Behauptungen den Oberbefehlshaber des Heeres vor ein Gericht stellen würde." (S. 180–184) – diese Engel: vier Jahre zuvor hatten sie Hitler gezwungen, Röhm zu beseitigen (irgendwie!), wenn er selbst an der Macht bleiben wolle; aber manche Geschichtswissenschaft akzeptiert Lore-Romane über die Generäle des Dritten Reiches als Dissertationen. Zu Röhm und den Generälen vgl. Sohn-Rethel: Ökonomie und Klassenstruktur..., S. 200–210; vgl. Charles Bloch: Die SA, S. 71–74, 163. (Bloch ist zuweilen ungenau und läßt wesentliche Faktendarstellungen unbelegt, S. 78, 94)

16 Blüher: Die Rolle der Erotik..., S. 26

Männerbünde aus soziobiologischer Sicht: Reaktion und Rezeption

Lionel Tiger

Die biologischen Unterschiede zwischen Mann und Frau können zu einer These von einem biologisch begründbaren Sozialverhalten führen: Männer fühlen sich demnach ‚naturgemäß' zu gleichgeschlechtlicher Gruppenbildung hingezogen.
Diese naheliegende These, die nicht zur Rechtfertigung für Dominanz oder Unterdrückung des anderen Geschlechts dienen will, hat nicht wenige erbitterte Gegner: Vertreter feministischer Theorien, die darin eine Empfehlung für Rückkehr zu Sexismus und Rassismus sehen; manche lehnen biologische Erklärungen für menschliches Verhalten generell ab, da sie menschliches und tierisches Verhalten in keinem Fall vergleichen wollen, andere vermuten eine Rechtfertigung und Erklärung für Homoerotik, wieder andere glauben, man unterstütze durch Verharmlosung rein männlicher Gemeinschaften die Kriegsmaschinerie, die sich fast ausschließlich aus Männern zusammensetzt.
Heute sind Männerbünde, über die die männlich zentrierte Wissenschaftsgeschichte wenig Auskunft gibt, jedenfalls unter Druck geraten – die Veränderungen der Rolle der Frau, besonders im Zusammenhang mit ihrer Erwerbstätigkeit, machen eine Mitgliedschaft für Frauen in manchen Clubs oder Bünden erstrebenswert, selbst wenn diese durch Gerichtsbeschluß durchgesetzt werden muß. Ob sich das soziale Phänomen der Männerbünde in der weiteren Entwicklung wird halten können, bleibt eine offene Frage.*

Bei der Veröffentlichung meines Buches „*Men in Groups*" (1969) erlebte ich eine Überraschung, denn es fand eine sehr kontroverse Aufnahme, die ich weder beabsichtigt noch erwartet hatte. Als das Buch zum ersten Mal in Kanada erschien, kam es zu Demonstrationen vor dem Gebäude der Zeitschrift, die in einem Artikel zu dem Thema etwas über mein Buch und mich geschrieben hatte, und kurze Zeit später mußte ich mich tatsächlich vor Bombendrohungen, Schmähbriefen, Buh-Rufen und ähnlichem in acht nehmen. Als das Buch in den USA veröffentlicht wurde, und ich zum David-Frost-Programm eingeladen war, wurde ich von einigen führenden amerikanischen Feministinnen unterbrochen, die ihren Protest energisch durch lautstarke Zwischenrufe zum Ausdruck brachten. Sie waren ohne mein Wissen eingeladen worden, um, wie ich vermute, genau diesen Aufruhr zu verursachen. In Frankreich fand ein Auszug, der im „*L'Express*" erschien, großen Anklang, während „*The Observer*" in England seine ganze Farbbeilage dem ‚Männerbund' widmete und Varianten von Männergemeinschaften porträtierte, angefangen von lärmenden Duschräumen eines Rugbyteams bis zu der Grabesruhe eines Gesellschaftsraumes elitärer Londoner Männerclubs.

In allen diesen Fällen wurde die Idee, daß Männer ein Verlangen haben könnten, sich untereinander zusammenzuschließen, mit Überraschung und einer gewissen Faszination aufgenommen und als ziemlich neu und von beträchtlicher Bedeutung behandelt. Gleichzeitig wurde sie als reichlich kontrovers definiert. Vielleicht geschah dies teilweise, um die Aufmerksamkeit zu rechtfertigen, die das Buch fand. Dennoch waren vermutlich ernsthaftere Faktoren im Spiel als nur Launen der Öffentlichkeit und der Reiz des Widerspruchs. Es bleibt die Tatsache, daß ein akademisches Buch ein ungewöhnliches Maß von Aufmerksamkeit auf sich gelenkt hat.

Das ist schon an sich interessant, und vielleicht reflektiert es die ganze Problematik des männlichen Sozialverhaltens. Warum? Ich möchte in diesem Essay einige der Gründe für den besonderen Widerhall, den die Diskussion der Männerbünde fand, untersuchen, indem ich einige der verschiedenen Quellen ihrer Ablehnung näher betrachte. Es ist auch Teil eines Bemühens, zu überlegen, wie weitreichend sich Veränderungen in den Beziehungen zwischen Männern und Frauen, geänderte Zielrichtungen der Fortpflanzung und neue Wertmaßstäbe und Gesetze auf das soziale Phänomen ‚Männerbund' ausgewirkt haben.

Die Rolle des Feminismus

Es gibt nur zwei Geschlechter, und es ist allgemein akzeptiert, daß Männer danach streben, sich mit Frauen zu verbinden und umgekehrt. Auf dem Sektor der männlich-weiblichen Interaktion werden die Emotionen, biologische wie auch soziale Faktoren einschließend, hingenommen. Warum sollte das für gleichgeschlechtliche Verbindungen nicht zutreffen? Zuerst einige Hintergründe. *„Men in groups"* erschien während des ersten Aufblühens der internationalen feministischen Bewegung, und eine der Behauptungen meines Buches war, daß Männer und Frauen in vieler Hinsicht voneinander verschieden seien, und daß einige dieser Unterschiede Auswirkungen auf die Ausgestaltung sozialer Beziehungen hätten. Viele feministischen Kritikerinnen und Vertreter einer anti-biologischen Sicht menschlichen Verhaltens, sahen darin eine gefährliche Rückkehr zum Sozialdarwinismus, Reduktionismus, Sexismus und auch Rassismus. Das Gespenst des amerikanischen Rassismus und dessen Geschichte, der mit unterschiedlichen Rassenmerkmalen gerechtfertigten Sklaverei, sowie die Katastrophe, die die Nazis dadurch heraufbeschworen, daß sie biologische Klassifizierungen zur Rechtfertigung ihres Massenmordes mißbrauchten, und nicht zuletzt die Kriegsführung an sich konnten von niemandem ignoriert werden, der den Zusammenhang von Ideen über Menschen und ihrem Verhalten sensibel wahrnahm. Mein einfaches Argument hinsichtlich der Männerverbindungen platzte mitten in diese turbulenten Auseinandersetzungen, und es schien oft so, als ob die Diskussion über die Symptome und Bedeutung des Prozesses, den ich aufzudecken versuchte, die Diskussion über den Prozeß selbst im Keim zu ersticken drohte.

Zusätzlich zur alten Besorgnis über den möglichen politischen Einfluß, den Ideen über die Natur des Menschen auf das Verhältnis zwischen Rassen haben können, kam eine neue, starke Bewegung, die auf hoher intellektueller Ebene die wesentlichen Veränderungen der Geschlechterbeziehungen begleitete. Diese sind aus meiner Sicht wesentlich, wenn nicht gar entscheidend durch das Aufkommen effektiver, von Frauen kontrollierter Empfängnisverhütungsmittel – der Pille und der Spirale – beschleunigt worden, die vielleicht zum ersten Mal in der Geschichte der Säugetiere einem Geschlecht die volle Kontrolle des Fortpflanzungsprozesses in die Hände gegeben haben. Davor war das Kondom das verbreitetste sozial akzeptierte Verhütungsmittel, das von den Männern kontrolliert wurde. Als dann die Frauen durch die neuen Verhütungsmittel in der Lage waren, das Geschehen zu steuern, setzte in gewissem Sinne – und ich bin hier nicht wertend, sondern eher beschreibend – eine Entfremdung der Männer von der Fortpflanzung ein. Eine Reihe weitreichender Konsequenzen folgte daraus, nicht zuletzt die abnehmende Wahrscheinlichkeit von Eheschließungen aufgrund einer Schwangerschaft, die für die USA auf ein Drittel geschätzt worden ist. Dies wiederum machte eine gesellschaftlich akzeptierte Form der Abtreibung zu einer bedeutenderen sozialen Option, und es ist äußerst bezeichnend, daß sich im Zeitalter der Pille weltweit ein spürbar stärkerer Druck in Richtung einer legalisierten Abtreibung abzeichnet als zuvor. Für eine vertiefende Diskussion dieses Vorganges siehe mein Buch *„The Manufacture of Evil: Ethics, Evolution, and the Industrial Systems"* (1987).

Die größere Unabhängigkeit der Frau vom Reproduktionsprozeß bewirkte auch ihre ökonomische Unabhängigkeit, die es notwendig machte, daß die Frauen verstärkt Zugang zu der bis dahin männerbeherrschten Arbeitswelt fanden. Das provozierte erneut feministische Kritik am bisherigen männlichen Verhalten, besonders wenn es zu einer wirtschaftlichen und gesellschaftlichen Entrechtung der Frauen führte. Die Umstände waren nicht dazu angetan, daß die Bemühungen, die wesentlichen naturgegebenen Ursachen der Männerverbündung *(male bonding)* zu untersuchen, wohlwollend aufgenommen wurden. Sehr wahrscheinlich hat sich die Situation nicht grundlegend geändert, weshalb der vorliegende Sammelband von besonderem Interesse ist.

Das alte Lied: Die Natur im Gegensatz zur Kultur

Noch einige andere Aspekte meiner Argumentation zur Männerverbündung schienen bei Teilen der interessierten Kreise Anstoß zu erregen. Zunächst einmal habe ich in einem Kapitel beschrieben, wie die Männer bei anderen Lebewesen zusammenhalten, insbesondere bei Primaten, und versucht, die Struktur und

Funktion dieses Zusammenhalts innerhalb der Gemeinschaft aufzuzeigen: Wie sind zum Beispiel bei Pavianen männliche Kohorten einerseits in die Gemeinschaft integriert, und welche Rolle spielen sie andererseits bei der Kontrolle des Zugangs zu den Weibchen? Ich setzte die offensichtlichen Unterschiede zwischen männlichem und weiblichem gesellschaftlichen Verhalten bei anderen Primaten in Beziehung zu biologischen Faktoren, und ließ durchblikken, daß man diese Parallelen in der Natur bei der Untersuchung der allzu deutlichen Diskrepanz zwischen der politischen Macht der Männer und der Frauen in Betracht ziehen müsse. Diese Darstellung fand natürlich kaum bei Leuten Beifall, die annahmen, ich wolle damit behaupten, daß Männer und Frauen verschieden sein sollen, weil ihr unterschiedliches Sozialverhalten möglicherweise biologisch bedingt sei – daß also praktisch die Ungleichheit akzeptiert und aufrecht erhalten werden solle, daß sie naturgegeben sei und nichts daran geändert werden könne oder solle.

Natürlich hatte ich dies ganz gewiß nicht beabsichtigt, und meine tatsächliche Argumentation war, daß es notwendig und daher wünschenswert ist, ein System, das man verändern will, erst einmal zu verstehen. Wenn es anders wäre, würden Planer und Reformer sozialer Gegebenheiten von falschen Voraussetzungen ausgehen und die Gründe für ihre Erfolge oder Fehlschläge falsch interpretieren. Geschlechtsbedingte Unterschiede im politischen Verhalten des Menschen scheinen Kulturen und Geschichte zu allen Zeiten so massiv zu durchdringen, daß wir es hier aller Wahrscheinlichkeit nach mit einer gigantischen biogenetischen Gesetzmäßigkeit zu tun haben, der nur mit der entsprechenden Anstrengung beizukommen ist. Ich dachte zum Beispiel, daß die Quotenregelung oder *„affirmative action"*, wie sie in den USA genannt wird, eine angemessene Einrichtung zur bewußten Überwindung dessen sei, was sich im Laufe der Zeit mit regelmäßiger Vorherbestimmtheit herausgebildet hat: im höchsten Maße von Männern beherrschte Strukturen – genau die Strukturen, die Feministinnen und andere fortschrittliche politische Kräfte durchbrechen wollten.

Ein weiterer Anreiz zu erbitterter Kritik bestand darin, daß meine Schlußfolgerung eine Bresche in die Barriere zwischen Natur und Kultur schlug, die Lévi-Strauss und andere als ein wesentliches Merkmal der Wahrnehmungsweise und des Selbstverständnisses des Menschen ansahen. Wo stehen wir, wenn wir uns von den Tieren nicht unterscheiden? Wem sind wir Rechenschaft schuldig? Werden wir uns nicht „wie die Tiere" benehmen, wie es ein Richter einer Bande vorhielt, die der Vergewaltigung angeklagt war? In diesem Teilbereich hat die Auseinandersetzung keineswegs nachgelassen. Es gibt immer noch Gelehrte, insbesondere Sozialwissenschaftler, die jeder Gleichsetzung von menschlichem Verhalten mit dem von Säugetieren fest entsagen, ganz zu schweigen von den Kadern derjenigen, die in menschlichen Ordnungen überzeugende Beweise dafür entdecken, daß wir von Gott gesondert geschaffen wurden und demzufolge eine großartige Ausnahme in der Ordnung der Dinge darstellen. Unter den Sozialwissenschaftlern (besonders in Frankfurt und im Lager der Linken) kursiert eine äußerst merkwürdige Variante der Ablehnung biologischen Denkens, die dazu geführt hat, daß man sich planlos und verbohrt mit *„textes"* und *„paroles"*, mit Hermeneutik und mit in sich selbst begründeten Ausprägungen menschlicher sozialer Existenz befaßt. Surrealisten wie Foucault und Derrida, Anthropologen wie Geertz, Psychiater wie Laing und Cooper: Sie alle haben verschiedentlich die glorreiche Unabhängigkeit des *homo sapiens* von biologischen Zwängen behauptet, sogar bei einer so biologisch-zellularen Sache wie dem Geschlecht. Es vermag kaum zu überraschen, daß die Behauptung, männliche Menschen besäßen eine biogenetisch bedingte Neigung, untereinander auf eine deutlich andere Weise Verbindungen einzugehen als mit weiblichen Menschen, von einem Kader von Gelehrten zurückgewiesen wurde, der das Konzept einer durchgehend sexuellen Natur von vornherein ablehnt.

Der homoerotische Faktor

Aber halt. Da gab es noch eine andere Art der Ablehnung. Manche Leute vermuteten nämlich, daß meine These im Grunde eine trickreiche, wenn auch komplizierte Verteidigung oder doch zumindest eine Rechtfertigung der Homosexualität im erotischen Sinne sei. Natürlich ist Homoerotik ein wichtiges und interessantes Merkmal menschlichen Verhaltens, das ich nicht außer acht gelassen habe, aber ich hielt sie für einen weit weniger wichtigen Faktor menschlichen Verhaltes als homosexuelle soziale Organisation im strikt sozialen Sinne. Fußballmannschaften, Geschäftsvorstände oder Streicherquartette könnten homosexuell sein, ohne gleichzeitig homoerotisch zu sein. Jedenfalls liegt es nicht an der Homoerotik, daß solche Verbindungen zustande kommen. Interessanter und sicherlich bedeutungsvoller für ein Verstehen der Totalität des sozialen Lebens des Menschen waren die strukturbildenden, nicht die erotischen Vorgänge.

Hier muß ich eingestehen, daß ich reichlich naiv war. Es sahen nämlich Männer, die sich von anderen Männern erotisch angezogen fühlten, in meinem Buch eine attraktive Darstellung von Gesellschaftsformen, in denen sie sowohl soziale als auch erotische Erfüllung finden konnten. Das hatte ich nicht vorausgesehen. Vielleicht wurden sie besonders durch das Kapitel „Männer umwerben Männer" *(„Men Court Men")* dazu angeregt. Darin beschrieb ich die Art und Weise, in der Männer andere Männer als Mitglieder geheimer oder zumindest sehr rigider Gruppen anwerben. Außerdem wies ich darauf hin, daß dieses Werbeverhalten eine bedeutende Rolle in der Evolution gespielt haben könnte. Während der unfaßbar langen Zeit der menschlichen Evolution, in der wir Jäger und Sammler waren – für wenigstens mehrere Millionen Jahre, bis zu der Zeit vor ungefähr 8000 bis 10000 Jahren, in der wir begannen, zu Ackerbau und Viehzucht überzugehen (sogar zur Zeit Christi lebte die halbe Weltbevölkerung noch als Jäger und Sammler, und die Industrialisierung nahm erst vor kaum zehn Generationen ihren Anfang) – in dieser Zeit war es für die Jäger und Sammler jedenfalls ebenso wichtig, mit wem man jagte und Feinde bekämpfte, wie mit wem man sich fortpflanzte. Ich dachte damals und denke es heute noch, daß das Werben der Männer umeinander noch immer ein starker Motor des Verhaltens insbesondere von jungen, aber natürlich auch von älteren Männern ist, auch wenn die Bedingungen und Zwänge, mit denen die heutigen Männer konfrontiert sind, wenig mit den dramatischen Bedrohungen der Kriegs- und Jagdparteien der Vorzeit gemein haben. Wie auch immer, die mit einer solchen Partnerwahl verbundenen Emotionen mögen bestehen bleiben, und wir wissen, daß bei Kampfgruppen der Gruppenzusammenhalt der kritische Parameter der Effektivität ist, und daß kriminelle Vereinigungen, wie die Mafia oder die Tong, für die Loyalität lebenswichtig ist, neue Mitglieder in einer rauhen und gefühlsintensiven Atmosphäre auswählen und einführen.

Daß man Männerbeziehungen irgendwie mit den großen Darwinschen Themen der sexuellen und natürlichen Selektion in Verbindung bringen konnte, schien ein Pluspunkt und eine Art Aufwertung für die Gruppe von Männern zu sein, die eine lokale und für sich höchst bedeutungsvolle Version dieser Vorgänge in einer Homosexuellen-Bar oder an einem anderen Ort der Partnerwahl erlebten, und die außerdem, keineswegs nur beiläufig, wegen sexueller Andersartigkeit und wegen ihres sozialen Enthusiasmus vielfältige gesetzgeberische und soziale Diskriminierungen zu erdulden hatten. Daß Männer sozusagen von Natur aus zueinander hinstrebten *(male bonding argument)*, war zugleich eine Erklärung und eine Rechtfertigung homosexuellen Verhaltens.

Aber noch einmal, dies alles lag überhaupt nicht in meiner Absicht. Angesichts der Befürchtungen und Tabus im Zusammenhang mit der männlichen Homoerotik – die weibliche Variante bringt die Gemüter nicht so sehr in Wallung – ist es nur zu verständlich, daß die Vorstellung, Männerbeziehungen hätten irgendwie mit Biologie und mit Überlebensfunktionen zu tun, auf Leute bedrohlich wirkt, für die Erotik nur im Rahmen eines legalisierten und auf Reproduktion ausgerichteten Familienlebens akzeptabel ist. Die römisch-katholische Kirche zum Beispiel lehnt Homoerotik strikt ab, obwohl die Sozialstruktur, die diese Haltung propagiert, im sozialen Sinn zutiefst homosexuell ist. Diese Ironie wiederholt sich auch in Armeen und Seestreitkräften, die homoerotischen Umgang oft streng ahnden; die amerikanische Armee entläßt Männer, deren Homosexualität bekannt wird, sofort, zumindest verfuhr sie regelmäßig so, bis bürgerlich-freidenkerische Argumente gegen diese Schnellverfahren eine bis dahin hingenommene Politik in Frage stellten.

Unterstützung der Kriegsmaschinerie

Ein weiterer Grund der Ablehnung meines Arguments der Männerbünde und Argumentationen anderer auf dieser Ebene ist seine mögliche direkte oder indirekte Unterstützung jener sozialen Gruppen, die im Begriff sind, sich auf einen Krieg vorzubereiten, und ihn führen. Gewiß, die Geschichte der Männerbünde, seien es Geheimgesellschaften, sich duellierende Verbindungen, Teenager-Banden, Bruderschaften oder die *orangemen*, sowie die Initiations-

Die Soziobiologie leitet menschliches Verhalten wie die männliche Neigung zu Männerbünden unter anderem aus Befunden der Primatenforschung ab. Dabei setzt die Soziobiologie die Diskrepanz der politischen Macht der Männer und Frauen mit Verhältnissen bei Primaten in Beziehung, obgleich die männliche Dominanz nachweislich eine relativ junge Erscheinung in unserer Kultur ist (vgl. Aufsatz Nr. 2). Foto: K. Wothe, Gruner und Jahr Fotoservice, Hamburg.

riten elitärer Kriegsgruppen, sie alle bestätigen den dynamischen Einfluß, den Männergruppen auf die Bereitschaft und Fähigkeit einzelner Männer ausüben, sich an kriegerischem Verhalten zu beteiligen. Es ist soviel bekannt darüber, wie aggressiv Männergruppen sich verhalten können, daß es müßig wäre, die Schlußfolgerungen, die dieses Beweismaterial nahelegt, noch großartig auszuwalzen. Da wäre die Art der Erregung, der Zuversicht, der Rücksichtslosigkeit und des eisernen Zusammenhalts, die männliche Bekräftigungszeremonien hervorrufen und unterstützen, wodurch wiederum aggressives Verhalten gefördert werden kann. Solches Verhalten kann sich dann als ‚Moral' auf dem Schlachtfeld oder als ‚Teamgeist' auf dem Spielfeld äußern, es ist in jedem Fall deutlich spürbar mit der Existenz von Männerbündnissen verknüpft.

Dies führt dazu, daß jedes Bemühen, die zu Männerbünden führenden biologischen Merkmale zu identifizieren, mit dem in Verbindung gebracht wird, was manche als ausgeprägte wissenschaftliche Pathologie ansehen – nämlich daß man, wenn man die Biologie von irgend etwas diskutiert, es damit auch unterstützt. Im Falle der Aggression hat dies einige wohlmeinende, aber wirrköpfige Wissenschaftler dazu gebracht, sinnigerweise in der Stadt der Inquisition, die „Deklaration von Sevilla" herauszugeben und die Wissenschaftler, die sich mit einer Biologie der Aggression beschäftigen, als Befürworter der Aggression anzuklagen. Da heißt es zum Beispiel: „... wir fechten einige vermeintliche Erkenntnisse der Biologie an, die sogar manch einer aus unseren Fächern dazu benutzt, um Gewalt und Krieg zu rechtfertigen. Diese angeblichen Erkenntnisse haben das pessimistische Klima in unserer Zeit sehr gefördert, daher sind wir der Meinung, daß die öffentliche, überlegte Ablehnung dieser falschen Behauptung sehr viel zum Internationalen Jahr des Friedens beitragen könne." Nach dem gleichen Strickmuster wird unvermeidlich das Thema der Männergruppen mit den Aspekten Primitivismus, Exklusivität, Initiation, potentielle Aggression usw. „abgelehnt". Die Mischung von biologischem Ursprung und Aggression findet eine politisch gefärbte feindselige Aufnahme, die die Diskussion dieses und ähnlicher Fragenkreise dauerhaft kennzeichnet.

Noch einmal. Daß das Begreifen eines Systems nützlich und hilfreich ist, wenn man versucht, es zu kontrollieren oder zu verändern, scheinen ideologisch befangene Wissenschaftler weniger verlockend zu finden als das Zurückhalten von Schlußfolgerungen über die Symptome. Ebenso wichtig ist es, sich an das schlüssige Argument zu erinnern, daß das Verhalten, mit dem wir es hier zu tun haben (aggressives Verhalten/Krieg), sehr viel älter ist als die wissenschaftlichen Anstrengungen, um die es hier geht, nämlich Überlegungen, was denn nun die biologischen Voraussetzungen männlichen Gruppenlebens sind. Natürlich erscheint dieses Argument noch dramatischer angesichts der langen Geschichte sowohl der Kriegsführung als auch der Männerbünde und der relativen Neuheit – frühestens seit Darwin gibt es solche – von Theorien der biologischen Klassifizierung menschlichen Verhaltens. Weiterhin ist zu bedenken, daß sich die begeisterten Rassisten und Kriegshetzer nicht gerade durch ihre Liebe zur Wissenschaft auszeichnen. Weder Dschingis-Khan noch Hitler noch Pol Pot haben die Biologie des Menschen studiert, und es ist äußerst unwahrscheinlich, daß die Manager der Mafia oder die Tongs sich eifrig über die biologische und anthropologische Literatur auf dem laufenden halten, um ihr Verhalten zu legitimieren. Trotzdem existiert eine kleine Industrie, die Leute mit Veröffentlichungen überzeugt, daß es richtig und notwendig sei, den Botschafter zu bestrafen, dessen Nachrichten unangenehm, deprimierend oder sogar übermäßig kompliziert seien. Dies muß einer der Gründe dafür sein, daß es eine Ausstellung wie diese, die mit dieser Materialiensammlung in Zusammenhang steht, bisher noch nie gab – sie trifft zu sehr den wunden Punkt derjenigen, die das Thema von vornherein für geschmacklos halten.

Gesellschaftliche Auswirkungen

Es gibt jedoch noch eine andere Art von Begründung dafür, daß dieses Thema von den Gelehrten vernachlässigt wird, eine, die ganz wesentlich die überwältigend männlich-zentrierte Geschichte der Sozialwissenschaften reflektiert. Bis zur derzeitigen Blüte offen feministischer und allgemein bewußterer Wissenschaft betrachteten die Sozialwissenschaften, wie Politik, Soziologie, Ökonomie und Geographie, soziales Verhalten als ein einheitliches Phänomen, wobei ‚männlich' und ‚weiblich' zusammenfallen in einer einzigen Kategorie ‚Leute', ‚Mensch', ‚menschlich'.

In der Politikwissenschaft zum Beispiel wurden Themen wie Parlamente, Rechtssysteme, politische Parteien usw. in endlosen Diskussionen behandelt, ohne daß die Tatsache, daß solche Gruppen entweder ganz oder jedenfalls in starkem Mißverhältnis nahezu ausschließlich männlich sind, auch nur rudimentär berücksichtigt geschweige denn verstanden wurde. Die Verhaltensmodelle der Wirtschaftswissenschaften beruhten auf der Annahme, alle Mitglieder einer Gemeinschaft folgten bei Produktbewertung, Investition und Konsumverhalten in gleicher Weise bestimmten Regeln, selbst wenn die Unterschiede zwischen Männern und Frauen in ihrem Konsumverhalten enorm waren. Obwohl es in der Psychologie ein etwas lebhafteres Interesse an Geschlechtsunterschieden gab, waren dennoch in der praktischen Anwendung, zum Beispiel bei der Konstruktion von Kompetenz- oder Persönlichkeitstests, solche Fragen, die zwischen Männern und Frauen differenzierten, bloße Routine. Aus Fragebögen zu Voruntersuchungen wurden sie herausgelassen, da man davon ausging, daß sie eher bestehende Stereotypen und sozio-kulturelle Unterschiede in Gesellschaften widerspiegelten als wirkliche Unterschiede zwischen Männern und Frauen.

Das trifft sogar für die Erstellung psychologischer Instrumente von solch weitreichender Bedeutung wie dem Intelligenztest zu. Die daraus resultierenden praktischen Folgen können nicht hoch genug bewertet werden, denn noch bis zum heutigen Tag ist die mangelnde Beachtung der Geschlechtsunterschiede ein leidiges Kapitel. Ein amerikanisches Beispiel: beinahe alle amerikanischen Studenten müssen, um zum College zugelassen zu werden, SAT-Tests oder ähnliche Tests machen. Diese sind in verbale und mathematische Abschnitte aufgeteilt. Männer schneiden in den letzteren, Frauen in den erstgenannten besser ab, wenn auch nicht so gut wie die Männer in Mathematik. Das Resultat ist, daß die Frauen überall niedrigere Punkte erzielen. Da diese bei der Zulassung zum College und bei der Vergabe von Stipendien zählen, sind die Männer aufgrund ihrer besseren Punktzahlen im Vorteil! Obwohl jedoch diese Punktung angeblich den Erfolg am College voraussagen soll, tut sie das nicht, denn im ersten College-Jahr schneiden die Frauen besser ab als die Männer. Das liegt vielleicht an den Kursen, die sie belegen, oder woran auch immer; Tatsache bleibt, daß solche angeblich geschlechtsunabhängigen Tests nicht die Realität der Getesteten wiedergeben, und das Resultat ist, daß die Männer unfairerweise mehr Stipendien ergattern als ihre folgenden Leistungen rechtfertigen. So führt der Versuch, beim Testen Gleichheit und Gerechtigkeit gelten zu lassen, geradewegs zu Ungerechtigkeit im Leben selbst – ein Grundmuster, das wahrscheinlich auch in anderen Bereichen auftritt, in denen es um Leistung geht.

Ich glaube, daß diese Blindheit gegenüber geschlechtsspezifischen Unterschieden Teil eines weitreichenden Syndroms ist, das auch die Gleichgültigkeit hervorbringt, die der unterschiedlichen Teilnahme der Geschlechter am gesellschaftlichen Leben gegenüber an den Tag gelegt wird und – als einer spezielleren Form – folglich auch den reinen Männervereinigungen. Darüber hinaus steht dies in direktem Zusammenhang mit einem Unwillen oder einer Unfähigkeit, die biologischen Grundzüge des Verhaltens zu berücksichtigen, und somit ist dieses Phänomen von derselben Art wie die historischen und wissenschaftlichen Gründe, die eine Ausstellung wie die in Köln gezeigte so selten machen.

Es wird ein dauerhafter Beitrag feministischer Wissenschaft bleiben, das Umdenken in den Sozialwissen-

Die Bodybuilder bekunden offener als andere Männer die normalerweise zum weiblichen Stereotyp gerechnete Eitelkeit; wer jedoch mit derartigem Aufwand die Perfektionierung seiner männlichen Körpermerkmale (dicke Muskelpakete) anstrebt, muß sich gefallen lassen, daß sich die Assoziation von Kraft mit Aggression einstellt. Die Soziobiologie neigt dazu, solche Bestrebungen zu mehr ‚natürlicher' und sichtbarer Männlichkeit durch ihre Thesen gesellschaftlich zu sanktionieren (vgl. Aufsatz Nr. 9). Foto: Bernd Arnold Köln.

schaften in diesem Punkt miteingeleitet zu haben. Gleichzeitig sollte allerdings vermerkt werden, daß dieselbe feministische Wissenschaftstradition bis vor kurzem die These scharf ablehnte und sie immer noch nicht ungeteilt vertritt, daß Geschlechtsunterschiede biologisch sind und in erster Linie nicht historisch gewachsen oder das Ergebnis systematischer Unterdrückung von Frauen sind, und daß es sich in der Hauptsache auch nicht um willkürliche Stereotype und soziokulturell bedingte Männer- und Frauenbilder handelt, die dementsprechend vollständig veränderbar wären. ‚Bewußtseinsbildung' war ein wichtiges Element dieses Veränderungsprozesses, genauso wie die vielfältigen Programme unzähliger Organisationen, um Männer wie Frauen gegenüber unbewußten sexuellen Vorurteilen, Formen sexueller Belästigung und Strukturen ungerechter, ungleicher Behandlung zu sensibilisieren.

Eine extreme Version feministischer Zurückweisung der ungleichen Behandlung von Männern und Frauen war die äußerst kritische Reaktion auf eine Regelung der *New York State Liquor Authority*, derzufolge Bars Schilder mit der Warnung aushängen sollten, daß Alkohol während der Schwangerschaft den Fötus schädigen könne. Dies wurde für diskriminierend gehalten, weil nicht gleichfalls die Männer gewarnt wurden, daß Trinken die gesunde Samenbildung beeinträchtigen könne. Eine neue Version dieser Auseinandersetzung dürfte der aktuellen Entscheidung des amerikanischen Gerichtshofs folgen, derzufolge Arbeitgeber berechtigt sind, Frauen im gebärfähigen Alter von Arbeiten auszuschließen, die mit elektrischen oder chemischen Prozessen zu tun haben, die den Fötus Schwangerer schädigen könnten. Die beschäftigungspolitischen Konsequenzen dieser Entscheidung sind natürlich enorm und unterstreichen die Bedeutung der Einstellung, Geschlechtsunterschiede als Folge sozialer Prozesse zu behandeln.

Es gibt noch ein weiteres Beispiel dafür, wiederum aus den Vereinigten Staaten, wo das Oberbundesgericht gesetzeswirksam beschlossen hat, daß relativ große Vereine, die formell ausschließlich Männern die Mitgliedschaft gestatten, diese Nur-Männer-Politik nicht weiterhin beibehalten dürfen. Weil viele solcher Clubs die bevorzugten Aufenthaltsplätze von Männern der Elite sind und die Orte in den Gemeinden bilden, an denen im stillen viele kommunale Entscheidungen getroffen werden, trifft diese Regelung nicht jedwede männliche Solidarität, sonder erschließt gleichzeitig den Frauen die informelle Seite von Machtsystemen, zu denen beide Geschlechter legitimen Zugang haben. Es ist sehr fraglich, ob es in den Vereinigten Staaten weiterhin eingeschlechtliche Vereine von irgendeiner Bedeutung geben wird.

Das kann einerseits als Beschneidung der Versammlungsfreiheit und als Reduzierung der vielfältigen Formen sozialer Interaktionen beurteilt werden – ich bin vor und nach dem Beitritt von Frauen selbst Mitglied in einem solchen Club, hauptsächlich für Schriftsteller und Künstler, gewesen und habe zwischen beiden Formen einen echten Unterschied in der Art der Gemeinschaft festgestellt. Andererseits, in dem Maße, wie Frauen nicht länger automatisch wirtschaftliche Unterstützung von Männern erfahren oder erwarten dürfen, ist es völlig angemessen, daß sie alle die Möglichkeiten erhalten, die die Männer bei der Verfolgung beruflicher Ziele und beim Aufbau der sozialen Netze genießen, die die Grundlage aller beständigen Wirtschaftsunternehmen bilden – das ‚*old boy network*' in Dichtung und Wahrheit. Bis jetzt wird kaum Druck auf Frauengruppen ausgeübt, männliche Mitglieder zuzulassen, obwohl eine Anrufung der Gerichte wahrscheinlich wie im umgekehrten Fall zu dem Urteil führen würde, beiden Geschlechtern die Mitgliedschaft zu ermöglichen.

Es ist übrigens möglich, daß im Hinblick auf die Zulassung zu den Vereinen die Situation in den Vereinigten Staaten eine besondere ist, und zwar aufgrund der nachhaltigen Erfahrung mit dem Ausschluß der Schwarzen und der entschlossenen Bemühungen seitens des Gesetzes, dies zu verbieten. Mein Club zum Beispiel hat gegenseitige Vergünstigungen für Gäste mit einigen anderen in London und Paris, die alle reine Männervereine sind. Es ist nicht zu erwarten, daß sie ebenfalls Frauen einbeziehen werden, und so gibt es einige Sorge, daß auf die Amerikaner Druck ausgeübt werden wird, die Beziehungen zu ihren ursprünglichen Auswärtspartnern aufzuheben. Nichtsdestoweniger ist ganz klar, daß die rein männliche Gemeinschaft als soziale Form unter Druck geraten ist, was begreiflicherweise den wirtschaftlichen Veränderungen in den Lebensbedingungen der Frauen sowie dem allgemeinen Zeitgeist zuzuschreiben ist, der die Verbände erfaßt, die Zulassungsschranken welcher Art auch immer beibehalten.

Schlußfolgerungen

In einer Zeit, in der Männergruppen nach allgemeiner Vorstellung wenig zweckmäßig erscheinen und kaum moralische Unterstützung erfahren, ist es notwendig, ihren gesellschaftlichen Ruf nicht mit der naturwissenschaftlichen Erkenntnis zu vermengen, daß sie möglicherweise ihre Wurzeln in der menschlichen Evolution haben und voraussagbar und folgerichtig Bestandteil des männlichen Lebenszyklus und wahrscheinlich auch des sozialen Prozesses der meisten menschlichen Gesellschaften sind. Es ist möglich, daß eine Form menschlicher Beziehungen unter Beschuß geraten ist, die ebenso komplex, interessant und anregend – wenngleich andersartig – wie die Beziehung zwischen Männern und Frauen ist, so wie in puritanischen Zeiten die Beziehung zwischen den Geschlechtern scharf attackiert worden ist. Diesmal jedoch handelt es sich nicht um ein erotisches Zusammenspiel, das bei einer großen und anscheinend endlosen Reihe von Bedingungen provizierend und umstritten ist, sondern um eine scheinbar weniger turbulente Angelegenheit, nämlich um eine ganz bestimmte Form sozialer Gruppierung. Möglicherweise werden Männer sich künftig im Verborgenen treffen müssen, auf die gleiche Weise, wie Menschen unter anderen Voraussetzungen ihren Beziehungen zum anderen Geschlecht nachgegangen sind. Natürlich möchte ich nicht übertreiben. Aber die Situation erscheint zumindest merkwürdig.

Wissenschaftler wie auch Sozialpolitiker, die ihre Wunschvorstellungen mit der tiefsten Ebene menschlicher Existenz zu verbinden trachten, haben noch viel zu lernen über diese interessante Form menschlichen Zusammenlebens und noch viel zu entscheiden, was gelernt wird.

Anmerkung

* Der Aufsatz wurde aus dem Englischen übersetzt von Anke Beuder und Alke Wierth

Männerbünde in soziobiologischer Sicht

Peter Meyer, Jan Wind, Marcel Roele

Die Soziobiologie ist das Studium der biologischen Grundlagen des Sozialverhaltens mit spezieller Berücksichtigung der Evolution. Ihre Erklärung eines Phänomens wie das der Männerbünde stellt unter anderem die Frage nach seinen Vorteilen für das Überleben des Individuums. Sie stützt sich auf die Auffassung vom sogenannten egoistischen Gen: alle Gene ‚versuchen', möglichst viele ihrer Kopien zu verbreiten. Männerbünde können auf diesem Hintergrund als Mechanismen verstanden werden, welche die Genverbreitung ihrer Mitglieder fördern. Darin sieht die Soziobiologie den Grund für ihre Entstehung und ihr Fortbestehen in heutigen, gegenüber früher veränderten Gesellschaften.

Männerbünde findet man in allen menschlichen Gesellschaften. Auch in modernen Gesellschaften gab es über die vergangenen Jahrzehnte hinweg bündische Formen, wie etwa den Wandervogel oder Guppen von Musik- und Fußballfans bis hin zu den Jugendgangs der Großstädte. Was könnten die biologischen Grundlagen solcher Bünde sein? Können zum Beispiel diese verschiedenen Zielen folgenden Bünde vielleicht als eine Art Manifestation von Haeckels ‚Biogenetischem Grundgesetz' in der Sphäre der Gesellschaftsentwicklung verstanden werden? Hat tatsächlich jede Generation, analog zur Entwicklung des menschlichen Organismus, die Folge von der ursprünglichen ‚Gemeinschaft' über den ‚Bund' bis hin zur ‚Gesellschaft' durchlaufen? Diese Analogie dürfte nicht allein aus dem Grunde unhaltbar sein, weil sich Haeckels ‚Gesetz' mittlerweile als Schimäre erwiesen hat, sondern auch und besonders deshalb, weil nunmehr Erkenntnisse verschiedener neuerer Wissenszweige vorliegen, welche das ‚Bündische' bis in die Frühgeschichte des Menschen, ja über die Grenzen unserer Gattung hinaus zurückverlegen.

Es handelt sich dabei zum einen um Erkenntnisse verschiedener anthropologischer Disziplinen, darunter auch die Soziologie, und zum anderen um die evolutionistisch orientierten Wissenszweige, unter denen die Soziobiologie hier besondere Beachtung finden soll. Auf diese Erkenntnisse und die dahinterstehenden generelleren Vorstellungen wird sogleich zurückzukommen sein, doch soll zunächst der Bezug zu den angesprochenen soziologischen Auffassungen noch etwas ausgeleuchtet werden.

Die soziologische Erklärung eines Tatbestandes wird im allgemeinen dann für befriedigend angesehen, wenn diejenigen sozialen Regeln und Normen identifiziert werden konnten, welche dem in Frage stehenden Tatbestand unmittelbar vorausgehen und ihn verursachen. So könnte die soziologische Erklärung des Phänomens Männerbünde auf gewisse Veränderungen der gesellschaftlichen Erwartungen an das Verhalten von Männern verweisen, welche den ‚bündischen' Charakter des Verhaltens dann zur Folge haben. Läßt man im vorliegenden Zusammenhang außer acht, daß auch die Entwicklung solcher Erwartungsstrukturen und Rollenbilder nur im Rahmen umfassenderen soziokulturellen Geschehens vorstellbar ist, so mag man eine in der skizzierten Weise begründete Erklärung für befriedigend halten können. Die fragliche Erscheinung, ein der Beobachtung unmittelbar zugängliches Verhalten von Personen, wäre erklärt durch Verweis auf ein diesem Verhalten vorgeordnetes soziales Klischee, dem die Akteure in ihrem Verhalten zu entsprechen trachten.

Nach hergebrachter ethnosoziologischer These sollen Männerbünde für akephale Gesellschaften typisch sein und dort die fehlende hierarchische Struktur ersetzen. In keiner Gesellschaft der Welt sind Männerbünde jedoch zahlreicher als in den Industriegesellschaften mit ihrer durch und durch organisierten und aufgefächerten Verteilung der Macht. Bei der Aufschlüsselung des Sinns solcher überholt wirkenden Einrichtungen in unserer Gesellschaft führt der soziobiologische Ansatz eher zu einer Bestätigung als zu einer Problematisierung der Verhältnisse. Foto: H. Spiegel, Köln.

Die Grenze eines solchen Erklärungsmodells ist jedoch erreicht, wenn der fragliche Sachverhalt nicht allein auf isolierte Phasen der Entwicklung von bestimmten Gesellschaften zutrifft. Sofern Männerbünde sich in vielerlei Gesellschaftstypen, in ‚primitiven' wie ‚modernen' Gesellschaften, finden lassen, wird sich eine soziologische Erklärung als ungeeignet erweisen, diese Übereinstimmung ansonsten distinkter Gesellschaften plausibel zu machen.

Voraussetzungen soziobiologischer Erklärung

Mit der soziobiologischen Erklärungsstrategie versucht man, Licht auf die tieferen Ursachen der Übereinstimmungen zwischen Gesellschaften verschiedenen Typs zu werfen. Sofern das soziobiologische Erklärungsmodell diesem Anspruch genügen kann, wird ihm größere Erklärungskraft zuzusprechen sein als dem soziologischen. Das Letzte, so könnte man sagen, befindet sich auf einer anderen, im Stufenmodell von Figur 1 höheren Ebene wie eine biologische Erklärung.

Damit ist der anvisierte Erklärungshorizont angedeutet und es gilt nun, den Charakter einer soziobiologischen Erklärung näher zu bestimmen und schließlich auf die hier in Frage stehenden Phänomene anzuwenden. Was also ist Soziobiologie, und wie kann ihr Umfeld bestimmt werden?

Die Soziobiologie ist ein neuer Zweig der Allgemein-Biologie, der sich in den letzten zwei Jahrzehnten von ihr abgespaltet und sich einen eigenen Platz erobert hat. Soziobiolo-

Ein Charakteristikum von Männerbünden aller Art ist ihre strenge Reglementierung durch häufig reich ausgestattete Rituale, die sie gegen Wandel schützen sollen. Rituale sind hier ein Mittel zur Durchsetzung eines Sinns, der nicht mehr hinterfragt werden soll. Das gilt auch für die Jagdrituale der Pygmäen, die keine Männerbünde kennen. Foto: M. Huet.

gie wird meistens definiert als die Wissenschaft, die sich mit dem Studium der biologischen Grundlagen des Sozialverhaltens beim Tier und beim Menschen beschäftigt.

Selbstverständlich hat sich die Ethologie schon seit vielen Jahren mit diesem Gegenstand befaßt, aber in den letzten zwei Jahrzehnten haben Biologie und physische Anthropologie außerordentlich viele Daten geliefert, aus denen sich neue Gesichtspunkte ergeben. Diese Daten kommen hauptsächlich aus der Evolutionsbiologie, Genetik, Molekularbiologie, Populationsbiologie, Paläontologie usw., Bereiche der Biologie also, die erst seit kurzem als eigene Wissenschaften existieren. 1975 hat der amerikanische Entomologe Edward Wilson mit Erfolg eine Synthese dieser verschiedenen biologischen Wissenschaftsbereiche in seinem Buch *„Sociobiology. The new Synthesis"* vorgelegt.

Was ist nun neu an der Soziobiologie? Sie stützt sich auf einige wichtige Paradigmen, die auf die klassische Darwinsche Evolutionsbiologie zurückgehen. Der Grundgedanke dieser Evolutionstheorie ist das Zusammenspiel von natürlichen Auslesekräften und willkürlicher genetischer Variation. Es war bis vor kurzem aber nicht ganz klar, welche Einheit in der natürlichen Auslese die entscheidende Rolle spielt, das heißt, was wird letztlich ausgelesen? Ist es die Art, eine Gruppe von Individuen oder das Individuum selbst? Die neue Biologie hat auf diese Fragen eine Antwort gefunden. Obwohl diese Antwort noch viele theoretische Schwierigkeiten birgt, glauben die meisten Biologen jetzt, daß das bestimmende Element der Auslese das Gen ist, also ein Stückchen Desoxyribonukleinsäure oder DNS (auf Englisch DNA). Im DNS sind alle Eigenschaften kodiert, welche von einer Generation auf die folgende übergeben werden. Die Gene werden seit mindestens drei Milliarden Jahren zwischen Abertausenden von Generationen lebender Individuen weitergegeben und besitzen ein viel längeres Leben als Individuen, Gruppen oder Arten. Jedes Gen, ‚versucht' ein Maximum seiner eigenen Kopien zu verbreiten. So bestimmt das Gen alle morphologischen und physiologischen (einschließlich der Verhaltens-) Merkmale der Lebewesen (Dawkins 1978).

Das zweite Paradigma der Soziobiologie folgt aus dem ersten: die sogenannte *inclusive fitness.* Wenn nun jedes Individuum – von seinen Genen ‚getrieben' – versucht, möglichst viele dieser Gene zu reproduzieren, so folgt daraus, daß zwar die meisten Individuen möglichst viele Nachkommen produzieren, aber es wäre auch denkbar, daß in bestimmten Verhältnissen das Individuum dies nicht selbst tut, sondern seinen nahen Verwandten bei der Produktion möglichst vieler Nachkommen hilft. Auf diese Weise kann scheinbar altruistisches Verhalten eines Individuums erklärt werden (siehe unten).

Die Grafik setzt die Soziobiologie mit einigen anderen Wissenschaften in Beziehung. Ausgangspunkt ist die Kausalität menschlichen Verhaltens unter Berücksichtigung der phylogenetischen und ontogenetischen Entwicklung.

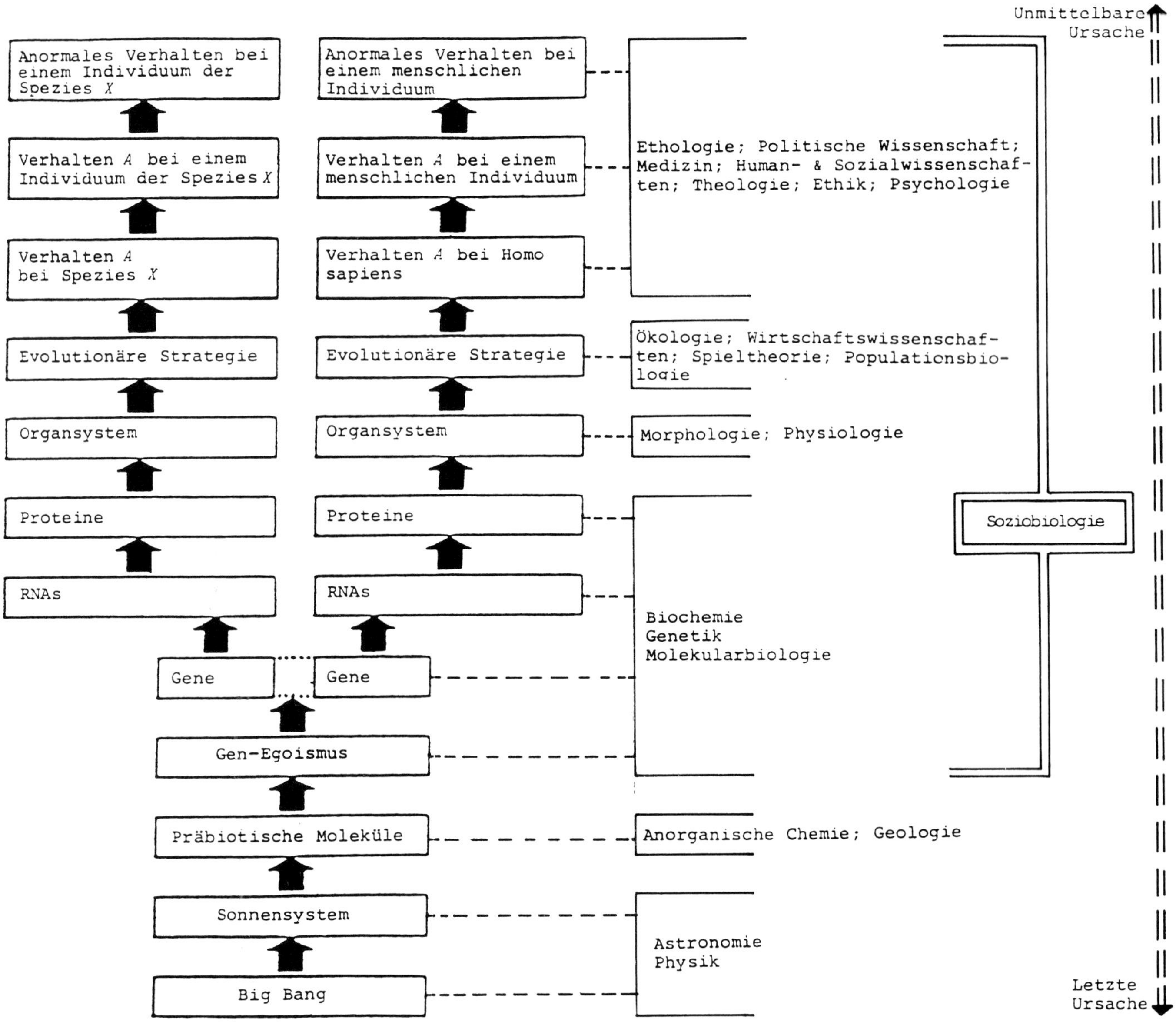

Die enormen Fortschritte der Genetik bei der Erklärung der informationellen Basis der Lebensprozesse verleihen Argumentationen, welche sich der Kategorien dieser Wissenschaft bedienen, eine scheinbar unumstößliche Gültigkeit. Eine Warnung ist jedoch angebracht. Der Begriff ‚Gen' sagt nämlich noch nichts darüber aus, wie die Ebene der Gene mit jener des beobachtbaren Verhaltens verknüpft ist. Ist etwa ein bestimmtes Gen die Ursache ganz bestimmten Verhaltens? Oder sind es vielleicht mehrere Gene (Dawkins 1986:201), oder gar das Netzwerk aller Gene (Wind 1985; Maturana und Varelea 1987:78), deren Zusammenwirken erst die Ursache des fraglichen Verhaltens bilden? Ein weiteres wichtiges Problem, das hier nur zum Teil aufgeklärt werden kann, ist die Art und Weise, wie der Beitrag eines Gens auf ein bestimmtes Verhalten zu denken ist. Handelt es sich dabei um eine einseitige, absolut determinierende Kausalität? Es hat sich erwiesen, daß die Verbindung zwischen Genen und Verhalten tatsächlich außerordentlich kompliziert ist.

Mit dem Hinweis auf diese Probleme soll klargemacht werden, daß es einer soziobiologischen Darstellung nicht um einen simplen Reduktionismus zu tun ist, wonach von einer kausalen Determination zwischen jeweils einem Gen und einem bestimmten Verhalten auszugehen sei. Das Erklärungspotential der Soziobiologie würde für zu gering erachtet, wollte man sie auf derlei simple Auffassungen beschränken.

Zum evolutionstheoretischen Hintergrund

Eine für das Verständnis der Soziobiologie wichtige Voraussetzung ist, sich ihrer evolutionären Grundlage bewußt zu werden. Der Begriff Evolution bezeichnet zunächst die für die gesamte Biologie grundlegende Annahme, wonach alle Lebensformen durch einen genetischen Zusammenhang verbunden seien, anders gewendet, neuere Formen die älteren ablösten unter Beibehaltung einiger bewährter Merkmale. Die Evolutionstheorie Darwinscher Prägung, auf welcher die Soziobiologie aufbaut, hat mit den Konzepten von genetischer Variation, Adaptation und Selektion Mittel an die Hand gegeben (Meyer 1982:18), welche eine Erklärung des umfassenden Evolutionsgeschehens ermöglichen.

Auf diese Konzepte kann hier nicht im einzelnen eingegangen werden, doch sind zwei weitere wichtige Voraussetzungen für das Verständnis der Neo-Darwinschen Interpretationen des Evolutionsprozesses herauszustellen (Mayr 1982:497). Die erste dieser Voraussetzungen geht davon aus, daß alle Spezies die Tendenz haben, mehr Nachkommen zu erzeugen, als bei der Begrenztheit der zum Stoffwechsel benötigten Ressourcen erhalten werden können.

Angesichts dieser Tendenz zur Überbevölkerung ist es überaus erstaunlich, daß tatsächlich die Populationen normalerweise stabil bleiben. Diese Stabilität ist die zweite der genannten Voraussetzungen. Einige Überlegungen zur Lösung dieses Paradoxons führen nun unmittelbar in den Gegenstandsbereich der Soziobiologie hinein.

Die postulierte Tendenz zum Wachstum der Populationen geht davon aus, daß unterschiedslos alle Individuen in einer gegebenen Population ihr Reproduktionspotential voll ausschöpfen. Die Erkenntnisse der Populationsgenetik, wie auch der Ethologie, zeigen aber, daß von einer solchen unterschiedslosen Reproduktion keine Rede sein kann. Es gelangen vielmehr immer nur einige Individuen zur Reproduktion. Diese differentielle Reproduktion, wonach einige Organismen einen hohen, andere hingegen einen geringen Reproduktionserfolg erzielen, kann mit Maynard Smith (1978) als der Kern des Evolutionsprozesses bezeichnet werden.

Die differentielle Reproduktion führt zu einer Zunahme der Gene der reproduktiv erfolgreichsten Organismen, was, über mehrere Generationen betrachtet, eine Veränderung auch der Merkmale der Population (einschließlich des Verhaltens) bewirken kann. Auf diesem Wege entstehen neue Arten, und damit ist zum Beispiel ein Ansatzpunkt für die Lösung der Frage nach dem Zusammenhang aller Lebensformen gefunden. Solche neue Spezies grenzen sich durch spezifische Lebensweisen von ihren Ausgangsformen ab, besetzen neue Nischen und begründen auf diese Weise neue stammesgeschichtliche Linien.

Wie aber, so bleibt zu fragen, ist die differentielle Reproduktion konkreter vorzustellen? Wie gelingt es einigen Organismen, mehr Nachkommen zu haben als andere?

Die Grundlage bietet der Wettbewerb zwischen den Mitgliedern einer Population um die Chancen zur Reproduktion: die knappen Ressourcen. Neben den metabolisch notwendigen Ressourcen, auf deren Begrenztheit schon zuvor hingewiesen worden war, gibt es noch weitere knappe Ressourcen, welche im Zentrum des Wettbewerbs zwischen den Mitgliedern einer Population stehen. Nach einer bereits von Darwin begründeten Auffassung ist bei sexuell reproduzierenden Arten das weibliche Geschlecht als die wichtigste, nur begrenzt verfügbare, Ressource anzusehen. Ein Individuum des männlichen Geschlechts kann viele Weibchen befruchten. Dieser Unterschied der Geschlechter macht das weibliche Geschlecht üblicherweise zur knappen Ressource für das männliche.

Als Folge dieses Verhältnisses treten die männlichen Individuen in einen Wettbewerb um knappe Reproduktionschancen. Dieser Wettbewerb nimmt höchst unterschiedliche Formen an, von der physischen Auseinandersetzung mit dem Ziel der Verletzung bis hin zu ritualisierten Kämpfen. Auch geht es dabei häufig um anderes, beispielsweise um das Revier oder den Rang in der Hierarchie. Bei näherer Betrachtung zeigt sich jedoch, daß der Verfügung über diese Objekte oft nur eine instrumentelle Bedeutung zukommt, indem sie im artspezifischen Verhalten jeweils als Anzeiger männlicher ‚*fitness*' dienen.

Die Frage, wie die behauptete Tendenz zu übergroßer Nachkommenschaft und die faktische Stabilität der Populationen zu vereinbaren seien, kann also durch den Verweis auf geschlechtsspezifische Verhaltensmuster und differentielle Reproduktion beantwortet werden. Damit dürfte eine der wichtigsten evolutionistischen Hintergrundannahmen der Soziobiologie skizziert sein, so daß im nächsten Schritt eine Darstellung dieses Ansatzes folgen kann.

Beispiele soziobiologischer Erklärungsmodelle

Dieser Ansatz einer biologischen Erklärung des ‚Sozialen' hat sich seit den siebziger Jahren vor allem im angloamerikanischen Raum entwickelt und ist rasch in Konkurrenz zur vorwiegend kontinentaleuropäischen Ethologie getreten. Im Unterschied zur kontinentaleuropäischen Ethologie richtet die in den siebziger Jahren im angloamerikanischen Raum entwickelte Soziobiologie ihr Augenmerk weniger auf bestimmte Verhaltensweisen und den für ein spezifisches Verhalten unmittelbar verantwortlichen ‚Auslöser' (*releaser*), sondern sie versucht, soziales Verhalten, weiter in der Kausalkette zurückgreifend, von der Ebene der Gene herzuleiten.

Einen der wichtigsten Ausgangspunkte zur Entwicklung dieser Perspektive lieferte W. D. Hamiltons Analyse (s. zum Beispiel Barash 1980:84) des Reproduktionsverhaltens von sozialen Insekten wie Honigbienen, Ameisen und Wespen. Aufgrund des besonderen Fortpflanzungsmechanismus dieser Gattungen (alle Individuen entstammen einem einzigen Befruchtungsvorgang und einer Königin) haben Arbeiterinnen und Drohnen einen größeren Teil ihres Genbestandes miteinander gemeinsam als Geschwister bei, beispielsweise, Primaten. Trivers und Hare konnten dazu demonstrieren, daß „die Arbeiterinnen für ihre Schwestern (also andere Arbeiterinnen) dreimal so viel Futter anbringen wie für ihre Brüder, die Drohnen, was mit dem jeweiligen Verwandtschaftsgrad übereinstimmt" (Barash 1980:88).

Dergleichen Beobachtungen boten den Ansatzpunkt für die Ausarbeitung der Soziobiologie zu einer neuartigen Sozialtheorie: Sie zeigen, daß Individuen zu Leistungen gegenüber anderen Individuen in dem Maße neigen, wie sie mit ihnen genetisch verwandt sind. Die Soziobiologie unterstellt also, daß die Neigung zu ‚altruistischem' Verhalten mit dem Verwandtschaftsgrad zunimmt.

Das skizzierte Beispiel der sozialen Insekten erklärt die Beobachtung, daß solches ‚altruistisches' Verhalten jedoch nicht auf die unmittelbaren Nachkommen beschränkt ist, sondern auf die gesamte Nachkommenschaft der Königin ausgedehnt wird. Die Arbeiterinnen unterstützen die Nachkommenschaft ihrer eigenen Mutter weil sie, aufgrund des sogenannten haplo-diploiden Fortpflanzungsmodus, mit diesen mehr Gene gemeinsam haben als mit den potentiellen eigenen Nachkommen.

Ausgehend von der Eigenschaft der Gene, möglichst viele Kopien ihrer selbst herzustellen (Dawkins 1978:26), interpretieren die Soziobiologen die skizzierten Verhältnisse bei den sozialen Insekten so, daß die Unterstützung Verwandter häufig gegenüber der Aufzucht eigener Nachkommen Vorrang hat. Dies ist der Ausgangspunkt des Konzepts der Gesamteignung (*inclusive fitness*), das sich jetzt als wichtiger Baustein einer biologischen Theorie der Sozialität erwiesen hat.

Danach ist zu erklären, daß keineswegs alle Mitglieder einer Population in Wettbewerb um die Reproduktion einzutreten brauchen, da sie durch die Unterstützung der Nachkommenschaft Verwandter mehr ihrer Gene hinterlassen können als durch Herstellung eigener Nachkommen.

Die Soziobiologie hat die Plausibilität dieses Konzeptes durch Studien an zahlreichen Spezies bestätigen können. Ausgehend von Konzepten wie ‚Individualselektion' und insbesondere der Gesamteignung, konnten soziobiologische Erklärungen beträchtlichen Erkenntnisgewinn verzeichnen. Erwähnt seien etwa die Widerlegung triebtheoretischer Auffassungen im Bereich der Mutter-Kind-Beziehungen oder die Erklärung des Infantizids (Meyer 1982: 54) bei verschiedenen Gattungen, einschließlich des Menschen (Wind 1978). Wichtiger aber ist die systematische Ausarbeitung einer evolutionistischen Theorie sozialen Verhaltens, welche bei den verschiedensten Spezies die zentrale Bedeutung der unterschiedlichen Rolle der Geschlechter bei der Reproduktion klar hervortreten läßt.

Nach dieser Skizze soziobiologischer Konzepte bringt der Übergang zur Thematik menschlicher Sozialphänomene wie Männerbünde erneut die Gefahr mit sich, in Fallgruben zu geraten. Die tiefste dieser Gruben ist zuvor schon mit dem Warnschild ‚genetischer Reduktionismus' versehen worden. Eine weitere Fallgrube bilden arglose Wege durch den Bereich der Analogien. Es sei daher auch hier betont, daß die Darstellung von Übereinstimmungen animalischen und menschlichen Verhaltens nicht unterstellt, daß menschliches Sozialverhalten generell ohne Rekurs auf soziokulturelle und geistige Näherungsmethoden zu erklären ist. Darauf wird zurückzukommen sein (für einige weitere Fallgruben s. Wind, 1985).

Eingeschlechtliche, auf Männer beschränkte Verbände (Barash 1980: 129), gibt es bei zahlreichen Gattungen. Ihre Bedeutung kann allein auf dem Hintergrund des jeweiligen Fortpflanzungssystems erschlossen werden, doch weisen etwa Schallers Studien (1969) an Löwen auf die wichtige Rolle solcher Verbände bei der Inzestmeidung hin. Die Meidung der Verpaarung genetisch eng Verwandter ist eine Notwendigkeit und wird in den verschiedensten Verhaltenssystemen in irgendeiner Weise realisiert (Meyer 1989). Inzest bringt ja das Risiko einer Verkleinerung der *fitness* mit sich mit.

Unter populationsökologischem Gesichtspunkt bringt die Ausstoßung aus der Gruppe heranwachsender männlicher Tiere darüber hinaus die Möglichkeit der Erschließung der Nahrungsressourcen neuer Reviere mit sich. Auf diesem Wege kann die Aufrechterhaltung demographischer Stabilität mit der Nutzung größerer Räume und deren Ressourcen verbunden werden. Die eingeschlechtlichen Verbände erweisen sich somit als eine Struktur, die verschiedene Auslesevorteile mit sich bringt und daher an verschiedenen Punkten der Stammesgeschichte aufgetaucht sein muß. Wenngleich diese Verbandsbildungen nicht mittels homologen Mechanismen zustandekommen, steht ihr adaptiver Wert außer Frage. Diese Werte gilt es nun für menschliche Verhältnisse herauszuarbeiten.

Zum selektiven Wert von Männerbünden

Für eine soziobiologische Deutung menschlicher Männerbünde dürfte es auf dem Hintergrund der bisherigen Überlegungen relativ leicht sein, die bei einer solchen Erörterung drohenden Fallen zu vermeiden. Man muß dabei im Auge behalten, daß die Evolution auf verschiedenen Stufen unterschiedliche Mechanismen der Verhaltensintegration einsetzt, um strukturell ähnliche Lösungen zu ‚erzielen'.

So basiert das soziale Verhalten der Insektengesellschaften wesentlich auf einer genetischen Vorprogrammierung, zum Beispiel in der Ko-Ontogenese der Individuen (Maturana und Varela 1987: 202). An die Seite solcher Formen des genetischen Determinismus müssen aber zu einem frühen Zeitpunkt in der Stammesgeschichte andere Systeme des Verhaltens getreten sein, das heißt, solche, die Lernen einschließen. Während das Fortbestehen der fast absoluten genetischen Vorprogrammierung darauf hinweist, daß es sich um hochbewährte Systeme zur Sicherung des Überlebens bestimmter Arten handeln muß, so zeigt die Häufigkeit der Lernfähigkeit bei sogenannten höheren Tierarten, daß auch dies positiven Auslesewert haben muß. Einer der Vorzüge des Lernens ist die gesteigerte Möglichkeit der Anpassung an Veränderungen der Umwelt.

Die Gattung *homo sapiens* befindet sich, so könnte man behaupten, auf einem Gipfel der Evolution, aber sie bleibt dennoch Teil derselben. Für die Organisation menschlichen Sozialverhaltens bedeutet dies, daß dieses einerseits nicht absoluter genetischer Determination in der Art des Insektenverhaltens unterworfen ist (Maturana und Varela 1987:200), andererseits aber die Lernfähigkeit des Menschen Ergebnis seiner genetisch-biologischen Ausstattung ist. Auch die Plastizität des gesamten menschlichen Verhaltensapparates, insbesondere aber die kognitiven Entwicklungspotentiale und die Ausbildung kulturell bedingter Systeme sozialen Handelns, sind in hier nicht weiter zu erörternder Weise mit unserer genetischen Ausstattung verbunden (Claessens 1980:55).

Auf diesem Hintergrund ist es geboten, auch die Fallgrube der ‚Natur-Kultur-Dichotomie' zu umgehen, das heißt, man kann bei einem bestimmten Verhalten nicht feststellen, ob dies durch Gene oder durch Umwelteinflüsse (zum Beispiel Lernen) determiniert sei, weil ja beide eine Rolle spielen. Man muß sich also darüber klar werden, daß eine Humansoziobiologie einerseits keineswegs notwendigerweise einen genetischen Reduktionismus vertreten muß, und andererseits ‚Kultur' auch nicht gänzlich unabhängig von naturgegebenen Fundamenten gedacht werden kann. Die Aussagen einer Humansoziobiologie beziehen sich in erster Linie auf den evolutionären Ursprung und Zusammenhang unterschiedlicher Arten des Sozialverhaltens. Damit schließen diese Aussagen jedoch die Entfaltung zusätzlicher Gesetzlichkeiten in der soziokulturellen Entwicklung nicht aus.

Die Entwicklungsgeschichte des Menschen reicht über Jahrmillionen zurück. Dabei verdient hier der Umstand besonderes Interesse, daß wesentliche Parameter des Soziallebens wie Gruppengröße, Subsistenzsicherung u. a. m. eine große Beständigkeit aufweisen. Die Populationen des *homo sapiens* haben über den weitaus größten Zeitraum hinweg ihre Subsistenz durch Jagen und Sammeln gesichert. Die prähistorischen, in unseren Augen kleinen Populationen dürften nach heutigem Erkenntnisstand viele Gemeinsamkeiten mit den Lebensformen des *homo erectus* und des *australopithecus* aufweisen (Foley und Lee, 1989). Beispielsweise kann, wie Foley und Lee (1989:905) ausführen, die Jagd auf die Zeit vor etwa 1,6 Millionen Jahren zurückverfolgt werden. Die Jagd auf schnelle oder auch große und wehrhafte Tiere erforderte aber selbst bei anatomisch darauf spezialisierten Carnivoren häufig die Ausbildung kooperativer Taktiken, welche die Beutetiere erst in eine für den Jagderfolg aussichtsreiche Lage manövrieren konnten. Dies gilt um so mehr für die Hominiden, die weder in Laufgeschwindigkeit, spezialisierten Sinnen oder Körperkraft mit Geparden oder Löwen konkurrieren können, wohl aber in der Fähigkeit zu kooperativem Verhalten.

Anders als beispielsweise bei den Löwen, ist in Jäger- und Sammlerinnengesellschaften die Jagd vor allem eine Aufgabe der männlichen Individuen (Tiger 1969:96), und verschiedene Erkenntnisse sprechen dafür, daß es sich bei unserem hominiden Vorfahren nicht anders verhielt. Diese Umstände sind für die Entstehungsbedingungen von Männerbünden durchaus aufschlußreich.

Zunächst setzt die Jagd mit den Waffen der Wildbeuter aber voraus, daß die Gruppen den Zügen der Tiere folgen und die Jagdgemeinschaft darüber hinaus die Tiere weiter verfolgt, um die Jagdwaffen überhaupt zum Einsatz bringen zu können. Durch die Abwesenheit der Männer über längere Zeiträume aber waren ihre Frauen und Kinder schutzlos Raubtieren und feindlich gesonnenen Menschengruppen ausgesetzt. Die Entstehung von Männerbünden auf der Grundlage von Verwandtschaftsbeziehungen ist unter evolutionärem Gesichtspunkt demnach zu erwarten: Einerseits verbesserten sie die Erfolgsaussichten der Jagd selbst und andererseits auch die Überlebenschancen der zurückbleibenden Angehörigen. Der Schutz dieses Personenkreises könnte nunmehr an andere Mitglieder des Bundes delegiert werden. Die selektiven Vorzüge solcher Männerbünde waren zweifellos beachtlich und kommen in der Tatsache zum Ausdruck, daß die Techniken des Jagens (Tiger 1969:96), in Verbindung mit dem Sammeln und der Landwirtschaft, dem Menschen erlaubten, seine Populationen über den gesamten Planeten auszubreiten.

Unter soziobiologischem Gesichtspunkt ist für die Entstehung von Männerbünden der Umstand bemerkenswert, daß Extrapolation von ethnologischen und primatologischen Beobachtungen wahrscheinlich machen, daß die meisten Mitglieder dieser frühzeitlichen Männergruppen genetisch verwandt waren. Diese Form der Verwandtschaft dürfte in relativ beschränkten Wildbeuterpopulationen über den größten Teil ihrer Existenz vorgeherrscht haben. Wie aus den zuvor angestellten Überlegungen zum Ursprung des Altruismus erinnerlich, erklärt die Soziobiologie den Nutzen mit dem Begriff der *fitness*, welche die Beteiligten aus einem solchen Verhalten ziehen können. Dieser Nutzen ist um so größer, je mehr Gene bestimmte Individuen gemeinsam haben, also je enger sie miteinander verwandt sind. Im Falle des gegenseitigen Schutzes der Mitglieder des Bundes ist dieser Nutzen offensichtlich groß: einerseits tragen die Nachkommen der Verwandten eine größere Zahl gemeinsamer Gene, andererseits kann aufgrund der Verwandtschaftsstruktur der Vergesellschaftung jederzeit auch Reziprozität des altruistischen Verhaltens erwartet werden.

In einer schon klassischen Arbeit hat Robert Trivers gezeigt, wie der reziproke Altruismus zwischen Nichtverwandten auf der skizzierten Basis aufbauen konnte. Neuere Arbeiten haben ferner herausgearbeitet (Wind 1978, 1980; Alexander 1986: 107), daß dieser Typus von Reziprozität nebst der Gesamteignung die Grundlage menschlicher Moralsysteme bildet.

Vergleichend-zoologische Beobachtungen

Eine der interessantesten Methoden zur Erforschung des Ursprungs sozialer Phänomene wie Männerbünde ist, diese aus ähnlichen Phänomen bei Tierarten, mit denen wir genetisch am engsten verbunden sind, das heißt den Affen, abzuleiten. Allerdings gibt es hier einige Probleme. Woher weiß man, ob das Verhalten dieser Affen gleich dem der Urmenschen ist? Zwar gibt es auf den ersten Blick hinsichtlich der Phänomenologie gewisse Ähnlichkeiten; diese allein sind jedoch noch kein wissenschaftliches Kriterium. Wie ist überhaupt die biologische, materielle Verbindung zwischen Mensch und Menschenaffen? Um dies zu entdecken, müssen wir etwa fünf bis zehn Millionen Jahre zu unseren gemeinsamen Vorfahren zurückgehen. Seitdem haben sich die Hominiden, aber auch die Affenvorfahren evoluiert.

Trotzdem sind diese unter den heutigen Tierarten dem gemeinsamen Vorfahren noch am meisten ähnlich. Dies beweisen Skelettfunde aus dem Miozän, die mit dem Skelett der heutigen Menschenaffen ziemlich übereinstimmen. Mittels Extrapolierung dürfte man dann unterstellen, daß auch die nichtfossilierten Körperteile wie Muskeln und Gehirn sich ähneln; und eine weitere, aber zugleich gewagtere Extrapolierung bringt uns schließlich zu Ähnlichkeiten des Verhaltens.

Nun hat die Primatologie, das heißt, die Lehre von Primaten (Mensch, Affen und Halbaffen), in den letzten Jahrzehnten große Fortschritte gemacht, vor allem auf dem Gebiet der Verhaltensstudien. Beobachtungen an Menschenaffen sind für unseren Zweck selbstverständlich am interessantesten. Von den drei Arten sind die Schimpansen die zahlreichsten und menschenähnlichsten, nicht nur in Körperbau, Physiologie und Verhalten, sondern auch genetisch sind sie unsere nächsten Verwandten. Von den drei Arten sind sie auch am intensivsten studiert worden (s. zum Beispiel Goodall 1986; de Waal 1982).

Für unseren Zweck stellt sich die Frage: Gibt es bei Schimpansen auch Männerbünde? Ja, die gibt es. Die Männchen bilden innerhalb von Schimpansentrupps sogenannte Koalitionen (de Waal 1982). Was mögen wohl die Gründe dafür sein? Aus soziobiologischer Sicht schließt man fast axiomatisch, daß dieses Verhalten, wenn es üblich ist, grundsätzlich dazu beiträgt, die Gene der Mitglieder zu verbreiten; dies ist also die tiefste Ursache (*ultimate cause*). Ein weniger zwingender Grund könnte darin liegen, daß jedes Männchen darauf hofft, eine dominantere Stelle innerhalb der Gruppe zu bekommen und daher mehr Weibchen begatten zu können.

Es fehlt hier der Platz, weitere Beispiele des Primatenverhaltens auszuführen. Während der letzten Jahrzehnte aber ist klar geworden, daß die Primatologie tatsächlich vieles zu einem besseren Verständnis des evolutionären Ursprungs des Menschen und dessen sozialen Verhaltens beitragen kann.

Ökologische Rekonstruktionen

Während der letzten Jahrzehnte hat man auf Grund von paläontologischen Funden und von Verbindungen zwischen bestimmten ökologischen Verhältnissen einerseits und bestimmten Verhaltensweisen andererseits verschiedene Rekonstruktionen vorzeitlichen sozialen Verhaltens erarbeitet. Eine neuere Übersicht geben Foley und Lee (1989). Die ersten Hominiden haben wahrscheinlich in einem savannenähnlichen Habitat gelebt, wie paläontologische Funde zeigen. Es stellt sich nun heraus, daß eine solche Umgebung zu größeren Gruppen führt als eine mehr geschlossene, waldähnliche Umgebung. Dies kann teilweise als eine Reaktion auf ein stärkere Bedrohung durch Raubtiere erklärt werden. Weiterhin sind die Nahrungsquellen in der Savanne über größere Flächen verteilt. Alle diese Daten scheinen darauf hinzuweisen, daß die größeren Gruppen aus Männerallianzen bestanden, deren Mitglieder miteinander verwandt waren.

Die soziale Organisation der ersten Australopithekern muß also eine gemischte Geschlechtergruppe gewesen sein, wobei die Männer miteinander verwandt waren. Die Frauen waren zum Nahrungssammeln über größere Strecken und zur Gruppenbildung zum Schutz gegen Raubtiere gezwungen; sie haben wahrscheinlich stabilere Verbindungen mit gewissen Männern der Allianz oder mit der ganzen Allianz gehabt (für eine Übersicht verschiedener Modelle zur Erklärung der Evolution des hominiden sozialen Verhaltens siehe Foley und Lee 1989).

Weil man von *homo habilis* (der vor etwa 2 bis 1,2 Millionen Jahren lebte) auch deutliche Überreste der Jagd und Hinweise auf Fleischnahrung gefunden hat, so kann man auch auf dieser Basis gewisse Aussagen machen. Zunahme der Carnivorität muß zu einer Vergrößerung der Reviere und deshalb zu Tagesmärschen geführt haben, weil ja die Nahrungsquellen in der Savanne normalerweise weit auseinander liegen. Angenommen, daß Männer auch damals schon zu größeren körperlichen Leistungen fähig waren und die Frauen sich mehr mit der Versorgung der Kinder beschäftigt haben, so müssen die Männer gruppenweise und in enger Zusammenarbeit die Jagd ausgeübt haben. Foley und Lee unterstellen, daß es einfacher war, die Weibchen und Kinder zu verteidigen, wenn diese sich auch in Gruppen zusammenhielten.

Männerbünde aus polemologischer Sicht

Ein Gebiet, in dem Männerbünde eine wichtige Rolle spielen, ist das Kriegswesen. Sieht man für den vorliegenden Zusammenhang von der Tatsache unterschiedlicher Formen und Anlässe des Krieges ab, so treten auch hier männerbündische Assoziationsformen deutlich zutage. Fast überall in der Entwicklung der Gesellschaft ist das Kriegshandwerk Sache der Männer gewesen (Meyer 1981: 67), ein Umstand, zu dessen Erhellung eine soziobiologische Perspektive durchaus beizutragen vermag. Vergleichend-ethnologische Beobachtungen können die evolutionären Wurzeln der Kriegsführung freilegen.

Von einigen Stammesgesellschaften Mittel- und Südamerikas berichten die Ethnologen, daß die Kriege nach Auffassung dieser Stämme vornehmlich die magische Stärkung des Kriegers bezwecken (Meyer 1981: 70). Durch die Tötung eines Feindes könnte dessen Kraft auf magischem Wege inkorporiert und so, etwa der Auffassung der Jivaro zufolge, die Persönlichkeit des erfolgreichen Kriegers fortentwickelt werden. Erst einer in diesem Sinne entwickelten Persönlichkeit war die Heirat gestattet, so daß die Tötung fast die Funktion eines Initiationsritus hat.

Da aber keineswegs alle jungen Männer an Kriegszügen teilnehmen, werden durch diese Praxis eine Reihe von Individuen von der physischen Reproduktion ausgeschlossen. Eine Nebenwirkung dieser Institution ist also die Begrenzung des demographischen Wachstums, was wiederum zum Überleben dieser Lebensform beiträgt.

Eine weitere Nebenwirkung des Krieges auf dieser Stufe der Gesellschaftsentwicklung ist die Inzestmeidung. Das einzige ‚Gut', das nach Aussagen der befragten Stammeskrieger bei den Kriegen eine Rolle spielte, waren Frauen und gelegentlich Kinder. Durch Heirat und Adoption können sie Mitglieder der Familie des Kriegers werden. Aus erbbiologischer Sicht ist diese Praxis bedeutsam, weil sie dem Inzest entgegenwirkt. Dieser ist wohl in allen menschlichen Gesellschaften tabuisiert, sieht man von den Pharaonen und den Inka ab. Es gibt Hinweise, daß Inzestmeidung nicht nur durch Heiratsgebote gewährleistet ist, sondern auch erbbiologisch determiniert ist. Jedenfalls ist Frauenraub oder regulierter Frauentausch zwischen Gesellschaften ein probates Mittel, um die erbbiologischen Gefahren, auch wenn sie auf dieser Stufe der Kulturentwicklung unbekannt sein dürften, zu vermeiden.

Ein modernes Beispiel: Fußballvandalismus

Vom traditionellen Krieg zur Fußballgewalt scheint es nur ein kleiner Schritt zu sein, wie die häufigen gewaltsamen Auseinandersetzungen zwischen verschiedenen Gruppen der Fußballfans zeigen. Es mag nützlich sein, dieses heutige Phänomen vom soziobiologischen Blickwinkel aus zu betrachten.

Obwohl das moderne Fußballspiel erst seit dem 19. Jahrhundert besteht, ist die Verbindung zwischen Ballspiel und Schlägerei zwischen Gruppen junger Männer viel älter und in vielen Gesellschaften bekannt. Seit etwa 1870 wurde Fußball in Großbritannien ein richtiger

Das Zusammenrotten von Fußballfans und die fatalen Kämpfe der verschiedenen Fan-Gruppen gegeneinander sind plausibler mit den gegenwärtigen gesellschaftlichen und ökonomischen Bedingungen, genauer mit den Zwängen, denen die Jugendlichen in der Enge der patriarchalisch organisierten Kleinfamilie ausgesetzt sind, zu erklären als mit weithergeholten soziobiologischen Argumenten, die Menschen mit Bienen und Primaten vergleichen. 29 Tote bei einem Fußballwettspiel in Brüssel im Jahre 1985. Foto: Archiv M. DuMont Schauberg, Köln.

Volkssport. Zeitungsberichte aus jener Zeit erwähnen regelmäßig gewalttätige Zwischenfälle rund um die Fußballwettkämpfe. Seit dem Ende der fünfziger Jahre haben die Gewalttätigkeiten in diesem Zusammenhang sehr zugenommen (Morris 1981; Dunning et al. 1979, 1988). Auf dem europäischen Kontinent wurde Fußball erst nach dem Ersten Weltkrieg ein richtiger Volkssport und seit den sechziger Jahren hat der Fußballvandalismus sich hier ähnlich wie in Großbritannien entwikkelt (van der Brug 1986; van Limbergen et al. 1987; Oldewelt 1987).

Den Aufschwung des Fußballvandalismus seit den sechziger Jahren können wir unter anderem auf wirtschaftliche Faktoren zurückführen. So hat die größere Kaufkraft das jugendliche Publikum in die Lage versetzt, ohne elterliche Begleitung Wettkämpfe zu besuchen und in großen Gruppen ihrem Verein bei Auswärtsspielen nachzureisen. Dies bedeutet, daß sich bei einer wachsenden Zahl der Wettkämpfe zwei Kontingente junger Anhänger beider Vereine, die je einen bestimmten Tribünenabschnitt als ihr Territorium auffassen, gegenüberstehen. Nun gehören gerade die Fans, die sich am meisten an gewalttätigen Rivalitätsäußerungen beteiligen, zu den treuesten Schlachtenbummlern; diese Fans besuchen fast alle Wettspiele ihres Vereins und legen viel Wert darauf, daß ihr Verein gewinnt (van der Brug 1986).

Man darf sich allerdings die Feindseligkeiten zwischen Gruppen von Fußballanhängern nicht zu grausam vorstellen. Nach der Meinung von Morris (1981) und Marsh (et al. 1978), bestehen sie hauptsächlich aus provozieren, drohen, verfolgen und fliehen. Die Soziobiologie kann vielleicht etwas zur Klärung des Phänomens des Fußballvandalismus beitragen, insbesondere zu der Frage, warum junge Männer gerade auf den Verlauf von Fußballwettkämpfen so fanatisch und aggressiv reagieren, also ganz anders als zum Beispiel auf einen Klavier- oder einen Billardwettbewerb.

Wenn Menschen sich emphatisch als Mitglied einer Mannschaft, die ihre Gruppe, ihre Stadt, ihr Volk oder ihr Land vertritt, empfinden, auch wenn sie selbst das Ergebnis eines Sportwettbewerbs niemals bedroht oder begünstigt, so kann man daraus schließen, daß sie den Sieg der Vertreter der eigenen Gruppe als persönliche Belohnung betrachten. Dies wird verständlich, wenn man sich ins Gedächtnis ruft, daß in der evolutionären Vergangenheit des Menschen ein Sieg der Vertreter der eigenen Gruppe der ‚*inclusive fitness*' allen Mitgliedern der Gruppe zugute kam. Zum Beispiel könnte ein Sieg über Vertreter anderer Gruppen den Druck auf knappe Ressourcen (wie Territorium, Nahrung und Frauen) erleichtert haben. Solche Auseinandersetzungen zwischen rivalisierenden Gruppen könnten dann im Laufe der Zeit eine ritualisierte Form angenommen haben. Man braucht ja keinen Ausrottungskrieg zu führen zur Verteidigung seines Territoriums und seiner Ressourcen, wenn man auch auf viel weniger blutige Weise Kräfte messen kann.

Das heutige Fußballspiel hat sich aus einer Urform entwickelt, die deutliche Ähnlichkeiten zu einer ritualisierten Auseinandersetzung zwischen zwei Gemeinschaften aufweist (Dunning et al. 1979: 22–29). Das Publikum nimmt unbewußt noch soviel Elemente eines ritualisierten Stammeskriegs wahr, daß das Fußballspiel viel stärker an chauvinistische Gefühle appelliert als andere Sportarten, wie Turnen, Schwimmen, Athletik usw. Die jugendlichen Fans scheinen sich aktiv an der ritualisierten Gegenüberstellung auf dem Fußballfeld zwischen ihren Helden und deren Gegnern durch eine Konfrontation mit den jugendlichen Anhängern des Feindes beteiligen zu wollen.

Soziologie und Kulturanthropologie als Hilfswissenschaft der Soziobiologie

Trotz der tiefgreifenden Veränderungen der Gesellschaften von einfachsten Formen bis hin zur modernen Gesellschaft, ist die Institution der Männerbünde auch für letztere zu konstatieren. Einerseits scheint die Institution in engem Zusammenhang mit bestimmten Altersstufen zu stehen, andererseits treten männerbündische Erscheinungen besonders auch in Phasen gesellschaftlicher Spannung hervor, wo die spezifische Akzentuierung von Virilität, Führung und Hierarchie besondere Bedeutung erlangt.

Eine soziobiologische Interpretation erleichtert einen Versuch, das Phänomen der Männerbünde mit all seinen Facetten auf die Entstehungsbedingungen menschlicher Sozialität und der physiologischen Spezialisierung der Geschlechter zurückführen. Sie kann erhellen, welchen ‚evolutionären Sinn' diese Spezialisierung ursprünglich gehabt haben könnte und wie geschlechtsspezifische Dispositionen darauf aufbauen könnten (Claessens 1980: 46), die den Menschen dazu führen, sich in bestimmten Situationen lieber so als anders zu verhalten. Trotzdem ist eine soziobiologische Perspektive nicht in der Lage, alle Unterschiede im Verhalten der Geschlechter zu erklären, wie zum Beispiel moderne Gesellschaften dies zeigen. Soziologie und Kulturanthropologie müssen hinzutreten, um die Ursachen jenes Verhaltens zu erforschen, während die soziobiologische Erklärung vornehmlich auf die evolutionäre Basis und die Persistenz ihrer Mechanismen gerichtet ist. So verstanden, können die genannten Disziplinen in einen Dialog treten, der zur Aufklärung sozialer Phänomene wie des hier diskutierten beizutragen vermag.

Politik

Politik als männerbündisches Handeln und Verhalten

Hans-Jürgen Heinrichs

Politisches Handeln ist Umgang mit Macht, die sich zumindest in unserer Demokratie als ‚gute Macht' darzustellen und zu legitimieren sucht. Hierbei wird das Machtstreben des einzelnen ins Unbewußte abgedrängt und auf das Kollektiv des Männerbundes der Politiker übertragen. Je mehr sich das Individuum mit dem Bund identifiziert, das heißt, auch Eigenes zugunsten einer größeren Einheit aufgibt, die Schutz bietet und durch magische Elemente zusätzliche Kraft besitzt, desto legitimer wird der Anspruch auf Macht.
Der Männerbund der Politiker zeichnet sich nicht durch aufwendige Initiations- oder andere Zeremonien aus; der Stellenwert, den die Öffentlichkeit ihren Staatsmännern zuordnet, genügt. Gemeinsamer Drogengebrauch ist allenfalls an der Parlamentsbar zu beobachten, verbindlich scheint jedoch der Gebrauch einer ‚Neusprache', die hilft, auch größte Bedrohungen zu rationalisieren und einzuordnen. Durch Eintritt von Frauen (Quotenregelung) und systemsprengendes Verhalten neuer Gruppen (Rotationsprinzip der Grünen) steht dieser Männerbund allerdings vor der Gefahr der Auflösung. Die in dem folgenden Aufsatz geäußerten Gedanken sind ein Versuch, da bisher grundlegende Studien fehlen.

Riten, Magie und Gewalt

Die Ethnologie lehrt uns, Riten und Zeremonien zu erfassen und zu beschreiben. Der ethnologisch geschulte Blick auf rituell geregelte Abläufe in fremden Gesellschaften erfaßt präziser – da in Distanz gerückt – entsprechende Abläufe in der eigenen Gesellschaft. Keine herrschende Macht kommt ohne modifizierte Repräsentationsformen ihrer Machtphantasien aus. Die Herrschaft ‚präsentiert' sich dem Volk, umgibt und schützt sich mit Zeremonien, die Distanz, Wertigkeit und Hierarchie schaffen. Die latente Aggression der Bevölkerung muß somit nicht nur gegen die reale, sondern auch gegen die symbolische und rituell geregelte Macht ankämpfen.

Jede Auflehnung speichert dieses Reservoir, dieses ritualisierte Netzwerk von Machtphantasien noch, vergrößert die Macht – jedenfalls solange die Auflehnung nicht selbst in die stärkere reale Herrschaft umschlägt. Um das zu verhindern, versucht jedes totalitäre Regime, gewaltsam in die psychische Konstitution des einzelnen einzudringen; Kontrollen, Überwachen und Strafen zu verinnerlichen, im Subjekt selbst zu verankern. Die Macht will sich als ‚tyrannische Instanz' in das Subjekt einschleichen und es unmerklich beherrschen.

Auf diese Weise soll auch die Form der Herrschaft und das Auftreten des Herrschers als ‚natürlich' und ‚notwendig' erscheinen. Das Regime, das am geschicktesten zwischen Strenge und Gerechtigkeit, Unerbittlichkeit und Liberalität, Modernität und Konservatismus operiert und diese Positionen als Wahlmöglichkeiten in einem Spielraum offeriert, wird das Volk am längsten im untertänigen Gefühl, gerecht behandelt zu werden, belassen. Um in der Bevölkerung ständig latente und nie auszuschaltende Aggressionen nicht unregulierbar beiseite zu drängen, müssen die Regierenden Konzessionen machen, die ihnen obendrein noch – für diese ‚freiwillig abgetretenen Trophäen', wie Fenichel (1939) schrieb – verstärkt Ehrfurcht und Unterwerfung einbringen. Solche magischen Machtpartizipationen stabilisieren letztlich nur die Ohnmacht und die strukturelle Gewalt.

Man hat verschiedentlich darauf hingewiesen, wie selbst Freud, der das Funktionieren solcher Prozesse so grundlegend erkannte, enttäuscht war über das Versagen von Herrschaft und nicht loskam von immer neuen Hoffnungen auf einen ‚guten Herrscher'. So beschreibt etwa Mario Erdheim (1984) Freuds „Phantasma des ‚guten Herrschers'" mit einem Begriff von Arnold Gehlen als ‚institutionelle Fiktion'. Jedes Phantasma produziert die Illusion,

Die Form der Herrschaft und das Auftreten der Herrschaft soll als ‚natürlich' und ‚notwendig' erscheinen. Das Regime, das am geschicktesten zwischen Strenge und Gerechtigkeit, Unerbittlichkeit und Liberalität, Modernität und Konservatismus operiert und diese Positionen als Wahlmöglichkeiten in einem Spielraum offeriert, wird das Volk am längsten im untertänigen Gefühl, gerecht behandelt zu werden, belassen.

Prominente CDU-Mitglieder, in der Mitte Konrad Adenauer, finden sich 1964 beim 12. Bundesparteitag in Hannover ein. Foto: P. Bouserath. Bildarchiv Preussischer Kulturbesitz Berlin.

die Regierung werde das Volk (so wie der Vater das Kind) beschützen, Lohn und Strafe gerecht verteilen, Gut und Böse nicht verkehren. Der Faschismus hat diese Illusion grundlegend zerstört.

Der einzelne und die Gemeinschaft des Bundes

Im Männerbund wird der Machtwunsch des einzelnen durch das Bündnis mit anderen Männern verstärkt und institutionalisiert. „Politik als männerbündisches Handeln und Verhalten" zu umreißen heißt, diese Transformation von der individuellen auf die objektive Ebene (und deren gesellschaftliche Sanktionierung) emporzuheben. So wie die religiöse Bruderschaft (etwa in den Ländern des Mittleren und Nahen Ostens seit dem 12. Jahrhundert) das kollektive ‚mystische' Erlebnis verstärkt, so aktiviert der politische Männerbund das kollektive, ‚triebhaft-gewalttätige' und das prestigebetonte, gesellschaftliche Erlebnis.

Da der Krieg und die Totalzerstörung in jeder Politik als Mittel akzeptiert sind, wird der Gewalt und Unterwerfung ein völlig legitimer Anteil des Handelns zugestanden. Über „Politik als männerbündisches Handeln und Verhalten" reden heißt somit auch, die Mechanismen dieser Ausübung von Gewalt und ihre Tarnung als ‚gut', ‚gemeinnützig', ‚vernünftig', ‚durch die Geschichte legitimiert' offenzulegen. Insofern eine solche Untersuchung sich auf ein Volk bezieht, ist sie sozialgeschichtlich, insofern sie vergleichend auch auf außereuropäische Völker Bezug nimmt, ethnologisch orientiert. In beiden Fällen kommt sie nicht ohne die Erörterung der unbewußten Anteile im politischen Handeln aus und muß sich somit als psychoanalytisch und ethnopsychoanalytisch verstehen. Für ein solches Projekt fehlt es aber noch an grundlegenden Vorstudien, an der empirischen Basis. Deswegen habe ich erst einmal nur Perspektiven und Positionen zusammengetragen.

Jeder Bund ist eine Schutzgemeinschaft. Für den äußeren Schutz gibt der einzelne Teile seiner Individualität auf. Ob in der religiösen ‚Entwerdung in Gott' oder in der Reduzierung individuellen Verhaltens im politischen, parteipolitischen, sozialen oder gewerkschaftlichen Engagement – immer verspricht eine Instanz bzw. Institution, durch den Zusammenhalt in der Gruppe das Aufgegebene nicht nur durch etwas Gleichwertiges, sondern durch etwas Höherstehendes zu ersetzen. Dieses Ideal ist nicht mehr im einzelnen verankert und von dessen persönlicher Stärke abhängig, sondern gesellschaftlich verwurzelt und wird von der Stärke aller im jeweiligen Bund Vereinten getragen.

Bünde, Orden, Logen, Parteien sind hierarchisch strukturierte Vereinigungen von Menschen, die sich einer Ideologie unterordnen und an die Stelle des persönlichen Suchens nach einem Lebensentwurf die vorgefundene Form eines Lebens und einer Gesellschaft setzen. Die jeweils verbindlichen Übungen, Rituale und Zeremonien, Verhaltensregeln, Umgangsformen und Sprechweisen sind kodifiziert und haben einen entweder offen oder versteckt religiösen bzw. magischen Charakter. Das Gewissen, die Identität und das Bewußtsein des einzelnen werden kollektiv, clanmäßig durch jede Zeremonie vernetzter, tiefer geprägt: imprägniert und dominiert. Das Ziel ist die Einheit des einzelnen mit der Gemeinschaft.

Politiker können ihr männerbündisches Handeln geregelt und kodifiziert ausüben, ohne im strengen Sinn parteilich oder clanmäßig organisiert, ohne Mitglieder mit Parteibuch oder Clubausweis sein zu müssen. Ihr männerbündisches Bin-

Parteien sind hierarchisch strukturierte Vereinigungen von Menschen, die sich einer Ideologie unterordnen. An die Stelle des persönlichen Suchens nach einem Lebensentwurf setzen sie die vorgefundene Form eines Lebens und einer Gesellschaft. Die verbindlichen Übungen, Umgangsformen und Sprechweisen sind kodifiziert und haben offen oder versteckt religiösen bzw. magischen Charakter. Auf dem Bundesparteitag der CDU 1965 in Düsseldorf wird gemeinsam gebetet. Neben Konrad Adenauer Bundeskanzler Ludwig Erhard. Foto: P. Bouserath. Bildarchiv Preussischer Kulturbesitz Berlin.

deglied ist durch die Geschichte und die Instanzen der Gesellschaft, durch die faktische Herrschaft und durch die gesetzliche Regelung ihres Tuns so weitgehend abgesichert und legitimiert, daß allein ihr Auftreten ihren Anspruch schon zu rechtfertigen scheint. Jedes Volk sieht – bei aller Skepsis, Ironie und Distanzierung – letztlich doch in den Politikern (und nicht etwa in den Handwerkern, den Künstlern, den Intellektuellen oder anderen Gruppierungen bzw. Klassen) die eigenen Kultur-Werte, Normen und Vorbilder am weitestgehenden vertreten. Politiker sind ‚Initiierte', aber mit weniger Aufwand und Verpflichtung als in anderen Bünden.

Das von der Partei der Grünen eingeführte Rotationsprinzip ist dafür ein besonders signifikanter Ausdruck, zeigt es doch nicht nur die prinzipielle Offenheit des ‚Bundes'-Tags, sondern auch die zeitlich begrenzte Verleihung von Prestige, Autorität und Einfluß. Bezeichnenderweise nannte Joschka Fischer das (gegen den ‚Ewigkeits'-Anspruch der Berufspolitiker-Kaste) gedachte Rotationsprinzip ein Mittel zur ‚Selbstentleibung' des Bundestags, einen ‚Selbstenthauptungsschlag'.

Der Initiationsritus wird durch Prinzipien wie das der Rotation ebenso wie durch die Aufnahme von Frauen ‚aufgeweicht'. Noch entscheidender für den Wandel ist der Wegfall von sogenannten Persönlichkeiten und Führerpersönlichkeiten sowie das Vordringen von Technokraten und Bürokraten.

Der Bund, die Droge und die Medien

Männerbünde bedürfen zur Aufrechterhaltung und Wiederholung ihrer Riten und Zeremonien drogenähnlicher Mittel, um den einzelnen beim Wiederholen und Repetieren der Endlos-Rede-Spulen zu vitalisieren und aufkommende Langeweile einzuschränken. Das Parlament als eine Versammlung von heimlichen Drogenabhängigen, von Trinkern ist ja eine Offenbarung, die von denjenigen in die Öffentlichkeit getragen worden ist, die in den Männerbund eingedrungen waren, ohne daß die Führungsschicht die Eindringlinge (die Grünen, also im symbolischen Sinn: die Jungen, die Unreifen) zu integrieren, zu initiieren bereit gewesen wäre. Die Grünen haben nicht nur den heimlichen Drogengebrauch, sondern auch die meisten geschriebenen und ungeschriebenen Gesetze der männerbündischen Organisation ‚Parlament' mißachtet und somit die in dieser Organisation ohnehin nicht besonders signifikanten Initiationsmerkmale noch unkenntlicher gemacht (die Politiker, die sich dem männerbündischen Verhalten unterwerfen, brauchen sich schließlich keinerlei unauslöschliche Zeichen in ihre Haut oder in ihren Körper einschreiben zu lassen).

Die Männerbünde, die Politiker bilden, sind von den sichtbaren Initiationszeichen und von den Initiationsriten sowie von Struktur und Aufbau her verhältnismäßig offen und einem steten ‚Zerfall' (durch das Eindringen von Grünen und von Frauen) ausgesetzt. Das ritualisierte männerbündische Agieren der Politiker unterscheidet sich von Stammesritualen vor allem dadurch, daß es sich vor anderen und für andere inszeniert. Hier wird die Unterscheidung, die man schon zwischen Ritual und Theater (als einem Spiel vor dem bzw. für das Publikum) getroffen hat, noch gravierender, zumal dann, wenn Politiker ihre Auftritte überhaupt nur noch nach Medienvorstellungen arrangieren. Aber so wie das Theater in verschiedenen Formen versucht hat, das Publikum miteinzubeziehen, so könnten die Politiker diese Medienfixiertheit wieder auflockern, wenn sie nur noch als Satire wahrgenommen wird und ihre Effektivität eingebüßt hat.

Es gibt aber auch eine Tendenz, die dieser Offenheit und Öffnung des männerbündischen Handelns und Verhaltens in der Politik entgegenwirkt. Sie ergibt sich aus der Totalbedrohung unserer Erde.

Das clanmäßig organisierte Verhalten der Politiker operiert stets nur mit partiellen Schuldzuweisungen und stabilisiert somit letztlich ihr Gesamthandeln. Die von den Politikern mitgetragene und mitzuverantwortende Vernichtungsmaschinerie wird im ganzen von einer Magie (der ritualisierten Hoffnung, „es werde schon gut gehen") und im Detail von der Aufteilung in Täter, Opfer und Unbeteiligte getragen. Die sich auf diesem Hintergrund ausbildenden Rituale sind (durch das Ausmaß der drohenden Katastrophe und durch die daraus resultierenden Techniken der Verdrängung, Abwehr, Umlenkung und Beschwörung) mindestens ebenso kodifiziert wie Rituale in traditionalen Gesellschaften.

Rationalität, Sprache und die Magie des männerbündischen Verhaltens in der Politik

Rationalität ist der Deckmantel unserer Moderne. Alle politischen Initiativen im großen Stil (ob in der Rüstung oder in der Umweltzerstörung) berufen sich auf Rationalität – punktuell und situativ eine Haltung, die auch vernünftig sein mag, die sich aber für die Zukunft der Menschheit als tödlich erweisen kann.

Was in der Weltpolitik über Leben und Tod entscheidet – verantwortungsbewußte Rationalität oder destruktive Irrationalität – bestimmt auch unser Alltagsleben: ein Sammelsurium unzähliger Formen von Technologie, Rationalität, Irrationalität, Aberglaube und Magie. Der ‚faule Zauber des Okkultismus', den die kritische Theorie so fürchtet, hat sich längst als harmlos erwiesen gegenüber dem ‚Irrationalen der Gesellschaft', gegenüber dem verdeckt Magischen, dem Pseudo-Magischen.

Irrationale Handlungen und Entscheidungen sind in der Moderne nicht mehr an irrationalistische Konzeptionen und Theorien gebunden. Der moderne, aufgeklärte, ‚rationalste' Mensch kann die Verantwortung für die irrationalste Tat, die Totalzerstörung, übernehmen – im Namen der Vernunft.

Politiker berufen sich zur Rechtfertigung ihrer aggressiven Politik sowohl auf die ‚rationale Theorie' des atomaren Gleichgewichts und der Abschreckung als auch auf den ‚bösen Blick' des Gegners. In der Identifizierung der Sowjetunion mit

Das ritualisierte männerbündische Agieren der Politiker unterscheidet sich von Stammesritualen vor allem dadurch, daß es sich vor anderen und für andere inszeniert. Heute arrangieren Politiker ihre Auftritte nur nach Medienvorstellungen. Am 11. März 1987 wurde Bundeskanzler Kohl mit nur vier Stimmen mehr als die erforderliche Mehrheit für vier Jahre wiedergewählt. Dem alten und neuen Bundeskanzler gratulieren der SPD-Oppositionschef Hans-Jochen Vogel (rechts), der ehemalige FDP-Chef Martin Bangemann (Mitte) und der CDU-Fraktionsvorsitzende Alfred Dregger. Foto: Deutsche Presse-Agentur.

dem ‚Reich des Bösen' und der ‚Quelle des Bösen' ernennt sich Ronald Reagan am 8.3. 1983 vor evangelischen Predigern (!) zum Magier, der das Böse bannt, der es austreibt – mit Hilfe von ‚Abschreckung' und ‚Drohung'. Gegen das Böse muß man anders ‚gerüstet' vorgehen als gegen ein menschliches Gegenüber.

Die Ausschließung des anderen – Kennzeichen eines jeden bündischen Verhaltens – wird besonders wirksam durch die magischen Techniken der Beschwörung und Bannung: Mittel, die in der Politik die technokratische Glätte und Schein-Rationalität überlebt haben. Vermischung grundverschiedener Bereiche, Reduzierung und Rückführung unbekannter und unvorstellbarer Systeme auf Bekanntes, metaphysische Beschreibung des ganz anderen mit Versatzstücken aus Alltag und Katastrophengeschichte („Apokalyptische Traumspiele", „atomarer Holocaust", „atomarer Schlagabtausch", „apokalyptische Reiter" usw.) kennzeichnen viele Versuche, endzeitlicher Bedrohung – daß die Menschheit als ganze tötbar, daß die Sintflut herstellbar ist – Herr zu werden.

Politiker gebrauchen mit Vorliebe Mischterminologien wie „Raketenkomplexe operativ-taktischer Bestimmung", „Kernwaffenentscheidungsträger" oder „Waffenbeschaffungsprogramm". Unter Zuhilfenahme konventioneller militärischer Ausdrücke (Geschosse, Kommandant, Truppe, Einheit usw., auch ‚Familie' und ‚Rasse', sind Kategorien, denen Waffen zugeordnet werden, zum Beispiel die „Familie der Halbkettenfahrzeuge") und technischer Termini (nuklear, elektromagnetisch, Radarempfangssystem usw.) wie auch durch Anwendung der psychologischen Kategorien ‚Reaktion, Gegenreaktion, Kettenreaktion' wird der Atomkrieg als ein vorstellbares, mit Tat und Kraft zu bewältigendes Gefecht propagiert.

Erklärungsformen sind aber nicht beliebig erweiterbar, ihre Anwendung und Möglichkeit der Konkretion sind angesichts dieser gesellschaftlichen Realität begrenzt. Der ausgeführte ‚Vernichtungsbefehl' zerstört jede weitere Möglichkeit der Erklärung mit. Hannes Schwenger (1983) hat auf die Untauglichkeit „altsprachlicher" Wörter wie

„Waffe" oder „Gewalt" hingewiesen und „Vorbilder" für „neusprachliche" Wendungen genannt: die Amerikaner sprachen bei der Erprobung der ersten Atomwaffen von „Geräten"; der Bundestagsabgeordnete Jürgen Todenhöfer hat klargestellt, Waffen sei „ein zu hartes Wort", die Polizei brauche „Instrumente, um sich die Leute vom Hals zu halten"; Bomben sind „Systeme", Soldaten „menschliche Aktivposten", Verluste aus der Zivilbevölkerung werden militärisch als „zusätzlicher Schaden" registriert.

Die ‚Neusprache' erwächst aus den ideologischen, normativen, autoritären, zur Anpassung und Unterordnung zwingenden Momenten der ‚Altsprache' der auf Fortschritt und Wachstum zielenden Gesellschaft. Das „Ministerium für Wahrheit", das in Orwells Vision „1984" die Neusprache als Amtssprache einführt, ist in jedem unserer Minister aktiv, in allen Institutionen darum bemüht, die Amtssprache in die Umgangssprache einfließen zu lassen.

Verharmlosung und Täuschung sind Grundprinzipien, mit der menschheitsbedrohende Einrichtungen und Prozesse auf uns vertraute, alltägliche Vorgänge und Gegebenheiten zurückgeführt werden, teilweise noch mit der Verheißung, man würde der Sorgen enthoben und es ließe sich etwa in einem ‚Entsorgungspark' lustwandeln wie in einer Grünanlage.

Die ‚Neusprache' ist verbindlich für die im männerbündischen Verhalten vereinten Politiker. Der Spielraum für die individuelle sprachliche Artikulation ist extrem limitiert, ebenso die in der Sprache artikulierbare Emotionalität. Die modernistische Mischterminologie hat die emotionale Potenz auf ein genau kalkuliertes Maß zwischen Konservatismus und Technologie, zwischen Nähe und Distanz, Existentialien und Kalkül begrenzt. (Welch eine ausgeklügelte Verbindung von Mythos und Technik die faschistische Ideologie entwickelt hatte, zeigen zum Beispiel exemplarisch die Filme Leni Riefenstahls.)

Die meisten Begriffe, die Entwicklungen und Stadien der katastrophalen Moderne benennen, erwecken, außer dem Anschein von Idylle, vor allem den von Präzision, Sauberkeit und Hygiene. Sie heben sich ab von den Unklarheiten des Alltags und deren Unsicherheiten der menschlichen Beziehungen. Sie strahlen. Jean Baudrillard (1983) hat darauf hingewiesen, daß unsere moderne Kultur als ganze dem Zwang zur Hygiene unterliegt, indem sie dem Leben den Tod auszutreiben versucht; sie will nur noch durch Gesundheitsministerien, Lebensversicherungen, Automobilfirmen etc. *autorisierte Tode* zulassen – eine Art „ritueller Sarkophagie". Die den Menschen heute offiziell zugesagte Sicherheit wird entweder nur beschworen – angesichts der nicht restlos kontrollierbaren Technologie – oder in Form sozialer Kontrolle oktroyiert. Die „Sicherheit" und die Versicherung sind profitable Ummünzungen hergestellter Unsicherheiten. Technik, Industrie und Konsum schaffen ein „künstliches Milieu des Todes".

Nur in magischer Überhöhung – Opferung, Beschwörung, ritualisierte Hoffnung – läßt sich noch der Wunsch nach dem Fortbestand der Welt artikulieren. Ein solches magisches Band, eine solche magisch geprägte Wunschökonomie und deren Äußerungsformen charakterisieren das Verhalten der Politiker und machen es stets als Bestandteil eines Verbundes und verbindlicher (national und international verbindlicher) Rituale erkennbar.

Die internationalistische Welt hat alle Kulturen und Zivilisationen einander angeglichen und ist damit extrem berechenbar geworden. „Kein faschistischer Zentralismus hat das geschafft, was der Zentralismus der Konsumgesellschaft geschafft hat ... Die alten kulturellen Modelle werden verleugnet." Pasolini (1978) spricht auch vom „neuen Faschismus" des Fernsehens, der die „italienische Seele zerfetzt, geschändet, für alle Zeiten beschmutzt" habe. Der durch Konsum und moderne Technologie vorangetriebene Nivellierungsprozeß degradiert den einzelnen zum Modell-Ausführenden und Initiatoren eines Bildes von Kultur. Die Gleichschaltung aller schafft die Sehnsucht nach imaginären Räumen von „Wildnis", „Verschiedenartigkeit" und „Fremdheit". Diese Bedürfnisse versucht die moderne Konsumgesellschaft mit zu berücksichtigen, im Sinne ihres totalitären Anspruchs.[1]

Anmerkung

1 Die in diesem letzten Abschnitt vorgetragenen Überlegungen gehen von Kapitel I meines Buches „Die katastrophale Moderne. Von der Endzeitstimmung zur Alltagsmagie", Frankfurt 1987, aus. Sie werden dort weitergehend ausgeführt.

Politische Männerbund-Ideologie von der wilhelminischen Zeit bis zum Nationalsozialismus

Klaus von See

Der Begriff des ‚Männerbundes' – 1902 vom Ethnologen Heinrich Schurtz in die deutsche Kulturdebatte eingeführt – bewies im Laufe seiner Entwicklung bis zum Ende des Dritten Reiches, wie sehr er dem Bedürfnis einer sich nach neuen kollektiven Bindungen sehnenden Zeit entgegenkam: als dritte ‚soziologische Kategorie' zwischen ‚natürlicher' Gemeinschaft und ‚künstlicher' Gesellschaft, zwischen Familie und Verein. Blühers Wandervogel-Ideologie, der Stefan-George-Kreis, das Frontkämpfer-Erlebnis des Ersten Weltkriegs und die Freikorps der Nachkriegszeit sind die Stationen, in denen sich der Begriff mehr und mehr mit Inhalt füllte. Als während der ersten Jahre der Weimarer Republik der ‚bündische' Gedanke endgültig ins öffentliche Bewußtsein gerückt war, glaubten Soziologen und Religionsethnologen – Schmalenbach, Krieck und Hauer –, in der Ekstase, in Initiationsriten und Totenkult die Urformen des Männerbundes zu entdecken, eine altertümliche und nun zugleich auch sehr moderne Sozialität. Eben diese irrationalen ‚Gemeinschaftskräfte' waren es dann, die Höflers Männerbund-Theorie 1934 zur Konstante des politischen Lebens der Germanen machen wollte. Gerade im rechten Zeitpunkt: Denn die Machthaber des Dritten Reiches – allen voran deren mächtigste ‚männerbündische' Organisation, die SS – erkannten sehr wohl, daß der ‚ekstatische' Germane weit besser ins Konzept der NS-‚Bewegung' paßte als der ‚treuherzig-biedere' Germane des herkömmlichen Klischees, daß man zwar die ‚natürlichen' Gemeinschaften wie Familie und Sippe verklären konnte, daß aber als Keimzelle politischer Großformen die willentlich-spontanen, auf Führung und Gefolgschaft basierenden Einigungen weit besser taugten.

Das 19. Jahrhundert war in Deutschland die große Zeit der Vereine, – nicht nur der Turnerbünde und Burschenschaften, sondern auch der Gesangvereine, Liedertafeln, Schützenvereine, Geschichts- und Kunstvereine ...: Ausdruck der politisch-kulturellen Emanzipation des Bürgertums und zugleich Folge der Auflösung traditioneller Bindungen, der Ausbildung autonomer, privater Lebensbereiche. Erst seit 1800 setzte sich das Wort ‚Verein' im heutigen Sinne durch (Schmalz 1955: 295ff., 299), aber das ältere und weiterhin gebräuchliche Wort ‚Assoziation' läßt besser erkennen, was gemeint ist: Anders als bei der Korporation, die – wie Familie, Sippe oder Stamm – auf naturgegebener Ordnung beruht, handelt es sich bei der Assoziation um den freiwilligen, jederzeit wieder lösbaren Zusammenschluß einzelner, gleichberechtigter Individuen (vgl. Nipperdey 1976: 180). Daß diese Individuen wohl durchwegs männlichen Geschlechts waren, verstand sich von selbst. Schon deshalb mag das Wort ‚Männerbund' dem 19. Jahrhundert noch fremd geblieben sein, und so fehlt es denn auch im Grimmschen Wörterbuch, dessen zwölfter Band (L–M) 1885 erschien.

Heinrich Schurtz und Hans Blüher

Es ist das Buch eines Mitarbeiters am Bremer Natur- und Völkerkundemuseum, das 1902 zum ersten Mal ausführlich über ‚Männerbünde' und ‚Männerhäuser' bei den Naturvölkern unterrichtete: Heinrich Schurtz, „Altersklassen und Männerbünde". Schon zuvor hatte der Verfasser über die Entwicklung des Geldes und über nichts Geringeres als die Urgeschichte der Kultur geschrieben, und so wendete sich auch sein Männerbund-Buch weniger an die ethnologischen Fachkollegen als an eine kulturtheoretisch interessierte Öffentlichkeit. „Eine Darstellung der Grundformen der Gesellschaft" lautet die überraschende Ankündigung des Untertitels, denn Schurtz will ein sehr prinzipielles Problem lösen. Er setzt der damals gängigen Vorstellung von der Promiskuität, der Weibergemeinschaft, als frühester und primitivster Gesellschaftsform eine These entgegen, die von der strikten Geschlechtertrennung ausgeht: Das Weib steht unter dem Einfluß der „Geschlechtsliebe" und des „Familiengefühls", der Mann dagegen wird bestimmt durch den „reinen Geselligkeitstrieb, der ihn mit seinesgleichen verbindet". Daher ist das Weib der Hort aller „natürlich" begründeten Gemeinschaftsformen, der Ehe und der Familie, „der Mann dagegen der Vertreter aller Arten des rein geselligen Zusammenschlusses und damit der höheren sozialen Verbände", anders formuliert: die Männerbünde „erweisen sich als die eigentlichen Träger fast aller höheren gesellschaftlichen Entwicklung" (Schurtz 1902: IVf.).

Die zeitgenössischen Leser des Schurtzschen Buches mag es schokkiert haben, den Ursprung ihrer eigenen europäischen Gesellschaft aus ethnologischem Material – mit Hilfe einer Untersuchung von Männerhäusern und Männerbünden bei den sogenannten ‚Primitiven', bei nordamerikanischen Indianern, Kamerunnegern oder Polynesiern – begründet zu sehen. Dagegen wird ihnen kaum bewußt geworden sein, daß Schurtz bei den Naturvölkern eben doch nichts anderes als die Grundkategorien der bürgerlichen Gesellschaft des 19. Jahrhunderts wiederzufinden glaubte, die Vorstellung nämlich, daß der Mann hinaus müsse ins feindliche Leben und daß drinnen die züchtige Hausfrau walte, die Mutter der Kinder...

Selbst der Männerbund – an sich ja ein ganz und gar exotisches Phänomen – wird den Lesern einigermaßen vertraut erschienen sein, weil Schurtz ihn, wie gesagt, aus einem „reinen Geselligkeitstrieb" erklären wollte, also kaum anders als einen x-beliebigen Schützenverein. Immerhin gab es damals noch kein europäisches Pendant, das als Deutungsmodell hätte dienen können. Denn auch der 1901 – ein Jahr vor dem Schurtzschen Buch – gegründete „Wandervogel" verstand sich zunächst als bloße Schülerbewegung, die außer der Vorstellung des „Moratoriums" kein politisch-soziales Konzept hatte. Als sich dann aber Hans Blüher kurz vor dem Ersten Weltkrieg zum Künder und Deuter der Jugendbewegung machte, führte er sogleich den neuen Begriff des „Männerbundes" in die Wandervogel-Ideologie ein – allerdings in einer Weise, die ihn weit elementarer begründete als die Schurtzsche Definition: Anders als Schurtz, der den Männerbund samt allen „höheren sozialen Verbänden" geradezu als Gegenpol zur Sexualität und Erotik charakterisierte, wollte Blüher die Sexualität – genauer gesagt: eine im Freudschen Sinne ‚verdrängte', zur Homoerotik ‚sublimierte' Sexualität – als eigentliche Triebkraft seines Wandervogel-Männerbundes ausmachen (Blüher 1918: 22, 29ff.; 1919: 101, Wolfradt 1918: 168ff.). Zur Erkenntnis dieses „Gesetzes", wie er es nannte, scheint Blüher nicht zuletzt unter dem Eindruck des Eulenburg-Prozesses 1907–09 gekommen zu sein: Während die wilhelminische Öffentlichkeit die ‚mannmännliche' Beziehung als abartig, als politisch und sozial schädlich verdammte, behauptete Blüher, es sei gerade der homoerotische, in Männerbünden zusammengeschlossene Mann, der zu großen politischen und sozialen Leistungen fähig sei (Blüher 1917: 3ff.; 1918: 36). So wurde eigentlich erst durch Blüher – und nicht schon durch Schurtz – der ‚Männerbund' zum Bestandteil der deutschen Kulturdebatte!

Männerbündische Ideale des George-Kreises

Allerdings war Blüher ein Einzelgänger, ein Missionar seiner eigenen Idee. Gerade das aber, was ihn in der Jugendbewegung umstritten machte, brachte ihn in die geistige Nähe eines Kreises, der sich nie als geschlossener Männerbund organisierte und doch wie kein anderer den männerbündischen Idealen huldigte: Im Kreis um Stefan George wurde das Zölibat zwar nicht ausdrücklich gefordert, aber es ist bekannt, daß George in seinem „Staat" das weibliche Geschlecht nicht wünschte („Ordnend innen, ist es am Markte Ungesetz und Frevel") und daß es zum Bruch mit Friedrich Gundolf allein durch dessen Heirat kam (Boehringer 1951: 129f.; Blüher 1953: 353ff.; vgl. dazu Aufsatz Nr. 93). Ähnlich wie Blüher vom „Adel geistiger Erleuchtung" sprach (1915: 93), so pflegte auch der George-Kreis den elitären Gedanken: „Es sind von jeher gemeinschaften von begeisterten gewesen, die eine neue weltschau auffangen und weiterschaffen", schreibt der George-Jünger Friedrich Wolters, denn „eine zeit die für alles die ‚breiteste öffentlichkeit' verlangt besagt, dass sie kein edles zu hüten hat" (1910: 156). Gegen den bürgerlichen Zeitgeist, gegen Individualismus, Egalisierung und Bürokratisierung sollte der Männerbund-Gedanke die irrationalen, schöpferisch-intuitiven Kräfte wiedererwecken: eine neue „Ergriffenheit", einen Instinkt für Herrschaft und Autorität und ebenso eine Bereitschaft zur Bindung, zu Dienst und Opfer – daher Titel wie „Gefolgschaft und Jüngertum" von Gundolf (1909: 78ff.), „Herrschaft und Dienst" von Wolters (1909: 82ff.), „Führer und Volk in der Jugendbewegung" von Blüher (1917). Um einen Begnadeten – den „Führer", den „Männerhelden", wie Blüher ihn nennt (1919: 102ff.; 1953 239), den „Meister", wie er im George-Kreis heißt – sammelt sich, so dachte man, eine Gefolgschaft, eine Jüngerschaft, in der sich die Willensbildung nicht als rationaler Entschluß eines einzelnen, sondern emotional-ekstatisch in wechselseitiger Steigerung vollzieht („In diesem liebesring, dem nichts entfalle / Holt kraft sich jeder neue Tempeleis, / Und seine eigene – grössre – schiesst in alle / Und flutet wieder rückwärts in den kreis."). So kann der Männerbund zur Keimzelle einer neuen Religion, eines neuen Reiches oder gar einer neuen Menschheit werden. „Das Feuer in die Täler tragen", heißt Blühers Losung (1915: 94), und auch Wolters setzt voraus, daß der Bund „das immer notwendige draussen, das exoterische, mit in seinen wirbel reisst" (1910: 157). Eben deshalb gehört es zur Wirkung und Macht jeglichen Männerbundes – nicht nur des ‚primitiven', sondern auch des modern-europäischen –, ein Arcanum zu hüten: Wolters spricht vom „esoterischen geheimnis, das nicht verraten werden kann" (1910: 156), Blüher vom „Päderastieverdacht", der jeden echten Männerbund umwittert („Fürchtet die Küsse der Templer"), von „Männerbundmysterien" und von „eingeweihten Geistern" (1918: 33, 36; 1917: 5), und selbst noch das Pissoir kann ihm als letzte Reduktionsform des „von einem Zuge der Mystik durchwobenen" Männerhauses gelten (1919: 94, 98).

Nietzsches Entdeckung des Dionyischen

Mit Schützen- und Gesangvereinen haben diese Zusammenschlüsse nichts mehr gemein. Um so lieber bediente man sich daher des exotischen Klanges, den das Wort ‚Männerbund' hat, denn das Phänomen, das es benennen sollte, war neuartig und noch schwer definierbar. So füllte es sich erst allmählich mit Inhalt, wurde nur metaphorisch verwendet, nie als offizielle Bezeichnung, und merkwürdigerweise berief man sich zunächst auch kaum auf die zeitgenössischen Modelle, wie die Ethnologie sie bei den ‚Naturvölkern' nachwies. Für Blüher wie für den George-Kreis galten vielmehr Christus und seine Jünger als das Urbild eines Männerbundes, – zumal im Hinblick auf eine neue Dienst- und Opferethik: „Nicht dass das vielspältige wirrsal noch bunter und fleckiger werde sei der ehrgeiz der echten heute ... Sie sollen wissen dass sie nur stoff und mittel sind und sollen wieder opfern lernen" (Gundolf 1909: 81; vgl. Blüher 1917: 7).

Weit mehr noch aber wurde der Männerbund-Gedanke befruchtet von Nietzsches Entdeckung des „Dionysischen", eines irrational-ekstatischen, „unterirdischen" Griechentums, das schon frühzeitig durch den Rationalismus – den „Sokratismus", wie Nietzsche sagt – aus der bis heute herrschenden Bildungstradition verdrängt sein soll. Auf Nietzsches Frühwerk über „Die Geburt der Tragödie aus dem Geiste der Musik" (1872) fußte auch der Indologe Leopold von Schroeder, ein Wiener Wagnerianer, der im Altindischen neben dem „Mimus", der nachahmenden Menschendarstellung, das „Mysterium" zu entdecken glaubte: eine „magisch-kultische", auf ekstatischen Tänzen maskierter Menschenscharen beruhende Dramenform („Mysterium und Mimus im Rigveda," 1908). Speziell den Waffentanz, den im Rigveda die Maruts tanzen, sah er im Griechischen mit dem Dionysos-Kult verbunden, und er aktualisierte seine Erkenntnisse für die deutschen Leser zudem noch dadurch, daß er Shakespeare zum Hauptvertreter des „Mimus" machte, das „Mysterium" aber in zeitgenössischen Volksbräuchen wie dem Clausthaler Schwertfechterspiel zumindest spurenweise wiedererkannte und schließlich in Wagners Musikdrama vollendet sein ließ („Die Vollendung des arischen Mysteriums in Bayreuth", 1911).

Alles dies sollte in der weiteren Entwicklung des Männerbund-Gedankens noch seine Rolle spielen. Zunächst allerdings ging es allein um Nietzsche als den Künder einer neuen dionysischen Kultur („Die Zeit des sokratischen Menschen ist vorüber: kränzt euch mit Epheu..."). „Bachanten" nannte man die ersten Gefährten des Wandervogel-Gründers Karl Fischer, und wenn auch dieser selbst eher an die fahrenden Scholaren des Mittelalters dachte, so wußte Blüher jedenfalls: „... sie kamen eben doch irgendwie von Dionysos her" (1917: 12).

Der Kampf für Nietzsches Griechenbild wurde sowohl in der Jugendbewegung als auch im George-Kreis fortgeführt: Lebenslang wurde es dem bedeutendsten deutschen Altphilologen, Ulrich von Wilamowitz-Möllendorff, heimgezahlt, daß er es 1872 im jugendlichen Eifer gewagt hatte, eine Streitschrift gegen Nietzsches Tragödienbuch zu schreiben. Für Wilamowitz war es ein Kampf der Ratio gegen Instinkt und

Drei Männerbünde: *Rechts oben die Herrenrunde, die Kaiser Wilhelm II. alljährlich von 1889 bis 1914 zur Nordlandfahrt auf der Yacht „Hohenzollern" um sich versammelt, links die geistig-elitäre Künstlergemeinschaft des Stefan-George-Kreises, die sich bei einem Treffen in Heidelberg 1919 um den charismatischen „Meister" schart, rechts unten die „verschworene" politische Kampfgemeinschaft der SA, die in gläubiger oder gar verzückter Hingabe auf ihren charismatischen „Führer" starrt. Die wilhelminische Herrenrunde – mittendrin der Kaiser, erkennbar an seiner Zigarrenspitze, in jovial-aufgeräumter Stimmung – pflegte eine auch derben Späßen nicht abgeneigte Männergeselligkeit, entwickelte sich allerdings gelegentlich zu einem politischen Entscheidungsgremium, das die verfassungsmäßig legitimierten Reichsbehörden jeweils für mehrere Wochen außer Kraft zu setzen drohte. Verehrungsvolle Stille herrscht demgegenüber auf dem Bild des George-Kreises, die Jünger sind sehr förmlich gekleidet, die meisten mit hohem, steifem Kragen, nur der ältere Berthold Vallentin etwas saloper, George selbst – leicht abgerückt von der Gruppe – in hieratisch strenger Haltung, „wie ein weltlicher Abt" nach Robert Boehringers Worten und wohlbedacht ins Profil gesetzt, das seine Dante-Ähnlichkeit herausstellen sollte, rechts neben ihm Friedrich Gundolf in eindringlich schauender*

Pose und abermals rechts davon der Bertram-Freund Ernst Glöckner mit treufestem Blick auf den „Meister". Das Hitler-Bild schließlich zeigt noch die Bierkeller-Atmosphäre der frühen Kampfzeit am Ende der zwanziger Jahre, unter den uniformierten SA-Leuten sogar noch ein paar „Jugendbewegte" mit Schillerkragen, überhaupt eine glühende, kitschig wirkende Emotionalität, die nach dem Röhm-Putsch 1934 mehr und mehr durch den SS-Geist der Ordnung und Disziplin verdrängt wurde. Es ist sicherlich nicht untypisch für den jeweiligen Charakter dieser drei „Bünde", daß es sich beim ersten Bild – verwendet als Neujahrsgruß des Kaisers an den Fürsten Fürstenberg 1905 – wohl um einen Schnappschuß handelt, bei den beiden anderen dagegen um bewußt inszenierte, auf Wirkung bedachte Arrangements.

Rausch, der bürgerlichen Wissenschafts- und Arbeitsmoral gegen heroisch-elitären Dünkel („sammle er tiger und panther zu seinen knieen, aber nicht Deutschlands philologische jugend...“). Daher tönte es unisono zurück – der Männerbund bewährte sich als Clique: die „heroische Größe“ sei „nun einmal gegen des Wilamowitz Geschmack“, er quäle uns mit „Banalitäten“ (Hildebrandt 1910: 146, 141), sein Platon-Buch sei „ein Platon für Dienstmädchen“ (Gundolf; vgl. Calder 1983: 215), sein Versuch, die griechischen Tragödientexte „verständlich zu machen“, sei „volkstümlich, demokratisch, liberal, wohlmeinend und aufgeklärt“, und eben damit mache er das Erhabene „ordinär“ (Blüher 1916: 17f.).

Männerbund und Krieg

Blühers Anti-Wilamowitz-Pamphlet ist bereits während des Ersten Weltkrieges geschrieben, und schon ein einziges Zitat daraus läßt ahnen, wie sehr der typisch deutsche Männerbund-Gedanke durch das Kriegserlebnis gestärkt wurde: „Wenn irgend ein[e] Haltung deutsch genannt werden kann, so ist es die der Gefolgschaft“ (1916: 34). In den Materialschlachten des Krieges erlebte Ernst Jünger den „Geist der männlichen Gemeinschaft“, eine „große, gemeinsame Kampffront, deren Form auch die Form des neuen Staates werden wird“ (1929: 10): „Auf allen Postenständen sitzen junge Menschen... Jeder einzelne fühlt sich in die Gemeinschaft hineinwachsen wie in einen festen Ring... Auf solche Augenblicke und nicht auf das zeitlich bedingte Gerüst zweckmäßiger Begriffe müßte der Sozialismus eines Volkes aufgebaut werden“ (1929: 217). Blühers Vision – der Männerbund als Kern einer „männlichen Gesellschaft“ – schien hier Wirklichkeit werden zu wollen, freilich in einem ganz und gar soldatischen Geist: „Das Kriegertum“ sei „jener Stand, der in innigster Beziehung zum Staat steht,“ schreibt Friedrich Georg Jünger, es sei „das männlichste, das für die Bildung des Staates bedeutsamste Element“, während die „Demokratie“ beherrscht werde vom „weiblichen Instinkt“ (1930: 65). Merkwürdig dabei die Verbindung von ekstatischem Rausch und zuchtvoller Ordnung, wie sie sich ähnlich im George-Kreis andeutete und später charakteristisch wurde für die Männerbund-Theorie der dreißiger Jahre: Schwärmerisch wird die Ekstase gefeiert („Dieser Zustand des Heiligen, des großen Dichters und der großen Liebe ist auch dem großen Mute vergönnt... Das ist ein Rausch über allen Räuschen, Entfesselung, die alle Bande sprengt“), und zugleich wird ein kalter, am Schicksalsauftrag orientierter, geradezu handwerklich vollzogener Dezisionismus proklamiert („Wir sind Soldaten, und die Waffe ist das Werkzeug, mit dem wir an die Gestaltung gehen. Unsere Arbeit heißt töten, und es ist unsere Pflicht, diese Arbeit gut und ganz zu tun.“ (Jünger 1922: 53; 1929: 38).

Männerbünde zwischen den Weltkriegen

In den Freikorps der Nachkriegszeit und dann in den paramilitärischen Kampfverbänden der politischen Parteien während der Weimarer Zeit – in Reichsbanner, Rotfrontkämpferbund, Stahlhelm und SA – lebte dieser Geist weiter. Und wie der ‚Verein‘ sich dadurch kennzeichnete, daß er ins Gesellschaftsleben integriert war, so der ‚Männerbund‘ gerade dadurch, daß er sich isolierte: Die Männer der Freikorps setzten „ihren Glauben an nichts als an sich selbst,“ heißt es bei Ernst v. Salomon, und diese Kraft „härtete ihre Gemeinschaft ... Sie wuchsen zusammen durch den Haß, der ihnen entgegenschlug“, denn sie fühlten sich „von den Menschen des Nutzens umzingelt“ (1930: 111, 121).

Nachdem mit den Freikorps geradezu der Idealtyp eines kriegerischen Männerbundes die politische Bühne betreten hatte, schien der Zeitpunkt gekommen, die Institution des Männerbundes theoretisch genauer zu erfassen. So gab es am Anfang der zwanziger Jahre gleich mehrere Untersuchungen, die sich von verschiedenen Seiten – von der Soziologie, der Religionsethnologie und der Pädagogik – diesem Phänomen näherten. Denn mittlerweile war es deutlich geworden, daß die neue kollektive Bindung, nach der man allenthalben suchte, keinen rechten Platz fand in dem herkömmlichen, auf der Antithese von ‚natürlich‘ und ‚künstlich‘ basierenden Modell, – einer Antithese, die einerseits den ‚natürlichen‘ Verband der Familie von vornherein idealisierte und andererseits als ‚künstlichen‘ Verband nur den auf individualistische Interessen und Zwecke gegründeten ‚Verein‘ kannte.

Horst Wessel an der Spitze seines Berliner SA-Sturmes auf dem NS-Parteitag 1929 in Nürnberg. Als Dichter des nach ihm benannten Kampfliedes wurde er, nachdem er ein Jahr darauf an den Folgen eines Mordanschlages gestorben war, zum prominentesten Märtyrer der NS-Bewegung – ganz im Sinne seines Liedes, dessen Zeilen „Kameraden, die Rotfront und Reaktion erschossen, marschiern im Geist in unsern Reihen mit" der genaue Ausdruck des Männerbundes als einer ekstatischen Vereinigung der Lebenden mit ihren Toten sind.

Theoretische Diskussion der zwanziger Jahre

Interessant ist dabei zunächst, daß Max Weber – in mehreren Fassungen seiner „Herrschaftssoziologie" von 1911 bis 1922 – zwar den Typ der ‚charismatischen' Herrschaft entdeckte, den Begriff des ‚Männerbundes' aber noch außerhalb seines Blickfeldes ließ. Immerhin spricht er im Zusammenhang dieses Herrschaftstyps von „Jüngerschaft oder Gefolgschaft", scheint auch deren ekstatischen Charakter anzuerkennen, da er auf den „manischen Wutanfall des nordischen ‚Berserkers'" verweist, sieht dazu noch die „Träger des Charismas" – Herrn wie Jünger – „außerhalb der Alltagsberufe ebenso wie außerhalb der alltäglichen Familienpflichten" und läßt sich schließlich einen wohlgezielten Seitenhieb auf den elitärsten ‚Männerbund' seiner Gegenwart, den George-Kreis, nicht entgehen: es sei nur „konsequent, wenn moderne charismatische Bewegungen künstlerischen Ursprungs ‚selbständige Berufslose' (in der Alltagssprache ausgedrückt: Rentiers) als die normalerweise qualifizierteste Gefolgschaft des charismatisch Berufenen bezeichnen" (1956: 555ff., 664). Vom ‚Männerbund' aber spricht Weber, wie gesagt, nirgendwo.

Erst der Soziologe Herman Schmalenbach, zeitweilig dem George-Kreis zugehörig, empfand das Bedürfnis, neben die – schon 1887 von Ferdinand Tönnies etablierten – soziologischen Kategorien der ‚Gemeinschaft' und ‚Gesellschaft' eine dritte zu setzen: die ‚Kategorie des Bundes' (1922: 35ff.). Während Tönnies den Bund nur als Unterart der naturhaften ‚Gemeinschaft' gelten lassen wollte, betonte Schmalenbach, daß der Bund durch „aktuelle Gefühlserlebnisse zusammengeschweißt" werde und dabei eine besondere Affinität zur Religion zeige – Religion nicht als ‚einsames Erlebnis' verstanden, sondern als Ergriffensein eines Kollektivs (1922: 44f., 58ff.; vgl. von See 1987: 356ff.). Zur gleichen Zeit deutete der Pädagoge Ernst Krieck die ‚Erziehung' als lebenslange ‚Zucht' zur Gemeinschaft und fand in den primitiven Kulturen die spontanen, triebmäßigen Kräfte der Gemeinschaftsbildung – Tanzwut und epidemische Ekstasen –, die dann ein überlegener ‚Führerwille' lenken und formen muß: Daher seien nicht aus Familienverbänden, sondern aus ‚Männerbünden' – Schwur- und Kultverbrüderungen – alle größeren politischen Gebilde hervorgegangen (1922: 17, 23, 41, 96f., 207, 241). Kurz danach entdeckte schließlich noch der Indologe und Religionsethnologe Jakob Wilhelm Hauer „die Wurzel aller Religion" im „ekstatischen Erlebnis", das er konkretisiert sah in den Formen des Totenkultes, der Tierbesessenheit und der Maskenzüge, wie sie von den Männerbünden primitiver Kulturen praktiziert werden (1923: 421ff.).

Germanenkunde und Männerbünde in der NS-Zeit

Eine neue Dimension gewann diese durchaus zeittypische Männerbund-Theorie, sobald sie sich mit ‚völkischem', germanenkundlichem Gedankengut verband. Da ‚Gefolgschaft' und ‚Treue' schon seit der humanistischen Tacitus-Rezeption als zählebigste Ingredienzen der deutschen Germanen-Ideologie galten, mochte es naheliegen, auch für den Männerbund eine speziell germanische Kontinuität zu sichern. Überdies zeigte sich die Affinität schon darin, daß Krieck später zum prominentesten NS-Pädagogen wurde,

Ernst Dombrowski, Holzschnitt aus der Zeitschrift „Kunst und Volk", 1937. Das Bild führt die ‚ordnungsstiftende' Funktion des Männerbundes vor Augen: Die Übersetzung des Edda-Zitats fügt in Odins stabreimende Rede die Wörter „Volk" und „Not": „Volk" erscheint als Männerbund, als Gefolgschaft eines Wikingerkönigs, und „Not" – längst ein Schlagwort der völkischen Ideologie – wird zur Bewährungssituation, die der Führer als Herr des Männerbundes durch „sicheres und schnelles" Handeln zu klären versteht. Die harte, kantige Strichführung des Bildes wird zum Ausdruck eines dezisionistischen Menschentyps.

Hauer zum Führer der „Deutschen Glaubensbewegung", die im Sinne des Nationalsozialismus eine ‚arteigene' Frömmigkeit anstrebte. Kein allzu großes Wunder daher, daß Lily Weiser, eine Schülerin des Wiener Germanisten Rudolf Much, die wesentlichen Kriterien ihrer Dissertation über „Altgermanische Jünglingsweihen und Männerbünde" 1927 aus Hauers Religionsethnologie bezog (von See 1984: 29ff.). Und auf Weisers Arbeit wiederum fußte Otto Höflers Werk über „Kultische Geheimbünde der Germanen", das 1934 – also gerade zum rechten Zeitpunkt – die politischen Folgerungen aus dieser Theorie zog. Hatte man bisher an einen unfanatischen, religiös indifferenten, beherrscht-vornehmen, dabei sippenbewußten, aber unpolitischen Germanen geglaubt, so etablierten Weiser und Höfler jetzt ein völlig neues Bild: den ‚ekstatischen' Germanen einer frühzeitlichen, ‚primitiven' Kultur, der durch ein Initiationsritual, ein Außer-sich-geraten, Aufnahme in den Männerbund fand, in die verpflichtende Gemeinsamkeit der Lebenden mit ihren Toten.

Zweifellos entsprach dieser ekstatische, kultgebundene Germane weit besser als der herkömmliche dem Selbstverständnis der NS-‚Bewegung' und ihrem quasi-religiösen Irrationalismus. Denn die Machthaber des Dritten Reichs verklärten zwar die naturhaften Gemeinschaften wie Familie und Sippe, wußten aber genau, daß als Keimzelle politischer Großformen nur die willentlich-spontanen, auf Führung und Gefolgschaft basierenden Einigungen taugen, – daher die vielen ‚männerbündischen' Organisationen wie SA, SS und Hitlerjugend bis hin zu Eliteverbänden wie der „Leibstandarte Adolf Hitler", sogar noch NS-Dozentenbund und NS-Dozentenlager, die den wunderlichen Titel einer Sammlung von Reden und Vorträgen begreiflich machen, deren Autor der Philosoph und NS-Hochschulpolitiker Alfred Baeumler ist: „Männerbund und Wissenschaft" (1934).

Währenddessen geriet die herkömmliche – romantisch-bürgerliche – Germanenschwärmerei mehr und mehr ins politische Abseits. Mit ihrer eher unpolitischen Lehre vom heiligen Sippenfrieden fand sie allenfalls noch die Unterstützung Alfred Rosenbergs, des ‚Chefideologen' der NSDAP, der in den älteren Kategorien der Römer-Germanen-Antithese, im ‚antiwelschen' und antiklerikalen Affekt des Kulturkampfes, befangen blieb. Mehr realpolitischen Sinn bewies dagegen die SS mit ihrem hochdotierten Forschungsinstitut „Ahnenerbe", indem sie die Höflersche Männerbund-Theorie förderte. Um den Männerbund als Konstante eines typisch germanisch-deutschen Verfassungsdenkens zu erweisen, wollte man ihn nun in vielerlei älteren Institutionen wiedererkennen, – nicht nur in den Gefolgschaften, sondern auch in den Jahnschen Turnerbünden (Bungardt 1936: 530ff.), in den Gilden und Zünften oder im Deutschen Ritterorden, dessen strenge Regeln nach Himmlers Wunsch zum Vorbild der SS werden sollten. Ein typisches Klischee der völkischen Ideologie, die Abwertung von Zweck und Interesse, kam zum Ausdruck im Streit um die mächtigste Gilde des Mittelalters, die deutsche Hanse, die Höfler nicht mehr als bloß wirtschaftliches händlerisches „Zweckgebilde", als „Unternehmerkonsortium", sehen möchte, sondern als einen sich in Initiationsriten, Weihetrunk und Totenehrung konstituierenden Männerbund, der gerade durch seine ‚kultisch'-irrationalen Gemeinschaftskräfte zu großen politischen Leistungen befähigt war (Höfler 1940: 1ff.; dagegen Rörig 1941: 490ff.). Überhaupt rückte das Interesse für Politik mehr und mehr in den Vordergrund. Auf der Salzburger SS-Tagung 1939 hielt der Vor- und Frühgeschichtler Herbert Jankuhn einen Vortrag über „Die politischen Kräfte des Germanentums", und Höflers wesentliche Leistung war es, in den ekstatischen Männerbünden etwas realisiert zu sehen, was die ältere Germanenforschung den Germanen am allerwenigsten hätte zusprechen wollen: die „staatenbildende Kraft" als „die eigenste Begabung der nordischen Rasse"! (Höfler 1934: VIII).

Das Männerbündische – ein Spezifikum der ‚deutschen Gegenkultur'?

Selbstverständlich schmälert es nicht die aktuelle Bedeutung der Männerbund-Theorie in der politischen Ideologie der dreißiger und vierziger Jahre, wenn man feststellt, daß es ‚Männerbünde' in Wahrheit bei den Germanen gar nicht gegeben hat, daß sich allenfalls hier und da einige Rituale und Verhaltensweisen bemerkbar machen, die man ‚männerbündisch' interpretieren könnte – so etwa das, was Tacitus in seiner „Germania" von den Chatten und den Hariern berichtet –, daß also auch die vielzitierten Berserker keineswegs eine Männerbundtruppe waren und daß demzufolge von einer typisch germanisch-deutschen Kontinuität männerbündischer Staatsverfassung keine Rede sein kann (speziell zur „Gefolgschaft" Kuhn 1956: 420ff.; vgl. dazu Aufsatz Nr. 57). Daß ein paar fachfremde – und wohl auch politisch ahnungslose – Autoren die Theorie von den germanischen Männerbünden immer noch als gesichertes Wissen verbreiten, tut dabei nichts zur Sache (Hasenfratz 1982: 156ff.; McCone 1987: 101ff.).

Dagegen ist es nicht ohne Berechtigung, wenn man neuerdings – und nun unter negativem Vorzeichen! – in manchen Erscheinungen der deutschen Geschichte männerbündische Züge wahrzunehmen glaubt. Gemeint ist die Neigung, politische Führung aus exklusiv männlichen Kreisen – aus dem studentischen Korporationswesen, dem Kadettenkorps, dem Militär – zu rekrutieren und Entscheidungen in Gremien zu treffen, die in der Reichsverfassung nicht vorgesehen waren, in Jagd- oder Manövergesellschaften, in der ‚Liebenberger Tafelrunde' des Fürsten Eulenburg oder in der Mannschaft, die Kaiser Wilhelm II. alljährlich während seiner Nordlandfahrten auf der Yacht ‚Hohenzollern' um sich versammelte (Röhl 1987: 35ff., 78ff.; Marschall 1990). Von solchen Erscheinungen her mag man Nicolaus Sombarts Behauptung verstehen, das Männerbündlerische sei das spezifisch Gemeinsame aller „deutschen Gegenkultur" (Sombart 1984: 24f., 181, 187).

Vom Männerbund zur Quotierung

Eva Marie v. Münch

Männerbünde haben mit Macht zu tun. Sie üben Macht aus. Sie sichern Privilegien, sie verteilen Karrierechancen, sie kontrollieren Veränderungen im gesellschaftlichen Bereich. Das zeigt sich besonders deutlich in den Zentren der Macht: bei den Spitzengremien der Wirtschaft, der Hochschulen, der Verwaltung, im Bereich der Politik bei den hohen Regierungsämtern und bei den politischen Parteien. Männerbünde schließen Frauen aus. Entgegen der Forderung des Grundgesetzes, wonach Männer und Frauen gleichberechtigt sein sollen, verteilen Männerbünde die Macht unter Männern. Sie dulden allenfalls hier und dort eine Alibi-Frau. Wie selbstverständlich die Domänen der Macht allein Männern zugeordnet wurden – übrigens nicht nur von Männern, sondern auch von Frauen – und wie langsam und zögerlich die Partizipation von Frauen vorankommt, zeigt überdeutlich die Geschichte der politischen Parteien und die Geschichte des Frauenwahlrechts.

Schon in der ersten Hälfte des 19. Jahrhunderts, im sogenannten Vormärz, gab es Stimmen, die als Folge der auf die französische Revolution folgende Demokratisierung nicht nur das Wahlrecht für Männer, sondern auch für Frauen forderten. „Über die Teilnahme der weiblichen Welt am Staatsleben" schrieb Louise Otto schon 1847, und das hätte sie nicht schreiben können, wenn nicht Gedanken über die ‚Teilnahme des Weiblichen' an dem, was wir heute politisches Leben nennen, schon vorher existiert hätten. Und doch: In der Paulskirchenversammlung, die 1848 zusammengetreten war, um eine neue deutsche Verfassung zu schreiben, saß nicht eine einzige Frau. Frauen in der Politik, Frauenwahlrecht gar, das war damals kein Thema. Jedenfalls nicht für diejenigen, die über die Inhalte der Politik entschieden – und das waren eben allemal Männer.

Frauen antworteten damals, vor 140 Jahren, auf die Dominanz der Männerbünde mit eigenen Frauenbünden. Im Jahre 1865 wurde in Leipzig der Allgemeine Deutsche Frauenverein gegründet. Dahinter standen Namen wie Helene Lange und Louise Otto-Peters, später Gertrud Bäumer. Daneben entstanden nach und nach Frauenverbände für einzelne Berufsgruppen: der Allgemeine Deutsche Lehrerinnenverein, der Akademikerinnenbund, der Ärztinnenbund, der Juristinnenbund, der Landfrauenverband und viele andere mehr.

Die Frauenbewegung des 19. Jahrhunderts

Die Ziele dieser ersten Frauenbewegung, die erst in den letzten beiden Jahrzehnten wieder ins Blickfeld gerückt ist, hatten die Teilnahme von Frauen am politischen Leben wohl als eine Art Zukunftsvision vor Augen, konkrete politische Forderungen aber wurden nicht gestellt. In der Satzung des Allgemeinen Deutschen Frauenvereins lesen wir in Paragraph 1: „Der Allgemeine Deutsche Frauenverein hat die Aufgabe, für die erhöhte Bildung des weiblichen Geschlechts und die Befreiung der weiblichen Arbeit von allen ihrer Entfaltung entgegenstehenden Hindernissen mit vereinten Kräften zu wirken." Mehr Bildung für Frauen, eine bessere Ausbildung für Mädchen und Arbeitsplätze für alle Frauen, die ökonomisch unabhängig sein wollen – das waren die zentralen Forderungen der Frauenbewegung des 19. Jahrhunderts. Wenn dies verwirklicht sei – so meinte man damals – dann käme die politische Gleichstellung für Frauen von ganz allein.

Es gab auch andere Stimmen, Hedwig Dohm zum Beispiel. Sie schrieb im Jahre 1873: „Für mich liegt der Anfang alles wahrhaften Fortschritts auf dem Gebiet der Frauenfrage im Stimmrecht der Frauen" und „Die Gewährung des Stimmrechts ist der Schritt über den Rubikon. Erst mit dem Frauenstimmrecht beginnt die Agitation für jene großartigen Reformen, die das Ziel unserer Bestrebungen sind. Die Teilnahme am politischen Leben macht alle anderen Fragen zu offenen" (zit. nach Twellmann 1976: 202). Solche Sätze unterscheiden sich deutlich von der eher vorsichtigen und verhaltenen Strategie des Allgemeinen Deutschen Frauenvereins.

Es gibt einen zweiten Namen, der im Vorfeld vor der Einführung des Frauenwahlrechts nicht fehlen darf: August Bebel. Er veröffentlichte 1879 sein Buch „Die Frau und der Sozialismus", in dem er Hedwig Dohm mehrfach zustimmend zitiert. Dieses Buch, in dem die Lage der Frau von der Urgesellschaft bis zur Gegenwart ausführlich analysiert wird, ist bald eine Art Kultbuch der Frauenbewegung geworden. Es wurde heftig diskutiert. Bebels historische Analyse entspricht zwar heute nicht mehr ganz dem, was die Frauenforschung inzwischen zutage gefördert hat, doch seine vehemente Forderung nach einem allgemeinen gleichen und geheimen Wahlrecht für alle – und nicht nur für alle Männer – hatte eine für die Durchsetzung des Frauenstimmrechts entscheidende politische Wirkung. Bebel setzte durch, daß die Sozialdemokratische Partei 1891 die Forderung nach dem Frauenstimmrecht als erste Partei in ihr Grundsatzprogramm aufnahm. Das geschah nicht zur ungeteilten Freude aller Parteigenossen, aber es gab eine Mehrheit dafür. Der Parteitag der Liberalen folgte diesem Beispiel erst elf Jahre später, im Jahre 1912.

Für uns mag es heute erstaunlich sein, daß nicht Frauen selbst in den Parteien für ihre Rechte stritten. Doch sollten wir nicht vergessen, daß Frauen damals in fast allen deutschen Staaten die politische Betätigung verboten war. Eine preußische Verordnung aus dem Jahr 1850 dekretierte: Vereine, „welche bezwekken, politische Gegenstände in Versammlungen zu erörtern, dürfen keine Frauenspersonen, Schüler und Lehrlinge aufnehmen" (zit. nach Twellmann 1976: 210). Und weiter: „Frauenspersonen, Geisteskranke, Schüler und Lehrlinge dürfen den Versammlungen und Sitzungen solcher politischen Vereine nicht beiwohnen. Werden dieselben auf die Aufforderungen des anwesenden Abgeordneten der Obrigkeit nicht entfernt, so ist Grund zur Auflösung der Versammlung oder Sitzung vorhanden." Das aber heißt: Frauen konnten überhaupt nicht Mitglied in politischen Parteien werden und durften auch nicht an deren Veranstaltungen teilnehmen. Eine Frauenvereinigung, die konkrete politische Forderungen erhob, bewegte sich am Rande der Legalität und riskierte ein Verbot. Neben der schlichten gesellschaftlichen Konvention erklärt sicherlich auch das die relative Zurückhaltung der Frauen selbst bei der Forderung nach Teilnahme an der politischen Macht

Die Einführung des Frauenstimmrechts

Dennoch gründeten Lida Gustava Heinemann und Anita Augspurg im Jahre 1902 den „Deutschen Verein für Frauenstimmrecht", erst sechs Jahre später (1908) wurde die oben zitierte preußische Verordnung aufgehoben und Frauen der Weg in die politischen Parteien geöffnet. Die Umbruchsituation nach dem Ersten Weltkrieg ermöglichte schließlich am 12. November 1918 den „Aufruf des Rates der Volksbeauftragten an das deutsche Volk", der in den letzten Absätzen verkündet: „Alle Wahlen zu öffentlichen Körperschaften sind fortan nach dem gleichen, geheimen, direkten, allgemeinen Wahlrecht auf Grund des proportionalen Wahlsystems für alle mindestens 20 Jahre alten männlichen und weiblichen Personen zu vollziehen." Damit hatte die Politik aufgehört, ein einziger riesiger Männerbund zu sein.

Im internationalen Vergleich steht Deutschland damit nicht schlecht da. Schließlich dürfen die Französinnen erst seit 1944, die Italienerinnen erst seit 1945, die Belgierinnen erst seit 1948, die Griechinnen erst seit 1952 und die Schweizerinnen erst seit 1971 wählen.

Was ist geschehen? Was hat das Frauenstimmrecht den Frauen eingebracht? Was hat sich verändert im Zentrum der politischen Macht?

Es ist einigermaßen amüsant nachzulesen, was die Verschiedenen politischen Lager kurz vor der Einführung des Frauenwahlrechts sich davon erwarteten: Vorteile für sich. Die Sozialistin Clara Zetkin zitiert in ihrer Streitschrift zur Einführung des Wahlrechts für Frauen Eduard Bernstein: „Das unterdrückte Weib ist Anhängerin der Geistlichkeit, das befreite Weib wird Sozialistin sein" (Zetkin 1907: 82). Von konservativer Seite hören wir ähnliche Hoffnungen: „Praktisch würde wahrscheinlich das Mitbestimmen der Frauen sich nur als Verbesserung herausstellen, weil das weibliche Geschlecht im ganzen noch mehr konservativen Instinkt besitzen möchte als das männliche" (Nathusius, 1871).

Beide Hoffnungen erfüllten sich nicht. Frauen wählten weder in hellen Scharen links noch bewiesen sie in ihrer großen Mehrzahl einen besonderen konservativen Instinkt. Im großen und ganzen bewegten sie

Trotz aller Diskussionen um die ‚Quotenfrau', also um das Prinzip, nach dem ein nach einem festgelegten Prozentsatz errechneter Anteil von führenden Stellungen zum Beispiel in Parteien oder an Arbeitsplätzen für Frauen reserviert werden soll, sind bis heute Spitzenpositionen ganz überwiegend mit Männern besetzt: Entgegen der Forderung des Grundgesetzes, wonach Männer und Frauen gleichberechtigt sein sollen, sind die Domänen der Macht auch heute noch meist den Männern vorbehalten. Zeichnung: Marie Marcks.

sich bei ihrer Stimmabgabe im gleichen Spektrum wie die Männer auch. Das gilt für die Wahlen zur Weimarer Nationalversammlung ebenso wie für die Reichtagswahlen in der Weimarer Republik, und es gilt auch für den Beginn der dreißiger Jahre, als Hitler an die Macht kam und Wahlen demonstrativ gewann. Damals hätten Frauen Grund gehabt, anders zu stimmen als Männer. In „Mein Kampf" lesen wir: „Das Ziel der weiblichen Erziehung hat unverrückbar die kommende Mutter zu sein" (Hitler 1935: 460). Dies, nachdem Frauen jahrzehntelang gerade für ihre Ausbildung und die Möglichkeit einer Berufstätigkeit gefochten hatten. In Hitlers Wahlreden hieß es: „Das Wort von der Frauenemanzipation ist ein nur vom jüdischen Geist erfundenes Wort. Die Welt der Frau ist ihr Mann, ihre Familie und ihr Haus" (zit. nach Hofmann-Götting 1986: 35).

Außer Hitlers Rassismus hätte sein Antifeminismus, seine Vorstellung von der Politik als reinem Männerbund für weibliche Wähler ein zusätzlicher Grund sein können, die NSDAP (Nationalsozialistische Deutsche Arbeiterpartei) nicht zu wählen. Es gibt keine umfassenden und verläßlichen Analysen der Wahlen von 1932 und 1933, und deshalb ist die Antwort auf die Frage, ob Hitler mehr mit den Stimmen der Frauen oder mehr mit den Stimmen der Männer zur Macht gekommen ist, nicht eindeutig zu beantworten. Eines aber wissen wir: Auch sehr viele Frauen haben Hitler gewählt und damit das, was in der Frauenbewegung zuvor erkämpft und erreicht worden war, selbst zurückgenommen – zumindest für die Zeit des sogenannten Dritten Reiches.

Ein kurzer Blick schließlich auf den Prozentsatz der Frauen, die seit Einführung des Stimmrechts in die Parlamente gewählt wurden. Zur Weimarer Nationalversammlung – der ersten Wahl, an der Frauen teilnehmen durften – hatten 310 weibliche Kandidaten kandidiert. 41 von ihnen wurden gewählt, unter den 410 Abgeordneten bildeten sie eine Minderheit von 9,6 Prozent. Der Prozentsatz der weiblichen Abgeordneten blieb in der Weimarer Republik und später auch im Deutschen Bundestag bis zum Jahre 1987 – also 69 Jahre lang – unter zehn Prozent. Erst bei der Bundestagswahl 1987 ist er zum ersten Mal deutlich gestiegen: – auf rund fünfzehn Prozent. In einzelnen Länderparlamenten und in den Kommunen liegt der Prozentsatz deutlich höher und reicht bis an die Dreißig-Prozent-Schranke heran.

Natürlich ist das ein gewisser Fortschritt. Aber: Spitzenpositionen in den Parteien und in der Regierung sind nach wie vor ganz überwiegend Männern vorbehalten. Je näher eine Institution oder ein Gremium am Zentrum der Macht liegt, desto niedriger ist der Prozentsatz von Frauen, den wir dort finden. Die streitbare Hedwig Dohm erwartete vom Frauenstimmrecht sehr viel mehr. Vor rund hundert Jahren setzte sie darauf, daß nach einigen Generationen das Stimmrecht und die politische Verantwortung der Frauen eine Revolution in den Köpfen der Menschen bewirkt haben werde. Das Stimmrecht kam, die Revolution ist ausgeblieben. Noch immer sind Frauen primär zuständig für Haushalt und Kindererziehung. Formal sind sie nach der Verfassung gleichberechtigt, *de facto* sind sie – jedenfalls wenn es um Spitzenpositionen geht – drastisch unterrepräsentiert. Nach wie vor gilt der klassische Satz: Hinter jedem erfolgreichen Mann steht eine Frau, hinter einer erfolgreichen Frau steht niemand.

Die ‚neue' Frauenbewegung

Die neue Frauenbewegung, die zu Beginn der siebziger Jahre entstand, will die formale rechtliche Gleichstellung der Frauen in die Realität umsetzen. Sie fordert nicht nur gleiche Rechte, sondern auch gleiche Chancen für Frauen, den Einzug der Frauen in die Zentren der Macht. Als Geburtsstunde der neuen Frauenbewegung gilt der 13. Dezember 1968. Auf dem Bundeskongreß des Sozialistischen Deutschen Studentenbundes (SDS), damals *das* Integrationszentrum der Studentenbewegung, flogen die Tomaten. Geworfen wurden sie von Frauen, die erbost darüber waren, daß sie selbst in diesem radikal-demokratischen Umfeld vor allem zum Kaffeekochen und Flugblatt-Tippen aufgefordert wurden. Die ‚Bräute der Revolution' gründeten sehr bald eigene ‚Weiberräte' (Frauenbünde, wieder einmal) und begannen, über sich selbst nachzudenken und für sich selbst zu sprechen. Sie waren wütend, sie waren emotional, und sie waren nicht selten ungerecht. „Befreit die sozialistischen Eminenzen von ihren bürgerlichen Schwänzen" stand auf einem legendären Flugblatt. Aber es ging eben nicht nur darum, die Männer – um im Jargon zu bleiben – den Bräutigam – von seinen traditionellen Rollenbildern zu befreien, sondern auch die Frauen selbst. Zur Unterdrückung bedarf es allemal beider Seiten, dessen, der unterdrückt und dessen, der sich unterdrücken läßt.

Die ‚Quotenfrau'

Das Zauberwort, das die neue Frauenbewegung erfunden hat, heißt Quotierung. Die Quote soll Frauen den ihnen zustehenden Anteil in allen Lebensbereichen sichern, bei den Arbeitsplätzen, in den Parteien, in den Parlamenten, bei Regierungsämtern. Mittlerweile beherrscht die Diskussion um die Quote Frauenkongresse und Frauenveranstaltungen landauf, landab. Es gibt vehemente Quotenbefürworter und vehemente Quotengegner (Laß die Pfoten von den Quoten). Dabei heißt Quote zunächst einmal nichts anderes, als daß irgend jemand irgendeinen Anteil an irgend etwas beansprucht. Irgend jemand: das sind die Frauen. Aber wovon sie wieviel beanspruchen, ist in der politischen Arena durchaus umstritten. Die Grünen fordern die Quotierung aller Arbeitsplätze und die Quote fünfzig zu fünfzig für Männer und Frauen. Die Sozialdemokratische Partei Deutschlands (SPD) setzt seit ihrem Parteitag von 1988 auf die Quotierung innerhalb ihrer eigenen Organisation, wobei die Quote mindestens vierzig Prozent aller Funktionen und Mandate in der sozialdemokratischen Partei Deutschlands betragen soll.

In Bund, Ländern und Gemeinden haben derzeit Gleichstellungsstellen Konjunktur. Sie streben zwar nicht feste Frauenquoten an, profitieren aber mittelbar doch von der Quotendiskussion. Das Bundesfamilienministerium, inzwischen zum Bundesfrauenministerium avanciert, wurde zu einer Art Gleichstellungsstelle für die Bundespolitik. Im kommunalen Bereich gab es im Jahre 1986 rund hundert Gleichstellungsstellen, 1989 waren es bereits 460 und ihre Zahl wächst weiter. Dazu kommen Frauenbeauftragte und Frauenministerien in einzelnen Bundesländern.

Gleichberechtigung durch das Gerichtsurteil?

Man mag sich wohl fragen, ob diese Art der Bürokratie, die Frauendefizite vor allem verwaltet und beschreibt, sinnvoll und effizient ist. Gibt es eine Emanzipation auf dem Dienstweg? Ist die öffentlich geförderte und mit Planstellen versorgte Frauenförderung das, was eine selbstbewußte Frau wirklich will, wenn sie von Gleichberechtigung redet? Oder sollten Frauen sich in die klassischen Männerbünde hineinklagen? Sollten sie versuchen, die Frauenquote im Rotary-Club, in der Freimaurerloge, in der schlagenden Studentenverbindung vor Gericht zu erstreiten? Bisher haben sie das hierzulande nicht versucht. Ob unsere Gerichte solchen Klagen stattgeben würden, ist auch fraglich – jedenfalls wenn es sich um private Vereine handelt, die ihre Satzungen selber schreiben. Immerhin: Sollten solche Klagen Erfolg haben, müßte es wohl auch möglich sein, daß Männer sich in Frauenvereinigungen hineinklagen, in den Zonta-Club, in den Akademikerinnenbund oder in die Emma-Redaktion.

Viel spricht dafür, daß die ständige Diskussion um die Frauenquote schon einiges von dem bewirkt, was mit der Quotierung erreicht werden soll: Unter dem Druck der öffentlichen Meinung wird in Männervereinen immer häufiger darüber nachgedacht, ob es nicht doch einige diskutable Frauen gibt, die sich freiwillig in eines der Männergremien hineinwählen lassen. Wenn diese Entwicklung weitergeht, werden Männerbünde in Zukunft hoffentlich nur noch im Museum zu finden sein.

Die SS als Männerbund

Reinhard Greve

Die SS als vollkommenste organisatorische Ausprägung der NS-Ideologie sollte nicht nur als faschistische Elitekampftruppe dienen, sondern darüber hinaus Träger einer neugermanischen Religion und Keimzelle der neuen nationalsozialistischen Menschenzüchtung sein. Dabei griffen Himmler und andere SS-Ideologen bewußt auf den Begriff ‚Männerbund' zurück, wobei sie wissenschaftliche Forschungsergebnisse aufnahmen und uminterpretierten. Zur pseudowissenschaftlichen Untermauerung seiner Weltanschauung, die zur Doktrin für seinen SS-Sippenorden werden sollte, ließ Himmler durch die SS-Forschungsinstitution ‚Ahnenerbe' nach Hinweisen auf Männerbünde, arische Herrenmenschen und religiöse Orden in Asien suchen.

Aus einer kleinen „Stoßtruppe" für den persönlichen Schutz Adolf Hitlers entwickelte sich 1925 die Schutzstaffel (SS). Diese faschistische Kampftruppe, Hitler zum bedingungslosen Gehorsam verpflichtet, sollte schon bald nach der Machtübernahme der Nationalsozialisten zu einem Symbol für brutalen Terror und der Vernichtung von Millionen von Menschen werden.

1933 galt die SS neben der SA noch als kleine Organisation mit 50000 Mitgliedern (Nolte 1986: 473). Doch bald nach ihrer sogenannten „Bewährung", das heißt, der Ermordung der SA-Führung am 30. 6. 1934, wuchs ihre Macht schnell. 1937 war der „Schwarze Orden" Himmlers bereits ein Staat im Staate: mit eigenem Ehrenkodex, eigener Gerichtsbarkeit und durch den Eid nur an die Befehle Hitlers gebunden. Nach Himmlers Übernahme der Polizei konnte er die SS als „vollkommenste organisatorische Ausprägung der Doktrin Hitlers" (Nolte 1986: 475) neu gliedern. Allgemeine SS, SS-Verfügungstruppe als Helfer der Polizei, die Totenkopfverbände (Konzentrationslager), der Sicherheitsdienst (Gestapo) und das Rasse- und Siedlungshauptamt sollten als „Elitekampfbund" für die innere Sicherheit des NS-Reiches sowie für die Gesundung und Sicherung des „gefährdeten arischen Blutes" sorgen und die Gegner des Faschismus, das Judentum und den Bolschewismus erbarmungslos bekämpfen (Nolte 1986: 475f.).

Himmlers SS-Ideologie

Für Himmler, der die SS 1929 als „Reichsführer" übernahm, war die Schutzstaffel „nicht nur eine politische und militärische Organisation mit sicherheitsdienstlichen Funktionen" (Steiner 1983: 206), sondern „ein nationalsozialistischer soldatischer Orden nordisch bestimmter Männer" und eine „geschworene Gemeinschaft ihrer Sippen" (Nolte 1986: 476). Dieser neue Orden aus auserwählten „reinrassigen Ariern" sollte Träger der „neuen Weltanschauung" und Keimzelle einer neuen nationalsozialistischen Menschenzüchtung sein. Für Himmler war der Nationalsozialismus weit mehr als eine politische Bewegung: Er war eine neue Religion (Steiner 1983: 208).

Er grenzte deshalb die Aufgaben der SS von denen der NSDAP ab: „Unsere Aufgabe geht ins Menschenzüchterische" ...während die „Aufgabe des politischen Ordens (der NSDAP) in das Politisch-Führungsmäßige geht" (Himmler 1974: 100). Der SS-Mann habe „Kämpfer aus Prinzip" zu sein. Im militärischen, rassischen und religiösen Bereich bekämpfe er die Feinde der nationalsozialistischen Ideologie und solle darüber hinaus als „biologischer Neuadel" Beschützer des Bauerntums im neuen „östlichen Siedlungsraum" werden.

Nach Himmlers Auffassung sollte die SS dabei an die Tradition des alten germanischen Adels, der germanischen Männerbünde und der mittelalterlichen Ritterorden anknüpfen, wie sie sich ihm in seiner pseudowissenschaftlichen Phantasie darstellte.

Himmlers weltanschauliche Hintergründe

Die Wurzeln für diese, von den üblichen nationalsozialistischen Ideologien eines Hitler oder Rosenberg abweichende Weltanschauung Himmlers sind weniger in seinem katholischen Elternhaus, sondern eher in seinem späteren Werdegang zu suchen. Nach seiner Jugendzeit beim Wandervogel kämpfte er als junger Freikorps-Fähnrich gegen die Münchner Räterepublik, trat der Thulegesellschaft bei, um dann 1923 Mitglied der NSDAP und des Artamanenbundes zu werden. Der Artamanenbund, ein rechtsextremer Aktivisten-Trupp, trat vor allem für eine „Wiederverwurzelung des deutschen Volkes mit der Scholle" (Blut und Boden) ein (Kater 1974: 29).

Die Thulegesellschaft

Die Thulegesellschaft, eine esoterisch-rechtsradikale Terrororganisation, wurde 1919 durch den Okkultisten Rudolf von Seebottendorf gegründet. Sie gilt als bedeutendste und aktivste der zahlreichen neuheidnischen Geheimbünde der Weimarer Zeit. Zu ihren Mitgliedern zählten neben Himmler auch Hitler, Göring, Heß, Rosenberg und andere NS-Führer (Maser 1973: 146f.). Auch die vor der Machtergreifung der Nationalsozialisten verstorbenen rechtsradikalen Ideologen Dietrich Eckart und Rudolf von Gorsleben gehörten ihr an (Orzechowski o.J.: 59).

In der Thulegesellschaft erhielt Himmler einen Einblick in die Lehren theosophischer Gruppierungen und in die „ariosophische" Rassentheorie von Lanz von Liebenfels und Guido von List (dazu ausführlich Goodrick-Clarke 1985; ferner Orzechowski o.J.: 19ff.; Haack 1981: 37ff.). Sein starkes Interesse für Schriften des Hinduismus (*Bhagavadgita*) (Kersten 1952: 185) und des Buddhismus (Fraenkel und Manvell 1965: 171f.), für indogermanische Rassenlehre und Germanenforschung sowie sein Glaube an die Inkarnations- und Karmalehre, an Astrologie und mittelalterliche Magie hat hier mit ziemlicher Sicherheit seinen Ursprung. Besonders faszinierte Himmler der „Atlantis-Thule-Mythos", gewissermaßen eine von G.v. List ‚germanisierte' Fassung der theosophischen Atlantistheorie, die von H.P. Blavatsky aus überwiegend indischen und griechischen Mythen zusammengefügt war (Blavatsky o.J.: Bd. 2; Litt 1987: 427ff.): Auf der Insel Thule im „Norden" lebte nach dem Untergang von Atlantis eine „Urrasse arischer Übermenschen". Nach Thules Untergang seien diese über Nordeuropa bis nach Zentralasien gelangt, wo sie in unterirdischen Reichen (Agarthi/Shambala) ihr geheimes Wissen hüten würden (Ravenscroft 1988: 261; Gorsleben 1930: 58ff.; Orzechowski o.J.: 131ff.; Landig 1980: 132ff.). Zur ‚Erklärung' der Untergänge von Atlantis und Thule zog man die Welteislehre Hörbigers heran. Diese wurde insbesondere von den späteren Beratern Himmlers, E. Kiss, H. Wirth und K. M. Wiligut, vertreten. Ziele der Thulegesellschaft waren folglich die Schaffung einer neuen „Herrenrasse nordisch-arischer Prägung, die Errichtung von arischen Orden zur rassischen Hoch-Zucht" (Gorsleben 1930: 41f.) und der Kampf gegen sogenannte „Untermenschen" wie Juden und „Tschandalen" (Liebenfels, zit. nach Gorsleben 1930: 15). Diese rassistisch-esoterischen Lehren bildeten feste Bestandteile der Himmlerschen Weltanschauung; hinzu kam seine Begeisterung für den mittelalterlichen Deutschorden mit seinem Kampf gegen die Slaven, den „arisch-hochrassigen" Templerorden (Gorsleben 1930: 171), die Gralslegende, wie überhaupt für das gesamte mittelalterliche Ritter- und Königtum; hielt er sich doch immerhin selbst für eine Reinkarnation Heinrichs I. (des Voglers, ca. 876–936) (Steiner 1983: 207). Lehnte Himmler auch die Lehren der katholischen Kirche ab, so befaßte er sich dennoch intensiv mit den Lehren des Ignatius von Loyola und der organisatorischen Struktur des Jesuitenordens.

Völkische Germanenforschung und ihre Rezeption durch den Nationalsozialismus

Unterstützung für sein Interesse an der Geschichte der nordisch-arischen Rasse, des männerbündischen „germanischen Menschentypus", erhielt Himmler durch bestimmte Theorien der wissenschaftlichen „Germanenforschung". Unter den verschiedenen Richtungen war es vor allem die Wiener Schule R. Muchs, die durch die Publikationen L. Weisers („Altgermanische Jünglingsweihen und Männerbünde", 1927) und O. Höflers (Höfler 1934) Theorien eines Germanenbildes entwickelte, die „den politischen Bedürfnissen des Nationalsozialismus" entgegenkamen (v. See 1985: 33), da sie den „ekstatischen Männerbund" als „staatenbildende Kraft" und „eigenste Begabung der nördlichen Rasse" interpretierte (v. See 1987: 360). Versuchte schon Weiser, das „Primitive", „Ekstatische" zu relativieren und aufzuwerten, wobei sie sich vor allem auf ethnologische Quellen berief (v. See 1985: 30), begann Höfler, den Begriff Ekstase umzudefinieren. Nicht „Chaos" oder „schweifender Genuß" sollte gemeint sein, sondern „kultische Daseinssteigerung", „Ordnung und Verpflichtung" (v. See 1985: 32). Die Wurzel aller Religion und Kultur sei nach Höfler ein ekstatisch-emotionales Erlebnis im Männerbund, zum Beispiel bei den Initiationsriten. Ähnlich äußerte sich auch der Indologe J. W. Hauer.

Trotz aller Fachkritik wurden Höflers und Hauers Theorien von NS-Ideologen wie dem Pädagogen E. Krieck und dem Philosophen A. Baeumler begierig aufgenommen. Baeumler forderte auf einer Rede im Jahre 1928 Studenten dazu auf, sich auf den Männerbund der Frühzeit zu besinnen, aus dem der ursprüngliche Staat hervorginge und sich gegen eine Welt von Feinden entfalten würde (Baeumler 1934: 33). Zwar wäre der „bündische Gedanke" auch beim Wandervogel, den Turnerbünden und den Studentenkorporationen vorhanden, aber „sentimentaler Individualismus" hätte ihn degenerieren lassen. „Sie haben den Weg vom Bund zum Staat nicht gefunden" und so „niemals den wahren Bund hervorgebracht" (Baeumler 1934: 33). Dieser könne als „akademisches Männerhaus" erst dann entstehen, wenn „Raum für das neue Reich" geschaffen sei (Baeumler 1934: 44). Ähnlich äußerte sich E. Krieck. Er bedauerte allerdings, daß die Männerbünde Blutgemeinschaft und Stammbaum nur künstlich herstellen könnten (Krieck 1936: 36).

Immerhin sei aber „in den Geschlechtsverbänden das Blut als Bindemittel nicht mehr Naturtatsache, sondern magisches Element, mythische Beziehung auf den Ahn, einen Gott oder Dämon, auch wohl auf das dämonische Totenwesen. Eine solche religiöse Beziehung auf ein höheres Wesen, einen Gott, einen Heros oder Heiligen" besäßen „auch die Männerbünde; sie werden notwendig Kultgenossenschaften, und die gemeinsame Bindung an das kultische Objekt schafft den Genossen die Bindung untereinander, die magische Bruderschaft, die mystische Einung" (Krieck 1936: 37).

An diese Gedanken konnte Himmler unmittelbar anknüpfen. In seinem Fanatismus ging er jedoch noch einen Schritt weiter, da er die SS nicht nur als nationalsozialistischen Männerbund ansah (wie etwa die SA, die Hitlerjugend oder die NS-Hochschulbünde), sondern als Orden „nicht nur von Männern, sondern ein Orden von Sippengemeinschaften. Ein Orden, zu dem die Frauen genauso notwendig dazugehören wie die Männer" (Himmler 1974: 61). Bedauerte Krieck noch, daß Männerbünde die Blutsverwandtschaft nur fingieren könnten, versuchte Himmler diesen Unterschied in der SS als einem Orden zur Züchtung des „arischen Blutadels" aufzuheben. Damit war der Begriff ‚Blutsverwandte', den H. Schurtz noch als eine verwandtschaftliche Beziehung auffaßte (Schurtz 1902), vollends uminterpretiert: Himmler verstand nun unter ‚Blutsverwandten' Personen, die der gleichen Rasse und somit dem gleichen ‚Blut' angehörten.

Die SS als religiöser Orden und Männerkampfbund

Himmler lebte seine ganz besondere esoterisch-romantische Version der nationalsozialistischen Ideologie – was ihn dazu prädestinierte, seinen SS-Orden zum fanatischen Kampf und zur Ausrottung Andersdenkender anzuspornen. Vor seinen SS-Junkern vertrat er den Standpunkt, daß, wenn man die nordische Rasse erhalten wolle, „eben die anderen ausgemerzt werden müßten" (Ackermann 1970: 215). Dabei verlangte er von seinen SS-Männern ein Glaubensbekenntnis „an den Führer Adolf Hitler und an einen Gott", der jedoch ein anderer war als der christliche Gott. „Der nationalsozialistische Gott war parteiisch, hart und grausam. Man glaubte, daß er gelegentlich in die Geschehnisse der Geschichte eingreife" (Vorsehung) (Steiner 1983: 215). Ein solcher Glaube vermittelte den SS-Männern die Überzeugung, daß, was immer sie täten, im Einklang stehe mit dem, was als ewiges und unveränderliches Gesetz des Universums verstanden wurde, und in Gott oder der Vorsehung ihren Ursprung habe (ebd.: 213).

Dieser moralische Freibrief diente als Legitimation für alle zukünftigen Verbrechen.

Hierarchie und Auswahl der SS

Als religiöser Orden besaß die SS eine streng hierarchische Gliederung. Die einfachen SS-Mannschaften versahen den Dienst in den Kampftruppen und Vernichtungsla-

SS-Formation auf dem Reichsparteitag 1937 in Nürnberg. „Die einzelnen Glieder der Soldaten sind wie von ihrem Leib abgetrennt und zusammengefügt zu neuen Ganzheiten. Das Bein des einzelnen hängt funktionell mehr mit dem Bein des Nebenmanns zusammen, als mit dem Rumpf, an dem es sitzt. Dadurch entstehen innerhalb der Maschine neue Ganzheitsleiber, die nicht mit einzelnen menschlichen Leibern identisch sind" (Theweleit [3]1987: 155). Foto: Bildarchiv Preussischer Kulturbesitz Berlin.

gern. Den Offizieren wurden auf den Junkerschulen die ‚höheren Ziele' der nationalsozialistischen Ideologie vermittelt. Einem „inneren Kreis" von hohen SS-Führern vermittelte Himmler auf der Ordensburg seine private Weltanschauung. Andere SS-Führer sahen ihre Aufgaben mehr auf militärisch-politischem Gebiet und konnten Himmlers esoterische Ansichten nicht teilen.

Bei der Auswahl des SS-Nachwuchses legte man großen Wert auf „Reinrassigkeit". Die wichtigste Prüfung zur Aufnahme in die SS wurde durch die „Rassekommission" des Rasse- und Siedlungshauptamtes vorgenommen und bestand in einer ‚anthropologischen' Überprüfung der körperlichen Rassemerkmale wie Körpergröße, Schädelform u. ä. „In der Tierzucht kennt man das schon sehr lange" kommentierte der Diplomlandwirt Himmler diese Prozedur (Himmler 1974: 61). Weiterhin wurde eine Ahnentafel verlangt, die bis ins Jahr 1750 (später 1650) zurückreichen mußte (ebd.: 61).

Initiationsriten

Der Eintritt des SS-Kandidaten erfolgte an einem 9. November, dem Tag des mißglückten NS-Putsches in München. Die Weihe zum „Staffeljungmann" folgte an einem 30. Januar, dem Tag der nationalsozialistischen Machtergreifung. Den „SS-Eid", bei dem der Jungmann „bedingungslose Treue zum Führer" schwören mußte, legte man auf den 20. April, den Geburtstag Hitlers. Gefordert war jetzt ein „Gehorsam, der nicht überlegt, bedenkt, fragt" (Himmler 1974: 83). Nach einem Jahr „Bewährung im praktischen Truppendienst" und einer ersten Ideologieschulung wurde der Jungmann an einem 9. November endgültig in die SS aufgenommen. Diese Zeremonie fand um Mitternacht auf dem Platz vor der Münchener Feldherrnhalle statt. Die Kandidaten hatten dabei der „Blutfahne", jener Fahne, die die Nationalsozialisten bei ihrem Putschversuch am 9. 11. 1923 mitführten, ihren Respekt zu erweisen.

Anschließend erfolgte die Übergabe des SS-Dolches, der gewöhnlich die Inschrift „In herzlicher Kameradschaft H. H." trug. Er vervollständigte die schwarze Uniform, die den SS-Männern ein martialisches, bedrohliches Erscheinungsbild gab: schwarze Uniformmütze mit silbernem Totenkopf, schwarze Uniformjacke und -hose, weißes Hemd mit schwarzem Schlips, hohe schwarze Lederstiefel.

Junkerschule und Ordensburg

Der SS-Mann hatte bei besonderer ‚ideologischer Befähigung' die Möglichkeit, eine der SS-Junkerschulen zu besuchen, die den ‚neuen Menschentyp' des Nationalsozialismus zu entwickeln hatten und deren Ziel es war, den Menschen das eigenständige Denken abzugewöhnen. Die aus diesen Junkerschulen hervorgegangenen Offiziere bekamen häufig den „SS-Ring" verliehen als Zeichen dafür, daß sie „der Schutzstaffel als Organisation und Weltanschauung gegenüber größte Ergebenheit bezeugt hatten" (Steiner 1983: 216). Als höchste Auszeichnung galt der Ehrendegen. Sein Besitz bedeutete die Zugehörigkeit zum „inneren Kreis" der SS. Dieser „innere Kreis" hatte Zutritt zum „geistigen Zentrum" des SS-Ordens, der mittelalterlichen Wewelsburg bei Paderborn. Im Versammlungssaal der „Ordensburg" besaß jedes Mit-

Die SS hat die typischen, allerdings aufs schrecklichste pervertierten Merkmale eines Männerbundes, der sich um eine charismatische Persönlichkeit gruppiert. Zunächst nur eine ‚Schutzstaffel' zum persönlichen Schutz Adolf Hitlers, wurde die SS nach ihrer ‚Bewährung', der Ermordung der SA-Führung am 30. Juni 1934 zum ‚Schwarzen Orden', dessen Mitglieder sich in der Freudschen ‚Blutschuld' brüderlich verbunden fühlen durften. Für Himmler (im Foto neben Röhm) war der Nationalsozialismus mehr als eine politische Bewegung: Er war eine neue Religion. Foto: Bildarchiv Preussischer Kulturbesitz Berlin.

glied des inneren Kreises einen Sessel, auf dem sein Name eingraviert war. Jedes Jahr traf man sich zu „geheimen Konstitorien, okkulten Übungen und Meditationen" (Steiner 1983: 210). Getreu seinem esoterischen Glauben bewahrte Himmler eine Kopie des Longinus-Speers, der seinem Besitzer die Herrschaft über die Welt sichern sollte, in der Burg auf (vgl. dazu Ravenscroft 1988). Im Kellergewölbe der Wewelsburg befand sich ein besonderer Weiheraum für den SS-Totenkult. In seinem Zentrum stand eine steinerne Schale, umgeben von zwölf steinernen Sockeln. Vermutlich verbrannte man in der Schale die Wappen verstorbener SS-Führer. Die Sockel waren für die Urnen bestimmt. Auch die Ringe der toten SS-Führer sammelte man auf Himmlers persönlichen Befehl in einem besonderen Schrein (Himmler 1974: 79).

Rituelle Feste

Als religiöser Orden beging die SS eine Anzahl besonderer Feiern und Gedenktage, von denen einige nur im kleinen Familien- oder Freundeskreis, andere hingegen in einem größeren Rahmen, auf lokaler oder regionaler Ebene (Sippenverband) begangen wurden. Bei den Familienfesten, der Heirat oder der Geburt eines Kindes, kam es Himmler darauf an, die kirchlichen Feiern durch spezielle SS-Feste mit einem höheren Offizier als Leiter der Zeremonie zu ersetzen. Dieser Erlaß setzte sich in der Praxis nur langsam durch; auf ein kirchliche Trauung wollten vor allem die Angehörigen der allgemeinen SS ungern verzichten. In den Totenkopfverbänden, wo 69 Prozent der Angehörigen sich als „gottgläubig im Sinne der nationalsozialistischen Ideologie" (Steiner 1983: 223) bezeichneten, fiel die Einstellung zu den SS-Festen entsprechend positiv aus. Vor der Heirat hatte die zukünftige Ehefrau sich ebenfalls einer Überprüfung durch die „Rassekommission" zu unterziehen. Sollte sie doch als Mutter zahlreicher Kinder zur Züchtung eines neuen arischen „Blutadels" beitragen.

Die kirchliche Kindstaufe ersetzte Himmler durch eine „Namensweihe", bei der der Säugling durch ein taufähnliches Ritual vor NS-Reliquien wie Führerbild, Standarte und SS-Sippenzeichen in Runenform in den Sippenverband aufgenommen wurde. Beim Tod eines ihrer Angehörigen hielt die SS eine eigene Feier am Grab ab, unabhängig davon, ob die Hinterbliebenen eine christliche Trauerfeier wünschten oder nicht (Steiner 1983: 218). Im Rückgriff auf das altgermanische Erbe wurde das Julfest anstelle des christlichen Weihnachtsfestes gefeiert. Himmler setzte den Zeitpunkt des Festes, das meist in größerem Rahmen begangen wurde, auf den 31. Dezember fest und verschickte zu diesem Anlaß zahlreiche Jul-Leuchter an seine SS-Familien.

Jul-Leuchter und Sippenzeichen, SS-Ringe und Wappen fungierten als Kultwerkzeuge, durch die die neue Religion in praktisches Brauchtum umgesetzt werden sollte. Himmler hatte erkannt, daß bei der Neuschaffung einer germanischen Religion außer dem ideologischen Dogma auch die kultischen Formen unerläßlich waren (Kater 1974: 56). Die Suche nach neuen Symbolen und Zeichen zur praktischen Verwendung in SS-Ritualen übernahmen die vorgeschichtlichen und volkskundlichen Abteilungen des Ahnenerbes, des kulturwissenschaftlichen Legitimierungsinstruments der SS.

Das Ahnenerbe als Instrument zur Legitimierung der SS-Ideologie

1935 als wissenschaftlicher Forschungsverein gegründet, sollte das Ahnenerbe die neugermanische Religion der SS untermauern. Himmler hatte erkannt, daß es zur Absicherung und Durchsetzung seiner Ideologie einer ‚Wissenschaftlichkeit' bedürfe – einer Wissenschaftlichkeit, bei der die Grundsätze der Objektivität auf den Kopf gestellt wurden. Die Forscher des Ahnenerbes hatten für seine Weltanschauung passende, beweiskräftige Fakten beizubringen. Nicht Passendes mußte fortgelassen oder abgeändert werden. Zunächst griff Himmler überwiegend auf Esoteriker und Pseudowissenschaftler wie E. Kiss oder H. Wirth zurück, die mit ihren phantastischen Interpretationen (Atlantismythos, Welteislehre) seinem abergläubischen Weltbild am nächsten kamen. Eine bestimmte wissenschaftliche Scheinobjektivität sollte später dann doch gewahrt werden: H. Wirth wurde 1937 als Leiter des Ahnenerbes abgelöst und durch den Iranistikprofessor W. Wüst ersetzt, der sich bemühte, weitere junge Wissenschaftler anzuwerben (Kater 1974: 43). Doch auch Wüst mußte sich dem Diktat Himmlers beugen und die wissenschaftliche Objektivität zugunsten einer Suche nach „indogermanischer Religiosität und Glaubenskraft" aufgeben: Die weltanschaulichen Schulen der SS benötigten neuen Lehrstoff (Wüst 1939: 74ff.). Zusammen mit dem Indologen J. W. Hauer und dem Rassekundler H. F. K. Günther fahndete Wüst nach „nordischen Bestandteilen im Buddhismus" (Wüst 1939: 105), nach Führergestalten und Männerbünden in iranischen und indischen Texten. Man war auf der Suche nach dem Herrenmenschen mit arischen Rassemerkmalen in „Hoch-, Ost- und Südasien"; bemüht um den Nachweis der Theorie, die Indogermanen seien auf ihren Wanderungen aus der nordeuropäischen Heimat bis nach Ostasien vorgedrungen (Hauer 1939: 59ff.; Günther 1934; Le Coq 1926: 247ff.). Für Himmler bedurfte diese Theorie nicht unbedingt eines Nachweises; glaubte er doch an den Atlantis-Thule-Mythos und die Welteislehre (Kater 1974: 52). Sein besonderes Interesse galt Tibet – dem Land, in dem sich die Reiche Agarthi und Shambala befinden sollten (vgl. Bernbaum 1982), wo lamaistische Orden in einem Priesterstaat herrschten und das Hakenkreuz als Symbol allgegenwärtig war (Hedin 1950: 138). Seine phantastischen Vorstellungen über Tibet versuchte Himmler auch als Forschungsinhalte für die Tibet-Expedition E. Schäfers durchzusetzen. Der Tibet-Forscher und SS-Untersturmführer Schäfer trat zwar dafür ein, „die Wissenschaft zur Trägerin kernigen deutschen Männertums" zu machen (Schäfer 1937: IV) und hielt den „tibetischen Volksschlag" für gesund und leistungsfähig (Schäfer 1942: 19ff.), konnte Himmlers okkultem Tibet-Bild allerdings kein Interesse entgegenbringen. So blieben Himmlers Forschungsinteressen bei diesem unter dem Namen „SS-Expedition" (1938–39) bekannt gewordenen Unternehmen bis auf die Rassenforschung unberücksichtigt (Kater 1974: 79). Dennoch wurde Schäfer für Himmler zu einer unentbehrlichen Person: Als Leiter der naturwissenschaftlichen Abteilungen und des Sven Hedin-Instituts für Asienforschung in der SS-Institution „Ahnenerbe" war er nach Kriegsausbruch mit der Planung militärstrategischer Expeditionen in den Kaukasus und nach Tibet beauftragt. Die kriegswichtige naturwissenschaftliche Zweckforschung hatte nun Vorrang vor der weltanschaulichen Zweckforschung. Der Kriegsausbruch beendete auch Himmlers Bemühungen, seinen SS-Orden ideologisch zu durchdringen und die neue Religion zum Bestandteil der alltäglichen Lebenspraxis seiner SS-Sippen werden zu lassen. Durch den Zusammenbruch des Dritten Reiches konnte er auch glücklicherweise seine Utopie eines SS-Ordensstaates in Burgund nicht verwirklichen.

Auch bei den Feuerland-Indianern in Südamerika bestand der Höhepunkt der Initiation in der Offenbarung, daß es sich bei den Geistern, die den Jünglingen vorher Angst bereitet hatten, um maskierte Männer handelte, deren Maskeraden dazu dienten, die Frauen und Kinder zu ängstigen, um sie besser unter Kontrolle zu halten. Aus Mythen, die vor den Frauen geheim gehalten wurden, lernten die Initianden, daß einst einmal die Frauen geherrscht hätten, aber es dann den Männern gelungen sei, die Macht zu erobern, die es nun zu erhalten gelte (vgl. dazu Aufsatz Nr. 6). Abbildung nach Gusinde 1931: Tafel XLV.

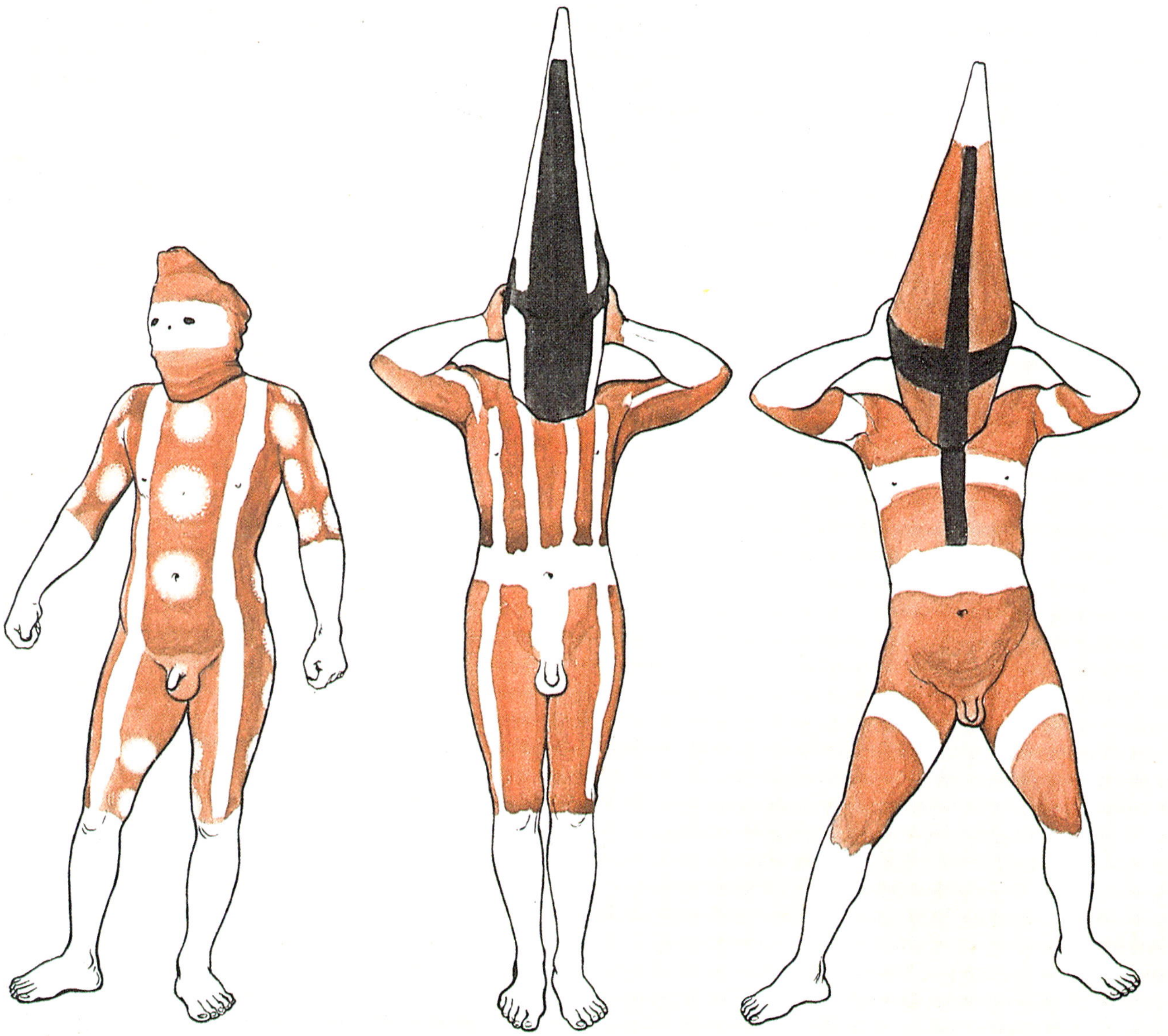

Die Fronleichnamsprozession ist nicht nur für die Kleriker einer der Höhepunkte im Kirchenjahr, sondern auch eine Gelegenheit für die Studentenverbindungen (vgl. Aufsätze 91 und 92), Handwerksinnungen (Aufsatz 48) und die Orden (Aufsatz 20), in der Öffentlichkeit aufzutreten. Die Rolle der Frauen ist dabei weitgehend auf die des Zuschauens beschränkt, das heißt, ihr Ausschluß von der rituellen Handlung vor den Toren des Kölner Doms und die Dominanz der Männer bei der Prozes-

sion ist unübersehbar. In der ungewöhnlichen Pracht und dem besonderen Schnitt der Gewänder zum Beispiel des Kardinals und der Domvikare (oben links) erkennt Eugen Drewermann (siehe Aufsatz 86) eine Disziplinierung der Kleriker selbst: Ihnen soll durch das Tragen einer betont auffallenden Kleidung die Besonderheit ihres Standes nebst der damit verbundenen Pflichten eingeschärft werden (vgl. auch Aufsatz 87).

Fronleichnamsfest im Kölner Dom – eine Kulmination von Männerbünden: Studentenverbindungen, Meßdiener und die Priester selbst. Einige der Priester tragen die altehrwürdigen ‚Clementina' aus dem 18. Jahrhundert, kostbare goldgestickte Gewänder, ein Geschenk von Clemens August, Fürstbischof von Köln. Bei diesem Anlaß finden sich die Männerbünde zusammen, weil sie alle Teil haben wollen am Segen der Welt, der von rituellen Handlungen ausgeht, die hier ausschließlich von Männern ausgeführt werden. Auch wenn heute

in nahezu allen Kulturen der Welt Kulthandlungen Männerdomäne sind, so ist damit nicht bewiesen, daß es so sein muß oder immer so war. Religion ist ein Mittel der Macht und der Kontrolle. Der Ewigkeitsanspruch aller religiösen Konzepte bewirkt, daß die Rollen-Stereotypen erhalten bleiben und die Gewaltherrschaft des Patriarchats weitestgehend ungebrochen ist. Fotos: M. Linke/laif, Köln (vgl. Aufsätze 19, 86, 87, 91 und 92).

Jesus als der Lehrer und Leiter eines verschworenen Kreises von Männern – das ist kein Motiv aus dem Leben Jesu, sondern eine spätere Rückprojektion auf Verhältnisse, die Jesus mißbilligte. Sie diente der Legitimation der ausschließlich männlichen Herrschaft in der Kirche. Die Jesus-Bewegung war jedoch ebenso Frauen- wie Männersache. Leonardo da Vincis (1452–1519) Fresko „Das Abendmahl" in Santa Maria delle Grazie in Mailand und seine vielen Nachahmer (hier die von Andy Warhol) sind Opfer dieser Fehlinterpretation und helfen gleichzeitig, sie zu perpetuieren. Fotos: Skala Florenz und Rheinisches Bildarchiv Köln.

Unter den zahlreichen Bruderschaften des Judentums ist die Beerdigungsgesellschaft die älteste und angesehenste. Ihre Aufgabe leitet sich von zwei jüdischen Grundprinzipien her: der Ehrfurcht vor dem Toten und der Auffassung, daß niemand aus der Beerdigung eines Toten Gewinn ziehen darf. Die Mitglieder der Gesellschaft tragen den Toten zu Grabe. Vor den Sargträgern geht ein Mitglied mit der Sammelbüchse. Ölbild von Burger 18, Joods Historisch Museum Amsterdam. Foto: Museum.

Als klassisches Männerrefugium gilt die Halbinsel Athos in Nord-Griechenland, die seit Mitte des 10. Jahrhunderts von orthodoxen Mönchen bewohnt wird. Mit einer Legende wird die Verbannung alles Weiblichen (die weibliche Tiere einschließt) begründet: Maria, die Mutter von Jesus, soll einst von der Insel Besitz ergriffen haben und seitdem ist allen anderen Frauen der Zugang versperrt. Oben links: der Klosterbezirk der sogenannten Skite Nea, rechts ein Bibliothekar. Unten: in der Backstube eines Klosters. Vgl. dazu Aufsatz Nr. 21. Fotos: H. W. Rohsmann, Wien.

In der westlichen Welt stellt man sich unter einem Derwisch meist jemanden vor, der in wirbelndem Tanz Ekstase erreicht und nicht in vollem Umfang die Gesetze des Islams befolgt. Ein ebensolches Klischee der europäischen Sicht des Orients ist das türkische Kaffeehaus. Dennoch haben solche Klischees einen wahren Kern: unbeabsichtigt dokumentieren sie die im Islam übliche strikte Trennung der Geschlechter in einen öffentlichen und einen privaten Lebensbereich. Abb.: Editeur Max Fruchtermann, Constantinople, um 1880; Privatbesitz.

Seit dem 12. Jahrhundert entstanden als eine Reaktion auf den von der mongolischen Invasion verursachten Umbruch im Islam eine Reihe unterschiedlicher Sufi-Orden. Gemeinsam ist allen das Leben innerhalb eines Konvents unter der Führung eines Meisters, der die Brüder in Mystik, Askese, religiösen Formeln und in das Studium des Koran unterwies. Die Sufi entwickelten höchst verfeinerte psychologische Techniken. Die wichtigste Aufgabe war die Transformation der niederen Triebe; dies war der „größere Heilige Krieg". Dieser schwierige Pfad, das ständige „Sterben vor dem Sterben", konnte nur unter der Leitung eines erfahrenen See-

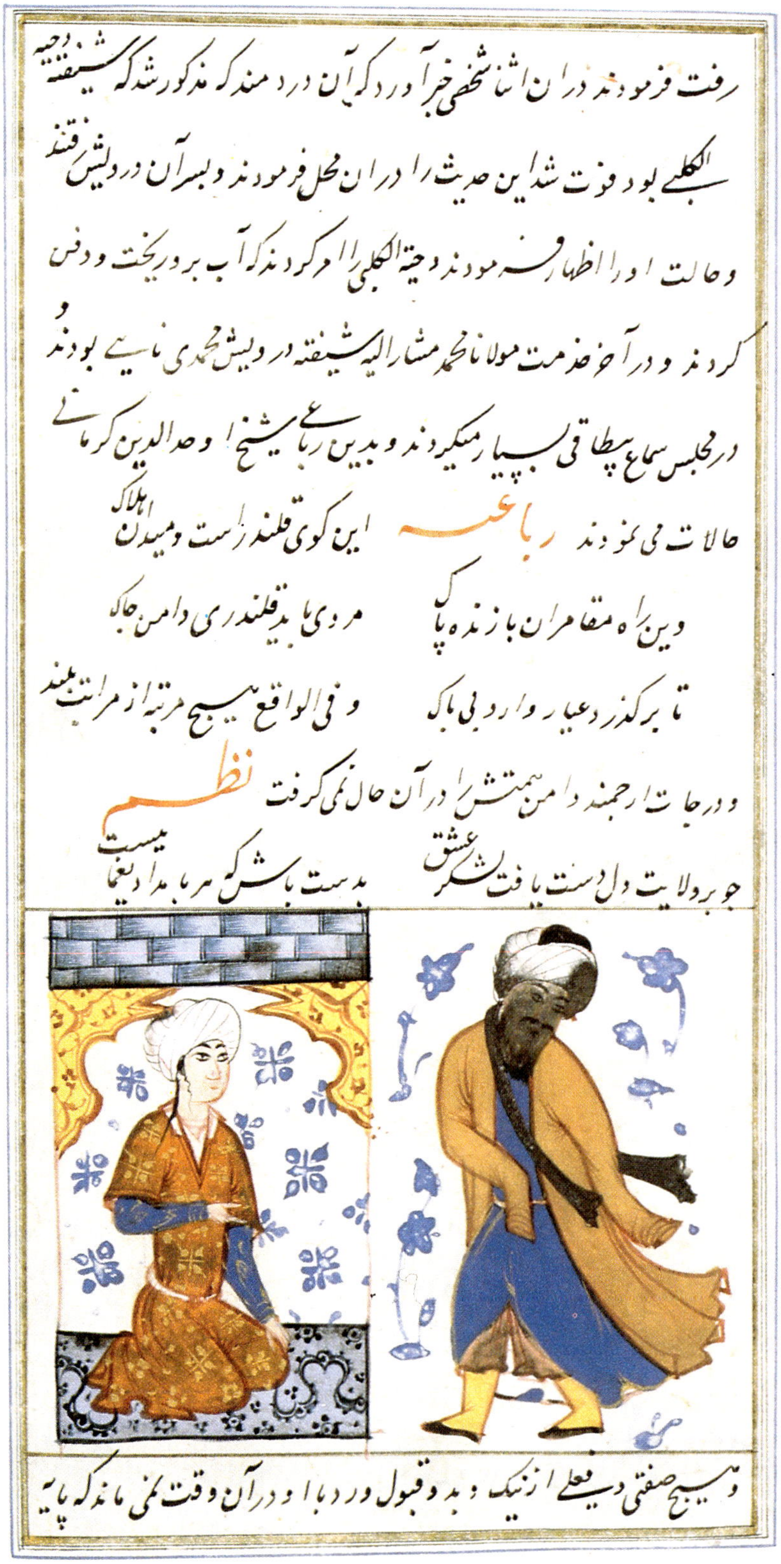

lenführers beschritten werden, denn „wer keinen Scheich hat, dessen Scheich ist der Satan". Das ist ein Ideengut, das sich in vielen Gesellschaften der Welt wiederfindet, in denen es letztlich um die Geburt des Mannes ohne Zutun der Frau und ohne Eltern geht. Abb. links: Handschrift in persischer Sprache, Türkei, 18. Jh. „Sitzungen der ekstatischen Mystiker". Staatsbibliothek Preussischer Kulturbesitz, Berlin. Abb. rechts: Punktierstich, um 1810. Kunstbibliothek Berlin, Staatliche Museen Preussischer Kulturbesitz, Berlin.

Die Prozession der Bruderschaften (cofradías) stellen in Spanien (vgl. Aufsatz Nr. 23) den Höhepunkt der semana santa, der Woche vor Ostern, dar. Oben links: Der Bund ,Die Bundeslade' während der Gründonnerstagsprozession 1989. Oben rechts: Prozessionsteilnehmer um das Standbild ,Jesus an der Säule'. Vorne ein Nazarener der gleichnamigen Cofradía neben einem Römer der ,Gelben Truppe' des Bundes ,Das Römische Imperium'. Unten links: Auszug der Prozession aus der Kirche am Mittwoch vor Ostern. Unten rechts: Der

‚Ewige Jude‘ (vorne) und ‚Ismael‘ vom Bund ‚Der Ewige Jude‘ bei der Gründonnerstagsprozession 1989. Rechte Seite oben: Die ‚Figuren‘, die an der Karfreitagsprozession teilnehmen, huldigen dem Standbild des ‚Jesus von Nazareth‘ des Schutzpatrons von Puente Genil. Unten: Am Ostersonntagumzug 1989 nehmen die ‚Jünger‘ vom Bund ‚Die Apostel‘ teil. Ihre Namen stehen auf ihren Heiligenscheinen. Fotos: F. Plata García, Puente Genil, Provinz Cordoba.

In vielen islamischen Gesellschaften leben die beiden Geschlechter praktisch getrennt. So verbringen auch die Männer im arabischen Sudan den ganzen Tag unter ihresgleichen. Wenn die Arbeit ruht, gehen sie ins Kaffeehaus, um Unterhaltung zu suchen, denn zu Hause herrscht das „Frauengerede". Frauen und Männer essen nie miteinander. Gespräche unter Eheleuten sind selten. Auch wenn die Männer Interesse an solchen Barrieren haben, so leiden sie gewiß auch darunter. Foto: B. Streck (vgl. Aufsatz Nr. 32).

Nicht nur in Europa legitimieren sich Männerbünde unter anderem dadurch, daß sie die Kunst fördern. Der bwami-Bund der Lega im östlichen Zaire in Zentralafrika schafft zudem sogar die Kunstwerke, beurteilt sie und bringt sie in Umlauf. Alle Kunstwerke haben Beziehung zum bwami-Bund: So ist der Besitz von bestimmten Masken (oben im Bild links und rechts) oder Elfenbeinstatuetten (unten rechts) Mitgliedern des ngandu-, die des Trommlers (unten links) denen des kindi-Ranges vorbehalten (vgl. Aufsatz Nr. 42). Sammlung M. Casimir. Fotos: Rheinisches Bildarchiv, Köln.

Ein Grab-Relief des Anch-ma-hor, Sakkâra, Ägypten, das im Alten Reich in der 6. Dynastie um 2350 v. Chr. entstand, zeigt eine Beschneidungszeremonie, deren Sinn zwar in den altägyptischen Texten nirgends beschrieben wird, von der wir aber aus geschichtlicher Zeit wissen, daß sie innerhalb eines Siedlungsbereichs für alle Knaben, die in die Gruppe der Erwachsenen aufgenommen werden sollten, am gleichen Tag ausgeführt wurde. Diejenigen, die die Zeremonie gemeinsam durchlitten hatten, scheinen sich als Lebensbund empfunden zu haben (vgl. Aufsatz Nr. 33). Foto: Dietrich Wildung, Berlin.

Die sizilianische Mafia: ein Beispiel der Männerwelt des organisierten Verbrechens

Henner Hess

Das organisierte Verbrechen ist nach wie vor eine Angelegenheit von Männern. Männerbündisch im strengen Sinne des Wortes sind die meisten Formen des organisierten Verbrechens allerdings heute kaum noch strukturiert, auch wenn – aufgrund der Illegalität und damit der Unmöglichkeit, bei Konflikten auf Justizorgane zu rekurrieren – persönliche Bindungen, persönliches Vertrauen und eine gewisse Geheimbündelei notwendigerweise eine größere Rolle spielen als innerhalb oder zwischen legalen Wirtschaftsunternehmen. Wesentlich stärker ausgeprägt war das männerbündische Element in der Vergangenheit, und die besten Beispiele für Formen organisierter Kriminalität mit männerbündischem Charakter sind deshalb heute solche, die auf eine lange Tradition zurückblicken können und in denen sich traditionelle, wenn nicht archaische Strukturelemente erhalten haben. In Europa gilt das vor allem für einige süditalienische Phänomene: die sizilianische Mafia, die neapolitanische Camorra und das sardische Banditentum. Dabei werden jeweils die geschichtliche Verwurzelung, die sozio-ökonomische Basis, die innere Struktur und die sozialen und politischen Funktion behandelt sowie ihre wirtschaftliche und politische Bedeutung beleuchtet.

Die Mafia ist der Prototyp des organisierten Verbrechens, das Wort *mafia* ist zum Synonym für organisiertes Verbrechen überhaupt geworden. Vor kurzem ist ein Buch über die chinesischen Triaden erschienen mit dem Titel *„The Chinese Mafia"*; die Yakuza wird die japanische Mafia genannt; ein Buch über den Opium- und Heroinhandel, dessen französischer Originaltitel *„Les grandes manoeuvres de l'opium"* lautet, heißt bei uns „Die Opium-Mafia"; überall auf der Welt spricht man von Mafia-Methoden usw. usf. Angesichts dieser Popularität mag es paradox erscheinen, wenn ich gleich zu Anfang feststellen muß, daß es die Mafia eigentlich gar nicht gibt, das heißt, zumindest nicht so, wie man sich das allgemein vorstellt, als straff organisierte Geheimgesellschaft mit Initiationsriten, fester Mitgliedschaft, geschriebenen Statuten usw. Im Grunde dürfte man zum Beispiel gar nicht von ‚der Mafia' (mit großem M) reden, denn damit gerät man schon zu stark in die Nähe des populären Mythos von der Superverbrecherorganisation, die unter zentraler Leitung in Palermo Sizilien beherrscht, Amerika erobert hat und heute als krimineller Multi den internationalen Rauschgifthandel und andere Geschäfte kontrolliert. Die Wirklichkeit sieht leider anders und sehr viel komplizierter aus.

Eine Definition dessen, was *mafia* ist, eine Definition, die realistischer ist als die der Schlagzeilen, Krimis und auch vieler scheinbar wissenschaftlicher Publikationen, könnte etwa folgendermaßen lauten: Mafia ist keine Organisation, sondern eine Verhaltensweise, eine Methode, das, was die *mafiosi* tun; sie ist die von ‚starken Männern' ausgeübte und angedrohte private Gewalt, ausgeübt und angedroht in allen sozialen Konflikten, vom Kampf um das Land und die Ernte, vom Kampf um die besten Stände auf dem Markt, von der Kontrolle über das Baugewerbe, den Drogenhandel, den Zigarettenschmuggel bis hin zu den Wahlkämpfen und den Auseinandersetzungen um die Besetzung einflußreicher Posten in allen bürokratischen Institutionen.

Aus dieser Bestimmung des Phänomens wird schon klar, daß wir es nicht nur mit einer besonderen Form des Verbrechens, sondern auch mit einem nicht unwichtigen Aspekt der italienischen Politik oder zumindest der Politik bestimmter Regionen des Mezzogiorno, des italienischen Südens, zu tun haben.

Selbstjustiz wird in Sizilien noch immer groß geschrieben. Die Zentralregierung in Rom und ihre lokalen Verwaltungsorgane werden nach wie vor als eine Art Kolonialmacht empfunden, so wie früher die Regierung in Madrid oder in Neapel. Die Morde der mafia werden auf dem Lande in Sizilien noch immer als unvermeidliches Schicksal aufgefaßt. Foto: Idea Editions Mailand.

Die Herkunft des Begriffes

Über die Herkunft des Wortes *mafia* gibt es viele etymologische Spekulationen. Obwohl man diese meist als lächerlich abtun kann, läßt sich ihnen andererseits keine wirklich fundierte Theorie entgegenstellen. Wahrscheinlich stammt es aus dem Palermitaner Dialekt, wo es Stolz, Selbstbewußtsein, sicheres, aber auch anmaßendes Auftreten bedeutet. Ein *mafioso* ist ursprünglich ein Mann *„che non porta mosca sul naso"*, der keine Fliege auf seiner Nase tanzen läßt und jederzeit bereit ist, seine Ehre zu verteidigen.

Um die Mitte des 19. Jahrhunderts bekommt die Bezeichnung *mafioso* dann den Beigeschmack des Kriminellen und meint einen bestimmten Typ von Verbrecher. Ein Sizilianer wird ihn allerdings nicht nur *mafioso*, sondern auch euphemistisch *uomo d'onore* oder *uomo di rispetto* oder geheimnisvoll *uno di quelli* (einer von jenen) nennen und damit das nicht-nur-Kriminelle, die Rolle des starken Mannes im Dorf, des Bosses, des Mittlers in vielen sozialen Beziehungen betonen. So wie er auch kaum von ‚der Mafia' (als Eigenname mit großem M) oder der *Onorata Società* (der Ehrenwerten Gesellschaft) reden wird, sondern von den *amici degli amici* (den Freunden der Freunde), womit er auch die klientelhaft um einen jeweiligen *mafioso* herum organisierte Gruppe viel besser charakterisiert. In einem amtlichen Bericht wird das Wort zum ersten Mal 1838 gebraucht, und in der ersten Hälfte des 19. Jahrhunderts hat sich das Phänomen, für das das Wort steht, auch entwickelt.

Geschichte

Jahrhundertelang war Sizilien praktisch ein Kolonialland. Die Zentralregierungen waren fern, in Madrid, Neapel und schließlich in Rom. Die eigentlichen Herren auf der Insel waren die landbesitzenden Barone, vor allem im Innern und im Westen, im Gebiet der großen Latifundien. Auf ihren Gütern regierten sie unbeschränkt, unterstützt von ihren bewaffneten Feldwächtern. Viele dieser Barone begannen gegen Ende des 18. Jahrhunderts das Leben in Palermo und Neapel dem Leben auf dem Lande vorzuziehen, sie verpachteten ihre Güter an einen Großpächter *(gabelloto)*, der ihnen eine jährliche Pachtsumme zahlte und seinerseits das Land in kleinen Stükken weiterverpachtete. Als im Jahre 1812 der Feudalismus abgeschafft wurde, konnten die Güter verkauft werden. Bei Versteigerungen traten meist die Großpächter als einzige Interessenten auf, indem sie andere durch Drohungen oder Gewalt abschreckten.

Diese Repräsentanten der neuen Agrarbourgeoisie setzten sich in jeder Hinsicht an die Stelle der alten Feudalherren. Als die Güter der Kirche nach Einigung Italiens im Jahre 1860 zum Verkauf kamen, gingen auch diese meist in ihre Hände über. Die Weide- und Sammelrechte, die die Bauern auf den Feudal- und Kirchengütern traditionellerweise gehabt hatten, wurden ihnen nun genommen, das Gemeindeland privatisiert. Die wirtschaftliche Lage der Bauern, nie besonders gut, verschlechterte sich also noch im Laufe des 19. Jahrhunderts. Das Banditentum, das stets sporadisch aufgetreten war, wurde nun chronisch.

Gegen die unruhigen Kleinpächter und Landarbeiter und gegen die Banditen schützten sich Landbesitzer und Großpächter durch private Gewaltanwendung. Sie mußten zu dieser Selbsthilfe greifen, da Polizei und Justiz des Staates viel zu schwach dazu waren und ihr Arm wegen der schlechten Kommunikationswege kaum bis in die isolierten Dörfer reichte. Der private Machtapparat diente aber auch dazu, die Pachtverträge und die Verteilung der Ernte zugunsten der Grundherren zu beeinflussen. Der Klassenkampf auf dem Lande war also sehr direkt und nicht über den Staat vermittelt. Die Handlanger der Grundherren schlugen ihrerseits daraus ihren Profit. Die schwerbewaffneten und für ihre Gewalttätigkeit berühmten privaten Feldhüter zwangen die Bauern, ihnen einen Teil der Ernte als Schutzgebühr zu zahlen. Diesen Tribut nannte man *u pizzu* (*fari vagnari u pizzu* – sich den Schnabel nässen).

In einer Übergangszeit, in der die feudale Herrschaftsordnung zerfallen war, der moderne bürokratische Staat aber sein Monopol auf legitimen physischen Zwang noch nicht geltend machen konnte, war also die mafiose Gewalt – vom Standpunkt der besitzenden Klassen her – notwendiger außerökonomischer Zwang, der der Erhaltung der Besitzverhältnisse diente. Illegal war dieser außerökonomische Zwang, weil er gegen die Gesetze des Staates verstieß, andererseits fand er in der Volksmoral doch zumindest einige Legitimation: Die subkulturelle Ehrenschweigepflicht *omertà* verbot jede Zusammenarbeit mit den als Organe fremder Überlagerer angesehenen staatlichen Instanzen, und der *mafioso* entsprach weitgehend dem sizilianischen Idealbild menschlichen Daseins, dem unabhängigen, geheimnisumwitterten und respekteinflößenden *uomo d'onore*, der nicht mit der Hacke die Erde bearbeiten muß, ein Idealbild, das sowohl Züge des antiken *civicus* als auch des spanischen *gentilhombre* enthält (die Spanier beherrschten ja lange Zeit die Insel). Daraus erklärt sich die eigentümlich zwiespältige Aura, die den *mafioso* umgibt: Er ist Krimineller, aber wird – oder besser wurde – doch auch respektiert. Zudem erfüllte er auch einige nützliche Funktionen, er vermittelte bei Viehdiebstählen, Entführungen, Arbeitssuche der Angehörigen seiner Klientel usw.

Je mehr der moderne Staat in seine Funktionen eintrat, desto mehr verschob sich das Gewicht auf den kriminellen Akzent der mafiosen Tätigkeit. Doch sind Staat und *mafia* nur idealtypisch als Gegensätze zu sehen, in der Realität gingen sie vielfältige Verbindungen ein.

Terror, Resignation, eine fatalistische Lebensauffassung und die Hinnahme aussichtsloser gesellschaftlicher Stellung – das sind bis auf den heutigen Tag Grundzüge der armen ländlichen Bevölkerung Siziliens, für die der tödliche Kampf verschiedener mafia-Gruppen gegeneinander fast zum Alltag gehört. „Das Schicksal hat es so gewollt", sagen die klagenden Frauen. Foto: Idea Editions Mailand.

Mit der Einführung des Wahlrechts (sehr eingeschränkt 1860, erweitert 1882, allgemein für Männer 1911, für Frauen 1946) kam den starken Männern der Dörfer eine neue Funktion zu. Die Kandidaten für die Parlamentswahlen brauchten sie als Wahlhelfer, die *mafiosi* garantierten ihnen durch ihre ausgedehnten Klientelbeziehungen, durch Bedrohung und Wahlbetrug die notwendigen Stimmen. Für diese Unterstützung revanchierten sich die Politiker dann durch Protektion, das heißt, sie schützten die *mafiosi* vor polizeilicher und justitieller Verfolgung. Dieses sehr persönliche, klientelhafte, die sachliche Auseinandersetzung ausschließende Element in der Politik hat sich, wenn auch abgeschwächt, bis heute erhalten.

Organisationsstruktur

Die Organisationsstruktur des Phänomens *mafia* müssen wir uns als eine Vielzahl lockerer, in ständigem Wandel begriffener Beziehungsgeflechte vorstellen, die jeweils um einen erfolgreichen *mafioso* herum angeordnet sind, also um einen Mann herum, der sich in seinem Dorf oder in seiner Stadt durch Gewalt und Organisationstalent hochgearbeitet hat und zum starken Mann seines Gebietes, zum *capo-mafia* geworden ist. Die sizilianischen Termini für die beiden Seiten eines solchen Beziehungsgeflechts sind – vom *capo-mafia* her gesehen – nach unten die *cosca*, nach oben der *partito*. Der Name *cosca* vergleicht den *mafioso* mit dem Stamm, die um ihn gruppierten Männer mit den Blättern einer Artischocke. Die *cosca* ist keine Gruppe im soziologischen Sinne; Interaktion und Wir-Gefühl fehlen weitgehend, auch das Bewußtsein eines gemeinsam zu erreichenden Zieles ist gering. Sie stellt sich vielmehr als eine Vielzahl dyadischer Beziehungen dar, die der *ma-*

Seit den sechziger Jahren hat sich das Phänomen der mafia stark gewandelt. Der mafioso ist nicht mehr der traditionelle ‚Ehrenmann' mit ambivalenter Aura, sondern der Gangster, dessen einziges Ziel finanzieller Gewinn ist. Seine Aktivitäten erstrecken sich auf die Großstädte des ganzen Landes, nachdem das italienische Strafrecht zur Bekämpfung der mafia in Sizilien zur Verbannung und zum Zwangsaufenthalt von Straftätern in anderen Regionen griff. Es entstand eine Anti-Terror-Polizei, deren Chef General Alberto della Chiesa wurde. Foto: Deutsche Presse-Agentur, Frankfurt.

fioso mit jeweils voneinander unabhängigen Personen unterhält. Das Ganze hat keinen anderen Zusammenhalt als die Bindung an den *mafioso*. Keiner der Agierenden fühlt sich als Mitglied einer Organisation, wie etwa der Bandit oder der Partisan sich als zugehörig zu einer Bande oder einem Widerstandskader betrachten, zu Gruppen, die zwar ebenfalls locker sind, aber doch auch nach dem Ausscheiden des Führers weiterbestehen können. Das Ende des *mafioso* bedeutet meist gleichzeitig den Zerfall der Gruppierung. Die vergemeinschaftenden Kräfte können sein echte oder rituelle Verwandtschaft (z. B. Taufpatenschaft), expressive oder instrumentale Freundschaft, sind jedoch meist und vor allem anderen Klientelbeziehungen, wobei der *mafioso* der Patron ist, mit dem die Klienten in vielfältigen reziproken, aber in der Regel asymmetrischen Tauschbeziehungen stehen. Protektion oder wirtschaftliche Leistung zahlen sie dann damit zurück, daß sie den Patron davon entlasten, in seinen Geschäften persönlich Gewalt anwenden zu müssen.

In einer derart patriarchalen Gesellschaft, wie es Sizilien war (und weitgehend noch ist), bleibt die Bedeutung der Frauen bei alldem sehr gering. Sie spielen überhaupt nur insoweit eine Rolle, als sie Söhne gebären können und damit die Zahl der ‚waffenfähigen' Männer einer *mafia*-Familie erhöhen oder indem sie durch Heiraten innerhalb der *cosca* oder zwischen verschiedenen *cosche* die so wichtigen verwandtschaftlichen Bindungen stiften.

Unter *partito* versteht man das Netz von Beziehungen, das der *mafioso* zu sozial und wirtschaftlich hochstehenden Personen unterhält, vor allem zu Trägern institutionalisierter, legaler Herrschaft. Theoretisch steht der formelle Herrschaftsapparat, der Staat, mit seinem Anspruch auf das Monopol legitimen physischen Zwanges der informellen, privaten Machtausübung der *mafiosi*, die dieses Monopol nicht anerkennen, ohne Ausgleich feindlich gegenüber. Die *partito*-Beziehungen des *mafioso* bedeuten in der Praxis ein Arrangement zwischen den Gegnern.

Die Mafia – ein konservatives Element der Politik

Indem der *mafioso* Bande zu einzelnen Beamten knüpft, macht er sich gegen die Maßnahmen des Apparates immun. Denn schließlich bleibt das Funktionieren der staatlichen Administration und der staatlichen Justiz doch immer abhängig vom Verhalten der Menschen, die die Ämter innehaben. Sind die Bürokraten im Sinne der Bürokratie mangelhaft sozialisiert, das heißt, geht ihnen die spezifische Beamtenethik größtenteils ab, so kann die Bürokratie auch nicht in idealtypischer Weise funktionieren. Die Beziehung ist aber auch hier reziprok; für ihre Korrumpierbarkeit lassen sich die Politiker und Beamten durch allerhand *favori* bezahlen, vor allem durch Wahlunterstützung – früher in der Form von Bedrohung und Gewalt, heute eher in der Form finanzieller Zuwendungen zur Wahlkampagne –, aber auch durch die Bedrohung und Beseitigung mißliebiger Konkurrenten oder Kritiker, anderer Amtspersonen, Gewerkschaftler, Journalisten usw. Aus alldem ergibt sich, daß *mafiosi* vor allem mit konservativen Politikern liiert sind – ihre Beziehungen zu Politikern der *Democrazia Christiana* sind in den letzten dreißig Jahren immer wieder betont worden. Denn einerseits sind die Leistungen, die die *mafiosi* bieten können, vor allem für Vertreter der bestehenden Ordnung interessant, andererseits müssen sich die *mafiosi* an jene halten, die an der Macht sind, ein *partito* ohne Einfluß auf den Justiz- und Verwaltungsapparat ist wertlos.

Die Macht des *mafioso* wächst nun vor allem aus der Tatsache, daß zwischen den Personen des *partito* und jenen der *cosca* keine direkten Beziehungen bestehen, also aus seiner zentralen Stellung im Kommunikationsnetz. So beruht seine Überlegenheit innerhalb der *cosca* (und auch im weiteren Umkreis seines Einflußgebietes) großenteils auf den nur ihm zugänglichen Verbindungen zu *partito*-Personen, andererseits gewinnt und behauptet er seine Stellung gegenüber diesen *partito*-Personen durch die Anzahl und Effektivität der von ihm abhängigen Klienten, die er für bestimmte Aufgaben einsetzen kann.

Der mafioso unterhält ein Netz von Beziehungen zu sozial und wirtschaftlich hochstehenden Personen, vor allem zu Trägern institutionalisierter legaler Herrschaft. Mafiosi stellen inzwischen eine beachtliche wirtschaftliche Macht dar und verbünden sich vor allem mit konservativen Politikern. Manchmal verfangen sie sich dennoch im Netz: Der von den USA an Italien ausgelieferte Finanzmanager Michele Sindona wurde wegen betrügerischen Bankrotts seiner Bank 1984 in Mailand vor Gericht gestellt. Während der Verhandlung war er hinter Gittern. Foto: Deutsche Presse-Agentur Frankfurt.

Die einzelnen, über das Land verstreuten *cosche* stehen nun – wie gesagt – nicht unter zentraler Leitung. Sie können zwar durchaus zusammenarbeiten, und die Führer haben durchaus kollegiale Gefühle, aber häufiger bekämpfen sie sich, wenn sie in einem bestimmten wirtschaftlichen Sektor konkurrieren oder wenn es zwei oder mehrere *cosche* in einer Stadt gibt.

Für jeden einzelnen *mafioso* haben seine Taten vor allem ein Ziel: wirtschaftlicher und sozialer Aufstieg. Am Ende einer erfolgreichen Karriere ist aus dem armen Hirten, Teilpächter, Landarbeiter oder heute vor allem aus einem kleinen städtischen Kriminellen ein reicher und mächtiger Mann geworden.

Unter dem Aspekt des sozialen Systems läßt sich seine Tätigkeit als repressives Verbrechen beschreiben. Darunter möchte ich verstehen illegale Handlungen, hier vor allem Gewalttaten, die begangen werden zur Erhaltung privilegierter Positionen.

So waren die *mafiosi* – auch wenn sie manchmal einzelne Banditen in ihre Dienste nahmen oder in den Dienst politischer Kräfte vermittelten (wie den berühmten Banditen Giuliano, der 1947 eine Maidemonstration zusammenschoß) – im Prinzip stets Gegenspieler der Banditen, die überall die ursprünglichste Form des Agrarrebellismus darstellen. Die Besitzer von Landgütern und Viehherden, von Agrumengärten und Weinbergen sahen sich stets genötigt, Männer in ihre Dienste zu nehmen, die fähig waren, mit eiserner Hand oder auch nur durch die Furcht, die sie einflößten, Diebe und Banditen abzuschrecken. Die Strafaktionen der mafiosen Schutzgewalt sind Terroraktionen und üben als solche gleichzeitig eine abschreckende Wirkung aus. Immer wieder wird berichtet, daß die meisten Vieh- oder Erntediebstähle auf Kosten der kleineren Besitzer gingen, die nicht unter dem Schutz bekannter *mafiosi* standen.

Viel konsequenter und kompromißloser ist aber die Reaktion der *mafiosi* auf eine andere Bedrohung der bestehenden ökonomischen Ordnung, nämlich auf die revolutionären Bestrebungen, die von den Bauern ausgehen. Diese sind ja auch, da sie nicht nur die Besserstellung des einzelnen im System, sondern eine grundsätzliche Änderung des gesamten Systems zum Ziele haben, viel gefährlicher für Eigentümer und Großpächter. So bildeten sich etwa nach dem Ersten Weltkrieg Genossenschaften, die die Groß- und Zwischenpächter ausschalten und aus einer stärkeren Position heraus direkt mit den Grundeigentümern verhandeln wollten. Die Regierung konnte gegen diese Bauern, denen sie während des Krieges Reformen hatte versprechen müssen, nicht mehr so hart vorgehen, wie sie das vor dem Kriege getan hatte. Die Eigentümer waren also nun noch mehr als vorher gezwungen, ihre Privilegien auf eigene Faust und illegal zu verteidigen. Allein im Jahre 1920 wurden vier Gewerkschaftsfunktionäre und Organisatoren von Genossenschaften ermordet. In der Zeit des Faschismus, also in der Zeit des starken Staates, der die Unterdrükkung von Genossenschaften und Gewerkschaften selbst übernahm, wurde die *mafia* zurückgedrängt. Mussolini schickte seinen Präfekten Mori nach Palermo, der mit Sondervollmachten viele *mafiosi* auch ohne rechtsstaatliche Verfahren hinter Gitter brachte.

Nach 1943 forderten die landlosen Bauern nicht nur bessere Pachtverhältnisse, sondern auch die Aufteilung des Landes. Durch Bodenreformgesetze erhielt die Bewegung großen Auftrieb. An vielen Orten ergriffen die Bauern in spontanen Aktionen von den brachliegenden Ländereien Besitz und teilten sie unter sich auf. In ihrem Kampf gegen die organisierten Bauern, die Genossenschaften, Gewerkschaften und Linksparteien wandten die Konservativen die üblichen Mittel an: den terroristischen Mord und die Bedrohung. Zwischen 1945 und 1965 wurden 41 Exponenten der Bauernbewegung ermordet.

Am 3. September 1982 wurde in Palermo der wichtigste Gegner der sizilianischen mafia, Carlo Alberto della Chiesa, von einem Killerkommando ermordet. Dem Anschlag fielen auch seine Frau und sein Leibwächter zum Opfer. Foto: Deutsche Presse-Agentur Frankfurt.

Die *mafia* in der Großstadt

Seit den sechziger Jahren hat sich das Phänomen *mafia* stark gewandelt. Neben den traditionellen *mafioso* als *uomo d'onore*, als Ehrenmann mit ambivalenter Aura, ist zunehmend an seine Stelle der *mafioso* als Gangster getreten, dessen einziges Ziel finanzieller Gewinn ist, der kaum noch öffentliches Prestige genießt und auch nicht mehr in traditioneller Weise nach einer Legitimierung seiner Stelle strebt. Die Entstehung dieses neuen Typus ist auf Veränderungen der wirtschaftlichen und sozialen Struktur Siziliens zurückzuführen. Nicht mehr die Agrargesellschaft, in der der *mafioso* vor allem das Land und die Produktion kontrollierte, sondern die moderne Großstadt, und hier wieder hauptsächlich das Gebiet des Handels und des Konsums, sind sein Milieu. Er versucht, günstige Monopolstellen auf den Märkten in die Hand zu bekommen oder Tribute für fiktive Schutzleistungen zu erpressen (vor allem die kleineren Firmen werden dadurch geradezu erdrosselt, ein entscheidender Faktor zur Erklärung der wirtschaftlichen Stagnation in Sizilien), oder er betätigt sich selbst als Bauunternehmer, beim Bau neuer Stadtviertel oder beim Straßen-, Brücken-, Hafen- und Autobahnbau, wo staatliche Entwicklungsfonds oder EG-Zuschüsse locken und wo enorme Summen unterschlagen werden können. Vom normalen Unternehmer unterscheidet er sich dadurch – und das gibt ihm seine Vorteile –, daß er Gewalt und Erpressung in der Konkurrenz um die Aufträge einsetzt, und daß er billiger arbeitet, indem er die gleichen Mittel gebraucht, um die Arbeiter von gewerkschaftlicher Organisation abzuhalten oder diese um ihre Sozialleistungen zu prellen. Auch durch zusätzliche illegale Einnahmen verschaffen sich die mafiosen Unternehmen Konkurrenzvorteile, weil sie dadurch mit höherem Eigenkapital arbeiten können als andere.

Charakteristischerweise ist zugleich das Verhältnis von *mafia* und Staat ein anderes geworden. Konnte der alte *mafioso* noch auf seine politischen Patrone vertrauen, die ihn vor der Justiz schützten, oder überhaupt auf ein mangelhaftes Funktionieren der Justiz, auf Komplizenschaften, so muß der neue auch hier auf Gewalt setzen. Was früher undenkbar war, geschieht heute in großem Maßstab: die physische Bedrohung und Ermordung von Polizisten, Staatsanwälten und Richtern. Man kann sich (mit Polizisten und Juristen, die häufiger als früher aus dem Norden kommen und bereit sind, das staatliche Gewaltmonopol durchzusetzen) nicht mehr ohne weiteres arrangieren, man muß versuchen, sie brutal einzuschüchtern.

Die *mafia* in Norditalien

Eine Neuheit ist auch die Ausbreitung des sizilianischen organisierten Verbrechens nach dem Norden Italiens. Dazu hat paradoxerweise eine staatliche Repressionsmaßnahme beigetragen, nämlich die Verbannung. Das italienische Strafrecht kennt als besondere Sanktion den *soggiorno obbligato*, den Zwangsaufenthalt, der insbesondere zur Bekämpfung der *mafiosi* eingesetzt wurde und wird. (Gesetz von 1956, erweitert 1965 und 1975 im Rahmen

Mitglieder der camorra, einem der mafia ähnlichen Geheimbund in Neapel, dessen verbrecherische Aktivitäten inzwischen ebenfalls das ganze Land überziehen, müssen sich in einem Prozeß in Viterbo verantworten. Die Angeklagten und der Kronzeuge sind in Eisenkäfigen untergebracht. Foto: Bildarchiv Preußischer Kulturbesitz, Berlin.

der *Legge Reale*. Der *soggiorno obbligato* oder *confino*, also die Verbannung an einen Zwangswohnsitz mit ständiger polizeilicher Überwachung, kann als Präventivmaßnahme – unabhängig von gerichtlicher Verurteilung für bestimmte nachgewiesene Straftaten oder als an eine Strafhaft anschließende zusätzliche Maßnahme – dann angeordnet werden, „wenn jemand zu der begründeten Vermutung Anlaß gibt, daß er seine Einkünfte ganz oder teilweise aus Verbrechen bezieht, regelmäßig Verbrechen begeht oder Verbrechen fördert"). Die Idee dabei ist, die *mafiosi* aus ihrer vertrauten Umgebung, in der sie wie die Fische im Wasser schwimmen und durch die *omertà* geschützt sind, herauszunehmen und in einer neutralen oder feindlichen Umgebung zu isolieren. Meist wurden sie auf abgelegene kleine Inseln geschickt, in den sechziger Jahren aber auch zunehmend in das Hinterland der großen Städte Norditaliens. Dort waren sie aber keinesfalls so isoliert, wie man gehofft hatte, vor allem wegen der Tatsache, daß durch die Arbeitsemigration Hunderttausende von Süditalienern die Vorstädte um Mailand, Turin, Genua usw. bevölkerten. Es gelang ihnen, neue *cosche* aufzubauen und diese für ein Geschäft einzusetzen, für das das im Vergleich zu Sizilien sehr viele reichere Norditalien große Möglichkeiten bot: die Entführung. Zwischen 1970 und 1978 wurden allein in den Regionen Piemont, Lombardei und Venetien 117 Menschen entführt, für die jeweils zwischen fünfhundert Millionen und sieben Milliarden Lire Lösegeld bezahlt wurden (das heißt, zwischen einer und vierzehn Millionen Mark), und in den letzten Jahren haben sich die Zahl der Entführungen sowie die Lösegeldsummen noch erhöht, auch wenn es inzwischen strafbar ist, Lösegeld zu bezahlen, und die Konten der Familien eines Entführten blockiert werden. Einige wenige dieser Entführungen gehen zu Lasten terroristischer Gruppen, andere zu Lasten eingesessener Krimineller (wie der Bande um den berüchtigten Francesco Turatello oder jener um Renato Vallanzasca), das Gros zu Lasten der mafiosen *cosche*, die sich allerdings höchstens noch durch die Rekrutierung ihres Personals aus den Reihen der Süditaliener von den eingesessenen Banden unterscheiden, so daß es – kriminologisch gesehen – nicht mehr sinnvoll ist, von *mafia* zu sprechen.

Struktur und Funktion des organisierten Verbrechens

Wenn wir organisiertes Verbrechen definieren, dann denken wir zunächst an folgende Merkmale:

1. Eine mehr oder weniger permanente, strukturierte und hierarchisierte Assoziation einer größeren Anzahl von professionellen oder halbprofessionellen Kriminellen,
2. deren Organisationsstruktur arbeitsteilig und in den einzelnen Phasen gegeneinander abgeschottet, aber informell ist, auf klientelhaften persönlichen Beziehungen beruht, die (da die Illegalität bei Störungen wie Vertragsbruch, Verrat usw. einen für legale Organisationen normalen Rückgriff auf staatliche Sanktionsinstanzen unmöglich macht) letztlich durch illegale Gewalt als interner Sanktion garantiert werden,
3. deren Tätigkeit sehr rational durchgeplant und auf finanziellen

Gewinn hin orientiert ist, und zwar durch Raub und Erpressung, aber auch durch Produktion und Distribution illegaler Güter und Dienstleistungen (vom Rauschgift bis zum Verkauf von Gewalt in Arbeitnehmer-Arbeitgeber-Konflikten), und die sich

4. durch Korrumpieren der Träger legaler Staatsmacht, der polizeilichen und justitiellen Verfolgung zu entziehen sucht.

Dieser kriminologische Definitionsversuch schließt jugendliche Motorradbanden ebenso aus wie politisch motivierte Terrorgruppen und die verschiedenen Formen von Wirtschaftskriminalität, obwohl alle diese Formen von Verbrechen durchaus organisiert sind, aber eben doch nicht zu dem gehören, was wir allgemein unter organisiertem Verbrechen verstehen.

Aber diese Definition ist noch unvollständig. Sie muß durch zwei weitere Merkmale ergänzt werden, die man häufig übersieht, die aber doch in den geschilderten Beispielen sehr deutlich geworden sind, und die auch für andere Gruppen der organisierten Kriminalität in vielen Ländern der Welt typisch sind.

Nämlich 5. ein Merkmal, das ich den ethnischen Faktor nennen möchte, das heißt, die sehr häufige Verwurzelung des organisierten Verbrechens in historisch gewachsenen Subkulturen auf ethnischer Basis. Dieses Merkmal finden wir nicht nur bei Sizilianern und Sarden innerhalb des größeren sozialen Verbandes Italien, sondern auch bei Italienern, Juden, Iren, Puertorikanern und Kubanern in den USA, bei den Korsen in Frankreich, bei den Chinesen aus der Provinz Fukien in Südostasien oder zum Beispiel in den Niederlanden, in Ansätzen bei den Türken in den westeuropäischen Ländern usw.

Die Bedeutung dieses ethnischen Faktors ist – im Lichte der ersten vier Merkmale – leicht zu verstehen. Die genannten Volksgruppen befinden sich – entweder als Überlagerte oder als Einwanderer – innerhalb eines größeren sozialen Verbandes in einer schlechteren sozio-ökonomischen Lage als die Umgebung, von der sie häufig diskriminiert werden. Die Institutionen des größeren Verbandes, einschließlich der polizeilichen und justitiellen, werden als fremd und feindlich empfunden, die Zusammenarbeit wird häufig verweigert, dagegen Solidarität mit den Angehörigen der eigenen Gruppe geübt, auch mit den Kriminellen. Zudem stellt die Kriminalität ein typisches Aufstiegsvehikel dar, so daß der erfolgreiche Gangster zum bewunderten Sinnbild des allgemeinen Aufstiegsstrebens werden kann, mit dem man sich identifiziert. Auch nimmt der erfolgreiche Gangsterboß manchmal wirklich eine Patenfunktion für die Volksgruppe oder einen Teil davon ein, er leistet also konkret etwas für sie. Das alles führt dazu, daß die organisierten Kriminellen in ihrer ethnischen Gruppe wie Fische im Wasser sich bewegen können und daß – bei allen internen Konflikten – doch eine Geschlossenheit nach außen zustande kommt. Damit löst sich der scheinbare Widerspruch, daß es zum Beispiel keine zentral gesteuerte *Mafia* oder *Cosa Nostra* gibt, daß aber dennoch ein Ausspielen der einzelnen ‚Familien' gegeneinander so schwierig ist. Diese Momente werden noch unterstützt durch die besondere Sprache, die ein Durchdringen von außen erschwert, die Integration auch der Frauen, die keinen Störfaktor für die Tätigkeit ihrer Männer darstellen, und durch ein subkulturelles Normensystem, das Ausdruck einer meist patriarchalischen Gesellschaft mit vielen beinahe feudalistisch zu nennenden Relikten in den sozialen Beziehungen ist (Personalisierung der Beziehungen, Betonung der Verwandtschaftsbande und der Patron-Klient-Verhältnisse mit ihren Treue-Forderungen und Ehrenkodices, Bindung durch das Wort als Ersatz für den geschriebenen Vertrag, Selbsthilfe ohne Rückgriff auf staatliche Instanzen bei Konflikten usw.) und das sich problemlos auf die sozialen Beziehungen innerhalb der kriminellen Assoziationen übertragen läßt, so daß diese überhaupt keine besonderen Statuten oder andere Erfindungen der kriminologischen Phantasie nötig haben.

Als 6. Merkmal schließlich möchte ich die politische Funktion hervorheben, die das organisierte Verbrechen häufig hat und ohne die seine dauerhafte Existenz in vielen Ländern gar nicht zu erklären wäre. Damit meine ich mehr als nur die Korrumpierung von Behörden, ich meine eine echte Interessenkonvergenz und Zusammenarbeit mit der politischen und ökonomischen Führungsschicht, wobei Personen aus der legalen Elite nicht etwa oder nicht nur (durch Bestechung oder Erpressung) die Opfer des organisierten Verbrechens werden (wie das meist dargestellt wird), sondern wobei sie oft auch selber die Initiative ergreifen und das organisierte Verbrechen in ihren Dienst nehmen. Am Beispiel der *mafia* haben wir das deutlich gesehen.

Mishima und seine ‚Schildgemeinschaft'

Volker Stanzel

Yukio Mishima ist einer der erfolgreichsten und im Westen bekanntesten japanischen Schriftsteller. Zugleich ist er Gründer eines den japanischen Traditionen verhafteten Bundes junger Männer, die Japan vor dem Abgrund westlicher Dekadenz retten wollten: der ‚Schildgemeinschaft'. Durch das Zusammenschweißen von überkommenen Empfindungen von Gruppenidentität sozialen und religiösen Charakters mit der Ideologie der Verehrung des japanischen Kaisers wollte Mishima ein Gegenbild zur pluralistischen, Amerikaorientierten Gesellschaft des modernen Japans schaffen. Darüber hinaus entsprachen die Riten und physischen Aktivitäten der ‚Schildgemeinschaft' Mishimas narzistischen und homosexuellen Neigungen.

Nach dem Scheitern eines Putschversuchs auf dem Gelände der japanischen Armee im Jahr 1970 beging Mishima mit seinem Stellvertreter und homosexuellen Geliebten rituellen Selbstmord. Die ‚Schildgemeinschaft' löste sich nach diesem Vorfall – und der Verhaftung der Führungsgruppe – auf: Japan hatte sich nicht retten lassen wollen.

Yukio Mishima, geboren am 14. Januar 1925 in Tokio, erlangte erste Berühmtheit mit seinem semi-autobiographischen Roman „Bekenntnisse einer Maske" (*Kamen no kokuhaku;* 1949), in dem bereits die Themen dominieren, die sein ganzes späteres Werk bestimmen: menschliche Schwäche und physische Stärke, morbide Schönheit, Tod und Blut.

Angesehen und erfolgreich als Schriftsteller, versuchte er sich daneben noch als Schauspieler, als Filmautor, Kritiker, Essayist – und als nationalistischer Aktivist.

Am 25. November 1970 fuhr Mishima, gekleidet in eine gelb-braune Phantasieuniform, zusammen mit vier ebenfalls uniformierten jungen Studenten in seiner weißen amerikanischen Limousine in das Hauptquartier der japanischen Armee im Zentrum Tokios. Er wurde anstandslos bei General Mashita vorgelassen, bei dem er einen Besuch vereinbart hatte. Nach Austausch weniger Höflichkeiten, und nachdem er dem General die Klinge seines antiken Samuraischwerts vorgeführt hatte, befahl Mishima seinen Studenten, den General zu fesseln und zu knebeln. Mit Mashita als Geisel erzwang sich Mishima die Erlaubnis, vom Balkon des Zimmers zu den Soldaten der Garnison zu sprechen. Er rief die Soldaten zum Putsch auf, um damit dem Kaiser – dem Tenno – seine traditionelle Rolle zurückzugeben und Japan zu retten. Die Soldaten lachten den Schriftsteller aus. Darauf knieten Mishima und Morita, einer der Studenten, nieder und begingen rituellen Selbstmord : *harakiri, seppuku.* Die politische Demonstration in ihrer traditionellen Form des rituellen Selbstmords hatte so zugleich den – gleichfalls traditionellen – Charakter eines dramatisch inszenierten Doppelselbstmords zweier homosexueller Liebhaber. Eigentlich erst damit erfuhr die japanische Öffentlichkeit, daß dieser nobelpreiswürdige Schriftsteller Führer einer winzigen Privatarmee gewesen war: der Schildgemeinschaft *(tate no kai).*

Die ‚Schildgemeinschaft'

Die ‚Schildgemeinschaft' hatte Mishima 1968 als eine Art ziviler Miliz begründet und bis zu 85 Studenten darin versammelt. Gekleidet in die von Mishima selbst entworfenen Uniformen mit Wespentaillen und viel Messing, galt ihre Hingabe ihrem Führer und durch ihn dem Ideal eines kaiserlich regierten ‚wahren' Japans. Hauptaktivität der Gruppe waren kleinere Trainingsunternehmungen, um „den Schweiß des Mannes fließen zu lassen" (Mishima 1982), auf dem am heiligen Berg Fuji gelegenen Manövergelände der japanischen Armee, zu dem Mishima dank seiner guten Beziehungen zur Generalität Zugang hatte (Anm.: Der Einfachheit halber verwende ich in diesem Text für das der japanischen Verfassung entsprechende Wort ‚Selbstverteidi-

Yuko Mishima, einer der erfolgreichsten Schriftsteller seiner Zeit, Anwärter auf den Literatur-Nobelpreis, war Gründer eines militärisch-politischen Männerbundes, der ‚tate no kai', der Mishimas Selbstmord im Jahre 1970 kaum überdauerte. Sein konservatives Weltbild war der japanischen ‚Schule', dem klassischen Kriegerwesen, nationalistischem Denken, Neokonfuzianismus, Buddhismus und Shintoismus verpflichtet. Diesem Weltbild entsprechend liebte es Mishima, bei den Treffen seiner ‚Schildgemeinschaft' in kostbaren alten Samurai-Uniformen aufzutreten. Foto: Keystone Pressedienst Hamburg.

gungstruppen' *(jieitai)* den Begriff ,Armee'. Dabei ist zu bedenken, daß einer der aktuellen Anlässe für Mishimas Putschversuch die Diskussion über die Verfassungsmäßigkeit jener ,Selbstverteidigungstruppen' war).

Nach Mishimas Tod, und nachdem die Mitglieder, die an dem Putschversuch beteiligt gewesen waren, vor Gericht gestellt worden waren, löste sich die Schildgemeinschaft auf. Anhänger von Mishimas politischen Vorstellungen gründeten später die noch heute existierende Gemeinschaft zur Erforschung Yukio Mishimas *(Mishima Yukiō kenkyūkai),* die alljährlich an Mishimas Todestag in Veranstaltungen ,patriotischer Trauer' und durch Ansagen aus in den Straßen Tokios kreuzenden Lautsprecherwagen an die Bevölkerung appelliert, Mishimas Ideale zu verwirklichen. (Einer Untersuchung des Geschichtswissenschaftlers Masayasu Hosaka [1980] zufolge waren im Jahr 1980 von den ursprünglich 85 Mitgliedern der Schildgemeinschaft 47 Angestellte in der von Mishima so verachteten Wirtschaft, die zweitgrößte Gruppe, siebzehn Personen, waren Beamte des Staates geworden, gegen den sie zehn Jahre zuvor geputscht hatten).

Die Vorstellungen, zu deren Realisierung Mishima die Schildgemeinschaft gründete, legte er selbst am klarsten in dem ,Manifest' *(geki)* dar, das er den Soldaten am Tag des Putschversuchs vom Balkon des Armeehauptquartiers vortrug. Kerngedanken waren: Das heutige Japan ist unrein und hat sich durch die Amerikanisierung selbst besudelt. Die Seele seiner Menschen ist verloren. Das Land stürzt in ,einen Abgrund totaler Leere'. Denn Japan hat sich selbst vergessen. Es lebt einzig seinen wirtschaftlichen Interessen. Daher ist die japanische Seele verkommen und verrottet. Nur die Armee bewahrt den Geist des ,wahren Japans' und muß die Verantwortung für die Rettung des Landes übernehmen. Dies kann nur durch die Wiederherstellung der Herrschaft des Tenno geschehen.

(Einige von Mishimas eigenen Worten vor den Soldaten der Armee: „Wir, die Mitglieder der Schildgesellschaft, verehren die Armee. Sie ist die Seele Japans. Doch sie wird von den Führern des Landes als ein Spielzeug behandelt... Nun steht die Ehre der Nation auf dem Spiel... Unsere grundlegenden Werte als Japaner sind in Gefahr. Denn der Tenno nimmt nicht den ihm gebührenden Platz in Japan ein.

Wir haben vergeblich gewartet, daß die Armee sich erheben würde. Doch wenn wir jetzt nichts unternehmen, wird der Westen Japan für ein ganzes Jahrhundert beherrschen! ... Laßt uns Japan seine wahre Gestalt zurückgeben, und laßt uns sterben. Oder wollt ihr nur das Leben hoch halten und die Seele sterben lassen? ... Wir zeigen euch einen Wert, der höher steht als der Respekt vor dem Leben. Es ist nicht Freiheit oder Demokratie. Es ist Japan, das Land unserer Geschichte und Tradition, das Japan, das wir lieben" [Mishima 1982]).

Die Gedanken, die Mishima hier zusammenfaßt, wie auch der Charakter seiner Schildgesellschaft bestimmen sich aus unterschiedlichen, älteren und jüngeren Traditionen: der japanischen Einrichtung der ,Schule', dem klassischen Kriegerwesen, nationalistischem Denken, Neokonfuzianismus, Buddhismus, Shintoismus.

Die Schildgemeinschaft als ,Schule'

Formal war die Schildgemeinschaft nach dem Vorbild klassischer ,Schulen' *(ha)* aufgebaut. Dies sind fachlich stark spezialisierte gesellschaftliche Kleinentitäten des traditionellen Japans. Sie entstehen gewöhnlich durch die hohe Anerkennung, die ein in seinem Fachgebiet überragender Meister *(sensei)* genießt. Solche Schulen finden sich im Bereich des bewaffneten oder unbewaffneten Kampfs (Schwertkampf, *ninja, jiūjutsu),* im Handwerk (Schreiner, Schmiede), in der Kunst (Tuschmalerei, Ikebana, Gesang), in der Religion (Sekten) oder in der Geisteswelt (philosophische Richtungen). Stets verfügt der Meister über meist geheim gehaltene Kenntnisse, die sich seine Schüler durch graduelle Adaption im gesamten Lebensstil aneignen müssen. Von den Schülern wird Anpassungsfähigkeit und Gehorsam gefordert, vom Meister Härte, Loyalität und die Ausübung absoluter Autorität. In seinem eigenen Bereich, in seiner gesellschaftlichen Nische, kennt der Meister über sich nur den Tenno. So ist zu verstehen, weshalb Mishima meinen konnte, dem ganzen Land den Weg zur rechten Regierungsform zu weisen.

Mishimas ganzes Leben – er wurde nur 45 Jahre alt – war planvoll auf den in der Öffentlichkeit vollzogenen Selbstmord ausgerichtet. Sein letzter Roman war abgeschlossen, und der Putschversuch, der seinem Selbstmord vorausging, war – Mishima wußte es – zum Scheitern verurteilt. Vom Balkon des Generals im Hauptquartier der japanischen Armee in Tokio rief er die Soldaten der Garnison zum Putsch auf. Als diese ihn auslachten, beging er zusammen mit einem seiner Begleiter Selbstmord. Foto: Keystone Pressedienst, Hamburg.

Die Mitglieder der Schildgemeinschaft als ‚Samurai'

Die gesellschaftliche Klasse der Krieger (*bushi*, Samurai), ranghöchste nach dem Adel, hatte während des mehrhundertjährigen Friedens vor Beginn der Modernisierung ihre Existenzberechtigung verloren. Gerade deshalb pflegte sie ihre Traditionen und Ideale. Damit formte sie ein Bild ihrer selbst, auf das das Japan des 20. Jahrhunderts mit Faszination blickte, und das auch Mishima mit seiner Schildgemeinschaft lebendig zu machen suchte, wenngleich meist ins Kitschige übertrieben. Die Tugend des Gehorsams gehörte in dieses Bild, Pflichtbewußtsein, Genügsamkeit, Verehrung der Waffe, auch die Homosexualität. Mishima hatte bereits Essays über das Kriegerwesen *(bushidō)* verfaßt und war selbst in Filmen als Samurai aufgetreten, bevor er versuchte, das Idealbild in seiner Schildgemeinschaft wieder ins Leben des modernen Japans zu rufen.

Nationalistische Elemente

In Mishimas Weltbild (selbst wenn er es zu Zeiten zu ironisieren imstande war) war die Schildgemeinschaft eines der Elemente, die das ‚wahre', auf den Tenno hin orientierte Japan konstituieren sollten. Nach den ahistorischen, eher totemistisch anmutenden Vorstellungen der prämodernen Nationalisten ist der Tenno als Japans ‚Herz' die Aktualisierung von Kultur und Tradition des Landes. Er garantiert so den Bestand der ‚nationalen Essenz' *(kokutai)* Japans. In dieser wiederum ist die

Überlegenheit Japans gegenüber allen anderen Nationen begründet. Daß der Tenno selbst machtlos sein kann, ändert daran nichts, ja ist fast Voraussetzung für die unbeschmutzte Ausübung seiner eigentlichen Funktion: Er sollte als Mensch die Menschen vor den Göttern vertreten und zur selben Zeit als Gottheit auf der Erde Vorbild für den Menschen sein. Herrschaft sollte er nur durch sein Sein ausüben. Immer wieder bedarf er daher der Menschen und der Organisationen, die ihn stützen und die seine Herrschaftsfunktion schützen. Als solch eine Organisation war von Mishima auch sein den Tenno wie ein Schild schützender Bund von ihrer Aufgabe hingegebenen Männern gedacht.

Religiöse und staatsphilosophische Elemente

Das soeben beschriebene Bild von der Rolle des Tenno entstammt dem Shintoismus, Japans Naturreligion, aus dem es von den Nationalisten entlehnt und ins Staatsphilosophische überhöht wurde. Eher dem religiösen Bereich entstammt die Vorstellung von der Reinheit als Tugend, die von Mishima sowohl für das eigene Verhalten, das der Schildgemeinschaft wie auch ganz Japans übernommen wurde (daher auch die Klage Mishimas, Japan habe sich selbst ‚besudelt'); hierzu zählt auch die – letztlich nur durch den rituellen Selbstmord im Dienste des Tenno zu realisierende – Pflicht zum Tod in Reinheit.

In Mishimas Vorstellung von der Rolle des Tenno fließen darüber hinaus neokonfuzianische Konzepte ein. Der Herrscher ist nicht nur Gott und Vorbild, er ist zugleich Vater, dem die Untertanen gehorsam wie Kinder folgen. Zum Komplex Gehorsam gehört dabei alles tugendhafte Verhalten, das heißt vor allem, das formal korrekte Verhalten des Samurai. Pflichterfüllung und absolute Loyalität sind die wesentlichen Merkmale dieser Tugend des Samurai, in denen ausschließlich er sich selbst verwirklichen kann.

Buddhistische Einflüsse sind erkennbar über den Zen-Buddhismus, der traditionell von den Samurai gepflegt wurde, in Mishimas Vorstellungswelt eingegangen. Beim Training der Schildgemeinschaft ist das asketische Gemeinschaftsleben von großer Bedeutung, die Todesverachtung ist wesentlich, schließlich auch die Lebens-Müdigkeit.

Pflichterfüllung und Selbstverwirklichung

Mit ihrem Putschversuch kommt Mishimas Schildgemeinschaft der Verpflichtung nach, die ihrer Existenz inhärent ist. Die Mitglieder mit dem verantwortlichen Meister vorneweg opfern sich für das wahre Japan. Hierzu in der Lage sind *per se* nur wahre Samurai – wahre Männer. Dies ist hier keine soziale Kategorie mehr, sondern eine ethische. Wahre Männer handeln tugendhaft wie Samurai, sie handeln entschlossen, und der Tod in Reinheit hat für sie keine weitere Bedeutung, als daß er den konsequenten Abschluß entschlossenen Handelns darstellt. Gerechtfertigt ist dieser Tod nicht durch das Leben des einzelnen. Tugendhaftes Verhalten und Handeln betrifft auf höchster Ebene viel mehr als den einzelnen: Es betrifft die Existenz der Nation. Nur wenn er für die Existenz seiner Nation stirbt, erhält die Existenz des wahren Japaners einen höheren Wert. Dieser Tod gewinnt allenfalls noch durch das gemeinsame Sterben mit gleichgesinnten Kameraden: die Todeskommunion einer Gemeinschaft wahrer Männer. Mishimas Zusammenführung von *harakiri* als politischer Demonstration und als homosexueller Liebesdoppelselbstmord ist aus dieser Sicht also kaum mehr zu überbieten...

Durch die Gründung seiner ‚Schildgemeinschaft' und dadurch, daß er sie mit seinem Doppelselbstmord ihrer allerletzten Bestimmung zuführt, hat Mishima die Amalgamierung traditionell japanischen männlichen Gemeinschaftsempfindens mit seiner politischen Ideologie versucht. Damit wollte er einen Impuls zumindest für die offensive Auseinandersetzung mit der fragmentierten pluralistischen und demokratischen Gesellschaft des modernen Japans geben. Mishimas Mißerfolg war vorgezeichnet. Soweit sich feststellen läßt, hat er das gewußt. Allerdings dürfte Mishima kaum damit gerechnet haben, daß selbst die Soldaten, die Mishima anhörten, und die er als vermeintlich kongeniale ‚wahre Japaner' ansprach, ihn verlachen würden. Daß sie es taten, wirft ein Licht darauf, wie fern das moderne Japan von der Vorstellungswelt einer ‚Schildgemeinschaft' ist.

Yakuza – die kriminelle Geheimgesellschaft Japans

Jacob Raz

***Yakuza* bezeichnet die kriminelle Unterwelt in Japan. Sie ähnelt verschiedenen kriminellen Verbindungen auf der Welt, aber sie unterscheidet sich auch von ihnen. Die Einkunftsquellen sind Glücksspiel, Wetten, Schutzgelder, Erpressung, Prostitution, Pornographie, Drogenhandel, Kontrolle von Gewerkschaften, Wucherzinsen, sowie zwielichtige politische Aktivitäten, oft in Verbindung mit rechten Gruppierungen. In letzter Zeit engagiert sich *yakuza* mehr und mehr in legalen Geschäften, inklusive kultivierter ‚hochgeistiger Verbrechen'.**

Einzigartig ist die *yakuza* in ihrem öffentlichen Auftreten in der japanischen Gesellschaft, in ihrer Lehre, ihren Bräuchen und der Organisation ihrer Subkultur. *Yakuza*-Mitglieder schmücken ihre Büros mit den Emblemen ihrer Bande und tragen diese Embleme auf Ansteckern am Rockaufschlag. Sie publizieren ihre eigenen Bücher und Zeitschriften, die unter anderem auch wissenschaftliche Artikel oder sogar Gedichte von Bandenmitgliedern enthalten.*

Wer oder was ist die *yakuza?*

Nach dem Polizeibericht von 1988 gab es Ende 1987 in Japan 3197 organisierte Verbrechergruppen, mit einer Gesamtzahl von 86552 Mitgliedern. In den frühen sechziger Jahren waren es sogar 180000 Mitglieder. Diese Zahlen sind überraschend, wenn man bedenkt, daß in den USA ‚nur' etwa 20000 bis 30000 Personen kriminellen Organisationen angehören und Japan auf der anderen Seite für seine niedrige Kriminalitätsrate, besonders bei Kapitalverbrechen, Gewaltverbrechen usw. berühmt ist.

Yakuza werden in drei Hauptkategorien eingeteilt: *bakuto*, die traditionellen Spieler; *tekiya*, die traditionellen fahrenden Händler und die Gruppen von ehemaligen kriminellen Jugendlichen. Alle drei Gruppen sind in offiziellen Publikationen und den Massenmedien als *bôryokudan* (gewalttätige Banden) bekannt, der traditionelle Name aber ist *yakuza*. *Bakuto*- und *tekiya*-Gruppen stammen aus der Edo-Zeit (1603–1867), und werden als die ‚echten' *yakuza* angesehen. Die dritte Gruppe entwickelte sich nach dem Krieg aus Straßenbanden.

Das Wort *yakuza* bedeutet acht *(ya)*, neun *(ku)* und drei *(za)*, was soviel heißt wie das schlechtestmögliche Blatt im japanischen Kartenspiel *hanafuda*. Schon das Wort *yakuza* spielt also auf das Image der *yakuza* als den Verlierern und Nichtsnutzen der Gesellschaft an. Sowohl von der konventionellen Gesellschaft als auch von den *yakuza*-Mitgliedern selbst wird dieses Image bestätigt. *Yakuza* werden auch als *bakuto* oder Spieler bezeichnet. Obwohl man mit dem Wort *yakuza* im Grunde jede Art von Spielern, Kriminellen oder Räubern benennen kann, heißt *yakuza* üblicherweise nur jemand, der in einer fiktiven Familie organisiert ist, das heißt, mit anderen *yakuza*-Mitgliedern fiktive Eltern-Kind- (*oyabun-kobun*) oder Geschwisterbeziehungen (*kyôdaibun*) eingegangen ist, die ihn in ein Netzwerk von Rechten und Pflichten einbinden und die durch formale Rituale bestätigt werden.

Mythos und Geschichte

Die Ursprünge von *yakuza* können bis in die Edo-Periode zurückverfolgt werden. Nach langandauernden Bürgerkriegen herrschte endlich Friede und die alten Werte von *kyokyaku* (Ritterlichkeit und Fechtkunst) der Samurai verloren für die herrschende Klasse an Bedeutung. Die Werte der Samurai wurden jedoch von einer neuen Subkultur übernommen, das heißt, verschiedene Gruppen nahmen als Basis für ihre Organisation und ihr Wertesystem das Modell der Kriegerelite der Samurai aus vergangenen Zeiten. Ungeachtet des Friedens, der Anfang des 17. Jahrhunderts in Japan herrschte, hörten Gruppen der *hatamoto-yakko* (Diener des Shogunats)

Revolver statt Schwert. Nach einem Polizeibericht von 1988 gab es Ende 1987 in Japan 3197 organisierte Verbrechergruppen, mit einer Gesamtzahl von 86552 Mitgliedern. Diese Zahlen sind überraschend, wenn man bedenkt, daß in den USA ‚nur' etwa zwanzig- bis dreißigtausend Personen kriminellen Organisationen angehören und Japan auf der anderen Seite für seine niedrige Kriminalitätsrate, besonders bei Kapitalverbrechen und Gewaltverbrechen, berühmt ist. Foto: Spiegel-Archiv, Hamburg.

nicht auf, mit und durch das Schwert zu leben. Viele von ihnen wurden Banditen und plünderten landauf, landab Städte und Dörfer. Gruppen junger Städter, sogenannte *machi-yakko* (Stadtdiener) wurden zum Schutz und zur Selbstverteidigung gegen die *hatamoto-yakko* eingesetzt und von ihren Mitbürgern oft als Helden verehrt. *Machi-yakko* waren häufig angestellte Arbeiter, einfache Handwerker, Obdachlose oder herrenlose Samurai. Sie waren geschickte Spieler und entwickelten mit der Zeit ein enges Verhältnis zu ihren Führern.

Die sogenannten *machi-hikeshi*, Feuerwehrmänner, waren eine solche Gruppe. *Machi-hikeshi* arbeiteten meist als Bauarbeiter und wurden im Notfall als Feuerwehrmänner aktiv. Jede *machi-hikeshi*-Gruppe hatte ihre eigene Fahne und ihre besonderen Mäntel. Brach ein Feuer aus, entschied der Gruppenführer über den Einsatzort und der Standartenträger (*matoi-mochi*) kletterte auf das Dach des betroffenen Hauses und schwang die Fahne. Dieses Amt war sehr ehrenvoll. Der *matoi-mochi* durfte seinen Posten niemals verlassen, nicht einmal wenn das Feuer näher kam. Feuerbekämpfung bedeutete Geld und Ehre. Daher wurden *machi-hikeshi* immer wieder in Kämpfe verwickelt, wenn verschiedene Gruppen zur selben Zeit am Unglücksort eintrafen. Moderne *yakuza*-Banden ähneln den *machi-hikeshi* hinsichtlich der Bedeutung, der sie dem Zurschaustellen ihrer Fahnen, Laternen, Armbänder, Schildertafeln und Anstecknadeln zumessen. Und in der Tat gehen die Ursprünge der *yakuza* auf *machi-yakko* und *hikeshi-yakko* zurück. Die früheste legendäre *yakuza*-Figur ist Banzuin no Chobei, Unternehmer und Spieler, der im 17. Jahrhundert lebte. Er stammte aus einer *ronin*-Familie (herrenlose Samurai) und wurde der Führer der *machi-yakko* in Edo, dem heutigen Tokio. Banzuin war Arbeitsvermittler, der Arbeiter für verschiedene öffentliche Bauvorhaben in und um Edo anwarb. Ihm gehörte auch eine Spielhölle.

Spielen galt unter den Arbeitern als beliebter Zeitvertreib und ermöglichte Banzuin, einen Teil des von ihm an die Arbeiter ausgezahlten Lohns wieder einzunehmen. Zahlreiche Volkssagen und *kabuki*-Texte erzählen von Banzuins ritterlichem Leben und seinem ‚männlichen' Tod (durch das Schwert, wie es einer legendären Figur entspricht).

Die Legenden über die *machi-yakko* liefern den *yakuza*-Banden zwar reiche Folklore, Legitimation für ihren Ursprung, doch entspricht ihre Schilderung der Geschichte nicht ganz den Tatsachen. Sowohl die *machi-yakko* als auch ihre Rivalen, die *hatamoto-yakko*, waren schon vor der Gründung der *yakuza* im frühen 18. Jahrhundert aufgelöst worden. Im Gegensatz zu den legendären *machi-yakko*, den *Robin Hoods* Japans, verbündeten sich die *yakuza* mit korrupten lokalen Bürokraten, um das einfache Volk auszubeuten. Die Spielhöllenbetreiber, die gleichzeitig Arbeitsvermittler waren, arbeiteten mit Regierungsbeamten und Feudalherren zusammen und versuchten die Löhne ihrer Arbeiter, die sie bei verschiedenen öffentlichen Aufträgen einsetzten, unter anderem durch die Einnahmen in den Spielhöllen zurückzugewinnen.

Bakuto: Die Spieler

Bakuto, die frühen *yakuza*, waren ehemalige Samurai, Handwerker und Händler, die sich nicht an den Frieden und die aus ihm resultierenden schnellen sozialen, wirtschaftlichen und politischen Veränderungen im Japan des 17. Jahrhunderts gewöhnen konnten. Sie entwickelten eine Organisation mit starker Führung, ausgearbeiteter Sozialstruktur, verschiedenen Rängen, Ritualen und einem komplexen Wertesystem, das auch heute noch gültig ist. Mit der Zeit mußten die *yakuza*-Mitglieder die Spielbezirke unter den verschiedenen Gangs aufteilen. Es kam häufig zu Kämpfen, die die Entwicklung eines paramilitärischen Systems zur Folge hatten. *Bakuto* übten Terror aus und erpreßten Geld von den einfachen Leuten. Lokale *bakuto* eröffneten entlang den neuen Hauptstraßen Spielhöllen; die belebteste Straße war die Tokaidostraße zwischen Edo und Kyoto. In diesen Spielhöllen wurde die Bezeichnung *yakuza* für Verlierer üblich. Später jedoch wurde das Wort auf die Spieler selber angewendet und bedeutete so viel wie „die für die Gesellschaft Nutzlosen". *Bakuto* werden als früheste und von manchen als die ‚echten' *yakuza* betrachtet.

Bereits die ersten *bakuto* entwickelten Satzungen und Regeln, die die Loyalität gegenüber dem *oyabun* (Boss), sowie die Geheimhaltung und Rangordnung betrafen. Die Organisation war analog dem Feudalsystem strukturiert. Der *oyabun* stand als absoluter Herrscher an der Spitze. Beförderungen waren das Resultat von besonderer Geschicklichkeit im Spiel und Heldenmut bei Bandenkriegen – heute sind sie die Folge von Geschäftstüchtigkeit und Anhäufung wirtschaftlicher Macht. Manche frühen *bakuto*-Gangs erreichten ein gewisses Maß an öffentlicher Anerkennung und wurden zur Zusammenarbeit mit den Behörden zugelassen; manchmal wurde ein *oyabun* sogar Abgeordneter. Es ist möglich, daß die geheimen Abmachungen sowie die Zusammenarbeit zwischen *yakuza* und hochrangigen japanischen Politikern aus jüngster Zeit, in der Zusammenarbeit von Autoritäten der Edo-Zeit mit den frühen *yakuza* ihren Anfang nahmen. Eine berühmte Erscheinung der frühen *bakuto* waren die sogenannten ‚Reisenden'. Herumziehende Spieler besuchten lokale *oyabun*, blieben jeweils einige Tage und erhielten Geld für ihre Spesen. Diese Reisenden wurden sehr zuvorkommend behandelt, wie es Kollegen (‚Zunftbrüdern') zukommt. Sie trugen Hüte aus Riedgras, welche ihre Gesichter nahezu vollständig verhüllten, Umhänge, Strohsandalen, ein Schwert, und hatten über ihre Schulter mehrere Bündel geworfen. Am Eingangstor des Hauses ihres Gastgebers führten sie das *jingi* durch, das heißt, ein Begrüßungsritual, mit dem sie ihre Ergebenheit ausdrückten.

Neben Informationen über seinen Herkunftsort, den Namen seiner Bande und seines *oyabun* enthielt die Vorstellung des Gastes auch eine bescheiden vorgetragene Bitte um Unterstützung. Anschließend übergab der Gast seinem Gastgeber ein Handtuch, welches, wenn alles gut ging, mit ein wenig Geld zurückgegeben wurde. Im Austausch für die Gastfreundschaft half der Reisende im Haus der Gastgebers. Wurde er von den Behörden gesucht, was oft der Fall war, so übernahm es der Gastgeber ihn zu verstecken. Die Lebensweise des reisenden Banditen, seine Aufmachung und das *jingi* machen ihn heute zu einer der farbigsten und romantischsten Figuren in den Erzählungen über die Edo-Zeit.

Tekiya: Die fahrenden Straßenhändler

Die andere traditionelle *yakuza*-Gruppe sind die *tekiya* oder Straßenhändler. Während der Edo-Zeit hießen sie *yashi*, möglicherweise waren sie ursprünglich *ronin*, Gesetzlose, nomadisierende Hausierer, Kurpfuscher oder ähnliches. Schutzgottheit der *yashi* war der chinesische Gott Shinmô (Shen-mung auf chinesisch), der Gott des Ackerbaus, der die Menschen in die Geheimnisse der Medizin, des Feuers und des Marktes eingeweiht hat. *Yashi* handelten zunächst wahrscheinlich mit Medizinen und erst mit der Zeit auch mit anderen Dingen. Um starke *oyabun*, die ihnen zu bestimmten Daten, meist bei religiösen Festen, einen Platz für ihre Stände und Marktbuden garantierten, bildeten sie Schutztruppen, die sich zudem zu gegenseitiger Hilfe verpflichteten. Die *oyabun* verhandelten für ihre Untergebenen mit den Behörden und bezahlten Miete für die Marktstände an die Tempel und Schreine, wo die Festveranstaltungen stattfanden. Dafür verlangte der *oyabun* seinerseits Miete und Schutzgelder von den *yashi*. Einge *oyabun* wurden vom Feudalherrn als Verwalter eingesetzt. Diese *oyabun* teilten Ländereien auf, wiesen die Plätze für Marktstände zu und verhinderten so Kämpfe und Konflikte.

Mitte des 17. Jahrhunderts wurde *yashi*-Banden offizielle Anerkennung zuteil und die *oyabun* durften „einen Nachnamen und zwei Schwerter" führen, was dem Status eines Samurai entsprach. Die Banden wurden größer. Manche fingen an, Märkte und Festveranstaltungen selbst zu organisieren, samt zirkusähnlichen Shows, Zaubervorführungen, Wahrsagerei usw. *Yashi* wurden in verschiedenen zwielichtigen Geschäften aktiv und entwickelten eigene Strategien, um die Kunden dazu zu bringen, minderwertige Ware zu kaufen: Entweder sie logen, was die Qualität oder den Ursprung der Waren betraf, oder sie täuschten ihre Kunden mit Tricks, indem sie zum Beispiel Wundermittel anpriesen, die keine Heilung brachten. Diese Verkaufspraktiken wurden mit der Zeit zu regelrechten öffentlichen Vorführungen und die potentiellen Käufer sammelten sich um die Händler eher wegen des Schauspiels als zum Kauf der Waren.

Tekiya sind wie eine Familie organisiert, mit dem *oyabun* an der Spitze und einer komplexen Organisation von Unterchefs, Beamten, regulären Mitgliedern und zeitweisen Mitgliedern oder Lehrlingen. Bis vor kurzem wurden die jungen Novizen im Haus des *oyabun* ausgebildet. Dort erledigten sie Botengänge und gewisse Arbeiten wie putzen, Babysitten, Tee servieren usw. Erst nach einer Schulungsphase kamen sie mit den bereits aufgenommenen Mitgliedern zusammen. Während ihrer Ausbildung lernten sie zu handeln, die verschiedenen Verkaufsstrategien einzusetzen und hausierten mit den Waren des *oyabun* auf verschiedenen Märkten und Festveranstaltungen im ganzen Land. Auch heute noch wird der Novize während seiner Lehrzeit kontrolliert, wenn auch das Training nicht so hart ist wie früher. Hält man ihn für vertrauenswürdig,

Im November 1974 wurde der neunte Boss der Inagawa-Kai Himoriya Familie ‚inthronisiert', ein Ereignis, das mit großem Pomp gefeiert wurde. Alle Teilnehmer tragen Abzeichen am Revers. Es gehört zur Yakuza-Etikette, daß Loyalität mit Beförderung vergolten wird. Jingi ist ein der Yakuza eigenes Begrüßungs- und Vorstellungsritual, das aus der Zeit der fahrenden Handwerker stammt. Foto: Spiegel-Archiv, Hamburg.

wird er als fiktiver Sohn, *kobun*, angenommen und ihm wird erlaubt, eine Vater–Sohn ähnliche Beziehung zum *oyabun* aufzunehmen. Als vollwertiger *kobun* ist ein *tekiya* an eine straffe Organisation, die von einem strengen *oyabun* geleitet wird, gebunden. Er muß den drei Regeln der *tekiya* folgen und 1. keine Frau eines anderen Mitgliedes anrühren, 2. die Geheimnisse der Organisation nicht an die Polizei verraten und 3. äußerste Loyalität gegenüber der Organisation und der *oyabun-kobun*-Verbindung wahren. Variationen des dritten Gebotes sind: 1. „Verschweige deinem *oyabun* nicht dein Einkommen" (die Händler zahlen ‚Steuern', das heißt, einen Prozentsatz ihres Einkommens an den *oyabun*) oder 2. „Du sollst nicht stehlen." (Nicht nur nicht vom Boß, sondern auch nicht von gewöhnlichen Bürgern. Es ist in Ordnung, die Mitmenschen zu betrügen, aber es wird als unanständig angesehen, in kleinere Diebstähle oder Raub verwickelt zu werden.)

Tekiya-Banden kontrollieren ihre *niwaba* (Rennbahn), auf der alle nicht organisierten Händler Pacht an den lokalen *oyabun* zahlen. Kein Händler wagt es, einen Stand ohne Erlaubnis aufzumachen oder die Pacht an den *oyabun* nicht zu bezahlen.

Jingi: Die Begrüßung

Das oben erwähnte Begrüßungsritual *jingi* ist eine Besonderheit der *yakuza*. Es begann mit den fahrenden Banditen. Zu Beginn des Rituals bittet jeder *yakuza* mehrmals den anderen, sich als erster vorzustellen. Schließlich gibt der Ranghöhere ‚auf' und läßt den Rangniedrigeren beginnen. Jeder nimmt nun seine Position ein: einen Fuß nach vorne gesetzt, mit leicht gebeugten Knien und geballten Fäusten informiert er den anderen in außerordentlich ehrerbietiger Sprache über seinen Herkunftsort, den derzeitigen Wohnsitz, den Namen seines *oyabun* und seinen eigenen Namen. Ist der eine mit seiner Vorstellung fertig, beginnt der andere. Immer wieder betonen beide ihre gegenseitige Demut und Unterwürfigkeit. *Jingi* wurde in der Edo-Zeit von fahrenden Handwerkern ausgeführt, wenn sie Handwerkskollegen trafen oder bei einem Meister vorsprachen, unter dem sie zu arbeiten wünschten. Das Wort *jingi* kommt aus dem Chinesischen und bezog sich dort auf die konfuzianischen Tugenden von Liebe und Ehrerbietung.

Yubitsume: Finger abschneiden

Die *yakuza* gehen streng mit jedem um, der ihre Regeln verletzt. Außer der schwersten (und seltensten) Bestrafung mit dem Tod, gibt es verschiedene Strafen von zeitlich begrenztem oder dauerndem Ausschluß. Für geringfügigere Verstöße wird *yubitsume*, das Fingerabschneiden, durchgeführt, zumeist ‚freiwillig'. Dabei wird das oberste Glied des kleinen Fingers zeremoniell abgetrennt, gewöhnlich in Gegenwart des *oyabun*. Das Fingerabschneiden gilt als Zeichen der Reue und Entschuldigung für Gesetzesübertretungen oder eine ungerechte Tat gegenüber dem *oyabun*, bzw. einer anderen *yakuza*-Gruppe. Manchmal dient es auch dazu, Bandenkriege zu beenden oder Ernsthaftigkeit zu bezeugen. Das abgetrennte Glied wird in feines Tuch gewickelt und dem *oyabun* übergeben, der es in Formalin aufheben kann. Der Brauch des Fingerabschneidens war bei den unteren Schichten der Edo-Gesellschaft üblich, besonders unter den Prostituierten, für die es als Beweis der Ergebenheit ihren Freiern gegenüber galt.

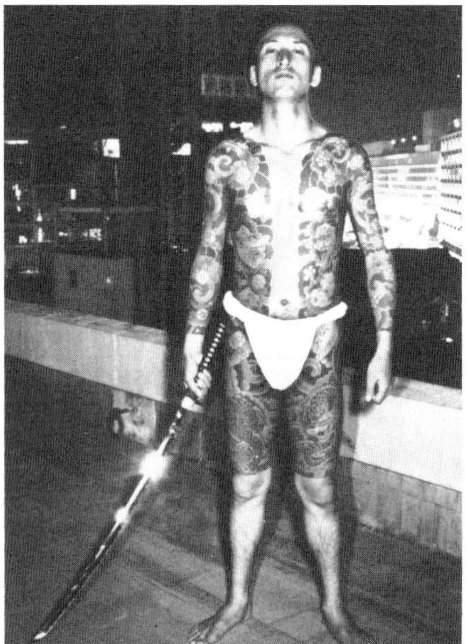

Tätowierung, früher nur zur Bestrafung von Kriminellen vorgesehen oder von Arbeitern praktiziert, die viel von ihrem Körper zeigten, ist heute fast ein Erkennungszeichen der Yakuza-Mitglieder geworden. Ein Yakuza unterzieht sich einer Tätowierung wie einem Initiationsritual. Foto: Kaplan und Dubro 1987.

Das Tätowieren

Eine Tätowierung galt in Japan ursprünglich als ein Zeichen von Strafe. Kriminelle wurden für jedes Vergehen mit einem schwarzen tätowierten Ring um den Arm bestraft und konnten leicht als Kriminelle identifiziert werden. Tätowierung gilt auf der anderen Seite auch als alte japanische Tradition, und die japanische Tätowierkunst wird von vielen als die beste auf der Welt angesehen. In der Edo-Zeit waren Ganzkörpertätowierungen populär bei Arbeitern, die viel von ihrem Körper zeigten, zum Beispiel bei Bauarbeitern und Lastenträgern, aber auch bei Spielern und Geishas. Die Zeichnungen (Muster) der Tätowierungen waren komplex: Götter, mythische Heldenfiguren, Dämonen, Tiere und Blumen waren ebenso beliebt wie das Tätowieren von Wörtern und ganzen Sätzen. Heute wird Tätowierung fast ausschließlich von *yakuza*-Mitgliedern angewendet und wurde zu ihrem Markenzeichen. Ein *yakuza* unterzieht sich mit seiner Tätowierung einem Initiationsritual. Er zeigt seine Männlichkeit, indem er die mit der Hand ausgeführte Tätowierung über sich ergehen läßt, die der weniger angesehenen maschinellen Tätowierung vorgezogen wird. Er deklariert mit seiner Tätowierung zugleich auch seine Initiation in die Welt der *yakuza* als unwiderruflichen Akt. Außerdem gelten Tätowierungen als sexy und attraktiv für manche Frauen.

Ingo: Die Geheimsprache

Yakuza entwickelten sowohl eine verbale als auch eine non-verbale Sprache, um untereinander zu kommunizieren, Information zu kontrollieren und ihre einzigartige Identität als solche zu etablieren. *Ingo,* die Geheimsprache der *yakuza,* verändert sich ständig, je nach Zeit und Ort an dem sie gebraucht wird. *Yakuza* drehen Teile von Worten um oder kürzen sie ab, verwenden die chinesische Aussprache für japanische Wörter oder erfinden gänzlich neue Wörter. Auch Wörter koreanischen Ursprungs sind beliebt, da es viele koreanische *yakuza*-Mitglieder gibt.

Gehorsam, Loyalität und Selbstopferung

In der Welt der *yakuza* wird trotz Modernisierung und deren Einfluß auf traditionelle Werte absolute Loyalität gefordert und gepflegt. Von einem neuen *kobun* wird vorausgesetzt, daß er für seinen *oyabun* durch das Feuer geht. Es wird erwartet, daß er sich als *teppôdama* (Schild) verhält, wenn es zu Kämpfen mit anderen Banden kommt, daß er also sein Leben riskiert und in der ersten Reihe kämpft, Auge in Auge mit den Gewehren und Schwertern der Feinde. Manchmal dient er als *migawari* (Ersatzmann), zum Beispiel wenn er anstelle seines *oyabun* ins Gefängnis geht. Von einem *kobun* wird gefordert, alles zu glauben, was sein *oyabun* ihm sagt, „sogar wenn er behauptet, schwarz sei weiß". Es wird erwartet, daß er die Wünsche des *oyabun* fühlt, selbst wenn sie unausgesprochen bleiben. Er muß auf die Intonationen, Körpersprache und den Gesichtsausdruck des *oyabun* achten. Viele Todesurteile wurden nur durch einen kleinen Wink des *oyabun* ausgesprochen.

Yakuza können ihre Loyalität und Trauer, falls dem *oyabun* etwas zustößt, auf dramatische Weise ausdrücken. Gefühlsausbrüche oder blutige Rache, je nach Umständen, sind dann durchaus übliche Reaktionen. Es muß nicht betont werden, daß der Ausdruck von Loyalität mit einer zukünftigen Beförderung vergolten werden kann und daher, wie in jeder anderen Gesellschaft auch, als berechnete Investition eingesetzt wird. Loyalität kann aber auch die Antwort auf die charismatische Persönlichkeit des *oyabun* sein. Loyalität und Gehorsam können also als gegenseitige Hilfeleistung und wechselseitige Schutz-Beziehung gesehen werden, obwohl das allein noch nicht die Selbstopferung erklärt. Die fiktiven Familienbande schließen Gehorsam, Loyalität und Selbstopferung ein und werden von *yakuza* als Manifestationen des traditionellen japanischen Konzepts von *giri* und *ninjo* betrachtet. Ein *yakuza* muß hart und streng in seiner Pflichterfüllung sein, aber verletzbar und emotional, wenn es um menschliche Regungen geht.

Zwei japanische ‚Paten'. Links der 1971 an Herzversagen gestorbene Yamaguchi-Gumi B Kazuo Taoka, für den im Jahre 1981 in Kobe eine Gedenkfeier stattfand, an der 1300 Gangster aus dem ganzen Land teilnahmen. Rechts sein Nachfolger, der 1985 das Opfer seiner Gegner wurde. Die Verbrecher-Organisation Yamaguchi-Gumi zählte 20000 Mitglieder im Jahr 1987. Foto: Associated Press Frankfurt.

Frauen und die *yakuza*

Yakuza ist eine Männerwelt. Es gibt keine weiblichen Mitglieder. Die Rolle der Frauen war traditionellerweise die von Ehefrauen oder Geliebten der Bandenmitglieder oder, auf geschäftlicher Seite, die von Prostituierten oder Hostessen. In Ausnahmefällen sammelten Frauen eine bemerkenswerte Machtfülle an und wurden praktisch zum *oyabun*, freilich nur selten offizielle *oyabun*. Taoka Fumiko, Frau des Führers von Yamagushi-gumi, der größten Bande Japans (12000 Mitglieder im Jahr 1981, 20000 im Jahr 1987), war eine Ausnahme. Nach dem Tod ihres Mannes Taoka Kazuo 1981 und der Verhaftung seines Nachfolgers, schlugen Bandenführer ihr, die schon lange eine ‚graue Eminenz' innerhalb der Bande darstellte, öffentlich vor, die Führung zu übernehmen. Sie füllte die Funktionen ihres Mannes bei Treffen der Spitzenleute in überlieferter Weise mit großem Talent und Führungsqualitäten aus. Sie war es, die 1984 den ‚königlichen Dolch' Takenaka Masachisa übergab und ihn damit zum vierten Kopf der Bande ernannte. Während ihrer Herrschaft wuchs die Mitgliedschaft der *yakuza* auf über 13300 an.

Ehefrauen der *oyabun* werden *anego* oder *one-san* (ältere Schwestern) von *kobun* genannt. Sie spielen eine wichtige Rolle, wenn sie sich um die Familie des *kobun* kümmern, ihn im Gefängnis besuchen und als Ratgeber für private und sogar Bandenfragen fungieren. *Anego* werden von den *kobun* oft verehrt, manchmal respektiert und zuweilen sogar gefürchtet, da sie häufig die wahren Machthaber hinter dem *oyabun* sind. Das Fehlen von weiblichen Mitgliedern kann auf verschiedene Weise erklärt werden, doch würde dies den Rahmen dieser kurzen Einführung in die *yakuza* sprengen. Kurz gesagt, waren alle Gruppen, aus denen sich die *yakuza* entwickelten, also Spieler, Hausierer, Handwerker, Ringer, ausschließlich Männergruppen, die in die moderne Version dieser Unterwelt der Männer mündeten.

Trauerzug für Masahisa Takenaka, den Chef von Yamaguchi-Gumi, Japans größter Yakuza-Organisation, der im Januar 1985 ermordet wurde. 1400 Gangster in schwarzen Anzügen gaben ihm das letzte Geleit, 400 Polizisten schützten und kontrollierten sie. Sein Tod rief eine Racheaktion hervor, bei der fünfundzwanzig Menschen getötet und siebzig verletzt wurden. Foto: Associated Press Frankfurt.

Es ist nun die Aufgabe der akademischen Welt, also der Anthropologie, Soziologie, Psychologie und der Kulturgeschichte, das Wesen von Geheimgesellschaften zu studieren. Aber ist es nicht ein typisch männliches Konzept, Probleme wie Diskriminierung oder Benachteiligung auf Grund von Erziehung, wirtschaftlichen und psychologischen Faktoren mit Konstruktionen von Ehrenkodexen, Kämpfen, Gewalt und ‚Brüderlichkeit' lösen zu wollen? Wann haben wir zum letzten Mal von ‚Schwesterlichkeit' außerhalb von Klöstern gehört?

Ausblick

Gegenwärtig werden wir Zeugen von Veränderungen in den Strukturen und Werten von *yakuza*. Die Modernisierung hat auf verschiedene Aspekte der Welt der *yakuza* Auswirkungen gezeigt: auf die Art der Einkommensquellen, die Organisation, die Loyalität, die Funktion von Geld usw. Die Demokratisierung der japanischen Gesellschaft ließ die *yakuza* mit der feudalen Struktur hinter sich, und die nächste Generation wird vielleicht eine *yakuza*-Gesellschaft hervorbringen, die sich weitgehend von jener unterscheidet, die wir entweder in der Realität der *yakuza* heute oder in ihrem Niederschlag auf die Volkskultur erleben.

Anmerkung

* Der Aufsatz wurde aus dem Englischen übersetzt von Brigitte Khan Majlis.

Rot und Schwarz – Einige Beobachtungen zu Männerbund-Aspekten der Geheimgesellschaften Chinas

Peter M. Kuhfus

In der Einleitung zu dem Klassiker „*Popular Movements and Secret Societies in China, 1840–1950*" hat Jean Chesneaux die chinesischen Geheimgesellschaften eine „tragende Komponente der ‚Gegengesellschaft'" genannt (Chesneaux 1972: 2). Zur Veranschaulichung dient ihm dabei das klassische Naturkräfte-Konzept der Chinesen: die komplementäre Einheit von *yin*, als dem Dunklen und Weiblichen, und *yang*, als dem Besonnten, Hellen, Männlichen. Das *yin* der gesellschaftlichen Untergrund-Kräfte richtete sich also gegen das *yang* der konfuzianischen Ordnung. Aus diesem Grundverständnis heraus schreiben zahlreiche Autoren den Geheimgesellschaften gewissermaßen emanzipatorische Funktion zu. Sie werden als ‚Vorreiter des Feminismus' in China gewürdigt, weil sie Frauen die Mitgliedschaft gewährten, intern ‚eine Art der Gleichberechtigung' praktizierten, Frauen sogar in Ämter und Führungspositionen aufsteigen konnten etc. Das war eine fundamentale Herausforderung an die konfuzianische Mannesmacht-Doktrin, die die Frau dem Vater und Ehemann (wenigstens theoretisch) unterordnete und in der sie vom ‚Großen Männerbund' – Prüfungssystem und Beamtentum – ausgeschlossen war. (Das staatliche Prüfungssystem war im Kaiserreich, das heißt bis Anfang des 20. Jahrhunderts, der Zugang zur Literaten- und Beamten-Elite. Der Kandidat mußte dabei, in eine enge Zelle eingeschlossen, regelgerechte Aufsätze und Verse zu Themen aus dem klassischen konfuzianischen Schrifttum abfassen.) Anders als die Sonderrolle der Frau wird die Männer- und Männerbund-Qualität der Geheimgesellschaften in der ausgewerteten Literatur hingegen kaum thematisiert. Aus welchen Gründen auch immer: Der Mann ist auch hier vom Schatten der schieren Selbstverständlichkeit verdeckt geblieben. Bei näherem Hinsehen löst sich die (vermeintliche) Selbstverständlichkeit aber – wie die folgenden Ausführungen zeigen wollen – in verschiedene, teils widersprüchliche Verhaltens- und Regelmuster auf. Verallgemeinernde Schlußfolgerungen dürfen von diesem Essay allerdings nicht erwartet werden; dazu sind die Beispiele zu zufällig, und vor allem wäre eine ungleich dichtere Materialiendecke erforderlich.

Männer-Welt

Die Männerbund-Natur der Geheimgesellschaften wird bereits in einem Berufsgruppen-Profil deutlich. Unter den *Guolu*, einer Schwurbruderschaft in der Provinz Sichuan (18./19. Jahrhundert), dominierten in der Gründungsphase land- und arbeitslose, häufig aus anderen Teilen Chinas zugewanderte Herumtreiber und Tagelöhner; daneben finden sich Schiffer, Händler, Priester, Handwerker und Kaufleute. Die *Zaili*-Sekte in Nordchina, ein Sproß der Weißen-Lotos-Sekte, rekrutierte ihre Mitglieder im späten 19. Jahrhundert aus den vagierenden, entwurzelten und frustrierten Elementen der Gesellschaft: Flußschiffer, Wahrsager, Hausierer etc. Zudem besaß sie eine starke Anhängerschaft unter den Reiter-Banditen der Mandschurei-Mongolei-Region. Ihre Führer waren arme Schriftgelehrte und entlassene Soldaten. Die Tempel der buddhistischen *Luo*-Sekte in Hangzhou und Suzhou waren Zufluchtsorte für die Mannschaften der Tributgetreide-Transportschiffe auf dem Großen Kanal; sie boten den Männern religiöse Heimstätte, Verköstigung, temporäre (Winter-)Unterkunft und sogar dauerhaften Ruhewohnsitz. Zu den Mitgliedern anderer *Luo*-Zweige zählten buddhistische Mönche, Handwerker und Bauern (Kelly 1982: 363; Overmyer 1976: 119).

Die ‚Gesellschaft des Großen Schwerts', ein Schutzbund in der Provinz Shandong und Vorläufer der ‚Boxer', umfaßte Ende des 19. Jahrhunderts Reiche und Arme, vom Grundbesitzer bis zum Pächter. Nach einer 1855 von den Behörden sichergestellten Liste zu urteilen, bestand die Führungsgruppe der *Trias*- oder ‚Himmel-und-Erde'-Gesellschaft in Kanton größtenteils aus Lohnarbeitern, kleinen Händlern und Gewerbetreibenden, Bauern, Fischern und Handwerkern, sowie einem niederen Regierungsbeamten und einem *gentry*-Mann (Davis 1971: 93). Die *Gelaohui* (‚Gesellschaft der Älteren Brüder und Ehemaligen'), aus der *Guoluhui*, dem Weißen Lotos und der *Trias*-Gesellschaft hervorgegangen, war in der zweiten Hälfte des 19. Jahrhunderts ein großer Geheimbund von aktiven und entlassenen Soldaten, dem aber auch Bergleute, Flußschiffer, Kohlenbrenner, verarmte Bauern etc. angehörten. Arbeiter und kriminelle

Elemente, die sich aus den Goldminen der Nordmandschurei abgesetzt hatten und zu Goldsuchern oder Banditen geworden waren, machten die Hauptgruppe der *Honghuzi* (Rotbärte) aus, zusammen mit verbannten Beamten der *Qing*-Bürokratie. Für Penang (Malaya/1889) sind chinesische Zuckerpflanzer, Schneider und Bäcker als Führer von Geheimgesellschaften registriert.

Allein aus diesem ganz fragmentarischen Profil wird erkennbar, daß die Welt der Geheimgesellschaften wesenhaft eine Männer-Welt war. Was bewog Männer der genannten Schichten, Bünde zu schließen, Geheimgesellschaften zu gründen, oder ihnen beizutreten? Wenn man grundsätzlich in Rechnung stellt, daß die ‚Sekten' *(jiaomen)* stärker auf die Erfüllung religiös-weltanschaulicher Bedürfnisse, die ‚Bruderschaften' oder ‚Gesellschaften' *(huidang)* hingegen eher auf lebensweltbezogen-politische Erfordernisse ausgerichtet waren, lassen sich unter anderen folgende Haupterwartungen bzw. -aufgaben nennen:

- Verheißung der Erlösung und einer künftigen besseren Welt
- Ersatz-Familienbande, nicht zuletzt die Garantie eines ordnungsgemäßen Begräbnisses für einen Bundesbruder oder seine Eltern, was für das Seelenheil von größter Bedeutung war
- Gegenseitige Hilfe in allen persönlichen und wirtschaftlichen Belangen und bei Verfolgung durch die Behörden
- ‚Demokratische' Strukturen innerhalb der Gemeinschaft, die gleichzeitig eine eigene ‚Karriere-Leiter' bot
- Überleben und Identitätswahrung in einer (selbstgewählten oder aufgezwungenen) fremden bzw. nicht-chinesischen Lebenswelt
- Widerstand und Aufstände: sowohl gegen soziale Ungerechtigkeit und Unterdrückung als auch mit patriotischen Motiven, wie ‚Auslöschung der *Qing* (Mandschu-Fremdherrschaft) und Wiedererrichtung der *Ming*' oder aber auch ‚Schutz der *Qing* und Vernichtung der (westlichen) Ausländer'
- Organisierter Schutz von Dörfern und ganzen Regionen gegen marodierende Truppen, Zwangsaushebungen und -eintreibungen, Banditenbanden und Übergriffe anderer Geheimgesellschaften
- aber auch: Raubzüge, Erpressung oder organisierte illegale Aktivitäten wie Schmuggel, Glücksspiel, Prostitution, Eintreibung von ‚Schutzabgaben' etc.
- die Hoffnung, sich durch den Beitritt zu einer Gesellschaft ihren Forderungen entziehen zu können.

Frauenmangel und Revolte

Unabhängig von den unterschiedlichen Größenordnungen – deren Spanne von kleinen Gruppen bis hin zu großen Netzwerken reicht – finden sich verstreute explizite Hinweise auf die Männerbund-Natur verschiedener Vereinigungen. So wird die *Guolu*-Bruderschaft charakterisiert als Organisation vorwiegend junger unverheirateter Männer zwischen vierzehn und dreißig (65 Prozent), illegitime Vereinigung von Männern aus Randgruppen, der „jeder Mann" beitreten konnte; traditionelle Kriterien wie Geburtsort, Dialektgruppe, Religion oder Beruf waren hier ohne Belang (Liu 1985: 61, 76). In einer kleinen Gruppe mit dem Namen ‚Goldene Orchidee' schlossen sich Männer aus dem Kuli-Kontingent zusammen, das China im Ersten Weltkrieg nach Frankreich entsandte. Die Geheimgesellschaften der Überseechinesen *(huaqiao)* waren reine Männer-Bünde. Ein Bericht zu den Unruhen von Penang, bei denen sich rivalisierende Geheimgesellschaften im Sommer 1867 eine erbitterte Schlacht lieferten, hebt beispielsweise hervor, die *Ghee-Hin*-Gesellschaft setze sich „vollständig aus erwachsenen Männern" zusammen (circa 25000–26000) (Comber 1959: 118). Von der ‚Grünen Bande' oder ‚Frieden-und-Glück-Gesellschaft', Vereinigung der oben erwähnten Tributgetreide-Kanalschiffer, ist zu lesen, sie habe bis 1901 keine Frauen zugelassen. Die *Zaili*-Sekte nahm im späten 19. Jahrhundert angeblich nur „kühne und kampfeslustige" junge Männer auf (Shek 1980: 169). Ein Mandarin aus Kanton beschreibt, wie Mitte des 19. Jahrhunderts versucht wurde, einsickernde *Trias*-Gruppen daran zu hindern, „Männer, Söhne und jüngere Brüder" zu rekrutieren. Weil die Behörden aber kein entschlossenes Vorgehen wagten, habe die *Trias* scharenweise Neuzugänge verbuchen können (Chesneaux 1971: 81–84). *Gelaohui*-Logen, die eine Marktstadt in Sichuan kontrollierten und wichtige Ämter für sich beanspruchten, bestanden überwiegend aus „erwachsenen Männern". Und zwei Autoren unterstreichen, Mitgliedschaft bei den ‚Boxer'-Verbänden (*Yihequan* oder *Yihetuan*), die sich 1899/1900 in einem großen Aufstand gegen die chinesischen Christen und die Ausländer erhoben, sei Männern – hauptsächlich Knaben und jungen Männern – vorbehalten gewesen (Purcell 1963: 233; Esherick 1987: 219, 235).

Solche Schlaglichter bleiben entweder unkommentiert oder erhalten Erklärungen, die aus den äußeren Umständen abgeleitet sind. Es waren fast ausschließlich Männer, die ins Ausland gingen, um dort Arbeit zu finden und ihr Glück zu machen. (Der Anteil der *huaqiao*-Frauen in Südostasien lag im späten 19. Jahrhundert zwischen sechs und zehn Prozent, höchstens 20 Prozent, und Geheimgesellschaften betrieben die „Beschaffung von Frauen aus China für unmoralische Zwecke" [Comber 1959: 132].) ‚Kühne Männer' brauchte, wer Revolte und Gewalt im Schilde führte oder sich mit konkurrierenden Gesellschaften befehdete, und der Markt war Teil der Männerdomäne Geschäftswelt. Worüber man aus der verwendeten Literatur aber kaum etwas erfährt, ist das innere Selbstverständnis solcher Männer-Bünde: Inwieweit bildete das Mann-Bewußtsein auch in der Sphäre der Geheimgesellschaften ein besonderes Band der Zusammengehörigkeit? Und wie beschworen die Männer es untereinander, oder wie äußerten sie sich gegenüber Frauen dazu?

Nicht nur wir Männer

Ein krasser Fall von ‚exklusivem Männerbund' ist aus dem Aufstand des Li Zicheng am Ende der *Ming*-Dynastie überliefert. Als der Aufstand 1642 in eine Krise geraten war, begab Li sich mit einem Gefolgsmann in einen Tempel und befragte das Orakel, ob ihm trotz allem beschieden sei, Himmelssohn, das heißt Kaiser zu werden. Dreimal fiel das Orakel glückverheißend aus. Da ging der Gefolgsmann hin, tötete seine beiden Frauen und schwor, Li bis in den Tod zu folgen. Zum Zeichen der Gefolgschaftstreue töteten auch viele andere Rebellenführer ihre Frauen und Kinder (Shih 1967: 375).

Diesseits solcher Grausamkeit eröffnen sich zumindest ansatzweise Aufschlüsse über die mitunter komplizierte Beschaffenheit von Männer-Bünden aus der Betrachtung solcher Organisationen, denen Frauen zugerechnet werden. So gelten die ‚Boxer', in scheinbarem Widerspruch zu der oben zitierten These, auch als Paradebeispiel für Vereinigungen, in denen Frauen eine „wichtige Rolle" einnahmen (Chesneaux 1971: 59). Dabei handelte es sich um die Mädchen- und Frauenverbände ‚Rote', ‚Blaue' und ‚Schwarze Laternen'.

Vielleicht spielte sich die Gründungsszene der ‚Roten Laternen' im Jahr 1900 tatsächlich so ähnlich ab, wie Feng Jicai sie in seinem Roman „Die Boxer" inszeniert: Eine Frau begehrte mehrfach, in die Gemeinschaft der ‚Boxer' aufgenommen zu werden. Zhang Decheng, Führer der ‚Boxer', wies das Ansinnen zwar mit der Begründung zurück, in den Statuten stehe „klar geschrieben", daß Frauen nicht zugelassen seien, doch da nicht nur „wir Männer" den Tyrannisierungen der Ausländer ausgesetzt seien, wolle man die Frage überdenken und der Bittstellerin irgendwie den Zutritt ermöglichen. Dies erübrigte sich jedoch, weil kurz darauf Lin Heier auftauchte, Frau eines Kanalschiffers, die Zhang die Einrichtung eines Frauenkorps vorschlug: „Ihr nehmt doch keine Frauen auf, oder? Dann seid ihr eben die ‚Boxer', und wir heißen ‚Rote Laternen'!" Zhang stimmte freudig zu und überließ Lin Heier Schwerter und Speere, rotes Tuch und Häuser für ihre ‚Schwestern' (Feng 1977: 155–159).

Auf welche Klausel der Statuten Zhang sich bezog, bleibt unklar; die in einer chinesischen Materialiensammlung (*Yihetuan shiliao* 1982 I: 2–3) abgedruckte Fassung ist zwar von deutlichem Männercharakter geprägt, enthält jedoch keine explizite Ausschluß-Klausel. Zahlreiche Quellen belegen aber, daß die ‚Boxer' und die ‚Roten Speere', eine um 1920 entstandene Schutzmiliz-Vereinigung in Nordchina, Frauen in augenfälliger Übereinstimmung als ‚unreine Wesen' betrachteten: Was die ‚Boxer' „am meisten fürchteten", war die unheilvolle Aura der Frauen, und unter den ‚Roten Speeren' gab es für Frauen das Wort „Schwarzhaarige *yin*-Menschen" (Dai 1973: 106). ‚Boxer' wie ‚Rote Speere' warben gleichermaßen mit der Verheißung, durch Zauberformeln, Amulette und Übungen sowie magisches ‚Boxen' bzw. Kampftraining könne der Initiand bewirken, daß ein Gott/ Geist in seinen Körper einfahre und ihm Unverwundbarkeit verleihe: Dem Gewehrfeuer entgeht man dann auf wundersame Weise oder ist dagegen gefeit, und Schwerter, Lan-

„Rot allüberall, und dazwischen blitzen die Schwerter." Titelbild des 1977 in Beijing veröffentlichten Romans „Die Boxer". Die Boxer standen in einer ‚roten' Tradition, zu der etwa auch die Rebellen der ‚Roten Turbane' (14. Jh.), die ‚Himmel-und-Erde'-Gesellschaft (18. Jh.), die ‚Rotkopf-Rebellen' (19. Jh.) oder die ‚Roten Speere' (20. Jh.) gehörten. In glorifizierender Darstellung der Boxer als Bauernrevolutionäre und antiimperialistische Widerstandskämpfer zeigt das Bild den Kampf von Männern und Frauen (1900). Eigentlich waren die Boxer ein großer Männer-Bund, ergänzt durch eine separate Frauen-Organisation.

zen und Pfeile prallen ab. Die Verheißung richtete sich an Knaben und wehrtüchtige Männer. Die Männer-Qualität des Phänomens wird auch durch Ermahnungen der Behörden unterstrichen, Väter müßten auf die Söhne und ältere Brüder auf die jüngeren einwirken, damit keiner der Verführung der ‚Boxer' erliege. Doch die Autorität von Vater und Bruder versagte, und die Reihen der ‚Boxer' füllten sich rasch. In manchen Fällen wurden die Zauberformeln nur einmal, das heißt, nur vom Lehrer/Führer auf den Schüler gegeben, in anderen aber auch von den Vätern an die Söhne.

Absolute Voraussetzung dafür, daß die Zauberwirkung sich einstellte bzw. erhalten blieb, war ‚Reinheit'. Deswegen schloß das Beschwörungsritual der ‚Boxer'-Truppen die Sätze ein: „Übt sexuelle Enthaltsamkeit, bei strikter Disziplin... Die Brüder aller Verbände sind eine Familie" (Feng 1977: 123; *Yihetuan shiliao* II: 973; Lu 1985: 173). Für die Neumitglieder der ‚Roten Speere' galt zum Tag der Initiation „absolutes Frauenverbot"; 49 (oder in anderen Fällen 100) Tage war ihnen Geschlechtsverkehr untersagt. Auch die Reinheitsgebote in bezug auf Speisen standen partiell damit in Zusammenhang: Krabben, Schildkröte und eine bestimmte Aalart waren tabu, weil sie Stoffe enthalten, die das *yang* im jungen Mann erhitzen (Dai 1973: 103).

Die meisten Kämpfer der ‚Roten Speere' trugen eine Art ‚Unterschürze' vor der Brust, je nach Alter entweder rot (über zwanzig) oder weiß (über dreißig), in dem sich ihr Schutz-Amulett befand (Dai 1973: 121). Dieses ‚Panzerhemd' war nur dann undurchdringlich, wenn der Kämpfer es eigenhändig angefertigt hatte; es durfte unter keinen Um-

„Jeder junge Mann mit reinem Herzen" – so lautete die Botschaft der ‚Boxer' – kann den Zustand göttlicher Besessenheit und der Unverwundbarkeit erlangen. ‚Reinheit' umfaßte dabei: kein Streben nach Geld und Besitz, kein Kontakt mit Frauen, vegetarisches Essen und kein Alkohol, Gehorsam gegenüber Vater und Mutter etc. Die ‚Boxer' werden als einfaches Landvolk charakterisiert, das in seiner Unverdorbenheit also für solche Lehren empfänglich war. Es habe jedoch auch an üblen Elementen nicht gefehlt. Foto nach: A Pictorial History of Modern China (1976: Abb. 384).

ständen von einer Frau berührt werden. Bei der Übung ‚Sich gegen Schwerter unverwundbar machen' stellten die ‚Roten Speere' Wachtposten auf, die dafür sorgen mußten, daß kein ‚*yin*-Mensch' heimlich zusah. Drei Tage vor dem Kampf war den Männern der ‚Roten Speere' der eheliche Beischlaf untersagt; in normalen Zeiten durften sie kein Geburts- oder Sterbezimmer betreten, und die Toilette nur, wenn sie das Amulett abgelegt hatten. Die erste der Vier Vorschriften der ‚Roten Speere' war ein Vergewaltigungs-Verbot; auf Vergewaltigung stand die Todesstrafe ohne Begnadigungsmöglichkeit. Aber auch demjenigen, dessen Verbrechen ungeahndet geblieben war, drohte Schlimmes: Der Unverwundbarkeits-Zauber verlor seine Wirkung, und die Kugeln des Feindes konnten den Mann wieder töten.

Papierblumen

„Der Zauber der Boxer war zwar groß", aber „Unrat" fürchteten sie nichtsdestotrotz (*Yihetuan wenxian* 1973 [1951] II: 163). Eine Erörterung des komplizierten Problems ‚guter' und ‚böser' ‚Boxer'-Gruppen würde den hier gegebenen Rahmen sprengen. Jedenfalls berichten chinesische Quellen, ‚Boxer' hätten während der großen Wirren mit ihren Schwertern auch auf Frauen eingehauen, die nicht rasch genug auswichen. Um sich vor ‚Verunreinigung' zu schützen, verboten die ‚Boxer' den Frauen der Bevölkerung zeitweilig, die Häuser zu verlassen. Nachdem das Verbot aufgehoben war, durften Frauen nur aus dem Haus gehen, wenn sie sich mit rotem Tuch verhüllten. Rot war das Zeichen der ‚Boxer'. Zwar ist festzustellen, daß ‚Boxer'-Verbände auch andere Farben besaßen – gelb, blau, schwarz etc. – (Dai 1964: 45–46; Esherick 1987: 234–235; *Yihetuan wenxian* II: 8–9), aber: „Rot allüberall, und dazwischen blitzen die Schwerter" – so erlebte ein Zeitzeuge in Tianjin die Schrecken des Aufstands (*Yihetuan wenxian* I: 475). Rot symbolisierte eine weit in die Geschichte zurückreichende Aufstandstradition. Ein Dokument vergleicht die Boxer wegen ihrer roten Kopftücher mit den Rebellen der ‚Roten Turbane' in der späten *Yuan*-Zeit (14. Jh.) (*Yihetuan wenxian* II: 183). Rot diente nicht allein als Erkennungszeichen der ‚Boxer' untereinander, sondern auch zur Einschüchterung des Gegners: der chinesischen Christen und der Ausländer. Schon deswegen war es von großer Bedeutung, daß viele Männer aus dem Volk (notgedrungen) ein Stück roten Stoff an ihre Gewänder hefteten, um Loyalität gegenüber den ‚Boxern' zu bekunden, und daß die Frauen rot verschleiert durch die Straßen gingen.

Überdies wurden der Farbe Rot aber offenbar auch magische Kräfte zugemessen. Eine Bekanntmachung befahl dem Volk, am siebten Tag des siebten Mondmonats sollten „alt und jung, Mann und Frau" rote Kopftücher anlegen und die ganze Nacht bei brennenden Kerzen wachen und beten, damit die Mythengestalt „Kuhhirt" vom Himmel herabsteigen und die Macht der ‚Boxer' zur Rettung des Volkes mehren könne (*Yihetuan shiliao* I: 20). Außerdem gab man die Parole aus, die Rauchabzüge seien mit rotem Papier abzudecken (*Yihetuan wenxian* I: 475). Weiterhin erging die Order, die Koteimer mit Papierblumen zu verzieren und kein Schmutzwasser auf die Straße zu schütten (*Yihetuan wenxian* I: 475; II: 187). Unter solchen Vorzeichen ist die kolportierte Weisung, Frauen dürften das Haus nur mit roter Kopfbedeckung verlassen, sicher ebenfalls als ‚Schutzmaßnahme' der ‚Boxer' zu verstehen; Frauen, die diese Weisung mißachteten, riskierten angeblich, wegen „Unreinheit" getötet zu werden (*Yihetuan wenxian* I: 476). Doch auch rotgewandet riskierten sie ihr Leben, weil die Ausländer sie irrtümlich für Kämpferinnen der ‚Roten Laternen' halten und erschießen konnten.

Die ‚Roten Laternen' trugen Rot „von Kopf bis Fuß". Sie hatten ihre eigenen Schwertübungen und verfügten über sagenhafte Kräfte: Sie konnten auf dem Wasser wandeln, sich in die Luft erheben und in ferne Länder entschweben, mit ihren roten Tüchern, Fächern oder Laternen Feuer entzünden, „es gab keine Waffe, die sie fürchteten", und ein einziger Schlag ihres Fächers brachte sogar große Kanonen zum Verstummen (*Yihetuan wenxian* II: 9, 163; I: 346). In den Niederungen des realen Kampfes erfüllten die (zahlenmäßig weitaus kleineren) Frauen-Verbände jedoch wohl vorwiegend Hilfsaufgaben: verwundete ‚Boxer'-Kämpfer pflegen, Schmiere stehen, den Feind bespitzeln, nähen und putzen (Esherick 1987: 297–298; Ono 1989: 49–53).

Vor diesem Hintergrund erscheint die These bedenkenswert, daß die Einrichtung der Frauen-Parallelorganisation ‚Rote Laternen' mit dem Männerbund-Charakter der ‚Boxer' kompatibel war: „Die Männer – *Yihetuan,* die Frauen – *Hongdengzhao.*" Gleiches gilt für die Frauenkorps bei den ‚Roten Speeren', die – wie die Sage es will – durch Beschwörungsformeln die Kugeln des Feindes vom Himmel holten. Nutzten die Männer-Führer die ‚Gleichberechtigungs'-Formel aber vielleicht auch, um die dienende Funktion der Frauen-Verbände zu verbrämen, ohne gegen die eigene Doktrin zu verstoßen? In heiklen Situationen verschanzten die ‚Boxer' sich jedenfalls hinter ihrer ‚Unterlegenheit' und argumentierten, man müsse auf die ‚Roten Laternen' warten, da „schmutzige Dinge" deren Zauber nichts anhaben könnten: eine Männer-Psychologie, die Frauen gegen Frauen setzte (Esherick 1987: 297; *Yihetuan wenxian* II: 163).

Das schwache Geschlecht

Als es den ‚Boxern' nicht gelang, eine Kirche in Beijing durch Zauberformeln in Brand zu setzen, hieß es, die Missionare hätten die Dachziegel mit „Frauenblut" beschmiert, was den Brand-Zauber zunichte mache (*Yihetuan shiliao* II: 637). Wo Kirchen und Häuser der Christen in Flammen aufgingen, aber jener Zauber nicht funktionierte, der die umliegenden Häuser der Bevölkerung abschirmen sollte, gab man dem Schmutz von dort lebenden Frauen die Schuld.

Die *yin*-Phobie war den Widersachern der ‚Boxer' bekannt. Die Ausländer präsentierten Frauen-Bildnisse, um die Gewehre und Kanonen der Angreifer lahmzulegen. Einmal tauchte plötzlich ein Schwarm weißgekleideter Frauen mit weißen Kopfbedeckungen auf, die den Bann der roten Gewänder brechen sollten. In diesem Fall obsiegte die „unermeßliche Zauberkraft" des attackierten ‚Boxer'-Führers; ein andermal, als die Ausländer (angeblich) „eine nackte Frau" durch das Kampfgetümmel wandeln ließen, mußten zahlreiche ‚Boxer' Verwundungen durch die Waffen der Feinde hinnehmen (*Yihetuan wenxian* II: 187, 191).

Schon von einem viel früheren Aufstand liest man, wie Männer sich der Waffe *yin*-Kraft bedient haben sollen. 1774 berannte der Sektenführer Wang Lun mit einer Rebellen-Armee von Männern und Frauen die Stadt Linqing in Shandong. Vor dem Aufstand hatte Wang einen Zauberspruch ausgegeben, der, sobald man ihn rezitierte, unverwundbar machen würde. Als die Verteidiger feststellen mußten, daß ihre Geschütze versagten, postierten sie auf den Mauern Prostituierte, die ihr Haar lösten, sich teilweise entkleideten und zum Urinieren ermuntert wurden. Damit nicht genug, schlachteten die Soldaten Hühner und schwarze Hunde und ließen das Blut – als vermeintliches Menstruationsblut – die Stadtmauern hinabrinnen. Jetzt plötzlich trafen die Kugeln der Verteidiger, der Zauber der angreifenden Rebellen war gebrochen (Naquin 1981: 100–101).

Der linke Fünf-Finger-Berg

Die ‚Himmel-und-Erde'-Gesellschaft gehörte ebenfalls zu jenen Geheimgesellschaften, die Frauen aufnahmen. Aus der für diesen Essay untersuchten Literatur gewinnt man nicht den Eindruck, daß die männlichen Mitglieder der Gesellschaft gegen eine *yin*-Phobie ankämpfen mußten. Frauen durften den Bluteid ablegen, der die Initianden zu Mitgliedern des unauflöslichen Bruder-Bundes erhob. Dabei wurden ein paar Tropfen Blut aus einem Finger jedes Initianden (oder Blut eines weißen Hahnes) in einer Schale mit Zeremonien-Wein vermischt, von dem dann alle tranken. Allerdings ritzte man bei Männern, wie zumindest eine Quelle anmerkt, den Mittelfinger der linken Hand (Fünf-Finger-Berg) an, bei Frauen hingegen den der rechten (Morgan 1960: 258–259; Blythe 1969: 529): Entsprechung der *yang-yin*-Konstellation, gleichzeitig aber fraglos auch subtile Form eines ‚inneren' Männerbundes. Alle Neumitglieder der ‚Himmel-und-Erde'-Gesellschaft mußten 36 Schwüre leisten und sich zum absoluten Gehorsam gegenüber den Regeln der Ge-

Wenn ,Boxer' im Kampf verwundet oder getötet wurden, erklärten die Führer häufig, die Betroffenen hätten infolge Verunreinigung durch ,unreine Dinge' ihren Unverwundbarkeits-Zauber verloren. Der Zauber der Führer selbst erwies sich gegen Hinrichtungsschwerter jedoch ebenfalls als ,machtlos'. Foto: Bildarchiv Preussischer Kulturbesitz, Berlin.

sellschaft verpflichten; bei Nichtbefolgung drohten schwere Strafen, bis hin zur Todesstrafe. Eide und Regeln waren nicht in einem festen, allgemeingültigen Kanon niedergelegt, sondern es finden sich (mehr oder minder) unterschiedliche Varianten. Die hier ausgewerteten Versionen sind von einer Grundgemeinsamkeit geprägt: Sie definieren das Verhalten von Männern nach den selbstgesetzten Kriterien der Vereinigung:

- So schwört der Initiand, nicht einmal „Ehefrau und Familie" in die Geheimnisse der Gesellschaft einzuweihen; das umfaßt insbesondere auch die Geheimzeichen und Geheimsprach-Codes, durch die die Mitglieder der Schwurbruderschaft einander erkennen
- Der Vater eines Bundesbruders ist wie der eigene zu achten; die Mutter wie die eigene Mutter, die Schwester wie die eigene Schwester, und die Ehefrau des Bundesbruders als Schwägerin
- Unter besonderen Umständen kommt es einem Bundesbruder zu, die Familie (Ehefrau und/oder Kinder) eines anderen in seine Obhut zu nehmen
- Unzucht mit der Ehefrau oder der Konkubine sowie Schwestern, Töchtern und Söhnen eines Schwurbruders ist verboten
- Ehebrecherische Ansinnen gegenüber den Schwurschwestern sind nicht statthaft
- Homosexuelle Beziehungen untereinander sind tabu
- Gewalttätigkeit und Ausschweifung innerhalb der eigenen Vereinigung sind untersagt.

Eine chinesische Arbeit von 1942 bemerkt, die ,Himmel-und-Erde-Gesellschaft' habe für jedes der beiden Geschlechter eigene Statuten besessen. Wie solche Verhaltensregeln aufeinander abgestimmt gewesen sein können, geht aus dem Beispiel der Fünf Gebote hervor, die bei der Initiationszeremonie der buddhistischen *Longhua*-Sekte verkündet wurden. Vier davon sind geschlechtsunspezifisch formuliert (Töten, Diebstahl, Lüge, unreine Speisen und Alkohol). Eines jedoch wendet sich – mit der allgemeinen Anrede „Du" – zuerst an den Mann und verbietet ihm „sexuelle Begierden", wobei es sich auf die ewige Ordnung der Fünf Beziehungen begründet, welche *„yang-yin"*, „Vater-Sohn" und „Ehemann-Ehefrau" einschließen. Die komplementäre Teilklausel ermahnt sodann „die Frau" eigens zu Folgsamkeit gegenüber Vater, Ehemann und Sohn (de Groot 1903: 207–211). Es handelt sich also nicht um zwei Analoggebote, sondern um eine zweifach ,mann-zentrierte' Vorschrift – auch dies Kriterium eines ,inneren' Männerbundes?

Wer sich zu einem Bruderbund verschwört

Der *Qing*-Staat richtete den Bannstrahl gegen die Schwurbruderschaften, weil er in ihnen den „Vorsatz zur Rebellion" sah. Mitunter forderte der Staat hingegen geradezu Männerbünde: So wurde etwa Mönchen gestattet, in „reinen und sauberen" Tempelgemeinschaften vor der Stadt zu leben und nach Erlösung zu streben, vorausgesetzt, sie erlaubten keiner Frau Zutritt. Und Chang Rongde, der 1927 den Befehl erhielt, die ,Roten Speere' zu einer Miliz-Truppe im Dienst der Nationalregierung zu organisieren, berichtet, in seinem Kommandobereich sei die „gesamte männliche Bevölkerung zwischen fünfzehn und sechzig in die Gesellschaft eingetreten"; Frauen sei die Mitgliedschaft verwehrt gewesen (Dai 1973: 85–86).

Mao Zedong rief im Juli 1936 die ‚Gesellschaft der Älteren Brüder' zu „fester brüderlicher Einheit" mit der Kommunistischen Partei Chinas auf: zur gemeinsamen Aktion gegen Japan und die *Guomindang*. Er bot der von der *Guomindang* unterdrückten *Gelaohui* legale Existenz unter der KPCh – Sowjetregierung an und hieß die „Helden, Kämpfer und Logen-Meister" willkommen. So glühend Mao damals auf die Gemeinsamkeiten, den verbindenden „revolutionären Geist" abhob, so kategorisch erklärt Cai Shaoqing in seinem 1987 erschienenen Werk über die Geschichte der Geheimgesellschaften, dem Neuen China sei die endgültige Lösung des Geheimgesellschafts-Problems zu verdanken. Cai argumentiert, dadurch, daß die Volksrepublik die Existenzprobleme der Arbeiter- und Bauernmassen schon rasch nach ihrer Gründung (1949) gelöst und das Arbeitslosenheer abgebaut habe, sei die gesellschaftliche Existenzgrundlage der *huidang* verschwunden – ein historischer Fortschritt (Cai 1987: 44). Chen Xulu, ein anderer prominenter Historiker, eröffnet den Teilnehmern einer Fachtagung im Oktober 1988 jedoch, nach seinen Erkenntnissen müsse man „gegenwärtig in einigen Gebieten" die Wiederauferstehung der totgeglaubten Bruderschafts-Organisationen registrieren. Die Kräfte des Feudalismus, des Alten China, seien zäher und langlebiger, als man gedacht habe. Nur wenn man das chronische Übel von der Wurzel her bekämpfe, könne ein Wiederaufleben der Geheimgesellschaften endgültig verhindert werden, nur dann sei dauerhafte öffentliche Sicherheit gewährleistet (Chen 1989). Schwingt darin die Sorge mit, Cai Shaoqing habe vielleicht auch dort geirrt, wo er konstatiert, dem Neuen China sei bereits in frühen Jahren die Lösung eines Hauptproblems der chinesischen Gesellschaft gelungen: des Banden- und Banditenwesens? (Cai 1987: 370). Ist die Sorge vor der Bildung von Schwurbruderschaften mit dem ‚Vorsatz zur Rebellion' wiedergekehrt? Oder gar die Furcht vor den *yin*-Kräften Geheimgesellschaften und Rebellion als Vorboten des Niedergangs der Dynastie?

Chen Xulu ruft zur verstärkten Erforschung der Geheimgesellschaften als Gegenstand der Geschichte auf. Der Männerbund-Aspekt bleibt dabei unerwähnt.

Christentum und Judentum

Jesus und seine Jüngerinnen. Ein Männerbund, der keiner war

Ernst Axel Knauf

Jesus, der mit seinen zwölf Aposteln durch die Lande zieht; der sie seine Geheimnisse lehrt und von ihnen bei seiner Lehre unterstützt wird; der ihnen schließlich sein Erbe anvertraut – die Leitung seiner Kirche: Die Vorstellung verlangt geradezu danach, hinsichtlich von Gestalt und Funktion mit anderen religiösen Männerbünden verglichen zu werden. Doch zeigt näheres Hinsehen, daß wir es einmal mehr nicht mit der Geschichte von Menschen zu tun haben, sondern mit einer Geschichte von Göttern.

Siehe dazu auch Farbseite VI.

Jesus und seine Jünger

In einer offenen, weiten Halle sitzen Männer beim Mahl. Das heißt, die meisten sitzen nicht mehr, sie sind aufgesprungen. Als wäre ein Stein ins Wasser gefallen, so weichen sie zu beiden Seiten vor einem Satz zurück, den der Mann in ihrer Mitte gerade gesagt hat. Ein Satz hat genügt, man kennt sich schließlich aus jahrelanger, jahrhundertelanger Gemeinschaft („vereint sie in vielen Nächten/ und auch, wenn die Sonne schien"). Aber dieser Satz hat ihre Gemeinschaft und das Prinzip ihrer Gemeinschaft, das darin besteht, dem Mann in ihrer Mitte nachzufolgen, in Frage gestellt: „Einer von Euch wird mich verraten." Nur der Mann in der Mitte verharrt in einer Gelassenheit, die schon nicht mehr von dieser Welt ist, wenn sie es jemals war.

So haben wir Jesus und seine Jünger vor Augen, und wenn man auch kaum behaupten kann, Leonardo habe, was wir heute sehen gemalt, so steht hinter den Farbschichten späterer Jahrhunderte doch zumindest seine Konzeption. Als Ikone repräsentiert der Meister und sein Jüngerkreis eine Welt ohne Frauen (wie seinem Maler auch nur Männer schön waren; dessen Frauen bleiben Fassaden). Nur: so war er nicht; so ist er erst durch seine Rezeptionsgeschichte geworden (KuS).

Jesus und seine Frauen

Aber so könnte es doch gewesen sein? Palästina litt zur Zeit Jesu unter zunehmenden wirtschaftlichen und politischen Spannungen. Am Rande der Gesellschaft fanden sich – wie schon tausend Jahre zuvor (Stager 1985: 26–27) – wirtschaftlich, politisch oder altersmäßig deklassierte Männer zu militärisch oder religiös motivierten Gruppen zusammen: zu Räuberbanden oder ‚revolutionären Zellen' (schon damals war die Frage, ob es sich um ‚Terroristen' oder ‚Freiheitskämpfer' handelte, im wesentlichen eine Frage der Perspektive des Berichterstattenden), zu Eremiten- oder Propheten-Vereinen (Theissen 1989: 112–139). Irgendwo ließe sich in diesem Spektrum vielleicht auch ein Männerbund um den Propheten Jesus ansiedeln, wenn wir nicht doch zuviel von ihm wüßten.

Denn diesem Propheten ging es nicht darum, eine Gegenwelt am Rande der Welt einzurichten, oder eine Gegengesellschaft als Antizipation einer künftigen, in der es besser zu leben wäre. Im Zentrum der Botschaft dieses Propheten steht nicht die Aufforderung, in eine neue Welt aufzubrechen, sondern die Ankündigung des unmittelbar bevorstehenden Endes der Welt, das menschliches Handeln weder verzögern noch beschleunigen kann. Zu nichts als der Weiter-Verbreitung dieser Nachricht sind seine Anhänger aufgerufen, die er darum nicht zu sich beruft, sondern von sich wegsendet: Nur einzelne, nicht ‚Strukturen' können hoffen, durch Einstellungs- und Verhaltensänderungen im kommenden Gericht Gnade zu finden, und alles andere zählt nicht mehr. Der heimatlose ‚Wandercharismati-

Erst durch die Rezeptionsgeschichte wurden Jesus und seine Gefolgsleute fälschlicherweise zu einem Männerbund stilisiert. Zwar wissen wir über den historischen Jesus wenig, doch läßt sich aus der frühchristlichen Literatur erschließen, daß sich unter den Jüngern durchaus auch Frauen befanden, die weder vorgaben, verheiratet zu sein, noch asketisch lebten.

Das Abendmahl (Los Machos), Collage von Daniel Spoerri, 1985. Galerie Beaubourg, Paris. Foto: D. Spoerri.

ker' Jesus bot denen, die sich seiner Ansicht vom kommenden Weltende anschlossen und ihre geographische wie soziale Heimat verließen, nicht die Ersatz-Heimat einer Gruppe, sondern entließ sie in die Heimatlosigkeit derer, die diese Welt nicht mehr bindet, um die Botschaft vom Ende der Welt weiterzutragen (Theissen 1989: 79–105).

Die nun mit dieser Botschaft vereinzelt durch die Lande zogen, waren keineswegs nur Männer. Aus Versuchen der frühchristlichen Literatur, diesem Phänomen zu begegnen, läßt sich erschließen, daß sich unter den Wandercharismatikern Paare befanden, die weder in jedem Fall vorgaben, verheiratet zu sein, noch asketisch lebten (Theissen 1989: 87). Ist die Ordnung der vorfindlichen Welt im Zeichen ihres unmittelbar bevorstehenden Untergangs aufgehoben, dann entfällt auch die Basis für die ‚geschlechtliche Arbeitsteilung' in einen ‚männlichen' öffentlichen und einen ‚weiblichen' häuslichen Bereich. Auch ohne auf die Frauengestalten in den Evangelien hinzuweisen – bereits stereotyp und von fragwürdiger Historizität –, bleibt festzustellen, daß die Jesus-Bewegung ebenso eine Frauen- wie Männersache war.

Dabei ist es nicht geblieben. Statt des Gottesreiches, daß er erwartet hatte, folgten auf den Tod Jesu die Kirchen, die ihn zum Gott erhoben. Zunehmend in die Gemeinschaft und deren Macht- und Arbeitsteilung integriert, stellten sie bald die traditionelle Ordnung der Dinge wieder her, die von Jesus negiert worden war; Kirchenleitung wurde, wie es jede andere Form von Herrschaft seit langem war, Männersache, und als kollektive Rückprojektion der männergeleiteten Kirche entstand die Vorstellung von Jesus und seinen zwölf Jüngern (Theissen 1989: 104; 107–108). Jetzt erst verstehen wir die Aufregung der Jünger in Leonardos ‚Abendmahl': nicht einer, alle haben ihn verraten.

Jenseits von Gott und Göttin, Frau und Mann.

Jesus als der Lehrer und Leiter eines verschworenen Kreises von Männern – das ist kein Motiv aus dem Leben Jesu. Die Vorstellung, die sich so leicht soziologisch interpretieren ließe, ist ein Moment der Nach-Geschichte und Rezeptionsgeschichte des historischen Jesu, ist ein Aspekt der Geschichte des Gottes Christus. Damit wären wir wieder bei jenen ‚Mythen aus der Männerwelt', deren anthropologischer Hintergrund und religiöse Artikulation bereits behandelt worden sind (EAK). Es ist unbestreitbar, daß der Gott Christus jahrhundertelang die Staatsordnung europäischer Gemeinwesen in der gleichen Weise legitimiert und repräsentiert hat wie seinerzeit der Gott Baal die kanaanäische Gesellschaftsordnung. Nur scheint mir, damit sei über diesen Gott nicht alles gesagt.

Wie er bereits in den Schriften des Neuen Testaments vorliegt, ist der mythische Christus wie alle ‚Religionsstifter' ein Konstrukt der Religion, die sich auf ihn beruft. Nur über dieses Konstrukt können wir sinnvoll reden, da wir über den historischen Jesus über das bereits angedeutete hinaus fast nichts wissen (ja, er wurde als Aufrührer hingerichtet – das wurde aber auch Sokrates, so daß nicht einmal der Tod sicher auf dessen tatsächlichen Anlaß zu schließen erlaubt). Als Gott unserer abendländischen Kultur, dem unser Denken auch dann noch verhaftet bleibt, wenn wir uns von traditionellen Christentümern emanzipiert haben, lohnt es sich aber auch, das mythische Konstrukt ‚Christus' noch ein Stück weit unter dem Gesichtspunkt zu reflektieren, wie es sich denn zur geschlechtlichen Arbeitsteilung verhalte – im Himmel wie auf Erden. Gegenwartsbedeutung hat immer nur der Mythos, nicht die historische Hypothese ‚Jesus' – eine Hypothese über lange vergangene Verhältnisse in einem fernen Land, und so vorläufig und korrekturfähig wie unser ganzes Denken.

Als Gott zeigt Jesus eine Integrationskraft, mit der man in der geschichtlichen Rückschau seinen Erfolg erklären mag: die Christianisierung der Mittelmeerwelt und ihrer Randgebiete in der Spätantike, und die ausgesprochen lange Lebensdauer dieses Gottes: es hat in Umbruchsituationen immer wieder neue Christentümer gegeben, aber keinen neuen Christus. Ein Ende ist nicht abzusehen.

Christus, unser Gott, integriert als Gott, der den Einen Gott zum Vater hat (und außerdem noch eine Mutter), den Monotheismus der Intellektuellen (oder derer, die dafür gehalten werden möchten) mit dem Polytheismus der Religiösen (und dies oft in der gleichen Person). Allenfalls ist ein Etikettenwechsel erforderlich: statt zu Minerva beten wir jetzt in *S. Maria sopra Minerva*.

Christus, der Mensch und Gott, wird nicht als kämpfender und strebender und sich bemühender Mann zur Belohnung Gott, sondern gibt als Gott seine Macht und Herrlichkeit auf, um Mensch zu werden. Er siegt nicht, sondern unterliegt. Er tötet nicht, sondern stirbt. Er bringt nicht Regen, sondern Liebe. Indem er ihn vom Tode erweckt, übernimmt sein göttlicher Vater eine Rolle, die in struktural ähnlichen Mythen gewöhnlich einer Göttin zukommt. Auch ohne die Gestalt der Gottesmutter integriert dieser Gott die Rollen von Gott und Göttin, statt eine von ihnen zu eliminieren.

Wer mit der Berufung auf die Männlichkeit dieses Gottes Frauen von kirchlichen Ämtern ausschließt, hat ihn nicht verstanden. Eine Marginalie für jene geistlichen Theologen, die nicht zwischen mythischer und empirischer Wahrheit unterscheiden können: Nimmt man das Dogma im biologischen Sinne ernst, muß Jesus eine Frau gewesen sein. Als Jungfraugeborener konnte er kein Y-Chromosom haben, und da es im Dogma von ihm heißt „geboren, nicht geschaffen", kann der Heilige Geist im Akt der Zeugung auch kein Y-Chromosom *ex nihilo* kreiert haben.

Als wahrer Mensch und wahrer Gott (nicht vergöttlichter Mensch wie der göttliche Augustus, der göttliche Hadrian, und nicht verkleideter Gott wie Zeus bei Philemon und Baucis) integriert er Theismus und Atheismus. Menschlicher kann Gott nicht gedacht werden, göttlicher nicht der Mensch. Brachte Jesus auch nicht das Ende der Welt, so ist mit Christus doch ein Endpunkt in der Geschichte der Götter im mediterranen Kulturraum erreicht, von dem aus es nicht mehr weiter geht, sondern allenfalls zurück.

Es scheint, als verbinde zumindest eine Grundstruktur den historischen Jesus mit dem mythischen Christus: die als Befreiung erfahrbare Erkenntnis von der Hinfälligkeit der Ordnungen der Welt – und der Götter. In der Form des „Haben, als hätte man nicht" war diese Haltung für die Kirche domestizierbar – und tradierbar. Mit dieser Haltung, Habenden wie Nicht-Habenden gleichermaßen bequem, läßt sich an Christus glauben, ohne daß man den Mythos als vergangene Realität ausgeben muß; läßt sich der intellektuelle Leerlauf transzendentaler Spekulation ebenso vermeiden wie ungezügelter religiöser Fanatismus. Gewiß, beides gab (und gibt) es in der Geschichte des Christentums reichlich, wie auch Christus lange Zeit wie einer der antiken imperialen Staatsgötter fungierte. Doch scheint es, als habe er den Untergang der Imperien überlebt. Wer, ob Frau oder Mann, einen atheistischen Humanismus für so wenig realisierbar hält wie einen inhumanen Theismus für erstrebenswert, mag sogar hoffen, er überlebe noch recht lange.

Geschlechtsspezifische und andere Spannungsverhältnisse innerhalb der Kirche: Eine Problemskizze vornehmlich zum Mittelalter

Hubert Treiber

Die Vielschichtigkeit des Themas* verlangt nach einer Vorgehensweise, die diese Komplexität zu reduzieren vermag. Innerhalb einer Problemskizze werden daher diverse dominante Spannungsverhältnisse innerhalb der Kirche analysiert: 1. das Verhältnis zwischen Kurie und Männerorden, 2. das zwischen Mönchen und Klerus auf der einen und Massen bzw. Laien auf der anderen Seite, 3. das durch die Geschlechterdifferenzierung erzeugte Spannungsverhältnis, dessen Analyse zu einem wichtigen Anliegen der historischen Frauenforschung geworden ist und welches jeweils in die beiden erstgenannten Spannungsverhältnisse hineinspielt.

Die Spannungsverhältnisse innerhalb der Kirche sind eingebettet in mehr oder weniger dauerhafte, aber auch stark zeitgebundene Ordnungsvorstellungen, Deutungs- und Interpretationsmuster, die sich häufig einer spezifischen (oftmals geschlechtsspezifischen) Symbolik bedienen, die nicht ohne weiteres zu erschließen ist. So kann man zum Beispiel nicht einfach von der Existenz weiblicher Gottheiten oder prominenter weiblicher Symbole (Christus oder die Kirche als Mutter) auf eine Aufwertung der Frau im (religiösen) Kult und gesellschaftlichen Gefüge schließen (Bynum 1982a: insb. 131ff.; dieselbe 1987: insb. 277ff.; dieselbe 1988: insb. 358). Der Gleichheit der Geschlechter vor Gott widersprach eine nicht zu übersehende Ungleichheit im Kult. Caroline Bynum (1988: 358) weist beispielsweise darauf hin, daß „im späten Mittelalter... die quasiklerikalen Rollen der Frauen abgeschafft (wurden), während sich die Macht des (männlichen) Klerus in der Kirche stark steigerte, gleichzeitig jedoch weibliche Personen und Symbole in der Andacht wichtiger (wurden), zum Beispiel bei der wachsenden Verehrung der Jungfrau, der Maria Magdalena und von Jesus als Mutter". Und im 12. Jahrhundert waren es nicht nur Frauen, sondern auch Ordensmänner (vornehmlich Zisterzienser), die für ‚Gott', ‚Christus' oder ‚Jesus' weibliche Symbole gebrauchten bzw. (wieder-) entdeckten, zu deren Beschreibung vorher bevorzugt männliche Attribute herangezogen worden waren (vgl. Aufsatz Nr. 88). Unter diesen Ordensleuten sind nicht wenige, welche mit Hilfe weiblicher Symbole ein neues Verständnis von Autorität und Hierarchie (*„abbot as mother"*) zu vermitteln versuchten (Bynum 1982a: 154ff.). Seit dem 12. Jahrhundert zeigten Männer bei ihrem Andachtsverhalten eine Präferenz für weibliche Gestalten (wie für die heilige Jungfrau), wogegen religiöse Frauen in der Mehrzahl „die menschliche Person Christi" verehrten (Bynum 1988: 358). Auch der Anteil weiblicher Heiliger nahm ständig zu: im 11. Jahrhundert: 9,8 Prozent, im 12. Jahrhundert: 14,6 Prozent; um 1250: 15 Prozent; um 1300: 24 Prozent und zwischen 1400 und 1449: um 29 Prozent (Bynum 1982a: 137). Doch diesem Prestigezuwachs entsprach nicht unbedingt eine Verbesserung der religiösen und gesellschaftlichen Chancen von Frauen.

Alles hat seine Ordnung

‚*Ordo*' ist der Schlüsselbegriff und das Schlüsselkonzept zum Verständnis der mittelalterlichen Welt (vgl. Duby 1981: 92ff., 116; derselbe 1984: 57ff.; Oexle 1978). Alles hat seine Ordnung und ist in Ordnung. Gemeint ist damit unter anderem die Dauerhaftigkeit und Unveränderlichkeit der irdischen Bedingungen des Menschen, aber auch der vorgegebenen Rangordnungen (Hierarchien). Obwohl diese für unwandelbar gehalten werden, sind sie dennoch bezeichnenden Akzentverschiebungen zugänglich.

Im Mittelalter herrscht das hierarchische Modell der drei *ordines* vor: An erster Stelle stehen diejenigen (Männer), die das Beten zu ihrem Beruf (im Sinne von Berufung) gemacht haben *(oratores)*, gefolgt von den Kriegern *(bellatores)*, auf die dann die (vornehmlich) in der Landwirtschaft Arbeitenden *(laboratores)* folgen (Duby 1984: 61f.; Miccoli 1989: 66). Dieses Modell hatte sich im 10. Jahrhundert herausgebildet und erfuhr bald danach (Duby 1981: 112ff.) eine folgenreiche Akzentverschiebung innerhalb der ‚Ordnung' der *oratores:* die Mönche rangierten nun vor den Klerikern. Diese Auszeichnung des Mönchtums wertet die Laien stark ab, besonders die Frauen – denn sie entspricht nicht nur der geläufigen Vorstellung, welche den Geist der Materie und die Seele dem Körper vorzieht und diese binären Schemata den Geschlechtern auf bezeichnende Weise zurechnet (vgl. zum Beispiel Gössmann 1979); diese Auszeichnung impliziert auch ein „tendenziell negative(s) Urteil gegenüber jeglichem menschlichen Dasein, das nicht die Keuschheit oder wenigstens das (!) Zölibat als Hauptmerkmal aufweist: Es ist kein Zufall – sondern spiegelt Haltungen und Einstellungen wider, die auf die Tiefenpsychologie verweisen –, daß die Frau in den Klosterbiographien und -chroniken, sofern sie nicht die liebende und sorgende Mutter eines Heiligen ist oder sich entschieden hat, Nonne zu werden, meistens als heimtückisches und wildes Wesen geschildert wird, als ständiges Opfer der Sinne und der entfesselten Gefühle, das dazu bestimmt ist, die Männer mit den Reizen des Fleisches anzulocken und zu verderben" (Miccoli 1989: 67; vgl. dazu Ennen 1987: 101f.).

Das zitierte Schema der drei Ordnungen, welches die christliche Gesellschaft zu beschreiben versucht, bringt die Welt der Männer in eine Hierarchie und läßt Frauen außen vor, obwohl sie – allein zahlenmäßig – nicht zu übersehen waren. Wenn sie wahrgenommen wurden, so geschah dies allerdings nicht mit Hilfe der uns so vertrauten Kategorien der Schichtung und des Berufes: „Die Frau war nicht so sehr Bäuerin, Schloßherrin oder Heilige, sondern sie wurde zuerst über ihren Leib, ihr Geschlecht und ihr Verhältnis zur Familie definiert" (Klapisch-Zuber 1989: 312).

Frauen ohne Familie – die es rein zahlenmäßig in der fraglichen Zeit immer gegeben hat, zumal in Krisenzeiten – Frauen also, die außerhalb der als ‚natürlich' definierten Ordnung (und dies hieß zugleich auch Unterordnung unter den Ehemann) standen, wie alleinstehende Witwen oder religiöse Frauen, außerhalb einer anerkannten religiösen Gemeinschaft (Klapisch-Zuber 1989: 339), solche Frauen waren tendenziell von einer Marginalisierung bedroht. „Im gesellschaftlichen Bewußtsein der Menschen des Mittelalters (wird) die Seßhaftigkeit, die Verwurzelung an einem Ort und in einer Gemeinschaft positiv bewertet, denn das Gefühl der Ordnung und der sozialen Sicherheit stützt sich auf Bande des Blutes und der Nachbarschaft" (Geremek 1989: 375). Familiale und andere gruppenbezogene Solidaritätsinseln bilden die Bezugspunkte, von denen aus Grenzgänger bzw. Außenseiter definiert werden: durch den Ausschluß aus diesen Gemeinschaften, welche die Gesellschaft durchziehen (Sprandel 1975: 30ff., insb. 63ff. u. 232ff.; Borst 1979). Doch auch der freiwillig vollzogene Ausschluß kann zu Etikettierungsprozessen einladen: wenn nämlich das Wandern, das ständige Unterwegs-sein, zu einer Lebensform erhoben wird (wie bei den Wanderpredigern oder Bettelmönchen), läßt sich gesellschaftliches Mißtrauen konstatieren, auch und gerade in einer Gesellschaft, die als christliche die Bestimmung des wahren Christen in der Pilgerschaft, im Unterwegssein zu seiner wahren, himmlischen Heimat erblickt (Geremek 1989: 376).

Spannungen zwischen Kurie und Männerorden

Die Mönchsvergesellschaftung als eine besondere Form des klassischen Männerbundes[1] kann man als eine gegen Kirche (und Kurie) gerichtete soziale (Protest-) Bewegung begreifen, die unter dem Zeichen einer Revitalisierung der Urgemeinde steht und mit dieser Rückwärtsgewandheit zugleich eine in die Zukunft gerichtete perfektionsorientierte Elite herausbildet (Bergmann 1985: insb. 46ff.).

Der Gedanke der Kontinuität in der Entwicklung des Mönchtums entspricht dem Selbstbild dieser religiösen Virtuosen, die von sich behaupten, sie – und nur sie – würden „die Kontinuität eines authentischen Christentums in der Geschichte ... gewährleisten" (Miccoli 1989: 48), eine Auffassung, die in Zölibat und Askese Garanten dieser Kontinuität sah (vgl. Frank 1975; Prinz 1980) und mit ihrem Absolutheitsanspruch die vom Papst angeführte Hierokratie (Priesterherrschaft) immer wieder herausforderte. Insofern bestand innerhalb der organisierten Männerwelt von Kirche und Mönchen eine prinzipielle Spannung, die auch wachgehalten wurde durch den Gegensatz zwischen dem „personalcharismatischen und ‚sektenförmigen' Mönchtum und dem amtscharismatischen und ‚kirchenförmigen' Priestertum" (Schluchter 1988, 52).

Die asketischen Anstrengungen zur Verähnlichung mit Christus *(imitatio Christi)* zielen darauf ab, den „Einfluß des Körpers auf das geistige Leben so gering wie möglich zu machen", um auf diese Weise eine Identität mit der „geschlechtslosen und leidenschaftslosen Seinsweise der Engel" zu erreichen (Bergmann 1985: 42f.). Ein solcher Mortifikationsprozeß (Abtötungsprozeß) bedarf der Absicherung durch weitere soziale Mechanismen; solche Stützmechanismen stellen sowohl die Isolierung von der bislang vertrauten sozialen Umwelt von Freunden und Familie dar, wie auch die Einbindung in einen (oftmals: Freundes-) Kreis von Gleichgesinnten (vgl. Tenbruck 1964). Im charismatischen Stadium des Mönchtums ist die mit der propagierten und praktizierten Ehelosigkeit verbundene ‚negative Bewertung der Frau' und die geradezu panische Furcht[2], mit ihr dennoch in Kontakt zu kommen, zunächst weniger Audruck des Bemühens, sexueller Versuchung zu entgehen, als von dem Verlangen bestimmt, sich sozialen Zwängen zu entziehen, wie sie durch die ökonomische und sexuelle Dauergemeinschaft von Haus und Familie, für die ‚die Frau' steht, repräsentiert werden (Bergmann 1985: 41).

Die Spannung zwischen Mönchtum und Hierokratie (Priesterherrschaft) läßt sich Weber zufolge am reinsten im Okzident verfolgen, wo sich mit der „Verkirchlichung des Mönchtums" (Troeltsch 1977: 230ff.) auch die am konsequentesten durchgeführte Lösung dieses Konflikts beobachten läßt: die „Einordnung des Mönchtums in eine bürokratische Organisation als eine durch ‚Armut' und ‚Keuschheit' von der Gebundenheit an die Bedingungen des Alltags losgelöste, durch spezifischen ‚Gehorsam' disziplinierte Truppe eines monokratischen Kirchenhauptes" (Weber 1976: 695). Für Weber war dieser Integrationsprozeß, der in der umsichtigen Politik von Innozenz III. (1179–1180) gegenüber den Armutsorden einen ersten Höhepunkt und in der direkten Unterstellung des Jesuitenordens unter den Papst seinen vorläufigen Abschluß fand, ein Prozeß der „Tauglichmachung des Mönchs zur Arbeit im Dienst der hierokratischen Autorität: der äußeren und inneren Mission und des Kampfes gegen die konkurrierenden Autoritäten" (ebd.: 694f.). Mit der Hereinnahme von Sondermoralen und Sonderorganisation in die Kirche, die diesen Integrationsprozeß mit einem Kodifikations- und Verrechtlichungsschub[3] absicherte (unter anderem mit der Intention, verläßliche Regeln zur Grenzziehung, das heißt, zur Regelung der Mitgliedschaft parat zu haben), nahmen jedoch die Möglichkeiten für innere Spannungen zu, die sich, wie noch zu zeigen sein wird, durch die Differenzierung in Männer- und Frauengemeinschaften verschärften.

Gerade die beiden ‚zentralen' Ideale der religiösen Bewegungen des späteren Mittelalters, Armut und apostolisches Leben (Grundmann 1977: 504; Duby 1980: 238ff.), blieben auch nach der Integration der Bettelorden, vornehmlich in ihrer anti-institutionellen Phase des Wanderpredigertums, eine ständige Herausforderung für die Kirche. Diese reagierte stets mit dem ‚bewährten' Rezept der Formalisierung und Institutionalisierung, so auch hier mit der möglichst ordensmäßigen Organisation der religiösen Armutsbewegung und apostolischen Wanderpredigt bei Männern und Frauen. Die organisatorisch disziplinierten Bettelorden reagierten mit einer Politik der Abschottung gegenüber der vom Papsttum durchaus geförderten Politik der Angliederung von religiös gestimmten Frauen (vgl. weiter unten). Die Bettelmönche – ursprünglich eine der wichtigsten Trägerschichten der religiösen Protestbewegung des 12. und 13. Jahrhunderts, scherten mit ihrer Integration in die Kirche aus der Protestbewegung aus, um diese im Auftrag des Papstes zu bekämpfen.

Daß mit der vollzogenen Integration die Möglichkeiten innerer Spannungen zunehmen, läßt sich ebenfalls am Beispiel der Bettelorden demonstrieren. Diese entdeckten die akademische Disziplin als eine subtile Form der Selbstdisziplin und mit ihr die Universitäten[4]. Auf diese Weise errichtete die Wissenschaft ein neues Spannungsfeld innerhalb der Kirche, ist doch die rationale Wissenschaft Motor des religiösen Entzauberungsprozesses. Es ist bezeichnend, daß zum Beispiel Thomas von Aquin und Wilhelm von Ockham den Bettelorden zugehörten (der eine als Dominikaner, der andere als Franziskaner).

Die soziale Bewegung des Mönchtums selbst war einem Spannungsverhältnis ausgesetzt: dem zwischen Anspruch und Wirklichkeit (vgl. Southern 1976: 202–350; Frank 1988). Die Entwicklung, die von Pachomius zu Ignatius führte, ‚gehorchte' einer inneren Logik, die den Zwang zu Reformen mit ihrem

Für das Mittelalter gilt, daß zwar weibliche Symbole in der Andacht immer wichtiger werden, sich gleichzeitig aber die Macht des männlichen Klerus steigert. Der Meister des Marienlebens spielt in seinem Tafelbild auf die Legende an, nach der Maria das Gebet des heiligen Bernhard v. Clairvaux beantwortete, indem sie seine Lippen mit Milch aus ihrer entblößten Brust benetzte. 2. Hälfte 15. Jahrhundert. Wallraf-Richartz-Museum, Köln. Foto: Rheinisches Bildarchiv.

ständigen Kurs auf erneut strengere Askese und Armut, worin sich die Sehnsucht nach der anti-hierarchisch und anti-institutionell eingestellten Urgemeinde ausdrückt, als permanente Herausforderung implantierte – für die Mönche selbst wie für die zunehmend bürokratisch werdende Kirche (Southern 176: 86ff.). So leicht es ist, zufällig arm zu werden, so schwierig ist es, aus Prinzip und kollektiv arm zu bleiben. Und so leicht es ist, eine anti-ökonomische und anti-rationale Lebensführung zu propagieren, so schwierig ist es, bei streng eingeteilter Zeit und asketischer Selbstkontrolle keine methodische und insofern rationale Lebensführung zu entwikkeln. Kollektive Armut und methodische Lebensführung sind ihrerseits wiederum die Voraussetzungen für den paradoxen Erfolg von Reichtum, zu dem es die (aus den gleichen Gründen) ökonomisch prosperierenden Klöster und Orden brachten; ein Erfolg, der jeweils nach strengen Reformen verlangte, die ihrerseits den paradoxen Erfolg erneut garantierten, je strenger durchgeführt, desto erfolgreicher in ihren nicht intendierten Wirkungen (Southern 1976: 278). Der gegen die Benediktiner gerichtete Reformorden der Zisterzienser veranschaulicht diesen Mechanismus geradezu lehrbuchhaft:

Die Zisterzienser „verstießen gegen das ungeschriebene Gesetz der Adelsherrschaft, nämlich, daß der, dem viel gegeben ist, auch viel verteilen muß, ohne auf Gegenleistungen zu schielen, außer auf einen größeren und glanzvolleren Namen. Diese Puritaner des klösterlichen Lebens verfielen der Strafe des Puritanismus: sie wurden reich, weil sie dem Glanz des Reichtums entsagten, und mächtig, weil sie klug investierten" (Southern 1976: 250, mit dem eindrucksvollen Beispiel von Les Dunes, a.a.O., 255ff. Zur quantitativen Expansion der Zisterzienser vgl. 243).

Bei diesem Entwicklungsprozeß lassen sich typische Adäquanzverhältnisse beobachten, die hier nur Erwähnung finden sollen (vgl. Treiber/Steinert 1980: 95). Die einzelnen Epochen des Mittelalters haben jeweils vorherrschende Sozialtypen hervorgebracht, denen auf Seiten der Mönche Protesttypen als Gegenentwürfe entsprechen, die bei aller gewollten Ablehnung immer auch Nachahmung sind. So kopierten die Benediktiner in der Phase der Krieger (vom 9. bis 11. Jahrhundert) die feudalen Grundherren (bei den Ritterorden vornehmlich des 11. und 12. Jahrhunderts ist der hier herausgestellte Zusammenhang besonders evident), wie in der Phase der Bauern (11. und 12. Jahrhundert) die stadtfeindlichen Zisterzienser, wenn sie auch ihre Konversen arbeiten ließen, die Landwirtschaft, für die der Bauer steht, entdeckten; und in der Phase der Stadt-Bürger (ab dem 12. Jahrhundert) orientierten sich die zur städtischen Kultur gehörenden Bettelorden am Bettler, dem Pendant zum rechtschaffenen Bürger (zur Phaseneinteilung vgl. Duby 1977).

Mit Bedacht wurde der Begriff Adäquanz- oder Entsprechungsverhältnis gewählt, weil er die Kausalitätsfrage offen läßt. So wurde lange Zeit die Meinung vertreten, daß es die „hierarchisch und hierokratisch gegliederte gregorianische Kirche" gewesen sei, welche die ritterlichen Ideale „erfunden" hätte, „indem sie aus der alten feudal-militärischen Ethik ein System kriegerischer Tugenden entwickelte, das auf dem Ideal der Verteidigung der Schwachen und dem Vorbild des Märtyrers für den Glauben beruhte sowie auf dem persönlichen Mut und dem beruflich (standesmäßigen) und durch die Initiationsriten bedingten Zusammenhalt gründete" (Cardini 1989: 94 u. 91f.). Heute findet eher die Auffassung Anklang, die weniger von einer „Christianisierung der ritterlichen Kultur" ausgeht als von „einer Militarisierung und Heroisierung christlicher Glaubensbezeugung" (Cardini 1989: 95; Duby 1984: 85). Daneben gibt es allerdings auch neuere Einzelstudien wie die von Barbara H. Rosenwein (1988: insb. 290ff., 295f.) zu Cluny vorgelegte ‚Fallstudie', welche zu zeigen vermag, daß die von Cluny propagierte Auffassung des religiösen Lebens ganz entscheidend zur Herausbildung eines rationalisierten adligen Lebensstils, wie er vom Rittertum verkörpert wurde, beitrug. Das Rittertum ist religiöse Berufung und seine Kriegführung unterliegt zunehmend rationalen, berechenbaren Regeln. Der Ritterschlag ist dem liturgischen Ritual nachgebildet und zeigt sakramentalen Charakter, der an die Taufe erinnert; und auch die Ausrüstung des Ritters – so hat sein Schwert die Gestalt eines Kreuzes – appelliert an Symbole religiösen Ursprungs (vgl. auch Cardini 1989: 105/107; Eliade 1983: 96). Bereits im Typ des *miles* Christi, genauer: des *miles sancti Petri,* verschmolzen die *oratores,* die einen spirituellen Kampf führten, mit den nunmehr *milites* genannten Glaubenskriegern zu einer Art ‚Kriegschristentum', vorbereitet durch die Gottesfriedensbewegung an der Wende vom 10. zum 11. Jahrhundert. Die monastisch-militärischen Ritterorden sind das bekannteste Ergebnis dieser Entwicklung (Cardini 1989: 100ff.). Dies waren klassische Männerbünde[6] mit all den typischen Merkmalen, wie Aufnahmerituale, Initiationsriten und einer Stufenfolge von Prüfungen von mystisch-sakralem Charakter (vgl. Aufsatz Nr. 20).

Spannungen zwischen Ordensfrauen und Männerorden

Die Spannungen innerhalb der organisierten Männerwelten von Kirche und Orden verschärften sich im 12. und 13. Jahrhundert, als zunehmend auch Frauen das neu interpretierte Ideal der Vollkommenheit zu verwirklichen suchten (Vauchez 1989: 357) und die einstmals abgewerteten Laien (Männer wie Frauen) mit dem Anspruch auftraten, moralische und geistige Vollkommenheit anstreben zu wollen (Vauchez 1989a). Beide Anspruchshaltungen hatten ihre Vorläufer. Mag bei den Laien der Hinweis auf die zahlreich verbreiteten Bruderschaften genügen (z. B. Little 1988; Sprandel 1975: 63ff.), die ebenfalls dem Typ des Männerbundes[7] zugerechnet werden können, so soll im folgenden in der Form einer historischen Skizze zunächst auf die Ordens-Frauen und deren spannungsreiches Verhältnis zu Männerorden, Kirche und Kurie eingegangen werden, um dann die weibliche Frömmigkeitsbewegung, die nicht ausschließlich in der Mystik aufgeht, anzusprechen.

Seit der 2. Hälfte des 4. Jahrhunderts gab es Frauenklöster (bzw. Stifte). Im frühen Mittelalter, insbesondere im 7. und 8. Jahrhundert, zum Beispiel unter den merowingischen Königen, waren Nonnenklöster als standesgemäße Bleibe für Witwen und Töchter des Hochadels verbreitet (Elm 1981: 7–13; Ennen 1987: 75ff. u. 236; Ketsch/Kuhn 1984: 271f.; Southern 1976: 299–336, insb. 299). Besonders zahlreich waren die Frauenklöster und -stifte im ottonischen Sachsenland (Ennen 1987: 79; Ketsch/Kuhn 1984: 268, denen zufolge die Zahl der Nonnenklöster die der Männerklöster dort ums vierfache überstieg). Im 7. Jahrhundert fand sich auch die Form des Doppelklosters[8], nicht selten unter der Gesamtleitung einer Äbtissin. Dies war im übrigen die höchste Position, die eine Frau in der ‚Ämterhierarchie' der Kirche erreichen konnte (Ketsch/Kuhn 1984: 275f.; RGG II, Sp. 1071 u. 1072). Dieses Amt verlieh eine beachtliche Fülle an kirchlicher und politischer Macht (insbesondere bei Reichsklöstern beziehungsweise Reichsstiften). In der Phase der ‚großen' Klostergründungen des 10. und 11. Jahrhunderts traten Frauenklöster zahlenmäßig und hinsichtlich ihrer Bedeutung zurück. An der Wende vom 11. zum 12. Jahrhundert gab es zum Beispiel in Frankreich und Flandern erneut Gründungen von Doppelklöstern, vereinzelt ‚echte' mit einer Äbtissin an der Spitze; es überwog jedoch jene Form des Doppelklosters, bei der die Nonnen dem Männerkloster angegliedert wurden. Dieser Typ des Doppelklosters dominierte zunächst bei den Benediktinern, Augustinern und Prämonstratensern, die jedoch recht bald, gegen den Willen der Kirchenleitung (Päpste), eine (nicht nur räumliche) Trennung von den angegliederten Nonnen herbeiführten und bestenfalls zu einer seelsorgerischen Betreuung der Nonnen bereit waren. Doch selbst die Form der Kooperation im Rahmen der *cura monialium* wurde im ganzen recht zurückhaltend praktiziert. So beschloß beispielsweise das Generalkapitel der Prämonstratenser um 1140 die Doppelklöster des Ordens aufzuheben. Doch auch für diesen Orden trifft zu, was später, insbesondere im 13. Jahrhundert, für die Zisterzienser gelten sollte: „Grundsätzliche Ablehnungsbeschlüsse (wurden) durch positive Zulassungsbestimmungen und die Praxis teilweise widerlegt" (Ennen 1987: 113; Elm 1981: 10, mit dem Nachweis, daß es bei den Prämonstratensern auch nach 1140 im Rheinland und in Westfalen Doppelklöster gegeben hat).

Trotz einer bis in die Spätantike und ins Frühmittelalter zurückreichenden Tradition des klösterlichen Zusammenlebens von Männern und Frauen, eine Tradition, welche durch die Wanderprediger des 11. und 12. Jahrhunderts für kurze Zeit neu belebt wurde, setzte sich zunehmend die räumliche und institutionelle Trennung der Geschlechter durch. Den zur Askese und Keuschheit verpflichteten Mönchen erschien die Nähe zu Frauen ‚unnatürlich'; Frauen erschienen ihnen unheimlich, weshalb sie sie dämonisierten. Eine Stimme von vielen, die Stimme eines Prämonstratenserabtes: „Wir und unsere Gemeinschaft von Kanonikern, in der Erkenntnis, daß die Schlechtigkeit der Frauen größer ist als alle Schlechtigkeit der Welt, und daß kein Zorn dem Zorn der Frauen gleichkommt, und daß das Gift von Schlangen und Drachen eher zu heilen und weniger gefährlich für Männer ist als der vertrauliche Umgang mit Frauen, haben einmütig beschlossen, zum Wohl unserer Seelen ebenso wie unserer Leiber und Besitzungen, daß wir unter keinen Umständen künftig Frauen aufnehmen, um unsere Gefährdungen nicht zu vergrößern, sondern ihnen wie giftigen Tieren aus dem Weg gehen wollen" (Southern 1976: 304; vgl. auch Duby 1984: 64 und Gössmann 1979: 293).

Die Zisterzienser mögen als Beispiel dafür dienen, wie komplex und widersprüchlich sich die Lage für die religiösen Frauen dieser Zeit darstellen konnte. Folgt man Southern (1976: 304; aber auch 242, 250f.), dann gab es „keine religiöse Vereinigung, die in ihrem Temperament und ihrer Disziplin nach mehr das Männliche betonte als die Zisterzienser, keine, die jedem weiblichen Kontakt entschlossener aus dem Weg ging oder gewaltigere Schranken gegen das Eindringen von Frauen aufrichtete". Für den Ordensgründer „stellte jede Frau eine Bedrohung seiner Keuschheit" dar, so daß er das Zusammenleben der beiden Geschlechter in Doppelklöstern entschieden ablehnte: „Ist es nicht schwerer, ständig mit einer Frau zusammen zu sein und keinen Geschlechtsverkehr mit ihr zu haben als Tote zu erwecken? Ihr könnt das weniger schwere nicht tun; glaubt ihr, daß ich euch das schwierigere zutraue?" (Southern 1976: 304f.).

Die faktischen Verhältnisse sahen jedoch anders aus; vor allem in den Expansionsgebieten Europas im 13. Jahrhundert gab es mehr Zisterzienserklöster für Frauen als solche für Männer (quantitative Angaben bei Southern 1976: 307, Fn. 19; ferner: Ennen 1987: 113f., 115; Ketsch/Kuhn 1984: 270). Diese erstaunliche Entwicklung ist auf mehrere Faktoren zurückzuführen: zunächst auf den zahlenmäßig beträchtlichen Zustrom von Frauen zu diesem Orden, unterstützt von Laiengründern und ihren Familien, dann auf die Unterstützung durch das Papsttum, aber auch auf den unter organisationssoziologischen Aspekten interessanten Umstand, daß sich Quasi-Mitglieder der Kontrolle durch die Organisationsspitze leicht entziehen können. Wie Southern (1976: 305) berichtet, segneten die Zisterzienseräbtissinnen „großer spanischer Gründungen" ihre Nonnen selbst ein, hörten ihnen die Beichte und predigten zu ihnen von der Kanzel; ferner betrieben sie Tochtergründungen und hielten ihre eigenen Versammlungen (Kapitel) ab. Auf der anderen Seite kopierten sie die Statuten und Strukturen der Zisterzienser, die sie umgekehrt über lange Zeit hinweg als nicht existent betrachteten, dann schließlich versuchten sie, die Autonomie der Äbtissinnen und Nonnen zu beschneiden und Neugründungen zu verhindern. Diese Auseinandersetzung im Zisterzienserorden war „ein Kampf zwischen einer zentralen gesetzgeberischen Körperschaft und adeligen Damen, die sich einer Einmischung in ihre gewohnten Freiheiten widersetzten, besonders dann, wenn sie von einem Gremium ausging, in dem sie keine Stimme hatten und dem sie nur einen sehr unbestimmt formulierten Gehorsam schuldeten" (Southern 1976: 308).

Mystische Qualität weiblicher Frömmigkeit im späteren Mittelalter

Die religiösen Bewegungen des 12. und 13. Jahrhunderts waren dem religiösen Ideal des ‚apostolischen Lebens' verpflichtet. Der Typ des charismatisch begnadeten Wanderpredigers repräsentiert gelebte *imitatio Christi*. Die zahlreichen Anhänger dieser Bewegungen, Frauen wie Männer, bildeten religiöse Gemeinschaften zur Verwirklichung des propagierten religiösen Ideals, so daß sich recht bald die Frage stellte, wie sich diese Gemeinschaften in die hergebrachten Ordnungen der Kirche integrieren ließen. Und da sich vor allem Frauen von dieser Art einer ‚freischwebenden' Religiosität, rein zahlenmäßig gesehen, besonders angezogen fühlten, stellte sich die Frauenfrage aufs neue, nur diesmal schärfer. Eine ‚Weichenstellerfunktion' (Weber 1972: 252) übernahm dabei die Frage, ob „die religiöse Bewährung in der Apostel-Nachfolge zur Predigt ermächtigt oder nur das kirchliche Amt" (Grundmann 1977: 511), zumal die gregorianische Reform sich darauf festgelegt hatte, daß „nur der kanonisch ordinierte Priester amtieren durfte" (Grundmann 1977: 515). Von der Frage, ob Wanderprediger, die zu Ordensgründern oder Mitgliedern von neuen Orden geworden waren, öffentlich predigen dürfen, ob dies allen Christen, also auch Laien und unter ihnen insbesondere Frauen erlaubt sein sollte, sah sich nicht nur das (Reform-) Papsttum herausgefordert, sondern auch der Klerus.

Vor Papst Innozenz III. (1179–1180) steht die hierarchische Kirche diesen religiösen Bewegungen in langwierigen Auseinandersetzungen äußerst ablehnend gegenüber. Seitdem dieser der religiösen Armutsbewegung eine Integrationschance eröffnet hatte (Grundmann 1977: 70ff.), waren auch jenen Frauen, die einzeln oder in amorphen Gemeinschaften in freiwilliger Armut und Keuschheit lebten, weil sie das Evangelium ernst nehmen wollten, die möglichen Alternativen klar vorgegeben: entweder eine anerkannte Regel anzunehmen und sich in den Schutz eines anerkannten Ordens zu begeben (mit der Verpflichtung zur strengen Klausur), oder sich dem Häresieverdacht auszusetzen (mit den bei Katharern und Waldensern ablesbaren Folgen), oder gar einen dritten Weg zu versuchen: ohne feste Regel, ohne päpstliche Bestätigung. Die Frauen ließen keine der genannten Möglichkeiten aus: sie wurden zu Nonnen, zu Ketzerinnen und zu Beginen.

Ein Teil der religiösen Frauenbewegung dieser Zeit wurde von den Bettelorden (Dominikaner, Franziskaner) absorbiert – gegen erheblichen Widerstand der Orden selbst, die sich gegen die Übernahme der *cura monialium* (Grundmann 1977: 199ff.; diesen modifizierend: Freed 1972) heftig wehrten und erst nach langwierigen Auseinandersetzungen mit der Kurie hierzu ‚bereit' waren, die nicht selten auch die Ortsbischöfe gegen sich hatte (Elm 1981: 12f.; Ennen 1987: 122ff.). Innozenz IV. (1243–1254) regelte schließlich 1245 die Frage der Inkorporation von Frauenklöstern in Männerorden, so daß Edith Ennen (1987: 238) nur zuzustimmen ist: „Die Päpste haben dafür gesorgt, daß die Frauen die notwendige geistliche Betreuung durch die Orden nicht zu entbehren brauchten".

Elm (1981: 13) hat das Resultat dieses schwierigen und komplexen Integrationsprozesses, den die erste Alternative vorgab, festgehalten; ein Resultat, das eben nicht aus dem Zusammenspiel von ‚Männerseilschaften' in Orden, Klerus und Kurie hervorging, sondern wechselnden Konfliktkonstellationen zwischen und innerhalb diesen ‚Entscheidungsträgern' ausgesetzt war: „An die Stelle eines ganz von den Forderungen des Evangeliums geprägten Lebens trat ein Stil, der über die Grenzen einzelner Klöster und Orden hinweg durch die Klausur, den institutionalisierten Abschluß von der Welt, die Konzentration auf Kontemplation und Gebet, durch Beschränkung des aktiven Lebens auf Krankenpflege, Erziehung und

Fürsorge sowie eine weitgehende jurisdiktionelle und spirituelle Unterordnung unter die Männer und ihre Amtsgewalt gekennzeichnet ist".

Man kann dieses Resultat bzw. den Vorgang, der zu ihm geführt hat, auf unterschiedliche Weise bewerten. Es ist möglich, in ihm einen Vorgang der Disziplinierung und Unterordnung zu sehen, es ist aber auch möglich, darauf hinzuweisen, daß diese nunmehr der Klausur unterworfenen Ordensfrauen, oftmals in engem Kontakt mit männlichen Ordensleuten, im Kloster „eine Spiritualität entwickelt (haben), welche eine weibliche Gott-Sprache und Gott-Symbolik bejahte und die psychische und religiöse Erfahrung der Frauen und Männer widerspiegelte" (E. M. Laughlin, zitiert nach Elm 1981: 13).

Das eben Gesagte trifft in besonderem Maße für den dritten Weg zu, für jene Form der Frauenfrömmigkeit, die zumeist in amorphen Gemeinschaften, wie dies von den Beginen bekannt ist, gelebt wurde: als ein „frommes Leben der Keuschheit, Nächstenliebe und Arbeit" (Bynum 1988: 359). Diese anti-institutionell eingestellte Frömmigkeit negierte „die Trennungslinie zwischen Laientum und Mönchtum, Heterodoxie und Orthodoxie, Kirche und Sekte" (Bynum 1988: 363), so daß typische Konfliktfronten aufscheinen (vgl. Elm 1981: 15). Den kirchlichen Institutionen kann dabei keine einheitliche ‚Politik' nachgesagt werden; in der Regel gab die Haltung des lokalen Klerus und/oder die des zuständigen Bischofs den Ausschlag, inwieweit Toleranz oder Repression angesagt war.

Caroline Bynum hat darauf aufmerksam gemacht, daß jenen Wissenschaftlern, die sich an einer Sozialgeschichte der religiösen Bewegungen des späteren Mittelalters interessiert zeigen, die steigende Zahl von Frauen aufgefallen sei, die von den akzeptierten wie bekämpften Richtungen angezogen worden sind, ihnen aber die Eigentümlichkeiten dieser Frauenbewegungen entgangen seien, wozu vor allem die dort ausgebildete spezifische Spiritualität gehöre (Bynum 1982b: 182ff.; statt vieler: Peters 1988, Ruh 1986).

In einer ersten Annäherung läßt sich diese Spiritualität umschreiben mit dem Hinweis auf mystisches Erleben, auf Trance und Ekstase, auf Visionen und ein hohes Ausmaß an Leidensfähigkeit. Die von diesen Frauen gelebte und erlebte mystische Frömmigkeit war auf die Inkarnation hin orientiert: die „Verehrung der Menschlichkeit Christi und der Eucharistie" war ein Hauptanliegen dieser Frauen (Bynum 1988: 360; Dinzelbacher/Bauer 1985). Die tiefe Bedeutung dieses Andachtsgegenstandes erschließt sich über die offenbar weit verbreitete asketische ‚Übung' der freiwilligen Nahrungsverweigerung.

Nahrung ist ein symbolisches Kürzel für vieles : Opulentes Tafeln wie Hungern infolge von Armut und/oder Krisen gehören zum Mittelalter wie Fasten und Nächstenliebe in Form der Weggabe von Nahrungsmitteln verbreitete Frömmigkeitspraktiken waren, vor allem unter Frauen, denen es ja oblag, die Speisen zuzubereiten und zu servieren. Frauen waren insofern für Nahrung zuständig, ganz unmittelbar symbolisiert im Vorgang des Stillens, der deshalb nicht von ungefähr einen prominenten Platz in der Vorstellungswelt der weiblichen Mystik einnimmt (am Rande: Muttermilch galt als verwandeltes Blut). Nahrungsverweigerung war somit für diese religiösen Frauen eine ganz ‚natürliche' Form der Askese, mit deren Hilfe sich Körper und Sexualität kontrollieren und disziplinieren ließen.

Auch die Hinwendung der weiblichen Mystik auf die Inkarnation erschließt sich zunächst über Symbole, die auf den ‚Nahrungs-Komplex' verweisen: die Eucharistie-Feier bedeutet ja eine Einladung an den Tisch des Herrn und die heilige Kommunion hat ganz unmittelbar etwas mit dem ‚Verspeisen' der Hostie zu tun. Es fällt allerdings auf, daß der „Eucharist als Körper und Fleisch" die mystisch begabten Frauen anzog. Caroline Bynum (1984; 1985: 14f.) bietet hierfür eine Erklärung an, die zunächst in Erinnerung ruft, daß die im Mittelalter vorherrschende Auffassung zur Geschlechterdifferenz mit einem Leib (Fleisch)/Geist-Dualismus operierte, wobei die der Frau zugeschriebene ‚Qualität' zu ihrer Qualifizierung als ‚schwach' benutzt wurde – von Männern, wie sich versteht. Äußerten sich Frauen hierzu, dann bevorzugten sie eine andere Argumentationsweise: „Sie neigten dazu, das Weibliche mit ‚Körper' und ‚Fleisch' zu identifizieren, um Christi Menschlichkeit mit dem Weiblichen in Verbindung zu bringen und so zu suggerieren, daß Frauen Christus durch ihre Körperlichkeit nachahmen" (Bynum 1985: 14). Diese Sehweise deckt sich mit dem von Vauchez (1989: 362) gegebenen Hinweis, „im Mittelalter (sei) Heiligkeit zunächst eine Sprache des Körpers, ein Diskurs des ‚geduldigen Fleisches'..."

Mystische Erlebnisse sind immer personen-gebunden; Mystik ist also immer individualistisch und fordert kirchliche Strukturen heraus. Dem widerspricht aber nicht, daß die anti-institutionelle Lebensweise mystisch begabter Frauen sich dennoch geeignete Strukturen suchte in der Form amorpher Gruppierungen, welche keine Regeln, keine Hierarchie kannten, aber einen Verständigungsgrund[10] anbieten konnten für den schwierigen Austausch mystischer Erlebnisse. Die mystische Qualität weiblicher Frömmigkeit provozierte kirchliche Autoritäten auch insofern, als die unmittelbare Begegnung/Vereinigung mit Christus eine Alternative zum Amt des Priesters mit seiner Vermittlerfunktion eröffnete (Bynum 1985: 16; Bynum 1982b: 261f.; Vauchez 1989: 358).

In diesem Umstand sehen nicht wenige Historiker eine Erklärung dafür, warum bei den aus der religiösen Frömmigkeitsbewegung des späteren Mittelalters ebenfalls hervorgegangenen Ketzerbewegung der Katharer und Waldenser der Anteil der Frauen relativ hoch war (zum Beispiel Koch 1962). Solange nämlich diese sektenartigen Zusammenschlüsse ihren amorphen Charakter (!) behielten, war den ‚vollkommenen' Frauen unter ihren Mitgliedern möglich, was die Kirche allen Laien vorenthielt: die öffentliche Predigt und die Verwaltung der Sakramente, Funktionen, deren Ausübung die Kirche Männern im Priesteramt vorbehalten hatte (Elm 1981: 17ff.; Gössmann 1979: 295f.).

Unter Historikern/Historikerinnen ist umstritten, inwieweit die Intensivierung der Frauenfrömmigkeit und die herausragende Bedeutung der religiösen Frauen des späten Mittelalters mit einer allgemeinen Bedeutungszunahme der Frau in den übrigen gesellschaftlichen Bereichen einhergeht oder nicht (statt vieler: Pernoud 1986; vorsichtig bis skeptisch dagegen: Ennen 1987; Klapisch-Zuber 1989).

Begründung der Überlegenheit des Mannes im 13. Jahrhundert

Vorherrschende Ansichten zur philosophisch-theologischen Geschlechteranthropologie sollen im folgenden kurz vorgestellt werden. Folgt man Elisabeth Gössman (1979), die auf der Basis von Summen und Sentenzenkommentaren des 13. Jahrhunderts die anthropologischen Erörterungen prominenter Autoren dieser Zeit herausgearbeitet hat, dann wurde im 13. Jahrhundert der Unterschied der Geschlechter „im körperlichen, vor allem im sexuellen Bereich gesehen" (a.a.O.: 283).

Die theologisch-philosophischen Erörterungen der Hochscholastik geben die „männliche Daseinsweise... für die volle Verwirklichung des Menschseins" im Vergleich zur weiblichen Daseinsweise aus, machen jedoch hinsichtlich des religiösen und geistlichen Lebens der Frau keine Einschränkungen, wodurch sie sich vom tradierten antiken Menschenbild unterscheiden, aber aus dieser Korrektur keine „Konsequenzen für die rechtliche Bestimmung des sozialen Lebens" der Frau in Kirche und Gesellschaft zu ziehen vermögen (a.a.O.: 283).

Die dem Mann zugeschriebene Vollkommenheit beruht auf dem als Faktum gewerteten Hinweis der Heiligen Schrift, daß er als durch Gott unmittelbar erschaffen anzusehen ist, was zugleich auch seine ‚naturhaft bedingte geistige Überlegenheit' gegenüber der Frau zu begründen half. Diese ‚Ursprungsannahme' gewinnt im Lauf der Zeit zunehmend an Bedeutung; aus ihr wird auch der ‚natürliche Herrschaftsanspruch' des Mannes abgeleitet. Diese Überlegenheit des männlichen Geschlechts gilt nicht nur innerhalb der Ehe, sondern wird „für die gesamte Menschheit als Naturordnung behauptet" (a.a.O.: 286). Diese Sehweise ist einem Denken verpflichtet, welches beherrscht wird von der ‚Ein-Prinzip-Kategorie'. Das heißt, wo eine Zweiheit gegeben ist, wie bei Mann und Frau, kann diese nur als ‚Einheit' gedacht werden: im Sinne einer Rückführung des einen auf das andere, dergestalt, indem das eine als mächtiger und überlegener angesehen wird. Diese ‚Denknotwendigkeit' impliziert die Annahme einer hierarchischen Über- respektive Unterordnung im Verhältnis von Mann und Frau.

Die Interpretationskunst richtet sich vor allem auf die beiden Bibelstellen Genesis 1, 27 (Mann und Frau sind in gleicher Weise nach dem Bild Gottes erschaffen) und 1. Korinther 11, 7 (wo die Frau als „*gloria viri*" bezeichnet wird), die miteinander in Übereinstimmung zu bringen sind. Obwohl eine ‚buchstabengetreue' Auslegung dieser beiden Bibelstellen beabsichtigt war, bewegte sich diese infolge „der dem Mann zugeschriebenen Ursprungsähnlichkeit... auf einer allegorischen Ebene" (a.a.O.: 287). Unabhängig hiervon existierte bereits eine allegorische (gleichnishafte) Auslegung zu 1 Korinther 11, 7. Diese stattet den Mann gegenüber der Frau infolge der postulierten Ebenbildlichkeit mit Gott mit einer (von Augustinus entlehnten) ‚*ratio superior*', einer ‚überlegenen Vernunft' aus, wodurch sich die Vorstellung einer naturhaften Differenz zwischen Mann und Frau hinsichtlich des ‚Herrschens und Beherrschtwerdens' verfestigt. Diese Interpretation wird dann noch überlagert von einer, historisch gesehen, älteren analogisierenden Betrachtungsweise, die schließlich dazu führte, den Mann als Vernunftwesen und die Frau als Sinnenwesen auszugeben, welches der Lenkung durch das vernunftbegabte männliche Geschlecht bedürfe (a.a.O.: 288).

Im 13. Jahrhundert ist außerdem die Auffassung verbreitet, daß Gott Mann und Frau mit einer gleich ausgestatteten Seele versehen habe, daß „sich jedoch die Seele der Frau in ihrem weiblichen Körper wegen dessen Schwäche weniger gut entfalten kann" (a.a.O.: 292). Auf diese seelische Schwäche der Frau wird ihre allgemeine geistige Unterlegenheit ebenfalls zurückgeführt. Trotz dieser ‚naturhaften' Schwäche körperlicher und geistiger Art kann dennoch die jungfräulich lebende Frau des Ordensstandes auf dem Wege ‚gnadenhafter Unterstützung' eine religiös-ethische Gleichwertigkeit mit dem Mann erlangen (a.a.O.: 292f.; vgl. ferner Jerouschek 1988: 98ff., 279ff.; sowie Opitz 1986)[11].

Die menschliche Seite der heiligen Ordnung

Mit der hier vorgelegten Skizze sollte die enorme Komplexität von Fragestellung und Untersuchungsgegenstand sichtbar gemacht werden. Diese Komplexität überfordert jede Theorie, deren Eigenkomplexität unter dem dadurch vorgegebenen Niveau liegt. Mit diesem Problem sieht sich Lionel Tigers ‚Theorie' des *male bonding* konfrontiert, wie er sie in *„Men in Groups"* (1969/1972) entwickelt hat (insb. Kap. 4 u. 6)[12]. Es ist unbestritten, daß auf eine Vielzahl der männlichen Orden die Charakterisierung als Männerbund[13] zutrifft, wie auch ohne weiteres einleuchtet, daß das Aufnahmeritual typischerweise als Selektionsmechanismus wirkt, der die Ausgewählten als Auserwählte erscheinen läßt und unter ihnen zugleich Solidarität stiftet – allerdings unter prinzipiell Gleichen, so daß beobachtbare Prozesse der Hierarchiebildung einer zusätzlichen Erklärung bedürfen[14]. Was Tiger zunächst anspricht, sind „Prozesse der Schließung nach außen" (Weber 1976: 23)[15], die sich als Ausgangspunkte anbieten, um darauf aufbauende Prozesse der Errichtung von Herrschaftsstrukturen (Hierarchien) als Monopolbildungsprozesse zu beschreiben resp. zu analysieren, an deren ‚Ende' bei politischer Herrschaft das Gewaltmonopol (Elias 1976: Bd. 2, 142ff.), bei hierokratischer Herrschaft das Monopol zur Verwaltung der Heilsgüter und Heilsmethoden steht (Weber 1976: 692, 688ff.). Kein Geringerer als Max Weber (1976: 516ff.) weist in diesem Entwicklungsprozeß, der zur Herausbildung des Gewaltmonopols führt, der politischen Vergesellschaftung in der Form des Männerbundes – die er im übrigen mit der Mönchsvergesellschaftung des Klosters parallelisiert (Weber 1976: 517) – den Status eines Entwicklungsstadiums zu; dies heißt aber: Anerkennung der vom Männerbund-Konzept beanspruchten Erklärungskraft bei gleichzeitiger Relativierung seiner Reichweite (im Klartext: Man kann eben damit nicht alles erklären). Darüber hinaus schenkt Tigers ‚Theorie' des *male bonding* keine Aufmerksamkeit dem bedeutenden Vorgang, wie die im Männerbund vom Typ des religiösen Ordens vermittelte Selbstdisziplinierung umgesetzt wird in Fremddisziplinierung (Treiber/Steinert 1980, 87ff.), ein Gesichtspunkt, der Weber mit Blick auf die Bettelorden und Jesuiten so wichtig erschien (vgl. auch Barthes 1974: 47ff.). Wenn man die Entstehung von (Männer-) Herrschaft unter entwicklungsgeschichtlichen Perspektiven analysiert, so liegt es nahe, insbesondere bei der hier interessierenden Problematik religiöser Vergemeinschaftungs- und Vergesellschaftungsprozesse, charismatische Zustände zum Ausgangspunkt der Analyse zu nehmen. Problematisch wird es jedoch, wenn der Versuch unternommen wird, „die Frage des ‚Charismas' nach Möglichkeit von einem biologischen Ausgangspunkt anzugehen" (Tiger 1972: 145) und hierfür Max Weber beanspruchen zu wollen. Wie Stefan Breuer (1989) erst jüngst gezeigt hat, gilt Webers Auffassung, welche Magie und damit auch magisches Charisma eher der „Natur im Sinne des Biologisch-Instinkthaften (‚Vegetativen')" zurechnet, der heutigen Anthropologie als überholt, welche magisch qualifizierte Praktiken als eine Manifestation von ‚Kultur' ausgibt (Breuer 1989: 217), wie auch eine von Piaget inspirierte Anthropologie heute von der Annahme ausgeht, daß magisches Denken und magisches Charisma „nicht im Bereich des ‚Mechanisch-Instinktiven' (gründen), sondern in (universellen) kognitiven Strukturen" (Breuer 1989: 220). Unter Anleihe bei den Vorgaben einer ‚epigenetischen Zivilisationstheorie' legt Breuer eine entwicklungsgeschichtliche Skizze der ‚Entfaltung' von magischem und religiösem Charisma vor, die Tigers Konzept des *male bonding* als zu wenig komplex erscheinen läßt, um die hier interessierenden Phänomene hinreichend erklären zu können; überdies gelingt es Breuer (1989: 236), die Tiger so wichtige Kategorie der Aggression in seiner Theorieskizze unterzubringen.

Der als Faktum gewertete Hinweis der Bibel, daß der Mann durch Gott unmittelbar erschaffen wurde, half der Kirche die ‚naturhaft bedingte geistige Überlegenheit' des Mannes gegenüber der Frau zu begründen. Analog dazu wurde der Mann als ein Wesen mit ‚überlegener Vernunft' gesehen, die Frau dagegen als Sinnenwesen, das der Lenkung durch das vernunftbegabte männliche Geschlecht bedarf: Argumente, die nicht unerheblich dazu beitrugen, Frauen vom Priesteramt auszuschließen. Der Kupferstich soll die Priesterweihe Martin Luthers darstellen. Foto: Bildarchiv Foto Marburg.

Die bisherigen Ausführungen durften hinlänglich deutlich gemacht haben, daß der Geschlechterkonflikt (Müller 1989) sich auch innerhalb der (katholischen) Kirche und ihren Sonderwelten der religiösen Orden beobachten läßt (und dies, obwohl infolge der Verpflichtung auf das Keuschheitsgebot die ‚natürliche' Benachteiligung der Frau aufgehoben ist). Am Beispiel der sogenannten ‚Jesuitinnen', die der weiblichen Frömmigkeitsbewegung an der Wende zum 17. Jahrhundert angehören (Conrad 1986; Grisar 1965), genauer: am Beispiel von Mary Ward (1585–1645), der Gründerin der ‚Englischen Fräulein', sollen jedoch in einer Art Zusammenschau einige prominente Mechanismen aufgezeigt werden, die den Geschlechterkonflikt bestimmen. Dies ist möglich, weil Mary Ward mit ihrer Gründung, die weitgehend den Jesuitenorden kopierte und den Status eines Ordens mit ‚feierlichem Gelübde' (das heißt Klausur) beanspruchte, eine ‚experimentelle Situation' schuf, die gleichsam idealtypische Abläufe bereithält (vgl. Conrad 1989: 153ff.). Eine anspruchsvolle Erörterung dieser Frage kommt allerdings nicht ohne den Hinweis auf die Bedeutung bürokratischer Strukturen aus, die sich verselbständigt haben und zunehmend ein Eigengewicht beanspruchen. Angesprochen ist damit der nach dem Konzil von Trient (1545–1563) beobachtbare Vorgang der Klerikalisierung der Kirche, vor allem jedoch die zunehmende organisatorische Ausgestaltung der Kurie, die im 13. Jahrhundert einen ersten Organisationsschub erfährt (zum Beispiel Jordan 1939; Rusch 1936; vgl. auch Southern 1976: 86ff.) und mit der Kurienreform (1588) von Sixtus V. (1585–1590) ein bürokratisches Aussehen annimmt[16]. Nun zeigt die Kurie Merkmale, die sie mit jeder bürokratischen Organisation teilt. Insofern unterliegt sie auch zunehmend jenen Zwängen, welche die moderne Bürokratieforschung (Stichwort ‚Bürokratietheorien' in: Mickel 1986: insb. 60f.) aufgezeigt hat: insbesondere dem Zwang zur Spezialisierung, der einhergeht mit dem Zwang zur selektiven Wahrnehmung. Aus der mit der Festlegung von Zuständigkeiten gegebenen organisatorischen Aufmerksamkeits- und Aufgabenverteilung resultiert eine Tendenz zur Verwaltung des *status quo*, so daß sich an die Bürokratie herangetragene Innovationen (unabhängig von ihrer ‚ideologischen' oder anderweitigen Ausrichtung) durch sie ‚hindurchwursteln' müssen und dabei im Apparat hängenbleiben können. Dies ist eine der Lehren, die man aus dem gescheiterten Gründungsversuch der Mary Ward ziehen kann.

Mit ihrem Ordenskonzept lief Mary Ward direkt in die kirchenrechtlich legitimierte (und seit dem Konzil von Trient erneut bestätigte) Klausur-Falle: in dem Maße wie die ,*vita activa*' als Apostolat in der Welt Bestandteil der neuen Lebensform der Jesuitinnen werden sollte, in dem Maße war dies unvereinbar mit einem klausurierten Leben, das nicht nur durch die gewollte Ablegung des ,feierlichen Gelübdes' vorgegeben war, sondern vor allem deshalb, weil die Einlösung des Keuschheitsgelübdes nur *qua* Klausur möglich schien (Conrad 1989: 398ff.).

Es kann demnach nicht verwundern, daß die Lebensführung der Englischen Fräulein, die seit 1611, zunächst in St. Omer[17] (wo sie vom zuständigen Bischof freundlich aufgenommen wurden), dann auch anderswo, religiöse Gemeinschaften gebildet hatten, Anlaß zu zahlreichen Beschwerden gab. Für solche Beschwerden (exakter: Denunziation) war gesorgt. Sie enstanden gewissermaßen von selbst in dem spannungsreichen Geflecht von neuem Frauenorden und bereits bestehenden Frauenorden, von Jesuitinnen und Jesuitenorden, von Jesuitenorden und Weltklerus (hier: englischem Weltklerus) (vgl. Grisar 1927a; Grisar 1959: 38ff., 74ff., 116ff.). An diesen Denunziationen ist zunächst zweierlei bemerkenswert: Es handelt sich in der Regel um bloße Gerüchte, die aber auf dem Instanzenweg zur Kurie eine Status-Passage durchlaufen: Sie werden amtskundig und nehmen als Aktennotiz oder Akte eine dauerhafte und seriöse Form an. Und sie sind jeweils so abgefaßt, daß sie sich leicht im Lichte ,kanonistischer Bedenken' interpretieren lassen[18].

Aus der Liste der der Kurie vorgebrachten ,Beschwerden' seien einige zitiert (zum folgenden: Grisar 1959: 83f):

- „Sie treiben sich in Städten und Provinzen herum"
- „Sie sind durch den freien Verkehr mit Männern großen Gefahren ausgesetzt"
- „Es kommt vor, daß sie mit Männern allein zusammentreffen..."
- „Sie haben einen schlechten Ruf..."
- „Einige sollen sich gegen die Keuschheit verfehlt haben"
- „Niemals hat man in der Kirche Gottes gehört, daß Frauen und junge Mädchen... ein apostolisches Amt innehätten, da jenes Geschlecht nicht nur von den Heiligen Vätern der Kirche, sondern auch von den heidnischen Schriftstellern unterschiedslos weich, haltlos, unsicher, unbeständig, herumirrend, Neuerungen immer zugeneigt und tausend Gefahren immer ausgesetzt genannt wird" (Conrad 1986: 39; Original bei Grisar 1959: 203f.)

Wie eine Ethnologie des Geschlechterkonflikts (Müller 1989)[19] zu demonstrieren vermag, ist die in den Beschwerden zur Anwendung gebrachte Denunziationstechnik identisch mit einer universal verbreiteten Technik der Auf- respektive Abwertung, welche sich der „topographischen Scheidung" von Zentrum und Peripherie, von Haus (Hütte) und Öffentlichkeit bedient, für die öffentliche Plätze und Straßen stehen[20]. „,Die Straße' stellt... in der Optik männlicher Eigeninteressen eine Sphäre der Versuchung und Gefährdung dar, wo der Böse selbst seine Fallstricke auslegt, und Frauen... anfechtbar und schwach wie sie sind, Gefahr laufen, den Halt auf dem schlüpfrigen Grund zu verlieren und zu Fall geraten" (Müller 1989: 163f.).

Dieser topographischen Scheidung von ,drinnen' und ,draußen' entspricht die Zuweisung von Zuständen der Geborgenheit und Gefährdetheit, wie überhaupt die räumliche Exosphäre „als ausgesprochen unheimlich und voller Gefahren gilt" (Müller 1989: 357). Eine solche den Frauen nahegelegte und von ihnen nun gehütete Weltsicht impliziert ein sorgfältiges Arrangement zur Kontrolle von Situationen der Grenzüberschreitung. Auch die religiösen Frauen sind hiervon nicht ausgenommen. Deshalb regeln alle von den neuen Frauengemeinschaften des 17. Jahrhunderts vorgelegten Statuten bis ins kleinste Detail, „unter welchen Umständen und Bedingungen es den Frauen gestattet ist, das Kloster zu verlassen" (Conrad 1986: 40) – zur Ausübung der ihnen übertragenen Aufgaben. Insoweit antizipieren die religiösen Frauen die ihnen entgegengebrachten Vor-Urteile und tragen indirekt zu deren Stabilisierung bei.

Die einfache topographische Scheidung wird zu einem topographischen Dualismus aufbereitet, der den den Frauen zugewiesenen Binnenbereich abwertet, wie er den von den Männern beanspruchten Außenbereich aufwertet (Müller 1989: 260ff.). Mit Hilfe weiterer grundlegender Dualismen anthropologischer, ökonomischer, sozialer und kosmologischer Art (Müller 1989: 235ff.) verrichtet er sein stilles Werk:

Auf diese Weise konstituieren sich räumliche und soziale Erfahrungsumfelder, die Orientierungssicherheit gewähren. Diese wird erhöht durch die Bereitstellung von Orientierungssystemen, welche durch spezifische Mechanismen, die auch zur Identitätssicherung beitragen, abgesichert und stabilisiert werden. – Müller (1989: 352ff.) kennt solche der Abgrenzung, der Rationalisierung und Bestätigung, der Dogmatisierung und Ritualisierung, sowie der Verabsolutierung.

Auch der religiöse Geschlechterkonflikt gehorcht den von Müller aufwendig freigelegten Invarianzen des menschlichen Orientierungs- und Gruppenverhaltens. Insofern hat die ‚heilige Ordnung der Kirche' eine höchst menschliche, allzumenschliche Seite.

Anmerkungen

* Für Kritik und Rat danke ich Peter Antes (Hannover), vor allem aber Heide Wunder (Kassel): Ihr habe ich mehr zu danken, als es die Regeln der Courtoisie auszudrücken vermögen. Günter Jerouschek (Hannover) und Helmut Waldmann (Tübingen) verdanke ich nützliche Literaturhinweise. Anne Conrad war so freundlich, mir ihre Dissertation zu überlassen; darüber hinaus hat sie mich mit Literaturhinweisen und einschlägigen Texten versorgt.

1 Die üblichen Merkmale, die den Männerbund charakterisieren helfen, treffen auch auf klassische Orden mit monastischer Lebensweise zu. Allerdings wäre die auf viele dieser Merkmale zutreffende Multifunktionalität gesondert herauszustellen. Zur Kleidung oder zur Sprache vgl. z.B. Bergmann 1985: 40, 42. Dies ist jedoch kein Plädoyer gegen eine Vorgehensweise, die auf strukturelle Ähnlichkeiten bei einer Vielzahl von Männerbund-‚verdächtigen' Institutionen abstellt, die auf den ersten Blick wenig Gemeinsamkeiten zu haben scheinen. Auch Goffmans ‚totale Institution' (1973) umfaßt höchst unterschiedliche Organisationen wie Kloster, Kaserne oder Gefängnis.

2 Vgl. Müller 1989: 101ff., 108ff., 239ff.: die Furcht vor der Frau wird auf ihre wesenhafte Unreinheit durch die Menstruation zurückgeführt, so daß Abgrenzungsmechanismen und Distanzierungspraktiken weit verbreitet sind, welche Berührung respektive Kontakt verhindern sollen.

3 Grundlegend hierzu: Berman 1983: insb. 85–119. Zum organisatorischen Aufbau der Kirche in der Zeitspanne von 1100–1500 vgl. das bei Berman 1983: 210f., veröffentlichte Schema. Vgl. auch das Stichwort: ‚Kirchenverfassung' in: RGG III, Sp. 1531–1570.

4 Vgl. Southern 1976: 286ff. Universitäten stellten ihrerseits einen besonderen Typus der Gruppenbildung dar: Zusammenschlüsse in der Form der geschworenen Einung als ‚*conjuratio*' von durchaus männerbundähnlichem Charakter. Vgl. Oexle 1985; Meyer-Holz 1989. Zum Privileg des Universitätsstudiums für Männer seit dem 15. Jahrhundert und seinen Auswirkungen vgl. Ennen 1987: 195, 242f.

5 Zur Geschichte dieses Begriffs vgl. Drijvers 1985: insb. 451f.

6 Statt vieler drei klassische Studien: Eliade 1959; Schmalenbach 1922; Schurtz 1902 (der übrigens von Max Weber (1976: 517) explizit erwähnt wird)

7 Es dominierten Laien-Bruderschaften, die ausschließlich Männer zuließen; allerdings gab es auch Bruderschaften, die für beide Geschlechter offen waren. Vgl. Little 1988: 394

8 Vgl. auch die knappe Skizze: Evans/Litten 1966/1980: 51f. Die von einer Äbtissin geleiteten Doppelklöster können als Widerlegung der Behauptung angesehen werden, es scheine nicht vorzukommen, daß „Männer Angliederungsgesellschaften von weiblichen Organisationen bilden" (Tiger 1972: 151)

9 Nicht selten waren auch konflikthafte Auseinandersetzungen mit den Zünften. Vgl. Ennen 1987: 175f.

10 Singularität gefährdet auf eine monastische Lebensweise verpflichtete religiöse Menschen, sofern sie sich ein Schweigegebot auferlegt haben, besonders. Sie wollen ja die „unekstatische Vereinigung mit Gott", können aber leicht in die Randzone der Mystik geraten. Die auferlegte Kommunikationssperre „würde umdefiniert in die Unmöglichkeit, Erlebtes zu sagen, also zur Inkommunikablität, wie sie uns von Mystikern, die dann dennoch sprechen, vertraut ist" (Fuchs 1986: 403)

11 Es ist daran zu erinnern, daß die frauenfeindliche Wirkungsgeschichte der alttestamentlichen Erzählungen von ‚Paradies' und ‚Sündenfall' in die Jahrhunderte vor der Zeitenwende vorverlegt

werden muß. Vgl. hierzu zum Beispiel Schüngel-Straumann 1988; dieselbe 1989.

12 Bei einem geringeren Komplexitätsgrad dürfte die ‚Theorie' des *male bonding* erfolgreicher sein. Zu einem solchen Versuch der Anwendung dieser ‚Theorie' auf einen eng begrenzten Untersuchungsgegenstand: die Männerdominanz in den Zünften der frühen Neuzeit, vgl. Wiesner 1989. Dieser durchaus spannende Versuch, den den Zünften spezifischen Ehrbegriff mit Hilfe des *male bonding* neu zu interpretieren, übersieht die von Grießinger (1981), auf den sich die Autorin bezieht, angebotenen Interpretationsvorgaben Bourdieus (1976) und Douglas' (1974).

13 Tiger (1972), der zwischen *male bonding* und (männlicher) Homosexualität unterscheidet, besitzt in Blüher (1917/1919; 1962) insoweit einen prominenten ‚Vordenker', als beide biologische respektive genetische Erklärungen heranziehen. Von Blüher unterscheidet sich Tiger jedoch insofern, als bei Blüher die ‚Theorie' den Status einer Rechtfertigungslegende annimmt: ‚Staat' und ‚Geist' sind Männersache, weil nur Männer ‚Geist' haben und zur Politik berufen sind. Vgl. hierzu den schönen Essay von Nicolaus Sombart: Der Geist als Männerbund. Zum hundertsten Geburtstag von Hans Blüher, in: FAZ 1988, Nr. 40: 23.

14 Insofern ist es nur ‚konsequent', wenn Schwarz (1987) die Hierarchie als ein männliches Prinzip ausgibt.

15 Im Kontext der im 6. Kap.: „Männer werben um Männer: Weiheriten und Geheimbünde" (Tiger 1972: 138ff., insb. 155) gemachten Ausführungen bezieht sich das *male bonding* in erster Linie auf das verbreitete Phänomen horizontaler und vertikaler ‚Fachbrüderschaften' in Wirtschaft, Politik und Verwaltung, die Statuspolitik und eine partikularistische Interessenpolitik betreiben, nicht jedoch an der Herrschaftsausübung (im weitesten Sinn) interessiert sind. Zu diesem Phänomen vgl. die Hinweise bei Bosetzky (1971). Daß sich solche Netzwerke zur Durchsetzung partikularistischer Interessen in Politik und Verwaltung unter Zuhilfenahme anderer Theorien plausibler erklären lassen, demonstriert: Schneider 1988.

16 Vgl. hierzu die (unveröffentlichte) Diplomarbeit von Gabriel (1973: insb. 46f.), der die interessante These einer Sakralisierung der Organisationsstruktur der (kath.) Kirche vertritt: als Reaktion auf den Verlust des umfassenden Bedeutungsmonopols des Christentums

17 So weist Conrad (1986: 44, Fn. 59) darauf hin, daß die neuen religiösen Gemeinschaften der Jesuitinnen „fast immer.. unter dem Schutz und der Fürsorge ihres Bischofs ... (standen) – und meist auch der weltlichen Behörden".

18 Bedeutsam erscheint auch in diesem Zusammenhang, daß die anfängliche Haltung der abwartenden Tolerierung seitens der Kurie, die der Problematik lange Zeit mit der Strategie des Nicht-Entscheidens aus dem Weg ging, durch die bürokratiespezifische Maßnahme einer Kompetenzänderung beendet wurde: die 1622 neu gegründete ‚Kongregation der Propaganda' (mit ihrem Jesuiten-‚feindlichen' Sekretär F. Ingoli) zog die Angelegenheit der ‚Englischen Fräulein' an sich, die bis dahin bei der ‚Kongregation der Bischöfe und Regularen' ressortierte (Grisar 1927a: 42ff., 48f.; Grisar 1927). Zur Bedeutung der Propaganda-Kongregation vgl. RGG V, Sp. 608.

19 Müller (1989) führt gewissermaßen das von Tiger (1972: 74f.) alternativ skizzierte und schließlich verworfene Programm durch. Müller entdeckt eine ‚elementare Tätigkeitsdifferenzierung', die für die Frauen Kinderaufzucht und Haushaltsführung bedeutet, für die Männer hingegen Jagd, Krieg und Kult (einbeschlossen damit die Chance zur Errichtung eines Interpretationsmonopols); hieraus resultiert dann eine folgenreiche Aufteilung der ‚Welt' in eine weibliche Innen- und eine männliche Außensphäre. Die Gretchenfrage, ob die männlich/weibliche Tätigkeitsdifferenzierung ‚natürlich' oder ‚artifiziell' ist, ‚beantwortet' Müller mit einer wenig überzeugenden Ursprungstheorie, die für unsere Argumentation jedoch keine Relevanz besitzt.

20 Inwieweit solche ‚Gesetzmäßigkeiten' bis auf unsere Tage fortwirken (können), zeigt E. Goffmann (1971: 62) mit dem Hinweis auf das sozial geforderte zielgerichtete Unterwegs-Sein auf Straßen und Plätzen, die in sog. ‚verdächtigen Gegenden' liegen. Zu diesem Begriff vgl. Feest/Blankenburg (1972: 36f., 39ff.).

Der Johanniter-/Malteserorden: Ein Männerbund?

Bernd Schwenk

Um das von den Bürgern von Amalfi gegründete Pilgerhospital in Jerusalem bildet sich in der zweiten Hälfte des 11. Jahrhunderts eine Bruderschaft, die Keimzelle des Johanniterordens werden sollte: Unter Raymund du Puy (1120–1160) wandelte sich die Hospitalgemeinschaft zu einem monastisch lebenden Ritterkonvent. 1153 wurde die erste Ordensregel der Johanniter erstellt, die sich damit als eine um das Wohl der Armen besorgte Gemeinschaft darstellen. Mit der Verdrängung der Johanniter nach Akkon, Zypern, Rhodos und Malta entwickelte sich der Orden immer mehr zu einer Adelsorganisation, der ein hohes Sozialprestige zukam. Die ihr zugehörigen Ritter hatten die Pflichten eines Mönchs mit dem Einsatz in Krieg, Verwaltung, Diplomatie und Hospitaldienst zu vereinen. Heute gibt es drei Nachfolgeorganisationen des Ordens: die protestantischen deutschen Johanniter, den englischen *Order of Saint John* sowie den katholischen Malteserorden. Zwar sind bei all diesen Orden die exklusiven Elemente einer männlichen Adelsorganisation in den Hintergrund getreten, doch wurden sie nie vollständig aufgegeben.

Siehe dazu auch Farbseite III.

Nur zögerlich begibt sich der Historiker an die Aufgabe, unter der ethnologischen Vorgabe des Ausstellungsthemas ‚Männerbünde' den geistlichen Ritterorden der Johanniter/Malteser zu behandeln. Zu offensichtlich ist doch deren Hinwendung zu den drängenden Problemen der abendländischen Christenheit im Hochmittelalter und in der Neuzeit, die sie nicht durch Zurückgezogenheit und Abgrenzung zu lösen gedachten. Funktionales Denken bei der Bewältigung der anstehenden Aufgaben, Betreuung der Armen, Kranken und Pilger zunächst und deren Verteidigung gegen die Muslime mit militärischen Mitteln dann, ließ Männern und Frauen Raum für angemessene Betätigung, ohne den Vorrang der Männer in Frage zu stellen.

Die planmäßige Schaffung jedoch eines gegen die Frauengesellschaft abgegrenzten geschlechtsspezifischen Freiraums, in dem die Männer ausschließlich für sich als Männer Aufgaben und Rechte reservierten, wie es der Begriff ‚Männerbund' nahelegt, ist für den Johanniter-/Malteserorden nicht nachweisbar, mag auch der Völkerkundler im organisatorischen Bereich beider Gruppierungen manche Ähnlichkeit erkennen.

Die Vorgeschichte des Johanniterordens

„‚*Raison d'être*' [der Johanniter] war bis zur französischen Revolution die heroische Verteidigung der Christenheit gegen die Muslime, zuerst im Heiligen Land, dann auf Rhodos und schließlich auf Malta, was ihnen Bewunderung und Ruhm einbrachte" (Hiestand 1980: 31).

Doch diese heldenhafte Entwicklung hatte einen ganz unkriegerischen Ursprung. Als die Ritter, die seit 1096 dem Aufruf des Papstes Urban II. zu einer bewaffneten Pilgerfahrt nach Jerusalem gefolgt waren, 1099 die Heilige Stadt betraten, fanden sie neben dem Benediktinerkloster Santa Maria Latina und dem Nonnenkloster Santa Maria Magdalena, beide als Herbergen für männliche bzw. weibliche Pilger in Funktion, ein besonderes Hospiz vor, in welchem bedürftige, gesunde und kranke Pilger beherbergt und verpflegt wurden.

Stifter *(institutor)* und Leiter *(praepositus)* war ein gewisser Gerard: Als in der zweiten Hälfte des 11. Jahrhunderts die bestehenden Klöster die steigenden Pilgerzahlen nicht mehr bewältigen konnten, wurden Ausweichquartiere dringlich. Eines davon wurde von Kaufleuten aus Amalfi eingerichtet. Mauro di Pantaleone († 1071) und Erzbischof Johannes von Amalfi (circa 1030–1081/82) erscheinen in der Chronistik als Initiatoren des Unternehmens; doch eher ist der Bürgerschaft von Amalfi als Ganzes die Förderung des Pilgerhospitals in Jerusalem zuzuschreiben.

Papst Paschalis II. nahm 1113 das *xenodochium* des Gerard und die Spitalgüter unter päpstlichen Schutz und gewährleistete die Zehntfreiheit; kirchenrechtlich blieb es dem Patriarchen von Jerusalem als dem Ortsbischof unterstellt.

Die Binnenstruktur der Organisation erscheint nur konturenhaft: Herkunft und Persönlichkeit des Stifters bleiben im Dunkeln, wahrscheinlich war er ein Italiener, vielleicht ein Bürger aus Amalfi. Als Zweck der Gemeinschaft wurde die Sorge der Brüder um die Pilger und Armen in Jerusalem angegeben. Das Konventsgebäude lag neben der Kirche des heiligen Johannes des Täufers, dem als Patron der amalfitanischen Kaufleute auch für deren Hospital die geistliche Schutzherrschaft zugewiesen wurde. Das päpstliche Privileg erwähnt weder Regel noch Lebensgewohnheiten der Hospitaliter, so daß wir davon ausgehen müssen, daß das Hospital für die Kurie kein Kloster, sondern eine Laiengemeinschaft darstellte.

Wie auch anderwärts im Hospitalwesen bildeten um Gerard städtische Bürger den Kern der Bruderschaft, ergänzt durch wenige Adelige.

Beim Tode Gerards (3. 9. 1120) war das Hospital der Bürger Amalfis in Jerusalem eine von den christlichen Herrschern des Landes und der Kurie anerkannte Institution, für deren karitative Aufgaben die Zeitgenossen sowohl im Westen als auch in Palästina Geld spendeten und Ländereien tradierten.

Unter dem zweiten Vorsteher des Hospitals, Raymund du Puy (1120–1160), dessen Person und frühere Tätigkeit aus den Quellen nicht zu erfassen sind, beginnt die Hospitalgemeinschaft sich zu einem monastisch lebenden Ritterkonvent umzugestalten. Seit 1126 werden Priester und Kleriker erwähnt, die wohl schon früher zur seelsorgerischen Betreuung der Pilger und Brüder im Hospiz tätig gewesen sein mögen.

1136 übertrug König Fulko dem Hospital von Jerusalem den festen Platz Beitdschibrin im südlichen Palästina *„intuitu misericordie in pauperes et respectu exaltande christianitatis“* („aus Mitleid gegenüber den Armen und zur ‚Erhöhung‘ der Christenheit“). Im Grunde zum Landesausbau gedacht, verlangte doch die Lage im bedrohten Niemandsland den ständigen militärischen Schutz des Platzes und seiner Ländereien. Diese kriegerischen Aufgaben nahmen dann nicht die Spitalbrüder selbst wahr, sondern aus Spenden finanzierte Söldner.

1147 schließlich war der endgültige Wandel zu einer Kriegergemeinschaft unaufschiebbar: König Balduin III. von Jerusalem nämlich schenkte in diesem Jahr dem Hospital ein *casale altum* (einen ‚befestigten Platz‘) *„ad provectum et ad ampliationem et liberationem regni Jherosolimitani“* („zur Förderung, Erweiterung und Befreiung des Königreichs Jerusalem“). Nicht mehr sozialer Dienst sollte die Hauptaufgabe sein, sondern offensiv-kriegerischer Einsatz der Hospitalbrüder bei der Befreiung und Expansion des Königreiches Jerusalem.

Ende der ersten Hälfte des 12. Jahrhunderts müssen wir uns die Mitgliederschaft des Hospitals in drei Personengruppen gegliedert vorstellen: für den Pflegedienst standen Laienbrüder bereit, die geistliche Betreuung übernahmen die Kleriker, und besoldete *servientes* gewährleisteten den ständigen militärischen Einsatz. Kämpfende Konventsmitglieder, eigentliche Rittermönche, sind erst seit der Ordensregel von 1182 nachweisbar. Trotz der militärischen Aktivitäten seiner Gemeinschaft in Palästina und in der spanischen *Reconquista* legte Raymund du Puy nach wie vor das Gewicht auf die Pflegetätigkeit.

Die erste Ordensregel (um 1153)

In der von ihm um 1153 erstellten ersten Ordensregel beschrieb der Ordensmeister die Aufgaben seiner Männergruppe, ordnete das Zusammenleben der Kleriker und Laien in den Konventen und in der Öffentlichkeit.

Ungeachtet aller bisherigen militärischen Tätigkeit war als einzige Ordensaufgabe in der Mitte des 12. Jahrhunderts der Dienst an den Armen *(servitium pauperum)* vorgesehen. Um dieser Aufgabe in der Gemeinschaft der Johanniter nachgehen zu können, mußte um die Mitgliedschaft nachgesucht werden. Die Aufnahme erfolgte in der Form eines Gelöbnisses: In die Hände eines Priesters und auf das Buch, das Missale wohl, gelobte der Aspirant Keuschheit, Gehorsam gegen den Meister und Verzicht auf Privateigentum. Ob das Gelübde vor dem Kapitel oder während des Gottesdienstes *super altare* abgelegt wurde, läßt die Regel des Raymund du Puy offen. Obwohl in den Statuten nicht erwähnt, dürfen wir annehmen, daß gewisse Zulassungsbegrenzungen ungeeignete Bewerber ausschlossen. Nach kanonischen Vorstellungen waren geistige und körperliche Gesundheit, eheliche Geburt, der Nachweis, kein Verbrecher und Häretiker zu sein, ebenso vonnöten wie ein guter Leumund allgemein. Bestimmungen aus der Zeit des Papstes Bonifaz' VIII. (1294–1303) belegen, daß der Orden zur Vermeidung finanzieller Forderungen Angehörige anderer Ordensgemeinschaften und Verheiratete nicht zuließ.

Oberhaupt der Gemeinschaft war der Ordensmeister *(magister)*, dem alle Kleriker und Laien zu gehorchen hatten. Im geistlichen Bereich war ein Priester als Prior wohl für die seelsorgerische Betreuung der Mitbrüder und Kranken des Hospiz zuständig.

Der Habit kennzeichnete dann das Neumitglied wie alle anderen Ordensbrüder als Angehörige des Johanniterordens. Neben der *cappa*, dem langfließenden Chorrock, der in den Konventen getragen wurde, ist auch noch die *mantella* erwähnt; dieser ärmellose zum Boden reichende Umhang wurde wohl außerhalb des Hauses getragen. Beide Kleidungsstücke waren auf der linken Seite mit einem Kreuz versehen.

Ohne schmückenden Zierat und Wildtierpelze, aus Wolle oder Leinen, schlicht und unauffällig wie bei den Armen sollte die gesamte Kleidung sein.

Ähnlich anspruchslos war auch die Lebenshaltung: Zweimal am Tag durften die Brüder essen; gefastet wurde mittwochs und samstags und an den kirchlichen Fastenzeiten; der Fleischgenuß war nur den Kranken und Schwachen erlaubt. Nach der *Komplet* durfte nur reines Wasser getrunken werden.

Auftreten in der Öffentlichkeit

In der Öffentlichkeit innerhalb und außerhalb der Konvente waren die Ordensbrüder bei verschiedenen Anlässen anzutreffen. Beim Einzug in die Ordenskirche war unauffälliges Benehmen gefordert, was Geschwätz ausschloß. Die Meßfeier wurde dann von einem Ordenspriester in weißen Gewändern, ohne daß es die Regel eigens betonte, nach dem Ritus der liturgischen Vorschriften zelebriert.

Eine besondere Bedeutung kam dem Gedächtnis der Toten zu, derer an dreißig Tagen gedacht wurde. Zu der ersten Totenmesse hatte jeder Ordensbruder eine Münze mitzubringen, die dann den Armen gespendet wurde.

Darüber hinaus waren den religiosen Gottesdienstteilnehmern auch eine bestimmte Anzahl Gebete auferlegt: Die Kleriker mußten einen Psalm und die Laienbrüder 150 Vaterunser beten. Am Ende wurde die Kleidung des Verstorbenen den Armen gegeben.

Für die im Hospital liegenden Kranken, die die Johanniter demütig ihre ‚Herren Kranken' nannten, bestanden hinsichtlich der geistlichen Fürsorge besondere Verfahren. Bei der Aufnahme hatte der Kranke zu beichten und zu kommunizieren, dann wurde er ins Bett getragen und durfte entsprechend den Möglichkeiten des Hauses jeden Tag ‚Herr sein'. Während des Krankenhausaufenthalts wurden den Patienten samstags die Lesung und das Evangelium vorgetragen; bei der Prozession wurden sie mit Weihwasser besprengt. Die Krankenvisite nahm ein Priester in weißer Gewandung vor; wenn er die Kommunion brachte, gingen ihm ein Diakon, Subdiakon oder Akoluth voraus mit einer Leuchte und mit dem Weihwasserkessel.

Außerhalb der Ordensmauern zeigt uns die Regel des Raymund du Puy die Johanniter beim Almosen- und Kollektensammeln. Grundsätzlich galt, daß die Brüder in den Städten und festen Orten nie einzeln, sondern zu zweit oder dritt gehen sollten, aber nicht mit freigewählten Ordensbrüdern, sondern mit solchen, die vom Meister als Begleiter ausgesucht waren. Habit und Auftreten sollten nichts Anstößiges an sich haben.

Das Almosensammeln, ‚Betteln auf der Straße', konnte von Klerikern und Laien vorgenommen werden. Der Lebensunterhalt während der Sammeltätigkeit war durch Spenden zu beschaffen, andernfalls durch den Kauf der unbedingt erforderlichen Nahrungsmittel in der ordensüblichen Menge. War eine Übernachtung nötig, dann hatten sich dafür die Ordensbrüder eine Kirche oder das Haus einer anständigen Person auszusuchen. Wesentlich stärker auf Unauffälligkeit bedacht war der Ordensmeister in der Regelung der Kollektorentätigkeit, die wegen möglicher finanzieller Einbußen für andere kirchliche Gruppierungen nicht problemlos war. Als Prediger und Kollektoren in den Kirchen waren nur Beauftragte des Kapitels und des Meisters zugelassen. Kamen sie bei ihrer Tätigkeit zu einem abhängigen Konvent, dann sollten sie zu ihrem Lebensunterhalt nur so viel annehmen, wie die gastgebenden Brüder untereinander aufzuteilen pflegten, weitere Ansprüche *(vexatio)* sollten sie nicht stellen. Die Kollektoren waren angewiesen, in den Dormitorien ihr selbst mitgebrachtes Licht nachts brennend vor das Bett zu stellen.

Charakterisieren die vorgenannten Bestimmungen die Johanniter im öffentlichen Auftreten als eine um das Wohl der Armen besorgte Gemeinschaft, die demütig und unauffällig in Kleidung und Auftreten ihren Pflichten nachgehen wollte, so verstärkten die Strafbestimmungen besonders bei Verstößen gegen die Gelübde der Keuschheit und Armut das Bild von der integren Selbstlosigkeit der Organisation.

Strafmaßnahmen

In der Regelung der zwischenmenschlichen Beziehungen innerhalb und außerhalb der Konventsgebäude wurde auch der Kontakt zu den Frauen geordnet, ohne daß jedoch diesen entsprechenden Passagen ein außergewöhnlicher Rang in Raymunds Gesetzeswerk zugeschrieben werden dürfte. Aus der Tatsache wohl, daß die Kontakte mit der säkularen Welt auch Irritationen und Versuchungen für die Ordensmänner mit sich bringen konnten, wurden zunächst die Beziehungen zu den weiblichen Dienstboten des Hauses geklärt: Wenn die Brüder sich im Haus oder in der Kirche oder wo auch immer Frauen anzutreffen seien, aufhielten, sollten sie ihre Keuschheit hüten, Frauen sollten weder den Kopf noch die Füße der Brüder waschen noch deren Bett machen.

Unzucht *(fornicatio)*, geschlechtliche Beziehungen also, wurde unter Strafe gestellt. Wer heimlich diese Sünde begangen hatte, sollte heimlich bereuen und Buße tun. Wessen Verfehlung aber öffentlich war, der mußte auch öffentlich büßen: Der betreffende Bruder wurde in dem Ort seiner Tat sonntags, wenn die Gläubigen aus der Kirche gingen, vor aller Augen entblößt und ausgepeitscht, einerlei, ob er dem Kleriker- oder dem Laienstande angehörte. Dann erfolgte der Ausschluß aus der Ordensgemeinschaft, der aber bei entsprechender Reue und Buße wieder rückgängig gemacht werden konnte.

In der Ordnung des Schlafsaals begnügte sich die Johanniterregel dagegen mit dem Hinweis, daß die Brüder nicht nackt, sondern mit Leinen- oder Wollhemden oder sonstwie bekleidet schlafen sollten; im Schlafsaal habe Ruhe zu herrschen. Wie bereits erwähnt, stand vor jedem Bett nachts ein brennendes Licht.

Betont hart wurden auch Verstöße gegen das Armutsgelübde geahndet. Wurde nach dem Tode eines Ordensbruders bekannt, daß er während seiner Mitgliedschaft im Johanniterorden ohne Wissen des Meisters noch Privateigentum besessen hatte, dann durfte für den Verstorbenen keine Totenmesse mehr gelesen werden, er wurde nachträglich noch wie ein Exkommunizierter angesehen. Kam der Verstoß noch zu Lebzeiten des Ordensbruders ans Tageslicht, dann wurde er einem demütigenden, öffentlichen Sühneverfahren unterworfen. Entsprechend dem Wert des verheimlichten Vermögens wurde der Sünder mit einem angemessenen Gewicht aus Münzen um den Hals nackt durch das Hospital und die anderen Häuser, die er besucht hatte, geführt; anschließend wurde er ungeachtet des Kleriker- oder Laienstandes ausgepeitscht, der Kleriker von einem Kleriker, der Laie von einem Laien. Nach dieser Prozedur hatte der Übeltäter vierzig Tage zu fasten.

Disziplinierung nach innen und Streben nach öffentlicher Reputation waren damit handfest kundgetan. Einer Abgrenzung in eine elitäre Männerwelt mit exklusiven Ritualen sprach die erste Ordensregel mit ihrer Betonung der Fürsorgeraufgaben der Johanniter nicht das Wort, zumal seit 1188 die karitative Funktion auch von einem weiblichen Ordenszweig wahrgenommen wurde, wie das Beispiel der Hospitaliterinnen von Sigena (Spanien) beweist. Ihre Welt war offensichtlich für die Zeitgenossen so transparent und glaubwürdig, daß für ausufernde phantastische Vorstellungen

Die Belagerung von Rhodos im Jahre 1522. Holzschnitt eines unbekannten Meisters des 16. Jahrhunderts. Am 1. Juni 1522 übergaben die Türken dem Großmeister des Johanniterordens von Rhodos eine förmliche Kriegserklärung. Schon am 24. Juni erschien vor der Insel eine türkische Flotte. Nach monatelangen, heftigen Kämpfen mußten sich die Ordensritter den türkischen Angreifern ergeben und in der Nacht zum 1. Januar 1523 die Insel verlassen. Abbildung nach Wienand 1988: 183.

vom Johanniterordensleben kein Raum blieb im Gegensatz zum Templerorden, dessen Zerschlagung durch den französischen König Philipp IV. nicht unerheblich durch den böswilligen Vorwurf geheimer abartiger und häretischer Praktiken bei der Aufnahme in die Ordensgemeinschaft gefördert wurde.

Die Johanniter auf Zypern, Rhodos und Malta (1292–1798)

Mit der Verdrängung des Johanniterordens 1191 nach Akkon und der späteren Verlagerung des militärischen Aktionsbereiches in das östliche Mittelmeer mit dem Hauptsitz in Zypern (1292–1308), Rhodos (1308–1522) und Malta (1530–1798) schien eine Tätigkeit im Stile der mittelalterlichen Ritter obsolet geworden. Doch der Ordensführung gelang es unter Wahrung der ursprünglichen Aufgaben, den Einsatz adeliger Tugenden den Anforderungen einer maritimen Organisation anzupassen. Die Beutezüge mit eigenen Ordensschiffen *(corso)* und die oft verlustreichen Seegefechte gegen Mamelucken und Türken waren kein Hindernis bei der Rekrutierung junger Ordensmitglieder aus dem europäischen Adel. Die Johannitergemeinschaft war nicht nur aus Gründen der materiellen Sicherheit erstrebenswert, sondern brachte dem Adeligen auch ein standesgemäßes Sozialprestige in der Öffentlichkeit. Der Zulauf aus den Adelskreisen, besonders nach der erfolglosen Belagerung Maltas durch den Sultan Suleiman den Prächtigen 1565, war so groß, daß die Ordensführung Zulassungsbeschränkungen einführte.

Unter besonderer Betonung des Adelsprinzips wurde von dem Bewerber der Nachweis des adeligen

Hospitalraum des Ordens im großen Hospital auf Malta um 1600. An der Stirnseite des Raumes befindet sich ein Altar. Jeder Kranke hatte – durchaus keine Selbstverständlichkeit zu jener Zeit – sein eigenes Bett, das durch Vorhänge vor neugierigen Blicken geschützt werden konnte. Von den Ordensrittern wurde verlangt, daß sie alle Pflichten eines Mönchs mit dem Dienst in der Verwaltung, bei militärischen Aktionen und im Hospital vereinten. Abbildung nach: Wienand 1988: 259.

Geblüts verlangt. In der Regel genügten vier adelige Großeltern, die Franzosen machten acht Adelige in vier Generationen zur Voraussetzung, während ein deutscher Aspirant sechzehn Adelige in sechs Generationen vorweisen mußte, eine Forderung, die den Ordenseintritt nobilitierter Bürger erschwerte. Zur besonderen Restriktion wurde in Spanien noch zusätzlich das Zeugnis der *limpieza de sangre* als Nachweis dafür verlangt, daß in dem potentiellen Ordensmitglied kein jüdisches oder maurisches Blut floß. Formen der Beweise waren neben der Schwurzeugenschaft Kirchenregister, Grabsteine und Wappen. „All diese Anforderungen waren in den heutigen [Maltesernachfolge-]Orden noch vor einer bis zwei Generationen üblich" (Karmon 1987: 149).

Verarmter Adel wurde durch die Zahlung einer hohen Aufnahmegebühr, *passaggio,* ferngehalten. Dies war ein Relikt aus der Zeit, als der Kreuzritter seine Überfahrt nach Palästina noch selbst zu bezahlen hatte.

Ordensleben: Aufgaben

Obwohl der junge Adelige erst mit fünfzehn Jahren nach Malta versetzt werden durfte, legten viele Familien trotz des Zwanges einer Geldzahlung Wert darauf, daß der Sohn schon vorher im Haupthaus höfische Erziehung als Page genoß. Die eigentliche Ausbildung begann mit fünfzehn Jahren und umfaßte während eines halben Jahrzehnts neben Hilfsdiensten in der Verwaltung und im Festungswesen auch militärische Pflichten: Die meiste Zeit wohl verbrachte der Novize auf See bei den sogenannten Karawanen, den ordenseigenen Flottenexpeditionen.

Verteidigung der christlichen Seefahrt gegen Türken, Verfolgung, Kaperung und Versenkung muslimischer Korsarenschiffe und eigene Beutezüge *(corso)* zum Gewinn von Handelsgütern und Galeerensklaven verliehen der militärischen Ordensaufgabe das entsprechende ritterliche Ambiente.

Nach der Rekrutenzeit wurde der Novize zum Ritter geschlagen und als ordentlicher Bruder unter feierlichen Zeremonien in die Johannitergemeinschaft aufgenommen. Von nun an oblagen ihm nicht nur alle Pflichten eines Mönches, sondern er stand auch dem Großmeister für die Ordensverwaltung, den diplomatischen Dienst, die militärischen Aktionen und nicht zuletzt für den Hospitaldienst zu Verfügung.

Organisation

Die internationale Herkunft der Ordensmitglieder hatte seit dem endenden 13. Jahrhundert die Ablösung der territorialen Großgliederung nach Provinzen in eine Einteilung nach Zungen bewirkt. Den Zungen Provence, Auvergne, Frankreich, Aragon, Kastilien, Portugal, Italien und Deutschland, die alle am Ordenssitz ein eigenes Haus bewohnten, stand je ein Großkomtur/Pillier vor. In der weiteren vertikalen Gliederung waren Großpriorate, Balleien und Komtureien eingerichtet. Oberstes legislatives Organ war das Generalkapitel, das ursprünglich alle fünf Jahre zusammentreten sollte, aber dann doch nicht regelmäßig tagte. Zwischen 1631 und 1776 wurde es überhaupt nicht einberufen.

Den gesamten Ordensverband leitete der Großmeister. In der Zentralverwaltung hatte sich ein Gremium aus vier Räten gebildet: Der ‚Oberste Rat' führte die laufenden Verwaltungsgeschäfte, der ‚Geheime Rat' war mit den Staatsgeschäften und den Strafsachen betraut. Der ‚Große Rat' bildete die Appelationsinstanz gegen die Entscheidungen der beiden ersten Räte. Der ‚Rat der Schatzkammer' betreute das Finanzwesen. Von den Ordensämtern sei nur noch die seit 1299 nachweisbare Funktion des Admirals hervorgehoben, dessen Amt der Leiter der italienischen Zunge als allgemein anerkannter Fachmann der Marine wahrnahm.

Der letzte Versuch, die seit Raymunds du Puy Zeiten gültigen Ordensstatuten zu sammeln und den veränderten Bedingungen der modernen Zeit anzupassen, stammt aus der Zeit des Großmeisters Emmanuel de Rohan-Polduc (1775–1797). Dieser sogenannte *„Codex Rohan"* bildet in Verbindung mit dem *Codex Iuris Canonici* und anderen kirchlichen Bestimmungen seit 1961 die Gesetzesgrundlage für den noch heute wirkenden katholischen Malteserorden; auf die protestantischen Nachfolgeorganisationen, die deutschen Johanniter und den englischen *Order of Saint John,* sei nur am Rande verwiesen.

Gezwungen durch die geistigen, gesellschaftlichen und politischen Veränderungen seit der französischen Revolution traten bei allen drei Johanniterabkömmlingen die exklusiven Elemente einer männlichen Adelsorganisation wohl in den Hintergrund, wurden aber nie vollständig aufgegeben.

Der Malteserorden in der Gegenwart

‚Der Souveräne Ritter-Orden vom Hospital des heiligen Johannes zu Jerusalem' ist ein religiöser Laienorden, der zugleich militärisch, ritterlich und traditionsgemäß adelig ist. Seine Mitglieder sind in drei Klassen gegliedert.

In die erste Klasse, zu der Justizritter, Profeßritter und Conventualkapläne gehören, „kann jeder Katholik aufgenommen werden, gegen den kein gesetzliches Hindernis besteht, wenn ihn die rechte Absicht bewegt und er geeignet ist, die Aufgaben des Ordens: ‚den Kranken und Armen Jesu Christi zu dienen und sich dem Dienste der Kirche und des Heiligen Stuhls dem Geiste des Ordens gemäß zu widmen', zu übernehmen" (Leisching 1970: 455).

Gesundheit des Körpers und Geistes, eheliche Geburt, adelige Abkunft und sittlicher Lebenswandel werden ebenso gefordert wie das Freisein von Mord und Häresie. Wer Handel betreibt und sich unrechtmäßig in den Besitz von Ordensvermögen gebracht hat, bleibt ausgeschlossen. Nach einem Noviziat legen die Mitglieder der ersten Klasse die einfache Profeß ab. Durch die Mönchsgelübde im eigentlichen Sinne verpflichten sie sich zu Armut, Keuschheit, Gehorsam und zum Leben in der Gemeinschaft. Von nun an sind sie zur Übernahme der höchsten Ordensämter berechtigt und dürfen den Titel *Fra* tragen. Den Konventualkaplänen, denen die Ordensgemeinschaft einen angemessenen Unterhalt zu gewähren hat, obliegt als Priestern die Seelsorge der Ordensmitglieder und die geistliche Betreuung ihrer karitativen und missionarischen Werke. Die freie Berufsausübung und die Übernahme öffentlicher Ämter mit Zustimmung des Ordensoberen ist den Profeßrittern erlaubt. Nach drei bzw. neun Jahren Vorbereitungszeit als Profeßritter folgt die feierliche Profeß, nach der der Mönch zur Gruppe der Justizritter zählt.

Die Mönchsgemeinschaft der Ordensprofessen ist exemt, der Jurisdiktionsgewalt des Ortsbischofs nicht unterworfen. Die Angehörigen der beiden anderen Klassen sind keine Ordensleute im klassischen Sinne, sondern eine der Mönchsgemeinschaft angegliederte und von ihr abhängige Vereinigung.

Zu ihr gehören die Obödienzritter und Justizdonaten. Als Obödienzritter ist zugelassen, wer mindestens 22 Jahre alt ist, ein Jahr dem Orden angehört und unter anderem aus adeligem Hause stammt. Ihre Zahl ist auf fünfhundert beschränkt.

Nach einer Vorbereitungszeit verpflichtet er sich durch ein Versprechen (Promeß) dem Malteserorden. Zu seinen speziellen Aufgaben gehören: die Unterstützung der Mitbrüder durch Gebet und gute Werke, der regelmäßige Besuch der heiligen Messe, jährliche Teilnahme an einem Exerzitienkurs und die Einhaltung der spirituellen Anforderungen des Ordens. Bei der Zuweisung seiner Aufgaben soll die Ordensführung die Anlagen, besondere Berufsausbildung, die Standespflichten und die Verfügbarkeit des Obödienzritters berücksichtigen. Das Privateigentum soll im Geiste des Evangeliums verwendet werden.

Als Justizdonaten können all die Aufnahme finden, die 22 Jahre alt und ein Jahr Ordensmitglied sind; darüber hinaus sind das Bekenntnis zum katholischen Glauben, guter Ruf und rechtschaffene Sitten gefordert. Zugang haben auch Nichtadelige, es genügt die Herkunft aus einer guten und ehrbaren Familie.

In der Promeß versprechen die Justizdonaten Gehorsam gegen die Kirche und seine Eminenz, den Fürsten und Großmeister und die anderen Ordensoberen sowie die Verteidigung der Ordensoberen und der Güter des Heiligen Ordens von Jerusalem.

Die ordensüblichen Andachtsübungen und Pflichten sind für alle Mitglieder der zweiten Klasse verbindlich.

Die Mitglieder der dritten Klasse, zu der auch Nichtadelige und Frauen Zugang haben, legen weder ein Gelübde noch ein Versprechen ab. Verpflichtung zu vorbildhaftem christlichen Lebenswandel und wirksame Mitarbeit in der Krankenbetreuung und in den sozialen Diensten kennzeichnen ihre Mitgliedschaft im Malteserorden.

Daß der Malteserorden heute einer breiten Öffentlichkeit bekannt ist, verdankt er weniger seiner den modernen Lebensformen fernen Gemeinschaft adeliger Mönche als vielmehr der großen Zahl weiblicher und männlicher Helfer im Dienste der karitativen Ordensgruppierungen. Entwicklung des Gesundheitswesens in der Dritten Welt, Versorgung von Verwundeten (Vietnamkrieg), Krankenhauswesen, Unfallhilfsdienst und Pilgerbetreuung seien als die hauptsächlichsten Wirkungsbereiche erwähnt.

Athos, Heiliger Berg der Ostkirche

Hans Winfried Rohsmann

Athos, die östlichste der Chalkidike-Halbinseln in Nord-Griechenland, wird von einer autonomen Mönchsrepublik eingenommen. An der Südspitze der Insel liegt der Berg Athos, der Heilige Berg, der schon von den Alten Griechen als Sitz der Götter angesehen wurde. Seit Maria, die Mutter von Jesus, der Legende nach von der Insel Besitz ergriffen hat, ist weiblichen Wesen der Zutritt verwehrt – ein Gebot das für Menschen und Tiere gleichermaßen gilt. Mitte des 10. Jahrhunderts wurde das erste Kloster gegründet. Heute leben auf dem Athos etwa 1700 Mönche der griechisch-orthodoxen Kirche in den zwanzig Haupt- und über zweihundert Kleinklöstern oder aber als Einsiedler. Der Autor, Angehöriger des Ritterordens des Heiligen Grabes, kennt den Heiligen Berg seit 1950 aus eigener Anschauung und kehrt jährlich einmal für einige Wochen dorthin zurück.

Siehe dazu auch Farbseite VIII.

Die Besiedlung durch Mönche und die Verbannung alles Weiblichen

Hagion Oros – Heiliger Berg, so heißt es bei den Griechen seit mehr als tausend Jahren. Schon bevor die ersten Anachoreten (Einsiedler) sich im 3. Jahrhundert dorthin zurückgezogen hatten, um in der Einsamkeit Gott zu dienen, wurde der Berg Athos von den Griechen, ähnlich dem Olymp, als ein Sitz der Götter angesehen. So kam es, daß die kolonisationsfreudigen Griechen diese Halbinsel mieden, und sich kaum Spuren einer ehemaligen Besiedlung gefunden haben, obwohl im Jahre 480 v. Chr. der Perserkönig Xerxes einen Kanal durch die Halbinsel graben ließ, um den Seeleuten die gefürchtete Umfahrung der Südspitze des Athos zu ersparen. Der Kanal ist heute verschüttet, aber noch im flachen Gelände erkennbar. Sicher hat auch die geographische Lage und die unwirtliche Beschaffenheit des Gebirgsstockes zu seiner Sonderstellung beigetragen.

In der Mitte des 10. Jahrhunderts zog sich ein ehemaliger hoher Beamter des byzantinischen Hofes, der heilige Athanasios aus Trapezunt, auf den Athos zurück, um dort ein mönchisches Leben zu führen. Der byzantinische Kaiser Nikiphoras Phokas, der selbst die Absicht hatte, die Kaiserkrone niederzulegen und als Mönch ein gottgefälliges Leben zu führen, brachte Athanasios große Sympathien entgegen und beauftragte ihn, auf dem Athos ein Kloster zu errichten. Dies war der Ursprung des ersten Großklosters, der Lawra, im Jahre 963.

Der Kaiser verlieh der Gründung Steuerfreiheit, eigene Gerichtsbarkeit und andere Privilegien. In rascher Folge folgten weitere Klostergründungen, die zum Sitz griechischer, russischer, serbischer und bulgarischer Mönche wurden.

Zu den bedeutendsten Klöstern zählen nach der Lawra Iviron, Wadopedi, Panteleimonos (Russikon), Chilandar, Dionysiou, Xenofondos und Simonos Petras.

Es gab große Blütezeiten, und im Laufe der Jahrhunderte wurde von den verschiedenen Kaisern, später griechischen Königen, und heute von der Republik Griechenlands, die Selbstverwaltung immer wieder bestätigt und völkerrechtlich verbindlich erklärt, daß die Halbinsel Athos einen autonomen Teil des griechischen Staates darstellt.

Selbst nach dem Sieg des Islam über das byzantinische Reich im 15. Jahrhundert, blieb der Athos, von einigen Drangsalen abgesehen, selbständig und vom Weltgeschehen unberührt. Dies blieb auch so während der beinahe fünfhundertjährigen Herrschaft der Türken über dieses Gebiet. Selbst die Schrecken des Zweiten Weltkrieges haben den Athos nicht berührt. Es gab nur einen deutschen Beobachterposten in diesem Mönchsland – die Autonomie wurde respektiert.

Frauen haben keinen Zutritt zur autonomen Mönchsrepublik auf der Halbinsel Athos. Das Verbot wird mit einer Marienlegende begründet und gilt für Menschen und Tiere gleichermaßen. Karte: Archiv H. W. Rohsmann.

So war der Athos vom Weltgeschehen wohl oft umbrandet, doch niemals erfaßt. Die Wogen der Geschichte, die Reiche und Begriffe dahinschwemmten, sind an seinen Felsen zerschellt und er ist nach wie vor eine Insel stiller Beschaulichkeit mitten im wandelnden Strome der Zeit.

Es gibt auf dem Athos zwanzig Hauptklöster und über zweihundert Klein- und Kleinstklöster, letztere auch Kellien genannt, sowie zahlreiche Einsiedeleien.

Die Großklöster sind zum Schutz gegen Piraten als wehrhafte Bauten errichtet. Sie liegen meist, vom Meer umspült, an der Küste, während einzelne Kellien, Behausungen für einen bis drei Mönche, und Einsiedeleien oft wie Nester an schwerzugänglichen Felsen kleben. Ein Teil der Kleinklöster sind in Form einer aufgelockerten Mönchssiedlung errichtet, in deren Mitte in der Regel als zentraler Punkt eine Kirche steht. Jedoch verfügt jede Kellie immer über eine Hauskapelle.

Diese Lebensform der Mönche in den Kellien ist auf eine Erneuerung des klösterlichen Mönchtums im 16. Jahrhundert zurückzuführen. Damals wurde der Geist in einigen Großklöstern lau – und da entschlossen sich die Eifrigen, aus dem Kloster zu gehen und gründeten Mönchssiedlungen, das heißt Skiten.

Früher lebten auf dem Athos bis zu zwanzigtausend Mönche, nach einer Statistik vom Jahre 1986 zählt man heute etwa 1700 Mönche (Professor Madzaridis)[1]. Vor 25 Jahren gab es nur noch 950 Mönche. Dieser Schwund war durch den geringen Nachwuchs bedingt, denn der Zustrom aus den osteuropäischen Ländern war beinahe versiegt. Interessant ist, daß die Sowjetunion mehrmals einer größeren Anzahl von Mönchen die Ausreise zum Athos gestattete. Die griechische Regierung jedoch erteilte nur in Ausnahmefällen für einige wenige Mönche die Einreisegenehmigung.

Erst ab 1973 wurden von der griechischen Regierung die Einreise-Bestimmungen gelockert, und seit diesem Zeitpunkt ist ein Zustrom von beinahe 800 Mönchen aus ost- und westeuropäischen Ländern zu verzeichnen. Natürlich kommt der Großteil, meist junge Mönche, aus Griechenland, davon allein 294 mit abgeschlossenem Hochschulstudium.

Bis 1963 gab es auf dem Athos keine Straßen. Erst 1963 anläßlich der Tausendjahrfeier wurde auf dem Athos die erste Landstraße vom Hafen Dafni in die Hauptstadt Karyäs gebaut. Mittlerweile wurden weitere Forststraßen errichtet – um den Transport von Holz mit Traktoren zu ermöglichen. Darüber hinaus gibt es nur Reitwege und Pfade. So sind viele Klöster auch heute noch nur auf Reitwegen und Pfaden erreichbar, wenn man nicht ein Motorboot in Anspruch nimmt.

Alles Weibliche ist auf dem Athos verbannt, und so ist Frauen der Zutritt in dieses Reich ausnahmslos verboten. Der in der Hauptstadt Karyäs amtierende griechische Gouverneur muß ebenfalls ohne seine Familie dort leben. Dieses Verbot für Frauen wird mit der enormen Verehrung der Mutter Jesu Christi begründet. Die Legende berichtet, daß Maria mit Johannes,

Früher wurden die Großklöster auf Athos – ebenso wie das hier vorgestellte Kloster Dionysion – zum Schutz gegen Piraten als wehrhafte Bauten errichtet. Heute schützen sich die Mönche vor ungebetenen Besuchern dadurch, daß sie nur wenigen Fremden längere Aufenthaltsgenehmigungen erteilen. Foto: H. W. Rohsmann.

dem Lieblingsjünger Jesu, in Ephesos wohnte. Auf einer Schiffsreise nach Zypern, wo sie Lazarus besuchen wollte, strandete sie in einem Sturm an der Küste des Athos. Als sie an Land ging, war sie von der herrlichen Landschaft und dem üppigen Pflanzenwuchs so begeistert, daß sie ausrief: „Dies ist mein Garten!" Damit nahm Maria für alle Zeiten den Heiligen Berg in Besitz. Seitdem darf kein weibliches Wesen den Athos betreten, selbst weibliche Tiere, wie zum Beispiel Kühe, sind nicht gestattet.

Die Regierung der Mönche wird aus zwei Körperschaften gebildet: der Heiligen Gemeinschaft und dem Heiligen Vorsitz. Die Heilige Gemeinschaft setzt sich aus je einem Delegierten der zwanzig Hauptklöster zusammen. Man könnte diese Institution mit dem deutschen Bundesrat vergleichen. Von diesen zwanzig Abgeordneten werden vier Epistaten (Minister) bestimmt, die für ein Jahr den Heiligen Vorsitz bilden, der die Regierungsgeschäfte führt. Nach Ablauf des Jahres übernimmt die nächste Vierer-Gruppe aus der Heiligen Gemeinschaft die Regierung. Einer von den vier Epistaten führt den Vorsitz und wird als *Protos* (der Erste) bezeichnet. Dieses System hat sich seit Jahrhunderten bewährt.

Geistliches Oberhaupt der Athosmönche ist der Patriarch von Konstantinopel, gegenwärtig Patriarch Dimitrios I.

Wenn man den Athos besuchen möchte, was natürlich nur für Männer möglich ist, benötigt man eine von griechischen Behörden ausgestellte Einreisegenehmigung. Ein vom Konsulat des jeweiligen Heimatlandes des Antragstellers ausgestelltes Empfehlungsschreiben ist erforderlich. Mit dieser Genehmigung

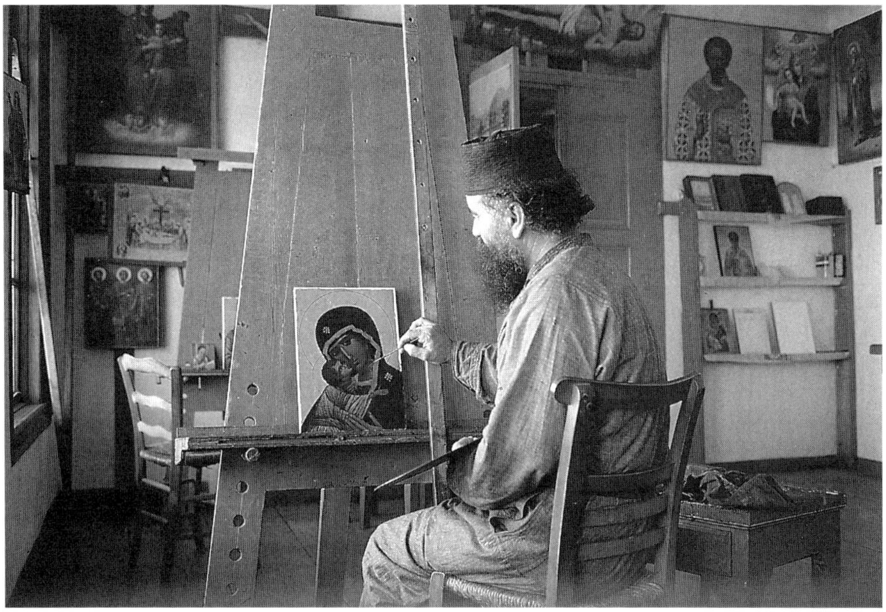

Den Verzicht auf alle irdischen Wünsche betrachten die orthodoxen Mönche auf Athos als Grundvoraussetzung ihres kontemplativen Lebens. Da letztlich auch Kunstwerke irdisch und damit vergänglich sind, wurden die Künstler unter den Mönchen nie sonderlich gefördert. Ikonen entstehen dennoch in der Mönchsrepublik, das heißt: Berühmte und bekannte Ikonen werden von einigen Mönchen sorgfältig kopiert. Foto: H. W. Rohsmann.

hat man lediglich die Erlaubnis, den Athos zu betreten. Will man sich dort aber länger aufhalten und als Gast in den Klöstern aufgenommen werden (Hotels oder Gasthäuser gibt es nicht), so benötigt man den Athos-Paß *(Diamonitirion)*, der nur von der Mönchs-Regierung in Karyäs ausgestellt wird. Normalerweise bekommt man nur für drei bis vier Tage eine Aufenthaltsgenehmigung. In Ausnahmefällen wird eine längere Aufenthaltsgenehmigung erteilt.

An längeren Aufenthaltsgenehmigungen sind die Mönche nicht interessiert, da die meisten Besucher weder aus wissenschaftlichen Gründen noch als Pilger auf den Athos kommen, sondern aus Neugier und Sensationslust. Die Mönche bringen den Besuchern aber oft Mißtrauen entgegen und sind für religiöse Gespräche schwer zugänglich. Ein Einblick in das Wesen des Mönchtums auf dem Athos eröffnet sich nur dem Besucher, der sich der Unterschiede in Mystik und Theologie zwischen der morgenländischen und abendländischen Kirche bewußt ist.

Grundlegende Unterschiede zwischen der West- und Ostkirche

Es ist hier nicht der Platz, um tiefgründige philosophische und theologische Fragen zu erörtern. Doch möchte ich einiges an grundsätzlichen Dingen sagen, um zum Verständnis für den Athos beizutragen.

Die abendländische Kirche sieht in der Menschwerdung Christi und in seinen Lehren, wie sie uns durch die Evangelien vermittelt werden, die Möglichkeit, Rückschlüsse auf die Eigenschaften Gottes zu ziehen. Die Theologen des Westens haben immer wieder Formeln gesucht und gefunden, die Evangelien mit einer gesunden Diesseitsbejahung auf einen Nenner zu bringen. So gibt es ja auch Orden mit verschiedenen Diesseitszielsetzungen, zum Beispiel Gott in der Wissenschaft, in der Krankenpflege oder sonstwie zu dienen. Auf diese Weise haben die Mönche der abendländischen Kirche gestaltend auf die Welt eingewirkt; für sie hat die Theologie Vorrang vor der Mystik. In der Ostkirche wird die Möglichkeit verneint, daß der Mensch als Geschöpf fähig sein soll, Eigenschaften des Schöpfers zu erkennen. Man glaubt, daß der Mensch nur durch Verzicht auf alle irdischen Wünsche Gott näherkommen und in ihm aufgehen könne.

Die Mönche haben daher keine Diesseitszielsetzung wie sie bei verschiedenen Orden der Westkirche gegeben ist. Mystik und Theologie gehen ineinander über.

Für die Athos-Mönche gilt daher, daß der Mensch mit dem Verstand nur reale Begriffe messen kann, die aber vergänglich sind. Gott jedoch ist unvergänglich und nicht erforschbar. Aus diesem Grund ist es für die Mönche völlig überflüssig, sich mit der Wissenschaft zu befassen. Die Ergebnisse der Wissenschaft sind vergänglich und daher die Beschäftigung mit ihnen nur Zeitverlust im Streben zu Gott.

So ist es verständlich, daß die Mönche auf dem Athos nie Wissenschaft und Kunst gefördert oder betrieben haben. Zum Beispiel gibt es auf dem Athos keine Musikinstrumente; in keiner Kirche befindet sich eine Orgel. Die vorhandenen Kunstwerke, sakrale Gegenstände, liturgische Kleider, wertvolle Bücher, besondere Ikonen, Schrifttum usw. sind, von Ausnahmen abgesehen, nicht auf dem Athos entstanden, sondern Geschenke von Kaisern, Fürsten und anderen Wohltätern, durch die im Laufe der Jahrhunderte bedeutende Schätze zusammengekommen sind. Besonders zu erwähnen sind die wertvollen Bibliotheken, die allerdings fast ausschließlich nur religiöses, historisches und medizinisches Schrifttum umfassen. Sehr interessant ist das Kunstverständnis der Ostkirche.

Die Kirche des Klosters Panteleimonos. Neben zwanzig Hauptklöstern gibt es auf Athos über zweihundert Klein- und Kleinstkirchen sowie zahlreiche Einsiedeleien. Trotz des gemeinsamen Lebens auf der Halbinsel haben sich im Lauf der Jahrhunderte in den Klöstern zwei verschiedene Lebensordnungen für die Mönche herausgebildet. Während die einen in streng geordneten Gemeinschaften leben, in denen alle religiösen Übungen gemeinsam vollzogen werden, richten die anderen ihren Tagesablauf sehr individuell ein und begegnen ihren Mitbrüdern nur selten. Foto: H. W. Rohsmann.

Westliche Maßstäbe haben dabei keine Gültigkeit. Man sieht zum Beispiel in der Ikone nicht ein individuelles Meisterwerk eines Künstlers, sondern nur das reine Abbild von Christus, der Madonna oder eines Heiligen, welches häufig auf Visionen beruht.

Ein frommer Maler-Mönch würde es als Anmaßung empfinden, eine Ikone nach seiner Vorstellung zu malen. Da sich ihre Kostbarkeit nicht vom Wert, sondern allein von der Heiligkeit ableitet, werden vielmehr berühmte und bekannte Ikonen nachgemalt und ihre geistige Kraft weitergetragen. So ist auch die Verehrung zu verstehen, die die orthodoxe Welt den Ikonen entgegenbringt.

Die verschiedenen Lebensordnungen der Athos-Mönche

In den Klöstern gibt es zwei mögliche Lebensordnungen: die kinowitische und die idiorhythmische. Nach dem kinowitischen System ist es den Mönchen nicht erlaubt, Eigentum zu besitzen. Geist und Zucht sind streng. Alle religiösen Übungen werden gemeinsam gehalten, und es regiert ein auf Lebenszeit gewählter Abt. Nach dem idiorhythmischen System ist es den Mönchen gestattet, Eigentum zu besitzen. Die Mönche haben sich im großen Klostergebäude kleine Wohnungen eingerichtet, versorgen sich selbst und nur zur täglichen Liturgie und an hohen Festtagen kommen sie gemeinsam im Speisesaal zusammen. Sie weisen daher kein intensives Gemeinschaftsleben auf, und die Leitung eines idiorhythmischen Klosters ist einem Triumvirat anvertraut, das die Geschäfte besorgt. Von den zwanzig Hauptklöstern sind jetzt sechzehn kinowitisch und vier idiorhythmisch ausgerichtet.

Eine andere Lebensform bringen die schon erwähnten Skiten mit sich. Die Mönche in den Skiten gestalten ihre Zeiteinteilung nach eigenem Ermessen. Das regelmäßige Tag- und Nachtgebet verrichten sie in ihren Hauskapellen. Nur an hohen Festtagen feiern sie gemeinsam die Liturgie in der Hauptkirche der Skite.

Jede Skite untersteht dem Abt eines der zwanzig Hauptklöster. Die wohl härteste Lebensform stellt die des Einsiedlers dar. Trotz verschiedener Lebensweisen ist aber bei allen Mönchen der geistige Weg des Strebens zur Vereinigung mit Gott gleich.

Die Mönche leben sehr bescheiden. Sie essen nie Fleisch, sondern nur Gemüse, Oliven, Mehlspeisen, Früchte und an Festtagen Fische. Zweimal am Tag ist Essenszeit, und während der Fastenzeit, die auf dem Athos zusammengenommen beinahe ein halbes Jahr ausmacht, sogar nur einmal am Tag.

Dieses asketische Leben bannt viele Krankheiten, und die Mönche erreichen fast durchwegs ein sehr hohes Alter.

Die Kraft des Glaubens

Sind nun die Athosmönche mit ihrem Leben zufrieden? Ich muß sagen, ich bin selten in einem Gebiet in der Welt so vielen ausgeglichenen und zufriedenen Menschen begegnet wie auf dem Athos. Ihre Zufriedenheit ist in ihrem tiefen unerschütterlichen Glauben begründet. Ihre Anspruchslosigkeit läßt irdische Wünsche verblassen und sie fühlen sich geborgen in Gott.

Es drängt sich für uns westliche Menschen die Frage auf, ob diese Art von Leben nicht völlig sinnlos ist. Ich glaube über dieses Thema kann man nicht diskutieren. Die positive Beantwortung dieser Frage kann nur im Glauben liegen. Durch einen unerschütterlichen Glauben wird dieses Leben sinnvoll und ausfüllend. Ohne Glauben muß diese Lebensweise unverständlich bleiben. Bringt man dem Glauben aber Verständnis entgegen, so muß man die Kraft bewundern, die diese Mönche aus ihm schöpfen, um dieses harte Leben auf sich zu nehmen.

Nichts beleuchtet das Geistesleben der Athosmönche besser, als die Antwort, die mir ein Einsiedler auf meine Frage, ob er sich in der Einsamkeit nicht allein fühle, gab. Er sagte: „Nein, ich bin mit Gott vereint, aber jetzt Pilger – wo du mich im Gebete störst, bin ich wahrlich einsam".

Abschließend noch kurz zur Frage über die Zukunft des Athos: Es ist richtig, das Zeitalter der Technik und der wachsende Materialismus lassen auf unserem Erdball scheinbar keinen Platz mehr für Menschen, die das Übernatürliche suchen. Es sind auch bereits Stimmen aufgetaucht, die den Athos in eine interessante Touristeninsel umwandeln möchten.

Ich möchte an dieser Stelle den bedeutenden Athos-Kenner Franz Spunda zitieren, der einmal sagte: „Die Bedrohung ist nicht zu leugnen. Statistiker können den Zeitpunkt errechnen, an dem die Athosklöster ausgestorben sein werden, aber damit ist nichts gesagt, wenn man nicht die Kräfte kennt, die sie am Leben erhalten".

Eine wichtige und interessante Tatsache muß in diesem Zusammenhang festgestellt werden: Die Hauptbeteiligten, die Mönche des Athos, äußern sich zu diesem Problem nicht. Sie schweigen! Nicht aus Furcht oder Scham oder im Einverständnis mit allem, was ringsherum geschieht, wie mancher voreilig schließen könnte. Nein! Der Grund liegt tiefer. Er ist im Geist des Athos begründet und nur aus ihm heraus zu verstehen. Der Athos bildet eine Gemeinschaft, die nicht mit irdischen Maßstäben gemessen werden kann. Sie ist im Metaphysischen begründet, in der Verbundenheit mit Gott. Und diese verleiht ein Gefühl der Sicherheit, mag kommen, was da kommen mag.

Und die mehr als tausendjährige Geschichte des Athos – gibt den Mönchen recht, denn es hat bereits Zeiten gegeben, da die Anzahl der Athosmönche kaum sechshundert betrug – und heute zählen wir wieder 1700 Bewohner auf dem Athos.

Auf dem Athos ist jeder Tag Apokalypse und Gericht, aber auch Heimkehr zu Gott. Die letzten Dinge sind dort die ersten, und in allem ist Christus anwesend, eingedenk des Satzes: „Wo zwei oder drei in meinem Namen versammelt sind, bin ich bei euch" (Matthäus 18, 20).

Nicht der Athos sollte europäisiert werden, sondern umgekehrt. Europa sollte einen Hauch vom Geiste dieses Heiligen Berges verspüren, um die verlorengegangene Hierarchie der Dinge wiederzugewinnen, auf deren Spitze der Geist steht, der das Maß aller Dinge ist.

Der Berg Athos hat in seiner mehr als tausendjährigen Geschichte – Reiche, Begriffe, Weltanschauungen und Gesellschaftsordnungen kommen und vergehen sehen. Er blieb davon unberührt und ist nach wie vor eine Stätte der Stille für jene, die das Letzte suchen, und wird getragen von einer Ordnung, die weitab von Hast, irdischem Gewinnstreben und technischen Sensationen liegt. Die Tatsache, daß sich eine solche Welt bis herauf in unsere nüchterne Zeit erhalten konnte, müßte zum Nachdenken anregen.

Ich bin überzeugt, solange sich seine Bewohner ihrer geistigen Zielsetzung treu bleiben, wird er das bleiben, was er war und ist – der *Hagion Oros*.

Anmerkung

1 Zitiert nach einem unveröffentlichten Manuskript von Professor Madzaridis

Symbolisches Kapital: Zur Geschichte und politischen Ökonomie einer katholischen Bruderschaft

Thomas Hauschild

Im folgenden Aufsatz wird über die Entwicklung einer Bruderschaft in der süditalienischen Provinz Lukanien (Basilikata; Bergland zwischen Bari und Neapel) berichtet. Ausgehend von den Ergebnissen einer 1982 bis 1984 in der Gemeinde Ripacandida durchgeführten Feldforschung (dazu Hauschild 1985, 1986, 1989), entwickelt der Autor die These, daß die halbautonom zwischen Kirche und Laien betriebenen Organisationen ein symbolisches Gut darstellen, das in erster Linie nicht als Kombination von Inhalten (religiöse Überzeugungen, Gemeindebildung, Ausarbeitung von Geschlechterdifferenzierung) sondern als Kombination von Formen (Bräuche, Objekte) existiert, die sich immer neuen Gegebenheiten und Ansprüchen anpassen. Diese Anpassung geht so weit, daß zu den letzten Überresten der Bruderschafts-Subkultur heute in Süditalien Frauen zählen, die sich bei bestimmten Gelegenheiten in der für die Laienbrüder charakteristischen Kutte zeigen. Andererseits lebt die Symbolik der Bruderschaften in vielen Aspekten des modernen Lebens weiter und trägt so zur Aufrechterhaltung eines vorindustriellen Lebensstiles bei.

Bruderschaften im Kirchenrecht

Bruderschaften haben im katholischen Kirchenrecht schon seit langem eine Sonderstellung: Die meist dem Kult eines oder einer bestimmten Heiligen gewidmeten Männervereine stehen zwischen profanen Organisationen der Laien einerseits und religiösen Orden andererseits. Meist zeichnen sie sich wie die Orden durch gelegentliches Tragen einer Uniform und die Einhaltung bestimmter Regeln aus. Die Mitglieder stehen jedoch größtenteils als Familienväter ihren Mann und sind, so scheint es, an den kirchlich geplanten, auf Verinnerlichung und Abstraktion zielenden Formen der Religionsausübung oft nicht übermäßig interessiert. Die kirchenrechtlichen Vorschriften und priesterlichen Ermahnungen in dieser Sache lassen auf einige Vorbehalte des Klerus gegen die katholischen Laienbünde schließen. Im „Dekret über das Apostolat der Laien" (Brechter 1966/68 II: 587ff.) und im „kirchlichen Vereinsrecht" (Schwendenwein 1984: 161ff.) sind die kirchlichen Vereine einer Überwachung, der „Vigilanz" der Kirche unterstellt, was in erster Linie die Geisteshaltung der Mitglieder betrifft. Wenn sich zum Beispiel eine Bruderschaft nicht dem stets präsenten „geistlichen Berater" fügt, verliert sie ihre Anerkennung seitens der Kirche: „Mit ihrem weisen Rat sollen sie (die Priester) der apostolischen Tätigkeit dieser Vereinigung zur Seite stehen und ihre Initiativen fördern... Noch so schöne Zeremonien und noch so blühende Vereine nutzen wenig, wenn sie nicht auf die Erziehung der Menschen zur christlichen Reife hingeordnet sind" (Deretz/Nocent 1968: 287/88). Im alten Kirchenrecht, bis zum II. Vatikanischen Konzil, waren Bruderschaften noch als eine besondere Kategorie des katholischen Vereins gesondert aufgeführt. Im heute gültigen Kirchenrecht sind sie nicht mehr in dieser Weise privilegiert und werden dafür stärker in ihrer Geisteshaltung überwacht. Bis in die fünfziger Jahre hinein betraf die „Vigilanz" noch in erster Linie formale Aspekte, wie die Anerkennung der Statuten und der gewählten Vertreter der Bruderschaften (vgl. Jone 1950: 702/3).

Männlichkeit und Religion in Süditalien

Während meines Feldaufenthaltes konnte ich beobachten, daß das religiöse Verhalten von Männern und Frauen in Süditalien recht unterschiedlich ausfallen kann. Die Messen wurden mehrheitlich von Frauen besucht. Männer, die allzu oft in der Kirche erschienen, galten leicht als ‚schwächlich' bzw. man sagte ihnen Heuchelei nach oder begründete ihr Verhalten mit politischem Engagement für die christdemokratische Partei: „Sie müssen so tun als ob...". Während der Sonntagsmesse gingen zahlreiche Männer vor der Kirche auf und ab, vordergründig „um die Frau abzuholen", aber doch sehr beschäftigt mit politischen und geschäftlichen Gesprächen untereinander. Die *piazza*, das abendliche und sonntägliche Umhergehen von Männern in kleinen Gruppen auf einem Straßenareal im Zentrum des Ortes, war nicht gerade der Ort für religiöse Gespräche. Konfrontiert mit dieser areligiösen Männerwelt konnte ich mir nicht vorstellen, wie noch beim Bauernaufstand 1860–65 in derselben Gegend der Guerillageneral Carmine Crocco gerade Männer im Zeichen einer religiös-royalistischen Symbolik zum Kampf gegen den modernen italienischen Staat hatte aufstacheln können. Seit der Niederschlagung des Aufstandes und der Eroberung Lukaniens durch Garibaldis Truppen gibt es eine deutlich laizistische, teilweise sehr kirchenkritische Männerkultur, an der Frauen, die *per se* als ‚religiös' gelten, kaum beteiligt sind. Auch die männlichen Anhänger der christdemokratischen Partei vermieden eine allzu dichte Verbindung mit der Rhetorik und den Ritualen der Kirche. Einer ihrer Anführer in Ripacandida bekannte sich offen zum Atheismus, was ihn freilich nicht daran hinderte, mit dem Priester in ein und derselben politischen Interessengruppe aktiv zu ‚kungeln'. Am weitesten entwickelt war der Laizismus bei den meist bäuerlichen Anhängern der kommunistischen Partei, die größtenteils nur noch zu den Ritualen im Lebenslauf (Hochzeit, Taufe, Beerdigung), zum Fest des Ortsheiligen und Ostern in der Kirche erschienen – und dann auch nicht eben vollzählig. Waren alle Männer in Ripacandida, dem Ort meiner Feldforschung, tendenziell Atheisten?

In zahlreichen Interviews mit einzelnen Männern ergab sich ein widersprüchlicheres, komplizierteres Bild (Hauschild 1989: 53ff.). Die religiösen Aussagen der Männer unterschieden sich nur wenig von denen der Frauen, wenn ich davon absehe, daß sie meist in einer kargeren Sprache abgefaßt waren. Bewußt atheistisch und priesterfeindlich eingestellte Kommunisten räumten ein, daß sie in der Passion Christi die Passion der lukanischen Bauernbewegung wiedererkannten oder daß sie gelegentlich auf Wallfahrten gingen. *Christian*, Christ war auch bei ihnen das Wort für ‚Mensch' und ein solcher Mensch hat getauft zu sein, kirchlich zu heiraten und muß christlich beerdigt werden. In zahlreichen Wundererlebnissen hatten sich die katholischen Heiligen auch in der Gefühlswelt vieler Männer verankert und in Notsituationen wurde das laizistische Gerede leicht zugunsten einer intensiven Gebets- und Opferpraxis eingestellt. Berichte über Männer, die in der Krise den Glauben wiederfanden, machen einen guten Teil des lukanischen religiösen Redens und der Folklore aus (Hauschild 1989: 124ff.). Was die Männer und die Frauen trennte, waren nicht so sehr Unterschiede im individuellen religiösen Reden, sondern die bemerkenswerte Zurückhaltung der Männer, wenn es darum ging, in der Öffentlichkeit, als Gruppe, als Gemeinde religiös zu handeln. Die männliche Öffentlichkeit war tendenziell kirchenfeindlich, die männlichen Individuen aber genauso in die katholische Ideenwelt eingebunden wie die Frauen.

In solch einer Situation muß es als geschickter Schachzug der Kirche erscheinen, wenn sie nach der italienischen Einigung verstärkt auf bruderschaftliche und zünftische Organisationsformen der Männer zurückgriff. Am Ende des 19. Jahrhunderts hatten diese wesentlich älteren Organisationsformen in Süditalien noch einmal Hochkonjunktur. Die Kirche konnte damit dem Bedürfnis der Männer nach symbolischer Verbrämung ihres sonst in der *piazza* demonstrierten Zusammenhaltes als Gruppe ebenso entsprechen wie den religiösen Bedürfnissen der einzelnen Männer. Diese Angebote mußten den katholischen Männern nicht aufgedrängt werden, sondern sie verlangten selbst oft nach Möglichkeiten der religiös-politischen Betätigung in Bruderschaften. Versuche, parallel auch Schwesternschaften aufzubauen, schlugen regelmäßig fehl, möglicherweise, weil die Frauen ohnehin schon stärker in das offizielle religiöse Leben der Kirchengemeinde eingespannt waren.

Die Marienbruderschaft in Ripacandida

Eine der Muttergotteserscheinung auf dem Karmelberg *(Madonna del Carmelo)* gewidmete Bruderschaft wurde im Jahre 1908 in Ripacandida gegründet. Dies geschah, wenn ich es nach den Akten des Diözesanarchivs in Melfi beurteile (Hauschild 1989: 514ff.), nicht auf Initiative von Priestern, sondern einer Gruppe von Ripacandideser Emigranten, die sich in Altoona (Pennsylvania, USA) angesiedelt hatten. Die Gründungserklärung der Bruderschaft ist von siebenundsiebzig emigrierten Süditalienern unterschrieben. Erst dann kamen im Heimatort ansässige Mitglieder – zunächst dreißig an der Zahl – hinzu. Im ersten Schock der Auswanderung müssen Emigranten aus Ripacandida oft Phasen intensiver religiöser Bewegung durchgemacht haben. Mir wurden zahlreiche Situationen beschrieben, in denen Ripacandidesi sich in der Emigration San Donato – dem Schutzpatron des Ortes – angelobten, seinen Kult auf andere süditalienische Emigranten zu übertragen versuchten und sich eine Statue für den Kult fern der Heimat herstellten (Hauschild 1989: 345ff.). Heute noch kreist das soziale Leben einer etwa doppelt soviele Mitglieder wie der entvölkerte Heimatort zählenden Gemeinde von Ripacandideser Emigranten in Blue Island (Illinois, USA) um den Kult dieses Heiligen (Hauschild 1989: 548ff., Rizzs 1981).

Bei der Gründung der Bruderschaft wurde allerdings der Marienkult dem Donatuskult vorgezogen, was dem heute nachweisbaren ,intimen', allgemein schützenden und verzeihenden Charakter der Beziehung zwischen dieser Heiligen und ihren Anhängern entsprechen könnte (Hauschild 1989: 248ff., 278ff., 399ff.) und wohl auch damit zusammenhängt, daß der Kult dieser Heiligen in Ripacandida zwar noch präsent war, daß aber die ihr geweihte Kapelle von niemandem mehr versorgt wurde. Über die Ausmaße der speziellen Marienverehrung bei den Bruderschaftlern kann ich nur spekulieren. Aus den Akten geht in jedem Falle deutlich hervor, daß die Aktivitäten der Bruderschaft sehr dazu beigetragen haben, in Ripacandida die Verehrung der dort aufgestellten Statue der *Madonna del Carmelo* wieder populär zu machen. Auch heute noch, lange Zeit nach Auflösung der Bruderschaft, werden der *Madonna del Carmelo* in Ripacandida zahlreiche Wundertaten zugeschrieben. Die Verehrung der Marienerscheinung auf dem Karmelberg steht in der Popularität direkt hinter der Popularität des Ortspatrons, des Epilepsieheiligen San Donato, der in der Gemeinde mit einem eigenen Heiligtum und einer regionalen Wallfahrt vertreten ist. Das ist insofern nicht untypisch für den süditalienischen Heiligenkult, als dort häufiger eine Marienerscheinung als Ortspatron und ein mächtiger männlicher Heiliger oder umgekehrt beieinanderstehen, wodurch dieses Paar wie eine Art spiritueller Vater und Mutter des Ortes erscheinen kann. Daß der Männerbund der Emigranten einer übernatürlichen Mutter gewidmet war, mag seinen eigenen religionspsychologischen Hintergrund haben, den ich nicht rekonstruieren kann – die Wirkung dieser Widmung jedenfalls war durchschlagend.

Die Aktivitäten der Bruderschaft wurden zumindest in den ersten Jahren stark von den Emigranten finanziert. Sie zahlten direkt in die Kasse der Bruderschaft ein, die ihre Gelder unabhängig von priesterlicher Kontrolle verwaltete. Um 1910–1915 kam auch noch der Brauch auf, bei den Prozessionen Geldscheine an die Statuen der im Ort verehrten Heiligen zu heften, wobei es sich häufiger auch um Geld handelte, welches von Emigranten zu diesem Zweck an im Ort lebende Verwandte geschickt worden war. Die Verteilung dieser Gelder ist bis heute ein großes Ärgernis in Ripacandida, sie werden vom Klerus, von der Stadtverwaltung (zur Finanzierung von Restaurierungsarbeiten in den Kirchen) und den an die Stelle der Bruderschaften getretenen Festkomitees beansprucht. Im Jahre 1912 übernahm die mittlerweile auf mindestens siebenundachtzig einheimische Mitglieder angewachsene Vereinigung die Pflege der Madonnenkapelle und des Madonnenkultes. Zu den Aufgaben der Bruderschaft gehörte besonders die Begleitung der Madonnenstatue bei Prozessionen – wozu die Mitglieder sich in eine kaffeebraune Kutte kleideten – das Sammeln von Spenden für Feste und Kirchenarbeiten sowie die Ausrichtung von Beerdigungen für verstorbene Mitglieder.

Man darf sich die Aktivitäten der Bruderschaft nicht so harmonisch vorstellen, wie der Marienkult in der Optik der Kirche manchmal erscheint. In den ersten Jahren nach der Gründung wurden eine Reihe in Ripacandida lebender Priester als *padre spirituale*, als geistliche Berater der Bruderschaft, verschlissen: Regelmäßig zogen Kleriker sich von diesem Amt zurück, angewidert von den „lautstarken, äußerlichen Kundgebungen" der Bruderschaftler, von der Tatsache, daß diese sich „untereinander hassen, anschreien, gegeneinander tätlich werden und intrigieren, so daß manchmal Faustschläge nicht fehlen" (Hauschild 1990: 518, 519). Ärgerlich war den Priestern auch die geringe Bereitschaft der Bruderschaftler, sich irgendeiner Form von Katechese zu unterziehen und die geistlichen Berater für ihre Dienste zu bezahlen. Schon früh beklagten sich Priester darüber, daß zahlreiche Mitglieder der sozialistischen Partei in der *confraternità* aktiv waren. Priester, die Predigten gegen den Sozialismus hielten, wurden eingeschüchtert. Die lokalen Unterschichten begannen, ihre politischen Interessen im Rahmen der religiösen Symbolik zu formulieren und versuchten, die Bruderschaften zu einem Instrument des Klassenkampfes zu machen.

Unter den ‚Sozialisten' befanden sich auch die Verwandten und Freunde von Priestern, welche selbst keinesfalls politisch als Linke einzustufen waren, dann aber ihre sozialistischen Freunde oder Verwandten deckten oder zumindest tolerierten. Ethnologen sprechen hier von Netzwerk- und Klientelbeziehungen (Streck 1987: 149ff.; Schweizer 1989): *Favori*, Gefälligkeiten werden zwischen Menschen ausgetauscht, die verwandt, befreundet oder zum Beispiel durch Beziehungen persönlicher Abhängigkeit zwischen ‚Boss' und ‚Klient' (Kunde) miteinander verbunden sind. Die Gefälligkeiten können sich auf materielle Unterstützung, politisches Verhalten, Bevorzugung bei der Vergabe von Aufträgen oder andere Geschäfte beziehen. Persönliche Beziehungen, das Geben und Nehmen von *favori*, bestimmen bis heute das politische Leben der Halbinsel mit. Ethnologen und Soziologen beschreiben Italien, besonders Süditalien, oft als Gesellschaft, in der ideologische Bindungen und rechtlich verbürgte Ansprüche der Bürger von solchen persönlichen Beziehungen durchkreuzt werden (vgl. Galt 1974; Schneider/Schneider 1976; Gribaudi 1980).

Es könnte also durchaus sein, daß ‚Klüngel' in den Bruderschaften und in der neuen sozialistischen Partei nach einer sozial akzeptablen Ausdrucksform suchten, und daß Auseinandersetzungen zwischen den Klientelen in der Bruderschaft für die den Priestern ärgerlichen, manchmal gewaltsamen Auseinandersetzungen verantwortlich waren. Nach Aussagen einer Reihe meiner Informanten sollen in jedem Falle zahlreiche Bruderschaftler und ihre Familien durch Taufpaten- und Trauzeugenbeziehungen zum die Generationen überdauernden Band der *compar'* (etwa: Gevattern) zusammengeschlossen gewesen sein. Wie ich aus der oralen Tradition rekonstruieren konnte, war die Marienbruderschaft aber nicht nur von internen Konkurrenzen geprägt, sondern stand auch im Wettbewerb mit der Totenbruderschaft *Sant' Antonio*. Während die Marienbruderschaft ihre Mitglieder in erster Linie aus den stark von der politischen Linken geprägten, bäurischen und tagelöhnerischen Ortsteilen Cantone und Alla Valle rekrutierte, waren die Antoniusbrüder eher in den nahe bei der *piazza* gelegenen Häusern der Gewerbetreibenden, Verwaltungsleute und Großbauern zu finden. Ortsinterne Interessenverbände traten im Gewand der Bruderschaft gegeneinander an, politische und klienteläre Konflikte wurden im Zeichen der gemeinschaftsstiftenden Symbolik des marianischen Männerbundes ausgetragen.

Nach dem Ersten Weltkrieg war der kirchliche Verein auf dem Höhepunkt seiner Macht angelangt. Er zählte weit über hundert Mitglieder, die in mindestens zwei politische Fraktionen gespalten waren. Im *biennio rosso*, den von Linksparteien dominierten Jahren unmittelbar nach dem Ersten Weltkrieg, besetzte ausschließlich eine bestimmte, vornehmlich aus Sozialisten zusammengesetzte Gruppe von Männern die Ämter der Bruderschaft. Noch vor Mussolinis faschistischem Putsch wurde eine andere Gruppe dominant, in der keine Sozialisten aktiv waren. 1919 kam es zu einigen Skandalen um die ‚rote' Bruderschaft: Bei einer Madonnenprozession defilierte die Linke mit roten Fahnen, die Musikkapelle spielte abwechselnd katholische Hymnen und Arbeitermärsche, abends sprach ein eigens aus Neapel angereister sozialistischer Politiker *in piazza*. Es wurden ‚rote Begräbnisse' durchgeführt, an denen zwar die Bruderschaftler in ihren Kutten, aber keine Priester teilnahmen. Dieser Eingriff in die elementarsten Vorrechte des Klerus wurden mit einer Kette von kirchlichen Verfahren und Aufhebungsdrohungen gegen die Bruderschaft geahndet. Immer aggressiver machte die weiterhin als religiöser Bund zu verstehende Organisation den Klerikern die Spendeneinnahmen aus dem Kult der Madonna streitig, was damals parallel auch beim Kult des Stadtpatrons San Donato geschah – hier agierte ein von Sozialisten durchsetztes Festkomitee.

Um 1921, noch vor dem Machtantritt Mussolinis, war die Bruderschaft dann plötzlich befriedet, ihre Positionen wurden mit konservativen und kirchenfreundlicheren Ripacandidesi besetzt. Nun kam es zwar nicht mehr zu ‚roten Begräbnissen' und dergleichen. Die Streitigkeiten um die Autonomierechte der Bruderschaft rissen jedoch nicht ab. 1926 wurde ein weiteres Verfahren wegen eines ‚Begräbnisses ohne Priester' geführt und jedes Jahr stritt man heftig um die Verteilung der den Heiligen gemachten Spendengelder. 1929 kam es zu einem formalen ‚Unterwerfungsakt' der Bruderschaft vor dem Bischof von Melfi, eine Versöhnungsmesse wurde veranstaltet, bei der eine Entschuldigung der Bruderschaft verlesen wurde. Im Machtspiel zwischen dem *podestà* (dem faschistischen Ortsvorsteher) und der Kirche war die Bruderschaft zeitweilig unterlegen. Über die Verteilung der immer umfangreicher werdenden Geldspenden wurde ein feierliches ‚Konkordat' zwischen Gemeindeverwaltung und Klerus geschlossen, in dem die Interessen der Bruderschaften nicht berücksichtigt sind. Bereits in den späten dreißiger Jahren tat sich aber einer der alten sozialistischen Bruderschaftler – übrigens sehr wahrscheinlich schon Gründungsmitglied der Vereinigung in den USA – wieder als Organisator des immer üppiger gefeierten Madonnenfestes hervor.

Unmittelbar nach der Befreiung vom Faschismus muß dieser Mann die Bruderschaft zusammen mit zahlreichen Mitgliedern der kommunistischen und sozialistischen Parteien neu gegründet haben. Wieder hatte sich die nationale politische Situation gewendet – die Linksparteien regierten in der Koalition des Widerstandes mit – und wieder dominierte die Linke mit Eifer die Bruderschaft, so als handele es sich hierbei um einen wichtigen politischen Besitzstand, um ein Ministerium, eine Kooperative oder eine Stadtverwaltung – oder um die Ländereien, welche die Bauernbewegung den Grundbesitzern und der Kirche durch Besetzung zu entziehen versuchte. Der Kult der Territorialpatrone San Donato und *Madonna del Carmelo* wurde zum Schauplatz symbolischer Kämpfe um die politische Macht im Ort. Die Kulte etablierten sich dabei als dritte Kraft zwischen Gemeindeverwaltung und Klerus. Diese dritte Kraft bot sich politischen Gruppen als Propagandaforum und Menschenreservoir an. Aber wie die wechselvolle Geschichte der Bruderschaft zeigt, entzog die dritte Kraft sich letztlich auch den weltlichen und kirchlichen Ansprüchen, um Männer in der Feier eines aufwendigen Marienfestes zu vereinen.

Nur mit Hilfe von Unvereinbarkeitsentschlüssen, Ausschlußverfahren und Neugründungen konnten sich im Laufe der fünfziger Jahre die christdemokratische Partei und die Kirche der linken Katholiken entledigen, die wiederum seitens der zunehmend dogmatischer agierenden kommunistischen Partei keine Unterstützung erfuhren. Dieser Machtkampf hat anscheinend die Bruderschaft personell sehr geschwächt, zum Schluß war in den Protokollen nur noch von zwanzig bis dreißig Mitgliedern die Rede. Gegen Ende der fünfziger Jahre starb die *Confratèrnita della Madonna del Carmelo* aus, wohl weil das einsetzende Wirtschaftswunder, die damit verbundene Massenemigration und die forcierte Modernisierung ihr die personelle und ideologische Grundlage entzogen. Die katholische Kirche tat ihr übriges, indem sie im Rahmen des II. Vatikanischen Konzils die ‚Äußerlichkeit' der Bruderschaften kritisierte und ihnen die Sonderstellung im Kirchenrecht entzog. Vor Ort, in Ripacandida traten unter anderem christdemokratisch und kommunistisch orientierte Bauernverbände die Nachfolge der Bruderschaft an. Allerdings konnten sie nie eine so breite und aktive Anhängerschaft finden wie die Bruderschaft. Eine über fünfzigjährige Tradition der Vermischung von politischem und religiösem Handeln im Zeichen eines marianischen Männerbundes war – zumindest scheinbar – beendet. Nun erinnerten sich nur noch einige alte Bauern wehmütig an die ‚gute Zeit' der Bruderschaften, als konservative und revolutionäre Bauern gemeinsam – wenn auch in interne Konkurrenz verstrickt – eigensinnige Formen lokaler Gegenmacht in den von Staat und Kirche verordneten Weg zur Moderne stellten.

Symbolisches Kapital

Als ich 1982 bis 1984 in Ripacandida lebte, wußte ich zunächst von dieser bewegten Vorgeschichte des lokalen Marienkultes nichts. Erst mit der Zeit lernte ich erkennen, daß sich manche Formen religiösen Verhaltens im Ort noch auf die ‚gute Zeit' der Marienbruderschaft bezogen und dabei allerdings erhebliche Umdeutungen und äußere Veränderungen durchgemacht hatten. Im Frühjahr werden in Ripacandida bei einer Prozession „die Heiligen versteigert" (Hauschild 1989: 183ff.). Das heißt, bei einer mühsamen Prozession den Berg hinauf in Richtung *piazza* werden ihre Statuen mehrfach auf Tischen abgestellt und dann versteigert man das Recht, die ‚Arme', die Tragbahren dieser Heiligen bei den kommenden Prozessionen des Jahres zu tragen. Der oder die Meistbietende erhält das Recht auf einen bestimmten ‚Arm' (am teuersten ist die vordere rechte Tragstange). Die *Madonna del Carmelo* erzielte in den Jahren meiner Feldforschung bei diesen Versteigerungen nach San Donato die höchsten Einnahmen. Ihre künftigen Träger/innen erhalten als Zeichen des Amtes die kaffeebraunen Kutten der früheren Bruderschaft, die sie dann bei den Prozessionen tragen. So kommt es zu der eigenartigen Tatsache, daß in Ripacandida heute Frauen im Kostüm der Bruderschaftler zu sehen sind. Bei den Träger/innen handelt es sich fast immer um Personen, die der Madonna eine ganz besondere

Heute können sogar Frauen bei den Versteigerungen vor der Prozession der Madonna del Carmelo die Berechtigung erwerben, die Statue zu tragen: Stolz präsentieren sie sich dann in der Kutte der früher für die Prozession zuständigen Bruderschaft. Seit der Auflösung dieser Bruderschaft gibt es jedes Jahr Streit um die Spenden für die Madonna, die sowohl von der Kirche, als auch der Stadtverwaltung und von dem Festkomitee der Prozession beansprucht werden. Foto: T. Hauschild, Köln.

Gnade verdanken: Errettung aus einer schweren Krankheit, das Überleben von Unfällen, Glück im Berufs- und Familienleben, eine erfolgreich überstandene Emigrationsphase oder ähnliches.

Dabei betonen die Träger/innen, daß sie mit dem ‚Arm' nicht die Heiligen zu kaufen meinen. Sie fühlen sich bei den Heiligen in der Schuld und konkurrieren darum, ihnen einen Liebesdienst erweisen zu können. Selbst wo das religiöse Handeln den Gepflogenheiten der Warenwirtschaft sehr nahe zu kommen scheint, wird es von den Informanten scharf davon abgegrenzt und einem anderen Bereich zugewiesen, in dem symbolisches Kapital, Erwählung und Abgrenzung (zum Beispiel der Geschlechter) mehr bedeuten als käufliche Waren.

Was im Falle der Bruderschaft eine kollektive Verehrung war, die eine Reihe von weiteren kollektiven, politischen Handlungsabläufen anzog, ist hier allerdings fast völlig zu einem individuellen Vorgang geworden: *ex voto*, aus Erwählung geloben sich die *devoti* (Anhänger) einem oder einer Heiligen an und demonstrieren der Öffentlichkeit ihre Sonderstellung. Dazu brauchen sie allerdings noch einmal die von der Bruderschaft eingesetzte Uniform, die sie im übrigen untereinander – als Gruppe der Träger/innen, als Nachfolger der Bruderschaft – zu nichts weiter verpflichtet.

Im Herbst, meist am ersten Septemberwochenende, treffen sich die Träger/innen dann wieder zur Prozession beim großen Fest der *Madonna del Carmelo*. Dem ist im August das von Tausenden von Pilgern und zahlreichen zurückreisenden Emigranten besuchte Donatusfest vorausgegangen. Dieses Fest bringt dem Festkomitee und dem Klerus ein Spendenaufkommen von umgerechnet bald 100000 Deutsche Mark. Das von der Spendenausstattung her wesentlich bescheidenere Madonnenfest wird aber ebenfalls sehr aufwendig gefeiert: mit Musikkapellen, abendlichen Auftritten von Orchestern und Popgruppen und einem großen Feuerwerk. Das Defizit des Madonnenfestes wird mit dem Haben aus der Bilanz des heiligen Donato finanziert. Traditionelle Formen der Verschwendung im Zeichen der Heiligen und der Herausbildung von Gemeinschaftsgefühl werden über die vor allem von den Emigranten erlebte Welt der Berechnung und des Geizes gestellt. Viele Ripacandidesi sagen, daß das Madonnenfest die Feier der „eigentlichen Ripacandidesi" sei, der Daheimgebliebenen, während das Fest des Ortspatrons San Donato auf die *turisti* (Pilger, Emigranten) orientiert sei. Das Madonnenfest gilt als „intimer", „schöner", „feierlicher". Was also am Beginn des Jahrhunderts massiv durch die religiösen Aktivitäten der Emigranten verstärkt wurde, ist nun in sein Gegenteil verkehrt. Die Liste der Umkehrungen läßt sich fortsetzen: Wo einmal die langfristig angelegten, auf Geschlechtertrennung basierenden Beziehungen der klientelär, politisch oder durch Patenschaftsriten verbundenen Männer dominierten, kann heute eine einzelne Frau hingehen und sich den ‚Arm' der Statue ersteigern. Wo einst die Feste einzelner Heiliger von ihren hart gegeneinander abgeschotteten Bruderschaften veranstaltet wurden, ist heute ein für alle Heiligenfeste des Orts zuständiges Festkomitee aktiv, in dem sich die Nachwuchspolitiker aller Parteien tummeln können und auch Frauen „herzlich willkommen" sind – freilich kommen sie dieser Aufforderung recht selten nach. Die gewissermaßen noch feudale Welt der Geschlechtertrennung und der religiös legitimierten, personenbezogenen Politik hat dem Wohlfahrtsstaat und seinem Individualismus Platz gemacht und damit auch in einem ge-

Erst 1908 wurde im süditalienischen Ripacandida die Bruderschaft um die Madonna del Carmelo gegründet. Mitglieder waren vor allem die von der politischen Linken geprägten Bauern und Tagelöhner. Dementsprechend waren die Beziehungen zwischen der Bruderschaft und der Kirche nicht ungetrübt. Heute ist an die Stelle der Bruderschaft ein Festkomitee getreten, das die Umzüge der Statue der Madonna organisiert. Foto: T. Hauschild, Köln.

wissen Grade der Warenwirtschaft. Die Kutte der Bruderschaftler ist als Sinnbild dieses Wandels zu betrachten: War sie einstmals das Unterscheidungsmerkmal einer deutlich nach außen hin abgegrenzten männlichen Körperschaft, so ist sie heute grundsätzlich für jedermann und jede Frau zeitweise erwerbbar.

Bruchstücke der früher von der Marienbruderschaft gebündelten Symbolik blieben mit gewandelter Funktion erhalten, wobei noch nicht der letzte Schritt in die moderne Welt der freien Verträge und der völligen Käuflichkeit gemacht wurde. Der britische Sozialanthropologe Meyer Fortes (1970: 220) vertritt die Ansicht, daß die Möglichkeit einer solchen Neukombinierung kultureller Formen auch im großen besteht, und daß dieser Prozeß die eigentlichen Unterschiede zwischen Gesellschaften ausmacht. Jede Gesellschaft kombiniert dieselben Themen, dieselben sozialen Domänen (Religion, Politik, Wirtschaft, Sozialstruktur, Recht, Verwandtschaft) auf ihre Weise. Übernehmen einzelne Menschen in den verschiedenen Domänen eine Vielzahl von Rollen, überschneiden sich die Aktivitäten in den Domänen sehr stark, so ist der Idealtypus der traditionellen Gesellschaft angestrebt, in der der Erstgeborene einer Abstammungsgruppe auch deren Priester, Kriegsführer und Wissensbewahrer sein kann. Werden die Rollen und Domänen stärker auseinandergehalten, so ist eine moderne, individualistische Gesellschaft angestrebt, in der selbst noch innerhalb der politischen Domäne ‚Ämterhäufung' vermieden werden soll. Die Gesellschaft, welche den Männerbund der Marienanbeter hervorbrachte, scheint sich irgendwo auf halbem Wege zwischen beiden Polen zu bewegt zu haben,

denn in der Bruderschaft wurden religiöse und politische Aussagen, geschlechtsspezifisches, verwandtschaftliches, klienteläres und frommes Handeln in manchmal undurchsichtiger aber offensichtlich doch sehr wirksamer Weise zu einem sozial wertvollen symbolischen Kapital verschmolzen, das zwischen verschiedenen Interessengruppen heftig umstritten war.

Von diesem Kapital zehren nicht nur die oben geschilderten Brauchtumsformen, sondern auch Menschen, die bis heute in Ripacandida das Wissen über die Bruderschaften kultivieren und damit sich und ihren Freunden den Weg zu einer Reaktivierung offenhalten – so wie dies übrigens auch in Mitteleuropa ständig geschieht, denken wir nur an die regelmäßigen *revivals* scheinbar oder wirklich traditioneller, altmodischer Formen von Kleidung, Religion, Musik und politischer Rhetorik.

Ich erwähnte bereits, daß manche alte Überlebende der Bruderschaften nostalgisch von der ‚guten Zeit' sprachen, in der ihre Organisationen als dritte Kraft zwischen Gemeindeverwaltung und Klerus agieren konnten. In dieser Hinsicht war Peppino Senise mein interessantester Informant. Der fünfzigjährige Besitzer eines kleinen Cafés war als sehr junger Mann Mitglied der Marienbruderschaft gewesen und hatte von seinem Vater das Amt des ehrenamtlichen Küsters der von der Bruderschaft verwalteten Marienkapelle übernommen. In einem Nebenraum der Kapelle bewahrte er die Kutten und die Protokollbücher der Bruderschaft auf. Alle Versuche des Priesters, diese Dinge in seinen Besitz zu bringen, waren am hartnäckigen Widerstand Senises gescheitert, der darauf bestand, daß die Bruderschaft formell nicht aufgehoben und somit jederzeit reaktivierbar sei. Meine Fragen zur Geschichte der Bruderschaft begeisterten ihn, er enthüllte mir Pläne zur Reaktivierung der Vereinigung im Rahmen einer modernen katholischen Laienbewegung. In seinem Café sammelte er Freunde um sich und drohte gelegentlich, daß er „zur Not auch eine evangelische Bruderschaft" gründen würde, um dem Priester Kontra zu geben und seinen alten Verbindungen neue Geltung zu verschaffen.

Beim kritischen Akt der Verteilung von Spendengeldern, die den Heiligen bei der Prozession zugedacht worden waren, erschien Senise regelmäßig, um dem Festkomitee die der *Madonna del Carmelo* gemachten Spenden abzutrotzen. Diese Gelder verwendete er dann für Restaurationsarbeiten in der Marienkapelle. Einmal beobachtete ich, wie er bei einer heftigen Auseinandersetzung mit dem Komiteevorsitzenden brüllte: „Ich bin ewig, ich dauere bis in die Ewigkeit, ich kann das mit Dokumenten beweisen." Er meinte nicht sich als natürliche Person, von deren Sterblichkeit er ebenso überzeugt war wie die anderen Ripacandidesi auch. Er meinte das durch ihn vertretene symbolische Kapital der Bruderschaft. So besehen existieren in Ripacandida mindestens zwei unterschiedliche Ordnungen, die ein Ethnologe einmal als die „offizielle" und „reale" Welt des Mezzogiorno bezeichnet hat (Galt 1974): die ‚offizielle' Ordnung tendiert dazu, die Menschen zu Individuen zu machen, die in freigewählten sozialen Beziehungen gleichberechtigt nebeneinander existieren und zumindest scheinbar gleichberechtigten Zugang zu allen Gütern und *favori* haben. Die ‚*reale*', die wirksamere Ordnung ist die der durch Gefälligkeiten einander verpflichteten Freunde, der lokalen Interessen, der ‚Klüngel'. Es verwundert in diesem Zusammenhang nicht, daß Bauern, die mit der Waren- und Geldwirtschaft konfrontiert werden, diese zunächst leicht als Teufelswerk interpretieren und sich der modernen Welt durch religiöse Symbolik zu entziehen versuchen (Le Goff 1988; Taussig 1980). Ein Ausdruck dieser traditionellen Realität ist der Kult des *favori* an seine Anhänger austeilenden, übermächtig seine Klienten betreuenden Heiligen. Die ‚reale' Ordnung tendiert zur Überschneidung wirtschaftlicher, politischer, verwandtschaftlicher Domänen, und sie hat in der Traditionsrhetorik der älteren Bewohner Ripacandidas durch alle Modernisierungen hindurch ein symbolisches Kapital der Gruppenbildung und Selbstdarstellung bewahrt: die altmodische Symbolik der religiösen Männerbünde, mit deren Hilfe sich bei entsprechenden Krisen der Moderne und der mit ihr verbundenen Warenwirtschaft jederzeit wieder eigensinnige lokale Machtstrukturen konstruieren und rechtfertigen lassen würden.

Die rituellen Männerbünde von Puente Genil in der Provinz Córdoba in Spanien

Fuensanta Plata García

In Puente Genil, einer Kleinstadt in der südspanischen Provinz Córdoba, wird das Leben der Männer durch Zugehörigkeit zu einem der ‚Biblischen Bünde' geprägt, deren Funktion die Begleitung der Osterprozessionen in der Verkleidung biblischer und anderer Gestalten ist.[1] Neben dieser öffentlichen Funktion spielt sich im ‚Quartier' eines jeden Bundes ein intensives rituelles Gemeinschaftsleben ab, zu dem den Frauen der Zutritt streng verboten ist.*

* Siehe dazu auch Farbseiten XII und XIII.

Neben den in Spanien weit verbreiteten *cofradías*, den religiösen Bruderschaften, die sich dem Kult einer Heiligen oder eines Heiligen widmen, gibt es in dem als *Campiña* bekannten Flachland der Provinz Córdoba zahlreiche andere religiöse Männerbünde. Ihnen allen ist gemeinsam, daß sie im Rahmen der kirchlichen Feste, vor allem der *Semana Santa,* der Osterwoche, eine öffentliche Rolle spielen, daneben aber ein reiches und komplexes soziales Leben führen. Die Landstädte Puente Genil, Lucena, Moriles und Baena treten mit jeweils anders ausgeprägten Bünden besonders hervor.

Puente Genil liegt im Süden der Provinz Córdoba und ist einer der wenigen Orte der *Campiña,* der einen beträchtlichen Grad der Industrialisierung erreicht hat, vor allem im Vergleich mit den benachbarten Ortschaften. Der sonst in der ganzen *Campiña* vorherrschende Großgrundbesitz, die Konzentration des Bodens in nur wenigen Händen, ist im verhältnismäßig kleinen Gemeindegebiet von Puente Genil nur wenig ausgeprägt; hier herrscht landwirtschaftlicher Klein- und Mittelbesitz vor.

Die rund 30000 Einwohner des Ortes Puente Genil selbst leben von einer einigermaßen diversifizierten Wirtschaft, nämlich Landwirtschaft, Industrie – in erster Linie Lebensmittelindustrie – und Dienstleistungen, denn Puente Genil ist ein wichtiges Subzentrum der Region, vor allem für den Handel.

Die *corporaciones bíblicas* und ihre Geschichte

Die rituellen Männerbünde von Puente Genil werden von den insgesamt 43 *corporaciones bíblicas* gebildet, von Vereinigungen von Männern, deren primäre und ausdrückliche Funktion die Begleitung der Osterprozessionen in der Verkleidung von verschiedenen ‚Figuren' ist. Es sind dies Personen des Alten und Neuen Testamentes sowie symbolische und apokryphe Gestalten. Die interessantesten Aspekte dieser Gruppen finden sich jedoch im Rahmen des internen Rituals, das in bestimmten, abgeschlossenen Räumlichkeiten bei der von allen gepflegten Geselligkeit und Tischgemeinschaft stattfindet.

Die sogenannten *cuarteles* (Quartiere), Häuser, in denen sich die Gruppen treffen, gehören entweder den Bünden oder werden für den Zeitraum der Feierlichkeiten gemietet und bestehen aus Speisesaal, Küche, Innenhof, Empfangsraum für Gäste und Toiletten.

Der Ursprung der *corporaciones bíblicas* liegt kaum mehr als ein Jahrhundert zurück. Die ältesten erhaltenen Statuten, die der ‚Propheten', sind von 1886, obwohl bekannt ist, daß es schon vorher Anträge zum Stellen von ‚Figuren' gegeben hat. Diese wurden von einigen Männern, meistens waren es drei, unterschrieben. Wahrscheinlich war dies der Ursprung der heutigen Bünde.

So ist die Tradition der Figuren von Puente Genil, wie auch in der ganzen *Campiña,* wesentlich älter; schätzungsweise Mitte des 17. Jahrhunderts erfaßte das Urkundenbuch der Laienbruderschaft des ‚Jesus von Nazareth' das Vorhandensein von Sibyllen, Aposteln und Evangelisten etc., mit denen die Bruder-

Prozession am Karfreitagsabend (1989). Der ‚Teufel' und der ‚Tod' vom Bund ‚Die Apostel'. Der Bund ‚Die Apostel' umfaßt folgende Figurengruppen: Aus dem Alten Testament ‚Adam und Eva', aus dem Neuen Testament ‚Die Jünger' und ‚Die Heiligen Männer' (Nikodemus und Joseph von Arimathia), sowie schwarz gekleidete ‚picoruchos', die durch unordentliche Kleidung, ungehöriges Betragen und mißtönende Musik ausdrücken, daß sie die Semana Santa eigentlich nichts angeht. Zu ihnen gehören auch der ‚Tod' und der ‚Teufel', die von Christus überwunden wurden. Foto: F. Plata García.

schaft bei den Prozessionen zusammen mit den Statuen der Patronatsheiligen teilnahm. Ende des Jahrhunderts berichten die gleichen Akten von den Imbissen, die von den Bruderschaften Fremden und Notleidenden am Morgen des Karfreitags angeboten wurden. Dieses stellt den Vorläufer der heutigen Gastfreundschaft dar, mit der die puentischen Bruderschaften die Besucher in ihre Quartiere aufnehmen, in denen es niemals an Kaffee oder heißer Schokolade zusammen mit dem *jeringos* genannten Gebäck, Teilchen oder Toasten, mangelt, soll man doch gestärkt den kommenden anstrengenden Tag angehen …

Während des 20. Jahrhunderts stieg die Anzahl der Bruderschaften enorm an: Im ersten Drittel existierten etwa zwanzig Gruppen, deren Anzahl zu den verschiedenen Zeiten schwankte. Der Bürgerkrieg bewirkte einen starken Rückgang der Vereinigungen, die sich in den fünfziger Jahren nach und nach wieder erholten. Die folgenden Jahrzehnte waren, wie in ganz Andalusien, durch massive Auswanderungen gekennzeichnet, was sich auf Grund der stärkeren Industrieansiedlung nicht so heftig in Puente Genil auswirkte. Dennoch verursachte die Auswanderung eine erneute Krisenperiode bei den Bünden und Bruderschaften.

Ende der siebziger Jahre, vor etwa zehn Jahren also, begann die Anzahl der puentischen Bünde, so wie bei fast allen ähnlichen Gruppierungen in Andalusien, auf das Doppelte der einstigen Zahl zu steigen. Inzwischen hat die ‚*Agrupación de Cofradías y Corporaciones Bíblicas*', die Dachorganisation der Bruderschaften und Bünde von Puente Genil, strikte Regeln erlassen, welche die Entstehung neuer Gruppen bis auf Ausnahmefälle praktisch unmöglich machen. Ziel ist die Konsolidierung der bereits bestehenden Bünde und Bruderschaften.

Zur Zeit zählt man 43 puentische Bünde; zusätzlich existieren im Ort zwanzig Bruderschaften für die Osterwoche. Beide Typen der Vereinigung stehen in enger Verbindung, bewahren aber gleichzeitig eine starke Unabhängigkeit. Dieses Phänomen bildet sich allerdings erst zunehmend heraus und ist nicht zuletzt auf das Reglement des Dachverbandes zur Stabilisierung der Bruderschaften – die in hohem Maße vernachlässigt worden waren – zurückzuführen. Dadurch ist es üblich geworden, daß Mitglieder der *corporaciones* entweder als persönliches Mitglied einer Bruderschaft angehören, oder weil dies in ihrer *corporación* die Norm ist oder weil sie auf diesem Weg einen eigenen Bund bilden wollen.

Folglich gibt es den Fall von Bünden, die bei der Prozession eine Heiligenstatue tragen und der Motor einer *cofradía* sind; solche, deren Mitglieder als *hermanos de luz* (Brüder des Lichts) zu einer bestimmten *cofradía* gehören und sie in spitzmütziger Verkleidung als Nazarener begleiten sowie andere, die als Gruppe mit keiner *cofradía* verbunden sind, sondern deren Mitglieder als Einzelperson einer Bruderschaft angehören.

Neben den Bünden gibt es zahlreiche weitere Gruppen junger Männer, die nicht in den Dachverband, die *Agrupación de Cofradías y Corporaciones Bíblicas*, integriert sind, aber als Gruppen von Spitzmützigen potentielle Bünde darstellen. Sie planen, später eigene ‚Figuren' darzustellen, müssen aber mindestens fünf Jahre als Brüder einer *cofradía* angehört haben, bevor sie mit allen Rechten als *corporación bíblica* von den zuständigen Autoritäten, dem Rat des Dachverbandes, anerkannt werden.

Die folgenden dreiundvierzig *corporaciones* sind mit vollen Rechten anerkannt: Die Verklärung Christi; Die Bundeslade; Die Arche Noah; Die Babylonier; Die Sieben Machabäischen Brüder; Die Geschichte von Tobias; Der Ewige Jude und Ismael; Die Wunder Jesu; Die Lindernden; Das Pentateuch; Die Prophezeiungen Jesu; Die vier letzten Dinge der Seele; Die Judäischen Sekten; Die Kräfte der Seele; Das Römische Prätoriat; Das Reich Es-

Gründonnerstagsprozession 1989 in Puente Genil. Mitglieder der ‚Tabakfarbenen Truppe', der Musiktruppe des Bundes ‚Römisches Imperium'. Die verschiedenen ‚Truppen' oder Untergruppen des ‚Römischen Imperiums' werden nach den Farben ihrer Kostüme unterschieden. Foto: F. Plata García.

thers; Die Auferweckung des Lazarus; Der Alte Pelikan; Die Apostel; Die Gefesselten; Die Enthauptung des Heiligen Johannes des Täufers; Die Altarkerze und die Sünden Davids[2]; Der Tempel und die Gaben; Die Judäischen Autoritäten; Die Schlagenden Juden; Das Salomonische Urteil und die Drei Marien[2]; Die Leviten und die Gepanzerten; Die Worte Jesu; Die Gefangennahme Jesu; Die Propheten; Die Samariter; Die Falschen Zeugen; Die Haupttugenden und Sibylle von Cumae; Die Moralischen Tugenden; Die Theologischen Tugenden und die Richter Israels; Die Evangelisten; Die Befreier Israels[3]; Das Römische Imperium; Die Zerstörung Sodoms; Die Könige von Israel und Judäa, sowie Die Klagen des Verfolgten Gerechten (sie hat sich jüngst formiert, aber noch an keiner Prozession teilgenommen).

Die Zahl der Mitglieder jeder einzelnen Gruppierung reicht von fünf bis fünfzig Personen, ausgenommen ‚Das Römische Imperium', welches mehr als hundertfünfzig zählt. Es bestehen verschiedene Formen der Mitgliedschaft: aktive Mitglieder, mit allen Rechten und Pflichten; auswärtige Mitglieder, ihnen werden gewisse Beiträge erlassen, wie auch die Teilnahmepflicht an Treffen, da sie außerhalb von Puente Genil leben; Veteranen bzw. die ältesten Mitglieder eines Bundes, diese besitzen in einigen Gruppierungen ein entscheidendes Stimmrecht, welches, wie das der Präsidenten, bei Gleichstand einer Abstimmung den Ausschlag gibt; passive Mitglieder, diese sind meistens ältere Mitglieder, die aufgrund des hohen Alters nicht mehr am ganzen Ritual der Gruppe teilnehmen können. Sie nehmen nur auf Wunsch an den Aktivitäten teil, so zum Beispiel bei bestimmten Festessen, bei der Darstellung bestimmter Figuren, die sie immer bekleidet haben, etc. Diesen Status besitzen auch einige Personen, die aus finanziellen oder anderen Umständen für unbestimmte Zeit nicht an den Aktivitäten teilnehmen können, aber dennoch der Gruppe verbunden bleiben möchten.

Das Durchschnittsalter der Mitglieder variiert von Gruppe zu Gruppe; einige charakterisieren sich durch einen hohen Anteil Jugendlicher, andere durch eine Mehrzahl von Älteren, bei manchen sind alle Altersklassen vertreten.

Es ist ungewöhnlich, daß nahe Familienangehörige der gleichen Gruppierung angehören. So ist es beispielsweise nicht üblich, daß Brüder oder Väter und Söhne Mitglieder des gleichen Bundes sind; andererseits gehören Verschwägerte häufig dem gleichen Bund an.

Frauen dürfen nicht den Bünden beitreten. Gegenwärtig wird jedoch ihre Aufnahme in die *cofradías* diskutiert.

Die soziale Zusammensetzung der Mitglieder kann sehr unterschiedlich sein, obwohl es Bünde gibt, die sehr von der Ideologie oder dem sozialen Status der Mitglieder geprägt sind.

Fast alle Bünde besitzen einen Numerus Clausus, da es sich um geschlossene Gesellschaften handelt, bei denen die Eintritte von den Austritten abhängig sind. In Ausnahmefällen kann die Quote erhöht werden, um der einen oder anderen Person die Mitgliedschaft zu ermöglichen. Öfters allerdings hat dies den Zweck, Bünde mit überwiegend älteren Mitgliedern mit Nachwuchs zu versorgen, wenn das Überleben der Gruppierung gefährdet ist.

Der Zugang zu diesen Gruppen geschieht in der Regel nicht auf patrilinearem Wege, obwohl das Ausscheiden des Vaters häufig durch die Nachfolge des Sohnes kompensiert wird, für den dies eine Ehre bedeutet, auch wenn er seine eigene Gruppe dafür verlassen muß. Die meisten Puentaner fühlen sich durch Freundschaftsbande mit ihrem Bund verbunden, die in der Kindheit auf der Straße, in der Schule oder in Cliquen entstanden sind. Familiäre Bande oder Beziehungen am Arbeitsplatz werden selten als Grund für den Eintritt in einen bestimmten Bund angegeben.

Statuten, internes Reglement und Finanzierung

Die Bünde werden durch ein internes Reglement regiert, das streng befolgt und durchgesetzt wird. Die Statuten dienen im allgemeinen nur der Legalisierung des Bundes, früher beim Innenministerium, heute bei der *Junta de Andalucía,* sind aber darüber hinaus üblicherweise mit dem authentischen Reglement übereinstimmend. Einige Gruppierungen haben niemals irgendeine Art von Regeln besessen und lassen sich durch die ‚Gewohnheit' leiten. Es gibt auch eine große Anzahl von Gruppen, die durch keine kompetente Institution anerkannt sind (Kirche, Regierung, *Junta de Andalucía)* und behaupten, niemals diese Voraussetzung nötig gehabt zu haben, die sowieso nur Nachteile berge...

Die Leitung der Bünde wird jedes Jahr neu gewählt. Es werden geheime Wahlen abgehalten. Normalerweise wird nur der Präsident gewählt; dieser ernennt dann seine Mannschaft, die aus dem Vizepräsidenten, dem Schatzmeister, dem Sekretär, dem Kellermeister, einem Beauftragten für die ‚Figuren' und anderen besteht. In einige Ämter, wie Präsident und Vizepräsident, darf die gleiche Person nur zweimal wiedergewählt werden, während andere, wie zum Beispiel das des Sekretärs, auch lebenslang eingenommen werden können. Normalerweise ist es aber üblich und erwünscht, daß diese Ämter rotierend an die Mitglieder vergeben werden, da, wenn jeder einmal an der organisatorischen Arbeit teilnimmt, der Respekt gegenüber der Leitung und damit Zufriedenheit und ein Minimum an Gruppenkonflikten gefördert werden.

Seit jeher sind die Mittel, um Disziplin zu wahren, Geldstrafen, die eher symbolischer Natur sind, die aber die Wirkung haben, daß der Bestrafte vor der Gruppe wegen des begangenen Vergehens gekennzeichnet wird. Diese reichen von einer Verspätung oder unentschuldigten Abwesenheit bis zum Betreten des Quartiers in Begleitung von Frauen an unerlaubten Tagen, Stunden oder in verbotene Bereiche. Die schlimmsten Vergehen werden mit Ausschluß bestraft. Allerdings hat kaum eine Gruppierung diese Strafe anwenden müssen, die etwa wegen Handgreiflichkeiten oder ernsthaft mangelndem Respekt gegenüber Personen, Institutionen oder gar gegenüber dem Bunde oder seinen Symbolen auferlegt wird.

Die finanziellen Mittel werden durch die jährlichen Beiträge der Mitglieder aufgebracht, die zwischen 10500 und 100000 Peseten liegen. Obwohl die Gruppierungen nach Aussagen der Vorstandsmitglieder eher niedrige als zu hohe Beiträge erheben, wobei sie versuchen, sich eher nach den niedrigeren denn den höchsten Einkommen ihrer Mitglieder zu richten und auch Zahlungserleichterungen gewährt werden, können gerade die finanziellen Möglichkeiten ein Handicap beim Eintritt in einen Bund darstellen.

Andere Einkünfte der *corporaciones* stammen aus den Eintrittsgeldern, die neue Mitglieder zur Erlangung der vollen Mitgliedsrechte zahlen müssen. Die Aufnahmegebühr kann rein symbolischen oder realen Wert haben und zuweilen die Funktion eines wirtschaftlichen Selek-

Speisesaal im Quartier des Bundes ‚Die Autoritäten von Judäa', der als der Synedrium bezeichnet wird. Der große Eßtisch ist für eine der großen Essen gedeckt, an den Wänden hängen Fotografien verstorbener Mitglieder und von Angehörigen des Bundes, die als ‚Figuren' bei den Prozessionen aufgenommen wurden. Foto: F. Plata García.

tionsmechanismus erfüllen. Außerdem können die Bünde weitere Einkünfte erzielen, indem sie bei den Volksfesten Verkaufsstände betreiben oder Lotterien und Tombolas veranstalten.

Den größten Anteil der Ausgaben macht der Unterhalt der ‚Quartiere' und des gemeinschaftlichen Lebens, das sich in ihnen abspielt, aus: mehr als zwanzig Festessen pro Jahr, wobei die Qualität mit der eines guten Restaurants vergleichbar ist, dazu Bedienung, Reinigung, usw. Das bedeutet für die Bünde höheren sozio-ökonomischen Niveaus Ausgaben, die sich leicht auf drei Millionen Peseten beziffern lassen.

Der Jahreszyklus

Das Ritual der Bünde beginnt offiziell am Donnerstag vor Aschermittwoch und hat noch einen späten Höhepunkt am 3. Mai in der *Semana Santa Chiquita*, der ‚Kleinen Osterwoche' für die Kinder, den nur lokalen Feierlichkeiten, während der Umzüge veranstaltet werden, bei denen Kinder die ‚Figuren' darstellen und so in die Tradition eingeführt werden.

Am Donnerstag vor Aschermittwoch findet eine erste Zusammenkunft der Bünde mit eher informellem Charakter statt. In einigen Quartieren werden Feuerwerksraketen abgebrannt und die typischen *tapas*, Radieschen und Speck, gegessen.

Während der Fastenzeit trifft man jeden Samstag zusammen, ißt einige *tapas* und steigt dann gemeinsam zum Kalvarienberg hinauf. Dort trinken alle Gruppen zusammen mit dem ‚Römischen Imperium' Wein, ein Schlückchen Wein nur aus dem nicht weit entfernten Moriles, und man singt *saetas*. Nach dem Abstieg von der Kirche des Jesus von Nazareth auf dem Kalvarienberg wird in den Quartieren zu Abend gegessen und jeden Samstag ein Bein von der *Vieja Cuaresmera* entfernt. Die *Vieja Cuaresmera* ist die Holzfigur einer Frau mit sieben beweglichen Beinen, von denen jedes eine der sieben Wochen zwischen Septuagesima und Ostern symbolisiert, und die damit in Puente Genil einen einzigartigen Kalender darstellt.[4] Das Fest dauert bis zum Morgengrauen.

Am Freitag vor Palmsonntag wird ebenfalls eine Zusammenkunft mit entsprechendem Abendessen veranstaltet, um die Osterwoche vorzubereiten.

Am Samstag darauf, dem *Sábado de Guía*, wird der Kalvarienberg nicht bestiegen, weil die letzte Besteigung am Palmsonntag erfolgen soll, so wie es einst geschah. Aber es wird wieder in den Quartieren zu Abend gegessen. Die Gruppen mit ihrem *alpatana*, wie der angeheuerte Kellner genannt wird, nehmen an diesem Tag an der Prozession der *Virgen de la Guía*, ‚Jungfrau der Leitung', teil.[5] Während der Prozession singen sie an bestimmten traditionellen Plätzen *saetas*.

Am Palmsonntag wird ein Mittag- und Abendessen veranstaltet, man besteigt dann zum letzten Mal den Kalvarienberg. An den übrigen Wochentagen der Osterwoche, ausgenommen Montag und Dienstag, treffen sich die Gruppen, um an den vorgeschriebenen Essen teilzunehmen.

Beim Essen am Mittwochabend oder schon am Palmsonntag werden traditionell die ‚Figuren' ausgelost. Zettel mit den Namen der Mitglieder werden in einem Gefäß gesammelt, in einem anderen die Namen der ‚Figuren', ebenfalls die der verschiedenen Umzüge und Anlässe, an denen der Bund aktiv teilnimmt. Fast jede Gruppe unternimmt mit vier bis fünf Figuren sechs Auftritte pro Figur: einen bei der Prozession am Gründonnerstag, vier bei der Karfreitagsprozession, die aus verschiedenen Teilen besteht, und einen bei dem Umzug am Ostersonntag.

Die Wahlen der neuen Vorstandsmitglieder finden am Ostersonntag statt, so wie auch die Vorstellung neu aufzunehmender Mitglieder. Die Amtseinführung des neuen Vorstandes findet erst am 3. Mai statt, dem Beginn des neuen Geschäftsjahres, der gleichzeitig Start des neuen Jahreszyklus für die Gruppen ist.

Während des übrigen Jahres werden monatliche Treffen einberufen, zur Behandlung verschiedenster Themen. Dabei sind das Sommertreffen, Allerheiligen und Weihnachten den wichtigen Problemen vorbehalten, damit eine beschlußfähige Mindestzahl an Mitgliedern entscheiden kann.

Die Mitglieder der Bünde, die in Puente Genil leben, treffen sich jedoch üblicherweise wöchentlich aus informellem Anlaß, sei es im Quartier, in einer Bar oder draußen im Freien, um den inneren Zusammenhalt zu festigen. Bei diesen Anlässen ist die Teilnahme von Frauen und Kinder weder implizit noch explizit verboten, so daß die Mitglieder, insbesondere die jüngeren, von Freundinnen, Frauen und Kindern begleitet werden.

Angehörige des Bundes ‚Die Bundeslade' im Speisesaal ihres Quartiers. Sie tragen die bei offiziellen Zusammenkünften vorgeschriebenen schwarzen Übergewänder. In der Mitte der Wand hängt das in keinem Quartier fehlende Bild des Jesus von Nazareth, des Schutzpatrons von Puente Genil. Der Bund tagt derzeit in einem gemieteten Quartier und spart noch Geld für ein eigenes Haus. Foto: F. Plata García, 1988.

Die rituellen Bünde von Puente Genil haben auf lokaler Ebene eine außerordentliche soziale, aber auch wirtschaftliche Bedeutung. Irgendwie, und die Bewohner von Puente Genil betonen es in gleicher Weise, „dreht sich alles um die *corporaciones*". Es ist ungewöhnlich, daß ein Mann, der im Ort geboren ist oder dort wohnt, im Lauf seines Lebens nicht einer der Gruppen angehört, denn abgesehen von dem Sozialprestige, das die Zugehörigkeit verleiht, ist diese an sich ein quasi schon inhärenter Bestandteil des Lebens eines Mannes von Puente Genil, der gegenüber der Ortsgemeinschaft den Status des erwachsenen Mannes ausmacht.

Anmerkungen

* Der Aufsatz wurde aus dem Spanischen übersetzt von Vincenz Melches und Ursula Dyckerhoff.

1 Der Beitrag über die *corporaciones* von Puente Genil beruht auf Feldforschungen in der Campiña von Córdoba, die im Rahmen einer Doktorarbeit unter Leitung von Dr. Isidoro Moreno Navarro an der Abteilung für Sozialanthropologie und Soziologie der Universität Sevilla entsteht.

2 Zweigliedrige Namen wie dieser entstanden aus der Vereinigung von zwei ursprünglich getrennten Bünden.

3 Die *corporaciones* werden in Puente Genil zusätzlich mit volkstümlichen Namen bezeichnet, die oft keinen erkennbaren Bezug zu den offiziellen Namen haben, der hier in der Liste angegeben ist. So ist zum Beispiel der Bund ‚Die Befreier Israels' mehr als *espina* (Dorn) als unter seinem eigentlichen Namen bekannt; ein Dornenemblem ziert sowohl den Eingang zu seinem Quartier wie auch das Eßgeschirr und anderes.

4 Die *Vieja Cuaresmera* (die ‚Alte Fastenfrau') ist ursprünglich eine Gestalt, die schon in der mittelalterlichen Literatur Spaniens belegt ist und dort eine Gegenposition zur ‚Frau Sinnenlust' *(Carnalidad)* einnahm.

5 Die *Virgen de la Guía* (die ‚Jungfrau der Leitung' oder auch ‚Führung') ist eine nur in Puente Genil verehrte Heiligenstatue der Jungfrau Maria, deren Prozession am Samstag vor Palmsonntag die Karwoche einleitet und nach der dieser Samstag seinen Namen hat.

Bruderschaften im Judentum

Edward van Voolen

In der Zeit vor der bürgerlichen Gleichstellung hatten die jüdischen Gemeinden eine relativ große Autonomie. Als Folge ihrer teils erzwungenen, teils gewollten Ausgrenzung hatte die Gemeinde Verfügungsgewalt über alle Sparten des religiösen und gesellschaftlichen Lebens. Obwohl es auch schon früher Bruderschaften gegeben hat, entstanden organisierte Gruppierungen dieser Art zur Entlastung der Selbstverwaltung der Gemeinden doch erst im Gefolge des Bevölkerungszuwachses und der sozialen Differenzierung der jüdischen Gemeinschaft zwischen dem 16. und 18. Jahrhundert. Entsprechend den allgemeinen Grundsätzen des Judentums richten sich die Ziele der zahlreichen Bruderschaften auf das Studium der Thora, des Kultus und der Mildtätigkeit. Die heilige Bruderschaft schlechthin und mit Abstand auch die älteste ist die Beerdigungsgesellschaft, die bereits in den ersten Jahrhunderten nach der Zeitenwende erwähnt wird. Ihre Aufgabe leitet sich aus zwei Grundprinzipien her: erstens der Ehrfurcht vor dem Toten und zweitens, daß niemand aus der Beerdigung eines Toten Gewinn ziehen darf. Von den zahlreichen jüdischen Bruderschaften war die Beerdigungsgesellschaft die angesehenste.

Siehe dazu auch Farbseite VII.

Die durch den Geschlechtsunterschied bestimmten Rollenverteilungen innerhalb der Religionen, das Judentum nicht ausgeschlossen, haben als Folge der feministischen Bewegung stärkere Aufmerksamkeit auf sich gezogen. Selbst wenn man die anti-jüdischen Polemiken christlicher Theologen und die Rechtfertigung orthodoxer Juden außer acht läßt, bleibt doch die Tatsache, daß Frauen bis heute zum zentralen Ritual des klassischen Judentums – dem Lesen aus der Thora (die fünf Bücher Mosis) in der Synagoge und dem Studium der schriftlichen Lehre (die hebräische Bibel) samt den dazu ursprünglich mündlich überlieferten Kommentaren im Lehrhaus – keinen oder nur geringen Zugang haben.

Moderne Kritik am zweitrangigen Status der Frau im Judentum hebt den männlichen Charakter dieser Religion in ihrer klassischen Organisationsform hervor. Im institutionalisierten biblischen Judentum mit anfänglich dem Tabernakel und später dem Tempel als kultischem Zentrum spielen Priester und Leviten eine Hauptrolle. Im nachbiblischen Judentum haben die Männer Vortritt in der Synagoge. Nur sie können als Rabbiner, das heißt, als Lehrer oder Rechtsgelehrter, die schriftliche und mündliche Lehre interpretieren, da sie in den allein Männern zugänglichen Gelehrtenschulen unterrichtet wurden. Schließlich versehen allein Männer als Vorsteher die maßgeblichen Funktionen in einer jüdischen Gemeinschaft, wobei die allgemeine Gültigkeit der sich auf Bibel und Überlieferung gründenden Normen und Werte erst im 18. Jahrhundert aufgrund einer Anzahl innerer und äußerer Faktoren zur Diskussion gestellt wurde. Frauen sind innerhalb dieses Systems keineswegs machtlos und unbedeutend, doch bei den Männern liegt, wenn man von Ausnahmen und modernen Entwicklungen absieht, die Autorität und das Recht, Entscheidungen zu treffen und Gehorsam zu fordern. Die Zahl der Betenden, die zu einem vollgültigen Gottesdienst benötigt wird, besteht aus einem Minimum von zehn im religiösen Sinne erwachsenen (ab dreizehn Jahren) Männern. Frauen sind von den positiv gefaßten, an eine bestimmte Zeit gebundenen Geboten, wozu auch die Teilnahme am Gebetsdienst zählt, stets freigestellt. Kommen sie dennoch in die Synagoge, dann sind die Frauen von einem abgetrennten Platz aus mit gewissem Abstand Zeugen der Thoralesung. Von planmäßigen Studien der Frauen in Lehrhäusern kann keine Rede sein. Die Mütter unterrichten ihre Töchter höchstens in den Grundlagen. Weibliche Gelehrte sind historisch eine Kuriosität. Erst im letzten Jahrzehnt ist es namentlich in den liberalen und konservati-

Les ACAFOTH ou les sept tours, autour du CERCUEIL.

Von den zahlreichen jüdischen Bruderschaften waren die Beerdigungsgesellschaften seit jeher die angesehnsten. Ihre Aufgaben leiten sich von zwei jüdischen Grundprinzipien her: der Ehrfurcht vor dem Toten und der Auffassung, daß niemand durch eine Beerdigung einen materiellen Gewinn haben darf. Die Aufgaben der Mitglieder sind genau festgelegt, so auch das siebenmalige Umschreiten des Leichnams eines Rabbiners, der in einer Synagoge aufgebahrt ist. Kupferstich von B. Picart, 1723. Stich und Foto: Joods Historisch Museum Amsterdam.

ven Strömungen des Judentums und mit Einschränkung auch in der modernen Orthodoxie in dieser Hinsicht zu Veränderungen gekommen. Die heutigen religiösen und weltlichen Frauenorganisationen sind das Resultat der politischen Emanzipation der Juden in den letzten beiden Jahrhunderten.

Männervereinigungen

Um die Rolle der Männervereinigungen zu verstehen, muß man sich bewußt sein, daß die jüdische Gemeinschaft in der Zeit vor der bürgerlichen Gleichstellung im frühen 19. Jahrhundert eine relativ große Autonomie besaß. Im Prinzip hatte die jüdische Gemeinde (*kehilla*) Verfügungsgewalt über alle Sparten des täglichen religiösen und gesellschaftlichen Lebens. Dies spiegelt sich in der Gliederung des wichtigsten Rechtskodexes, dem Schulchan Aruch (die „wohlgeordnete Tafel"). Der erste Druck erschien 1565. Der Autor, Joseph Caro (1488–1575), ein spanischer Emigrant, der sich schließlich in Safed (Israel) niederließ, wollte den Problemen, die aus der Zerstreuung des spanisch-portugiesischen Judentums erwuchsen, durch eine neue Zusammenfassung der jüdischen Gesetze begegnen. Unter den zahlreichen Ergänzungen und Kommentaren sind die des polnischen Juden Moses Isserles (1525–1572) die wichtigsten, weil sie sich mit den abweichenden Gebräuchen der mittel- und osteuropäischen Juden befassen. Durch bündige Formulierung wurde der Schulchan Aruch des Caro und Isserles innerhalb der jüdischen Gemeinschaft maßgebend. Der erste Teil, Orach Chaim, behandelt die religiösen Vorschriften für jeden Tag und für die Feste im Hause und in der Synagoge. Der zweite Teil, Iore Dea, spricht über Speisen, Reinheitsgebote, Erziehung, Armenhilfe, Beschneidung, Krankheit und Tod, also auch über Erscheinungen, für die mildtätige Einrichtungen ins Leben gerufen werden mußten. Im Even haEser werden Heirats- und Scheidungsgesetze und im letzten Teil, Choschen haMischpat, bürgerliche und strafrechtliche Sachen behandelt. Damit war die Grundlage für die jüdische Gesellschaft gelegt. Nach der bürgerlichen Gleichstellung wurden nur noch religiöse Angelegenheiten durch die Juden geregelt, und zwar allein auf der Basis freiwilliger Mitgliedschaft.

Organisation der Bruderschaften

Aufgrund eines Systems von Steuern, Bußgeldern und freiwilligen Gaben konnte die nahezu autonome jüdische Gemeinschaft ihre Besitzungen wie Synagoge, Schule, Lehrhaus, rituelles Bad und Friedhof anlegen und unterhalten. Die männlichen Gemeindemitglieder, die die Zahlungen aufbrachten, legten die Leitung und Verwaltung in die Hände indirekt gewählter, meist aus wohlhabenden und daher einflußreichen Familien stammenden Beamten (parnassim) oder Vorständen. Mehr oder weniger in Übereinstimmung mit dem wichtigsten unter den bezahlten Amtsträgern, dem Rabbiner, besaß die Oligarchie als besonderes Machtmittel den Bann, eine Strafe, die bis zur Ausstoßung gesteigert werden konnte. Auf der Grundlage der Gesetze und der Beachtung örtlicher Bräuche (*minhagim*) ent-

Les ASSISTANS *jettent de la terre sur le* CORPS.

Auch das Ausheben und spätere Aufschütten des Grabes gehört zu den Aufgaben der Beerdigungsgesellschaften. Ebenso das Aufstellen des Grabsteins, das etwa ein Jahr nach dem Begräbnis zu erfolgen hat. Frauen haben bei all diesen Handlungen nur eine unterstützende Funktion. Kupferstich von B. Picart, 1723. Stich und Foto: Joods Historisch Museum Amsterdam.

warf man die Gemeindeordnung (*takkanot*) und benannte die benötigten Beamten. Unter der Aufsicht der Verwaltung arbeiteten schließlich auch die zahlreichen ‚heiligen Bruderschaften' mit ihren religiösen, mildtätigen oder erzieherischen Zielsetzungen.

Obwohl auch schon früher von solchen Bruderschaften die Rede war, entstanden die förmlich organisierten Gruppierungen doch erst im Gefolge des Bevölkerungszuwachses und der sozialen Differenzierung der jüdischen Gemeinschaft in den Niederlanden, in Deutschland und Polen zwischen dem 16. und 18. Jahrhundert. Nach einem klassischen Ausspruch bilden „das Studium der Thora, der Kultus und die Mildtätigkeit" die drei Pfeiler, auf denen das Judentum ruht. Das sind auch die Ziele, auf die sich die Bruderschaften richten sollen, um die einzelnen Zweige der Verwaltung zu entlasten und die Not einzelner Familien zu lindern. Die Aufsicht der Verwaltung einer jüdischen Gemeinschaft beschränkte sich einige Zeit nach der Gründung auf die Benennung oder Beeinflussung der Leiter und der Überprüfung der Satzung solcher Gruppierungen.

Mitgliedschaft erlangt man durch festgelegte Geldbeiträge und freiwillige Leistungen, oft mit dem Kauf eines kultischen Dienstes in der Synagoge verbunden. Überdies stehen im Hof der Synagoge und sonstwo Sammelbüchsen für Kollekten. Die Belohnung für alle Anstrengungen liegt im Jenseits, doch auch zu Lebzeiten konnten die Mitglieder mit Vergünstigungen rechnen, was die Erziehung, materielle und geistige Hilfe, Krankenversorgung und Begräbnis betrifft. Nach ihrem Tode konnten die Mitglieder sicher sein, daß in regelmäßigen Abständen für ihr Seelenheil gebetet wurde. Nächst der gegenseitigen Hilfe und Dienstleistung offenbart sich das soziale Element in dem Fest samt der anschließenden Festmahlzeit der Bruderschaft, das alljährlich an einem als besonders passend erachteten Datum stattfand. Bevorzugt waren nach dem jüdischen Kalender das Lichterfest (*Chanuka*) im Dezember, der Neumondstag (*Rosch Chodesh*), der Tag nach dem Fest der Lose (*Purim*) und der siebte Adar, an dem nach jüdischer Tradition Moses gestorben und begraben worden ist. Die Mitglieder waren ethischen und religiösen Verhaltensregeln unterworfen, wobei die Übertretung zu einer strengen Rüge, zu einem Ausschluß und sogar zu einer Verbannung aus der Gemeinschaft führen konnte. Die innere Organisation einiger Bruderschaften zeigt Parallelen zu christlichen Gilden und Bruderschaften. Für die alljährlichen Festmahlzeiten gibt es in den jüdischen Quellen keine Vorbilder. Eine Entlehnung aus der christlichen Umgebung ist hier höchst wahrscheinlich.

Frauen waren von einer formellen Mitgliedschaft ausgeschlossen, obwohl sie als Töchter, Ehefrauen und Witwen wohl auf Hilfe und Fürsprache rechnen konnten. Frauen schenkten nicht selten ansehnliche Beträge. Weiterhin ist bekannt, daß sie Kleider machten und andere Leistungen für die von der Bruderschaft betreuten Bedürftigen erbrachten. Schließlich oblag ihnen natürlich die Verpflichtung, weibliche Verstorbene zu waschen und für das Begräbnis vorzubereiten.

Aufgaben der Bruderschaften

Die Bruderschaften – ihre Zahl konnte in den größeren Gemeinden in die Hunderte gehen – richteten sich auf die Verwirklichung der oben genannten traditionellen Zielsetzungen des Judentums. Sie beschränkten sich nicht auf einen dieser Werte, sondern verbanden diese in verschiedener Weise miteinander. Zu den Aufgaben einer Beerdigungsgesellschaft gehörten auch Studium und Armenhilfe, und eine gelehrte Genossenschaft verrichtete auch mildtätige Werke. Gesellschaftliche Aktivitäten waren nur akzeptabel, wenn sie im Zeichen eines religiös bedeutsamen Geschehens standen. Ein Festmahl war erlaubt, wenn eine Bruderschaft das Studium eines religiösen Traktates vollzogen hatte, gleichfalls bei wichtigen Ereignissen des Lebenslaufes. Hochzeit, Beschneidung, Ablösung des Erstgeborenen und seit dem späten Mittelalter auch die Feier der religiösen Volljährigkeit der Knaben (dreizehn Jahre, *bar mitzva*) wurden von Festen begleitet, wofür bestimmte Bruderschaften in manchen Fällen die notwendigen Mittel beschafften. Das Besorgen der ersten Mahlzeit für die Trauernden gehörte ebenfalls zu ihren Aufgaben. In den größeren jüdischen Gemeinden zählte die Sorge für die Armen zum Dienst der Bruderschaften. Dazu gehörten die nötige Ausstattung für die genannten religiös vorgeschriebenen Feiern des Lebensweges, aber auch materielle Hilfe zur Gestaltung von Festtagen wie das jüdische Ostern (*Pesach*), bei dem auch die Armen verpflichtet sind, ungesäuertes Fladenbrot (*Matzen*) zu essen. Weiterhin sorgen sie für die Armen, die Witwen und Waisen mit Kleidung, Brennstoff, Nahrung, ärztlicher Hilfe und Schulung. Sie helfen auch den unbemittelten Mädchen bei der Beschaffung eines Brautschatzes. Beim Losfest (*Purim*) wurden die Namen der Glücklichen bekannt gemacht, und von den spanisch-portugiesischen Juden in Europa weiß man, daß sie über ein weitverbreitetes Netzwerk für geeignete Kandidaten verfügten. Die portugiesischen Juden in Amsterdam schickten arme Glaubensgenossen auf Kosten der Gemeinde nach Südamerika. Überall bestanden Bruderschaften, um Reisenden mit Nahrung und Unterkunft zu helfen.

In allen jüdischen Gemeinden Europas und anderswo gab es Bruderschaften, die sich die Aufgabe stellten, das Einsammeln von Geld für die Juden im Heiligen Land zu regeln. Andere waren für das Freikaufen von Juden aus den Händen christlicher und islamischer Geiselnehmer verantwortlich. Auf Zeiten großen Unheils wie dem Chmielnicky-Pogrom in Polen und Litauen (1648–1651) oder während Epidemien wurde mit Fastentagen und einer besonderen Liturgie, aber auch mit finanziellen Hilfsprogrammen in den einzelnen jüdischen Gemeinden reagiert. Rein gesellschaftliche Zusammenkünfte betrachtete man als Werk des Bösen. Jeder freie Moment sollte nach jüdischer Auffassung für das Thorastudium genutzt werden. So erklärt sich, daß Studien als Zielsetzung bei den verschiedensten Bruderschaften zu finden sind, und zugleich, daß die Unterstützung elementarer (*cheder*) und höherer (*jeschiva*) Lehrschulen von fundamentaler Bedeutung ist. Berühmte Talmud-Hochschulen (*jeschivot*) befanden sich in Ost-Europa (Polen und Litauen), aber auch in Deutschland. Ets Haim, 1637 in Amsterdam gegründet, war bekannt wegen seines hervorragenden Lehrplans und seiner umfangreichen, teilweise noch heute dort befindlichen Sammlung von Handschriften und Büchern. Im Umkreis dieser jüdischen Tagesschulen bestanden oder bestehen zahlreiche Bruderschaften, die sich zum Beispiel mit einem bestimmten literarischen Thema (Mischna, Talmud oder Kabbala) beschäftigen.

Beerdigungsgesellschaften

Die heilige Bruderschaft schlechthin ist die Beerdigungsgesellschaft. Ihre Aufgabe leitet sich von zwei jüdischen Grundprinzipien her: erstens der Ehrfurcht vor den Toten und zweitens der Auffassung, daß niemand an der Beerdigung eines Toten einen materiellen Gewinn haben darf. Wer einem Toten die letzte Ehre erweist, und das geschieht durch eine große Anzahl genau festgelegter Handlungen, verrichtet einen Liebesdienst schlechthin (*gemilut chasadim*). Obwohl die Verpflichtung, einen Toten zu begraben, die ganze Gemeinschaft betrifft, werden doch schon in den ersten Jahrhunderten nach der üblichen Zeitrechnung Genossenschaften erwähnt, die sich speziell dieser Aufgabe widmeten. Eine ‚*chevia kadischa*' jedoch im Sinne einer heiligen Bruderschaft datiert erst aus dem 16. Jahrhundert: 1564 wurde in Prag eine solche Bruderschaft von Rabbiner Eleaser Aschkenasi gegründet. Die Mitgliedschaft in einer solchen Bruderschaft wurde immer als eine höchst ehrenvolle Angelegenheit betrachtet. Zu den Aufgaben der Mit-

Ein Mitglied einer Beerdigungsbruderschaft fährt Hilfsmittel zum Reinigen des Toten zum Haus des Verstorbenen. Aquarell von J. M. A. Rieke, 1895. Dauerleihgabe der Liberaal Joodse Gemeente, Amsterdam, im Joods Historisch Museum Amsterdam. Foto: Museum.

Gründung getrennter Organisationen von Frauen (*Chevra kadischa gemilut chassidim schel naschim*). In Deutschland kam es in manchen Städten zu Frauenorganisationen für Krankenbesuche (Frauen*chevre*) neben den bestehenden Bruderschaften mit diesem Zweck (*Bikur Cholim*). Das Versorgen der Kranken und das Begraben der Toten wird als ein Gebot (*mitzva*) von großer Bedeutung betrachtet. Durch eine mildtätige Handlung, sei sie freiwillig oder aufgetragen, werden die Mitglieder einer Bruderschaft in den Stand gesetzt, einem solchen Gebot (*mitzva*) zugunsten eines Dritten, sei er nun arm oder reich, nachzukommen.

glieder gehörte die rituelle Waschung des Toten (*tahara*) in einem speziell dazu bestimmten Raum. Die Männer der Genossenschaft waschen einen Mann, weibliche Assistenten eine Frau. Der Leichnam, der stets in Laken gehüllt bleibt, wird von Kopf bis Fuß mit lauwarmem Wasser abgespült. Es werden auch spezielle Kämme und Nagelgarnituren gebraucht. Danach wird die Leiche abgetrocknet und in einfache leinene Leichenkleider gehüllt. Ein Mann bekommt obendrein seinen Gebetsmantel (*tallit*) um. Danach wird der Tote in einen einfachen hölzernen Sarg und in warmen Ländern nur auf eine Tragbahre gelegt. Ein Beutel Sand mit Erde aus Israel wird von einem der Anwesenden über den Toten gestreut. Mitglieder der Bruderschaft wachen bei dem Toten bis zum Begräbnis. Das Begleiten des Toten (*Halevajat – haMeet*) ist zugleich eine Ehrerbietung für den Toten als auch eine Stütze für die Angehörigen. Selbst das Studium der Thora muß dafür unterbrochen werden. Mitglieder der *Chevra Kadischa* tragen den Sarg nach draußen. In vielen Fällen wird an der Synagoge Halt gemacht. Der Leichnam eines geistlichen Führers wird in der Synagoge aufgebahrt, wo sieben Umgänge gemacht werden, jedesmal unterbrochen durch das Blasen des Widderhorns (*schofar*). Dem Trauerzug geht ein Beauftragter mit einer Kollektenbüchse voran, und diese bleibt während der ganzen Beerdigung sichtbar. Das Ausheben des Grabes gehört zu den Aufgaben der Bruderschaft, auch das Aufstellen des Grabsteins, was etwa ein Jahr nach dem Tode erfolgt. Frauen haben bei alledem nur eine unterstützende Funktion, und zwar beim Waschen und der Begräbnisvorbereitung einer verstorbenen Frau. Erst im 18. Jahrhundert kommt es in einigen größeren Gemeinden wie Amsterdam, Berlin und London zur

Handwerker

Im mittelalterlichen Spanien und später auch in Zentral- und Ost-Europa organisierten sich die jüdischen Handwerker nach dem Vorbild der mächtigen Gilden, von denen sie als Juden ausgeschlossen waren, zu Bruderschaften. Die Schneider, Metzger, Kürschner, Schuhmacher, Goldschmiede, Apotheker und Barbiere besaßen in den Städten wie Prag, Krakau und Wilna ihre eigenen Verbände. Natürlich stand der Schutz der ökonomischen Interessen im Vordergrund, doch ging es den Bruderschaften auch um gegenseitige Hilfe sozialer und religiöser Art, um jüdische Unterweisung und die Unterstützung der Witwen und Waisen der Mitglieder. Manche dieser ‚Gilden' verfügten über einen eigenen Gebetsraum. Gegen Beginn unseres Jhs. beschränkte sich der Einfluß solcher Bruderschaften auf religiöse, kulturelle und soziale Belange.

Sammelbüchse für Beiträge an die Beerdigungsgesellschaft Gemiloet Chassadiem, Messing, 19. Jahrhundert. Jedem Trauerzug geht ein Beauftragter der Beerdigungsgesellschaft mit einer Kollektenbüchse voran, die während der ganzen Beerdigung sichtbar bleibt. Seit alters her gehören die Sorge für die Armen ebenso zu den Aufgaben der Bruderschaften wie zum Beispiel das Besorgen der ersten Mahlzeit für die Trauernden. Foto: Joods Historisch Museum Amsterdam.

Nach der Emanzipation

Die bürgerliche Gleichstellung der Juden und ihre Integration in die westliche säkularisierte Gesellschaft drängte die Rolle der religiösen Bruderschaften in den Hintergrund. Der soziale Beistand gehörte nun zu den Pflichten der Gesellschaft als Ganzes, und die jüdischen Organisationen hatten höchstens noch ergänzende Aufgaben, die sich vornehmlich auf spezielle Gebiete der jüdisch-religiösen Unterweisung und die Sorge für die Juden in Ländern mit offener oder verdeckter Diskriminierung der Juden richtete. Die religiöse Gemeinschaft (mit Verwaltung und Rabbiner) hatte nicht mehr länger ein Monopol über die Vereinigungen auf sozialem und kulturellem Gebiet und selbst auf dem religiösen Sektor nur noch beschränktes Verfügungsrecht.

In den Emigrationsländern wie England und den Vereinigten Staaten ist der Einfluß der Landsmannschaften in den Hilfsorganisationen der Emigranten nahezu verschwunden. Die jüdische Gemeinschaft ist nicht mehr nach Herkunft, sondern nach Ideologien (liberal, konservativ, orthodox) geteilt. Von viel größerer Bedeutung sind die weltlichen Bruderschaften und Hilfsorganisationen, die nach dem Vorbild von Freimaurerlogen entstanden und den heutigen Service Clubs (Rotary Club und andere) vergleichbar sind. Der wichtigste Verband ist *B'nai B'rith* (Söhne des Bundes), der 1843 von zwölf Männern in New York gegründet wurde. Seine Zielsetzungen sind die Förderung der jüdischen und humanitären Belange, der Philanthropie und Vaterlandsliebe, der Kunst und Wissenschaften, die Hilfe für Arme, Kranke und Bedürftige, der Schutz der Witwen und Waisen, die Rettung von Verfolgten, und zwar alles im Sinne einer umfassenden Mitmenschlichkeit. Die Opfer der Cholera in Israel erfuhren 1865 Hilfe, und sechs Jahre später erfolgte eine großzügige Hilfsaktion nach dem Brand von Chicago. Seit Ende des vorigen Jahrhunderts bestehen gesonderte *B'nai B'rith* Frauenorganisationen; in Europa ist *B'nai B'rith* in den letzten Jahrzehnten auch für Frauen offen. Auch andere internationale Organisationen betrieben moderne Hilfsprogramme wie unter anderem die *Alliance Israelite Universelle*, die 1860 zur Verteidigung der Rechte der Juden in der Fremde gegründet wurde. Vergleichbar mit ihr ist der Hilfsverein Deutscher Juden (1901). Die *Hebrew Immigrant Aid Society* (HIAS), gestiftet 1884 in New York, ist auf Dienstleistungen an jüdische Emigranten ausgerichtet. Das amerikanische *Jewisch Joint Distribution Commitee* (1914) betreut ein weitverzweigtes Netzwerk medizinischer und sozialer Aktivitäten. Die ORT, die russischen Ursprungs ist, bereitet jüdische Männer und Frauen auf Berufe in Handwerk und Landwirtschaft vor. Auf nationaler und lokaler Ebene gibt es noch zahlreiche solcher Organisationen, die die klassischen jüdischen Werte zum Ausdruck bringen. In allen diesen Verbänden, und zwar vor allem, in ihren Anfängen, spielen die Männer die Hauptrolle.

Die klassische Bruderschaft jüdischer Männer mag in ihrer Bedeutung Einbußen erlitten haben, doch im organisierten Judentum bestimmen noch immer die Männer sowohl in religiöser als auch in weltlicher Hinsicht das Geschehen, wenn auch die Bedeutung der Frauen mehr und mehr zunimmt.

(*Meinem Vater*)

Islam

Derwische

Annemarie Schimmel

Derwische sind Angehörige islamischer Bruderschaften, die in der Tradition des Sufismus stehen. Anfangs waren einige Jünger um ihren jeweiligen Lehrer nur lose gruppiert, der sie in Mystik, Askese, religiösen Formeln und in die Worte des Koran unterwies. Festgelegte Regeln für das Zusammenleben kennt man ab 900, die großen, organisierten Bruderschaften entstanden überwiegend im 12. Jahrhundert unserer Zeitrechnung. Sie haben teilweise sehr unterschiedliche Ausprägungen, gemeinsam ist allen das Leben innerhalb eines Konvents unter der Führung eines Meisters. Frauen gehören dem inneren Kern einer Bruderschaft in der Regel nicht an, doch hat ein Orden oft zahlreiche Anhängerinnen. Einige Frauen erlangen als Mystikerin oder Seelenführerin Bedeutung, und aus dem mittelalterlichen Ägypten sind spezielle Konvente für Frauen bekannt geworden.

Siehe dazu auch Farbseiten IX bis XI.

Das Wort ‚Derwisch' bezeichnet im allgemeinen Sprachgebrauch und nach der Formulierung der „*Encyclopedia of Islam*" das Mitglied einer religiösen Bruderschaft, *ṭarīqa*, und wird meist als ‚Bettler' erklärt, obgleich die Etymologie nicht ganz durchsichtig ist. Es wird oft parallel mit *faqīr*, ‚der Arme' verwendet. In der westlichen Welt stellt man sich unter einem Derwisch meist jemanden vor, der in wirbelndem Tanz Ekstase erreicht und nicht in vollem Umfang die Gesetze des Islam befolgt – Reiseberichte aus dem 18. und 19. Jahrhundert, Bücher wie John P. Browns „*The Derwishes*" (1868) und Bilder seltsam gekleideter Gestalten (wie das großartige Gemälde „Derwische im Festtagsschmuck" von Weretschtagin) haben dieses Bild geprägt, und die *samāʿ*-Zeremonien der *Mevlevi* waren seit dem 17. Jahrhundert vielfach illustriert worden und boten Malern wie Bayot, Van Mour und nicht zuletzt Gérome ein dankbares Thema.

Das allgemeine Verständnis – oder Unverständnis – des Phänomens zeigt sich in Ausdrücken wie ‚sich aufführen wie ein tanzender Derwisch', um eine außer Rand und Band geratene Person zu kennzeichnen. Wer je den wohlabgemessenen, künstlerisch ausgeformten Reigen der *Mevlevi*-Derwische erlebt hat, weiß, wie irreführend dieser Vergleich ist. Doch Vorstellungen von tanzenden, heulenden oder sich mit Speeren verwundenden, Schlangen und Glas schluckenden Derwischen haben unser Bild geprägt, obgleich es sich hier nur um eine kleine, auch von ihren eigenen Glaubensbrüdern oft kritisch angesehene Gruppe von Männern handelt.

Der Sufismus

Die Derwische stehen in der Tradition des Sufismus. Der Sufismus, die innere Dimension des Islam, zog vom 2. Jahrhundert der *Hidschra*, dem 8. Jahrhundert unserer Zeitrechnung, Sucher an, die sich um das Geheimnis des existentiellen *tauḥīd* bemühten; das ist die Anerkenntnis des für den Islam zentralen Glaubenssatzes, daß es „keine Gottheit außer Gott" gibt. Ihre asketischen Neigungen und ihre Bevorzugung des Flickenrockes oder Gewandes aus grober Wolle, *ṣūf*, hat dem Sufismus den Namen gegeben, obgleich man seine Wurzel auch auf das Wort ‚*ṣafā'*, ‚Reinheit', zurückführen wollte. Die *Sufi* entwickelten schon früh höchst verfeinerte psychologische Techniken; doch war die Einweisung in den mystischen Pfad, der sich aus dem großen Weg, der *scharīʿa* oder dem gottgegebenen Gesetz, entwickelte, zu jener frühen Zeit eine Privatangelegenheit. Der Lehrer (*schaikh, murschid, pīr*), der tagsüber einem normalen Beruf nachgehen konnte, mochte ein paar auserwählte Jünger (*murīd*) um sich versammeln und sie nach ernster

Prüfung langsam in die verschiedenen Stadien und Stationen des mystischen Pfades einführen. Harte Askese, tiefe Versenkung in die Worte des Korans, in denen die *Sufi* immer neue Tiefen auszuloten versuchten und durch die sie eine völlige „Koranisation des Gedächtnisses" erreichten, wie P. Nwyia treffend schreibt, gehörten zu ihrer Erziehung. Ihre wichtigste Aufgabe war die Transformation der niederen Triebe, der „zum Bösen anreizenden Seele" (Sura 12,53) über die „tadelnde Seele" (Sura 75,2) bis zur „Seele in Frieden" (Sura 89,27); dies war der „größere Heilige Krieg". Dieser schwierige Pfad, das ständige „Sterben vor dem Sterben", konnte aber nur unter Leitung eines erfahrenen Seelenführers beschritten werden, denn „wer keinen Scheich hat, dessen Scheich ist Satan". Der Meister ist, wie man sagt, gleich dem roten Schwefel, dem geheimnisvollen Ingredienz, das in der Alchemie das Kupfer zu Gold verwandeln hilft – so soll der Rohstoff der Seele zu reinem geistigen Gold werden.

Dem Meister oblag es, dem Sucher den rechten *dhikr* zu lehren, jene vieltausendfache Wiederholung religiöser Formeln, durch die er den Spiegel seines Herzens polieren sollte, damit sich nur noch der göttliche Geliebte darin spiegele. Da die tausendfache Wiederholung machtgeladener Formeln sich auch auf den Körper auswirkt, zeigt sich die Weisheit des Meisters darin, den Jünger solche Worte zu lehren, die seinem geistigen und seelischen Zustand angemessen sind, sei es das Glaubensbekenntnis, die Bitte um Vergebung oder einen Lobpreis, den Namen Allah oder einen der 99 Schönsten Namen Gottes. So mochte der Sucher langsam dem Ziel näherkommen, nämlich „zu werden, wie er war, bevor er war", das heißt, ganz in Gott zu ‚entwerden' *(fanā)*, und vielleicht aus diesem Zustand des ‚Rausches' zurückzukehren in die Welt, um dort ein durchgottetes Leben zu führen.

Die Entstehung der Bruderschaften

Zur Entspannung dienten den *Sufi* dann hin und wieder musikalische Sitzungen, wo sich mancher durch ein Wort, einen Klang zum Wirbeltanz hinreißen ließ – eine Sitte, die durch die Jahrhunderte diskutiert worden ist und, während die Orthodoxie sie stets ablehnte, zahlreiche weniger ‚geistig' interessierte Menschen zu den Orden zog, welche *samā*ᶜ (wörtlich ‚Hören') erlaubten.

In der Frühzeit gingen nur wenige diesen Weg, und er hatte noch keine feste Struktur, denn man wußte, daß es auf Gottesgnade ankam, ob man früher oder später die Station der Liebe oder der Erkenntnis erlangte. Die Organisation in Bruderschaften begann erst später, so sehr man auch in der Frühzeit schon darauf achtete, daß der *murīd* die geistige Initiationskette kannte, durch die er Generation um Generation mit dem Quell der inneren Weisheit, dem Propheten Mohammed, verbunden war. Diese Ketten, *silsila*, wurden natürlich immer länger und komplizierter; in Gulbarga/Dekkan sah ich eine mehr als zehn Meter lange, eng beschriebene Rolle mit der *silsila* des dortigen Meisters.

Regeln für das Zusammenleben der *murīde* wurden bereits um 900 im sogenannten Pfad des Dschunaid gegeben – Dschunaid (gest. 910) war der wichtigste *Sufi*-Führer in Bagdad, auf den fast alle späteren Initiationsketten zurückführen. Die Handbücher des mystischen Lebens im späteren 10. Jahrhundert geben genaue Anweisungen für den *adab*, die Etikette der Derwische auf Reisen, beim Essen, Schlafen, kurz: in jedem Augenblick, und viele dieser *adab*-Regeln haben später durch die Bruderschaften das gesittete Benehmen weiter Bevölkerungsschichten beeinflußt.

Der persische Mystiker Abū Saᶜīd-i Abū'l-Khair (gest. 1049) hat dann die Regeln für das Zusammenleben der Derwische etwas genauer gefaßt, aber noch waren die Zusammenschlüsse locker, selbst wenn man schon damals von bestimmten kleinen Gruppen sprechen kann, die nach ihrem Meister genannt wurden (*Khafīfiya, Kāzarūniyya* u. a.). Die eigentlichen großen Bruderschaften entstanden im 12. Jahrhundert (wobei politische Umschichtungen in der islamischen Welt sicher eine Rolle spielten). Abū Najīb-as-Suhrawardī (gest. 1154) und sein Neffe Abū Ḥafṣ ᶜUmar as-Suhrawardī (gest. 1234) schrieben damals ihre einflußreichen Handbücher gemäßigten mystischen Lebens, und ihre Bruderschaft, die *Suhrawardiyya*, breitete sich von Irak aus rasch aus. Schon im frühen 13. Jahrhundert finden sich *Suhrawardi* im Gebiet des heutigen Pakistan, nämlich in Multan, wo der Nachkomme des damaligen Ordensstifters Bahā' addīn Zakariyā (gest. um 1266) bis heute eine wichtige Stellung einnimmt. Etwa gleichzeitig erscheinen die *Suhrawardi* in Ostbengalen. Ein aus der *Suhrawardiyya* hervorgegangener Orden, die *Chischtiyya*, entwickelte sich ebenfalls in der ersten Hälfte des 13. Jahrhunderts zu einem typisch ‚indischen' Orden, in dem neben strenger Askese Musik

Bruderschaften waren ideale Vehikel für die Ausbreitung des Islam, da sie sich den verschiedenen sozialen und kulturellen Gegebenheiten anzupassen wußten. Sie spielten daher eine große Rolle bei der Islamisierung der Randzonen, beispielsweise des mittelalterlichen Indiens. Der indische Maler Basawan befaßt sich im ausgehenden 16. Jahrhundert vielfach mit islamischen Themen. Von ihm stammt diese Darstellung eines in die Lektüre versunkenen Sufi. Privatsammlung, Harvard University Art Museums, Cambridge, Massachusetts. Foto: Museum.

und Poesie zentral waren. Die beiden Bruderschaften unterschieden sich in ihrer Haltung ‚zur Welt': Die *Suhrawardiyya*, dem Beispiel Abū Ḥafṣ ᶜUmars folgend, war politisch aktiv und bemühte sich, durch Kontakte mit den Herrschenden die Welt zu verbessern, während die frühen *Chischti* jeden Kontakt mit den Regierenden ablehnten und erst in der Moghulzeit engere Bindungen mit den Herrschenden eingingen.

Etwa gleichzeitig mit der *Suhrawardiyya* entstand die *Qādiriyya*, die sich auf den hanbalitischen Prediger ᶜAbdul Qādir al-Jīlānī (Gīlānī, gest. 1166) stützt, der im Laufe der Jahrhunderte zur wohl bekanntesten Heiligengestalt wurde, der *pīr-i dastgīr*, der seinen Jünger ‚bei der Hand hält', und der *ghauth-i aᶜẓam*, der ‚gewaltigsten Hilfe'. Seine zahlreichen Anhänger finden sich in allen islamischen Ländern, von Westafrika bis Indonesien.

Das 13. Jahrhundert ist der große Wendepunkt in der islamischen Geschichte. Das Vorstoßen der Mongolen unter Dschingis-Khan und seinen Nachfolgern seit 1220, die Zerstörung des abbasidischen Kalifats in Bagdad 1258 brachten neue politische und soziale Situationen hervor, und gewissermaßen als Gegengewicht gegen die politisch zerstörerischen Mächte entsteht eine zuvor und nachher unerreichte Blüte des Sufismus, vor allem in der arabischen und persischen Dichtung. Es entsteht aber auch die Systematisierung des mystischen Erbes im Werk des in Spanien gebürtigen Ibn ᶜArabī (gest. 1240), dessen kompliziertes, gewaltiges System kurz und irreführend als *waḥdat al-wudschūd* bezeichnet wird: ‚Einheit des Seins', ein Begriff, der leicht als Pantheismus ausgelegt werden konnte und der, oft in verwässerter

Es sind vor allem die schweifenden Derwische, die sich in Tierfelle kleiden und als Bettler durch die Lande ziehen, die unser westliches Bild des Derwischs als eines nicht ganz normalen Exzentrikers geformt haben. Dieser Wanderderwisch auf einem indischen Aquarell eines anonymen Künstlers der Moghulzeit trägt am Gürtel die Bettelschale, möglicherweise aus einer Seychellennuß gearbeitet. Das kleine Hündchen steigert den Eindruck der Einsamkeit, den die Darstellung vermittelt. Garakpur, um 1590. Privatsammlung, Harvard University Art Museums, Cambridge, Massachusetts. Foto: Museum.

Form, den größten Teil der späteren Derwische beeinflußt hat, wie man aus ihren Schriften, vor allem der ekstatischen Dichtung, erkennen kann.

Denn ebenfalls im 13. Jahrhundert entstand die Mehrzahl der heute noch existierenden Bruderschaften: in Zentralasien die *Kubrāwiyya,* die auf den Visionär Najm addīn Kubrā zurückgeht, in Ägypten die *Badawiyya,* deren Zentrum Ṭanṭa ist und die, eng mit der ägyptischen Landschaft und dem Nil verbunden, nie die Grenzen Ägyptens überschritten hat, während die auf Ibrāhīm ad-Dasūqī zurückgehende *Burhāmiyya* jetzt auch im Westen einige Anhänger hat. Die Schādhiliyya des 1258 verstorbenen, aus Nordafrika stammenden Abū' l-Ḥasan asch-Schādhilī zeichnet sich durch Feinheit und Mangel an ekstatischem Überschwang aus; ihre Abzweigungen sind bis heute, wie M. Gilsenan gezeigt hat, in Ägypten besonders für mittelständische Kreise anziehend und haben letzthin auch eine Anzahl europäischer und amerikanischer Intellektueller angezogen. In der Türkei entstand die *Mevleviyya,* der von dem Sohn des großen mystischen Dichter Rūmī organisierte Orden der Tanzenden Derwische, der im Laufe der Jahrhunderte eine wichtige Rolle im Kulturleben des Osmanischen Reiches spielen sollte, während die etwas später auftauchende *Bektaschi*-Bruderschaft sich mit den Janitscharen verband – eine groteske Situation, da die *Bektaschi* stark schiitische Neigungen hatten, während die Janitscharen als Elitetruppe des strikt sunnitischen Osmanenhauses die Verteidiger des Landes unter anderem gegen die schiitischen Perser sein sollten. – Andere Bruderschaften entstanden in Zentralasien, wo sich die nüchterne Tradition der *Naqschbandi* entwikkelte, die später energisch als Gegenbewegung gegen allzu ‚unislamische' synkretistische Strömungen in Indien auftrat und dann eine große Anhängerschaft von der Türkei bis in die USA gewonnen hat.

Die Ordensorganisation

Die Bruderschaften waren ideale Vehikel für die Verbreitung des Islam, da sie sich den verschiedensten kulturellen und sozialen Gegebenheiten anzupassen wußten; ihre Rolle bei der Islamisierung der Randzonen, wie etwa des mittelalterlichen Indiens und Westafrikas (s. die *Tījāniyya* oder die politische Rolle der *Sanusiyya* in Libyen) kann nicht stark genug hervorgehoben werden. Gleichermaßen konnten ihre Unterweisungen jedem eine ihm gemäße Form privater Andacht bieten, ob es sich um gemeinschaftlichen *dhikr* handelt, bei dem das Glaubensbekenntnis in wachsender Schnelligkeit gesprochen, psalmodiert oder gesungen wird, bis nur noch das letzte zuckende ‚h' des Namen Allah zu hören ist und viele der Teilnehmer in Ekstase fallen, oder ob es der unhörbare *dhikr* ist, den *Schādhili, Naqschbandi* und *Suhrawardi* vorziehen und dessen Qualitäten am schönsten in dem persischen *Naqschbandi*-Wort *„dast be-kār, dil be-yār"* ausgedrückt sind: „Die Hand am Werk, das Herz beim Geliebten", das heißt, der *dhikr* sollte das ganze Wesen des *Sufi* durchdringen.

So verschieden die Bruderschaften, deren es jetzt Hunderte gibt, auch sein mögen, sie haben einiges gemeinsam: Man darf sie keinesfalls mit christlichen Mönchsorden verwechseln. Es gibt kein Zölibatsgebot, und der Scheich, in der Regel verheiratet, wohnt mit seiner Familie (ᶜAbdul Qādir Jīlānī hatte 49 Söhne!) innerhalb der Eingrenzung seines Konvents (*khānqāh, takiya, tekke* oder auch *ribāṭ),* umgeben von den Derwischen, die ihm durch Handschlag den Treueid, *baiᶜa,* geleistet hatten und nun entweder in kleinen Zellen oder in einem großen gemeinsamen Saal zu leben hatten und ihren Tag mit *dhikr*-Rezitation, Hausarbeit und Teilnahme an den Sitzungen des Meisters verbrachten. Der Zölibat findet sich eher bei den sogenannten *bī sharᶜ*-Bruderschaften („die dem Religionsgesetz nicht folgen"); das sind mehr oder minder lose Zusammenschlüsse von schweifenden Derwischen, die oftmals als Herausforderer der gesetzestreuen, normal organisierten Bruderschaften auftraten: die *Ḥaidarī*, ein Teil der *Qalandar,* die sich alles Kopf- und Gesichtshaar abrasierten, die in Tierfelle gekleideten *Abdālān-i Rūm* und andere „dem Religionsgesetz nicht folgende" Derwische, die das westliche Bild des nicht ganz normalen Exzentrikers weitgehend geprägt haben.

Die *malfūẓāt,* Sammlungen von Aussprüchen und Berichten über das tägliche Leben der *pīr* aus Indien, bieten interessante Einzelheiten über die Art, wie die Meister ihre Jünger erzogen und wie sie mit Besuchern umgingen. Denn der wichtigste Aspekt der Bruderschaften war und ist, daß die eigentlichen Derwische nur den inneren Kern darstellen und sich, wie etwa die *ḥurr* des Pīr Pāgāro in Sind, völlig dem Willen des Meisters unterwerfen, selbst wenn sie ihr Tun mit dem Leben bezahlen müssen. Daneben aber gibt es die zahllosen in der Welt lebenden Anhänger, vergleichbar etwa den Tertiaren der Franziskaner. Sie erhalten vom Scheich bestimmte Gebetsformeln, die sie privat durchführen; sie können zu Besuch ins *khānqāh* kommen, wenn sie Kümmernisse haben, Talismane brauchen oder einfach ein paar Tage die Atmosphäre des *khānqāh* genießen wollen; wenn sie gehen, lassen sie ihre Opfergabe, *nadhrāna,* da, oder bringen dem *pīr* Geschenke je nach ihrem Status – und es ist dieser Aspekt des Derwischtums, den ein muslimischer Modernist wie Iqbāl (gest. 1938) als Pirismus bezeichnet, der dem modernen Muslim so abstoßend erscheint: Macht und Reichtum des *pīr* kommen aus den Gaben seiner armen Anhänger, die er, wie seine Gegner behaupten, durch angebliche Wunder täuscht und sich gefügig macht. Die meisten der Anhänger aber kommen zum *ᶜurs,* der ‚Hochzeit', das ist der Todestag des Stifters, um dort die Gemeinschaft der zu einem Meister gehörigen Menschen zu erfahren, selbst wenn sie dafür Hunderte von Meilen zu Fuß wandern müssen. Bei den großen *ᶜurs*-Feiern kommen Zehn-, ja Hunderttausende von Pilgern zusammen, und hier zeigt es sich, daß das Derwischtum keine ausgesprochen maskuline Einrichtung ist.

Die religiöse Beteiligung der Frauen

Denn selbst wenn den Frauen in manchen Bruderschaften kein Zutritt ins Innere des Mausoleums des Stifters gewährt wird und sie an der Tür oder am Fenster stehend ihre Gebete verrichten oder aber am Grabe der Mutter, der Ehefrau oder einer anderen heiligmäßigen Angehörigen des Stifters Blumen und Votivgaben bringen, finden sich doch gerade unter den Tertiaren zahlreiche Frauen. Ja mehr noch: Es gab auch spezielle Konvente für Frauen, die von einer Scheicha geleitet wurden – so zum Beispiel im mittelalterlichen Ägypten. In den zeitgenössischen Orden, wie sie sich in jüngster Zeit in Europa und Nordamerika verbreitet haben, nehmen die Frauen offiziell an allen religiösen Feiern teil. In einer Bruderschaft waren sie sogar bereits seit dem Spätmittelalter offizielle Mitglieder. Das ist der türkische *Bektaschi*-Orden, in dem Frauen an den Gemeinschaftsmahlen und den Feiern beteiligt waren, – was verständlicherweise den Vorwurf der Promiskuität gegen die *Bektaschi* hat aufkommen lassen. Yakub Kadris berühmter türkischer Derwischroman Nūr Bābā (1922; deutsch von A. Schimmel, 1984) ist eine frivole, aber in vieler Hinsicht treffende Schilderung der Sitten in einem *Bektaschi*-Konvent in Istanbul zu Beginn unseres Jahrhunderts.

Es ist interessant, daß es sich bei den Derwischen im weitesten Sinne nicht um reine Männerbünde handelt. So sehr man in der asketischen Literatur des Islam Ausdrücke der Abwertung der Frau findet (sehr ähnlich der Frauenverachtung im christlichen Mönchstum oder im frühen Buddhismus), und so sehr man immer wieder betonte, daß der Sucher nach Gott männlich sei *(ṭālib al-maulā mudhakkar),* so sehr hat man doch zugegeben, daß eine Frau, die auf dem Wege Gottes wandelt, besser sei als viele Männer. Dies aber hat auch einen historischen Grund: Die eigentliche Ausformung des frühen Sufismus von einer düster asketischen Haltung zum Ausdruck reiner Gottesliebe ist einer Frau zu danken: Rābiʿa von Basra (gest. 801) führte die Ideale reiner Gottesliebe in den Sufismus ein, und ihr Name ist bis heute ein Symbol für die gottsuchende Frau geblieben, in deren Nachfolge auch manche Frau als geistige Führerin akzeptiert worden ist. Die Geschichte der Bruderschaften zeigt, daß Frauen als aktive Mitarbeiterinnen innerhalb der Gemeinschaft bekannt sind: Rūmīs Enkelin gründete eine Niederlassung des *Mevlevi*-Ordens in Anatolien; Prinzessin Dschahānārā, die 1681 verstorbene Tochter des Moghulkaisers Schāh Dschahān, war als mystische Schriftstellerin und Mäzenin aktiv, und man liest von gelehrten *Sufi*-Frauen, zu denen auch Männer kamen, um sich belehren zu lassen. Wie die hagiographische Literatur die Namen bedeutender Mystikerinnen anführen, gibt es auch heute noch Seelenführerinnen in manchen Ordenszweigen. Damit stellt das Derwischtum eine Ausnahme unter den ‚Männerbünden' dar, in dem zwar das männliche Element zu dominieren, ja ausschließlich zu herrschen scheint, in dem sich aber bei näherer Betrachtung doch interessante Aspekte finden, in denen Frauen eine Mitgliedschaft oder Affiliation ermöglicht wird.

Über zölibatäre Bruderschaften im Bereich des Islam

Klaus Kreiser

Die klassische Islamwissenschaft hat der Ehelosigkeit im Bereich der mystischen Männerbünde nur wenig Aufmerksamkeit geschenkt.[1] Die Derwisch-‚Orden' (arab. *ṭarīḳa*, pl. *ṭarīḳāt* oder *ṭuruk*) erhalten erst nach dem 15./16. Jahrhundert stabilere Organisationsformen. Neben der rein hagiographischen Literatur der Frühzeit verfügt die Forschung über zahlreiche weitere Quellen, nicht zuletzt Archivalien. Erst damit werden die Bruderschaften dem Religionssoziologen zugänglich. Im folgenden sollen zunächst alte und neue islamische Standpunkte zur Institution Ehe überhaupt vorgetragen werden. Danach wird an einigen Beispielen geschildert, welche Formen von zölibatären Mönchsgemeinschaften bestanden.

Siehe dazu auch Farbseiten IX bis XI.

„Wer ledig ist, der sorgt, was dem Herrn angehört, wie er dem Herrn gefalle; wer aber freit, der sorgt, was der Welt angehört, wie er dem Weibe gefalle" (1. Korinther 7,32–33).

Mücerred pâk, müteehil hak: „Der Ehelose ist rein, der Verheiratete folgt dem Recht..." (türkisch).

Der Artikel ‚Zölibat' der großen Enzyklopädie „Religion in Geschichte und Gegenwart" (1943) wird von einem religionsgeschichtlichen Vorspann von Gustav Mensching eingeleitet. Hier erfahren wir, daß „der Z[ölibat] einerseits in Religionen auf[tritt], die durch ein Priestertum entscheidend bestimmt sind, andererseits in mystischen Religionen wie dem Buddhismus. In reinen Glaubensreligionen wie dem Amida-Buddhismus und dem Islam dagegen wird der Z[ölibat] ausdrücklich abgelehnt, weil man hier jene Voraussetzungen nicht teilt".

Menschings zusammenfassendes Urteil findet in der Fachliteratur eine vielfache Bestätigung. Das Standardwerk zur islamischen Sexualethik von G.-H. Bousquet kommt auf der Grundlage der Meinungen der großen Rechtslehrer zu dem Ergebnis, daß trotz aller Abweichungen im einzelnen die Heirat für die überwältigende Mehrheit der Menschheit als frommes Werk vorgeschrieben oder zumindest empfohlen wird (1966: 110).

Auch Fritz Meier, der überlegene Kenner der klassischen islamischen Mystik, kommentiert das im späten zehnten Jahrhundert entstandene Werk *„qūt al-qulūb"* (‚Herzensspeise') des Abū Ṭālib al-Makkī in diesem Sinn: „An sich ist der Islam der möncherei bekanntlich nicht günstig gesinnt. Die ehe ist die sunna des profeten und sie wird von den frommen deswegen in ehren gehalten. Der verfasser... ist zwar nicht der meinung, dass eltern- und kindesliebe, liebe zur gattin und zu weltlichen angelegenheiten *(maṣāliḥ ad-dunyā)* die gottesliebe beeinträchtige, doch berichtet er, dass manche der alten gegenteiliger ansicht gewesen seien" (1943). Damit wird das immer weitere Abrücken des Islam von den asketischen Positionen der frühen Mystik deutlich.

Ein letzter kompromißloser Vertreter der älteren Sicht von Ehe und Ehelosigkeit ist der circa 1072/75 verstorbene Hudschwīrī: „In unseren Tagen ist es ausgeschlossen, eine passende Frau zu finden ohne übertriebene Wünsche und unerfüllbare Ansprüche. Aus diesem Grund haben sich viele für den Zölibat entschieden... Kurz, der Sufismus gründet auf der Ehelosigkeit, die Einführung der Ehe[erlaubnis] führte einen Wandel herbei. Es gibt keine Flamme der Begier, die nicht durch ständige Anstrengung gelöscht werden könnte, welche Laster auch von dir ausgehen mögen, du verfügst über die Mittel, sie zu unterdrükken."

Man vergleiche damit die Haltung des zwei Jahrhunderte späteren Dschalāl ad-dīn Rūmī (auch wenn innerhalb der *mevlewiyye,* die sich auf ihn als spirituellen Patron beruft, zölibatäre Gruppen entstehen sollten): „Im Islam gibt es keine Ehelosigkeit" *[ḥadīth].* Die christlichen

Mönche leben allein in der Einsamkeit der Berge. Sie heiraten nicht und kehren sich von der Welt ab. Unser edler und erhabener Gott hat dem Propheten einen sehr feinen Weg gewiesen. Welchen Weg? Die Launen der Frauen und ihre Boshaftigkeiten zu ertragen, ihre unmöglichen Reden anzuhören und sie zu ehelichen, um sie mit fester Hand zu verbessern und auf den rechten Weg zu bringen."

Im Hauptwerk Rūmīs, dem „*Mathnavī*" heißt es sinngemäß: „Die Existenz des Feindes ist die Vorbedingung für den Heiligen Krieg. Wo der Feind ausbleibt, kann man sich keinen Heiligen Krieg denken. Es gibt keine Selbstbeherrschung, wo ein Begehren fehlt; wenn da kein Gegner ist, wozu bedarfst du der Stärke? Kastriere dich nicht selbst, werde kein Mönch; denn Keuschheit hängt ab vom Bestehen der Lust."

Die Meinung der gelehrten Gottesmänner

Die islamischen Theologen und Juristen des Mittelalters und der Neuzeit erwähnen die Ehelosigkeit vor allem dort, wo sie über die Notwendigkeit, wenn nicht den Nutzen der Ehe handeln. Greifen wir zu einem der noch heute von Muslimen auf der ganzen Welt gelesenen Buch, al-Ghazālīs (starb 1111) „Elixier der Glückseligkeit". Dieses persisch geschriebene Kompendium der richtigen Lebensführung enthält auch ein Kapitel über den Nutzen des Ehelebens. Hier bezeichnet al-Ghazālīs den Ehestand als so notwendig für das Dasein der Gläubigen wie Essen und Trinken. Dabei schließt er das Prophetenwort an „Heiratet und vermehrt euch! Am Jüngsten Tag werde ich mich den anderen Propheten gegenüber mit eurer großen Zahl rühmen."

Al-Ghazālī zählt in der Folge fünf Vorzüge des Ehelebens auf, wobei er den ersten Punkt, die Erzeugung von Kindern wieder in vier gottgefällige Gründe aufteilt. Der zweite Vorzug des Ehelebens besteht in der Bewahrung des Glaubens, hindert er doch den Teufel daran, die sexuelle Begier zu seinem Instrument zu machen. Im dritten Abschnitt ist dann von den Vorzügen der Frauen die Rede. Wohlgerüche, Frauen und das Gebet wurden vom Propheten in eine Reihe gestellt. Unter ‚Viertens' sagt al-Ghazālī, daß die Frau das Haus reinlich hält, Besuchern dient, Essen bereitet und die Wäsche besorgt. Wissenschaft und Gottesdienst würden Schaden erleiden, wenn all das Männer zu erledigen hätten. Schließlich preist der große Gottesgelehrte unter ‚Fünf' die Vorzüge des Familienlebens überhaupt.

Unvermittelt geht al-Ghazālī auf die schädlichen Seiten des Ehelebens über: Wer die Verantwortung für Kinder nicht übernehmen kann, möge unverheiratet bleiben. Nicht jeder sei in der Lage, die Angelegenheiten des Nachwuchses zu besorgen. Wen aber das Eheleben am ständigen Gedenken und der Anbetung Gottes hindert, der solle ebenfalls darauf verzichten.

Die Sachlage ist deutlich: Was man die koranische Basis der islamischen Mystik genannt hat, nämlich „Gedenkt unablässig Gottes" (Sure XXXIII, 41) kann durch das Eheleben erst die Voraussetzung erfahren, aber auch verhindert werden.

Das „Elixier der Glückseligkeit" stellt eine verdichtete Form von al-Ghazālīs Hauptwerk „Die Wiederbelebung der Religionswissenschaften" dar, dessen zwölftes Buch ausschließlich der Ehe gewidmet ist. Es gründet einerseits auf dem Florilegium der älteren Heiligenleben, wirkt aber andererseits weit in die islamische Neuzeit hinein.

Al-Ghazālī und seine Epigonen

So werden al-Ghazālīs fünf-zu-drei-Beweisgründe von dem im achtzehnten Jahrhundert schreibenden osmanischen Enzyklopädisten Erzurumlu İbrāhīm Ḥaqqi wortwörtlich übernommen. Dieser in der gegenwärtigen Türkei viel gelesene Autor stellt es aber letztlich ins Belieben der Gläubigen, zu heiraten oder unverehelicht zu bleiben: „Für eine wissende und vollkommene Persönlichkeit ist diese Welt eine Welt des Scheins und der Schatten. Aus diesem Grund ist es eins, ob man heiratet oder Junggeselle bleibt, ob man mit den Leuten zusammen ist oder sich in die Einsamkeit zurückzieht."

Während sich aus al-Ghazālī eine bestimmte Sympathie für das zölibatäre Dasein herauslesen läßt, die er mit anderen Exponenten des mittelalterlichen Islam teilt, wird der Status des Junggesellen (von unverheirateten Frauen ist nirgendwo die Rede) in der islamischen Moderne immer prekärer.

Ein türkischer Theologe aus unseren Tagen, Ali Riza Demircan, der eine zweibändige Einführung in die Sexualethik aus islamischer Sicht verfaßt hat, nennt jeden Rückzug aus dem Geschlechtsleben ‚Sünde'. Nachdem er eine Serie von prophetischen Überlieferungen *(ḥadīth)* gegen die Sünde der Entmannung aufzählt, befaßt er sich mit dem Junggesellendasein, welches durch die Religion verboten sei. Nicht zuletzt des-

Nach der mongolischen Invasion des Orients im 13. Jahrhundert, der großen Wende in der islamischen Geschichte, traten allein oder in Gruppen Wanderderwische auf, die sich durch ihre Aufmachung bewußt der Verachtung preisgaben und im allgemeinen zölibatär lebten. Ihr Äußeres war so auffällig, daß sie in zahlreichen europäischen Reiseberichten erwähnt werden, wie dieser Derwisch im ärmellosen ‚härenen' Gewand mit Filzhut und Quasten. In den Ohren trägt er eiserne Ringe, einen weiteren am Penis. Abb.: Nicolas de Nicolay 1568.

halb, weil die Ähnlichkeit zu christlichen Mönchen für sich schon durch das Religionsgesetz verboten *(ḥarām)* ist. Auch fehlten koranische Beweisgründe für eine Billigung der Ehelosigkeit. Gott habe außer dem Propheten Johannes niemand mit einer Askese, die Ehelosigkeit einschließt, beauftragt (vgl. Koran III, 38). Lediglich körperliche (Impotenz) und materielle Gründe (fehlende Mittel zur Gründung eines Hausstandes) könnten von der Pflicht zu heiraten dispensieren. An anderer Stelle warnt derselbe Autor vor den sittlichen Gefährdungen, denen Junggesellen bei längerem Zusammenleben in Kasernen, Krankenhäusern und Internatsschulen ausgesetzt seien.

Kennzeichnenderweise unterschlägt ein für das deutsche Publikum schreibender türkischer Verfasser namens Omar Kạplan die drei *gegen* das Eheleben sprechenden Beweisgründe al-Ghazālīs, benutzt aber seine Autorität, um die Ehe als gebotene Lebensform zu verteidigen.

Das jüngere apologetische und missionarische Schrifttum erweckt durchaus den Eindruck, als habe die Zölibatsdiskussion nie im Mittelpunkt des islamischen Denkens gestanden. Von der Unsicherheit des ‚klassischen' Sufismus bei der Beantwortung des Familienproblems kann also heute nicht mehr die Rede sein.

Kein Mönchtum im Islam!
Kein Mönchtum im Islam?

Wie steht es um die Bewertung der Bruderschaften im Sinne eines klösterlichen Gemeinschaftslebens? Nehmen wir vorweg, daß die Zugehörigkeit zu einer Bruderschaft nur in Ausnahmefällen mit der Verpflichtung zur Ehelosigkeit verbunden war. Monastisches Leben im soziologischen Verständnis setzt mehr voraus als die zeitweise Bindung an einen Scheich. Die islamischen Männerbünde unterschieden sich zwar grundsätzlich von den Orden der abendländischen Kirche, denn:

– sie ließen die Mitgliedschaft in mehr als einer Bruderschaft *(ṭarīqa)* zu;

– der Übergang vom ständigen Bewohner eines ‚Derwischklosters' über den *habitué,* der an bestimmten Tagen den Andachtsübungen *(ḏikr)* beiwohnt, bis zum Gelegenheitsbesucher ist fließend;

– es fehlten feste, den Alltag der Konventualen regelnde Bestimmungen.

Es kommt also darauf an, verschiedene Grade der Zugehörigkeit zu einem ‚Konvent' (ein angemesseneres Wort als ‚Kloster', mit dem sich die Vorstellung der Abgeschlossenheit hinter hohen Mauern verbindet) auseinanderzuhalten. Gleichzeitig ist der Familienstand des Leiters der Gemeinschaft und natürlich auch der Brüder selbst zu bestimmen. Wenn man bedenkt, wie stark die Nachfolge im Scheich-Amt von der Existenz von Söhnen bzw. Schwiegersöhnen abhing, wird die Bedeutung der Zölibatsfrage sichtbar. Blieb ein Konvent im Familienbesitz, war er weniger staatlichen Ansprüchen oder religiösen Parteiungen ausgesetzt als bei häufigen Umorientierungen.

Zölibatäre Männergemeinschaften im mamlukischen Kairo

Der marokkanische Reisende Ibn Baṭṭūṭa hat die frühesten Beschreibungen zölibatärer Männergemeinschaften im mamlukischen Kairo des Jahres 1326 geliefert. Er spricht von ehelosen Brüdern und verheirateten. Letztere verbrachten, vermutlich während bestimmter Zeiten, ihre Nächte in eigenen Konventen *(Khānaqāh).*

Armut und Ehelosigkeit als Provokation der Frommen: die *kalenderiyye*

In den bewegten Zeiten nach der mongolischen Invasion des Orients (Fall Bagdads 1258) traten alleine oder in Gruppen Wanderderwische auf, die im allgemeinen zölibatär lebten und für die sich im mamlukischen bzw. osmanischen Westen die Bezeichnung *qalandar (kalender)*

Bei Tanzenden Derwischen, hier eine timuridische Miniatur aus dem Iran (um 1490), handelt es sich nur um eine kleine, auch von ihren eigenen Glaubensbrüdern oft kritisch angesehene Gruppe von Männern. Es fällt auf, daß diese Tanzenden Derwische keine einheitlichen Kostüme tragen. Der Tanz ist sehr bewegt, Turbane und Turbanschärpen liegen auf dem Boden, mit einigen in Trance gefallenen Tänzern befassen sich Gehilfen, rechts im Bild stehen die Musikanten. Rogers Fund 1917. Foto: Metropolitan Museum of Art, New York.

einbürgerte. Ihr Äußeres war so auffällig, daß sie in zahlreiche europäische Reiseberichte eingingen: Völlig kahlgeschoren (unter Einschluß der Augenbrauen und des Schnurrbarts), halbnackt und mit merkwürdigen Musikinstrumenten ausgestattet, erinnerten sie mehr an moderne indische *sadhus* denn an würdige *Sufi*-Scheiche der türkisch-islamischen Sphäre.

Die *mevlewiyye*-Bruderschaft als ‚Dachorganisation' für die späte *kalenderī*-Bewegung?

Man kann im Anschluß an die türkische Forschung von Mehmet Fuat Köprülü über Abdülbâki Gölpinarli bis zu A. Yaşar Ocak vermuten, daß den *kalenderī*-Derwischen im dreizehnten Jahrhundert von den Zeitgenossen und Nachkommen Dschalāl ad-dīn Rūmīs mit großem Respekt begegnet wurde. Sie gaben sich bewußt der öffentlichen Verachtung preis, indem sie das in Khorasan (Nordost-Iran) des zehnten Jahrhunderts geborene Prinzip der *malāmat* in der Verbindung von Zölibat und Armut pflegten.

Zwischen der Mitte des fünfzehnten Jahrhunderts und der Herrschaft Süleymāns des Prächtigen (1520–1566) entstehen allerorten als ständige oder vorübergehende Wohngemeinschaften des ‚internationalen' Männerbundes der *kalenderiyye* sogenannte *kalenderhāne*. Selbst in der osmanischen Hauptstadt weist der Eroberersultan Mehmed II. eine griechische Kirche den *kalender*-Derwischen zu, welche „sich mit dem Schwert der Enthaltsamkeit von dem Pomp der vergänglichen Welt getrennt haben und nun gleich Spinnen [!] selbstgenügsam, jeder in seiner Ecke, mit frommen

Die türkischen Tanzenden Derwische hatten – zumindest in späterer Zeit, wie dieser Stich von J. Folkema nach einer Zeichnung von Picart aus Istanbul 1731 (Amsterdam 1739) belegt – regelrechte Tanzkostüme, die den heute verwendeten ähneln. Der Mevlevi-Orden der Tanzenden Derwische, vom Sohn des großen mystischen Dichters Rumi gestiftet, spielte im Kulturleben des Osmanischen Reiches eine wichtige Rolle. Foto: Bildarchiv Preussischer Kulturbesitz Berlin.

Übungen beschäftigt sind". Die dermaßen beredte Stiftungsurkunde nimmt ausdrücklich Bezug auf die *mevlewiyye*, indem sie die Lesung des „*Mathnavī*" (Rūmīs Hauptwerk) und typische Musikinstrumente vorschreibt. Das Istanbuler *kalenderḫāne* wurde unter ungeklärten Umständen noch vor 1500/01 in eine Moschee umgewandelt. In der Provinz werden aber weiterhin, so in der anatolischen Stadt Larende/Karaman, *kalenderḫāne* gestiftet. Jedenfalls scheinen die *kalender*-Derwische eine Zeitlang so etwas wie einen radikal-asketischen, das heißt natürlich auch zölibatären Zweig oder Flügel der *mewleviyye* ungeachtet der oben zitierten Distanz des ‚Ordenspatrons' – nicht Gründers! – der Gemeinschaft zum ‚Mönchtum' gebildet zu haben.

Die *bektaschiyye* und ihr Junggesellen-Flügel

Während in den meisten islamischen Bruderschaften jedermann gleichsam nach seiner Façon mit einer, mehreren oder gar keiner Frau selig werden konnte, haben sich nur bei den *bektaschīs* eigene Aufnahmeriten und Organisationsformen für zölibatäre Brüder bis ins neunzehnte Jahrhundert erhalten. Die *bektaschīs*, die eine freiwillige Beitrittsgemeinschaft bilden, kennen bei der Initiation dieser Gruppen ein eigenes Ritual *(mücerred ayini)*. Es ist verbunden mit der erwähnten Rasur des gesamten Kopfhaars und dem Anbringen eines (früher von zwei?) Ohrrings als Symbol der Abtötung aller fleischlicher Begierden. Nur ein Bruchteil der bekannten *bektaschi*-Konvente in den europäischen und asiatischen Provinzen war mit *fulltime*-Junggesellen besetzt. Neben einer Abteilung des ‚Mutterklosters' von Hacibektas unter einem *mücerred babasi* sind Dimetoka in Thrakien (Kízíldere), Kaygusuz in Kairo, Kerbela und vielleicht noch ein Ort in Thessalien anzuführen.

Daß die *bektaschīs* mit dem sicherlich schlagkräftigsten, in den ersten Jahrhunderten ebenfalls zölibatären Männerbund der Geschichte, dem Janitscharen-Korps, das ist die stehende Armee des Osmanenstaats, eng verbunden waren, sei nur am Rande erwähnt.

Eine zölibatäre Mönchsgemeinschaft im Istanbul des 18. und 19. Jahrhunderts

Überraschenderweise gründete noch 1743 ein hochrangiges Mitglied der osmanischen *ʿilmiyye* (Gesamtheit der *medrese*-Lehrer und Richter) einen Konvent, der unverheirateten Scheichen vorbehalten war. Es handelt sich um das *kalenderḫāne* im Istanbuler Wallfahrtsort Eyüp. Als Abdullah Kaşgarī, ein zentralasiatischer *nakschbandī*-Scheich, für den die Stiftung erfolgt war, den Wunsch nach Verehelichung verspürte, verließ er sein *beneficium*, um sich wenige hundert Meter weiter durch eine andere hochmögende Persönlichkeit ein neues *tekye* (Derwisch-Konvent) – diesmal ohne einschränkende Stipulationen – bauen zu lassen. Als Begründung gibt der Verfasser der „Ḥadīqat'l-Cevāmi" an, der Scheich sei „fähig gewesen, sich zu

Heute haben die Tanzenden Derwische – auf den Bildern eine Gruppe von 32 Derwischen aus Konya, dem Gründungsort der Bruderschaft in der Türkei, auf einer Tournee durch Deutschland – durchweg das gleiche weiße Kostüm, dessen Rocksaum versteift und beschwert ist, damit es bei der Drehbewegung des Tänzers weit schwingen kann. Die Mitglieder der Bruderschaft durften heiraten, nur ein radikal-asketischer Zweig von Wanderderwischen lebte früher zölibatär. Foto: Keystone Pressedienst Hamburg.

verehelichen und Nachkommen zu erzeugen". Es fragt sich, ob man daraus nicht eine Kritik am selbstgewählten Zölibat von ‚intakten' Männern herauslesen darf.

Männerbünde oder familiäre Hausgemeinschaften?

Um 1870 wurden in Istanbul 1826 ‚Vollzeit-Derwische', die ständig in einer Zelle *(ḥücre)* lebten, registriert. Ihnen stand eine überhaupt nicht abschätzbare Zahl von Anhängern (‚fans' – *muḥibbān*) gegenüber. An der Schwelle zum Ersten Weltkrieg schätzte ein kompetenter osmanischer Derwisch-‚Funktionär' ihre Zahl auf 60000. Bei über dreihundert Konventen in der Stadt fühlten sich durchschnittlich 200 Personen einem bestimmten Scheich verbunden. Dabei bildeten die *nakschbandī*-Derwische die größte Gruppe unter den ‚hauptamtlichen' Derwischen. Ihr schon genanntes *kalender-ḫāne* in Eyüp hatte dreißig Insassen. Mit Ausnahme der großen *mevlevī*-Konvente waren fast alle anderen Istanbuler Derwisch-Gemeinschaften ‚Familienbetriebe' mit durchschnittlich vier bis sieben Mitgliedern im vergangenen Jahrhundert. Man darf sich vorstellen, daß ein nicht geringer Teil der ‚Brüder' neben der Scheich-Familie im *de-facto*-Zölibat lebte. Die große Mehrheit der Derwisch-Scheiche war gewiß verheiratet. Die weiblichen Angehörigen der Scheichfamilie lebten in der ‚Dienstvilla' (osman-türk. *meş-rūṭa-ḫāne*) des Konvents. An den

kultischen Übungen *(dhikr)* der Derwische nahmen sie als eher passive Zeugen in sichtgeschützten Logen teil. Auch gab es rein weiblich zusammengesetzte mystische Gemeinschaften (pers.-türk. *bāciyān*).

Der Derwisch-Konvent als Männerhaus

In grober Verallgemeinerung darf man von einem versteckten Zölibat im neuzeitlichen Islam sprechen. Ein deutscher Kaufmann, der lange Jahre (1656–1663) in Aleppo verbrachte, hat es mit folgenden Worten beschrieben: „Es ist auch sonsten ein andere Sect die sie Dreuisch nennen, dieße leben gleich formig als München haben auch ihre Geordnete Clöster mit sauberen vndt artlichen Cellen, darinen sie Keine Weiber gehen laßen noch dörffen sich auch Verheurathe wetter mit Weibern Zu thun haben" (Aigen 1980).

Junggesellen-Dasein ohne Askese: ‚Enderūnlu' Fāzil

Die letzte kritisch-ironische Reflexion über Sinn und Nutzen des Ehestandes eines osmanischen Intellektuellen an der Schwelle zur Neuzeit verdanken wir dem 1810 in tiefem Elend verstorbenen Dichter ‚Enderūnlu' Fāzil (1837). Der Autor, selbst ein ausgewiesener Kenner von Frauen (und Knaben), kommt zu dem Schluß: „Du hast dich aus Bequemlichkeit in die Verrücktheit der Ehe geflüchtet. Hier erwarten dich tausend Mühsale, und Klagen sind dir nicht erlaubt. Der Lebenskünstler vermeidet diese Falle und hält sich fern von dem drohenden Abgrund. Wenn er eine Geliebte hat, verbringt er noch lange nicht Tausend-und-eine-Nacht mit ihr. Weisheit spricht für den Stand des Junggesellen. Jesus hat sich für ihn entschieden. Er bedeutet Freiheit und Kraft. Freilich erzeugt Erfahrung Gewohnheit, und die Nacht den Wunsch nach dem Tag. Auch unsere Väter kosteten Süßigkeiten, und Familien sind notwendige Einrichtungen."

Ehe als Askese

Abschließend seien die Gedanken eines persischen Derwisch-Scheichs zitiert, weil sie einer verbreiteten Position des jüngeren Islam in Iran und der Türkei ebenso gerecht werden wie in der arabischen Welt:

„Armut und Derwischtum sind das Abschneiden der Bindungen des Herzens vom Nichtgöttlichen und die Hinkehr zur Welt des Losgeschältseins *(tadscharrud);* den Leib läßt man inmitten der Menschen, und das Herz hält man von ihnen fern. (Das Derwischtum) steht nicht im Widerspruch zur Ehe und zum Heiraten; vielmehr ist die Ehe islamische *Sunna* ... Das Alleinsein ist nicht erlaubt, außer im Notfall. Beim Heiraten darf man nicht auf das Vermögen und die Schönheit der Frauen schauen, die vergehen, ja selbst ihr erworbenes Wissen ist allein nutzlos. Auf den Adel ihres Wesens, auf ihre Frömmigkeit, ihre Keuschheit, Sittsamkeit und ihr würdiges Auftreten muß man achten, und auch darauf, daß sie keine ansteckende Krankheit hat; ferner auf die Kinder, durch die das Menschengeschlecht fortbesteht und die das Ziel der Ehe sind... Da nur selten jemand gerecht zu sein vermag, bringen mehr Frauen als eine nichts als Plage, es sei denn, es ginge nicht anders und die Umstände zwängen dazu. Die Verstoßung der Frau mißfällt Gott und den Menschen, und auch der Prophet billigt sie nicht, es sei denn, es ginge nicht anders. Heilsamer als die Verstoßung ist das geduldige Ertragen der Lästigkeiten der Frauen, solange es geht" (Gramlich 1976: Bd. 2, 451).

Diese kurze Betrachtung wurde durch die berühmte Stelle des Korinther-Briefs eingeleitet, in der Paulus über die Ehe und die Ehelosigkeit handelt. Es hat sich gezeigt, daß die ältere islamische Tradition nicht weit von Vers 38 desselben Kapitels steht: „Demnach, welcher verheiratet, der tut wohl; welcher aber nicht verheiratet, der tut besser." J. Calvin (1509–1564) hat noch zu einer durchaus im Sinne der großen islamischen Mystiker und Theologen des Mittelalters passenden Auslegung von 1. Kor. 7,38 gefunden, wenn er sagt, daß der Zölibat die Freiheit für einen unbehinderten Gottsdienst schaffe. Für die Mitglieder der islamischen Bruderschaften war Ehelosigkeit in vielen Fällen gegeben, auch wenn Regelwerke, die zur *virginitas* verpflichten, fehlen. Dagegen beweisen zahlreiche Quellen, daß sowohl heterodoxe *Sufi*-Gemeinschaften in der Nachfolge der spätmittelalterlichen *kalenderiyye* als auch Derwisch-‚Orden' sunnitischer Observanz wie die *nakschbandiyye* zölibatäre Zweige bzw. Konvente, deren Scheichs an das Zölibat gebunden waren, unterhielten. Erst in den letzten hundert oder hundertfünfzig Jahren verstummen in der islamischen Welt die Kritiker des Ehestands. Der Reformismus des 20. Jahrhunderts lehnt die Vielehe ebenso entschieden ab, wie er die strenge Askese zurückweist. Tor Andræs Bemerkung, „Bei der hohen Schätzung des ehelichen Lebens von seiten des Propheten und seiner Genossen ist es gerade zum Verwundern, daß die enkratische [enthaltsame] Auffassung sich auch im muslimischen Asketismus so weit vorgewagt hat, als dies tatsächlich der Fall ist", spiegelt die hier skizzierte Unsicherheit bei der Einschätzung islamischer sozialer Normen (1931: 296ff.).

Anmerkung

Zur problematischen Literaturlage zum Thema vgl. ‚Bibliographische Notiz' im Literaturverzeichnis.

Die Assassinen

Claus-Peter Haase

Die Assassinen waren im 11. und 12. Jahrhundert eine ismailitische Sekte in Syrien, Palästina und Iran mit politischem Anspruch, entstanden in Opposition zu Sunniten und Schiiten unter Führung von Scheich Hasan-e Sabbāḫ, der als Theologe und Philosoph seiner Zeit hoch anerkannt war. Er zog sich mit seiner Gefolgschaft (die nächsten Verbündeten bildeten die Gruppe der *Fedāiyīn*, das heißt, der sich Aufopfernden) in die nordöstlichen Gebiete des Iran zurück (Hauptburg war Alamut), um von dort aus sein religiöses Ideal zu verwirklichen, gemeinsam mit von ihm ausgebildeten Jünglingen. Über das innere Leben der Gruppe weiß man wenig, nur die spektakulären Attentate, die auf hochstehende Persönlichkeiten aus Politik und Religion von seinen, das Imām-Ideal (unbedingter Gehorsam bis zum Märtyrertod) verwirklichenden Gefolgsleuten ausgeführt wurden, gaben Anlaß zu zum Teil abenteuerlichen Berichten. Die Zerstörung der Burg Alamut 1257 führte zur Auflösung der Sekte um den ‚Alten vom Berge'.

Terrornachrichten machen stärker gruseln als Berichte über gewöhnliche Morde und Kriegsgreuel. Selbst die von Medienüberreizung abgestumpften Sinne würden sich bei solchen Details empören:

Unter die Angestellten des stark bewachten, privat völlig abgeschirmten hohen Politikers, eines Pferdenarren, wird noch ein als Pferdekenner ausgewiesener junger Mann eingereiht; erst nach längerer Zeit begegnet er bei einer Pferdeschau, auf der er das Staatsgeschenk für einen befreundeten arabischen Emir auszusuchen helfen sollte, dem Minister persönlich und sticht ihn sofort mit einem Dolch nieder.

In einer persischen Stadt ermorden drei Jugendliche den Polizeipräfekten und dringen waffenschwingend und Parolen schreiend in das Haus eines Politikers ein. Sie strekken einen seiner Hausangestellten nieder, als sie ihn selbst nicht finden, und flüchten durch die Straßen, Bürger bewerfen sie von den Dächern mit Steinen und lynchen sie langsam, während sie schreien, sie seien *Fedāiyīn* und stürben für ihren Führer.

In Chinon in Frankreich werden im Gefolge des britischen Monarchen gleich 15 junge Leute enttarnt, die angaben, im Auftrag des französischen Widerstands haben morden wollen. Man glaubt, sie gehören zu einer Gruppe oder Bande aus Syrien bzw. Iran.

Die Berichterstatter schoben diese ausgeklügelten, kaltblütigen Attentate in allen Fällen derselben Organisation in die Schuhe und nannten sie ‚Assassinen'. Europa und der gesamte Orient, Muslime und heidnische Mongolen von Nordafrika bis weit nach Zentralasien zitterten anderthalb Jahrhunderte lang im Mittelalter vor der gänzlich unberechenbaren Gefahr, die von jenen winzigen Todesschwadronen ausging und gegen die offenbar keinerlei Sicherheitsvorkehrungen ausreichten. Wendig und anpassungsfähig verstanden die jungen Männer es, in Verkleidung, Vielsprachigkeit und beruflich spezialisiert ganz unterschiedliche Gesellschaften und Länder zu unterwandern und unerkannt ihren geheimen Zielen zuzuarbeiten – und das zu einem Zeitpunkt, da das politische Klima durch den militärischen Gewaltakt der Besetzung Palästinas und weiter Teile Syriens durch die Kreuzfahrer ohnehin zum Zerreißen gespannt war. Zwar verhinderte der internationale Konflikt nicht das Fortschwelen alter und Aufflammen neuer interner Konflikte auf beiden Seiten – doch wurden diese bis dahin so konventionell ausgetragen, daß die Gegnerschaften durch öffentlich bekannte Persönlichkeiten und Forderungen manifest waren. Attentate gehörten dabei durchaus zu den Methoden der politischen Auseinandersetzung, und gewöhnlich verband man den Mörder mit der Partei des oder der politischen Gegner.

So ist es wohl nur der überhitzten politischen Großwetterlage zuzurechnen, daß die Nachrichtenorgane in jenem Fall der verhinderten fünfzehn Attentäter an Richard Löwenherz bei Chinon (1195) diese für orientalische Fanatiker hielten – der bedrängte französische König hatte natürlich selbst Personal – und Grund – genug, solche Unerschrokkenen auszusenden, die sich ‚für ihn aufopferten'.

Oder waren die Berichte von unheimlichen Polit-Morden im Orient so faszinierend, entsprachen sie schon damals so sehr dem Klischee der verworrenen orientalischen Szene, daß der Name, den die Kreuzfahrer in Syrien für die stets vermuteten und belasteten Attentäter hörten, bereits zum Begriff geworden war? *Assassin* – nur einem ‚gedungenen Mörder' glaubte man genügend Skrupellosigkeit und Frechheit für besondere Mordaktionen zutrauen zu können. Wir glauben, daß hier eher eine Entwicklung der ‚Nachrichten'-Sprache im Europa jener Zeit zu Begriffsveränderungen geführt hat und jener rein kriminalistische Wortsinn, etwa im Französischen und Englischen, erst üblich wurde, als die geheimnisvolle Gruppe politisch bereits überwältigt und erledigt war.

Also nahm man die Berichte aus dem Orient über die Assassinen für manch unerklärliche Ereignisse in Anspruch: Man verstand jene Leute nicht, wußte sie politisch und ideologisch nicht einzuordnen – derartige Außenseiter konnten bei Christen wie Muslimen nur als durch magische Kräfte Verschworene, als kriminelle Bande gelten, die nichts als Unheil bringt.

Die Erkenntnisse fügten sich scheinbar nahtlos zusammen: In den Kreuzfahrerreichen brachte man in Erfahrung, hinter den Morden stehe eine geheime Organisation, deren fast einziges Identifikationsmerkmal der blinde Gehorsam gegenüber einem Führer sei, dem geheimnisumwitterten ‚Alten vom Berge'. Mit Magie, übernatürlichen Fähigkeiten und jenseitigen Verheißungen verführe er junge Männer zu fanatischer Ergebenheit und Selbstaufopferung im Dienste seiner im übrigen unbekannten, das heißt unlauteren Ziele. Das von unwiderstehlicher Magie geprägte Verhältnis des Führers zu seiner Gruppe, die unnatürliche Hörigkeit der ‚Jünger' des Alten vom Berge wurde sprichwörtlich, so daß Minnesänger es als Bild für ihre ritterliche Hörigkeit und den Liebesdienst an ihrer Dame verwendeten (Chambers 1949).

Es ist bezeichnend, daß in der Ausschmückung der dürren Angaben über die Gruppe oder ‚Bande' Europa und der Orient auseinandergehen, obwohl beide Seiten allmählich sogar direkte Kontakte und diplomatische, friedliche Begegnungen mit ihr hatten. Wir müssen die nur in Europa verbreiteten und die – in späterer Zeit dann zum Teil doch auf knappe authentische Quellen aus dem Zentrum der Gruppe zurückgehenden – orientalischen Nachrichten getrennt betrachten, auch wenn beide Seiten nicht wirklich um Aufklärung bemüht schienen. Zu unterschiedlich sind die Interessen und Phantasien, die hier und dort zu allen Zeiten, auch noch in der wissenschaftlichen Betrachtung und damit bei uns selbst, die Darstellung steuern.

Die Berichte

Vor allem die Mittel, mit denen der Führer der Gruppe operierte, standen im Brennpunkt des Interesses. Hier wurde mit Andeutungen, die nicht von allen Hörern und nicht zu allen Zeiten verstanden zu werden brauchten, nicht gespart. Der Chronist Arnold von Lübeck schildert, wie der Alte vom Berge es verstehe, seine Anhänger zu betören (Lewis 1967: 2f.). Er sei für sie Gott, und was er ihnen für ihren Dienst an ihm verheiße, entspricht blasphemischer Göttlichkeits-Anmaßung: In zauberischen Träumen voller Wonnen und Vergnügen verschaffe er ihnen einen Vorgeschmack auf das Paradies, das sie endgültig erlangen würden, wenn sie für ihn in den Tod gingen. Am verdienstvollsten sei es für sie, das Blut anderer Menschen zu vergießen – er gebe ihnen dafür Messer und einen Zaubertrank, der sie ekstatisch, entrückt mache – und dafür im Rachevollzug zu sterben.

In der Sprache wird deutlich, welche Verirrungen und Tendenzen Arnold der Gruppe zutraute. Die Hörigkeit der jungen Anhänger und die Vorfreuden eines künstlichen Paradieses kehren in allen europäischen Darstellungen wieder, ohne daß man zwischen einer Gruppe und Untertanen eines Herrschers unterschied. Noch nach dem Ende dieser seltsamen politischen Herrschaft berichtet der Venezianer Marco Polo, reisender Kaufmann mit Nachrichtenauftrag, von diesen Zaubereien, nachdem er 1273 als erster bei der zerstörten Hauptburg Alamut des geheimnisvollen Alten in Nord-Persien vorbeigekommen war. Er beschreibt den Burggarten als jenes Pa-

Die zwischen Aleppo und Damaskus gelegene Burg Masyaf war von 1130 an ein Hauptsitz der Ismailiten. Der ‚Alte vom Berge', der legendäre Anführer der Assassinen, hatte hier und in Qadmus seine Residenzen. Vorher war Masyaf kurzzeitig von den fränkischen Kreuzfahrern besetzt. Die Legendenbildung um die Assassinen wurde von Marco Polo begründet, der 1273 die zerstörte ismailitische Hauptburg Alamut in Nord-Persien besuchte und die phantastischen Schilderungen der Bevölkerung aufzeichnete. Foto: ISPA 1933.

radies, aber er konnte oder wollte nicht mehr die fabelhaften, angsterfüllten Schauergeschichten der Nachbarn ergründen, in denen von Todessprüngen der Jünglinge nach launenhaften Befehlen des Führers, Verkleidungskünsten und dem Fehlen von Frauen in der Gemeinschaft die Rede ist.

Die persischen Historiker sind weniger an der engeren Gruppe als an dem politischen Gebilde interessiert, das in Iran und Syrien unzusammenhängende Gegenden zu einem kleinen Reich verband und sich hauptsächlich auf eindrucksvolle, strategisch höchst wirkungsvoll gelegene Bergfesten stützte. Es wird eine zu Beginn starke Bewegung geschildert, die sich ganz von den herrschenden politischen und religiösen Systemen und Institutionen absetzen wollte. Nach knapp einer Generation hatte sie sich aber selbst zu einem Staatsgebiet mit Untertanen entwickelt, die auf herkömmliche Weise sich ernähren und verteidigen mußten. Außenpolitische Ereignisse, das Erstarken neuer, türkischer Herrscher im arabisch-persischen Raum und schließlich das Vordringen der Mongolen, die alle bisherigen politischen Kräfte im östlichen islamischen Gebiet auslöschen sollten, zwangen den Führer der Bewegung, Ḥasan-e Sabbāḥ, und seine insgesamt sieben Nachfolger zu diplomatischen Kontakten mit manch einer der Mächte, die sie durch gezielte Provokationen, Morde, Überfälle und Erpressungen hatten treffen wollen.

Die revolutionäre Kraft der Bewegung war durch doktrinäre Volten und politisches Lavieren dahingeschmolzen, der politische Zauber war verflogen, ehe er für die Europäer entzaubert worden war, und man hat in Europa jene kleinen Gesandtschaften aus der fernen Bergfeste an französischen und englischen Höfen, die 1238 zur Allianz gegen die Mongolen aufriefen, wohl gar nicht mit der verselbständigten Legende vom alten Magier und seinen zu Morden verführten Jünglingen in Verbindung gebracht.

Die Bezeichnungen ‚Assassinen' und ‚Alter vom Berge' scheinen die Europäer nur in Syrien gehört zu haben (es gibt keine persischen Belege dafür), die Quellen erwähnen sie unter dem Namen der Ismailiten-Religionsgemeinschaft, auch als Bāṭiníten (‚Leute des inneren Sinnes', Esoteriker) oder genauer noch *Nizārīs* nach einer Abspaltung von der Hauptgruppe im damaligen Ägypten. Schon das Äußere wird für diese Zuordnung angegeben: Sie trugen die ismailitische Tracht der weißen Gewänder und roten Schuhe sowie rote Kopfbedeckung.

Wir müssen etwas weiter ausholen, um diesen Zusammenhang zu erläutern und um die Furcht der gesamten etablierten islamischen Gesellschaft, Militär und Bürger, Politiker und Klerus zu verstehen, die Furcht vor persönlichen Bedrohungen und Unterwanderung durch eine neue Kraft in zwei ohnehin konkurrierenden Systemen, dem abbasidischen Kalifat von Bagdad und den schiitischen Gemeinden einschließlich des fatimidischen Kalifats von Kairo, von dem sich Ḥasan-e Sabbāḥ politisch und ideell losgesagt hatte.

Die Opposition zur herrschenden Ordnung

Die Kalifen beanspruchten jeweils die umstrittene Nachfolge des Propheten Mohammed als Führer der islamischen Gesellschaft. Dabei rivalisierten von Beginn an zwei Vorstellungen im politischen wie im religiösen Verständnis dieses Amtes: Die Sunniten, Anhänger des abbasidischen Kalifats, folgten einer Dynastie, die sich als entfernte Verwandte des Propheten legitimierte und als oberste Repräsentanten gebildete, zum Herrschen erzogene Männer wählen ließ. Politisch zwar schwach geworden, blieb es für die äußerst differenzierte Gesellschaft des islamischen Riesenreichs die pragmatische Repräsentationslösung, die auch gemäßigten, bescheidenen spirituellen Ansprüchen genügte.

Die Schiiten, die ‚Partei' ᶜAlis, des Cousins und Schwiegersohnes des Propheten, somit Anhänger der engsten Prophetenfamilie, bildeten demgegenüber die ‚ständige Opposition' mit allen denkbaren psychologischen und sozialen Folgen der blutigen Unterdrückung ihrer Ansprüche; ihre Gemeinde hatte damit eine hohe Attraktivität für die Schwachen und Unterprivilegierten, für Randgruppen, Querdenker, Schwärmer und notorische Opponenten. Dazu gehörte auch die Tendenz zu noch stärkerer Zersplitterung, wann immer neue Führer sich auf neue Oppositonsmerkmale zu berufen verstanden. ᶜAli und seine Nachkommen werden als ‚Imāme' in Konkurrenz zu allen anderen Führern gestellt und als fast übermenschliche, vollkommene Wesen verehrt.

Ihr Hauptzweig ist in Iran heute Staatsträger und -religion. Für ihn endet die Reihe der Imāme mit dem 12., der als Kind in die ‚Verborgenheit' entrückt worden war und von dort eine mystisch zu nennende Macht ausübt. Nur in Träumen soll dieser sich auserwählten Geistlichen offenbaren, die seine Lehre weiterreichen. ᶜAli kommt eine besondere Rolle zu als ‚Helfer' des Propheten Mohammed, er kann den inneren Sinn der Offenbarung deuten und als Lehre weitergeben. Es gelingt den Schiiten, sich ihre Führer als spirituelle, in die Ewigkeit führende Kräfte über den rein diesseitigen, in Zeit und Raum gebundenen Staatsmännern der herrschenden Gesellschaft vorzustellen.

Nur in kurzen Perioden waren schiitische Führer auch politische Machthaber, meist lebten sie in der inneren Emigration, bei Gefahr auch in der Verstellung und Leugnung ihrer eigentlichen Vorstellungen und Lehren. Man sah sich gezwungen, unverstanden unter lauter Sündern, die die Gesetze der Religion brachen, zu leben und mehr oder weniger im Geheimen die wahre Lehre von der spirituellen Einheit alles Geschaffenen und der Lenkung der Imāme bis zum Jüngsten Gericht zu bewahren und sich nach den besseren Verhältnissen im Jenseits zu sehnen.

Von der schicksalsergebenen Hauptgruppe spaltete sich früh eine Reihe extremer Richtungen ab, darunter die der Ismailiten, die mit den Nachkommen Ismails eine andere Folge ab dem 7. Imām bevorzugten und sich ihre Führer nur zeitweilig in der Verborgenheit dachten. Ihre Imāme gründeten im 10. Jahrhundert das Fatimiden-Kalifat in Nordafrika und Ägypten. Offenbar verbanden sie mit dem *coming out* millenaristische Erwartungen, der wahre Führer der Gemeinde sollte das Ruder ergreifen, um seine Anhänger durch die Kämpfe und Prüfungen der Letzten Tage und das Jüngste Gericht zu leiten. Wenn auch viele Bereiche ihrer esoterischen Lehre geheim blieben, wurde neben theologischen und philosophischen Spekulationen ihre Imāmatsvorstellung an Akademien – wie der von ihnen gegründeten Azhar-Universität in Kairo – und in Lehrschriften so konsequent verbreitet, daß ismailitische Tendenzen für Denker und Theologen zunehmend an Überzeugung gewannen. Die Bevölkerung wurde durch ein in der islamischen Welt einmaliges, gut organisiertes Missionswesen weit über die ägyptischen Grenzen hinaus, bis in den Irak und nach Iran, auf die zeitgemäßen Notwendigkeiten dieser Lehre vorbereitet.

Aber stets wenn die endzeitlichen Verheißungen nicht eintrafen und die strengen Lehren und Verhaltensvorschriften auf Dauer drükkend wurden, bröckelte die Anhängerschaft ab. Die ismailitischen Fatimiden hatten das Geschick, über eine Mehrheit sunnitischer Bevölkerung zu regieren. Im politischen Alltag, unter den Reibereien gesellschaftlicher Gegensätze, vergingen die idealen Ziele einer besseren Welt unter gerechterer Herrschaft. Nach Erbfolgestreitigkeiten (1094) verblieb die Hauptlinie (in Indo-Pakistan *Bohra* genannt) nur noch kurze Zeit in Ägypten, arangierte sich schließlich mit bürgerlichen Kreisen von Indien- und Afrika-Kaufleuten und lebt bis heute friedlich in der Lehre der ‚Alten Schule'.

Die oppositionelle Minderheit der *Nizārīs* wird in den Quellen und in der Forschung als die radikale, extremistische ‚Neue Schule' geschildert, die im Kampf zu retten suchte, was an gesellschaftlichen Idealen übrig war. Heute sind auch sie verbürgerlicht, in Randgebiete des Islams abgedrängt; im britischen Indien lernten sie Reichtum und Fortschrittlichkeit als Nahziele anzustreben und sehen in ihrem Oberhaupt und Imām, dem Agha Khan, wohl nicht ungern ein Mitglied des britischen Hochadels.

Die *Fedaiyin* im Mittelalter

Der Scheich Ḥasan-e Sabbāḥ, der ‚Alte' der Europäer, geboren um die Mitte des 11. Jahrhunderts im von jeher schiitischen Ghom, war von fatimidischen Missionaren in Nordiran zur ismailitischen Lehre bekehrt, fühlte sich bei einem Kairo-Aufenthalt vom Hofstaat des derzeitigen Imāms so abgeschreckt, daß er sich sogleich den neuen Abtrünningen, Anhängern des gerade ermordeten Nizar, anschloß und dessen schwangere Konkubine (nach andern das bereits geborene Kind) nach Iran entführte. Innerhalb kurzer Zeit sammelte er dort unter Schiiten, Millenaristen, unzufriedenen Feudalherren und ländlicher, vermutlich armer Bevölkerung genügend Anhang, um im Namen des nie vorgezeigten Imāms eine eigene Herrschaft zu gründen. In entlegenen, untereinander nicht verbundenen Regionen Nord- und Ost-Irans, in den Berglandschaften nahe des Kaspischen Meeres und nahe der heutigen afghanischen Grenze, zeitweilig auch in der iranischen Golfregion und in Syrien gewann er, teils durch verdeckten Ankauf, die berühmten Bergfestungen, die in ihrer symbolhaften Unzugänglichkeit und Unberührbarkeit (‚*Alāmut*' heißt Adlernest) vielfach bedeutsam sind.

Viele Talente scheinen in der Person Ḥasans vereint – neben geistigen, theologisch-philosophischen auch strategische und eine verblüffende Menschenkenntnis, das sichere Gespür für Effekte, für Erfolg bei sparsamsten Einsatz. Dies können wir den persischen Quellen entnehmen, die sich in Zitaten auf seine nicht erhaltene Autobiographie und andere ismailitische Quellen berufen. Mit Befremden benutzen die Historiographen die erst bei der Eroberung der Bergfeste erbeuteten Schriften.

Der allseitigen – geistigen und physischen – Abgrenzung nach gründete Ḥasan eine Sekte mit politischem Anspruch. Er sorgte gleichzeitig für eine eng auf seine Person oder den versteckt gehaltenen Imām zugeschnitte Gefolgschaft, jene Gruppe der *Fedāiyīn*, und für eine normale Bevölkerung an verschiedenen Plätzen, die sie versorgen mußte.

In seine Hauptfestung Alamut soll er sich 1094 für die mehr als 30 Jahre seines noch verbleibenden Lebens eingeschlossen und sein Haus darin nur zweimal verlassen haben. Jungen aus den umliegenden Dörfern soll er hervorragend erzogen und in vielen Sprachen und Fähigkeiten ausgebildet haben, sie bildeten jene ihm bis zur Selbstaufgabe hörige Gruppe, wie ihr arabischer Name *fidâiyûn*, „die sich Aufopfernden", ausdrückt. Das ist der historische Vorgänger der in Europa mit Schauder bedachten, berüchtigten palästinensischen *Fedāiyīn* und mancher Fanatiker eines mutig-trotzigen, nicht immer religiös motivierten, politischen Aktionismus.

Die Selbstbezeichnung der *Fedāiyīn* als ‚Haschisch-Benutzer' steht nicht im Einklang mit der in Europa üblichen der ‚Assassinen', die vielmehr auf eine abschätzige Charakterisierung durch ihre Gegner zurückgeht. Die Kreuzfahrer hatten den Namen vermutlich in Syrien gehört, dessen richtige Bedeutung ‚Haschischanhänger' in Europa unbekannt blieb. Erst Forschern des 19. Jahrhunderts blieb es vorbehalten, ihre Phantasien so weit ausschweifen zu lassen, daß sie im Haschisch-Rausch die Ursache und das Vehikel zur Durchführung jener schändlichen Mordtaten gegen die etablierte Ordnung erkannten.

Ein neuerer Forscher (Lewis 1967: 9) unterstellt der abendländischen Faszination Relikte von heidnischer Ethik und die insgeheime Billigung von Mord als politischem Instrument. In gewagter Geschichtsbild-Wiederholung und mit dem deutlich anklingenden Bezug zu den vermuteten Drahtziehern von Terrorakten der Gegenwart zieht er anonym all jene Staatstheoretiker in die Schauderecke, „die der nackten Logik der Gewalt das schamhafte Gewand der Ideologie überzogen". Dieses Bild steht im Einklang mit Hammers verbreiteter Assassinen-Monographie (1818), die in einer Philippika gegen Templer, Jesuiten, Illuminaten, Freimaurer und Königsmörder der französischen Revolution gipfelte.

Aber vorrangig blieb die Geheimhaltung der Gruppenbildung und ihrer Lehre. So wissen wir außer dem europäischen Echo der orientalischen Legenden nichts von den Gründen und Riten jenes *Fedāiyīn*-Zusammenschlusses. Widersprüchliche Andeutungen der Sieger-Chroniken weisen auf befremdliche Vorgänge, doch weder aus den Zitaten noch aus den allgemeinen Verdammungen der ismailitischen Irrlehren werden Grundlagen für die europäischen Legenden erkennbar. Vielmehr klingt immer ein gewisser Respekt vor der asketischen, gelehrten Person des Gründers an.

Die Zeitgenossen vermuteten, daß in der Bergfestung einer der misogynen Bünde zusammengeschmiedet wurde, in denen sich manche Kreise der angestammten muslimischen Gesellschaft organisierten und gegen alles wehrten, was fremd und willkürlich erschien. Die Bünde waren nämlich ideale Freiräume für alte Traditionen und Lehren, lokale Bräuche, die in der breiten islamischen Öffentlichkeit von Theologen und Politikern eigentlich verketzert wurden, weil sie die kulturelle Heterogenität, die für die Bildung von Orthodoxie und durchsichtigen Machtverhältnissen schädlich war, betonten.

Ḥasan-e Sabbāḥ gelang dabei mit der neuen Gruppe eine besondere Form des Protests: Sein Ideal vom unfehlbaren, verehrungswürdigen Imām war von der Person des Fatimiden-Kalifen enttäuscht worden. Dies führte ihn wohl zur Ablehnung auch der ismailitisch-schiitischen Gesellschaft. Doch mußte zur aktiven Durchsetzung einer für ideal gehaltenen Lebensform zunächst eine neue Ausgangsposition geschaffen werden. Zu lange hatten schiitische Gruppen unter ihren andersgläubigen Brüdern gelebt und von innen her eine Gesellschaftsveränderung ersehnt – da erschien es folgerichtig, aus der Gesellschaft zuerst ganz ‚auszuziehen'. Ḥasan wählte den Weg in die Vertikale, in die Bergfesten, so wie die syrischen Einsiedler sich auf Säulen hinaufbegeben hatten. Ob er nur in seiner Hauptfestung die engere Gruppe heranzog, und wie das Verhältnis zu den mehreren Dutzend anderer Burgen war, ist unbekannt.

Einen Punkt der Legende widerlegen die orientalischen Chroniken: Ḥasan hatte mindestens eine Frau auf seiner Burg und zwei Söhne, die er aber hinrichten ließ – den einen wegen Alkoholgenusses, den andern wegen eines angeblichen, von Ḥasan nicht angeordneten Mordes. Damit schloß er für sich eine Dynastiebildung aus, die Nachfolge ging – im Gegensatz zu manchen parallelen ismailitischen Herrschaftsverhältnissen – reibungslos an einen andern Burgkommandanten und dessen Stamm über.

Auch wenn wir fast nichts über jene Ideologie wissen, die die Gruppe zusammenhielt und absonderte, dürfen wir uns nicht mit einer gefärbten europäischen Interpretation zufrieden geben. So soll abschließend der Versuch unternommen werden, etwas in die überlieferten Taten und das mögliche geistige Umfeld der Gruppe einzudringen.

Die Aktionen

Ḥasan-e Sabbāḥ war selbst neun Jahre lang Missionar in Iran gewesen, ehe er die erste Burg eroberte und seine dörflichen Anhänger um sich sammelte. Seine berühmte Bibliothek auf der Burg und die umfassende Ausbildung seiner Gruppe zeugen noch von einem grundlegenden ethischen Bedürfnis. Doch die Jünger sollten nicht mehr nur als Missionare, die es weiterhin gab, sondern auch durch Taten die Herrschenden zur Umkehr bringen und die Bevölkerung aufrütteln. Über die spektakulären Erfolge der Mordaktionen wurde eine ‚Ehrenrolle' auf der Burg geführt, die nach deren Eroberung 1257 in die Hände persischer Historiographen gelangte. Sie ehrt die Attentäter, die allesamt für ihre Taten starben, als Märtyrer und verflucht die Opfer. Ermordete Leibwächter, Diener, Verfolger werden nicht verzeichnet. Es fällt auf, daß keine Anstrengungen zur Rettung von Attentätern gemacht wurden. Andere Opfer der eigenen Seite, bei Bürgerunruhen gegen Ismailiten Gelynchte und im Krieg Gefallene werden nicht geehrt.

Die Liste der Morde ist eindrucksvoll und umfaßt vor allem Personen der Oberschicht. Der erste ist ein sunnitischer Mullah, der in Isfahan sich ismailitischen Missionsbemühungen widersetzte; der nächste ist eines der spektakulärsten Opfer: der alte seldschukische Wesir Niẓāmulmulk, dem die Konsolidierung der sunnitischen Glaubensrichtung durch Hochschulstiftungen zu verdanken ist bzw. angelastet wurde. Der Mörder hatte sich als Derwisch verkleidet und stach in die Sänfte, die den alten Herrn zum Haremszelt tragen sollte (1092). Einige der folgenden Morde sind zwar Parteinahmen in Bruderkämpfen der Seldschuken-Herrscher, also aus politischem Kalkül geschehen, um alles außerhalb der eigenen Sphäre zu destabilisieren. In Syrien fallen türkische Fürsten, vielleicht auf Anstiften ihrer Konkurrenten; einige Morde, die nicht in der Ehrenrolle verzeichnet sind, werden den Assassinen ebenfalls zugeschrieben. 1192 trifft es Konrad von Montferrat, Kreuzfahrer-König von Jerusalem. Es fällt auch der oberste Kadi von Isfahan, obwohl er einen Leibwächter hatte und unter seinem Theologengewand ein Ringpanzerhemd trug. Ein weiterer großer Coup, der auf der Feste Alamut sieben Tage lang ausgelassen gefeiert wird, ist die Ermordung des Bagdader Abbasidenkalifen (1118). Ihn hatte ein Seldschukenherrscher zeitweilig nach Nord-Iran verfrachtet, so nahe an ismailitisches Gebiet, daß die Gruppe es nicht über sich bringen konnte, die Symbolfigur ihrer Hauptgegner ungeschoren zu lassen. Noch ein weiterer, allerdings abgesetzter Kalif folgt in Isfahan, es fallen der Seldschuke Sultan Davud, verschiedene Heerführer, ein Prinz des zentralasiatischen Khorazm-Schah, ein Wesir, die Kadis von Qohestan in Ost-Iran, Hamadan im Westen, Tiflis als Ismailiten-Gegner.

Auch kuriose Aktionen werden kolportiert: Sultan Sandschar, höchster Seldschukenherrscher, fand nach durchzechter Nacht morgens einen Dolch im harten Boden neben seinem Bett mit einem Billett, so sehr schätze ihn der Ismailiten-Führer, wenn er kooperativ bleibe, daß man darauf verzichtet habe, den Dolch in seinen weichen Körper zu bohren. Unter die Schüler des berühmten Philosophen ar-Rāzī hatte sich unerkannt ein *Fedāyī* gereiht, als der Gelehrte Abfälliges über die Ismailiya vorgetragen hatte, ihm nach der Vorlesung aufgelauert und sich ihm solange auf die Brust gehockt, bis jener schwor, nie wieder etwas gegen die Sekte zu lehren.

Noch am fernen Hof des Mongolen-Khans in Karakorum wundert sich ein Pater, Wilhelm van Rubroek, über die strengen Sicherheitsvorkehrungen aus Furcht vor einem Attentat.

Die Gegenmaßnahmen sind merkwürdig halbherzig. Zwar werden die Festungen gelegentlich belagert, die die Hauptstadt Isfahan direkt bedrohende auch nach Verhandlungen eingenommen, aber es kommt immer wieder zu Kompromissen, bei denen die Ismailiten einen leichten Vorteil bewahren können. Auch in Syrien, dessen ismailitische Burgen nicht alle dem Ḥasan-e Sabbāḥ zugehören, sondern zum Teil fatimidisch bleiben, kommt es zu Tributzahlungen an Kreuzfahrer, aber nicht zu Übergaben. Eine mögliche Erklärung dafür wäre die Unsicherheit der Herrschenden, ob nicht ihre eigenen Städte heimliche Sympathisanten der Ismailiten beherbergen, die eine harte Lösung unmöglich machen würden.

Verschiedentlich melden aber die Quellen, daß die städtische Bevölkerung sich wütend gegen erkannte Ismailiten wehrte. Einmal werden sogar Abgesandte Ḥasans bei ihrer Rückkehr von Friedensverhandlungen mit dem Sultan gelyncht. Da dem Sultan die geforderte Bestrafung der Täter unmöglich ist, wird die Stadt Qazwin aus Rache zerstört. Auch wenn solche Nachrichten übertrieben sein mögen, um die Unbeliebtheit der Sekte zu dokumentieren, wäre darin die bürgerliche Unzufriedenheit und das Gefühl der Bedrohung durch einen befürchteten Machtwechsel, oder – schlimmer noch – durch ein Machtvakuum zu erkennen. Tatsächlich war es den Aktionisten nie möglich, ihre eigene Herrschaftsvorstellung auf ganze Regionen und Städte auszudehnen und selbst zu praktizieren. Außerhalb ihrer Burgreviere vermochten sie nur ihnen genehme, vielleicht gekaufte Politiker durchzusetzen; und innerhalb ihrer eigenen Gebiete widerfuhr ihnen das gleiche wie den befehdeten Fatimiden: Sie mußten sich mit kleinlichen Alltagssorgen herumschlagen und reale Bedürfnisse einer wenn auch kleinen Gemeinde befriedigen. Die Verwirklichung der Idealvorstellungen des Imāmats-Gehorsams blieben wohl auf das Verhältnis des Führers zu seinen engsten Hörigen, den *Fedāiyīn*, beschränkt, während die übrigen Sektenmitglieder anscheinend in verschiedene Ränge einer offenbar rigorosen Hierarchie gezwungen wurden. Mit der Zerstörung der Hauptburg Alamut war die Macht der Ismailiten in Iran und kurz danach in Syrien gebrochen. „In jener Brutstätte der Ketzerei, im Tale Alamut, der Heimstätte der verfluchten Anhänger Ḥasan-e Sabbāḥs... blieb kein Stein auf dem andern. In jenem blühenden Haus der Neuerungssucht schrieb der Kalligraph der Ewigkeit mit dem Schreibrohr der Gewalt über jede Tür den Koranvers: ‚Da sind nun ihre Häuser zerfallen (zur Strafe dafür), daß sie gefrevelt haben‘ (27,52). Auf dem Marktplatz des Reichs jenes Verdammten rief der Muezzin Schicksal den Koranvers ‚Fluch über die Leute, die nicht glauben‘ (23, 44)! Ihre unglückseligen Frauen sind ebenso wie ihre Religion am Boden zerstört, und das Gold jener verrückten Betrüger, das pur schien, hat sich als billiges Blei erwiesen." (der Historiker Dschoweini in der Übersetzung ins Englische von J.A. Boyle bei Lewis 1967, 95; v. Verf. übers.).

Die Lehre: der Führer als kosmische Erscheinung

Ḥasan-e Sabbāḥ hatte sich von den fatimidischen Ismailiten abgesetzt, aber von seinen Lehrvorstellungen heißt es in einem zeitgenössischen Sektenhandbuch, daß er lediglich die Gefolgschaft des ‚richtigen‘

Imāms betone und sich in vier Sätzen gegen Fehlinterpretationen anderer Richtungen wende: Man dürfe sich in der Gotteserkenntnis nicht auf seinen Verstand und die Reflexion verlassen, sondern müsse darin einem kompetenten Lehrer, eben dem Imām, folgen. Das wendet sich gegen rein philosophische Schulen und wäre für weite muslimische Glaubenskreise akzeptabel.

Zweitens müsse dieser Lehrer aber absolute Autorität haben, für unfehlbar gelten. Das wendet sich gegen die Sunniten, die eine Vielzahl entscheidungstragender und -fördernder Autoritäten akzeptieren. Drittens könne ein Lehrer aber nicht als unfehlbar gelten, wenn man die Wahl habe, ihn sich nach eigenem Gusto auszusuchen. Dies ist gegen die Schiiten gerichtet, die mehrere Interpretationen der Imāmatslehre zulassen. Es müsse vielmehr, viertens, der richtige Imām als Führer auftreten und in einem dialektischen Prozeß erkannt werden, was nur zusammentrifft, wenn er ein Zeichen von Gott, einen ‚Beweis' aufzeigt. Dieser liegt aber allein in seiner Existenz und seinem Anspruch selbst (deutsche Übersetzung in Schahrastānī 1850, 225ff.; Hodgson 1955, 51ff.).

Hierin erkennen wir Spuren einer alten gnostischen Lehre von der übermenschlichen Gestalt des für jedes Zeitalter notwendigen Führers, einer Manifestation des unvorstellbaren, transzendenten Gottes in dieser Welt, der der gesamten Schöpfung ihr Ziel, Gottes Willen gibt. Diese Lehre ist in frühen ismailitischen Texten ausgeführt, sie assoziiert verschiedene spätantike und altiranische Traditionen von der Lichtgestalt des vollkommenen Menschen, dessen Körperteile den Kosmos widerspiegeln. Ḥasan-e Sabbāḥ hat sich selbst noch nicht in dieser Verklärung, wohl aber in der Rolle des jedem Führer zugeteilten Helfers gefühlt – diese Paarbildung ist auch bei Propheten, wie Moses und Aaron, Mohammed und ᶜAli überliefert. Erst seine Nachfolger nehmen selbst den Titel ‚Imām' an, und ein zweiter Ḥasan unter ihnen verkündet wieder das Anbrechen des Jüngsten Gerichts (1164). Die Folge ist: Er selbst wird ermordet und seine Nachfolger vollziehen zeitweilig eine völlige Kehrtwendung zurück zur sunnitischen Gesetzesreligion: Selbst dabei gehorchen ihnen ihre Untertanen aufs Wort – wie die blind ergebenen Hörigen des absoluten Führers, der Gottesverkörperung.

Die islamischen *futuwwa*-Bünde

Heinz Halm

Vom 9. bis zum 16. Jahrhundert treten in den Städten des islamischen Vorderen Orients Männerbünde auf, die – besonders in Zeiten der Anarchie – militärische, politische und soziale Aufgaben übernehmen. Ihr ethisches Ideal ist die *futuwwa*, der Inbegriff aller ritterlichen Tugenden des jungen Mannes *(fatā)*. Die politische Rolle der *futuwwa*-Bünde ist ambivalent: Sie schwankt zwischen anarchischer Auflehnung gegen jede Obrigkeit und dem Auftreten als Ordnungsmacht, die sich von der Zentralgewalt in Dienst nehmen läßt (vgl. zum Thema den Aufsatz Nr. 29).

Die *futuwwa* des Kalifen an-Nāsir

Im Jahr 1182 ließ sich der Kalif an-Nāsir in einem Garten seines Palastes in Bagdad in den Bund der *futuwwa* einweihen: In Gegenwart einiger Höflinge bekleidete ihn das Oberhaupt des Bagdader Bundes mit den ‚Hosen der *futuwwa*' und reichte ihm den ‚Trunk der *futuwwa*', einen Becher mit in Wasser gelöstem Salz. Das Vorbild des Kalifen machte Schule; zahlreiche Große des Hofes und des Reiches ließen sich ebenfalls initiieren und gelobten, fortan „sich gegenseitig zu helfen und beizustehen, den Schwur zu halten und das Geheimnis zu wahren, wahr zu reden und sich von Unantastbarem (das heißt, von verbotenem geschlechtlichen Umgang) fernzuhalten"... (Taeschner 1979: 57). Der Kalif – als Nachfolger des Propheten Mohammed das weltliche wie geistliche Oberhaupt des Islam – ließ sich in den *futuwwa*-Bund wohl vor allem aus politischen Motiven aufnehmen. In einem Rundschreiben forderte er alle islamischen Herrscher auf, künftig nur noch ihn als Großmeister des Bundes anzuerkennen und alle mit der Mitgliedschaft verbundenen Aktivitäten – zum Beispiel den Sport des Kugelschießens mit der Armbrust – nur noch in seinem Namen zu betreiben. Der Kalif hoffte, als Oberhaupt des weitverbreiteten Männerbundes seine schwindende politische Macht stabilisieren zu können. Tatsächlich leisteten mehrere Fürsten in Iran, Mesopotamien, Syrien und Kleinasien seinem Aufruf Folge und ließen sich selbst und ihre Offiziere und Richter in die *futuwwa* einweihen.

Die Anfänge: Heiliger Krieg und Banditentum

Al-fatā bedeutet im Arabischen ‚Bursche, junger Mann'; das davon abgeleitete Wort *al-futuwwa* bezeichnet die Gesamtheit der Tugenden, die den jungen Mann auszeichnen: Mut, Geschicklichkeit, Generosität, Altruismus. Die Ausformung dieses ethischen Ideals und die Einbindung der *futuwwa*-Bünde in die islamische – besonders die städtische – Gesellschaft sind das Ergebnis eines jahrhundertelangen Entwicklungsprozesses. Der Ursprung der Bünde ist vermutlich in jenen Freiwilligenverbänden frommer Kämpfer *(ghāzī)* zu suchen, die an den Grenzen der islamischen Welt, besonders in Zentralasien und Nordmesopotamien, den Heiligen Krieg *(dschihād)* gegen die Ungläubigen führten. Diese Scharen, die vor allem auf Beute aus waren, konnten sich leicht in Räuberbanden verwandeln, die ganze Landstriche terrorisierten; ihren ältesten Namen, *ʿayyārūn* (Singular: *ʿayyār*, Vagabund, Landstreicher), behielten sie auch, als sie bürgerliche Reputation gewonnen hatten, und trugen ihn selbst mit Stolz. Die wesentlichen Züge dieses Bandenwesens sind für Massignon (1952) die *„chevalerie insurrectionnelle"* und der *„héroisme hors la loi"*, für Taeschner (1979: 45) das „irreguläre und zu Freibeutertum neigende Buschrittertum".

Die Ideale der futuwwa-Bünde – nämlich gegenseitige Hilfe, Mut und Freigebigkeit – lebten seit dem 13. Jahrhundert in den türkischen Handwerkerbünden und -gilden fort. Vorsteher der lokalen Vereine wurden akhi genannt. In Ankara lebte in der ersten Hälfte des 14. Jahrhunderts der akhi Scheref ud-Dīn (gestorben 1350) als Statthalter. Er stiftete die Arslanhane-Moschee (rechts im Bild) und ließ daneben (links) sein Mausoleum bauen. Foto: Nachlaß F. Taeschner.

Die Banden der *ʿayyārūn* konnten in Zeiten schwacher politischer Zentralgewalt als regionale oder lokale Ordnungsmacht auftreten; hier liegen die Anfänge ihrer gesellschaftlichen Zähmung. Der Bandenführer Yaʿqûb ibn Laith, genannt *as-Ṣaffār* (der Kupferschmied), wurde zum Begründer einer lokalen Dynastie, die von 867 bis zum Ende des 15. Jahrhunderts in Zentraliran bestand.

Die städtische *futuwwa*

Ein Wendepunkt in der Entwicklung der *ʿayyārūn*-Banden ist ihr Auftreten als organisierte gesellschaftliche Gruppen in den Städten. Erstmals bezeugt sind sie in der Reichshauptstadt Bagdad, die sich seit ihrer Gründung 762 binnen einem halben Jahrhundert zur größten Metropole der damaligen Welt entwickelt hatte; schon unter dem Kalifen Hārūn ar-Raschīd (gestorben 809) bedeckte die Stadt ein Areal von fast zehn Kilometer im Geviert – so groß wie Paris innerhalb des äußeren Boulevard-Ringes. Da die altarabische Sippen- und Stammesorganisation in Städten dieser Größenordnung sich rasch auflöste und die orientalischen Städte keinerlei kommunale Selbstverwaltungsorgane kannten, mußten sich in der schnell wachsenden Bevölkerung neue soziale Strukturen herausbilden, die dem einzelnen die Solidarität einer Gruppe und damit Schutz gewähren konnten, sei es vor der Aggression anderer oder rivalisierender Gruppen, sei es vor dem tyrannischen Zugriff der meist als fremd und fern empfundenen Obrigkeit, – des Gouverneurs und der Steuereinnehmer der Regierung.

In Bagdad treten die *ʿayyārūn* erstmals während der Belagerung der Stadt durch den (Gegen-)Kalifen al-Ma'mūn (812/813) hervor; obwohl sie nur mangelhaft ausgerüstet und bewaffnet sind, beteiligen sie sich tapfer an der Verteidigung der Stadt. Die *ʿayyārūn* werden in diesem Zusammenhang erstmals auch als *fityān* (Plural zu *fatā*) bezeichnet. Vom 10. bis zum 12. Jahrhundert sind sie als organisierte Kampfverbände bei Unruhen in den Großstädten – vor allem Bagdad und Damaskus – wie auch als Räuberbanden auf dem flachen Lande vielfach bezeugt; Provinzgouverneure und Polizeichefs versuchen sich ihrer mit Gewalt zu entledigen oder aber durch den eigenen Beitritt Einfluß auf sie zu bekommen. Die eingangs erwähnte Initiation des Kalifen an-Nāsir im Jahre 1182 markiert den Höhepunkt dieser Bestrebungen, die *futuwwa*-Bünde der staatlichen Kontrolle zu unterwerfen.

Über das Innenleben der Bünde unterrichten uns zahlreiche Schriften in arabischer, persischer und türkischer Sprache, die vor allem die ethischen Pflichten des vollkommenen *fatā* zum Thema haben, aber auch über Einzelheiten des Rituals, besonders der Initiationszeremonien, Aufschluß geben (mehrere Texte dieser Art sind in Taeschner 1979 übersetzt). Dem Aufnahmeantrag des Adepten folgt in der Regel eine Probezeit und dann, als erster Schritt, das Ritual der Gürtung; nach weiteren Proben erreicht er die Vollmitgliedschaft (arabisch *takfīya*), die durch den Salzwassertrunk und das Anlegen der ‚Hosen der *futuwwa*' besiegelt wird.

Die Hose (arabisch *sirwāl*, persisch und türkisch *schalvār*) spielt in den Überlieferungen und Riten der *futuwwa* eine zentrale Rolle als Emblem der Männlichkeit wie auch als Symbol der Scham und der sexuellen Enthaltsamkeit. Die *futuwwa*-Bücher tradieren die Legende vom Feigenbaum des Paradieses, der sich

Der prächtige holzgeschnitzte Sarkophag des akhi Scheref ud-Dīn steht heute im Ethnographischen Museum in Ankara. Um 1300 konnten Fremde in sechsundzwanzig anatolischen Städten auf die Gastfreundschaft der akhis zählen, die stets die „Tür, die Stirn und das Band des zusammengerollten Tischtuchs" offen zu halten hatten. Foto: Ethnographisches Museum Ankara.

der Nacktheit des sündigen Adam erbarmt und ihm einen Schurz bietet; aus dem Saft der von Adam abgerissenen Feigenblätter sprießt der Baumwollstrauch, aus dem die Paradiesjungfrauen Adams erste Hose weben, die dann vom Engel Gabriel an Abraham weitergegeben wird; von diesem wird sie über die Propheten bis auf Mohammed und seinen Schwiegersohn ᶜAlī vererbt, die beide als Muster aller Tugenden der *futuwwa* verehrt werden (Taeschner 1979: 310f., 399f.).

Die vom Kalifen an-Nāsir 1182 zentralisierte Organisation der *futuwwa*-Bünde ist schon bald mit dem Kalifat untergegangen; die Eroberung Bagdads durch die Mongolen setzte ihr 1258 ein Ende. Aber nicht nur die ethischen Normen, sondern auch Organisationsformen, Riten und Begriffe der *futuwwa* lebten im mongolisch beherrschten Iran und Irak und im seldschukischen Kleinasien in zwei verwandten Erscheinungen fort: in den mystischen Zirkeln der Derwischorden *(ṭarīqat)* und in den zunftähnlichen Vereinigungen des städtischen Handwerkertums. Die islamischen Mystiker (arabisch *ṣūfī*, persisch *darvīsch*) übernahmen vor allem die ethischen und asketischen Normen der *futuwwa*. Schon der Bagdader Hoftheologe und Mystiker Suhrawardī (gestorben 1234) hatte in zwei Traktaten (Taeschner 1979: 242ff.) einen Kanon von zwölf *futuwwa*-Geboten in den Dienst des mystischen Strebens gestellt: „die Hosen zubinden" (das heißt, Verzicht auf unerlaubten Geschlechtsverkehr), „den Magen eindämmen" (Mäßigung in Essen und Trinken), „die Zunge bändigen" (gegen Verleumdung und Geschwätz), „Ohr und Auge schließen" (vor weltlichen Dingen), „Hände und Füße im Zaum halten" (nicht gewalttätig sein) und „die Tür der Habgier schließen"; zu diesen sechs ‚äußeren' Geboten gesellen sich sechs ‚innere' Tugenden: Freigebigkeit, Edelmut, Demut, Erbarmen, Freisein von Ichsucht und Gottesnähe (ebd.: 246ff.).

Die *akhi* Kleinasiens

Von besonderem sozialgeschichtlichen Interesse ist das Weiterleben der *futuwwa* in den türkischen Handwerkergilden und Zünften. Seit dem 13. Jahrhundert ist die *futuwwa* (türkisch *fütüvvet*) im kleinasiatischen Seldschukenreich bezeugt (1249 in Antalya). Die Vorsteher der lokalen Vereine werden hier mit dem Wort *akhi* (gesprochen achi) bezeichnet, das wie das arabische *akhī* ‚mein Bruder' aussieht, in Wirklichkeit aber wohl vom alttürkischen *aqï* ‚großzügig, edel' herzuleiten ist. In den Städten des türkischen Anatolien ist der *akhi* der Vorsteher eines Bundes von Junggesellen (*yiğit*) aus handwerklichem Milieu; er initiiert die Novizen – meist im Alter von etwa zwölf Jahren –, leitet ihre allabendlichen Sitzungen, kontrolliert die Verwendung ihres Verdienstes und überwacht ihre Tugend. Die Literaturgattung der türkischen *futuwwa*-Bücher (*fütüvvet-name*) befaßt sich – ähnlich wie die arabischen und persischen Schriften des Genres – vor allem mit den ethischen Normen und mit Details des Rituals. Der Tugendkatalog der türkischen *akhi* und *yiğit* ist dem der älteren *futuwwa*-Schriften – etwa des Suhrawardīs – sehr ähnlich. Dreierlei ist geschlossen zu halten: Zunge, Auge und Hosenbund, und dreierlei ist zu öffnen: die Tür, die Stirn und das Band des zusammengerollten Tafeltuchs. Gastfreundschaft und Großzügigkeit gelten als die *futuwwa*-Tugenden *par excellence*; die Bewirtung durchreisender Fremder war eine der Hauptaufgaben der *akhi*.

Wie das in der Praxis aussah, erfahren wir weniger aus den *fütüvvet-name* als vielmehr aus den historischen und geographischen Quellen der Zeit. Der Bericht des marokkanischen Weltreisenden Ibn Baṭṭūṭa über seine Durchquerung Anatoliens von Antalya nach Sinop am Schwarzen Meer im Jahre 1333 gibt ein lebendiges Bild von den kleinasiatischen *akhi*-Bünden (übersetzt von Taeschner 1979: 288ff.). Schon bei ihrer Ankunft in Antalya werden Ibn Baṭṭūṭa und seine Begleiter im Vereinslokal (*zāwiya*; eigentlich Winkel, Klause) des lokalen *akhi*, eines Schuhmachers, und seiner etwa zweihundert *yiğit* reich bewirtet, und auch während der weiteren Fahrt durch Anatolien können die

In der Inschrift seines Sarkophags wird der akhi Scheref ud-Dīn als „der Sultan der Träger der Jugend- und Mannestugenden, der Groß-akhi Scheref ud-Dīn, die Leuchte des Islams und der Muslime, der Freigebige" gepriesen. Dennoch war die Rolle der akhi-Bünde im 14. Jahrhundert ambivalent: einerseits haftete ihnen etwas Anarchisches an und standen sie im Ruf, gegen Tyrannen und Polizei zu kämpfen, andererseits traten sie als Ordnungsmacht auf. Foto: Ethnographisches Museum Ankara.

Fremden in 26 Städten auf die Gastfreundschaft der *akhi* zählen, in Konya und Bursa ebenso wie in Erzerum oder Sivas; zweimal kommt es sogar zu Messerstechereien zwischen rivalisierenden Clubs, die sich um die Ehre schlagen, die Gäste bewirten zu dürfen. Nach Ibn Baṭṭūṭas Beschreibung waren die jungen Männer mit langen Messern bewaffnet und trugen eine Art Tracht: über den Hosen gegürtete Mäntel und auf dem Kopf hohe weiße Wollmützen mit einem von der Spitze lang herabhängenden Tuchstreifen – also der Filzhaube der späteren Janitscharen ähnlich.

Die gesellschaftliche Rolle der *akhi*-Bünde ist auch im 14. Jahrhundert noch ebenso ambivalent wie die ihrer Vorläufer, der *ʿayyārūn*-Banden: einerseits haftet ihnen etwas Anarchisches an; Ibn Baṭṭūṭa bemerkt: „Niemand auf der Welt kommt ihnen gleich, wenn es darum geht, Tyrannen zu bekämpfen oder Polizeiorgane und ihre Büttel zu töten..." (Taeschner 1979: 288). Andererseits treten sie in den von den Mongolen in loser Abhängigkeit gehaltenen Städten Anatoliens als Ordnungsmacht auf; in Aksaray und Kayseri fungieren die *akhi* als Statthalter des Mongolenkhans von Iran. In Ankara schaltet in der ersten Hälfte des 14. Jahrhunderts der *akhi* Scheref ud-Dīn (Scharaf ad-dīn, gestorben 1350) als Stadtherr; er ist der Stifter der noch heute bestehenden Arslanhane-Moschee; auf der Inschrift seines prächtigen holzgeschnitzten Sarkophags (jetzt im Ethnographischen Museum in Ankara) nennt er sich stolz „der Sultan der Träger der Jugend- und Mannestugenden, der Groß-*akhi* Scheref ud-Dīn, die Leuchte des Islams und der Muslime, der Freigebige".

Niedergang und Verwandlung der *futuwwa*-Bünde

Als die Grenzfürsten aus dem Geschlecht Osmans im 14. Jahrhundert daran gingen, die Stadtherrschaften und Fürstentümer Anatoliens, die auf den Trümmern des zerfallenen mongolischen Weltreichs entstanden waren, zu unterwerfen, stand das *akhi*-Wesen noch in voller Blüte. Sultan Murad I. übernahm 1361 die Stadt Ankara von den dort herrschenden *akhi* und ließ sich selbst in die *futuwwa* initiieren, wahrscheinlich aus ähnlichen Gründen wie einst der Kalif an-Nāsir. Aber in dem nun entstehenden zentralistisch organisierten Beamtenstaat des osmanischen Reiches war für die *futuwwa*-Bünde kein Platz mehr. Sie gehen in den jetzt sich bildenden – und vom Staat kontrollierten – Handwerkergilden auf; die *futuwwa* wird zum Ordnungsprinzip der Zünfte (Taeschner 1979); der halblegendäre *akhi* Evran aus Kirşehir (gestorben um 1307), ein Gerber, wird zum Schutzheiligen der Handwerker. Im schiitischen Iran dagegen läßt sich eine Verschmelzung der *futuwwa* mit dem Zunftwesen – entgegen Taeschners Annahme (1979: 421) – nicht nachweisen; hier lebt die *futuwwa*-Tradition lediglich in einigen Derwischorden fort (Floor 1984). Die Kongregationen *(ṭarīqat)* der *Sufi* oder Derwische sind denn auch die eigentlichen Nachfolger der *futuwwa*-Bünde, nicht nur im Iran, sondern auch in der Türkei und den arabischen Ländern; ihre Bedeutung für das soziale und religiöse Leben der städtischen Mittel- und Unterschichten in der ganzen islamischen Welt kann nicht hoch genug eingeschätzt werden.

ᶜ*Aṣabiyya* und *qaṣf* – ‚Parteigeist' und ‚Vergnügen': Zwei Aspekte der *futuwwa*-Bünde

Carmen Pollok

Im Zusammenhang mit den Aktivitäten der räuberischen und kämpferischen Richtung der *futuwwa*-Bünde oder -Banden fällt in den arabischen Quellen immer wieder der Ausdruck *ᶜaṣabiyya*. Dieser sehr alte Begriff bedeutet etwa ‚kämpferischer Parteigeist' und bezeichnete zunächst eines der wichtigsten in der vorislamischen kriegerischen Stammesgesellschaft wirkenden Prinzipien.

Neben diesen insbesondere durch Kampf, Raub, Mord, Plünderungen usf. imponierenden Bünden oder Banden hat es offenbar auch eine friedlichere Richtung gegeben: Zirkel junger Männer, die vor allem ihrem Vergnügen frönten.

Über Verbindungen und Übergänge zwischen diesen beiden Typen von Bünden läßt sich Sicheres kaum mehr feststellen; gewiß ist aber, daß beide Typen *auch* zu einem Ort für Strandgut der Gesellschaft wurden. Und beide gelten – bestimmt nicht zu Unrecht – als Zentren der Knabenliebe, welche Neigung und Praxis den Alten Arabern dem Vernehmen nach fremd war.

Der Aufsatz beschränkt sich auf Beispiele aus Irak und Iran.[1]

ᶜ*Aṣabiyya* – ‚Parteigeist'

Eine charakteristische Eigenschaft von Männerbünden, -gruppen und -banden ist Zusammenhalt und Solidarität nach innen, gepaart mit Kampf und Aggressivität nach außen, insbesondere gegen andere gleichgeartete Gruppen oder Bünde, mit denen rivalisiert wird. Das Arabische hat für dieses Verhalten und den Geist, dem es entspringt, ein Wort: *ᶜaṣabiyya*.

Sprachlich gehört es zu einer Wurzel, die ‚binden' bedeutet, auch ‚umwickeln', ‚zusammenhalten'. Direkt abgeleitet ist es vom Wort *ᶜaṣaba*, das einmal die männlichen Verwandten in der männlichen Linie, zum andern aber in der kriegerischen Stammesgesellschaft der Alten Araber den Kampfverband eines Mannes bezeichnete, – diejenigen Männer, mit denen er in die Schlacht zog, mit denen gemeinsam er Blutfehden gegen andere austrug; mit denen er die berüchtigten überfallartigen Raubzüge unternahm (arabisch *ghazwa*, worauf unser ‚Razzia' zurückgeht); der Verband also, der für ihn einstand und Partei ergriff, für dessen weitere Mitglieder er selbst einstand und für den er nötigenfalls andere Verbände zur Unterstützung rief.

Das bedingungslose auf der Seite der eigenen *ᶜaṣaba* Stehen eben heißt *ᶜaṣabiyya*. *ᶜAṣabiyya* ist jedoch mehr als Zusammengehörigkeitsgefühl, Gemeinschaftsgeist, Solidarität oder ähnliches. *ᶜAṣabiyya* ist das Zusammengehen mit ‚den Eigenen' gegen ‚die Anderen', ist Parteinahme, – aber nicht erst, wenn sich durch äußere Umstände die Notwendigkeit ergibt, sondern gewissermaßen Parteinahme als Prinzip, als Situation, die aktiv und absichtlich herbeigeführt und konstelliert wird.

Das Prinzip *ᶜaṣabiyya* enthält das Moment des Eiferns für ‚die Eigenen' sowie des Wettstreits um das ‚Bessersein' mit ‚den Andern'. *ᶜAṣabiyya* als Prinzip der einen Gruppe setzt so das Vorhandensein anderer gleichfalls *ᶜaṣabiyya*-bestimmter Gruppen schon voraus.

Dieses agonale (Wettkampf-) Prinzip mußte nicht unbedingt eine kriegerische Auseinandersetzung bedeuten; es zeigte sich auch in Wortkämpfen, Dichterwettstreiten, in einer ausgesprochenen Lust an Spott- und Schmähreden und -gedichten einerseits und Selbstlob, Prahlgedichten und -reden andrerseits – dies nicht nur zwischen einzelnen, sondern ebenso von Stamm zu Stamm und Clan zu Clan. Auch direkte Wettkämpfe im Schmähen bzw. Prahlen wurden abgehalten. Eine wichtige Rolle spielte dabei immer die gegenseitige Provokation, auffällig ist die leichte Provozierbarkeit. Daß auch die verbalen Kämpfe oft genug blutig ausgingen, versteht sich am Rande.

Das Prinzip der *ʿaṣabiyya* im Sinne einer schrankenlosen, unbedingten Parteinahme für ‚die Eigenen' ohne Ansehen von Recht und Unrecht hatte der Prophet Mohammed (gest. 632) der Überlieferung zufolge als „heidnisch", „wild", „barbarisch", nicht mit dem Islam übereinstimmend scharf verurteilt, – was das Prinzip freilich nicht aus der Welt schaffte.

Außerhalb des rein tribalen Zusammenhangs begegnet es uns später vor allem bei innerstädtischen Auseinandersetzungen und Kämpfen, in denen die Bünde der *fityān* und *ʿayyārūn* bei weitem die Hauptrollen spielten.

Das Prinzip *ʿaṣabiyya* bei den städtischen Bünden

Abgesehen von der weiter gültigen Verwendung für Stammeskampf, Stammesrivalität fällt der Ausdruck *ʿaṣabiyya* meistens bei Gruppen- und Parteikämpfen innerhalb einer Stadt. Das Gemeinsame, Verbindende der jeweiligen Gruppe ist hier jedoch nicht mehr, wie bei den Stämmen, tatsächliche oder fiktive gemeinsame Abstammung. Daß diese Kämpfe, die oft bürgerkriegsartige Ausmaße annahmen, in den Quellen dennoch als „an den Tag legen von *ʿaṣabiyya*" bezeichnet werden, bedeutet, daß die Berichterstatter – Chronisten, Reiseschriftsteller, Geographen – das Verhalten dieser Gruppen als wesensgleich mit dem der miteinander rivalisierenden Stämme betrachteten. Sie sahen also die Ursachen der Kämpfe in der Existenz von und der Zugehörigkeit zu verschiedenen Gruppen und nicht (oder jedenfalls nicht primär) in einem äußeren Grund. Lediglich der Anlaß für das Aufbrechen des Antagonismus konnte unter Umständen ein äußerer sein. Wie gesagt waren die Hauptakteure bei diesen Unruhen Mitglieder bzw. ganze Verbände der *fityān* und *ʿayyārūn*.

Um das Jahr 1000 brechen in Bagdad immer wieder heftige Unruhen aus, mehr als einmal die Folge der Rekrutierung neuer Truppen für den Grenzkampf. In den Chroniken wird berichtet, wie es zunächst in diesem neuen Heerhaufen selbst (!) zwischen den verschiedenen da versammelten Gruppen der *fityān*, *ʿayyārūn*, ihren Untergruppen und andern zu wilden Kämpfen kam.

Es heißt, „sie legten maßlose *ʿaṣabiyya* an den Tag", wandten sich in Mord und Totschlag gegeneinander (sie waren bewaffnet mit Schwertern, Lanzen, Bogen und anderm Gerät). Die Kämpfe griffen dann auf die Stadt über, Brandschatzung, Raub, Plünderung, Mord, Vergewaltigung waren die Folge, ein ganzer Stadtteil ging in Flammen auf.

Man hat hier den Eindruck, daß durch diese Rekrutierung allgemein der Kampfgeist aufgestachelt wurde, daß der Anblick anderer Gruppen in Waffen – auch wenn der Feind eigentlich ein äußerer und gemeinsamer war – zur Provokation ausreichte, um diesen Aufruhr zu erregen.

ʿAṣabiyya-Kämpfe werden, besonders für Iran, häufig als Ursache des Niedergangs und Verfalls von Städten oder Gegenden angegeben. Von der Stadt Nasā in Khurasan heißt es, daß die *ʿaṣabiyya* sie ruiniert habe und jeder in ihr ein *ʿayyār* sei.

Es ist bekannt, daß die *ʿayyārūn* oft die Herrschaft über ihre Stadtteile ausübten; das kann das Einziehen von Schutzgeldern, auch von Zöllen und ähnlichen Abgaben implizieren. Mehrfach wird gesagt, daß sie wie die amtlichen Steuereintreiber vorgingen. Jedenfalls stellten sie die lokale Kampftruppe dar. Im Zusammenhang mit den Unruhen in Bagdad betont der Chronist, daß die Stadt nicht nur durch die Vielzahl der kriegerischen Auseinandersetzungen ruiniert werde, sondern auch dadurch, daß die Zahl der Anführer der *ʿayyārūn* sprunghaft angestiegen sei. In jedem Stadtviertel gebe es bereits mehrere von ihnen, deren jeder – mit seiner Anhängerschaft – über sein Viertel die Schirmherrschaft ausüben und die Gelder einziehen wolle. Einer liege mit den andern im Krieg, sie bekämpften sich bei Tag und Nacht, zündeten einander die Häuser an usf.

Charakteristisch ist auch folgende Begebenheit aus dem Jahre 1205: Die *fityān* eines Bagdader Viertels machten „nach ihrer Sitte hierin" Jagd auf ein Raubtier und töteten es. Mit dem erlegten Tier als Trophäe wollten sie nun nicht nur im eigenen Viertel die Runde machen, sondern auch durch andere Stadtteile ziehen. Als die Bewohner des Nachbarviertels davon hörten, gerieten sie in Aufruhr, drohten und verboten den Zug in ihrem Gebiet. Das veranlaßte die ersten jedoch nur dazu, Verstärkung zu sammeln, und in der Nacht zogen sie, Kraft und Kampfesmut zur Schau stellend, in einer großen Schar Bewaffneter gegen die Nachbarn. Die sammelten ihre *fityān* und weitere Unterstützer, es kam zu heftigsten Straßenschlach-

Neben kämpferischen Männerbünden gab es im islamischen Mittelalter auch Vereinigungen, deren Ideal die völlige Hingabe an das Vergnügen war. Die Mitglieder trafen sich in öffentlichen Bädern, mit Vorliebe auch in Gärten, spielten, aßen, tranken und musizierten miteinander wie hier in einer ägyptischen Weinschenke des 14. Jahrhunderts. Weintrinken scheint ein fester Bestandteil ihrer Zusammenkünfte gewesen zu sein. Selbst an Gräbern verstorbener Genossen hielten sie Umtrünke ab. Foto: Bildarchiv der österreichischen Nationalbibliothek Wien.

ten mit zahlreichen Toten und Verletzten in beiden Vierteln, die kaum unter Kontrolle gebracht werden konnten.

Hier zeigt sich deutlich, wie Angriff und Verteidigung – oder besser: Gegenangriff – zum selben ‚Spiel' gehören, wie bedeutsam die Rolle der bewußten Provokation ist, wie ehrenschänderisch es wäre, eine entsprechende Reaktion zu unterlassen. In den nächsten Jahren kommt es häufig zu ähnlichen Tumulten – ein weiterer Provokationszug mit einem erlegten Raubtier wird, diesmal aus einer andern Gegend von Bagdad, bekannt. Wieder kommt es zur Schlacht zwischen den Provokateuren und den Provozierten. Als ein Polizeitrupp eintrifft, wenden sich beide kämpfenden Parteien geschlossen gegen diesen und schlagen ihn in die Flucht; auch hier gab es Tote und Verletzte.

Die Anführer der blutigen Unruhen nehmen meistens ein böses Ende: Wenn es den Polizeiorganen gelingt, ihrer habhaft zu werden, nimmt man ihnen demonstrativ die „Hosen der *futuwwa*" und bringt sie um; ihre Leichen werden als Abschreckung zur Schau gestellt.

Bei Auseinandersetzungen mit der Polizei ist oft nicht klar, ob sie als Obrigkeit angesehen wird oder nicht eher als eine andere, weitere *ʿaṣabiyya*, die nun auch noch zu bekämpfen ist. „Sie (die *fityān*) wetteifern miteinander und brüsten sich gegenseitig damit, daß sie die Burschen der Polizeitruppe und die Regierungsorgane (...) töten", heißt es in einem ‚Buch der *futuwwa*' (Taeschner 1979: 184). Dies ist die Sicht des Autors. Die Kämpfe sehen jedoch kaum wie ein ‚Widerstand gegen die Staatsgewalt' aus. Man gewinnt vielmehr den Eindruck, daß diese ‚Staatsgewalt' gar nicht als eine solche anerkannt wird, daß die Aktionen gegen Organe der Regierung nicht rebellischer, sondern anarchischer Natur sind. Die Polizei stört. Sie macht die eigene Vorherrschaft – im Stadtviertel, über konkurrierende Bünde u. ä. – streitig und stört das freie Spiel der Kräfte der einzelnen Gruppen untereinander. Dieser Spiel-Raum und das Territorium müssen gesichert und verteidigt werden. Die Polizei scheint bei der Frage, wer die Stadt regiert, dabei den Bünden nicht über-, sondern nebengeordnet, ein Konkurrenzunternehmen gewissermaßen – eine andere *ʿaṣabiyya* zu sein.

ʿAṣabiyya in der Geschichtstheorie des Ibn Khaldūn

Dies abschließend, muß der bedeutende Philosoph oder Theoretiker der Geschichte, Ibn Khaldūn (gest. 1406), wenigstens erwähnt werden. In seinem Hauptwerk *al-Muqaddima*, „Die Einleitung" (in seine Universalgeschichte), entwirft er eine noch heute hochinteressante Theorie über die Entstehung und den Verfall von Herrschaft, von Dynastien, über die Entwicklung und den Niedergang von Zivilisationen. Sein Zentralbegriff dabei ist *ʿaṣabiyya* als das Prinzip, das den Gang der menschlichen Geschichte vorantreibt. Er geht aus von einer „wilden" Stammesgesellschaft ohne Herrscher, aber mit starker *ʿaṣabiyya*. In der Folge entwickelt sich derjenige mit der stärksten *ʿaṣ*-

abiyya, eifernden Anhängerschaft, zum Herrscher. Auf dem Gipfel der Macht des entstandenen Reiches schwindet jedoch die *ʿaṣabiyya* infolge der Korruption und Verweichlichung durch Reichtum und Luxus. Andere *ʿaṣabiyyāt* (Plural) am Rande des Reiches steigen auf, können wegen des Niedergangs der ersten Raum gewinnen, Macht entfalten usf. – Entwicklungen, die Ibn Khaldūn als Zeitgenosse selbst beobachten konnte. Freilich hatte er dabei keine Bünde oder Banden im Sinn, aber wie sein Entwurf auch für diese zutrifft, zeigt nicht nur das Beispiel der Ṣaffāriden (vgl. Nr. 28), die nicht als Stamm, sondern als Bande eine Dynastie begründet haben.

Qaṣf – Vergnügen

Die Entstehungsgeschichte der *futuwwa*-Bünde liegt größtenteils im dunkel. Gewiß ist aber, daß es neben den Kampfgruppen noch eine andere Wurzel gab: Zusammenschlüsse junger Männer, die mehr oder weniger eng miteinander lebten oder gemeinsame Zeit verbrachten.

Ob es sich dabei schon (oder immer) um organisierte Bünde handelte oder eher um formlose Verbindungen, läßt sich nicht sagen. ‚*Fityān*' bezeichnet hier jedenfalls nicht einfach ‚junge Männer', sondern weist auf Gruppenbildung und einen bestimmten Lebensstil.

Dieser ist durch die Neigung gekennzeichnet, dem Vergnügen nachzugehen: *qaṣf*. Dieses Wort und seine Ableitungen, sonst eher selten gebraucht, werden hier ausgesprochen häufig verwendet. Die *fityān* werden von anderen mit diesem Ausdruck beschrieben, benennen einander gegenseitig so und loben sich auch selbst damit. ‚Dem Vergnügen ergeben sein' gilt ihnen als Ideal und gemeinsamer Bezugspunkt. Auffällig ist, daß sie keiner geregelten Arbeit nachzugehen scheinen.

Das typische Bild: Sie treffen sich in öffentlichen Bädern, in ihren Häusern, mit Vorliebe auch in Gärten, spielen, essen und trinken miteinander. Weintrinken scheint ein fester Bestandteil ihrer Zusammenkünfte zu sein, selbst Umtrünke an den Gräbern verstorbener Genossen sind bekannt. Daneben tritt am meisten die Neigung zu Musik und Gesang hervor, über einen von ihnen heißt es bezeichnenderweise: „er pflegte zu singen und fand, daß dies seine *futuwwa* (vgl. Nr. 28) mehre."

Gelegentlich wird gesagt, sie seien unverheiratet. Ob dies allgemein so war, ob es sich bei diesen frühen *fityān*-Verbindungen vielleicht um eine Art von Junggesellenverein handelte, ist völlig ungewiß. Von manchen namentlich bekannten Mitgliedern wissen wir, daß sie – zumindest später – geheiratet haben und Kinder hatten. Ob das das Ende der Verbindung mit den *fityān* war, ist ebenso unklar wie die Frage, ob es eine Altersgrenze gab.

Während manche von ihnen deutlich Frauen zuneigten und gemeinsam Etablissements mit in Musik und Gesang ausgebildeten Sklavinnen aufsuchten, scheint das größere Thema doch die Päderastie zu sein. Von Außenstehenden oft als Sittenverfall beklagt und verurteilt, blühte sie nicht nur bei den *fityān*, aber diese galten als besondere Gefahr für die „bartlosen Jünglinge". Allerdings gab es auch Widerspruch aus den eigenen Reihen: Ein *fatā* aus Mossul wollte Anführer *(raʾīs)* der dortigen *fityān* werden. Ein Genosse machte ihm das streitig mit den Worten „du bist kein wahrer *fatā*, denn du hast einen noch bartlosen Jüngling, den du liebst". Die längere Auseinandersetzung endete damit, daß der *fatā* sich von dem Jungen trennte.

Anmerkung

1 Der vorliegende Beitrag fußt weitgehend auf der Arbeit an meiner Dissertation an der Universität Bonn mit dem Titel *Fatā, Fityān, Futūwwa*. Da diese Arbeit noch nicht abgeschlossen vorliegt, waren nähere Verweise oft nicht möglich.

Bruderschaften im heutigen Islam: Bemerkungen zum Begriff und zum Sonderfall der Muslimbrüder

Johannes Reissner

In der islamischen Welt sind alle gesellschaftlichen Zusammenschlüsse in der Öffentlichkeit von Männern dominiert und wirken männerbündlerisch, ohne ausdrücklich ‚Männerbünde' zu sein. Frauengemeinschaften gibt es nur ansatzweise.

In den zwanziger Jahren entstanden in Ägypten die ‚Muslimbrüder', die nach dem Zweiten Weltkrieg zu einer bedeutenden, grenzüberschreitenden Männerbewegung anwuchsen. Ziel war die Verteidigung des Islam gegen Säkularisierung, Verwestlichung und Dekadenz. Politisch suchte man einen dritten, islamischen Weg, einen islamischen Staat jenseits von Kommunismus und Kapitalismus zu verwirklichen. Außerhalb der islamischen Welt gelten heute die ‚Muslimbrüder' als Prototyp dessen, was – gemeinhin abschätzig – als ‚islamischer Fundamentalismus' bezeichnet wird.

‚Männerbund', ‚Bruderschaft' und ‚Männergesellschaft'

Im Arabischen, der Sprache des Koran, gibt es genaugenommen keine direkten Äquivalente für die Begriffe ‚Männerbund' und ‚Bruderschaft'. Beide damit angesprochenen sozialen Sachverhalte stehen in einem breiteren sozialen und ideellen Kontext, der die Notwendigkeit ihrer ausdrücklichen Benennung überflüssig machte. Wegen der strengen Geschlechtertrennung in der Öffentlichkeit, die vom islamischen Recht, der *schari'a,* und dem allgemeinen islamischen Moralkodex sanktioniert wird, bestand offenbar kein Bedürfnis, für den gesellschaftlichen Zusammenschluß von Männern eine übergeordnete, generelle Kategorie zu finden.

Vergemeinschaftung außerhalb der Familie war *eo ipso* ‚Männersache'. Auch in schon weit säkularisierten Gesellschaften des islamischen Vorderen Orients dominieren in der Öffentlichkeit bekanntlich die Männer. Selbst dort, wo die Markierung der Frauen durch Schleier oder den Tschador fehlt, stellt sich Öffentlichkeit als ‚Männergesellschaft' dar, und eigene Verhaltensweisen von ‚Männern unter sich' könnten den Beobachter dazu verleiten, öffentliches Leben in der islamischen Welt als einen einzigen ‚Männerbund' zu empfinden; mögen mediterrane Lebensformen und selbst noch deutscher Stammtisch einen ähnlichen Eindruck provozieren, eine grundlegende Differenz bleibt spürbar.

Natürlich wäre die Erfassung von islamisch geprägter Öffentlichkeit als ‚Männerbund' eine unfruchtbare, weil bis ins Inhaltlose reichende Begriffserweiterung. Schließlich kennt islamische Kultur sehr wohl Vergemeinschaftungen von Männern, die den Kriterien von Männerbünden standhalten. Die *futuwwa*-Bünde (vgl. den Aufsatz Nr. 28 in diesem Band) dürften das deutlichste Beispiel sein. Doch auch ihr Name zielt nicht darauf, daß sich Männer verbinden, sondern daß es junge Männer sind.

Haben alle Arten von Vergemeinschaftungen im islamischen Kulturraum aufgrund der strikten Geschlechtertrennung in der Öffentlichkeit eine Tendenz, ‚männerbündlerisch' zu wirken, so darf nicht übersehen werden, daß es immer auch, und sei es nur in Ansätzen, parallel zu ihnen eigene Organisationen und Institutionen für Frauen gab. Dies trifft für Gilden in Ägypten (Baer 1964: 32f.) ansatzweise ebenso zu wie auf die *hay'at* genannten informellen Nachbarschaftstreffen mit überwiegend religiöser Zielsetzung in Iran (Thaiss 1971: 201f.; Mottahadeh 1985: 300ff.). Auch die mystischen Orden, zumeist ‚Bruderschaften' genannt, erfüllen nicht durchweg den Tatbestand von Männerbünden, da zu einigen von ihnen auch Frauen Zugang hatten und haben (De Jong 1989: 673 Anm. 1). (Vgl. dazu den Aufsatz Nr. 25.)

Gerade in solchen Ländern, die den Islam zur Herrschaftsideologie erhoben haben, sind Bemühungen anzutreffen, Frauen eine quasi Frauen-eigene Öffentlichkeit zu schaffen. In Saudi-Arabien zum Beispiel gibt es reine Frauenuniversitäten sowie eigene von Frauen für Frauen betriebene Banken. Mu'ammar al-Qadhdhafis aus Frauen rekrutierte Leibwache mag man als kapriziösen Sonderfall betrachten, kann aber zugleich mit Sicherheit davon ausgehen, daß auch ihm eine ‚gemischte' Leibwache ein Übel wider den Islam wäre. Darin liegt der Kern der Sache: Trotz aller Bemühungen um Frauen-eigene Freiräume und Öffentlichkeit bleibt das Verbot der ‚Mischung' oder des ‚Umgangs' (arabisch: *ikhtilât)* der Geschlechter außerhalb der Familie prägend bestehen. Frauen wird zwar eine eigene Öffentlichkeit zugestanden, aber nicht die, die Einfluß auf oder gar Macht über die Gesamtgesellschaft impliziert. Ausnahmen wie die pakistanische Regierungschefin Benazir Bhutto sind in der Regel primär über die frühere gesellschaftliche Stellung des Vaters zu erklären.

Ähnlich wie die Kategorie ‚Männerbund' in islamischen Gesellschaften vor dem Hintergrund einer sich als ‚Männergesellschaft' konstituierenden Öffentlichkeit zu verstehen ist, muß die Kategorie ‚Bruderschaft' zunächst im Licht des koranischen Diktums, daß alle Gläubige Brüder seien (Sure 49, Vers 10), Brüder im Glauben (9, 11), gesehen werden. Idealiter sind somit die Muslime eine Gemeinschaft von Brüdern, ein Gedanke, der heute im Interesse der Abwehr von Un-Islamischem, Säkularisierung, Verwestlichung und Fremdbestimmung im Rahmen einer ideologisch arg strapazierten, gleichwohl aber auch vorhandenen ‚islamischen Solidarität' immer wieder hervorgehoben wird. Zugleich wird die Anrede ‚Bruder' im Alltag im kollegialen Umgang benutzt oder wenn ein Fremder – sofern er als Muslim oder Araber erscheint – angesprochen wird, dessen Name nicht bekannt ist.

Im Deutschen ist auf den Islam bezogen der Begriff ‚Bruderschaften' vor allem für mystische, bzw. *Sufi*-Orden besetzt. Ihre eigentliche Bezeichnung lautet *tarîqa,* das heißt, der (mystische) Pfad, im Unterschied zur *scharî'a,* dem islamischen Recht, was jedoch keine notwendige Opposition zwischen beidem impliziert. Ohne die Bedeutung der mystischen Orden in gegenwärtigen islamischen Gesellschaften schmälern zu wollen, sei hier auf solche Gemeinschaften eingegangen, die sich direkt als ‚Brüder' (arabisch: *ikhwân*) bezeichnen.

Die *ikhwân* des Ibn Sa^cûd

Die Gründung des heutigen Königreichs Saudi-Arabien (offizielle Proklamation 1932) basiert auf den vom Zentralgebiet der arabischen Halbinsel, dem Najd, ausgehenden Eroberungen des Staatsgebietes unter dem Staatsgründer ^{c}Abdal^{c}azîz ibn Sa^{c}ûd ab 1902. Er stand an der Spitze von seßhaft gewordenen Beduinenkämpfern, die sich schlicht ‚Brüder', *ikhwân,* nannten. Was sie einte und ihnen die gefürchtete kämpferische Entschlossenheit verlieh, war der Islam gemäß der innerislamischen, also noch nicht gegen Verwestlichung und Säkularisierung gerichteten Reformlehre des Muhammad ibn ^{c}Abdalwahhâb (1703–1792). Die Wahhabiten, wie die Anhänger dieser Richtung allgemein genannt werden – sie selbst nennen sich *muwahhidûn,* das heißt, Anhänger des Bekenntnisses der Einheit Gottes – zeichnen sich aus durch strikte Befolgung des islamischen Rechts, der *scharî'a,* und der Ablehnung jeglicher Form von Mystik und vor allem Heiligenkult, wie er damals auf der arabischen Halbinsel weit verbreitet war.

Die Selbstbezeichnung *ikhwân* für die wahhabitischen Glaubenskämpfer auf der arabischen Halbinsel im ersten Viertel dieses Jahrhunderts zeigt eine bewußte Hinwendung zu einem ‚geläuterten' Islam. Damit war die Abwendung von der nomadischen Lebensweise und der Bindung an den Stamm impliziert. Dies geschah getreu dem Koranvers „Und haltet fest am Bande Gottes und zerteilt euch nicht. Gedenkt der Gnade Gottes als ihr Feinde waret und er zwischen euren Herzen Freundschaft stiftete und ihr durch seine Gnade Brüder wurdet." (Koran 3, 103). Das Interesse hinter der Bildung der *ikhwân* war natürlich die Schaffung einer Streitmacht, die sich nicht in Stammesfehden erschöpft und jederzeit zu mobilisieren war.

Der entscheidende ‚Initiationsritus', wenn man diesen Terminus in einer groben Verallgemeinerung benutzen will, bestand für die *ikhwân* in der Seßhaftwerdung. Dies geschah in *hijra* genannten Siedlungen, von denen über 150 namentlich bekannt sind (Habib 1978, 16f. und 164ff.). Damit war die ‚klassische' Trias islamischer Gesellschaften des Vorderen Orients von Städtern, Bauern und Nomaden auch auf der Arabischen Halbinsel gebrochen. Der Name *hijra* für die Siedlungen deutet das klare Bewußtsein von der Bedeutung dieses Prozesses an. Ähnlich der ‚Auswanderung' *(hijra)* des

Propheten Mohammed von Mekka nach Medina, dem Beginn der islamischen Zeitrechnung im Jahre 622, wird *hijra* nun als Abkehr von der als unislamisch verstandenen Lebensform der Nomaden hin zu der islamischen der Seßhaften verstanden.

Für die Eroberungen des Territoriums Saudi-Arabiens waren die *ikhwân* entscheidend, zur Konsolidierung des neuen Nationalstaates mußten sie dann jedoch Ende der zwanziger Jahre wieder aufgelöst werden, gerade weil ihr religiöser Eifer keine Grenzen anerkennen wollte und so den jungen Staat in Gefahr brachte.

Die Muslimbrüder

Zur gleichen Zeit entstand 1928 in einem ganz anderen sozialen und geistigen Kontext in Ägypten die ‚Gesellschaft der Muslimbrüder' *(jamʿiyyat al-ikhwân al-muslimîn)*. Zumeist einfach nur ‚Muslimbrüder' oder ‚Muslimbruderschaft' genannt, wurde sie unter Führung ihres charismatischen Begründers Hasan al-Bannâ (1906–1949) insbesondere nach dem Zweiten Weltkrieg zu einer bedeutenden geistigen und politischen Kraft über die Grenzen Ägyptens hinaus. Ihr Ziel war und ist, den Islam auch angesichts von Fremdbestimmung, Fremdherrschaft, Verwestlichung, Säkularisierung und Dekadenz in der eigenen Gesellschaft zu leben und für ihn zu kämpfen. Damit wurden die Muslimbrüder für viele zum Vorbild und für mindestens ebenso viele in und außerhalb der islamischen Welt zum Prototyp dessen, was heute gemeinhin abschätzig ‚islamischer Fundamentalismus' genannt wird.

Zur Frage, als was die Muslimbrüder ihrer Organisation nach reli-

1928 entstand in Ägypten die ‚Gesellschaft der Muslimbrüder', die nach dem Zweiten Weltkrieg zu einer bedeutenden geistigen und politischen Kraft über die Grenzen Ägyptens hinaus wurde. Außerhalb der islamischen Welt gelten heute die Muslimbrüder als Vertreter des islamischen Fundamentalismus. Ihre Idee vom Islam als einem auch für die heutige Gesellschaft gültigen Ordnungsgefüge fand ihre Anhänger auch in den Vereinigten Staaten von Amerika. Hier haben sich Mohammedaner in einer Moschee in Chicago versammelt. Foto: Robert Lucas, Keystone Pressedienst Hamburg.

Eine der Hauptforderungen der Muslimbrüder ist das Verbot der ‚Mischung' der Geschlechter in der Öffentlichkeit. Damit tragen sie nicht unwesentlich dazu bei, daß sich das traditionelle Männerbild des Islam weiter tradiert – und dies nicht nur im Vorderen Orient, wie diese Aufnahme von gläubigen Moslems zeigt, die 1960 in der Shah Jahan Moschee in Woking, Großbritannien, aufgenommen wurde. Foto: Keystone Pressedienst Hamburg.

gionssoziologisch einzuschätzen sind, gibt folgender Bericht aus den Memoiren des Begründers der Muslimbrüder, Hasan al-Bannâ, interessante Auskunft:

„Bei der Gründung im März 1928 sagte einer: ‚Wie benennen wir uns? Werden wir ein Verein *(jam^c^iyya)*, ein Club *(nâdî)*, eine mystische Bruderschaft *(tarîqa)* oder eine Berufsgenossenschaft *(niqâba)* sein, wenn wir eine offizielle Gestalt annehmen?' Daraufhin sagte ich (al-Bannâ): ‚Nicht dieses und nicht jenes. Unser Appell hat unterschiedliche Gestalten und offizielle Erscheinungsformen. Doch das erste unserer Gemeinschaft und ihrer Grundlage ist: Die Idee, die geistigen Werte und die [gemeint ist: ihnen entsprechenden] Taten. Wir sind Brüder *(ikhwa)* im Dienst des Islam, wir sind also Muslimbrüder'" (al-Bannâ 1974: 72).

In diesem wenn auch etwas legendenhaft erscheinenden Bericht kommt sehr schön zum Ausdruck, was Bruderschaft hier konstituiert: Es ist der Dienst am Islam angesichts der Bedrohungen durch Modernisierung und Säkularisierung. Der bewußte Schritt von der ‚gelebten Religion' zur ‚gewollten Religion' macht das Verbindende aus, und darin haben die Muslimbrüder ihre grundlegende Gemeinsamkeit mit den *ikhwân* Saudi-Arabiens trotz aller großen sozialen und kulturellen Unterschiede und mit anderen, späteren islamischen Gesellschaften, wie etwa der *jamâ^c^at-i islâm* in Pakistan oder der *feda'iyân-e eslâm* in Iran nach dem Zweiten Weltkrieg; die Frage nach der direkten Beeinflussung ist zunächst zweitrangig.

Als sozialer Typus von Vergemeinschaftung sind die Muslimbrüder als *jam^c^iyya*, das heißt Verein, zu erfassen. Besonders in Ägypten als einem der damals am weitesten entwickelten Länder des islamischen Vorderen Orients – aber auch in Libanon-Syrien – hatte sich seit Mitte des 19. Jahrhunderts ein recht reges Vereinsleben entwickelt. Für die Entwicklung des Erziehungswesens unter den Muslimen spielten Wohlfahrtsvereine *(jam^c^iyya khairiyya)* eine wichtige Rolle. ‚Verein' konnte um die Jahrhundertwende auch noch Bezeichnung für allmählich entstehende politische Parteien sein.

Daß hinter der Entwicklung europäische Vorbilder moderner Sozialisierung standen, zeigt die Existenz eines ‚Vereins muslimischer junger Männer' in Ägypten, zu denen auch Hasan al-Bannâ Kontakt hatte und bei deren Name die Ähnlichkeit zu dem ‚Verein christlicher junger Männer' ins Auge springt. Die Muslimbrüder als *jam^c^iyya* sind im Rahmen moderner und zunächst einmal säkularer gesellschaftlicher Organisationsformen zu sehen, die in sich wieder Ausdruck gravierenden sozialen Wandels sind. Zugleich stellen sie eine Reaktion auf die Bedrohung der Gültigkeit des Islam im gesellschaftlichen Leben dar. Die Abschaffung des Kalifats 1924, also vier Jahre vor der Gründung der Muslimbrüder, ist nur ein Zeichen für die Ausmaße des Säkularisierungsprozesses.

Waren die Muslimbrüder zunächst ein islamischer Verein wie andere auch, so entwickelten sie sich jedoch unter der charismatischen Führung von Hasan al-Bannâ bis zum Zweiten Weltkrieg zu einer zentralistisch aufgebauten, straff organisierten Massenbewegung, die bald über die Grenzen Ägyptens hinaus Wirkung zeigte (Mitchell 1969).

Wegen ihres grundlegenden Ziels, ‚dem Islam zu dienen', begriffen die Muslimbrüder sich ganz allgemein gern als ‚Bewegung' *(haraka)*. Als Organisation waren sie *de facto* bald zu einem Staat im Staate geworden. Sie verfügten auch über ihre eigene Frauenorganisation, Jugendorganisationen, die für die Männer bezeichnenderweise *futuwwa* genannt wurden, eigene Banken, Betriebe, eigene Organisation für die Bauernschaft und mehr in diesem Sinne. Ihre Mitglieder rekrutierten sich primär aus der aufsteigenden städtischen muslimischen Mittelschicht. Ihre Führungskader entstammten nur zu einem sehr geringen Teil den Religionsgelehrten, die meisten waren Vertreter ‚moderner' Berufe (Lehrer, wie Hasan al-Bannâ, Rechtsanwälte, Ärzte und später im zunehmenden Maße Techniker).

‚Dienst am Islam' bedeutete und bedeutet für die Muslimbrüder ganz und gar nicht ‚zurück ins Mittelalter', wie heute ein böses Schlagwort sagt, sondern aktive Teilhabe an der Gegenwart unter Wahrung des Islam und seiner Gültigkeit auch für heutige Gesellschaften. Nicht selten standen sie mit den regulären Religionsgelehrten *(ʿulamâ)* in Konflikt.

Auf der Basis selektiver Neuinterpretation von Koran und Sunna (den Aussprüchen und vorbildlichen Taten des Propheten) sowie der frühen islamischen Geschichte formten sie nach Ende des Zweiten Weltkrieges, als sich die Teilung der Welt in zwei Machtblöcke mit unterschiedlichen Gesellschaftssystemen abzeichnete, die Idee vom ‚islamischen System' *(an-nizâm al-islâmî);* gewissermaßen ein islamischer Dritter Weg gegenüber Kapitalismus und Kommunismus.

Die sich in dieser Formel ausdrückende Überzeugung, daß Islam besonders über islamisches Recht, die *scharîʿa*, eine auch heute gültige Gesellschaftsordnung und ein Entwicklungsmodell sei, bildet den Kerngedanken der Muslimbrüder. Ihn verbreitet zu haben, macht unabhängig ihres höchst wechselvollen politischen Geschicks ihre historische Bedeutung aus.

Die Idee des ‚islamischen Systems' hat sich sowohl für politische Opposition als auch für Herrschaftslegitimation (zum Beispiel Saudi-Arabien, Islamische Republik Iran) geeignet erwiesen. Die Muslimbrüder selbst haben sich nicht zuletzt aufgrund ihrer langen Unterdrükkung vor allem im Ägypten Nassers zersplittert und zum Teil radikalisiert. Das verstärkte Auftreten militant-islamischer Gruppierungen in den siebziger Jahren ist wesentlich auch als Ergebnis der Unterdrükkung der Muslimbrüder zu sehen (Reissner 1989: 470ff.).

Trotz ihrer grundlegenden Ablehnung des Sufismus haben sie, wie berichtet wird, hier und dort auch Unterschlupf bei mystischen Orden finden können. Zugleich ist zumindest bei einigen von ihnen eine gewisse Hinwendung zum politisierten Islam nach dem Vorbild der Muslimbrüder zu erkennen.

Die Muslimbrüder, die im strengen Sinne nicht als ‚Bruderschaft' oder ‚Männerbund' zu verstehen sind, haben der Idee vom Islam als einem auch für die heutige Gesellschaft gültigen Ordnungsgefüge weite Verbreitung verschafft. Zu diesem Ordungsgefüge, so unterschiedliche politische wie auch sozial- und wirtschaftspolitische Vorstellungen mit ihm verknüpft sein können, gehört auf jeden Fall auch die strikte Trennung der Geschlechter in der Öffentlichkeit. Somit sind die Muslimbrüder nicht unerheblich dafür mitverantwortlich, daß sich Öffentlichkeit im islamischen Vorderen Orient nach wie vor primär als Männergesellschaft präsentiert.

Pesantren – islamische Internate auf Java: Bildungsort nur für Männer?

Jutta Daszenies

Die für Indonesien charakteristischen islamischen Internate *(pesantren)* werden in westlicher Sicht oft als Männergemeinschaften wahrgenommen und beschrieben. Der Beitrag geht der Frage nach, ob diese Auffassung mit der Realität in Indonesien übereinstimmt. Um einen Einblick in das Leben eines *pesantren* zu gewinnen, werden seine Organisationsprinzipien und Lehrinhalte geschildert. Dabei zeigt sich, daß auch Frauen aktiv am *pesantren*-Leben teilhaben.

Pesantren heißen in Indonesien Internate, in denen Menschen nach dem islamischen Glauben leben und in ihm unterrichtet werden. Regionaler Schwerpunkt der Betrachtung ist Java, aber auch in anderen Teilen Indonesiens, besonders in Sumatra gibt es *pesantren*.

Gemäß dem Thema der Ausstellung ‚Männerbünde – Männerbande' beabsichtige ich die *pesantren* unter diesem Aspekt näher zu beleuchten[1]. Dabei stieß ich auf einen interessanten Sachverhalt: In der von Indonesiern verfaßten Literatur über *pesantren* (Dhofier 1980a; 1983; Koentjaraningrat 1985; Zarkasyi 1985) wird die Schülerschaft aus Mädchen und Jungen bzw. aus Frauen und Männern bestehend beschrieben. Auch mein langjähriger indonesischer Vertrauter und Schlüsselinformant Pak Sarto (vgl. Daszenies 1987: 24) bestätigte dies. In der amerikanischen und europäischen Literatur über *pesantren* (Geertz 1959/60; 1960; Steenbrink 1974) wird dieser Sachverhalt zugunsten einer männlichen Sichtweise aufgegeben. Die Schülerschaft des *pesantren* wird als männlich beschrieben, wie auch die Lehrer. Frauen spielen höchstenfalls als Ehefrauen oder Töchter der Lehrer eine Rolle. Die Rolle von Frauen im javanischen Islam, insbesondere in den *pesantren* erforderte eine gesonderte Untersuchung, um ihrer Bedeutung gerecht zu werden und um das Bild über das Alltagsleben in den *pesantren* zu vervollständigen.

Wenn ich also im folgenden hauptsächlich über die Männer in *pesantren* berichte, so nicht etwa, weil es Frauen dort nicht gäbe, sondern weil ich überprüfen will, inwieweit der männliche Teil der *pesantren*-Gemeinschaft einen Männerbund darstellt. Ein solcher zeichnet sich nach Müller (1983: 166f.) durch bestimmte Regeln aus, die über die Aufnahme und Mitgliedschaft bestimmen sowie durch die Inhalte des Bundes und deren Verbreitung bzw. Geheimhaltung.

Pesantren in historischer Perspektive

Schon vor der Ankunft des Islam in Java, also vor dem 13. Jahrhundert, gab es Lehrer-Schüler-Gemeinschaften, die ein Leben nach religiösen Prinzipien führten (Koentjaraningrat 1985: 54f.; Steenbrink 1974: 17f.). Die Form des Zusammenlebens, wie sie auch in *pesantren* existiert, ist also älter als der Islam in Java. Allerdings änderten sich mit ihm bald die Inhalte. Die islamische Tradition, die Lehrer und Händler nach Java brachten, war eine mystische. Mit ihnen gelangten aus der arabischen Welt und Indien Sufi-Traditionen (die Bezeichnung für die mystische Richtung des Islam) und Sufi-Texte nach Java (Steenbrink 1989: 129f.). Dieses mystische Gedankengut wurde innerhalb von Bruderschaften (*tarekat*, eigentlich: der mystische Pfad, Schimmel 1985: 33) weitergegeben (Schimmel 1985: 23f.). Gegen Ende des 19. Jahrhunderts hatten sich in Indonesien drei große Bruderschaften etabliert, *naqsyabandiyah, syattariyah* und *chadariyah*, die Verbindungen zu Lehrern im Mittleren Osten hatten (Noer: 1973: 11). In diese Zeit fällt auch die Gründung von heute noch bekannten und/oder existierenden *pesantren*. Die Orientierung an der Sufi-Tradition besteht auch heute noch in den *pesantren* fort, allerdings nicht immer und nur über institutionalisierte Bruderschaften (Geertz 1960: 124f.; Ricklefs 1979: 107).

Die Institution des *pesantren*

Fünf Elemente machen einen *pesantren* aus: 1. der Lehrer *(Kyai)*, 2. die Schüler *(santri)*, 3. das Wohnhaus der Schüler *(pondok)*, 4. die Moschee *(masjid)* und 5. die islamischen Lehrtexte *(kitab-kitab Islam klasik)* (Dhofier 1983: 44–60).

1. Die zentrale Gestalt eines jeden *pesantren* ist der *Kyai*. *Kyai* ist die javanische Anrede – deswegen im Text auch groß geschrieben – für einen älteren oder alten respektablen Mann, dessen spezielles Ansehen sich auf sein vertieftes, spirituelles Wissen *(ngelmu)* über die Welt gründet, das Wissen über den Islam einschließen kann. Ein spezieller Gelehrter des Islam wird nach der javanischen Selbstsicht *ulama* genannt (Pak Sarto: persönl. Mitt.; Dhofier 1983: 55), eine Bezeichnung, die aus dem Arabischen stammt (Karow und Hilgers-Hesse 1986: 469).

Ein *Kyai* in unserem Fall hat sich sein Wissen im allgemeinen als *santri* in einem *pesantren* angeeignet und es unter Umständen während der Pilgerfahrt nach Mekka *(hajj)* und/oder eines Studienaufenthaltes in Mekka angereichert und vertieft. Ein weiteres Zentrum islamischen Wissens ist die Al-Azhar Universität in Kairo, die besonders im 19. Jahrhundert eine große Bedeutung hatte. Auch dorthin gehen javanische Muslime zur Unterweisung in den Islam.

Mit der Gründung eines eigenen *pesantren* schafft sich ein *Kyai* einen institutionellen Rahmen für die Weitergabe seines Wissens an Schüler.

Das Land, auf dem die Gebäude des *pesantren* errichtet werden, ist in der Regel im Besitz des *Kyai*. Immer liegen *pesantren* in ländlichen Gebieten, häufig außerhalb oder am Rande von Ortschaften. Das Kapital für die Baumaterialien oder die Baumaterialien selbst stammen von den Schülern. So kann als Schulgeld eine monatliche Summe Bargeld oder zum Beispiel eine bestimmte Anzahl von Backsteinen gefordert sein, die die Schüler in Eigenarbeit herstellen (Dhofier 1983: 46f.).

2. Die Schülerschaft rekrutiert sich aus der Umgebung des *pesantren*. Bei einem überregionalen Bekanntheitsgrad eines *Kyai* kommen Schüler auch aus entfernten Gegenden. Das Alter der Männer überschreitet meistens nicht 25 Jahre, da nach javanischer Sicht dann die Zeit reif ist für eine Veränderung des Familienstandes vom Junggesellen zum Ehemann und Vater. Und dies macht die Gründung eines eigenen Hausstandes erforderlich. Im Internat sind die *santri* unverheiratet, nicht etwa wegen eines Gelübdes, sondern weil Familienleben und Leben als *pesantren*-Schüler nicht miteinander vereint werden können.

3. Die Räumlichkeiten eines *pesantren* sind einfach. Geschlafen wird in gemeinsamen Schlafräumen *(pondok)*, in denen jedem Schüler ein Minimum an Ausstattung zur Verfügung steht: ein Schlafplatz, etwas Platz zur Ablage von Kleidung. Die Moschee wird manchmal ebenfalls als Schlafplatz benutzt. Alle Schüler müssen im *pesantren* schlafen, ausgenommen die, die aus den umliegenden Dörfern kommen. Für Essen müssen die Schüler selbst sorgen, in dem sie kochen oder fertige Gerichte an kleinen Eßständen *(warung)* außerhalb des *pesantren* kaufen.

4. Die Moschee *(masjid)* ist der zentrale Ort, an dem Wissen über den Islam vermittelt wird. Sie ist das erste Gebäude, das ein *Kyai* errichtet, wenn er einen *pesantren* gründen will. In ihr trifft man sich zum täglichen fünfmaligen Gebet und zum Hören der Predigten *(khutbah)*.

5. In der Moschee werden die Schüler in den klassischen Texten der Shafi'itischen Tradition unterrichtet. Die Texte umfassen unterschiedliche Sparten islamischer Lehrinhalte, zum einen Lehrbücher des Arabischen, zum anderen Texte zur Rechtssprechung *(fiqh)*, Überlieferungen von Entscheidungen, Handlungen und Ereignissen aus dem Leben des Propheten Mohammed *(hadith)*, Koran-Auslegungen *(tafsir)*, zur Geschichte des Islam *(tarikh)*, zur Lehre von der Einheit Gottes *(tauhid)* und zur Mystik *(tasawuf)*. Es existieren zwei unterschiedliche Methoden des Lehrens und des Lernens, *sorogan* und *bandongan*. Bei der *sorogan*-Methode liest und übersetzt der Lehrer arabische Texte ins Javanische. Der Schüler wiederholt die Passagen und versucht sich ebenfalls so gut wie möglich im Übersetzen. Diese Form des Lehrens wird individuell und für Anfänger gegeben. Mit der *bandongan*-Methode werden Gruppen von Studenten mit fortgeschrittenerem Wissen unterrichtet. Der Lehrer liest und übersetzt den arabischen Text ins Javanische, versehen mit Erklärungen und Interpretationen. Jeder Schüler hat den Text im Original vor-

Zu jedem islamischen Internat (pesantren) gehört eine Moschee. Sie ist der zentrale Ort, an dem Wissen über den Islam vermittelt wird. Ein Lehrer, der ein Internat gründen möchte, errichtet als erstes Gebäude die Moschee. In der Moschee trifft man sich fünfmal am Tag zum Gebet und zu den Predigten. Diese dörfliche Moschee steht in Zentraljava. Foto: M. Schweizer.

liegen, um die Übersetzungen verfolgen und Fragen stellen zu können (Dhofier 1983: 368–373). Dazu kommen gemeinsame Lesungen und Rezitationen des Koran. In einigen *pesantren* werden zusätzlich noch andere Fächer wie Indonesisch, Mathematik und Geschichte gelehrt (Dhofier 1980a: 118).

Ein Spezifikum des *pesantren*-Systems ist die enge Bindung zwischen Lehrer und Schüler. Der Schüler verehrt den Lehrer und bleibt sein Leben lang mit ihm verbunden. Auch über den Tod des Lehrers hinaus erweist der Schüler seinen Respekt, indem er den Kontakt zu seinem *pesantren* hält und pflegt. Der Lehrer gilt als die Stimme Allahs, der als einziger das Wissen über den Islam vermitteln kann. Seine Handlungen sollten auf dem Koran basieren, denn nur was auf der Basis des Koran gelehrt wird, muß der Schüler befolgen. Da die Beziehung zwischen Schüler und Lehrer eine intensive und dauerhafte ist, ist die Wahl eines bestimmten Lehrers eine schwerwiegende Entscheidung, die reiflich überlegt sein will (Dhofier 1983: 82f.).

Um das vorangegangene zu konkretisieren sei an dieser Stelle in Anlehnung an Dhofier (1983: 113f.) der Tagesablauf in dem bekannten *pesantren* Tebuireng in Ost-Java geschildert.

4.30 Wecken durch Koranrezitationen, Waschen, Morgengebet *(sembahyang subuh)* und fünfzehnminütiges *dzikir* (konzentriertes Denken an Allah, oft durch Wiederholen seines Namens, verbunden mit rhythmischen Körperbewegungen), gemeinsames Gebet mit dem *Kyai*. 5.30–6.30 Unterricht nach der *bandongan*-Methode. 6.30–7.00 Frühstück. 7.00–11.30 Unterricht, aufgeteilt nach Kenntnisstand, fortgeschrittene Schüler können derweil die Bibliothek benutzen. 12.30 Mittagsgebet *(sembahyang dhuhur)* mit *dzikir* und Gebet. Im Verlauf des Nachmittags findet weiterer Unterricht statt. 16.00 Nachmittagsgebet *(sembahyang asar)* mit *dzikir* und Gebet. 18.00 Abendgebet *(sembahyang maghrib)* mit *dzikir* und Gebet in der Moschee. 19.30 Nachtgebet *(sembahyang isya)*. Bis 22.30 Unterricht. 22.30–4.30 Nachtruhe.

Frauen in *pesantren*

Im Indonesischen läßt sich von der Bezeichnung *santri* (Schüler/Schülerin) nicht das Geschlecht der Lernenden ablesen, sie können sowohl männlich als auch weiblich sein. Dhofier (1983: 54) berichtet, daß seit 1910 Frauen in *pesantren* unterrichtet werden. Auch heute ist ein Teil der Schülerschaft in vielen *pesantren* weiblich. Nicht indonesisch schreibende Autoren scheinen diese Tatsache zu negieren.

Unterscheidet sich nun die Ausbildung der Frauen in den *pesantren* von der der Männer? Frauen werden getrennt unterrichtet und wohnen in getrennten Trakten innerhalb des *pesantren*. Das Unterrichtsniveau ist bei den Frauen niedriger als bei den Männern, der unterrichtete Stoff ist weniger umfangreich, und die Verweildauer ist kürzer. Die Rolle der Frauen in *pesantren* wird durch Männer definiert und begrenzt. Aber es hat schon früh herausragende Frauenpersönlichkeiten gegeben, wie Nyai Khairiyah, die Tochter von Hasyim Asy'ari (s. unten), die 1932 nach dem Tode ihres Mannes die Leitung des *pesantren* Seblak übernahm (Dhofier 1983: 54).

Tradierung des Wissens und verwandtschaftliche Verflechtungen der Lehrer *(Kyai)*

Wie oben bereits erwähnt, ist der *Kyai* die zentrale Gestalt eines *pesantren* . Wie werden nun Wissen und die Führerschaft eines *pesantren* weitergegeben? Die *Kyai*-Familie und ihre Verflechtungen mit anderen *Kyai*-Familien ist von entscheidender Wichtigkeit. Es besteht eine ausgesprochene Präferenz für Heiraten innerhalb der sozialen Gruppe der *Kyai*. Söhne, Schwiegersöhne und Enkel werden in der Ausbildung als potentielle Nachfolger eines *Kyai* bevorzugt. Anhand der Lebensgeschichte des berühmten und bekannten *Kyai* Hasyim Asy'ari aus Ost-Java, der später den Namen Hadratus-Syekh, großer Gelehrter, bekam (Dhofier 1980a: 85), wird deutlich, wie die verwandtschaftlichen Beziehungen der *Kyai* untereinander gleichzeitig die Entstehung und Verbindung vieler *pesantren* dokumentieren. Darüber hinaus zeigt sich, daß einzelne Individuen letztlich Glieder einer Überlieferungskette *(isnad)* sind und ihre Bedeutung auch durch ihre Lehrer, die wiederum über ihre Lehrer über Generationen hinweg mit dem Propheten verbunden sind, gewinnen (Johns 1980: 168).

In Anlehnung an Dhofier (1980a: 123f.; 1980c: 53f.) stelle ich die Lebensgeschichte des *Kyai* Hasyim Asy'ari als eines Hauptakteurs in der *pesantren*-Tradition dar. 1871 in Jombang, Ost-Java, wurde Hasyim Asy'ari als Sohn des *Kyai* Asy'ari geboren, dem Gründer des *pesantren* Keras in Jombang. Sein Großvater, Kyai Usman, war der Gründer des *pesantren* Gedag. Und auch sein Urgroßvater, *Kyai* Sihah, hatte schon einen *pesantren* begründet, Tambakberas in Jombang. Erzogen durch seinen Vater zu einem gelehrigen Muslim, zeigten sich Hasyim Asy'aris große Begabung und sein Interesse schon früh. Im Alter von dreizehn Jahren begann er seine Lehrzeit außerhalb seines Elternhauses in verschiedenen *pesantren*. Fünf Jahre verbrachte er im *pesantren* Siwalan in Surabaya. Sein Lehrer in diesem *pesantren*, *Kyai* Ya'kub, wurde sein Schwiegervater und finanzierte ihm einen Aufenthalt in Mekka, wo er zunächst ein Jahr blieb. Wegen des Todes seiner Frau und seines Kindes kehrte er nach Java zurück, blieb aber danach noch weitere sieben Jahre in Mekka zusammen mit seinem Schwager Mohamed Alwi. Dort wurden die beiden von berühmten javanischen Lehrern unterrichtet. Zu ihnen gehörten *Syekh* Al-Nawawi Al-Jawi Al Bantani Al-Tanari, als einflußreichster, *Syekh* Mahfuz Al-Tarmisi und *Kyai* Khalil Bangkalen. Nach seiner Rückkehr gründeten Hasyim Asy'ari und sein Schwager Mohammed Alwi im Jahre 1899 den *pesantren* Tebuireng, der zum Sammelpunkt von *santri* wurde, die später selbst bekannte *pesantren* begründeten. Zu ihnen zählen unter anderen *Kyai* Idris, *Kyai* Habib Termas Dimyati, *Kyai* Ahamad Baidlowi, alle drei Schwiegersöhne von Hadratus-Syekh.

Mit der Person von Hadratus-Syekh sind auch politische Aktivitäten, gespeist durch den Islam, verknüpft. Die verschiedenen islamischen Bewegungen wie *Sarekat Islam*, *Muhammadiyah* und *Persatuan Islam*, die sich zu Beginn des 20. Jahrhunderts formierten, verfolgten politische Interessen, die auf eine Unabhängigkeit Indonesiens

Hier wird gerade die zu jeder Moschee gehörende Signaltrommel betätigt. Moscheen erfüllen im dörflichen Leben Javas nicht nur religiöse, sondern auch allgemeine Funktionen für die Gesamtbevölkerung. Die Signaltrommel dient der Übermittlung von Nachrichten. Zum Beispiel erfolgen Katastrophenmeldungen oder die Mitteilung eines Todesfalls per Trommel. Foto: M. Schweizer.

zielten. Sie unterschieden sich jedoch in ihrem Verständnis des Islam und in ihrer Auffassung über die Rolle des Islam bei der Befreiung Indonesiens von den Holländern. Im Jahre 1926 begründete Hadratus-Syekh *Nahdatul Ulama*. Diese Bewegung verknüpfte politische, soziale und religiöse Ziele auf der Basis des traditionellen Islam und drängte den Einfluß der modernistischen Muslime, die einen reinen Islam ohne Vermittlung durch die Rechtsschulen und ihre Gelehrten propagierten, zurück. Bis zu seinem Tode 1947 nahm Hadratus-Syekh hohe Positionen in religiös begründeten nationalistischen Bewegungen ein und genießt auch heute noch unter den politisch gemäßigten islamischen Lehrern hohes Ansehen (Dhofier 1980a: 144f.).

Die Rolle der *pesantren* im indonesischen Bildungssystem

Im modernen Staat Indonesien existieren neben dem staatlichen Bildungssystem und privaten Einrichtungen die islamischen Bildungsinstitutionen, zu denen die Grundschulen *(madrasah)*, Mittelschulen *(diniyah)* und Ausbildungsstätten für Religionslehrer *(pendidikan guru agama)* zählen. *Madrasah* können allerdings auch reine Koranschulen sein, die von der Schülerschaft zusätzlich zur staatlichen Grundschule besucht werden. Der Anteil des religiösen Unterrichts variiert von 30 Prozent in den *madrasah* bis zu 70 Prozent in den *diniyah*. Die Abschlüsse an den Grundschulen sind als gleichwertig mit denen der staatlichen anerkannt. Die Abschlüsse an der Mittelschule *(diniyah)* gelten dagegen nicht den von staatlichen Schulen gleichwertig, qualifizieren aber die Absolventen für einen Berufsweg im religiösen Sektor, zum Beispiel im Religionsministerium oder zum Studium am staatlichen Institut für Islam *(IAIN = Institut Agama Islam Negeri)*. Neben dem *IAIN* bieten die *pesantren* die Möglichkeit zu höherer Bildung, die unter den höheren islamischen Bildungsinstitutionen am meisten genutzt wird, vor allem von den jungen Menschen auf dem Land. Denn dort leben 80 Prozent der javanischen Bevölkerung. Absolventen von *pesantren* gelten als Islamgelehrte und sind dazu prädestiniert, den Islam weiterzugeben oder eine höhere Laufbahn im Religionsministerium einzuschlagen (Dhofier 1980b/264f.).

Resümee

Kehren wir nun zu der eingangs gestellten Frage zurück, ob ein *pesantren* einen Männerbund darstellt. Der islamische Alltag in Java offenbart eine vielschichtige Sichtweise. Frauen partizipieren aktiv am Islam auch in *pesantren* als Schülerinnen und Lehrerinnen, allerdings lernen und leben beide Geschlechter getrennt. Frauen stellen als Ehefrauen und Töchter oft das Bindeglied zu anderen *Kyai*-Familien dar, denn innerhalb der sozialen Gruppe der *Kyai* besteht eine Präferenz für endogame Heiraten. Es fehlen aber noch Untersuchungen, die die Rolle der Frauen im indonesischen Islam eingehender erforschen.

In der Öffentlichkeit und innerhalb der *pesantren* treten Männer deutlicher als Meinungsbildner hervor als Frauen. So haben *Kyai* als Lehrer in *pesantren* häufig auch Funktionen in mystischen, islamischen Organisationen *(tarekat)*, in denen aber ebenfalls Frauen organisiert sind; über das Netzwerk ihrer Verwandtschaft mit anderen *pesantren* und Institutionen verknüpft.

Innerhalb der *pesantren* wird das Wissen an ausgewählte Personen, meistens an den Sohn oder Schwiegersohn des *Kyai*, weitergegeben. Das Wissen gewinnt an Exklusivität durch die Enge der Beziehung zwischen Lehrer und Schüler und die Verweildauer des Schülers im *pesantren*.

Außerhalb dieses engen Kreises der potentiellen Nachfolger in Führungspositionen ist ein *pesantren* eine häufig genutzte Alternative zum staatlichen Bildungsangebot, die neben der Vervollkommnung von Glauben und religiösem Wissen und Handeln auch für Berufskarrieren im weltlichen Bereich der Gesellschaft qualifiziert.

Innerhalb der Institution des *pesantren* agieren unterschiedliche Personen beiderlei Geschlechts mit unterschiedlichen Interessen und Ambitionen, allerdings nicht gemeinsam, sondern nach Geschlecht separiert. Männer werden bei der Wissenstradierung und der Besetzung von Führungspositionen bevorzugt, innerhalb der *pesantren* organisieren sie sich jedoch, entgegen dem ersten, vor allem westlichen Anschein, nicht als Männerbünde.

Anmerkungen

1 Pak Sarto, Mas Sundono, Sabine Schmidt und Thomas Schweizer danke ich von Herzen für ihr Interesse an meinen Fragen, ihre Diskussionsfreude und Anregungen.

Männerkultur im Sudan

Bernhard Streck

Das Leben im arabischen Sudan ist durch eine strikte Trennung zwischen weiblicher und männlicher Sphäre gekennzeichnet. In einem schmerzhaften Akt wird der Junge aus der Frauenwelt herausgenommen und sukzessive in verschiedenen Männerbünden aufgenommen. Besonderes Profil zeigen die Trinkzirkel der jüngeren und die Bruderschaften der älteren Männer. Beide werden von einer ‚Gefährdung' durch die Frau freigehalten. Beglaubigt findet der männliche Muslim seine Superiorität über das andere Geschlecht in verschiedenen Stellen des Koran, dessen Auslegung auf die großen Heiligen des Landes zurückgeht.

Siehe dazu auch Farbseite XIV.

Will man die nach Geschlechtern getrennte Lebenswelt des islamisch-arabischen Sudan graphisch darstellen, eignen sich besser als eine achsensymmetrische Figur konzentrische Kreise, das heißt, der *dīwān* der Männer steht dem *ḥarīm* der Frauen nicht gegenüber, sondern umschließt ihn. Damit ist die Zusammengehörigkeit und perspektivische Rangordnung beider Sphären zum Ausdruck gebracht; die schroffe Geschiedenheit der Teilkulturen bedarf aber weiterer Erläuterungen.

„Frauen und Männer muß man auseinanderhalten wie Eier und Steine", mahnt ein Sprichwort der nordsudanesischen Shaiqiya (Haydeer 1979: 110). In der strengen Arbeitsteilung nach Geschlechtern war dem auch in anderen Gesellschaften des Sudan Rechnung getragen. Aber auch die moderne Berufstätigkeit der Frau in den Städten oder die Öffentlichkeitsarbeit der reformislamischen ‚Republikanischen Schwestern', die aus dem Koran eine Geschlechtergleichheit ableiten zu können glauben, konnten die überkommene Spaltung nicht überwinden.

Die Frauen bleiben auch im heutigen Sudan im Innersten der Häuser verborgen; sie treten nur nach draußen, wenn sie beispielsweise Gräber besuchen und verhüllen sich dabei wie Nonnen. Die Kontakte selbst zwischen Ehepartnern sind streng reglementiert. In manchen Gesellschaften essen Frauen und Männer nie miteinander. Gespräche auch unter älteren Eheleuten sind selten. Die Beziehungen können geradezu den Eindruck einer ‚Gefühllosigkeit' erwecken (vgl. Ismail 1982: 189; Beck 1988: 351). Wenn die Männer an solchen Barrieren Interesse haben, so leiden sie gewiß auch darunter und pflegen als Antwort eine spezifische Männerkultur. Sie ist ihrerseits so rein, daß sie selbst auf Frauen als Zuschauerinnen, Bedienerinnen oder Unterhalterinnen verzichtet.

Der Stempel der Männlichkeit

Die Aufnahme des Heranwachsenden in die Männerkultur geschieht mit der Initiation. Während die Narbentatauierung *(shulūkh)*, die den Träger als Stammesangehörigen ausweist, im Rückgang begriffen ist, darf auf die Vorhautbeschneidung *(ṭahūr)* nicht verzichtet werden. Sie markiert die Zugehörigkeit zur arabisch-islamischen Männerwelt und ist unmißverständliches Gebot des Propheten selbst.

Das arabische Wort für Beschneidung stammt von *ṭahāra*, reinigen. Der Knabe wird im Alter von 4 – 10 Jahren spürbar und nachhaltig gereinigt und zwar von seiner Kindheit, die er im Schoße der Mütter und Frauen verbracht hat. Während der Operation, bei der nur Männer zugegen sind, stoßen die Frauen draußen Freudentriller aus, als hätten sie keinen Verlust zu beklagen, sondern ihren Stolz zu feiern, wieder ein Lebewesen an die sie umringende Männerwelt abgegeben zu haben.

„Frauen und Männer muß man auseinanderhalten wie Eier und Steine". Dieses nordsudanische Sprichwort wird ab der Beschneidung, der sich ein Knabe im Alter von vier bis zehn Jahren unterziehen muß, strikt befolgt. Das gilt für Regierungsschulen ebenso wie für (das ältere System der) Religionsschulen. Vor allem in ländlichen Gegenden gibt es Koranschulen mit Internat, in denen Jünglinge unterschiedlichen Alters von einem Sheikh unterwiesen werden. Foto: B. Streck.

Fortan ißt der Knabe im Männertrakt *(ḥōsh rijāl)* und im Gegensatz zu seinen jüngeren Geschwistern, die noch im *ḥarīm* spielen, orientiert er sich am betreffenden Männerzirkel: vielleicht eine Hirtengemeinschaft, die Belegschaft einer Werkstatt oder die Mannschaft eines Lastkraftwagens. Als Arbeitsmigrant wird er ebenso ausschließlich von Männern umgeben sein wie als Polizist, Soldat oder Häftling. Seine Freizeit verbringt er im Kaffeehaus, im Bethaus oder im Sportclub. Die Geschlechtsgenossenschaft – gefördert unter anderem auch durch das Schulwesen in dem Koedukation nicht vorkommt – trägt den Mann von der Beschneidung bis zum Grab.

Wer den Stempel der Männlichkeit bekommt, wird einerseits von der Frauenwelt geschieden, andererseits übernimmt er deren Bewachung. Zum Ideal der Männlichkeit *(murūwa)* gehört es, die Keuschheit *('ird)* der anempfohlenen Vertreter des anderen Geschlechts zu bewahren und sei es mit dem Einsatz des eigenen Lebens. Die Erziehung zur entsprechenden Tapferkeit *(shajā'a)* geschieht traditionell in Kampfspielen oder durch gegenseitiges Auspeitschen, heute zusätzlich im Sport. Nur wer sich in seiner Jugend männlich bewährt hat, vermag später die Familienehre *(sharaf)* zu wahren, Würde *(karāma)* auszustrahlen und Gastfreundschaft *(ḍiyāfa)* zu gewähren.

Es ist ein umfangreicher und strenger Sittenkodex, der vom muslimischen Sudanesen zu befolgen ist. Den genannten Tugenden der Männlichkeit steht auf Seiten der Frau einzig die Keuschheit gegenüber und selbst diese kann das weibliche Geschlecht, trotz der ihm auferlegten Demut, Schamhaftigkeit und Bescheidenheit, nicht ohne den Schutz durch die Männer des Hauses bewahren. Die Tugenden sind wohl auch deswegen so ungleich verteilt, weil der Jungfräulichkeit *('udhra)* eine einzigartige Qualität zugesprochen wird: man vergleicht sie im Sudan mit einem Streichholz – einmal entzündet, wird es wertlos.

Die gewaltige Barriere zwischen den Geschlechtern zwingt den Jüngling zur sexuellen Enthaltsamkeit bis zur Ehe und auch danach sorgen Exzision und Infibulation der Frau sehr häufig für Komplikationen. Die gängigen Ersatzlösungen sind Onanie, Päderastie, Sodomie – für Wohlhabende auch die illegalen Bordelle. Man sucht sie in der Dunkelheit auf, ebenso wie die Alkoholschenken und Spielhöllen. Tagsüber wacht man über die Keuschheit von Schwestern, Müttern, Töchtern, und verehrt die über Heiratsregeln und Familienhandel zugeordnete Braut, bzw. Ehefrau. Ihr gilt die reine Liebe *(ḥub 'udhrī)*, leibhaftige Freuden aber gibt es oft nur mit aus dem männlichen Schutz herausgefallenen Mädchen.

Bündnisse der Jungen

Für Jünglinge, die Wächter statt Partner des anderen Geschlechts zu sein haben, liegen Zusammenschlüsse nahe. Den informellen Jugendbanden folgen heute die sehr formellen Clubs *(nadī)*, in denen sich die Junggesellen treffen, ihre Freizeit verbringen und zum Teil auch politisch-religiöse Aktivitäten entfalten. Weil der Rahmen der westlichen Zivilisation *(ḥaḍāra al gharbiya)* entstammt, läßt sich die sudanesische Geschlechtertrennung darin nicht immer aufrechterhalten: Der Club veranstaltet einen *bāzār*, der auch von Frauen und Mädchen besucht wird, oder organisiert den Auftritt von Künstlern für ein öffentliches Publikum. Deswegen wird das Treiben der Clubs von Konservativen oft als *ḥarām* (verboten) bezeichnet.

Auch die Regierung beobachtet die Jugendclubs manchmal argwöhnisch. Das war schon zwischen den Weltkriegen der Fall, als die ersten sogenannten *barāmka*-Zirkel be-

Alle Tätigkeiten, die mit Religion zu tun haben, werden im islamischen Sudan von Männern ausgeführt. Die Kluft zwischen Männern und Frauen trennt auch die Religion. Frauen praktizieren Gräberkult, Nilverehrung, Besessenheitsriten und Körperverstümmelungen. Die Männer dulden die Häresien ihrer Frauen, weil sie ihre Frauen religiös nicht für voll nehmen. So befinden sich auch die ‚Religionsvirtuosen' des Sudans, Ordens- und Schulgründer, Wunderheiler, Amuletthändler und Wanderpropheten unter sich. Hier treten zwei singende Derwische auf dem Markt von Kosti am Weißen Nil auf. Foto: B. Streck.

kannt wurden. Der Name war von den legendären Barmekiden geborgt, die Ende des 8. Jahrhunderts am Hof des Khalifen Harūn durch ihre Großzügigkeit aufgefallen waren. In echt sudanesischer Lust an Übertreibung und Selbstironie hatten sich vielerorts junge Männer unter diesem Etikett zusammengefunden und die gerade sich ‚demokratisierenden' Luxusgüter Tee und Zukker gefeiert. Die Kolonialregierung fühlte sich auf den Arm genommen, als die *barāmka* sich Titel und Ämter wie in der offiziellen Hierarchie gaben: *sīr, nāẓir, 'omda, sheikh, kadī, effendī, mulahiz, 'askarī*. Beim Eintritt wurde auf den Koran geschworen, und die Mitglieder verpflichteten sich zu gegenseitigem Beistand. Man einigte sich auf ein strenges Reglement einschließlich Kleidervorschriften, so daß unvermeidliche Übertretungen die Clubkassen füllten. Die Strafe von ‚einem Pfund' wurde aber nur zu einem Hundertstel eingetrieben.

Die *barāmka* auf dem Land trafen sich unter einem Baum oder einem Sonnendach. Während die Araber Tee tranken, brachten die arabisierten Nuba auch ihr Hirsebier in die neue Vergesellungsform ein. Der Kolonialbeamte Arber, der die beunruhigenden Zusammenschlüsse in Kordofan zu untersuchen hatte, veröffentlichte 1940 einige *barāmka*-Lieder. Darin wird das Getränk gepriesen, Außenseiter werden verspottet, und der Verwaltung wird gedankt für die Neuerungen, die ins Land kamen. Arber erkannte in den *barāmka* eine Weiterführung der traditionellen Arbeitsfeste *(nafīr)* wie auch der Altersklassen, denn es waren nicht nur Bündnisse gegen das ausgeschlossene Geschlecht, sondern auch gegen die Alten, Arrivierten und Etablierten.

Bündnisse der Alten

Gestandene Männer sind im arabischen Sudan nicht nur an der weißen Vollkleidung, der Gebetskette in der Hand und dem Gebetsteppich in erreichbarer Nähe zu erkennen; vor allem sind sie Mitglieder in einer religiösen Bruderschaft oder Weggenossenschaft *(ṭarīqa*, pl. *ṭuruq)*. In ländlichen Gegenden werden schon Knaben zu den Versammlungen mitgenommen, wo sie mit im Kreis *(ḥalqa)* sitzen dürfen und die Bewegungen und Äußerungen der Väter und Großväter imitieren. Der Eintritt in eine Bruderschaft ist zwar freiwillig, doch gibt es regionale Präferenzen: Die *Kathmiya*, die sich als ‚Schluß aller Orden' *(khātim aṭ ṭuruq)* versteht, hat ihre Zentren um Merowe und Kassala; die durch den wahhābitischen Purismus beeinflußte *Aḥmadiya* ist um Dongola besonders stark; die schon um 1100 n. Chr. in Baghdād gegründete *Qādiriya* ist im Sudan in zahlreiche kleine Gruppen aufgesplittert, und die *Sammāniya* hat ihren regionalen Schwerpunkt in Kordofan.

Der Islam der Bruderschaften gilt als sudanesische Variante des Sufismus. Zwar suchen auch die ‚Brüder' eine Art innerer Gotteserfahrung, jedoch nicht auf individueller, sondern auf kollektiver Grundlage. Nicht die abgeschiedene Meditation des Asketen im Wollhemd (*ṣūf* = Wolle) ist der Weg, sondern der gemeinschaftliche religiöse Rausch. Dazu versammelt man sich zweimal in der Woche, außerdem an den Geburtstagen des Propheten und des Ortsheiligen, oder wann immer ein Mitglied seine Glaubensbrüder zu einer ‚Festnacht' *(lailiya)* einlädt.

Wo früher ein Hausherr gerne Sänger und Tänzer engagiert hat – zum Beispiel anläßlich einer Namensgebung, einer Beschneidung oder einer Heirat –, veranstaltet er heute lieber eine Andacht *(dhikr)* mit seinen religiösen Brüdern. Das ist nicht nur Gott wohlgefälliger, es werden auch Probleme durch etwaige Grenzverletzungen zwischen den Geschlechtern vermieden. Ihre ganze Pracht entfaltet eine Bruderschaft aber an den hohen Feiertagen: Da gibt es Prozessionen *(zaffa)*, es werden die Flaggen *(kukāra)* gezeigt, Sologesänge *(qaṣā'id)* werden vorgetragen, und die Preislieder *(madā'ih)* können auf verschiedenen Trommeln begleitet werden (Simon 1981).

Durch die Zugehörigkeit zu einer Bruderschaft delegiert der Sudanese die schwierige Auslegung und Umsetzung des Koran an einen Erleuchteten. Der Novize *(murīd)* begibt sich in die spirituelle Abhängigkeit von einem Lehrer *(sheikh)*. Das gilt im Sudan nicht als Schwäche und wird nicht im Gegensatz zum Ideal der Männlichkeit gesehen. Denn: „Wer keinen *sheikh* hat, hat den Teufel zum *sheikh*" *(al mā 'indu sheikh sheikhū iblīs* – Sayyid 1977: 9). Die rechte Bindung vermittelt nicht nur Anleitung zur Lebensführung, sondern auch Teilhabe an der Segenskraft *(baraka)* des Ordensgründers oder seines Stellvertreters *(khalīfa)*.

Die Initiation in einen Orden (wörtlich: „Andacht nehmen" – *akhad al wird)* besteht lediglich aus einem Treuegelöbnis für den *sheikh*, das mit Handschlag *(muṣāfaḥa)* bekräftigt wird. Der Novize, so lautet eine Aufnahmeformel, „wird befugt, gemäß den Ordensregeln zu handeln, denn ihm sind alle Geheimnisse offenbart" (Trimingham 1949: 203). Ein Bruch der Treue wäre Verrat dieser Geheimnisse und zöge den Fluch des *sheikh* nach sich.

Von der Initiation gewöhnlicher Mitglieder *(awlād aṭ ṭarīqe)* unterscheidet sich die Prüfung des ‚Virtuosen' *(darāwīsh* oder *ḥairān)*: „Sei für Deinen *sheikh* wie der Leib für die Hand, die ihn wäscht. Sie dreht ihn, wie sie es braucht, und er gehorcht" (Trimingham 1949· 206). Bei der letzten Weihe übergibt der Derwisch dem *sheikh* Körper und Seele. Er wird mit Wasser oder Milch besprüht, mit dem Flickenhemd *(hidim ar ruga')* bekleidet und erhält das Gebetbuch, aus dem er rezitieren wird. Danach zieht er sich in das Bethaus *(zāwiya)* zurück, fastet und schweigt. Seine Wirkung auf Normale und Außenstehende erfolgt vor allem durch Zelebration des psychischen Ausnahmezustandes: „In seiner Hand die Gebetskette des Weibes, in seinen Augen die Zeichen der Trunkenheit" (Trimingham 1949: 204). Bei den Veranstaltungen der *Qādiriya* in Omdurman treten Spastiker und Liliputaner als Derwische auf, in einer Art Zirkusschau der Gottesvollen.

Diesen Zustand erstreben auch einfache Mitglieder, die tagsüber ihrem Beruf nachgehen und ihre Häuser in Ordnung halten, bei den abendlichen Zusammenkünften. Das Ziel der religiösen oder mystischen Ekstase *(waja)* wird durch Wiederholen frommer Formeln erreicht. Beglaubigt ist diese Praxis durch die Koran-Stelle 33, 42: „Oh, Gläubige, denkt oft an Allah und preist ihn des Morgens und des Abends!" Entsprechend rufen die Mitglieder einer *Qādiriya*-Bruderschaft bei ihren Sitzungen „Preis Allah, Dank Allah!" *(subhān Allāh, al ḥamdu li'llāh)* 33 mal hintereinander. Bei einer *lailiya* der *Kathmiya* wird der Teil des Glaubensbekenntnisses, nach dem es neben Allah keinen Gott gebe *(lā ilāha iilā''lāh)*, sogar hundertmal wiederholt.

Neben der Macht der Monotonie sind es Atem- und Bewegungstechniken, die die ‚Brüder' der Gotteserfahrung nahebringen. Außerdem kann es Temposteigerungen geben, Betonungsveränderungen, eine Silbe wird aushaliert, die nächste inhaliert, dasselbe umgekehrt, neue Silben werden hinzugefügt – der Vortrag ähnelt der modernen *minimal music*, wobei dem *kahlīfa* oder *sheikh* die Rolle des Dirigenten zufällt. Hat sich die religiöse Erregung in der Gruppe ausgebreitet, können auch einzelne in Trance fallen. Sie werden *majdhūb* genannt, von Gottes Liebe Getroffene. Aber auch direkter Kontakt mit dem Propheten oder dem Ordensgründer läßt manchen die Beherrschung verlieren. Der *sheikh* wacht dann darüber, daß die Verzückung im Rahmen bleibt und der ‚Derwisch auf Zeit' wieder als Normaler nach Hause gehen kann.

Die Vorbilder

Die Bündnisse der Alten pflegen im Sudan die Heiligkeit. Sie wurden einst von Heiligen gestiftet und werden heute von Heiligen geleitet. Letztere *(feqī*, pl. *fuqarā)* führen das fromme Werk ihrer toten Vorgänger *(walī*, pl. *awliya)* weiter und halten die Erinnerung an die Großen des Landes wach. Es sind Idris am Blauen Nil *(Qādiriya)*, Al-Majdhūb in Ed Damer *(Shādhiliya)*, Aṭ-Ṭayib in der Gezira *(Sammāniya)*, Khōjali und Zarūq in Nordkhartum, Mekkī und Ismā'īl in El Obeid und Hasan al-Mirghani in Kassala.

Ihre Geschichten sind im *ṭabaqāt* aufgezeichnet, der bedeutendsten schriftlichen Quelle des vorkolonialen Sudan. Es waren oft Landfremde; sie kamen aus dem Maghreb, aus Ägypten oder aus dem Hejaz. Im Sudan eröffneten sie Koranschulen *(khalwa)* und brachten den rechten Glauben unter das heidnische Volk. Ihre Gnadengabe vererb-

Töten ist im Sudan wie in vielen Gesellschaften der Welt religiös besetzt und gehört zu den Pflichten jedes muslimischen Mannes. Eine Hausschlachtung wird von der Formel begleitet: „Im Namen Allahs, des Gnädigen, des Barmherzigen. Allah ist der Größte (drei mal). Von dir und für dich opfern wir.“ Man folgt darin dem Propheten Ibrahim, dem dies als erstem von Allah aufgetragen wurde. Foto: B. Streck.

ten sie an ihre Nachkommen und von ihren Gräbern geht immer noch eine heilende Kraft aus.

Die Heiligen haben den Koran mitgebracht, waren zum Teil auch Rechtsgelehrte oder schrieben selbst Gebetbücher. Wer ihnen folgt, den kümmert kein Theologendisput. Die Vorbilder waren rechtgläubig; verehrt werden sie aber nach der ‚Weise des Volkes‘ *(ṭarīq al qūm)*. Die Frömmigkeit der sudanesischen Männer ist eine Weisheit des Herzens (wörtlich des Bauches – *'ilm al baṭin*), keine Fassadenreligion *('ilm al ẓāhir)*. Mit dieser spirituellen Ausrichtung hat die sudanesische Männerwelt alle Eroberungen und Erniedrigungen durch Fremde ausgehalten. Weder den grausamen Türken noch den ungläubigen Briten ist es gelungen, ihr Innerstes aufzubrechen, und diese Blickrichtung hilft auch, das heutige Unglück des Landes zu ertragen.

Männerreligion

Warum haben die Frauen an dieser sudanesischen Frömmigkeit keinen Anteil? Weil die Kluft zwischen Männern und Frauen auch die Religion trennt. Historiker sind sich mit den sudanesischen Männern einig, daß die oben genannte Missionierung durch die Heiligen an den Frauen vorbeiging: Sie sind Heiden geblieben. Denn was die islamischen Theologen am sudanesischen Volksislam schon immer befremdete, liegt in der weiblichen Religionspraxis ganz unverhüllt da: Gräberkult, Nilverehrung, Besessenheitsriten, Körperverstümmelungen.

Die Männer dulden die Häresien ihrer Frauen, weil sie ihre Frauen religiös nicht für voll nehmen. Sagt nicht schon der Prophet, Frauen seien rückständig in Verstand und Religion (vgl. Hayder 1979: 133)? Dann gibt es die Geschichte von der Erschaffung Evas aus der Rippe Adams oder die von der Verführung Adams durch Eva. Weiter sagt der Koran ganz deutlich: „Die Männer sind die Verantwortlichen über die Frauen, weil Allah die einen vor den anderen ausgezeichnet hat ... Und jene, von denen ihr Widerspenstigkeit befürchtet, ermahnt sie, laßt sie allein in den Betten und straft sie" (4, 35).

Die Vorsicht vor den Evastöchtern *(banāt Ḥawa')* ist die Grundlage der sudanesischen Männerkultur. Man sagt, wo Mann und Frau zusammenkommen, ist leicht der Teufel der Dritte (vgl. Nordenstam 1968: 96). Deswegen müssen die Bünde der Jungen und der Alten frei vom anderen Geschlecht bleiben. Das Schlachtmesser gehört in die Hand des Mannes. Und im islamischen Prozeßrecht gilt das Wort eines Mannes soviel wie das zweier Frauen. Erst nach dem Klimakterium, wenn – wie es im Sudan heißt – ihr Verstand ihre Gefühle besiegt hat, kann eine Frau sich der Männerreligion nähern, am Freitagsgebet teilnehmen oder in örtlichen Versammlungen mitreden. Denn dann ist sie wie ein Mann.

Afrika

Männerbünde im alten Ägypten?

Wolfgang Helck

Männerbünde im eigentlichen Sinn sind im alten Ägypten nicht bekannt, weil wahrscheinlich die Machtzentrierung auf Oberhäuptlinge oder Könige sie nicht zuließ. Männergruppen mit mehr oder weniger losem Zusammenhalt existierten jedoch sehr wohl: Bereits vor dem vierten Jahrtausend, das heißt, vor Beginn der Überlieferungen aus dem alten Ägypten in Form von Texten, Bildern, Statuen, Reliefs und Gerätschaften des Alltags, scheint es in Ägypten Altersklassen gegeben zu haben, die ein Zusammengehörigkeitsgefühl besaßen und bei denen eine Initiation verbunden mit der Beschneidung eine wichtige Rolle spielte. Allerdings ist über die Funktion dieser Altersklassen wenig bekannt. Hierarchisch aufgebaute Kultgenossenschaften mit festgelegten Rechten und Pflichten der männlichen Mitglieder hat es erst in der Spätzeit des alten Ägypten, vor der Hälfte des ersten Jahrtausends v. Chr. bis in die römische Zeit gegeben. Demgegenüber haben offenbar schon seit dem Ausgang des dritten Jahrtausends emotionale Bindungen von gemeinsam ausgebildeten Männern eine wichtige Rolle für die Staatsführung gespielt: Von diesen Männern wurde ein besonderes Treueverhältnis untereinander erwartet.

Siehe dazu auch Farbseite XVI.

Wenn man einen Männerbund in der Weise definiert, daß es sich um einen Zusammenschluß von Männern handelt, in den der einzelne durch die Mitglieder des Bundes aufgenommen wird, und der gesellschaftssteuernde Aufgaben hat, kultische Aufgaben beansprucht und eine bestimmte Exklusivität und Esoterik besitzt, so kann festgestellt werden, daß es auch in ältester Zeit keine Hinweise auf solche Bünde im alten Ägypten gibt. Durch die überragende Rolle des Oberhäuptlings bzw. in dynastischer Zeit ‚Königs von Ober- und Unterägypten' dürften derartige Bünde genauso aufgelöst worden sein wie wir ja auch keinen Hinweis mehr auf das Bestehen einer Großfamilie besitzen. Jeder einzelne war schon zu Beginn unserer Überlieferung im ausgehenden vierten Jahrtausend auf die Gestalt des Oberhäuptlings ausgerichtet, von dem alle Macht und Kreativität bis hin zur magischen Zeugung der Kinder ausging. Neben ihm konnte es keine Mächte geben, die etwa gesellschaftliche Aufgaben beanspruchten.

Altersklassen in vorgeschichtlicher Zeit

Allerdings gibt es Hinweise darauf, daß es in ältester Zeit, vor dem Beginn unserer Überlieferungen, Altersklassengruppen gegeben hat, die ein bestimmtes Zusammengehörigkeitsgefühl besessen haben. Sie wurden durch bestimmte Initiationsriten gebildet, unter denen die Beschneidung auch späterhin noch durchgeführt wurde, ohne daß der Ägypter je Sinn und Zweck dieser Handlung beschreibt; wahrscheinlich war sie ihm in klassischer Zeit auch nicht mehr bekannt. Aber wir wissen noch aus geschichtlicher Zeit, daß diese Zeremonie von einer Altersgruppe innerhalb eines Siedlungsbereichs am gleichen Tage vorgenommen wurde, wodurch diese gemeinsam in die Gruppe der Erwachsenen aufgenommen wurde. Noch im Neuen Reich rechnet ein hoher Beamter seine Lebenszeit von diesem Ereignis und nicht von der Geburt.

Diese Zeremonie muß in vorgeschichtlicher Zeit zahlreiche geheimnisvolle Einzelhandlungen enthalten haben, die in geschichtlicher Zeit vergessen waren. Nur im Alten Reich scheinen Kinderspiele noch auf diese Vorgänge hinzuweisen, wie ja auch sonst sich in Kinderspielen uralte, obsolet gewordene, ‚abge-

Auch wenn die Texte darüber schweigen, legen andere Indizien die Vermutung nahe, daß die Priester im alten Ägypten, die den Totenkult eines Königs durchführten und gleiche Ansprüche bei der Verteilung der Opfergaben teilten, durch ein zumindest wirtschaftliches, vielleicht aber auch emotionales Zusammengehörigkeitsgefühl einander verbunden waren. Auf diesem Relief Sethos' I. von der Innenseite der Nordwand der Hypostylen Halle in Karnak trägt eine offenbar organisierte Abteilung (,Phyle') von Priestern die Barke des Amun von Karnak. Foto: W. Helck.

sunkene' heilige Handlungen einer überwundenen Vergangenheit gehalten haben. In diesen Kinderspielen spielt ein Löwendämon eine Rolle, der wie der Leiter der Initiationsriten eine Altersgruppe anführt. In einem anderen Fall scheint es so, als ob der Initiand sich in einer Hütte verstecken mußte. Dies erinnert doch sehr an ähnliche Vorgänge bei anderen Völkern, bei denen der Übergang aus dem Zustand des Kindes in das des Erwachsenen mit einer Trennung von der bisherigen Umgebung verbunden ist.

Jedoch sind dies alles nur Spuren vorgeschichtlicher Verhältnisse, die ihren eigentlichen Sinn verloren haben. Ein auf Altersklassen aufgebautes gesellschaftliches System hat es im klassischen Ägypten nicht gegeben.

Kultgenossenschaften der Spätzeit

Hingegen können wir andere Bindungen feststellen, die eine Gruppe von Männern zusammenhält und gegenüber der Außenwelt absetzt, das sind kultische Bindungen. Bereits im Alten Reich kann das Mitglied einer Anzahl von Männern, die etwa den Totenkult eines Königs durchführen, sich den anderen gegenüber als ,einer von euch' vorstellen. Das drückt ein Zusammengehörigkeitsgefühl aus, das allerdings weitgehend auf wirtschaftlichen Gegebenheiten beruht: Der Betreffende hat die gleichen Ansprüche bei der Opferverteilung wie die Angesprochenen. Dahinter mag sich auch ein emotionales Zusammengehörigkeitsgefühl entwickelt haben, von dem wir aber nichts in den Texten hören. Ähnliche Kultgemeinschaften lassen sich auch späterhin noch in Ägypten feststellen, wie etwa bei der Handwerkerschaft der Königsgräber in Deir el-Medineh, die sich als ,Gemeinde' ihres Ortsgottes, des Königs Amenophis I. fühlen.

Gesicherte Hinweise auf organisierte Kultgenossenschaften finden wir allerdings erst seit der 26. Dynastie, also vor der Mitte des ersten Jahrtausends v. Chr. bis in die römische Zeit. In dieser Zeit bestehen solche Gemeinschaften mit festen Statuten und Rechten und Pflichten der Mitglieder. Gemeinsame Symposia gehören ebenso dazu wie das Recht, an den Gottesdiensten teilzunehmen oder am Begräbnis von heiligen Tieren. Die dazu notwendigen Mittel hatten die Mitglieder der Kultgenossenschaft aufzubringen. Diese Gemeinsamkeit führte aber auch zu moralischen Forderungen: sich nicht untereinander zu streiten, nicht die Frau eines Mitglieds zu verführen, besonders aber, sich in schwierigen Situationen zu unterstützen, zu trösten und endlich auch zu begraben, mit allen finanziellen Folgen. Auch konnte eine solche Gemeinschaft ein gewisses Recht auf Schiedsgerichtsbarkeit haben. Diese Kultgenossenschaften der Spätzeit waren straff hierarchisch aufgebaut und lebten von den Beiträgen der Mitglieder. Hier bildeten sich also halbautonome Zellen innerhalb der Gesellschaft, die gegenüber den Ansprüchen des Staates weitgehend abgeschirmt waren. Es ist aber zu betonen, daß diese Art von Kultgenossenschaften unserer bisherigen Kenntnis nach eben erst in der sogenannten Spätzeit auftritt, so daß man sie nicht als ,typisch ägyptisch' bezeichnen kann. In der klassischen Zeit Altägyptens, also bis in den Anfang des ersten Jahrtausends hinein, scheinen solche Kultgemeinschaften auf die eigentliche religiöse bzw. kultische Aufgabe (Durchführung und Anteil an den Opfern) beschränkt gewesen zu sein.

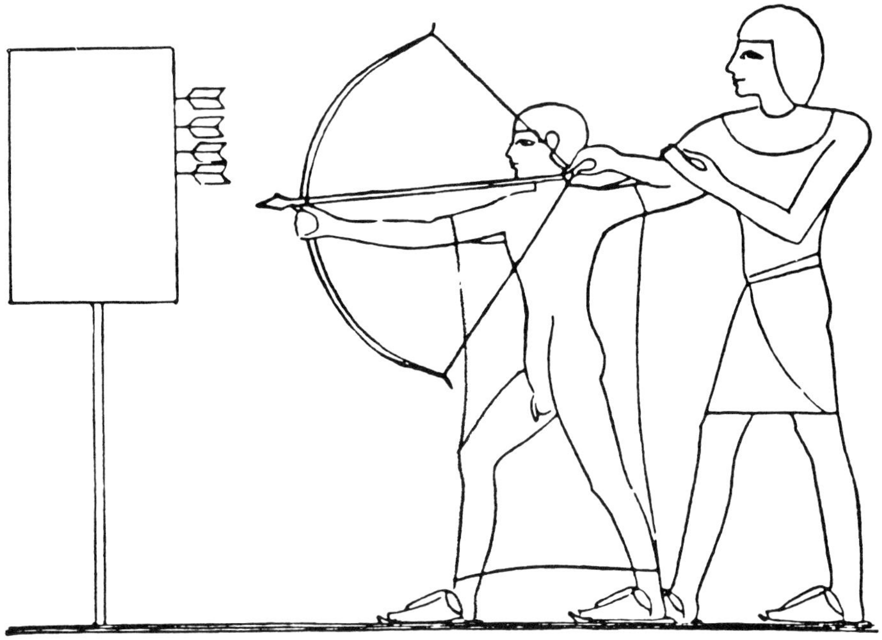

Eine gemeinsame Erziehung bildete auch im alten Ägypten ein enges Band, das im erwachsenen Leben in ein besonderes Treueverhältnis einmündete. Amenophis II., der hier vom Bürgermeister Thinis Min das Bogenschießen beigebracht bekommt, hat alle Staatsstellen mit seinen ‚Schulkameraden' besetzt. Aus dem – jetzt weitgehend zerstörten – Grab des Min in Theben West Nr. 109. Abb. nach Wolfgang Decker (1987: 45).

Emotionale Bindung durch gemeinsame Erziehung

Eine wohl für Ägypten typische Form von emotionalen Bindungen zwischen Männern läßt sich aber schon früh im Umkreis der ‚Schulen' erkennen: ‚Schulkameraden', um ein modernes Wort zu gebrauchen, haben zueinander ein anderes und engeres Verhältnis als zu anderen Altersgenossen. Schon in der Lehre für Merikare aus dem Ausgang des dritten Jahrtausends heißt es: „Töte keinen, dessen Nützlichkeit du kennst und mit dem du die Schriften rezitiert hast..." (Helck 1977), was auf die typische Form einer orientalischen Schule hinweist, in der man die wichtigen Texte durch lautes Rezitieren auswendig lernte. Die gemeinsame Erziehung bildet also ein enges Band, das eine besondere Rücksichtnahme erfordert.

Aus dem Neuen Reich können wir an Hand von Hinweisen in den Titulaturen feststellen, daß der König Amenophis II. alle wichtigen Staatsstellen mit seinen ‚Schulkameraden' besetzte: es sind zum Teil seine Milchbrüder, das heißt, Söhne seiner Ammen, die dann mit ihm selbst erzogen wurden. Der König erhoffte sich also von diesen Personen ein besonderes Treueverhältnis. Es ist verständlich, daß in einer Kultur wie der altägyptischen, in der der Schreiber und seine Ethik immer die wichtigste Rolle gespielt hat, gerade die gemeinsame Erziehung die festesten Bande schaffen konnte.

Demgegenüber wissen wir über das Entstehen besonderer Bande innerhalb des Militärs kaum etwas; nirgends wird davon gesprochen, das jemand mit dem oder jenem zusammen gedient habe. In diesem Zusammenhang ist allein der Dienst unter einem bestimmten König ausschlaggebend und wird registriert; zu ihm und nicht zu dem Waffenkameraden besteht eine besondere Beziehung.

Zusammenfassend kann man also feststellen, daß das alte Ägypten für die Frage der Männerbünde kaum etwas beitragen kann, jedoch zeigt es, wie charakteristische Eigenheiten der Kultur neue emotionale Bindungen zwischen Männern schaffen können.

Männerbünde in Süd-Äthiopien – das *gada*-System

Eike Haberland

Das *gada*-System der Oromo in Süd-Äthiopien basiert auf einer äußerst rigiden und künstlichen, nichtsdestoweniger heilig gehaltenen Zahlenordnung. Die ersten vierzig Jahre des theoretisch achtzig Jahre umfassenden Lebenszyklus eines Mannes waren nach einem starren Zahlenschema in eine ununterbrochene Reihe von Phasen eingeteilt, die jeweils bestimmte Pflichten und Beschränkungen auferlegte. Zum Beispiel konnte ein Mann zwar vor seinem vierzigsten *gada*-Jahr heiraten, aber erst danach wurde er für zeugungsfähig gehalten und durfte Kinder haben. Das *gada*-System, das wie kaum ein anderes bündisches System Frauen konsequent ausschloß, umfaßte die ganze Kultur der Oromo und gab ihr ein Frauen nicht berücksichtigendes, an männlichen Idealen und Wunschvorstellungen ausgerichtetes Gesamtgepräge.

Bei allen Völkern der Erde bildet oder bildete die Zugehörigkeit zu einem Männerbund nur einen Teilaspekt der Existenz eines Mannes. Dieser Aspekt kann temporärer Art sein. Zum Beispiel bildeten die jungen Männer der Maasai im heutigen Kenia und Tanzania den jeweiligen Kriegerbund ihres Volkes. Sie hüteten die Herden, verteidigten ihr Volk gegen eindringende Feinde und versuchten, durch kriegerische Aktionen ihr Weidegebiet zu vergrößern. Sie zeichneten sich durch eine große Anzahl von Vorrechten und Ehren, aber auch durch Einschränkungen aus. Zwar waren die auf ihren großen Schilden angebrachten bunten Wappen für die Dauer ihrer Klasse das Symbol des ganzen Maasai-Volkes, andererseits durften sie nicht heiraten oder Kinder zeugen, solange sie Krieger waren. Alles das hörte schlagartig auf, wenn die ‚Amtszeit' ihres Bundes aufhörte und sie ihre Befugnisse ihren Nachfolgern übergaben. Sie führten dann bis an ihr Lebensende die Existenz normaler, friedlicher Familienväter, die keinen Bund mehr bildeten (Merker 1911[2]: 104).

Oder anders: bei den Iatmul am mittleren Sepik in Neuguinea gehörten alle initiierten Männer – und das waren alle Männer eines Dorfes – dem ‚Geheimbund' an. Geheim in dem Sinne, daß nur sie als Männer das Wissen um die mythologische Vergangenheit, das religiöse Leben und die politischen Spielregeln besaßen. Sie schliefen des Nachts im Männerhaus, wo sie auch einen großen Teil des Tages mit der Bewältigung der politischen und religiösen Probleme ihrer Gemeinschaft verbrachten, während den Frauen hauptsächlich die Besorgung und Bereitung der Nahrung überlassen war. Abgesehen von diesen Pflichten und Rechten waren die Männer in der Form ihrer Lebensgestaltung – wann sie zum Beispiel heirateten, wann und wie viele Frauen sie nahmen, ob sie an einem Kopfjagdzug teilnahmen usw. – völlig frei und keinen Schranken unterworfen, es sei denn, sie mußten *public opinion* fürchten (Haberland 1961; Stanek 1983: 361f.).

Wir sehen in diesen beliebig herausgegriffenen Beispielen, daß das Wesen der Bünde ungeachtet ihrer oft religiös-spirituellen Akzente durchgängig meist praktischer, das heißt, soziopolitischer Art war. Oft dienten sie ganz offen der Durchsetzung politischer oder wirtschaftlicher Interessen oder der Dominanz des männlichen Geschlechts.

Dieser Borana-Mann in Äthiopien hat es geschafft. Er ist in die höchste Klasse des einer strengen Zahlenordnung folgenden gada-Systems aufgestiegen, wie seine besondere Frisur und vor allem sein phallischer Kopfschmuck verraten. Die Aufnahme in diese Klasse stellt den Höhepunkt des Lebens dar. Die Männer dieser Klasse verkörpern die höchste politische Autorität des gesamten Borana-Volkes. Foto: E. Haberland.

Prinzipien des *gada*-Systems

Ganz anders verhält es sich mit dem unter dem Namen *gada* bekannt gewordenen ‚bündischen' System einer Reihe von Völkern mit ostkuschitischen Sprachen in Mittel- und Süd-Äthiopien. Zu ihnen gehören vor allem die Oromo (früher auch Galla genannt), die als mythische Gründer dieses Systems gelten, die Sidama (früher Sidamo), die Gedē'o (früher Darassa) und schließlich die Konso mit den ihnen kulturverwandten Nachbargruppen.

Im Gegensatz zu den anderen Männerbünden dieser Welt, die insgesamt jeweils nur einen Aspekt der Gesamtkultur umfaßten, haben wir es hier mit einer alle Lebensäußerungen und Lebensstadien umfassenden, auf der Heiligung der Zahl beruhenden Zwangsorganisation zu tun. Dem *gada*-System liegt ein höchst rigides Zahlenschema zugrunde, die jedem Mitglied eines Volkes ungeachtet seines wirklichen Alters von der Geburt bis zum Tode seinen Platz in einer ideellen Ordnung zudiktierte. Der Mensch war hier in einer in dieser Konsequenz sonst nicht zu findenden Weise einem System zugeordnet, dessen Regeln er von der Geburt bis zum Tode zu befolgen hatte und das ihn vieler seiner Entscheidungsfreiheiten beraubte. Es gab keine Lebensäußerung eines Mitglieds der *gada*-Völker, die nicht von seiner Zugehörigkeit zu einer bestimmten Klasse dieser alles regelnden Ordnung abhängig gewesen wäre. Dazu gehörte sein Überleben nach der Geburt, wie überhaupt der Zeitpunkt seiner Geburt, dazu gehörten Taufe, verschiedene Stadien der Adoleszenz, Hochzeit, Emanzipation aus der väterlichen Gewalt, Besitzfähigkeit, das Recht, Kinder aufzuziehen, das

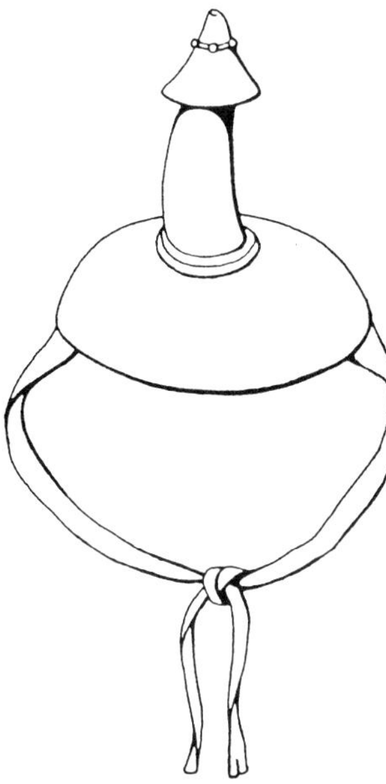

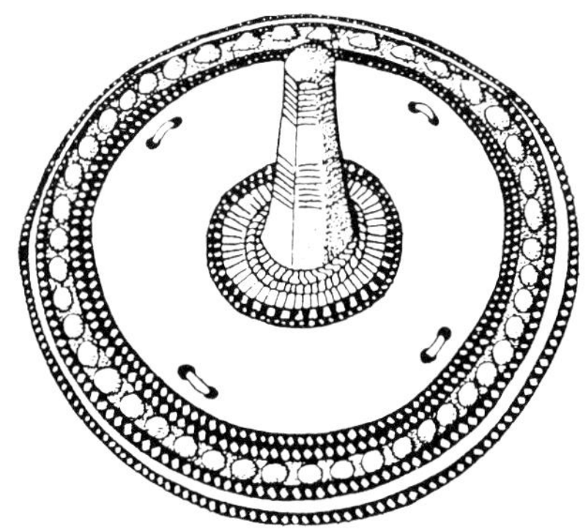

Die Teilnahme an Kriegszügen gehörte zu den wichtigsten Verpflichtungen im gada-System. Hauptziel dieser Kriegszüge war es, einen Gegner zu töten und seinen Penis abzuschneiden. Die Vermännlichung der Gesamtkultur der Borana findet ihren unverkennbaren Ausdruck im phallischen Kopfschmuck der Männer (links) und im phallischen Hüftschmuck der Frauen. Der Hüftschmuck der Frau ist gewöhnlich aus Messing (Durchmesser 17 cm), der Kopfschmuck der Männer ist aus Nickeleisen (Länge 7 cm). Zeichnung: Ute Silz-Riebandt.

Recht, politische Ämter innezuhaben, Tötungsverpflichtungen für den Krieg und bei der Jagd auf Großwild, das Recht und die Verpflichtung zum Schlachten und Opfern von Haustieren, der ‚bürgerliche' Tod, das Ausscheiden aus der Gesellschaft. Darüber hinaus war die erste Hälfte des Lebens – bei den Oromo waren es die ersten vierzig Jahre des theoretisch achtzig Jahre umfassenden Lebenszyklus – einer ununterbrochenen Pilgerfahrt vergleichbar. Der Besuch von heiligen Plätzen, besondere Opfer, Kriegs- und Jagdzüge, besondere Zeremonien, zum Beispiel bei einem für die jeweilige Klasse vorgeschriebenen Haarschnitt, oder die Pilgerfahrt zum Hohen Priester des Volkes oder der Vorfahren, wechselten ununterbrochen miteinander. Das war mit ganz erheblichen wirtschaftlichen Belastungen und körperlichen Anstrengungen verbunden, so daß mir 1952 der Führer der damals regierenden *gada*-Klasse der Borana-Oromo, der nur noch zwei Jahre Amtszeit vor sich hatte, seufzend sagte, er hoffte, „daß alles bald vorüber sei. Nichts wie Mühe und Plage". Danach trat er nämlich in eine Klasse ein, die geringere religiöse und politische Verpflichtungen hatte. Doch darüber später mehr. Aber nicht genug mit allen diesen Vorschriften, auch alle übrigen Bereiche der Kultur der *gada*-Völker wurde vom System geregelt: Schmuck, Haartracht, Kleidung, Mobiliar, Zeremonialgeräte, die Anlage von Haus und Kral oder das Begräbnis – alles unterlag dieser unentrinnbaren Ordnung. Sie war die Summe der Lebensgesetze dieser Völker schlechthin.

Ich will im folgenden versuchen, das *gada*-System der Borana-Oromo im äußersten Südwesten Äthiopiens als ein typisches und verhältnismäßig leicht zu überschauendes Beispiel zu schildern, so, wie ich es dort 1955 erlebte (vgl. Haberland 1959: 167f.).

Die Künstlichkeit der starren Zahlenordnung

Die zentrale Idee des *gada*-Systems bildete – um es noch einmal zu wiederholen – eine starre Zahlenordnung, die einen Versuch darstellte, das Leben der Gemeinschaft und des einzelnen in ein festes Schema zu pressen, das sich nicht unbedingt nach den natürlichen Gegebenheiten des menschlichen Seins richtete, sondern ohne Rücksicht auf die Wirklichkeit, Geburt, Zeugungsfähigkeit, Heirat und sogar den symbolischen Tod regelte. Nur die unbedingte Befolgung aller Gebote dieser künstlichen Zwangsordnung – denn eine solche war das *gada*-System – konnte ihren reibungslosen Weiterverlauf und ihr Bestehen sichern. Wo Nachlässigkeit, Vergessen oder bewußtes Auflehnen dagegen verstieß, sank die *gada*-Ordnung zu jenen hybriden Formen herab, in denen sie – falls sie überhaupt noch existiert – vielfach erscheint, und die verdeutlichen, daß das System trotz aller Ausgeklügeltheit von Beginn an den Keim der Selbstauflösung in sich trug. Man geht am wirklichen Sinn dieser Sozial-Ordnung vorbei, wenn man sie nur als eine Umformung einer Altersklassen-Organisation ansieht, deren Hauptzweck es war, wie bei den Maasai, die für das Bestehen des Stammes notwendige Kriegergemeinschaft zu formieren. Der Hauptunterschied besteht darin, daß die echten Altersklassen vom Prinzip der natürlichen Altersstufen des Menschen regiert werden, das *gada*-System dagegen von einer Zahlenordnung.

Das *gada*-System war eine außerordentlich starre Ordnung und konnte – wollte es sich nicht selbst auflösen – nicht die kleinste Abweichung von den Regeln dulden. Ich führte soeben an, wie der Ausfall eines Rädchens die ganze Maschinerie ins Stocken brachte, das heißt, wie die Nichteinhaltung eines Termins durch eine Klasse den Weiterverlauf des Systems verhindert. Doch waren diese Verstöße immer noch durch Verschiebungen und Umstellungen zu korrigieren. Dagegen stand und fiel das System – und das zeigt seine ganze Künstlichkeit – mit

Selbst das hölzerne Gedächtnismal eines Toten der Gato, die ebenfalls zu den äthiopischen gada-Völkern zählen, gibt durch seinen phallischen Kopfschmuck den Rang des Verstorbenen zu erkennen. Er ist hier mit seiner Frau dargestellt. Ein solches Gedächtnismal wird am Tage der Beerdigung aufgestellt. Zum Jahresgedenken bringen die Verwandten hier Tieropfer dar. Zeichnung: A. Bayrle.

der Einhaltung der Geburtenregelung. Das *gada*-Gesetz der Oromo schrieb vor – daß ein Mann nicht vor seinem Eintritt in die fünfte Klasse heiraten bzw. Kinder aufziehen konnte. Nach dieser ideellen Zuerkennung der Zeugungsfähigkeit durfte er unbegrenzt Kinder zeugen, früher wurde ihm die Zeugungsfähigkeit beim Ausscheiden aus dem *gada*-System nach der zehnten Klasse wieder aberkannt. Solange diese Geburtenregelung eingehalten wurde, blieb auch das System intakt, das heißt, das Alter der Mitglieder der verschiedenen Klassen entsprach im großen dem Ideal-Alter, das jeder Klasse zugeschrieben wurde und das ihren Charakter als ursprüngliche Altersklasse zeigt. Sowie die Geburtenregelung nicht mehr beachtet wurde und der junge Oromo heiratete, wenn er das natürliche Alter erreicht hatte und Kinder aufzog, ohne auf die bestimmte Klasse zu warten, wurde das System ‚überaltert', so daß der Kreis derer, die noch daran teilnehmen konnten, immer kleiner wurde.

Lebenslauf eines Borana

Der Lebenslauf eines Borana soll die sehr abstrakten Regeln verständlich machen. Noch einmal: jeder Mann wird in die gleiche *gada*-Gruppe wie die seines Vaters, die wir auch ‚Bund' nennen können, hineingeboren. Er verbringt im Höchstfall vierzig Jahre in der ersten Hälfte des Systems (fünf Klassen mit je acht Jahren), um mit dem vierzigsten Jahr des Systems – ungeachtet seines wirklichen Alters – in die politisch dominierende Klasse – die eigentliche *gada* – einzutreten. Danach beginnt er mit der zweiten Hälfte. Wir werden hier sehen, daß die bei anderen Völkern dem natürlichen Alter folgenden Lebensstadien mit ihren Einschränkungen, Pflichten und Rechten einer Zahlenordnung unterworfen sind.

Alle Kinder, die vor dem vierzigsten *gada*-Jahr des Vaters geboren wurden – ich vereinfache hier absichtlich – mußten im Busch ausgesetzt und theoretisch dem Tode anheim gegeben werden (In Wahrheit informierte man Freunde, die diese Kinder formell adoptierten und in ihrer Familie aufnahmen. Sie durften nie ihre wirkliche Herkunft erfahren). Das geschah vornehmlich aus dem Grunde – bei dem Nachbarvolk der Konso wurde das klar ausgesprochen –, daß der Mann vor dem Erreichen des vierzigsten *gada*-Jahres und den damit verbundenen sakralen Weihen offiziell keine Zeugungsfähigkeit hatte, die Kinder also als ‚Un-Kinder' oder als im Ehebruch erzeugt galten. Es ist übrigens schwer erklärbar, daß es den Borana ungeachtet dieser Regeln erlaubt war, vor dem vierzigsten *gada*-Jahr zu heiraten. Erst danach bildeten sie als *daballe* eine Vorklasse und trugen wie Mädchen Zöpfchen und Kauri-Schmuck. In dem Augenblick, da ihre Väter die höchste Würde, den eigentlichen *gada*-Grad erreichten, wurden sie offiziell ins System aufgenommen und zwar in der zweimal acht Jahre währenden *gamme*-Klasse. Sie erhielten nun eine der europäischen Mönchstonsur ähnliche Haartracht. Sie galten als unmündige Kinder und hüteten das Vieh. An die sechzehn Jahre *gamme* schlossen sich acht Jahre der *kusa*-Klasse an, in der sie als heranwachsende Jünglinge angesehen wurden. Man räumte ihnen ein, sich wie ungebärdige Jünglinge zu verhalten. Übermut, Hochmut und Aggressivität, die Sucht, den anderen üble Streiche zu spielen und ein ausgelassenes Sexualleben zu führen, wurden ihnen zugestanden. Das *godiya*-Fest zu Beginn dieser Klasse kennzeichnete den Beginn des eigentlichen *gada*-Lebens. Sie wurden offiziell zu ihrer Klasse zusammengefaßt und waren nun verpflichtet, bis zu ihrem Ausscheiden mit ihrer Gemeinschaft in großen Pilgergruppen von einer Stätte zur anderen zu ziehen und bestimmte religiöse Zeremonien abzuhalten.

Und so ging es weiter, das ganze Leben hindurch: immer wieder neue Zeremonien, neue Haartrachten, neue Zeremonialgeräte, neuer Zeremonialschmuck und damit Hand in Hand ein allmähliches Hereinwachsen in die Rechte und Pflichten des immer erwachsener und angesehener werdenden Mannes. Bereits in der *kusa*-Klasse wurden die künftigen Führer des Borana-Volkes gewählt. Die *kusa* unternahmen auch

Das Grab eines Mannes, der nach seinem Ausscheiden aus dem gada-System in dem damit erreichten rechtlosen Zustand gestorben ist. Er wird im Kral unter einem mit Kuhmist umkleideten Steinzylinder begraben. Der Platz im gada-System bestimmt auch den Platz und die Art des Grabes. Foto: E. Haberland.

den für alle äthiopischen Völker so wichtigen Tötungszug, der sich alle acht Jahre wiederholen sollte und bereits im 16. Jahrhundert zum Schrecken der anderen äthiopischen Völker wurde.

Es folgten jeweils acht Jahre *raba ḍiḍiḳḳa* und *raba dori*. *Raba ḍiḍiḳḳa* begann mit dem Hochzeitsfest der gesamten Klasse, wobei es ein Rätsel im sonst relativ logisch strukturierten System ist, weshalb die *raba* zwar heiraten durften, ihre Söhne jedoch noch acht Jahre lang aussetzen mußten (Ihre Töchter dürften sie überhaupt erst zwei Klassen später aufziehen!). Die beiden *raba*-Klassen und die anschließende *gada*-Klasse, die dem gesamten System den Namen gab, lebten nun für 24 Jahre von ihren Eltern und Verwandten getrennt in besonderen großen Dörfern und waren vollauf mit den sich nun steigernden Zeremonien des *gada*-Gesetzes beschäftigt.

Höhepunkt des Lebens eines Borana-Mannes

Die nun folgende Aufnahme in die eigentliche *gada*-Klasse stellte den Höhepunkt im Leben eines Borana dar. Die *gada* wurden für acht Jahre die höchste politische und religiöse Autorität des gesamten Borana-Volkes, ihre Führer wurden die politischen Chefs und obersten Richter. „Die *gada* sind die Geehrten". Noch mehr als bisher waren sie mit zahllosen Zeremonien und Opferhandlungen beschäftigt, die mit ihrer Beschneidung und Kriegszügen abwechselten, deren Hauptziel es war, einen erwachsenen Gegner zu töten und seinen Penis abzuschneiden – ein Ausdruck der in vielen Gegenden Äthiopiens verbreiteten und wichtigen phallischen Symbolik, die im phallischen Kopfschmuck der Männer und im phallischen Hüftschmuck der Frauen dokumentiert wird. Schließlich ist das *ğara*-Fest zu nennen, das ihre Emanzipation aus der Gewalt ihrer Väter symbolisierte. Sie waren nun voll vermögensfähig und erbten von ihren Vätern, die alle bürgerlichen Rechte verloren, deren gesamtes Hab und Gut. Das großartigste aller Feste während dieser Periode war der feierliche Pilgerzug zu einem der Hohen Priester des Oromo-Volkes. Während die Borana nicht weit zu ziehen brauchten, mußten Mitglieder anderer Oromo-Gruppen, die sich während der großen Wanderungen im 16. und 17. Jahrhundert weit entfernt angesiedelt hatten, oft viele hundert Kilometer Wegs zurücklegen, um an dieser Feier in ihrem Ursprungsland teilzunehmen. Während langer und geheimnisvoller Zeremonien wurden sie vom Hohen Priester mit zerkauter Myrrhe besprüht und waren damit am vorläufigen Ende ihrer Pilgerfahrten angelangt. „Wir sind nun für viele Jahre von allen Schwierigkeiten erlöst."

Jetzt konnten sie als *yuba* zweiunddreißig Jahre (8×4) lang ein ruhiges Leben führen, ihre Kinder großziehen – auch die Mädchen – und ihre Herden vermehren.

Das Ende der Pilgerfahrt durchs Leben

Die letzten acht Jahre seiner Mitgliedschaft zum *gada*-System gehört der Borana zu den *gadamoği*, der heiligsten aller Klassen. Er ließ sich nun sein Haar so lang wachsen, daß es zu einer einem Heiligenschein ähnlichen Frisur rund um den Kopf aufgeflochten werden konnte. Vorn auf einer freien Stelle über der Stirn trug er nun permanent den sonst nur bei Zeremonien angelegten phallischen Stirnschmuck. Er hatte die sonst lax befolgten Speisegebote strikt zu befolgen, durfte nicht töten, ja nicht einmal ein Messer oder überhaupt etwas Scharfes berühren und sollte ein heiligmäßiges Leben führen. Die *gadamoği* waren das ‚Segensvolk' – sie beteten für alle Borana und segneten zum Beispiel die kleinen Kinder, damit sie gesund blieben und wuchsen. Wir nähern uns nun dem Ende der *gada*-Existenz des Borana. Die *gadamoği* versammelten sich im letzten Jahr in zwölf bestimmten Orten, wo sie sich – unterstützt von ihren Söhnen – eigene Dörfer bauten und ihren letzten großartigen Auftritt abhielten. Die Beschreibung dieser Zeremonien, die zum Teil in einer noch kaum verständlichen Geheimsprache vor sich gingen, würde viele Seiten füllen. Der bedeutsamste Augenblick war der, da dem *gadamoği* das Haar abgeschnitten wurde und er seinem ältesten Sohn feierlich den phallischen Stirnschmuck anlegte. Damit schied er aus der Reihe der besitzfähigen und rechtlich wie religiös verantwortlichen Menschen aus und wurde zum rechtlosen *ğarsa*.

Der *ğarsa* besaß kein Vieh mehr und durfte keine Opferhandlungen vollziehen. Seine nach diesem Zeitpunkt geborenen Kinder wurden nicht ins *gada*-System aufgenommen. Das Grab der *ğarsa* befand sich wie das der bei der Geburt oder in den ersten Monaten Gestorbenen im Viehkral, der Steintumulus wurde schmählich mit Mist verkleidet. Ich möchte die unbewiesene Vermutung aussprechen, daß ursprünglich dem *ğarsa* auch die Zeugungsfähigkeit abgesprochen wurde und er – ebenso wie die Mitglieder der unteren Klassen des Systems vor der offiziellen Hochzeit – seine Kinder aussetzen mußte. Vielleicht wurden sie auch kastriert oder getötet? Die ihnen vom *gada*-Gesetz zugebilligten Jahre waren abgelaufen. (Auch bei anderen Völkern dieser Erde fand eine ‚Altentötung' statt und noch im Europa des frühen Mittelalters wurden alte Leute beim Erreichen des sechzigsten Lebensjahres feierlich getötet.)

Die Frage nach dem Sinn des *gada*-Systems

Wir sind nun am Ende der Pilgerfahrt angelangt, die das *gada*-System den ihm unterworfenen Menschen auferlegte. Deshalb zum Schluß noch die Fragen, was der Sinn dieser Ordnung war und wie sie entstand. Beides ist nicht überzeugend zu beantworten. Die Mythen der ostkuschitischen Völker lassen uns hier im Stich. Natürlich gibt es – obwohl nur verhältnismäßig wenige Wissenschaftler über das *gada*-System gearbeitet haben – darüber Theorien. Aus dem soeben hier Vorgetragenen wurde wohl deutlich, daß es sich um eine Ordnung, ein Sittengesetz handelte, die ungeachtet ihrer Verknüpfung mit Politik, Krieg und Tötung zutiefst religiösen Charakter trug. Sie stellt die Unterwerfung des Menschen, aber auch seine Heiligung durch eine als sakral empfundene Zahlenordnung dar. Deshalb geht man am Wesen dieser Ordnung vorbei, wenn man sie zum Beispiel mit den Kriegerklassen der Maasai vergleicht und als rein politisch-militärische Zweckordnung begreift (so Cerulli 1933: 137, Anm. 2). Noch weiter entfernt sich Legesse (1973: 237f. et passim) von der Realität, wenn er den ursprünglichen Sinn des *gada*-Systems als ein Instrument einer Geburtenbeschränkung ansieht.

Die Mythen mehrerer Völker Süd-Äthiopiens geben die Oromo als ‚Erfinder' des *gada*-Systems an. Von ihnen hätten sie die Idee übernommen, dann allerdings nach von ihnen geschaffenen Zahlenverhältnissen realisiert. Auf jeden Fall ist die innere Ordnung und Konsequenz des Systems bei den Sidama, Gedēʾo oder Konso wenig von der der Oromo unterschieden. Aber was veranlaßte das Urvolk der Oromo vor vielen hundert Jahren – das *gada*-System bildete bereits Anfang des 16. Jahrhunderts einen festen Bestandteil ihrer Kultur – sich einer solchen bündischen Ordnung zu unterwerfen, die zwar dem Volk einen außerordentlichen Zusammenhalt und eine außerordentliche Zusammenfassung aller Kräfte verlieh, aber auch das natürliche Leben des einzelnen in einen uns unerträglich erscheinenden Zwang preßte? Dies erscheint um so erstaunlicher, als es sich hier um Völker handelt, bei denen die abstrakte Zahl eine nur ganz untergeordnete Rolle spielte. Vielleicht war es ein fanatischer Prophet, der das *gada*-System wie eine neue Religion schuf und dem sich begeisterungsfähige Völker anschlossen?

Der Kampf um Federn und Farben – Promotion von Altersgruppen bei den Pokot Ost-Kenias

Michael Bollig

Für die egalitäre Gesellschaft der pastoralnomadischen Pokot Kenias sind Alters- und Generationsklassen ein wesentliches Organisationsprinzip. Alle Männer gehören sowohl einer Alters- als auch einer Generationsklasse an. Frauen sind von der Mitgliedschaft in diesen Klassen ausgeschlossen. Alters- und Generationsklassen sind in einer gerontokratischen Hierarchie organisiert. Die Position jeder einzelnen Gruppe innerhalb der Hierarchie wird durch ihren Körperschmuck, insbesondere den Kopfschmuck, visuell dokumentiert. Um in der Hierarchie aufzusteigen, müssen von den Junioren große Promotionsfeste ausgerichtet werden. Als Initiatoren treten bereits eingeweihte Männer auf. Sie ‚besitzen' nicht nur die Embleme der Autorität, sondern auch das geheime Wissen, das mit diesen verbunden wird, und geben beides an die Initianden weiter.

Siehe dazu auch Farbseiten XXI bis XXIII.

Die pastoralnomadischen Pokot[1]

Die Pokot gehören zu den kalenjinsprachigen Völkern des westkenianischen Hochlandes. Die Ethnie umfaßt heute ca. 190000 Menschen (Dietz 1987: 132); etwa 36000 Pokot leben von nomadischer Viehzucht in den semi-ariden Savannen des kenianischen Nordwestens. Die Pokot nutzen ihre Umwelt durch große Viehherden. Häufig schließen sich zwei oder drei Haushalte zusammen, um die Bewirtschaftung der Haushaltsherden gemeinsam zu organisieren. In der Trockenzeit werden die Rinderherden von jungen Männern auf Hochweiden getrieben. Diese Rindercamps *(kaporiök)* sind hochmobil. Aber auch der Haupthaushalt nomadisiert. Es sind nicht nur ökologische Bedingungen, die zur räumlichen Mobilität zwingen, sondern ebenso soziale Faktoren und in den letzten Jahren immer wieder gewaltsame interethnische Auseinandersetzungen. Gegen die dem Ökosystem ‚Trockensavanne' innewohnenden Risiken schützen sich Pokot durch Diversifikation innerhalb der Haushaltsherden (Rinder, Kamele, Ziegen, Schafe, Esel), Verteilung von Besitz auf mehrere Haushalte und weitverzweigte Austauschnetzwerke (Dyson-Hudson und Dyson-Hudson 1980).

Die soziale Organisation beruht auf patrilinearen *lineages* und totemistischen Clans sowie Alters- und Generationsklassen. *Lineage*-Genealogien werden drei bis fünf Generationen zurückverfolgt. Mehrere *lineages* sind in einen Clan integriert. Die Beziehung mehrerer zu einem Clan gehörender *lineages* wird aber nicht genealogisch gezogen. Gemeinsame Clanzugehörigkeit beruht auf der Tatsache, daß ein Totem anerkannt wird und gemeinsame Exogamiegebote befolgt werden.

Alters- und Generationsklassen

Die pastoralnomadischen Pokot organisieren Altersgruppen der Männer sowohl in Alters- als auch Generationsklassen. Generationsklassen rekrutieren sich auf der Basis der gemeinsamen Beschneidung. Erst durch die gemeinsame Beschneidung nimmt eine Generation *de jure* ihre Position innerhalb des Generationsklassenzyklus ein. Bei den übrigen Kalenjin-Völkern stellt die Beschneidung die Initiation in die Männergesellschaft dar. Dagegen spielt die Beschneidung als Übergangsritus vom Knaben zum Mann bei den viehhaltenden Pokot keine Rolle. Auch unbeschnittene Männer dürfen heiraten. An die Stelle der Beschneidung ist das *sapana*-Ritual gerückt (Peristiany 1951). Während einer mehrtägigen Feier ersticht der Initiand einen Ochsen. Er wird mit dem Mageninhalt des Ochsen eingerieben und von den Ältesten gesegnet. Am Ende der Feier darf er sich zum ersten Mal von einem Freund eine Lehmkappe *(siolip)*, das Emblem aller initiierten Männer, aufsetzen lassen. Alle innerhalb

Die Stellung eines Individuums im Altersklassensystem der Pokot in Kenia ist an seiner Kopftracht abzulesen. Hier wird ein Mann im Rahmen seiner Aufnahme in die töpilin-Klasse erstmalig von einem Älteren mit der Lehmkappe geschmückt. Mehrere Schichten Lehm werden aufgetragen und mit einem Spachtel zu einer Haube geformt, die schließlich bemalt wird. Der Ältere trägt den ihm zukommenden Schmuck mit einem farbigen Ring und einer Straußenfeder. Foto: M. Bollig.

eines Jahres Initiierten gehören zu einer benamten Initiationsklasse. Mehrere Initiationsklassen bilden eine Altersklasse.

Im Gegensatz dazu ist die Beschneidung der wesentliche Bestandteil der Initiation der Mädchen. Sie bilden aber keine korporierten oder benamten Gruppen auf der Basis der gemeinsamen Beschneidung. Die komplexe Hierarchie der Altersgruppenorganisation ist im Weltbild der Pokot ein Beweis mehr, daß es Männer sind, die für die sozialen Strukturen ihrer Gesellschaft verantwortlich sind.

Generations- und Altersklassen setzen sich zu einem hierarchischen gerontokratischen System zusammen. Politische und rituelle Macht liegt bei den Senioren. Jede Altersgruppe nimmt innerhalb des Systems eine bestimmte Position ein. Als Gruppe steigt sie innerhalb der gerontokratischen Hierarchie auf. Individuelle Promotion ist unmöglich. Die Position einer Altersgruppe innerhalb des Systems wird durch Farben und Ornamentik ihres Kopfschmuckes, durch ihre Federn und ihren Perlenschmuck dokumentiert. Während die Lehmkappe des frisch Initiierten blau gemalt und mit einem schlichten erdroten Rand versehen ist, sind auf den Kappen der Senioren komplexe Farbmuster zu sehen. Junge Männer dürfen kaum Federschmuck tragen. Ältere Männer zieren ihr Haupt dagegen mit aufwendigen Kombinationen schwarzer und weißer Straußenfedern.

Jeder Mann gehört zu einer Generationsklasse, *pin*. Das Kalenjin-Generationsklassensystem hat acht zyklisch wiederkehrende Klassen. Bei den viehzüchtenden Pokot sind innerhalb des Zyklus nur sechs Klassen eindeutig zuzuorden: Merkutwö, Nygongi, Maina, Chumwö, Koronkoro, Kaplelach. Da Beschneidungen nur alle 25 bis 30 Jahre stattfinden, finden sich in den Gruppen Männer und Knaben sehr unterschiedlicher Altersgruppen. Bei der Beschneidung der Kaplelach im Herbst 1988 wurden Männer von fünfundreißig gemeinsam mit Knaben von zehn Jahren beschnitten. Zugelassen zu der Beschneidung waren alle Söhne der vorhergehenden Generation. Ausgeschlossen blieben die Söhne der Kaplelach. Söhne dürfen nicht derselben Generation angehören wie ihre Väter.

Das Altersklassensystem, das etwa um 1820 von den benachbarten Karamojong übernommen wurde, ist nicht zyklisch. Innerhalb eines Jahres begehen viele junge Männer ihr Initiationsfest, *sapana*. Jeder Jahrgang wird nach einem auffälligen Ereignis dieses Jahres oder der Farbe der Ochsen, die geschlachtet wurden, benannt: Die Siwamong schlachteten viele Ochsen, die eine helle Fellfärbung *(siwa)* hatten, und die Ngikanu wurden in dem Jahr initiiert, als die kenianische Einheitspartei KANU auch im Pokotgebiet Parteiausweise vergab. Die Bezeichnungen der *asapantin* sind meist aus dem Turkana entlehnt. Für die meisten Initiationsklassen gibt es zwar alternative Pokot-Bezeichnungen, die aber selten benutzt werden. Die allgemeine Überzeugung ist, daß die Pokot-Bezeichnungen keinen guten Klang hätten, eine fast paradoxe Vorliebe angesichts der Tatsache, daß Pokot und Turkana über Jahre gegeneinander Krieg führten. Mehrere (in der Regel drei) Initiationsklassen werden in einer Altersklasse zusammengefaßt. Der Name der chronologisch ersten Initiationsklasse gibt den Namen für die gesamte Altersklasse.

Im kirket, dem Halbkreis der Männer, in dem auf Festen gemeinsam Fleisch verspeist wird und politische Reden gehalten werden, werden die komplexen Altersgruppenzuordnungen in der Sitzordnung räumlich umgesetzt.

Der kirket öffnet sich immer in Richtung Mount Sekerr (West Pokot), dem historischen Herkunftsland der Pokot.

kwen: Hier wird das gesamte Fleisch abgelegt und dann an die Männer verteilt.

apeyit: Um das apeyit sitzen einige ältere Kaplelach, die das gebratene Fleisch begutachten.

Abb. 1: Der *kirket*

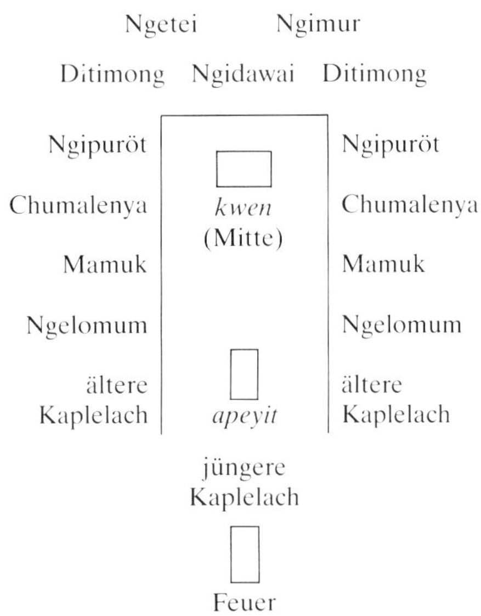

Zusätzlich zu der Zuordnung in Alters- und Generationsklassen sind alle Männer mit einer der beiden Alternationen, Ngimur und Ngetei, affiliert. Wenn der Vater Ngimur ist, wird Ego den Ngetei angehören, und Egos Sohn wird wie sein Großvater ein Ngimur sein. Die Zugehörigkeit zu einer Alternation erkennt man an der Farbe des getragenen Schmucks. Die Farben der Ngimur sind schwarz und rot, die der Ngetei braun, grau und weiß. Ngimur tragen Metallschmuck aus Kupfer, während der der Ngetei aus Messing gefertigt ist.

Promotionszeremonien

Sowohl Alters- als auch Generationsklassen müssen Promotionszeremonien durchlaufen, um sich Autorität und die sie symbolisierenden Embleme zu sichern. Der Weg, auf dem die Feste eingeleitet werden, ähnelt sich bei allen Promotionszeremonien. Über mehrere Jahre hinweg bitten die Antragsteller die vorangehende Altersgruppe um die Erlaubnis, bestimmte Embleme der Autorität tragen zu dürfen. Immer wieder legen die Bittsteller den in Frage stehenden Schmuck illegal an und provozieren bewußt Konflikte mit den Senioren der vorangehenden Altersgruppen. Erst nach mehreren Jahren findet eine Promotionsfeier statt, bei der den Jüngeren das Recht gegeben wird, den Schmuck zu tragen und damit in der gerontokratischen Hierarchie aufzusteigen. Jede Generation durchläuft die Promotionsfeste *tum*, *atoröntin* und *alim* nacheinander. Es sind Feste des Generationsklassenzyklus. Dagegen ist das *töpilin* ein Promotionsfest des Altersklassensystems.

töpilin

Im *töpilin*-Fest bittet eine Altersklasse ihre Vorgänger um die Erlaubnis, bunten Perlenschmuck und *töpilin*, kleine weiße oder schwarze Pompons aus Straußenfedern, tragen zu dürfen.

Awiatan erzählt den (zum Teil schmerzhaften) Weg zum *töpilin*-Fest seiner Altersklasse Tepakora.[2]

„Wir Tepakora hatten uns mit Männern der uns vorangehenden Altersklasse Ngelomum verabredet, um gemeinsam zu einem Tanz zu gehen. Wir verspäteten uns, da wir zu viel Zeit damit zugebracht hatten, die Farben auf unseren Lehmkappen zu erneuern und unsere Federn (die wir noch gar nicht tragen durften) zu weißen. Als wir den Tanzplatz erreichten, hatte der Tanz bereits begonnen. Die Ngelomum sangen ihre Ochsenlieder, prahlten mit ihren kriegerischen Taten und ließen uns Jüngere kaum zur Geltung kommen. Mit der Dauer des Tanzes gelang es uns, immer häufiger unsere Lieder anzubringen. Plötzlich lief Kokoroi, einer der profiliertesten *nyakan* (ein tapferer, erfolgreicher Krieger) der Ngelomum in die Mitte des Tanzkreises und befahl uns, wir sollten uns hinsetzen. Wir ahnten Böses. Natürlich sollten wir uns hinsetzen, um uns die Kritik über unser Zuspätkommen anzuhören und dann würden die Ngelomum wohl auch versuchen, uns zu verprügeln und uns un-

Nach dem töpilin-Fest kommt dem Pokot eine Lehmkappe mit drei farbigen Linien zu, die das Erdrot des Randes vom Blau des Zentrums abgrenzen. In der Kappe sind Löcher für die Straußenfedern gelassen. Metallketten ergänzen den Schmuck. Foto: M. Bollig.

sere *töpilin-* und *palalan*-Federn zu entreißen. Wir weigerten uns, zogen uns einige Meter zurück und stellten uns in einer Gruppe auf. Zeternd lief Lokolingiru, ein anderer *nyakan* der Ngelomum, um uns Tepakora herum und hielt uns das illegale Tragen der Federn vor. Plötzlich sprang Lokolingiru in die Gruppe der Tepakora hinein, stieß Riamangor zu Boden und riß die Federn von seiner Lehmkappe. Das war für beide Gruppen das Signal, daß der *ametö* begonnen hatte. Mit Gerten *(sitöt)*, Stäben *(pelpeltin)* und Peitschen *(acharit)* schlugen wir aufeinander ein. Der Kampf dauerte fast eine Stunde, bevor einige Senioren eingriffen, um Schlimmeres zu verhindern. Sie überzeugten uns Tepakora, uns vom Kampfplatz zurückzuziehen und den von den Ngelomum geforderten Schmuck zu übergeben. Wir taten dies zwar mit knirschenden Zähnen, aber uns war klar, daß wir noch oft unseren Schmuck würden abliefern müssen, solange wir im *töpilin*-Fest nicht offiziell die Erlaubnis von den Ngelomum erhalten hatten, Federn und Perlenschmuck zu tragen.

Kurze Zeit später trafen wir uns, um über das *töpilin*-Fest zu beraten. Wir legten Geld zusammen und kauften für einige einflußreiche Ngelomum Geschenke. Nachdem diese überzeugt waren, konnten wir uns an die Vorbereitung des eigentlichen Festes geben. Jeder mußte nochmals 150 KSh (Kenia-Shilling) abgeben. Davon wurden nochmals Geschenke gekauft, und eine Summe von 2500 KSh wurde den Ngelomum übergeben – als *ropisyö*, eine Art Entschuldigung, daß wir in der Vergangenheit Federn und Schmuck öfters illegal getragen hatten. Außerdem kauften wir einige Kanister Hirsebier, um die Ngelomum im Laufe der dreitägigen Feier zu bewirten. Für die Feier stifteten wir Tepakora einen Ochsen und zwei Ziegenböcke. Am Ende der Feier erlaubten uns die Ngelomum, nun auch *palalan-* und *töpilin*-Straußenfedern und Perlenschmuck zu tragen. Auf der Lehmkappe durften wir nun einen schwarzen und ockerfarbenen Farbstreifen zwischen das Blau des Zentrums und das Erdrote des Randes unserer Lehmkappen zeichnen."

tum

Das *tum* ‚bindet eine Generation' zusammen. Obwohl die Männer und Jungen schon vor der Beschneidung mit dem Namen ihrer zukünftigen Generation angeredet werden, wird erst während des *tum* der Name der Generationsklasse sanktioniert.

Ebenso wie bei den anderen Promotionsfesten müssen auch beim *tum* die Antragsteller über Jahre bitten, bis sie die Feier ausrichten dürfen. Nachdem die Beschneidung der Koronkoro 1955 und 1959 stattfand, mußten die Kaplelach 29 Jahre auf die Beschneidung ihrer Generation warten. Dies wurde auch von den Senioren als zu lange empfunden, aber durch die kriegerischen Unruhen der letzten Dekade entschuldigt. Die folgenden Daten beruhen auf eigenen Beobachtungen des *tum* der Generationsklasse Kaplelach zwischen November 1988 und Februar 1989.

Vor der eigentlichen Beschneidung bereiten sich alle Männer über zwei Wochen in einem Lager auf die Beschneidung vor. Fast jeden zweiten Abend wird ein Ochse für die Senioren geschlachtet. In der Vorbereitungsphase werden die Sünden aller Initianden von den Senioren aufgebracht. Vor allem die den Kaplelach vorangehende Generation Koronkoro übte viel Druck aus. Sie bemängelten, daß die Geschenke, die sie vor dem Zusammenkommen erhalten hätten, von geringem Wert gewesen seien, und sie forderten die Kaplelach auf, ihnen weitere Geschenke zu kaufen. Die Initianden

Häufig müssen die Initianden bis hoch ins Erwachsenenalter auf ihre Beschneidung warten, bis die Senioren den Zeitpunkt für richtig erachten. Noch etliche Wochen nach der Beschneidung tragen die Initianden Frauenkleidung und einen Schmuck, der sie als frisch Beschnittene kennzeichnet, wie zum Beispiel Pfeil und Bogen und Wanderstab. Aus Wurzelfasern geflochtene Masken mit einem schmückenden und gleichzeitig beschwerenden Behang verhüllen ihre Gesichter. Foto: M. Bollig.

müssen ihren gesamten Perlen- und Federschmuck herausgeben, der dann von den Senioren unter sich verteilt wird. Immer wieder werden auch individuelle Missetaten eines Initianden durchgesprochen. Die gesamte Gruppe der Initianden wird dann kritisiert, und nicht selten wurden die vor dem *kirket* hockenden jungen Männer von den Koronkoro verprügelt. Wenn die Senioren mit Gerten wütend auf die sich zusammenkauernde Gruppe der Initianden einschlägt, darf sich niemand wehren. Es ist nur erlaubt, die Hände schützend vor das Gesicht zu halten. Am Ende der Vorbereitungszeit steht auch hier eine Segnung aller Männer mit weißer Erdfarbe. Der Weg zur Beschneidung ist nun frei.

Inzwischen ist in einem unzugänglichen Gebiet die Beschneidungshütte *(menjö)* gebaut worden. Über Tage hinweg werden die Initianden in äußerster Aufregung gehalten. Sie sollen am Morgen der Beschneidung *sirumoi* (Wut/Entschlossenheit) zeigen, um ohne ein Zeichen des Erschreckens durch die schmerzhafte Prüfung zu gehen. Nach der Beschneidung legen die Initianden Frauenkleidung an. Solange die Wunden blutig sind, werden sie von den sie betreuenden Senioren wie menstruierende Frauen behandelt. Sie dürfen keine Nahrung berühren und müssen von den Senioren gefüttert werden. Milch, sonst Hauptnahrungsmittel, ist für sie zunächst verboten. Sie leben von aufgekochtem Maisbrei und Fleisch. Frauen bringen die Nahrung in die Nähe des Festplatzes, dürfen diesen aber weder betreten noch sehen. In den folgenden drei Monaten werden ihnen die Geheimnisse *(kablawach)* der sozialen Ordnung und des Kosmos beigebracht. Die *kablawach* sind in einer Sprache formuliert, die häufig ungebräuchliche Worte benutzt, um Zusammenhänge darzustellen. Es ist verboten, Nichtinitiierten die Bedeutung der geheimen Worte zu erklären. Nachdem die Wunden verheilt sind, ziehen die Initianden *(tiyos)* mehrere Monate übers Land und bitten um Nahrung. In vielen Kraalen wird ihnen zu Ehren ein Ochse oder eine Ziege geschlachtet. Ihre Kleidung und Ausrüstung hebt sie hervor. Sie tragen weiter Frauenkleidung. Aus Wurzelfasern geflochtene Masken verhüllen ihre Gesichter. Bei sich tragen sie einen seltsam beschnitzten Bogen. Die dazugehörenden vier Pfeile sind eindeutig nicht zur Jagd bestimmt. Sie haben keine Metallspitzen. Ein Pfeil ist an der Spitze mit einer Kugel aus zauberkräftiger Medizin versehen. Der dazugehörende Stab ist ebenfalls auf seltsame Weise beschnitzt. Diese Paraphernalia sind mit viel Geheimnis umgeben und werden nach Beendigung der Beschneidungszeit in einem gesonderten Ritual in einer geheimgehaltenen Höhle begraben. Unbeschnittenen und Frauen ist es nicht erlaubt, diese Paraphernalia zu berühren. Sie sind *awes*, zu schwer, um von Nichtinitiierten berührt zu werden.

In der abschließenden Zeremonie *(ngitunogh)* erschlagen die *tiyos* gemeinsam mit den Fäusten einen Ochsen. Bei der Feier streifen die *tiyos* erstmals ihre Masken ab, die sie in den letzten Monaten vor den Blikken ihrer Mütter verhüllen sollten, und beenden so die mehrmonatige Seklusionsphase.

atoröntin

Im *atoröntin*-Fest fragt eine Generationsklasse die vorangehende Klasse um die Erlaubnis, das *atoro* zu tragen, eine kleine Lehmkappe, die zusätzlich zum *siolip* (der Lehmkappe der Initiierten), auf der Stirn angebracht wird.

Ngoratepa erzählt die Geschichte des *atoröntin*-Festes, an dem er teilnahm:

„Im Jahr als die Nyangamong ihr *sapana* begingen, fragten wir Kaplelach die Koronkoro um das *atoro*. Das Fest hatte eine lange Vorgeschichte. Über Jahre hatten wir die Koronkoro gebeten, uns die Erlaubnis zu geben, *atoro* zu tragen. Schon einige Jahre nach unserem *sapana* hatten wir Schmuck angelegt, der uns nicht zustand: Farben, Perlen und Federn. Die Koronkoro hießen uns Ngelomum eines Tages zu einem großen *kokwö* (dem Rat der Männer) zu kommen. Wir wußten, was auf uns zukam. Sie befahlen uns, uns in einiger Entfernung vom *kirket* unter einem Baum niederzulassen. Einer der ältesten Koronkoro, Nakwianga, war als Sprecher seiner Altersgruppe ausgewählt worden. Er kritisierte uns heftig. Warum wir Farben und Federn trügen, die uns nicht zustünden. Wir sagten kein Wort. Trotzig blieben wir sitzen. Provoziert sprang Nakwianga wieder auf: ob wir so fortfahren wollten? Wieder antwortete niemand von uns. Nakwianga drehte sich zu den anderen Koronkoro um und forderte sie auf, uns zu verprügeln. Im Nu prügelten die Koronkoro mit Gerten und Stöcken auf uns ein. Wir wehrten uns nach Kräften, denn wir wollten zeigen, daß auch wir Männer seien. Aber wir waren wenige und bezogen gewaltig Prügel. In den folgenden Jahren folgten noch einige solcher Zeremonien, aber wir waren noch zu jung und zu wenige, um um das *atoro* zu bitten.

Im Jahr der Nyangamong waren die Veränderungen unübersehbar. Die Koronkoro waren gealtert und wir Kaplelach waren viele. Außerdem hatten wir seit zwei Jahren keinen Krieg mehr mit den Turkana, und somit war ein wesentliches Hindernis für die Ausrichtung eines großen Festes weggefallen. Wir sammelten Geld, um Geschenke für die Chumwö und die ältesten Koronkoro-Senioren zu kaufen. Dann kauften wir Decken, Zucker und Tabak. Einige Senioren bekamen Geld direkt zugesteckt. Damit bewegten wir die Chumwö und älteren Koronkoro, der Ausrichtung des *atoro*-Festes zuzustimmen.

Im *kitokot* (November) trafen wir uns in Atirirai. Wir bauten große Hütten, je eine für die Chumwö und eine für die Koronkoro. Wir machten die gesamte Arbeit. Wir schleppten das Gras für die Dächer heran, was sonst Frauenarbeit ist. In den folgenden Wochen schlachteten wir sechs große Ochsen und viele Ziegen und Schafe für die Senioren. Immer wieder erzählten wir ihnen, wie wichtig es uns sei, das *atoro* dieses Jahr zu bekommen. Wir seien es endgültig leid, geschlagen zu werden für etwas, was uns mittlerweile sicher zustand. Die Senioren antworteten weiter ablehnend. Jeden Abend nahmen sie sich einige von uns vor, mit denen noch Rechnungen offenstanden. Es lief immer nach demselben Muster ab. Erst kritisierten sie den einzelnen heftig für irgendeine Missetat, die er vor Jahren begangen hatte, dann verprügelten sie ihn; dann wurde die gesamte Gruppe für die Missetat ihres Altersgenossen kritisiert und bekam schließlich auch Prügel. Einer hatte Ehebruch begangen, jemand anderes hatte sein Vieh schlecht behandelt oder seine Schulden bei einem Senior noch nicht bezahlt, noch andere hatten einfach das Fleisch schlecht gebraten und somit fehlende Wertschätzung für die Senioren gezeigt.

Nach mehr als zwei Wochen beschlossen die Senioren, daß es nun an der Zeit sei, das *atoro* zu vergeben. Im *kirket* wurden zwei Kalebassen mit Farben aufgestellt, in einer war weiße Erdfarbe mit der Milch einer *roriyon*-Kuh (einer Kuh, die nie krank war, noch eine Fehlgeburt hatte) angemischt, in der anderen mit Wasser angemischte graue Erdfarbe. Alle Männer paradierten an den Kalebassen, die in der Mitte des *kirket* standen, vorbei und wurden von einigen *kapolokyon* (rituellen Spezialisten) gesegnet, erst mit Grau, dann mit Weiß. Nachdem die Segnung, die Harmonie zwischen den Gruppen und das Vergessen persönlicher Zwietracht symbolisiert, vollzogen ist, darf nicht mehr geprügelt, nicht einmal mehr ein Wort des Streites gesprochen werden. Die Gerten und Stöcke, die in den vorigen Tagen bei den Prügeleien benutzt wurden, werden feierlich zerbrochen und in die Mitte des *kirket* gelegt. Noch am selben Morgen begann die Verteilung des *atoro*. Jeder von uns suchte sich einen älteren Freund, der ihm den *atoro* aufsetzte."

alim

Im *alim*-Fest bittet eine Generationsklasse die ihnen vorangehende Klasse um die Erlaubnis, die schwarzen *alim*- und die weißen *ngaile*-Federn tragen zu dürfen. Ebenfalls wird in der *alim*-Zeremonie das Recht übertragen, das *amurö*-Fleisch zu schneiden, ein rituell sehr hoch bewertetes Stück Fleisch vom Rind. Das *alim*-Fest ist das abschließende Fest innerhalb des Promotionszyklus. Während eine Generationsklasse ab einem gewissen Alter eigentlich jederzeit um das *atoro* fragen darf, gilt für das *alim*-Fest, daß es erst stattfinden sollte, wenn die vorangehende Generation schwach wird und bereits viele ihrer Mitglieder gestorben sind.

Wasareng erzählt über das *alim*-Fest 1987. Damals fragten die Koronkoro die verbliebenen Chumwö um das *alim*.

„Zum erstenmal fragten die Koronkoro 1971 uns Chumwö um das *alim*-Fest. Damals lehnten wir ab; unsere Generation war noch stark und zahlreich. Durch den folgenden Krieg mit den Turkana war es über fünfzehn Jahre nicht möglich, ein solch aufwendiges, mehrere Monate dauerndes Fest durchzuführen. Nachdem 1986 das ebenfalls lange überfällige *atoröntin* gefeiert wurde, konnten wir 1987 das *alim* feiern. Häufig trafen die Koronkoro uns, um die kostspielige Vorbereitung des Festes zu diskutieren. Sie kauften uns wertvolle Geschenke. Mir brachten sie einige hundert Shilling, eine Decke, Zucker und Tabak. Dann luden sie uns zu einem Treffen ein, um unsere endgültige Zustimmung zum *alim*-Fest zu bekommen. Wir fragten sie, ob sie wirklich genügend Besitz hätten, um ein solches Fest zu bestreiten. Wir verspotteten sie: Ihre Ochsen seien klein und dünn und sie besäßen nicht das Geld, um sich prachtvolle *alim*- und *ngaile*-Federn zu kaufen. Sie brachten Honigbier und schlachteten einen Ochsen für uns. Ab und an riefen sie einen einflußreichen Chumwö zur Seite und gaben ihm weitere Geschenke. Zehn Tage blieben wir zusammen. Während dieser Zeit wurden nochmal die Sünden der Antragsteller aufgerechnet: Alle Koronkoro, die Ehebruch mit einer unserer Frauen begangen hatten, mußten nochmals Strafen zahlen, einige wurden verprügelt. Aber wir straften nicht nur; an den Abenden erklärten wir den Koronkoro die Geheimnisse unseres Landes.

Mittlerweile waren in einiger Entfernung in einem abgelegenen felsigen Gebiet Hütten gebaut worden, eine für uns Chumwö, eine für die Koronkoro. Wir hatten ein Gebiet ausgesucht, in das kaum Herden getrieben wurden. Wir sollten nicht von Frauen und Kindern gestört werden. Am nächsten Tag fand die Segnung der Koronkoro mit weißer Erdfarbe statt, die unser Einverständnis mit ihren Forderungen zeigte. Kein Chumwö sollte mehr Wut oder Neid empfinden, wenn er einen Koronkoro im festlichen Federschmuck sah. Nach der Segnung war der Weg frei, um den Koronkoro das *alim* zu überreichen. Den sechs ältesten Koronkoro setzten wir die *alim*-Federn auf, den übrigen übergaben wir Federn als Geschenk. Danach war der wichtigste Teil der Feier vorüber. Doch mußten die Koronkoro noch bleiben, um das *kö pö alim* zu bauen, eine Hütte, in der die Knochen der verspeisten Tiere aufbewahrt wurden. Ich und Apaloyaka blieben, um ihnen zu zeigen, wie diese Hütte gebaut wird. Diese Hütte ist keine gewöhnliche Behausung. Sie hat weder Tür noch Dach, und ihre Wände sind so dicht geflochten, daß nicht einmal eine Maus hindurch könnte. Nachdem die Hütte gebaut war, wurden alle Knochen der in den letzten Tagen geschlachteten Tiere gesammelt und in der Hütte zusammengelegt. Dann wurde aus Dorngebüsch ein Zaun um das gesamte Gelände gebaut, um neugierige Kinder fernzuhalten."

Konfliktaustragung und Macht innerhalb der Promotionsfeiern

Die den Promotionsfesten vorangehenden *ametö*-Kämpfe zwischen Altersgruppen sind in enger Verbindung zu den Festen selber zu sehen.

Ein *ametö* entzündet sich meist daran, daß jüngere Altersklassen Schmuck tragen, der ihnen (noch) nicht zusteht. Häufig kommt es am Rande von Festen oder Tänzen zu den Stockkämpfen. Die *ametö* unterliegen strikten Regeln. Nur bestimmte Waffen dürfen benutzt werden: Gerten *(sitöt)*, dünne Stäbe *(likip)*, dickere Stäbe *(pelpeltin)* und Peitschen *(acharit)* aus Nilpferd- oder Zebrahaut. Messer, Pfeil und Bogen, Speere oder gar Gewehre sind bei diesen Kämpfen tabuisiert. Männer, die trotz des Verbots in ihrer Wut *(woyogh)* zu gefährlichen Waffen greifen, werden kollektiv bestraft; doch dies kommt sehr selten vor. Obwohl auf alle Körperteile geschlagen werden darf, sind schwere oder tödliche Verletzungen selten. Idealiter sollten Schläge, die im *ametö* verteilt werden, nach der Beendigung des Kampfes keinerlei Einfluß auf die persönliche Beziehung der Kombattanten haben. Das *ametö* ist als Weg der Konfliktaustragung zwischen Altersgruppen so konzeptualisiert, daß nicht Haß, Zwietracht oder persönliche Aggression damit verbunden wird. Der Ablauf des *ametö* ist vorgeschrieben. Für eine gewisse Zeit versuchen die Jüngeren zu demonstrieren, daß sie genügend Kraft und Mut haben, den Älteren Paroli zu bieten. Dann, häufig auf Vermittlung von Senioren hin, ziehen sie sich vom Kampfplatz zurück und beweisen so ihren Respekt *(tekotön)* vor den älteren Kontrahenten und den Vermittlern. Sie geben den in Frage stehenden Schmuck freiwillig ab. So wechseln kostbare Federn und Perlen Jahr für Jahr die Besitzer. Immer wieder wird die Verteilung von Symbolen der Seniorität zugunsten der Älteren korrigiert.

Die physischen Sanktionen innerhalb der Promotionsfeiern werden von den *ametö* getrennt. Die Junioren dürfen sich nicht zur Wehr setzen, wenn sie einzeln oder als Gruppe bestraft werden. Es gilt der als tapfer, der sitzend, die Hände schützend über das Gesicht haltend, die Schläge der Älteren aushält. Um Verletzungen zu vermeiden, sind für diese Bestrafungsaktionen nur Gerten erlaubt. Den Senioren wird nochmals die Gelegenheit gegeben, ihr Macht zu dokumentieren. Einzelne Übeltäter werden von ihnen herausgestellt und in langen Anklagereden oft längst vergangener Taten bezichtigt. Die Verstöße der Jüngeren werden als Auflehnung gegen das gerontokratische Prinzip dargestellt. Häufig wird ihnen fehlender Respekt vorgeworfen. Meist gipfeln die Tiraden in einer physischen Bestrafung des Angeklagten. Häufig folgt danach noch eine kollektive Bestrafung der gesamten Gruppe, die für das Fehlverhalten eines ihrer Mitglieder verantwortlich gemacht wird. Demonstrativ werden mit den abschließenden Segnungen auch die Gerten zerbrochen. Die Senioren geben ein Stück Macht an die ihnen folgende Altersgruppe ab.

Den Senioren wird während der Feste nicht nur die Möglichkeit gegeben, ihre Macht rhetorisch zu dokumentieren. Sie gewinnen ganz konkret an wirtschaftlicher Macht hinzu. Es wird garantiert, daß die Antragsteller die Senioren noch vor Beginn der Zeremonie reichlich beschenken. Erst diese Geschenke bewirken die Einwilligung der Senioren zu der Promotionsfeier. Während der Feier werden weitere Geschenke verteilt. Die Antragsteller müssen ihren zum Teil sehr teuren Feder- und Perlenschmuck herausgeben, den die Senioren dann unter sich verteilen. In den Wochen der Vorbereitung auf die Feiern werden viele Ochsen, Ziegen und Schafe geschlachtet. Viele Tiere werden zwar von den Senioren gestiftet – aber alle werden von den Junioren geschlachtet. Da derjenige, der das Tier schlachtet, auch die Rückzahlungspflicht an den Besitzer übernimmt, eine *ghosyö*-Beziehung eingeht (für einen Ochsen sollte er nach drei bis fünf Jahren einen Ochsen oder eine Färse oder sechs Ziegen zurückzahlen), fallen die meisten Schlachtungen auch unter die Gewinne der Senioren.

In der egalitären pastoralen Gesellschaft, in der politische Macht sonst diffus bleibt, wird über die Dauer der Feste die Macht der Senioren nachhaltig gestärkt und über mehrere Wochen fast theatralisch in Szene gesetzt. Verstöße gegen das gerontokratische System werden streng bestraft. Die Initianden unterwerfen sich den Senioren, kaufen ihnen Geschenke und akzeptieren widerspruchslos ihre Bestrafungen. Durch ihre oft ebenso theatralisch inszenierte Unterwerfung (Übernahme von Frauenarbeit, im *tum* sogar der Frauenkleidung) in der Zeremonie, gewinnen sie die Embleme der Autorität und das damit verbundene geheime Wissen um gesellschaftliche Zusammenhänge.

Anmerkungen

1 Die hier vorgestellten Daten wurden während einer zweijährigen Feldforschung (Okt. 87 – Sept. 89) gesammelt, die im Rahmen des DFG-Schwerpunktprogrammes „Entstehung von militanten Konflikten in Ländern der Dritten Welt“ durchgeführt wurde.

2 Die folgenden Darstellungen von Promotionsfesten sind verkürzte Nacherzählungen längerer Interviewtexte.

Die Achtung des Alters und die Muttersymbolik bei der *komò*-Geheimgesellschaft der Bambara in der Region von Ségou in Mali

Leopold Rosenmayr

Achtung und Ehre des Alters sind Grundvoraussetzungen der Bambara-Gesellschaft: Die ‚Weisheit' der Alten und ihre Macht über das Wort sind Produkte und nicht Ursprung des Prestiges, das ihnen durch das Senioritätsprinzip zuteil wird. Rosenmayr erklärt die soziale Tugend der Achtung des anderen durch die Intensität und Ausdauer der Zuwendung, die die Bambara-Mütter ihren Kindern während der frühkindlichen Lebensphase zukommen lassen und die in und mit der Kindergruppe (als Mutternachfolge) gemachte Schutz-Erfahrung. In einer späteren Lebensphase wird das in der Mutterbeziehung entwickelte Urvertrauen auf den Geheimbund übertragen. Dabei bilden Bilder und Symbole für die Stufen der ‚emotionalen Geburt', die in den Ritualen des Bundes eine zentrale Rolle spielen, die Brücke zwischen der Mutterbindung und dem Geheimbund.[1]

Als ich im Spätsommer 1987 nach einem längeren Erkundungsausflug im Busch mich auf den Heimweg zu meiner Hütte im Bambara-Dorf Sonongo in Mali begab, überholte mich in einer Zone abgedorrter Bäume mit eiligen Schritten ein etwa 14jähriger Bub. In jeder Hand trug er einen etwa faustgroßen Wurzelknollen. Auf meine Frage sagte er mir, daß er diese Wurzeln ausgegraben habe, daß sie eßbar seien und süß und saftig schmeckten. Er bot mir eine an. Ich nahm sie und verzehrte sie abends mit Genuß.

Einige Tage später übersandte mir Seri Sakko, der im Dorf sehr angesehene Leiter der *komò*-Geheimgesellschaft, durch einen anderen Jungen eine Wurzel derselben Art, jedoch mit Wurzelflächen und Blattwerk. Seri Sakko, der *komò-tigi*, einer der fünf oder sechs ältesten Männer des Dorfes, bereitet die männliche Jugend auf die Initiation vor. Er betreut sie aber auch später erzieherisch in der verschiedensten Weise. Seri wollte mir durch die Zusendung der Wurzel Gelegenheit geben, die Pflanze genau zu identifizieren. Er wußte, daß ich über vieles, das mir unbekannt war, Fragen stellte.

Achtung als Grundprinzip der Stammeskultur der Bambara

Diese kleine Geschichte zeigt, daß der Junge, der mir im Wald die Wurzel gegeben hatte, seinem *komò-tigi* das Zusammentreffen mit mir – dem ‚Alten' der Expeditionsgruppe der Weißen und Gast des Dorfes – berichtet hatte. Die Geschichte zeigt aber auch, daß Seri Sakko, der angesehene alte *komò-tigi*, auf seine zurückhaltende Weise meinem Wissensdrang entgegenkommen wollte. Damit suchte er auch die Achtung, die ich ihm gegenüber bei verschiedenen Gelegenheiten erwiesen hatte, zu erwidern. Diese Handlungsweise, einander als Personen wechselseitig Billigung und Anerkennung zu vermitteln, gehört zur notwendigen Sicherung und Integration eines Sozialsystems in prekärer Lage, wie es Stammesgesellschaften waren und sind.

Die in bedrohender Umwelt und gegen vielfältige Übergriffe und Fehden sich verteidigenden afrikanischen Stammesgesellschaften haben über Jahrhunderte die Achtung als sozialen Stabilisierungsfaktor, als Schutzzone aufgebaut. Westliche Menschen sind durch das Übermaß versachlichter Beziehungen, in denen sie sich zu bewegen und zu handeln gezwungen sind, bedrückt. Sie stellen sich die Stammesgesellschaft als Ort spontan-expressiver Begegnungen vor. Sie meinen, daß diese Gesellschaften durch Unmittelbarkeit der zwischenmenschlichen Verhältnisse bestimmt seien und ahnen nicht, wie streng geregelt sie in Wahrheit sind. Nur durch ein vielgestuftes Bewertungssystem kann die Stammesgesellschaft wechselseitige Achtung aufrechterhalten. Nur so kann sie Dimensionen der Selbstachtung (und somit des Bestehens auf der eigenen Geltung) und der Fremdachtung, der Zubilligung der Würde an den anderen, miteinander in Einklang bringen.

Die Zubilligung von Achtung (und den Anspruch auf sie) führe ich, wie ich weiter unten darlegen werde, auf eine ursprünglich von der Mutter erhaltene ungebrochene positive Zuwendung zurück. Wie wird die Achtung in Sonongo eingeschätzt?

„Die Achtung, die ein Mensch dem anderen zuteil werden läßt, ist wichtiger als die Luft, die wir atmen, wichtiger als die Nahrung, die wir zu uns nehmen, ohne die wir nicht leben können. Es ist schön, daß Ihr gekommen seid und uns Salz und Reis und Kolanüsse als Gastgeschenke gebracht habt, aber wichtiger ist uns noch, daß Ihr uns durch Euren Besuch ehrt, daß ihr zeigt, wie wertvoll es Euch ist, zu uns zu kommen. Durch alle Eure Handlungen gebt Ihr uns zu verstehen, daß Ihr uns achtet",

hieß es 1987 bei der Begrüßung einer Gruppe von europäischen Forschern, die nach Sonongo gekommen waren.

Die Grundhaltung der Achtung, die man auch den Europäern entgegenbrachte, folgt nicht aus einer besonderen moralischen Begabung der Bambara; sie beruht auf lebenslangen Lernprozessen innerhalb ihres gesellschaftlichen Regelsystem. Achtung ist ein unausgesprochener *contrat social*, der Grundkonsens der Stammesgesellschaft.

Achtung dürfte in einer Verallgemeinerung der in relativ früher Kindheit erfolgten Identifizierung mit der Gruppe wurzeln. Sie wird aber auch durch eine früh in der Sozialisation vermittelte Abbremsung individueller Durchsetzungswünsche gefördert. Die soziale Einbettung in eine Riege Gleichaltriger begünstigt und stützt die soziale Achtung. In den Gruppen hat meist ein nur etwas Älterer oder eine um nur weniges ältere Schwester (d. h. auch Cousine oder entfernte Verwandte) das Sagen. Die Frustrationen, die naturgemäß auch in einem solchen *setting* auftreten, und die man in gelegentlichen Zänkereien der Kinder beobachten kann, werden aber dadurch weniger als ‚von oben' kommend erlebt.

Die Person wird geschätzt kraft ihrer Stellung, die eine bestimmte Würde erwarten läßt. Die Person wird immer in einem sozialen Geltungsraum, niemals als ‚Individuum an sich' gesehen. Der Mensch gilt weniger wegen seines Geldes oder der Größe seiner Felder, oder wegen seines Fleißes, sondern um der in seinem Lebensverlauf erreichten Position, die er persönlich gestaltet, zum Beispiel also wegen seiner Beratungs- und Entscheidungsfähigkeit. Wir könnten vielleicht ‚übersetzen': Um seiner sozialen und politischen Tugenden willen, sofern er seine persönliche Selbstdarstellung mit gesellschaftlichen Lenkungsaufgaben zu verbinden vermag.

Die Achtung wird sozial durch zwei hauptsächliche Riten erneuert, bzw. ‚verstärkt': Einmal durch die Begrüßungszeremonien, andererseits durch Geschenke. Begrüßungen dauern minutenlang und beziehen nicht nur die am verbalen Ritus beteiligten Personen, sondern auch deren Familien mit ein. Bei Verabschiedungen wird der Gast, je nach der Stellung, die er hat (und die man ihm zubilligt), auf seinem Weg nach Hause begleitet. Je würdiger er ist, desto weiter folgt man ihm.

Bei Geschenken wird sehr deutlich, daß derjenige, der schenkt, sich damit beim Beschenkten Achtung verschaffen will. Er will mit dem Geschenk auch den eigenen Wert bekunden. Doch ist das schwer zu beurteilen, weil sich in den Geschenken, die gegeben werden, auch die Zuneigung bzw. die Liebe zum Beschenkten ausdrücken will, nicht nur die Selbstachtung des Schenkenden.

Mythos und Geheimnis

Ein Bambara-Mythos spiegelt gut die Bedeutung der Achtung wider: Himmel und Erde waren einander noch sehr nahe und Gott schwebte unmittelbar oberhalb der Welt. Eine alte Frau stampfte ihre Hirse und fuhr mit dem Stößel so hoch in die Luft, daß sie Gott störte. „Du belästigst mich“ sagte Gott, „wenn Du so weitermachst, wirst Du Deine Unsterblichkeit verlieren.“ „Ei, macht nichts“, sagte die Frau, ohne auf Gott zu achten und ließ den Stößel weiterhin hoch in die Luft tanzen. Da fiel sie um und starb. So kam der Tod in die Welt. Vielleicht war Gott deswegen so verstimmt, weil nicht einmal eine alte Frau imstande war, mit der Achtung umzugehen. Wie hätte da Gott von den jüngeren Menschen erwarten können, daß sie Achtung lernen würden? So bleibt uns allen, sterblich, wie wir wurden, nur wenig Zeit, Achtung zu lernen und sie zu praktizieren.

Die kosmische Verbundenheit der Stammesreligion war traditionell mit den initiatorischen Vorstellungen vom Lebenslauf verbunden. Man hat Schritt für Schritt neues Wissen auf altes aufzubauen, indem man von den Älteren zu immer neuem Wissen ‚initiiert‘, also in dieses hineingeführt wird. Das Geheimnis, in dem man nach der Stammesreligion lebt, konstituiert sich in der Treue und Verschwiegenheit gegenüber Menschen. Wohl spielt auch die Angst vor dem Fetisch – oder die Angst vor dem Geheimnisbruch gegenüber den Gefährten oder dem älteren Meister eine Rolle. Man fürchtet, von der Gruppe getrennt zu werden. Trennungsangst ist eine Schlüsselkategorie der Bambara-Welt.

Das Geheimnis ist in der Bambara-Gesellschaft immer auf Vermittlung an den Nachwuchs angewiesen, es würde ja sonst mit den Alten sterben und verloren gehen. So folgt die Übermittlung von Geheimnissen zumeist dem Senioritätsprinzip. Die Alten lehren die Jungen das Geheimnis. Die Alten sprechen, die Jungen hören zu. Bei vielen, oft langwierigen Beratungen erlauben und dulden die Älteren die – schweigsame – Anwesenheit der meist männlichen Jugend. Die Jungen dürfen zuhören und müssen warten – sie können eine Kommunikation weder einleiten noch beenden. Für die Jungen, die in die Stadt auf Saisonarbeit gehen, ändert sich da natürlich vieles, dort riskieren sie zwar eine mitunter derbe Zurückweisung, wenn sie Alte ansprechen oder unterbrechen, aber es hat für das weitere Verhalten keine Konsequenzen. Der fliegende Händler, Markthelfer oder Weber sucht sich dann eben einen anderen Platz auf der Straße.

Ein zweites Moment ist wichtig. Anders als in der Einbettung im Stamm beginnt der Junge, Kommunikation selber zu begrenzen. Er kann das kleine Radiogerät, das er sich als sprechenden und singenden Partner erwirbt, auf- oder abdrehen. Durch die Technologie gewinnt er Macht über Kommunikation, ein für ihn (oder sie) grundlegend neues Erlebnis. Solche Erlebnisse kann man nicht mehr vergessen, man will im Gegenteil mehr davon. Und man trägt – mit dem kleinen Gerät – ein neues Machtgefühl mit sich, wenn man ins Dorf zurückkehrt.

Am ehesten sind die gegenseitigen Erwartungen der Jungen und Alten bei der Initiation in die Geheim-Gesellschaften harmonisch. Da benötigen die Jungen die alten Kenner der Initiationsriten und letztere brauchen die Jungen, um von deren Respekt und Verehrung getragen zu werden.

Mehr als Weisheit

Die Seniorität ist ein formalisiertes, allgemein anwendbares System der Machtverteilung. Ihr Anwendungsbereich ist breiter, als es die oft zitierte ‚Erfahrung‘ oder ‚Weisheit‘ der Älteren rechtfertigt. Es ist nicht die biographische Anreicherung individuellen Wissens der Alten, worauf sich die Einhaltung der Seniorität stützt. Das Argument für die Legitimität der Macht der Älteren wird gar nicht gesucht. Normen durchzusetzen und Entscheidungen nach Seniorität zu treffen, beruht auf den traditionellen Regeln und auf der vorausgesetzten Meinung, daß die Älteren Vertreter der Allgemeinheit sind. Die an den oft nur um wenige Jahre altersmäßig verschiedenen Brüdern sichtbare Rangordnung nach der Seniorität beweist, daß es sich nicht um die Dramatik der Erfahrungsunterschiede handeln kann, welche die Senioritätsregelung in der Bambara-Gesellschaft bedingt.

Seniorität ist eng mit der Macht des Wortes verbunden. In einer Kultur mit nur mündlicher (und keiner schriftlichen) Tradition, wie wir sie in Sonongo fanden, entscheidet die Macht des gesprochenen Wortes. Die Fähigkeit zum Wort bestärkt den Status. Die jungen Männer müssen zuhören. Es ist ihnen noch nicht gestattet, an formellen öffentlichen Diskussionen und Beratungen teilzunehmen. Die Alten führen die Gespräche. Je mehr Verantwortung ein Mann durch seinen Aufstieg nach dem Senioritätsprinzip erringt, desto mehr muß er sprechen. Er muß durch die Macht des Wortes handeln. Je mehr und je besser er spricht, desto mehr bestärkt er seine Position. Ebenso wie sich Qualität und Ausdrucksstärke der Rhetorik mit dem Aufstieg im Rang der Senioritätsordnung ändern, so wandeln sich allmählich auch die sozialen Erwartungen und Machtvorstellungen des Individuums. Die Beherrschung des Wortes, die individuellen und die Gruppenerwartungen, daß ein Mensch oder eine Gruppe – ein Alter, die Alten – das Wort beherrschen, bestärken einander wechselseitig.

Im wesentlichen aber kann man sagen: Die Alten haben die Wortmacht eher deswegen, weil man sie sprechen läßt und weil sie sprechen müssen. Sie werden wortmächtig und ‚weise', weil man es von ihnen erwartet und fordert.

Grundsätzlich liegt die ‚Weisheit' der Alten im Übernehmen von traditionellen Modellen der Organisation und der Problemlösungen. Die Wirksamkeit ihres Wissens beruht auf einem Kodex traditionellen Wissens zum Zwecke der Wiederholung, weniger auf individuell erworbenem Wissen. Seniorität bedeutet mehr als individuelle Weisheit, nämlich ein Prinzip, welches den Machtwechsel in einer bestimmten Weise ermöglicht. Die Älteren schöpfen den traditionellen Wissenskodex und Normbestand aus und dürfen ihr Wissen und ihre Macht in Entscheidungen ausagieren.

Spannungen zwischen Seniorität und kultureller Innovation treten auf. Diese Spannungen ergeben sich zum Beispiel aus der Einführung von Formen nicht-kosmologischer westlich-‚wissenschaftlicher' Medizin. Auch neue Technologien (Pflüge, der Mechanismus eines Motorrades) sind senioritäts-intolerant.

Kultureller Wandel entsteht auch durch nichtwissenschaftliche Rationalität, durch das Vordringen von Anschauungen des seit Jahrhunderten sich in Mali ausbreitenden, nun auch in die eher abgelegenen ‚animistischen' Dörfer vordringenden Islam. Als prophetische Religion ist der Islam nicht senioritätsorientiert. Im Islam bestehen im Koran schriftlich niedergelegte, moralische Verhaltensregeln. Die alte Stammesreligion baut auf mündlicher Interpretation von Mythen und Riten auf, die mit Geistern und Ahnen verbunden sind.

Das alte stammeseigene Senioritätsprinzip beruht auf einer allmählichen, gestuften Einführung in das Wissen und dessen Handhabung für den Kult. Das Senioritätsprinzip der vorislamischen ‚animistischen' Welt geht über eine einfache Machtfunktion hinaus. Es hat mit psychischem und sozialem ‚Werden' zu tun. Die Bilder für das Stufenwissen stammen aus einer Mythologie, die äußerst reichhaltig und bedeutungsvoll für die Lebenspraktiken und Problemlösungen ist. Wir werden uns später ihnen zuwenden.

Die Mütter als Stützen des Sozial-Systems der Bambara

Trotz aller Strenge des Senioritätssystems kennt das Bambara-Universum Entwicklung. Woher kommt diese Mentalität des Werdens, einer gesteuerten, aber doch auch innerlichen Entwicklung? Ein Mitglied unserer Forschungsgruppe, die Psychologin Heide Reinisch, untersuchte, um diese Lebensentwicklung zu erfassen, die dem westlichen Beobachter aufs erste rätselhafte Stellung der Frauen in der Bambara-Gesellschaft. Sie erwartete sich daraus Aufschluß über die frühe Kindheit und damit Grundlagen für die Einstellungen dem Leben und dem Alter gegenüber. Um die frühe Kindheit zu erforschen, wandte sie sich dem Studium der Situation und der sozialen Bewertung der Frau und besonders der Auffassung und Praxis von Bambara-Mutterschaft zu.

Die Bambara-Frauen erscheinen in krasser Abhängigkeit von den Männern. So geben zum Beispiel die Wahrsager an, daß Mädchen und Frauen erst Eltern oder Männer fragen müssen, ehe sie mit ihrer, der Wahrsager, Hilfe, einen Blick in die eigene Zukunft tun dürfen. Auch haben die Frauen sehr wenig Geld in Händen. Den Mädchen erlauben es die Eltern selten, sich während der Trockenzeit in der Stadt als Hausgehilfinnen etwas Geld für die Aussteuer zu verdienen. In manchen Dörfern unserer Region werden die Mädchen überhaupt nicht fortgelassen.

Der in der Gegend wohlbekannte Griot, der zu einer Namensgebung des Kindes einer mir gut bekannten Familie singen kam, prägte in seinem musikalischen Vortrag den Satz: „Frauen, die sich selbst nicht ernst nehmen, können auch dem Leben ihrer Männer keinen Sinn geben." Bambara-Frauen wird also nicht ihr Recht als Personen abgesprochen. Sie können, wenn der Mann sie schlecht behandelt, zu ihren Eltern zurückkehren, wenn diese sie aufnehmen und bereit sind, den Brautpreis ganz oder teilweise zurückzuzahlen.

Ein anderer Aspekt der Beobachtung und Befragung der Frauen brachte ein noch viel aktiveres Bild zutage, nämlich das Mutterbild. Die Intensität und Ausdauer der mütterlichen Zuwendung während der Frühphase des Lebens der Kinder springt ins Auge. Welche Bedeutung hat dieses Verhalten für den Lebensverlauf und für die gesellschaftliche Gesamtstruktur?

Den noch unausgewerteten Spezialuntersuchungen von Reinisch folgend suche ich einen Überblick anzudeuten. Die Mütter kennen keine Verweigerung gegenüber den Kindern. Sie bewerten auch deren Bedürfnisse nicht: Bei aller Arbeitsbelastung steht die den Kindern angebotene gewährende Grundhaltung der Mütter unermüdlich im Vordergrund. Während der beiden ersten Lebensjahre sind die Kinder an den Körper der Mutter festgebunden, die Brust der Mutter hilft über fast alle Frustrationen hinweg.

Bei meinen (einfachen) medizinischen Behandlungen konnten Widerstände der Kleinkinder gegen Medikamente am besten dadurch überwunden werden, daß man sie knapp vor der Einnahme des Medikaments an der Brust der Mutter saugen ließ und sie unmittelbar danach sofort wieder an die Brust legte.

Durch die Konzentration auf die ihnen engstens verbundenen Kleinst- und Kleinkinder geben die Mütter Stützung und Sicherheit fürs ganze Leben und damit auch für die Gruppen- und die Gesellschaftsverbindung von Clan und Stamm. Die relative Bedeutungslosigkeit des Vaters, besonders während der (zwei Jahre dauernden) Stillzeit wird durch die Polygamie noch verschärft. In dieser Stillzeit der einen Frau wendet sich der Vater ohnehin vorwiegend den anderen Frauen zu. Der tiefenpsychologisch oft vermutetete Konkurrenzkampf des Kindes um die Gunst der Mutter bei den Bambara fällt weg oder er tritt in den Hintergrund.

Entwicklung der Gruppensolidarität

Was läßt sich aus diesen Überlegungen folgern? Nach Ablauf der ersten beiden Lebensjahre wechselt das Kind von der Mutter in den Einflußkreis einer von einem älteren Kind beaufsichtigten Kindergruppe. Wieder findet keine Konfrontation mit einer mächtigen Bezugsperson – etwa dem Vater – statt. Die Gruppe, bzw. die in der Gruppe führenden Kräfte treten an die Stelle der Mutter. Und für die ganze weitere Entwicklung des Menschen bleiben Gruppen entscheidend. In der Gruppe wird Autorität ausgeübt, durch ein jeweils älteres Kind. Dabei ist dreierlei zu beachten. Es ist erstens nicht väterliche Autorität, mit der das Kleinkind konfrontiert wird. Zweitens ist das Autoritätsgefälle geringer als gegenüber einer erwachsenen Person. Drittens fängt die Gruppe, worin das Kleinkind unter Gleichgestellten eingebettet ist, diesen Autoritätsdruck auf. Es ist keine reine Person-zu-Person-Konfrontation. In diesen Gruppen lernen die jungen Menschen Zugehörigkeit, warten auf Reifung, erfahren Geheimnisse, mit denen sie sich identifizieren und einander wechselseitig erkennen können.

Diese Geheimnisse verleihen Abwehrkraft gegenüber okkulten Angriffen, wie Hexerei, Koroté oder Flüchen. Weil aus der am Körper der Mutter erlebten Sicherheit ein Urvertrauen ausging, kann man auch auf den Geheimbund vertrauen, der Ziele und eine Hierarchie vorgibt. Diese Brücke zwischen frühkindlicher Mutterbindung und Entwicklung im Lebensverlauf wird noch durch Bilder und Symbole für die Stufen ‚emotionaler Geburt' verstärkt. Diese Symbole spielen unter Anleitung des Meisters eine große Rolle. Viele sind ausdrücklich an Vorstellungen der Mutterschaft rückgebunden. Auf diese Weise werden die wichtigen Zeichen und Autoritäten emotional in das Mutterverhältnis einbezogen. Es gibt so gut wie keine in der Tradition folgenreiche ‚Konterdependenz', keine gezielte individuelle Auflehnung gegen Autorität. Auf diese Weise bleibt auch die gemeinschaftliche Grundhaltung dominant; zu einer Individualisierung, einem Heraustreten aus der Solidarität gibt es wenig Voraussetzung. So ist auch die große Geduld zu verstehen, mit der Leiden ertragen werden.

Die Achtung des anderen, von der wir oben sprachen, erklärt sich als eine soziale Tugend, die sich aus tiefer frühkindlicher Sicherheit nähren kann. Die in und mit der Gruppe (als Mutternachfolge) gemachte Schutz-Erfahrung verbindet sich mit dem *boli*, dem trotz seiner Schreckhaftigkeit Sicherheit verheißenden Fetisch des Geheimbundes. Wie seinerzeit in der Kindergruppe, in die sie mit zwei Jahren eintraten, orientierten sich die Jungen – und diese später auch als Männer – im Geheimbund an einer älteren Leitperson. Mit den Gleichaltrigen teilen sie den gemeinsamen Initiationszeitpunkt und das gemeinsame Erlebnis der Prüfungen und Gefahren der Initiation. (Ich habe in den Dörfern der Region immer wieder alte Männer in Gruppen beobachten und mit ihnen sprechen können, die sich stolz als vor 30 oder 40 Jahren gemeinsam Initiierte bezeichneten, und untereinander wie Jugendliche scherzten.)

Die soziale Folgewirksamkeit der Mütter ist für die affektive Sicherheit der Clangesellschaft, zum Beispiel für die Gruppenkohärenz in den Geheimbünden, von sonst unübertroffener Signifikanz. So können die Männer sich besser auf die Außenschicksale des Clans und des Dorfes beschränken.

Als Personen sind die Frauen im Dorf in ihren Freiheitsräumen eingeschränkter als die Männer. Als Mütter erhalten sie jedoch große, gegenüber den Männern größere Bestimmungsmacht über die – affektive – Sicherheit des Gesellschaftssystems.

Überall dort, in allen Gesellschaften, wo die Mütter sich dieser Aufgabe der Gewährung tiefer Sicherheit entziehen, oder wo sie aufgrund der Arbeits- und Berufsstruktur oder auch wegen der Individualisierungs- und Selbstfindungsprozesse auf andere affektive und soziale Wege geführt werden, hat dies nicht nur für die Kinder, sondern auch für die Gesellschaft Konsequenzen. Das ist eine der Perspektiven, die sich aus der Entwicklungsforschung als Spiegelbild für die ‚hochentwickelten' Sozietäten des Westens zu deren Selbsterkenntnis ergibt.

Die Geheimgesellschaft *komò* festigt das Anciennitätsprinzip durch Rückbezüge auf Muttersymbolik

Ich möchte noch einmal darauf zurückkommen, daß in der Initiations- und Geheimgesellschaft *komò* das Mutterprinzip in verschiedenen Erscheinungsformen auftritt. Nach einem *komò*-Gesang – den paradoxerweise nie eine Frau hören darf – ist sie als Frau „enthalten, in allen Dingen der Schöpfung" (Luneau 1981, 165). So ist auch das vierstufige Initiationssystem des *komò* nach den ‚vier Müttern' gegliedert. Die *komò*-Gesellschaft beinhaltet eine Lebensordnung, innerhalb derer die ‚Teilnehmer' heranreifen. Sie können und sollen sich von einer Stufe des Wissens zu einer anderen weiterentwickeln (Zahan 1974: 17f.).

Die erste *komò*-‚Mutter' (erste bedeutet die Ausgangs-Position in der Ordnung der Wissensenthüllungen) heißt *se* (Fuß) und verweist auf den ersten Schritt oder Gang zum Wissen.

Die zweite ‚Mutter' ist *sutoro* (ein Feigenbaum). Damit wird auf das Wachstum angespielt. Weil Zweige dieses Baumes für Begräbnis-Riten verwendet und mit der Leiche begraben werden, ist *sutoro* auch eine Anspielung auf die Wiedergeburt. Das deutet darauf hin, daß der biologische Symbolismus von einem spirituellen überlagert wird. Alles Wissen kommt aus dem Unbekannten (Tod) und behauptet sich durch die Wiedergeburt. (Es tritt ans Licht.)

Die dritte ‚Mutter' ist *tamia* (Flamme) und bedeutet die Erregung, den brennenden Drang, der zur Entdeckung von etwas geistig Neuem führt.

Die vierte ‚Mutter' heißt *karangara*, die Einführung in das Leiden (Zahan 1974: 18).

Seri Sakko, Oberhaupt der *komò*-Gesellschaft, bezeichnet die vierte Mutter als *tibi*, Unklarheit. Wer glaubt, daß er die Spitze des Wissens erklimmen kann, der wird schmerzhaft erkennen müssen, daß er versagen muß. Die Einsicht in die grundsätzliche Beschränktheit des Wissens muß die pädagogische und initiatorische Weisheit enthalten, schweigen zu können. Man muß bereit sein zu schweigen, wenn die Bedingungen für das Übertragen eines Geheimnisses nicht vorhanden sind.

Wissen sich anzueignen, wie es symbolisch und rituell durch die ‚vier Mütter' umschrieben ist, bedeutet, eine innere Reise zu unternehmen. Die allmähliche Selbstfindung wird mit Formen von Meditation, Askese und Mystik vergleichbar, wie sie in asiatischen und zum Teil auch in westlichen Kulturen entwickelt wurden. *Komò*-Wissen ist in keiner Weise ‚primitiv'. Es mag stimmen, daß traditionelle ‚animistische', präislamische Bambara-Glaubensformen in vielen Hinsichten weniger spektakulär sind als die viel studierte Dogon-Kosmogonie. Die Bambara-Mythologie enthält aber wichtige philosophische Gedanken, die den geduldigen Beobachter an die vorsokratische europäische Philosophie erinnern, eingekleidet in einen afrikanischen Symbolismus eines stufenweisen Zugangs zum ‚Wissen'. Anzumerken ist, daß *komò* nur das grundsätzliche System darstellt. *Koré* ist ein höheres System, das Perfektion und Gleichgewicht anstrebt, um dem unsterblichen Geist zu entsprechen.

Entwicklungssoziologischer Ausblick

Wir müssen die Stellung der Alten bei den Bambara innerhalb eines Systems von Regeln sehen, welche auf dem Prinzip der Seniorität aufbauen. Eine stabile, auf Selbstversorgung und Selbstschutz ausgerichtete Gesellschaft mußte einen entsprechenden Code zur Kontrolle langsamer Änderungen erfinden und entwickeln. Durch die Befolgung dieses Codes sollte die Stammesgesellschaft katastrophalen wirtschaftlichen, rassischen und politischen Eingriffen widerstehen, die in den Jahrhunderten vor der Technisierung und Modernisierung den afrikanischen Kontinent von innen und außen heimsuchten: Stammeskriege, Raubzüge, interne (innerafrikanische) und externe, von Arabern oder Europäern getragene Sklavenjagden, europäische Ausbeutungsfeldzüge, etc.

Die ‚Weisheit' der Alten, ihre Macht über das ‚Wort', waren Produkt, nicht Ursprung ihres Prestiges. Dieses Prestige wurde ihnen durch das Senioritätsprinzip verliehen. Ihr Wissen und Können war mehr das ‚Ergebnis' als die Ursache oder die Bedingung für ihre Macht.

Das Gruppengefühl, dem die Kinder unmittelbar nach Beendigung der Stillperiode und der Nähe zur Mutter ausgesetzt sind, die Jugend-Solidarität im Clan und in der Initiationsgruppe erleichtern die Annahme der Alten als geistiger Gruppe und die Zustimmung zum Senioritätsprinzip.

Eine Schwächung der Identifikation der Kinder und der Jugendlichen mit ihrer Gruppe wird vermutlich zu einem Rückgang des Vertrauens in das senioritätsmäßig organisierte System führen. Die Geduld und die Bereitwilligkeit, sich auf unvorhergesehenes Unglück einzustellen und die manchmal nervensägende (als Passivität erscheinende) Haltung der Afrikaner, die Leute aus dem Westen in Schwarz-Afrika zur Kenntnis nehmen müssen, geht auf das vorvertragliche Anciennitätsprinzip zurück. Alles beruht auf der Mutter-Sicherheit, der in Kindheit und Jugend erlernten Gruppensolidarität. Auf dieser Solidarität konnte das die Gesellschaft organisierende Senioritätsprinzip aufbauen.

Der Grundgedanke der Seniorität ist, abzuwarten und die Dinge zu nehmen, wie sie sind, bis man selbst an die Reihe kommt. Es ist das Prinzip und nicht man selbst, das einem sagt, wann man an der Reihe ist und wie man zu handeln hat.

Unter dem Druck der oft brutalen und auch wirtschaftlich dysfunktionalen Modernisierung werden der individuelle Konkurrenzkampf und werden zeitlich gebundene Handlungen (Aktivitäten mit Zeitvorgaben) eine soziale Notwendigkeit. Dann können sich die auf Seniorität aufgebauten Prinzipien leicht als Hindernisse der ‚Entwicklung' erweisen. Es ist klar, daß die intelligentesten Jugendlichen im Dorf, die mit der westlichen Zivilisation in Kontakt kommen, sich an anderen, individualisierten Werten werden orientieren müssen, zumindest teilweise.

Die Sozialisationspraxis in der Kindheit, welche die Stammesgesellschaft ausübte, war entscheidend für die Unterstützung des traditionellen Senioritätssystems. Die Schule, gleich wie rudimentär und ineffizient sie im lokalen Bereich sein mag, führt zu individuellem Konkurrenzkampf. Sie stimuliert auch die Möglichkeit zum Widerspruch. Auch dadurch wird das traditionelle Senioritätsprinzip angegriffen.

Überall in der gegenwärtigen Welt erfordern die Bedingungen der schnellen kulturellen Änderungen und das In-Frage-Stellen der traditionellen Werte eine neue Beziehung zwischen Individualität und Solidarität. Diese innere Koppelung von Individualität und Solidarität wird ein Hauptpunkt des Generationskonflikts in den afrikanischen Gesellschaften, ja überhaupt ein Kernproblem weiterer Entwicklung sein. In Afrika ist, wie nirgendwo anders, die Position der Alten emotional geladen. Wenn I. Sow recht hat, könnte eine eigene afrikanische Vorstellung vom Selbst, nämlich eine, die das Selbst in einen Zusammenhang von Solidarität versetzt und danach suchen läßt, auch für die Zukunft trotz äußerer ‚Modernisierung' und Technisierung bis zu einem gewissen Grad Bedeutung behalten.

Es erscheint möglich, daß viel von der Nähe und Achtung stammesgeschichtlicher Solidarität in Afrika trotz des Verlustes zentraler Elemente des Senioritätssystems erhalten bleibt. Dies könnte sehr wichtige Voraussetzungen zur Bewältigung von Übergängen, ja zum Überbrükken von Strukturbrüchen in Afrika bieten und sogar Modellcharaker auf Weltniveau erlangen.

Anmerkungen

1 Bei den folgenden Ausführungen handelt es sich um die stark gekürzte Fassung des Aufsatzes „Die Schnüre vom Himmel. Über Alte und Ahnen bei den Bambara in der Region von Ségou" erschienen 1988 in: Psychosozial. Jahrgang 11. Heft 34: 85–111. Die Untersuchungen des Autors wurden von der Ludwig Boltzmann-Gesellschaft und der Kommission für Entwicklungsfragen bei der österreichischen Akademie für Wissenschaften unterstützt.

Die *poro*-Gesellschaft in Liberia

Kjell Zetterström

Der *poro*-Bund ist eine geheime Männerorganisation, die die zentrale Institution der Völker der mittleren West-Atlantischen Region bildet. Der *poro*-Bund hat seine ‚klassische' Form erst im 16. Jahrhundert entwickelt. Sein Ursprung liegt wahrscheinlich in der Institution des ‚Beschneidungslagers', die über ein wesentlich größeres Gebiet verbreitet ist.

Im folgenden wird der *poro*-Bund bei den nördlichen Mano behandelt und seine Funktionen und Wirkungsweise werden beispielhaft aufgezeigt. Der *poro*-Bund wird von den herrschenden *lineages* der Ethnie kontrolliert. Dieser Umstand verleiht ihm in beträchlichem Maße Macht, Einfluß und Besitz. Frauen sind aus dem *poro*-Bund ausgeschlossen und werden durch den Bund unter Kontrolle gehalten – teilweise durch Terror.

Die Geheimhaltungspraxis des Bundes macht es schwer, genaue und zutreffende Informationen über ihn zu erhalten. *

* Siehe dazu auch Farbseiten XX und XXI.

Wie der deutsche Ethnologe und Afrikanist Hermann Baumann (1940) feststellte, gibt es in Afrika verschiedene Kulturprovinzen. Eine davon ist die West-Atlantische Region, die die Völker entlang der Guinea-Küste vom Senegal bis zum Bandama-Fluß in der Elfenbeinküste umfaßt. Typisch für diese Region sind – unter anderem – das Fehlen größerer Staaten und eine beachtliche sprachliche Vielfalt. D'Azevedo (1962) hat Südost-Sierra Leone und Nordwest-Liberia die Zentrale West-Atlantische Region *(Central West Atlantic Region; CWAR)* genannt, für die die Institutionen von *poro* und *sande*, geheime Männer- und Frauenorganisationen, charakteristisch sind. *Poro* und *sande* sind anglisierte Bezeichnungen der von den Mende benutzten Termini (Harley 1941: 3; Westermann 1921: 236).

Geschichte

Im 15. und 16. Jahrhundert drangen die Mande-Völker in die Zentrale West-Atlantische Region ein. Einer der Gründe für diese Migrationen waren die politischen Umwälzungen im Innern Westafrikas. Sie wurden gefördert durch den sich entwickelnden Handel mit den Europäern an der Küste. Die Kontrolle über diesen Handel und diejenige über die Handelswege ins Landesinnere wurden zu bedeutenden Machtfaktoren. Das Ringen um Macht und Kontrolle führte zur Bildung von – häufig wechselnden – Allianzen zwischen den Königtümern. Der *poro*-Bund spielte eine bedeutende Rolle bei der Bildung intertribaler Beziehungen, weil er über Stammesgrenzen hinwegreichen konnte.

Wichtiges Ereignis, das im Lauf der Jahre die Lage des *poro*-Bundes veränderte, war die Kolonisierung von Sierra Leone und von Liberia durch befreite Negersklaven, die schließlich zur Bildung von zwei unabhängigen Staaten führte.

Poro und *sande* werden erstmals von dem portugiesischen Seefahrer Fernandes (1951) für die Zeit von 1506–10 erwähnt. Olfert Dapper (1670) liefert eine umfassende Beschreibung von *poro* und *sande* in der Gegend des Cape Mount in Liberia. Der *poro*-Bund existiert heute als zentrale Institution bei den einheimischen Ethnien West-Liberias, des größten Teils von Sierra Leone und der angrenzenden Gebiete von Guinea. In Guinea ist der *poro*-Bund heute offiziell verboten, trotzdem ist er dort noch aktiv. In Liberia gehören folgende Ethnien zur *poro*-Gruppe: Vai, Gola, Kisi, De, Mende, Gbandi, Loma, Kuwaa, Kpelle, Mano und die westlichen Basa.

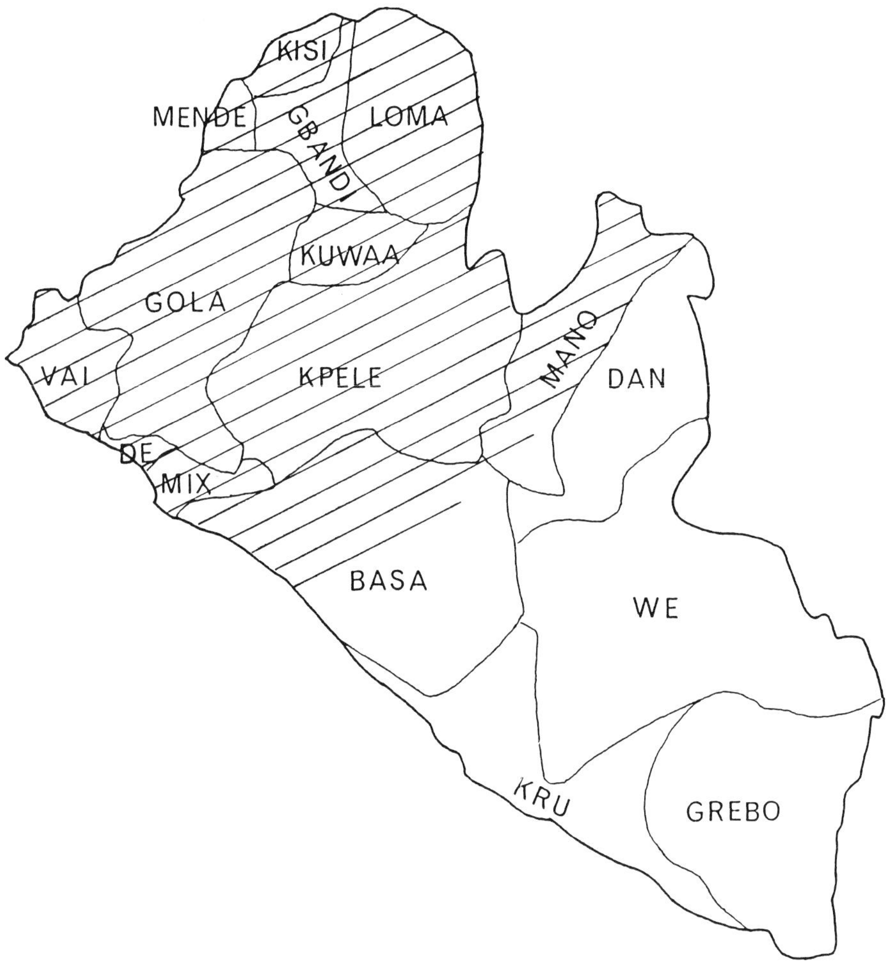

Schröder (1988: 17f.) schreibt, daß der *poro*-Bund seine ,klassische' Form erst im 16. Jahrhundert entwikkelt hat. Er stellt weiterhin fest, daß die verschiedenen Namen, die es für ihn gibt, wie *gbo, polon, polo, bo,* sehr wahrscheinlich linguistische Abwandlungen des Wortes *kplo* sind, das die Institution des Beschneidungslagers benennt. Diese ist wesentlich weiter verbreitet als der *poro*-Bund. Es kann deshalb angenommen werden, daß der *poro*-Bund sich aus der Institution des Beschneidungslagers zu der komplexen und mächtigen Organisation entwikkelt hat, die er einmal war und bis zu einem gewissen Grad noch heute ist. Diese Annahme wird gestützt durch Harley (1941: 6), der schreibt: „Obwohl *poro* in erster Linie eine geheimgesellschaftliche Initiationsschule war, umfaßten die oberen Grade und inneren Kreise Ämter, die Regierung, Politik, Krieg und intertribale Beziehungen kontrollierten." Weitere Bestätigung findet sich bei Schwab (1947: 267): „Daß die Mano immer noch diesen Namen (*bõ*) für die Form des *poro*, die sie von den Kpelle übernommen haben, beibehalten, ist ein Beleg dafür, daß auch sie ehemals nur die Stammes-Initiationsriten oder das Beschneidungslager kannten. *Poro* ist viel mehr als das."

Obgleich es innerhalb der *poro*-Gruppe viele gemeinsame Merkmale gibt, sind auch große lokale Unterschiede vorhanden (Bellman 1980). Die gemeinsamen Merkmale sind: eine Buschschule als Teil der Initiationsriten, die Existenz von ,Teufeln', die Trennung sakraler und profaner Anführer, die Skarifizierung (Hautritzung) als Teil der Initiation und die Existenz des Gegenstücks zur *poro-*: die *sande*-Gesellschaft.

Die *poro*-Gesellschaft bei den nördlichen Mano

In den letzten Jahrhunderten hat es beachtliche Veränderungen gegeben. Heute ist der *poro*-Bund der Gola der ,klassischen' Form vielleicht am nächsten. Dagegen hat der *poro*-Bund bei den Ethnien, die über einen längeren Zeitraum europäischen und amerikanisch-liberianischen Einflüssen ausgesetzt waren, große Wandlungen erfahren (Westermann 1921: 235).

Macht und Bedeutung des *poro*-Bundes sind zurückgegangen, und die Buschschulen werden nicht mehr wie früher überall in regelmäßigen Zeitabständen abgehalten. Zetterström (1980: 43) liefert hierfür ein Beispiel von den nördlichen Mano. In einem Ort waren es die Jungen leid, darauf zu warten, daß die *poro*-Buschschule begann; sie war längst überfällig. Aus Protest gingen die Jungen in den Wald und fällten einen Baum, der *yulu* heißt. Das Fällen dieses Baumes ist für einfache Mitglieder des *poro*-Bundes verboten. Die Jungen machten sich hölzerne Waffen und ,erklärten', so bewaffnet, „dem Teufel den Krieg". Dieser mußte daraufhin mit den *sande*-Anführern über die Übergabe der Buschschule verhandeln. Im Idealfall herrscht der *poro*-Bund vier Jahre lang über die Buschschule, danach wird sie für drei Jahre von der *sande*-Gesellschaft übernommen. *Poro* und *sande* können nicht gleichzeitig dort tagen (Jedrej 1980: 137; Westermann 1921: 241). Wenn die *sande*-Gesellschaft eingewilligt hat, die Buschschule zu übergeben, zahlt der *poro*-Anführer eine Agri-Perle und einen Schimpansenzahn, beides Dinge, deren Wert hoch geschätzt wird. Die Übernahme wird mit Tanz, Essen und Trinken gefeiert. Nach dieser Feier muß sich der *poro*-Anführer an den *gE gbuo* in Baytonwee, der ältesten Stadt in der Umgebung, wenden, um die Erlaubnis für die Eröffnung der Buschschule zu erhalten. Der *gE gbuo* führt die Eröffnungszeremonie selbst durch (Westermann 1921: 239f.).

Das Beschneidungslager

Vor dem eigentlichen *poro*-Busch gibt es einen Beschneidungsbusch, der *kele bÕÕ* heißt. Wenn dieser im Gange ist, erscheint der ‚große Teufel' *gO dãã*, der auf Stelzen geht. Er kommt in die Stadt, um zu tanzen und zu unterhalten. Er ist einer der wenigen maskierten *poro*-Funktionäre, denen es erlaubt ist, sich auch ‚Übeltätern', das heißt, Nichtinitiierten zu zeigen (Westermann 1921: 237).

Beschnitten werden Jungen, die vier Jahre oder älter sind. Wenn ein Junge die Beschneidung hinter sich hat, ist er ein *kwea*, ein Beschnittener.

Das *poro*-Buschlager

Dieses Buschlager wir *gE* genannt. Es beginnt meist zu Anfang der Trokkenzeit. Die Jungen sollten zwischen sieben und fünfzehn Jahre alt sein, wenn sie an dem *poro*-Buschlager teilnehmen. Heute gibt es größere Abweichungen hiervon, weil sowohl Beschneidungs- als auch *poro*-Buschlager nur noch unregelmäßig stattfinden.

Der Eingang in die Buschschule ist markiert durch einen Vorhang aus langen Blättern, die von einem quer über den Weg gespannten Stock herabhängen. Er befindet sich tief im Wald. Frauen und Nichtmitglieder dürfen nicht hinter diesen Vorhang treten.

Die Initiation besteht aus der sehr schmerzhaften Hautritzungszeremonie, die auch „Das Essen menschlicher Wesen" genannt wird. Während ihres Aufenthaltes im Buschlager sagt man von den Jungen, sie seien im Bauch des *gE gbuo*, des großen Teufels. Die Schnitte werden von Spezialisten, den *zóo*, gemacht. Diese müssen sehr vorsichtig und mit großer Behutsamkeit arbeiten. Ein geschickter *zóo* verursacht nur eine geringe Blutung. Er verwendet einen Haken und ein schmales halbmondförmiges Messer, die beide vom Schmied hergestellt werden. Der Schmied ist ein bedeutendes Mitglied der *poro*-Gesellschaft. Die Haut wird mit Hilfe des Hakens angehoben und dann mit dem Messer abgeschnitten. Während dieser Operation darf der Junge keine Angst zeigen und keine Schmerzen äußern. Tut er es dennoch, bestraft ihn der *zóo*, indem er tiefer schneidet oder dem Jungen einen groben Schlag versetzt. Die Wunden werden mit Blättern, die in kaltem Wasser gelegen haben, bedeckt, um den Schmerz zu lindern. Nach der Operation wird der Junge auf ein Lager gelegt, man schmiert ein Salbe auf seine Wunden, die die Blutung stoppen und die Heilung beschleunigen soll.

Vier Tage nach der Operation nehmen die Jungen ihr erstes Bad, und zwar am frühen Morgen, wenn Luft und Wasser noch kalt sind. Das Baden ist sehr schmerzhaft, aber die Jungen dürfen keinen Schmerz zeigen. Die Bäder werden so lange fortgesetzt, bis die Wunden ganz verheilt sind. Wegen der schlechten hygienischen Bedingungen kam es vor, daß die Wunden infiziert wurden und der betroffene Junge an Blutvergiftung starb. Harley (1941: 16) berichtet, daß infizierte Jungen lebend verbrannt wurden, um einer Epidemie vorzubeugen. Durch den Topf, den seine Mutter benutzte, um das Essen für ihn in die Buschschule zu schikken, wurden die Eltern des Jungen von seinem Tod informiert: Sie erhielten den Topf entweder zerbrochen oder mit einer Kerbe im Rand zurück. Die Mutter verstand diese Botschaft, sie durfte ihre Trauer aber nicht zum Ausdruck bringen.

Auf die Beschneidung folgt eine ausgedehnte Zeit der Ausbildung. Die Jungen lernen Stammesrecht, lokale Geschichte, gutes Benehmen, Singen, Tanzen. Sie lernen auch, wie Farmen angelegt werden und wie gejagt wird, verschiedene Handwerke – in der Vergangenheit das Kriegshandwerk –, und wie man eine Familie gründet – alles Dinge, die für das Überleben in der Gemeinschaft notwendig sind.

In der Buschschule sind die Jungen nackt, nur ältere Mitglieder sind bekleidet (Büttikofer 1890 II: 306; Westermann 1921: 246). Die Kleider, die den Jungen beim Eintritt in die Buschschule abgenommen werden,

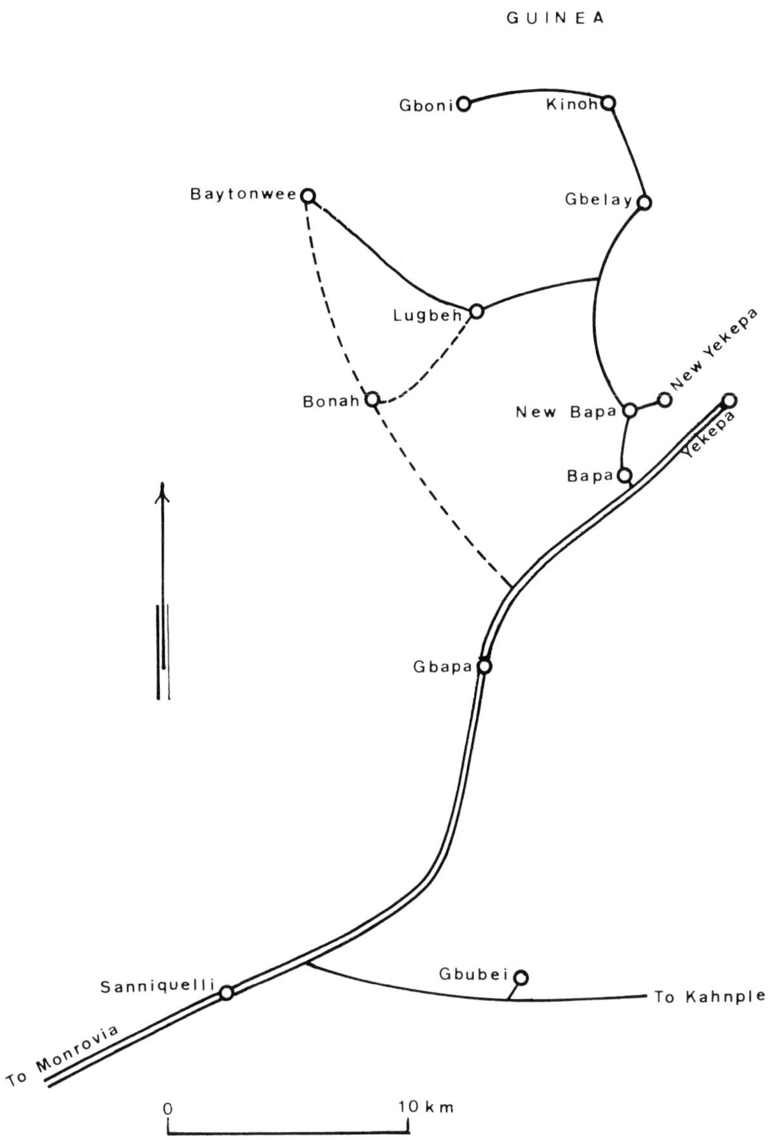

werden nicht zurückgegeben, sie sind *we a gã*, „Kleider für die Toten". Bevor sie die Buschschule verlassen, erhalten die Jungen ihre *poro*-Namen. Ein Mano hat normalerweise drei Namen: den Namen, den er bei der Geburt erhält, den *poro*-Namen und den Namen seines Vaters.

Wenn die Zeit gekommen ist, die Buschschule zu verlassen, wird eine spezielle Medizin, *kwei* genannt, zubereitet. Sie enthält unter anderem die *clitoridi* und *labia minora* der Mädchen, die an dem vorangegangenen *sande*-Busch teilgenommen hatten. (Die Vorhäute der Jungen werden von Mädchen des nachfolgenden *sande*-Buschs gegessen.) Jene sind vom weiblichen *zóo*, der *wai*, aufbewahrt worden. Sie ist eine sehr bedeutende Funktionärin, die wie der *gE gbuo* Zusammenkünfte beider Bünde besuchen kann. Nachdem die Jungen die Medizin gegessen haben, müssen sie einen Eid auf Geheimhaltung und auf Loyalität gegenüber der Gesellschaft schwören. Nach dieser letzten Zeremonie gebiert der *gE* die Jungen wie eine Frau. An dem Tag vor der Entbindung gehen sie zu einem Platz in der Nähe des Dorfes. Dort, so wird gesagt, hat der *gE* von morgens bis mittags Wehen, während er die Jungen zur Welt bringt. Diese sind nun zu neuen menschlichen Wesen geworden mit neuen Namen (Dapper 1670: 145; Westermann 1921: 251). Wenn sie ins Dorf zurückkommen, geben sie zunächst vor, ihre Eltern und andere Verwandte und Freunde nicht wiederzuerkennen. Ihre Rückkehr in ein neues Leben wird gefeiert mit viel Essen und Trinken, Musik und Tanz. Das Fest dauert idealerweise vier Tage lang (Westermann 1921: 251).

Diejenigen, die in derselben Buschschule waren, empfinden einander als ‚Brüder'. Es wird von ihnen erwartet, daß sie einander in der Not helfen. Dies Verpflichtung dauert das ganze Leben an und ist sehr stark. Die Gruppe junger Männer, die aus der Buschschule zurückkehrt, wird *bõõ de wo* genannt. Nach dem Fest heißt dieselbe Gruppe *bõõ mana wo. Mana wo* (*mana* ist der alte Name der Mano) benennt eine Gruppe von erwachsenen Männern – Männern, die die Geheimnisse des *poro* kennen und jetzt vollwertige Mitglieder der Gemeinschaft sind. Die gesamte Initiationszeremonie ist ein typisches Beispiel für einen *rite*

Die erste Einführung in den poro-Bund der Mano im Grenzgebiet von Sierra Leone und Liberia erfolgt in einer monatelangen Seklusion in einem Buschlager, dessen Eingang durch einen Blättervorhang gekennzeichnet ist. Die Knaben sind zwischen sieben und fünfzehn Jahre alt. Wesentlicher Bestandteil der Initiation ist die Narbentatauierung, eine sehr schmerzhafte Operation, die bezeichnenderweise „das Essen menschlicher Wesen" genannt wird. Foto: K. Zetterström 1974/75.

de passage (van Gennep 1960) mit seinen drei Abschnitten: Separation, Transition und Inkorporation.

Der *poro*-Bund wird beherrscht von den führenden *lineages* der Ethnie. Sie kontrollieren auch die *sande*-Gesellschaft. Das verleiht ihnen eine große Macht, da die wichtigsten Entscheidungen in geheimen Sitzungen dieser beiden Gesellschaften getroffen werden. In der Vergangenheit konnte ein Häuptling zum Beispiel keinen Krieg erklären ohne das Einverständnis von *poro* und *sande*.

Die *ki la mia* und *teng ki mia*

In der *poro*-Gesellschaft der Mano gab es zwei höher stehende Ränge: *ki la mia* und *teng ki mia*. *Ki* heißt ‚Haut, Fell' und bezieht sich auf die Felle, auf denen die Ranginhaber saßen. Eine sehr mächtige Person wird *yoane* (Plural: *yoane wo*) genannt. Sehr alte Männer heißen *gwei klu*. Sie und die *yoane wo* bildeten den *ki la mia*. Die liberianische Regierung hat *ki la* und *teng ki* verboten. Das erklärt vielleicht, warum es nicht erlaubt ist, diese Namen zu benutzen. Die *ki la* werden jetzt *yoane wo* genannt. Sie sind für Recht und Ordnung verantwortlich. In der Vergangenheit waren sie auch Friedensstifter (Schwab 1947: 304f.). Wenn ernsthafte Kämpfe oder Streitigkeiten vorkamen, stießen die *ki la* einen Stock, der mit Leopardenfell und der Haut eines Kuhschwanzes bedeckt war, in den Boden. Alle Kämpfe hörten dann augenblicklich auf. Eine Untersuchung wurde durchgeführt und die für schuldig Befundenen wurden mit einer Strafe belegt. Das Bußgeld war meist ein Tier, das von allen Anwesenden zubereitet und gegessen wurde. Auf diese Weise wurden Frieden und Eintracht wiederhergestellt (Zetterström 1989).

Schwab (1947: 305) beschreibt *teng ki* als „eine militärische Organisation der jüngeren Männer". Diese Aussage kann wohl kaum zutreffend sein, denn die *teng ki* haben den Kriegsgrad hinter sich gebracht; ihre Aufgabe ist es, Kämpfe in der Stadt zu verhindern.

Die *ki la* und *teng ki* treffen sich an einem geheimen Platz, dem *gbea ii*. Dort werden wichtige Angelegenheiten diskutiert und neue Gesetze beschlossen, die später den Stadtbewohnern bekannt gemacht werden. Die *ki la* sind immer noch sehr wichtig und mächtig genug, um zum Beispiel die Wahl hochrangiger Häuptlinge zu manipulieren.

Die *poro*-Gesellschaft ist außerdem verantwortlich für den Bau und die Erhaltung der Schmiede. Früher war es nur *poro*-Mitgliedern erlaubt, die Schmiede zu betreten. Diese galt als *poro*-Territorium und war deshalb von den Hexen sehr gefürchtet. Es war streng verboten, sich dort zu streiten oder jemand zu beleidigen. Die Schmiede diente auch als Zufluchtsort: Ein Mann, der sich bedroht fühlte, konnte in der Schmiede Schutz suchen. Die *poro*-Gesellschaft ist auch verantwortlich für den Bau und die Erhaltung der Hänge- (‚Affen')-Brücken. „Kein menschliches Wesen kann so ein Ding machen", wurde behauptet. Nichtmitglieder dürfen die Arbeit in der Schmiede oder an den Hängebrükken nicht sehen.

poro-Funktionäre bei den nördlichen Mano

Der höchste *poro*-Funktionär ist der *gE gbuo* (*gbuo* bedeutet groß) oder *gE gõ*, der in Baytonwee, der ältesten Stadt der Region, residiert. Er tritt nur bei wenigen Gelegenheiten auf, zum Beispiel bei den Öffnungs- und Schlußzeremonien der *poro*-Buschschule oder wenn ein großer *zóo* gestorben ist. Sein Kostüm ist aus Bast und bedeckt seinen Körper völlig. Er trägt eine hölzerne Maske, die schrecklich anzusehen ist und den Menschen Furcht einflößt. Der Brei von gekauten Kolanüssen wird um sein Maul geschmiert, damit er rot und gefährlich aussieht. Die rote Farbe der Kolanüsse stellt menschliches Blut dar; von dem *gE gbuo* sagt man, daß er Menschen fresse. Man glaubt, er verkörpere alle großen *zóo*, die verstorben sind. Das macht ihn ungeheuer mächtig (Büttikofer 1890 II: 307). Er kennt sich auch aus im Gebrauch von Giften, mit deren Hilfe er *poro*-Mitglieder, die seine Position bedrohen, oder solche, die die Gesetze des Bundes gebrochen haben, eliminiert.

Die *wai* ist die weibliche *zóo*. Sie hat wichtige Funktionen sowohl in dem *poro*- als auch in dem *sande*-Bund. Sie erzieht die Jungen in der *poro*-Buschschule; man sagt von ihr, daß sie beinahe alles über beide Bünde wisse. Ihre Maske wird *gE mi wele* genannt und kann auch von dem *gE gbuo* benutzt werden, der, ebenso wie die *wai*, an Sitzungen beider Bünde teilnehmen kann. Schwab (1947: 268) sagt, daß die *wai* keine Frau, sondern ein „Mann" sei. *GE nei* ist ein Mann, obwohl er sich wie eine Frau verhält, er (sie) ist die Frau des *gE gbuo*. *GE nei* trägt eine Maske und ein Bastkostüm. Er kann sich wie der *go dāā* in der Öffentlichkeit bewegen. Es ist möglich, daß *gE nei* ein Ersatz für *wai* ist, die im Norden nicht mehr existiert.

Go dāā geht auf Stelzen und steht in enger Beziehung zum Beschneidungslager. Er ist mit einem Bastkostüm bekleidet. Wenn er in der Öffentlichkeit erscheint, ist sein Kopf von einem Netz bedeckt, das sein Gesicht verbirgt.

Früher gab es eine Gesellschaft namens *bulu*, deren Mitglieder wie Krieger angezogen waren und die den ‚wirklichen' Kriegern assistierten. *GE yumbo* war ein maskierter Funktionär, der die Krieger unterstützte. Wenn sie eine Stadt angriffen, wurde der *gE yumbo* mit einigen Kriegern ausgesandt, um die Aufmerksamkeit und den Angriff der Stadt auf sich zu lenken, während die anderen Krieger einen Überraschungsangriff aus dem Busch heraus unternahmen. Heute beschützt der *gE yumbo* die Stadt vor Gefahr. Zwei *gE yumbo* in Bastkostümen und mit Masken tanzen miteinander, wobei sie Stößel in der Hand halten, mit denen sie einen schnellen Rhythmus auf den Boden stampfen.

Mā ist kein Funktionär, aber eine sehr bedeutende Maske. Es ist eine sehr kleine Maske, circa fünf Zentimeter groß, oft ‚Taschen-' oder ‚Ausweis-'Maske genannt. Von ihr sagt man, sie sei das Porträt ihres Besitzers. *Mā* ist eine persönliche Maske; jedes *poro*-Mitglied besitzt eine *mā*. In der *poro*-Buschschule glaubt man, sie schütze vor Hexerei und anderen schlechten Einflüssen. *Mā* bewahrt ihren Besitzer vor allen Arten von Übeln. Wenn er zum Beispiel vorhat, eine wichtige Reise zu machen, opfert er der Maske, um einen glücklichen Verlauf des Unternehmens zu sichern.

Die Masken des Geheimbundes der Vai verkörpern Ahnengeister. Die Bundmitglieder geben unumwunden zu, daß sie durch die Auftritte der Masken bei verschiedenen Gelegenheiten (öffentlichen und geheimen) die Frauen ängstigen und in Schach halten wollen. Eine Monopolisierung der führenden Rolle in der Religionsausübung betrachten nicht nur die Vai-Männer als ihr Monopol. Sie ist in vielen Gesellschaften der Welt, auch in unserer eigenen, anzutreffen. Foto: K. Zetterström 1974/75.

Ausschluß und Kontrolle der Frauen

Viele Ursprungslegenden beschreiben, daß ein Mann im Traum von einem Geist besucht wird, der ihn auffordert, zu einer Stelle im Wald zu gehen, wo er bestimmte Objekte finden werde. Diese seien heilig und müßten geheim gehalten werden. Sie seien nur für die Männer bestimmt, Frauen dürften sie nicht sehen, weil ihr Anblick für diese zu erschreckend wäre. Das wird auch als Erklärung dafür genannt, warum die Frauen aus dem *poro*-Bund ausgeschlossen sind (Zetterström 1976: 105ff.; 1980: 42). Ein wichtiges Ziel des Bundes ist es, die Frauen in Schach zu halten. Harley (1941: 5, 14f.), der über die Mano berichtet, schreibt, daß zum Beispiel der *bull-roarer* (Schwirrholz) nur benutzt wurde, um die Frauen zu erschrekken, „die Männer gaben offen zu, daß es nur ein Mittel der Schreckensherrschaft war, um die Frauen unter Kontrolle zu halten". Der *bull-roarer* verkörpert die Ahnengeister. Sein Lärm erschreckt die Frauen, denen ein direkter Kontakt mit der Geisterwelt verweigert wird; hierauf hat der *poro*-Bund praktisch ein Monopol. Die Masken verkörpern ebenfalls Ahnengeister. Wenn sie in der Öffentlichkeit erscheinen, versetzen sie Frauen und Kinder in Schrecken (Harley 1950: VI). Von den Vai berichtet Siegmann (1980a: 27): „Von beiden, den *gbini* und den *göboi* wird manchmal erzählt, daß sie das große Waldungeheuer verkörpern, das von den *poro* in ferner Vergangenheit gefangen wurde und das von den *poro* benutzt wird, um Frauen und Nicht-Initiierte zu kontrollieren und zu beaufsichtigen." Diese Kontrolle über die Frauen durch den *poro*-Bund wird selten öffentlich gezeigt. Die Existenz des Bundes allein ist eine ausreichende Bedrohung für Frauen und Kinder, die sie dazu nötigt, nach sozial akzeptierten Normen zu handeln.

Öffentliche Auftritte

Während eines mehr als vierjährigen Aufenthaltes in Liberia habe ich ‚wirkliche' maskierte Tänzer nur dreimal gesehen: den *go dãã* (Mano), der auf Stelzen geht und vor der Eröffnung des Beschneidungslagers tanzt, Vai *poro*-Tänzer bei einer Beerdigungszeremonie in Medina, Cape Mount, und Vai *sande*-Tänzer in Robertsport, Cape Mount.

Eines nachts während einer Feldforschung in Bonah wurde die Stadt von dem *gE gbuo* besucht. Während der gesamten Dauer seines Besuches mußte ich in meinem Haus bleiben, das streng bewacht wurde. Ich konnt nur eine Aufnahme von seiner Stimme machen und von der Musik, die von seinem Assistenten gespielt wurde, aber ich erhielt keine Gelegenheit, zu sehen, was vor sich ging.

Dieser Vorfall kann als ein Hinweis dafür gewertet werden, daß die Mano ihre *poro*-Geheimnisse noch immer bewahren, während die Vai in dieser Hinsicht weniger strikt sind. Der Grund dafür ist vielleicht, daß die Vai eine beachtliche Zeit lang fremden Einflüssen ausgesetzt waren. Frühe Berichterstatter wie Büttikofer und Johnston (1906: 1031ff.) erzählen von öffentlichen Auftritten maskierter Tänzer in den Küstenregionen. Büttikofer (1890 II: 307) beschreibt einen Vai ‚Teufels'-Tanz in Tosso im Jahre 1881. Der Teufel erschien in der Nacht, angezogen mit einem Kostüm aus Blättern und einer schwarzen Holzmaske. Siegmann (1980a: 28f.) beschreibt die Vai-Masken *gbini* und *göboi*, die in der Öffentlichkeit auftreten und deren „Hauptziel es zu sein scheint, Nicht-Initiierte und Initiierte von niedrigem Rang zu erschrecken, um sie von der Macht des *poro* zu beeindrucken". *Gbini* gibt gutturale, stöhnende Geräusche von sich, spricht aber nicht und wird immer von Musikanten begleitet. Diese Begleiter tragen Grasröcke und kurze Hosen. Sie sind dafür verantwortlich, daß das Bastkostüm des *gbini* an seinem Platz bleibt. Kein Körperteil der Tänzer darf sichtbar sein. Es ist unbedingt erforderlich, daß die Illusion aufrechterhalten wird, daß es kein Mensch ist, der das Kostüm trägt. Heute, so schreibt Siegmann, tritt der *gbini* nicht nur zur Unterhaltung auf, sondern um die Billigung eines öffentlichen Ereignisses durch den *poro*-Bund anzuzeigen.

Er stellt fest (1980b: 90), daß der öffentliche Gebrauch der Masken wichtig ist, um die Macht des *poro*-Bundes zu dramatisieren und im Bewußtsein der Leute zu stärken.

Schlußbemerkungen

Poro ist keine Geheimgesellschaft in dem Sinne, daß die Existenz des Bundes ein Geheimnis ist. Im Gegenteil, seine Existenz und der Eindruck seiner Omnipräsenz und alles durchdringenden Macht ist wichtig für seine Rolle als Werkzeug der sozialen Kontrolle. Der *poro*-Bund bietet eine politische Arena für Individuen der herrschenden *lineages* der Ethnie, in der sie im Geheimen wirken können. Sie benutzen diese Arena, um ihren Besitz zu steigern, indem sie die Leute von sich abhängig machen. Besitz bedeutet nicht nur Reichtum, sondern auch die Anzahl der Leute, die von jemand abhängen im Hinblick auf Schutz und finanzielle Hilfe.

Geheim ist jedoch, was in den Versammlungen des Bundes vor sich geht. Das Enthüllen der Geheimnisse des Bundes ist auch heute noch ein schwerwiegendes Vergehen. Von den Kpelle überliefert Bellman (1980: 73) den Ausdruck *ifa mo*, „Du kannst nicht sprechen", der sich auf die Angelegenheiten des Bundes bezieht, deren Enthüllung oder auch nur Erwähnung verboten ist. Da viele bedeutende Dinge, die den *poro*-Bund, aber auch die ganze Gemeinschaft betreffen, im Geheimen diskutiert und entschieden werden, gibt es eine beachtliche ‚Grauzone', von der wir keine substantielle Information besitzen. Es gibt zahlreiche Berichte von Feldforschern, denen es nicht gelang, ihr Material zu verifizieren eben wegen der Geheimhaltung durch ihre Informanten. Zweifelsfrei ist die Geheimhaltung bis zu einem solchen Grad institutionalisiert, daß es sehr schwer ist, ein klares Bild von dem Einfluß und der wirklichen Bedeutung des *poro*-Bundes heute zu erhalten. Einfluß und Bedeutung, die – zumindest in einigen Gebieten – nicht unterschätzt werden sollten.

Anmerkung

* Aus dem Englischen übersetzt von Gertrud Boden.

Männerbünde, Geschlechtszugehörigkeit und ihr künstlerischer Ausdruck in zwei westafrikanischen Gesellschaften

Simon Ottenberg

In diesem Artikel* werden der Zusammenschluß von Männern und die Trennung nach Geschlechtszugehörigkeit in zwei westafrikanischen Gesellschaften gegenübergestellt, wobei die dort auftretenden Formen des Zusammenschlusses von Männern auf frühkindliche Prägungen in der Beziehung zur Mutter zurückgeführt werden. Untersucht wird auch die Rolle, die Geheimhaltung und darstellende Kunst bei dem Zusammenschluß von Männern spielt.

Siehe dazu auch Farbseite XVII.

Im vorliegenden Essay wird sowohl ökologisch als auch psychologisch argumentiert, so entgegengesetzt diese zwei Ansätze auch erscheinen mögen. Die Argumentation basiert auf Feldforschungsaufenthalten bei zwei westafrikanischen Bevölkerungsgruppen. Bei der einen handelt es sich um die Dörfergemeinschaft der Afikpo, die aus zweiundzwanzig Dörfern der zahlreichen Igbo im Südosten Nigerias besteht. Die andere Gruppe lebt in Wara Wara Bafodea, einem Häuptlingstum der Limba im Norden von Sierra Leone.[1] Beide Gesellschaften betreiben Feldbau und leben in polygynen Haushalten, wobei die Frauen normalerweise nach auswärts heiraten, während die Männer am Ort bleiben. In beiden gibt es eine strenge Differenzierung nach Geschlechtszugehörigkeit, und beide sind stark patriarchal ausgerichtet. Ich werde mich hauptsächlich auf den Zusammenschluß der Männer konzentrieren, was allerdings einige Aussagen über die Frauen erfordert.

Der ökologische Aspekt der Argumentation besteht darin, daß die hohe Kindersterblichkeit im tropischen Lebensraum die Mütter in beiden Gesellschaften in vorkolonialer, kolonialer und zum Teil noch in heutiger Zeit wahrscheinlich veranlaßt, ihre Kinder zwei Jahre oder länger zu stillen. Während meiner Feldforschung stellte ich fest, daß es den Menschen beider Gruppen sehr bewußt war, daß dies für die Gesundheit der Kleinkinder das Beste war. Kinder beiderlei Geschlechts waren erwünscht. Während der Stillzeit hatte die Mutter normalerweise keinen Geschlechtsverkehr. Die Afikpo glaubten, daß durch dieses Tabu ein reichlicher Milchfluß gewährleistet würde. Die Folge in beiden Gesellschaften war, daß die Mutter nicht eher wieder schwanger wurde, bevor nicht das Kleinkind entwöhnt war, und so das Bestmöglichste für das Kind getan werden konnte. In beiden Gruppen wohnte die Mutter mit dem Kleinkind in ihrem eigenen Quartier nicht weit entfernt vom Ehemann. Ihre sexuelle Energie wurde hauptsächlich auf die Sorge um das Kind verwendet, während der Mann die seine auf andere Ehefrauen oder andere Frauen richtete. Die Mutter sorgte mit gleicher Aufmerksamkeit für Jungen und Mädchen, kein Kind wurde auf Kosten eines anderen vernachlässigt, obwohl einige Frauen in beiden Gruppen lieber Mädchen hatten. Der Vater kam zu Besuch und spielte mit dem Kind, hatte aber im Gegensatz zur Mutter keine so enge Bindung und lenkte auch die Hinwendung der Mutter nicht ernsthaft ab. Das System der Polygynie ist für Familien mit arbeitsintensivem Bodenbau gut geeignet, sei es der Knollenanbau der Afikpo oder der Reis- und Erdnußanbau in Wara Wara Bafodea. Die lange Stillzeit und das bis zu deren Ende währende Sextabu kann ohne weiteres eingehalten werden, was bei einer monogamen Familie nicht so leicht möglich wäre.

Die Entwicklung der Geschlechtsidentität der Jungen

Psychologisch gesehen glaube ich, daß unter diesen Gegebenheiten in der frühen Kindheit sehr enge emotionale Bindungen zwischen Mutter und Kind erwachsen und daß bestimmte kulturelle Einrichtungen nötig sind, um diese Bindungen zu lösen und eine gewisse Distanz zwischen der Mutter und dem Kind zu schaffen. Bei Mädchen stellt dies kein besonderes Problem dar, weil kein Wechsel in der Geschlechteridentifikation nötig ist. Die Töchter bleiben bei der Mutter, helfen im Haushalt in einer vorwiegend weiblichen Domäne bis zu ihrer Heirat in der Jugend, die nach Beschneidung und anderen Ritualen stattfindet. Im Haushalt ihres Gatten, oft in einem anderen Gehöft oder Dorf gelegen, wird sie meist von dessen älterer Gattin unterwiesen und verbleibt weiter in einer weiblich bestimmten Welt.

Bei Jungen muß das emotionale Band zu ihrer Mutter strikt gebrochen werden, damit sie sich aus der weiblichen Domäne des Haushalts lösen können und körperlich starke Männer und Krieger in der Männerwelt werden. In beiden Gesellschaften fanden in vorkolonialer Zeit häufig Kämpfe statt. Zu den Aufgaben des Mannes gehören wirtschaftliche und politische Aktivitäten, die oft mit der Landwirtschaft, Streitigkeiten bei der Landverteilung und Schlichtung von Disputen zu tun haben. Während des Prozesses der Ablösung von der Mutter lernt er, sich mit seinem Vater und dessen Belangen zu identifizieren. Im Gegensatz zu den Mädchen hat er es jetzt mit einem ihm bis dahin nicht so vertrauten Geschlecht zu tun, aus dem ‚Muttersöhnchen' wird der Sohn des Vaters und später der männliche Erwachsene. Auch wenn Jungen überall auf der Welt diesen Wechsel bewältigen müssen, verstärken die lange Stillzeit, das Sextabu bis zur Entwöhnung und der meist abwesende Vater diese schwierige Übergangsphase. Ich werde im weiteren Verlauf eine Reihe kultureller Mechanismen besprechen, die in beiden Gesellschaften zur Anwendung kommen, um dem heranwachsenden Jungen die Identifikation mit seinem Geschlecht trotz seiner frühkindlichen Prägung zu erleichtern; dazu gehört insbesondere der Zusammenschluß der Männer in obligatorische Geheimbünde.

Der Geheimbund der Afikpo

Bei den Afikpo, wo vieles, was ich während meines Forschungsaufenthalts in den fünfziger Jahren noch angetroffen hatte, mittlerweile der Vergangenheit angehört, verblieb der kleine Junge nach seiner Entwöhnung zunächst noch bei seiner Mutter. Im Alter von etwa sechs Jahren wechselte er in ein Jungenhaus des Gehöfts, nicht weit entfernt von beiden Elternteilen. Sein Essen wurde von der Mutter zubereitet und ihm von ihr oder einer Schwester gebracht. In diesem Haus lebten nicht nur Gleichaltrige, sondern auch ältere Jungen und manchmal auch unverheiratete junge Männer, die noch kein eigenes Heim gegründet hatten. Dies bedeutete für den Jungen die erste größere Trennung von der Mutter. Wenig später trat er einem Geheimbund der Jungen bei und stieg darin im Laufe der Zeit zu höheren Graden auf, bis er als Jugendlicher in den örtlichen Geheimbund der Männer aufgenommen wurde. Die Jungenbünde hatten eigene Schreine und Maskeraden, eiferten den Männerbünden nach und bezeugten nach außen eine enge Gruppenzugehörigkeit. So gab es sowohl eine Identifikation mit der Generation des Vaters (dem Geheimbund der Männer) als auch mit anderen gleichaltrigen Jungen. Bei der Initiation in den Geheimbund der Erwachsenen, bei den Afikpo *ogo* oder auch anders genannt, nahmen zumindest einige seiner gleichaltrigen Bundesfreunde teil. War er aber erst Mitglied im Männerbund, so stand er strikt unter der Kontrolle der älteren Männer. Die Identifikation mit dem Vater begann eigentlich schon früher, wenn der Junge seinem Vater bei der Feldarbeit half. Die Initiation war physisch gesehen hart, die Beschneidung aber fand in jungen Jahren während einer einfachen Zeremonie mit dem Vater und dem Beschneider statt und war kein großes Trauma für den Jungen. Bei den Afikpo war somit die Trennung von der Mutter und anderen Frauen und die Identifikation mit dem Vater und den Männern ein langer und gradueller Prozeß. Nach der Initiation hatten die Männer noch immer Kontakt zur Mutter, wurden sogar von ihr oder einer älteren Schwester mit Essen versorgt, so daß die sozialen Bindungen nicht vollständig unterbrochen wurden, wenngleich die emotionalen Bande sich lockerten.

Die aktive Mitgliedschaft im Männerbund betrug mindestens zwanzig Jahre, bei manchen Männern sogar die ganze Lebenszeit. Neue Mitglieder und etwas ältere Männer mußten an Initiationen und

Die Afikpo in Südost-Nigeria kennen zweierlei Maskenauftritte ihrer Männerbünde, die öffentlichen am Tage und die geheimen bei Nacht. Beide Auftritte gelten vorwiegend den Frauen und Kindern, die – so geben die Afikpo unumwunden zu – dadurch beeindruckt und eingeschüchtert werden sollen. Den nächtlichen Auftritten der Masken auf dem Dorfplatz haben die Frauen ganz fernzubleiben. Sie dürfen dann nur die rückwärtigen Pfade benutzen, um von einem Gehöft ins andere zu gelangen. Foto: S. Ottenberg 1960.

anderen Aktivitäten teilnehmen, sowie an den Serien öffentlicher Maskeraden während der Trockenzeit, die vor weiblichem als auch männlichem Publikum stattfanden. Die Afikpo behaupteten, daß die Maskeraden wenig Bedeutung hätten, wenn sie nicht von Frauen gesehen würden. Man erwartete von den Frauen, daß sie die Masken als Geister der Geheimbünde ansahen, obwohl sie oft den Ehemann, Bruder, Sohn oder Liebhaber erkannten. Wenn sich die Aktivitäten des Geheimbunds auf dem Dorfplatz abspielten, was oft nachts der Fall war, mußten die Frauen im Gehöft bleiben oder rückwärtige Pfade benutzen, um von Behausung zu Behausung zu gelangen – eine Form männlicher Kontrolle. Der Geheimbund spielte eine unterstützende Rolle in politischen Angelegenheiten, falls zum Beispiel Personen gegen Grundgesetze des Dorfes verstießen oder sich weigerten, einen Disput beizulegen. Eine weitere Funktion lag im religiösen Bereich, in dem eine Kultfigur im Mittelpunkt stand.

Aber nach Ansicht der Männer waren zwei seiner Hauptaktivitäten, die Frauen in Zaum zu halten und ihre Fortpflanzungsfähigkeit durch Kontrolle zu bewahren. Seine Funktion lag weniger im politischen oder ökonomischen Bereich als darin, das andere Geschlecht zu beherrschen und die Männer zu vereinen. Falls eine Frau die Regeln des Geheimbundes verletzte, glaubte man, daß dessen Hauptgeist sie unfruchtbar machen, Fehlgeburten hervorrufen oder den frühen Tod der Kinder verursachen würde. Sie mußte deshalb ihrem Gatten ein Opfer mitgeben, um den Geist des Geheimbundes zu besänftigen. Sowohl Männer als auch Frauen wollten Kinder. Der Mann aber, mit mehreren Frauen verheiratet, hatte dazu mehrere Möglichkeiten, während Unfruchtbarkeit der Frau ihren weiblichen Status ernsthaft gefährdete. Die Männer drohten auch, falls ihre Frauen ihnen nicht gehorchten, den Hauptgeist des Geheimbundes erscheinen zu lassen, dessen Auftritt von unheimlichen Geräuschen begleitet war. So fungierte der Geheimbund als soziales Kontroll- und Trennmittel zwischen den Geschlechtern. Letzteres manifestierte sich darin, daß Frauen die Maskenträger nicht anfassen oder ihnen Geschenke machen durften wie die Männer. Auch beim An- oder Auskleiden war ihnen das Zuschauen verboten.

Afikpo-Männer erklärten mir: „Man kann noch so viel für eine Frau getan haben, sie verläßt dich womöglich doch.“ Frauen dagegen sagten: „Wenn eine Frau Geld hat, was bedeutet dann schon der Mann.“ Männer betrachteten den Geheimbund als Mittel, um die Frauen zu kontrollieren. Alle Afikpo-Männer hatten Frauen gegenüber ein gespanntes Verhältnis, was wohl darauf hindeutet, daß die enge Mutter-Kind-Beziehung selbst im Erwachsenenalter noch Spuren hinterläßt.

Ich streite nicht ab, daß es auch andere wichtige Gründe für die Existenz des Männerbundes gibt, so zum Beispiel die Aufrechterhaltung des dörflichen Gemeinschaftsgefühls, die Abhärtung der Männer für Arbeit und Krieg (obwohl die dörflichen Streitkräfte nicht auf den Männerbünden basierten) und die Markierung des Erwachsenseins und der Heiratsfähigkeit.

Mit knapp dreißig Jahren schlossen sich die Männer in einer Altersklasse zusammen, die Teil eines Altersklassensystems des Dorfes war, in dem sich auch Gruppen von älteren Männern befanden, und der sie ein Leben lang angehörten. Tatsächlich gab es für die jungen Männer schon eine informelle Altersgruppierung für die kommunalen Arbeiten. Die altersmäßig höchstrangige Altersklasse bildete den Anführerrat des Dorfes. Mit Ältesten aus andern Afikpo-Dörfern leiteten sie die Afikpo. Die Gruppen Gleichaltriger und die Altershierarchien bildeten eine andere wichtige Art des Zusammenschlusses von Männern. Diese Form war eher weltlich statt kultisch und kaum mit Geheimhaltung verbunden. Sie bildete den Regierungs-, Polizei- und Justizapparat der Afikpo. Bünde von Männern gab es bei den Afikpo also in zwei Lebensbereichen, den Geheimgesellschaften und den Altersklassen. Der enge Zusammenschluß der männlichen Afikpo begann im Alter von fünf oder sechs Jahren und dauerte das ganze Leben hindurch mit beachtlicher Intensität. Ich glaube, daß hierdurch die psychologische Distanzierung von der Mutter und der Weiblichkeit schlechthin geschaffen wurde, die seit der Kindheit aufrechterhalten werden mußte.

Für die Afikpo-Mädchen gab es keine so dramatische emotionale Trennung von der Mutter. Der Klitoridektomie im jugendlichen Alter folgte eine Periode des ‚Mästens' vor der Ehe, während derer das Mädchen zu Hause blieb, gut aß und nicht arbeitete. Dies genügte, um die ursprüngliche Bindung des Mädchens zur Mutter hinreichend zu lösen, vor allen Dingen deshalb, weil das Mädchen als Ehefrau in eine ähnliche, hauptsächlich weibliche Domäne wie bei der Mutter kam, mit der gravierenden Ausnahme der Präsenz des Ehemanns. Sie wurde aber nicht mit einem Wechsel in der Geschlechteridentität konfrontiert, wie es die Jungen erfuhren. Weibliche Gruppenbildung formierte sich lockerer und beschränkte sich auf den häuslichen Bereich. Es gab weibliche Altersklassen im Dorf. Sie waren aber schwächer als die der Männer und waren in der politischen Struktur nicht inkorporiert, da die Frauen durch mehrfache Heiraten öfters den Wohnsitz wechselten, im Gegensatz zu den Männern, die an Ort und Stelle blieben. Es gab einige Frauen-Tanzgruppen, aber keine Geheimgesellschaften.

Der Geheimbund in Wara Wara Bafodea

Im Limba-Häuptlingstum von Wara Wara Bafodea im nördlichen Sierra Leone, wo ich vor kurzem Feldforschungen durchführte und wo die folgende Beschreibung noch bis heute Gültigkeit hat, herrschen ähnliche Gegebenheiten in der Kindheit – eine lange Stillzeit, ein Sextabu bis zur Entwöhnung und der meist abwesende Vater. In jedem Dorf gibt es einen Geheimbund der Männer *(gbangbani)*, allerdings mit Unterschieden gegenüber den Afikpo. Es gibt weder Geheimbünde für Jungen noch besondere Häuser für sie, in denen sie wohnen, während sie auf den Erwachsenenbund vorbereitet werden. Es gibt andere Mechanismen, die die Jungen von der Mutter wegdirigieren. Während bei den Afikpo die Beschneidung vor der Initiation ohne großes Aufheben erfolgte, stellt sie in Bafodea den ersten Teil des Aufnahmeritus in die Geheimgesellschaft dar. Sie ist eine wichtige Angelegenheit, bei der viele männliche Dorfbewohner präsent sind. Während in Wara Wara Bafodea im Gegensatz zu den Afikpo keine formale Altersklassenorganisation existiert, umgibt sich der Geheimbund hier mit noch größerer Verschwiegenheit, und seine Kontrolle über die Frauen wird anders ausgeübt. Wenn der Geheimbund aufspielt, kann man die Musik über Meilen hinweg hören, und diejenigen in der Gemeinde, die nicht dem Bund angehören, gehen in ihre Häuser, während sich der Zug aus dem Busch dem Dorf nähert; die Hausöffnungen werden geschlossen, und man darf nicht hinausschauen, trotz der Musik und des Singens, was stundenlang, ja die Nacht hindurch bis in den nächsten Tag andauern kann. Die Frauen verbleiben im Haus und sind während dieser Zeit von vielen Männern isoliert. Das mag den Zweck haben, sexuelle Abenteuer der Frauen auf diese Weise zu unterbinden, obwohl dies niemand mir gegenüber so deutlich ausdrückte. Jeder Bund hat eine zentrale Maskengestalt, seinen Hauptgeist, der sehr machtvoll ist und gefürchtet wird. Er darf nur von Mitgliedern der Gruppe gesehen werden.

Bei den Afikpo geschah die Maskerade öffentlich und in Anwesenheit der Frauen. In Wara Wara Bafodea dagegen hält man die Frauen strikt zurück, und der Trennung nach Geschlechtern wird stärkere Bedeutung beigemessen. Die Geheimniskrämerei und die stärker ritualisierte Beschneidung haben genauso den Sinn, die Jungen von der Mutter und im weiteren Sinne von den Frauen zu trennen, wie die Knabenhäuser, die Jungengruppen, die mildere Form der Beschneidung, die Initiation und die Männerbünde bei den Afikpo. In Wara Wara Bafodea finden diese Ereignisse während und nach der Adoleszenz statt, während bei den Afikpo die Trennungsmechanismen viel früher in der Jugend einsetzen.

Im Geheimbund in Wara Wara Bafodea spielen, wie auch in anderen Institutionen, Rituale zur Hexenverfolgung eine große Rolle. Die Hexen sollen Menschen sein, häufig sogar enge Verwandte des Behexten. Der Hexenglaube ist hier weit verbreitet, im Gegensatz zu den Afikpo, bei denen er praktisch fehlt,

Öffentlicher, für die allgemeine Volksbelustigung veranstalteter Auftritt des Afikpo-Maskenbundes. Alles, was mit dem Maskenbund zu tun hat, ist für die Frauen mit Ge- und Verboten verbunden. Zum Beispiel dürfen sie im Gegensatz zu männlichen Zuschauern die Maskentänzer nicht anfassen. Übertritt eine Frau ein derartiges Gebot, riskiert sie – so wird ihr eingeschärft – ihre Fruchtbarkeit. Foto: S. Ottenberg 1960.

und die Geheimgesellschaften haben viel zu tun, um die Aktivitäten der Hexen unter Kontrolle zu halten. Man könnte versucht sein anzunehmen, daß Hexen hauptsächlich weiblich sind und von den Männern unbewußt mit der dominierenden Mutter assoziiert werden. Die Abwehrmaßnahmen gegen die Hexen könnten dann als Ausdruck des Bedürfnisses interpretiert werden, die Mutter emotional zu verdrängen. Leider ist diese schöne Theorie nicht haltbar, denn es gibt sowohl weibliche als auch männliche Hexen wie Behexte. In Wara Wara Bafodea spielen die Geheimbünde eine stärkere politische Rolle in der Öffentlichkeit als bei den Afikpo. Sie werden vom Oberhaupt des Dorfes oder des Häuptlingstums oder auch von den Anführern des Bundes zusammengerufen, falls ein ernsthafter Verstoß gegen Sitte und Brauch vorliegt und die Regeln der Gruppe bedroht scheinen. Die Geheimbünde sind berüchtigt dafür, über einzelne mittels blasphemischer Gesänge herzuziehen, während die Maskengesänge der Afikpo eher humorvoll und satirisch sind.

Frauenbünde

Bis vor etwa hundert Jahren gab es keinen größeren Geheimbund der Frauen in Bafodea, sondern lediglich zwei kleinere Vereinigungen, die heute noch existieren. Der eine ist für ältere Frauen; in ihm werden Tänze und Gesänge aufgeführt und Begräbnisriten für Mitglieder abgehalten. In einigen Dörfern gibt es eine andere Frauenvereinigung, die sich der Verhütung und Heilung von Krankheiten und Hexerei (oftmals nicht voneinander unterschieden) widmet und dem die Frauen angehören, die sich mit diesen Dingen befassen. Diese beiden Vereinigungen haben einige geheime und nichtgeheime Praktiken. In der Vergangenheit wurde die Klitoridektomie nicht durchgeführt. Doch dann, etwa vor hundert Jahren, kam aus dem Süden des Limba-Gebietes ein allgemeinerer Geheimbund für Frauen, *bondo* genannt, der möglicherweise ursprünglich von den Temne stammte, bei denen er manchmal *bundu* genannt wird. In Wara Wara Bafodea treten zu Beginn der Geschlechtsreife alle jungen Mädchen diesem Bund bei, und die Klitoridektomie mit anschließenden geheimen Riten im Busch wird durchgeführt. Die Mitgliedschaft ist Voraussetzung für die spätere Heirat. Masken, wie bei den Temne, treten in Wara Wara Bafodea in diesem Bund nicht auf, doch gibt es streng geheime Aspekte, die mit Krankenheilung und Hexenvertreibung zu tun haben.

Aus historischer Sicht könnte man annehmen, daß es sich bei dem *bondo*-Bund in Wara Wara Bafodea nur um einen nördlichen Ausläufer des Geheimbundwesens aus dem Temne-Gebiet und dem noch südlicheren Mende-Gebiet in Sierra Leone handelt. Aber warum wurde es in Bafodea angenommen? Ich glaube, daß die strenge Geschlechtertrennung und die stark patriarchalische Ausrichtung damit zu tun hat. Der Bund verhalf den Frauen zu eigener Autorität und machte sie von den Männern unabhängig. Die Autorität älterer Frauen gegenüber jüngeren wird im *bondo* verstärkt und die Dominanz der Älteren auf diese Weise gewährleistet, was die Verhältnisse aus der Kindheit widerspiegelt. Bei den Afikpo ist es individuelle Autorität, die die Frauen genießen und die in den letzten Jahren bedeutend zugenommen hat. In Wara Wara Bafodea dagegen äußert sich weibliche Autorität mehr in Verbindung mit dem *bondo* statt individuell.

Geheimbünde als Mittel männlicher Identitätsfindung

Ich will nicht behaupten, daß die Verhältnisse in der Kindheit bei den Afikpo und in Wara Wara Bafodea notwendigerweise zur Herausbildung von Geheimbünden führen, aber doch, daß irgendeine Art von Zusammenschluß von Männern und eine Identifikation mit dem Vater als Folge der vorhin aufgeführten Kindheitsbedingungen nötig ist. Die lange Stillzeit in beiden Gesellschaften findet sich fast überall im traditionellen Afrika und auch in anderen nichtwestlichen Ländern, ohne daß sich zwangsläufig Geheimbünde bilden. Es sind aber ähnliche Mechanismen vorhanden, zum Beispiel Altersklassensysteme, strenge männliche Machtkontrolle oder Formen religiösen Zentralismus. Doch männliche Geheimhaltung gegenüber Frauen ist ein wirksames Mittel, Geschlechtsunterschiede und Macht bei solchen Kindheitsbedingungen zu behaupten. Diese Untersuchung kann jedoch nicht erklären, warum es in einer Gesellschaft zu Geheimbünden kommt, in anderen aber andersartige Zusammenschlüsse von Männern auftreten. Das kann einen historischen und / oder ökologischen Hintergrund haben. In beiden der vorgestellten Gesellschaften gibt es Mechanismen, die eine Loslösung der Tochter von der Mutter ermöglichen und sie eigenständig werden lassen, doch geschieht dies innerhalb der vertrauten weiblichen Sphäre. Die Mittel hingegen, die die Männer zu ihrer Loslösung von den Frauen einsetzen, bedeuten einen radikalen Bruch mit diesen, eine Trennung, die in institutionalisierter Form das ganze Leben über andauert.

Mein Untersuchungsansatz läßt vermuten, daß, wo immer Geheimbünde auftreten, die genannten Bedingungen in der Kindheit vorhanden sein dürften, auch wenn der Umkehrschluß nicht erlaubt ist. Eine vergleichende Analyse wäre vonnöten. Eine weitere Vermutung ist, daß weibliche Geheimbünde sehr selten sind, weil aufwachsende Mädchen keine Identifikationsprobleme mit ihrem Geschlecht haben wie die Jungen. Und ich nehme an, daß Männerbünde die Überführung der Jungen von der weiblichen in die männliche Welt stützen, welch andere Funktionen sie sonst auch noch haben mögen.

Männerbund und Kunst

In beiden Kulturen werden die Mechanismen, die die Trennung der Geschlechter und den Gewinn an Eigenständigkeit bewirken, von einem reichen Repertoire künstlerischer Betätigung begleitet, von Singen, Tanzen, Instrumentalmusik und Maskierung der Männer; das darstellerische Moment der Geschlechtertrennung ist beeindruckend. Beide Kulturen erfinden immer wieder neue Lieder und Musik, und bei den Afikpo treten neue Masken auf. Dieses reiche Kunstschaffen erfreut nicht nur die aktiv Teilnehmenden und das Publikum, falls eins dabei ist, sondern dient auch dazu, Geschlechterbeziehungen zu bestimmen und die Unterschiede zu symbolisieren. Die damit verbundene Geheimhaltung beinhaltet paradoxerweise auch Kommunikation, nicht nur Abtrennung, wie Bellman (1984) verdeutlicht. Die Kunst symbolisiert diese Merkmale nicht nur, sondern erhält durch das damit verbundene Element des Geheimnisvollen noch größere Anziehungskraft. Die künstlerischen Objekte der Geheimbünde, wie Masken, Kostüme und Musikinstrumente, sind stark geschlechtsbezogen. Bei den Afikpo ist der Geheimbund der Männer weltlicher, durch seine Auftritte öffentlichkeitsbezogener und teilt sich dadurch stärker den Frauen mit. Im Gegensatz dazu steht der Geheimbund in Wara Wara Bafodea, dessen Aktivitäten enger an die Religion gebunden sind, der keine öffentlichen Auftritte kennt und stärker die Gemeinschaft und Verbundenheit der Männer betont.

Anmerkungen

* Aus dem Englischen übersetzt von Brigitte Majlis.

1 Die Forschungsarbeit bei den Afikpo wurde zwischen 1952–53, 1959–60 und kurzzeitig 1967 und 1988 durchgeführt. Sie wurde durch ein Social Science Research Council Area Studies Stipendium, ein National Science Foundation Stipendium und durch Freisemester der Universität Washington ermöglicht. Die Feldarbeit in Sierra Leone wurde durch ein National Endowment for the Humanities Stipendium und Freisemestern von der Universität Washington unterstützt. Detailliertere Angaben zu den Afikpo können P. Miller 1982, P. Ottenberg 1958 und 1959, S. Ottenberg 1968, 1971, 1975, 1982 und 1989 entnommen werden. Informationen über die Limba liefern Finnegan 1965, 1967 und S. Ottenberg, o. J. Als weitere Literatur habe ich Bellman 1984 und Tiger 1970 hinzugezogen.

Im nördlichen Sierra Leone dürfen die Knaben vor ihrer Beschneidung und vor ihrer damit beginnenden Aufnahme in den Geheimbund noch einmal öffentlich tanzen. Ihr Maskenkostüm verhüllt sie dabei nur unvollständig. Wenn sie später bei Auftritten ihres Bundes tanzen werden, dürfen ihnen die Nichtinitiierten nicht zusehen. Es ist eine Funktion des Geheimbundes, die rigorose Trennung der Geschlechter in dieser Gesellschaft aufrechtzuerhalten. Foto: S. Ottenberg 1979 (vgl. Aufsatz Nr. 38).

Die Rolle von Männerbünden am Königshof – das Königreich Benin in Südwest-Nigeria bietet dafür ein einzigartiges Beispiel. Hier herrscht – in patrilinearer Abstammungslinie – seit dem 12. Jahrhundert die Dynastie des Oba, dessen Herrschaft verschiedene Palastgesellschaften ebenso unterstützen wie in Schach halten. Da die Mitgliedschaft in diesen Bünden nicht erblich ist, sondern auf Verdienst beruht und eine Würde ist, die der Oba verleiht, kann er die Mitglieder jedoch zur Loyalität verpflichten. Die im Bild festgehaltenen Auftritte des

Oba (oben links) und verschiedener Würdenträger machen deutlich, daß das Machtgefüge am Königshof von Benin auch heute noch intakt ist. Bei wichtigen Anlässen wie dem großen Jahresfest zu Ehren der Ahnen (XVIII rechtes Bild und XIX) präsentieren die Würdenträger das große Zeremonialschwert als Zeichen ihrer Treue und Loyalität. Die Zeremonialkleidung ähnelt Klerikergewändern und geht wahrscheinlich auf europäischen Einfluß zurück. Alle Fotos: F. Kaplan (vgl. Aufsatz Nr. 39).

Eine wichtige Funktion der Masken afrikanischer Geheimbünde ist ihr Auftritt bei Beerdigungen. Diese Auftritte zerfallen in einen öffentlichen und einen geheimen Teil. Es liegt in der Verantwortung eines Geheimbundes, daß die Seele in Frieden den Körper eines Verstorbenen verläßt. Die Maskenträger der Vai in Liberia sind völlig in Raphiakostüme gehüllt, damit sie unter keinen Umständen erkannt werden und die Illusion erhalten bleibt, es handle sich um tanzende Geister. Foto: K. Zetterström (vgl. Aufsatz Nr. 38).

Bei den Mano in Liberia liegt der Bau und die Erhaltung der Hängebrücken in der Verantwortung des geheimen poro-Bundes. „Kein menschliches Wesen kann so ein Ding machen", wird behauptet. Nichtmitglieder dürfen die Arbeit an der Hängebrücke nicht sehen. Foto: K. Zetterström (vgl. Aufsatz Nr. 38).

Die pastoralnomadischen Pokot in Ostkenia kennen ebenso wie andere Viehzüchtervölker Ostafrikas ein Altersklassensytem für die männlichen Mitglieder der Gesellschaft. Die Position in der Hierarchie der Altersklassen wird durch den Kopfschmuck angezeigt. Foto: M. Bollig (vgl. Aufsatz Nr. 36).

Die Beschneidung ist bei den Pokot kein Mannbarkeitsritus. Auch unbeschnittene dürfen heiraten. Aber zur Aufnahme ins Altersklassensystem ist die Beschneidung unerläßlich. Hier sitzen die Initianden, zum Segen mit weißer Erdfarbe eingerieben, in Erwartung ihrer Beschneidung zusammen. Foto: M. Bollig (vgl. Aufsatz Nr. 36).

Anläßlich der Feiern beim Übergang von einer Altersklasse in die nächste, muß bei den Pokot Ostkenias ein Ochse geschlachtet werden, dessen warmes Blut die bereits initiierten Krieger direkt aus dem Leib trinken (links unten). Das übrige Blut wird in eine Holzschüssel geschöpft. Mit Milch vermischt bekommt es der Initiand zu trinken. Die alten Männer lesen aus den Eingeweiden, ob der Zeitpunkt für die Feier gut gewählt ist (unten). Fotos: XXII und XXIII oben E. Richards 1988 (vgl. Aufsatz Nr. 36).

Die Bünde im Kameruner Grasland sind hierarchisch strukturierte Geheimgesellschaften mit regulativem Charakter, die ein Gegengewicht zum König bilden, manchmal sogar die Macht innehaben. Heute treten einige Bünde auch bei offiziellen Anlässen auf, beispielsweise die ngürri in Fumban (oben). Der kweifo-Bund in Weh ist noch in Funktion. Die nko-Maske tritt während Beerdigungsfeiern auf, zerstört die Besitztümer des Verstorbenen und reißt seine Seele aus der Welt der Lebenden. Fotos: C. Geary 1984 (vgl. Aufsatz Nr. 41).

Männerdienst und Geheimnis am Königshof von Benin, Nigeria

Flora Kaplan

Die Gesellschaft der Bini im Königreich Benin, SW Nigeria, ist streng hierarchisch aufgebaut. An der Spitze der Pyramide steht der göttliche König, *Oba*. Nicht nur das Geschehen am Hof ist von Männerbünden bestimmt; den Palastherren stehen die Bünde der Stadtherren gegenüber, auch sie sind dem *Oba* untergeordnet. Dienst und Geheimhaltung des bündischen Wissens sind die beiden Schlüsselbegriffe dieser Gesellschaft. Jeder einzelne ist in das Netz von Dienen (nach oben) und Bedientwerden (von unten) eingebunden. Das hierarchische System setzt sich bis in die Dörfer fort, auch wenn dort der Einfluß der Altersklassen überwiegt.

Siehe dazu auch Farbseiten XVIII–XIX.

Der Königshof von Benin im südwestlichen Nigeria bietet einen einzigartigen Ausgangspunkt für das Verständnis von Männergesellschaften in Westafrika. Der traditionelle Führer, *Oba*, ist ein sakraler König, der vom vielleicht ältesten noch funktionierenden Königshof der Region aus über die Bini und andere Edo-sprechende Völker regiert. In patrilinearer Abstammungslinie geht seine Dynastie bis ins zwölfte Jahrhundert zurück und überdauerte auch ein Interregium von siebzehn Jahren im Exil, das der Eroberung durch die Engländer im Jahre 1897 folgte. Sein Amt verkörpert die politische und religiöse Macht der Bini und wurde in den weltbekannten Bronzen, Elfenbeinarbeiten und anderen Kunstwerken vom fünfzehnten Jahrhundert an immer wieder dargestellt. Eine Verbindung von ethnographischer Feldforschung, die sich auf die oralen Traditionen stützt, mit historischer Methodik gewährt Einblick in die Binigesellschaft und die Männerorganisationen am Königshof (Kaplan 1990).[1]

Ethos des Dienens

Schon immer hat im Königreich Benin ein starker männlicher Impetus die Sozialstruktur, das Weltbild und seine ästhetische Spiegelung im Palast geprägt: Von etwa 4000 Werken der Beninkunst, die Menschen abbilden, zeigen nur etwa zehn Prozent Frauen. Die Aktivitäten des Königshofes werden von drei Männergesellschaften dominiert, die zusammen als Palastherren *(eghavbo n'ogbe)* bekannt sind. Sie haben gelobt, die Geheimnisse ihrer Organisation zu wahren und dem *Oba* zu dienen. Die bedeutsame Auffassung vom Dienen freigeborener Männer, die Gründung dieser Palastordnung und der ihres Gegenstücks, der Stadtherren *eghavbo n'ore*, werden der Herrschaft von *Oba* Ewuare im fünfzehnten Jahrhundert zugeschrieben (Bradbury 1973: 139). Der Status von Personen und Gruppen bei Hof ist hierarchisch geordnet: Manchmal wird Status vererbt, meist aber durch Verhalten erworben. Ränge und Vereinigungen in den Dörfern gleichen weitgehend denen im Palast, sind im allgemeinen jedoch stärker auf Altersklassen aufgebaut. Jeder in Benin steht in einem bestimmten Dienst. Und jeder in ganz Nigeria, unabhängig davon, ob er selbst Bini ist oder einer anderen ethnischen Gruppe angehört, kann erzählen, daß ein Titel in Benin nicht zu kaufen ist. Er muß verdient werden. Diese Vorstellung hat zentrale Bedeutung.

Individuen müssen ihr Schicksal selbst in die Hand nehmen, indem sie Kopf und Hände einsetzen. Ein wichtiger Weg, dies zu tun, ist der Dienst an denjenigen, die in Alter und Position höhergestellt sind.

Solcher Dienst verspricht Lohn in Form von materiellen Gütern, von Anerkennung und Fortkommen, was gleichbedeutend ist mit wachsendem Zugang zu Information und Wissen. Wissen ist Macht in Benin, und seine Weitergabe von einem Individuum zum anderen, innerhalb einzelner Gruppen und auch innerhalb der Männerbünde des Palastes wird sehr bewußt kontrolliert. Für diese Macht über andere ist Geheimhaltung also unerläßlich. Geheimhaltung umgibt Rituale und Zaubermittel, die gegen sichtbare und unsichtbare Feinde schützen. Da sie Macht und Aufstieg in der Gesellschaft reguliert, beeinflußt Geheimhaltung auch den politischen Konflikt und Zusammenhalt. Der *Oba*, der die Herrschaft über Wissen und Macht innehat und der umgeben und geschmückt ist von geheimen Zeichen zum Schutze seiner Person und des Staates, den er verkörpert, ist das Zentrum von allem. Er ist Ursprung und Ziel aller Aktivitäten, die im Kern der Männerpalastgemeinschaften vor sich gehen. Er verteilt den Lohn, der früher aus Land und Frauen bestand, der unerläßlichen Quelle für Reichtum und Kinder, der sehnlichsten Wünsche der Binimänner.

Die Palastgesellschaften

Die drei Gesellschaften, die die Geschehnisse am Hof lenken, sind: *Iwebo*, der älteste der drei; er ist zuständig für die Herstellung und Erhaltung der Garderobe, Regalia und Schätze des *Oba; Iwequa* hat die Aufgabe, seine Person und seinen Haushalt zu versorgen, und *Ibiwe* ist für den königlichen Harem und seine Kinder verantwortlich. Diese Palastgesellschaften, auch als Palastherren *eghavbo n'ogbe* bezeichnet, stellen mit den sieben Adligen mit erblichen Titeln, *uzama n'ihiron*, die gleich nach dem *Oba* rangieren und ihn beraten, und mit der Gruppe der Stadtherren *eghavbo n'ore* die wichtigsten Minister und Hofbeamten. Mitglieder der drei Palastgesellschaften steigen von einem Grad zum nächsten je nach ihrem Charakter, nach ihren erwiesenen Fähigkeiten und Mitteln und auf Grund ihrer Anerkennung durch den *Oba* auf.

Diese Gesellschaften haben die meisten Mitglieder, die weitestreichenden Pflichten und den größten Einfluß auf die Gemeinschaft. Rang ist also Verdienst. Zu den anderen Männergesellschaften am Palast gehören die Schlächter der Opfertiere, die verschiedenen Sänger und Musiker, die Ärzte des *Oba* und die Ritualspezialisten, *ewaise*, die Palastwache, *asienwero*, und jene, die mit dem Kronprinzen identifiziert werden, *efieto*, sowie die diversen Gilden der Hofkünstler. Da Mitgliedschaft in den wichtigsten Gesellschaften auf Verdienst beruht, stehen sie allen Männern offen, und Häuptlingswürde, einmal verliehen, gilt auf Lebenszeit. Viele werden schon als Knaben von ihren Vätern, die selbst Chefs sind, aus Stadt und Land zum Palast gebracht, um in den Dienst des *Oba* zu treten. Sie können schon von Geburt an versprochen sein, als Dank für einen Gefallen oder um das Wohlwollen des *Oba* zu gewinnen. Ein Kind ist das größte Geschenk, das man dem *Oba* machen kann. Ein siebenjähriger Knabe kann bereits *emuada* oder *igbierua* in den untersten Rängen der *iwequa*-Gesellschaft werden. In den ersten sieben Tagen von Unterricht und Initiation erfolgt auch die Einführung in die Palastsprache. Am Ende dieser Zeit verkündet der älteste Führer der *iwequa*, genannt *isere*, welche der beiden Gruppen die Initianden übernimmt; und er verleiht den *emuada* die charakteristischen Fußringe aus Messing. Danach findet die zeremonielle Aufnahme statt.

In früheren Zeiten gingen diese Knaben, die *emuada*, bis zu ihrer Pubertät nackt. Die Köpfe wurden bis auf eine kleine runde Stelle am Scheitel *(ovie osusu)*, wo das Haar wachsen durfte, kahlgeschoren. Zu ihren Pflichten gehörten vor allem Botengänge zwischen dem *Oba* und dem Harem. Die ältesten Knaben trugen bei öffentlichen und rituellen Auftritten die symbolischen Staatsschwerter des *Oba*, *ada* und *eben*. Die *emuada* sind unverheiratet und dürfen eine Frau weder berühren noch von ihr berührt werden, bis sie aus dem Palast entlassen sind. Früher belohnte der *Oba* gute Dienste mit Land oder mit einer jener Frauen, die ihm als Mädchen geschenkt worden waren, die er aber nicht selbst geheiratet hatte. Auf gleiche Weise wurden die *igbierua* belohnt, doch konnten diese nach ihrer Hochzeit im Palastdienst bleiben und außerhalb des Palastes in ei-

Der höchste Chef der Ibiwe-Palastgesellschaft, verantwortlich für den königlichen Harem und die Kinder des Oba von Benin, vertritt den Oba bei den abschließenden Beerdigungsfeierlichkeiten eines Mitglieds der königlichen Familie. Dieser Würdenträger hat für die korrekte Durchführung der Riten zu sorgen, so daß der Sohn des Verstorbenen (links auf der Treppe im modernen Anzug) den Titel und das Vermögen des Vaters erben kann. Foto: F. Kaplan, Mai 1985.

genen Gehöften wohnen. Als Initianden waren sie in ein Umschlagtuch gehüllt. *Emuada* findet man nur in der *iwequa*-Gesellschaft, *igbierua* kommen, angeführt von einem ‚Ältesten', auch in den beiden anderen Gesellschaften vor. Zwischen erstem und höchstem Rang gibt es fünf Stufen der Mitgliedschaft. Manche bleiben dort, wo sie eingetreten sind, anderen steigen kontinuierlich auf, wieder andere überspringen Zwischenstufen und gelangen so direkt zu Positionen mit Titel. Bei Eintritt in den Palast werden die Initianden mit demselben Namen wie eine Braut bezeichnet, *oha*, und sie müssen rein bleiben, bis sie vom Dienst entlassen werden, was mit Erreichen des Mannesalters oder nach Gutdünken des *Oba* erfolgt.

Die Stadtherren

Die Palastgesellschaften kontrastieren mit der loyalen Opposition, der Gesellschaft der Stadtherren, *eghavbo n'ore*. Die Stadtherren erlangen ihre Position durch Erfolg im Leben, und sie erwerben Respekt auf Grund ihrer Verdienste und Beiträge für die Gemeinschaft der Bini. Zu rituellen Anlässen kommen sie in den Palast, wie zum Beispiel zu *ique*, den wichtigsten jährlichen Zeremonien, und um ihre Loyalität dem *Oba* gegenüber zu zeigen, den sie durch eine bestimmte traditionelle Geste mit dem Zeremonialschwert, *eben*, grüßen, gemeinsam mit ihrer Gefolgschaft, die sie mitgebracht haben, um zusammen mit ihr den Treueeid auf seine Hoheit zu leisten. Die Größe und Zusammensetzung der Gefolgschaft der Stadtherren sind Zeichen ihrer Bedeutung und Beliebtheit, die auf ihren Leistungen gründen. Mit der Demonstration ihrer Treue zum *Oba*, die einer nach dem anderen bezeugt, bestätigen die Oberhäupter ihre eigene Stellung in der Gemeinschaft und die Kontinuität ihres Zusammenschlusses.

Aufgaben der Palastherrn und Stadtherren

Wenn sie nicht vom *Oba* für bestimmte Aufgaben herangezogen werden, wie Streit zwischen zwei Parteien zu schlichten oder bei der Entscheidung von Rechtsfällen behilflich zu sein, Rat zu geben in zivilen und weltlichen Fragen und bei Zeremonien anwesend zu sein, verfolgen die Stadtherren ihre eigenen Ziele. Sie müssen sich um ihre tatsächlichen oder potentiellen Gefolgsleute und um ihre Verwandtschaft kümmern. Dagegen haben Palastherren *eghavbo n'ogbe*, täglichen verantwortungsvollen Verpflichtungen in den einzelnen, von ihnen betreuten Bereichen des Palastes nachzukommen. Mitgliedern der einen Organisation ist es verboten, die Bereiche der anderen im Riesenpalast des *Oba*, der heute mehrere Blocks umfaßt, zu betreten. Die Palastanlage, die bis ins dreizehnte Jahrhundert, vielleicht sogar bis ins elfte Jahrhundert zurückgeht (Connah 1975: 248), war noch größer, bevor im Zuge der Eroberung durch die Engländer 1897 große Teile des Palastes geschleift wurden. Nur der *Oba* darf alle Räume des Palastes betreten und demonstriert dadurch seine Stellung als Mittelpunkt des Hofes von Benin und seines ganzen Volkes.

Verschwiegenheit

Die Rituale jeder Palastgesellschaft sind geheim und werden nur innerhalb der Mitglieder, ihrem Rang entsprechend, weitergegeben. Auch hier ist es nur der *Oba*, der alle Rituale kennt und der in der Tat der oberste Priester von Benin ist. Priester haben keine speziellen Ränge, ihr Ansehen hängt vom Beweis ihrer Macht und Effizienz ab. Mitglieder der verschiedenen Männergesellschaften im Palast wie auch in der Stadt schwören auf die Geheimhaltung und ihren Dienst einen Eid, dessen Bruch mit dem Tod geahndet wird.

Mit dem Aufstieg in der internen Hierarchie von *iwebo*, *iwequa* oder *ibiwe* erwirbt man nach und nach die Kenntnisse und Geheimnisse der Angehörigen der nächsthöheren Stufe. Diese Kenntnisse werden einem jedoch nur nach Bedarf, Stückchen für Stückchen und nur wenig auf einmal anvertraut. Vertrauen muß, wie alles in Benin, hart verdient werden. Einzelne Palastherren können wie die Stadtherren die meiste Zeit eigenen Geschäften widmen, besonders wenn sie eine noch wachsende Familie zu versorgen haben und geschäftlich, beruflich oder in der Landwirtschaft aktiv sind. Andere, die sich entweder schon im Ruhestand befinden oder jünger sind, widmen sich zur Gänze dem Wohlergehen des *Oba* und seiner Familie. Das ist eine schwere Verantwortung, denn er ist die Verkörperung des Staates und des ganzen Volkes der Bini. Als lebender Gott und göttlicher König muß er verehrt und seine Existenz gewährleistet werden, und ihm ist widerspruchslos zu gehorchen. Vor der Herrschaft der Engländer hatte der *Oba* Gewalt über Leben und Tod seiner Untertanen, er wurde gleichzeitig gefürchtet und angebetet. Die Kombination von Verehrung, Angst und Ehrfurcht charakterisiert die Aura des *Oba* auch heute noch. Seine Gesundheit und sein Glück sind die Garanten für das körperliche, seelische und geistige Wohlergehen aller Bini. Heute lebt der *Oba* in halber Seklusion, obwohl er sich mit seinen Chefs und seinem Hofstaat mehr in Stadt und Land bewegt als früher. Er besucht zum Beispiel Katastrophenorte oder eröffnet ein *college* oder eine Universität. Seine Person ist von Tabus umgeben, so daß er von anderen Menschen, vor allem von Frauen, die nicht seine Ehefrauen sind, nicht berührt werden darf.

Die Ehefrauen des *Oba*, seine Königinnen, *ilo*, leben in völliger Seklusion, um jeden Kontakt zu anderen Männern, sei er zufällig oder beabsichtigt, zu vermeiden. Von Mitgliedern ihrer eigenen Familien können sie besucht werden – aus denselben Gründen, wie von allen anderen Bini auch, um von ihnen selbst oder durch sie vom *Oba* etwas zu erbitten. An der linken Seite des Palastes befindet sich vor dem Bereich der Frauen ein Hof, in dem sich die Bittsteller versammeln können. Heutzutage dürfen jene, denen es möglich war, durch Verwandte, Freunde oder Chefs einen Kontakt herzustellen, mit einer der Königinnen auf Distanz im Hof sprechen. Chefs, männliche Verwandte und Bittsteller, selbst der eigene Vater oder Bruder einer Königin dürfen sich nur über eine noch größere Distanz quer über den Hof mit ihr unterhalten. Nahe weibliche Verwandte können privilegiert genug sein, mit einer Königin in einem der inneren Empfangszimmer zu sprechen; das Betreten des Harems jedoch ist auch ihnen verboten, es sei denn als Dienerin. Die Frauen und Töchter der Chefs haben ihre eigenen Gesellschaften außerhalb und kommen in die Frauenviertel des Palastes, um durch Gesang und Tanz die *ilo* zu erfreuen. Diese Frauen haben ihre eigene bestimmte Rolle bei Hof zu spielen.

Gegenseitigkeit

Alle freien Bini, Männer wie Frauen, sprechen von sich immer noch, wie bis zum Ende des neunzehnten Jahrhunderts üblich, als „Sklaven des *Oba*". Das scheint ein Widerspruch zu sein für ein Volk, welches selbst Gefangene von Kriegs- und Raubzügen als Sklaven hielt. Aber es trifft den Kern der Ideale und Werte, die alle Beziehungen regeln. Der Ausdruck bezeichnet in überhöhter Form ihre Ergebenheit an den *Oba* und seinen Dienst, und durch den Kontrast zwischen ihrer Freiheit und der Sklaverei zeigt er auf subtile Weise den freiwilligen Charakter ihrer Unterwerfung. Wie auch historisch bewiesen, ist den *Oba* zu verlassen die wirksamste Waffe des Volkes gegen ihn, wenn er seine Macht mißbraucht. Im Ernstfall werden dann die Chefs aufhören, zum Palast zu kommen, die Dorfbewohner, Städter und andere werden dem *Oba* keine Lebensmittel, Vorräte und Geschenke mehr für ihn selbst und zur weiteren Verteilung bringen (Kaplan 1990). *Oba* Ohen zum Beispiel mußte Mitte des vierzehnten Jahrhunderts dieses Schicksal erleiden (Egharevba 1967).

Nur im Palast des Oba gibt es halbrunde Altäre aus glattgestrichenem Lehm, auf denen neben Donnerkeilen und Rasselstäben Kunstwerke aus Elfenbein oder Bronze stehen, mit deren Hilfe die Verbindung zu den Ahnen hergestellt wird. Diese Schreine liegen vor den Gemächern des Vaters des Oba in einem gesonderten Trakt des Palastes. Es sind die drei Hauptschreine des Königreichs Benin. Die wichtigsten Zeremonien des Igue-Festes werden hier abgehalten, in deren Verlauf der Oba im Namen des Bini-Volks die Ahnen um Wohlergehen und Wohlstand für das bevorstehende Jahr bittet. Foto: F. Kaplan, April 1989.

Demgegenüber standen als mächtigste Waffen des *Oba* die Verbannung vom Hof; die Erklärung einer Person zum ‚Feind des *Oba*', was den Betreffenden aus der Gesellschaft ausschloß und einem Todesurteil gleichkam; und schließlich der Befehl zum Selbstmord. Eine Störung dieses delikaten Gleichgewichtes zwischen Dienenden und Bedienten wurde als Bedrohung verstanden und daher selten von der einen oder anderen Seite provoziert.

In diesem Zusammenhang wird deutlich, daß auch der *Oba* selbst in Diensten steht. Er dient seinen Ahnen, den *Oba*, die vor ihm waren, die gleichzeitig auch die Vorväter aller Edo-sprechenden Völker sind. Er ehrt seine Mutter, indem er sie drei Jahre nach seiner eigenen Inthronisation in den Rang der Königinmutter, *Yoba*, erhebt. Für sie läßt er einen Palast in Uselu bauen mit Dienerschaft und Chefs, früher gehörten Land und Dörfer dazu, die für ihren Unterhalt zu sorgen hatten; er verleiht ihr verschiedene Insignien als Symbole ihres hohen Status. Bei ihrem Tod läßt er einen Schrein in Uselu bauen und errichtet einen Altar im Palast, an dem er während der jährlichen Zeremonie von *ique* ihrer gedenkt. Heutzutage verhält er sich wie jeder Mann, der die Frau respektiert, die ihn geboren hat. Die Männer der Bini errichten häufig einen Altar für ihre Mutter, neben dem Familienaltar für die patrilinearen Ahnen; sie schmücken ihr Grab; und sind sie reich genug, lassen sie eine Statue von ihr anfertigen, die auf dem Grundstück ihres Gehöfts oder ihres Hauses aufgestellt wird, je nach dem Wohlstand der Familie.

Dienen auf allen Ebenen

Die Chefs, Palast- oder Stadtherren, dienen dem *Oba* und ihren Ahnen in ihrem Familiensitz. Jeder erwachsene Bini, mit oder ohne Titel, verehrt seine Ahnen mit Opfer, Gebeten und Familienschreinen wie es Reichtum und Status erlauben. Junge Männer dienen älteren Männern, Kinder ihren Eltern, den Älteren und anderen, wenn sie die verschiedenen Altersklassen vom Jugendlichen zum heiratsfähigen Herangewachsenen bis zum erwachsenen reifen Mann durchlaufen. Die Königinnen ehren den *Oba* durch Kinder, mit Gebeten und den vorgeschriebenen Ritualen; ihrerseits werden sie von den jungen Frauen des *Oba* bedient, die sie die Hofetikette lehren, und von ihren Wächtern, Verwandten und anderen Frauen. Außerdem dienen alle Frauen ihren Männern und sorgen für ihre Kinder. Prinzen und Prinzessinen knien vor dem *Oba;* Chefs und gemeines Volk knien vor Prinzen und Fürsten sowie vor dem *Oba;* Chefs vor denen, die einen höheren Rang innehaben. Die Frauen, Kinder und jüngeren Verwandten eines Mannes, so niedrig gestellt er auch sei, knien vor diesem. Der älteste Mann einer *patrilineage* wiederum genießt den meisten Respekt bei den örtlichen Gruppen, die nach den für Benin-Dörfer charakteristischen Altersklassen geordnet sind: Die Ältesten, Männer über vierzig oder fünfzig Jahre, *edion;* die erwachsenen Männer zwischen fünfundzwanzig und fünfunddreißig, *eghele,* und die Jungen ab etwa sechzehn, *ergoha.* Altersklassen liegen auch dem Stadtleben zugrunde, sie bilden die Basis für Männerorganisationen innerhalb der *lineages* und Verbindungen quer durch die Verwandtschaftsbeziehungen.

Zusammenfassend kann man sagen, daß die Gesellschaft der Bini durch Männerorganisationen auf allen Ebenen vom Palast bis zum Dorf zusammengehalten wird; durch ein System von Kontrolle und Gleichgewicht, das Wettstreit und Zusammenarbeit mittels Konfrontation von erworbenem oder zugeschriebenem Status regelt. Der Palast sieht Wege für Vorwärtskommen und Anerkennung im Bini-Volk vor. Dienen ist das Gütezeichen am Hofe von Benin, und Verschwiegenheit ist die Währung in seiner Sphäre.

Männerbünde im Kameruner Grasland

Christraud M. Geary

Die Bünde des Kameruner Graslands, einer Hochlandregion im Westen der heutigen Republik Kamerun, haben seit Beginn dieses Jahrhunderts immer wieder Aufmerksamkeit erregt. Bereits die ersten deutschen Forscher, die diese Gegend der einstigen deutschen Kolonie Kamerun bereisten, berichteten über geheime Rituale und das Maskenwesen der Bünde (Baumann und Vajda 1959). Die Bewohner des Graslands, die sich vom Ackerbau ernähren, lebten damals wie heute in einer Vielzahl von größeren und kleineren Staaten, darunter die Königreiche Bamum, Nso, Bafut und Kom sowie die Häuptlingstümer der Bamileke und des Raumes um die Kreisstadt Bamenda. Ursprünglich nahm man an, daß alle Staaten hierarchisch organisiert seien (Hirschberg 1979). Doch dieses Bild ist im Verlauf der letzten Jahre einem wesentlich dynamischeren Verständnis der historischen regionalen Prozesse gewichen. So zeigte sich, daß die Gruppierungen im Grasland ein weites Spektrum politischer Organisationsformen umfaßten, bevor sie durch interne und externe Entwicklungen, wie den Einfluß der kolonialen Verwaltung und des modernen kameruner Staates, zu zentralisierten Staaten wurden. Manche Einheiten waren im 19. Jahrhundert egalitär und akephal, während andere mächtige zentrale Institutionen aufwiesen. Neuere Forschungen sind diesen Prozessen und den regionalen Zusammenhängen gewidmet (Nkwi und Warnier 1982; Warnier 1985). Männerbünde und damit verbunden das Maskenwesen gehören zu diesen regionalen Phänomenen.

Siehe dazu auch Farbseite XXIV.

Forschungen über Bünde des Graslands gliedern sich nach ihrem wissenschaftlichen Ansatz in drei Gruppen. Die überwiegende Zahl der Beschreibungen findet sich in Monographien und befaßt sich mit Bünden als politischem Phänomen in Häuptlingstümern oder Königreichen[1], während andere Arbeiten die Beziehung von Geheimbund und Kunst betonen und weitere Untersuchungen dem Medizinwesen innerhalb spezifischer Bünde gewidmet sind.[2] Trotz der Vielfalt der Literatur scheint es jedoch, daß bestimmte Aspekte des Bundwesens nur ungenügend ausgelotet worden sind, darunter die regionale Bedeutung der Bünde. Ebenso fehlt es bisher an Analysen des Symbolgehalts der Rituale, die ein tieferes Verständnis der religiösen und esoterischen Inhalte des Bundwesens ermöglichen würden.

Es ist das Ziel dieses Aufsatzes, einige Typen von Männerbünden im Grasland darzustellen und anhand eines Beispiels, der *kweifo* Bünde in Weh, die Rolle solcher Vereinigungen zu erhellen. Ein weiterer Teil befaßt sich mit Bünden als regionalen Phänomenen. In vielen Gebieten des Graslands sind die Männerbünde heutzutage umgeformt oder durch den Einfluß von Christentum und Islam aufgegeben worden. In Fällen, in denen beschriebene Bünde noch aktiv sind, wird in diesem Überblick die Gegenwartsform, ansonsten die Vergangenheitsform verwendet.

Zur Typologie und Funktion von Männerbünden im Grasland

Unter den Bundtypen im Grasland sind an erster Stelle hierarchisch strukturierte Geheimgesellschaften mit ausgeprägtem regulativen Charakter zu nennen, die vor allem wegen ihrer furchterregenden Masken bekannt sind. Die Bezeichnung ‚regulativ' bezieht sich darauf, daß diese Geheimgesellschaften in vielen der Staaten ein Gegengewicht zu Häuptling oder König bilden oder gar die eigentliche Macht darstellen, also ‚regulierend' in das politische Beziehungsgeflecht eingreifen. Im Nordwesten des Graslandes sind sie unter dem Namen *kweifo, kwifo, kwifon, ngwerong, ngumba* oder der Pidgin-Bezeichnung *juju* bekannt. Ihre Mitglieder stammen aus den bedeutenden Großfamilien des Häuptlingtums. Das Oberhaupt *(fon)* der politischen Einheit ist oftmals selbst Mitglied des Bundes und steht damit in einer symbiotischen Beziehung zu

Mitglieder des kweifo-Bundes von Usu, einem der Dorfviertel in Weh, zeigen die Instrumente des Bundes. Der zweite Mann von links hält den Schellentornister. Rechts steht die Maskengestalt mambu im typischen Federkostüm. Auf dem Kopf über einem Netz, das das Gesicht bedeckt, trägt mambu eine Holzmaske mit anthropomorphen Gesichtszügen. Foto: Missionar W. Schneider, 1934.

den Repräsentanten der Großfamilien, eine Beziehung, die als eine unauflösbare Einheit von *kwifon* und König bezeichnet wird. In Oku, einem Häuptlingstum im Norden des Graslands, kann der *fon*, selbst Mitglied in *kwifon*, nicht ohne *kwifon* herrschen, und *kwifon* kann nicht ohne den *fon* bestehen (Koloss 1977: 13ff.; 1985: 12). In Weh hingegen, um ein anderes Beispiel aus der gleichen Region zu erwähnen, ist der Häuptling *(ba'tum)* von den *kweifo*-Bünden ausgeschlossen, da die zerstörerische Kraft der Bünde als unvereinbar mit seinen Pflichten als Garant der Fruchtbarkeit und des Wohles von Weh angesehen wird (Geary 1976: 115f.).

Die Funktionen der regulativen Bünde sind vielfältiger Natur. Sie nehmen religiöse Aufgaben wahr; denn gemeinsam mit dem *fon* beschützen sie die Siedlung und sichern die Fruchtbarkeit von Mensch, Tier und Feldern. In manchen Staaten führen die Mitglieder Rituale zur Verhütung oder Behebung ritueller Verunreinigung durch, die zum Beispiel durch Blutvergießen, vorsätzliches Zerstören von Arbeitsgeräten, aber auch durch unkontrollierbare Ereignisse, wie Tod durch Blitzschlag oder das Abbrennen von Häusern hervorgerufen wurde. Ohne rituelle Purifikation würden solche Vorfälle Unglück über die ganze Gemeinschaft bringen. Durch Eingriffe der Kolonialverwaltung und später durch die kameruner Regierung sind jedoch manche Aufgabenbereiche von *kwifon* beschränkt worden. So ahndete *kwifon* Verstöße gegen die Normen des Häuptlingstums, eine Rolle, die heute dem modernen Gerichtssystem zukommt. Dem Bund werden auch Hinrichtungen zugeschrieben, da *kwifon* als anonyme und geheimnisumwitterte Instanz selbst gegen rituelle Verunreinigung gefeit war, die durch das Töten eines Menschen entstehen konnte. Die religiöse Bedeutung von *kwifon* wird besonders in seiner Rolle bei Begräbnissen von Mitgliedern offensichtlich.

Prinz Aboubakar Njiasse Njoya (links) leitet ein Ensemble von Masken und Musikern der ngürri-Gesellschaft der Prinzen und der den Palastdienern vorbehaltenen mbansie-Gesellschaft in einem Hof des Bamum-Palastes in Foumban. Da beide Gesellschaften um 1930 aufgegeben worden sind, werden ihre Masken und Instrumente heute zusammen während offizieller Anlässe vorgeführt. In diesem Fall dreht ein deutscher Filmemacher einen Film über Bamum. Die Masken des ngürri-Bundes bestanden unter anderem aus Stoff, Raffia- und Bananenfasern, Federn und Kauris. Foto: C. M. Geary, Februar 1984.

Vereinigungen von männlichen Abkömmlingen der Häuptlinge und Könige bilden einen zweiten Typ von Geheimbünden, der vor allem im Nordosten und Süden des Graslands vorkommt. Prinzen oder Häuptlingssöhne und deren Nachkommen sind im allgemeinen von der Mitgliedschaft in regulativen Bünden ausgeschlossen, und so erlauben ihnen ihre eigenen Vereinigungen ähnliche Aktivitäten – das Ausführen von Ritualen, die die königliche Familie betreffen, die Teilhabe an esoterischem Wissen und das Tanzen mit Masken. Einer der größten dieser Bünde war *ngürri* im Königreich Bamum (Tardits 1980: 634ff.; Geary 1983: 141f.). Prinzen im Pubertätsalter wurden in die verschiedenen Sektionen des Bundes, ‚Häuser' genannt, eingeführt und lernten während eines zweijährigen Aufenthaltes in einem dieser Häuser die geheimen Instrumente kennen, darunter ein ausgehöhltes Bambusrohr, das einen sonoren Ton erzeugte, wenn es in einen Resonator aus Ton geblasen wurde. Der König selbst bestimmte, welcher Prinz drei bis fünf Jahre lang an der Spitze des Bundes stand.

Kriegerbünde waren weitverbreitet im Kameruner Grasland, und jedes Häuptlingstum und Königreich besaß mehrere solcher Bünde (Geary 1979: 65f.). Sie dienten der Ertüchtigung und dem Training der jungen Krieger; denn ältere Krieger unterwiesen die Neulinge im Gebrauch der Waffen – erst Schild und Speer und seit der Mitte des 19. Jahrhunderts Steinschloßgewehre. Bedeutender noch waren die geheimen Rituale, die die Krieger vor den Angriffen der Feinde schützten. Medizinen sollten bewirken, daß ihnen gegnerische Speere nichts antun konnten oder daß sie gar für den Feind unsichtbar wurden. Am weitesten verbreitet war *manjong*, dessen spektakulären Tänze bis heute nicht vergessen sind, auch wenn der Bund selbst seine Funktion verloren hat.

In ihrer Bedeutung ähneln die Bünde des Graslands anderen Männervereinigungen in West- und Zentralafrika. Neben ihren religiösen Aufgaben dienen sie im sozialen Gefüge der Graslandstaaten, die oftmals im Verlauf ihrer Geschichte die verschiedensten Bevölkerungselemente integrierten, als Mechanismen, um zum Beispiel Großfamilien, Segmente, die im ständigen Wettbewerb untereinander stehen, miteinander zu verbinden. Sie schaffen Ausgleich und bilden zugleich ein soziales Forum zum gemeinsamen Trinken und Informationsaustausch – hier wird Politik unter Männern gemacht. In vielen Bünden werden junge Mitglieder zu vollwertigen Männern und verantwortungsbewußten Mitgliedern der Gemeinschaft erzogen. Schließlich weist das Bundwesen noch ein anderes Charakteristikum auf. Da in den meisten hierarchisch gegliederten Bünden für jede Stufe Einzahlungen in der Form von Nahrungsmitteln an den jeweiligen Leiter und die bedeutendsten Mitglieder erforderlich sind, dienen die Bünde der Umverteilung materieller Werte. Je mehr Zahlungen ein Mann mit Hilfe seiner Großfamilie leisten kann, desto höher sein Prestige. Damit wird die Mitgliedschaft eines Mannes in mehreren Bünden zum Gradmesser seines Reichtums und Einflusses.

Weh-Männer tanzen einen Kriegertanz der manjong-Gesellschaft aus Anlaß eines Begräbnisses. In jedem Häuptlingstum gab es früher mehrere Kriegerbünde, in denen junge Männer den Gebrauch der Waffen erlernten und sich in Ritualen übten, die sie vor den Angriffen der Feinde schützen sollten. Heute leben diese Bünde nur noch in ihren Tänzen. Foto: C. M. Geary, Juni 1983.

Männerbünde als regionales Phänomen

Die meisten Männerbünde des Graslands sind weitverbreitet, und die Prozesse, die zu ihrer Ausbreitung führten, erlauben interessante Rückschlüsse auf die Bedeutung der Bünde als regionales Beziehungsnetz. Die Verbreitung wurde vor allem durch die ‚Käuflichkeit' der Bünde gewährleistet, denn ebenso wie man hohe Eintrittsgebühren für jede Stufe entrichtete, so konnte man das Instrumentarium, die Geheimnisse und die Berechtigung, die Tänze und Maskeraden eines jeden Bundes aufzuführen, von einem Vorbesitzer erwerben. Bünde waren eine Ware, die dem Besitzer ein hohes Prestige brachte, und je teurer ein Bund, um so höher war das Ansehen, das einem sein Besitz verschaffte.

Hier manifestierte sich das Streben nach Prestige und Reichtum, das nicht nur die Handlungen des Individuums prägte, sondern auch die Strategien der Häuptlinge beeinflußte, die in ständigem Wettbewerb miteinander standen. Wenn zum Beispiel bestimmte Kriegerbünde, wie *manjong*, durch ihre wirksame Medizin und kraftvollen Tänze beeindruckten, dann wollte kein Häuptling seinem Nachbarn und Rivalen an rituellen Fähigkeiten und Prestige nachstehen.

Beispiele für den ‚Erwerb' von Bünden sind zahlreich, wenn auch nicht systematisch in der Literatur dokumentiert. In Bangwa, einem Bamileke-Häuptlingstum an der südlichen Peripherie des Graslandes, wurden die verschiedensten Gesellschaften eingeführt, so der Elefanten-Bund, der den Mitgliedern Gelegenheit bot, sich regelmäßig zu treffen und wichtige Ereignisse zu besprechen, und der bei den Begräbnissen verstorbener Mitglieder erschien. Die Bezeichnung des Bundes wies auf die symbolische Bedeutung des Elefanten hin, dessen Stärke Herrschaft und dessen Elfenbein Reichtum symbolisierten (Brain 1971: 100f.).

Der Besitz regulativer Bünde, wie zum Beispiel *kwifon*, zeigte Macht und Unabhängigkeit eines Staates an, während ihr Verlust das Ende der politischen Autonomie bedeutete. Die Gründungsmythen vieler Staaten des Graslands weisen auf diese konstituierende Rolle der Bünde hin. Bamum, das sich im Verlaufe seiner dreihundertjährigen Geschichte von einem kleinen Kern um die Hauptstadt Foumban zum größten Königreich des Graslands entwickelt hatte, unterwarf viele kleinere politische Einheiten und eignete sich das Instrumentarium ihrer Geheimgesellschaften an (Geary 1983: 140ff.; Tardits 1980: 129ff.). Sie wurden entweder in Bamum beibehalten oder aber anderen Bamum-Bünden angeschlossen. Dieser Prozeß der Etablierung und Legitimierung politischer Herrschaft durch den Erwerb von Bünden konnte auch auf friedlichem Wege vor sich gehen, wie die Übernahme der *kweifo*-Geheimbünde in Weh zu Ende des 19. Jahrhunderts bezeugt. Als die Oberhäupter *(te-tshe)* der fünf Viertel des Häuptlingstums ihre Unabhängigkeit von dem schwachen und unbeliebten Häuptling sichern wollten, kauften sie *kweifo* von Häuptlingen in benachbarten Gebieten. Da jeder *tshe* mit der Unterstützung seines Viertels die Instrumente individuell erwarb, hat Weh nun fünf *kweifo* Bünde, die unabhängig voneinander agieren (Geary 1976: 98ff.).

Nko', die Terrormaske des kweifo-Bundes aus Usu in Weh, beugt sich über den verstorbenen Njong Nzüe. Vor der Beerdigung in einem Grab an der Schwelle seines Hauses wird die Leiche aufrecht auf einem Hocker gehalten, während die Begräbnisriten ablaufen. Nko' trägt einen schwarzen Aufsatz aus Fasern und einen Affenbalg auf dem Rücken, das ‚Kind von nko'". Das Kostüm, die symbolische Bedeutung des ‚Kindes' und die animalischen Bewegungen weisen darauf hin, das nko' als ein bedrohliches Wesen der Wildnis verstanden wird. Nur kweifo kann ihn zähmen. Foto: Missionar W. Schneider, 1935.

Die *kweifo*-Bünde in Weh

Die fünf *kweifo*-Bünde von Weh gleichen sich in Struktur und Aufgabenbereich. Jeder Knabe kann im Alter von sieben oder acht Jahren in den Bund seines Viertels aufgenommen werden, sofern ihn sein Vater unterstützt. Eine Initiation im Sinne einer zeitlich begrenzten Periode der Seklusion und rituellen Vorbereitung, wie etwa im *poro*-Bund in Sierra Leone und Liberia, gibt es hier nicht. Vielmehr werden Mitglieder über viele Jahre hinweg kontinuierlich in das esoterische Wissen von *kweifo* eingewiesen und erreichen immer weitere Stufen des Verständnisses. Mit jedem höheren Rang gewinnen sie tieferen Einblick, bis sie schließlich als volle Mitglieder an allen Treffen und Ritualen teilnehmen können. Jede Stufe erfordert hohe Einzahlungen, die nur mit Hilfe der Großfamilie geleistet werden können (Geary 1976: 108ff.).

Die jungen Männer sehen und spielen die geheimen heiligen Musikinstrumente, die „Stimmen des *kweifo*", darunter eiserne Doppelglocken, Trommeln und ein ‚Rasseltornister', der aus einem Gestell aus den Blattrippen der Raphiapalme besteht, an dem kleine Eisenstücke aufgehängt sind. Dieses Instrumentarium gleicht dem anderer *kweifo*-Bünde im Nordwesten des Graslands (Koloss 1985: 12). Weder diese Instrumente noch die Maskengestalten, die Botenmaske *mambu* und die Terrormaske *nko'*, dürfen von Uneingeweihten gesehen werden, da sie sonst an Leib und Leben Schaden nähmen.

Die Männer des *kweifo*-Bundes üben Kontrolle über Nichtinitiierte aus, haben sich damit eine Basis der Macht geschaffen. Frauen unterliegen besonders strengen Geboten und dürfen weder die *kweifo*-Häuser betreten, noch die Instrumente und Maskengestalten sehen. Würden sie zum Beispiel *nko'* während eines Begräbnisses erblicken, so würden sie mißgestaltete Kinder zur Welt bringen. Jede Frau in Weh weiß, wie sie sich in der Gegenwart der *kweifo*-Masken zu verhalten hat. Sieht sie keine Möglichkeit zum Entrinnen, wendet sie sich ab und bedeckt ihr Gesicht mit den Händen, so wie die Frauen während eines Begräbnisses, das im Januar 1984 stattfand.

Wenn ein Mann schließlich die höchste Stufe in *kweifo* erreicht hat und in *ködzong*, ein Gremium von ehrwürdigen Mitgliedern, aufgenommen wird, ist er ein *ngarre wuu*, ein *big man*, ins Pidgin übersetzt, hat Prestige und Einfluß. Nun genießt er alle Privilegien: den Respekt der jüngeren Mitglieder, die Unterwürfigkeit der Frauen und Reichtümer, die ihm über *kweifo* zufließen. Seine soziale Stellung wird zu keiner Zeit deutlicher als nach seinem Tod; denn während seines Begräbnisses manifestieren sich in dramatischer Form die Errungenschaften seines Lebens, zeigt sich der Rang, den er in *kweifo* und anderen Männerbünden, wie *manjong*, einnahm. Während der Tote im Hof seines Gehöftes umgeben von den Männern und Frauen seiner Familie auf einem Hocker gehalten wird, defilieren die Mitglieder aller Bünde, zu denen er gehörte, an ihm vorbei und bereiten ihm einen prachtvollen Abschied beim Aufbruch in die Welt der Verstorbenen.

Bei Begräbnisfeierlichkeiten verkörpern die *kweifo*-Masken die unheimliche, geheimnisumwitterte Kraft und die religiösen Inhalte des

Bundes. Sobald die Botenmaske *mambu* erscheint, verstummt die Menge: Ein Wesen der Wildnis im Federkostüm, mit einer grotesk anthropomorphen Holzmaske auf dem Kopf und Stäben in jeder Hand, bewegt sich mit wilder Kraft, rennt durch das Gehöft des Verstorbenen und wird von Vogelstimmen-ähnlichem Pfeifen begleitet. *Mambu* kündigt die Ankunft von *nko'* an. Wenn *nko'* erscheint, verbreiten sich Furcht und Beklommenheit unter den Trauernden. Ähnlich wie *mambu* ist *nko'* ein Wesen der Wildnis mit animalischen Zügen. Ein schwarzes, unförmiges mit Raphiabast überzogenes Gestell bildet seinen Kopf. Der Körper ist mit Ruß geschwärzt, und auf dem Rücken trägt er das ‚Kind' von *nko'*, den Balg eines Affen. Selbst ein affenähnliches Wesen, springt und kauert er vor dem Verstorbenen und beginnt, Besitztümer des Toten zu zerstören. *Nko'* wird von seinen Begleitern an Seilen gehalten und mit ‚kühlender' Medizin besprengt, um seine unbändige Zerstörungswut, seine ‚heiße', gefährliche Kraft während des Begräbnisses zu zügeln. Wenn das Begräbnis seinen Höhepunkt erreicht, reißt *nko'* den Toten aus der Welt der Lebenden und sendet ihn auf den Weg; denn die Maskengestalt selbst trägt schließlich den Leichnam zu Grabe.

Gerade bei Begräbnissen erkennt man die fundamentale Bedeutung des Bundwesens für Männer, die in den vielen Häuptlingstümern und Königreichen des Graslands leben. Mitgliedschaft bringt Prestige und politischen Einfluß, macht einen Mann zum vollwertigen Teil der Gemeinschaft und wird zum Gradmesser seines Erfolges. Mitgliedschaft bedeutet aber auch, daß ein Mann den korrekten Weg beschreitet und seine religiösen Pflichten wahrnimmt. Nur so wird der Übergang zur Welt der Ahnen gewährleistet, werden sich die Nachkommen seiner erinnern und mit Bewunderung von seinen Taten und seinem Reichtum sprechen.

Anmerkungen

1 Chilver und Kaberry (1967) geben eine Übersicht über die Ethnographie und Geschichte des nördlichen Graslands, in der die Bünde eines jeden Staates erwähnt werden. Ausführliche Hinweise zum Bundwesen in einzelnen Häuptlingstümern und Königreichen finden sich u.a. in Dillon 1973, Engard 1986, Geary 1976, Nkwi 1976, Tardits 1980 und Warnier 1975.

2 Siehe Geary 1983, Gebauer 1980, Harter 1986, Koloss 1977 und 1985 und Northern 1984.

Initiation und Inthronisation bei den Yaka in Zaire

Arthur P. Bourgeois

In Südwestzaire* siedeln in offener Savanne, bewaldeten Steppen und tropischen Wäldern etwa 300 000 Yaka. Sie haben ihre traditionelle Lebensweise als Jäger und Feldbauern bis heute zwar beibehalten, doch die Migration der Männer in nahegelegene Städte und der Kontakt mit der Geldwirtschaft, der Einfluß christlicher Missionen, Schulen und die Kolonial- und Landesregierung haben die traditionellen Institutionen in diesem Jahrhundert verändert.

Zu den traditionellen Organisationen der Yaka gehören *n-khanda* und *lukhaangu*-Institutionen, die zwar nicht miteinander in Verbindung stehen, aber eindeutig Voraussetzungen für männliche Führerschaft sind. Während die *n-khanda*-Initiation gewöhnlich genau bei Erreichen der Pubertät stattfindet, wird die *lukhaangu*-Initiation an einem einzigen erwachsenen oder älteren Mann vollzogen, wodurch er Angehöriger einer herrschenden Elite wird, die jenseits der üblichen Konventionen lebt, von der jedoch das allgemeine Wohlergehen abhängt. Wie im folgenden noch dargestellt wird, schließen beide Institutionen symbolisch Frauen ein, obwohl diese ansonsten von der Mitgliedschaft ausgeschlossen sind.

N-khanda[1]

N-khanda (auch *m-khanda* oder *mukanda* genannt) betrifft die Initiation unbeschnittener Knaben zu erwachsenen Männern und besteht aus rituellen und sozialen Aktivitäten, die in Vorbereitungen, Beschneidung, ‚Buschschule' und abschließende Festlichkeiten unterteilt werden können.

Auf Empfehlung der Ältesten des Dorfes und der umliegenden Weiler wird die *n-khanda* vom Häuptling des Dorfes einberufen. Die Auswahl von Würdenträgern für das Beschneidungslager wird bald zur Tagesordnung. Sowohl den Organisatoren und Würdenträgern der *n-khanda* als auch den jungen Kandidaten werden besondere Titel verliehen, jeder mit den dazugehörigen Würden und Pflichten: *Kahyudi* ist der erste auszuwählende Erwachsene, gewöhnlich eine einflußreiche Person, die bereit ist, die Ausgaben zu übernehmen, das Sammeln von Geschenken zu organisieren und die Rolle des Leiters anzunehmen. Zwei Gehilfen des *kahyudi* sind *nlopo* und *bumbangi*, die als seine Vertreter fungieren und die finanzielle Belastung mittragen. Die Aufgabe des *bumbangi* besteht insbesondere in der Bereitstellung und Verteilung von Lebensmitteln und dem Tragen der mit Federn bedeckten *mweelu*-Maske. Sein Gehilfe, der gewöhnlich bei den abschließenden Festlichkeiten mit der *kholuka*-Maske tanzt, erhält den Titel *n'langala*. Der rituelle Spezialist *yisidika* kommt in die Gemeinschaft, die seine Dienste ersucht, mit den für männliche Fruchtbarkeit geeigneten Zaubermitteln; hierzu können auch die gefürchtete *kakuungu*- oder *mbawa*-Maske seiner *lineage* gehören. Sind weitere magische Abbilder und Vorführungsmasken gewünscht, wird ein Maskenhersteller hinzugezogen, der eine sekundäre Rolle als ritueller Würdenträger spielt (*nkalaweni*). Zwei Frauen werden für die Rollen der *yifika* und ihrer Gehilfin *ikumbi* ausgewählt, sie sind mit der Zubereitung von Lebensmitteln beauftragt und haben als einzige Frauen Zugang zum *n-khanda*-Lager. Weitere Rollen werden von früher initiierten Knaben (*tolumbusi*) angenommen, die als Hüter agieren und anderen Würdenträgern helfen – sie müssen sowohl verantwortungsbewußte Personen als auch gute Tänzer sein, die zum Schluß auftreten. Die Familien der Kandidaten wählen *itapa* aus, eine oder mehrere Personen, die für die Beschneidung bestimmter Kandidaten verantwortlich sind. Die Kandidaten der *n-khanda*-Initiation (*tundaanzi*) werden ebenfalls nach Alter gruppiert; die ältesten und zweitältesten haben Vorrang als Führer, denen andere Knaben zugeteilt werden.

Die verschiedenen Untergruppen und Herrschaftsbereiche der Yaka und Suku in Zaire.

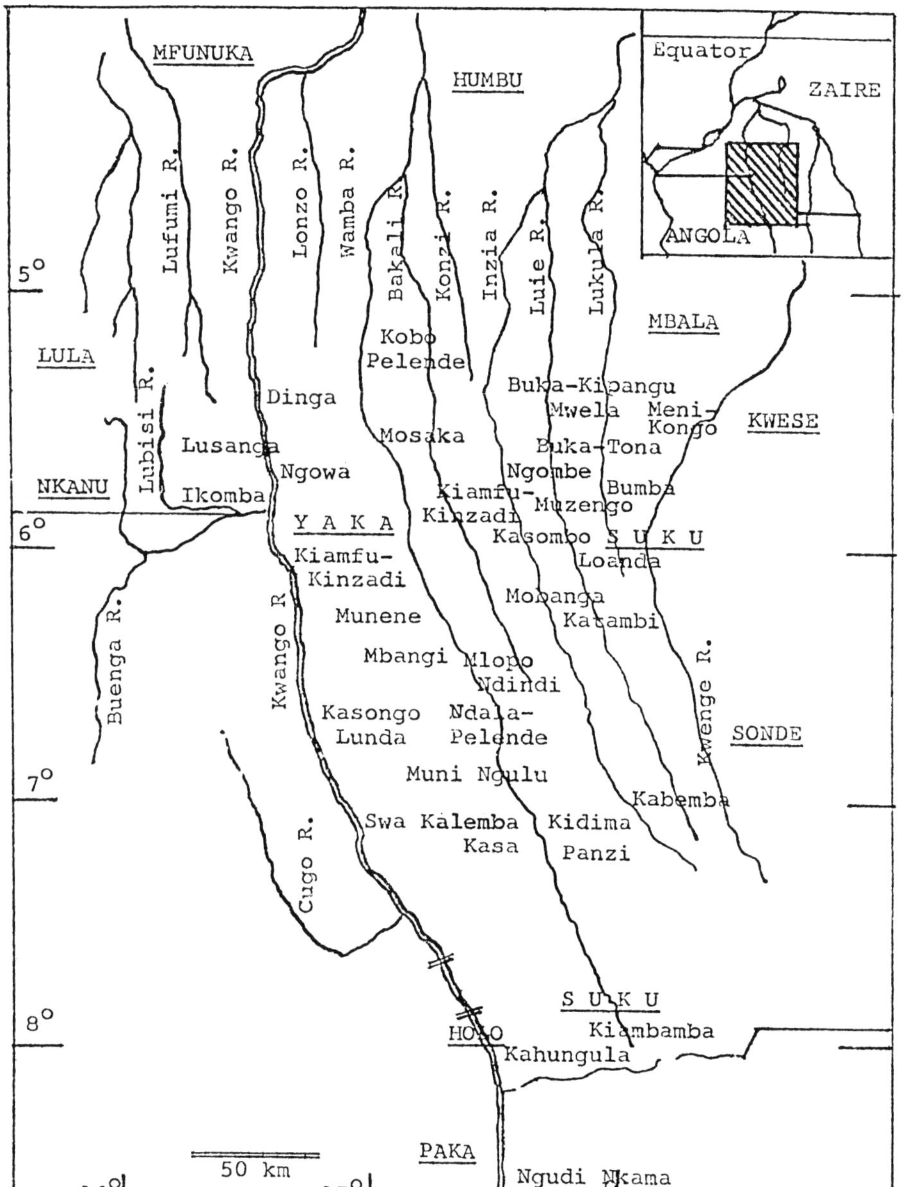

Etwa ein Monat vor Beginn der *n-khanda* wird eine gemeinsame Jagd organisiert, um die Gazelle *tsetsi* zu suchen. Eine erfolgreiche Jagd bedeutet ein gutes Omen für den erfolgreichen Ausgang der Beschneidung und der *n-khanda*. Die jungen Kandidaten erbitten dann traditionelle Geschenke von Verwandten aus der Umgegend. Währenddessen wird in der Nähe des Dorfes, das die *n-khanda* einberufen hat, ein Gebiet gerodet und mit dem Bau einer *nzofo*-Hütte begonnen, die zwei nebeneinanderliegende, für die Kandidaten bestimmte Eingänge hat. Diese Hütte wird von hohen Trennwänden umgeben, und alle Eingänge werden mit Raphiafaserbehängen verdeckt. Dann pflanzt der rituelle Spezialist *yisidika* überall im Lager Zaubermittel ein, von denen das esoterischste mit der Regenbogen-Python assoziiert wird.

Die Eröffnung der *n-khanda* beginnt damit, daß die jungen Kandidaten, Würdenträger des Lagers, männlichen Verwandten und Besucher in den Wald gehen, um einen *mukaamba*-Baum (*chlorophora excelsa*) zu suchen. Dieser wird durch Einschießen eines Pfeils ausgewählt, gefällt und in das Dorf, in dem die *n-khanda* stattfindet, transportiert. Bei diesem Ereignis gesungene Lieder beziehen sich sowohl auf den alten Ursprung der *n-khanda* in Koola, dem Lunda-Ursprungsort, als auch darauf, Frauen zu verspot-

In den Wochen nach dem großen Fest zum Abschluß der mehrjährigen Buschschule, ziehen die frisch initiierten jungen Männer durch die Region, um sich in Schautänzen als die neuen Mitglieder der Gemeinschaft der Erwachsenen vorzustellen und Geschenke einzusammeln. Erst danach erfolgt die Aufhebung aller Tabus dieser Übergangsphase und die Verbrennung des Buschlagers. Foto: van Doorslaer.

ten und männliche Solidarität zu bewirken. An diesem Abend erscheint manchmal die *kakuungu-* oder die *mbawa*-Maske mit Kostümen aus Fellen und Palmfasern, um Frauen und Kinder zu erschrecken und schwangere Frauen aufs Korn zu nehmen. Bei Dämmerung steckt der *yisidika* mit Hilfe anderer *n-khanda*-Würdenträger Zaubermittel in ein Loch, und der *mukaamba*-Baum wird neu eingepflanzt. Dann wird ein langes Lied angestimmt, in dem namentlich erwähnte Ahnen um Schutz angerufen werden, die jungen Kandidaten werden dem rituellen Spezialisten und dem Leiter der *n-khanda* formell vorgestellt, und der Abend endet mit einem Tanz rund um das Feuer und den *mukaamba*-Baum. Die Beschneidung findet früh am nächsten Morgen unterwegs oder innerhalb des Initiationslagers unter Trommeln und Gewehrschüssen statt; persönliche Zaubermittel, die der rituelle Spezialist zum Probieren anbietet, werden den Initianden in die Hand gegeben, und Stücke von mit Blut beschmiertem Maniokbrei werden zusammen mit dem getrockneten Fleisch der Gazelle *tsetsi* gegessen – einem klugen Tier, das begrifflich mit den Initianden identifiziert wird. In einem verbotenen Gebiet hinter der *nzofo*-Hütte wird die Vorhaut zusammen mit Bananenpflanzen vergraben, und die Würdenträger erhalten stärkende Zaubermittel.

Während der nächsten Tage bleiben die Neubeschnittenen im Freien, werden von Würdenträgern des Lagers schikaniert und dazu gezwungen, bei Sonnenaufgang und Sonnenuntergang lange Zeit mit ausgestreckten Armen auf einem Bein zu stehen und dabei einen Fuß gegen das Knie des anderen zu stellen. Essentabus sind auferlegt, und sie müssen sich in einer *n-khanda*-Geheimsprache unterhalten – eine umfassende Reihe von Ersatzworten. Am dritten Tag nach der Beschneidung werden die Initianden im allgemeinen versammelt, tragen Gewänder aus losen Palmfasern und werden singend zu einem kalten, rauschenden Fluß geführt, wo der aus Blättern und Erde bestehende Verband abgenommen und die Wunde gesäubert wird. Der rituelle Spezialist *yisidika* errichtet drei Barrikaden, die den Weg zum Dorf blockieren, um versteckte Mißgunst oder Übel seitens der weitverzweigten Familienmitglieder abzuwehren. Der Gebrauch von Masken während der Initiation dient demselben Zweck.

Mit dem Heilen der Beschneidungswunden beginnt eine Zeit der Arbeit und Lehre, die überall zwischen einem und drei Jahren dauert, und in der bereits vorhandene Fähigkeiten von Hausbau bis Mattenweben oder Tanzen verbessert werden. Die Anwendung geeigneter Sprichwörter und Aphorismen bei der Erörterung eines Streitfalles oder der Verächtlichmachung von Untergebenen wird gelehrt. Der hauptsächliche Zeitvertreib während dieser Zeit besteht in Gruppenjagd und Erfahrungen beim Fallenstellen. Früher war das Waffentragen als Krieger ein wichtiger Bestandteil der Lehre. Die mit Federn bedeckte *mweelu*-Maske tanzt, und manchmal trägt einer der Initianden diese Maske, um Tiere oder Lebensmittel aus einem nahegelegenen Dorf zu stehlen.

Die Kholuka-Maske, hier ein Beispiel der nördlichen Yaka, tritt bei den Abschlußfeierlichkeiten anläßlich der Wiedereingliederung der Initianden in die Dorfgemeinschaft auf. Eindeutige sexuelle Anzüglichkeiten sind typisch für den bei dieser Maskengattung kennzeichnenden figürlichen Aufsatz. In seiner Darbietung verstärkt der Tänzer selbst noch diese Anzüglichkeiten in Worten und Gesten. Privatsammlung. Foto: T. Verwilghen.

Vor der Entlassung aus dem *n-khanda*-Lager wird eine machtvolle Maske dazu benutzt, die Essenstabus zu brechen. Einer der Initiierten oder ein Würdenträger trägt die *mweelu*-Maske, um Kaolin vom Dorfhäuptling oder einem rituellen Spezialisten (*ngaanga*) zu erbitten und Frauen entgegenzutreten. Die Neuinitiierten werden dann von einem maskierten Würdenträger ins Dorf geführt, der sie gebückt in einer Schlangenlinie gehen läßt, wobei jeder seinen Gefährten mit einem Arm zwischen den Beinen festhält.

Bei den abschließenden Festlichkeiten findet eine Tanzvorführung der Würdenträger und Initiierten in dem Dorf, das die *n-khanda* einberufen hat, statt, wobei einige der Tänzer eine Reihe paarweise auftretender Masken mit Palmblattkrausen tragen. Eine große Tanzplattform wird im Dorf errichtet und dient als Bühne für die *n-khanda*-Würdenträger und andere Tänzer. Die maskierten Tänzer besteigen diese Plattform nicht, sondern erscheinen paarweise in der dichtgedrängten Menschenmenge. Alle warten auf den Tanz des *n-khanda*-Würdenträgers *n'langala*, der sich mit einer teilweise verdeckten Maske nähert, die er auf der Schulter trägt. Diese als *kholuka* oder *mbaala* bekannte Maske trägt als Aufsatz eine kunstvoll verzierte figürliche Szene, die häufig sexuellen

Humor ausdrückt. Beim Tanz des *n'langala* wird die Maske, begleitet von gesungenen Versen, vorgeführt. Zusätzlich zur offenkundigen Sexualität der Verse und den übertrieben starken Beckenstößen kann es geschehen, daß ein hölzerner Phallus vorgezeigt wird oder daß gar der Tänzer sein Gewand abwirft, um sein eigenes Geschlechtsorgan zu zeigen. Wenn der Tumult der Menge abgeklungen ist, nehmen Würdenträger den Tanz wieder auf und der *kholuka*-Tänzer erscheint erneut, aber die Menge zerstreut sich bald darauf und die Festlichkeiten sind beendet. Im Anschluß daran erfolgen während der nächsten Wochen Schautänze in der ganzen Region, um die Neuinitiierten vorzustellen und Geschenke einzusammeln. Beim endgültigen Abschluß der *n-khanda* wird der mächtigste Maskenzauber miteinbezogen, alle Tabus werden aufgehoben, und in der Nacht werden die *n-khanda*-Masken und das Buschlager verbrannt.

Abgesehen von dem beharrlichen Wunsch eines jeden Elternteils schafft das gemeinsame Bestreben erwachsener Männer ein einzigartiges, von altehrwürdigen Traditionen sanktioniertes Umfeld, in dem die Hilflosigkeit, Verantwortungslosigkeit und Unbotmäßigkeit der Heranwachsenden überwunden wird. Ein in sich stimmiges Bild von Disziplin und Bestrafung wird geschaffen, und die aufkeimende Sexualität wird erkannt und gefeiert. Nur durch absolutes Vertrauen in die Weisheit der Ahnen werden das Überleben der Beschneidung und das Bestehen der Belastungsprüfungen für möglich gehalten. Eine andauernde Gruppensolidarität wird außerhalb der Domäne der Frauen oder des ziellosen und vernachlässigten Lebens der Knaben gefördert. Kraftquellen aus kosmologischen und sozialen Wirklichkeiten sind in zahlreichen Zaubermitteln vereinigt, und die Masken fungieren als aggressive Kraftquellen oder als Schutzvorkehrungen, um Übel abzuwenden. Und schließlich hat der Mann, der als Erwachsener anerkannt ist und über Verwandtschaftsbeziehungen ausgewiesen ist, Aussicht, von Frauen umworben zu werden und eine Familie gründen zu können.

Lukhaangu[2]

Die Amtseinsetzung eines Distrikts- oder obersten Häuptlings wird bei den Yaka *lukhaangu* genannt und wird hier als die primäre Amtseinführung in einen ausschließlich Männern vorbehaltenen Bund, den der Häuptlinge, behandelt. Die zahlreichen Unterdistrikts- und Distriktshäuptlinge der Yaka, an deren Spitze der *kyaambvu*, der Oberhäuptling von Kasongo Lunda steht, sind direkte Nachkommen der Lunda-Eroberer des 18. Jahrhunderts. Ihre Untertanen, die Yaka, stammen aus einer Vermischung verschiedener Kongo- und Lunda-Bevölkerungsgruppen und Enklaven von Tsamba, Ngongo, Hungana und Mbundu, die als frühere Einwohner betrachtet werden und von denen viele eigene Landrechte beibehalten haben.

Tod und Bestattung eines Yaka-Häuptlings umfassen die rituelle Aufnahme seiner Lebenskraft in einem Kaolinklumpen, das Verstekken der Häuptlingsinsignien, das Verlegen seiner Behausung an den Dorfrand und fast ein Jahr offizieller Trauer. Während dieses Interregnums übernimmt der *tsakala*, der Mutterbruder des Häuptlings, die wichtigste politische und rituelle Rolle, der als ritueller Spezialist eine Vermittlerfunktion zwischen den unterworfenen Bevölkerungsgruppen und der Linie der herrschenden Lunda-Abkömmlinge hat.

Die Amtseinsetzung eines neuen Häuptlings beginnt mit einer Versammlung der Familienoberhäupter mit einem benachbarten Dynastie-Häuptling. Die Wahl eines Nachfolgers wird formell verkündet, und der *tsakala* präsentiert der Gruppe die geheiligten Insignien der Führerschaft. Zu diesen Insignien gehören Arm- und Knöchelring aus Kupfer (*kazekedi*), das zweischneidige Schwert (*mbeedya phoko*), ein Korb, der neben anderen Gegenständen einen Kaolinklumpen (*pheemba*) enthält, zwei spitzendige Ambosse (*ndzuundu*) und die Eckzähne eines Leoparden. Ein Huhn wird geopfert und sein Blut auf die Insignien gespritzt, um sie vom Blut der Zauberei zu reinigen. An diesem Abend gehen fünf Personen rückwärts in eine mit Palmbehängen verschlossene Hütte für eine Zeit der Ruhe und der Absonderung: der Häuptlingsanwärter (*n-yaadi*), seine

Zu den Herrschaftsinsignien gehört unter anderem das zweischneidige Schwert, mit dem ein neuer Chef nach der Bestätigung durch die Ahnen vor dem Chef der Lunda oder seinem Vertreter tanzen muß. Im Tanz werden die Ereignisse der Lunda-Eroberung memoriert. Am Ende des Tanzes wird das Schwert zwischen den Füßen des Chefs der Lunda in den Boden gestoßen. Bei seinem Zug durch seinen Herrschaftsbereich trägt er das Schwert und außerdem den Leopardenzahn als Zeichen seiner Würde und Macht. Foto: Privatarchiv.

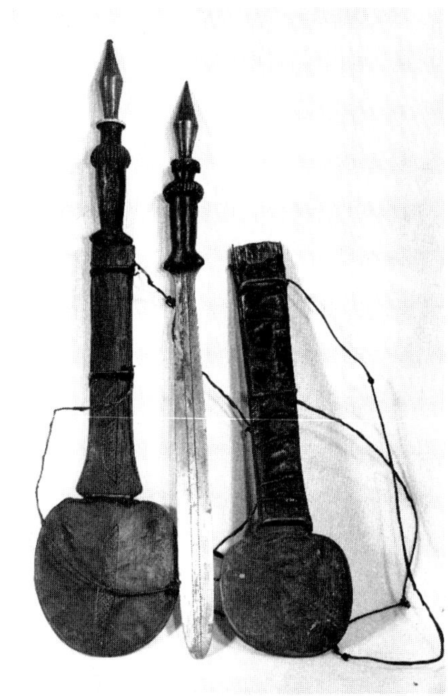

Hauptfrau (*mwaadi*), der rituelle Spezialist der Amtseinsetzung (*tsakala*), der künftige Gehilfe des Häuptlings (*n-lobu*), bei dem es sich um einen seiner klassifikatorischen ‚Brüder' handelt, und schließlich seine klassifikatorische ‚Schwester' (*nambaandza*).

Diese fünf tragen einen Palmblattbehang über Schultern und Brust, und die Häuptlingsinsignien werden in die Obhut der *mwaadi* gegeben. Bei dieser Gelegenheit wird im allgemeinen eine Weissagung dadurch vorgenommen, daß der *kazekedi*-Armreif zum rechten Arm des Häuptlingsanwärters geschnellt wird. Wenn er den Arm verfehlt und zu Boden fällt, ist dies eine Warnung vor der Ablehnung der Ahnen. Eine andere Form der Weissagung erfolgt durch die gemeinsame Jagd auf ein geflecktes Tier mit Krallen, deren Erfolg die Billigung der Ahnen anzeigt. Bei Tagesanbruch führt der Vertreter des *tsakala* mit Waffen in der Hand einen Kriegstanz vor der Seklusionshütte auf, während andere Personen in der Nähe Gewehre abfeuern. Der *tsakala* führt dann die in der Hütte befindlichen Personen in einer Reihe heraus, wobei diese gebückt, jeder die Hand auf den Rücken des Vordermannes gelegt, bis zu einer mit Palmblättern behängten Umzäunung gehen. Dann wird ihr Körper mit der roten Erde eines Termitenhügels eingerieben, und sie müssen auf einem Bein stehen, wobei der andere Fuß gegen das Knie gestützt ist.

Mit Hilfe des Feuersteins der Ahnen entzündet der neue Häuptling ein Feuer, um die Flamme innerhalb seines Dorfes auszuteilen, und schließlich beginnt er mit seinem Büffelschwanz-Fliegenwedel in der Hand den Tanz des Herrschers. Dieser Tanz simuliert einen Angriff auf einen Würdenträger, der am anderen Ende des Platzes sitzt. Hier werden mythische Ereignisse der Lunda-Eroberung in Liedern und Gesten neu inszeniert. Dann schwingt der neue Häuptling sein Schwert vor dem Würdenträger und stößt es schließlich zwischen dessen Füßen in den Boden. Dieser Repräsentant früherer Bevölkerungsgruppen bietet dem Häuptling in einer besonderen Tasse Palmwein an und versichert ihm seine Untergebenheit.

Anschließend kehrt der Häuptling mit der *mwaadi*, dem *tsakala* und der *nambaandza* zu der rituellen Umzäunung zurück, um von einem rituellen Spezialisten, der einen Herrscher aus einem benachbarten Distrikt repräsentiert, weiter eingeführt zu werden. Weiße Linien werden von den Augen zu den Schläfen gemalt, eine Ranke um jeden Teilnehmer gewunden, sie werden mit Wasser übergossen, dann mit Moos besprenkelt, und Männer tanzen nackt vor der Gruppe. Im Rahmen dieses Rituals wird dem Häuptling seine Macht, die Oberaufsicht, übertragen. Die *mwaadi* händigt dem neuen Häuptling die Hauptinsignien aus, und alle Anwesenden begrüßen das Ursprungsland der Lunda. Dann wird ein schwarzer Widder von der erregten Menge gefangen und geopfert, und an diesem Abend wird dem Knöchelring *kazekedi* ein menschliches Ligament oder das des Widders hinzugefügt.

Die die früheren Bevölkerungsgruppen repräsentierenden Würdenträger erweisen dem neuen Häuptling ihren Respekt, erhalten von ihm das Fell einer Zibetkatze und salben den Herrscher ihrerseits mit dem Kaolin ihrer eigenen Ahnen. Dann werden die Doppelglocke und die kleinen Ambosse aus den Insignien des Häuptlings präsentiert, und der neu eingesetzte Herrscher organisiert eine Reise durch den Distrikt zum Sammeln von Tributen.

Einige Zeit nach der Amtseinsetzung wird eine Umzäunung für den Ahnenschrein (*bindzandza*) vor der Hütte des Häuptlings errichtet, in die ein Baum gepflanzt wird, der jeden seiner herrschenden Ahnen re-

Die Chefs der Yaka gelten als die direkten Nachkommen der Lunda-Eroberer des 18. Jahrhunderts. Sie sind in einem Bund zusammengeschlossen, an deren Spitze der Chef von Kasongo Lunda steht. Der Nachfolger eines verstorbenen Chefs wird durch Kooption von den Bundmitgliedern gewählt und muß sich einem Aufnahmeritual unterziehen. Hat er bestanden, so wird er in einer Sänfte durch seinen Herrschaftsbereich getragen. Foto: F. L. Michel 1903. Musée Royal de l'Afrique Centrale, Tervuren.

präsentiert und der von seiner Erstfrau gepflegt wird. An der Rückseite seiner Behausung wird eine kleine rituelle Hütte (*ndzo malala*) gebaut, die Abbilder der Totemtiere des Häuptlings, des Leoparden und des Krokodils, enthält. Gleichermaßen wird eine Ranke von einer Wand zur anderen gespannt, die *kyandzangoombi*, die Regenbogen-Python, symbolisiert, und durch andere Objekte wird Bezug auf Sexualität, Feuer, Jagd und die Schmiede genommen. Dem Ethnologen Renaat Devisch zufolge erwirbt der Häuptling seine Herrschaftsgewalt, indem er kosmische, soziale und körperliche Gegensätze aussöhnt, als Vermittler der Fruchtbarkeit des Volkes und des Bodens wirkt und Aggression und Zauberei kontrolliert.

Künftig muß der Häuptling seine verstorbenen Vorgänger durch die Bewahrung der Armreifen und des Kaolins beschwichtigen, Trankopfer und andere Opfer zu ihren Ehren darbringen und Gebete an den Gräbern der Ahnen und besonders bezeichneten Plätzen sprechen. Der Häuptling hat die Funktion des Richters und Schlichters bei Streitigkeiten zwischen den Dörfern oder im Falle der Beraubung Fremder, und er hat den Vorsitz bei Verhandlungen mit auswärtigen politischen und wirtschaftlichen Verbänden. Als Symbol der Ergebenheit seiner Untertanen bleibt das sporadische Sammeln von Tributen sein besonderes Vorrecht, obwohl bestimmte symbolische Gegenstände wie Felle oder andere Teile von Tieren, die mit Souveränität assoziiert werden, zum Beispiel Leopard, Büffel, Elefant und weiße Federn gewisser Vögel, den ‚Amtsweg' über die Kette von Obrigkeiten nehmen müssen. Heute sind kooperative Bestrebungen zwischen gleichrangigen Häuptlingen, anders als bei Bestattungen und Amtseinsetzungsritualen, Reaktionen auf äußeren Druck seitens der Regierung. Früher betraf die gegenseitige Kooperation zwischen Häuptlingen Widerstand oder Angriff gegen einen gemeinsamen Feind.

Bei der *n-khanda* und *lukhaangu*-Initiation werden eine Reihe ritueller Parallelen sichtbar: die Anrufung eines mythischen Ursprungslandes der Lunda mit seiner prestigeträchtigen Hierarchie und seinen Ahnen; die symbolische Rolle der Frauen *mwaadi*, *nambaandza* und *yifika* in ansonsten von Männern dominierten sozialen Bereichen; das Pflanzen bestimmter Bäume als lebende Denkmäler; der rituelle Gebrauch von Palmblättern und Palmfasern als Trennwände, Gewänder und Halskrausen, um Absonderungszonen zu markieren und Fruchtbarkeit zu symbolisieren; die erfolgreiche Jagd als ein gutes Omen für den Erfolg bei anderen Bemühungen; der Bezug auf die esoterische Regenbogen-Python bei der Ordnung von Gesellschaft und Natur; die vogelähnliche Stellung bei Tagesanbruch und Dämmerung, bei der die Initianden mit ausgestreckten Armen auf einem Bein stehen, wobei sie den anderen Fuß gegen das Knie gestützt haben; die Wiedergeburt, die durch das gebückte Heraustreten aus der Hütte nach der Phase der Trennung ausgedrückt wird; und letztendlich die neue Identität, die durch die Annahme eines neuen Namens festgehalten wird.

Der Zweck beider Institutionen besteht in der Integration und dem Ausbau sozialer Strukturen, der Neutralisierung antisozialer Tendenzen und der Sicherstellung der Fortpflanzung des Lebens in der Zukunft. Gruppenidentität wird durch die Ahnenverehrung bewirkt, die die Vermittlerrolle des Häuptlings und der Dorfältesten bei der Sicherung des sozialen Wohlergehens und der Fruchtbarkeit betont, denn über die Ahnen wird gegenseitige soziale Abhängigkeit erhalten und werden Verbote durchgesetzt. Verschiedene soziale Rollen werden in Masken und rituellen Paraphernalien personifiziert und vergegenständlicht, die wiederum gegen Übel schützen sollen. Das Verhältnis der Yaka zu den Ahnen drückt sich kurz in ihrem Sprichwort aus: *kweenda kwaaku, mukele ndzila, muvilaako:* Gehe, wo ein Weg ist, und du gehst nicht verloren (van der Beken 1978: 15).

Anmerkungen

* Aus dem Englischen übersetzt von Monika Friesinger.

1 Die folgenden Angaben basieren auf persönlichen Beobachtungen aus dem Jahre 1976 im Popokabaka-Sektor, auf Erzählungen von Distrikt- und Dorfhäuptlingen und auf den Schriften von R.Devisch, M. Plancquaert und H. van Schingen. Die traditionellen Bezüge werden im folgenden im Präsens beschrieben, obwohl sie keineswegs unverändert fortbestehen.

2 Die Beschreibung des rituellen Ablaufs und die Interpretation des *lukhaangu* gründen sich auf Beobachtungen, die R. Devisch 1972 in Yitaanda gemacht hat. Vergleichbares berichten L. de Beir und A. van der Beken.

Der *bwami*-Bund der Lega im östlichen Zaïre und seine Kunst

Michael J. Casimir

Der *bwami*-Bund der Lega im östlichen Zaïre ist in mehrere Rangstufen gegliedert, in die vor allem Männer initiiert werden, die bestimmte moralische Qualitäten besitzen und besondere Fähigkeiten und Leistungen vorweisen können. Der *bwami*-Bund ist auf das engste mit den Normen und Werten der Lega-Gesellschaft verbunden. Zahlreiche, den einzelnen Rängen zugeordnete und besonders bei der Initiation verwendete Masken, Statuetten und Figurinen, häufig aus Elfenbein, sind Sinnbilder des moralphilosophischen Gedankenguts dieses Bundes.

Siehe dazu auch Farbseite XV.

Männerbünde und Geheimbünde sind in ihren klassischen Hauptverbreitungsgebieten (Westafrika und Melanesien) seit dem Beginn des 20. Jahrhunderts immer wieder untersucht und beschrieben worden. Schon früh wurden Klassifikationen dieser Gesellschaften angestrebt. So hat bereits Butt-Thompson für Westafrika (1929: 18–20) eine Einteilung der Gesellschaften *(„Pagan Societies")* in drei Haupttypen mit insgesamt zwölf Unterkategorien vorgenommen, die er jedoch selber als nur vorläufig betrachtet. Eine begriffliche Auseinandersetzung anhand der Bezeichnungen ‚Männerbund' und ‚Geheimbund' findet sich bei Schlesier (1955) am Beispiel Melanesiens ausgeführt. Er weist darauf hin, daß Männerbünde und Geheimbünde in zahlreichen Merkmalen übereinstimmen. Das Wort ‚Bund', so sagt Schlesier (1955: 242), beinhaltet die Freiwilligkeit des Eintritts, und zumindest nach seiner regionalen Untersuchung Melanesiens gelangt er zu der generellen Feststellung:

„Sicher sind die Begriffe ‚Männerbund' und ‚Geheimbund' nicht gerade glücklich gewählte Begriffe. Auch der Männerbund ist ‚geheim', auch der Geheimbund umfaßt im wesentlichen nur Männer bzw. gestattet – wie der Männerbund – nur einigen alten Frauen die Aufnahme. Schließlich verbindet man mit dem Wort ‚Bund' den Gedanken der Freiwilligkeit des Eintritts, was aber für den Männerbund gar nicht, für den Geheimbund nur mit Einschränkungen zutrifft..." (ebd.)

Zahlreiche Zusammenschlüsse von Männern in den verschiedenen Ethnien, besonders in Afrika, lassen sich daher nicht leicht in bestehende Klassifikationen einordnen. Einer dieser Zusammenschlüsse ist der *bwami*-Bund, der im östlichen Zentralafrika eine recht weite Verbreitung hat. Er ist nicht nur auf spezifische, von Männern bestimmte Bereiche des Lebens bezogen, sondern ist integraler Teil aller Lebensbereiche. Der *bwami*-Bund findet sich bei den Bembe, den Nyindu, besonders jedoch bei den Lega im Gebiet des östlichen Zaïre.

Die Lega

Die Lega (oft auch Rega oder Warega genannt) wurden das erste Mal ausführlicher durch Delhaise (1909) beschrieben und sind durch die gründlichen Untersuchungen von Biebuyck in den fünfziger Jahren, auf die ich mich in meinen Ausführungen stütze, sicher zu einer der am besten untersuchten Ethnien Zentralafrikas geworden.

Die Wirtschaft dieser Gruppe, die im dichten zentralafrikanischen Regenwald lebt, beruht in ausgewogener Weise auf Feldbau, Jagd und Sammeln, jedoch werden auch Schafe und vor allem Ziegen gehalten; Bananen und Fleisch bilden die Grundnahrung. Eine gewisse Bedeutung hat auch der Handel und innerhalb der Gruppe gilt *musanga*, aus Teilen des Gehäuses der Achatschnecke gefertigt, als Zahlungsmittel.

Mit dem bwami-Bund der Lega in Zaïre und seinen Ritualen stehen Tausende von Skulpturen in Verbindung. Die Abbildung zeigt sogenannte kalimbangoma, das heißt Statuetten und Tierfiguren aus Holz, Knochen oder Elfenbein, die kleiner als elf Zentimeter sind, sowie katimbitimbi, das bedeutet ‚kleiner Phallus' und bezeichnet auch die zapfenförmigen Figurinen (vorne links). Alle Objekte: Sammlung M. Casimir. Foto: Rheinisches Bildarchiv, Köln.

Jeder Lega ist eingebunden in seine Verwandschaft. Aus dieser unterscheidet er nun Verwandte *(tuminimini)*, die durchgängig in männlicher Linie von bestimmten Vorfahren abstammen, und Gruppen von Verwandten *(beidande)*, die sich entschlossen haben, mit diesen Abstammungsverwandten zusammenzuleben. Beide Gruppen zusammen, die Abstammungsgruppe und die angegliederten Verwandten, werden von den Lega mit ‚*kilongo*' bezeichnet. Personengruppen aus einem Abschnitt einer Abstammungsgruppe bilden den Kern einer Ortsgemeinde. Zusammen mit den angegliederten Verwandten sowie den Ehefrauen bzw. Ehemännern machen sie die gesamte Ortsgemeinde aus. Nahe Verwandte werden nicht geheiratet, doch können weitläufig miteinander verwandte Personen aus einer Abstammungsgruppe heiraten; die gleichzeitige Ehe eines Mannes mit mehreren Frauen ist gestattet.

Der Vorsteher einer Ortsgemeinde wird nach Zugehörigkeit zu einer verwandtschaftlichen Kerngruppe, nach Alter, aber besonders nach Charaktereigenschaften ausgewählt. Dörfer in unmittelbarer Nachbarschaft besitzen häufig eine Kernbevölkerung aus einem einzigen Segment einer Abstammungsgruppe mit dem entsprechenden Vorstand für eben dieses Abstammungssegment.

Die Lega umfassen sechs Regionalgruppen in den Regierungsbezirken Shabunda, Mwenga und Pangi, doch finden sich weitere Teilgruppen in den Territorien benachbarter Ethnien.

Der *bwami*-Bund

Bei all diesen Lega-Gruppen hat der *bwami*-Bund, als ein hierarchisch gegliederter Zusammenschluß im wesentlichen von Männern (nur in einigen Fällen sind die Ehefrauen hochrangiger Mitglieder berücksichtigt), eine wesentliche Bedeutung für eine Fülle von Aspekten des Zusammenlebens der Menschen. In leicht abgewandelter Form findet der *bwami*-Bund sich auch bei den benachbarten Ethnien der Lega, den Bembe und den Nyindu.

Biebuyck bezeichnet *bwami* als eine „voluntary association", also einen freiwilligen Zusammenschluß von Mitgliedern in einem Bund, um damit zum Ausdruck zu bringen, daß man weder automatisch durch Geburt in diesen Bund aufgenommen wird noch daß jede männliche Person bei den Lega einen der Grade in der *bwami*-Hierarchie innehat oder innehaben kann. Die Mitgliedschaft in diesem Bund kann nur erworben werden und ist in diesem Sinne freiwillig, doch setzt die Aufnahme bestimmte Fähigkeiten und Leistungen voraus.

Gefestigte Verwandtschaftsbeziehungen und, mit der Unterstützung durch Verwandte, ein gewisser Wohlstand, spezifische Charaktereigenschaften des ‚Bewerbers' und intensives Durchleben der Übungen und der Lernprozesse während der Beschneidungsriten sowie viele Kinder sind Eignungsvoraussetzungen für die Aufnahme in den *bwami*-Bund. Diese gelten in besonderem Maße für den Aufstieg in die höheren Ränge.

Bwami, so sagt Biebuyck (1973: 66ff.), repräsentiert im Denken der Lega die Essenz und das letztendliche Ziel des Lebens. *Bwami* umfaßt alle Dinge und ist vieles in einem. *Bwami* umfaßt auch Moral und Philosophie, denn die Initiationen zielen besonders auf die Ausbildung moralischer Tugenden des Kandidaten ab. Durch zahllose Sprichwörter, aber auch durch die Tänze und dramaturgischen Inszenierungen, besonders während der Initiationen, und durch die Gegenstände, die mit dem Bund und seinen rituellen Handlungen in Verbindung stehen und durch die seine Bedeutung symbolisiert wird, schafft der Bund seinen eigenen, spezifischen Kunststil. Weil der *bwami*-Bund Tausende von Skulpturen hervorbringt, benutzt, erklärt und in Umlauf bringt, kann er auch als eine Vereinigung zur Förderung der Kunst bezeichnet werden. Doch *bwami* ist mehr – es ist eine Religion, eine Religion ohne Götter, wie Biebuyck (1973: 67) sagt; *bwami* ist ein wesentlicher sozialer und politischer Machtfaktor und eine ökonomische Kraft, durch die investiert wird, Güter produziert, verteilt und umverteilt werden. *Bwami* ist daher sowohl ein Bund mit einer Organisationsstruktur, aber auch eine Weltanschauung. Man kann Mitglied im *bwami*-Bund sein und dadurch quasi „*bwami* haben". Eines der Sprichwörter der Lega, symbolisiert durch eine Statuette mit Armstümpfen, lautet daher auch: „Ein Mensch ohne *bwami* ist wie ein Mensch ohne Arme".

Bwami repräsentiert als übergreifende Organisation auch Macht und Autorität, die die Gefühle der Zusammengehörigkeit fördern und die die Basis für gemeinsame Aktionen bilden. Letzteres zeigte sich in der Vergangenheit immer wieder in gemeinsamen Widerständen der Mitglieder des *bwami*-Bundes gegen Sklavenjäger, koloniale Verwaltung und christliche Missionare mit ihren Versuchen, eine neue Religion einzuführen. In der Region hatte der Islam Fuß gefaßt, doch war es ihm nie gelungen, einen Einfluß im Lande der Lega auszüben.

Nur Männer	**Männer und Frauen**	**Nur Frauen**
kindi		*bunyamwa*
yananio		
	bulonda	
ngandu		
	bombwa	
kansilembo		
kongabulumbu		

Die acht Ränge des bwami-Bundes

Ganz prinzipiell – obgleich es einige regionale Besonderheiten und Abweichungen gibt – umfaßt der *bwami*-Bund nach Biebuyck (1986: 12ff.) acht Ränge, wobei die beiden hohen Ränge *yananio* und *kindi* in einige hier nicht aufgeführte Unterklassen aufgeteilt werden.

Zum *bwami*-Bund haben alle beschnittenen Männer sowie alle Frauen von initiierten Männern Zugang, wenn sie die bereits erwähnten Kriterien erfüllen; doch wachsen die Anforderungen, die an den Kandidaten gestellt werden, mit der Höhe des Ranges, der erworben werden soll. So ist es für einen unverheirateten Mann unmöglich, die höheren Grade zu erreichen. Für die beiden höchsten Grade für Männer, *yananio* und *kindi*, ist es notwendig, daß wenigstens eine der Frauen des Initianden bereits einen der korrespondierenden, für Frauen zugänglichen Ränge innehat. Die Ränge *bombwa*, *bulonda* und *bunyamwa* sind denjenigen Frauen zugänglich, deren Männer bereits in die Ränge *ngandu*, *yananio* oder *kindi* initiiert sind; *bunyamwa* ist nur den Frauen zugänglich.

Die Initiationen

Im Idealfall durchläuft nach Biebuyck (1973: 73–74) innerhalb eines rituellen Zyklus, der bis zu einer Woche dauern kann, ein Kandidat, der in den *bwami*-Bund aufgenommen werden möchte, die Gesamtheit aller Rituale, die ihn zu einem Grad führen. Die rituellen Zyklen sind jeweils nach den wesentlichen Objekten, Handlungen oder Ideen benannt, die in den Ritualen von tragender Bedeutung sind. Während dieser Zyklen werden Aphorismen und Sprichwörter gesungen, getanzt und interpretiert und die verschiedenen natürlichen und gefertigten Ob-

Iginga nennen die Lega Skulpturen des bwami-Bundes, die größer als elf Zentimeter sind. Die Abbildung zeigt zwei große Holzstatuetten (30,5 und 31 Zentimeter) aus dem Besitz eines Lega im kindi-Rang aus dem Dorf Kombe (Maitili/Schabunda) und eine aus dem Dorf Lugutu (Schabunda) stammende sakimatwematwe-Figur, das heißt eine Figur mit mehreren Gesichtern, die sowohl einen Sprecher, aber auch den, der ihn belauscht, symbolisieren kann oder einen Ertrinkenden und den, der ihn rettet. Sammlung M. Casimir. Foto: Rheinisches Bildarchiv, Köln.

jekte vorgeführt, beurteilt, manipuliert und von Gruppen von bereits Initiierten herumgetragen. Während dieser Rituale beobachtet und lernt der Kandidat die zahlreichen und komplexen Handlungen. Er wird geleitet von denen, die ihn in seinen Bemühungen unterstützen, von seinem Lehrer und von seinem Tutor. Er selber entlohnt die Teilnehmer mit Nahrung und Geschenken. Die Fähigkeiten und Privilegien, die die Mitglieder der verschiedenen Ränge im *bwami*-Bund genießen, werden besonders durch die zahlreichen, doch von Grad zu Grad zumeist unterschiedlichen natürlichen und hergestellten Objekte symbolisiert. Sie werden in einer speziellen geflochtenen Schulter-Tragetasche aufbewahrt und bei der Initiation eines neuen Kandidaten ausgestellt oder vorgeführt (Biebuyck 1973: Abb. 23–49). Sie werden dann an den Neu-Initiierten oder an eine gesamte Gruppe im neuen Rang weitergegeben. Die Mitglieder des Bundes in den einzelnen Rangpositionen nehmen bei den Initiationen die unterschiedlichsten Aufgaben wahr: Sie sind Tänzer, Trommler und Sänger, besonders jedoch Lehrer und Tutoren der neu zu Initiierenden.

Bwami schafft jedoch keine Möglichkeiten, die vorhandenen Privilegien in direkte Machtausübung umzusetzen. Die Mitgliedschaft mag ein gewisses Ansehen mit sich bringen, schafft aber auch viele Verpflichtungen. Sie führt zu Freundschaften und zwischenmenschlichen Bindungen und, wie die Lega sagen, „Sie bringt Menschen zueinander, die sich sonst hassen mögen“. Von dem Inhaber des *kindi*-Ranges, dem höchsten Rang im *bwami*-Bund, wird gesagt: „Er ist der Große unter den Guten“ (Biebuyck 1973: 93).

Die Kunst des *bwami*-Bundes

Der *bwami*-Bund, so wurde schon gesagt, kann auch als eine Vereinigung betrachtet werden, die die Kunst fördert, sie schafft, beurteilt und in Umlauf bringt. Die Lega sind die Schöpfer zahlloser Masken und anthropomorpher und zoomorpher Statuetten und Figurinen in Holz, Knochen, besonders aber in Elfenbein, die in einer direkten Beziehung zu den *bwami*-Rängen und ihren moralphilosophischen Ideen und Idealen stehen. Diese Objekte werden bei den Ritualen der Initiationen in die jeweiligen Ränge der Hierarchie vorgeführt. Sie symbolisieren bestimmte Merkmale und Eigenschaften des *bwami*-Gedankens und sind zumeist mit moralischen Geschichten oder Sprichwörtern verknüpft, die als Handlungsanweisungen zu verstehen sind. So ist es nicht verwunderlich, daß die Masken, besonders aber die Statuetten, häufig Namen tragen, die direkt mit bestimmten Statusträgern und ihren Handlungsweisen innerhalb des Bundes in einem Zusammenhang stehen. Oft weisen die figürlichen Darstellungen Merkmale auf, die auch in den Aphorismen und Sprichwörtern ausgedrückt werden (Biebuyck 1986: 98ff.). Gleiche oder ähnliche Darstellungen implizieren jedoch nicht unbedingt gleiche Bedeutung. So kann eine häufig vorkommende Figur mit mehreren Köpfen oder Gesichtern *(sakimatwematwe)* einen Sprecher repräsentieren und gleichzeitig den, der ihn belauscht, oder einen Ertrinkenden und den, der ihn rettet (Biebuyck 1986: 91).

Die Beziehung der Tierfiguren zu den Werten des bwami-Bundes liegt in den Merkmalen und Eigenschaften der dargestellten Tiere. Der – allerdings extrem selten dargestellte – Elefant symbolisiert Stärke und Macht. Nur Angehörige des kindi-Ranges, des höchsten im bwami-Bund, dürfen derartige Elefanten besitzen. Sammlung M. Casimir. Foto: Rheinisches Bildarchiv, Köln.

Die Masken

Die Masken lassen sich nach Biebuyck (1986: 125ff.) prinzipiell in fünf größere Kategorien unterteilen, von denen hier die beiden häufigsten Typen *lukwakongo* und *lukungu* erläutert werden sollen. Die *lukwakongo*-Masken sind zumeist aus Weichholz geschnitzt, tragen Bärte aus Bast, und ihre für die gesamte figürliche Kunst der Lega typische herzförmige Gesichtsfläche ist weiß gefärbt. Sie messen zwischen 10 und 23 Zentimeter in der Länge und sind die typischen Insignien des *yananio*, von denen jedes Mitglied normalerweise eine besitzt. Auch können mehrere Initiierte gemeinschaftlich über eine dieser Masken verfügen, die dann vom Tutor der Gruppe aufbewahrt wird. Diese Masken können über Generationen weitergegeben werden. Entweder gehen sie in die Hände eines neu in den Rang des *yananio* aufgenommenen Verwandten über, wenn der Besitzer der Maske stirbt oder wenn er den nächst höheren Rang *(kindi)* erreicht hat. Bei den Ritualen der ‚Weihe' zum *yananio* haben diese Masken in den unterschiedlichen Tänzen und belehrenden Geschichten und in den Darstellungen der Sprichwörter ihre Bedeutung (Biebuyck 1986: 128–150).

Der Typ der *lukungu-Masken* wird durch glänzend polierte, kleinere Masken aus Elfenbein, Knochen oder Holz mit Längen zwischen 5 und 19,5 Zentimeter repräsentiert. Sie sind seltener als die zuvorgenannte Kategorie und sind individueller Besitz einzelner *kindi*. In einem frühen Stadium der Rituale, die in den Rang des *kindi* einführen, werden diese Masken eingeölt und poliert. Sie symbolisieren dann den Übergang des Initianden in den neuen Rang; denn so wie die Maske nach dem Einölen, so glänzt auch der Neuinitiierte in seinem neuen Rang (Biebuyck 1986: 152). Auch in dieser Initiation dienen die Masken wieder zahlreichen symbolischen Manipulationen, die verbunden mit Aphorismen auf die Bedeutung des *bwami*-Bundes und besonders auf die des *kindi* hinweisen.

Figürliche Darstellungen

Die Statuetten sind zumeist aus Elfenbein, seltener auch Knochen oder aus Weichholz gefertigt. Nach (Biebuyck 1986: 41) fallen sie alle kleiner als dreißig Zentimeter aus; die meisten haben eine Höhe zwischen 10 und 16,6 Zentimeter. Nach de Kun (1966) kann man einen mehr abstrakten, gröber bearbeiteten Typ und einen entwickelten, fein gearbeiteten, glatt polierten Typ unterscheiden. Formenreichtum und Bedeutung sind so vielfältig, daß es schwierig bzw. nicht sinnvoll ist, Kategoriensysteme zu erstellen, die sich auf formale Kriterien beziehen, die möglicherweise nur dem europäischen Betrachter ins Auge stechen. Die meisten Lega selbst unterteilen nach Biebuyck (1986: 52–53) die figürlichen Darstellungen prinzipiell in drei Kategorien:

1. *Kalimbangoma* – kleine (unter elf Zentimeter) Statuetten aus Holz, Knochen oder Elfenbein und kleine polierte Tierfiguren sind die wichtigsten Objekte dieser Kategorie. Besitzer dieser Objekte, die als Insignien aufzufassen sind, sind Männer des *yananio*-Grades, aber auch Frauen des *bunyamwa*-Grades sowie manchmal auch Frauen des niedrigen *bulonda*-Grades. Zumeist besitzt jeder initiierte Inhaber des *yananio*-, manchmal aber auch des *kindi*-Ranges nur eine dieser *tulimbangoma*.

Viele Tierfigurinen, die mit dem bwami-Bund in Verbindung stehen, sind nicht bestimmten Tierarten zuzuordnen. Die vierbeinigen länglichen Figuren können im Ritual mal einen Hund, einen Waran oder ein Chamäleon darstellen. Die größere Figur (31 Zentimeter) aus geschwärztem Holz stammt aus dem Dorf Kokolekele (Mwenga), die Herkunft der kleinen Tierfigur (21 Zentimeter) ist unbekannt. Sammlung M. Casimir. Foto: Rheinisches Bildarchiv, Köln.

2. *Katimbitimbi* (wörtl. kleiner Phallus) ist als Unterkategorie von 1. aufzufassen. Sie bestehen aus kleinen Gegenständen in der Form eines Phallus, sind aber auch kleine säulenförmige oder zapfenförmige Figurinen. Die Besitzer sind meist Frauen, die in den höchsten Grad für Frauen, *bunyamwa,* initiiert wurden.

Große, aus Elfenbein oder Holz geschnitzte Phalli sind äußerst selten und finden sich nach de Kun (1966: 96) an den holzgeschnitzten Hokkern der Frauen, nach Biebuyck (1986: 191) als gemeinsamer Besitz der beiden höchsten Grade für Männer, doch werden sie auch in den *ngandu*-Riten benutzt.

3. *Iginga* umfaßt hauptsächlich Skultpuren, die größer als elf Zentimeter sind. Diese Skulpturen können aus allen der bereits genannten Materialien sein. Hölzerne Ausführungen sind besonders den *yananio*- oder *kindi*-Riten zugeordnet. Die Skulpturen aus Elfenbein, Knochen oder Stein sind dem *kindi*-Rang vorbehalten.

Außer der Hauptgruppe *iginga* gibt es jedoch auch sehr seltene, spezifische Darstellungen, wie die des Trommlers zum Beispiel (cf. de Kun 1966: 92). Neben diesen figürlichen Darstellungen findet sich weiterhin eine große Anzahl von anthropomorph verzierten Löffeln sowie Beilklingen, Hämmern und Messerklingen, Flöten und viele weitere Gegenstandsgruppen (Biebuyck 1986: 179–201). Sie alle haben dann ebenfalls eine mehr oder weniger spezifische Bedeutung in den Ritualen und gelten als Symbole für die verschiedenen Eigenschaften und Tugenden der Besitzer.

Tierfiguren

Die Beziehung der Tierfiguren zu den Werten des *bwami*-Bundes liegt nach (Biebuyck 1986: 101ff.) in den Merkmalen und Eigenschaften der dargestellten Tiere, die die Lega als passionierte Jäger gut kennen. So symbolisiert der Elefant, der jedoch extrem selten dargestellt wird, Stärke und Macht; er gehört ausschließlich dem *kindi,* dessen Status der Kraft des Elefanten gleichgesetzt wird. In einigen Ritualen werden die Initianden oder Gruppen von Initianden nach bestimmten Tieren benannt; zum Beispiel nach dem Elefanten, dem Baumschliefer oder nach dem Kuhreiher, einem Vogel, dessen Schönheit und Leichtigkeit für die Eigenschaften der ‚Kinder der *bwami*' steht.

Viele Tierfiguren aus Holz, Knochen oder Elfenbein sind jedoch nicht immer bestimmten Tierarten zuzuordnen. Die zahlreichen, 11 bis 22 Zentimeter langen, vierbeinigen länglichen Figuren können in einem Ritual mal einen Hund, ein anderes Mal einen Waran oder ein Chamäleon darstellen. Wo sie im Lega-Land Verwendung finden, sind sie als Teil der Insignien Besitz eines *yananio* oder eines *kindi.*

In der Kunst der Lega manifestiert sich so *bwami* mit all seinen Idealen, moralischen und philosophischen Gedanken und mit all dem Ansehen, das die besitzen, die Mitglieder des Bundes sind.

Anmerkung

Alle abgebildeten Gegenstände wurden mir während meines zweijährigen Aufenthalts (1970–1971) in Bukavu angeboten. Die Angaben zu Besitzern und Herkunftsgebieten sind somit nicht als absolut gesichert anzusehen.

Dr. Thomas Helmig danke ich für wichtige Hinweise und die kritische Durchsicht des Manuskripts.

Die Initiationsriten *mukanda* und *mungonge* der Tshokwe (Angola)

Marie-Louise Bastin

***Mukanda* und *mungonge* sind die beiden bedeutendsten Männerinstitutionen im Leben der Tshokwe. Ziel der ersteren ist es, den Heranwachsenden auf sein Leben als erwachsener Mann vorzubereiten, was mit der Beschneidung, der unumgänglichen Operation, die vor der Heirat durchgeführt werden muß, beginnt. In der Buschschule werden die beschnittenen jungen Männer schrittweise in die Stammesgeschichte eingeführt, in die sozialen und moralischen Gebote, in die ökonomischen Aktivitäten (insbesondere die Jagd), in diverse Berufe, in die Kenntnisse des ökologischen Umfeldes durch Erlernen der Pflanzen- und Tiernamen, in eine Geheimsprache und schließlich in die Kunst des Singens und Tanzens. Der Eintritt in die zweite Institution ist freiwillig und schafft Verbindung zum Übernatürlichen. Sie läßt die jungen Erwachsenen physische und moralische Prüfungen durchleiden, die sie Selbstbeherrschung und Mut lernen sollen. Sie gibt ihnen das Recht *kayanda* zu schwören, einen Schwur, der ihr Ehrenwort bezeugt. Das letzte Ziel ist, den Vergünstigungen der ritualisierten Bestattung teilhaftig werden zu können, die den Eingeweihten die besten Möglichkeiten bietet, in das Land der Vorfahren einzugehen, um von dort aus für das Glück ihrer Nachkommen Sorge zu tragen. Beide Initiationen beginnen mit institutionalisierten Riten, die von den Ältesten geleitet werden. Ziel dieser Riten ist die Bildung reifer und verantwortungsbewußter Männer.**

mukanda

Der Terminus bezeichnet die Initiation einschließlich der Beschneidung und des Ortes, an dem die frisch Beschnittenen leben. Während des ganzen Rituals werden sie *tundandji* (sing. *kandandji*) genannt. Beschneiden heißt *kushiha,* was Baumann (1932: 4) mit „Töten" übersetzt. Tatsächlich feiert die Operation, die zu Anfang des Übergangsrituals *mukanda* steht, den „Tod" des Jungen und seine „Geburt" in die Welt der Erwachsenen. Die Überlieferung der Tshokwe berichtet von dem am Ursprung des Brauches stehenden Ahnen Safanandenda, der zufällig von dem scharfkantigen Gras *mwengenge* (Cyperus renschii Boeck), das in der Nähe von Flüssen wächst, beschnitten wurde. Er fand, daß es ihm gut getan hatte und weihte auch andere ein. Seitdem wird dieses Ritual zu Beginn der Pubertät mit Entschiedenheit angestrebt.

Die Vorbereitungen

An einem Tag zu Beginn der Trokkenzeit äußert eine kleine Gruppe von Jungen aus dem Dorf, die noch wie *yilima* (Unbeschnittene) behandelt werden und an wichtigen, die Gemeinschaft betreffenden Ereignissen nicht teilnehmen dürfen, den Wunsch, initiiert zu werden. Dafür provozieren sie den *nganga mukanda* (Beschneider), indem sie ihm eine Pfeilspitze aus Eisen hinhalten (*mwivi wa mungamba*). Gewöhnlich werden ihre Hoffnung und ihr Wunsch, erwachsen zu werden, erhört. Der angesprochene Beschneider zeigt seine Zustimmung, indem er den Pfeil in das geflochtene Etui *cikanza* legt, sein Emblem, in dem sich das kleine Messer *tewula* zwischen zwei Kalebassen mit „Heilmitteln" befindet (Baumann 1932: Abb. 10a)[1]. Daraufhin werden mit dem Einverständnis des Chefs und der Ältesten die Vorbereitungen organisiert. Man beginnt mit der Herstellung der rituellen Masken *akishi* (sing. *mukishi*) und der Zubereitung von Maisbier.

Nach ausgiebiger Vorbereitung, während der die Tshokwe-Knaben in Angola auf vielfältige Weise gesegnet werden, erfolgt im Buschlager die Beschneidung, Voraussetzung für die erste Initiation, die ein männliches Kind erwachsen macht. Erschöpft sitzen die frisch Beschnittenen nach der Operation im Gras. Auf die Wunde wird ein Heilmittel gegossen, zur leichteren Handhabung des schmerzenden Penis erhalten die Knaben eine kleine Astgabel. Dundo, Angola. Foto: Archiv Diamang.

Die *akishi a ku mukanda* sind zahlreich. Sie unterscheiden sich durch ihre Namen und ihren jeweiligen Kopfschmuck (Bastin 1961: 233–241; 1988: Abb. 14–19). Die bevollmächtigten Erwachsenen bekleiden sich mit fasergeflochtenen Kostümen, die ihre Körper vollständig verdecken, damit sie nicht erkannt werden können. Tatsächlich wird angenommen, daß der Träger als Naturgeist wiedergeboren wird, der zugleicht beschützt und Angst einjagt. Die Aufgabe dieser *akishi* ist, auf den geregelten Ablauf des Übergangsrituals zu achten und es mit der übernatürlichen Welt zu verbinden. Die wichtigsten *akishi*, die nicht fehlen dürfen, sind *Cikunza* und *Kalelwa*. *Cikunza*, die Heuschrecke, deren konische Haartracht das Horn der Pferde-Antilope darstellt, begünstigt die Fruchtbarkeit und die Jagd und ist Herr der *mukanda*. Alle Tshokwe rufen ihn auch in seiner Eigenschaft als *hamba*, als Ahnengeist an, um in den Genuß seiner Wohltaten zu kommen. *Kalelwa*, die Wolke, mit gefiederter Kopfbedeckung, führt die Reihe der Jungen an und bringt sie an den Ort, an dem die Beschneidung stattfinden soll. Sie ist es auch, der sie nach ihrem Aufenthalt im Busch an ihren Geburtsort zurückführt (Bastin 1961: Abb. 9). Die Funktion der anderen *akishi* besteht hauptsächlich darin, darauf zu achten, daß es den Kindern in der Isolation ihres Buschlagers nicht an Nahrung fehlt; sie holen sie bei den Müttern, die sie durch nasale Laute auf die Notwendigkeit aufmerksam machen, die fertige Nahrung bereit zu halten. Für den Transport werden die Masken von Gehilfen begleitet. So geht es von Beginn der Zurückgezogenheit der Beschnittenen bis zum Abheilen ihrer Wunden, wenn nicht die nacifwa, eine alte Frau nach der Menopause, die ihr zukommende Aufgabe als Köchin des Buschlagers übernimmt. Jeder Jüngling hat einen *cikolokolo* (pl. *yikolokolo*), einen Paten, der während des ganzen Rituals im Auftrag seiner Familie über ihn wacht. Der Beschneider wählt den Ort des Lagers, das immer im Osten (*ku Ngangela*) liegt und von den Paten zwei oder drei Kilometer vom Dorf (*cihunda*) entfernt errichtet wird. Zwischen diesem Dorf und der zukünftigen *mukanda*, wo der nächste Jahrgang der Initianden wohnen wird, roden Männer und Frauen des Dorfes gemeinsam einen Platz *cifwa*. Dort beginnt die Initiationszeremonie.

Der Ablauf des Rituals

Es beginnt mit dem Pflanzen des *mwima*, des beschützenden *hamba*, Symbol für die Ahnen, die das Ritual geschaffen haben und dazu bestimmt, die Gesundheit der Initianden zu erhalten (Bastin 1962: Abb. 65). Vor Beginn dieser morgendlichen Zeremonie geht der Beschneider in den Busch auf die Suche nach den erforderlichen ‚Medizinen' (*yitumbo*) und nach einem jungen

Die monatelange Seklusion der Knaben im Buschlager ist vorbei, ihre Rückkehr ins Dorf wird ausgiebig gefeiert. Hier bietet sich den Knaben die Gelegenheit, im öffentlichen Teil der Feiern ihren Angehörigen die erlernten Kunstfertigkeiten, zum Beispiel Tanzen, Trommeln und Singen, vorzuführen. Dundo, Angola. Foto: Archiv Diamang.

Baum *mwehe* (Hymenocardia acida Tul.). An den Fuß des Baumes bläst der *nganga mukanda,* ein wenig von dem Inhalt einer der kleinen Kalebassen seines *cikanza*-Etuis. Währenddessen fällt ein maskierter Mann den Baum und entfernt die Äste. Sie bringen den Baumstamm zum *cifwa.* Ein Loch wird ausgehoben, auf dessen Grund man die gesammelten *yitumbo*[2] legt, bevor man den Baumstamm darin verankert. Der Stamm wird *mwima,* nachdem der Beschneider über ihm einen Hahn geopfert hat. Der Kopf des Hahnes wird auf der Spitze aufgespießt. In der Zwischenzeit haben die Jäger in der Savanne eine Antilope erlegt, die sie am Fuß des *mwima* niederlegen. Nachdem sie sie abgezogen und ausgenommen haben, reiben sie ein wenig Blut auf das Emblem, damit es den zukünftig Beschnittenen zum Schutz gereiche. So wird der *mwima* durch das Opfer eines Haustieres und eines Tieres aus der Wildnis, in der sich die Knaben bald aufhalten werden, geweiht. Den Hahn verspeist der Beschneider, den Kopf der Antilope essen die Wächter *yikolokolo,* die ihm bei der Ausübung seines Amtes helfen. Der Körper der Antilope wird an die Bewohner des Dorfes verteilt, damit sie ebenfalls an diesem Gemeinschaftsmahl teilhaben.

Danach tanzt die gesamte Gemeinde am Platz *cifwa,* der durch *mwima* geweiht wurde, die ganze Nacht *cisela.* Dieser Tanz, der sich durch betonte Erotik und Freizügigkeit der Gesten, die zwischen den Eltern in einer Art Scherzbeziehung ausgetauscht werden, auszeichnet, findet am Anfang und Ende einer *mukanda* statt. Die Männer liebkosen ungeniert den Busen und das Geschlechtsteil der Mütter, Schwestern, Schwägerinnen, Cousinen und Enkelinnen. Dieses zeigen die Szenen auf geschnitzten Stühlen, die den Tanz *cisela* darstellen und verschiedene Episoden des menschlichen Lebens erzählen (Bastin 1982: Abb. 188–194). Die sexuellen Beziehungen zwischen den verschiedenen Partnern werden also auch hier thematisiert. Alles geschieht, als ob die Gesellschaft vor dem Eintritt in eine Zeit der Krise und Abstinenz das Bedürfnis hätte, sich sinnlich zu berauschen.

Am nächsten Morgen versammeln sich alle bei Tagesanbruch neuerlich auf dem *cifwa*-Platz, wo der Kopf der Initianden bis auf ein kleines Haarbüschel *tuci* auf der Höhe der Stirn von den *yikolokolo* rasiert wird[3]. Daraufhin werden die Jungen zum Ahnenaltar des Chefs *mwana-ngana* geführt, der auf die Stirn eines jeden eine vertikale Linie mit weißer Tonerde (*pemba*) zieht, um sie zu segnen, zu reinigen und um ihnen Glück zu wünschen. Zurückgekehrt zum *cifwa,* helfen sie dem maskierten Mann und der ernannten Köchin *nacifwa* in einem Mörser Blätter, die vom Wind herangetragen wurden, zu stampfen. Während ihrer kurzen Abwesenheit hat der *nganga mukanda* sie in einer runden Getreideschwinge *lwalo* (Sonnensymbol) eingesammelt. So entsteht die Medizin *cisangu*, die der Beschneider anschließend wieder in seine Getreideschwinge gibt. Er schüttet Wasser darauf, das er auf die Köpfe der Jungen regnen läßt, die in diesem Moment *tundandji* werden. *Cisangu* wird ihnen verabreicht, damit sie alles vergessen, was im Dorf vor sich geht, nicht mehr an ihre Mütter denken und während der bevorstehenden Abgeschiedenheit nicht zu sehr abmagern. Zu den *tundandji* zählt der *tumba kambangu* (gewöhnlich ein Sohn des Chefs), von jetzt an für seine Gefährten verantwortlich; zwei *songo*, die immer Anfang und Ende der Gruppe bilden; die anderen sind die *yihindakaci*.

Nun werden die Kinder sofort auf den Schultern ihrer Paten *yikolokolo* auf dem Pfad des *nganga mukanda* zu den vorbereiteten Plätzen *mafwiyo* (sing. *fwiyo*), an der Rückseite der Einfriedung *mukanda* getragen, wobei die *mukishi*-Maske jedem, der folgen möchte, den Weg versperrt. Das ist der Beginn der Beschneidung. Die Novizen legen ihre Kleider ab. Das Haarbüschel *tuci* wird abgeschnitten, mit Wasser vermischt und auf die nackten Körper gerieben, um – so wie der erste Regen (*vula wa muzaza*) – Fruchtbarkeit zu bringen (Baumann 1932:4). Der erste, der sich der Operation unterzieht, ist der *tumba kambangu*. Jeder *kandandji* hat sein eigenes *fwiyo*. Hier setzt man ihn mit gespreizten Beinen auf einen Termitenstein, den Rücken von seinem Betreuer *cikolokolo* gestützt, der ihm gleichzeitig unter die Arme greift. Für die Operation hat sich der *nganga mukanda* eine kaminrote Feder gegen die Angst ins Haar gesteckt und seine Augenwinkel mit rotem Ton *mukundu* bemalt, um Unheil fernzuhalten. In derselben Absicht legt er seinen kleinen Beutel *cikanza*, versehen mit Kalebassen voll schutzbringender Medizin, auf den Kopf des Novizen und bewegt ihn von rechts nach links. Dann zieht er die Vorhaut *musosha* (den weiblichen Teil des Mannes) stramm und trennt sie mit einem sauberen Schnitt seines Messers *tewulu* ab. In der Zwischenzeit hat der *cikolokolo* dem Operierten ein kleines Stück Holz zwischen die Zähne geschoben, damit dieser sich nicht in die Lippen beißt, wenn er vor Schmerzen zittert. Der Beschneider schmiert etwas Medizin aus seinen Kalebassen auf die Wunde, um die Heilung zu beschleunigen. Dem Beschnittenen wird eine kleine Astgabel *ngo mwehe* (siehe unten) in die Hand gegeben, um damit seinen Penis zu stützen, bis die Wunde verheilt ist. Der *cikolokolo* beseitigt die Vorhaut und das auf den Boden geflossene Blut. Sie werden später am Fuß eines Baumes oder pilzförmigen Termitenhügels *cifika* begraben, um zu verhindern, daß sie einem Zauberer in die Hände fallen, der daraus eine Medizin für schwarze Magie machen könnte.

Nach der Operation werden die *tundandji* zum benachbarten Ort *hanga* geführt, wo ihnen der Beschneider etwas Medizin verabreicht, die er speziell für sie im Rükkenpanzer einer Schildkröte *fulu* aus gestampfter Asche, gemischt mit etwas Rizinusöl und verbrannten Penisstützen *ngo* von der vorangegangen *mukanda* zubereitet hat. Um das Gelingen der Operation zu feiern, gibt sich der *nganga mukanda* dem traditionellen Tanz *kusembela* hin, bei dem er zu bestimmten Momenten sein rechtes Knie auf die Erde setzt und den äußersten Rand seines linken Fußes küßt. Nach einem gemeinsamen Mahl werden die *tundandji* von den *yikolokolo* in Strohhütten geführt, die sie für diesen Zweck im Inneren des Lagers errichtet haben. Nun beginnt für die Initianden eine lange Zeit der Zurückgezogenheit. Ein Wächter entzündet mit dem Feuerbohrer auf rituelle Weise ein Feuer, *kahya ya citewa*. Dieses Feuer darf während der Dauer der Riten niemals ausgehen. Muß der *kandandji* seine Notdurft verrichten, geht er zum *ciwanda*, einem großen Baum außerhalb des Lagers; dabei senkt er den Kopf und bedeckt die Augen mit der linken Hand. Jeden Morgen werden die Wunden gereinigt. Man rechnet etwa einen Monat für die Narbenbildung. Während dieser Zeit dürfen die Eltern des Beschnittenen keinen sexuellen Kontakt haben.

Die Zeit der Seklusion

Schließlich kehrt das normale Leben in die Einfriedung zurück. Es beginnt mit dem Bau eines torartigen Gerüstes (*masasa a malangala*) aus dem Holz von *mukala* (Pterocarpus angolensis D.) und von *muhonga* (Caesalpiniaceae) hinter den Wohnstätten der *tundandji*. Das ist ein *yitumbo* (‚Medizin'), damit diese dick werden. In der Mitte des Querbalkens hängen zwei geflochtene Ringe aus Savannengras *shindjahiya* oder *kaswamo* (beide unbestimmt), die durch ihr Hin- und Herschaukeln die Hexer in die Flucht schlagen sollen. Das Errichten der *masasa* erfordert ein Ritual. Bevor die seitlichen Pfosten aufgestellt werden, versieht

Plan des Platzes, auf dem das zweite Initiationsritual mungonge durchgeführt wird, das den jungen Erwachsenen in die Verbindung mit der transzendenten Welt bringt, eine Verbindung, von der Frauen ausgeschlossen sind. Ein breiter Weg trennt die Ost- und Westhälfte, an deren Rand jeweils die sichelförmigen Erdaltäre des zu Schutzgeistern gewordenen Gründerpaares Sambanza und Nambanza errichtet werden. In der Osthälfte brennt das Feuer des Samazemba, des Leiters der Rituale, der sich hier mit seinen Gehilfen aufhält, durch eine bogenförmige Palisade vor den Blicken der in der Westhälfte versammelten Initianden geschützt.

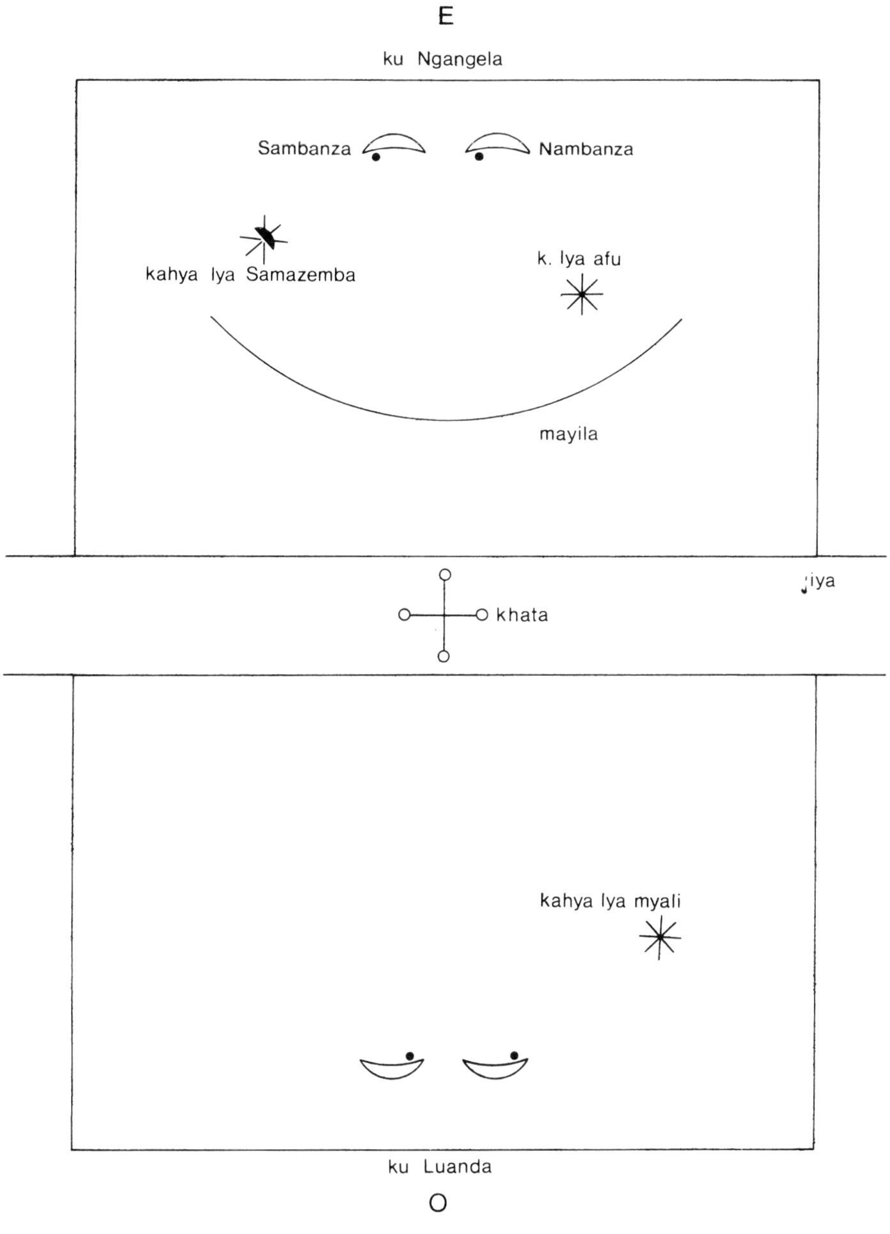

man die Löcher mit verschiedenen Ingredienzen.[4] Der *nganga mukanda* weiht das Gerüst mit dem Blut eines Hahnenopfers. Von diesem Augenblick an sprechen und singen die *tundandji* mit hoher Stimme (davor taten sie dies nur mit tiefer Stimme). Von nun an wird auch der Maniokbrei *cindu*, der ihnen als Hauptnahrung dient, zweimal am Tag, morgens und abends, in dem Gehege *cifwa* nahe von *mwima*, auf einem Feuer, das die *yukolokolo* mit Glut aus dem Lager *mukanda* entzündet haben, von der Köchin *nacifwa* zubereitet. Die Verteilung der Nahrung an die *tundandji* verläuft nach einer eigenen Zeremonie. Ein Betreuer holt sie bei der *nacifwa* ab. Mit dem Brei *cindu* in seiner Getreideschwinge *lwalo* zurückgekehrt, stellt er diese vor dem rituellen Eingang ab. Die *tundandji* gehen um diesen herum und knien in einer Reihe nieder. Ein anderer *cikolokolo*, der ohne maskiert zu sein die Rolle des *samukishi* spielt, stellt sich vor die Novizen. Der erste Betreuer formt eine Kugel aus dem *cindu* und wirft sie über das Tor dem *samukishi* zu. Dieser fängt sie auf und wirft ein kleines Stück davon, während er mit tiefer Stimme (*liji linene*) die gebräuchlichen Worte[5] spricht, Richtung Osten (*ku Ngangela*), danach Richtung Westen (*ku Luanda*), und legt den Rest still auf die Spitze der *masasa*. Das ist das Signal für den anderen Betreuer, mit der Verteilung der Nahrung an die Jungen zu beginnen. Jeder von ihnen erhält seinen Teil, der ihm auf einem Blatt gereicht wird. Dieses wird nach der Mahlzeit von ihnen in Richtung Westen weggeworfen, auf den Ort *cisakiya*, dem sie ihren Rücken zukehren. Diese Zeremonie der *masasa* findet statt, um alles möglicherweise Schädliche in der Nahrung auszulöschen.

An einem gerodeten Platz beim Eingang ihres Lagers lernen die *tundandji*, unter der Leitung des *tangishi*, der die große rechte Trommel spielt, während der ganzen Zeit ihres Aufenthaltes die Kunst des Gesangs und Tanzes. Für letztere zieht ihr Lehrer eine von West nach Ost verlaufende Trennungslinie durch das Terrain. Wenn ein Novize aus Versehen darauf tritt, müssen seine Eltern dem *tangishi* eine Strafe bezahlen. Es werden verschiedene Tänze gelehrt, natürlich vor allem jene, die zu den Masken gehören: *cihongo*, *pwo* und *mungenda*. Außerdem lernen sie das Rad *cilanga* zu schlagen und kleine Pantomimen aufzuführen (Baumann 1932: Abb. 23; Nange 1974: Abb. 13).

Die *tundandji* richten keinen Morgenhymnus an die Sonne, obwohl es für sie heilbringend wäre. Sie dürfen immer nur nach Osten schauen, niemals nach Westen. Sie singen nur, wenn der *nganga mukanda* kommt und für die *nacifwa*, wenn die Nahrung nicht ausreicht.[6]

Um die Mahlzeiten aufzubessern, gehen die *tundandji* regelmäßig auf die Jagd, angeleitet von dem *cikolokolo*, der sie in dieser Kunst unterrichtet, die den Ruhm der Tshokwe ausmacht (Bastin 1961: Abb. 8). Beim Aufbruch zur Jagd verläßt man das Lager immer durch den südlichen Ausgang. Bei ihrer Rückkehr kochen sie das Fleisch auf dem Feuer von *mukanda* und teilen es untereinander auf.

Zweimal in der Woche und wenn die Mondsichel *kakweji ha tetama* das erste Mal sichtbar wird, betätigt ein *cikolokolo* bei Einbruch der Nacht ein Schwirrholz *ndumba mwela* (Baumann 1932: Abb. 19), das wie Löwengebrüll klingt, um den Frauen und Nichtinitiierten Angst einzujagen.

Täglich kommt der *nganga mukanda*, um sich zu erkundigen, ob das Leben im Lager und der Unterricht in normalen Bahnen verlaufen. Er ist es, der das Signal für das Ende der Seklusion und die Rückkehr nach Hause gibt.

Die Abschlußzeremonie

Für die nun folgende Abschlußzeremonie wird wieder Maisbier gebraut, dem man ein wenig von jenem, das nach der Operation der Beschneidung getrunken wurde, hinzufügt. Mit Hilfe ihrer Betreuer machen sich die Initiierten das Kostüm, das sie beim Fest tragen werden: Einen Rock *nzombo* aus weichgeklopften roten Fasern vom Strauch *munzombo* (Syzygium guineense Wild D.C.); eine Kopfbedeckung mit Visier *mukuku* aus farbigem Flechtwerk (Baumann 1932: Abb. 21); Rasseln *sangu*, kugelförmige durchlöcherte Früchte, die auf Schnüre aufgefädelt wurden und an den Beinen getragen werden; zwei Stöcke aus hartem Holz *mishipo*, die als Begleitung zu den Liedern aneinandergeschlagen werden; ein Messer aus Holz *fumu*, mit dem bei der Rückkehr ins Dorf ein Hahn geschlachtet wird.

Am Vorabend tanzen alle die *cisela* in der Umfriedung *cifwa*, während die *tundandji* endgültig das Lager verlassen, um an einem gerodeten Ort *kasanzo*, nicht weit von dort, schlafen zu gehen. Bei Tagesanbruch ziehen sie sich an. Ihre Körper sind mit roter Erde *mukundu* und Kaolin *pemba* bemalt, was ebenso wie das Visier ihrer Kopfbedeckung ihre ‚Maskierung' zum Ziel hat und alles Böse von ihnen fernhalten soll. Als letzte Reinigung streut der *nganga mukanda* aus seiner Getreideschwinge eine Mischung von *pemba* und der Asche *wuto* auf die Jünglinge. Dann kommt die Maske *Kalelwa* sie zu holen. Der Beschneider und die Reihe der *tundandji* folgen ihr schnell bis zur *cifwa;* dort töten sie einen gefesselten Hahn mit ihrem Holzmesser. Nachdem sie sich anschließend hinter eine provisorisch errichtete Abschirmung *luputa* im Kreis hingesetzt haben, singen sie, begleitet vom Klang der Schläge der *mishipo*, vor ihren Familien im Festtagsstaat und bitten sie um Großzügigkeit. Dann kommt einer nach dem anderen hinter der *luputa* hervor, singt und tanzt und stellt so seine neuen Talente vor. Sie werden mit Geschenken überschüttet, mit denen der Trommler *tangishi*, der das Orchester anführt, entlohnt wird. Gewehrsalven begleiten die Feier (Bastin 1961: Abb. 10), die gegen Mittag endet. Die *tundandji* essen am Morgen den getöten Hahn, den ihre Köchin *nacifwa* zubereitet hat. Danach erholen sie sich hinter der Abschirmung im Zentrum des Dorfes und verbringen dort die Nacht. Bei Tagesanbruch führen ihre Betreuer sie zum Baden an den Fluß. Dort werden die Kostüme verbrannt. Nach dem Bad bestreichen die *yikolokolo* die Körper ihrer Schützlinge mit rotem Lehm *mukundu*, um die bösen Geister zu vertreiben; als Zeichen, daß sie alles in guter Gesundheit überstanden haben, steckt sich jeder eine weiße Hühnerfeder ins Haar. Bei der Rückkehr ins Dorf erwartet sie der *nganga mukanda*, und jeder von ihnen muß auf den Kopf der Maske *mukishi* – unter Androhung, verflucht zu werden – schwören, nichts von dem, was sich während der Seklusion ereignet hat und schon gar nicht das Geheimnis der Masken zu verraten, von denen er jetzt weiß, daß sie von Männern getragen werden. Nun werden die Initiierten eingekleidet und erhalten einen kleinen Pfeil und Bogen *uta wa nzenga*. Auf den Schultern ihrer *yikolokolo* werden sie zur Einfriedung *cifwa* getragen; vor ihnen schreitet der *nganga mukanda*, der eine Kalebasse Bier in die Kochhütte der *nacifwa* bringt. Die Familien, die immer noch in Festtagskleidung sind, erwarten sie. Bevor der Pate seinen *kandandji* auf die Erde setzt, muß ihm dessen Mutter als Belohnung ein Huhn oder zwei Meter Stoff übergeben. Der Reihe nach treten die Initiierten in die Kochhütte, trinken ein wenig Bier, spannen beim Herausgehen leicht ihren Bogen und rufen ihren neuen Namen vor den versammelten Eltern. Die Mütter antworten mit Freudengeschrei. Zum Schluß der Zeremonie tanzen alle die *cyanda* auf dem Dorfplatz. Ein Essen bildet den Abschluß der Feierlichkeiten anläßlich der Rückkehr der Kinder, die nun aktive Mitglieder der Gemeinschaft geworden sind. Am nächsten Tag wird dem *nganga mukanda* ein Hahn überreicht, damit er das abgeschiedene Buschlager abbrennt, in dem die rituellen Masken verbrennen oder dem natürlichen Verfall anheimgegeben werden. Als Dank für seine Dienste lädt der Dorfchef den Beschneider zum Essen ein. Sollten der Dorfchef, der Beschneider oder die Köchin während des Ablaufs des Rituals *mukanda* zufällig sterben, wird sofort unterbrochen. Im Jahre 1978 hat die Mehrzahl der Heranwachsenden aus der Region Dundo das Hospital aufgesucht, um sich beschneiden zu lassen. Sie wollten vermeiden, die offizielle Schule zu versäumen. In den Ferien werden sie jedoch zur *mukanda* geschickt, um das Singen und Tanzen zu erlernen. Es sind lediglich die Reichen, die es sich erlauben können, denn beim Eintritt müssen 3000 *kwanzas* an den *nganga mukanda* und an die *nacifwa* gezahlt werden, zum Abschluß sind 7000 bis 10000 *kwanzas* an den Trommler *tangishi* und an die Betreuer *yikolokolo* zu entrichten. Ursprünglich wurden die Bezahlungen in Form von Stoff (*mahina*), Armreifen (*mikosa*), Gewehren (*mata*), Matten (*yikanga*), Hühnern (*tusumbi*) und Ziegen (*mapembe*) geleistet, und in den besseren Tagen der Tschokwe war die höchste Bezahlung sogar ein Rind (*ngombe*). Diese heilige Institution, deren Ursprünge weit zurückreichen, ist bei den nach Zaire emigrierten Tshokwe lebendiger als in Angola selbst, wo sie gerade nur überlebt, da die Lehrinhalte der Buschschule im heutigen Leben der Bevölkerung dort keine wesentliche Rolle mehr spielen.

Ursprungsmythen des *mungonge*

Die Sitte der Initiation der Erwachsenen, *mungonge*, die auf Harmonisierung der Beziehungen zwischen der Gemeinschaft der Lebenden und Toten zielt, stammt ursprünglich von den Lunda, wurde aber von allen Völkern, die von ihnen beeinflußt wurden, übernommen. Crine-Marva (1963) überliefert eine Ursprungsmythe der Lunda nördlich von Shaba (Zaire). Mein Informant Rikenda, der dort geboren ist, sein ganzes Leben aber in der Region von Dundo (Angola) zubrachte, erzählte mir eine andere.

Im Osten von Kasai erhob sich der große Berg Mulundu. Dieser wurde als Zentrum der Welt angesehen. In seiner Mitte gab es ein riesige Höhle, in der die Menschen lebten. Sie wurden von Muyeji (einer Frau) und Tshala (einem Mann) regiert, die die Riten *mukanda* der Beschneidung und *mungonge* der Bestattung einführten. Diese mythischen Personen lehrten das letzte Ritual Sambanza (Mann) und Nambanza (Frau), die zu verehrungswürdigen Schutzgeistern (*mahamba*) wurden, vor allem bei den Tschokwe. Die Geheimnisse von *mungonge* wurden den Frauen enthüllt, und erst später von den Männern übernommen. Mario von Fantinha (1983) liefert eine Erklärung. Ein Bauernpaar hatte eine Tochter Nenga, die mit geschlossener linker Hand geboren wurde. Einmal stellten sie fest, daß ihre Ähren regelmäßig gestohlen wurden. So versteckte sich der Mann eines Morgens, bewaffnet mit Pfeil und Bogen im Feld, um den Dieb zu überraschen. Vom Wald her tauchte

Die weißbemalten, Totengeister darstellenden Initianden des mungonge müssen, auf Ellbogen und Knien ohne aufzublicken in einer Schlange kriechend, sich fortbewegen, bis sie von ‚Geistern' (älteren maskierten Initiierten), die mit Krallen und Dornen bewehrt sind, überfallen und verletzt werden. Dundo, Angola. Foto: Archiv Diamang.

eine riesige Gestalt auf. Voll Angst wartete der Mann, bis der Riese wieder weg war und sah, daß dessen Fußabdrücke weit auseinanderlagen und Zehenabdrücke fehlten. Der Mann kehrte ins Dorf zurück und ging die nächsten Tage nicht mehr auf die Felder, sondern seine Frau ging an seiner Statt. Auch sie wurde Zeugin desselben Schauspiels. Entschiedener als ihr Gemahl und mit einer Hacke bewaffnet, bedrohte sie den Dieb. Der Waldgeist bat sie, ihm nichts anzutun und versprach, sie zu entschädigen. Er enthüllte ihr, daß ihre Tochter Nenga in ihrer geschlossenen linken Hand alles zum Ritual *mungonge* Nötige festhielt. Nachdem der Riese ihr die einzelnen Phasen des Rituals erläutert hatte, übergab er der Frau einen kleinen Zauberstab *mbongo,* damit sie ihn rufen könne. Zurückgekehrt ins Dorf, grub sie ein Stück Land um und errichtete darauf einen Verschlag, in dem das auserwählte Mädchen Platz nahm. Es öffnete seine linke Hand. Darin lagen eine zusammengewikkelte Bogensehne, eine weiße und eine rote Feder und eine kleine Kalebasse mit Medizinen. So entstand *mungonge.* Aber als Nenga auf die Stelzen stieg, um sich auf ihnen wie der Geist *mbongo* zu drehen, stürzte sie sich zu Tode. Als Folge ging dieser Brauch in die Hände der Männer über.

Mutproben

Es handelt sich um einen gerodeten Platz, *zemba,* nicht weit vom Dorf; dieser Platz wird aber nicht wie das *mukanda* der Beschnittenen nach der Zeremonie abgebrannt, sondern im Gegenteil für jede neue Initiation wieder benutzt. *Zemba* ist rechteckig – beiderseits von einem Weg (*jiya*) gesäumt, und in Ost/West-Richtung (*ku Ngangela/ku Luanda*) angelegt. Auf jeder Seite läßt man einen großen Baum stehen. Im Osten ist eine gebogene Schutzwand (*mayila*) aufgerichtet, die die Notabeln vor den Blicken der Kandidaten schützt, welche im Westen Platz nehmen werden.

Ganz nach Belieben, nur dem eigenen Wunsch gehorchend, präsentieren sich eines Tages die Kandidaten für *mungonge* – sie müssen beschnitten sein und sind oft verheiratet und schon Vater eines Kindes – dem *samazemba*, Chef des Rituals, und überreichen ihm eine Pfeilspitze (*mwivi wa mungamba*) als Provokation. Mit genau derselben Herausforderung haben sie als Heranwachsende den *nganga mukanda* veranlaßt, sie zu operieren. Nachdem sie auf diese Weise ihre Absicht öffentlich bekanntgemacht haben, wird mit Zustimmung der Alten ein Datum ausgewählt. Das Terrain *zemba* nahe dem Dorf wird gereinigt. Die angekündigten Zeremonien beginnen mit Einbruch der Nacht.

Um den Ort zu weihen, repräsentiert der *samazemba* mit Hilfe

Nachdem die Initianden eine ganze Nacht lang zu ihren Qualen auch noch eine komplizierte Geheimsprache erlernen mußten, werden sie im Morgengrauen von einem zu gedämpftem Trommelklang auf Stelzen einherschreitenden Tänzer erlöst und dürfen im nahegelegenen Fluß ihre Wunden waschen. Ihre anschließende Rückkehr ins Dorf wird ebenfalls mit einem großen Fest gefeiert. Dundo, Angola. Foto: Archiv Diamang.

der *tulyangu* (Initiierte des *mungonge*) die *mahamba* Sambanza und Nambanza (Bastin 1984: Abb. 4) an jeder Ecke. Diese Schutzgeister werden als sichelförmige Hügel, die den neuen Mond darstellen (*kakweji ha tekama*), abgebildet. Diesen *mahamba* opfert der *samazemba* ein weißes Huhn, dessen Schwungfedern auf den mit dem Blut des Opfers getränkten Hügelkamm gesteckt werden.

Hinter der Palisade *mayila*, wo sich die Notabeln versammeln, entzündet man ein großes Feuer (*kahya*). Es heißt, es hätte sich auf wundersame Weise *yiphuphu* von selbst entzündet, denn es ist in der Tat eine Nacht, in der außergewöhnliche Dinge geschehen. Im Licht des Feuers werden die Körper des *samakhoko*, der *afu a zemba* und der anderen *akishi* (Masken) weiß bemalt. *Samakhoko* unterscheidet sich von den anderen durch eine gefiederte Frisur. Die *afu a zemba*, initiierte Erwachsene, die Totengeister darstellen, sind nur mit *mulamba*, einem zwischen den Beinen durchgezogenen Schurz, bekleidet. Zu den *akishi* zählen die Stelzenläufer *mbongo* und *cikayi*, sowie die Hyäne *cimbungu*.

In der Zwischenzeit sind einige alte *tulyangu* ins Dorf gegangen, um die Kandidaten *myali* (sing. *mwali*) zu holen. Nur mit einem kleinen Schurz *mulamba* bekleidet, ordnen sie sich im Westen des *zemba* in eine Reihe, werfen sich auf die Knie, und drücken das Kinn auf die Erde (Bastin 1984: Abb. 5). Dort warten sie bis der *samazemba* mit tiefer Stimme in einen Mörser, der den Ton verändert, ihren Namen aufruft. Darauf tritt *cimbungu* – die Verkörperung der Hyäne – als erster vor die *mayila* und präsentiert sich zu Trommelklängen den *myali*, indem er sich auf dem zentralen Weg mit seinen kurzen Stelzen seitlich dreht. Diese Maske wedelt mit dem Schwanz, um die Neugeweihten stärker zu erschrecken. Während dieser Vorstellung sammelt der *samakhoko* die „Geister der Toten" *afu a zemba* auf der gegenüberliegenden Seite. Mit Krallen und Dornen bewaffnet, gehen sie auf das Signal von Stockschlägen auf alle Viere, kommen in enggeschlossener Reihe einer nach dem anderen hervor, gestützt auf Knien und Ellbogen, und umkreisen das *zemba*. Die langsame Bewegung der weißen Schlange der *afu*, die das Gras in der Stille der Nacht rascheln läßt, macht die Kandidaten hellwach, aufmerksam und ängstlich. Plötzlich fallen die *afu* im Westen ein, was die Auflösung der Reihe der *myali*, die versuchen ihnen zu entkommen, zur Folge hat. Das Spiel der Trommler übertönt ihre Angst- und Schmerzensschreie. Die *afu* verfolgen die *myali*, kratzen sie mit den Krallen und zwicken und schlagen sie. Der *samakhoko* überwacht die Aktion. Er bewegt sich am Rande des

Terrains, um nicht gesehen zu werden: Auch das gilt als Wunder *yiphuphu*. Auf sein Zeichen tritt plötzlich Stille ein. Die Trommeln verklingen. In die entstandene Stille hinein stimmt die Versammlung der Notablen die *phango* an: *Kasayi ka Jlunga, Cimbungu ca Jlunga, Canganja lupilo muyanda, Tumba munango asele*. Diese Wortspiele müssen sich die Neophyten merken. Hat der *samakhoko* das Zeichen zur Beendigung der Stille gegeben, beginnen wieder die Martern zum Klang des entfesselten Orchesters. Die ganze Nacht wechseln Perioden der Folter und der Stille, in denen die *phango* mit großer Intensität rezitiert werden.

Die Morgendämmerung setzt den nächtlichen Mißhandlungen ein Ende, mit dem plötzlichen Erscheinen von *mbongo* in vollkommener Stille. Der gänzlich weißbemalte Stelzengänger kommt von Osten und durchschreitet langsam balancierend, mit erhobenen geöffneten Händen und pfeifend zum gedämpften Ton der Trommeln das Terrain in seiner ganzen Länge. Diese erlösende Erscheinung ruft Erstaunen und Angst hervor, da Weiß die Farbe der Toten ist. Auch das zählt zu den wichtigen Wundern *yiphuphu*. Bei Tagesanbruch werden die *myali* zum Fluß geführt, um sich zu baden und alle Blutspuren von ihrem Körper zu waschen. Ist das reinigende Bad beendet, bekleiden sich die Novizen, nun *tulyangu* geworden, ganz einfach mit Blättern, die die Geschlechtsteile bedecken und befestigen an ihrer rechten Seite einen biegsamen Zweig *mukumbi* von einer Pflanze mit Stelzwurzeln. In einer Reihe, mit Rasseln *lusangu* in der Hand kehren die neuen *tulyangu* zum *zemba* zurück, wo sie eine neue Prüfung erwartet. Sie müssen *cindu ca Nalubanda* essen, um die entscheidende Eigenschaft der Initiierten zu erlangen. *Cindu* bezeichnet einen Brei aus Maniok. Nalubanda ist eine mythische Frauengestalt. Die Grütze wurde am Vorabend von der Frau des *samazemba* rituell zubereitet. Dazu gibt es etwas Hühnerfleisch. Während der Abwesenheit der Kandidaten fanden hinter der Palisade *mayila* die Vorbereitungen für die Prüfung statt. Aus diesem Brei werden kleine Klößchen geformt und jedes mit einem Stückchen Hühnerfleisch gefüllt. Ein Blatt von *mwanga* (Paropsia sp.) wird sorgfältig zu einem Trichter gerollt und mit einem Grashalm und einem Stöckchen am Ende fixiert. Ein Riemen aus Antilopenleder wird mit roter Tonerde eingerieben, mit Rizinusöl und verschiedenen anderen Medizinen aus einer kleinen Kalebasse weichgeknetet (Bastin 1984: Abb. 1).

Bei der Rückkehr der Novizen vom Fluß begibt sich der *samazemba*, in Begleitung der Helfer zu der Öffnung in der Mitte der Palisade *mayila*. Von der anderen seite aus ruft der *samakhoko* einen *mwali* bei seinem Namen und läßt ihn vor der Öffnung niederknien. Vom Inneren der Absperrung wird ihm ein Bällchen *cindu ca Nalubanda* in der Blättertüte durch das Loch gereicht. Der Kandidat nimmt den kleinen Stab, ißt das Maniok-Bällchen und reicht den improvisierten Teller wieder zurück. In diesem Moment ergreifen die Helfer des *samazemba* sein Handgelenk und binden es mit einer Schlinge, während der Zeremonienmeister den *mwali* verhört und ihn fragt, ob er gestohlen habe, Ehebruch mit der Frau eines Nachbarn begangen habe etc. Die Schlinge wird von zwei *tulyangu* mit Gewalt zugezogen. Unter Schmerzen bekennt der Novize seine Vergehen, klagt dabei und ruft nach seiner Mutter. Die Prüfung wird von Schlägen begleitet, um ein vollständiges Geständnis zu erhalten. Wieder befreit, wird das schmerzende Handgelenk mit Medizinen aus der kleinen Kalebasse eingerieben. So werden nach und nach alle Kandidaten aufgerufen, *cindu ca Nalubanda* zu essen. (Bastin 1984: Abb. 18).

Rückkehr ins Dorf

Nachdem diese Phase des Rituals abgeschlossen ist, kehren die Initiierten aufs einfachste angezogen ins Dorf zurück. Lacht jemand wegen ihres Aufzugs oder streift einer unabsichtlich die biegsame Rute *mukumbi*, haben sie das Recht auf ein Huhn oder eine Ziege. Die Beute wird zum *zemba* gebracht, wo die Tiere getötet werden. Die Köpfe werden den Schuldigen zurückgebracht, die die Besitzer der Tiere entschädigen müssen. Das gekochte Fleisch verspeisen die Initiierten. Dieses Gemeinschaftsmahl endet mit dem Tanz *musheta*. Die Teilnehmer drehen sich gegen den Uhrzeigersinn zum Klang der Trommeln im Kreis und bewegen angestrengt im Rhythmus ihren Hals, rechten Fuß und die entsprechende Hand vorwärts; dazu singen sie.

Danach gehen alle nach Hause. In den folgenden Tagen kommen die neuen *tulyangu* zum *zemba*, um ihre Initiation mit den Alten zu vollenden, die für sie jene *phango*, die sie auswendig wissen müssen, wiederholen und die ihnen *khata*, eine Geheimsprache, und wie sie sich als Initiierte des *mungonge* identifizieren, beibringen. *Khata* besteht aus einer Zeichnung in Form eines Kreuzes in einem Kreis. Es repräsentiert einen Toten (*mufu*) mit Kopf, Beinen und nach links und rechts ausgestreckten Armen. Der Kopf ist nach Osten gerichtet. Diese beschwörende Zeichnung ist in der Mitte des Weges, der den *zemba* in zwei Teile teilt, angebracht. In jeden Kreis wird ein Knoten aus Gras gelegt. Man lernt, wie man den *khata* zu lesen hat, indem man sich ihm gegenüber in Richtung Osten niederkniet und die Hände auf dem Rücken verschränkt. Mit dem Mund ergreift man den Knoten am ‚Kopf' und legt ihn an den Platz der ‚Füße', man nimmt den Knoten der Füße und legt ihn zum Kopf, man nimmt ihn wieder und legt ihn zur ‚rechten Hand', dann neuerlich zu den Füßen, von dort zur ‚linken Hand', schließlich kehrt er von dort wieder zum Kopf zurück.

Außer dieser Prüfung muß die Person, die unter Beweis stellen muß, daß sie erfolgreich in *mungonge* initiiert worden ist, die Wortspiele *phango* ohne sich zu irren aufsagen und angeben, wo sie *cindu ca Nalubanda* gegessen hat. Für die richtige Antwort muß man die rechte Hand nach oben ausstrecken und den Daumen in Richtung Handgelenk auf die Handfläche biegen.

Nach Abschluß des Rituals hat der neu Initiierte das Recht *kayanda* zu schwören, was die anderen verpflichtet, seinen Wort zu glauben. Zusätzlich zum sozialen Prestigegewinn darf er nun auch an den rituellen Begräbnisfeiern für Mitglieder der Bruderschaft teilnehmen, wodurch er direkt mit den göttlichen und den übernatürlichen Kräften des Universums in Beziehung tritt.

Seit mehr als vierzig Jahren wird *mungonge* in Angola nicht mehr gefeiert. In Zaire dagegen ist es bei den Tshokwe immer noch lebendig. Auf den Häuptlingsthronen wird es häufig szenisch dargestellt. (Bastin 1982: Abb. 196).

Anmerkungen:

1 Die Kalebassen *mivungu* für Medizin (*yitumbo*) enthalten die folgende Zusammensetzung: gestampfte Blätter vom Baum *mukwangu* (Memecylon flavorirens Bak.) und von der Pflanze aus der Savanne *cisangu* (Rubiaceae), ein Stückchen Rinderhorn *nange*, Stückchen vom weißen, eßbaren Pilz *kuliya* mit Kaolin *pemba* vermischt.

2 Bevor *mwima* gepflanzt wird, legt man auf den Boden der Grube ein Stück vom weißen Pilz *kuliya*, von einer Kaktusart aus der Savanne *cilombo*, von einer Pflanze mit roten duftenden Blüten *ushiya* aus dem Dorf, Uferschlamm *malowa* eines Baches und etwas Kaolin *pemba*.

3 Das Haarbüschel *tuci* wird auf dem Scheitel des rasierten Kopfes stehengelassen, damit der Beutevogel *ciselele* (Milvus migrans parasitus Daudin) dort picken kann. Diese Erklärung wird den *tundandji* gegeben, damit sie nicht an die bevorstehende Operation denken.

4 In die Löcher, in die das Gerüst *masasa* gestellt wird, legt man ein Stück von einem Vogel *sehelela* (Prionops plumata poliocephala Stanley), von Rinderhorn *nange*, vom Nilpferd *nguvu* sowie vom weißen Pilz *kuliya* und einer Kaktusart *cilombo*.

5 Die folgenden Worte werden nach und nach vom *samukishi* gesprochen, wenn er etwas Brei Richtung Osten (*ku Ngangela*) verschüttet: *„aci ca Safanandenda lunga wa lyengele mwene"*, „das ist für Safanandenda, die Person, die die Operation allein gemacht hat"; wenn er Richtung Westen (*ku Luanda*) schüttet „aci ca yenwe atu api munuliya ko kwene", „das, ihr schlechten Leute, eßt gleich hier". Die tiefe Stimme, mit der der *samukishi* spricht, erinnert an eine Stimme aus dem Jenseits.

6 Lied, das sich an die *nganga mukanda* richtet: Mwandumbe (X., Name des Beschneiders) / *Ho yaya Mwandumba* (Ho Bruder X.) / *Tangunoka tangunoka* (ist gekommen, ist gekommen). An dieser

Stelle stecken sich die Initiierten ein Stäbchen *ndambalo* aus Holz von *mwanga* (Paropsia sp.) hinters Ohr; nachdem sie folgendes gesungen haben, ziehen sie das Stäbchen wieder heraus und werfen es nach Osten: *watetama, watetama* (Ihr sitzt, ihr sitzt) / Ho ho ho (in die Hände klatschend). Für die *nacifwa: nacifwa nzale (nacifwa, wir haben Hunger) O ho ho nzale / nacifwa nzale* / O ho ho *nzale / tundandji ka kuciye* / O ho ho *nzale / Ahikiye cikwo* (Mach uns noch etwas anderes zu essen) / O ho ho *nzale / tundandji* / O ho ho. Dadurch vorgewarnt, bittet *nacifwa* die Mütter um etwas mehr Maniokmehl.

7 Die rote Farbe der Tonerde *mukundu* beschwört gleichermaßen das Blut, das während der Beschneidung vergossen wurde und (wie das der Mädchen, die ihre erste Menstruation haben) Fruchtbarkeit bedeutet. Die weiße Farbe des Kaolins *pemba*, vom Rinderhorn *nange*, vom Pilz *kuliya* (oft in Medizinen verwendet) symbolisiert Unschuld und Frieden.

Die Bruderschaft der Berufsjäger *mayanga* bei den Tshokwe (Angola)

Marie-Louise Bastin

Unter den heute 600 000 in Angola und Zaire lebenden, zu den Bantu-Völkern zählenden Tshokwe spielt die Jagd bis auf den heutigen Tag eine über ihre Funktion für die Ernährung hinausgehende große Rolle im religiösen und rituellen Leben. Die Tshokwe pflanzen im Regenzeitfeldbau Maniok an und halten Ziegen, Schafe und Schweine, seltener Rinder. Im Gegensatz zu den kaum vorhandenen Feldbauritualen ist die Jagd bis in unsere Tage von einer beeindruckenden Aura umgeben: Die Stellung der Jäger, der privilegierte Jägerberuf, der Zusammenschluß der Jäger in Bruderschaften, Jagdriten und Jägerdämonen zeigen an, daß die Tshokwe früher ein ausgesprochenes Jägervolk waren.

Alle Tshokwe, Männer, Frauen und Kinder jagen. Die gesamte Gemeinschaft jagt zur Trockenzeit, wenn Buschfeuer gelegt werden, um das aufgeschreckte Wild den Jägern zuzutreiben; Frauen und Kinder fangen indessen Ratten und Vögel. Trotzdem gibt es überraschenderweise Jagd, die Professionellen vorbehalten ist.

Diese Experten sind – oft auf übernatürliche Weise erwählt – Mitglieder der Bruderschaft *mayanga*, in die sie nach einer Initiation eintreten. Dort lernt man den Gebrauch von Fetischen, sei es zum Schutz, sei es um die Tiere leichter aufzufinden und anzulocken. In früheren Zeiten wurden sie in Fallen gefangen oder mit Schleudern erlegt. Später verwendete man Pfeile, die besonders reichhaltig bewehrt waren (Baumann 1935: Abb. 55–56). Ab dem 18. Jahrhundert kam das Steinschloßgewehr in Gebrauch, das über die Karawanenwege ins Land gelangte. Der Berufsjäger *yanga* wird für seinen Mut, sich oft ganz allein den Gefahren von Savanne und Wald auszusetzen, bewundert. Er hat das Recht, sich bei Festen mit *sala* aus roten Federn das Haar zu schmücken. Wenn er stirbt, wird ein besonderes Begräbnis für ihn veranstaltet.

Die initiierten Jäger *yanga*

Die drei Sterne einer Reihe des Sternbildes Orion, die *kashitu* (Tier), *kawa* (Hund) und *mutu* (Mensch) heißen, sind eine jahrtausendealte in den Himmel eingeschriebene Vorausdarstellung des Jägers, der für Fleisch sorgt.

Von Jugend an lernt ein Tshokwe unter Führung seines Paten während der Buschschule *mukanda*, die an die Beschneidungszeremonie anschließt, zu jagen. Obwohl alle Männer der Gemeinschaft jagen können, sind nur wenige Mitglieder des Bundes *mayanga*, der initiierten Professionellen, deren Schutzherr *tata ya uyanga*, der ‚Vater der Jagd' ist. Als Mitglied hat man das Recht auf ein Heiligtum *katunda*, das den jagdbegünstigenden Geistern *mayanga* geweiht ist. Sie sind durch drei Termitenbaubrocken *cifika* (Cubitermes sp.) repräsentiert, die in Form kubischer Köpfe gestaltet wurden mit angedeuteten Augen und Mund. Vor ihnen finden die Gebete vor Jagdbeginn statt, auf ihnen wird das Dankesopfer bei der Rückkehr dargebracht (Bastin 1978: Abb. 7). Im Dorf erkennt man den Wohnsitz eines Jägers *yanga* an *mwima*, dem Trophäenbaum neben seiner Tür, auf dem sich nach und nach die Schädel der erlegten Tiere versammeln (Carvalho 1890: 248). In unmittelbarer Nähe sieht man eine Art Konstruktion, einen aus Stangen grob zusammengefügten rechteckigen Käfig (Carvalho 1890: 256), in dem das im Busch erlegte Wild transportiert wurde.

Die Tshokwe sind von alters her passionierte Jäger, die vielfältige Jagdmethoden entwickelt haben. Jeder Tshokwe versteht sich zwar auf die Jagd, dennoch gibt es eine eigene Berufsgemeinschaft der Jäger, die einen Bund bilden, dessen Mitglieder eine herausgehobene, geachtete Stellung in der Tshokwe-Gesellschaft einnehmen. Hier kehren drei Jäger mit einer erlegten Pferde-Antilope von der Jagd zurück. Dundo, Angola. Foto: Archiv Diamang.

Das ausschlaggebende Zeichen, das dem *tata ya uyanga* verrät, ob ein junger Jäger würdig ist, in den Bund aufgenommen zu werden, ist sein wiederholtes Jagdglück beim Erlegen großer Antilopen ohne die Zuhilfenahme von Zaubermitteln. Das zeigt nämlich deutlich, daß der Geist eines verstorbenen Jägers ihn erwählt hat und beschützt. An dem Tag, an dem der Erwählte erneut eine schöne Beute heimgebracht hat, versammelt der ‚Vater der Jagd' die Mitbrüder bei der Antilope, die man auf Blätter gebettet hat, und bereitet sich auf die Weihe des Novizen oder *mwana* (Kind) vor. Er läßt ihn auf den Kopf des erlegten Tieres steigen, heißt ihn die Hände auf den Rücken zu legen und bindet ihm die kleinen Finger mit einem Schnürchen *(lwonji)* zusammen. Danach fordert er ihn auf, sich seinen neuen Namen als zukünftiger *yanga (jina lika unazange lya uyanga)* aus denen der berühmten Namenspatrone des Berufes zu wählen, die der *tata* drei- oder viermal in einer langen Litanei aufzählt. Der Novize schließt mit einem Zeichen des Kopfes einen Namen nach dem anderen aus, bis er schließlich den richtigen gefunden hat. Die kleinen Finger werden ihm gelöst. Er ergreift sein Gewehr und proklamiert feierlich seinen neuen Namen, zum Beispiel: *Yami Kahapasokola mbinga* (ich bin der, der die Hörner ausreißt). Der *tata ya uyanga* nimmt einige Blätter vom ‚Bett' des Opfers und steckt sie diesem ins Maul. Danach wird das Tier mit den Blättern zum Haus des *mwana* gebracht. Dort bereitet der *tata* die Medizin *cisukulo* für die Weihe. In einem Mörser mischt er Blätter von *cisangu* (Rubiaceae), *mwanga* (Flacourtiaceae) und *mutatu* (Trichostachys microcarpe K. Schum.) mit denen aus dem Maul der Antilope. Er zerkleinert sie und fügt etwas Speisebrei *(wufaci)* aus dem Magen des Tieres zu. Mit dieser Paste reibt er Arme und Beine des Novizen ein und spricht dazu folgende Worte: *„mwana wa yanga walela molu, keshi kulema molu"* („mögen deine Beine leicht und nicht schwer sein, mein Kind"). So wird man *yanga.* Allerdings muß man vom ‚Vater' noch die Kunst erlernen, Fetische herzustellen, die den Jäger auf langen Jagdmärschen begleiten und die er auf seinem eigenen kleinen Altar verehrt. Dieser enthält die Schutzgeister *mahamba,* die Tier- oder Menschengestalt haben können; andere sind Gehörne oder Agglomerate aus dem Zahn eines verstorbenen Jägers, der Spitze eines Herzens, einem Auge, einer Gewehrkugel etc. (Bastin 1978: 57–61; 1989: 17–21). Diesen magischen Objekten wird bei der Rückkehr von erfolgreicher Jagd etwas Blut *(manyinga),* Mageninhalt *(wufaci),* ein kleines Stück Leber *(lyali)* und etwas Lunge *(cihunguhungu)* des Beutetiers geopfert.

Die Initiation eines neuen *yanga* dauert fast ein Jahr; während dieser Zeit gibt er die Brust jedes erlegten Tieres als Honorar an seinen Lehrer ab. Zur endgültigen Aufnahme in die Bruderschaft wird ein Fest veranstaltet. Dieses schließt mit dem Tanz der Jäger: Bewaffnet mit einem Gewehr tanzen sie im Kreis: dazu singen sie und vollführen die charakteristischen Schulterbewegungen *yipaya.*

Gewöhnlich geht ein *yanga* allein auf die Jagd. Wenn es sich aber ergibt, versammeln sich auch mehrere Professionelle, um gemeinsam ein großes Tier zu töten. Auf diese Weise erlegten die Tschokwe im letzten Jahrhundert Elefanten, um Elfenbein zu gewinnen. Stellt eine Wildkatze, die um die Siedlung streunt, eine besondere Gefahr dar, sorgt eine Gruppe von *yanga,* daß sie gefangen wird, was mit einem Freudenfest rund um den Kadaver gefeiert wird. Der Balg kommt dem Erdherrn *mwanangana* zu. An manchen Statuetten des Jäger-Heroen Tshibinda Ilunga ist die gesamte Ausrüstung eines *yanga* repräsentiert (Bastin 1978: 68–83).

Die Aufnahme in die Berufsgemeinschaft der Jäger erwirkt man durch wiederholtes Glück bei der Jagd auf große Antilopen, ohne Zaubermittel zu benutzen. Das gilt als Zeichen, daß der Geist eines verstorbenen Jägers den jungen Jäger erwählt hat. Eine einjährige Initiationszeit folgt, erst dann ist er vollwertiges Mitglied des Bundes und darf beim Tanz der Jäger mitmachen. Dundo, Angola. Foto: Archiv Diamang.

Das Begräbnis eines *yanga*

Der initiierte Jäger besitzt einen wichtigen Sozialstatus bei den Tshokwe. Wenn er stirbt, wird er sitzend, in der sonst nur noch dem Erdherrn *mwanangana* vorbehaltenen Position, begraben. 1978 hat mir der *yanga* Satshinupwa einige Informationen über den Verlauf dieses feierlichen Ritus gegeben.

Wird der Tod eines *yanga* bekannt, kommen die *ana* (pl. vomwana), die er in seiner Kunst unterrichtet hat, in einer Reihe, einer hinter dem anderen, seinen Vordermann mit den Händen um die Mitte fassend, der Älteste vorneweg; er trägt Blätter des *muhonga* (Caesalpiniaceae), die er unter den Leichnam legt. Unter den Kopf des Verstorbenen legt er zwei Blätter von *mutatu* (siehe oben), die er übereinander kreuzt und mit einem Stäbchen wie mit einer Stecknadel fixiert. Gemeinsam singen die *ana* nun die Formel „*twakwaliya muhela*" („dein Bett ist bereitet") und rufen den Geist des Toten, um auch selbst am Jagdglück teilzuhaben. Sie holen die Patronentasche *(ngonga)* des Verstorbenen und entnehmen ihr Kugeln *(mbundu)* und Schießpulver *(fundanga)* und laden damit das Gewehr *(uta)*. Die kleine Gruppe bricht auf, um einen Vogel zu töten, dessen Blut dem verstorbenen *yanga* geopfert wird, damit dieser in Frieden in die andere Welt gehen kann. Auf ihrem Weg singen sie:

mutwale, mutwale
mwana maliliya uyanga
mutwale nu
führe mich, führe mich
Sohn, der die Jagd anruft
führe mich.

Wenn die Beute gemacht ist, kehren die *ana* ins Dorf zurück, immer noch in einer Reihe und sich um die Mitte fassend und singen folgendes Dankeslied:

mahezo, mahezo
ngambu jafwa yifo
mahezo, mahezo
kapalanga ka uyanga
es ist wahr, es ist wahr
(welch ein) Glück, ich habe getötet
es ist wahr, es ist wahr,
hoffen wir, immer Wild zu finden.

Beim Haus des Toten angekommen, setzen sie den Vogel auf dessen Brust und reiben etwas Blut an den Hinterkopf.

Danach geht der Neffe (oder Sohn) des *yanga* allein auf die Jagd, tötet noch einen Vogel und setzt diesen bei seiner Rückkehr auf den Kopf des Leichnams. Schließlich trägt die Familie den Leichnam mit Hilfe einer Matte und einer Stange zum Friedhof. Seitlich wird der Boden einer Grube zu einer kleinen Kammer erweitert, in der die sterblichen Überreste sitzend beigesetzt werden.

Während der nächsten zwei, drei Nächte zeigt sich die Trauer der Gemeinschaft in einer allgemeinen

Totenwache, die rund um ein Feuer nahe der nun verlassenen Wohnstätte des *yanga* gehalten wird. Doch das Andenken des Verstorbenen wird von der Bruderschaft *mayanga* keinesfalls vernachlässigt. Ein oder zwei Monate nach der Beerdigung treffen sich die Mitglieder an einem Wegekreuz *(makano)* und feiern dort die Aufnahme seines Geistes unter die *mahamba ya mayanga*, Schutzgeister der Jagd. Aus einem Stück Termitenbaubrocken *cifika* (siehe oben) werden Augen und ein Mund geschnitzt. Dieses Symbol wird auf die Erde neben eine Astgabel von *mwehe* (Hymenocardia acida Tul.) gelegt. Der Geist des Verstorbenen wird, bevor man zur Jagd aufbricht, angerufen. Zurückgekehrt wird die Beute nächst dem kleinen Erinnerungsmal geöffnet. Blut und Mageninhalt werden geopfert. Das Fleisch wird gekocht und von den Bundmitgliedern auf dem Wegekreuz selbst verzehrt. Die Kiefer *(lwange)* des Opfertieres, die ebenfalls Teil des Gemeinschaftsmahls waren, werden als Erinnerungszeichen auf dem symbolischen Opferaltar *cifika* angebracht. Dann gehen alle nach Hause.

Von nun an wartet man auf den Augenblick, da der Geist einen jungen Jäger erwählt und ihn dazu bestimmt, sein Andenken in Ehren zu halten durch die bedeutenden Taten, die er vollbringt, um selbst einer der professionellen Jäger zu werden.

Der Afrikaner Broederbond

Robert R. Schumacher

Der heute rund zwölftausend Mitglieder zählende burisch-nationalistische Afrikaner Broederbond wurde 1918 als Eliteorganisation gegründet. Ziel war zunächst die Durchsetzung burischer Interessen gegen die englischen Kolonialherren und die schwarze Bevölkerung. Durch streng hierarchische Organisation, Solidarität und Protektion konnten bald die maßgeblichen Posten in Politik und Wirtschaft von Mitgliedern des Bundes besetzt werden.

Neue Mitglieder werden nach komplizierten Verfahren innerhalb der männlichen weißen, afrikaanssprechenden, protestantischen und finanziell abgesicherten Bevölkerung rekrutiert – Frauen, Juden, Katholiken, britische Weiße, sowie Angehörige anderer Geheimorganisationen sind ausgeschlossen. Initiation und viele Aktivitäten des Bundes unterliegen strengster Geheimhaltung, Öffentlichkeitsarbeit wird von diversen ‚Frontorganisationen' getätigt.

„Realisieren Sie die Macht die zwischen diesen vier Wänden versammelt ist? Zeigen Sie mir eine größere Macht irgendwo auf dem afrikanischen Kontinent! Zeigen Sie mir eine größere Macht irgendwo auf der Welt, die sogenannten zivilisierten Staaten nicht ausgenommen!" (Serfontein 1979: 144).

Zwar ist diese Äußerung des Gründungsmitglieds Henning Klopper anläßlich der Feier zum fünfzigsten Geburtstag des geheimen *Afrikaner Broederbonds (AB)* nicht ganz frei von Selbstüberschätzung, doch sie entbehrt nicht eines wahren Kerns. Seit 1948 hatte es keinen südafrikanischen Staatschef gegeben, der nicht Mitglied des *AB* war – es gibt bis heute keinen! Auch der erst jüngst gewählte Nachfolger Bothas, F.W. de Klerk, ist da keine Ausnahme (Serfontein 1979: 260). Der übergroße Teil der südafrikanischen Kabinettsmitglieder waren und sind ebenfalls *broers*, wie sich die Mitglieder des Bundes untereinander nennen.

Die geheime burische Eliteorganisation verfolgt hauptsächlich politische Ziele. Sie entstand 1918 aus dem Bedürfnis, der politischen, wirtschaftlichen und kulturellen Dominanz der britischen Bevölkerungsgruppe in Südafrika etwas entgegenzusetzen. Bereits 1948 hatte sie ihr vordringliches Ziel, eine burische Regierung, erreicht. Nun wurde der *AB* von einer nationalistischen, gegen die herrschende Ordnung opponierenden Geheimgesellschaft, zu einem Geheimbund, dessen hauptsächliches Ziel es ist, die burische Herrschaft in Südafrika zu stabilisieren. Seine größte Bedeutung erlangte er bei den periodischen Spaltungstendenzen innerhalb der *National Party (NP)*, die er entweder zu verhindern oder in ihren Auswirkungen zu begrenzen verstand.

Das Ausmaß, in dem die wichtigen Positionen im burischen Südafrika mit *AB*-Mitgliedern durchsetzt sind, wurde zwar schon lange vermutet, ist aber erst durch zwei 1978 erschienene Publikationen in vollem Ausmaß öffentlich bekannt geworden. Der pro-britischen Regierung des General Smuts war es schon während des Zweiten Weltkriegs geglückt, Agenten des südafrikanischen Geheimdienstes in den *AB*

Selbstbewußt schauen die Mitglieder des Vorstands des Afrikaner Broederbund am Tag seiner Gründungsversammlung im Mai 1918 in die Kamera. Von Anfang an als politischer Geheimbund konzipiert, verfolgten die ausschließlich burischen Mitglieder zäh und verbissen ihr Ziel, die wirtschaftliche und kulturelle Dominanz der britischen Bevölkerungsgruppe zu brechen. Nach zwanzig Jahren war es so weit: Seit 1948 hat Südafrika eine burische Regierung. Foto aus: Omer-Cooper 1987: 173.

einzuschleusen; dazu sickerten seit den sechziger Jahren wiederholt Informationen von Links- meist aber Rechtsabweichlern innerhalb des *AB* durch. Der afrikaanssprachigen Presse gelang es aber immer wieder, diese Berichte als bloße Diffamierungsversuche der burenfeindlichen englischen Presse darzustellen. Daß der *Broederbond* das Erscheinen der beiden Monographien *„The Brotherhood of Power"* und *„The Super-Afrikaners"* 1978 nicht verhindern konnte, muß als Zeichen für seinen schwindenden Einfluß gewertet werden. Trotz alledem ist der *AB*, gemessen an der Macht, die er besaß und zum Teil noch heute besitzt, außerhalb Südafrikas erstaunlich unbekannt. Der *Broederbond* hat etwa zwölftausend Mitglieder, darunter einen großen Teil der afrikaanssprechenden politischen, akademischen, kirchlichen und zum Teil auch ökonomischen Elite Südafrikas.

Wie ist nun der *AB*, dessen Einfluß in Südafrika so immens zu sein scheint, aufgebaut und wie rekrutiert er seine Mitglieder? Die Basis des *AB* bilden die lokalen Zellen mit maximal zwanzig *broers*. Sie treffen sich einmal im Monat; außer in Südafrika gibt es auch Zellen in Namibia, Zimbabwe und Sambia. Die Zusammenkünfte der *broers* finden meist privat, oft auf Farmen, unter strenger Geheimhaltung statt. Auf der Ebene darüber gibt es die regionalen Komitees, hier werden die Aktionen der Zellen koordiniert. Oberstes beschlußfassendes Gremium des *AB* ist der *Bondsraad*, die Generalversammlung, zu der jede Zelle einen Delegierten entsendet. Er tagt einmal jährlich unter strenger Geheimhaltung. Im *Bondsraad* werden Grundsatzbeschlüsse gefällt, vor allem aber wird der *Uitvoerende Raad (UR)* gewählt. Die zwölf Mitglieder dieses Exekutivkomitees werden auch *Apostel* genannt. Es sind durchweg prominente Persönlichkeiten des öffentlichen Lebens, wie Universitätsdekane, Rundfunk-, Fernseh- und Pressechefs und einflußreiche Mitglieder der seit 1948 regierenden *National Party*. Wird jedoch ein Mitglied ins Kabinett berufen, stellt es in der Regel seinen Sitz im *UR* zur Verfügung; der *AB* sieht sich nämlich als parteipolitisch ungebundene Organisation, auch wenn das den Tatsachen nicht ganz entspricht. Dem *UR* steht in Johannesburg ein Verwaltungsstab mit etwa einem Dutzend Vollzeitkräften zur Verfügung, – die fünf Sekretärinnen des Stabes sind übrigens die einzigen Frauen in der ansonsten reinen Männerorganisation.

Den größten Teil der Mobilisierungs-, Lobby- und Organisationsarbeit wickelt der *Broederbond* jedoch gar nicht selber ab. Schon in den zwanziger Jahren dieses Jahrhunderts hatte man damit begonnen, Frontorganisationen aufzubauen, um sich ein öffentliches Sprachrohr zu verschaffen, ohne den geheimen Charakter des *AB* aufzugeben. Die wichtigste davon ist die *FAK (Federasie van Afrikaanse Kultuurverenigings)*, das heißt, die Föderation der afrikaansen Kulturvereinigungen, Dachorganisation von über dreitausend Vereinen, hauptsächlich aus den Bereichen Kultur, Kirche und Bildung. Die *SABRA (South African Bureau for Racial Affairs)* – das südafrikanische Büro für Rassenbeziehungen, wurde ebenfalls vom *AB* gegründet und war bis vor kurzem der regierungsnahe *think tank* für die Konzeption und Weiterentwicklung des Apartheidsystems. Hier spielten übrigens *Volkekundige* (in Südafrika gibt es in der Ethnologie zwei Forschungsrichtungen: die britisch orientierte *social anthropology* und die burische *Volkekunde)* eine zentrale, wenngleich traurige Rolle. Eine an deutschen Vorbildern orientierte Idee der gottgegebenen Einzigartigkeit eines jeden ‚Volkes' mit eigener Sprache, eigenem Brauchtum und eigener politischer Organisation, je nach dem Entwicklungsstand des jeweiligen Volkes, feierte fröhliche Urstände (Gordon 1988). Diese Ideologie ließ sich hervorragend auf die Bestrebungen zur Abgrenzung des eigenen burischen Volkes gegenüber den Briten anwenden, außerdem ließ sich damit der Ausschluß der schwarzen Mehrheit aus den politischen Gremien des Staates durch die *homeland*-Politik rechtfertigen. Die Begründung für die Unfähigkeit der Schwarzen zur verantwortlichen Teilnahme am politischen Geschehen verschob sich dabei im Laufe der Zeit von biologisch-evolutionistischen zu kulturell-sozialisationstheoretischen Erklärungen. Heute betreibt die *SABRA* unter Leitung des Ex-*AB*-Vorsitzenden Boshoff eine ultrarechte Politik und favorisiert in konsequentem Weiterdenken des Prinzips der ‚getrennten Entwicklung' die Bildung eines eigenen weißen *homelands* in Südafrika (Davies et. al. 1988: 434). Dazu gibt es noch eine große Zahl weiterer *AB*-Gründungen: Wirtschaftsvereine und Gewerkschaftsverbände, Wissenschaftsvereinigungen, die Jugendorganisation *Ruiterwag;* mit Ausnahme einer Frauenorganisation, deren Gründung zwar mehrmals vorgeschlagen, vom *Bondsraad* aber immer wieder verworfen worden ist, sind alle gesellschaftlichen Bereiche abgedeckt.

Um die Frage zu beantworten, warum der *AB* trotz seiner nur etwa zwölftausend Mitglieder einen so großen Einfluß auf das gesamte öffentliche Leben in Südafrika nehmen kann, muß man sich die Rekrutierungspraxis etwas genauer anschauen[1]. Das Verfahren ist sehr kompliziert und zeitraubend, hauptsächlich um zu gewährleisten, daß niemandem die Mitgliedschaft angetragen wird, bei dem eine größere Wahrscheinlichkeit besteht, daß er ablehnt. Außerdem garantiert das Verfahren, daß kein Novize vor dem bindenden Eid nennenswerte Informationen über den *Broederbond* oder dessen Mitglieder erhält.

Niemand kann sich um die Mitgliedschaft im *AB* bewerben. Mindestens zwei *broers* müssen einen potentiellen neuen Kandidaten vorschlagen, und zwar aus dem Kreis der afrikaanssprachigen, protestantischen, männlichen und finanziell abgesicherten Südafrikaner. Ausdrücklich ausgeschlossen sind Katholiken, Juden, britische Weiße, Frauen und ganz speziell Freimaurer und Angehörige anderer geheimer und halbgeheimer Organisationen, wie *Rotary* und *Lyons Club* sowie *Sons of England.* Daß keine Schwarzen oder *Coloureds* aufgenommen werden, bedarf aus der Perspektive der *broers* keiner speziellen Erwähnung. Eine burisch-nationalistische Gesinnung wird natürlich vorausgesetzt.

Erst nachdem alle Mitglieder der Zelle zugestimmt haben, wird der Vorschlang an den *UR* weitergeleitet, der wiederum die Namen der potentiellen neuen Mitglieder an alle etwa achthundert Zellen weiterreicht. Wenn nur zwei Personen Einwände erheben, ist das Aufnahmeverfahren gescheitert. Dieser Prozeß dauert ungefähr ein Jahr, währenddessen führt der *UR* auch eigene Untersuchungen zur Person durch. Erst danach erfährt der Erwählte von seinem Glück. Dieses Verfahren führt bisweilen zu bösem Blut unter den Buren. Die selbstgewählte Elite des *AB* wird von Nichtmitgliedern oft leicht abfällig *Super-Afrikaners* genannt.

Das eigentliche Initiationsritual beginnt mit einer Einladung des Novizen zu einem Zellentreffen. Der Raum ist mit Kerzenlicht nur spärlich erleuchtet. Bevor der Neuling Einzelheiten über den *AB* erfährt, muß er beeiden, nichts über die Zusammenkunft nach außen dringen zu lassen, egal ob er sich für den Beitritt entscheidet oder nicht. Dem Applikanten werden lediglich die offiziellen Ziele laut Satzung mitgeteilt sowie Beitritts- und Jahresgebühren, er erfährt aber weder etwas über den inneren Aufbau der Organisation noch die Namen von Mitgliedern. Hat er sich für den Beitritt entschieden, beginnt die eigentliche Initiationszeremonie. Es wird gebetet, die *Broederbond*-Hymne wird gesun-

Buren in traditioneller Kleidung des 19. Jahrhunderts bei einer Vortrekker-Feier in der Nähe von Pretoria im Dezember 1988, bei der die Erinnerung an den großen Auszug der Buren aus den Kapkolonien im Jahre 1838 gepflegt wird. Der Treck hält ein unerschöpfliches symbolisches Reservoir bereit, aus dem sich burische Nationalisten immer wieder bedienen. Die im Vergleich zu den Buren am Kap extrem konservative, ja reaktionäre Denkweise der Buren im Oranje-Freistaat und in Transvaal findet in solchen Feiern ihren Ausdruck. Foto: R. v. Lucius.

gen, ein Bruder liest aus der Bibel vor. Zusätzlich werden dem Aspiranten eine Reihe von Fragen gestellt, hauptsächlich über seine patriotische Gesinnung als *Afrikaner*. Hat er alle Fragen mit ja beantwortet, schwört er einen Eid darauf, daß er niemals, auch im Falle seines Austritts oder seines Ausschlusses, Geheimnisse des *Broederbond* verraten werde. Den Eid leistet er vor einer südafrikanischen Flagge, die beim *Broederbond* aber nur mit abgedecktem *Union Jack*, dem Symbol des verhaßten britischen Imperialismus verwendet wird. Bis 1963 konnten sich *Broers* untereinander an einem speziellen Handschlag sowie an besonderen Markierungen auf Briefen erkennen. Als jedoch Gegner dieses Zeichen benutzten, um Verwirrung zu stiften, wurde diese Praxis aufgegeben. Das offizielle Symbol des *AB* ist ein Kreis mit einem Dreieck darin, auf dem kordelartig gestalteten Kreis ist *Die Afrikaner Broederbond* und das Gründungsjahr 1918 eingraviert (Serfontein 1979: 132–135).

Das Aufnahmeverfahren gewährleistet, daß nur junge, aufstrebende und patriotisch gesinnte Buren geworben werden. Der Patriotismus bezieht sich dabei selbstverständlich nur auf das *volk*, die afrikaanssprachigen und weißen Südafrikaner. Es ist jedoch nicht allein die sorgfältige Selektion der Mitglieder im Vorfeld, sondern auch die gezielte gegenseitige Protektion der *broers*, die dazu führt, daß so viele von ihnen in herausragenden Positionen zu finden sind. Dieses Programm läuft nicht nur über informelle ‚Klüngelei', es ist seit 1940 institutionalisiert. *„Helpmekaar"* (helft einander) sind die landesweiten *AB*-internen Stellenausschreibungen im Mitgliederrundbrief überschrieben. Auch bei Wahlen von Universitätsdekanen, Fernsehchefs, in Kirchengremien und anderen öffentlichen Institutionen einigen sich die *broers* vorher auf ‚ihren' Kandidaten und haben dann meist sehr gute Chancen, ihn durchzusetzen.

Die öffentlich zugänglichen Informationen über den *AB* beziehen sich nahezu ausschließlich auf dessen politische Machenschaften. Einem Ethnologen oder Soziologen ist es bisher noch nicht gelungen sich zu dem Geheimbund Zugang zu verschaffen. Die Publikationen zum *AB* sind fast ausschließlich aus dem Kampf gegen dessen politische Ziele entstanden und befassen sich deswegen weniger mit den sozialen, weltanschaulichen oder den schlicht geselligen Funktionen der *AB*-Zellen auf dem *platte land.* Vermutlich macht aber gerade die Kombination von Honoratiorenstammtisch, Bibelstunde, Parteiortsgruppenversammlung und subversiver Geheimbündelei den langandauernden Erfolg und die erstaunliche Vitalität des *AB* aus. In gewisser Weise ist diese einseitig politische Perspektive auf den *AB* aber auch angemessen, ist er doch schließlich kein gesamtgesellschaftlich bedeutungsloser Traditionsverein, dessen Hauptaufgabe im Weiterreichen der Vereinsinsignien von Generation zu Generation besteht. Der *AB* ist vielmehr ein politischer Kampfbund, der intim mit der Geschichte Südafrikas seit dem Weltkrieg verwoben ist.

Der *Afrikaner Broederbond* wurde 1918 von ‚völkisch' gesonnenen Buren gegründet, die es sich zum Ziel gemacht hatten, durch die Koordinierung der burischen Interessen der Vorherrschaft der britischen Bevölkerungsgruppe etwas entgegenzusetzen. Ein aus der damaligen Perspektive durchaus berechtigtes Anliegen einer ethnischen Gruppe, die damals wie heute etwa die Hälfte der weißen Bevölkerung Südafrikas stellt. Südafrika wurde damals als Teil des Empire von einem britischen Gouverneur regiert. Englisch war die einzige Amtssprache, die Wirtschaft war von mächtigen britischen Konzernen und Bankkonsortien dominiert. Die Buren waren traditionell hauptsächlich Farmer, der größte Teil von ihnen konnte jedoch die zunehmende Mechanisierung der Landwirtschaft nicht finanzieren. Die billigen schwarzen Arbeitskräfte, ohne die die arbeitsintensive burische Landwirtschaft nicht denkbar war, wanderten in die Städte und in den Bergbau ab, da es dort mehr zu verdienen gab. Die derart vom Land vertriebenen Buren besaßen kaum höhere Bildung und hatten sehr schlechte Chancen in der rapide sich urbanisierenden und industrialisierenden Gesellschaft Südafrikas. Sie schienen dazu prädestiniert, die klassischen Modernisierungsverlierer zu werden, zumal selbst die Industrieunternehmen die billigeren schwarzen Arbeiter bevorzugten. Die damalige Gehaltsschere zwischen britischen und burischen Südafrikanern erinnert stark an die heutige zwischen Weißen und Schwarzen. In der Administration waren die Buren damals kaum vertreten.

In dieser Situation gab es im Prinzip zwei denkbare Alternativen. Einerseits hätte sich ein Klassenbewußtsein der Arbeiterschaft entwikkeln können, zum anderen bestand die Möglichkeit der ethnischen Mobilisierung (O'Meara 1982). Daß die Mobilisierung, die das ökonomische Problem mit dem der Bevölkerungsgruppe der Buren in Verbindung brachte, die Oberhand gewonnen hat, ist nicht zuletzt ‚Verdienst' des *Broederbonds.* Der Aufstieg des burischen Bevölkerungssegments in Südafrika erfolgte allerdings nicht auf Kosten der Briten, sondern hauptsächlich auf Kosten der Schwarzen in Südafrika. Zentrales Anliegen des *AB* war damals neben der Förderung des afrikaansen Volksbewußtseins vor allem die Bildungspolitik. Ihre Forderung war es, den damals fast durchweg einsprachig englischen Schulunterricht zweisprachig zu gestalten und überdies ‚Afrikaans' zur zweiten Staatssprache zu erheben.

Entscheidend für die Mobilisierung der *Afrikaander* war die Hundertjahrfeier des großen Trecks 1938. Er wurde von der Föderation der afrikaansen Kulturvereinigungen organisiert und erinnerte mit einem großen Aufgebot an zwölfspännigen Ochsenwagen auf den historischen Routen an den Auszug eines Großteils der Buren aus der Kapkolonie, als dort hundert Jahre zuvor die Briten die Sklaverei abgeschafft hatten und sich anschickten, gleiche Bürgerrechte für die schwarze Bevölkerung gesetzlich zu verankern. Damals waren die Buren nach Norden gezogen und hatten nach mehreren Blutbädern unter den dort ansässigen Xhosa, Zulu und anderen schwarzen Ethnien unabhängige Republiken gegründet.

Der Treck der Buren vom Kap nach Norden im Jahre 1838 hatte die Gründung unabhängiger Republiken zur Folge. Diese Vorgänge waren von entsetzlichen Blutbädern unter den dort ansässigen Xhosa, Zulu und anderen schwarzen Ethnien begleitet, die sich verzweifelt gegen die Besetzung ihrer Wohngebiete wehrten. Auf unfreiwillige Weise wird die Grausamkeit dieses Vernichtungskriegs in dieser Abbildung deutlich. Abbildung: Gerland 1886: 40.

In der maßgeblich vom *Broederbond* propagierten Ideologie des ,christlichen Nationalismus", der die Forderung nach rigider ethnischer Abgrenzung mit einem anti-britischen Republikanismus verbindet, wird der ,Treck' immer wieder mit dem Exodus des jüdischen Volkes ins gelobte Land verglichen. Jedes Volk sei von Gott geschaffen und es wäre gegen seinen Willen, wenn die Völker sich untereinander vermischten. Der Treck hält ein unerschöpfliches symbolisches Reservoir bereit, aus dem sich burische Nationalisten immer wieder bedienen. So nennt sich die Jugendorganisation des *AB Ruiterwag* (Reiterwache), die südafrikanischen Nationalsozialisten nannten sich *Ossewabrandwag* (Ochsenwagenbrandwache).

Schon 1940 organisierte die Föderation der afrikaansen Kulturvereinigungen auf der Basis eines derart gestärkten burischen Nationalismus einen ,ökonomischen Volkskongreß', in dessen Folge ein Ausbau der Arbeitsgesetzgebung erreicht werden konnte, die es vor allem den Bergbaugesellschaften verbot, Schwarze in qualifizierten Positionen anzustellen. Dies bedeutet einen großen Schritt für die Interessen der weißen Arbeiterschaft. Außerdem wurden hier Pläne entwickelt, dem britischen Kapital ein burisches Kapital entgegenzusetzen. Die vom *Broederbond* gegründete *Volkskas* (Volkskasse) konnte ihr Kapital stark aufstocken. Des weiteren profitierte *SANLAM (South African National Life Assurance Company)*, die erste Versicherungs- und Investmentgesellschaft unter burischer Kontrolle, von der Mobilisierung des Kapitals der bessergestellten burischen Farmer am Kap und der Ersparnisse der burischen Arbeiterschaft.

Während der Regierung von General Smuts zur Zeit des Zweiten Weltkriegs geriet der *Broederbond* allerdings noch einmal in die Defensive. Der *AB* wurde zwar nicht verboten, aber Beamte wurden vor die Wahl gestellt entweder den *AB* zu verlassen oder ihren Job zu verlieren. Dieses Gesetz wurde jedoch nach dem Wahlsieg der *National Party* 1948 wieder aufgehoben. Der *AB* leistete einen sehr wesentlichen Beitrag zu diesem Wahlsieg. Er verhinderte nämlich eine Spaltung des burischen *laager* zwischen der *NP* und der Nazi-Organisation *Ossewabrandwag*, die auf ihrem Höhepunkt immerhin 400 000 Mitglieder hatte und deren Führer das *AB*-Mitglied van Rensburg war. Nach dem burischen Wahlsieg wurde der *AB* mehr und mehr zu einer Hilfsorganisation der *NP*. Er verwendete seine Energien zum weiteren Ausbau der Apartheid und mobilisierte für die Umwandlung Südafrikas von einem britischen Dominion zu einer gänzlich unabhängigen Republik, was 1961 zum Erfolg führen sollte.

Mit der Ermordung von Premierminister Verwoerd 1966, unter dessen Regime die ,kleine Apartheid', das heißt, die Trennung aller Lebensbereiche von Weißen und Nicht-Weißen ihren Höhepunkt fand, begann im *AB* wie auch in der *NP* der Kampf der *Verligtes* (Aufgeklärte) und *Verkramptes* (Verbohrte) um die Vorherrschaft im burischen *laager*. Die Auseinandersetzung verlief und verläuft noch heute hauptsächlich entlang folgender Linien: liberale Buren am Kap versus reaktionäre Buren im Oranje-Freistaat und Transvaal sowie Farmer und Staatsbedienstete versus Intelligenz und Selbständige. Es geht dabei hauptsächlich um die für Südafrika zentrale Frage nach der Modifikation der Apartheid. Während die Existenz der von staatlichen Subventionen abhängigen Farmer und Beamten in starkem Maße von einem Fortbestehen der Apartheid abhängig ist, steht sie der Expansion der südafrikanischen Wirtschaft entgegen. Das momentane System produziert nicht genügend gebildete und loyale Schwarze für die immer anspruchsvoller werdenden Arbeiten in der Industrie, außerdem stört das extrem schlechte Image Südafrikas in der Welt die Exportbestrebungen. Nicht umsonst sind deshalb die führenden Industriellen wie zum Beispiel Harry Oppenheimer von *Anglo-American*, dem größten Konzern Südafrikas, oft schon seit langer Zeit entschiedene Verfechter eines Abbaus der Apartheid.

1969 konnten sich im *Broederbond* die *Verligtes* durchsetzen, die als Folge davon auch in der *NP* die Oberhand gewannen. 1972 wurden die Mitglieder der ultrakonservativen *HNP (Herstige Nationale Party)* aus dem *AB* ausgeschlossen, allerdings konnten 1979 die *Verkramptes* noch einmal die Macht im *AB* an sich reißen, Carel Boshoff wurde Präsident. Die Wirren um die abermalige Rechtsabspaltung der *NP*, die *Conservative Party* unter dem Ex-*AB*-Vorsitzenden Treurnicht, führten 1983 zur Wahl des liberalen Rektors der *Rand Afrikaans University* de Lange. Damit ist der *Broederbond* von einer Organisation des zumindest ökonomisch auf die Perpetuierung der Apartheid angewiesenen Kleinbürgertums zu einer Organisation des burischen Kapitals und der städtischen Intelligenz geworden, die sich keine Vorteile von einem weiteren Herauszögern von Reformen versprechen können. Jüngst sind sogar Debatten innerhalb des *AB* bekannt geworden, die einen schwarzen Regierungschef als letzte Konsequenz einer Reformpolitik nicht mehr grundsätzlich ausschließen, allerdings nur unter der Garantie von zahlreichen Sonderrechten für die weiße Minderheit (Davies et. al. 1988: 433f.).

Der *AB* ist damit zumindest in seiner Führungsriege zu einer Position gekommen, die ihn ans liberale Ende des Spektrums der *National Party* stellt. Unter de Langes Regie hat es denn auch erste Treffen vom *AB* mit der Befreiungsorganisation *ANC (African National Congress)* gegeben (Frankfurter Rundschau: 17.03.87).

Anmerkung

1 Um diese Zahl in Relation zu setzen, hier die Bevölkerungszusammensetzung Südafrikas nach der offiziellen Klassifikation, aber inklusive der pseudounabhängigen *homelands:* 15 Millionen Schwarze, 2,8 Millionen Mischlinge, 0,9 Millionen Asiaten (hauptsächlich Inder) und 4,5 Millionen Weiße, davon 57 Prozent Buren (Fischer Weltalmanach '89).

Bibliographie

43 Bastin, Marie-Louise
Tshokwe/Angola

Barbosa, A. (1989): Dicionário Cokwe-Português. Coimbra.

Bastin, M.-L. (1961): Art décoratif Tshokwe. Lissabon.

Bastin, M.-L. (1982): La sculpture Tshokwe. Meudon.

Bastin, M.-L. (1984): Mungonge: initiation masculine des adultes chez les Tshokwe (Angola). Baessler Archiv, 32: 361–403.

Baumann, H. (1932): Die Mannbarkeitsfeiern bei den Tshokwe (N. O. Angola, Westafrika) und ihren Nachbarn. Baessler Archiv, 15: 1–54.

Baumann, H. (1935): Lunda. Bei Bauern und Jägern in Inner-Angola. Berlin.

Crine-Mavar, B. (1963): Un aspect du symbolisme lu-unda. L'association funéraire des acudyaang. In: Miscellanae Ethnographica. Tervuren.

Fontinha, M. (1983): Desenhos na areia dos Quiocos do nordeste de Angola. Lissabon.

Nange Kudita wa Sesemba (1974): Un rite d'initiation chez les Tshokwe: mukanda ou tshamvula. Cahiers des religions africaines 8 (15): 55–108.

Redinha, J. (1975): Etnias e culturas de Angola. Luanda.

44 Bastin, Marie-Louise
Tshokwe/Angola

Bastin, M.-L. (1978): Statuettes Thokwe du héros civilisateur „Tshibinda Ilunga". Arnouville. Arts d'Afrique Noire.

Baumann, H. (1935): Lunda. Bei Bauern und Jägern in Inner-Angola. Berlin.

Carvalho, H. Dias de (1890): Expedicão portuguesa ao Muatiâvua (1884–1888). Ethnographia e história tradicional dos povos da Lunda. Lissabon.

35 Bollig, Michael
Ost-Kenia

Almagor, U. und *B. T. W. Baxter* (1978): Age, generation and time. Some features of East African age organizations. London.

Dietz, T. (1987): Pastoralists in dire straits. Survival strategies and external interventions in a semi-arid region at the Kenya/Uganda border: Western Pokot, 1900–1986. Nederlandse Geographische Studies 49. Amsterdam.

Dyson-Hudson R. und *N. Dyson-Hudson* (1980): Nomadic pastoralism. In: Annual Review of Anthropology 9: 15–61.

Peristiany, P. (1951): The age-set system of the pastoral Pokot. In: Africa 21: 188–206; 279–302.

41 Bourgeois, Arthur
Yaka/Zaire

Bourgeois, A. P. (1980): Kakungu among the Yaka and the Suku. In: African Arts 14 (1): 42–46, 88.

Bourgeois, A. P. (1982): Yaka masks and sexual Imagery. In: African Arts 15 (2): 47–50, 87.

Bourgeois, A. P. (1982): Leadership Headgear of the Yaka and Suku. In: African Arts 15 (3): 30–35, 92.

Bourgeois, A. P. (1984): Art of the Yaka and Suku. Meudon.

Bourgeois, A. P. (1985): The Yaka and Suku. Iconography of Religions 7 (24). Leiden.

De Beir, L. (1975): Les Bayaka de M'Nene N'Toombo Lenge-Lenge. St. Augustin-Bonn: In: Anthropos.

Van der Beken, A. (1978): Proverbs et Vie Yaku. In: Anthropos.

Devisch, R. (1972): Signification socio-culturelle des masques chez les Yaka. In: Boletin instituto do investigacão cientifica de Angola: 151–176.

Devisch, R. (1979): Essai d'une étude sémantique du symbole rituel. Succession rituelle au rôle de chef politique Yaka: remplacement ou renouveau? In: Cahiers de l'institut de linguistique de Louvain 5: 79–112.

Devisch, R. (1988): From Equal to better: Investing the chief among the Northern Yaka of Zaire. In: Africa 58 (3): 261–290.

Plancquaert, M. (1930): Les sociétés secrètes chez les Bayaka. Louvain.

Van Schingen, H. (1921): La circoncision chez les Bayaka et les Basaku (Kwango). In: Congo 2: 52–64.

42 Casimir, Michael
Lega/Zaire

Biebuyck, D. (1973): Lega culture. Art, initiation and moral philosophy among a Central African people. Berkeley.

Biebuyck, D. (1986): The art of Zaire. Bd. 2: The ritual and artistic context of voluntary associations. Eastern Zaire. Berkeley.

Butt-Thompson, F. W. (1929): West African secret societies. Their organisation, officials and teaching. Westpoint.

De Kun, N. (1966): L'art Lega. Africa-Tervuren. Bd. 12: 69–99.

Delhaise, L. C. (1909): Les Warega (Congo Belge). Brüssel.

Schlieser, E. (1955): Männerbund und Geheimbund in Melanesien. In: W. Lang u. a. (Hg.): Von fremden Völkern und Kulturen. Düsseldorf.

31 Daszenies, Jutta
Java

Abdullah, T. (1986): The pesantren in historical perspective. In: T. Abdullah u. S. Siddique (Hg.): Islam and society in Southeast Asia: 80–107. Singapur.

Baried, B. (1986): Islam and the modernization of Indonesian women. In: T. Abdullah u. S. Siddique (Hg.): Islam and society in Southeast Asia: 139–154. Singapur.

Boland, B. J. und *I. Farjon* (1983): Islam in Indonesia. A bibliographical survey. Leiden.

Dhofier, Z. (1980a): The pesantren tradition. A study of the role of the Kyai in the maintenance of the traditional ideology of Islam in Java. Canberra.

Dhofier, Z. (1980b): Islamic education and traditional ideology on Java. In: J. Fox (Hg.): Indonesia: The making of a culture: 263–271. Canberra.

Dhofier, Z. (1980c): Kinship and marriage among the Javanese Kyai. In: Indonesia 29: 47–58.

Dhofier, Z. (1983): Tradisi pesantren. Studi tentang Pandangan Hidup Kyai. Jakarta.

Geertz, C. (1959/60): The Javanese Kyai: The changing role of a cultural broker. In: Comparative studies in society and history 2: 228–249.

Geertz, C. (1960): The Religion of Java. Glencoe.

Hassan, M. K. (1986): Some dimensions of islamic education in Southeast Asia. In: T. Abdullah u. S. Siddique (Hg.): Islam and society in Southeast Asia: 40–79. Singapur.

Johns, A. H. (1980): From coastel settlements to islamic school and city: Islamization in Sumatra, the Malaya Peninsula and Java. In: J. Fox (Hg.): Indonesia: The making of a culture: 163–182. Canberra.

Karow, O. und *I. Hilgers-Hesse* (1986): Indonesisch – Deutsches Wörterbuch. Wiesbaden.

Koentjaraningrat (1985): Javanese culture. Singapur.

Müller, E. W. (1983): Sozialethnologie. In: H. Fischer (Hg.): Ethnologie. Eine Einführung: 145–179. Berlin.

Noer, D. (1973): The modernist Muslim movement in Indonesia 1900–1942. Singapur.

Noer, D. (1978): Administration of Islam in Indonesia. Ithaca.

Ricklefs, M. C. (1979): Six centuries of islamization in Java. In: Levtzion, N. (Hg.): Conversion to Islam: 100–128. New York.

Schimmel, A. (1985): Mystische Dimensionen des Islam. Die Geschichte des Sufismus. Köln.

Snouck Hurgronje, C. (1931): Mekka in the latter past of the 19th century. Daily life, customs and learning. The Moslems of the East-Indian Archipelago. Leiden.

Steenbrink, K. A. (1974): Pesantren, Madrasah, Sekolah. Recente ontwikkelingen in indonesisch islamonderricht. Meppel.

Steenbrink, K. A. (1989): Indian teachers and their Indonesian pupils: On intellectual relations between India and Indonesia, 1600–1800. In: Comparative history of India and Indonesia Bd. 3: 129–141. Leiden.

Zarkasyi, K. H. Imam (1985): Les pondok pesantren en Indonésie. In: Archipel 30: 163–174.

6 Erdheim, Mario
Psychoanalyse

Bettelheim, B. (1954): Die symbolischen Wunden. Pubertätsriten und der Neid des Mannes. München 1975.

Blüher, H. (1919): Die Rolle der Erotik in der männlichen Gesellschaft. Eine Theorie der menschlichen Staatsbildung nach Wesen und Wert. Jena.

Buschan, G. (1935): Die monatliche Reinigung im Glauben der Völker. In: Zeitschrift für ärztliche Fortbildung, 32. Jg., Nr. 17: 510ff.

Eissler, K. R. (1971): Todestrieb, Ambivalenz, Narzißmus. München 1980.

Freud, S. (1912/13): Totem und Tabu. Einige Übereinstimmungen im Seelenleben der Wilden und Neurotiker. In: Gesammelte Werkle, Bd. 9. Frankfurt a. M.

Freud, S. (1930): Das Unbehagen in der Kultur. In: Gesammelte Werke, Bd. 14.: 419–506.

Frazer, J. G. (1913): Balder the beautiful. The fire-festivals of Europe and the doctrine of the external soul. Bd. 1. (The golden bough, Teil 7). 3. ed. London.

French, M. (1977): The Women's Room. New York.

Gehlen, A. (1956): Urmensch und Spätkultur. Bonn.

Gusinde, M. (1931): Die Selk'nam. Vom Leben und Denken eines Jägervolkes auf der großen Feuerlandinsel. Mödling bei Wien.

Gusinde, M. (1937): Die Yamana. Vom Leben und Denken der Wassernomaden am Kap Hoorn. Mödling bei Wien.

Gusinde, M. (1946): Urmenschen im Feuerland. Berlin, Wien, Leipzig.

Klein, M. (1957/58): Neid und Dankbarkeit. Wieder abgedruckt in: Klein, M. (1972): Das Seelenleben des Kleinkindes und andere Beiträge zur Psychoanalyse. Reinbek.

Müller, K. E. (1984): Die bessere und die schlechtere Hälfte. Ethnologie des Geschlechterkonfliktes. Frankfurt a. M.

Nadig, M. (1984): „Weiblichkeit" als Kurlturbarriere. In: Koppel, C. und Sommerauer, R. (Hg.): Frau – Realität und Utopie. Zürich: 47–62.

Nadig, M. (1986): Die verborgene Kultur der Frau. Ethnopsychoanalytische Gespräche mit Bäuerinnen in Mexiko. Frankfurt a. M.

Nietzsche, F. (1886): Menschliches – Allzumenschliches. Stuttgart 1964.

Parin, P., Morgenthaler, F. und *Parin-Matthèy, G.* (1963): Die Weißen denken zu viel. Psychoanalytische Untersuchungen bei den Dogon in Westafrika. Zürich.

Peuckert, W.-E. (1951): Geheimkulte. Heidelberg.

Radin, P. (1923): The Winnebago Tribe. Washington.

Schlesier, E. (1958): Die melanesischen Geheimkulte. Göttingen.

Schurtz, H. (1902): Altersklassen und Männerbünde. Eine Darstellung der Grundformen der Gesellschaft. Berlin.

Stanek, M. (1987): Die Männerhaus-Versammlung in der Kultur der Iatmul (Ost-Sepik, Papua Neu-Guinea). In:Münzel, M. (Hg.): Neuguinea. Nutzung und Deutung der Umwelt. Bd. 2: 621–644. Frankfurt a. M.

Veblen, T. (1899): Theorie der feinen Leute. Eine ökonomische Untersuchung der Institutionen. Köln, Berlin.

Waldeck, R. (1988): Das Tabu der Menstruation. In: Zeitschrift für Sexualforschung, 1 (3): 189–205, (4): 337–350.

Weber, M. (1956): Wirtschaft und Gesellschaft. Köln 1964.

40 Gearry, Christraud
Kameruner Grasland

Baumann H. und *L. Vajda* (1959): Bernhard Ankermanns völkerkundliche Aufzeichnungen im Grasland von Kamerun, 1907–1909. In: Baessler Archiv, N. F. 7: 217–316.

Brain, R. und *A. Pollock* (1971): Bangwa funerary sculpture. London.

Chilver, E. M. und *P. Kaberry* (1967): Traditional Bamenda. The pre-colonial history and ethnography of the Bamenda Grassfields. Buea.

Dillon, R. (1973): Ideology, process, and change in pre-colonial Meta' political organization (United Republic of Cameroon). University of Pennsylvania Diss.

Engard, R. (1986): Bringing the outside in: Commensality and Incorporation in Bafut Myth, Ritual, Art, and Social Organization. Indiana University Diss.

Geary, C. M. (1976): We: die Genese eines Häuptlingstums im Grasland von Kamerun. Studien zur Kulturkunde 36. Wiesbaden.

Geary, C. M. (1979): Traditional societies and associations in We (North West Province, Cameroon). In: Paideuma 25: 53–72.

Geary, C. M. (1983): Things of the palace: A catalogue of the Bamum Palace Museum (Foumban, Cameroon). Studien zur Kulturkunde 60. Wiesbaden.

Gebauer, P. (1980): Art of Cameroon. Portland.

Harter, P. (1986): Arts anciens du Cameroun. Arnouville.

Hirschberg, W. (1979): Das Crossflußgebiet und das Kameruner Grasland. In: H. Baumann (Hg.): Die Völker Afrikas und ihre traditionellen Kulturen. Teil 2: Ost-, West- und Nordafrika. Studien zur Kulturkunde 35: 355–372. Wiesbaden.

Koloss, H.-J. (1977): Kamerun. Könige, Masken, Feste. Ethnologische Forschungen im Grasland der Nordwest-Provinz von Kamerun. Stuttgart.

Koloss, H.-J. (1985): Tikar (Äquatorialafrika, Kameruner Grasland) – Jahresfest für Mkong Moteh: Tag von Kwifon. Film E 2624 des IWF, Göttingen. In: Publikationen zu wissenschaftlichen Filmen, Sektion Ethnologie, Serie 14, Nummer 11.

Nkwi, P. N. (1976): Traditional government and social change: A study of the political institutions among the Kom of the Cameroon Grassfields. Studia Ethnographica Friburgensia 6. Fribourg.

Nkwi, P. N. und *J.-P. Warnier* (1982): Elements for a history of the Western Grassfields. Department of Sociology, Universität Yaoundé.

Northern, T. (1984): The Art of Cameroon. Washington.

Tardits, C. (1980): Le royaume Bamoum. Paris.

Warnier, J.-P. (1975): Pre-colonial Mankon: The development of a Cameroon chiefdom in its regional setting. University of Pennsylvania Diss.

Warnier, J.-P. (1985): Echanges, développement et hiérarchies dans le Bamenda pré-colonial (Cameroun). Studien zur Kulturkunde 76. Wiesbaden.

13 Greve, Reinhard
SS

Ackermann, J. (1970): Heinrich Himmler als Ideologe. Göttingen.

Baeumler, A. (1934): Männerbund und Wissenschaft. Berlin.

Bernbaum, E. (1982): Der Weg nach Shambala. Auf der Suche nach dem sagenhaften Königreich im Himalaya. Hamburg.

Blavatsky, H. P. (o. J.): Die Geheimlehre. 4 Bde. Den Haag.

Fraenkel, H. und *R. Manvell* (1965): Himmler, Kleinbürger und Massenmörder. Berlin.

Frischauer, W. (1962): Himmler. The Evil Genius of the Third Reich. New York.

Goodrick-Clarke, N. (1985): The Occult Roots of Nazism. Wellingsborough.

Gorsleben, R. J. (1930): Hoch-Zeit der Menschheit. Leipzig.

Günther, H. F. R. (1934): Die nordische Rasse bei den Indogermanen Asiens. München.

Haack, F. W. *(1981):* Wotans Wiederkehr. Blut-, Boden- und Rasse-Religion. München.

Hasenfratz, H.-P. (1989): Die Religion Alfred Rosenbergs. In: Numen, Bd. 36, 1: 1113–1126.

Hauer, J. W. (1934): Eine indoarische Metaphysik des Kampfes und der Tat. Die Bhagabadgita in neuer Sicht. Stuttgart.

Hauer, J. W. (1939): Zum gegenwärtigen Stand der Indogermanenfrage. In: Archiv für Religionswissenschaft, 36: 1063.

Hedin, S. (1950): Ohne Auftrag in Berlin. Tübingen.

Helwig, W. (1960): Die blaue Blume des Wandervogels. Gütersloh.

Himmler, H. (1974): Geheimreden 1933 bis 1945 (Hg.: B. A. Smith und A. F. Peterson). Frankfurt a. M.

Höfler, O. (1934): Kultische Geheimbünde der Germanen. Frankfurt a. M.

Höhne, H. (1967): Der Orden unter dem Totenkopf. Die Geschichte der SS. Gütersloh.

Kater, M. H. (1974): Das ‚Ahnenerbe' der SS. 1935 bis 1945. Stuttgart.

Kersten, F. (1952): Totenkopf und Treue. H. Himmler ohne Uniform. Hamburg.

Krieck, E. (1933): Menschenformung. Leipzig.

Landig, W. (1980): Wolfszeit um Thule. Wien.

Le Coq, A. v. (1926): Frühe Zusammenhänge zwischen der Kultur Mittelasiens und den germanischen Staaten Europas. In: Volk und Rasse, 1, 4: 247–256.

Litt, J. (1987): Indische Wurzeln des Nationalsozialismus. In: Zeitschrift für Kulturaustausch 37, 3: 468–479.

Maser, W. (1973): Der Sturm auf die Republik. Frühgeschichte der NSDAP. Stuttgart.

Nolte, E. (1986): Der Faschismus in seiner Epoche. München.

Orzechowski, P. (o. J.): Schwarze Magie – Braune Macht. Ravensburg.

Ravenscroft, T. (1988): Der Speer des Schicksals. München.

Schäfer E. (1937): Unbekanntes Tibet. Berlin.

Schäfer E. (1942): Tibet ruft. Berlin.

Schurtz, H. (1902): Altersklassen und Männerbünde. Berlin.

See, K. v. (1985): Das ‚Nordische' in der deutschen Wissenschaft des 20. Jahrhunderts. In: Jahrbuch für internationale Germanistik 35, 2: 8–38.

See, K. v. (1987): Kulturkritik und Germanenforschung zwischen den Weltkriegen. In: Historische Zeitschrift, Bd. 245, 2: 343–362.

Steiner, J. M. (1983): Über das Glaubensbekenntnis der SS. In: K. D. Bracker, M. Funke u. H. A. Jacobsen (Hg.): Nationalsozialistische Diktatur 1933–1945: 206–223. Bonn.

Stumpfl, R. (1936): Kultspiele der Germanen als Ursprung des mittelalterlichen Dramas. Berlin.

Theweleit K. ([3]1987): Männerphantasien. 2 Bde. Reinbek.

Vogelsang, R. (1972): Der Freundeskreis Himmler. Göttingen.

Vondung, K. (1971): Magie und Manipulation. Ideologischer Kult und politische Religion des Nationalsozialismus. Dissertation München.

Wendt, V. K. (1984): Das Geheimnis der Hyperboreer. Legende, Mythos oder Wirklichkeit? Basel.

Wikander, S. (1938): Der arische Männerbund. Lund.

Wüst, W. (1939): Von indogermanischer Religiösität: Sinn und Sendung. In: Archiv für Religionswissenschaft 36: 64–107.

27 Haase, Claus-Peter
Assassinen

Bausani, A. (1959): Persia religiosa. Mailand.

Chambers, F. M. (1949): The Troubadours and the Assassins. In: Modern language notes 64: 245–251.

Halm, H. (1982): Die Islamische Gnosis. Zürich.

Hammer, J. von (1818): Geschichte der Assassinen aus morgenländischen Quellen. Stuttgart.

Hodgson, M. G. (1955): The order of Assassins. The struggle of the early Nizârî Ismâ'îlîs against the Islamic world. S'Gravenhage.

Lewis, B. (1967): The Assassins. A Radical Sect in Islam. London. (deutsch: [1989]: Die Assassinen. Zur Tradition des religiösen Mordens im Islam. Frankfurt).

asch-Schahrastani (1850): Religionspartheien und Philosophenschulen. (Aus dem Arabischen) übersetzt von Theodor Haarbrücker. Halle.

34 Haberland, Eike
Süd-Äthiopien

Cerulli, E. (1933): Etiopia Occidentale. Bd. 2. Rom.

Haberland, E. (1959): Galla Süd-Äthiopiens. Stuttgart.

Haberland, E. (1961): Kaganamum am Sepik. Unveröffentlichte Feldnotizen.

Himmelheber, H. und *U.* (1958): Die Dan. Stuttgart.

Jensen, A. E. (1942): Neuere Notizen über das Gada-System. In: Paideuma 2. Leipzig.

Legesse, A. (1973): Gada. New York und London.

Merker, M. (²1911): Die Masai. Berlin.

Stanek, M. (1983): Sozialordnung und Mythik in Palim-bei. Basel.

29 Halm, Heinz
futuwwa

Battûta, Ibn (1956): The travels of Ibn Battûta, A. D. 1325–1354. Englische Übers. von H. A. R. Gibb. Bd. 1. London.

Breebart, D. A. (1961): The Development and Structur of the Turkish Futuwwah Guilds. Ann Arbor.

Cahen, C. (1953): Sur le traces de premiers akhis. In: Osman Turan (Hg.): Melanges F. Köprülü. 81–91. Istanbul.

Cahen, C. (1955): Mouvements et organisations populaires dans le villes de l'Asie musulmane au Moyen Age: milices et associations de Foutouwa. In: Recueil de la Societé Jean Bodin VII: 273–288. Brüssel.

Cahen, C. (1958): Zur Geschichte der städtischen Gesellschaften im islamischen Orient des Mittelalters. In Saeculum 9, 59–76, Freiburg/München.

Cahen, C. (1958/59): Mouvement populaires et autonomisme urbain dans l'Asie musulmane de moyen age. In: Arabica 5: 225–250; 6, 25–26 und 233–265. Leiden.

Floor, W. (1984): Guilds and futuvvat in Iran. In: Zeitschrift der Deutschen morgenländ. Gesellschaft 134: 106–114.

Gavrilov, M. (1928): Les corps de métiers en Asie Centrale. In: Revue des Etudes Islamiques 2: 202–230.

Gawâd, M. (1930): al-Futuwwa wal-fityân qadiman. In: Lughat al-'Arab 8: 241–249.

Gölpinarli, A. (1949/50): Les organisations de la Fütüvvet dans les pays musulmans et turcs et ses origines. In: Revue de la Fac. des Sciences Econ. de l'Univ. d'Istanbul 11: 5–49.

Hartmann, A. (1975): An-Nâsir li-Din Allâh (1180–1225). Politik, Religion, Kultur in der späten Abbasidenzeit. Berlin.

Havemann, A. (1975): Ri'âsa und qaḍâ'. Institutionen als Ausdruck wechselnder Kräfteverhältnisse in syrischen Städten vom 10. bis zum 12. Jahrhundert. Freiburg.

Kahle, P. (1932): Die Futuwwa-Bündnisse des Kalifen en-Nasir. In: Th. Menzel (Hg.): Festschrift G. Jacob. Leipzig. (Neubearbeitung in: P. Kahle: Opera Minora, Leiden 1965).

Kassim, A. M. (1927): Etudes sur les corporations musulmanes indo-persanes. In: Revue des Etudes Islamiques 1: 249–272.

Massignon, L. (1952): La „Futuwwa", ou „pacte d'honneur artisanal" entre les travailleurs musulmans au Moyen Age. In: La Nouvelle Clio 4: 171–198.

Ritter H. (1920): Zur Futuwwa. In: Der Islam 10: 245–250.

Taeschner, F. (1932): Futuwwa-Studien. In: Islamica 5: 285–333.

Taeschner, F. (1933): Die islamischen Futuwwabünde. Das Problem ihrer Entstehung und die Grundlinien ihrer Geschichte. In: Zeitschrift der Deutschen morgenländ. Gesellschaft 87: 6–49.

Taeschner, F. (1956): Futuwwa, eine gemeinschaftbildende Idee im mittelalterlichen Orient und ihre verschiedenen Erscheinungsformen. In: Schweizerisches Archiv für Volkskunde 52 (2/3): 122–158.

Taeschner, F. (1979): Zünfte und Bruderschaften im Islam. Texte zur Geschichte der Futuwwa. Zürich.

Thorning, H. (1913): Beiträge zur Kenntnis des islamischen Vereinswesens auf Grund von Bast Madad et Taufiq. Berlin.

22 Hauschild, Thomas
Italien

Brechter, H. u. a. (Hg.) (1966/69): Das Zweite Vatikanische Konzil. Dokumente und Kommentare. Bd. 2. Freiburg.

Deretz, J. und *A. Nocent* (Hg.) (1969): Konkordanz der Konzilstexte. Graz.

Fortes, M. (1970): Kinship and the Social Order. London.

Galt, A. (1974): Rethinking patron-client relationships. The real system and the official system in southern Italy. In: Anthropological Quarterly 47:182–202.

Gribaudi, G. (1980): Mediatori. Antropologia del potere democristiano nel Mezzogiorno. Turin.

Hauschild, T. (1985): Mein Mezzogiorno. Religionsethnologische Feldarbeit in Süditalien. In: Fischer, H. (Hg.): Feldforschungen. Berichte zur Einführung in Probleme und Methoden. Berlin.

Hauschild, T. (1986): Protestantische Pilger und katholische Körperschaften. Süditalienethnographie zwischen Imagination und Realität. In: Zeitschrift für Volkskunde 82: 19–43.

Hauschild, T. (1989): Studien zum religiösen Diskurs in Süditalien, Manuskript. Köln.

Jone, P. H. (1950): Gesetzbuch der lateinischen Kirche, Paderborn.

Le Goff, J. (1988): Wucherzins und Höllenqualen. Ökonomie und Religion im Mittelalter. Stuttgart.

Schweizer, T. (Hg) (1989): Netzwerkanalyse. Berlin.

Schwendenwein, H. (1984): Das neue Kirchenrecht. Darmstadt.

Strack, B. (1987): Wörterbuch der Ethnologie. Köln.

Taussig, M. (1980): The Devil and Commodity Fetishism in South America. Chapel Hill.

10 Heinrichs, Hans-Jürgen
Politiker-Bande

Baudrillard, J. (1983): Der Tod der Moderne. Tübingen

Erdheim, M. (1984): Die gesellschaftliche Produktion von Unbewußtheit. Frankfurt a. M.

Fenichel, O. (1939): Über Trophäe und Triumph. In: O. Fenichel (Hg.): Psychoanalyse und Gesellschaft. Frankfurt a. M.

Heinrichs, H.-J. (1989): Fenster zur Welt. Positionen der Moderne. Frankfurt a. M.

Parin, P. (1978): Der Widerspruch im Subjekt. Frankfurt a. M.

Pasolini, P. P. (1978): Freibeuterschriften. Berlin.

Schwenger, H. (1983): Im Jahr des Großen Bruders. München.

33 Helck, Wolfgang
Ägypten

Decker, W. (1987): Sport und Spiel im Alten Ägypten. München.

Helck, W. (1958): Zur Verwaltung des Neuen Reiches. Leiden.

Helck, W. (1961–65): Materialien zur Wirtschaftsgeschichte des Neuen Reiches. Mainz.

Helck, W. (1968a): Geschichte des Alten Ägypten. Leiden.

Helck, W. (1968b): Die Ritualszenen auf der Umfassungsmauer Ramses II in Karnak. Wiesbaden.

Helck, W. (1977): Die Lehre für König Merikare. Wiesbaden.

14 Hess, Henner
Mafia

Alongi, G. (1977): La maffia. Introduzione di Henner Hess. Palermo. (zuerst 1886)

Arlacchi, P. (1980): Mafia, contadini e latifondo nella Calabria tradizionale. Le strutture elementari del sottosviluppo. Bologna.

Arlacchi, P. (1989): Mafiose Ethik und der Geist des Kapitalismus. Die unternehmerische Mafia. Frankfurt a. M. (ital. 1983)

Blok, A. (1981): Die Mafia in einem sizilianischen Dorf 1860–1960. Eine Studie über gewalttätige bäuerliche Unternehmer. Frankfurt a. M. (engl. 1974)

Bresler, F. (1981): The Chinese Mafia. London.

Chambliss, W. J. (1978): Eine kriminelle Vereinigung. Politik und Verbrechen in den USA. Einleitung von Henner Hess. Tübingen.

Chairoff, P. (1975): Dossier b ... comme barbouzes. Une France parallèle, celle des basses-œuvres du pouvoir. Paris.

Cutrera, A. (1900): La mafia ed i mafiosi. Palermo.

Guerrini, M. (1969): L'Anonima Sequestri. Milano.

Hess, H. (1970): Mafia. Zentrale Herrschaft und lokale Gegenmacht. Tübingen (3. Aufl. 1988).

Hess, H. (1976): Repressives Verbrechen. In: Kriminologisches Journal 8 (1): 1–22.

Hess, H. (1986): The Traditional Sicilian Mafia: Organized Crime and Repressive Crime. In: R. J. Kelly (Hg.): Organised Crime. A global perspektive: 113–133. Totowa.

Hess, H. (1989): Der illegale Drogenhandel. In: S. Scheerer u. I. Vogt (Hg.): Drogen und Drogenpolitik. Ein Handbuch: 448–485. Frankfurt a. M.

Ianni, F. A. J. (1972): A Family Business. Kinship and Social Control in Organized Crime. New York.

Jaubert, A. (1973): Dossier d ... comme drogue. Paris.

Kelly, R. J. (Hg.) (1986): Organized crime. A global perspective. Totowa.

Kennedy, R. (1967): Gangster drängen zur Macht. Reinbek. (engl. 1960)

Lamberti, M. und *C. Lamour* (1973): Die Opium-Mafia. Frankfurt. (franz. 1972)

Llaryora, R. (1975): L'uomo accapato. Frühformen mafiosen Verhaltens. Augsburg.

McCoy, A. W. (1972): The politics of heroin in Southeast Asia. New York.

Mc Intosh, M. (1975): The organisation of crime. London.

Pantaleone, M. (1962): Mafia e politica. Torino.

Raith, W. (1983): Die ehrenwerte Firma. Der Weg der italienischen Mafia vom ‚Paten' zur Industrie. Berlin.

Rossani, O. (1978): L'industria dei sequestri. Dalla mafia alle Brigate Rosse, la storia, le tecniche, i nomi. Milano.

Smith, D. C. (1975): The Mafia mystique. New York.

Störzer, H. U. (1976): Selbstschutz und der Weg zur Betriebsmiliz. In: Kriminologisches Journal 8 (1): 33–45.

Walston, J. (1986): See Naples and die. Organized Crime in Campania. In: R. J. Kelly (Hg.): Organised Crime. A global perspective: 134–158. Totowa.

Walston J. (1988): The Mafia and clientelism. Roads to Rome in post-war Calabria. London.

6 Hug, Brigitta
Psychoanalyse

vgl. Bibliographie 6 Erdheim, M.

40 Kaplan, Flora
Benin

Bradbury, R. E. (1973): Benin Studies. London.

Connah, G. (1975): The Archaeology of Benin. London.

Kaplan, F. S. (1990): In Splendor and Seclusion: Royal Women at the Court of Benin, Nigeria. (Im Druck) New York.

2 Knauf, Ernst-Axel
politische Evolution

Albertz, R. (1989): Die Intentionen und die Träger des Deuteronomistischen Geschichtswerks. 37–53. In: R. Albertz, F. W. Golka und J. Kegler (Hg.): Schöpfung und Befreiung. Für Claus Westermann zum 80. Geburtstag. Stuttgart.

Beeston, A. F. L. (1948): The ritual hunt. A study in old south Arabian religious practice. In: Le Muséon 61: 183–196.

Coogan, M. D. (1978): Stories from ancient Canaan, edited and translated. Philadelphia.

Dostal, W. (1983): Some remarks on the ritual significance of the bull in pre-Islamic South Arabia. In: R. L. Bidwell u. G. R. Smith (Hg.): Arabian and Islamic Studies. Articles presented to R. B. Serjeant on the occasion of his retirement from the Sir Thomas Adam's Chair of Arabic at the University of Cambridge. London. S. 196–213.

Dostal, W. (1985): Egalität und Klassengesellschaft in Südarabien. Anthropologische Untersuchungen zur sozialen Evolution (WBKL 20/1983). Horn – Wien.

Durkheim, E. (1912): Les formes élémentaires de la vie religieuse. Paris. Neuauflage 1968: Presses Universitaires de France; dt. 1981: Die elementaren Formen des religiösen Lebens, übers. L. Schmidt. Frankfurt.

Edmunds, R. D. (1984): Tecumseh and the quest for Indian leadership. Boston.

Fried, M. H. (1967): The evolution of political society. An essay in political anthropology. New York.

Harris, M. (1974): Cows, pigs, wars and witches. The riddles of culture. New York.

Keel, O. (1977): Der Bogen als Herrschaftsymbol. Einige unveröffentlichte Skarabäen aus Ägypten und Israel zum Thema „Jagd und Krieg". In: Zeitschrift des Deutschen Palästina-Vereins 93: 141–177.

Knauf, E. A. (1988a): The West Arabian place name province: Its origin and significance. In: Proceedings of the seminar for Arabian studies 18: 39–49.

Knauf, E. A. (1988b): Zur Herkunft und Sozialgeschichte Israels. „Das Böckchen in der Milch seiner Mutter". In: Biblica 69: 153–169.

Knauf, E. A. (1989a): Ismael. Untersuchungen zur Geschichte Palästinas und Nordarabiens im 1. Jahrtausend v. Chr., 2. erw. Aufl. Abhandlungen des Deutschen Palästina-Vereins. Wiesbaden.

Knauf, E. A. (1989b): The migration of the script, and the formation of the state in South Arabia. In: Proceedings of the seminar for Arabian studies 19: 79–91.

Knussmann, R. (1985): Zur Ideologie des biologischen Unterschieds zwischen Frau und Mann. In: G. Völger und K. von Welck (Hg.): Die Braut. Geliebt – verkauft – getauscht – geraubt. Die Rolle der Frau im Kulturvergleich. Köln: 42–51.

Lang, B. (1983): Monotheism and the prophetic minority. An essay in biblical history and sociology. SBWA 1. Sheffield.

Levin, Ch. (1984): Joschija im deuteronomistischen Geschichtswerk. In: Zeitschrift für die alttestamentliche Wissenschaft 96: 350–371.

Levy, T. E. (1986): The Chalcolithic period. In: Biblical Archaeologist 49: 82–108.

Mershen, B. (1987): Töpferin, Flechterin, Weberin und Gerberin. Zum Haushaltshandwerk im Ostjordanland. In: G. Völger und K. v. Welck. (Hg.) Pracht und Geheimnis. Kleidung und Schmuck aus Palästina und Jordanien. Köln. 100–105.

Mershen, B. (Hg.) (1988): Museum of Jordanian heritage (Katalog). Irbid.

Mitscherlich, A. und *M.* (1967): Die Unfähigkeit zu trauern. Grundlagen kollektiven Verhaltens. München.

Müller, W. W. (1989): The meaning of sabaic KRWM. In: M. Ibrahim (Hg.): Arabian studies in honour of Mahmud Ghul. Yarmouk University Publications, Institute of Archaeology and Anthropology Series. Wiesbaden: 89–96.

Niehr, H. (1986): Herrschen und Richten. Die Wurzel *spt* im Alten Orient umd im Alten Testament. FzB 54. Würzburg.

Popper, K. R. (1984): Objektive Erkenntnis. Ein evolutionärer Entwurf. Hamburg.

Serjeant, R. B. (1976): South Arabian hunt. London.

Service, E. R. (1975): Origins of the state and civilization. The process of cultural evolution. New York.

Steele, C. S. (1990): Early bronze age socio-political organization in southwestern Jordan. In: Zeitschrift des Deutschen Palästina-Vereins 106: im Druck.

Wagstaff, J. (1985): The evolution of Middle Eastern landscapes. An outline to A. D. 1840. London.

Weippert, H. (1988): Palästina in vorhellenistischer Zeit. Handbuch der Archäologie: Vorderasien II, 1; München.

Weippert, M. (1990): Synkretismus und Monotheismus. Religionsinterne Konfliktbewältigung im Alten Israel. In: J. Assmann (Hg.): Kultur und Konflikt. Frankfurt (Ringvorlesung Heidelberg 1987/88). Im Druck.

Wilpert, C. B. (1987): Die verlorene Welt der ersten Australier. In: C. B. Wilpert (Hg.): Der Flug des Bumerang. 40000 Jahre Australier: 8–65. Hamburg.

18 Knauf, Ernst Axel
Jesus

Stager, L. E. (1985): The archaeology of the family in ancient Israel. Bulletin of the American Schools of Oriental Research 260: 1–35.

Theissen, G. (3 1989): Studien zur Soziologie des Urchristentums. Tübingen.

Webb, M. C. (1986): The cultural ecology of christian origins. In: M. Richardson und M. Webb (Hg.): The burden of being civilized. Anthropological perspective on the discontents of civilization: 101–119. Athens (Georgia).

26 Kreiser, Klaus
Derwische

Aigen, W. (1980): Sieben Jahre in Aleppo. Wien.

Andræ, T. (1931): Zuhd und Mönchtum. Zur Frage der Beziehungen zwischen Christentum und Islam. In: Le Monde Oriental 25: 296–327.

Bousquet, G.H. (² 1966): L'Ethique Sexuelle de l'Islam. Paris.

Demircan, A. (1985): Islam'a göre Cinsel Hayat 1. Istanbul.

Fazil (1837): Defter-i 'aşk. Istanbul.

Gramlich, R. (1965–1981): Die schiitischen Derwischorden Persiens. 3 Bde. Wiesbaden.

Kaplan, O. (1989): Sexualität im Islam und der türkischen Kultur. Frankfurt a. M.

Mensching, G. (1943): Zölibat. In: Religion in Geschichte und Gegenwart.

Meier, F. (o. J.): Vom Wesen der islamischen Mystik. Basel.

17 Kuhfus, Peter M.
China

Blythe, W. (1969): The Impact of Secret Societies in Malaya. A Historical Study. London.

Cai Shaoqing (1984): On the Origin of the Gelaohui. In: Modern China 10 (4): 481–508.

Cai Shaoqing (1987): Zhongguo jindai huidang shi yanjiu (Studien zur Geschichte der chinesischen Geheimgesellschaften zwischen dem 18. Jahrhundert und 1949). Peking.

Chen Xulu (1989): Huidang yu Zhongguo jindai shehui (Die Geheimgesellschaften und die chinesische Gesellschaft des 19. und 20. Jahrhunderts). In: Guangming ribao 4 (1).

Chesneaux, J. (1971): Secret Societies in China in the Nineteenth and Twentieth Centuries. London.

Chesneaux, J. (Hg.) (1972): Popular Movements and Secret Societies in China, 1840–1950. Stanford.

Chesneaux, J. u. a. (Hg.) (1970): Mouvements populaires et sociétés secrètes en Chine aux XIXe et XXe siècles. Paris.

Comber, L. F. (1959): Chinese Secret Societies in Malaya. A Survey of the Triad Society from 1800 to 1900. New York.

Dai Xuanzhi (1964): Yihetuan yanjiu. A Monograph on the Yi Ho Boxers. Taipei.

Dai Xuanzhi (1973): Hongqiang hui. 1916–1949 (Die Gesellschaft der Roten Speere. 1916–1949). Taipei.

Davis, Fei-Ling (1971): Primitive Revolutionaries of China. A Study of Secret Societies in the Late Nineteenth Century. London.

Eastman, L. (1988): Family, Fields, and Ancestors. Constancy and Change in China's Social and Economic History, 1550–1949. New York.

Esherick, J. W. (1987): The Origins of the Boxer Uprising. Berkeley.

Feng Jicai und *Li Dingxing* (1977): Yihequan (Die Boxer). 2 Bde. Peking.

Feuerwerker, A. (1975): Rebellion in Nineteenth-Century China. Ann Arbor.

Franke, W. (Hg.) (1974): China Handbuch. Düsseldorf.

Granet, M. (1963): Das chinesische Denken – Inhalt, Form, Charakter. München. (Zuerst 1934)

Groot J. J. M. de (1970): Sectarianism and Religious Persecution in China. A Page in the History of Religions. Taipei. (Zuerst 1903)

Jindai mimi shehui shiliao [Historische Quellen zu den Geheimgesellschaften der Neuzeit]. (1965) Taipei.

Johnson, D. u. a. (Hg.) (1985): Popular Culture in Late Imperial China. Berkeley.

Kelly, D. E. (1982): Temples and Tribute Fleets: The Luo Sect and Boatmen's Associations in the Eighteenth Century. In: Modern China 8 (3): 361–391.

Lajnger, S. R. (1985): Tajnye obščestva Chuacjao: Evoljucija i social'naja suščnost' (Die Geheimgesellschaften der Huaqiao: Entwicklung und soziale Natur). In: Narody Azii i Afriki 3: 34–44.

Liu Cheng-yun (1985): Kuo-lu: A Sworn Brotherhood Organization in Szechwan. In: Late Imperial China 6 (1): 56–82.

Lu Yao (Hg.) (1985): Yihetuan yundong (Die Boxer-Bewegung). Chengdu.

Morgan, W. P. (1960): Triad Societies in Hong Kong. Hongkong. (2. Aufl. 1982)

Naquin, S. (1981): Shantung Rebellion. The Wang Lun Uprising of 1774. New Haven.

Ono Kazuko (1989): Chinese Women in a Century of Revolution, 1850–1950. In: J. A. Fogel (Hg.). Stanford.

Overmyer, D. L. (1976): Folk Buddhist Religion. Dissenting Sects in Late Traditional China. Cambridge, Mass.

Overmyer, D. L. (1981): Alternatives. Popular Religious Sects in Chinese Society. In: Modern China 7 (2): 153–190.

Purcell, V. (1963): The Boxer Uprising. A Background Study. Cambridge.

Rowe, W. T. (1982): The Qingbang and Collaboration under the Japanese, 1939–1945. Materials in the Wuhan Municipal Archives. In: Modern China 8 (4): 491–499.

Shek, R. (1980): The Revolt of the Zaili, Jindan Sects in Rehe (Jehol), 1891. In: Modern China 6 (2): 161–196.

Shih, V. Y. C. (1967): The Taiping Ideology. Its Sources, Interpretations, and Influences. Seattle.

Syncretic Sects in Chinese Society (1982): Symposium: Modern China 8,3 und 8,4.

T'ao Ch'eng-chang (1982): The Evolution of China's Secret Sects and Societies. In: G. Kao (Hg.): The Translation of Things Past. Chinese History and Historiography. Hongkong.

Wei Jinayou (Hg.) (o. J.): Zhongguo huidang shi lunzhu zonglu (Abstracts von Studien zur Geschichte der chinesischen Geheimgesellschaften). Shanghai.

Yihetuan shiliao (1982): 2 Bde. Peking. (Historische Quellen zu den Boxern).

Yihetuan wenxian huibian (1973): 4 Bde. Taipei (zuerst 1951) (Dokumentensammlung zu den Boxern).

Yu Songqing (1987): Ming Quing shiqi de minjian mimi zongjiao. (The Secret Religions in the Ming and Qing Dynasties). In: Lishi yanjiu 2: 110–124.

Zhongguo banghui shi (o. J.): (Geschichte der chinesischen Geheimgesellschaften). Hongkong.

4 Lipp, Wolfgang
Geschlechterdrama

Bachofen, J. J. (1861): Das Mutterrecht. Eine Untersuchung über die Gynoikokratie der alten Welt nach ihrer religiösen und rechtlichen Natur. Stuttgart.

Baumann, H. (1955): Das doppelte Geschlecht. Ethnologische Studien zur Bisexualität in Ritus und Mythos. 2. Aufl. Berlin.

Blüher, H. (1917): Die Rolle der Erotik in der männlichen Gesellschaft. Eine Theorie der menschlichen Staatsbildung nach Wesen und Art. Stuttgart (Neuausgabe 1962).

Bornemann, E. (1975): Das Patriarchat. Ursprung und Zukunft unseres Gesellschaftssystems. Frankfurt a. M.

Freud, S. (1913): Totem und Tabu. Einige Übereinstimmungen im Seelenleben der Wilden und der Neurotiker. Leipzig.

Gehlen, A. (1969): Moral und Hypermoral. Eine pluralistische Ethik. Frankfurt a. M.

Gennep, A. van (1909): Les rites de passage. Paris. (Dt. 1986): Übergangsriten. Frankfurt a. M.

Girard, R. (1972): La Violence et le Sacré. Paris. (Dt. 1987): Das Heilige und die Gewalt. Zürich.

Gough, K. (1975): The origin of the family. In: R. R. Reiter (Hg.): Toward an anthropology of women. New York.

Grundmann, H. (1970): Religiöse Bewegung im Mittelalter. Untersuchungen über die geschichtlichen Zusammenhänge zwischen Ketzerei, den Bettelorden und der religiösen Frauenbewegung im 12. und 13. Jh. und über die geschichtlichen Grundlagen der Mystik. Anhang: Neue Beiträge zur Geschichte der religiösen Bewegungen im Mittelalter. Darmstadt.

Herdt, G. H. (Hg.) (1982): Rituals of manhood. Male initiation in Papua New Guinea. Berkeley.

Höfler, O. (1934): Kultische Geheimbünde der Germanen. Frankfurt a. M.

Jung, C. G. (1976): Die Archetypen und das kollektive Unbewußte. Gesammelte Werke: Bd. 9 (1). Olten-Freiburg i. Br.

Karsch-Haack, F. (1911): Das gleichgeschlechtliche Leben der Naturvölker. München.

Lafiteau, J.-F. (1724): Moeurs des sauvages Américquains. Comparées aux moeurs des premiers temps. 2 Bde. Paris.

La Fontaine, J. S. (1981): The domestication of the savage male. In: Man N. S. 16: 333–349.

La Fontaine, J. S. (Hg.) (1978): Sex and age as principles of social differentiation. London.

Lipp, W. (1984): Kultur, dramatologisch. In: Österreichische Zeitschrift für Soziologie 9 (1 + 2): 8–25.

Lipp, W. (1985): Stigma und Charisma. Über soziales Grenzverhalten. Schriften zur Kultursoziologie. Bd. 1. Berlin.

Lipp, W. (1986): Geschlechtsrollenwechsel. Formen und Funktionen, am Beispiel ethnographischer Materialien. In: Kölner Zeitschrift für Soziologie und Sozialpsychologie 38 (3) (Schwerpunktheft „Wandel von Geschlechtsrollenbeziehungen", bes. von M. Schöps-Potthoff und H. Tyrell): 529–559.

Lipp, W. (1989a): Androgynität – Gleichheit der Geschlechter als kulturelle Perspektive? Beitrag zur Ad-hoc-Gruppe „Männer in der Geschlechterforschung". In: M. Haller, H.-J. Hoffmann-Nowotny und W. Zapf (Hg.): Kultur und Gesellschaft. Verhandlungsband 2 zum Kongreß. Zürich (im Druck).

Lipp W. (1989b): Gemeinschaft und Gesellschaft – Gibt es dritte Wege? Rückfragen an Ferdinand Tönnies, am Beispiel charismatischer Bewegungen. In: Annali di Sociologia/Soziologisches Jahrbuch 4, 1988. I. Trento 1989: 197–210. Italien. unter dem Titel: Communità e società. Esistono terze vie? Controinterrogativi a F. Tönnies, elle luce dell esempio dei movimenti carismatici. Ebda.: 211–224.

Luhmann, N. (1977): Differentiation of Society. In: Canadian Journal of Sociology/Cahiers Canadiens de Sociologie 2: 29–53.

Malinowski, B. (1922): Argonauts of the western Pacific. London. Dt. (1979): Argonauten des westlichen Pazifik. Frankfurt a. M.

Mannhardt, W. (1905): Wald- und Feldkulte. 2 Bde. Berlin (2. Aufl.) (Neudruck Darmstadt 1963).

Mühlmann, W. E. (1961): Chiliasmus und Nativismus. Studien zur Psychologie, Soziologie und historischen Kasuistik der Umsturzbewegungen. Berlin.

Müller, K. E. (1984): Die bessere und die schlechtere Hälfte. Zur Ethnologie des Geschlechterkonflikts. Frankfurt a. M.

Ortner, S. und *H. Whitehead* (Hg.) (1981): Sexual Meanings. The Cultural Construction of Gender and Sexuality. New York.

Poole, F. J. P. (1982): The ritual forging of identity: Aspects of person and self in Bimin- Kuskusmin male initiation. In: G. H. Herdt (Hg.): Rituals of manhood. Male intitiation in Papua New Guinea. Berkeley.

Read, C. (1918): No paternity. In: Journal of the Royal Anthropological Institute of Great Britain and Ireland. 18.

Reinalter, H. (Hg.) (1982): Freimaurer und Geheimbünde seit dem 18. Jahrhundert. Frankfurt a. M.

Sanday, P. R. (1981): Female power and male dominance. On the origins of sexual inequality. New York.

Schlesier, E. (1958): Die melanesischen Geheimkulte. Untersuchungen über ein Grenzgebiet der ethnologischen Religions- und Gesellschaftsforschung und zur Siedlungsgeschichte Melanesiens. Göttingen.

Schmalenbach, H. (1922): Die soziologische Kategorie des Bundes. In: W. Strich (Hg.): Die Dioskuren. Jahrbuch für Geisteswissenschaften: Bd. 1: 35–105. München.

Schmidt, W. (1955): Das Mutterrecht. Wien. (Neudruck 1966).

Schumacher, I. (1972): Gesellschaftsstruktur und Rolle der Frau. Das Beispiel der Irokesen. Berlin.

Schurtz, H. (1902): Altersklassen und Männerbünde. Eine Darstellung der Grundformen der Gesellschaft. Berlin.

Smith, W. R. (1889): Lectures on the religion of the Semites. London.

Stagl, J. (1971): Der Geschlechtsantagonismus in Melanesien. Wien.

Thurnwald, R. (1932): Werden, Wandel und Gestaltung von Familie, Verwandtschaft und Bünden im Lichte der Völkerforschung. Die menschliche Gesellschaft: Bd. 2. Berlin.

Tönnies, F. (1887): Gemeinschaft und Gesellschaft. Grundbegriffe der reinen Soziologie. Leipzig (Neuauflage Darmstadt 1979).

Turner, V. W. (1969): The ritual process. Structure and anti-structure. London. Dt. (1989): Das Ritual. Struktur und Anti-Struktur. Frankfurt a. M.

Tyrell, H. (1978): Die Familie als „Urinstitution": Neuerliche spekulative Überlegungen zu einer offenen Frage. In: Kölner Zeitschrift für Soziologie und Sozialpsychologie 30: 611–651.

Tyrell, H. (1986): Geschlechtliche Differenzierung und Geschlechterklassifikation. In: Kölner Zeitschrift für Soziologie und Sozialpsychologie 38 (3): 450–489. (Schwerpunktheft „Wandel von Geschlechtsrollenbeziehungen", bes. von M. Schöps-Potthoff und H. Tyrell). Opladen.

Wackernagel, H. G. (1960): Bemerkungen zur älteren Schweizer Geschichte in volkskundlicher Sicht. In: Schweizer Archiv für Volkskunde 56: 1–24.

Weber, M. (1964): Wirtschaft und Gesellschaft. Grundriß der verstehenden Soziologie. Studienausgabe. 2 Hlb. Bde. Köln.

Webster, H. (1908): Primitive secret societies. New York.

Wolfram, R. (1933): Weiberbünde. In: Zeitschrift für Volkskunde. N. F. 137–146.

Wolfram, R. (1980): Studien zur älteren Schweizer Volkskultur. Mythos, Sozialordnung, Brauchbewußtsein. Wien.

9 Meyer, Peter
Soziobiologie

vgl. Bibliographie 9 Wind, Jan.

13 Münch, Eva Marie v.
Quotierung

Bebel, A. (1885): Die Sozialdemokratie und das allgemeine Stimmrecht. Berlin.

Bebel, A. (1973): Die Frau und der Sozialismus. Berlin..

Bundesregierung (1989): Bericht der Bundesregierung an den Deutschen Bundestag über die Gleichstellungsstellen in Bund, Ländern und Gemeinden. BTDrcks. 11/4893 vom 28. 6. 1989.

Dohm, H. (1876): Der Frauen Natur und Recht. Berlin.

Fülles, M. (1969): Frauen in Partei und Parlament.

Hagemann-White, C. (1987): Können Frauen die Politik verändern? Beilage zur Wochenzeitung Das Parlament, Februar 1987.

Hanau, P. (1985): Die Quotierung im juristischen Meinungsstreit. In: Quotierung – Reizwort oder Lösung? Expertenanhörung der Hessischen Landesregierung am 2. Mai 1985.

Hitler, A. (1935): Mein Kampf. 133–134. München.

Hoecker, B. (1987): Politik: Noch immer kein Beruf für Frauen? Beilage zur Wochenzeitung Das Parlament, Februar 1987.

Hofman-Göttig, J. (1986): Emanzipation mit dem Stimmzettel. Bonn.

Krautkrämer-Wagner, U. (1983): Frauenpolitische Einrichtungen in den Bundesländern. Arbeitspapier des Forschungsschwerpunktes Soziale Problem: Kontrolle und Kompensation. Bremen.

Meyer, B. (1987): Frauen an die Macht!? Politische Strategien zur Durchsetzung der Gleichberechtigung von Mann und Frau. Beilage zur Wochenzeitung Das Parlament, Februar 1987.

Michalka, W. (Hg.) (1984): Die nationalsozialistische Machtergreifung. Paderborn, München.

Minister für Wirtschaft: Mittelstand und Technologie des Landes NRW (o. J.): Textsammlung Frauenförderpläne und -maßnahmen.

Nathusius, M. v. (1871): Zur Frauenfrage.

Otto, L. (1847): Die Teilnahme der weiblichen Welt am Staatsleben. In: R. V. Blum (Hg.): „Vorwärts" Volkstaschenbuch für das Jahr 1847. Jg. 5. Berlin.

Pfarr, H. (1985): Herausforderung und Konsequenz von Frauenförderplänen. In: Quotierung – Reizwort oder Lösung? Expertenanhörung der Hessischen Landesregierung am 2. Mai 1985.

Schwarzer, A. (1983): So fing es an. München.

Twellmann, M. (1976): Die deutsche Frauenbewegung. Kronberg.

Zetkin, K. (1907): Zur Frage des Frauenwahlrechts. Berlin.

38 Ottenberg, Simon
Westafrika

Bellman, B. (1984): The language of secrecy: Symbols and metaphors in Poro ritual. New Brunswick, New Jersey.

Finnegan, R. (1965): Survey of the Limba people of northern Sierra Leone. Great Britain, Department of Technical Co-Operation. Overseas Research Publication 6. London.

Finnegan, R. (1967): Limba stories and story-telling. Oxford.

Miller, P. (1982): Sex polarity among the Afikpo Igbo. In: S. Ottenberg (Hg.): African religious groups and beliefs: Papers in honor of William R. Bascom.: 79–94. Meerut.

Ottenberg, P. (1958): Marriage relationships in the double descent system of the Afikpo Ibo of south-eastern Nigeria. Diss. Northwestern University, Evanston, Illinois.

Ottenberg, P. (1959): The changing economic position of women among the Afikpo Ibo. In: W. R. Bascom und M. J. Herskovits (Hg.): Continuity and change in African cultures. Chicago.

Ottenberg, S. (1968): Double descent in an African society: The Afikpo village-group. American Ethnological Society Monograph Series, 47. Seattle.

Ottenberg, S. (1971): Leadership and authority in an African society: The Afikpo village-group. American Ethnological Society Monograph Series, 52. Seattle.

Ottenberg, S (1975): The masked rituals of Afikpo: The context of an African art. Seattle.

Ottenberg, S. (1982): Illusion, communication, and psychology in West African masquerades. Ethos, 10 (2): 149–85.

Ottenberg, S. (1989): Boyhood rituals in an African society: An interpretation. Seattle.

Ottenberg, S. (o. J.): Similarities and differences in male and female secret societies among the Bafodea Limba of northern Sierra Leone. Unveröffentl. Ms.

Tiger, L. (1970): Men in groups. New York.

29 Pollock, Carmen
futuwwa

Cahen, C. (1958/59): Mouvements populaires et autonomisme urbain dans l'Asie musulmane du moyen age. In: Arabica 5: 225–250, 6: 25–56, 233–265.

Cahen, C. (1965): Art. „Futuwwa". 1. Teil. In: The Encyclopaedia of Islam. Leiden.

Ǧawād, M. (1958): Al-Futūwa wa-atwāruhā. In: Maǧallat al-Maǧmaᶜ al-ᶜilmī al-ᶜirāqī 5: 46–81. Bagdad.

Kahle, P. (1933): Ein Futuwwa-Erlaß des Kalifen en Nāṣir aus dem Jahre 604 (1207). In: Festschrift für Max v. Oppenheim. Berlin.

Ritter, H. (1948): Irrational solidarity groups. A sociopsychological study in connection with Ibn Khaldûn. In: Oriens 1: 1–44.

Rosenthal, F. (1958): The Muqaddimah. Translated from the Arabic. New York.

Sabari, S. (1981): Mouvements populaires à Bagdad à l'époque ᶜabbasside, IXe-XIe siècles. Paris.

Schimmel, A. (1951): Ibn Chaldun. Ausgewählte Abschnitte aus der muqaddima. Tübingen.

Taeschner, F. (1979): Zünfte und Bruderschaften. Stuttgart.

Talbi, M. (1971): Art. „Ibn Khaldūn". In: The Encyclopaedia of Islam. Leiden.

Thorning, H. (1913): Beiträge zur Kenntnis des islamischen Vereinswesens auf Grund von Bast Madad et-Taufīq. Berlin.

16 Raz, Jacob
Yakuza

Ames, W. L. (1981): Police and organized crime. In: Ames, W. L.: Police and community in Japan. Berkeley.

DeVos G. A. und *K. Mizushima* (1973a): Criminality and deviancy in modern Japan. In: DeVos (Hg.): Socialization for achievement. London.

DeVos G. A. (1973b): Organization and social function of Japanese gangs: Historical development and modern parallels. In: DeVos, G. A. (Hg.): Socialization for achievement. London.

Hoshino, K. (1989): Organized crime and its origins in Japan. Unveröffentl. Ms.

Iwai, H. (1973): Delinquent groups and organized crime. In: DeVos, G. A. (Hg.): Socialization for achievement. London.

Lebra, T. S, W. P. Lebra und *K. Mizushima* (1974): Delinquency and social change in modern Japan. In: Lebra, T. S. und W. P. Lebra (Hg.): Japanese culture and behavior. Honolulu.

Lebra, T. S. (1976): Organized delinquency: Yakuza as a cultural example. In: Lebra, T. S. (Hg.): Japanese patterns of behavior. Honolulu.

Kaplan, E. D. und *A. Dubro* (1986): Yakuza. London.

National Police Agency (Hg.) (1988): White paper on police 1988. Tokyo.

Stark, D. H. (1981): The Yakuza: Japanese crime incorporated. Diss. Michigan.

Raz, J. (1989): Bistable self-presentation and performance in the Yakuza way of life: Fieldwork with a Japanese underworld group. In: Goodman, R. und R. Kirsten (Hg.): Japan: Ideology and practice. Aarhus.

30 Reissner, Johannes
Muslimbrüder

Baer, G. (1964): Egyptian guilds in modern times. Jerusalem.

Bannā, H. (1974): mudhakkirāt ad-daᶜwa wa-d-dāᶜiyya (Erinnerungen an den Ruf und den Herold). Beirut.

De Jong, F. (1989): Die mystischen Bruderschaften und der Volksislam. In: Ende, W. und U. Steinbach (Hg.): Der Islam in der Gegenwart. München.

Habib, J. S. (1978): Ibn Sa'ud's warriors of Islam. Leiden.

Mitchell, R. P. (1969): The Society of the Muslim Brothers. London.

Mottahadeh, R. (1987): Der Mantel des Propheten. München.

Reissner, J. (1980): Ideologie und Politik der Muslimbrüder Syriens. (Islamdkundliche Untersuchungen 55). Freiburg.

Reissner, J. (1989): Die militant-islamischen Gruppen. In: Ende, W. und U. Steinbach (Hg.): Der Islam in der Gegenwart. München: 470–486.

Thaiss, G. (1971): The Bazaar as a case study of religion and social change. In: Yar-Shater, E. (Hg.): Iran faces the seventies. New York.

1 Reulecke, Jürgen
Männerbund-Ideologie

Abel, H. (1969): Beiträge zur Geschichte des Übersee-Museums II; 4. Die völkerkundliche Abteilung zwischen 1892 und 1949. In: Veröffentlichungen aus dem Übersee-Museum in Bremen, Reihe B (2): 75–81.

Achelis, T. (1902): Rezension zu Schurtz: Altersklassen und Männerbünde. In: Nation. Wochenschrift für Politik, Volkswirtschaft und Literatur, Jg. 1903, 415f. Berlin.

Baeumler, A. (1934): Männerbund und Wissenschaft. Berlin.

Blüher, H. (1912): Wandervogel. Geschichte einer Jugendbewegung. 3 Teile: Heimat und Aufgang, Blüte und Niedergang, Die Deutsche Wandervogelbewegung als erotisches Phänomen. Berlin. (2. Aufl. 1914, 3. Aufl. 1918, 4 Aufl. 1920).

Blüher, H. (1962): Die Rolle der Erotik in der männlichen Gesellschaft. Stuttgart (zuerst Jena 1917).

Blüher, H. (1918): Familie und Männerbund. Leipzig.

Blüher, H. (1924): Führer und Volk in der Jugendbewegung. Jena.

E., R. (1902): Rezension zu Schurtz: Altersklassen und Männerbünde. In: Beilage zur Allgemeinen Zeitung, Nr. 183: 294f. München.

Glaeser, E. (1978): Jahrgang 1902. Kronberg/Ts.

Helmolt (1902): Rezension zu Schurtz: Altersklassen und Männerbünde. In: Deutsche Monatsschrift für das gesamte Leben der Gegenwart, Juli 1902: 638.

Hentschel, W. (1901): Varuna. Eine Welt- und Geschichtsbetrachtung vom Standpunkt des Ariers. Leipzig.

Hermand, J. (1988): Der alte Traum vom neuen Reich. Völkische Utopien und Nationalsozialismus. Frankfurt a. M.

Höltker, G. (1959): Art. „Männerbünde". In: Handwörterbuch der Soziologie, Alfred Vierkandt (Hg.). Stuttgart.

Key, E. (1978): Das Jahrhundert des Kindes. Königstein/Ts. (zuerst Berlin 1902).

König, R. (1987): Soziologie in Deutschland. Begründer, Verfechter, Verächter. München.

Korn, K. (1910): Die bürgerliche Jugendbewegung. Berlin.

Kost, W. (1934): Die bündischen Elemente in der deutschen politischen Gegenwartsideologie. Greifswald.

Lenin, W. I. (1962): Was tun? Brennende Fragen unserer Bewegung. Berlin (zuerst 1902).

v. Luschan (1904): Rezension zu Schurtz: Altersklassen und Männerbünde. In: Literarisches Zentralblatt für Deutschland: 296. Leipzig.

Plenge, J. (1920): Antiblüher. Affenbund oder Männerbund? Ein Brief. Hartenstein/Sa.

Ratzel, F. (1903): Heinrich Schurtz. In: Deutsche Geographische Blätter 26 (2): 51–63. Bremen.

Reulecke, J. (1985): Männerbund versus Familie. Bürgerliche Jugendbewegung und Familie in Deutschland im ersten Drittel des 20. Jahrhunderts. In: T. Koebner u. a. (Hg.): „Mit uns zieht die neue Zeit". Der Mythos Jugend: 199–223. Frankfurt.

Reulecke, J. (1988): Im Schatten der Meißnerformel: Lebenslauf und Geschichte der Jahrhundertgeneration. In: W. Mogge und J. Reulecke (Hg.): Hoher Meißner 1913: 11–32. Köln.

S., A. (1904): Rezension zu Schurtz: Altersklassen und Männerbünde. In: Hessische Blätter für Volkskunde: 175–179. Leipzig.

Schäfers, B. (Hg.) (1967): Soziologie und Sozialismus – Organisation und Propaganda. Abhandlungen zum Lebenswerk von Johann Plenge. Stuttgart.

Schildt, A. (1987): Ein konservativer Prophet moderner nationaler Integration. Biographische Skizze des streitbaren Soziologen Johann Plenge (1874–1963). In: Vierteljahreshefte für Zeitgeschichte, 35: 523–570. München.

Schmalenbach, H. (1922): Die soziologische Kategorie des Bundes. In: Die Dioskuren. Jahrbuch für Geisteswissenschaften 1: 35–105. München.

Schmidt, M. (1902): Rezension zu Schurtz: Altersklassen und Männerbünde. In: Vierteljahrsschrift für wissenschaftliche Philosophie und Soziologie: 463f. Leipzig.

Schoeps, J. H. (1988): Sexualität, Erotik und Männerbund. Hans Blüher und die deutsche Jugendbewegung. In: J. H. Knoll und J. H. Schoeps (Hg.): Typisch deutsch: Die deutsche Jugendbewegung. Opladen: 137–154.

Schurtz, H. (1902): Altersklassen und Männerbünde. Eine Darstellung der Grundformen. Berlin.

Sombart, N. (1988): Männerbund und politische Kultur in Deutschland. In: J. H. Knoll und J. H. Schoeps (Hg.): Typisch deutsch: Die deutsche Jugendbewegung: 155–176. Opladen.

Stambolis, B. (1982): Der Mythos der jungen Generation. Ein Beitrag zur politischen Kultur der Weimarer Republik. Diss. Bochum.

Steinmetz, R. S. (1902): Rezension zu Schurtz: Altersklassen und Männerbünde. In: Globus. Illustrierte Zeitschrift für Länder- und Völkerkunde: 82.

Sturm, K. F. (²1933): Deutsche Erziehung im Werden. Von der pädagogischen Reformbewegung zur völkischen und politischen Erziehung. Osterwieck.

Vierkandt, A. (1902): Rezension zu Schurtz: Altersklassen und Männerbünde. In: Zeitschrift für Sozialwissenschaften: 549f. Berlin.

Vierkandt, A. (1903): Rezension zu Schurtz: Altersklassen und Männerbünde. In: Archiv für die gesamte Psychologie 1: 64f. Leipzig.

Wesel, U. (1980): Der Mythos vom Matriarchat. Über Bachofens Mutterrecht und die Stellung von Frauen in frühen Gesellschaften. Frankfurt a. M.

Wolschner, K. (1986): Michael Kühnen: In Männerbünden sexuell betätigen. Die Auseinandersetzungen über Homosexualität führen zur Spaltung der Neonazi-Szene. In: taz vom Montag, 13. 10. 1986. Berlin.

9 Roele, Marcel
Soziobiologie

vgl. Bibliographie 9 *Wind, Jan*

36 Rosenmayr, Leopold
Bambara/Mali

Abélès, M. und *C. Collard* (1985): Einleitung zu Age, pouvoir et société en Afrique noire. Paris.

Durkheim, E. (1976): Regeln der soziologischen Methode 4. Neuwied.

Kremser, M. (1986): Das Sandorakel „CEN" bei den Bambara. In: Wiener Völkerkundliche Mitteilungen, N. F., 28: 5–31.

Laing, R. D. (1987): Das geteilte Selbst. München.

Luneau, R. (1981): Chants de femmes au Mali. Paris.

Moulin, M. (1928): Recueil de proverbes Bambara et Malinkes. Paris.

Parin, P., F. Morgenthaler und *G. Parin-Matthey* (1983): Die Weißen denken zuviel. Frankfurt a. M.

Rosenmayr, L., H. Stemberger u. a. (1985): Klinische und labordiagnostische Querschnittsstudie an einer Dorfpopulation in Mali. In: Mitteilungen der österreichischen Gesellschaft für Tropenmedizin und Parasitologie 3: 175–181.

Rosenmayr, L. (1985): Your social future cannot be my personal one... Intergenerational anxieties and cleavages in the local prisma of a traditional African culture under the pressure of ecological and supra-regional societal change. Paper presented at the XIIIth International Congress of Gerontology. New York.

Rosenmayr, L. (1987): Kindheit und Alter im gesellschaftlichen Wechselbezug (Ergebnisse einer Feldforschung in Westafrika über Sozialisation und Senioritätsprinzip). In: Zeitschrift für Sozialisationsforschung und Erziehungssoziologie 2: 132–147.

Rosenmayr, L. und *G. Traoré* (1987): Projet de Rapport sur la première phase du projet coopératif de recherche sur la communication intergénérationelle dans le changement culturel pour une meilleure compréhension du problème social des personnes âgées, au Mali. Bericht an das Sozialministerium in Mali.

Rosenmayr, L. (1988): More than wisdom. In: Journal of crosscultural gerontology.

Sow, I. (1977): Psychatric dynamique Africaine. Paris.

Zahan, D. (1974): The Bambara. Leiden.

5 Salber, Wilhelm
Psychoanalyse

Eco, M. (1982): Der Name der Rose. München.

Eco, M. (1989): Das Foucaultsche Pendel. München.

Freud, S. (1913): Totem und Tabu. Leipzig.

Freud, S. (1914): Zur Einführung des Narzißmus. Wien.

Freud, S. (1921): Massenpsychologie und Ich-Analyse. Leipzig.

Freud, S. (1930): Das Unbehagen in der Kultur. Wien.

Freud, S. (1985): Übersicht der Übertragungsneurosen. Frankfurt.

Hobbes, T. (1651): Leviathan. London.

Reich, W. (1933): Massenpsychologie des Faschismus. Kopenhagen.

Salber, W. (1973–74): Entwicklungen der Psychologie Sigmund Freuds. Bd. 1–3. Bonn. 3 Aufl. 1987.

Salber, W. (1973): Das Unvollkommene als Kulturprinzip – Anmerkungen zur Kulturpsychologie S. Freuds. Z. f. Klin. Psych. u. Psych. th. 21 (2).

Salber, W. (1987): Kulturpsychologie – Wie und Warum. Zwischenschritte 6 (2).

25 Schimmel, Annemarie
Derwische

Birge, J. K. (1937): The Bektashi order of Derwishes. London. 2. Aufl. 1965.

Brown, J. P. (1868): The Derwishes. London. 2 Aufl. 1968.

Brunel, R. (1926): Essai sur la confrérie religieuse des Aissoua au Maroc. Paris.

Brunel, R. (1955): Le Monachisme errant dans l'Islam: Sidi Heddi et les Heddawa. Paris.

Gilsenan, M. (1973): Saint and Sufi in modern Egypt. Oxford.

Gramlich, R. (1965–1981): Die schiitischen Derwischorden Persiens. 3 Bde. Wiesbaden.

Iqbal, M. (1930): Six lectures on the reconstruction of religious thought in Islam. Lahore.

Kadri, Y. (1922): Karaosmanoglu, Nūr Bābā. Istanbul. (deutsch: hrsg. von A. Schimmel 1986): Schimmel, Flamme und Falter. Köln.

Kissling, H. J. (1986): Dissertationes Orientales et Balcanicae collecta. München. (Sammlung von Aufsätzen über türkische Derwischorden).

Nwyia, P. (1972): Ibn Atā Allāh et la naissance de la confrère shadhilite. Beirut.

Schimmel, A. (1984): Nur Baba. Köln.

Schimmel, A. (1985): Mystische Dimensionen des Islam. Köln.

Schimmel, A. (1989): Muhammad Iqbal, Prophetischer Poet und Philosoph. München.

Trimingham, S. (1971): The Sufi orders of Islam. Oxford.

45 Schumacher, Robert
Südafrika

Adam, H. und *H. Giliomee* (1979): The Rise and Crisis of Afrikaner Power. Kapstadt.

Adam, H. und *H. Giliomee* (1979): Ethnic Power Mobilized: Can South Africa Change? New Haven.

Charney, C. (1984): Class Conflict and the National Party Split. In: Journal of Southern African Studies 10 (2): 100–114.

Davies, R., D. O'Meara und *S. Dlamini* (1988): The Struggle for South Africa – A Reference Guide to Movements, Organisations, and Institutions. 2 Bde. London.

Frankfurter Rundschau, (17. 03. 87): Weiße Organisation denkt um.

Giliomee, H. (1983): Constructing Afrikaner Nationalism. In: Journal of African and Asian History 18 (1–2): 83–98.

Gordon, R. (1988): Apartheid's Anthropologists: The Genealogy of Afrikaner Anthropology. In: American Ethnologist 15 (3): 535–553.

Moodie, D. T. (1975): The Rise of Afrikanerdom – Power, Apartheid, and the Afrikaner Civil Religion. Berkeley.

O'Meara, D. (1977): Afrikaner Broederbond 1927–1948: Class Vaguard of Afrikaner Nationalism. In: Journal of Southern African Studies 3 (2): 156–186.

O'Meara, D. (1982): Volkskapitalisme. Johannesburg.

Omer-Cooper, J. D. (1987): History of Southern Africa. London.

Serfontein, J. H. P. (1979): Brotherhood of Power – An Exposé of the secret Afrikaner Broederbond. London.

Sharp, J. S. (1981): The Roots and Development of Volkekunde in South Africa. In: Journal of Southern African Studies 8 (1): 16–36.

Wilkins, I. und *H. Strydom* (1978): The Super Afrikaners: Inside the Afrikaner Broederbond. Johannesburg.

3 Schweizer, Thomas
Kulturvergleich

Allen, M. R. (1967): Male Cults and Secret Initiations in Melanesia. London.

Baal, J. van (1966): Dema. Description and Analysis of Masind-Anim Culture (South New Guinea). The Hague.

Galton, F. (1889): Comment on Tylor. In: Tylor 1889.

Herdt, G. H. (Hg.) (1982): Rituals of Manhood: Male Initiation in Papua New Guinea. Berkeley.

Herdt, G. H. (Hg.) (1984): Ritualized Homosexuality in Melanesia. Berkeley.

Keesing, R. M. (1982): Introduction. In: Herdt 1982.

Lowie, R. H. (1950): Social Organization. London.

Paige, K. E. und *J. M. Paige* (1981): The Politics of Reproductive Ritual. Berkeley.

Schmidt, S. und *T. Schweizer* (1990): Comparative Anthropological Research Today: The World Cultures Electronic Database and New Substantive Developments. Anthropos 85, im Druck.

Schurtz, H. (1902): Altersklassen und Männerbünde. Eine Darstellung der Grundformen der Gesellschaft. Berlin.

Schweizer, T. (1989): Perspektivenwandel in der ethnologischen Primär- und Sekundäranalyse: Die frühere und die heutige Methodik des interkulturellen Vergleichs. Kölner Zeitschrift für Soziologie und Sozialpsychologie 41: 465–482.

Thurnwald, R. (1958): Das Gesellungsleben der Naturvölker. In: L. Adam und H. Trimborn (Hg.): Lehrbuch der Völkerkunde. 3 Auflage. Stuttgart.

Tylor, E. B. (1889): On a Method of Investigating the Development of Institutions, Applied to Laws of Marriage and Decent. Journal of the Royal Anthropological Institute of Great Britain and Ireland 18: 245–272.

White, D. R. und *M. L. Burton* (1988): Causes of Polygyny: Ecology, Economy, Kinship and Warfare. American Anthropologist 90: 871–887.

20 Schwenk, Bernd
Johanniter-/Malteserorden

Delaville Le Roulx, J. (1894–1906): Cartulaire général de l'Ordre des Hospitaliers de S. Jean de Jérusalem 1100–1310. Paris.

Goosmann, R. (1960–1966): Bibliographie des Johanniterordens. In: Württembergisch-Badensche Genossenschaft des Johanniterordens. Stuttgart.

Hiestand, R. (1972): Papsturkunden für Templer und Johanniter. Vorarbeiten zum Oriens pontificius I. Abhandl. d. Akad. d. Wiss. in Göttingen, phil.-hist. Kl. Dritte Folge Nr. 77. Göttingen.

Hiestand, R. (1980): Die Anfänge der Johanniter. In: J. Fleckenstein und M. Hellmann (Hg.): Die geistlichen Ritterorden Europas. Vorträge und Forschungen, hrsg. vom Konstanzer Arbeitskreis für mittelalterliche Geschichte 26. Sigmaringen.

Karmon, Y. (1987): Die Johanniter und Malteser. Ritter und Samariter. Die Wandlungen des Ordens vom Heiligen Johannes. München.

Leisching, P. (1970): Der Souveräne Malteser-Orden als Religion. Die kirchenrechtliche Stellung des Ordens. In: A. Wienand 1988.

Prutz, H. (1908): Die geistlichen Ritterorden. Ihre Stellung zur kirchlichen, politischen, gesellschaftlichen und wirtschaftlichen Entwicklung des Mittelalters. Berlin (Neudruck Darmstadt 1986).

Riley-Smith, J. (1967): The Knights of St. John in Jerusalem and Cyprus 1050–1310. London.

Wienand, A. (Hg.) (1970): Der Johanniter-Orden. Der Malteser-Orden. Der ritterliche Orden des hl. Johannes vom Spital zu Jerusalem. Seine Aufgaben, seine Geschichte. Köln (2. Auflage 1988).

11 See, Klaus v.
20. Jahrhundert

Baeumler, A. (1934): Das akademische Männerhaus (1930). In: A. B., Männerbund und Wissenschaft. Berlin.

Blüher, H. (1915): Die Hybris bei den Geistigen. In: Der Aufbruch. Monatsblätter aus der Jugendbewegung 1: 93–95.

Blüher, H. (1916): Ulrich von Wilamowitz und der deutsche Geist 1871/1915. Berlin.

Blüher, H. (1917): Führer und Volk in der Jugendbewegung. Leipzig.

Blüher, H. (1919): Die Rolle der Erotik in der männlichen Gesellschaft. Bd. 2. Familie und Männerbund. Jena.

Blüher, H. (1953): Werke und Tage. Geschichte eines Denkers. München.

Boehringer, R. (1951): Mein Bild von Stefan George. München.

Bungardt, K. M. (1936): Die männerbündischen Gründungen F. L. Jahns. Versuch ihrer Deutung als Bestandteile einer ‚Nationalpolitischen Erziehung'. In: Leibesübungen und körperliche Erziehung 55: 530–537.

Calder III, W. M. (1983): The Wilamowitz-Nietzsche Struggle. In: Nietzsche-Studien 12: 214–254.

Gundolf, F. (1909): Gefolgschaft und Jüngertum. In: Der George-Kreis. Hrsg. von G. P. Landmann. Stuttgart 1980.

Hasenfratz, H. P. (1982): Der indogermanische „Männerbund". Anmerkungen zur religiösen und sozialen Bedeutung des Jugendalters. In: Zeitschrift für Religions- und Geistesgeschichte 34: 148–163.

Hauer, J. W. (1923): Die Religionen. Ihr Werden/Ihr Sinn/Ihre Wahrheit. 1. Buch. Das religiöse Erlebnis auf den unteren Stufen. Berlin.

Hildebrandt, K. (1910): Hellas und Wilamowitz. In: Der George-Kreis. Hrsg. von G. P. Landmann. Stuttgart 1980.

Höfler, O. (1934): Kultische Geheimbünde der Germanen. Frankfurt a. M.

Höfler, O. (1940): Volkskunde und politische Geschichte. In: Historische Zeitschrift 162: 1–18.

Jünger, E. (1922): Der Kampf als inneres Erlebnis. Berlin.

Jünger, E. (1929): Feuer und Blut. Ein kleiner Ausschnitt aus einer großen Schlacht. Berlin.

Jünger, F. G. (1930): Krieg und Krieger. In: Krieg und Krieger. Hrsg. von Ernst Jünger. Berlin.

Krieck, E. (1922): Philosophie der Erziehung. Jena.

Krockow, C. Graf (1958): Die Entscheidung. Eine Untersuchung über Ernst Jünger, Carl Schmitt, Martin Heidegger. Göttinger Abhandlungen zur Soziologie. Bd. 3. Stuttgart.

Kuhn, H. (1956): Die Grenzen der germanischen Gefolgschaft. In: H. Kuhn: Kleine Schriften. Bd. 2. Berlin 1971.

Marschall, B. (1990): Reisen und Regieren. Die Nordlandfahrten Kaiser Wilhelms II. Diss. Frankfurt.

McCone, K. R. (1987): Hund, Wolf und Krieger bei den Indogermanen. In: Studien zum indogermanischen Wortschatz. Hrsg. von W. Meid. Innsbruck.

Nipperdey, T. (1976): Verein als soziale Struktur in Deutschland im späten 18. und frühen 19. Jahrhundert. In: T. Nipperdey: Gesellschaft. Kultur. Theorie. Göttingen.

Röhl, J. C. G. (1987): Kaiser, Hof und Staat. Wilhelm II. und die deutsche Politik. München.

Rörig, F. (1941): Volkskunde, Hanse und materialistische Geschichtsschreibung. In: Historische Zeitschrift 163: 490–502.

Salomon, E. von (1930): Der verlorene Haufe. In: Krieg und Krieger. Hrsg. von Ernst Jünger. Berlin.

Schmalenbach, H. (1922): Die soziologische Kategorie des Bundes. In: Die Dioskuren 1: 35–105.

Schmalz, G. G. (1955): Zur Geschichte des Wortes „Verein". In: Monatshefte. A Journal Devoted to the Study of German Language and Literature 47: 295–301.

Schurtz, H. (1902): Altersklassen und Männerbünde. Eine Darstellung der Grundformen der Gesellschaft. Berlin.

See, K. von (1984): Das ‚Nordische' in der deutschen Wissenschaft des 20. Jahrhunderts. In: Jahrbuch für Internationale Germanistik 15 (2): 8–38.

See, K. von (1987): Kulturkritik und Germanenforschung zwischen den Weltkriegen. In: Historische Zeitschrift 245: 343–362.

Sombart, N. (1982): The Kaiser in his epoch: some reflexions on Wilhelmine society, sexuality and culture. In: J. C. G. Röhl und N. Sombart (Hg.): Kaiser Wilhelm II. New Interpretations. Cambridge.

Sombart, N. (1984): Jugend in Berlin 1933–1943. Ein Bericht. München.

Weber, M. (1956): Wirtschaft und Gesellschaft. 4. Aufl. Tübingen.

Wolfradt, W. (1918): Der Typus inversus. In: Die Weltbühne 14 (2): 166–172.

Wolters, F. (1909): Herrschaft und Dienst. In: Der George-Kreis. Hrsg. von G. P. Landmann. Stuttgart 1980.

Wolters, F. (1910): Richtlinien. In: Der George-Kreis. Hrsg. von G. P. Landmann. Stuttgart 1980.

15 Stanzel, Volker
Mishima

Bibliographische Notiz: Yukio Mishima ist im Westen als Schriftsteller, nicht als Politiker bekannt. Literatur zu Mishimas Schildgemeinschaft liegt dementsprechend fast ausschließlich in japanischer Sprache vor, dort allerdings in großer Zahl. Einer Untersuchung des Geschichtswissenschaftlers Masayasu Hosaka („Tate no kai" wa doko ni itta no ka? In: Dentō to gendai Nr. 62, Tokyo 1980) zufolge, waren im Jahr 1980 von den ursprünglich 85 Mitgliedern der Schildgemeinschaft 47 Angestellte in der von Mishima so verachteten Wirtschaft, die zweitgrößte Gruppe, 17 Personen, waren Beamte des Staates geworden, gegen den sie zehn Jahre zuvor geputscht hatten.
Aktuelle bibliographische Angaben zur japanischsprachigen Literatur sollten erbeten werden bei:

Mishima Yukio kenkyūkai, 2–7–11–502 Takadabamba, Shinjuku-ku, 160 Tōkyō, Japan.

Literatur in westlichen Sprachen:

Bourgeade, P. (1980): Celui qui va mourir nous salue. In: Le Nouvel Observateur (10. 3. 1980): 70/71. Paris.

Mishima, Y. (1970): Sun and Steel. Tōkyō.

Mishima, Y. (1982): Gekibun. In: Mishima Yukiō-kenkyūkai (Hg.), Tōkyō.

Stanzel, V. (1981): Traditional Ultra Nationalist Conceptions in Mishima Yukio's „Manifesto" of 1970. In: P. G. O'Neill (Hg.): Tradition and Modern Japan: 34–40, Tenderden, Kent.

Stokes, H. S. (1975): The Life and Death of Yukio Mishima. Tōkyō.

32 Streck, Bernhard
Sudan

Arber, H. B. (1940): The Baramka. In: Sudan Notes and Records 23: 139–150.

Beck, K. (1988): Die Kawahla von Kordofan. Studien zur Kulturkunde 85. Stuttgart.

Cloudsley, A. (1983): Women of Omdurman. Life, Love and the Cult of Virginity. London.

Hayder, I. (1979): The Shaiqya – The Cultural and Social Change of a Northern Sudanese Riverain People. Studien zur Kulturkunde 49. Wiesbaden.

Nordenstam, T. (1968): Sudanese Ethics. The Scandinavian Institute of African Studies. Uppsala.

Qur'ān (1980): arabisch-deutsch, hrsg. v. Hazrat Mirza Nasir Ahmad, 4. Aufl. Rabwah, Pakistan: The Oriental and Religious Publ. Corp. Ltd.

Sayyid H. Hurreiz (1977): Ja'aliyyin Folktales. Indiana University African Series 8. Bloomington.

Simon, A. (1981): Dikr and Madīh. Gesänge und Zeremonien. Islamisches Brauchtum im Sudan. MC 10 der musikethnologischen Abt. des Museums für Völkerkunde, Berlin.

Streck, B. (1982): Gewehr und Speer. Bewaffnete Macht in der Republik Sudan. In: Kursbuch 67: 88–98.

Streck, B. (1985): Der Bauch und der Rücken. Einige Gedanken zur Morphologie des Gesichtsfeldes im mittleren Nilsudan. In: Trialog 7: 14–17.

Trimingham, J. (1949): Islam in the Sudan. London.

Voll, J. O. (1969): A History of the Khatmiyyah Tariqah in the Sudan. Harvard University.

8 Theweleit, Klaus
Kadetten

Theweleit, K. (²1987): Männerphantasien. 2 Bde. Reinbek.

8 Tiger, Lionel
Soziobiologie

Tiger, L. (1969): Men in Groups. London

Tiger, L. (1987): The Manufacture of Evil: Ethics, Evolution, and the Industrial System. New York.

Seville Declaration on Violence, Seville, Spain, May 26, 1986. This was endorsed by the American Anthropological Association as well as the American Psychological Association. The American Association for the Advancement of Science declined to do so. For a discussion, see Academic Questions, Fall, 1988, and Anthropology Today, Vol. 5:3, June 1989.

19 Treiber, Hubert
Spannungsverhältnisse

Bibliographische Notiz: Die einschlägigen Stichworte im Handwörterbuch zur Deutschen Rechtsgeschichte und im Lexikon für Theologie und Kirche (2. Aufl.) sind ebenfalls herangezogen worden. Angesichts des Umfangs von Themenstellung und Literaturlage kann das Literaturverzeichnis keine Vollständigkeit beanspruchen.

Barthes, R. (1974): Sade, Fourier, Loyola. Frankfurt.

Bergmann, W. (1985): Das frühe Mönchtum als soziale Bewegung. In: Kölner Zeitschrift für Soziologie und Sozialpsychologie 37: 30–59.

Berman, H. J. (1983): Law and revolution. The formation of the western legal tradition. Cambridge (Mass.)/London.

Blüher, H. (1962): Die Rolle der Erotik in der männlichen Gesellschaft. Stuttgart. 1917/1919.

Borst, A. (1979): Lebensformen im Mittelalter. Frankfurt usw.

Bosetzky, H. (1971): Die „kameradschaftliche Bürokratie" und die Grenzen der wissenschaftlichen Untersuchung von Behörden. In: Die Verwaltung 4: 325–335.

Bourdieu, P. (1976): Entwurf einer Theorie der Praxis auf der ethnologischen Grundlage der kabylischen Gesellschaft. Frankfurt.

Breuer, S. (1989): Magisches und religiöses Charisma: Entwicklungsgeschichtliche Perspektiven. In: Kölner Zeitschrift für Soziologie und Sozialpsychologie 41: 215–240.

Bynum, C. W. (1982a): Jesus and mother and abbot as mother: Some themes in twelfth-century cistercian writing. In: dieselbe: Jesus as mother. Studies in the spirituality of the high Middle Ages: 110–169. Berkeley usw.

Bynum, C. W. (1982b): Women mystics in the thirteenth century: The case of the nuns of Helfta. In: dieselbe: Jesus as mother. Studies in the spirituality of the high Middle Ages: 170–262. Berkley usw.

Bynum, C. W. (1984): Mystics and eucharistic devotion in the thirteenth century. In: Women's studies : 179–214.

Bynum, C. W. (1985): Fast, feast and flesh: The religious significance of food to medieval women. In: Representations 11: 1–25.

Bynum, C. W. (1987): Holy feast and holy fast. The religious significance of food to medieval women. Berkeley usw.

Bynum, C. W. (1988): Mystik und Askese im Leben mittelalterlicher Frauen. In: W. Schluchter (Hg.): Max Webers Sicht des okzidentalen Christentums: 355–382. Frankfurt.

Cardini, F. (1989): Der Krieger und der Ritter. In: J. Le Goff (Hg.): Der Mensch des Mittelalters: 87–129. Frankfurt/New York.

Conrad, A. (1986): Ordensfrauen ohne Klausur? Die katholische Frauenbewegung an der Wende zum 17. Jahrhundert. In: Feministische Studien 5: 31–45.

Conrad, A. (1989): Ursulinen und Jesuitinnen. Frauen im Semireligiosentum und Ordenswesen der frühen Neuzeit. Diss. Saarbrücken.

Dinzelbacher, P. und *D. R. Bauer* (Hg.) (1985): Frauenmystik im Mittelalter. Ostfildern.

Douglas, M. (1974): Ritual, Tabu und Körpersymbolik. Frankfurt.

Drijvers, H. J. W. (1985): Askese und Mönchtum im frühen Christentum. In: W. Schluchter (Hg.): Max Webers Sicht des antiken Christentums: 444–465. Frankfurt.

Duby, G. (1977): Krieger und Bauern. Die Entwicklung von Wirtschaft und Gesellschaft im frühen Mittelalter. Frankfurt.

Duby, G. (1980): Die Zeit der Kathedralen. Kunst und Gesellschaft (980–1420). Frankfurt.

Duby, G. (1981): Die drei Ordnungen. Das Weltbild des Feudalismus. Frankfurt.

Duby, G. (1984): Die Kunst des Mittelalters. Das Europa der Mönche und Ritter (980–1420). Bd. I. Genf/Stuttgart.

Eliade, M. (1959): Naissances mystiques. Essai sur quelques types d'initiation. Paris.

Eliade, M. (1983): Geschichte der religiösen Ideen. Bd. 3/1: Von Mohammed bis zum Beginn der Neuzeit. Freiburg usw.

Elias, N. (1976): Über den Prozeß der Zivilisation. Soziogenetische und psychogenetische Untersuchungen. Bd. II.: Wandlungen der Gesellschaft. Entwurf zu einer Theorie der Zivilisation. Frankfurt.

Elm, K. (1981): Die Stellung der Frau in Ordenswesen, Semireligiosentum und Häresie zur Zeit der heiligen Elisabeth. In: St. Elisabeth. Fürstin, Dienerin, Heilige. Aufsätze, Dokumentation, Katalog, hrsg. v. der Philipps-Universität Marburg: 7–28. Sigmaringen.

Ennen, E. (³1987): Frauen im Mittelalter. München.

Evans, J. (Hg.) (1980): Blüte des Mittelalters. Die Welt der Ritter und Mönche. München/Zürich.

Feest, J. und *E. Blankenburg* (1972): Die Definitionsmacht der Polizei. Düsseldorf.

Frank, K. S. (Hg.) (1975): Askese und Mönchtum in der Alten Kirche. Darmstadt.

Frank, K. S. (1988): Geschichte des christlichen Mönchtums. Darmstadt.

Freed, J. B. (1972): Urban development and the ‚cura monialium' in thirteenth-century Germany. In: Viator 3: 311–327.

Fuchs, P. (1986): Die Weltflucht der Mönche. Anmerkungen zur Funktion des monastisch-aszetischen Schweigens. In: Zeitschrift für Soziologie 15: 393–405.

Gabriel, K. (1973): Die Entwicklung der Organisations- und Führungsstruktur der Katholischen Kirche in der Neuzeit in wissens- und organisationssoziologischer Perspektive. Unveröffentl. Diplomarbeit am Fachbereich Soziologie der Universität Bielefeld. Bielefeld.

Geremek, B. (1984): Der Außenseiter. In: J. Le Goff (Hg.): Der Mensch des Mittelalters: 374–401. Frankfurt/New York.

Gössmann, E. (1979): Anthropologie und soziale Stellung der Frau nach Summen und Sentenzenkommentaren des 13. Jahrhunderts. In: A. Zimmermann (Hg.): Miscellanea Mediaevalia, Bd. 12/1: 281–297. Berlin/New York.

Goffman, E. (1971): Verhalten in sozialen Situationen. Strukturen und Regeln der Interaktion im öffentlichen Raum. Gütersloh.

Goffman, E. (1973): Asyle. Über die soziale Situation psychiatrischer Patienten und anderer Insassen. Frankfurt.

Grießinger, A. (1981): Das symbolische Kapital der Ehre. Frankfurt usw.

Grisar, J. (S. J.) (1927a): Das erste Verbot der Ordensgründung Maria Wards (1628). In: Stimmen der Zeit 113: 34–51.

Grisar, J. (S. J.) (1927): Der Endkampf um Maria Wards erste Ordensgründung (1628–1631). In: Stimmen der Zeit 113: 131–150.

Grisar, J. (S. J.) (1959): Die ersten Anklagen in Rom gegen das Institut Maria Wards (1622). Rom.

Grisar, J. (S. J.) (1965): Jesuitinnen. Ein Beitrag zur Geschichte des weiblichen Ordenswesens von 1550–1650. In: E. Iserloh u. K. Repgen, Reformata Reformanda. Festgabe für Hubert Jedin zum 17. Juni 1965, Teil 2: 70–113. Münster.

Grundmann, H. (⁴1977): Religiöse Bewegungen im Mittelalter. Mit Anhang: Neue Beiträge zur Geschichte der religösen Bewegungen im Mittelalter. Darmstadt.

Jerouschek, G. (1988): Lebensschutz und Lebensbeginn. Kulturgeschichte des Abtreibungsverbots. Stuttgart.

Jordan, K. (1939): Die Entstehung der römischen Kurie. In: Zeitschrift der Savigny-Stiftung für Rechtsgeschichte, Kan. Abtl. Bd. 59: 97–152.

Ketsch, P. (1984): Frauen im Mittelalter. Bd. 2: Frauenbild und Frauenrechte in Kirche und Gesellschaft. Quellen und Materialien. Hg. v. A. Kuhn. Düsseldorf.

Klapisch-Zuber, C. (1989): Die Frau und die Familie. In: J. Le Goff (Hg.): Der Mensch des Mittelalters: 312–339. Frankfurt/New York.

Koch, G. (1962): Frauenfrage und Ketzertum im Mittelalter. Die Frauenbewegung im Rahmen des Katharismus und des Waldensertums und ihre sozialen Wurzeln (12.–14. Jh.). Berlin.

Little, L. K. (1988): Laienbruderschaften in norditalienischen Städten. In: W. Schluchter (Hg.): Max Webers Sicht des okzidentalen Christentums: 383–409. Frankfurt.

Meyer-Holz, U. (1989): Collegia Iudicum. Über die Form sozialer Gruppenbildung durch die gelehrten Berufsjuristen im Oberitalien des späten Mittelalters. Baden-Baden.

Miccoli, G. (1989): Die Mönche. In J. Le Goff (Hg.): Der Mensch des Mittelalters: 47–86. Frankfurt/New York.

Mickel, W. W. (Hg.) (1986): Handlexikon zur Politikwissenschaft. Bonn.

Müller, K. E. (²1989): Die bessere und die schlechtere Hälfte. Ethnologie des Geschlechterkonflikts. Frankfurt/New York.

Oexle, O. G. (1978): Die funktionale Dreiteilung der „Gesellschaft" bei Adalbero von Laon. Deutungsschemata der sozialen Wirklichkeit im frühen Mittelalter. In: Frühmittelalterliche Studien. Jahrbuch des Instituts für Frühmittelalterforschung der Universität Münster, 12: 1–54.

Oexle, O. G. (1985): Alteuropäische Voraussetzungen des Bildungsbürgertums – Universitäten, Gelehrte und Studierte. In: W. Conze und J. Kocka (Hg.): Bildungsbürgertum im 19. Jahrhundert. Teil I: Stuttgart.

Opitz, C. (1986): Hunger nach Unberührbarkeit? Jungfräulichkeitsideal und weibliche Libido im späten Mittelalter. In: Feministische Studien: 59–75.

Pernoud, R. (1986): La donna al tempo delle cattedrali. Civiltà e cultura femminile nel medioevo. Mailand.

Peters, U. (1988): Religiöse Erfahrung als literarisches Faktum. Zur Vorgeschichte und Genese frauenmystischer Texte des 13. und 14. Jahrhunderts. Tübingen.

Prinz, F. (1980): Askese und Kultur. Vor- und frühbenediktinisches Mönchtum an der Wiege Europas. München.

Rosenwein, B. H. (1988): Reformmönchtum und der Aufstieg Clunys. Webers Bedeutung für die Forschung heute. In: W. Schluchter (Hg.): Max Webers Sicht des okzidentalen Christentums: 276–311. Frankfurt.

Ruh, K. (Hg.) (1986): Abendländische Mystik im Mittelalter. Stuttgart.

Rusch, B. (1936): Die Behörden und Hofbeamten der päpstlichen Kurie des 13. Jahrhunderts. Königsberg/Berlin.

Schluchter, W. (1988): Einleitung. Religion, politische Herrschaft, Wirtschaft und bürgerliche Lebensführung. Die okzidentale Sonderentwicklung. In: W. Schluchter (Hg.): Max Webers Sicht des okzidentalen Christentums: 11–128. Frankfurt.

Schmalenbach, H. (1922): Die soziologische Kategorie des Bundes. In: Dioskuren 1: 35–105.

Schneider, V. (1988): Politiknetzwerke der Chemikalienkontrolle. Eine Analyse einer transnationalen Politikentwicklung. Berlin.

Schüngel-Straumann, H. (1988): „Von einer Frau nahm die Sünde ihren Anfang?" Die alttestamentlichen Erzählungen von „Paradies" und „Sündenfall" und ihre Wirkungsgeschichte. In: E. Moltmann-Wendel (Hg.): Weiblichkeit in der Theologie. 31–55. Gütersloh.

Schüngel-Straumann, H. (1989): Die Frau am Anfang. Eva und die Folgen. Freiburg.

Schurtz, H. (1902): Altersklassen und Männerbünde. Eine Darstellung der Grundformen der Gesellschaft. Berlin.

Schwarz, G. (²1987): Die „Heilige Ordnung" der Männer. Patriarchalische Hierarchie und Gruppendynamik. Opladen.

Southern, R. W. (1976): Kirche und Gesellschaft im Abendland des Mittelalters. Berlin/New York.

Sprandel, R. (1975): Verfassung und Gesellschaft im Mittelalter. Paderborn.

Tenbruck, F. H. (1964): Freundschaft: Ein Beitrag zu einer Soziologie der persönlichen Beziehungen. In: Kölner Zeitschrift für Soziologie und Sozialpsychologie 16: 431–456.

Tiger, L. (1972): Warum die Männer wirklich herrschen. München usw. (Men in Groups. London 1962)

Treiber, H. und *H. Steinert* (1980): Die Fabrikation des zuverlässigen Menschen. Zur Wahlverwandtschaft von Kloster- und Fabrikdisziplin. München.

Troeltsch, E. (1977): Die Soziallehren der christlichen Kirchen und Gruppen. Aalen 1977. Tübingen ¹1912.

Vauchez, A. (1989a): I laici nel Medioevo. Pratiche ed esperienze religiose. Mailand. Paris ¹1987.

Vauchez, A. (1989): Der Heilige. In J. Le Goff (Hg.): Der Mensch des Mittelalters: 340–373. Frankfurt/New York.

Weber, M. (⁶1972): Gesammelte Aufsätze zur Religionssoziologie. Bd. 1. Tübingen.

Weber, M. (⁵1976): Wirtschaft und Gesellschaft. Tübingen.

Wiesner, M. E. (1989): Guilds, male bonding and women's work in early modern Germany. In: Gender & History 1: 125–137.

Völger, Gisela und Karin v. Welck
Vorwort

Bleibtreu-Ehrenberg, G. (1980): Mannbarkeitsriten. Zur institutionellen Päderastie bei Papuas und Melanesiern. Frankfurt.

Boas, F. (1897): Social organisation and the secret societies of the Kwakiutl Indians. Reports of the United States National Museum. Washington

Dorsey, G. A. (1903): The Arapaho Sun Dance. Field Columbian Museum Publications, Anthropological Series 4. Chicago.

Heckethorn, C. W. (1965): The secret societies of all ages and countries. 2 Bde. (1875–1897). New York.

Klausewitz, W. (1989a): ICOM – Museen als Generatoren der Kultur? In: Museumskunde Bd. 54 (3): 175–177.

Klausewitz, W. (1989b): Ein Ort der Gegenkultur? Der internationale Museumsrat tagt zum Thema Museen der Zukunft. In: Frankfurter Allgemeine Zeitung, 20. September.

König, R. (1985): Hochzeit als Ausgangspunkt zur Darstellung der Rolle der Frau im interkulturellen Vergleich. In: Völger, G. u. K. von Welck (Hg.) (1985): Die Braut. Bd. 1, Köln: 26–38.

Kroeber, A. L. (1902/07): The Arapaho. Bulletin of the American Museum of National History, 18. New York.

Lowie, R. H. (1916): Plains Indians age-societies. Anthropological Papers of the American Museum of National History, 11. New York.

Lowie, R. H. (1929): Primitive society. London.

Meier-Seethaler, C. (1988): Ursprünge und Befreiungen. Eine dissidente Kulturtheorie. Zürich.

Müller, K. E. (1984): Die bessere und die schlechtere Hälfte. Ethnologie des Geschlechterkonflikts. Frankfurt.

Peuckert, W. E. (1951, 1988): Geheimkulte. Heidelberg, Hildesheim.

Postman, N. (1989): Grundsatzreferat gehalten bei der 15. Generalkonferenz von ICOM „Museums: Generators of Culture". 28. August bis 5. September. Den Haag.

Schlesier, E. (1953): Die Erscheinungsformen des Männerhauses und das Klubwesen in Mikronesien. 'S-Gravenhage.

Schlesier, E. (1958): Die melanesischen Geheimkulte. Göttingen, Berlin, Frankfurt.

Schurtz, H. (1902): Altersklassen und Männerbünde. Eine Darstellung der Grundformen der Gesellschaft. Berlin.

Sombart, N. (1988): Der Geist als Männerbund. In: Frankfurter Allgemeine Zeitung, 17. Februar.

Völger, G. und *K. von Welck* (Hg.)(1981): Rausch und Realität. Drogen im Kulturvergleich. Köln.

Völger, G. und *K. von Welck* (Hg.) (1985): Die Braut – geliebt, verkauft, getauscht, geraubt. Zur Rolle der Frau im Kulturvergleich. Köln.

Webster, H. (1908): Primitive secret societies. A study in early politics and religion. New York.

24 Voolen, Edward van
Judentum

Encyclopedia Judaica, (1971): Jerusalem (Charity Hevra, Hevra Kaddisha).

Isreal, J. I. (1985): European Jewry in the Age of Mercantilism 1550–1750. Oxford.

Frishman, J. (1989): Jüdischer Feminismus. In: M. Th. Kunstenaar (Hg.): Der eigene Freiraum. Frauen in Synagoge und Kirche. Offenbach.

Katz, J. (1971): Tradition and Crisis. Jewish Society at the End of the Middle Ages. New York.

Marcus, J. R. (1978): Communal Sick-Care in the German Ghetto. Cincinnati. 1. Auflage 1947.

9 Wind, Jan
Soziobiologie

Alexander, R. (1986): Ostracism and indirect reciprocity: The reproductive significance of humor. In: M. Gruter und R. D. Masters (Hg.): Ostracism: A social and biological Phenomenon. In: Ethnology and Sociobiology 7 (3/4): 105–123. York.

Barash, D. P. (1980): Soziobiologie und Verhalten. Berlin.

Brug, H. van der (1986): Voetbalvandalisme. Haarlem.

Bernsdorf, W. (1969): Bund. In: W. Bernsdorf (Hg.): Wörterbuch der Soziologie. 2. Aufl. Stuttgart.

Claessens, D. (1980): Das Konkrete und das Abstrakte. Frankfurt a. M.

Dawkins, R. (1978): Das egoistische Gen. Berlin.

Dawkins, R. (1986): The Blind Watchmaker. Burnt Mill.

Dunning, E. (1979): Barbarians, gentlemen and players. Oxford.

Dunning, E. (1988): The roots of football hooliganism. London.

Foley, R. A. und *P. C. Lee* (1989): Finite social space. Evolutionary pathways, and reconstructing hominid behavior. In: Science 243: 901–906.

Goodall, J. (1986): The Chimpanzees of Gombe. Cambridge, Mass.

Limbergen, K. van (1987): De Maatschappelijke en Sociopsychologische Achtergronden van het Voetbalvandalis, Rapport II. Leuven.

Marsh, P. (1978): The rules of disorder. London.

Maturana, H. und *F. J. Varela* (1987): Der Baum der Erkenntnis. Die biologischen Wurzeln des menschlichen Erkennens. Bern.

Maynard Smith, J. (1978): Evolution and the theory of games. In: T. H. Clutton-Brock und P. H. Harvey (Hg.): Readings in sociobiology. San Francisco: 258–270.

Mayr, E. (1982): The growth of biological thought. Diversity, evolution and inheritance. Cambridge, Mass.

Meyer, P. (1981): Evolution und Gewalt. Berlin.

Meyer, P. (1982): Soziobiologie und Soziologie. Eine Einführung in die biologischen Voraussetzungen sozialen Handelns. Darmstadt.

Meyer, P. (1989): Universale Muster sozialen Verhaltens: Wie entstehen aus genetischer Variabilität strukturell ähnliche Lösungen? In: Homo 38 (3/4): 133–144.

Morris, D. (1981): The Soccer Tribe. London.

Oldewelt, T. (1987): Een Vergelijkend Onderzoek naar de Ontwikkeling van Voetbalvandalisme in Nederland, Engeland en Frankrijk van 1875 tot 1987.

Schaller, G. B. (1969): Life with the King of Beasts. In: National Geographic 135: 494–519.

Swanson, C. P. (1983): Ever-expanding horizons. The dual informational sources of human evolution. Amherst, Mass.

Tiger, L. (1969): Men in groups. New York.

Trivers, R. L. (1971): The evolution of reciprocal altruism. In: Quarterly Review of Biology 46: 35–57.

de Waal, F. (1982): Chimpanzee politics. Power and sex among apes. London.

Wind, J. (1978): Abortion, ethics, and biology. In: Perspectives in Biology and Medicine 21: 492–504.

Wind, J. (1980): Man's selfish genes, social behavior and ethics. In: Journal of Social and Biological Structures 3: 33–41.

Wind, J. (1985) Sociobiology and the human sciences. An introduction. In: J. Wind (Hg.): Essays in human sociobiology. Bd. 1: 3–24. London.

37 Zetterström, Kjell
Liberia

d'Azevedo, W. (1962): Some Historical Problems in the Delineation of a Central West Atlantic Region. Annals of the New York Academy of Sciences 96. New York.

Baumann, H. (1940): Völkerkunde von Afrika. Essen.

Bellman, B. (1980): Masks, Societies, and Secrecy among the Fala Kpelle. In: Ethnologische Zeitschrift (1): 61–79. Zürich.

Büttikofer, J. (1890): Reisebilder aus Liberia I–II. Leiden.

Dapper, O. (1670): Eigentliche und Umbständliche Beschreibung von Afrika. Amsterdam.

Fernandes, V. (1951): Description de la Côte Occidentale d'Afrique. Bissau.

Gennep, A. van (1960): The Rites of Passage. Chicago.

Harley, G. (1941): Notes on the Poro in Liberia. Cambridge, Mass.

Harley, G. (1950): Masks as Agents of Social Control in Northeast Liberia. Cambridge, Mass.

Höllmann, T. (1980): Poro und Sande. Geheimgesellschaften im westlichen Afrika. In: Münchner Beiträge zur Völkerkunde (1): 115–130. München.

Jedrej, M. C. (1980): Structural Aspects of a West African Secret Society. In: Ethnologische Zeitschrift (1): 133–142. Zürich.

Johnston, H. (1906): Liberia I–II. London.

Little, K. (1951): The Mende of Sierra Leone. London.

Schröder, G. (1988): Eine verborgene Dimension Gesellschaftlicher Wirklichkeit. Liberia Working Group Papers 6. Bremen.

Schwab, G. (1947): Tribes of the Liberian Hinterland. Cambridge, Mass.

Siegmann, W. und *J. Perani* (1980a): Men's Masquerades of Sierra Leone and Liberia. In: Ethnologische Zeitschrift (1): 25–40. Zürich.

Siegmann, W. (1980b): Spirit Manifestations and the Poro Society. In: Ethnologische Zeitschrift (1): 89–95. Zürich.

Westermann, D. (1921): Die Kpelle. Göttingen.

Zetterström, K. (1972): Some Notes on Mano Beliefs. In: Paideuma (28): 170–190.

Zetterström, K. (1976): The Yamein Mano of Northern Liberia. Uppsala.

Zetterström, K. (1980): Poro of the Yamein Mano. In: Ethnologische Zeitschrift (1): 41–59. Zürich.

Zetterström, K. (1989): Traditional Law of the Yamein Mano. In: Göteborgs Etnografiska Museum, Annals 1987/88. Göteborg.

Autoren

Bastin, Marie-Louise Dr.; geb.: 1918; *Adresse:* Freie Universität Brüssel, Philosophische Fakultät, Avenue F. D. Roosevelt 50, 1040 Brüssel; *Studium:* Kunstgeschichte; *Tätigkeit:* Lehrt afrikanische Kunst an der Freien Universität Brüssel; *Publikationen:* (1982): Alain und Francoise Chaffin (Hg.) La sculpture Tshokwe. Arcueil.

Bollig, Michael M. A.; geb.: 1961; *Adresse:* Weidengasse 43, 5000 Köln 1; *Studium:* Völkerkunde, Germanistik, Geschichte und Afrikanistik; *Tätigkeit:* Wissenschaftlicher Mitarbeiter in einem DFG geförderten Projekt über die „Entstehung militanter Konflikte in der Dritten Welt"; *Publikationen u. a.:* (1987): Ethnic Relation and Spatial Mobility in Africa: a Review of the Perepatetic Niche. In: A. Rao (Hg.): The other Nomads: 179–228. Köln. – (1989): Contemporary Developments in !Kung Research. In: R. Voßen: New Perspectives on the Study of Khoisan: 109–127.

Bourgeois, Arthur. P. Ph. D.; geb.: 1940; *Adresse:* Governors State University, University Park, IL 60466 USA; *Studium:* Art History, Anthropology; *Tätigkeit:* Instructor of Art History, Professor of Art History, Chairman of the Department of Fine and Performing Arts at Governors State University, University Park, Illinois; *Publikationen u. a.:* (1984): Art of the Yaka and Suku. Meudon. – (1985): Iconography of Religions VII, 24, The Yaka and Suku. Leiden. – (1989): Helmet-shaped Masks from the Kwango-Kwilu Region and Beyond in: The Stanley Converences on African Art, Art und Initiation in Zaire.

Casimir, Michael J. Dr., Privatdozent; geb.: 1942; *Adresse:* Zülpicher Str. 4, 5000 Köln 1; *Studium:* Zoologie, Chemie, Genetik; *Tätigkeit:* Wissenschaftlicher Assistent am Institut für Völkerkunde, Universität zu Köln.

Daszenies, Jutta M. A.; geb.: 1959; *Adresse:* Institut für Völkerkunde, Universität Tübingen, Schloß, 7400 Tübingen; *Studium:* Ethnologie, vergl. Religionswissenschaft und Soziologie; *Tätigkeit:* Mitarbeiterin und Doktorandin am Völkerkundlichen Institut, Universität Tübingen; *Publikationen:* (1987): Geistervorstellungen im javanischen Überzeugungssystem. Kölner ethnologische Studien Bd. 12. Berlin.

Erdheim, Mario Dr., Privatdozent; geb.: 1940; *Adresse:* Toblerstr. 60, 8044 Zürich; *Studium:* Ethnologie; *Tätigkeit:* Psychoanalytiker in Zürich; *Publikationen u. a.:* (1988): Die Psychoanalyse und das Unbewußte in der Kultur. Frankfurt.

Greve, Reinhard; geb.: 1950; *Adresse:* Museum für Völkerkunde Hamburg, Binderstr. 14, 2000 Hamburg 13; *Studium:* Ethnologie, Volkskunde und Religionswissenschaften; *Tätigkeit:* Freier Mitarbeiter des Museums für Völkerkunde Hamburg, z. Z. Doktorand.

Geary, Christraut M. Dr.; geb.: 1946; *Adresse:* Boston University, African Studies Center, 270 Bay State Road, Boston, Massachusetts 02215, USA; *Studium:* Ethnologie, Afrikanistik, Volkskunde und Vor- und Frühgeschichte; *Tätigkeit:* Humanities Program Coordinator am African Studies Center, Boston University; Lehrbeauftragte für afrikanische Kunst am Wellesly College, Wellesly, Massachusetts; *Publikationen u. a.:* (1985): Mandu Yenu: Bilder aus Bamum, einem westafrikanischen Königreich, 1902–1915. München. – (1988): Images from Bamum: German Colonial Photography at the Court of King Njoya, 1902–1915. Washington.

Haase, Claus-Peter Dr.; geb.: 1944; *Adresse:* orientalisches Seminar, Olshausenstr., 2300 Kiel; *Studium:* Islamkunde, Archäologie und Islamische Kunstgeschichte; *Tätigkeit:* Mitarbeiter am „Verzeichnis der orientalischen Handschriften in Deutschland"; arbeitet an einer Monographie über Timur.

Haberland, Eike Prof.; geb.: 1924; *Adresse:* Frobenius-Institut, Liebigstr. 41, 6000 Frankfurt; *Studium:* Völkerkunde, afrikanische und orientalische Sprachen und klassische Geschichte; *Tätigkeit:* Direktor des Frobenius-Instituts in Frankfurt; *Publikationen u. a.:* (1965): Untersuchungen zum äthiopischen Königtum. Frankfurt. – (1974): (mit Siegfried Seyfarth): Die Yimar am oberen Korowori (Neuguinea). Wiesbaden.

Halm, Heinz Prof. Dr.; geb.: 1942; *Adresse:* Orientalisches Seminar der Universität Tübingen, Münzgasse 30, 7400 Tübingen; *Studium:* Islamkunde, Geschichte und Semitistik; *Tätigkeit:* Mitarbeiter am Tübinger Atlas des Vorderen Orients; Professor für Islamwissenschaft an der Universität Tübingen; professeur associé an der Universität von Paris IV (Sorbonne); *Publikationen u. a.:* (1974): Die Ausbreitung der šāfi'itischen Rechtsschule. Wiesbaden. – (1979/1982): Ägypten nach den mamlukischen Lehensregistern. Wiesbaden. – (1982) Die islamische Gnosis: Die extreme Schia und die Alawiten. Zürich/München. – (1988) Die Schia. Darmstadt.

Hauschild, Thomas Dr.; geb.: 1955; *Adresse:* Institut für Völkerkunde, Albertus-Magnus-Platz, 5000 Köln 41; *Studium:* Völkerkunde, Volkskunde und Religionswissenschaften; *Tätigkeit:* Wissenschaftlicher Assistent am Institut für Völkerkunde der Universität Köln; *Publikationen u. a.:* (1986): Protestantische Pilger und katholische Körperschaften. In: Zeitschrift für Volkskunde.

Heinrichs, Hans-Jürgen Dr.; geb.: 1945; *Adresse:* Bäkkerweg 32, 6000 Frankfurt 1; *Studium:* Ethnologie; *Tätigkeit:* Freier Schriftsteller, wissenschaftlicher Publizist; *Publikationen u. a.:* (1989): Fenster zur Welt. Positionen der Moderne.

Helck, Wolfgang Prof; geb.: 1914; *Adresse:* Knokenholt 5, 2000 Hamburg 65; *Studium:* Ägyptologie, Keilschriftkunde und Alte Geschichte; *Tätigkeit:* Professor an der Universität Hamburg (em.); *Publikationen* zur Geschichte und Wirtschaftsgeschichte.

Hess, Henner Prof. Dr.; geb.: 1940; *Adresse:* Institut für Sozialpädagogik, Feldbergstr. 42, 6000 Frankfurt; *Studium:* Soziologie; *Tätigkeit:* Professor an der Universität Frankfurt; *Publikationen u. a.:* (1970): Mafia. Zentrale Herrschaft und lokale Gegenmacht. Tübingen. – (1973): Ghetto ohne Mauern: Ein Bericht aus der Unterschicht. Frankfurt. – (1988): Italien: Die ambivalente Revolte, in H. Hess u. a.: Angriff auf das Herz des Staates. Soziale Entwicklung und Terrorismus. Frankfurt, Bd. 2, S. 9–166.

Hug, Brigitta; Studium: Psychologie und Ethnologie; *Tätigkeit:* Psychoanalytikerin in Zürich.

Kaplan, Flora S. Prof; Adresse: Graduate School of Arts and Science, Museum Studies program, N. Y. University, 19 University Place, Suite 308, New York, N. Y. 10003; *Studium:* Cultural Anthropology; *Tätigkeit:* Director, Certificate Program in Museum Studies, Graduate School of Arts and Science, New York University; Assistent Professor, Department of Anthropology; *Publikationen u. a.:* (1989): The Queen Mother of Benin „Iye Oba": The Political Role of Women at The Royal Court of Benin. In: Ekpo Eyo (Hg.), Studies in Benin History. London. – (1988): Great Men and Women of Nigeria, Idia: The First Queen Mother of Benin. In The Early Years, Vol. 3. The African Regional Congress Edition.

Knauf, Ernst Axel Dr.; geb.: 1953; *Adresse:* Lenaustr. 14, 6900 Heidelberg; *Studium:* Ev. Theologie, Biblische Archäologie und Orientalistik; *Tätigkeit:* Forschung und Lehre in Jordanien; Privatdozent für Altes Testament und Palästinakunde an der Universität Heidelberg; *Publikationen:* (1988): Midian: Untersuchungen zur Geschichte Palästinas und Nordarabiens am Ende des 2. Jahrtausends v. Chr. Wiesbaden. – (1989): Ismael. Untersuchungen zur Geschichte Palästinas und Nordarabiens im 1. Jahrtausend v. Chr., Wiesbaden.

König, René Prof. Dr.; geb.: 1906; *Adresse:* Marienstr. 9, 5000 Köln 40; *Studium:* Soziologie, Ethnologie und Philosophie; *Tätigkeit:* Professor für Soziologie an der Universität Köln (Emeritus); *Publikationen:* (Hg.): (1955ff.): Kölner Zeitschrift für Soziologie und Sozialpsychologie. – (Hg.): (1962ff.): Handbuch der empirischen Sozialforschung. Köln. – (1973): Indianer wohin? Alternativen in Arizona. Opladen.

Kreiser, Klaus Prof. Dr.; geb.: 1945; *Adresse:* Institut für Orientalistik, Postfach 1549, 8600 Bamberg; *Studium:* Orientalistik, Ost- und Südosteuropäische Geschichte und Vor- und Frühgeschichte; *Tätigkeit:* Prof. für Türkische Sprache, Geschichte und Kultur am Institut für Orientalistik der Universität Bamberg.

Kuhfus, Peter Dr.; geb.: 1949; *Adresse:* Seminar für Sinologie und Koreanistik, Universität Tübingen, Herrenbergerstr. 51, 7400 Tübingen; *Studium:* Sinologie und Geschichte; *Tätigkeit:* Lehrt am Seminar für Sinologie und Koreanistik; *Publikationen* zur Neueren Geschichte und Historiographie Chinas.

Lipp, Wolfgang Prof. Dr.; geb.: 1941; *Adresse:* Universität Würzburg, Wittelsbacherplatz 1, 8700 Würzburg; *Studium:* Soziologie; *Tätigkeit:* Lehrstuhl für Soziologie II an der Universität Würzburg; *Publikationen u. a.:* (1968): Institution und Veranstaltung. – (1985): Stigma und Charisma. – (1989): (Hg.): Kulturpolitik.

Meyer, Peter Dr.; geb.: 1941; *Adresse:* Buchenstr. 19, 8902 Neusäß 4; *Studium:* Soziologie; *Tätigkeit:* Hochschuldozent an der Wirtschafts- und Sozialwissenschaftlichen Fakultät der Universität Augsburg; *Publikationen u. a.:* (1981): Evolution und Gewalt. Berlin/Hamburg. – (1982): Soziobiologie und Soziologie. Darmstadt.

Münch, Eva Maria von Dr.; geb.: 1936; *Adresse:* Hochrad 8, 2000 Hamburg 52; *Studium:* Rechtswissenschaften; *Tätigkeit:* Journalistin und Publizistin; *Publikationen u. a.:* (1971): Reform des Ehescheidungsrechts. – (1985): Ehe und Familienrecht.

Ottenberg, Simon Prof.; Adresse: University of Washington, Department of Anthropology, DH-05 Seattle, Washington 98195; *Studium:* Anthropology; *Tätigkeit:* Professor an der Universität zu Washington; *Publikationen u. a.:* (1975): Masked rituals of Afikpo. Washington.

Plata Garcia, Fuensanta; geb.: 1959; *Adresse:* Alfareria 47, bajo izq. ES – 41010 Sevilla; *Studium:* Sozialanthropologie und Soziologie; *Tätigkeit:* Mitarbeiterin der Abteilung Sozialanthropologie und Soziologie der Universität Sevilla, Mitglied der Arbeitsgruppe über andalusische Ethnizität.

Pollok, Carmen; geb.: 1952; *Adresse:* Orientalisches Seminar der Universität Bonn, Regina Pacis-Weg 7, 5300 Bonn 1; *Studium:* Islamkunde, Sprachwissenschaft und Psychophysiologie; *Tätigkeit:* z.Z. Doktorandin.

Raz, Jacob Prof.; geb.: 1944; *Adresse:* 56, Bney-Dan St. Tel-Aviv 62263, Israel; *Studium:* Japanese Performing Arts and Aethetics, Philosophy and Theatre Arts; *Tätigkeit:* Professor an der Faculty of Visual and Performing Arts, Tel-Aviv University; Instructor of Japanese Language at the Language Centre, Tel-Aviv University; *Publikationen u.a.:* (1983): Audience and Actors: A Study of their Relationship in the Japanese Traditional Theatre. Leiden (Holland). – (1990): Japan as Seen from its Rear Side: The Semiology of Yakuza. Tokyo. – (1990): Aspects of Otherness in Japanese Culture. Tokyo.

Reissner, Johannes Dr.; geb.: 1947; *Adresse:* Siebenbürger Str. 34a, 8192 Geretsried; *Studium:* Islamwissenschaft, Religionswissenschaft; *Tätigkeit:* Wissenschaftlicher Referent der Stiftung Wissenschaft und Politik (Ebenhausen) im Bereich Nahost; Mitarbeiter beim Tübinger Atlas des Vorderen Orients (TAVO); *Publikationen u.a.:* (1982): Ideologie und Politik der Muslimbrüder Syriens. Freiburg. – Aufsätze zur Ideologie und Politik (Saudi-Arabien, Iran) im zeitgenössischen Islam.

Reulecke, Jürgen Prof.; geb.: 1940; *Adresse:* Universität und Gesamthochschule Siegen, Adolf-Reichwein-Straße, 5900 Siegen; *Studium:* Geschichte und Germanistik; *Tätigkeit:* Professor für Neuere und Neueste Geschichte an der Universität und Gesamthochschule Siegen; *Publikationen:* (1983): Friede zwischen Kapital und Arbeit. Wuppertal. – (1985): Geschichte der Urbanisierung in Deutschland. Frankfurt.

Roele, Marcel; geb.: 1961; *Studium:* Politische Wissenschaften; *Tätigkeit:* Doktorand an der Universität zu Amsterdam.

Rohsmann, Winfried Prof.; geb.: 1918; *Adresse:* Stephansplatz 6/23, A-1010 Wien; *Studium:* Ethnologie, Philosophie und Kunstgeschichte; *Tätigkeit:* Ethnologische Forschungen in aller Welt.

Rosenmayr, Leopold Prof.; geb.: 1925; *Adresse:* Institut für Soziologie, Univ. Wien, Alserstr. 33, 1080 Wien; *Studium:* Philosophie und Soziologie; *Tätigkeit:* Professor für Soziologie und Sozialphilosophie an der Universität Wien und Leiter des Ludwig-Boltzmann-Instituts für Sozialgerontologie und Lebenslaufforschung; *Publikationen u.a.:* (1990): Die Kräfte des Alters. Wien.

Salber, Wilhelm Prof. Dr.; geb.: 1928; *Adresse:* Psychologisches Institut der Universität Köln, Herbert-Lewin-Str. 2, 5000 Köln 41; *Studium:* Psychologie; *Tätigkeit:* Direktor des Psychologischen Instituts der Universität Köln.

Schimmel, Annemarie Prof.; geb.: 1922; *Adresse:* Lennestr. 42, 5300 Bonn; *Studium:* Islamwissenschaften; *Tätigkeit:* Lehrt an der Harvard University, Cambridge, Massachusetts.

Schumacher, Robert R., M.A.; geb.: 1962; *Adresse:* Lütticher Str. 52, 5000 Köln 1; *Studium:* Ethnologie, Geschichte und Geographie; *Tätigkeit:* z.Z. Zivildienstleistender; *Publikationen:* Erkenntnis und Interesse in der ethnologischen Diskussion des Geschlechterverhältnisses seit den späten 60er Jahren. (Magisterarbeit).

Schweizer, Thomas Prof. Dr.; geb.: 1949; *Adresse:* Völkerkundliches Institut, Universität Tübingen, Schloß, 7400 Tübingen 1; *Studium:* Ethnologie, Soziologie und Psychologie; *Tätigkeit:* Professor für Ethnologie an der Universität Tübingen; *Publikationen u.a.:* (1975): Methodenprobleme des interkulturellen Vergleichs. Köln: – (1989): Reisanbau in einem javanischen Dorf. Köln.

Schwenk, Bernd Dr., Privatdozent; geb.: 1940; *Adresse:* Hofackerstr. 8–10, 5431 Niedererbach; *Studium:* Latein und Geschichte; *Tätigkeit:* Privatdozent für mittelalterliche Geschichte an der Universität Köln; Oberstudienrat am Mons-Tabor-Gymnasium Montabaur; Mitarbeit am Lexikon des Mittelalters; *Publikationen:* (1980): Aus der Frühzeit der geistlichen Ritterorden Spaniens. In: J. Fleckenstein und M. Hellmann (Hg.): Die Geistlichen Ritterorden Europas (Vorträge und Forschungen. Bd. XXVI). Sigmaringen. – (1990): das Hundetragen – Ein Rechtsbrauch im Mittelalter.

See, Klaus von Prof. Dr.; geb.: 1927; *Adresse:* Schumannstr. 53, 6000 Frankfurt 1; *Studium:* Germanistik; *Tätigkeit:* Professor für Germanische Philologie an der Universität Frankfurt; *Publikationen u.a.:* Gesamtherausgeber des Neuen Handbuchs der Literaturwissenschaft; Veröffentlichungen zur germanischen Rechtssprache, zur Heldensage und Verskunst, zur altnordischen und neuskandinavischen Literaturgeschichte.

Stanzel, Volker Dr.; geb.: 1948; *Adresse:* Venusbergweg 2, 5300 Bonn 1; *Studium:* Japanologie; *Tätigkeit:* Vortragender Legationsrat im Auswärtigen Amt; *Publikationen:* (1982): Japan, Haupt der Erde. Würzburg. – Aufsätze zur japanischen Geistesgeschichte.

Streck, Bernhard Dr.; geb.: 1945; *Adresse:* Bahnhof Nieder-Ofleiden, 7313 Homberg a. d. Ohm; *Studium:* Ethnologie, Soziologie, Psychologie und Anthropologie; *Tätigkeit:* Freier Autor, Lehrbeauftragter; *Publikationen:* (1979): Die Herrschaft der Blutsbande (zus. m. Th. Zittelmann. – (1981): Kumpanie und Kontrolle (zus. m. M. Münzel). – (1987) (Hg. Wörterbuch der Ethnologie.

Theweleit, Klaus; geb.: 1942; *Adresse:* Staudingerstr. 5, 7800 Freiburg; *Studium:* Germanistik und Anglistik; *Tätigkeit:* Publizist; *Publikationen u.a.:* (1980): Männerphantasien. Hamburg.

Thurn, Hans Peter Prof. Dr.; geb.: 1943; *Adresse:* Eiskellerstr. 1, 4000 Düsseldorf 1; *Studium:* Philosophie, Soziologie, Literaturwissenschaft und Kunstgeschichte; *Tätigkeit:* Professor für Soziologie an der Kunstakademie Düsseldorf, Hochschule für Bildende Künste; *Publikationen u.a.:* (1973): Soziologie der Kunst. Stuttgart – (1985): Künstler in der Gesellschaft. Opladen.

Tiger, Lionel Prof.; geb.: 1937; *Adresse:* Department of Anthropology, Douglass Campus, Rutgers University, New Brunswick, NJ 08903, USA; *Studium:* London School of Economics, Political Sociology; *Tätigkeit:* Professor für Anthropologie

Treiber, Hubert Prof. Dr.; geb.: 1942; *Adresse:* Im Moore 25, 3000 Hannover 1; *Studium:* Soziologie und Verwaltungswissenschaften; *Tätigkeit:* Professor für Verwaltungswissenschaften am Fachbereich Rechtswissenschaften der Universität Hannover; *Publikationen:* zur Verwaltungswissenschaft, Kriminologie, Rechtssoziologie und Religionssoziologie.

Völger, Gisela Dr.; geb.: 1937; *Adresse:* Rautenstrauch-Joest-Museum, Ubierring 45, 5000 Köln 1; *Studium:* Ethnologie, Anthropologie und Vorgeschichte; *Tätigkeit:* Direktorin des Rautenstrauch-Joest-Museums; *Publikationen u.a.:* (1985): (Hg. mit Karin von Welck) Die Braut. Zur Rolle der Frau im Kulturvergleich. Köln.

Voolen, Edward van drs.; geb.: 1948; *Adresse:* Joods Historisch Museum, Waaggebouw, Nieuwmarkt 4, NL-1012 CR Amsterdam; *Studium:* Kunstgeschichte und Ausbildung zum Rabbiner; *Tätigkeit:* Konservator am Joods Historisch Museum, Amsterdam; *Publikationen u.a.:* (1984) (mit J. F. van Agt): Nederlandse Synagogen. Weesp.

Welck, Karin von Dr.; geb.: 1947; *Adresse:* Rautenstrauch-Joest-Museum Köln, Ubierring 45, 5000 Köln 1; *Studium:* Ethnologie, Linguistik und Germanistik; *Tätigkeit:* Stv. Direktorin des Rautenstrauch-Joest-Museums, Leiterin der Indonesien-Abteilung; *Publikationen u.a.:* (1985) (Hg. mit Gisela Völger) Die Braut. Zur Rolle der Frau im Kulturvergleich. Köln.

Wind, Jan; geb.: 1932; *Adresse:* European Sociobiological Society, Institute of Human Genetics, P.O. Box 7161, ND-1007 MC Amsterdam; *Studium:* Medizin und Tropenmedizin; *Tätigkeit:* HNO-Arzt an der Abteilung Humangenetik der Universität Amsterdam; *Publikationen u.a.:* (1970): On the Phylogeny and the Ontogeny of the Human Larynx. Groningen. – (1989): (Hg.) Studies in Language Origins, Bd. 1. Amsterdam.

Zetterström, Kjell Dr.; geb.: 1934; *Adresse:* Etnografiska Museet, N. Hamngatan 12 S-411 14 Göteborg; *Studium:* Ethnologie; *Tätigkeit:* Direktor des Etnografiska Museum Göteborg; *Publikationen u.a.:* (1966): Bena Rimba. Brothers of the Hemp. In: Studia Ethnographica Upsaliensia XXVI. Uppsala. – (1980): Poro of the Yamein Mano. In: Ethnologische Zeitschrift 1. Zürich. – (1987/1988): Traditional Law of the Yamein Mano. In: Göteborgs Etnografiska Museum, Annals. Göteborg.

Die Aufsätze von ① – ㊺ in Band 1,
die Aufsätze von 46 – 96 in Band 2.
Karte nach Arno Peters.

59
67
25–30
22
46
18
66
21
20
2
33
70
15
73
16
72
17
71
68
69
32
34
35
42
41
44
82
83
81
31
84
45

MÄNNER BANDE
MÄNNER BÜNDE

ISBN 3-923158-19-X

Umschlag: Feuerlandindianer als Kloketen verkleidet.
Nach Martin Gusinde (1931).

MÄNNER BANDE
MÄNNER BÜNDE

ZUR ROLLE DES MANNES IM KULTURVERGLEICH

Herausgegeben von Gisela Völger und Karin v. Welck

Mit einem einführenden Essay von René König

Band 2

Zweibändige Materialiensammlung zu einer Ausstellung
des Rautenstrauch-Joest-Museums für Völkerkunde
in der Josef-Haubrich-Kunsthalle Köln
vom 23. März bis 17. Juni 1990

Stadt Köln

Die Materialienbände

Herausgeberinnen	Gisela Völger und Karin v. Welck
Redaktion	Burkhard Fenner, Brigitte Majlis, Karin Kathöfer, Gisela Völger, Klaus Volprecht, Karin v. Welck
An den Redaktionsarbeiten wirkten außerdem mit	Ludgera Freifrau v. Eltz, Uta Garenfeld, Cornelia Mallebrein, Dagmar v. Plessen, Hermann Josef Roth, Katharina Stottele, Marianne Vetters, Maria Wellershoff, Sibylle Zerr
Bildrecherchen	Karin Kathöfer, Brigitte Majlis
Übersetzungen	Anke Beuder, Claudia Blume, Gertrud Boden, Ursula Dyckerhoff, Monika Friesinger, Angelika Hutter, Karsten Krickau, Vincenz Melches, Cornelia Meran, Karin Kathöfer, Waldemar Stöhr, Hannelore Uedelhoven, Alke Wierth
Layout	Bärbel Messmann
Umschlag	Angelika Maurer-Schleiffer und Reiner Geyer
Fotos	Die Namen der Fotografen sind bei den Abbildungen vermerkt
Gesamtherstellung	Druck- & Verlagshaus Wienand, Köln

Ausstellung

Verantwortlich	Gisela Völger
Konzept und Gesamtleitung	Gisela Völger und Karin v. Welck
Wissenschaftliche Mitarbeiter	Ursula Dyckerhoff, Burkhard Fenner, Karin Kathöfer, Brigitte Majlis
Künstlerische Mitarbeiter	Stephan Andreae mit Andreas Schmid

Studenten des Instituts für Völkerkunde der Universität zu Köln, die im Rahmen eines zweisemestrigen Seminars unter der Leitung von Gisela Völger und Karin v. Welck an der Ausstellung mitarbeiteten:
Anke Beuder, Claudia Blume, Gertrud Boden, Christiane Breuer, Sabine Coldehoff, Dorothea Deters, Anna Essel, Monika Friesinger, Theresa Hoppe, Brigitte Klopfer, Achim Korres, Karsten Krickau, Christiane Meier, Waltraut Meier, Kirsten Niepenberg, Monika Pack, Yun-Sun Park, Britta Resas, Ralf-Peter Stumme, Hannelore Uedelhoven, Edith Uenzelmann, Sabine Volmert, Alke Wierth, Horst Wilden

Gestaltung der Text-Bild-Tafeln	Bärbel Messmann
Didaktisches Material	Susanne v. der Heide, Richard Kreidler, Joachim Langenkamp, Cornelia Meran, Peter Noelke, Beate Schneider
Werbung	Karin Bolenius, Joachim Langenkamp
Plakat	Angelika Maurer-Schleiffer und Reiner Geyer
Architektonische Gestaltung	Stefan Schmitz
Dekoration	Friedhelm Misiejuk, Marianne Papler, Maria Bechthold
Bauleitung	Paul Josef Kohlhof
Sekretariat	Sigrid Timmerbeil mit Irmgard Korn
Verwaltung	Reinhard Tränkner, Otmar Böhmer
Technische Vorbereitungsarbeiten	Manfred Lierz mit Tekleyes Beyene, Wolfgang Dorfschäfer, Harry Köhler, Stephan Meinert, Herbert Müller

Zum Inhaltsverzeichnis

Die vorliegende Materialiensammlung zum Thema „Männerbünde – Männerbande. Zur Rolle des Mannes im Kulturvergleich" gliedert sich in zwei Teile. Im ersten werden Grundfragen zum Thema abgehandelt. Dies beginnt mit der Erörterung der ideengeschichtlichen Entwicklung des Terminus ‚Männerbund' (Aufsätze 1 bis 9) und des Zusammenhangs zwischen Männerbund und den Strukturen der Macht (Aufsätze 10 bis 17). Anschließend, in den Abschnitten ‚Christentum und Judentum' beziehungsweise ‚Islam', werden männerbündische Aspekte analysiert, die in den Religionen des Abendlandes und des Orients eine prägende Rolle spielten und spielen.

Im zweiten Teil der Materialiensammlung werden in regionalen Fallbeispielen Männerbünde in Afrika (Band I, Aufsätze 33 bis 45), Europa (Band II, Aufsätze 46 bis 66), Asien (Aufsätze 67 bis 73), Amerika (Aufsätze 74 bis 80) und der Südsee, einschließlich Australien (Aufsätze 81 bis 84), untersucht. Daran schließen sich Beiträge an, die verschiedene Männerbünde aus einer Innensicht heraus beschreiben (Aufsätze 85 bis 96), das heißt, sie sind von Mitgliedern der jeweiligen Bünde verfaßt – wobei durchaus für Außenstehende interessante Einzelheiten zugunsten der vom Bund geforderten Geheimhaltung verschwiegen werden.

Die Innensicht eines Männerbundes wird – unter anderem aus diesem Grund – stets von der Außensicht abweichen. Dies wird am Beispiel der Freimaurer deutlich (Aufsätze 50 und 89). Auf der anderen Seite belegen Aufsätze wie die von Eugen Drewermann (Nr. 86) und Burton Benedict (Nr. 90) zu den Themen Kleriker und englischer Club, daß es durchaus möglich ist, aus der Perspektive der Innensicht heraus hinsichtlich der analytischen Durchdringung fast so etwas wie eine Außensicht des Bundes zu verfassen. Voraussetzung ist entweder eine kritische Distanz, wie im Fall des Theologen Eugen Drewermann, der gleichzeitig Psychoanalytiker ist, oder die fachliche Kompetenz, wie im Falle von Burton Benedict, der Ethnologe ist.

Die Gliederung eines so umfassenden Themas, wie es das der Männerbünde darstellt, kann auf vielfältige Weise geschehen, was sich schon allein darin zeigt, daß die Gliederung dieser Materialiensammlung von der der Ausstellung abweicht. Während wir uns in der Ausstellung dem Phänomen über seine wichtigsten Funktionen nähern, haben wir uns nach langen Diskussionen entschlossen, nur im ersten Teil der Materialiensammlung thematisch vorzugehen und den zweiten Teil nach Regionen zu gliedern. Da in den meisten Aufsätzen des zweiten Teils die Männerbünde in ihren vielfältigen Funktionen und Aufgaben beschrieben sind, war eine funktionsorientierte Gliederung unmöglich: Vereinfachend gesagt, viele Bünde sind Jugendbund, Altersklasse, Kultgemeinschaft, Beerdigungsgesellschaft und Wirtschaftsclub in einem.

Die Mehrzahl der Beiträge wurde eigens für diese Materialiensammlung geschrieben. Ausnahmen bilden die Aufsätze von Klaus Theweleit (Nr. 7 und 95) und Eugen Drewermann (Nr. 86). Einige Beiträge wurden in Englisch und Französisch verfaßt und für diese Materialiensammlung von unseren Studenten, die sich während eines zweisemestrigen Seminars an der Vorbereitung der Ausstellung beteiligten, übersetzt. Im Inhaltsverzeichnis sind diese Aufsätze mit * gekennzeichnet.

Um den Lesern die Erschließung des reichhaltigen Materials zu erleichtern, haben wir uns – wie schon bei der Publikation zur Brautausstellung – auch diesmal wieder um eine leserfreundliche Gestaltung bemüht: Jedem Aufsatz ist eine Zusammenfassung vorangesetzt, die zusammen mit den Zwischenüberschriften und den ausführlichen Bildlegenden eine schnelle Orientierung über den Inhalt des jeweiligen Aufsatzes ermöglichen. Querverweise und Kolumnentitel oberhalb der Kopfleiste des Satzspiegels geben eine zusätzliche Orientierungshilfe.

Die Materialiensammlung ist die wissenschaftliche Grundlage unseres Projekts. Sie soll zugleich aber auch anregende Lektüre und Stoff für weiterführende Diskussionen und Forschungen bieten, in denen – so hoffen wir –, angeregt durch diese Materialiensammlung und die Ausstellung, das faszinierende Thema ‚Männerbund' weiter erforscht und analysiert werden wird.

Inhalt

Band 2

Mit einem * gekennzeichneten Aufsätze wurden bereits an anderer Stelle veröffentlicht.

Europa

Symposion und Knabenliebe: Die Männergesellschaften im archaischen Griechenland

Aloys Winterling

„Männer machen eine Stadt", heißt es in Thukydides' Geschichte des Peloponnesischen Krieges (7,77,7), und diese Worte charakterisieren gerade diejenigen klassischen griechischen Stadtstaaten, in denen Demokratie herrschte und eine direkte Beteiligung der Bürger an der Politik praktiziert wurde, wie kaum wieder in der Geschichte. Die männliche Prägung der griechischen Kultur begann in archaischer Zeit, als der Adel in Form von militärisch-politischen Männerbünden eine städtische Öffentlichkeit konstituierte und einen herausgehobenen Lebensstil entwickelte. Er manifestierte sich in festlichen Trinkgelagen und setzte sich fort in der Knabenliebe, durch die die Jugendlichen in die Männergesellschaften integriert wurden. Mit der Ausbildung der Demokratie übernahmen auch die übrigen Bürger Elemente dieser adligen Lebensweise. In der Scheidung der gesellschaftlichen Sphären von *oikos* und *polis* blieb Männern Politik und Geselligkeit vorbehalten, während Frauen auf den Bereich des Hauses beschränkt waren.

Das antike Griechenland stellt im Vergleich zu anderen vorneuzeitlichen Hochkulturen vor allem in einer Hinsicht einen Sonderfall dar: Hier, im Rahmen kleinräumiger ‚Stadtstaaten', entstand erstmals die Vorstellung, daß die gesamte Bürgerschaft für die Ordnung des Gemeinwesens zuständig sei, eine Vorstellung, die die Möglichkeit eröffnete, die politische Ordnung selbst zum Gegenstand von Politik zu machen und schließlich zu einer ‚Herrschaft des Volkes' umzuformen. Die Bedeutung dieser und auch anderer evolutionärer Neuerungen (Tragödie, Geschichtsschreibung, Philosophie, Sport), die spätere Gesellschaften erfolgreich aufnehmen konnten, läßt das antike Griechenland als ‚Saatbett'-Gesellschaft erscheinen (Parsons 1975: 149ff.), als „Nadelöhr, durch das die Weltgeschichte hindurch mußte, wenn sie zum modernen Europa gelangen sollte" (Meier 1980: 13).

Es ist zwar bekannt, aber kaum hinreichend zum Problem gemacht worden, daß es eine reine Männergesellschaft war, von der hier die Rede ist (Vogt 1960). Nicht nur die ‚politische Öffentlichkeit' fand unter Ausschluß von Frauen (wie auch von freien ortsansässigen Fremden und Sklaven) statt. Auch in fast allen übrigen Bereichen des gesellschaftlichen und geselligen Lebens blieben Männer unter sich. Frauen waren in ihren Handlungsmöglichkeiten auf den Bereich des Hauses und der Familie, den οἶκος *(oikos)* beschränkt, der im klassischen Griechenland – anders als zum Beispiel im antiken Rom – kein Medium politisch-gesellschaftlicher Integration darstellte.

Dies war nicht immer so gewesen. In der Zeit bis etwa zur Mitte des 8. Jahrhunderts v. Chr., wie sie sich in den homerischen Epen spiegelt, bildeten die weitgehend autarken ‚Häuser' der adligen Helden noch die primäre Einheit, nach der die Gesellschaft gegliedert war. Das Verhältnis der Geschlechter prägte eine gegenseitige Wertschätzung im Rahmen der patriarchalischen Verhältnisse verbunden mit Eigenständigkeit und gesellschaftlicher Bedeutung auch der (vornehmen) Frauen (Murnaghan 1987). Erst in der Folgezeit trat der Wandel ein. Mit der Entwicklung zur Hochkultur im späteren 8. und im 7. Jahrhundert v. Chr. – ablesbar am Aufkommen von Schriftlichkeit, Geld, politischer Herrschaft auf der Basis spezifizierter Rollen (Beginn der Archontenliste 682 v. Chr. in Athen) und der For-

Homoerotische Liebe war im archaischen (und klassischen) Griechenland ein in der Öffentlichkeit präsentes und gesellschaftlich akzeptiertes Phänomen. Das galt allerdings nur für die sozial und rechtlich privilegierten Schichten der Bevölkerung. Zudem hatte das Alter der Beteiligten unterschiedlich zu sein: So wendet sich auch in dieser Zeichnung, die sich auf einem rotfigurigen Alabastron aus dem 5. Jahrhundert findet, ein erwachsener Liebhaber einem noch im Jünglingsalter stehenden Geliebten zu. Abbildung nach: La cité des Images 1984: Fig. 112.

mierung des Adels als (stadtsässigem) ‚Stand' – ging auch ein entscheidender Wandel der Geschlechterbeziehungen einher. Die neuartige Integration oberhalb der ‚Häuser' vollzog sich in Form von adligen Männergesellschaften, während die Frauen von Stand gewissermaßen in den Häusern zurückgelassen wurden. Nur als bezahlte Unterhaltungsspezialistinnen, als Hetären, hatten Frauen noch Zugang zur männlichen Gesellschaft. Zwei charakteristische Einrichtungen dieser adligen Männerkultur, die dann seit dem 6. Jahrhundert mit der Ausweitung politischer Rechte von breiteren Kreisen der Bürgerschaft übernommen wurden, sollen im folgenden skizziert und nach ihrer Funktion befragt werden: die Symposion genannten Trinkgelage und die Knabenliebe.

Das Symposion

Das Festmahl der homerischen Gesellschaft ist vom Symposion der archaischen Zeit noch in entscheidenden Elementen unterschieden: Essen und Trinken bildeten eine Einheit, die Gäste saßen auf Stühlen, die Anwesenheit von Frauen war üblich, und das Fest insgesamt fand nicht in geschlossenen Kreisen statt, sondern war gewissermaßen zur übrigen Gesellschaft hin offen (v.d. Mühll 1976: 484; Murray 1983b: 259ff.).

Seit dem 7. Jahrhundert wurde das Mahl in zwei Teile zerlegt: das Essen und das anschließende Trinken, das Symposion. In offensichtlicher Anlehnung an orientalische Vorbilder lagen die adligen Männer nun auf einer Art Couch, der κλίνη *(kline),* den linken Arm auf das unter dem Nacken liegende Kissen aufgestützt, den rechten zur Bedienung frei (Dentzer 1982). Frauen und Kinder, vom Trinkgelage jetzt generell ausgeschlossen (Villard 1987), saßen demgegenüber auch beim Familienmahl weiterhin auf Stühlen. Als Anlässe für Symposien dienten verschiedene Festlichkeiten, sie wurden aber auch um ihrer selbst willen veranstaltet. Die Gäste, üblicherweise zwischen drei und neun an der Zahl, wurden meist kurzfristig tags zuvor geladen. Man traf sich aber auch spontan, brachte weitere vornehme Freunde mit und steuerte häufig einen Anteil zum Fest bei, was auf die Gleichrangigkeit der Teilnehmer hinweist (Murray 1983c: 50).

Der Verlauf des mit Anbruch der Dunkelheit beginnenden Gelages war durch eine Reihe von religiösen und Trinkritualen geprägt. Nachdem Tische und Fußboden von den Speiseresten des vorausgegangenen Mahles gereinigt worden waren, wurde zunächst eine Schale mit ungemischtem Wein herumgereicht, aus der jeder einen Schluck nahm und ein Opfer brachte, indem er etwas Wein mit geschickter Bewegung überschwappen ließ. Anschließend wusch man sich die Hände, parfümierte sich und schmückte das Haupt mit einem Kranz aus Blumen, Myrten oder Efeu.

Damit begann das eigentliche Trinken. Der Wein wurde in Krügen mit Wasser gemischt und in Trinkschalen eingeschenkt. Von den ersten drei Krügen wurden erneut Spenden dargebracht, den olympischen Göttern, den Heroen und Zeus dem Retter. Dazu sangen die vornehmen Herren alte religiöse Lieder begleitet von Flötenklängen. Der ursprünglich kultische Charakter dieser Zeremonien zeigt sich unter anderem darin, daß das gemeinsame Weinopfer die Teilnehmer zu einem besonderen Nahverhältnis verband (v. d. Mühll 1976: 489).

Die Mischung des Weins, meist drei Teile Wasser zu einem Teil Wein, bestimmte ein gewählter Symposiarch, der ,König des Symposions'. Er legte auch die Trinkregeln fest. Neben verschiedenen Arten des Zutrinkens gab es das Trinken ,nach Lust' und das ,Trinken nach Zwang'. Bei letzterem war die Quantität vorgeschrieben. Als besondere Leistung galt das Heruntertrinken ,in einem Zug'. Um die Wirkung des oft bis in den Morgen andauernden Zechens einzuschränken, aß man ,Nachtisch', Gebäck, Früchte, Nüsse, Honig oder Käse.

Zur Unterhaltung während des Abends dienten verschiedene Würfel- und Brettspiele, Liedvorträge der Teilnehmenden, Anekdoten, Witze und Rätsel, die man sich aufgab. Vor allem gehörten zu einem ,richtigen' Symposion Hetären, künstlerisch und literarisch gebildete Damen, die gegen Geldzahlung auf vielfältige Weise zur Unterhaltung der Männer zur Verfügung standen. Sie begleiteten den Gesang mit Flötenspiel, nahmen an der geistreichen Konversation, am Trinken und an allen übrigen Vergnügungen ebenso teil wie die Männer selbst. Diese Art von Edelprostitution war gesellschaftlich akzeptiert. Die erhaltene Vasenmalerei zeigt in einigen Fällen sogar offen erotisch-sexuelle Beziehungen zwischen Männern und Hetären im Kreis der übrigen Teilnehmer während des Gelages (Peschel 1987: 30f.).

Der ausgelassene Charakter der Symposien, die oft mit einem Zug der angetrunkenen Teilnehmer durch die Stadt, dem κῶμος *(komos)*, endeten, läßt leicht die zentrale Funktion dieser Einrichtung übersehen. Es handelte sich bei den Zechern nicht um irgendwelche Corps-Studenten, sondern um die gesellschaftliche und politische Elite der archaischen Polisgesellschaft (vgl. Stein-Hölkeskamp 1989). Die Exklusivität und der Luxus, den sie auf ihren Symposien betrieb, distanzierte sie von allen übrigen Bürgern – und von ihren Frauen. In den Gelagen, die Zeit und Reichtum voraussetzten, manifestierte sich der herausgehobene aristokratische Lebensstil. Sie symbolisierten gewissermaßen die τιμή *(time)*, die Ehre, d. h., die adlige Interaktionsfähigkeit der Teilnehmer. Nahezu die gesamte (Adels-)Kultur dieser Zeit stand in direktem Zusammenhang mit dem Symposion: Das ἀνδρών (*andron*, ,Herrenzimmer') in dem die Gelage stattfanden, war das Zentrum des adligen Hauses. Die griechische Lyrik, die im 7. und 6. Jahrhundert eine Blüte hatte, kreiste vielfach um das Thema ,Symposion' und war selbst wichtiger Teil davon. Auch die bemalte Keramik dieser Zeit hatte häufig Trinkszenen zum Gegenstand, und die kostbaren Vasen, Mischkrüge und Trinkschalen bildeten einen wichtigen Teil der prachtvollen materiellen Kultur (Murray 1983c: 49). Die politische Bedeutung der bei Symposien geschlossenen Freundschaften dokumentieren die Lieder des Alkaios, die ein anschauliches Bild der Rivalitäten verschiedener Adelsgruppierungen in Mytilene auf Lesbos im späten 7. Jahrhundert geben, und noch im Athen des 5. Jahrhunderts die adligen Hetärien, ,politische Klubs', die eine latente Gefahr für die Demokratie darstellten. Mit Recht hat O. Murray das aristokratische Symposion als das „Zentrum des gesellschaftlichen und kulturellen Lebens" bezeichnet (1982: 260, vgl. Schmitt Pantel 1985). Anders formuliert: Die Symposien waren dezentrale Zentren des politischen und gesellschaftlichen Lebens des griechischen Adels der archaischen Zeit. Blickt man auf Adelsgesellschaften anderer Epochen, so erscheinen sie in ihrer Funktion vergleichbar mit monarchischen Höfen, etwa den mittelalterlichen Fürstenhöfen des 12. und 13. Jahrhunderts. Diese waren ebenfalls Zentren adliger Interaktion und zugleich Manifestation eines besonderen neuen, sich gegen andere gesellschaftliche Gruppen abgrenzenden Lebensstils (vgl. Bumke 1986). Im Vergleich zu höfischen, zentralisierten Adelskulturen tritt (neben dem Fehlen formaler Hierarchien) ein Merkmal dieser Symposion-Kultur besonders hervor: das Untersichsein der adligen Männer. Eng damit verbunden war ein zweites Element des adligen Lebensstils, das in der Altertumskunde lange vernachlässigt worden ist.

Das Rollenverhalten in den homoerotischen Beziehungen war durch einen strengen Verhaltenscodex geregelt. Der begehrte Jüngling hatte zurückhaltend, distanziert und eher abweisend zu sein. Der erwachsene Liebhaber, der seinen Geliebten weiterzubilden und zu einem vollwertigen Mitglied der Gesellschaft zu erziehen hatte, sollte der aktiv Werbende, Verliebte und den Knaben Verehrende sein. In bildlichen Darstellungen dokumentieren häufig aufrechte Haltung und demonstrative Lustlosigkeit die Distanz des Jüngeren zum Älteren. Foto nach: La cité des Images 1984: Fig. 113.

Die Knabenliebe

Im Gegensatz zur homerischen Gesellschaft, in der Heterosexualität die erotischen Beziehungen prägte (so Patzer 1983: 93ff. überzeugend gegen Clarke 1978), war homoerotische Liebe im archaischen (und klassischen) Griechenland ein in der Öffentlichkeit präsentes, gesellschaftlich akzeptiertes und sogar gefordertes Phänomen. Sie war freilich von heutiger männlicher Homosexualität in ihren Formen und ihrer gesellschaftlichen Funktion charakteristisch unterschieden. 1. Hinsichtlich der gesellschaftlichen Stellung der Beteiligten war sie als akzeptierte Erscheinung beschränkt auf Kontakte innerhalb der sozial oder rechtlich privilegierten Schichten der Bevölkerung: in archaischer Zeit auf den Adel, in klassischer Zeit auf die politisch berechtigten Vollbürger. Dies zeigt etwa ein Gesetz Solons (Anfang des 6. Jahrhunderts v. Chr.), das Knabenliebe zwischen Sklaven ausdrücklich verbot. 2. Das Alter der Beteiligten war verschieden, indem der eine Partner stets ein Jüngling, der andere ein erwachsener Mann war. Die Beziehung war daher zeitlich begrenzt. Erotische Verhältnisse zwischen Männern gleichen Alters galten als unrechtmäßig (ἀδικός ἔρως, vgl. Patzer 1982: 105–55). 3. Das Rollenverhalten in der Beziehung war durch ein passiv/aktiv-Schema geprägt. Während der Jüngling, ἐρώμενος genannt (*eromenos,* der, der von jemandem begehrt wird), zurückhaltend, distanziert und eher abweisend zu sein und keine körperliche Lust zu empfinden hatte, war der Erwachsene, der ἐραστής (*erastes,* der, der jemanden begehrt), der aktiv werbende, verliebte, den geliebten Knaben verehrende und die körperliche Nähe zu ihm suchende Teil der Beziehung. 4. Wenn es zu sexuellem Verkehr kam, was nicht notwendigerweise der Fall war und ein freiwilliges Gewähren des Jungen zur Voraussetzung hatte (Patzer 1982: 121f.), so erfolgte er *intercrural*, d.h., zwischen den Schenkeln des aufrecht stehenden *eromenos*. Dies hat K. J. Dover anhand einer umfassenden Analyse der überlieferten bildlichen Darstellungen entdeckt. Aufrechte Haltung und ‚Lustlosigkeit' dokumentierten die Distanz zu einer als unmännlich und entehrend angesehenen ‚weiblichen' Unterwerfung. Anale Kopulation galt als Prostitution, die von dem geschilderten Verhältnis scharf geschieden war und in klassischer Zeit den Verlust des Bürgerrechts zur Folge hatte (Dover 1983: 92ff.).

Die anhand der bildlichen und schriftlichen Überlieferung rekonstruierten Charakteristika der Knabenliebe zeigen, daß es sich hierbei um eine genau geregelte gesellschaftliche Institution handelte (so schon Bethe 1907), die durch Sanktionen gegen abweichendes Verhalten gesichert war, – ähnlich der Ehe bei heterosexuellen Beziehungen, die neben den homosexuellen weiterbestanden. Die Funktion dieser Institution zeigt ein aufschlußreicher Bericht des antiken Schriftstellers Aelian. In Sparta, schreibt er, sei ein Mann der führenden Schicht, der „unter den wohlgebildeten Jünglingen keinen liebte", bestraft worden, „weil er, als ein wackerer Mann, niemanden liebe: denn gewiß würde er seinen Geliebten, vielleicht auch noch einen anderen zur Ähnlichkeit mit sich herangebildet haben. Denn Liebhaber können, wenn sie selbst würdige Männer sind, durch ihre Liebe bei ihren Günstlingen sehr viel Gutes bewirken" (Varia Historia 3, 10, Übs. Wunderlich 1839: 84). Andere Nachrichten bestätigen diese Beschreibung: Nicht die homoerotische Beziehung als solche stand im Vordergrund des päderastischen Liebesverhältnisses, sie war selbst vielmehr Teil eines erzieherischen Verhältnisses, durch das die adligen Qualitäten des *erastes*, seine kriegerische Tapferkeit, seine Ehre und Tugend, auf den Heranwachsenden übertragen werden sollten. Entsprechend ehrenvoll war es für einen adligen Jungen und seine Familie, wenn sich ein vornehmer Mann um ihn bemühte und ihn damit in besonderer Weise zu fördern versprach. Wie Cartledge (1981: 28) am Beispiel Spartas darlegt, konnte die Knabenliebe dort sogar die Funktion der Rekrutierung der politischen Elite innerhalb der Oberschicht bekommen.

Die nicht überlieferten Ursprünge der Päderastie lassen sich durch ethnologisches Vergleichsmaterial erhellen. Vermutlich handelte es sich um eine Initiationsphase, durch die der junge Mann in die Kriegergesellschaft eingeführt und aufgenommen wurde (Bleibtreu-Ehrenberg 1982). Das Fortdauern dieser kriegerischen Funktion zeigt sich noch im 4. Jahrhundert v. Chr. in der ‚Heiligen Schar' der Thebaner, einer Elitetruppe von 150 ‚Liebespaaren', die sich im Kampf gegenseitig zu höchster Tapferkeit anspornten und nichts mehr wünschten, als füreinander den Liebestod zu sterben (Licht 1926: 152f.).

Die Knabenliebe in archaischer Zeit, so kann man zusammenfassen, war eine Art ständischer Initiation und damit die entscheidende Institution, durch die die männlichen Jugendlichen außerhalb der Familie auf die Werte der adligen Männergesellschaft sozialisiert und in sie integriert wurden.

Die Männerkultur der Alten Griechen

Jacob Burckhardt hat in seiner Griechischen Kulturgeschichte das archaische Griechenland als Zeitalter des ‚agonalen Menschen' bezeichnet (1977: 59f.). Symposion und Knabenliebe waren eingebettet in einen umfassenden Männlichkeitskult. Der Sieg im Wettkampf in Olympia, das sportliche Training der nackten Jugend in Gymnasion und Palästra, die Begeisterung für die Schönheit des jugendlichen männlichen Körpers und das Tugendideal der καλοκἀγαθία *(kalokagathia)*, des ‚Schön- und Vornehmseins', waren die zentralen Werte der Adelsgesellschaft. Es liegt nahe, die historischen Gründe dieser Männerkultur in strukturellen Veränderungen zu suchen. Die Erklärungen der Forscher, die das Problem bisher zum Thema gemacht haben, versuchen, Symposion, Knabenliebe und Agonalität aus dem Wandel der militärischen Rolle des Adels in archaischer Zeit herzuleiten: Im Verlauf des 7. Jahrhunderts v. Chr. war der adlige Reiterkampf von der Hoplitenphalanx, der Schlachtreihe des sich selbst ausrüstenden Bauernheeres abgelöst worden. Der kriegerische Adel sei damit zu einem militärisch unbedeutenden ‚Adel der Muße' geworden, der luxuriöse Lebensstil habe der Kompensation des Distanzverlustes zur nichtadligen Bevölkerung und das Symposion als exklusives männliches Refugium gedient (Murray 1983b: 263). Ebenso habe der sich in der Knabenliebe manifestierende Schönheitskult des männlichen Körpers eine Schutzfunktion für den seiner realen Kriegerfunktionen beraubten Adel gehabt. Schönheit und sportliche Leistung seien zum entscheidenden, einen angeborenen

Vorrang dokumentierenden Adelsprädikat geworden, hätten somit die Funktion der Legitimation der gesellschaftlichen Stellung des Adels übernommen (Patzer 1981: 220; 1982: 111ff.).

Ein Zusammenhang zwischen ‚Männlichkeit' und Kriegerfunktion ist in der Tat plausibel. Schon das Wort ἀγών *(agon)*, mit dem die Griechen sowohl den sportlichen Wettkampf wie auch die Schlacht im Krieg bezeichneten, deutet darauf hin. Die Frage ist nur, ob sich die kriegstechnischen Veränderungen in so direkter Weise auf grundlegende Elemente der Adelskultur auswirken konnten, zumal einerseits der Zeitpunkt, von dem an Bauern in der neu entstandenen Schlachtreihe mitkämpften, umstritten ist, andererseits der Adel selbst auch danach weiterhin in führender Rolle am Kampf beteiligt blieb und seinen Vorrang daher kriegerisch unter Beweis stellen konnte. Darüber hinaus dürfte gerade diese neue Kampftechnik in ganz konkreter Weise – und nicht via Ersatzfunktion – einen Männlichkeitskult befördert haben: Da jeder Kämpfer mit seinem links getragenen Schild die rechte Seite seines Nebenmannes schützte, wurde die Bedeutung von Kampfgeist und männlicher Gemeinschaft unmittelbar erlebt. Jüngste Forschungen weisen überdies daraufhin, daß die Kriege der archaischen Zeit kaum Mittel zu bestimmten (Eroberungs-)Zwecken waren, sondern um ihrer selbst Willen, nämlich als Möglichkeit der Bewährung des Ideals männlicher Tapferkeit gesucht wurden (Meier 1990). Nicht das männlich-agonale Prinzip war demnach Funktion der militärischen Verhältnisse, sondern diese selbst Funktion von jenem. Es scheint daher, daß die kriegstechnischen Veränderungen des 7. Jahrhunderts die Schätzung des Männlichen in der griechischen Kultur zwar verstärkt und ihre Übernahme in der nichtadligen Hoplitenschaft gefördert haben – die ja gerade nicht verständlich wäre, wenn es sich nur um adlige Kompensation von Funktionsverlust gehandelt hätte –, die historischen Gründe der griechischen Männergesellschaften sind damit jedoch noch nicht benannt. Angesichts der Forschungslage, die einer zusammenfassenden Synthese noch bedarf, lassen sich vorläufig zwei sich gegenseitig bedingende Kausalzusammenhänge vermuten:

1. Grundbedingung der Soziogenese der griechischen Kultur war, daß die Ausdifferenzierung politischer Herrschaft beim Übergang zur Hochkultur nicht von einem monarchischen Zentrum, sondern von dem ‚polypolitischen System' eines Städtepartikularismus ihren Ausgang nahm (Meier 1978: 221ff., 234). Es bildete sich nicht ein erobernder ‚Feudalstaat' wie in den meisten anderen Hochkulturen, sondern eine Vielzahl kleiner ‚Stadtstaaten' durch Zusammensiedlung von adligen Geschlechtern (Heuß 1981: 3). Bedingung dafür war neben anderen Faktoren die geopolitische Situation des Mittelmeerraumes in der ersten Hälfte des ersten Jahrtausends v. Chr., die die durch Überbevölkerung und wirtschaftliche Krisen erzeugten Konflikte und Energien in der großen Kolonisationsbewegung seit der Mitte des 8. Jahrhunderts nach außen ablenkte. Folge war eine breite Lagerung der Macht zwischen den Städten und – durch eine Schwächung vertikaler Verwandtschafts- und Klientelbeziehungen – auch innerhalb der Städte, wo es, wie der temporäre Charakter der Tyrannis seit der Mitte des 7. Jahrhunderts zeigt, ebenfalls zu keiner dauerhaften Zentralisierung von Macht kam (Meier 1980: 57ff.).

Zieht man die beiden von H. Schurtz (1902) aufgestellten geschlechtsspezifischen Verlaufsformen von Kulturbildung zum Vergleich heran, so erfolgte die politische Integration der griechischen Gesellschaft in archaischer Zeit nicht über das ‚weibliche Lebenselement', den Familienverband (eines Monarchen), sondern in Form von ‚Männerbünden' der stadtsässig werdenden adligen Krieger. Es entstand keine ‚patrimoniale Herrschaft', sondern das, was Max Weber später unter Bezug auf Schurtz als „Waffengemeinschaften" oder „Vergesellschaftungen der Krieger", als einen primitiven politischen Verband definierte, der „bei starker Entwicklung des Kriegerberufs" entstehe (Weber 1976: 517f. vgl. 580ff.). Das Außergewöhnliche dieses Vorgangs dürfte darin liegen, daß in Griechenland aufgrund der geschilderten Ausgangsbedingungen die von Schurtz bei ‚Naturvölkern' beobachtete und von Weber als ‚primitiv' eingestufte dezentrale männlich-kriegerische Form politischer Vergesellschaftung eine ansonsten überregionale, bestimmte ‚Ersatzzentren' (Delphi, Olympia, Epidaurus) ausbildende Hochkultur nachhaltig prägte.

Man hat verschiedentlich auf die strukturelle Vergleichbarkeit des Wertekodex des archaischen griechischen Adels mit dem mittelalterlichen Ritterideal hingewiesen (Jaeger 1959: 46). Der entscheidende Unterschied besteht – wie zu sehen war – in der sozialen Wertschätzung der Frau. Die ‚Verhöflichung' der ehemaligen Krieger – nach N. Elias die entscheidende Phase jedes größeren Zivilisationsprozesses (1969a: II 353) – nahm im Mittelalter von den Höfen der Territorialherren ihren Ausgang. Wie in jeder höfisch strukturierten und daher von physischer Gewalt weitgehend freien Gesellschaft ergab sich daraus eine Aufwertung der Frau (zunächst des Hofherren), die dann im Mittelalter in der Stilisierung des Minne-Ideals einen Ausdruck fand (Elias 1969b: 360f.; Bumke 1986: 503ff.). Die Zivilisation der griechischen Krieger erfolgte dagegen ohne Hof in der Stadt. Bei der Rollenumstellung vom homerischen Helden zum städtischen Adligen kam der Ausbildung eines Ideals männlicher φιλία *(philia)*, ein Wort, mit dem die Griechen sowohl ‚Freundschaft' wie ‚Liebe' bezeichneten, vermutlich entscheidende Bedeutung zu (Dirlmeier 1931: 24ff.; Hutter 1978: 26). Das Fehlen monarchischer Herrschaft und höfischer Gesellschaften war die Bedingung der Möglichkeit einer Geringschätzung der Frau. Die statt dessen erfolgende politisch-militärische ‚Querintegration' (Luhmann 1981: 213) durch Männergesellschaften schuf die Basis ihrer Ausgrenzung aus der städtischen Öffentlichkeit und förderte zugleich die besondere Schätzung männlicher Nahbeziehungen. Der weitere Verlauf der Geschichte bestätigt diese These *ex eventu:* Begann die Verschlechterung der Stellung der Frau mit dem Entstehen politisch autonomer Stadtstaaten, so erfolgte die von manchen Forschern als ‚Emanzipation' bezeichnete Verbesserung ihrer gesellschaftlichen Lage seit dem 3. Jahrhundert v. Chr. mit der Beseitigung der politischen Autonomie der Polis durch die Monarchie vor dem Hintergrund der Ausbildung hellenistischer Königshöfe (Schneider 1969: 78ff., vgl. Schmitt 1988).

2. Fragt man in diesem Zusammenhang nach der – freilich aufgrund der Quellenlage nur ausschnitthaft und aus männlicher Sicht überlieferten – psychischen Struktur der Geschlechterbeziehungen, so sticht eine widersprüchliche Einschätzung der Frau aus männlicher Sicht ins Auge. Einerseits wurde die reale politisch-rechtliche Diskriminierung von Frauen in archaischer und klassischer Zeit begründet mit ihrer Emotionalität und ihrem Mangel an (männlicher) Rationalität, andererseits unterstellte man ihr, zum Beispiel Xenophon in seinem *Oikonomikos*, die Fähigkeit zu einer rationalen Führung des Haushaltes (Just 1975: 153ff., Humphreys 1983: 44). Während eine misogyne Tradition seit Hesiod Frauen als generell minderwertig bezeichnete, tauchen sie in Mythos und Drama als machtvolle und gefährliche Wesen auf (Schuller 1985: 26ff., Humphreys 1983: 38f.). Die Ambiguität zeigt sich noch bei den großen Philosophen des 4. Jahrhunderts v. Chr.: Während Plato Männer und Frauen für von Natur aus gleichwertig und Frauen bei entsprechender Erziehung für befähigt hielt, auch politische Funktionen auszuüben, bezeichnete Aristoteles sie als intellektuell und moralisch dem Manne unterlegen (Vogt 1960: 26ff., 31ff.).

Das gespaltene Frauenbild dürfte den individuellen Erfahrungen der griechischen Männer entsprochen haben: In den frühen Kinderjahren befanden sie sich im Haus „in der Macht von Frauen" (Humphreys 1983: 49), als Jugendliche wurden sie Mitglieder einer städtischen Männergesellschaft, in der Frauen politisch machtlos waren. Für erwachsene Männer galt leidenschaftliche Liebe zu einer Frau als bedrohlich, als eine den Verstand und den Willen verwirrende Krankheit (Vogt 1960: 10), und doch konnten nur Frauen ihnen Söhne gebären, Frauen, die in Aristophanes' Komödie Lysistrata durch sexuelle Verweigerung die Männer zur Beendigung des Krieges zwangen.

Die Konzentration auf männliche Geselligkeit im Symposion, die Bevorzugung über Geld vermittelter Beziehungen zu Hetären, das Zulassen ‚romantischer Liebe' nur in Beziehungen zu Jünglingen, das Ideal männlicher Freundschaft und die dauernde Bestätigung von Männlichkeit im sportlichen Wettkampf und im Krieg hat H. Hutter als Ausdruck einer Schwäche der männlichen Identität der Alten Griechen gedeutet (1978: 82f.). In der Tat wird der Ausgangspunkt dieser Geschlechterrollen in archaischer Zeit in der skizzierten politischen Schwäche und einer problematischen Identität der stadtsässig gewordenen früheren Helden liegen, die durch Betonung kriegerischer Männlichkeit kompensiert wurde. Aus der Rückschau zeigt sich jedoch ein – zumindest ein paar Jahrhunderte anhaltender – starker kultureller Erfolg dieser Schwäche. Es scheint eher, daß sich die Scheidung der gesellschaftlichen Bereiche *oikos* und *polis* und die psychische Struktur der Beziehungen zwischen Mann und Frau gegenseitig bedingt und stabilisiert haben. Mit der Ausweitung der politischen Rechte vom Adel auf weitere Kreise der männlichen Bürgerschaft, die deren gesellschaftliche Stärke zur Voraussetzung hatte, breitete sich auch die adlige Männerkultur aus. Symposion und Knabenliebe wurden auch zu ‚bürgerlichen' Einrichtungen. Je demokratischer eine Stadt war, desto schärfer verliefen die Trennlinien zwischen Männern und Frauen (Vogt 1960: 9).

Man/frau ist heute leicht geneigt, das moderne Ideal emanzipierter Geschlechterrollen absolut zu setzen und im Sinne einer ‚nichtpatriarchalen Kulturtheorie' die Analyse antiker Geschlechterrollen – wie zum Beispiel jüngst N. Hatebur (1987) am Beispiel der römischen Geschichte – in eine Art historischer Psychopathologie münden zu lassen. Daß eine solche Wertung die Erkenntnispotentiale der antiken Geschichte für die Frage nach der Bedeutung von Geschlechterrollen eher verschüttet, mögen zwei ältere Forschungsmeinungen verdeutlichen: „Alles, was Griechenland groß gemacht hat", schreibt H. Licht (1962: 151), „was den Griechen eine Kultur verschaffte, die man bewundern wird, solange die Welt besteht, hat seine Wurzel in der beispiellosen ethischen Bewertung des Männlichen im öffentlichen und privaten Leben." Bei F. A. Wright heißt es: „Die Wahrheit ist – und es ist ratsam, es deutlich zu sagen –, daß die griechische Welt vornehmlich aus einem einzigen Grunde unterging: einem niedrigen Ideal von Weiblichkeit und einer Herabminderung der Frauen" (1923: 1). An beiden Aussagen wird etwas Wahres dran sein.

König Henri III. und seine *mignons:* Ein Männerbund am französischen Hof im letzten Drittel des 16. Jahrhunderts.

Bernd Dreher

Henry III., geboren 1551 und König von Frankreich von 1574 bis zu seiner Ermordung im Jahre 1589, sammelte einen Kreis von jungen Männern um sich, für die sehr bald der Begriff *mignon* verwendet wurde. Ursprünglich bedeutete *mignon* so viel wie Favorit oder treuer Diener, doch antikönigliche Schmähschriften gebrauchten das Wort im Sinn von ‚zärtlicher Gespiele' und unterstellten damit homosexuelle Beziehungen zwischen dem König und seinen Vertrauten: im 16. Jahrhundert eine ungeheuerliche Anschuldigung. Das exzentrische Auftreten der *mignons* in der Öffentlichkeit und die offensichtlich sehr enge Bindung zwischen dem Herrscher und seinen Vertrauten, gaben diesen Gerüchten immer wieder neue Nahrung und wurden von den Gegenspielern des Königs geschickt für ihre Zwecke ausgenutzt.

„*Ce que j'aime, c'est avec extrémité.*" Henri III.
„*Il* (Henri III.) *aimait sans mesure ceux qu'il favorisait sans savoir pourquoi.*" Estienne Pasquier

In Saint-Cloud erstach am 1. August 1589 der Mönch Jacques Clément den französischen König Henri III., im wahnhaften Glauben, ein Gott wohlgefälliges Werk zu tun, indem er das katholische Frankreich vom Antichristen und den Staat vom Tyrannen befreite – ausgerechnet ein Mönch beging den ersten Königsmord an einem Herrscher, der wie kein anderer dem Stand der frommen Männer eine ganz spezifische, von manchen Zeitgenossen als fast schon krankhaft bewertete Zuneigung hatte zuteil werden lassen. Der König habe, so schreibt der Historiker De Thou, sie so sehr geschätzt, daß die Anwesenheit eines Mönchs ihm stets Freude schuf, und daß ihr Anblick auf seine Seele dieselbe Auswirkung hatte wie die zarteste Liebkosung auf den Körper.

Der Ermordete genoß weithin einen legendär schlechten Ruf, auch und grade unter Klerikern. Herrscher in einem seit Jahrzehnten von religiösen Bürgerkriegen heimgesuchten und auf die Katastrophe zutaumelnden Land, geriet Henri III. je länger je mehr zwischen die europäischen und innerfranzösischen politisch-militärischen und religiösen Fronten und Parteiungen.

Für die Hugenotten war er der ausgewiesene Erzfeind ihres Glaubens und ihrer Partei, für die katholische, pro-lothringisch-spanische *Sainte-Ligue* (Heilige Liga), die ihn aus seiner Hauptstadt Paris vertrieben hatte, der Verräter am einzigen und wahren Glauben, Ketzerfreund und tyrannischer Zerstörer des katholischen Königreichs, für den weitaus größten Teil seiner Untertanen (gleich ob Hugenotte oder Katholik) zudem der perverse Verschwender der Reichtümer des Landes und seiner Bewohner. Eine intensive, zuweilen rücksichtslos schmähende und verleumdende Propaganda der politischen und religiösen Parteiungen machte den König zum Negativcharakter schlechthin, in dem als dem letzten aus dem Hause Valois alle schlechten Eigenschaften und Anlagen der Dynastie kumulierten. Ein unfähiger, politisch gescheiterter, moralisch verkommener, gar psychisch kranker Herrscher – eine Wertung, der sich entgegen aller Quellenevidenz auch noch Historiker des 20. Jahrhunderts angeschlossen haben. Zweifelsohne waren gewisse Eigenheiten und Präferenzen des Königs geeignet, Vorurteile zu mobilisieren und Verdammungen zu provozieren; gegen die übermächtige Lichtgestalt seines Nachfolgers, des ‚guten Königs' Henri IV., der das Königreich befriedete und jedem seiner Untertanen sonntags ein Huhn im Topf wünschte, konnte er sich nicht behaupten.

Der französische König Henri III. (1551–1589) sammelte einen Kreis von Vertrauten (mignons) um sich, durch die das soziale Gefüge am französischen Hof auf den Kopf gestellt wurde: Durch ihre Zugehörigkeit zu den mignons hatten plötzlich junge Männer von niederer – und damit in den Augen des alten Hofstaats – ‚falscher' Herkunft, die Chance, zu einträglichen Positionen zu gelangen. Abbildungen nach: Boucher 1986.

Aus Alexandre-Edouard wird Henri III.

Alexandre-Edouard, der sich später Henri III. nannte, wurde am 9. September 1551 geboren. Zwei ältere Brüder standen in der Thronfolge vor ihm, dem erklärten Liebling seiner Mutter Catharina de Medici: François (II.), der dem Vater Henri II. 1559 auf den Thron folgte und nur bis zum Dezember 1560 regierte, und Charles (IX.), der als König der berüchtigten Bartholomäusnacht, dem großen Massaker an den Hugenotten im Jahre 1572, traurige Berühmtheit erlangte.

Alexandre-Edouard war in diesen Jahren, folgt man der Beschreibung, die der venezianische Gesandte Michiele von ihm gibt, ein junger Prinz ganz nach dem Geschmack der Zeit, dem Luxus und den Frauen zugetan, ein rechter *courtisan*, in einer Wolke von Parfüm wandelnd und sich ganz dem friedlichen und entspannten Leben widmend, ein Freund des höfischen Amusements, aber doch auch in allen vom Adel geschätzten ‚männlichen' Fähigkeiten wohl bewandert und geübt, als Kriegsheld bewundert und verehrt. 1567 *lieutenant-général du royaume* (Generalstatthalter) geworden, führte er nominell die königlichen Truppen, welche 1569 bei Jarnac und Moncontour über die Hugenotten siegten. Der junge Kriegsheld, ohne Aussicht auf den Thron seines kränkelnden Bruders Charles, der nur ein Jahr älter war, griff nach der ersten Krone, die sich ihm bot: 1573 ließ er sich zum König von Polen wählen.

Die lange Reise des Monarchen in sein ihm unbekanntes Land begann am 3. Dezember des Jahres. Ihn begleiteten einige polnische Magnaten und eine Anzahl meist junger französischer Edelleute wie Villequier, Le Guast, Saint-Sulpice, Bellegard, Entragues, junge Männer, die später in der Umgebung des Königs eine bedeutende Position einnehmen werden.

Am 24. Januar erreichte man Polen; Krakau erlebte die *entrée solennelle*, den feierlichen Einritt seines jungen Königs am 8. Februar. Drei Tage später erfolgte die Krönung.

Im fernen Frankreich aber starb am 30. Mai 1574 König Charles IX. Aus dem polnischen König Henri I. wurde der französische König Henri III.

Erst vierzehn Tage später erreichte diesen die Nachricht vom Tode seines Bruders. In der Nacht vom 18. auf den 19. Juni machte sich Henri in Begleitung seiner kleinen ausgewählten, ihm treu ergebenen Schar Franzosen eilends aus Krakau davon, seine von ihm nicht geliebte erste Krone nach nur 164 Tagen zurücklassend. Von der etwas abenteuerlichen Flucht eines Monarchen aus seinem Amt und seinem Land erholte man sich im Juli 1574 in Venedig, wo Henri und seine Begleiter Tage des Luxus, der Feste und des Müßigganges genossen. Erst am 6. September traf der neue, lebensfrohe Monarch in Lyon ein.

Der Tod Marie de Clèves

Noch vor seiner Krönung in Reims (13. Februar 1575) traf den dreiundzwanzigjährigen Henri der wohl gewichtigste Schlag seines Lebens. Am 30. Oktober starb die von ihm leidenschaftlich verehrte Marie de Clèves, Prinzessin von Condé. Ihr Tod riß den König in einen Zustand der völligen Verzweiflung. Übereinstimmend stellten Zeitgenossen fest, daß sich der Charakter Henris danach vollständig verändert hatte. Zuvor als strahlender Sieger von Jarnac und Moncontour ein Mann von kriegerischem Naturell, ein junger Alexander, umschwärmt von Frauen, die ihn stets umgaben, von denen die eine ihm die Hand streichelte, die andere ihn am Ohr zupfte – auf diese Weise verstrich ein guter Teil seiner Zeit, wie der spanische Botschafter Francès de Alava nach Madrid berichtete. Nun aber ein ganz anderer: sich zurückziehend, ohne Interesse an den üblichen Beschäftigungen und Zerstreuungen des höfischen Adels, graue oder schwarze Kleidung bevorzugend, sich sogar von seinem Adel abschottend, wie es René de Lucinge in seinem *„Miroir des princes"* (Fürstenspiegel) als kleinmütiges Verhalten und Mangel an Geltung scharf kritisiert.

Immer ausschließlicher umgab sich der König nun mit einer kleinen, ausgewählten Gruppe junger Männer. Wie De Thou berichtet, sah man ihn stets umringt von einigen Favoriten; seine Mahlzeiten nahm er nur noch hinter einer Balustrade ein, die verhinderte, daß man sich ihm näherte.

Dieses Verhalten mußte Unmut unter den Herren des Hofes erregen. Man war leutseligen Kontakt des Monarchen mit seinem Adel gewohnt.

Die Situation am Hof

Der Vater des Königs, Henri II., galt hierin als großes Vorbild. Die offenkundige Bevorzugung ganz bestimmter Personen durch den König stellte jedoch allein keineswegs ein kritikwürdiges Verhalten dar. Auch die Herrscher vor Henri III. hatten ihre Favoriten, die sie vor allen anderen mit Gnaden überhäuften, die sie reich und mächtig machten und mit denen sie in der *chambre du roi* ganz besonders intimen Umgang pflegten. Der Tod des Monarchen beendete dann alle diese besonderen *lignages* (Beziehungen). Der Nachfolger formierte seinen eigenen, neuen Hof, an dem der Aufstieg neuer Personen und Familien beginnen mochte. Die alten Clans und *lignages traditionnels* aber wurden in der Regel eben nicht beiseite geschoben, so daß das empfindliche Gleichgewicht zwischen adliger und königlicher Macht austariert blieb.

Im 16. Jahrhundert war der Hof – *la Cour*, das heißt, *la maison du roi* – als Gemeinschaft der Großen um einen souveränen Fürsten nicht nur eine Stätte des gesellschaftlichen Vergnügens (der über das Leben am Hofe bestens informierte Brantôme erinnert sich daran, daß man zu ‚seiner' Zeit mit ‚Hof' nicht die *maison du roi* bezeichnete, sondern den Ort, an dem sich die Königin und ihre Damen aufhielten!), sondern auch das unabdingbare Instrument der königlichen Herrschaftsausübung. Erst Louis XIV. beseitigte diese administrative Funktion des Hofes vollständig.

Für Henri III. bestand in ganz besonderem Maße die Notwendigkeit, als neuer König ohne Hausmacht auf die Gestaltung des Hofes, auf die Zusammensetzung seiner unmittelbaren Umgebung den entscheidenden Einfluß zu nehmen, wollte er in der Zeit der Bürgerkriege mit einiger Aussicht auf Erfolg versuchen, sich im politischen, religiösen, militärischen und sozialen Gestrüpp seines Königreichs zu behaupten. Als er den Thron von seinem Bruder Charles übernahm, dominierten am Hofe in einer Phase der stark geschwächten königlichen

Zu den ersten mignons gehörte Jaques de Lévis, der schon mit Henri III. befreundet war, als dieser noch gar keine Aussichten zu haben schien, jemals König von Frankreich zu werden. Abbildung nach: Boucher 1986.

Macht zwei rivalisierende Clans: die *favoris* und *fidèles* des Hauses Guise-Lothringen mit seinem immer offener demonstrierten Anspruch auf die ganze Macht, und jener des François duc d'Alençon, des jüngeren, extrem ehrgeizigen Bruders des neuen Monarchen. François floh im September 1795 vom Hof und schloß sich in führender Position der hugenottischen Partei an.

Die ersten *mignons*

Diesen Fraktionen des ‚alten' Hofes mußte der König im Interesse seiner Position eine eigene Gruppierung gegenüberstellen. Er benötigte ‚sichere' Männer, *serviteurs dévoués et loyaux*, unbedingt und ausschließlich ihm verpflichtet. Henri III. fand sie in den jungen Männern seiner Generation, oft von nur niederem oder von mittlerem Provinzadel, von denen einige ihn schon nach Polen begleitet hatten. Der ‚alte' Hof war ihnen fremd, und ohne den Willen des neuen Königs wäre ihnen kaum eine einigermaßen bedeutsame Karriere, geschweige denn eklatanter sozialer Aufstieg gelungen.

Mit ihnen verfügte er über eine ihm treu ergebene Gruppe, die er *„ma troupe"* nannte und die sich selbst zunächst als *„les Quatre"*, „die Vier", bezeichnete: es waren vier junge Männer, die den ursprünglichen Bund mit dem König bildeten.

Auf diese vier – Henri Hébrard de Saint-Sulpice, Jacques de Lévis comte de Caylus, François d'O seigneur de Fresnes et de Maillebois und François d'Epinay seigneur de Saint-Luc – wurde der Begriff *mignons* angewendet, der sich rasch als – pejorativ gemeinter – Sammelbegriff für die Favoriten des Königs durchsetzte.

Mignon – der Begriff ist alt, älter als die *chère bande* des Königs, für die er zum Synonym wurde. Seine Herkunft und ursprüngliche Bedeutung ist ungewiß. Angeblich aus dem spanischen *menimos* abgeleitet, wurde er im Französischen seit dem 15. Jahrhundert im Sinne von *favori* bzw. *ministre*, im 16. Jahrhundert auch im Sinne von *homme de cour* (Mann des Hofs) und *fidèle serviteur* (treuer Diener) verwendet. Als weibliche Form bildete sich *mignonne* heraus, ein poetischer Name für die gute Freundin, aber auch für die zärtliche Geliebte. Der bis dahin stets positive Gehalt und Gebrauch des Wortes änderte sich mit der seit den siebziger Jahren des 16. Jahrhunderts einsetzenden Vulgarisierung, die mit der Gründung der ultrakatholischen *Sainte-Ligue* zusammenhängt. Die von ihr in großer Zahl verbreiteten antiköniglichen Pasquille machten aus *mignon* ein Schimpfwort in der religiös-politischen Auseinandersetzung. Gemünzt auf die jungen Favoriten des Königs erhielt es einen stark negativen Beigeschmack, indem eine enge Verwandtschaft zu *minet*, das heißt, der Bezeichnung für ein junges, verspieltes Kätzchen hergestellt wurde. Heute wird *minet* der effeminierte junge Mann genannt! Aus *mignon*, dem *fidèle serviteur*, wurde *mignon*, der zärtliche Gespiele, der Ephebe des Königs. Die damit unterstellte sexuelle Abweichung, im 16. Jahrhundert ein Verbrechen, das unweigerlich die Todesstrafe nach sich zog, zudem eine der schwersten Sünden wider die ‚Natur', galt rasch als der eigentliche Zweck des Bundes zwischen dem König und seinen Favoriten: Befriedigung des homosexuellen Triebes. Bussy d'Amboise, einer der übelsten Duellanten und Totschläger der Zeit, benutzte die angebliche homoerotische Beziehung, um die *mignons* des Königs zu provozieren. Er nannte sie öffentlich *mignons de couchette*, Liebhaber des Monarchen. *Le brave* Bussy, wie er genannt wurde, stolz und wagemutig, aber hinterhältig und ohne Gottesfurcht (Pierre de L'Estoile), hätte es besser wissen müssen. Er war der Favorit von Monsieur, des königlichen Bruders François duc d'Alençon, der aus seiner Homosexualität keinen Hehl machte.

Die Hierarchie innerhalb der *mignons*

Die Gruppe der *Quatre* vergrößerte sich bald. Der König scharte weitere Männer um sich. Neue traten hinzu, andere gingen, weil ihnen der König die Gnade entzog oder weil sie den Tod im Duell oder im Krieg fanden. Innerhalb deer Gruppe der *mignons* entstand eine Hierarchie: es gab die *favoris éphémères*, die nach nur kur-

Bernhard de Nogaret de la Valette (links) wurde von Henri III. als zweites Ich empfunden und war der berühmteste aller mignons. Der König ernannte ihn zum duc d'Epernon und verheiratete ihn mit seiner Schwester – für den Hofstaat der ‚alten Garde' ein empörender Vorgang. Eine ähnliche Karriere nahm der im Volksmund ‚Erzspitzbube' genannte Finanzberater des Königs (rechts). Er wurde zum duc de Joyeuse und nahm die Schwägerin des Herrschers zur Frau. Abbildung nach: Boucher 1986.

zer Zeit wieder aus dem unmittelbaren Umkreis des Monarchen verschwanden; die *favoris règnants,* die für einige Jahre, oft bis zu ihrem Tod, zu den Getreuen gehörten; und es gab die *favoris de toujours,* zwei Männer, die bis zum Tode des Königs stets seine Gnade genossen und denen große Karrieren gelangen: Bernard de Nogaret de la Valette[1], der als le *seconde soy-même* des Königs (Brantóme), als sein zweites Ich zum berühmtesten aller *mignons* wurde und als duc d'Epernon die Schwester der Königin heiratete, sowie Anne d'Arques, *archimignon,* Erzmignon, oder *archilarron,* Erzspitzbube, genannt, das Finanzgenie des Königs, der zum duc de Joyeuse erhoben wurde und die Schwägerin des Herrschers zur Frau nahm.

So unterschiedlich diese Männer auch waren, so verschiedene Karrieren sie machten, so kurz oder so lang sie auch in der Gnade des Königs standen, gemeinsam war ihnen allen die mehr oder weniger niedere Herkunft, ihre Furchtlosigkeit im Krieg und im Duell und ihre totale Treue. Der König dankte ihnen diese absolute Zuverlässigkeit, indem er sie, nach seinen eigenen Worten, ausschließlich ihrer Verdienste wegen mit Ehrungen überhäufte: *„Je ne me suis jamais arrêté à la bassesse de leur naissance"* („Ich habe mich nie durch die Niedrigkeit ihrer Geburt hindern lassen." Übers. Red.)

Verblüffende Umgangsformen

Der König war das Haupt des Bundes, den er und seine *mignons* miteinander geschlossen hatten. Sie waren ihm treu ergeben, er förderte ihren sozialen Aufstieg und ihr Vermögen, er gewährte ihnen die außerordentliche Gnade eines sehr intimen Umgangs, wie er zuvor kaum zwischen dem Monarchen und einfachen Adligen möglich gewesen war. In der Tat war der Umgangston verblüffend. Untereinander nannte man sich *frère* (Bruder); der König redete zum Beispiel Caylus mit *„petit Jacques"* oder nur *„petit"* an; für Saint-Sulpice hatte er den Kosenamen *„Colette"*. In Briefen an seinen *„mignon le plus aimé"* („am meisten geliebten *mignon*") schrieb der König: *„Aymez toujours Henry, car il ayme bien Henry"* („Lieben Sie immer Henri, denn dieser liebt Henri sehr") und: *„Mon ami, aymez toujours l'aultre"* („Mein Freund, lieben Sie stets den Unterzeichneten"); oder: *„aymez toujours bien le maître, car de son costé yl vous ayme bien fort"* („Lieben Sie immer den Meister, denn er seinerseits liebt Sie sehr"). Seinen Schreiben an Henri de Saint-Sulpice pflegte der Monarch ein besonderes Symbol seiner Zuneigung voranzusetzen: ein ‚geschlossenes 𝒮', das heißt, ein *esse fermé* für *fermesse.* Und als Unterschrift benutzte er ein ‚doppeltes H', ein großes für sich selbst und ein kleines für den Favoriten: ‚Hh' (Baguenault de Puchesse; Champion, La Légende).

Die tiefe Neigung des Königs zu einigen seiner *mignons* zeigte sich besonders im Augenblick ihres gewaltsamen Todes. Die im Duell erstochenen Caylus und François de Maugiron, der *premier favori du roi* tituliert wurde, beweinte Henri III. exzessiv; im Augenblick ihres Todes sollen sie ihre Seelen nicht Gott, sondern dem König befohlen haben. In der Kirche Saint-Paul zu Paris ließ er ein großes Grabmal aus Marmor für Maugiron errichten, das nach der Vertreibung des Königs aus seiner Hauptstadt vom aufgebrachten Volk zerstört wurde.

Die *mignons* hatten ihrem Herrn nicht nur ihr Leben gewidmet, sie folgten ihm zum Beispiel auch in allen seinen sich mit zunehmender Dauer seiner Herrschaft immer deutlicher herausbildenden modischen Bedürfnissen und Extra-

Titelblatt eines satirischen Pamphlets gegen Henri III.: Der König und seine mignons bildeten einen Männerbund, der bei seinen Zeitgenossen Unverständnis und Befremden hervorrief; ja unerhört, unbegreiflich und unmoralisch erschien. Abbildung nach: Boucher 1986.

vaganzen. Seine und ihre Art sich zu kleiden, wurde in der Propaganda, aber auch von sonst durchaus wohlmeinenden Zeitgenossen heftig kritisiert, oft als effeminiert bzw. als Ausdruck ihrer homoerotischen Neigungen denunziert; eine Legende, die besonders von den hugenottischen Pamphletisten gepflegt wurde.

Am 20. Oktober 1577 besuchten der König und die *mignons* die Stadt Olainville. Deren Bürger sahen einen Herrscher und seine Favoriten in bizarrer Aufmachung, geschminkt und gepudert, mit gepluderten Hosen, kurzen, reich verzierten Jäckchen, aufwendigen Halskrausen, samtenen Käppchen, geschmückt mit Federn und Juwelen, Ohrringen.[2] Dies alles entsprach jedoch durchaus dem damaligen vorherrschenden Geschmack des Adels; der König und seine Truppe waren vielleicht etwas exaltierter als andere, wirkten wohl auch als Trendsetter in Modefragen. Keinesfalls war ihr Habit Ausdruck ihrer Verweiblichung oder gar ihrer Homosexualität. Gleiches gilt für die Vorliebe des Königs und seiner *mignons* für Maskeraden, auf denen sie in Frauenkleidung auftraten; auch dieses Amusement wurde vom Adel, auch vom höchsten, gerne geteilt. Traten jedoch Henri und seine Favoriten *en amazone* in Erscheinung, folgte die sexuelle Kriminalisierung, die den König als Anhänger der *amour grec*, der griechischen, das heißt, der homosexuellen Liebe denunzierte, in die ihn sein *mignon* René de Villequier (ein berüchtigter Frauenheld und brutaler Totschläger) eingeführt haben sollte. Dieser habe, so behauptet René de Lucinge in seinem „*Miroir des princes*", aus dem *cabinet* des Königs ein wahrhaftes Serail der Geilheit und Unzucht gemacht, eine Schule der Sodomie.

So stand der Hof des letzten Valois im Rufe, der Sündenpfuhl schlechthin zu sein, eine Insel der Hermaphroditen, wie d'Embry ihn nannte, regiert von einem sodomitischen König, einem Sardanapal, einem Heliogabal, der eine lasterhafte Bande von *ganimèdes* an sich gebunden hatte, mit ihnen Orgien ‚wider die Natur' feierte und Unsummen mit seinen Lustknaben verschwendete.[3]

Die Praetorianergarde

Neben den eigentlichen *mignons* verfügte Henri III. über eine 1581 gegründete, vom duc d'Epernon geführte Praetorianergarde, *les Quarante-Cinq*, fünfundvierzig Gascogner, unverheiratet, für jeweils zwei Jahre fest engagiert und – ungewöhnlich, aber notwendig – gut und regelmäßig bezahlt. Diese rauhen, kampfeslustigen, treuen Edelleute waren verpflichtet, sich zur ständigen Verfügung bereit zu halten. Die Aufstellung dieser besonderen Leibwache resultierte aus dem Bedürfnis des Königs, den Kreis seiner Getreuen durch persönliche Bindung ausschließlich an ihn zu vergrößern, den Schutz seiner Person zu verbessern und verläßliche Exekutoren spezieller Befehle zu besitzen. Von ihrer völligen Ergebenheit legten die *Quarante-Cinq* bei der Ermordung des duc de Guise auf königlichen Befehl am 23. Dezember 1588 im Schloß Blois ein Zeugnis ab.

Nach dem Tode der Marie de Clèves hatte der König ein intensives Bedürfnis nach Kontakten mit religiösen Orden entwickelt, die sich in besonderer Weise Bußübungen verschrieben hatten. Ersten Kontakt hatte er 1574 in Avignon aufgenommen, als er an einer Prozession der dortigen *battus* teilnahm und sich zum Mitbruder ihrer Bruderschaft machte. Das königliche Bußbedürfnis nahm im Laufe der Jahre an Intensität zu. Hierbei spielte sowohl die Kinderlosigkeit seiner Ehe mit Louise de Lorraine-Vaudémont (seit 1575) als auch *une fièvre mystique*, ein mystisches Fieber eine Rolle, das den bis zum Aberglauben religiösen König von Zeit zu Zeit umtrieb und ihn annehmen ließ, kein wahrhaft christliches Leben zu führen.

Bruderschaften und Orden

Dem gleichen Antrieb entsprang die vom Monarchen ins Leben gerufene *Confrérie des Penitents Blancs de l'Annonciation de Notre-Dame*, welche höchstens dreihundert allein vom König aufgenommene Mitbrüder umfassen sollte. Ihre Gründung wurde im April 1583 mit einer großen, die ganze Nacht währenden Prozession gefeiert. Ab neun Uhr abends zogen Henri und seine *mignons* unter heller Beleuchtung und mit Musik durch Paris, von Kirche zu Kirche. Die Bußbrüder marschierten in Zweierreihen hintereinander (die Anspielungen der Pamphletisten, dies sei aufgrund ihrer sodomitischen Praktiken während der Prozession geschehen, blieben nicht aus), in weißes holländisches Leinen gekleidet, unter einer Kapuze das Gesicht verborgen. Wieder ist es L'Estoile, der zu berichten weiß, daß es unter den Bußbrüdern, selbst unter den *mignons* einige gab, die sich während der Prozession bis auf das Blut geißelten. Kritische Beobachter verurteilten die sich häufig wiederholenden Prozessionen als Ausdruck der Verkennung des wirklichen christlichen Geistes. Nicht das Bußbedürfnis als solches wurde kritisiert, sondern die Prozessionen wurden als unzeitgemäße öffentliche Demonstration empfunden, die sich ganz in das Bild vom bigotten *roi-bouffe* und seinen *mignons* fügte.[4]

Wahre Religiosität benötigte nicht die Öffentlichkeit, so daß der König und seine Favoriten gegen das veränderte, aber außerordentlich starke religiöse Gefühl der Zeit bei Hugenotten und Katholiken verstießen. Der eifrige Polemiker Agrippa d'Aubigné, ein intransigenter Hugenotte, erklärte dann auch den König zum „bigottesten Fürsten seit dreihundert Jahren".[5]

Weniger skandalös als der eigenwillige Bußkult, dem der König und seine *mignons* in ihrer merkwürdigen Bruderschaft nachgingen, wirkte der *Ordre de Saint-Esprit* auf die Öffentlichkeit, von Henri III. um die Jahreswende 1578 auf 1579 gegründet. Die Neugründung hatte Vorläufer, zum Beispiel den *Ordre de Saint-Michel*, den Louis XI. eingerichtet hatte, um den Adel des Landes durch vom König allein getätigte Aufnahme in einen *club très fermé* in besonders nachhaltiger Weise an den Herrscher und die Dynastie zu binden. Wegen der im Laufe der Zeit übergroß gewordenen personellen Aufblähung des ursprünglich exklusiven Zirkels war diese Funktion längst verloren gegangen; die Berufung stellte keine außerordentliche Ehrung mehr dar. Wie im Falle der *mignons* entschied allein Henri III. über die Aufnahme in den neuen Orden. Anders als bei jenen leisteten die zu Ordensrittern erhobenen sechsundzwanzig Gründungsmitglieder, sämtlich *créatures du roi* und unter ihnen einige der *mignons*, einen besonderen Eid in die Hände des Königs gemäß altem feudalen Vorbild. Der auf höchstens einhundert *chevalliers* begrenzte Orden trat mit großem Pomp in der Augustinerkirche zu Paris zusammen. Der Monarch selbst hatte den speziellen, extravaganten Habit festgelegt.[6]

Hinter den öffentlich bekanntgemachten Motiven für die Schaffung des neuen Ordens (Erinnerung an die Wahl Henris zum König von Polen und seine Krönung zum König von Frankreich) verbarg sich die kluge Absicht, die Großen der katholischen Parteiungen im Königreich durch den persönlichen Eid wieder zu vereinen und auf den Monarchen einzuschwören, gegen die *Sainte-Ligue*, die seine Herrschaft gefährlich bedrohte, ein *corps de gentilhommes fidèles et sûrs* zu schaffen. Die ganz in feudaler Tradition stehende Ablegung eines persönlichen Eides auf den König und die Vertrautheit der neu geschaffenen Institution mögen bewirkt haben, daß der Orden vom Heiligen Geist von den notorischen Schmähungen und Denunziationen weitgehend verschont blieb. Die *mignons* und ihr König hingegen bildeten einen besonderen ‚Orden', einen Männerbund, der Unverständnis und Befremden aufgrund seiner den Zeitgenossen (um so mehr den bürgerlichen) unerhört, unbegreiflich, unmoralisch und quasi unnatürlich erscheinenden Charakteristika erregen mußte, so wie die königliche Bußbrüderschaft inakzeptabel, weil nicht mehr zeitgemäß war.

Die *mignons* als ‚unnatürlicher' Bund

Alle Könige hatten ihre Favoriten gehabt, die *mignons* aber bildeten eine substantiell neue, bisher nie dagewesene Gruppe, die das soziale Gefüge am Hof auf den Kopf stellte,

Bußbruder der 1583 von Henri III. gegründeten Confrérie des Penitents Blancs. Dieser Bruderschaft gehörten auch die mignons an. Auf Grund von spektakulären Prozessionen, mit denen der König und seine Favoriten gegen das religiöse Gefühl der Hugenotten und Katholiken verstießen, wurde die Bruderschaft von der Öffentlichkeit als skandalös empfunden. Abbildung nach: Boucher 1986.

tradierte, bewährte Karrierekriterien zerschlug und neue, meist sehr junge Männer von niederer und das heißt, auch ‚falscher' Herkunft in die einträglichen Positionen brachte: Einer der *mignons* starb in einem Duell, das er wegen des Vorwurfs, nicht von ‚richtigem' Adel zu sein, gefochten hatte. In diesem Sinne konnte die Gemeinschaft zwischen dem König und seinen Favoriten, die weit über alle bisher gekannte Intimität zwischen Herrscher und Adel hinausging, als ‚unnatürlich' neu erfahren werden, und dies besonders in einer Zeit der seit Jahrzehnten währenden Bürgerkriege, die alle Strukturen und Mentalitäten auf das heftigste erschütterten, und deren Beendigung eine grundsätzliche Neudefinition des Verhältnisses zwischen König, Adel und Volk einleitete. Mit dem ersten Bourbonen auf dem französischen Thron, mit Henri IV., den der letzte Valois selbst zu seinem Nachfolger bestimmte, beginnt die Entwicklung des französischen Absolutismus.

Neu waren auch die Mittel im politischen Kampf: Flugblätter, Pasquille, Pamphlete, die in großer Zahl das Land überschwemmten und die Propaganda der Bürgerkriegsparteien verbreiteten. Neu war die Argumentation, mit der die Position des Königs bedroht und untergraben wurde. Die sexuelle Kriminalisierung, erstmals seit den Schauprozessen der französischen Krone gegen die Templer (wie die *mignons* ein Männerbund von besonderem *hautgoût*) wieder angewendet, denunzierte den Monarchen als homosexuell, als Verbrecher gegen die Natur schlechthin. So falsch und absurd der Vorwurf auch war, er zerrte die bislang heilige Person des Königs in die tiefste menschliche Niederung, entweihte sie. Auch dies ließ den Königsmord denkbar werden, den schließlich nicht nur der vorgeblich widernatürlich veranlagte letzte Valois, sondern auch sein Nachfolger Henri IV. zum Opfer fielen, letzterer allerdings ein Herrscher ganz nach der ‚Natur'. Einen homoerotischen Männerbund um sich zu scharen, konnte dem Erzfrauenheld, dem *vert galant*, wirklich nicht nachgesagt werden.

Vielleicht hatte Emmanuel Philibert von Savoyen recht, der über Henri III. urteilte: „*Le roi est un sot*", ein Narr, aber auch: eine dumme Gans, wendet man das Diktum auf seine unmäßige Liebe zu seinen *mignons* an. Wahr aber bleibt auch dann die Erkenntnis des venezianischen Gesandten Lippomano: „*A la cour, c'est toujours de la faveur de prince que tout depend.*" („Am Hof hängt immer alles von der Gunst des Prinzen ab.")

Anmerkungen:

1 Erlanger beschreibt ihn als „*cadet de Gascogne, vif, malicieux, hableur, doué d'une éloquence méridionale..., dur, ambitieux, cupide, insolent jusqu'à la folie, et cependant souple, gracieux, subtil, prêt à toutes les faveurs du destin*" (Erlanger 1975).

2 Pierre de L'Estoile berichtet über den Aufzug: „*...frisés et fraisés avec les crètes levées, les ratepennades en leur tètes, un maintien fardé avec l'ostentation de même, peignés, diaprés et pulverisés de poudre violette et senteurs odoriférentes, qui aromatiaient les rues, places et maisons où ils fréquentaient.*"

3 L'Estoile hat in seinen „*Mémoires*" zahllose Pamphlete gesammelt, die an entsprechender Deutlichkeit über Henri und seinen Männerbund nichts zu wünschen übrig lassen. Nur zwei seien hier dokumentiert:

„*A Saint-Luc (cats in cul)*
Tu ne peux, bougeron, petit bougre Saint-Luc,
Recevoir de Brissac aucun fruit ni lignée;
Ta semence se perd en la main potelée
De ce Grand qui promet te faire nouveau duc.

Tu le seras vraiment, sans être fort caduc,
Car Brissac, quelque fois, de ton vice lassée,
Rongeant son brave coeur de rage forcenée,
Ira prier ce Grand d'essayer de son suc.

Mais, plus que les matois, dôis etre glorieux,
Qui ne pouvaient mouvoir, nécessiteux et vieux,
Car, avant d'être vieil, on lira de ton être

Que tu es bien plus qu'eux en grandeur parvenu,
Pour être un bon couard, bougeron et cocu,
Ayant été chérie d'un plus grand bougre maître.
Berr. A. Athéiste"

(Brissac: Ehefrau von Saint-Luc, die er auf Befehl Henris 1578 heirate.
„*Cats*": von italienisch „*cazzo*", das heißt männliches Glied.
„*Cul*": hier umgangssprachlich „Arsch".)

Cet Héliogabal (gem. ist Henri III.)
Ne se contenta pa de la mère Nature
Qui donna le tétin à toute créature,
Mais exposa son corps aux barbiers inhumains
Afin d'être changé, par l'œuvre de leur mains,
Au sexe féminin. Ainsi par la frisure
Des crins blonds et dorés, par le fard et teinture
Lui veulent ressembler nos damoiseaux mondains,
Qui prennent les habits des folles demoiselles:
Et pourtant servira, et pour eux et pour elles,
Le discours qu'on en fait, puisqu'on ne connait plus
Que gens efféminés en cette pauvre France.

4 „*Leurs exercises étaient de jouer, blasphémer, sauter, danser, volter, quereller et paillarder, et suivre le roi partout et en toutes commpa-*

gnies, ne fair, ne dire rien que pour lui plaire." (L'Estoile)

5 Ähnliche Erfahrungen mußte Antoine de Sénecterre, der Bischof von Puy, machen, als er 1584 ebenfalls eine Bußbrüderschaft ins Leben rief. Obwohl die Mitglieder aus allen Bevölkerungskreisen der Stadt kamen, weckten die Umzüge negative Gefühle, die ein Chronist notierte: „*Toutes foys en passant, je ne peulx oblier l'ypocrisie dudict sieur evesque pour monstrer le dehors du corps, beau, remply de pitié & dévoction & le cueur remply d'inquité & ypocrisie ou meschanceté*" (Jean Burel 1983). Schon im Februar 1579 waren einige Studenten der Sorbonne verhaftet worden, die, angetan mit langen weißen Papierhemden, den König und seine *mignons* verspotteten: „*A la fraise on connait le veau*" (L'Estoile).

6 „*Ils étaient vetus d'une barrette de velours noir, chausses et pourpoint de toile d'argent, souliers et fourreau d'épée de velours blanc, le grand manteau de velours noir, bordé à l'entour de fleurs de lys, de broderie d'or, et langues de feu entremelées de satin orangé, et un autre mantelet de drap d'or, en lieu de chaperon, par-dessus ledit grand manteau, lequel mantelet était pareillement enrichi de fleurs de lys, langues de feu et chiffres, comme le grand manteau. Leur grand collier façonné d'un entrelacs des chiffres du roi, fleurs de lys et langues de feu, auquel pend une croix d'or industrieusement labeurée et émaillée, au milieu de laquelle pend une blanche colombe, dénotant le Saint-Esprit, et journellement sur leurs capes et manteaux ils portent une grande croix de velours orangé, bordée d'un passement d'argent, ayant quatre fleurs de lys d'argent aux quatre coins du croison, et le petit ordre pendu à leur col avec un ruban bleu*" (L'Estoile).

Freiheit, Arbeit, Ehre
Männerbünde im Handwerk

Hans-Jörg Zerwas

Bis in die Mitte des 19. Jahrhunderts bestanden im Deutschen Reich innerhalb der Zünfte die Bruderschaften des Alten Handwerks, die den ausgelernten, aber noch nicht selbständigen und niedergelassenen Handwerkern eine geregelte Erwerbstätigkeit und eine unverwechselbare Lebensform sicherten. Die Bruderschaften regelten die Arbeitsvermittlung für die wandernden Gesellen, vereinbarten mit den Zünften die Löhne und trafen Absprachen über Arbeitszeit und Kündigungsfristen. Von den Mitgliedern wurde die Unterordnung unter die Verhaltensnormen der Gruppe erwartet. In Konfliktfällen waren die Gesellenordnungen – die von Bruderschaft zu Bruderschaft geringe Unterschiede aufwiesen – unerläßliche Orientierungshilfen. Dank der Bruderschaften reichte das Netzwerk der Gesellen weit über die Grenzen des Deutschen Reiches hinaus und sicherte ihnen eine von der Obrigkeit mit Mißtrauen betrachtete herrschaftlich-rechtliche Autonomie. In der ersten Hälfte des 19. Jahrhunderts wurden die Bruderschaften verboten, existierten aber in Form von Geheimbünden noch einige Jahrzehnte weiter.

Handwerk gilt uns heute als Erwerbstätigkeit. Es ist immer noch hauptsächlich Handarbeit, die eine gründliche Ausbildung verlangt und in dem Ruf steht, in Einzelanfertigung oder durch Montage gute, nämlich haltbare und auch ästhetisch ansprechende Gebrauchsgegenstände hervorzubringen. Erfreut uns ein Produkt, dann liegen die Worte von der „soliden handwerklichen Arbeit“ nahe.

Das Alte Handwerk war mehr als nur Erwerbstätigkeit. Es war eine Lebensform, und es war ein Stand des Heiligen Römischen Reiches Deutscher Nation. Trotz seiner vielhundertjährigen Geschichte wissen wir wenig von ihm. Als Teil der feudal-ständischen stadtbürgerlichen Gliederung in Deutschland gehört es einer vergangenen, einer anderen und uns fremd gewordenen Welt an. In den örtlichen Museen sind zwar so einige Hinterlassenschaften wie Zunftladen, Willkomm-Pokale und andere Gegenstände rituellen Gebrauchs zu sehen, doch im öffentlichen Bewußtsein verliert sich seine Spur in der naiven Vorstellung, daß die Meister-Zünfte und Gesellen-Bruderschaften des Alten Handwerks dem Tüchtigen die freie Bahn verstellt hätten, die ihm die freie Marktwirtschaft erst wieder geöffnet habe.

Immerhin vermögen der Wortschatz und der Gebrauch der deutschen Sprache Hinweise auf die sozialen und kulturellen Bindekräfte zu geben, die die moderne bürgerliche Gesellschaft in Deutschland der ständisch gegliederten stadtbürgerlichen Gesellschaft und der Lebensform des Alten Handwerks verdankt. Noch immer betragen wir uns anständig, bitten nicht nur dringend, sondern auch inständig, sind zu dieser oder jener Handlung imstande und für die Beantwortung der einen oder anderen Frage nicht nur kompetent, sondern auch zuständig. Und indem wir statt von der Zivil-Sozietät von der bürgerlichen Gesellschaft reden, nehmen wir noch Bezug auf die Selbstbezeichnung der ausgelernten, aber noch nicht selbständigen und niedergelassenen Handwerker und ihre Organisationen, die Bruderschaften oder Gesellschaften des Handwerks.

Von ihnen sei, mit Gunst und Verlaub, hier die Rede.

Die Ordnungsaufgaben der Zünfte

Zünfte, Ämter, Gilden oder Innungen hießen die Zusammenschlüsse der Meister jeweils eines Handwerks einer Stadt, die all das regelten und organisierten, was die Möglichkeiten eines einzelnen Haushalts überstieg. Die Aufgaben, die sie wahrzunehmen beanspruchten, waren ebenso politischer wie wirtschaftlicher Art und umfaßten das religiöse und das gesellige Leben. Sie legten für ihr Handwerk fest, wie viele Gesellen und Lehrlinge ein Meister beschäftigen durfte, sie organisierten den Rohstoffeinkauf entweder als kollektiven oder durch ein Mitkaufrecht der Zunftgenossen und sie kontrollierten die Qualität und die Preise der Produkte. Diese Maßnahmen verhinderten eine größere Differenzierung innerhalb der Meisterschaft eines Handwerks und garantierten jedem seine Selbständigkeit innerhalb der Zunft, seine Unabhängigkeit von den anderen Meistern und vom Kaufmannskapital. Es war verboten, nicht selbstgefertigte Produkte zu verkaufen oder Teilarbeiten eines übernommenen Auftrages an andere Meister weiterzugeben. Wo zum Handwerk Betriebsanlagen notwendig waren, die von einem einzelnen Meister weder beschafft noch ausgelastet werden konnten, wurden sie oft von der Zunft eingerichtet und genossenschaftlich bewirtschaftet. Daneben regelte die Zunft auch die Ausbildung in ihrem Handwerk, bestimmte die Mindestdauer der Gesellenwanderung und die Art und den Aufwand der Meisterprüfung. Im Falle einer Krankheit oder Arbeitsunfähigkeit eines Meisters sorgte die Zunft dafür, daß ein erfahrener Geselle die Geschäfte für ihn bis zu seiner Genesung fortführte und gab bei längerer Krankheit ein Darlehen aus der Zunftkasse, aus der im Todesfall ein aufwendiges Begräbnis bezahlt wurde. Und da das Zunftmitglied nicht nur Berufsgenosse, sondern auch Hausherr, *pater familias,* war, galten die Beistandspflichten der Zunft natürlich auch gegenüber Witwen und Waisen.

Diese Funktionen und die mit ihnen verbundenen Kontrollansprüche der Zunft über ihre Mitglieder wurden durch die relative Autonomie ihrer Gerichtsbarkeit gesichert, die den harten Kern der Autonomie des Alten Handwerks ausmachte. Auch da, wo der Zunft ihre Satzung ursprünglich durch die jeweilige Obrigkeit vorgegeben war, erzwangen die Handwerker durch Aktionen der Selbsthilfe eine eigenständige Gerichtsbarkeit. Eine machtpolitische Position im verfassungsmäßigen Sinn hatten sie jedoch nur in Reichsstädten, in denen sie sich gegen die patrizischen Geschlechter und Kaufmannsgilden durchzusetzen wußten; und das gelang nicht überall. Gleichwohl waren sie Teil der wirtschaftlichen und herrschaftlichen Ordnung des alten Deutschen Reiches bis an dessen Ende.

Mehr noch als der eigene Herd und das Bürgerrecht in der Stadt war die eigene Gerichtsbarkeit den Handwerkern ein Kennzeichen ihres freien Standes, und als wichtiges Element der Herrschaftsstruktur des alten Reiches war sie Anlaß und Gegenstand ungezählter Konflikte zwischen den Zünften und den sich entwickelnden Territorialstaaten.

Lehrjahre sind keine Herrenjahre

„Lehrjahre sind keine Herrenjahre." Diesen Satz hört so mancher Auszubildende heute noch zuweilen, auch wenn er in der dritten Person Plural angesprochen wird und nach Feierabend durchaus sein eigener Herr ist. Im vorbürgerlichen Europa und im Alten Handwerk mit seiner Wirtschaft des ‚ganzen Hauses' und dem Haushalt als Basis einer einheitlichen Wirtschafts-, Gesellschafts- und Herrschaftsordnung aber war man entweder Herr, und dies immer und überall, oder man war es nicht, nie und nirgends. Und Lehrlinge waren es nicht. Nach dem feierlichen ‚Aufdingen' eines Lehrlings vor der offenen Zunftlade und der Vereinbarung über die Höhe des von seinen Eltern an den Meister zu zahlenden Lehrgeldes zog der Lehrling in das Haus des Meisters, dessen Haushalt er bis zum Ende seiner Lehrzeit angehörte und dessen hausväterlicher Gewalt er unterstellt war. Sein Meister war Hausherr und Lehrherr, und dem Lehrling kam sowohl im Haushalt wie in der Werkstatt der niederste Rang zu. Schuhe putzen, Holz hacken, Feuer anmachen, Wasser holen und die Stube auskehren gehörten zu seinen selbstverständlichen Pflichten.

Er war ein Knecht; auch in der Werkstatt, wo ihm jeder befehlen konnte und auch die Gesellen ihn züchtigen durften. Anpassung an die Erwartungen der Haushalts- und Familienangehörigen war der oberste Verhaltensimperativ, auch bei der Ausbildung im Fach, die im wesentlichen auf Nachahmung beruhte. Der Meister oder ein Geselle machten

Büttnertanz zu Nürnberg, 1833. Zünfte, Ämter, Gilden oder Innungen hießen die Zusammenschlüsse der Meister jeweils eines Handwerks innerhalb einer Stadt. Diese Vereinigungen regelten und organisierten alles, was die Möglichkeiten einer einzelnen Meisterwerkstatt überstieg. So fiel zum Beispiel auch die Organisation der großen jährlich stattfindenden Festumzüge in ihre Kompetenz, die den Höhepunkt des geselligen Lebens für die Zunftmitglieder darstellten. Kupferstichkabinett, Germanisches Nationalmuseum Nürnberg. Foto: Museum.

einen Arbeitsgang vor, und der Lehrling machte ihn nach, so gut er es eben konnte. Machte er es schlecht oder falsch, dann drohten Beschimpfung oder gar Prügel. Karl Friedrich Klöden, der 1824 Direktor der neuen Berliner Gewerbeschule wurde, klagt in seinen Jugenderinnerungen über die Begriffslosigkeit dieser Ausbildung, wie er sie selbst bei seiner Lehre als Goldschmied im Hause seines Onkels hatte erfahren müssen. „Obgleich mein Oheim mir noch als einer der am meisten denkenden Arbeiter seines Fachs erschien, so war doch über den Grund so vieler Vorschriften von ihm nichts zu erfahren. Was die Pottasche beim Schmelzen, der Borax beim Hartlöten, Kolophonium beim Weichlöten, Salpeter und Kochsalz beim Färben, Weinstein und Salz beim Sieden, Glühwachs beim Vergolden, etc. wirkten, das war ihm ganz unbekannt. ‚Es geht sonst nicht', war die einzige Erklärung und ist es noch heute bei den meisten" (Klöden 1978: 204).

Das fertige Werk war so vor allem eine gelungene Nachahmung und als solche weniger Resultat einer gedanklichen Durchdringung des Prozesses als der Fähigkeit, ein Vorbild nachzubilden. Es kam in der Ausbildung darauf an, die Handhabung der wenig spezialisierten Werkzeuge nachahmend einzuüben, das Auge, die Hand und die Körperkräfte zu schulen und im Umgang mit den Werkstoffen deren Eigenheiten und die entsprechenden Möglichkeiten zur Bearbeitung einschätzen zu lernen. Das zu erwerbende Produktionswissen war vor allem an den Gebrauch der Werkzeuge gebundenes und aus ihm hervorgehendes Wissen, das keiner weiteren Begründung bedurfte. Die durch solche Schulung der Sinne erreichte Aufnahmefähigkeit des Gedächtnisses und die Fähigkeit, Gesehenes und Geschautes präzise zu reproduzieren, machte die Kunstfertigkeit des Handwerks aus. Ein Schmied etwa mußte einen vollständigen Hufbeschlag auch dann fertigen können, wenn er kein Maß nehmen konnte, sondern das Pferd nur zwei- bis dreimal vorüber geritten wurde.

Begleitet wurde die Ausbildung aller Sinne und des Körpers im rechten Umgang mit Material und Werkzeugen von der Einführung in das Brauchtum des jeweiligen Handwerks, in dem nicht nur solches Arbeitswissen versammelt war, das sich aus dem Werkzeuggebrauch nicht unmittelbar erschloß. Darüber hinaus benannten und regelten die Bräuche auch den Umgang der Haus- und Zunftgenossen untereinander, in der Werkstatt wie im Haus, auf der Straße oder in der Herberge. Materialkunde und Konstruktionsregeln, Arbeitsteilung und Kooperation, ehrbares Betragen, Teilnahme an religiösen Verrichtungen und Einhaltung der Kleiderordnung waren gleichgewichtige Gegenstände brauchtümlicher Regelung. Technisch-instrumentelles und verständigungsorientiertes kommunikatives Handeln waren nicht gegeneinander ausdifferenziert, sondern unterlagen ungeschieden den Regeln des der handwerklichen Ehre verpflichteten Brauchtums. Welche Kleidungsstücke zur zünftigen ‚Kluft‘ gehörten und wie man sie wann zu tragen hatte, war für die Ehre des Handwerks von gleicher Wichtigkeit wie die Qualität des Produktes. Brauch und Herkommen, Recht und Gewohnheit bestimmten in der handwerklichen Lebenswelt alles Handeln und Verhalten als Befolgung von Pflichten und Wahrnehmung von Rechten, deren Einhaltung die Zünfte und Bruderschaften überwachten.

Kunstfertigkeit und Beherrschung der zunftüblichen Bräuche als Resultat der Anpassung an die Verhaltenserwartungen und Normen der Gruppe waren das Resultat einer Lehre, die Erziehung zum Stande war. Bevor in einigen Handwerken die ‚Kundschaft‘ als Wanderausweis eingeführt wurde, reichte es aus, wenn der zureisende und Arbeit suchende Geselle sich durch ein handwerksspezifisches mündliches und gestisches Zeremoniell, den ‚Gruß‘, legitimierte. Äußeres Auftreten und Kenntnis der Bräuche, die gegenüber Außenstehenden geheim gehalten wurden, waren als sinnfälliger Nachweis einer zunftgerechten Erziehung wichtiger als eine Probe des fachlichen Könnens.

Die Autonomie der Bruderschaften

Hatte der Lehrling endlich das lang ersehnte Ende seiner Lehrzeit erreicht, so wurde er erst vom Obermeister und dann der Gesellenbruderschaft seines Handwerks ‚freigesprochen‘ und in einem von Handwerk zu Handwerk unterschiedlichen Ritual in die Bruderschaft aufgenommen. Auf der Herberge wurde er ‚geschliffen‘, ‚gehobelt‘ oder ‚gegautscht‘, womit symbolisch, wenngleich durch körperliche Schmerzen und heftige Gefühle der Angst sinnlich erfahrbar, der alte Lehrling zerstückelt oder ertränkt wurde und ein neuer Geselle erstand. Neue Bräuche und Regeln, geheim und nur der Bruderschaft bekannt, wurden ihm in Anwesenheit aller Gesellen seines Handwerkes bei geöffneter Lade eingeschärft und wieder abgefragt. Wie er sich beim Betreten der Herberge zu verhalten hat, wann, wie und in welcher Reihenfolge gesprochen werden darf, was bei geöffneter Lade erlaubt und verboten ist und welche Rechte und Pflichten er gegenüber seinen Brüdern, gegenüber den Meistern und der Obrigkeit hat. Schließlich bekam er einen ‚Gesellennamen‘ und er lernte den Gruß, ein langes und kompliziertes Dialogritual, mit dem er sich als Angehöriger der Bruderschaft in jeder Stadt, in der er während seiner Wanderschaft Arbeit aufnehmen wird, gegenüber dem Altgesellen der dortigen Bruderschaft der Gesellen seines Handwerks zu legitimieren hat. Was für den Lehrling im Meisterhaushalt, galt nun auch für den Gesellen in der Bruderschaft. Die Anerkennung seiner Zugehörigkeit und Mitgliedschaft und damit einen gesicherten Ort in der Welt gab es nur im Austausch gegen die Unterordnung unter die Verhaltenserwartungen und Normen der Gruppe.

Wie die Meister ihre regelmäßige ‚Morgensprache‘ auf der Zunftstube, so hatten die Gesellen in Abständen von vier bis sechs Wochen ihre ‚Auflage‘, so genannt nach dem Auflegen der Münzen des Mitgliedsbeitrages auf den Tisch der Herberge. Waren sie ein ‚geschenktes‘ Handwerk, privilegiert, Schenke zu halten, so war die Schenke ihr Versammlungsort. Bei der Auflage wurden die freigesprochenen Lehrlinge in die Bruderschaft aufgenommen, wurden neu eingewanderte Gesellen abgefragt und begrüßt und Konflikte, meist kleinere Regelverletzungen, verhandelt.

Zu Beginn der Auflage verlas der Altgeselle, der den ‚Gesellenstab', eine Art von Zepter, in der Hand hielt, die Regeln der Versammlung, der sich alle Anwesenden bei Strafe zu beugen hatten. Keiner sollte ungefragt sprechen, jeder sollte ordentlich gekleidet und alle sollten aufmerksam sein und nicht etwa aus dem Fenster schauen, und keiner durfte eine Waffe bei sich führen. Dann stellte der jüngste Geselle die Lade auf den Tisch vor den Altgesellen, der sich von dem Ladengesellen den Schlüssel geben ließ und sie mit einer formalisierten Redewendung öffnete. Ihr Inhalt, das Bruderschaftssiegel, eine Büchse mit dem Geld der Bruderschaft, Feder, Tinte und einige Bücher, in denen die Gesellenordnung seit dem Bestehen der Bruderschaft und die Namen der Gesellen, die in dieser Stadt schon gearbeitet hatten, niedergeschrieben waren, wurden auf den Tisch gelegt.

Aus der überlieferten und niedergeschriebenen Ordnung wurde abgeleitet, was Recht und was Unrecht ist. Ihre Bestimmungen, und nicht internalisierte Muster oder argumentativ herbeigeführte Entscheidungen, leiteten das Handeln der Gesellen und bestimmten die Sanktionen bei abweichendem Verhalten. In Konfliktfällen war die Gesellenordnung daher ein unerläßlicher Orientierungspunkt der Verhaltenssicherheit. Als der Rat der Stadt Augsburg einmal die Lade der Schuhmachergesellen beschlagnahmte, hatte dies eine Arbeitsniederlegung zur Folge, da ohne die in der Lade verwahrte Ordnung auch der im Alten Handwerk nicht technisch, sondern normativ strukturierte Handlungsbereich der Ökonomie und der Arbeit ohne Ordnung war.

Gleichfalls von großer symbolischer wie praktischer Bedeutung war das Siegel der Bruderschaft. Die lokalen Bruderschaften eines jeden Handwerks waren nicht nur durch die wandernden Gesellen, sondern auch durch Korrespondenz miteinander verbunden. Überall, wo es zünftiges Handwerk gab, gab es auch Gesellen-Bruderschaften, und so reichte ihr Netz in vielen Handwerken weit über die Grenzen des Reiches hinaus bis nach Petersburg, nach Skandinavien und Ungarn. Viele Versuche der lokalen und territorialen Obrigkeiten, die Macht der Bruderschaften zu brechen oder einzuschränken, richteten sich gegen die Selbständigkeit ihrer Korrespondenz, die sie durch die Beschlagnahme des Siegels einzudämmen und zu kontrollieren suchten. Da ohne das Siegel das Netz der Kommunikation und Organisation gefährdet und der Handlungsspielraum der Bruderschaften stark eingeschränkt war, war sein Verbleiben in der Gesellen-Lade Voraussetzung und Symbol ihrer herrschaftlich-rechtlichen Autonomie und ihres korporativen Status.

Nach dem Ende der Lehre begann der Geselle seine mehrjährige Wanderschaft durch alle Gebiete, in denen sein Handwerk getrieben wurde. Beim ‚Fremdmachen' begleiteten ihn einige seiner Gesellen bis weit vor das Tor der Stadt, wobei gesungen und getrunken wurde, bis er dann alleine weiterzog. So wurde er vorübergehend aus der Bruderschaft entlassen, um bei seiner Ankunft in der nächsten Stadt auf der Herberge wieder aufgenommen zu werden, wobei er sich durch den Gruß als „fremder Geselle" ausweisen mußte. „Guten Tag! Gott ehre das Reich, Gott ehre das Handwerk, das Gelage und die Bruderschaft. Gott ehre den Herr Vater, die Frau Mutter, Brüder und Schwestern und alle ehrbaren frommen Schusterknechte, wie sie versammelt sein, es sei gleich, ob hier oder anderswo." Einen vergleichbaren Wortlaut hatte der Gruß der in Arbeit stehenden Bäckergesellen, während für die ‚Feyer-Purschen' dieses Handwerks ein anderer Gruß galt.

Je länger seine Wanderschaft dauerte und je größer die Zahl der für sein Handwerk berühmten und wichtigen Städte war, in denen er schon gearbeitet hatte, desto höher stieg er im Ansehen und in der strengen Hierarchie der Bruderschaft. Während der Wanderschaft wohnte er in den Herbergen der Gesellen oder, wenn er in Arbeit stand, im Haushalt des Meisters. Seine Bruderschaft unterstützte ihn im Krankheitsfall oder bei Arbeitslosigkeit und schützte ihn vor obrigkeitlicher oder meisterischer Willkür, solange er den Schutz seiner Heimatstadt und seiner Familie entbehren mußte.

Wann immer der Geldbeutel es erlaubte und auch gerade nichts Besonderes hinzugelernt werden konnte, zogen die Gesellen das ‚Feiern' oder Wandern dem Abhängigkeitsverhältnis vor. Der Wanderzwang, von den Gesellen wohl eher als Freiheit denn als Zwang empfunden, ermöglichte ihnen eine relative Unabhängigkeit in der Verfügung über ihre Zeit.

Die Ausdehnung und Diversifikation der Gewerbe und die damit einhergehende Kumulation tech-

Ein Büttner (Faßbinder) schwingt beim Büttnertanz den Reifen mit dem gefüllten Glas. Bei den Festumzügen zeigten die verschiedenen Zünfte ihre Kunststücke. Die Beherrschung der zunftüblichen Bräuche war das Resultat der Anpassung an die Verhaltenserwartungen und Normen, die dem Gesellen während seiner Lehrzeit vermittelt worden waren. Kupferstich, 1768. Kupferstichkabinett, Germanisches Nationalmuseum Nürnberg. Foto: Museum.

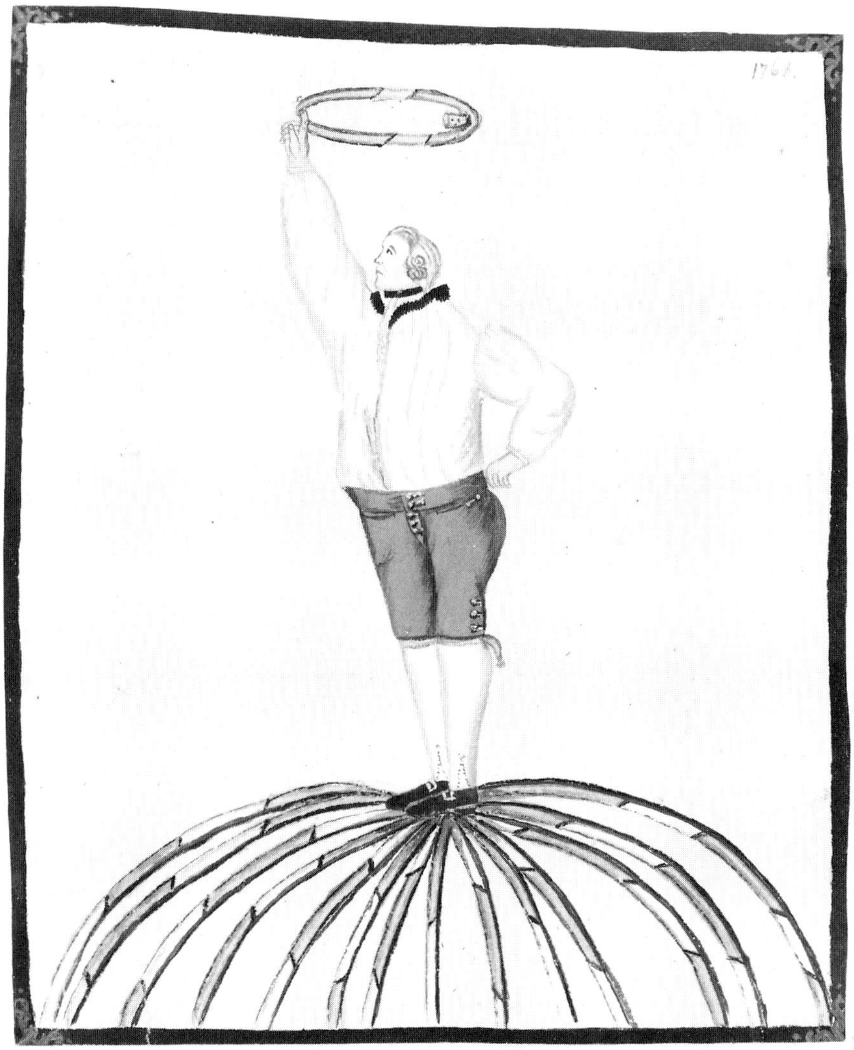

nisch verwertbaren Wissens hatte im Handwerk nur die horizontale Arbeitsteilung erhöht. Die Zahl der Gewerbe, die das gleiche Material be- und verarbeiteten, vermehrte sich, während in den einzelnen Handwerken die technische Struktur der Produktivkräfte, das Verhältnis von Arbeitskraft und Arbeitsmittel, unverändert blieb. Es gab keine Trennung von Kopf- und Handarbeit, und jeder Produzent, ob Meister oder Geselle, war in der Lage, den gesamten Fertigungsprozeß eines Produktes zu überschauen und zu planen und auch jeden dabei anfallenden Arbeitsgang auszuführen. Daher konnte in den größeren Werkstätten, in denen mehrere Gesellen beschäftigt waren, die Arbeitsorganisation von den Gesellen selbst festgelegt werden. Mehr als der Meister bestimmte der älteste und damit ranghöchste der Gesellen, immer unter Bezugnahme auf die Tradition, auf Brauch und Herkommen, wer von ihnen welche der anfallenden Arbeiten machte.

Die Bruderschaften nahmen Einfluß auf die Regelung der Arbeitszeit und erstritten den ‚blauen Montag' für die Gesellen, der vornehmlich zur Versammlung in der Schenke oder Herberge diente. Das Recht, Schenke zu halten, wurde zu einem Privileg von zentraler Bedeutung für die Herausbildung und Entwicklung der Gesellenkultur, auch in solchen Handwerken, die als ‚ungeschenkte' galten. Ein weiteres für die Integrationskraft der Bruderschaften wichtiges Recht war das des ‚Umschickens'. Suchte ein zureisender ‚fremder Geselle' in der Stadt Arbeit, so ließ er sich entweder ‚Arbeit schauen' oder er ‚ging aufs Geschenk'. Beim ‚Umschauen' ging ein in Arbeit stehender Geselle mit ihm von Werkstatt zu Werkstatt, beim ‚aufs Geschenk gehen' sprach der Arbeitsuchende selbst in den Werkstätten vor. Für beide Möglichkeiten gab es wiederum strenge Rituale, und die Reihenfolge der anzusprechenden Meister legte die Bruderschaft fest. Wollte der Meister keinen Gesellen aufdingen, so gab er ein Geschenk, meist in Form eines Umtrunks und einer Wegzehrung. Fand der zureisende Geselle nirgends Arbeit, so konnte er in der Herberge übernachten und oft erhielt er noch ein Viatikum aus der Gesellenlade. Mit dem ‚Umschickrecht' lag die Arbeitsvermittlung in der Hand der Bruderschaften, die somit in der Lage waren, eine weitreichende Kontrolle über den Arbeitsmarkt und damit auch über die Meister auszuüben. Die Bruderschaften vereinbarten mit den Zünften die Höhe des Lohnes und trafen Absprachen über die Arbeitszeit und die Kündigungsfristen.

Der Wanderzwang erforderte und erleichterte die überregionale Verbindung der Gesellenschaften, ihre Korrespondenz und formelle Organisation. Eine autonome Rechtsprechungskompetenz sicherte auch ihnen die Kontrolle über ihre Mitglieder. Zu Beginn des 16. Jahrhunderts waren die Gesellenrechte kodifiziert und in den Gesellenordnungen aufgeschrieben, die in der Lade verwahrt wurden. Durch ihre Korporation waren auch die Gesellen, obwohl noch ohne Bürgerrecht einer Stadt, ehrbare Standesgenossen, ihrer ständischen Ehre bewußt und durchaus in der Lage, ihre ständischen Freiheiten zu verteidigen. Als im Reichsabschied von 1566 die Schenken für aufgehoben erklärt wurden und einige Reichsstädte in Süddeutschland versuchten, dies in die Tat umzusetzen, scheiterten sie am siebenjährigen Widerstand der Gesellenschaften, die die Stadt Nürnberg, deren von Kaufleuten dominierter Rat diesen Machtkampf gesucht hatte, boykottierten und den Zuzug von Arbeitskräften verhinderten. Im Verlauf der Korporierung hatte sich in vielen Handwerken auch die Bezeichnung für die ausgelernten, jedoch noch nicht niedergelassenen Handwerker geändert. An die Stelle des völlig unter der Hausgewalt des *pater familias* stehenden Knechtes trat der Geselle, der auch im Haus und in der Werkstatt des Meisters über eigene Rechte verfügte, deren Wahrung der Gesellenschaft oblag.

Zünfte und Bruderschaften versus Arbeitgeberverbände und Gewerkschaften

Naheliegend zwar, aber trotzdem verfehlt, ist eine Gleichsetzung von Zünften und Bruderschaften mit den heutigen Arbeitgeberverbänden und Gewerkschaften. Die Meister waren keine Unternehmer und die Gesellen keine Lohnarbeiter, wie es zuweilen von Historikern und Wirtschaftswissenschaftlern gesehen wurde (Kelter 1932: 772, und Schanz / Schoenlank 1909: 664). In der handwerklichen Produktionsweise waren für die Kontrolle und Leitung des Produktionsprozesses und den Zugang zu den Ressourcen die Eigentumsverhältnisse von geringer Bedeutung. Entscheidung waren neben der hausväterlichen Gewalt des Meisters die Regeln und Kontrollfunktionen der Zunft und die auf Privilegien oder Brauch und Herkommen gestützten Rechte der Gesellenschaften. Die Berechtigung zur Ausübung eines Handwerks war an die Zugehörigkeit zum handwerklichen Kollektiv gebunden, der Meister-Zunft oder Gesellen-Bruderschaft, die den Zugang zu den Rohstoffen und Werkzeugen, die Produktion und die Verteilung der erarbeiteten Werte kontrollierten und damit auf die Erhaltung der genossenschaftlichen Gleichheit innerhalb des Standes achteten. Einen von seinen sittlichen Bindungen freigesetzten und bloß privatrechtlich strukturierten wirtschaftlichen Tauschverkehr gab es in der durch Sitte und Brauch normativ strukturierten handwerklichen Arbeits- und Lebensgemeinschaft nicht. Zünfte und Bruderschaften waren in ihrem zeitgenössischen Kontext und Selbstverständnis ein tragender Teil der Weltordnung – Gott, das Reich, das Handwerk und die Bruderschaft –, einer Ordnung, in der natürlich auch gearbeitet wurde.

Wenngleich die heutigen Gewerkschaften in ihrer Entstehungsphase an die Organisationserfahrungen der Bruderschaften anknüpften und noch heute auch solche Unterstützungsaufgaben erfüllen, die schon von den Bruderschaften wahrgenommen wurden, so sind die Unterschiede zwischen beiden Organisationen doch größer als ihre Gemeinsamkeiten. Die Gewerkschaften sind der Makler der Ware Arbeitskraft, und der Arbeitslohn ist die Preisform des Werts dieser Ware. Für diesen Arbeitslohn, ein bestimmtes Quantum Geld, muß der Arbeiter sich das zum Leben Notwendige kaufen. Zum Lohn der Arbeit im Alten Handwerk aber gehörte auch die Zugehörigkeit zu einer sozialen Gruppe, die einen sicheren Ort in der Welt und die Gewißheit bot, in einigen Jahren selbst einmal Meister und damit Hausherr und Familienvater zu sein. Neben der Sicherheit der Existenz vor den Imperativen des Marktes, der Macht des Geldes, willkürlichen Übergriffen der Obrigkeit und allen erdenklichen Wechselfällen des Lebens boten die Bruderschaften einen weiten Bereich, der immaterielle, kulturelle Deutungsmuster und soziale Identität stiftete.

Wie sich gegen Ende des 18. und in der ersten Hälfte des 19. Jahrhunderts zeigte, unterschieden sich die Gesellenschaften des Alten Handwerks von den Gewerkschaften gerade dadurch, daß sie Herausbildung eines ‚freien' Arbeitsmarktes, die Ausdifferenzierung spezifisch ökonomischer Interessen aus dem normativen Kontext der sittlichen Lebenswelt und die Vereinzelung der Gesellen zu bloßen Besitzern von Arbeitskraft, beides Voraussetzungen der Gewerkschaften und ihrer Praxis, zu verhindern trachteten.

Nach dem Zerfall des alten Deutschen Reiches und dem Ende der Napoleonischen Kriege hatten die Staaten des deutschen Bundes die ständischen Sonderrechte fast vollständig beseitigt. Doch die Gesellen begannen, trotz staatlicher Unterdrückung, ihre durch die Wirren der Kriege und die territoriale Neuordnung zerstörten Organisationen wieder aufzubauen. Die 1854 beschlagnahmten Statuten der „Gesellenschaften der fremden Maurer" zeigen die alte Organisationsstruktur, und das „Ausschreiben der vereinigten Bruderschaften der Stellmacherzunft zu Hannover, Hamburg, Breslau und Warschau; datirt von Hannover den 19. November 1820" benennt die Motive der Reorganisationen. Die allgemeine Armut war drückend, die Gewerbe gingen schlecht und zu viele, die ohne Heimat und Ziel auf den Landstraßen unterwegs waren, zogen wegen des Handwerksgeschenkes mit falschen Wanderbüchern durch die zünftigen Städte, ohne je in Arbeit zu treten, da sie nie gelernt hatten. Die Meister dachten wohl laut darüber nach, wegen der vielen Betrügereien die Einrichtung des Geschenkes an wandernde Gesellen einzustellen. „Um dasselbe nun vorzubeugen, und man das Geschenk gern beibehalten will, so findet man sich genöthigt, das Gesellenmachen in seinen gehörigen Schranken zu setzen und diejenigen, welche keine rechtmäßigen Ansprüche auf das Geschenk haben, denselben einen gehörigen Querstrich zu machen, damit sie in der Folge nicht mehr nach den zünftigen Städten hinlaufen können, ..." Zu diesem Zweck wurde eine Gesellenordnung verkündet und in vierfacher Ausfertigung durch ganz Norddeutschland, durch Polen und bis nach Petersburg geschickt (Zerwas 1988: 70ff.).

Rein ökonomisch wäre die Abschaffung des Geschenks insofern sinnvoll gewesen, als sie unnötige Ausgabe erspart, ein höheres Einkommen für die arbeitenden Gesellen und damit eine kleine Rücklage für die nächste Wanderschaft ermöglicht hätte. Die Betrüger wären leer ausgegangen, während der finanzielle Verlust für die gelernten Gesellen wohl nur gering gewesen wäre. Doch der Verlust, von dem sich die Gesellen bedroht sahen, lag nicht in der ökonomischen, sondern der symbolischen Dimension des Geschenks. Die ritualisierte ‚Vorsprache' nach Arbeit bei einem Meister, der den Gesellen in Arbeit nahm oder, so er genügend Gesellen hatte, ihm das Geschenk überreichte, war zugleich eine Rollen- und Statuszuweisung. Durch den Gruß und die Vorsprache gab der Geselle sich als Angehöriger des Handwerks zu erkennen und beanspruchte im Austausch gegen seine Anpassung an das Ritual die Bestätigung seiner Identität. Konnte der Meister den Gesellen nicht gebrauchen, so bestätigte er mit dem Geschenk doch dessen Zugehörigkeit zum Handwerk, erkannte Identität und Status an. Durch Vorsprache und Geschenk blieben Arbeitssuche und Arbeit in einen durchgehend normativ regulierten Handlungszusammenhang eingebunden. Meister und Geselle begegneten sich nicht als Käufer und Verkäufer von Arbeitskraft, sondern als Angehörige der gleichen Gemeinschaft. Die Abschaffung des Geschenks hätte die Gesellen der wachsenden Zahl derer gleichgestellt, die außerhalb der ständischen Gliederung stehend ihre Arbeitskraft oder Dienste als Tagelöhner und Knechte anboten.

Ihr zähes Festhalten an Brauch und Herkommen und an Recht und Gewohnheit blockierte die Freisetzung eines Arbeitsmarktes und die Überführung des Arbeitsprozesses in eine normfreie Sphäre technischen Handelns, in der die Kooperation zwischen Meistern und Gesellen nicht mehr von einer durch Sitte und Brauch getragenen Übereinstimmung der Interessen und Handlungsziele bestimmt wurde und wird.

Die Berliner Mittwochsgesellschaft

Johannes Kunisch

Die „Gesellschaft von Freunden der Aufklärung", die zwischen 1783 und 1798 in Berlin bestand und allgemein unter dem Namen „Mittwochsgesellschaft" bekannt ist, gilt als eine der profiliertesten Erscheinungsformen einer Sozietätsbildung, wie sie charakteristisch für das Zeitalter der Aufklärung und die Emanzipation des Bürgertums gewesen ist. Im folgenden sollen ihre Kommunikationsformen, ihr Gründungsziel, ihre Zusammensetzung und die Staatsvorstellungen ihrer Mitglieder dargestellt werden.

Gründung und Formen der Kommunikation

Die Berliner Mittwochsgesellschaft konstituierte sich als eine „Gesellschaft von Freunden der Aufklärung". Sie existierte von 1783 bis 1798 und wurde 1863 als „Freie Gesellschaft für wissenschaftliche Unterhaltung" wiederbegründet. Diese zweite Vereinigung bestand in häufig wechselnder Zusammensetzung bis 1944. Die Mittwochsgesellschaft tagte in ihrer Ursprungszeit, also nach 1783, von Michaelis (29. September) bis Ostern an jedem ersten und dritten Mittwoch, ansonsten an jedem ersten Mittwoch des Monats. Dem Bildungsziel der Vereinigung, der gegenseitigen und zugleich öffentlichen Aufklärung zu dienen, entsprach der im Gründungsstatut vorgeschriebene Sitzungsablauf: Dem mit möglichster Prägnanz abzustattenden Bericht folgte eine Aussprache, in der die Teilnehmer ihrer Sitzordnung entsprechend zu Wort kommen sollten. Die Voten der Diskutanten wurden der Satzung zufolge protokolliert, so daß auch die nicht Anwesenden lesend an der Gesprächsrunde beteiligt waren. Überhaupt bürgerte sich ein, daß Vorträge und Sitzungsprotokolle in einer bestimmten Reihenfolge unter den Mitgliedern zirkulierten. So bestand die Möglichkeit, auch nach der entsprechenden Sitzung noch eine Stellungnahme abzugeben. Die Zusammenkünfte fanden wechselweise in den Wohnungen der Mitglieder statt; sie begannen um sechs Uhr und wurden gegen acht Uhr mit einem gemeinsamen Abendessen fortgesetzt. Die Höchstzahl der Mitglieder hatte man auf 24 festgesetzt.

Wegen des Königlichen Ediktes zur „Verhütung und Bestrafung geheimer Verbindungen, welche der allgemeinen Sicherheit nachteilig werden können", das am 20. Oktober 1798 erlassen wurde, löste sich die Mittwochsgesellschaft auf. Obwohl sicherlich keines ihrer Mitglieder sich mit konspirativen oder gar auf den Umsturz der bestehenden Verhältnisse gerichteten Gedanken trug, fügte sich die Mehrheit dieser Anordnung der Obrigkeit. Es hat den Anschein, als wenn man sich damals auch zur Vernichtung aller die Gesellschaft betreffenden Unterlagen entschlossen hat. Denn es ist nur der Nachlaß eines Mitgliedes erhalten geblieben, das schon vor der Auflösung der Mittwochsgesellschaft gestorben war.

Die Zusammensetzung der Mittwochsgesellschaft

Das Errichtungsstatut von 1783 enthält eine erste Mitgliederliste. Artikel zehn dieser Satzung führt zwölf Namen auf, wobei die Anordnung auf die Reihenfolge in der Zirkulation der Vorträge und Voten verweist. An erster Stelle wird Wilhelm Abraham Teller genannt. Er war nach einer Professur für Theologie an der Universität Helmstedt 1767 als Oberkonsistorialrat nach Berlin übergesiedelt und unter Friedrich Wilhelm II. mit der reaktionären Kirchenpolitik des Ministers Johann Christian von Woellner in Konflikt geraten. Auf Teller folgt in der Mitgliederliste Johann Jakob Engel, ein

Schulmann, der 1787 zum Oberdirektor am Königlichen ‚Nationaltheater' in Berlin berufen worden war, sich aber auch als Schriftsteller einen Namen machte. An dritter Stelle findet sich der für die Berliner Aufklärung prägend wirkende Verleger und Publizist Friedrich Nicolai. Ihm folgte in der Aufeinanderfolge der Mitglieder Christian Wilhelm von Dohm, ein Schriftsteller und Gelehrter von hohem Rang, der nicht nur durch sein fünfbändiges Memoirenwerk und seine der Aufklärung verpflichteten Traktate hervorgetreten ist, sondern sich mehrfach auch in diplomatischen Missionen im Auftrag der preußischen Regierung als ein Mann von fortschrittlicher Gesinnung erwies.

Johann Karl Wilhelm Möhsen, seit 1778 einer der Leibärzte Friedrichs des Großen, war ein Universalgelehrter seiner Zeit und gehörte zahlreichen Wissenschaftsozietäten auch des Auslandes an. Auf ihn folgte als Nummer sechs des Mitgliederverzeichnisses wiederum ein Theologe, der 1770 ins Berliner Oberkonsistorium berufene Johann Samuel Diterich. Auf dem nächsten Rang erscheint Ernst Ferdinand Klein, ein Jurist, den der Großkanzler Freiherr von Carmer für seine Pläne einer Gesetzeskodifikation in Preußen zu gewinnen vermochte und der dann als einer der maßgeblichen Autoren bei der Abfassung des Allgemeinen Landrechts für die preußischen Staaten hervorgetreten ist. Er verließ Berlin zwar im Jahre 1791 vorübergehend, dürfte aber gleichwohl einer der originellsten Mitglieder der Mittwochsgesellschaft gewesen sein. Johann Friedrich Zöllner, der im Gründungsstatut an achter Stelle notiert ist, war ebenfalls Theologe und seit 1788 Mitglied des Oberkonsistoriums. Aber er hat sich auch einen Namen als Verfasser von Lesebüchern und Abhandlungen gemacht, die sich in erzieherischer Absicht ausdrücklich auch an ein größeres Publikum wandten. Ihm zur Seite trat Christian Gottlieb Selle, der als Kliniker an der Berliner Charité und Leibarzt Friedrichs des Großen und Friedrich Wilhelms II. hohes Ansehen genoß. Er galt als ein philosophischer Kopf und glänzender Schriftsteller, der überdies auch in der Königlichen Akademie der Wissenschaften zu Berlin hohe Ämter bekleidete. Mit Friedrich Gedike, dem zehnten der Mitgliederliste, tritt uns wiederum ein maßgeblicher Schulmann und Pädagoge entgegen. Er wurde 1784 auch in das Oberkonsistorium berufen und hatte entscheidenden Anteil an den Reformbemühungen des 1787 neugegründeten Oberschulkollegiums. Zusammen mit Johann Erich Biester, dem elften Gründungsmitglied der Mittwochsgesellschaft, der als Bibliothekar an der Königlichen Bibliothek tätig war, begründete Gedike 1783 die „Berlinische Monatsschrift", die der Aufklärung entscheidende, weit über den Umkreis der preußischen Hauptstadt hinausreichende Impulse verlieh und vielfach auch von den Mitgliedern der Mittwochsgesellschaft als ein Forum für ihr publizistisches Wirken genutzt wurde. Der letzte im Bunde der Gründungsmitglieder war Karl Franz von Irwing, der als Jurist weltliches Mitglied des Oberkonsistoriums war und seit 1797 auch als Präsident des Oberschulkollegiums in Erscheinung trat. Er war es offenbar, der auf die Gründung der Mittwochsgesellschaft den entscheidenden Einfluß ausübte, während es Biester zufiel, als Sekretarius die Geschäfte der Gesellschaft zu führen.

Am Rande des offensichtlich von Biester entworfenen Gründungsstatuts vom 3. Oktober 1783 finden sich nun die Namen von acht weiteren Mitgliedern, unter denen hier besonders Carl Gottlieb Svarez hervorzuheben ist. Svarez war als Geheimer Justiz- und Obertribunalsrat in preußische Dienste getreten und 1780 vom Großkanzler Carmer in die Gesetzeskommission berufen worden, die mit der Ausarbeitung des Allgemeinen Landrechts für die preußischen Staaten betraut war. Diese grundlegende Rechtskodifikation beschäftigte über viele Jahre eine ganze Fülle von Mitarbeitern. Aber es war Svarez, der die natur- und vernunftrechtlichen Grundlagen zu dieser umfassenden Gesetzesreform gelegt und zugleich die staats- und gesellschaftspolitischen Generalperspektiven entworfen hat, an der sich das Allgemeine Landrecht orientierte. Neben dem Gesetzestext selbst gewähren auch die Vorträge, die Svarez in den Jahren 1791/92 zur Unterrichtung des Kronprinzen Friedrich Wilhelm (III.) gehalten hat, einen Einblick in seine der Aufklärung verpflichtete Staatsvorstellung. Hier wie dort offenbart sich, wie sehr es Svarez verstanden hat, „mit der rechtlichen Festschreibung der geltenden Staatsverfassung der uneingeschränkten Monarchie die naturrechtliche Pflichtenlehre zu verbinden und in der Verzahnung von Herrschaftsrecht und Pflichtethos... die Selbstdisziplinierung der monarchischen Gewalt öffentlich zu dokumentieren" (Birtsch 1985:93).

Auf einer zweiten, in der Reihenfolge revidierten und ergänzten Namensliste, die Biester Ende April 1784 angefertigt haben dürfte, wird neben einer Reihe weiterer Mitglieder auch Moses Mendelssohn (1729–

Moses Mendelssohn (1729–1786), ein Freund Lessings und überzeugter Humanist, war wohl das wichtigste Mitglied der Mittwochsgesellschaft, das heißt, einer Gruppe von „Freunden der Aufklärung", die sich 1783 in Berlin konstituierte. Im Gründungsstatut wurde als Ziel die gegenseitige und öffentliche Aufklärung postuliert. Der ersten Mittwochsgesellschaft, die bis 1798 bestand, folgte 1863 eine zweite, der bei ihrer Auflösung im Jahr 1944 bedeutende Widerstandskämpfer angehörten. Foto: Privatarchiv.

1786) angeführt. Er, der Freund Lessings und überzeugter Anhänger aufgeklärter Humanität, war in den Anfangsjahren der Mittwochsgesellschaft offenbar ihr geistiger Mittelpunkt. Jedenfalls beteiligte er sich mit entsprechenden Voten intensiv an ihren Debatten.

Bis auf Mendelssohn und Nicolai waren alle Mitglieder der Mittwochsgesellschaft im preußischen Staatsdienst tätig, wobei Erscheinungen wie Svarez, Klein und Dohm zu der Gruppe einflußreicher und herausragender Ministerialbeamter zu zählen sind. Einige waren zugleich auch Geistliche. Hinzu traten die Ärzte, die sich aber wie alle übrigen Mitglieder der Mittwochsgesellschaft auch als Publizisten betätigten und insofern über den beruflichen Rahmen im engeren Sinne hinaus als Angehörige einer aufgeklärten Öffentlichkeit zu betrachten sind.

Das Selbstverständnis der Mittwochsgesellschaft

Die Mittwochsgesellschaft war als „Gesellschaft der Freunde der Aufklärung" gegründet worden. Sie gehörte dem Typus nach zu jenen privaten Gelehrtenzirkeln, die sich in der zweiten Hälfte des 18. Jahrhunderts überall im Reich zu formieren begannen und zusammengenommen ein wesentliches Element der bürgerlichen Emanzipationsbewegung darstellten. Gesellschaften dieser Art waren im Grenzbereich zwischen einem informellen Zirkel von Gleichgesinnten und Geheimbünden angesiedelt, wie sie sich mit den Freimaurerlogen und dem Illuminatenorden konstituiert hatten. So verpflichtete auch die Mittwochsgesellschaft in ihrem Gründungsstatut von 1783 „jedes Mitglied... auf seine Ehre, strenge Verschwiegenheit über alles in der Gesellschaft Vorgetragene" zu wahren, „ja von ihrer Existenz nicht viel zu sprechen" (Nachlaß Möhsen, zit. nach Birtsch 1985: 95f.). Man strebte also auch hier nach Verschwiegenheit und Diskretion und legte dementsprechend Wert darauf, daß nur das für die gegenseitige Unterrichtung Erforderliche zu Papier und in Umlauf gebracht wurde. Lange Zeit war deshalb auch in der Aufklärungsforschung umstritten, wer eigentlich zur Mittwochsgesellschaft gehört hat und wie ihr institutioneller Rahmen beschaffen war.

Dem Gründungsstatut zufolge sollten in den Vorträgen alle Bereiche aufgeklärten Denkens und Handelns zur Sprache kommen. Ausgenommen waren nur Gegenstände im engeren fachspezifischen Sinne, also „eigentlich Theologie, Jurisprudenz, Medizin, Mathematik, philologische Kritik und Zeitungsnachrichten, nicht aber die daraus gefolgerten Resultate zur Aufklärung und zum Wohle der Menschheit" (Nachlaß Möhsen, zit. n. Birtsch 1985: 95f.). Akademisches Theoretisieren ebenso wie Debatten über aktuelle Ereignisse sollten demnach vermieden werden. Intendiert war vielmehr der praxisbezogene Diskurs über alle Bereiche, in denen der Aufklärung gedient werden konnte. Die bei diesem Grundkonsens hervortretenden individuellen Überzeugungen sollten in den Verhandlungen der Gesellschaft in aller Freimütigkeit zur Sprache gebracht und Reformvorschläge im Sinne einer Vervollkommnung der bestehenden Verhältnisse in Staat und Gesellschaft diskutiert werden. Dieser Zielsetzung entsprechend warf der als königlicher Leibarzt tätige Johann Karl Wilhelm Möhsen in einem Vortrag vom 17. Dezember 1782 etwa die Frage auf: „Was ist zu thun zur Aufklärung der Mitbürger?" Als ersten Schritt schlug er vor, den Aufklärungsbegriff „genau zu bestimmen". Dann sollten die „Mängel und Gebrechen in der Richtung des Verstandes, in der Denkungsart, in den Vorurtheilen und in den Sitten unserer Nation, oder auch nur des hiesigen Publikums" und deren Ursachen aufzudecken versucht werden, ferner „diejenigen Vorurtheile und Irrthümer, welche am schädlichsten seien, zuerst angegriffen und ausgerottet werden" und schließlich „diejenigen Wahrheiten, deren allgemeine Erkenntnis am nothwendigsten" sei, mehr entwickelt und ausgebreitet werden. Es ging Möhsen demnach um nichts weniger als die Absicht, „sowohl uns selbst als unsern Mit-Menschen und zwar diesen vor den ersten bis zur niedrigsten Classe, soviel möglich ist, aufzuklären" und den Aberglauben des „gemeinen Mannes" „zu vermindern, in ihm das Selbstdenken, so viel er in seinem Wirkungskreise nötig hat, zu befördern" (zit. n. Birtsch 1985: 104).

Der Forderung Möhsens nach einer brauchbaren Definition des Aufklärungsbegriffs konnte im Kreise der Mittwochsgesellschaft nicht entsprochen werden. Dennoch bestand unter den votierenden Mitgliedern offenbar Einigkeit darüber, daß Aufklärung als ein Prozeß verstanden werden müsse, „an dem teilzunehmen nicht jedem in gleicher Weise beschieden sein konnte und den bedenkenlos voranzutreiben nicht in jedem Falle und um jeden Preis geboten erscheinen mochte“ (Birtsch 1985: 104). Im ganzen überwogen also die skeptischen Stimmen. So gelangte man im Hin und Her der gegenseitigen Argumente zu der Überzeugung, daß das Aufklärungspostulat anderen Staats- und Gesellschaftszielen wie Glückseligkeit und gemeiner Nutzen zuzuordnen sei und in jedem Fall auch mit der Forderung nach Wahrheit in Einklang stehen müsse. Der Theologe Diterich etwa warnte vor denjenigen, „die in dem Reiche der Wahrheit alles, was ihnen nicht ansteht, gleichsam vor der Faust wegbrennen“ und ihr Zerstörungswerk damit zu rechtfertigen suchten, „daß sie die Welt aufklären wollten“ (zit. n. Birtsch 1985: 105).

Die Mehrheit der Mitglieder plädierte deshalb dafür, der Aufklärung in einem allmählichen und durchaus vom Staate zu lenkenden Erziehungsprozeß zum Durchbruch zu verhelfen. Das Vertrauen in die Dynamik und Reformbereitschaft des absoluten Fürstenregiments war so ausgeprägt, daß man die Forderung aufgeklärten und vernunftgemäßen Handelns beim Staat in guten Händen glaubte. Diese Zuversicht verstärkte sich in dem Maße, wie man mit wachsendem und durchaus elitärem Selbstwertgefühl zu der Überzeugung gelangte, auf diesen von Staats wegen zu befördernden Prozeß Einfluß ausüben zu können. Gewiß haben sich die Mitglieder der Mittwochsgesellschaft nachdrücklich zum Prinzip der Gedankenfreiheit bekannt und in der Angelegenheit des Woellnerschen Religionsedikts, das auf einer verschärften Bewahrung der tradierten Glaubensinhalte beharrt, eine eindeutig ablehnende Haltung bezogen. Doch konnte selbst das Bekenntnis zu der Unveräußerlichkeit der Menschenrechte, wie es etwa von Klein und Svarez überliefert ist, die Loyalität zu den bestehenden Verhältnissen in Staat und Gesellschaft nicht außer Kraft setzen. „Hier habe“, schreibt Birtsch, „die historische Erfahrung des Reformabsolutismus unter Friedrich dem Großen prägend gewirkt“ (1985: 111). Die im Rahmen der Staatsadministration gegebenen Möglichkeiten schienen den Anhängern aufgeklärten Staatsdenkens bereits so weit ausgebaut zu sein, daß man auf die Verwirklichung der politischen Freiheitsrechte, wie sie in Frankreich proklamiert worden waren, glaubte verzichten zu können. Es ist das Charakteristische jener der Aufklärung verpflichteten Intelligenz in einem Staate wie Preußen, daß sie ungeachtet aller moralischen Positionen nicht den Bruch mit dem politischen und gesellschaftlichen System des absoluten Fürstenstaates herbeiführen wollte. Die Mitglieder der Mittwochsgesellschaft verstanden sich als Untertanen, aber als solche, die nicht mehr Objekte obrigkeitlichen Handelns zu sein wünschten, sondern im Sinne von Naturrecht und Humanität mitzuwirken entschlossen waren. Für diesen Prozeß der gesellschaftlichen Formierung und geistigen Emanzipation einer bürgerlichen Elite am Ende des 18. Jahrhunderts ist die Berliner Mittwochsgesellschaft ein glanzvolles Beispiel.

Die Wiederbegründung

Wie erwähnt, ist die Mittwochsgesellschaft als „Freie Gesellschaft für wissenschaftliche Unterhaltung“ im Jahre 1863 wiederbegründet worden. Maßgeblich beteiligt an diesem unter veränderten Bedingungen sich vollziehenden Neubeginn waren der preußische Staatsmann Moritz August von Bethmann-Hollweg, der Politiker Georg Karl Weseler, der Theologe Isaak August Dorner, der Historiker Johann Gustav Droysen, der Ägyptologe Karl Richard Lepsius und eine Reihe anderer Repräsentanten des geistigen und kulturellen Lebens in Preußen. Die Gesellschaft war nun auf sechzehn Mitglieder beschränkt und trug nicht mehr den Charakter einer an staats- und gesellschaftspolitischen Zielen orientierten Geheimgesellschaft. Sie stand in enger Verbindung zu allen Fakultäten der Berliner Universität, pflegte aber auch die Beziehungen zu wichtigen Vertretern von Staat, Wirtschaft und Militär. So zählten in ihrer Schlußphase mit dem Generaloberst Beck und dem Diplomaten Ulrich von Hassel auch führende Männer des Widerstandes gegen Hitler zu ihren Mitgliedern.

Freimaurer: Über sechs Millionen verschworene Männer – Eine Außenansicht

Elke Müller-Mees

Die Freimaurerei ist durchgängig von Widersprüchlichem gekennzeichnet. Die Entwicklung von Gasthaus-Logen zu Großlogen mit ausgeprägten Regeln und Ritualen, die sittliche Veredlung anstreben, offenbart diesen Männerbund als Machtinstrument, dem Rituale und Symbolik zur Gleichschaltung von männlichem Denken und Handeln dienen (vgl. Aufsatz 89).

So ergeben sich Divergenzen zwischen Theorie und Praxis hinsichtlich der Zielsetzung: Ausschluß von Frauen, Farbigen und anderen zeugt ebenso davon wie die von den Freimaurern nicht bewältigte Auseinandersetzung mit dem Nationalsozialismus.

Siehe dazu auch Farbseiten XXV bis XXVIII.

Geheimnis und Nimbus umgeben Freimaurerei noch heute, was durch ihre Mitglieder selbst provoziert und von ihnen, elitebewußt, hingenommen wird.

Aufgabe des Freimaurers ist, „durch tätige Humanität an der Errichtung des auf Weisheit, Stärke und Schönheit gegründeten Tempels der allgemeinen Menschenliebe" mitzuwirken. Diese Tätigkeit ist ein „Geheimnis, das ‚erlebt' werden muß" und ihrem Wesen nach „undefinierbar" (Entwicklung 1974: 3). Das „Allgemeine Handbuch der Freimaurerei" definiert trotzdem: „Freimaurerei ist die Tätigkeit engverbundener Männer, die unter Anwendung sinnbildlicher, größtenteils dem Maurerhandwerk und der Baukunst entlehnter Formen für das Wohl der Menschheit wirken, indem sie sich und andere sittlich zu veredeln suchen, um dadurch einen allgemeinen Menschheitsbund herbeizuführen, den sie unter sich im kleinen Kreis bereits darstellen wollen" (Entwicklung 1974: 3).

Der erste Widerspruch einer definierten Undefinierbarkeit zeigt zugleich den zweiten: Der angestrebte, von der Loge schon im kleinen Kreis dargestellte allgemeine Menschheitsbund ist nur ein Bund von Männern, deren sittliche Veredelung ihrer selbst und anderer männerbezogen bleibt und nicht dem Wohl der Menschheit, wohl aber dem der Männer dient.

Freimaurerei als Mysterienbund verstanden, bemüht als Vorläufer, was Rang und Namen hat, den Kult der Brahmanen, die Osiris-Legende, den Bund der Pythagoräer, den Mysterienkult von Eleusis, des Mithras und der Essäer, Kabbala und Gnosis, Druiden und Barden. Damit ist ein weiter geographischer und historischer Rahmen abgesteckt, obwohl „Zusammenhänge direkt nicht nachzuweisen sind" (Entwicklung 1974: 8).

Ebenfalls nicht nachzuweisen sind direkte Verbindungen zwischen Freimaurerei und Ritterorden des Mittelalters. Trotzdem werden der Malteserorden, der deutsche Ritterorden und vor allem die Tempelritter, denen die schottischen Hochgradsysteme der Freimaurerei deutlich Reverenz erweisen, als für die Vorgeschichte bedeutsam angeführt.

Die symbolischen Erbauer eines ‚Tempels der allgemeinen Menschenliebe' bewegen sich innerhalb eines Vorstellungskreises, in dem Architektur und Bauhandwerk als ‚königliche Kunst' eine große Rolle spielen und die Verbindung zu den Bauhütten der Kathedralen des Mittelalters gezogen wird: Im Mittelalter waren die Bauhütten sehr mächtig und dank ihres Handwerks zur Ehre Gottes hoch angesehen; Fürsten, die auf Bauhütten Einfluß nehmen wollten, mußten Mitglied werden. Im 17. Jahrhundert dann laufen zwei Erscheinungen parallel: Viele Bauhütten lösen sich auf; andere nehmen seit 1600 Nicht-Werkmaurer auf, so daß schon um 1670 in einigen Logen die Nicht-Werkmaurer in der Überzahl sind, welche sich das Ansehen der Bauhütten zunutze machen.

Die weltweite Verbreitung der Freimaurerei zeigt sich selbst in diesem phantasievoll ausgeschmückten Holzstich, der eine Trauerfeier des arabischen Ordens vom mystischen Schrein im Freimaurertempel von New York im Jahre 1886 darstellen soll. Auch heute noch gibt es viele und einflußreiche Freimaurer in Amerika: Als Gerald R. Ford Präsident der Vereinigten Staaten wurde, war er bereits der vierzehnte Freimaurer in diesem Amt. Berühmte freimaurerische Präsidenten vor ihm waren George Washington, Theodore und Franklin D. Roosevelt sowie Harry Truman. Foto: Bildarchiv Preussischer Kulturbesitz Berlin.

Vorläufer der spekulativen Freimaurerei in der Werkmaurerei zu sehen, die nicht nur den männerbündischen Charakter der Logen, sondern einen Großteil der Symbolik vorgibt, fördert zunächst das Verständnis. Doch selbst hier muß der Freimaurer zugeben, „daß direkte Bezüge nur selten nachgewiesen werden können" (Entwicklung 1974: 23).

So ist die spekulative Freimaurerei im 18. Jahrhundert vor allem ein Kind ihrer Zeit. Sie greift auf vorgefundene gesellschaftliche Formen zurück (Bruderschaft), frönt der Liebe ihres Zeitalters zu Symbolik und Esoterik (Tempelarbeit). Stellt sich das Zeitalter der Aufklärung mit seiner Forderung nach Gleichheit als eine Zeit des Umbruchs dar, ist die schnelle Ausbreitung der Freimaurerlogen ein Ausdruck für den Rückzug des rückwärts gewandten, Tradition bewahrenden Mannes in Männerbünde. Entsprechend zeigt sich die Freimaurerei frauenfeindlich-gegenaufklärerisch, obwohl sie Gedankengut der Aufklärung in ihre Theorie übernimmt.

Am Anfang stand der *pub*

Allen Bestrebungen zum Trotz, der Entstehung der spekulativen Freimaurerei Glanz und Würde zu verleihen, ist der Beginn profan:

Am 24. Juni, dem Tag Johannes des Täufers, 1717 treffen sich vier protestantische Logen, mit jeweils kaum mehr als zwanzig Mitgliedern. Nach den Gasthäusern, in denen sie sich normaler Weise versammeln, heißen sie „Zur Krone", „Zum Apfelbaum", „Zum Römer und zur Traube" und „Zur Gans und zum Bratrost" *(Goose and Gridiron)*.

Die am Johannistag im Wirtshaus *„Goose and Gridiron"* versammelten Männer konstituieren eine Großloge und geben dem ältesten, einem *gentleman* namens Anthony Sayer, den Vorsitz als Großmeister. Sie vereinbaren jährlichen Wechsel des Großmeisters, vierteljährliche Treffen ihrer gar nicht geheimnisvollen Oberen und jährliche Versammlungen und Feste.

Ihr Ziel ist es, aus ihren bedeutungslos gewordenen Logen, Männerklubs, wie sie zu Beginn des 18. Jahrhunderts in beinahe jedem *pub* Englands zu finden sind (Binder 1988: 18), eine Vereinigung mit Geld, Macht und Ansehen zu schaffen. Deshalb sind Sayer und seine Nachfolger Platzhalter, denn es soll „aus ihrer Mitte ein Großmeister erwählt werden, bis sie die Ehre haben würden, einen Herrn vom Adel als ihr Haupt bezeichnen zu dürfen" (Entwicklung 1974: 33).

Zunächst geben sie sich eine Konstitution, für die der Geistliche, Reverend Theophilus Desaguliers,

Vor der Aufnahme eines Novizen in den Freimaurerbund muß dieser seinen Schmuck, sein Geld und seinen Rock ablegen. Die linke Brustseite, der linke Arm und das linke Knie werden entblößt und seine Augen verbunden. Symbolisch ist er nun arm, blind und hinkend, das heißt unwissend und auf die Hilfe seiner künftigen Logenbrüder angewiesen. Am Ende der Aufnahmezeremonie wird die Augenbinde gelöst und der neue Freimaurer-Lehrling erblickt die Lichter der Freimaurerei auf dem Altar. Foto: Bildarchiv Preussischer Kulturbesitz Berlin.

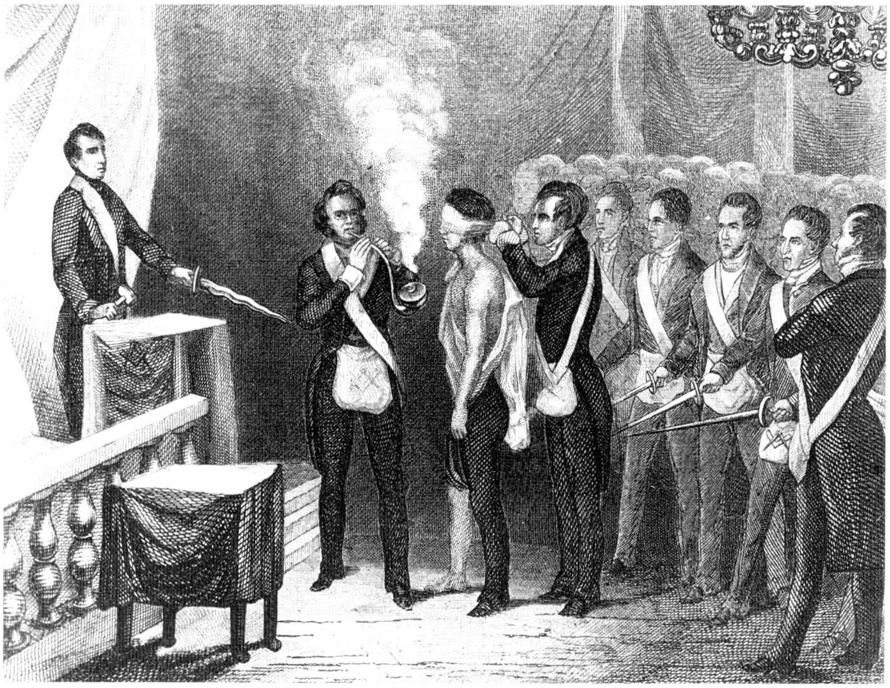

der das Vorwort schreibt, verantwortlich zeichnet (Entwicklung 1974: 34). Die Mitglieder der vier Logen, jetzt Großloge, haben Glück. Mit diesem Großmeister des Jahres 1719 ergeben sich die gewünschten gesellschaftlichen Kontakte zum Adel, so daß 1721 „endlich" John Herzog von Montagu Großmeister wird, „der erste Hocharistokrat und damit der *‚nobleman‘*, auf den man gewartet hatte" (Entwicklung 1974: 34).

Montagu beauftragt Reverend James Anderson mit der Abfassung einer neuen Konstitution, die heute als sogenannte „Alte Pflichten" vom 17. Januar 1723 bekannt ist. Um der Großloge mehr Bedeutung zu geben, als ihre Herkunft aus vier Gasthaus-Logen nahelegt, tut Anderson zweierlei: Er vernichtet das Archiv und stellt den „Alten Pflichten" eine erfundene Geschichte der Freimaurerei voran (Entwicklung 1974: 32).

Verständlich, daß die Großloge nun hoffähig ist und einen ungeahnten Aufschwung nimmt, zumal da als Großmeister auf den ersten Herzog gleich der zweite folgt: der Herzog von Wharton. Die Zahl ihrer Logen liegt 1721 bei sechzehn, 1732 bei 109; 1737 wird der Prinz von Wales aufgenommen. Das Elitebewußtsein, durch Bruderbande zum Königshaus gestärkt, führt zu kolonialer Ausweitung, besonders in Amerika. Die erste Loge in Deutschland wird am 6. Dezember 1737 in Hamburg gegründet, im Gasthaus *„d'Angleterre"* in der Bäckerstraße. Eiligst stellt man ebenfalls die Verbindung zur politischen Macht her: Schon am 15. August 1738 wird Kronprinz Friedrich in einer Nacht bis zum Meister erleuchtet (Frieling 1982: 45). Die weitere Entwicklung drückt der Freimaurer so aus: „Und dann ging es Schlag auf Schlag" (Appel 1988: 15).

Von Trinksitten zu sittlicher Veredelung

Erfüllt die Gründungsgeschichte der Freimaurerei die hochgespannten Erwartungen nicht, so sieht es mit der Arbeit an der sittlichen Veredelung anfangs kaum besser aus:

Da sich die ersten spekulativen Freimaurer Englands in Gasthäusern treffen, dient dieser Ort in erster Linie dem ungestörten Trinken und Rauchen. Rückzug in die Loge bedeutet, daß die Mitglieder der von der Kirche geforderten puritanischen Enthaltsamkeit ein Schnippchen schlagen, beim Trinken und Rauchen von Frauen nicht gestört werden können.

So sagen die Freimaurer selbst, „da die Mitglieder statt in *‚Masons Hall‘* in Tavernen tagten, trieben sie keinen sonderlichen geistigen Aufwand" (Entwicklung 1974: 29).

In dem Ritual, in dem der Freimaurer vom Gesellen zum Meister befördert wird, soll der künftige Meister ein symbolisches Todeserlebnis erfahren, um damit die Todesgewißheit des Menschen für immer in seinem Bewußtsein zu bewahren und nicht zu verdrängen. Der Stahlstich von H. Winkles nach Beck aus dem Jahr 1849 stellt die Sequenz im Ritual dar, in der der künftige Meister auf einen symbolischen Sarg gelegt wird. Foto: Bildarchiv Preussischer Kulturbesitz Berlin.

Schon der Großmeister von 1719, Desaguliers, schafft Trinksprüche, „die alten, regelmäßigen und besonderen Toaste der Freimaurer" (ebd.: 34). Der ‚Leidenschaft des Rauchens und Trinkens zu frönen', kann man anhand der Logenverordnungen als hauptsächliche Betätigung der Logen bis ins 18. Jahrhundert bezeichnen (Binder 1988: 16f.). Auch andere Quellen belegen das (Steiner 1987: 32).

Die von Freimaurern als „so tiefer geistiger Leitspiegel" bezeichneten „Alten Pflichten" (Entwicklung 1974: 29) können ihren allgemein bruderschaftlich-männerbündischen Charakter nicht verleugnen, wie Ähnlichkeiten zur Satzung von Comenius' Böhmischer Brüdergemeinde zeigen. Auch die im 19. Jahrhundert von der Großloge von England in ihrem päpstlichen Alleinvertretungsanspruch erlassenen „Alten Landmarken", ein Minimalkonsens in 25 Punkten, stellen den Bruderbund vor allem als Machtinstrument vor: Er funktioniert durch Ausschluß, der nach innen und außen wirkt, die Mitglieder untereinander verbindet und gegen Nicht-Mitglieder abschottet.

Das gilt für den Bund allgemein. Nach den „Alten Pflichten" werden junge Männer (was in den „Alten Landmarken" durch die geforderte Großjährigkeit aufgehoben wird) ausgegrenzt, und solche ohne Sitten und mit üblem Ruf. Ebenso wie Leibeigene sind auch Frauen ausgeschlossen.

Die anti-aufklärerische Haltung, in Frauen Außenseiter zu sehen, wird in den „Alten Landmarken" zunehmend deutlicher. Unter Punkt achtzehn wird als Mitglied der Mann mit körperlicher Unversehrtheit gefordert. Dann heißt es: „Frauen, Krüppel und Sklaven können nicht beitreten" (Binder 1988: 128).

Die Grundelemente der Mitgliedschaft beinhalten zugleich wie Ausschluß funktioniert: die geschlechtsspezifische Mitgliedschaft; die Wahl des neuen Freimaurers durch die Mitglieder; das Prüfungsverfahren vor der Aufnahme; die bei Männerbünden weltweit übliche Initiation, die den Vorgang von Tod und Wiedergeburt symbolisiert und freimaurerisch als ‚Lichtgebung' bezeichnet wird (dazu Binder 1988: 140ff.); die Verpflichtung des Mitgliedes zur Geheimhaltung.

Ausschluß als Machtmechanismus begründet zugleich die innere Struktur des Bundes, der hierarchisch und keineswegs wie behauptet demokratisch ist (Holtorf 1985: 14). Die sogenannte Johannismaurerei kennt drei Grade: Lehrling, Geselle, Meister; die Hochgradsysteme führen vom Ausgewählten hochwürdigen schottischen Andreaslehrling (4. Grad) bis zum Ritterkommandeur (10. Grad) oder vom geheimen

Der Meister vom Stuhl, das heißt der Vorsteher und Leiter einer heutigen Freimaurer-Loge in Norddeutschland. Der Begriff Meister wurde von den Freimaurern ebenso wie viele ihrer Symbole und Rituale aus dem Bauhandwerk übernommen. Foto: Jochen Blume, Hamburg.

Meister (4. Grad) über den Souveränen Ritter vom Rosenkreuz (18. Grad) bis zum Höchsten Allgemeinen Großinspekteur (33. Grad) (Mariel 1963: 158f.).

In der Johannismaurerei stellt die Gesamtheit der drei Stufen noch einmal den Vorgang Tod und Wiedergeburt (als Meister) dar. Jeder Stufe geht eine Initiation voran, deren Ausgestaltung divergiert.

Entsprechend sind Katechismus, Werklehre, Ritual und Stellung innerhalb der Bruderschaft unterschiedlich, was eine Verbindung der Lehrlinge bzw. Gesellen bzw. Meister untereinander bewirkt, aber Lehrlinge von der Arbeit der Gesellen und beide von der Arbeit der Meister ausschließt.

Begründet wird dieser Ausschluß damit, daß der Freimaurer zum tieferen Verständnis der Symbolik erst angeleitet werden muß. Dem graduellen Unterschied in der Versittlichung steht die angebliche Gleichheit aller Brüder in der Loge entgegen.

Männerbande als seelische und geistige Fesseln

Das Geheimnis der Freimaurerei sind ihre Rituale und die in ihnen verwendete „maskulin strukturierte Symbolik" (Haak 1988: 48), deren Grundlage phallische Zeichen, Anleihen aus dem als Männerdomäne betrachteten Bauhandwerk, hierarchische Gliederung und gnostisch dualistisches, das heißt, männlich und weiblich unterschiedlich bewertendes Denken sind.

Von der Initiation bis zur Meistererhebung wiederholen sich die gleichen Vorgänge: Abfragen eines Katechismus, Aufenthalt in dunkler Kammer, festgelegte Wechselrede, drei symbolische Reisen, Gelöbnis, Einweihung in Zeichen, Griff und Wort, Einkleidung.

Erneut tut sich ein Widerspruch auf: Das Individualerlebnis der Selbstfindung ist nur in der Gruppe im Verlauf eines gruppendynamischen Prozesses möglich.

Neben dem Ausschluß sind Rituale die wirksamsten Erziehungs- und Machtmittel des Bundes. Das in Deutschland gebräuchlichste Ritual wurde unter anderem von dem Theaterleiter Friedrich Ludwig Schröder (1744–1816) sorgsam arrangiert. Es zielt auf das Erleben des Numinosen und zieht das Mitglied in seinen Bann. Im Ritual werden tiefste Seelenschichten angesprochen, weil Numinosität in Zusammenhang mit den Psychologemen des kollektiven Unbewußten, den Archetypen, steht. Der behauptete Ausgleich zwischen Verstand und Gefühl wird nicht erreicht (Zetsche 1988: 5), denn numinose Erlebnisse entziehen sich gerade einer dialektischen Auseinandersetzung des Verstandes (Jung 1984: 32).

So zielen auch die stereotypen Wechselgespräche nicht auf geistige Auseinandersetzung des Mitglieds mit dem Inhalt, sondern auf „systemimmanente Denkweise“ (Binder 1988: 180), die Konformismus fördert, laut Appel „Denk- und Sprachzucht“ sowie „gemeinsame Verhaltensweisen“ (Appel 1984: 7).

Derselbe Widerspruch taucht in der Begrenzung der in den Logen erlaubten Thematik und beim „Zeichnung legen“ auf, dem Vortrag, der Wissen vermitteln soll. Der Freimaurer hat dem Vortragenden schweigend zuzuhören; eine Diskussion ist nicht vorgesehen. Über Politik, Religion und Nation darf er nicht sprechen. Eine Auseinandersetzung kann, wenn überhaupt, nur in der freimaurerischen Symbolsprache stattfinden, was einerseits die „systemimmanente Denkweise“ fördert, andererseits zu einer Mythisierung und Ästhetisierung jeglicher Problematik führt, „antihumanistische Inhalte“ verdeckt (Fenner und Schmitt-Sasse 1982: 225/231). Beispiele dafür sind das Verhältnis Freimaurer–Frauen oder die Verschleierung der Machtansprüche.

‚Strahlemänner‘ in Theorie und Praxis

Ziel ist die Arbeit am Selbst, sittliche Veredelung, Erleuchtung, die Freimaurer zu „Strahlemännern“ macht, deren Sittlichkeit auf ihr „Umfeld“ abstrahlen sollte (Holtorf 1985: 12). Durch seine rituelle Tempelarbeit gewinnt der Freimaurer Toleranz, Brüderlichkeit, allumfassende Menschenliebe – Humanität. Birgt das System zu viele Widersprüche, als daß es wirksam sein, Freimaurer zu „Strahlemännern“ (humanität 5/87: 17) in der Praxis machen kann?

Toleranz und Brüderlichkeit steht entgegen, daß Frauen keine Mitglieder werden können, weil die Frau nur Geschlechtswesen, nicht Geisteswesen ist: „Wie einst die Erschaffung der Welt ohne Mithilfe eines weiblichen Wesens oder Prinzips erfolgt ist, so ging auch die Geburt oder der Durchbruch des Geistes im Menschen ebenfalls ohne Mithilfe des Weibes vor sich“ (Nitsche 1966: 12). Nur durch den Abglanz des Mannes kann sie veredelt werden. Manche Logen nehmen keine Nicht-Christen oder Farbigen auf; der Ausschluß von „Krüppeln“ widerspricht allumfassender Menschenliebe.

Auch erweisen sich die Freimaurer keineswegs als vorbildliche Menschen auf dem Weg der Selbsterkenntnis, wenn es um das Kapitel freimaurerischer Vergangenheit zwischen Gefolgschaft und Verfolgung geht. „Eine weitere Belastungsprobe war die Zeit nach dem Ersten Weltkrieg. Die deutschen Großlogen waren uneins über den rechten Weg aus der deutschen Misere, die mit Ideologien, Weltanschauungen und Verdächtigungen gegen die Freimaurerei überfrachtet war, und sie zerstritten sich über die Frage, ob und unter welchen Bedingungen die während des Krieges unterbrochenen Beziehungen zu den ausländischen Großlogen wieder aufgenommen werden sollten, von denen man sich in bezug auf die deutsche Kriegsschuld zu Unrecht beschuldigt fühlte. Bevor man mit sich ins Reine gekommen war, war der 30. Januar 1933 angebrochen“ (Pflanzl 1988: 18). Im selben Zeitraum, den zwanziger Jahren, sind etwa siebzig Prozent der deutschen Freimaurer in Großlogen organisiert, die Christentum und deutsches Volkstum für Mitglieder verpflichtend machen (Fenner und Schmitt-Sasse 1982: 223); wird ein Staat mit „Volksgesamtheit und Führerprinzip" gefordert (ebd.: 228); „‚in der Abwehr des Undeutschen' vollzieht sich die Wende von einem zunächst nur religiösen Antisemitismus, wie er bis in die sechziger Jahre des 19. Jahrhunderts vertreten wurde, zu einem auch moralischen" (ebd. 229); wird das Ritual arisiert (ebd.: 229), und mit Hilfe vieler freimaurerischer Stimmen Hitler 1930 der Einzug ins Parlament ermöglicht (ebd.: 229), die Nationalsozialistische Deutsche Arbeiterpartei durch August Horneffer in der Zeitung „Am rauhen Stein" unterstützt, der Hitler das Freimaurer-Ritual als Erkenntnisquelle anträgt (ebd.: 232ff.).

Kein Wort davon in „Verschwörung zum Guten", wo diese Vergangenheit wie folgt beschworen wird: „Als zur Zeit der Herrschaft der Nationalsozialisten die Demokratie verächtlich gemacht und die Menschenwürde geschändet wurde, gerieten auch tolerante Gemeinschaften unter Beschuß, deren geistige Freiheit sich totalitäre Systeme einfach nicht leisten können: Die Männerbünde und Service-Clubs mit ihren internationalen Verbindungen und ihrer ethischen Grundeinstellung" (Holtorf 1985: 24).

So bleibt ein Widerspruch, den aufzuarbeiten Freimaurer sich bisher weigern und der wohl wie ihre Verfolgung durch die katholische Kirche nur durch brüderliche Rivalität zu erklären ist (vgl. dazu Aufsatz Nr. 89).

Die letzten Fragen werden an den Aufzunehmenden einer Loge gestellt. Die in würdige Anzüge gekleideten Freimaurer tragen weiße Handschuhe als Symbol des ‚reinen Fühlens und Handelns' sowie Schurze, die als gradspezifisches Symbol der Maurerarbeit dienen. Foto: Jochen Blume.

Ein Männerbund zum Machterhalt

So stellen sich die Freimaurer letztlich als Männerbund vor, dessen Mitglieder zu Recht als ‚Strahlemänner' bezeichnet werden, weil die von ihnen in Logen tradierten Wertungen der Frau und Machtmechanismen bis heute abstrahlen auf die Gesellschaft, bis in den Staat als Männerbund. Topographisch anders als Männerbünde zur Wildbeuterzeit, knüpft der Bund Kontakte zur Transzendenz nicht im Außenraum (Müller 1984: 177), also außerhalb des Dorfes und seiner näheren Umgebung, sondern allein im Innenraum, dem Tempel, dem Männerhaus als Mittelpunkt und Spiegelbild des Kosmos. Geblieben ist der Anspruch des Mannes auf die Transzendenz als Monopol, auf seine Rolle als Vermittler zur Gottheit. Geblieben ist auch, daß religiös-ethisch-moralische Ansprüche, hier Humanität, als Ideologie benutzt werden, um handfeste Machtansprüche von Männern übereinander und über Frauen zu legitimieren und zu verbrämen – was kein Widerspruch zur Gründung der Freimaurerei 1717 ist.

Die österreichischen Hoforden

Georg Kugler

Neben den geistlichen gab es seit dem Spätmittelalter auch weltliche Orden. Auch sie waren verpflichtende Gemeinschaften von Männern, die sich zur Erreichung besonderer religiöser Ziele und Erfüllung ritterlicher Ideale zusammenschlossen. Die Mitglieder lebten daher nach beschworenen Statuten und hatten den Ordensoberen zu gehorchen. Sie trugen bei höfischen und kirchlichen Festen eine allen Mitgliedern (Rittern) einheitliche Kleidung. Das oftmals symbolische Ordenszeichen, mitunter auch aus einer Laune des Ordensstifters gewählt (Orden vom Stachelschwein, Hosenbandorden, Zopforden) und an sich bedeutungslos, war tatsächlich nur äußeres Zeichen der Mitgliedschaft. Es wurde nicht nur zum feierlichen Ornat, sondern auch zum Hofkleid und auf der Turnierrüstung getragen. Die Ordensritter führten das Ordenszeichen auch im Wappen, ebenso wie den Wahlspruch, die sogenannte Devise. Die höfischen Ordensgemeinschaften wurden durch Ansehen, Einfluß und Reichtum ihrer Mitglieder zu mächtigen Vereinigungen, in die aufgenommen zu werden als Auszeichnung angesehen wurde. Diese Entwicklung führte zur Gründung der militärischen und zivilen Verdienstorden im 18. Jahrhundert.

Siehe dazu auch Farbseiten XXXIV bis XXXV.

Der Orden vom Goldenen Vlies

Eine der ältesten weltlichen Ordensgemeinschaften Europas ist der von Herzog Philipp dem Guten von Burgund im Rahmen seiner Hochzeitsfeierlichkeiten in Brügge am 10. Januar 1430 gegründete Orden vom Goldenen Vlies (frz. *Ordre de la Toison d'or,* daher auch kurz Toisonorden genannt). Der Reichtum der Burgundischen Länder (außer dem französischen Herzogtum Burgund mit der Hauptstadt Dijon waren es etwa die in den heutigen Beneluxstaaten weiterlebenden Herzogtümer und Grafschaften), die Prunkentfaltung am Hofe der Herzöge (die königliche Prinzen von Frankreich waren, aber im wesentlichen über Länder regierten, die sie vom deutschen König zu Lehen hatten) und die großartige Entfaltung der niederländischen Kunst dieser Zeit, haben die Vorstellung von diesem Orden als dem glanzvollsten und erhabensten für alle Zeiten geprägt. Mit dem burgundischen Erbe kam er als Hausorden an die Habsburger, die mit Karl V., dem ersten ‚Burgunder' auf dem Kaiserthron, die Vormacht in Europa errungen hatten. Die Ausdehnung und der Reichtum des habsburgischen Herrschaftskomplexes erhöhten Ansehen und Einfluß des Vliesordens, als des habsburgischen Ordens schlechthin. Mitglied dieses Ordens zu sein bedeutete vor allem seit dem späten 18. Jahrhundert auch eine Ehrung und Auszeichnung für erworbene Verdienste.

Nach dem Aussterben der spanischen Hauptlinie, der *Casa de Austria,* wurde der Vliesorden als burgundisch-österreichischer Orden rechtmäßig weitergeführt. Die spanischen Bourbonen-Könige hielten ihn aber auch als spanischen Orden weiter aufrecht, ohne Archiv, Schatz und Garderobe des Ordens zu besitzen. Während der österreichische Orden sowohl am katholischen Glauben wie an der hochadeligen Abkunft als Aufnahmebedingungen festhielt, wurde der spanische Orden im 19. Jahrhundert zum staatlichen Verdienstorden und daher auch an Protestanten und Nichtadelige verliehen. Österreichern war seine Annahme untersagt.

Nachdem Kaiser Karl VI. im Jahre 1712 den Eid als Chef und Souverän des Ordens abgelegt hatte, ernannte er 21 Ritter: neben einigen Italienern und Spaniern überwiegend Angehörige des Hochadels Österreichs, Böhmens und Ungarns. Dieses österreichische Element verstärkte sich in den folgenden Jahr-

1808 stiftete Kaiser Leopold Franz I. von Österreich in Erinnerung an seinen Vater, Kaiser Leopold II., den österreichisch-kaiserlichen Leopolds-Orden, das heißt, einen bürgerlichen Verdienstorden nach napoleonischem Vorbild. Das feierliche Stiftungszeremoniell fand in Anwesenheit der Ritter des Vlies-Ordens (links im Bild) und der des Stephans-Ordens (rechts im Bild) im Zeremoniensaal der Hofburg statt. Lithographie nach Johann Nepomuk Hoechle. Foto: Kunsthistorisches Museum, Wien.

zehnten, obwohl der Orden immer seinen internationalen Charakter behielt, weil auch der Adel international war. Um 1880 etwa betrug die Zahl der Ordensritter 75, davon waren circa die Hälfte Ausländer, von den Österreichern wiederum die Hälfte Erzherzöge. Diese wurden in der Regel achtzehnjährig in den Orden aufgenommen, nur dem Kronprinzen wurde diese Ehre schon als Kind zuteil oder gar schon als Baby, indem ihm eine kleine Collane in die Wiege gelegt wurde.

Die Grundidee des Ritterordens, die Verfolgung religiöser, ritterlicher und bald auch staatspolitischer Ziele, das besondere Treueverhältnis zwischen den Ordensmitgliedern und gegenüber dem Chef und Souverän des Ordens blieb beim Vliesorden wie auch beim Hosenbandorden bis ins 20. Jahrhundert erhalten. Innerhalb des Ordens gab und gibt es keinen Rangunterschied, da die hochadelige Abkunft allen Mitgliedern gemeinsam ist; es zählt nur die Anciennität (Alter der Mitgliedschaft), das Ordenskapitel ist deshalb eine vergleichbar demokratische Einrichtung.

Für die Promotion der von Kaiser Karl VI. 1712 ernannten 21 Ritter reichte der in Brüssel vorhandene Bestand von Ornaten nicht aus. Daraufhin wurden innerhalb eines knappen Jahres in Wien vom kaiserlichen *guarderobba* und 86 Stickerinnen Mäntel, Unterkleider und Kappen für den Souverän und 27 Ritter sowie zwei Ornate für die Ordensoffiziere hergestellt. Die heute vorhandenen Ornate – als Eigentum des Ordens im Monturdepot des Kunsthistorischen Museums hinterlegt – gehen auf diesen Grundbestand von 1712 und auf die im Jahre 1755 von Kaiser Franz Stephan angeschafften zwölf Ornate, darunter auch zwei Kinderornate, zurück.

Das gemeinsame Auftreten der Toisonritter in ihren prachtvollen Ornaten anläßlich des Ordenskapitels am Andreastag (30. November) und an hohen kirchlichen Festtagen gehörte zu den wesentlichen Merkmalen des Wiener Hofes und der ihm eigenen Mischung von Tradition und Mode, von Stil und Eleganz.

Die Ornate des Ordens vom Goldenen Vlies aus kostbarem Samt, aufs reichste mit Gold und Seide bestickt und mit weißem Atlas gefüttert, stellen einen historisch und künstlerisch einzigartigen Schatz dar. Der weite Mantel aus karmesinrotem Samt ist mit weißem Atlas gefüttert und mit den Ordenszeichen – dem Widderfell, den beiden Feuereisen und dem Feuerstein – sowie mit der Devise Herzog Karls des Kühnen von Burgund „*je l'ay emprins*" (ich hab's gewagt) bestickt. Die kunstvolle Goldstickerei ist teilweise mit roten, blauen, grünen und schwarzen Seidenfäden gesäumt. Unter dem Mantel wurde ein scharlachrotes Gewand getragen. Von der Kappe *(chaperon)* hängt ein langes Samtband, eine sogenannte Streifbinde *(cornette)*, die über die Schulter gelegt wurde.

Zum Ornat wurde das Ordenszeichen – das Vlies – an der Collane getragen, deren Kettenglieder die beiden Feuereisen darstellen, die aus dem Feuerstein Funken schlagen. Zur Uniform wurde das Vlies an einem roten Halsband getragen, an dem es mittels eines Zwischengliedes, das sich aus je einem der Elemente der Collane zusammensetzte, hing; zur *Campagne*-Uniform wurde es mitunter auch nur an einem Bändchen im Knopfloch getragen.

Der Sankt Stephans-Orden

Als ersten zivilen Verdienstorden stiftete Kaiserin Maria Theresia im Jahre 1764 den Stephans-Orden anläßlich der römischen Königskrönung ihres Sohnes Joseph; aber noch davor im Jahre 1757 den militärischen Maria-Theresien-Orden, den ersten Verdienstorden Österreichs, der seine Mitglieder nicht zu einer künftigen Leistung verpflichtete – wie die mittelalterlichen Ordensgemeinschaften –, sondern eine bereits vollbrachte Leistung belohnte. Der militärische Maria Theresien-Orden wurde durch die Beschränkung auf Offiziere auch zum ersten Berufsorden Österreichs. Die militärischen Ränge mit ihrer absoluten Unterordnung brachten die Einteilung der Ordensmitglieder in zwei, später drei Klassen mit sich: Groß-, Kommandeur- und Kleinkreuze, den Kategorien Generalität, Stabsoffiziere, Offiziere entsprechend. Diese Einteilung in Klassen wurde auch bei den in den folgenden Jahren gegründeten Zivilorden beibehalten und berücksichtigte dabei die Kategorien bzw. Rangklassen der Beamten oder deren adeligen Rang. Auch die zivilen Verdienstorden waren – nach der Art höfischer Orden – Gemeinschaften aller Ritter, obwohl dies nicht mehr zeitgemäß war. Es wurden daher Statuten mit genauen Vorschriften für einen prunkvollen Ornat erlassen, besondere Ordensfeste bestimmt und der Rang der Orden untereinander festgelegt. Zur Aufrechterhaltung des festreichen Ordenslebens bedurfte es eigener Ordensbeamter.

Der Sankt Stephans-Orden war von Maria Theresia in erster Linie für ‚ihr' Königreich Ungarn gedacht, wurde aber bald zum vornehmsten Verdienstorden des gesamten alten

Der von Maria Theresia 1764 begründete Sankt Stephans-Orden war in erster Linie für ‚ihr' Königreich Ungarn gedacht, wurde aber bald zum vornehmsten Verdienstorden des alten Österreich. Seine Verleihung bedeutete ursprünglich die Erhebung in den Grafenstand. Das Bild von Martin van Meytens und seinem Atelier zeigt die erste Verleihung des Ordens durch die Kaiserin. Foto: Kunsthistorisches Museum, Wien.

Österreichs und so blieb es bis 1918. Die Verleihung des Großkreuzes (der höchsten Stufe) bedeutete ursprünglich sogar die Erhebung in den Grafenstand.

Der Hauptbestand der Ornate des Stephans-Ordens wurde nach dem Ersten Weltkrieg von der Republik Österreich an Ungarn abgetreten und ging im Jahre 1944 bei der Eroberung Budapests durch die Rote Armee zugrunde.

In Wien sind nur noch fünf Ornate erhalten.

Der Ornat besteht aus drei Teilen, einem Mantel mit Kragen, einem Untergewand und einem Kalpak. Mantel und Kragen sind aus grünem Samt, mit Hermelinimitation besetzt und an den Rändern mit Gold bestickt. Das Untergewand von dunkelrotem Samt ist beim Ornat des Großkreuzes vollständig mit Eichenblättern in Gold bestickt, bei denen des Kommandeurs und des Kleinkreuzes in verschiedener Breite an den Rändern.

Während der Inhaber des Großkreuzes das Kleinod an der großen Collane trug, der Stern hingegen am Kragen als Crachat erscheint, war dem Kommandeur (Komtur) eine Halsdekoration am Band vorgeschrieben; das Kleinkreuz wurde an der Brust getragen. Zur Uniform wurde das Großkreuz am Ordensband quer über die Brust getragen, und auf deren linken Seite der Stern.

Zum Ornat des Leopolds-Ordens gehörte ein prächtiger Radmantel aus weißem Seidenrips und Hermelinimitation, dessen Rand mit der österreichischen Kaiserkrone und Eichenblättern bestickt war. Unter dem Mantel wurde ein hellrotes, goldbesticktes Untergewand getragen. Zum Ornat gehörte außerdem ein mit Federn geschmücktes rotes Barett aus Samt. Foto: Kunsthistorisches Museum, Wien.

Der Leopolds-Orden

Im Jahre 1808 stiftete Kaiser Franz I. von Österreich in Erinnerung an seinen Vater, Kaiser Leopold II., den österreichisch-kaiserlichen Leopolds-Orden, der ebenfalls in drei Stufen verliehen wurde. Beim Leopolds-Orden handelt es sich um einen bürgerlichen Verdienstorden nach napoleonischem Vorbild. Die mit der dritten Stufe, dem Ritterkreuz, Ausgezeichneten durften sich ‚Ritter von' nennen, wodurch eine neue Kategorie von niederem Adel entstand. Der Ornat, entworfen von Joseph Fischer (1769–1822), besteht aus einem Radmantel aus weißem Seidenrips und Hermelinimitation, dessen Rand mit der österreichischen Kaiserkrone (‚Rudolfskrone') und den Eichenblättern bestickt ist, die ebenfalls ein speziell österreichisches Symbol dieser Zeit waren, des weiteren aus dem Untergewand von hellrotem Samt, Kniehosen, dem federngeschmückten Barett, dem Gürtel und der Schwertscheide, die alle aus demselben Material hergestellt sind.

Der Orden der Eisernen Krone

Im Jahre 1805 stiftete Napoleon als erster König von Italien der Neuzeit einen Verdienstorden, den er nach der im Domschatz zu Monza aufbewahrten langobardischen *corona di fero* benannte, mit der er selbst in Mailand gekrönt worden war. Dieser königlich italienische Orden der Eisernen Krone hatte keine lange Lebensdauer. Nach dem Sturz des Korsen erneuerte jedoch Kaiser Franz in seiner Würde als König von Lombardo-Venezien im Jahre 1816 diesen Orden für das Kaisertum Österreich. Wurde hier also ein existierender napoleonischer Orden aus politischen Gründen verändert aber fortgeführt, so stand schon beim Leopolds-Orden die französische ‚Ehrenlegion' (1802) Pate. Durch diesen Orden wurden ja erstmals die ‚bürgerlichen Tugenden' belohnt. Seinem Vorbild folgten in diesen Jahren nicht nur Österreich, sondern fast alle deutschen Staaten von Baden bis Preußen.

Bis ins letzte Detail ausgeführt erscheint der theatralisch prunkvolle Ornat des österreichischen Ordens der Eisernen Krone. Nach dem Entwurf des Hoftheaterdekorateurs Philipp von Stubenrauch (1784–1848) ist der Radmantel aus violettem Samt angefertigt und mit reicher Silberstickerei geschmückt, in der die ‚Eiserne Krone' als uralte Insignie der Lombardei und die Ordensdevise *AVITA ET AVCTA* (ererbt und vermehrt) zu erkennen ist. Das Untergewand besteht aus orangefarbenem Samt und ist silbern bestickt und verschnürt. Hut, Schwertgehänge und Scheide sind wiederum aus violettem Samt. Für den Ornat wurden sogar Strumpfhosen entworfen, ebenso Schuhe und Handschuhe, von denen nur wenige unbeschädigt erhalten geblieben sind.

Uniformen verdrängen die Ornate

Der Orden vom Goldenen Vlies, der Stephans-Orden, der Leopolds-Orden und der Orden der Eisernen Krone wurden fortan als österreichische Hausorden bezeichnet. Ihre Mitglieder erschienen zu besonderen Hoffesten ebenso wie zu den Ordensfesten im Ornat.

Die Zahl der österreichischen Ordensritter war noch im ersten Drittel des 19. Jahrhunderts nicht groß, da beim Stephans-Orden und beim Orden der Eisernen Krone die Mitgliederzahl zunächst auf hundert beschränkt war und der Stephans-Orden den Charakter einer aristokratischen Vereinigung wahrte. Nach und nach stieg die Zahl der Ausgezeichneten aber an, vor allem für die drei Stufen des Leopolds-Ordens kamen die in der Biedermeierzeit in Politik, Wirtschaft und Gesellschaft eine Rolle spielenden Bürger in Frage. Auch Staatsbeamte und Diplomaten wurden ausgezeichnet. Diese Personen hatten die Ordenszeichen auf ihren Uniformen zu tragen, die in den Jahren vor dem Wiener Kongreß auf Metternichs Betreiben eingeführt worden waren. Seit dieser Zeit waren auch für die hocharistokratischen Würdenträger des Hofes, die obersten Hofchargen, die Kämmerer, aber auch für die mit Hoftiteln geehrten Bürger, wie Geheimräte oder Truchsesse, eine reich gestickte Hofuniform vorgesehen, die bei offiziellen Gelegenheiten getragen wurde und die Ornate aus Samt und Seide verdrängte. Da zudem die Anzahl der vorhandenen Ornate wegen der großen Zahl von Rittern nicht mehr ausreichte und Neuanschaffungen nicht in Betracht gezogen wurden, hob Kaiser Franz Joseph das Tragen der Ornate auf, nachdem er 1852 die letzte Ordenszeremonie alter Art vorgenommen hatte, bei der die neuen Ritter des Vliesordens den Ritterschlag noch mit dem Schwert des heiligen Mauritius (aus dem Reichsschatz) empfangen hatten. Er selbst hatte noch 1844 an der feierlichen Promotion von Vliesrittern, zu denen der damals 14jährige zählte, teilgenommen; das letzte große Fest für alle Hoforden aber war die Promotion von Rittern des Ordens der Eisernen Krone im Dogenpalast zu Venedig 1838 durch Kaiser Ferdinand I. gewesen.

Nach 1852 trat an die Stelle der feierlichen Promotion die briefliche Verleihung. Die korporative Teilnahme der Mitglieder der österreichischen Hoforden an der Fronleichnamsprozession blieb der letzte Abglanz vergangener Herrlichkeit. Bei dieser Gelegenheit – oder wenn sie sich portraitieren ließen – trugen die Träger des Großkreuzes das Ordenszeichen an der goldenen Collane zur Militär-, Hof-, Diplomaten- oder Beamtenuniform.

Die Ordensgarderobe wurde in der Hofburg deponiert, entging gegen das Jahrhundertende knapp der Vernichtung und wurde 1920 dem Kunsthistorischen Museum zur Verwahrung zugewiesen. Die Ornate des Ordens vom Goldenen Vlies sind Eigentum des bestehenden Ordens und werden als Deposita behandelt.

Männer unter der Keule: Rotary und Lions

Elke Müller-Mees

Die Service-Clubs Rotary und Lions stellen sich vom Namen her als ursprünglich männliche Organisation vor. In der Verquickung von Geselligkeit und Geschäft als Männersache liegt von Anfang an Diskriminierung von Frauen vor, die in den USA gerichtlich zugunsten der Frauen entschieden wird.

Vergleiche mit anderen männerbündischen Vereinigungen wie zum Beispiel Freimaurer beweisen, daß Rotary und Lions durchaus bruderschaftliche Züge tragen. In der Gestaltung ihrer Geselligkeit und der dazugehörigen Philosophie mit ihren puritanischen Wurzeln zeigen beide Clubs frauenfeindliche Tendenzen.

Siehe dazu auch Farbseite XXXIX.

Rotary International (gegründet 1905) kann für sich beanspruchen, der älteste Service-Club und damit Vorläufer für andere Organisationen dieser Art zu sein. Die bekanntesten sind Kiwanis International (gegründet 1915), Lions International (gegründet 1917), Zonta International (gegründet 1919) und Soroptomists (gegründet 1922). Darüber hinaus nennt die Encyclopaedia Britannica weitere acht internationale und zwei nationale Service-Clubs.

Analog faßt Rotary als erster in Europa (Dublin 1911) und Deutschland Fuß: Rotary 1928 in Hamburg, Soroptomist 1930 in Berlin, Lions 1951 in Düsseldorf, Zonta 1951 in Hamburg und Kiwanis 1963 in Frankfurt.

Wenn auch von den fünf genannten Zonta und Soroptomists ausschließlich Frauen aufnehmen, deutet allein der Name Service-Club bei näherem Hinsehen darauf hin, daß es sich um eine ursprünglich rein männliche Organisationsform handelt, die im wesentlichen durch Ausschluß funktioniert. Abgeleitet vom lateinischen *servire* gleich dienen, wurde der Begriff im kaufmännischen Bereich für Dienstleistungen benutzt, im nicht-kommerziellen Bereich vor allem bei caritativen Einrichtungen im Sinn von ‚Gemeinnützigkeit' verwendet. Kaufmännischer und – eingeschränkt – caritativer Bereich aber sind zu Beginn dieses Jahrhunderts vorwiegend Männerdomänen.

Für den etymologischen Ursprung von ‚Club' gibt es zwei Theorien. Er kann zum einen in dem skandinavischen Wort *klubba* gleich Keule, dicker Stab, Erdklumpen, dichtgepackter Haufen zu finden sein. Möglicherweise leitet sich ‚Club' auch von den Aufgebotsstäben (z. B. norwegisch *bud kefli*) ab, die Männer zum Wehrdienst riefen. Letzteres meint Wündrich wohl, wenn er davon spricht, daß die Keule „zum Zwecke der Einladung zu einer Versammlung herumgeschickt wurde" (1986: 10).

In einem entsprechenden männlichen Bereich wird der Begriff ‚Service-Club' in den USA das erstemal gebraucht, und zwar bei der *US-Army*. So kann man sagen, daß der Gründer Paul P. Harris mit Rotary die Idee eines ‚zivilen' Service-Clubs ins Leben rief. Die nach gleichem Prinzip organisierten Gemeinschaften bezeichnet man als ‚Service-Club-Organisationen' (SCO; Wündrich 1986: 10).

Die Embleme der Rotarierer und der Freimaurer haben nicht durch Zufall bedeutsame Gemeinsamkeiten: Beide nehmen ihre Symbole aus eindeutig männlich bestimmten Bereichen: Das Rad/Zahnrad aus der Technik klingt in der Kette der Freimaurer an, die Zirkel und Winkelmaß als Instrumente der Geometrie, die der Baukunst dient, zum Symbol der Freimaurerei schlechthin machen.

Frauen raus! Frauen rein!

Rotary und Lions haben etwas von den englischen Clubs, die mit der Einführung der Kaffeehäuser und dank der Tatsache entstehen, daß die Engländer dem Wohnen auf dem Land gegenüber dem Wohnen in der Stadt den Vorzug geben. Da sie ihre Geschäfte in London abwickeln, formieren sie sich zu Clubs, die damit auch Mittelpunkt des geselligen städtischen Lebens werden, einer Geselligkeit allerdings, die Frauen ausschließt.

Nachweislich kommt es in Amerika und England zu einer spezifischen Geschlechtertopographie bei Männerclubs. Frauen benutzen einen separaten Eingang und bewegen sich in Seitenkorridoren (Pakkard 1959: 205f.). Als „Asyl vor der Weiberwirtschaft zu Hause" leisten sie daneben der Doppelmoral und leichteren Handhabung der Beziehungen zu anderen Frauen Vorschub (Packard 1959: 205f.).

Als Paul P. Harris am 23. Februar 1905 mit dem Kohlehändler Silvester Schiele, dem Bergbauingenieur Gustavus E. Loehr und dem Herrenschneider Hiram Shorey zusammen in Loehrs Büro einen Männerclub ins Leben ruft, geht es primär um geschäftliche Interessen: „Paul Harris' Idee war zunächst, daß sich Geschäftsleute regelmäßig in kameradschaftlichem Geist treffen sollten, um Geselligkeit zu pflegen und ihren geschäftlichen und beruflichen Bekanntenkreis zu vergrößern" (Rotary auf einen Blick 1987: 5f.).

Zwei wesentliche Prinzipien kennzeichnen diesen Männerclub:

Das Rotationsprinzip, das namengebend wird, soll durch wöchentliche Zusammenkünfte reihum in den Geschäftsräumen der Mitglieder verwirklicht werden; heute ist es durch Restaurants als Treffpunkte aufgehoben.

Das Berufsklassenprinzip sieht vor, daß nur jeweils ein Vertreter aus jedem Berufszweig aufgenommen werden soll. Dieses Prinzip wird von anderen Service-Clubs übernommen und gilt auch gemildert für Lions (Thomas 1982: 26).

Nicht voraussehbar war für Harris, daß gerade die Kombination von Geschäft und Geselligkeit, die eigentlich der wirtschaftlichen Macht und Einflußnahme dieser Männer dienen sollte, heute zu einer Rechtslage führt, die Frauen, wenn sie von der Mitgliedschaft ausgeschlossen werden, diskriminiert.

Am 4. Mai 1987 hat der Oberste Gerichtshof der Vereinigten Staaten einen zehn Jahre währenden Rechtsstreit dahingehend entschieden, daß die Aufnahme von Frauen den Zwecken des Rotary International, Freundschaft und Dienstleistung, nicht entgegenstehe und deshalb das Recht auf Vereinigung zugunsten des Schutzes der Frauen vor Diskriminierung eingeschränkt werden müsse. Trotz dieser Entscheidung –

kommt im Juli 1988 Heinhard Steiger, Professor für Öffentliches Recht, Völkerrecht und Europarecht an der Universität Gießen, zu dem Schluß, daß die Rechtslage in der Bundesrepublik anders aussehe: „Fazit der juristischen Analyse ist also, daß der Vereinigungsfreiheit und dem Recht auf freie Wahl der Mitglieder der Vorrang vor der Gleichberechtigung einzuräumen ist" (Der Rotarier 7/1988: 576).

– ändert Rotary International erst am 25. Januar 1989 in Singapur die Satzung entsprechend (Lions am 5. 7. 1987 in Taipeh)

– stellt Past-Governor Hans J. Müller-Rech fest: „Es liegt ab Juli 1989 jedoch allein in der Entscheidung der Clubs, welche Mitglieder aufgenommen werden. Dies wurde auch zu keiner Zeit vom *Council on Legislation* weder geändert, noch überhaupt angezweifelt. Ob es also in Zukunft in Deutschland und Österreich Frauen in Rotary geben wird, liegt allein bei den Rotariern" (Der Rotarier 2/1989: 114).

Freunde in der Bruderkette

Nicht nur das Elitebewußtsein haben Rotary und Lions mit andern Männerbünden des Bürgertums gemeinsam, wie ein Vergleich mit den Freimaurern zeigt.

Kennzeichnend ist auch die streng hierarchisch aufgebaute Cluborganisation. Das gilt sowohl für den einzelnen Club wie für die gesamte Organisation bis zur Spitze von Rotary International mit dem Hauptsitz in Evanston/Illinois und Lions International mit Sitz der Dachorganisation in Oak Brook/Illinois.

Der großen Zahl freimaurerischer Beamter entspricht die Menge der Amtsträger; bei über einer Million Mitglieder bringt Rotary es auf 230 000 Verwaltungsmänner (Rotary auf einen Blick 1987: 32).

Clubmitglieder und Freimaurer schätzen Abzeichen und zeigen eine Vorliebe für Devisen, Embleme und symbolträchtige Farben. Rotary handelt gleich nach zwei Devisen: „Dienen geht über das eigene Ich" und „Wer andern dient, nützt sich selbst". Lions begnügt sich mit dem kurzen „*We serve*".

Das Zahnrad Rotarys hat sich aus einem einfachen Sechs-Speichenrad entwickelt, wurde 1929 offizielles Emblem und symbolisiert das Rotationsprinzip. Lions deutet sein Emblem so: Das L bedeutet „*Law, Liberty, Labor, Loyalty, Love, Life,* Lions". Auf Deutsch heißt es: „Gesetz, Freiheit, Arbeit, Treue, Liebe, Leben, Lions." Das Feld stellt die Einheit der Lions und Lions Clubs dar. Die beiden Löwen zeigen „das in alle Richtungen hinausgehende Bestreben, selbstlose Dienste zu leisten" (Das Wichtigste o. J.: 2).

Wie die Johannismaurerei sich die Farbe Blau zuordnet, sind die Farben Rotarys Königsblau und Gold, die Lions' Lila und Gold, wobei Lions als jüngerer Club für Blau einfach Lila nimmt: „Lila ist für die Lions das Sinnbild der Treue: Vaterlandsliebe, Treue gegenüber Freunden und sich selbst, Treue zur Unbescholtenheit des Geistes und des Herzens" (Das Wichtigste o. J.: 3). Gold als Symbol der Reinheit ist seit alters her in alchemistischem Sinn gedeutet worden: „Gold bedeutet Lauterkeit des Zweckes, Sachlichkeit im Urteil, Reinheit in der Lebensweise und Großzügigkeit, nicht

nur im Geist und im Herzen, sondern auch im Geben, wenn es sich darum handelt, unseren Mitmenschen zu helfen" (Das Wichtigste o. J.: 3).

Selbst der Umgang miteinander zeigt Übereinstimmungen. Reden sich Freimaurer mit ‚Bruder' an, nennen sich Rotarier und Lions ‚Freund' plus Familiennamen. Wenn sich die Mitglieder treffen, spielen gemeinsames Essen und Trinken eine große Rolle: der Club, die Loge als Refugium, in dem man, von Ehefrauen ungestört, rauchen und trinken darf. Brüderliches Singen, von Freimaurern geübt, findet sich auch bei Rotary, vor allem in den USA, Australien, Neuseeland und Skandinavien: „Ruggles führte das Gruppensingen im Club ein, das in vielen Clubs immer noch praktiziert wird" (Rotary auf einen Blick 1987: 7). Dafür wird in den Vereinsbroschüren ein rotarisches Liederbuch „*Sing, Rotariens, Sing*" angeboten.

Wie den Logen kann man den Service-Clubs nicht beitreten. Die Mitglieder sind gehalten, neue Mitglieder zu werben. „Es ist sowohl ein Privileg als auch eine Verpflichtung jedes Rotariers, neue Mitglieder vorzuschlagen" (Die ersten Schritte o. J.: 5). Lions vergibt Schlüsselauszeichnungen, den Mitgliederschlüssel für zwei neue Lions, den Monarchenschlüssel für 150 neue Lions und den 300 Mitgliederschlüssel für 300 neue Mitglieder (Das Wichtigste o. J.: 19).

Für den Geworbenen muß bei Rotary, Lions und den Freimaurern ein „nahestehendes Mitglied" Pate bzw. Bürge sein (Das Wichtigste o. J.: 3). Trotzdem werden beim Aufnahmeverfahren laut Artikel XI der Satzungen des Rotary Clubs zwei Ausschüsse tätig. Der Berufsklassenausschuß überprüft, ob das Berufsklassenfeld, dem man den Bewerber zuordnen muß, schon abgedeckt ist. Der Mitgliedschaftsausschuß überprüft den Kandidaten auf seine charakterliche, geschäftliche und gesellschaftliche Eignung, laut Clubdienstinformation unter fünf wesentlichen Gesichtspunkten: Charakter und Ruf, Ansehen der Firma, Dienstbereitschaft, Solvenz und zeitliche Möglichkeit, der Präsenzpflicht, der Mitglieder unterliegen, nachzukommen (Clubdienst 1987: 31).

Ganz zweifelsfrei scheint diese Charakter-, Gesinnungs- und Geschäftsüberprüfung nicht zu sein; denn es heißt: „und der Anwärter selbst darf nicht wissen, daß man sich in dieser Weise mit ihm beschäftigt" (Clubdienst 1987: 31).

Gemeinsam ist diesen Männervereinigungen zudem, daß die obersten Gremien – die Großloge in England, Rotary International, Lions International – einen Alleinvertretungsanspruch haben, der dem päpstlichen in der katholischen Kirche gleichkommt. Bei Rotary findet

Ausgehend von Amerika, wo der Rotary Club 1905 gegründet wurde, trat er in den folgenden Jahrzehnten seinen Siegeszug um die Welt an und half und hilft so der Verbreitung angelsächsischer gesellschaftlicher und geschäftlicher Vorstellungen. Rotary ist ein Club von Geschäftsfreunden, die puritanisches Gewinnstreben mit dem Dienst an der Gesellschaft verbinden. Hier ein Freundschaftstreffen afrikanischer Rotarier auf der ersten Goodwill-Konferenz in Mauritius 1979. Foto: Clubdienst.

sich dieses Reglement seit dem 6. Juni 1922; Ziel, Verfassung und Satzungen sind „vorbehaltlos" anzunehmen (Verfassung: XIII).

Männerbündische Organisationen weichen von wichtigen Grundprinzipien ab, wenn es um Machtgewinn geht. Freimaurer werden in einer Nacht vom Lehrling zum Meister (vgl. Aufsatz Nr. 50). Rotary kann das Berufsklassenprinzip durch das Zusatzmitglied aufheben; Theologen, Journalisten und Diplomaten sind grundsätzlich vom Berufsklassenprinzip ausgenommen, wegen der „Vielzahl von Glaubensgemeinschaften und Konfessionen", der „Bemühungen Rotarys um Weltverständigung und Frieden" und – schon sehr früh – „aus der Erwägung heraus, daß die Öffentlichkeitsarbeit von Rotary desto wirksamer betrieben wird, je mehr Mitarbeiter der verschiedenen Medien selbst zu Rotary gehören" (Clubdienst 1987: 13).

Gemeinsam ist Brüdern und Rotariern auch, daß sie die von Rotary propagierte Vier-Fragen-Probe (1. Ist es wahr? 2. Ist es fair für alle Beteiligten? 3. Wird es Freundschaft und guten Willen fördern? 4. Wird es dem Wohl aller Beteiligten dienen?) nicht auf die eigene Vergangenheit und ihre Beziehung zum Nationalsozialismus anwenden. Rotary, im Gegensatz zu Lions schon 1928 in Deutschland vertreten, hatte allein aufgrund seiner Festlegung auf Führungskräfte viele Mitglieder der NSDAP in seinen Reihen (Wilpert 1977: 175) und wurde auch erst 1937, später als andere, verboten.

Das amerikanische Moment

Service-Club-Organisationen zeichnen sich durch unverkennbar amerikanische Charakteristika aus.

Dazu gehört einmal der Club als wesentliches Element amerikanischen Männerlebens in den ersten Jahrzehnten des zwanzigsten Jahrhunderts, einer „Vereinsmeierei, die ihresgleichen in der Welt nicht hat" (Packard 1959: 210). Dabei dient der Club der Elite als „Werkzeug für die Lenkung des kommunalen Lebens", der Mittelklasse zur Hebung ihres gesellschaftlichen Ansehens und dem Training der Menschenführung (Lerner 1957: 636). Dementsprechend klassifiziert Packard Rotary als Club der „beinahe obersten Klasse", der unter den kommunal bedeutenden Männern den „Rahm" abschöpft, während Lions nur die „Magermilch" bleibt (Packard 1959: 212).

Amerikanisch ist auch die Mitgliedschaft in mehr als einem Club. Die Mitgliedschaft des republikanischen Präsidenten Harding in fünf verschiedenen (bei den *Elks*, den *Odd Fellows*, den *Hoo Hoos*, den *Moose* und den *Red Men*) deutet auf das Phänomen Männerbünde und Männermacht hin. Wie männerbündisch leger sich diese Macht gab, beschreibt eine Besucherin im Weißen Haus: „alles voll von seinen Kumpelfreunden (*cronies*), die Luft schwer von Tabakrauch; Tabletts mit Whiskeyflaschen jeder nur denkbaren Marke standen herum (während der Prohibition!), Spielkarten und Poker-Chips waren griffbereit – im ganzen die Atmosphäre von aufgeknöpfter Weste, Füße auf dem Tisch und Spucknäpfe gleich daneben" (Thomas 1982: 28f.).

Die meisten Service-Clubs sind in einem verhältnismäßig kurzen Zeitraum entstanden, zwischen 1905 und 1920, viele von ihnen in großen nördlichen Industriestädten, Rotary und Lions beide in Chicago. Als Folge des enormen industriellen Aufschwungs wuchs die Einwohnerschaft dieser Stadt zwischen 1840 bis 1910 von 4470 auf 2185283. Industrialisierung und hohe Einwande-

Schwedens König Carl XVI. Gustav, Ehrenmitglied des Rotary Clubs Stockholm, stellt sich anläßlich des 75. Jahrestages von Rotary International mit dem Präsidenten seines Clubs den Fotografen. Rotary gilt als Club der beinahe ‚obersten' Klasse, der unter den kommunal bedeutenden Männern den ‚Rahm abschöpft', während Lions die Magermilch bleibt. Gemeinsam ist ihnen der rigorose Ausschluß der Frauen. Rotary International hat jedoch 1989 die Zulassung von Frauen beschlossen. Foto: Clubdienst.

rungsquoten führten zu sozialen Spannungen; Profitgier, Korruption und Gangstertum waren an der Tagesordnung.

Insofern müssen die Service-Club-Organisationen, zunächst „Selbsthilfe-Vereinigungen der amerikanischen Mittelklasse zur Wahrung ihrer ökonomischen Interessen durch Risikominderung und gegenseitige Hilfe", als Ausdruck für eine „Art moralischer Gegenoffensive" verstanden werden (Wündrich 1986: 11), auch wenn sie sich von der Notlage der Unterprivilegierten kaum rechte Vorstellungen machten (Sauter 1980:261). Wie bei den Freimaurern trifft zu, daß in einer Zeit des Umbruchs der Rückzug der Männer in Clubs stattfindet, auch als eine Gegenbewegung zur fortschreitenden Emanzipation der Amerikanerin, die 1920 das Wahlrecht erhält.

Wündrich behauptet, es sei eine amerikanische Eigenschaft, „Ansichten und Ziele in einer ‚*philosophy*' darzulegen" (Wündrich 1986: 11). Richtig ist, daß Männer immer Philosophie und Religion bemühen, um bestehende Machtverhältnisse zu legitimieren. Daß man eine moralische Erneuerung im Auge hat, macht Rotary deutlich: „moralisch einwandfreies Geschäftsgebaren – das jetzt ‚Berufsdienst' heißt" (Berufsdienst 1987: 8). In der Entwicklungsgeschichte dieses Berufsdienstes ist von „höheren Verhaltensnormen für das Geschäftsgebaren" (ebd.:7) ebenso die Rede wie 1910 davon, „daß Korruption und unfaire Methoden aus dem Berufsleben verschwinden müßten" (ebd.: 9). Deshalb wird auf dem Jahreskongreß 1912 in Minnesota als Ziel Rotarys „die Anerkennung hoher ethischer Grundsätze im Privat- und Berufsleben" formuliert (Berufsdienst 1987: 9).

Ähnlich verpflichtet der Lions Club seine Mitglieder auf acht ethische Grundsätze. Die ersten drei, die sich eindeutig auf Beruf und Geschäft beziehen, lehnen dubiose Geschäftspraktiken ab: „Daran zu denken, daß es zum Aufbau meiner Existenz nicht notwendig ist, diejenige eines anderen zu zerstören; loyal zu sein zu meinen Kunden oder Geschäftsfreunden und wahrhaftig zu mir selbst" (ethischer Grundsatz 3). Thomas deutet auch noch den vierten, trotz seiner Allgemeingültigkeit, und den ersten Teil des fünften Grundsatzes (Freundschaft als Ziel und nicht als Mittel zum Zweck zu betrachten) als aufs Geschäftsleben bezogen und kommt zu dem Schluß: „Mehr als die Hälfte des *Code of Ethics* beschäftigt sich mit dem Problem der Geschäftsmoral" (Thomas 1982: 41).

Auch das ist amerikanisch: Ebenso wie die sogenannten WASPs (*White-Anglo-Saxon-Protestants*) gesamtgesellschaftlich die führenden Stellen in Politik und Wirtschaft einnehmen, sind sie diejenigen, die in den Service-Club-Organisationen eine herausragende Rolle spielen. Melvin Jones, der methodistische Lions-Gründer, entspricht diesem Bild genau; unter den Initiatoren Rotarys trifft man auf diesen Typ ebenfalls, selbst wenn Rotary sich frühzeitig einen internationalen Anstrich geben will: „Die vier Gründer waren amerikanischer, deutscher, schwedischer und irischer Herkunft und übten die protestantische, römisch-katholische und jüdische Religion aus. Alle vier waren Produkte des amerikanischen Schmelztiegels und in dieser Hinsicht geeignete Gründungsväter der internationalen Organisation, die sie ins Leben rufen sollten" (Rotary auf einen Blick: 6f.).

Organisierter Altruismus

In der Philosophie der Service-Clubs, auch das ein amerikanisches Phänomen, zeigt sich der Einfluß von Adam Smith, verbindet sich das puritanische Gewinnstreben mit dem Dienst an der Gesellschaft.

In einer Zeit, in der *prosperity* im Mittelpunkt aller wirtschaftlichen Zielvorstellungen stand, war das soziale Elend enorm. Amerika kannte keine ausreichende Fürsorge durch den Staat; Religionsgemeinschaften, auch Logen, übernahmen weitgehend die Sozialfürsorge. So ist mit dem Rückgang des kirchlichen Einflusses seit der Jahrhundertwende ein Anstieg säkularer Organisationen, die sich sozialen Hilfsmaßnahmen widmen, zu verzeichnen. Es kommt zu einer Erscheinung, die amerikanische Historiker *„organized altruism"* nennen.

„Zum Credo aller so organisierten Menschenfreunde wurde ein Wort, das damals zur Standardbezeichnung erhoben und immer von neuem als Maßstab moralischen Tuns mit Pathos verkündet wurde. Es war das Wort *service*, und ihm beigeordnet drehte sich alles um die rechte *service organization*. Nach Feststellung eines amerikanischen Historikers wurde *service* in jener Zeit *‚ad nauseam'* progagiert" (Thomas 1982: 19).

Der Übergang vom reinen *Business Circle* zu einem Club mit caritativer Ausrichtung ist von einer „Ethisierung des Gemeinschaftsideals der Lionsbewegung" durch Melvin Jones begleitet (Thomas 1982: 33).

So präsentieren sich die Service-Clubs Rotary und Lions als Männerbünde, die von ihrem religiös-philosophischen Ansatz her Frauen ausschließen. Ist die puritanische Heilsgewißheit mit dem erfolgreichen Erwerb privaten Reichtums verknüpft, wird Frauen, denen keine Möglichkeit zu geschäftlicher Betätigung gegeben ist, Heilsgewißheit allein durch den Erfolg des Mannes zuteil. Puritanisches Ethos zwingt auch zu weltweiter Ausbreitung: Die Bewährung des einzelnen durch *activity* wird zum Maßstab eben dieser Heilsgewißheit. Insofern zeigt sich hier der Mann als gottgleicher Schöpfer und Gestalter, da beiden „schöpferisches" (Das Wichtigste o.J.: 23) Vermögen eigen ist, das das Chaos der Welt ordnet.

Das *college* in Oxbridge – ein Männerbund?

Peter Burke

Die *colleges* von Oxford und Cambridge, unabhängige, begüterte Institutionen, waren ursprünglich Wohnhäuser für Mönche, die an den Universitäten studierten. Solange nur Männer studieren durften, war an Frauen im *college* nicht zu denken; sie durften das Gebäude nur im Ausnahmefall und zu bestimmten Stunden betreten. Das Zusammengehörigkeitsgefühl der Männergemeinschaft wurde unter anderem durch Sportkult (Rudern) und gemeinsames Trinken gestärkt, für im *college* lebende Dozenten *(fellows)* bestand Zölibat. Ab 1869 entstanden Frauen-*colleges*, heute sind nahezu alle *colleges* gemischt, obzwar ihr harter Kern, die *fellows*, noch immer mehrheitlich Männer sind. Letztlich funktionieren sie nach wie vor ‚männerbündisch'.

Im Mittelalter waren die Universitäten Cambridge und Oxford (im folgenden Oxbridge) nach kontinentalem (genauer: Pariser) Modell organisiert. Sie waren Lehrstätten für die Geistlichkeit und Männern vorbehalten (Heloise erhielt Privatstunden, nahm jedoch nicht an Vorlesungen teil). Um die Studenten unterzubringen, wurden wie in Paris, Leuven, Pavia und an anderen Universitäten *halls* oder *colleges* gegründet. Nach 1500 erlangten die *colleges* von Oxbridge einen für den Kontinent beispiellosen Grad an Reichtum und Unabhängigkeit, und weder Reform noch Revolution konnten ihnen etwas anhaben. Sie kontrollierten die Zulassungen und organisierten die Lehre. Anderswo waren *colleges* – wenn überhaupt vorhanden – Anhängsel der Universität, in Oxbridge jedoch war die Universität Anhängsel der *colleges*.

Gründung von Frauen-*colleges* Ende des neunzehnten Jahrhunderts

Hieraus folgt, daß jene Frauen, die im neunzehnten Jahrhundert zur Universität zugelassen wurden, in Oxbridge eine andere Situation als an den anderen europäischen Universitäten vorfanden. Die nächstliegende Strategie für Frauen war, eigene *colleges* zu gründen: Girton (1869) und Newnham (1881) in Cambridge, Somerville und Lady Margaret Hall (beide 1879) in Oxford. Studenten und Studentinnen trafen sich zwar bei Vorlesungen an den Fakultäten, Besuche an den *colleges* fürs andere Geschlecht waren strengstens eingeschränkt. Die Newnham-Studentinnen durften Herren zum Tee einladen, aber man erzählt sich, daß die Betten der Mädchen für die Dauer des Besuches vor die Zimmertür gestellt werden mußten.

Männer-*colleges* waren äußerst eingeschränkt. Als ich *undergraduate* in *St. John's College* in Oxford war, mußten Damen bis spätestens 21 Uhr das Haus verlassen haben. Als wir unseren *dean* (der für die Disziplin im *college* verantwortliche *fellow*) um Verlängerung baten, gab er eine grobe und direkte Antwort: „Wenn ihr bis neun Uhr nicht kriegen könnt, was ihr wollt, verdient ihr es eben nicht". Wir durften nicht einmal Frauen zur Studentenfete *(student guest night)* einladen. Zu meiner Zeit brachte ein unternehmungslustiger *undergraduate* einmal seine Freundin als Mann verkleidet mit, aber selbst das nützte nichts. Der Hauptpförtner, ein ehemaliger Soldat mit Adlerblick, merkte sofort, daß etwas nicht stimmte und forderte den Gast höflich auf, das Haus zu verlassen (unter wildem Applaus der übrigen Studenten).

Das *college* aus anthropologischer Sicht

Es gibt also offensichtlich Gründe, die Oxbridge *colleges* als ‚Männerbünde' zu betrachten und neben Männer-Geheim-Gesellschaften in Westafrika und Langhäusern in Melanesien zum Gegenstand ethnographischer Forschung zu machen. Ich hege sogar den starken Verdacht, daß die Architekten des kürzlich erbauten Speisesaals von *Queens's College* in Cambridge genau auf diesen Punkt anspielen. Seine Form erinnert an ein Langhaus oder *morung*, das Junggesellenhaus der Naga (einer Stammesgesellschaft in Indien), das von einem britischen Anthropologen einmal mit einer *public school* verglichen wurde. Mancherorts ist es Frauen untersagt, diese *morung* zu betreten; anderswo dürfen sie diese nur zu besonderen Anlässen besuchen (Mills 1926; Fürer-Haimendorf 1969).

Offensichtlich diente das Kloster Oxbridge als Vorbild. Manche *colleges* waren Wohnstätte für Mönche verschiedener Orden, die an der Universität studierten (vor allem *Worcester College* in Oxford, früher ein Haus der Benediktiner, *Gloucester Hall*). Andere wurden an Stelle der Klöster gebaut, nachdem diese von Heinrich VIII. aufgelöst worden waren. *St. John's College* in Oxford ist über den Ruinen eines Zisterzienserstiftes errichtet worden, *Emmanuel College* in Cambridge ersetzte eine Anlage der Dominikaner (der Fischteich wurde übernommen, die Reste ihrer Kapelle in die *hall* verwandelt).

In mancher Hinsicht scheint die Frage berechtigt, ob es die *colleges* waren, die die Klöster übernahmen oder umgekehrt. Bis heute werden in einigen *colleges* Tischgebete in Kirchenlatein gesprochen (*„Oculi omnium in te sperant Domini..."*) und bis zu den Universitätsreformen des neunzehnten Jahrhunderts mußten alle Mitglieder des *college* (außer dem Direktor) der unverheirateten Geistlichkeit der anglikanischen Kirche angehören. Wenn ein Mitglied heiratete, mußte er aus dem *college* austreten und von Oxbridge in eine gewöhnliche anglikanische Gemeinde ziehen.

Die Studenten waren freilich weit weniger monastisch (obwohl sie erst seit den sechziger Jahren, seit relativ kurzer Zeit also, die Erlaubnis haben, vor Studienabschluß zu heiraten). Für sie – besonders von Mitte des neunzehnten bis Mitte des zwanzigsten Jahrhunderts – war das *college* die Fortsetzung der von den meisten zuvor besuchten *public school*, inklusive obligatorischem Gottesdienst und Sport (Rugby, Cricket und – für das *college* am wichtigsten – Rudern).

Oxbridge College stellt sich durch seinen Sportkult, durch die erhebliche Trinkerei der Studenten und Lehrer und durch die Tatsache, daß Frauen von beidem buchstäblich ausgeschlossen waren, als klassisches Beispiel von ‚Machismo' – allerdings in seiner britischen *upperclass* Prägung – dar. So erinnern sie bis in die Details der Portweintrinkrituale weniger an andere Universitäten, sondern eher an Londoner Clubs und die Offiziersmesse angesehener Regimenter, wie zum Beispiel der Wachbrigade.

Männer- und Frauen-*college* im Vergleich

Die traditionelle materielle Kultur der *colleges* offenbart ihr männliches Ethos. Zu ihr zählen bemalte Ruder, Trophäen, die an Siege über andere *colleges* erinnern und immer noch in verschiedenen Räumen hängen, eine Reihe wertvoller Utensilien für Alkohol, Tabak und Schnupftabak – silberne Bierkrüge, silberne Zigarettendosen, Karaffen mit silbernen Schildchen mit der Aufschrift *‚sherry'*, *‚port'*, *‚claret'*, *‚madeira'* usw.

Die Mädchen-*colleges* hatten die Wahl, ihre männlichen Gegenstücke zu imitieren oder ein neues Ethos zu finden. Von außen betrachtet überwiegen die Parallelen zu den Männer-*colleges*, vom Engagement für Sport (Lacrosse oder Tennis, statt Rugby und Rudern), bis hin zum Trinken. Bis heute ist der Wein, den man auf Newnham Parties serviert, besser als der, den man in den Männer-*colleges* ausschenkt, obwohl dieses *college* relativ arm ist. Es scheint, als ob die weiblichen *fellows* der Ansicht wären, man könne sich nicht leisten, daß Männer über weibliche Ignoranz diesen Dingen gegenüber die Nase rümpfen. Die *college*-Porträts sind in Newnham noch eine Spur akademischer als in Männer-*colleges*, mit Ausnahme des Porträts der klassischen Gelehrten Jane Harrison von Augustus John. Dieses Porträt ist (wie Modell und Künstler) äußerst unkonventionell; es zeigt sie hingestreckt in eine Chaiselongue, statt mit strengem auf die Studenten gerichteten Direktorinnenblick.

Nach diesen Vergleichen sollten einige Unterscheidungen deutlich gemacht werden. Zum einen sind *colleges* keine Clubs im strengen Sinn, wiewohl sie oft Clubs beinhal-

Das englische College ist eine der Universität angeschlossene Wohngemeinschaft von Dozenten und Studenten. Der in den Colleges von Oxford und Cambridge herrschende klösterliche Geist hat mit ihrer Geschichte zu tun: beginnend mit dem 13. Jahrhundert, waren Colleges ursprünglich Wohnhäuser für Mönche, die an den Universitäten studierten. Die abgebildete King's Hall erinnert denn auch an einen Kapitelsaal. Die Aufnahme entstand kurz vor dem Abendessen. Der erhöhte leere Tisch ist für die Professoren reserviert. Foto: H. Munzig, Mindelheim.

ten (Literarische Gesellschaften, *Dining Clubs,* den Ruder Club, den *Senior Common Room* etc.). Andererseits gehören (im Unterschied zu westafrikanischen Geheimgesellschaften) nicht alle männlichen Erwachsenen des Ortes zum *college;* es ist nicht gleichbedeutend mit ‚der' männlichen sozialen Sphäre im allgemeinen. Wie auch immer, verschiedene Männergruppen schließen Frauen aus verschiedenen Gründen aus. Es ist sinnvoller, diese Gründe differenziert zu betrachten, als vage über ‚Frauenfeindlichkeit' zu sprechen. In Oxbridge *colleges* hat, anders als zum Beispiel in einer griechischen Hirtengesellschaft, wie Sciama (1981) bemerkt, der Ausschluß von Frauen wenig mit der Idee einer Ehrung des weiblichen Geschlechts zu tun, obwohl erwähnt werden muß, daß Ende des 19. Jahrhunderts, als Frauen Vorlesungen zu besuchen begannen, sie von *chaperons* begleitet wurden (Barker 1953).

Denn die *colleges* waren notwendigerweise männliche Institutionen, solange Frauen von den Universitäten ausgeschlossen waren. Im Laufe der Zeit entwickelten die *colleges* verschiedene maskuline Charakteristika, welche die Integration der Frauen in das *college*-Leben erschwerten, als diesen gestattet war, zur Universität zu gehen. Es verlohnt, diese Schwierigkeiten detailliert zu betrachten.

Gemischte *colleges*

In den sechziger Jahren begannen die *colleges* in Oxbridge die revolutionäre Möglichkeit zu erwägen, Frauen zuzulassen. Zu diesem Zeitpunkt waren nur zehn Prozent der Studenten Frauen. Als in den frühen sechziger Jahren die sieben neuen Universitäten gegründet wurden, zogen sie gute Studenten und vor allem gute Studentinnen an, nicht zuletzt, weil sie nicht sexuell diskriminiert wurden. Der Kampf, auf die Universität von Sussex zu gelangen (wo ich zu jener Zeit unterrichtete), war einige Jahre lang um vieles verbissener als für Oxbridge. Das alarmierte das Lehrerkollegium (die *dons*) von Oxbridge, und nach langwierigen, zeitweilig bitteren Debatten begannen verschiedene Männer-*colleges* Frauen aufzunehmen, ein Prozeß der mehr als zwanzig Jahre in Anspruch nehmen sollte (die letzten *colleges* von Cambridge, die in den späten achtziger Jahren Frauen ihre Tore öffneten, waren Peterhouse, Pembroke, St. John's und Magdalene). Zur selben Zeit begannen einige der Frauen-*colleges* (wie St. Anne's in Oxford und Girton in Cambridge) Männer aufzunehmen.

Die Aufnahme von Frauen hatte verschiedene Auswirkungen auf die beiden Hauptgruppen der *colleges,* die sogenannten Junior- und Senior-Mitglieder. Im Fall der Studenten *(undergraduates)* verlief der Übergang umfassend und glatt. Studentinnen wurden in großer Zahl aufgenommen, so daß sie heute vierzig bis fünfzig Prozent der früher rein männlichen *colleges* ausmachen. Die Frauen sahen diese ehemals männlichen Domänen als Herausforderung an, und bemerkenswerterweise nahm der Konkurrenzkampf um Aufnahme zu, sobald ein Männer-*college* ‚gemischt' wurde.

Wie auch immer, nach zehnjähriger Beobachtung von Emmanuel (welches seine ersten weiblichen Studenten 1979 aufnahm) ist mein Eindruck, daß sich die Damen mit bemerkenswerter Leichtigkeit in die Institutionen einfügten. Wäre dies zwanzig Jahre früher möglich gewesen? Hat diese mühelose Eingliederung irgend etwas mit der steigenden Anzahl der aus gemischten Schulen kommenden Studenten zu tun?

Ebenso wie andere Revolutionen hatte auch diese einige unerwartete Konsequenzen. Im Garten wurden auf Verlangen der Studentinnen Scheinwerfer aufgestellt (um Möchtegern-Vergewaltiger, die sich nachts hinter Büschen verstecken, abzuschrecken). Roggentoast tauchte auf dem Frühstückstisch auf, sowie vegetarische Alternativen bei Mittag- und Abendessen (Frauen scheinen gesundheitsbewußter zu sein als ihre männlichen Alterskollegen). Es gibt nun ein oder mehrere Frauenboote pro *college* (statt dem Untergang des Rudersports, wie von manchen vorhergesagt oder erhofft). Ein höherer Prozentsatz der Studenten als zuvor besteht aus Kindern von Altmitgliedern, da deren Töchter nun genauso erwünscht sind wie ihre Söhne (mit anderen Worten: eine ‚progressive' Reform hat ‚reaktionäre' Konsequenzen). Frauen sind als Konsumenten an der Bar im Junior-Gemeinschaftsraum vertreten, aber es ist etwas weniger wahrscheinlich geworden, daß sich der *college*-Ruderclub wie früher üblich – heftig betrinkt und Fensterscheiben einwirft. Man sagt, die *colleges* seien stärker nach innen orientiert, nachdem Sexualpartner auch innerhalb der Mauern gefunden werden können.

Ebenso wie Gottesdienst ist Sport an den Colleges von Oxford obligatorisch. Die wichtigste Sportart neben Rugby und Cricket ist das Rudern. Als die Männercolleges in den sechziger Jahren begannen, Frauen zuzulassen, sagten einige Pessimisten den Untergang des Rudersports voraus. Inzwischen gibt es an jedem gemischten College ein oder mehrere Frauenboote, an den reinen Frauencolleges betreibt man allerdings lieber Lacrosse und Tennis anstatt Rugby und Rudern. Ruderregatta in Cambridge am 29.2.1952. Foto: Keystone Pressedienst Hamburg.

Dozentinnen im Männerreservat

Für die *fellows* verlief die Anpassung an die neue Situation langsamer und schwieriger, wie schon im Falle der Anpassung an Ehefrauen der *dons*, nachdem im späten neunzehnten Jahrhundert Heirat erlaubt worden war. Die Dozentenschaft war in zwei Gruppen gespalten, die Junggesellen, die im *college* lebten, und die Verheirateten, die im *college* Mittag aßen, über Nacht aber nach Hause gingen. Bis heute sehen die im Haus wohnenden *fellows* die anderen als unvollkommene *colleges*-Mitglieder an. Von den Ehefrauen, außer der des Direktors, die mit ihm in der *lodge* (Dienstwohnung) wohnte, wurde Unsichtbarkeit erwartet, obwohl sie einmal pro Jahr der Höflichkeit wegen ins *college* eingeladen wurden (vielleicht zu einem Damenabend oder zu einem Buffet mit der Direktorsgattin in der *lodge*, während die Ehemänner ein großes, alkoholischeres Dinner in der *hall* zu sich nahmen).

Es ist gar nicht so leicht die Damen-*fellows* zu ignorieren, obwohl es nur wenige gibt (teils weil es unter den *fellows* überhaupt nur wenig Fluktuation gibt, teils weil männerdominierte Auswahlgremien bevorzugt Männer wählen). Die meisten männlichen *fellows* nehmen ihre weiblichen Kollegen als solche ernst. Aber einige der im *college* wohnenden *fellows* tun ihr bestes, die Damen nicht zu bemerken, während andere ihnen mit derartig ausgesuchter Höflichkeit begegnen, als ob es sich um Gäste handelte – ein anderer Weg zu verhindern, daß sie sich zu Hause fühlen. Einige Frauen trinken keinen Alkohol, viele rauchen nicht, manche trinken keinen Kaffee oder essen kein Fleisch, all dies läßt sie Außenseiter in einer Gesellschaft sein, deren Mitglieder sich öfter zu Mahlzeiten als zu irgend etwas anderem treffen (da Vorlesungen außerhalb der *colleges* gehalten werden und Kleingruppenunterricht in den Privaträumen stattfindet). Eine beachtenswerte Zahl der Frauen-*fellows* sind nicht aus England, sondern aus Amerika oder Australien – weil die Frauen von dort abenteuerlustiger und dickhäutiger sind?

Ein angehender Proktor (für die Disziplin am College verantwortlich), flankiert von zwei Gesetzeshütern, posiert für ein Erinnerungsfoto. An den Colleges herrschten ausgesprochen strikte Stittenregeln, die seit dem Beginn der Koedukation jedoch gemildert wurden. Inzwischen dürfen Dozenten verheiratet sein, ja es gibt sogar schon einige weibliche Dozentinnen. Foto: H. Munzig, Mindelheim.

Die Aufnahme von Frauen im *college* brachte eine etwas zögernde Neueinschätzung der Rolle der angeheirateten Frauen mit sich. Es ist nun in den meisten *colleges* möglich, Frauen (sogar die eigene Ehefrau) zum Lunch oder Abendessen mitzubringen. Frauen tauchen nun auch regelmäßig bei Gastabenden auf und mit ihnen Probleme, die noch nicht jedes *college* gelöst hat. Sollen sie bleiben oder gehen, wenn der Portwein getrunken wird? Was sollen sie anziehen? Als ironischen Kommentar zu ihrer ambivalenten Rolle trug eine der ersten Damen-*fellows* von *All Souls* eine Smokingjacke am Gästeabend.

Manche *colleges* sind ‚Männerbünden' also gar nicht so fern.

viva la virtu
Die Londoner *Society of Dilettanti*

Christiane v. Schultzendorff

Die Institution des Clubs, belegt mit dem Markenzeichen des *very british*, ist auch am Ende des ‚modernen' 20. Jahrhunderts immer noch ein fester Bestandteil des englischen Kultur- und Gesellschaftslebens, als ein ‚zweites Zuhause', das seinen männlichen Anhängern damals wie heute auf den Leib geschnitten zu sein scheint. Worin begründet sich diese ungebrochene Popularität? Die Geschichte der über 250 Jahre alten und noch bestehenden *Society of Dilettanti*, die im Laufe des 18. Jahrhunderts zu einem der einflußreichsten Organe in der englischen Kunstszene avancierte, steht als ein nicht nur kunsthistorisch interessantes, sondern auch als besonders amüsantes Beispiel, sowohl für allgemein zu beobachtende clubspezifische Konzeptionen und Riten, als auch für den Einfluß und die stilbildende Kraft einer privaten Tafelgesellschaft.

Siehe dazu auch Farbseiten XXXII und XXXIII.

Der Club, des englischen *gentleman* liebstes Refugium, ist eine Männerdomäne – ‚*ladies are not admitted!*' – und noch heute gilt halb scherzhaft die Regel: erst der Club, dann der Hund und dann die Ehefrau (vgl. dazu den Aufsatz Nr. 90). Aber definiert das allein das gesellschaftliche Prestige des Clubs, der schon seit dem 17. Jahrhundert, dann aber besonders im 18. Jahrhundert ‚*the vogue*' war?

Die Häufung von Clubs und *societies* in der ersten Hälfte des 18. Jahrhunderts erklärt sich sicherlich auch aus der englischen Vorliebe für die unkonventionelle Mischung aus einer halboffiziellen Trink- und Diskussionsrunde Gleichgesinnter, zum Teil aus unterschiedlichen Schichten und Bereichen, mit einer ‚*my-home-is-my-castle*-Atmosphäre'. Im Club durfte ein anderer Ton gepflegt werden als unter den Augen des zarten Geschlechts. Die Häufung von Clubs gründet wohl in gleichem Maße in dem damals noch herrschenden Mangel jeglicher Vereinigungen und Interessenverbände, was die Clubs in der Folge nicht nur zum begehrten Parkett für die gesellschaftliche Aufwertung der eigenen Person machte, sondern in den Rang einer einflußreichen, weil meist einzigartigen Lobby erhob. Dies waren zu jener Zeit neben reinen *dining-* und *drinkingclubs* vorwiegend kulturell orientierte *societies*, denn in dieser noch vorindustriellen Periode galt das intellektuelle Interesse neben der Politik und den Naturwissenschaften der Kunst und der Literatur.

Der Anlaß: Die Liebe zur klassischen Antike

Was lag also für eine Handvoll ambitionierter und wohlhabender junger *gentlemen*, die sich in den dreißiger Jahren des 18. Jahrhunderts auf ihrer *grand tour*, der klassischen und seit dem Anfang des Jahrhunderts obligatorischen Bildungsreise auf dem Kontinent in ihrer Begeisterung für die klassische Antike zusammengefunden hatten, näher, als einen eigenen Club zu gründen, um in vertrautem und gleichgesinntem Kreise den *grand tour*-Erlebnissen und der dort erwachten Sammelleidenschaft zu frönen? Die Eigenbenennung ‚*Dilettanti*' für eine so noble Gesellschaft mag von unserem heutigen Standpunkt aus als typisch englisches ‚*understatement*' gewertet werden. Tatsächlich aber war seit der Antike das kennerische und liebhaberische Sich-Erfreuen (italienisch *dilettarsi*) die einzige dem *gentleman* angemessene Form des Umgangs mit den Schönen Künsten und, daraus folgend, ‚*Dilettant*' zu sein, eine durchaus positive und durch das Vorbild und Wirken der *Society of Dilettanti* später sogar überaus ehrenvolle Bezeichnung des über der niederen Profession stehenden ‚*arbiter of taste*' (Vaget 1970).

Die Vorstellung einer in diese Richtung gelagerten Gesellschaft hatte man schon in der älteren *Society of Virtuosi* (für Künstler, seit 1638 mehrmals gegründet), in *Slaugters Coffee House Group* (circa 1720–1760, propagierte das französische Rokoko) oder in der *Society of Antiquaries* (seit 1707, Schwerpunkt zunächst Mittelalter und später auch die klassische Antike) verwirklicht gesehen. Vielleicht aber war es ganz konkret der ebenfalls am römischen Klassizismus orientierte *Roman Club* (gegründet 1727 für Künstler auf der *grand tour*), unter der Führung des Malers George Knapton (1698–1778), der den Anstoß zur Gründung der *Society of Dilettanti* gab. Interessant ist in dieser Hinsicht, daß Knapton später nicht nur der ‚Hofmaler' und Mentor der jungen *Dilettanti*, sondern trotz der offiziellen Auflösung des *Roman Club* 1734 der Koordinator dieser beiden italophilen Organisationen von Künstlern und Literaten auf der einen und wohlhabenden *patrons* auf der anderen Seite wurde. Möglicherweise erreichte George Knapton so auf dem diplomatisch äußerst geschickten Umweg über einen noch formbaren und in seiner Zusammensetzung gesellschaftlich hochgestellten Club, was den Künstlerfreunden des *Roman Club* noch nicht gelingen konnte: die Lancierung der für die Künstler in England so lange ersehnten *Royal Academy* (gegründet 1768), für deren als ‚national notwendig' angesehene Gründung die *Society of Dilettanti* zum Hauptpromotor werden sollte.

Der Anspruch: Geselligkeit und kollektive Kunstförderung

Nach England heimgekehrt, war unter den Absolventen der *grand tour* von solch ehrgeizigen Plänen jedoch noch lange nicht die Rede. Zunächst traf man sich jeden ersten Sonntag im Monat in wechselnden Tavernen. Durch das auch heute noch jedem ‚echten' Club eigentümliche Aufnahmeprinzip des Vorgeschlagenwerdens durch ein bereits aktives Mitglied – eine Eigenbewerbung wäre nicht nur einem *faux pas*, sondern auch einer gesellschaftlichen Disqualifizierung gleichgekommen – erweiterte sich der Kreis schnell. Bald war es sogar begehrter, bei den jungen *Dilettanti* aufgenommen zu werden als in der renommierten *Royal society* (gegründet 1662) oder der *Society of Antiquaries*. Vorbedingung für die Aufnahme war allerdings nicht nur, auf der *grand tour* gewesen zu sein, sondern sich auch selbst – sammelnd, forschend oder fördernd – der Wiederbelebung des Interesses für die klassische Antike in England zu widmen. Hierzu bemerkte allerdings der Chronist Horace Walpole (1717–97) in einem Brief an Sir Horace Mann, den britischen Gesandten in Florenz, noch 1743 mit beißendem Spott und sicherlich nicht zu unrecht: „Theoretisch qualifiziert man sich für die Aufnahme dadurch, daß man in Italien war, praktisch dadurch, daß man betrunken ist" (Walpole Correspondence 1954; Übers. Red.). Walpoles Spott trifft zwar für die Gründungsphase durchaus den Kern, zumal Trinkfestigkeit in der sozialen Bewertung eine sehr positive Stellung einnahm – zur Charakterisierung eines *gentleman* gehörte die Kategorisierung in einen *„one-two-three-or more bottle wine man"* (Stewart 1971: III). Nach dem erfolglosen Versuch der Einführung der italienischen Oper unter der Ägide Lord Middlesex', dem späteren Duke of Dorset, erwuchs unter den *Dilettanti* aber bald der Anspruch, als *society* durch die Förderung über das Liebhaberische hinausgehender Forschungen zur klassischen Antike aktiv auf das Kunstgeschehen der Zeit Einfluß zu nehmen. Allerdings – und vielleicht war eben dies der Schlüssel zu dem durchschlagenden Erfolg der *Society of Dilettanti* – durfte ein solches Ziel nicht auf zu ernsthafte und akademische Art und Weise verfolgt werden, denn dies hätte ja auf das gröbste den Clubgeist verletzt. Schon 1742 hatte nämlich ein Komitee der *Society* beschlossen: „... *that whosoever shall descend to be serious in earnest thereby deviating from the original constitutional sense and spirit of the society shall be severely repunended*" (Clarke und Penny 1982: 4). Ein zu hartnäckiges und damit zu wenig humorvolles und enthusiatisches Vorgehen wurde so unter Umständen durch Rausschmiß geahndet!

Im Laufe des Jahrhunderts profilierte die *Society* sich nicht nur durch das schon angesprochene Engagement für die Gründung der *Royal Academy* und ihre Aktivitäten als Sammler klassischer Antiken, sondern vor allen Dingen als Sponsor zahlreicher Expeditionen nach Griechenland und Kleinasien. Dafür wendete sie zwischen 1764 und 1814 über 30000 Pfund Sterling auf und veröffentlichte die Expeditions-Ergebnisse in wissenschaftlich wegweisenden Folios wie *„Antiquities of Athens"* (Vier Bände, 1762–1814) oder den *„Antiquities of Ionia"* (Fünf Bände, 1769–1814), die maßgeblich zu Entwicklung des *Neoclassical Movement* in England beigetra-

1741 beschlossen die Dilettanti, daß jedes Clubmitglied sich porträtieren zu lassen habe. Francis Dashwood, Lord le Despencer, eine der schillerndsten Persönlichkeiten seiner Zeit, ließ sich – die Kirche verspottend – als lebenslustiger Franziskanermönch malen, während der ehrenwerte Seawallis Shirley im Kostüm eines Gondoliere dargestellt wurde. Der Maler der Bilder, George Knapton, war eines der Gründungsmitglieder der Society of Dilettanti. Foto: Courtauld Institute of Art, London.

gen haben (Allen 1969: 234). Gleichzeitig aber entwickelte sich sukzessive eine Reihe von clubinternen Riten und Ämtern, die den immer humorvollen Charakter der *Society* in jedem Detail widerspiegeln.

Der Aufnahmeritus: ein ernstes Spiel

Lassen wir vor unseren Augen einmal die Rollenbesetzung bei einem besonders amts- und würdenaufwendigen Anlaß eines *meetings* der *Society* ablaufen: zum Beispiel die Einführung eines neuen Mitglieds, wie sie die beiden Gruppenbilder von Sir Joshua Reynolds zeigen, auf die später noch näher einzugehen sein wird. An einem solchen Abend wurde der zukünftige *Dilettant*, über dessen Nominierung man sich natürlich schon in früheren Sitzungen geeinigt hatte, zuerst vom Sekretär der *Society* annonciert, der als organisatorisches Rückgrat und einziger konstanter Amtsinhaber für alle Angelegenheiten der *Dilettanti* verantwortlich war (seit 1837 von einem Empfangschef unterstützt, der das Tagesgeschäft abwickelte). Seiner Aufgabe als gewiefter Verwalter angemessen und mit deutlichem Bezug zu Italien hatte man schon 1742 für ihn eine schwarze Robe mit zwei breiten, vom Kragen herabhängenden Bändern entworfen, ähnlich der des berühmten florentinischen Sekretärs Nicolo Macchiavelli (1469–1527). Die Kompetenzen des Sekretärs beschränkten sich während der Versammlungen jedoch hauptsächlich auf die genaue Protokollierung in den *minute books*, die bezeichnenderweise in dem für die *Society* entworfenen ‚*Tomb of Bacchus*' aufbewahrt wurden. Wortführer war der ‚Präsident', der wie an jedem Abend auch für diesen besonderen Anlaß neu gewählt wurde, wobei fair auf eine möglichst regelmäßige Personenrotation geachtet wurde. In der linken der beiden Reynolds-Bilder sitzt Sir Watkin Williams Wynn (1749–89) etwas erhöht vor Kopf der Tafel, wahrscheinlich auf dem einer antiken *sella curulis* nachempfundenen *presidential throne*, übrigens einem der ersten Beispiele des *neoclassical taste* in England. Ihn schmückt eine scharlachrote römische Toga, die allerdings nur bei bedeutenden Anlässen getragen wurde. Sonst diente ein weit weniger aufwendiges, schräg über der Brust getragenes Band wohl mit derselben Schließe als Amtsinsignie.

Jetzt trat der *archmaster* in Aktion, der vom Präsidenten für die Ernennungszeremonie aus dem Kreis der Mitglieder ernannt und unter allgemeiner Beteiligung mit einem langen reichgefälteten purpurfarbenen Taftumhang, einer aufwendigen ungarischen Kappe, dem breiten ‚*baudrier*', und einem langen spanischen *toledo* ausstaffiert wurde, mit dem er den Neuling zum ‚Dilettanten' zu schlagen hatte. Der *archmaster* soll dabei mehrmals den *toledo*

derart schwungvoll geführt haben, daß er die anderen Teilnehmer der Zeremonie ernstlich in Gefahr brachte. Daher durften seit 1927 nur noch über siebzigjährige Mitglieder – wenn vorhanden – zum *archmaster* berufen werden – eine Idee, die der Ironie nicht entbehrt. Der erste amtierende *archmaster*, John Montagu, 4th Earl of Sandwich (1718–92), verkörperte das Amt aber wohl am eindrucksvollsten. Zusammen mit Francis Dashwood, Lord le Despencer (1708–81), einer der schillerndsten und widersprüchlichsten Persönlichkeiten seiner Zeit, gehörte er der auch als *Hell Fire Club* bekannten pseudo-franziskanischen Bruderschaft von Medenham Abby an, einer Art Freimaurerloge, um deren geheimnisvollen Kult sich bald die obszönsten Vorstellungen rankten. Beliebt wegen seines geistvollen Humors und seines Charmes, war Sandwich sicherlich einer der prägendsten Gestalten der jungen und über-

Noch zwei weitere Mitglieder der Dilettanti ließen sich von George Knapton als Gondoliere porträtieren: Während der Earl of Holderness kräftig staken muß, hebt sein Freund, Lord Hyde, das Glas, um Seawallis Shirley (vgl. vorhergehende Seite) zuzuprosten. Sir Bouchier Wray (Mitte) wurde als Schiffsreisender dargestellt, der seine Bowle vor dem Ausschwappen zu bewahren versucht. Alle Bilder sollen andeuten, daß die Porträtierten einmal eine große Reise unternommen und damit eine der wichtigsten Aufnahmevoraussetzungen für ihren Club erfüllt hatten. Foto: Courtauld Institute of Art, London.

mütigen *Dilettanti*, und möglicherweise wurde auf seine oder Dashwoods Idee hin als weiterer Träger der Ernennungszeremonie die Figur des *imp* (Kobold) eingeführt, über dessen Ursprung und Aufgaben aber merkwürdigerweise wenig bekannt ist. Die Kombination von ‚*archmaster*' und *imp* legt allerdings die Verbindung zu *hellfire*'schem Gedankengut äußerst nahe, da der *arch* als Führer der Unterwelt galt. Außerdem spricht für den eher ‚satanischen' Ursprung des ‚*imp*' Dashwoods Angebot, dem *imp* zusätzlich zu seiner Verkleidung mit einer roten Kappe und zwei angezündeten Kerzen einen Schwanz zu stiften, was aber wohl nie in die Tat umgesetzt wurde (Harcourt-Smith 1932, sowie Cust und Colvin 1898).

Die Porträts: Spiegel des Clubgeists

Die lebhafteste Anschauung vom Geist der *Dilettanti* geben immer noch die Porträts von 23 der Gründungsmitglieder, die George Knapton zwischen 1742 und 1749 malte, sowie die beiden schon erwähnten Reynolds'schen Gruppenporträts der ‚zweiten Generation' (1777–79). Seit 1741 galt nämlich als weitere Auflage für die Mitgliedschaft, der *Society* sein Porträt zu stiften, eine Tradition, die heute noch in den Scherenschnitten der Burschenschaften fortlebt, wobei die Einführung des *facemoney* in Höhe einer Guinea, das säumige Mitglieder für jedes verstrichene Jahr zu zahlen hatten, bald zu einer lukrativen Einnahmequelle wurde! Im Vergleich zu den Vorbildern einer solchen Serie, zum Beispiel den eher stereotypen Bildern Sir Godfrey Knellers (1649?–1723) von Mitgliedern des *Kitcat-Clubs*' (entstanden 1702–17), sind sie von ihrer Konzeption her einzigartig. Vier *Dilettanti* saßen Knapton in römischen Kostümen Modell, einer Mode, die besonders in den liberalen *Whig*-Kreisen sehr geschätzt wurde, die sich nach dem Entstehen des ersten britischen Empires in den 1750er Jahren für die Erben der römischen Tradition hielten. Drei weitere schlüpften in die Rollen venezianischer *gondolieri*, davon zwei einander zuprostend – „*et vivat res publica*" steht auf ihren Gläsern –, während der dritte den Betrachter gerade über den Canale Grande zu rudern scheint. Zwei andere wählten ein klerikales Habit. Einer von ihnen ist der als Franziskanermönch verkleidete Francis Dashwood, der in seiner eher unzüchtigen Verehrung einer *Venus Pudica* (die Hand vor der Scham ist abgeschlagen) deutlich eine Verhöhnung der Religion thematisiert. Einige in Kostümen früherer Epochen widmen sich dafür ‚harmloser' den schönen Künsten und der Musik. Andere ließen sich in zeitgenössischen Gewändern darstellen, wie zum Beispiel Sir Bouchier Wray auf einer Schiffsfahrt (während seiner *grand tour?*), der seine Bowle noch gerade vor dem

Ausschwappen zu bewahren sucht, oder auch Colonel George Gray im Ornat des Sekretärs, eigentlich der einzige, der einen direkten Bezug zu den *Dilettanti* herzustellen scheint. Dies alles ist nicht allein mit der allgemeinen Freude an der Verkleidung im 18. Jahrhundert zu erklären (Harcourt-Smith 1932: 45 und Burke 1976: 176). Vielmehr vermitteln die einfallsreichen Porträts eines vordergründig geselligen, angeregten Herrenclubs dem Betrachter darüber hinausgehende inhaltliche Werte, Interessen, Vorlieben, politische und religiöse Überzeugungen, die sich mehr oder weniger verschlüsselt einem Erzählfaden unterordnen. Man zeigte sich gebildet, war Weltmann, gereist und offen für die Kultur anderer Länder, dazu war man selbstbewußter Engländer (Römer), vertrat eine deutlich liberale Haltung in politischen wie kirchlichen Dingen und war *last not least* auch trinkfest und Liebesdingen keineswegs abgeneigt. So fügt sich ein buntes, facettenreiches Bild zusammen, das eine Vorstellung von der Gründungsphase der *Society* und dem geistigen Rahmen, den die erste *Dilettanti*-Generation ihr gab, vermittelt.

Nach einer langen Pause von dreißig sicherlich sehr ‚*facemoney*-trächtigen' Jahren malte dann Sir Joshua Reynolds, der erste Präsident der *Royal Academy*, zwei als Pendant konzipierte Gruppenporträts von vierzehn *Dilettanti*-Mitgliedern, auf denen Sir William Hamilton (1730–1802), damals britischer Gesandter in Neapel, als neues Mitglied eingeführt wurde. Hamilton sitzt in der linken der beiden Gruppen vor dem für diesen Abend ernannten *archmaster* Mr. Thompson, der schon sein Glas zum Toast hoch erhoben hat. Dabei scheint das neue Mitglied – eher auf verlorenem Posten – die anderen für die Abbildungen seiner bedeutenden Sammlung antiker Vasen in den beiden Bänden „*Antiquités Etrusques, Grecques et Romains*" (1766–67) interessieren zu wollen, denn um ihn herum sind die meisten viel eifriger damit beschäftigt, den Betrachter in Blicken und Gesten auf das weniger ‚wissenschaftliche' Privatleben Sir Williams aufmerksam zu machen. Da hält Sir J. Taylor hinter Hamilton ein Damenstrumpfband hoch und im rechten der beiden Bilder zeigen Seaford, Dundas und Leeds drei Ringe vor, die zusammen mit der zu Hamilton hinüberweisenden Geste Lord Mulgraves eindeutig auf dessen Ruf als großer Frauenjäger anspielen. Inzwischen lebte Sir William mit seiner dritten Frau, der schönen Emma Hamilton (1765–1815) und deren Liebhaber, dem berühmten Admiral Horatio Nelson (1785–1805), in einer ‚Dreierehe', die alle sehr harmonisch fanden, Hamilton aber zum Gespött ganz Londons machte!

Die Struktur: Freundesbund trotz gesellschaftlicher Ungleichheit

Dies ist der ganz private, clubinterne Inhalt der Bilder. Darüber hinaus aber ist ebenso wie bei der Knaptonschen Serie das gesamte Bildgeschehen überfangen von einem Ton gegenseitiger Familiarität und Verbundenheit, einer Gleichheit trotz aller Rangunterschiede, die besonders auch in der unbeirrt vom allgemeinen übermütigen Getümmel auf ihren Freundesbund anstoßenden Dreiergruppe im rechten der beiden Bilder zum Ausdruck kommt.

Diese inzwischen schon Tradition gewordene Bilddokumentation der *Society* wurde auch im 19. Jahrhundert – allerdings in nur noch sporadisch in Auftrag gegebenen Einzelbildnissen – beibehalten. Der vieldeutige und zum Teil verschlüsselte, ganz private Charakter der Bilder aber wich in der Folge einer ‚nüchternen', eher akademischen Auffassung, die ihrer Entwicklung hin (oder zurück?) zum Anspruch einer reinen Tafelgesellschaft entsprach, die sich, ohne eine spezielle Aufgabe zu verfolgen, bis heute erhalten hat und nur noch an fünf Abenden im Jahr zusammenfindet. Jüngstes Anschauungsmaterial für die heutige Clubauffassung sind so auch die letzten Gruppenbilder, die Sir James Gunn R.A. 1954 und fast zwanzig Jahre später John Ward R.A. (1973) von Treffen der *Society* im *St. James' Club*, Piccadilly malte. Gunn zeigt sie dabei am Ende eines Dinners schon etwas aufgelockerter sitzend (die beiden bewegten Reynolds-Bilder im Hintergrund kontrastieren dabei eindeutig ihre Nachfahren!), während Ward in Anlehnung an diese Pendants das anschließende gesellige Treiben, die Konversation thematisiert. Im linken der beiden Bilder erkennt man den derzeitig amtierenden Sekretär Sir Brinsley Ford an der Macchiavelli-Robe.

Stellt man sich nun alle Bilder zusammen in einem Raum aufgehängt vor, so wie sie auch noch heute das große Eßzimmer und andere Räume in *Brooks' Club* in St. James' Street schmücken, der die ‚*Dillis*', nach der Auflösung des *St. James'* seit 1975 beherbergt, so wird, gleich einem einzigen *tableau parlant*, eine Welt lebendig, die auf eine charmante Weise das Selbstverständnis

Auch im 20. Jahrhundert wird – allerdings nur noch von Zeit zu Zeit – die Bilddokumentation der Society of Dilettanti fortgeführt. So malte 1954 Sir James Gunn die Clubmitglieder am Ende eines Diners in schon etwas aufgelockerter Atmosphäre. Im Hintergrund erkennt man die beiden Gruppenbilder, die Sir Joshua Reynolds 1777 von den Dilettanti fertigte – Bilder, die, im Gegensatz zu dem von Sir Gunn, voller hintergründiger Anspielungen sind (vgl. Farbseiten XL und XLI). Foto: Society of Dilettanti, London.

der *Dilettanti* durch die Jahrhunderte vermittelt. In ihrer speziellen Struktur eines bewußt angestrebten Gleichgewichts zwischen seriös-wissenschaftlichem Anspruch und gelockert-spielerischem, aber immer geistreichen Angang der Dinge, wurde diese Welt im 18. Jahrhundert zum Prototyp für einen Clubgeist, der abgesehen vom gesellschaftlichen Prestige, den englischen Club als eine Fortführung des auf ewig zusammenschweißenden Prinzips des ‚gemeinsam-die-Schulbank-drükkens', auch heute noch so attraktiv macht. Gleichsam als Motto für dieses *credo* mag daher der Trinkspruch stehen, auf den die *Dilettanti* im Wechsel von fünf Personen anstoßen:

- ❊ *„viva la virtu"* – es lebe die Tugend (und die schönen Frauen!)
- ❊ *„esto praeclara – esto perpetua"* – sie leuchtet hell, sie dauert ewig
- ❊ *„Grecian taste and Roman spirit"* – griechisch der Geschmack und römisch der Geist
- ❊ *„seria ludo"* – ernstes Spiel
- ❊ *„absent members"* – auf die abwesenden Mitglieder ❊

Freundschaftskult und Geschäftsinteresse Männerbünde in der Bildenden Kunst

Hans Peter Thurn

In der Sozialgeschichte der Bildenden Kunst haben Männerbünde häufig eine richtungweisende Rolle gespielt. Formell oder informell gebildet, unter Beteiligung von Künstlern, Kunstvermittlern und Kunstinteressenten, dienten sie der programmatischen Untermauerung schöpferischer Tätigkeit, der Markteroberung, der öffentlichen Verbreitung ästhetischer Botschaften. Frauen blieb die Mitwirkung in solchen Interessengruppen weitestgehend verwehrt. Ausformung und Aufgliederung künstlerischer Männerbünde sind historisch eng mit den sozialen und kulturellen Veränderungen der neuzeitlichen Gesellschaft verwoben. Sie fanden ihre Höhepunkte in den Schlüsselepochen der Modernisierung, nach 1800 und um 1900. Neben solchen kollektiven Interessenvertretungen wurden jedoch einzelne Maler und Bildhauer immer wieder auch in Männerbünden jenseits der Kunst aktiv, wie etwa Lovis Corinth in der Münchener Freimaurerloge „In Treue fest".

Siehe dazu auch Farbseiten XXIX bis XXXI.

Das Glück in der Gemeinschaft

„Wir haben es gesehen, wie in allen Sachen nur die Vereinigung der einzelnen Kräfte zum Zwecke führt, und es ist jetzt vorzüglich in unserer Kunst nötig, daß man sich mit Mut an die mutigsten Genossen anschließe" (Uhde-Bernays 1956: 356). Als der Maler Philipp Veit im Februar 1815 diese Worte an seinen bereits in Rom weilenden älteren Bruder Johannes sandte, bekräftigte er nicht nur seinen noch im selben Jahr ausgeführten persönlichen Entschluß, ebenfalls in die ewige Stadt überzusiedeln, um sich mit Gleichgesinnten zusammenzutun, sondern er formulierte darüber hinaus den Zwiespalt, in dem Künstler aller Epochen seit jeher steckten, der sich jedoch an der Schwelle zur Moderne in verschärfter Form bemerkbar machte und nach Überbrückungen verlangte. Man müsse, meinte Veit gleich vielen seiner Kollegen, schöpferische Einsamkeit und Künstlerneid zu überwinden trachten, indem man sich zusammenschließe, „sich gegenseitig mehr in die Hände arbeite", gemeinschaftlich lebe. Der ‚Kreis von Männern', den Friedrich Overbeck um sich geschart hatte, schien zahlreichen Malern und Bildhauern geeignet, die individuelle Isolation zu überwinden und eine nicht nur künstlerische, sondern auch mitmenschliche ‚Vollendung' zu erlangen. „Ihr geht uns allen in Rom darin mit einem guten Beispiele voran", hoffte Veit nicht ohne Grund, „und man sieht deutlich, was es für Früchte bringt", wenn man allen inneren und äußeren Widrigkeiten zum Trotz „noch den Mut behält und sich noch jung genug fühlt, in Demut sich an andere anzuschließen" (Uhde-Bernays 1956: 357).

Friedrich Overbeck, der Anreger und Anführer der von Veit ersehnten Künstlergemeinschaft, benutzte zu ihrer Kennzeichnung eine ganze Reihe von Ausdrücken. Sie reichten von der allgemeinen ‚Künstlergesellschaft' oder ‚Künstlerversammlung' über den unpersönlichen ‚Kunstverein' oder ‚Kreis von Männern' bis zu die Beziehungsdichte betonenden Wendungen ‚Gemeinschaft', ‚Orden', ‚Bund'. Die Mitglieder der deutschen Künstlervereinigung in Rom wurden vorzugsweise ‚Bundesgenossen' oder gar ‚Bundesbrüder' genannt. Dies alles sind im Persönlichen wie im Sozialen Zielbeschreibungen, die auf die Notwendigkeit von Abgrenzung und Zusammenschluß verweisen. Aus einer Gesellschaft, so meinen Overbeck und seine Mitstreiter, der es an kulturellem Gestaltungswillen und Kunstgeist fehlt, muß jeder austreten, der theoretisch und praktisch nach dem ‚Besten der Kunst' strebt. Denn dieses Ziel kann er nur mit seinesgleichen erreichen, nur so kann der Künstler sich, wie Franz Pforr einmal formulierte, aus dem „unglücklichsten" in den „glücklichsten Menschen" verwandeln (Uhde-Bernays 1956: 345ff.).

Diese in der Sozialgeschichte der Kunst immer wieder auftauchende hehre Vision muß freilich auf sehr irdischen Wegen und mit recht weltlichen Mitteln verfolgt werden. Mochte auch Hegel just zu dieser Gründungszeit des nazarenischen Bundes der Kunst ihre idealen Ziele wortreich beschwören, sie in den Dienst des ‚absoluten Geistes' stellen, sie den Niederungen der alltäglichen Lebenswirklichkeit entrücken – so ist doch der Preis für diese Realitätsabsage hier wie dort, in der künstlerischen Praxis und in der philosophischen Begründung, unübersehbar. Er besteht in der teils willentlichen, teils in Kauf genommenen Errichtung ästhetischer Sozialschranken. Weder die Deutschrömer noch irgendein anderer Zusammenschluß künstlerischer Zielrichtung kamen ohne sie aus. Schöpferische Künstlerbünde der verschiedensten Couleur, von den Nazarenern (vgl. dazu den Aufsatz Nr. 56) oder dem englischen Morris-Ruskin-Kreis über Fauves, Brücke und Blauen Reiter bis hin zu COBRA, Gruppe 53 oder Zero, betrieben die Überwindung des individuellen Solitarismus durch die soziale Konzentration auf beinahe ausschließlich männliche Gleichgesinnte. Frauen sind in diesen Vereinigungen nur in höchst seltenen Ausnahmefällen anzutreffen, und auch dann leitet sich ihre Mitgliedschaft nicht unbedingt aus der Anerkennung ihrer künstlerischen Kreativität her. Dementsprechend sucht man Künstlerinnen auch in den meisten bildlichen Darstellungen solcher Bünde vergebens. Schon Friedrich Overbeck läßt in einem seiner Hauptwerke, dem Gemälde „Einzug Jesu in Jerusalem" aus dem Jahre 1810, neben sich selbst nur die fünf männlichen Kollegen Sutter, Vogel, Pforr, Hottinger und Wintergerst auftreten.

Diesem soziopoetischen Bildgestus entspricht die Wirklichkeit des Künstlerbundes. Kolleginnen haben in ihm allenfalls einen peripheren, meist untergeordneten Platz. Sie stehen auf der Stufe jener, gegen die sich Künstlerbünde des 19. und 20. Jahrhunderts in der Regel ästhetisch und sozial abgrenzen, gegen die sie Barrieren glauben errichten zu müssen: Nicht-Künstler, andersdenkende Kollegen, Künstlerinnen. Dementsprechend bemißt sich die soziale Selektivität, die Auswahlpraxis der meisten kunstschaffenden Bünde vor allem nach den drei Filterkriterien: Beruf, Gesinnung, Geschlechtszugehörigkeit. Wer über diese Prüfsteine stolpert, wer mithin nicht Künstler, in Lebensanschauung und Kunstabsicht nicht konform, nicht männlich ist, hat keine Chance, Mitglied zu werden, im und durch den Bund zu sozioästhetischer Erfüllung, mit ihm gar zu Ansehen und Aufstieg zu gelangen. Er und meist auch sie müssen ihre Sehnsüchte andernorts befriedigen, die Kluft zwischen Ichverwirklichung und Sozialbindung anderweitig zu überbrücken trachten.

Männlicher Kopf, weibliche Hand

Wie die literarischen Vereinigungen seit dem 17. und 18. Jahrhundert sind auch die Männerbünde der Bildenden Kunst, kultursoziologisch betrachtet, Krisensymptome, deren Akteure aus der Not eine Tugend machen wollen. Sie stellen komplexe Reaktionsbildungen auf kulturelle Orientierungskrisen, soziale Umschichtungen, ökonomische Unterversorgung und politische Konfliktlagen in den europäischen Gesellschaften dar. Ihre erste Schlüsselepoche ist die Zeit um 1800, in der geistes- und kulturgeschichtlich vielfältigst vorbereitete Reforminitiativen auf die Unfähigkeit der ständischen Gesellschaft zur Reformverarbeitung auf breiter Basis stießen. Diese Erfahrung veranlaßte viele Erneuerer zumal aus dem Bürgertum, sich mit ihresgleichen zusammenzuschließen, um ihren Anliegen ein meist lokales Forum und womöglich öffentliche Wirkung zu verschaffen. Im Gefolge der bürgerlichen Sozietätsbewegung des 18. Jahrhunderts formierten sich an der Wende zum 19. Jahrhundert vielerorts Clubs, Vereine, Gesellschaften und dergleichen, die in spezifisch künstlerischen Hinsichten aktiv werden wollten. So 1787 die ‚Gesellschaft der Künstler und Kunstfreunde' in Zürich, 1792 in Nürnberg der ‚Albrecht Dürer-Verein', 1796 in Prag die ‚Gesellschaft Patriotischer Kunstfreunde', 1799 die ‚Weimarer Kunstfreunde'. Im Jahre 1805 wurde in London die ‚*British Institution*' ins Leben gerufen, 1806 der ‚Schweizer Kunstverein', 1815 die ‚*Société des Amis des Arts*' in Paris. Ähnliche Gründungen erfolgten während der kommenden Jahrzehnte in vielen deutschen Städten;

so etwa die von Kunstvereinen in Karlsruhe (1818), München (1823), Düsseldorf (1829) und Köln (1839). All diese Vereinigungen zielten darauf, die Bildung des Bürgertums durch Erziehung auch in künstlerischen Angelegenheiten zu heben. Doch blieb diese Förderung weitgehend Männern und ihren männlichen Nachkommen vorbehalten, wurde von Männern für Männer betrieben, durch Männer organisiert und beherrscht. Abseits dieser virilen Kunst-Philanthropie blieben Frauen überwiegend auf jene Handarbeiten verwiesen, mit denen sie seit dem Mittelalter und noch von Nazarenern unzählige Male ins Bild gerückt worden waren.

Diese Reservierung von Kopfarbeit, von Geistestätigkeit für den männlichen Part der bürgerlichen Klasse nimmt, wiewohl als Teil einer Emanzipationsbewegung aufklärerisch gemeint, in den Kunstbünden der Moderne eine Gestalt an, welche die eskalierenden Widersprüche des Industriezeitalters verdeutlicht. Wie die kunstvermittelnden Männervereine repräsentieren auch die kunstschöpferischen Bünde das Paradox, die sozialen Vorurteile und Machtstrukturen genau jener, ihrer Umwelt zu reproduzieren, die sich doch mit ästhetischen Botschaften erneuern möchten. Dementsprechend leben in den kunstproduktiven Männerbünden von den Nazarenern über die Präraffaeliten bis zu den Surrealisten und über diese hinaus oftmals kultureller Meliorismus und sozialer Atavismus dicht beieinander. Die Gleichberechtigung oder auch nur die Gleichschätzung von Mann und Frau bleibt vielen dieser Kongregationen fremd. Kann es da Zufall sein, wenn Max Ernst auf seinem Gruppenbild der Surrealisten Gala Eluard, die einzige Frau, den Männern den Rücken zukehren, ja sie aus der Szenerie hinausweisen, vielleicht gar aus ihr hinaustreten läßt?

Die Gründe für diese Ausblendung von Frauen und weiblichen Mitwirkungsmöglichkeiten liegen neben der bundinternen Reproduktion gesellschaftsverbreiteter Rollenverteilungen in der folgenreichen Zuordnung von häuslicher Handarbeit zu Frauen und weltzugewandter Geistestätigkeit zu Männern. Da die Künstlerbünde aller Schattierungen sich ein hohes Maß an programmatischer Fundierung ihrer ästhetischen Bestrebungen vornahmen, von Frauen jedoch in solchen intellektuellen Angelegenheiten kaum etwas erwarteten oder gar anzunehmen bereit waren, blieben diese, selbst wo sie sich dem gleichen Medium widmeten, marginal oder ausgeschlossen. Den gängigen Vorurteilen entsprechend wurden die ernsten Gespräche wie in Philosophenrunden und Literatenzirkeln auch in Künstlerkreisen den Männern vorbehalten. Die Malerin Louise Seidler, eine kluge Chronistin des kulturellen Lebens in Deutschland und Italien, schildert in ihren Erinnerungen diese bedrückenden Usancen anläßlich einer Einladung in das Münchener Haus des Philosophen Friedrich Heinrich Jacobi im Jahre 1817: „An einem ovalen Tische saßen auf einer Seite die Frauen und auf der anderen die Männer; diese führten gewöhnlich die bedeutendsten Gespräche. Mir war ein Platz in der Mitte der Frauen angewiesen, wo die lebhafte älteste Schwester Jacobis, Helene, die das Regiment im Hause führte, besonders Wirtschaftsangelegenheiten aller Art besprach. Diese ewigen Küchen- und Gartengespräche wurden mir bald sehr langweilig; vergebens strengte ich mein Gehör an, um ewas von der Unterhaltung der Männer zu erfahren; das Kreuzfeuer der weiblichen Geschwätzigkeit ließ mich von den Gesprächen jener keinen Nutzen ziehen. So verlor ich die Freude an diesen Abenden..." (Seidler 1962: 126f.). Eine Veränderung dieses allgegenwärtigen Musters erscheint kaum möglich; leichter fällt da der Entzug. In der römischen ‚Künstlerrepublik' der Nazarener macht Louise Seidler später ganz ähnliche Erfahrungen, die sich bei vielen ihrer Kolleginnen bis in das 20. Jahrhundert hinein wiederholen: für das Angenehme und Nützliche zugelassen, Tee kochend und Speisen zubereitend, als Bettgenossin womöglich willkommen, bleibt den Künstlerinnen die vollwertige Anerkennung in der Männerwelt versagt.

In derlei Gepflogenheiten bezeugt sich einmal mehr der Männer und Frauen ungleich begünstigende Berufswandel der Moderne. Die Auflösung von Bauhütten, Zünften und Gilden sowie der Geltungsverlust normativer Ästhetiken nötigten die Künstler seit der ausgehenden Renaissance mehr und mehr, sich ihre beruflichen Kooperationsformen selbst zu schaffen und zugleich die konzeptionelle Untermauerung ihres ästhetischen Handelns zu erbringen. Wo sich nicht Einzelkämpfertum breitmachte, füllten Künstlerbünde die entstandene Lücke aus. Wie die Sprachgesellschaften des 16. und 17. Jahrhunderts, ähnlich den Akademiegründungen seit der Frühneuzeit, gleich den Schriftstellervereinigungen und Philosophengemeinschaften des 18. Jahrhunderts konzentrierten sie jedoch ihre missionarische Energie auf intellektuelle Fragen, auf ästhetische Programme, auf kulturelle Entwicklungsprobleme. Aus solchem geistigen Engagement bezogen all diese Gruppierungen ihre charismatische Wirkungsmacht. Doch geht dieser historisch verdienstvolle Kampf um kulturelle Evolution mit jener sozialen Stagnation einher, die sich in der Stigmatisierung von Berufsfremden, andersdenkenden Kollegen und Frauen bekundet. Nicht immer wird diese Disparität von kulturellem Anspruch und sozialer Wirklichkeit so unverhohlen geäußert wie etwa durch Achim von Arnim, der im Jahre 1811 unmißverständlich festhielt, Frauen, Juden und Philister seien zu seiner „christlich-deutschen Tischgesellschaft" in Berlin „nicht zugelassen" (Kastinger Riley 1979: 85ff.). Doch verfahren die meisten Männerbünde auch der Bildenden Kunst jahrhundertelang nach ähnlichen Maximen. Indem sie Stigma und Charisma, Vorteil und Nachteil mit den Mitteln der Kunst geschlechtsspezifisch zuteilen, arrivieren sie paradoxerweise zu Bremsern einer umfassenden sozio-ästhetischen Aufklärung und Veränderung.

Zwischen Ichverwirklichung und Sozialbindung

Das 19. Jahrhundert sieht eine Vielzahl produktionsorientierter Künstlerbünde kommen und gehen, für welche in der Bildenden Kunst Nazarener und Präraffaeliten, Realisten und Impressionisten nur die prominentesten Beispiele sind. Ihnen folgen im 20. Jahrhundert einerseits eher ausufernde Bewegungen wie Futuristen und Surrealisten, andererseits kleinformatige Gruppen wie Blauer Reiter und Brücke, Fauves und De Stijl, Cobra und Zero. Sie alle kämpfen um programmatische Linien, um öffentliche Kontur und Marktanteile, um Einfluß in einem kulturellen Konzert, das zusehends vielstimmiger wird. Sie organisieren Ausstellungen, geben Manifeste heraus, gründen Zeitschriften, suchen Käufer, Mäzene, wohlgesonnene Kritiker, auch Gegner, an denen sie sich aufsehenerregend reiben können. In ihren teils selbstgefundenen, teils fremdverliehenen Namen geben sich ihre Kunstauffassung und ihre ästhetische Weltsicht zu erkennen. Oft gruppieren sie sich um einen älteren Wortführer, der aufgrund seines Erfahrungsvorsprungs und seiner Beziehungen ‚nach draußen' als Schiedsrichter waltet, wenn seine Jünger allzusehr mit- und gegeneinander streiten. Mit der gemeinsamen Arbeit geht häufig ein enges Beieinanderleben einher. Man sucht nahe gelegene Ateliers und Wohnungen, um in dichtem Kontakt und raschem Austausch nicht nur planen und arbeiten, sondern auch feiern zu können. Zumindest zeitweise will man in jedem dieser Bünde möglichst vieles, wenn nicht gar alles teilen: Hoffnung und Verzweiflung, Erfolg und Scheitern, Geld und Frauen.

Daß dies alles nicht ohne Konflikte abgeht, versteht sich. Wenn die bei Gründung ihrer kreativen Gruppe meist Mittzwanzigjährigen im Alter voranschreiten, wenn der Erwartungsdruck steigt, der Durchbruch gelingt oder ausbleibt, sobald Neid und Mißgunst sich (wieder) einstellen, der Konkurrenzgeist vor dem Miteinander rangiert, tritt die Gemeinschaft in ihre Zerfallsphase ein. Sie streitet sich zu Tode, beschließt ihre Auflösung, läuft einfach auseinander oder besteht tatenlos nur noch auf dem Papier fort, weil man vergessen hat oder zu lästig fand, die Eintragung im Vereinsregister löschen zu lassen. Danach (nur selten ist mehr als ein halbes Dezennium verstrichen) geht jeder wieder seine eigenen Wege, kämpft allein um die gemeinsam errungene oder ausgebliebene Anerkennung, ringt für sich um den Fortbestand in Kunst und Leben. Für die nun meist mindestens Dreißigjährigen neigt sich die vom Künstler stets schwer zu tarierende Waage aus spontaner Ichverwirklichung und organisierter Sozialbindung wieder dem Solitarismus zu, jenem Aneinandervorbeisehen, das Ernst Ludwig Kirchner zwanzig Jahre nach dem euphorischen Zusammenkommen der Brücke-Maler mit bitterer Reminiszenz ins Bild gerückt hat.

Epochen, Typen, Ziele

Unzählige Künstler suchen immer wieder ihr Glück auf diesem Weg, bilden Gruppen, gründen Vereine, schließen sich zu Bünden zusammen. Bei vielen dieser Vereinigungen stand die aus der Not geborene, sich bald breit entfaltende Genossenschaftsbewegung des 19. Jahrhunderts zumindest aus der Entfer-

Nur acht Jahre bestand die 1905 in Dresden gegründete Künstlergemeinschaft „Die Brücke“, zu der sich expressionistische Maler zusammenschlossen. Zwanzig Jahre nach dem euphorischen Zusammengang hält Ernst Ludwig Kirchner mit bitterer Reminiszenz fest, daß sich die Brücke-Maler bald nichts mehr zu sagen hatten. Von links: Otto Müller, Kirchner, Ernst Heckel, Karl Schmitt-Rottluff. Museum Ludwig, Köln. Foto: Rheinisches Bildarchiv, Köln.

nung Pate. Der mit der Gründung des deutschen Reiches feste Formen annehmende Widerspruch zwischen ökonomischem Aufschwung, politischer Restauration und kultureller Modernisierung ließ zahlreiche Künstler und Kunstfreunde abermals intensiver nach Assoziierungen suchen, in denen künstlerische Reformbestrebungen und innovative Impulse mit beruflicher Interessenvertretung vereint werden konnten. Dieser Wunsch beförderte um 1900 noch einmal die sozio-ästhetische Bundidee und ließ diese in ihre zweite historisch bedeutsame Verwirklichungsphase eintreten. Sind jedoch frühere Bünde und die immer wieder auflebenden Künstlergruppen aufgrund ihrer Arbeit an ästhetischer Programmatik mehrheitlich wertrational orientiert, so zeichnet sich nun eine eher zweckrationale Ausrichtung ab. Mit der thematischen Schwerpunktverlagerung von Fragen der künstlerischen Produktion auf Probleme der Distribution ändert sich epochaltypisch wie die Strategie auch die Struktur des Bundes. Namentlich drückt sich dieser Wandel in der häufigen Wahl des konzeptionell neutralen Bund-Begriffs bei gleichzeitig städtisch-lokaler Zentrierung aus: ‚Freier Künstlerbund München‘ (1901), ‚Stuttgarter Künstlerbund‘ (1903), ‚Oldenburger Künstlerbund‘ (1904), ‚Kurhessischer Künstlerbund Kassel‘ (1905) und ähnlich heißen die nunmehrigen Gründungen. In ihnen lebt durchaus einiges vom alten Zunftgeist fort oder wieder auf, wiewohl meist informell und unartikuliert: der Qualitätsgedanke und die Solidaritätsidee, die kollektive Abgrenzung nach außen und die individuelle Geschmacksnormierung im Innern, die Möglichkeit stärkeren Zusammenrückens in Opposition zu progressiven oder konservativen Zeitströmungen.

Doch geht mit dieser Renaissance eine politische Ausdifferenzierung des Spektrums ästhetisch engagierter Männerbünde einher. Viel deutlicher als die schöpferischen Gruppierungen teilen sich die kunstvermittelnden Bünde des 20. Jahrhunderts zumal in Deutschland politisch in ein fortschrittliches und in ein rückwärtsgewandtes Lager. Nehmen die progressiven Vereinigungen für das künstlerische Experiment und für eine demokratische Staatsform Partei, so wettern die regressiven Verbände gegen alles Moderne und gegen Auflösungserscheinungen im autoritär beherrschten Kaiserreich. Hier wie dort jedoch treten Frauen nur ausnahmsweise in Erscheinung, sind weder unter den Initiatoren noch üben sie im weiteren Verlauf entscheidende Funktionen aus. Auch ändert sich in beiden Lagern die personelle Zusammensetzung der jeweiligen Bünde analog. Sind zu Beginn die Künstler in der Mehrzahl und dementsprechend Wortführer, so werden sie hernach in vielen Fällen von Experten der Kunstvermittlung, von Publizisten, Managern, Händlern und dergleichen abgelöst. Häufig wechselt auch die Leitung aus der Hand der Künstler in diejenige solcher Organisatoren.

Auf der Seite der progressiven Zusammenschlüsse geschieht dies sehr rasch etwa im 1909 in Düsseldorf gegründeten ‚Sonderbund'. Von elf Künstlern eigens für Ausstellungszwecke ins Leben gerufen, wandelt sich der Bund noch im gleichen Jahr von einer reinen Künstlervereinigung zu einer kunstpolitischen Interessenvertretung, die sich Nicht-Künstlern öffnet. Auch im Namen wird dieser Umschwung offenbart; man nennt sich nun in bezeichnender Reihenfolge der Trägergruppen ‚Sonderbund westdeutscher Kunstfreunde und Künstler'. Reden in diesem Männer wie der Mäzen Karl Ernst Osthaus, der Galerist Alfred Flechtheim und der Fabrikant Josef Feinhals entscheidend mit, so wird der 1904 in Weimar gegründete ‚Deutsche Künstlerbund' bereits in seiner Entstehungsphase von dem *homme de lettres* Harry Graf Kessler geprägt, der auch dessen erste öffentliche Erklärung verfaßt. Der ‚Deutsche Werkbund', 1907 in München ins Leben gerufen, wird von Beginn an durch den Architekturtheoretiker Hermann Muthesius, durch den Fabrikanten Karl Schmidt-Hellerau sowie durch den Politiker und Kulturanalytiker Friedrich Naumann maßgeblich mitgelenkt. Die Mehrheit dieser Männer steht zur Zeit ihrer kulturbündischen Initiativen zwischen dem 30. und 40. Lebensjahr. Sie wissen sich einig und sind mit den beteiligten Künstlern solidarisch sowohl in gesellschaftsgerichteter Reformästhetik als auch in weltanschaulicher Offenheit.

Im Vergleich dazu nimmt sich die geistige und politische Haltung der Wortführer konservativer Kunstvermittlungsverbände makaber aus. Zwecks „Pflege des ästhetischen Lebens", „Pflege der Ausdruckskultur" wettern die Kreise um Ferdinand Avenarius, Paul Schultze-Naumburg und Adolf Bartels gegen jene „Modernitis", die durch Dadaismus und Expressionismus, durch Kubismus und Futurismus angeblich in „Schweinerei" und „Vertierung" führt (Kratzsch 1969: 201ff.). Im 1902 entstandenen ‚Dürerbund', im ‚Deutschen Schillerbund' und im ‚Werdandi-Bund', beide 1907 gegründet, macht man Front gegen solche „Afterkunst", getreu der 1901 von Kaiser Wilhelm II. persönlich verkündeten Maxime, die Kunst habe sittlich zu erheben, „statt daß sie in den Rinnstein niedersteigt" (Johann 1966: 102). Durch solche Richtlinien von höchster Warte ermutigt, nehmen die Protagonisten, publizistischen Organe und Parteigänger der kulturellen Reaktion in bündisch organisierter Form den Kampf gegen ‚Dekadenz' und ‚Internationalismus', gegen ausländische Kunst und großstädtischen Lebenstil auf. Sie unterbinden Ankäufe französischer Bilder, hintertreiben Ausstellungen und Aufträge, beteiligen sich an der Hetzjagd gegen den aufgeschlossenen Berliner Museumsleiter Hugo von Tschudi. Sie treten für ‚Heimatkunst' und ‚Provinzkunst' ein, träumen von deutscher ‚Höhenkunst' und ‚Gipfelkunst', faseln von ‚Seelengesundheit' und ‚Sehnen der Gedanken'. Ihre Mentalität, ihre Vision erbauen sich an Blutserbe und Rasse, wollen Stimmung vermitteln, das Gemüt ansprechen.

Dies alles läuft auf eine Entintellektualisierung von Kultur und Kunst hinaus, auf einen Populismus, der seine Gefolgschaft vorzugsweise in unteren Mittelschichten sucht und findet. Die konservativen Kunstbünde rekrutieren sich überwiegend aus Elementarpädagogen und Oberlehrern, aus Geistlichen beider Konfessionen sowie aus unarrivierten Hochschuldozenten. Das Durchschnittsalter ihrer Anführer liegt deutlich höher als dasjenige in fortschrittlichen Kunstbünden oder reinen Künstlergruppen. Unter den

Verfechtern einer rein deutsch-nationalen Kultur geben die Mittvierziger die Parolen aus. Weibliche Mitstreiter sind indes auch hier nur selten anzutreffen. Von den 100 Personen, die 1908 im Dürerbund den Ton angeben, sind lediglich vier Frauen. Trotz des in den folgenden Jahren in die Hunderte gehenden Mitgliederzustroms bleiben gerade diese dem Überkommenen verpflichteten Vereinigungen auch in ihrer personellen Zusammensetzung traditionalistische Männerbünde. Das föderative Prinzip, nach dem sich die Gesamtbewegung aus unzähligen Ortsvereinen formiert, das eine lokalen Gegebenheiten Rechnung tragende organisatorische und thematische Ausdifferenzierung zuläßt, das seine Flexibilität schließlich mit Diffusität, Mitgliederschwund und Zerfall bezahlen muß: Es ändert nichts an diesem Grundmuster, in dem sich ästhetischer Missionarismus mit geschlechtsspezifischen Sozialschranken paradox vereint. Genau diese Kombination aus Ideologie und Struktur macht viele konservative Kunstbünde dem Nationalsozialismus gegenüber fügsam, indem sie sich nach 1933 widerstandslos ‚gleichschalten' lassen oder aus eigenem Antrieb dem bereits 1927 gegründeten ‚Kampfbund für deutsche Kultur' beitreten.

Sehnsuchtsmetaphern, Berufsstrategien

Kunstbezogene Männerbünde aller Couleur, von programmatischen Malergruppen über progressive Vermittlungsvereine bis zu reaktionären Föderationen, müssen sich sozio-kulturell ausgestalten, um sich innerlich stabilisieren und nach außen hin kenntlich machen zu können. Zum Zweck kollektiver Selbstvergewisserung und gesellschaftlicher Konturierung entwickeln sie besondere Semantiken, die sich vorzugsweise in drei Dimensionen äußern. Der anvisierte Sinn wird in gemeinsamen Manifesten und konzeptionellen Schriften verlautbart, in oft pathetischen Ideen, Metaphern und Sprachregelungen. Als materielle Träger solcher Botschaften dienen der Sache nach meist Briefe und Zirkulare, die Künstlerpostkarte ebenso wie Plakate und Kataloge, aber auch Haartracht, Kleidung, Siegel, Orden und dergleichen mehr. Und nicht zuletzt bekundet sich der Gemeinschaftsgeist im Verhalten, im mit- oder gegenmenschlichen Auftreten, in ritualisiertem Gebaren, in den Interaktionsmodi des täglichen Lebens und der Kunst. Mochte auch Friedrich Overbeck gegen die „Saufgelage" deutsch-römischer Künstler unter südlichem Himmel murren, um sie durch seine „Klosterzelle" und para-religiöse Zeremonien zu ersetzen, durch „Künstlerversammlungen..., in denen auf die würdigste und erbaulichste Weise mit ebenso lebendigem und allgemeinem Eifer als vollkommener Eintracht und Einigkeit über das, was sich zum Besten der Kunst tun ließe, verhandelt wird" (Uhde-Bernays 1956: 336). Unterbinden konnte er die Feierfreude seiner Kollegen, Besucher und Gönner, wie sie beispielsweise Franz Catel im Bild gezeigt hat, keineswegs. Wie das gemeinsame Arbeiten an selbstgestellten Projekten, an Aufträgen und in Ausstellungen, so gehören auch Atelierfeste und Wirtshausbesuche, Café-Sessionen und Disputationen, Reisen und Ferienaufenthalte zum festen Repertoire des Kollektivlebens in kunstorientierten Männerbünden. In teils gravitätischer, teils beschwingter Form signalisieren diese mit alldem ihren Anspruch, das irdische Dasein nach Maximen zu gestalten, die der Kunst zumindest nicht fremd sind.

Aus dieser ‚Lebenskunst' ist der Freundschaftskult kaum wegzudenken. Er dient dazu, Rivalitäten zu bremsen, Konkurrenzängste abzuwehren, Bewunderungsbedürfnisse zu befriedigen, Solidaritätserwartungen zu erfüllen, berufliche Kooperation auf eine mitmenschliche Basis zu stellen. In ihm fließt auf immer wieder paradoxe Weise das romantische Ideal eines konfliktfreien Zusammenlebens in schöpferischer Gemeinschaft mit einem utilitaristisch kalkulierenden Realismus gleichgerichteter Geschäftsinteressen ineinander. Der Männerbund läßt die Künstler-Freunde wenigstens für die Dauer seines Bestehens sicher sein, daß sie als Geschäftspartner aufeinander bauen können. Wo Gruppenausstellungen in Aussicht stehen, zieht einer den anderen nach; wo Preise oder Aufträge vergeben werden, denkt man eher an die bündischen Kollegen als an andere. Auch in dieser gleichzeitig menschlichen und geschäftlichen Gegenseitigkeit wirkt sich jedoch geschlechtsspezifische Selektivität aus:

Atelierfeste und Wirtshausbesuche gehören zum festen Repertoire des Kollektivlebens in kunstorientierten Männerbünden. So half es zum Beispiel gar nichts, daß Friedrich Overbeck (1789–1869) gegen die „Saufgelage" deutsch-römischer Künstler und deren Besucher polemisierte: Derartige Zusammenkünfte gefielen allen Beteiligten, wie das Bild von Franz Ludwig Catel „Kronprinz Ludwig in der spanischen Weinschenke zu Rom" (1824) anschaulich beweist. München, Neue Pinakothek. Foto: Joachim Blauel, Artothek.

Neben ihrer Mitgliedschaft in Künstlergemeinschaften wurden einzelne Maler und Bildhauer immer wieder auch in Männerbünden jenseits der Kunst aktiv, wie etwa Lovis Corinth in der Münchner Freimaurerloge „In Treue fest". 1899 porträtierte er seine Logenbrüder. Foto: Städtische Galerie im Lenbachhaus, München.

Frauen sind in fast allen Bünden wie von der Männer-Freundschaft so ebenfalls aus beruflichen Beziehungen ausgeschlossen. Ihnen bleibt die Teilnahme sowohl am mitmenschlichen wie am wirtschaftlichen Tausch verwehrt. Das gilt für die Praxis und ist analog an der Semantik abzulesen. Schlimmer noch: In den Männerbund-Bildern finden Künstlerinnen, selbst wenn sie real am dargestellten Geschehen beteiligt waren, oft keinen Platz. Henri Fantin-Latour etwa, der bildnerische Chronist kreativer Männerzirkel im Frankreich der zweiten Hälfte des 19. Jahrhunderts, konterfeit in keinem seiner Kollektivportraits eine der dabeigewesenen Frauen. In seiner *„Hommage à Delacroix"* (1864) sucht man vergebens die Schriftstellerin George Sand, mit der Delacroix eng befreundet war und die er als kluge Gesprächspartnerin schätzte. Im *„Atelier aux Batignolles"* (1870) fehlt die Malerin Berthe Morisot, die doch zum engsten Manet-Kreis gehörte und in den folgenden Jahren als einzige Frau an der Formierung der impressionistischen *„Société anonyme des artistes peintres, sculpteurs, graveurs etc."* mitwirkt.

Angesichts solcher Verleugnung mußten Frauen seitens männlicher Kunstbünde mit einer Adorationsmetaphorik vorliebnehmen, die sie durch Stilisierung in die Nische professioneller Unzuständigkeit rückte. Statt sie als vollwertige Gefährtinnen in Beruf und Privatleben zu akzeptieren, gefiel man sich in der Pose der Verehrung. Auf diesem Wege wurden Frauen zu Bedeutungsträgern und Anbetungsobjekten, nicht jedoch zu Handlungspartnern und selbständigen Subjekten. Eher durften sie auch die Freundschaft symbolisieren wie in Friedrich Overbecks Bild „Italia und Germania" (1811–28) als tatsächliche Freunde sein. Oder sie hatten elegische Feierstimmung auszudrücken, wie auf Heinrich Vogelers Gemälde „Sommerabend", nicht jedoch ihre wirkliche Rolle im Alltag der Worpsweder Künstlerkolonie, die etwa Paula Becker-Modersohn tragisch durchlebt und in ihren Tagebüchern geschildert hat. Auch viele Frauenportraits des Morris-Ruskin-Kreises zeugen von diesem Zwiespalt zwischen männlicher Wunschphantasie und weiblicher Daseinswirklichkeit. Vor allem konservative Künstlerbünde treiben ihn auf die Spitze möglicher Ambivalenz und Verdrängung. So etwa der Werdandibund, als 1908 der „Hüterin des Erbes von Bayreuth", Cosima Wagner, in einer ganzseitigen Grußadresse in Wort und Bild zum siebzigsten Geburtstag gratuliert und der „edlen Frau" dabei im wahrsten Sinne sowie „mit allen Gebildeten eins" die Krone aufzusetzen sucht (Seeßelberg 1908: 33).

Solchen Einvernahmeversuchen und solcher Unterwerfungssemantik zu entgehen hatten aufgeklärte Frauen, zumal Künstlerinnen, wenig Wahlmöglichkeiten. Wollten sie sich mit den von Männerbünden errichteten ästhetischen Sozialschranken nicht abfinden, mochten sie sich auch nicht wie im Mittelalter in Klöster oder ähnliche Kunstburgen zurückziehen, so mußten sie sich als Einzelkämpferinnen durchschlagen. Viele Malerinnen, auch einige Bildhauerinnen sind in der Geschichte diesen Weg gegangen und auf ihm zu Anerkennung gelangt, indem sie sich nicht nur gegen ein mißtrauisches Publikum durchsetzten, sondern ebenso gegen ihre abwehrenden männlichen Kollegen und deren Interessenkartelle. Dabei fällt auf, wie selten diese Künstlerinnen sich zu ähnlichen Vereinigungen, zu Frauenbünden ästhetischer Produktion und Mission, zusammenfanden. Erst von der zweiten Hälfte des 19. Jahrhunderts an traten derartige Gruppierungen hin und wieder in Erscheinung; so etwa in Rom eine Reihe neo-klassizistischer Bildhauerinnen mit der Amerikanerin Harriet Hosmer als Mittelpunkt; oder jenes halbe Dutzend impressionistischer Malerinnen, das sich als *,De Amsterdamse Joffers'* um Jacoba Johanna Ritsema scharte (Krichbaum/Zondergeld 1979: 67ff.). Auch ausbildungsorientierte Selbsthilfegruppen, Künstlerinnenvereine und weibliche Berufsorganisationen entstehen nur sehr allmählich (Greer 1980: 310ff.; Berger 1982: 87ff.).

Mochte es ihnen an Willen oder Gelegenheit zur sozio-ästhetischen Formierung fehlen, auf jeden Fall vermieden Künstlerinnen durch diese Abstinenz lange Zeit die in Männerbünden so häufige kollektive Reproduktion gesellschaftlicher Machtverhältnisse und Verteilungskämpfe. Vielleicht ist gerade dies ein nicht nur geschichtlich bedeutsamer Verweis auf die besondere Qualitätschance weiblichen Künstlertums sowohl in ästhetischer als auch in mitmenschlicher Hinsicht.

Frauen wurden von männlichen Kunstbünden oft mit einer Adorationsmetaphorik bedacht: Statt sie als vollwertige Gefährtinnen zu akzeptieren, gefiel man sich in der Pose der Verehrung. Dabei wurde die Daseinswirklichkeit der Angebeteten nur zu gerne verdrängt, wie es zum Beispiel auch der Werdandibund tat, als er Cosima Wagner zum siebzigsten Geburtstag gratulierte. Abbildung nach: Werdandi 1908.

Der König schied. Und sich die Königin
Gab Sinn und Seele liebetreu dahin,
Daß ihres Helden hehre Königswerke
Lebendig blieben all in heilger Stärke.
O Frau, vor allen Fraun Gebenedeite,
Um Lieb und Treu erhöht wie keine zweite!
Hieß Lieb und Treue je des Weibes Zier,
Ward Weibheit nie so stolz gekrönt wie hier:
Die Minnetat geübt in höchstem Sinn —
Ward eines Heiligtumes Priesterin;
Da sie der Frauentreue Preis gewann —
War's für ihr Volk, war's für die Welt getan!
So lohnt hier Weibeswert Unsterblichkeit:
Vor allen Fraun ist sie gebenedeit.

Eberhard König.

Wir nehmen es als eine glückliche Vorbedeutung für unsere Sache, gerade im Zeitpunkte unsres ersten Hervortretens einen besonderen Anlaß zu haben, in Treuen einer großen deutschen Frau zu gedenken. Ihr, der Hüterin des Erbes von Bayreuth

Gruß und Glückwunsch zum siebzigsten Geburtstag!

Wir glauben uns mit allen Gebildeten eins in dem Gefühl der Dankbarkeit gegen Frau Cosima Wagner für die Erhaltung des Bayreuther Gedankens, für die Mehrung der Bayreuther Meisterkunst, eins auch in dem Wunsche, daß jene edle Frau uns noch lange erhalten bleiben möge, uns und der deutschen Kultur!

Der Werdandibund.

Name der Sehnsucht – Nazarener

Ursula Voß

Die deutsche Malerschule der Nazarener, die im ersten Jahrzehnt des 19. Jahrhunderts in Rom eine gegen die gängige Akademie-Ästhetik gerichtete Kunst betrieb, war patriotisch und religiös bestimmt. Formal berief sie sich auf die italienische Frührenaissance, vor allem Raffael, aber auch auf Dürer. Obwohl von großer Strahlkraft, bis nach Frankreich und England, wo sich die *Pre-Raffaelite Brotherhood* auf die Nazarener bezog, wurden sie schon zu ihrer Zeit stark angegriffen. Ihre ideologische Grundlage waren die Schriften Tiecks und Wackenroders, vor allem die „Herzensergießungen eines kunstliebenden Klosterbruders".

Siehe dazu auch Farbseite XXXI.

Mythos Italien

Reise im Zeitalter der Romantik versteht sich aus heutiger Sicht vor allem als Selbstfindung. Galt als Ziel der Pilgerfahrt die mediterran geprägte Kulturlandschaft, läßt sich als *ultima ratio* immer auch das Verlangen nach Läuterung der schöpferischen Impulse anführen und das Bedürfnis, erschlaffende Kraft aus den nie versiegenden Quellen der klassischen Kunst und der Antike, als einem Prinzip des Geistigen schlechthin, zu speisen. „Ja ich bin endlich in dieser Hauptstadt der Welt angelangt... Die Begierde, nach Rom zu kommen, war so groß, wuchs so sehr mit jedem Augenblicke... Nun bin ich hier und ruhig und, wie es scheint, auf mein ganzes Leben beruhigt. Denn es geht, man darf wohl sagen, ein neues Leben an, wenn man das Ganze mit Augen sieht, das man teilweise in- und auswendig kennt... wie moralisch heilsam ist mir es dann auch, unter einem ganz sinnlichen Volk zu leben, über das so viel Redens und Schreibens ist, das jeder Fremde nach dem Maßstabe beurteilt, den er mitbringt" (Beutler 1977: 137f.). Goethes ersten Tagebuchbrief aus dem *„caput mundi"* vom 1. November 1786 an die Daheimgebliebenen gerichtet, mit dem Geständnis der heimlichen Flucht, der gleichsam ‚unterirdischen Reise', aus überreifer Begierde angetreten, um bei der Rückkehr Freunde und Vaterland desto höher einzuschätzen, dieses halb trotzige, halb um Verstehen, wo nicht gar Verzeihen erheischende Manifest, trug es nicht jeder künstlerisch Empfindende im Mantelsack über den Brenner?

„Frömmelnde Unkunst"?

Wie sollten nicht auch jene Lukasbrüder aus Wien die Worte des Weimarflüchtenden in ihrem Portefeuille verwahrt haben, die *anno* 1810, also ein Vierteljahrhundert nach Goethes erstem Aufenthalt – die Französische Revolution hatte dem Denken eine neue Richtung verliehen, nicht aber dem Empfinden – sich in der Ewigen Stadt ansiedelten. Ihr Grundgedanke, den sie mit den Romantikern teilten, daß die Wurzel aller großen Kunst in der Religion liege, führte zu jener Malerei, die Goethe als frömmelnde Unkunst anprangerte, ja, als eine Seuche, die nach einem halben Jahrhundert kein Mensch mehr begreife. Schon in seiner Schrift „Über Kunst und Altertum in den Rhein- und Maingegenden" hatte sich der Dichter seines Mißmutes nicht enthalten können, der nun wiederum den Zorn Dorothea Schlegels erregte, wie sie es unter dem 3. Juli 1818 ihre zum Kreis der Nazarener gehörenden Söhne Jonas und Philipp Veit wissen ließ. Hatte ihm gar sein ‚Mephistopheles Meyer' das Beanstandete zugeflüstert? „Eine Stelle ist darin über das Christentum als Gegenstand der Malerei. Diese ist nicht allein das klare, kecke Geständnis seiner antichristlichen Denkart, sondern durch Stil und Schreibart so über alle Maßen platt und bierbrudergemein, daß ich heftig im Lesen darüber erschrocken bin. Es war mir zumute, als sähe ich einen verehrten Mann vollbetrunken herumtaumeln, in Gefahr, sich im Kot zu wälzen" (Bode 1982: 654).

Unkunst dünkte Goethe, ganz Bannerträger Winckelmanns, alles, das von der Idee der Antike als dem ewig sprudelnden Quell für das Wahre, Schöne und Gute, auch in der Kunst späterer Äonen, wegführte. Dabei will es die Ironie der Geschichte, daß die Nazarener gerade in ihren Anfängen die reine Linie, die hehre Einfachheit ebenso anstrebten, wie die griechischen Meisterschöpfer von einst, und gewiß leuchtete Winckelmanns bekanntes Wort, „das letzte Produkt einer immer sich steigernden Natur sei der schöne Mensch", auch an ihrem Firmament. Dieser sinnliche Humanismus, an dem Goethe sich berauschte wie an einem schweren Wein, wurde freilich mit allzu christlichem Weihwasser, wie es bei der Taufe für den *dolce stil nuovo* der Bruderschaft so reichlich floß, arg verdünnt. Den Kelchen entstiegen, himmlischen Heerscharen gleich, die geschönten pseudoraffaelitischen Phantome, deren so leuchend bunte Tönung kaum den Schimmer echten Lebens in die wächsernen Antlitze und die weichen, knochen- und muskellosen Gliedmaßen zauberte.

Wohin dieser ‚nazarenische Unfug' nun führte, hat Thomas Mann höchst vergnüglich in seinem Goethe-Roman „Lotte in Weimar" zur Anschauung gebracht. Eben noch war das Bekenntnis der Verehrung so frommer Maler wie Cornelius und Overbeck einer Demoiselle aus dem Weimarer Musenzirkel über die Lippen gekommen, „nach deren Bildern er am liebsten mit der Pistole schösse" (Mann 1949: 143). Nun erfuhr die Tafelrunde im Haus am Frauenplan – man saß beim *entremets* und der Champagner floß in Spitzkelche – vom gastgebenden Olympier, was es mit der „geschickten Copie des Charitas-Köpfchens von Leonardo da Vinci" auf sich habe, einer zarten und löblichen Arbeit, „und der Reproducent, Herr Riepenhausen, ein erfreuliches Talent" sei. „Der Kopf war in Aquarellfarben wiedergegeben, die den gedämpften Farbenton des Originals festhielten, und das schmachtende der Augen, die sanfte, gleichsam bittende Neigung des Hauptes, besonders die süße Traurigkeit des Mundes aufs reinste nachgeahmt" (Mann 1949: 422). Sehen wir hier nicht das zarte, ganz auf Hingabe an frommes Tun geschminkte Antlitz der heiligen Elisabeth und ihrem Rosenwunder, wie es Franz und Johannes Riepenhausen, frühe Anreger der Nazarener, *anno* 1822 malten? „Die Erscheinung verbreitete durchaus ein vorzügliches Vergnügen", heißt es weiter im Roman, so sehr, daß eines Tages „auf dem Mund des Bildes, will sagen, auf dem Glase, dort, wo es den Mund bedeckt, sich der unverkennbare Abdruck, das wohlgeformte Faksimile eines von angenehmen Lippen dem schönen Schein applicierten Kusses" sichtbar war (ebd.). Alles hat Thomas Mann, seine Feder in das Tintenfaß des Geheimen Rates tauchend, in dieser Anekdote über die Kunst der Nazarener zum Ausdruck gebracht: *Imitatio*, süßliche Erotik, das Sentimentale, ganz darauf abzielend, Gefallen zu erregen, wo nicht sogar unterschwellig sinnliche Regungen auszulösen. André Gide paraphrasierend ließe sich sagen *„que c'est avec de bons sentiments que l'on fait de la mauvaise peinture"* (sinngemäß: „... mit schönen Gefühlen malt man miserabel").

Welcher Art war nun die Inspiration der frommen Malkünstler? Galt ihnen, wie dem Erzromantiker Ludwig Tieck, die Kunst als ein „täuschender, trüglicher Aberglaube", ein „tödliches Gift, was im unschädlichen Keim des Kunstgefühls verborgen liege", gar als „eine verführerische, verbotene Frucht", und „wer einmal ihren innersten, süßesten Saft geschmeckt hat, der ist unwiederbringlich verloren für die thätige, lebendige Welt" (Tieck o.J.: 76). Tieck schrieb den Nazarenern Sollgefühle und Normen vor. „Das ist's, daß die menschlichen Gefühle, die fest auf der Seele gewachsen sind, verwegen aus den heiligsten Tiefen dem mütterlichen Boden entreißt, und mit den entrissenen, künstlich zugerichteten Gefühlen frevelhaften Handel und Gewerbe treibt, und die ursprüngliche Natur des Menschen frevelhaft verscherzt. Das ist's, daß der Künstler ein Schauspieler wird, der jedes Leben als Rolle betrachtet, der seine Bühne für die echte Muster- und Normalwelt, für den dichten Kern der Welt, und das gemeine wirkliche Leben nur für eine elende, zusammengeflickte Nachahmung, für die schlechte umschließende Schale ansieht" (Tieck o.J.: 78).

Tiecks emphatisches *credo* wird von den Nazarenern, ungeachtet der impliziten Warnung, nachgelebt. In ihrem gleichsam erzieherischen Selbstverständnis bemühten sie sich, in ihrer neuen Malerei die innige Verquickung von Kern und Schale, von

Der deutsche Landschaftsmaler Joseph Anton Koch (1768–1839) lebte seit 1795 in Italien und hatte großen Einfluß auf seine dort residierenden deutsch-römischen Malerfreunde, die sich in ihren Bildern bemühten, die innige „Verquickung von Kern und Schale" durch Detailsverismus zu dokumentieren. Die Pinselzeichnung von Joseph Anton Koch zeigt den „Blick von Olevano auf die Campagna". Hamburger Kunsthalle. Foto: Rheinisches Bildarchiv, Köln.

religiösem Ethos und realer Weltschau durch den Detailverismus ihrer religiösen *tableaus* zu dokumentieren. Das Ergebnis ist bilderbuchhafte Akribie, allenfalls erbaulicher Dekor, das kaum die Nerven zum Vibrieren bringt.

Exodus

Eiferer waren sie und Ideologen, die jungen Künstler an der Wiener Akademie, die sich, unzufrieden mit diesem „Paradies der Manieristen aus Prinzip", wie Joseph Anton Koch an Görres schrieb, *anno* 1808 zur Lukasbruderschaft zusammenschlossen. Männer wie Franz Pforr, Johann Friedrich Overbeck, Ludwig Vogel, Johann Konrad Hottinger und Joseph Johann Sutter bildeten die Basis der neuen Bewegung. Lukasbruderschaft nannten sie sich, ganz im Sinne der spätmittelalterlichen Malerzünfte und Gilden unter dem Patronat des heiligen Lukas, gründeten 1809 den ‚Lukasbund' und übersiedelten im folgenden Jahr nach Rom, in die Villa Malta zuerst und später ins Kloster San'Isidoro, in romantischer Verlassenheit auf dem Pincio gelegen. Im Jahr 1811 gesellte sich Peter Cornelius zu ihnen, der zu den bedeutendsten Vertretern der neugotischen Manieristen zählen sollte. Jeder ihrer in Rom abgefaßten Briefe an Freunde und Gönner liest sich als Variante zu dem einen Manifest ihres Strebens nach Wahrheit und Innerlichkeit, einer sittlichen Entscheidung zur Wahrheit, wie sie vor ihnen Schöpfer vom Rang eines Dürer und Raffael in höchster Kunstform ausdrückten. Ja, zuweilen unterschrieb Cornelius seine Briefe mit dem Namen des Italieners, dessen Rang er freilich nie erreichte: Wie weit blieben doch alle seine Bemühungen hinter einem Meisterwerk wie der *„Belle Jardinière"* aus dem Louvre zurück. Und doch gestaltete sich sein Verhältnis zu dem großen Vorbild zwiespältig, denn er erkannte Verführung, und zwar die feinste, die es gäbe. „In dieser liegt das größte Gift und der wahre Empörungsgeist und Protestantismus, mehr als ich je gedacht. Man möchte blutige Tränen weinen, wenn man sieht, daß ein Geist, der das Allerhöchste gleich jenem mächtigen Engel am Throne Gottes geschaut, daß ein solcher Geist abtrünnig werden konnte" (Uhde-Bernays 1957: 304).

Gottgeweihte Bruderschaft

Zum künstlerischen und religiösen Ethos – es gab Konversionen zum Katholizismus – trat das patriotische und vor allem das moralische im Sinne einer neuen Menschlichkeit und sittlichen Erhöhung. Diese fand ihren Ausdruck auch in Haartracht und historisierender Kostümierung, wie sie Wilhelm von Kügelgen in seinen „Jugenderinnerungen eines altes Mannes" schildert – unter den altdeutschen Röcken war es „allerdings ein wunderlicher Geist, der damals in den Köpfen der jungen Leute spukte" (Kügelgen 1904: 355). Schwärmerische Utopien und Besinnung auf die „Rückbildung des Vaterlandes zu seiner Vorzeit, namentlich zu deren traditionellen Tugenden der Ehrlichkeit und Treue, des Glaubens, der Tapferkeit und Keuschheit" (ebd. 355) trieb die Jünglinge dazu, mit langen Haaren über kahlen Hälsen herumzulaufen, die aus kurzen schwarzen Schauben

Das Café Greco in Rom war Anfang des 19. Jahrhunderts der beliebteste Treffpunkt der deutsch-römischen Künstlergemeinde und damit auch der der Nazarener. Dorthin kamen sie, um zu sehen und gesehen zu werden und im endlos über ihre verehrten Vorbilder Dürer, Raffael und Tizian zu debattieren. In einer Bleistiftzeichnung (hier ein Ausschnitt) hielt Carl Philipp Fohr die Szenerie fest. Städelsches Kunstinstitut, Frankfurt. Foto: Ursula Edelmann, Frankfurt.

mit breit darübergelegtem Hemdkragen lugten, dazu phantastische Samtbaretts und ein Dolch an einer eisernen Kette mit Ebenholzgriff auf silbernem Totenkopf, kurz, „eine lächerliche Maskerade" (ebd. 355). Zumindest die Waffe mochte den nach Erzväter Weise Gewandeten gute Dienste erweisen, und sei es nur zur Abschreckung, da sich die Verhältnisse in Rom seit dem Ende des 18. Jahrhunderts nicht erheblich gemildert hatten. Notierte nicht Elisabeth Vigée-Le Brun, man habe ihr versichert, „daß alle Frauen Roms einen Dolch bei sich trügen ... indes glaube ich nicht, daß die vornehmen Damen es tun; doch ist es wahr, daß die Frau des Landschaftsmalers Denis, eine Römerin, bei der ich gewohnt habe, mir einen Dolch zeigte, den sie beständig bei sich trug" (Vigée-Le Brun zit. n. Mengden 1985: 145).

Ob mit oder ohne geschmiedetes Eisen, sie wirkten abschreckend, die Jünger dieser „gottgeweihten Kunstgemeinde" wie sie später Felix Mendelssohn-Bartholdy charakterisierte, als die einst kleine Gemeinde sich in den dreißiger Jahren auswuchernd vergrößert hatte. „Es sind furchtbare Leute, wenn man sie in ihrem *Café Greco* sitzen sieht. Ich gehe auch fast nie hin, weil mich so sehr vor ihnen und ihrem Lieblingsort graut. Das ist ein kleines, finsteres Zimmer, etwa acht Schritt breit, und auf der einen Seite der Stube darf man Tabak rauchen, auf der andern aber nicht. Da sitzen sie denn auf den Bänken umher, mit den breiten Hüten auf, große Schlächterhunde neben sich, Hals, Backen, das ganze Gesicht mit Haaren zugedeckt, machen einen entsetzlichen Qualm (nur auf der einen Seite des

Zimmers), sagen einander Grobheiten; die Hunde sorgen für Verbreitung von Ungeziefer; eine Halsbinde, ein Frack wären Neuerungen; – was der Bart vom Gesicht freiläßt, das versteckt die Brille, und so trinken sie Kaffee und sprechen von Tizian und Pordenone, als säßen die neben ihnen und trügen Bärte und Sturmhüte! Dazu machen sie so kranke Madonnen, schwächliche Heilige, Milchbärte von Helden, daß man mitunter Lust bekommt dreinzuschlagen" (Gallwitz 1977: 410). Wie notwendig ihnen ihre begleitenden Vierbeiner waren, zeigt Carl Philipp Fohr in seiner Bleistift- und Federsilhouette, die ihn in Reisetracht mit seinem Hund Grimsel zeigt, der kälbergroße Bernhardiner als Beschützer auf dem allein angetretenen Weg über den Brenner, eine Reise mit „unzähligen Strapatzen", wie er *anno* 1816 aus Rom seinen Eltern berichtete.

Aber was hätte sie schon abgeschreckt, die Mannen, die der Ruf aus dem Süden erreichte, das Ihre beizutragen zur Erneuerung der Kunst! Höllenrichter mit bunten Brillen nannte sie der sensible jüdische Musiker in Anspielung auf die plakative Farbigkeit ihrer Gemälde, die sich folkloristischen Hinterglasbildern verdankt – vom koloristischen *valeur* einer heutigen Postkarte oder Abbildung in einem populären Romführer; die glänzende Glätte der Figuren wie aus gefärbter Gelatine erzielt im luftlosen Raum *laterna magica*-Effekte. Wieviel aufrichtiger waren sie doch in der Zeichnung, vor allem im Porträt, hier waltet poetischer Realismus und auch zuweilen Humor, denken wir an Veits „*proprietario del Caffè Greco*" mit Mütze und kecker Nase. Den Kaffeehaus-*habitués* hingen Spötter den Namen ‚Nazarener' an, trugen sie doch ihre Haare ‚*alla Nazarena*', so wie Jesus von Nazareth.

Was könnte das Leben der Lukasbrüder am Tiber anschaulicher vorstellen als ihre Briefe. „Da ich vor etwas mehr als vier Jahren nach Rom kam", so Overbeck an Sutter im September 1814, als er ihm eine „beßre Zeit im Werden" ankündigte, „pflegten die deutschen Künstler sich fast alle Abende zu versammeln, um *in corpore* in irgendein Weinhaus zu ziehen; nicht zu gedenken, daß es dabei meistens nicht am würdigsten zuging, war es noch gleichsam eine ausgemachte Sache, daß dabei von Kunst nicht die Rede sein dürfte, teils, um keine Zwistigkeiten zu veranlassen, teils weil man meinte, daß, wenn man sich den ganzen Tag damit geplagt habe, man am Abend mit gutem Gewissen sich einer so lästigen Sache wie die Kunst es sei, wohl ein wenig entladen dürfe. Wie ganz anders sieht es, gottlob! jetzt aus! – Damals nahm man uns allgemein sehr übel, daß wir an solchen Gelagen kein Teil nahmen, sondern uns ruhig in unseren Klosterzellen hielten, um in süßer Einsamkeit mit der geliebten Braut, der Kunst, zu buhlen; wir ertrugen das und mußten es ertragen. Aber siehe, schon sehen wir die Früchte des besten Samens, den wir im stillen ausstreuten, reifen; an die Stelle jener Saufgelage sind allgemeine deutsche Künstlerversammlungen getreten, in denen auf die würdigste und erbaulichste Weise mit ebenso lebendigem wie allgemeinem Eifer als vollkommener Eintracht und Einigkeit über das, was sich zum besten der Kunst tun ließe, verhandelt wird" (Uhde-Bernays 1949: 335f.).

Weibeswähnen

Wagte je ein weibliches Wesen, Unruhe des Blutes in die gleichsam mönchisch enthaltsame Künstlerexistenz zu tragen, so mündete Ichverleugnung, die Benn den Bildern Ludwig Richters zugestand, in Träume eines bürgerlichen Familienglücks, ganz wie Overbeck oder Carolsfeld es so feinsinnig und subtil auf Zeichenblätter skizzierten. „... gib bald ein frommes Mädchen mir, die meiner niemahls unwerth einst traulich mit mir lebt, an der ich mich erfreue, wenn ich des Tages Arbeit gut vollendet, die sittlich mir mit holden Worten meinen Fleiß belohnt..." faßt Pforr ihrer aller Sehnen in Worte (Gallwitz 1981: 29).

War es nun die doch glaubhaft vorgelebte fleischliche Abstinenz inmitten eines so sinnenfrohen Volkes, welche die so sinnenfernen stilisierten, lieblichen Schwindsüchtigen zeugte? Kaum daß sie Luftraum verdrängten, biblische oder Legendengewandung über den keuschen Leib geworfen: Heilige, Märtyrerinnen oder Märchengeschöpfe, die gewiß nicht beanspruchten, Vorbildern aus Fleisch und Blut zu gleichen. Aber selbst da, wo nach dem Titel des Gemäldes Porträtähnlichkeit durchaus zu erwarten wäre, fehlt auf den Gesichtszügen die leiseste Spur prägender Leidenschaft oder charakterlicher Individualität. Dafür entschädigen den Betrachter die volkstümliche Geste, das typisch Südländische, wie das anmutige Balancieren der Wasserkrüge und Fruchtkörbe, das spielerische sich Neigen zum Kind. Fast scheint uns, als hätten die Nazarener nach doppelter Vorlage gearbeitet, dem lebenden Vorbild, dem sie nun doch nicht entraten konnten, und einer allem Irdischen entrückten Vision von Weiblichkeit, gleichsam als habe man, wie aus Angst vor möglicher Verführung, einen psychischen Schutzmechanismus walten lassen. Alle von den Nazarenern gemalten Frauen und Mädchen gleichen einander. Lieh Overbecks „Vittoria Caldoni" ihre maskenhaft ebenmäßigen Züge nicht auch seiner „*Italia*" und ihr Profil der Pharaonentochter bei der „Auffindung Mosis"? Über das Modell erfahren wir durch August Kestner, Botschaftssekretär in Rom. Während eines Sommeraufenthaltes, einer *villegiatura* in den Albaner Bergen lernte er die Inkarnation romanischer Weiblichkeit kennen, eine dreizehn- bis vierzehnjährige Weinbauerntochter, in frommer Obhut aufgewachsen, kaum je die Schwelle des Elternhauses verlassend, aber doch der Einladung in die Botschaftsvilla Malta zu Rom folgend. Hier nun durften täglich in einem als Atelier eingerichteten Zimmer die Künstler, darunter auch Bildhauer wie Thorvaldsen, die enthusiastisch gefeierte Schönheit porträtieren; angeblich nie wurde Lebensähnlichkeit mit dem unvergleichlich berückenden Modell erzielt (*Peinture allemande* 1976/77: 143f.).

Die Mädchen auf den Bildern der Nazarener konnten kaum je für sich beanspruchen, Vorbildern aus Fleisch und Blut zu gleichen. Das gilt auch für die züchtigen Grazien, die nicht einmal einen Blick auf den musizierenden Jüngling wagen, der Federzeichnung von Julius Schnorr von Carolsfeld „Musik auf der Terrasse". Wallraf-Richartz-Museum, Köln. Foto: Rheinisches Bildarchiv, Köln.

Der zerrissene Schleier

Was suchten die deutschen Künstler in der steinernen Stadt, da jede Ruine ein Kapitel der Weltgeschichte bedeutet? Nur eine kurze Zeitspanne war ihnen vergönnt, ehe in den vierziger Jahren die neue Erfindung der Bildnerei durch die *camera obscura* scharenweise begeisterte Anhänger fand und das Interesse an der gemalten Vedute verdrängte. Noch durften sie sich rühmen, nach dem Wort von Schnorr von Carolsfeld, „einen zärtlichen Bund" mit der *Roma* zu schließen. Oder war ihnen Rom nur ein Gegenerlebnis, in das sie die Sehnsucht nach dem romantischen Deutschtum trieb? „Hier ist alles klar und entschieden in Leben und Kunst, wie der blaue Tag des Südens, prächtig und wolkenlos", berichtete Joseph von Führ seinen Eltern, „in Rom hält es (wenigstens mir) sehr schwer, mich in die Welt der Sage und Romantik zu versetzen. Die äußeren Eindrücke, ja das ganze Leben ist nicht günstig hierzu. Der ahnungsvolle, mystische Schleier, welcher für die Bilder des Märchens, der deutschen Legende und Poesie so eigentümlich notwendig, ist hier zerrissen. Hier wehen nicht die Schauer und Rätsel eines unbekannten Wunderreiches von tief bedeutsamem, oft unheimlichem Gepräge; alles fällt hier weg, was das Gemüt jenem Ideenkreise gemäß bewegen könnte" (Uhde-Bernays 1957: 398f.).

In dieser Gegenwelt, der sie alle wie einem psychedelischen Rausch verfallen waren, gedieh ihre Kunst. Tafelmalerei in der Farbgebung mittelalterlicher Figuralkunst, dramatische Szenarios aus Mythologie und Legende, vor allem der Artusrunde und Nibelungensage, *tableaus* historischer Momente, wie der „Einzug König Rudolfs von Habsburg in Basel". Und so verpflichtet der narrativen Tradition, daß die Illustrierung literarischer Werke ein großes Aufga-

Julius Schnorr von Carolsfeld (1794–1872) schloß sich 1818 in Rom den Nazarenern an. 1820–26 arbeitete er mit seinen Freunden an Fresken für die Villa Massimo. Hierbei war für die Nazarener die Gruppenarbeit im Sinn einer mittelalterlichen Werkstattgemeinschaft wichtiger als die individuelle schöpferische Betätigung. Federzeichnung: Julius Schnorr von Carolsfeld „Auszug der Mönche". Wallraf-Richartz-Museum, Köln. Foto: Rheinisches Bildarchiv, Köln.

benfeld wurde. Angesichts römischer Tempel und Paläste fand Cornelius, zur Verwunderung seiner Freunde, Inspiration für seinen Faust-Zyklus in der bestechenden Eleganz höfisch-gotischer Tradition, der wegen seiner „oft unübertrefflich glücklichen Einfälle" sogar Goethes Zustimmung fand (Beutler 1977: 861). In die Schublade der geschmähten Blätter legte der Apologet des Klassischen dagegen den Umriß mit „Orpheus vor Plutos Thron um die Eurydike zu befreien", wie wir von Eckermann erfahren. „Das Bild erschien uns wohlüberlegt und das einzelne vortrefflich gemacht, doch wollte es nicht recht befriedigen und dem Gemüt kein rechtes Behagen geben. Vielleicht, dachten wir, bringt die Färbung eine größere Harmonie hinein" (Eckermann zit. n. Beutler 1977: 397f.).

Manifeste der Malerei

Vergebliche Hoffnung setzte Goethe hier in eine Entdeckung, deren Pforr und Overbeck sich rühmten, „nämlich den Charakter der Farben, mehr als man getan hat, mit der Malerei zu verbinden und überhaupt jeder leblosen Sache ihren eigentümlichen Charakter abzulernen und dadurch ein Bild sprechender und übereinstimmender zu machen" (Uhde-Bernays 1957: 350). In den meisten Gemälden finde man Farbordnungen, deren einziger Zweck es sei, dem Auge zu schmeicheln und die Übergänge sanfter zu gestalten, „dadurch denn die Harmonie der Farben hervorgebracht wird; unser Bemühen ist aber, eine Harmonie des Menschen, den ich vorstelle, mit den Farben seines Gewandes hervorzubringen" (ebd.). Pedantisch werden nun für figürliche Malerei koloristische Gesetze aufgestellt. Schwarz und Violett – mit Dunkelgrün und Orange kombiniert von den Präraffaeliten bevorzugt –, aber auch Schwarz und Blau, Weiß und Violett eigneten sich für die Schwarzhaarigen; die Braunhaarigen kleide man in Grün oder Gelbgrün und Violett, Blau mit Grün, Graurot und Weiß; den Blonden stünden alle ‚stillen Farben', „als blau mit grau, grau mit karmoisinrot und dergleichen..." (Uhde-Bernays 1957: 351). Auch Charaktereigenschaften preßt Pforr in ein ähnliches Schema, wonach schwarzes Haar Stolz und Kälte oder auch Munterkeit und Fröhlichkeit zu erkennen gäbe; braunes Haar gutmütige Fröhlichkeit, unschuldige Schalkheit, Naivität und Munterkeit und blondes Haar gar Eingezogenheit, Bescheidenheit, Herzensgüte und Stille, „im ganzen überhaupt mehr leidend als handelnd" (ebd.).

Wer das Malen nach der Schablone kanonisiert, muß sich im Scherz von den Zwängen befreien. Pforr gibt einen Gruppenulk preis: „... ich zeichnete auf eine grundierte Leinwand mit weißer Kreide eine Figur, aus der wir im Scherz einen Holzhacker machten, alles paßte aufs beste. Darauf reizte uns der Mutwillen, einen eleganten Stutzer daraus zu machen, hurtig wurde das Holzhackerkleid hinweggewischt, und ehe fünf Minuten vergingen, stand das liebenswürdige süße Herrchen da, und welches Wunder, passend, als ob Gesicht und Stellung besonders dazu gemacht worden wären. Dem muß man tiefer auf den Grund kommen, dachten wir und machten schnell einen Geistlichen, einen Türken, einen Juden daraus, und alles passend zum Erstaunen, sogleich versuchten wir es weiter und machten mehrere und kamen so dahinter, daß die Form des Gewandes außerordentlich viel beiträgt" (Uhde-Bernays 1957: 352f.).

Die ungestörte, konfliktfreie Eintracht des gemeinschaftlichen Arbeitens gründete auf schwärmerischer Zuneigung der Nazarener für einander. Doch auch Italien und der dort unmittelbar erfahrene Eindruck der Geschichtsträchtigkeit prägte den Freundschafsbund und die Bilder seiner Mitglieder. Franz Ludwig Catel „Ruinen in der Campagna", Aquarell. Hamburger Kunsthalle. Foto: Rheinisches Bildarchiv, Köln.

Kein Wunder, daß schon die Gazetten den Malern Unnatur und Affektiertheit vorwarfen und die so Kritisierten, auch getrieben von wirtschaftlicher Notwendigkeit, sich immer wieder den besser verkäuflichen Stadtansichten und Landschaften zuwandten; für ihre religiösen Sujets fanden sie in Rom neben vereinzelten britischen und schottischen Aristokraten kaum Interessenten. Hochgestellte Protektoren blieben König Friedrich Wilhelm II. von Preußen und Bayerns König Ludwig I., Absagen erteilten der österreichische Kaiser und Fürst Metternich.

Die formalen Kriterien eines „romantischen Wollens" (H. v. Einem) führten zu steriler Uniformität. Wie waren diese Jünger doch bar allen Ehrgeizes, sich voneinander zu unterscheiden. Nur die starke ideologische Grundhaltung dieser ersten Künstlersezession konnte dazu führen, Streben nach individuellem Ausdruck zu unterdrücken und die schöpferische Betätigung, unter Verzicht auf das Ego, allein in der Gruppe und gleichsam aus dem Geist der mittelalterlichen Werkstattgemeinschaft auszuüben. So spielte es beispielsweise keine Rolle, wenn der eben erst eingetroffene Joseph von Führich eine Arbeit Overbecks in der *Villa Massimo* fortsetzte. Drei Zimmer hatte der Prinz für Fresken zu Szenen aus den Dichtungen von Dante, Tasso und Ariost bestimmt. Die Begebenheiten aus Ariosts *„Orlando Furioso"*, dem Rasenden Roland auf himmelblauem Rappen beschäftigten Schnorr von Carolsfeld; Overbeck malte Tassos letzten Gesang, da Rinaldino den Zauber in einem Wald bei Jerusalem durch sein Schwert löst und in der Schlacht von Armida verfolgt wird, um schließlich nach dem Sieg die Waffen am Heiligen Grab in Jerusalem niederzulegen. Um Dante bemühten sich Veit und Koch, der streng genommen nicht zu den Lukasbrüdern zählende Tiroler Landschafter, der Dantes Traum von den wilden Tieren und seiner Errettung durch Vergil an die Eingangswand auftrug, fleißig bedacht auf zähnefletschende Beschwörung der Raubtiergreuel im *circus maximus* von einst.

Die Wiedereinführung der Freskomalerei, wie zur Zeit des ‚großen Giotto' oder ‚göttlichen Raffael' setzte in den Augen der Maler die ‚innere Ausbildung' für die Beherrschung dieser Technik voraus. „... denn ist der Geist Gottes nicht mit der Kunst, so helfen alle andern Mittel nichts, die größten Anstrengungen und Aufmunterungen sind nichts als Tand. Diesen Geist also vorausgesetzt, ist die Fresco-Malerei so recht geeignet, alle Elemente der Kunst aufs freieste und größte in sich aufzunehmen, und statt auf den Weg des leeren Eklekticismus blos unvereinbare Äußerlichkeiten vereinen zu wollen, zieht sie wie in einen Brennpunkt die von Gott ausströmenden Lebensstrahlen zu einem glühenden Brande zusammen, der wohltätig die Welt erleuchtend erwärmt" (Gallwitz 1981: 361).

Rom am Rhein

Diese ungestörte, konfliktfreie Eintracht des gemeinschaftlichen Arbeitens gründete auf schwärmerischer Zuneigung der Nazarener für einander, wie auch auf Achtung vor Künstlertum und Virtuosität, die jeder für sich in Anspruch nahm und neidlose Anerkennung fand. „Klosterbrüder", so Cornelius, „sind eine Gesellschaft ganz vorzüglicher Menschen, die sich für die Kunst und alles Gute verbrüdert haben und musterhaft sich lieben und einander anhängen... Overbeck aus Lübeck ist derjenige von ihnen, der durch die Milde seiner Seele und die Kraft seines edlen Geistes die andern alle um sich versammelt und für alles Herrliche entflammt hat", dabei sei er die wahre Demut und Bescheidenheit. Pforr „besitzt das edelste und treueste Herz von der Welt, eine unerschütterliche Festigkeit in Dingen, die er für echt hält, aber auch eine Strenge, die oft ins Herbe geht und ihm selbst sehr nachteilig ist...". *Epitheta* wie Herzenstreue, Unerschütterlichkeit, Dankbarkeit werden wie Orden verliehen. „Dienstbarkeit bis zur Unterwerfung, Anhänglichkeit und Liebe" werden dem im Stile von Michelangelo arbeitenden Schwaben Wintergerst nachgerühmt; Vogel, der Schweizer, ein von der Natur aufs rüstigste und reichste ausgestatteter Mensch, „ergreift mit offener Brust und Geist alles, was die Natur Schönes, Gutes und Herzliches in die Seelen der Menschen gestreut, um sie zu vereinigen" (Uhde-Bernays 1957: 305).

Ihre Zugehörigkeit zur Idee eines Deutschtums am Tiber, ihre innere Verbundenheit bekunden die Schwärmer mit ihren Freundesporträts, feinpinselig italianisierend, wobei sich alle die Jünglingsschönheiten auf Dürers berühmtes Selbstbildnis berufen dürfen, über dem sich, vor dem Auge des Betrachters, ein strahlend italienischer Himmel wölbt. Ja, Italien, Rom mußte es sein, wo unter dem unmittelbaren Eindruck der Geschichtsträchtigkeit ein schon daheim glimmendes patriotisches Ethos seinen Fackelbrand aufflammen lassen konnte, wie um sich der überwältigenden *italianità* – nie der Antike entbehrend – zu erwehren und sich doch gleichzeitig ihrer Formsprache zu bedienen. Wo es um die romantisierende Wiedergabe der mittelalterlichen Vorlage ging, schlug allemal die Toga römischer Senatoren um die Waden der Kreuzritter.

Rom als Talentschule – wie ehrlich hatte sich Goethe schon zwei Dekaden zuvor geäußert, als er zugab, sich in eine zu große Schule begeben zu haben, als daß er geschwind wieder aus der Lehre gehen dürfe. „Meine Kunstkenntnisse, meine kleinen Talente müssen hier ganz durchgearbeitet, ganz reif werden, sonst bring ich wieder euch einen halben Freund zurück und das Sehnen, Bemühen, Krabbeln und Schleichen geht von neuem an" (Goethe zit. n. Beutler 1977: 389).

Pathetischer faßten es die Nazarener in Worte – wie austauschbar sind dabei die Namen der Sprecher und Schreiber, die angesichts des *forum romanum* ihr Deutschtum als Sehnsuchtserlebnis stilisierten und zugleich, wie um alle Vorwürfe oder fragendes Nichtverstehen zu entkräften, den heiligen Namen der Kunst anriefen. Schnorr von Carolsfeld ging so weit, Rom für Deutschland zu reklamieren, denn das wahre Rom gehöre doch den Deutschen. „Obwohl ich die feste Überzeugung habe, es sei zu wünschen, daß einst der Zeitpunkt komme, wo die deutschen Künstler nicht mehr scharenweise nach Rom ziehen, daß wir in unserm Lande ein deutsches Rom haben (wie es wohl Köln einst gewesen sein mag), weil dies das einzige Mittel ist, wollen wir wieder eine deutsche Kunst haben – so muß ich doch bekennen, daß, wie die Lage der Dinge jetzt nun einmal war, Rom dem Aufblühen einer neuen deutschen Kunst nicht nur nicht schädlich, sondern höchst förderlich war" (Uhde-Bernays 1957: 324f.).

Auch Peter von Cornelius offenbarte sich das Wesen der deutschen Kunst „in seiner Glorie" erst in Italien, „denn außer bei den Klosterbrüdern hört man hier nur mit einer gewissen Vornehmheit von der deutschen Kunst sprechen", was ihn, wie er bekannte, schmerzlich traf (Uhde-Bernays 1957: 304).

Wie abschätzig war wiederum das Urteil, das man über die Nazarener fällte? Lange nach dem Höhepunkt ihres tätigen Wirkens am Tiber, als ihr Ruhm sich bis nach England und Frankreich verbreitete, mußte sich ihr Werken und Wirken, in frommster Absicht vollbracht, böse Verzerrung gefallen lassen. Das Unzeitgemäße ihrer Malerei faßt Heinrich Heine in einer Pariser Reiseanekdote zusammen, zu der er eine Begebenheit aus dem Jahr 1841 stilisiert. „... zu jener Zeit, vorigen Herbst, begegnete ich Hrn. Cousin auf dem Boulevard des Italiens, wo er vor einem Kupferstichladen stand und die dort ausgestellten Bilder von Overbeck bewunderte. Die Welt war aus ihren Angeln gerissen, der Kanonendonner von Beirut, wie eine Sturmglocke, weckte alle Kampflust des Orients und des Okzidents, die Pyramiden Ägyptens zitterten, diesseits und jenseits des Rheins wetzte man die Säbel – und Victor Cousin, damaliger Minister von Frankreich, stand ruhig vor dem Bilderladen des Boulevard des Italiens und bewundert die stillen, frommen Heiligenköpfe von Overbeck und sprach mit Entzücken von der Vortrefflichkeit deutscher Kunst und Wissenschaft, von unserm Gemüt und Tiefsinn, von unserer Gerechtigkeitsliebe und Humanität" (Galley 1968: 437).

Freundschaftsbund und Bruderschaft, im programmatischen Streben nach einer Erneuerung der Malerei, deren höchstes Ziel eine vaterländisch-historische und daneben auch christliche Monumentalkunst bedeutete, war ein langsamer Erstikkungstod beschieden: die ideellen Räume, in denen sie sich bewegten, waren luftleer. Einzig dem Historismus dienten die Klosterbrüder als Schleppenträger.

Friedrich II. von Preußen wurde 1738 in die erste deutsche Freimaurerloge, die sich ein Jahr zuvor gebildet hatte, aufgenommen. Er war zu der Zeit noch Kronprinz, und die Aufnahme erfolgte ohne Wissen seines Vaters. Die Freimaurerei übte auf viele bedeutende Männer eine große Anziehungskraft aus, so gehörten zum Beispiel auch Lessing, Klopstock, Claudius, Goethe, Herder, Wieland und Börne zu ihnen, und selbst Heine und Tucholsky. Von jeher war die Kugelung (Ballotage) mit weißen und schwarzen Kugeln ein Abstimmungsverfahren der Freimaurer (vgl. die Aufsätze Nr. 50 und 86). Foto: J. Blume.

Links: Ein Initiand wird vor seiner Aufnahme in eine Freimaurerloge noch einmal eindringlich befragt, warum er Freimaurer werden will. Rechts: Als Symbol der brüderlichen Verbundenheit der Angehörigen einer Loge wird am Schluß jeder rituellen Arbeit, das heißt Versammlung, die sogenannte Bruderkette gebildet. Dazu wird das Lied „Brüder, reicht die Hand zum Bunde" gesungen. Unten: Bei jeder rituellen Arbeit sammeln die Freimaurer auch Almosen für wohltätige Zwecke (vgl. Aufsätze Nr. 50 und 89). Fotos: J. Blume.

Porträt des Friedrich Heinrich Graffender aus Küstrin im Jahr 1817. Hammer und Schurz weisen ihn als Freimaurer aus. Am Hals trägt er neben dem Bijoux (Abzeichen) seiner Loge das Winkelmaß als Zeichen seiner Stellung als Meister vom Stuhl, also Vorsitzenden dieser Loge. Sein drittes Abzeichen gibt ihn als Mitglied des Direktoriums der Großloge zu den Drei Weltkugeln zu erkennen (vgl. Aufsätze Nr. 50 und 89). Foto: Deutsches Freimaurer Museum Bayreuth.

Deutscher Logenteppich aus der 2. Hälfte des 18. Jahrhunderts mit freimaurerischen Symbolen. Ursprünglich wurde auf dem Boden der Logen ein Platz abgegrenzt, auf dem wertvolle Instrumente und Arbeitsgeräte gelegt oder mit Kreide gezeichnet wurden. Daraus entwickelten sich die Teppiche, deren Symbole von Grad zu Grad verschieden sind und die zur Vermittlung der freimaurerischen Lehrinhalte bei den Einweihungsritualen dienen (vgl. Aufsätze Nr. 50 und 89). Foto: Deutsches Freimaurer Museum Bayreuth.

Frauen blieb die Mitwirkung in den Männerbünden der Bildenden Kunst meist verwehrt. Die sozialen Vorurteile und Machtstrukturen, die die männlichen Künstler in ihrem Alltag erlebten, reproduzierten sie oft auch dann, wenn sie versuchten, ihre Umwelt mit ästhetischen Botschaften zu verändern. So ist es wohl auch kein Zufall, daß Max Ernst auf seinem Gruppenbild der Surrealisten die einzige Frau, Gala Eluard, den Männern den Rücken zukehren, ja sie gar aus der Szenerie hinaustreten läßt… (vgl. Aufsatz Nr. 55). Museum Ludwig, Köln. Foto: Rheinisches Bildarchiv, Köln.

George Sand und Berthe Morisot wurden nicht auf dem Bild zugelassen: Henri Fautin-Latour, der bildnerische Chronist kreativer Männerzirkel im Frankreich der zweiten Hälfte des 19. Jahrhunderts, ging soweit, daß er auch dann in seinen Bildern keine Frauen darstellte, wenn sie in den von ihm porträtierten Gruppen eine Rolle spielten, wie Georg Sand im Kreis um Delacroix (Bild oben) und Berthe Morisot im Kreis um Manet (vgl. dazu Aufsatz Nr. 55). Oben: Hommage à Delacroix. Foto: Musée du Louvre, Paris. Unten: Un atelier aux Batignoles. Foto: Musée d'Orsay, Paris.

In den Künstlerbünden war Frauen meist die häusliche Sphäre vorbehalten, auch bei den Nazarenern, das heißt den Mitgliedern der deutschen Malerschule im Rom des 19. Jahrhunderts. Ihre Frauen lebten, wie es Friedrich Overbeck in dem Porträt seines Freundes und Malerkollegen Franz Pforr darstellt: Als treusorgende Lebensgefährtinnen, die sich um die Ausschmückung des Hauses verdient machten (vgl. Aufsätze Nr. 55 und Nr. 56). Nationalgalerie Berlin (West), SMPK. Foto: Jörg Anders, Berlin.

Die zwei als Pendant konzipierten Gruppenporträts von vierzehn Mitgliedern des Dilettanti-Clubs in London malte Sir Joshua Reynolds. Die Bilder zeigen die Aufnahme von Sir William Hamilton (1730 bis 1802), damals britischer Gesandter in Neapel, in den Club. Da neben einem Italienaufenthalt auch das Sammeln von Objekten der klassischen Antike Aufnahmebedingung des Clubs war, präsentiert Sir Hamilton den Dilettanti Abbildungen seiner bedeutenden Sammlung antiker Vasen. Freilich scheint niemand sonderlich daran interessiert zu sein, diese Bilder anzuschauen. Die meisten Clubmitglieder sind vielmehr damit beschäftigt, den

Betrachter mit Blicken und Gesten auf das Privatleben Sir Williams aufmerksam zu machen. So hält Sir J. Taylor ein Damenstrumpfband hoch und im rechten der beiden Bilder zeigen Seaford, Dundas und Leeds drei Ringe: Schließlich lebte Hamilton zusammen mit der fünfunddreißig Jahre jüngeren Emma Hamilton und deren Liebhaber, Admiral Nelson, in einer Dreierehe, die alle sehr harmonisch fanden (vgl. Aufsatz Nr. 54). Fotos: The Royal Academy of Art, London.

Links: Seit dem 18. Jahrhundert stifteten habsburgische Monarchen Verdienstorden, die als Belohnung für hervorragende Leistungen auf militärischem und zivilem Gebiet gedacht waren. So stiftete etwa Kaiser Franz I. den Österreichischen Orden der Eisernen Krone. Das Ordensornat wurde von einem Hoftheaterdekorateur entworfen: Der Radmantel aus violettem Samt ist mit Silber bestickt. In der Stickerei ist die Devise des Ordens AVITA ET AVCTA (ererbt und vermehrt) zu erkennen.

Rechts: Bereits 1430 wurde der Orden vom Goldenen Vlies als ritterliche Bruderschaft und Freundschaftsbund von Edelleuten begründet. Das

Symbol des Ordens, das Vlies eines Widders, wurde vom ersten Ordenskanzler mit einem biblischen Wunder in Beziehung gesetzt: Als Zeichen dafür, daß Gideon auserkoren war, Israel vor seinen Feinden zu retten, war ein ausgelegtes Widderfell mit Tau benetzt worden. Nach Aussterben der spanischen Linie der Habsburger wurde der Orden zum Österreichischen Hausorden. Entlang den Rändern des karmesinroten Ordensmantels erkennt man den Wahlspruch Karl des Kühnen „Je l'ay empris" (ich hab's gewagt). Fotos: Monturdepot, Kunsthistorisches Museum Wien.

Linke Seite: An seinem schwarz-goldenen Rand ist das obere Blatt als eines der Jenaer Stammbuch-Bilder erkenntlich, die dem dortigen Zeichenmeister Johann Gottl. Schenk zugewiesen worden sind. Ein einsam über den Büchern sitzender – als ‚Schlafmütze' charakterisierter – Student ist einer fröhlichen Zechrunde von ‚Burschen' gegenübergestellt (Stammbuch des Johann Andreas Grieninger 1754–1768, Hs 34931). Das untere Blatt stammt aus dem Buch eines Nürnbergers, der während seines Medizinstudiums in Alt-

dorf offenbar aktiv am Musikleben der Universität teilgenommen hat: Vermutlich bildet das einzeln stehende Miniaturbildchen einen akademischen Musizierkreis in Altdorf ab. (Stammbuch des Georg Christian Stöberlin 1642–1654), Hs 35364). Rechte Seite: Kneipbild des Corps Rhenania in Heidelberg (1873/74), auf dem die Hunde der Verbindung nicht fehlen durften (vgl. Aufsätze Nr. 91 und 92). Fotos: Germanisches Nationalmuseum Nürnberg.

Bei vielen schlagenden Studentenverbindungen gehört es sich auch heute noch, daß ‚man' bei zeremoniellen Anlässen im ‚vollen Wichs' zu erscheinen hat, zu dem eine der Uniform-Tradition entstammende Husarenjacke, eine Pekesche, hohe Stiefel und eine Reithose gehören. Noch in der Weimarer Republik waren die Verbindungsstudenten in den Universitätsstädten unübersehbar. Nach dem Zweiten Weltkrieg ging ihre Bedeutung zurück, doch es scheint, als ob ihre Männerbünde in letzter Zeit für junge Studenten aus dem Bürgertum wieder attraktiver geworden sind (vgl. Aufsätze 85/86). Foto: Peter Krause, Wien.

Fahnen gehören wie Embleme zu den Erkennungsmarken von Männerbünden in den Industriestaaten. Allein die Art wie und wann man sie zeigt und trägt, macht den kleinen aber gewichtigen Unterschied aus. *Oben: Das Emblem des 1905 gegründeten Rotary-Clubs, dessen wöchentliche Zusammenkünfte abwechselnd in Büroräumen der Mitglieder stattfinden sollten, ein Prinzip, das dem Club seinen Namen gab (vgl. Aufsatz Nr. 52). Foto: Rotary International. Unten: Fan, bei dem die Identifikation mit seinem Club so weit geht, daß er sein Gesicht mit den Clubfarben bemalt (vgl. Aufsatz Nr. 64). Foto: Herbert Liedel.*

Richtige Fans gehen davon aus, daß die Potenz ihrer Mannschaft ganz wesentlich durch moralische, akustische und zuweilen sehr eindeutige optische Unterstützung gesteigert werden kann. Soziologen sehen in den Stehkurven und im Stadionumfeld Reservate angehender Männer, denen die jeweiligen Spielstätten als Demonstrationsorte ihres realen und/oder imaginierten Machtbewußtseins dienen (vgl. Aufsätze Nr. 63 und 64). Fußball-Fans, AC Mailand. Foto: Sven Simon, Essen.

Geheime kultische Männerbünde bei den Germanen – Eine Theorie im Spannungsfeld zwischen Wissenschaft und Ideologie

Stefanie v. Schnurbein

Gab es bei den Germanen geheime kultische Männerbünde, die ekstatische Riten pflegten und als eine Art Elitetruppen in magischer Verbindung mit dem dämonischen Geisterheer standen? Orientiert man sich an der vorhandenen Forschungsliteratur so zeigt sich, daß die Frage bis heute nicht geklärt ist. In den Quellen ist von solchen Bünden nirgends direkt die Rede, und auch die germanische Altertumskunde rechnete lange Zeit nicht mit ihrer Existenz. Als jedoch in den zwanziger und dreißiger Jahren dieses Jahrhunderts die These auftauchte, daß eine der wichtigsten Institutionen der germanischen Gesellschaft solche geheimen Krieger- und Kultbünde gewesen seien, wurde sie teils mit großer Begeisterung, teils aber auch sehr kritisch aufgenommen. Die wissenschaftliche Diskussion darüber zog sich über ein Jahrzehnt hin, dann wurde es – vor allem nach 1945 – still um das Thema. Dieser Sachverhalt rückt die Forschungsgeschichte als einen der interessantesten Aspekte des Themas in den Mittelpunkt, weil an ihr der Zusammenhang, der zwischen Wissenschaft und Männerbundideologie in der Weimarer Republik und der NS-Zeit bestanden hat, deutlich gemacht werden kann. Der folgende Aufsatz soll klären, mit welchen Methoden man aus den vorhandenen Quellen auf die Existenz von Männerbünden schließen konnte und welche Funktion sie gehabt haben könnten. Im zweiten Teil wird der Rezeption dieser Theorie nachgegangen und schließlich die Frage erörtert, warum das Thema zwischen 1934 und 1945 rege diskutiert wurde, während es nach dem Krieg fast nur noch in Randbemerkungen und Fußnoten auftauchte.

Der Streit um das Germanenbild: Bauer oder Krieger?

Mit ihrer Schrift „Altgermanische Jünglingsweihen und Männerbünde“ leitete Lily Weiser 1927 die Diskussion um das Thema ein. Bis dahin hatte man den Germanen vor allem als Bauern gesehen, dem im 19. Jahrhundert ein biederer, treuherziger Charakter zugeschrieben wurde. Später prägten vor allem zwei konkurrierende Vorstellungen das wissenschaftliche und populäre Germanenbild: Die eine, von Andreas Heusler (1934) inspirierte, charakterisierte den Germanen als nüchtern, unpathetisch und religiös indifferent. Dagegen stellte Bernhard Kummer (1927) eine Art rassenkundlich begründete rückwärtsgewandte Utopie: Er sah in den isländischen Sagas einen friedlichen, paradiesischen Zustand geschildert, der vor allem durch die Einbindung des germanischen „Edelmenschen“ in seine Sippe und sein Vertrauen in die Götter garantiert war (v. See 1984: 19–29). Gegen diese Vorstellungen, in die das Bild von kriegerisch-ekstatischen Kulten, wie sie aus sogenannten ‚primitiven‘ Gesellschaften anderer Kontinente bekannt waren, nicht recht passen konnte, stellte Weiser ihre These: Angeregt durch ethnologische Forschungen zu Männerbünden in ‚primitiven‘ Gesellschaften, meinte sie, dieses Phänomen im gesamten germanischen Raum nachweisen zu können. Otto Höfler, wie Weiser ein Schüler des Wieners Rudolf Much, baute die Theorie sieben Jahre später in seinem Werk „Kultische Geheimbünde der Germanen“ inhaltlich und methodisch weiter aus. Ähnlichkeiten zwischen Volks- und Fastnachtsbräuchen, wie etwa dem Perchtenlaufen und Volkssagen vom ‚Wilden Heer‘ oder der ‚Wilden Jagd‘, werden auf eine gemeinsame Quelle zurückgeführt: altertümliche Kulte geheimer Kriegerbünde, deren Reste in den Bräuchen weiterlebten und deren Rituale sich in Sagen und Märchen widerspiegelten. Parallelen dazu finden Höfler und Weiser in den wichtigsten literarischen Quellen, wie der *„Germania“* des Tacitus (vor allem in den Kapiteln 31 und 43 über die Chatten und Harier) und den isländischen Sagas mit ihren Berichten über die Berserker. Daraus schließen sie auf die Existenz von kultischen Männerbünden im gesamten germanischen Raum, deren Kult und Funktion sie etwa folgendermaßen darstellen:

Ekstatischer Wotanskult?

Die kultischen Geheimbünde der Germanen bildeten eine Art Weihekriegertum, das, dem Gott Odin bzw. Wotan geweiht, einen ekstatischen Toten- und Ahnenkult pflegte. Äußerer Ausdruck ihrer ekstatischen Praxis, wie zum Beispiel das Verwildernlassen des Körpers oder Haarwuchses, das Tacitus bei den Chatten schildert, schien darauf hinzudeuten, daß die Krieger einen tranceartigen Zustand zu erreichen verstanden, in dem sie sich identisch mit dem Geister- oder Totenheer fühlten. Dies verhalf ihnen zu übermenschlichen Kräften und zur Unverwundbarkeit im Kampf, wie man es von den Berserkern berichtet. Entscheidend bei diesen Kampfkulten ist es, daß nach einer solchen ekstatischen Vereinigung der Lebenden mit den Toten kein wesentlicher Unterschied zwischen den Männern der Kriegerbünde und den wirklichen Toten gesehen wurde. Das erklärt die Vorstellung der Einherjer, von denen in der nordischen Mythologie die Rede ist. Die Einherjer sind in der Schlacht gefallene Männer, die in Odins Hallen eingehen, dort täglich gegeneinander kämpfen und fallen, abends jedoch stets wiederbelebt werden. „Die Kampfgemeinschaft der Toten mit den dämonisch verwandelten Lebenden" bilde die Wurzel des Glaubens vom Fortkämpfen der Toten (Höfler 1934: 253). Auch die Berichte über die schwarze Bemalung der Harier in der Schlacht könnten in dieser Richtung gedeutet werden: Sie diene nicht allein zur Abschreckung der Feinde, sondern auch zur Kennzeichnung der Krieger als Heer der Geister, des Todes, der Nacht. Als Eingeweihte wüßten die Darsteller des Totenheeres also sehr wohl, wer die ‚Geister' waren, sie hielten dies jedoch streng geheim und vermittelten den Nicht-Eingeweihten den Glauben an den dämonischen Charakter der Gestalten, woraus schließlich die Mythen vom ‚Wilden Heer' und der ‚Wilden Jagd' entstanden sein sollen.

Die Initiation in den Männerbund soll gleichzeitig eine Weihe an den Gott Odin (bzw. Wotan bei den Südgermanen) bedeutet haben. Höfler meint, nur wenn man Wotan als Gott der ekstatischen Männerbünde verstehe, könne die Widersprüchlichkeit seiner Eigenschaften als Kriegs-, Zauberer-, Diebesgott verständlich werden. Auch die Tierverwandlung und Tierbesessenheit, die für die Kulte der Männerbünde charakteristisch sind, hängen zusammen mit dem Odinskult, da sämtliche Tiere, in die sich die Angehörigen der Bünde verwandeln, mit diesem Gott in Verbindung stehen. Dies gilt insbesondere für die Berserker, deren Namen als ‚in Bärenfell gekleidete Krieger' gedeutet werden kann, die aber auch in Wolfskleidung auftreten. Volkssagen von Werwölfen und ähnlichen in Tiere verwandelte Menschen wären damit ein Reflex auf alte Tierverwandlungskulte. Sie deuten darauf hin, daß neben der Totenverehrung auch eine Art totemistischer Fruchtbarkeitskult zu den Aufgaben der Männerbünde gehörte. Aus den erwähnten Elementen des Männerbundkultes haben sich nach Höfler schließlich die verschiedensten Mythen und Sagen entwikkelt, die zum Teil bis heute fortleben. So führt er Berichte über das ‚Wilde Heer' oder die ‚Wilde Jagd' auf tatsächliche kultische Umzüge der Bünde zurück und postuliert einen Primat des Kultes vor dem Mythos.

Eine weitere Funktion der Männerbünde bildeten die Jünglings- und Männerweihen, zu denen folgende Elemente gehörten: die Trennung von der alten Welt der Kindheit, etwa durch Wachsenlassen der Haare oder Anlegen eines Ringes, wie es bei Tacitus überliefert ist, eine Lehr- und Probezeit, die durch das Erlegen eines Tieres oder eines Feindes beendet wird, sowie das Haar- und Bartscheren, das aus dem Jüngling einen vollberechtigten Mann macht. Überlieferungen von Mannhaftigkeitsproben in Sagen und Volksbräuchen gehen auf diese Weihen zurück (Weiser 1927: 70–76).

Daneben war die vorrangige Aufgabe der Männerbünde die Kriegführung gegen menschliche und dämonische Feinde, also der Schutz des ganzen Stammes auf körperlicher und geistiger Ebene. Zu diesen dämonischen Feinden gehörte nach Höfler vor allem das „negative Prinzip" des „Waldweibes", das in Hexenkulten von Frauen verehrt wurde. Ihnen schreibt Höfler „zügellose Ausschweifungen" zu, die vom kriegerischen, heldischen Männerheer bekämpft wurden (Höfler 1934: 277–285). Die kultischen Männerbünde bildeten besondere Kern- oder Elitetruppen, die in einer Art Militärzölibat lebten, umherzogen und von den Bauern aus religiösen Gründen bewirtet werden mußten, wobei sie sich außergewöhnliche Freiheiten erlauben durften. Charakteristisch ist dabei ein an bestimmte Zeiten gebundenes ‚Stehlrecht', das sich in den Perchtenbräuchen bis heute erhalten halt. Im Bild des Gottes Odin, der gleichzeitig Toten-, Fruchtbarkeits-, Diebes-, Kriegs-, Ekstase-, Zauber-, Handels- und Verwandlungsgott ist, spiegeln sich die vielfältigen Funktionen der Männerbünde. Damit ergibt sich für die germanische Gesellschaft eine zweifache Organisation: eine sippenhafte für die Bauern, in der die Frauen eine größere Rolle spielten, und eine bündische für die Krieger, in der scharfe „Gesetze der Zugehörigkeit" (Höfler 1934: 225) galten, die einen ausgesprochen elitären Charakter hatten und zur strengsten Geheimhaltung Außenstehenden gegenüber verpflichtet waren.

Wissenschaft und Ideologie

In den Jahren nach ihrem Erscheinen rief Höflers Schrift sowohl begeisterte Reaktionen als auch heftigen Widerspruch hervor. Friedrich von der Leyen (1935) und später Friedrich Ranke (1940) kritisierten vor allem die Methode und die Behauptung der Priorität des Kultes, warfen Höfler Unkenntnis neuerer Volkssagenforschung vor und bestritten die meisten Einzelthesen, auf die Höfler seine Ergebnisse stützte. Kritik erntete Höfler auch nach 1945 zu seinen Thesen über die Chatten und Berserker als Träger eines männerbündischen, ekstatischen Kultes (Petrikovits 1981: 383; Kuhn 1956: 474; v. See: 1961). Neben diesen zeitgenössischen Rezensionen und zahlreichen Erwähnungen des Themas in Untersuchungen zu Einzelproblemen finden sich jedoch nach dem Erscheinen von Höflers Arbeit keine ausführlichen wissenschaftlichen Auseinandersetzungen mit dem Problem, weder solche, die Höflers Thesen ausbauen oder bestätigen, noch solche, die sie eindeutig und ausführlich widerlegen. Bis heute ist damit die Frage, ob es bei den Germanen religiöse Männerbünde gab, nicht geklärt.

Verständlich gemacht werden kann allerdings, warum die Geschichte dieses Forschungsproblems einen so eigenartigen Verlauf nahm. Die Theorie machte rasch ein neues Germanenbild populär, wurde jedoch nach etwa zehn Jahren plötzlich aus der wissenschaftlichen Diskussion verdrängt, tauchte schließlich nur noch in Randbemerkungen und Fußnoten von Arbeiten zu anderen Themen auf und wurde dort entweder kritiklos übernommen oder mit knapper Begründung abgelehnt. Im folgenden sollen der Forschungskontext und das Erkenntnisinteresse der Autoren sowie deren Zusammenhang mit völkischen und nationalsozialistischen Ideen näher betrachtet werden.

Zum einen ist wohl das Erscheinen der Werke Weisers und Höflers und ihr Erfolg in den zwanziger und dreißiger Jahren nicht unabhängig von politischen und völkischen Männerbundideologien, die gerade in dieser Zeit außerordentlich erfolgreich waren. Die Idee, überhaupt nach solchen Institutionen auch in der Vergangenheit zu suchen, wird unter anderem dadurch motiviert gewesen sein.

Lily Weiser beruft sich in ihrer Arbeit in erster Linie auf Jakob Wilhelm Hauers Hauptwerk „Die Religionen. Ihr Werden, ihr Sinn, ihre Wahrheit" (1. Band 1923), in dem dieser ekstatische Erlebnisse als Wurzel aller Religion postuliert (v. See 1981: 31). Hauer wurde 1933 zu einem der beiden Führer der „Deutschen Glaubensbewegung", die „ihre Richtlinien aus dem religiösen Erbgut des deutschen Volkes (nahm)" und eine „völkische", „arteigene Frömmigkeit" propagierte (zit. nach Haack 1981: 79). Ein gewisser, wenn auch von Weiser wohl nicht bewußt beabsichtigter Zusammenhang zwischen der Suche nach Männerbünden bei den alten Germanen und zeitgenössischen Ideologien scheint sich hier schon abzuzeichnen.

Deutlicher wird dies in Höflers Äußerungen zur Funktion der Männerbünde in der germanischen Gesellschaft und in seiner Bewertung des Phänomens. Im Unterschied zu Weiser sind für ihn die ekstatischen Kultverbände „gleichzeitig die Träger der Herrschaft und der staatsbildenden Mächte gewesen" (Birkhan 1988: 390). Er betont nachdrücklich, daß die ekstatischen Kulte der Männerbünde nichts mit Chaos, Taumel oder ausschweifendem Genuß zu tun haben, sondern im Gegenteil „ein Eingehen in die bindende Gemeinschaft der Verstorbenen-Unsterblichen, eine Quelle unermeßlicher sozial-staatlicher Energien" seien (Höfler 1934: 323; vgl. auch: VIII–IX). Diese geordnete, gemeinschaftsbildende Ekstase stellt er der „zynischen Schmutzigkeit" und der „zügellosen Ausschweifung" (Höfler 1934: 277) der von Frauen getragenen Hexenkulte gegenüber, die durch die männlichen Tugenden bekämpft wurden. Entscheidend für die Gegenwart sei nun, daß diese altgermanische Gemeinschaftsform der Männerbünde zwar nicht mehr existiere, die erwähnte „soziale Dämonie" aber weiterlebe – beispielsweise in Adelsgilden, Zünften, Kriegerverbänden, Kaufmannsbünden und bäuerlichen Genossenschaften – und so „zur geschichtsbildenden Kraft" geworden sei (Höfler 1934: 341). Hierin liege der „Mittelpunkt des germanischen Lebens, eine Quelle religiöser, ethischer und historisch-politischer Kräfte von ungeheurer Macht", die „einen Grund-

Bis heute ist die Frage nicht geklärt, ob es bei den Germanen geheime kultische Männerbünde gab. Diese Vorstellung, von der germanischen Altertumskunde in den 30er Jahren entwickelt, prägte im Nationalsozialismus das wissenschaftliche und das populäre Germanenbild. Die Verkleidung der uniformierten, vermummten Phantasiegermanen (bei einem Umzug vor dem ‚Haus der Kunst' in München) könnte von dieser Theorie inspiriert sein, die neben den ekstatischen die angeblich gemeinschaftsbildenden Kräfte der männerbündischen Kulte hervorhob. Foto: Ullstein Bilderdienst Berlin.

pfeiler unserer volkhaften Kultur" bilden (Höfler 1934: VIII). Höfler erweiterte diese Aktualisierung der Männerbundforschung in späteren Werken zu einer Theorie germanischer Kulturkontinuität, in der er Kultur als „die Entwicklungsform der völkischen Lebensformen" sah (Höfler 1938 und 1940).

Diese Politisierung des Germanenbildes, welche die Germanen zum „Volk mit der staatsbildenden Begabung schlechthin" (Birkhan 1988: 390) machte, konnte der historischen Rechtfertigung zeitgenössischer Männerbundideologien sehr gut dienen. Und Höflers Bild der germanischen Männerbünde selbst ähnelt in vielen Punkten der nationalsozialistischen Ideologie, so daß die Frage berechtigt ist, ob Höfler nicht von ihr beeinflußt war. Dies könnte einerseits den Erfolg von Höflers Thesen, andererseits das Schweigen um sie nach Ende des Dritten Reiches erklären. Immerhin war Höfler bereits als 21jähriger Mitglied der deutschnationalen ‚Ordnertruppe' in Wien, die 1922 in die SA umgewandelt wurde, und er bekannte sich früh explizit zum Nationalsozialismus (Birkhan 1988: 401). Es würde also nicht verwundern, wenn diese Einstellung auch in einer wissenschaftlichen Arbeit mitschwänge, die kurz nach der von Höfler begrüßten Machtübernahme Hitlers erschien. Schon F. von der Leyen bemerkte dies erstaunlich offen in seiner Rezension, als er die Vermutung äußerte, vielleicht sei Höfler „durch die Erlebnisse der letzten Jahre hingerissen, zu der Meinung verführt worden, ... auch die Kultur und die Mythologie unserer Vorfahren hätten die Ekstase über die Vernunft gestellt, und diese Kräfte, in Geheimbünden gepflegt, die unseren neuen Bünden gleichen, seien von ‚unabsehbarer' und ‚ungeheurer' Bedeutung" (von der Leyen 1935: 164f.). An anderer Stelle ironisiert er die allzu offensichtliche Behauptung einer Kontinuität mit der Bemerkung: „Wenn die Einherjer kultischen Geheimbünden entstammen, dann sind auch die Walküren eigentlich ein kultischer Geheimbund germanischer Mädchen und die Vorläuferinnen des B.D.M." (von der Leyen 1935: 156).

Die Pflege ‚altgermanischen' Brauchtums, zum Beispiel des Lurenblasens, sollte der historischen Rechtfertigung der SS dienen. Dies macht die positive Reaktion vieler Nationalsozialisten auf die Theorie germanischer Männerbünde verständlich: Mit ihr ließ sich die SS als elitärer Kampfbund mit den Attitüden eines Geheimordens durch die Geschichte beglaubigen. Der Reichsführer Heinrich Himmler, dessen persönlichem Steckenpferd diese ‚Traditionspflege' entsprach, kümmerte sich selbst um die Wiederbelebung vermeintlicher ‚altgermanischer Bräuche' in der SS. Foto: Bilderdienst Süddeutscher Verlag München.

Männerbünde und Nationalsozialismus

Es soll nicht behauptet werden, daß es Höflers Absicht war, mit seinem Werk aktiv ins tagespolitische Geschehen einzugreifen. Doch bot sich seine Lehre von den kultischen Geheimbünden der Germanen dem Nationalsozialismus tatsächlich auf zweierlei Weise als passend und ideologisch verwertbar an: Sowohl Höfler als auch der Nationalsozialismus sehen nicht die friedliche, von Frauen stark geprägte Sippe, sondern elitäre, männerbündische Organisationen und deren emotionale Kraft als die Keimzelle des Staates. „In der Tat wirkte die Lehre von den kultischen Geheimbünden der Germanen, die die Ekstase über die Vernunft, die Gesamtheit über den Einzelnen stellte, als sei sie auf die SS zugeschnitten" (Hunger 1984: 426). Mit ihr ließ sich die SS als elitärer Kampfbund mit den Attitüden eines Geheimordens durch die Geschichte beglaubigen.

Zum anderen entspricht die Art, in der Höfler den heroisch-ekstatischen, gemeinschaftsbildenden Kult der germanischen Männerbünde beschreibt, dem „Selbstverständnis des Nationalsozialismus als einer emotional-ekstatischen ‚Bewegung'" (v. See 1984: 32). Die Parallelen werden deutlich, wenn man Höflers Beschreibung der germanischen Männerbünde mit kultischen Elementen der NS-Propaganda vergleicht, die Klaus Vondung in seinem Werk „Magie und Manipulation" (1971) untersucht. Zwei Beispiele sollen dies veranschaulichen:

Einer der wichtigsten Feiertage des Dritten Reiches war der „Gedenktag für die Gefallenen der Bewegung" am 9. November, an dem des Putschversuches Hitlers 1923 in München gedacht wurde. Im Mittelpunkt stand die Mythisierung des „Opfertodes" der Gefallenen, durch den erst der Sieg des Nationalsozialismus ermöglicht worden sei. Zweck der Feier sollte nicht die bloße Erinnerung, sondern die Wiedervergegenwärtigung des Ereignisses sein, das die Teilnehmer zu „Zeitgenossen des mythischen Ereignisses" machte (Vondung 1971: 163–167). Das so hervorgerufene Einssein mit den vorbildhaften Toten, wie übrigens auch der gesamte Horst-Wessel-Kult ähneln Höflers männerbündischem Ahnenkult. Im sogenannten Horst-Wessel-Lied kommt dies in den Zeilen zum Ausdruck: „Kameraden, die Rotfront und Reaktion erschossen, marschieren im Geist in unseren Reihen mit".

Vondung weist weiter darauf hin, daß die Funktion der nationalsozialistischen Feiern darin lag, spannungsgeladene Ekstase beim Publikum hervorzurufen, um „den Zielen der Manipulation adäquate Emotionen (zu) evozieren" (Vondung 1971: 197). Diese Art des Rausches, bei dem ein Abgleiten ins Chaotische, Individuelle gerade verhindert wird, erinnert an Höflers oben beschriebene Definition der ekstatischen Kulte der Männerbünde, die ja auch gemeinschaftsbildend wirken sollten. Hierin könnte man F. von der Leyens Vermutung bestätigt sehen, Höfler sei „von den Ereignissen der letzten Jahre hingerissen" worden (ebd.).

Die weitere Karriere Höflers bis 1945 kann als Indiz dafür dienen, daß seine Theorien für das herrschende Regime verwertbar waren. 1935 erhielt er einen Ruf nach Kiel, was sein Schüler Birkhan in einem Nachruf für „keinen Zufall" hält (Birkhan 1988: 400). Bei seiner Berufung nach München 1938 spielte erwiesenermaßen die Intervention von Walther Wüst bei Heinrich Himmler eine wichtige Rolle (Birkhan 1988: 400, v. See 1984: 36).

Höfler selbst kam in keinem seiner späteren Werke ausführlich auf die Theorie der Männerbünde zurück. Auch der geplante zweite Band seines Werkes, der sich mit dem Weiterleben männerbündischer Strukturen im Mittelalter beschäftigen sollte, ist nie erschienen. Dennoch scheinen Forschungen in seinem Sinne für den Nationalsozialismus weiterhin interessant gewesen zu sein. Im Verlag der SS-Stiftung Ahnenerbe erschien zum Beispiel 1942 eine Untersuchung des 1940 gefallenen Mitglieds der Waffen-SS, Rudolf Siemsen, unter dem Titel „Germanengut im Zunftbrauch", die Otto Höfler selbst herausgab. Siemsen stützt sich in erster Linie auf Höflers Thesen über die Männerbünde, wenn er die mittelalterlichen Zünfte nicht als wirtschaftliche Interessenverbände, sondern als „Lebensgemeinschaften, denen (der Mensch) als Ganzer sich eingliedert" (Vorwort von Höfler in: Siemsen 1942: 11) darstellt und für das Handwerksbrauchtum „kultische Wurzeln" (Siemsen 1942: 25) behauptet, die letztlich auf alte Kulte „von kriegerischen und politischen Verbänden" (Siemsen 1942: 23) zurückgehen.

Germanische Männerbünde und die gegenwärtige Forschung

Die ideologische Verwertbarkeit des Themas „Männerbünde bei den Germanen" und seine anschließende Diskreditierung durch die Verstrikkung in die nationalsozialistische Ideologie bietet einen Erklärungsansatz für sein plötzliches Auftauchen, die begeisterte Rezeption und schließlich sein Verschwinden aus der wissenschaftlichen Diskussion. Diese ideologische Belastung verhinderte eine weitere sachkundige Auseinandersetzung mit dem Problem, so daß nicht nur die schwierige Quellenlage, sondern auch die problematische Forschungsgeschichte Gründe dafür sind, daß die Frage nach der Existenz von Männerbünden bei den Germanen bis heute nicht eindeutig beantwortet werden kann.

Das Thema wird in neueren Publikationen entweder ganz umgangen, oder aber Höflers Thesen werden übernommen und als Beleg eigener Theorien verwertet, ohne daß ihre zeitliche Gebundenheit und ideologische Belastung zur Kenntnis genommen wird (z. B. bei Hasenfratz 1982). Ein Beispiel dafür aus jüngerer Zeit ist ein Aufsatz von Gudrun Aker „Götter, ‚Frouwe', ‚Übel Wîp'. Zur Konstituierung des neuzeitlichen Frauenbildes im sozialen und literarischen Konflikt" (1985). Aker postuliert für den germanischen Raum eine „matriarchale Frühzeit" und vermutet für die folgende germanische Zeit in den von Höfler beschriebenen Männerbünden „die Transformation eine prägermanischen, ursprünglich matriarchalen Struktur, die sich bei der Usurpation durch kultische Männerbünde mit patriarchalen Elementen vermischte" (1985: 90). Eine fundierte feministische Kritik an Höflers die Männerbünde und männliche Tugenden verherrlichenden, häufig direkt frauenfeindlichen Schilderungen der kultischen Geheimbünde wäre der kritiklosen Übernahme der Höflerschen Ergebnisse und ihrer Umdeutung in feministische Richtung sicher vorzuziehen.

Vom Jugendreich zum Jungenstaat – Männerbündische Vorstellungen und Organisationen in der bürgerlichen Jugendbewegung

Winfried Mogge

„In den letzten zehn bis fünfzehn Jahren ist den Schülern der höheren Lehranstalten etwas gelungen, was ganz vereinzelt in der Geschichte des Schulwesens in Deutschland dasteht: die Gründung eines Knaben-Jünglings- und Männerbundes, der ohne jede Leitung von fachpädagogischer Seite sich selbst überlassen war und zur eignen Freude lebte ohne Zusammenhang mit der Schule und ohne an eine einzelne gebunden zu sein... Der Wandervogel war eine hochkultivierte Jugendgemeinschaft, die von Beginn an von idealem Schwunge getragen wurde, und die entschieden das größte ist, was eine Jugend je aus sich selbst heraus geleistet hat. Das hat natürlich daran gelegen, daß sie von Anfang an auf den Schultern junger Persönlichkeiten stand, die ihre Sexualität sublimierten, hochbildeten, die ihr so große Hemmungen auferlegten, daß sie stets *angewandt* wurde und nicht plötzlich im Orgasmus verpuffte. Sie stand stets unter günstigen Sternen...“ (Blüher 1912: III 9f., 41).

So beschrieb Hans Blüher, damals 24 Jahre alt, eine Bewegung, der er selbst angehört hatte und für die er mit seinen Publikationen die Bezeichnung „Jugendbewegung“ populär machte. „Heimat und Aufgang“ dieser Bewegung sah er in den naiven Freundesgruppen junger Oberschüler, die in „romantischer Rebellion“ gegen Verlogenheit und Erstarrung der wilhelminischen Gesellschaft aufbegehrten. Die „zerstörenden Mächte“ machten sich breit, als „Oberlehrer“ – für Blüher und seine Freunde die verhaßten Symbole eines überlebten Erziehungssystems – und Frauen in das selbstgeschaffene Jugendreich der idealistisch gesonnenen Jünglinge eindrangen. „Blüte und Niedergang“, so ein weiterer Untertitel der Blüherschen Schriften um den ‚Wandervogel‘, waren angelegt im erotischen Charakter dieser Jugendbewegung: Ein schmähliches Ende als domestizierte Jugendpflegeorganisation bereitete die philiströse Gesellschaft der Bewegung im Verkennen dieser Erotik als plumper Homosexualität, in der Diffamierung der Bünde als „Päderastenclubs“.

Während Hans Blüher in den beiden ersten Teilen seiner ‚Wandervogel‘-Geschichte diese Bewegung in eindringlichen, subjektiven Bildern beschrieb, versuchte er sich im selben Jahr 1912 an einer Analyse der Jugendbewegung als „erotisches Phänomen“ (vgl. dazu den Aufsatz Nr. 1). Mit einer bei Sigmund Freud und Magnus Hirschfeld entlehnten Begrifflichkeit legte er hier auch die Theorie bereits an, die ihn nach dem Weltkrieg zu einem vieldiskutierten Wortführer der modischen Männerbund-Ideologie und zum Verfechter eines wissenschaftlich verbrämten Antifeminismus werden ließ. Kultur und Geistigkeit, so Blüher, die Gestaltung der Idee, der schöpferische Logos seien naturgegebene Domänen des Mannes, die Entwicklung von höheren Gesellschaften und Staaten das Werk von Männerbünden, geführt von charismatischen Männerhelden. Frauen seien zwar nicht unintelligent, aber „ungeistig“ und wesensgemäß den Männern „hörig“; ihre „Invasion“ in die männliche Erziehungs- und Kulturgemeinschaft habe auch und nicht zuletzt die Jugendbewegung der revolutionären Kraft beraubt (Klönne 1985: 81ff.).

Die Selbstentdeckung der Jugend

Solche Ideen waren zumindest für die Interpretation der Jugendbewegung neu und wurden in Ablehnung oder Zustimmung leidenschaftlich diskutiert (Blüher 1953: 179ff.; Reulecke 1985: 204ff.). In den Bünden vor dem Ersten Weltkrieg überwog die Distanzierung von dem ehemaligen Gefährten. Das hatte zunächst ganz handfeste Gründe: Es galt, Skandale um tatsächliche oder von Denunzianten erfundene homosexuelle Neigungen einiger ‚Wandervogel‘-Führer abzuwehren, die sich zur Bedrohung für die Existenz der Bünde selbst auswuchsen. Da konnte man mit Differenzierungen nichts ausrichten; da mußte man Eltern, Schuldirektoren und Behörden von der Untadeligkeit der umstrittenen neuen Jugendgemeinschaften im Sinne der wilhelminischen Moralvorstellungen und des Strafgesetzbuches überzeugen. Zum anderen boten die Bünde der Jugendbewegung

Der ‚Wandervogel' entstand aus braven deutschen Schülervereinen. Hier versammelt sich im Sommer 1897 der am Gymnasium in Steglitz bei Berlin zugelassene Verein ‚Stenographia' zum Gruppenbild um seinen Gründer, den Studenten Hermann Hoffmann (1875–1955). Der freiwillige Stenographiekurs hat jedoch schon den Nimbus der verschworenen Geheimgesellschaft. Bald werden bürgerlicher Anzug, Schülermütze und Hut der romantisch nachempfundenen Tracht der Landstreicher und Fahrenden Gesellen weichen. Aus dem Schülerverein wird der Jungenbund. Foto: Archiv Burg Ludwigstein.

vor dem Ersten Weltkrieg längst nicht mehr das von Blüher beschworene Bild hehrer und herber Männlichkeit: Auch die Mädchen und jungen Frauen hatten sich bald ihren Platz in den neuen Freiräumen jugendlicher Existenz erkämpft. Erst nach dem Krieg sollten sich die Männerbund-Ideen in der Jugendbewegung prägend durchsetzen, sollte das spätromantische Leitbild des ‚Fahrenden Schülers' verdrängt werden von dem modernistischen Soldaten-Ideal. Und doch begleitet die Diskussion um den Männerbund die gesamte Geschichte der Jugendbewegung seit ihren Anfängen; wirksame Teile der Bünde übernahmen Vorstellungen von der männlichen Gesinnungs- und Kampfgemeinschaft als ihr Selbstverständnis und prägten so maßgeblich die geistige und politische Kultur zwischen Kaiserreich und Drittem Reich mit.

Dazu haben die Bündischen freilich weniger durch originelle Theorien beigetragen als vielmehr durch ihre Praxis, durch ihre selbstherrliche Existenz. Die neuen Jugendbünde der Jahrhundertwende hatten begierig nach den pädagogischen Ideen vom Eigenwert der Jugend, vom eigenen Jugendreich und von der innovativen Kraft der Jugend gegriffen. Sie lebten sich und ihrer Gesellschaft in rauschhafter Begeisterung den Glauben vor, Jugend an sich sei der Inbegriff der Zukunft, der Aufbruch zu neuen Ufern, die Heilung der kulturellen Krisen, die Überwindung des kranken gesellschaftlichen Systems. So lieferten sie dann der Weimarer Zeit die Vision eines besseren Reiches der Jugend – eine Vision, die beinahe beliebig mit Inhalten gefüllt werden konnte. Die Vorstellung vom Männerbund gehörte dazu.

Die Jugendbewegung vor dem Ersten Weltkrieg

An dieser Stelle seien einige Daten und Stichwörter zur Abgrenzung des Themas genannt. Die Jugendbewegung, von der hier die Rede ist, entstand aus verschiedenen Anfängen und an mehreren Orten gleichzeitig im letzten Jahrzehnt des 19. Jahrhunderts. Zum bedeutendsten Ausgangsort wurde das Gymnasium in Steglitz bei Berlin. Schülergruppen, die freiwilligen Stenographieunterricht nahmen, begannen unter nur wenig älteren „Führern" zu wandern: So harmlos und auch naiv war das, was sich dann wie eine kulturrevolutionäre Bewegung über das ganze Reich ausbreitete. Es kam zu ersten Organisationen; 1901 fand man den Namen ‚Wandervogel' und gründete den ‚Wandervogel, Ausschuß für Schülerfahrten', der sich seit 1904 nach internen Streitigkeiten in mehrere konkurrierende Bünde spaltete.

Etwa gleichzeitig mit der Entstehung der ‚Wandervogel'-Bünde gründeten Oberschüler in Hamburg einen ‚Wanderverein', der sich gegen die traditionellen Schülervereine und deren Imitationen des studentischen Verbindungslebens absetzte. Aus diesem Kreis vor allem gingen die ‚Akademischen Freischaren' hervor, als neue, lebensreformerisch geprägte studentische Gemeinschaften. Bei dem legendären ‚Freideutschen Jugendtag', im Oktober 1913 auf dem Hohen Meißner, fanden diese unterschiedlichen Gruppen zusammen und formulierten als gemeinsames Programm: „Die Freideutsche Jugend will aus eigener Bestimmung, vor eigener Verantwortung, mit innerer Wahrhaftigkeit ihr Leben gestalten" (Mogge 1988: 50ff.).

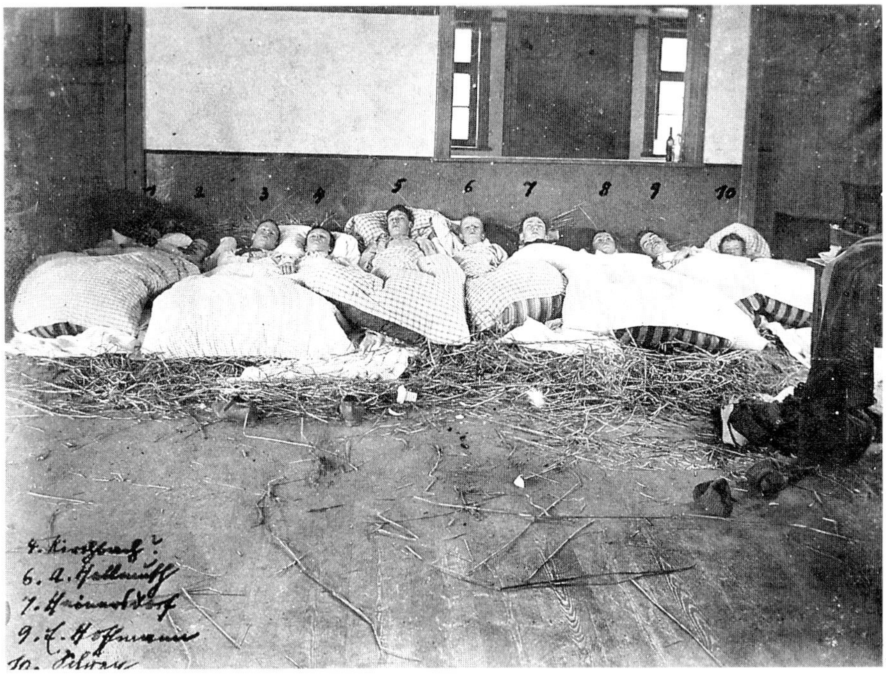

Der ‚Wandervogel' geht nicht auf touristische Erholungsreise, sondern auf wagemutige Expedition, erprobt die Grenzen seiner körperlichen Leistungsfähigkeit und verkostet die Distanz von Elternhaus und Schule. Bei den bald legendär gewordenen ersten Wanderfahrten, hier im Sommer 1898 durch den Harz, die Rhön und den Spessart, übernachtet man auf Strohlagern in Mühlen, Scheunen oder Dorfschulen. Solche Strapazen taugen nicht für Mädchen, deren Emanzipationsgelüste auf die ‚Wandervogel'-Bünde zielen: Die bürgerliche Jugendbewegung bleibt in ihrem ersten Jahrzehnt eine Jungenbewegung. Foto: Archiv Burg Ludwigstein.

Man hatte in dieser Jugendszene romantische Vorstellungen vom mittelalterlichen Scholarentum, nannte sich „Fahrende Schüler" oder „Kunden", die Führer „Bachanten" und „Oberbachanten", entwickelte einen eigenen Stil der „Fahrt", auch als Abgrenzung gegen die zeitgenössischen Wander- und Touristenvereine, übernachtete in Bauernhäusern und Scheunen und kochte im Freien, baute Burgruinen, Stadttürme und verlassene Hütten zu „Nestern" aus. Und diese neue Jugendkultur erfreute sich, der Blüherschen Deutung vom Generationenkampf der Jungen gegen die Alten zum Trotz, zumeist der wohlwollenden Tolerierung und sogar aktiven Förderung durch bildungsbürgerliche Elternhäuser, progressiv gesonnene Schulleiter und eigens zur Unterstützung dieser neuen Art jugendlicher Gesellung gegründete ‚Eltern- und Freundesräte'.

Gemeinschaftsstiftende Zeichen dieser Jugendkultur waren traditionelle Fahnen und Abzeichen, wurden neue Riten und Symbole, wurde eine eigene Kleidung – von der volkskundlichen Forschung bislang übrigens kaum beachtet (Grob 1985). Gemeinschaft erfuhr man im Singen, Musizieren und Tanzen, im Wandern in der freien Natur – eine keinesfalls neue Betätigung, jedoch eine in jener historischen Situation begierig aufgegriffene Möglichkeit, sich wenigstens zeitweise von Familie und Schule, von den „offiziellen" Institutionen der Sozialisation zu distanzieren. In den Gruppen der Gleichaltrigen konnte man eigene und neue Verhaltensweisen erproben, in den Bünden den Protest gegen die hergebrachten Normen artikulieren und über bessere Formen des Menschseins nachdenken.

Die zwei- bis dreitausend Teilnehmer und Delegierten, die sich auf dem Hohen Meißner locker zur ‚Freideutschen Jugend' zusammenschlossen, repräsentierten rund 32000 Mitglieder in vierzehn jugendbewegten, lebensreformerischen und reformpädagogischen Bünden und Verbänden (Mogge 1988: 64ff.). Die Gesamtheit der Jugendlichen und jungen Erwachsenen, die 1914 zur Mitgliedschaft oder zum Umfeld der Jugendbewegung zählten, läßt sich auf 60000 schätzen (Müller 1971: 164f., 389f.). Nach dem Krieg vervielfachten sich diese Zahlen – auch darin liegt eine Erklärung für den durchschlagenden Erfolg der Männerbünde, deren Kampf sich dann auch gegen die „Verflachung" elitärer Vorstellungen in der „Masse" richtete.

Der Ur-‚Wandervogel' bestand noch aus kleinen Horden rein männlicher Zusammensetzung. Hans Blüher deutete die Freundes- und Fahrtengemeinschaft entwicklungspsychologisch: Die Jugend war „an ihren Vätern verzweifelt"; der heranwachsende Jüngling übertrug seine enttäuschte Liebe „auf eine bessere Art Vater" (Blüher 1912: II 24). Als solcher Ersatz bot sich der erste charismatische Organisator des ‚Wandervogels', der Student Karl Fischer an: „Nur wenige Freunde, die seine rauhe Männlichkeit ertragen konnten, waren die Seinen, die aber achteten ihn auch, wie keinen sonst. Denn jeder, der mit Fischer verkehrte und seine Freundschaft genoß, hatte das untrügliche Bewußtsein: hier steht einer vor dir, der mehr zu wollen imstande ist als du. Man liebte andere mehr, aber man verehrte am meisten ihn. Durch seine Gegenwart bekam eine Gesellschaft junger Leute stets etwas Ernstes... Er hatte eine herbe Keuschheit an sich, seine Züge waren männlich und hart; man konnte sich nicht gut denken, daß er hätte verliebt sein können. Es schien sich bei ihm alles auf die Energie des Wollens zu konzentrieren, es war, als ob er seinen Körper mit Knuten hätte peitschen können, wenn es ihm etwa einfallen würde, ihm den Dienst zu versagen und nicht mit jeder Faser das zu tun, was er beschlossen hatte" (Blüher 1912: I 104f.).

In dieser frühen Beschreibung ist der Mythos der männerbündlerischen Führer schon angelegt, wie er sich in der Jugendbewegung nach dem Weltkrieg entfaltete – und in dem ehrfürchtig-verehrungsvollen Umgang der Altgewordenen mit ihren damaligen Idolen bis heute weiterlebt (zum Beispiel Wald 1980; Kneip / Liebs / Zimmermann 1980; Greiff 1989).

Das „Problematisieren" und „Schwärmen" war freilich nicht Sache der ersten Wandervögel. Auch das Eindringen der Mädchen in ihre Männerwelt nahmen sie meist nur an der Oberfläche als praktisch-organisatorischen Konflikt wahr. Bezeichnenderweise diskutierte man die Fragen nach „Sinn" und „Wesen" des Bundes und der männlichen Gesellschaft ausführlich und in voller ‚Tiefe' erst nach dem Krieg, während das Thema zuvor eher am Rande und abgrenzend als „Mädchenfrage" in den Quellen auftaucht (Kindt 1968; 1974). 1905 gründeten junge Frauen einen ‚Bund der Wanderschwestern', weil der provokant männlich sich gebärdende ‚Alt-Wandervogel' beharrlich das „Mädchenwandern" abzuwehren wußte. 1907 spaltete sich der ‚Wandervogel' dann an der Frage der Aufnahme von Mädchen, die mit der bemerkenswerten Formulierung des 29jährigen Lehrers Ferdinand Vetter beantragt wurde, „den Begriff der Jugend auch auf das weibliche Geschlecht auszudehnen" (Musial 1985: 16). Der damals 28jährige Arzt Hans Breuer hingegen, einer der wichtigsten ‚Wandervogel'-Führer und -Theoretiker, brachte die Problematik auf einige simple, mit physischen und psychischen Gegebenheiten begründete Begriffe: Körperbau und Gefühlsleben von „Buben" und Mädchen seien so verschieden, daß „der vielgerühmte veredelnde Wettstreit zwischen beiden" *a priori* „erzieherischer Nonsens" sei. Mehr noch: „Die Buben verweichlichen . . ., die Mädchen dagegen verbengeln und verwildern". Es galt, die „Bubenhorde" zu retten – mit ihrem „Schneid" und „Elan" und „Unternehmergeist" (Breuer 1911: 32ff.).

So fanden sich in der Vorkriegs-Jugendbewegung reine Jungen- oder Mädchenbünde konkurrierend neben „gemischten" Gemeinschaften, die freilich auch nur in getrennten Gruppen lebten und wanderten und allenfalls bei ihren Festen zusammenkamen und die für diese Bewegung charakteristische Idee von der asexuellen „Kameradschaft" der Geschlechter pflegten. So konnten junge Frauen während des Krieges auch relativ problemlos die Führung vieler Gruppen und die Organisation der Bünde übernehmen – eine Verantwortung, aus der sie sich 1918 unter gewandelten Verhältnissen wieder verdrängen ließen (Musial 1985: 14ff.; Fiedler 1989: 131ff.).

Kriegserlebnis und sozialer Wandel

Der Weltkrieg bedeutete einen scharfen Einschnitt auch für die innere und äußere Gestalt der Jugendbewegung. Der erste moderne Massenkrieg brachte im Deutschen Reich einen gewaltsamen Schub sozialer Veränderungen mit sich. Der Einbruch der Technik in alle Bereiche des Lebens, die Modernisierung durch Organisierung und Bürokratisierung, der Umsturz einer traditionellen Gesellschaft bedeuteten für die „Bündischen" die Herausforderung schlechthin: Eine neue Zukunft mußte mitverantwortlich gestaltet werden. Dieser Aufgabe stellte sich eine zwar kulturkritische, dabei aber wertkonservative Gruppe mit bündisch-elitärem Selbstverständnis – angesichts der Strukturveränderungen hin zur modernen Gesellschaft eine schier unlösbare Konstellation.

Die junge Generation des Bildungsbürgertums hatte den Krieg zunächst als eine Möglichkeit begriffen, Selbstbewußtsein zu entwickeln und Führungsansprüche für bessere Zeiten anzumelden. So erklärte sich die schwer faßbare Tatsache, daß die jungen Wandervögel, auch die gerade erst wehrdienstfähigen Knaben, sich zu Tausenden freiwillig zum Kriegsdienst meldeten. So erklärt sich ihre gläubige Hoffnung auf die „reinigende Kraft" des Krieges und dann ihre Flucht vor den schmutzigen Realitäten der Front in den „Mythos von Langemarck". Im Kriegsdienst hofften vor allem die Führer der Jugendbewegung die Legitimation zu gewinnen, die morsche Gesellschaft der Alten zu erneuern und „Erzieher" eines neuen Volkes zu werden. Die jugendbewegte Utopie vom Abenteuer menschlicher

Nach dem Ersten Weltkrieg bilden sich in der bürgerlichen Jugendbewegung die ordensähnlichen Jungenbünde als eine neue Sozialisationsform aus. Großfahrten durch alle Länder der Welt oder Zeltlager in deutschen Landschaften – hier 1928 die ‚Schwäbische Jungenschaft' im Odenwald – führen die Gruppen zu Aktionen zusammen. Der Kreis der Freunde um das Lagerfeuer wird zur sakral erlebten Gemeinschaft. Die Vorstellungen von der elitären Selbsterziehungsgemeinschaft weiten sich aus zur Vision vom mystischen Reich der Jungen. Foto: Archiv Burg Ludwigstein.

Gemeinschaft anstelle der „unorganischen Gesellschaft", die Vision vom idealistischen Jugendreich sollte nach dieser großen „Bewährungsprobe" verwirklicht werden.

Die ‚Wandervogel-Feldsoldaten', die regelmäßig an den einzelnen Frontabschnitten zusammenkamen, entwickelten die neuen Vorstellungen vom kämpferischen Charakter der Jugendbewegung. Philosophen wie Gustav Wyneken und Leonard Nelson lieferten dazu das Vokabular von der geistigen Aristokratie und der revolutionären Sendung der Jugend. 1919 spielte eine ‚Wandervogel-Hundertschaft' das neue Angebot jugendbündlerischer Existenz durch: Ein ‚Freikorps' aus ganz jungen Freiwilligen, angeführt von wenigen älteren, kriegserfahrenen Wandervögeln, konkret eingesetzt bei militärischen Operationen an der deutsch-polnischen Grenze, schien tatsächlich die Verwirklichung der sozialen Utopie zu sein. „Das hier praktizierte Modell einer Gemeinschaft – straffe Ordnung ohne ‚Kadavergehorsam' – junger Männer sollte konstitutiv werden für die neue Ausrichtung der bündischen Jugendbewegung der zwanziger Jahre" (Fiedler 1989: 170). Im Schützengraben hatte man die künftige klassenlose Volksgemeinschaft schon erlebt – so wollten es wenigstens die Überlebenden wahrhaben, die sich nun an der Sinngebung des furchtbaren Geschehens versuchten.

Aus den Resten der während des Krieges dezimierten ‚Wandervogel'-Bünde und aus neugeworbenen Gefolgschaften formten meist junge Kriegsteilnehmer ihre neuen Gruppen. In den Jahren 1919 bis 1923 entstanden so die Organisationen, die meist schon in ihren Namen die männlich-soldatische Ausrichtung bekundeten: ‚Wandervogel-Jungenbund', ‚Nerother Wandervogel', ‚Wandervogel Deutsche Jungenschaft', ‚Wandervogel-Wehrbund'. Der 1926/27 entstandene Zusammenschluß der verschiedenen Richtungen mit deutschen Pfadfinderbünden, die ‚Deutsche Freischaft', umfaßte zwar auch wieder Frauen; diese waren jedoch zumeist abgedrängt in eigene Organisationen und konnten oder wollten den militant-männerbündischen Charakter der bürgerlichen Jugendbewegung nicht mehr revidieren.

Helden und Opfer

Diese Entwicklung verschärfte sich mit dem Heranwachsen einer neuen Generation, die den Krieg nicht selbst aktiv miterlebt hatte, die nun mit Inflation, Wirtschaftskrisen und Straßenkämpfen aufwuchs und so die Weimarer Demokratie verachten lernte. Ein späterer Wortführer dieser Generation, Eberhard Koebel, veröffentlichte 1925 – als 17jähriger – eine Klage derer, die „zu spät" gekommen seien:

„Könnt Ihr Euch noch entsinnen, Kameraden, an die Zeiten, da Deutschland groß und mächtig war? Wie einen Traum aus früher Jugend sehen wir im Geist noch die schwarzweißrote Fahne siegreich und groß, hören wir noch die Wacht am Rhein, ohne daß sich schamvoll die Wangen röten, weil das Lied nun Lüge wurde... Aber die Alten können uns noch vom großen Reich erzählen, die Gemäßigten, die Abgeklärten, sie können uns noch berichten vom mächtigen Kaiserreich und vom heiligen Krieg, von 1914 und von den Siegen, – sie können erzählen, wie damals die Besten das Leben gaben für ihr Volk, wie das Sterben gering geachtet wurde, Deutschland zuliebe... Und wir!? Wir Jungen, wir Neuen? Wir, die wir damals Kinder waren? Wir sind dazu verdammt, zu spät gekommen zu sein, wir durften nicht mehr fürs Vaterland kämpfen... Deutsche Jugend! In deinen Händen liegt das Schicksal des deutschen Volkes. Eine dich zu einer urgewaltigen Faust! Wolle wie ein Mann und wir werden siegen!" (Brandenburg 1985: 339f.).

Andere hatten zu dieser Zeit ihre bündische Heimat bereits gefunden. Vorbild vieler Bünde wurde der ‚Nerother Wandervogel', 1921 von den Brüdern Robert und Karl Oelbermann, zwei 25jährigen ehemaligen Frontoffizieren, gegründet und zur Elite-Gemeinschaft der Nachkriegs-Jugendbewegung erhoben. Dieser Bund organisierte sich in „Orden" mit hierarchischer Struktur und einem „König" an der Spitze der „Ritter", schuf ein an romantisierend-mittelalterlichen Vorbildern orientiertes Ritual, sang nach dem Marschrhythmus von Landsknechts- und Soldatenliedern. Die ‚Nerother' taten sich durch extreme Großfahrten nicht nur durch sämtliche europäischen Länder, sondern auch durch Afrika und Asien, Süd- und Nordamerika hervor. Nicht von ungefähr nahm man Hauptquartier in einer Burgruine und projektierte die Idee der „Jugendburg" als sakrales Zeichen für „den hohen Sinn der Jugend", für „Opferfreudigkeit, Liebe und Treue": „Dem Gral der Freundesliebe soll hier ein Tempel errichtet werden" (Kindt 1974: 216, 218).

Im ‚Bund Deutscher Neupfadfinder' trafen zur selben Zeit die paramilitärischen Traditionen der internationalen ‚*boyscouts*' und der deutschen ‚Wehrkraftvereine' mit den jugendbewegten Autonomieansprüchen zusammen. Hier entwickelte man religiös überhöhte Vorstellungen von Bund und Führerschaft; Sprecher wie Martin Voelkel und Franz Ludwig Habbel stilisierten sich zu Sehern und Kündern. Eine Zeitschrift wie „Der Weiße Ritter" pflegte eine esoterische Geistigkeit mit Philosophie und Dichtung. Die – selbstverständlich männliche – Jugend sollte ein „Stand" werden in einer „natürlichen Gliederung des menschlichen Lebens" (Kindt 1974: 390); den Bund selbst teilte man ein in die Altersgruppen der Jungenschaft, Jungmannschaft und Mannschaft. Manche Gruppen rezipierten indianisches Kulturgut und orientierten sich an der „Stammeserziehung" der jungen Krieger und an der „Waldverwandtschaft", der „Gemeinschaft der im Geiste der Natur, des Lebens Verbundenen" (Habbel 1922: 76). Eine Gruppe wie das ‚Graue Corps', ganz fixiert auf ihren charismatischen Gründer und Führer Alfred Schmid, kultivierte das Zusammenspiel von „Haltung und Leistung, Gelöstsein und Freundschaft" (Kindt 1974: 933) in weihevoll erlebter Gemeinschaft und am liebsten vor dem Hintergrund südlich-klassischer Parks und Landschaften. Dieser Bund hat seine Riten und Bräuche – Tanzen und Musizieren, Stockfechten und Peitschenkämpfe, Fahnenweihe und Feuerkult – in einem einzigartigen Filmdokument („Der Ruf") überliefert.

Die Beispiele ließen sich mehren; ähnliche Vorstellungen finden sich in weiteren Neugründungen der Nachkriegszeit, angereichert zumeist mit Visionen von einem mystischen Reich, das es im Bund und mit dem Bund vorzubereiten und zu er-

Eberhard Koebel genannt „tusk" (1907–1955), Grafiker und Schriftsteller, jugendlicher Lapplandforscher, späterer Kommunist und Emigrant, ist einer der charismatischen Jungenführer der Weimarer Zeit. Wanderer zwischen den Welten: Der Großbürgersohn aus nationalistischem Elternhaus verleiht dem heldisch-todessüchtigen Jugendmythos literarische Gestalt; später wird er zu einer Zentralfigur antinationalsozialistischen Widerstandes und zu einem bis heute nicht rehabilitierten Opfer des deutschen Stalinismus. Hier eine Aufnahme aus dem Jahr 1933. Foto: Archiv Burg Ludwigstein.

ringen gelte. Auch die konfessionellen und scoutistischen Jugendverbände in Deutschland übernahmen Ästhetik und Ideologie dieser bündischen Kultur. Mit konkreten Inhalten, sozialen und politischen Programmen und Modellen meldeten sich manche der Vorkriegsbünde erneut zu Wort, die sich nun zumeist bei den völkischen und konservativrevolutionären Bewegungen der Weimarer Zeit ansiedelten – so die ‚Fahrenden Gesellen' oder die ‚Geusen', später als Dach- und Schulungsorganisation eine ‚Bündische Reichschaft'. Andere Gruppen wie die ‚Schilljugend' und der ‚Bund Ekkehard' dankten ihre Gründung ehemaligen Freikorpsführern und schlugen Bögen zu den späteren Männerbünden der Nationalsozialisten.

Männerbündische Organisations- und Kultformen in extremer Ausprägung, dabei unter Vermeidung inhaltlicher Definitionen und gedanklicher Präzisionen, verkörperte schließlich die ‚Deutsche Jungenschaft vom 1. 11. 1929', nach dem Datum ihrer Entstehung und in Kleinschreibung kurz ‚dj. 1.11' benannt. Ihr Gründer, der bereits zitierte Eberhard Koebel, hatte von legendären Lapplandfahrten den Namen „tusk" mitgebracht und trat an, die Unzufriedenen und wirklich Jungen aus den von ihm als Jugendpflege- und Veteranenvereine verspotteten Bünden zu einer neuartigen „großen jungen Armee" zusammenzuziehen. Feuerzelt und militärische Kluft, Fahnenwache und „Soldatenchöre der Eisbrechermannschaft", der Kreis der verschworenen Fahrtengemeinschaft in der Einsamkeit von Wäldern und Dünen: das wurden Chiffren für die Spätphase der Jugendbewegung. Stilbildende Zeitschriften wie „Das Lagerfeuer" und „Der Eisbrecher" verbreiteten Fernweh nach dem unberührten Lappland, Begeisterung für das revolutionäre Rußland, Ahnungen von indianischer und fernöstlicher Philosophie – Fluchten aus der deutschen Gegenwart (Mogge 1981).

Eberhard Koebel und andere Wortführer seiner Generation gaben der Jugendbewegung, gaben auch dem Männerbund eine neue Dimension: Sie kämpften aktivistisch und militant für ein neues Ideal, den „Jungenstaat", wobei die Qualität „Jugend" in ideologisch beliebig zu besetzender Weise zum Schlachtruf geworden war. Mitglieder der ‚dj. 1.11' und der anderen Bünde fanden sich später in der nationalsozialistischen SS wie im kommunistischen Untergrund, in Führungspositionen der Hitlerjugend wie als Blutzeugen des Jugendwiderstandes. In Schriften wie „Die Heldenfibel" und „Der gespannte Bogen" entfaltete Koebel nun das Idealbild des heroischen Mannes; auch und nicht zuletzt hier wurde eine junge Generation zur Todessehnsucht erzogen: „Aber die Helden der Selbsterringenden sind bald jubelnde, bald weinende Kinder Gottes, die die Welt durchrasen, als jagte sie ein Schwarm von Gespenstern. Man sagt ‚Dämomen', aber es ist ihr Blut und ihre Seele. Sie sündigen und töten bald leidenschaftlich, bald lassen sie ausgeliebte, traurige Mädchen zurück, bald opfern sie ihr Teuerstes für andere, bald erwürgt ihr Zorn Hindernde, bald scheinen sie am Ende und stehen dann doch immer wieder lächelnd auf zu unerklärlichen neuen Taten ... Laßt uns nicht nach Gedanken jagen und nach Weltanschauung, an ihnen können wir uns nicht halten! Jede Erkenntnis ist richtig oder falsch ..." (Koebel 1931: 9f., 15).

Wie ein heroischer Abgesang der bürgerlichen Jugendbewegung erscheint das ‚Munsterlager' der Bünde im Juni 1933, zwanzig Jahre nach dem Fest einer emanzipierten Jugend auf dem Hohen Meißner. In langen Kolonnen unter wehenden Fahnen marschierten hier die im ‚Großdeutschen Bund' wieder zusammengeschlossenen Jungen und Mädchen an dem greisen Admiral Adolf von Trotha, ihrem Bundesführer, vorbei. Bald darauf konnte der 26jährige Baldur von Schirach, jetzt ‚Jugendführer des Deutschen Reiches', die Aufhebung dieser Jugendbewegung in der Sammlungsbewegung verkünden, die es wie keine andere verstanden hatte, die Mythen vom Jugendreich und vom Männerbund zu instrumentalisieren und in ihre Bahnen zu lenken. Die Bünde der Jugendbewegung hatten dem kaum etwas entgegenzusetzen; ihr Widerstand gegen die Auflösung galt meist dem Erhalt der eigenen Organisation und nur vereinzelt der Abgrenzung gegen die faschistische Ideologie.

Die ‚Deutsche Jungenschaft vom 1.11.1929' (dj. 1.11) kultiviert das Ideal des jungen Helden und Soldaten. Es zählen ‚Haltung' und ‚Tatbereitschaft'. Im Lager aus Lappenzelten, hier bei Dessau 1932, ist die ‚Fahnenwache' mit einem Holzschwert bewaffnet. Uniformen, Fahnen- und Feuerkult wirken stilprägend auf die männlichen Jugendorganisationen in der Spätphase der Weimarer Republik und werden von der ‚Hitlerjugend' übernommen. Die ‚dj. 1.11' selbst und ihre Führer sehen sich bald als Widerstandspotential von den nationalsozialistischen Männerbünden gefürchtet und verfolgt. Foto: Archiv Burg Ludwigstein.

Und doch darf die Bilanz nicht nur negativ sein. Es erwies sich, daß gerade in den jungenschaftlichen und männerbündischen Gruppen der Jugendbewegung auch Potentiale von Widerstand erhalten blieben. Lieder und Schriften, Gruppen- und Fahrtenstil dieser Bünde wurden zu Ausdrucksformen subkultureller, ja subversiver Gemeinschaften gegen den Monopolanspruch der ‚Hitlerjugend', die einen permanenten und erbitterten Kampf gegen Milieu und Organisationen der nie ganz ausgerotteten Jugendbewegung führte. Resistenz und Widerstand gegen den Nationalsozialismus kamen auch aus den Reihen der Jugendbewegung; ihre männerbündischen, geheimbündlerischen Formen existierten fort im Untergrund (Hellfeld 1987).

Jugendmythos und Männerbund mit ihrer inhaltlichen Unbestimmtheit und beliebigen Verfügbarkeit bedeuteten indes zumeist eine Vorbereitung auf die tödlichen Konsequenzen der so oft beschworenen Parolen von Kampf und Sieg. „Die Jugend von 1913 hatte nicht rechtzeitig die gedankenklare schützende Gestalt für ihr großherziges Gefühl gefunden; sie hatte ihre Freiheit als zu leicht errungenes Geschenk aus den Händen einer älteren liberalen Generation nicht politisch zu härten und zu sichern vermocht. So war die neue Jugend... ungewappnet gegenüber der Wucht einer Macht- und Kraftlehre, die wohl der Jugend festliche Erinnerungen an Lagerleben und weite Märsche, an Spiel und Sport in Luft und Sonne hinterlassen hat, die ihr aber zugleich den Weg wies zum Massentod und Untergang des Reiches... Diese Jugend der frühen Todeserfahrung glaubte durch ihre Opfer Deutschland frei und glücklich zu machen. Aber der Weg, der zu diesem Ziele hinführen sollte, führte in eine Sackgasse. Es war nicht der Weg zur Freiheit" (Noack 1946: 103).

Rowisch und Burschenstock – Die ländliche Burschenschaft in Österreich

Franz Grieshofer

Im Gefolge von Heinrich Schurtz' Publikation „Altersklassen und Männerbünde" (1902) befaßte man sich auch in Österreich mit der Erforschung des Brauchtums ländlicher Burschenschaften, mit dem Ziel, deren altgermanische Wurzel aufzudecken. Diese ideologisch vom NS-Gedankengut gefärbte Betrachtungsweise verhinderte eine historische Bewertung. Studien der siebziger Jahre belegen indes, daß die Burschenschaften eine spezifische Sozialform der dörflich-agrarischen Gesellschaft darstellen, der auch ihre soziokulturellen Verhaltensweisen entsprechen. Die verschiedenen Riten und brauchtümlichen Handlungen dienen dazu, die männliche Vorrangstellung innerhalb dieses Systems zu fixieren (vgl. dazu die Aufsätze Nr. 57 und Nr. 1).

Untersuchungen von Werner Galler (1971) und Bertl Petrei (1972) erbrachten in neuerer Zeit den erstaunlichen Befund, daß in der dörflichen Gesellschaft Ostösterreichs die Burschenschaft nach wie vor eine wichtige Rolle spielt. Es ist offensichtlich kein Zufall, daß ihr Auftreten mit dem Gebiet der geschlossenen Dorfsiedlung zusammenfällt, in dem, bedingt durch seine Randlage zu Mähren, der Slowakei und Ungarn, sich der ökonomische Aufschwung und die Urbanisierung langsamer durchsetzten, und der Anteil an der landwirtschaftlichen Bevölkerung nicht so rasch sank. Obwohl der Strukturwandel inzwischen natürlich auch die Dörfer im niederösterreichischen Weinviertel und im Burgenland voll erfaßte, zeigen die überkommenen Gesellschaftsordnungen weiterhin erstaunliche Konstanz. Das Burschenschaftswesen bildet dabei ein charakteristisches Merkmal für die traditionelle Dorfgemeinschaft. Wie die Untersuchungen zeigen, weist das Burschenschaftswesen einen breiten Fächer verschiedener Erscheinungsformen auf, die von einer weitgehenden intakten Verbandsform bis zu Restformen, aber auch zu Neuformungen reichen. Einzelerscheinungen wie das Stehlen, die termingebundenen Unruhnächte oder das Faschingsbrauchtum wurden im Österreichischen Volkskundeatlas dargestellt. Aus diesen, ehemals einem geschlossenen System zugehörenden Brauchrelikten erkennt man, daß das Burschenschaftswesen noch zu Beginn unseres Jahrhunderts in Österreich und darüber hinaus in ganz Europa ein allgemeines Phänomen bildete. Für Österreich lieferte Ernst Burgstaller (1952) anhand der verschiedenen regionalen Bezeichnungen der Burschenschaften eine Übersicht über die Verbreitung.

Vor allem war es aber Heinrich Schurtz, der die Bedeutung der Knaben- und Männerbünde für ‚primitive' Gesellschaften erkannte. Seine Untersuchung hatte eine Flut von Publikationen zur Folge. In Österreich waren es vor allem die aus der Schule des Wiener Altgermanisten Rudolf Much hervorgegangenen Schüler Lily Weiser mit ihrem Werk „Altgermanische Jünglingsweihen und Männerbünde" (1927), Richard Wolfram mit „Schwerttanz und Männerbund" (1936) und Otto Höfler mit „Kultische Geheimbünde der Germanen" (1934), die sich diesem Thema zuwandten (vgl. dazu Aufsatz Nr. 57). Sie sahen in den rezenten Erscheinungen der Burschenschaften direkte Nachfolger ehemaliger germanischer Männerbünde und leiteten davon in einer Art Kreisschlußverfahren eine germanische Kontinuität ab (vgl. Weber-Kellermann und Bimmer 1985).

Abgesehen davon, daß es sich bei den Burschenschaften um keine Geheimbünde handelt, verstellte diese ideologische Betrachtungsweise eine historische Bewertung. Um den Burschenschaften gerecht zu werden, müssen die jeweiligen sozialen, wirtschaftlichen und kulturellen Voraussetzungen der agrarisch-dörflichen Gesellschaft berücksichtigt werden. So wäre auch zu fragen, inwieweit das Zunftwesen, die religiösen Bruderschaften, aber auch studentische Organisationen die Burschenschaften beeinflußten. Unbestritten scheint, daß es sich bei den Jungmännerverbänden um einen Bestandteil der traditionellen Gesellschaft handelt und daß mit deren Auflösung es auch zum Verschwinden der Burschenschaften bzw. zu neuen Formen von Zusammenschlüssen Jugendlicher kommt. Da es in Österreich noch ein lebendiges Burschenschaftswesen gibt, sollen in diesem Beitrag anhand rezenter Erscheinungen Struktur und Verhaltensweisen der männlichen Jugend aufgezeigt und an ihren Objektivationen veranschaulicht werden.

Das Wesen der Burschenschaft

Im menschlichen Leben bildet die Jugend einen wichtigen Abschnitt. Es ist die Zeit der sexuellen Reife, die nach Beziehung zum anderen Geschlecht drängt, aber auch eine Zeit persönlicher Unsicherheit, in der man in der Gruppe Schutz sucht. Nach außen zeigt sich dieser Zustand durch entsprechende Verhaltensweisen. Mit dem Eintritt in das Burschenalter sind der Besuch des Gasthauses, das nächtliche Herumtreiben auf der Gasse, der Besuch des ‚Mädchenfensters' verbunden. Dieses neue Geltungsbewußtsein drückt sich auch im Genuß von Alkohol und Tabak aus. Der Wechsel vom Kind zum Jugendlichen wird der Gemeinde auch durch den Platztausch in der Kirche angezeigt.

Diese allgemeinen männlichen Verhaltensweisen genügen aber nicht, die Burschenschaft zu definieren. Diese bildet nämlich einen geschlossenen Verband mit strengen, allerdings ungeschriebenen Regeln, spezifischen Ritualen und eigenen Hierarchien. Grundsätzlich handelt es sich um die Altersklasse der unverheirateten Männer, wobei der Zeitpunkt des Eintrittes in den Verband variiert. War dieser einst mit 20 oder gar erst 24 Jahren möglich (was mit der Eigenständigkeit zusammenhing – ausgedrückt etwa durch die Übergabe des Schlüssels zum Weinkeller), so zeigt sich in den letzten Jahrzehnten der Trend, diese Grenze nach unten zu rücken. Heute erfolgt der Eintritt vielfach bereits mit sechzehn Jahren. Die Mitgliedschaft steht grundsätzlich allen Sozialschichten offen, weshalb heute längst nicht mehr von bäuerlichen Burschenschaften gesprochen werden kann. Auch früher vereinte sie Bauernsöhne, Knechte und Burschen armer Leute. Erst die politischen Entwicklungen in unserem Jahrhundert führten zu ständischen und konfessionellen Gliederungen. In der Regel spiegelt sich diese Entwicklung auch in der Dorftopographie mit der Herausbildung entsprechender Viertel und den dazugehörigen Gasthäusern wider. So kann es vorkommen, daß in einem Ort zwei Burschenschaften existieren.

Die Burschentaufe

Die Aufnahme erfolgt nicht automatisch. Wer in die Burschenschaft eintreten will, muß sich mit einem Quantum an Bier oder Wein einkaufen. Die Menge wird je nach den finanziellen Möglichkeiten von den Burschen festgelegt. Davon leitet sich die Bezeichnung die ‚Eingekauften' ab. Die Aufnahme kann einzeln oder fakultativ für den neuen Jahrgang (das ‚Radl', das ist der Rekrutenjahrgang) erfolgen. Wie die von Werner Galler (1971) erhobenen Bräuche zeigen, gibt es eine Reihe verschiedener Handlungen, die mit der Aufnahme verbunden sind. Manchmal erfolgt sie erst nach einer Probezeit. Es werden vorher Mut und Kraft getestet und die Trink- und Sangesfestigkeit erprobt. Die Neuen müssen Spott und Hänseleien über sich ergehen, sich anschmieren lassen und – symbolische – Schläge einstecken. In manchen Orten erweitert sich die Zeremonie zu einer Burschentaufe. Dabei wird dem ‚Täufling' vom ältesten Burschen unter witzigen Bemerkungen ein Glas Wein über den Kopf geschüttet. Erst dann darf er in ein Gasthaus gehen, tanzen und sich ein Mädchen suchen. Erst dann hat er alle Burschenrechte.

In Tattendorf (Niederösterreich) wird am Vormittag des Faschingsmontages der Täufling mit einem Ochsenstrick gefesselt und mit einem Ochsenziemer mehr oder weniger kräftig geschlagen. Man treibt ihn zu einer scherzhaften Gerichtsverhandlung, bei der der ‚Angeklagte' nicht selten angebrüllt, geschlagen oder schwarz angeschmiert wird. Schließlich wird er zur Bezahlung des Einkaufsweines verurteilt. Dann trinkt er mit allen Anwesenden Bruderschaft, bleibt aber noch den ganzen Tag eingesperrt und muß dabei fasten und dürsten.

Zum Teil bekommen die Eingekauften auch eigene Spitznamen. Es ist das eine Schutzmaßnahme, um sich bei nächtlichem Schabernack nicht durch Zurufe zu verraten. Mit dem Namenstausch, wie er auch in klösterlichen oder studentischen Gemeinschaften üblich ist, nimmt man gewissermaßen eine neue Identität an. Der Eintritt in die Burschenschaft bedeutet eine Lösung von bisherigen Bindungen, die durch entsprechende Handlungen, sogenannte *rites de passage* (Initiationsriten) markiert wird.

Die Burschenlehre

Nach der Aufnahme werden den Neuen die Verhaltensregeln beigebracht. Es handelt sich dabei um einen Kodex, der zwar nicht schriftlich fixiert ist, für alle jedoch verpflichtenden Charakter besitzt. Auf seine Einhaltung wird in der Gruppe streng geachtet. Früher oblag die ‚Burschenlehre' und die Aufsichtspflicht dem Burschenvater, dem Meister oder Altburschen, der noch mit wesentlich mehr Autorität ausgestattet war. Das bezeugen die wenigen Ordnungen, die von der Forschung überliefert wurden. Als Beispiel seien die von Jungwirth (1932) aufgezeichneten Zechstatuten aus Neuhofen im Innviertel angeführt. Hier heißt es:

1. Ein jeder hat zu trachten, daß die Zeche im Ansehen stehe, daß es lustiger sei als wo anders.
2. Die Jungen müssen die Alten zum Fortgehen antreiben und verständigen, wenn wo etwas an Unterhaltung los ist.
3. Wenn einem etwas nicht paßt, muß er es sofort den älteren Kameraden mitteilen, nicht anderen Leuten; das gilt auch bei Neuigkeiten und Lumpereien.
4. Auch bei fremden Weibern (Mädchen) keinen Kameraden verraten, wer er ist überhaupt nicht. Und den Weibern nicht alles erzählen.
5. Nach Ried die Zechenmädel mitnehmen, ist Pflicht jedes Zechenburschen.
6. Bei Tisch Unterhaltungen machen, nicht dasitzen wie ein Stockfisch oder andererseits von Lumpereien etwas ausplaudern.
7. Das Tanzen ja genau erlernen, einen Stolz darauf haben, daß es flott geht.
8. Ein jeder hat sich zu erkundigen, wann der Tanz beginnt, nicht daß er erst gesucht werden muß.
9. Trachten, daß der Ansinger und die Sängerinnen ganz bestimmt bereit sind und daß zwischen diese beim Tanzen niemand hineingeht, denn diese gehören zusammen.
10. Ein jeder hat richtig mitzusingen, nicht falsch.
11. Das Reden ist während des Tanzes zu unterlassen.
12. Den Bekannten zu trinken geben, nicht jedem Schmarotzer (das ist jemand, der sich den fremden Trunk anbieten läßt, um sein Geld zu sparen).

Wie Antonie Prankl richtig bemerkt, handelt es sich bei dieser, wie auch bei anderen Aufzeichnungen, um gefilterte Angaben, denn die Ordnungen geben keine Regeln über das Verhalten bei den diversen nächtlichen Unternehmungen preis. Die publizierten ‚Burschenlehren' beziehen sich auf den Anstand bei der Tischrunde, sie stecken das Verhältnis zu den Mädchen ab und behandeln die Ordnung beim Tanz, der generell eine wichtige Rolle spielt, in Oberösterreich aber eine Sonderstellung einnimmt. Hier hatte jede ‚Zeche' bzw. jede ‚Rud' ihren eigenen Landler, eine überaus figurenreiche, komplizierte Tanzform, die viel Übung und Konzentration verlangte. Beim ‚Rudenkirtag' in Sierning bei Steyr kann man am Faschingsmontag ein solches Landlertanzen noch erleben, wenngleich die Tänzer nicht mehr burschenschaftlich organisiert sind.

Die Zechgemeinschaft und ihre Symbole

Als wesentliches Bestimmungszeichen für die Burschenschaft gilt die gemeinsame Zeche. Es handelt sich demnach bei ihr um eine Art ‚Mahlgemeinschaft'. Das kommt auch in den Namen zum Ausdruck, am deutlichsten bei der Innviertler ‚Zeche', auch bei den Weinviertler Irken oder Irten und den burgenländischen Rowisch-Burschen. Aber selbst der Terminus ‚Burschenschaft', der sich im wissenschaftlichen Gebrauch durchsetzte, verweist auf die Zechgemeinschaft. Das Wort ‚Bursch(e)' leitet sich von *bursa* ab, also jenem Haus, in dem die *bursales, burßgesell, bursant* oder ‚Mitburschen' unter der Leitung eines *magister regens* aus gemeinsamer Kasse lebten. Zur besseren Unterscheidung der Gruppenbezeichnung ‚die Bursch' und dem Einzelmitglied, ‚dem Burschen', bürgerte sich im 18. Jahrhundert, zunächst für die studentischen Gemeinschaften, der Begriff ‚Burschenschaft' ein. Für die Mitglieder

Der ‚Burschenstock' stellt das Standeszeichen der Burschen dar. Er befindet sich das Jahr über in dem Gasthof, in dem die Burschen ihren Stammtisch halten. Zum Burschenfest im Fasching oder beim Kirtag wird der Burschenstock geschmückt und im Umzug mitgetragen. Draßmarkt, Burgenland. Foto: F. Grieshofer, Fasching 1974.

einer ländlichen Burschenschaft ist es – zumindest an bestimmten Terminen – noch heute üblich, für die gemeinsame Zeche zusammenzuzahlen. Das gemeinsame Trinken stellt einen Akt der Solidarisierung dar, der wiederum unter gegenseitiger Aufsicht und Kontrolle steht. Es wird darauf geachtet, daß jeder gleich viel bekommt und daß der Alkoholkonsum auf ein erträgliches Maß beschränkt bleibt.

Die ‚Heimat' der Zechgemeinschaft bildet der Stammtisch im Gasthaus, der mit den entsprechenden Zeichen und Symbolen markiert ist. Das typische Kennzeichen eines Burschenschaftslokales ist der sogenannte ‚Burschenstock'. Es handelt sich dabei in der Regel um die Figurengruppe eines pflügenden Bauern, die auf ein Brett montiert ist und oft unter einem Glassturz steht. Bei festlichen Anlässen wird dieser Burschenstock öffentlich umgetragen.

Manchmal hängt über den Tischen ein riesenhaftes Klappmesser, ein sogenannter Feitl. Im Taschenformat tragen ihn die Mitglieder des Feitlclubs stets bei sich, um ihn jederzeit über Aufforderung vorweisen zu können. Oft sind solche Clubs oder Tischrunden Nachfolger ehemaliger Burschenschaftsverbände. Das gilt auch für die ‚Pfeifenclubs'. Pfeife und Feitl sind jedenfalls männlich besetzte Symbole.

Das augenfälligste Abzeichen, um das sich die Burschen sammeln, ist der Rowisch. Es ist das ein bändergeschmücktes Kerbholz, das, der Länge nach gespalten, ursprünglich zur Abrechnung mit dem Wirt dient.

Heute steht der Rowisch (slawisch *rovus*, das ist Kerbholz) zwar nur mehr als Funktionszeichen für den Rowischmeister in Verwendung (in Mattersburg, im Burgenland hat ihn dieser im Stiefel stecken), doch erinnert er noch an die alte Zechgemeinschaft (in diesem Zusammenhang sei daran erinnert, daß das Kerbholz, über das es eine reiche Literatur gibt, in einem wesentlich größeren Kontext steht).

Das ‚Gasslgehen'

Alles Sinnen und Handeln der Burschen gilt den Mädchen. In der traditionellen Gesellschaft kommt den Burschen die aktive, den Mädchen eine passive Rolle zu. Die entwürdigende Form der Mädchenversteigerung, das ‚Mailehen', kennt man in Österreich nicht. Trotzdem zählt das Recht auf die Mädchen zu den ungeschriebenen Burschengesetzen. Das zeigt sich vielleicht am deutlichsten beim Hochzeitsbrauch. Wenn ein Mädchen aus dem Dorf hinausheiratet, muß es der Bräutigam bei den Burschen loskaufen. Mit dem Recht auf ‚ihre' Mädchen übernehmen die Burschen aber auch die Pflicht, sich um die Mädchen zu kümmern und sie zu beschützen. Die Anbahnung von Beziehungen erfolgt zunächst in der Gruppe und unterliegt bestimmten Verhaltensweisen. Hier hat sich die Form natürlich gewandelt. Früher verbot die Moral, sich tagsüber den Mädchen zu nähern. Die Burschen suchten deshalb den Schutz der Dunkelheit. Nächtlicher Kommunikationsort war das Kammerfenster. In ihrem zum Klassiker gewordenen Buch über „Gasslbrauch und Gasslspruch in Österreich" berichtet Ilka Peter (1953) über die strengen Regeln, die der einzelne beim ‚Fensterln' bzw. die beim gemeinschaftlichen ‚Gasslgehen' einzuhalten waren. Auch Antonie Prankl konnte noch die alten Bräuche bei ehemaligen Zechburschen erfragen. Sie schreibt: „Auf nächtliche Abenteuer rückten die Burschen grüppchenweise aus – meist nach Zusammenkünften, wenn sie noch keine Lust hatten, heimzugehen. Dabei nahmen gewöhnlich die Älteren sich der Jüngeren an. Sie sollten, bevor sie einmal selbständig loszogen, erst die erotischen Rituale am Kammerfenster kennenlernen. Ferner hatten die Gänge zu mehreren den Vorteil, bei Bedarf Helfer an der Hand zu haben" (Prankl 1989: 105). Etwa beim Leiteraufstellen oder, noch dringender, wenn Rivalen den Burschen die Leiter streitig machen wollten. Auch dieser Vorgang verlief streng ritualisiert. Man mußte jedenfalls mit einer ordentlichen Rauferei rechnen, weshalb die Burschen stets entsprechendes Raufwerkzeug bei sich hatten. Das Arsenal reichte von Schlagringen, über Feuereisen, Pfrieme und bleibeschlagene Ochsenziemer. Kein Wunder, daß es dabei oft zu argen Verletzungen kam. Für die Mädchen war das freilich eine Bestätigung ihrer Beliebtheit. Sie sahen es gerne, wenn viele, vor allem auswärtige Burschen, ans Kammerfenster kamen, um vor ihnen Witz, Schlagfertigkeit, Mut und Draufgängertum zu demonstrieren. Es war allerdings für die Mädchen nicht leicht, zwischen den Erwartungen der Burschen und den eigenen Wünschen eine der moralischen Norm entsprechende Balance zu finden. Sehr leicht konnte man sich die Ungnade und Ächtung der Burschen zuziehen.

Das ‚Anbandeln' (dieser Begriff bezieht sich auf die Seidenschleife der Mädchen) erfolgt auch heute meist in Gruppen. „An den Nachmittagen der Sonn- und Feiertage", berichtet Werner Galler von seinen Beobachtungen, „gehen die Weinviertler Mädchen bei gutem Wetter zwischen den Dörfern auf den schön asphaltierten Straßen spazieren. Die Burschen folgen ihnen zu Fuß, mit dem Moped oder im Auto" (1971: 199). Das nächtliche Schwärmen verlagerte sich inzwischen in die Discos und im Kampf gegen Rivalen setzt man das Auto als Imponiermittel ein, wobei Unfälle leider meist tragischer enden als bei Raufereien.

Das Rügerecht

An bestimmten Tagen im Jahr erlangt das nächtliche Schwärmen eine umfassendere Dimension. Diese Termine sind, wie die Umfragen für den Österreichischen Volkskundeatlas zeigen, von Region zu Region verschieden. Bevorzugt werden die Walpurgisnacht, also die Nacht auf den 1. Mai, die Nächte zu Ostern, Pfingsten und Allerheiligen. In diesen ‚Unruhnächten' ziehen die Burschen durch das Dorf, hängen Zäune und Gatter aus, verschleppen Geräte, zerlegen Wagen, setzen sie am Dachfirst wieder zusammen und beladen sie mit Mist. Vielfach wird das Gerümpel am Dorfplatz um den Pranger aufgetürmt. Hier wird deutlich, daß diese Handlungen nicht bloß Spaß und Übermut bedeuten, sondern daß es sich hier um eine Art Volksjustiz handelt. Die bösartigen Akte richten sich nämlich primär gegen Leute, die nicht den Normen des Dorfes entsprechen bzw. mit denen die Burschen eine Rechnung offen haben. Sie sollen auf diese Weise dem öffentlichen Spott preisgegeben werden.

In diesen Unruhnächten rechnet man aber auch mit den Mädchen ab. Man deckt heimliche Liebschaften auf, indem man von einem Haus zum anderen eine ‚Straße' streut. Während beliebte Mädchen am 1. Mai einen grünenden Baum vor das Haus gestellt bekommen, erhalten allzu freizügige oder zu spröde einen dürren Wipfel oder gar einen ‚Tattermann', oder wie die ausgestopften Figuren sonst noch heißen, aufgesteckt. Solche Schandmale lassen oft an Deutlichkeit nichts offen, zum Beispiel indem man bei der Hose einen roten Maiskolben heraushängen läßt. Im östlichen Niederösterreich werden Mädchen in der Allerheiligennacht aus Stroh geflochtene Zöpfe auf das Dach geworfen. Es handelt sich dabei wohl um älteste Rügezeichen. Man denke nur an die Schandkronen aus Stroh und daran, daß man gefallenen Mädchen früher die Zöpfe abschnitt. Helmut Fielhauer konnte diesen ‚Allerheiligenstriezel' in einem Film festhalten. Es ist, wie Werner Galler (1971) feststellt, allerdings interessant, daß dieser Brauch offensichtlich einen Bedeutungswandel erlebte. Heute werden die ‚Allerheiligenstriezel' nämlich mit Blumen geschmückt und allen Mädchen, die zur Burschenschaft gehören, auf das Dach geworfen. Neuerdings bieten sogar Floristen solche Zöpfe mit Strohblumen als Zimmerschmuck an. An dieser Stelle sei an die alpinen Formen der Unruhnächte, an die Haberfeldtreiber, die Charivari, die Alperer und an das Martinsgestampfe erinnert.

Das Heische- und Stehlrecht

Zu den wesentlichen Merkmalen der Burschenschaften gehört das Stehlrecht. Es zählt einerseits zum Ehrenkodex, daß man versucht, sich gegenseitig den Maibaum oder die Strohgirlanden zu Allerheiligen zu entwenden. Es gilt aber auch für die Beschaffung des Kirtagbaumes, oder von Holz für die diversen Feuerbräuche im Jahr (Funken, Osterfeuer, Sonnwendfeuer), des Sauschädels bei den herbstlichen Schlachtfesten oder von Fleisch, Hühnern und Eiern im Fasching. Man darf solches Stehl- und Heischerecht jedoch nicht isoliert betrachten, sondern muß es in einem größeren Funktionszusammenhang sehen. Es dient in der Regel nämlich zur Finanzierung von Festen. Im Burgenland und in der angrenzenden Oststeiermark ziehen an einem der Faschingstage die Burschen von Haus zu Haus (primär aber in jene Häuser, in denen ein Mädchen wohnt), um Speck, Eier und Hafer zu erbitten. Sie sind dabei entsprechend maskiert und werden von einer Musik begleitet. Während die ‚Faschingsnarren' mit den Hausleuten verhandeln, schleicht der ‚Hühnerjäger' hinter das Haus, um ein Huhn zu entwenden. Die erheischten und erbeuteten Naturalien werden beim Wirt zum Teil selbst verzehrt, zum Teil aber ‚versilbert', um damit die Musik für den Faschingstanz bezahlen zu können.

Der Tanz

Es gehört nämlich zu den wichtigsten Aufgaben der Burschenschaft, zu den traditionellen Anlässen im Fasching und/oder zum Kirtag den Tanz zu organisieren. Heute, wo die jungen Menschen praktisch das ganze Jahr tanzen gehen können, vermag man seine Bedeutung kaum mehr richtig einzuschätzen. Früher bildete er aber für Mädchen und Burschen die einzige Möglichkeit, offiziell in Kontakt zu treten. In der traditionellen Gesellschaft erfüllt der Tanz eine wichtige regulative Funktion, die symbolhaft in der ‚weiblichen' Seidenschleife am ‚männlichen' Standeszeichen der Burschen, dem ‚Burschenstock', seinen Ausdruck findet. Eine Schilderung über das ‚Stockmaschenabtanzen' in Ritzing (Burgenland), die sich im Kommentar zur Karte über das Faschingsbrauchtum im Österreichischen Volkskundeatlas findet (Grieshofer 1974: 15f.), soll das veranschaulichen: „Einige Wochen vor dem Fasching suchen sich die Burschen Mädchen aus, die zum erstenmal zum Fasching geführt werden sollen. Hat ein Mädchen dem Burschen die Bereitschaft zum ‚Hinweisenlassen' erklärt, so muß der Bursch von den Eltern des Mädchens noch die Erlaubnis dazu einholen. Nun besorgt sich das Mädchen die ‚Stockmaschn'. Diese ist ein Seidenband, etwa 12 cm breit, gewöhnlich von der gleichen Farbe wie das Faschingskleid. Bis zum Faschingssonntag muß das Monogramm von Bursch und Mädchen auf das Band gestickt sein. Faschingssonntag nachmittags um drei Uhr beginnt das Faschingstreiben. Die Musikkapelle stellt sich auf dem Wirtshausplatz auf und spielt den ‚Gassenmarsch'. Es ist ganz natürlich, daß sich hier viele

Die sogenannten ‚Leitersprüche', verbunden mit ‚Vivat'-Trinken und musikalischem Tusch, gehören zu den traditionellen Zeremonien im Burschenbrauch. Es handelt sich dabei offensichtlich um ein Relikt aus der Feudalzeit und diente früher der Dankesbezeugung gegenüber der Obrigkeit. Kirtagbaum und ‚Zoacher' (das zu diesem Anlaß hergestellte Wirtshauszeichen) markieren den Ort der Festlichkeit. Piringsdorf, Burgenland. Foto: F. Grieshofer, Kolomankirtag 1973.

Kinder und Erwachsene einfinden, um alles gut zu sehen. Der Gassenmarsch besteht aus drei Teilen. Zwei davon tanzen die Burschen, die ein Mädchen mit einer ‚Stockmaschn' zum Tanz führen, folgendermaßen: Sie bilden einen Kreis, fassen einander an den Händen und springen nach der Musik im Zweischritt im Kreis herum, einige Takte nach rechts, dann einige nach links. Im Mittelpunkt des Kreises stehen so viele Halbliterflaschen wie Burschen tanzen... Beim dritten Teil des Marsches nimmt jeder Bursch seine leere Flasche, läßt sie sich im Gasthaus mit bestem Wein füllen und holt damit das Mädchen vom Elternhaus ab. Eine feine Jause erwartet den Gast. Das Fläschchen wird geleert – der gute Tropfen ist dem Hausvater vorbehalten – und mit einem Rosmarinzweiglein und mit einem farbigen Seidenbändchen geschmückt. Das Paar zieht nun in das Gasthaus. Das Mädchen trägt die leere Flasche. Gleich einer Schärpe hat das Mädchen die ‚Stockmaschn' um die Schulter geschlagen. Allmählich füllen sich die Räume des Gasthauses; vor allem die Mütter sind vertreten. Die Musikkapelle spielt nun fleißig zum Tanz auf. Um zwanzig Uhr tanzen die jungen Paare ein ‚Gassenstückl' und gehen dann mit dem neuerlich gefüllten Fläschchen in das Elternhaus des Mädchens zum Abendessen. Dasselbe wiederholt sich um Mitternacht und am nächsten Morgen.

Am Faschingsdienstag beginnt der Faschingszauber mit dem traditionellen ‚Gassenstückl' vor dem Wirtshaus bereits um zehn Uhr vormittags. Am frühen Nachmittag füllt sich der Tanzsaal zum ‚Stockmaschenabtanzen'. Hiezu ist auch eine hohe Doppelleiter notwendig, auf welcher der ‚Altbursch' (Burschenführer) mit einer Flasche Wein und einem Glas zum ‚Burschenstock' emporsteigt, der in der Saalmitte an der Decke hängt. In einem Holzrahmen mit den Ausmaßen von etwa 30 mal 50 cm befinden sich, hinter Glas aus Holz geschnitzt, die Symbole der Stände: Pferd mit Pflug, Hammer, Zange, Messer, Schaufel, Maurerwerkzeug und anderes. Am unteren Rande verläuft eine runde Holzstange, die zum Aufhängen der ‚Stockmaschn' dient. Rechts und links oben sind ebenfalls kürzere Holzstangen zum Aufhängen der alten Bänder (Stockmaschen) der Vorjahre. Der Holzrahmen ist mit Buchsbaum und Rosen verziert. Ist nun alles vorbereitet, spielt die Musik einen zünftigen Marsch. Hernach hält der Altbursch hoch oben auf der Leiter seine Vivatsprüche: ‚Auf die Gesundheit des Herrn Bürgermeisters und seine Familie! Vivat!' Er leert dabei das erste Glas, dazu spielt die Musik einen Tusch. ‚Auf die Gesundheit unserer Lehrkräfte und ihre Familien! Vivat!' ‚Auf die Gesundheit aller hingeweisten Mädel! Vivat!' (Er läßt in der Folge alle Stände auf diese Art leben). Dann tanzen alle hingeweisten Mädel mit den Burschen ihr ‚Extrastückl' (Walzer). Währenddessen nimmt das ‚Altburschmädel' den an der Leiter vorbeitanzenden Mädeln ihre Stockmaschn ab und reicht sie dem Altburschen auf die Leiter hinauf. Der hängt sie der Reihe nach auf die Stange des Burschenstockes. Anschließend ist allgemeiner Tanz bis der Aschermittwoch graut."

Ganz ähnlich geht es beim Kirtag zu. Als öffentliches Festzeichen kommt hier noch der Kirtagbaum hinzu, der am Vortag von den Burschen aus dem Wald geholt, geschmückt und aufgerichtet werden muß. Es kann die Form eines ‚Maibaumes' haben oder, wie in Piringsdorf im Burgenland, nur aus einem Wipfel bestehen, den man schräg am Gasthof befestigt. Auch beim Kirtag werden die Mädchen von den Burschen mit gefüllten Weinflaschen von zu Hause abgeholt und im Zug zum Kirtagbaum begleitet, wird der ‚Burschenstock' mitgetragen, tanzen die Burschen einen kettenartigen ‚Springtanz', werden von der Leiter ‚Vivats' getrunken.

Um den Burschenschaften gerecht zu werden, darf man ihre Handlungen und Symbole nicht isoliert betrachten. Sie sind nur innerhalb des Systems der traditionellen Dorfgesellschaft zu verstehen. Sie stellen gewissermaßen einen Indikator für dieses System dar. Die ‚männlichen' Verhaltensweisen sind Ausdruck überkommener Muster, mit denen die Burschen häufig ihre Unsicherheit vor dem anderen Geschlecht zu überwinden und die Selbstbestätigung bei den Kameraden zu erlangen suchen. Sie unterliegen jedoch einem strengen Kodex, der sich sowohl nach innen wie nach außen durch eigene Kontrolle reguliert, um den Bestand des Systems zu sichern und aufrechtzuerhalten. So gesehen erfüllen die Burschenschaften eine wichtige Funktion in der Erhaltung der traditionellen Gesellschaft.

Burschen- und Schützenvereine

Herbert und Elke Schwedt

Dem interkulturellen Vergleich vermag die Volkskunde intrakulturelle, diachronische an die Seite zu stellen. Schützengesellschaften und Burschenvereine haben jeweils ihre eigene Geschichte, die Rückschlüsse auf die Organisation dieser Gesellschaften zuläßt. Es wird also weniger nach Ursprüngen gefragt als vielmehr nach der Geschichte von Veränderungen. Das erlaubt, auch die Veränderungen von Kulturformen, etwa das Verschwinden von Bräuchen, einzuordnen und schließlich Ausblicke in die Zukunft zu wagen: Sie zeigen, daß zweckgerichtete Aktivitäten zunehmend durch traditionspflegerische ersetzt werden.

Zwei Feste in Deutschland

Die Karten zehn und elf des Atlas der Deutschen Volkskunde, entstanden in den dreißiger Jahren, zeigen die Ergebnisse einer Umfrage, die das weltliche Hauptfest des Jahres in verschiedenen Regionen ermitteln sollte. Deutlich wird eine Nord-Süd-Scheidung: Im Norden des damaligen deutschen Reichsgebietes dominiert das Schützenfest, im Süden die Kirchweih mit ihren vielfältigen mundartlichen Bezeichnungen. Auskunft über die Veranstalter geben die Karten nicht; doch liegt auf der Hand, daß es sich im Falle der Schützenfeste um Schützengesellschaften handeln dürfte. Eine spätere Enquete aus dem Jahre 1985 in Westdeutschland erbrachte zusätzliche Erkenntnisse über einen breiten Gürtel mit Misch- und Übergangsformen, etwa der ‚Schützenkirmes', vor allem im linksrheinischen Raum nördlich der Mittelgebirge.

Über die Gründe für diese räumliche Teilung ist bislang merkwürdig wenig diskutiert worden; nicht einmal prüfenswerte Hypothesen wurden formuliert. Das ist hier nicht nachzuholen. Dagegen ist darauf hinzuweisen, daß volkskundliches Interesse sich lange Zeit auf den (oft konstruierten) Nachweis respektabler Kontinuitäten richtete (vgl. etwa Weiser 1927, Wolfram 1935). Die Einsicht, daß Volkskulturforschung die Erforschung von Veränderungsgeschichte ist, hat sich erst spät durchgesetzt. Immerhin herrscht heute innerhalb der Volkskunde allgemein Skepsis gegenüber Thesen, welche Kontinuitäten postulieren, die Jahrhunderte oder gar Jahrtausende überdauern: Kontinuität, Begriff und Sache, ist selbst problematisiert worden (Bausinger 1985). Das gilt auch für Schützenvereine und Burschenschaften, von denen in der Folge die Rede sein soll. Dabei ist zu zeigen, daß über zeitliche Kontinuitäten nur begrenzte Aussagemöglichkeiten bestehen, weil die Quellen erst vergleichsweise spät zu fließen beginnen; daß räumliche Kontinuitäten eines Kulturphänomens – etwa im dörflichen Bereich – durch einen andauernden Stadt-Land-Kulturtransfer relativiert wurden und werden; daß soziale Kontinuitäten – gekennzeichnet etwa durch die lange Zeit gängige Metapher von der Beharrsamkeit der Bauern – längst durch Einsichten in die überragende Bedeutung intrakulturellen Kulturaustausches aufgelöst sind. Es gilt also, die von Männern gebildeten oder männlich dominierten Institutionen der Burschen und Schützen als geschichtliche Phänomene darzustellen und ihre Verbreitung, ihre Organisationsformen, ihre Aktionen und schließlich Funktionen als Ergebnisse historischen Wandels zu begreifen.

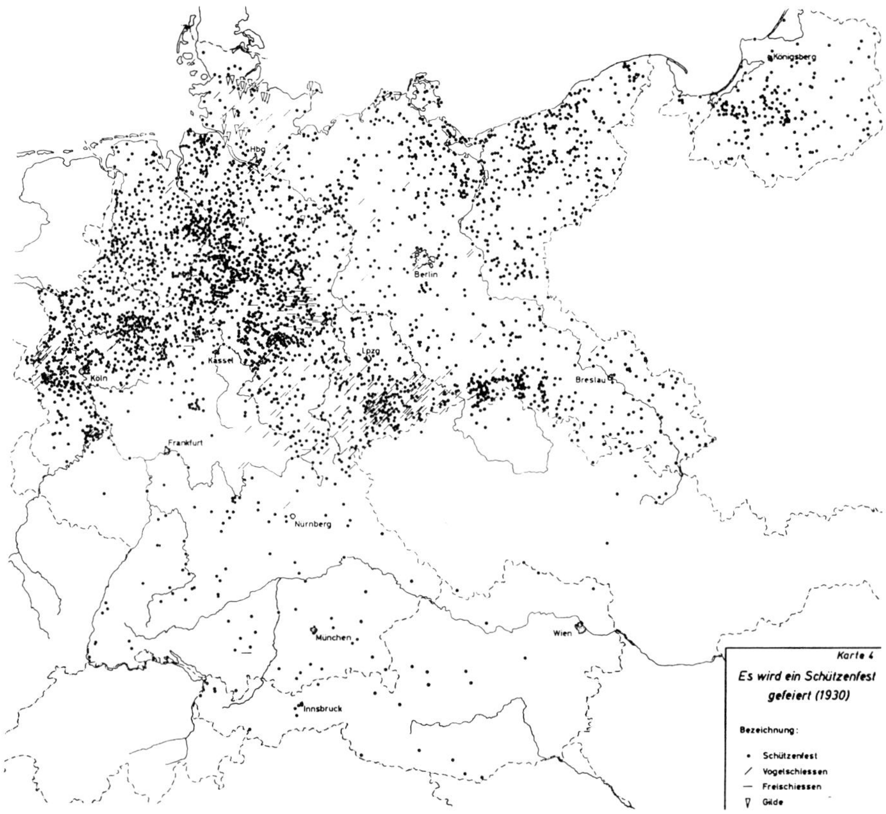

Die Karte aus Theo Reintges Arbeit über „Ursprung und Wesen der spätmittelalterlichen Schützengilden" (1963) zeigt deutlich, daß die Schützenfest-Tradition in Norddeutschland wesentlich ausgeprägter ist, als in Süddeutschland.

Schützengeschichte

Im Falle der formal hoch organisierten Schützengesellschaften scheint das zunächst einfach. Aber daß zumindest die Forschungsgeschichte kompliziert ist, wird überzeugend deutlich, wenn Theo Reintges rund vierzig Theorien zum Ursprung des Schützenwesens nennt (Reintges 1963: 307ff.). Favorisiert waren etwa die Schutz-, die Frühlingskult- oder die Bruderschafts- und Gildentheorie, und die Herleitung aus dem Germanischen stand lange Zeit hoch im Kurs. Dabei ist zu unterscheiden: Wettbewerbe im Umgang mit Waffen dürften zweifellos sehr alt sein, und Vogelschießen ist offenbar bis in die Antike hinein nachweisbar (Michaelis 1985: 9ff.). Sie sind freilich nicht unser Thema, tangieren es allenfalls. Die Schützengesellschaften hingegen datieren nach heutiger Kenntnis frühestens aus dem späten 13. Jahrhundert. Es hat nicht den Anschein, als ob dieser Satz lediglich die Quellensituation beschreibt. Vielmehr war für das Entstehen dieser Organisationen ein ganzes Bündel an Voraussetzungen erforderlich, die zuvor nicht gegeben waren. Zwei der wichtigsten seien genannt. Die Verbände der Schützen waren von Anfang an städtische Organisationen (und sie wären aus leicht einsichtigen Gründen im mittelalterlichen Dorf auch kaum denkbar gewesen). Also war für sie die Entwicklung des Städtewesens mit seinen sozialen Ausdifferenzierungen Grundlage. Zweitens beruhten sie auf dem Vorhandensein und dem verbreiteten Gebrauch von – für die damalige Zeit ‚modernen' – Schießwaffen. Das waren die Armbrüste, die etwa ab Anfang des 12. Jahrhunderts bekannt waren und zum Ende der Kreuzzüge verstärkte Anwendung fanden. Als diese Voraussetzungen gegeben waren, entstanden um 1300 Schützengesellschaften, und zwar in den hochentwickelten flandrischen Städten (Reintges 1963).

Die neue Gesellungsform breitete sich in den Städten Nord- und Westdeutschlands rasch aus. Die Anfänge der Aachener Gesellschaft liegen in der ersten Hälfte des 14. Jahrhunderts, in Dortmund ist, mit ersten Statuten, 1378 eine *„armborstes schuttenselschop"* (Prinz 1961: 32) belegt. Spätmittelalterliche Belege liegen auch vor für Ahrweiler, Andernach, Dülken, Essen, Hamm, Heinsberg, Mayen, Moers, Siegburg, Unna und andere Städte (Reintges 1963: 60ff.). Nicht selten, so in Brühl, Euskirchen oder Zülpich, lassen sich Querverbindungen zu religiösen Bruderschaften nachweisen (Pesch 1982: 12), mancherorts, in Köln vor allem, war das Schießwesen von und in Zünften und Gaffeln organisiert. Dreierlei ist an den spätmittelalterlichen und frühneuzeitlichen Schützengesellschaften zu beachten. Erstens erfreuten sie sich – ganz im Gegensatz zu anderen Erscheinungen der Volkskultur – wohl von Anfang an obrigkeitlicher Förderung. Das ist leicht damit zu erklären, daß sie Wachdienste leisteten, daß zu ihren Aufgaben die Stadtverteidigung gehörte und daß sie, je nach politischer Konstellation, auch in die Dienste der Landesherren traten. Gewiß kam es, vor allem im Zeitalter der

Reformation, zu Einschränkungsversuchen: die „Gemeine Münsterische Landordnung" von 1571 beispielsweise verlangte, daß das Vogelschießen „an einem jeden ortt des Jhars einmall beschehe, doch daß niemandt auß frembden bawrschafften darzu gefordert" werde (Schmitz 1981/82: 79). Zuvor schon, nämlich 1533, „schloß Herzog Johann III. von Cleve-Jülich-Berg mit dem Kölner Kurfürsten Hermann V. von Wied einen Vertrag, in dem sich beide u.a. verpflichteten, keine neuen Schützengesellschaften mehr zuzulassen, weil die Ausschreitungen bei ihren Schützenfesten Anlaß zu Klagen gegeben hätten" (Reintges 1963: 202). Von einem ganz generellen Verbot der Schützenfeste, wie wir es beispielsweise für die Kirchweih durchaus kennen (Schwedt 1989: 5ff.), ist freilich nirgends die Rede. Möglicherweise ist auf die Interessenkonvergenz von Schützen und Obrigkeit die auch heute noch beobachtbare Stabilität und nicht selten monopolartige Position der Schützengesellschaften zurückzuführen. Zweitens zeigen diese Belege – und viele andere –, daß die Schießwettbewerbe sich bald zu Schützenfesten entwickelt hatten: Ereignisse der Gesellschaften wurden zu gesellschaftlichen Ereignissen, und das ist auch heute noch so. Drittens hat der oben erwähnte Stadt-Land-Transfer früh eingesetzt – schon im genannten Beleg von 1533 ist von „steden und dörfferen" die Rede (Reintges 1963: 202). Schon zu seiner Blütezeit im 15. und 16. Jahrhundert konnte das Schützenwesen also auch auf das Land ausgreifen.

Viele Schützen – welche Aufgaben?

Die Unterstützung oder doch wohlwollende Tolerierung durch Behörden und Kanzleien läßt sich durch die folgenden Jahrhunderte weiter beobachten, mit einer Ausnahme: Unter französischer Herrschaft, also um die Wende vom 18. zum 19. Jahrhundert, unterlag das Schützenwesen starken Restriktionen. In der Folge aber führten demokratische und nationale, später auch historisierende Ideen im Verlaufe des vorigen Jahrhunderts zu zahlreichen Wieder- und Neugründungen. Parallel zur Entwicklung des bürgerlichen Vereins erscheint in dieser Zeit auch die Bezeichnung Schützenverein. Daß die Konjunktur bis in unsere Zeit anhält, zeigen einige Zahlen. 1914 wurden im Rheinland 767 Schützengesellschaften gezählt (Wrede 1922: 343), 1933 waren es 2000 (Ewald 1933: 80), von denen rund 350 vor 1800 entstanden waren. Gegenwärtig umfaßt der Bund der Historischen Deutschen Schützenbruderschaften rund 1300 örtliche Organisationen mit etwa 600000 Schützen (Leweke 1984: 405); dazu kommt der Deutsche Schützenbund, in dem auch zahlreiche jüngere Sportschützenvereine zusammengefaßt sind. Weitere Verbände im deutschsprachigen Raum sind der Deutsche Schützenverband in der Deutschen Demokratischen Republik, der Österreichische Landesschützenverband und der Schweizerische Schützenverein (Michaelis 1985: 92).

Keine Frage, daß sich die Funktionen und Zielsetzungen der Schützenorganisationen im Verlaufe ihrer Geschichte verändert haben: von Stadtverteidigung wie im 15., von nationalem Aufbruch wie im 19. Jahrhundert kann keine Rede mehr sein. Traditionspflege und Leistungssport sind die Pole, welche die Intentionen des heutigen Schützenwesens bezeichnen, und es liegt auf der Hand, daß das bündische Element eher im ersten Bereich erhalten und angesiedelt ist. Der hohe Organisationsgrad wird, wie bisher, dort auch für eine weitere Konservierung formaler Elemente sorgen, der Rituale, Abläufe, Objektivationen.

Burschenschaften – viele Wurzeln

Keinem Vergleich mit der Massivität einer solchen Traditionspflege halten die Aktivitäten der ledigen jungen Männer, vor allem in ländlichen Räumen, stand. Kennzeichnend für die Gruppierung dieser jungen Leute sind im Gegenteil Institutionalisierungen ganz unterschiedlicher Intensität; landschaftliche Unterschiede sind dabei von großer Bedeutung. Von temporärem Zusammentreten zu bestimmten Anlässen bis zu eingetragenen Junggesellenvereinen mit fester Satzung reicht die Skala der Möglichkeiten. Über die Geschichte dieser sozialen Figuren Sicheres zu sagen ist schwierig. Gewiß sind Institutionen der sekundären Sozialisation in vielen Kulturen bekannt und also wohl auch für die unsere seit alters anzunehmen. Gleichwohl sei vor vorschnellen Parallelen gewarnt, etwa mit dem Hinweis auf die geringen Einwohnerzahlen der meisten ländlichen Siedlungen bis weit in die Neuzeit hinein: Das Potential an jungen Männern, die sich hätten zusammenschließen können, dürfte in sehr vielen Fällen sehr gering gewesen sein. Gewarnt sei auch davor, diese Bünde unbese-

Die ersten Schützengesellschaften entstanden um 1300 als städtische Organisationen, aber schon im 15. und 16. Jahrhundert wurden derartige Gesellschaften auch auf dem Land gegründet. Im Lauf der Geschichte haben sich die Funktionen und Zielsetzungen der Schützen geändert: während sie im 15. Jahrhundert zur Stadtverteidigung herangezogen wurden und im 19. Jahrhundert Vorkämpfer demokratischer und nationaler Ideen waren, sind sie heute Horte der Traditionspflege und des Leistungssports. Foto nach „Wir Schützen" 1961.

hen dem Land zuzuweisen. In älteren Quellen ist ohnehin nicht von Vereinen die Rede, sondern von Junggesellen, Burschen, Söhnen etc. Deren Aktivitäten aber sind häufig aus Städten bezeugt; so, wenn 1464 das „Mayenstecken" der Patriziersöhne in Frankfurt verboten wird (Schwedt 1984: 84), wenn 1542 ein Umzug der Junggesellen in Köln belegt ist (Zender 1977: 103), wenn 1664 gleichfalls Junggesellen eine Prozession in Sankt Vith begleiten (Neu 1964: o.p.). Was heute als typisch dörflich erscheint, kann durchaus (und wird häufig) städtischer Herkunft sein.

Wiederum ist Auskunft bei schriftlichen Quellen zu suchen. Sie weisen ins 17. Jahrhundert und in den alpinen Raum. In der Literatur gelten die Knabenschaften Graubündens (Caduff 1932) als die ältesten: Die Kopie einer Satzung von Tamils von 1791 bezieht sich auf einen „alten Brieff", der auf 1612 datiert wird (Caduff 1932: 25). Solche Rückverweise sind stets mit Zurückhaltung zu interpretieren; immerhin liegen aber Statuten aus dem 17. Jahrhundert auch aus Rapperswil (1612) (Hoffmann-Krayer 1904: 90) und Mittenwald (1652) (König 1938: 194) vor. Im Rheinland, wo sich auch heute Junggesellenvereine gehäuft finden, wird der von Steinbach auf 1597 datiert (Diercker 1939: 52); genauere Prüfung wäre hier angebracht. Die meisten altbelegten Gruppierungen sind am Rhein, im 18. Jahrhundert entstanden; ihre Bezeichnungen sind häufig mit dem Grundwort Bruderschaft komponiert. Wie etwa die Benennung ‚Sodalität' (zum Beispiel Schönecken/Eifel) könnte das auf religiöse Vorbilder weisen. Andere Namen wie ‚Knabenzunft' (Schweiz) oder ‚Zunft junger Burschen' deuten auf Anlehnungen an städtische Zunftverbände. Auch Kontaminationen mit dem Schützenwesen, etwa Junggesellen-Schützenbruderschaften, sind schon im 17. Jahrhundert bezeugt, so in Ahrweiler, Geilenkirchen, Remagen (vgl. Sauermann 1985: 135f.). Häufiger sind, nach unseren Belegen, Gründungen von Burschen-Organisationen im 19. Jahrhundert. Unter dem Einfluß des sich entfaltenden bürgerlichen Vereinswesens wurden nun Junggesellen-Vereine gegründet (vgl. Löber 1972: 78f.) oder auch ältere Bruderschaften in Vereine umbenannt. Viele wählten zeittypische Namen: ‚Eintracht', ‚Fidelitas', ‚Concordia', ‚Gemütlichkeit', ‚Einigkeit', ‚Teutonia' (später erst folgten ironisierende Bezeichnungen wie ‚Gut Schluck').

Hatten die Schützen schon früh straffe Organisationsformen mit militärischen Anklängen entwickelt, so bietet sich bei den Gruppierungen der jungen Männer ein wesentlich diffuseres Bild. Zweifellos wird auch für sehr informelle, ephemere Zusammenschlüsse die Ausbildung einer Ordnung mit unterschiedlichen Positionen anzunehmen sein, wenn eine solche Gruppierung überhaupt einen für irgendwelche Aktivitäten erforderlichen Integrationsgrad erreichen soll. Wo höhere Organisationsformen erreicht sind, finden sich diese Positionen – jedenfalls, was die Leitung betrifft – in Ämterbezeichnungen formuliert: Knabenkommandant, Bubenrichter, Zechmeister, Altknecht, Burschenvater, Hauptmann, Schultes und Schöffen; im vorigen Jahrhundert erscheint gelegentlich auch ein ‚Präsident'. Wieder läßt sich an Vorbilder aus dem städtisch-handwerklichen, dem rechtlichen oder dem militärischen Bereich denken (Kramer 1964: 139).

Burschenbräuche – wozu?

Wichtiger als der Blick auf Vorbilder oder Herleitung ist der auf die Aufgaben der Burschenverbände. Dabei fällt auf, daß manche Statuten geradezu Anstandsbüchern vergleichbar sind. Geregelt wird das Verhalten innerhalb (Versäumnisse von Zusammenkünften, sauberes Auftreten, Vermeidung von Streit) und außerhalb der Gruppen (Kirchenschlaf). Besonderen Raum nimmt das Verhältnis zu den Mädchen ein, bei welchem nicht etwa nur Dauer und Umstände von Besuchen reguliert, sondern auch recht weitreichend eingegriffen wurde: „Wenn einer ein Mädchen geschwängert hat und heiratet sie nicht vor der Niederkunft, so soll derselbe mit einem halben Eimer Bier in Buße genommen werden. Wer das nicht gibt, soll nicht unter der Burschenschaft erscheinen künftig" (König 1938: 194). Auch Hilfe in Krankheitsfällen von Mitgliedern, Teilnahme an Begräbnissen und Bestellen von Seelenämtern wird häufig vorgeschrieben. Derartige Regulierungen sind zweifellos Ausdruck dessen, was sekundäre Sozialisation genannt wird, wobei zu bedenken ist, daß sich die zu sozialisierenden Normen stetig wandeln. Eine systematische Auswertung von solchen Verhaltenskodizes, auch wenn das Material in seiner Breite nur für zweihundert Jahre vorliegt, würde die zunehmende Bedeutung der Affektregulierung erkennbar werden lassen.

Junggesellen aus Müllenbach bei einer Kranzniederlegung. Burschen- und Junggesellenvereine erscheinen heute als typisch dörfliches Phänomen, obgleich sie im 15., 16. und 17. Jahrhundert durchaus in den Städten zu finden waren. Die Burschenvereinigungen sind im allgemeinen wesentlich weniger organisiert als die der Schützen, dennoch lesen sich die Statuten einiger Burschenvereine geradezu wie Anstandsbücher: so genau wird das Verhalten der Mitglieder – insbesondere gegenüber Mädchen – geregelt. Foto: H.-J. Korz, Lutzerath.

In gleicher Richtung wirkten auch Privilegien, die gleichzeitig Pflichten darstellten: Besonders im ländlichen Raum waren (und sind häufig heute noch) die Burschenschaften Träger der wichtigsten Bräuche wie Fastnacht, Kirchweih etc. Es versteht sich, daß die Wichtigkeit solcher Begehungen und damit der ledigen jungen Männer für das Dorf der Vergangenheit kaum überschätzt werden können. Auch auf diesem Felde, dem der Bräuche, finden sich Exempel für den Versuch, das Verhältnis zwischen den Geschlechtern zu regeln. Es war in früherer Zeit doppelt heikel: erstens wegen des Problems der Sexualität in der Adoleszensphase und zweitens wegen des Primats der Besitzverhältnisse bei der Gattenwahl. Das ehedem vor allem in den Rheinlanden verbreitete und mit zahllosen Verboten bedachte ‚Mailehen' könnte einen solchen Versuch darstellen (vgl. Hilberath 1931, Dierkker 1939, Faber 1985). Dabei wurden die Mädchen des Ortes bestimmten Burschen zugeteilt: durch Ausruf, durch Verlosung oder durch förmliche Versteigerung. Für den jungen Mann war das oft mit genau definierten Pflichten verbunden (regelmäßige Besuche im Haus des Mädchens, Ausführen zum Tanz während eines Jahres usw.). Der Brauch ist, keine Frage, funktionslos geworden und weithin verschwunden. Wo er sich erhalten hat (gut drei Dutzend Mädchenversteigerungen, vor allem im Ahrgebiet, sind uns durch Umfragen in Rheinland-Pfalz bekannt geworden), ist er in spielerische Formen mutiert (Faber/Ziegler 1969/80; Schwedt 1989b: 146ff.). Ebenso zu Relikten oder zu folkloristischen Ereignissen geworden sind Bräuche, die ehedem den Verbleib heiratsfähiger Mädchen im Ort sichern sollten – auswärtige Freier wurden abgeschreckt oder mit ‚Zöllen' belegt: sie mußten zahlen. Der Hintergrund dieser früher weithin praktizierten Rituale ist darin zu sehen, daß ein Mädchen bei einer Heirat nach auswärts Hochzeitsgut aus dem Ort hinausnahm oder, umgekehrt, ein einheiratender auswärtiger Mann die Chance der Einheimischen, durch eine günstige Heirat den Besitz zu wahren oder zu mehren, verminderte (vgl. u.a. Dünninger 1967).

Was bleibt?

Mit solchen Bräuchen übernahmen die jungen Männer gewiß oft wichtige Aufgaben; vor allem aber übten sie die Denkweisen, die Werte und Normen ihrer dörflichen Gesellschaften ein. Mögen sie dabei auch in Konflikte mit ihren Vätern gekommen sein: Über die patriarchalische Struktur dieser Gesellschaft gab es keinen Dissens. Deshalb war die Stellung der jungen Männer den Mädchen gegenüber hoch privilegiert. Um diese Strukturen nicht zu beschädigen, war die dörfliche Gesellschaft auf die jungen Männer angewiesen und gratifizierte sie. Auf einer höheren Ebene findet sich, im Verhältnis der Schützen zum patriarchal organisierten Staatswesen, ein ähnliches Muster wie das von Vätern und Söhnen, die koalieren. Freilich haben sich die ökonomischen Grundlagen dieser Koalitionen nachhaltig verändert. Die Bedeutung oder, besser, Bedeutungslosigkeit bäuerlichen Landbesitzes ist nicht nur zum Faktum, sondern auch zum Symbol geworden. Was an Funktionen für die hier besprochenen Bünde bleibt, wird über Selbstdarstellung, folkloristische Darbietung und, bestenfalls, Spiel und Ironie kaum hinausgehen.

Konflikt und Integration – Zwei konkurrierende Männergesangvereine in einem hessischen Dorf

Gertrud Hüwelmeier-Schiffauer

Seit über hundert Jahren existieren in einem hessischen Dorf nördlich von Frankfurt zwei Männergesangvereine, die in einem bemerkenswerten Rivalitätsverhältnis zueinander stehen. Die Pflege des Chorgesangs erscheint allerdings weniger bedeutsam als die weitgehenden Implikationen für die soziale Organisation des Dorfes: Durch die Teilung der Dorfgesellschaft in zwei Hälften und die Inkorporation fast aller Haushalte in den einen oder anderen Gesangverein wird das dörfliche Leben weitgehend von der Opposition der beiden Gruppen bestimmt.

Die Männergesangvereine organisieren nicht nur die Freizeitaktivitäten ihrer Mitglieder, sondern dominieren weite Bereiche des Alltagslebens. Die Mitgliedschaft beruht nicht nur auf dem Prinzip der Freiwilligkeit, vielmehr steht sie in engem Zusammenhang mit den diversen Erwartungen und Verpflichtungen, die mit der Gestaltung sozialer Beziehungen einhergehen.

Das Konkurrenzverhältnis der beiden Männergruppen wird durch Meidungsverhalten, aber auch durch gegenseitige Provokation aufrechterhalten, gleichzeitig führt jedoch die Opposition zu einer beachtlichen Kontinuität und Stabilität der dörflichen Ordnung insgesamt.

Der erste Männergesangverein wurde 1882 gegründet; drei Jahre später entstand der zweite Männergesangverein als Abspaltung der Bauern. Sezessionen beeinflußten im ausgehenden letzten Jahrhundert häufiger die Vereinsgeschichte (Tenfelde 1984: 98) und müssen auf dem Hintergrund einer sich differenzierenden Gesellschaft verstanden werden (Köhle-Hezinger 1978: 188).

Beide Vereine gehören demselben Sängerbund an, einem Zusammenschluß mehrerer Gesangvereine aus der Umgebung. Die Mitgliedschaft im Sängerbund schließt die Teilnahme am gleichen Sängerwettstreit aus. Deshalb können die zwei Gruppen nicht gegeneinander singen.

Die Mitgliederzahl in beiden Vereinen ist relativ ausgewogen; fast jeder Haushalt gehört dieser oder jener Gruppe an.

Neben den Männergesangvereinen sind die Freiwillige Feuerwehr und der Sportverein zwei weitere Gruppen im Dorf, die allerdings von der Dominanz der Gesangvereine geprägt sind. Die Mitglieder der Freiwilligen Feuerwehr und des Sportvereins sind gleichzeitig Mitglieder im Gesangverein. Das bedeutet eine Fortsetzung der Rivalitäten innerhalb der zwei kleineren Gruppen und ein ständiges Bemühen um die ‚Vorherrschaft'. Es scheint schlicht unmöglich zu sein, eine autonome Gruppe, das heißt eine Gruppe ohne Einfluß der Gesangvereine, gründen zu können.

Die zwei Gaststätten, denen sich jeweils ein Gesangverein zugehörig fühlt, gelten als Versammlungsorte für vereinsinterne Feste und private Familienfeierlichkeiten. Es wäre undenkbar, eine Hochzeit oder das Kaffeetrinken anläßlich einer Beerdigung im Lokal des konkurrierenden Vereins stattfinden zu lassen. Die Gaststätten werden darüber hinaus als gemeinsame Treffpunkte der vielen informellen Gruppen genutzt, die fast alle über die Kontakte zu den Gesangvereinen entstanden sind.

Die Verpflichtungen im Gesangverein sind so umfassend, daß kaum noch Platz für andere Aktivitäten bleibt. Neben der regelmäßigen Teilnahme an den Gesangsstunden wird von den aktiven Mitgliedern die Teilnahme an Sängerwettstreiten erwartet, denen häufige Proben vorausgehen und die immer mit Wochenendfahrten verbunden sind. Es wird anläßlich von Jubiläen befreundeter

Vereine gesungen, außerdem auf Hochzeiten, an kirchlichen Festtagen und bei Beerdigungen.

Besonders arbeitsintensiv sind die Vorbereitungen und Durchführungen der verschiedenen Vereinsfeste im Jahreszyklus und der Jubiläumsfeierlichkeiten. An diesen Tagen wird von allen Mitgliedern, den aktiven und passiven, außerordentliche Unterstützung erwartet.

Die Frauen

Obwohl die Mitgliedschaft im Verein ausschließlich den Männern vorbehalten ist, kommt den Frauen als Trägerinnen von Informationen und Klatsch und den männlichen Jugendlichen als Nachfolgern ihrer Väter in den Gesangvereinen eine außergewöhnliche Bedeutung zu.

Die Frauen des Dorfes identifizieren sich ausgesprochen stark mit den Gesangvereinen ihrer Männer und üben durch ihre verschiedenen informellen Gruppen (Frauen-Stammtisch, Frauen-Kegelgruppe etc.) einen erheblichen Einfluß auf die Vereinsrivalitäten aus. Da diese Gruppen über die Mitgliedschaft der Männer in einem Gesangverein entstanden sind, reproduzieren sie gleichsam die bestehende Vereinsstruktur. Besonders deutlich und der Öffentlichkeit gegenüber sichtbar, präsentieren sie sich am Faschingsfest: Sie schließen sich zu Maskengruppen zusammen und demonstrieren durch die Wahl eines einheitlichen Kostüms ihre Zugehörigkeit zu einer bestimmten Gruppe von Frauen.

Die Idee zur Gründung eines Frauengesangvereins als möglichem Gegengewicht zu den rivalisierenden Männergesangvereinen erscheint den Frauen völlig fremd. Diese Möglichkeit, die sporadisch von zugezogenen Frauen artikuliert wird, muß auf dem Hintergrund der Spaltung des Ortes in zwei Hälften in den Ohren der im Dorf aufgewachsenen Frauen ziemlich absurd klingen.

Die Jugendlichen

Die Kerb (Kirchweih) reflektiert, ähnlich wie das Faschingsfest, die Opposition der zwei Gruppen im Dorf. So wie die Frauen sich entsprechend der Vereinsmitgliedschaft ihrer Männer zu informellen Gruppen zusammenschließen, reproduzieren auch die Jugendlichen die soziale Struktur der Hälften. Sie teilen sich in zwei Gruppen, deren Segregation sich aus der Mitgliedschaft ihrer Väter in dem einen oder anderen Gesangverein erklärt. Die starke Trennung beider Gruppen wird durch die zeitgleiche Ausrichtung des Festes unterstrichen; ein gegenseitiger Besuch der Veranstaltungen, der beim Faschingsfest durchaus üblich ist, wird dadurch ausgeschlossen. Die Hauptakteure der Kerbegruppen sind die männlichen Jugendlichen, während den jungen Frauen eher eine marginale Rolle zukommt. Im Hinblick auf die Integration in die Männergesangvereine gewinnen die Kerbegruppen eine zentrale Bedeutung. Trotz einiger unabhängiger Charakteristika (wie die Wahl eines ‚Kerbevaters' durch die ‚Kerbebuben', die Finanzierung ihres Festes etc.) scheinen die Gruppen bereits eng mit den Gesangvereinen verwoben: Sie richten ihr Fest im Vereinslokal aus, sie tragen Kostüme in den Vereinsfarben und schmücken ihren Kerbebaum in den Farben des jeweiligen Gesangvereins. Die Konkurrenz, die zwischen den Gesangvereinen herrscht, findet ihre Fortsetzung in den Kerbegruppen. Das sichtbare Merkmal des Wettbewerbs bildet der Kerbebaum: Er soll an Größe und Schönheit den der anderen Gruppe überragen. Darüber hinaus erstreckt sich die gegenseitige Konkurrenz bis hin zur Auswahl der Musikgruppe, dem Saalschmuck, der Großzügigkeit beim Freibier etc.

Die Existenz der gegnerischen Gruppe wird insbesondere am Kerbefest zur Rekrutierung neuer Mitglieder genutzt. Die ‚Kerbebuben' werden an diesem Tag explizit zum Vereinsbeitritt aufgefordert, und zwar nicht nur von den Erwachsenen des Vereins, die als Publikum an den Tanzveranstaltungen teilnehmen, sondern auch von den älteren ‚Kerbebuben', die zum Teil bereits aktiv am Vereinsgeschehen mitwirken.

Das Kerbefest gilt als der öffentlich anerkannte Ort der Partnersuche und trägt somit entscheidend zur Entwicklung von Freundschaften zwischen jungen Frauen und Männern bei, die in etlichen Fällen zu Heiratsverbindungen führen. Gerade auf diesem Hintergrund wird die scharfe Trennung in zwei Gruppen und die zeitgleiche Ausrichtung des Festes verständlich: Der Kontakt zwischen den jungen Leuten beider Kerbegruppen – und in der Konsequenz zwischen den zwei Gesangvereinen – wird weitgehend ausgeschlossen. Die Kerbefreundschaften und die daraus resultierenden Heiratsverbindungen führen zu

Als Jubiläumsblatt des Berner „Liederkranz Frohsinn" entstand 1910 diese Fotomontage aus Gruppen- und Einzelbildern, von J. Kölla hineingesetzt in eine aquarellierte idyllische Landschaft mit der Stadtkulisse von Bern im Hintergrund. Diese gemütvolle Arbeit läßt erkennen, welchen gesellschaftlichen Stellenwert Männergesangsvereine und Sängerbünde im ganzen 19. Jahrhundert und bis zum Ersten Weltkrieg innehatten. Foto: Agfa Foto Historama Köln.

einer Verstärkung der bereits bestehenden sozialen Beziehungen unter den Mitgliedern eines Gesangvereins und tragen dadurch zur Aufrechterhaltung der existierenden Verhältnisse bei. Die entscheidende Bedeutung der Kerbegruppen liegt somit in ihrer stabilisierenden Funktion der dualen Ordnung im Dorf: Das Spannungsverhältnis zwischen den beiden Vereinen wird durch die Jugend keinesfalls aufgebrochen, sondern vielmehr über die Partnersuche in der eigenen Gruppe bestätigt.

Die Inkorporation in die Vereine

Die Kontinuität der Vereine wird nicht nur durch die Heiratspräferenzen garantiert, sondern auch durch die langfristige Sicherung des Vereinsnachwuchses. Dies betrifft insbesondere die Eingliederung der jungen Männer als Träger der künftigen Vereinsverhältnisse. Je nachdem, ob es sich um Söhne, Schwiegersöhne oder um Fremde handelt, unterscheiden sich die Formen der Werbung und Aufnahme in die Vereine.

Die Inkorporation der Söhne in die Gesangvereine illustriert auf eindringliche Weise die Verpflichtung gegenüber den Vätern und Großvätern. Man könnte fast sagen, die Söhne werden in die Vereine ‚hineingeboren', denn es gilt als selbstverständlich, dem Verein des Vaters beizutreten. Normalerweise geschieht dies zwischen dem fünfzehnten und dem zwanzigsten Lebensjahr; allerdings spielen die Kerbegruppe, das Elternhaus und die Erwachsenen des Vereins eine entscheidende

Die Geschichte der Gesangsvereine beginnt mit der 1809 von K. F. Zelter in Berlin gegründeten, noch elitären Kreisen vorbehaltenen „Liedertafel" und dem 1810 von H. G. Nägeli seinem Zürcher Singinstitut angeschlossenen Männerchor. Diesen Beispielen folgten die zahlreichen Vereinsgründungen im 19. und beginnenden 20. Jahrhundert. Wie der Männerchor der Münchner Stadtwerke, dessen Vereinsgründer sich stolz der Kamera präsentieren. Foto: Bilderdienst Süddeutscher Verlag München.

Rolle. Es ist der Einfluß dieser verschiedenen Gruppierungen, die die Form der Mitgliedschaft (aktiv oder passiv) und den Zeitpunkt des Eintritts in den Verein mitbestimmen. Es kann zu Meinungsverschiedenheiten zwischen den Generationen kommen, wenn den Eltern an einer aktiven Mitgliedschaft ihrer Söhne gelegen ist, diese jedoch lediglich passiv mitwirken wollen. In manchen Fällen bewegen die Eltern ihre Kinder daher durch materielle Anreize und Versprechungen (etwa die Finanzierung eines Führerscheins) zur aktiven Vereinsmitgliedschaft.

Durch die Trennung in zwei Dorfhälften und die damit verbundene Struktur der beiden Kerbegruppen, ist eine Heirat zwischen jungen Frauen und Männern, deren Väter nicht dem gleichen Verein angehören, quasi ausgeschlossen. Die Ehe im eigenen Verein gilt als die erstrebenswerteste Verbindung: Die bereits bestehenden sozialen Beziehungen (Freundschaft, Sangesbruderschaft, Verwandtschaft) werden hierdurch verstärkt und bekräftigt.

Wenn jedoch in der Kerbegruppe kein Partner gefunden wird, konzentriert sich die Suche auf die Nachbargemeinden. Die von außen in das Dorf einheiratenden jungen Männer können nicht auf eine jahrelange Vereinssozialisation zurückgreifen und werden zunächst durch die Kerbegruppe, später durch den zukünftigen Schwiegervater und die Verwandtschaft in das Vereinsleben eingeführt. Vor der Heirat wird von dem Bräutigam der Beitritt zum Verein des Schwiegervaters geradezu erwartet, denn ohne die Mitgliedschaft wird ihm die soziale Anerkennung höchstwahrscheinlich versagt bleiben.

Vor allem in kleineren Gemeinwesen spielen Männerchöre auch heute noch eine wichtige, manchmal sogar bestimmende gesellschaftliche Rolle, nicht nur in Hessen, wie am Beispiel dieses Aufsatzes aufgezeigt, sondern auch in Bayern: Am 11. Juni 1989 beging der Männergesangsverein Plech sein 125jähriges Jubiläum, wobei er unter anderem – unter Aufbietung und Zurschaustellung all seiner Paraphernalia auf dem Friedhof des Ortes zur Totenehrung sang. Foto: Bert Bostelmann / argum München.

Trotz der Einbindung in den Gesangverein und in die neue Verwandtschaftsgruppe haftet den einheiratenden Männern noch nach langer Zeit der Status des Fremden an. Selbst in der dritten Generation kennt man die Familie im Dorf in der Regel unter dem Familiennamen des ortsansässigen Brautvaters. Der Name desjenigen, der von außen in das Dorf einheiratet, scheint irrelevant, wichtig hingegen ist die soziale Beziehung zu einem Haus oder zu einer Familie, wodurch eine gewisse Zuordnung möglich wird.

Die Identifikation mit einem Haus oder mit einer Familie gewinnt besonderes Interesse bei der Eingliederung der Zugezogenen. Da sie keinerlei verwandtschaftliche Beziehungen zum Dorf aufweisen können, werden sie durch ihren Kontakt zum Vermieter identifiziert. Diese Assoziation mit einem bestimmten Haus gibt gleichzeitig Auskunft über die Zugehörigkeit zu einem bestimmten Gesangverein. So wie der Schwiegervater den ins Dorf einheiratenden Schwiegersohn in den Gesangverein einführt, vermittelt auch der Vermieter den Vereinsbeitritt und das nötige Wissen um die Vereinsverhältnisse. In einigen Fällen wird mit handfesten materiellen Argumenten für den Beitritt geworben: Es gebe im Verein viele Handwerker, auf die jeder einmal angewiesen sein könne. Auch durch die gemeinsame Teilnahme an Vereinsfesten ergibt sich dem Vermieter gegenüber eine gewisse Verpflichtung, die in aller Regel zum Vereinsbeitritt führt.

Vereinswechsel

Durch die Polarität der Gesangvereine gewinnt ein Vereinsaustritt bzw. ein Vereinswechsel besondere Brisanz. Kleinere Unstimmigkeiten sind jedoch kein Grund, die oft jahrzehntelange und über Generationen aufrechterhaltene Solidarität mit dem Verein aufzukündigen. In diesen Fällen ist auch der Vorstand des Vereins bemüht, als Vermittler einzugreifen und zur Lösung eines Streites beizutragen. Sollten sich jedoch die Meinungsverschiedenheiten innerhalb der Gruppe verstärken, ändern sich auch die Formen der Konfliktbewältigung. Schon die Aufkündigung der aktiven Mitgliedschaft und die Entscheidung für die nur passive Zugehörigkeit kann den Gesangverein an einer empfindlichen Stelle treffen, denn der Ausfall eines guten Sängers wird möglicherweise die Qualität des Gesangs beeinträchtigen und kann dementsprechend zur Minderung des Erfolgs bei Wettstreiten führen. Durch die Entscheidung zur passiven Mitgliedschaft bekunden die Männer jedoch weiterhin die Solidarität mit dem Verein.

Dagegen bedeutet der Vereinsaustritt einen extremen Bruch mit der Gruppe und zieht den Verlust bzw. die Umstrukturierung vieler sozialer Beziehungen nach sich. Das ehemalige Mitglied befindet sich in einer Phase der Seklusion, die durch ein zweijähriges Gesangsverbot unterstrichen wird, ein Abkommen, das zwischen beiden Vereinen getroffen wurde mit dem Ziel, die Abwerbung von guten Sängern zu verhindern. In der Regel führt der Vereinsaustritt zum Wechsel in den rivalisierenden Gesangverein. Aus den ‚Konvertiten' werden dann überaus aktive Mitglieder, die im Dorf als ‚Fanatiker', als ‚Hundertprozentige' bezeichnet werden. Es sind diejenigen, die sich durch besondere Verdienste auszeichnen. Dazu gehört die bedingungslose Unterstützung von Vereinsentscheidungen, eine eifrige ehrenamtliche Tätigkeit und ein extremes Rivalitätsverhältnis gegenüber dem ehemaligen Gesangverein.

Die gesellschaftliche Bedeutung der Vereine

Der Wettbewerb der Männergesangvereine beschränkt sich nicht auf Vereinsaktivitäten und der damit verbundenen Konkurrenz um Pokale und Auszeichnungen, sondern durchdringt das ganze Dorfleben und markiert dementsprechend den Platz jedes einzelnen in der Dorfgesellschaft. Im Unterschied zu städtischen Vereinen, die der Geselligkeit und dem Sachzweck dienen (Freudenthal 1968: 12), erinnern diese Männergesangvereine mit ihrem weitgehenden Einfluß auf die Gestaltung sozialer Beziehungen an „totale gesellschaftliche Phänomene" (Mauss 1968: 17). Neben dem Interesse am Gesang liegt der Entscheidung zum Vereinsbeitritt ein zutiefst soziales Motiv zugrunde: Die Opposition der zwei Männergesangvereine verleiht der Mitgliedschaft einen zusätzlichen, außergewöhnlichen und ganz besonderen Sinn. „Gäbe es keine zwei Vereine, würde im Dorf niemand singen gehen", sagen die Leute.

Riten mit Federvieh: „Hahneköpper"-Vereine im Bergischen Land

Peter Mesenhöller

Alljährlich, zwischen Frühjahr und Herbst, finden im Rheinland und angrenzenden Gebieten Kirmessen und Volksfeste statt, in deren Mittelpunkt das Ausschlagen eines ‚Hahnenkönigs' steht. Im Wettstreit um die begehrte Würde, die ihrem Träger hohes Sozialprestige verspricht, suchen die Festteilnehmer abwechselnd, mit verbundenen Augen und stumpfgeschliffenem Säbel, einen kopfüber in einem Weidenkorb hängenden Hahn zu enthaupten (‚köppen'). Selten gelingt die Enthauptung beim ersten Schlag, und es kann bis zu dreißig Hieben auf den Hals des Tieres kommen, bevor sein Kopf durch die jubelnde Menge der Zuschauer fliegt. Ist der Sieger des ‚Kampfes' durch den entscheidenden Schlag ermittelt, wird er im Triumphzug über den Festplatz getragen. Ein Jahr lang ‚regiert' der neue ‚Hahnenkönig', bis zur nächsten Kirmes, und darf als Repräsentant der Brauchträger Umzügen und Festveranstaltungen vorstehen. Während im Kölnischen ‚Niederland' Junggesellenverbände das seit dem 16. Jahrhundert nachweisbare ‚Schützenfest des kleinen Mannes' in seinem Spielcharakter zu bewahren suchen, verstehen sich im Bergischen Land nicht eingetragene ‚Hahneköpper'-Vereine als Hüter einer Tradition, die auf fruchtbarkeitskultische Rituale germanischer Männerbünde zurückzuführen sei.

Sie nennen sich „Schlag Aff", „Fresch Dropp", „Ruck Zuck" und „Haut Ihn": Solingens knapp zwanzig „Hahneköpper"-Vereine (HKV) tragen beziehungsreiche Namen, die ahnen lassen, daß hier nicht eben sanft mit dem geliebten Federvieh umgegangen wird. Seit Jahren protestieren denn auch Medien und Tierschützer (vergeblich) gegen das organisierte Treiben in der bergischen ‚Klingenstadt', das ihnen als „blutige Sitte" einiger „blinder Henker" erscheint (Tornow 1983: 202), die da scheinbar unverhohlen einem anachronistischen Männlichkeitskult frönen. Dergestalt von der Öffentlichkeit diffamiert, finden sich die „Hahneköpper" selten zu Gesprächen bereit, die das eigene Selbstverständnis betreffen, und noch auf ihren Festen wird sorgsam darüber gewacht, daß nicht Journalisten und Fotografen die Gunst der Stunde nutzen, um unerkannt weiteres Material für die Polemiken der Massenpresse zu sammeln.

Das unter verschiedenen Bezeichnungen, zahlreichen Varianten (zum Beispiel dem Gansreißen oder -köpfen; vgl. Harvolk 1978/79) und unterschiedlichen Kontexten im gesamten deutschsprachigen und europäischen Raum bekannte Wettkampfspiel des Hahnenschlagens verteidigt in der westdeutschen Industriestadt eine umstrittene Hochburg. Anders als in den noch weitgehend von agrarischen Strukturen geprägten Provinzen und Regionen Ungarns (Siebenbürgen, Transdanubien; Ujváry 1965), Spaniens (Estremadura, Cáceres; Bindernagel / Carp 1988) oder des Rheinlandes (Großraum Euskirchen, Nord- und Mitteleifel; Zender 1972) schlagen hier nicht die Dorfburschen und Junggesellen turnusmäßig einen ‚Hahnenkönig' unter sich aus. Es sind ‚gestandene' Männer, überwiegend in der heimischen Stahlindustrie und im städtischen Handwerk Beschäftigte, die sich in ihrer Freizeit der vereinsmäßigen Pflege des vermeintlich ‚uralten' Volksspiels annehmen.

Wo es um Deutung und Herkunft des Spiels geht, warten die Solinger Hahneköpper mit einem der Volkskunde wohlbekannten Phänomen auf: die Geschichte des Hahnenschlagens verweise auf germanische Tieropfer, in deren säkularisierter, wenngleich verbindlicher Tradition man stehe.

Bildliche Zeugnisse des spielmäßigen Werfens mit Holzstöcken oder Messern nach angebundenen Hähnen, Enten und Gänsen als Form der Volksbelustigung im 16. und 17. Jahrhundert lassen sich in der zeitgenössischen Genremalerei und -graphik meist als Bestandteile komplexer Szenenkompositionen ausmachen. Der Regensburger Stich von 1586 belegt, daß Kampfspiele in gildenmäßige Veranstaltungen integriert waren. Kupferstich „Das Stahlschießen zu Regensburg im Jahre 1568. Festplatz und Empfang der Schützen" (Ausschnitt mit Hahnenschlagen) von Peter Opel, aus Edelmann 1890. Foto: P. Mesenhöller.

Dämonenkult und Zauberritus

Die volkskundlichen Deutungen des Hahnenschlagens bewegten sich lange Zeit im Bannkreis einer mythologischen Schule, die mit philologischer Akribie den ‚Relikten' *(survivals)* germanisch-heidnischer Brauch- und Glaubensvorstellungen in der europäischen Volksüberlieferung nachspürte, um aus ihnen eine ‚arische Urmythologie' zu rekonstruieren. Als wohl markantester Vertreter dieser Forschungsrichtung gilt hier der Grimm-Schüler Wilhelm Mannhardt, dessen Arbeiten über „Wald- und Feldkulte" (1875–77) richtungsweisend waren (vgl. Weber-Kellermann 1965). Bereits in seiner 1868 erschienenen Publikation „Die Korndämonen", die er als „Beitrag zur germanischen Sittenkunde" verstand, beschrieb er das Hahnenschlagen als Brauch der Schnitter beim Erntefest und deutete es als symbolische Tötung eines in der letzten Garbe weilenden theriomorphen Vegetationsdämons (1868: 16f. u. passim). Wenngleich Mannhardt auch einräumte, daß die „dramatischen Darstellungen der Tödtung des Dämons ... allmählich auch außerhalb der Erntezeit als Volksbelustigung aufgeführt" wurden, so sah er doch noch in dieser „Sitte den ‚ursinnlichen' Charakter eines Opfers" gewahrt (ebd.: 5,X).

Als „uralter Zauberritus" (Fehrle 1912: 71) und „Dämonenkult" (Giese 1937: 198) erfuhr das Hahnenschlagen in der volkskundlichen Literatur der Folgejahre eine immer symbolhaftere Ausdeutung, die sich einzig von monokausalen Erklärungsmustern leiten ließ und schließlich der Ideologie von einer Kulturkontinuität zwischen alt- und neugermanischer Welt Vorschub leistete. Interpretationen, die etwa den Spiel- und Wettkampfcharakter des Brauches im kulturwissenschaftlichen Sinne betont hätten (vgl. Huizigina 1956), konnte da kaum Bestand haben. „Mit voller Bestimmheit" glaubte denn auch 1934 der der Wiener „Ritualisten"-Schule entstammende Germanist Otto Höfler nachweisen zu können, „daß jene von dämonisch-religiösen Mächten gleichsam geladenen Brauchtumsformen in Verbänden der verschiedenen Schichten – bei Edelleuten, Kriegern, Bürger, Bauern – fortlebten, aber nicht etwa als eine Art ‚Belustigung', wie der Rationalismus wohl meinen könnte, sondern als feierliche, ja ekstatische Höhepunkte des Gemeinschaftslebens" (1934: X). Betonte Höfler auch im Gegensatz zu den zahlreichen Mannhardt-Epigonen die soziale Funktion des Brauches, so doch ausschließlich im Sinne einer gemeinschaftsbildenden Kraft, die sich ihm vor dem Hintergrund des Faschismus als männerbündisch getragene Verlebendigung germanischer „Volkhaftigkeit" darstellte.

Gleichsam als populäres Echo auf die fruchtbarkeits- wie ahnenkultischen Theorien und Ideologeme der spätromantischen Volkskunde erscheinen so die rezenten Deutungsversuche der Brauchträger; und schließlich gilt auch hier, was zum Beispiel der Fastnachtsforschung lange kein Novum mehr ist: Die Geschichte des Brauches ist weitgehend die Geschichte der Beschäftigung mit dem Brauch (vgl. Köstlin 1978: 8). Im Rückgriff auf eine ‚mythische Tiefe' findet seinen historischen Sinn und seine wissenschaftliche Legitimation, was sich Außenstehenden lediglich als Männlichkeitskult darstellt. Brauchtum und Tradition als positiv besetzte Werte in einer anonymen, verstädterten Umwelt gelten den Hahneköppern als unanfechtbarer Anspruch gegenüber jeglicher Kritik.

Die Frage nach den Ursprüngen des Brauches erscheint dagegen aus funktionalistischer Sicht eher müßig. Das Hahnenschlagen im Raum Solingen als psychologische Ersatzhandlung und Stabilisierungsfaktor innerhalb der sozialen Organisation Nachbarschaft bzw. Verein zu beschreiben, dürfte das wichtigere Anliegen sein.

Vom Verfall der Nachbarschaft zur Vereinsgründung

Noch heute lassen sich im Stadtgebiet Solingen annähernd zweihundert Höfe und Hofschaften (Weilersiedlungen) von unterschiedlicher Größe ausmachen, die als siedlungsgeographische Charakteristika für den gesamten mittelbergischen Raum gelten und zugleich den soziologischen Ort des Brauchgeschehens darstellen. Die Hofschaften waren ursprünglich agrarisch orientiert, jedoch trat spätestens seit dem 17. Jahrhundert – bedingt durch die ortsübliche Realerbteilung – die Landwirtschaft immer mehr in den Hintergrund. Früh suchten so viele ehemaligen ‚Aufsitzer' der Höfe ihre Existenz in der eisenverarbeitenden Heimindustrie zu sichern, und es entstanden in den Hofschaften die zahlreichen Werkstätten der Schwert- und Messerschmiede sowie der Schwertfeger und Reider (vgl. Putsch 1985).

Das Zusammenleben der Bevölkerung war in diesen Siedlungsgemeinschaften trotz zum Teil erheblicher sozialer Differenzierung geprägt vom Verhältnis der Nachbarn zueinander. Über die rein geographische Nähe des Zusammenlebens hinaus bestimmte das soziale Netz der Nachbarschaft (vgl. Zender 1960) die geselligen und kooperativen Verhaltensweisen der Hofschaftsbewohner. Gemeinsam von der Nachbarschaft wurden zum Beispiel die seit der französischen Besetzung des Bergischen Landes üblichen Hofkirmessen durchgeführt.

Der rasche Bevölkerungszuwachs im 19. Jahrhundert führte jedoch zu einer Überbesetzung der traditionellen Gewerbe, und auch die Bewohnerzahl der Hofschaften wuchs rapide. Der kollektive Sicherungsverband vermochte sich zunächst diesen Tendenzen anzupassen: „Während im allgemeinen zum Nachbarn ‚eigen Rauch und Feuer' gehörte, (waren) im 19. Jahrhundert eingemietete Familien gleichberechtigte Nachbarn" (Zender 1977: 188). Doch auch hier waren die Kapazitäten begrenzt. Hinzu kam die ständig wachsende Fluktuation in der Belegung der Häuser durch Lohnarbeiterfamilien, die ihren (Miet-) Wohnort nach den sich bietenden Arbeitsmöglichkeiten ausrichteten. Die Folge waren Rückzug der seit mehreren Generationen in den Hofschaften ansässigen Bewohner aus der Nachbarschaft in familiäre Bindungen und schließlich die Gründung von Vereinen, die die alten Funktionen des sozialen Verbandes übernahmen. „Durch volkstümliche Veranstaltungen wie Hahneköppen geselliges Beisammensein und gute nachbarschaftliche Beziehungen zu pfle-

Mit Spannung verfolgen die Zuschauer beim Hahneköpper-Fest im oberbergischen Lindlar im Jahre 1985, wie ein Teilnehmer mit verbundenen Augen zum Schlag gegen den Hahnenkopf ausholt. Vereinsvorsitzender und ‚Adjutanten' beobachten und kommentieren genau jeden Schlag. Foto: E. Overödder, Lindlar-Linde.

gen", galt denn auch beispielsweise die Zielsetzung des Vereins „Irlerspitzer Hahneköpper ‚Nit de Mang'" – so benannt nach dem beim Hahnenschlagen möglichst nicht zu treffenden Weidenkorb –, der sich 1934 konstituierte (Mesenhöller 1986: 13). Nach städtischem Muster wurden Selbsthilfeorganisationen gegründet, die zunächst die ausschließliche Aufnahme von Hofschaftsbewohnern vorsahen, um damit dem sich abzeichnenden Solidarverlust entgegenzuwirken. Die bewußt erstrebte Verbundenheit gründete im Bemühen, scheinbar frühere soziale Verhältnisse zu restituieren und die eigene Identität zu bewahren.

Fest und Feier

Höhepunkt eines jeglichen Vereinsjahres der Solinger Hahneköpper ist unbestritten die alljährlich in den Sommermonaten abgehaltene Hofkirmes. Den für die Ausrichtung der Kirmes von einer ordentlichen Mitgliederversammlung gewählten Verantwortlichen obliegt die Organisation der drei Tage währenden Festlichkeiten (Samstag bis Montag). Die Kirmes wird meist auf einem gepachteten Wiesengrundstück abgehalten, auf dem auch das von den Vereinsmitgliedern in Selbsthilfe erbaute und betriebene Vereinsheim steht. Zum Fest werden Würstchenbuden, Bierstände und Schnurräder (‚Losbuden') aufgebaut, die den erwarteten Gästen Kurzweil versprechen.

Das Festprogramm beginnt am Samstag mit dem Abholen des vorjährigen Vereinskönigs und seiner Gattin. Diese bewirten am Nachmittag auf dem Festplatz die sogenannten ‚Ahnen' einer Hofschaft mit Kaffee und Kuchen. Am Sonntag sorgen bei den begüterten Vereinen Spielmannszüge oder Tanzkapellen für die Unterhaltung auf dem Festplatz. Es folgen die Vorbereitungen für den Festzug durch die Hofschaft. Dem Zug voran geht der jeweilige ‚Hahnenkönig' eines Jahres bzw. der Ver-

Weitaus die meisten Solinger Hahneköpper-Vereine sind heute im Verband der Bergischen Heimatspiele Solingen 1950 inkorporiert. Alljährlich schlagen unter sich die jeweiligen Vereinskönige beim Königsköppen auch einen ‚Verbandskönig' aus, wobei gastgebender Verein ist, wer im Vorjahr den Würdenträger stellte. Foto: S. Herder, Köln.

einsvorsitzende, gefolgt von Fahnenträgern und Musikkapelle. Es schließen sich die Vereinsmitglieder und geladene Gäste der Brudervereine sowie sonstige Festteilnehmer an. Nur noch der HKV „Schlag Aff" aus der Hofschaft Schlicken nimmt diesen Umzug heute noch in traditioneller ‚Tracht' vor, das heißt, in der Arbeitskleidung der Solinger Schneidwarenindustrie (blauer Kittel, Schleiferschürze und die sogenannte ‚Huhsiedene', die ‚hochseidene' Sonntagsmütze der Messer- und Scherenschleifer). Am Nachmittag findet das ‚Königsköppen' aller im „Verband Bergischer Heimatspiele 1950" inkorporierten Vereine statt. Gastgebender Verein ist, wer im Vorjahr den Verbandskönig stellte.

Der Montag schließlich ist der Hauptfesttag. Der König des Vorjahres lädt am Vormittag zum traditionellen ‚Königsfrühstück' ein. Geladen sind die Könige der Brudervereine sowie Ehrengäste und die Frauen der Vorstandsmitglieder. Diese bereiten das ‚Frühstück' – einen Fleischgang, dem eine Hühnersuppe vorangeht. Sorgsam wird auf die Einhaltung der Kleidervorschriften geachtet, die das Tragen von Vereinsabzeichen bzw. der Königsinsignien (Ketten und Schärpen) vorsehen. Gegen Abend findet das Vereinsköppen statt. Der zu diesem Zweck beschaffte Hahn – meist ein altersschwaches Zuchttier – wird etliche Stunden vorher betäubt und dann mittels eines sauberen Stichs durch die Halsschlagader getötet.[1] In mehreren Durchgängen folgt sodann das Ausschlagen des neuen Königs unter den Vereinsmitgliedern. Ist der neue Hahnenkönig bestimmt, werden ihm und seiner Gattin bzw. Braut die Königs- und Königinneninsignien überreicht: die Königskette, eine Anstecknadel oder auch ein Diadem. Der König hält im folgenden die Vereinsmitglieder frei, wofür er Geld aus der Vereinskasse erhält.

Auffallend sind bei den Hahneköpperfesten die zahlreichen Brauchparallelen zu den bürgerlichen Schützenfesten, die jedoch zuweilen bewußt als Parodie verstanden werden.

Während bis zu Beginn des 20. Jahrhunderts allein das Feiern der Kirmes als bedeutsam herausgestellt wurde, kam in den zwanziger und dreißiger Jahren als weiterer Aspekt die deutliche Abgrenzung von den Honoratiorenvereinen hinzu. Mit Festlichkeiten, wo es ‚fein' herging, hatten die Hahneköpper wenig im Sinn. So hob sich allein die Arbeitskleidung der Solinger Schneidwarenindustrie – bewußt als ‚Tracht' getragen – auffällig von der Festtagskleidung oder den teuren Uniformen der Schützen ab. Auch der zum Beispiel in Schlicken geübte Brauch, den König in einer Schubkarre im Festzug zu fahren, deutet auf eine Verballhornung des prächtig ausgestatteten Wagens des Schützenkönigs hin und stellt gleichzeitig den Bezug zur Arbeitswelt her: Mit der Schubkarre transportierten viele Heimarbeiter unter anderem ihre Waren. Beim HKV „Hau en aff" in Hecken wurde und wird bis heute der König auf einer Leiter getragen, ein alltäglicher Gegenstand, der im Festbrauch zweckentfremdet wird.

Die Lebens- und Arbeitswelt einer Hofschaft floß nicht nur in den Festbrauch mit ein, sie wurde vielmehr ganz bewußt herausgestellt. Vor diesem Hintergrund gewannen die Heimat- bzw. Hahneköpperfeste für die Hofschaftsbewohner eine identitätsstiftende Funktion. Da Selbstverständnis und Selbstbewußtsein durch die zunehmenden Urbanisierungstendenzen angeschlagen waren, boten die Freizeitaktivitäten eine gute Kompensationsmöglichkeit. Die Feste werden bis heute zur stolzen Selbstdarstellung genutzt: „Die Einbuße an Prestige, Macht und Einfluß (kann so), zumindest modo symbolico, durch selbstbewuß-

Die fließenden Übergänge vom formalisierten Wett- und Kampfspiel zum öffentlichen ‚Schauspiel' auf folkloristisch-demonstrativer Ebene erlauben den Brauchträgern – hier Solinger Hahneköpper mit Scherzmasken in den fünfziger Jahren – auch die Einbeziehung parodistischer Elemente in die Selbstdarstellung. Der Anspruch hierauf bleibt freilich exklusiv, den Teilnehmern der organisierten Vorführung vorbehalten, da eine Parodie durch Außenstehende nur als Kritik am eigenen Tun und Handeln verstanden würde. Foto: Privatbesitz, Solingen.

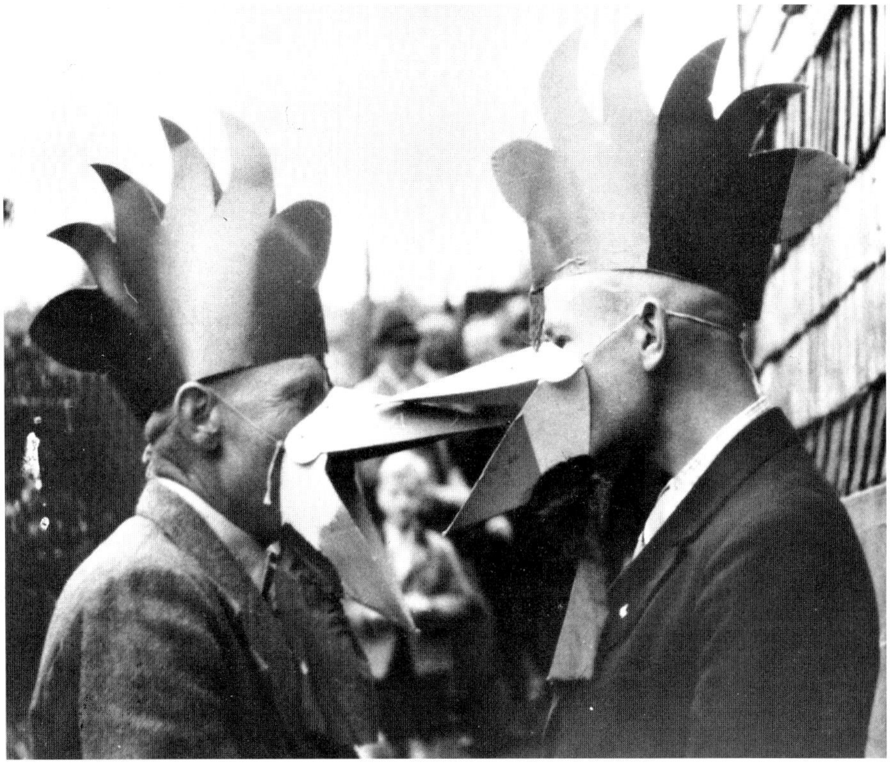

tes Auftreten innerhalb des Festbrauchs ausgeglichen werden" (Korff 1984: 264).

Wie der Wunsch nach einer identitätsstiftenden Solidargemeinschaft eng lokal bezogen ist, so scheint sie auch für die ‚Heimatverbundenheit' der Hahneköpper zu gelten. Heimatverbundenheit und Gemütlichkeit im Rahmen des Hoffestes verweisen auf das Bemühen um die Erhaltung der alten Hofgemeinschaft, die durch die Verstädterung bedroht ist und deren Zusammenhalt sich nur durch gute nachbarschaftliche Beziehungen, durch gemeinsames Handeln, erhalten läßt. Die Gemütlichkeit schafft neben einer angenehmen Freizeit auch Solidarität. Um diese zu stärken, wird auf eine lokale Tradition zurückgegriffen, die zur weiteren Festigung in einem Verein gepflegt wird. Der Verein ermöglicht eine Institutionalisierung von Geselligkeit in der direkten Nachbarschaft, wodurch die Isolation am Wohnort durchbrochen wird. In der Bezeichnung des gemeinsamen Festes als ‚Familienfest' kommt der Wunsch nach fester sozialer Bindung, Geborgenheit und Sicherheit zum Ausdruck.

Anmerkung

1 Bedingt durch die Proteste der Tierschützer werden in der Bundesrepublik seit etwa hundert Jahren nur kurz zuvor getötete Hähne im Spiel verwendet, während in Spanien und Ungarn bis heute mit lebenden Tieren gespielt wird. Im Regierungsbezirk Köln ist das Spiel inzwischen verboten, im Regierungsbezirk Düsseldorf ist es weiterhin erlaubt, aber es wurde empfohlen, mit Attrappen zu spielen.

Sportbünde – Männerbünde?

Michael Klein

Anhand von Indikatoren wie Sportartenpräferenzen, Art der Sportausübung, Besetzung von Führungspositionen und Medienberichterstattung wird der gesellschaftlich favorisierte und dominante Sport als männliche Aktivität ausgewiesen. Ihm kommt damit eine hohe Bedeutung in der Sozialisation von Jungen/Männern vor allem in der Vermittlung ‚männlicher' Orientierungsmuster zu. Allerdings stellt sich das, was dem Sport als ‚Erziehungswert' zugesprochen wird, letztlich als Erziehung zu Aggression und Gewalt, als Einübung sexistischer Muster in der Abwertung von Frauen bis hin zur Frauenverachtung und als Stilisierung männlicher Dominanz und Überlegenheitsvorstellungen heraus. An den zwei Beispielen des Rugby-Clubs in England und der frühen deutschen Turnbewegung wird gezeigt, daß die homosozialen Männergruppierungen im Sport, die diese gesellschaftlich hoch angesehenen Werte repräsentieren, sowohl in der Grenzziehung nach außen wie in der Inszenierung nach innen die Merkmale von Männerbünden aufweisen. Auch für den dominanten modernen Sport werden zentrale Mechanismen von Männerbünden aufgewiesen.

Sport ist eine ‚männliche' Aktivität bzw. eine ‚männliche' gesellschaftliche Inszenierung.

Diese Feststellung mag auf den ersten Blick verwundern, ist doch im Sport vordergründig eine geradezu ideale Gleichheit für alle Menschen gegeben; und die Sportvereine melden in den letzten Jahren prozentuale Zuwachsraten an Frauen, die weit über denen der Männer liegen. Wenn aber auch der Anteil der Frauen an den Mitgliedern der Vereine des Deutschen Sportbundes mit nahezu 40 Prozent angegeben wird, so liegt der Anteil bei Amtsinhabern von Führungspositionen nach wie vor bei ca. 10 Prozent (zumeist in den niederen Rängen), der Anteil von Sportredakteurinnen liegt noch weit darunter (vgl. Klein 1987), wird in politischen Ausschüssen und Gremien über Sport gesprochen und beschlossen, kann die Anrede „meine Damen und Herren" zumeist auf die zweite Hälfte beschränkt werden.

Die Männerwelt des Sports

Die geschlechtsspezifische Ausrichtung des Sporttreibens läßt sich auch an Sportartenpräferenzen und der Art der Sportausübung zeigen: Frauen widmen sich weit weniger solchen Sportarten, die direkten Körperkontakt und harten Körpereinsatz verlangen, wozu besonders die klassischen Mannschaftssportarten gehören. So ist die Wettkampforientierung der männlichen Vereinsmitglieder bei weitem ausgeprägter als die der weiblichen, und wenn man die jeweils von Männern und Frauen bevorzugt ausgeübten Sportarten betrachtet, könnte man fast annehmen, daß Männer und Frauen unter ‚Sport' ganz Verschiedenes verstehen. So wird der Sport im engeren Sinne bereits in der Kindheit und Jugend mit ‚männlichen' Merkmalen assoziiert. Für Jungen bedeutet er insbesondere das Erlernen von bestimmten populären, in den Medien vermittelten Sportarten (die jeweilige ‚Nationalsportart' ist ohnehin weltweit jeweils nahezu ein ‚Männerreservat'), und sie sehen für sich darin die Möglichkeit, sich auszutoben, Kräfte zu messen, Können unter Beweis zu stellen und dabei ‚männlichen' Konkurrenz-Status zu erwerben. Damit ist im Verständnis der Jungen Sport auch hauptsächlich etwas ‚für Männer', und sie zeigen wenig Neigung, Mädchen daran teilhaben zu lassen oder ‚neue' Formen des Sporttreibens auszuprobieren. Für Mädchen hingegen ist Sport nicht typischerweise mit bestimmten Sportarten verbunden, sondern beinhaltet eher kreative und gestalterische Komponenten, und damit sind sie auch offener für neue Anregungen. Aber auch im Verständnis von Mädchen erfordert ‚Sport' Fähigkeiten, die eher Jungen zugeschrieben werden und die sie sich selbst nur mit Einschränkungen zutrauen.

Im modernen Sport schlagen sich so vor allem in beispielhafter Weise typische männliche Wert- und Orientierungsmuster nieder: die männlichen Prinzipien und Mythen der ‚abendländischen Rationalität', wie sie im unerschütterlichen Glauben an Berechenbarkeit, ständige Weiterentwicklung, lineares Wachstum und unbegrenzten ‚Fortschritt' enthalten sind. Diese Ausrichtung auf eine scheinbar wertneutrale Rationalität, technologische Optimierung und Maximierung sowie Effektivität verwirklicht sich im Sport in den verbindlichen Maßstäben ‚objektive Vergleichbarkeit', ‚maximale Leistungsfähigkeit' und ‚Überbietung'. Sportliche Aktivität wird auf reglementierte Handlungsmuster eingeengt, die sich an abstrakten Meßgrößen orientieren. Indem die Sportübungen von persönlichen Bedeutungen, Gefühlen, Hoffnungen, Erwartungen, Ängsten und Erinnerungen unabhängig werden, werden Körperleben und Bewegungshandlungen instrumentalisiert: Der Körper wird nicht zur individuellen Erlebnisfindung und Erlebnissteigerung genutzt, sondern funktional zur Leistungssteigerung eingesetzt.

In diesem Kern des ‚eigentlichen Sports' (=Männersport) können Frauen und Elemente der ‚Weiblichkeit' höchstens irritieren; die Ausgrenzung und Abwertung von Frauen ist deshalb um so massiver und konsequenter, je näher man ans Zentrum der Männlichkeitsmuster der ‚Männerreservate' des Sports kommt. Hieran arbeiten die Medien eifrig mit. Bereits das Dogma im Kampf um die Einschaltquoten lautet: „Wir bringen so viel Fußball wie möglich", aber auch die Abwertungen haben System. Ein typisches Beispiel: da befindet ein Tennisspieler, der ausgesprochen schlecht gespielt hat, ihm „sei das Ganze bisweilen wie Frauentennis vorgekommen", doch die Presse tröstet (nicht einmal ironisch): „So schlimm war es natürlich nicht" (Peter Stützer im Kölner Stadt-Anzeiger vom 22.7. 1989) – daß ein Tennis-Mixed ein Herreneinzel mit Damenbehinderung ist, weiß ohnehin jeder-Mann.

Vor allem die visuellen Medien präsentieren den Sport in den Schablonen der „Inszenierung einer typischen Erzählfigur: des ‚*showdown*'" (Alkemeyer/Richartz 1989: 51). Die deutlichste Parallele zum Sport ist zweifellos der Western-Film, der wie der Sport seine Spannung aus der Dialektik von Wildnis und Zivilisation, von Einsamkeit, Antisozialität, Edelmut und gebundener Loyalität des Helden speist und deshalb in der Inszenierung der Grandiosität und Apotheose (sei es als Triumph oder Opfer und Tod) des Heroen zelebriert wird. Diese Art der Grandiosität aber steht in der gesellschaftlichen Inszenierung nur dem Mann zu. Sexistische Muster und Stilisierung männlicher Überlegenheit gehören somit zu den wichtigsten Elementen für Kontinuität und Stabilität des Sports.

Selbst bei Funktionären im Frauenbereich und bei Frauentrainern eskaliert die aggressive Ablehnung von Frauen im Sport oft bis zur blanken Frauenverachtung, wobei es fast den Anschein hat, daß es den Frauen selbst als ‚Schuld' angerechnet wird, daß der Trainer sich mit den minderwertigen Frauen, die es halt nie lernen, ‚rumplagen' muß. Qualifizierungen für Leistungssportlerinnen, die intensiv Krafttraining betreiben müssen und damit selten dem tiefverankerten Frauenbild entsprechen, als „dicke, fette Kuh" sind nahezu an der Tagesordnung. Als ich den Ausspruch eines Bundestrainers in der Leichtathletik publik machte, daß das Verhältnis Trainer–Sportlerin erst dann richtig leistungsfördernd sei, wenn es in der Grundstruktur dem des Zuhälters zur Prostituierten entspricht (Klein 1983: 114), lag der Clou weniger darin, daß – wie es im Sport halt üblich – zunächst heftigst dementiert, bedroht und eingeschüchtert wurde, sondern daß die „verhörten" Sportlerinnen auf Nachfrage diesen Ausspruch außer dem zutreffenden sofort zwei weiteren Trainern zutrauten.

Sport und Männlichkeit

Es ist offenkundig, daß sich in dem nach typischen männlichen Wert- und Orientierungsmustern gestalteten Sport in vorzüglicher Weise auch der Mythos des Mannes – die symbolisch am Geschlecht festgemachte Verachtung der Schwäche – dokumentiert und umgesetzt wird. Sport wird deshalb heute wie seit jeher als herausragendes Erziehungsfeld für die männliche Jugend angesehen, und Jungen können für die Ausübung von Sport im Unterschied zu Mädchen in der Familie auch Privilegien und Sonderrechte beanspruchen (späteres Nachhausekommen, ungestörtes Untersichsein, finanzielle Kosten außer der Reihe etc.). Dies wird in maskulinbetonten Gesellschaften mit dem besonderen Erziehungswert des Sports legitimiert:

Überschäumender Jubel über das dritte Tor beim Spiel um den UEFA-Pokal Twente Enschede gegen Borussia Mönchengladbach. Die jeweilige Nationalsportart ist weltweit nahezu ein Männerreservat. Sport im engeren Sinne wird bereits in der Jugend mit ‚männlichen' Merkmalen assoziiert. Für Jungen bedeutet der Sport das Erlernen bestimmter, in den Medien vermittelter Sportarten. Sie sehen darin für sich die Möglichkeit, sich auszutoben, Kräfte zu messen, Können unter Beweis zu stellen und dabei männlichen Konkurrenz-Status zu erwerben. Foto: Pfeil Köln.

„So wie die tatsächlichen Anforderungen an die männliche Stärke im herkömmlichen Sinne nachließen, wuchs die Erwartung, Stärke zur Schau zu stellen. Eltern sorgen sich besonders, daß ihre Jungen nicht aggressiv männlich genug sind. Mütter neigen eher dazu, sich über passives, nachgiebiges Verhalten ihres männlichen Nachwuchses Sorge zu machen als über ihr destruktives Benehmen. Oft nehmen sie sogar offen gezeigte Aggression erleichtert zur Kenntnis und unterstützen sie subtil, denn auf diese Weise versichern sie sich, daß ihre Söhne nicht ‚weibisch' sind" (Beisser 1967: 220f., übers. Red.).

Der Erziehungswert des Sports für Jungen wird in der Erziehung zu Aggression und Gewalt vermutet. Sporterziehung und militärische Erziehung korrespondieren in dieser Hinsicht seit Jahns Zeiten zu Beginn des 19. Jahrhunderts: „Was mit solchen Übungen... beabsichtigt wurde, deutete Jahn bereits im ‚Deutschen Volkstum' an, daß nämlich die Leibesübungen die Vorbereitung für die Waffenfertigkeit der wehrbaren Mannschaft in der Kindheit und im Knabenalter sein sollen... Mit seinem Turnen und Turnspiel verfolgte Jahn also den ganz bestimmten Zweck: Kriegstüchtigmachung der Jugend..." (Euler 1894: 568f.).

Im Sport und beim Militär erscheint der Drill und die ‚Schleiferei' uneingeschränkt als die Geburtsstätte des ‚richtigen Menschen' bzw. des ‚brauchbaren Menschen' – für die maskulinbetonte Gesellschaft, die auf Konkurrenz, Aggression und Gewalt baut. Unausgesprochen ist dabei immer klar: ‚richtiger Mensch' gleich Mann. Körperliche Ertüchtigung und ‚Erziehung zu Gehorsam, Ordnung, Pflichttreue' gehen dabei stets Hand in Hand; denn die innere Ordnung wie die Effizienz nach außen dieser Männergruppierungen sind auf Befehl, Gehorsam, fraglose Unterwerfung und Gefolgschaft gestellt.

So kann auch 1989 anläßlich der Weltmeisterschaft im klassischen Stil des Ringens der Chefbundestrainer ganz selbstverständlich über Claudio Pasarelli und Gerhard Himmel sagen: „Das sind Jungs, die wollen Medaillen. Sie haben mit dem Ringerbund, meinen Trainerkollegen, Masseuren, Ärzten und allem was dazugehört, für die entsprechenden Voraussetzungen gesorgt. Sie haben planmäßig trainiert und sich dabei schinden, schleifen und knechten lassen" (Zitat nach Kölner Stadtanzeiger vom 27.8.89).

Im Sport wie beim Militär ist bekannt, daß die Anwesenheit von Frauen die Ordnung gefährdet und die Kampfkraft schwächt; und sexueller Kontakt verunreinigt nicht nur, sondern (was schlimmer ist) er schwächt zudem. So gibt es im Sport jahrzehntelange Diskussionen, ob generell und schließlich wie lange vor dem Wettkampf sexueller Kontakt zu meiden sei, ja im *Common sense* wird der Sport sogar als hervorragendes Mittel gegen sexuelle Regungen von Jungen gehandelt. Bereits Euler lobt den Eifer, mit dem Jahn auf die Turner einwirkte, um diese vor „geschlechtlicher Verführung" zu behüten. Sein ganzes Bemühen ging dahin, den Kontakt zu Frauen zu minimalisieren, vor allem dabei „...doch aller näheren Verhältnisse mit den Mädchen zu entschlagen" (Euler zit. nach Richartz 1988: 91).

Selbst in Reformbewegungen wie dem Wandervogel finden sich diese massiven Ausgrenzungen von Frauen und Mädchen, um das ‚Männerbündische' zu sichern. Auf der Bundeshauptversammlung des Altwandervogels wird im Januar 1907 der Antrag der Ortsgrupe Jena, das

Schutzgebärden während des Freistoßes beim Länderspiel Deutschland–Argentinien. „Die Sport- und Körperpraxis ist Teil des praktischen Sinns der sozialen Ordnung und der sozialen Plazierung. Da die Aneignung dieser sozialen Ordnung im alltäglichen Vollzug des Sports über den Körper in einem präsentativ-expressiven Bereich stattfindet, bleibt die Einverleibung der sozialen Struktur als eines Zustandes des Leibes vorbewußt, sie erfolgt darum aber um so wirkungsvoller." Foto: Pfeil Köln.

Mädchenwandern einzuführen, nahezu einstimmig abgelehnt (nebenbei ebenso wie das Alkoholverbot auf allen Fahrten des Bundes), und in den Satzungen des Einigungsbundes (Winter 1912/13) wird die Regel festgeschrieben, es sei „grundsätzlich getrennt zu wandern" (vgl. Aufmuth 1979: 41). Reine Männergruppierungen können offensichtlich die Verhaltensweisen besser manifestieren und durchsetzen, die als ausgesprochen männlich angesehen werden. Entgegen den scharf formulierten Bestimmungen im Titel IX der Akte *„Nondiscrimination on the Basis of Sex"* (1974) werden deshalb in den USA für den Sport auch in der laufenden Rechtsprechung der amerikanischen Gerichte die traditionellen männlichen, homosozialen Kontexte bis zum Überbetonen insignifikanter Geschlechtsunterschiede verteidigt. Nur ein Mann könne durch Stimme, Körperhaltung und ein bestimmtes Auftreten Autorität verkörpern (Frauen umgekehrt würden zu leise sprechen und zudem gelegentlich weinen!): *„It takes a man to build character"* („Nur ein Mann kann Charakter bilden") und: *„Boys want know they're boys any more"* („Jungen wollen wissen, daß sie halt Jungen sind"). Es ist sicher kein Zufall, daß gerade im Sport und für den Sport selbst gesetzliche Nichtdiskriminationsregeln permanent durchbrochen werden. Kaum irgendwo sonst ist scheinbar so unmittelbar einsichtig und unbezweifelbar klar, daß Männer und Frauen unterschiedlich, vor allem aber Männer Frauen überlegen sind: „Es nimmt kaum wunder, daß der amerikanische Mann eine starke Neigung zum Sport hat. Er hat gelernt, daß dies ein Feld ist, wo keine Zweifel über geschlechtliche Unterschiede bestehen und wo seine Biologie nicht überholt ist. Der Sport trägt dazu bei, ihm seine Andersartigkeit in einer Welt zu versichern, in der seine Tätigkeiten denen der Frauen ähnlich wurden" (Beisser 1967: 225, übers. Red.).

Dieser unerschütterliche Glaube an männliche Überlegenheit wird vor allem dadurch genährt, daß die überwältigende Mehrzahl der als Sport definierten Aktivitäten in der westlichen Welt über Konkurrenz, Kraft und Ausdauer verstanden werden, nicht jedoch über kinästhetische oder koordinative Fertigkeiten, Flexibilität oder ähnliche physische Attribute. Indem so jene Merkmale als die Merkmale des idealen Athleten schlechthin mißverstanden werden, kann die Illusion der Überlegenheit aufrecht erhalten werden. Dort, wo der Sport nicht jenen Charakter „atavistischen Raubverhaltens" hat (Veblen o. J.: 236ff.), beispielsweise bei den *no-winning-games*, den *new games*, wo es in erster Linie auf die Kooperation untereinander, auf die Akzentuierung des Kämpfens gegen eigene und gemeinsame Grenzen, auf die Wahrnehmung des eigenen Körpers und des Mitmenschen, auf Vertrauen in die anderen und ein angstfreies Miteinander, auf Achtung der Natur und Umwelt ankommt, ist für Ausgrenzungen und trennende Gruppierungen kein Platz (vgl. Klein 1984).

Hochselektive homosoziale Grenzen dienen damit vor allem der Demonstration männlicher Dominanz und der Durchsetzung der patriarchalen heterosexuellen Hegemonie. Während Homosozialität wie in der Gesellschaft allgemein, so auch im Sport für Männer hohe soziale Anerkennung und Beachtung findet, wird sie bei Frauen eher abgewertet. Besonders im Bereich des Sports als einem herausragenden Feld der Initiation von ‚Männlichkeit' vor allem in der Pubertät mehren sich vor allen Dingen in Nordamerika in letzter Zeit wieder die Anzeichen, daß Grenzverletzungen der homosozialen Orientierung der Jungen durch latente Androhung von Gewalt mit den vertrauten und üblichen Waffen der Sexualität abgewehrt werden: verbale Attacken, Anzüglichkeiten, obszöne Gesten bis hin zu körperlichen Attacken – im Extremfall Gruppenvergewaltigung; wohingegen homosoziale Frauengruppierungen im Sport von aggressiv-disruptiven Jungengruppen attackiert werden (vgl. Klein 1990).

Geschlechtersozialisation in Spiel und Sport

Die Sport- und Körperpraxis ist Teil des praktischen Sinns der sozialen Ordnung und der sozialen Plazierung. Da die Aneignung dieser sozialen Ordnung im alltäglichen Vollzug des Sports über den Körper in einem ‚präsentativ-expressiven' Bereich stattfindet, bleibt die Einverleibung der sozialen Struktur als eines ‚Zustandes des Leibes' vorbewußt, sie erfolgt darum aber um so wirkungsvoller, weil sie einer willentlichen Anerkennung über ‚argumentative Auseinandersetzung' entzogen ist. „Der praktische Sinn als Natur gewordene, in motorische Schemata und automatische Körperreaktionen verwandelte gesellschaftliche Notwendigkeit sorgt dafür, daß Praktiken in dem, was an ihnen dem Auge ihrer Erzeuger verborgen bleibt und eben die über das einzelne Subjekt hinausreichenden Grundlagen ihrer Erzeuger verrät, sinnvoll, d. h. mit Alltagsverstand ausgestattet sind. Weil die Handelnden nie ganz genau wissen, was sie tun, hat ihr Tun mehr Sinn, als sie selber wissen" (Bourdieu 1987: 127).

Körpertechniken, Körpersymbolik und Anforderungsprofile des dominanten und gesellschaftlich favorisierten Sports folgen einer männlichen Grammatik ebenso wie die institutionalisierte Umsetzung. Die sportliche Praxis vermittelt somit dem männlichen Habitus vor allem Jugendlicher symbolischen Gewinn und bestätigt die soziale Ordnung der männlichen Dominanz und der Randständigkeit der Frau. Gerade wenn die Frau das dominante sportliche Muster wählt und akzeptiert, wird sie als die Unterlegene bestätigt.

Die Kongruenz von Sozialstruktur und präsentativ-expressiven Verhaltensmustern wird auch in den Spieltheorien herausgearbeitet und verweist von daher auf den Modellcharakter der Spiele. In der Konflikt-Enkulturations-Theorie beispielsweise (u. a. Sutton-Smith 1978) wird davon ausgegangen, daß Kinder in ihrer Entwicklung und Sozialisation mit typischen Konflikten konfrontiert werden, die deren Aufmerksamkeit auf expressive Modelle (Lieder, Tänze, Märchen, vor allem Spiele, aber auch Phantasien) richten, in denen die typischen Konfliktdimensionen mikroskopisch in einer Als-ob-Form abgebildet sind. Indem das Kind sich nun diesen expressiven Modellen überläßt und die Spiele ausübt, findet eine Art ‚Puffer-Lernen' statt, in dem die soziale Struktur verinnerlicht und vor allem die jeweiligen Geschlechtsmuster eingeübt werden.

In dem Kapitel „Geschlechtsunterschiede in Spiel und Macht" werden umfangreiche empirische Untersuchungen in einer Vielzahl von Kulturen zusammengefaßt: „Die Ergebnisse der Untersuchungen über Geschlechtsunterschiede im Spiel lassen sich wie folgt zusammenfassen: Von Jungen bevorzugte Spiele betonen stärker körperliche Kraft und körperlichen Kontakt, die großräumige Nutzung von Flächen, tatsächliche oder gespielte Konflikte zwischen Gruppen, durch aktives Eingreifen in die Tätigkeit des Mitspielers erreichte Erfolge, eindeutig bestimmte Ergebnisse, in denen Gewinner und Verlierer klar bezeichnet sind, persönliche Initiative, kontinuierlichen Aktivitätsfluß, motorische Aktivitäten, die den gesamten Körper einbeziehen, und das gleichzeitige oder gemeinschaftliche Handeln. Mädchen hingegen zeigen ein größeres Interesse an Spielen mit geregeltem An-die-Reihe-Kommen, Chorgesang, Liedern und Reimversen, Wortspielen, rhythmischen Aktivitäten, mannigfaltigen, aber klar bestimmten Schauplätzen, indirektem Wettbewerb mit Regeln, die jede Bewegung vorschreiben, Beschränkung auf Teile des Körpers... Es ist nun nicht schwer, den Schluß zu ziehen, daß die Spiele der Jungen die Spiele jener sind, die erwarten, stark und mächtig zu sein oder wenigstens um Macht zu konkurrieren. Im Unterschied dazu lassen sich die Spiele der Mädchen als Übungen interpretieren, denen sich jene widmen, die von der Annahme ausgehen, nur beschränkte Macht zu haben und auch nicht um mehr Macht kämpfen zu müssen... Die wesentliche Bedeutung der Spiele für Mädchen scheint nicht in einem Kampf um die Macht zu liegen, in ihrem Spiel sind offenbar Geselligkeit und Miteinander wichtiger" (Sutton-Smith 1978: 144f.).

So wird von jüngstem Alter her der sozialen Ordnung der Geschlechter sinnliche Anschauung und Evidenz gegeben und konstituiert, daß Männer und Frauen unter Sport letztlich etwas ganz Verschiedenes verstehen, der ‚richtige' Sport jedoch ein Männlichkeitsmuster ist. Es wird aber auch deutlich, was an zentralen sozialen Werten und Lebensmustern hier konzentrierte Repräsentation erfährt und was in Diskriminierung bzw. – wirksamer noch – durch Ignorierung abgewertet und sozial ausgegliedert wird.

Dabei leuchtet dann auch ein, welch herausragender Stellenwert dem Sport in *peer*-Gruppen der Jungen zukommt. Da es um ein permanentes Konkurrieren um Prestige, Macht und Herrschaft geht, wird letztlich jede soziale Aktivität und Interaktion zu einem Sich-Beweisen und Sich-Bestätigen, was ebenfalls in Permanenz im Kreis von Zeugen real oder symbolisch inszeniert wird; sind keine Gelegenheiten hierfür vorhanden, müssen sie in künstlichen Wettbewerben oder Mutproben geschaffen werden. Für dieses Erproben und Zurschaustellen sind dann in der Tat nur andere Männer/ Jungen die relevanten Adressaten, da sich diese Form der ‚Männlichkeit' ja in erster Linie in der Abwertung und Verachtung des ‚Weiblichen' konstituiert. Frauen gegenüber sind dann eher Prahlen und andere Formen des Maulheldentums angezeigt.

Dies ist nun allerdings keinesfalls eine ‚neue' Erscheinung, sondern läßt sich ins klassische Altertum und dahinter zurückverfolgen und hatte dort bereits zum Ausschluß der Frauen beim Sport – oft bereits vom Zuschauen – geführt (vgl. Lämmer 1981): „Das Ethos der Wettkampfspiele der griechischen Festspiele reflektierte immer noch das der heroischen Vorfahren, wie es sich in den homerischen Epen darstellte und im Rahmen der Erziehung von Generation zu Generation verfestigt hat. Es hatte viel gemeinsam mit jenem zur Schau gestellten Ethos, das die Status- und Macht-Rivalitäten vornehmer Eliten in sehr vielen Gesellschaften beherrscht. Kämpfen, sowohl im Spiel als auch im Krieg, konzentrierte sich auf das ostentative Zurschaustellen kriegerischer Tugenden, die einen Mann vor anderen Mitgliedern seiner eigenen Gruppe, oder vor anderen Gruppen auszeichneten" (Elias 1975: 91).

So sieht denn Tiger (1969) in der Aggression die Funktion der Männerbünde schlechthin, wobei er allerdings die soziale Inszenierung des Kämpfens, des Helden und des Opfers in genetische Programme umdeutet und mutmaßt, daß Männer (ebenfalls genetisch) zum Herrschen, Frauen hingegen zum Gehorchen programmiert seien (vgl. Aufsatz 8).

Sport und männliche Identität

Der Konkurrenz um Macht oder zumindest Anteile der Macht, wie sie in den Spielen der Jungen oder in den Männlichkeitsmustern der zentralen Dimensionen des dominanten Sports in abendländischen Kulturen ihren sinnfälligen symbolischen Ausdruck erhält, und dies nach Möglichkeit in reinen Männergruppierungen, kommt also in der Identitätsentwicklung des Jungen/Mannes eine herausgehobene Funktion zu.

In Anlehnung an Erikson (1966) nimmt Aufmuth (1988: 114) an, daß die intakte ‚Ich-Identität' vier grundlegende Ich-Empfindungen aufweist: das Bedürfnis nach Selbstklarheit, das Bedürfnis nach innerer Einheit, das Bedürfnis nach Sinnhaftigkeit des eigenen Daseins und das Bedürfnis nach Individualität und Einzigartigkeit. Exemplarisch am Extrembergsteigen kann er allerdings nachweisen, daß das ‚männliche Machen', wie es sich im permanenten Aufsuchen und Herstellen von Bewährungssituationen darstellt, nichts weiter als die extreme Abwehr von Lebensunfähigkeit und Lebensangst ist und stets mit tiefgreifenden Störungen in den grundlegenden Ich-Bedürfnissen der intakten Ich-Identität verbunden ist: mit Selbstunklarheit und Selbstfremdheit, innerer Zerrissenheit und Disharmonie, innerer Leere und permanentem Mangel an Daseinssinn, einem tatsächlichen Defizit an Individualitätsgewißheit, das in einem hohen Anspruch im Hinblick auf Einzigartigkeit und Individualität betäubt wird. Diese Identitätskrise (Aufmuth spricht von „innerem Vakuum" und dem inhärenten Zusammenhang von „Lebendigkeitshunger und Depression") wird nun zu einem permanten und chronischen Lebensproblem, wobei das im sportlichen Leisten „sich einstellende Identitätserlebnis ... eine Identitätserfahrung ohne Selbsterkenntnis (ist)", die „mit suchtartiger Unerbittlichkeit die ständige Wiederholung (fordert)" (Aufmuth 1988: 131). Nur durch die in der ständigen Wiederholung gelingende Aufrechterhaltung von Größenphantasien sind Depressionen und Todessehnsucht abzuwehren.

Es muß allerdings festgehalten werden, daß diese Phantasien nicht zu einer progressiven Entwicklung führen, sondern in erster Linie infantile Regressionen fördern. Dies würde zum einen auch die pubertäre Struktur in und die pubertären Verhaltensweisen von Männergruppierungen erklären, wie auch den Realitätsverlust bzw. das Umdeuten der

Realität, wie es sich im Sport so oft antreffen läßt und sich dort zum Beispiel bei Sportlern, Funktionären, Sportjournalisten und Sportwissenschaftlern in der maßlosen Selbstüberschätzung und der Überschätzung der Bedeutung des Sports niederschlägt; wie dies aber auch Aggression und Gewalt gegen alles, was anders ist, denkt oder fühlt, verstärkt. Dieser Verlust von Realitätswahrnehmung in der Regression gemeinsamer Phantasien wird nebenbei bereits für die frühe Turnbewegung aufgezeigt: „Diese Tendenzen haben fatale Folgen für die Realitätswahrnehmung. Die typische, geradezu groteske Selbstüberschätzung betrifft nicht nur die eigene Person, z.B. bei Jahn, von dem Hoffmann bezeugt, daß er ‚wirklich überall bedeutend seyn will', sondern auch das Turnwesen als kollektives Identifikationsobjekt insgesamt" (Richartz 1988: 107). Hierauf wird noch zurückzukommen sein.

Auch Erikson sieht sehr wohl den Ausgangspunkt verselbständigten Konkurrenz- und Leistungsverhaltens in pathologischen Identitätsstörungen, die zu einer „Diffusion des Werksinnes" führen. Dies wie das umgekehrte Phänomen der Arbeitslähmung „ist die logische Folge eines starken Minderwertigkeitsgefühls... Dieses Minderwertigkeitsgefühl entspricht natürlich fast niemals einem wirklichen Mangel an Begabung, sondern den unrealistischen Forderungen eines Ich-Ideals, das nur durch Allmacht oder Allwissen zu befriedigen wäre" (Erikson 1966: 185). Bei Erikson meint allerdings *„stages and ages of man"* in der Tat die Entwicklungsstufen männlicher Personen, selbst wenn es als allgemeine menschliche Entwicklung ausgegeben wird. Deshalb erscheint dann letztlich die Pathologie der Männlichkeit, wie sie sich beispielsweise auch in den Kategorien ‚Autonomie des Ichs' oder ‚Ich-Stärke' niederschlägt, mehr und mehr als Ziel gelungener Ich-Entwicklung und nicht mehr als Abwehrmechanismus des Tüchtigen und Erfolgreichen in einer konkurrenzorientierten Männergesellschaft. Eine Aufweichung der Bedrohungsmechanismen der Gesellschaft, gegen die sich die Abwehr richtet, zum Beispiel durch mehr Weiblichkeit, würde in der Tat psychische Gefährdung beinhalten und in tiefste Orientierungslosigkeit stürzen. Indem Erikson so nicht nur die Identitätsentwicklung von Jungen/Männern beschreibt, sondern, indem die Abwehrmechanismen zu Zielen gelungener Ich-Entwicklung werden, darüber hinaus an einem starren Selbstbild orientiert ist, werden einseitig Autonomie, Trennung, Individuation und die hierauf basierende Konkurrenzorientierung betont, ohne die Fähigkeit zu Beziehung, Kontakt, Bindung und Solidarität hinreichend in den Blick zu nehmen.

In dieser einseitigen Perspektive können Beziehung und Bindung dann nur noch hierarchisch in einer Machtbeziehung (Führer – Gefolgschaft) oder ideologisch-irrational (einer ‚Idee' verpflichtet, die wiederum an zentralen Machtaspekten oder Verwertungsinteressen der Gesellschaft orientiert ist) ins Auge gefaßt werden. Um sich selbst in dieser chronisch und permanent gewordenen Identitätskrise zur Abwehr gegen Identitätsdiffusion zusammenzuhalten, überidentifizieren sich Jungen dann oft bis zum Grad der völligen Aufgabe des Ichs mit den Helden von und in Männergruppierungen, wie auch sportliche Idole die Merkmale eines ‚signifikanten Anderen' in diesen Bezugsgruppen annehmen können, wodurch dann reale Interaktionsbeziehungen mit diesen Identifikationsobjekten imaginiert, phantasiert oder in Spielen hergestellt werden können (vgl. Nöcker/Klein 1980).

In der Sozialisationstheorie, und dort vor allem in der Objektbeziehungstheorie, wird der Ausgangspunkt der Separationsbedürfnisse und die Kompensation eines permanenten Minderwertigkeitskomplexes in der Pathologie der Männlichkeit bei Jungen in der Unbestimmtheit des Männlichen in der Struktur der Arbeitsteilung der Geschlechter gesucht. Während Mädchen auf Grund der permanenten *vis-à-vis*-Sozialisation ein klares Bild ihrer Weiblichkeit hätten, benötigten Jungen, da sie in unseren Gesellschaften weitgehend von Frauen großgezogen werden, zur Persönlichkeitsfindung und Entwicklung einer stabilen männlichen Identität die Separierung in rein männliche Bezüge, den Rückzug in Männergruppen.

„Indem der Junge sich als nicht weiblich erfährt..., kann er sich leichter abgrenzen als das Mädchen. Das soziale System der Zweigeschlechtlichkeit mit seiner polaren Konstruktion von Männlichkeit–Weiblichkeit, der Geringbewertung und relativen Machtlosigkeit der Frau legen ihm eine bestimmte Form der Differenzierung nahe: Er kann die schmerzliche Erfahrung der hilflosen Abhängigkeit von der Mutter und die daraus erwachsenden Selbstanteile leugnen, indem er sich prononciert als ‚männlich' ... erfährt und sich selbst durch Abwertung des Weiblichen bzw. der Frau aufwertet. Mit der Erfahrung der eigenen Ohnmacht verdrängt er aber auch die Erfahrung der Verbundenheit mit

„Die Tapferkeit manifestiert sich im Leben des Barbaren auf zwei verschiedene Arten, nämlich als Gewalttätigkeit und als Betrug. In unterschiedlichem Grade sind diese beiden Ausdrucksformen im modernen Krieg, in den Finanzberufen und im Sport vorhanden... Bei all diesen Beschäftigungen wird die Strategie sehr leicht zur hinterhältigen Durchtriebenheit und zur Schikane. Hinterhältigkeit, Falschheit und Einschüchterungsversuche nehmen bei jedem sportlichen Wettkampf und bei allen sportlichen Spielen einen festen Platz ein." Foto: Pfeil Köln.

einem anderen (weiblichen) Menschen. Abgrenzung, Unabhängigkeit, Autonomie durch Eigenaktivität und Kontrolle, Beherrschung werden zu einem bevorzugten Entwicklungs- und Identitätsthema" (Bilden 1989: 34f.).

Die Entwicklung männlicher Identität kann so auch nicht lediglich als neutraler Entwicklungsprozeß beschrieben werden, sondern beinhaltet die komplexe Veranstaltung der Aufrechterhaltung männlicher heterosexueller Hegemonie und wird in entsprechenden Männerreservaten, unter denen der Sport eine herausragende Stelle einnimmt, systematisch eingeübt. Dies Maskulinitätstraining in patriarchalischen Gesellschaften ist ein Training in Dominanzverhalten (besonders Frauen gegenüber) und ein Training von Aggression und Gewalt, was auch partielle Depersonalisierung und die Abspaltung sozialer Eigenschaften beinhaltet. In noch schärferer Form führt Easlea (1986) die Destruktivität ‚männlichen Machens' auf sexuellen Neid des Mannes und dessen Unsicherheit in Anbetracht der unbefriedigenden geschlechtsspezifischen Arbeitsteilung zurück – auch dort, wo es sich vordergründig als konstruktiv gibt. Da der Mann nicht gebären kann, bleibt ihm nur das Töten als Gegenpol und die Potenz, die stets unter der Angst zu versagen steht. Frau und Natur werden gleichermaßen als eroberungsbedürftig phantasiert und geradezu zwanghaft immer neue Bereiche erfunden, in denen der Mann seine Schöpfungskraft unter Beweis stellen kann und aus denen Frauen ausgegrenzt werden.

Da diese Schöpfungskraft aber nicht durch Hege und Pflege gekennzeichnet ist, sondern auf Macht, Kontrolle, Beherrschung und Unterwerfung basiert, besetzen Haß, Gewalt und Zerstörung die männlichen Bereiche der Dominanz.

Easlea belegt eindrucksvoll, wie auch die von Wissenschaftlern verwendete Bildersprache – vor allem die der auf Zerstörung gerichteten Wissenschaft – von Metaphern der Sexualität, des Zeugens und Gebärens durchsetzt ist; wie es sicher auch kein Zufall ist, daß gerade der männliche Sport einer Ikonographie des Begehrens, der Sexualität, des Opfers und des Todes folgt – oder der Abwehr von Todesangst bzw. sexueller Verdrängung (vgl. Aufmuth 1988; Gebauer 1988; Hortleder u. Gebauer 1986). Bereits die römischen Gladiatorenkämpfe hatten nebenbei ihren Ursprung im etruskischen Totenkult (um ca. 600 v. Chr.) und wurden um 300 v. Chr. von den Römern neu belebt, und auch heute noch ist der ‚Killerinstinkt' die herausstechendste Persönlichkeitseigenschaft im ‚männlichen' Sport.

Der Rugby-Club und die frühe deutsche Turnbewegung

Bisher ist stets vorsichtig von ‚Männergruppierungen' und ‚Männerreservaten' die Rede gewesen. Es gibt aber viele Anzeichen dafür, daß diese sozialen Phänomene gerade im Bereich des Sports die meisten, wenn nicht alle Kriterien erfüllen, um sie als ‚Männerbünde' zu bestimmen, und auch die Wirkungen eintreten, die ‚Männerbündisches' so oft nach sich zieht. Dies soll an zwei Beispielen illustriert werden.

Sheard und Dunning (1975) analysieren eine Subkultur im Sport sowohl hinsichtlich der Inszenierung nach innen wie der Grenzziehung nach außen. Auch sie wählen allerdings die Bezeichnung ‚Männerreservat' für die beschriebenen Erscheinungen um das Rugby-Spiel. „...seine Spieler (stehen) in dem Ruf, regelmäßig eine Reihe von Tabus zu verletzen, insbesondere die der körperlichen Gewalt, körperlichen Kontakte, Nacktheit und Obszönität, Trunkenheit und Einstellung zum Eigentum. Die Tabu-Verletzungen tendieren zu einer höchst ritualisierten Form. Sie wurden zu einem integrierenden Bestandteil der Subkultur, die sich um das Rugby-Spiel gebildet hatte. Eine ihrer Funktionen besteht darin, Spielern neben dem Spiel selbst die Möglichkeit einer zusätzlichen Befriedigung zu gewährleisten" (Sheard u. Dunning 1975: 186).

Diese zusätzliche Befriedigung besteht vor allem darin, jene eigentümliche Balance von Wildnis und Antisozialität auf der einen Seite und Zivilisation und Domestiziertheit auf der anderen herzustellen – was auch für den Western-Film so kennzeichnend ist – sowie die Möglichkeit bereitzustellen, in ritualisierter und damit gebundener Form auf die andere Seite des Zaunes wechseln zu können, was offensichtlich in besonderer Weise das Gefühl von ‚Männlichkeit' vermitteln kann.

Die Ursache für dieses Bedürfnis sehen die Autoren darin, daß es unter den vorherrschenden städtisch-industriellen Bedingungen immer schwieriger wurde, die „traditionelle Norm der Männlichkeit im Alltag unter Beweis zu stellen', zudem die Frauen der Ober- und Mittelschicht auf der Ebene der sozialen Hierarchie für Männer zu einer Bedrohung geworden waren, da sie nicht mehr bereit waren, sich in maßgeblichen Bereichen des sozialen Lebens durch ‚männliche Überlegenheit' ungefragt dominieren zu lassen. „Seitdem die traditionellen Standards der Männlichkeit zunehmend bedroht sind, hat dies zur Folge, daß Frauen verspottet, zur Zielscheibe gemacht und geschmäht werden" (ebd.: 197).

Hierzu dient – wie üblich – Obszönität und sexuelle Verächtlichmachung. „Der männliche ‚Striptease' wurde zu einem fest institutionalisierten Teil der Rugby-Subkultur... Dieser Ritus fand gewöhnlich nach dem Spiel, entweder in der Bar des Clubhauses oder... in dem Wagen statt, der die Spieler nach Hause fuhr. Auch Initiationsriten wurden bei solchen Gelegenheiten zur Sitte. Im Laufe solcher Zeremonien wird der Neuling – oftmals unter Anwendung von Zwang – entkleidet und sein Körper, besonders seine Genitalien werden mit Schuhcreme und Vaseline eingeschmiert. Auch Trinken bis zum Exzeß war fest in die Rugby-Club-Tradition eingebettet. Während des Trinkens sangen die Spieler obszöne Lieder, die um die zentralen Themen ‚Verspottung, Vergegenständlichung und Schändung von Frauen und Homosexuellen' kreisten" (ebd.: 187f.). Ein Merkmal dieser Lieder „besteht in der Verkörperung eines feindlich brutalen, aber gleichzeitig ängstlichen Verhaltens gegenüber Frauen und dem Geschlechtsakt. ... Was (die Lieder) nach einigem Nachdenken charakterisiert, ist die absolute Freudlosigkeit an der ganzen Sache: die vorsätzliche und völlige Abwesenheit jeglicher Spur von Mitleid und von Humor, soweit er nicht in der Natur der sexuellen Beschreibung selbst liegt, sowie das Fehlen eines jeglichen Funkens von Liebe oder Freude am Leben. Das Gedicht ist die Negation von allem, die destruktiven Aspekte der sado-masochistischen Sexualität ausgenommen" (ebd.: 193).

Die Abwesenheit von Frauen und Mädchen, oder besser noch: deren Ausschluß erhöht die Inszenierung der ‚Männlichkeit' dieser Gruppen. Ihre Gegenwart wird nur toleriert, wenn sie sich mit untergeordneten Positionen begnügen (Teekochen, Essenvorbereiten, Servieren, Unterhaltung der Männer), sich passiv verhalten und es akzeptieren, Zielscheibe für die Männer zu sein. „Tatsächlich hatte sich ein besonderes Ausschluß-Ritual herausgebildet, um sie wissen zu lassen, daß sie länger als erwünscht geblieben waren und daß nun das Biertrinken und das Singen obszöner Lieder beginnen sollten. Das Signal war ein Lied mit dem Titel ‚Good Night Ladies'.

Anhänger von Licht, Luft und Bewegung posieren für ein Erinnerungsfoto im Jahre 1905. Zwischen Sport, Kriegsvorstellungen, Regression und sexueller Verdrängung sowie männerbündischer Organisation gibt es frappante Zusammenhänge. Entscheidend für die Turner-Bewegung um Jahn war das männliche Gruppenerlebnis, das soziale Erfahrungen in gemeinsamen szenischen Vorstellungen bündelt, die zum Beispiel in gemeinsamen Turnfahrten zu den Orten berühmter Kriegsschlachten mobilisiert wurden. Foto: Bildarchiv Preussischer Kulturbesitz Berlin.

Jede Frau, die nach dem Anstimmen dieses Liedes bleiben wollte, erlitt einen Statusverlust" (ebd.: 198).

Diese Berichte der Bestätigung der ‚Männlichkeit' durch Obszönität, Vandalismus und Trunkenheit im Umfeld des Sports sind nun keinesfalls Geschichten einer längst zurückliegenden Zeit. Auch heute noch sind viele Wettkämpfe bis hin zu Länderkämpfen reiner Männermannschaften oft nichts weiter als Anlässe, „die Sau raus zu lassen" – im Rugby, im Fußball und Handball oder auch in der amerikanischen Davis-Cup-Mannschaft. Die Lieder sind weitgehend die gleichen geblieben, Besäufnisse und Vandalismus sind an der Tagesordnung ebenso wie jene eigentümliche territoriale Wahrnehmung von Sportgruppen, die die markanten Unterschiede im Raum- und Territorialverhalten von Männern und Frauen und die Beziehungen zwischen Dominanzstreben und Territorialität (vgl. Kruse u. Graumann 1978) nachhaltig unterstreicht: Unabhängig von der sozialen Definition der Räumlichkeit scheinen die Mitglieder von Männergruppen im Sport alles, was zwischen den räumlich entferntesten Mitgliedern liegt, als ihr Territorium zu betrachten, das ihren Regeln, ihrer Zeit- und sozialen Strukturierung unterliegt; andere Personen können völlig ignoriert werden. Von hier her ist zu erklären, daß zum Beispiel nachts um drei Uhr quer durch Hotels gebrüllt wird, Bälle in Fußgängerzonen zugekickt werden etc. Typisch auch hier, daß, sofern es sich um den Sport handelt, auch die ärgsten Eingriffe in die Integrität anderer Menschen sozial toleriert, akzeptiert, sogar verklärt werden.

In einem anderen markanten Beispiel demonstriert Richartz (1988) die frappanten Zusammenhänge von Sport, Kriegsvorstellungen, Regression und sexueller Verdrängung sowie männerbündischer Organisation anhand des Männerbundes der frühen Turnbewegung um Jahn nach 1810 und zeigt dabei die sozialen, historischen und psychologischen Hintergründe dieser Bewegung sowie deren Wechselwirkungen auf.

Sicherlich spielte die ‚unreif'-pubertäre, ja neurotische psychische Struktur Jahns eine wichtige Rolle, der gerade dadurch „das Treiben einiger exaltierter Knaben" (wie es in zeitgenössischen Gerichtsakten heißt) zu stimulieren verstand; entscheidend für die Dynamik der Bewegung ist jedoch das männliche Gruppenerlebnis, das soziale Erfahrungen in gemeinsamen szenischen Vorstellungen (Kriegsphantasien) bündelt, die zum Beispiel in gemeinsamen Turnfahrten zu den Orten berühmter Kriegsschlachten mobilisiert werden. „Jahns Rolle besteht zunächst darin, daß er immer neuen dramatischen Stoff liefert und Katalysatoren bereitstellt, beides reagiert

Es ist sicher übertrieben, hinsichtlich der Gruppensportarten nur vorsichtig und umschreibend von ‚Männergruppierungen' oder ‚Männerreservaten' zu sprechen. Tatsächlich gibt es viele Anzeichen dafür, daß diese sozialen Phänomene gerade im Bereich des Sports die meisten, wenn nicht alle Kriterien erfüllen, um sie als ‚Männerbünde' zu bestimmen, und auch die Wirkungen eintreten, die ‚Männerbündisches' so oft nach sich zieht. Foto: Bildarchiv Preussischer Kulturbesitz Berlin.

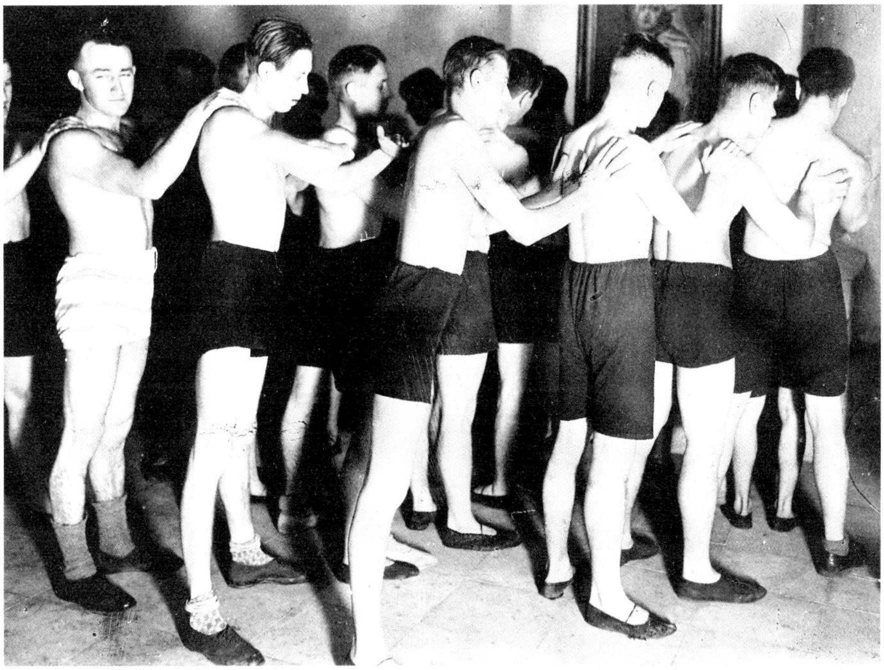

in den Köpfen zu immer neuen Tagträumen. Doch er tut noch einen entscheidenden Schritt darüber hinaus. Er wendet sich nicht allein an die einzelnen Individuen, sondern gleichzeitig an die Gruppe als sozialen Zusammenhang. Die Jugendlichen lesen sich gegenseitig Schlachtberichte vor und teilen sich ihre Phantasien mit, sind aktiv an der Ausgestaltung der gemeinsamen Vorstellungen beteiligt. Wer an diesem gemeinsamen Ausspinnen der Bilder nicht mitmacht, wird als Störenfried empfunden. Die Phantasien werden nicht privat und individuell geschaffen, ihre Produktion ist... ein sozialer Prozeß. Jahn generiert gemeinsame Tagträume, Gruppenphantasien" (Richartz 1988: 87).

Hierin dürfte auch heute noch die Hauptfunktion des Männerbündischen im Sport bestehen: den kollektiven Rahmen zur Generierung von Tagträumen und Phantasien ‚männlicher Grandiosität' herzugeben, wie es bereits zu Jahns Zeiten der Fall war. „Hochbesetzte Phantasien von Ruhm und Größe, Tagträume vom eigenen Heldentum sowie der Rückgriff auf frühkindliche Allmachtsphantasien bilden eine notwendige kompensatorische Stütze, solange das Selbstgefühl noch nicht auf anderen Gratifikationen fußen kann. Auch die jugendliche Clique spielt für die Erhaltung des labilen Selbstgefühls eine wichtige Rolle" (ebd.: 105).

Vor allem an den Inhalten enthüllt sich der kompensatorische Charakter und die Lebensunfähigkeit, ja Lebensfeindschaft: „Die Phantasie vom eigenen Tod ist ein zentraler Topos in den Kriegsvorstellungen der Turner und Patrioten" (ebd.: 102). Der Tod wird jedoch nicht als Endpunkt gesehen, da in den Phantasien vom realen Tod abstrahiert wird – die Erwähnung des ‚gemeinen Todes' ist verpönt und gilt als defätistisch, da sie die Wehrkraft zersetzt. Phantasiert wird deshalb nur der besondere Tod, der ‚Heldentod': „In der Phantasie des Heldentodes vollzieht der Tagträumer seine eigene Apotheose, die Erlösung von den Irritationen des Selbstgefühls" (103). Der Krieg selbst wird denn auch als Aufhebung der Differenz zwischen Phantasie und Realität vorgestellt, deshalb wird auch der reale Krieg als Fortsetzung der Kriegsphantasien organisiert: so in der Kriegsinszenierung der Turner in den Napoleonischen Kriegen, den Freikorps nach dem Ersten Weltkrieg, der Errichtung der Unzahl von Heldenfriedhöfen in den Dolomiten oder Karnischen Alpen, Hitlers Kriege ohnehin, aber auch in den schneidig vorgetragenen Panzerangriffen heutiger Manöver, die mit der brutalen Vernichtung des realen Krieges absolut nichts gemein haben. Entsprechend wird auch der ‚männliche Sport' als eine permanente Abfolge von Prüfung und Bewährung, Heldentum und Scheitern in der Grandiosität inszeniert.

Die Hauptfunktion von Tagträumen und Phantasien liegt in ihrem Charakter als Abwehrmechanismen gegen überwältigende Ohnmachtsgefühle und/oder sexuelle Impulse. Deshalb müssen sie in der männlichen Sozialisation auch zur Separierung und der Lösung von geliebten Objekten führen. Auf den Hintergrund sexueller Verdrängung in der Konstitution der Turnbewegung wurde bereits hingewiesen. Frauen werden als bedrohlich phantasiert, Wünsche und innere Konflikte werden in ‚männlichen' Inszenierungen und Imaginationen ausagiert.

„Die Organisation der Bewegung als (Jung-)Männerbund bietet die Möglichkeit, die Kompromißbildung zu agieren: die bedrohlichen Frauen sind ausgeschlossen, in der Subkultursprache können die verpönten Wünsche als gemeinsame erfahren werden" (ebd.: 99). „Die Subkultursprache hat eine wichtige Funktion für die Gruppenbildung der frühen Turnbewegung. Die Turner kommunizieren mit ihr über Dinge, die sonst nicht angesprochen werden dürfen; verpönte Phantasien können, wenn auch in entstellter Form, kollektiv geteilt werden. Die gemeinsamen Tagträume können sogar über die Grenzen dessen hinausgehen, was die Individuen sich an bewußten Phantasien gestatten würden, denn aufgrund der gemeinsamen Ausarbeitung kann unbewußt die Existenz derselben anstößigen Wünsche beim anderen erraten werden" (ebd.: 94).

Sportbünde als Männerbünde

Vergegenwärtigen wir uns die Bestimmungsmerkmale für Männerbünde, wie sie zum Beispiel von Schmalenbach (1922), Bernsdorf (1972) und bei allen sonstigen Fragwürdigkeiten auch von Höltker (1931) angegeben werden, so können wir unschwer viele zentrale Phänomene des gesellschaftlich dominanten Sports hierin wiederfinden.

Schmalenbach siedelt den ‚Bund' zwischen den Kategorien ‚Gemeinschaft' und ‚Gesellschaft' an: „Seine Entstehung ist gesellschaftlich, sein Wesen gemeinschaftlich"; mit der Gesellschaft teilt er die in bestimmten Werten und geistigen Zielen begründete Einheit, mit der Gemeinschaft die engste Verbindung und den intimen Zusammenhang. Bernsdorf sieht im Bund deshalb vor allem auch eine „intermediäre Instanz", die die Möglichkeit bietet, Kleingruppen aus ihrer Umweltabschließung herauszubringen, indem Werte und Forderungen der Großgesellschaft in gruppen- und personenangemessener Weise nahegebracht werden und auch die Übernahme neuer „Sozialhorizonte" erleichtert wird – wie es auch für das oben angesprochene ‚Puffer-Lernen' im Spiel typisch ist. Deshalb wird dem Bund auch in Zeiten des Übergangs eine besondere soziale und kulturelle Funktion zugeschrieben.

Die Werte und Ziele sind allerdings nicht zweckrational realisiert, sie ergreifen den ganzen Menschen, wenn auch oft nur in bestimmter Hinsicht. Stabilität wird dem Bund in erster Linie durch einen kleinen Kreis von ‚Jüngern' verliehen, die sich um einen ‚Meister' scharen und auf ihn und seine Ideale eingeschworen sind. Den Hintergrund bilden persönliche Begeisterung, Hingerissenheit und Hingabe (die natürlich genauso plötzlich in Verteufelung und Ausstoßung umschlagen kann) – der Bund absorbiert Gefühle, man(n) fühlt sich beheimatet, wenn auch oft nur in einer miefigen, eng zusammengeschweißten Vereinigung von Führung und Gefolgschaft, wie es auch für Sportmannschaften, Sportverbände und die Bünde der Sportwissenschaft so typisch ist. Kennzeichnend ist aber auch die kollektive Begeisterung, wobei man(n) in ‚rauschhafter Begeisterung' auch über sich hinauswachsen kann. Da aber die Gefühle schwankender Natur sind, „ist ihm von innen her die Labilität symptomatisch" (Schmalenbach 1922) und Dauer stellt sich nur ein, „wenn das Gefühl sich zur Erfahrung eines objektiven Zusammenhangs verdichtet" (ebd.) – wobei dieser „objektive Zusammenhang" bei Sportmannschaften offensichtlich der Erfolg, in der Sportwissenschaft Geltungsstreben und Machtsucht ist. Entsprechend zeigt sich im Sport auch in der Regel jene verschworene Gemeinschaft, deren fraglose Hierarchie durch Unterwerfung und Gehorsam ohne weitere Diskussion und Erörterung gesichert wird. Platzhirschallüren sichern die ‚charismatische Führung' und manifestieren sich im Herausbeißen von Konkurrenz (Trainer, in der Klubleitung, mißliebige Wissenschaftler) durch Intriganz, Verleumdung und Einschüchterung.

Überhaupt wird für den Männerbund in der Literatur auch immer wieder auf die Kumpanei im ‚abweichenden Verhalten' hingewiesen, und bereits ein oberflächlicher Blick in die Tageszeitung markiert den gesellschaftlich dominanten Sport als einen ganz besonderen Hort der Lüge und des Betruges. Dieser Zusammenhang wird bereits von Veblen (zuerst 1899) herausgestellt, der „die Vorliebe für den Sport... in einer archaischen geistigen Konstitution, nämlich in der relativ stark ausgebildeten räuberischen Neigung für den Wettbewerb (gründet)" (ebd.: 244). „Die Tapferkeit manifestiert sich im Leben des Barbaren auf zwei verschiedene Arten, nämlich als Gewalttätigkeit und als Betrug. In unterschiedlichem Grade sind diese beiden Ausdruckformen im modernen Krieg, in den Finanzberufen und im Sport vorhanden. ... Bei all diesen Beschäftigungen wird die Strategie sehr leicht zur hinterhältigen Durchtriebenheit und zur Schikane. Hinterhältigkeit, Falschheit und Einschüchterungsversuche nehmen bei jedem sportlichen Wettkampf und bei allen sportlichen Spielen einen festen Platz ein" (ebd.: 261).

Solange der dominante Sport sich männerbündisch umsetzt, wird er stets die gleichen Ziele und Mechanismen aufweisen: Geschäfte, Profite, Karriere, Geld, Macht, Gewalt und Betrug.

Fußballfans. Vormoderne Reservate zum Erwerb und zur Verteidigung männlicher Macht und Ehre

Peter Becker

Fußballfans sind Jugendgruppen, deren Aktionen sich an einer männlichen Grammatik orientieren. Macht und männliche Ehre, die eng miteinander verknüpft sind, gilt es gegen gegnerische Fans zu demonstrieren und zu verteidigen. Hierbei spielen symbolische und körperliche Provokationen eine bedeutende Rolle, die der Provozierte beantworten muß, will er nicht seine Ehre verlieren. Trotz einiger Unterschiede erinnern Provokation und Antwort an eine subkulturelle Variante des ständischen Duells. Mädchen gelten in der *action*-Atmosphäre der Stehkurven einerseits als Bedrohung, andererseits bügeln sie die Schwächen der männlichen Szene aus.

Siehe dazu auch Farbseiten XXXIX und XL.

Die Fußballszene des gesamten Kontinents ist an Spieltagen beherrscht von Happenings, die die Fans in allen Stadien und Arenen – ob in Barcelona, Mailand, Athen, London, Budapest oder Hamburg – regelmäßig veranstalten. Die über ganze Fanblocks gezogenen riesigen vereinsfarbenen Fahnentücher, die Leuchtraketen, die zusammen mit Flutlicht und Rauchentwicklung die Stadien in diffus gespenstisches Licht tauchen, die Schlachtgesänge, die die eigene Mannschaft zum Sieg treiben und den Gegner in die Niederlage stürzen sollen, oder das massenhafte rhythmisch-langsame Hin- und Herwiegen der vereinsfarbenen Schals über den Köpfen, sind weder übersehbare noch überhörbare Aktionen dieser weitgehend von Jugendlichen bestimmten Szene. Weit mehr als die expressiven Zeremonien der Fußballfans im Stadion erregen jedoch die grölenden Gruppen fahnenschwingender Jugendlicher Aufsehen, wie sie in ihren zerfransten, ärmellosen, mit Vereinsemblemen und Militärabzeichen bestickten Jeansjacken durch die Innenstädte und Bahnhofsviertel ziehen, stets gefolgt von einer nach dem ‚Klettenprinzip' agierenden Polizei. Aufsehen erregt verständlicherweise auch die massive Polizeipräsenz vor und in den Stadien mit den Mannschaftswagen und Wasserwerfern, Hundertschaften und ‚Turnschuhkommandos', Leibesvisitationen und Videokontrollen. Moralische Empörung entsteht angesichts der Prügeleien zwischen einzelnen Fans und den zum Teil mit unerbittlicher Härte geführten Schlachten zwischen ‚Nürnberg-Mob', ‚Gelsen-Hools', ‚Kuttenfans', ‚Hertha-Fröschen', ‚Super-Destroyern', ‚City-Boys' und ‚Bad-Boys', in denen die Polizei als dritte Front miteinbezogen wird.

In der über die Medien informierten Öffentlichkeit sind diese Ereignisse flink etikettiert. Die einen sehen in den wilden Aktionen Ausdrucksformen persönlichkeitsgeschädigter Jugendlicher, die anderen erkennen in ihnen ein Betätigungsfeld krimineller Potentiale.[1] Eine andere Perspektive gewinnt man, wenn die oberflächliche Medienbeschreibung aufgegeben wird, und diese bunt-spektakuläre und körperlich-aggressive Szene, die in den Stehkurven der Stadien mit der Entwicklung der Bundesliga entstanden ist, als eine jugendliche Subkultur begreift, deren Handlungen nach einer spezifisch männlichen Grammatik organisiert sind.[2]

Macht und Ehre – Zum Wertekodex der Fußballfans

Auch wenn keine exakten statistischen Zahlen über den weiblichen Anteil der Fanszene vorliegen (Vermutungen liegen bei einem Verhältnis von neun zu eins), so kann man doch ohne Verzerrung der Situation Stehkurven und Stadionumfeld als Reservate angehender Männer bezeichnen, deren Aktivitäten und Praktiken – seien es die Formen ihrer körperlichen Inszenierung, die Texte ihrer Lieder und Sprechchöre, ihr Umgang mit Mädchen, ihr Trink-

Fans demonstrieren die Zugehörigkeit zu ihrem Verein durch Schals, Mützen und mit Vereinsemblemen. Der weibliche Anteil der Fanszene ist gering: Die Stehkurven und das Stadionumfeld sind Reservate angehender Männer, deren Aktivitäten sich stets um die eng miteinander verknüpften Themen Macht und Ehre drehen. Foto: Herbert Liedel.

verhalten, die Inhalte ihrer Magazine und Zeitungen oder ihre Rechtfertigungsmuster – stets Variationen der miteinander eng verknüpften Themen ‚Macht' und ‚Ehre' darstellen. ‚Wir sind die Macht' heißt es nicht nur auf den Emblemen der Fankutten, sondern in der Abwandlung ‚Hier regiert die SGE, der FCK, der FCN usw.' prangt es als Graffiti an den Betonwänden nahezu aller Stadien. Die jeweiligen Spielorte und Stehkurven sind die Zentren realen oder imaginierten Machtbewußtseins.[3] Von den heimischen Fans werden sie verteidigt und von den gegnerischen zu erobern versucht. Aneignung und Verteidigung dieser Macht wird von einem archaisch anmutenden Wertekodex gesteuert, der unter anderem die folgenden Tugenden umfaßt: körperliche Stärke und ‚rohe' Kraft, Bereitschaft zur körperlichen Auseinandersetzung, Demonstration von Überlegenheit, Schmerzunempfindlichkeit, solidarisches Handeln bei Konflikten, Härte und Mut, *coolness* und Kühnheit in *action* und Randale und Treue zum Verein und zur Fangruppe.

Sich als ‚richtiger' Fan, das heißt, sich ehrenhaft zu verhalten, verlangt, sein Verhalten an diesen Tugenden zu orientieren. Macht und Ehre, Respekt und Achtung besitzen nur diejenigen Fans, die in der Lage sind, sich durch Aktivitäten, in denen der Wertekodex zum Ausdruck kommt, gegen verbale und körperliche Angriffe zu verteidigen oder sie selbst zu führen. Bei Gingeleit (1988: 4) findet sich der Hinweis, daß sogar Fanclub-Präsidenten, „die sich auf das schärfste von Bomberjackenträgern und sogenannten Hooligans absetzen", nicht zögerten zuzugeben, daß sich ihr Fanclub im Falle eines Angriffs zu verteidigen wisse.

Der bunte Schal in den Farben der verehrten Mannschaft schützt den Fan nicht nur gegen Wind und Wetter der nordeuropäischen Fußballstadien, sondern ist zugleich Symbol der Fangemeinde. Um das Handgelenk gebunden kann der Schal auch demonstrieren, daß sein Besitzer viel zu männlich ist, um Kälte zu empfinden. Offensichtlich eignen sich die Schals auch für magische Gebetsrituale, die den Sieg der bewunderten Mannschaft herbeiführen sollen. Foto: Sven Simon, Essen.

Dort wo Ehre und Macht zu dominanten Beurteilungskriterien für die Einschätzung von Personen und Gruppen gemacht werden, entwikkeln sie sich auch zu attraktiven und relevanten Steuerungsgrößen des Geschehens. Macht ist allerdings nichts Beständiges, und Ehre ist leicht verletzbar. Daraus entsteht einerseits der Zwang, Machtpositionen gegen konkurrierende Fangruppen verteidigen zu müssen und andererseits die Notwendigkeit, Provokationen und Beleidigungen mit entsprechenden Aktionen zu beantworten. Macht läßt sich dann gut demonstrieren, aneignen und verteidigen, wenn das emotionale Binnenklima der Gruppe homogen ist und die Abgrenzung zum Gegner scharf gezogen werden kann. Die Strategie, die hierbei bevorzugt zur Anwendung kommt, ist eine Polarisierung von Wahrnehmungsmustern, wobei die schlüssige und legitime Ordnung der Machtverteilung dadurch entsteht, daß die eigenen Fans im Zentrum und die gegnerischen Fans am Rande des Geschehens lokalisiert werden. Um das Zentrum, dem zugleich quasi-religiöser Charakter zugeschrieben wird (Becker u. Pilz 1988), scharen sich Attribute, wie rein, stark, normal, männlich, gut, oben, mächtig, aufrecht, menschlich usw., um die äußere Peripherie die Attribute unrein, schwach, schwul, weiblich, böse, unten, machtlos, krumm (krumme Hunde), unmenschlich usw. Wie dieses polare Wahrnehmungsmuster die Handlungen der Fans bestimmt, soll an drei Beispielen verdeutlicht werden.

1. Es reicht zum Beispiel nicht aus, daß die unterstützte Mannschaft auf dem Spielfeld ihr Tor ‚rein' hält, eine ‚reine' Weste behält, sondern der Gegner und seine Fans werden zusätzlich als unrein, ansteckend, als befleckt stigmatisiert. So berichtet ein Fan nach der Eroberung eines Vereinsschals von Kickers Offenbach: „Weil das war einfach zu schlimm, das war'n Kickers-Schal, den wollt' ich nicht noch nach'm Spiel ... Ich war aber abends noch weg, da bin ich durch Sachsenhausen gelaufen, da hab' ich mir überlegt: Immer den Schal drum. Das kann'ste net. Da hab' ich mir gedacht: Komm, das dreckige Furz-Ding, bevor ich mir noch'n Tripper hol' vom Kickers, verbrenn ich's lieber. Da hab' ich's dann verbrannt. War auch gut so, die Scheiß-Dinger."[4]

2. Die unüberbrückbare Grenze zum Gegner wird dadurch gezogen, daß dieser den Ehrenkodex der Szene verletzt und sich damit für die Übernahme legitimer Machtpositionen disqualifiziert. Hierzu wieder ein Fan. „Weil das ist nicht mehr normal, was die bringen. Ich hab' mich schon mit Mädchen unterhalten, die ham'se umgehauen, mehr Weiber. Was weiß ich, fuffzehn, sechzehn, ham'se voll auf'e Schnauze gekriegt. Köln ist sowas von asozial, tierisch, richtig dreckig; von uns faßt ja wirklich keiner 'ne Alte an. Die hauen die Weiber um, mehrere sogar, während dem Spiel."

3. Die Texte der Lieder, Sprechchöre und Spottgesänge der Fans sind angereichert mit Polarisierungen. Aus dem stets erneuerten und schier unermeßlichen Repertoire einige Kostproben.

Alle Bullen sind schwul
von München bis nach Liverpool
Zick, Zack Zigeunerpack
Ihr seid Bochumer, asoziale Bochumer
Ihr schlaft unter Brücken oder in der Bahnhofsmission
Schalker Schweine, wir wollen keine.
Gelbe Karte, rote Karte, raus die Sau.

Den Tormann als beliebtes Schmähziel beschimpft man, daß seine Frau ihm gerade Hörner aufsetze, daß er homosexuell sei oder seine Socken stinken würden. Der ‚schwarzen Sau' unterstellt man, daß sie Aids habe.

Wie läßt sich die Funktion dieser Schmähungen, Verunglimpfungen und Beleidigungen, die jede Affektkontrolle vermissen lassen, deuten? Schande zuzufügen gewinnt vor allem Bedeutung, wenn Ehre und Schande als dominante Bezugsgrößen fungieren. Die in den drei Beispielen sich niederschlagende private wie auch öffentliche Beschimpfung kommt einer rituellen Zerstörung der Ehre und damit auch der Vernichtung von gegnerischer Fanidentität gleich. Mit der Beleidigung wird der Beleidigte symbolisch aus der virtuellen Gemeinschaft der Fans ausgeschlossen. Die Ausgrenzung gelingt um so besser, je deutlicher Eigenschaften für die Ehrabschneidung benutzt werden, die im Gegensatz zu den von den Fangruppen positiv besetzten Werten liegen. Da vor allem männliche Attribute das Werteklima beherrschen, sind Merkmale wie feige, körperlich schwach, schwul, weiblich oder die Rolle des gehörnten Ehemanns geeignet, Kontrahenten um Machtpositionen symbolisch aus dem Felde zu schlagen.[5] Über die Ausgrenzung aus der ‚ehrenwerten Gesellschaft' wird die Machtfähigkeit des Gegners negiert, und der eigene Anspruch auf Herrschafts- und Machtpositionen legitimiert.

Macht darf sich nicht nur im Semantischen aufhalten. Gegnerische Fans melden ihre Machtansprüche auch über physische Provokationen an. Machtgewinne und Machtverluste werden dann je nach Ausgang der Provokationen bilanziert. Zum Beispiel während des Spiels in den gegnerischen Fanblock eindringen, bei Auswärtsfahrten in den Stammkneipen des Gegners ein Bier trinken,[6] den erklärten Feinden die Vereinsembleme, Fahnen, Kutten oder Schals wegnehmen sind unmittelbare Anlässe – die Niederlage auf dem Spielfeld, Fouls mit Verletzungsfolge, unterstellte Benachteiligungen durch den Schiedsrichter, eine noch ‚offene Rechnung' vom letzten Treffen hingegen sind mittelbare Anlässe bzw. Herausforderungen, die den Provozierten in Handlungszwang bringen, will er nicht symbolisches Kapital und konkrete Machtposition einbüßen. Das überindividuelle Zwangssystem der männlichen Fanehre läßt hier keine Entscheidungsoffenheit, es sei denn man akzeptiert die öffentliche Bloßstellung und den damit verbundenen Status des ‚Lutschers' oder des ‚Kuttenkindes'. Die Provokation bedeutet allerdings noch keinen Macht- oder Ehrverlust. Sie stellt zunächst nur gezielt die geltende reale oder imaginierte Machtordnung der angegriffenen Fangruppen zur Disposition. Erst die Tatsache der passiven Hinnahme untergräbt die Grundlagen der individuellen Fanidentität, aber auch die der Gemeinschaft der Gleichgesinnten. Provokationen dürfen daher nicht ignoriert werden.

Die Beantwortung der Provokation klärt die Macht- und Ehrfrage nicht endgültig, sondern im Gegenteil, sie wird als Gegenprovokation, die wiederum eine entsprechende Antwort erfordert, gedeutet. Durch diese zirkuläre Struktur der Provokation entstehen ‚Gewalttraditionen' und Gewalteskalationen zwischen einzelnen Fanclubs.[7] Wie die Beziehungsgeschichten der Eintracht- und Offenbach-Fans, der Schalker und Kölner Fans, zwischen Braunschweig und Berlin oder Dortmund und Schalke zeigen, bleibt immer noch eine Rechnung offen, bei deren Begleichung die Zinsen und Zinseszinsen mitverrechnet werden. Eine Kleinanzeige in einem der Fanmagazine „Fan-Treff" (Nr. 30, S. 40) spiegelt diese zirkuläre Situation recht plastisch.

„Hallo ihr Lauterer! Freut euch schon jetzt auf's Rückspiel! Wenn ihr in die Stadt kommt jagen wir euch durch ganz Nürnberg. Vergeßt die Düsseldorfer Lutscher nicht, denn die haben auch noch was gut bei uns. Viel Spaß in Nürnberg!"

Die Verlängerung des vormodernen Duells in die Fußballstadien

Trotz auf der Hand liegender Unterschiede fühlt man sich bei den Fankonflikten durch die Bedeutsamkeit, die die Ehrkränkung und ihre zwanghafte Wiederherstellung durch körperliche Auseinandersetzung dabei spielen, an Traditionsreste von Ehrenkonflikten erinnert, die vormals über das Duell geregelt wurden. Hierzu einige Ähnlichkeiten, die zwischen der subkulturellen und ständischen Behandlung von Ehrkränkungen bestehen.[8] Bei beiden geht es um die Verteidigung männlicher Ehre, die zugleich eine kollektive Ehre ist. Vor allem aus dieser Identität individuellen und kollektiven Ehrbewußtseins resultiert der Handlungszwang des Beleidigten, der zwar im Zweikampf seine eigene, aber auch die umfassendere kollektive Ehre wiederherstellt. Gingeleit (1988: 4f.) erwähnt, daß das Ideal der Fanauseinandersetzungen der faire Kampf ‚Mann gegen Mann' ist. Beide Formen verlangen die körperliche Präsenz, das bedingungslose Durchstehen des Kampfes, ohne Angst vor den (körperlichen) Konsequenzen, die im Grunde gar verachtet werden. Die Ehre wird über die Unversehrtheit des Körpers gestellt. Bei den Fans wird derjenige, der wegläuft und dem Gegner nicht die Stirn bietet, den Kindern, den *road-runners* oder Lauftruppen zugeordnet. Ähnlich

Die Präsentation des Siegespokals ist für Spieler und Fans gleichermaßen der absolute Höhepunkt einer Fußballmeisterschaft. Die Fangemeinde des siegenden Clubs wird durch das gemeinsame emotionale Erlebnis einmal mehr zu einer verschworenen Gemeinschaft zusammengeschmiedet. Foto: Horst Müller, Düsseldorf.

ist ebenfalls, daß der Ausgang des Konfliktes gegenüber der öffentlichen Demonstration der jeweils geltenden Tugenden bzw. Weltordnung in den Hintergrund tritt. (Lob wird dem gezollt, der einen guten Kampf geliefert hat.) Die Konfliktregelung geschieht nicht über die Einschaltung Dritter, da ein Mann nicht nur das Recht hat, seine Ehre alleine zu verteidigen, sondern auch dazu in der Lage sein muß. In den ehrenhaften Zweikampf kann man nur mit ebenbürtigen Gegnern treten, die die ‚Satisfaktionsfähigkeit' besitzen. Schließlich erfährt derjenige soziale Ächtung, der sich einer Herausforderung entzieht.

Allerdings dürfen Unterschiede zu dem aus der Öffentlichkeit verschwundenen Duell nicht übersehen werden, die sich vermutlich aus dem sozialkulturellen Milieu und der Altersphase ergeben, in der sich die Fangruppen befinden. Dem Duell fehlte die zirkuläre Struktur der Fanauseinandersetzungen. Nach dem Zweikampf war die Auseinandersetzung zwischen den Duellanten abgeschlossen.[9] Darüber hinaus fehlt der subkulturellen Handhabung der Konflikte die Symbolisierungs- und Distanzierungsfähigkeit, die die Rituale des Duells kennzeichneten. Einerseits verhindert die Mündlichkeit der Traditionsvermittlung, die der Organisationsstruktur der Fangruppen entspricht, den schriftlich fixierten ausdifferenzierten Regelkanon einer Konfliktordnung, andererseits vermag das in den Aktionen der Fans deutlich werdende Bedürf-

Die Identifikation mancher Fans mit ‚ihrem' Club geht so weit, daß sie sich ihre Gesichter in den Clubfarben bemalen: Die Entpersönlichung zu Gunsten des Fanclubs ist nahezu perfekt. Fotos: Dänemark-Fans (linke Seite) Herbert Liedel; Werder Bremen Fan (rechte Seite) Horst Fißner.

nis nach (kollektiver) Erlebnisintensität nicht, eine Distanz zu den Vorgängen aufkommen zu lassen (vgl. Becker 1990).

In den kollektiven Auseinandersetzungen, die nicht mehr auf einer Waldlichtung oder bei Morgengrauen hinter einer Kaserne, sondern auf einem Bahnhofsvorplatz oder in einem Stadion stattfinden, verbindet sich diese Erlebnisintensität mit der Bindungsfestigkeit an die männlichen Werte. Damit entsteht der Archetyp einer heldischen Situation, die es den Jugendlichen erlaubt, eine Verschmelzung von ‚Sinn und Sinnlichkeit' zu erfahren (vgl. hierzu Paris 1989: 46). In der Szene gilt für den mit Gegnern mannhaft kämpfenden Fan, was Paris (1989: 46) über den Helden schreibt. Er „ist authentisch und aufrichtig, mutig und moralisch zugleich". Ein solches Selbstbild tendiert dazu, „den Konflikt situativ zu dramatisieren und unter Umständen eskalieren zu lassen".

Erweiterung und Verengung des Erlebnisraums

Heldisches eignet sich zum Nacherzählen. Diese Tatsache haben auch die Fans entdeckt. Für die Schilderungen ihrer Abenteuer, die sie auf Auswärtsfahrten oder bei Heimspielen erlebten, und die heldischen Taten, die sie vollbracht haben, bieten die mittlerweile in breitem Umfang erscheinenden Fanmagazine reichlich Raum. Dabei gleichen sie sich im Kern alle. Hat man einen Bericht gelesen, hat man sie alle gelesen. Für diese bramarbasierenden Abenteuerdarstellungen hier stellvertretend ein typischer Ausschnitt.

„Natürlich gewannen wir verdient in Münster und die Duisburger schauten dumm aus der Wäsche. Alles stürmte den Platz aber alle werden zurückgedrängt ... Mit circa 200 Hools machten wir uns auf die Suche und fanden sie auch. Einige Kameraden liefen weit vor dem Mob und trafen auf die Duisburger Assos. Mehr als flüchten war für die MSVer nicht drin. Wir verfolgten die 20–30 Pottler mit unserem Gewaltpulk von 200 Hools und fanden sie auch am Bahnhof wieder. Erneut machten wir Jagd auf sie und klatschten einige von ihnen weg, – der Rest entkam uns leider, weil die Cops dazwischen kamen. Doch noch einige Male an diesem Abend jagten wir die Assos durch Münster und zeigten ihnen, wer hier der Bessere ist" (Fan-Treff Nr. 27, S. 20).

Die Veröffentlichung solcher Erzählungen bietet nicht nur dem Erzähler die Chance der Selbstdarstellung und Selbstidealisierung, sondern gleichzeitig findet sowohl eine öffentliche Zelebrierung der in der Szene geltenden Werte als auch eine öffentliche moralische Bewertung ihrer Verletzung statt. Interessant ist, daß diese Form der öffentlichen Dramatisierung der unbedingten Treue zum Verein, der Solidarität zur Fangruppe, der männlichen Normen wie Körperkraft, Körpereinsatz, Mut und Kampfbereitschaft usw. in einer Zeit entsteht, in der der soziale Druck von außen auf die Fans zunehmend höher wird.

Der ehemals ‚freie' Stadionraum ist mittlerweile zu einem durch viele Maßnahmen kontrollierten Rechtsraum gemacht worden. Zu diesen Kontrollen gehören unter anderem Durchsuchung von Fan-Bussen, Leibesvisitationen, Videoüberwachung der Fanblocks, Stadionverbote, Einsatz von Zivilbeamten, Verkleinerung und Einzäunung der Fan-Blocks, aber auch die juristische Interpretation der Wegnahme eines Vereinsschals als Raub oder einer Prügelei als Landfriedensbruch (Pilz 1988; Becker u. Pilz 1988). Diese Eingriffe erzeugen eine ‚Strukturkrise', aus der ein erhöhter Bedarf an normativen Integrationsmechanismen resultiert, um die von außen ausgelöste Erosion der Werte aufzuhalten. Einerseits können die gemeinschaftsstiftenden Werte vor einem Bedeutungsverfall bewahrt werden, wenn der ordnungspolitisch kontrollierte Raum – wie dies die *hooligans* zum Teil tun – verlassen wird, andererseits kann man versuchen – wie dies die Fanmagazine unbewußt tun – der Wertproblematisierung durch erhöhten semantischen Aufwand entgegenzuwirken.[10]

Mädchen: Belastung und Entlastung der Männlichkeit

In einer Szene, deren *action*-Atmosphäre den Beweis von ‚Charakter', Mut und Kampfbereitschaft verlangt, wirkt die Anwesenheit von Mädchen störend. In einem Interview äußert ein Fan: „Hier, es iss Kappes, wenn jemand nach Schalke 'ne Freundin mitnimmt. Da mußte den ganzen Tag, das ganze Fußballspiel mußte achtgeben, daß ihr nichts passiert." Selbst auf *action* aus, kommt auf den Fan eine Doppelbelastung zu. Einerseits verlangt die Pflicht seiner männlichen Ehre, ihm ‚anvertraute' Frauen gegen tätliche und beleidigende Angriffe und Belästigungen zu schützen, andererseits muß er sich auf gegnerischem Territorium selbst verteidigen.

Bei dieser Ehrauffassung werden Frauen dann auch schnell zur Bedrohung des männlichen Selbstverständnisses. Das heißt, wenn Mädchen anwesend sind, dann wird ein Teil der Fanehre über sie bestimmt. Ein Fan, der nicht Manns genug ist, sein Freundin zu verteidigen, muß auch mit dem Verlust seiner sozialen Position rechnen. Es ist nicht nur die Befürchtung, auf einen Spaß verzichten zu müssen, die eine

Abwehrhaltung gegenüber Mädchen in der Szene entstehen läßt, sondern die Angst, die Normen der Männlichkeit nicht erfüllen zu können.

Diese wahrgenommene Bedrohung der männlichen Ehrauffassung durch die ‚typisch' weibliche Rollenzuschreibung wird auch in einem anderen Interviewausschnitt deutlich. „Die Eintracht bedeutet mir nun tausendmal mehr als eine Frau, auch wenn ich der das ins Ohr heucheln würde ... Ich kann mir nicht vorstellen, daß ich wegen einem Mädchen ein Eintracht-Spiel ausfallen lassen würde. Ich bin nun mal so realistisch und sage mir: Die Eintracht, die bedeutet mir mehr, die hab' ich nun seit Jahren, die werd' ich auch noch für Jahre haben. Aber was hab' ich denn von einer Frau? Die schießt mich in einer Woche ab, und dann steh' ich wieder da."

Gegenüber dem eher banal anmutenden Zeitkonflikt, der hier zum Ausdruck kommt, erscheint die zweite Art der Bedrohung für den Fan sehr viel schwerwiegender. Es wird hier ein generelles Mißtrauen gegenüber Mädchen deutlich. Der Zuneigung und Treue von Mädchen kann man sich nie sicher sein. Da kann man sich schon eher auf die Eintracht verlassen. Dieses angstbesetzte Muster, mit dem Mädchen wahrgenommen werden, erinnert an die Angst vor dem Verlust der sozialen Position, denn die Tatsache der Untreue wird erst durch die Schwäche des Mannes ermöglicht. Die Untreue der Freundin spiegelt die mangelnde Männlichkeit des Freundes. Eine Möglichkeit, dieser Gefahr des Ehrverlustes zu entgehen, ist es, sich erst gar nicht auf Mädchen einzulassen, sie aus dem Gruppengeschehen auszugrenzen.

Wenn Mädchen dennoch in der Szene auftreten, dann erwartet man von ihnen in der Regel auch die Eigenschaften des weiblichen Rollenstereotyps Fürsorglichkeit, Opferbereitschaft, Selbstlosigkeit usw. Sie bügeln damit die Schwächen der männlichen Szene aus. Auch wenn sie nicht ganz ernst genommen werden und am Rande des Männlichkeit inszenierenden Milieus stehen, so wird ihre Hilfe doch ganz genau an den Bruchstellen der Männlichkeit gebraucht. Mut, Kampfbereitschaft und Härte zeigen, Unsicherheit nicht zeigen, die falsche Haltung vermeiden – diese Formen der präsentierten männlichen Überlegenheit und männlichen Selbstkontrolle haben ihre Kosten. „Es ist der Mann, der die Frau gering schätzt, aber sie braucht. Sie gibt dem einsamen Kämpfer Wärme und Geborgenheit, sie gibt ihm die notwendige Stärke, über die er selbst ja gar nicht verfügt" (Lessing u. a. 1986: 141).

Der Fußballfan – ein unzeitgemäßer Rollenentwurf

In einer Zeit, in der die Statusverteilung vor allem nach dem Leistungsprinzip erfolgt, in einer Zeit, in der von den Individuen hohe Affektkontrolle und Distanzierungsfähigkeit gefordert werden, in dieser Zeit müssen die Interaktionen der Fans wie ein Rückfall in vormoderne Zeiten erscheinen.[11] Das Stadion ist ein Ort, an dem es gelingt, die Gleichzeitigkeit des Ungleichzeitigen vorübergehend zu vereinbaren. Während auf dem Spielfeld die Rangpositionen nach dem universell gültigen, modernen Kriterium der Leistung verteilt werden, orientiert sich in den Stehkurven und Fanblocks die Verteilung der sozialen Positionen nach der partikular gültigen, vormodernern Fähigkeit, männliche Ehre aufrechterhalten und verteidigen zu können.

Anmerkungen:

1 Die Meinung der Öffentlichkeit entspricht hier durchaus den üblichen Reaktionen auf jugendliche Subkulturen. Zinnecker (1981: 425) spricht in diesem Zusammenhang von einem Zerrspiegel, der sich in drei Modellen äußert: „Jugendliche als psychisch Kranke, Jugendliche als Kriminelle (Delinquenten) und Jugendliche als manipulierte Opfer". Den drei Modellen entspricht eine jeweils typische analytische Perspektive, die Zinnekker als den klinischen, den polizeilichen und den jugendschützerischen Blick bezeichnet.

2 Im folgenden wird die Fanszene nicht weiter aufgeschlüsselt, da die beschriebenen Aspekte prinzipiell auf alle Gruppen zutreffen. Unterschiede ergeben sich lediglich über ihre Ausprägungsgrade. Einen Überblick über die einzelnen Fraktionen der Fans geben Becker u. Pilz (1988) und Benke u. Utz (1989).

3 Bott/Hartmann (1986) haben anhand von Zeichnungen und Lageplänen, die von Fans erstellt wurden, herausgearbeitet, daß die Stehkurven wiederum interne Diffenzierungen der Machtverteilung aufweisen (vgl. auch Gingeleit 1988).

4 Alle Äußerungen von Fans sind Interviews entnommen, die im Rahmen eines Fanprojektes durchgeführt wurden, das D. Bott und G. Hartmann in den Jahren 1984–1988 in Frankfurt leiteten.

5 Auch der häufig in Stadien zu hörende Ruf „Jude, Jude" liegt im Assoziationsfeld dieser Männlichkeitsvorstellungen. Wie T. Gehrmann (1990) herausgearbeitet hat, wird ‚Jude' von den Fans mit Unmännlichkeit verknüpft. Über die Attribute des positiv besetzten männlichen Pols werden die unterstützte Mannschaft und die eigene Fangruppe zu einem omnipotenten Gegenentwurf hochstilisiert.

6 Die Verletzung territorialer Grenzen als provozierende Machtdemonstration und die sich anschließenden Auseinandersetzungen erinnern an die handgreiflichen Streitigkeiten bei Sängerfesten und Kirchweihen, wenn die männliche Dorfjugend ihr Territorium und ihre Ehre gegen die Eindringlinge aus dem Nachbardorf verteidigen, oder an ‚Schlachten' zwischen jugendlichen Straßengangs. Auch bei den sogenannten Fußballderbies auf dem Lande gibt es vor allem nach Auswärtssiegen symbolische Besetzungen des gegnerischen Dorfraums, wenn zum Beispiel in der Nacht nach dem Sieg eine Autokolonne der siegreichen Mannschaft laut dauerhupend durch das Dorf des unterlegenen Gegners fährt.

7 Zur Grammatik der Provokation und ihrer Bedeutung für den Praxiszusammenhang sozialer Bewegungen vgl. Paris (1989).

8 Die Bestimmungselemente des ‚klassischen' Duellrituals sind den Arbeiten von Frevert (1988 a, b) und Fürbringer (1988) entnommen.

9 Dieser Aspekt der Eskalation von Gewalt bietet einen Vergleich mit einem anderen männlichen ‚Ehrsystem', der hier leider nicht vertieft werden kann. Zum Beispiel setzt der Ehrenkodex der mafiosen Ethik dem ‚*uomo d'onore*' zur Aufrechterhaltung seiner Ehre kaum Grenzen der Gewaltanwendung (Arlacchi 1989). Eine kontrastierende Vergleichsfolie könnte auch der Ehrenkodex und die Mensur männlicher akademischer Jugendlicher sein, die mit immer größerem rituellen Ernst betrieben wird, je geringer ihre körperlichen Konsequenzen werden (Fürbringer 1988).

10 Da der Szene kaum andere Sanktionsmittel zur Verfügung stehen, erfüllen ‚negative' Schilderungen in den Fanmagazinen die Funktion des öffentlichen Schandprangers.

11 Zum Versuch, Fanaktivitäten als Regressionsformen zu deuten, über die männliche Jugendliche sich vorübergehend gesellschaftlichen Anforderungen entziehen können, vgl. Becker (1990).

Spiel und Sammlung – Macht und Sinn
Glücksspiel in türkischen Männer-Cafés in Köln

Lilo Schmitz

Bescheidenes Glücksspiel gehört zum festen Inventar der für die türkische Männergesellschaft in Köln so wichtigen Männercafés. Das suchthafte und ruinöse Glücksspiel in großem Ausmaß jedoch, wie es in Köln häufig betrieben wird und das die Spieler und ihre Familien vernichtet, wird nach Einschätzung der meisten türkischen Gesprächspartner der Autorin von großen Organisatoren betrieben, die ihre riesigen Gewinne auf Kosten ihrer Landsleute nur deshalb machen können, weil sie – im Vergleich zu der nach Ansicht der Türken „unberechenbaren, willkürlichen und undurchsichtigen Praxis der deutschen Verwaltungsbehörden" – mit ihren klaren und überschaubaren Forderungen und einer gewissen Fürsorgepflicht für ihre Klienten noch immer die menschlichere Alternative darstellen. Die Organisationsstruktur und der moralische Anspruch der Organisatoren des Glücksspiels in türkischen Männer-Cafés ist demnach mit der der Mafia (vgl. Aufsatz Nr. 14) vergleichbar.

Ausgehend von einem spektakulären Tötungsfall untersuchte ich von 1985 bis 1988 die türkische Glücksspielszene in Köln.

Ich habe nie an einem der ‚großen Spiele' teilgenommen. Bei meinen Besuchen in türkischen Cafés werde ich zwar freundlich behandelt und in verbindliche Gespräche gezogen, aber Pokermarken und Würfel verschwinden diskret und die Männer atmen sichtlich auf, wenn ich das Café verlasse.

In Fortführung und Umkehrung der traditionellen Erforschung von Frauen durch Männer in den Sozialwissenschaften habe ich eine Männerdomäne erforscht, in der mir eine teilnehmende Beobachtung im klassischen Sinn nicht nur aufgrund meines Geschlechts und meiner Nationalität unmöglich war, sondern zusätzlich auch dadurch, daß Glücksspiel und seine Organisation als Straftaten verfolgt werden.

Was ich als Frau erforschen konnte, war die Rede über das Spiel, die Rede über das tägliche Zusammensein im Café, die Rede über das Leid von suchthaften Spielern und die Rede über die Macht und Verantwortung der Organisatoren. Ich führte Gespräche mit Männern aus der Glücksspielszene, mit Glücksspielern, die offen über ihre Sucht sprachen, mit gelegentlichen Spielern, mit Cafébesuchern, die jedes Glücksspiel streng ablehnen, mit jungen Leuten, die als Teekocher, Helfer und Türsteher, als Ordnungskräfte und Schutzgeldeintreiber tätig sind oder waren, mit Cafébesitzern und Großorganisatoren des Glücksspiels. Durch meine langjährige Tätigkeit in der Jugendgerichtshilfe für türkische Jugendliche war meinen Interviewpartnern durch eigene Erfahrung oder durch Berichte ihrer Freunde und Verwandten meine Verschwiegenheit im Umgang mit Strafverfahren bekannt und schließlich erklärten sich 37 Männer zu einem längeren Gespräch für meine Forschungsarbeit bereit.

Ergänzt wurden meine Forschungen durch Gespräche mit Frauen, deren Männer das gesamte Familienvermögen verspielt hatten und mit türkischen Prostituierten, die im Umfeld der Glücksspielcafés ihrer Berufstätigkeit nachgingen.

Leser, die an einer im engeren Sinn wissenschaftlichen Aufbereitung meines Materials interessiert sind, mögen sich die ausführliche Darstellung ausleihen[1]. Für den vorliegenden Ausstellungsband möchte ich in erzählender Form über meine Forschungsergebnisse berichten.

Das Café als Ort der türkischen Männer

Von allen Gesprächspartnern – selbst von den Frauen, deren Familien durch das Glücksspiel ihrer Männer ruiniert wurden – wird das Café als notwendiger Ort des Austausches und der Sammlung beschrieben, ohne den die türkische Männerkultur in Köln nicht existieren könnte. Der Haushalt ist nur

Glücksspiele im Café gehören zum festen Ritual im Leben vieler türkischer Männer in Köln. Veranstaltet werden diese Spiele von einer Organisation, die in ihrem Aufbau und ihrem moralischen Anspruch mit der Mafia vergleichbar ist: Durch das Spiel ergeben sich Abhängigkeitsverhältnisse, die ausgenutzt werden, aber es existiert daneben auch eine Art Fürsorgepflicht der Organisatoren gegenüber ihren Klienten. Foto: L. Schmitz.

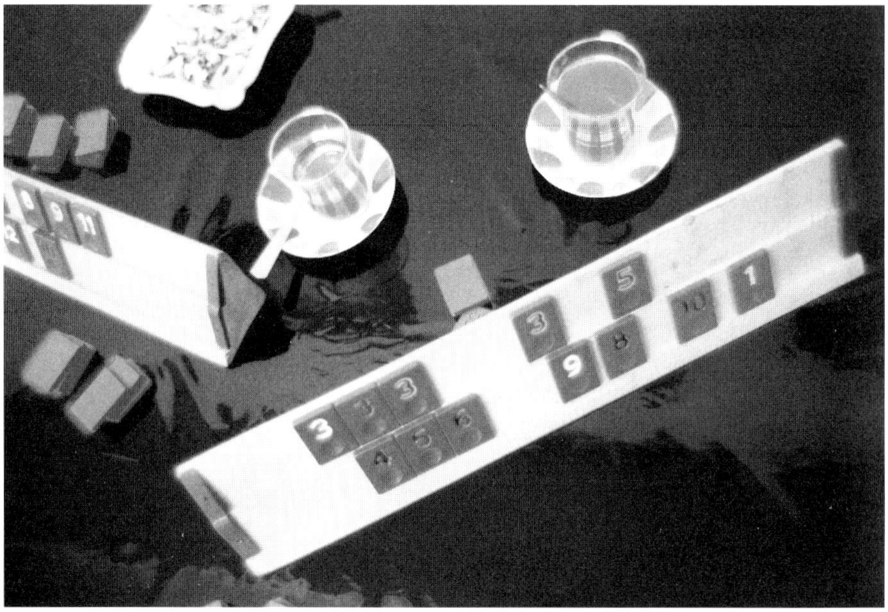

zeitweise Ort des familiären Kontaktes zwischen Geschlechtern und Generationen und der formellen und informellen Treffen ganzer Familien. Er ist im Alltag meist Domäne der Frauen, wo Männer nur stören und findet sein Gegenstück und seine Ergänzung in der Männerwelt des Cafés. Zwischen der Anonymität der Straße und der Intimität des Haushalts erscheint das Café als Brücke zwischen Privatem und Öffentlichem. Das Café ist nur scheinbar jedem zugänglich. Jedes Café hat seine Stammbesucher und seine spezielle Art, Fremde zu prüfen, zu integrieren oder auszuschließen. Im halböffentlichen Diskurs im Café werden Erfahrungen verbalisiert, ausgetauscht und in einen Sinn geordnet – Erlebnisse, Zeitungsberichte, Radiosendungen gruppieren sich zum Sinn der Arbeit, der Arbeitslosigkeit, der Migration, der Ausländerfeindlichkeit, der Familien, der Politik, der Männerfreundschaft.

Das Café als Ort des Spiels

Es gibt religiös oder parteipolitisch organisierte Treffpunkte türkischer Männer in Köln, in denen aus weltanschaulichen Gründen das Spiel verpönt ist. Im offenen und weltanschaulich meist ungebundenen Café jedoch ist das Spiel ein fester Bestandteil der täglichen Treffen. Es dient dem Zeitvertreib, es schafft kurzfristig eine andere Welt, die den Alltag außer Kraft setzt mit Spannung, einem kurzfristigen Ziel, Konkurrenzen, Koalitionen, Überraschungen, Fröhlichkeit, Erfolgen und Zusammenbrüchen und ganz neuen Möglichkeiten in einem ganz neuen Spiel.

Das Spiel *(oyun)* ruiniert die Spieler nicht. Gespielt wird um kleine Einsätze oder um die nächste Runde Tee.

Die wichtigsten Spiele in türkischen Cafés in Köln sind das Kartenspiel „51", das Kartenspiel *„yanik"* mit zehn Karten, das „OK", bei dem Plättchen mit Spielkartenwerten auf kleinen Holzbänken vor den Spielern stehen, Poker und das Würfelspiel *(„zar")*.

Das Café als Ort des Glücksspiels

Daß Spiel zur Unterhaltung auch immer die Gefahr des suchthaften Glücksspiels in sich trägt, darin sind sich alle meine Gesprächspartner einig. Wann und wie aber diese rätselhafte Sucht, die Menschen ins Verderben stürzt und „Herdfeuer auslöscht", ihre Opfer befällt, darüber gehen die Meinungen weit auseinander. Was unterscheidet den bemitleidenswerten Spielsüchtigen vom souveränen Cafébesucher, der in Ausnahmefällen beim Spiel einmal einen Hunderter lachend verliert? Als ausschlaggebend bezeichnen einige meiner Gesprächspartner die Willenskraft, andere die Verantwortung gegenüber der Familie oder die Angst vor der wütenden Ehefrau. Für wieder andere sind es einfach die glücklicheren Lebensumstände, die ein Abgleiten in die Sucht verhindern. Lebenskrisen jeder Art – von der Arbeitslosigkeit bis zu Liebeskummer und Heimweh – werden vor allem in Verbindung mit Alkohol häufig als Grund für ein erstes Abgleiten ins suchthafte Glücksspiel gesehen, in dem allein noch Spielgewinn und -verlust Sinn und Sinnlosigkeit des Lebens anzeigen. Für den einmal vom suchthaften Glücksspiel, vom *kumar* Infizierten gibt es nur selten ein Zurück – hier sind sich alle Gesprächspartner einig. Die Nachricht, daß ihre Männer um große Beträge spielen, wird von den Frauen oft beweint wie die Kunde von einer unheilbaren Krankheit, die ihr Opfer quält bis zum endgültigen Zusammenbruch.

Der Spielsüchtige wird sich bei steigenden Einsätzen von den eher alltäglichen Spielen wie „51", „*yanik*", und „OK" auf Poker und Würfelspiel konzentrieren. Er wird sein Café wechseln, wenn dort keine ‚großen' Spiele mit hohen Einsätzen gespielt werden, er wird zu später Stunde die Türsteher um Einlaß in private Hinterzimmer und Spielclubs bitten, er wird seinen Monatslohn im Voraus verpfänden und das letzte Haushaltsgeld seiner Frau verspielen. Jeder meiner Gesprächspartner weiß Geschichten zu berichten wie die vom Spieler, der zwei Tage und Nächte am Spieltisch bleibt, neben sich die Dose mit der Babynahrung, auf die seine Frau wartet, oder wie die vom Spieler, der kurz vor seiner endgültigen Rückkehr in die Türkei sein gesamtes Vermögen verspielt, seine Frau und seine Kinder tötet und sich schließlich erschießt.

Das Spiel als Geldquelle

Einig sind sich alle meine Gesprächspartner, daß ein Café ohne Spiele und zumindest kleinere Glücksspiele finanziell nicht bestehen kann. Selbst bei den als Vereinslokale geführten Cafés kann der Tee- und Getränkeverkauf nicht die Unkosten für Miete, Heizung und Strom decken, so daß die Beträge, die dem Wirt auch bei kleinen Spielen stundenweise oder pro Spiel gezahlt werden, notwendig die Unkosten des Cafés mit decken müssen. Lukrativer sind die Spiele mit den höheren Einsätzen, bei denen die Spieler zehn Prozent der Einsätze oder mehr in die Kasse des Veranstalters zahlen. Viele der Caféwirte sind auf hohe zusätzliche Glücksspieleinnahmen angewiesen, weil sie zusätzlich zu den laufenden Unkosten des Cafés noch Schutzgelder zahlen, ohne die sie ihr Ziel, ein Café zu eröffnen, selten verwirklichen können.

Wie eröffne ich ein Café?

Unter Berufung auf das Ausländergesetz (Paragraph 7, Absätze 3 und 4) ist den meisten Kölnern mit einem türkischen Paß eine selbständige Erwerbstätigkeit wie das Führen eines Cafés verboten. In Einzelfällen erteilt jedoch die Verwaltungsbehörde eine entsprechende Erlaubnis, doch die städtische Praxis des Zulassens bzw. Verbots einer selbständigen Erwerbstätigkeit erscheint allen Gesprächspartnern unberechenbar und willkürlich.

Wird, wie es bei vielen Caféwirten mit denen ich sprach, der Fall ist, die Erlaubnis zum Führen eines Cafés nicht erteilt, bleiben noch Möglichkeiten der Umgehung des Verbots, die allesamt teuer sind und zusätzliche Einnahmen durch Glücksspiele notwendig machen:

Eine Möglichkeit besteht darin, als türkischer Geschäftsführer für einen deutschen Strohmann zu arbeiten, der hohe monatliche Beträge dafür erhält, daß er das Café als Gaststätte auf seinen Namen anmeldet. Eine weitere Möglichkeit besteht darin, ‚ehrenamtlich' für einen türkischen Kultur- oder Arbeiterverein ein Café zu führen. Gemeinsam ist beiden Möglichkeiten, daß sie in die Arme der großen Organisatoren führen:

Sowohl die Vermittlung entsprechender deutscher Strohmänner als auch die Vermittlung von Vereinsfilialen oder die Neueintragung von Vereinen ins Vereinsregister übersteigen die Möglichkeiten eines angehenden Wirtes, der sich in seiner Not an die großen Organisatoren wendet und dort gegen einmalige Zahlungen, monatliche Schutzgelder *(harac)* und klientenhafte Abhängigkeit die Möglichkeit zur Eröffnung seines Cafés unter der Regie der Organisatoren bekommt.

Die Macht der Organisatoren

Fast alle Gesprächspartner berichten, daß mächtige Männer in einem kartellartigen Zusammenschluß mit wechselnden und konflikthaften Strukturen das große Glücksspiel in Köln organisieren.

Einige Gesprächspartner, allen voran die Frauen der ruinierten Glücksspieler, beschreiben die großen Organisatoren als Blutsauger, die mit mafiosen Methoden ihre Landsleute ausbeuten. Sie beschreiben, wie das Kartell ihrer Ansicht nach durch sein Bestechungssystem und sein Beziehungsmonopol zur Stadtverwaltung und seine rechtskundige Handhabung des Vereinsregisters die Eröffnung neuer Cafés kontrolliert, die eigenen Cafés vor Razzien schützen kann und unabhängige Cafébesitzer so lange unter Druck setzt, bis sie sich anschließen. Beklagt wird, daß suchtgefährdete Spieler durch hohe Kredite und Scheingewinne in die Abhängigkeit der Patrone gezogen, finanziell ruiniert und für Rauschgift- und Waffenhandel eingesetzt werden.

Die Mehrzahl der Gesprächspartner kann jedoch diese ausschließlich negative Bewertung der Organisatoren nicht teilen. Die klaren Anforderungen der Patrone an ihre Klienten – Gefolgschaft und Schutzgeldzahlungen – erscheinen ihnen wesentlich durchsichtiger und berechenbarer als die „anonyme Praxis der Kölner Stadtverwaltung, die scheinbar willkürlich die Eröffnung eines selbständigen Betriebes einmal erlaubt und einmal untersagt."

Hervorgehoben wird auch die wichtige Ordnungsfunktion der ‚Großen' für das suchthafte Glücksspiel. Wo um viel Geld gespielt wird, gibt es Falschspiel, kommt es zu Auseinandersetzungen zwischen den Spielern und hier gelingt es nur den mächtigen Männern mit ihren persönlichen Schutzgruppen, den *fedai*, für Ordnung zu sorgen und ein Chaos zu verhindern. So finden es etliche kleinere Cafébesitzer ganz in Ordnung, daß die ‚großen' Spiele, bei denen Zigtausende an einem Abend gesetzt werden, nur bei den großen Organisatoren selbst gespielt werden.

Die Fürsorgepflicht der Organisatoren

Positiv wird von vielen Gesprächsteilnehmern auch bewertet, daß die großen Organisatoren des Glücksspiels – etwa im Gegensatz zu den staatlich betriebenen Spielbanken – in einem gewissen Umfang auch für die Spielsüchtigen sorgen müssen. Wer einer der ‚Großen' im Glücksspiel werden will, braucht nicht nur Organisationstalent und Beziehungen, sondern persönliches Charisma, das nach überwiegender Meinung der Klienten auf der einen Seite durch Autorität, auf der anderen Seite aber auch durch Bescheidenheit im persönlichen Lebensstil, Ausgewogenheit und väterliche Fürsorge gekennzeichnet ist.

Wenn ein Spieler an einem Abend all sein Bares verloren hat, wird ihm der Patron noch ein angemessenes Taschengeld mit nach Hause geben. Er wird humane Fristen zur Rückzahlung der gewährten Darlehen setzen und diverse Möglichkeiten aufzeigen, die Schulden abzuarbeiten (zum Beispiel durch Helfer- und Kurierdienste oder Tätigkeit in der Schutzgruppe der *fedai*).

In regelmäßigen Abständen wird die Fürsorge und Großzügigkeit eines Patrons im Glücksspiel allen Spielern und Klienten durch das sogenannte ‚Eröffnungsspiel' dokumentiert und erneuert:

Für nahestehende Freunde und Verwandte, besonders häufig aber für Spieler, die alles, was sie haben, beim Spiel verloren haben, veranstalten die Organisatoren ein großes zentrales Glücksspiel. In keinem anderen türkischen Café finden an einem solchen Tag ‚große' Spiele statt und alle Spieler versammeln sich am Ort des ‚Eröffnungsspiels'. Der Begünstigte, der den gesamten Kassengewinn eines Abends, meist Beträge von mehreren tausend Mark, erhält, wird vorgestellt und es wird allen Spielern erläutert, in welcher Notlage er sich befindet. Der glücklich Beschenkte und alle anwesenden Spieler schaffen und bezeugen den Ruf des großzügigen Organisators, der reichlich von seinem Gewinn abgegeben hat.

Konflikte

Die bisher beschriebenen Strukturen des Glücksspiels in türkischen Cafés in Köln sind keinesfalls stabil und statisch. Besonders bei den ‚großen' Spielen, bei denen ein Patron große Gewinne macht, müssen die Organisatoren ihre Vorrangstellung immer wieder verteidigen. Entweder gelingt es ihnen durch Macht, Druck und persönliche Ausstrahlung, ihre Klientel zu halten oder sie müssen einem Konkurrenten das Feld räumen und manchmal gar die Stadt verlassen, wenn sie nicht im Rahmen einer Strafverfolgung gar ausgewiesen werden.

Anmerkung

1 Das Material wurde ausführlich dargestellt in: Lilo Schmitz (1990) *Kumar.* Patronage und Klientel in der türkischen Glücksspielszene einer westdeutschen Großstadt. Dissertation Köln.

Männlichkeitsbilder und ‚Männerbünde' im städtischen Griechenland der zwanziger Jahre

Waltraud Kokot

In den zwanziger Jahren tritt in den Städten Griechenlands ein neues männliches Leitbild in Erscheinung: der soziale Typus des *mangas*. Als Vorläufer können die Bruderschaften der *daides* und *koutzavakides* in den Städten Kleinasiens, aber auch die Klephten und Armatolen gelten, die als Guerillatruppen eine entscheidende Rolle im griechischen Befreiungskrieg spielten. Mit eigenen Treffpunkten, festem Verhaltenskodex, eigener Kleiderordnung, Sprache und Musik, sind die *manges* zwar kein ‚Männerbund' im engeren Sinne, bilden jedoch eine nach exklusiven Männlichkeitsidealen orientierte, bewußte Gegenkultur zu den sozialen und moralischen Normen ihrer Zeit. Ihr Auftreten bleibt beschränkt auf die Hafenviertel der großen Städte in den zwanziger und dreißiger Jahren: Danach zerstörten Krieg, Bürgerkrieg und Diktaturen die Grundlagen für Gegenkultur und demonstrative soziale Abweichungen.

Etwa um 1910 erscheint im Repertoire des griechischen Schattentheaters *Karagiosis* eine Gestalt namens Stavrakas (Petropoulos 1980: 78). Wie in seinem türkischen Vorbild, dem *Karagöz,* verkörpern auch die Typen des *Karagiosis* die unterschiedlichen ethnischen und sozialen Gruppen ihrer Zeit. Der Typ des Stavrakas wird schnell populär: Mit seinen Kumpanen gehört er bald zum festen Bestand aller Stücke, wenn sie in den Städten aufgeführt werden. Die Lieder, die seine Auftritte ankündigen sind die *rembetika,* die städtischen Volkslieder Kleinasiens und Griechenlands; er spricht die Sprache der Hafenviertel von Piräus und Thessaloniki. Dem Publikum in den Dörfern bleibt er fremd: Stavrakas ist ein *mangas*.

Er ist selbstherrlich, streitsüchtig und geht keiner Messerstecherei aus dem Weg. Er spricht eigentümlich heiser und schleppend, oft in einem schwer verständlichen Argot. Schon seine Kleidung zeigt, mit welchem Typ wir es zu tun haben: Er trägt ein dunkles Jackett, enge gestreifte Hosen, Schuhe mit hohen Absätzen und einen breitkrempigen Hut vom Typ *‚republiko'*. Sein Schnurrbart ist an den Enden hochgezwirbelt, auf der Stirn klebt eine gewachste Locke, in seinem Gürtel steckt ein zweischneidiges Messer, oft auch eine Pistole, in der Hand trägt er die Spielkette, den *komboloi.* Stavrakas und seine Kumpane verkörpern Typen der städtischen ‚Unterwelt' ihrer Zeit (Petropoulos 1980: 7). Eine Reihe von Bezeichnungen *(mangas, rembetis, koutzavakis)* haben sich in der Literatur der Jahrhundertwende erhalten (Petropoulos 1983: 7). Sie bezeichnen lose organisierte Gruppen von Männern ohne festen Beruf, oft sind sie Schmuggler, Spieler oder Zuhälter. Ihre Treffpunkte sind die Kaffeehäuser und Tavernen der Hafenviertel, vor allem aber die Haschischkneipen, die *tekedes.* In den *tekedes* und Kaffeehäusern, den *kafe-aman* von Smyrna, Konstantinopel, Athen und Thessaloniki, entstehen auch die Lieder der *manges* und *rembetes,* die *rembetika* (Petropoulos 1983: 13).

Voraussetzungen

Über die Entstehung und Entwicklung von illegalen und halblegalen Gruppierungen in Griechenland liegt nur wenig verläßliches Material vor. Historische Studien beschränken sich zumeist auf die *listes,* die Räuberbanden des 19. Jahrhunderts, oder auf die halboffiziellen bewaffneten Klephtentrupps des griechischen Befreiungskampfes, die im Laufe der Ereignisse öfter zwischen dem anerkannten Status als Armee und einer Existenz als Bergräuber hin und her wechselten (vgl. Koliopoulos 1987).

Der städtische Bereich in der Zeit nach der Jahrhundertwende blieb bisher weitgehend unerforscht. Ethnologie in Griechenland ist weitgehend die Volkskunde ländlicher Traditionen (Herzfeld 1985), aber auch ausländische Feldforscher blieben mit wenigen Ausnahmen in den Dörfern. Forschungen zur griechischen Zeitgeschichte konnten bis zur Mitte der siebziger Jahre ohnehin nur vom Ausland her betrieben werden; die Beschäftigung mit dem 20. Jahrhundert galt als Politik und war damit dem Staatsinteresse untergeordnet (Richter 1988: 25). Untersuchungen über Männerbünde, städtische Subkulturen und abweichendes Verhalten werden damit zu einem reichlich unsicheren Unternehmen: Die Quellen sind – wenn überhaupt vorhanden – nur selten systematisch aufbereitet und oft nicht verläßlich.

Material zu diesem Thema findet sich vor allem in den Veröffentlichungen von Ilias Petropoulos: Es sind umfangreiche Stoffsammlungen zu den verschiedensten Aspekten der städtischen ‚Unterwelt' Griechenlands. Hier, und in den Lebenserinnerungen einiger Beteiligter (vgl. Vamvakaris 1985 und Feldforschungsdaten der Verf.), finden sich zumindest Hinweise auf die Subkultur der *manges,* auf ihre Lebensweise, ihre Normen und Überzeugungen.

Das Wort *mangas* ist vermutlich albanischer Herkunft; im griechischen Befreiungskrieg von 1821 waren die *manges* irreguläre Truppenverbände (Petropoulos 1983: 12). Erst in den zwanziger Jahren dieses Jahrhunderts tauchte das Wort wieder auf, jetzt als Bezeichnung für ein neues männliches Leitbild. Der *mangas* ist das Gegenbild zum *nikokyris,* dem verantwortlich sorgenden Familienvater, der das eigentliche anerkannte Leitbild verkörpert, in dem die Vorstellungen über den erfolgreichen Lebenslauf des Mannes ihren Höhepunkt finden. Aber auch heute noch berichten alte Männer stolz, selbst *manges* gewesen zu sein. Noch heute bezeichnet das Adjektiv *mangiko* in der griechischen Umgangssprache ein lautes, demonstrativ selbstbewußtes Verhalten, das zwar einerseits als unmoralisch abgelehnt wird, auf der anderen Seite aber die Nebenbedeutung von Freiheit und betonter Männlichkeit in sich trägt.

Woher kamen die *manges,* und wer waren ihre Vorläufer? Welche Traditionen beeinflußten die Entwicklung eines bewußt abweichenden Männerbundes, der als soziale Gruppierung nur in den großen Städten und nur für eine kurze Zeit bestand, dessen Werte und Lebensweise aber auch heute noch ein Gegenbild zum gesellschaftlich anerkannten Männerideal bieten?

In den Städten Kleinasiens: die *daides*

In den griechischen Vierteln von Smyrna und Istanbul operierten um die Jahrhundertwende die *daides* (türkisch heißt *dayi:* Mutterbruder), nach Petropoulos (1980: 39) eine Art Geheimbruderschaft, vorwiegend von Schmugglern, ohne räumliches Zentrum oder schriftlich fixierte Regeln. Eine Aufnahme in den Bund war nur nach spektakulären Bewährungsproben möglich, oft mußte ein Anwärter erst einen Zweikampf mit einem bekannten *dais* bestehen (Petropoulos 1980: 35). Volle Anerkennung war erst nach dem ersten Gefängnisaufenthalt erreicht. Ihr Ehrenkodex, das *dailiki* (Petropoulos 1980: 39), erlaubte dann allerdings die Aufnahme aller Männer, ungeachtet ihrer ethnischen Herkunft (vermutlich allerdings nicht Muslime). Einmal aufgenommen, blieb ein *dais* lebenslang Mitglied. Der Rang innerhalb der Gruppe wurde durch Zweikämpfe festgelegt. Auch wenn die *daides* mit den Behörden in Konflikt standen, waren sie oft in ihren eigenen Stadtvierteln sehr beliebt. Häufig gaben sie großzügige Spenden für Kirchen und andere christliche Einrichtungen. Einige der berühmteren *daides* wurden so populär, daß sie – wurden sie bei Kämpfen verletzt oder getötet – öffentlich betrauert wurden. Ähnlich den türkischen *kabadyiler,* nach deren Vorbild sich dieser Bund wohl auch geformt hatte*), bildeten die *daides* auch eine Art Schutztruppe in ihren Stadtvierteln und hatten Positionen bei den freiwilligen Feuerwehren der Stadt. Ihre charakteristische Kleidung entwickelt sich aus den Feuerwehruniformen (Petropoulos 1980: 41).

Wenige *daides* besaßen feste Wohnsitze; sie gründeten keine Familien, sondern lebten in wechselnden Unterkünften zusammen mit einem oder mehreren ihrer Mitbrüder. Der ständige Begleiter eines *dais* war ein Knabe oder jüngerer Mann, der *oglani* (‚Söhnchen', türkisch heißt *ogul* Sohn), oder *psychojios* (Pflegesohn) genannt wurde: er war Geliebter und Lehrling des erfahreneren Mannes.

Ausgestattet mit dunklem Jackett, breitkrempigem Hut und gezwirbeltem Schnurrbart verkörpert der sogenannte Stavrakas im griechischen Schattenspieltheater einen typischen mangas, das heißt ein Mitglied der städtischen Unterwelt zu Anfang dieses Jahrhunderts. Laut, selbstherrlich und eitel geht er keiner Messerstecherei aus dem Wege. Schattenspielfigur von M. Athinaios aus der Sammlung J. Salalavidis. Foto nach Petropoulos 1980.

Auf den Inseln und in Athen: die *koutzavakides*

Auf den Inseln der Eptanisa hatten sich im 19. Jahrhundert zwischen den aristokratischen Familien Konflikte und Macht- und Territorialansprüche entwickelt, die mittels bezahlter Berufsmörder ausgetragen wurden. Angeblich wurde auf der Insel Zakynthos zu Beginn des 19. Jahrhunderts pro Tag ein Mord verübt (Petropoulos 1980: 31). Die Mörder blieben, dank ihrer einflußreichen Patrone, straffrei; sie bildeten eine Art Berufsverband und waren an ihrer uniformen Kleidung zu erkennen. Oft operierten sie auch als Schmuggler. Als am Ende des 19. Jahrhunderts Piräus zum wichtigsten Hafen Griechenlands wurde, verlagerte sich auch der Schmuggel von den Inseln nach Piräus und Athen.

Ob und in welcher Form die *koutzavakides*, die Schmuggler und Zuhälter im Athen der Zeit nach der Jahrhundertwende, eine vergleichbare Organisation aufwiesen, ist nicht bekannt. Ihre fast uniforme Kleidung ähnelte allerdings der Uniform der Berufsmörder von den Inseln (Petropoulos 1980: 31). Sie hatten feste Treffpunkte, bestimmte Tänze *(sembeiko)* und sprachen einen eigenen – für Außenstehende unverständlichen – Argot.

Schon die *listes*, die Räuberbanden des 18. und 19. Jahrhunderts, waren gelegentlich auch als irreguläre Truppen oder Miliz eingesetzt worden. Bei den politischen Auseinandersetzungen zu Beginn des 20. Jahrhunderts agierten *koutzavakides* als Schutz- und Schlägertruppen *(trambukoi)* für konkurrierende Politiker (Petropoulos 1980: 43f., vgl. auch Blok 1980 zur Entstehung der Mafia in Sizilien).

Beschlagnahmte Haschischpfeifen und Waffen aus dem Polizeiarchiv von Thessaloniki (vermutlich aus den dreißiger Jahren) kennzeichnen das problematische Umfeld in den Hafenvierteln und Flüchtlingssiedlungen der großen Städte in Griechenland, in denen die manges in Erscheinung traten. Foto nach Petropoulos 1983: 439.

In den zwanziger Jahren entsteht in den Städten, besonders in Piräus, ein neues Typus: die *manges* oder *rembetes*. In Kleidung, Sprache und Verhalten ähneln sie den *koutzavakides* der Jahrhundertwende, aber ihre Vorläufer sind vor allem die Bruderschaften von Istanbul und Smyrna (Petropoulos 1980: 32). Die Tradition der *manges* und *rembetes*, ihre Lebensweise und Musik kommen aus den Städten Kleinasiens.

Geschichte Griechenlands, die Geschichte der Städte

Als im Jahr 1821 der griechische Unabhängigkeitskampf beginnt, ist die spätere Hauptstadt Athen wenig mehr als ein Dorf. Die urbane Kultur Griechenlands entwickelt sich in den alten byzantinischen Städten Kleinasiens, die zu Zentren des osmanischen Reiches geworden sind: Konstantinopel, Smyrna und Thessaloniki.

1834, als Athen zur offiziellen Hauptstadt des neuen Staates Griechenland wird, hat sie wenig mehr als zweitausend Einwohner. In der zweiten Hälfte des 19. Jahrhunderts wächst der Anteil der städtischen Bevölkerung dann rapide an. Am Ende des 19. Jahrhunderts hat Athen bereits über 100000 Einwohner. Das benachbarte Piräus, vorher ein unbedeutendes Dorf, ist gegen Ende des 19. Jahrhunderts zum wichtigsten Hafen des Landes geworden. Seit 1904 sind beide Städte miteinander verbunden (Lienau 1989: 232).

Im Jahr 1912 gewinnt Griechenland nach den Balkankriegen Territorien im Norden hinzu, damit auch die Stadt Thessaloniki, die zum zweiten städtischen Zentrum des Landes wird. Das Jahr 1922 bringt die ‚kleinasiatische Katastrophe': Eine fehlgeschlagene militärische Intervention in Kleinasien führt zum Massenexodus der griechischen Bevölkerung aus der Türkei, vor allem auch aus den Städten im Westen, aus Istanbul und Izmir. Der Vertrag von Lausanne regelt den Bevölkerungsaustausch zwischen den kriegführenden Parteien: Etwa 50000 Türken verlassen Griechenland, etwa 1,5 Millionen Griechen verlassen die Türkei.

Die Bevölkerung Griechenlands wächst innerhalb von zwei Monaten um ein Drittel, die Masse der Flüchtlinge drängt in die Städte Athen, Piräus und Thessaloniki (Vakalopoulos 1985: 209; Alexiadis 1988: 16). Notdürftige Barackensiedlungen am Rand der Großstädte werden als Behelfslösung angelegt und bleiben weitgehend unverändert bis in die späten sechziger Jahre bestehen.

In den städtischen Flüchtlingssiedlungen der zwanziger und dreißiger Jahre, vor allem in Piräus, treten die *manges* in Erscheinung und entwickeln ihre Lebensweise.

Die *manges*: Merkmale einer Männerkultur

Nach 1922 verändert sich in den griechischen Städten das Leben, und damit auch die sozialen Gruppierungen. In den Hafenvierteln von Athen, Piräus und Thessaloniki ist der Einfluß der Flüchtlinge aus Kleinasien unverkennbar. Die *koutzavakides* der Jahrhundertwende werden abgelöst von neuen Typen städtischer ‚Unterwelt', es entsteht ein neues Leitbild für Männlichkeit.

Haschisch

Das Haschischrauchen, das Schmuggeln und die Verfolgungen durch die Polizei kennzeichnen den Mittelpunkt dieser Lebensweise. Ein Großteil der *rembetika*-Lieder der zwanziger Jahre handeln von den Freuden (und Leiden) der Haschischraucher. Der Gebrauch von Haschisch war zwar in Griechenland seit Ende des Ersten Weltkriegs verboten, eine verschärfte Verfolgung setzte aber erst unter der Militärdiktatur Metaxas' in den späten dreißi-

In einer Zeit allgemeiner Armut hatte ein wahrer, anerkannter mangas ein regelrechter Dandy zu sein. Die Etikette seines städtischen Männerbundes verlangte von ihm elegante, teure Kleidung, maßgefertigte Schuhe und natürlich den breitkrempigen Hut vom Typ ‚republiko'. Das Bild zeigt den Musiker Mathesis um 1933. Foto nach Petropoulos 1983.

ger Jahren ein (Jestel 1982: 132). Die *teke*, die Kneipe, in der aus der Wasserpfeife *(argile)* gemeinsam geraucht wurde, war Treffpunkt der *manges* und zugleich Bühne für die Darstellung ihres Lebensstils.

Tanz

Hier lebte der *sembeiko* der *daides* wieder auf: Ein Männertanz, in dem ein einzelner Mann mit einfachen Schrittfolgen immer komplexere Figuren improvisierte, in denen er sich auf einer kleinen Fläche um einen unsichtbaren Mittelpunkt bewegt. Der *sembeiko* gilt einerseits als Mittel, sehr persönlichen Gefühlen und Leidenschaften auf männliche Weise Ausdruck zu geben. Andererseits ist der Tanz Mittel der Selbstdarstellung vor einem kritischen Publikum, dem Männlichkeit und Stolz vorgeführt werden sollen. In den Tanz eines anderen Mannes ‚einzubrechen', also unaufgefordert mitzutanzen, galt (und gilt oft noch) als höchste Provokation, die unweigerlich zu einem Zweikampf führt.

Kleidung

In einer Zeit allgemeiner Armut, in der Körperpflege als ‚moralisch verdächtig' galt (Petropoulos 1980: 51), entwickelten sich die *manges* zu wahren Dandys. Ähnlich wie bei den *koutzavakides* wird die Kleidung zum Erkennungszeichen, der Unterschied liegt in der sorgfältigen Pflege und der Wahl edler und teurer Materialien. Ein *manges* trug immer einen breitkrempigen Hut, enge Hose, nur der linke Arm steckte im Ärmel des zweireihigen Jacketts, der rechte Arm blieb frei, um das Messer besser ziehen zu können. Ein weißes Hemd ohne Kragen und Krawatte gehörte dazu, eine Weste und hochhackige Stiefeletten, oft mit Gamaschen.

Manges, die es sich leisten konnten, trugen maßgefertigte Schuhe und Kleidung. In einem dunkelroten oder weißen Gürtel steckte deutlich sichtbar ein Dolch, oft auch eine Pistole. Haare und Schnurrbart waren mit Pomade fixiert. Man trug Tätowierungen auf der Brust, Schönheitspflästerchen und schwarz umschattete Augen. Wichtig war die ausgesuche Qualität, der tadellose Sitz und die makellose Sauberkeit der Kleidung: Die *manges* gingen mit schleppenden Schritten, um sich nicht mit Schlamm zu bespritzen, trugen immer eine Schuhbürste bei sich und entwickelten einen eigenen Stil des Sitzens, um die sorgfältig gebügelten Hosen nicht zu zerknittern (Petropoulos 1980: 51). Bewußtes oder auch unbeabsichtigtes Beschmutzen der Kleidung eines *mangas* konnte zu einer Messerstecherei führen.

Sprache

In Griechenland existierten und existieren auch heute noch Geheimsprachen und Slangs verschiedenster sozialer Gruppen. Allein das Lexikon der *kalliarnda*, der Sprache der griechischen Homosexuellen (Petropoulos 1971) umfaßt über dreitausend Ausdrücke. Ein vergleichbares Lexikon der Sprache der *manges* bietet Zachos (1962).

Die Sprache der *manges*, die lange eine Art Geheimsprache war, beeinflußte die heutige Umgangssprache beträchtlich. Viele der Ausdrücke dieser Sprache sind inzwischen allgemein verständlich und werden – zumindest von jungen Männern – häufig benutzt: Sie haben den Charakter einer Geheimsprache verloren. Neben festen Redewendungen und Wortneuschöpfungen ist auch die Aussprache charakteristisch: Vor, hinter und in die Worte werden zusätzliche Vokale eingefügt (Beispiele s. Petropoulos 1980: 49).

Frauen

Mit der Ausnahme einiger weniger Sängerinnen in den *kafe-aman* und der Prostituierten in den Bordellen schloß die Lebensweise dieser städtischen ‚Männerbünde' jeden Kontakt mit Frauen aus. Sie gründeten keine Familien, bürgerlichen Frauen war der Zugang zu den Vierteln und Treffpunkten dieser Männergruppe verwehrt: die *kafenia, tekedes* und Tavernen blieben Treffpunkte *(stekia)* von Männern. Wie die *koutzavakides* der Jahrhundertwende und die *daides* von Smyrna und Istanbul waren auch die *manges* weitgehend eine Männergesellschaft. Das Thema Homosexualität bleibt in Berichten und Studien zwar weitgehend ausgeklammert, aus den Lebensbeschreibungen von Beteiligten läßt sich jedoch die große Bedeutung homoerotischer Beziehungen in der griechischen städtischen ,Unterwelt' rekonstruieren (vgl. Petropoulos 1980: 55f. und Feldforschungsnotizen der Verf.).

Erst unter dem Einfluß der städtischen Flüchtlinge aus Smyrna und Istanbul in den zwanziger Jahren betraten auch einige wenige Frauen die Bühne des Geschehens: die *mangisses*, oft Sängerinnen oder Prostituierte, die unabhängig und nach eigenen Regeln mit Männern, gelegentlich auch mit Frauen, zusammenlebten. Mit wachsender Popularität der *rembetika*-Lieder wurden einige der *mangisses* als Sängerinnen berühmt, aber sie blieben immer zahlenmäßig unbedeutend und eine Randerscheinung in der Männerwelt der *manges*.

Musik

Zu Beginn der zwanziger Jahre erschienen die ersten Schallplattenaufnahmen der *rembetika*, der Lieder der *manges* und *rembetes*. Vorläufer der *rembetika* wurden schon in den *tekedes* von Smyrna und Istanbul um die Jahrhundertwende gesungen, damals noch begleitet von *santouri* (eine Art Zither) und *outi* (Laute). Die frühen Lieder im Smyrna-Stil wurden noch von Frauen gesungen, oft auch von Männern mit hohen Stimmen oder von Kastraten. Mit der Flüchtlingswelle nach der ,kleinasiatischen Katastrophe' erreichten die *rembetika* die griechischen Städte. In den zwanziger Jahren veränderten sich die Musikgruppen, die *kompanies*. Sie zogen nicht mehr herum, sondern blieben mehr oder weniger fest in einer *teke* oder Taverne, in der sie jeden Abend auftraten. Die alten Instrumente wurden ersetzt durch *bouzouki* und *baglama*, einer Art Miniaturausgabe der Laute, die in den Gefängnissen entstanden war. Die Sänger waren jetzt in der Mehrzahl Männer, die langgezogenen Gesangsimprovisationen der frühen Lieder *(amanes)* wurden von einem knapperen Gesangsstil abgelöst. In dieser ,klassischen Periode' (Petropoulos 1983: 17) sind Athen und Thessaloniki die Zentren der *rembetika*-Musik.

Das Ende der *manges*

Mit der Diktatur des Generals Metaxas (1936) wurde nicht nur der Gebrauch von Haschisch mit Gefängnis oder Verbannung bestraft, auch alle Lieder, die sich auf Haschisch beziehen, wurden verboten. In den vierziger Jahren erlebten die *rembetika* als Musikform jedoch noch einmal eine Hochblüte: durch die Kompositionen von Vasilis Tzitzanis wurden sie auch über die Subkultur der *manges* hinaus bekannt und erreichten große kommerzielle Erfolge. Tzitzanis kam jedoch selbst schon nicht mehr aus dem sozialen Umfeld der *manges:* Er war ein Jurist aus Thessaloniki. Musik und Texte veränderten sich, auch die Besetzung der *kompanies:* Die Lieder wurden wieder von Frauen gesungen.

In der Zeit der deutschen Besatzung und des Bürgerkriegs wurde die Musikform der *rembetika* auch zum Mittel des politischen Protests, es entstanden die Widerstandslieder, die *rembetika tis katochis*. Wie schon die Lieder von Tzitzanis (vgl. Jestel 1982: 135), waren diese *rembetika* allerdings längst aus dem sozialen Umfeld der *manges* herausgelöst. In den Zeiten der Diktatur als ,ungriechisch' und politisch verdächtig verboten, haben die *rembetika* erst im letzten Jahrzehnt eine neue Popularität erreicht, die inzwischen weit über Griechenland hinausgeht.

Spätestens beim Beginn des Zweiten Weltkrieges waren die *manges* als soziale Gruppierung aus der städtischen Kultur Griechenlands verschwunden. Diktaturen, die deutsche Besetzung seit 1941 und der darauf folgende Bürgerkrieg zerstörten alle Grundlagen für jede Form von demonstrativer Gegenkultur oder offener sozialer Abweichung. Der Bürgerkrieg endete im Jahr 1949 mit der Niederlage der Widerstandskämpfer, es folgte eine Zeit politischer Unsicherheit, in der offene Unterdrückung mit kurzen Phasen von Liberalität abwechselte. 1967 kam es zur Militärdiktatur, die bis 1974 andauerte. Die Militärs verboten unter anderem auch die *bozouki* und die *baglamas:* Schon allein der Gebrauch dieser Instrumente galt als aufrührerisch.

Seit dem Sturz der Diktatur 1974 wird den bisher verbotenen oder verpönten Elementen der Kultur ein verstärktes Interesse entgegengebracht. Die *rembetika*-Lieder werden wieder populär, neue Kompositionen kommen dazu. Redewendungen, die aus der Geheimsprache des *manges* stammen, dringen in die Umgangssprache ein. Ihre Tänze und ihre Art, sich zu bewegen, werden zu Bestandteilen der städtischen Jugendkultur, vor allem der der Studenten. Die *manges* kommen in Mode, sie werden bisweilen zu Symbolen des Widerstandes stilisiert, dem allerdings die wenigsten ihrer Mitglieder je angehört haben. Über die Werte, die Lebensweise und die soziale Organisation dieses Männerbundes ist aber weiterhin kaum Verläßliches bekannt.

* Ich danke Frau Mügül Andrews für Hinweise auf die Parallelen zu den türkischen *kabadayiler*.

Asien

Männliche Altersgruppen bei den Steppennomaden Asiens und ihre Leitbilder

Ulla Johansen

Auch bei den Nomaden Mittelasiens gab es bis zum Anfang dieses Jahrhunderts Altersgruppen, die freilich informal waren und sich nur aus jungen Männern der oberen Schichten zusammensetzten. Ein besonders vielversprechender Jüngling konnte eine Gruppe von Gleichgesinnten um sich scharen. Die Größe solcher Gruppen wird oft mit der religiös bedeutsamen Zahl vierzig angegeben. Diese jungen Leute vollbrachten kühne Taten bei der Verteidigung, aber auch der Bereicherung ihres Clans oder ihrer Clankonföderation durch Viehraub. Ebenso wie es beim Anführer des Clans darauf ankam, daß er durch persönliche Führungsqualitäten die ökonomisch bedingt sehr mobilen Großfamilien des Clans zusammenhielt, mußte auch der Anführer einer Jugendgruppe sie durch persönliche Qualitäten bei der Stange halten. In diesem Aufsatz wird versucht, anhand von zwei spätmittelalterlichen Selbstzeugnissen der Nomaden festzustellen, welche Eigenschaften diese Anführer als Leitbilder ihrer Gruppe besitzen mußten. Gleiche Eigenschaften werden zum Teil noch heute in Nomadenclans sehr positiv bewertet.

Sozialstruktur nomadischer Reiche

Obwohl es bei den Nomaden des asiatischen Steppenraumes selbst in den Zeiten ihrer staatlichen Selbständigkeit, also weitgehenden politischen Unabhängigkeit von den Staaten der umwohnenden seßhaften Bevölkerung, keine fest institutionalisierten Altersgruppen der Männer gab, wuchsen auch hier die männlichen Jugendlichen keineswegs in Isolation auf, wie Ekvall (1964) es von tibetischen Nomaden berichtet, sondern die Jünglinge zumindest der einflußreichen Familien eines Clans verbrachten einen großen Teil ihrer Zeit miteinander.

Wie sie dieses taten, wird für zwei Gesellschaften aus den Zeiten der Unabhängigkeit nomadischer Reiche besonders deutlich, von denen uns auch eigene Zeugnisse ihrer Bewertung männlicher Anführerpersönlichkeiten erhalten sind: Für die Mongolen an der Schwelle ihrer Großreichzeit am Anfang des 13. Jahrhunderts und die türkmenischen Oguzen ebenfalls an der Schwelle des Aufbaus eines großen Reiches in Anatolien im 11. und 12. Jahrhundert.

Die Struktur ihrer Clans, insbesondere diejenige der mongolischen in den Zeiten ihrer größten Macht, ist vor allem von Vladirmitsov (1948) dargestellt worden. Danach waren sie komplexe Sozialeinheiten: Es gehörte dazu eine herrschende oft weit verzweigte Sippe (*lineage*), deren Frauen die wirtschaftlichen Aktivitäten lenkten, während den Männern militärische Ertüchtigung, Handel und Politik zukam. Die wirtschaftliche Macht der Frauen war bei den Türkmenen freilich schon durch den Islam eingeschränkt worden. Die Herden waren so groß, daß sie mühelos mehrere Familien ernähren konnten. Das heißt, junge unverheiratete Männer, vor allem der führenden Sippe, im wehrhaftesten Alter konnten von der ökonomischen Tagesarbeit freigestellt werden, ohne daß damit die wirtschaftlichen Grundlagen des Clans gefährdet wurden. Ein Zweig der Wirtschaft wurde freilich in die Hände der jungen Männer gelegt: das Hüten der Pferde, die neben Schafen und Ziegen gezüchtet wurden und die wichtigsten Milchlieferanten waren, während Rinder vor allem als Zug- und Arbeitstiere dienten und die Schafe Wolle und Fleisch brachten. Die Pferde gehörten einer alten Tradition zufolge auf die männliche Seite der Schöpfung. Sie wurden im Gegensatz zu den anderen Milchtieren von den Männern gemolken. Die schnell beweglichen und damit auch schnell zu raubenden Pferde waren auch Prestigeobjekte und militärische Notwendigkeit dieser Reiterkrieger.

Neben der führenden Sippe gab es freie Großfamilien im Clan, die sich in den Schutz dieser Sippe, aber damit auch in eine rangniedere Position begeben hatten, und Leibeigene, die im Gegensatz zu den freien Familien kaum eigne Herden besaßen und sich ihren Lebensunterhalt durch Arbeitsleistungen für die Mitglieder der führenden Sippe, gelegentlich auch der freien Familien, erwarben, während die freien Familien selbst, die in einem Klientelverhältnis zur vornehmsten Sippe standen, Abgaben an sie leisteten und vor allem durch die Vergrößerung des Clans und seiner militärischen Macht zu dessen Ansehen beitrugen.

Zusammenschluß junger Männer

Auch die jungen Männer der freien Familien schlossen sich nämlich als Gefolgschaft einem Anführer aus der führenden Sippe an, um mit ihm nicht nur bei den Pferden, sondern auch auf der Jagd und bei Raubüberfällen auf die Herden anderer Clans ihre militärische Tüchtigkeit zu üben. Wie v. Gabain (1962) nachwies, hat sich bei türkischsprachigen Gruppen sogar die Institution des *qazaqlyq* – des Kazakentums –, aus der sich auch das russische Kosakentum ableitet, gebildet, nämlich die Möglichkeit einer besonderen tollkühnen kleineren Gruppe junger Männer, sich selbst für einige Zeit für vogelfrei zu erklären, das heißt, von den Racheverpflichtungen des Clans bei Tod oder schwerer Verwundung loszusagen, um unabhängig, aber auch ungeschützt, Heldentaten zu vollbringen.

Diese Gruppen, ebenso wie die fest an den Clan gebundenen, bildeten durch ihr Aufeinanderangewiesensein in der Gefahr eine Schicksalsgemeinschaft, in der sich bald herausstellte, wer der fähigste Clan-Anführer der nächsten Generation zu werden versprach. Aber auch die anderen Jünglinge hatten hier die Gelegenheit, durch ihre Fähigkeit im allgemeinen Ansehen aufzusteigen, was nicht ohne Einfluß auf den sozialen Rang auch ihrer Familien blieb. Sänger sorgten für die Verbreitung ihres Ruhmes weit über den Clan hinaus. So widmete der türkmenische Sänger Dede Qorqut eines seiner berühmten Lieder dem leibeigenen Schaf- und Ziegenhüter Karadžuq, dessen Tätigkeit er wie folgt beschreibt:

„He, Hirte, den die Sorgen packen
in der dunklen Nacht!
Hirte, der bei Schnee und Regen
Feuer sich entfacht!
Hirte, der mit Milch gesegnet,
reichlich Rahm und Käse macht!"
(Hein 1958: 49)

Dieser Hirte wird zum Stallmeister über die riesigen Herden eines Fürsten, der es zunächst unter seiner Würde fand, neben ihm zu kämpfen, aber durch seine Treue und militärische Tüchtigkeit gerettet wurde.

Über die Größe einer solchen Gruppe bei den Türkmenen wird stereotyp mitgeteilt, daß sie vierzig Gefährten mit einem Anführer waren. Bei den Mongolen war sie nicht durch eine religiös bestimmte Zahl festgelegt, konnte sich sogar aus nur einem Freundespaar entwickeln wie bei Činggis Chan und Boorču, der, als die Pferdeherde des Erstgenannten geraubt worden war, zu ihm sprach: „Kamerad, du kommst hier in schwerer Verlegenheit zu mir. Die Not eines Mannes ist immer dieselbe., ich leiste dir Kameradschaft." Damit ritt er nicht einmal mehr zu seiner Jurte zurück, sondern warf seinen Stuten-Melkeimer einfach in die Steppe, um dem Freund schnell zu helfen (Haenisch 1948: 19).

Quellen zur Geschichte nomadischer Wertsysteme

Die Beispiele, die hier zitiert wurden, sind zwei einzigartigen Quellen entnommen, Quellen, die nicht Berichte von Europäern sind, sondern von den Mongolen und den Türkmenen selbst geschaffen wurden, der „Geheimen Geschichte" der Mongolen und dem „Buch des Dede Qorqut". Die „Geheime Geschichte", die ich vor allem in der Übersetzung Haenischs und Pelliots kennengelernt habe, muß von einem Mongolen oder einem in die mongolische Kultur enkulturierten Mann aus der näheren Umgebung Činggis Chans zur Verlesung auf einer Reichsversammlung (*qurultai*) nach seinem Tode, wahrscheinlich 1240, geschrieben worden sein. Da sie für den Kreis der Clan-Anführer geschaffen wurde, der den Herrscher noch persönlich kannte, nicht für das ganze Volk – daher der Name „Geheime Geschichte" – brauchen wir nicht mit einer solchen Übersteigerung seiner Fähigkeiten und der Fähigkeiten seiner Mannen zu rechnen, wie sie die historischen Kernfiguren vieler nomadischer Sagen völlig unkenntlich macht. Dafür spricht auch, daß Činggis, der in seiner Jugend den Namen Temudžin trug, gemessen an den Werten, die sonst im Werk hervorgehoben werden, ein paarmal in etwas ungünstigem Licht erscheint.

Intelligenz, Energie, Temperament, Treue in der Freundschaft, Kampfesmut, Freigiebigkeit und Gerechtigkeit waren die Tugenden, die die Mongolen von einem wahren Anführer forderten. Folgt man allerdings der wahrscheinlich um 1240 verfaßten „Geheimen Geschichte der Mongolen", konnte selbst Činggis Chan, der Begründer des Mongolischen Weltreichs, nicht all diese Qualitäten erfüllen. Foto nach Pao 1965.

Das „Buch des Dede Qorqut" läßt sich nicht mit der gleichen Sicherheit als historische Quelle benutzen. Es ist in einer im 15. Jahrhundert aufgezeichneten Form auf uns gekommen, beruht aber auf viel älteren oralen Traditionen aus dem westlichsten Teil der Steppe, aus dem azerbaidžanisch-ostanatolischen Raum schon in islamischer Zeit. Die meisten darin genannten Orte sind lokalisiert, viele, aber nicht alle der handelnden Personen als historische Gestalten erkannt worden. Wie beim deutschen Nibelungenlied etwa ist der historische Kern der Ereignisse von dem Gewand der Sage und Dichtung umkleidet und verändert worden. Die phantastischste Geschichte darin, diejenige von Bassat und Tepegöz, habe ich ausgelassen und mich im übrigen an die Kommentare in den Ausgaben von Bartold und Žirmunskij (1962) und die türkische Ausgabe von Sümer et al. (1972) gehalten sowie eine deutsche Übersetzung von Hein (1958).

Männliche Leitbilder im späten Mittelalter

Welche Eigenschaften zeichnen nach diesen Quellen die historischen Persönlichkeiten aus, die zu Leitbildern der kriegerischen Jungmännergruppen geworden sind? Ich habe den Begriff ‚Leitbild' gewählt, weil damit nicht die idealen, aber unwirklichen Gestalten mit übersteigerten positiven Eigenschaften aus den Sagen der Steppenvölker ohne historische Grundlage gemeint sind, sondern Vorbilder mit einem sehr viel stärkeren Realitätsgehalt. Auch wenn diese Vorbilder die hoch bewerteten Eigenschaften nicht voll besaßen, sondern nur darzustellen versucht haben mögen, so müssen sie dennoch durch den häufigen Vortrag ihrer Biographien auf die jungen Männer nicht nur der obersten Schicht als Beispiel gewirkt haben, denen in der Realität nachgeeifert werden konnte.

Folgende Eigenschaften der hier beschriebenen historischen Persönlichkeiten stellen sich in der „Geheimen Geschichte" als besonders positiv heraus: Erstens Intelligenz, Energie und Temperament. „Feuer in den Augen und Glanz im Gesicht" wird mehrfach am jungen Temudžin, aber auch an seiner Frau Börte gerühmt. Es macht ihn zu einem ernstzunehmenden Gegner seiner Feinde. „Eben weil du so listig bist, Feuer in deinen Augen hast und Glanz auf deinem Gesicht, stellen dir deine Taidžiut-Brüder so nach", sagt Sorchan-Šira zum jungen Temudžin (Haenisch 1948: 10, 16). Umgekehrt sind Dummheit, Schwäche und Passivität für das Ansehen eines Mannes sehr abträglich. Ich will nur ein Beispiel von sehr zahlreichen aus der „Geheimen Geschichte" zitieren: „Als nach dem Tode ihrer Mutter Alan der Schönen die Brüder zu fünf ihre Herden und ihre Vorräte miteinander teilten, nahmen... die vier jeder etwas für sich. Aber dem Bodontschar, den sie ob seiner Dummheit und Schwäche nicht zur Familie rechneten, gaben sie keinen Anteil ab" (Haenisch 1948: 3f.).

Die zweite Eigenschaft des Mannes, die besonders geschätzt wurde, ist der Mut, geknüpft an einen strengen Ehrbegriff. Mit einem Falken, der mit Menschenfleisch großgezogen wurde, verglichen zu werden, ist in der „Geheimen Geschichte" keine Herabsetzung, sondern ein Lob für den Kampfesmut eines Mannes (Haenisch 1948: 81ff.). Belgutai, der Halbbruder Činggis' äußert unter allgemeiner Anerkennung: „Wenn man sich bei Lebzeiten des Köchers berauben läßt, welchen Wert hat dann die Existenz gehabt? Ist es nicht schön, wenn man als Mann geboren, von einem Manne stirbt und dann mit seinem Köcher und Bogen zusammen als Leiche daliegt!" (Haenisch 1948: 81ff.). Ein Mann, der keinen Mut hat, setzt sich der allgemeinen Verachtung aus. Bei der Vernichtung der Naiman, die durch die ängstlich-unentschlossene Haltung ihres Fürsten Tajang Chan mitverursacht war, sagte ihm sein Unterführer Chorisu beči folgende Worte: „Dein Vater Inantscha bilge hat einem gleichwertigen Gegner nie den Rücken eines Mannes noch den Hinterschenkel eines Pferdes gezeigt! Wie kannst du jetzt schon am frühen Morgen den Mut verlieren? Hätten wir gewußt, daß du so feige bist, hätten wir uns da nicht besser deine Mutter Gurbesu geholt, wenn es auch nur eine Frau ist, und ihr die Führung des Heeres übertragen? ... Ach Schwächling Tajang, du hast versagt!" Nach diesen Worten schlug er an seinen Köcher und galoppierte abseits (Haenisch 1948: 80f.). Daß persönliche Tapferkeit, die Prestige einbringt, und mitreißende anfeuernde Kraft eine Notwendigkeit sind, um die Mannen zusammenzuhalten, wird an einer anderen Stelle in diesem Zusammenhang noch deutlicher. Der Vater sagt vor dem Kampf über Tajang: „Wehe! Ob mein als Schwächling geborener Sohn ... meine vielen gemeinen und üblen Leute wird hüten und festhalten können?" (Haenisch 1948: 76).

Dagegen ist das, was wir unter Treue verstehen würden: Zusammenhalt der weiteren Verwandtschaft, Treue in der Freundschaft und Gefolgschaftstreue der Mannschaft zum Anführer, zwar als Wert anerkannt und wird immer wieder gefordert. ‚Gelegenheitsfreund' (Haenisch 1948: 62) ist ein ganz und gar verächtliches Wort. Aber ebenso oft wird von Zerwürfnissen in der Familie, vor allem aber Brüchen der Freundschafts- oder Bündnistreue und dem Verrat der Gefolgschaft berichtet, ohne daß damit der Treulose alles Ansehen eingebüßt hätte. Daß ein Anführer sich nach seinen Erfolgen der Mannschaft nicht erinnert und sie nicht entschädigt hätte, wird als einzige Art des Treuebruchs niemals erwähnt. Činggis Chan schenkt jedem eine reiche Entschädigung, der ihm in seiner Jugend irgendwie genützt hat.

Freigiebigkeit ist also eine Eigenschaft, die vor allem vom Anführer gefordert wird. Seine Mannschaft folgte ihm auch der Beute und des Lohnes wegen, und er durfte ebensowenig in den Ruf kommen, aus mangelnder Tapferkeit und Intelligenz erfolglose Kämpfe zu führen wie der Gefolgschaft den Lohn für ihr hohes Risiko nicht reich zukommen zu lassen. Davon berichten übrigens auch die zeitgenössischen europäischen Reisenden. Die Freigiebigkeit des einfachen Mannes äußerte sich in einer rückhaltlosen Gastfreiheit als Voraussetzung für sein Ansehen. Ich möchte hier an die mongolische Gesetzessammlung des ‚Jasa' erinnern, in dem es strengstens verboten ist, in Gegenwart eines anderen Mannes zu essen, ohne ihn dazu einzuladen.

Als letzte wichtige positive Eigenschaft wird die Gerechtigkeit mehrfach erwähnt, freilich nur als Tugend des Herrschers.

Auch im „Buch des Dede Qorqut" wird der ‚blitzende Blick' eines Mannes, das heißt wohl wieder Intelligenz und Energie, als besonders gutes Kennzeichen hervorgehoben. Eine Frechheit des Sohnes, schlagfertig vorgebracht, ließ den Türkmenenfürsten Kazan beg lachen und die Hände vor Freude zusammenschlagen (Hein 1958: 135f.). Fast auf jeder Seite aber wird der Mut der jungen Männer hervorgehoben. Nur die Sänger und Alten dürfen ohne Verlust des Ansehens im Kampfe zurückstehen. Dieser Mut steigert sich auch – ins westeuropäische Wertsystem übersetzt – zu starker Aggression und Rücksichtslosigkeit. So fragt Eğrek: „Ters Usamisch, ist Köpfe abschlagen und Blut vergießen etwa ein Beweis von Tüchtigkeit?" „Sicher ist es ein Beweis von Tüchtigkeit", erwidert Ters Usamisch (Hein 1958: 276). Worauf der Jüngling sogleich eine Gruppe junger Krieger zu einem Streifzug mit diesem Ziel um sich sammelt und sich zu Kriegszügen aufmacht. Charakterisierungen wie diejenige, daß von dem Schnurrbart Blut troff, wenn einer der Gefolgsleute Kazan begs in Wut geriet, oder die wiederholte Feststellung nach einer für den Gegner verlustreichen Schlacht, „Die Bege der Oghusen waren gesättigt" (Hein 1958: 163), erheben ein Maß von Aggression zum Vorbild, das uns fremd erscheint.

Die Kämpfe, auch diejenigen um den Erwerb einer Frau, bei denen wir die Liebe als Triebkraft erwartet hätten, werden um des Prestiges willen bestanden, das dem Jüngling für sein späteres Leben einen hohen Platz im sozialen Ranggefüge seiner Gesellschaft sicherte. Kan Turaly wird im Kampf um das Mädchen mit den Worten angefeuert:

„Alle könnten sie dich schmähen, Groß und Klein!
Alle dich beschimpfen, Mann und Weib!
Ganz gebrochen wird dein grauer Vater sein,
Heisse Tränen deine alte Mutter weinen." (Hein 1958: 198)

Die Gefolgschaft Kazans kommt vor einem von ihm leichtsinnig begonnenen Kampf zum Schluß: „Lassen wir Kazan im Stich und machen uns davon, so wird man uns in seinem Hause schmähen. Es ist schon besser, wir kommen hier um" (Hein 1958: 298). Wie in der „Geheimen Geschichte" werden also Gefolgschaftstreue und Zusammenhalt in der Familie sehr gelobt, und doch berichtet das Buch sehr häufig von Treuebrüchen. Die Taten der Männer werden vom Sänger, aber häufig auch von ihnen selbst gerühmt. Heldentaten zu vollbringen, von denen keiner weiß, ist sinnlos. So sagt Kan Turalys Braut zu ihm: „Rühmen darf sich nur der Mann: er ist der Löwe! Ruhmsucht ist bei Frauen schimpflich" (Hein 1958: 208).

Obwohl in dem „Buch des Dede Qorqut" zweimal eine Wendung gegen die Lüge vorkommt, gilt dieses wieder nur für die eigene Gruppe, während die Lüge, die den Gegner in die Falle lockt, dem Ansehen eines Mannes nicht abträglich ist. Die Gastfreundschaft und Freigiebigkeit der Oguzen-Chane soll so weit gegangen sein, daß berichtet wird, so oft sich die Üč oq und Boz Oq (Oguzen-Clans) zu einem Treffen zusammenfanden, „war es Kazans Brauch, sein Haus plündern zu lassen" (Hein 1958: 319).

Hochgeschätzte Eigenschaften des Mannes in Nomadengesellschaften der Gegenwart

Seit der Entstehung beider Quellen, die hier ausgewertet wurden, ist über ein dreiviertel Jahrtausend vergangen. Das Leitbild der Anführerpersönlichkeit der jungen Männer, das sie uns vor Augen führen, hat jeweils für eine besonders kriegerische Zeit gegolten. Gelten heute bei den sich zu informalen Gruppen zusammenschließenden Gruppen junger Männer in den noch bestehenden Nomadenclans in Asien grundsätzlich andere Werte?

Ekvall (1964) hebt für die Nomaden Tibets auch in unserem Jahrhundert den Drang nach Unabhängigkeit des einzelnen Mannes hervor, der nur durch die Führung eines besonders intelligenten und gut informierten Anführers in eine Gemeinschaft eingebunden werden kann. Gastfreundschaft und Großzügigkeit sind ihm auch aufgefallen neben Mut und einer, wie Ekvall meint, aus der Beherrschung der Tiere resultierenden Selbstherrlichkeit, die er bei den Seßhaften nicht angetroffen hat.

Zu einem ähnlichen Ergebnis bringt uns die Analyse der Berichte Barths (1961) über das Leben im Camp der Basseri, die den Freiheitsdrang des einzelnen, der sich nicht leicht einem anderen im Camp unterordnet und damit rangmäßig unterstellt, und auf der anderen Seite die Situation des Stammesführers fernab in der Kreisstadt besonders eindrucksvoll vor Augen führen. Dieser hält allein durch seine Persönlichkeit, durch die Effizienz seines Handelns den Stamm zusammen, durch Freigiebigkeit, Gerechtigkeit im Sinne der öffentlichen Meinung bei der Regelung der Streitfälle und natürlich durch Intelligenz und Energie, ja sogar Skupellosigkeit und Aggression.

Intelligenz, Energie, ein offenes Ausdrücken auch von Aggressionen und das Streben nach Unabhängigkeit bei der gleichzeitigen Einsicht in die Notwendigkeit des Zusammenhalts des Clans erkennt auch Salzman (1983) bei den Baluch.

Auch ich konnte bei Befragungen Jugendlicher eines türkischen Nomadenclans in Südost-Anatolien feststellen, daß mir gleiche Qualitäten als notwendig für einen der informalen Clan-Anführer genannt wurden, nämlich Mut, Untadeligkeit seines Rufes und des Rufes der Familie, hohe Intelligenz und Eloquenz,

Gastfreiheit und Hilfsbereitschaft gegenüber sozial Schwächeren und Gerechtigkeit, daneben aber auch Wohlhabenheit. Welche Qualitäten die wichtigsten waren, habe ich nicht herauskriegen können. Ich konnte aber beobachten, was bei den anderen Feldberichten nicht eigens erwähnt wird: die Wirkung des Anführers als Leitbild. Die jungen und unverheirateten Männer versammelten sich abends häufig beim Anführer des Clans. Auch wenn sie in der Versammlung der älteren Männer noch zu schweigen hatten, ahmten sie doch sein Gehabe und seine Redeweise im Umgang miteinander nach, wenn sie sich in der für sie reichlich reservierten freien Zeit als Jugendgruppe trafen. Da sie ihre Rolle als mutige junge Männer voll zu erfüllen und damit zu einem hohen sozialen Rang zu gelangen bestrebt waren, begeisterten sie sich schnell an den Worten des Anführers und stellten für ihn ein gut einsatzfähiges Organ der Exekutive dar. Während die älteren Männer bemüht waren, eher ihre Weisheit und ihr Ansehen in die Waagschale zu werfen, stand es der Gruppe der *delikanh* – der Tollblütigen, wie Jünglinge in der Türkei genannt werden – nach allgemeiner Auffassung gut an, Aggressionen gegenüber Clanfremden, die der Anführer als dem Clan übelgesonnen dargestellt hatte, offen auszuleben und damit ihren Mut und die Wehrhaftigkeit des Clans vor Augen zu führen.

Andere Männerhäuser, andere Männer: zwei südasiatische Beispiele

Georg Pfeffer

Anhand von zwei Beispielen aus Indien und Pakistan wird aufgezeigt, daß der in der Völkerkunde summarisch verwendete Begriff ‚Männerhaus' ganz verschiedene Inhalte haben kann. Bei den mittelindischen Juang ist das Männerhaus Aufenthaltsort der ganz Alten und ganz Jungen, die sexuell inaktiv sind und denen der Kult der Erdgöttin im Männerhaus obliegt. Das Familienhaus überlassen sie den miteinander lebenden Elternpaaren. Die beiden Geschlechter leben, arbeiten, feiern zusammen und ziehen gemeinsam Kinder auf. – Bei den Swat Paschtunen ist das Männerhaus als Machtbasis des Grundherrn Zentrum der Waffenbruderschaft sowie der idealisierten Männerfreundschaft und -liebe. Das Männerhaus ist Lebens- und Schlafort aller Männer. Ein Mann, der sich nachts zu seiner Frau schleicht, gilt als Schwächling. Frauen sind als Eingeheiratete ‚Verbündete des Feindes'. Sie leben jenseits der gesellschaftlichen Grenze; aus Angst, ein Fremder könne einer Frau zu nahe treten, wird sie zu Hause eingeschlossen. Für einen Paschtunen dürfte ein Juang kaum als ‚Mann' gelten und umgekehrt.

Siehe dazu auch Farbseiten XLIV und XLV.

Häusliche Bünde

Verbundene müssen ihren Bund nicht beschlossen haben. Er kann als vorgegeben gelten, also ohne Geschichte sein. Die Bündigen erfahren dann nur noch seine Bande und Grenzen. Sie wählen und debattieren nicht die Form der Mitgliedschaft, sondern sie erleben diese Form. Körperliche Geschlechtsmerkmale, das Pensum erfahrener Lebenszeit (oder beides) und die jeweilige Abstammungsgruppe markieren für sie die Beschränkungen von Gesellschaft und die Varianten menschlicher Sinnhaftigkeit. Die Markierungen sind oft ganz konkret räumlich oder durch Dach und Wände bezeichnet. Gebiete und Felder entsprechen den Mustern gesellschaftlicher Verbindungen und Unterteilungen. Offensichtliche Linien verweisen so auf abstrakte Muster der gedanklichen Ordnung. Bei den australischen Walbiri etwa entspricht das Schema des für Männer und Frauen, Junggesellen und Witwen, Familien und Individuen aufgeteilten Lagers dem Muster der Heiratsregeln, dem der Zeitläufe und dem der Glaubensvorstellungen (Meggitt 1972: 83). Bindungen sind nicht gewählt. Das, was Männer und Frauen körperlich unterscheidet, legt auch die Zuweisung getrennter Räume im Lager und im Jenseits fest.

Globale Ordnungen dieser Art ließen sich früher auf allen Kontinenten finden, auch wenn heute oft an ihrer Stelle eine Vielzahl gegründeter Vereine und Zirkel mit ihren beitragspflichtigen Mitgliedern und ihren veränderungsfähigen Satzungen steht. Der alten globalen Zuweisung kann sich niemand entziehen, und ein Ausschluß aus dem Bund entspricht einem Ausschluß aus der Gesellschaft an sich. Das Kollektiv wird zur ‚sozialen Haut', die hin und wieder wie die natürliche Haut jukken oder verletzt sein mag, nicht aber zur Diskussion steht. So wird der Bund vielleicht als solcher gar nicht besonders hervorgehoben. Weil Alter und Geschlecht Naturphänomene sind, erscheint die Vielzahl der mit Alter und Geschlecht verbundenen Verhaltenserwartungen als ebenso unbegründet oder natürlich. Weit verbreitet ist zum Beispiel die Vorgabe ehelicher Bindungen von Männern und Frauen, die den Status von Ledigen nicht zuläßt. Gleichzeitig und ebenso häufig erscheint die Idee der natürlichen gleichgeschlechtlichen Bindung bei Kultus und Arbeit, Essen und Trinken, Spaß und Trauer. Versammeln sich männliche Menschen – und nur solche – regelmäßig in bestimmten Gebäuden, die allen Männern dieser Gesellschaft zumindest zeitweise Obdach bieten, so spricht die Völkerkunde ohne große Sorgfalt von ‚Männerhäusern'. ‚Frauenhäuser' werden seltener beschrieben, schon weil sie den – meist männlichen – Fachleuten schwerer zugänglich sind. Dieser Artikel beschreibt das Männerhaus in zwei sehr unterschiedlichen südasiatischen Gesellschaften und damit sehr unterschiedliche Vorgaben angemessener gleichgeschlechtlicher Verbindungen.

Juang

Etwa 20000 Juang im Bundesstaat Orissa bilden einen der vielen *adivasi-* oder ‚Ureinwohner'-Stämme Mittelindiens. Sie wurden uns von Charles McDougal (auf den ich mich hier ständig beziehe) in einer der wichtigsten Stammesethnographien vorgestellt, die 1963 nach einem fünfzehn-monatigen Besuch der entlegenen Berge von Keonjhar entstand. Als ich 1980 diesen Lebensraum der Juang auf McDougals Spuren durchwanderte, war jedoch die Zivilisation eingebrochen. Als Staatsforst deklariert, wird das Gebiet der Juang jetzt von der Bundesstraße Bombay-Kalkutta durchschnitten, so daß heute dort die Fernfahrerkultur den Fortschritt repräsentiert. Natürlich setzte dann auch die Entwicklungshilfe ein. Die Juang erhielten neue Musterdörfer mit Strom- und Straßenanschluß, sowie Ochsen und Pflüge, damit sie endlich ihren traditionalen Brandrodungsfeldbau aufgeben konnten. Aber der Strom war für sie unnütz und unbezahlbar, und nach dem Verzehr der Ochsen, der die hinduistischen Helfer auch aus religiösen Gründen verstimmte, zogen sich die kleinwüchsigen Waldbewohner wieder zurück in jene Dörfer, die nach ihrem eigenen Muster angelegt waren.

Für europäische Völkerkundler der Jahrhundertwende (zum Beispiel Risley 1915) verkörperten die Juang ‚die Primitiven' schlechthin, weil sie sich mit Blättern bekleideten, statt wie die anderen ‚Ureinwohner' in Lumpen zu gehen. Das ließ sich gut photographieren. Dagegen lebt und jagt McDougal mit seinen Gastgebern. Statt – wie seine Vorgänger – ihre Exotik zu denunzieren, führt er uns in ihrem Männerhaus *(majang)* zu vielen ausgeprägten Individualisten.

Das *majang* steht groß und zentral inmitten einer Streusiedlung von kleinen strohbedeckten Lehmhütten. Wie der sich anschließende Tanz- und Kultplatz bildet es das Zentrum des dörflichen Gemeinschaftslebens, das bereits die höchste ‚innenpolitische' Ebene darstellt. Außerhalb des Dorfes siedeln bündnisfähige und fremde Juang, die ‚älteren Geschwister' aus dem Nachbarstamm der Bhuiya und weit weg der König von Keonjhar, der jenen fremden Wesen gleicht, die über die Bundesstraße als Förster, Polizisten und rauhbeinige LKW-Fahrer erscheinen. Im Dorf hat ein einziger – in männlicher Linie fortgesetzter – Clan das Sagen, der nur hin und wieder durch einige wenige eingeheiratete Männer ergänzt wird. Binnenheirat ist unzulässig, deshalb gehört das Männerhaus den Clanbrüdern, die die Fachsprache Agnaten nennt. Alle erwachsenen Agnaten versammeln sich morgens und abends auf dem Vorplatz oder im etwa vierzig Quadratmeter großen *majang*, um sich formlos über die wichtigsten Gruppenangelegenheiten zu einigen, zum Beispiel über den Zeitpunkt des Holzschlagens und Feuerns für eine neue Rodung. Im Gemeinschaftshaus schlafen Besucher und Junggesellen. Ehemänner aus dem Dorf weichen in das *majang* aus, wenn ihre Schlafplätze zu Hause durch auswärtige Besucherinnen benötigt werden.

Der rechteckige Grundriß des großen Walmdachhauses sieht nur drei Lehmwände vor. Die vierte offene Seite zur überdachten Terrasse hin wird allein durch beschnitzte Pfeiler markiert. Die Skulpturen sollen weibliche Brüste darstellen. Andere Bilder und Formen an den Wänden enthalten gleichfalls Motive weiblicher Geschlechtlichkeit. Auch die Trommeln, die auf einer Rampe lagern, haben eine geschlechtsbezogene Bedeutung; für einen Junggesellen ist sein Tamburin *(changu)* untrennbarer Gefährte, das heißt, eine eigene Persönlichkeit, denn es gehört zu den nächtlichen Tänzen. Die großen zylindrischen Trommeln werden von den jungen Männern nur bei Opferfesten geschlagen, denn sie rufen die allmächtige Erdgöttin aus der Tiefe, damit diese durch eine Gabe (zum Beispiel ein Schwein) befriedigt und fruchtbar werden kann. Entwicklungshelfer, die bei ihren kurzen Besuchen durch diese Trommeln unterhalten werden wollen, bringen ihre Gastgeber deshalb unbeabsichtigt in große Schwierigkeiten mit der Göttin. Diese hat auch in einer Ecke des Hauses einen Schrein in Form einer rot getünchten, trichterförmigen Öffnung. Davor schwelt ein Dauerfeuer in zwei aneinander gelegten Baumstämmen. In den oft empfindlich kalten Winternächten rücken die nackten Schläfer besonders nahe an dieses Energiezentrum in der Raummitte. Jede Hütte holt ihr Herdfeuer aus dem Männerhaus. Von hier stammt auch das Feuer der Aprilrodungen, wenn Mutter Erde für die neue Saat freigelegt wird.

Abschnitte

Etwa bis zum Alter von zehn Jahren halten sich die kleinen Mädchen und Jungen uneingeschränkt überall im Dorf, auch im Männerhaus, auf. Sie sind physisch präsent ohne gesellschaftliche Konsequenzen. Danach greift die öffentliche Ordnung ein. Aber der Eingriff erfolgt nicht abrupt, sondern allmählich. Für die Nacht schicken Eltern ihren Sohn ins *majang*, und ihre Tochter schläft im Kreise ihrer Altersgruppe in einer leerstehenden Hütte, die unter der Obhut einer Witwe steht. Die Sphären der Geschlechter trennen sich also. Nachts, auf dem Tanzplatz, treffen sich Jungen und Mädchen zur Gegenüberstellung. Sie studieren dann zunächst als ,Brüder und Schwestern' Dutzende ihrer klassischen Tänze ein, und dabei gibt die Kette der eingehakten Tamburinspieler den Rhythmus an, während die durch ihre Hände an Hüften und Schultern verflochtene Mädchenkette die Schrittfolge bestimmt.

Mit dem Umzug in die neue Schlafstätte läßt sich ein Mädchen das Gesicht tatauieren, sonst wird der neue Status nicht hervorgehoben. Auch die Knaben gehören zunächst nur formlos zur männlichen Sphäre. Sie beobachten und lernen. Nach Jahren der Vorbereitung sind dann die Eltern geneigt, für den Initiationsritus ihres Sohnes Reis und Hühner zu spendieren, obwohl sie selbst nicht am Mahl teilnehmen. Sie überlassen ihn in aller Form der Öffentlichkeit, die in der Gestalt der Greise und Junggesellen den Initianden und sein Tamburin segnet. Die Jungen haben zwischen Männerhaus und Dorfbach aus Stöcken eine Hürde errichtet, die der Initiand zunächst rückwärts zu überqueren scheint, bevor er halbwegs, ein Bein über die Hürde gestreckt, verharrt, um in dieser Haltung mit gebeugtem Haupt Reis auf Blattschalen zu streuen. Die erste Runde seiner Gaben geht an die Verstorbenen des Dorfes, die zweite an die (abwesenden) Familienväter. Im Laufe dieser Balance, dieses Verharrens ,auf der Grenze', werfen Junggesellen der eigenen Kategorie warmes Wasser auf das Hinterteil des Initianden. Danach kehrt der Zug zurück zum *majang*. An seiner Spitze das Tamburin schlagend, umkreist der Neuling siebenmal das Männerhaus. Immer wenn die Junggesellen an der Terrasse vorbeikommen, geraten sie in einen Aschenregen, das heißt, sie werden von den im Hause sitzenden verheirateten Männern mit Asche beworfen. Vom Dorfinneren ziehen die Jugendlichen später nach außen zum Bach, um unter sich den Ritus mit Schmausen und Feiern ausklingen zu lassen.

Initiierten Junggesellen fallen rituelle Aufgaben zu, während weltliche Dinge von der Gruppe der verheirateten Männer (oder Haushalter) besprochen und entschieden werden. Die Unverheirateten assistieren den Greisen bei allen ,reinen', für die Allgemeinheit gedachten Tätigkeiten. Baumfällen und Feuern, Säen und Ernten, Sammeln und Verzehren bestimmter Früchte darf nicht individuell begonnen werden, sondern nur gemeinschaftlich, wenn die Erdgöttin beschwichtigt ist. Der technische Teil der Arbeiten wird von den Haushaltern verantwortet, nachdem Greise und Jünglinge die rituellen Fristen aufgehoben haben. Ohne diese Tabus würde die durch Mangel gekennzeichnete Wirtschaft der Juang sicher zusammenbrechen.

Auch die ,Außenpolitik' ist Sache der Jugendlichen, denn sie kann weitgehend mit der Heiratspolitik gleichgesetzt werden. Die über Jahre bei Heiraten angefallenen Gaben und Gegengaben bilden den materiellen Gehalt dieser kollektiven Verpflichtungen zwischen Juang-Dörfern. Aus der Sicht eines einzelnen teilt sich das Universum der Juang in die ,eigenen' Ortschaften der Agnaten, die für Heiraten niemals in Betracht kommen, und in solche, die von Generation zu Generation männliche und weibliche Ehepartner stellen. Diese heiratsfähigen Kollektive werden in der Fachsprache ,Affine' genannt. Affinale Dörfer eines Juang müssen von ihm regelmäßig besucht werden. Als initiierter Jugendlicher muß er dort auch nach Todesfällen die Reinigungsriten für die ihm Verschwägerten vollziehen.

Allein Sache der jungen Leute sind die Tanzbesuche, die zwei- bis dreimal im Jahr ein Mädchenkollektiv zu den Jungen eines affinalen Dorfes führen, die als Gruppe die Visite bei Gelegenheit erwidern. Die Kontakte sind öffentliches Gebot und werden deshalb weniger von privaten Gefühlen als von den Regeln der Etikette bestimmt. Scherze, das heißt, standardisierte Anzüglichkeiten gegenüber der jeweils anderen Gruppe, gehören zum guten Ton, aber sonst reagieren die jungen Leute nur verschüchtert auf Gesten der affinalen Gegenüber. Fein herausgeputzt schwatzen und schmusen sie doch eher in der eigenen (gleichgeschlechtlichen) Gruppe. Der Tanz ist nicht nur Übung, wie das allabendliche Studium unter ,Brüdern und Schwestern' des eigenen Dorfes, sondern ein Tag und Nacht anhaltender Wettbewerb der Trommler mit den Tänzerinnen. Jede der beiden Ketten der für die Ehe bestimmten Jugendlichen will jeweils einen ‚Vorteil' erzielen, indem sie Rhythmen oder Schritte vorstellt, denen die Gegenseite nicht mehr folgen kann.

Weil das Fell der Trommeln etwa alle zehn Minuten lang erschlafft, wärmt ein Teil der Jungen immer wieder das Tamburin am Feuer des *majang* auf, während ein Teil der Mädchen unter den Bäumen am Rande des Tanzplatzes ausruht, um danach wieder die erschöpften Tänzerinnen abzulösen. Von der Terrasse des Männerhauses schauen die Haushalter zu, und ihre Frauen verweilen an den Zäunen der Höfe, um zu erleben, wie die Jugend die Tradition verkörpert. Nachts, wenn sich die verheirateten Männer im *majang* mit dem Hirsebier anfreunden und sich ihre Frauen um die Kleinkinder kümmern, ziehen die Jünglinge aus dem Männerhaus unter die Bäume zu den Mädchen. Die Gespräche werden persönlicher. bei wechselseitigen Massagen kommt es zu den ersten unbeholfenen Berührungen. Mehr ist bei diesen kollektiven Zusammenkünften im Dorfzentrum nicht vorgesehen.

Eine Heirat kommt in den seltensten Fällen durch Entführung zustande. In der Regel entscheiden die Eltern der Brautleute, wie alte affinale Bindungen durch die Heirat einer entfernten Kusine erneuert werden. Dann wechselt der Status eines Mannes. Der Trommler und Tänzer wird zum Trinker. Auch dieser unvermeidliche Übergang erfolgt nicht abrupt. In höherem Alter, wenn Verheiratete ihre Sexualkontakte eingestellt haben, folgt ein vergleichbarer Wechsel in den Greisenstand. Junggesellen repräsentieren deutlich die Gegenposition der Haushalter, sind aber den Greisen auf das Engste verbunden.

Der exklusive Rat der Alten lenkt vom Männerhaus aus die Geschicke des Dorfes. Weil die Juang alle Beziehungen paarweise konzipieren, steht auch an der Spitze der Dörfer ein Greisenduo: Der *nagom* (*bwita* bei McDougal) versorgt die Göttin mit Speisen und Getränken, der *ordhan*, etwas geringer im Rang, enthauptet die Opfertiere mit einer Zeremonialaxt, die wie der besondere Korb des *nagom* im Männerhaus verwahrt wird. Ein aufwendiger Übergangsritus macht einen Haushalter zum Ritualgreis, und wer sich gegen diesen vorgegebenen Weg sperrt, wird durch Mißernten oder Konfrontationen mit Raubtieren an den Zeitfaktor erinnert.

Kurz vor der ersten Mangoernte im April – nicht kurz danach wie ein Jüngling – wird ein Mann in den neuen Status initiiert. Dabei sind zwei Aspekte besonders bemerkenswert: Zum einen wird der Unterschied der Geschlechter unbedeutend. Ein Mann macht den Übergangsritus zusammen mit seiner Ehefrau durch, die ihm in der Folgezeit beisteht und zum Beispiel auch jahrelang für den verstorbenen Gatten als *nagom* oder *ordhan* fungieren kann. Zum anderen muß ein Greis – wie seinerzeit der Junggeselle – Schnaps und andere Gaben für die Verstorbenen *und* die Haushalter präsentieren. In einem zyklischen Konzept von Zeit verbinden sich Greise und Jünglinge gegenüber den beiden sich jeweils anschließenden Alterskategorien. Dabei sind die Toten wie ‚die im Leben Stehenden' gleichermaßen unrein, die keuschen ‚neugeborenen' Jünglinge und Greise gleichermaßen rein. Das zeigt sich auch im Ziegenopfer während des Übergangsritus: Das Tier wird geteilt. Das Fleisch jener Hälfte, die auf Mutter Erde fällt, ist für die initiierten Jünglinge und Greise reserviert. Das zum (relativ unfähigen) Himmelsvater gerichtete Ziegenfleisch bleibt den Haushaltern vorbehalten. Nur Jünglinge und Greise essen vom Kopf des Opfertieres, Haushalter allein verzehren seine Hoden.

Wie die Unverheirateten haben die Greise diplomatische Aufgaben in der ‚Außenpolitik' des Dorfes, die vor der kolonialen Befriedung wahrscheinlich im Gegensatz zu dem kriegerischen Treiben der Haushalter standen. Ein neu Initiierter ist verpflichtet, den Alten im Heimatdorf seiner Ehefrau und denen im Dorf seiner Mutter eine Ziege zum Verzehr zu stiften. Weil ein Juang nie eine Kusine ersten Grades (sondern möglichst die zweiten Grades) heiratet, fallen die Dörfer von Mutter und Gattin niemals zusammen, sondern sie alternieren durch die Generationen. Die beiden Partner der affinalen Allianz werden also von der Initiation informiert und in sie einbezogen.

Richtlinien

Die vom Männerhaus der Juang ausgehenden Forderungen des alltäglichen und des rituellen Verhaltens ließen sich so ergänzen, daß die totale Existenz dieser Menschen auf dieses räumliche Zentrum bezogen wäre, doch die Angaben genügen zur allgemeinen Orientierung: Wie bei allen mittelindischen ‚Ureinwohner'-Stämmen ergänzen sich auch im Kosmos der Juang Mutter Erde und der Himmelsvater als das für die Schöpfung verantwortliche Paar. Bei den Juang greift die grausame, mächtige Göttin im Gegensatz zu ihrem distanzierten Gatten ständig in das irdische Geschehen ein. Sie muß ständig beschwichtigt werden, weil sie sonst nicht die Tiere des Waldes zur Jagd freigäbe und in den Rodungen die Pflanzen nicht wachsen ließe. Ihr wichtigster Schrein (neben vielen anderen), oder ihr Schoß, liegt im Männerhaus und nimmt weiter durch das Männerhaus Gestalt an. Deshalb sind dort Frauen unerwünscht. Nur die in den Clan aufgenommenen Frauen, die ein Alter jenseits der sexuell aktiven Phase erreicht haben, dürfen sich in dem Gebäude aufhalten. Männer allgemein werden geduldet, aber die Göttin läßt für ihre rituelle Betreuung nur jene Männer (Jünglinge und Greise) zu, die auf die sexuelle Betreuung menschlicher Wesen verzichten. An sich wären auch die unverheirateten Mädchen in dieser Kategorie, aber sie sind für andere Clans bestimmt und nicht, wie die eingeheirateten Frauen, integrierter Bestandteil der eigenen Abstammungsgruppe. Keusche Menschen beiderlei Geschlechts sind deshalb im Alter für die rituellen Aufgaben geeignet.

Neben den Lebensphasen der Unverheirateten, der Eheleute und der Alten ist noch die vierte Phase der Verstorbenen beachtlich, denn auch sie ist nicht der Endpunkt. Sie verleiht den Betroffenen vielmehr einen temporären Status, der mit der Initiation der jungen Leute wieder abgelöst wird. Nicht die physische Existenz, sondern die Vorstellung vom Zyklus einer solchen Existenz gilt bei den Juang. Die Verstorbenen sind – wie die Gottheiten – unsichtbare Mächte des Jenseits, aber sie sind nur temporär unfaßbar, und ihre Eingriffe entsprechen der Mißgunst von Verlassenen. Sie sind von minderer, unreiner Qualität im Vergleich zu den göttlichen Ansprüchen. Im Bereich des unsichtbaren Wirkens ist das Verhalten der Verstorbenen gegenüber dem Verhalten der Gottheiten so, wie im Bereich des sichtbaren Wirkens das Verhalten der Haushalter gegenüber dem der Jünglinge und Greise bewertet wird.

So wie die reinen und unreinen Lebensphasen in Relation zueinander alternieren, so wechseln auch die kollektiven Außenbeziehungen von Generation zu Generation. Wenn der Vater eine reine Phase durchläuft, muß sein Sohn eine unreine erfahren (und umgekehrt). Die Existenz des Sohnes stellt die Umkehrung der väterlichen dar und die Identifikation mit der des väterlichen Großvaters. Das Dorf der Mutter (und Ehefrau des Vaters) darf also nicht identisch sein mit dem Dorf der eigenen Ehefrau, das dem Dorf des väterlichen Großvaters entspricht. Dieser bezeichnet seinen Enkel auch wie einen (jüngeren) Bruder und tanzt und scherzt mit ihm. Vater und Sohn dagegen dürfen niemals am gleichen Tanz teilnehmen. Sie sind formale Gegner, so daß auch in der Praxis ein Jüngling seinen Vater scheinbar ‚grundlos' schlagen darf, wenn er ihn allein oder berauscht antrifft. Dagegen übernimmt der Enkel auch den Eigennamen seines Großvaters und fordert dessen Ehefrau (das heißt, seine Großmutter) spaßeshalber zu Intimitäten auf.

Obwohl Frauen im Alter reine Clanmitglieder sind, die rituelle Aufgaben wahrnehmen dürfen, bleibt doch auf Dauer ein Statusdefizit auf der weiblichen Seite der Gesellschaft: Frauenhäuser sind gewöhnliche Hütten, und auch die alten Frauen können allenfalls ihre Männer bei den rituellen Aufgaben vertreten, nicht aber als Frauen die Führungspositionen einnehmen. Als Ursache dieser Defizite sehe ich nicht die in anderen Kulturen so wichtigen Ängste vor dem Menstruationsblut, die bei den mittelindischen Stämmen nicht artikuliert werden. Niemand hat Angst vor Frauen an sich oder Kontakten mit Frauen. Doch im immer individuell geltenden Zyklus der Wiedergeburten erscheinen Frauen anders als Männer. Sie wechseln mit der Heirat die Clanmitgliedschaft und sind dann als Verheiratete, Greisinnen oder Verstorbene im Clan des Ehemanns, um erst nach der Wiedergeburt, und erneut durch Heirat, in den ersten Clan zurückzuwechseln. Männer bleiben immer im gleichen Clan, Frauen alternieren zwischen zwei Zuordnungen im Laufe ihrer zyklisch anhaltenden Existenz. Vielleicht liegt in diesem Unterschied die Begründung für den minderen rituellen Status der Frau, der in den alltäglichen weltlichen Angelegenheiten nicht beobachtet werden kann.

System

Bisher galten natürliches Alter und natürliches Geschlecht als Richtlinien der formalen Orientierung. Aber die dabei beachteten Gegenüberstellungen werden auch ideologisiert. Das dann entworfene Bild von der Wirklichkeit drängt die tatsächliche Wirklichkeit zurück: Die nach natürlichen Kriterien erfolgte Gleichsetzung der Jünglinge und Greise gegenüber den Haushaltern, also die Identifikation alternierender gegenüber angrenzender Generationen, läßt sich nicht kollektiv auf der Ebene der Dorfgemeinschaft nachvollziehen, weil natürliche Spannen des Lebensalters individuell variieren. Aber dennoch gilt der ‚Vater-Sohn-Gegensatz' ganz allgemein. Die Juang konzipieren keine Stammbäume, sehr wohl aber den Generationsunterschied an sich. Darüber hinaus kennen sie die im Laufe der Geschichte von den natürlichen Ähnlichkeiten abweichenden Lebenszyklen der Dauermitglieder in der Dorfgemeinschaft. Ein kleines Kind mag also zur gleichen Alterskategorie wie ein Greis gehören, weil die Lebensdauer seiner jeweiligen Vorfahren anders als die der Ahnen des Greises terminiert wurde. Weil die Gegenüberstellung der Angrenzergenerationen (und die alternierende Identifikation) radikal durchgehalten wird, spielen dann diese natürlichen Unterschiede keine Rolle mehr. Jede Dorfgemeinschaft teilt ihre Männer in zwei oppositionelle Kategorien, deren Mitglieder für die jeweiligen Gegenüber als Väter/Söhne das heißt, ‚die Anderen' gelten, während ‚die Eigenen' völlig unabhängig vom individuellen Lebensalter als verbündete ‚Großväter', ‚Brüder' oder ‚Enkel' klassifiziert werden. Die Verwandtschaftsnomenklatur entspricht diesem Alternierungskonzept. Bei Hochzeiten und anderen Festen werden die Kategorien konkretisiert, das heißt, zu Gruppen. ‚Väter' tanzen niemals im Kreise ihrer ‚Söhne', oder sie müssen diese ‚Söhne' beim Tanz auf den Schultern tragen. Jenseits des natürlichen Lebensalters identifizieren sich Männer alternierender Generationen, so daß die Dorfgemeinschaft aus zwei – und nur zwei – sich ergänzenden Kollektiven besteht, die über den Tod und individuelle Eigenheiten hinaus aufeinander angewiesen sind, so wie die Gemeinschaft ‚außenpolitisch' die beiden Partnerkollektive in der affinalen Allianz erlebt.

Swat Paschtunen

Die Paschtunen sind sehr viel bekannter als die Juang, denn sie stellen das afghanische Staatsvolk und treten in zwei der vier pakistanischen Provinzen ebenso zahl- wie einflußreich auf. Der afghanische Bürgerkrieg des letzten Jahrzehnts hat eindrucksvolle Bilder von beiden Seiten der Staatsgrenze über das Fernsehen in deutsche Wohnstuben einziehen lassen.

Alle Paschtunen sind Ahnenforscher. Sie verstehen sich als Kinder eines gemeinsamen Vorfahren, der Zeitgenosse des Propheten Mohameds und Nachfahre Abrahams war. Seine Abstammungslinie verzweigte sich im Laufe der Jahrhunderte und ließ so entsprechende Untergliederungen der Ethnie entstehen, die jeweils den Namen ihres Gründerahnen tragen. So beginnt der Stammbaum von einigen Hunderttausend Yusufzai mit Yusuf, ihrem Urvater. Der norwegische Völkerkundler Frederik Barth hat in mehreren Veröffentlichungen (zum Beispiel 1959, 1973, 1981), auf die ich mich hier beziehe, die Gesellschaft der Yusufzai im fruchtbaren Tal des Swat-Flusses beschrieben. Ich selbst war einige Wochen im heutigen Bezirk Swat und bin seit Jahrzehnten mit Yusufzai aus dem Bezirk Mardan befreundet, in dem die von Barth (oder auch Honigmann 1958) beschriebenen Verhältnisse wie in den anderen Bezirken der Nordwestgrenzprovinz von Pakistan gelten.

Yusufzai sind erst im 16. Jahrhundert in Swat als Eroberer eingezogen. Darüber hinaus verzeichnet die südasiatische Geschichte viele prominente Paschtunen, und bis heute gehören führende Künstler und Intellektuelle, Ökonomen und Militärs zu dieser Ethnie. Wenn von paschtunischen ‚Stämmen' die Rede ist, sollte deshalb klar sein, daß diese ‚Stammesgesellschaft' von anderen politisch-ökonomischen Voraussetzungen als die der ‚Ureinwohner' ausgeht.

Die Yusufzai des Swat-Bezirks sind wiederum in ‚Unterstämme' verzweigt, deren Angehörige sich jeweils auf einen gemeinsamen Vorfahren beziehen und eine der Subregionen des Tals beherrschen. Sie treten aber nicht regelmäßig als Verband zusammen. Selbst die Dörfer sind zu groß, um ‚Dorfgemeinschaften' zuzulassen. Versammlungen finden im Dorfviertel *(muhala)* statt, wo zweihundert bis fünfhundert Bewohner in der Moschee ihr geistliches Zentrum finden und daneben in einem oder mehreren Männerhäusern *(hujra)* Gesellschaftspolitik ma-

Das Männerhaus hujra der Paschtunen, des Staatsvolks von Afghanistan, ist Festsaal, Gästehaus, Clubhaus, Schlafhaus und Musterungsbüro in einem. Die erwachsenen Männer aller Stände treffen sich hier zu allen Tages- und Nachtzeiten. Das Haus ist niemals leer. Männerfreundschaft und Geselligkeit ist für die Paschtunen Lebensinhalt. Gleichgeschlechtliche Sexualität ist allgemeine ungeniert geübte Praxis. Wer dabei erwischt wird, wie er sich nachts nach Hause zu seiner Frau schleicht, wird verspottet. Foto: Joerg Drechsel.

chen. Zwar beherrschen die Paschtunen Swat, sie sind aber keinesfalls die einzigen Bewohner des Tals. Als Grundherren befehligen sie verschiedene Kategorien von Knechten und Handwerkern, und auch die Händler der Bazare sind von den Paschtunen abhängig. Jede dieser Gruppierungen versteht sich als Stand, dessen Mitglieder durch Geburt bestimmt werden. Allerdings verlieren Paschtunen ihre Privilegien, wenn sie ihr Land verlieren. Ihre Kinder können dann nicht mehr mitreden im Rat und müssen ihre Ehepartner in den niederen Ständen finden. Im Männerhaus treffen sich die Angehörigen der verschiedenen ungleichen Gruppierungen des *muhala*. Rang und Abhängigkeiten prägen deshalb die Kommunikation unter diesen Männern.

Hujra

Wie die Wohnhäuser der *muhala* ist auch das Männerhaus Eigentum eines Grundherrn. Bewohner werden von ihm patronisiert und schulden ihm Gefolgschaft. Sie verrichten alltägliche Arbeiten und Botengänge und leisten Sonderabgaben bei bestimmten Anlässen wie der Verheiratung einer Tochter. Die Gefolgschaft ist nicht erblich oder territorial vorgegeben, sondern basiert auf individuellen Entscheidungen. Sie definiert sich also durch die gemeinschaftliche Beziehung zum Patron, das heißt, durch die Verhaltenspraxis, die von den Beteiligten geändert werden kann.

Ein *hujra* ist Festsaal, Gästehaus, Clubhaus und Musterungsbüro in einem. Seine zwei bis drei Räume grenzen an die drei bis fünf Meter hohe Lehmmauer, die Grenze des großen Vorhofs. So läßt sie sich leicht verteidigen, denn nur ein Holztor verbindet Hof und Dorfstraße. Paschtunen sind passionierte Waffenträger, -sammler und -bastler. Wenn schon nicht die einzelnen Häuser zu Festungen ausgebaut werden, kann sich ein Mann mit seinen Feuerwaffen im *hujra* als ein Mann bewähren.

Im *hujra* wird ein größerer Versammlungsraum getrennt von einem Lager für Bettdecken und -gestelle. Ein weiteres Zimmer mag für Prominente als Schlaf- und Speiseraum reserviert sein. Vor der Haustür lädt die durch beschnitzte Pfeiler eingegrenzte, überdachte Veranda ein. Außen oder innen vor der Feuerstelle treffen sich erwachsene Männer aller Stände zu allen Tageszeiten. Kleinkinder beiderlei Geschlechts, die sich unauffällig verhalten, werden selten verjagt, doch Frauen würden durch ihr Erscheinen elementarste Anstandspflichten verletzen. Mägde, die den versammelten Männern Mahlzeiten bringen, müssen verschüchtert vor dem Tor warten und durch untertänige Gesten und diskrete Geräusche ihren Auftrag vermitteln.

Die Verhältnisse unter Männern variieren von Ort zu Ort. Wo Paschtunen in der Überzahl leben, werden mehrere *hujra* im Viertel von mehreren Gruppierungen gemeinschaftlich unterhalten. Sonst hat nur der Hausherr das Sagen. Besuchen sich Patrone wechselseitig, gelten sie ganz offen als Verbündete, doch wer eine solche Visite nicht erwidert, erhebt deutlich einen Führungsanspruch. Sagt er, „Adam sitzt in meinem Männerhaus", zeigt er damit, daß Adam sein Anhänger ist. Eine solche Aussage wird dann in Krisenzeiten überprüft, wenn es gilt, alle Gewehre im Männerhaus zu versammeln. Im Konfliktfall muß Adam, wenn auch nur kurz, bei seinem Patron erscheinen, um dadurch zu zeigen, daß mit ihm zu rechnen ist.

Ein Patron finanziert also seine Machtbasis durch erwiesene Gastfreundschaft als politischer Führer. Er vereinigt sich mit anderen seiner Art hinter einem übergeordneten Führer, der Wahlkämpfe, Landbesetzungen oder Rachezüge nach Beleidigungen ausführen mag und seine Anhänger an der Beute beteiligt. Aber das Männerhaus ist mehr als nur eine solche Machtbasis. Die Besucher teilen eine alltägliche Existenz. Männerfreundschaft und Geselligkeit ist für sie Lebensinhalt. Das Haus ist niemals leer. Die einen frühstücken dort, die anderen halten ihr Mittagsschläfchen oder reparieren ihr Werkzeug. In der kalten Jahreszeit sucht man umständlich den besten Sitz am Feuer, in der heißen Zeit experimentiert man mit dem kühlenden Fächer. Jeder Mann der Nachbarschaft sollte bei Sonnenuntergang eintreffen, um zu speisen und die wichtigsten Dinge von Wirtschaft und Gesellschaft zu besprechen, bevor dann der gemütliche Teil des Abends einsetzt. Ein verheirateter Mann, der seine Freizeit in Gesellschaft seiner Ehefrau verbringen will, wird solange gehänselt, bis er sich der allgemeinen Praxis anschließt.

Gesellschaft im *hujra* ist kaum eintönig. Prominente Mitglieder kommen mit ihren Speichelleckern und Schranzen, die nach Eifersüchteleien zu anderen Favoriten überlaufen mögen. Der Patron und sein engster Zirkel haben das Recht auf Stühle, andere sitzen auf Bettkanten oder auf dem Boden. Tee und Speisen werden wohl zunächst den Mächtigen ausgeteilt, aber die Kameraderie erlaubt keine allzu deutliche Bevorzugung. Die Freunde sind ungleich, aber Freunde. Beim gemütlichen Teil singen die jungen Männer, andere verbreiten Liebesgedichte und führen innige Gespräche. Mit viel Hin und Her findet man schließlich zu Schlaf, bei dem oft mehrere Männer ein Bett teilen.

Gleichgeschlechtliche Sexualität ist allgemeine, ungeniert geübte Praxis und gehört zu dieser Männerwelt. Sexuelle Scham prägt dagegen den Umgang mit Frauen. Die paschtunischen Herrscher sind noch mehr als ihre nicht-paschtunischen Gefolgsleute von diesem Bild des autarken, waffentragenden Mannes geprägt, der sich nachts nur heimlich nach Hause zu seiner Frau schleicht, weil er nicht als ‚Weichling' verspottet werden will. Mann und Frau gehören in verschiedene Welten. Eine Mutter bestärkt ihren Sohn in seinem männlichen Gehabe, eine Schwester sucht Schutz bei ihrem Bruder, und eine Ehefrau bekämpft ihren Mann, auch wenn sie seinen Haushalt führen muß. Oft ist sie seine Kusine, denn Binnenheirat ist für den Clan nicht nur erlaubt, sondern sogar erwünscht. Dann ist ihr Bruder Vetter und Feind ihres Gatten, der um die gleiche Erbschaft und den gleichen Einfluß im Männerhaus kämpft. Die Frau ist somit die Verbündete des Feindes.

System

Paschtunen können kaum als ‚führerlos' bezeichnet werden, andererseits ist eine politische Führung nicht vorgegeben, sondern viele Aspiranten bewerben sich um Anhänger im Männerhaus und außerhalb. Autarkie als Mann ist ein ebenso unerreichbares Ideal wie die stets besungene ‚reine' Liebe unter Männern oder die Waffenbrüderschaft der Kameraden im *hujra.* Der Mann gibt anderen nach, der Liebhaber wird untreu, der Gefolgsmann wechselt den Clan. Niemand steht sich so nahe wie ein Bruder dem anderen, aber schon nach ein oder zwei Generationen werden die sogenannten Brüder (das heißt, die Vettern) zu Todfeinden. Der Clan könnte autark sein und seine Töchter für sich behalten oder fremde Frauen ausschließen. Aber auch die eigenen sind verdächtig. Vernünftige Politik bindet sie durch Heiraten, läßt aber auch Allianzen mit ganz fremden Clanen zu, die dann als Gegengewicht wirken.

Wie der Jahrtausende umfassende paschtunische Stammbaum läßt das Männerhaus der Yusufzai nur stillschweigend weibliche Existenzen zu. Ihr Platz ist jenseits der gesellschaftlichen Grenze *(pardah).* Das *hujra* manifestiert den nicht einlösbaren Anspruch der Krieger, als Einzelne wehrhaft im Bund mit Gleichen Macht und emotionale Zuwendung zu finden. Diesem Anspruch gegenüber steht ganz konkret die Moschee, in der sich die gleiche Gruppierung von Männern gereinigt und geordnet Gott zuwendet. Nur der Allmächtige ist ihr Herr, denn nur er ist vollkommen.

Vergleich

Juang und Paschtunen bieten allen Männern der jeweiligen Lokalgemeinschaft räumlich einen vorgegebenen Treffpunkt, der ohne Frauen und jenseits des Familienkreises zentrale Werte vermittelt. Eine solche vorgegebene Universalität unterscheidet ihn von anderen sogenannten Männerhäusern, die zum Beispiel nur einer exklusiven Elite Räumlichkeiten bieten mögen (siehe Rogers 1981). Juang und Paschtunen müssen sich nicht für die Mitgliedschaft qualifizieren. Sie entscheiden sich auch nicht für oder gegen das Männerhaus, denn in der Gemeinde wird auch der passivste Nachbar zugeordnet. Das Haus dient nicht bestimmten Zwecken, sondern der Bund der Benützer erfährt ganz allgemein, was Männer – und nur Männer – als solche zu leisten und zu dulden haben. Sie besuchen nicht ein Schul- oder Gasthaus, sondern ein Gebäude, das diese und viele andere Aufgaben gleichermaßen allgemein erfüllt.

Die Unterschiede der bei Juang und Yusufzai beschriebenen Institutionen zeigen die grundsätzlichen Eigenheiten und das Differenzierungsniveau höchst unterschiedlicher vorbürokratischer Systeme. Ein Männerhaus der Juang bindet auf Dauer die einzige Gruppenöffentlichkeit jenseits der Familie und verwaltet materielle wie immaterielle Güter der Gemeinschaft. Jenseits dieses Bundes gelten nur noch freiwillige oder unfreiwillige Außenbeziehungen, die vom Bund gesucht, geduldet oder abgelehnt werden. Heiratsallianzen etwa sind vorgegeben, aber nicht unumstößlich. Wegen der langfristigen reziproken Gabenverpflichtungen der Alliierten wird die Bindung unter Umständen Verhandlungsgegenstand. Die Seite, die nicht zur festgelegten Zeit einen Messingkrug bei den Affinen abliefert, riskiert als Dorf den Verlust des affinalen Status. Für die Beleidigten wäre sie danach wie ‚auswärtige Agnaten' von Vergesellschaftung ausgeschlossen.

Für die Yusufzai erscheinen neben *hujra* und Moschee viele andere gesellschaftliche Bindungen. Der einzelne kann Schulen und Fabriken besuchen, sein Geld als Busfahrer, Hotelier oder Finanzbeamter verdienen und danach zur Bank tragen. Über diese bürokratischen Bindungen hinaus gehört sein Herz der Sache der Paschtunen und der Muslime allgemein. 1947 mag mancher beschlossen haben, sich dem Beutezug (oder der Befreiungskampagne) in Kaschmir anzuschließen. Ebenso selbständig kommt ein betuchter Yusufzai dazu, heilige Männer aus dem Clan des Propheten (Seyed) durch eine Stiftung zu fördern.

Ein Juang wird für immer seinem Männerhaus (und seiner Göttin) zugeordnet. Er wird lieber sterben, als etwa in eine neue staatliche Mustersiedlung einzuziehen. Dagegen kann ein Yusufzai sein Männerhaus wechseln, wenn ein besserer Patron bessere Aussichten bietet. Er kann auch sein eigenes *hujra* aufmachen. Die in der Verhaltenspraxis vorgenommene Entscheidung zählt. Wegen dieser Wahlfreiheit entstehen Unklarheiten, die in Krisenzeiten bereinigt werden müssen. Dann mustert der Patron die ihm zur Seite stehenden Gewehre.

Das Kultzentrum eines Juang ist seine Endstation, sein totaler Bezug, der ihm Diesseits und Jenseits nahebringt. Zwar sind die Männer sicher nicht als ‚Marionetten' dem Gewohnheitsrecht verhaftet, sondern dezidierte Individualisten, doch ihr

Individualismus spielt sich im vorgegebenen Rahmen ab, der nur für uns als Außenstehende eng und zwanghaft erscheinen mag.

Der Bezugsrahmen gibt es viele für Yusufzai aus Swat. Der Weg zum Jenseits wird in der Moschee gewiesen. Alltägliche Umgangsformen lehrt das Männerhaus auch für die Welt jenseits des Dorfes und der Berge. Ein Swati lernt, wie er im Bürgerkrieg, in den Slums von Karachi oder im Arbeitnehmerheim eines arabischen Öl-Emirats auftreten muß.

Männerhaus ist nicht gleich Männerhaus. Wir haben ein für uns auffälliges Kriterium – die gemeinschaftliche Lebensweise von Personen männlichen Geschlechts – willkürlich ausgewählt, um ohne Bezug auf die jeweiligen Ordnungsmuster so grundverschiedene Formen der Vergesellschaftung wie *hujra* und *majang* unter einen Oberbegriff oder in eine übergeordnete Klasse zu zwängen. Dieser Gewaltakt läßt die einheimische Sinnhaftigkeit vollständig beiseite und senkt deshalb unser Verständnisniveau, statt es zu steigern. Was soll er erreichen?

Das Konzept ‚Männerhaus' oder ‚Männerbund' führt uns sicher nicht zu einer wie auch immer gearteten ‚Natur' der Männer. Die Bündischen in Neu-Guineas Hochland lassen ‚ihre' jeweiligen Frauen umherziehen und flüchten in ihr ‚Männerhaus' aus Angst vor Hexerei und Menstruationsblut. Dagegen fürchtet ein Yusufzai, ein Fremder könnte einer ‚seiner' Frauen zu nahe treten. Sie sind seine Achillesferse, deshalb schließt er sie zu Hause ein, um selbst im ‚Männerhaus' die große Freiheit zu erleben. Ein Juang überläßt als Jüngling seinen Eltern die Hütte als Privatsphäre und trifft sich allabendlich mit jungen Frauen vor dem ‚Männerhaus'. In jeder Lebensphase steht er in intensivem Kontakt zu Frauen, die mit ihm tanzen, Kinder aufziehen oder Rituale vorbereiten. Durch das ‚Männerhaus' wird dieser ständige intensive Kontakt zwischen Männern und Frauen Regel und Lebensinhalt. Für einen Juang dürfte ein Paschtune kaum als ‚Mann' gelten und umgekehrt. Der erste Typus ‚Männerhaus' wird im Vergleich zum zweiten von anderen Wesen bewohnt.

Die *Thags* – oder die Geschichte eines kriminellen Bundes im kolonialen Indien

Aparna Rao

Am Anfang des 19. Jahrhunderts trieben gefürchtete Räuber- und Mörderbanden in vielen Teilen Indiens ihr Unwesen. Der Kolonialbeamte William Henry Sleeman machte es sich zur Aufgabe, das Land von ihnen zu befreien, und schrieb zahlreiche Bücher über diese sogenannten ‚*Thags*'. Bis heute ist jedoch unklar, ob es sich wirklich, wie Sleeman es darstellte, um geheime, religiös motivierte Männerbünde handelte oder ob diese Berichte nur der blühenden Phantasie des Eiferers Sleeman entsprangen.

Mit dem Begriff ‚*Thag*' (in der angelsächsischen Literatur ‚*Thug*'; vom Hindiverb ‚*thagna*', betrügen abgeleitet), der in den britischen Kolonialdokumenten in der ersten Hälfte des 19. Jahrhunderts in Indien erstmals auftaucht, wurde das Mitglied einer Geheimgesellschaft von Mördern bezeichnet, die ihre Opfer strangulierten. Auch aus den Jahrhunderten davor waren in Indien Fälle von ‚Würgern' bekannt geworden, doch waren diese niemals ‚*Thags*' genannt worden.

Die einzigen Quellen, die über diese geheimnisvollen Banden der *Thags* vorliegen, stammen alle von dem britischen Armeeoffizier Sir William Henry Sleeman; alle späteren Berichte berufen sich auf das von ihm publizierte Material. Sleemans Berichte (1836, 1837, 1840 und 1915: 77–91), beruhen auf den protokollierten Verhören, während der Gerichtsverhandlungen gegen einzelne *Thags*, die zwischen 1831 und 1837 durchgeführt wurden. In diesen Jahren wurden 1700 von ihnen wegen Raubmordes verurteilt. Mehr als vierhundert wurden gehängt und über tausend deportiert. Alle Urteilssprüche jedoch beruhten ausschließlich auf den Aussagen von etwa fünfhundert Kronzeugen (Taylor 1985: 8). Für eine Verurteilung genügte es, daß der Kronzeuge aussagte, der Angeklagte sei Mitglied einer *Thag*-Bande. Der Nachweis der Teilnahme an kriminellen Handlungen, also eine Mittäterschaft, wurde für eine Verurteilung nicht für nötig gehalten (Freitag 1985: 147). Zu dieser Vorgehensweise sagt Sleeman (1840: iv–v, in: Freitag 1985: 150–151) selber: „Es ist zumeist äußerst schwierig auf der Basis dieser Berichte (der Kronzeugen) ihnen einen Mord nachzuweisen." Allerdings hält er dies auch nicht für unbedingt notwendig, da „Wenige Dinge für einen Inder schwieriger sind, als – ganz gleich unter welchen Umständen auch immer – die Wahrheit zu sagen ..." (Sleeman 1837: 145).

Sleeman und seine Behauptungen

William Henry Sleeman wurde 1788 in England geboren und ging als junger Infanteriekadett 1809 nach Indien, um in Bengalen in der Kolonialarmee der britischen *East India Company* zu dienen. Im Jahre 1820 wurde er als Verwaltungsbeamter in Zentralindien eingesetzt. Dieses Gebiet, in dem nach Sleemans späteren Berichten, die *Thags* hauptsächlich operierten, hatte den Maratha-Herrschern gehört, doch war es einige Jahre zuvor von den Engländern erobert worden. Seit 1810 mußte die *East India Company* verzeichnen, daß viele ihrer indischen Soldaten, besonders wenn sie ihren Jahressold erhielten und den Heimaturlaub antraten, beraubt und ermordet wurden. Vergeblich versuchte 1812 eine Einheit der Kolonialarmee, nach der Ermordung eines britischen Leutnants, in die Dörfer einzudringen, in denen angeblich einige *Thags* lebten. Nach Philip Meadows Tylor (1986: 4), auch er war Kolonialbeamter zur Zeit Sleemans, wurde bei dieser Strafexpedition entdeckt, daß: „... diese *Thags* seit Generationen jährlich große Summen an die Regierung von Sindia als Gegenleistung

1774 wurde der erste britische Generalgouverneur in Indien eingesetzt. Unter seinen Nachfolgern eroberten die Engländer in den nächsten Jahrzehnten weite Gebiete Indiens. In diese Zeit fällt auch der Indien-Aufenthalt von William Henry Sleeman, der 1809 als Infantriekadett nach Indien kam und 1820 als Verwaltungsbeamter in Zentralindien eingesetzt wurde. Hier machte er es sich zur Aufgabe, das Land von den Thags zu befreien, die nach seiner Ansicht einen geheimen, religiös motivierten Männerbund bildeten, der in den in der Karte markierten Gebieten operierte. Karte ca. 1857–58. Sammlung A. Rao.

für ihren Schutz zahlten". Sindia war einer der fünf wichtigsten Maratha-Herrscher, der große Teile Zentralindiens kontrollierte. In den folgenden Jahren, etwa bis 1830, wurden immer wieder, besonders in Malwa, dem Kerngebiet der Marathas, verschiedene kleine Banden dieser ‚Würger' gefangengenommen. Doch dachte damals niemand, daß es einen organisatorischen Zusammenhang zwischen diesen verschiedenen Gruppen gäbe.

Die Regierung der britischen *East India Company* war zu dieser Zeit, unter dem Gouverneur General Lord Bentinck, stark von den Ideen des Utilitarismus beeinflußt. Sie hielt es für ihre moralische Pflicht, Indien von zahlreichen alten Traditionen zu befreien, um es aus der „dunklen und traurigen Nacht des Aberglaubens" (Sleeman 1837: 43) herauszuführen; sie wollten den Menschen des Landes den christlichen Glauben bringen, um sie in eine bessere Zukunft zu führen. Um dies zu erreichen, brauchte man aber, so meinten sie, eine starke Zentralgewalt mit einer allgemein gültigen Gesetzgebung. Jede lokale Abweichung von diesen Gesetzen und jede Störung dieses übergeordneten Prinzips wurde daher als Bedrohung der britischen Herrschaft betrachtet. Aufgabe und Pflicht eines jeden britischen Beamten war es, über alles was in seinem Verwaltungsbezirk geschah, informiert zu sein, um darüber zu wachen, daß alles mit den Ideen der neuen zentralisierten Staatsorganisation konform ging. Groß war daher der Schock, den Sleeman erlitt, der stolz darauf war, daß in seinem Bezirk „... nicht einmal ein gewöhnlicher Raub oder Diebstahl verübt werden kann, ohne daß ich davon informiert wäre" (1836: 32), als er feststellen mußte, daß „... eine Bande von professionellen Mördern kaum 400 Yards von meinem Gerichtshof lebt" (1836: 33). Diese Tatsache konnte sich Sleeman nur dadurch erklären, daß diese ‚berufsmäßigen Mörder' – nun von ihm *Thags* genannt – keine gewöhnlichen Kriminellen waren, sondern daß es sich bei ihnen um eine geheime, höchst gefährliche und über den größten Teil Indiens verbreitete, gut organisierte Gemeinschaft handeln mußte. Nun entstand das Bild der großen ‚*Thag*-Bruderschaft' mit schrecklichen Ritualen in Verbindung mit der Muttergöttin, die Sleeman mit Devi oder Davi benennt. Sleeman ist für die Stereotypisierung des Wortes *Thag* veranwortlich: „Indem er die Unterschiede zwischen den verschiedensten Tätern und Tätergruppen leugnete und sein Hauptaugenmerk nur auf gewisse Ähnlichkeiten richtete, versuchte er nachzuweisen, daß es eine weit verbreitete *Thag*-Verschwörung gab" (Gordon 1969: 410; siehe auch van Woerkens-Todorov 1988: 257). Um diesen geheimen Bund zu vernichten, genügten nun, nach Ansicht Sleemans, die normalen Strukturen der Verwaltung nicht mehr, sondern eine große zentral organisierte Instanz mußte ins Leben gerufen werden, und ‚Thuggee Sleeman', wie er nun genannt wurde, wurde ihr Leiter.

Die Theorien, die Sleeman über die *Thags* entwickelt hat, stellte er selber, kurzgefaßt , in seinem Werk „Ramaseeana" (1836) dar. Die Hauptmerkmale der *Thags* waren nach seiner Meinung:

1. Sie stammten ursprünglich von den Sagartii, einem persisch sprechenden nomadischen Hirtenvolk ab, das als Teil der Armee des Xerxes in Griechenland eindrang. Als Quelle nennt Sleeman das siebente Buch Herodots (Sleeman 1934: 31ff.), und als Beweis für diese Herkunft führt er an, daß auch die Sagartii, wie die *Thags,* eine Schlinge benutzten, um ihre Gegner zu töten (Sleeman 1836: 10). Jeden Bericht einer Mordtat durch Erdrosseln, im Verlauf der Jahrhunderte in Indien, wertet er als einen Hinweis auf das Vorhandensein dieser Nachfahren der Sagartii. Weiterhin hielt er alle zu seiner Zeit lebenden *Thags,* gleichgültig ob Hindus oder Muslime, für die Nachfahren von sieben muslimischen Clans, die in der Umgebung von Delhi ihr Unwesen trieben. Obwohl er selber die Schwächen seiner Argumentation erkennt, schreibt er, daß er dennoch überzeugt davon sei, daß alle diese sieben Clans der *Thags* ursprünglich von diesen wilden, herumziehenden Horden der Sagartii abstammten. Sleeman behauptet, daß die *Thags* seinerzeit mit der gesamten Familie umherzögen und, obgleich sie angäben, andere Einkommensquellen zu haben, dennoch ihren Lebensunterhalt ausschließlich durch kriminelle Handlungen bestritten. Generell scheint Sleeman der Meinung gewesen zu sein, daß alle nichtseßhaften Gruppen Indiens, inklusive der viehzüchtenden Nomaden, wandernden Händler und sogar Pilger als Kriminelle zu betrachten seien.

2. Alle *Thags* besäßen einen eigenen Dialekt, den er ‚Ramasi' (bei ihm: ‚Ramasee') nennt. Alle Verben dieser Sprache seien aus dem Hindi übernommen, doch würde sich das übrige Vokabular in keiner anderen Sprache finden.

3. Alle *Thags* waren von einem göttlichen Ursprung ihres ‚Gewerbes' überzeugt, und sie alle, Hindus oder Muslime, glaubten, daß sie bei der Ermordung eines Opfers unter

dem direkten Einfluß der Göttin Devi bzw. Durga, Kali oder Bhawani stünden, deren Befehle sie ausführten. Diese Göttin würde durch eine geweihte Picke symbolisiert. Drei Dinge habe die Göttin, so berichtet Sleeman, den *Thags* gegeben: eine Schlinge aus dem Saum ihres Gewandes; ein Messer, zum Zerstükkeln der Leichen, das aus einer ihrer Rippen hergestellt war, und diese Picke, geschaffen aus einem ihrer Zähne, mit deren Hilfe die Leichen verscharrt werden konnten (siehe Sleeman 1837: 36–54). Sie seien daher der Meinung, daß sie keine gewöhnlichen Morde begängen, sondern Opferhandlungen vornähmen. Vor einer solchen Tat achteten sie besonders auf die verschiedensten Omen und vollzögen einige Riten (siehe auch Farquhar 1954). Um bei den *Thags* aufgenommen zu werden, müsse weiterhin ein Initiationsritual durchlaufen werden (siehe auch Sleeman 1837: 64ff.).

4. Die Morde erfolgten durch rasches Strangulieren der Opfer, ohne irgendeine andere Art der Gewaltanwendung. Morde an Frauen und Mädchen seien extrem selten, und da niemals Fälle von Vergewaltigungen vorgekommen seien, wertete er all dies als ein weiteres Anzeichen dafür, daß eine Beziehung zwischen den Handlungen der *Thags* und dem Auftrag der weiblichen Gottheit vorläge. Die meisten Opfer seien unbewaffnete Kuriere, die, besonders nach der Erntezeit, größere Geldsummen zu überbringen hatten. Im „Ramaseana" läßt Sleeman jedoch keinen Zweifel an seiner Meinung, daß das Motiv für die Morde in der Beute läge – obgleich auch eine religiöse Komponente vorhanden sei.

Schenkt man diesen Beschreibungen der *Thags* durch Sleeman Glauben, so könnte man in der Tat der Meinung sein, es handle sich bei ihnen um einen kriminellen Männerbund, wenn man Männerbünde, mit Johansen (pers. Mitteilung), folgendermaßen definiert: „Als Männerbünde verstehen wir fest institutionalisierte, das heißt, über Generationen währende, Kontinuität und eigene rituelle Formen besitzende Zusammenschlüsse von Männern. Die Zugehörigkeit der Mitglieder... ist lebenslänglich geplant, und es herrschen... prinzipielle Egalität und gemeinsame Interessenschwerpunkte."

Liest man Sleemans Berichte jedoch kritisch, so fällt auf, daß er sich häufig in seinen eigenen Ausführungen widerspricht und weiterhin, daß selbst nach seinen eigenen Angaben, keinesfalls von einem langzeitigen Zusammenschluß von Männern in einer organisierten Form die Rede sein kann. Widersprüche zu der Theorie Sleemans, wie sie in den Punkten 1 bis 4 dargestellt wurde, sind beispielsweise folgende seiner eigenen Ausführungen:

a. Er schreibt selber, daß es mehrere kleinere Vereinigungen gegeben hat, die, ohne sich gegenseitig zu kennen, unabhängig voneinander operierten (Sleeman 1836: 97; 1915: 77–91). Bei den Verhören wurde klar, daß die Beute ausschließlich innerhalb einer jeden Bande verteilt und niemals mit anderen Banden geteilt wurde. Es gab, so stellt er selber fest, weder eine feste Bandenmitgliedschaft, noch gab es dauerhafte Anführer dieser Banden. Im ‚Ramaseana' finden sich zahlreiche Beispiele davon, daß Männer, die an einem größeren Überfall teilgenommen hatten, mit ihrem Teil der Beute in ihre Dörfer zurückkehrten, um nie wieder an solche Unternehmungen teilzunehmen. Nirgends ist die Rede von irgendwelchen Versuchen, sie beispielsweise durch disziplinarische Maßnahmen zum Bleiben in der Bande zu zwingen.

b. ‚Ramasee, die Geheimsprache' der *Thags,* schien auch regional zu variieren, so daß die verschiedenen Gruppen sich noch nicht einmal in ihr verständigen konnten: „Verschiedene Bezeichnungen sind oft von den verschiedenen, weit von einander entfernt lebenden Banden, für den selben Begriff erfunden worden" (Sleeman 1836: 4).

c. Die Morde wurden angeblich von den verschiedenen Gruppen in durchaus unterschiedlicher Weise ausgeführt. Neben dem Erdrosseln schienen einige Banden ihre Opfer zu vergiften, andere töteten sie mit dem Schwert (Sleeman 1915: 78, 85–86). Außerdem, obwohl die Mehrheit der Mitglieder Männer waren, führt Sleeman selber Beispiele von Frauen als zeitweilige Bandenführer und Mörder an (Sleeman 1836, 1837).

d. Offensichtlich übten die meisten der *Thags* unterschiedliche Berufe aus und viele waren angesehene Bewohner ihrer Dörfer; viele von ihnen waren Bauern, andere wiederum waren Händler, Steuereintreiber oder Sänftenträger (Sleeman 1837, 1915: 90). Alle scheinen seßhaft gewesen zu sein, und die Saisonalität der Verbrechen, der Sleeman eine religiöse Bedeutung beimißt, ist nach Hobsbawm (1969: 78) ein weitverbreitetes Phänomen bei Banditen in allen Agrargesellschaften.

Obwohl Sleeman die Thags als organisierte, langfristige Zusammenschlüsse von Männern darstellte, ergaben seine eigenen Verhöre, daß es weder feste Mitglieder noch dauerhafte Anführer der Banden gab. Mitglieder solcher Banden konnten durchaus angesehene Bewohner ihrer Dörfer sein. Die Abbildung zeigt „die letzten Vertreter dieser fanatischen Mörder" im Gefängnis von Aurangabad, die zu lebenslänglicher Haft verurteilt worden waren. Stich von A. de Neuville nach einem Foto von L. Rousselet, Ende des 19. Jahrhunderts. Sammlung A. Rao.

Kurzum, man kann weder von einer fest institutionalisierten Organisation, noch von einer Dauerhaftigkeit dieser Banden sprechen. Von den Ritualgerätschaften, die als spezifisch angenommen wurden, bleibt nur die geweihte Picke. Die Göttin, in ihrer unterschiedlichen Form, wurde und wird jedoch in den meisten Teilen Indiens verehrt. Natürlich hatten die Mitglieder dieser kurzzeitigen Zusammenschlüsse das gemeinsame Interesse der Bereicherung.

Die *Thags* in der Literatur

Sleemans Berichte erschienen zu einer Zeit, in der in Europa der Kriminalroman populär wurde. Schon in den Jahren zuvor war der Orient, wie man ihn sich vorstellte, zum Schauplatz der Handlungen vieler Werke der Schriftsteller der Romantik geworden. Kein Wunder also, daß Sleemans *Thags* innerhalb kürzester Zeit in ganz Europa so bekannt wurden und Stoff für viele Romane lieferten, darunter auch für berühmte Schriftsteller wie Charles Dickens *(„The Mystery of Edwin Drood"* [1870]) und Mark Twain *(„More Tramps Abroad").* Der Terminus *Thag* bekam sogar eine allgemeinere Bedeutung und wurde für alle angeblich so grausamen Gegner der Weißen benutzt: so zum Beispiel in den Vereinigten Staaten von Amerika, wo sogar die Apachen *‚Thag'* genannt wurden (Sleeman 1934: 15). Taylors Roman *„Confessions of a Thug"* (1839) bildet insofern eine Ausnahme, als er im Kapitel XXIV einige *Thags* mit den deutschen Landsknechten und den italienischen *Banditti* vergleicht und sagt, daß sie bemitleidenswerte arme Leute waren. In den übrigen Werken der Zeit wurde der Aspekt der Bereicherung mehr und mehr außer acht gelassen, und in zunehmendem Maße trat eine religiös motivierte Mordlust in den Vordergrund (siehe Sleeman 1934: 15). Dieses Bild paßte gut zu den makabren Vorstellungen, die man sich im damaligen Europa über Indien machte (Weinberger-Thomas 1988). Die angebliche Freude, die die *Thags* beim Töten empfänden, wurde als religiöse Freude durch die Erfüllung der Wünsche einer typisch grausamen Hindu-Göttin interpretiert. Die Vorstellung einer Bruderschaft oder eines Männerbundes der *Thags*, mit den angeblich geheimen und monströsen Ritualen und dem primitiven und abergläubischen Konzept der Muttergöttin, paßte hervorragend zu der selbstgestellten Aufgabe der Kolonialmacht, die Inder zu zivilisieren.

Der heutige Standpunkt

Seit Hobsbawms (1959, 1969) bahnbrechenden Arbeiten nimmt das Thema ‚Kriminalität' eine wichtige Stellung in der kritischen geschichtswissenschaftlichen Literatur ein. Im westlichen Kontext sind mehrere interpretative Schulen und Forschungsansätze entstanden (Foucault 1975; Monkkonen 1975; Thompson 1975), und zunehmend wurden auch im kolonialen Kontext analytische Studien des Phänomens Kriminalität durchgeführt (zum Beispiel Pouchepadass 1979 und Yang 1985 für Südasien und Crummey 1986 für Afrika). Die meisten dieser Studien, die Südasien betreffen, werden unter der generalisierenden Überschrift ‚*Subaltern Studies*" (Guha 1982–1983) geführt und widmen sich der Untersuchung derjenigen Gruppen, die von den jeweils Herrschenden als Kriminelle angesehen und abgestempelt wurden. Die Autoren vertreten zumeist die Ansicht, daß diese Gruppen für ihre legitimen sozialen und wirtschaftlichen Rechte kämpften. Vernachlässigt in all diesen Studien wurden jedoch diejenigen Gruppen, denen solche ‚edlen Motive' nicht ohne weiteres unterstellt werden konnten. Erst in jüngster Zeit haben einige Autoren erkannt, daß auch die Kriminalität solcher Gruppen im Kontext der politischen Lage eines Landes zu sehen ist. Im Gegensatz zur Behauptung der Kolonialherren, daß es die *Thags* schon immer gegeben habe (sie werden sogar als eine Kaste definiert – Russell und Lal 1916: 558) und daß die Inder ohne die Briten unfähig wären, Ruhe und Ordnung aufrecht zu erhalten und sich selbst zu regieren, vertreten neuere Autoren die Ansicht, daß die Banden von Räubern und Mördern, die man *Thags* nannte, erst zu Beginn des 19. Jahrhunderts entstanden seien. Es wird darauf hingewiesen, daß jedesmal, wenn in Indien ein größeres Reich zusammenbrach, Gruppen von entwurzelten und heimatlosen Menschen sowie entlassenen und nun mittellosen Soldaten, genau wie in Europa beispielsweise nach dem Dreißigjährigen Krieg, marodierend durch das Land zogen (zum Beispiel Richards und Rao 1980; Shulman 1980). In verschiedenen Teilen Indiens trieben in der zweiten Hälfte des 18. Jahrhunderts zahlreiche solche Gruppen ihr Unwesen. Einige von ihnen, wie die ‚*Sanyasi*' (Fuchs 1965: 109–111; Kolff 1971), waren religiös orientiert. Die bekanntesten unter diesen Marodeuren waren die ‚*Pindari*' (zum Beispiel Sinha 1971) Zentralindiens. Sie standen unter dem Schutz der Maratha-Herrscher und setzten sich aus Menschen verschiedener regionaler Herkunft und Religion zusammen. Genau wie die *Thags* (Taylor 1986: 4; Sinha 1971: 140), genossen die *Pindari* besondere Privilegien in den Territorien des Herrschers Sindia. In den Verhören, die Sleeman durchführte, kam mehrmals zum Ausdruck, daß die *Thags* häufig einen Teil der Beute mit bestimmten Großgrundbesitzern oder kleineren Maratha-Fürsten teilten. Sleeman schreibt selber, daß Hunderte dieser *Thags* auf den Gehaltslisten des kleineren Landadels standen und von ihm, oft für mehrere Jahre, unter Vertrag genommen worden waren (Sleeman 1837: 433–475). Interessanterweise schreibt Sleeman (1836: 20), daß in der Geheimsprache der *Thags* mit dem Terminus ‚*burka*' „ein voll iniziierter Thag" und mit ‚*borka*' ein Bandenführer (Sleeman 1937: 92) bezeichnet wurde – mit ‚*borgi*' bezeichnet man noch heute in vielen Teilen Nordindiens die marodierenden und grausamen Soldaten und Söldner der Maratha. Daß ehemalige Maratha-Soldaten zu Marodeuren wurden, zeigt der Fall der sogenannten ‚Qazzak-Banditen' in Nordindien (Chaudhuri 1955: 87), die ebenfalls den Schutz der lokalen Großgrundbesitzer genossen. Daher vertreten einige Autoren (Gupta 1959; Gordon 1969) die Ansicht, daß die sogenannten *Thags* in Wirklichkeit sehr verschiedene Gruppen gewesen sind, deren Mitglieder aber integraler Teil der Gesellschaft im Gebiet der Marathas waren. In einer Zeit, in der die durch die Kolonialisierung hervorgerufene Armut wuchs, gleichzeitig aber die Bedeu-

Der Eiferer William Henry Sleeman, inzwischen Thugee Sleeman genannt, wurde zu einer Art Mythos. In der Nähe der Stadt Jabalpur, in der zahlreiche Thags hingerichtet worden waren, liegt im Dorf ‚Sleemanabad', das Sleeman für die Familien der hingerichteten Thags gründete, ein Hindutempel, von dem behauptet wird, daß die Nachfahren Sleemans dort zu seinem Gedenken jedes Jahr eine Lampe anzünden. Foto nach Woerkens-Todorov 1988: XXXI.

tung des Geldes zunahm, waren Raubüberfälle besonders häufig. Weiterhin versiegten den Marathas 1803 nach ihrer Unterwerfung durch die Briten ihre Quellen der legalen Staatseinnahmen; übrig blieben ihnen nur die illegalen Methoden – nämlich Raub und Überfall, ausgeführt durch die *Thags*.

‚Thuggee Sleeman' wird zum Mythos

Inzwischen ist ‚Thuggee Sleeman' selbst zu einer Art Mythos geworden (van Woerkens-Todorov 1988: 269–272). In der Stadt Jabalpur, in der zahlreiche *Thags* hingerichtet worden waren, gibt es eine Straße, die nach Sleeman benannt wurde. Nicht weit entfernt liegt das Dorf ‚Sleemanabad', das Sleeman für die Familien der hingerichteten *Thags* gründete. Es gibt sogar einen Hindu-Tempel, von dem behauptet wird, daß Sleeman ihn bauen ließ zum Zeichen seiner Dankbarkeit, daß seine Frau nach vier Jahren Ehe endlich ein Kind zur Welt brachte. Weiterhin wird gesagt, es pilgerten jedes Jahr die Nachfahren Sleemans an diesen Ort, um zu seinem Gedenken eine Lampe zu entzünden. Sleeman ist somit integraler Teil der Geschichte der ‚Bruderschaft der *Thags*' geworden.

Es wird vielleicht niemals ganz geklärt werden, ob diese Geschichte der *Thags*, als die eines Geheimbundes von religiös orientierten Kriminellen, jemals historische Wirklichkeit war, oder ob es sich vielmehr um eine Geschichte handelt, die Sir Sleeman erzählt hat, aus Gründen, die mit seinen persönlichen Eitelkeiten und Vorstellungen und mit der Situation der britischen Kolonialmacht in Indien zusammenhängen.

Korea – fast ein männerbündisches Nichts

Dieter Eikemeier

Auch Schlüsse aus unsystematischen und eher oberflächlichen Beobachtungen haben ihre Wahrheit. In diesem Sinne wäre es nicht unzutreffend zu sagen, daß ganz Korea ein Männerbund sei. In der Tat ist zumindest das öffentliche Korea der letzten Jahrhunderte ‚männlich besetzt', und dasselbe gilt im großen und ganzen für das ‚veröffentlichte', also das Korea, wie es sich in schriftlichen oder auch in bildlichen Äußerungen zeigt. Die Rede von Korea als einem einzigen Männerbund ist auch insoweit richtig, als sie einschließt, daß man hinter oder unterhalb des ‚großen Bundes' keine Pluralität partikularer Männerbünde mehr findet. Tatsächlich ist man auch bisher kaum auf Beispiele dessen gestoßen, was man als Männerbünde bezeichnen würde.

Siehe dazu auch Farbseite XLVIII.

Männliche Dominanz ohne Männerbünde

Es gibt keine Hinweise darauf, daß die öffentliche Dominanz durch etwas wie Männerbünde erstritten wurde oder durch sie aufrechterhalten wird. Regionale Bünde, wie sie seit dem 16. Jahrhundert unter dem Namen *hyangyak* o.ä. in Erscheinung treten, üben Tugenden und Gesten ein, die dann auch im weiteren politischen und gesellschaftlichen Leben Geltung haben. Entsprechendes kann man, wenigstens gelegentlich, über die ungezählten männlichen Cliquen sagen, die auf dem Boden gemeinsamer sozialer oder regionaler Herkunft entstehen und bis heute in Korea allgegenwärtig sind. Man kann also diesen Zusammenschlüssen Bezüge zum öffentlichen, männlich dominierten Korea nicht absprechen. Man kann im Einzelfall sogar behaupten, daß sie Männer auf ihre Rolle in Politik und Gesellschaft vorbereiten, und wenn man will, mag man derartige Zusammenschlüsse Männerbünde nennen. Man muß dann aber berücksichtigen, daß ihnen jedes ausdrücklich gegen Frauen gerichtete oder anderweitig kämpferisch-konspirative Moment abgeht. Frauen kommen in diesen Bünden nicht nur nicht als Mitglieder, sondern auch nicht als ‚Thema' vor, als Widerpart, den man zurückzudrängen oder gegen den man sich wenigstens zu behaupten hätte.

Das Verhältnis zwischen Frauen und Männern ist zumindest im Korea der letzten Jahrhunderte durch den Grundsatz der „Trennung von Ehemann und Ehefrau" (Sino-Kor: *pubu chi pyŏl)* bestimmt. Ist in der Formulierung auch nur von Eheleuten die Rede, so gilt die Regel faktisch doch für das Verhältnis von Frauen und Männern insgesamt. Sie bedeutet, daß Frauen und Männern je eigene Lebensbereiche zukommen, wobei die Öffentlichkeit, die an der Umfriedung des Anwesens beginnt, die Domäne des Mannes ist. Da man in der koreanischen Geschichte keinerlei organisierte und langfristige anti-weibliche Aktivitäten feststellen kann, liegt der Schluß nahe, daß männliche Dominanz durch Regeln wie die eben zitierte hinlänglich begründet ist. Männliche Dominanz ist dann sozusagen ‚von langer Hand' vorbereitet, im Vorfeld jeder männlichen Gruppenaktivität abgesichert worden, zu der es hätte kommen können, offenbar aber gar nicht mehr zu kommen brauchte. Die Frage, wer oder was jene ominöse ‚lange Hand' war und was ihrem Wirken Verbindlichkeit verschaffte, berührt mehr als nur den Bereich partikularer bündischer Aktivität. Sie gehört zu der ‚Männerfrage', die als Komplement zu der gegenwärtig vielerorts, so auch in Südkorea, diskutierten Frauenfrage zu stellen wäre.

Das Fest zu Ehren der Schutzgottheit von Kangnŭng, an der Ostküste Koreas. Ein Büschel bunter Papierstreifen markiert den Hauptort des Geschehens: ein Podium und eine Fläche für die Zuschauer, beides von einer Zeltbahn überdacht. Hier residiert, auf einem Baumast, die Schutzgottheit um den 5. Tag des 5. Monats nach dem Mondkalender. Bestimmte ,Ritenspezialisten', in westlichen Sprachen ,Schamanen' o. ä. genannt, geben die Bitten der Ortsgemeinde oder einzelner ihrer Mitglieder um Wohlergehen an die Schutzgottheit weiter. Foto: D. Eikemeier, 7. Juni 1970.

Es ist sicherlich kein Zufall, daß es in Korea keine terminologische Entsprechung für das deutsche Wort ,Männerbund' gibt. Es scheint überhaupt schon an einem entsprechenden Begriff zu mangeln, das heißt, an einem Konzept organisierter männlich-partikularer Aktivität, welche unter anderem die Aussonderung von Frauen zum Ziel hätte. Abgesehen von dem Schrifttum, welches das im nächsten Kapitel zu Behandelnde betrifft, erscheinen auch in der Korea-Literatur Männerbünde nicht als distinktes Phänomen.

Die Blumenjünglinge

Dichter, Tänzer, Krieger

In der Fülle des Gleichen gibt es meistens die berühmte Ausnahme, und so ist es auch hier. Die Ausnahme verdient natürlich zunächst einmal um ihrer Singularität willen Aufmerksamkeit. Sie tut es aber noch mehr, weil sie für die Einsicht eine Rolle spielt, daß Männerbünde nicht unbedingt das verkörpern müssen, was man in gegenwärtig verbreiteten Vorstellungen gemeinhin mit dem Begriff der Männlichkeit verbindet. Diese Männlichkeit, die heutzutage in einigen Gesellschaften im Kreuzfeuer der Kritik steht, wäre demnach nur eine besondere, historische Erscheinung und keineswegs eine ,anthropologische Konstante'.

Die Ausnahme ist die der Blumenjünglinge *(hwarang)*. Ungeachtet der Aufmerksamkeit, die sie in Korea und in der Korea-Literatur gefunden haben, sind sie gleichwohl eine marginale Erscheinung. Das sind sie schon aus zwei äußerlichen Gründen. Sie gehören in das frühe Königtum Silla (trad. Daten: 57 v. Chr. – 935), das sein Zentrum im äußersten Südosten der koreanischen Halbinsel hatte, und ihre Aktivitäten scheinen im wesentlichen auf das 6. und 7. Jahrhundert beschränkt gewesen zu sein.

Die Auskünfte über die *hwarang* sind fragmentarischer Natur und, zumindest auf den ersten Blick, schwer miteinander in Einklang zu bringen, ja teilweise offen widersprüchlich.[1] *Hwarang* sind Anführer von Gruppen heranwachsender Jugendlicher oder junger Männer, die dem Königshaus und der Aristokratie Sillas entstammen. Ihre Namen und ihre Generationenfolge werden schriftlich festgehalten. *Hwarang* bzw. ein Gefolgsmann von ihm wird man durch Kooption, bleibt es aber nicht ein Leben lang. *Hwarang* sind schön von Angesicht, schminken sich und tragen erlesene Kleidung. Sie dienen in Schreinen, sind aber auch der Musik und der Dichtung so-

Männliche Verwandte Kim Sŏk-ch'uls, eines der bekanntesten ‚Ritenspezialisten' Koreas. Die Männer unter den ‚Ritenspezialisten' unterbrechen die Zeremonien durch den Vortrag volkstümlicher Lieder, durch die Aufführung von Pantomimen und manchmal auch durch maskierte Darbietungen. Diese männlichen ‚Ritenspezialisten' bezeichnen sich selbst als hwarang und verwenden damit den Namen, mit dem zuerst die ‚Blumenjünglinge' des frühkoreanischen Königtums Silla bezeichnet wurden. Foto: D. Eikemeier, 8. Juni 1970, anläßlich des Festes zu Ehren der Schutzgottheit von Kangnŭng.

wie dem Tanz zugetan. Sie ziehen gern ins Freie, mit Vorliebe in die wunderschöne Bergwelt der koreanischen Ostküste, und „im leichten Wind unter dem Mond" (*p'ungwŏl*, oder „im Liebesspiel", was der Ausdruck auch meinen kann) geben sie sich der Natur hin und besingen sie in Liedern *(p'ungnyu)*. Künstlerische und vielleicht auch homoerotische Komponenten im Leben der *hwarang* sind also unübersehbar, was für sich schon nicht zu einem konventionellen Bild von Männlichkeit paßt. Man muß aber auch folgendes festhalten: *Hwarang* vereinen in ihrer Lebensführung angeblich die Lehren des Konfuzius, des Buddha und des Taoismus. Auch sind sie todesmutige, ihrem Land und ihrem König treu ergebene Krieger und ebenso aufopferungsbereite Gefährten. Aus den Rängen der *hwarang* sind dann auch eine Reihe der bedeutendsten Militärs und Staatsmänner Sillas hervorgegangen.

Affinität zur Religion

Hervorgehoben werden soll hier die Affinität der *hwarang* zur Religion. Die verzaubernde Natur ist nicht nur äußerer Rahmen und Stimulans für das Musizieren, Tanzen und Dichten. Sie ist auch der Gegenstand von Verehrung; als solche hat sie bis in das 16. Jahrhundert hinein ihren Platz im höfisch-regierungsamtlichen Kultus gehabt und ihn bis heute in volkstümlicheren Formen der Religion behalten. Ebensowenig sind Musizieren und Tanzen ausschließlich oder auch nur in erster Linie weltlich-profane Handlungen. Vielmehr gehören beide, und auch das bis in die Gegenwart, zu einem unauflöslichen Bündel von Erscheinungen, dessen andere Elemente religiöser Natur im engeren Sinne des Wortes sind. In diesen Verbindungen liegt auch der Grund dafür, daß sich die Bezeichnung *hwarang* auf spätere männliche Gruppen übertragen hat, die ‚Träger' des weltlich-religiösen Handlungsgefüges waren. Als solcher ist der Terminus bis heute als Bezeichnung der männlichen Mitglieder gewisser Gruppen von Priester-Schauspieler-Rezitatoren an der Ostküste Koreas, also im Kernland des alten Silla, lebendig.

Deutlicher als anderen Religionen stehen die *hwarang* dem Buddhismus nahe, und darin wieder besonders Maitreya (Sino-Kor.: *mirŭk*), dem Buddha kommender Zeitalter. *Hwarang* wenden sich häufig an den Buddha, und viele treten in den buddhistischen Klerus ein. Einer der *hwarang* gilt als der leibliche Vater Wŏn'gwangs (gest. 660), eines der bekanntesten Buddhisten Sillas, dessen Onkel auch *hwarang* war. Maitreya kann geradezu als Schutzpatron der *hwarang* gelten, von dem erwartet wird, daß er sich als Blumenjüngling zeige.

Uneinheitliche Quellen

Kaum ein Sachverhalt, der die *hwarang* betrifft, wird in zwei oder mehreren voneinander unabhängigen Quellen in vergleichbarer Weise berichtet. Das muß man berücksichtigen, wenn man zwischen den so unvereinbar erscheinenden Tatsachen einen sinnvollen Zusammenhang erkennen und die Frage beantworten will, in welchem Sinne die Gruppen der *hwarang* als Männerbünde gelten können. In einem eher oberflächlichen Sinne und dann auch in einem gewissen Gegensatz zu dem, was bereits angedeutet wurde, können sie aus zwei Gründen so gesehen werden. Zunächst einmal sind ihre Mitglieder eben Männer. Als Männerbünde können die Zusammenschlüsse aber auch deshalb gelten, weil Überlieferungen die *hwarang* ausdrücklich in Opposition zu einer weiblichen Gruppierung setzen. Die *hwarang* sind nämlich von dem Monarchen bzw. dessen Mutter eingesetzt worden, um – so die eine Tradition – das Corps der höfischen Tanz- und Gesellschaftsdamen oder – so die andere – die Schreindienerinnen in ihren Aufgaben abzulösen. Für den bündischen, wenn auch nicht für einen ausgesprochen männlichen Charakter der *hwarang*-Gruppen spricht auch ihre auffallende Bindung an den Maitreya-Buddha und die damit einhergehende Ausrichtung auf Zukünftiges und Neues.

Von diesen Äußerlichkeiten abgesehen ist im Umkreis der *hwarang* aber, wie schon erwähnt, gerade das wenig präsent, was man üblicherweise mit dem Begriff von Männlichkeit verbindet. Die Feststellung mag überraschen, wenn man an die doch zahlreichen Leistungen und Tugenden denkt. Die Tatsachen selbst bleiben unbestritten; nur ist ihre Beweiskraft gering. Denn fast alle Belege dieser Art finden sich in einer Quelle des 12. Jahrhunderts, deren Autor selbst ein prominenter Militär war und dem man deshalb ein besonderes Interesse an seinesgleichen unterstellen darf. Vor allem aber muß man sich fragen, ob die so ausgezeichneten *hwarang* nicht auch dann hervorragende Militärführer und Staatsmänner geworden wären, wenn sie nicht den Bünden der Blumenjünglinge angehört hätten. In ihren Biographien jedenfalls weist so gut wie nichts auf einen notwendigen Zusammenhang zwischen ihrer Jugend als *hwarang* und ihren späteren Leistungen hin. Man kann deshalb auch nicht behaupten, daß etwas in ihrer Ausbildung und in ihrem Status sie notwendigerweise auf ihren späteren Weg als Militärs und Staatsmänner gewiesen hätte. Über die Erziehung eines *hwarang* erfahren wir übrigens überhaupt nichts.

Gerade die spätere Verwendung des Namens *hwarang* zeigt, daß zumindest im Bewußtsein sich unmittelbar von *hwarang* angesprochen fühlender Koreaner die Affinität der *hwarang* zu Kunst und Religion enger war als die zu Krieg und Politik. Weniger beeindruckt von dieser Affinität waren offenbar nur die gebildeten Interpreten.

Auslegungen im Spiegel des Zeitgeistes

In den letzten Jahrzehnten haben koreanische Gelehrte und Politiker die disparaten Tatsachen auf ihre Weise zu deuten gesucht und dabei meistens eine eher aggressive Männlichkeit betont. Einige Interpreten nehmen an, daß die Entwicklung von religiösen Organisationen hin zu ausschließlich oder doch vorrangig militärisch-politischen Bünden verlief. Andere behaupten den umgekehrten Weg. Allen diesen Deutungsversuchen ist gemeinsam, daß die Fakten auf eine Entwicklungslinie gezwungen werden. Wieder andere Autoren meinen, daß die Gesamtheit der *hwarang*-Gruppen in einen religiös-künstlerischen und in einen militärischen Zweig aufgespalten gewesen sei, die nebeneinander bestanden hätten. Es werden allerdings keine Fakten beigebracht, die den Wandel der einen oder anderen Art bzw. das Nebeneinander plausibel machen würden. *Hwarang* umschrieb schließlich in den fünfziger Jahren, als militärische Tugenden in Südkorea höher im Kurs standen, als sie das heute tun, ein patriotisches Ideal. Der Terminus tauchte im Namen der Militärakademie auf wie auch in dem einer militärischen Auszeichnung und in dem der Zigaretten, die in jener Zeit an die Streitkräfte verteilt wurden.

Alle diese Interpretationen und Umgangsweisen mit den Termini beruhen darauf, daß den verschiedenen Quellen verschiedene Grade von Glaubwürdigkeit zugeschrieben werden. Die Quellen scheinen aber eher durch Verschiedenartigkeit des Interesses unterschieden zu sein, das ihre Autoren für die *hwarang* hegen

Der Vortrag von Liedern und Pantomimen, mehr noch aber der von ausgedehnten, weitgehend buddhistisch gefärbten Epen, den sog. ‚Schamanenliedern' (muga), obliegt auch den Gefährtinnen der hwarang, hier der Frau von Kim Sŏkch'ul, Kim Yusŏn. Darbietungen dieser Art gehören auch zu anderen Festlichkeiten als denen zu Ehren von örtlichen Schutzgottheiten, so z. B. zu dem Geleit von Seelen Verstorbener (ogugut u. ä.). Foto: D. Eikemeier, 11. Oktober 1978, anläßlich des Festes zu Ehren der Schutzgottheit der Fischer von Chumun -jin, an der Ostküste Koreas.

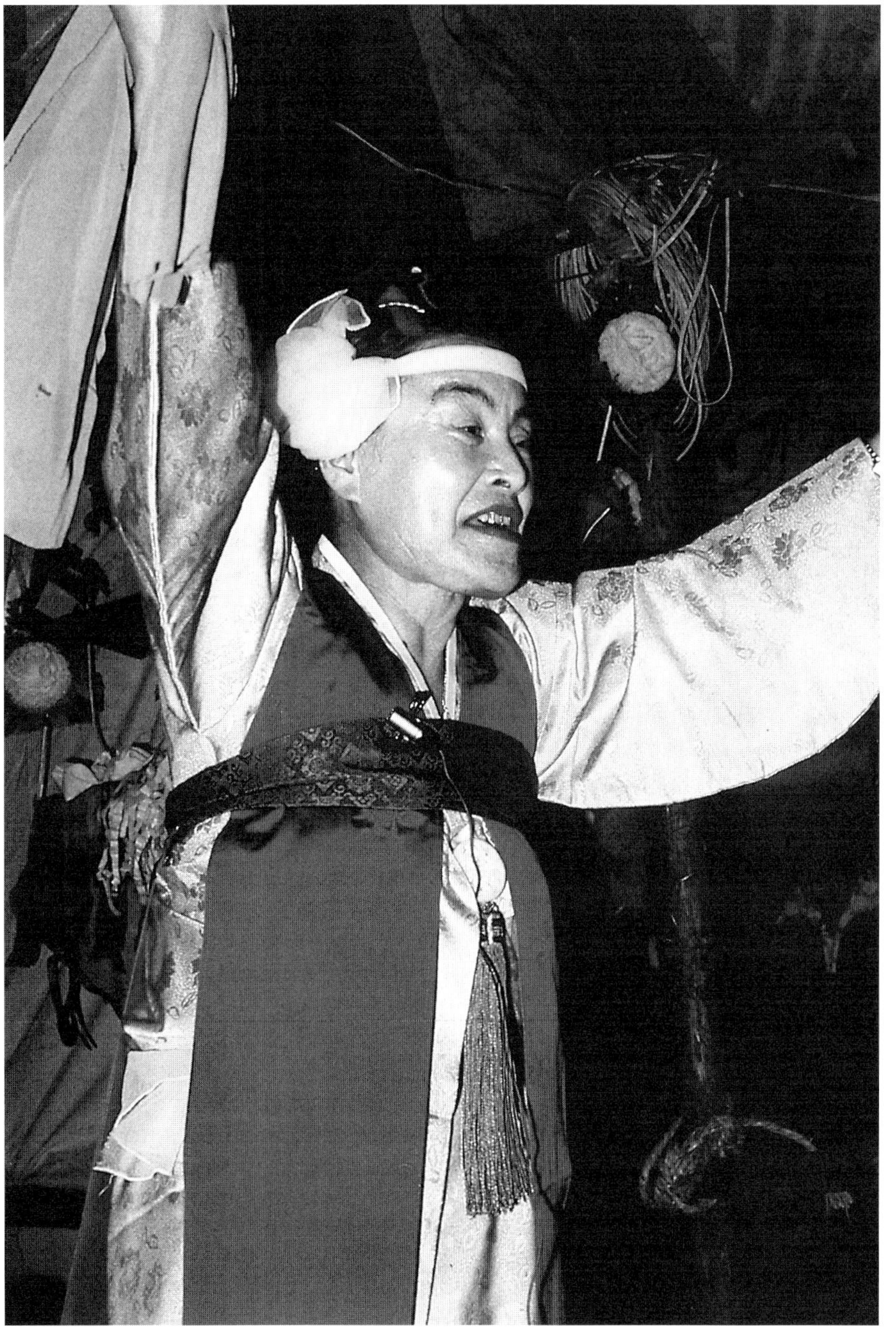

und das deshalb bei jeder Interpretation mehr als die vordergründige Glaubwürdigkeit in Rechnung gestellt werden muß.

Eine erheblich näherliegende Interpretation ist die Annahme, daß die *hwarang* im Silla das waren, was zu einem guten Teil die bündische Jugend im Deutschland des frühen 20. Jahrhunderts war: ‚engagiert' und allen möglichen guten Zwecken verpflichtet, auch wenn diese miteinander im Widerspruch standen, den Musen zugetan und lebensreformerisch gesonnen, überhaupt mit viel Gesinnung und Gesittung, aber auch mit geschärftem Verantwortungsbewußtsein und Opferbereitschaft ausgestattet. Wenn es heißt, daß die *hwarang* die faktisch und theoretisch miteinander unvereinbaren Lehren des Konfuzianismus, des Buddhismus und des Taoismus gleichzeitig verwirklicht hätten, dann ist das nicht in einem platten Sinne unglaubwürdig, sondern die Umschreibung hochfliegender Ideale.

Gesinnung und Gesittung waren weitläufig und unverbindlich genug, um die *hwarang* weniger dazu anzuhalten, Politik und Gesellschaft zu bestimmen, als es ihnen zu ermöglichen, das zu tun, was ohnehin angezeigt war. Ohne daß sie das als widersprüchlich empfinden und sich in ‚Schulen' und Parteiungen aufspalten mußten, entsprachen sie einfach der Vielfalt, auch den Widersprüchen, die in der Natur der Gesellschaft lagen, in der sie lebten. Schließlich fiel die Blütezeit der Blumenjünglinge in die beiden Jahrhunderte des Aufbruchs Sillas zur beherrschenden Macht auf der koreanischen Halbinsel, und in derartigen Epochen pflegen Widersprüche selten als solche wahrgenommen zu werden. Wenn die *hwarang* nur das taten, was ‚in der Luft lag', dann ist damit auch gesagt, daß sie auf ihre Weise nicht weniger marginal als spätere Zusammenschlüsse von Männern waren. Nur dürften sie dabei in einer Epoche, in der Gewalttätigkeiten an der Tagesordnung waren, dem Leben auch einiges an Leichtigkeit und Glanz verliehen haben.

Anmerkung

1 Die umsichtige Arbeit von Richard Rutt stellt nach wie vor die beste Einführung in das *hwarang*-Wesen dar und schließt mit Beurteilungen, die hier weitgehend übernommen werden konnten. Der Wert der Arbeit von Ch'oe Chaesŏk liegt in der umfangreichen und wohl auch erschöpfenden Bibliographie. Yi Chaeho stellt einen neu aufgetauchten Text vor, ohne ihn allerdings im vollen Wortlaut abzudrucken bzw. faksimiliert widerzugeben. Wären nicht erhebliche Zweifel an der Authentizität des Textes als Quelle angezeigt, dann müßte er als der den Erscheinungen zeitlich am nächsten stehende gelten. Der Text selbst wie auch die Zweifel, die an seiner Authentizität angemeldet werden müssen, sind hier allerdings nicht von großem Belang. Der Text gibt in der Hauptsache Einblicke in den Bündnischarakter der *hwarang*-Vereinigungen; dieser steht hier aber gerade nicht in Frage.

Die Kriegermönche von Tibet

Veronika Ronge

Die *Dob-Dob* wurden als ‚Kriegermönche' in Tibet ob ihrer Ritterlichkeit, Tapferkeit und Kraft teils bewundert, ob ihrer provozierten Kämpfe, ihres unmönchischen Gebarens, ihrer Kleidung und teilweise Homosexualität teils verschrien. Sie spielten als Ordnungshüter in den Gelugpa-Klöstern eine wichtige Rolle, verdingten sich jedoch auch außerhalb der Klostermauern, um ihren Lebensunterhalt zu verdienen. Ihr Leben war gekennzeichnet von sportlichem Training und Kraftproben, wo immer sich eine günstige Gelegenheit ergab. Besonders beliebt waren Wettkämpfe zwischen den *Dob-Dob* zweier Klöster. Im Widerstandskampf gegen die Chinesen taten sie sich, ihrem Selbstverständnis folgend, besonders hervor. Seit den ersten Tagen des Exils hat sich die Institution der *Dob-Dob* aufgelöst.

In vielen Berichten über Tibet stößt der Leser immer wieder auf Beschreibungen der *Dob-Dob* (*ldob-ldob* oder *ldab-ldob*), die manchmal mit dem Terminus ‚Kriegermönche' bezeichnet werden.

Diese Art Mönche soll es in sämtlichen Gelugpa-Klöstern (reformierte Schule) Tibets gegeben haben, jedoch spielten diejenigen der Klöster Drepung und Sera bei Lhasa offenbar eine geradezu legendäre Rolle. *Dob-Dob*-Mönche rekrutierten ihren Nachwuchs aus solchen Novizen und Aspiranten, die mit dem Studium und der spirituellen Seite des Mönchslebens nicht zurecht kamen oder nichts im Sinne hatten, jedoch aus verschiedenen Gründen auch ihr Kloster nicht verlassen wollten, um fürderhin das Leben eines Laien zu führen. Es sollen etwa zehn Prozent aller Klosterinsassen, zumindest der sehr großen Klöster, eine solche Laufbahn eingeschlagen haben.

Erscheinungsform

Rein äußerlich lassen sich die *Dob-Dob* an ihrer Kleidung gut von den anderen Mönchen unterscheiden: Das rockartige Gewand *(shams thabs)* ist gut doppelt so lang wie das der regulären Mönche; man zog es über den Gürtel herunter und faltete die Bahnen um die Hüften herum zu einem voluminösen Rock, der jedoch vorne möglichst glatt getragen wurde. Durch den weit ausholenden Gang und wiegende Hüften des Trägers, schwangen die Gewänder imponierend um die Beine. Auch trug man den Rock nicht knöchellang, sondern ließ die Beine ein gutes Stück frei.

Man bevorzugte besonders feinen und teuren Wollstoff in einem dunklen Rotton. Um den Faltenwurf des Rockes ordentlich zu erhalten, ‚bügelten' die *Dob-Dob* ihre Kleidung unter einer Planke, indem sie sich darauf setzten und sie mit ihrem eigenen Körpergewicht beschwerten.

Über der Bluse, die vorne offen getragen wurde, damit man den muskulösen Oberkörper des Trägers gut sehen und bewundern konnte, trugen sie ein langes Schaltuch, das schlauchförmig zusammengerollt und über den Oberkörper geschlungen wurde.

Ein besonderes Charakteristikum der Tracht waren jedoch die Accessoires oder vielmehr die Waffen der *Dob-Dob*. In Zentraltibet bestanden sie aus einem überdimensional großen Eisenschlüssel *(a'gad)*, der so an einer langen Lederschnur befestigt wurde, daß man ihn dem Gegner entgegenschleudern und schnell wieder zurückziehen konnte. In Osttibet verwandten die *Dob-*

Tibetische Kriegermönche erkennt man an ihrer Kleidung, die sich deutlich von der der anderen Mönche unterscheidet. Man liebte feinen, teuren roten Wollstoff. Der voluminöse Rock war in raffinierte Falten gelegt, ein schlauchförmiges Schaltuch wurde auf kleidsame Weise so um den Oberkörper geschlungen, daß die muskulösen Schultern und Arme sichtbar blieben. Auf ihre Haartracht legten die Dob-Dob-Mönche besonderen Wert. Hinter den Ohren ließ man bei der Rasur des Kopfes eine lange Locke stehen, die zu einer eleganten Tolle gekämmt wurde. Abb.: Stein 1972: 142.

Dob sichelförmige Messer, den Ledermessern der Schuster ähnlich *(khye'u)*. In Amdo trugen sie einen ‚Eisenstein' *(lcags rdo)*, der wie ein Lot geformt war; diese Instrumente hingen am Gürtel, zuweilen trugen die *Dob-Dob* auch mehrere gleichzeitig (Goldstein 1964: 127ff.).

Um den rechten Oberarm schlangen sie ein rotes Stoffband, das mit einer mächtigen Gebetskette umwickelt sein konnte; oftmals wurde diese Stelle aber auch nur mit einem schwarzen Rußstrich markiert (Rockhill 1891: 64).

Um ihrem Aussehen noch mehr Schrecken zu verleihen, schminkten sich die *Dob-Dob* zuweilen um die Augen schwarz oder zogen einen breiten schwarzen Strich aus einem Gemisch von Ruß und Butter über die Stirn.

Ein besonders auffälliges Merkmal der *Dob-Dob* war ihre Frisur: Sie ließen sich nicht wie andere Mönche eine Tonsur scheren, sondern trugen hinter den Ohren jeweils eine lange Locke *(ldob skra)*, deren Strähnen sie sogar um die Ohren wickeln konnten. Es gab genaue Bestimmungen zur Länge des Haares und wie es geschnitten werden mußte; die rechte Locke bürstete man nach unten, die linke frisierte man in einer großen – manchmal mit Vaseline gefestigten Tolle nach oben. (Richardson und Skorupski 1986: 70).

Die Vorstände der Klöster waren über diese Extravaganz nicht sehr erfreut, so daß die *Dob-Dob* während der religiösen Zeremonien ihre Frisuren möglichst versteckten, indem sie den Umhang wie eine Kapuze über ihren Kopf legten. Ansonsten konnte es durchaus geschehen, daß man ihnen die gepflegten und gehegten zehn bis vierzehn Zentimeter langen Locken abriß, so daß an den Schläfen die blutig geschwollenen Stellen zu sehen waren, die die tapferen *Dob-Dob* jedoch voll Stolz und Verachtung zur Schau trugen (Kawaguchi 1909: 469).

Zu den Zeiten aber, an welchen die *Dob-Dob* jenen Mönchen zur Seite standen, die für die Klosterdisziplin verantwortlich waren *(zhal ngo)*, wenn sich zum Beispiel abertausende Mönche während der Neujahrsfeiern in Lhasa aufhielten, mußten sie sich die Haare kurz schneiden, malten dafür aber Locken auf die Backen, bis die Haare wieder nachgewachsen waren (Richardson und Skorupski 1986: 49).

Um *Dob-Dob* zu werden, mußte ein junger Novize ‚erwachsen und kräftig sein', so daß er mit etwa fünfzehn Jahren in eine *skyid-sdug*-Vereinigung (‚Freud und Leid' teilende Vereinigung) der *Dob-Dob* aufgenommen werden konnte. Ihr Interesse und ihre Befähigung dazu signalisierten die Knaben bereits mit zehn, elf Jahren, indem sie sich wie *Dob-Dob* zu kleiden und zu bewegen versuchten und Streit und Händel anzettelten, wo immer sich dazu eine Gelegenheit ergab. Als Kandidaten, also vor der eigentlichen Aufnahme, hatten die Jungen erst einmal Monate lang für ältere *Dob-Dob* den Haushalt zu führen; sie durften zwar bei den Trainingsstunden der älteren *Dob-Dob* zusehen, aber selbst noch nicht daran teilnehmen.

So hatten zwei Abteilungen des Klosters Sera (Sera *smad* und Sera *byes*) jeweils zwei *skyid sdug*, je eine für Junioren und eine für Senioren unter den *Dob-Dob* (Macdonald 1932: 251). Eine von ihnen hatte etwa 36 Mitglieder. Bei der Aufnahme in die *skyid sdug* brauchten die Neulinge keine Einstandsgebühren zu entrichten, jedoch waren Spenden in die gemeinsame Kasse erwünscht, deren Inhalt man bei gegenseitigen Einladungen in den Zellen verschmauste. Die Vereinigungen hatten einen Vorstand, der auch die Sportübungen überwachte und in dessen Zelle etwaige Versammlungen stattfanden (Richardson und Skorupski 1986: 50ff.). Nach der kurzen Probezeit und der Aufnahme in die *skyid sdug* begann die eigentliche Ausbildung der jungen *Dob-Dob*. Dazu trafen sie sich früh morgens westlich von Sera in einem Tal, erfrischten sich unter einem eiskalten Wasserfall und rannten nackt im Sand, übten Ringen und das Tragen und Werfen von schweren Steinen, sowie den Weit- und Zielwurf. Auch spurteten sie die Berge hinauf und sprangen von hohen Felsen herunter. Die Neulinge mußten mit Sand in den Stiefeln laufen und weitspringen! (Richardson und Skorupski 1986: 70). Beim Weitspringen benützte man eine ansteigende Rampe. Alle diese Übungen dienten den großen Wettkämpfen, die früher zwischen den *Dob-Dob* von Sera und Drepung ausgefochten wurden. Dabei wahrte der *skyid sdug*-Vorstand strenge Disziplin.

Viele *Dob-Dob* hatten außerdem eine Ausbildung zum Oboe-Spieler *(rgya ling)* zu absolvieren, da sie zum Beispiel in Sera reihum an Neujahr musizieren mußten, und auch die langen Trompeten *(dung chen)* wurden bisweilen von *Dob-Dob* gespielt.

Lebensweise

Ihren Lebensunterhalt verdienten sie zum einen durch die Teilnahme an solchen Gebetsversammlungen, die durch Tee- und *tsampa* (geröstetes Gerstenmehl)-Pausen unterbrochen wurden, wobei man die Nahrungsmittel frei austeilte. Zum anderen verdingten sie sich – wie bereits in der Probezeit erlernt – bei den *Lamas* zum Sammeln von Trockendung als Brennmaterial, Wasserholen und Holztragen zum Kloster hin.

Sie galten auch als besonders geschickte Modelleure von Opfergebilden aus *tsampa*-Teig (Kawaguchi 1909: 291).

Im Kloster übernahmen sie karitative Aufgaben, kümmerten sich um kranke Mönche und sahen bei den Alten nach dem Rechten. Während der großen Mönchsversammlungen schenkten die *Dob-Dob* Tee aus schweren Metallkannen aus, wobei sie über buttergetränkte, glitschige Fußböden balancieren mußten. Dabei kam es unter den jüngeren *Dob-Dob* häufig zu den sogenannten ‚Suppen-Kämpfen' *(thug rgyag gtug)*, einem Gerempel und Gerangel, bei dem möglichst wenig Gebräu verschüttet werden durfte.

Das auffälligste Charakteristikum der Tracht der Dob-Dob war ein überdimensional großer Eisenschlüssel, der als Waffe diente. Er war so an einer langen Lederschnur befestigt, daß man ihn dem Gegner entgegenschleudern und schnell wieder zurückziehen konnte. Solche Techniken erlernten die angehenden Mönche im Laufe einer langen, anstrengenden und harten Ausbildung. Zeichnung: N. G. Ronge.

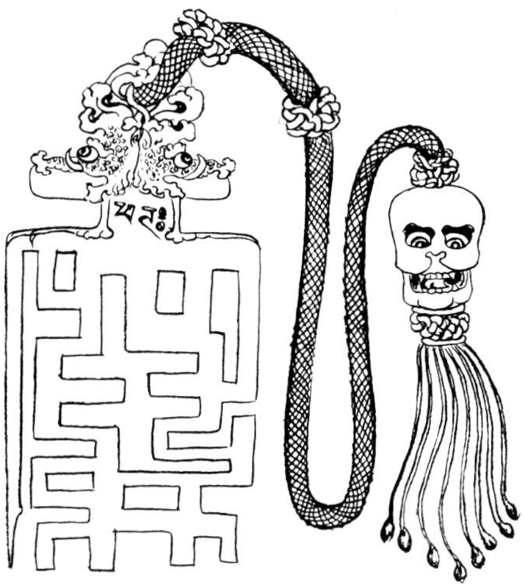

Auch in den Klosterküchen mit den riesigen Tee-Kochtöpfen halfen die *Dob-Dob*, indem sie, mit einer großen Lederschürze bekleidet, die Teemischzylinder bedienten, wobei sie so kräftig zustießen, daß der Tee mitunter bis zur Decke spritzte.

Eine andere Einnahmequelle der *Dob-Dob* bestand im Abbrennen von Weihrauchopferfeuern am fünfzehnten eines jeden Monats auf den hohen Bergen um Lhasa, wobei sich die *Dob-Dob* aus Sera und Drepung abwechselten. Der Weihrauch wurde von begüterten Adelsfamilien, Geschäftsleuten und Händlern gestiftet. Mindestens zu zweit stiegen die *Dob-Dob* über Nacht zu den Gipfeln hinauf und brannten unterwegs kleine Feuer ab, damit die Spender ihren Weg verfolgen konnten. Oben angekommen, ruhten sie sich in einem kleinen Unterstand aus, um dann bei Tagesanbruch und in der Windstille des Morgens die großen Opferfeuer zu entfachen (Richardson und Skorupski 1986: 72).

Anläßlich besonderer religiöser Feiern kamen den *Dob-Dob* bestimmte Aufgaben zu, die sie sehr gerne, da gewinnbringend, übernahmen. So wurde während der Feier des *tshogs mchod gser bam* im zweiten tibetischen Monat (Mondkalender) ein riesiges Appliqué-*thanka* außen über die Mauern des Potala herabgehängt und nur kurze Zeit zur Besichtigung freigegeben. Eine große Prozession mit Teilnehmern aus allen Klöstern begab sich vom Jokhang (Zentraltempel in Lhasa) bis vor den Potala. Nachdem sie dort eintraf, tanzte das Staatsorakel von Netschung *(gnas chung)* vor den Kabinettsmitgliedern. Währenddessen kam ein wie ein indischer Kuhhirte gekleideter Spaßmacher mit einer Kuh und amüsierte das Publikum durch seine tumben Melkversuche. Diese Aufgabe mußte alljährlich ein *Dob-Dob* aus Sera übernehmen und dies nicht ungern, da ihm die Leute Geld zusteckten und er anschließend in den Häusern weitere Belohnungen einsammeln durfte. Während der Vorführung mußte er eine besondere Maske tragen, die im Potala aufbewahrt wurde; er hatte deshalb bereits einen Monat vorher ein makelloses Leben zu führen, da sonst die Maske nicht ‚passen' würde!

Immer wieder werden die *Dob-Dob* in Zusammenhang mit den vielfältigen Feierlichkeiten anläßlich des tibetischen Neujahrsfestes *(lo gsar)* und des anschließenden Großen Gebetes *(smon lam)* erwähnt.

Erst am dritten Tag des neuen Jahres durften die Mönche Lhasa betreten. Während der dreiwöchigen Feiern war die zivile Gerichtsbarkeit in Lhasa aufgehoben, und allein die zwei *zhal ngo* aus Drepung hatten die Verantwortung für die Bewohner der Stadt und die weit über 20000 Mönche, die sich zu dieser Zeit in Lhasa aufhielten. Meist betraute man ältere *Dob-Dob* mit dieser Aufgabe, denen weitere *Dob-Dob* zur Seite standen.

Die zwei Haupthelfer trugen vor den *zhal ngo* deren Amtsinsignien her, zwei große eckige, mit getriebenen und ziselierten Silber- und Goldornamenten verzierte Stäbe. Ein weiterer *Dob-Dob* schulterte einen langen Holzstock, eine Art Meßlatte für den Tee, der in den riesigen Bronzekesseln vor dem Jokhang für die Mönche gekocht wurde. Alle weiteren Gehilfen waren mit Weidenruten und Peitschen bewaffnet, um die drängende Menge von den Tanzenden und Prozessionen fernzuhalten (Richardson und Skorupski 1986: 42).

Diese an sich sinnvolle Einrichtung wuchs sich jedoch im Laufe der Jahrhunderte zu einem Terror-Regime aus. Die Macht der Mönche ging so weit, daß man Zahlungsunwillige und Widerstandleistende, die sich den willkürlichen Strafen nicht beugen wollten, auch prügelte.

Viele Reiche brachten sich und ihren Besitz bereits vor den Feiern in Sicherheit, um den als Strafzahlungen getarnten Erpressungen zu entgehen. (Kämpfe der *Dob-Dob* untereinander waren jedoch während dieser Wochen verboten!). Diese Bräuche waren vom fünften Dalai Lama eingeführt (1617–1679) und erst vom dreizehnten Dalai Lama (1876–1934) revidiert worden (Harrer 1953: 155).

Am fünfzehnten Tag des ersten Monats fand das große ‚Opferfest am fünfzehnten' statt; für eine einzige Nacht gab man die in monatelanger Arbeit hergestellten, an meterhohen Gerüsten ausgestellten Butterskulpturen, -ornamente und -dekorationen dem Volk zur Besichtigung frei und zerstörte sie wieder beim Morgengrauen.

Die Gebilde wurden um den Jokhang herum aufgestellt und die besten Künstler prämiiert. Um in diesem Gedränge unbehelligt zu bleiben, heuerte so manche Adelsfamilie kräftige *Dob-Dob* als persönliche Leibwächter für eine Nacht an (Richardson und Skorupski 1986: 44).

Des weiteren verdienten sich die *Dob-Dob* ihren Lebensunterhalt auch als Begleiter hoher Inkarnationen oder von Handelskarawanen des Klosters auf Reisen, als Bewacher reicher Handelsherren unterwegs, als Helfer auf den Höfen der eigenen Familie, als Kontrolleur für die Schatzmeister und Verwalter der Güter der Aristokratie, als Restaurant-Manager oder gar als Schatzmeister klösterlicher Labrangs.

In diesen Fällen erhielten die *Dob-Dob* Verpflegung sowie Unterkunft und wurden mit Getreide, Fleisch, Butter, Gewandstücken oder Geldäquivalenten entlohnt (Richardson und Skorupski 1986: 51).

Die Wettkämpfe

In der Beschreibung der Lebensweise der *Dob-Dob* fehlt noch die Darstellung der Wettkämpfe *(mchong)*, der Ereignise, auf die sich ein richtiger *Dob-Dob* immer lange und eifrig vorbereitete. Sie fanden in unregelmäßigen Abständen, nach einer anderen Quelle jedoch alle sieben Jahre, statt (Macdonald 1932: 251). Da es vor einigen Jahren jedoch zu einer großen Schlägerei gekommen war, hatte man den an sich friedlichen Wettstreit aufgegeben, der wohl am häufigsten zwischen Sera und Drepung ausgefochten worden war (Richardson und Skorupski 1986: 49). Die *Dob-Dob* aus Sera veranstalteten außerdem im Dezember jeden Jahres untereinander einen Wettlauf, wobei sie nachts durch den Fluß und mehrere Meilen am Ufer entlangrennen mußten.

Es galt, an einem Tag sechs verschiedene Disziplinen zu absolvieren. 1. Weitsprung von der Plattform aus. 2. Der Springer muß einen Dolch *(phur pa)* nach dem Sprung genau auf die Grenze zwischen weicher Sprunggrube und hartem Erdreich setzen. 3. Um den Hals des Springers hängt ein weißes Tuch, durch welches er vor dem Absprung auf der Plattform schlüpfen muß. 4. Vor dem Sprung muß ein Stein möglichst weit geworfen werden. 5. Vor dem Sprung muß der Springer einen Stein zwischen den Beinen hindurch auf ein Ziel, einen Pfahl, werfen. 6. Ziel-Weitwurf von der Plattform aus (Goldstein 1964: 129ff.).

Laut Goldstein, dem wir eine erste, ausführliche Darstellung des Lebens der *Dob-Dob* verdanken, nahmen nur *Dob-Dob* an diesen Wettkämpfen teil, die Mitglieder einer besonderen Vereinigung *(gling ka skyid sdug)* waren, der auch Laien

Die Dob-Dob-Mönche hatten eine große Vorliebe für Wettkämpfe und Raufereien, zu denen die Klöster sich gegenseitig herausforderten und auf die sich die Mönche mit großer Passion vorbereiteten. Im Gewichtheben mit schweren Steinen maßen sich jedoch auch gerne die Mönche ein und desselben Klosters. Die besten im Raufen standen in der Hierarchie am höchsten. Foto: V. Ronge.

(Frauen und Männer) angehörten. Letztere nahmen nicht an den Wettkämpfen teil, konnten jedoch mit den *Dob-Dob* zusammen trainieren. Sie hatten vor allem für die Organisation bei den Wettkämpfen zu sorgen, für Zelte, Teppiche, Kissen und das Essen.

Nur wenn eine *Dob-Dob skyid sdug* meinte, eine starke Mannschaft zu haben, forderte sie diejenige des anderen Klosters heraus, zumal die eigene klösterliche Verwaltung auch für den konfliktfreien Verlauf des Wettkampfes zuständig war.

Die Kämpfer trugen kurze Hosen, jede Mannschaft eine besondere Farbe, und waren barfuß; es kämpften meist nicht mehr als zwanzig Männer in jeder Equipe. Die Paare sollten möglichst ebenbürtig sein und kämpften alle sechs Disziplinen gegeneinander. Diese Veranstaltungen wurde von Klosterbeamten, von Zivilbeamten und von der Bevölkerung aus Lhasa besucht (Goldstein 1964: 129ff.). Als Belohnung und Ehrung erhielten die Sieger lediglich eine Zeremonialschleife.

Ansonsten bestritten die *Dob-Dob* ihre Wettkämpfe mit den Kollegen aus dem eigenen Kloster, darunter fielen auch Ringen und Gewichtheben mit schweren Steinen. Ganz allgemein liebten die *Dob-Dob* den Kampf, die Rauferei, wobei die Besten auch in der internen Hierarchie am höchsten standen; es gab Kämpfe, allein um den Stärkeren auszumachen, es gab provozierte Kämpfe mit *Dob-Dob* aus einem anderen Kloster, wobei man sich auf einen besonderen Kampfplatz begab und Schiedsrichter dazu bemühte. Beim Tod eines Kontrahenten erwarteten den Überlebenden klösterliche und zivile Sanktionen (Kawaguchi 1909: 292; Goldstein 1964: 132ff.).

Häufig entstanden Rivalenkämpfe dieser Art, wenn es um die Gunst eines jungen Mannes, Schülers usf. ging. Besonders begehrt waren Knaben aus Adelsfamilien. Es gab jedoch auch *Dob-Dob*, die ihr Leben als Single verbrachten und auch sonst nie kämpften sowie solche, die lebenslange, feste Partnerschaften eingingen (Richardson und Skorupski 1986: 50ff.). So galt es zum Beispiel als besonders mutig, einen *Dob-Dob* Aspiranten aus Sera zum Zusammenleben mit den *Dob-Dob* in Drepung zu gewinnen, indem man ihn erst besiegte und dann kidnappte. Es sollen sogar Beamte, Erwachsene und Angehörige der Aristokratie, von *Dob-Dob* entführt worden sein. Da man in Tibet die Verantwortung dafür dem Opfer zuschob, bleiben solche homosexuellen Übergriffe ungeahndet. Selbst Schulbuben waren sich vor den *Dob-Dob* nicht sicher (Goldstein 1964: 135).

Politische Aktivitäten

Besonders innovationsfreudig waren die *Dob-Dob* offenbar nie: 1944 wurde in Lhasa eine englische Schule eröffnet und ein Lehrer aus England engagiert. Bald machten sich jedoch in den drei Klöstern bei Lhasa Gerüchte breit, daß hier unbuddhistisches Gedankengut gelehrt würde; aus diesem Grunde drohten die Klöster, eine große Zahl *Dob-Dob* zu senden, die die Schule zerstören würden, falls das Kabinett sie nicht schlösse. Und insbesondere die Kinder der Adligen sollten in diejenigen Klöster verschleppt werden, die von ihren Eltern unterstützt wurden (Dhondup 1986: 157ff.). Daraufhin ließ man die Kinder zu Hause und schloß die Schule.

Schon während des Einmarsches der Briten 1903/4 in Tibet hatten sich die *Dob-Dob* politisch hervorgewagt: So unternahm ein fanatischer *Dob-Dob* aus Sera den vergeblichen Versuch, General Macdonald zu ermorden; er wurde vom Kriegsgericht zum Tode verurteilt. Sein Versuch war dazu gedacht, herauszufinden, was solchen Kamikaze-Kämpfern zustoßen würde (Macdonald 1932: 36).

Nach dem Einmarsch der chinesischen Volksarmee Anfang der fünfziger Jahre in Tibet, bildeten jüngere Beamte und führende Laien sowie eine große Anzahl von *Dob-Dob* eine Volkspartei *(mi mang skyid sdug)*, die die Solidarisierung der Tibeter fördern und über die Aktivitäten der Rebellen informieren sollte. Die *Dob-Dob* waren über die Familien, die ihre Kinder in chinesische Schulen schickten, so erbost, daß sie sogar einen dieser Schüler mit seinem roten Halstuch erdrosselten (Richardson und Skorupski 1986: 88ff.).

Als es zu Neujahr 1959 zu der verhängnisvollen Einladung des vierzehnten Dalai Lama zu einer Theaterveranstaltung des chinesischen Generals kam, riefen die Äbte von Sera alle Mönche aus der Stadt zurück, insbesondere aber die *Dob-Dob*. Ihre Anführer erhielten von den Äbten vierhundert Gewehre ausgehändigt. Und als die Chinesen am Ende des ersten Monats dann den Sommerpalast des Dalai Lama bombardierten, meldeten sich etwa vierhundert Mönche, mehrheitlich wiederum *Dob-Dob*, um unter größter Gefahr Waffen und Munition aus dem Potala zu holen (Richardson und Skorupski 1986: 90ff.).

Die Institution der *Dob-Dob* wurde allerdings nach der Flucht im Exil nicht weitergeführt; ehemalige *Dob-Dob* verdienten ihren Lebensunterhalt mit schwerer körperlicher Arbeit, manche heirateten sogar.

Dob-Dob waren jedoch nicht nur große Kämpfer und fleißige Arbeitskräfte in ihren Klöstern, sondern auch berühmte Sänger (Kawaguchi 1909: 291) und sogar Dichter. Besonders bekannt war Ngawang Namgyal, der zu Zeiten des dreizehnten *Dalai Lama* lebte. Er soll Diener des Karmashar-Orakels gewesen sein, das speziell für das Kloster Sera zuständig war; nachts konnte er seinen Körper verlassen und als Geist herumwandern. Nach seinem Tod fertigte man eine Maske an, die ihn darstellen sollte und im Karmashar-Tempel in Lhasa aufbewahrt wurde. Es wird berichtet, daß man es nächtens oft in der Kapelle rumoren hörte und sich morgens Spuren von Schnupftabak an der Maske fanden und daß sie nach Bier roch. Ngawang Namgyal war bekannt dafür, daß er gerne trank und schnupfte.

Die *Dob-Dob* sahen sich als ‚Rückgrat' des Klosters, wie eines ihrer Sprichworte sagt: „Wir *Dob-Dob* sind die äußere Mauer, die anderen Mönche sind der innere Schatz" (Goldstein 1964: 136).

Die *Dob-Dob* waren berühmt für ihre Großzügigkeit und ihre Tapferkeit. Sie galten als verläßlich und pflichtbewußt, waren weder listig, noch täuschten sie mutwillig und waren ehrlicher als viele Adlige im Lande (Kawaguchi 1909: 293). Das einem Laien zugestandene Attribut, „ein *Dob-Dob* zu sein", bedeutete, daß er alle guten Eigenschaften dieser ‚unheiligen' Klosterinsassen verkörperte, war also ein Lob (Goldstein 1964: 140).

Goldstein, der sich am intensivsten mit den *Dob-Dob* auseinandersetzte, sieht in ihrer Existenz die Fähigkeit der Klosterinstitution, potentielle Schädlinge in nützliche Mitglieder der Kloster- wie der Laiengemeinschaft zu verwandeln. Und dies gelang häufig in einem solchen Maß, daß viele *Dob-Dob* mit Vierzig doch noch die reguläre Mönchslaufbahn einschlugen, ja sogar später noch zum Abt aufstiegen.

Altersklassenordnung, Burschengruppen und Kultbünde in Japan

Josef Kreiner

Die Männer der traditionellen Dorfgesellschaft Japans gehören nach Alter gegliederten Gruppen und Verbänden an, unter denen besonders der Burschengruppe wichtige Aufgaben in Wirtschaft und Religion des Dorfes zukommen. Dort, wo die Burschen bei Festen in Maske und Verkleidung das Erscheinen von Gottheiten aus einer anderen Welt darstellen, nehmen ihre Zusammenschlüsse Züge von kultischen Geheimbünden an. Der Kult der am shintoistischen Dorfschrein verehrten Dorfschutzgottheit wiederum liegt in Händen von oft zu Exklusivität tendierenden Bünden der erwachsenen Männer des Dorfes, deren Organisation Parallelen zu Handwerkerzünften und Kaufmannsgilden des japanischen Mittelalters zeigt. Züge der Gliederung nach Alter, bündische Organisations- und Initiationsriten prägen auch heute noch große Teile der modernen Industriegesellschaft Japans.

Familie und Alter als Strukturprinzipien

Die Stellung des einzelnen in seiner Familie sowie deren Rang und Status innerhalb der mit der Gemeinschaft aller Familien *(ie)* gleichgesetzten Dorfgemeinschaft sind nach dem gängigen Japanbild Europas die wichtigsten, ja einzigen Strukturprinzipien der bis in die Gegenwart hinein kaum veränderten japanischen Gesellschaft. Diese Sicht entspricht durchaus auch dem in Japan, vor allem in der feudalen Gesellschaft der Neuzeit (Edo-Periode, 1600–1868) gepflegten Selbstverständnis mit der Gleichsetzung von Staat (Lehen) und Familie. Seit den bekannten Forschungen von Nakane Chie (1972) wird dieses Erklärungsprinzip einer hierarchisch gegliederten, sogenannten ‚vertikalen' Gesellschaft vielfach verabsolutiert und als charakteristisch selbst für die moderne Industriegesellschaft Japans hingestellt (Unternehmen als Familie). Der Widerspruch, daß in diesem als konfuzianistisch geprägt angesehenen System der vom Konfuzianismus strikt geforderten Achtung vor dem Alter gar keine Funktion zukommt, wird dabei geflissentlich übersehen.

Folgt man diesem Erklärungsprinzip, so bleibt auch wenig Raum für Zusammenschlüsse – seien es nun Gruppen oder Bünde – von Männern, ausgenommen solche, die auf Arbeitsteilung, Beruf oder politische Interessen aufbauen. Als Beispiel für solche können die ab dem Mittelalter vor allem im wirtschaftlichen Zentrum um Osaka, später auch Edo, entstandenen Handwerkerzünfte und Kaufmannsgilden *(za)* genannt werden, für die letzteren die eher seltenen bündischen Zusammenschlüsse von lokalen Machthabern im Mittelalter, etwa die ‚Sieben Parteien' in der Provinz Musashi oder die Partei der Matsuura in Nord-Kyushu noch bis in die Muromachi-Periode (15. bis 16. Jahrhundert) hinein.

In dieser Situation ist die Erregung, die die ‚Entdeckung' einer nach Altersklassen aufgebauten Gesellschaft im Dorf Ihama auf der Halbinsel Izu (Präfektur Shizuoka) durch ein vom Nestor der japanischen Völkerkunde Oka Masao geleitetes Forschungsteam der Tokio Metropolitan University Mitte der 1950er Jahre in der wissenschaftlichen Welt Japans verursachte, verständlich. Wohl war schon in der Vorkriegszeit von der Volkskunde dieses Thema angesprochen worden, aber nun wurde zum ersten Mal eine Gesamtdarstellung einer von Altersklassen geprägten Dorfgemeinschaft vorgelegt. In dem untersuchten kleinen Fischerdorf treten alle Burschen mit erreichtem 17. Lebensjahr in die *wakaishû*, ‚Burschengruppe', ein. Zunächst verbleiben sie bis zum 25. Lebensjahr in der *ko-wakaishû*, ‚kleinen Burschengruppe', und müssen die ersten beiden Jahre als *tsukai-bashiri*, ‚Botenläufer', untergeordnete Dienste verrichten, werden

Den neuaufgenommenen, etwa siebzehn Jahre alten Burschen im Dorf Toda werden die Statuten der Burschenschaft vorgelesen, die unter Androhung von Strafen strenge Verhaltensmaßregeln beinhalten. Für die Dorfgemeinschaft erfüllen die Burschengruppen wichtige Aufgaben: zum Beispiel arbeiten sie im gemeindeeigenen Wald oder sie halten Brükken und Wege in Ordnung. Nach Bunka-chô 1972a: Tafel 24, um 1930.

wohl auch von den Älteren ausgenützt und gehänselt. Nach Absolvierung dieser *ko-wakaishû* steigen die – nunmehr schon oft verheirateten – Jungmänner in Abständen von zwei bis drei Jahren zu höheren Rängen auf, bis sie schließlich mit 32 Jahren als *oyakata-shû,* ‚Gruppe der Bosse', zu *kashira,* ‚Anführern', und *shukurô,* ‚Ältesten des Burschenhauses', aufrücken. Aus diesen werden sowohl die beiden Häupter der gesamten Burschengruppe gewählt wie auch die *komon,* ‚Berater', an die man sich mit seinen Problemen und Sorgen wendet, und die Anführer der Zweiggruppen der Dorffeuerwehr.

Shukurô und *chû-shukurô,* ‚Mittlere Älteste des Burschenhauses', bilden auch zusammen die Altersgruppe der *oyakata,* ‚Bosse', (vom 35. bis 50. Lebensjahr), aus der der Feuerwehrhauptmann des Dorfes gewählt wird. Nach Durchlaufen der Altersstufe der *ô-shukurô,* ‚Große Älteste des Burschenhauses', tritt man schließlich mit dem 60. Lebensjahr, das entsprechend dem Tierkreis und der Reihe der fünf Elemente eine mit der Konstellation des Geburtsjahres identische Kombination darstellt und damit gewissermaßen an den Anfang des Lebens zurückführt, in die letzte Stufe der *toshiyori,* ‚Alten' ein.

Altersklassenorganisationen

Die mit der Erforschung der Gesellschaft Japans befaßten Disziplinen wie Soziologie, Volks- und Völkerkunde wandten sich in der Folge verstärkt der Erforschung dieser Form der gesellschaftlichen Gliederung der japanischen Basiskultur zu. Der japanische Volkskundeatlas verzeichnete 1972 bereits über 600 relevante Nachweise (Bunka-chô 1972a), und die Agrarsoziologie versuchte, dem bisher als allgemeingültig betrachteten, auf hierarchisch gegliederten Familienverbänden aufbauenden Dorftyp nun einen zweiten, nach Altersklassen strukturierten zur Seite zu stellen. Vielfach wird dabei eine vom letzteren beginnende, mit wirtschaftlicher Entwicklung historisch zum ersteren fortschreitende, einlinig verlaufende Wandlung angenommen. Die Völkerkunde postuliert im Gegensatz zu dieser These bis in die Stammesgesellschaft des Altertums zurückreichende, verschiedene Kulturschichten, wie sie Oka bereits 1933 in seiner Wiener Dissertation nachzuweisen versucht. Ohne auf diese Fragen hier jedoch näher einzugehen, muß festgehalten werden, daß ohne Beachtung von Phänomenen wie Altersklassen, Burschenbünden, Kultbünden und kultischen Geheimbünden heute eine Beschreibung der traditionellen japanischen Gesellschaft nicht mehr möglich ist. Selbst Erscheinungen der Gegenwartsgesellschaft können durch ein Miteinbeziehen dieser Erklärungsprinzipien sehr viel besser gedeutet und verstanden werden.

Als das klassische Verbreitungsgebiet von Altersklassenorganisationen treten uns die Küstenregionen Westjapans, aber auch Küstenstriche im Osten, vor allem die Halbinsel Izu und die Izu-Inseln, die Region um Sendai (Präfektur Miyagi) und die Halbinsel Shimokita (Prä-

Tabelle 2: Die Tabelle zeigt die differenzierte Organisation nach Altersklassen im Dorf Ihama (vereinheitlicht nach Suzuki 1957 und Bunka-chô 1972b).

Tabelle 1: Altersklassenorganisation im Dorf Ihama (nach Suzuki 1957 und Bunka-chô 1972b vereinheitlicht)

toshiyori			60. Lebensjahr
ô-shukorô			50. Lebensjahr
oyakata		chû-shukurô (ôgashira)	40. Lebensjahr
	oyakata-shu	shukurô	35. Lebensjahr
		kashira	32. Lebensjahr
		kashira-waki	29. Lebensjahr
wakaishûgumi		chûrô	27. Lebensjahr
	ko-wakaishû	ko-chûrô	25. Lebensjahr
		tsukai-agari	19. Lebensjahr
		tsukai-bashiri (tsukaiban)	17. Lebensjahr

fektur Aomori) entgegen (vgl. Karte 1). Besonders die Gesellschaft von Fischerdörfern mit Gemeinbesitz an Fischgründen und Schiffen wie Netzen erscheint oft nach Altersklassen strukturiert und ist durch die Existenz einer starken Burschengruppe bzw. eines Junggesellenverbandes geprägt. Bauerndörfer im Landesinneren, auch solche in Westjapan, weisen ebenfalls Elemente von Altersklassen auf, doch stehen hier andere Funktionen als die Arbeitsteilung, besonders solche im Zusammenhang mit dem Kult der shintoistischen Dorfschutzgottheit im Vordergrund. Schließlich können entsprechende Gliederungen nach dem Alter auch in städtischen Zentren der Neuzeit (Edo-Periode 1600–1868) nachgewiesen werden.

Historisch finden sich die ersten Hinweise auf diese Form der gesellschaftlichen Gliederung erst ab Anfang der Edo-Periode, das heißt, etwa ab dem 17. Jahrhundert. Das überrascht nicht, denn Bauern- und Fischerdörfer standen bis zu dieser Zeit kaum im Blickfeld der literaten Oberschicht Japans. Grob gesprochen lassen sich in ganz Japan die folgenden vier Teilungen nach dem Alter feststellen: *kodomogumi*, ‚Kindergruppe'; *wakamonogumi*, ‚Burschengruppe'; *chûrô*, ‚Mittlere Alte', und *toshiyori*, ‚Alte', bzw. *otona*, ‚Erwachsene'.

Kindergruppen

Die meist sowohl Mädchen wie Jungen umfassende Kindergruppe ist wenig strukturiert. Sie tritt im Alltagsleben des Dorfes kaum oder gar nicht in Erscheinung und ist infolgedessen wenig bewußt, allerdings als notwendige Vorstufe für die darauf aufbauenden Burschenverbände, seltener auch Mädchengruppen, weit verbreitet. Die Kinder eines Dorfes gehören dieser Gruppe vom siebten Lebensjahr bis zur traditionellen Initiation an. Mädchen treten bei der ersten Menstruation bzw. oft nach vollendetem dreizehnten Lebensjahr aus und gelten dann als volljährig und heiratsfähig. Knaben erhalten zum Zeichen der erreichten Volljährigkeit im fünfzehnten Lebensjahr ein rotes Lendentuch (*fundoshi-iwai*, ‚Lendentuch-Fest') oder werden in die traditionelle Festtracht der Samurai, (*kamishimo*), eingekleidet (*gempuku*-Zeremonie). Unter Anführung der älteren in der Gruppe veranstalten die Kinder zu bestimmten Festzeiten im Jahr (Neujahr, Frühjahr, Bon-Fest im Sommer) Heischegänge durch das Dorf mit Glückwunschliedern, Abbrennen von Feuern etc.

Burschengruppen und Junggesellenverband

Nach erreichter Volljährigkeit, meist um das siebzehnte Lebensjahr, treten die Burschen in die *wakamonogumi* ein, die örtlich auch als *wakaze* (Nordjapan), *wakate* (Küsten der Japansee), *wakaren-chû*, *wakaishû* oder *nise* (Süd-Kyushu) bezeichnet wird. Die Aufnahmezeremonie folgt fast überall dem gleichen Muster (ich fasse hier vor allem die Angaben über die Halbinsel Izu zusammen,

Karte 1: Auch heute noch wird die traditionelle japanische Gesellschaft durch Altersklassenorganisationen und Burschenschaften geprägt. Nach Izumai u. a. 1963: Karte 11.

Karte 1: Verbreitung der Altersklassen-Organisation Burschengruppen in Japan (nach Izumi u. a. 1 Karte 11)

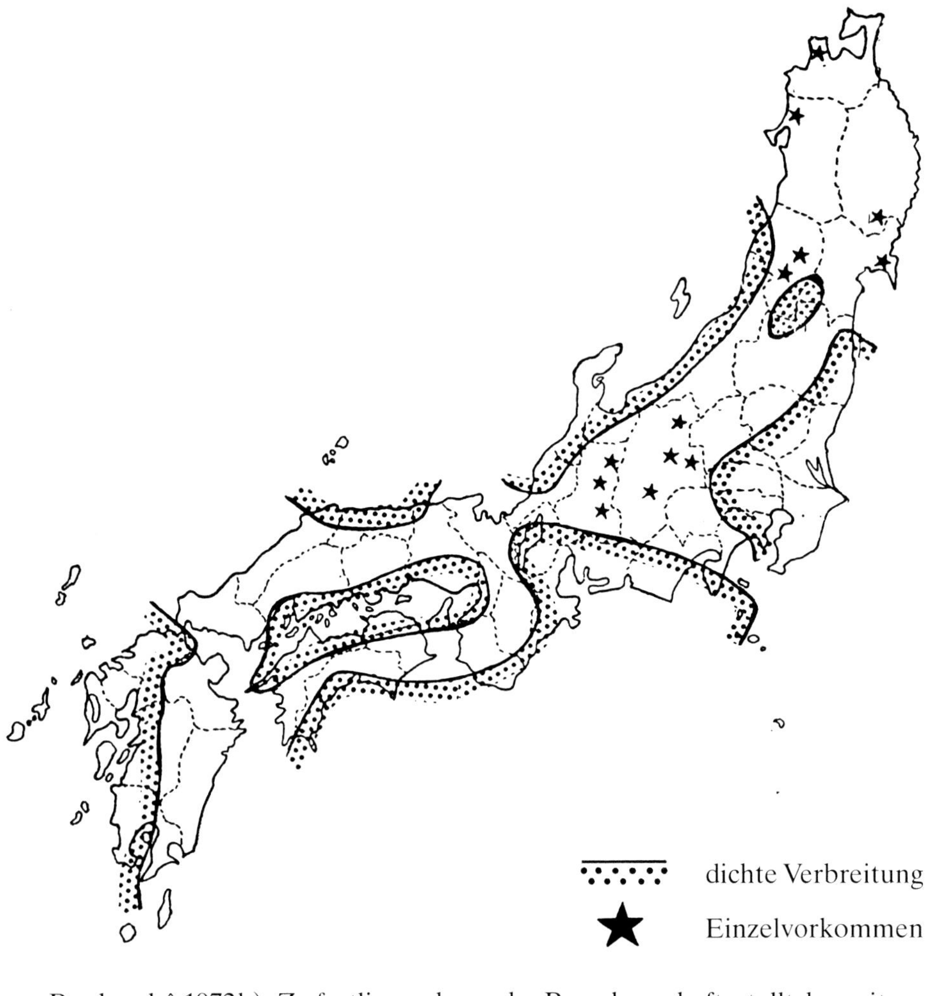

Bunka-chô 1972b): Zu festliegenden Terminen, oft die erste Dorfversammlung im Neuen Jahr oder das Fest des Dorfschreines, tritt die Burschengruppe zusammen, fordert auch vielleicht zum Eintritt auf. Die einzelnen Burschen erscheinen in Begleitung eines *oyabun,* ‚Paten', oder *hôshônin,* ‚Bürgen'. Dies kann in manchen Fällen ihr eigener Vater oder älterer Bruder sein, meist wird jedoch ein unbescholtenes erwachsenes Mitglied der Dorfgemeinschaft und Familienvorstand um die Übernahme dieser Funktion gebeten. Dieser erscheint vor den Anführern der Burschenschaft, stellt den mit gesenktem Kopf hinter ihm knienden Anwärter vor und präsentiert in dessen Namen eine große Flasche (1,8 Liter) Sake. Vielfach erfolgt darauf eine geheime Beratung des Führungsgremiums. Im Falle der Ablehnung eines einzelnen wegen fehlerhaften Lebenswandels etc. legen die Aufgenommenen für ihn Berufung ein, die schließlich zur Zulassung aller führt. Darauf wird den Neulingen die Satzung des Bundes *(go-jômoku* oder *okite)* vorgelesen, und sie werden darauf eingeschworen.

Diese meist aus den Anfängen des 19. Jahrhunderts stammenden schriftlichen ‚Verfassungen' enthalten stets strenge Verhaltensmaßregeln: Achtung vor dem Alter, Befolgen aller Befehle von älteren Vorgesetzten, Ehrung der Frauen, Vermeiden von Trunkenheit, Streit und Händeln vor allem bei Festen und außerhalb des Dorfes, und Androhung von Sanktionen (*mura-hachibu,* ‚Ostrazismus') bei Verletzung dieser Vorschriften. Die Neueingetretenen müssen diese Schrift unterzeichnen oder ihren Namen in die Listen des Bundes eintragen.

Selten erfolgt auch eine körperliche Prüfung, etwa das Hochheben und Tragen der sogenannten *chikara-ishi,* ‚Kraftsteine', die bis zu 60 Kilogramm (Gewicht eines Reissakkes) wiegen. Am Ende der gesamten Aufnahmezeremonie wird der mitgebrachte Sake gemeinsam feierlich getrunken.

Nach der Aufnahme unterliegt der Bursche in allem und jedem der Autorität der Burschengruppe bzw. von deren Anführern. Er verbringt seine gesamte Freizeit im *yado,* ‚Burschenhaus' (Teile des Shinto-Schreines oder des buddhistischen Tempels, oft auch Gehöft des Anführers) und übernachtet in manchen Teilen des Landes auch in sogenannten *ne-yado,* ‚Schlafhäusern' (vergleiche Karte 2). Verständlicherweise nimmt dann der Einfluß der Familie, des Vaters vor allem, ab. Erziehung, auch Sexualerziehung, bis hin zur Partnerwahl, geht in die Verantwortung der Burschengruppe über. Dort, wo parallel auch Mädchengruppen, manchmal mit eigenen Schlafhäusern, existieren (Kreiner 1985), kommt es zu nächtlichen Treffen (*yobai,* ‚Fensterln') und völlig freier Partnerwahl, allerdings beschränkt auf das eigene Dorf, denn

Karte 2: Die Burschengruppen verfügen entweder über eigene Versammlungs- und Schlafhäuser oder treffen sich im Gehöft ihres Anführers.

Karte nach Nagashima und Tomoeda 1984: 184, Karte 11; vgl. Kreiner 1985: 737, Karte 1.

Karte 2: Versammlungs- und Schlafhäuser japanischer Burschengruppen (nach Nagashima und Tomoeda 1984: 184, Karte 11; vgl. dazu Kreiner 1985: 737, Karte 1)

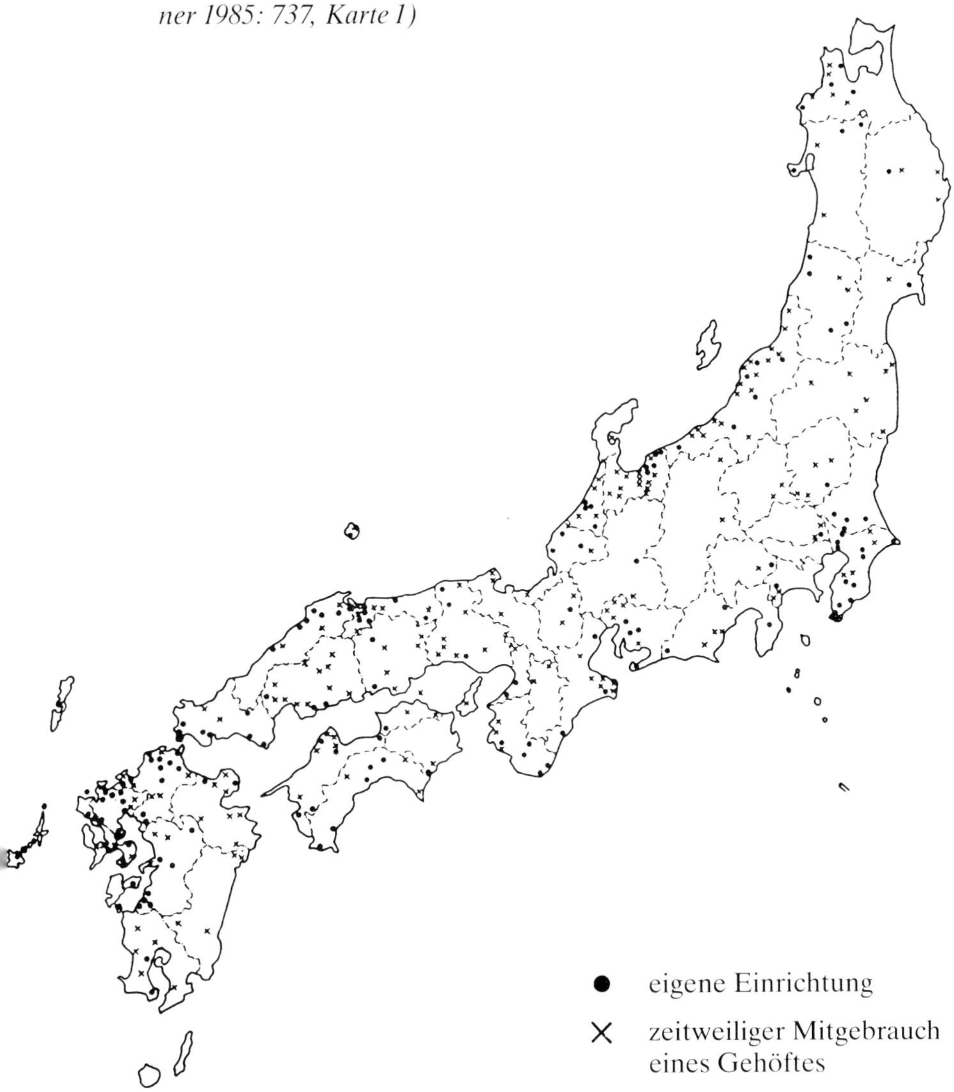

‚Besuche' von Burschen anderer Dörfer werden von der als Polizei und Feuerwehr nachts durch das Dorf streifenden *wakamonogumi* mit Gewalt zurückgewiesen.

Wichtige Aufgaben der Gruppe im Dorfleben sind das Durchsetzen von Anordnungen und Beschlüssen der Dorfversammlung; die Arbeit im gemeindeeigenen Wald, das Instandhalten von Wegen und Brücken *(michibushin)* und das Verkünden von Ruhetagen. In Bauerndörfern werden zum Zeichen dessen am Morgen eines solchen Tages alle Hacken eingesammelt *(kuwa-tori-yasumi*, ‚Hakken-wegnehmen-Ruhetag'), in Fischerdörfern dagegen alle Netze und Fischfanggeräte von den Booten entfernt, am Strand aufgehäuft und die Statue der Fischfanggottheit *anbasama* darauf gesetzt (Bunka-chô 1972a: 451). Wirtschaftlich erhält sich der Verband durch ‚Tribute', die teilweise bei Festen eingesammelt werden, durch Eintrittsgelder und Spenden bei Theater- und Tanzaufführungen (siehe unten), finanzielle Leistungen des Dorfes für Arbeitsdienste, nicht zuletzt aber auch aus den Erträgen eigenen Landbesitzes an Wald und Reisfeldern.

Ebenso wichtig sind die Funktionen der Burschengruppe im Kult, allerdings lassen sich hier zwei große Linien unterscheiden. Im Kult der Dorfschutzgottheit *(ujigami)* kommt der Burschengruppe eher eine dienende Stellung zu: Bei den jährlichen Festen des Dorfschreines tragen die Burschen die *mikoshi*-Sänfte bzw. ziehen den *dashi*- oder *yama*-Kultwagen, auf denen die Gottheit durch das Gebiet der Pfarrgemeinde geführt wird. Zusätzlich kann die Burschengruppe bei solchen Anlässen rituelle Tauziehen *(tsunahiki)*, Bootswettkämpfe *(peiron* in Nagasaki, *hariu* in Okinawa) oder andere Schaukämpfe veranstalten, von deren Ausgang auf Ernteerfolg, reichen Fischfang etc. geschlossen wird. Daran können sich Aufführungen von Schauspielen *(shibai)*, Tänzen oder Trommelvorführungen *(taiko)* anschließen, die eine wichtige Wurzel der Theatertradition *(kabuki)* Japans darstellen.

Links: In Nordjapan, in Takamori, Präfektur Kumamoto, erscheinen zur Neujahrszeit mit Strohumhängen bekleidete Mitglieder der Burschengruppe als glückbringende, ‚sakrale Besucher'. Rechts: Bei diesem, auch als ‚Reis-freß-Fest' bezeichneten Ereignis, essen die Burschen und Männer die von ihnen eigenhändig zubereiteten Speisen. Fotos: J. Kreiner 1982.

Kultische Geheimbünde

Bei den Festen, die der aus einer anderen Welt jenseits des Meeres erscheinenden Gottheit gelten, fungieren die Burschengruppen dagegen als Hauptträger des Kultes. In Maske und Verkleidung treten besonders ausgewählte Mitglieder der Gruppe im Dorf auf, besuchen wohl auch jedes einzelne Gehöft, rezitieren Gebete, Glückwunschlitaneien und werden als Verkörperung dieser Gottheit angesehen. Bekannt ist das Brauchtum des *namahage* in Nordjapan (bes. Präfektur Akita), bei dem zur Neujahrszeit maskierte ‚sakrale Besucher' erscheinen, Glück, Segen und Fruchtbarkeit verheißen, heute auch Kinder ermahnen, bestrafen oder beschenken. Ähnliches Brauchtum findet sich in vielen Teilen des Landes. Alexander Slawik (1936) hat es in einer kulturvergleichenden Studie hervorragend beschrieben.

Im letzten Fall sind nicht selten Elemente der Geheimhaltung von Kultinhalten zu beobachten. Ein echter kultischer Geheimbund ist in Japan allerdings nur in einem Fall nachgewiesen, dem der *Akamata-Kuromata* auf dem Yaeyama-Archipel im südlichen Ryukyu, Präfektur Okinawa (Kreiner 1965). In mehreren Dörfern existiert hier ein Bund von Männern, in den Burschen aus alteingesessenen Familien mit untadeligem Lebenswandel nach einer mit körperlichen Ordalien (stundenlanges Knien auf Holzscheiten in heißer Sonne, Stockschläge, Übergießen mit Wasser) verbundenen Initiation nach dem vierzehnten Lebensjahr aufgenommen werden können. Das Aufsteigen in höhere Ränge des Bundes ist jeweils mit Prüfungen (auswendiges Rezitieren der in fast schon unverständlicher Sprache gehaltenen Litaneien; gesamtes Verhalten im Dorfverband) verbunden und muß bei mehr als zweimaliger Nichtteilnahme an einer Zeremonie wiederholt werden. Dies führt dazu, daß die Struktur des Bundes nicht dem natürlichen Alter folgt, sondern einem ‚Kultalter', *rôji*, ‚Erfahrungsalter'. Am Erntefest *Purin* verkörpern ausgewählte Mitglieder des Bundes die in Masken und einer Verkleidung aus Weinranken erscheinenden Gottheiten. Die eigentliche Gottesvorstellung konnte bis heute nicht geklärt werden (Besuch von einer anderen Welt jenseits des Meeres, oder aber ‚Geburt' aus der Tiefe der Erde?). Wer beim Auftritt der Masken von diesen mit Stockschlägen gebrandmarkt wird, verfällt dem Ostrazismus und wird einem weitverbreiteten Glauben zufolge innerhalb eines Jahres sterben – das örtliche Krankenhaus kann von mehreren medizinisch unerklärlichen Todesfällen berichten, die Polizei noch von einigen mehr. Wie stark die Tradition weiterlebt, beweist die Tatsache, daß auf der heute fast entvölkerten Insel Aragusuku/Kanji zum Fest der *Akamata-Kuromata* mehrere hundert Personen aus dem 3000 Kilometer entfernten Tokio und Osaka zu ihrer Heimatinsel zurückkehren (Aufnahme 1989).

Karte 3: Die verschiedenen Gruppen und Bünde von Burschen und Männern in Japan. Nach Seki 1962: 171, Karte 2. Darunter: Tabelle 2 zeigt das Austrittsalter aus den Burschengruppen. Nach Bunka-chô 1972a und Hirayama 1984: 163 zusammengefaßt.

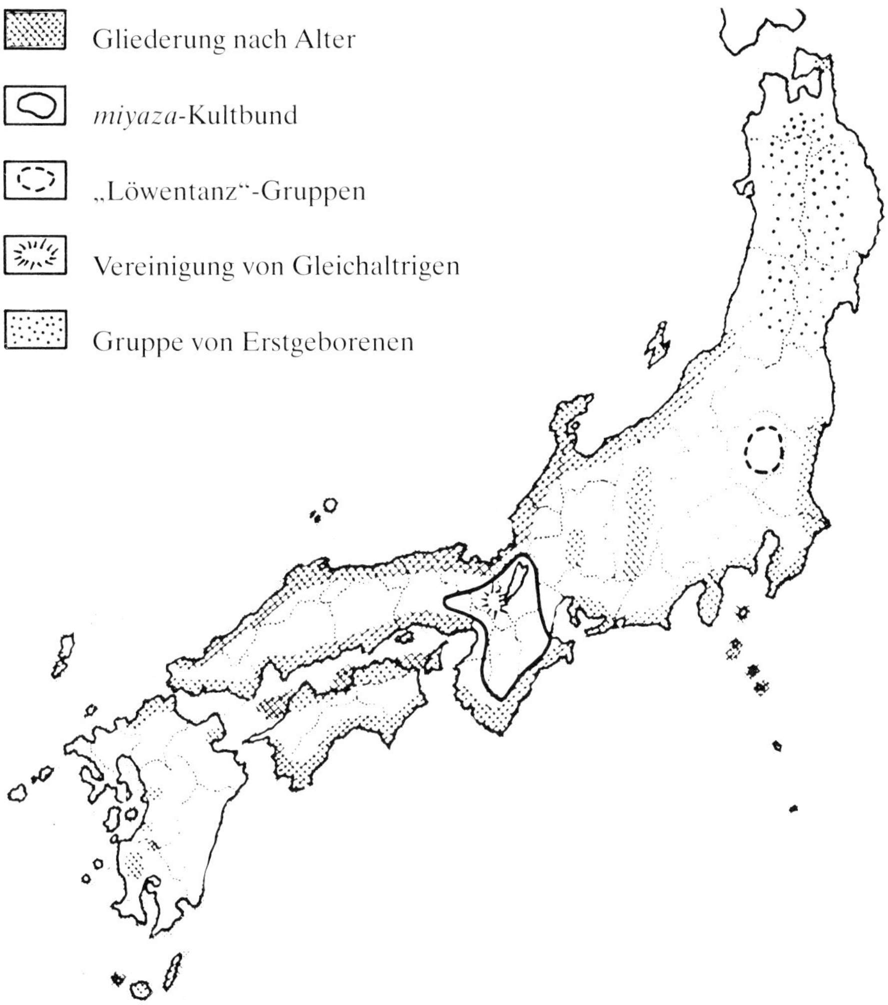

Tabelle 2: Austrittsalter aus der Burschengruppe (nach Bunka-chô 1972a und Hirayama 1984: 163 zusammengefaßt)

Typ	Ostjapan	Westjapan	gesamt (609 Fälle)
Austritt			
Heirat / 25. Jahre	37%	65%	55%
über 25 Jahre	62%	35%	45%

Burschenhäuser als Zentren bündischen Lebens

Innerhalb der mehr oder weniger ganz Japan umfassenden Verbreitung der Burschengruppen und -bünde lassen sich bestimmte Typen mit deutlichen Verbreitungsschwerpunkten erfassen (vgl. Karte 3). Zunächst die dem Muster von Altersklassen folgenden, alle Jungmänner eines Dorfes mit gleichen Rechten und Pflichten umfassenden Burschengruppen besonders im Westen des Landes. Merkmale dieses Typs sind weiter eine deutliche Zäsur beim Eintritt (Initiation, siehe oben Beispiel von Izu), Zugehörigkeit bis zur Heirat oder bis zum 23. Lebensjahr und Existenz eines Burschenhauses. Dem steht in Ostjapan, besonders in der Tohoku-Region, ein anderer Typus gegenüber, dem nur der erstgeborene Sohn bzw. Hoferbe angehören kann. Es gibt kaum eine nennenswerte Aufnahmezeremonie, kein Burschenhaus (denn der *pater familias* übt weiter seine Autorität über den Sohn aus), und die Männer bleiben bis zur Hofübernahme, oft bis zum 42. Lebensjahr – dem in Japan als *yakutoshi*, ‚unheilvolles Lebensjahr', eine große Bedeutung zukommt – in der Gruppe (vgl. Tabelle 2). Nach dem oftmals zwischen Mitgliedern solcher Gruppen geschlossenen Vertrag, *keiyaku*, werden sie nicht selten als *keiyaku-kô* bezeichnet.

Einen dritten Typ stellen Verbände gleichaltriger Männer dar *(dônen-kô)*, von denen demnach mehrere in einem Dorf bestehen. Die ihnen angehörenden Männer sind durch das gleiche Jahr (bzw.

Nach der Aufnahme in die Burschenschaft verbringen die jungen Männer ihre gesamte Freizeit im ‚Burschenhaus'. Hier ein Blick in das Schlafhaus der Burschenschaft in der Marktgemeinde Minami-Izu auf der Izu-Halbinsel in der Nacht vor dem Dorffest, um 1960. Foto: J. Kreiner.

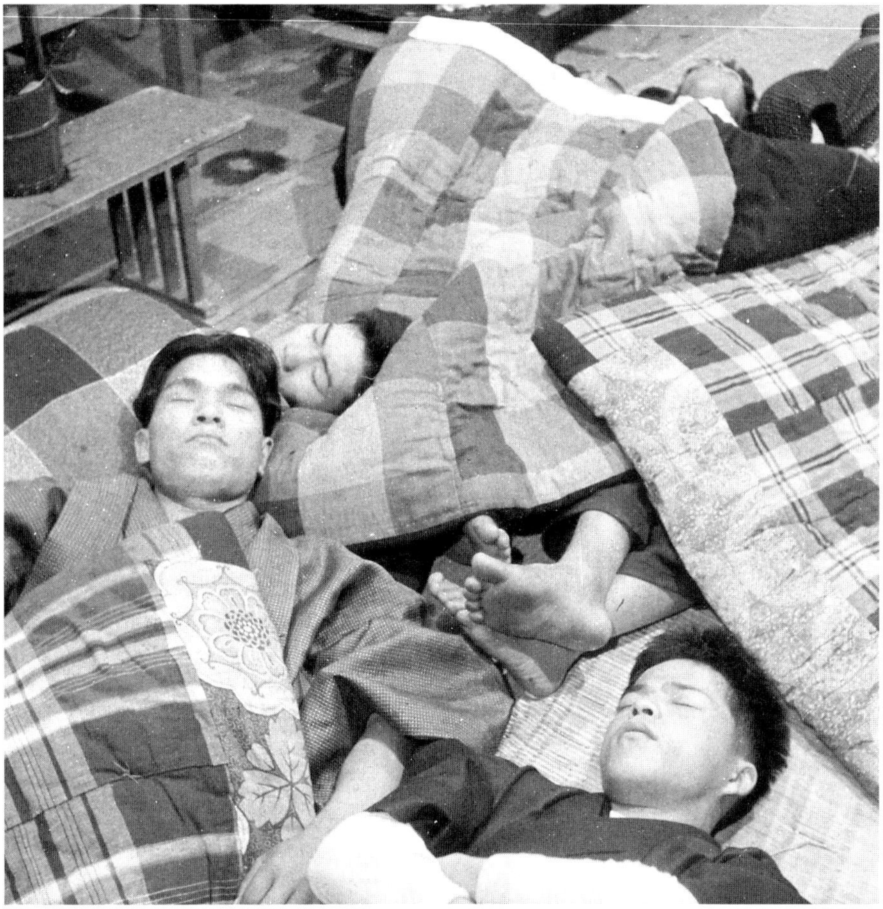

Jahre) der Geburt einem ähnlichen Schicksal unterworfen, haben vielfach gleiche Interessen usw. Ein starkes Verbreitungszentrum dieser *dônen-kô* findet sich in Zentraljapan (Präfekturen Kyoto, Shiga, Nara).

Kultbünde von Dorfschreinen

Sehr bedeutend sind ferner die Kultbünde *miyaza,* die ihren Verbreitungsschwerpunkt ebenfalls in Mitteljapan haben, darüber hinaus aber von der neueren Forschung in weiten Gebieten Westjapans bis Nord-Kyushu und vereinzelt auch im Osten des Landes nachgewiesen werden konnten (vgl. dazu Kreiner 1969).

Der *miyaza* ist in seiner Idealform die Kultgruppe des shintoistischen Dorfheiligtums *miya,* die sich zum Fest der dort verehrten Dorfgottheit versammelt (*za,* ‚Sitz'). Ursprünglich gehören ihr alle Erwachsenen und als vollwertig durch zwei Initiationen (*miya-mairi,* ‚Schreinbesuch' als Baby, *gempukuiwai* der Knaben siehe oben) in die Dorfgemeinschaft Aufgenommenen an, das heißt, nur Männer aus alteingesessenen Familien. Damit kommt ein Element der Geschlossenheit in den eigentlich für alle männlichen Dorfbewohner inklusiven Verband des *mura-za,* ‚Dorf-Kultgruppe', die sich gegenüber Neuzuwanderern, Outcasts, Armen etc. abschließt als *kabu-za,* ‚Anteilsrecht-Kultgruppe'.

Im Laufe der Neuzeit gibt es immer wieder auch erfolgreiche Versuche des Aufbrechens solcher bündischen Organisationen, die sich das Selbstergänzungsrecht vorbehalten, gegenüber wirtschaftlich aufsteigenden Bevölkerungsschichten aber nicht behaupten können.

Da auf Dorfebene Kult und Politik ineinanderfließen, das zweimalige Fest der Dorfschutzgottheit im Frühling und Herbst jeden Jahres auch die wichtigste politische Versammlung mit Dokumentation der Machtstruktur (in der Sitzordnung, in Kultfunktionen etc.) darstellt, sind vielfach Elemente von Geheimhaltung einzelner Vorschriften usw. festzuhalten. Im großen und ganzen sind jedoch sowohl Kultinhalte und Zeremonien wie Mitgliedschaft eines *miyaza*-Kultbundes, dessen Sinn und Zweck entsprechend, offen, und es geht nicht an, hier von Geheimbünden zu sprechen.

Die Gliederung im Kultbund entspricht der Dauer der Zugehörigkeit (‚Kultalter', siehe oben), nicht selten spielen auch Rang und Status der Familie eine Rolle. Die wichtigste Stellung nimmt der jährlich nach festgelegter Reihenfolge, Alter oder Losentscheid wechselnde *tôya,* ‚Haupt', ein. Er ist Priester, nimmt aber nicht selten infolge der zahlreichen Reinhaltungsgebote und Tabus, denen er unterliegt, übermenschliche, das heißt, gottähnliche Natur an. Sein Mana (übernatürliche Kraft) garantiert den Fortbestand und den Erfolg der Dorfgemeinschaft, weshalb er für die Dauer seines Amtes die Dorfgemeinschaft nicht verlassen darf, nicht selten sogar im Schrein oder einem für andere nicht betretbaren Raum seines Hauses eingeschlossen wird. Er kann ‚unreine' Arbeiten nicht verrichten, darf nur eigens für ihn berei-

Burschen eines Stadtviertels tragen die mikoshi-Sänfte der Gottheit durch die Straßen der Unterstadt von Tokio beim Fest des Sanja-Schreines in Asukusa, Tokio. Foto: J. Kreiner 1962.

tete Speisen essen, mit keiner Frau zusammenkommen, und vieles andere mehr. Die Last dieses streng regulierten Lebens kann auf kultisch reine Kinder abgewälzt werden, dann übt der *tôya* selbst nur dienende Funktion aus, etwa als ‚Schlüsselwächter' der Kultstätte oder Wirt der Festgäste. In jedem Fall bedeutet die Übernahme des Amtes eine große Ehre und wird von einem großangelegten Fest begleitet, das die Ersparnisse einer Generation verbraucht. Die Religionswissenschaft weist mit Berechtigung auf manche Merkmale des *Tenno*-Systems hin, das den Herrscher als auf nationale Ebene transponierten, nun erblich gewordenen Kultträger *tôya* des Reisbauerndorfes erscheinen läßt.

Entwicklung in der Moderne

Die Rechtsstreitigkeiten der *miyaza*-Kultbünde um Aufnahme oder Ausgrenzung neuer Mitglieder, Anteilsrechte am Gemeindebesitz an Feldern und Wald, Vertretungsrechte usw. beschäftigten in der Edo-Periode die Gerichte der einzelnen Lehenstümer bis hinauf zum Shogunat in Edo. In ihrer Natur haben sich diese Auseinandersetzungen bis heute nicht geändert, wenn auch gerade in den letzten Jahren die verstärkte Abwanderung aus landwirtschaftlichen Gebieten die Bünde zu einer größeren Öffnung gegenüber neuen Mitgliedern, vielfach bis zu einer bittenden Haltung um Übernahme von Ämtern gezwungen hat. Vor allem in den städtischen Gebieten Mitteljapans ist ihre Geschlossenheit jedoch nach wie vor sehr stark. Als bestes Beispiel mag die nach Stadtvierteln gegliederte Kultorganisation des *gion*-Festes in Kyoto dienen, der noch immer nur die mindestens seit dem Mittelalter ansässigen Familien angehören.

Die Burschengruppen und Altersklassen-Organisationen waren dagegen seit der zweiten Hälfte der Edo-Periode, verstärkt dann aber in der Meiji-Periode (zweite Hälfte des 19. Jahrhunderts), Ziel von Verboten und Unterdrückungsmaßnahmen der Behörden. Dahinter stand die Furcht vor dem latenten Unruhepotential, das sich bei verschiedenen Gelegenheiten in Zusammenrottungen, *uchikowashi* (Plünderungen und Brandstiftungen) bis hin zu *ikki*-Aufstandsbewegungen äußerte. Bekannt ist die Rolle von dörflichen Burschen- und Männerbünden *(sha)* im Zusammenhang mit der ‚Bewegung für Freiheit und Bürgerrechte' um 1880, ebenso wie es Samurai- und Bauern-Bünde waren, die in den 1870er Jahren die Modernisierungspolitik der Regierung von ‚rechts' her gefährdeten (unter anderem *Shimpû-ren* Zwischenfall 1876 in Kumamoto; Kyushu-‚Aufstand', das heißt Bürgerkrieg 1877). Da jedoch auf Dorfebene die Dienste der Burschengruppen als Polizei, Feuerwehr, Hilfstruppe bei Naturkatastrophen usw. unverzichtbar waren, sind solche Verbote immer wieder umgangen worden.

Die Meiji-Regierung griff dann zu verschiedenen politischen Handhaben, um die Stärke der Burschengruppen zu unterlaufen. Mit der Einführung der allgemeinen Schulpflicht wurde einerseits die Zugehörigkeit zur Kindergruppe der Schulzeit gleichgesetzt und versucht, deren Brauchtum als ‚nicht-zeitgemäß' umzuformen. Die Schulabgänger, das heißt Burschen, wurden andererseits in ‚Studienzirkeln' *yagakkai*, ‚Nacht-Schul-Vereinen', zusammengefaßt und auf diese Weise der Autorität von Schule und beamteten Lehrern weiter unterstellt. Schwerer noch wog die 1894 auf nationaler Ebene eingeführte Organisation einer Feuerwehr. Dieser sollte per Erlaß je eine Person (ursprünglich Mann) pro Haushalt angehören, was der Struktur vieler Burschenbünde widersprach und die der Regierung am Herzen liegende Autorität der Familie stärkte. Es folgte um die Jahrhundertwende die Propagierung einer neuen standardisierten Bezeichnung der Burschenverbände als *seinen-kai,* ab etwa 1912 dann *seinen-dan,* ‚Burschengruppe'. Diese wurden dann durch Erlasse des Ministeriums für Kultus und Unterricht in den Jahren 1915, 1918, 1920 und schließlich 1925 immer stärker der Kontrolle der zentralen Bürokratie unterstellt. 1925 wurde mit der *Dai-Nippon-rengô-seinen-dan* eine halboffizielle Dachorganisation geschaffen, die in der Kriegszeit als *Dai-Nippon-seishônen-dan* der Durchdringung der Jugend mit militaristischem und japanistischem Gedankengut diente.

Die – abgesehen von den *miyaza*-Bünden – weniger deutlich ausgeprägten Zusammenschlüsse von erwachsenen und alten Männern wurden um die Jahrhundertwende ebenfalls von der Regierung in ihre Politik der Modernisierung mit einbezogen. Ideal war eine Abfolge von *seinen-kai* über *koshu-kai,* ‚Versammlung von Haushaltsvorständen', bis zur *kirô,* ‚Generation der 50er' vorgesehen, der mehr oder weniger alle Männer eines Dorfes angehören sollten. (Entsprechende Vereinigungen der Frauen waren ebenfalls ins Leben gerufen worden.) Besonders die mittlere Stufe wurde in den 1940er Jahren als *sônen-kai,* ‚Erwachsenen-Versammlung' in den nationalen Verband der *Taisei-yokusan-undô* eingebaut und den Kriegszielen Japans dienstbar gemacht.

Nachleben in der Gegenwart

Auf Dorfebene existieren die alten Burschen- und Männergruppen, oft unter der Bezeichnung *seinen-dan,* auch noch heute, wenn auch vielfach die geringe Zahl von im Dorf verbliebenen Männern eine altersmäßige Gliederung, ja selbst eine Trennung der Geschlechter nach Funktionen unmöglich macht (Frauen in der Feuerwehr, beim Shinto-Fest). In der großstädtischen Industriegesellschaft aber haben sich viele der Strukturmerkmale der traditionellen Burschengruppen und -bünde deutlich erhalten. Schon das Schulsystem und das darauf aufbauende System von Vereinigungen Gleichaltriger, vor allem Männern *(dôkisei,* ‚Schüler bzw. Studenten des gleichen Jahrgangs', auch *dôki no sakura* ‚Kirschblüte des gleichen Jahrganges'), auf der anderen Seite die strenge Gliederung von Vorgängern, Gleichaltrigen und später Eingetretenen *(sempai-kôhai*-System) mit Recht der Älteren auf Hänselei, Befehlen einerseits, Pflicht der Jüngeren zum Dienen, Bedienen andererseits, setzen sich fugenlos in der Organisation der Großbetriebe und ihrer Angehörigen *(‚salaryman')* fort. Schuleintritt und Aufnahme in die Firma folgen strikt altersmäßiger Abstufung (Absolvierung der Hochschule und Firmeneintritt mit 22 Jahren) und sind vielfach mit Merkmalen von Initiationszeremonien verbrämt. Das auf der Dauer der Zugehörigkeit basierende System der Lohnsteigerungen *(nenkô-jôretsu -sei)* in der Großindustrie entspricht ebenfalls dem Prinzip der Altersklassenorganisation, nicht dem Familien *(ie)*-Prinzip.

Am deutlichsten tritt heute allerdings die Gruppierung der Alten *(rôjin-kai)* hervor, der Männer und Frauen angehören, die nicht mehr im Berufsleben stehen. In ländlichen Gebieten sind die Krocket-Spielplätze der Alten in Tempeln, Shinto-Schreinen und vor Bürgermeisterämtern unübersehbar. In dieser Altersstufe ist die Trennung der Geschlechter am weitestgehenden überwunden, der Anspruch der Männer auf eine nur ihnen vorbehaltene Organisation praktisch nicht mehr existent.

Das japanische *Kabuki*-Theater: Männerbund – Männerbühne?

Thomas Leims

Aufgrund polizeilicher Eingriffe in eine aus Tänzen und erotischen Sketchen bestehende, von Frauen getragene Unterhaltungsform, entsteht Mitte des 17. Jahrhunderts in Japan eine nur mehr von Männern aufgeführte brillante dramatische Kunst.

Der Aufsatz untersucht auf einer historischen ebenso wie phänomenologischen Ebene Vorteile und Defizite, die durch diese Beschränkung entstehen.

„*In dieser seltsamen Welt ahmen die Frauen Männer nach, vielmehr noch imitieren Männer die Frauen: Sie kleiden sich wie die Wirtinnen der Teehäuser, wenden verschämt ihr Gesicht ab und fürchten sich gar. Das sieht sehr komisch aus, obwohl sie recht hilflos dreinschauen*" (*Kabuki sōshi*, zitiert nach Kawatake 1974: 190).

Historische und gesellschaftliche Hintergründe

Verkleidung, Spielerisches, Schlüpfen in die Rolle des jeweils anderen Geschlechts, ausgelassenes Tanzen, freier Umgang miteinander ohne gesellschaftliche Zwänge... so stellt sich städtisches Treiben im Japan des frühen 17. Jahrhunderts dar. „*Kabuki*: über die Stränge schlagen, sich mehr Freiheiten herausnehmen als geboten... geboten wäre" definiert das Japanisch-Portugiesische Wörterbuch (Nagasaki 1603/4, zitiert nach Leims 1990: 189) diese Atmosphäre.

Kabuki, durch drei lautlich passende Schriftzeichen für Gesang, Tanz und Extrovertiertheit mit einer zweiten Bedeutung versehen, wird rasch zum Synonym für einen Tanz, der alles Vorhandene an Popularität in den Schatten stellt. Weibliche wie männliche Prostituierte wählen ihn als Werbung für ihre Gunst, Gruppen lassen sich in ausgetrockneten Flußbetten, Tummelplätzen für Gaukler oder Freudenviertel nieder und nutzen die Gunst der Stunde, denn über 150 Jahre hatte sich Japan in einem Zustand innerer Unruhen befunden, mit zahlreichen Kämpfen, Clan gegen Clan, um die politische Vorherrschaft in Japan. Ähnlich vielleicht wie im Zustand latenter Ruhe nach dem Ersten Weltkrieg in Europa blühten die Künste auf, diesmal jedoch nicht mehr nur mit dem Adel als Sponsor und Träger, sondern aus dem Volk heraus sich entwickelnd und dem ästhetischen Geschmack eines (Stadt-)Bürgertums entsprechend.

Darsteller, Schauspieler und auch Prostituierte beiderlei Geschlechts – ‚künstlerische' Grenzen waren durchaus fließend – organisierten sich in Gruppen und Verbänden. Die Schichten-, besser Standesspezifik der künstlerischen Ausdrucksform wurde durch die neokonfuzianisch geprägte Gesellschaftsordnung entscheidend geprägt: An der Spitze des japanischen Staates stand der Schwertadel unter Führung des Shōgun mit *daimyō* (Fürsten), Samurai (Rittern) und *hatamoto*, direkt dem Shōgun unterstellten Soldaten. Die Bauern nahmen den nächst niederen Rang ein, an dritter Stelle folgten Handwerker und Kunsthandwerker. *Shōnin*, Kaufleute standen gar nur an vierter Position der Hierarchie. Schauspieler und Prostituierte hatten in diesem Sozialgefüge zumindest offiziell nichts zu suchen: „*Prostitutes and actors, like others who took money from performing, were classified by the officials as pariahs*" (Shively 1978: 3). Das Individuum galt, unabhängig von seiner künstlerischen Brillanz, in dieser Gesellschaftsordnung nichts, da es vom neokonfuzianischen Standesraster gar nicht erfaßt werden konnte. Deshalb sind auch nur wenige Namen – Pseudonyme – der Tänzer und Tänzerinnen der Frühzeit überliefert.

Seit frühester Zeit bekannt hingegen sind Namen von Truppen, sogenannten *za*, die in großen Städten, aber auch in der Provinz in Vergnügungsvierteln auftraten. 1624 etwa soll ein gewisser Saruwaka Kanzaburo das erste stationäre *Kabuki*-Theater in Edo, dem heutigen Tokio gegründet haben.

Anfangs handelte es sich bei *Kabuki* um kaum mehr als Tänze mit ausladenden Gesten, lasziven Bewegungen, die das Werben um Freier entweder betonten oder karikierten und erotische Dialoge, wie sie bei ‚anbahnenden' Gesprächen üblich waren.

Wichtig ist, daß diese eigentlich den Stadtbürgern vorbehaltene und für sie kreierte Unterhaltung auch im Stand der Samurai viele Liebhaber fand. Shively (1955: 329) zitiert eine zeitgenössische Quelle, derzufolge Hoch und Niedrig sich in den Theaterbezirken um die Tänzerinnen stritt; oftmals sei es zu Ausschreitungen gekommen, viele hätten ihren guten Namen beschmutzt, ihre Erbschaft verpraßt und für öffentliche Unruhe gesorgt.

Eingriffe – Verbote

Im Grunde waren Akteure und Besucher der Freudenviertel also eine verschworene Gemeinschaft mit identischen Interessen. Eine Regierung, die auf die strikte Trennung von Ständen bzw. Klassen zur Sicherung ihres Herrschaftsanspruchs achten mußte, konnte eine derartige Nivellierung nicht zulassen, zumal, wenn der regierende Stand wegen mangelnder Finanzkraft beim Kauf um die Gunst der Akteure unterlegen sein mußte. Letztendlich waren es die unerwünschte Aufhebung der Standesunterschiede und nicht moralische Gründe, die die Shogunatsregierung veranlaßten, Frauen-*Kabuki* im zehnten Monat des Jahres 1629 zu verbieten.

Ähnliches galt für die gesichert ab circa 1612 nachweisbaren *wakashū-Kabuki*-Gruppen, die ihre Darsteller ausschließlich aus jungen Männern rekrutierten. Päderastie und Knabenliebe waren besonders im Ritterstand, zumal in Kriegszeiten, nicht unüblich. Die Disgruenz zwischen privater – durchaus geduldeter – Beziehung und öffentlichem Anspruch nach standesgemäßem Verhalten wurde gerade beim *wakashū-Kabuki* offensichtlich. Einigermaßen gesichert waren *wakashū*-Darsteller also nur in der Gruppe. Die Dramaturgie bzw. Darstellungsweise förderte ebenfalls das Gruppenverhalten. Anders als in den darstellenden Künsten, etwa *Nō* und *Kyōgen,* deren dual/dialogische Konstruktion meist nur von zwei Darstellern getragen wurde, operiert bereits das frühe *Kabuki* – Tänzerinnen ebenso wie junge Männer – mit revuehaften Massenszenen … auch darstellerisch und dramaturgisch trat also das Gruppenelement eindeutig in den Vordergrund.

Die Entstehung des Männer-*Kabuki*

Shively (1955: 332) führte das Verbot auch des Jungmänner-*Kabuki* im Jahr 1652 auf mehrere Faktoren zurück: Zum einen wirkte sich der Wechsel der Politik beim Amtsantritt des vierten Shogunats im Jahr 1641 direkt auf das *Kabuki* aus, da nach etwa vierzig Jahren erzwungenen Friedens die Moral der Soldaten, die immer noch unter Waffen standen, zu wünschen übrig ließ. Die geschlechtsspezifische Ambivalenz in Verhalten und Darstellung der Akteure wurden als Ursachen für den Verfall des Kampfgeistes verantwortlich gemacht. Die Shogunatsregierung verordnete deshalb schon 1644 eine klare Trennung von Männer- und Frauenrollen, beraubte das *Kabuki* also seines ursprünglichen Reizes, der ja vor allem im freien Umgang, in der freien Darstellung des jeweils anderen Geschlechts bestanden hatte. *Iroke,* erotische Ausstrahlung mit stark ästhetisierendem Einschlag nannte man dieses Spannungsfeld. Durch das Verbot des Knaben-*Kabuki* fiel dieses erotische Element fast völlig aus. Die beabsichtigte Hebung von Moral und Staatsräson gelang jedoch nicht, im Gegenteil, der plötzliche Wegfall jeglicher öffentlicher Unterhaltung – auch das sehr beliebte Figurentheater fiel unter das Verbot – erzeugte einen derart starken gesellschaftlichen Unterdruck, daß sich die Shogunatsregierung im dritten Monat des Jahres 1653 genötigt sah, das *Kabuki* als Veranstaltung wieder zu lizensieren, allerdings mit rigiden Auflagen, die, wie gezeigt werden wird, tief in Darstellungsweise und ästhetischen Ausdruck eingreifen sollten:

1. Das Verbot des gemeinsamen Auftretens von Mann und Frau auf der Bühne wurde bekräftigt.

Das Verbot des Auftritts von Frauen im Kabuki-Theater führte zu der auch heute noch nur von männlichen Schauspielern gestalteten Theaterkunstform des Kabuki, für die Japan berühmt ist. Der Farbholzschnitt aus dem Jahr 1784 zeigt eine typische Kabukiszene: Der Schauspieler Mimasu Tikujirô (sitzend) spielt eine Frauenrolle und Matsumoto Kôshirô IV. die Rolle des Chûbei. Auf dem Podest im Hintergrund sitzen zwei Rezitatoren vor ihren Pulten und ein Musiker. Farbholzdruck, 1784: Museum für Ostasiatische Kunst, Köln. Foto: Rheinisches Bildarchiv, Köln.

2. Frauen blieb die *Kabuki*-Bühne überhaupt verboten.
3. Die Knaben mußten sich die Vorderlocke, das Zeichen ihrer Jugend, scheren lassen.

Kabuki als darstellende Kunst

Diese administrativen Eingriffe bewirkten, wie schon erwähnt, eine völlige Veränderung der dramaturgischen Struktur wie auch der künstlerischen Aussage. Hatte man bis jetzt auf *iroke,* revueartige Massenszenen, anzügliche Dialoge, Sketche und eben erotische Ambivalenz gesetzt, mußte man, um den Unterhaltungswert zu erhalten, neue Elemente einführen. Dabei handelte es sich, so banal das klingen mag, um inhaltsbezogene Dramatik. Die japanische Kultur verfügte über eine ausgeprägte episch-rezitative Tradition, die das erst jetzt wirklich entstehende Theater mit Stoffen versorgen konnte. Professionelle Schauspieler hatten sowohl das *Kabuki* als auch das *Kyōgen,* eine zum *Nō* gehörende farcenartige Komödie hervorgebracht. Die Aufteilung in Akte, die dramatische Durchstrukturierung, die Entwicklung spannungsgeladener Plots... all das kannte man aus dem *Jōruri* genannten Figurentheater. Den kommerziellen Theaterbetrieb, die Voraussetzung für das wirtschaftliche Überleben, konnte man aus der Frühzeit übernehmen und weiterentwickeln.

Hier darf nun nicht der Eindruck entstehen, daß sich mit dieser Reform das *Kabuki* hätte frei entfalten können. Im Gegenteil, eine Fülle von Erlässen und Anweisungen regelte den Standort der Theater in der Stadt, die Zahl der Plätze und Ränge in den Theatergebäuden, die grundsätzlich nur mit einer Lizenz betrieben werden durften, das Erscheinungsbild der Schauspieler in der Öffentlichkeit, den Gebrauch von Perücken (!) und auch den Inhalt der Stücke. So durften weder die Person des Shōguns noch tagespolitische Ereignisse auf der Bühne thematisiert werden.

All diese Eingriffe beeinträchtigten den Erfolg des *Kabuki* kaum. Besonders an den voll lizensierten Theatern in Edo, Kyoto und Osaka entwickelte sich mit der wachsenden technischen Vervollkommnung der Theater (Überdachung, private Logen, Bühnenvorhang, Dekoration, Drehbühne, Versenkung, Auftrittssteg [*hanamichi*]) bald ein kommerzieller Theaterbetrieb, der in der Genroku-Zeit (1681–1703) seinem ersten Höhepunkt zusteuerte. Kawatake (1981) scheut sich nicht die künstlerische Qualität des *Kabuki* jener Zeit mit dem europäischen Barocktheater gleichzusetzen.

Männer als Schauspieler

Diesen Erfolg verdankte das *Kabuki* in erster Linie seinen Männern! Denn im Mittelpunkt des Interesses standen weder Autoren, Dramaturgen noch Regisseure, sondern die sich im direkten Kontakt mit dem Publikum befindenden Schauspieler. Die dramatische Konstruktion der meisten Stücke erforderte zunächst einen männlichen Hauptdarsteller (*tachiyaku*). Als getreues Abbild des in Japan vorherrschenden gesellschaftlichen Kodexes kamen ihm zum Beispiel die aus der Zuschauerperspektive ‚besten' Positionen auf der Bühne zu, auf ihn und seine Fähigkeiten war das *daihon* („Drehbuch") vor allem zugeschnitten. Weitere männliche Hauptrollen konnten zum Beispiel ein böser Gegenspieler (*akuyaku*), ein jugendlicher Liebhaber (*yatsushi*) oder ein Clown (*dōke*) sein.

An Rang dem *tachiyaku* ebenbürtig, vom Verhaltenskodex her an eine unterwürfige Haltung gebunden, war der Darsteller der weiblichen Hauptrolle, *tachi-onnagata*. Auch hier gab es *supporting stars*, treue Dienerinnen, die böse Alte, die Bordellbesitzerin.

Zur Vervollständigung der optischen Wirkung traten in den beliebtesten Massenszenen je nach Stück eine Fülle von Kriegern, Dienerinnen und Hofdamen auf.

Der Zusammenhalt innerhalb einer Truppe funktionierte jedoch wesentlich anders als etwa in einem bunt zusammengewürfelten faszinierenden Ensemble im Europa jener Zeit. Der Grund lag vor allem in einer viel stärker institutionalisierten Hierarchie und blutsverwandtschaftlichen oder pseudoverwandtschaftlichen Beziehungen. Mit dem Eintritt in eine Truppe erhielt ein vielversprechender junger Schauspieler einen Künstlernamen, der ihn als Mitglied einer Schauspielerfamilie kennzeichnete. Sein Vorname enthielt ein Schriftzeichen aus dem berühmten Namen des ‚Familienoberhauptes'. Mit diesem Namen assoziierte die Fan-Gemeinde einen bestimmten künstlerischen Ausdrucksstil. Erwies sich der Schauspieler als tauglich, wurde ihm im Rahmen einer besonderen Zeremonie, die auf der Bühne vor Publikum stattfand, ein neuer ranghöherer Name verliehen. Dabei handelte es sich meist um einen Namen, den das Familienoberhaupt früher, daß heißt, ebenfalls im Laufe seiner Karriere, getragen hatte. Somit waren Laufbahn und Ziel klar vorgezeichnet: Spielstil und künstlerische Ausdrucksweise wurden vom Lehrer auf den Schüler weitervererbt.

Im Idealfall – und das war eigentlich die Regel – bildete der Vater den Sohn, vorzugsweise den ältesten Sohn, der Großvater den Enkel aus. Kamen leibliche Söhne für die Karriere nicht in Frage, konnten jedoch auch Adoptivkinder aufgenommen werden, die dann alle künstlerischen Rechte des ‚Vaters' genossen. Brüder bildeten, ähnlich einem Adelsgeschlecht, Seitenlinien oder traten in die Truppe eines anderen Schauspielers ein. Einigen gelang es auch durchaus, bedingt vielleicht durch ihr Aussehen, ihre darstellerischen Fähigkeiten auf einem bis dato vernachlässigten Gebiet zu profilieren, das durch sie erst Popularität erlangte.

Diese hierarchische Struktur, so rigide und unflexibel sie von außen auch erscheinen mag, war – und ist bis heute – ein Garant für das Fortbestehen des *Kabuki*. Jeder kennt seinen Platz, fast alle Darsteller verfügen über eine künstlerische Tradition, das Rückgrat ihrer Kunst, keiner fühlt sich benachteiligt, da es für jeden Namen, der ja auch einen Rang innerhalb der *Kabuki*-Welt – der Schauspieler ebenso wie der Fan-Gemeinde – bedeutet, Aufstiegsmöglichkeiten gibt.

Die Schauspieler übernahmen damals wie heute auch im täglichen Leben diese Namen. Das Verzeichnis der Tourneemitglieder für das Europa-Gastspiel 1989 (Brüssel, Berlin [Ost], Dresden, Wien) zum Beispiel enthielt eine Spalte *passportname* und eine Kolumne *stage name*. Der Verfasser begleitete die Tournee und erlebte nicht ein einziges Mal, daß die *passportnames* Ver-

Porträt-Bild des Schauspielers Iwai Hanshirô IV. (1747–1800) in der Rolle einer Dame. Die strenge Vorschrift verlangt von den männlichen Schauspielern des Kabuki-Theaters, daß sie Frauen in einer sehr abstrakten Weise verkörpern: Sie dürfen sich dem Zuschauer nur im Profil zeigen und müssen die Gesichter weiß schminken; die Augenbrauen haben besonders hoch zu liegen und die aufgebauschte Frisur soll das Gesicht schmal und edel erscheinen lassen. Farbholzschnitt von Tôshûsai Sharaku, 1794: Museum für Ostasiatische Kunst, Köln. Foto: Rheinisches Bildarchiv, Köln.

Die Ausdrucksmittel im Kabuki-Theater sind zuweilen bis in das Groteske übersteigert: Der Held trägt nicht die üblichen zwei, sondern drei Schwerter, die Ärmel seines Gewandes müssen mehr als einen Meter im Geviert messen und je ausladender und gestenreicher das Spiel ist, desto begeisterter ist das Publikum. Farbholzschnitt: Museum für Ostasiatische Kunst, Köln. Foto: Rheinisches Bildarchiv, Köln.

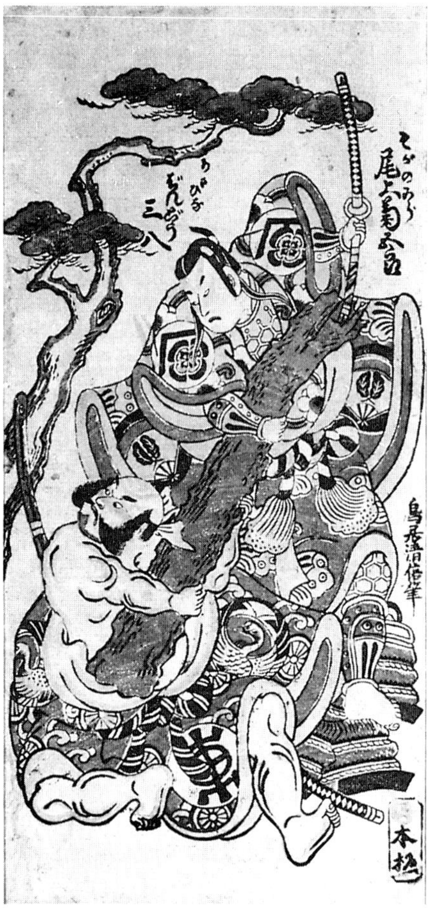

wendung fanden. Im Gegenteil: Man redete sich mit dem Künstlernamen oder sogar Prädikaten wie „älterer Bruder" etc. an, obwohl Blutsverwandtschaft nicht bestand. Bei einem künstlerischen Problem – es ging darum, ein Stück an einigen Stellen zu kürzen – argumentierten einige jüngere Schauspieler, sie wollten die vom ‚Großvater' (*ojiisama*) erstellte und fixierte Version spielen lassen, obwohl sie nicht, oder zumindest nicht in direkter Linie mit ihm verwandt waren. Die endgültige Entscheidung traf schließlich der männliche Hauptdarsteller – nach eingehender Beratung mit dem *tachi-onnagata* (Darsteller der weiblichen Hauptrolle): Das Stück wurde zwar gekürzt, aber jeder der jüngeren Schauspieler hatte ‚seinen' Auftritt, ‚seine' Szene. So hatte die strenge Hierarchie die gerade für eine Auslandstournee so wichtige Harmonie bewahrt.

Die schon oben apostrophierte künstlerische Identität des Schauspielers wurde und wird mit allen Mitteln gepflegt und ausgebaut. Auf allen Theaterkostümen zum Beispiel erscheint, unabhängig davon, ob es sich um historische Stücke aus einer fiktiven Vergangenheit oder ‚realistische' Werke aus der damaligen Gegenwart handelte, an fünf prominenten Stellen (beide Ärmel, beide Revers und Nackenpartie) das persönliche Wappen des Schauspielers. An seine Verehrer verteilt er *tenugui*, Baumwolltücher mit ‚seinem' Muster und seinem Wappen. Der *noren*-Vorhang am Eingang seiner Garderobe ist mit seiner Farbe, seinen Blumen, einer geschickten graphischen Variante seines Namens geschmückt. Die Musiker und Rezitatoren tragen ebenfalls Kimonos, die mit dem Wappen des Hauptdarstellers versehen sind. Im Parkett sitzen – heute von den Schauspielern bezahlte – Claqueure, die an bestimmten Stellen des Stückes Rufnamen der Schauspieler ins Publikum schreien – mehr als rhythmische Betonung der Spielweise denn als Lobhudelei gedacht.

Aragoto und *onnagata*

Besonders zwei Spielstile bzw. Rollenfächer sind es, die westliche und auch japanische Zuschauer immer wieder in Erstaunen versetzen. Da ist zunächst der ausladende, ausdrucksstarke Spielstil des *aragoto*, wörtlich übersetzt, der „rauhe Stil". Kreiert wurde er von Ichikawa Danjūrō I. (1660–1704). Dieser Schauspieler hatte als einer der ersten das Defizit in der Unterhaltung der *hatamoto* und quasi arbeitslosen Samurai erkannt. Zum Frieden ‚verdammt', gab es für diesen Stand in Edo kaum eine adäquate Vergnügung. Aus dem gleichen Grund hatten sich schon Figurenspieler und Rezitatoren eine Identifikationsfigur ausgedacht, den Krieger Sakata Kimpira. Dieser im Milieu des Schwertadels angesiedelte ‚Supermann' konnte zum Beispiel mit einem Schwertstreich dreihundert Gegner töten, spießte ihre Köpfe auf eine Lanze und ritt im Triumph in die Hauptstadt. Der Rezitator schlug mit einem eisernen Fächer den Takt und geriet oft beim Vortrag in Ekstase. Die Figur des Kimpira war so recht nach dem Geschmack des Publikums von Edo, den *hatamoto*, Samurai und Kaufleuten, die sich in der rapide wachsenden Stadt niederließen.

Dieses herrschenden Geschmacks versuchte sich Danjūrō zu bedienen. Machohafte, übermächtige Männlichkeit in Reinkultur war gefragt! Als menschlicher Schauspieler mußte er sich aber anderer Mittel bedienen als die Puppe, denn eine derartige realistische Darstellung des Unmöglichen wurde nur bei einer Spielfigur akzeptiert.

Danjūrō schminkte deshalb seinen gesamten Körper und sein Gesicht zinnoberrot und entwickelte eine Gestensprache, bei der durch geschickte Anwendung des Kontrasts vorn – hinten, oben – unten, sowie einer ausdrucksstarken Mimik übernatürliche Größe vorgetäuscht wurde. Das wohl berühmteste Bild zeigt ihn im Versuch, einen Bambus auszurupfen. Jeder, der das schon einmal selbst versucht hat, wird wissen, daß auch eine noch so große Kraftanstrengung hier nichts auszurichten vermag, als Demonstration roher Kraft jedoch bestens geeignet ist.

Sein Sohn Danjūrō II. (1688–1758) erweiterte die Palette der Ausdrucksmittel: Er operierte zusätzlich mit roten Linien im Gesicht, die die Adern und gespannten Muskeln fixierten. Seine Kostüme sind übergroß und mit dem Wappen der Familie, drei ineinander geschachtelten Reismaßen versehen. Auch er beherrschte die Kunst der *mie* – der bewegungslosen Pose, bei der die Handlung zur Betonung eines Höhepunktes angehalten wurde, perfekt. Danjūrō VII. (1791–1859) reklamierte im Jahr 1832 achtzehn berühmte Szenen als künstlerisches Erbe seiner Familie (*sic!*)... Schminkkunst und vor allem Kostümierung waren, um männliche Bedürfnisse zu stillen, inzwischen ins Groteske gesteigert worden: Nicht mehr, wie üblich zwei, sondern drei Schwerter trug nun der Held, die Ärmel, jeweils mehr als ein Meter im Geviert, mußten damals wie heute von Gehilfen getragen werden... einige der Szenen haben sich als Publikumsrenner erwiesen und gehören somit auch heute noch zum Repertoire des Danjūrō. 1987 wurde – nach zwanzigjähriger Vakanz des Titels – der zwölfte Träger des Namens inthronisiert.

Ganz im Gegensatz zu diesem rauhen, ausladenden, gestenreichen Stil steht die Kunst der Frauendarstellung. Das Wort allein schon ist problematisch. Weil weibliche Schauspieler, etwa durch Imitation der weiblichen Trippelschritte, der Verkleinerung des Gesichts durch eine größere Perücke, das leichte Einknicken der Knie, das durch den Fall des Kimonos eine besonders schöne Körperlinie ergibt, das Zusammenschieben der Schulterblätter etc. versuchen, sich ein besonders ‚weibliches' Aussehen zu geben. Dazu gehören auch die weiße Schminke im Gesicht, das Höhersetzen der Augenbrauen, die Hinwendung zum Zuschauer nur im Profil und eine Falsettstimme. Mit derartigen Mitteln wurde die Frauendarstellung durch die künstlerische Erfahrung vieler Generationen zur Vollendung gebracht. Aus den geschilderten administrativen Verboten, Frauen auftreten zu lassen, erwuchs also eine völlig neue Kunst!

Gewiß, das Verbot wurde gegen Ende des 19. Jahrhunderts aufgehoben... und was sollte ‚weiblicher' sein als eine Frau!? Ist also die Kunst des *onnagata* eine Verschwörung gegen die Frau auf der Bühne, ein Ausweg für Männer, die, mit dem weiblichen Geschlecht auf Kriegsfuß stehend, sich in ihrer Phantasie ein ästhetisiertes Idealbild vom Wesen ‚Frau' schufen und es gar noch selbst realisierten? Geschichte und Gegenwart verneinen derartige Angriffe! *Onnagata* haben nie gegen die Frau an sich opponiert: im Gegenteil, besonders in den Stücken des Tsuruya Nanboku IV. (1755–1829) dominieren Frauenrollen, in denen eine Lanze für Emanzipation, im guten wie im negativ/kriminellen Sinn gebrochen wird. Bei den Stücken des Chikamatsu Monzaemon (1653–1724), der lange vor Lessing und Hebbel das bürgerliche Trauerspiel schuf, ist die Frau weder schmückendes Beiwerk noch *femme fatale*, sondern treibende, Verantwortung tragende Kraft, etwa bei den Liebesselbstmorden, einem Hauptmotiv bei Chikamatsu. Eine inhaltliche Steigerung bei gleichzeitiger künstlerischer Mißachtung wäre ein nicht aufzulösender Widerspruch!

Zwar mag das physische Argument, die bis zu zwanzig Kilogramm wiegenden Kostüme seien von Frauen nicht zu beherrschen, nicht mehr zutreffen. Richtig ist jedoch, was Bertolt Brecht als das Charakteristikum des ostasiatischen Theaters beschreibt, den „Gestus des Zeigens". Eine Frau wird nicht einfach dargestellt, sondern in abstrahierter, überhöhter Form ‚gezeigt'. Ein illusionistisches Spiel war, ebenso wie im Fall des *aragoto* nie vorgesehen. Stets wird die Illusion mit den oben genannten Mitteln gebrochen. So ist es nicht verwunderlich, daß im 18. Jahrhundert ebenso wie noch heute, die meisten Fans und Anhänger der *onnagata* Frauen waren bzw. sind. Die Mode der Edo-Zeit wurde wesentlich von den *onnagata* geprägt.

**Das *Kabuki*-Theater …
ein Männerbund?**

Das japanische *Kabuki*-Theater … ein Männerbund? Gar mit zarten Männerbanden? In gewissem Sinn, in der Ausführung, der Schauspielkunst gewiß ja. Als kommerzielles Unternehmen, das sich beim Publikum auf circa siebzig Prozent Frauen stützt und weibliche ästhetische Bedürfnisse befriedigt, ganz sicher nicht!

Interessant in diesem Zusammenhang die Äußerung des zur Zeit berühmtesten Frauendarstellers Bandō Tamasaburō (geboren 1950): Auf den Zusammenhang zwischen Schamanismus und Schauspielkunst angesprochen meinte er, dieses Verhältnis sei durchaus gegeben. Schamane – und somit auch Schauspieler – könne nur sein, der beide Geschlechter in seiner Seele vereinige (In einem Gespräch mit dem Autor am 27. 1. 1990 in Tokio). 350 Jahre nach dem Verbot eine Rückkehr zur Ambivalenz der Geschlechter auf dem Theater?

Amerika

Walfängergemeinschaften der Eskimo in Alaska

Jean-Loup Rousselot

Auch in Gesellschaften, die wie die der Eskimo ohne formale Autoritätsformen funktionieren, können Erwerbsaktivitäten zu koordinierten Anstrengungen führen: Die Walfängermannschaften der Eskimo im Norden Alaskas im 18. und 19. Jahrhundert sind Beispiele für restriktiv zweckgebundene und zeitlich begrenzte Männerbünde. Derartige Jagdbünde setzten sich fast ausschließlich aus Verwandten zusammen, was die Machtstellung und das Monopol der Kapitäne der Walfängerboote, aber auch die Loyalität der Gruppe stärken sollte. – Im Süden Alaskas wurden die Wale nicht von Walfängergemeinschaften, sondern durch allein auf die Jagd gehende Männer erlegt, die sich aber durch gemeinsame, geheime Zeremonien auf ihre gefährlichen Unternehmungen vorbereiteten.

Gegenseitige Hilfe und gemeinsame Rituale

Die häufig getroffene verallgemeinernde Feststellung, nach der die Eskimo traditionell in einer egalitären Gesellschaft lebten, verbirgt die vielfältigen Nuancen, durch die diese Gesellschaft geprägt war. Richtig ist, daß bei den Eskimo eine institutionalisierte Autorität unbekannt war und gegenseitige Selbsthilfe praktiziert wurde. Dies trifft besonders für die Zentraleskimo zu, die in kleinen halbnomadisierenden Gruppen lebten und in ihrem kargen Biotop oft Hunger litten. Eine soziale Hierarchie entstand in der Eskimo-Gesellschaft durch die unterschiedliche Tüchtigkeit und Fähigkeit der Jäger, ihre Familien mit Nahrungsmitteln und Rohmaterialien zu versorgen. Die durchaus praktizierte Teilung der Jagdbeute unter den Mitgliedern einer Gemeinschaft ebnete zwar momentan die Ungleichheit in der Versorgung, war aber auf Dauer für den Nehmenden unerträglich. Derjenige, der mehr empfing, als er geben konnte, wurde in die Rolle eines Schuldners versetzt. Seine Familie konnte ihn verlassen, wenn er sie nicht ausreichend versorgte, und da er selber nicht allein überleben konnte, mußte er die Protektion eines besseren Jägers suchen, das heißt, in dessen Dienst treten. So entstand ein persönlicher Bund zwischen zwei Jägern, der auf gegenseitiger Verpflichtung beruhte.

Die erfolgreiche Jagd auf große Seesäuger, die in Alaska besonders in der historischen Periode (18. und 19. Jahrhundert) stattfand, war ebenso wie die Landjagd eine Quelle für Ungleichheiten. Eine gefahrvolle Jagd erforderte sorgfältige Vorbereitungen. Gefährliche Jagden waren die auf Eisbären, Walrosse und große Wale. Der Eskimo-Walfang, der vom 8. bis 15. Jahrhundert (Thule-Kultur) in der ganzen Arktis verbreitet war, beschränkte sich infolge der klimatischen Veränderungen im 18. und 19. Jahrhundert nur noch auf Nordwest- und Südalaska (Rousselot, Fitzhugh u. Crowell 1988: 167). Über diese Periode werde ich hier berichten[1]. Die Jagd auf große Seesäuger, insbesondere auf Wale, begünstigte nicht nur die Entstehung von sozialen Unterschieden, sondern bildete den Rahmen, in welchem Jagdbünde entstanden. Die Vorräte, die nach dem Fang angelegt wurden, befreiten die Jäger von der Notwendigkeit der täglichen Jagd. Sie hatten die Möglichkeit, sich zeremoniellen, künstlerischen und politischen Aktivitäten zu widmen. Sie veranstalteten Feierlichkeiten und Zeremonien. Dies wiederum steigerte ihr gesellschaftliches Ansehen. Einer ‚erweiterten Familie' von Walfängern anzugehören, war eine Versicherung gegen Hungersnöte und feindliche An-

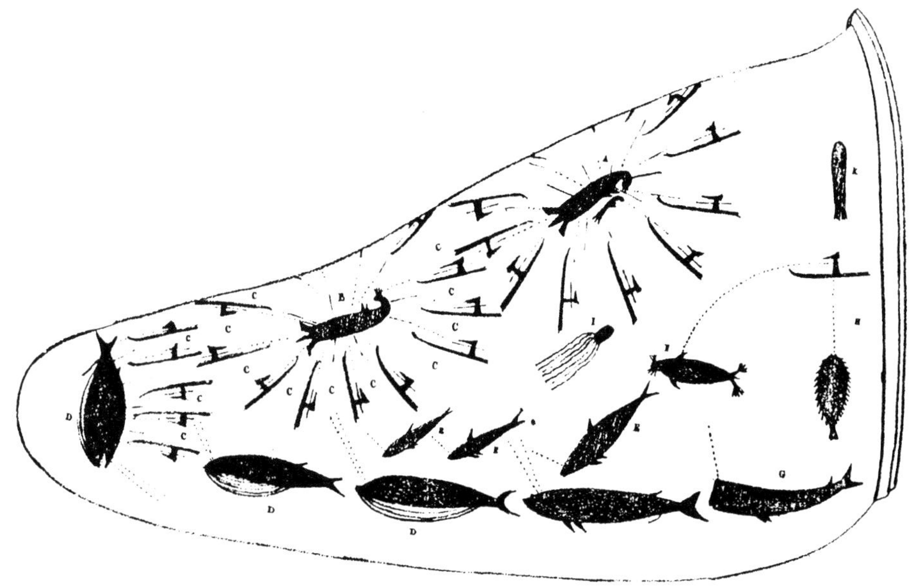

In der Gegend des Golfs von Kotzebue sahen die Mitglieder einer russischen Expedition Anfang des 19. Jahrhunderts diesen aus Holz gefertigten Hut eines Walfängers, auf dem Phasen der Jagd abgebildet waren. Abbildung nach: Choris 1822: Plate V.

griffe. Die Walfängerbünde wurden zu Trägern der Tradition: Sie besaßen die Lieder, die zum Fang von Walen und anderen großen Säugern notwendig waren; sie kannten die rituellen Vorbereitungen auf die Jagd; sie wußten, wie man sich während der Jagd zu verhalten hatte; sie besaßen die Mittel, um die Danksagungszeremonien zu organisieren. Die magischen Lieder und das Vorbereitungsritual waren geheim. Sie konnten von anerkannten Jägern geerbt oder gekauft werden. Die rituellen Handlungen wurden von dem Bootsbesitzer, der während der Jagd als Steuermann fungierte, und dem Jäger, der die Harpune bediente, gemeinsam und im Geheimen ausgeführt. Indessen waren die Zeremonien, die nach der Jagd veranstaltet wurden, öffentlich und fanden unter der Teilnahme aller Dorfbewohner statt.

Das heißt: die Gefährlichkeit der Wal-Jagden führte zur Geheimhaltung des Rituals zu Beginn der Jagd. Dadurch sollten möglichst viele Erfolgschancen und die dazu notwendigen übernatürlichen Hilfsmittel für die Jäger gesichert werden.

Das Ritual konnte ebenso wie die materielle Ausrüstung geerbt werden. Zeigte sich aber der Erbe unfähig, ebenso erfolgreich in der Jagd zu sein wie sein Vorfahr, mußten die Lieder des Rituals an einen besseren Jäger verkauft werden. Jagdglück war auch für den Fang von Robben und Walrossen notwendig, um die ganze Bootsmannschaft während des manchmal wochenlangen Wartens auf Wale zu ernähren, und später neue Kleider und Bootshäute anzufertigen. Die Näharbeit der Frau des *umialik* (Bootsbesitzers) und ihrer Helferinnen mußte von bester Qualität sein, um die Sicherheit des Wasserfahrzeugs zu gewährleisten. Von der Qualität und Schönheit der Waffen und Bekleidung hing das Wohlwollen des Wales ab: Es hieß, er wolle sich nur einem ihm würdigen Jäger ergeben.

Das lose Sozialgefüge der Eskimo führte dazu, daß keine dauerhaften Männerbünde geschlossen wurden. Bindungen zwischen Jägern beruhten auf pragmatischen Einsichten. Ein Bündnis wurde unter dem Druck der Notwendigkeit geschlossen, und galt nur solange, bis die gestellten Aufgaben gelöst waren.

Der Walfang im Norden Alaskas

Der Walfang im Norden Alaskas unterschied sich von dem im Süden. Im Norden suchte sich der Besitzer und Kapitän *(umialik)* eines offenen Bootes *(umiak)* Gefährten aus, die ihm als Paddler dienten (vgl. Bogojavlensky 1969; Burch 1981; Rainey 1947; Spencer 1972; Van Stone 1962). Der *umialik* war normalerweise der Steuermann seines Bootes, während ein sehr enger Freund die Harpune bediente. Wenn die Mannschaft vollzählig war, unterzog sie sich verschiedenen kultischen Handlungen, die in der relativen Klausur des Männerhauses (*qazgi* oder *karigi* in der Sprache der Inupiat Eskimo) stattfanden. Zunächst wurde ein gemeinsames Schwitzbad genommen. Dann wurden neue Kleider für die Jagd angezogen und das Boot, die Ausrüstung und die Waffen gereinigt oder erneuert. Der *umialik* und seine engsten Helfer unterzogen sich zusätzlich weiteren Ri-

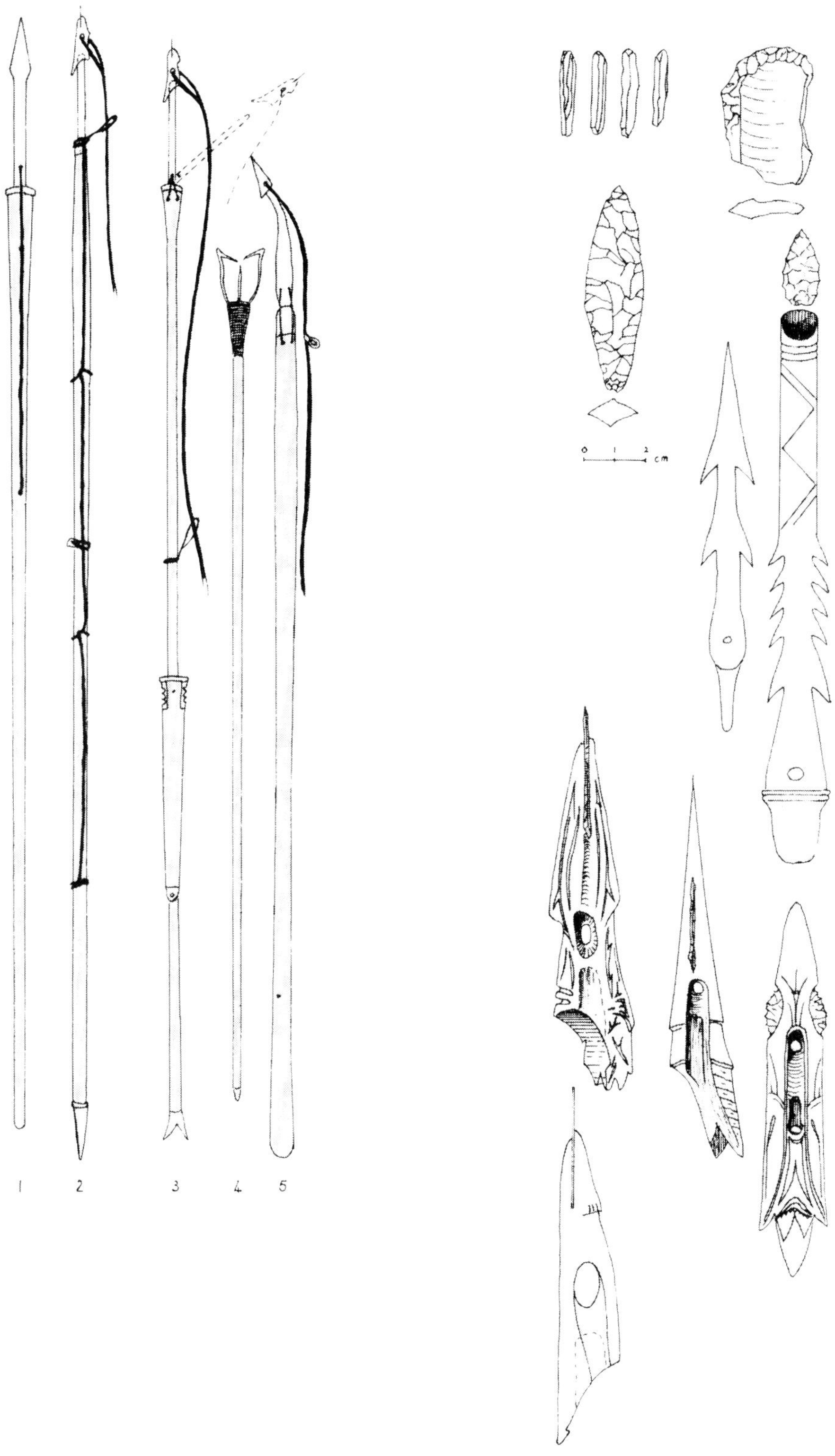

Im Norden Alaskas schlossen sich die Walfänger zu zeitlich begrenzten Jagdbünden zusammen. Gejagt wurde mit schweren Harpunen, die mit mehreren Schwimmkörpern versehen waren. Im Süden wurde mit leichteren Harpunen gejagt (Nr. 5). Ausgrabungen haben ergeben, daß in Alaska schon vor 4000 Jahren aus Elfenbein gefertigte Harpunenspitzen verwendet wurden (unten rechts). Oben rechts Funde von einem Lagerplatz um 600 v. Chr. Abbildung nach Herbert 1976: 92.

ten. Geschlechtsverkehr war während der Vorbereitungszeit tabu. Man vertrat die Auffassung, daß der Wal sich leichter erlegen ließ, je schöner, ‚neuer' und ‚sauberer' Waffen, Ausrüstung und Mannschaft waren.

Bei der Jagd, die in verhältnismäßig engen eisfreien Rinnen stattfand, sang der *umialik* seine Lieder, um den Wal dazu zu bewegen, sich freiwillig fangen zu lassen. Diese Lieder kannte nur der *umialik* und sein Harpunier; für die anderen Mannschaftsmitglieder waren sie unverständlich. Die Riesen-Seesäuger wurden mit schweren Harpunen gejagt, die mit mehreren Schwimmkörpern und Bremsvorrichtungen versehen waren, um nach dem entscheidenden Stoß die Flucht des Wales zu erschweren.

Die Frau des Kapitäns durfte sich während der Jagd nicht bewegen, sondern hatte still zu Hause zu liegen. Andernfalls würde sich der Wal im selben Augenblick wie die Frau wenden und mit einem Schlag seiner Flosse das Boot zum Kentern bringen.

Wenn der Wal erschöpft war, gab ihm der Harpunier mit einem schweren Speer den Gnadenstoß. Der Wal wurde dann von allen in der Nähe jagenden *umiak* ins Schlepptau genommen. Nach dem Fang wurde dem Wal Respekt erwiesen: Wenn die Mannschaft den Wal ans Land holte, kam die Frau des Kapitäns herbei, um ihn mit folgenden Worten zu begrüßen: „Willkommen, wir freuen uns, daß du zurückgekommen bist; du mußt wohl Durst haben". Während sie sprach, goß die Frau etwas Süßwasser auf das Maul des Wales. Die Beute wurde dann

Holzmaske der Aleuten, Rautenstrauch-Joest-Museum, Köln. Die Walfänger im Süden Alaskas gingen zwar meist einzeln auf ihre Jagdzüge, bildeten jedoch zusammen mit den anderen Walfängern einen Bund, der sich zu geheimen Ritualen in abgelegenen Höhlen traf. Bei derartigen Ritualen fand vermutlich auch diese Holzmaske Verwendung. Foto: Rheinisches Bildarchiv, Köln.

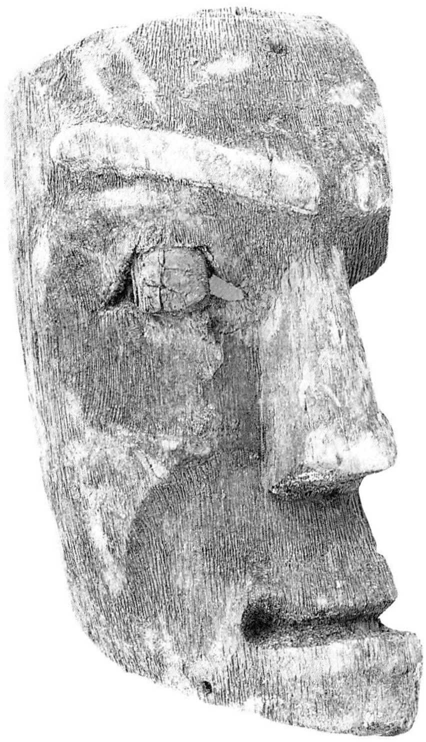

nach festen Regeln unter der Mannschaft verteilt, wobei eine Abstufung erkennbar war, die sich nach dem Verwandtschaftsgrad richtete.

Nach der Jagdsaison fand ein Walfest *(nalukatak)* statt, das der erfolgreiche Kapitän veranstaltete. Dabei wurden Tänze und Maskenauftritte aufgeführt, bei denen von großen *umialiks* oder von besonders gefährlichen Waljagden erzählt wurde. Im Freien fanden verschiedene Wettspiele statt, darunter das Sprungtuch-Spiel.

Auffallend ist, daß der Kapitän seine Mannschaft zunächst aus seinem engsten Familienkreis wählte. Wenn nötig, wurden Mitglieder seiner erweiterten Familie herangezogen. Der *umialik* schien keinem Fremden zu trauen. Burch (1980: 262) bezeichnete diese *extended family* als *local family*, die nicht aus Verwandten, sondern aus ‚adoptierten' Kindern und Erwachsenen bestand. Zu dieser erweiterten Familie gehörten Witwen, Junggesellen oder Waisen, die, weil sie nicht allein leben konnten, den Schutz des erfolgreichen Jägers suchten und als seine Diener betrachtet wurden. Kinderadoption und Frauentausch waren die Grundlagen der erweiterten Familie. Zwischen den Männern bestanden Freundschaften, bzw. Bündnisse, die durch Frauentausch und Aufziehen gemeinsamer Kinder vertieft und besiegelt wurden. So war garantiert, daß die Familie überleben konnte (das heißt: weiter ernährt wurde), sollte einem der Männer etwas zustoßen.

Die Autorität des Kapitäns wurde von allen Mitgliedern der Lokalgruppe anerkannt. Die Mannschaft blieb für die Jagdsaison bestehen. Eine solche *local family* konnte fünfzig bis hundert Leute zählen. Je erfolgreicher ein *umialik* war, desto mehr tendierten die Leute dazu, sich seiner Gruppe anzuschließen. Jede *local family* besaß ein eigenes Versammlungshaus *(qazgi)*. Dort trafen sich die Männer, um über die Jagd zu beraten. Auch die Feierlichkeiten, zu denen auch Frauen und Kinder zugelassen waren, fanden hier statt.

Die Zusammensetzung der Walfängermannschaft hatte vor allem ökonomische Gründe. Der *umialik* wollte den Ertrag der Jagd nicht mit zu vielen Jägern teilen. Die Mitglieder seiner *local family* erwarteten von ihm eine stetige materielle Unterstützung, gleichzeitig konnte er ohne ihre Arbeitskraft seine anspruchsvollen Ziele nicht erreichen. Die soziale Solidarität, die Verteilung der Beute durch die Frau des *umialik* unter die Jäger, fand zwar statt, aber glich eher der Verteilung von Almosen, denn ein Geschenk anzunehmen, kam einer Verpflichtung gleich. Die Verteilung unter den Jagdbeteiligten fand nicht in der Öffentlichkeit statt, sondern erstreckte sich über Monate. Die Frau des *umialik* holte nach Bedarf aus ihrem Eiskeller kleine Mengen Fleisch, um sie weiterzugeben (Worl 1980: 318; Bogojavlensky 1989: 97, 104). Diese Abhängigkeit der Haushalte der Walfänger von der Frau des Kapitäns förderte die gegenseitige Loyalität der Bootsmannschaftsmitglieder untereinander.

Die *umialik* wachten besorgt über ihre Ansprüche auf ihre Jagdgründe, deren Unverletzbarkeit und exklusive Benutzung nie zur Diskussion standen. Jeder *umialik* wußte: Seine Nachbarn dachten wie er, und so war das Betreten eines fremden Jagdterritoriums ein schweres Vergehen. Wer der Lokalgruppe nicht angehörte, stellte eine potentielle Gefahr dar, die es abzuwehren galt.

Im Süden Alaskas wurde der Wal von einzeln operierenden Jägern vom Kajak aus gejagt. Gegen die grelle Sonne des kurzen arktischen Sommers schützten sich die Walfänger mit Augenschirmen, die zuweilen mit Amuletten verziert wurden. Abbildung nach: Choris 1822: Plate V.

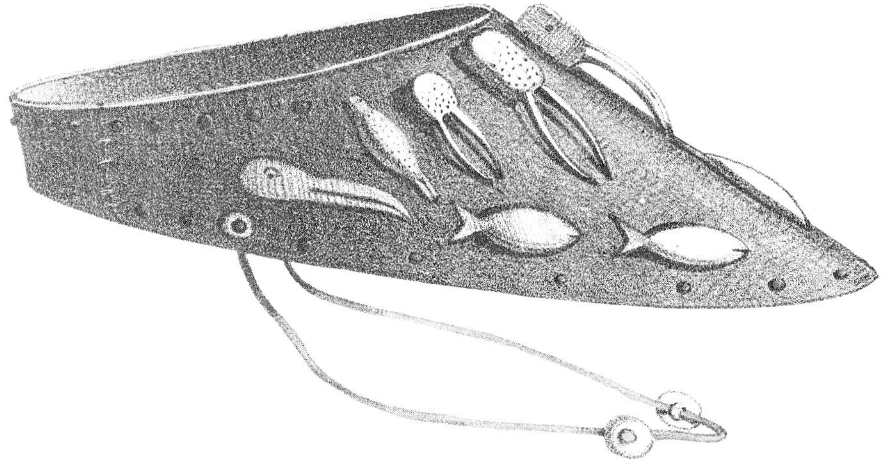

Der Walfang im Süden Alaskas

Im Süden Alaskas, das heißt, bei den Aleuten und den Koniag[2] spielte sich die Wal-Jagd im offenen Wasser ab. Die Jäger mußten manchmal lange Strecken zurücklegen, um einen Wal zu sichten. Als Fahrzeug diente der schnelle, aber leicht kenternde *kajak*. Die Ausrüstung bestand dem Boot entsprechend aus leichten Speeren, und der Jäger stand dem Wal allein gegenüber. Der *kajak*-Fahrer pirschte sich sehr leise an den Wal heran. Dann stieß er seinen vergifteten Speer bei den Vorderflossen in das Tier hinein. Danach entfernte sich der Jäger mit seinem Boot rasch von dem verwundeten Riesen. Die Waffe, oder mindestens ihre Spitze, blieb in der Wunde stecken. Das Gift bewirkte erst nach zwei bis drei Tagen eine Lähmung des Tieres, das mit der Strömung trieb. Der geschickte – und glückliche – Jäger hatte zu versuchen, den Wal zu einer Insel zu lenken, die günstig lag (Heizer 1943: 427–435; Wrangel 1839: 54–55). Dabei sang er geheime Lieder, die den Wal dazu verleiten sollten, den richtigen Strand anzusteuern. Die Speere trugen Eigentumsmarken, die den Jägern ermöglichten, Anspruch auf die von ihnen erlegten, gestrandeten Wale zu erheben.

Weil sie fähig waren, allein einen Wal zu erlegen und somit die Fleischversorgung ihrer Gruppe zu sichern, genossen die Walfänger hohes Ansehen. Sie wurden jedoch als unrein bezeichnet, da sie bei ihren Zeremonien die gestohlenen Leichname von reichen und berühmten Walfängern benutzten. Sie bildeten einen Bund, der sich in abgelegenen Höhlen traf. Dort bewahrten die Bundmitglieder unter anderem diese Leichname (Lisiansky 1814: 209), sowie farbige Holzmasken und verschiedene Behälter auf. Hier wurde das Gift zum Walfang vorbereitet. Die Jäger hatten die Rezepte von ihren Vätern geerbt und hielten sie geheim. Eskimo, die jedoch nicht zu den Walfängern gehörten, glaubten, daß dabei Fette aus den Leichen verwendet wurden. Der wichtigste Bestandteil des Giftes war Aconitum (Eisenhut), menschliche Fette sind nicht giftig (Dall 1878; Heizer 1943; Pinard 1875). Die Gründung des Bundes der Walfänger führten die Eskimo auf die Gefährlichkeit der Jagd zurück.

Die Jagd auf kleine Wale und Walrosse wurde im Süden Alaskas von einer Jagdgemeinschaft durchgeführt, bei der die Jagdstrategie mehr zählte, als die Gefährlichkeit des Unternehmens. Es handelte sich um Treibjagden, wobei die Tiere entweder von den Jägern eingekreist oder zu seichten Gewässern getrieben wurden, wo sie bequemer erlegt werden konnten.

Keine strikte Geschlechtertrennung

Die Tatsache, daß Männerbünde bei den Eskimo selten waren, ist vor allem durch die Migration und das spärliche Vorkommen des Wildes zu erklären. Oft war der potentielle Jagdertrag so gering, daß der Jäger nur seine (Kern-)Familie versorgen konnte und er dadurch praktisch zu einem individuellen Nomadismus gezwungen war.

Wie in vielen anderen Bereichen der Eskimo-Kultur gab es auch bei den Bünden keine ganz strikte Geschlechtertrennung. Zwar wurde oben immer von ‚Jägern' gesprochen, doch muß eingeräumt werden, daß zu den Walfängermannschaften vereinzelt auch Frauen zugelassen wurden (Wor 1980: 309). Dies war der Fall, wenn nicht genügend Männer für die Mannschaft zur Verfügung standen oder aber wenn sich Frauen von der Gefahr des Walfangs besonders angezogen fühlten und unbedingt teilnehmen wollten.

Zur heutigen Situation

Wie Moyer (1977: 140–142) gezeigt hat, haben in zeitgenössischen Dorfgemeinschaften die sogenannten *community associations* die ursprünglich kaum formal ausgeprägte gegenseitige wirtschaftliche Unterstützung übernommen. Wenn das Jagdterritorium durch erhöhte Mobilität des Jägers, zum Beispiel durch die Benutzung von modernen Verkehrsmitteln (Pelto & Müller-Wille 1977), vergrößert wird, entsteht die Notwendigkeit von Jagdverbänden. Die Jäger haben dann einen gemeinsamen Stützpunkt, zum Beispiel ein neugegründetes Dorf mit Anschluß zur ‚Außenwelt', und das umliegende Territorium wird von allen Jägern gleichermaßen beansprucht. Die Versammlung der Jäger vereinbart, wie das Gebiet für individuelle stationäre Jagd (zum Beispiel Fallenstellerei) zwischen den Jägern aufgeteilt wird. Dagegen findet die mobile Jagd auf dem gesamten Territorium statt und wird individuell oder in Gruppen durchgeführt, deren Zusammensetzung auf verwandtschaftlichen Bindungen beruht. Wenn zum Beispiel die vereinbarte Zahl der zu tötenden Eisbären niedriger ist als die Zahl der Jäger, beschließt der Jagdverband, daß die Jagd geschlossen ist, wenn die Quote erreicht ist (Freedman 1967; Rousselot 1975/77).

Anmerkungen

1 In Nordalaska leben die Inupiat Eskimo, im Süden die Yupik und die Aleuten.

2 Die Koniag oder Bewohner der Kodiak-Insel gehören zu den Yupik.

Die *hamatsa*-Zeremonie der Kwakiutl-Indianer einst und jetzt

Aldona Jonaitis

Das Zeremonialleben kaum einer anderen Indianergruppe Nordamerikas ist so eingehend erforscht worden wie das der Kwakiutl[1] in British Columbia (Kanada). Die Untersuchungen, die Franz Boas mit seinem indianisch-englischen Gewährsmann George Hunt dort durchführte, gehören zu den Glücksfällen der Ethnologie. Ein weiterer Glücksfall ist, daß die Kwakiutl den Kontakt mit den Weißen physisch und kulturell überlebt haben. Die Arbeiten von Boas und Hunt haben es den heutigen Kwakiutl ermöglicht, an ihre alten kulturellen Traditionen anzuknüpfen. Im folgenden werden die alten und neuen Rituale verglichen sowie in einem Exkurs die Phase der Unterdrückung der Kwakiutl-Kultur beleuchtet.*

Siehe dazu auch Farbseite XLII.

„Gestern um sechs Uhr wurden wir zu einem Fest der Koskimo gerufen... Plötzlich hörten wir draußen Pfeiftöne und viel Lärm, und der gleiche *hamatsa*, der die Nacht davor wie wild geworden war, stürmte mit seinen Begleitern in das Haus. Sie tanzten um das Feuer und gingen wieder hinaus. Dann bat der Koskimo-Sprecher die Kwakiutl (die Gruppe der Kwakiutl-Indianer aus dem Dorf Fort Rupert) und die Nakoaktok zu singen. Die Kwakiutl sangen ihre üblichen zwei Lieder, so auch die Nakoaktok. Die letzteren jedoch sangen nicht im Takt und der oberste *hamatsa* der Kwakiutl sprang auf und schrie ‚hap, hap, hap'. Seine neun Begleiter rannten zu ihm, und sie tanzten um das Haus und dann mit wilden Sprüngen um das Feuer, begleitet vom wilden Klang der Pfeifen. Weitere Ansprachen wurden gehalten, und wieder hörte man von draußen die Pfeifen und Schreie des *hamatsa*. Kurz darauf kam er zurück, völlig nackt, abgesehen vom Tanzschmuck und zwei Zedernbastringen, die kreuzweise über seinen Schultern und über seinem Kopf lagen. Er tanzte den vorschriftsmäßigen *hamatsa*-Tanz" (Boas in Rohner 1969:183; Übers. Red.).

Franz Boas' Bericht über das *hamatsa*-Ritual

Was Franz Boas 1894 im Dorf Fort Rupert beobachtete, kann heute noch in einer etwas modifizierten und veränderten Form in den Gemeinschaftshäusern der Kwakiutl auf Vancouver-Island gesehen werden. Die Initiation eines *hamatsa*, ein zentrales Ritual der Indianer des 19. Jahrhunderts, ist noch immer ein charakteristisches Element der zeitgenössischen Kwakiutl-Kultur. Dieser Aufsatz wird sich auf die *hamatsa* jener Gruppe konzentrieren, die wir heute als die eigentlichen Kwakiutl bezeichnen. Franz Boas zählte diese Gruppe zu den Südlichen Kwakiutl, um diese von den mehr nördlich lebenden sprachverwandten Gruppen zu unterscheiden, die wir als Nördliche Wakashan bezeichnen. Die Kwakiutl leben an der nördlichen und westlichen Küste von Vancouver-Island, im Süden bis an den Campbell-River, sowie auf dem gegenüberliegenden Festland von British Columbia. Als Franz Boas diese Gruppe um die Jahrhundertwende besuchte, hatten sie eine hierarchische Sozialorganisation, die sich auch auf die Rangfolge der miteinander in Verbindung stehenden Dörfer erstreckte. Innerhalb der Dörfer waren die Häuser und deren Bewohner ebenfalls hierarchisch gegliedert. Auf vielfältige Weise ist diese Gliederung heute noch wirksam.

Von zentraler Bedeutung für die hierarchische Ordnung waren ererbte Privilegien, welche beim *potlatch* bestätigt werden mußten, das heißt, bei Zeremonien, die mehrere Tage dauerten und in denen es vor allem um rituelles Festessen und Ver-

Während seiner Feldforschung im Jahre 1894 in British Columbia (Kanada) hat Franz Boas das hamatsa- oder ‚Kannibalen'-Ritual der Kwakiutl-Indianer erforscht. Dabei ist diese Aufnahme entstanden. Hamatsa-Initianden, mit Zweigen der Hemlocktanne als Zeichen ihres vorübergehenden Zustandes der Wildheit geschmückt, werden aus ihrer Seklusion im Wald, wo sie mit dem Kannibalen-Geist verkehrt hatten und selber Kannibalen gerworden waren, von ihren Betreuern in die Siedlung zurückgeleitet. Die Holzkiste dient als Trommel. Foto: Hastings 1894. American Museum of Natural History New York.

teilung von Geschenken ging. Eines der wichtigsten dieser Privilegien war das Recht, initiiert zu werden in das, was Boas Geheimgesellschaften nannte. Wie so vieles andere in der Kwakiutl-Kultur waren diese Gesellschaften hierarchisch geordnet, mit der *hamatsa*-Gesellschaft als höchstem Rang. Die Initiationen, welche die Übernahme der Privilegien bedeutete, fanden während des Winters statt, in der ‚Roten Zedernbast-*(tseka)*Saison', die so genannt wurde, weil die Kostüme, Masken und andere rituelle Paraphernalia, die während dieser Zeit getragen und gebraucht wurden, aus zerfasertem, rot gefärbtem Zedernbast gemacht wurden.

Während der *tseka*-Saison verwandelte sich das Dorf buchstäblich von seinem säkularen in einen heiligen Zustand. Leute wechselten ihre Namen, das Rangsystem, welches während der profanen Sommerzeit galt, wurde abgelöst von einem, welches die Zeremonialstruktur bestimmte. So war im Prinzip die Gliederung von zeremoniellen Privilegien während der Wintersaison unabhängig von der säkularen Hierarchie, welche das Dorf im Sommer gliederte. Jedoch waren in den meisten Fällen diejenigen mit hochrangigen *tseka*-Privilegien dieselben Personen, die auch einen höheren säkularen Status innehatten. So waren diejenigen, die über das Recht verfügten, ein initiierter *hamatsa* zu werden, oft Mitglieder der vornehmsten Adelsfamilien.

Die vollständigste Beschreibung über die *hamatsa*-Zeremonie des 19. Jahrhunderts, wurde im Jahre 1897 von Franz Boas in seinem Buch „*Social organization and secret societies of the Kwakiutl Indians*" veröffentlicht (S. 437–462; siehe auch Boas 1966: 177–279). Boas hatte 1894 einige Wochen während der *tseka*-Saison in Fort Rupert verbracht und die Initiation von mehreren *hamatsa*-Tänzern beobachtet. George Hunt, ein Einheimischer aus Fort Rupert, dessen Vater ein Engländer war, der bei der Hudson's Bay Company arbeitete und dessen Mutter eine adlige Tlingit war, half Boas beim Sammeln von Informationen über die *hamatsa*. Hunt nahm am Zeremonialleben der Kwakiutl aktiv teil, da er durch seine erste und zweite Kwakiutl-Frau zahlreiche Pri-

Einer der eindrucksvollsten Vorgänge des hamatsa-Rituals ist der Auftritt der Tänzer, die die fliegenden Gefährten des Kannibalen-Geistes verkörpern. Hier eine großartige Rabenmaske, stolzer Besitz vieler Völkerkundemuseen, in Aktion, 1894 beobachtet und dokumentiert von Franz Boas. Das Tage und Wochen währende, nur im Winter stattfindende Tanzritual inszeniert die allmähliche ‚Zähmung', das heißt Wiedereingliederung des Initianden in die Gemeinschaft. Foto: Hastings 1894. American Museum of Natural History New York.

vilegien erlangt hatte. So profitierten Boas' ethnographische Veröffentlichungen über die *hamatsa*-Gesellschaft von dieser einzigartigen Möglichkeit, Einblicke zu gewinnen. Die folgende Beschreibung der *hamatsa*-Zeremonie aus dem späten 19. Jahrhundert ist eine Zusammenfassung von Boas' Beobachtungen, wie sie ihm Hunt erklärte und interpretierte.

Das rituelle Szenarium, welches von einem *hamatsa*-Initianden vorgeführt wurde, wiederholte die ursprüngliche Reise eines Ahnen zum Kannibalen am Nordende der Welt, das heißt, zu einem gewaltigen Menschenfresser, der sich nach Menschenfleisch verzehrte. Es heißt, daß der *hamatsa*-Initiand, gewöhnlich ein junger Mann während der Pubertät, aber gelegentlich auch ein junges Mädchen, sich bei diesem Wesen aufgehalten hatte und, erfüllt mit menschenfresserischen Trieben, die ihm der Kannibale eingegeben hatte, zurückkehrte. Zu dieser Zeit, als Boas bei den Kwakiutl forschte, blieb der Initiand vier Monate seinem Zuhause fern und es hieß, daß er mit dem Kannibalen zusammen sei. In Wirklichkeit hielt er sich jedoch nur vor der Gemeinschaft verborgen.

Wenn der Novize in sein Dorf zurückkehrte, führte er sich verrückt und wild auf, verlangte nach Menschenfleisch und biß Leute. All dies, so versichern uns Hunt und Boas, war Vortäuschung. Das Ritual, welches folgte, dauerte mehrere Tage, während der der erwachsene *hamatsa* den Novizen ‚zähmte', der am Ende von vier Tagen in einem ebenso dramatischen wie stilisierten Prozeß allmählich wieder zivilisierter wurde. Anfänglich betrat der Initiand zu Pfeiftönen das Haus durch das Dach, manchmal kletterte er einen sogenannten ‚Kannibalenpfahl' herunter, der im Zentrum des Hauses zu diesem Zwecke aufgerichtet worden war. Nur mit Zweigen der Hemlocktanne bekleidet, was seine absolute Wildheit zum Ausdruck brachte, rannte der Initiand herum und schrie sein durchdringendes „hap"; Helfer kreisten ihn ein, aber er entkam ihnen. Am nächsten Tag wurde der Novize von Helfern am Strand gefangen und ins Haus zurückgebracht. Während der Vorführungen wurde der Initiand hin und wieder von Besessenheit ergriffen und biß Leute, die aber zuvor hierzu ihr Einverständnis gegeben hatten und später gut dafür bezahlt wurden, daß sie sich hatten beißen lassen. Während der nächsten vier Nächte wurde der Novize fortschreitend zahmer, seine Tanzbewegungen wurden ruhiger und seine Haltung und sein Kostüm änderten sich von hockend in Hemlocktannenzweige gekleidet, zu aufrecht stehend in roten Zedernbast gehüllt. Einer der eindrucksvollsten Vorgänge des Rituals war das *hamsemala*, in welchem die maskierten Tänzer, die die fliegenden Gefährten des Kannibalengeistes verkörpern, das Haus betraten und tanzten. Am Ende seiner Initiation trug der Novize eine Decke und einen Schurz und tanzte hinter seinen weiblichen Helfern her und brachte so seine Zähmung zum Ausdruck. Danach bekamen alle Zuschauer, die die Übernahme der Privilegien miterlebt hatten, Geschenke, wie zum Beispiel Decken; dies war die Bezahlung des Gastgebers für ihren Dienst als Zeugen.

Unterdrückung der *hamatsa*-Zeremonie

Im späten 19. Jahrhundert, als Franz Boas die Kwakiutl besuchte, gab es auf Vancouver-Island bereits eine jahrzehntelange Interaktion zwischen Weißen und Indianern. Die Regierungsbeamten und die Missionare fanden die *hamatsa*-Initiationen, was nicht überrascht, absolut widerwärtig und setzten sich unerbittlich für ihr Verbot ein. Unfähig, die Kultur der Nordwestküstenbewohner zu verstehen, glaubten die Weißen einfach, daß sie, wenn sie den *potlatch* und damit in Verbindung stehende zeremonielle Aktivitäten, wie das *hamatsa*-Ritual für illegal erklärten, sie mehr Erfolg hätten, die Indianer zu ‚zivilisieren'. Daher erließ die kanadische Regierung im Jahre 1884 den *Indian act*, welcher die *potlatch*-Feste und die dazu gehörenden Tänze für illegal erklärte.

Die Kwakiutl aber ignorierten das Gesetz und führten ihre Winterzeremonien und den *potlatch* unvermindert fort. In der Tat, als Boas die *hamatsa*-Initiation beobachtete, sah er etwas, was illegal war, zumindest in den Augen der weißen Beamten. Die Kwakiutl hatten eine ganz andere Einstellung zu ihren Zeremonien, sie waren davon überzeugt, daß diese Tänze und Geschenkverteilungen von zentraler Bedeutung für ihre Kultur sind. Als Boas diesen Leuten auf seiner ersten Reise zur Nordwestküste im Jahre 1886 begegnete, verlangten sie von ihm zu wissen, ob er ein Regierungsbeamter sei, der geschickt worden war, um dieses heimtückische Gesetz in Kraft zu setzen (Jonaitis 1988: 124–125).

Boas war nicht immun gegenüber den Konsequenzen dieser Gesetzgebung. Im März 1900 erhielt er einen Brief von George Hunt, in dem stand: „Ich bin gefangengenommen worden, da ich einen *hamatsa* des Lawetse-Stammes besucht habe, der Menschenfleisch gegessen hatte, und ich wurde nach Vancouver gebracht, um in Alert-Bay vor Gericht gestellt zu werden. Ich habe einen Verteidiger bekommen und wurde nach Hause geschickt, um mehr Zeugen für die Verhandlung am 17. März zu finden. Ich bin auf Herrn Spencers Geld angewiesen, da ich arm bin" (Hunt–Boas, 15. März 1900, *American Museum of Natural History Department of Anthropology Archives;* Übers. Red.).

Eines der grauenhaftesten Merkmale des *hamatsa*-Rituals war für die Weißen der vermutete Genuß von Menschenfleisch. Der Indianerbeauftragte R. H. Pidcock wollte für immer und ewig diesen Aspekt des Rituallebens der Kwakiutl unterbinden.

Pidcock behauptete, daß Hunt vor Jahren geholfen hätte, den Körper einer verstorbenen Frau zu verstümmeln. Er sagte aus, daß ein *hamatsa* mit einem toten Körper, der mit Immergrün bedeckt war, in ein Haus gekommen sei. Es wurde behauptet, daß Hunt, bedeckt mit einem Kopfring aus rotem Zedernbast, mit den Oberhäuptern diskutierte, auf welche Art und Weise der Körper zerschnitten werden sollte; dann schnitt er die Beine und den Kopf ab und gab dies den Oberhäuptern, die gaben es wiederum weiter an den *hamatsa*-Initianden, der die Stücke vertilgte. Hunt hielt dem in seiner Verteidigung entgegen, daß er als Beobachter und nicht als Teilnehmer dabei gewesen sei. Er brachte vor, daß die Tänzer das Verspeisen vorgetäuscht hätten, in Einklang mit dem theatralischen Charakter der Kwakiutl-Zeremonien.

Als Boas davon erfuhr, schrieb er an seinen Kollegen Charles Newcombe, einen Physiker, der in British-Columbia lebte, und bat ihn, sich um die Angelegenheit zu kümmern: „Ich weiß keinerlei Details über die Sache, aber aus Prinzip scheinen mir alle Einmischungen in diese Bräuche, die fast erloschen sind, falsch. In bezug auf George Hunt mache ich mir Vorwürfe, denn ich fühle mich sehr verantwortlich. Ich schicke Ihnen ein Exemplar meines Buches über die Kwakiutl-Indianer, in dem Hunts Name erscheint. Bitte benutzen Sie es, um klar zu machen, daß sein Motiv vor allem ein wissenschaftliches ist.[2] Ich möchte meinen, daß dies für jeden vernünftigen Richter oder die Geschworenen einen entscheidenden Unterschied macht, warum ein Mann an Vorgängen dieser Art teilnimmt" (Boas–Newcombe, 29. März 1900, *American Museum of Natural History Department of Anthropology Archives*; Übers. Red.).

Am 18. April 1900 schrieb Newcombe an Boas, daß er gerade ein Telegramm von Hunt erhalten habe, mit der Mitteilung, daß er freigesprochen worden sei, da die Geschworenen die Version des kanadischen Beamten anzweifelten. Boas schrieb an Hunt und sagte ihm, wie sehr er über diesen Ausgang erfreut sei: „Ich gebe mich der trügerischen Hoffnung hin, daß das Buch mit Ihrem Namen auf dem Titelblatt in diesem Fall ein hilfreiches Mittel war" (Boas–Hunt, April 1900, *American Museum of Natural History Department of Anthropology Archives*; Übers. Red.).

Die in der oberen Reihe sitzenden männlichen Mitglieder der hamatsa-Geheimgesellschaft sind an ihren Hals- und Kopfringen aus rotgefärbtem Zedernbast zu erkennen. Die Möglichkeit der Mitgliedschaft zu diesem Männerbund war ein ererbtes Privileg in der hierarchisch strukturierten Gesellschaft der Kwakiutl-Indianer. Die in der unteren Reihe sitzenden Frauen waren vermutlich Mitglieder solcher privilegierter Familien, vor allem die beiden in der Mitte, die in kostbare, mit Perlmuttknöpfen verzierte Wolldecken der Hudson Bay Company gehüllt sind. Foto: Hastings 1894. American Museum of Natural History New York.

Der Widerstand der Kwakiutl gegen die Unterdrückung der *hamatsa*-Zeremonie

Ungeachtet des Verbotes der Kwakiutl-Rituale führten die jungen Leute die *hamatsa*-Zeremonie fort. In seiner Autobiographie (1969) beschreibt James Sewid, geboren 1913, seine eigene *hamatsa*-Initiation, die während dieser problematischen Zeit stattfand. Sein Großvater, so scheint es, hatte dem jungen Mann mitgeteilt, daß er zum letzten Mal einen *potlatch* geben wolle und bat seinen Enkel, sein ‚Toptänzer' zu sein. Obwohl Sewid aus Angst vor dem Gesetz die Tänze eigentlich nicht vorführen wollte, gab er dem Druck nach.

Zu dieser Zeit war das *hamatsa*-Ritual etwas verändert worden. Im Gegensatz zu den Initianden in den Tagen von George Hunt, die bis zu vier Monaten von der Gemeinschaft wegblieben, blieb Sewid nur zehn Tage isoliert. Anders als seine Vorfahren, die ihre Rituale frei und ohne Angst vor Arrestierung aufführen konnten, war Sewids Reaktion auf diesen Vorschlag verständlicherweise zunächst ambivalent. Aber wie auch immer, bald war er in seine Initiation sehr eingebunden, und seine Erfahrung und seine Gefühle bei diesen bedeutsamen Vorgängen beschreibt er auf eine sehr persönliche Weise: „*hamatsa* war mir innerlich vertraut, und ich fühlte, daß ich an herausragender Stelle geehrt wurde, weil dies ein sehr bedeutungsvoller Tanz war. Man muß ein ehrwürdiger und angesehener Mann sein, um das zu erleben, und nicht vielen Leuten wurde es zuteil. Danach hatte ich jederzeit das Recht auf den *hamatsa*-Tanz, wann immer mir danach zumute war, an einer Zeremonie teilzunehmen, in der andere junge Männer zu einem *hamatsa* wurden" (Sewid 1969: 92; Übers. Red.).

Eine *hamatsa*-Zeremonie erfordert rituelle Paraphernalia, wie Kopf- und Halsringe aus zerfasertem Zedernbast und Vogelmasken für das *hamsemala*-Ritual. Über das ganze zwanzigste Jahrhundert hinweg, wann immer Individuen wie James Sewid zum *hamatsa* initiiert wurden, schufen Künstler die für diese Rituale notwendigen Kostüme und Masken. Obwohl sehr vieles im Verborgenen ablief und nicht mehr Allgemeingut war wie fünfzig Jahre zuvor, blieb die Tradition der Kwakiutl-Künstler ungebrochen bestehen (Holm 1977). Einer der herausragendsten Künstler war Willie Seaweed, der zwischen 1873 und 1967 lebte und einige der bemerkenswertesten und ausdrucksvollsten *hamatsa*-Masken schuf, die bekannt geworden sind (Holm 1983).

Die Legalisierung der *hamatsa*-Zeremonie

Sowohl der *potlatch* als auch das *hamatsa*-Ritual und andere ähnliche Zeremonien wurden 1951 wieder legal, als im überarbeiteten *Indian act* jeder Bezug darauf gestrichen wurde. Die Wintertänze, die lange Zeit nur im geheimen aufgeführt werden konnten, durften nun wieder öffentlich stattfinden. Allerdings haben über die Jahre diese Tänze einige bedeutsame Veränderungen erlebt. Zum Beispiel verläßt der Initiand, der früher vier Monate abwesend war, nun das Zeremonienhaus nur so lange, um in das nächste Kostüm zu wechseln. Heute findet die *hamatsa*-Initiation nicht mehr in dem großen Gemeinschaftshaus einer erweiterten Familie statt, sondern in einem im traditionellen Stil erbauten Gemeindehaus, wie in dem 1953 in Victoria und dem 1965 in Alert-Bay errichteten. Zahlreiche Meisterschnitzer erschaffen Masken und andere Zeremonialobjekte, die sowohl für die *hamatsa*-Initiationen als auch für andere Zeremonien der Kwakiutl gebraucht werden (Macnair u.a. 1980).

Heute lernen junge Kwakiutl-Kinder über die *hamatsa*-Zeremonie zum einen durch ihre Teilnahme beim *potlatch*, der regelmäßig stattfindet, zum anderen durch eine Publikation, *Yaxwatlan's* („wir werden tanzen") (Powell u.a., o.J.). Dieses Buch ist Teil einer Serie von Kwakwala-Arbeitsbüchern (Kwakwala ist die Sprache der Kwakiutl), die geschrieben wurden, um die Kinder in ihrer Kultur und Sprache zu unterrichten. Das Buch widmet der *hamatsa*-Zeremonie erhebliche Aufmerksamkeit. Es weist darauf hin, daß die Aufführung der *hamatsa*-Zeremonie nur noch einen Abend dauert, mit vier fest umrissenen Teilen, die die vollständige Initiation darstellen, obwohl diese in den alten Zeiten vier Tage dauerte. Zuerst erscheinen die Begleiter, die auf Pfeifen *(mazdis)* blasen, dann legt ein alter *hamatsa*, der seine Privilegien an den Initianden weitergibt, einen Ring über dessen Schultern. Danach ruft der Novize „hap" und rennt wie verrückt herum, um dann hinter einer Wand auszuruhen. Während der zweiten Phase tanzt der Novize in einem Zedernbastkostüm und wird allmählich ruhiger, oft von der *hiligaxste* geführt (eine weibliche Helferin). Der dritte Teil ist das *hamsamala*, der Tanz der *hamatsa*-Masken, der guten Tänzern die Gelegenheit bietet, ihre Fähigkeiten zu zeigen. In der Schlußphase, die die Zähmung des Initianden anzeigen soll, legen die Helfer eine Decke oder ein Bärenfell über dessen Schultern, um seine Wiedereingliederung in die Gesellschaft deutlich zu machen.

Dieses Arbeitsbuch, im Standardtyp einer Unterrichtspublikation gehalten, vermittelt den jugendlichen Kwakiutl in Texten, Photographien und Zeichnungen das Fortleben ihrer kulturellen Traditionen. Es vervollständigt und ergänzt die Erziehung durch das Leben, die die Kinder beim regelmäßig abgehaltenen *potlatch* in ihrer Gemeinde erhalten. Gewissermaßen haben sich die Kwakiutl eine Lehrmethode des westlichen Erziehungssystems angeeignet, um in der Ausbildung ihrer Kinder ihre eigenen kulturellen Werte ihrer Bedeutung entsprechend berücksichtigen zu können. Die Sprache, in der sie das Besondere ihrer Rituale an ihre Jugendlichen vermitteln, ist voll bezwingender Poesie:

„Tanzen ist nicht nur unser Recht und Privileg. Es ist eine Verpflichtung. So wie die Oberhäupter zu Franz Boas sagten, als er zum ersten Mal kam, um in Fort Rupert ihre Zeremonien zu sehen. ‚Es ist ein ehernes Gesetz, das uns zu tanzen gebietet.' Der Tanz ist für uns nicht nur eine Gelegenheit, die Aufmerksamkeit auf uns zu ziehen. Der Tanz ist vielmehr ein Weg, unsere Verantwortungen als Kwakwaka'wakw auszuüben" (Powell u.a., o.J.: 6).

Anmerkungen

* Der Aufsatz wurde aus dem Englischen übersetzt von Hannelore Uedelhofen

1 Die ‚Kwakiutl', mit denen wir uns in diesem Aufsatz beschäftigen, ziehen es selbst vor, Kwakwaka-'wakw genannt zu werden, was „Sprecher des Kwakwala" bedeutet. Die gängige Bezeichnung Kwakiutl, eine falsche Schreibung des Wortes Kwagiulth, bezieht sich genaugenommen auf die Leute aus dem Dorf Fort Rupert, die Franz Boas untersuchte.

2 Boas verwies hier auf sein ‚*Social organization and secret societies of the Kwakiutl Indians*' aus dem Jahre 1897.

Prairiefüchse, Schwarze Münder, Hunde-Soldaten und Irre Hunde Militär-Gesellschaften der Plains- und Prairie-Indianer

Hans Wilderotter

Bei fast allen Stämmen der nordamerikanischen Plains und Prairien[1] gab es mehrere gleichartige Verbände, in denen die Männer des jeweiligen Stammes organisiert waren. Man kann diese Verbände ‚Militär-Gesellschaften' nennen. Jede Gesellschaft verfügte über eigene Paraphernalia, mit denen sie sich von anderen Gesellschaften unterschied. Bei allen Gesellschaften wurden mehrere Mitglieder zu ‚Offizieren' ernannt, eine Würde, die nicht mit besonderen Rechten, sondern mit der Pflicht zu besonderer Tapferkeit in Form einer Art ‚Fluchtverbot' verbunden war. Bei sechs Stämmen waren diese Gesellschaften hierarchisch geordnet, wobei die Mitgliedschaft zu der jeweils höheren Gesellschaft kollektiv eingekauft wurde; bei allen anderen Stämmen waren die Gesellschaften jeweils gleichberechtigt und man wurde als Individuum zum Beitritt aufgefordert. Bei allen Stämmen oblag den Militär-Gesellschaften als ‚Bisonpolizei' die Organisation der gemeinsamen Büffeljagd. Darüber hinaus nahmen diese Gesellschaften im rituellen Bereich stammesintegrierende Funktionen wahr.

Nach einem langen und kalten, aber ereignisreichen Winteraufenthalt in Fort Clarke, unweit der beiden Dörfer der Mandan am oberen Missouri, wurde Prinz Maximilian zu Wied im Frühjahr 1834 Zeuge eines spektakulären Auftritts: „Am 7. März tanzte die Bande der Meniss-Ochatä aus Ruhptáre in Mih-Tutta-Hangkusch ... Am Nachmittag rückten sie in die Nähe des Forts, und schon vor dem Tor vernahm man das Pfeifen auf den Kriegspfeifen. Eine Menge Zuschauer begleiteten die 27 bis 28 Hunde, sämtlich auf das Schönste aufgeputzt. ... Auf dem Kopf trugen vier von ihnen, dies sind die echten Hunde, eine große, weit über die Schulter hinausreichende Mütze oder Haube von Raben- und Elsterfedern, an deren Spitze kleine weiße Flaumfedern angeklebt sind. In der Mitte dieser unförmigen Federmasse ist der ausgebreitet aufrecht stehende Schwanz eines wilden Truthahns oder des Kriegsadlers angebracht. Um den Hals tragen diese vier Haupthunde einen langen Streifen von rotem Tuch, der über den Rücken hinab bis auf die Waden hängt und in der Mitte des Rückens in einen Knoten zusammengeknüpft wird. ... Am Hals trugen sie sämtlich ihre lange Ihkoschka, im linken Arm ihre Waffe – Flinte, Bogen oder Streitkolben –, in der rechten Hand aber das für ihre Bande bestimmte Schischikué, einen mit blauen und weißen Glasperlen verzierten und über und über mit Tierhufen behangenen Stock, vorn mit einer Adlerfeder und am unteren Ende mit einem mit Perlen bestickten Stück Leder verziert. Die Krieger schlossen den Kreis, in dessen Mitte eine große Trommel gesetzt wurde,... Zu den heftigen, schnell wiederholten Schlägen der Trommel pfiffen die Hunde in stehender Stellung abwechselnd auf ihren Kriegspfeifen in kurzen, gleichartig und oft wiederholten Sätzen, dann fingen sie plötzlich an zu tanzen. Die Tänzer ließen ihre Roben hinter sich auf die Erde fallen, und einige tanzten in der Mitte des Kreises mit vorgeneigtem Oberleib, mit beiden Füßen zugleich etwas von dem Boden in die Höhe springend und dabei fest auftretend. Die übrigen Indianer tanzten in Unordnung, ... während Kriegspfeifen, Trommeln und Schischikués ein heftiges Getöse verbreiteten" (Wied 1975: Bd. 2, 212/213). Carl Bodmer, der den Prinzen als Zeichner begleitete, hat einen der Teilnehmer des farbenprächtigen Schauspiels im Bild festgehalten.

Die Organisation der Militärgesellschaften

Die Bande der ‚Hunde' war einer von sechs gleichartigen Verbänden, die Maximilian bei den Mandan beobachten und beschreiben konnte. Solche „Banden oder Vereine, Gesellschaften, die sich durch äußere Kennzeichen und Gesetze von den übrigen unterscheiden", waren, wie der Prinz richtig vermutete, bei „den

Bei den Mandan-Indianern gab es verschiedene Männerbünde, in denen man entsprechend seines Alters Mitglied wurde. Von den ‚Törichten Hunden' rückte man auf zu der ‚Krähenbande', von dort zu den ‚Soldaten'. Nach der Zeit im ‚Hundebund', schließlich, wurde man Mitglied im ‚Bisonbund'. Die Mitglieder des Bisonbundes trugen als Abzeichen die Kopfhaut und Hörner eines Bisons. Der Kupferstich nach Carl Bodmer zeigt den Bisontanz der Mandan-Indianer vor ihrer Medizinhütte, wie er zu Beginn des 19. Jahrhunderts veranstaltet wurde. Foto: Dietrich Graf, Museum für Völkerkunde, SMPK Berlin.

meisten nordamerikanischen Indianerstämmen" (Wied 1975: Bd. 2, 83) verbreitet. Die Banden der Mandan allerdings repräsentierten einen Organisationstyp, der vor allem bei den etwa dreißig Stämmen der Indianer der Plains und Prairien zu finden und auf dieses Gebiet beschränkt war.[1] Man kann diese Verbände ‚Militär-Gesellschaften' nennen, unter dem Vorbehalt allerdings, daß man unter den zahlreichen Funktionen, die diesen Verbänden zukamen, die militärischen Aufgaben in den Mittelpunkt stellt.

Alle männlichen Mitglieder eines Stammes gehörten in der Regel jeweils einer der Gesellschaften an, deren Anzahl bei den verschiedenen Stämmen ebenso variierte wie im Verlauf der Geschichte ein und desselben Stammes. Maximilian zählte bei den Mandan sechs Militär-Gesellschaften, während Anfang dieses Jahrhunderts ein Informant des Ethnologen Robert Lowie von zehn Gesellschaften sprach (Lowie 1913: 295); bei den Cheyenne schwanken die Zahlenangaben zwischen vier und sechs (Petersen 1964: 146f.) All diesen Unklarheiten liegen wohl weniger Verständnisschwierigkeiten der jeweiligen Ethnologen zugrunde, als die Tatsache der ständigen Umgruppierung, Neubenennung und Neugründung von Militär-Gesellschaften während des 19. Jahrhunderts.

Die Militär-Gesellschaften wiesen in ihren Ausdrucksformen ein hohes Maß von Homogenität auf: Gleiche Namen und Paraphernalia, Organisationsstrukturen und Verhaltensregeln waren über das gesamte Plains- und Prairiegebiet verbreitet. So gab es, um nur einige Beispiele zu nennen, sowohl bei den Oglala-Sioux, bei den Cheyenne als auch bei den Hidatsa eine Prairiefuchs-Gesellschaft. ‚Hunde'-Gesellschaften gab es bei fast allen Stämmen, bei einigen sogar zwei oder mehrere, die dann durch Beiworte wie ‚Irre' oder ‚Verrückte' voneinander unterschieden wurden, Beiworte, die in der Regel allerdings auch auf besondere, den Mitgliedern der Gesellschaft eigentümliche Verhaltensweisen aufmerksam machten. Jeweils einige Mitglieder dieser Hunde-Gesellschaften trugen den roten, manchmal auch blauen Stoffstreifen um den Hals, wie Maximilian ihn bei den Mandan beobachten konnte, ein Abzeichen, das seine Träger aus der Masse der Mitglieder der Gesellschaft heraushob und als ‚Offiziere' kenntlich machte, die bei den Mandan ‚echte Hunde' genannt wurden. Solche ‚Offiziere' gab es auch bei den anderen Militär-Gesellschaften, wobei der Begriff Offizier hier recht ungenau ist, da diese Stellung keineswegs mit einer besonderen Befehlsgewalt oder anderen Rechten, als vielmehr mit Pflichten ausgestattet war.

Die Pflichten der Offiziere

Im Zentrum dieser Pflichten stand das Gebot, im Falle eines Rückzuges im Kampf nicht zu fliehen, sondern dem Feind entgegenzutreten. Die ‚echten Hunde' unterstrichen ihre Bereitschaft zur Einhaltung dieses Gebots, indem sie im akuten Fall den Stoffstreifen, den sie um den Hals trugen, mit einem Holzpflock, den sie mit sich führten, mit dem anderen Ende am Boden befestigten. Ein ähnliches Verfahren benutzten diejenigen, die als Zeichen ihrer Offizierswürde eine Lanze trugen: Der Lanzenträger steckte die Lanze in den Boden und band sich anschließend daran fest. Clark Wissler berichtet, von den vier Lanzenträgern der Prairiefuchs-Gesellschaft der Oglala habe man gesagt, die Annahme dieses Amtes bedeute den sicheren Tod: „Ich bin ein Fuchs", begann eines der Lieder dieser Offiziere, „von mir erwartet man, daß ich sterbe" (Wissler 1912: 15).

Es sieht so aus, als sei die Bereitschaft, dieses Amt zu übernehmen, durchaus nicht immer sehr groß gewesen. Bei den Oglala zögerten wohl die meisten Kandidaten zunächst, gaben aber schließlich aus Angst, ihr Ansehen zu verlieren, den Aufforderungen nach. Bei den Crow scheint wiederholt ein wenig nachgeholfen worden zu sein. Bei der Wahl der Offiziere der *Lumpwood*-Gesellschaft, die, wie bei allen anderen Gesellschaften auch, einmal im Jahr stattfand, hatte sich *Old-coyote* dreimal geweigert, die ihm angetragene Ehre zu akzeptieren. Beim vierten Versuch packten ihn die vier alten Männer, die die Offiziere auswählten, an den Haaren, und schoben ihm die Pfeife in den Mund, so daß er gezwungen war, zu rauchen; eine Handlung, mit der er sein Einverständnis zu erkennen gab (Lowie 1913: 165). Im übrigen stellten fast alle Militär-Gesellschaften Entlastungsmechanismen bereit. So konnte bei den Prairiefüchsen der Oglala ein Lanzenträger sich dem allgemeinen Rückzug anschließen, wenn ein Mitglied seiner Gesellschaft die Lanze, an die er festgebunden war, aus dem Boden zog.

In vielen, aber nicht in allen Fällen, war dieses ‚Fluchtverbot' für Offiziere, das man als Ritualisierung des Tapferkeitsgebots interpretieren kann, das für alle Mitglieder einer Militär-Gesellschaft galt, mit einer besonderen Form von Verkehrungsritual verbunden. Von den ‚echten Hunden' der Mandan berichtet Maximilian, daß man von ihnen erwartete, daß sie sich bei rituellen Anlässen wie Hunde benahmen: „Dies sind die wahren Hunde, die ein Stück Fleisch, welches man ihnen ins Feuer wirft, sogleich roh verschlingen müssen" (Wied 1975: Bd. 2, 212).

Bei einigen Gesellschaften galt dieses extreme Tapferkeitsgebot in Verbindung mit Handlungen aus dem Prinzip der Verkehrung für alle Mitglieder. Als Beispiel mag hier eine Gesellschaft bei den Crow stehen, die den Namen trug ‚Irre-Hunde-die-sterben-möchten'. „Wenn ein Mann aus irgendeinem Grund nicht mehr leben wollte, erklärte er öffentlich, daß er ein ‚Irrer Hund' sei. Dies implizierte, daß er ab sofort ‚verkehrt reden' mußte (...), das heißt, er mußte das Gegenteil seiner wahren Meinung sagen und das Gegenteil von dem tun, um das er gebeten wurde. Seine wichtigste Pflicht jedoch war es, sich in Gefahr zu begeben und den Tod zu suchen" (Lowie 1913: 194).

Der Erwerb der Mitgliedschaft

Trotz des hohen Maßes an Homogenität gab es erhebliche Unterschiede zwischen den Systemen, als die die Militär-Gesellschaften eines Stammes jeweils betrachtet werden können. Während bei fast allen Büffeljägern der Plains die Gesellschaften außer in Namen und Paraphernalia sich nicht unterschieden, gewissermaßen also auf einer horizontalen Achse angeordnet werden können, gab es bei den Dorfbewohnern am Missouri, aber auch bei den Blackfoot, den Arapaho und den Gros Ventre eine vertikale Anordnung, eine Staffelung nach dem Alter.

Es scheint aber, als sei die Altersstaffelung ein sekundäres Merkmal gegenüber der Art, wie der Zugang zu diesen Gesellschaften geregelt war. Die Mitgliedschaft in einer neuen, möglichst der nächsthöheren Gesellschaft mußte von allen Mitgliedern einer Gesellschaft kollektiv erworben werden, wobei die Paraphernalia, Gesänge und Tänze regelrecht gekauft wurden (Lowie 1913: 233-236; Lowie 1951: 44).

Maximilian nahm an einem auf vierzig Nächte geplanten festlichen Verkaufsvorgang teil, bei dem die *Black-Mouth*-Gesellschaft der Mandan, die der Prinz ‚Soldaten' nennt, der Raben-Gesellschaft den ‚Tanz des halbgeschorenen Kopfes' verkaufte: „Nach sieben Uhr begaben wir uns zur Medizinhütte. Sie war gänzlich geräumt, nur an den Wänden saßen Weiber umher, das Feuer brannte in der Mitte, vor welchem wir an der Schirmwand mit mehreren angesehenen Männern von der Bande der Kaúa-Karakáchka oder Soldaten Platz nahmen. Links von uns an der Wand saßen in Reihe die übrigen Soldaten, etwa in alle 25 an der Zahl... Zur rechten Seite des Feuers standen die jungen Männer der Hähderuch-Ochatä (Raben), welche heute kauften; sie mußten sich nun den Soldaten, den Verkäufern, angenehm machen, ihnen viele Dinge von Wert: Pferde, wollene Decken von verschiedener Farbe, Tuch, Kessel, Flinten, Pulver, Blei und andere Dinge geben..." (Wied 1975: Bd. 2, 185).

Im Verlauf der festlichen Handlung und gewissermaßen als deren Höhepunkt kommt es zu einem Vorgang, den Maximilian zurückhaltend aber unmißverständlich beschreibt: Die Käufer mußte ihre Frauen den Verkäufern überlassen. Dann, so der Prinz, „... erhoben sich die Weiber der Hähderuch-Ochatä, vier von ihnen warfen ihre Roben weg und waren nun vollkommen nackt, sie ergriffen schnell die Lanzen und Stangen, trugen dieselben hintereinander aus der Hütte und nach einiger Zeit wieder herein. Sie beeilten sich, bei und vorbeizukommen, und einige von ihnen schienen schamhaft zu sein. Zweimal wird diese Zeremonie wiederholt, dann aber kommen diese nackten Weiber, streichen den Fremden und den Vätern über den Arm hinab, nehmen ihre Robe um, gehen hinaus, und man muß ihnen in den Wald folgen..." (Wied 1975: Bd. 2, 185).

Robert Lowie hat wohl zu Recht vermutet, daß es sich hierbei um die Anwendung eines Konzepts handelte, das bei diesen Stämmen auch in anderen Lebensbereichen beobachtet werden konnte (Lowie 1913: 228). Die Idee, die diesem Konzept zugrundelag, könnte gewesen sein, daß die Indianer annahmen, es sei möglich, sich eine Kraft auf dem Wege des Geschlechtsverkehrs anzueignen. Daß die Indianer so dachten, belegt der Hinweis des Prinzen, daß auch die Fremden, die als Gäste an dem Fest teilnahmen, in der beschriebenen Weise einbezogen werden sollten. Es scheint, als seien Maximilian und sein Begleiter als Verkörperung jener Macht des weißen Mannes betrachtet worden, die so außerordentliche Dinge wie Metallwaren und Gewehre hervorbrachte, Gegenstände, die über fast den ganzen Kontinent hinweg gehandelt wurden in einem Handelsnetz, in dem die Dörfer der Mandan und der Hidatsa eine zentrale Funktion hatten.

Diese wichtige Rolle, die der Handel im Leben der beiden Stämme spielte, könnte der Grund dafür sein, daß das Verhältnis zwischen den Militär-Gesellschaften nicht nur als Verhältnis zwischen ‚Söhnen' und ‚Vätern', sondern auch als Verhältnis zwischen Käufern und Verkäufern gedeutet und ritualisiert wurde.

Bei Stämmen mit ungestaffelten Systemen dagegen wurde die Mitgliedschaft in einer Militär-Gesellschaft weder gruppenweise erworben noch gekauft. Die Mitglieder einer Militär-Gesellschaft traten vielmehr an Einzelpersonen heran und forderten sie zum Beitritt auf, eine Aufforderung, die nicht selten noch durch Geschenke unterstrichen wurde.

Die Bisonpolizei

Ein weiterer bezeichnender Unterschied zwischen den Indianern der Plains einerseits und den Dorfbewohnern am Missouri andererseits läßt sich in der Art der Rekrutierung der ‚Bisonpolizei' feststellen. Während bei Stämmen wie den Cheyenne, den Oglala, den Crow und den Blackfeet, um nur einige Beispiele zu nennen, in jedem Sommer einer anderen Militär-Gesellschaft diese Aufgabe übertragen wurde, übernahm bei den Mandan, den Hidatsa und wahrscheinlich auch bei den Arikara immer die *Black-Mouth*-Gesellschaft, die ihren Namen der Tatsache verdankt, daß ihre Mitglieder sich die untere Gesichtshälfte schwarz färbten, diese Rolle; der *Black-Mouth*-Gesellschaft konnten allerdings Mitglieder aller anderen Gesellschaften angehören (Lowie 1913: 236, 277, 312–315; Lowie 1951: 44).

Während der gemeinsamen Büffeljagd, zu der die Stämme in den Sommermonaten zusammenkamen, oblag der ‚Bisonpolizei' nicht nur die Vorbereitung, Organisation und Leitung der Gemeinschaftsjagd, sondern auch die Überwachung der Einhaltung der im Zusammenhang damit erlassenen Verbote. Gegebenenfalls wurden diejenigen, die diese Verbote mißachteten, bestraft. Verboten war vor allem die vorzeitige Jagd einzelner oder kleiner Gruppen, weil dadurch die scheuen Büffelherden vertrieben und damit der Erfolg der Gemeinschaftsjagd, von der oft das Überleben des ganzen Stammes abhing, in Frage gestellt war.

Den Einsatz einer solchen ‚Truppe' beschrieb wohl als erster der Franziskanermissionar Louis Hennepin. Dieser begegnete Mitte Juli 1680, als er auf einem Boot den Oberlauf des Mississippi hinunterfuhr, auf einer Insel im Fluß einer Gruppe Santee-Sioux. Die Indianer, die reichlich mit Büffelfleisch versehen waren, luden den belgischen Pater und seinen Begleiter zum Essen ein. Das bukolische Idyll wurde nach zwei Stunden jedoch empfindlich gestört: „Fünfzehn oder sechzehn Wilde betraten, mit großen Keulen in den Händen, den Platz, auf dem wir uns befanden. Zunächst warfen sie die Hütte unserer Gastgeber um. Dann nahmen sie ihnen alle Lebensmittel und alles Bärenöl weg, das sie finden konnten, ... Wir wußten zunächst nicht, was es mit diesen Wilden auf sich hatte, stellten dann aber fest, daß sie zu denen gehörten, die

Das Bild des Hidatsa-Indianers Péh-riska-Rúhpa als Tänzer der Hunde-Gesellschaft ist eines der berühmtesten und schönsten Bilder von Carl Bodmer, der sich von 1832 bis 1834 als Begleiter des gelehrten Weltreisenden und Forschers Prinz Maximilian zu Wied in Nordamerika aufhielt. Die Hunde-Gesellschaft war eine der Militär-Gesellschaften der Mandan. ‚Echte Hunde' hatten im Kampf besonders mutig zu sein und durften im Fall eines Rückzugs ihrer Leute nicht fliehen, sondern mußten dem Feind mutig entgegentreten. Foto des Kupferstichs: Dietrich Graf, Museum für Völkerkunde, SMPK Berlin.

wir oberhalb des St. Anthony-Wasserfalls verlassen hatten. Einer von ihnen, ..., erklärte mir, daß diejenigen, die uns zu essen gegeben hatten, niederträchtig gehandelt hätten, insofern sie den anderen in der Jagd zuvorgekommen seien; und daß es den Gesetzen und Gebräuchen ihres Landes gemäß gerecht war, sie auszuplündern, da sie Schuld daran trügen, daß die Büffel alle weggerannt seien, bevor der ganze Stamm zusammenkommen konnte, wodurch ein großer Schaden entstanden sei" (Hennepin 1904: Bd. 1, 280).

An der Fülle ähnlicher Fälle, die von verschiedenen Beobachtern mitgeteilt wurden, läßt sich ein Prinzip ablesen. Zunächst wurde derjenige, der das Verbot übertreten hatte, bestraft: die ‚Polizei' nahm ihm nicht nur die illegale Jagdbeute weg, sondern zerstörte oft auch das Zelt, die Waffen oder tötete gar ein Pferd. Der Delinquent sollte jedoch keineswegs auf Dauer materiell geschädigt werden. Hatten die ‚Polizisten' den Eindruck, daß er seine Lektion gelernt hatte, wurden die zerstörten Gegenstände sofort ersetzt (Hoebel 1960: 54).

Bei einigen Stämmen scheint diese ‚Polizeitruppe' auch Aufgaben außerhalb des Bereichs der Organisation und Überwachung der Gemeinschaftsjagd übernommen zu haben. Von den Cheyenne zumindest wird berichtet, daß die ‚Polizisten' auch als Vermittler und Friedensstifter bei Auseinandersetzungen innerhalb des Stammes fungierten (Hoebel 1936: 435f.)[2].

Integrationsaufgaben

Die Militär-Gesellschaften der Plains- und Prairie-Indianer spielten, über den militärischen Schutz, den sie boten und ihre quasi-staatliche Ordnungsfunktion als ‚Polizeitruppe' hinaus, eine zentrale Rolle bei der Integration des Stammes.

Die nomadisierenden Büffeljäger der Plains lebten den größten Teil des Jahres in kleinen Gruppen, die als selbständige ökonomische und politische Einheiten fungierten; diese Gruppen werden in der angelsächsischen Literatur als *bands* bezeichnet. Nur in den Sommermonaten, wenn die Büffel in großen Herden über die Plains zogen, konnte der ganze Stamm zusammenkommen. In dieser Zeit des gemeinsamen Sommerlagers verkörperten die Militär-Gesellschaften, die ihre Mitglieder aus den verschiedenen *bands* rekrutierten, die Einheit des Stammes über die Grenzen der *bands* hinweg, gegen deren separatistische Tendenzen sie ein Gegengewicht bildeten. Diese Repräsentation der Stammeseinheit artikulierte sich in den vielfältigen zeremoniellen Aktivitäten der Militär-Gesellschaften.

Es scheint allerdings, als seien seit dem zweiten Drittel des 19. Jahrhunderts zumindest bei einigen Stämmen die Militär-Gesellschaften selbst zu Trägern zentrifugaler Kräfte geworden. Robert Lowie berichet von den Crow, daß die Rivalität zwischen den Gesellschaften der ‚Prairiefüchse' und den ‚*Lumpwoods*' gelegentlich bis zur Grenze dessen ging, was die Stammeseinheit verkraften konnte. Von den Cheyenne wissen wir, daß spätestens seit 1838 die Hunde-Soldaten als *band* auftraten, als selbständige Einheit, deren Macht über den Rest des Stammes in dem Maße wuchs, in dem die Hunde-Soldaten dank ihrer militärischen Fähigkeiten zum Zentrum des Widerstands gegen die amerikanische Landnahme wurden (Moore 1974: 329f.)

Anmerkungen

1 Die Plains, der westliche Teil der großen Ebene, ist eine mit kurzem Gras bewachsene Savanne, auf der wegen der geringen Niederschläge keine Landwirtschaft im Hackbau möglich war. Die Indianer der Plains waren nomadisierende Büffeljäger. Der östliche Teil der Ebene, die Prairie, ist mit Langgras bewachsen. An den fruchtbaren Tälern des Missouri und seiner Nebenflüsse lebten die Prairie-Indianer als seßhafte Bauern in Dörfern, die sie allerdings während der Sommermonate zur Büffeljagd verließen.

2 Ausgehend von diesen quasistaatlichen Ordnungsfunktionen hat Robert H. Lowie eine Theorie der Entstehung des Staates aus Verbänden vom Typus der Militär-Gesellschaften der Plains- und Prairie-Indianer entwickelt. (Vgl. Lowie: 1927). Im Anschluß daran haben Lowie selbst und andere Autoren diese Theorie diskutiert, modifiziert und erweitert. Leider ist hier nicht der Platz, um diese spannende Diskussion darzustellen.

Die Clownbünde der Pueblo-Indianer

Hans-Ulrich Sanner

Clownerie ist ein essentieller Bestandteil vieler religiöser Zeremonien der Pueblo-Indianer im Südwesten Nordamerikas. Die als heilig angesehenen Clowns, die bei den frühen Ethnographen wegen ihrer hemmungslosen Darbietungen und Späße meist nur Abscheu hervorriefen und deshalb gerne in die Fußnoten verbannt wurden, sind religiöse Spezialisten und Symbolgestalten von enormer Vielschichtigkeit. Aber Clownerie ist nur der öffentliche, besonders spektakuläre Aspekt ihrer geheimen Organisationen, der sogenannten Clownbünde. Wie andere Pueblo-Geheimbünde auch beschaffen sie den notwendigen Regen und fördern die Fruchtbarkeit und das Gedeihen des Lebens, indem sie für Harmonie und Balance auf sozialer Ebene und zwischen menschlicher und übermenschlicher Sphäre sorgen. Interessant ist die Praxis dieser Bünde, auch Frauen aufzunehmen. Deren Rolle als Mitglieder wird in der Literatur als zweitrangig eingestuft, ohne allerdings im Zusammenhang mit der Geschlechterideologie und dem Einfluß der Frauen in der Pueblo-Gesellschaft bisher näher untersucht worden zu sein.*

Die Pueblo-Kultur

Die Pueblo-Indianer, die heute ca. 50000 Menschen zählen, siedeln seit jeher im Südwesten Nordamerikas (Arizona und New Mexico) in kompakten Dörfern aus *adobe*-Lehmziegeln und bauen Mais, Bohnen und Kürbis an. Trotz der Zugehörigkeit zu vier verschiedenen Sprachfamilien und den teils ökologisch, teils historisch bedingten Unterschieden in der sozio-politischen Organisation bilden die Pueblo doch eine relativ homogene Kultur. Ihre Weltsicht wird bestimmt von den Prinzipien Fruchtbarkeit und Reziprozität und begreift das Universum als ein Beziehungssystem von Kräften und Wesen, dessen natürliche Harmonie von menschlicher Fehlbarkeit und Hexerei bedroht ist, aber auch nur vom Menschen reguliert werden kann. Hierzu dient ein außerordentlich komplexes, am Agrarzyklus orientiertes Zeremonialwesen. Bei den Hopi und Zuni im Westen auf dem steppenartigen Colorado-Plateau steht die Beschaffung von Regen und Wärme im Vordergrund; bei den im Osten am Rio Grande siedelnden Gruppen hat laut Dozier (1970) die dort mögliche intensive Bewässerungswirtschaft zu einer strafferen politisch-religiösen Organisation geführt.

Durch die Bewahrung ihres angestammten Lebensraumes und aufgrund ihres ausgeprägten Konservatismus haben die Pueblo stärker als jede andere indianische Kultur Nordamerikas ihre Traditionen bis zur Gegenwart erhalten können. Dennoch hat der Kulturwandel durch die Allgegenwart des angloamerikanischen Systems zum Teil dramatische Formen angenommen und läßt die Zukunft mancher der im folgenden dargestellten kulturellen Institutionen ungewiß erscheinen.

Clowns und Ethnographen

Im Jahr 1977 mußte die Anthropologin Barbara Babcock (1980: 53f.) ihren Plan aufgeben, eine Feldstudie über die Clownbünde der Rio Grande-Pueblos durchzuführen. Die Mauer aus Schweigen und Feindseligkeit, mit der vor allem die östlichen Pueblo seit ihren leidvollen Erfahrungen mit den spanischen Kolonisatoren ihre Religion schützen, ist für Forscher beiderlei Geschlechts nur schwer zu überwinden. Einige Pueblo-Monographien beruhen allein auf geheimen Befragungen weniger (männlicher) Informanten und sind entsprechend mit Vorsicht zu genießen (White 1942: 9ff.; Parsons 1929: 7ff.). Günstiger ist die Quellenlage über Hopi, Zuni, und einige Tewa-Pueblos.

Ein anderer Grund, warum gerade die Ritualclowns und ihre Organisationen so wenig untersucht wurden, ist eher in der Psychologie der Forscher zu suchen. Die Ethnologie tut sich ja bis heute schwer, Humor als wichtige kulturelle Ausdrucksform zu würdigen (Apte 1985: 23; Babcock 1980: 54); aber die frühen, von viktorianischer Moral geprägten Ethnographen und Ethnographinnen waren ganz unmittelbar schokkiert über das, was die Spaßmacher inmitten der heiligsten Zeremonien unter anderem aufführten, um die Menschen zum Lachen und Staunen zu bringen: Ausführliche Simulationen von Geschlechtsverkehr in allen Variationen; das genüßliche Verspeisen von menschlichem Kot und Urin, von Dreck und Abfällen; das Töten und Auffressen von Tieren wie Hunden, Kälbern oder Mäusen. Die Ethnographin Mathilda Stevenson (1904: 437) etwa erkannte in solchen „ekelhaften Akten" den „Gipfel der Verderbtheit". Viele Forscher vermieden das Thema gleich ganz. Adolph Bandelier immerhin, der 1881 aus dem Wirken der *Koshare*-Clowns noch gefolgert hatte, daß die Moral der Pueblos „ganz offenbar erschreckend niedrig" sei (Bandelier 1966: 374), machte die *Koshare* einige Jahre darauf zu den Protagonisten seines ethnographischen Romans *„The Delight Makers"* (Bandelier 1890), der mehr über das Innenleben einer Pueblo-Gesellschaft verrät als die meisten Monographien. Und J. Walter Fewkes verzichtete zwar einerseits leider auf Beschreibungen solcher Clowndarbietungen, die ihm „obszön und vulgär" erschienen, erkannte aber auch die anthropologische Bedeutsamkeit dieses „primitiven Theaters" (Fewkes 1891: 23; 1892: 69), besonders in den treffenden Satiren und Parodien der Clowns auf alles, was die Pueblo-Gesellschaft im Inneren und von außen jeweils bewegt: Ehebruch oder Diebstahl; Missionare, Schullehrer, Touristen, Hippies oder Navajos; die Mondlandung, Alkoholismus, kulturelle Entfremdung oder die Vorliebe der Jungen für *fast food*. Auch Ethnologen bekommen gelegentlich unbarmherzig den Spiegel vorgehalten, wie jener amerikanische Kollege, der beim Beobachten eines Tanzes von einem dicken Hopi-Clown den ironischen Rat bekam: *„Wild Indians! Take good notes!"* (McCoy 1988: 14).

Heilige Spaßmacher, denen nichts heilig ist

Als Bandelier von dem schockierenden Verhalten der *Koshare* voreilig auf eine ‚niedrige Moral' der Pueblo schloß (siehe oben), war ihm noch nicht klar, daß es die besondere Macht und alleinige Befugnis dieser heiligen Clowns ist, jedes Tabu zu brechen und noch den geheiligsten Wert respektlos in sein profanes Gegenteil zu verkehren. Die Legitimation dazu findet sich in den mündlichen Überlieferungen, in denen Clowns oft eine wichtige Rolle spielen. In einer Ursprungsmythe des Pueblos Acoma wird *Koshare* von der Urmutter Jatiku aus Abrieb ihrer Haut geschaffen. Er war ein verrücktes und rastloses Wesen, anmaßend, redete dummes Zeug, redete verkehrt herum. Er brachte alle zum Lachen. Und: „Er war anders als die anderen Leute, weil er etwas über sich selbst wußte". Die Doppeldeutigkeit seines Wesens wurde ihm von Jatiku auf den Leib gemalt: weiße und schwarze Streifen. Sie machte ihn zum Helfer von Sonne (dem Symbol männlicher Fruchtbarkeit) und wies ihn an: „Du wirst vor nichts Angst haben und nichts als heilig be-

Corndance (Maistanz), eine Erntedank- und Fruchtbarkeitszeremonie, im Tewa-Pueblo San Ildefonso am 9. September 1970. Die Reihe der männlichen und weiblichen Tänzer wird begleitet von Chor und Trommler (nicht auf dem Bild), vom Träger des Sonnensymbols (verdeckt), und zwei älteren Kossa-Clowns. Die Clowns leiten und beaufsichtigen die Zeremonie, stehen aber auch in typischem symbolischem Kontrast zur Ordnung der Tanzreihe, seien es Kachinas oder, wie hier, corndancer. Foto: Helga Teiwes, Arizona State Museum, University of Arizona.

trachten. Du sollst überall erlaubt sein." (Stirling 1942: 33ff.; übers. H.-U.S.).

Verkörpert von den Mitgliedern der Clownbünde, erfüllt *Koshare* seine Aufgabe für die Gesellschaft bis heute – auf seine spezielle Weise, nämlich ‚verkehrt herum' und mit Humor: Indem der Ritualclown die Grenzen der Ordnung permanent überschreitet und die Werte auf den Kopf stellt, macht er diese für alle erst gut sichtbar. Und indem er die Eigenschaften der Weißen oder anderer Fremder bis zur Lächerlichkeit karikiert, macht er deutlich, wie ein Pueblo eben nicht ist. Die Pueblo-Religion besitzt den Vorzug, die Existenz des Chaos und die Ambiguität des Daseins nicht zu leugnen. In der Gestalt des Clowns verleiht sie diesen Aspekten der Realität Ausdruck und gewinnt somit Kontrolle darüber.[1]

Die soziokulturelle Bedeutung der Clownbünde

Begriffe wie ‚Ritualclown' und ‚Clownbünde' sind ethnologische Kategorien, die das besondere Merkmal dieser religiösen Spezialisten benennen. Humor und Gelächter spielen eine wichtige Rolle im Weltverständnis der Pueblo – als Heilmittel, als Weg religiös-philosophischer Erkenntnis und als Beitrag zum Erfolg der Zeremonien. Überlieferungen der Tewa berichten, wie die ersten Menschen auf ihrer Wanderung krank und schwermütig wurden, bis die Anführer zum See des Ursprungs zurückkehrten und die *Kossa*-Clowns hervorholten. Mit ihren Späßen machten sie die Leute wieder gesund und froh.

Der Aufgabenbereich der sogenannten Clownbünde geht allerdings über Clownerie weit hinaus. Wie alle Geheimbünde (mit Ausnahme der ‚illegalen' Hexer) dienen sie ihren Gemeinden rituell als Förderer von Fruchtbarkeit, Wachstum und Harmonie. Sie vermitteln zwischen menschlicher und übermenschlicher Sphäre, um die notwendige Reziprozität zu gewährleisten. Jeder Clownbund führt regelmäßig (aber auch in Zeiten der Not wie zum Beispiel einer Dürreperiode) in strenger Absonderung eine esoterische Zeremonie durch, in deren Mittelpunkt der Altar mit den Ahnen und Kraftobjekten des Bundes steht. Ritualclowns stehen in enger Beziehung zu den regen- und segenbringenden *kachinas*[2], bei deren Tänzen und Zeremonien sie vielfältige Aufgaben als deren Betreuer und Helfer und als Repräsentanten der menschlichen Welt erfüllen.

Die Clownbünde haben auch auf sozialer Ebene wichtige Vermittler- und Kontrollfunktionen, die den jeweiligen Strukturen angepaßt sind, sei es die Clanorganisation der Hopi und Zuni, die *moiety*-Struktur der Tewa oder das Medizinbundwesen der Keres-Pueblos. Die beiden komplementären Clownbünde der Keres – *Koshare* und *Quirana* – koordinieren und überwachen zahlreiche kommunale Aktivitäten und haben durch ihre enge Assoziation mit den einflußreichen Medizinbünden erheblichen Anteil am Autoritätssystem. Dies gilt vor allem für die *Koshare*, die mit dem wichtigsten Medizinbund ‚Feuerstein' assoziiert sind. Das sakrale Dorfoberhaupt *(kazike)* ist in der Regel ein Feuerstein- und *Koshare*-Bundpriester. Ein wirksames Mittel zur sozialen Kontrolle, das von allen Pueblo-Clowngruppen angewandt wird, ist die öffentliche Bloßstellung und Verspottung von Individuen, die gegen Tradition und Norm verstoßen haben. Die Dorfautoritäten können dieses Mittel zwar direkt nutzen (Parsons u. Beals 1934: 497), werden aber auch selbst gelegentlich zur Zielscheibe solch öffentlichen Spotts. Früher konnten Ritualclowns auch mit Gewalt gegen Übeltäter vorgehen, indem sie zum Beispiel in Häuser eindrangen und das Mobiliar zerschlugen (Hill 1982: 148, 302).

Die beiden Clownbünde der Tewa-Pueblos, *Kossa (=Koshare)* und *Quirana*, bilden zusammen mit den sechs anderen Geheimbünden die höchste soziale Kategorie, *patowa*, gewissermaßen die sakrale Führungsschicht jedes Tewa-Pueblos (Ortiz 1969). Die *Kossa* (‚Sommerclowns') und *Quirana* (‚Winter-

Diese beiden älteren Kossa, die der Fotografin gerade ihre Tasche ‚gestohlen' haben, sind vielleicht die Letzten ihres Bundes. Die Tewa-Clownbünde sind durch Dorfspaltungen vom Verschwinden bedroht und müssen zunehmend von temporär ernannten Clowngruppen ersetzt werden. Puebla-Clowns verkörpern zahlreiche Widersprüche. Im Aussehen der Kossa ist es die Schwarzweiß-Bemalung, aber auch die Kombination von ‚Bettlerkleidung' und Symbolen der Fruchtbarkeit: Halsketten aus Beeren und Früchten, Fichtenzweige, Maisblätter. Foto: Helga Teiwes, Arizona State Museum, University of Arizona.

clowns') vermitteln auf sozialer Ebene zwischen den *moieties* ‚Sommer' und ‚Winter' und nehmen parallel zu diesen einen saisonalen Tausch der Aufgaben vor, sind aber nicht exklusiv mit der jeweiligen *moiety* assoziiert. Ähnliche Verbindungen zwischen Clownbünden und *moieties* finden sich auch in einigen Pueblos der Keres.

Bei den Zuni gibt es zwei Gruppen von Clowns: *Koyemshi* und *Newekwe*. Die zehn *Koyemshi* oder ‚*mudheads*' sind selbst *kachina;* die Männer, die sie verkörpern, werden für jeweils ein Jahr aus einem bestimmten Bund oder einer *kiva*-Gruppe erwählt, wobei auf eine gleichmäßige Vertretung der wichtigsten Clane geachtet wird. Die grotesk aussehenden *Koyemshi* werden sehr geliebt und verehrt, gleichzeitig aber aufgrund ihrer potentiell gefährlichen Kräfte und ambivalenten Eigenschaften gefürchtet (Bunzel 1932). Da sakrale Macht nach Auffassung der Pueblo immer auch zum Schaden angewandt werden kann, stehen Mitglieder der Geheim- und Clownbünde im Ruch, Hexerei zu betreiben. Dies gilt in besonderem Maße für die zweite Gruppe von Zuni-Clowns, die *Newekwe* oder ‚Galaxis-Leute', die einen der bedeutendsten Medizinbünde der Zuni bilden. Ihre von weißen Beobachtern so verabscheuten skatologischen ‚Freßorgien' demonstrieren die Macht ihrer Medizin, mit der sie Bauchkrankheiten heilen und als Clowns ihre Hemmungen ablegen (Tedlock 1979). Eine solche Medizin kennen auch die Clowns der Hopi, die sie allerdings nicht (mehr?) zu Heilzwecken benutzen. Generell ist Krankenheilung kein typisches Merkmal der Pueblo-Clownbünde.

Echte Clownbünde mit initiierten Mitgliedern gibt es bei den Hopi heute nicht mehr, wenn auch die Situation für die zweite Hopi-Mesa[3] unklar ist. Der *Paiyatama*-Clownbund der dritten Mesa, der dem Adlerclan zugehörte, starb Anfang dieses Jahrhunderts aus. Wie es für die Hopi-Zeremonialorganisation typisch ist, befand sich jeder Clownbund im ‚Besitz' eines bestimmten Clanes, der das Bundoberhaupt stellte, die sakralen Objekte hütete und die Geheimzeremonie leitete. Anstelle der initiierten Spaßmacher agieren heute temporär ernannte Trupps von Clowns, genannt *Tsuku*, die im Rahmen von *kachina*-Zeremonien ein komplexes Ritualdrama aufführen (Hieb 1979; Sekaquaptewa 1980).

Die Organisationsformen der Pueblo-Clowns

Das Beispiel der Hopi zeigt, wie eine so wichtige Gestalt wie der Ritualclown weiterleben kann, auch wenn die Bundorganisation durch Kulturwandel oder politische Spaltung eines Dorfes verschwunden ist. Auch die nur für die Dauer einer *kachina*-Zeremonie ernannte Clowntruppe folgt bestimmten Organisationsprinzipien, besitzt ein Oberhaupt (*Tsukumongwi*) mit geheimen Verpflichtungen und verbringt eine mehrtägige Vorbereitungsphase in der *kiva*. Das ‚Wir'-Gefühl der Clowndarsteller hält oft weit über die Zeremonie hinaus an (Sanner 1989).

Die *Newekwe* der Zuni und die Ritualclowns der Keres und Tewa bilden Geheimbünde nach dem Pueblo-typischen Muster: Dem auf Lebenszeit ernannten Bundoberhaupt, das meist einem bestimmten Clan angehört, stehen ein oder mehrere Stellvertreter zur Seite, die als seine Nachfolger gelten. Weitere Mitgliederer werden nach bestimmten Methoden rekrutiert und nach einer längeren Lehrzeit initiiert. Jeder Bund besitzt und tradiert ein esoterisches Geheimwissen, sakrale Objekte und mindestens eine Geheimzeremonie.

Die Rekrutierung neuer Mitglieder erfolgt ungeachtet der Clan- oder *moiety*-Zugehörigkeit, belegt also die sozial integrative Funktion der Geheimbünde. Früher wurde häufig ein Neugeborenes oder ein kränkliches Kleinkind von den Eltern dem Clownbund ‚versprochen', da schon das Gelöbnis allein Gesundung versprach. Ein Erwachsener kann sich infolge eines Traumes oder einer Krankheit selbst einem Bund zueignen. Clownbünde, die Krankenheilung betreiben, wie zum Beispiel die *Newekwe*, können einen Geheilten als Bundmitglied einfordern. Laut Stevenson (1904: 430) stehen die *Newekwe* zwar als Heiler in hohem Ansehen, werden aber nur im äußersten Notfall konsultiert, da die Bundinitiation wie auch bei den anderen Clownorganisationen mit der Einnahme von Exkrementen verbunden ist. Das sogenannte ‚Einfangen' von Personen, die unabsichtlich einen von den Clowns angelegten Aschekreis betreten haben, ist möglicherweise eine neuere Methode, die das Aussterben der Clownbünde verhindern soll. Ein Mann, der zufällig in eine Versammlung der *Koshare* hineingeplatzt war und sofort vom Bund eingefordert wurde, „ging nach Hause, ihm war elend. Er lag tagelang im Haus, ohne zu essen oder mit irgend jemandem zu reden. Er wollte nicht beitreten." (White 1932: 18, Fußnote 33; übers. H.-U.S.). Auch wenn heute offensichtlich weniger Leute willens oder imstande sind, die Mühen einer Lehrzeit, Initiation und lebenslangen Bundmitgliedschaft auf sich zu nehmen, ist eine Reaktion wie die oben beschriebene nicht unbedingt mit dem Kulturwandel zu erklären, sondern kann genauso ein Ausdruck individueller Neigungen sein, die es gerade im Hinblick auf die Geheimbünde schon immer gegeben haben dürfte (siehe zum Beispiel Bandelier 1890).

Wenn die Bundmitglieder in geheimen Beratungen übereingekommen sind, einen Kandidaten zu akzeptieren, beginnt die oft mehrjährige Lehrzeit, in der er zunächst durch das Auferlegen bestimmter Tabus und Vorschriften ‚geprüft' und dann in die Praktiken und Geheimnisse des Bundes eingeführt wird. Die abschließende Initiation, meist an einem markanten Punkt des Jahreszyklus, besteht aus mehrtägigen geheimen Ritualen und endet mit einem öffentlichen ‚Clowntanz', bei dem das neue Bundmitglied der Gemeinde als Spaßmacher präsentiert wird (siehe zum Beispiel Hill 1982: 298ff.).

Männerbünde? Zum Geschlechterverhältnis in den Clownbünden

In der Pueblo-Gesellschaft, insbesondere bei den ausgeprägt matrifokal organisierten Hopi und Zuni, besitzen die Frauen bemerkenswert viel Macht und Einfluß (Young 1987). Alice Schlegel (1977) charakterisiert das Geschlechterverhältnis bei den Hopi als ‚Gleichheit' und ‚Balance'. Hier und bei den anderen Pueblo-Gruppen dominieren die Männer die politisch-religiöse Sphäre; ihre ‚Orte' sind die *kiva*, die halbunterirdischen Zeremonialkammern. Die Frauen dominieren den ökonomischen und verwandtschaftlichen Bereich innerhalb des Dorfes, lokalisiert im Haushalt. Die zahlreichen Ausnahmen und Überschneidungen legen jedoch meines Erachtens die Hypothese nahe, daß bei den Pueblo eine strikte Trennung der Geschlechtersphären zurücktritt gegenüber dem Prinzip der Kooperation zwischen Männern und Frauen

Eine Frau bringt einem Clown Essen auf die Plaza. Reziprozität und Kooperation sind zentrale Werte der Pueblo-Welt. Hier ist es der Austausch auf sozialer Ebene, zwischen Mann und Frau, und zwischen sozialen Gruppierungen – aber auch zwischen menschlicher und spiritueller Welt, denn die Clowns sind zum einen selbst Verkörperungen spiritueller Wesen, zum anderen sind sie Vertreter der Menschenwelt gegenüber den Göttern. Foto: Helga Teiwes, Arizona State Museum, University of Arizona.

– eine Kooperation, die auf gegenseitiger Wertschätzung beruht und für die Fruchtbarkeit und Bewahrung des Lebens als ebenso notwendig erachtet wird wie die zwischen Menschen und Göttern.

So sind auch die Clown- und andere Geheimbünde keine reinen Männerverbände, sondern stehen beiden Geschlechtern offen.[4] Bei den *Koshare* und *Quirana* der Keres überwiegt sogar der Anteil an Frauen. Deren Rolle wird in der Literatur meist lapidar eingeordnet als die von Helferinnen, die den Männern bei Zeremonien Speisen zubereiten und bringen. Sonstige Kompetenzen werden gerne im Negativ ausgedrückt: Sie „nehmen selten teil" an den esoterischen Zeremonien (Dozier 1970: 157), „kennen nicht alle Geheimnisse" (White 1935: 54), oder sie „betreiben keine Krankenheilung und Clownerie" (Ortiz 1969: 90). Die männliche Dominanz im Zeremonialismus der Pueblo ist unbestreitbar, aber die ethnologische Geringschätzung des weiblichen Beitrages dürfte vor allem an den „männer-orientierten Interpretationen" (Watson-Franke 1985) liegen. So darf die Signifikanz der von den Frauen hergestellten zeremoniellen Speisen, zum Beispiel des als Sakrament dienenden Maismehls, ebensowenig unterschätzt werden wie der inoffizielle politisch-religiöse Einfluß von Frauen (Schlegel 1977; Young 1987). Zudem sind die ethnographischen Daten über weibliche Bundmitglieder zu spärlich und widersprüchlich, um abschließende Beurteilungen zuzulassen: Der Tewa Alfonso Ortiz (1969: 90f.) betont, daß die weiblichen *patowa* kraft Initiation Zugang zu dem gesamten Ritualwissen und den Vorrechten ihres

Bundes haben, also auch Vorrechte gegenüber nichtinitiierten Tewa-Männern besitzen. Andererseits wird seine Behauptung, daß weibliche Bundmitglieder weder heilen noch als Clowns agieren, für die Tewa und auch für andere Pueblo mehrfach widerlegt (Edelman 1979: 310, Abb.3; Lange 1959: 345; Parsons u. Beals 1934: 493; Hill 1982: 297). Die weiblichen Fetische des ehemaligen *Paiyatama*-Clownbundes der Hopi werden von einer Clanfrau gehütet (Sanner 1989); weibliche *Kossa* und *Koshare* nehmen an den geheimen Initiationszeremonien teil (Hill 1982: 301; White 1943: 335); und Stevenson (1894: 113ff.) schildert eine geheime Regenzeremonie der *Quirana*, bei der eine Frau wichtige Rituale durchführte.

Die Frage liegt nahe, ob sich die hohe ideologische Bedeutung weiblicher Prinzipien (Fruchtbarkeit, Erhaltung des Lebens) und die relativ starke Stellung der Frau in der Pueblo-Gesellschaft nicht abbildet in ihrer Beteiligung an Institutionen, nämlich den Geheimbünden, die in vielen Teilen der Welt vor allem Orte männlicher Machtstabilisierung und Interessenwahrnehmung sind. Eine eingehende Untersuchung hierzu wäre wünschenswert.

Anmerkungen

* Der Aufsatz basiert im wesentlichen auf den Ergebnissen einer Magisterarbeit im Fach Historische Ethnologie der Universität Frankfurt (Sanner 1987). Einige Informationen (Sanner 1989) stammen aus einer vom DAAD finanzierten sechsmonatigen Feldforschung bei den Hopi in Arizona im Jahre 1989.

1 Für eine eingehendere Betrachtung der vielschichtigen Symbolik von Ritualclowns und eine ausführliche Diskussion theoretisch-vergleichender Ansätze siehe zum Beispiel Crumrine 1969; Handelmann 1981; Tedlock 1982; Babcock 1984; Sanner 1987.

2 *Kachina* sind Ahnengeister, aber auch die spirituellen Formen von Tieren, Pflanzen und anderen Erscheinungen der Natur. Sie werden von männlichen Mitgliedern des *kachina*-Bundes durch das Tragen heiliger Masken rituell verkörpert.

3 Mit Mesa werden die Tafelberge bezeichnet, auf der traditionell die Siedlungen der Hopi liegen. Man unterscheidet drei dieser Berge, die von Osten nach Westen erste, zweite und dritte Mesa genannt werden (Anm. der. Red.).

4 Es gibt allerdings auch reine Männerbünde. Ein Hopi erlangt(e) den Status eines erwachsenen Mannes durch die Initiation in einen von vier Männerbünden. Bei den Hopi (und einigen anderen Pueblo-Indianern) gibt es auch spezielle Frauenbünde.

Adler, Jaguar, Otomí – Kriegerbünde bei den Azteken

Ursula Dyckerhoff

Als die Spanier unter Hernán Cortés im Jahr 1519 an der mexikanischen Festlandküste landeten, trafen sie dort auf das Reich der Azteken, das in der Folge in einem etappenreichen Feldzug von ihnen unterworfen wurde.[1] Höhepunkt des Eroberungskrieges war der Fall der lange und erbittert verteidigten aztekischen Hauptstadt Tenochtitlan (heute Mexico City) am 13. August 1521. Von Tenochtitlan aus hatten die Azteken in wenig mehr als hundert Jahren ein Reich errichtet, das fast ganz Zentralmexiko bis zum Isthmus von Tehuantepec umfaßte. Wenn auch die Ausdehnung der aztekischen Macht nicht ausschließlich auf militärische Eroberungen beruhte, war die Expansion doch weitgehend auf Waffenstärke begründet – allein die Drohung einer Kriegsexpedition genügte häufig, um kleinere Staaten zur Unterwerfung zu bewegen. Krieger und das Kriegswesen spielten dementsprechend eine wichtige Rolle im aztekischen Leben.

Individueller Erfolg und sozialer Aufstieg wurden durch Leistungen im Krieg bestimmt. In diesem Rahmen hatten sich besondere Kriegerbünde herausgebildet, deren Namen und Bedeutung jedoch nicht eindeutig überliefert sind. Anhand der Berichte aus dem 16. Jahrhundert werden im folgenden die Kriegerbünde ‚Sonnenkrieger' und ‚*Otomí-Cuacuachictin*' dargestellt, wobei die Autorin zu neuen Forschungsergebnissen kommt.

Siehe dazu auch Farbseite XLI.

Die Ausbildung zum Krieger

Der militärischen Ausbildung der männlichen Jugend wurde große Bedeutung beigemessen. Die Institutionen, in denen die heranwachsenden Männer ihre Ausbildung erhielten, spiegeln die soziale Schichtung der aztekischen Gesellschaft wider, in der ein erblicher Adel als Oberschicht über dem einfachen Volk herrschte. Dieses wurde von den großen Massen der bäuerlichen und städtischen Bevölkerung gebildet, sowie von den von diesen etwas abgehobenen kleineren Gruppen der Großkaufleute, Kunsthandwerker und ähnlicher Spezialisten.

Die Söhne aus dem Volk, aber auch entsprechend veranlagte junge Adlige, erhielten im Jungmännerhaus *(telpochcalli)* eine formale Erziehung, die etwa mit fünfzehn Jahren begann. Zuvor hatten sie im Rahmen der Familie die Arbeiten der Väter erlernt. Sowohl im Elternhaus wie im Jungmännerhaus war die Erziehung streng und das Essen knapp bemessen. Alle größeren Stadtviertel und Ortschaften besaßen ein *telpochcalli*, in dem die Jugendlichen schliefen. Ihre Ausbildung hier lag in der Hand erprobter Krieger und war in erster Linie militärisch orientiert, doch wurden die Jugendlichen auch zur Durchführung von Gemeinschaftsaufgaben (zum Beispiel Arbeiten an Kanälen, Straßen und Brücken) herangezogen. Abends versammelten sie sich zusammen mit älteren Kriegern und Anführern der unteren Ränge zu Gesängen und Tänzen im ‚Haus des Gesanges' *(cuicacalli)*. Der junge Mann verließ das *telpochcalli* erst, um zu heiraten, was zwischen dem 20. und 30. Lebensjahr stattfand. Im Falle einer großen Mobilmachung wurden Krieger, die ins Zivilleben zurückgekehrt waren, wieder zu den Waffen gerufen.

Söhne aus adligem Haus, aber auf Wunsch auch die von Händlern oder anderen Angehörigen des Volkes, erhielten ihre Erziehung in den von Priestern geleiteten Internatsschulen *(calmecac)*, die den großen Tempeln angegliedert waren. Das Eintrittsalter lag hier unter Umständen schon etwas früher, denn das Pensum war umfangreicher. Die Erziehung im *calmecac* umfaßte drei wesentliche Bereiche: Die Ausbildung zum Priester (zumindest der unteren Ränge), Ausbildung zum Krieger nach Erreichen des fünfzehnten Lebensjahres und das Erlernen der Künste und anderer geistiger Tätigkeiten (Kalenderrechnung, Ausführen und Verstehen von Bilderhandschriften und Hieroglyphen, Dichtkunst, Rhetorik). Die Erziehung im *calmecac* war spartanisch hart, knappes Essen und nur spärliche Bekleidung sollten die Zöglinge für ein entbehrungsreiches Leben abhärten. Durch Auftragsgänge, öffentliche Arbeiten, rituelle Übungen außerhalb des Tempelgeländes in der Nacht, die man von gefährlichen Geistern bevölkert dachte, wurde Furchtlosigkeit antrainiert;[2] strenge Strafen traf die Unbotmäßigen. Im *calmecac* wurden die Voraussetzungen für die Laufbahn als Herrschender, Priester oder hoher Beamter erworben.

Die etwas älteren Zöglinge von *telpochcalli* und *calmecac* machten die ersten Kriegserfahrungen als Lasten- und Waffenträger auf einem Kriegszug, wobei sie einem älteren Krieger zur Aufsicht zugeteilt waren. Ihr langes Jünglingshaar zeigte an, daß sie noch keinerlei Kriegstaten verrichtet hatten. Ein paar Lebensjahre mehr und diese Frisur würde Spott und Verachtung bei der Bevölkerung hervorrufen, die Kriegserfolge von den Männern erwartete.

Prestige als Grundlage des kriegerischen und sozialen Aufstiegs

Kriegerische Leistungen verliehen dem Mann das Prestige, das für seinen Aufstieg und die Einnahme höherer Positionen als notwendige Voraussetzung angesehen wurde. Dies galt nicht nur innerhalb der militärischen Hierarchie, sondern Erfolge im Kriege waren auch Vorbedingung für die Bekleidung von Staats- und Verwaltungsämtern. Weder Priester noch Herrscher bildeten hier eine Ausnahme. Männer aus dem einfachen Volk konnten für ihre Verdienste im Krieg sogar in den Adelsstand erhoben werden.

Bei der Bewertung der Kriegstaten zählte das Gefangennehmen eines Gegners, der später bei den großen Kultfesten den Opfertod erlitt, mehr als das Töten.[3] Das Menschenopfer ist in der aztekischen Mythologie und Religion begründet: Als die Götter vor vielen Weltzeitaltern die Gestirne und die Menschen erschufen, hatten einige von ihnen dabei ihr eigenes Blut oder gar ihr Leben gegeben, damit Sonne und Mond sich bewegen und die Menschen atmen konnten. Weitere Opfer waren nun notwendig, um den regelmäßigen Lauf der Planeten und damit die Fortdauer der Welt zu sichern. Diese Opfer zu bringen war die Pflicht der Menschen gegenüber den Göttern. Unter den verschiedenartigen Opfern, die die aztekischen Menschen kannten, galten das menschliche Blut (das man auch sich selbst bei verschiedenen Ritualen der Selbstkasteiung entnahm und auf den Altären darbrachte) und das menschliche Herz als die kostbarsten aller Gaben, da man damit das große Opfer der Götter auf gleiche Weise erwiderte. Die Azteken der Stadt Tenochtitlan hielten sich von ihrem Stammesgott Huitzilopochtli geradezu für auserwählt, als das ‚Volk der Sonne' diesen Dienst zu vollziehen (Caso 1959), und in den letzten Jahrzehnten vor Ankunft der Spanier hatten die Menschenopfer, vor allem von Kriegsgefangenen, hohe Zahlen erreicht. Besonders verdienstvoll war die Gefangennahme von Kriegern der benachbarten, ethnisch und kulturell eng verwandten Herrschaften Tlaxcallan und Huexotzinco, mit denen die sogenannten ‚Blumenkriege' stattfanden, die als rituell motiviert und nicht auf die Vernichtung oder Eroberung des Gegners ausgerichtet beschrieben wurden.[4]

Das äußere Anzeichen für das durch kriegerische Leistungen erworbene Prestige, das damit allen sichtbar dargestellt wurde, war die Tracht, die einer strengen und detaillierten Reglementierung unterworfen war. In erster Linie war es der Haarschnitt, der den Aufstieg zu höheren Rängen markierte und die Krieger in zwei große Gruppen teilte: Nach der ersten, selbständigen Gefangennahme eines Gegners trug man das Kopfhaar oben gestutzt und hinten lang *(tzotzocolli)* und galt damit als vollwertiger Jungkrieger, der die ersten niederen Führungspositionen einnehmen konnte (Dyckerhoff 1970: 33f.; Piho 1972).

Ein aufrechtstehender, oben auf dem Haupt zusammengebundener Haarbusch *(temillotl)* machte diejenigen kenntlich, die eigenhändig vier oder mehr Gefangene gemacht hatten und als *tequihua* bezeichnet wurden (Dyckerhoff 1970: 36f.; Piho 1972)[5]. Gleichzeitig erhielt man Zutritt zu den dem Tempel zugeordneten Versammlungshallen der erfolgreichen Krieger *(tequihuacalli* oder *cuauhcalli* oder *cuacuauhtinchan*, das heißt ‚Adlerhaus') und gehörte zu den Männern, die sich für die Übernahme höherer Aufgaben und Ämter qualifiziert hatten. Alle hohen Würdenträger und die Herrscher der Azteken trugen diese Haartracht, hatten also mindestens diese Kriegserfolge erbracht, an die sich anscheinend weitere unbeschränkt anschließen konnten.

Jeder Kriegserfolg, jede Gefangennahme eines feindlichen Kriegers manifestierte sich außerdem in speziellen Formen der Gesichtsbemalung, des Haarschmucks, Schmucks und der gesamten Bekleidung, die innerhalb der Gruppen weitere Differenzierungen anzeigten. Die Berechtigung, sie zu tragen, wurde vom Herrscher verliehen, der die mit zunehmendem Rang immer prächtiger werdenden Stücke anläßlich der großen Kultfeiern den verdienten Kriegern schenkte.

Kriegerbünde

Vor dem Hintergrund des hier skizzierten Komplexes von Religion, Krieg und Prestige ist nach den Kriegerbünden oder Kriegergesellschaften der Azteken zu fragen, deren Existenz als unbestritten gilt. Die spanischsprachigen Berichte des 16. Jahrhunderts sprechen in diesem Zusammenhang von *órdenes militares* (Kriegerorden) oder *de caballería* (Ritterorden) und bezeichnen deren Angehörige als *caballeros* (Ritter). Sie vergleichen sie damit explizit (Durán 1867–80: Bd. 2, 156) oder implizit mit den zeitgenössischen spanischen Ritterorden, den Orden von Calatrava, Santiago und Alcántara, in denen religiöse und kämpferische Aufgaben zusammenfielen. Jenseits dieser fast übereinstimmend gebrauchten, aus Europa übertragenen Begriffe sind die Aussagen der alten Autoren zum Komplex der Kriegerbünde jedoch unpräzis und untereinander widersprüchlich. Außerdem fehlen in den Berichten aus dem 16. Jahrhundert eindeutige Beschreibungen der aztekischen militärischen und zivilen Ämterhierarchie, der Ränge und Funktionen, die das Umfeld der Kriegerbünde bildeten. Entsprechend divergieren auch moderne Meinungen zu diesem Thema und es herrscht nicht einmal Übereinstimmung, welche Kriegerbünde bei den Azteken überhaupt existierten. Im folgenden wird deshalb auf die Aussagen der wesentlichen Berichte aus dem 16. Jahrhundert zurückgegangen, von denen auf Grund der ihnen zugrunde liegenden indianischen Informationen die zuverlässigsten Auskünfte zu erwarten sind. Sie sind allerdings auch erst zu einer Zeit abgefaßt worden, als die Missionierung der indianischen Bevölkerung und die Unterdrükkung ihrer alten Religion schon sehr weit fortgeschritten war.

Adler und Jaguare

Adlerkrieger und Jaguarkrieger (spanisch *caballeros águila* und *caballeros tigre*) werden in alten Berichten (vermehrt mit zunehmendem zeitlichen Abstand von der Eroberung) und von modernen Autoren am häufigsten als Beispiele aztekischer Kriegerbünde geschildert; sie waren an den ihren Namen entsprechenden ‚Kampfanzügen' zu erkennen und versammelten sich im ‚Adlerhaus' *(cuauhcalli)*. Voraussetzung für die Zugehörigkeit war, den Rang des *tequihua* erreicht zu haben. Nicht übereinstimmend werden die Adler- und Jaguarkrieger manchmal als zwei getrennte, manchmal als eine Gruppe betrachtet, gelegentlich ist daneben auch die Rede von einer weiteren Gruppe, den (Berg-)Löwen-Kriegern.

Der Hintergrund der Vorstellung der Adler- und Jaguarkrieger ist folgender: Die Adler waren die mächtigsten Raubvögel im Alten Mexiko, Jaguare die größten Raubkatzen. Sie symbolisierten den Gegensatz von Himmel und Erde, Tageslicht und nächtlichem Dunkel und spielten im aztekischen Mythos von der Erschaffung von Sonne und Mond eine besondere Rolle. Darstellungen von Menschen in Adler- und Jaguarkostüm sind schon aus voraztekischen Perioden bekannt (zum Beispiel aus Cacaxtla, circa 700–900 n. Chr.). Auch im Bereich der aztekischen Religion ist die Präsenz von Adler und Jaguaren im Kult deutlich. Vor allem beim Fest Tlacaxipehuaiztli, in dessen Mittelpunkt das kriegerisch betonte Gladiatorenopfer stand, spielten vier als Jaguar und Adler gekleidete Männer eine wichtige Rolle. Die lebensgroße Statue eines Adlerkriegers, die kürzlich bei den Ausgrabungen des aztekischen Haupttempels von Mexiko-Tenochtitlan entdeckt wurde, betont die Verbindung des Konzeptes ‚Adlerkrieger' mit der religiösen Sphäre. Auch weitere Skulpturen aus dem kultischen Bereich haben die Form eines Adlers oder Jaguars oder zeigen die Motive des Adler- und Jaguarkriegers.

Trotz vieler solcher Beispiele aus dem religiösen Bereich muß die Existenz von Adler- und Jaguar-Kriegerbünden oder -gesellschaften aus verschiedenen Gründen jedoch bezweifelt werden: In den alten historischen Berichten und Bilderhandschriften sind Adler- und Jaguarkrieger eher schlecht zu fassen. Die Tributlisten verzeichnen zwar Jaguarkostüme unter den Artikeln, die aus fernen Provinzen nach Tenochtitlan zu liefern waren (Codex Mendoza f.37r, 51r et passim), aber ebenso Kostüme von Berglöwen und Koyoten. Ein solches Jaguarkostüm wurde an den Krieger verliehen, der vier Gefangene in Huexotzinco gemacht hatte, einen *tequihua* (Codex Mendoza f.64v). Dagegen zeigt diese Bilderhandschrift kein entsprechendes Adlerkostüm, bei dem der Menschenkopf vom weitaufgerissenen Schnabel umrahmt wird, ebenso wie ein solcher Anzug auch in einer breiten Aufzählung der üblichen Kriegertrachten und Ausrüstungen fehlt (Sahagún in Seler 1902–1929, 2:509f.). Auf den Illustrationen der geschichtlichen Ereignisse sind Männer in Adler-Verkleidung gelegentlich abgebildet (zum Beispiel Sahagún 1950–69: Bd. 12, Pl. 77; Bd. 8, Pl. 79, 80; Durán 1867–80: Atlas Lam. 11, 16). Häufiger als Adler- sind allerdings Jaguar- oder andere Raubtierkostüme zu sehen. Als Kriegstracht des Herrschers wird sowohl ein Raubvogel- wie ein Raubkatzenkostüm abgebildet (Sahagún 1950–69: Bd. 8, Pl. 77).[6] In den aztekischen Schrifttexten tritt im Kontext von Krieg, Religion und Kult das Wort ‚Adler' *(cuauhtli)* mit der synonymen Bedeutung ‚Krieger' auf. *Cuauhtli ocelotl* (‚Adler-Jaguar', auch verbunden zu *cuauhtlocelotl*, Plural: *cuacuauhtlocelome)* war die viel gebrauchte Metapher für Krieger und als solche auch den frühen Autoren bekannt (zum Beispiel Durań 1867–80: Bd. 2, 156, 162; Motolinía 1971: 339, 345). In unzähligen weiteren solcher für die aztekische Sprache typischen Doppelausdrücken mit metaphorischer Bedeutung wurden ‚Adler' und ‚Jaguar' zum Hervorheben des kriegerischen Bezuges verwendet (Sahagún 1950–69: Bd. 8, 73, et passim).

Dagegen fehlen konkrete Hinweise auf Adler- und Jaguarkrieger als eine besondere Kriegerorganisation. Das Vorkommen von Kriegerrüstungen in Tiergestalt und der häufige Gebrauch von ‚Adler' und ‚Jaguar' in metaphorischer Bedeutung haben hier zu einer falschen Interpretation geführt.[7] ‚Adler' und ‚Jaguar' war nur die allgemeine und zusammenfassende, symbolisch überhöhte Bezeichnung für alle aztekischen Krieger der oberen Ränge, vom Rang des *tequihua* an aufwärts, die Zugang zum Adlerhaus oder *tequihuacalli* hatten. Der Begriff beinhaltet damit lediglich eine gewisse Abgrenzung gegenüber denjenigen, die dieses Privileg (noch) nicht erlangt hatten.

Sonnenkrieger

Die ‚Sonnenkrieger' waren adlige Berufskrieger, die auf Grund ihrer Leistungen im Krieg den Rang des *tequihua* erreicht und sich dem Kult der Sonne gewidmet hatten. Sie richteten der Sonne ein besonderes Kultfest aus, bei dem gefangene Krieger auf der Tempelpyramide vor dem Symbolbild der Sonne geopfert und das herausgerissene Herz der Sonne geweiht wurde (Durán 1867–80: Bd. 1, 197; Bd. 2, 155f., 162). Fest und Menschenopfer für die Sonne wurde alle 260 Tage, am Tag *nahui ollin*, abgehalten (Sahagún 1950–69: Bd. 2, 202; Bd. 7, 1; Durán 1867–80: Bd. 1, 197; Bd. 2, 155). Auch die höchsten Würdenträger und Ratgeber des Herrschers gehörten zu den Sonnenkriegern, die eigene Anführer besaßen. Im Kampf trugen sie eine Rückendevise mit dem Symbol der Sonne.[8] Versammlungshaus der Sonnenkrieger war das *tequihuacalli*, auch *cuauhcalli* genannt (Haus der/des Adler/s), denn die Sonnenkrieger wurden ebenfalls ‚Adler' genannt. Junge Adlige, die später den Sonnenkriegern beitreten wollten, wurden hier im Waffenhandwerk ausgebildet (Durán 1867–80: Bd. 1, 197; Bd. 2, 156f., 162).

Dem vom Chronisten Durán für die Sonnenkrieger gebrauchten Begriff *comendadores del sol* (Sonnenritter) entspricht offensichtlich das aztekische *tonatiuh itlatocahuan* (Herrscher oder Herren der Sonne), mit dem die Männer bezeichnet wurden, die die Heeresführung inne hatten und während des Krieges auch die Schiedssprüche bei Streit über Gefangene fällten (Sahagún 1950–69: Bd. 8, 52, 53, 87).

Es steht wohl außer Zweifel, daß diese bisher kaum beachteten Angaben zu den Sonnenkriegern (sowie deren Gleichsetzung mit den ‚Adlern') und den Herren der Sonne die korrekte Beschreibung der Kriegergruppe darstellt, die von älteren und jüngeren Autoren irrtümlich als ‚Adlerkrieger' verstanden wurde. Die im Namen ‚Herrscher der Sonne' ausgedrückte besondere Beziehung der Krieger zur Sonne findet sich in entscheidenden Vorstellungen der aztekischen Religion: Die Krieger waren für das Herbeischaffen der Gefangenen verantwortlich, deren Opfer die Sonne brauchte, um weiter zu bestehen und ihren für die Menschen wohltätigen Lauf fortzusetzen; Krieger, die im Kampf getötet oder den Göttern geopfert worden waren, gingen in das Haus der Sonne ein und begleiteten das Gestirn, das ‚adlerartig Aufsteigende', als Vögel auf seinem täglichen Weg am Himmel.

Unklar bleibt, welche Männer außer den von Sahagún als Herren der Sonne bezeichneten hohen Kriegsführern zu den Sonnenkriegern gehörten. Die Beschreibung der *comendadores del sol* betrifft alle Krieger, die den Rang des *tequihua* inne hatten (Dúran 1867–80: Bd. 2, 162). Damit stimmt die Angabe eines anderen Berichterstatters überein, der ebenfalls die *tequihuaque* in ihrer Gesamtheit als *caballería*, also Ritterschaft, apostrophiert (Pomar 1964: 190).

Otomí* und *Cuacuachictin

Die Namen *Otomí* und *Cuacuachictin*[9] bezeichneten zwei fest umrissene Gruppen von Kriegern, die mit überragenden Kriegsleistungen die meisten *tequihuaque* übertroffen hatten und auch durch weitere Gemeinsamkeiten von diesen abgehoben waren.

Die notwendige Qualifikation für den *Otomitl* war die Gefangennahme von fünf oder sechs weiteren Gegnern (Codes Mendoza f.64r). *Cuachic* wurde man erst nach zwanzig Heldentaten (Durán 1867–80: Bd. 1, 163), die zum überwiegenden Teil in den Kriegen mit Huexotzinco vollbracht werden mußten (Codex Mendoza f.64r). *Cuacuachictin* wie auch *Otomí* zeichneten sich durch eine jeweils ihrer Gruppe eigentümliche Frisur aus (Dyckerhoff 1970: 40f.; Piho 1974: 281).

Sowohl *Otomí* wie *Cuacuachictin* wurden in der Schlacht jeweils zu zweit an taktisch wichtigen Positionen eingesetzt, sei es in den vordersten Reihen und zwischen den ungeübten Kriegern, sei es als letzte Reserve. Sie hatten sich verpflichtet, nicht vor dem Feind zurückzuweichen, auch nicht im Fall von Tod oder Gefangennahme des Partners. Anderenfalls drohten schwere Sanktionen, die durch die Vorschrift, nur einfache Kleidung zu tragen, öffentlich erkennbar wurden (Durán 1867–80: Bd. 1, 169f.; Sahagún 1950–69: Bd. 8, 88; Tezozomoc 1944: 108). Daß es sich hier wirklich um außergewöhnlich einsatzfreudige Krieger handelte, beweist der Bericht über die Taten des *otomitl* Tzilacatzin im Kampf gegen die übermächtigen Spanier bei der Eroberung von Tenochtitlan (Sahagún 1950–69: Bd. 12, 88).

Auf Grund ihrer kriegerischen Leistungen wurden die *Otomí* und *Cuacuachictin* gepriesen und geehrt. Sie galten aber als unbesonnene, eitle und prahlerische Männer, die man für die Übernahme hoher Regierungsämter als nicht geeignet ansah, da von deren Inhabern in jeder Beziehung Besonnenheit, Mäßigung und Demut erwartet wurde (Sahagún 1950–69: Bd. 12, 110).[10]

Otomí und *Cuacuachictin* werden sehr häufig gleichzeitig genannt, andererseits werden insgesamt die *Cuacuachictin* öfters erwähnt und an einer Stelle nur sie unter den Kriegergesellschaften aufgezählt (Durán 1867–80: Bd. 1, 169; Bd. 2, 163). Im allgemeinen werden beide als getrennte Kriegerbünde aufgefaßt. Die Tatsache der häufigen parallelen Nennung läßt in Anbetracht der gemeinsamen Charakteristika aber auch an rangmäßig unterschiedene Glieder einer einzigen Gruppe denken, in der die *Cuacuachictin* den ranghöheren Platz einnahmen.

Über den Ursprung dieser beiden Kriegergruppen läßt sich so gut wie nichts sagen, obgleich gelegentlich behauptet wird, Moteuczoma II., der letzte Herrscher der Azteken, habe sie eingeführt. *Otomí* und *Cuacuachictin* zählten nicht zu den Sonnenkriegern und wurden als Kriegerbund höher als diese gestellt (Durán 1867–80: Bd. 2, 163). Diese Abgrenzung dürfte jedoch nicht ursächlich in ihren Kriegsleistungen begründet sein, sondern vielmehr in ihrer fehlenden Eignung für die höchsten Positionen, deren Inhaber unter den Sonnenkriegern ausgewählt wurden.

Die soziale Herkunft der *Otomí* und *Cuacuachictin* ist unklar, doch herrscht die Meinung vor, daß sie Adlige gewesen seien (Durán 1869–80: Bd. 2, 163f.; Hassig 1989: 45), deren harte und individuelle Ausbildung im *calmecac* die beste Voraussetzung für überragende Kriegstaten dargestellt habe (Hassig 1989: 36). Andererseits gibt es Grund für die Annahme, daß – unabhängig von der sozialen Herkunft – *Otomí* und *Cuacuachictin* ihre Ausbildung in den *telpochcalli* erhalten hatten, mit deren Angehörigen sie gemeinsam aufgeführt werden und wo die Sprache freier, das Betragen ungezwungener war (Sahagún 1950–69: Bd. 3, 54).

Der Name *Otomí* ist zunächst der einer benachbarten Ethnie, die in spätaztekischer Zeit weitgehend unterworfen worden war. An die typische Frisur der Männer dieses Volkes hat sich vielleicht die Frisur der aztekischen *Otomí*-Krieger angelehnt (Dyckerhoff 1970: 40f.), auch die ihnen (aber auch den *Cuacuachictin*) zugeschriebene Eitelkeit und Prunksucht entspricht dem, was die Azteken als schlechte Eigenschaften der Männer des Otomí-Volkes werteten (Sahagún 1950–69: Bd. 10, 178). Offensichtlich bestanden auch zumindest formale Verbindungen zu den religiösen Riten, die in Tenochtitlan während des Kalenderfestes abgehalten wurden, das dem Gott Otontecutli (dem Nationalgott des Otomí-Volkes) gewidmet war (Stenzel 1976: 181). Vielleicht waren diese Verbindungen weniger indirekt als sie erscheinen und verweisen auch auf eine bestimmte Rolle der aztekischen *Otomí*-Krieger im Kult.

Zu den *Cuacuachictin* läßt sich nichts Vergleichbares sagen, ihr Name ist von der ihnen eigenen Frisur abgeleitet und besagt lediglich ‚die (auf dem Kopf) Kahlgeschorenen'.

Otomí und *Cuacuachictin* sind mit bestimmten Kriegergesellschaften bei den nordamerikanischen Cheyenne und Crow verglichen worden, in denen das kulturelle Ideal des Kriegertums übertrieben wurde und zu einem von der Norm abweichenden Verhalten führte, das jedoch gerade noch im kulturell vorgeschriebenen Rahmen blieb (vgl. dazu Aufsatz Nr. 76). Den nordamerikanischen Beispielen entsprechende Ursachen lassen sich allerdings bei den Azteken nicht feststellen (Stenzel 1976: 182). Der Ausschluß von den höchsten Regierungsämtern stellt jedoch deutlich eine negative, von außen her vorgenommene Abgrenzung gegenüber der anscheinend größeren Zahl der *tequihuaque* dar. Den *Otomí* und *Cuacuachictin* war damit ein Platz in der aztekischen Gesellschaft zugewiesen worden, der zwar bestimmten ihrer Veranlagungen gerecht wurde, sie jedoch außerhalb ihrer eigentlichen sozialen Schicht stellte. Dieses von ihnen bewußt oder unbewußt empfundene Manko hat vielleicht ihr abweichendes Verhalten weiter gefördert und andererseits eine entsprechende Gruppenidentität bewirkt. Eigentliche konstitutive Merkmale, die von einem Bund sprechen ließen, sind den Quellen jedoch nicht zu entnehmen.

Caballeros pardos

Aztekische Krieger aus dem einfachen Volk konnten auf Grund ihrer Leistungen aufsteigen. Als *tequihuaque* versammelten sie sich zusammen mit den adligen Kriegern im *cuauhcalli* und waren als *cuauhpipiltin* (wörtlich Adler-/Krieger-Adlige) in vielen, jedoch nicht allen Beziehungen dem erblichen Adel gleichgestellt.

Eine Reihe von verwandten spanischsprachigen Berichten[11] zählen als den rangmäßig niedrigsten Kriegerbund den der *caballeros pardos* auf (Durán 1867–80: Bd. 2, 164). Übereinstimmend mit der Bedeutung dieser Bezeichnung in Spanien sind die Angehörigen des aztekischen Verdienstadels, die *cuauhpipiltin*, gemeint. Ob es, wie berichtet, äußerliche Unterscheidungsmerkmale zwischen den Kriegern gleichen Ranges, aber verschiedener sozialer Herkunft gegeben hat (Durán 1867–80: Bd. 2, 164), muß dahingestellt bleiben. Auf Grund der Kontexte, in denen die Männer des Verdienstadels in den Quellen erwähnt werden, ist grundsätzlich zu bezweifeln, daß sie, abgesehen von ihren eingeschränkten Privilegien – die jedoch nicht im militärischen Bereich lagen – eine besondere, unter dem Begriff Männerbund zu fassende Gruppierung bildeten.

Zusammenfassend läßt sich zum Thema Kriegerbünde bei den Azteken sagen, daß alle alten Berichte als konstitutives Moment die kriegerischen Leistungen der Mitglieder hervorheben. Diese waren, von Ausnahmen abgesehen (man konnte zum Beispiel einige Zeit als Priester im Tempel Dienst tun und danach [wieder] ein weltliches Amt antreten), Männer, die in ihrer überwiegenden Mehrzahl adliger Herkunft waren, sich ganz dem Kriegsdienst widmeten oder hohe Stellungen auf Grund ihrer Erfolge im Krieg einnahmen.

Als Gruppen einigermaßen deutlich faßbar werden die Sonnenkrieger sowie die *Otomí* und *Cuacuachictin*. Die vielfach beschriebenen Kriegerbünde der Adler und Jaguare haben in dieser Form nicht existiert. Von der Funktion her gesehen stand bei den Sonnenkriegern anscheinend eher das religiöse Moment, bei *Otomí* und *Cuacuachictin* mehr das kriegerische im Vordergrund. Hier, wie aber auch bei der Frage nach der Organisation, innerem Aufbau und Momenten korporativer Art, die den Namen ‚Bund' oder ‚Gesellschaft' im engeren Sinne rechtfertigen, reichen die vorliegenden Berichte der alten Zeit nicht aus.

Auf jeden Fall bleibt auch offen, wie weit der in den alten Berichten übliche Vergleich zwischen den aztekischen Kriegerbünden oder Militärgesellschaften mit den spanischen Ritterorden – der bezüglich der Kombination von religiösen und militärischen Momenten zutrifft –, auch darüber hinaus Gültigkeit hat oder ob diese Form des Vergleiches nur zu dem Effekt geführt hat, den Litvak King (1972: 29) als retroaktive Akkulturation bezeichnet, nämlich als das Aufzeigen oder Hineininterpretieren kultureller Elemente in eine nicht zutreffende Epoche oder Kultur.

Anmerkungen

1 Der Name ‚Azteken' (entsprechend das Adjektiv ‚aztekisch') dient in der modernen Literatur mangels eines zusammenfassenden autochthonen Begriffes zur Bezeichnung der Angehörigen des Dreibundes, zu dem sich die drei Städte Mexico-Tenochtitlan, Tezcoco und Tlacopan zusammengeschlossen hatten. Die Einwohner von Mexico-Tenochtitlan nannten sich selbst Mexica.

2 Stenzel (1976: 179f.) sieht Ähnlichkeiten zwischen den nächtlichen Gängen und Selbstkasteiungen – die in geringerem Umfang ebenfalls im *telpochcalli* üblich waren – mit der Visionssuche bei nordamerikanischen Indianern.

3 Hier zeigen sich Ähnlichkeiten mit den ‚*coups*' bei nordamerikanischen Indianerstämmen, wo das Berühren des Gegners mehr als seine Vernichtung zählte. Weitere Ähnlichkeiten führt Stenzel (1976) an.

4 Die Blumenkriege stellten ein wesentliches Moment im Training der Krieger dar. Sie hatten schon in früherer Zeit mit anderen, ebenfalls benachbarten, aber noch nicht unterworfenen Herrschaften stattgefunden und waren nach einiger Zeit in tödliche Kriege übergegangen. Auch im Falle der Blumenkriege mit Tlaxcallan und Huexotzinco dürften politische Gründe im Hintergrund gestanden haben (Dyckerhoff 1978: 24f.; Hicks 1979).

5 Singular: *tequihua*, Plural: *tequihuaque*, bedeutet übersetzt Besitzer einer Aufgabe, einer Pflicht; das heißt, jemand, der sein ‚Soll' geleistet oder der ein Amt inne hatte.

6 Möglicherweise handelt es sich dabei um eine zeichnerische Fehlinterpretation der *cuauhtlocelotl* (‚Adler-Jaguar') benannten Rüstung (Sahagún 1950–69: Bd. 12, 106) oder es ist ein Hinweis, daß ein und dieselbe Person sowohl das Adler- wie das Jaguarkostüm tragen konnte.

7 Spanischsprachige, auf aztekische Vorlagen zurückgehende Berichte wie der des Tezozomoc erwähnen deshalb einerseits die Kriegswämser und Rüstungen in der Gestalt verschiedener Tiere (Tezozomoc 1944: 335) und gebrauchen andererseits ‚Adler, Löwen, Jaguare' deutlich als Synonym für tapfere Krieger aller Ränge (1944: 255, 359 et passim).

8 Als Devisen bezeichnet man die am Rücken befestigten hochaufragenden Schmuckelemente der aztekischen Krieger. Eine Sonnendevise ist bei Sahagún (Seler 1902–23: Bd. 2, 574) als Schmuck der Herrscher und hohen Kriegsanführer abgebildet.

9 Plural: *Otomí* oder *otontin*, Singular: *Otomitl;* Plural: *Cuacuachictin* oder *cuachicme*, seltener *cuachichictin* oder *cuachique*, Singular: *Cuachic*.

10 Sahaguns Einschränkung bezieht sich auf die Herrscher sowie, ohne Titel zu nennen, auf die Befehlsgewalt über die Kriegerschaft allgemein, die also auch als ein Teil der Zuständigkeit des obersten Herrschers verstanden werden könnte. Tezozomoc (1944: 153) bezeichnet Träger hoher Titel, darunter die höchsten militärischen Führer als *Cuacuachictin*. Seine Aussage, die sich auf die Zeit Moteuczomas I. Ilhuicaminas bezieht, könnte darauf verweisen, daß hier im Laufe der Zeit Änderungen eingetreten sind. Grundsätzlich ist allerdings bei solchen Widersprüchen die Meinung Sahagúns vorzuziehen.

11 Zu dieser Quellengruppe, auf die hier nicht näher eingegangen werden kann, siehe u. a. Dyckerhoff 1970: 26f.

Kompanien des Heiligen Kreuzes – Militärbünde bei den Cruzoob-Maya von Quintana Roo, Mexiko

Nikolai Grube

Jedes erwachsene männliche Mitglied der Gesellschaft der *Cruzoob*-Maya im mexikanischen Bundesstaat Quintana Roo ist Mitglied eines ‚Kompanie' genannten Männerbundes. Die Kompanien entstanden zur Zeit des mexikanischen Kastenkrieges, bei dem sich große Teile der Mayabevölkerung der Halbinsel Yucatán gegen die mexikanische Vorherrschaft auflehnten. Durch die Integration der aufständischen Maya in den modernen mexikanischen Nationalstaat seit Anfang des Jahrhunderts haben die Kompanien ihre militärische Funktion verloren, sind dafür aber zur wichtigsten sozialen und religiösen Institution in der *Cruzoob*-Gesellschaft geworden. Alle die *Cruzoob* betreffenden politischen und sozialen Entscheidungen werden in den Kompanien getroffen.

Aufständische Indianer gründen eine Miliz

Obgleich die Eroberung Mexikos und der angrenzenden Gebiete im 16. Jahrhundert formell abgeschlossen war, wurden der politischen Machtausübung der Spanier in abgelegenen Gebieten noch für lange Zeit Grenzen gesetzt. Auf der Halbinsel Yucatán führten immer neue Aufstände der Maya dazu, daß große Teile der Halbinsel nie dauerhaft in das spanische Kolonialreich eingegliedert werden konnten (Farriss 1984: 67–79).

Der längste Aufstand gegen die ‚Herrschaft der weißen Rasse' ist in die Geschichtsbücher als „yukatekischer Kastenkrieg" eingegangen. Durch diesen Aufstand gelang es den Maya im heutigen mexikanischen Bundesstaat Quintana Roo, sich von 1848 bis 1901 von der Fremdbestimmung zu befreien. Auslösender Faktor für diesen Aufstand war eine Kombination ökonomischer wie politischer Veränderungen, die unter anderem die Erhöhung der Kosten für bestimmte kirchliche Dienste und die Rekrutierung von Mayas als Soldaten in der yukatekischen Armee mit sich brachte (Bricker 1981: 87–95). Als schließlich der rebellische *kazike* Manuel Antonio Ay exekutiert wurde, brach der eigentliche bewaffnete Aufstand aus, in dessen Verlauf fast die gesamte Halbinsel Yucatán von den Maya erobert wurde. Innerhalb weniger Monate nahmen aufständische Maya eine Stadt nach der anderen ein und vertrieben oder töteten ihre nichtindianischen Einwohner. Fast schon hatten die Maya die ganze Halbinsel unterworfen, als die Energie des Aufstandes erlahmte. Die rebellischen Maya hatten damit gerechnet, bei den auf den Sisalplantagen des Nordwestens arbeitenden Maya Unterstützung zu finden. Diese Unterstützung blieb jedoch aus, und so fehlten die Truppen, um auch Mérida, die größte Stadt der Halbinsel, einzunehmen. Entmutigt von der fehlenden Solidarität wurden die Maya in der zweiten Hälfte des Jahres 1848 zurückgeschlagen. Den yukatekischen Truppen gelang es, die Maya immer weiter nach Osten zurückzutreiben. Dieser Rückzug leitete zugleich die nun endgültige Spaltung der Halbinsel in einen unter spanisch-mexikanischer Herrschaft stehenden Nordwestteil und einen südöstlichen Teil ein, in dem die Maya weitgehend unabhängig lebten. Die Unwegsamkeit des Geländes und der dichte Urwald im Südosten bildeten jedoch eine Barriere, hinter die die yukatekischen Truppen nicht vorstießen. In diesem Rückzugsgebiet konnten sich die Maya bis zur Jahrhundertwende unabhängig behaupten.

Im Frühjahr 1850 wurde das Hauptquartier der aufständischen Maya an einen Karstbrunnen (span. *cenote*) mit dem Namen Chan Santa Cruz (Kleines Heiliges Kreuz) verlegt, ein Name, der sich auf ein Holzkreuz bezieht, das dort der Legende nach gefunden wurde. Dieses Kreuz

Jedes männliche Mitglied der Cruzoob-Maya auf der mexikanischen Halbinsel Yukatán ist Mitglied eines Männerbundes, einer sogenannten Kompanie. Während früher die Bünde militärische Funktionen hatten, sind sie heute für das soziale und religiöse Leben ihrer Gemeinschaft wichtig. Fast alle Aktionen, die die Kompanien betreffen, finden an heiligen Orten statt, die als zentrale Versammlungsstätten dienen. Die Karte zeigt die Lokalisierung der vier Untergruppen der Cruzoob-Maya und die ihrer heiligen Orte. Zeichnung: Nikolai Grube.

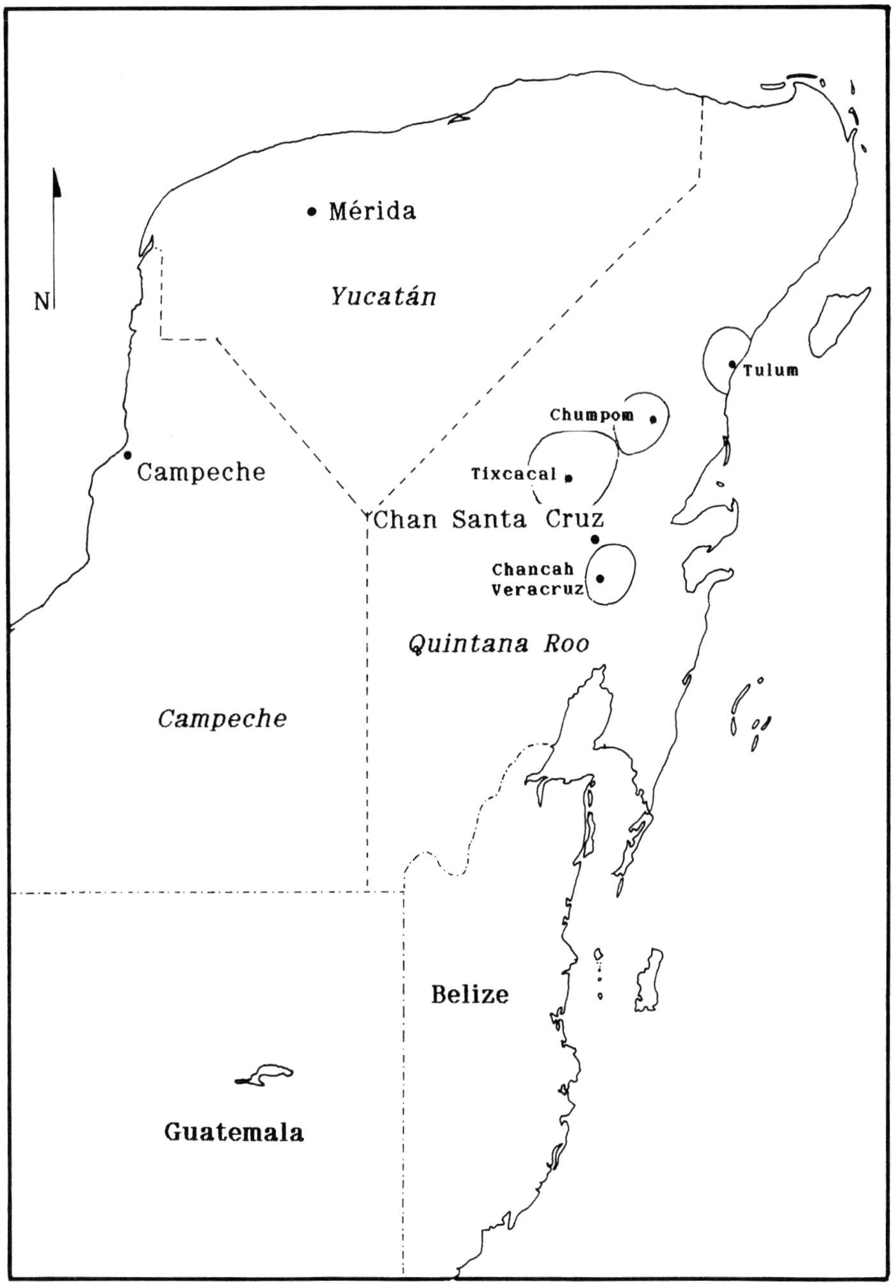

wurde zum zentralen Heiligtum einer neuen messianistischen Revitalisierungsbewegung, indem es – indianischen Berichten zufolge – zu sprechen begann und sich als neuer Messias offenbarte (Zimmermann 1963). Das sprechende Kreuz gab den Maya nicht nur die Gewißheit, Verteidiger des wahren Christentums zu sein, sondern rief sie auch zum Kampf gegen die ‚weiße Rasse' auf. In einer schriftlich überlieferten Offenbarung des Heiligen Kreuzes aus dem Jahr 1850 ermahnt das Kreuz seine indianischen Kinder, seinen Anweisungen zu folgen und garantiert dafür göttlichen Schutz:

„Also, meine lieben Geschöpfe auf Erden, Ich verkünde Euch allen, ob in kleine oder große Ohren [denen von Kindern oder Erwachsenen], daß die Stunde, daß das Jahr für einen Aufstand von Euch, meinen indianischen Kindern, wieder gekommen ist... Ich erteile die Befehle, die sie [die Truppen des Kreuzes] alle in ihren Herzen bewahren müssen. Denn obgleich sie den Schrei des Feuers hören werden, [wie auch] die Gewehre der Feinde über ihnen, wird ihnen nichts geschehen. Denn die Zeit ist gekommen, für jetzt und in Ewigkeit, daß ich auch über die Weißen herrschen soll..." (Übers. N. Grube nach Bricker 1981: 191).

Der Kult des sprechenden Kreuzes gab den Maya den ideologischen Rückhalt, um über mehrere Jahrzehnte jedem Eindringen mexikanisch-yukatekischer Soldaten zu widerstehen. Das Festhalten an dem Kreuzkult – und vor allem an die daran gebundene Sozialorganisation – hat den *Cruzoob*-Maya bis heute eine gewisse Autonomie bewahren können.

In der zweiten Hälfte des vergangenen Jahrhunderts war das gesamte Gebiet des heutigen Bundesstaates Quintana Roo in den Händen der aufständischen Maya. Sämtliche Versuche, die Hauptstadt der unabhängigen Maya zu erobern, schlugen fehl. Die rebellischen Maya mit ihren aus Britisch Honduras verhandelten Waffen blieben eine unberechenbare Bedrohung für die Gesellschaft Yucatáns.

Charakteristisch für die soziale Organisation der aufständischen Maya von Chan Santa Cruz war die enge Verflechtung ihrer militärischen Organisation mit dem religiösen Bereich. Die wesentlichen Organisationsstrukturen ihrer Truppen hatten die aufständischen Maya von der yukatekischen Miliz übernommen. Um in den bis 1901 andauernden bewaffneten Auseinandersetzungen mit der yukatekischen Miliz über eine schlagfertige militärische Organisation zu verfügen, wurde die gesamte männliche Bevölkerung in Kompanien zu je 800 bis 1200 Mann Stärke aufgeteilt. Jeder männliche Maya stand nun ständig unter Waffen, gehörte einer der Kompanien an und konnte jederzeit rekrutiert werden. Die Führung der Kompanien war nach mexikanischem Vorbild hierarchisch gegliedert. Die Anführer hatten militärische Titel, der Rangfolge nach General, Kommandant, Kapitän, Leutnant, Sergeant, Korporal und schließlich Soldat (Dumond 1977: 107). Ganz an der Spitze der Hierarchie der aufständischen Maya stand der *Nohoch Tata*, der Patron des Kreuzes, der allein Interpret und Verkünder der Botschaften des Kreuzes war. Nachdem das Kreuz 1851 aufhörte, selber zu sprechen – hinter dem ‚sprechenden Kreuz' verbarg sich übrigens ein Bauchredner, der in eben diesem Jahr starb – äußerte sich das Kreuz nur noch in schriftlichen Mitteilungen, die nun der ‚Sekretär des Kreuzes' empfing und niederschrieb. Die Botschaften des Kreuzes waren sowohl konkrete taktische Einsatzbefehle wie auch in einen christlich-synkretistischen Rahmen verschlüsselte Aufforderungen zur Weiterführung des Aufstandes. Hier entstand die Vorstellung, daß sich ein von Gott auserwähltes Volk zu befreien hatte. Der religiös motivierte Aufstand brachte es somit zwangsläufig mit sich, daß die ursprünglich nur militärische Aufgaben wahrnehmenden Kompanien schließlich auch zu den eigentlichen Trägern der Religion wurden.

Nach fünfzig Jahren der Unabhängigkeit wurde die Hauptstadt der Aufständischen im Jahr 1901 von mexikanischen Truppen erobert. Den Maya gelang es, rechtzeitig zuvor zu fliehen und das Kreuz mitzunehmen. Zwei neue Hauptorte entstanden in den Urwäldern um Chan Santa Cruz, in denen der Kreuzkult fortgeführt wurde. Nur fünf Jahre später spaltete sich eine besonders konservative Gruppe ab, die sich als ‚Separatisten' bezeichnete und ihr neues Heiligtum in Tixcacal Guardia gründete. Obgleich in den Jahren 1936 bis 1939 Verträge zwischen den verschiedenen Gruppen und der mexikanischen Regierung geschlossen wurden, besteht nach wie vor ein starkes Spannungsverhältnis zwischen mexikanisch-staatlichen Institutionen und den heute in Anlehnung an das spanische Wort für ‚Kreuz' *Cruzoob* genannten Nachfahren der aufständischen Maya. Zwar haben mexikanische Schulen und – zu einem begrenzten Maße – mexikanische politische und soziale Einrichtungen in die *Cruzoob*-Dörfer Eingang gefunden, doch konnten sie nicht die traditionellen Institutionen der *Cruzoob* verdrängen.

Die verschiedenen Abspaltungen brachten es mit sich, daß es in dem Gebiet der aufständischen Maya heute vier verschiedene *Cruzoob*-Gruppen gibt, die voneinander unabhängig sind. In allen vier Gruppen besteht nicht nur der Kreuzkult, sondern auch die Organisation der männlichen Bevölkerung in Kompanien weiter fort. Zu jeder Gruppe gehören Dörfer, die einen zentralen ‚heiligen' Ort haben, an dem die Heiligen Kreuze aufbewahrt werden und alle die Kompanien betreffenden Aktivitäten stattfinden.

Der Funktionswandel der Kompanien

Obgleich der ursprüngliche militärische Anlaß für die Existenz der Kompanien längst der Vergangenheit angehört, sind die Kompanien auch heute noch die wichtigsten sozialen Institutionen innerhalb der vier Untergruppen der *Cruzoob*-Maya. Die Mitgliedschaft in einer Kompanie ist ein entscheidendes ethnisches Identifikationsmerkmal, durch das sich die Angehörigen der *Cruzoob*-Gesellschaft von anderen Mayas und von der mexikanischen Nationalgesellschaft abgrenzen (Bartolomé und Barabas 1981).

In jeder der vier Untergruppen der *Cruzoob*-Maya gibt es mehrere Kompanien. Die Anzahl der Kompanien einer Untergruppe entspricht nicht der Anzahl der Dörfer, die die Untergruppe konstituieren:

Untergruppe	*Anzahl der Kompanien*	*Anzahl der Dörfer*
Tixcacal Guardia	8	12
Chumpom	4	3
Chancah Veracruz	4	4
Tulum	3	1

Die Kompanien der verschiedenen Untergruppen haben miteinander kaum Kontakt. Zu der Untergruppe, die ihr Heiligtum in dem Ort Tixacal Guardia hat, gehören zwölf Dörfer. Im Jahr 1986 existierten acht Kompanien in diesen Dörfern. Jeder erwachsene Angehörige der Untergruppe von Tixcacal Guardia ist zumindest formell Mitglied in einer der acht Kompanien. Auch wenn viele Männer nicht aktiv in den Kompanien engagiert sind, fühlen sie sich doch einer Kompanie zugehörig.

Die Mitgliedschaft in einer Kompanie wird gewöhnlich patrilinear vererbt. Kinder beiderlei Geschlechts sind Mitglied in der Kompanie des Vaters. Die Söhne bleiben während ihres gesamten Lebens in der Kompanie ihres Vaters, während die Töchter zum Zeitpunkt der Heirat in die Kompanie des Ehemannes überwechseln. In jeder Kompanie finden sich also Angehörige verschiedener Generationen mehrerer männlicher *lineages*. Obgleich es keine expliziten Heiratsregelungen gibt, die Heiraten zwischen Angehörigen der gleichen Kompanien verbieten, tendieren die Kompanien doch zur Exogamie. Die Kompanien sind nicht lokalisiert. Es gibt keine Korrespondenz zwischen der Mitgliedschaft in einer Kompanie und dem Wohnort. Da die Söhne in der Regel auf dem Grundstück ihrer Eltern oder zumindest in deren Nähe wohnen, rekrutieren sich die meisten Mitglieder einer Kompanie jedoch aus einem bestimmten Dorf.

Es gibt keine formalisierten Initiationsriten. Jedoch ist die Kenntnis von sechs Gebeten Voraussetzung, um an den Aktivitäten der Kompanie teilnehmen zu können. Es handelt sich um Gebetsformeln, die in einem altertümlichen Maya gehalten sind und heute nicht mehr verstanden werden, so daß sie auswendig gelernt werden müssen. Diese Gebete und viel religiöses Spezialwissen erlernen viele junge Männer bereits, wenn sie ihre Väter begleiten, die ihren Verpflichtungen in der Kompanie nachkommen. Aber erst mit der Heirat werden sie als vollwertige Mitglieder der Gesellschaft betrachtet und erfahren die soziale Anerkennung, die notwendig ist, um später in der Hierarchie der Kompanien aufsteigen zu können.

Es gibt kein explizites Verbot der Mitgliedschaft von Frauen in den Kompanien. Aber die ursprüngliche militärische Funktion der Kompanien und der auch heute noch bestehende militärische Rahmen schließen in den Augen der Maya eine aktive Mitgliedschaft aus. Als passive Mitglieder der Kompanien agieren die Frauen an der Seite ihrer Männer. Ihre traditionelle Rolle sieht vor, daß sie während der oft mehrtägigen Versammlungen von Kompanien in dem heiligen Ort die Versorgung sicherstellen. Eine Reihe expliziter Verbote untersagt Frauen, mehr als passiv an Zeremonien für das Kreuz im Heiligtum teilzunehmen. Obgleich die Zubereitung von Speisen eine weibliche Domäne ist, können Frauen sich nicht an der Zubereitung von Opferspeisen beteiligen. Die Opferspeisen-Tortillas werden ausschließlich von Männern zubereitet. Sogar die dabei angewendete Zubereitungsform (die Tortillas werden frei mit beiden Händen geformt) unterscheiden sich von der alltäglichen Tortilla-Zubereitungstechnik der Frauen (die *tortillas* werden mit einer Hand auf einem Tisch geformt).

Die Kompanien werden von drei oder vier ‚Offizieren' *(Nohchilo'ob)* angeführt. Die Rangtitel der Offiziere sind die gleichen wie die aus der Zeit des Kastenkrieges. Die Offiziere haben keine besonderen Insignien. Äußerlich sind die Offiziere daran zu erkennen, daß sie zu den wenigen Personen gehören, die auch heute noch die traditionelle Männertracht (weißes Baumwollhemd, weiße halblange Baumwollhose) tragen. Auch die Offiziere einer Kompanie wohnen häufig nicht am gleichen Ort. Daher wer-

Obgleich die Zubereitung von Speisen im Alltag eine Domäne der Frauen ist, dürfen sie sich nicht an der Zubereitung der Tortillas für die Opferspeisen beteiligen: das ist Männersache! Die Männer dürfen bei dieser Arbeit die Tortillas mit beiden Händen formen, während die normalen Tortillas von den Frauen nur mit einer Hand auf einem Tisch hergestellt werden. Die Männer wickeln die fertigen Maisbrote in Guano-Blätter und garen sie dann im Erdofen. Foto: Ortwin Smailus 1989.

den die Kompanien auch nicht nach den Dörfern benannt, aus denen ihre Mitglieder kommen, sondern nach ihren ranghöchsten Offizieren. Eine der Kompanien heißt zum Beispiel „Die Kompanie von Don Culas", weil Nicolás (das heißt Culas) Pat aus dem Dorf Yaxley ihr ranghöchster Offizier ist. Die Mehrzahl der Mitglieder der Kompanie von Don Culas wohnt jedoch in dem zwölf Kilometer entfernten Dorf Señor.

Die Offiziersämter werden auf Lebenszeit vergeben. Nach dem Tod eines Offiziers einer Kompanie werden alle Mitglieder zusammengerufen, um die freigewordene Position neu zu besetzen. Der ranghöchste Offizier schlägt dazu eine Person vor, die er für besonders geeignet hält. Wenn die Mehrzahl der Soldaten die Entscheidung gutheißt, kann der Offiziersposten neu vergeben werden. In den Fällen, wo der erste Vorschlag von der Mehrheit abgelehnt wird, muß sich der höchste Offizier der Kompanie so lange um neue Vorschläge bemühen, bis eine allen genehme Wahl getroffen ist.

Da die Mitglieder einer Kompanie aus verschiedenen Dörfern kommen können und weil in jedem Dorf Mitglieder mehrerer verschiedener Kompanien wohnen, üben die Kompanien keine dorfspezifischen Funktionen aus wie etwa die Vergabe von Land. Landverteilung und -bebauung werden heute kollektiv vom *Ejido* verwaltet, einer in der Agrarreform von 1917 eingeführten Organisation zur gemeinschaftlichen Verwaltung des Dorflandes. Die sozialen und religiösen Funktionen der Kompanien sind überregional und konzentrieren sich auf den Ort, an dem sich das zentrale Heiligtum

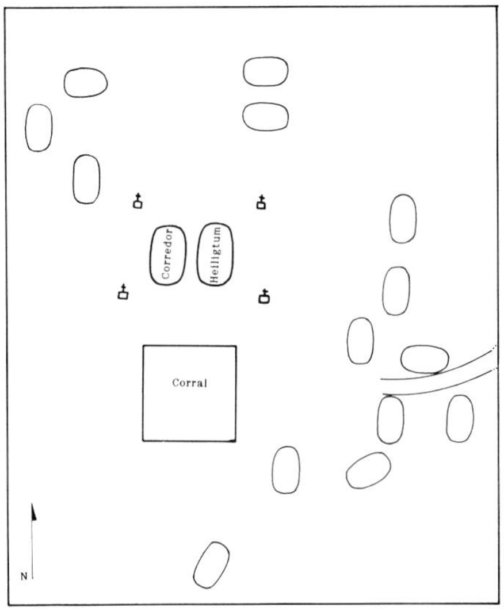

Im Zentrum des Ortes Tixcacal Guardia markieren vier Altäre mit hölzernen Kreuzen den heiligen Bereich des Ortes. Dort befindet sich das Heiligtum des Männerbundes, in dem das Heilige Kreuz aufbewahrt wird. Außerhalb des heiligen Bereichs gruppieren sich die cuarteles (Kasernen), in denen die Mitglieder der Bünde eine Art Wehrdienst ableisten. Während dieser Zeit sind sie für die Bewachung des Heiligtums zuständig. In dem eingezäunten Bereich vor dem Heiligtum (corral) werden während der großen mehrtägigen Fiestas Stierkämpfe abgehalten. Zeichnung: Nikolai Grube.

einer Gruppe befindet. Fast alle Aktivitäten, die die Kompanien betreffen, finden an diesen heiligen Orten statt.

Tixcacal Guardia, der heilige Ort der größten Untergruppe der *Cruzoob,* hat nur eine geringe ständige Wohnbevölkerung. Die Funktion des Ortes ist die eines zentralen Versammlungsplatzes, an dem alle Aktivitäten der Kompanien stattfinden. Zentrum des Ortes und gleichzeitig der heiligste Ort der ganzen Untergruppe ist das Heiligtum, in dem das wichtigste Heilige Kreuz aufbewahrt wird. Das Heiligtum ist das größte Gebäude, aber dennoch wie alle anderen Häuser mit Palmstroh gedeckt. Als einziges Haus hat das Heiligtum einen festen und mit Fliesen ausgelegten Fußboden. Im hinteren Teil des Heiligtums, der *gloria,* zu dem nur ranghohe Angehörige einer Kompanie Zutritt haben, wird das Kreuz bewahrt.

Parallel zu dem Heiligtum befindet sich ein fast ebensogroßes Gebäude, dessen Boden allerdings nicht mit Fliesen ausgelegt ist. Es ist das *popol nah* oder *corredor,* das Versammlungs- und Lagerhaus, in dem auch alle anderen wichtigen religiösen Paraphernalia aufbewahrt werden. Um dieses Ensemble gruppieren sich dreizehn große Gebäude, *cuarteles* (Kasernen), in denen zu bestimmten Zeiten die Männer einer Kompanie und deren Angehörige wohnen. Jede Kompanie besitzt eine oder mehrere Kasernen. Die Kasernen sind so groß, daß sie zu den zentralen Feierlichkeiten der *Cruzoob* einem großen Teil der aktiven Mitglieder einer Kompanie und deren Familienangehörigen Platz bieten. Besonders bei langen, mehrtägigen Zeremonien können auf diese Weise auch Kompaniemitglieder aus entfernten Dörfern im heiligen Ort bleiben und müssen nicht täglich in ihr Heimatdorf zurückkehren. Die Unterbringung in den Kasernen ist auch deshalb so wichtig, weil ein Großteil der Zeremonien über Nacht stattfindet. Auf diese Weise wohnen während der Fiestas ein wesentlicher Teil der Population der Untergruppe der *Cruzoob* über mehrere Tage am gleichen Ort.

Die Aufgaben der Kompanien

Heute haben die Kompanien ihre militärische Funktion zugunsten der religiösen und sozialen Aufgaben weitgehend verloren. Dennoch gibt es militärische Relikte, wie etwa den zyklischen *serwisyoh* genannten Wehrdienst, den jedes Kompaniemitglied zu leisten hat. Jede Kompanie muß für einen Zeitraum von vierzehn Tagen eine Gruppe von ‚Soldaten' stellen, deren Aufgabe es ist, das Heiligtum zu bewachen. Die Soldaten, die *serwisyoh*-Dienst leisten, wohnen für die Zeit ihres Dienstes gemeinsam in der ihrer Kompanie gehörenden Kaserne. Während dieser zehn Tage finden mehrmals täglich Messen statt. Die Abhaltung der Messen obliegt ebenfalls der Gruppe, die gerade *serwisyoh* macht. Es ist daher besonders wichtig, daß sich in der Gruppe immer zwei *maestros cantores,* (religiöse Spezialisten) befinden, die die wichtigsten Gebete kennen und einfache Zeremonien selber durchführen können. Jeder der diensthabenden Soldaten bezahlt dem *Nohoch Tata,* dem religiösen Oberhaupt der Gruppe, einen bestimmten Geldbetrag, um damit zur Finanzierung der täglichen Messen und der ständig anfallenden Reparaturen am Heiligtum beizutragen. Der *serwisyoh*-Dienst soll unliebsame Fremde von dem Eindringen in den Bereich des

Heiligtums abhalten, wie etwa fundamentalistische protestantische Missionare, die in den vergangenen Jahren immer wieder versuchten, sich gewaltsam Zutritt zu verschaffen. Da aber auch viele Taufen und alle Hochzeitsfeste in Tixcacal Guardia stattfinden, müssen die Soldaten die Organisation dieser Zeremonien übernehmen. Auch indianische Pilger, die häufig von weit her nach Tixcacal kommen, werden von den Soldaten betreut und während ihres Aufenthaltes in den Kasernen versorgt.

Alle acht Monate finden in dem Heiligtum von Tixcacal Guardia religiöse Feiern für die wichtigsten Heiligen Kreuze statt. Zu diesen außergewöhnlichen Anlässen versammelt sich die gesamte Untergruppe. Die Ausrichtung der Fiestas, ein Anlaß, zu dem sich immerhin mehrere tausend Personen in dem heiligen Ort versammeln, wird unter den Kompanien aufgeteilt. Jede Kompanie stellt vier Männer *(diputados)* ab, die sich mindestens ein Jahr im voraus verpflichten, die Fiesta zu organisieren und einen Großteil der Kosten zu übernehmen. Für gewöhnlich findet am vierten Tag einer Fiesta eine nächtliche Zeremonie statt, in der die *diputados* gewählt und ihre Namen schließlich in ein Buch eingetragen werden, das in einem heiligen Bündel im Inneren des Heiligtums aufbewahrt wird.

Ein wichtiger Bestandteil der großen Fiestas ist die Darbringung von Speiseopfern. Jede Kompanie muß drei Tage lang einen bestimmten Zyklus von Speiseopferzeremonien, Banketten, Stierkämpfen und Tanzveranstaltungen durchführen. Die gesamte Fiesta dauert neun Tage, doch die wichtigsten Ereignisse konzentrieren sich auf die letzten fünf Tage, die morgens mit Prozessionen und der Zubereitung von Speiseopfern durch die Mitglieder von Kompanien in großen Erdöfen beginnen. Schweine werden geschlachtet, verschiedene Maisspeisen werden im Erdofen zubereitet und schließlich auf Opferaltären aufgebaut. In Prozessionen werden die Opferspeisen zum Heiligtum getragen, und erst nach der formellen Übergabe der Speisen an das Kreuz werden die Speisen unter die Anwesenden verteilt. Die Verteilung der Speisen erfolgt unter genauer Beachtung der Hierarchie in den Kasernen der an dem betreffenden Tag verpflichteten Kompanie. Die Nachmittage der fünf letzten Tage sind den Stierkämpfen reserviert. Jeder Stierkampfnachmittag wird von einer anderen Kompanie gestiftet. Den Stierkämpfen folgen in der Nacht die *bailes*, Tanzveranstaltungen mit einer ebenfalls von verschiedenen Kompanien bezahlten Musikkapelle. Die *bailes* sind in der Regel die einzigen Gelegenheiten der Kontaktaufnahme unter jungen Männern und Frauen verschiedener Dörfer. Da zwar nicht alle, doch die meisten Mitglieder einer Kompanie aus dem gleichen Dorf kommen und die Kompanien exogam sind, stellen die *bailes* die seltenen Gelegenheiten dar, bei denen heiratsfähige Männer und Frauen ihre späteren Partner suchen können.

Obgleich die Organisation und Ausführung aller Aktivitäten auf der *Fiesta* in den Händen der *diputados* ist, wird die Arbeit jedoch nicht als die individuelle Arbeitsleistung eines oder mehrerer *diputados* angesehen, sondern als die Leistung der gesamten Kompanie (Villa Rojas 1945: 125).

Als der mexikanische Anthropologe Alfonso Villa Rojas, der in den dreißiger Jahren einer der ersten Fremden war, der über längere Zeit bei den *Cruzoob* leben durfte, 1970 zum zweiten Mal den Ort seiner früheren Feldforschung besuchte, stellte er resigniert fest, daß die *Cruzoob* ihre Unabhängigkeit verlören und die Zahl der aktiven Mitglieder in den Kompanien heute deutlich niedriger sei als früher (Villa Rojas 1977). Bei einer repräsentativen Befragung im Jahr 1984 in einem der Dörfer der Tixcacal-Gruppe konnte ich nicht nur feststellen, daß jeder Mann einer Kompanie angehört, sondern daß die Mitgliedschaft in einer Kompanie auch als notwendig angesehen wurde. Nur die Mitgliedschaft in einer der Kompanien gestattet es den männlichen Angehörigen der Gesellschaft, sich soziale Anerkennung zu erwerben und an den gemeinschaftlichen religiösen Feiern teilzunehmen. Nur eine Minderheit von Männern die in den *Cruzoob*-Dörfern wohnen, sind nicht Mitglied von Kompanien. Es sind dies vor allem Personen, die die Integration in das soziale und religiöse Leben der Gemeinschaft ohnehin bewußt ablehnen, wie etwa die wenigen Familien, die von protestantischen Fundamentalisten missioniert wurden, sowie die als Kaufleute in den *Cruzoob*-Dörfern lebenden *ladinos*, da sie sich als Teil der europäisierten mexikanischen Nationalkultur empfinden und die Mitgliedschaft in einer der Kompanien dem Bekenntnis zu dem katholisch-synkretistischen Normensystem des Kreuzkultes gleichkäme.

Für die große Mehrzahl der *Cruzoob*-Maya ist die Mitgliedschaft in den Kompanien jedoch ein Bekenntnis zu ihrer kulturellen und geschichtlichen Eigenständigkeit. Noch immer herrscht die Vorstellung, ein auserwähltes Volk zu sein, und das Heilige Kreuz im Notfall sogar mit Waffengewalt vor dem Zugriff fremder Autorität schützen zu müssen. Die Verteidigung dieses Überlegenheitsanspruches gegenüber der mexikanischen Nationalgesellschaft wie auch gegenüber den Maya, die den Kreuzkult nicht kennen, wird durch die Institution der Kompanien getragen. Auch jüngere Angehörige der *Cruzoob*-Gesellschaft sind davon überzeugt, daß der Zusammenbruch der Institution der Kompanien den völligen Verlust kultureller Identität wie auch der politischen Freiräume im Nationalstaat bedeutete. Dann wäre die im kollektiven Bewußtsein immer noch ständig präsente Zeit der Leiden und Entbehrungen im Kastenkrieg tatsächlich umsonst gewesen.

„Volle Becher sind ihnen lieber als leere Worte" Die Kriegerbünde im Gran Chaco

Michèle Lacroix

Im Laufe des 16. und 17. Jahrhunderts entwickelten die im Gran Chaco-Gebiet lebenden Stämme, ursprünglich matrilokal organisierte Jäger- und Sammlergesellschaften, eine Reiter- und Kriegerkultur. Die Stellung der Frau wurde geschwächt, während Zahl und Bedeutung der als Männerbünde organisierten Kriegerbünde zunahmen. Die Gesellschaftsschichtung wurde differenzierter; es entstanden Kriegeradel und Sklaventum. Mitglieder der Bünde verständigten sich auf besondere Weise, trugen spezielle Bemalung und nahmen vor dem Kampf an Trinkgelagen teil. Die Aufnahme in den Kriegeradel wurde nach bestimmtem Zeremoniell vollzogen.

Hervorragendes Quellenmaterial liefern Augenzeugenberichte von Missionaren, vor allem von Jesuiten. Besonders gut dokumentiert sind die Abipón, einer der kriegerischen Reiterstämme des Gran Chaco.

Im Inneren Südamerikas liegt der Gran Chaco, eine unwirtliche Region, die sich zwischen den Anden-Kordilleren im Westen und den Flüssen Paraná und Paraguay im Osten erstreckt. Die Chaco-Ebene, die von Nordwesten nach Südosten abfällt, wird im Westen, Norden und Osten von feucht-tropischen Wäldern begrenzt und geht im Süden in die Pampa über.

Nur an den feuchten Ufern der Flüsse Bermejo, Pilcomayo und Salado ist der Feld- und Ackerbau möglich. Charakteristisch für die Chaco-Landschaft sind jedoch die Trockenwälder und Dornbuschsteppen. Daher ist diese Region bereits in der vorkolonialen Zeit Siedlungsgebiet für Indianerstämme gewesen, die als Nomaden bzw. Halbnomaden ein Sammler- und Jägerdasein führten – die einzige Möglichkeit, in diesem menschenfeindlichen Landstrich zu überleben.

Die frühen Berichte

Zu den ersten schriftlichen Zeugnissen der Kolonialzeit über die Chaco-Region zählen die Reisebeschreibungen von Ulrich Schmidel, die den Zeitraum von 1534 bis 1554 umfassen und reichhaltiges ethnographisches Material enthalten. Darüber hinaus liegen die Geschichtsdarstellungen aus den Jahren 1541–1544 des spanischen Statthalters von Asunción, Alvar Núñez Cabeza de Vaca, vor.

Die historische Entwicklung der Reiterstämme und die Herausbildung von Kriegerbünden wird jedoch in Augenzeugenberichten der Missionare am deutlichsten dokumentiert. Die Jesuiten und Franziskaner, die durch ihre Missionstätigkeit, der *conquista espiritual*, die Indianer zu befrieden und zu unterwerfen suchten, spielten auch im Chaco eine nicht zu unterschätzende Rolle. Umfangreiches ethnographisches Material liegt uns aus der Zeit nach 1767, das heißt nach der Vertreibung der Jesuiten, vor. Besonders hervorzuheben ist die detaillierte Beschreibung eines Chaco-Stammes durch den Missionar Martin Dobrizhoffer.

Das unwirtliche Grand Chaco-Gebiet zwischen den Flüssen Paraná und Paraguay war nach der Kolonisierung Südamerikas durch die Europäer zum Rückzugsgebiet für nomadisierende Indianergruppen geworden. Über den Kriegerbund einer dieser Gruppen, der Abipón, berichtete der Missionar Martin Dobrizhoffer in seiner 1783/84 erschienenen „Geschichte der Abiponer". Abbildung nach Dobrizhoffer (1928).

Die Entwicklung der Reiterstämme

Die Eroberung des Gran Chaco, eines der letzten Rückzugsgebiete für nomadische Völker, zog sich – im Gegensatz zu anderen Regionen des Kontinents – über 350 Jahre hin. Diese unwirtliche Region, in der im Sommer die Temperaturen auf über vierzig Grad Celsius ansteigen, stellte für die Spanier kein attraktives Siedlungsgebiet dar. Sie waren lediglich an einer Handelsroute nach Lima interessiert. Vorstöße in den Chaco blieben jedoch nicht aus. Seit 1542 scheiterten mehrere Unterwerfungsversuche am hartnäckigen Widerstand der Chaco-Stämme. Die ersten Städte mußten bald wieder aufgegeben werden, da sie den ständigen Angriffen der Indianer nicht standhalten konnten, wie zum Beispiel die 1585 gegründete Stadt Concepción de Buena Esperanza, die 1631 völlig zerstört wurde.

Ende des 16., Anfang des 17. Jahrhunderts sollen bereits die Stämme der Toba, Mocobí, Pilagá, Abipón und Guaycurú-Mbayá ihre ersten Pferde von benachbarten Ethnien oder von den Spaniern geraubt haben. Diese Stämme werden heute aufgrund ihrer Sprachverwandtschaft unter der Bezeichnung Guaycurú-Gruppe zusammengefaßt (Susnik 1971: 8). Die Guaycurú-Nomaden stellten das Pferd in den Mittelpunkt ihrer Kultur. Die Verbreitung des Pferdes in dieser Region hatte jedoch Folgen: Die kriegerischen Auseinandersetzungen nahmen unaufhaltsam zu. Die Guaycurú-Reiterstämme hatten sich schon vor der Übernahme des Pferdes durch ihr kriegerisches Ethos ausgezeichnet (Susnik 1981: 9). Nun unterwarfen sie jedoch nicht nur die sie umgebenden schwächeren Gruppen, wie die Guaraní, die seßhaften Nachbarn im Osten, sondern gingen auch gegen die spanischen Eindringlinge immer mehr zum Angriff über und wurden somit zu einer starken Bedrohung für die Siedler in den angrenzenden Gebieten. Der Widerstand gegen die Spanier war nun effektiver, da das Pferd einen schnellen Rückzug der Indianer gewährleistete; es wurde zum wichtigsten Verteidigungs- und Angriffsmittel. Die Verbreitung des Pferdes brachte auch grundlegende soziale Veränderungen mit sich. Bereits in vorkolonialer Zeit hatte es unabhängig von den Familien agierende Männerbünde gegeben. Neben der Sammeltätigkeit, eine Aufgabe der Frauen, wurde die aneignende Wirtschaftsform der Nomaden durch Jagen und Fischen ergänzt, beides Domänen der Männer. In der Jagd- und Fischfangperiode kam es zwischen den Nomadenstämmen zu Streitigkeiten, die zum Beispiel durch Territoriumsüberschreitungen ausgelöst wurden. In der Auseinandersetzung mit anderen Stämmen fungierten die Männerbünde als Kriegerbünde.

Nachdem sich die Guaycurú zu berittenen Reiterstämmen entwickelt hatten, nahmen die Expansions-

Die Mitglieder des Kriegerbundes bei den Abipón waren an ihrem prächtigen Federschmuck und ihrer starken Körperbemalung zu erkennen. Alle Mitglieder des Bundes hatten ein Aufnahmeritual überstehen müssen. Wer Bundmitglied war, galt bei den Abipón als ‚vornehm' und adlig. Abbildung nach Dobrizhoffer (1928).

bestrebungen zu. Großwildjagden – auch in weit entfernte Gebiete – wurden unternommen; Raub- und Beutezüge mehrten sich. Innerhalb der Gesellschaft kam es folglich zu einer Stärkung der Kriegerbünde und damit zu einer allmählichen Verlagerung der Machtverhältnisse: Die Bedeutung der matrilokal erweiterten Familie nahm ab, und dies führte zur Schwächung der Position der Frauen (Lindig/Münzel 1985: 141ff.).

Die Sammeltätigkeit der Frauen, die vormals eine zentrale Bedeutung innerhalb der Nomadenwirtschaft einnahm, verlor nun, als Folge der Militarisierung der Gesellschaft, zugunsten der Kriegswirtschaft an Bedeutung.

Neben den Häuptlingsfamilien gewann der Kriegeradel an Macht und konnte auch zeitweise die politische Führung übernehmen. Die Herausbildung eines Kriegeradels hatte auch andere Konsequenzen: Mit der Zeit kam es zu einer Schichtung der Gesellschaft, denn neben die Häuptlingsfamilien, die kriegerische Nobilität und das ‚gemeine' Volk trat eine Unterschicht von Sklaven hinzu, die sich aus Gefangenen – Angehörigen anderer Stämme – rekrutierte.

Die Kriegerbünde der Abipón

Die reichhaltigsten Informationen über diese Entwicklung bei den Guaycurú-Reiterstämmen des zentralen Chaco liefern uns die Quellen der Jesuiten. Einer von ihnen, Duobrizhoffer, kam 1748 nach Südamerika, wo er Jahre unter den Abipón verbrachte. In einer ausführlichen dreibändigen Niederschrift berichtet er als Augenzeuge über diesen Reiterstamm.

Die Abipón zählten zu den ersten Stämmen, die sich im Besitz von Pferden sahen und eine aggressive Reiterkultur entwickelten. Sie galten als besonders kriegerisch und verbündeten sich auch mit den Mocobí und den Toba, um Nachbargruppen und Spanier zu überfallen (Dobrizhoffer 1928: 37).

In den Kriegerbund konnten alle erwachsenen Männer eines Stammes aufgenommen werden, die eine Prüfung bestanden, das heißt, an einem Aufnahmeritual teilnahmen. Die Männer, die in den Kriegerbund aufgenommen wurden, galten zwangsläufig als ‚Vornehme' bzw. ‚Adlige'. Scheinbar kam es auch zuweilen vor, daß Frauen in den Adelsstand erhoben wurden. Leider liegen uns darüber keine detaillierten Informationen vor. Dies hängt nicht zuletzt auch damit zusammen, daß die Jesuitenmissionare, aus ihrer männlich-europäischen Sicht heraus, der Rolle und Bedeutung der Männer innerhalb der indigenen Gesellschaft mehr Beachtung schenkten. Über die Rolle und den Status der Frauen erfahren wir dagegen wenig. Da die Kriegsführung bereits in vorspanischer Zeit eine Aufgabe der Männer war, ist jedoch anzunehmen, daß Frauen in den Kriegerbünden eine Ausnahme darstellten.

Die Krieger, die sich im Kampf ausgezeichnet hatten und in den Männerbund aufgenommen wurden, bezeichneten die Abipón als *höcheri*. Diese kriegerische Nobilität bediente sich einer eigenen vornehmen Ausdrucksform, die sich durch das Einschieben zusätzlicher Morpheme auszeichnete und auf andere unverständlich wirken mochte. Die

Endungen der Kriegernamen änderten sich ebenfalls nach der Aufnahme in den Bund der Krieger. Außerdem zeichneten sich die *höcheri* durch eine stärkere Körperbemalung aus (Schindler 1983: 106).

Innerhalb des Kriegeradels bestand keine Hierarchie, doch konnte ein Mitglied für besondere Verdienste im Krieg ausgezeichnet werden. Dies kam vor, wenn ein Häuptling starb und kein Erbe da war, der sein Amt antreten konnte. Dann war es möglich, daß ein *höcheri* von seiner Gefolgschaft zum Häuptling gewählt wurde.

Die Kriegerbünde traten immer dann in Erscheinung, wenn Auseinandersetzungen mit den Spaniern oder benachbarten Ethnien bevorstanden. Unmittelbar vor den Kriegszügen wurden Kundschafter ausgesandt. Stellte sich die Lage für die Abipón als vorteilhaft dar, veranstalteten sie ein Trinkgelage und berauschten sich an Getränken aus gegorenem Honig. Ein ‚Hexenmeister', der mit drohender Gebärde die Feinde verwünschte und dabei einen Palmenzweig schwang, begleitete bis zum Ausbruch der Kampfhandlungen die aufbrechenden Krieger. Verlief der Kriegszug erfolgreich, so stand ihm später ein Teil der Beute zu.

Zu den Waffen der Abipón zählten Bogen und Lanze. Sie wurden aus dem Hartholz *quebracho* hergestellt. Bereits als Kinder lernten die Abipón den Umgang mit dem Bogen. Kriegsbemalung und Federschmuck verliehen ihnen ein erschreckendes Aussehen. Um im Kampf beweglich zu sein, zogen es manche vor, nackt zu bleiben, andere schützten ihren Körper mit Panzern aus gegerbter Hirschhaut.

Die Abipón schnitten den getöteten Feinden den Kopf als Siegestrophäe ab und nahmen die Skalps, die sie am Sattel befestigten. Nach erfolgreichen Kriegszügen veranstalteten sie ein großes Siegesfest (Dobrizhoffer 1928: 150ff.).

Der Niedergang der Reiterkulturen setzte bereits im 18. Jahrhundert ein, als die Missionstätigkeit im Chaco verstärkt wurde. Die systematische Erschließung der Region erfolgte jedoch erst im 19. Jahrhundert. Der Widerstand der Chaco-Indianer wurde gebrochen. Seither hat die Pferdezucht an Bedeutung verloren, und auch die vormals starken Kriegerbünde lösten sich auf.

Die Aufnahme in den Bund der Krieger

Ein im Leben eines Abipón-Mannes wichtiges Ereignis war seine Aufnahme in den Bund der Krieger. Der folgende Bericht stammt von Missionar Dobrizhoffer. Er beschreibt die Zeremonie, die die Aufnahme in den Kriegeradel begleitet (1783/84; Bd. 2, 599–601):

„Haben die andern jemand zu diesem Range zu erheben beschlossen, so wird zuerst seine Leidensfähigkeit auf die Probe gesetzet. Diese Prüfung ist bei allen die nämliche. Man legt ihm nämlich eine schwarze Kugel auf die Zunge; und so muß er drey Tage zu Hause sitzen bleiben, wie auch des Redens, Essens und Trinkens sich gänzlich enthalten... Am Vorabend dieser Feyerlichkeit versammeln sich alle Weiber vor der Schwelle seines Hauses. Mit entblößten Schultern, und aufgelösten Haaren stehen sie in einer langen Reihe herum und betrauern mit ihrem Geheule und Kürbißgeklapper, Hände und Füße ineinander werfend, die Voreltern desjenigen, der des anderen Tages zum Höcheri eingeweihet werden soll. Dieses Gejammer währet so lang als die Nacht. Sobald es grau wird, steigt unser Aufzunehmende nach der dortigen Landesart zierlich gekleidet und seine Lanze in der Hand auf ein mit Federn, Glöckelchen und anderem Flitterwerk mehr beschwertes als geschmücktes Pferd, und sprenget in vollem Carriere gegen Norden, wohin ihm ein großer Haufe Abipóner gleichfalls zu Pferde nachjagt. Bald darauf kehrt er eben so schnell wieder zurück zu der Hütte, wo ihn eine alte Schwarzkünstlerinn, die Ceremonienmeisterinn bei seiner feyerlichen Einweihung, erwartet. Wie er vom Pferde absteigt, hält ihm eine Abiponerinn von Adel Zügel und Lanze. Hierauf wird er von der übrigen Weiberschaare mit ihrem gewöhnlichen Lippenklatschen einigemale begrüßet, wornach er einer kurze Rede der Vetel, die auf einer Ochsenhaut sitzet, wie delphische Orakelsprüche ehrfurchtsvoll anhöret. Nach geendigter Rede setzet man sich wieder zu Pferde, und reitet, wie vorher, gegen Mittag, gegen Morgen und Abend, steiget aber nach jeglichem Ritt wieder bei dem Gezelte ab, wo die alte Abiponerinn alle mal ihre Beredsamkeit auskramet. Wann der vierfache Ritt gemacht ist, schickt man die Pferde weg, und alles begibt sich in die in ihren Augen so heilige Hütte, dem feyerlichen Gepränge zuzusehen, womit man verdienstvolle Krieger auszeichnet. Dieses Gepränge besteht in dreyen Stücken. Zuvörderst wird der Kopf des Aufzunehmenden von der Alten also geschoren, daß

Ihre ersten Pferde raubten die Abipón von den spanischen Kolonialherren. Doch schon sehr bald wurden sie selbst zu bedeutenden Pferdezüchtern. Auch im Aufnahmeritual des Kriegerbundes spielten Pferde eine wichtige Rolle: so mußte zum Beispiel der Initiand im Verlauf seiner Aufnahmeprüfung verwegene Ritte hinter sich bringen. Abbildung nach Dobrizhoffer (1928).

von der Stirne bis zum Hinterhaupt ein kahler oder weißer Streife von dreyen Fingern in der Breite zu sehen ist, den sie Nalemra nennen. Selbst den Kindern beyderlei Geschlechts lassen sie am Vorderhaupte (...), gleichsam aus einem religiosem Antrieb einige Haare abschneiden. Allein die jungen Abiponer setzen sich erst über diesen Aberglauben hinaus, lassen sich das Haar lange wachsen und erst bei reifern Jahren am Tage ihrer Aufnahme in den Orden der Höcheri auf die besagte Weise abschneiden.

So bald die Haare abgeschoren sind, hält die Alte über den Kandidaten eine Lobrede, rühmet seinen Heldenmuth, seine Heldenthaten, Geschicklichkeit mit Waffen und Pferden umzugehen, Unerschrokkenheit in Gefahren u. erzählet, wie viel Feinde er umgebracht, welche Beute er ihnen abgenommen hat, wie sehr sich seine Ahnen im Krieg hervorgethan haben, u.d.gl. und schließt damit, daß sie also den Kandidaten in mancherlei Rücksicht werth halte, daß man ihm den Rang eines Kapitäns seines Volkes, das ist, eines edlen Kriegers ertheile, und alle Vorzüge und Rechte der Höcheri angedeihen lasse. Zugleich wird sein neuer Name (...) bekannt gemacht, indeß ihm die herumstehende Weiberschaare mit ihrem Lippenklatschen feyerlich zuwispelt. Die Männer finden eben nicht viel Vergnügen daran trockenen Cäremonien lange beizuwohnen. Volle Becher sind ihnen lieber als leere Worte. Sie eilen also freudig zu den bereitstehenden und mit Honiggetränke ausgefüllten Lederbehältnissen, und endigen die ganze Funktion mit dem herrlichsten Nachtrag, einem Trinkgeboth."

Der Codex Mendoza, eine aztekische Bilderhandschrift mit spanischen Kommentaren, entstand 1541, rund zwanzig Jahre nach der spanischen Eroberung. Die Abbildung zeigt Einzelheiten aus dem Werdegang aztekischer Männer und die verschiedenen Trachtenstücke, die der Herrscher den Kriegern für die Gefangennahme von Gegnern verlieh. In der unteren Reihe links ein Otomitl-Krieger, in der Mitte ein Cuachic mit den für sie typischen Frisuren. Rechts ein Tlacatecatl, einer der oberen Kriegsführer und ‚Herr der Sonne' (Codex Mendoza, folio 64r). Foto: Bodleian Library, Oxford.

Das hamatsa-Ritual der Kwakiutl-Indianer in British Columbia wird nach einem jahrzehntelangen Verbot durch die kanadischen Behörden heute wieder in verkürzter und modernisierter Form aufgeführt. Das Ritual wiederholt die Reise eines Ahnen zum Kannibalen am Nordende der Welt, von der der Initiand, meist ein Knabe in der Pubertät, mit kannibalistischen Gelüsten zurückkehrt und gezähmt werden muß, bevor er wieder in die Gemeinschaft aufgenommen werden kann. Foto: Vickie Jensen für das U'mista Kulturzentrum (vgl. Aufsatz Nr. 77).

Aufgrund ihrer Funktion als Ratgeber und Beschützer ihrer lebenden Nachfahren sind die Ahnengeister bis heute für die Ngaing in Papua Neuguinea von großer Bedeutung. Zu Ehren dieser Geister der Verstorbenen finden daher regelmäßig Feiern statt, in deren Mittelpunkt die Kultaktivitäten der Männer stehen. Traditionelle Festanlässe waren die Einweihung eines neu erbauten Männerhauses und das Erntefest. Darüber hinaus wurden die Zeremonien anläßlich von Geburt, Initiation, Heirat, Tod durchgeführt. Foto: W. Kempf (vgl. Aufsatz Nr. 85).

In den unruhigen Zeiten der Eroberung Indiens durch die Engländer entstanden viele marodierende Gruppen von Entwurzelten, deren Bedeutung, Macht und Schlagkraft von den Engländern oft übertrieben wurde, um ihre eigenen erbarmungslosen Kampfmethoden zu legitimieren. Eine solche von Legenden umwobene Gruppe waren die Thags in Mittelindien, die in dem Ruf standen, Raubmorde durch Erdrosseln zu Ehren ihrer Schutzgöttin Devi auszuführen. Abb.: Indischer Devotionaliendruck.

Jedes Stadt- oder Dorfviertel der Swat Paschtunen, des afghanischen Staatsvolkes, hat ein Männerhaus, das ebenso wie die Wohnhäuser Eigentum des Grundherrn ist. Hier treffen sich erwachsene Männer aller Stände zu allen Tageszeiten. Frauen würden durch ihr Erscheinen elementarste Anstandspflichten verletzen. Lebensinhalt der Männer ist nicht die Familie oder die Arbeit, sondern die Männerfreundschaft, die Geselligkeit im Männerhaus und – die Waffen und der Krieg. Foto: Joerg Drechsel (vgl. Aufsatz Nr. 70).

Abb. links: Eine Beerdigung im Senufoland (Elfenbeinküste) ist die Gelegenheit für die in den poro-Bund Initiierten zu zeigen, was sie in der Buschschule gelernt haben. Bald nachdem der Tod eines alten poro-Mitglieds durch Flintenschüsse verkündet wurde, erscheint die yarajo-Maske im Dorf. Sie darf auch von Frauen und Kindern gesehen werden, denen an sich der Anblick der Masken des Bundes verboten ist. Abb. Mitte: Sejen, ein Vogel, aus Holz geschnitzt, auf eine Stange gesteckt, der bei den Hackwettbewerben der jungen Burschen dabei ist, symbolisiert die hohe Wertschätzung der Feldarbeit bei den Senufo. Der Sieger eines

Hackwettbewerbs gewinnt lebenslängliches Prestige. Wenn er einmal stirbt, wird man den Stab mit dem Vogel wieder hervorholen und während der Beerdigungsfeierlichkeiten neben seiner Hütte aufstellen. Abb. rechts: Bei den ausdauerndsten jungen Männern eines Hackwettbewerbs steht tefalapica, ‚das Mädchen der mit der Hacke Arbeitenden'. Am Hinterkopf trägt sie wie der beste Hacker zwei weiße Federn, heutzutage findet man jedoch Weißblechstreifen schöner. Fotos: T. Förster (vgl. Aufsatz 87).

In Wŏlpo an der Ostküste Koreas treten anläßlich des Festes zum Geleit von Seelen Verstorbener Ritenspezialisten auf, die sich selbst hwarang nennen und damit auf einen Namen zurückgreifen, mit dem die ‚Blumenjünglinge' des frühkoreanischen Königreichs Silla bezeichnet wurden. Heute sind in Korea keine Männerbünde mehr auszumachen, aber man könnte das ganze Land als einen einzigen Männerbund bezeichnen. Partikulare Verbindungen dieser Art sind nicht mehr nötig. Foto: D. Eikemeier, 28. Juli 1980 (vgl. Aufsatz Nr. 72).

Südsee

Die *tubuan* und ihre Kinder – Der *dukduk*-Geheimbund in Nordmelanesien

Burkhard Fenner

Der *dukduk* ist dem Namen nach einer der bekanntesten Geheimbünde Melanesiens. Frauen sind von ihm ausgeschlossen; sie dürfen den Versammlungsplatz der Männer nicht betreten und die Geheimnisse des Bundes nicht erfahren. Der Bund verwendet bei seinen Auftritten zwei Arten von spitzkegeligen Masken: die als weiblich geltende *tubuan*-Maske und die *dukduk*-Maske, die als ‚Kind' der *tubuan* gilt. Inhaber der *tubuan*-Maske ist immer ein wohlhabender, einflußreicher Mann, dem die Maske Macht und Kontrolle über seine Mitmenschen verleiht. In den Augen früher europäischer Beobachter hatte der Bund positive wie negative Seiten: Sie erkannten in ihm einen Ersatz für die fehlende Gerichtsbarkeit, fanden aber, daß er sich auf Kosten der Uneingeweihten, insbesondere der Frauen, bereichere. Der Bund existiert noch heute, hat aber die Macht, die ihn einst auszeichnete, weitgehend eingebüßt.

„Über den Duck-Duck ist schon manches bekannt und geschrieben worden. Auch wir erlebten am Nachmittag diesen merkwürdigen Mummenschanz, wo mit einem Mal zwei wunderlich, ganz und gar in Blätter eingewickelte Menschen, die wie wandelnde Zuckerhüte aussahen, aus dem Busch hervorkamen und alles in Schrecken versetzten ... Einzeln oder zu zweien führen sie wunderliche Tänze auf, laufen in hopsenden Bewegungen vorwärts, drehen sich auf einem Bein, verschwinden bald im Waldesdickicht, bald tauchen sie wieder an einem Dorfplatz auf, wo ihnen alles ehrerbietig zur Seite weicht. Vor allem schienen Frauen und Kinder sich in angemessener Entfernung halten zu müssen" (Schellong 1934: 159).

Den ‚Mummenschanz' erlebte der junge Arzt Dr. Schellong am Nachmittag des ersten Oktobers 1887 auf Mioko, einer kleinen, der Duke-of-York-Gruppe zugehörigen Südsee-Insel. Schellong, der zwei Jahre zuvor im Auftrag der deutschen Neuguinea-Compagnie in die 1884 gegründete deutsche Kolonie ‚Kaiser-Wilhelms-Land' aufgebrochen war, hielt seine Beobachtungen noch am gleichen Tag in seinem Tagebuch fest. Über die geheimnisvolle Vereinigung des *dukduk*, deren Auftritt er hier schildert, liegen mehrere Berichte aus dieser Zeit vor; die Missionare, Kolonisten, Verwaltungsbeamten und Reisenden, die sie verfaßten, beschreiben Zeremonien, Merkmale und Aufgaben des Bundes, bleiben aber im allgemeinen recht oberflächlich und ungenau. Selbst ausführliche Beschreibungen wie die Richard Parkinsons, eines Pflanzers und Forschers, der lange Jahre in der Südsee lebte und arbeitete, guten Kontakt zu den Einheimischen unterhielt und ein scharfsinniger Beobachter war, geben wenig Aufschluß über die ganze Organisation des Bundes und seine Verbindungen zu den übrigen Institutionen der Gesellschaft.

Erschwert wird eine Darstellung des *dukduk* nicht nur durch die unterschiedliche Qualität der vorhandenen Quellen, sondern zusätzlich durch regionale Variationen, die in ihnen zum Ausdruck kommen können, und – nimmt man ergänzend neuere, detailliertere Untersuchungen hinzu – durch den unterschiedlichen Zeitbezug der Berichte.

Die folgende Darstellung bezieht sich hauptsächlich auf die Zeit um die Jahrhundertwende, doch wird an einigen Stellen Bezug auf neuere Studien genommen.

Die Bevölkerung

Der *dukduk*-Bund ist an der Nahtstelle Neubritanniens und Neuirlands anzutreffen, der beiden größten, zu Papua Neuguinea gehörenden Inseln des Bismarck-Archipels. Auf Neubritannien tritt er im äußersten Nordosten, an der Spitze der Gazelle-Halbinsel, auf, ferner auf den der Halbinsel vorgelagerten Duke-of-York-Inseln und im südlichen Neuirland. Am bekanntesten und am ausführlichsten beschrieben worden ist der *dukduk* der Tolai, der Küstenbevölkerung im Nordosten der Gazelle-Halbinsel.

‚Tolai' war ursprünglich nicht ihr Eigenname; die Bezeichnung wurde vermutlich erst in den dreißiger Jahren dieses Jahrhunderts von den Weißen für die einheimische Bevölkerung geprägt und von dieser akzeptiert und schließlich übernommen (A.L. Epstein 1962/63: 182 Anm. 2). Sie besaß zuvor keine Eigenbezeichnung, was auf ein wichtiges Merkmal ihrer politischen Organisation verweist: Die Bevölkerung, deren Zahl bei Ankunft der Europäer schätzungsweise 20000 bis 30000 betrug, bildete keinen einheitlichen Verband mit politischer Zentralinstanz. Sie bestand vielmehr aus voneinander unabhängigen Abstammungsgruppen, die in Dörfern innerhalb größerer Bezirke lebten. Die Abstammungsgruppen sind bis heute matrilinear organisiert, das heißt, die Kinder werden zur Gruppe der Mutter gerechnet. Innerhalb der eigenen Gruppe darf nicht geheiratet werden, nach der Heirat zieht die Frau im allgemeinen zur Gruppe des Mannes. Jede Abstammungsgruppe steht unter Führung eines in der Regel älteren Mannes, der unter anderem die Kontrolle über den Landbesitz der Gruppe ausübt.

Hohes Ansehen genießen die *big men*, wohlhabende und einflußreiche Führer mit großer Gefolgschaft (T.S. Epstein 1968: 6, 26–27). *Big men*, die auch aus anderen Teilen Melanesiens bekannt sind, können für ihre geschäftlichen und politischen Unternehmungen ihre Gefolgschaft mobilisieren; sind sie erfolgreich, gewinnen sie um so mehr Ansehen und Macht und werden auch in Zukunft unterstützt. Ein wesentliches Merkmale eines *big man* der Tolai und materieller Ausdruck seines Erfolges ist die große Menge an Schneckengeld, über die er verfügt. *Big men* und Schneckengeld spielen in der Kultur der Tolai – und gleichermaßen auf den Duke-of-York-Inseln – eine zentrale Rolle.

Das *tabu*-Schneckengeld

Obschon das Verhältnis zwischen den einzelnen Bevölkerungsgruppen früher aufgrund stets zu erwartender kriegerischer Feindseligkeiten von Vorsicht und Mißtrauen geprägt war, führen sie dennoch einen regen Handel miteinander. Es gab Märkte, auf denen die Bevölkerung ihre Produkte – Yams, Taro, Betelnüsse, Fisch, Kokosnüsse – tauschte oder aber gegen *tabu*-Schneckengeld verkaufte (Hahl 1897: 71).

Tabu[1] wird aus dem Gehäuse der Meeresschnecke *nassa camelus* gefertigt. Die Tolai mußten seit Ende des letzten Jahrhunderts lange, gefahrvolle Reisen über See an die weiter westlich gelegene Nakanai-Küste unternehmen, um an die begehrten Schneckengehäuse zu gelangen. Diese wurden dann in einem mühevollen Prozeß zu dünnen Plättchen von wenigen Millimetern Dicke geschliffen und auf Rotanstreifen aufgereiht.

Das so geschaffene Produkt hat alle Eigenschaften, die Geld haben muß: *Tabu* ist dauerhaft, von geringem Gewicht und vor allem teilbar und damit als allgemeiner Wertmesser im Tausch gegen beliebige Güter verwendbar. Je länger die *tabu*-Schnüre, desto höher ihr Wert. Es gibt feste, benannte Geldeinheiten: Ein *pokono* zum Beispiel entspricht einem Klafter, der Armspanne von Fingerspitze zu Fingerspitze (Finsch 1914: 17; Parkinson 1907: 87–89). *Tabu* wird noch heute neben der nationalen Währung Neuguineas auf den Märkten verwendet. Es ist aber mehr als nur Handelsgeld, sein Erwerb und Besitz bestimmen wesentlich das soziale und zeremonielle Leben. „Wenn wir kein *tabu* hätten, wären wir keine Tolai; wir wären ein anderes Volk", erklärte Anfang der sechziger Jahre ein Tolai dem englischen Ethnologen A.L. Epstein (A.L. Epstein 1962/63: 208; übers. B.F.).

Früher konnten Verbrechen, selbst Mord, durch Zahlung von *tabu* gesühnt werden, für *tabu* wurden Arbeitskräfte angeheuert, es wurde gegen hohe Zinsen verliehen und unter Zuhilfenahme von Diebsamuletten gestohlen, und es gab Falschgeld, das aus einer anderen Art der als *tabu* verwendeten Meeresschnecke bestand (Danks 1887/88: 305–317; Parkinson 1907: 82–94; Sack 1974: 76). *Tabu* kursiert noch heute bei Feiern, es wird als Entgelt für zeremonielle Tanzaufführungen entrichtet, und bei Aufnahme in den Geheimbund wird es als Gebühr erhoben.

Auftritt zweier tubuan-Masken anläßlich einer Bestattungsfeier. Die großen Ringe um den aufgebahrten Toten sind sein tabu-Schneckengeld, das bei der Feier ausgestellt und später verteilt wird. Foto: Archiv Rautenstrauch-Joest-Museum Köln.

Das Geld wird individuell erworben und besessen. Der einzelne strebt danach, möglichst viel *tabu* anzuhäufen. Es wird zu großen, mit Blättern umwickelten Ringen zusammengerollt und in einem Schatzhaus aufbewahrt, als dessen ‚Bankier' ein *big man* fungiert. Wichtigster Erwerbszweck ist die Anhäufung dieser Geldringe, die dann beim Tode des Besitzers oder eines seiner nahen Angehörigen zur Schau gestellt, aufgeschnitten und an die Trauergäste verteilt werden (A.L. Epstein 1962/63: 185). *Tabu* wird bei *matamatam*-Festen verteilt, großen Totengedenkfeiern der einzelnen Clans, die in mehrjährigem Abstand stattfinden und von einem *big man* veranstaltet und finanziert werden. Als *big man* findet nur derjenige Anerkennung, der über große Mengen an *tabu* verfügt und seinen sozialen Verpflichtungen – zum Beispiel der Veranstaltung der Feiern – nachkommt. Nach früherer Auffassung bestimmte die Höhe des hinterlassenen Vermögens eines Verstorbenen seinen Platz im Jenseits.

Der *dukduk*-Geheimbund

Begräbniszeremonie und Totengedenkfeier sind Anlässe, bei denen der *dukduk* in Erscheinung tritt. Augenfälliges Merkmal dieses Geheimbundes ist, daß ihm ausschließlich Männer angehören dürfen. Frauen ist die Mitgliedschaft untersagt. In einigen wenigen Berichten ist allerdings davon die Rede, daß einzelne alte Frauen gelegentlich an Zeremonien des *dukduk* beteiligt waren (Parkinson 1907: 574; Ribbe 1910–12: 246; Weißer 1883: 292).

Die Aufnahme in den Bund ist an keine Altersgrenze gebunden. Schon Kleinkinder, die gerade laufen und sprechen lernen, können aufgenommen werden, dürfen sich allerdings erst Jahre später – im Alter zwischen zwölf und sechzehn Jahren – an den Festen und Veranstaltungen beteiligen (Rickard zit. in Brown 1910: 69; Parkinson 1887: 129–130; Kleinschmidt zit. in Schmeltz 1882: 9). Wer einmal aufgenommen ist, bleibt sein Leben lang Mitglied. Früher gehörten fast alle Männer dem *dukduk* an.

Auffällig sind die Maskenanzüge, mit denen der Bund in der Öffentlichkeit in Erscheinung tritt. Sie verdecken den Körper ihrer Träger bis auf die Beine vollkommen. Der Oberkörper steckt in einem Blätterrock, den Kopf bedeckt eine konische, mit einem Geflecht aus Pflanzenfasern umhüllte Maske (vgl. Parkinson 1970: 577–578; Schmeltz 1882: 24–25). Es werden zwei Arten von Masken getragen: die *dukduk*- und die *tubuan*-Maske. Letztere bildet im Vergleich zur ersteren einen relativ kurzen Kegel, der an der Spitze mit einem Busch aus Kakadu-Federn geschmückt ist und mit einem Augenornament bemalt ist. Die *dukduk*-Maske ist größer, manchmal bis zu zwei Meter hoch, läuft lang und spitz aus und ist mit unterschiedlichen Materialen verziert.

Die beiden Maskentypen spiegeln Rangunterschiede im Bund wie in der Gesamtgesellschaft wider. Jede *tubuan*-Maske trägt einen eigenen weiblichen Namen. Sie verkörpert angeblich einen weiblichen Geist (Parkinson 1907: 578), vermutlich eine bestimmte Ahnin (Kleintitschen 1924: 136; Laufer 1962: 73, Anm. 34; Meier 1930: 130). Die *tubuan* gilt als die höherrangige der beiden Masken[2]; es heißt, daß die *dukduk*-Masken ihre Kinder seien, die sie anläßlich einer besonderen Zeremonie gebäre (Parkinson 1907: 584). Inhaber der *tubuan*-Masken sind immer die reichsten und mächtigsten Männer des Bundes. Sie haben das Recht, die Maske auftreten zu lassen, gegen Zahlung einer großen Summe *tabu* erworben. Die meisten Mitglieder können soviel Geld niemals aufbringen. Bei ihrem Eintritt in den Bund ist eine Aufnahmegebühr fällig, die aber längst nicht so hoch ist wie die Summe, die die Inhaber der *tubuan*-Maske bei deren Erwerb entrichten müssen. Als ‚Kinder der *tubuan*' stehen sie diesen im Rang nach. Jedem von ihnen steht eine *dukduk*-Maske zu, die einigen Quellen zufolge einen männlichen Geist verkörpern soll (vgl. Meier 1930: 131).

Der Inhaber der *tubuan*-Maske tritt nicht selbst in der Maske auf. Aber er ist verpflichtet, die Maske erscheinen zu lassen, da ihm ansonsten die Berechtigung – vermutlich von seinem Clan – wieder entzogen wird (Parkinson 1907: 579). Die *tubuan*-Maske scheint als Clan-Eigentum angesehen zu werden; sie stellt offenbar eine Art Clan-Emblem dar (A.L. Epstein 1969: 241).

Der ‚Kauf' einer *tubuan*-Maske ist zwar mit hohen Kosten verbunden, verspricht dem Inhaber aber längerfristig ein profitables Geschäft. Ihm fließt ein großer Teil der Initiationsgebühren bei der Aufnahme neuer Bundesmitglieder zu, er bekommt *tabu* bei öffentlichen Auftritten der Maske, und er kassiert Bußgelder von den Beschuldigten bei Verfehlungen und Verstößen gegen geltende Normen. Offen bleibt, wieviel *tabu* in seine eigenen Taschen wandert und welche Gelder er als *tubuan*-Gewinn im Schatzhaus deponieren muß (vgl. Salisbury 1970: 302, Anm. 14). Alle Berichte stimmen aber darin überein, daß der *tubuan*-Inhaber in der Regel ein gutes Geschäft macht.

Der Bund besteht aus einer Vielzahl lokaler Vereinigungen, deren Mitglieder jeweils die Gefolgschaft eines *tubuan*-Inhabers bilden. Eine Hierarchie unter den *tubuan*-Inhabern gibt es zumindest in institutionalisierter Form nicht (Sack 1974: 74–75).

Geburt und Tod der *dukduk*

Die Aufnahme in den Bund wird auf dem *taraiu* vollzogen, dem Versammlungsplatz des Bundes. Der Platz liegt außerhalb der Siedlung am Wald; er ist mit Büschen und Sträuchern umstanden und bei besonderen Anlässen zusätzlich mit einer Wand aus Kokosmatten versehen, um ihn vor den Blicken Außenstehender abzuschirmen. Frauen und anderen Personen, die dem Bund nicht angehören, ist das Betreten des Platzes strikt verboten. Zuwiderhandelnde werden bestraft; sie müssen ein hohes Bußgeld entrichten. In früherer Zeit sollen Frauen, die das Verbot übertreten hatten, gar getötet worden sein (Parkinson 1907: 576). Auf dem *taraiu* versammeln sich die Mitglieder des Bundes, fertigen die Maskenanzüge an und bereiten sich auf ihre öffentlichen Auftritte vor.

Soll ein Junge dem Bund beitreten, meldet ihn sein Vater oder der Bruder seiner Mutter beim Inhaber

Maskenträger des Dukduk-Geheimbundes auf der Gazelle-Halbinsel in Neubritannien. Die Masken mit den kurzen Kegeln und den Augenornamenten verkörpern die tubuan, weibliche Ahnengeister; die spitzzulaufenden langen Masken stellen ihre ‚Kinder' dar, die dukduk. Foto: Archiv Rautenstrauch-Joest-Museum Köln.

der *tubuan*-Maske zur Aufnahme an. An einem bestimmten Tag werden alle Novizen zum *taraiu* geführt, wo sie vom *tubuan*-Maskenträger und den anderen anwesenden Mitgliedern mit Stockschlägen empfangen werden. Jetzt verteilen die Väter und Onkel, die die Novizen geführt haben, an alle Anwesenden *tabu*, wobei die *tubuan* den größten Teil bekommt. Schließlich legt der *tubuan*-Träger seinen Maskenanzug Stück für Stück ab, und die Novizen sehen zum ersten Mal, das ein Mensch unter der Maske steckt. Unter Androhung von Strafe werden sie ermahnt, keinem Uneingeweihten etwas über die Vorgänge auf dem *taraiu* zu verraten. Am folgenden Tag bekommt jeder von ihnen einen *dukduk*-Maskenanzug verliehen, der zuvor heimlich angefertigt wurde (ebd.: 582–584).

Kleine Kinder erhalten den Anzug nicht bei ihrer Einführung, sondern erst Jahre später mit Beginn der Pubertät. Das deutet darauf hin und klingt in den frühen Berichten gelegentlich an, daß die Einweihung in den Bund und seine Geheimnisse in mehreren Stufen erfolgt, die ältere Novizen offenbar einschließlich der Verleihung des *dukduk*-Maskenanzugs alle auf einmal durchlaufen (Brown 1910: 63–67; Parkinson ebd.; genauere Angaben aus neuerer Zeit s. Errington 1974: 79–121). Wer die *tubuan*-Maske ‚erwirbt', erlangt den höchsten Grad.

Nach der ‚Geburt' der *dukduk* zeigt sich die *tubuan* mit ihren ‚neugeborenen Kindern' der Öffentlichkeit. Der Auftritt erfolgt wohl immer im Rahmen eines *matamatam*, der Totengedenkfeier eines Clans (s. A. L. Epstein 1969: 239). Zu diesem Fest erscheinen *tubuan*-Maskenträger und unmaskierte Begleiter aus benachbarten Bezirken als Gäste. Die Festperiode dauerte früher oft wochenlang. Während dieser Zeit suchen Mitglieder des Bundes gemeinsam mit den Neuaufgenommenen und in Begleitung eines *dukduk*-Maskierten die Gehöfte auf und treiben *tabu* ein. Schließlich erklärt der Inhaber der *tubuan*-Maske die Festzeit für beendet. Auf dem *taraiu* ‚sterben' die *dukduk*, ihre Masken werden zerstört, die *tubuan* hingegen stirbt nicht; ihre Maske erscheint weiterhin bei verschiedenen Gelegenheiten. Nach jüngeren Informationen soll auf dem *taraiu* ein Holz vergraben liegen, in das sich der Geist der Ahnfrau zurückzieht, bis er wieder ‚aufgeweckt' wird und in der Maske neu ersteht (Laufer 1962: 73).

Nach dem ‚Tode' der *dukduk* werden den neuen Mitgliedern im Rahmen einer Zeremonie von ihren Vätern oder den Brüdern ihrer Mütter die Ausgaben präsentiert, die bei der Aufnahme in den Bund angefallen sind und die sie ihnen zurückzahlen müssen. Da sie die Tage zuvor selten eine ausreichend große Summe *tabu* eingesammelt haben, müssen sie arbeiten, um das Geld zu verdienen. Hat jemand die Summe zusammen, wird ein großes Festessen auf dem *taraiu* veranstaltet, und die bis dahin aufbewahrten Überreste seiner zerstörten Maske werden verbrannt. Jetzt gilt er als vollberechtigtes Mitglied des Bundes.

Einigen wenigen Neumitgliedern werden weit höhere Summen als Schulden präsentiert als den übrigen. Je höher sein Schuldbetrag, um so höher steigt der Neue im Ansehen. Seine Verwandten können ihm aber die Schulden mindern, indem sie am Tag der Rückzahlung selbst einen Teil des Geldes beisteuern (Parkinson 1907: 587–588). Auf diese Weise können reiche Mitglieder als Sponsoren ihre Kinder bzw. Neffen unterstützen und ihnen eine bessere Stellung im Bund erkaufen.

Was wissen die Frauen über die Masken?

Nichteingeweihte – und das sind in erster Linie die Frauen – müssen bei den öffentlichen Auftritten der Maskentänzer einen respektvollen Abstand wahren, doch bekommen sie die *tubuan*- und *dukduk*-Masken selbstverständlich zu Gesicht. Was vor ihnen geheimgehalten wird, ist vor allem das Wissen, daß die Masken von einem Menschen hergestellt und getragen werden. Sie sollen in dem Glauben gehalten werden, daß es sich um den Auftritt eines übernatürlichen Wesens handelt. Sichtbare menschliche Körperteile sind beim Auftritt ja nur die Beine der Männer. Die Mitglieder des Bundes achten darauf, daß die Masken nicht von Männern getragen werden, deren Beine auffällige Merkmale aufweisen und so eine Identifizierung der Träger erlauben (Parkinson 1887: 133).

Wissen die Frauen tatsächlich nicht, wer sich hinter den Masken verbirgt und was sich auf dem Versammlungsplatz des Bundes, dem *taraiu*, abspielt? Einige der frühen Quellen berichten, daß die Frauen Unkenntnis lediglich vortäuschen, ihnen die Wahrheit in Wirklichkeit jedoch bekannt ist. Insgeheim würden sie sich über das Treiben der Männer lustig machen (Brown 1910: 61; Parkinson 1887: 133; Ribbe 1910–12: 245). Das amerikanische Ehepaar Errington, das Ende der sechziger Jahre unseres Jahrhunderts die Riten des Bundes auf Karavar, einer der Duke-of-York-Inseln, untersuchte, stellt fest, daß die Frauen sich zumindest so verhalten, als ob sie den Erzählungen der Männer Glauben schenkten. Direkt nach ihren Vorstellungen über die *tubuan* und die *dukduk* befragt, schweigen sie. Die Männer geben zu, daß die Frauen die Beine der Maskenträger identifizieren können; was ihnen verborgen bleiben solle, sei die Konstruktion des Maskenanzugs und wie die Männer hineingelangten. Denn solange sie von der Herstellung der Masken nichts wissen, können sie in dem Glauben gehalten werden, daß die *tubuan* und nicht die Männer es sind, die die *dukduk* ‚gebären‘ (Errington 1974: 88, 202–203). Es bleibt offen, was die Frauen über die Aktivitäten der Männer und das Wesen der Masken wirklich wissen und denken. Da selbst die Männer, die Schöpfer der Masken, fest davon überzeugt sind, daß erst die richtigen Zauberformeln die *tubuan*-Maske beleben, ist anzunehmen, daß auch die Frauen den Masken übernatürliche Eigenschaften zuschreiben – auch wenn sie deren ‚Inhalt‘ durchschaut haben sollten (vgl. Albert 1987: 24–26; Errington 1974: 112, 116–167). Der Zweck der Geheimhaltung, die Ausgrenzung der Frauen, wird jedenfalls erreicht.

Aufgaben und Zweck des Bundes

Die meisten frühen Berichte, die nach dem Sinn und Zweck des *dukduk* fragen, betonen immer wieder zwei Funktionen, die der Bund habe. Zum einen diene er dazu, seinen Mitgliedern Vorteile gegenüber Nichteingeweihten zu verschaffen, ihnen vor allen Dingen die Möglichkeit zu geben, sich an *tabu* zu bereichern; zum anderen nehme er Ordnungsaufgaben wahr und ersetze die Gerichtsbarkeit in einer Gesellschaft, der jegliche politischen Zentralorgane fehlen – er sei ein Instrument zur Durchsetzung der öffentlichen Meinung (Brown 1910: 60, 69; Hahl 1897: 76; Kleintitschen [1906]: 352–353; Parkinson 1887: 134; ders. 1907: 590–592; Pfeil 1897/98: 185–186; Powell 1884: 61–63; Schnee 1904: 322–324).

Die Bedeutung des Bundes als Organ zur Aufrechterhaltung der öffentlichen Ordnung nahm nach dem Eintreffen der Europäer und der Einrichtung einer Verwaltungsstruktur langsam ab. Ein gewisses Maß an sozialer Kontrolle übt er aber zumindest in einigen Gegenden noch heute aus (vgl. Albert 1987; Errington 1974).

Der Inhaber der *tubuan*-Maske konnte sie – gleichsam im öffentlichen Interesse – als Strafverfolgerin auftreten lassen, wenn jemand ein Verbrechen begangen hatte oder sich auch nur eines Vergehens schuldig gemacht hatte. Er konnte aber auch gegen Bezahlung von privater Seite darum ersucht werden, Bußgelder bei persönlichen Kontrahenten des Auftraggebers einzutreiben. Genauso trat die *tubuan* als Beschützerin privaten Besitzes auf, indem der Inhaber der Maske gegen Entgelt zum Beispiel Pflanzungen oder einzelne Bäume mit einem Tabu-Zeichen versah, das aus Furcht vor Bestrafung streng respektiert wurde (Hahl 1897: 83; Parkinson 1907: 592).

Im Falle einer Bestrafung tauchte die *tubuan* vor dem Haus des Übeltäters auf und blieb davor hokken, bis ihr genügend *tabu* ausgehändigt worden war. In schweren Fällen erschien sie mit großem Gefolge nachts vor dem Haus des Beschuldigten oder der Wohnstatt eines reichen Verwandten von ihm und trieb das Bußgeld ein. Erfolgte die Zahlung nicht, wurde das Anwesen zerstört

(Rickards zit. in Brown 1910: 69–70). Widerstand gegen die *tubuan* war zwecklos, ja konnte den Tod zur Folge haben. Sie galt als übernatürliches Wesen und damit als unantastbar; ihre Handlungen durften nicht in Frage gestellt werden (Kleintitschen [1906]: 352; Sack 1974: 79; Salisbury 1970: 306).

Im allgemeinen wurde dem Beschuldigten ein mehr oder weniger hohes Bußgeld auferlegt, doch manchmal ahndete die *tubuan* Untaten direkt mit dem Tod, ohne zuvor eine Geldstrafe zu verhängen. Inzest und Ehebruch zum Beispiel konnten die Todesstrafe zur Folge haben (Sack 1972/73: 99). Die Strafgelder flossen offenbar in erster Linie dem Inhaber der *tubuan*-Maske zu, doch scheinen die einfachen Mitglieder des Bundes in geringerem Maße gleichfalls davon profitiert zu haben (Parkinson 1907: 592).

Daß der Inhaber der *tubuan*-Maske und seine Gefolgsleute im Bund aus den Strafaktionen materiellen Nutzen zogen, läßt vermuten, daß öffentliches und persönliches Interesse an der Strafverfolgung im Einzelfall schwer auseinanderzuhalten sind. Hier setzt der Vorwurf der europäischen Zeitzeugen ein, daß der *dukduk*-Bund sich auf Kosten der Nichtmitglieder, insbesondere der Frauen, bereichere. So könne der Inhaber der *tubuan*-Maske aus reiner Habgier, willkürlich und aus nichtigem Anlaß, Bußgelder verhängen und eintreiben. Reverend Rikkard, einer der ersten Missionare unter den Tolai, erlebte zum Beispiel, wie eine Frau, die einen Korb voller Schneckengeld erwirtschaftet hatte, von einem Mitglied des *dukduk* beschuldigt wurde, über ihn in Gegenwart anderer Männer gelacht und ihn auf diese Weise beschämt zu haben. Der so Geschädigte tauchte nun eines Nachts zusammen mit der *tubuan* bei ihr auf und nahm ihr das gesamte Vermögen ab (Rickard zit. in Brown 1910: 69).

Auch wenn man bei der Beurteilung der Angemessenheit der Strafe nicht voreilig europäische Maßstäbe anlegen sollte, so schien es der Bund doch darauf angelegt zu haben, an das Geld der Frauen heranzukommen. Dazu muß gesagt werden, daß diese über ihre Einnahmen, die sie zum Beispiel durch den Verkauf von Erzeugnissen auf dem Markt erzielten, in vollem Umfang selbst verfügen konnten. Der *dukduk* verhindere, daß „die Reichthümer der Weiber eine mäßige Grenze überschreiten", urteilte Graf Pfeil, der die Gegend Ende des letzten Jahrhunderts bereiste (Pfeil 1899: 160). Die Frauen wußten natürlich um die selbstsüchtigen Absichten des *dukduk* und suchten deshalb beim Nahen der *tubuan* immer schleunigst das Weite (Parkinson 1887: 132). Männer wurden selbstverständlich auch belangt, doch genossen sie meist einen besseren Schutz, da sie fast alle Mitglieder des Bundes waren. Die *tubuan* schützte und unterstützte vornehmlich ihre ‚Kinder'; umgekehrt leisteten diese ihr – das heißt konkret: dem Inhaber der Maske – Gefolgschaft. So klagten besonders die Frauen über das zügellose Treiben der Männer im Busch, über die Gewalt der *tubuan* und ihre Gleichgültigkeit gegenüber Nichteingeweihten, während umgekehrt die Männer ihre friedens- und ordnungsstiftende Funktion und die Beschützung der Mitglieder als positiv empfanden (Salisbury 1970: 306, Anm. 17). Männer von Rang schädigte der Inhaber einer *tubuan*-Maske anscheinend nicht (Parkinson 1887: 132).

Er war mit Sicherheit keine unparteiische Schiedsinstanz, doch waren auch ihm Grenzen gesetzt. Parkinson vermerkt, daß Übergriffe des *dukduk* recht selten seien; sei der Inhaber einer *tubuan*-Maske zu habgierig, so könnten andere *tubuan* aus benachbarten Gegenden „die Sache ins Geleise bringen" (1907: 591). Die *tubuan* war zudem nicht die einzige Rechtsinstanz; es gab noch eine Reihe weiterer Mittel, um Konflikte auszutragen (vgl. A. L. Epstein 1971/72; ders. 1974; Sack 1974).

Der Erwerb einer *tubuan*-Maske setzt Reichtum voraus, aber Reichtum allein genügt nicht. Eine *tubuan* gehört zu einem Clan; der Inhaber der Maske muß offenbar dessen Mitglied sein. Will jemand die Maske erwerben, bedarf es der Zustimmung des Clans (Salisbury 1970: 301 ff.). Inhaber einer *tubuan*-Maske zu sein, heißt daher, ein Stück öffentlich anerkannter Kontrolle zugestanden zu bekommen. Ist ein Mann zusätzlich Anführer seiner Abstammungsgruppe, wie es anscheinend früher oft der Fall gewesen ist, obliegt ihm zudem die Kontrolle über das Land seiner Gruppe. Die *tubuan*-Berechtigung, die Verfügungsgewalt über das Land und der Reichtum an *tabu* sichern ihm Gefolgschaft, Macht und Prestige. Bis zum Tode eine möglichst große Summe *tabu* zusammenzutragen, entspricht den kulturellen Spielregeln. Persönliche Bereicherung ist also legitim, solange der Inhaber der *tubuan*-Maske sich um die Belange seiner Gefolgsleute kümmert und seinen öffentlichen Verpflichtungen nachkommt.

Neuere Untersuchungen verweisen auf eine weitere Funktion des Bundes: Er bringt bei der Durchführung der Zeremonien die verstreut

Auftritt zweier Tänzer des dukduk. Frauen und Kinder (links im Hintergrund) müssen sich in respektvollem Abstand halten. Abbildung aus Schmeltz 1882: 26.

lebenden Untergruppen eines Clans zusammen (A.L. Epstein 1969: 241). Inhaber von *tubuan*-Masken sprechen sich heute wie früher bei der Vorbereitung von Zeremonien und Initiationen untereinander ab; sie bildeten schon immer eine kleine, miteinander in Verbindung stehende Elite (Salisbury 1970: 306).

Die Entwicklung bis heute

Die frühen Quellen bezeichnen den *dukduk*-Bund übereinstimmend als eine relativ junge historische Erscheinung (Brown 1910: 68; Parkinson 1907: 579–580; Schnee 1904: 323). Alte Informanten konnten sich damals noch daran erinnern, wann der Bund bei ihnen eingeführt wurde. Auf die Duke-of-York-Inseln und die Gazelle-Halbinsel scheint er erst in der ersten Hälfte des 19. Jahrhunderts gelangt zu sein. Der früheste Hinweis aus europäischer Hand stammt aus dem Jahre 1824, als die französische Korvette *La Coquille* unter dem Kommando Duperreys das südliche Neuirland ansteuert und einer der Expeditionsteilnehmer Augenzeuge eines Auftritts von Masken wird, die den Masken des *dukduk* ausgesprochen ähnlich sind (Stephan u. Graebner 1907: 8; vgl. aber Laufer 1962: 69–70). Über die genaue Herkunft und historische Entwicklung des Bundes lassen sich nur Vermutungen anstellen. Parkinson meint Gemeinsamkeiten mit Geheimbünden im übrigen Neubritannien sowie auf den Salomonen zu erkennen (1907: 579–581; ausführlicher dazu Schlesier 1958: 295–299).

Wie beurteilen die ersten Europäer aus missionarischer und kolonialpolitischer Sicht den *dukduk*? Die Siedler und Händler beklagten, daß zur Festzeit des *dukduk* die Einheimischen monatelang zu keiner Arbeit zu gebrauchen seien (Kleinschmidt zit. in Schmeltz 1882: 8). Die deutsche Kolonialverwaltung ordnete schließlich an, die Festdauer auf einen Monat zu beschränken (Burger 1913: 13; Laufer 1949: 226). Sie duldete den Bund, versuchte aber, seine Strafaktionen zu unterbinden. Sie ahndete vor allem ihrer Ansicht nach nicht vertretbare Übergriffe wie zum Beispiel Erpressungsversuche oder die Vollstreckung der Todesstrafe durch den Bund (Schnee 1904: 323–324).

Die Missionare versuchten, die in ihren Augen untragbaren Auswüchse des *dukduk* zu bekämpfen. Sie hofften insgeheim, aber vergeblich, daß durch den Unterricht in den Missionsschulen und durch die auswärtige Kontraktarbeit der jungen Männer dem Bund langfristig der Boden entzogen würde (Laufer 1949: 226). Die Einstellung der Missionare war insgesamt sehr unterschiedlich. Während die einen den Bund als Teufelswerk verdammten, tolerierten ihn die Glaubensbrüder im Nachbarbezirk als harmlose Festlichkeit (Parkinson 1907: 574).

Auf recht einhellige Ablehnung stieß ein zweiter Geheimbund, der *iniet*, der im Vergleich zum *dukduk* einen deutlich stärkeren religiösen Bezug aufwies und die größere Bedeutung für die Bevölkerung hatte (nähere Angaben s. Koch 1982). Die Kolonialverwaltung machte ihn für verschiedene Anschläge auf Weiße verantwortlich, und die Missionare entsetzten sich über seine Unmoral, womit sie in erster Linie die ritualisierte Homosexualität meinten, die der Bund offenbar praktizierte (vgl. Aufsatz BB).

Der *dukduk*-Bund existiert noch heute. Er hat seine soziale Kontrollfunktion bei den Tolai zwar weitgehend eingebüßt und tritt in einigen Bezirken schon seit Jahren nicht mehr auf, ist andernorts aber noch recht aktiv. Besonders gegenwärtig hat die *tubuan* zusammen mit dem *tabu*-Schneckengeld als Symbol der Tolai-Identität neue Bedeutung gewonnen. Selbst Angehörige der nationalen Elite sind Mitglieder des Bundes und halten sich strikt an das bis heute gültige Geheimhaltungsgebot. Das Weiterbestehen des Bundes ist um so bemerkenswerter, wenn man bedenkt, daß die Gazelle-Halbinsel zu den wirtschaftlich entwik-

Die linke Zeichnung zeigt die Ankunft des tubuan im Kanu, die rechte illustriert das Züchtigungsritual bei der Aufnahme in den Bund. Das Festessen ist durch eine Schale mit Essen angedeutet, die Aufnahmegebühr durch drei Packen Schneckengeld. Die Zeichnung wurde von einem Einheimischen angefertigt. Abbildung aus Börnstein 1915/16: 247.

keltsten und westlich geprägtesten Regionen Papua Neuguineas zählt (pers. Mitteilung A. L. Epstein).

Äußerst aktiv ist der *dukduk* auch noch auf den Duke-of-York-Inseln (Errington 1974) sowie im südlichen Neuirland in der Siar-Region, wo die *tubuan* unter dem Namen ‚*nataka*' auftritt. In den meisten Dörfern dieser Gegend ist fast jeder männliche Einwohner Mitglied des Bundes (pers. Mitteilung S. Albert).

Bund und Gesellschaft

Der *dukduk*-Bund spiegelt eine zweifache Differenzierung der Gesellschaft wider. Einerseits verdeutlich er die soziale Trennung der Geschlechter: Männer sind Mitglieder, Frauen sind prinzipiell vom *dukduk* ausgeschlossen. Nichteingetretene Männer werden von den Angehörigen des Bundes verächtlich als „Frauen" bezeichnet (Rickard zit. in Brown 1910: 69). Die exklusive Männerwelt des Bundes, seine Schutzfunktion den Mitgliedern gegenüber und deren Absonderung auf dem *taraiu* anläßlich der Initiationen und Feste demonstrieren und reproduzieren die Solidarität der Männer untereinander. Leider ist über die Vorstellungen, die die Geschlechter voneinander haben, zu wenig bekannt, um den geistigen Hintergrund dieser Geschlechtertrennung genauer erfassen zu können. Erringtons Untersuchung auf Karavar belegt die Vorstellung, daß sexueller Kontakt mit Frauen verunreinigend wirke und den Mann schwäche und daß die Anziehungskraft der Frauen auf die Männer deren Solidarität gefährde (Errington 1974: 58–62). Möglicherweise gilt diese Vorstellung auch für die angrenzenden Gebiete.

Die zweite soziale Differenzierung, die sich im *dukduk* ausdrückt, zeigt sich in der Institution der *tubuan*. Sie scheidet die Männer untereinander. Die *tubuan*-Maske verkörpert einen Rang; ihr Inhaber besitzt Macht, Geld, Prestige und Kontrolle über andere Männer. Als sichtbares Zeichen erworbener Macht und Kontrolle stellt die Maske eine Herausforderung für die Rivalen ihres Inhabers dar, es mit ihm aufzunehmen und es ihm gleichzutun (vgl. Albert 1987: 19, 22).

Die Rituale und Feste, bei denen die Masken auftreten, legen die sozialen Beziehungen der Teilnehmer offen. Insbesondere das *matamatam*, die große Totengedenkfeier eines Clans, zu dem Gäste von weither erscheinen, ist Anlaß, sozialen Status auszudrücken als auch neu zu erwerben. Der Sponsor des Festes verteilt großzügig *tabu* an andere Männer von Rang, um sie auf diese Weise aufzufordern, selbst ein *matamatam* zu organisieren (Salisbury 1979: 121). Die Initiation neuer Mitglieder in den *dukduk* und der anschließende Maskenauftritt anläßlich des Festes demonstriert sinnfällig und öffentlich die Solidargemeinschaft der Männer. Insbesondere in einer Gesellschaft, die aus autonomen Lokalgruppen ohne gemeinsame politische Zentralinstanz besteht, scheint dem Ritual und Fest eine wichtige Funktion bei der Reproduktion der sozialen Ordnung zuzufallen.

Die von Ethnologen als ‚Geheimbund' bezeichnete Vereinigung des *dukduk* erzielt ihre Wirkung gerade dadurch, daß sie öffentlich auftritt. Geheim ist nicht die Existenz des Bundes oder Mitgliedschaft in ihm, sondern sein behauptetes exklusives Wissen – insbesondere das Wissen um die Herstellung und den wahren Inhalt der Masken. Das geheime Wissen und die mit ihm erworbenen Rechte – zum Beispiel das Recht auf eine Maske – scheiden Eingeweihte von Uneingeweihten und begründen deren über- oder untergeordnete Stellung in der Gesellschaft. Auch wenn Uneingeweihte ahnen oder gar wissen, worin das Geheimnis besteht, müssen sie Unwissenheit vorspiegeln, um nicht schwersten Sanktionen ausgesetzt zu werden. Denn der Bund – legitimiert durch den Glauben an die übernatürliche Wirksamkeit der *tubuan*-Maske – stützt die soziale Ordnung und etabliert sie zum Teil selbst. Dazu muß er öffentlich tätig werden. Verstöße gegen seine Regeln stellen die bestehenden gesellschaftlichen Machtverhältnisse in Frage und werden folglich strikt geahndet.

Anmerkungen

1 Regional unterschiedlich ‚*tabu*' oder ‚*tambu*' ausgesprochen. Im allgemeinen wird ‚m' wie ‚mb' gesprochen; *tubuan* spricht sich als ‚*tumbuan*' (Einzelheiten zur Aussprache s. Parkinson 1907: 725–749). Das Schneckengeld heißt auf den Duke-of-York-Inseln ‚*divara*'.

2 In der Rangfolge der Masken scheint es regionale Unterschiede gegeben zu haben. So soll in einigen Gegenden die *dukduk*-Maske angeblich im Rang über der *tubuan*-Maske gestanden haben (Kleintitschen 1924: 138) bzw. gleichrangig gewesen sein (Burger 1913: 12–13). An anderen Orten soll nur die *tubuan* vorgekommen sein (Laufer 1962: 70).
Von den Duke-of-York-Inseln berichtet Errington in einer jüngeren Studie (1974: 166–167, 200), daß nach Auffassung der Einheimischen die *tubuan*-Maske beim Aufmalen des Augenornaments von einem wilden, potentiell gefährlichen Geist belebt wird, der nur von einem *big man* unter Kontrolle gehalten werden kann. Die *dukduk*-Masken gelten hier nicht als belebt, während sie auf der Gazelle-Halbinsel offenbar männliche Ahnen verkörpern (vgl. Laufer 1962: 73, Anm. 35). Regionale und zeitbedingte Unterschiede ermitteln kein geschlossenes Bild und erschweren eine einheitliche Darstellung.

Ritualisierte Homosexualität – Krieg – Misogynie Beziehungen im und um den Männerbund: Beispiele aus Neuguinea

Barbara Bohle

In Neuguinea gibt es Gesellschaften, in denen Männer über Homosexualität gesellschaftliche Macht beziehen. Das Verhältnis zwischen den Geschlechtern ist gespannt. Frauen und/oder Heterosexuelle werden stigmatisiert. Sie gefährden die bestehende Ordnung, werden gefürchtet, unterdrückt und ausgeschlossen. Und doch sind sie Hauptpfeiler der sozialen Beziehungen, werden von Männern zumindest begehrt und für potentiell mächtig gehalten. Die Widersprüche bestehen in ihrer Unauflösbarkeit fort und sind Teil einer gewaltigen Beziehungsdynamik. Sexualität und sexuelle Metaphern einen und trennen nicht nur Individuen, sondern die ganze Gesellschaft.

Melanesien gilt als *locus classicus* der Männerbünde. Die Zelebration der Männlichkeit, die in der Institution der Männerhäuser und in den sich über mehrere Jahre erstreckenden männlichen Initiationsriten ihren Ausdruck findet, wurde von der Ethnologie viel beachtet. Die homoerotischen Aspekte dieser Männerinstitutionen wurde dagegen lange Zeit weitgehend ignoriert. Das hat sich mit der Aufhebung des anthropologischen Tabus, die Homosexualität zu thematisieren (Fitzgerald 1977), in den vergangenen Jahren wesentlich verändert.

In Neuguinea gibt es mehrere Gesellschaften, die eine ritualisierte Form der Homosexualität kennen. Einige dieser Gruppen haben ihre Riten aufgrund ihrer isolierten Lage und der sehr späten Konfrontation mit der westlichen Welt bis in jüngste Zeit beibehalten. Der von Gilbert Herdt (1984) herausgegebene Sammelband über „Ritualisierte Homosexualität" in Melanesien löste erste Diskussionen über dieses Thema aus.

Das Spezifische der melanesischen Homosexualität liegt in ihrer Ritualisierung und ihrer allgemeingesellschaftlichen Bedeutung. Homosexuelles Verhalten ist für die Männer dieser Gruppen ein notwendiger Bestandteil ihrer Entwicklung und gleichzeitig Voraussetzung für die Entstehung von männlicher Gruppenidentität. Für die Gruppenzugehörigkeit ist der Männerbund entscheidender als die Abstammung. In diesen die ‚Männlichkeit' betonenden Stammeskulturen spielt das Kriegswesen eine besondere Rolle. Macht und Gewalt bestimmen aber nicht nur das Verhältnis nach ‚außen', sie finden sich ebenso im Verhältnis zwischen den Geschlechtern und in den hierarchischen Beziehungen der Männer im Männerbund.

Gesellschaften mit ritualisierter Homosexualität in Neuguinea

Ritualisierte Homosexualität war ein von Fiji bis Neuguinea auftretendes Phänomen. Vor dem Kontakt mit den Europäern dürfte sie zumindest in zehn bis zwanzig Prozent der melanesischen Gesellschaften bekannt gewesen sein (Herdt 1984a: 8). Heute ist sie größtenteils verschwunden, nur in einigen abgeschiedenen und erst spät in die australische Regierungsadministration einbezogenen Regionen auf Neuguinea besteht sie noch immer. Durch Missionierung und Akkulturation befinden sich aber auch diese lange isoliert gebliebenen Gruppen in einer sozialen Umbruchphase (Herdt 1987a: XVI) und sind in Auflösung begriffen (Godelier 1982 in seinem Film *„Planète Baruya / Towards Baruya Manhood"*).

Auf Neuguinea ist ritualisierte Homosexualität vor allem eine Erscheinung des südlichen Tieflandes. Sie war besonders unter den Gesellschaften Südwest-Neuguineas, den Marind Anim (Van Baal 1966), Ki-

Ein junger Mann der Marind Anim wird im südlichen Neuguinea anläßlich seines Eintritts in die nächsthöhere Altersklasse der miakim von dem Bruder seiner Mutter auf den Festplatz geleitet. Mit Eintritt in diese Altersklasse gilt er als ehefähig und verläßt das Jünglingshaus, in dem er seit seinem zehnten bis zwölften Lebensjahr lebte und in früherer Zeit homosexuelle Beziehungen zu einem älteren, meist unverheirateten Mann unterhielt. Foto aus: Wirz 1925: Bd. 2, Teil 4, Tafel 5.

mam (Serpenti 1965), Keraki (Williams 1936) und Kiwai (Landtmann 1927) üblich (zu den frühen Berichten über Päderastie in den Küstengebieten siehe Bleibtreu-Ehrenberg 1980). Diese Gruppen gerieten bereits zu Beginn des 20. Jahrhunderts unter großen Akkulturationsdruck, sie haben ihre Rituale aufgegeben und leben heute nicht mehr in ihren einstigen Lebenszusammenhängen.

Für andere Regionen Neuguineas wurden Berichte über ritualisierte Homosexualität erst sehr viel später vorgelegt. Ab den sechziger Jahren führten Ethnologen Feldforschungen in den sogenannten ‚Randgebieten' Neuguineas durch. Sie liegen sehr isoliert zwischen Hochland und Tiefland und wurden erst nach 1950 in die australische Regierungsadministration einbezogen. Die dort lebenden, teilweise sehr kleinen Stammesverbände galten als gefährliche Kannibalen und Hexer (Weiner 1988: 1) und waren gefürchtet für ihre endemische Kriegsführung (Hallpike 1978: 3–5; Herdt 1987b: 52). In den Küstengebieten wurde gemunkelt, daß sie „oftmals Knaben – gewissermaßen als Ersatz für Frauen – mit sich führen, wenn sie auf längere Kriegsfahrten … ausziehen" (Bjerre 1958: 89). Heute weiß man, daß in zwei Teilen dieser ‚Randgebiete' ritualisierte Samenübertragung ein gesellschaftliches Organisationsprinzip darstellt(e) und päderastische Beziehungen Teil des männlichen Lebenszyklus sind: in der Provinz *Southern Highlands* bei den Bosavi-Strickland-Gruppen des Großen Papua-Plateaus und in der Provinz *Eastern Highlands* bei einigen anga-sprachigen Gruppen.

Ich gehe besonders auf diese beiden Stammesgruppierungen ein. Ihre Sozialsysteme sind von patrilinearen Tendenzen und direktem Schwesterntausch bestimmt (Lindenbaum 1984). Unter den ‚Bosavi-Strickland' des südlichen Hochlandes fasse ich die Bedamini, Etoro, Gebusi, Kaluli und Onabasulu zusammen (Sorum 1984; Kelly 1977; Knauft 1985; Schieffelin 1976; Ernst 1984). Mit ‚Anga' meine ich hier nur die Baruya-, Iqwaye- und Sambia-Anga des östlichen Hochlandes (Godelier 1987; Mimica 1988; Herdt 1987b), von denen bekannt ist, daß sie ritualisierte Homosexualität praktizier(t)en. Ich benütze dabei teilweise das ethnographische Präsenz und vernachlässige damit den sozialen Wandel, der gerade in diesen Gesellschaften während der letzten zwanzig Jahre zu entscheidenden Veränderungen geführt hat. Wenn nicht anders gekennzeichnet, geht es mir um eine Skizzierung der Verhältnisse vor der Missionierung dieser Gruppen und ihrer ‚Pazifizierung', das heißt, dem Verbot der rituellen Kriegsführung durch die Australier.

Die Homosexualität der Männer

Bei den Anga ist ritualisierte Homosexualität ein wesentlicher Teil der sich über zehn bis fünfzehn Jahre erstreckenden männlichen Initiationsriten (Godelier 1987; Mimica 1988; Herdt 1987b). Die Bosavi-Strickland-Gruppen integrieren sie in formalisierte Beziehungen zwischen präpubertären Knaben und Männern und in männliche Initiationsriten, die in der Spätadoleszenz abgehalten werden (Sorum 1984; Kelly 1976; Knauft 1987; Schieffelin 1982; Ernst 1984).

Die homosexuellen Beziehungen sind asymmetrisch und altershierarchisch: Sie bestehen zwischen älteren, samengebenden Männern/Junggesellen und jüngeren, samenempfangenden Knaben. Die Rollen sind nicht umkehrbar (Herdt 1984a: 6–7).

Die Essenz der ritualisierten Homosexualität ist die Insemination der Knaben (Creed 1984: 158). Bei den Anga erfolgt die Samenübertragung durch Fellatio (Herdt 1987a: 2; Godelier 1987: 83; siehe auch Gajdusek/Farquhar 1981: 186). Die Bosavi-Strickland kennen Fellatio, Analverkehr und Masturbation mit anschließendem Aufschmieren der Samenflüssigkeit. Die unterschiedlichen Formen des homosexuellen Verkehrs bestimmen die ethnische Identität mit: Fremde Techniken der feindlichen Nachbarn werden für unsittlich gehalten (Kelly 1977: 16).

Die ideologische Grundlage der homoerotischen Kontakte ist die Befürchtung, daß die Knaben nicht ohne Eingriff von außen wachsen und zu Männern werden. Den präpubertären Knaben fehlt der männliche Samen (Kelly 1976: 45). Sein Vorhandensein gilt aber als Voraussetzung für das symbolische und physische männliche Wachstum. Samen kann nach den Vorstellungen der Männer aber nicht von den Knaben selbst produziert werden, sondern muß von Generation zu Generation von den Männern auf die Knaben übertragen werden. Die Knaben müssen sich also diesem Weltbild zufolge auf homosexuelle Beziehungen einlassen, um erwachsene, machtvolle Männer werden zu können. Erst die kontinuierliche ‚Ernährung' der Knaben mit ‚männlicher' Substanz macht aus ihnen ‚Männer' (Ernst 1984: 37–38; Godelier 1987: 81; Herdt 1987b: 75; Kelly 1976: 45–46; Knauft 1987: 173; Mimica 1988: 87; Schieffelin 1982: 162; Sorum 1984: 324). Die Männer schaffen sich auf diese Weise die ideologischen Voraussetzungen, um die ‚Kreation' und ‚Geburt' von ‚Männern' von den Frauen unabhängig denken und durchführen zu können.

Männer-Macht

In den hierarchischen homosexuellen Beziehungen wird der Alters- und Generationenkonflikt zugunsten der älteren Männer ausgetragen. Die Alten sichern ihre höhere Position gegenüber den Jungen und betonen die Ungleichheit unter den Männern (Creed 1984: 167; Godelier 1987). Die erwachsenen Männer disziplinieren und kontrollieren mit ihren Ideen und Handlungen die Knaben. Mit ihrem dominanten Verhalten meistern die älteren Männer auch eine gewisse Angst vor der aufkeimenden Virilität der Jungen, die ihre eigene ‚Männlichkeit' übertreffen könnte. Durch das Einbinden der Kräfte der Knaben in dramatische, gewalttätige und emotionalisierte Initiationsprozesse und die Beschäftigung mit den neuartigen sexuellen Beziehungen wird die Gefahr einer Rebellion der Jungen gegen die Alten abgewendet. Mit der ritualisierten Homosexualität und dem heterosexuellen Tabu für die Jungen können die erwachsenen Männer gleichzeitig ihr Monopol auf die Frauen absichern (Creed 1984: 167–169). So kommt ein sexueller Wettkampf zwischen den Männern zum Ausdruck (Schwimmer 1984: 288).

Besonders bei den Baruya- und Sambia-Anga spielt die ritualisierte Homosexualität eine so zentrale Rolle, daß von einer „totalen sozialen Tatsache" im Sinne von Marcel Mauss gesprochen wird (Keesing 1982: 3). Das heißt, daß sie „von erstrangiger Bedeutung ist: Bei höchster Bewertung ist sie nicht nur der Schlüssel zu den Vorstellungen, sondern auch zu den sozialen Strukturen" (Iteanu 1987: 196; Übers. B. B.). Sie wird zum stammestragenden und -kreierenden Faktor und produziert ideell die Gesellschaft. Denn mit ihr wird ‚Männlichkeit' geschaffen und diese ‚Männlichkeit' kommt im Kulthaus der Männer, dem Symbol der ethnischen Einheit, zum Ausdruck (Godelier 1976: 15). Bei den Bosavi-Strickland hat die ritualisierte Homosexualität nicht diese hervorragende Bedeutung als symbolischer Produktionsfaktor. Die durch sie geschaffene ‚Männlichkeit' wird von ihnen auch nicht im gleichen Maße glorifiziert wie von den Anga-Männern. Das zeigt sich bei den Bosavi unter anderem im Fehlen von Männerhäusern.

Verwandtschaft und Allianz

Die Partnerwahl wird durch die Verwandtschaftsverhältnisse mitbestimmt. Ähnlich wie bei der heterosexuellen muß bei der homosexuellen Beziehung ein Inszest-Tabu eingehalten werden (Herdt 1987a: 238). Es gibt bevorzugte Verbindungen; bei den Etoro und Sambia gilt zum Beispiel ein Samentausch zwischen älterem Schwester-Bräutigam und jüngerem Braut-Bruder als ideal (Kelly 1976: 52Fn.6; Herdt 1987a: 238). Die formalisierte (ideale) homosexuelle Beziehung und die (ideale) heterosexuelle Heirat stehen auf diese Weise in engem Zusammenhang: Bruder und Schwester haben zu derselben Person sexuelle Beziehungen.

Sinn der ritualisierten Homosexualität ist nicht die Bestätigung von bereits bestehenden Klan-Verwandtschaftsbeziehungen, sondern die Schaffung von Beziehungen zu Männern außerhalb der Abstammungsgruppe. Sie dient zur Allianzbildung mit Männern aus potentiell feindlichen Nachbardörfern (Schwimmer 1984: 276–277). Schließlich schafft die homosexuelle Beziehung eine neue Form der ‚Verwandtschaft', indem sie die Bedeutung der Abstammungsgruppe zugunsten der Bedeutung der solidarischen Gruppe der Männer zurücktreten läßt (Whitehead 1986: 87; Creed 1984: 173).

‚Männlichkeit' und Krieg

Der Krieg ist Teil des alltäglichen Lebens und einer der Hauptinhalte der Männerbünde. Es gibt verschiedene Formen der Konfliktaustragung in diesen Gesellschaften.

Die Bosavi führen jährlich ein bis zwei Überfälle auf Nachbargruppen durch, zu denen verwandtschaftliche Beziehungen bestehen. Diese (temporären) inneren Konflikte lassen sich durch gegenseitige Entschädigungszahlungen beilegen. Im Gegensatz dazu wird das Kriegsverhältnis zu äußeren Feinden von einer Generation auf die nächste weitergegeben, und es besteht keine Möglichkeit der Konfliktlösung durch Kompensation (Schieffelin 1976: 12–13; siehe auch Kelly 1977: 17–19). Jeder Tote der eigenen Gruppe kann nur durch einen Toten der Feindes-Gruppe ersetzt werden. Dieser direkte Tausch bedingt ‚ewigen' Krieg.

Auch bei den Anga ist der Krieg ‚chronisch' (Herdt 1986: 161). Sie kennen Bogenkämpfe, die vor allem der Selbstdarstellung der Männer dienen, und intertribale Überfälle zum Töten und Plündern (Herdt 1984c: 170). Ritual und Krieg gehören unmittelbar zusammen. Die Initiation bedeutet die Sozialisation in die Kriegerrolle (Herdt 1986: 162), und für die älteren Männer ist das Ziel ihrer Rituale die Schaffung der nächsten Kriegergeneration. Nach den kollektiven Initiationen brechen die Männer zu Überfällen auf und bieten den frisch-initiierten Junggesellen die erste Möglichkeit, ihren neuen Status der ‚Männlichkeit' im Krieg unter Beweis zu stellen (Herdt 1987b: 159). Der höchste Ausdruck von ‚Männlichkeit' ist das Töten eines Feindes (Herdt 1987b: 160). Die erfolgreichsten werden zu ‚Großen Kriegern' (Godelier 1987: 145ff.) und verkörpern im höchsten Ausmaß die Ideale der ‚Männlichkeit' (Herdt 1987b: 38–39).

Die Homosexualität wird zu einem Teil der Krieger-Identität (Schwimmer 1984: 288). Der Empfang von Samen ist die Voraussetzung für die Entstehung von ‚Männlichkeit', und diese kommt im Krieg erst voll zum Ausdruck. Homosexualität spielt auch bei der Tötung des Feindes eine Rolle: Der Samen eines feindlichen Kriegshelden gilt als besonders potent und wachstumsfördernd. Er wird vor der rituellen Tötung des Gegners durch Masturbation gewonnen (Herdt 1987b: 160).

Ritualisierte Homosexualität – eine ausschließliche Männersache?

Soweit bisher bekannt ist, handelt es sich bei der ritualisierten Homosexualität in den genannten Gesellschaften um ein ausschließlich männliches Phänomen. Sie hat große ideelle Bedeutung für die Männer und bildet eine Basis für männliche Solidarität. Die Homosexualität ist von einer Aura der ‚Männlichkeit' umgeben und vermittelt eine spezifisch ‚männliche' Identität.

Die Aktivitäten im Männerbund werden vor Frauen und Kindern geheimgehalten. Besonders über die ritualisierte Homosexualität darf nichts nach außen dringen. Die Mystifizierung des Rituals trägt dazu bei, in den Männerbund-Mitgliedern das Bewußtsein zu verankern, daß sie über ein religiös-esoterisches Wissen verfügen, das ihre besondere Position als Männer legitimiert. Auch Mythen, die die bestehenden Machtverhältnisse zwischen den Geschlechtern begründen und auf eine ursprüngliche Kontrolle der Macht durch die Frauen verweisen, sind Teil dieser Geheimhaltung vor Frauen.

Frauen dürfen an den Ritualen der Männer nicht teilnehmen. Nur in gewissen Phasen des Initiationsprozesses der Knaben wird den Frauen kurzfristig Raum für den Ausdruck ihres Unmutes über die bestehenden Herrschaftsverhältnisses gegeben, um sie anschließend rituell zu vertreiben und die Ordnung der Männer wiederherzustellen (vgl. Herdt 1987b: 133–134).

Es gibt keine Berichte, aus denen hervorgeht, daß die Frauen ihren eigenen Bereich haben, in dem sie von den Männern unabhängige Ideen kollektiv, ähnlich wie die Männer im Rahmen ihrer Initiationsriten, zum Ausdruck bringen. Bei den Baruya-Anga zum Beispiel fordern die älteren Frauen im Rahmen der weiblichen Initiationsriten ihre Geschlechtsgenossinnen dazu auf, die Ideen der herrschenden Männer nicht öffentlich in Frage zu stellen (Godelier 1987: 79). Sollte diese ethnologische Behauptung tatsächlich die Realität der Frauen umfassend wiedergeben, dann würde das bedeuten, daß die Frauen keinen eigenständigen kollektiven Zugang zu den geistigen Ausdrucksmitteln ihrer Kultur haben.

Der relativen materiellen Armut dieser in unwegsamen Gegenden lebenden Gesellschaften steht eine besondere Betonung der geistigen Kultur gegenüber. Die Komplexität der Ideen wird im Ritual sichtbar. Gleichzeitig bietet das Ritual die Möglichkeit, Ideen zu transformieren und ihnen gesellschaftliche Bedeutung zu verleihen. Seine eigenen Gedanken im Rahmen eines Rituals inszenieren zu können, stellt daher ein besonderes Potential dar.

Die Verwehrung des Zugangs zum rituellen Ausdruck hätte dann nicht nur für die Frauen, sondern für die gesamte Gesellschaft ernsthafte Folgen. Wem der Zugang zu spirituellen und dramatischen Möglichkeiten verwehrt wird, kann leichter im Zustand der ‚Unwissenheit' und damit der Unterwerfung gehalten werden. Das Fehlen des Rechtes, eigene Gedanken in die Konstruktion von Gesellschaft einzubringen, hat für die Ausgeschlossenen Konsequenzen, die sich nicht ausschließlich in Kategorien der Ohnmacht fassen lassen. Denn die ‚Sprache der Macht' nicht verwenden zu dürfen, heißt nicht, ‚sprachlos' zu sein. Die nicht zugelassenen Imaginationen der Unterdrückten werden wohl verdrängt, brechen aber an anderer (averbaler) Stelle durch: Über die Körper der Frauen können Konflikte, in denen sie leben, teilweise wieder zum Vorschein kommen. Auf indirekte und unbewußte Weise nehmen Frauen kollektiv Einfluß auf den Fortbestand der Bevölkerung, indem sie tendenziell im Bereich der Fortpflanzungsorgane somatisieren. Bei den Frauen der Marind Anim fand sich bereits in der Zeit vor dem Kontakt mit Europäern (und das heißt, bevor sie unter deren Geschlechtskrankheiten litten) ein so hoher Anteil an Sterilität, daß sich die Gesellschaft nur durch Kinderraub bei Nachbarvölkern zahlenmäßig im Gleichgewicht halten konnte (Van Baal 1966: 24–32). Eine niedrige Fruchtbarkeitsrate besteht in vielen dieser Gesellschaften, und Bevölkerungsrückgang ist bei ihnen ein weit verbreitetes demographisches Problem (vgl. Herdt 1984a: 57–58). Das Somatisieren der Frauen im gynäkologischen Bereich kann einer der Gründe dafür sein. Die ‚Körpersprache' der Frauen hat daher ernstzunehmende und machtvolle Folgen für das Fortbestehen dieser Gesellschaften. Sie zeigt auch, wie existentiell Geschlechter-Exklusivität für eine Gesellschaft werden kann. Sie kann den Fortbestand der gesamten Bevölkerung gefährden, wenn den ausgeschlossenen Frauen die Möglichkeit eines Gegengewichtes zu ihrer Ausgrenzung nicht zugestanden wird.

In der Geburtsseklusion, während der sich die Schwangeren bis nach der Geburt aus der beidgeschlechtlichen Welt zurückziehen, erreichen die Frauen dagegen ein besonderes Maß an bewußter Bestimmungsmöglichkeit, von dem sich die Männer bedroht fühlen. Die Frauen können in dieser Zeit Infantizid betreiben (Godelier 1987: 204). Die Männer unterstellen den Frauen,

Mann der Marind Anim mit seinem Pflegesohn. Kleine Jungen schlafen noch in der Hütte der Mutter, größere aber bereits im Männerhaus neben dem Pflegevater, dem sie von ihren Eltern anvertraut werden. Foto aus: Wirz 1928: 81.

daß sie keine Kinder gebären wollen (Read 1954: 25), und Sambia-Männer fürchten, daß vor allem ihre neugeborenen Söhne von ihren Müttern getötet werden (Herdt 1987a: 198). Angesichts des außergewöhnlich hohen Knabenüberschusses in der Sambia-Gesellschaft (auf 120 Knaben kommen nur 100 Mädchen, Herdt 1984a: 57) wäre entgegen diesen Männervorwürfen aber eher anzunehmen, daß die Frauen, wenn sie Infantizid durchführen, diesen vor allem an weiblichen Neugeborenen verüben. Wenn dem so sein sollte und Mädchen-Infantizid diese demographischen Umstände miterklärt, dann wäre auch das als eine Form weiblicher Subversion interpretierbar. Keine Töchter bzw. Schwestern zu haben, bedeutet für Väter bzw. Brüder einer auf der Heiratsform des direkten Schwesterntausches aufgebauten Gesellschaft, keine ‚Tausch-Objekte' für die Interaktion und Allianzbildung mit anderen Männern zu haben. Männer sind dadurch nicht nur in ihrem Prestigestreben eingeschränkt, sie können ohne eintauschbare Schwester auch nur schwer eine Ehefrau finden und Kinder zeugen. Gesellschaft ebenso wie Männer sind auf das Aufziehen von männlichen wie weiblichen Kindern angewiesen und hängen hier von der Kooperationsbereitschaft der Frauen ab.

Die Entwicklung zu mehr Selbständigkeit im öffentlichen, beidgeschlechtlichen Bereich bleibt für Frauen dagegen stark beschränkt und steht nur einzelnen Individuen offen. Bei den Anga gibt es wohl Frauen, die Schamaninnen werden können (Herdt 1987b: 193–195; Godelier 1987: 192), sie bleiben in ihrer Tätigkeit aber von den ‚Großen Schamanen', ausschließlich Männern, abhängig. Sie selbst dürfen keine anderen Frauen ins Schamanenamt initiieren (Godelier 1987: 192). Auf diese Weise verhindern die Männer erfolgreich eine Organisation der Frauen. Über Frauen, die wie die Schamaninnen über mehr Macht verfügen, ist uns aus Gesellschaften mit ritualisierter Homosexualität aber noch sehr wenig bekannt (siehe Herdt 1987b: 61–63, 193–195), und es ist schwierig, sich über das Frauenleben ein differenziertes Bild zu machen.

Die Quellen über weibliche Homosexualität sind für den Raum Neuguinea unergiebig. Du Toit (1975: 220) und Keesing (1982: 10) erwähnen homosexuelle Aktivitäten zwischen adoleszenten Mädchen, Kelly (1976: 47) bezieht sich auf Phantasien von Etoro-Männern über das homoerotische Leben ihrer Frauen, und Godelier (1987: 73) vermutet homosexuelle Handlungen während der weiblichen Initiationsriten. Zu einer Ritualisierung von weiblicher Homosexualität gibt es also keine konkreten Hinweise. Die Gründe dafür liegen teilweise am Andro- und Eurozentrismus der Ethnologie (Blackwood 1986: 7–9). Vielleicht wurden und werden die homosexuellen Aktivitäten der Frauen auf ähnliche Weise geheimgehalten, wie das bei den Männern üblich war. Das geringe Interesse der Ethnologen an weiblicher Homosexualität dürfte aber auch damit zusammenhängen, daß ihr, im Gegensatz zur männlichen Homosexualität, kaum eine Bedeutung für gesellschaftliche Machtausübung zukommt (Adam 1986: 24). Das mag auch einer der Gründe sein, warum Homosexualität für die Frauen dieser Gesellschaften kollektiv bedeutungslos bleibt und keine so exponierte Rolle für ihre Geschlechtsidentität gewinnt, wie das bei den Männern der Fall ist. Das Fehlen von Daten kann wohl nicht nur einem ‚männlichen Blick' unserer Wissenschaft angelastet werden. Es dürfte unter anderem die männliche Herrschaft in diesen Gesellschaften selbst widerspiegeln und zeigt einiges über die eingeschränkten Möglichkeiten der Frauen. Homosexualität wird immer wieder mit ‚Autonomie' vom anderen Geschlecht assoziiert (Adam 1986: 26). Es ist durchaus möglich, daß es über eine weibliche Zelebrierung der sexuellen ‚Unabhängigkeit' von den Männern in diesen Gesellschaften darum keine Daten gibt, weil die Frauen entgegen den Männern über eben diese Freiheit im sexuellen Ausdruck nicht verfügt haben.

Godelier (1987) vertritt in seiner Studie über das Geschlechterverhältnis der Baruya-Anga die These, daß die Frauen den Werten der Männer zustimmen. Herdt sieht bei den Sambia-Anga-Frauen jedoch eine größere Eigenständigkeit. Sie weisen vor allem gewisse Ideen über die ‚Unreinheit' der Frauen zurück und artikulieren dem Anthropologen gegenüber ihre Unzufriedenheit mit Gedanken und Verhalten der Männer (Herdt 1987b: 79–80; Herdt und Stoller 1987: 191). Es ist zumindest fraglich, ob sich die älteren Frauen und Schamaninnen alle und insbesondere kritiklos dem männlichen Weltbild mit seinen misogynen Weiblichkeitsimaginationen anschließen. Die spärlichen Informationen über das, was die Frauen dieser Gesellschaften wissen, denken, empfinden und tun, lassen keine Verallgemeinerungen zu.

Über die Psychodynamik von Frauen in Gesellschaften mit ritualisierter Homosexualität und ihre spezifisch ‚weibliche' Identitätsfindung liegen bis dato keine detaillierten Studien vor. Überlegungen zur weiblichen Geschlechtsidentität in ‚Männlichkeit' vergötternden und ‚Weiblichkeit' verteufelnden Gesellschaften mit ritualisierter Homosexualität wären daher verfrüht und spekulativ.

Doch auch in Neuguinea hat sich das Bewußtsein der Frauen in den letzten Jahrzehnten verändert. In verschiedenen Teilen Neuguineas drücken Frauen das zum Beispiel in den seit den sechziger Jahren aufkommenden weiblichen Kulten wie der *wok meri-* und *kafaina*-Bewegung aus (Sexton 1986; Warry 1986). Es handelt sich dabei um eigenständige Aktivitäten von Frauen im sich ‚modernisierenden' Papua New Guinea, in denen sie sich durch organisierte Kreditvergabe zu dem sich ändernden Gesellschaftsverhältnis äußern und gleichzeitig ihre ökonomische und religiöse Autonomie von den Männern entwickeln. Es ist durchaus möglich, daß auch die Frauen der Gesellschaften mit ritualisierter Homosexualität um (neue) Ausdrucksmöglichkeiten bemüht sind, denen bisher von den Ethnologen keine Aufmerksamkeit entgegengebracht wurde.

Ich stelle die ritualisierte Homosexualität daher hier aus der Sicht der Männer und ihrer Ethnologen dar und zeige Zusammenhänge mit dem Geschlechterverhältnis auf.

Homo- und Heterosexualität

Sinnlichkeit kann selbstverständlich auch dann eine Rolle spielen, wenn der Sexualität bewußt gesellschaftliche Aufgaben zugeschrieben werden – das ist bei der Homosexualität nicht anders als bei der Heterosexualität. Eine ausschließlich soziologische Erklärung wird daher der Komplexität der ritualisierten Homosexualität auch nicht gerecht. Bei zwei der Bosavi-Strickland-Gruppen, den Bedamini und Gebusi, lassen sich die homosexuellen Beziehungen auch nicht durch eine Machttheorie erklären (Knauft 1987: 167ff.). So sind bei den Gebusi persönliche Gefühle und nicht soziale Verpflichtungen für den Eintritt in eine homosexuelle Beziehung ausschlaggebend, und Homoerotik bewegt sich in einer Atmosphäre der Harmonie und Männerfreundschaft (Knauft 1985: 32–33).

Ziel der sexuellen männlichen Entwicklung ist für die Gesellschaft der Eintritt der Knaben in das heterosexuelle Leben. Von den jungen Männern wird gefordert, daß sie schlußendlich heiraten und Kinder zeugen. Doch ist die Erfahrung von beidem, Homo- und Heterosexualität, notwendiger Bestandteil des männlichen Lebenszyklus und Voraussetzung für das Erreichen des männlichen Erwachsenen-Status.

Die Bosavi-Strickland-Männer durchlaufen in ihrer Knabenzeit eine ausschließlich homosexuelle Phase und nehmen spätestens mit der Heirat heterosexuelle Beziehungen auf. Von da an haben Etoro-Männer sexuelle Beziehungen als Samen-Spender zu Knaben und Ehefrauen (Kelly 1976: 53Fn.6). Bei den Gebusi bedeuten sexuelle Beziehungen für die Männer vor allem persönliche Bedürfnisbefriedigung. Heterosexueller Verkehr wird phantasiert und ersehnt, er ist aber außerhalb der vorgeschriebenen Ehen verboten und zudem gefährlich: Das Eingehen von unerlaubten heterosexuellen Beziehungen steht in Zusammenhang mit der außergewöhnlich hohen Tötungsrate unter den Gebusi. Unverheiratete Männer leben daher an Stelle der Unruhe stiften-

Männer der Marind Anim beim Flechten der kunstvollen Frisur. Die verschiedenen Altersklassen unterscheiden sich in der Art ihrer Haartracht voneinander. Foto: Koninklijk Instituut voor de Tropen, Amsterdam.

den Heterosexualität vor allem die sie mit anderen Männern verbindende Homosexualität aus (Knauft 1986: 266–274). Ab der Eheschließung leben viele Bosavi-Männer bisexuell.

Die Anga-Männer müssen Frauen bis zu ihrer Heirat generell meiden. Sie leben während diesem Lebensabschnitt im Männerhaus, und es besteht ein heterosexuelles Tabu. Die Knaben werden durch das Trinken von Samen über mehrere Jahre ‚maskulinisiert' und werden schließlich mit dem Eintritt in den Junggesellenstatus selbst zu Samen-Spendern für die nachfolgende Knabengeneration. Mit der Eheschließung beginnt eine kurze Übergangsphase, in der homosexuelle und heterosexuelle Beziehungen gleichzeitig möglich sind (Herdt 1987b). Auch die ersten heterosexuellen Kontakte mit der Ehefrau beruhen auf Fellatio, erst nach geraumer Zeit kommt es zu genitalem Geschlechtsverkehr. Damit nähert sich auch das Ende der homosexuellen Freiheiten: Ein Penis, der einmal in eine Vagina eingedrungen ist, kann keinem eben erst von der Mutter getrennten Knaben mehr angeboten werden. ‚Weibliche Substanzen' würden auf diese Weise in dessen Mund befördert, die das gerade einsetzende ‚männliche' Wachstum behindern (Godelier 1987: 63, 83). Der junge Mann soll daher ab der Geburt seines ersten Kindes nur mehr heterosexuelle Kontakte mit seiner Ehfrau bzw. seinen Ehefrauen pflegen (Herdt 1987b). Die Anga-Männer sind daher in der Tendenz seriell-exklusiv homo- bzw. heterosexuell.

Geschlechterantagonismus und die Abwertung von ‚Weiblichkeit'

Sexueller Antagonismus bestimmt in vielen Teilen Neuguineas die Beziehung zwischen Männern und Frauen (siehe dazu Stagl 1971; Herdt und Poole 1982). Mit diesem sehr weit gefaßten Begriff bezieht sich die Ethnologie auf unlösbare Widersprüche zwischen den Geschlechtern. Vor allem im Hochland gilt das Geschlechterverhältnis als gespannt und gewaltsam (Read 1954). Die Trennung zwischen Männern und Frauen bestimmt alle Lebensbereiche und ist von einer ausgeprägten Feindseligkeit getragen. Im Tiefland und an der Küste hat das Geschlechterverhältnis andere Momente (Herdt und Poole 1982: 14). Es ist dort ambivalent, bewegt sich zwischen Anziehung und Abstoßung und betont doch immer wieder die Vereinigung der Geschlechter. Das drückt sich unter anderem in der Einbeziehung von Heterosexualität in kultische Bereiche aus (Whitehead 1986: 281–284). Die Anga und Bosavi-Strickland in den ‚Randgebieten' zwischen Hochland und Tiefland sind in ihrem Geschlechterverhältnis sehr unterschiedlich. Dies reicht von einer besonders extremen Form der Abstoßung zwischen den Geschlechtern bei den Anga bis zu einer angstbesetzten Idealisierung der Heterosexualität bei den Gebusi.

Bei den Anga wachsen die Kinder in den ersten Lebensjahren wegen der rigiden Trennung der Geschlechter ausschließlich im Frauenbereich auf. Die Männer glauben, daß die Knaben in ihrem Wachstum und in der Entwicklung ihrer ‚Männlichkeit' durch ihre langjährige Nähe zur Mutter behindert sind. Sie haben in ihrer Kleinkinderzeit ‚weibliche' Substanzen, die sich mit ‚Männlichkeit' nicht vereinen lassen, in ihren Körper aufgenommen. Die Männer halten deshalb die kleinen Knaben für ‚feminin' und sind überzeugt, daß diese ‚Weiblichkeit' aus ihnen entfernt werden muß. Das geschieht, indem die Nase (bei den Sambia-Anga, Herdt 1987b) oder die Zunge (bei den Baruya-Anga; pers. Mitteilung von Pierre Lemonnier) zum Bluten gebracht wird und mit dem Blut die kontaminierenden ‚weiblichen' Substanzen ausgeschieden werden. Für die Männer bleiben die Körpersubstanzen der Frauen eine beständige Bedrohung ihres Wohlbefindens und ihrer Identität. Während der Menstruation erreicht die ‚Gefährlichkeit' der Frau einen Höhepunkt, und die Frauen ziehen sich in ihre Menstruationshütten zurück (Godelier 1987). Für die Männer geht die Gefahr eindeutig von der Frau aus, und sie halten ihre eigenen ‚männlichen' Körpersubstanzen nicht für unrein (in einigen benachbarten Gesellschaften des Hochlandes gibt es unter den Frauen dagegen die Vorstellung, daß auch Frauen von den Männern verunreinigt werden, vgl. dazu Faithorn 1976: 87; Schwimmer 1984: 270; Biersack 1987: 179). Männer müssen während ihres Erwachsenenlebens ihre blutigen Purifikationsrituale immer wieder durchführen, weil sie durch heterosexuellen Kontakt wiederholt von ‚weiblichen' Substanzen verunreinigt werden. ‚Männlichkeit' und ‚Weiblichkeit' sind nach ihrer Auffassung in einem zur Kriegsführung verpflichteten Mann nicht vereinbar. Der Antagonismus der Geschlechter ist aber nicht nur in der ‚Unreinheit' der Frau begründet. Von der Frau geht auch eine soziale Gefahr aus. Die Anga haben die Gewohnheit, Ehen zwischen Gruppen zu schließen, die potentielle Feinde sind. Von den Frauen wird angenommen, daß ihr Solidarität zwischen ihrer Ursprungsgruppe und der Gruppe ihres Ehemannes gespalten ist (vgl. auch Strathern 1972). Sowohl Ehemann wie Bruder begegnen der Frau mit einem gewissen Mißtrauen, weil sie – wohl zu Recht – fürchten, daß ihre Identität und damit ihre Zugehörigkeitsgefühle nicht so eindeutig sind wie ihre eigenen. Die Bruder-Schwester-Beziehung ist allgemein weniger antagonistisch als die zwischen Eheleuten (Read 1954; Faithorn 1976; Kelly 1977), wohl auch, weil sie nicht mit den ‚Gefahren der heterosexuellen Beziehung' verbunden ist.

Die gesellschaftliche Produktion von Misogynie

Die Misogynie der Männer ist bei den ritualisierte Homosexualität praktizierenden Gesellschaften der ‚Randgebiete' Neuguineas sehr unterschiedlich. Bei den Bosavi-Strickland ist sie weniger kraß als bei den Sambia- und Baruya-Anga, wo die Abwertung der Frauen besonders extreme Formen erreicht. Die Frauenfeindlichkeit bei den Anga übersteigt selbst die des Hochlands, das für seine Geschlechterpolarität bekannt ist. Nirgendwo sonst scheinen die Spannungen zwischen den Geschlechtern so unlösbar und ist die Abwertung von ‚Weiblichkeit' so zentral für die Weiterführung der bestehenden Gesellschaft wie bei diesen Anga-Gruppen.

Wie kommt es, daß Misogynie zu einem gesellschaftstragenden Moment wird?

Bei den Anga spielt nicht nur ritualisierte Homosexualität eine wichtige Rolle in der rituellen Entwicklung von männlicher Identität. Die Blutriten nehmen eine nicht minder wichtige Stellung in ihrer Initiation ein. Als Purifikationsrituale haben sie die Aufgabe, ‚weibliche' Anteile aus den Knaben zu entfernen, um Platz zu schaffen für die exklusive Implantation von ‚Männlichkeit'. Denn für die Männer ist der höchste Ausdruck ihrer ‚Männlichkeit', die Kriegsführung, nicht mit dem vereinbar, was sie mit den Frauen assoziieren: der Verbundenheit mit ‚Fremden', zum Beispiel den mütterlichen Verwandten aus fremden Dörfern und anderen Abstammungsgruppen. Diese Zugehörigkeitsgefühle zu potentiellen Gegnern in kriegerischen Auseinandersetzungen würden einen Krieger in seiner Aufgabe behindern. Eine eindeutige Identität scheint nötig, um ohne Zweifel töten zu können. So einfach, wie das die Männer-Ideologie vorschreibt, scheint das aber nicht zu sein: Die ‚vielseitigen' Gefühle der Knaben müssen durch einen langjährigen, gewaltsamen Prozeß in eine Eindeutigkeit und ‚Klarheit' übergeführt werden, die ein Gefühl der mehrfachen Zugehörigkeit, vor allem zu mütterlichen Verwandten, ausschließt. Die Erfahrung der emotionalen Verbundenheit mit diesen fremden Abstammungsgruppen muß vergessen werden. Die Frauen, deren Bindung an eine andere Gruppe viel offensichtlicher bleibt, sind eine beständige Erinnerung daran, daß die Verhältnisse nicht so einfach sind, wie es die herrschende Ideologie fordert – im Grunde auch nicht für die kriegerisch denkenden Männer. In einer Welt, in der Krieg mehr als eine Überlebensfrage ist, sind solche Gefühle und Gedanken aber irritierend und müssen an ihrer Entfaltung gehindert werden. Das geschieht hier, indem die eigenen Gefühle der Verbundenheit auf die Frauen projiziert werden. Sie werden zu ‚weiblichen' Eigenschaften erklärt, die sich für einen ‚Mann' nicht ziemen. Die Frauen als verkörperte ‚Weiblichkeit' werden eben deshalb kollektiv abgewertet und ausgeschlossen.

Die Angst vor der Heterosexualität

Bei den Bosavi-Strickland-Gesellschaften gilt die Frau nicht als unrein. Die Etoro kennen kein Menstruationstabu und die Purifikationsrituale der Männer fehlen. Für die Bedamini sind Körperausscheidungen allgemein schmutzig, unabhängig vom Geschlecht. Wie auch bei den Gebusi können sich die Geschlechter im öffentlichen und häuslichen Leben ohne chronische Konflikte begegnen (Kelly 1976: 42; Sorum 1984: 331; Knauft 1986). Die alltäglichen, nicht primär sexuellen Beziehungen zwischen Männern und Frauen sind nicht angstbesetzt. Verunreinigend und schwächend sind für die Bosavi-Strickland nicht Personen, sondern die Heterosexualität als solche stellt eine Gefahr für Männer wie Frauen dar. Der heterosexuelle Geschlechtsverkehr wird sehr ambivalent gesehen: Er ist einerseits kräfteraubend und verunreinigend und muß daher gemieden werden, andererseits wird er ersehnt und in seiner Verwirklichung werden die Ängste auch überwunden (Kelly 1976: 43). Die Möglichkeiten zum heterosexuellen Geschlechtsverkehr sind beschränkt. Außerhalb der Ehe gefährdet er soziale Beziehungen, und selbst in der Ehe ist er einen Großteil des Jahres tabu (ebd.). Durch seine Unerreichbarkeit wird das heterosexuelle Begehren noch verstärkt (vgl. Knauft 1986: 272). In einer Welt, in der Heterosexualität für Männer einen Verlust an Lebenskraft bedeutet und zusätzlich mit sozialer Bedrohung verknüpft ist, bedeutet eine mit ‚Leben' und ‚Wachstum' assoziierte Homosexualität nicht nur die Möglichkeit, erotischen Bedürfnissen Ausdruck verleihen zu können, sondern darüber hinaus, etwas für sich zu ‚gewinnen'. Heterosexualität ist dagegen eine Bedrohung der Integrität. Sie bedeutet ‚Zerfall' des Bestehenden und damit ‚Tod' (Sorum 1984). Diese Vorstellung steht im Widerspruch zum offensichtlichen reproduktiven Potential der Heterosexualität (der kausale Zusammenhang zwischen heterosexuellem Geschlechtsverkehr und Zeugung ist hier aber grundsätzlich bekannt!). Die primäre Unbestimmbarkeit ihrer Fruchtbarkeit löst Angst aus, und ihr Potential wird folglich geleugnet. Der homosexuelle Verkehr bedingt im Gegensatz zur Heterosexualität kein für die Männer unkontrollierbares Wachstum eines neuen Menschen. In ihrer Homosexualität haben die Männer volle Kontrolle über das, was entsteht: Aus dem Knaben kann durch sexuellen Verkehr nichts anderes als ein erwachsener Mann und damit ein ihnen ‚gleiches' Wesen werden.

Die Frauen der Etoro teilen mit ihren Männern die Vorstellung von der Gefährlichkeit der Heterosexualität. Sie sind besonders darauf bedacht, sich an die heterosexuellen Verbote zu halten (Kelly 1976: 45). Warum sich auch die Frauen vor der Heterosexualität fürchten, haben die Feldforscher nicht eruiert. Kinder in die Welt zu setzen, scheint hier für die Frauen nicht ein Ausleben einer ‚Gebär-Macht' zu bedeuten. Ob es ihnen bei ihrem Rückzug aus der Heterosexualität bewußt um Geburtenkontrolle geht und ob sie ihre Ängste ähnlich den Männer mystifizieren, ist aufgrund des Datenmangels nicht beantwortbar. Über ein mögliches homosexuelles Sexualleben der Frauen ist, wie bereits früher erwähnt, nichts Näheres bekannt.

Geschmückte Tänzer der Marind Anim anläßlich einer Dema-Zeremonie, bei der mythischen Stammväter vergegenwärtigt werden, die in der Urzeit alles erschaffen haben. Während der damit verbundenen Fruchtbarkeitskulte kam es früher zur heterosexuellen Vereinigung der Geschlechter. Foto: Koninklijk Instituut voor de Tropen, Amsterdam.

Der unterschiedliche Status der Frauen

Neuguineas Gesellschaften mit ritualisierter Homosexualität sind durch ein gespanntes Verhältnis zwischen den Geschlechtern gekennzeichnet. Der Geschlechterantagonismus läßt sich aber nicht ursächlich mit dem Vorhandensein von homosexuellen Riten erklären. In einigen Teilen Neuguineas, in denen sie zum Teil fehlen, ist die Geschlechterfeindlichkeit noch offensichtlicher. Vergesellschaftete männliche Homoerotik ist in Neuguinea aber grundsätzlich mit einem konfliktreichen Verhältnis zur ‚Weiblichkeit' und/oder zur Heterosexualität verbunden.

In den Tiefland-Kulturen, in denen ritualisierte Homosexualität weit verbreitet war, wird ‚Weiblichkeit' nicht grundsätzlich entwertet, und die heterosexuelle Vereinigung der Geschlechter spielt im Fruchtbarkeitskult eine Rolle. Die Geschlechterbeziehung ist dennoch ambivalent, und der Status der Frauen ist zwar nicht extrem schlecht, aber Frauen werden als reale Personen auch nicht besonders geachtet. Ich bezeichne die Stellung der Frau im Tiefland daher als ‚herabgesetzt'.

Im Hochland, wo die ritualisierte Homosexualität weitgehend fehlt und statt dessen Blutriten durchgeführt werden, gelten Frauen als gefährlich und unrein, und ihr Status ist ‚untergeordnet'.

An den Übergängen zwischen Hochland und Tiefland, in den ‚Randgebieten', finden wir auf der südwestlichen Seite bei den Bosavi-Strickland nur ritualisierte Homosexualität und keine Blutriten. Die Frauen gelten nicht als unrein, und ihr Status ist wie im Tiefland ‚herabgesetzt', aber nicht ‚untergeordnet'. Hier herrscht eine allgemeine Furcht vor der Heterosexualität. Die Männer erträumen und idealisieren Heterosexualität tendenziell, sie ist aber real kaum auslebbar und bedeutet soziale Bedrohung und den möglichen Tod.

Im Gegensatz dazu finden wir im östlichen Teil der ‚Randgebiete' bei den Baruya- und Sambia-Anga neben den ‚positiven' Samenübertragungs-Riten des südlichen Tieflandes auch die ‚negativen' Blutriten des Hochlandes (zum Konzept der negativen und positiven Riten s. Menter 1986: 78–81; Whitehead 1986: 86–88). Bei den Anga ist der Status der Frau am stärksten ‚untergeordnet', mehr als bei den ausschließlich ritualisierte Homosexualität betreibenden und Frauen ‚herabsetzenden' Gesellschaften im Tiefland und den Hochlandgesellschaften, die nur Blutriten praktizieren und ihre Frauen ebenfalls ‚unterordnen'. Die Vereinigung von ‚Männlichkeit' verherrlichenden homosexuellen Riten mit gegen ‚Weiblichkeit' gerichteten Purifikationsriten führt also zu einer besonders extremen Form der Misogynie.

Der gesellschaftliche Kontext ritualisierter Homosexualität

Ritualisierte Homosexualität, Kriegswesen und Misogynie sind in diesen Gesellschaften Teil einer komplexen Betonung von ‚Männlichkeit'. Der Männerbund erhält durch sie eine besondere innere Struktur. Durch die Homosexualität und ihre Ideologie fühlen sich die Männer von den Frauen unabhängig und binden sich durch die erotische Emotionalisierung ihrer Männerbeziehungen über soziale Verpflichtungen hinaus aneinander. In den gleichgeschlechtlichen Beziehungen können die Männer klare Grenzen zwischen den gruppeneigenen und gruppenfremden Interessen ziehen. Die Frauen vertreten dem entgegen das diffuse ‚Fremde' und sind für sie nicht wie etwas Bekanntes einschätzbar. Frauen sind wie innere Feinde, deren Feindlichkeit aber materiell kaum faßbar ist und deshalb mystifiziert wird. Die Hingezogenheit der Männer zu den Frauen zeigt sich dennoch, und zwar besonders stark im heterosexuellen Begehren. Es kann nicht ständig abgewehrt werden. Nähe zwischen Männern und Frauen bedroht aber die Integrität des Männerbundes, dessen Hauptaufgabe die machtbestimmte Regulierung von Beziehungen ist. Durch die allgemeine Angstbesetzung der Geschlechterbeziehung und die homosexuelle Kultur kann die die Kriegsführung erleichternde Distanz zwischen den Geschlechtern besser gewahrt werden. In der ritualisierten Homosexualität und der Misogynie dieser kriegerischen Männerbünde kommen Konflikte geschlechterspezifisch zum Ausdruck.

Was anfänglich vielleicht einen exotischen Eindruck erweckt und Angst ausgelöst hat, erweist sich bei näherer Betrachtung als komplexe Auseinandersetzung mit vieldimensional ineinander verflochtenen menschlichen Beziehungen. Dieser Aufsatz möchte dazu anregen, Homosexualität in Männerbünden unter einer Perspektive zu sehen, die diverse Beziehungsmöglichkeiten wahrnimmt und diskutiert.

Zwischen Niedergang und Revitalisierung – Männerkult und Dorfgeschichte bei den Ngaing in Papua Neuguinea

Wolfgang Kempf

Männerkulte und geheime Initiationsriten in Papua Neuguinea sind keineswegs unwandelbare, geschichtslose Phänomene, sondern unterlagen (und unterliegen) durchaus historischen Veränderungen. Am Beispiel eines Dorfes bei den Ngaing in der Madang-Provinz wird vorgeführt, welche Möglichkeiten mündliche Überlieferungen und schriftliche Dokumente eröffnen, um der lokalen Geschichte eines Männerkults auf die Spur zu kommen. Im Mittelpunkt des Beitrages stehen die Übernahme von rituellem Wissen, geheimen Instrumenten und Melodien, die noch in vorkolonialer Zeit, kurz vor der missionarischen und administrativen Erschließung der Region, stattgefunden hat, sowie Erfahrungen, Reaktionen, (Heils-)Erwartungen und historische Sichtweisen der einheimischen Bevölkerung im Zusammenhang mit der öffentlichen Zerstörung geheimer Kulturparaphernalia während der frühen Christianisierungsversuche durch die Lutheraner.

Siehe dazu auch Farbseite XLIII.

Das zunehmende Unbehagen an der ahistorischen Ausrichtung herkömmlicher Ethnographien (Rosaldo 1980a, 1980b) hat in jüngster Zeit bewirkt, daß die Geschichtlichkeit von Kulturen in Papua Neuguinea vermehrt ins Blickfeld ethnologischen Interesses gerückt ist (Gewertz 1983; Gewertz und Schieffelin 1985). Vor dem Hintergrund dieser rezenten Entwicklung wird im vorliegenden Artikel versucht, der Lokalhistorie des Männerkults und der geheimen Initiation in einem Dorf bei den Ngaing[1] im südlichen Teil der Madang-Provinz von Papua Neuguinea nachzugehen. Dieser Ausflug in die Geschichte des Dorfes Sibog führt in eine kurze Phase der Zeit vor der Kolonialisierung (um 1870 bis ca. 1920) und in das daran anschließende, von Evangelisten der lutheranischen Mission geprägte Jahrzehnt. Unter Zuhilfenahme oraler Quellen kann zum einen gezeigt werden, daß der bei den übrigen Ngaing seit langem verbreitete Männerkult in Sibog erst verhältnismäßig spät eingeführt wurde. Andererseits macht dieser Perspektivenwechsel aber auch die Erfahrungen und Widerständigkeiten der Dorfbewohner während der Missionierung durch die Lutheraner deutlich, als mit der öffentlichen Verbrennung der geheimen Paraphernalia die endgültige Abkehr vom ‚Heidentum' vollzogen werden sollte. Die Heranziehung oraler Zeugnisse ermöglicht es, die indigene Bevölkerung Papua Neuguineas und ihr kulturelles Umfeld stärker als bisher historisch zu beleuchten, und richtet sich sowohl gegen die weitverbreitete Neigung, die vorkolonialen Gesellschaften und deren Geschichte als statisch und unwandelbar abzuhandeln, wie auch gegen jene historischen Darstellungen aus überwiegend europäisch-westlicher Sicht, die lediglich Europäer als die zentralen Akteure bei der Entdeckung, Missionierung und administrativen Durchdringung des Landes in den Vordergrund stellen (Lacey 1981).

Schließlich soll die kontrastive Verwendung oralen und schriftlichen Quellenmaterials darauf hinweisen, daß man es bei mündlicher Geschichte mit Erinnerungen zu tun hat und somit auch die Spezifik der Wahrnehmung von historischen Ereignissen durch die Bewohner des Dorfes Sibog sowie deren kulturell geprägte Sichtweisen von Vergangenheit mit in Betracht gezogen werden müssen (vgl. Schieffelin und Gewertz 1985: 3).

Die Ngaing und *gabu*

Die Ngaing – sie zählen etwa 1200 Menschen – leben mehrheitlich zwischen den Flüssen Nankina und Mot im küstennahen Hinterland der Rai-Küste. Sie ernähren sich überwiegend von Feldfrüchten wie zum Beispiel Taro, Yams, Süßkartoffeln, die sie in ihren Hanggärten anbauen, von Fleisch, das die Jagd auf Kleinwild erbringt, und vom Fischfang in den Flüssen. Außerdem hält man

Im Mittelpunkt vieler Dörfer der Ngaing in Papua-Neuguinea liegen auch heute noch Männerhäuser, das heißt rechteckige, ebenerdige Häuser, zu denen Frauen und nichtinitiierte Jugendliche keinen Zutritt haben. Die Häuser dienen vor allem zur Aufbewahrung der Schlitztrommeln und heiligen Schallrohre, die aus länglichen, ausgehöhlten Flaschenkürbissen bestehen und streng vor den Blikken Nichtinitiierter geschützt werden. In manchen Gegenden des Ngaing-Gebiets haben die Einflüsse der westlichen Welt (unter anderen die Mission) bewirkt, daß keine Männerhäuser mehr gebaut werden. Foto: W. Kempf 1988.

eine geringe Anzahl von Hausschweinen, die jedoch nur zu festlichen Anlässen geschlachtet werden. Kaffee- und Kakaopflanzungen ermöglichen ein bescheidenes Bargeldeinkommen.

Grundlegend für die Sozialstruktur der Ngaing ist die doppelt unilineare Deszendenz: Man berücksichtigt exogame totemistische Matriclane mit Matrilinien von drei bis fünf Generationen Tiefe und Patriclane, die wiederum aus *patrilineages* mit derselben Generationentiefe bestehen. Im Gegensatz zum Matriclan kann beim Patriclan nicht auf einen allen *patrilineages* gemeinsamen Clangründer zurückgegriffen werden, weshalb er auch als ‚Pseudo-Patriclan' bezeichnet wurde (Lawrence 1965: 200). Diese Patriclane zeichnen sich auf andere Art und Weise aus: Sie stellen die Grundeinheiten der Siedlungen dar, folgen den Regeln der Exogamie, und über sie definieren sich Landrechte sowie Rechte auf Ritualbesitz. Letzteres ist vor allem im Zusammenhang mit dem Männerkult bedeutsam.

Die Wohn- und Kochhäuser eines Dorfes, welches heute zwischen fünfzig und 250 Einwohner haben kann, gruppieren sich in der Regel um ein zentrales Männerhaus (*dotu* oder *parigok*). Es ist eine rechteckige, ebenerdige Hütte mit einem grasgedeckten, fast bis an den Boden reichenden Satteldach. Die beiden Giebelseiten, an denen sich auch die Eingänge befinden, sind mit Matten aus Kokospalmblättern verhängt. Jedem Patriclan einer Ansiedlung steht einer dieser beiden Eingänge und eine Sektion im Männerhaus zu. Im Inneren des Hauses, zu dem Frauen und nichtinitiierte Jugendliche keinen Zugang haben, werden vor allem die claneigenen Schlitztrommeln und die geheimen, bis zu 1,20 Meter langen Schallrohre[2] aufbewahrt. Neben den Instrumenten verfügt ein Patriclan zudem über eigene Melodien mit den dazugehörigen Mythen sowie über sakrale Wasserstellen, an denen vor einem Fest die Schallrohre gewaschen werden. Darüber hinaus existieren clanspezifische Formeln u.v.m. (vgl. Lawrence 1965).

Aufgrund ihrer Funktion als Ratgeber und Beschützer ihrer lebenden Nachfahren sind die Ahnengeister (*gabu*) bis heute für die Ngaing von großer Bedeutung. Zu Ehren dieser Geister der Verstorbenen finden daher regelmäßig Feiern statt, in deren Mittelpunkt die Kultaktivitäten der Männer, insbesondere das Musizieren auf den geheimen Instrumenten, stehen.

Traditionelle Festanlässe waren die Einweihung eines neu erbauten Männerhauses und das Erntefest. Darüber hinaus wurde die *gabu*-Zeremonie anläßlich von Geburt, Initiation, Heirat, Tod und den damit verbundenen Schweinetransaktionen durchgeführt (vgl. Lawrence 1965: 210–212). Mit dem zunehmenden Verschwinden der Männerhäuser entfallen in neuerer Zeit allerdings die Einweihungsfeste, und auch beim Erntefest macht man sich immer seltener die Mühe, die Schallrohre erklingen zu lassen. Am häufigsten wird gegenwärtig die *gabu*-Zeremonie im Zusammenhang mit den Übergangsriten durchgeführt.

Solche Feiern, die ich während meines Feldaufenthalts bei den Ngaing mehrfach beobachten konnte, laufen im wesentlichen nach demselben Grundschema ab: Zu Beginn gehen die Männer eines jeden Patriclans zu den sakralen Wasserstellen, waschen und schmücken die Schallrohre (*kanggut*), rufen die Ahnengeister an und laden sie ein, ihnen zu folgen. Mit Anbruch der Dunkelheit geleiten die Männer, clanspezifische Melodien spielend, die Geister der Verstorbenen ins Dorf und dort ins Männerhaus. Häufig kann auch ein Tanz (*ola*) stattfinden, bei dem die Männer, deren Rücken mit Blättern geschmückt sind, in einem inneren

Eine zentrale Rolle in den Zeremonien der Ngaing nehmen die ola-Tänze ein. Vor den Tänzen versammeln sich Männer und Frauen in separaten Lagern, um sich für den Tanz zu schmücken. Hier, im Männerlager, ist der eigens für das Fest gefertigte Kopfschmuck der männlichen Tänzer aufgereiht. Foto: W. Kempf 1988.

Kreis auf den Schallrohren spielen, während die Frauen einen äußeren Kreis bilden und um sie herumtanzen. Dunkelheit und Blätterwerk schützen die Instrumente vor den Blicken der Frauen. Erwachsene Frauen wissen zwar, daß die Musik von den Männern stammt, dürfen aber dennoch weder darüber sprechen noch die Schallrohre sehen. Offiziell werden Musik, Kultaktivitäten und die ausführende Männergemeinschaft mystifizierend als *gabu* oder, im Pidgin, der Verkehrssprache Papua Neuguineas, als *tambaran* bezeichnet, wobei diese Begriffe auch Konnotationen von ‚geheim' und ‚furchterregend' enthalten.

Beim Morgengrauen werden die Instrumente ins Männerhaus gebracht, untertags widmet man sich den Transaktionen von Schweinen und Nahrungsmitteln oder geht den alltäglichen Arbeiten nach. Von Sonnenuntergang bis Sonnenaufgang ist aus dem Kulthaus dann wieder der *tambaran* zu hören. Früher konnten die Festlichkeiten ein bis drei Monate dauern und waren beendet, nachdem man die Ahnengeister, oft nach einem abschließenden *ola*-Tanz, wieder zu den Wasserstellen zurückgeleitet hatte. Heute dauert eine solche *gabu*-Zeremonie nicht länger als ein bis zwei Wochen.

Die traditionellen Initiationsriten für männliche Jugendliche umfaßten in der Hauptsache eine mehrwöchige Seklusion, während der man den Neulingen, unter Auferlegung strenger Nahrungstabus, erstmals die geheimen, aus länglichen, ausgehöhlten Flaschenkürbisteilen zusammengesetzten Schallrohre zeigte und ihnen die Clanmelodien beibrachte. In dieser überlieferten Form werden die Initiationsriten aber nur noch sehr selten durchgeführt; mehrere Dörfer sind in neuerer Zeit statt dessen dazu übergegangen, die aus anderen Gebieten übernommene Penisbeschneidung zum zentralen Bestandteil der geheimen Initiation zu machen.

Unabhängig von den Wandelerscheinungen der letzten Jahrzehnte, gehören die Schallrohre, neben den Schwirrhölzern, bis heute zu den zentralen Symbolen von männlicher Macht und Autorität. Die im übrigen nicht nur bei den Ngaing verbreitete mythische Überlieferung (vgl. Gourlay 1975: 86ff.), die Frauen hätten ursprünglich die Instrumente entdeckt, sie dann aber den Männern überlassen, kommt dabei in erster Linie den Bedürfnissen der Männerwelt nach Legitimation ihres Machtanspruchs entgegen.

Der Männerkult mit seinen geheimen Schallrohren erfüllt, wie in anderen Gesellschaften Neuguineas auch (vgl. Allen 1967; Herdt 1982; Langness 1974; Lutkehaus 1982; Read 1952; Tuzin 1980); den Zweck, den Zusammenhalt der Kultgemeinschaft zu unterstreichen. Der fortwährende Ausschluß der Frauen von den dazugehörigen zentralen Aktivitäten und dem damit verbundenen esoterischen Wissen soll ihren Verbleib an dem ihnen zugewiesenen Platz in der Gesellschaft sicherstellen; ein Platz, der klar von der männlichen Domäne abgegrenzt und dem der Männer untergeordnet ist (Langness 1974).

Gabu in Sibog: eine Rekonstruktion

Die vorangestellte, generalisierend angelegte Darstellung und Erläuterung des Männerkults bei den Ngaing besitzt natürlich auch für Sibog Gültigkeit. Gleichwohl läßt sich am Beispiel gerade dieses Dorfes gut veranschaulichen, wie ein Perspektivenwechsel hin zur diachronen Betrachtungsweise das vorgestellte Phänomen in einem ganz neuen Licht erscheinen lassen kann.

Sibog liegt im zentralen Ngaing-Gebiet und zählt mit seinen derzeit 210 Einwohnern zu den größten Dörfern dieser Sprachgruppe. Die Ansiedlung setzt sich aus sechs Patriclanen zusammen, deren Mitglieder in letzter Zeit mehr und mehr dazu tendieren, im nächsten Umkreis Weiler auf eigenem Land zu gründen, um sich dort langfristig niederzulassen. Das ist, genauer besehen, ein Trend zurück zur Siedlungsweise in vorkolonialer Zeit, als noch kleine Ansiedlungen, bestehend aus ein bis drei Patriclanen, überwogen. Die heutigen Dörfer entstanden erst auf Initiative von Mission und Administration, die sich mit der Konzentration der verstreut lebenden Gruppen an einem Ort überblickbare Verwaltungseinheiten schufen. So waren auch die Patriclane Sibogs in der Vorkontaktzeit nicht in einem großen Dorf versammelt, sondern verteilten sich auf eine Vielzahl von Ansiedlungen in einem festgelegten Territorium.

Auf Fragen nach der Herkunft des Männerkults mit seinen Vorstellungen und Paraphernalia erhält man im Ngaing-Gebiet zumeist nur vage Antworten, die auf die Gegend um Gabumi als dem mythischen Herkunftsort verweisen (vgl. Lawrence 1965: 205; Schmitz 1960: 399f.). Hergang und Umstände der Übernahme wurden für einzelne Clane fast nie überliefert.

Sibog ist da eine Ausnahme, und es liegt hier der relativ glückliche Umstand vor, daß der Erwerb von *gabu* vergleichsweise spät erfolgte. Die Übernahme fand in der Generation der Groß- bzw. Urgroßväter der heute sechzig- bis siebzigjährigen statt und ist, wenn auch nur bedingt, so doch aus den oralen Zeugnissen der heute lebenden Clanältesten rekonstruierbar. Um die Angelegenheit in einem überschaubaren Rahmen zu halten, konzentriere ich mich im folgenden auf die drei Patriclane Kurukyerak, Sangaing und Emarikyerak.

Eine Zusammenschau der Überlieferungen ergibt folgendes Bild: Schallrohre, Melodien und rituelles Wissen begann man in der Sibog-Region etwa in der zweiten Hälfte des 19. Jahrhunderts zu importieren. Heiratsverbindungen von Sangaing brachten es mit sich, daß der Clan aus Gabumi die ersten, damals noch sehr kurzen Schallrohre und eine Melodie erhielt. Emarikyerak und Kurukyerak zogen wahrscheinlich kurz darauf nach und erwarben in Sindama ein längeres Instrument sowie eine Melodie. Jene Musikstücke – sie durften nur im Männerhaus gespielt werden – sind heute in Vergessenheit geraten. Die für den heutigen Männerkult als grundlegend erachteten Transaktionen fanden etwa um 1870, also rund sechzig Jahre vor Ankunft der ersten Weißen im Ngaing-Gebiet, statt. Kurukyerak spielte die führende Rolle; der Älteste des Clans faßte den Ablauf so zusammen:

„Es war zur Zeit unserer Großväter. Die Männer aus Suri holten sich Wizak und Damai ... holten die beiden nach Suri und zeigten es ihnen (mit leiser Stimme), das *kanggut*. Sie blieben einige Zeit und wurden dann geschmückt. ... Danach haben die Eltern hier alles vorbereitet, Schweine geschlachtet und für Suri ein Festessen gegeben. ... Mit der Melodie *ewawayang* schickten die Männer aus Suri auch einen Mann ... mit Namen Banuga. Der sollte denen hier alles beibringen ... er blieb hier und starb hier. ... Er wurde gleichzeitig mit dem Stück *ewawayang* hergeschickt. Man hatte hier ja früher nur Gesänge ohne Instrumente ..."

Was in dieser Passage angedeutet wird, ist die Initiation zweier Jugendlicher (Wizak und Damai) aus der Sibog-Region in dem Dorf Suri und die anschließende Transaktion, nach der die beiden Patriclane endgültig das Recht zum Spielen der genannten Melodie erhielten. Nicht erwähnt ist, daß mit *ewawayang* und dem Lehrer Banuga auch der zugehörige Mythos und ein gleichnamiges Schallrohr nach Sibog kam. Der letzte Satz verweist auf die Zeit vor der Einführung von *gabu*, in der rituelle Gesänge gebräuchlich waren, die heute allerdings längst in Vergessenheit geraten sind.

Dieser im Pidgin mit *singsing maus* (wörtlich: Gesang mit dem Mund) umschriebene Vorläufer bezeichnet gemeinsame Gesänge für Männer und Frauen, die mit rhythmischen Schlägen auf Bambusstücke begleitet wurden. Gleichzeitig konnten Männer jedoch offenbar auch in einem Männerhaus lange Bambusrohre zu Rhythmen der Schlitztrommeln blasen. Darüber hinaus gab es den Tanz *tuambong*, bei dem Männer ein Federrad als Kopfschmuck trugen, und der mit einem Übergangsritus für männliche Jugendliche verbunden war. Dieser Tanz, der bis heute, und zwar nur im gebirgsnahen Teil des Ngaing-Gebiets, durchgeführt wird, ist im Finisterre-Gebirge sehr weit verbreitet, wird dort jedoch *konggap* genannt

Letzte Vorbereitungen für das Tanzfest: Der Tänzer, der unter anderem auch ein Hundezahnstirnband trägt, erhält eine Gesichtsbemalung. Nur die initiierten, männlichen Tänzer dürfen die Schallrohre sehen, auf denen die Tanzmusik gespielt wird. Der Ausschluß der Frauen vom Wissen um die Schallrohre soll ihren Verbleib an dem ihnen zugehörigen Platz in der Gesellschaft sicherstellen: Ein Platz, der klar von der männlichen Domäne abgegrenzt und den Männern untergeordnet ist. Foto: W. Kempf 1985.

(Schmitz 1958). Zu jener Zeit, als man aus Suri *gabu* erwarb, hatte man allerdings nur das Recht auf das Spiel im Männerhaus erworben. Die Möglichkeit, künftig die Stücke auch während des *ola*-Tanzes blasen zu können, mußte sich Sibog – etwa um 1910 und wiederum aus Suri – noch einmal mit mehreren Schweinen, Gartenfrüchten und traditionellen Wertgegenständen wie zum Beispiel Hundezahnstirnbändern und Eberhauern erkaufen, da rituelles Eigentum ohne Gegenleistung grundsätzlich nicht kopiert werden durfte.

Diese Ausführungen zeigen, daß der Männerkult in Sibog nicht ‚schon immer so gewesen' ist, sondern eine eigene, spezifische Historizität aufweist, und sie sind Hintergrund und Ausgangsposition für die im folgenden dargestellten dramatischen Ereignisse während der lutheranischen Missionierung im Sibog-Gebiet.

Männerkult und frühe Missionierung

Über die Anfänge der lutheranischen Mission in Sibog ist bisher nur wenig bekannt gewesen. Peter Lawrence erwähnt in seiner Publikation nur kurz, die Lutheraner hätten unter einem Samoaner, der mit Evangelisten aus Madang an die Rai-Küste kam, auch in der Sibog-Region Fuß fassen können (Lawrence 1964: 54). Dabei handelte es sich um den samoanischen Pastor Jerome Ilaoa, der in den zwanziger Jahren nahe dem Küstendorf Galek eine Missionsstation begründete (Reiner 1986: 122) und in den darauffolgenden Jahren in das Sibog-Gebiet vorstieß. Es gelang ihm, fast alle verstreut lebenden Gruppen der Nahregion zu dem Dorf ‚Sibog' zusammen-

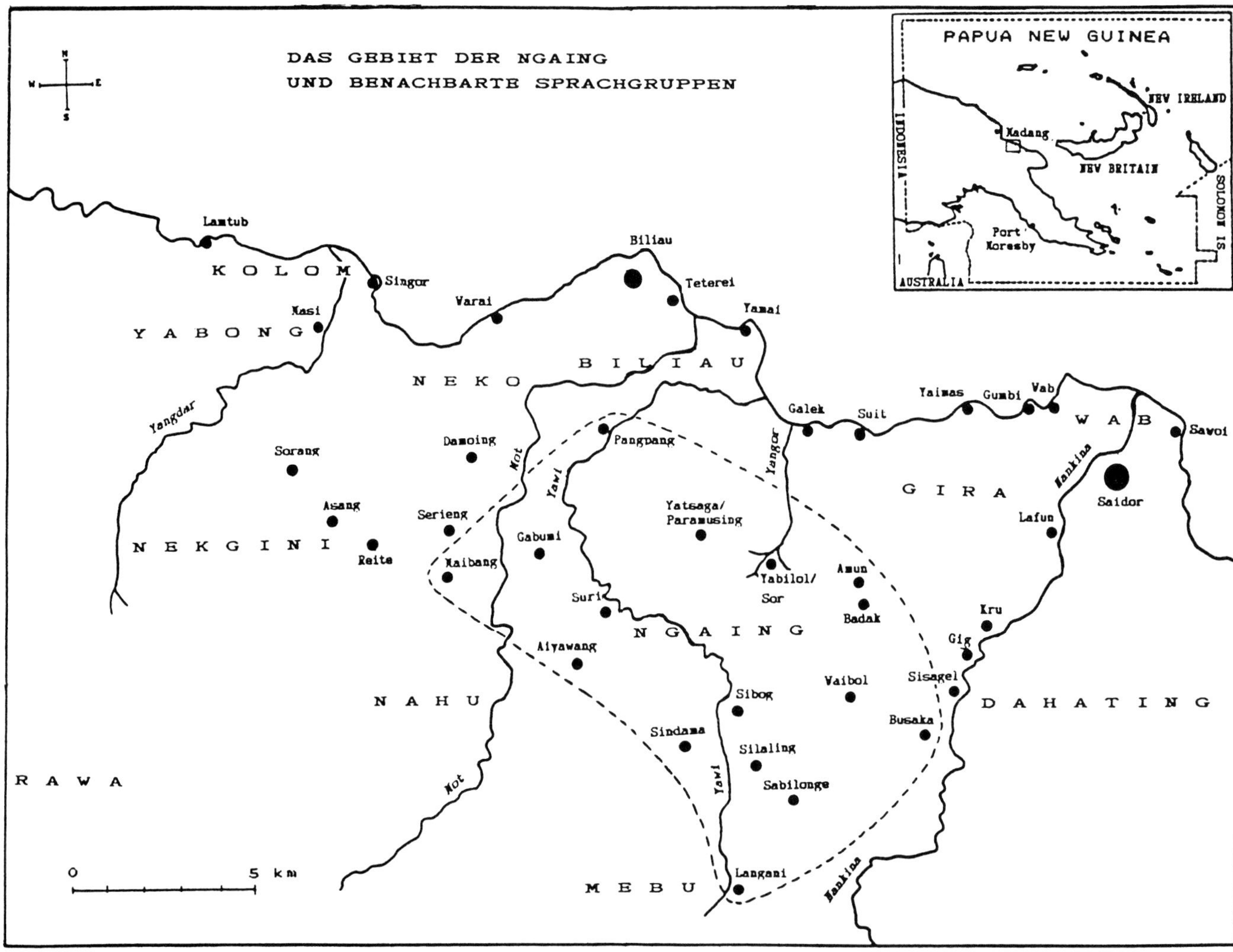

zufassen. Er stationierte dort Evangelistengehilfen, ließ demonstrativ einen sakralen Platz *(tut)* roden, darauf ein Haus errichten und veranlaßte den Bau der ersten Dorfkirche.

Die Leute sollten auf die Taufe und damit für den Übertritt zum lutheranischen Glauben vorbereitet werden. Eine der elementarsten Voraussetzungen hierfür war allerdings die endgültige Aufgabe aller geheimen Männerkultaktivitäten sowie der *ola*-Tänze (vgl. Lawrence 1964: 118). Die Gehilfen und Jerome, der zu regelmäßigen Visiten erschien, predigten auf dieses Ziel hin, und im Januar 1930 kam es dann schließlich zur öffentlichen Verbrennung der geheimen Kultobjekte in Sibog. Dieses dramatische Ereignis, das im Jahresbericht der Station Galek nur beiläufig Erwähnung fand (Henkelmann 1930), nimmt in der mündlich überlieferten Geschichte der Bewohner Sibogs bis heute breiten Raum ein. Ein Gewährsmann aus dem Kurukyerak-Clan schildert den Ablauf: „Ich war noch ein kleiner Junge, als unsere Väter auf Geheiß Jeromes alles verbrannten, dort, wo heute der Friedhof ist. Die Kirche stand damals auf dem kleinen Hügel . . . Dirai (aus dem Kurukyerak-Clan) war zu der Zeit Kirchenführer in Sibog und führte die Aktion an. Viele Männer und Frauen waren gerade in der Kirche und beteten. Dirai und seine Männer, die das alles öffentlich zeigen sollten, kamen in die Kirche, und alle Männer und Frauen sahen es. Dann mußten alle rauskommen, und man warf die Sachen ins Feuer. Alles ins Feuer! Hernach waren dann die anderen (Ngaing-Gruppen) wütend auf uns und löschten Sibog fast aus. ... Männer, Frauen. An einem Tag starben zwei, am nächsten Tag wieder zwei. Drei starben in der Nacht, und einige untertags. So ging das fort. Meine Mutter ist damals auch gestorben ..."

Die Folgeerscheinungen dieser Aktion sind in das kollektive Gedächtnis Sibogs als menschliche, soziale und kulturelle Tragödie eingegangen. Man ist der Überzeugung, die Beteiligten seien fast ausnahmslos dem rächenden Schadenszauber *(nayang)* der umliegenden Ngaing zum Opfer gefallen. Nur jene hätten überlebt, die hätten flüchten können (vor allem Frauen), gar nicht erschienen wären oder eine Beteiligung von vornherein abgelehnt hätten.

Die Zerstörung der geheimen Paraphernalia scheint im Dorf tatsächlich nicht nur ungeteilte Zustimmung gefunden zu haben, denn die *oral history*-Dokumente verweisen auch auf eine Vielzahl von Widerständigkeiten. Wichtige Ritualgegenstände wurden zuhauf im Wald an geheime Orte verbracht. Allein für die Schallrohre, die neben Schwirrhölzern und magischen Steinen im Mittelpunkt der Verbrennungsaktion standen, sind mehrere Fälle überliefert, wie zweit- und drittklassige Instrumente den Flammen übergeben wurden, sehr gute Schallrohre jedoch gut versteckt oder, was häufiger vorkam, Verbündeten bzw. Verwandten in benachbarten Ansiedlungen (vor allem Suri) zur Aufbewahrung überlassen wurden. Von dort holte man sie später wieder zurück ins Dorf:
„Nachdem so viele starben, haben die anderen den Ort verlassen und haben im Busch gelebt. Dann kam ein *kiap* (australischer Verwaltungsbeamter) ... Nurton hieß er, der rief alle wieder zusammen ... Er sagte zu uns: ‚Werft diese Missionsleute raus! All diese Evangelisten. Dann holt ihr euren Tanzschmuck und schmückt euch. Ich will das sehen.' Gut, wir haben uns geschmückt, und er hat es sich angeschaut und gesagt: ‚Okay, so sollt ihr es machen, so soll es bleiben. Kommt wieder zurück und laßt euch hier nieder.' ... In dieser Zeit sind alle nach und nach wieder zurückgekehrt, und sie haben die Sachen, die sie nach Suri geschickt haben, wieder zurückgeholt (gemeint sind die Schallrohre). Sie haben sie zurückbekommen und wieder gespielt. Und das ist bis heute so geblieben" (lacht).

Diese Schilderung des Vorgehens des Administrationsbeamten Nurton stimmt im großen und ganzen damit überein, was der Missionar Henkelmann 1932 im Neuendettelsauer Missionsblatt veröffentlichte. Der Lutheraner scheint seine liebe Not mit dem Atheisten gehabt zu haben, bezeichnete ihn als ‚schwierigen Beamten' und stellte ihn ob seines Verhaltens sogar zur Rede: „... Weiter bestätigte er bei dieser Besprechung die Aussagen der Eingeborenen, daß er auf seinen Streifzügen die Leute auffordere, ihren alten Zauberschmuck hervorzuholen, anzulegen und den heidnischen Tanz und Geheimkult aufzuführen. Dabei erklärte er, dies seien alte Sitten und Gebräuche, welche niemand den Leuten wegnehmen dürfe ..." (Henkelmann 1932: 36).

Vom Zerstören und vom Überleben

Mit ihren rigiden Forderungen nach Preisgabe wichtiger Elemente der traditionellen Kultur stießen die Lutheraner bei der Mehrzahl der Ngaing auf entschiedene Ablehnung (vgl. Lawrence 1964: 118). Warum die Missionsarbeiter gerade in der Sibog-Region erfolgreicher waren als im übrigen Ngaing-Gebiet ist nicht einfach zu beantworten. Hier spielte sicherlich ein ganzes Bündel von Ursachen mit hinein, die im einzelnen nur mehr bedingt ermittelt werden können. Ein möglicher Grund mag gewesen sein, daß Sibog in der vorkolonialen Zeit tendenziell eher eine importierende Kultur war, die Neuerungen gegenüber stets aufgeschlossen schien. Überdies ist wahrscheinlich, daß eine öffentliche Zerstörung der geheimen Paraphernalia unter anderem auch deshalb durchführbar wurde, weil bei Ankunft der Missionshelfer *gabu* in Sibog längst nicht so fest etabliert war wie in den anderen Ngaing-Gegenden. An der Person des damaligen Kirchenführers Dirai aus dem Kurukyerak-Clan läßt sich dies noch einmal verdeutlichen: In der Generation seines Vaters fanden Initiation und Übernahme aus Suri statt. Dirai selbst gehörte zur ersten Generation, die in Sibog mit der *gabu*-Zeremonie groß wurde. Er war nach der Jahrhundertwende maßgeblich am Kauf des Rechts auf *ola*-Tänze beteiligt und übernahm bald darauf die führende Rolle bei dem öffentlichen Zerstörungsakt.

Gerade im Zusammenhang mit der Zerstörung von sakralen Objekten, die ja auch die Abkehr von Ritualen, Tänzen und Glaubensvorstellungen symbolisieren sollte, kann der Einfluß jener in Sibog eingesetzten Evangelistengehilfen nicht hoch genug veranschlagt werden. Peter

Lawrence hat besonders in seinem Buch über die *cargo*-Kulte im südlichen Madang (Lawrence 1964: 73–85) darauf hingewiesen, daß diesen Missionshelfern bei der Verbreitung *cargo*istischen Gedankenguts eine wichtige Rolle zukam.

Die quasi-christliche Lehre, die sie in Umlauf brachten, besagte im wesentlichen, daß all jene Traditionen, die den Missionaren und Gott mißfielen – also Schadenszauber, Gartenmagie, Polygynie, aber eben auch Männerkult und geheime Initiation –, den Weg zu den begehrten Gütern der Weißen (dem ‚*cargo*') versperren würden und deshalb gänzlich ausgemerzt gehörten. Es ist daher durchaus denkbar, daß in Sibog an die Zerstörung der rituell bedeutsamen Objekte solche Erwartungen geknüpft waren, ähnlich den Hoffnungen in anderen *cargo*-Kulten, die Zerstörung des alten materiellen Reichtums (Schweine, Gartenfrüchte etc.) würde den Weg zum Reichtum der Weißen freimachen.

Und möglicherweise ist die oben zitierte Patrouille des Administrationsbeamten Nurton, der die Bewohner Sibogs ermutigte, den Männerkult beizubehalten, identisch mit jener bei Lawrence erwähnten Tour um 1932, als der Beamte eine Gebetsversammlung in Sibog auflöste, bei der man die Wiederkehr von Jesus und die Ankunft des *cargo* erwartete (Lawrence 1964: 81). Offenbar hatten damals die Missionsgehilfen das nahe Bevorstehen des Jüngsten Gerichts prophezeit und angekündigt, alle Ungläubigen würden durch ein Erdbeben und ein Feuer vernichtet, worauf anschließend Jesus und die Ahnen zurückkehren würden, um die Christen für ihre Bekehrung mit europäischen Gütern zu belohnen (Lawrence 1964: 88).

In den Erinnerungsszenarien der Bewohner Sibogs blieb dieser *cargo*istische Aspekt jedoch ausgespart[3]. Statt dessen ist die Rückschau beherrscht von der Umkehrung der millenarischen Prophezeiung jener Jahre: Nicht die Ungläubigen, sondern die Christen haben das Experiment letztlich nicht überlebt. Mit Blick auf die bis in die Gegenwart reichende (Weiter-)Existenz von *gabu* bedeutet diese Sicht der Geschichte, daß das ‚Geheimnis' des Männerkults trotz vorübergehender Offenlegung und Zerstörung überlebt hat und dadurch in seinen Funktionen bis heute nicht wesentlich beeinträchtigt worden ist. Dagegen wurden durch Schadenzauber letztlich all diejenigen ausgelöscht, die versuchten, gegen die bestehende Ordnung anzugehen – ein Schicksal, das jeder Frau bei Infragestellung des Männerkults drohte.

So war der Rückgriff auf Zauberei eine Reaktion auf Veränderungen im vorhandenen Machtgefüge innerhalb und zwischen den einzelnen Ngaing-Gruppen, die durch neue und von außen aufgezwungene religiöse Überzeugungen und Lehren hervorgerufen worden waren. Die Zauberei wurde zu einem wichtigen Instrument in den Bemühungen der Bewohner Sibogs, die Wandelsituation in den Griff zu bekommen und die verlorene Macht der Männer wiederzugewinnen (vgl. Zelenietz und Lindenbaum 1981).

Anmerkungen

1 Die Feldforschungen bei den Ngaing wurden von August 1985 bis März 1986 und von November 1988 bis August 1989 durchgeführt. Ein Promotionsstipendium des Landes Baden-Württemberg sowie ein Aufstockungsstipendium durch den Deutschen Akademischen Austauschdienst (DAAD) haben das Projekt von 1988/89 ermöglicht.

2 Ein Foto von den Schallrohren findet sich in *„Road Belong Cargo"* von Peter Lawrence (1964) auf Pl. I. Die allermeisten Ngaing lehnen eine Veröffentlichung von Bildern ihrer geheimen Paraphernalia jedoch ab, da dies in ihren Augen einer Offenlegung gleichkommt. Aus diesem Grund habe ich auf eine Abbildung der Instrumente verzichtet.

3 Der Klassiker der *cargo cult*-Studien *„Road Belong Cargo"* machte die Yali-Bewegung an der Rai-Küste einer breiten Öffentlichkeit bekannt. Eine der sich daraus ergebenden Konsequenzen ist, daß die Ngaing sich heute als ‚primitive Cargoisten' stigmatisiert fühlen und daher jegliches frühere Involviertsein in *cargo*-Aktivitäten von sich weisen (s. Hermann 1987).

Männerbünde in Australien

Andreas Lommel

Wichtiger Bestandteil der sozialen Ordnung und der religiösen Vorstellungswelt der Ureinwohner Zentralaustraliens, der *aborigines*, sind bis heute Kultgruppen, zu deren Aufgabe die rituelle Vermehrung ihrer Totems, das heißt, bestimmter Pflanzen und Tiere gehört. Frauen dürfen an den Kulthandlungen dieser Gruppen nicht teilnehmen. Im Laufe unseres Jahrhunderts gelangten zentralaustralische Kulte in den Norden, wo sie zusammen mit anderen Einflüssen die alten Traditionen verdrängten, in deren Mittelpunkt das jährliche rituelle Übermalen totemistisch konzipierter Felsbilder stand. So entstand ein neuer Kult, der im folgenden Aufsatz auf der Grundlage von Feldforschungen des Verfassers in den dreißiger Jahren beschrieben wird. Dieser Kult wurde von einem Männerbund getragen, der allein berechtigt war, die heiligen, mit Kraft beseelten Kulthölzer zu handhaben. Einige Vorstellungen dieses Männerbundes lassen vermuten, daß seine Rituale einen Versuch darstellen, Elemente der weißaustralischen Gesellschaft in die Lebens- und Vorstellungswelt der *aborigines* zu integrieren.

Im folgenden wird also über Männerbünde der australischen Ureinwohner, der *aborigines*, berichtet – nicht etwa über Männerbünde weißer Jugendlicher, die sich heute am Rande der weißen Gesellschaft in Sydney und Melbourne bilden. Die Bünde der Jugendlichen sind Banden – sogenannte *street gangs* – mit mehr oder weniger kriminellem Charakter, wie besorgte Polizeiberichte andeuten.

Im sozialen System der Ureinwohner, zumindest in Zentralaustralien, scheinen Männerbünde ein integraler Bestandteil gewesen zu sein – jedenfalls zur Zeit der Ankunft der Europäer. Männerbünde gibt es bei den *aborigines* Zentralaustraliens noch heute. Neu scheint aber zu sein, daß diese straff organisierten Bünde sich auch in anderen Gebieten Australiens ausbreiten.

Die Männerbünde in Zentralaustralien sind Bünde von Männern, die alle das selbe Totem haben. Es sind also totemistische Kultbünde, von denen Frauen ausgeschlossen sind (Carl Strehlow 1908; Theodor Strehlow 1977).

Totemistische Vorstellungen

Im Norden des Kontinents sind zwar die totemistischen Vorstellungen der Ureinwohner ganz ähnlich wie die der *aborigines* in Zentralaustralien, dennoch gab es ursprünglich in Nordaustralien keine totemistischen Männerbünde.

Bemerkenswert ist, daß sich heute trotz des sichtbaren Erlahmens der totemistischen Vorstellungen und Kulte im Norden die straff organisierten Männerbünde des Zentrums dorthin ausdehnen und so eine vielleicht sehr alte kulturelle Beziehung zwischen dem Norden und dem Zentrum des Kontinents sichtbar machen.

Die Totembegriffe der Ureinwohner Zentralaustraliens leiten sich aus deren mythologischen Vorstellungen über die Urzeit ab: Danach entstanden alle Wesen in der Urzeit aus der Erde; zugleich mit dem Menschen die Tiere und Pflanzen. In der Urzeit konnten alle Wesen von einer Gestalt in die andere übergehen. Aus dieser Zeit besteht eine Verwandtschaft bestimmter Tiere und Pflanzen mit bestimmten Menschengruppen.

Nach dem Tode gehen die Seelen der Menschen an den Plätzen, aus denen sie entstanden, wieder in die Erde ein. Dort warten die Seelen auf ihre Wiederverkörperung. Frauen, die an diesen Plätzen vorbeikommen, werden von den Seelen erfaßt. Es hat also jeder Mensch gewissermaßen zwei Väter, einen natürlichen und einen geistigen, das heißt, ein sogenanntes Geisterwesen, das von den Frauen Besitz ergriffen hat. Da den Frauen das Geisterwesen an einem bestimmten Platz bewußt wird, bestimmt dieser Ort und seine

Totemstruktur das Totem des zukünftigen Kindes. Alle Männer desselben Totems schließen sich zu einem Bund zusammen und veranstalten Vermehrungszeremonien, die durch die Literatur über die australischen *aborigines* berühmt wurden (vgl. zum Beispiel Carl Strehlow 1908). Diese Zeremonien oder Kulthandlungen gelten als eine Wiederholung von Ereignissen der Urzeit und dienen der Vermehrung der entsprechenden Totems, Tiere, Pflanzen und zugleich der Menschen. Frauen sind von diesen Zeremonien ausgeschlossen.

Die Felsbilder

Die totemistischen Vorstellungen im Norden sind denen in Zentralaustralien sehr ähnlich, die kultischen Handlungen aber sind verschieden. In Nord- und Zentralaustralien sind die Felsbilder wichtig, auf denen Tiere, Pflanzen und anthropomorphe Wesen dargestellt sind. Die Urkräfte, die oft als menschliche Wesen gedacht werden, werden in Zentralaustralien auf den Felsbildern durch abstrakte Zeichen wiedergegeben, im Norden jedoch auch anthropomorph. Diese naturalistischen Darstellungen im Norden gehen auf einen außeraustralischen Einfluß zurück, der nur die Küstengebiete des Kontinents erreichte und sich nicht weiter in das Innere ausdehnte (Andreas und Katharina Lommel 1989).

Die Ureinwohner verbinden mit den Felsbildern im Norden, genauer im Kimberley-Distrikt, ganz bestimmte Vorstellungen (Lommel 1952): Nach Ansicht der *aborigines* enthalten die Felsbilder die psychischen Energien der dargestellten Wesen. Daher ist der Älteste der Gruppe, die aus einem solchen Felsbild ‚entstanden' ist – die dargestellten Tiere und Pflanzen sind die Totems der dargestellten Menschen – verpflichtet, das Feldsbild alljährlich neu zu malen, aufzufrischen und zu kräftigen, um so die Lebenskraft in der Natur zu fördern. Es ist jeweils ein Mann – niemals eine Frau – der dieses Neumalen vollzieht.

Die Traumzeit

In den dreißiger Jahren unseres Jahrhunderts war es dem Verfasser möglich, von den Ureinwohnern ihre Vorstellung vom Leben, der Schöpfung und der Stellung des Menschen in der Natur, im Universum zu erfahren. Danach ergab sich folgendes Bild: Durch das Zusammenwirken zweier Urkräfte, die als Schlange oder Blitz oder auch als anthropomorphe Wesen vorgestellt werden, entsteht das Leben. Die Urkraft der Erde wird auf den Felsbildern meist als Schlange dargestellt, die Urkraft des Himmels aber in menschlicher Form. Diese Urkräfte werfen ständig psychische Energie auf die Erde. Diese psychische Energie wiederum wird mit Hilfe der Felsbilder zu Lebewesen geformt. Das heißt: Erst wenn die Wesen, also Tiere, Pflanzen und Menschen, gemalt und damit durch die Felsbilder geformt sind, können Lebewesen auf der Erde entstehen. Nach dem Tode kehren die Seelen der Wesen zurück an ihren Ursprungsplatz und warten dort auf eine Wiederverkörperung. Dieses kann und muß durch das Auffrischen der Felsbilder gefördert werden.

Die schöpferischen Taten der Urzeitwesen geschehen immer des Nachts und in einem traumartigen Zustand. Die berühmte ‚Traumzeit' wird hier deutlich als ein schöpferischer Zustand gedacht, der nicht auf eine bestimmte Zeit beschränkt, sondern auch heute noch lebendig ist und von jedem Menschen durch Meditation erreicht werden kann – nach Ansicht der Ureinwohner aber vorwiegend von *aborigines* und kaum je von einem Weißen.

Auch ein Mensch entsteht also nach dem Glauben der Ureinwohner nicht allein durch einen Zeugungsakt, sondern eine bestimmte psychische Disposition des Mannes und der Frau ist ebenso notwendig. Unvorhergesehen erscheint einem Mann das künftige Kind in einem Traumvorgang: doch erscheint das Kind nicht immer in Gestalt eines menschlichen Wesens, sondern kann auch in der seines Totems, das heißt, als Pflanze oder Tier auftreten. Neben dem Traum des Mannes ist auch ein Traum der Frau notwendig, damit das sogenannte Geistkind oder der ‚Kinderkeim' in sie eingehen kann.

Ein streng organisierter Männerbund von australischen Ureinwohnern zelebrierte um 1938 geheime Zeremonien, von denen Frauen ausgeschlossen waren. Durch die Zeremonien hofften die Männer, mit der Welt der Weißen vertraut zu werden und Widerstandskräfte zu entwickeln, die ihnen helfen sollten, mit den Weißen zurechtzukommen. Ein ‚pikiba', das heißt, ein bereits in den Bund aufgenommener Australier, der das Amt eines ‚police-boys' ausübte, wachte darüber, daß die Säcke vor den Augen der Initianden nicht entfernt wurden: Die heiligen Kultobjekte sollten noch vor ihren Blicken verborgen bleiben. Foto: A. Lommel 1938.

Die Ausbreitung der Männerbünde in den Norden

In den dreißiger Jahren behaupteten die *aborigines*, daß diese Traumvorgänge durch den modernen Einfluß gestört würden und daß diese psychischen Störungen der Grund dafür seien, daß nur noch wenige Kinder geboren würden (Lommel 1948). Die Abnahme der traditionellen Vorstellungen war deutlich erkennbar, daneben aber auch das Eindringen von Mythen aus dem Zentrum des Kontinents und damit das Vordringen organisierter Männerbünde. Die totemistischen Ideen wurden revitalisiert. Je schwächer der Glaube an die übernatürlichen Kräfte der Wesen auf den Felsbildern wurde, desto deutlicher setzten sich im Norden neue Geisterwesen, die neue Kräfte bringen konnten, ins Bild. Überraschenderweise waren zur gleichen Zeit zwei neue Kulte aus verschiedenen Richtungen zu den *aborigines* gekommen: zum einen ein straff organisierter Männerbund aus dem Zentrum des Kontinents, zum anderen eine kultische Bewegung aus dem äußersten Norden, die jedoch im Abflauen und nur noch aus Erzählungen erkennbar war. Die kultische Bewegung aus dem Norden, die Frauen nicht ausschloß, wurde *majangari* genannt, der neuere Kult aus dem Süden, also der Männerbund, *kurangara*.

Beide Kulte konzentrierten sich um Kulthölzer; längliche, flache, lorbeerblattförmig geschnitzte und ornamentierte Hölzer, die bis zu zwei

Während der Aufnahmezeremonie in den Geheimbund durften die neuen Mitglieder zum ersten Mal die heiligen Kulthölzer betrachten. Zwei Mentoren belehrten die Initianden über die Bedeutung der Ornamente und der Bemalung und brachten ihnen die zu jedem Holz gehörenden Gesänge bei. Foto: A. Lommel 1938.

Meter hoch sein konnten. Die Hölzer des *majangari*-Kultes waren nicht so ausgeprägt ornamentiert wie die des *kurangara*-Kultes aus dem Süden. Wie die Hölzer ursprünglich zeremoniell verwendet wurden, war nicht mehr festzustellen, doch ihr Besitz bedeutete Glück bei der Jagd, Reichtum, Leben und Vitalität. Sie konnten erhandelt werden, auch Frauen konnten sie erwerben.

In den Mythen waren die beiden Kulte miteinander verbunden: Sie korrespondierten miteinander. Die *aborigines* glaubten, daß die Hölzer der Kultbewegung aus dem Norden von einem Geisterwesen hergestellt worden waren: Dieses Wesen lebte in einem Pfahlbau, verfügte über eine Art Steinbeil, das heißt, die Knochen an seinem Ellenbogen standen wie ein Beil aus seinem Körper und konnten zur Schnitzarbeit verwendet werden. Das Geistwesen hieß Ngunai. Dieses in menschlicher Gestalt gedachte Wesen schnitzte die Kulthölzer, die in seiner Abwesenheit von einem Dieb gestohlen und dann weiter zu den Menschen in Nord- und Südaustralien gebracht wurden.

Der Sohn Ngunais hieß Dschanba. In der Urzeit verließ er seinen Vater, wanderte nach Süden, nach Zentralaustralien, und stellte dort die Kulthölzer des *kurangara*-Kultes her. Er sandte diese Hölzer zu den Menschen. Beim Transport der Hölzer durften moderne Transportmittel wie Lastautos, Flugzeuge und Schiffe verwendet werden. Dschanba selbst hatte die Züge eines weißen Mannes. Er verfügte über ein Gewehr. Seine Speise war die der Weißen. Da die Hölzer des Kultes aus Zentralaustralien nach Norden wanderten, konnte es nicht ausbleiben, daß sie eines Tages auch den Vater Dschanbas, Ngunai, erreichten. Dieser freute sich über die schön gearbeiteten Hölzer seines Sohnes. Er betrachtete sie als „Botenstäbe, die ihm und allen Menschen eine neue Zeit, völlig veränderte Verhältnisse, eine ‚Umkehrung' und sogar ein Weltende – das Ende der den Eingeborenen vertrauten Welt – ankündigen." Doch es blieb nicht bei diesem Mythos: Ein streng organisierter Männerbund, ein Kultbund, verbreitete den Mythos und zelebrierte in diesem Zusammenhang einen Kult, der die Menschen mit den neuen Verhältnissen vertraut machen und ihnen die Widerstandskraft bieten sollte, um mit diesen Verhältnissen leben zu können.

Am Ende der Zeremonie erhielten die neuen Mitglieder die ‚heilige Speise', die nach Überzeugung der aborigines die Kraft des Kultholzes in sich aufgenommen hatte. Da der Kult die Männer für die Auseinandersetzung mit den Weißen stärken sollte, bestand die Speise bezeichnenderweise aus Nahrungsmitteln des weißen Mannes, nämlich Brot und Tee. Foto: A. Lommel 1938.

Die Kulthölzer wurden von eingeweihten Mitgliedern des Männerbundes, unter vielfältigen Zeremonien, Ankündigungen durch Boten, Geheimhaltung vor Nichteingeweihten und Frauen, besonderen Gesängen, durch das Land getragen und jeweils an bestimmten Orten zeremoniell den Mitgliedern und den neu Eingeweihten vorgeführt. Dabei versuchten die Männer im weiten Umkreis an diesen Einweihungszeremonien teilzunehmen, weil dort nicht nur eine düstere Weltsicht verbreitet wurde, sondern weil die Rituale auch die Abwehrkräfte in dem einzelnen stärkten, seine Vitalität intensivierten und ihn durch die Zauberkraft des Kultes gegen alle möglichen Gefahren absicherten. Die Kulthölzer wurden auf besonders gereinigten Plätzen auf einer Art Altar aufgereiht und dann einzeln von Tänzern auf einen Chor zugetragen, gezeigt und wieder zurückgestellt. Der Chor intonierte zu jedem Holz den dazugehörigen Gesang. In diesem Gesang, der in einer zentralaustralischen Sprache abgefaßt war, die im Norden nicht verstanden wurde, wurden bestimmte Episoden aus dem Leben Dschanbas erzählt. So waren diese Zeremonien das genaue Abbild der zentralaustralischen Vermehrungszeremonien, in denen auf eben diese Weise rituell die Geschehnisse aus der Urzeit erzählt und dargestellt werden. Zu den Zeremonien des Kultes gehörten auch eigene Einweihungszeremonien für neue Mitglieder des Männerbundes. Viele Männer versuchten, in den Bund aufgenommen zu werden, um an der neuen Lebenskraft, die der Kult ausstrahlte, teilzuhaben. Die Einweihungszeremonien gingen davon aus, daß die neue Lebenskraft für Nichteingeweihte bedrohlich sei und vorsichtig übertragen werden müsse.

Die neu Einzuweihenden, die Initianden, wurden langsam mit der geballten Kraft der Kulthölzer bekannt gemacht. Dabei wurden ihnen die Hölzer vorgetanzt, auf die Knie gelegt und Holz für Holz erklärt, das heißt, die Initianden mußten sich die Ornamente einprägen und die dazugehörigen Gesänge lernen. Da so bei jeder Zeremonie zahlreiche Hölzer zu bewältigen waren, war die Einweihung eine gewaltige Anstrengung, die große Anforderungen an das Gedächtnis der Initianden stellte.

Der Kult macht mit der Welt der Weißen vertraut

Am Ende der Zeremonie wurden dem Initianden Speisen gereicht, die zuvor auf die Kulthölzer gelegt worden waren und die auf diese Weise die Kräfte des Kultholzes in sich aufgenommen hatten. Bezeichnenderweise waren es die Speisen des weißen Mannes, nämlich Brot und Tee.

Der Kult sollte die *aborigines* mit der Welt des weißen Mannes vertraut machen. Das heißt, er war ein Versuch, eine Integration vorzunehmen. Das geht auch daraus hervor, daß die Organisation des Männerbundes nach dem Vorbild der Weißen konstruiert war. Auch die Namen der Organisatoren waren dem weißen Vorbild entnommen: so hieß der Kulthäuptling, man könnte sagen der ‚Großmeister': *boss*. Die Hölzer wurden transportiert und angekündigt durch den *mail man*, also den Postboten. Die Zeremonien wurden beaufsichtigt durch einen oder mehrere Polizisten: *pikiba*, das heißt *policeboy*. Ein voll eingeweihtes Mitglied des Bundes hieß *saviwomba*. Er war ein Wissender (von *savoir* [Wissen] und *womba* [der Ausdruck der Unambal-Sprache für ‚Mann'‌]).

Nach Abschluß der Zeremonie, die immer, wenn neue Hölzer aus dem Süden kamen, wiederholt wurde, glaubten die Eingeweihten, also die Mitglieder des Männerbundes, neue vitale Kräfte in sich aufgenommen zu haben. Sie waren jetzt fähig, den veränderten Verhältnissen, die durch den weißen Mann zu ihnen gebracht worden waren, zu widerstehen.

Diejenigen, die zu einer solchen Zeremonie nicht mehr rechtzeitig gekommen waren, fühlten sich als deklassierte, armselige, alleingelassene Außenseiter, wurden verachtet und bemitleidet und warteten sehnlichst auf eine neue Zeremonie, die sie in den Bund der Eingeweihten aufnahm.

Frauen waren von diesen Zeremonien völlig ausgeschlossen. Ja, große Vorsichtsmaßnahmen verhinderten, daß die neu erworbenen geistigen Kräfte der Männer den Frauen schadeten. Denn da die Frauen in den Mythos nicht eingeweiht waren, schienen sie diesen Kräften schutzlos ausgeliefert.

Furcht vor dem Frauenbund

Angesichts der Macht, die dem Männerbund zukam, war es umso überraschender, daß die Menschen des Nordens die Ankunft eines ‚Frauenbundes' erwarteten, der dem Vernehmen nach im Zentrum Australiens bereits existieren sollte. Dieser Frauenbund hatte in den dreißiger Jahren den Norden des Kontinents noch nicht erreicht, doch es wurde ihm mit Furcht entgegengesehen. Bekannt waren bisher nur einige mythologische Vorstellungen dieses Bundes.

Es schien klar: Wenn dieser Bund den Norden erreicht haben würde, würden die Männerbünde aufgelöst werden und verfallen. Alle Herrschaft würde dann von den Frauen ausgeübt werden. Die Männer würden nur einmal im Jahr – und dies bei einer besonderen Zeremonie – mit den Frauen schlafen dürfen. Bei dieser Zeremonie müßten die Männer in einer Reihe am Boden sitzen. Die Frauen würden vor ihnen tanzen und sich jeweils einen Mann aussuchen. Sie würden dabei darauf achten, die traditionellen Heiratsgesetze zu durchbrechen. Nach einer solchen Zeremonie hätten die Männer so lange allein und ohne Frauen im Busch zu leben, bis die Frauen sie erneut zu einer derartigen Zeremonie einlüden. Die Frauenbünde, die bei ihren Zeremonien Krankheiten verbreiten würden, schienen ein Zeichen für das nahende Weltende zu sein. Es hieß, vor diesem Ende werde alles ‚umgekehrt', das heißt, die Frauen würden die Männer beherrschen.

Bei der Betrachtung des Frauenbund-Konzepts scheint folgende Überlegung angebracht: In den Mythen von den Frauenbünden wird eine apokalyptische Weltsicht intensiviert. Eine Weltsicht, die bereits in der Mythe von den Männerbünden angelegt ist. Dort endet die Weltepoche der Männerbünde mit dem Zusammentreffen von Vater und Sohn (vgl. Petri 1950; Kohlig 1987). Das heißt, die kultischen Wanderungen von Nord nach Süd und von Süd nach Nord, wie sie in der Mythe von den Männerbünden beschrieben ist, spiegelt zusammen mit den zu erwartenden Frauenbünden eine höchst modern anmutende apokalyptische Weltsicht der *aborigines* wider.

Bewußtseinswandel durch Wandel des Kultes

Fraglos sind in all diesen Mythen christliche Einflüsse zu verzeichnen. Die Auffassung von der Möglichkeit eines Weltendes und die mythologische Darstellung dieses Weltendes sind ‚unaustralisch', das heißt, sie sind eine durch christliche Einflüsse angelegte und geformte Ansicht der Moderne.

Das Zusammentreffen zweier solcher kultischer Bewegungen mit den dazugehörenden Mythen läßt darauf schließen, daß solche Kulte, die sich mit einer gewissen Regelmäßigkeit und in bestimmten Abständen ablösen, bei den *aborigines* möglicherweise immer schon üblich wa-

Zum Schluß der Aufnahmezeremonie bewiesen die neuen, jetzt vollwertigen Mitglieder des Männerbundes durch rituelle Übungen, daß sie von der Kraft des Kultes erfüllt waren: Ebenso wie sie nun in der Lage waren, dicke Äste zu durchbrechen – hofften sie, fähig zu sein, mit den Gegebenheiten, die die weiße Zivilisation an sie herangetragen hatte, umgehen zu können. Foto: A. Lommel 1938.

ren. Es scheint, als ob derartige kultische Bewegungen zum geistigen Leben, zur ständigen Revitalisierung der Mythen notwendig sind und immer wieder einmal auftreten.

Da Ngunai Züge melanesischer Kultur andeutet (Stein- oder Muschelbeil, Haus auf Pfählen) und sein Sohn Dschanba offenbar die neue europäisierte Welt vertritt, sind die beiden Mythen der Ausdruck zweier verschiedener, gegeneinander gehender Kulturströme. Es ist anzunehmen, daß die Kultur der australischen *aborigines,* die sich ja nachweisbar 40000 Jahre lang erhalten hat, durch solche kulturellen Ströme und Organisationen vor Degeneration und Erstarrung bewahrt wurde.

Beide Kulte, der *majangari* aus dem Norden ebenso wie der *kurangara* aus dem Zentrum, sind Zeichen von kulturellen Außenbeziehungen. Man könnte sie als den Versuch der Aufnahme und Integration außereuropäischer Einwirkungen ansehen: Wenn demnach der kultische Austausch von Zeremonien von alters her in Australien zwischen den Stämmen üblich war, so muß man sich fragen, ob Männerbünde, also straff organisierte Kultbünde mit missionarischer Tendenz, von jeher der Tradition der *aborigines* entsprachen oder aber eine Erscheinung der Neuzeit sind.

Offenbar ist der *kurangara*-Kult ein Versuch der australischen Ureinwohner, sich in ihrer traditionellen Weise, unter Verwendung ihrer Mythologie und unter Ausschmückung dieser Mythologie mit den Attributen des weißen Mannes, mit der modernen Zeit fertig zu werden. Die *aborigines* versuchen, auf diese Weise die Moderne in ihr Leben zu integrieren.

Eine interessante und hier nicht mehr zu beantwortende Frage wäre: Entstehen oder entstanden solche Männerbünde ‚einfach' aus der Tradition oder wurden und werden sie heute von den alten Männern, hier von denen Zentralaustraliens, bewußt erdacht und organisiert? Wenn ja, so wären solche Organisationsformen das Ergebnis eines Bewußtseinswandels, hervorgerufen durch die Einwirkungen der Moderne. Sie wären dann eine bemerkenswerte Erscheinung des Kulturkontaktes in Australien.

Innenansichten

Der *poro*-Bund der Senufo, Elfenbeinküste

Till Förster

Eine der wichtigsten Institutionen der Senufo, eines westafrikanischen Bauernvolkes, ist der *poro*, ein Männerbund, der Frauen eine Aufnahme nur gestattet, wenn sie das gebärfähige Alter überschritten haben. Die jungen Männer des Bundes müssen eine siebenjährige Lehrzeit durchlaufen, während der ihnen das gültige kulturelle Wissen vermittelt wird und sie zahlreiche Aufgaben erfüllen müssen. Der *poro* hält die dörfliche Gemeinschaft zusammen, indem er Verbindung zwischen den *lineages* des Dorfes schafft, den gesellschaftlich und wirtschaftlich zentralen Abstammungsgruppen der Senufo. So müssen die Initianden des Bundes aus unterschiedlichen *lineages* stammen, und der *poro* beugt durch Umverteilung der Reichtümer der Dominanz einzelner Abstammungsgruppen vor. Eine wichtige Rolle spielt er bei den aufwendigen Beerdigungsfeiern, in deren Verlauf Mitglieder des Bundes in Masken auftreten und die entscheidenden rituellen Handlungen ausführen.*

Siehe dazu auch Farbseiten XLVI und XLVII.

Es war September, als die ersten frischen Nächte das nahe Ende der Regenzeit ankündeten. Die neuen Initiierten, die *colobele,* wurden in den Hain des *poro*-Bundes[1] am Rande des Dorfes geführt. Drei Monate verbrachten sie dort draußen, ohne daß sie das Dorf betreten durften. Sie trugen weiße Kappen aus Baumwolle, die jedem, der ihnen begegnete, zeigten, daß sie nur mit anderen Mitgliedern des Bundes sprechen durften, nicht aber mit den Frauen des Dorfes oder ihren jüngeren Brüdern, die noch nicht die umfriedete Lichtung unter den hohen Bäumen im Innern des Haines betreten hatten. In kleinen Gruppen verließen sie während dieser drei Monate, dem Beginn ihrer siebenjährigen Lehrzeit, regelmäßig früh am Morgen den kühlen und schattigen Ort, um irgendwo im Busch eine Arbeit für den *poro* zu erledigen. Sie trugen keine Schuhe und nur einen kleinen Lendenschurz, wenn sie schweigend an ihren Verwandten vorbei in die Wildnis zogen. Zerschunden waren ihre Füße und ihr Blick erschöpft von den Anstrengungen dieser Monate und den Nächten, die sie auf der bloßen Erde oder den harten Bohlen der ‚Hütten der *colobele*' verbracht hatten.

Die jungen Initiierten

Das war ‚Arbeit des *poro*', wie man im Dorf sagte. Die jungen Initiierten nannten sie anders, denn Außenstehende sollen nicht wissen und nicht verstehen, was sie für den Bund tun. Sie sprechen von der ‚Arbeit für die alte Mutter'. Manchmal können die Nichtinitiierten hören, wie die Mitglieder des Bundes sich unterhalten, und dann entgehen ihnen auch nicht diese Ausdrücke. Doch wer sie nicht kennt, der wird sie einfach merkwürdig finden und sich kaum nach dem Sinn fragen, den sie haben mögen. Wenn die *colobele* ihre Lektionen aufmerksam gelernt haben, dann können sie sich über Dinge des *poro* unterhalten, ohne daß es ein danebenstehender Fremder überhaupt bemerkt. Für ihn ist ihr Gerede Kauderwelsch.

Manchmal war auch, wenn man nahe am Hain vorbeiging, ein anderes Gerede zu hören: das der Masken. Dann hatten sich die frisch Initiierten die Kostüme der *yarajo*[2] – der Maske, ‚die Bla-Bla spricht' – angezogen und übten ihren Auftritt. Wer selbst eingeführt war, konnte, wenn er Lust hatte, sich auf den Weg machen und ihrem Treiben unter den hochgewachsenen Bäumen zusehen. Manche ältere Mitglieder des *poro* erschienen und stellten sie auf die Probe: Sie fragten in der geheimen Sprache des Bundes nach Losungen und freuten sich, wenn ihre ‚jüngeren Brüder' die korrekten Antworten gaben. Nicht selten kamen an solchen Tagen ganze Trupps dieser Masken auf den Pfaden zusammen, die in das Innere des Haines führten. Dann riefen sie in ihren durch ein Mirliton verstellten Stimmen laut durcheinander, und ihre schrillen, sich überschlagenden Schreie waren bis weit in das Dorf hinein zu hören.

Initianden des poro-Bundes in Westafrika (Elfenbeinküste) schlagen Holz für die Abgrenzung des Hains ihres Bundes. Die weißen Mützen zeigen an, daß sie sich in der Seklusionsphase befinden und mit niemandem sprechen dürfen, der nicht selbst initiiert ist. Zu jedem Gang in den Busch gehört wie in voreuropäischer Zeit eine inzwischen funktionslos gewordene Ausrüstung mit Pfeil und Bogen. Foto: T. Förster 1984.

In den Hainen der größeren Dörfer gibt es in der Regel mehrere Lichtungen, die als Initiationszentrum dienen. Eigentlich werden nur sie als *sinzanga* bezeichnet, doch der Ausdruck wird häufig auf den ganzen Wald übertragen. Jeder *sinzanga* ist der Sitz einer Vereinigung des *poro*, und jeder hat seine eigene Umfriedung, seine eigenen Einrichtungen und Masken. Ihm gehören die jungen Initiierten an, für ihn führen sie rituelle Handlungen aus, und seine Masken tanzen sie. Während der dreimonatigen Seklusion lernen die *colobele* von der über ihnen stehenden Altersklasse und unter Aufsicht einiger Alter die ‚Arbeit des *poro*'. Der Tanz der Maske ist ein Teil davon, aber nicht der wichtigste. Er ist vielleicht in westlichen Augen spektakulärer als die langen Gänge bis tief in die Wildnis hinein, er ist vielleicht sichtbarer als die übrige Arbeit, die die *colobele* verrichten müssen, seinen Sinn erhält der Auftritt einer Maske jedoch erst durch die Mühsal der Arbeit[3], die hinter ihr steht.

Freundschaftshacken

Was aber heißt nun Arbeit für die Senufo? Und was ist das Besondere der Arbeit des *poro*, der ‚Arbeit für die alte Mutter'? Im Senar gibt es zwei Worte, die in der Regel mit dem französischen *travail* übersetzt werden: *baara* und *fali*. Beide bezeichnen auch körperliche Tätigkeiten, doch für das Bestellen der Felder und für alles, was mit dem *poro*-Bund zu tun hat, wird gewöhnlich *fali* verwendet.[4] Insbesondere alle schweren Feldarbeiten, wie zum Beispiel im September und Oktober das Aufwerfen der Hügel auf den neuen Yamsfeldern, zählen dazu. Wer sich hier bewährt, der genießt zeitlebens hohes Ansehen.

Man organisiert zu diesem Zweck Wettbewerbe, an denen alle jungen Männer des Viertels oder des gesamten Dorfes teilnehmen können. Sie gehören meist der Altersklasse vor der Initiation in den *poro* an. Die Teilnahme an diesen Hackwettbewerben gehört zwar nicht zu ihren Pflichten, wird aber häufig mit diesem Lebensabschnitt assoziiert. Es gibt nur sehr wenige junge Männer, die nicht bereit wären, dem Ruf zu einem solchen ‚Freundschaftshakken' zu folgen. Die Wettbewerbe haben hohe gesellschaftliche Bedeutung, und jedermann ist stolz, wenn er dort eine gute Figur gemacht hat. Früh am Morgen verläßt man das Dorf, zusammen mit ein, zwei oder drei Xylophon-Ensembles, die während des Tages die schwer Arbeitenden musikalisch begleiten werden. Die gespielten Lieder sind nur diesen Anlässen vorbehalten und bilden ein eigenes musikalisches Genre. Jedes Viertel oder Dorf hat seine eigenen Repertoires, und diese lokal tradierten Lieder sind ein wichtiger Bestandteil der dörflichen Identität (vgl. Förster 1987b). Oft werden die Xylophon-Ensembles von einem Sänger begleitet, der Preislieder auf einzelne Burschen vorträgt. Jeder, der an diesen Arbeiten teilnimmt, versucht in möglichst kurzer Zeit mit seiner Hacke einen kleinen Hügel aufzuwerfen – je größer und höher, desto besser. Die, die schon einmal einen solchen Wettbewerb gewannen, tragen einen besonderen Kopfschmuck aus langen schwarzen Fasern und zwei großen weißen Federn. Tut sich einer der jungen Männer besonders hervor, tritt ein Musiker an den Erdhügel heran und legt demonstrativ sein Instrument darauf. Auch der Sänger ehrt ihn. Er legt ihm seinen Wedel auf die Schulter und preist ihn mit einigen kurzen Sätzen. Die Arbeitenden bilden eine

Initianden haben in einem Hain in der Umgbung eine Lichtung geschlagen, die als Initiationszentrum dienen wird. Dort werden sie eine dreimonatige Seklusion verbringen. In dieser Zeit lernen sie von der über ihnen stehenden Altersklasse und unter der Aufsicht einiger Alter die ,Arbeit des poro'. Die Einübung der Maskentänze ist nur ein Teil davon. Foto: T. Förster 1985.

lange Kolonne, an deren Spitze die stärksten und schnellsten Burschen arbeiten, und das Xylophon-Ensemble spielt.

Hier, neben den ausdauerndsten jungen Männern, steht *tefalapica,* ,das Mädchen [des mit] der Hacke Arbeitenden'.[5] Das ist ein Stab, dessen Spitze von einer weiblichen Figur gekrönt wird. Gewöhnlich ist er aus Holz geschnitzt, manchmal jedoch aus Messing oder heute auch aus Aluminium im Wachsausschmelzverfahren gegossen. Die Figur wird in der Regel auf einem Schemel sitzend wiedergegeben, doch es gibt einige ältere Stücke, an deren Figuren Beine und Unterkörper nicht herausgearbeitet sind. Wenn der Stab auf dem Feld an der Spitze der Arbeitskolonne in einen der Hügel gestoßen wird, soll die Figur am Hinterkopf wie die besten Hacker zwei Federn tragen. Sie werden heutzutage durch zwei kleine Weißblechstreifen ersetzt. Zusammen mit anderen Accessoires verweisen sie auf einen weiteren Gebrauch des Stabes: Er wird nämlich von den jungen Burschen auch bei den Gesängen verwendet, die den Abschluß dieser auf die eigentliche Initiation vorbereitenden Altersklasse markieren. So wird auch in den Wettbewerben implizit eine Verbindung zur Organisation des *poro*-Bundes geschaffen.

Hinter den Arbeitenden steht aber noch ein zweiter Stab: *sejen,* ,der Vogel'. Wie *tefalapica* ist es eine Skulptur aus Holz, die aber hier auf einer übermannshohen Stange befestigt ist. Die Flügel sind ausgebreitet, und auf ihnen sind oft noch zwei weitere, kleinere Vögel auf kleinen Stöckchen montiert. An der Rückseite ist ein langes Tuch festgebunden, das im Wind flattert. *Sejen* ist für die Senufo ,der, der folgt', der über die jungen Leute wacht. Er ist seltener vorne bei den ersten zu sehen, aber wenn das Ende des langen Arbeitstages naht, dann greifen sich die Älteren, die den Tag über zugeschaut und das Terrain für die Hakkenden vorbereitet haben, den Stab und beginnen vor Freude schreiend und rufend vor den Musikern zu tanzen. Die besten jungen Burschen werden hoch gelobt: Man sagt ihnen spaßhaft, doch nicht ganz ohne Hintergrund, sie hätten nun gute Chancen bei den Mädchen, die am Rande des Feldes stehen. Die Mädchen sind im Laufe des Tages mit großen Schüsseln aus dem Dorf hergekommen. Darin ist Reis, Yams und Fleisch; aber essen darf man erst, wenn alle Arbeiten getan sind.[6]

Die Arbeit auf dem Feld ist Arbeit *par excellence:* Sie ist nicht nur sozial anerkannt, sie verleiht hohes persönliches Prestige. Wer als junger Mann auf einem der Hackwettbewerbe gesiegt hat, der darf sich zu den ,großen Ackerbauern' zählen. Wenn er einmal stirbt, wird man den Stab mit dem Vogel wieder hervorholen und während der Beerdigungsfeierlichkeiten neben seiner Hütte aufstellen. Doch die enge Verknüpfung von Ackerbau und Arbeit äußert sich auch sprachlich: Das Verb *fala* bedeutet ,anbauen, bestellen, pflanzen' und erst dann im erweiterten Sinne allgemein ,arbeiten'. Der Verweisungszusammenhang und die damit einhergehende Wertschätzung der Feldarbeiten werden durch Institutionen wie das ,Freundschaftshakken' bestätigt und gegen Kritik weitgehend abgesichert.[7] Die sprachliche Bedeutung findet sich in der Handlungspraxis wieder.

Für die Senufo bestimmt *fala* (arbeiten) aber nicht nur einen Typ von Tätigkeiten, sondern eine Klasse: So ist das, was ein Ethnologe tut, natürlich keine Arbeit, und auch die Fulbe, die in der Umgebung ihre Rinder hüten, arbeiten nicht.[8] Zur

Arbeit gehört, wenn man die Senufo fragt, körperliche Anstrengung, Erschöpfung und Müdigkeit, kurz: Mühsal, die bis vor kurzem auch im Deutschen den Sinn des Wortes ‚Arbeit' bestimmte.

Was leistet der *poro*?

Alles dies sind auch Merkmale der Arbeit für den *poro*-Bund. Immer wieder und ungefragt stellen die Senufo diesen Aspekt heraus: Wer den *poro* gemacht haben will, der muß wie die anderen die sieben Jahre lange Lehrzeit als *colo* durchlaufen haben; der muß das Leiden kennen, die durchwachten Nächte und die Dornen des Busches, die Erschöpfung und den Schmerz. Und dazu treten noch die immer wiederkehrenden Abgaben, die man während dieser Zeit zu leisten hat – mal ein Huhn, mal einige Yamsknollen, mal Geld oder sogar ein kleines Schwein. Viele sagen, „das ist *poro*". Aber erschöpft er sich darin? Ist das alles? Hat er keinen weiteren Inhalt? Wer nur diese Seite hört und sieht, muß das vielleicht annehmen. Doch dann wäre es unerklärlich, daß er sich so lange ohne ernsthafte Widerstände reproduzieren konnte.

Der *poro* verbindet die einzelnen *lineages* miteinander und baut so einem Auseinanderfallen der dörflichen Gesellschaft vor. So dürfen die Initianden eines *sinzanga* nicht miteinander verwandt sein. Um dieser Regel Genüge zu tun, müssen klassifikatorische Brüder einer *lineage* sich entweder verschiedenen Initiationszentren zuwenden oder warten, bis der jeweils ältere den siebenjährigen Zyklus als *colo* durchlaufen hat. Die zahlreichen Aufgaben, denen die *colobele* während dieser langen Zeit gemeinsam nachkommen müssen, bilden also schon eine die *lineage*-Grenzen überschreitende Kooperationsform. Darüber hinaus haben sie regelmäßig Abgaben zu entrichten. Jedesmal, wenn sie von älteren Mitgliedern des *poro* in den Hain gerufen werden, müssen sie einige Kaurischneckengehäuse oder Geld, auch Nahrungsmittel und gelegentlich Hühner oder Schweine mitbringen. Diese Abgaben sollen für alle gleich sein, doch *de facto* gibt es Unterschiede. Nicht selten müssen sich die jungen Leute an ihre Verwandten wenden, weil sie selbst das Verlangte nicht aufbringen können, und wer mehr zahlen kann, der wird letztlich auch mehr geben müssen. Im Hain werden dann die Tiere geschlachtet und zusammen mit den übrigen Lebensmitteln von allen Mitgliedern verzehrt, also dem wirtschaftlichen Kreislauf entzogen (vgl. Förster 1987c: 207–210). Die *colobele* essen von den Älteren getrennt. Die Kauris und das Geld werden gesammelt und gezählt und schließlich zu gleichen Teilen unter den älteren Mitgliedern des Bundes verteilt. Auch das ist eine Aufgabe der jungen Initiierten. Einzeln schickt man sie mit den in der Regel nicht sehr hohen Beträgen ins Dorf, wo sie die Münzen den Älteren übergeben. Dieses ständige Hin und Her ist für jeden sichtbar, und oft kann man Witze darüber hören. Der *poro* sammelt und verteilt die Reichtümer der einzelnen *lineages* und sorgt so dafür, daß keine unter ihnen eine dominierende Stellung im Dorf erreichen kann. Dadurch wird auch der politischen Dominanz einer Gruppe vorgebeugt. Schon durch seine Organisation und durch diese ständige Umverteilung garantiert der *poro* also die soziale Reproduktion der akephalen Senufo-Gesellschaft.

Das aber ist nicht alles. Der gegenseitige Tausch über die *lineage*-Grenzen hinweg wird auch als Wert, als gültiges kulturelles Wissen durch den *poro*-Bund weitergegeben. Die Initianden erwerben dieses Wisen jedoch nicht mittels sprachlicher oder symbolischer Überlieferungen. Wer in der Initiation die Eröffnung esoterischer Mythen und Legenden oder vielfältige Äußerungen ‚religiöser Experten' erwartet, der sieht sich enttäuscht. Wer nur einige Nächte im Hain des Bundes verbracht hat, ‚wer [nicht] bis zu *kafwo* durchgehalten hat', dem Ritual, das die siebenjährige Lehrzeit abschließt, dem erschließt sich kein kohärentes Wissen, kein Sinn hinter allem (Förster 1987: 202, 210–211).

Aufgaben des *poro* bei Beerdigungen

Die Rituale des *poro* sind durch ihren besonderen Handlungstypus Re-Präsentationen bestimmter gesellschaftlicher Leistungen. Sie sind wirklich – nicht einfach nur künstliche Darstellungen. Darin liegt ein wesentlicher Unterschied zur Kunst im modernen Sinne. Natürlich sind auch die Auftritte der Masken des Bundes wirklich, und nicht etwa ein Theaterstück oder ein Drama. Nur aufgrund dieser Tatsache können die Masken in einer der wichtigsten Passagen im Leben jedes Menschen erscheinen und ihn vom Dorf, in dem er lebte, zum ‚Dorf der Toten' führen. Sie führen während der Beerdigungsfeierlichkeiten die entscheidenden rituellen Handlungen aus.

Beerdigungen sind äußerst aufwendig im Senufoland. Sie ergänzen die kontinuierliche, durch den *poro* vollzogene Umverteilung. Vorauszu-

Vor allem bei Beerdigungsfeierlichkeiten erfüllen die Mitglieder des poro wichtige Aufgaben. Sie sind für die gesamte Organisation verantwortlich und führen die entscheidenden rituellen Handlungen aus. Die yarajo-Maske gebärdet sich scheinbar unsinnig und stellt den Passanten scherzhaft klingende merkwürdige Fragen, die von den Mitgliedern des Bundes mit entsprechenden Antworten erwidert werden. Auf diese Weise erfährt der Träger der Maske unbemerkt, wer zum Bund gehört und an den späteren geheimen rituellen Handlungen der Beerdigung teilnehmen darf. Foto: T. Förster 1982.

schicken ist, daß die Senufo Überschüsse, wenn sie nur groß genug sind, in einige Luxusartikel und vor allem Rinder umsetzen. Zu den ersteren gehören große Baumwolltücher, die aufwendig dekoriert und dementsprechend teuer sind. Jede *lineage* besitzt einen über viele Jahre hinweg erworbenen Vorrat solcher Tücher. Rinder und Textilien können in Notzeiten wieder in andere Waren eingetauscht werden. Sie sind verwandtschaftliches Eigentum, und wenn es notwendig werden sollte, profitieren alle Mitglieder einer *lineage* davon. Im Gegensatz zu dem persönlichen, gewöhnlich sehr bescheidenen Hab und Gut können diese Reichtümer nicht vererbt werden.[9] Sie werden bei der Beerdigung der *lineage*-Ältesten nahezu vollständig verbraucht. Beerdigungen alter, hochangesehener Männer und Frauen gehören zu den umfangreichsten und beeindruckendsten Ritualen im Senufoland überhaupt. Leicht können sie vier oder fünf Tage dauern. Während dieser Zeit kommen Angehörige, Freunde und Bekannte des Toten von überall her in das Dorf. Häufig zählen sie nach Hunderten. Sie alle müssen nach dem traditionellen Gastrecht untergebracht und beköstigt werden, was von der *lineage* des Verstorbenen die Mobilisierung aller, auch der letzten wirtschaftlichen Reserven verlangt.

Während die *lineage* des Verstorbenen die materiellen Mittel aufzubringen hat, obliegt dem *poro* die rituelle Organisation der Feierlichkeiten. Er sorgt dafür, daß der Leichnam den Regeln entsprechend von seiner *nyui*[10], seiner ‚Lebenskraft' oder seinem ‚Schatten', getrennt wird. Er ist auch dafür verantwortlich, daß alle wichtigen sozialen Gruppen des Dorfes und der Umgebung offiziell von dem Trauerfall benachrichtigt werden. Dazu gehören auch alle Initiationszentren, zu denen der Tote irgendeine Beziehung hatte. Sie alle werden ihre *colobele* und ihre Masken schicken. Diese Vorschrift wird freilich nicht immer in vollem Umfange befolgt.

Der Auftritt der *yarajo*-Maske

Nun werden die jungen Initiierten zeigen, was sie zu Beginn ihrer siebenjährigen Lehrzeit im Hain des *poro* gelernt haben. Sie vor allem sind mit der Durchführung der rituellen Handlungen betraut. In der Öffentlichkeit erscheint die *yarajo*, deren Auftritt große Geschicklichkeit verlangt und deshalb so lange geübt wurde. Sie ist ganz aus Stoff, Raphiafasern, Federn und ähnlichen Materialien hergestellt. Das Gesicht des Trägers ist hinter einem Tuch verborgen. Darauf sind meistens bunte Stoffreste oder auch Silberlitzen, spiegelnde Plastiksternchen und ähnliches genäht. Jedes Initiationszentrum gestaltet seine Maske anders, und wer einmal weiß, welche Maske zu welchem *poro* gehört, der wird sie leicht auf jeder Beerdigung wiedererkennen. Alle *yarajo* aber tragen eine ‚Frisur' aus langem, farbigem Raphia, das links und rechts des Gesichts gerade herunterhängt. Auf dem Kopf ist eine Wulst befestigt, aus dem ein oder zwei Federn hoch aufragen. Der Träger ist ganz mit einem einteiligen Baumwollanzug bekleidet. Der Bauch ist dick ausstaffiert und wird von einem Gürtel gehalten, durch den ein langer Gewebestreifen gezogen ist, wie ihn auch die *colobele* tragen.

Bald nachdem der Tod eines alten *poro*-Mitgliedes durch Flintenschüsse verkündet wurde, erscheint auch die *yarajo* im Dorf.[11] Jedermann kann sie sehen, auch Frauen und Kinder, denen sonst der Anblick der Masken des Bundes verboten ist. Sie spricht die Passanten an und stellt ihnen scheinbar absurde Fragen, hält ihnen ein paar Kauris hin, bittet sie, „den Ochsen zu schächten" oder „ihm zu trinken zu geben". Dann und wann nimmt die *yarajo* auch eine der komischen und merkwürdigen Sachen aus dem Ledersack, den sie bei sich trägt: ein altes Plastikpüppchen ohne Arme, ein verrostetes Vorhängeschloß, ein leeres Feuerzeug oder gar ein paar verlorengegangene Seiten aus dem Tagebuch des Ethnographen, und hält sie ihm unter die Nase. In der Hand hält sie die hölzerne Attrappe einer Flinte, auf die sie sich mit einem Fuß abstützt. Oder sie reißt sie hoch und ‚schießt' damit auf etwas, das sie gerade von sich geworfen hat. Dann wieder fängt sie urplötzlich an, hinter einem Kind herzujagen, verschwindet in den engen Gassen zwischen den Höfen, spricht junge Mädchen an, die ihr dort entgegenkommen, lacht und ruft und ist schon wieder verschwunden. Auch die Passanten schmunzeln, und die Mütter amüsieren sich über die Angst der kleinen Kinder.

Doch so komisch ihr Verhalten ist, so sehr die Leute darüber auch lachen mögen: Es hat einen ernsten Sinn, und hinter dieser lustigen Fassade verbirgt sich eine der wichtigsten Gestalten des *poro*. Die den Nichtinitiierten so absurd klingenden Fragen sind in Wirklichkeit Losungen, die alle Mitglieder des Bundes mit entsprechenden, gleichfalls unsinnig scheinenden Antworten erwidern. So erfährt der Träger der *yarajo* unbemerkt, wer Initiierter ist und den geheimen rituellen Handlungen beiwohnen darf und wer nicht.

Bevor die eigentliche Grablegung beginnt, werden die Kondolenzgaben überreicht. Wer dem Toten oder seiner *lineage* durch verwandtschaftliche, freundschaftliche oder andere Beziehungen verpflichtet war, gibt ein schön gearbeitetes Baumwolltuch. Sein Wert richtet sich nach der Bedeutung der Beziehung: So wird eine *lineage*, die von der des Toten eine Frau erhalten hat, ein größeres und schöneres Tuch geben, als eine, die nur im gleichen Ort lebt. Daneben werden kleinere Geldbeträge oder einige Kauris an die Trauernden verteilt. Die Übergabe findet im Hof des Verstorbenen statt. Jede Gabe wir in die Höhe gehalten, und laut verkündet man, wer sie gebracht hat. Die meisten Kondolenzgaben sind obligatorisch. Doch einige sind einfach Zeichen einer Freundschaft, die den Toten mit diesem oder jenem im Dorf verband. Danach werden die Tücher in zwei Haufen geteilt. Der eine kommt in den Vorrat der *lineage*, die anderen Stoffe bringt man auf einen großen Platz, wo die anschließenden Riten vollzogen werden. Dort legen zwei Angehörige des Toten die Tücher sorgfältig übereinander.

Nun holen sie den in ein weiteres Tuch eingehüllten Leichnam aus der Hütte, wo er die letzten Tage ruhte, betten ihn auf die gestapelten Tücher, und die eigentlichen rituellen Handlungen beginnen. Während sie neben dem Toten niederknien, greifen die Musiker des Xylophon-Ensembles zu ihren Instrumenten. Sie warteten am Rande des Platzes und spielen nun ein allein diesem Abschnitt der Beerdigungsfeierlichkeiten vorbehaltenes Lied. Ertönt diese Musik, weiß jeder, daß der wichtigste Teil der öffentlichen Zeremonien beginnt. Verwandte, Freunde, Bekannte und alle Gäste machen sich auf, und langsam füllt sich der Platz.

Wer dem Toten nahestand, reiht sich nun in eine immer länger werdende Schlange ein, die sich zunächst im Schrittempo um den in der Mitte des Platzes liegenden Leichnam bewegt. Um ihn herum hocken vier- oder fünf alte Männer, die den Toten sehr sorgfältig in die Tücher einnähen, auf denen er liegt. Mehr und mehr Leute aus dem ganzen Dorf kommen hinzu und tanzen mit den Angehörigen. Die Söhne des Verstorbenen tragen Frauenkleider und wie alle Angehörigen die besten Stoffe, die sie besitzen. Xylophon-Ensembles aus anderen Vierteln und Dörfern betreten nun spielend den Platz und reihen sich ein. Am Rande des Geschehens stehen die jungen Initiierten des *poro* in ihren Schurzen, während sich die *yarajo*-Masken der Bünde unter die Leute gemischt haben, alles beobachten und die Umstehenden auf ihre merkwürdige Art ansprechen. Die Verwandten des Toten überhäufen förmlich die Musiker mit Kauris, die sie hoch in die Luft werfen und auf sie niederregnen lassen. Doch immer wieder werden auch die *colobele* so bedacht. Schnell bücken sie sich, um so viele Schneckengehäuse wie möglich einzusammeln. Sie werden sie in den Hain des Bundes tragen, wo sie sie den Alten übergeben. Auch was die *yarajo* selber bekommt, wird in den Hain gebracht. Am Ende der Beerdigung werden sich dort die Alten zusammensetzen und viele, viele Stunden lang das Gewonnene auszählen.

Der Auftritt des *poro*

Wenn der Leichnam in das letzte Tuch eingenäht ist, wechselt plötzlich die Musik: Die Xylophonspieler legen ihre Instrumente nieder, während in der Ferne vom Hain des Bundes her schon die Trommeln des *poro* zu hören sind. Sie werden das verstorbene Mitglied zum Grabe geleiten. Alle nicht initiierten Frauen, Kinder und Jugendliche haben jetzt den Platz zu verlassen. In wenigen Minuten ist er fast leer. Nur Männer und ältere Frauen[12], die engsten An-

Der Höhepunkt der Beerdigungsfeierlichkeiten ist der Auftritt der Gestalt des poro, der – in einen Baumwollanzug gehüllt – eine große tierförmige hölzerne Helmmaske trägt. Er wird durch Trommeln angekündigt. Frauen und Kinder müssen den Platz verlassen. Der poro-Tänzer tritt mit einer kleinen Trommel auf. Er schlägt sie über dem in Tüchern eingenähten Leichnam und befreit so die Seele des Verstorbenen vom Körper. Befolgt er dabei nicht sorgfältig alle geheimen Vorschriften, kommt Unglück über die Angehörigen des Toten. Maske aus dem Besitz des Museums Rietberg Zürich. Foto: Museum.

gehörigen und natürlich die *colobele* sind geblieben. Auch die Wege und Gassen des Dorfes haben sich geleert. Aus dem Hain nähert sich der *poro*, und das ist nichts anderes als seine wichtigste Maske – die große, zoomorphe Helmmaske.

Das Wort ‚*poro*' steht nicht nur für den Bund als Institution, hier bezeichnet es die Maske, die im Mittelpunkt seiner Rituale steht. Für die Senufo ist sie der *poro*, obwohl man genauso den langen Zug der alten und jungen Mitglieder zum Haus des Verstorbenen so nennen kann – oder eben die von den *colobele* verrichtete Arbeit. In der Maske aber, in ihren Handlungen kristallisiert sich gewissermaßen die Bedeutung des *poro*. Wenn die älteren Mitglieder ihren Tanz den ‚jüngeren Brüdern' erläutern, sprechen sie von Arbeit. Ihr Auftritt ist Arbeit des *poro*. Nun kann man darauf verweisen, daß das Tragen so einer Maske ohne Zweifel anstrengend ist, und vielleicht nur das gemeint ist. Doch auch hier sind Anstrengung und Mühsal nur Zeichen, nicht Inhalt der Tätigkeit. Entscheidend ist, was die Maske bewirkt – und, so ist aus unserer Perspektive hinzuzufügen, mit welchen (künstlerischen) Mitteln sie es bewirkt.

Der *poro* als Gestalt trägt eine große hölzerne Stülpmaske, in der sich Elemente vieler Tierarten vereinen. Die meisten, in den Museen als ‚Feuerspeier' geführten Masken, gehören zu diesem Typus. Im zentralen Senufoland und bei den Kafibele tragen sie lange Hörner, die, so sagt man häufig, die einer Antilope oder die eines Büffels sein sollen. Der weit aufgerissene Rachen stammt von einem Krokodil oder einer Hyäne, der man auch die spitzen langen Ohren zuschreibt. Seitlich aus dem Rachen und dem Oberkiefer ragen oft große, nach hinten gebogene Hauer, deren Vorbild die langen Eckzähne des Warzenschweins sein sollen. Hier sind viele verschiedene Elemente zusammengefügt, doch nur wenige Leute wissen sie zu nennen. Nur die Schnitzer, die die hölzernen Stülpmasken herstellen und sie, um sie von der gesamten Gestalt zu unterscheiden, einfach ‚Kopf des *poro*'[13] nennen, achten auf die Details. Die Mitglieder des *sinzanga*, besonders die älteren, kennen zwar ‚ihren' *poro* genau und unterscheiden ihn auch von den Masken der anderen, sie legen aber keinen sehr großen Wert auf die stilistische oder ikonographische Ausführung. Das ihnen geläufige zoomorphe Grundmuster muß zwar erhalten sein, wichtiger aber ist, daß die Maske ihre Arbeit macht, also die rituellen Handlungen den Regeln entsprechend ausführt. Das ist natürlich eine Aufgabe des Initiierten, der die Maske trägt. Er ist während des Rituals nicht zu erkennen, da nicht nur sein Kopf durch die hölzerne Maske verborgen ist, sondern auch sein ganzer Körper von einem langen einteiligen Baumwollanzug verhüllt ist. Dieses Kostüm wird im Gegensatz zum hölzernen Teil der Maske von Mitgliedern des Bundes hergestellt. Besonderheiten des *poro* als Bund drücken sich daher eher im Kostüm als im ‚Kopf des *poro*' aus. So tragen die Masken der Schmiede Lederhäute, die in großer Zahl an den unteren Rand des Kopfaufsatzes geknüpft sind und den Oberkörper des Trägers fast vollständig verdecken.

Stammt die Maske aus dem *sinzanga*, in dem der Verstorbene initiiert war, ist ihr Kopf unter frischem Laub versteckt und gar nicht mehr zu erkennen. Nähert sie sich dem Platz, wo der schon in die Tücher eingenähte Leichnam liegt, kann man nur grob die Gestalt des Trägers ausmachen. Er hat eine kleine zweifellige Trommel umgehängt und hält in der Rechten einen kurzen Schlegel. Langsam geht der *poro* auf den Toten zu, zögert, kehrt um, läuft in eine andere Richtung und wendet sich wieder, während die großen Faßtrommeln des Bundes die Luft mit ihrem tiefen, dumpfen Klang erfüllen, ergänzt nur durch eine kleine, eiserne Schelle, die gewöhnlich das Kommen des *poro* ankündigt. Immer wieder kniet der *poro* nieder, legt seine kleine Trommel auf den Boden und versetzt ihr eine Reihe kurzer, immer schneller werdender Schläge. Schließlich kniet er direkt vor dem Leichnam nieder und legt die Trommel, nachdem er sie zuvor noch einmal geschlagen hat, oben auf die vernähten Tücher, etwa dort, wo sich die Brust des Verstorbenen befinden muß. Wieder hebt die Maske ihren Schlegel und läßt ihre Trommel ertönen, dreimal hintereinander. Das ist der entscheidende Akt, denn er trennt das *nyui* des Verstorbenen, seinen ‚Schatten', seine ‚Lebenskraft' vom Körper. Es gibt spezielle, geheime Vorschriften, die der Träger der Maske beachten muß. Befolgte er sie nicht, führte der *poro* die Riten also schlecht aus, hätte man mit üblen Auswirkungen zu rechnen. Das Lebende und das Tote wären nicht eindeutig voneinander geschieden und könnten Unglück über die Nachfahren des Toten bringen.

Auch die Masken der anderen bei dem Begräbnis repräsentierten *poro*-Bünde führen die Riten aus, doch sie sind nicht entscheidend. Ihr Erscheinen unterstreicht eher die weitgespannten Beziehungen, die der Tote bzw. sein *sinzanga* unterhielt. Anschließend wird der in die Tücher eingenähte Leichnam auf eine Bahre aus drei oder vier zusammengebundenen Stöcken gehoben und festgebunden. Zwei junge Männer tragen ihn ein Stück auf den Köpfen und legen ihn dann wieder nieder. Wieder werden Trommeln des Bundes geschlagen. Ihr Sprechspielen erzählt von der Zeit der Initiation, die der Verstorbene mit den Kameraden seiner Altersklasse verlebt hatte. Auch das ist nur Mitgliedern des Bundes verständlich. Wieder erscheinen Masken. In einigen Gegenden reitet der *poro* nun auf dem Bündel, in anderen legt er seine Stülpmaske ab und nimmt den eingenähten Toten, wälzt sich mit ihm im Staub, wirft ihn umher, soweit er es vermag, so daß man kaum mehr glauben mag, daß das Bündel mehr enthält als bloß Tücher.[14] Meistens steht zu dieser Zeit die Sonne schon tief, und nun muß alles sehr schnell gehen: Die rituellen Vorschriften verlangen, daß der Leichnam noch vor der Dunkelheit im Grabe liegt, begleitet von einigen persönlichen Gegenständen.

Die Feiern nach der Beerdigung

Die folgende Nacht wird ‚die Wacht' genannt. Nachdem sich die Musiker der Xylophon-Ensembles eine Zeitlang ausgeruht haben, beginnen sie von neuem im Hof des Verstorbenen zu spielen. In der Mitte des Platzes brennt jetzt ein großer Holzhaufen, und am Rande haben die älteren Angehörigen Liegestühle, Hocker und Bänke aufgestellt. Dort werden sie bis zum nächsten Morgen ruhen, während die Jungen und Mädchen des Hofes, des Viertels und des ganzen Dorfes zur Musik der Xylophone tanzen. In der Nacht spielt man keine speziellen Lieder, es sind die, die gerade beliebt sind, und die Mädchen begleiten die Musiker oft durch Klatschen und Singen. So geht es bis zum Morgengrauen, denn dem Toten zu Ehren soll man in dieser Nacht nicht schlafen. Viele junge Leute nutzen die Gelegenheit, um neue Bekanntschaften zu machen und Freundschaften zu schließen.

Am nächsten Tag geschieht erst einmal wenig. Man ruht sich von der durchwachten Nacht aus. Am Nachmittag aber werden die Riten des Vortages fortgeführt. Wieder erscheinen die Initiierten und Masken des *poro*, doch diesmal ersetzt ein ebenfalls in ein Tuch geschlagener Holzstab den Körper des Toten. Man beginnt nicht im Hof des Verstorbenen, sondern an dem Unterstand, den jedes Initiationszentrum aus Knüppelholz im Dorf errichtet. Bereits während der vorangegangenen Tage saßen hier die Alten des Bundes. Heute steht daneben ein großer Katafalk aus Holz, auf dem der eingeschlagene Stab liegt. Nach dem Spiel der Trommeln des *poro* erscheinen die *yarajo*-Masken. Sie springen auf den Katafalk, setzen sich rittlings auf ihn, werfen sich hin und her, springen wieder herunter und tanzen rasend schnell davor und dahinter. Nachdem alle *yarajo* aufgetreten sind, nehmen zwei Männer den Stab und tragen ihn aus dem Dorf heraus auf einen Weg, der in die Wildnis führt. Dort legen sie ihn nieder, und wieder tanzen die *yarajo*, eine nach der anderen, während die Trommeln des *poro* noch einmal von den Erfahrungen künden, die der Verstorbene im Bund gemacht hat. Auch die große Maske, der *poro* selbst, erscheint und wiederholt, was sie am Tage zuvor getan hat. Nur legt sie ihre Trommel diesmal nicht mehr auf den Leichnam, sondern auf den Stab. Ein letztes Mal wird der Stab weitergetragen. Doch nun nimmt ein junger Initiierter ihn aus dem Tuch heraus und hält ihn senkrecht in den Händen, während hinter ihm die *yarajo* um den schon leeren Stoff tanzen. Nach diesem dritten Halt wird der Stab – unbemerkt von der Mehrheit der Dabeistehenden, die noch auf die Masken achten – fort in die Wildnis gebracht. Auch das muß wieder vor Sonnenuntergang geschehen, und während es dunkelt, verlieren sich die letzten Weggefährten des Toten und gehen ins Dorf zurück.

In der kommenden Nacht ruhen sich alle von den Anstrengungen der vorangegangenen Tage aus. Aber erst am nächsten oder übernächsten Tag werden die Feierlichkeiten endlich abgeschlossen sein. Dann treten die Masken der Altersklasse auf, die kurz vor der Initiation steht, und im Hain des Bundes beginnen die Alten stundenlang die Gaben zu zählen, die die *colobele* und die *yarajo* erhalten haben. Der Tanz dieser Masken ist völlig öffentlich und dient vor allem dem Amüsement. Auch Frauen, Kinder und Nichtinitiierte schauen zu (vgl. Förster 1987a: 80–88).

Alle Streitigkeiten, die während der Beerdigungsfeierlichkeiten um die Verteilung von Fleisch und Gaben entstehen, können sich zu ernsthaften Konflikten auswachsen. Sie werden in der Regel von der *yarajo* des Bundes, dem der Verstorbene angehörte, beigelegt. Sind in die Auseinandersetzungen Angehörige verschiedener Initiationszentren verwickelt, kann man die *yarajo*-Masken sehr heftig miteinander diskutieren sehen. Obwohl der Maske des veranstaltenden Bundes hier die größte Autorität zukommt, haben doch alle Beteiligten ihre Rechte, und natürlich werden sie versuchen, diese auch durchzusetzen.

Anmerkungen

* Der Autor ist selbst in den *poro*-Bund initiiert.

1 Eigentlich *kporo*. Die Umschrift wurde vereinfacht, für eine phonetisch genaue Notation siehe Förster 1987b.

2 Von *yara* onomatopoetisch für unartikulierte Äußerungen, und *jo*, sagen. In anderen Gegenden ist die Bezeichnung *yalimidyo* üblich (Glaze 1981: 219–220). Daneben existieren geheime Namen.

3 Arbeit als Grundbegriff der Ethnologie nach Gerd Spittler (pers. Mitteilung 1989).

4 Diese Angaben beziehen sich auf das Gebiet der Kafibele-Senufo.

5 So die linguistisch nicht ganz schlüssige Etymologie der Kafibele-Senufo.

6 Beide Stäbe, Vogel wie Mädchen, erscheinen heute auch außerhalb ihres herkömmlichen Gebrauchszusammenhanges.

7 Diese Wettbewerbe sind nur eine unter vielen Institutionen, die den Wert der Feldarbeiten vor Kritik immunisieren. Sie wurden hier allein dargestellt, weil sie auch künstlerische Ausdrucksformen inkorporieren.

8 Wohlwollend mag man dem Ethnologen noch das Wort *baara* zubilligen, niemals aber richtige Arbeit.

9 Anders ist es mit den Produktionsmitteln, besonders den Nutzungsrechten an Grund und Boden. Rinder stellen für die Senufo jedoch kein Produktivkapital dar.

10 Das Wort *nyui* wird gewöhnlich mit ‚Seele' übersetzt. Der Begriff ist damit jedoch nicht erfaßt.

11 Die folgende Schilderung von Beerdigungsfeierlichkeiten und Maskenauftritten bezieht sich auf die Kafibele-Senufo. In anderen Gebieten können sich leichte Abweichungen ergeben.

12 Frauen können unter der Voraussetzung, daß sie keine Kinder mehr bekommen, initiiert werden, also gewöhnlich nach der Menopause.

13 Diese Bezeichnung, *kponyugu*, wurde von vielen Ethnographen mit dem eigentlichen Namen für die Masken verwechselt. (Vgl. Richter 1979; Glaze 1981: 215–216.) Die bei Glaze angegebene Etymologie ‚Kopf des Toten' wurde mir gegenüber durchweg als irrig bezeichnet.

14 Die meisten Senufo äußern sich nicht zu ihren Empfindungen angesichts dieses Aktes. Sie tragen eine gewisse Teilnahmslosigkeit zur Schau, doch vermag ich nichts über die tatsächlichen Gefühle der Angehörigen zu sagen. Jede Frage hätte sich hier verboten.

Kleriker. Zum Psychogramm eines Ideals

Eugen Drewermann

Das Klerikerideal der katholischen Kirche fordert von den Amtsträgern die Totalidentifikation von Sein und Rolle. Dabei dient das Tragen der wirklichkeitsfremden, für das praktische Leben denkbar ungeeigneten Amtstracht ebenso als Mittel der Entpersönlichung und Disziplinierung der Kleriker wie die Forderung nach Einhaltung des Stundengebets. Drewermann beschreibt die Gefahr, die darin liegt, daß die vollkommene Identifikation mit der Berufsrolle bei dem einzelnen Priester psychologisch zur Verkümmerung des Persönlichen führt und auf der anderen Seite vor allem die besonders angepaßten Kleriker für Führungsrollen ausgewählt werden. Auf Empfehlung Eugen Drewermanns wurden aus dessen neuestem Werk „Kleriker. Psychogramm eines Ideals" (1989) einige Passagen ausgewählt[1], die für die Zielsetzung unserer Materialiensammlung aufschlußreich erschienen. Dazu waren Kürzungen im Text und in den Überschriften sowie geringfügige stilistische Anpassungen notwendig, für die allein die Redaktion des Ausstellungskatalogs verantwortlich ist, die auch die Auswahl getroffen hat.

Siehe dazu auch Farbseiten IV und V in Band 1.

Verwaltete Macht

Das hierarchische Führungsprinzip der katholischen Kirche stellt so etwas dar wie eine spiritualistische Traditionsoligarchie: Es enthält – im Gegensatz zu dem Blutadel der Erbmonarchien des alten Europas – durchaus ein demokratisches Moment der Wählbarkeit der führenden Amtsträger. In diesem Punkte hat die katholische Kirche sich sehr früh von dem Modell der dynastischen Thronfolge gelöst; ja, sie hat den archaischen Gedanken einer biologischen Tradition von Ämtern, wie er, modifiziert durch die buddhistische Reinkarnationslehre, auch noch der Sukzession des Dalai Lama zugrundeliegt oder in Gestalt der geistlichen Erbfolgedynastie der Schiiten im Islam herrscht, zugunsten einer rein geistigen Nachfolge im Amte verworfen; zugleich aber hat sie diesen Grundsatz erheblich eingeschränkt: das Recht, seine Führungsspitze zu wählen, besitzt nicht das ‚Volk', sondern nur ein erwählter Kreis von Klerikern, der auf diese Weise hermetisch unter sich bleibt; zudem wird der Besitz des ‚Geistes' im Amtsverständnis der katholischen Kirche nicht als eine persönliche Eigenschaft oder Befähigung verstanden, sondern (wie das Klerikersein selbst) als eine objektive Qualität betrachtet, die Gott dem Menschen durch die Übergabe des Amtes selbst infolge der historischen Kontinuität der Ämternachfolge verleiht.

Alle totalitären Regierungsformen der Geschichte unterliegen einem ausgeprägten Hang zum Führerkult, doch sie kennen normalerweise auch den konkurrierenden Machtkampf an der Spitze; ein in sich sakrosanktes Leitungssystem wie das der katholischen Kirche hingegen unterliegt einer eigentümlichen Wechselwirkung seiner selbstgeschaffenen Bedingungen: Die Überwertigkeit des Amtes selbst, die den personalen Faktor des Amtsträgers der Theorie nach entwertet, macht es in der Praxis unumgänglich, besonders sorgfältig nachzuprüfen, wer in ein bestimmtes Amt berufen wird – schließlich ist eine Diözese, deren Bischof im Alter von cirka fünfzig Jahren sein Amt antritt, mit aller Wahrscheinlichkeit für das kommende Vierteljahrhundert auf Gedeih und Verderb an die Person dieses Mannes gebunden. Von daher wird man nicht leichtfertig einen *homo novus*, einen *newcomer*, mit einem wichtigen kirchlichen Amt betrauen, man wird im Gegenteil durch ein ausgeklügeltes Hürdensystem den Weg einer klerikalen Karriere in der katholischen Kirche so abzustekken suchen, daß nur die im Sinne der genannten Kriterien ‚Fittesten' am Ende zur Auswahl für die wichtigsten Ämter bereitstehen. Diese Art der Selektion kann relativ früh beginnen – ein Theologiestudium in Rom zum Beispiel ist auch heute noch so etwas wie ein Entreebillet für die höhere Ämterlaufbahn in der

„Das Recht, seine Führungsspitze zu wählen, besitzt (in der katholischen Kirche) nicht das ‚Volk', sondern nur ein erwählter Kreis von Klerikern, der auf diese Weise hermetisch unter sich bleibt... Ein Theologiestudium in Rom... ist auch heute noch so etwas wie ein Entreebillet für die höhere Ämterlaufbahn." Foto: Bischofsweihe. KNA-Bild, Frankfurt.

Kirche. Alles in allem aber resultiert aus der objektiven Überwichtigkeit der klerikalen Ämter (das heißt, aus der ideologischen Verleugnung des personhaften Moments) vor allem aufgrund der Indienststellung auf Lebenszeit *nolens volens* eine Überwichtigkeit der Amtspersonen selbst, und das wiederum führt zu einem so langen Auswahlweg bzw. zu einer solchen Angst, den falschen Mann an die falsche Spitze zu setzen, daß die Vergreisung der klerikalen Ämter mit den ihr eigenen Formen des Traditionalismus, Konservatismus und starren Moralismus in der römischen Kurie inzwischen ein groteskes Ausmaß erreicht hat.

Rein ‚menschlich' betrachtet, sollte man glauben, daß die Wahl zum Bischof oder die Ernennung zum Prälaten niemanden auch nur um ein Lot Hirn mehr an Weisheit, Güte und Verstand, als er zuvor besaß, verleihen wird; theologisch betrachtet aber sind solche Ansichten nichtig und in sich selbst bereits ein Zeichen mangelnden Vertrauens in die Leitung der Kirche durch die Kraft des Heiligen Geistes, dessen waltende Vorsehung just an den Ernennungen und Berufungen der höheren Kleriker immer wieder sich so wohltuend und augenfällig, wie man glauben muß, bemerkbar macht. Ein Ministerpräsident, sagen wir des Landes Nordrhein-Westfalen, würde in keine Debatte gehen, ohne daß ein Stab von Ministern, Staatssekretären und Ghostwritern ihm die nötigen Informationen und Formulierungshilfen anböte. Ein Bischof, dessen Amt inmitten einer pluralistischen Gesellschaft von der Vielfalt seiner Aufgabenstellung her etwa ein entsprechendes Maß an Komplexität und Differenziertheit besitzt, kann es sich scheinbar immer noch leisten, autokratisch von Amts wegen über Gut und Böse, Erlaubt und Unerlaubt, Christlich und Unchristlich, Wahr und Falsch, Menschlich und Unmenschlich zu entscheiden; er kann, wenn er es richtig findet, sich über das Votum seiner Berater hinwegsetzen, ja, er hat sogar die Pflicht dazu, wenn es sich um die ‚geoffenbarten Wahrheiten' der Kirche handelt.

Indem sein Amt ihm die Autorität der Wahrheit verleiht, schließt sich an dieser Stelle das klerikale Amtsdenken zum Teufelskreis zusammen: In demselben Maße, in dem es verlangt, daß alle Überlegungen von einer fertigen Meinung auszugehen haben, ist es jetzt nicht einmal mehr wichtig, was aus welchen Gründen gesagt wird, sondern allein, wer, das heißt, in welchem Amte jemand etwas sagt; unter der Hand verfälscht damit das Objektivitätsideal des klerikalen Denkens die Frage nach der Wahrheit zu einer Frage nach der Macht, und ob man es will oder nicht: aus der Frage nach Gott, der im Herzen jedes einzelnen spricht, ist jetzt eine Frage nach der pragmatischen Funktion der Kirche geworden. Die Ausschaltung des Personhaften, die strukturell das Klerikersein prägt, die Unterdrükkung des eigenen Ichs behauptet sich nunmehr als Unterdrückung von Person- und Subjekthaftigkeit an sich, als Umwandlung des Überzeugungsglaubens in einen Autoritätsglauben, als Identifizierung der symbolischen Hinweisfunktion von Kirche mit der Realität des Göttlichen selbst.

Kleidung

Nicht ohne Grund startete Anfang der achtziger Jahre (dieses Jahrhunderts!) der Vatikan eine Initiative, um auch dem Weltklerus wieder die strikte Einhaltung der priesterlichen Kleidungsvorschriften einzuschärfen. Bis dahin hatten viele Priester erleben müssen, daß nicht wenige Menschen bereits von der klerikalen Kleidung derart abgeschreckt werden, daß sie erst gar nicht zu einem Gespräch erscheinen, oder daß die Kleidung es unmöglich macht, einen Ton im Gespräch zu finden, der persönlich und vertrauensvoll genug wäre, um die wirklich wichtigen Themen zur Sprache zu bringen; also hatten sie um einer persönlicheren Form der Seelsorge willen die Talare und Kollare in den Schrank gehängt, um ihre Verbundenheit und Zugehörigkeit zu den Menschen – nicht zu demonstrieren, sondern wie selbstverständlich zu leben. Sie konnten dabei neben den seelsorgerischen Gründen sogar eine Reihe gewichtiger anderer Argumente geltend machen. Hatte nicht Jesus selber ausdrücklich vor der Eitelkeit der Pharisäer und Schriftgelehrten gewarnt, mit ihren langen Gewändern und Quastensäumen (Markus 12,38)?

Oder, geradeheraus gefragt: Wenn der heilige Franziskus vor 780 Jahren die vornehme Kleidung seines Vaters öffentlich auf dem Marktplatz ausgezogen hatte, um nur noch zu gehen wie die einfachen Leute auf dem Lande, wie läßt sich dann ohne monströse Verschiebungen und Verdrehungen aus eben dieser Kleidung des heiligen Franziskus ein unterscheidendes Merkmal klerikaler Würde gegenüber den Mitmenschen heute schneidern?

„Das Meßgewand in seiner Buntheit und in seinen Stickereien (hüllt) den Körper des Priesters in ein Erscheinungsbild, das auf offener Straße allenfalls eine Frau an den Tag legen dürfte; Söckchen, Lackschühchen, Ringe, Kreuze und Spangen vervollständigen zusätzlich noch den effeminierten Gesamteindruck. Es verbleibt ein einzig männliches Zeichen: der bedachtsam zu führende Hirtenstab, dieses Machtsymbol absoluter theokratischer Herrschaft." Das Foto zeigt Kardinal Meisner (links) und Weihbischof Wich, aufgenommen von Bernd Arnold, Köln.

Die katholische Kirche legt außerordentlichen Wert darauf, die Gestalt eines Priesters in der Meßfeier in größtem Stil durch eine spezielle Kleidung in den Vordergrund zu rükken; es handelt sich aber um eine Kleidung, die durchaus keine männlichen, sondern in allen Teilen eher weibliche Attribute verwendet. Im Kontrast: einen Tambourmajor der kaiserlich-königlichen Armee wußte man in den Tagen der Habsburgischen Monarchie bis zum Geckenhaften in seiner Männlichkeit herauszustreichen.

Anders die Kleidung eines Bischofs der katholischen Kirche im Gottesdienst. Auch er trägt eine hochragende Kopfbedeckung, aber in ihrer steifen Feierlichkeit vermutet kein Mensch mehr in diesem katholischen Zweispitz einen Hauch von männlicher Kraft und Dynamik – ein solches Gebilde läßt sich überhaupt nur auf dem Kopf balancieren, wenn man die Bewegungen möglichst gleichmäßig einrichtet, alles Ruckhafte und Plötzliche vermeidet und in getragener Feierlichkeit gravitätisch dahinschreitet: alle physische Kraft hat sich hier vergeistigt, soll damit glauben gemacht werden. Die Schultern werden auch in der Klerikerkleidung mit einem eigenen Tuch umhüllt, doch dieses Schultertuch dient gerade nicht der Betonung, sondern einzig der Verhüllung der männlichen Stattlichkeit – eine rundliche Form bildet sich ab, wie um nach Möglichkeit die eckige Statur eines Mannes, so gut es geht, durch rundere Formen zu mildern. Die Albe (bzw. die Soutane) verbirgt vollends alles, was sonst noch am männlichen Körper beeindrucken könnte; dafür hebt ein Gürtel (das *zingulum* oder die Binde der Soutane) die Taille wirkungsvoll ganz nach Art einer Frau hervor; und

Man muß einmal hören, wie vor allem Jugendliche den allsonntäglichen Aufzug der Prälaten zur Vesper in den Dom kommentieren und wie auf sie die Akkumulation von Hermelin und Samt, die rosafarbenen Söckchen und Schühchen an den Füßen erwachsener Männer, nicht zu reden von den pittoresken Formen der Kopfbedeckung, wirken – alle Assoziationen von ‚Schuhus' über ‚Fledermäuse' bis zu ‚Nachtfaltern' sind Assoziationen mit der funebren Maskerade des Todes. Man sollte denken, daß die so gewandeten um die Bewandtnis ihrer großartig grotesken Erscheinung hinlänglich Bescheid wüßten; gleichwohl lautet die Begründung für die Beibehaltung ihrer Amtstracht, es gelte, das geistliche Element im Erscheinungsbild einer Stadt bewußt zu machen, es gelte, für Christus und seine Reichgottespredigt Zeugnis abzulegen, es gelte, auf die Möglichkeit eines pastoralen Zuspruchs aufmerksam zu machen. Auch diese Begründung ist in ihrer Wirklichkeitsfremdheit anders gemeint, als sie klingt – ein typisches Beispiel der Doppelbödigkeit des Klerikerseins bis in die Details hinein. In Wahrheit nämlich geht es in der Kleiderfrage (jedenfalls zunächst) natürlich nicht um das ‚Zeugnis' für die ‚Laien', sozialpsychologisch geht es als erstes um die Disziplinierung der Kleriker selbst: ihnen, nicht den ‚Laien', soll durch das Tragen einer betont auffallenden Kleidung die Besonderheit ihres Standes nebst den damit verbundenen Pflichten eingeschärft werden. Indem sie durch die Kleidung weithin als Kleriker kenntlich sind, unterliegen sie einer ständigen sozialen Kontrolle; das heißt, sie müssen sich, zumindest in den Augen der Öffentlichkeit, entsprechend den stereotypen Verhaltensmustern, die das ‚Image', das selbsterzeugte Berufsbild eines Klerikers, in der Öffentlichkeit bestimmt, auch wirklich betragen.

schließlich hüllt das Meßgewand in seiner Buntheit und in seinen Stickereien den Körper des Priesters in ein Erscheinungsbild, das auf offener Straße allenfalls eine Frau an den Tag legen dürfte; Söckchen, Lackschühchen, Ringe, Kreuze und Spangen vervollständigen zusätzlich noch den effeminierten Gesamteindruck. Es verbleibt ein einziges männliches Zeichen: der bedachtsam zu führende Hirtenstab, dieses Machtsymbol absoluter theokratischer Herrschaft.

Stundengebet

Parallel zur Kleidung existiert eine zweite Ebene, um das Leben der Kleriker zu entpersönlichen, die sich als die Kollektivierung in der Zeit beschreiben läßt. Der Ausdruck dafür ist die Forderung des Stundengebetes.

Auf den ersten Blick sollte man meinen, es sei ganz absurd, ausgerechnet das Gebet als Instrument der Depersonalisation zu verstehen oder zu verwenden – heißt nicht ‚beten', sich am intensivsten und intimsten Gott in die Hände geben? Gewiß, das heißt es.

Anders als die ‚Heiden' und die ‚Heuchler' sollten die Jünger Jesu beten – nicht voller Angst wie die Menschen, die Gott nicht wirklich kennen (so ‚die Heiden') und nicht rein äußerlich, um unter den Augen der Menschen ein religiöses ‚Werk' zu verrichten (so ‚die Heuchler'). Doch genau entgegengesetzt lautet die Ordnung, auf welche die Kleriker der katholischen Kirche durch Eid ihr Leben lang verpflichtet werden.

Den absoluten Vorrang im Gebetsleben der Kleriker besitzt das Gemeinschaftsgebet, so sehr, daß es im Konvent schon rein zeitlich zum privaten Beten kaum mehr kommt. Es gehört zum ehernen Bestand der Disziplin und Doktrin, daß aus dem Gemeinschaftsgebet jener Segen entsteigt, der das Leben aller fruchtbar und gottgefällig gestaltet. Wer sich dem Gemeinschaftsgebet entzieht, stellt sich mithin außerhalb des Herzens der Gemeinschaft, er sündigt schwer und hat laut Vorschrift bei der nächsten Beichte vor Gott und dem Beichtvater darüber Rechenschaft abzulegen. Man kann zwar nicht verlangen, daß die Priester eines Dekanates oder auch nur einer Pfarrei sich räumlich zum Gebet zusammenfinden, doch haben sie ihrem Bischof bei der Priesterweihe feierlich zugesagt, täglich ihr Brevier, ihr Stundengebet, zu verrichten und also an dem Gebet der Kirche, an dem stündlichen Opfer des Wortes, an dem Lobpreis der Schöpfung, teilzuhaben.

Der Gedanke selbst ist im Grunde sehr poetisch und schön – vermutlich verdankt er sich den altägyptischen Hymnen auf den Sonnengott mit den dazu passenden Stundenschemata, und auch die ritualisierte Form, den Gang des Lichtgestirns durch die Pforten der Zeit mit entsprechenden Dankgesängen zu begleiten, dürften dem Alten Ägypten entstammen. Im Leben der Kleriker der älteren Generation, die sich an ihre Weihegelöbnisse wirklich noch gebunden fühlten, führte die Ordnung des Stundengebetes indes in der Praxis nicht selten dazu, die Worte zum Lobpreis des aufgehenden Lichtgestirns, statt des morgens an die Sonne, noch kurz vor Mitternacht an den Mond zu richten: Nicht ob es sinnvoll war, so zu beten, war die Frage, sondern daß die Gebete verrichtet wurden, war das Entscheidende, oder, anders gesagt: Nicht die Person des Betenden, nicht seine Gefühle, nicht seine Erfahrungen, sondern die objektive Vollständigkeit des Gebetes an sich bildete das Ziel der Brevierpflicht. Aus dem Allerpersönlichsten, aus dem am meisten Lyrischen, wurde damit ein formaler Ritus, der als eine feste Ordnung abzuleisten war.

Verfügbarkeit

Zu allem Leben in Gruppen, die ein gewisses Maß an Differenzierung erreicht haben, gehört es, daß sich Formen spezifischer Funktionszuweisungen herausbilden, die einzelnen Personen als Bündel fertiger Praktiken aufgetragen werden. Entsprechend den jeweiligen Aufgabenstellungen und den ihnen zugeordneten Lösungsverfahren bestimmt sich der Rang, den jemand innerhalb seiner Gruppe durch die Übernahme des Pflichtenbündels seiner spezifischen Tätigkeiten gewinnt, durch die ‚Rolle', die er gegenüber den anderen im Rahmen des ihm zugeordneten Ranges ‚spielt'. Rang und Rolle sind mithin die statische und die dynamische Seite ein und derselben Sache, die soziale Geltung nur die Kehrseite der persönlich verlangten Haltung. Von daher ist es in gewissem Sinne ‚normal' und bildet eine unerläßliche Überlebensvoraussetzung jeder Gruppe, daß in ihr eine Vielzahl von Individuen eine gewisse Anzahl von Rollen möglichst gut spielt.

Die Bereitschaft, sich mit bestimmten Rollen zu identifizieren, stellt noch heute einen der wichtigsten Faktoren für die Konstituierung aller Sozialgebilde dar. Entscheidend ist dabei, daß ein jeder versucht, im Sinne der Rolle, die er zu spielen hat, zum Wohle der Gruppe, der er sich zugehörig fühlt, sein Bestes zu tun. Was er selber denkt und fühlt, ist, gemessen an der Bedeutung der Rolle, eine zweitrangige Frage; ja, man kann sagen, daß, je archaischer eine Gesellschaft ist, die Stärke des Rollenzwangs gradlinig anwachsen wird.

Von daher bedeutet es an sich nichts Besonderes, wenn auch die Kleriker der katholischen Kirche die Beziehungen zu anderen Menschen nach den Vorgaben bestimmter Rollenverpflichtung einzurichten suchen. Der Unterschied jedoch, der alles ändert, besteht in der vom Klerikerideal selbst geforderten Totalidentifikation von Sein und Rolle bzw. in der pflichtweisen Verschmelzung des einzelnen mit dem Ort und der Aufgabe, an welche die Gemeinschaft ihn stellt; und da diese Aufgaben und Orte sich mit jeder neuen Berufung und Versetzung recht extrem verändern können, läuft die Anlage des gesamten Systems des Klerikerdaseins darauf hinaus, daß der einzelne buchstäblich nichts ist, um alles sein zu können.

Wie ernst diese Persönlichkeitszerstörung zugunsten einer unbedingten ‚Verfügbarkeit' bis in die höchsten Kreise der klerikalen Ämterhierarchie der katholischen Kirche gemeint ist, demonstrierte in aller wünschenswerten Klarheit Kardinal Joachim Meisner anläßlich seiner Berufung von Berlin nach Köln in einer Sendung von Christian Modehn (ARD vom 23. 12. 1988): Gefragt, wie er dazu stehe, daß Papst Johannes Paul II. eigenmächtig, gegen den Rat und Wunsch der Ortskirchen, absolut autoritär seine eigenen Wunschkandidaten auf den jeweiligen Bischofsstuhl durchzudrücken suchte, lautete sinngemäß seine Antwort: „Wenn der heutige Petrus mich beruft, stehe ich an seiner Seite"; und er begründete diese Einstellung bezeichnenderweise mit einem Vergleich der ontologischen Unsicherheit: „Es kann mir doch auch gleichgültig sein", sagte er, „was zwischen meinen Eltern vor sich ging, als ich dabei herauskam. Genauso gleichgültig kann mir sein, was zwischen Rom und Köln vor sich ging; wichtig ist, daß ich als Entscheidung dabei herauskam." – Man sollte meinen, es sei für jeden Menschen von allergrößter Wichtigkeit, zu wissen, welche Gefühle die eigenen Eltern füreinander und gegenüber ihrem Kind haben und hatten – dies nicht zu wissen, bedeutet nicht mehr und nicht weniger, als in ein menschliches Vakuum, in ein existentielles Nichts zu fallen; genau dieses Nichts an persönlicher Beziehung aber wird in den Worten des Kardinals geschlossen und aufgefüllt durch die Neuschöpfung des kirchlichen Befehls, durch den die persönliche Nichtexistenz des einzelnen sich in das Spielzeug der gottgleichen päpstlichen Schöpfermacht verwandelt; der einzelne in den Händen der Kirche ist, so verstanden, ein formloser, ungestalteter Urstoff, der seine Wirklichkeit, allererst aus der kirchlichen Beauftragung und Bevollmächtigung empfängt. Deutlicher, als es in dieser Konzeption geschieht, läßt sich nicht ausdrücken, daß der theologischen Ideologie zufolge die Person des einzelnen Klerikers, gleich einem Wassereimer, ihres Inhaltes vollkommen entleert werden soll, um sich bis zum Rand mit den Wünschbarkeiten der kirchlichen Vorgesetzten vollpumpen lassen zu können. Es ist nicht nur, daß hier unter der Hand die Autorität Gottes, der innerlich zum Herzen des Menschen redet, durch die äußere Autorität von Papst und Kirche ausgetauscht wird, es ist vor allem, daß hier der gesamte Bereich menschlicher Gefühle zugunsten der bloßen Dezision der Macht neutralisiert wird. Zugleich wird deutlich, wie vor dem Hintergrund dieser Wechselwirkung von ontologischer Unsicherheit und autoritärer Unterwürfigkeit die Gefühlsfremdheit des klerikalen Machterlebens sich fortsetzt in der gänzlichen Vergleichgültigung des gesamten Bereichs menschlicher Meinungen, Überlegungen und Entscheidungen: von dem weiten Spektrum menschlicher Beziehungen bleibt nur eine einzige Form der Beziehung übrig: die Korrespondenz von Befehl und Unterwerfung, das Ritual von Herr und Knecht, die Abstraktion und Reduktion des Lebens auf den Formalismus erfüllter Weisungen. All das besagen zwei Sätze aus dem Munde eines so wichtigen und päpstlich so erwünschten Mannes wie des Berliner-Kölner Kardinals Joachim Meisner.

Verwöhnung und Beaufsichtigung

Um die eigentümliche Doppelbödigkeit in den menschlichen Beziehungen und Umgangsformen von Klerikern zu verstehen, muß man vor allem die Diskrepanz beachten, die zwischen der öffentlichen Geltung im Amt und dem Gefühl persönlicher Minderwertigkeit, ja, Nichtigkeit besteht; beides wird in Erziehung und Gehabe der Kleriker auf extreme, oft bizarre Weise eingeübt und ausgeprägt, und es sind diese zwei Seiten ein und derselben Kirche, die als ‚Mutter Kirche' den Ihrigen zum Beweis der gnädigen Erwählung Gottes, Macht und Geltung aller Art zu vermitteln sucht und die

Priesterweihe auf dem Petersplatz in Rom. Hier wird die unbedingte Bereitschaft zur Identifikation mit der Rolle des Klerikers augenfällig, die von den künftigen Priestern der katholischen Kirche erwartet wird. Für Eugen Drewermann führt diese Identifikation „psychologisch nicht zur Entfaltung, sondern zur systematischen Unterdrückung und Verkümmerung des Persönlichen". Foto: KNA-Bild, Frankfurt.

zugleich mit äußerster Anstrengung dafür Sorge trägt, daß nur ja niemand die öffentliche Bedeutung, die er genießt, seiner eigenen Person statt seiner kirchlichen Position zugute schreibt.

Die verwöhnende, den Amtsnimbus der Kleriker fördernde Seite kann jeder erkennen, der sich zum Beispiel die Lebensweise der Priesteramtskandidaten nach der Aufnahmefeier ins Seminar ansieht.

Fortan gilt es, vorzuleben, wie man im Sinne der Kirche sich das Leben der künftigen Priester vorstellt und wünscht. Gewiß darf hier der Stil der Kirche in der Bundesrepublik in seinem finanziellen Aufwand als einzigartig auf Erden gelten; doch was sich hier beobachten läßt, ist der Tendenz nach signifikant für den Habitus, der sich einstellt, sobald man den Klerikern der katholischen Kirche die äußere Möglichkeit schafft, sich ungehindert in der vollen Pracht ihrer Selbstdarstellung zu entfalten – es ist, kurz gesagt, ein Stil fürstlicher Hofhaltung in allen Lebensbereichen. Zur Verfügung stehen diesen von der Aufnahmefeier an bereits zu Klerikern Erwählten pro Kopf cirka fünf Bedienstete – alles in allem ein Stab von dreißig bis vierzig Leuten, um die etwa fünf bis zehn Theologen bis zur Priesterweihe nach allen Regeln der Hygiene, Ernährung, Körperpflege und geistlichen Bildung zu verwöhnen. Während ‚normale' Studenten in jedem anderen Lehrfach der Universität um die alltäglichen Fragen von Nahrung, Kleidung, Heizung usw. sich in aller Regel selber kümmern müssen und bei dieser Gelegenheit bereits ein Mindestmaß an Eigenständigkeit und Verantwortung entwickeln, sieht man die ‚Sämlinge' der katholischen Kirche, die ‚Seminaristen', wie kleine Kinder mit allen nur erdenklichen Wohltaten weiblicher Fürsorge eingehüllt – sie lernen wie selbstverständlich, daß sie es fortan sich und ihrem Stande gewissermaßen schuldig sind, von einer erweiterten Gruppe von Pagen, *concierges* und Haushofmeistern ihr Leben *à la haute volée* pflegen und hegen zu lassen. Es gibt Leiter der Priesterseminare, die es sich beispielsweise angelegen sein lassen, den kunstvollen Aufbau ihres Weinkellers den Priesteramtskandidaten als vorbildliches Exempel wei-

„Den absoluten Vorrang im Gebetsleben der Kleriker besitzt das Gemeinschaftsgebet, so sehr, daß es im Konvent schon rein zeitlich zum privaten Beten kaum mehr kommt. Es gehört zum ehernen Bestand der Disziplin und Doktrin, daß aus dem Gemeinschaftsgebet jener Segen entsteigt, der das Leben aller fruchtbar und gottgefällig gestaltet. Wer sich dem Gemeinschaftsgebet entzieht, stellt sich mithin außerhalb des Herzens der Gemeinschaft, er sündigt schwer und hat laut Vorschrift bei der nächsten Beichte … darüber Rechenschaft abzulegen." Foto: Cistercienser-Chronik, Redaktion, Köln.

terzuempfehlen. Hochfeste (Weihnachten, Ostern, Pfingsten usw.) bieten eine willkommene Gelegenheit, zu demonstrieren, wie ungebrochen die katholische Kirche, zumindest kulinarisch, in ihrer eigenen Tradition gefestigt ist.

Die Priesteramtskandidaten haben es Zeit ihres Lebens gewiß niemals nötig, auch nur von ferne das Handwerk kennenzulernen, dem sie ihre Ausbildung zum nicht-vegetarischen Feinschmeckertum verdanken; sie selbst sind durch die Bestimmungen des Reichskonkordats nicht nur von der Wehrpflicht ausgenommen, ihnen ist es laut Kirchenrecht rundum untersagt, Blut zu vergießen – nicht einmal Medizin zu studieren, um etwa Chirurgie auszuüben, vereinbart sich nach diesen Vorstellungen mit der Würde eines Standes, der am Altare auf unblutige Weise das Blut Christi vergießt. Den Ordensschwestern in der Seminarküche hingegen bleibt es überlassen, alle Feste wieder Hühner und Puten zu Dutzenden auszunehmen, Schweine- und Rinderfleisch und alle möglichen Fleischspeisen zuzubereiten und zu verwursten, bis daß einzelne von ihnen, im Gehorsam genötigt, die Erfahrungen der Großküche noch Jahre später als reines Brechmittel erinnern. – Auch hier herrscht das System einer Zweiklassenmoral vor, das es den hochwürdigen Herren erspart, zu merken, welchen (stets von Frauen erbrachten) Opfern sie ihr Wohlergehen verdanken.

Das Ergebnis allerdings ist dementsprechend: Manches in dem widersprüchlichen Betragen mancher Kleriker versteht man nur, wenn man sie als verwöhnte große Kinder betrachtet. Da können Menschen, die in ihrem Berufsgehabe sich als die Güte und Geduld persönlich geben, zum Erschrecken ihrer Begleiter in einem Restaurant schier aus der Haut fahren, wenn ihnen der Kellner nicht schnell genug, billig genug und freundlich genug serviert, was sie sich auf dem Wunschzettel der ausgelegten Speisekarte vorgestellt haben. Leute mit zwei Doktorgraden zeigen sich außerstande, am Automaten der städtischen Verkehrsmittel sich eine Karte für die Metro oder Trambahn zu besorgen; daß sie mit jedem technischen Problem überfordert sind, das die Bedienung eines Tauchsieders übersteigt, gehört gewissermaßen zu ihrem Berufsethos. Es ist gewiß auch hier das gewöhnliche, daß, je höher die Würde, desto infantiler das Verhalten in allen praktischen Lebenslagen ausfällt – ganz so, wie man die Fürsten vergangener Zeiten für unfähig hielt, sich auch nur alleine anzuziehen oder die Morgentoilette zu verrichten; doch eben diese Infantilisierung des praktischen Sinnes, gepaart mit einem eminenten Gefühl objektiver Abhängigkeit von dem bestehenden System der Macht und einer extremen subjektiven Hochrangigkeit innerhalb dieses Systems, kennzeichnet das Selbstbewußtsein und den Verhaltensstil dieser kirchlichen Würdenträger bis hinauf zu dem Bischof selber: ihm zu Beginn des feierlichen Hochamtes im Dom vor den Augen der Gemeinde beim Anlegen der rund ein Dutzend verschiedenen ‚geistlichen' Gewänder behilflich zu sein, stellt auch heute noch eine der erhabensten Pflichten eines Seminaristen dar, für welche er von seinem Subregens stundenlang unterwiesen werden muß.

Vertrocknete Zisternen

Ein nicht geringes Paradox der katholischen Seelsorge besteht darin, daß in keiner religiösen Institution der Welt sonst um die Amtsträger eine derartig patriarchalische Aura gebreitet wird wie um die Gestalt des Priesters. In krassem Gegensatz zu dem ausdrücklichen Verbot Jesu: „Laßt euch nicht Vater nennen" (Matthäus 23,9), ist der Priester, der Pfarrer, der Pater, der ‚Vater' schlechthin, der den Kirchenzugehörigen seines Verwaltungsbezirks als seinen Pfarrkindern, Beichtkindern etc. gegenübertritt. Von Berufs wegen hat er diejenigen Seiten eines ‚Vaters' zu verkörpern, die einem Kind gegenüber im allgemeinen als wünschenswert erachtet werden: Er hat stets ansprechbar, nett, umgänglich, freundlich, mitleidig, beschützend, gerecht, in allem vorbildlich – kurz, eben so zu sein, wie viele Menschen sich ihren Vater von Herzen ersehnt, doch oft vielleicht niemals erlebt haben. Was Wunder deshalb, daß sie sich an den Priester wenden, weil er ihnen in seiner Vaterrolle zu verkörpern scheint, wonach sie sich ihr Leben lang gesehnt haben? Sie bringen ihm ein Vertrauen entgegen – wirklich wie Kinder, sie überziehen ihn mit Erwartungen, so als könne er ihnen wirklich all das ersetzen und zurückgeben, was sie vor Jahrzehnten entbehren mußten, und sie vergessen nur zu leicht, daß sie ein solches Maximum an Gefühlen und Hoffnungen im Grunde gar nicht auf die Person, sondern auf die Überichrolle des Priesters richten. Psychoanalytisch gesprochen provoziert die Priestergestalt, diese Repräsentationsfigur des göttlichen Vaters im Himmel mitten unter den Menschen, zumindest bei den ‚Gläubigen' eine enorme Bereitschaft zu Vaterübertragungen aller Art. Jener Kredit an Vertrauen, den ein Arzt oder Psychotherapeut sich oft erst in Monaten und Jahren mühsam erarbeiten muß, wird einem Priester oft wie selbstverständlich geschenkt. Insbesondere die religiöse Überhöhung der Vatergestalt des Priesters, seine Nähe zu den Sphären von Heil und Vergebung, umhüllt den Priester mit den Zügen einer *mana*-Persönlichkeit, bzw. sie rückt ihn in die Nähe des Archetyps des ‚göttlichen Arztes'; nicht zuletzt auf dieser Tatsache beruht die psychische Macht der Mutter Kirche über die Seelen ihrer ‚Kinder'.

Die vollkommene Identifikation mit der Berufsrolle, die von den Klerikern der katholischen Kirche verlangt wird, führt psychologisch nicht zur Entfaltung, sondern zur systematischen Unterdrückung und Verkümmerung des Persönlichen, und so stehen vornehmlich diejenigen unter den Priestern, die ihr Klerikersein wirklich ernst nehmen, in der extremen Gefahr, immer wieder durch eine optimale Darstellung ihres Amtes bei den Menschen persönliche Erwartungen zu wecken, die sie mit ihrer eigenen Person oft nur auf grausame Weise enttäuschen können – eine Tragik für alle Beteiligten.

Wie vertrocknete Zisternen, müssen Priester auf Menschen wirken, die immerzu von der Liebe unter den Menschen reden, die aber zugleich gelernt haben, vor jedem Angebot der Liebe, zumindest wenn es von seiten einer Frau ausgesprochen wird, voller Angst und Schrecken zurückzuweichen. In Wahrheit verschieben sie nur die persönliche Angst, die im Status ihres Klerikerseins psychologisch gebunden ist, auf die sogenannten ‚Laien' und lassen diese die Hypothek für ihr eigenes angstversperrtes Leben tragen. Diese Art Mensch steht sich selbst und anderen, gerade wenn es um Gott geht, nur im Wege, und der schlimmste Irrtum der katholischen Kirche besteht offensichtlich darin, zu meinen, sie könne um so bessere Diener Christi und Beamtete Gottes heranbilden, wenn sie nach wie vor auf der Unterdrückung der Person des einzelnen zugunsten einer totalen Identifikation mit der Berufsrolle besteht.

Anmerkung

1 Der Abdruck der Seiten 158–160, 171f., 177f., 226–232, 248–251 und 587f. aus dem Buch von Eugen Drewermann: „Kleriker. Psychogramm eines Ideals" erfolgt mit freundlicher Genehmigung des Walter-Verlags in Olten.

Die christliche Kirche als Männerorganisation

Peter de Rosa

Die christlichen Kirchen sind Männerreservate. Das ist deshalb überraschend, weil Jesus, obwohl er in einer patriarchalischen Gesellschaft aufwuchs, Frauen ohne Einschränkungen als Jünger/innen zuließ.

Paulus war nicht imstande, Jesu neue Sicht menschlicher Beziehungen zu verstehen. Er griff die jüdische Auffassung wieder auf, daß Frauen in der Kirche den Mund zu halten hätten, und ihr Heil im Austragen von Kindern läge. Von der Zeit der Kirchenväter bis ins Mittelalter waren die christlichen Schriften und Predigten von Frauenfeindlichkeit beherrscht. Vor allem die Verbrennung der Hexen durch die Inquisition war die Rache, die die unverheirateten Mönche an Frauen nahmen, die ihnen ein Stachel im Fleisch waren.

Die einzige Frau, die rückhaltlos verehrt werden konnte, war die Jungfrau Maria; sie vereinigte die Eigenschaften absoluter Reinheit und Mutterschaft in sich. Der Rest der Frauen hatte die Wahl, jungfräuliche Bräute Christi oder die befleckten Bräute von Männern zu sein. Die Ehe und der Geschlechtsverkehr konnten nur durch Kinder gerechtfertigt werden.

Im Prinzip rettete die Reformation die Ehe und die Frauen aus dem durch heidnische Glaubensvorstellungen geprägten Abscheu.

Aber erst in der Aufklärung und den verschiedenen revolutionären Bewegungen in der ganzen Welt kamen Frauen zu ihrem Recht. Die Kirchen fochten und fechten immer noch heroische Rückzugsgefechte. Vor allem die römisch-katholische Kirche hat entschieden gegen die Ordination von Frauen Stellung bezogen.

Siehe dazu auch Farbseiten IV und V in Band I.

Die Ungerechtigkeit der Kirchen gegenüber den Frauen

Es ist für eine intelligente Frau heute wahrscheinlich schwerer, ein verantwortungsvolles Mitglied einer christlichen Kirche zu sein, als zu irgendeinem anderen Zeitpunkt in der Geschichte. Und jedes Jahr wird es schwieriger. Früher reflektierte die Position von Frauen in der Kirche ihren Platz in der Gesellschaft. Die meisten Frauen teilten die allgemeine Annahme, daß sie in biologischer, sozialer und sogar geistiger Hinsicht minderwertig seien. In den letzten siebzig Jahren haben sich die Dinge dramatisch verändert. Frauen haben, hauptsächlich durch eigene Anstrengungen, ein Stückchen Freiheit erreicht. In den meisten Ländern der Welt sind Frauen heute potentielle Premierministerinnen oder Präsidentinnen, Chirurginnen, Richterinnen und Rechtsanwältinnen. Nur in den Kirchen wird allein schon das Prinzip ihrer völligen Gleichberechtigung in Frage gestellt oder geleugnet. Jene bleiben im großen und ganzen Männerclubs. Männer bestimmen die Regeln, ohne sich mit Frauen abzusprechen, das geistige Amt und manchmal sind auch die sakralen Zeremonien auf Männer beschränkt. Ein amüsanter Zwischenfall illustriert die Ungerechtigkeit der Kirchen gegenüber Frauen.

Eine Geschichte zur Warnung

Am 19. Februar 1989 ermahnte John F. Donoghue, römisch-katholischer Bischof von Charlotte, North Carolina in den USA seinen Klerus öffentlich, Frauen aus der Fußwaschungszeremonie am Gründonnerstag auszuschließen. Die ortsansässigen Organisatoren waren empört. Zeitungen veröffentlichten Briefe, die gegen diese antifeministische und antichristliche Anordnung von Seiten einer christlichen Autorität protestierten. Am Nachmittag des Gründonnerstags sponserten nationale Frauenorganisationen ihre eigenen Fußwaschungen außerhalb des neuen Hauptquartiers der Nationalen Katholischen Bischofskonferenz in Washington D.C. In Charlotte selbst hielt ein abtrünniger Priester eine alternative Fußwaschungszeremonie ab, ohne Ansehen des Geschlechts der betreffenden Füße. Man wartete gespannt auf die Reaktion des Bischofs. Dieser ließ am selben Abend in der Kathedrale die Fußwaschungszeremonie völlig ausfallen. Die Komödie ist Frauen ein Signal, daß die Institution, die ihr Anliegen hätte unterstützen sollen, die letzte ist, die hier Zugeständnisse macht. Die Theologie, die sie zu Opfern macht und ihre Bedeutung für die Gemeinschaft abstreitet, entpuppt sich als nichts anderes als schlecht getarnter männlicher Chauvinismus. Die momentan potentiell explosive Situation ist um so überraschender, als Jesus Christus vor zweitausend Jahren in sehr revolutionärer Weise die Gleichgewichtigkeit der Frauen predigte.

Der Hintergrund Jesu

Jesus wuchs mit dem moralischen Kodex einer patriarchalischen jüdischen Gesellschaft auf. Als Junge hat er wohl „Danke Gott, daß Du mich nicht als Frau erschaffen hast" gebetet, ein Widerhall des üblichen Segens in der Synagoge: „Gesegnet seist Du, oh Herr, unser Gott, König der Welten, der Du mich nicht als Frau erschaffen hast." Sogar damals wurde die Gottheit von Männern als Teil ihrer Verschwörung gegen die Frauen benutzt. Gott war männlich und sein Wesen eine Reflektion göttlicher Männlichkeit.

Der niedere Status von Frauen im Judentum zeigte sich in der Tatsache, daß sie die geltenden Vorschriften der Tora nicht befolgen mußten. Wenn Frauen die Synagoge besuchten, waren sie von der Sektion der Männer, wo das richtige Gebet stattfand, getrennt, und es wurde, wie es der berühmte Satz von Paulus andeutete, von ihnen erwartet, in der Versammlung ruhig zu sein, „wie es sogar das Gesetz sagt". Nach dem Buch des Leviticus (Kap. 12 und 15) wurde eine Frau durch die Menstruation unrein. Sie mußte sich sieben Tage lang zurückziehen, und alles, was sie berührte oder mit ihr in Berührung kam, wurde unrein. Nach einer Geburt mußte sie durch ein Sühneopfer rituell gereinigt werden, vierzig Tage lang bei einem Jungen, achtzig Tage bei einem Mädchen. Ihre Sünden waren sozusagen halb vergeben, wenn sie ihrem Ehemann zu Ehren einen Sohn, den Stolz der Schöpfung, statt einer Tochter zur Welt brachte.

Nach dem jüdischen Gesetz war es immer der Ehemann, der heiratete und sich scheiden ließ. Manche Rabbis erlaubten Männern die Scheidung aus trivialen Gründen. Eine Redensart besagte: „Jener, der zuviel mit Frauen spricht, bringt Unglück über sich selbst und beschwört letztendlich die Hölle auf sich".

Der große Schöpfungsmythos untermauerte diese Vorstellungen und Praktiken. Die Frau, verkörpert in Eva, war die Verführerin, ein schwaches Geschöpf, das Adam, den Mann dadurch erniedrigte, daß sie auf Satan hörte. Deshalb kam in der Geschichte nach der Sünde die Scham, das Bewußtsein der Nacktheit, und, am unheilvollsten, nach der Vertreibung aus dem Paradies der Geschlechtsakt und die Empfängnis.

Die Botschaft Jesu

Trotz der tiefgreifenden exegetischen Probleme, an den historischen Jesus heranzukommen, scheint er zweifellos nach einem völlig anderen Wertesystem gelebt zu haben. Seine größte Tugend wird selten erwähnt: Ihm fehlte jegliche männliche Arroganz (vgl. dazu den Aufsatz Nr. 18). Es ist nicht sicher, ob er verheiratet war und Familie hatte, aber angesichts seiner Lehren des bevorstehenden Reiches Gottes ist es eher unwahrscheinlich. Es war eher das Reich Gottes als irgendeine Präferenz für das Zölibat an sich, was ihn gegenüber Frau, Kindern, einem Heim und häuslichen Verpflichtungen indifferent machte. Was er zeigte, waren nicht die grundsätzlich männlichen Eigenschaften eines Ehemannes und Vaters, sondern die eines leidenschaftlichen und verantwortlichen Menschen. Demgemäß sah er jeden, ohne Ansehen von Geschlecht oder Status, als Kind Gottes, und insofern tauglich für das Reich Gottes. Er mischte sich unter die Steuereintreiber und Huren, die allein durch ihre Berufe in den Augen des Gesetzes als Sünder galten. Das einzige Gesetz, das er kannte, war das Gesetz der Liebe. Die einzige Forderung, die er an seine Anhänger stellte, war, daß sie bescheiden, kindlich und schlichten Gemüts sein sollten. Obwohl er sich nicht scherte, ob ein Mensch verheiratet war oder nicht, lehrte er, daß ein verheirateter Mann kein Recht hatte, seine Frau wie einen Gegenstand zu behandeln, den man kauft oder verkauft. Ganz radikal lehrte er, daß Ehebruch immer falsch sei, gleichgültig ob von Mann oder Frau begangen, und daß das Band der Ehe unauflöslich für beide sei.

Da er Frauen nicht als Verführerinnen oder minderwertig ansah, hatte er keine Skrupel, sich in ihrer Gesellschaft aufzuhalten. Im Gegensatz zu dem, was meist angenommen wird, waren Frauen die Jesus nächststehenden Jünger, am offensten für seine Botschaft und deren beste Hüter. Seine Indifferenz gegenüber ritueller Reinigung, seine nachdrückliche Betonung der Reinheit des Herzens erweist sich in der Tatsache, daß er sich nicht im geringsten von einer an Blutfluß leidenden Frau, die ihn berührte, befleckt fühlte. Im Gegenteil, sie wurde durch ihren Glauben geheilt.

Obwohl die Geschichte der Ehebrecherin nicht im ursprünglichen Kanon war, wurde sie schließlich an das Ende des 7. Kapitels des Johannes-Evangeliums gesetzt. Sie wurde von der frühchristlichen Gemeinde als vollkommener Ausdruck von Jesu Denken und Fühlen geschätzt. In einer Umkehr traditioneller Werte wurde Magdalena zum Archetypus der Sünderin des Evangeliums, die Hure, die bereute und Jesu engste Schülerin wurde. Sie war es, die Jesus die Füße wusch – nur Simon der Pharisäer erhob dagegen Einspruch – und salbte ihn für sein Begräbnis. In der theologisch ausgereiften Erzählung der Passion stand sie bei ihm auf dem Kalvarienberg, als seine männlichen Anhänger furchtsam flohen. Sie machte ein Zeichen an der Stelle seines Grabes, so daß sie, wenn er auferstand, bezeugen könnte, daß es leer war und nicht das Grab eines anderen. Sie war die erste, die ihn am Ostertag traf. Besonders im Vierten Evangelium wurde Magdalena die zentrale Rolle zugewiesen, das *kerygma* zu lehren, die Verkündung des Todes und der Wiederauferstehung Christi. Sie war der Apostel der Apostel. Sie überstrahlte Petrus derart, daß in einigen nicht-kanonischen Schriften ihr Glaube und nicht der von Petrus als Fels dargestellt wird, auf den die Kirche gebaut ist. Petrus mußte in ihrer Gegenwart schweigen.

Die Lehren des Paulus

Paulus schrieb: „Hier ist kein Jude noch Grieche, hier ist kein Knecht noch Freier, hier ist kein Mann noch Weib; denn ihr seid allzumal Einer in Christo Jesu" (Galater 3:28). Das war eine kategorische Ablehnung aller Unterschiede unter den Gläubigen. Paulus war jedoch zu sehr von seiner jüdischen Vergangenheit beeinflußt und zu sehr Bürger des Römischen Reiches, um die Botschaft seines Meisters vollständig begriffen zu haben. Nachdem er Timotheus sagte, daß sich Frauen religiös zu kleiden hätten, das heißt, besonders trostlos, fuhr er fort: „Einem Weib aber gestatte ich nicht, daß sie lehre, auch nicht, daß sie des Mannes Herr sei, sondern stille sei. Und Adam ward nicht verführet, das Weib ward verführet, und hat die Übertretung eingeführet. Sie wird aber selig werden durch Kinderzeugen, so sie bleibt im Glauben" (1. Tim. 2:12–15). Es war Paulus, der den Grundstein legte für die Herabsetzung der Frauen in der christlichen Gemeinschaft, für das ganze ermüdende Männergerede über die Frauen als erste Lügnerin und Sünderin, für den Glauben, daß Frauen von Grund auf schlecht seien und nur durch das Austragen von Kindern Erlösung erlangen könnten. Paulus war nicht mehr männlicher Chauvinist als seine Zeitgenossen, wahrscheinlich sogar weniger. Das Problem war, daß er sich von den revolutionären Einsichten Jesu entfernte.

Das institutionalisierte Christentum

Als das Ende der Welt nicht kam, wie Paulus (1. Tehss. 4:13ff.) in Anlehnung an Jesus (Matt. 16:28) erwartete, begannen die Christen, sich vor allem auf die Kirche statt auf das Reich Gottes, das Jesus predigte, zu konzentrieren. Mit der Zeit strebte man nach Prestige, Positionen und Macht statt nach Bescheidenheit, Milde und Reinheit des Herzens.

Am Ende des ersten Jahrhunderts wurde das Christentum immer schneller zu einem System der Hierarchien und Sakramente statt einer Befreiungsbewegung für die Armen und Unterdrückten. Jesus, ein loyaler, sogar vorbildlicher Jude, wurde als der Begründer einer neuen Religion dargestellt, dessen Kreuzigung seine Anhänger berechtigte, alle ‚nichtgläubigen' Juden zu verachten. In dem Brief an die Hebräer wurde Jesus als Großer Hohepriester dargestellt, obwohl er jüdischer Laie gewesen war. Im neuen Kult wurden Frauen auf die Rolle, die ihnen vom Judentum zugewiesen worden war, beschränkt, und schlimmer.

Ein Blick in die Zukunft zeigt, daß sich die Dinge nach der Bekehrung Konstantins 312 weiter verschlechterten. Das Christentum mußte nicht nur der Kirche dienen; die Kirche selbst wurde sowohl im Westen wie im Osten politisiert. Sie wurde vom Kaiser in Konstantinopel beherrscht, und der Bischof von Rom war jahrhundertelang sein Vasall.

In der Allianz zwischen Kirche und Staat, die später als Christenheit bezeichnet wurde, entwickelte sich die Kirche zur Verbündeten des Staates und zur stärksten konservativen Kraft. Ironischerweise wurde Stabilität, die Aufrechterhaltung des Status quo, zu ihrer Priorität, obwohl sie beanspruchte, der Körper Jesu zu sein, eines Erzrebellen, der für seine Nonkonformität gekreuzigt wurde. Jesus war bereit, sein Leben für seine Freunde zu opfern; die Kirche stand auf dem Standpunkt, daß es ihre Pflicht sei, ihr Leben auf keinen Fall aufs Spiel zu setzen, kurz, um jeden Preis zu überleben.

Die Epoche der Kirchenväter

In den ersten Jahrhunderten nach Christus ergossen sich Schmähungen über die Frauen. Das Christentum degradierte sie und machte ihr Leben in einer nie dagewesenen Art und Weise sinnlos. Interessanterweise sagte Lecky in seiner *„History of European Morals“* (1911), nachdem er den Stellenwert der Ehe in den Schriften der Kirchenväter untersucht hatte: „Man kann sich kaum vorstellen, daß etwas auf eine noch rohere und abstoßendere Art betrachtet werden könnte.“ Es waren natürlich die Frauen, die Nachfolgerinnen Evas, die hauptsächlich verantwortlich gemacht wurden für die vielen Verirrungen und Sünden der Männer.

Die Schriften des großen Kirchenvaters Tertullian waren voller Galle gegen die Frauen, deren Geschlecht allein schon den Fluch Gottes auf sie herabbeschwor. „Ihr seid das Einfallstor des Teufels“, sagt er ihnen, „Ihr zerstört das Bild Gottes, den Mann“. Am Ende des dritten Jahrhunderts verlautete aus der Apostolischen Verfassung: „Wenn wir den Frauen nicht erlaubt haben zu lehren, wie können wir ihnen, wider alle Natur erlauben, das Amt des Priesters auszuüben?“

Die Natur, nicht die Gnade, war der entscheidende Faktor. Wie für viele Christen noch heute, war der Gott der Kirchenväter durch und durch männlich. In dieser Zeit wurden Frauen fast ohne Ausnahme als frivole, trügerische, eitle und aufreizende Wesen dargestellt. Ein sexbesessener heiliger Hieronymus ging in die Wüste, nur um sie dort verführerischer denn je wiederzufinden. Tag und Nacht sah er Satyrn, kleine Männer mit geschwungen Nüstern und Hörnern und Hufen von Ziegen, und liebliche langhaarige weibliche Dämonen, die sich vor ihnen in lasziven Positionen räkelten. Hieronymus war für die Verbreitung des Einsiedlerlebens nicht sehr geeignet. In dieser Sicht der Dinge wurde sogar der Teufel der Schrift verfälscht. Der große Verführer von Hiob und Jesus, der Verlocker zu neuen Welten, der Gott die Herrschaft über die Welt streitig machte, der Tod und Verderben Bringende wurde reduziert auf einen Teufel, der den Priestern Zoten einflüsterte und kleine Mädchen zu schmutzigen Gedanken und Vorstellungen anregte.

Der jüdische Schriftsteller Herman Wouk schrieb in *„This is my God“:* „In unserem Glauben ist das Leben als Einzelmensch ein Unglück; eine kinderlose Ehe ein Desaster; und eine gute Ehefrau die größte Freude, die sich ein Mann erhoffen kann. Auf diese Weise kappt das Judentum den peinigenden abendländischen Gedanken, daß Geschlechtsverkehr irgendwie schlecht ist, an der Wurzel“ (1959: 141).

Das Christentum pries dagegen, im Gegensatz zu Judentum wie Islam (vgl. dazu Aufsatz Nr. 18), das Leben im Zölibat. Sexuelles Vergnügen wurde als unabänderlich sündhaft angesehen, sogar in einer gesetzlichen Ehe. Mehrere Sekten machten den logischen Schritt und sagten, Sex solle abgeschafft werden. Der heilige Augustinus, dessen sexuelle Erfahrungen zugegebenermaßen auf Jahre der Hurerei beschränkt waren, stimmte zu, daß dies das beste wäre; es würde die nächste Welt näherbringen. Aber die offizielle Kirche vertrat einen weniger drastischen Standpunkt: Zwar ist sexuelles Vergnügen immer ekelhaft, aber die einzige Rechtfertigung ist das Kind, oder, wie Hiernonymus derb sagte, daß daraus Jungfrauen entstehen. In einer solchen Sicht hatte Maria, die jungfräuliche Mutter, den Ehrenplatz. Sie behielt den Segen der Jungfräulichkeit und hatte nicht nur ein Kind, sondern ‚das‘ Kind, den Sohn Gottes, den Retter der Welt. Als Jungfrau war sie das perfekte Bild der Weiblichkeit, wohingegen Frauen, die Sex mit ihren Ehemännern hatten, irgendwie unrein waren. Maria, eine verheiratete Frau, die Jesus auf die Welt brachte, wurde fürderhin für die Verunglimpfung von Ehe und Sexualität benutzt.

Natürlich sind sich die meisten modernen Wissenschaftler einig, daß Maria andere Kinder hatte (s. Matt. 12:46 und öfter). Und die jungfräuliche Geburt der Kindergeschichten ist kein Beweis der Reinheit, sondern eine theologische Formel, die die Passage des Alten Testaments wiederholt und weiterentwikkelt, in der eine lächelnde und fassungslose neunzigjährige Sarah (Gen. 18:12) einen Sohn bekommt. Die jungfräuliche Geburt bedeutet, daß Gott ein Kind trotz Unfruchtbarkeit erzeugen kann, parallel zu der theologischen Formel des leeren Grabes, das bedeutet, daß Gott der Herr über Leben und Tod ist.

In Maria hatte die Kirche eine Frau, die sogar eingefleischte Anhänger des Zölibats verehren konnten: die jungfräuliche Mutter. Diese ideale und mythische Figur ist die einzige Frau, mit der sie völlig einverstanden sein können. Der Rest der Frauen muß zwischen sich gegenseitig ausschließenden Rollen wäh-

„Rom und die orthodoxe Kirche, (das heißt) Organisationen, in denen alle Entscheidungen immer noch von Männern für Männer getroffen werden... glauben, daß... es in der Kirche nur Männer geben sollte." Priesterweihe durch Bischof Paul Werner Scheel im Würzburger Dom. Foto: KNA-Bild, Frankfurt.

len. Jungfräulichkeit wurde für Frauen als die weit höhere Berufung angesehen. Sie rettete sie vor der ansonsten notwendigen Verderbtheit des Fleisches in der Ehe und machte sie zu geschlechtslosen Christus-Bräuten. Die Jungfrau Maria, so heißt es oft, ersetzt die heidnische Göttin der Fruchtbarkeit, aber während dieses Prozesses wurde sie in eine Göttin der Unfruchtbarkeit verwandelt. Da die stoische Auffassung von Sex und Ehe bereits sehr früh fest in der Kirche verankert war, dauerte es nicht lange, bis der Klerus, durchgehend männlich, zum Zölibat gezwungen wurde. Das Argument lautete folgendermaßen: Die, die den keuschen Leib des Heilands in der Eucharistie berühren, dürfen nicht am liederlichen Körper einer Frau herumfummeln. Der Abscheu des Klerus vor der Sexualität wurde unausweichlich zu einem Abscheu vor Frauen überhaupt. In seinem klassischen Roman „1984" (engl. 1949; dt. 1950), einer Satire auf totalitäre Systeme, schrieb Georg Orwell: „Der einzig anerkennungswerte Zweck der Ehe war: Kinder für den Dienst in der Partei zu zeugen. Geschlechtsverkehr sollte man als leicht abstoßend, unbedeutenden Vorgang ansehen. Wie etwa den Gebrauch eines Klistiers."

Die mittelalterliche Periode

Die augustinische Tradition in der Einstellung zum Sex hielt sich lange Zeit. Der heilige Anselm, im 11. Jahrhundert Erzbischof von Canterbury, schrieb nicht untypischerweise in seinem Gedicht *„De Contemptu Mundi":* „Das Weib hat regelmäßige Gesichtszüge und eine liebliche Gestalt. Es erfreut dich nicht wenig, das milchweiße Geschöpf! Aber ach! Wenn ihre Innereien geöffnet würden und all die anderen Teile ihres Fleisches, wie würde sich da zeigen, was diese weiße Haut an faulendem Gewebe enthält."

Diese theologische Frauenverachtung war weitverbreitet. Ein mittelalterlicher Bischof drückte sie in besonders unflätiger, junggesellenhafter Weise aus: „Wer würde wohl *ipsum stercoris saccum,* einen wahren Sack voll Scheiße, umarmen wollen?" Der heilige Bernard wollte nicht auf einem Stuhl sitzen, auf dem vorher eine Frau gesessen hatte. In dieser langen, traurigen Zeit habe ich nicht einen einzigen Satz von Papst, Bischof oder Prediger gefunden, in dem Sex in Verbindung mit Liebe gesehen wurde.

Mittelalterliche Zeitgenossen wie Thomas von Aquin glaubten, daß Frauen mißlungene Männer seien. Die Verachtung der Geistlichkeit Frauen gegenüber verkörperte sich im kanonischen Recht, das alle liberalen Elemente des römischen Rechts, vor allem hinsichtlich Eigentum und Erbrecht, eliminierte. Diese Härte erklärt sich wahrscheinlich aus der Tatsache, daß alle kanonischen Rechtsgelehrten gezwungenermaßen unverheiratet waren.

Nicht, daß das Zölibat eine Garantie für Keuschheit gewesen wäre. Je mehr reformwütige Päpste und Bischöfe versuchten, das Zölibat durchzusetzen, um so mehr neigte der Klerus zur Promiskuität. Trotzdem blieb man dabei, denn so war die Kontrolle über den Klerus gesichert; so wurden seine Mitglieder zu Geschöpfen des Systems. Theoretisch war so auch garantiert, daß Kirchenbesitz nicht an die Kinder eines Priesters überging, obwohl es *de facto* viele Pfarrgemeinden und Diözesen gab, die erblich waren. Der Glaube kam auf, daß Priester, jedenfalls die meisten, durch das ‚schwache Geschlecht' von ihrer Berufung abfielen, was wiederum die klerikale Lästerei über Frauen verstärkte. Diese Unglücklichen, ohne die der Klerus nicht auskam, wurden als Priesterhuren abqualifiziert. Sie hatten, im Gegensatz zu Männern oder verheirateten Frauen, nichts vorzuweisen, was für sie sprach. Als Gregor VII. im späten 11. Jahrhundert Priester von ihren Frauen trennte, begingen viele dieser Lebensgefährtinnen Selbstmord. Damals wie heute waren Frauen die Hauptopfer des Zölibats im Klerus.

Nie wurde dies deutlicher als in der Behandlung der Hexen durch die Kirche, vor allem nach der päpstlichen Bulle *„Summis desiderantes affectibus"* von 1484. Das männliche Zölibat schuf eine enorme Anzahl Hexen, nachdem frühere und aufgeklärte kirchliche Dekrete den Hexenglauben verboten hatten. Unter Anwendung der Folter erpreßten heilige dominikanische Inquisitoren alten Frauen die abscheulichsten Geständnisse. Sie hätten Geschlechtsverkehr mit dem Satan gehabt und ihm Kinder geboren; sie hätten an schwarzen Messen und Orgien teilgenommen.

Es ist heute leicht zu sehen, daß Satan nicht in den Hexen saß, sondern, stets bereit hervorzubrechen, im Fleisch der Inquisitoren selber. Sie projizierten ihre eigenen sexuellen Phantasien und ihren Haß auf diese meist harmlosen alten Frauen für die Qualen, die sie am eigenen Leibe wegen des unnatürlichen Verzichts auf Ehe und Geschlechtsverkehr erfuhren. Sowohl *a priori* als auch im Licht der Geschichte scheint es unausweichlich, daß jegliche Institution, die einer zölibatären Kaste alle Macht garantiert, Schwierigkeiten damit haben wird, mit Frauen zurechtzukommen. Verehrung für die Jungfrau Maria ist gleichfalls zu oft ein Mittel der Verächtlichmachung aller Frauen.

Die Reformation und danach

Die Reformation verbesserte den Status von Frauen in der Kirche nicht sofort. Es blieb ein großes Erbe zurück, ein gottloser Abscheu vor Frauen insgesamt. Hexen wurden in den reformierten Kirchen genauso grausam wie zuvor verfolgt; Luther zweifelte nicht daran, daß die alten Hexen ihre Leidenschaften mit dem Teufel befriedigten. In ihrer Gesetzgebung machten die neuen Puritaner wie Calvin und Knox die Frauen mit aller Vehemenz, wenngleich nicht mit der Eloquenz eines Tertullian, verächtlich. Jedoch führte die Abschaffung des Zwangs zum Zölibat und die Anerkennung der Heiligkeit der Ehe durch Lutheraner und Anglikaner zu einer neuen Phase christlicher Zivilisation. In und durch die Ehe konnten Männer und Frauen die im Evangelium geforderte Vollendung erreichen. Die Geistlichen, die Führer der christlichen Gemeinden, lebten und schliefen nun mit Frauen und hatten rechtmäßig Kinder mit ihnen. Sie betrachteten sie nicht länger als bloßen Stachel im Fleisch. Die Frau war im Prinzip nicht länger Feindin und Verführerin, sondern wurde zur echten Partnerin und Gefährtin des Mannes. In diesem Sinn war die Reformation Wegweiser für die letztendliche Gleichberechtigung der Frauen. Dieses Ziel war jedoch noch weit entfernt. Die Renaissance hatte seltsamerweise wenig zur Erhöhung der Würde von Frauen beigetragen. Sie mußten auf die Aufklärung und eine breitere Anerkennung der Rechte aller Bürger warten. Ein größerer Durchbruch ereignete sich mit der Französischen Revolution und anderen revolutionären Bewegungen in der ganzen Welt. Dann kam die Industrielle Revolution, die trotz ihrer unbarmherzigen Seiten die Frauen aus der Küche an den Arbeitsplatz holte. Leider machte auch das Konzept des 20. Jahrhunderts vom Weltkrieg deutlich, daß Frauen nicht länger im Heim versteckt werden konnten.

Während dieser Zeit fochten die Kirchen ein Rückzugsgefecht, zuerst gegen die Demokratisierung, dann gegen die Frauenrechtsbewegung. Der Kampf des Papsttums für die Ächtung der Demokratie in Europa, seine Verdammung einer jeden neuen Verfassung, die geschrieben wurde, ist zu gut dokumentiert, als daß es hier einer Wiederholung bedürfte. Immer wieder unterstützte das Papsttum, der Intoleranz verpflichtet, das *Ancien Regime,* in der Befürchtung, daß Freiheit in der Gesellschaft zum Ruf nach Freiheit in der Kirche führen würde. Als an der Wende zum 20. Jahrhundert männliche Bürger viele Freiheiten erreichten, versuchte Pius X., der Frauen immer noch als dümmliche, ins Puppenhaus gehörende, nicht bildbare Geschöpfe ansah, die Regierung zu überreden, daß Frauen zu Hause und ohne Wahlrecht bleiben sollten. Sogar in den dreißiger Jahren sprach Pius XI. immer noch in der Sprache der Epistel an die Epheser: „Der Mann ist das Haupt der Frau, ebenso wie Christus das Haupt der Kirche ist". Dieses Bild der Unterordnung und des absoluten Gehorsams wurde zur gleichen Zeit benutzt wie das der Frau als ein dem Mann grundsätzlich ebenbürtiges Wesen. Wie Simone de Beauvoir in „Das andere Geschlecht" (frz. 1949; dt. 1968) bemerkte, wurde die Versuchung der Frau zu revoltieren dadurch unterdrückt, daß man ihr eine fiktive und irreale Gleichheit auf einer unfaßbaren göttlichen Ebene zubilligte. In der Sprache Orwells: beide Geschlechter waren gleich, aber eins war gleicher als das andere. In der Tat hatten weltliche Schriftsteller schon lange bemerkt, daß die kirchliche Sicht des Geschlechterverhältnisses etwas Zeitbedingtes war. John Stuart Mill wies 1869 in *„The subjection of women"* darauf hin, daß Paulus nicht nur sagte, „Weiber, gehorcht Euren Männern", sondern auch: „Sklaven, gehorcht Euren Herren". Er sah, daß „jeglicher Freiheitsbegriff, den sich ein Mensch bilden kann, dessen innigster und vertrautester Umgang auf diejenigen beschränkt ist, die er absolut beherrscht, nicht die echte Freiheit im Sinne christlicher Liebe meint". Die Familie sollte keine Schule der Despotie sein mit dem Ehemann als Papst des Haushalts. Wie es oft der Fall ist, begriffen Nichtgläubige die Bedeutung des Evangeliums besser als unverheiratete Päpste.

„Weil er (Papst Johannes Paul) auf dem Zölibat besteht, dezimiert er fortwährend die Priesterschaft. Hunderttausende Priester haben das geistliche Amt in den vergangenen Jahren aufgegeben. Richard Schoenherr, ein amerikanischer Soziologe schätzte, daß es in zwei oder drei Jahren mehr ehemalige als aktive Priester geben wird... Es ist nicht leicht hier Mitgefühl zu empfinden, wenn die Hälfte der Mitglieder der Kirche aufgrund ihrer Geschlechtszugehörigkeit ausgeschlossen ist." Foto: B. Arnold, Köln.

Das Christentum heute

Wenn Frauen in diesem Jahrhundert gesellschaftliche Gleichberechtigung zumindet im Prinzip erlangt haben, so ist die Antwort der Kirchen Flickwerk geblieben. In einem fortschrittlichen Land wie Dänemark erlaubte die staatlich lutherische Kirche in den vierziger Jahren die Ordination von Frauen. Die reformierte Kirche hat in Schweden seit 1959 weibliche Pastoren und in Frankreich seit 1965.

In den USA weihte die Anglikanische Episkopal-Kirche, ein Nachzügler auf diesem Gebiet, 1989 eine Frau zum Bischof: Barbara Harris, die zufällig gleichzeitig schwarz und geschieden ist. Dies führte innerhalb der weltweiten anglikanischen Gemeinde zu umfänglicher Gewissenserforschung. Der Oberprälat der Kirche, Fr. Runcie, Erzbischof von Canterbury, hat keine Macht, sich in die Entscheidungen von Schwesterkirchen einzumischen. Jedoch unterzeichnete er bei einem Besuch im Vatikan im Oktober 1989 eine gemeinsame Erklärung mit Johannes Paul II., die folgenden Satz enthielt: „Die Frage und Handhabung der Zulassung von Frauen zum Priesteramt in einigen Provinzen der anglikanischen Gemeinde verhindert die Aussöhnung zwischen uns, auch wenn es andererseits hinsichtlich einer Annäherung im Glauben bezüglich der Bedeutung der Eucharistie und der geistlichen Ämter Fortschritte gibt". Aus mehreren Gründen ist dies seltsam.

Warum sollte die Ordination von Frauen den Fortschritt im Glauben bezüglich der Eucharistie hemmen? Seit Leo XIII. im Jahre 1896 entschied, daß Verordnungen der anglikanischen Kirche absolut null und nichtig sind, glaubt Rom nicht einmal mehr, daß anglikanische Männer ordiniert sind. Warum wurde, da es so viele Anlässe der Uneinigkeit zwischen den beiden Kirchen gibt – die unbefleckte Empfängnis, die Himmelfahrt Marias, die päpstliche Suprematie und Unfehlbarkeit, Geburtenkontrolle, Scheidung, Abtreibung, die Beschränkung des Priesteramts auf Unverheiratete – warum wurde gerade die Ordination von Frauen als besonderer Grund für weiterbestehende Uneinigkeiten hervorgehoben? Die einzige mögliche Antwort ist, daß Rom die anglikanische Kirche unter Druck setzt, wenigstens in einem Punkt auf eine gemeinsame Linie einzuschwenken.

Frauen sind von der Vorstellung nicht sehr begeistert, daß eher die Frage ihrer Ordination als die männliche Arroganz der Grund der Unstimmigkeiten in der Kirche ist. Vielleicht hat Johannes Paul Angst davor, daß der Stuhl Petri eines Tages von einer geschiedenen Frau wie Margaret Thatcher oder einer schwangeren Frau wie Benazir Bhutto besetzt werden könnte. Es ist beunruhigend, daß am Ende des zwanzigsten Jahrhunderts das Recht der Frauen auf volle kirchliche Mitgliedschaft immer noch einen Zankapfel darstellt. Daß Rom und die orthodoxen Kirchen, Organisationen, in denen alle Entscheidungen immer noch von Männern und für Männer getroffen werden, diese Probleme haben, ist nicht überraschend. Sie glauben, daß, obwohl es in Christus weder männlich noch weiblich gibt, es in der Kirche nur Männer geben sollte. Aber in den protestantischen Kirchen gilt die Heirat Geistlicher als gottgefällig. Warum hängen auch sie dem Rest der Gesellschaft hinterher, und passen so das Tempo innerkirchlicher Veränderungen an die Kirchen an, in denen alle Bischöfe, und im Falle Roms der gesamte Klerus, unverheiratete Männer sind? Das ist besonders seltsam, wenn man bedenkt, daß die Kirche Englands im Oktober 1989 zugab, daß es zunehmend unmöglich wird, eine adäquate Anzahl von Geistlichen zu rekrutieren. Es ist nicht leicht, hier Mitgefühl zu empfinden, wenn die Hälfte der Mitglieder der Kirche aufgrund ihrer Geschlechtszugehörigkeit ausgeschlossen ist.

Die römische Kirche

Die römische Kirche machte, was die Belange der Frauen angeht, im Zweiten Vatikanischen Konzil einige Fortschritte. Papst Johannes XXIII. schrieb 1963 in seiner Enzyklika „*Pacem in Terris*": „Menschen haben das Recht, frei die Lebensform zu wählen, die sie möchten, und deshalb das Recht, eine Familie zu gründen, in der Mann und Frau die gleichen Rechte und Pflichten haben" (Sect. 43). Nach Papst Johannes kehrte Rom zu seiner früheren harten Position zurück.

Paul VI. erklärte in seiner Enzyklika „*Humanae Vitae*" (1968), daß alle Formen der Geburtenkontrolle sündhaft und gegen die Würde der Frauen seien. Es wäre vielleicht mehr beachtet worden, hätte er den Frauen verboten, Waschmaschinen, Staubsauger und Kühlschränke zu benutzen.

Johannes Paul wiederholte die Lehren Pauls VI. und ist während seiner heroischen Reisen auf mehr taube Ohren gestoßen als jeder andere Papst in der Geschichte.

Weil er auf dem Zölibat besteht, dezimiert er fortwährend die Priesterschaft. Hunderttausende Priester haben das geistliche Amt in den vergangenen Jahren aufgegeben. Richard Schoenherr, ein amerikanischer Soziologe, schätzte, daß es in zwei oder drei Jahre mehr ehemalige als aktive Priester geben wird. Außerdem haben viele Studien gezeigt, daß viele im Amt gebliebene Priester eine Liaison mit einer Frau haben. In „*Shattered Vows*", einer explosiven Studie, die in England im Frühjahr 1990 veröffentlicht wird, erwähnt David Rice „Ein Sprung in der Kette" (1985) von Anne Lueg und „Unheilige Ehen" (1985) von Ursula Goldmann-Posch. Beide Autorinnen haben gezeigt, wie häufig in Deutschland die Verbindungen zwischen Priestern und Frauen sind, in denen es häufig zu Abtreibungen kommt, aus denen aber auch Kinder hervorgehen. Der gleiche Sachverhalt wurde von einer Umfrage herausgestellt, die 1985 unter der Geistlichkeit der Erzdiözese Köln durchgeführt wurde. 27 Prozent der Geistlichen antworteten, und davon glaubten drei Viertel, daß viele aktive Priester dem Zölibat durch zahlreiche Kompromisse zu entgehen suchten.

Die Frau ist, wie immer, das Opfer des geistlichen Zölibats. Wenn der Priester, den sie liebt, im Amt bleibt – und es gibt einige katholische Diözesen, in denen die Mehrheit des Klerus verbotenerweise Frauen hat –, so ist Heimlichkeit und das Gefühl der Sünde der Preis. Im Falle eines Ausscheidens heißt das, daß durch die Weigerung Johannes Pauls, ihn von seinen Gelübden zu entbinden, er und seine Partnerin zur Heirat außerhalb der katholischen Kirche gezwungen und von ihr ausgeschlossen werden. Der jetzige Papst hat gleichermaßen überheblich seine persönliche Präferenz für eine ausschließlich männliche Priesterschaft zum Dogma gemacht. Sexuelle Diskriminierung gegenüber Frauen ist offizielle politische Linie. Jesus ist der Sohn Gottes, nicht die Tochter. Frauen kommen für die Ordination ebensowenig in Frage wie Mäuse oder Affen. Die patriarchalische Gesellschaft, in der der Penis Priorität hat, war im Judentum durch die Beschneidung garantiert. Im Christentum wurde sie durch den Ausschluß von Frauen vom Priesteramt aufrechterhalten. Im Katholizismus bildet, wenn spirituelle Kastration (Matt. 19:12) und Männlichkeit als Qualifikation zusammenkommen, die Priesterschaft das dritte Geschlecht. Im Vatikan lauten die Aufschriften der Toiletten sogar „Männer“, „Frauen“ und „Geistliche“. Eine der bemerkenswerten Konsequenzen des erzwungenen Zölibats ist, daß es jetzt, wie zum Beispiel in den USA, viele Seminare gibt, in denen die meisten Anwärter für das Priesteramt Homosexuelle sind. Zumindest ist das eine Art von Schutz für die Frauen.

Die gängige Lehrmeinung kann entweder dadurch gerechtfertigt werden, daß Jesus nur männliche Priester wollte oder weil, theologisch gesehen, nur Männer der Ordination fähig sind. Der Idee, daß Jesus *de facto* nur Männer als Priester wollte, liegt die vereinfachende Vorstellung zugrunde, das Jesus Gott war, und daher in die Zukunft zu sehen imstande war, und entschied, daß Priester für alle Zeit Männer sein sollten. Die Wahrheit ist: hätte Jesus in die Zukunft sehen können, wäre er kein Mensch gewesen.

Die Idee, daß Priester *de iure* Männer sein müssen, weil Jesus ein Mann war, unterstützt die ebenso widersinnige Vorstellung, daß Jesus die Menschheit nicht durch seine selbstlose Liebe, sondern durch seine Geschlechtlichkeit erlöst, nicht weil er der perfekte Mensch, sondern weil er spezifisch männlich ist. Das impliziert in unanständiger Weise, daß männliche Genitalien etwas besonders Erlösendes an sich haben. Das Wort ward... nicht Fleisch, nicht Mensch im umfassenden Sinne dessen, das durch und durch menschlich ist, sondern... Mann. Wenn Geistliche die Heilige Schrift so interpretieren, zeigt das vielen Frauen einfach, daß ein Bedarf besteht, auch die Sprache der Heiligen Schrift und die Liturgie zu ändern, um Blasphemie zu vermeiden.

Zu argumentieren, daß wir von Jesus qua Männlichkeit erlöst werden, ist besonders gefährlich, da man schwerlich, wenn nicht unmöglich, einsehen kann, wie Jesus Frauen überhaupt erlöst. Weder die Schrift noch die Tradition enthalten einen einzigen Text darüber, daß Jesu Männlichkeit einen Faktor für die Erlösung darstellt. Außerdem wurde der Tradition gemäß nur das erhalten, was Jesus glaubte, und was er glaubte, bezog sich der Überlieferung nach nicht auf Männlichkeit, sondern auf die menschliche Natur schlechthin. Das auf der Tatsache, daß Jesus ein Mann war und keine Frau, basierende Argument gegen die Ordination von Frauen ist pure Häresie, denn es beweist zuviel. Wenn das stimmte, dürfte die Kirche Frauen nicht taufen, denn wie könnte eine Frau „Christus annehmen“, „in Christus leben“ oder „Christus werden“?

Das auf Jesu Männlichkeit beruhende Argument legt ebenfalls nahe, daß nur ein Mann mit Recht die eucharistischen Worte „Dies ist mein Leib“ sagen kann. Als wenn als ein Ergebnis der Worte der Heiligung der Leib Jesu nicht per Sakrament, sondern irgendwie physisch, in seiner männlichen Sexualität anwesend wäre! Schließlich legt das Argument nahe, daß die Vaterschaft Gottes keine mythische Formel, Ausdruck unendlicher Macht, Fürsorge und Besorgtheit sei, sondern ein Beweis der Männlichkeit des göttlichen Wesens. Nochmals soll eine humoristische Begebenheit die Sache illustrieren: Eine Schwarze fragte den Papst in der Audienz: „Ist Gott schwarz oder weiß, Eure Heiligkeit?“ „Weder schwarz noch weiß, mein Kind“, erwiderte der Papst huldvoll, „sondern ein Geist“. Dann fragte sie: „Eure Heiligkeit, ist Gott ein Mann oder eine Frau?“ „Weder Mann noch Frau. Er ist ein männlicher Geist.“

Das katholische Argument, daß Jesus nur Männer als Priester wählte, ist leicht durch den Hinweis widerlegt, daß er nur beschnittene Juden wählte. Warum sind nicht Päpste und alle Geistlichen beschnittene Juden wie Jesus und seine Apostel? Die Botschaft an die Nichtjuden ist der bestmögliche Beweis, daß etwas, worüber Jesus nie nachgedacht hatte, Teil der Orthodoxie wurde, trotz Petrus' anfänglichen Einwänden.

Es wäre jedoch genauer, wenn man sagen würde, daß Jesus weder Männer noch Frauen für irgendein rituelles Amt wählte. Da er an das nahe Ende der Zeit glaubte und keine Zukunft für die ihm bekannte Welt sah, dachte er weder an eine Kirche noch an eine ihr dienende Priesterschaft. All die geistlichen Ämter der Kirche entwickelten sich als Antwort auf die Bedürfnisse der Gemeinden, die langsam erkennen mußten, daß die Wiederkehr Jesu nicht bevorstand. In dem, was Jesus sagte und tat, liegt wohl kein Grund für den Ausschluß des Geschlechts, das die Hälfte der Menschheit repräsentiert, aus irgendeinem geistlichen Amt.

„Die großen Kirchen benützen die Heilige Schrift als Waffen, um männliche Privilegien und Apartheid gegen die Frauen in einer Welt, in der solche Ideen verblassen, zu perpetuieren. Die Farce ist am deutlichsten, wenn Gruppen älterer Männer, gekleidet wie wohlhabende viktorianische Damen, realen Frauen vorschreiben, wie sie ihr Leben zu leben haben." Foto: B. Arnold, Köln.

Die Zukunft

Wenige Frauen wollen, wenn sie ein bißchen Vernunft besitzen, Geistliche im Sinn einer exklusiven Kaste werden. Sie wollen weder Macht noch Privilegien, sondern alle Kastensysteme abschaffen durch den Dienst am Wort und der Eucharistie. Sie wollen die Kränkung der Frauen sühnen, die sie, oder in manchen Glaubensgemeinschaften die mit ihnen verheirateten Männer, zur Untauglichkeit im Dienst am Tisch des Herrn verurteilt. Sie wollen Gerechtigkeit für ihr Geschlecht, eine Gerechtigkeit, die der gesamten Kirche zugute kommen wird. Die Behandlung der Frauen durch die Kirche ist in der Geschichte so streng gewesen, daß man sich dem Schluß, daß ‚Gott ein Mann sei' kaum entziehen kann. Die großen Kirchen benützen die Heilige Schrift und die Theologie als Waffen, um männliche Privilegien und Apartheid gegen die Frauen in einer Welt, in der solche Ideen verblassen, zu perpetuieren. Die Farce ist am deutlichsten, wenn Gruppen älterer Männer, gekleidet wie wohlhabende viktorianische Damen, realen Frauen vorschreiben, wie sie ihr Leben zu leben haben. Traurigerweise ist die Kirche als ganzes mit seltenen Ausnahmen am wenigsten geneigt, die Rechte der Frauen zu vertreten. Auf diese Weise verstärkt sie die sexuelle Diskriminierung in der Gesamtgesellschaft, wobei sie für sich eine Art göttlicher Sanktion beansprucht.

Die Ablehnung der meisten großen Kirchen, Frauen rückhaltlos zu den geistlichen Ämtern zuzulassen, ist vielleicht das Symbol schlechthin für die Unfähigkeit der Kirchen, sich dem Wandel der Zeiten anzupassen. Mittlerweile machen die Kirchen zu, die Mitgliedschaft in der Kirche nimmt so schnell ab, daß man Frauen letztendlich zu den geistlichen Ämtern zulassen wird, einfach damit die Kirche überleben kann. Wären sie doch schon vor Jahren zugelassen worden, als Beweis, daß die Kirche zur Weisheit und Großzügigkeit Christi steht.

Frauen, die heute von Kirchenführern erwarten, daß diese ihr Anliegen unterstützen oder gar vertreten, sind, historisch gesehen, naiv. Man findet kaum einen einzigen Fall, in dem solche Führer einen segensreichen sozialen Wandel eingeleitet hätten. Die meisten Verbesserungen in der Kirche sind ihr von unten oder ihren Feinden aufgezwungen worden. Wir brauchen eine Frauen-Reformation, einen neuen, ungestümen, frommen, protestantischen Zorn gegen männliche Dominanz in der Kirche.

In den vor uns liegenden Jahren wird die heutige quälende, ungerechte Unterdrückung der Frauen durch den Klerus als eine der Skandale des zwanzigsten Jahrhunderts gelten. Wenn die Botschaft Jesu begriffen worden wäre, wenn männliche Höhlenbewohner Gott nicht zur Untermauerung ihrer eigenen Bigotterie benutzt hätten, wäre die Kirche der erste Ort gewesen, an dem Frauen gehört und geehrt werden. Tatsächlich wird sie wahrscheinlich der letzte sein.

Die Zisterzienser als Männerbund

Hermann Josef Roth

Das unruhige elfte und zwölfte Jahrhundert wird von einem Strom neuer Bewegungen, die zum Teil anarchistische Züge trugen, erfaßt. Die Mehrzahl der dabei entstehenden Gemeinschaften sind wieder untergegangen. Nur wenige, die sich dem „Auszug in die Wüste" (Frank 1975: 66f.; Knowles 1969: 66f.; 89f.) anschlossen, vermochten auf Dauer Stätten zu gründen, deren Lebensordnung zum Vorbild anderer, zur Keimzelle neuer religiöser Orden wurden. Neben Camaldoli, Chartreuse oder Prémontré etwa ist hier das 1098 bei Dijon gegründete Kloster Cîteaux (lat. Cistercium) zu nennen, Ursprung und Vorbild aller weiteren Gründungen der Zisterzienser. Ihre erfolgreiche Geschichte und der hohe Stand ihrer Erforschung rechtfertigen, sie stellvertretend für andere Männerbünde aus dieser Zeit zu betrachten.

Gründerpersönlichkeiten

Zum tastenden Neubeginn mit all seinen Provisorien gehört hier wie bei den fast zeitgleichen Ordensgründungen, daß es Streitfrage bleiben wird, welche Bedeutung den wenigen namentlich bekannten Gründerpersönlichkeiten, den Äbten Robert von Molesme, Alberich und Stephan Harding, zuzuschreiben ist. Schon äußerlich unstet war ihr Leben, und Robert, der ‚Stifter' von Cîteaux, verließ sogar seine Gründung nach einem Jahr wieder. Nur im Anliegen waren sich alle einig, ein Leben getreu nach dem des Evangeliums zu führen: *ad apicem litterae* – bis aufs i-Tüpfelchen. Konkrete Anweisung, wie das zu geschehen hätte, lieferte ihnen die Klosterregel des heiligen Benedikt von Nursia. Insofern war zunächst nicht wirklich Neues entstanden. Cîteaux war unter seinen ersten drei Äbten ein Benediktinerkloster mit reformerischem Geist.

Als Wendepunkt gilt zu Recht der Eintritt des jungen Adeligen Bernhard de Fontaines (1112) mit seinen Verwandten und Freunden in Cîteaux, weil damit die künftige Expansion des zisterziensischen Mönchtums eingeleitet wurde. Es spricht für die Anziehungskraft dieser Lebensform und die tatkräftige Leitung des jungen Klosters durch Abt Stephan Harding (1109–1133), daß er die nun einsetzende Fernwirkung seines Klosters und seiner Bruderschaft zu steuern verstand. Die Gründung neuer Niederlassungen zwang Cîteaux zur Kodifizierung seiner Lebensgewohnheiten und zur Festigung der Beziehungen zwischen den von ihm veranlaßten Gründungen. Abt Stephan sah in der von ihm geschaffenen „*Carta caritatis*" zwar selbständige Abteien im Sinne des herkömmlichen Benediktinertums vor, verpflichtete diese aber erstens zur getreuen Übernahme der Lebensgewohnheiten *(usus)* von Cîteaux, deren Einhaltung zweitens durch den Gründerabt regelmäßig (anfangs jährlich) im Rahmen sogenannter Visitationen zu überwachen war, wodurch drittens ein System voneinander in gewisser Beziehung dann doch abhängiger Klöster entstand (Filiationsprinzip). Diese Zusammengehörigkeit wurde viertens in den anfangs jährlich abgehaltenen Äbteversammlungen, den Generalkapiteln, sinnfällig, aber durch dessen Befugnisse als oberster Instanz auch rechtlich hochwirksam. Cîteaux bildete den Tagungsort und behielt das grundsätzliche Recht, alle Klöster zu visitieren. Das Experimentierstadium reformfreudiger Benediktiner war damit beendet, der Zisterzienserorden trat in die Geschichte (Elm, Joerißen, Roth 1980; Lekai 1977).

Bernhard von Clairvaux (1090–1153) trug entscheidend zur Ausbildung und Entfaltung des Zisterzienserordens bei, so daß er irrtümlich auch als dessen Gründer angesehen wird. Als Abt wirkte er durch seine mitreißende Frömmigkeit und leidenschaftliche Predigt. Die Umarmung mit dem Gekreuzigten bildet seit dem 15. Jh. ein beliebtes ikonographisches Motiv und spiegelt die von ihm gepflegte Leidensmystik. Holzplastik im Kloster Marienstatt, Bildhauerschule von Hadamar (1. Hälfte 18. Jahrhundert). Foto: Archiv Cistercienser-Chronik, Redaktion, Köln.

Der Erfolg bestätigte die Richtigkeit des in dieser Form neuartigen Konzeptes des Abtes Stephan, erklärt ihn aber nicht ganz. Abgesehen von dem solchen Vorhaben günstigen Zeitgeist trugen herausragende Mönche entscheidend zur inneren Dynamik des jungen Ordens bei, an ihrer Spitze Bernhard. Fälschlich wird er mitunter auch heute noch als Ordensgründer angesehen. Richtig ist aber, daß er wie keiner sonst zur Ausbreitung und Profilierung der Zisterzienserbewegung beigetragen hat (Duby 1979; Vacandard 1897/98).

Bezeichnend und in dieser Weise beinahe einmalig ist schon der Umstand, daß Bernhard gleich mit einer Schar von Freunden ins Kloster eintrat. Kompromißloser Eifer, der ihm allerdings die Gesundheit ruinierte (seit 1118 Magenleiden), mitreißende Redegewandtheit und eine relativ simple Ideologie, falls dieser Ausdruck gestattet ist, stellten genau die Eigenschaften dar, die Jugendliche zu allen Zeiten begeistern können. Er setzte jenen geradezu puritanisch anmutenden Lebensstil durch, der nach seinem Tod – zwar nur theoretisch – als typisch zisterziensisch gelten sollte. Ihm nahm man die allzu einfache Formel ab, Zisterzienserleben sei das Christenleben schlechthin (Frank 1975: 76). Mit Bibelzitaten durchwirkte Reden und Texte verliehen dem Konzept eine nicht mehr hinterfragbare Autorität. Sachliche Exegese war ihm zutiefst fremd.

Wesentlich für diese *vita apostolica* ist nach Bernhard das Brechen des Eigenwillens. „*Deus lo vult*", „Gott will es", machte er zur zündenden Kreuzzugsparole. Rückhaltloser Gehorsam gegenüber Gott und stellvertretend gegenüber dem Abt ist Rückgrat des Klosterlebens. Er selbst empfand sich als Abt gleichfalls im Gehorsam verpflichtet, sich um das Heil der Brüder zu kümmern (In Cantica 58,3).

Vielleicht viel zu wenig beachtet wurde bisher, wie sehr die adelig-ritterliche Herkunft in diese Spiritualität eingeflossen ist. Unter der Mönchskutte schlug ein ritterliches Herz. Rittertum war für Bernhard ebenso ein Ideal wie das Mönchtum. Als im neugegründeten Templerorden (circa 1118) beide Ideale miteinander versöhnt schienen, wurde er dessen großer Förderer. In ihrer Gemeinschaft, schwärmte Bernhard, „lebte man froh und maßvoll ohne Frauen und Kinder, damit nichts an himmlischer Vollkommenheit fehle..." (Roth 1980).

Abweichungen von der klösterlichen Linie nach Zisterziensermaß wurden von Bernhard ebenso mit ätzender Schärfe gegeißelt, wie das weltliche Rittertum im Gegensatz zu jener neuen Ritterschaft vom Tempel. Die aus nichtigem Anlaß entstandene Kontroverse mit Cluny und die für die Templer verfaßte Schrift „Vom Lob der neuen Ritterschaft" (Bernhard von Clairvaux; vgl. Roth 1980), lassen an kämpferischem Geist nichts fehlen.

Nächst Bernhard wäre wenigstens von Ailred von Rievaulx (1109–67) zu nennen, der durchaus auch in Anlehnung an sein burgundisches Vorbild versicherte, daß „keine Form der Vollkommenheit, die in den Worten des Evangeliums... ausgedrückt ist, ... in unserem Orden und in unserer Lebensweise" fehle (Knowles 1969: 97). Noch während seiner Todeskrankheit ließ Ailred zu, daß sich die Brüder zu Dutzenden in seiner Zelle trafen, um mit ihm über den Sinn ihrer Lebensweise zu diskutieren.

Ideale

Die normativen Quellen (Ordensregeln, Statuten) taugen zwar wenig als Auskunft über die klösterliche Wirklichkeit, was immer wieder übersehen wird, stecken aber präzise das Maß ab, an dem sich der Männerbund mißt und messen läßt. Anfangs genügte das lebende Modell Cîteaux, doch zwischen 1120 und 1130 vollzog sich der Übergang zur schriftlichen Fixierung der zisterziensischen Bräuche. In der maßgebenden *„Carta caritatis" (prior)* sind in bezeichnender Weise Normen und Legende verwoben, indem man den Paragraphen eine Zusammenfassung der Gründungserzählung *(„Exordium Cistercii")* voranstellte. Schon dort findet sich die Neigung zur Idealisierung der Ursprünge: Weil das Benediktinerkloster Molesme nicht in Übereinstimmung mit der Regel Benedikts gelebt habe, hätten einige „getrieben von Gewissensbissen und spirituellem Eifer" ihren Konvent verlassen, um Cîteaux zu gründen. Die ältere Fassung *(„Exordium parvum")* kennt Suche nach Einsamkeit und Armut als weiteres Motiv (Van Damme 1982: 42).

Indem die Gründer von Cîteaux auch über eremitische Erfahrungen verfügten, erinnern sie an einen weiteren Mythos, den sie mit weiten Kreisen des Reformmönchtums teilten: Die Vorstellung, mit der Rückkehr zu Benedikt auch das alte vorbenediktinische Mönchtum wieder zu beleben. ‚Abgeschiedenheit' und ‚Armut' trugen diese Fiktion (Manselli 1982: 30f; Bredero 1982: 47f.).

Aber die ‚Wüste' *(desertum)* der Zisterzienser war bestenfalls billiges Rodungsland, das bis dahin von der Landnahme verschont geblieben war und das mancher Stifter wohlfeil aus der Hand gab. Viel öfter handelte es sich um wohlhabendes Altsiedelgebiet mit günstiger Infrastruktur. Gerade die rasche Ausbreitung der Zisterzienserbewegung wurde doch durch die verkehrsgünstige Lage der Erstabteien begünstigt. ‚Wüste' war geographisch nur eine gewisse Entfernung von Städten und Burgen, ein Wald oder Sumpf.

Die zur Kultivierung nötige Arbeit spielt in den Ordensdokumenten wie in der Sekundärliteratur eine große Rolle. Aber das Schuften überließ man einer zweitrangigen Klasse von Brüdern, den Konversen. ‚Arbeit' *(labor)* im Ordensschrifttum ist eher geistige Mühe oder asketische Anstrengung.

Ebensowenig bedeutet ‚Armut' Mittel- und Schutzlosigkeit, „sondern Abwendung von der profanen Gesellschaft. ... Es kann nicht darum gehen, auf die durch menschliche Arbeit entstandenen Instrumente und Mittel zu verzichten, sondern ... wie sie zur Erreichung des letzten Ziels genutzt werden können" (Le Goff 1989: 76). Schon nach einem halben Jahrhundert hatte die Wirklichkeit den Mythos überholt. Die Zisterzienser verfügten über denselben Reichtum, den sie den Cluniazensern stets vorgeworfen hatten. (ebd.: 84; Knowles 1969: 95).

Wohl alle alten Zisterzienserklöster kennen die legendäre Verklärung ihrer Armut nach gleichem Schema: Urbarmachung der Wildnis in eigenem Arbeitseinsatz, Leben in härtester Armut. Zusätzlich wurde die oft zu beobachtende Unsicher-

Vor der endgültigen Aufnahme in einen Mönchskonvent ist eine Probezeit (Noviziat) abzuleisten. Der Anwärter erhält im Rahmen einer internen Zeremonie, zu der sich die Klostergemeinschaft (Konvent) im Kapitelsaal versammelt, die Mönchskleidung und einen neuen Namen. Früher schor man ihm zuvor den Kopf und schirmte ihn mit den anderen Novizen streng vom Konvent ab. Fortan steht er unter Beobachtung, „ob er Eifer hat für den Gottesdienst, für den Gehorsam, für Verdemütigungen".

heit bei der Wahl des Gründungsortes im Nachhinein durch einen Wink des Himmels ‚gelöst': Blühende Rosen bei klirrender Winterkälte (Marienstatt), wunderbares Verhalten von Wildtieren (Eberbach) und unübersehbar viele Varianten ähnlicher frommer Ereignisse.

Die Benediktsregel definiert die Mönche als „Soldaten unter einer Regel und einem Abt" (*Regula* Kap. 1, 2), ein Gedanke, der nicht nur Männer der Mentalität Bernhards beflügelte, sondern im Zisterziensertum die „Tendenz zu einer mystischen Überhöhung" des Rittertums führte. Das kam konkret den Templern zugute und fand in der aus zisterziensischen Quellen gespeisten Gralslegende (13. Jh.) seinen literarischen Niederschlag (Le Goff 1989: 106).

An den klösterlichen Gehorsam muß in diesem – militärischen – Zusammenhang erinnert werden. Er setzt eine innerklösterliche Hierarchie voraus nach Vorgabe der Benediktsregel, durch die eine abgestufte Ausübung dieser grundlegenden Tugend erst möglich ist. An der herausragenden Stellung des Abtes als ‚Stellvertreters Christi' änderten auch die Zisterzienser nichts. Sie übernahmen nicht nur den Prior und die übrigen regulären Ränge, sondern vermehrten diese noch. Im

Nach abgeleisteter Probezeit bittet der Ordensanwärter um Zulassung zur Ablegung der feierlichen (ewigen) Gelübde. Durch ihren Vollzug in der Klosterkirche erhält sie öffentlichen Charakter. Die Einbettung des Aktes in die römisch-katholische Meßfeier verleiht ihm eine sakrale Bedeutung. Das Gelübde wird in die Hände des Abtes abgelegt, der als Stellvertreter Christi gilt, und beinhaltet „Beständigkeit, klösterliches Leben und Gehorsam". Fotos: Archiv Cistercienser-Chronik, Redaktion, Köln.

Bruch mit der Regel aber schufen sie eine neue Klasse zweitrangiger Mönche: die für die Handarbeit zuständigen Konversen. Um die zweitklassige Kerngruppe sammelten sich drei weitere: Diener *(famuli, mercenarii)*, Hospitalinsassen und Familiaren (Oblaten, Donaten), die erst alle zusammen die reich strukturierte und in viele Abhängigkeiten verstrikte Klostergemeinschaft *(congregatio)* bildeten. Wie diese Ordnung von einzelnen oder ganzen Gruppen immer wieder in Frage gestellt worden ist, melden die Quellenberichte über Ungehorsam, Disziplinlosigkeit und offene Rebellion allenthalben.

Habitus

Ritter und Mönch hatten gemeinsam, daß sie sich von der Gesellschaft auch äußerlich abhoben. Alanus von Lille (um 1200) sah den Wert der Person (*persona* heißt Maske) in der ausgeübten Rolle, die dem einzelnen von der bündischen Regie zugeteilt wird (Borst 1988: 252, 255). Für adelige Söhne bildete das Mönchtum „die einzige Alternative zum Waffenhandwerk" (Miccoli 1989: 78). Berufung blieb so mehr fremd- als eigenbestimmt. Ein Gespür für die Gefahr der Nivellierung mag die Zisterzienser veranlaßt haben, mit dem benediktinischen Brauch zu brechen und keine Kinder mehr ins Kloster aufzunehmen. Sie verlangten von dem Anwärter mindestens ein Probejahr (Noviziat) unter verschärften Lebensbedingungen und in Separation vom übrigen Konvent. Selbst in der Kontroverse mit Cluny behält das Thema seine Bedeutung (Bühler 1989: 250f.).

Die Kleiderordnung verlieh diesem System sinnfälligen Ausdruck.

Nach vollzogenem Gelübde (Profeß) legen Abt und Assistenten dem neuen Vollmitglied der Gemeinschaft die seinem Rang entsprechenden Mönchsgewänder an. Die Amtstracht der Liturgen unterstreicht, daß die Gelübdeablegung keine bloß interne Angelegenheit des Klosters mehr ist, sondern auch kirchenrechtliche Konsequenzen nach sich zieht. Im Konvent hat der Profeßmönch vollberechtigt Sitz und Stimme. Durch die Zugehörigkeit zum Orden hat er bei Eignung und auf Weisung des Abtes hin von jetzt an auch Chancen für eine kirchliche Laufbahn. Foto: Archiv Cistercienser-Chronik, Redaktion, Köln.

Farbe, Qualität, Schnitt und Art der Ausstattungsstücke unterschieden Mönch und Konverse, Novizen und Professoren. Den Abt zeichnete der Stab, später auch sonstige Pontifikalien (Mitra, Ring, Pektorale) aus. Anders als in der Spätantike Benedikts war die Mönchskleidung längst uniformmäßig genormt. Die Zisterzienser trieben das zur Perfektion, indem sie durch Verwendung ungefärbter Wolle auch eine Unterscheidung zu den Cluniazensern trafen und damit erst die Ordenstracht im engeren Sinne schufen. Abt Petrus Venerabilis von Cluny zieh sie darum 1128 des Hochmutes (Bredero 1982: 50). Heute ist die Tracht oft das einzige Unterscheidende der Orden: Sie demonstriert eine Eigenständigkeit, die längst nicht mehr besteht.

Freilich stellten die Zisterzienser der Gründergeneration auch ohne Ordenskleidung eine spür- und erkennbare Elite dar. Als der Männerbund seine Konturen allmählich verlor, füllten zunehmend Nebensächlichkeiten das exklusive Repertoire. Erst in der Neuzeit wurde es allgemein üblich, daß der Neueintretende seinen Taufnamen gegen einen Ordensnamen wechselte. Die Reformierten Zisterzienser (Trappisten) erfanden gar eine absonderliche Zeichensprache, um das Schweigegebot besser befolgen zu können. Liturgische Sonderbräuche, die eigene Art des lateinischen Choralgesanges und eine ausgefeilte Läuteordnung bildeten ein Gerüst, an das man sich klammerte, nachdem das substantiell Unterscheidende verloren gegangen war. Erst das Zweite Vatikanische Konzil hat auch hier einen Kahlschlag hinterlassen, der nunmehr die Frage aufwirft, worin sich die katholischen Männerbünde überhaupt noch wesentlich untereinander unterscheiden.

Trotz aller gegenteiligen Behauptungen hat es weder bei den Zisterziensern noch bei den verwandten Templern ein esoterisches Geheimwissen gegeben. Aber die Kenntnis des realen innerklösterlichen Lebens erschloß sich dem Anwärter erst nach dem endgültigen und unwiderruflichen Gelübde (Profeß), die ihm den festen Platz *(stallum)* im Chorgestühl und im Beratungssaal (Kapitel) zuwies, ihn der Kommunität installierte. Während des Noviziates und in der anschließenden Phase zeitlich begrenzter Gelübde las der Anwärter unter Anleitung die Normentexte, darunter die Benediktsregel in dreimaliger Wiederholung und die legendär überhöhte Ordens- und Klostergeschichte, übte er den Vollzug der Liturgie, unterwarf er sich Fasten, Gehorsamsproben und allerlei Demütigungen, die nach Maßgabe seines Fortschrittes nach und nach gemildert wurden. Dem Professen eröffnete sich schließlich die Möglichkeit, Dispens von drückenden Auflagen zu erbitten und auch zu erhalten. Was dann nach außen hin möglich wurde (Reisen, Stadtaufenthalte, Einkäufe, Familienbesuche, Seelsorgstätigkeit), war anfangs durchaus noch ordensspezifisch und unterscheidend.

Eros

Nirgendwo sonst gab sich der zisterziensische Männerbund so konsequent, wie in der normativen Ausgrenzung der Frau aus dem Klosterbezirk (Klausur), dessen Pforte bereits tabu war. Selbst auswärtigen Klosterhöfen (Grangien) war die Beherbergung von Frauen untersagt, auch jede Art von Frauenhilfe wurde strikt abgelehnt.

Die theologische und ikonographische Enthüllung des Bildes der heiligen Jungfrau im 12. Jahrhundert wurde nicht nur von Bernhard begeistert mitvollzogen. Hier entdeckten seine Zeitgenossen „die höfische und gleichzeitig die Liebe zu Maria, eine sublime Zweideutigkeit. ... Denn Aufgabe ... der Mönche vor allem war es, die körperliche Erotik zu läutern, die sinnlichen Triebe in die Gewalt zu bekommen und sie abzulenken auf die Liturgie" (Duby 1985: 61). Die Marienfrömmigkeit erhielt im Denken dieses Männerbundes einen so auffallenden Platz, daß Zisterzienser der Neuzeit in Ermangelung gewichtiger Unterscheidungskriterien ihren Orden zu einem ‚marianischen' stempeln wollten, ein dem Mittelalter ursprünglich fremder Gedanke (Roth 1980).

Die kraftzehrende Sublimierung wollte nicht immer gelingen. Cäsarius von Heisterbach (†1240) wußte seinen Novizen von Anfechtung und Verführung bei gottgeweihten Personen Erschreckliches zu berichten – als Warnung. Die Marienminne verirrte sich in Bilder, die man heute wohl zügellos nennen dürfte. Am bekanntesten wohl, da künstlerisch oft verarbeitet, ist die Szene, da Maria dem Mönch von Waldsassen oder auch Bernhard von Clairvaux ihre entblößte Brust reicht *(lactatio mystica)* (Bühler 1989: 268–272, 293). Überhitzte Phantasie dichtete auch an der Geschichte von Hildegunde-Joseph, der Frau, die unerkannt im Kloster lebte (ebd.: 258f.).

Die geltenden Normen sollten helfen, die Irrwege der Phantasie zu sperren. Was an weibliche Schwachheit erinnerte, sollte dem Männerbund fern liegen. In der Kontroverse mit Cluny werden Glockengeläut, Kirchenschmuck und liturgischer Glanz als Ohren- und Augenschmaus abgetan. Der Zisterzienser fragt polemisch: „Was sind jene dünnen, entmannten Stimmen, die ihr fein nennt...?" und zitiert den heiligen Ambrosius: „Die Stimme sei voll männlichen Saftes, in nichts darf sie weibisch klingen" (Bühler 1989: 254). Entsprechend ungehobelt mag zisterziensischer Gesang denn auch geklungen haben. Das Generalkapitel von 1199 verfügte sogar die Strafversetzung eines Mönches, der Gedichte verfaßt hatte (Miccoli 1989: 83). Auch die herbe Baukunst der zisterziensischen Frühzeit mag als Ausdruck männlich geprägter ‚Armut', verstanden werden. Erst die neuzeitliche Romantik lehrte uns, diese nüchternen Zweckbauten als schön zu empfinden.

In rührender Inkonsequenz mochten diese Männer aber (zunächst) nicht der neuen rationalen Theologie der Scholastik folgen. Gegen die Logik eines Abaelard setzten Bernhard und seine Schüler die Ablösung von bloßer Forschung *(cogitatio)* und über die Betrachtung *(meditatio)* den Aufstieg zu mystischer Schau *(contemplatio)*. Der Zisterzienser Wilhelm von Saint-Thierry (†1148), der überraschenderweise aus Ciceros „Über die Freundschaft" und Ovids „Liebeskunst" schöpfte, wies in Parallele zur höfischen Liebe des Rittertums „seinen Schülern in der Mystik den Weg, der stufenweise vom Körper, dem Sitz des animalischen Lebens, sich zur Seele erhebt, dem Sitz der Vernunft, und schließlich zum Geist, der alles krönt, dem Sitz der ekstatischen Liebe" (Duby 1985: 59).

Erosion

Nicht nur bei den Zisterziensern gab und gibt es analoge Frauenklöster. Ihre Existenz widerspricht nicht dem Charakter des Ordens als Männerbund, führen sie doch ihr völliges Eigenleben in abgeschlossenen (klausurierten) Gemeinschaften als Bräute Christi. Die Eingliederung (Inkorporation) in Männerorden hat in erster Linie die Sicherstellung des priesterlichen Dienstes zum Ziel, der in der katholischen Kirche eben nur von Männern ausgeübt werden kann. Mit dem Anwachsen der Frauenkonvente wehrten sich die Zisterzienser energisch gegen solche Inkorporationen, weil sie Kräfte außerhalb des Männerklosters banden, mitunter auch finanzielle Belastungen nach sich zogen. Ausgehend von dem französischen Frauenkloster Tart hatte man deshalb achtzehn Tochterklöster nach dem Organisationsschema der Männerabteien zu einer eigenen Kongregation verbunden, was ein für das 12. Jahrhundert erstaunliches Maß an Emanzipation der Nonnen gegenüber dem Männerbund bedeutete (Degler-Spengler 1985).

Das Experiment Tart dämmerte bereits Ende seines Jahrhunderts dahin, als auch bei den Zisterziensern die anfängliche Vitalität schwand und eine Phase der Stagnation begann, an deren Ende deutliche Zerfallserscheinungen stehen. Das Generalkapitel, eines der wichtigsten *constitutiva* des Männerbundes, wurde weniger häufig abgehalten und unregelmäßiger besucht, wobei Dispensen die Legalität herstellen mußten. Im Kommende-Unwesen wurde die Abtswürde käuflich. Das Ideal der Uniformität in Lebensform, Brauchtum und Liturgie, die europaweite Geschlossenheit des zisterziensischen Systems bröckelte mit dem Erstarken der Nationalstaaten. Wachsende Beziehungslosigkeit zu Cîteaux führte zur Bildung regionaler Klosterverbände, den Kongregationen. Ihre päpstliche Bestätigung ließ die „*Charta caritatis*“ zur Makulatur werden.

Vielleicht noch tiefer sollte die Einheit des Männerbundes durch den „Kampf der Observanzen“ (Lekai 1977: 138) erschüttert werden, wenngleich sich die strengere Richtung unermüdlich auf das Beispiel der Gründergeneration berief.

Eines dieser Klöster, La Trappe, sollte Ausgangspunkt eines zweiten Zisterzienserordens (‚Trappisten‘) werden, der schließlich 1892 von Rom bestätigt wurde. Zu diesem Zeitpunkt bot die traditionelle Observanz längst ein recht buntscheckiges Bild. Dieses Gebilde war und ist im Grunde eher ein lockerer Zusammenschluß von ‚Teilorden‘ mit recht weitgehenden Eigenbefugnissen, die nur noch der gemeinsame Ursprung eint.

Für die Einzelpersönlichkeit brachte die Übernahme beruflicher Tätigkeit als Pfarrer oder Lehrer zwangsläufig eine Angleichung an außerklösterliches Leben. Die innerkirchliche Entwicklung seit dem Zweiten Vatikanum hat nun auch die hierarchische Innengliederung der Konvente nivelliert und das für Zisterzienser einst wenn nicht typische, so doch wichtige Institut der Laienbrüder oder Konversen aufgelöst. Nur weniges unterscheidet den Laienbruder noch vom Mönch – selbst die begriffliche Unterscheidung wird jetzt meist vermieden – darunter vor allem die ihm fehlende Priesterweihe.

Längst überschreiten bei festlichen und anderen Anlässen auch Frauen die Schwelle zur Klausur und brechen damit ein männerbündisches Tabu, das als solches nicht mehr existiert.

Stark hat auch die moderne Frauenemanzipation den Männerbund zunehmend in Frage gestellt, indem solche Gedanken durch Nonnen aufgegriffen und religiös umgedeutet wurden. Seitdem melden Ordensfrauen ihr Mitspracherecht auch dort an, wo bisher nur Mönche entscheiden durften. Die rechtliche Gleichstellung von Äbten und Äbtissinnen wird gefordert. Bei Ordensversammlungen sitzen sie mittlerweile an einem Tisch und – einst unerhört – selbst bei der Liturgie nehmen Mönche und Nonnen gemeinsam im Chorgestühl Platz wie dies 1988 in einem rheinischen Kloster wohl erstmals geschah.

Die Frage nach dem ordenseigenen Spezifikum kann heute lediglich mit dem Hinweis auf die Kleidung, wo sie noch getragen wird, und auf Nuancen in der Gregorianik, wo ihr Gesang noch gepflegt wird, beantwortet werden. Was man als Antwort sonst noch zu hören bekommt, läßt sich meist ebensogut auch auf andere Ordensgemeinschaften beziehen. Die heutigen Zisterzienser bilden einen zahlenmäßig und tatsächlich von Klerikern bestimmten Orden. Obwohl neuerdings stärker von einer Rückbesinnung auf die Ursprünge die Rede ist, behält die Existenz als Priester den Vorrang vor der Existenz als Mönch. Falls ein Psychogramm der Mitglieder des jetzigen Männerbundes erstellt werden könnte, entspräche das Ergebnis weitgehend dem der Kleriker (vgl. Aufsatz Nr. 86).

Die Freimaurer – Eine Innenansicht

Rolf Appel

Die Freimaurer sind ein weltweit verbreiteter Männerbund, dessen Mitglieder sich dem Ideal einer humanitären Gesellschaft verschrieben haben. Jeder Freimaurer muß sich verpflichten, selbstkritisch nach Wahrheit, Menschenliebe und Duldsamkeit zu streben. Das Brauchtum des zunächst in England gegründeten Bundes geht auf die mittelalterlichen Bauhütten zurück (englisch *lodges*, das heißt Lauben bzw. Baubuden), seine Ordnung auf die „Alten Pflichten von 1723", die von James Anderson im Auftrag der Großloge von London zusammengestellt wurden und bis heute als verbindlich angesehen werden. 1737 wurde die erste deutsche Freimaurerloge gegründet. 1738 nahm sie den damaligen Kronprinzen von Preußen (Friedrich den Großen) als Mitglied auf. Im 19. Jahrhundert besaß die Freimaurerei besonders große Anziehungskraft – die katholische Kirche jedoch drohte den Freimaurern mit Exkommunikation, eine Haltung, die erst 1972 offiziell zurückgenommen wurde (vgl. dazu Aufsatz Nr. 50).

Siehe dazu auch Farbseiten XXV bis XXVIII.

Es ist viel in diesen Männerbund hineingeheimnist worden, woran die Freimaurer selbst nicht ganz unschuldig waren, pflegten sie bei ihren Zusammenkünften doch ein von der Öffentlichkeit abgeschlossenes Eigenleben, was bei den vor allem aus dem nationalistischen Lager kommenden Gegnern zu der Behauptung führte, es handele sich bei den Freimaurern um einen Geheimbund, dessen Macht über die ganze Erde reiche und der einen Staat über allen Staaten bilde.

Ein Geheimbund hält seine Ziele, seinen Versammlungsort und seine Mitglieder im Verborgenen. Eine Freimaurerloge dagegen ist entweder eingetragener oder rechtsfähiger Verein, der seinen Vorstand und seine Satzung beim Vereinsregister für jedermann offenlegt, und es gibt eine umfangreiche Literatur, die über den allgemeinen Buchhandel zu erwerben ist, und worin Aufgaben und Ziele der Freimaurer dargelegt werden. Eine Freimaurerloge – oder eine Großloge – ist also alles andere als ein Geheimbund.

Was ist nun Freimaurerei?

Das Wort selbst ist eine nicht gerade glückliche Lehnübersetzung des englischen Begriffs *freemasonry*. Obgleich sich letztlich Freimaurerei nicht endgültig definieren läßt, könnte doch eine Erklärung aus der Verfassung der Großen Loge von Hamburg akzeptiert werden: „Die Freimaurerei bezweckt in einer zumeist den Gebräuchen der zu Bauhütten vereinigten Werkmaurer entlehnten Form die sittliche Veredelung des Menschen und menschliche Glückseligkeit überhaupt zu befördern. Indem sie von ihren Mitgliedern den Glauben an Gott als den obersten Baumeister der Welt, an eine höhere sittliche Weltordnung und an die Unsterblichkeit der Seele voraussetzt, verlangt sie von ihnen die Betätigung des höchsten Sittengesetzes: Liebe Gott über alles und deinen Nächsten wie dich selbst." (Verfassung der Großen Loge von Hamburg, Mai 1910, erster Abschnitt, allgemeine freimaurerische Grundsätze § 1: 9). Heute würde das etwa heißen: Freimaurerei ist die Tätigkeit verbrüdeter Männer, die unter Anwendung sinnbildlicher, größtenteils dem in den Bauhütten gepflegten Formen für das Wohl der menschlichen Gesellschaft wirken, indem sie sich und andere sittlich zu veredeln suchen, um auf diese Weise einen allgemeinen Menschheitsbund herbeizuführen, den sie unter sich – im kleinen Kreis der Loge – modellhaft bereits darzustellen versuchen.

Man könnte auch sagen: Symbolkult und Freundschaftspflege bilden die Aufgabe, die allen Logen in der Welt gemeinsam ist.

Das Tableau zeigt die Wappen der 129 im 18. Jahrhundert eingetragenen englischen Freimaurerlogen. Nachdem die Freimaurer noch 1717 bei der Gründung der Großloge von England ein relativ kleiner Verbund von wenigen, nicht sonderlich bedeutenden Männern waren, wurden in den folgenden Jahren immer mehr und immer einflußreichere Mitglieder aufgenommen. Nicht nur in England, sondern auch auf dem Kontinent breitete sich die Freimaurerei aus: 1737 wurde die erste deutsche Freimaurerloge in Hamburg gegründet. Kupferstich um 1735. Foto: Bildarchiv Preussischer Kulturbesitz.

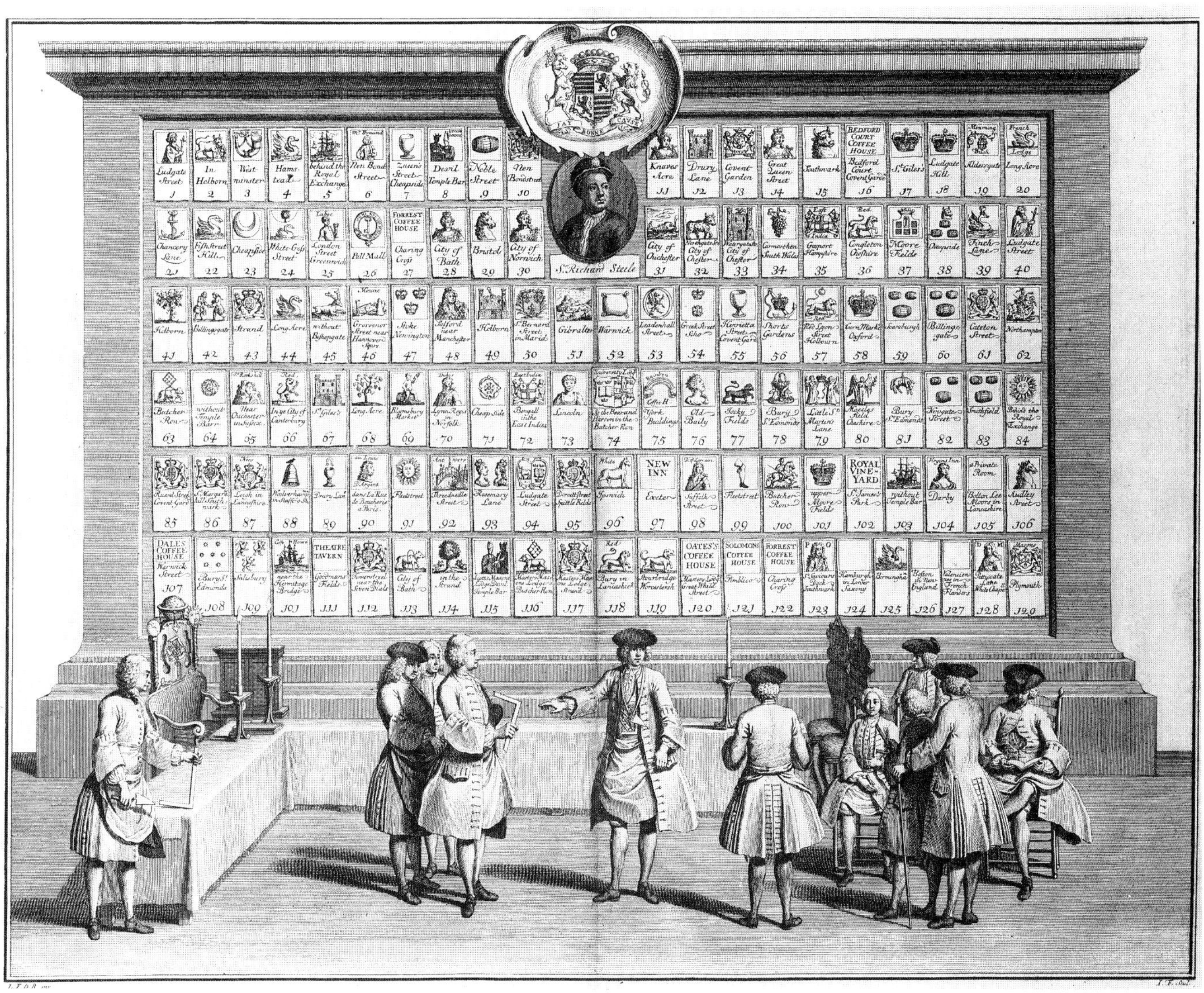

Gotthold Ephraim Lessing, am 15. Oktober 1771 zu Hamburg zum Freimaurer aufgenommen, schreibt: „Die Freimaurerei ist nichts Willkürliches, nichts Entbehrliches, sondern etwas Notwendiges, das im Wesen der Menschen und der bürgerlichen Gesellschaft gegründet ist (zit. nach Kelsch 1918)."

Endlich soll auch noch Franz Carl Endres zu Wort kommen („Das Geheimnis des Freimaurers", 1927/[9]1978): „Die Aufgabe der Freimaurerei ist es, der Gemeinschaft zu zeigen, was sie dem Individuum schuldet, und den Individuen zu zeigen, was sie der Gemeinschaft schulden."

Freimaurerei ist somit eine international verbreitete Gesellschaft von humanitärer, der Toleranz verschriebener, auf lebendige Bruderschaft abzielender Geisteshaltung.

Die in der brüderlichen Gemeinschaft – der Loge – in sogenannten ‚Tempelarbeiten' gewonnene Selbsterkenntnis schärft zugleich Gewissen und Verantwortungsgefühl gegenüber dem Mitmenschen, wie auch gegenüber Staat und Gesellschaft. Der weltweite Bund kann mit Recht als der letzte Mysterienbund bezeichnet werden.

Das Ritual

Das Ritual der Freimaurer, das den Ablauf der ‚Tempelarbeiten' bestimmt und das in seinen wesentlichen Bestandteilen überall in den Logen der Welt gleichartig ist, wird als ein dynamisches Symbol des kosmischen Geschehens gedeutet. Das an den ‚Tempelarbeiten' teilnehmende Logenmitglied ordnet sich mit Hilfe der Symbole und Allegorien bewußt in die Gesetzmäßigkeiten des Universums ein und soll durch die gewonnene Beziehung lernen, sein Leben in immer zunehmenderem Maße aus einem übergeordneten Bewußtsein heraus zu gestalten.

Ein Beispiel mag das verdeutlichen: Eine wie große Vielfalt steckt in einem Orchester! Jede Instrumentengruppe ist scheinbar nur imstande, sich selbst zu hören: die Ersten Geigen, die Zweiten Geigen, die Bratschen, die Violoncelli, die Flöten und Oboen, die Fagotte und die Kontrabässe, die Klarinetten und die Posaunen, die Trommeln und die Tuba, die Kesselpauke, die Hörner, Triangel, Becken und die Harfe. Welche Vielfalt!

Jede Instrumentengruppe spielt allein das Ihre. Wehe aber, wenn sie ihr Spiel nicht in den Zusammenhang der Orchestergemeinschaft zu bringen versteht. Dann entsteht Chaos und Untergang, dann ist auch das großartigste Notenwerk des Komponisten nichts mehr wert, wenn jede Gruppe ihren Part nach eigenem Gutdünken spielt. Soll Harmonie erklingen, dann hat jedes Orchestermitglied getreu der Partitur seinen Part auf die korrekteste und beste Art zu spielen. Keiner hat das Recht, sich zu vermessen, plötzlich langsamer oder schneller als das übrige Orchester zu spielen oder sich in der Lautstärke eigenwillig über das Orchester zu erheben.

Für jeden gilt: gib dir Mühe, arbeite an dir und dem dir anvertrauten Instrument, sei fleißig, nutze die Zeit, überwinde deine Schwächen und werde ein Könner!

Unabänderlich ist allein das Notenwerk, die Partitur. Diese und nichts anderes gibt Maß und Richtung. So lernt auch der Freimaurer, sich einzufügen nicht nur in die Gemeinschaft der Brüder, sondern vor allem in die geistigen Gesetzmäßigkeiten des menschlichen Lebens, der Natur rundum und dem außerirdischen Wirken.

In dem Sinne wird bei den ‚Tempelarbeiten' die Welt des früheren Bauhandwerks symbolisch ins Geistige erhoben, und das einzelne Mitglied empfindet sich ebenso als ein Baustein der menschlichen Gesellschaft, wie es selbst aufgefordert ist, ständig an diesem Baustein zu arbeiten und ihn immer besser geeignet zu machen für den Bau einer humanitären Gesellschaft, dem ‚Tempelbau der Menschheit', wie die Freimaurer sagen.

Das Brauchtum

Das Brauchtum der Freimaurer stammt daher großenteils aus den mittelalterlichen Bauhütten. So werden die Arbeiten in den drei Graden des Lehrlings, Gesellen und Meisters abgehalten und umfassen symbolisch das gesamte Leben des Mannes. Im Lehrlingsgrad erfolgt die Aufnahme zum Freimaurer. Der Kandidat wird dadurch nicht nur Mitglied seiner Loge, sondern zugleich auch Glied des weltweiten Männerbundes, das heißt, er hat dann Zugang zu allen Logen der Welt. Entsprechend ist er auch überall herzlich willkommen.

Diese emotionale Verbundenheit, diese Verbrüderung hat ihre Ursache ebenfalls in den immer wiederholten ‚Tempelarbeiten'. In der Rationalität der Gegenwart, wo fast alles von Wissenschaft und Technik bestimmt ist, scheint die Symbolwelt ferngerückt zu sein. Ein Freimaurer – wie überhaupt jeder Mensch – bedarf aber der Begegnung mit dem Symbol, weil das Unaussprechliche, das mit dem Intellekt allein nicht Begreifbare durch das Symbol erlebbar wird. Ein jeder Freimaurer hat während der ‚Tempelarbeiten' seine eigene Begegnung mit dem Symbol, weshalb es in der Freimaurerei auch keine dogmatischen Festlegungen der Symbole gibt, weil diese dem einzelnen die innere Freiheit des Symbolerlebnisses nehmen würden.

Das schafft die für die Freimaurer typischen emotionalen Bindungen, nennen wir es besser: Freundschaften.

Die feierliche und beeindrukkende Aufnahmehandlung stellt in dem Sinne ein Aufgeschlossenwerden in ein erweitertes Bewußtsein

Da die Freimaurer ihre Zeremonien nur ungern beschreiben, war die Darstellung der Rituale oft der ausufernden Phantasie ihrer Zeitgenossen überlassen. Der Stahlstich aus dem Jahr 1849 soll die Aufnahmezeremonie in den 33. Grad zeigen, also den höchsten, den man erreichen kann. Foto: Bildarchiv Preussischer Kulturbesitz.

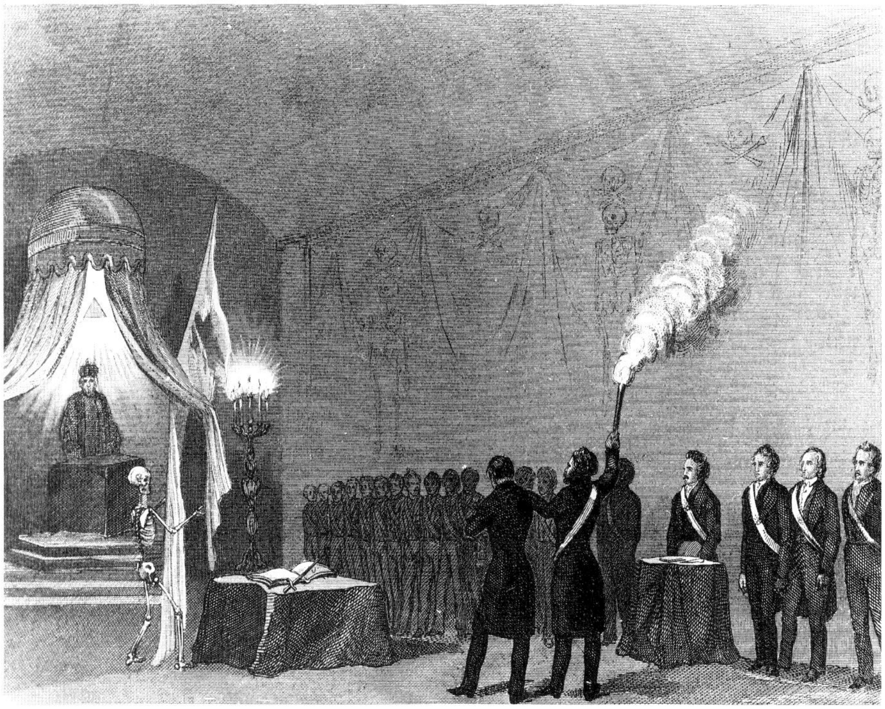

dar. Sie bewirkt nichts weiter als eine intensive Bewußtmachung von bisher nur unklaren Vorstellungen und Inhalten.

Der Kandidat erlebt bei seiner Aufnahme – in Mozarts „Zauberflöte" wird eine Aufnahme mit ihren symbolischen Wanderungen durch das Leben dargestellt – ein Fortschreiten vom Dunkel zum Licht, gleichsam eine Geburt zu einem sittlichen Leben. Dabei wird er den verschiedensten Lebensweisheiten gegenübergestellt und findet sich schließlich in der lichtüberstrahlten Kette der Bruderhände.

Der Gesellengrad setzt die Grundkenntnis der Freimaurerei voraus und stellt das Mitglied sinnbildlich in die Kette der für die menschliche Gesellschaft nach Recht und Gewissen wirkenden Männer. Bei der Erhebung zum Meister, wie die Freimaurer es nennen, wird der Kandidat mit der Tatsache konfrontiert, daß zu jedermanns Leben auch der Tod gehört, und Goethes Wort vom „Stirb und werde"[1] steht im Mittelpunkt der allegorischen Handlung.

Immer wieder wird nach Beschreibung dieser Vorgänge gefragt. Aber der Freimaurer schweigt darüber, weil ein derart tiefes und im Innersten aufwühlendes Erlebnis eben nur erlebt und nicht dahergeplaudert werden kann.

Die Freimaurer verwenden besondere Zeichen, die jedoch keinen praktischen, dafür aber einen symbolischen Wert besitzen. Sie sind bereits vor Jahrhunderten eingeführt worden. Besäßen sie Geheimnischarakter, dann hätte man längst neuere eingeführt.

Im Wesen des Menschen liegt es, seelische Vorgänge durch äußere Erscheinung zur Geltung zu bringen. Kleider waren daher von jeher nicht nur ein Schutz gegen äußere Unwirtlichkeit, sie sollten auch den Träger – sein Inneres, sein Wollen und sein Wesen – deutlich machen. Wer die Trachten der Völker unter diesem Gesichtspunkt studiert, gelangt zu überraschenden Ergebnissen. Zumal die Mitglieder von Gemeinschaften haben immer großen Wert darauf gelegt, sich durch besondere Tracht – zumindest durch ein Bundesabzeichen – von den Nichtmitgliedern zu unterscheiden. Das gilt besonders bei den Freimaurern. Werkleute tragen bei der Arbeit eine Schürze. Das haben Freimaurer übernommen und tragen bei ihren ‚Tempelarbeiten' einen Schurz, eine symbolische Kleidung also. Der Schurz als Bekleidungsstück kommt aber in längst vergangenen Zeiten auch ohne Beziehung zum Handwerk vor, zum Beispiel bei den Essäern zur Zeit Christi. Es ist überliefert, daß dem Novizen bei der Aufnahme ein Schurz überreicht wurde.

Dann tragen Freimaurer bei den ‚Tempelarbeiten' weiße Handschuhe. Wie Offiziere im Dienst Handschuhe als Zeichen ihres Standes tragen, so beweisen die Freimaurer mit ihren Handschuhen die Ehrfurcht, wenn sie in ihren Arbeiten eine höhere Welt suchen. Die weiße Farbe ist für europäische Menschen die Farbe festlicher Erhöhung und heiliger Unschuld.

Jedes Mitglied erhält bei seiner Aufnahme das betreffende Zeichen seiner Loge. Es zeigt oft freimaurerische Symbolik oder hat Bezüge zur Geschichte von Stadt und Land, in dem die Loge wirkt. Daß jede Loge ihr eigenes Zeichen besitzt, deutet darauf hin, daß sie völlig autonom ist und ihr Leben nach eigenen Beschlüssen gestaltet.

Eine Loge wird geleitet vom Meister vom Stuhl oder auch Logenmeister. Er gilt als der erste ‚Beamte' seiner Loge. Daneben gibt es, wie in jedem Verein, einen Sekretär oder

1812 publizierte Palser in London eine Serie von Stichen mit dem Titel: „Ein Treffen von Freimaurern“. In der Ankündigung wurde damit geworben, daß die „bisher so geheimnisvollen“ Zeremonien mit Hilfe von authentischen Dokumenten zum ersten Mal der Öffentlichkeit vorgestellt werden konnten. Das Blatt 4 zeigt den Kandidaten, der zum Meister befördert werden soll (zweiter von rechts) gleich zweimal: auf der linken Seite der Szene ist er in einem weiteren Stadium seiner Erhebung in den Meistergrad dargestellt. Deutsches Freimaurer-Museum Bayreuth.

Schriftführer, einen Schatzmeister und einen oder mehrere Kassenprüfer. Für den rituellen Bereich wählt die Mitgliederversammlung noch weitere Beamte, wie die beiden Aufseher, den Zeremonienmeister, den Redner. Sie alle sind daran zu erkennen, daß sie am blauen Band ein besonderes für ihr jeweiliges Amt typisches Abzeichen tragen wie Winkelmaß, Senkblei, Winkelwaage, Buch, gekreuzte Stäbe usw.

Geistige Grundlagen

Zu den geistigen Grundlagen der Freimaurerei zählen die „Alten Landmarken“, die *landmarks,* worunter man Grenzsteine verstehen könnte, die den eigenen Landbesitz sichtbar machen. Die allgemeinen Gesetze der Freimaurerei sind derartige Grenzsteine; daher wird angenommen, daß alle Gesetze, die bei der Errichtung der ersten Großloge 1717 bereits existierten, als ‚Landmarken‘ anzusehen sind.

Die älteste Urkunde stammt bereits aus dem 14. Jahrhundert und verlangt die Anerkennung und Verehrung eines „Großen Baumeisters aller Welten“ oder des Universums, wie auch gesagt wird. Diese Bezeichnung geht auf biblische Ursprünge zurück, zum Beispiel Hebräerbrief 9.10: „Denn er wartete auf eine Stadt, die einen Grund hat, deren Baumeister und Schöpfer Gott ist.“

In der „Freimaurerischen Ordnung“, das ist die Verfassung der Großloge der Alten Freien und Angenommenen Maurer von Deutschland heißt es in Artikel 3, Absatz 2: „Sie sehen im Weltenbau, in allem Lebendigen und im sittlichen Bewußtsein des Menschen ein göttliches Wirken voll Weisheit, Stärke und Schönheit. Dieses alles verehren sie unter dem Sinnbild des ‚Großen Baumeisters aller Welten‘“.

Die andere wichtige Urkunde sind die vom Reverend James Anderson im Auftrage der damaligen Großloge von London verfaßten „Alten Pflichten von 1723“, „entnommen alten Aufzeichnungen der Logen in Übersee, in England, Schottland und Irland zum Gebrauch der Logen in London: vorzulesen bei der Aufnahme neuer Brüder oder auf Geheiß des Meisters“. Diese „Alten Pflichten“ wurden am 28. Februar 1723 in der Londoner Zeitung *„Postboy“* als Neuerscheinung angekündigt und zum freien Verkauf gestellt. Die „Alten Pflichten von 1723“ sind als Reprint mit einer deutschen Übersetzung in achter Auflage im Bauhütten Verlag, Münster, erschienen und im Buchhandel zu erwerben.

Diese „Alten Pflichten“ legen in ihrem I. und II. Hauptstück die Grundlagen der Freimaurerei zur Religion und zum Staat fest und können nach wie vor als allgemeinverbindlich angesehen werden.

Die Mitglieder

Bei der Aufnahme in den Bund werden nur „freie Männer von gutem Ruf“ („Freimaurerische Ordnung“, 4, 1; in den „Alten Pflichten von 1723“ wurde noch „freie Geburt“ gefordert) berücksichtigt, was auch bedeutet, daß die Freimaurerei als reiner Männerbund aufzufassen ist, was auch der von den Bauhütten her übernommenen Bausymbolik entspricht.

Nach dem III. Hauptstück der „Alten Pflichten“ sind Frauen von der Mitgliedschaft ausgeschlossen. Bünde mit freimaurerischem Charakter, die Frauen aufnehmen, hat es zumindest auf dem europäischen Kontinent immer gegeben, und zwar schon seit dem 18. Jahrhundert. Dennoch ist die Aufnahme von Frauen eine der Kardinalhindernisse für die Anerkennung einer Loge bzw. Großloge als regulär freimaurerisch. Die nach den alten Regeln arbeitenden Logen und Großlogen lassen zu den ‚Tempelarbeiten' keine Frauen zu, während es umgekehrt möglich ist. In dem Logenhaus Welckerstraße in Hamburg arbeitet zwar eine Frauenloge, die auch männliche Freimaurer zuläßt, aber ihre Mitglieder haben keinen Zutritt zu den im gleichen Hause arbeitenden männlichen Logen.

Die Organisation

Die Freimaurer besitzen keine über die ganze Erde reichende, zusammenhängende Organisation. Die Logen innerhalb eines Staates sind in einer Großloge zusammengeschlossen. Eine über allen Großlogen der Welt stehende freimaurerische Führungsspitze – Geheime Obere, wie Ludendorff sie genannt hat – gibt es nicht, das würde auch der inneren Verfassung der Freimaurerei widersprechen. Jede Großloge ist im Bereich des jeweiligen Staates völlig souverän und trifft ihre Entscheidungen unabhängig von den Absichten benachbarter Großlogen.

Die Mitglieder der einzelnen Logen wählen in freier und geheimer Wahl ihren Vorsitzenden, den Meister vom Stuhl, sowie die übrigen Mitglieder des Vorstands, und zwar für eine Dauer, wie es in den jeweiligen Vereinssatzungen durch Mitgliederversammlungsbeschluß festgelegt wurde. Meist läuft die Amtszeit über zwei bis drei Jahre. Bei manchen Logen ist Wiederwahl möglich, bei anderen nicht. Die Meister vom Stuhl als Vertreter ihrer Logen wählen auf dem Großlogentag, der Jahreshauptversammlung, ebenfalls in geheimer Wahl, den Großmeister. Auch die Großlogen sind eingetragene Vereine oder Körperschaften des öffentlichen Rechts.

In der Bundesrepublik Deutschland bestehen zwei der Öffentlichkeit zugängliche Freimaurer-Museen, das eine in Bayreuth, das andere in St. Michaelisdonn / Dithmarschen. Die umfangreiche freimaurerische Bibliothek des Bayreuther Museums ist übrigens dem öffentlichen Leihverkehr angeschlossen.

Das „Freimaurerische Hilfswerk e. V." der Vereinigten Großlogen von Deutschland – Mitglied im deutschen Paritätischen Wohlfahrtsverband – ist auf caritativem Gebiet tätig. Seine Unterstützungen fließen aber nicht nur unverschuldet in Not geratenen Mitgliedern zu, sondern auch Nichtbundesangehörigen. Eine Satzung regelt die Vergabe. Bei großen Katastrophen ist das Freimaurerische Hilfswerk aber ebenfalls tätig geworden, so bei den Erdbeben in Guatemala und in Norditalien, wo eine neu errichtete Apotheke gestiftet wurde (in Osoppo). Als das damals kommunistische Rumänien von einer Überschwemmungskatastrophe heimgesucht wurde und Hilfe nicht geleistet werden konnte, weil in Rumänien die Freimaurerei verboten war, fragte man bei der katholischen Kirche an, und diese erklärte sich bereit, die Spendensumme auf ihr möglichen Wegen in die Notstandsgebiete zu verbringen.

Daneben bestehen zahlreiche Wohltätigkeitsvereine und Stiftungen, und es muß erwähnt werden, daß die Freimaurer bei ihren Zusammenkünften stets für in Not Geratene sammeln. In Hamburg existiert seit 1795 ein heute ganz modernes Freimaurer-Krankenhaus, das seit kurzem zusammen mit dem Deutschen Roten Kreuz betrieben wird, und dann gibt es dort noch das freimaurerische Elisabeth Alten- und Pflegeheim, das in seiner vorzüglichen Einrichtung bundesweiten Modellcharakter besitzt.

Die Freimaurerei in Deutschland

Die seit 1376 belegte Bezeichnung *freemason* entspricht der deutschen Berufsbezeichnung ‚Steinmetz', und das deutsche Wort ‚Loge' kommt vom englischen *lodge* und bezeichnet seit 1278 das den Bauhandwerkern als Versammlungsraum und Werkstatt dienende Holzgebäude, eigentlich die Baubude. Seit dem 15. Jahrhundert bezeichnete sich aber auch die Gruppe der Werktätigen als Loge.

Im Jahre 1717 fand in London der Zusammenschluß von vier Logen zu einer Großloge statt, die dann seit 1725 weitere Logen in England und dann auch auf dem Festland gründete, so auch 1737 die erste Loge auf deutschem Boden, die sich später in „Absalom zu den drei Nesseln" umbenannte und noch heute in Hamburg existiert. Von ihr gingen dann zahlreiche Logengründungen aus. Die deutsche Freimaurerei erhielt einen großen Auftrieb, als sich im Jahre 1738 der damalige Kronprinz von Preußen, der spätere Friedrich der Große, in eben diese erste Loge aufnehmen ließ, übrigens ganz ohne Wissen seines gestrengen Vaters, des Königs Friedrich Wilhelm.

Im Blatt 7 der von Palser 1812 veröffentlichten Folge zum Thema ‚Freimaurer' wird im wahrsten Sinn des Wortes die ‚Erhebung' eines Logenmitglieds in den Meistergrad dargestellt. Der Kandidat, der symbolisch den Tod erlitten hat, ist dabei, mit Hilfe des Großmeisters aufzustehen: Fuß an Fuß und Knie an Knie stützt ihn dieser und zieht ihn in die Höhe. Deutsches Freimaurer-Museum Bayreuth.

Teilweise lag dann in der Vielstaaterei in Deutschland der Grund dafür, daß sich etliche Großlogen im Lande etablierten. Im Jahre 1933 gab es deren zehn, dazu kamen noch zwei ‚irreguläre' sowie eine Anzahl unabhängiger Logen von teils beträchtlichen Mitgliedsstärken.

Die völkische Bewegung wandte sich gegen die international eingestellte Freimaurerei, und da die Logen Mitglieder aufnahmen ohne Rücksicht auf deren rassische, politische, berufliche oder religiöse Zugehörigkeit, erklärten die Nationalsozialisten die Freimaurer kurzum für staatsfeindlich, zumal in den Logen natürlich auch Juden Mitglieder waren.

Schließlich hatten alle Logen bis zum Sommer 1935 ihre Tätigkeit einzustellen, die Logenhäuser wurden beschlagnahmt oder abgerissen, die Vermögen eingezogen, Inventar und Bibliotheken konfisziert. Einige Logen stellten ihre Tätigkeit bereits 1933 von selber ein, weil sie in einem nationalsozialistischen Staat keine Möglichkeit für freimaurerische Betätigung sahen. Die Mitglieder des Bundes wurden verhöhnt und beschimpft als „Judenknechte" und „Vaterlandsverräter" (Goebbels 1933, ferner Heinrich Himmler in seinem 1937 gehaltenen Vortrag „Wesen und Aufgaben der SS und der Polizei: „Wenn ich hier vom Gegner spreche, so meine ich selbstverständlich damit unseren natürlichen Gegner, den internationalen jüdisch-freimaurerisch geführten Bolschewismus" (1974: 56–58). Endlich noch SS-Gruppenführer Heydrich: „Gleichzeitig aber wurde der Kampf gegen die Mächte aufgenomen, die unter geschickter Tarnung im Dienst des internationalen Judentums stehen, hier vor allem die Freimaurerei" (1939).

Logenseitig hatte man anfangs versucht, die Staatsführung über die wahren Ziele der Freimaurer aufzuklären, was wohl vor allem deshalb unternommen wurde, um die teils großen Vermögenswerte der Logen zu retten, vor allem die sehr wertvollen Logenhäuser und den Grundbesitz. Das mißlang aber. Anfang der dreißiger Jahre gab es in Deutschland rund 80000 Freimaurer.

Die nach 1945 wieder auflebenden Logen schlossen sich unter der dynamischen Führung des Großmeisters Theodor Vogel zu einer Einigung, den Vereinigten Großlogen von Deutschland, zusammen (vgl. dazu Appel 1987).

Das Verhältnis zur katholischen Kirche

Von jeher hat die Freimaurerei den Unmut der katholischen Kirche hervorgerufen, die zwischen 1738 und 1918 in zwölf päpstlichen Stellungnahmen Verurteilungen aussprach und katholischen Freimaurern wegen der „antiklerikalen Ziele" und der „humanitär-deistischen Weltanschauung" die Exkommunikation androhte.

Ab 1968 kam es zu einem offiziellen Dialog zwischen je vier Vertretern dieser Kirche und der Vereinigten Großlogen von Deutschland. Dieser Dialog endete mit der 1972 von allen Teilnehmern unterschriebenen „Lichtenauer Erklärung" (vgl. Appel / Vorgrimler 1975: 80–85). Diese Erklärung, die zunächst der Glaubenskongregation in Rom vorgelegt und von ihr beraten wurde, gab dann den Anstoß, daß im Kirchenrecht die bisher darin enthaltene Exkommunikation gestrichen wurde und der Begriff ‚Freimaurer' überhaupt nicht mehr Erwähnung findet.

Weltweit schätzt man die Zahl der Freimaurer auf rund sieben Millionen, davon die meisten in den USA, dann in England, dann folgt Brasilien.

In autoritär regierten Ländern ist Freimaurerei nicht nur verboten, sondern auch gar nicht lebensfähig, da sie jeglichen Zwang ablehnt und für die Ausübung der freien Meinungsäußerung eintritt.

Folgende bedeutende Männer bekannten sich als Freimaurer: Lessing, Klopstock, Matthias Claudius, Goethe, Herder, Wieland, Friedrich der Große, Freiherr vom Stein, Heinrich Heine, Börne, Mozart, Haydn, Scharnhorst, Blücher, Stresemann, von Ossietzky, Tucholsky, Thomas Dehler, Johann Christian Bach, von Chamisso, Lovis Corinth, George Washington, Benjamin Franklin, Simon Bolívar, Montesquieu und Voltaire, Churchill, Roosevelt, Garibaldi, Alexander Fleming, André Gide, Alexander von Humboldt, Langenscheidt, Franz Liszt, Lortzing, Fritz Muliar, Puschkin, Reclam, Robert Scott, Mark Twain, der Clown ‚Grock', Oscar Wilde und viele andere.

Anmerkung

1 „Stirb und werde" heißt es in der letzten Strophe von Goethes Gedicht „Selige Sehnsucht" im „Westöstlichen Diwan" (1819).

Die materielle Kultur der Männlichkeit in einem Londoner Club

Burton Benedict

Der *Athenaeum Club* in London ist berühmt und ehrwürdig. Er besteht zum einen aus seinen Mitgliedern, die ausschließlich männlichen Geschlechts sind, zum andern aus seinen Räumlichkeiten und der darin erhaltenen Möblierung. Bereits durch die Clubräume wird das Verhalten der Clubmitglieder bestimmt und ihr ‚männliches Ethos', das Kennzeichen des Clubs, verstärkt oder sogar hervorgerufen. Dies wird besonders deutlich, wenn man die Räume im Hauptclub mit der Unterkunft für weibliche Gäste vergleicht, aber auch durch eine Analyse des schließlich gescheiterten Versuchs, weibliche Mitglieder zuzulassen. *

Geschichte der Londoner Clubs

Der Ursprung der Londoner Clubs liegt in den Tavernen und Kaffeehäusern des 17. Jahrhunderts, als das Kaffeetrinken populär wurde. Anfang des 18. Jahrhunderts soll es cirka 2000 Kaffeehäuser in London gegeben haben (Nevill 1911: 3).

Diese waren jedem zugänglich, wurden jedoch vor allem von Männern frequentiert, die dort mit ziemlicher Regelmäßigkeit zusammen tranken und speisten. Aus solchen Etablissements entstanden die eigentlichen Clubs, zu denen nur Mitglieder zugelassen waren. Ihre Blütezeit war das 19. Jahrhundert, aber auch jetzt spielen sie im Londoner Leben noch eine wichtige Rolle. Neben der Zusammenkunft zum Essen und Trinken formierten sich Clubs entsprechend den generellen Interessen ihrer Mitglieder (vgl. dazu den Aufsatz Nr. 54).

Es gab politische Clubs wie den *White's (Tory)*, den *Brook's (Whig)*, den *Carleton* (Konservative) und den *Reform Club* (Liberale); militärische Clubs wie den *Army and Navy Club*; universitäre Clubs wie den *Oxford* und den *Cambridge*; Theaterclubs wie den *Garrick*; daneben auch Clubs für Rechtsanwälte; Diplomaten-Clubs; Spieler-Clubs; mit verschiedenen Sportarten assoziierte Clubs und Clubs für Reisende, für die sich ein Mitgliedschaftsbewerber „mindestens fünfhundert Meilen von Großbritannien, in einer direkten Linie von London aus gemessen, entfernt haben muß" („Club" 1910: 567). Im 19. Jahrhundert begannen diese Clubs, große Grundstücke in dem Gebiet von *Saint James* und *Pall Mall* zu erwerben.

Die Gründung des Athenaeum Clubs

Der *Athenaeum Club* wurde 1824 für „Individuen, die sich durch ihre wissenschaftlichen und literarischen Fähigkeiten ausgezeichnet haben; für Künstler von Ansehen in einer der Schönen Künste und für Adlige und *gentlemen*, die sich als liberale Förderer von Wissenschaft, Literatur und Kunst hervorgetan haben", gegründet (*The Athenaeum* 1979: 11).

Die Kriterien wurden später um „Personen, die auf irgendeinem Gebiet Fähigkeiten besitzen; deren Arbeit dabei intellektueller Natur und von grundlegender Bedeutung für die Allgemeinheit ist" erweitert (*Rules* 1986: 1). Die Idee zur Gründung des Clubs wird John Wilson Croker (1780–1875), einem Führer der *Tory*-Partei und Herausgeber von *„Boswell's Life of Johnson"* zugeschrieben.

Er erhielt Unterstützung von *Sir* Humphrey Davy (1778–1829), dem Präsidenten der *Royal Society*. Zu den Gründungsmitgliedern zählten William Blake, der Historiker Henry Hallam, der ehrenwerte Robert Peel, *Lord* John Russell und *Sir* Thomas Lawrence. Bis zum Juni 1824 hatte der Club 506 Mitglieder – einschließlich des Königs von Belgien, des Herzogs von Sussex, Cannington, Wellington, Aberdeen, Godwich und Palmerston.

Es war klar, daß Adlige und *gentlemen* (Ehrenmänner) die Kontrolle über den Club besaßen. Die Mitglieder niedriger Herkunft wie Thomas Lawrence, der Sohn eines Gastwirts, und der Bildhauer Francis Chantrey, der Sohn eines Tischlers aus Sheffield, waren geadelt und per Dekret *gentlemen* geworden. Der *Athenaeum* war als exklusiver Zusammenschluß der Elite gegründet worden; im Club Mitglied zu sein, war eine Auszeichnung. Es gab eine Warteliste mit Hunderten von Kandidaten, die um Aufnahme ersuchten (*The Athenaeum* 1975: 14).

Mitgliedschaft

Die Regeln für die Auswahl der Mitglieder sichern, daß der grundlegende Ober- und Mittelklassencharakter des Clubs aufrechterhalten wird. Die physische Umgebung im Club arbeitet auf dasselbe Ziel hin. Aber wenn der *Athenaeum* auch als ein Ort gesetzter oberer Mittelklassen-Achtbarkeit erscheint, so ist es auch ein Ort aufsteigender sozialer Mobilität. Mitgliedschaft wird erworben, nicht zugeteilt. Es ist kein Club für die Erbaristokratie oder den Landadel. Die Mitglieder dieser Klassen müssen, zumindest theoretisch, aufgrund ihrer Leistungen ausgewählt werden, nicht nach Geburtsstatus oder Besitz. Offensichtlich wurde die große Mehrheit der Mitglieder aufgrund ihrer Leistungen gewählt. Die Mitgliedschaft im Club ist ein Zeichen dafür, ‚es geschafft zu haben', obwohl es nur eine von vielen derartigen Indizien ist, eine heutzutage zudem nicht sehr wichtige.

Mitglieder können nach verschiedenen Regeln ausgewählt werden

Gewöhnliche Mitglieder werden vom Generalkomitee gewählt; sie müssen aber zunächst von einem Mitglied vorgeschlagen und von einem weiteren unterstützt werden. Antragsteller und Sekundant müssen beide den Kandidaten persönlich kennen. Der Antragsteller trägt den Namen, den Wohnort, den Rang und den Beruf des Kandidaten sowie weitere sachdienliche Auskünfte in ein ledergebundenes Kandidatenbuch ein, das im Salon des Clubs aufbewahrt wird. Dort können es andere Mitglieder, aber nur Mitglieder, konsultieren und ihre Namen hinzufügen, wenn sie den Kandidaten unterstützen – weil sie ihn entweder persönlich kennen und/oder seine Arbeit.

Eine Liste aller Kandidaten, vom Sekretär unterzeichnet, wird mindestens zwei Wochen vor der Wahl in einem der öffentlichen Räume aufgehängt. Die Kandidaten werden normalerweise in der Reihenfolge, in der sie vorgeschlagen wurden, berücksichtigt, aber das Generalkomitee kann die Wahl eines Kandidaten vorverlegen oder verschieben. Bei zwei Nein-Stimmen wird der Kandidat nicht gewählt. Die Zahl der gewöhnlichen Mitglieder ist auf zweitausend beschränkt. Bis 1935 nahmen alle Mitglieder an der Wahl teil. Im 19. Jahrhundert versuchten die Mitglieder an Wahltagen lebhaft, Stimmen für ihre Kandidaten zu erbitten. Ein Mitglied, das auf diese Weise angesprochen wurde, gab folgende wohlüberlegte Antwort:

„Mein Herr, Sie können sich darauf verlassen, daß ich das Richtige tun werde" (Waugh 1968: 34).

Zu dieser Zeit gab es oft bis zu 1600 Kandidaten, die sich um Mitgliedschaft bewarben, und ein Zeitraum von sechzehn Jahren zwischen Nominierung und Wahl war nicht ungewöhnlich (ebd. 32). Drei andere Wahlregeln sorgen dafür, daß die Mitgliedschaft Auszeichnungscharakter behält. In *Special Elections* können nicht mehr als neun „Personen, die sich durch besonderes Ansehen in ihren Spezialgebieten hervorheben" pro Jahr gewählt werden. In den letzten Jahren wurden gemäß dieser Regel Yehudi Menuhin, Alistair Cooke, Benjamin Britten, A. J. Ayer und Graham Sutherland gewählt.

Die zweite Regel bezieht sich auf die außerordentliche Wahl von Männern, die folgende Ämter innehaben oder -hatten: Sprecher des Unterhauses, Kabinettsminister, Erzbischof oder Bischof, *Lord of Appeal* (oberster Berufungsrichter), Mitglieder des Justizausschusses des Staatsrats, Richter des obersten Gerichtshofs in England und Nordirland, Botschafter des Vereinigten Königreichs, Gouverneure eines jeden Landes des *Commonwealth* oder Hohe Kommissare des Vereinigten Königreichs für eines dieser Länder, die Präsidenten der *Royal Society*, der Gesellschaft der Altertumskenner, der *Royal Academy* oder der Britischen Akademie. Gegenwärtig gibt es unter den Mitgliedern zwei frühere Premierminister und eine Reihe von Personen, die in die anderen genannten Kategorien fallen.

Die dritte Regel besteht für Ehrenmitglieder, die alle Privilegien des Clubs genießen mit Ausnahme des Stimmrechts bei der Verwaltung des Clubs. Folgenden Personen kann die Ehrenmitgliedschaft angeboten werden: Prinzen königlichen Blutes auf Lebenszeit und, während ihres Aufenthalts in Großbritannien, ausländischen Botschaftern und Ministern; Leitern ausländischer Missionen und politischen Geschäftsträgern; Hohen Kommissaren der *Commonwealth*-Länder; ausländischen Mitgliedern der *Royal Society*; Besucher, die sich im Bereich der Wissenschaft, Literatur, Kunst oder durch Dienste für die Öffentlichkeit ausgezeichnet haben; Delegierte, die zu wichtigen nationalen oder internationalen Konferenzen nach London gekommen sind, und dem Vorsitzenden der Schottischen Kirche während der Dauer seiner Amtszeit. Sowohl Prinz Philip wie auch Prinz Charles sind Ehrenmitglieder auf Lebenszeit. Nach der Wahl muß ein neues Mitglied eine Beitrittsgebühr bezahlen, und gewöhnliche Mitglieder zahlen einen Jahresbeitrag, der mit der Inflation gestiegen ist. Für Langzeit-Mitglieder über 65 gibt es einen reduzierten Beitrag. Ehrenmitglieder werden von diesen Zahlungen ausgenommen und außerordentliche Mitglieder bezahlen nur ein Drittel des Jahresbeitrags. Also variiert der Mitgliedsbeitrag, mit Ausnahme dem der älteren Mitglieder, mit dem Rang des Mitglieds.

Ein Mitglied kann suspendiert oder ausgeschlossen werden, wenn es willentlich eine der Clubregeln bricht oder ein Verhalten an den Tag legt, daß ihn in den Augen des Komitees „Untauglich für die Mitgliedschaft im Club macht". Mindestens fünfzehn Mitglieder müssen anwesend sein und zwei Drittel davon für die Ausstoßung stimmen. Dem Mitglied muß die Möglichkeit gegeben werden, sich den Vorwürfen zu stellen, und es hat außerdem vor einer speziell einberufenen, generellen Clubversammlung Einspruchsrecht. Bertrand Russell wurde 1916 wegen seiner Ansichten über die Ehe und seiner Meinung zum Ersten Weltkrieg ausgeschlossen. 1952 wurde er bei einer besonderen Wahl auserkoren, dem Club wieder beizutreten, ‚Ehre zu erweisen'. Er nahm an.

Die Verwaltung des Clubs

Die Leitung des Clubs besteht aus einem General-Komitee mit 24 Mitgliedern, die jährlich gewählt werden. Das Generalkomitee ernennt drei bis vier Treuhänder, die für das Vermögen und die Investitionen des Clubs verantwortlich sind. Diese Treuhänder sind auch Mitglieder des Generalkomitees, aber sie können ihr Amt bis zum Rücktritt, Tod oder ihrer Ablösung behalten. Das Generalkomitee ernennt ein Exekutiv-Komitee mit neun seiner Mitglieder, die die täglichen Angelegenheiten des Clubs verwalten. Bei Bedarf kann das Generalkomitee andere Komitees einberufen. Der Dienst im Generalkomitee ist auf drei aufeinanderfolgende Jahre beschränkt, aber nach Ablauf eines Jahres kann ein Mitglied wiedergewählt werden.
Beim jährlichen Generaltreffen im Juni oder Juli werden die neuen Mitglieder des Generalkomitees gewählt und dessen Bericht entgegengenommen, der die Finanzlage des Clubs einbezieht: Die Mitgliedsbeiträge werden festgelegt, Kassenprüfer ernannt und Beschlüsse, Vorschläge oder Verbesserungen der Regeln besprochen.
Zu den fünfzig bezahlten Angestellten des Clubs gehören eine Sekretärin, ein Manager, ein Bibliothekar und eine Anzahl von Köchen, Kellnern, Zimmermädchen, Pförtnern, Buchhaltungspersonal usw..

Andere Regeln und Vorschriften

Die Exklusivität des Clubs wird durch das Verbot gewahrt, Fremde die Räumlichkeiten betreten zu lassen, wenn sie nicht in Begleitung eines Mitglieds sind oder um ein Gespräch mit einem Mitglied ersuchen. Im letzteren Fall muß die Person in der Eingangshalle warten, während einer der Angestellten das Mitglied sucht. Die Zahl der Gäste, die an den Mahlzeiten teilnehmen dürfen, ist begrenzt. Kein Gast darf zu den Kosten des Essens beitragen. *Gentleman*-haftes Verhalten wird durch eine Vorschrift bestärkt, die Mitglieder davon abhalten soll „auf eine Art und Weise, die für andere Mitglieder aufdringlich sein könnte, in öffentlichen Räumen Akten, Dokumente oder ähnliches Material zu konsultieren" (Rules 1986: 21). Ein Mitteilungsblatt aus dem Jahr 1987 erinnert Mitglieder daran, keine Aktentaschen und Geschäftspapiere in die Haupträume mitzunehmen. Ein ganzer Regelsatz beschreibt die Öffnungszeiten, die Mahlzeiten, das Mieten von Schlafzimmern und Konferenzzimmern, das Kartenspielen, Telefonanrufe usw.

Von den Mitgliedern wird angemessene Kleidung erwartet: Jacken und Krawatten, wenn nicht sogar ein Anzug. Abendveranstaltungen, bei

Ein neoklassizistisches Gebäude von Decimus Burton ist seit 1830 das Haus des berühmten Athenaeum-Clubs in London. Das Wahrzeichen des Clubs, eine riesige vergoldete Statue der Athene grüßt vom Balkon herab. So würdig der Platz der Göttin auch ist: sterbliche Frauen können im Athenaeum-Club nicht Mitglied werden. Foto: B. Burton.

denen schwarze oder formelle Kleidung getragen werden muß, sind ein reguläres Charakteristikum des Clubs. 1986 erreichten den Vorsitzenden Beschwerden über unpassende Kleidung, woraufhin auf der Jahrestagung eine Resolution herausgegeben wurde, die besagte, daß Mitglieder angemessen gekleidet sein müssen, um die Achtbarkeit des Clubs aufrechtzuerhalten. In Argumenten gegen den Antrag wurde die Vergänglichkeit der Mode bei der Kleidung hervorgehoben und es als unklug betrachtet, Bekleidungsregeln aufzustellen. Der Antrag wurde mit knapper Mehrheit abgelehnt.

Neben den schriftlich niedergelegten Vorschriften gibt es ungeschriebene Gesetze, die das Verhalten der Mitglieder bestimmen. Die Stimme sollte nicht erhoben werden. Die Konversation sollte allgemein und sachbezogen sein, nicht persönlich. Die Gleichheit zwischen den Mitgliedern wird vorausgesetzt. Es wird ein außerordentlich gutes Benehmen an den Tag gelegt. Man unterhält sich nicht mit Mitgliedern, die man nicht kennt, wenn man sich nicht an einen der Tische im Café oder im Imbißraum setzt. Bei Clubtreffen wie dem Jahrestreffen wird Angestellten, abtretenden Komiteemitgliedern usw. gegenüber Wertschätzung ausgedrückt. Ehrenmitgliedschaften werden vorgeschlagen. Clubgespräche bewegen sich im Rahmen allgemeinen Interesses, wie: „Sollte Geschichte jemals offiziell sein?“, „Die Portraitkunst“, „Wissenschaft in der Küche – Bedrohung oder Hilfe?“, „Gesundheit und Fürsorge in der antiken Welt“. Clubaktivitäten, bei denen Mitglieder, die sich nicht kennen, in Kontakt kommen können, sind ein Moorhuhn-Essen, Weinproben, Musikabende und Schach- und Bridgespiele, Ereignisse, die durch formelle Regeln festgelegt sind. Die allgemeine Atmosphäre ist die der Zurückhaltung.

Die Örtlichkeiten

Nach seiner Gründung suchte der *Athenaeum* ein Clubhaus. Decimus Burton, der gerade die Bogengänge an der *Hyde Park Corner* entworfen hatte, wurde als Architekt des Clubs ausgewählt. Ein enormes neoklassizistisches Gebäude wurde am *Waterloo* Place am Fuße der *Lower Regent Street* errichtet, dort wo die *Duke of York*-Treppen zu der Straße *The Mall* hinunterführen. Ein Fries, der vom Parthenon kopiert wurde, läuft um den oberen Teil des Hauses und eine riesige, vergoldete Statue der Athene sieht vom Balkon über den säulenverzierten Eingang herab. Im Mai 1830 war das Gebäude für die Mitglieder fertig. 1927–28 wurden zwei Dachgeschoßstockwerke für Schlafzimmer hinzugefügt, aber da sie zurückgesetzt gebaut wurden, wurde das allgemeine Erscheinungsbild des Clubs nur wenig geändert.

Das Gebäude ist solide, prunkvoll; entworfen, um mit traditionellen englischen Oberklasse-Werten zu beeindrucken; eine Epitome von Macht und Einfluß. Dies ist eine Männerwelt, und sowohl das Gebäude als auch sein Inhalt reflektieren und bestärken ein dominantes, männliches Stereotyp. Die Materialien des Clubs sind Leder, Messing, Mahagoni und Marmor. Sie symbolisieren Festigkeit, Wohlstand, einen hohen Status und Männlichkeit.

Die riesige, 59 mal 35 Fuß große Eingangshalle, mit einer Decke von 21 Fuß, hat schwere, kastanienbraun gepolsterte Möbel. Im hinteren Teil sind große, metallene Kleiderhaken an Mahagoni-Paneelen angebracht. Der Fußboden ist aus Marmor, und der große Treppenaufgang ist mit einem roten und blauen Teppich belegt. Auf seinem oberen Absatz steht eine große Uhr, die von einem vergoldeten Guß des Apollo Belvedere gekrönt wird.

Von der Decke der Halle hängen sechs massive Messinglampen, und es gibt zwei marmorne Kamine, die an der Nord- und der Südwand Feuerroste haben. Über jedem stehen in Nischen lebensgroße Marmorstatuen von *Venus Vitrix* und *Diana Robing*. Riesige dunkle Portraits von Friedrich II. von Preußen und Sir Humphrey Davy blicken finster von den Wänden herab. Gleich links des Eingangs befindet sich die Portiersloge, von der aus jedem Besucher diskret ein prüfender Blick zugeworfen wird, was dazu dient, Ungeladene zu entmutigen.

In der Eingangshalle steht ein Tisch aus Mahagoni, auf dem die Tageszeitungen ausgelegt sind. Diese müssen stehend gelesen werden; eher eine männliche als eine weibliche Haltung in einer Eingangshalle (von Frauen wird erwartet, daß sie sitzen und warten). Aus einem Nachrichtenticker rasseln die neuesten Nachrichten. Der Portier reißt die Blätter in regelmäßigen Abständen ab und hängt sie über einen runden Mahagoni-Ständer, der von einer kleinen Merkur-Statue aus Bronze gekrönt wird. Die Versorgung mit den letzten Neuigkeiten gleich am Anfang des Clubs zeugt von Macht, von Männern, die die Welt bewegen. Ein großes Barometer befriedigt das britische Interesse am Wetter.

Rechts von der Eingangshalle befindet sich der Lesesaal, der jetzt eine kleine Bar enthält, an der die Mitglieder sich auf das Mittagessen vorbereiten. Die Wände sind mit goldbedrucktem Leder bedeckt und die düsteren Portraits zeigen *Sir* Charles Hercules Reed, *Lord* Selborne und Bischof Gore-Brown (die sich eine Leinwand teilen), Dr. Johnson, *Sir* Isaac Newton und *Sir* Squire Bancroft. Es gibt eine Marmorstatue von Psyche, kleiner als lebensgroß.

Eine Ehrfurcht einflößende Treppe führt von der Eingangshalle des Athenaeum-Clubs in den ersten Stock hinauf. Auf den Treppenabsätzen finden sich zwei dunkelrote Lederbänke, auf denen ältere Mitglieder auf dem Weg nach oben ausruhen können. Foto: B. Benedict.

Hier sind die Stühle mit dunkelgrünem Leder bezogen und es gibt verschiedene Mahagoni-Tische. Von der Decke hängt ein riesiger Messingleuchter, außerdem gibt es noch vier kleinere und sechs Regallampen. Der Kamin ist aus Schiefer und hat einen großen, vergoldeten Spiegel-Kaminaufsatz. Die Zimmerdecke ist dunkelgrün, mit Gold verziert, und der Teppich rot und gold. Auf einem langen Tisch, der dem *Waterloo Place* gegenüber steht, liegen Zeitungen und auf einem anderen rechts des Eingangs Journale wie *„The Lancet"*, *„The House Magazine"*, (Unterhaus), *„The Economist"*, *„The new Statesman"*, *„Punch"*, *„The Field"*, *„The Listener"*, *„The Country Times"*, *„The Chartered Surveyors Weekly"*, *„Paris Match"*, *„The Port of London"*, *„Technology"*, *„Innovation and Society"*, *„The Church Times"*, *„Computing"*. Diese Zeitschriften befriedigen hauptsächlich die Interessen der männlichen, professionellen oberen Mittelklasse.

Links der Halle ist das Speisezimmer, das bei den Mitgliedern als der ‚Kaffee-Raum' bekannt ist, obwohl nicht hier, sondern eine Treppe höher, im Salon, Kaffee serviert wird. Quixotische Namensgebung ist eine weitere Einrichtung, die Insider von Außenseitern unterscheidet. Der Raum, der 75 mal 30 Fuß, mit einer 25-Fuß-Decke, groß ist, überschaut *Carleton Gardens* zum Süden und *Waterloo Place* nach Osten hin. Er hat einen gemusterten Teppich, schwere Vorhänge und Tische und Stühle aus Mahagoni. Das Essen ist herzhaft und der Weinkeller ausgezeichnet. Durch die Halle hindurch befindet sich hinter dem Lesesaal ein Imbißraum, der Salate anbietet und wo eine informellere Atmosphäre herrscht.

Wenn wir zur Halle zurückkehren und die große Treppe hinaufsteigen, finden wir auf dem Treppenabsatz zwei dunkelrote Lederbänke, auf denen sich ältere Mitglieder auf dem Weg nach oben ausruhen können. Riesige Portraits von Darwin und Huxley blicken links und rechts finster hinab, und es gibt noch weitere von Neville Story-Maskelyne, Thomas Erskine Holland, *Sir* George Grove, Herbert Spencer, William Homan-Hunt und eine Bronze-Büste von *Lord* Leighton. Über allem hängt eine riesige Lampe.

Der Salon erstreckt sich auf 100 Fuß, die gesamte Weite des Gebäudes. Große Fenster gehen auf den *Waterloo Place* im Osten. Der Raum ist 30 Fuß breit und die Decke 27 Fuß hoch. Zwölf gelbe Marmor-

Ein Blick in den Salon des Athenaeum-Clubs, in dem mit Ledermöbeln, Messing, Mahagoni und Marmor die für die Clubmitglieder so wichtigen Werte wie Festigkeit, Wohlstand, hoher Status und Männlichkeit symbolisiert werden. Auf dem Tisch im Vordergrund erkennt man ein silberbeschlagenes Horn, in dem Schnupftabak aufbewahrt wird. Foto: B. Benedict.

säulen scheinen die Decke zu stützen. Entlang der Westwand stehen Bücher; zwischen den Fenstern gibt es noch weitere. Auf den Bücherregalen stehen Büsten von Reynolds, Newton, Mansfield, Garrick, Milton, Scott, Dr. Johnson. An jedem Ende des Raums gibt es einen Kamin und einen dritten, größeren, in der Mitte der westlichen Wand, auf dem eine Büste von Pope steht. Der Kaminsims des südlichen Kamins trägt Büsten von George Finlay und Farraday. Auf den Kaminsimsen liegen Streichhölzer und es gibt im ganzen Club, außer in der Bibliothek, gläserne Aschenbecher.

Auf einem großen runden Tisch am Nordende des Raumes liegen Zeitschriften, Wochenblätter und ein silberbeschlagenes Horn (an sich schon ein männliches Symbol), auf dem eingraviert ist, daß es 1935 von *Sir* Buckston Brown geschenkt wurde. Eine weitere Inschrift geht auf das Jahr 1850 zurück. Das Horn enthält immer Schnupftabak. Die Tabak-Paraphernalia, und vor allem der Schnupftabak, zeigen durchweg Männlichkeit an. Dies war nicht immer der Fall, da der *Athenaeum* bis in die letzten Jahrzehnte des 19. Jahrhunderts gegen das Rauchen votierte.

Auf dem runden Tisch liegt ein in Leder gebundenes Frage-Buch, in das Mitglieder Fragen schreiben, die andere Mitglieder beantworten. Dies mag männliche Kameradschaft und möglicherweise Wettstreit fördern. Es gibt viel mehr Fragen als Antworten. Das Buch scheint das Betätigungsgebiet einiger weniger Mitglieder zu sein. Beispiele: „dem *Sunday Telegraph* vom letzten Sonntag gemäß hat James Joyce gesagt, daß jede Nation durch eine der sieben Todsünden typifiziert wird. Er nannte Irland für den Neid und Italien für ‚Gier', vermutlich Gefräßigkeit. Kann jemand a) Joyces' vollständige Zuteilung nennen und b) Nationen vorschlagen, die Stolz, Zorn, Neid, Wollust, Gefräßigkeit, Geiz und Faulheit verkörpern." In einem anderen Beispiel fragt ein Mitglied: „Wer hat die Vorstellung verbreitet, daß Nero gefiedelt hat, während Rom brannte? In Neros Tagen gab es kein Instrument wie die Fiedel (das heißt, ein Saiteninstrument, das mit einem Bogen gespielt wird). Nach Suetonius (Nero 38) sang er über das geplünderte Troja, während er der Feuersbrunst zusah, aber es gibt keine Erwähnung eines Instruments."

Fragesteller brüsten sich mit ihrer eigenen Belesenheit, suchen aber auch nach Informationen. Typisch sind Fragen nach fehlenden Worten aus Zitaten oder nach dem Autor eines bestimmten Zitats. Es gibt auch in Leder gebundene Mitgliederlisten und Zeitungsausschnitte über den Club.

Der Raum ist mit einem großen Kristalleuchter ausgestattet und mit Lampen, die auf klassischen Messingsäulen befestigt sind, sowie mit Tischlampen aus Messing. Es gibt vier Schreibtische und einen runden Tisch, der mit verziertem Schreibpapier, Tintenfässern, Federhaltern und ledergebundenen Kalendern ausgerüstet ist. Die Stühle und die Tischflächen bestehen aus grünem Leder und es gibt zwei Chaiselongues, auf denen manchmal schlafende Mitglieder angetroffen werden können.

In einer Vitrine werden die besseren Besitztümer der Bibliothek ausgestellt, wie illustrierte Vogel- und Pflanzenbücher. Ein anderer Schaukasten zeigt Club-Relikte. Auf einem langen Mahagoni-Gestell werden viele Zeitschriften ausgestellt – wieder mit einer stark männlichen Betonung: *„The Annals of the Royal Society of Surgeons"*, *„Antiquarian Horology"*, *„The British Library Journal"*, *„The Bodlean Record"*, *„The Classical Quarterly"*, *„The Classical Review"*, *„The Contemporary Review"*, *„Government and Opposition"*, *„Isis"*, *„International Affairs"*, *„The Journal of Gemology"*, *„The Journal of the Bar of England and Wales"*, *„The English Association Newsletter"*, *„Foreign Affairs"*, *„The Law Quarterly Review"*, *„Music and Letters"*, *„The British Journal of Aesthetics"*, *„The Kipling Journal"*, *„Mind"*, *„Modern Geology"*, *„The English Place Name Society Journal"*, *„Nature"*, *„Time"*, *„The New Yorker"*, *„The new Statesman"*, *„The Architecture Review"*, *„The Cambridge Review"*, *„Opera Now"*, *„The New Scientist"*, *„Speculum"*, verschiedene Kunstzeitschriften usw.

Auch die Waschräume sind mit Marmor, Messing und Leder ausgestattet. Derjenige im Erdgeschoß hat große Marmor-Pissoirs mit Spritzschutz-Glasscheiben, damit die Hosen der Mitglieder geschützt werden. Es gibt Schuhputzzeug und eine Kleiderbürste. Derjenige im zweiten Stock hat marmorne Waschbecken und eine Waage, auf der lederne Sitzpolster angebracht sind und die mit Gewichten reguliert wird. Daneben liegt ein Buch, in dem man sein Gewicht festhalten kann, und das auf das Jahr 1907 zurückgeht. Einige der eingetragenen Gewichtszahlen machen es verständlich, warum die Mitglieder sitzen mußten.

Ein Mahagoni-getäfelter Fahrstuhl mit einer Randleiste aus Mahagoni und einem Handgriff aus Messing führt zum Dachgeschoß, mit Büros und Schlafzimmern für Mitglieder, die von außerhalb kommen.

Die Bibliothek

Der vielleicht größte Schatz des *Athenaeum*-Clubs ist seine Bibliothek. Der größte Teil seiner 75000 Bände wird in einem außergewöhnlichen Raum aufbewahrt, der vom Salon abgeht und vom Boden bis zur 23 Fuß hohen Decke mit Büchern ‚tapeziert' ist. Sogar die Tür, die zum Treppenabsatz führt, ist von Buchrücken umgeben, so daß man von Büchern wahrhaftig eingeschlossen wird. Spindeldürre Eisenstufen und Laufgänge schaffen einen schwindelerregenden Zugang zu den höher gelegenen Büchern. Die Stärke der Bibliothek liegt in den Geisteswissenschaften, vor allem in sieben ‚Klassen' von Büchern: Nachschlagewerke und gebundene Zeitschriften; gelehrte Texte von Klassikern auf Englisch, Latein, Griechisch, Französisch und Deutsch; Memoiren, vor allem britische und nordamerikanische; Geschichtsbücher, einschließlich von militärischen, genealogischen und archäologischen Werken, die Großbritannien, das Commonwealth, Nordamerika und Europa betreffen; Werke über Sozialwissenschaften, Philosophie, Kunst, den Garten und Theologie; Wissenschaft und Wissenschaftsgeschichte; Belletristik.

Die Bibliothek ist mit Lederstühlen (grün) und mit Leder bezogenen Tischen ausgestattet, ähnlich denen im Salon. Auf dem Sims eines Kamins aus gelbem Marmor stehen drei Bronzebüsten und eine große Terrakotta-Büste von Dr. Johnson. Der Stuhl von Charles Dickens, über den eine Schnur gespannt ist, damit sich niemand auf ihn setzt, bringt die viktorianische Atmosphäre auf den Punkt. Die Bücher überfluten geradezu den Raum. Es gibt außerdem noch eine nördliche Bibliothek, die auch als Kartenzimmer fungiert. Ein Stockwerk höher gibt es eine weitere Bibliothek, in der auch ein Fernsehgerät steht. Beide Räume haben Kamine, Büsten und Portraits und die allgegenwärtigen Lederstühle. In den Durchgängen (wo auch der Rollstuhl von Michael Farraday ausgestellt wird), und im Kellergeschoß befinden sich noch weitere Bücher.

Der Anbau für Damen

Die grundlegende Männlichkeit des Clubs kann untersucht werden, in dem man sie mit der Unterkunft vergleicht, die der *Athenaeum* Frauen anbietet. Das Wort ‚Anbau' an sich zeigt bereits den peripheren Platz von Frauen in einem Club, dem sie nicht beitreten können. Der Anbau für Damen ist ein kleines Gebäude mit niedrigen Decken, in dem sich Empfangs- und Speiseräume befinden. Der Anbau liegt südlich des Hauptgebäudes und kann durch einen unterirdischen Durchgang erreicht werden, der hinter dem großen Treppenaufgang beginnt. Der gesamte Anbau liegt unterhalb des Straßenniveaus. Es gibt auch einen getrennten Außeneingang. Die Symbolhaftigkeit erscheint fast zu offensichtlich: der eindrucksvolle, verschwenderisch eingerichtete Männerclub mit den hohen Zimmerdekken gegen die tief gelegene, relativ einfach eingerichtete Unterkunft für Frauen; aber ich glaube, daß diese Symbolhaftigkeit lediglich auf einem Zufall beruht. Trotzdem zeigt sie die Prioritäten des Clubs und die Art des Bereichs, in den die Frauen verbannt werden.

Die Einrichtung des Empfangsbereichs unterscheidet sich grundlegend von der im Hauptclub. Die Wände sind von blassem Rosa mit Ausnahme einer kleinen Nische in der Nähe der Bar, die korallenfarben ist. Die Stühle sind leicht gebaut, haben eierförmige Rückenlehnen und ihre Sitze sind mit grünem Samt überzogen. Es gibt kleine Leichtholz-Tische, deren Durchmesser 2½ Fuß beträgt. Das dumpfe Licht (wir befinden uns unter der Erde) stammt aus zwei blauen Keramik-Tischlampen und einigen Deckenlampen aus Messing. An den Wänden hängen kleine Landschaftsbilder, hauptsächlich Aquarelle. Es gibt ein Mahagoni-Schränkchen mit Glasfront, in dem sich Porzellan, Glasobjekte und eine Großvateruhr befinden. Eine kleine Marmorstatue eines Jungen, der seinen verletzten Fuß untersucht (die Kopie einer klassischen Skulptur), schmückt eine kleine Säulenplatte. Der Teppich ist gemustert. Es gibt vier hellgrün bezogene ‚Liebessitze' (S-förmige zweisitzige Sofas). Im Eßbereich gibt es kleine Tische für vier Personen, auf denen rosa Tischdecken liegen. In einer Ecke steht ein großer Blumenstrauß auf einer Ziersäule (im Hauptclub gibt es keine Blumen). Die vielen keinen Bilder an der Wand zeigen Landschaften und Gebäude und wurden hauptsächlich von Mitgliedern der königlichen Akademie gemalt. An der Ostwand hängen zwei Ölbilder von Samuel Scott.

In der Eingangshalle, die sich über den Empfangs- und Eßräumen, aber immer noch unterhalb der Straße befindet, gibt es dieselben Stühle und ‚Liebessitze' wie unten. Sechs Piranesi-Drucke schmücken eine Wand und ein Spiegel mit gläsernen Klemmleuchen erstreckt sich entlang der anderen Wand. Ein Schränkchen am Ende der Halle enthält sieben türkische Teller aus dem 17. und 18. Jahrhundert und eine Jade-Schnitzerei einer Fischer-Dschunke. An der Wand hängt ein *Wedgewood*-artiges Relief vom Kopf der Athene.

Die Ikonographie des Clubs enthüllt, daß fast alle der weiblichen Statuen mythologisch sind – Venus, Diana, Psyche und natürlich Athene, während alle männlichen Abbilder von wirklichen Männern, allesamt Erfolgsleute, sind. Die Athene-Statue über dem Säulengang veranlaßte die Entstehung folgender Zeilen:

‚*All ye who pass by, just stop and behold,*
And say – Don't you think it a sin
That Minerva herself is left out in the cold,
While her owls are all gorging within?' (Waugh 1968: 13)

‚Alle die ihr hier vorbeigeht, bleibt stehen und schaut,
Und sagt – ist es nicht eine Sünde,
Daß Minerva selbst in der Kälte gelassen wird,
Während sich ihre Eulen (die Menschen) drinnen der Völlerei hingeben?' (Waugh 1968: 13).

Die einzigen Abbildungen von wirklichen Frauen sind drei Zeichnungen im Imbißraum und eine Marmorbüste von Königin Victoria im Damen-Anbau. Da sie kein Mitglied war, mag dies ihre Anwesenheit im Damen-Anbau anstelle des Hauptclubs erklären. Auch Königin Elizabeth ist kein Mitglied und im Club befindet sich keine Darstellung von ihr.

Der Ausschluß von Frauen

George Augustus Sala, ein britischer Journalist und Schriftsteller des 19. Jahrhunderts, erklärte: „Ein Club ist eine Waffe, die von Wilden benutzt wird, um weiße Frauen auf Distanz zu halten" (Nevill 1911: 135). Diese Haltung scheint in den meisten britischen Clubs, einschließlich des *Athenaeum* vorherrschend gewesen zu sein.

Erst 1936 wurden im *Athenaeum* Gesellschaftsräume für Frauen geschaffen. Diese befanden sich nicht im Clubhaus selbst, zu dem Frauen nicht zugelassen waren (obwohl weibliche Angestellte eingestellt werden konnten), sondern in einem gemieteten Haus in *Carleton Gardens*. Das Experiment war nicht erfolgreich und abnehmende Benutzerzahlen führten 1961 zur Schließung des Hauses. Erst 1972 wurden weibliche Gäste zum Essen im Kaffee-Raum und anschließend im Salon zugelassen. Dieses Arrangement besteht weiterhin. Mitglieder, die Damen zu einem Imbiß einladen wollen, müssen dies in dem Anbau für Damen tun. Mitglieder können eine Karte unterzeichnen, die einer Dame erlaubt, den Anbau mit nicht mehr als zwei Gästen in der Abwesenheit des Mitglieds zu benutzen. Das Mitglied ist für alle durch die Dame entstandenen Rechnungen verantwortlich.

1984 schlug ein Arbeitsausschuß, der vom Generalkomitee ernannt worden war, vor, Frauen (oder Damen, wie sie unveränderlich genannt werden) als Mitglieder im Club aufzunehmen. Das Generalkomitee stimmte dem zu, aber es wurde entschieden, daß eine so wichtige Angelegenheit allen Mitgliedern durch eine schriftliche Befragung unterbreitet werden müsse. Um den Vorschlag durchzubringen, war eine Zweidrittel-Mehrheit nötig.

Argumente für die Aufnahme von Frauen waren, daß in der Präambel zu den Regeln des Clubs von „Individuen, die sich durch ihre wissenschaftlichen und literarischen Fähigkeiten ausgezeichnet haben" und von „eminenten Künstlern in irgendeiner Kategorie der Schönen Künste" gesprochen wird, ohne das Geschlecht zu erwähnen, obwohl zweifellos Männer gemeint waren. Es war ein Dokument seiner Zeit, aber die Zeiten haben sich geändert. Heutzutage gibt es Frauen, die sich für die Aufnahme qualifizieren würden, und der Club würde von ihrer Mitgliedschaft profitieren. Andere Clubs, wie der *Reform Club*, haben Frauen zugelassen, ohne daß dies negative Folgen gehabt hätte.

In der Argumentation gegen die Aufnahme von Frauen wurde angemerkt, daß der *Athenaeum* ein privater Club und keine öffentliche Einrichtung sei, und daß Argumente für die Gleichbehandlung der Geschlechter auf letztere zuträfen, nicht jedoch auf erstere. Die Anwesenheit von Frauen würde den Charakter des Clubs ändern, was vielen Mitgliedern nicht recht wäre. Sie würde zu Spaltungen und Austritten führen. Die Nicht-Aufnahme einer Frau würde ihren Ehemann in Verlegenheit bringen, der daraufhin, falls er ein Mitglied sei, austreten könne. Gleichzeitig wurde hervorgehoben, daß der Club Frauen im Anbau und abends im Hauptgebäude bereits Vorrechte zugestehe, so daß es unnötig wäre, noch weiter zu gehen. Andere Einwände drückten Befürchtungen im Bezug auf den gesellschaftlichen Charakter des Clubs aus: Die Damen würden den Geräuschepegel in den öffentlichen Räumen anheben. Wenn sich Damen einer Unterhaltung anschließen, ändere sich der Charakter der Konversation und ein anderes Benehmen sei erforderlich. Frauen sollten sich in ihrer konventionellen Umgebung aufhalten, nicht in einem Herren-Club. Einige Mitglieder behaupteten, daß sie dem Club beigetreten seien, gerade weil er eine männliche Organisation war.

Viele Mitglieder sehen in der Aufnahme von Frauen eine Bedrohung für eine exklusive männliche Gruppe. Frauen gehören nicht dazu. Sie sind mit dem Club unvereinbar und könnten sogar die Veränderung des Gebäudes erforderlich machen. Die Art der gefürchteten Veränderungen wurde nicht erklärt, aber könnte die Waschräume und Toiletten einschließen. Renovierung könnte weniger Leder, Mahagoni und Messing zugunsten von Stoffen, hellem Holz und Keramik bedeuten. Die Ausschmückungen des Clubs, die seine Exklusivität und Männlichkeit kennzeichnen und hervorrufen, sind bedroht. Tatsächlich zieht die männliche Dekoration einen großen Teil seiner Bedeutung aus der Tatsache, daß er sich vom weiblichen unterscheidet. Das Verhalten müßte sich ändern. Frauen machen zu viel Lärm und man kann sich auf ihre Unterhaltung nicht verlassen. Vielen dieser Aussagen liegt die Annahme zugrunde, daß Frauen einen untergeordneten Platz einnehmen. Dies zeigt sich in dem Kommentar über Ehemänner, die zurücktreten, wenn ihre Frauen nicht gewählt werden, was scheinbar als Fleck auf der männlichen Ehre angesehen wird.

Niemand scheint es in den Sinn gekommen zu sein, daß eine Frau verlegen sein könnte, wenn ihr Mann nicht angenommen würde. Die Bemerkung setzt auch voraus, daß zukünftige weibliche Mitglieder verheiratet wären; bei Männern besteht eine derartige Erwartung nicht.

Die Aufnahme von Frauen bedeutet also, daß sich die Erwartungen an die Mitgliederrolle verändern müßten, und das ist genau das, was viele Mitglieder nicht wollen. Sie wollen sie deshalb nicht, weil die Rolle der Frau als unvereinbar mit der Rolle als Mitglied angesehen wird.

Die Ergebnisse des Referendums zeigten, daß eine Mehrheit für die Aufnahme von weiblichen Mitgliedern war, aber es war keine Zwei-Drittel-Mehrheit. Der *Athenaeum* bleibt ein ‚Herren-Club'.

Anmerkung
Übersetzung aus dem Englischen von Claudia Blume.

Der Weiße Kreis

Robert v. Lucius

Der Weiße Kreis ist ein Zusammenschluß von drei Corps aus Bonn, Göttingen und Heidelberg, der sich in Zusammensetzung und Selbstverständnis von den meisten anderen studentischen Verbindungen unterscheidet. Bekannte Mitglieder und literarische Veröffentlichungen führten zu einem Interesse der Öffentlichkeit. Die Corps, als lebenslanger Freundschaftsbund, begründet auf eher empfundenen denn formulierten gemeinsamen Wertvorstellungen, sind eine kleine Gruppe von Aktiven, Inaktiven und Alten Herren mit engem Zusammenhalt. Diese Innenansicht schildert Leben, Geschichte und Grundzüge dieser Corps, aber auch die Veränderungen, insbesondere beim Mensurenfechten, im Gefolge der Studentenrevolte der sechziger Jahre.

Siehe dazu auch Farbseiten II und V in Band I und Farbseiten XXXVI bis XXXVIII in diesem Band.

„Sie waren gut und modern gekleidet, ihre Manieren waren ganz fabelhaft, und sie führten ein leichtes, sorgloses, behagliches Leben". So schildert Mark Twain in seiner Schrift „Bummel durch Europa" spöttisch-liebevoll die ‚Corpsetikette'. Der amerikanische Humorist war im Frühsommer 1878 Gast des Corps Saxo-Borussia in Heidelberg. Als Gast des „Corps der Weißen Mützen" betrachtete er mehrfach Besuchern meist verschlossene Mensuren: einen Fecht-Zweikampf, der in manchen studentischen Verbindungen zu einem Mittelpunkt ihres Zusammenlebens stilisiert wird, in anderen dagegen, zumindest heute, eine eher beiläufige Bedeutung hat. Bei den Mensuren bewunderte Mark Twain die beträchtliche Seelenstärke und Standhaftigkeit: „Sie in solcher Vollendung bei diesen umhegt aufgewachsenen und liebevoll erzogenen jungen Burschen zu finden", überraschte ihn (1967: 11–17; 13).

Über Mark Twain hinaus gibt es eine Fülle literarischer Publikationen zu den drei Corps des Weißen Kreises. Diesem gehören neben der *Saxo-Borussia* die *Borussia* in Bonn und die *Saxonia* in Göttingen an, bekannt auch als Sachsenpreußen, Bonner Preußen und Göttinger Sachsen. Über die Saxo-Borussen schreiben etwa Carl Zuckmayer, Börries von Münchhausen, Kurt Tucholsky, Ludwig Thoma. Dem Roman „Die Saxo-Borussen" folgte die Parodie „Die Saxo-Saxonen" (Samarow 1884 und 1885). Sie tauchen auf Bühnen auf von New York bis Kapstadt im Musical *„Student Prince"*, bis heute jeden Sommer für Amerikaner im Heidelberger Schloßhof gespielt: nachgebildet dem in 28 Sprachen übersetzten Stück „Alt-Heidelberg" von Wilhelm Meyer-Förster (1902), mit mehr als hunderttausend Aufführungen der größte Bühnenerfolg der deutschen Theatergeschichte. In Erinnerungen, etwa bei Politikern und Diplomaten, wird immer wieder die Studentenzeit bei einem dieser drei Corps als prägend geschildert (Schumann 1827–38; Naso 1953; v. Hohenlohe 1925; Solms 1982; Trentler 1972). Auch in anderen Erinnerungen, etwa von Golo Mann (1986), dem Hochstapler Harry Domela (1927) oder von ausländischen Besuchern in Heidelberg (Howitt 1849; Knowles 1914), taucht die *Saxo-Borussia* auf. Ebenso befassen sich seriöse Zeitungen wie das *„Wallstreet Journal"*, „Die Zeit" , die „Frankfurter Allgemeine Zeitung" und die „Westdeutsche Allgemeine Zeitung" mit ihr. Auch in deutschen und ausländischen Zeitschriften wie dem *„New Yorker"* und *„Paris Match"* und der Regenbogenpresse finden sich Schilderungen.

‚Semesterbilder' wie dieses der Heidelberger Saxo-Borussen von 1853/54 waren im vorigen Jahrhundert sehr beliebt. Einige Lithographen in den Universitätsstädten scheinen darauf spezialisiert gewesen zu sein. Solche Bilder schmücken die Wände der Verbindungshäuser und dienen auf optische Weise der Förderung des Geschichtsbewußtseins. Besonders stolz ist man auf berühmte Mitglieder, die sich in Politik, Wirtschaft, Wissenschaft oder Literatur einen Namen gemacht haben. Lithographie und Foto: Germanisches Nationalmuseum Nürnberg.

Bild des Feudalen

Daß der Weiße Kreis, ein 1858 begründetes enges Freundschaftsverhältnis (Kartell) der drei Corps, weit über das normale Maß hinaus Aufmerksamkeit genießt, hat vielerlei Gründe: sein Selbstverständnis, seine Geschichte, die soziale Zusammensetzung. In illustrierten Zeitschriften fehlt selten das Adjektiv „feudal". Der Eindruck eines angeblich einflußreichen abgezirkelten Männerbundes mit antiquierten Riten und engem Zusammenhalt wird gerne vermittelt. Zu dem Bild trug bei, daß, wie viele andere Hohenzollern, Kaiser Wilhelm II. als Kronprinz bei den Bonner Preußen aktiv war. Ihm folgten in jenen Jahren wilhelminischen Überschwangs andere Angehörige fürstlicher Familien. Schon vorher waren sie in einem der drei Corps des Weißen Kreises aktiv, bei den Saxo-Borussen etwa der spätere griechische König Konstantin I.

Das Bild des ‚Kaisercorps' gab ungewollt dem Weißen Kreis den größten Bekanntheitsgrad, obwohl einige Corps des Grünen Kreises – etwa in Heidelberg, Tübingen, Göttingen, Marburg, Bonn, Kiel – eine ähnliche Zusammensetzung und ähnliche Wertvorstellungen haben. Zwischen den Weißen und den Grünen gibt es ein gespieltes Konkurrenzverhältnis und Rollenspiel, zumal sie sich oft um die gleichen jungen Studenten als Mitglieder bemühen: Privat aber ist der Zusammenhalt erheblich, auch nach der meist drei Semester währenden Aktivität.

In der Tat sind häufig Angehörige des ostelbischen Adels Mitglied der Corps des Weißen Kreises, Bedingung war das nie. Die Häufung entstand, weil Mitglieder vorwiegend unter Verwandten und Freunden geworben wurden. In früheren Jahrzehnten waren dies häufig Gutsnachbarn oder Regimentskameraden. Da viele ihrer Söhne, Enkel und Urenkel aus Neigung, Traditionsbewußtsein oder schlicht Bequemlichkeit an diese Kontakte anknüpften, war der Anteil Adliger naturgemäß höher.

Kontakte nach außen

Daß das nicht im Sinne einer andere ausschließenden Exklusivität oder gar als ‚geheimnisvolle Aura' gemeint war oder praktiziert wird, zeigt nicht zuletzt, daß Corps des Weißen Kreises häufig in Erinnerungen ‚Fremder' erwähnt werden. Von Corpsbrüdern eingeführte Gäste, die oft intellektuelle oder künstlerische Anregungen einbringen, waren und sind gerne gesehen. Zuckmayer beschrieb das 1966 in seinem „Als wär's ein Stück von mir": „... wir mit den Angehörigen des vornehmsten und exklusivsten Heidelberger Corps, den Saxoborussen, auf bestem Fuß standen. Diese aristokratischen jungen Herren... besuchten unsere künstlerischen Veranstaltungen, unterhielten selbst eine Vereinigung für neue Musik und waren sogar, in einer distanzierten Weise und auf intellektuellem Gebiet, an unseren politischen Anschauungen interessiert" (S. 258f.). Interesse mancher an der Musik zeigte sich schon früher, etwa bei dem Komponisten Robert Schumann, der in seiner Zeit als aktiver Saxo-Borusse die Wende vom Juristen zum Musiker vollzog.

Zuckmayer, 1967 in den Jahren der Studentenunruhen wieder Gast des Corps, schrieb weiter: „Von den plumpen Radaubrüdern und Schreihälsen des ‚völkischen' Klüngels unterschieden sich diese Kreise durch Erziehung und Qualitätsgefühl – es gab auch später unter ihnen wenig Überläufer zu den Nazis" (ebd.). Fast jedes Corps des Weißen und des Grünen Kreises hat einen oder mehrere Corpsbrüder, die dem Kreis des 20. Juli 1944 angehörten und von den nationalsozialistischen Machthabern hingerichtet wurden; zu den Göttinger Sachsen zählten etwa Adam von Trott zu Solz und Fritz Dietlof Graf von der Schulenburg. Das Verbot der *Saxo-Borussia* 1935, nachdem Mitglieder öffentlich über ‚den Führer' spotteten, führte später zum Verbot der anderen Korporationen.

Ausländer waren und sind im Weißen Kreis häufig aktiv, in den vergangenen Jahren besonders Amerikaner, Franzosen, Kanadier. Die Bonner Preußen pflegen Beziehungen zu einer studentischen Verbindung in den Niederlanden. Schon in den vierziger Jahren des vorigen Jahrhunderts – gegründet wurden die Corps des Weißen Kreises zwischen 1820 und 1844 – gab es auffallend viele ausländische Aktive, die hier studierten, aus England und den Vereinigten Staaten, Ungarn, der Schweiz; auch ein späterer Marineminister und Senator des Kaiserreiches Brasilien und ein späterer rumänischer Ministerpräsident waren darunter. Erwartet oder erhofft wird nur, daß sie Deutsch sprechen oder verstehen, um so nicht von Gesprächen ausgeschlossen zu sein: Das freundschaftliche Gespräch steht im Mittelpunkt jedes Corpslebens, nicht Rituale.

Das Corps im städtischen Leben

Zu den Bewohnern ihrer Universitätsorte pflegten die Aktiven Beziehungen, die in früheren Jahren zwischen liebevollem Respekt und Phasen der Irritation schwankten. Der Handwerkersohn und sozialdemokratische Reichspräsident Friedrich Ebert, in der Nähe des Corpshauses der Sachsenpreußen in Heidelberg aufgewachsen, rühmte diese, als jemand ihm gegenüber versuchte, sie zu bespötteln (Geschichte der Saxo-Borussia 1958: 189f.). Heute dagegen spielen Verbindungsstudenten im städtischen Leben kaum eine Rolle mehr, allenfalls in überschaubaren Studienorten wie Tübingen.

Studentischer Übermut, ‚Studentenulk', schwappte einst gelegentlich über. Wenn Corpsstudenten die Heidelberger Hauptstraße mit Ziegelsteinen zumauerten, wurde das in früheren Jahrzehnten geduldet, zumal damals der Scheck der Eltern zum Einkommen mancher Handwerker beitrug. Wenn sie dagegen einen Ziegelstein in eine Polizeiwache warfen, mit dem beigefügten Zettel, das sei ein Fundobjekt, den man als ehrlicher Finder abgeben wolle, wurde das ernster genommen, auch wenn es sich unterschied von der Motivation der 1968er (in denen Corpsstudenten keineswegs nur ‚auf der Seite der Reaktion' standen). Wurden sie erwischt, so kam es zur kurzen Haft im Studentenkarzer der Universitätsverwaltung. Das war nach dem studentischen Ehrkomment nicht ehrenrührig. ‚Straftäter' wurden nach Verbüßung ihrer ‚Strafe' gelegentlich mit Gepränge aus dem Karzer abgeholt. Wer von der Universität gewiesen, relegiert wurde, erhielt häufig das große Komitat: Er wurde von seinen Verbindungsbrüdern und anderen Korporierten bis zur Landesgrenze begleitet.

Studentische Verbindungen werden trotz ihrer Vielfalt in der Öffentlichkeit in einen Topf geworfen, politisch national-konservative Burschenschaften etwa mit politisch neutralen Corps, die als Gruppe keine politischen Standpunkte einnehmen und den Toleranzgedanken in den Mittelpunkt stellen, auch wenn politische oder soziale Aktivität angeregt wird. Das für Korporierte beliebte Bild des ‚Reaktionären' mag daher manche treffen, Corps – zumindest nach ihrem eigenen Selbstverständnis – nicht.

Traditionen und Rituale

Nicht bei allen studentischen Verbindungen ist die Einstufung der mit liebevoller Ironie gepflegten Rituale – etwa der Mensur oder des formalen Ablaufs der Kneipen – so gering wie in den Corps des Weißen und wohl auch Grünen Kreises. Man kennt und achtet Traditionen, fühlt sich gelegentlich in ihnen geborgen, klebt aber nicht an ihnen um ihrer selbst willen. So sehr Aufnahmebedingungen und äußere Formen des Zusammenlebens aufrechterhalten werden mögen, sie werden als Mittel betrachtet, den erwünschten engeren Zusammenhalt zu erreichen, der als Lebensbund fortwährt. Dieser wird von gemeinsam empfundenen Werten getragen, die indes eher gefühlt denn umschrieben werden (können).

Wo es aber scheint, daß diese ‚Rituale' zum Zusammenhalt beitragen, wird Hergebrachtes mit liebevoller Verbissenheit als wesentlich bewahrt. Ein Beispiel ist der Brauch, daß ‚Füchse', so werden die neuen Aktiven in ihren ersten Monaten genannt, die Corpsfarben nicht berühren dürfen. Diese Farben sind meist den ehemaligen Farben des Landes, dem das Corps seinen Namen verdankt, entlehnt. Die Bonner Preußen etwa tragen schwarz-weiß-schwarz, die Saxo-Borussen weiß-grün-schwarz-weiß, die Göttinger Sachsen blau-weiß-blau (hellblau). Das Band, das den Corpsbrüdern bei ihrer *Reception*, der Aufnahme in den engeren Bund – von da an sind sie voll stimmberechtigte Corpsmitglieder – umgelegt wird, ist in den Corpsfarben gehalten.

Um dem feierlich gehaltenen Moment der *Reception* eine zusätzliche Weihe zu verleihen, ist dies die erste Gelegenheit, zu der diese Corpsbrüder Band und damit Farben tragen. Das mit gespielter Ernsthaftigkeit erwartete und eingehaltene Verbot, vorher die Farben zu berühren, gibt der Bandverleihung eine zusätzliche Note. So soll es dazu beitragen, sie in besonderer Erinnerung zu halten. Auch hier gibt es innerhalb des Weißen Kreises Variationen. Die Bonner Preußen haben, wie die anderen Bonner Corps, ein Fuchsenband, allerdings nur in ‚unvollständigen Farben', die Göttinger und Heidelberger nicht.

Voraussetzung für die *Reception*, die Bandverleihung, sind der *Receptions*-Vortrag, die ‚Fuchsenprüfung' – in der Verständnis für Sinn und Zusammenhänge des Corpslebens und des Weißen Kreises sowie das Wissen um die Corpsgeschichte erkundet werden – und die Mensur gegen einen Angehörigen eines anderen Corps. Thema des Fuchsenvortrages, das die ‚Burschen' – aktive Bandträger – aus drei

Das Fechten der Mensur ist in vielen Corps nach wie vor ein wichtiger Punkt in den verschiedenen Ritualen, die zur Aufnahme in ein Corps führen. Die nicht nur geduldete, sondern gewünschte Gefahr dabei wurde inzwischen aber gemindert, auch wurde bei einigen Corps die Zahl der Mensuren herabgesetzt. Zwischen 1967 und 1973 kam es durch die ‚Fechtdiskussion' zwischen dem Weißen und dem Grünen Kreis zu erheblichen Spannungen innerhalb des Dachverbands. Lithographie von C. Rohde 1838: Göttinger Mensur auf gerade Säbel am 12. 12. 1837. Bildarchiv Preussischer Kulturbesitz Berlin.

von dem Fuchsen vorgeschlagenen auswählen, muß fachfremd sein und sich für die anschließende oft harte Diskussion eignen. Bei dieser muß der Fuchs beweisen, daß er sich mit dem ihm neuen Thema intensiv auseinandergesetzt hat.

Bisher wohl noch von keinem anderen Corps nachgeahmt ist der Sozialdienst, den eines der drei ‚Weißen', die Heidelberger *Saxo-Borussia,* vor zwei Jahrzehnten einführte. Vor seiner Inaktivierung ist jeder Aktive zum unbezahlten dreiwöchigen Sozialdienst verpflichtet, etwa im Krankenhaus, Gefängnis, in psychiatrischen Anstalten, einer Tagesstätte für Behinderte. Damit soll der Dienst an der Gemeinschaft angeregt werden.

Vielfalt der Verbindungen

Die Hervorhebung des ‚Geistes' bei einem wenn auch zögerlichen Anpassen der Formen mag diese Corps abheben von manch anderen Verbindungen. Mit der gelegentlichen Offenheit nach außen, zu Gästen, Ausländern, den Bewohnern des Studienortes, geht einher, daß die Beziehungen zu anderen studentischen Verbindungen außerhalb des Weißen und Grünen Kreises und der Corps am Studienort gespannt waren und oft sind.

Das gilt auch für den Dachverband, den Kösener Senioren-Convents-Verband: Beiderseits wird Distanz gepflegt. Dem Dachverband und anderen Verbindungen sind die ‚feudalen' Corps zu aufrührerisch, eigenständig, zu wenig formbewußt, vielleicht auch zu spöttisch-arrogant. Diese wiederum können sich nicht identifizieren mit dem umfassenden Anspruch und, so sehen sie es, humorlosen Gebaren des Köseners: Man hat sich arrangiert. Je enger der Kontakt innerhalb des Weißen oder auch des Grünen Kreises (mehrere der Grünen Corps haben den Dachverband verlassen) war, desto weniger legte man Wert auf eine Bestimmung von außen, zumal durch andere Verbindungen, mit deren Bild in der Öffentlichkeit man sich ebenso wenig identifizieren wollte wie mit deren Haltung.

Sichtbar wurde die Spannung der ‚Weißen' und ‚Grünen' mit ihrem Dachverband und anderen Corps bei der ‚Fechtdiskussion'. In den Jahren zwischen 1967 und 1973 beschlossen mehrere der Grünen Corps nach langen Debatten, das Fechten auf Mensuren – das inzwischen so geregelt und beschützt ist, daß ernsthafte Verletzungen praktisch ausgeschlossen sind – abzuschaffen oder freiwillig zu machen. Das widersprach den Statuten des Dachverbandes. Sie zogen die Konsequenz, aus dem Kösener auszutreten. Zwei der drei Corps des Weißen Kreises setzten die Mensurenzahl herab auf das nach den Kösener Statuten Geringstmögliche (eine oder zwei Partien), fochten aber weiterhin aus Rücksicht auf Alte Herren, denen Mensuren aus ihrer Erinnerung früherer Jahrzehnte wichtig waren und sind. Man wollte einen Bruch oder auch nur eine Entfremdung eines Teils der Corpsangehörigen unter allen Umständen vermeiden.

Es gibt insgesamt etwa 900 Verbindungen, zusammengefaßt in fast drei Dutzend Dachverbänden, von Sängerschaften und Turnerschaften über Gildenschaften bis zum Katholischen Cartellverband. Nur zwei Prozent aller Studenten sind korporiert. Ihr Einfluß dürfte darüber hinausgehen durch den engen Zusammenhalt mit Alten Herren. Benannt sind viele nach Landsmannschaften, aus denen ihre Gründer zu Beginn des vergangenen Jahrhunderts kamen. Die Latinisierung der germanischen Stammesnamen spiegelt das damalige Denken wieder: *Teutonia, Allemania, Rhenania, Guestphalia.*

Der Nachwuchs

Struktur und hergebrachte Riten vieler dieser Männerbünde – einige Korporationen haben, teils unter Nachwuchsmangel, in den vergangenen Jahren ihre Mitgliedschaft Frauen geöffnet – ähneln einander, auch wenn sie unterschiedlich gepflegt und eingestuft werden. Bei der meist feierlich zelebrierten Aufnahmefeier sind in der Regel nur Mitglieder zugelassen. Ihr Ablauf variiert von Gruppe zu Gruppe, dürfte sich aber im Grundmuster ähneln. Entscheidend ist, daß der Aufnahme möglichst niemand im Kreis widerspricht. Der Beitrittswillige sollte nicht überrascht werden. Da es sich um eine Entscheidung handelt, die er zwar jederzeit rückgängig machen kann, das aber ebenso selten wie unerwünscht ist, wird der ‚Spefuchs' zuvor eindringlich hingewiesen auf die Nachteile, die ein Zusammenleben für drei oder vier Semester auf engem Raum haben kann, was einen vorübergehenden Verzicht auf manche Annehmlichkeit des ‚freien Lebens' bedeutet.

Der ‚Spefuchs' ist den Mitgliedern des Corps, die einen ähnlich engen Zusammenhalt pflegen wie der Weiße oder Grüne Kreis, oft schon Semester vor seinem Studienbeginn bekannt, etwa als Bruder oder Freund von Aktiven oder Inaktiven. In der Universitätsöffentlichkeit wirbt der Weiße Kreis, anders als viele andere Verbindungen, nicht. Wenn aber jemand ‚von außen' kommt, erhält er dennoch die Chance, sich in die Gruppe einzufinden. Nur jene, von denen die Corpsbrüder glauben, sie seien hilfsbereit, zuverlässig, umgänglich, ‚anständig', sie könnten sich in die Gruppe einbringen, werden ‚umworben'. Strenge Auswahlkriterien – nicht formale, sondern persönliche – tragen dazu bei, daß das Ausmaß des Vertrauens, das jeder Corpsbruder jedem Neuen entgegenbringt, von Anfang an erheblich ist.

Das äußert sich nicht nur im vertrauten Duzen aller Generationen, sondern auch im Anvertrauen von Dingen, die einen persönlich beschäftigen, im Suchen von Rat über Altersgrenzen hinweg. Das Gespräch zwischen den Generationen hilft dem Jüngeren zum Verständnis für Überliefertes und Respekt vor Älteren, jenen wiederum, sich Neuem offen und damit selbst jung zu halten. In einem weitgehend ‚spannungsfreien' Raum ist die Offenheit des Mitteilens erheblich. Dazu trägt bei, daß die ‚Konkurrenz der Geschlechter' zeitweilig ausgeschlossen ist. Auch der Alkoholgenuß bei ‚Kneipen' mag manche Hemmschwelle der Mitteilungsbereitschaft senken. Das mag man bisweilen bedauern, oft aber öffnet das gegenseitiges Vertrauen und Vertrautsein.

Studium und Aktivitiät

Die Form des Zusammenlebens, der Vorrang des Emotionalen vor Intellektuellem, trägt zu der erwünschten und geförderten Nähe bei, die über die Jahre der Aktivität hinaus dauern soll. Mindestens drei Semester wohnen und leben die Aktiven auf dem Corpshaus, sind außer in der Vorlesungszeit an der Universität fast ununterbrochen zusammen, vom gemeinsamen Frühstück und eventuellem Frühsport an. Auch in den Semesterferien treffen die Aktiven sich zu ‚Schneftern', Ferienwanderungen oder gemeinsamem Skifahren. Schneftern ist einer der vielen Ausdrücke, die sich in einer spezifischen Sprache unter Verbindungsstudenten eingebürgert hat (Helfer 1987). Schneftern, Wanderungen werden oft am Wochenende geplant, ebenso der Besuch bei einem der beiden Kartellcorps im Weißen Kreis. Mehrfach im Semester kommen die Aktiven aller drei Corps zusammen, einmal jährlich zu einem politischen Wochenendseminar, zu dem bekannte Referenten gebeten werden. Abends trifft man sich zum Gespräch, Kino- oder Theaterbesuch, Visiten bei Alten Herren, auch Kneipen, bei denen der Bierkonsum je nach Stimmung erheblich sein kann. Der Ablauf wird trotz eines festen Musters bestimmt von dem Witz in spontanen Reden, von der jeweiligen Zusammensetzung und dem Anlaß. Nicht zuletzt dort erlernt man Unbefangenheit wie Selbstkontrolle im Umgang mit Menschen.

Da Jura, Volkswirtschaft, Medizin sowie in Göttingen und Bonn die Landwirtschaft häufige Studienfächer sind – natürlich gibt es keine Be-

Einige Saxo-Borussen ergehen sich vor dem sogenannten Riesenstein (heute in der Friedrich-Ebert-Anlage) in Heidelberg. Das Gebäude ist inzwischen ganz in die Stadt eingewachsen, aber noch immer das Verbindungshaus eines der prominentesten Studenten-Corps. Das Verbindungshaus der Studenten ist wie das Männerhaus außereuropäischer Kulturen ein normalerweise nur Männern vorbehaltenes Versammlungs- und Clubhaus, in dem Junggesellen schlafen, Feste gefeiert werden und das der Aufbewahrung von Paraphernalia dient. Lithographie von Volz um 1850. Foto: R. v. Lucius.

schränkungen eines Studienfaches für Corpsmitglieder –, werden private Arbeitsgemeinschaften gebildet. Der gegenseitige Druck trägt dazu bei, trotz der Ablenkungen einen Studienerfolg zu gewährleisten, der in Abschlußrate und Note meist über dem Durchschnitt liegt. Beim gemeinsamen Mittagessen auf dem Corpshaus trägt jeweils ein Aktiver einen ‚Tagesbericht' vor, der die wichtigsten politischen Ereignisse des Tages zusammenfaßt. Das soll nicht nur Interesse am Geschehen in Politik, Wirtschaft und Kultur fördern, sondern auch Befangenheit vor öffentlichem Auftreten und Reden abbauen. Dem dienen auch weitere Vorträge, die Aktive halten müssen, etwa der *Receptions*-Vortrag.

Demokratie in der Gruppe

Das Gespräch, die Diskussion kann zumal im Corpsconvent, dem ‚CC', hart und offen sein. Kritik, Anregung, Hilfe, auch ‚Erziehung' durch Gleichaltrige wirkt oft stärker, wird eher akzeptiert als jene von Eltern. Bei groben Verstößen gegen die Gemeinschaft kann es zu Corpsstrafen kommen, bis zum Ausschluß aus der Gemeinschaft: Das aber ist sehr selten. Im Corpsconvent treffen sich mindestens einmal wöchentlich im Semester alle aktiven Bandträger, die Burschen. Dort werden grundlegende Fragen des Zusammenlebens ebenso besprochen wie Organisatorisches. Den Corpsconvent leitet der Erstchargierte, der zu Semesterbeginn von den anderen Burschen gewählt wird und das Corps nach außen repräsentiert und nach innen leitet. Der Corpsconvent ist das wichtigste Organ des Corps, wiewohl es einmal im Jahr eine Vollversammlung gibt, ein Treffen aller Corpsbrüder. Der Corpsconvent genießt – bei den Corps unterschiedlich ausgeprägte – Autonomie, auch gegenüber Alten Herren oder Inaktiven. Die wichtigsten Entscheidungen des Zusammenlebens sind ihm anvertraut, obwohl dort junge Corpsbrüder zusammenkommen: Auch darin soll sich das Vertrauen erweisen, das Ältere in die Jüngeren haben. Abgestimmt wird mit einfacher Mehrheit. Bei strittigen Fragen ist jeder Aktive verpflichtet, seine Meinung zu begründen: wie im klösterlichen Convent der Jüngste zuerst, damit er sie unbeeinflußt von der Auffassung des Erstchargierten oder anderer Älterer äußert. Die demokratische Tradition in der Gemeinschaft wurde seit dem Aufkommen der Corps zum Ende des 18. Jahrhunderts gepflegt, zu einem Zeitpunkt, da das in Staat und Gesellschaft nicht populär war.

Im Corpsconvent sind die Füchse noch nicht Mitglied. Entscheidungen des täglichen Ablaufs und Zusammenlebens aber werden gemeinsam mit ihnen besprochen und abgestimmt im Erweiterten Corpsconvent, in dem alle gleiches Stimmrecht genießen. Auch hier stimmen die Jüngsten als erste ab. Der erweiterte Corpsconvent wurde Ende der sechziger Jahre – zeitgleich mit der Studentenbewegung, die damals einigen Einfluß hatte auf Zusammenleben und Selbstverständnis – eingeführt, um demokratische Teilhabe auf alle Gruppenmitglieder auszudehnen. Bis dahin wurde eine mit mangelnder Erfahrung begründete Abstufung zwischen Fuchs und Bursche gepflegt, teils auch stilisiert.

Fuchs und Bursche

Im täglichen Zuammenleben spielt in den Corps des Weißen Kreises der Unterschied von Fuchs und Bursche nicht mehr eine solche starke Rolle wie in früheren Jahrzehnten, er ist aber noch vorhanden. Die ‚dienende' Funktion der Füchse wird vorwiegend in ihrer Aufgabe sichtbar, zum Mittagstisch das Essen aufzutragen. Erniedrigende Dienste oder Initiationsriten, die in manch anderen Männerbünden ein bewußtes Unterordnen erzwingen sollen – etwa Schuheputzen –, gibt es nicht. Spielerisch dagegen wird das Fuchssein – das zugleich eine Zeit der Probe und der Befreiung von mancher Verantwortung ist – von ‚beiden Seiten' gepflegt. Einer der Burschen oder Inaktiven, den der Fuchs sich aussucht, ist Leibvater (in manchen Corps Leibbursche genannt). Er soll sich um den jungen Corpsbruder besonders dann kümmern, wenn dieser persönliche Sorgen oder Schwierigkeiten mit der Gruppe hat, und gleichsam im Corpsconvent sein Fürsprecher sein.

Am Ende des ersten oder Beginn des zweiten Semesters wird dem Fuchs dann, wenn die Burschen sich sicher glauben, daß er in der Gemeinschaft seinen Weg finden wird, und nach den bestandenen Prüfungen, das Band verliehen. Möglichst viele Corpsbrüder sind dabei. Nach drei Semestern wird der Aktive ‚inaktiv'. Der inaktive Corpsbursche unterliegt nicht mehr den täglichen Anwesenheitspflichten und lebt nicht mehr auf dem Corpshaus, nimmt aber, zumal solange er am Studienort bleibt, häufig freiwillig an Corpsveranstaltungen teil.

Die ‚Hierarchie' in den Corps ist durchgängig und einfach. Wenn der Spefuchs, der Gast, in das Corps eintritt *(Renoncierung)* und damit Corpsbruder wird, ist er zunächst Fuchs. Gemeinsam mit allen anderen Aktiven gehört er dem Erweiterten Corpsconvent an. Nachdem er eine Mensur gefochten sowie den *Receptions*-Vortrag gehalten und die Fuchsenprüfung bestanden hat, nach etwa einem Semester, wird ihm das Band verliehen *(Reception)*. Er ist dann Bursche und damit stimmberechtigtes Mitglied des Corpsconvents. Die aktiven Burschen teilen die Funktionen untereinander durch Wahl auf. Der Erstchargierte vertritt das Corps nach außen und koordiniert, zwei weitere Chargierte sind für Organisation, Fechten, Sport, Finanzen, Schreibarbeiten zuständig. Der Fuchsmajor – ebenfalls ein aktiver Bursche – ist verantwortlich für die Ausbildung der Füchse. Er soll ihnen, wie der Leibvater (Leibbursche) für seinen Leibfuchs, den Weg in die Gemeinschaft ebnen.

Die Alten Herren

Nach Abschluß seines Studiums wird der Inaktive auf eigenen Antrag ‚philistriert': Sobald er ein festes Einkommen bezieht, mit dem er zur Unterhaltung des Corpshauses beitragen kann, wird er Alter Herr. Der Verband der Alten Herren ist rechtlich Eigentümer des Corpshauses. Auch als Alter Herr kommt man, so oft man will und kann, in sein altes Corps, zu Vorträgen, Kneipen, Bällen, auf der Durchfahrt.

Jedes der Corps des Weißen Kreises hat insgesamt gut 200 bis 250 Mitglieder – Aktive, Inaktive und Alte Herren zusammen. In einer Aktivitas sollten nicht mehr als zwölf, vierzehn Studenten sein, auch wenn in jüngster Zeit diese Zahl übertroffen wird; in jedem Semester kommen also allenfalls vier, fünf neue Corpsbrüder dazu. Das ist gruppendynamisch die Obergrenze einer ‚Kleingruppe'. Die bewußt beschränkte Anzahl der kleinen Gruppe trägt zu dem überaus engen Zusammenhalt bei. Nach einer nicht allzu langen Zeit sollte man fast alle Corpsbrüder des ‚Männerbundes' persönlich kennen oder zumindest von ihnen wissen.

Unter den bisher etwa 1750 Sachsenpreußen seit der Gründung 1820 waren mehr als hundert Abgeordnete in Parlamenten, von der Paulskirche bis zum Bundestag, auch Reichskanzler oder Gouverneure der Kolonien. Weit mehr noch aus dem Weißen Kreis waren in der Verwaltung als Landrat oder Regierungspräsident, so der Bonner Preuße Robert Hue de Grais, mit dessen Handbuch zur Verfassung und Verwaltung Generationen preußischer Beamter ausgebildet wurden. Auf einer Kneipe in Göttingen in den zwanziger Jahren waren gleichzeitig etwa fünfzig Landräte, alles Sachsen. Auch andere Aufgaben übernahmen sie: vom Intendanten der Berliner Philharmonie, dem Direktor der Charité in Berlin, dem Präsidenten der internationalen Kommission für Krebsforschung bis zu Museumsdirektoren, Orientalisten, einem führenden Goetheforscher. Derzeit sind ein halbes Dutzend Saxo-Borussen Hochschullehrer, darunter ein Rechtshistoriker, ein Krebsforscher, ein Archäologe, alle in ihrem Gebiet als führend anerkannt. Mit der – sicher vorhandenen – Hilfe allein, eher bei Berufswahl als beim Vorankommen, der von Nichtkorporierten vermuteten ‚Protektion' wäre das gewiß nicht zu erreichen.

Vivat, crescat, floreat

Carl-Wolfgang Schümann

Über die Organisationsformen der Studenten im alten Deutschen Reich ist viel gehandelt worden. Sowohl von den Betroffenen selber als auch von Historikern. Der Verfasser möchte anhand seiner eigenen Erfahrungen als Mitglied einer Studentenverbindung berichten, und einige interessante Eigenarten der Verbindungen unter ethnologischen Gesichtspunkten herausstellen.

Vor rund dreißig Jahren trat der Verfasser in eine schlagende Studentenverbindung ein. Schlagend hieß, daß er damals mindestens eine Bestimmungsmensur zu fechten hatte. Er wurde Mitglied einer farbentragenden Studentenverbindung. Als Fuchs war sein Band zweifarbig. Erst als Bursche konnte er ein dreifarbiges Band tragen. Bänder werden von der rechten Schulter bis zur linken Hüfte getragen. Sie haben sich offenbar aus militärischen Grundformen entwickelt. Aus der Gruppe der Burschen wurden für jedes Semester die Chargen gewählt: Der Senior, der Consenior, der Subsenior und der Fuchsmajor. Sie präsidieren bei den zeremoniellen Umtrunken, den Kneipen. Sie erscheinen dazu in vollem Wichs, das heißt, in einer der Uniform-Tradition entstammenden Husarenjacke, einer Pekesche, hohen Stiefeln, einer zumeist hellen Reithose, Handschuhen, einer Schirmmütze oder einem Stürmer. Sie tragen den Schläger.

Geschichte

Die studentischen Verbindungen sind aus den alten Universitätsnationen erwachsen. Ihre Namen sind zumeist die latinisierten germanischen Stammesnamen, wie etwa Bavaren, Sueben, etc. Sie können aber auch Berufsbezeichnungen nennen, wie etwa Agronomia. Die Verbindungen besitzen zumeist ein Wappen. Viele führen eine Devise. Die sich aus der spätmittelalterlichen Universitätsorganisation entwickelnden Verbindungen kommen erst zu Ende des 18. Jahrhunderts zu größerer Bedeutung. Erst im 19. Jahrhundert erleben sie ihre eigentliche Blüte, können sogar für eine gewisse Zeit als die nach außen am bestimmendsten wirkende Gruppe unter den Studenten gelten. Sie entstammen zumeist dem Bürgertum. Waren Sie noch in der Weimarer Republik im Bild der Universitätsstädte nicht zu übersehen, so war ihre Bedeutung nach dem Zweiten Weltkrieg ungleich weniger bedeutsam. Das Universitätsbild bestimmten sie nun in der Tat nicht mehr. Ein junger Student kann und konnte sozusagen stufenweise Mitglied außerordentlich verschiedener Verbindungen werden. Es gab und gibt Corps, es gibt Sängerschaften, Burschenschaften, Turnerschaften, es gibt konfessionelle Verbindungen, evangelische und katholische, es gibt farbentragende und nicht farbentragende, schlagende und nicht schlagende Verbindungen.

‚Schlagende Verbindung' bedeutet, daß zu ihren Regeln die sogenannte Bestimmungsmensur zählt; das besagt, daß man sich nicht mehr wegen einer Beleidigung duelliert, sondern daß von den Chargierten bestimmt wird, welche Bundesbrüder gegeneinander anzutreten haben. Der Paukant hat einen Sekundanten und einen Schlepper, der in den Pausen seinen Arm stützt. Die Paukkleidung läßt nur den Kopf frei und schützt die Halsschlagader. Die Paukbrille soll vor Verletzungen der Augen schützen. Foto: Bildarchiv Preussischer Kulturbesitz, Berlin.

Verbindungen besitzen ein Haus oder doch zumindest eine Etage, in denen die Aktivitas, aber auch die Inaktiven sich treffen. Während des Semesters werden sich die meisten gewiß bei Antritts- und Semesterabschlußkneipe zusammenfinden. Jährlich wird das Stiftungsfest gefeiert. Es kommen hinzu offizielle, hochoffizielle und inoffizielle Veranstaltungen inkl. der Veranstaltungen ‚mit Damen'. Denn bis auf einige Ausnahmen des 19. Jahrhunderts sind Studentenverbindungen männerbündisch organisiert. Der junge Student wird auch noch heute während seiner aktiven Zeit ein Semester durchleben, das von seiner Verbindung rhythmisiert wird. Wenn er zudem in einem Semester aktiv wird, in dem seine Verbindung präsidiert, werden seine abendlichen Verpflichtungen zahllos sein. Er muß je nach Lage den Fechtunterricht besuchen. Er muß seine Partien fechten. Er lebt nach dem Comment, einem Regelwerk von Ge- und Verboten. Nach vier oder fünf Semestern wird er sich zumeist aus dem aktiven Leben seines Bundes zurückziehen. Er kann in eine andere Stadt wechseln und einer weiteren Verbindung beitreten („Zweibändermann"). Er kann es aber auch bei einem Bund belassen. Wenn er die Stadt wechselt, wird er sich üblicherweise in freiwilligen Geselligkeiten, Stammtischen treffen. Das Corps ist ein Lebensbund. Austreten kann man nur, wenn sich eine ganz außerordentliche Lage ergibt; ausgeschlossen kann man werden, wenn die Regeln des Bundes verletzt werden. Der eigentliche Kern einer Verbindung besteht aus den Aktiven. Sie bestimmen das Leben und die gesellschaftlichen Aktivitäten. Von ihnen hängt es ab, wie lebhaft eine solche Vereinigung sein kann. Nach wenig mehr als fünf Semestern ist diese Zeit vorbei. Der Student wird zum Philister. Er wird zumeist nur aus der Ferne am studentischen Leben teilnehmen.

Das wie auch immer geartete geistige und politische Leben an der Universität wird kaum von den Verbindungen bestimmt, und so war es auch nie. Außer den Burschenschaften verstehen sich die Verbindungen als unpolitisch und zumeist überkonfessionell.

In den Zeiten ihrer größten Verbreitung bewohnten die Verbindungen üppige Villen mit reichen Sandsteinverblendungen, getäfelten Räumen, gefüllt mit Eichenmöbeln. Der Hauch des Altdeutschen lag über ihnen, der Dunst von Bier und Pfeifenrauch. In diesen Zeiten konnten sie sogar im Roman oder im Singspiel erscheinen, „Alt-Heidelberg" und „Der Untertan" können dafür stehen. In dieser Blütezeit wurden solche Verbindungen geradezu magische Kräfte bei der Gewinnung von Lebensstellungen zugewiesen. Es läßt sich aber sehr leicht nachweisen, daß auch in der Blütezeit dem nicht so war.

Der Gründung des zweiten Deutschen Reiches, der Einigung, standen die studentischen Verbindungen mit Sympathie oder sogar mit politischem Auftrag gegenüber. Den Untergang des Reiches haben sie vielfach als eigene Niederlage gewertet. Dem Dritten Reiche gegenüber waren sie abweisend, was zu Enteignungen von Vermögen und zwangsweisen Auflösungen führte.

Die Riten, aber auch die Sprache der Studentenverbindungen, die für Nichtcorporierte, das heißt Nicht-Initiierte unverständlich ist und ganze Lexika füllt, weist sie als eine Art von Initiationsgesellschaft mit dem Charakter eines Geheimbundes aus. Das Geheimbündlerische wurde noch durch die katholische Kirche verstärkt, die Paukanten mit Exkommunikation belegte. So bekam das Mensurfechten die Aura des doppelten Mutbeweises: keine Angst vor Verletzung und keine Angst vor der Exkommunikation. Foto: Arminier in Marburg 1935. Bildarchiv Foto Marburg.

Nach dem Zweiten Weltkrieg

Am Anfang der fünfziger Jahre kam es zu einer Wiederbelebung der Bünde, von den Universitätsautoritäten mit Argwohn betrachtet. Auch im politischen Rahmen wurden sie kaum geschätzt. Für das Universitätsleben ohne Bedeutung, konnten sie zur lebendigen Mitte studentischer Kleingruppen werden. In dieser Form haben sie sich erstaunlich durchgesetzt, und sie waren klug beraten, auf jeden auftrumpfenden Gestus zu verzichten, der dann weitgehend von den politischen Studentengruppen übernommen wurde. Schrittweise konnten sie im Schatten der großen Universitätskrisen ihre eigenen Verhaltensregeln allmählich und nicht ohne Spannung den Normen der Nachkriegsgesellschaft annähern.

In Österreich und in der Bundesrepublik blieben die Verbindungen bestehen, in der DDR wurde das Verbot der Nationalsozialisten verlängert. Sie sind, wie mir scheint, neben den alten handwerklichen Gesellenverbindungen, den Orden und Ritterschaften die letzten überkommenen Corporationen des alten Reiches.

Riten und Zeremoniell, nicht eine Scheu vor aller Öffentlichkeit, machte sie wie alle Bünde geheimnisvoller als sie eigentlich waren. Sie halfen dem Neophyten sich in die fremde akademische Welt einzufügen, drängten auf rasche Prüfungen und erwarteten von ihren Mitgliedern ein tadelfreies Leben im Regelspiel des Bürgertums.

Freundeskreise um Stefan George

Karl Schefold

Der junge, nach Anerkennung suchende Stefan George traf zunächst nur im Ausland auf Gleichgesinnte. Besonders beeindruckte ihn der Freundeskreis um Stephane Mallarmé in Paris, wo er erstmalig Menschen begegnete, die seine Bedeutung erkannten. Mit den „Blättern für die Kunst" schuf sich Stefan George ein Vehikel, Dichter um sich zu scharen, die ihre Arbeiten bei ihm veröffentlichten. Arbeiten, deren Inhalt und Stil vom ‚Meister' geprägt waren, der eine geistige Erneuerung der deutschen Dichtkunst anstrebte. Dem Kreis um George gehörten keine Frauen an, die Ideale der Männerfreundschaft wurden immer wieder mit auffallender Emphase thematisiert.

Französische und belgische Dichter

Wenn man an Stefan George und seine Freunde im Rahmen dieser Materialiensammlung über Männerbünde denkt, fällt einem gleich das ‚Kugelzimmer' im Hause des Dichters Karl Wolfskehl in Schwabing ein. Dort war George am Anfang des Jahrhunderts öfters mit Freunden zusammen. Solche Zusammenkünfte fanden seit dem Ersten Weltkrieg in Berlin in den Ateliers der Bildhauer Ludwig Thormaehlen und Alexander Zschokke statt. Davon berichtet Zschokke in einem Beitrag zu Robert Boehringers Buch „Mein Bild von Stefan George" ([2]1968: 164):

„Es wurden Manuskripte gelesen und korrigiert. Es wurden Druckbogen durchgesehen (Kantorowicz, Wolters). Es wurden Gedichte gelesen. Und nach ein bis zwei Stunden war alles vorbei. Es wurde fast nie über Gedichte gesprochen, wie überhaupt nie schöngeistige Reden und Gespräche stattfanden in diesem Umkreis. Es ging um Tatsachen, Korrekturen, Werke und Arbeit, alles aber in heiterem Licht, manchmal von bissigem Humor und schallendem, erbarmungslosem Gelächter begleitet. Manchmal mit einem fast überzarten, versteckten Lob bedacht. Da saßen oft die zwölf bis vierzehn Männer verschiedensten Alters, alle tüchtig an ihrem Platze, alle bereit dem Manne zu helfen, dem sie so viel zu verdanken hatten, dem sie aber doch nicht viel mehr sein konnten als der Hintergrund, auf dem sich sein künstlerischer Dämon abzeichnen mußte. Jeder Versuch, mehr sein zu wollen, führte zwangsläufig zu Fehlschlüssen und Irrwegen, denen die durch eigene Eitelkeit oder Machtgier Verblendeten zum Opfer fielen."

Boehringer selbst schildert die Atmosphäre dieser Zusammenkünfte in einer Art von platonischem Dialog „Ewiger Augenblick" (1965). In Boehringers Buch „Mein Bild", das im folgenden nur mit dem Verfassernamen zitiert wird, erfährt man auch, daß George solche Zusammenkünfte 1889 beim Begründer der symbolistischen Dichtung Stephane Mallarmé in Paris kennengelernt hatte. George wurde dort von Albert Saint Paul eingeführt, der mit anderen französischen Dichtern zum hundertsten Geburtstag Georges in der ‚*Revue d'Allemagne*' 1968 ihm ein Denkmal gesetzt hat.

Der einundzwanzigjährige George wurde in diesem Kreis sofort in seiner Bedeutung erkannt, während ihn in Deutschland zunächst nur die ein Jahr jüngere Ida Coblenz so gesehen hat. Wieviel ihr die Freundschaft mit George bedeutet hat, geht aus Boehringers Buch hervor, und von George berichtet er, dieser habe später einmal gesagt: „Sie war meine Welt."

Aber gleichgesinnte Dichter, die er suchte, fand er zunächst nur im Ausland. Er bereiste in den Jahren 1888 und 1889 England, die Schweiz, Italien, Frankreich und Spanien. Eine tiefe innere Wandlung muß vorausgegangen sein. Aus seiner Schrift „Der kindliche Kalender" geht hervor, wie viel ihm seine katholische Herkunft bedeutete („Tage und Thaten", 1903). Nun aber wandte er sich von der Leib- und Weltflucht des lateinischen Abendlandes ebenso ab wie von der nationalen Enge des Bismarck-Reiches. Er bewegte sich leicht in den europäischen Sprachen. Aus Montreux schreibt er im Winter 88/89 (schon damals mit der Kleinschreibung westlichem Vorbild folgend) an Stahl nach Gießen:

„Wir führen Molières ‚Misanthrope' auf und mir ist die titelrolle zugefallen. Ich wünsche Du würdest mich hören französisch parlierend, im Costüm Louis XIV, umringt von einem Kreise [...] Kannst du dir etwas gegensatzreicheres vorstellen, als dass ich, der Socialist, Communard, Atheist mit einem deutschen Herrn Baron, im hause eines professors der theologie, umringt von einer ganzen kette von Highlife-damen Komödie spiele?..." (Boehringer [1]1951: 30).

Es wäre töricht, George auf eines dieser scherzhaft gebrauchten Schlagworte festzulegen. Gleich im ersten Heft seiner Zeitschrift „Blätter für die Kunst", die 1892–1918 erschien, lehnt er scharf die üblichen „Weltverbesserungen und Allbeglückungsträume" ab, denn es geht um die „geistige Kunst". Er hatte zunächst die Absicht, in einer „Mappe" Dichtungen seiner Freunde in den Nachbarländern zu sammeln, in „der ersten internationalen Einrichtung dieser Art". Daraus wurden dann die „Blätter für die Kunst".

Wie es unter diesen Freunden immer um das Unbedingte hoher Kunst ging, wird am deutlichsten in der Freundschaft mit Hugo von Hofmannsthal. Diesem berichtet er 1892 von einem Dichtertreffen in einer Villa in Tilff bei Lüttich: „Auf dem Dichterberg... waren unser vier... Zu Tilff las ich Sie vor" (also Hofmannsthals frühe Gedichte). Damals sind die „Sprüche für die Geladenen in T." entstanden, die im zuerst 1897 erschienenen Gedichtband „Das Jahr der Seele" stehen. Die Dichter Paul Gérardy (1870–1933) und Edmond de Rassenfosse (1874–1947) waren dabei, denen im „Jahr der Seele" Gedichte gelten. Sie lassen das Glück des Zusammenseins ahnen:

P. G.

Im offnen leben wo ihr all euch gleichet
Wo ihr fast niemals wie ihr fühlet saget
War manches kommen doch von starkem zittern
War manche trennung voll zerdrückter tränen
Es waren tage gross wo ihr euch gabet
Wo ihr die schleier eurer klugheit risset
Und abende wo nichts geschah doch töne
Und blicke fielen ewigen angedenkens.

Der vierte Dichter war vielleicht Karl Gustav Vollmoeller (1878–1948), wie sich aus einem von Boehringer mitgeteilten Brief erschließen läßt (243f.):

„...Alle Jugend ist geheimbündlerisch. Jede Generation versucht es immer wieder, so gut oder so schlecht sie kann, mit einer Verschwörung, meist ohne die Ziele zu prüfen oder sie nur wissen zu wollen. Zielsetzung bleibt immer ein Geschenk der Wenigen an die Vielen. Geschenk oder Fluch. Meiner Jugend erschien Stefan George als einer dieser Wenigen. [...] Ich traf ihn unbefangen und herausfordernd als zielweisenden Mitverschworenen für ein neues geistiges Deutschland, als Rebellenführer gegen die parallele Nivellierung durch einen verspiessten Marxismus und ein verflachtes Neupreussentum."

Im Sinn solcher Gemeinsamkeit schreibt Richard Perls (1873–1898) kurz vor seinem Tod:

„Wissen Sie, lieber Herr George, dass mir ein Gedanke nicht aus dem Kopf will? Wenn ein übergütiges Schicksal mir noch ein oder zwei Winter gewähren sollte, wie wäre es, wenn wir uns in einer kleinen mittelitalienischen oder belgischen Stadt zusammen einrichteten? Vergraben in Einsamkeit und Liebe, umstrahlt von dem Feuer einer Kunst, deren Seele alle Schwermut unserer scheidenden Welt getrunken, sollten wir nicht Tage verleben können, vorbildlich für solche, die immer schwerer zu leiden haben in dieser besten aller Welten? Und beinahe glänzt da eine ferne Hoffnung für mich auf; wir finden vielleicht noch einen dritten oder vierten; bitte, bitte, denken Sie daran, es dürfte lohnen." (Boehringer ²1967: 248).

Ein erster Kreis in Deutschland

In seinem Gedichtband „Die Bücher der Hirten- und Preisgedichte, der Sagen und Sänge und der Hängenden Gärten" (1895) veröffentlicht George ‚Preisgedichte' auf sechs Frauen und fünf Männer, zu denen man sich George als zwölften hinzudenken kann. In den kunstvollsten antiken Rhythmen unserer Sprache erscheint hier ein idealer musischer Kreis, der so in Wirklichkeit nie zusammen war. Allen gibt George antike Namen. Das Gedicht für den polnischen Dichterfreund Waclaw Lieder ist überschrieben:

„An Kallimachus"

Als deine treusten geleiter stehen wir im hafen
Zu des gerüsteten schiffes brüstung schauen wir
Trennungsbeklommen dich teuren unserm arm entrissen
Lang schon der unsre geworden ob auch fremden bluts.
Willst du den leuchtenden himmel heitrer bildung wohnsitz
Wieder vertauschen mit küsten nebelgrau und kühl
Fern bei den äussersten menschen? schlichte rohe sitte
Wieder erlernen der heimat die dir's kaum mehr ist?
Dort müssen schrecklich und einsam deine tage fliessen
Freund unsrer frohen gelage unsrer lehrer gast!
Dessen gesang der verwöhnten Phillis ohr gefallen
Der in geglätteten sprüchen es uns gleichgetan
Wirst du ein leben ertragen am barbarenhofe
Finstren gesetzen dich beugen strengem herrscherwink
Zögling der losesten freiheit? uns erfasst die sorge.
Ruder und anker bewegt sich – o Kallimachus!
Schäumendes wasser beschwichtigt letzte segenrufe
Unser verhaltenes weinen mög es töricht sein.

Im Band „Jahr der Seele" (1897) folgen dann die nur mit Initialen gezeichneten „Schattenrisse" befreundeter Dichter. Obwohl dies der zweite Gedichtband ist, der auf die Freundschaft mit Ida Coblenz antwortet, ist es wohl bedeutsam, daß unter den „Schattenrissen" Frauen fehlen. Man findet bei Frauen oft ein feineres Gespür für neue künstlerische Phänomene, für alles Wachsende und Werdende. Damit verbindet sich dann ebenso häufig eine größere Zurückhaltung gegenüber den männlichen Neigungen, traditionelle Ordnungen zu verändern und weitreichende Folgerungen aus den neuen Phänomenen zu ziehen. Ida Coblenz hat das Werk Georges immer bewundert, aber diese Bewunderung hat sie nicht gehindert, schon 1896 Richard Dehmel zu heiraten, dessen Haltung George ein Greuel war. Aus dieser Enttäuschung ist es zu erklären, daß George nun seine Helfer mehr unter Männern als unter Frauen suchte.

Es ist aber zu bedenken, wie George immer mit Frauen verbunden blieb, denen das Künstlerische ein höchster Wert war. Von Gertrud Kantorowicz, die in Theresienstadt umgekommen ist, stehen Gedichte in den „Blätter(n) für die Kunst". Und Hanna Wolfskehl schreibt einer Freundin: „Haben wir doch alle keinen besseren Freund als Stefan" (Boehringer ²1968: 100).

Der so zurückgezogen lebende George vermochte es doch, unermüdlich immer neue Freundeskreise zu bilden, die der Wandlung seines Werkes entsprachen, zuerst dem „Kindlichen Königtum" des Knaben, dann dem Dichter der „Preisgedichte" und des „Jahr der Seele".

Stefan George (1868–1933) vermochte es – trotz seines zurückgezogenen Lebens – unermüdlich neue Freundeskreise zu bilden, die seiner persönlichen Entwicklung und der Wandlung seines Werkes entsprachen. Auch verstand er sich darauf, diese männerbündischen Kreise seiner ‚Jünger' wirkungs- und stimmungsvoll in Fotos zur Darstellung zu bringen, wie zum Beispiel hier auf der Treppe des Heidelberger Schlosses an Pfingsten 1919 (Boehringer 1951: Tafel 131). Foto: E. Morwitz. Vgl. auch Aufsatz Nr. 12.

„Der Teppich des Lebens" (1899)

Als Mann schildert er im „Vorspiel zum Teppich des Lebens", wie ihm ein Engel erscheint, die Verkörperung des neuen dichterischen Lebens. Im Gespräch mit dem Engel werden Ordnungen dieses neuen Lebens sichtbar, das dann im mittleren Teil dieses Buches geschildert wird. Ein dritter Teil gilt den Freunden: Reinhold und Sabine Lepsius, Albert und Kitty Verwey, Cyril Meir Scott und Ernest Dowson, Ludwig von Hofmann, Clemens Franckenstein, Leopold Andrian, Carl August Klein und Richard Perls. Sich selbst hat er wieder als Zwölften gedacht.

Im Vorspiel (XVII) hofft er auf

„der heiligen jugend lobesstimme
Die über seine stufen höher klimme
In ihrem odem viel von seinem odem."

Und von der Art der Gemeinschaft zeugen die Worte des Engels:

„Dann sprich: in starker schmerzgemeinschaft euer
Erfassung ich eure brüderlichen hände."
(Vorspiel XIV)

„Der Siebente Ring", „Der Stern des Bundes" und „Das Neue Reich"

Bald nach der Vollendung des „Teppich des Lebens" begegnete ihm ein junger Dichter, dessen unerhörte Begabung George so erschütterte, daß er ihm als sein Denkbild vollkommenen Seins erschien. Dieser „Maximin" (1906) ist jung gestorben. Seine Gedichte, Tagebücher und Briefe hat G. P. Landmann jetzt in dem Buch „Maximilian Kronberger" (1987) veröffentlicht.

Nun weitete sich der „Kreis" zu dem geistigen Reich des Buches „Der Siebente Ring" (1907). Im letzten und siebenten Teil dieses Buches schildern 64 kurze „Tafeln" auf Männer, Frauen, Städte und Landschaften in Geschichte und Gegenwart dieses Reich. Der Dichter hat nun eine nicht mehr weltflüchtige Sprache seiner Religion gefunden. Eine Tafel heißt:

Hüllt auch das bild der schnöde werktag heuer
Hier trat aus zeiten-wirrnis und -gezeter
Das haupt bekränzt vortragend offne feuer
Der erste feierliche zug der beter.

Dem innersten Kern dieses „Reiches" gilt der 1914 erschienene Band „Der Stern des Bundes". Drei Gedichte seien herausgegriffen, um diesen Freundeskreis zu kennzeichnen.

Dies ist reich des Geistes: abglanz
Meines reiches hof und hain
Neugestaltet umgeboren
Wird hier jeder: ort der wiege
Heimat bleibt ein märchenklang.
Durch die sendung durch den segen
Tauscht ihr sippe stand und namen
Väter mütter sind nicht mehr . . .
Aus der sohnschaft der erlosten
Kür ich meine herrn der welt.

Wer je die flamme umschritt
Bleibe der flamme trabant!
Wie er auch wandert und kreist:
Wo noch ihr schein ihn erreicht
Irrt er zu weit nie vom ziel.
Nur wenn sein blick sie verlor
Eigener schimmer ihn trügt:
Fehlt ihm der mitte gesetz
Treibt er zerstiebend ins all.

Neuen adel den ihr suchet
Führt nicht her von schild und krone!
Aller stufen halter tragen
Gleich den feilen blick der sinne
Gleich den rohen blick der spähe . . .
Stammlos wachsen im gewühle
Seltne sprossen eignen ranges
Und ihr kennt die mitgeburten
An der augen wahrer glut.

Ein letzter, 1928 erschienener Band „Das Neue Reich" läßt in 35 Sprüchen an die Lebenden und in sieben Sprüchen an die Toten, die Opfer des Ersten Weltkrieges geworden waren, ahnen, welche neuen Kreise der Dichter um sich geschart hatte. Damals lebten noch Claus und Berthold Grafen Stauffenberg, die zu den jüngsten Freunden des Dichters gehörten. Auf die „Sprüche an die Lebenden" folgt das Gedicht:

B.v.ST.

I
Im sommerlichen glanz der götterstadt
Sannen wir trauernd oft den spuren nach
Des toten königskindes.

Was dienst uns schlachtenvorteil scharfsinn kraft!
Im blutgedüngten marschland mutige wehr!
Wenn uns die hoheit stirbt.

Dem frisch-bereicherten bleibt hohl sein saal
Sein garten birgt nie mehr wenn je gefällt
Uralten baumes weihe.

Was dient sei sie auch mehr als frommer wahn
Gleichheit von allen und ihr breitstes glück!
Wenn uns die anmut stirbt.

II
Im unverwüstbar schönen auf-und-ab
Der Schicksal-strassen gingst du zwischen uns
In deiner vollen blühe . . .

Wo du dein herrenrecht an uns geübt
Wir dich bestaunt und gar das volk dich nahm
Für den erstandnen prinzen.

Zusammenfassung und Nachwirkung

Es muß noch betont werden, daß es George nie um Esoterik ging, denn er bemühte sich um eine nicht national gebundene Kultur, in der der Geist führt. Er wollte nicht, wie es in der Begründung des Plans dieser Ausstellung heißt, „eine Überhöhung des ‚heute gültigen Wertesystems'", sondern die Vernichtung des modernen und jeden Mammonismus. Er lehrte auch keine „hierarchische Struktur", sondern Ehrfurcht vor dem geistigen Rang. Eine gewisse Abschließung gegen vergängliche Tagesmoden ist freilich bei allem geistigen Werk unentbehrlich.

Unter den Freunden Georges waren Bildhauer, Baumeister, Maler, Handwerker, Gelehrte der verschiedensten Wissenschaften, Beamte und Offiziere. Manche von ihnen bildeten eigene Freundeskreise, so Paul Thiersch in den von ihm gegründeten Werkstätten Burg Giebichenstein in Halle an der Saale. Von den zahlreichen Freunden des Historikers Friedrich Wolters sind besonders der Arzt und Philosoph Kurt Hildebrandt und die Germanisten Rudolf Fahrner und Max Kommerell bekannt geworden. In Ueberlingen am Bodensee schuf Frau Gemma Wolters-Thiersch mit ihren Brüdern Stefan und Urban eine Stätte ihres künstlerischen Schaffens, ein Künstlerhaus, das auch für die Erhebung des 20. Juli 1944 Bedeutung gewann.

Später, im Zweiten Weltkrieg, schuf Wolfgang Frommel in Amsterdam im „Castrum Peregrini" einen Hort von Vertriebenen und eine Heimat abendländischen Geistes. Von diesen Wegen wußte George nichts mehr. Er ist am 4.12.1933 gestorben.

Es wird gut sein, sich an die schlichten Sätze zu halten, mit denen Robert Boehringer ([2]1967: 81) auf unsere Frage nach Georges Freundeskreis geantwortet hat:

„Immer hat George Freunde gesucht und mit Freunden gelebt. Etliche Freundschaften sind zerbrochen, andere sind eingeschlafen; ganz wenige blieben bestehen, am größten die, welche der Tod unsterblich machte. Damit eine Freundschaft mit Erwachsenen lebendig blieb, brauchte es ein gemeinsames Tun. Jugendlichen konnte er von seinem Reichtum geben; hatte einer bekommen, was er aufnehmen konnte, so war seine Zeit zu Ende, wenn nicht ein fruchtbares Zusammenwirken kam."

Wer Anschauung sucht, sei auf die Bildtafeln in Robert Boehringers Buch verwiesen ([1]1951).

Das Offizierkorps als Männerbund

Franz Uhle-Wettler

Weibliche Offiziere gibt es in zahlreichen Armeen. Reine Männerbünde waren die Offizierkorps nur in der Vergangenheit.

Ein Offizierkorps konnte sich nur dort ausbilden, wo größere Verhältnisse dazu zwangen, Berufsheere an die Stelle des Volksaufgebots oder des Söldnerheeres zu setzen. Eine weitere Voraussetzung war die Existenz einer starken Zentralgewalt, die Maßstäbe, Werte, geistige Ziele und hierarchische Strukturen setzte und durchsetzte. Frauen wurden wohl nirgends bewußt ausgegrenzt. Es kam nur niemand auf die Idee, sie beim Waffendienst einzusetzen. Hierfür gab es gewichtige sachliche sowie, im Rahmen der Zeit, ideelle Gründe. Zweck und Aufgabe der Offizierkorps war stets die Führung von Truppen im Gefecht sowie die Ausbildung dafür. Diese über Zeiten und Kulturen hinweg bestehende Identität der Aufgaben hat häufig zu identischen Werten und Verhaltensweisen geführt.

Fünfzehn von sechzehn NATO-Nationen unterhalten Streitkräfte (Ausnahme: Island), und von diesen hatte Anfang 1989 lediglich Italien keine weiblichen Offiziere. In den USA gab es 32651 Offizierinnen (das entspricht 10,7 Prozent der Offiziere) bei insgesamt 221649 weiblichen Soldaten. Sogar in Großbritannien, das sich gelegentlich Neuerungen nur zögernd geöffnet hat, dienten schon 2405 weibliche Offiziere (das entspricht 5,7 Prozent). Die genannten beiden Armeen hatten sogar prozentual mehr Frauen im Offizierkorps als bei den Unteroffizieren und Mannschaften. Die Bundeswehr ist demgegenüber recht zurückhaltend, doch sie hat immerhin 208 weibliche Sanitätsoffiziere. Auch im Ostblock sowie in der Dritten Welt finden wir mehr und mehr Frauen in den Streitkräften und damit auch im Offizierkorps.

Voraussetzungen für die Entstehung von Offizierkorps

Wer Offizierkorps vergleichend untersuchen will, muß demnach in die Vergangenheit zurückblicken. Dabei können die frühen Kulturstufen außer Betracht bleiben. Zwar tauchen schon früh militärische Führer in den Quellen auf; schon in der frühesten jüdischen Geschichte werden Hundert- und Tausendschaftsführer erwähnt (Moses 4,31). Aber in der Frühzeit ist jeder Waffenfähige auch Krieger. So kann sich ein eigener, von anderen Berufen unterschiedener Stand von Berufskriegern und Berufsoffizieren kaum ausbilden. Da zudem die Heere nur zum Krieg zusammentreten, fehlt ein langfristig dienendes Führerkorps, das die Ausbildung und Führung von Soldaten in Frieden und Krieg zu seinem Beruf macht.

Das allgemeine Volksaufgebot aller Waffenfähigen war nicht mehr durchzuhalten, als sich Stämme, Königreiche und Städtebünde ausbildeten. Schon um 55 vor Chr. wird von den Sueben berichtet, daß Jahr um Jahr abwechselnd nur noch die Hälfte der Mannschaft ausrückte (Caesar, Bell. gall. IV, 1). In den größeren Verhältnissen dauerten die Feldzüge länger und führten auch in weitere Entfernungen. Das erzwang den Übergang vom Volksaufgebot zur Aushebung einzelner. In Rom wurde die allgemeine Dienstpflicht schon vor dem Zweiten Punischen Krieg (218–201 vor Chr.) nur noch lässig gehandhabt, und nach dem Krieg traf sie nur noch etwa zehn Prozent der Waffenfähigen (Delbrück 1920[3]: B 1.1, 134ff., 268f., 422ff.). Das legte die Stellvertretung nahe, die bald in Athen und im römischen Heer des zweiten vorchristlichen Jahrhunderts aus den gleichen Gründen gestattet wurde wie im Frankreich und in vielen deutschen Staaten des 19. Jahrhunderts (Calliess 1976: 45ff.; Ortenburg 1981: 15ff.; Delbrück ebd.): alle Beteiligten gewannen, insbesondere der Staat, der einen willigen und meist schon ausgebildeten Mann bekam. Dort, wo der Dienstpflichtige nur noch eine Steuer zu zahlen hatte, war der Übergang zum Berufsheer praktisch vollzogen und damit auch die Entwicklung zum Offizierkorps als Männerbund eingeleitet.

Die Waffentechnik hat oft die Entwicklung zum Berufsheer beschleunigt. Die Waffen wurden teuer, so daß die breite Masse sie nicht mehr bezahlen konnte: Schon im frühen europäischen Mittelalter kostete die Ritterrüstung soviel wie 45 Kühe (Delbrück 1920[3]: Bd. 3, 31.). Die Waffen wurden auch spezialisierter: Schon im europäischen Altertum mußte man gute Bogenschützen in Kreta, gute Steinschleuderer in Rhodos werben, die Römer bevorzugten oft germanische Kavallerie, und als Dschingis Khan 1211 in China einfiel, mußte er Pioniere und Artilleristen für sehr hohen Sold werben, um die befestigten Städte brechen zu können (Delbrück 1920[3]: Bd. 2, 432ff.; de Ferdinandy 1958: 113).

So haben in vielen Kulturen und Zeiten ähnliche Bedingungen ähnliche Ergebnisse gebracht: überall, wo weiträumigere gesellschaftlich-staatliche Organisationen entstanden, führten die Feldzüge in fernere Gebiete, dauerten länger und verlangten Spezialtruppen. Das machte den Schritt vom allgemeinen Volksaufgebot zur Aushebung nur noch ausgewählter Dienstpflichtiger unvermeidbar und ließ bald den Schritt zum Söldner- oder Berufsheer folgen. Damit war die wichtigste Voraussetzung für die Entstehung eines Offizierkorps erfüllt. In den Schlachten von Marathon (490 vor Chr.) und Salamis (480 vor Chr.), die fast in Sichtweite von Athen geschlagen wurden, konnten Athens Heer und Flottenmannschaft noch ein Volksaufgebot sein. In dem langen, in Sizilien wie in Thrazien durchgefochtenen Peloponnesischen Krieg (431–404 vor Chr.) bestehen Heer und Flottenmannschaft bald vorwiegend aus Söldnern (Delbrück 1920[3]: Bd. 1, 137). Sogar Sparta muß sich der Entwicklung anschließen. Das Heer, das Brasidas 424 vor Chr. nach Thrazien führt, besteht ebenfalls aus Söldnern (Thukydides IV, 80).

Die Entstehung des Offizierkorps

Als die Zeit der Volksaufgebote endete, haben viele Staaten versucht, die Lücke mit Truppen zu füllen, die Söldnerführer in ihrem Auftrag warben. Für eine Betrachtung von Offizierkorps können diese Heere unberücksichtigt bleiben. Den Grund zeigt schon ein kurzer Blick auf die deutschen Landsknechtsheere, auf die Schweizer Reisläufer oder die Heere der italienischen Condottieri (Fiedler 1985: 30ff., 56ff.): Die Fürsten beauftragten einen Kriegsunternehmer, im Reich Obrist genannt, ihnen Truppen aufzustellen. Der Obrist ernennt, ohne an Regeln gebunden zu sein, seinen Stellvertreter (Obrist–lieutenant) und die Mitglieder seines persönlichen Stabes, zudem die Kapitäne oder Hauptleute der aufzustellenden Fähnlein oder Kompanien. Die Hauptleute ernennen nach eigenem Gutdünken ihre eigenen Stellvertreter (Leutnants) und werben die Mannschaften. Ist der meist mehrmonatige Werbevertrag abgelaufen, so fällt alles auseinander, und niemand nimmt ein verbrieftes Recht mit, vom nächsten Obristen oder Hauptmann wieder im gleichen Amt verwendet zu werden. So kann offensichtlich kein Offizierkorps entstehen. Hieran wird deutlich, daß die Herausbildung eines Offizierkorps neben der Überwindung des Volksaufgebots noch an eine zweite Voraussetzung gebunden war: eine starke Zentralgewalt, die das ganze Heer von oben bis unten durchdrang und einheitliche Werte sowohl setzte als auch durchsetzte.

Offizierkorps bildeten sich mithin an zwei historischen Orten aus: einmal dort, wo eine bereits vorhandene Zentralgewalt die Dienstpflichtigen des Volksaufgebots oder Vasallenheeres durch geworbene Söldner ersetzte, ohne ansonsten die bestehende Heeresordnung umzustürzen. Hierfür ist Rom ein Beispiel, bei dem die Heeresreform des Marius die entscheidende Wende bezeichnet (um 100 vor Chr.). Oder aber Staaten, die sich mit Kriegsunternehmern begnügt hatten, drängten die Unternehmer beiseite und setzten ihre eigene Gewalt durchdringend über das gesamte Heer. Diese Entwicklung läßt sich, mit Ausnahme Osteuropas und der türkisch beherrschten Gebiete, im gesamten neuzeitlichen Europa beobachten. Als Beginn der Entwicklung kann man das Jahr 1445 ansehen, als Karl VII. von Frankreich mit den Ordonnanzkompanien die ersten fest besoldeten, auch im Frieden unterhaltenen, der Krone verpflichteten Truppen schuf. Als Endpunkt der Entwicklung kann man den Ausgang des 19. Jahrhunderts ansetzen, als England die schwere, nicht selten tödliche Prügelstrafe und die Käuflichkeit der Offiziersstellen ab-

„Die Sexualität der Patriarchen ist weniger männlich als tödlich," schreibt Klaus Theweleit (1987: Bd. 1, 227) und fragt (ebd.: 234): „Hat das Ausweichen... vor der erotischen Frau, die Angst vor ihr, der Terror gegen sie und das Hingezogensein zu Männerbünden, insbesondere zum Militär, irgendetwas mit Homosexualität zu tun?" Kriegs-Erinnerungskarte aus dem Ersten Weltkrieg: „Eine Liebesgabe von unseren Feinden vor Ypern". Privatsammlung.

schaffte (Hopkins 1977; Bruce 1980). Die theoretische Grundlage für die moderne Heeresentwicklung und damit auch für die Entstehung von Offizierkorps hat Graf Moritz von Nassau-Oranien als Statthalter der Niederlande kurz vor 1600 geschaffen; er hat zudem das niederländische Heer schon weitgehend im modernen Sinn umgestaltet.

Im 15. und 16. Jahrhundert begnügten sich die europäischen Staaten weitgehend mit Söldnertruppen. Das war eine theoretisch befriedigende Lösung. Sie erlaubte es, die Truppenstärke rasch dem wechselnden Bedarf anzupassen. Zudem forderte die merkantilistische Wirtschaftslehre der Zeit, das Land zu „peuplieren", also möglichst viel Menschen ins Land zu ziehen (Kunisch 1986: 84ff.). Aber der sich überall in Europa ausbildende absolutistische Staat konnte sich nicht mit Truppen begnügen, deren Loyalität dem Kriegsunternehmer und in keiner Weise dem Staat und dem Fürsten galt. So vollzieht sich überall die Verstaatlichung des Heerwesens sowie, als Voraussetzung und Basis hierfür, der Aufbau einer durchorganisierten staatlichen Verwaltung. Etwa ab 1700 werden die Grundzüge der stehenden Heere deutlich: „Ein Staatsapparat, durchorganisiert und fähig zum Unterhalt einer Armee, die von Staats wegen regelmäßig bezahlt, ausreichend ernährt... und mit Uniformen eingekleidet werden mußte; eine hierarchisch klar gegliederte Truppe mit einer unverwechselbaren Subkultur, abgehoben von der übrigen Gesellschaft nicht nur durch ihre Funktion, sondern auch durch eigene Lebens- und Umgangsformen, durch eigene Gerichtsbarkeit und genau definierte interpersonelle und interkorporative Beziehungen" (Kunisch 1986: 86).

Die Entwicklung in Brandenburg-Preußen

Die brandenburgischen Kurfürsten, die 1701 Könige von Preußen wurden, haben knapp hundert Jahre gebraucht, um diese Entwicklung durchzusetzen. Dabei wurde die aus dem Mittelalter stammende oligarchische Macht des Adels von dem sich ausbildenden Absolutismus gebrochen. Die Ausbildung einer oligarchischen Macht des Großbürgertums wurde unter anderem dadurch verhindert, daß ihr schon ungewöhnlich früh ein allgemeines Wahlrecht (Preußen 1849) sowie ein allgemeines, gleiches und geheimes Wahlrecht (Deutsches Reich 1871; zum Vergleich Großbritannien 1918 [Setzer 1973: 98f., 217f.]) entgegengesetzt wurde. So gelang es, ein Offizierkorps von selten reiner Ausprägung zu schaffen. Das Heer und sein Offizierkorps sind nach Ansicht sogar vieler seiner ehemaligen Kriegsgegner qualitativ allen anderen Heeren der Neuzeit deutlich überlegen gewesen (Dupuy 1977; van Crefeld 1981: 61ff.). Auch hinsichtlich der

Achtung vor den Kriegssitten sind sie wohl von keinem anderen übertroffen worden und haben manch andere übertroffen, bis auch bei ihnen im Dienst unter einem Diktator im rassistisch-ideologischen Ostkrieg vieles zerbrach. Selbst dann war das preußisch-deutsche Offizierkorps noch das einzige seiner Zeit, aus dem sich Mitglieder gegen die Untaten seiner politischen und militärischen Führer erhoben haben – zudem mitten im Existenzkampf ihrer Nation, mit bewaffneter Hand und wissend, daß sie beim Scheitern ihr Leben verwirken würden. Das mag dazu berechtigen, die Herausbildung und die innere Struktur der europäischen Offizierkorps paradigmatisch am preußisch-deutschen Beispiel aufzuzeigen.

Bei der Verstaatlichung des Heerwesens waren auch in Brandenburg-Preußen erhebliche Widerstände zu überwinden. Die Rechte der Regimentsinhaber an die Krone zu ziehen, war für den durch den Dreißigjährigen Krieg überschuldeten und verarmten Staat deshalb besonders schwierig, weil er die Regimentsinhaber immer wieder bitten mußte, den Sold für ihre Truppen aus Eigenem vorzuschießen.

Die Landstände, praktisch die Vertretung der Adelsinteressen, wehrten sich erbittert gegen regelmäßige Steuern, ohne die ein stehendes Heer nicht zu schaffen war. Ostpreußische Kreise riefen sogar mehrfach den polnischen König zur Hilfe (Marwitz 1983: 142ff.). Der Adel der Altmark klagte 1717 mit Erfolg beim Reichskammergericht, so daß der Kaiser Preußen mit einer Reichsexekution drohen konnte (Hintze 1915: 295). Der Widerstand des Adels und der Söldnerführer gewann dadurch zusätzliches Gewicht, daß beide oft zusammenfielen: viele der Söldnerführer stammten aus den großen Familien des Landes.

Unter diesen Umständen ist es Friedrich Wilhelm, dem Großen Kurfürsten (1640–1688) noch nicht gelungen, ein dem Staat verpflichtetes Heer und Offizierkorps zu schaffen. Die Offiziere blieben weiterhin faktisch Privatangestellte der Söldnerführer, das heißt, der Obristen, die im Auftrag der Kurfürsten Regimenter geworben hatten. Die Obristen entschieden über Anstellung, Beförderung, Bestrafung und Entlassung. Sie selbst waren vielfach unbotmäßig, zumal sie auf ihre ‚Kapitulationen', die auf ihre eigenen Verhältnisse zugeschnittenen Verträge mit dem Kurfürsten pochen konnten.

Auch Grundsätze für Auswahl und Ausbildung von Offizieren konnten unter diesen Umständen nicht durchgesetzt werden. Der zukünftige Offizier, häufig noch aus bürgerlicher Familie, trat zumeist als Gemeiner ein (‚von der Pike auf dienen') und war für sein Fortkommen weitgehend auf Fürsprache sowie auf das Wohlwollen des Regimentskommandeurs angewiesen. Die ersten Zeichen einer kommenden Zeit wurden sichtbar, als 1654 der Kurfürst in Kolberg eine Ritterakademie für dreißig junge Edelleute gründete (Jany 1928: Bd. 1, 157ff.; Tharau 1968: 33ff.). Lehrfach waren „allerhand adliche und Kriegsexercitia nebst der Musik, Mathesi und französischen Sprache." 1699 wurde die Akademie nach Berlin verlegt, schon mit einem Schüleretat von achtzig Kadetten. Die Kolberg-Berliner Akademie war die älteste ihrer Art in Europa. Der Vertrag von Versailles erzwang 1919 ihre Auflösung.

Von besonderer Bedeutung war, daß die Kompaniechefs ihre wirtschaftliche Unabhängigkeit bewahren konnten. Sie erhielten weiterhin vom Obristen einen festen Betrag, mit dem sie sämtliche Ausgaben ihrer Kompanie wie Sold, Verpflegung, Bekleidung, Ausrüstung und Quartiergeld zu bestreiten hatten. Ein geschickt wirtschaftender oder unterschlagender Kompaniechef konnte bedeutende Summen als Unternehmergewinn für sich einbehalten. Dadurch wurden die Chefstellen in allen europäischen Heeren so attraktiv, daß sie wie eine Ware gehandelt wurden – nicht der Fähigste bekam eine freiwerdende Stelle, sondern derjenige, der am meisten dafür zahlen konnte. Andererseits waren diese Gelder ein wichtiger Beitrag zur sozialen Sicherung der Hinterbliebenen oder invalider Offiziere in einer Zeit, in der eine Pension bestenfalls in Einzelfällen als besonderer Gnadenerweis der Krone gewährt wurde.

Greifbare Erfolge hatte der Große Kurfürst hingegen bei der Regelung der Strafgewalt. 1658 konnte er sich erstmals bei einer Kapitulation das Bestätigungsrecht für Leib- und Lebensstrafen und 1664 das Begnadigungsrecht für das ganze Heer sichern (Jany 1928: 171).

Trotz all dieser Einschränkungen hat sich unter dem Großen Kurfürsten jedoch der erste Schritt zur Bildung eines Offizierkorps vollzogen. Allerdings weniger in dem, was juristisch faßbar und aktenkundig ist. Doch die der Zeit ungewohnte scharfe Aufsicht über die in den Kapitulationen festgelegten Bestimmungen und die häufige Anwesenheit des Kurfürsten im Feldlager und als Feldherr verstärkten den Einfluß der Zentralgewalt auf die Truppe. Die anerkannt großen Leistungen der brandenburgischen Regimenter in den zahlreichen Kriegen gegen Schweden, Polen, Türken und Franzosen schufen ein starkes, vielfach

Soldaten sind eine „Zeugung der Drillmaschine, gezeugt ohne Zuhilfenahme der Frau, ohne Eltern ... Ich glaube, wir haben den Wunschmenschen konservativer Utopie vor uns: den Menschen mit maschinisierter Peripherie und bedeutungslos gewordenem Inneren (heute hat er die Form des Technokraten)." (Theweleit 1987: Bd. 2, 161 f.). Foto: Privatbesitz.

bezeugtes Gemeingefühl. Es fand seinen sichtbaren Ausdruck unter den „Blauen Völkern" in dem einheitlich blauen Tuch, aus dem nun alle Uniformen der Armee gefertigt wurden („Preußisch-Blau").

Der Sohn des Großen Kurfürsten, Friedrich Wilhelm III. (1688–1713), ab 1701 als Friedrich I. König in Preußen, konnte bei seinem Regierungsantritt das Ernennungsrecht für Offiziere selbst in die Hand nehmen (Jany 1928: 540; Frey 1984: 178f.). Die Leistung wird deutlich im Vergleich: Die Käuflichkeit der Offiziersstellen konnte in Frankreich erst 1781, in England erst noch einmal fast hundert Jahre später überwunden werden (vgl. Bruce 1980). Gleichzeitig setzte er eine der Willkür entzogene Laufbahnordnung durch: Innerhalb der Regimenter vollzieht sich die Beförderung weitgehend nach dem Dienstalter, der Anciennität, während der Kurfürst für die Beförderung der Generale an nichts gebunden ist. Damit regeln sich nun auch die militärischen Dienstgrade. Bis hinauf zum Obersten entspricht sie schon weitgehend der heutigen Laufbahnstruktur.

Gleichzeitig verfestigen sich alle Verhältnisse. Preußische Kontingente fechten in allen Kriegen der Zeit, vor allem in den Kriegen des Reiches gegen Türken und gegen das Frankreich Ludwigs XIV. Da die Regimenter nun alle auch über Feldzug, Waffenstillstand und Friedensschluß hinaus bestehen bleiben, können sich Standesgeist und Zusammengehörigkeitsgefühl, kann sich ein Korpsgeist entwickeln. Das zeigt sich nicht zuletzt in der beginnenden Abschließung des Offizierkorps. Die Trennung zwischen ‚Oberoffizieren', Offizieren im heutigen Sinn des Wortes, und den Unteroffizieren wird schärfer (Jany 1928: 347). Mehr und mehr rekrutiert sich das Offizierkorps aus dem einheimischen Adel, dem andererseits der Dienst in ausländischen Streitkräften mehr und mehr verwehrt wird. Jüngere Offiziere brauchen nun die Erlaubnis der Krone zur Heirat, was die gesellschaftliche Hebung, aber auch die Abschließung der Offiziere fördert.

Somit war der Rahmen geschaffen, auf dem fußend Friedrich Wilhelm I. das preußische Offizierkorps bauen konnte. Spätere Generationen konnten hier nur noch fortentwickeln, verbessernd oder verschlechternd, aber der Bau stand und blieb bestehen.

Die Herausbildung eines einheitlichen Offizierkorps wurde in Preußen durch die lange Regierungszeit zweier aufeinander folgender Könige erleichtert. Friedrich Wilhelm I. regierte von 1713 bis 1740. Friedrich II., den schon Kant und Goethe „den großen König" genannt haben, regierte fast ein halbes Jahrhundert (1740–1788). Beide waren zudem nicht nur bedeutende Herrscher, sondern sie hatten ein so ausgeprägtes Interesse an Militaria, daß der eine „der Soldatenkönig" genannt wurde, während der zweite nach dem Urteil Napoleons zu denen gehört, deren Name als Feldherr unsterblich ist (*Correspondances* 1854: Bd. 32, 184).

Auf das Offizierkorps der anderen deutschen Staaten und Bundesstaaten hat das preußische Vorbild seit dem Siebenjährigen Krieg (1756–1763) einen starken, nach 1866 einen dominierenden Einfluß ausgeübt.

Die Werte

Die Aufgaben des Offiziers sind weitgehend von Zeit und Kultur unabhängig. Im Krieg hat der Offizier Truppen im Gefecht zu führen. Im Frieden hat er sie dazu auszubilden. Natürlich üben Kultur und Gesellschaft einen vielfältigen Einfluß aus. Aber die unerhörte Härte von Lebensgefahr und Krieg sowie die

„Die Maschine Truppe" braucht nicht erst ‚die' Front zu erreichen, sie produziert die Front, sie ‚ist' die Front. Setzt sie sich in Bewegung, verschiebt sich die Grenze. Front und Grenze gehören zu ihr auch im Frieden. Nur ... im Frieden richtet sich die Front sehr stark gegen das Innere, gegen die Einzelteile der Maschine selbst." (Theweleit 1987: Bd. 2, 157f.). Foto: Privatbesitz.

Identität der Aufgaben in allen Epochen haben selbst in radikal unterschiedlichen Verhältnissen zu bemerkenswert ähnlichen Verhaltensweisen geführt. Gelegentlich haben außermilitärische, meist ideologisch bedingte Einflüsse bestimmte Verhaltensweisen erzwungen. So haben die Jakobiner 1792, der Petrograder Sowjet 1917, der Kongreß der deutschen Arbeiter- und Soldatenräte im Dezember 1918 und die chinesische Volksbefreiungsarmee unter dem Einfluß der Kulturrevolution 1965 die Abschaffung aller Dienstgradabzeichen gefordert und, mit Ausnahme des Deutschen Reiches, auch durchgesetzt. Doch in Frankreich führte schon das Direktorium die Dienstgradabzeichen wieder ein, die russischen Offiziere tragen seit dem Zweiten Weltkrieg die gleichen Schulterstücke wie unter dem Zaren, und auch die chinesischen Offiziere erhielten 1985 wieder Rangabzeichen (Benoist-Mechin 1939: 57; v. Kielmansegg und Weggel 1985: 138f.). Ideologisch begründete Maßnahmen stoßen in der Praxis bald an Grenzen.

Die identischen Aufgaben der Offiziere haben somit in der Geschichte häufig zu identischen oder wenigstens ähnlichen Lösungen geführt. Es ist mithin kein Zufall, daß sich die im 18. Jahrhundert ausgebildete Wertewelt des preußischen Offizierkorps unter dem noch heute gültigen Motto der amerikanischen Militärakademie Westpoint darstellen läßt: *Duty – honour – country;* Pflicht – Ehre – Vaterland.

Die Pflicht

Friedrich Wilhelm I. und Friedrich der Große standen im Sommer um vier Uhr morgens auf; im Winter erhob sich Friedrich Wilhelm I. um sechs, Friedrich der Große um fünf (Duffy 1986: 365; Venohr 1988: 114). Die harte Arbeit zum Wohl des Staates machte sie nicht nur zum Vorbild für viele, sondern sie gab ihnen umfangreiches Fach- und Detailwissen. So konnten sie sich bei den jährlichen Besichtigungen aller Regimenter um jene Kleinigkeiten kümmern, die in anderen Armeen jungen Offizieren oder gar Sergeanten überlassen wurden und die doch, nach einem Wort Friedrichs des Großen, „den ersten Schritt zum Sieg" darstellen (Hintze 1915: 356; Jany 1928: 613). Jährlich einmal für jeden Offizier vorzulegende Beurteilungen hatten unmißverständlich zur Frage Stellung zu beziehen, wie weit der Beurteilte das militärische Handwerkszeug beherrschte. Zahlreiche Belege zeigen, daß es den Preußenkönigen dadurch gelang, die Ausbildung ihres Heeres zu „einer fast schon unglaublichen Höhe" zu steigern, wie ein Marschall von Frankreich schon 1748 seinem König berichtete (Mendelssohn-Bartholdy 1954: 139).

Freilich tauchte hierbei, wie in allen Armeen, die Frage auf, welcher Nachdruck bei den Offizieren auf das militärisch tägliche Handwerkszeug, auf das militärische Allgemeinwissen und auf die allgemeine Bildung zu legen sei. Im Gegensatz zu seinem Vater legte Friedrich der Große „ein starkes Gewicht, ja Übergewicht (auf die) theoretisch-philosophischen Studien, die Geschichte der schönen Künste ebenso eingeschlossen wie insbesondere die Metaphysik ... Dazu kamen

Geschichte und Geographie, Mathematik und schließlich in bestimmten Grenzen öffentliches Recht" (Schieder 1983: 67).

Die Universalität der Frage, wohin das Gewicht bei der Ausbildung der Offiziere zu legen sei, zeigt der Blick auf andere Kulturen und Epochen. In der chinesischen T'ang-Zeit (um 800) wurden bei den Offizierexamina ausschließlich praktische Fächer sowie die Fähigkeit geprüft, durch geschickte Rhetorik eine Truppe zu belehren und mitzureißen. Die Prüfungsordnung der Sung-Zeit (um 1100) behielt die praktischen Prüfungen bei, wohl in dem Bewußtsein, daß der Offizier in der Lage sein muß, was er von seinen Männern fordert, ihnen vorzumachen. Aber nachdem der Kaiser 1135 persönlich eingegriffen hatte, fügte man schriftliche Prüfungsarbeiten in militärischer Allgemeinbildung, in Taktik und Strategie hinzu. Ähnlich unserer Zeit (Karst 1969: 59ff.; Janowitz 1975: 57ff.), hat es schon damals in China eine öffentliche Debatte über die Gewichtung der verschiedenen Ausbildungsfächer gegeben (Franke 1987: 50ff.).

Eine ähnliche Universalität läßt sich bei der Erziehung der Offiziere zur Fürsorge für ihre Soldaten feststellen. Typisch ist wohl, daß Dschingis Khan die Beförderung eines ungewöhnlich tapferen Generals ablehnte, weil er seine Soldaten nicht kenne und deshalb ständig überfordere; den Offizieren war vorgeschrieben, den Wachen auf Türmen und Mauern den Dienst im Sommer mit Sonnenschirmen und eisgekühlten Getränken zu erleichtern (Franke 1984: 175) –, und die Ausbildung der Rekruten war in Preußen durch eindeutige Befehle der Könige so geregelt, daß sie, entgegen manchem heutigen Mythos, aber nach dem Urteil eines heutigen britischen Fachmanns „für ihre Milde und Geduld" bekannt wurde (Duffy 1986: 50ff.; Jany 1928: 711ff.).

Die Ehre

Das preußische Reglement von 1714 verfügte einerseits scharfe Strafen für jede Insubordination der Offiziere. Andererseits verfügte es: „Wann aber ein Officier eine Lâcheté begeht, oder auf sich was sitzen läßt... so soll der Obriste solchen sogleich an seine Königliche Majestät melden, alsdann derselbe Officier sogleich cassiert werden soll" (Messerschmidt 1964: 39). Die Spannung zwischen Gehorsam und Wahrung der Ehre wurde unvermeidbar, als der ritterliche Vasall der beginnenden Neuzeit zu einem gehorsam dienenden Offizier, der *honnête homme* des frühen Barock zu einem capablen Militärfachmann weitergebildet wurde. Die Spannung wurde dadurch verschärft, daß der Edelmann des frühen Barock geistig im mittelalterlichen Feudalismus und Vasallentum ebenso wurzelte wie in antikem Gedankengut, während über Begriffe wie Pflicht und Gehorsam calvinistisch-puritanische Gedanken einflossen. Der geregelte Zweikampf, das Duell, war oft der einzige Ausweg. Einen Versuch, die Dichotomie wenigstens verbal zu lösen, zeigt das bayerische Dienstreglement von 1823: „Wo keine Ehre ist, da wird Subordination zum sklavischen Gehorsam, Manneszucht zur Folgsamkeit aus Furcht... Nur die Ehre kann daher der Subordination und Manneszucht Leben und eine Seele geben; nur der genaueste Einklang dieser drei Eigenschaften erhebt dieselbe zur Tugend" (Calliess 1976: 56).

Beschreibt man die Ehre als das vom Individuum erwartete Rollenverhalten, so ist wenigstens der wesentliche Teil des Begriffsinhaltes abgedeckt und zugleich auch Raum gelassen für zeitbedingte Veränderungen im Begriffsinhalt. In diesem Sinn kann kein Zweifel daran sein, daß der Begriff zentrale Bedeutung im preußischen Offizierkorps, sowie letztlich in jeder auf einem ethischen Fundament ruhenden menschlichen Gemeinschaft gehabt hat (Demeter 1963: 108ff.; Messerschmidt 1964: 39ff.; Jany 1928: 728). Die dabei mögliche Spannung zur Außenwelt wird deutlich in dem (apokryphen?) Bericht aus der Zeit Friedrich Wilhelms I.: Der außerordentlich jähzornige König beleidigt anläßlich einer Truppenbesichtigung einen Major vor versammelter Front des Regiments. Der Beleidigte forderte daraufhin den König zum Duell auf Pistolen – kein Einzelfall, denn der König sah sich selbst nicht nur als Monarch, sondern auch als Offizier unter Offizieren (Jany 1928: 732). Der Major gestand dem König den ersten Schuß zu – übernahm als Untertan diesen Schuß für seinen Souverän und feuerte in die Luft. Bei dem nun folgenden eigenen Schuß zielte der Major sorgfältig auf den König, wandte dann die Waffe und schoß sich selbst durch den Kopf (Venohr 1988: 179), ein Vorfall, der einer säkularisierten Zeit nur verständlich wird, wenn sie die eiserne Notwendigkeit, die Ehre zu wahren, ebenso in Rechnung stellt wie die hohe, fast unantastbare Stellung des Monarchen in jener Zeit.

Vaterland

Das 18. und weitgehend auch das 19. Jahrhundert sahen Staat und Vaterland noch im Monarchen verkörpert. „Mit Gott für König und Vaterland" („*For king and country*") hieß es in vielen Sprachen. Die enge Verbindung zwischen der den Staat schützenden bewaffneten Macht und seiner Verkörperung, dem Monarchen, fand in Preußen schon früh ihren äußeren Ausdruck darin, daß Friedrich Wilhelm (ab 1725) und Friedrich der Große stets Uniform trugen – freilich ohne schmückendes Beiwerk. Es ist kaum möglich, sie sich mit einer Krone auf dem Haupt oder so vorzustellen, wie sich Napoleon von David und Gerard im Phantasiegewand eines römischen Imperators malen ließ. Die beiden preußischen Könige trugen die gleiche Uniform wie jeder Leutnant. Das zeigte ihre Zugehörigkeit zum Offizierkorps. Die Verpflichtung der Offiziere auf den Monarchen entsprach der heutigen Verpflichtung auf den Staat und seine Verfassung. Die ehemalige Universalität der persönlichen Bindung zwischen den Streitkräften und dem Monarchen scheint auch heute noch auf, wenn nicht nur Könige und Prinzen, sondern sogar Königinnen und Prinzessinnen bei bestimmten Zeremonien in Militäruniform erscheinen.

Die Innere Ordnung

Wie viele andere Menschengruppen, so pflegen auch die Offizierkorps Usancen auszubilden, die den Zusammenhalt des Korps betonen und stärken, es freilich damit auch nach außen abgrenzen. Diese Usancen und Regulative können letztlich nur vom Zweck der Armee her beurteilt werden, und der ist durch alle Jahrhunderte gleich geblieben: Zehn- oder Hunderttausende dazu zu bringen, auch in höchster Gefahr zusammenzuhalten und nach einem einheitlichen Willen zu handeln (Sprung o. J.: 27ff.).

Die Integration nach innen wird an einem Extrembeispiel deutlich: die preußische Armee des 18. Jahrhunderts konnte es sich leisten, auf Rangabzeichen zu verzichten. Man trug ‚des Königs Rock', den gleichen Rock wie der König, und das genügte. Zudem war man als Offizier automatisch hoffähig, ebenso wie in Österreich (Fiedler 1986: 78). Fähnrich und Feldmarschall waren gesellschaftlich gleich.

Der sehr weit getriebenen inneren Integration entsprach in vielen Offizierkorps eine Abschließung nach außen. Der Adel wird überall bevorzugt; in Preußen tragen um 1800 nur zehn Prozent der Offiziere einen bürgerlichen Namen. Das universelle Streben nach einheitlicher Gesinnung und Abstammung führt zu Offiziersdynastien: Im 13. Jahrhundert werden Vater, Sohn und Enkel nacheinander der Kommandeur der mongolischen Artillerie; im 20. Jahrhundert ist einer der amerikanischen Spitzengenerale, Douglas MacArthur, Sohn und Vater eines Generals. Kooptation ist häufig: im preußischen Heer des 19. Jahrhunderts stimmen die Offiziere über eine Neuaufnahme ab, und noch heute muß ein holländischer Gardeoffizier von einem Vertreter des Königshauses und aller Gardebataillone kooptiert werden.

Das Streben nach innerer Geschlossenheit führt zur Ausschließung fremden Gedankenguts. Noch 1914 schließt das preußische Heer einen ungewöhnlich begabten jungen Offizier, den Besten seines Generalstabsjahrgangs aus, weil er sich freikirchlich trauen ließ und aus der Landeskirche austrat (Lange 1934: 79ff.). Wer mosaischen Glaubens ist, kann demnach nicht Offizier werden, obwohl jüdische Abstammung dem preußischen Heer bis 1918 recht gleichgültig ist, wie die vielen jüdisch-christlichen Offiziere und Generale belegen (Martin 1979: 8, 44, 57ff.).

Weiterhin dient in allen Heeren die Traditionspflege der inneren Stärkung wie auch der Abgrenzung. Bilder vergangener Heroen schmückten die Kriegsakademie der mittelalterlichen chinesischen Reiche (Franke 1984: 53) ebenso wie die *via sacra* in Rom und heutige Ausbildungsstätten; Orden und Ehrentitel waren und sind universell. Kriegsgeschichte spielt eine große Rolle, und wo sie nicht nur belehren, sondern auch Stolz und Selbstvertrauen wekken soll, wird gelegentlich mancher Mythos untergemischt.

Der Abgrenzung nach außen und der inneren Stärkung dient nicht zuletzt das militärische Zeremoniell. Dem Außenstehenden ist es oft befremdlich, doch demjenigen, der darin aufgewachsen ist, kann es Zeichen einer liebgewordenen Heimat sein. Noch 1942 zogen schottische Regimenter in die Schlacht von El Alamein zu den Klängen ihres Dudelsackpfeifers.

Vielleicht zeigt die Universalität der Riten, Usancen, Sitten und Gebräuche, daß sie mehr sind als äußere Appliken, auch wenn Existenz und Ausformung rational nicht begründet werden können?

Der Umbau des Leibs in der Kadettenanstalt – Sexualität und Drill

Klaus Theweleit

In Ergänzung zu Uhle-Wettlers Ausführungen über „Das Offizierkorps als Männerbund" (Aufsatz Nr. 94) wurde ein Kapitel aus dem Buch von Klaus Theweleit „Männerphantasien" ausgewählt, das im wesentlichen eine Analyse des berühmten Berichts von Ernst v. Salomon über seine Erziehung in der Kadettenanstalt enthält (vgl. dazu auch Klaus Theweleit zum Thema ‚Homosexualität' im ersten Band dieser Materialiensammlung). Die Zitierweise und die – für diesen Ausdruck neu numerierten – Anmerkungen des Autors wurden unverändert aus Theweleit ²1987 übernommen.

Wie macht man aus einem Jüngling einen Soldaten, eine „stereometrische Figur"[1], wie Canetti den Soldaten genannt hat? Wie bekommt der Körperpanzer seine endgültige Form, welche sind seine Funktionen, wie funktioniert der ‚ganze' Mann, der ihn trägt – ganz besonders: welcher Art ist sein Ich, wo ist sein Ort (ich denke, man müßte ihn angeben können).

Der deutsche Offizier bekam seine Form in der Regel in der Kadettenanstalt, *der* deutschen Offiziersschule. Ich folge zunächst dem präzisen Bericht Salomons[2] – davon schreibend, was seinem eigenen Leib beim Militär geschah, wird er zum Erzähler. Der realitätsvernichtende Charakter, den die Sprache der soldatischen Männer immer annimmt, wenn sie von Fremden sprechen, verflüchtigt sich, wenn ihr Körperäußeres, zugespitzt gesagt, Vorgänge an ihrer Muskulatur, zum Gegenstand ihrer Aufmerksamkeit werden. Das deutet darauf hin, daß die Muskulatur nicht der Ort ihrer Ängste ist.

‚Anstalt' – der Kadett ist eingesperrt hinter Mauern. Ausgang steht ihm nicht zu, er wird gewährt als Belohnung für strenges Befolgen der im Inneren herrschenden Gesetze.

Jede Beziehung zwischen den Insassen ist hierarchisch. Die erste Hierarchie setzt das Alter. Die Stellung in den anderen erwirbt sich der Kadett. Alle Kadetten befinden sich in einer direkten Rangfolge. Jeder kann genau sagen, welche Kadetten ‚über', welche ‚unter' ihm sind. Jeder hat Befehls- und Strafgewalt nach unten, Gehorsamspflicht nach oben. Der allerletzte in der Rangfolge hat dafür zu sorgen, daß ein anderer noch hinter ihn kommt, sonst geht er kaputt.

Wer seine Privilegien nach unten hin nicht in Anspruch nimmt, wird verachtet oder degradiert – das kommt nicht vor, jeder nimmt sie in Anspruch. Der Tag hat keine Lükken. Um auch nur Sekunden zu schinden für Tätigkeiten, die nicht Dienst sind, muß man ein Meister geworden sein in der Absolvierung des Geforderten.

Alles ist geplant und alles ist öffentlich. Es gibt keinen Ort, wohin ein Rückzug möglich wäre. Die Toilettentüren lassen den Blick auf Kopf und Füße des Sitzenden frei. Die Hosen haben keine Taschen.

Briefe muß der Kadett beim Empfang öffnen und die Unterschrift vorzeigen. Weibliche Unterschriften haben zur Folge, daß der aushändigende Offizier den Brief liest und dann (meist) zerreißt. Lediglich Briefe der Mutter werden ausgehändigt.

Niemand wohnt allein. Die Schlafsäle haben offene Türen. Sprechen von Bett zu Bett ist verboten. Aus einem abgeteilten Holzverschlag mit Fenster ist der Schlafsaal zu überblicken. Ein Offizier sitzt dort und überblickt.[3]

Die Betten sind schmal, hart und feucht. Wer den Kopf unter die Decke steckt, ist ein ‚Schlappschwanz'. Schlappschwänze bekommen ‚Rapporte'; Rapporte gibt es für jede Übertretung; die erledigten Sonderaufgaben können mit Sicherheit nur ausgeführt werden unter Vernachlässigung einer Aufgabe des normalen Dienstes. Die Entdeckung der Unterlassung führt zu neuen Rapporten. Unordnung in der Ausrüstung, die wegen der Unmöglichkeit, die Vorschriften exakt zu erfüllen, zwangsläufig ist, führt zu Rapporten, diese zu weiteren.

Wer nachts zur Toilette will, muß den Offizier vom Dienst wekken. Auch das geschieht nicht ungestraft.

Alles, was irgendwie auffällig ist, wird bezahlt mit einem Verlust, sei es an Essen, sei es an Ausgang, sei es an den minimalen Verschnaufpausen, die ohnehin nur im Gefühl bestehn, der Druck lasse für einen Moment ein wenig nach.

Daraus resultiert schon nach kurzer Zeit „ein ganz außergewöhnlich hoher Grad von ‚Dickfelligkeit'"[4] beim Kadetten (der es bleiben will). Das ‚dicke Fell' ist nicht metaphorisch zu verstehen.

„Daß er zum ersten Male in seinem Leben hier unter einem Gesetze stand, und nicht unter einer Willkür"[5], verspürt Salomon schon am zweiten Tage. Er verspürt es als Glück. Er beschließt, alles auszuhalten, gibt sich den dazu erforderlichen ‚inneren Ruck' und steht stramm.

„Willkür" war alles Bisherige, das ist auch weiterhin die Schule; das ist, was die Lehrer tun, die machtlosen Machtausüber – lächerlich.

Der Jüngling kommt mit zwölf Jahren in die Anstalt. Er erlebt das Glück, unter einem Gesetz zu stehen im Beginn der Pubertät mit ihrem „Andrang der Gewässer"[6] (wie Freud empfand); nach ihr, einer Phase der Umwandlung, soll die endgültige Sexualorganisation, die sich in der Fähigkeit zu heterosexueller Objektwahl manifestiert, erreicht sein.[7]

Aber die Kadettenanstalt transformiert die „Hochflut der Libido"[8] in etwas anderes als ‚Objektbeziehung'.

Belehrungen werden nicht erteilt. Jeden Fehler erkennt man erst im Moment der Übertretung an der Reaktion der schon Wissenden. Jeder Neue muß demnach (mit geringen Schwankungen nach der jeweiligen Cleverness) alle Fehler machen, die seine Vorgänger gemacht haben, und jene wissen und erwarten das, um an den nächsten weitergeben zu können, was ihnen selbst widerfahren ist. Ihr Prinzip der Gerechtigkeit: die gleichen Qualen für alle. Es wird streng eingehalten; Gründe, die einen Fehler entschuldigen könnten, gibt es nicht.

Strafen, die die Kadetten untereinander verhängen, betreffen ausschließlich den Körper. Salomon muß schon am ersten Tag für ein nichtiges Vergehen ein Tablett mit Nippesfiguren auf ausgestreckten Händen balancieren (wehe, ein Stück fiele herunter), dabei in der Kniebeuge hocken, während zwischen Ferse und Gesäß ein Zirkel so aufgespannt ist, daß er stechen bzw. herausfallen würde bei der geringsten Bewegung des Gesäßes nach oben oder unten. Die gelöste Aufgabe bedeutet ein sofortiges Heraufrücken in der Hierarchie. Der Kadett ist nicht mehr der letzte Sack – Säcke heißen alle Neuen, und so werden sie behandelt: ausgeleert, ausgeklopft, neu gefüllt.

Der Mut, sich zu wehren, sich auch mit Älteren zu schlagen, wird anerkannt. Trotzdem straft der Ältere, auch wenn er unterliegt.

Ebenfalls noch am ersten Tag: die Rede eines Offiziers über die Wichtigkeit des Sterbenlernens.

Nacht – kaltes Bett, kalte Dekken; morgens waschen mit kaltem Wasser. Wer die geringste Scheu erkennen läßt, wird hineingetaucht und übergossen. Frühstück nach Hierarchie. Wer zur Schrippe langt, bevor er dran ist, bekommt nichts. Dem letzten in der Hierarchie bleibt die kleinste, ein Krümel. Letzter darf man nicht sein.

Noch vor dem Frühstück Leibesübungen:

„Wenn ich mich vergeblich mühte, die Nase bis über die Reckstange hochzuziehen oder die Beine mit durchgedrückten Knien an die Stange zu bringen, half der Stubenälteste wohlwollend nach, indem er mit der geballten Faust auf die angespannten Muskeln des Oberarms schlug, ein Verfahren, welches in der Tat die Grenze der letzten Anstrengung genau festzustellen erlaubte."[9]

Bis an die „Grenze der letzten Anstrengung" geht jede Übung, bis der Schmerz umschlägt in Lust:

„Zehn Meter hoch war das Klettergerüst, mit Leitern und Stangen und glatten Bretterwänden, wir klommen hoch und sprangen hinab, einen bangen Augenblick verharrend auf der Höhe, die Augen blind, ganz kostend die Wucht des Sturzes, aufprallend auf den Boden, daß uns der Schlag von den Fersen her mit einem furchtbaren Ruck über das Kreuz in alle Glieder ging."[10]

Wenn der Kadett eine Wahl hat, ist es eine zwischen verschiedenen Strafen. Stockhiebe auf das Gesäß an Stelle von Urlaubssperre – gewählt werden die Prügel. Der Körper schluckt Angriff auf Angriff, bis er süchtig wird. Jede Anstrengung wird zum Mittel, „das rauschhafte Bewußtsein zu steigern, zur Kraft noch Kraft hinzu(zu)tun".

Rituale des Körperschmerzes – wer es nicht schafft, sie in „rauschhaftes Bewußtsein"[11] zu verwandeln (Räusche des Kopfes, auf einem mächtigen Leib zu sitzen), wird behandelt, wie der Lauscher am Ort der Rede, wie der, der beim Aufmarsch neben den Blöcken geht; er wird ausgestoßen.

Der Kadett Ülzig ist starr vor Todesangst. Er schafft den Sprung vom Dreimeterbrett nicht, den alle anderen Nichtschwimmer getan haben. Manche muß man aus dem Wasser ziehen, kurz bevor sie ertrunken sind. Aber sie springen, fast blind und mit schmerzenden Gliedern, bis sie schwimmen können. Am dritten Schwimmtag ist Salomon freigeschwommen. Ülzig wird von seinem Vater abgeholt, einem „Gebirge von Vater", Major, und verschwindet aus der Anstalt. Die Kadetten hätten ihn verprügelt – der Schwimmoffizier hatte es untersagt. (Einen Aussätzigen prügelt man nicht.)

„Allmählich hatte ich mich eingelebt. Der Dienst war mir nicht mehr eine geheimnisvoll sausende Maschine mit unmotivierten Überraschungen, immer mehr traten aus dem Gewirre von Gestalten die wenigen, mit denen ich eine Beziehung hatte irgendwelcher Art, klar und plastisch hervor, und wenn ich auch nach wie vor entschlossen war, mich zu wehren um jeden Preis, so verminderten sich doch die bestürzenden Möglichkeiten, vor denen mein Entschluß noch jedesmal zerbrach, und ich begann langsam, die Nase zu heben."[12]

Er wird selbst zum Teilchen der Maschine – so saust sie nicht mehr über ihn hin. Im Moment, wo sie ihm nicht mehr äußerlich ist, er nicht mehr ihr Opfer, beginnt sie, ihn zu schützen:

„Im Grunde lebte ich völlig einsam, und es gab Stunden, da ich mich den peinigendsten aller Gefühle mit einer verzweifelten Inbrunst hinwarf und sehr unglücklich war. Nur das hohe Maß von Härte, das mir von allen Seiten entgegentrat (...) verband die Flucht der Erscheinungen, und hinter ihr konnte einzig der Sinn zu wittern sein, der diese ganze Maschinerie aufgebaut und mit Leben erfüllte. Anfangs wollte es mich widernatürlich dünken, daß gerade in diesem engen Bereiche, in dem keiner auch nur eine Minute ohne Beobachtung und Kontrolle war, die bittere Tatsache des absoluten Alleinseins so ungehemmt den einzelnen überfallen mußte, – daß alle es, und selbst die wärmste Kameradschaft so weitab stand von der einfachsten Freundschaft, von jenem brüderlichen Strom von Hand zu Hand und von Herz zu Herz."[13]

Halb ist er in der Maschinerie (das „hohe Maß von Härte" setzt einen akzeptierten Sinn), halb als Einsamer auf der Suche nach dem „brüderlichen Strom" noch außerhalb. In der langsamen Erkenntnis, daß er ihn nur innerhalb der Maschinerie wird finden können (und zwar als Strom der Schmerzen) integriert er sich ganz in sie.

„Immer wieder versuchte ich, den eisernen Ring zu zersprengen, der mich, wie ich dachte, nur vermöge meines Unvermögens von den Kameraden schied. Doch wäre dies mir selbst mit dem letzten Ausdrucksmittel einer verlorenen Sehnsucht nach menschlicher Wärme, dem plumper Vertraulichkeit, niemals gelungen, im Gegenteil, wenn diese sonsthin schon in widerwärtigem Geruche stand, hier mußte sie die Nasen am empfindlichsten verletzen. Ich stieß bei meinen kläglichen Versuchen wie gegen Gummiwände und forschte doch stets von neuem nach Gelegenheit, aus der Umwandung herauszutreten. Mir sollte die Untauglichkeit dieses Mittels grimmig klar werden, und doch gleichzeitig sich die Tore öffnen, soweit sie sich eben öffnen ließen."[14]

Die Gelegenheit, aus der „Umwandung" auszutreten, bietet ihm ein Ausgetretenes, ein Furz. „Hier stinkt's ja mächtig" und „mach doch mal einer das Fenster auf" hatte ein Offizier im seltenen Gespräch mit den Kadetten, auf einmal wie ein Mensch erscheinend, nicht unfreundlich geäußert, da setzte Salomons Wunsch nach „menschlicher Wärme" sich auch schon mit dem willkommenen Beweis der Existenz eines menschlichen Innern, mit diesem Geruch, der den „eisernen Ring" gesprengt hatte, in Beziehung und murmelte wie in Trance: „Wer's zuerst gerochen, dem ist es ausgekrochen"[15], um, kaum war ihm das Wort entschlüpft, festzustellen, daß nun seine Isolierung total geworden war...

Der Offizier, mit dem er auf dessen Zimmer muß, dringt so lange in ihn, bis er den Namen preisgibt, von dem er das Sprüchlein gelernt hat: ‚Petzen' heißt das. Er wird in ‚Verschiß getan'; das ist der Ausdruck für den Abbruch jeder Kommunikation. Er hat von etwas gesprochen, was es für den Kadetten nicht mehr gibt, nicht mehr geben darf; nun wird er selbst behandelt wie Luft, wie die schlechteste. „Selbst mein Bruder war nun geneigt, meiner Theorie, ich sei ein Findelkind, Glauben zu schenken. ‚Sowas', hatte er gesagt, ‚kann nicht mein Bruder sein'."[16]

Schließlich wird auch der Verschiß (der sich viel zu sehr an das ‚Innen' des Gestraften richtet) in einen Angriff auf die Körperperipherie umgewandelt. Schmerzensgeld wird gezahlt, eine andere Währung gilt nicht:

„Die Kadetten standen im Halbkreis um mich herum. Jeder hatte eine Klopfpeitsche in der Hand, einen hölzernen Griff, an dem lange Lederriemen befestigt waren, und die zum Ausklopfen der Kleidungsstücke diente. Glasmacher trat vor, nahm mich am Arm und führte mich zum Tisch. Ich kletterte mühsam hoch und legte mich auf den Bauch. Glasmacher nahm meinen Kopf in seine Hände, preßte mir die Augen zu und drückte meinen Schädel fest auf die Tischplatte. Ich biß die Zähne zusammen und spannte meinen ganzen Körper. Dann sauste der erste Hieb. Ich zuckte hoch, aber Glasmacher hielt fest, dann hagelte es hernieder, auf Rücken, Schultern, Beine, ein wahnsinniges Feuer von harten, klatschenden Schlägen. Meine Hände griffen umklammernd an den Tischrand, ich schlug mit Knien, Schienbein und Zehen rhythmisch auf, den rasenden Schmerz zu bannen, nun schien sich alle Qual durch den Körper hindurch auf den Tisch zu pflanzen, immer wieder prallte ich mit Hüften und Lenden gegen das mitzitternde Holz, jeder Schlag lud erneut und mit schleudernder Gewalt das Bündel aus Muskeln, Haut und Blut und Knochen und Sehnen, bis der ganze Körper sich in Spannung dehnte, und drängte, nach unten durchzuplatzen. Ich gab meinen Kopf ganz in Glasmachers Hände, sperrte mich mit einem Ruck und lag schließlich stöhnend still. ‚Aufhören!' befahl Unteroffizier Glöcklen I., und sofort sprang alles zurück. Langsam rutschte ich vom Tisch. Da trat Glasmacher auf mich zu, gab mir die Hand und sagte: ‚Pax, nun ist die Geschichte erledigt'."[17]

Mehr als das, er ist aufgenommen. Er hat die Sensationen ihrer Zuneigung erfahren, ist ein von ihnen Geliebter.

Ganzheitsmaschine Truppe

Canettis Entscheidung, den Soldaten als „stereometrische Figur" zu beschreiben, beschränkt den Blick auf den einzelnen Soldaten, seinen Körperpanzer und die ihn umgebenden Stützpanzer, die Kasernenmauern, den formierten Block der Truppe etc. Die Funktion des Soldaten als Maschinenteil vernachlässigte er und damit auch den Bau der ganzen Maschine.[18]

„Der Oberst hob die Hand an den Helm. Das Regiment trat auf der Stelle, viertausend Beine hoben sich auf einen Zug und stießen wieder auf den Boden, frei weg, die erste Kompanie schnellte los, die Beine wie an der Schnur gezogen vor und hieb sie nieder auf Gras und Grund, achtzig Zentimeter Spanne von Fuß zu Fuß – die Fahne kommt heran (...)

Hoch schnellte der Degen, blitzt und senkt sich tief zur Erde, die Erde stäubt vom hundertfältigen Schritt, die Erde dröhnt und stöhnt, zweihundertfünfzig Mann vorbei, Tuchfühlung Vordermann, zweihundertfünfzig Gewehre auf den Schultern, eine schnurgerade Reihe von Strichen über einem schnurgeraden Strich von Helmen, Schultern, Tornistern, zweihundertfünfzig Hände sausen vor und zurück, zweihundertfünfzig Beine reißen in grausamem, unaufhaltsamem Rhythmus die Leiber vor."[19]

Der Eindruck, ein Apparat setze sich beim Abmarsch der ‚fertigen' Kadetten in den Krieg in Bewegung, wird von Salomon absichtlich erzeugt, auch der, es handele sich zugleich um eine Kriegs- und eine Sexualitätsmaschine („in grausamem, unaufhaltsamem Rhythmus die Leiber vor"). Im „reißen vor" eine forcierte Betonung des Gewaltcharakters der Maschine...

An ihrem Bau betont er zweierlei: ihren äußeren Umriß („wie an der Schnur gezogen", „schnurgerade Reihe von Strichen") und die große Zahl funktionell gleicher Einzelteile („viertausend Beine hoben sich auf einen Zug", „zweihundertfünfzig Hände sausen", „zweihundertfünfzig Beine reißen").

Die einzelnen Glieder der Soldaten sind wie von ihrem Leib abgetrennt und zusammengefügt zu neuen Ganzheiten. Das Bein des einzelnen hängt funktionell mehr mit dem Bein des Nebenmannes zusammen, als mit dem Rumpf, an dem es sitzt. Dadurch entstehen innerhalb der Maschine neue Ganzheitsleiber, die nicht mit einzelnen menschlichen Leibern identisch sind. „Ein einziger solidarischer, schicksalverbundener Körper war die Brigade."[20] (H. Plaas über die Marine-Brigade Ehrhardt.) Jedes Einzelteil einer solchen Ganzheit macht genau dasselbe wie jedes andere Einzelteil. „Eine Truppe, ein Mann und ein Rhythmus."[21] (Plaas)

Der erste Zweck der Maschine scheint der zu sein, sich selbst zu bewegen. Nach außen ist sie vollkommen abgeschlossen. Nur mit einer völlig gleichartigen anderen Maschine kann sie sich zu einem größeren Gebilde zusammenschließen.

Was produziert die Maschine?

„Die zweite Kompanie, die dritte, die vierte. Immer von neuem wälzt es sich heran, stößt es vor in

„Die Maschine Truppe... produziert einen neuen Ausdruck... von Geschlossenheit, Stärke, Exaktheit, den einer strengen Ordnung...; den Ausdruck von Kampf und den einer bestimmten Männlichkeit. Mit anderen Worten: sie produziert einen Mehrwert an Code, der der Erhaltung anderer mann/männlicher Ganzheitsgebilde dient, der ‚Nation' etwa." Nicht einmal auf einem Erinnerungsfoto konnten die Soldaten des Ersten Weltkriegs locker sein – wie sollten sie auch? Foto: Privatsammlung.

breiter Front, ohne Beule noch Bucht, eine Mauer hinter der anderen, das ganze Regiment wie eine tief in Reihen gegliederte Maschine, unerbittlich, exakt, viertausend Menschen und ein Regiment, gepeitscht vom kriegerischen Hymnus der Musik. Wer kann da widerstehen? Wer setzt sich entgegen der Gewalt, der Jugend und der Disziplin, der bereiten Tausendfalt, geformt in einem Willen? Der Waldrand scheint zurückzuweichen, die Erde bebt und bäumt sich auf, Geklirr von Waffen und Geknirsch von Lederzeug, und dunkle Augen unterm Helmrand. Leibgrenadiere 109, Gardelitze, weiße Achselklappe, vielhundertjährige Tradition. Geformt, gestählt in langen Jahren, geschworen auf die Fahne, geübt im Sterbenlehren und Sterbenlernen, genommen aus dem Samen eines Volkes und an den Krieg gesetzt. So marschiert das Regiment, im Tempo hundertvierzehn, zwölf Kompanien, kriegsstark, totbereit, neunzig Schuß jeder Mann in der Patronentasche, im Tornister Munition und harten Zwieback, Mantel gerollt und Stiefel neu. Muskeln wie Stränge, breite Brust und hartes Gelenk, und die Mauer dieser aus Zucht geborenen Körper, das ist die Front, das ist die Grenze, der Angriff, Element des Sturmes und des Widerstands, und hinter ihr bleibt Deutschland, das Heer zu speisen mit Mann und Brot und Munition."[22]

Die Maschine Truppe produziert zunächst sich selbst; sich selbst als Ganzheit, die dem einzelnen Soldaten einen neuen Körperzusammenhang verleiht und sich selbst als Zusammengefügtes aus lauter gleichen geschliffenen Einzelteilen.

Sie produziert einen Ausdruck; den von Geschlossenheit, Stärke, Exaktheit, den einer strengen Ordnung der Geraden und Rechtecke; den Ausdruck von Kampf und den einer bestimmten Männlichkeit. Mit anderen Worten: sie produziert einen Mehrwert an Code, der der Erhaltung anderer mann/männlicher Ganzheitsgebilde dient, der ‚Nation' etwa.

Was Salomon besonders betont: sie braucht nicht erst ‚die' Front zu erreichen, sie produziert die Front, sie *ist* die Front. Setzt sie sich in Bewegung, verschiebt sie die Grenze. Front und Grenze gehören zu ihr auch im Frieden. Ihr Daseinszustand ist Krieg. Sie hat immer eine Grenze zu verteidigen (die eigene), eine Front vorzuschieben. Nur, im erklärten Krieg ist das leichter und befriedigender. Er bietet die Möglichkeit der Entladung, der Entlastung der Front von innerem Druck. Im Frieden richtet sich die Front sehr stark gegen das Innere, gegen die Einzelteile der Maschine selbst. In ihrem Innern produziert sie Hochspannungen, die auf Entladung drängen.

Die Entladung scheint ihr wesentliches Regenerationsmoment zu sein; sie geschieht durch eine Explosion der Ganzheitsmaschine und der Einzelteile im Kampf. Ihre Grenze zu überschreiten, um sie anschließend wieder aufzurichten, scheint ihr merkwürdiges Produktionsprinzip zu sein. Sie ist nicht unabhängig, nicht für sich allein existenzfähig. Wie durch eine Nabelschnur, durch die sie gespeist wird mit Brot, Munition und Ersatzteilen, ist sie verbunden mit ‚Deutschland'; ‚Deutschland' ist ihre Energiemaschine.

In der funktionierenden Stromkreissymbiose mit ‚Deutschland' erscheint die in den Krieg marschierende Maschine als höchstes Ganzes, als *die* Zusammenfassung überhaupt. Was Neruda vom Ozean sagt („und nichts fehlt in dir"), das ist für Jünger in der Kampfmaschine erreicht, die Aufhebung des Mangels: „... manchmal fühlen wir uns in unserer schweren Rüstung leicht und frei, und spüren trotz aller Last den Schwung und die Macht, die dahintersteckt.

Das fällt uns bei der Kampfmaschine schon besonders leicht, weil aus ihr die Macht und der Wille des Blutes ohne jeden Umweg spricht. Daher werden wir erschüttert, wie der Mensch selten erschüttert wird von dem, was hier an uns vorüberzieht. Das ist der Wille eines Volkes zur Größe und zur Herrschaft, im stählernen Werkzeug auf seine wirksamste Formel gebracht. Hier ist alles zusammengefaßt, was wir haben, vorstellen und sind, hier zieht der moderne Mensch in seinen eigensten Formen zur Schlacht (...) Hier ist ein Ganzes, und nicht nur ein Teil."[23] Auf die Tradition eines utopischen Moments in der Militärmaschine weist Foucault hin: „Der Traum von einer vollkommenen Gesellschaft wird von den Ideenhistorikern gern den Philosophen und Rechtsdenkern des 18. Jahrhunderts zugeschrieben. Es gab aber auch ein militärisches Träumen von der Gesellschaft; dieses berief sich nicht auf den Naturzustand, sondern auf die sorgfältig montierten Räder einer Maschine; nicht auf einen ursprünglichen Vertrag, sondern auf dauernde Zwangsverhältnisse; nicht auf grundlegende Rechte, sondern auf endlos fortschreitende Abrichtungen; nicht auf den allgemeinen Willen, sondern auf die automatische Gelehrigkeit und Fügsamkeit."[24]

Anmerkungen:

* Der Abdruck erfolgt mit freundlicher Genehmigung des Autors und des Stroemfeld/Roter Stern Verlags aus Klaus Theweleit „Männerphantasien" (²1987: Bd. 2, 144–158).

1 Canetti: Masse und Macht, S. 358

2 E. v. Salomon: Die Kadetten; die folgenden Angaben sind dem ersten Teil des Buches, Salomons Eingewöhnung in die Anstalt (bis S. 70) entnommen. Nur direkte Zitate sind extra ausgewiesen.

3 Wie die Bauweise von Gefängnissen, Kasernen etc. ab dem 18. Jhd. zum Modell der gesellschaftlichen Überwachungsarten wird, vgl. Michel Foucault: Überwachen und Strafen, S. 192f. und insbes. die Abbildungen S. 5–28: Panoptikum und Disziplinierung.

4 Salomon: Die Kadetten, S. 44

5 ebd., S. 48

6 S. Freud: Die endliche und die unendliche Analyse, GW XVI, S. 70; vgl. auch „Vorlesungen zur Einführung in die Psychoanalyse", GW XI, S. 322

7 Freud: Abriß der Psychoanalyse, GW XVII, S. 77; vgl. auch „Psychoanalytische Bemerkungen über einen autobiographisch beschriebenen Fall von Paranoia", GW VIII, S. 296f.

8 wie Freud einen solchen Andrang an anderer Stelle nennt: „Psychoanalytische Bemerkungen ...", GW VIII, S. 298; zur Pubertät des deutschen Jungen der Zeit vgl. Erikson: Die Legende von Hitlers Kindheit, S. 188

9 Salomon: Die Kadetten, S. 42

10 ebd., S. 68

11 ebd., S. 49

12 ebd., S. 55f.

13 ebd., S. 56

14 ebd., S. 57

15 ebd., S. 58

16 ebd., S. 61

17 ebd., S. 62f.

18 „Daß die Mauern ihn formen", rückt Canetti in den Vordergrund (Masse und Macht, S. 358). Sehr präzise sind dagegen seine Ausführungen zum Befehl (S. 347ff).

19 Salomon: Die Kadetten, S. 114

20 Plaas: Das Kapp-Unternehmen, in: JKR, S. 178

21 ebd., S. 178
bei Volck: Rebellen um Ehre, gibt es eine „stählerne Truppenseele" (S. 66)

22 Salomon: Die Kadetten, S. 115

23 Jünger: Feuer und Blut, S. 84f.

24 Foucault: Überwachen und Strafen, S. 218f. beschreibt den Vorgang der Disziplinierung der menschlichen Körper seit dem 18. Jhd. vorwiegend am Bau gesellschaftlicher Institutionen, nach denen die Körper modelliert werden; er beschreibt ihn weniger an der Veränderung der Physis der Körper selbst. Vgl. S. 173–219.

Männer in Bewegung

Jürgen Grohsgart

Der Beitrag zeichnet die Entwicklung der sogenannten ‚Männerbewegung' in der Bundesrepublik Deutschland seit Beginn der siebziger Jahre nach. Heute gibt es in Westdeutschland Männergruppen mit Selbsterfahrungscharakter, sowie einige Initiativen, in denen sich Männer gegen (sexuelle) Gewalt engagieren. Daneben existieren Männerbüros, und es werden jährlich bundesweite und internationale Männertreffen organisiert. Trotz all dieser Initiativen arbeiten in der Bundesrepublik bisher noch nicht allzu viele Männer in der Bewegung mit, nur circa 800 bis 1000.

„Aus Abwehr ist Hingabe geworden, Hingabe an die eigene Zerstörung, an die Zerstörung des Ich und an die Neuschöpfung im Spiegelbild des Du. Eben das ist Liebe als Sinn des Zerstörerischen im Menschen. Wie könnte Liebe einen neuen Menschen schaffen, wenn sie nicht gleichzeitig Hingabe an die Zerstörung des alten wäre." Peter Schellenbaum (1984: 88)

Der erste Blick

Auf den ersten Blick entbehrt der Männerbund, der hier beschrieben wird, der wesentlichen Charakteristika, die für die übrigen, im Rahmen des Buches vorgestellten Männerbünde eine Geltung beanspruchen.

Am Anfang der ‚Bewegung' stand keine ‚charismatische Führerpersönlichkeit', die ‚hierarchische Struktur' ist es, deren Brechung sich die Gruppenmitglieder zu einem ihrer Hauptanliegen erkoren haben, ein ‚Aufnahmeritus' findet wenn, nur implizit statt, und die ‚gewisse Esoterik mit der Aura des Geheimnisvollen' umhüllt diese Männergruppenszene so kunstvoll, daß ihre Existenz bisher nicht öffentlich geworden ist.

Das liegt zum großen Teil an den Männern selbst, die Ende der sechziger Jahre, angeregt durch Studenten- und Frauenbewegungen und den damit verbundenen Enttäuschungen und Verunsicherungen, sich auf die Suche begaben nach ‚eigenen' und ‚anderen' Männer(vor-)bildern, in denen eine geschlechtsspezifische Identität mit individuellen und politischen Veränderungsansprüchen verbunden werden sollte.

Diesem Prozeß gingen sie vorerst in einer privaten, intimen und abgeschlossenen Atmosphäre nach, die vornehmlich gekennzeichnet war durch die Abwesenheit von Frauen, durch eine Gruppenzahl von acht bis zwölf Männern und durch inhaltliche Vorgaben, die als Ausgangspunkt sogenannte ‚Selbstreflexion' in den Vordergrund stellten.

Das hieß konkret, daß ein Raum eröffnet wurde, in dem Männer Platz fanden für die Erörterung ihrer alltäglichen Sorgen und Nöte, ihrer Beziehungsprobleme im hetero- und homosexuellen Bereich, ihrer beruflichen Schwierigkeiten und sonstiger persönlicher Anliegen, wobei zunächst die Probleme als auch die Möglichkeiten gesellschaftlicher sowie politischer und kultureller Veränderungen im Hintergrund blieben.

Ein neuer Raum?

Die Männerbewegung war und ist ein Raum, in dem Männer versuchen, sich auseinanderzusetzen mit traditionellen Männerbildern und den Bildern, die feministisch orientierte Frauen leben und Männern ‚nahebringen'.

In dieser Auseinandersetzung zu ‚Eigenem' zu kommen, wurde erschwert, da die Männergruppen der siebziger Jahre sich verstärkt an den Vorgaben, Bildern und Mythen der Frauenbewegung anlehnten und es so zu ‚Fehlentwicklungen' kam, die heute noch als Karikatur den ‚Männerbewegten' anhängen, den inzwischen zur Geschichte gewordenen ‚Softies': „Der Männerkuß mit gleichzeitigem sanftem Tätscheln ersetzte das Schulterklopfen. Auch auf der dekorativen Ebene gaben sich gewandelte Männer zu erkennen. Zu weiten Indienröcken gesellten sich nun männlich selbstgefertigte Schafswollpullover und flatternde Nesselhosen. Ein samtiges Lächeln war zwischen die Kiefer geraten und nur noch durch äußerste Provokation zu entfernen. Das Du (‚Du, so fühl ich das auch, du...') hielt ebenso Einzug wie der inflationäre Gebrauch der Wörter Bedürfnis, Gefühl und Mensch" (Schröder 1987: 82). Cheryl Benard und Edit Schlaffer fanden eine noch kürzere Charakterisierung: „Er kämpft nicht als Mann, sondern als Gummibär" (zit. nach Schröder ebd.).

Doch war diese anfängliche Fehlentwicklung offensichtlich notwendig, um zu erleben, daß eine platte Übernahme feministischer Ideale sozusagen in ‚die Hose gehen' muß und der Weg zu ‚neuen' und ‚anderen' Erlebens- und Begegnungsformen notwendigerweise auch über eine kritische Abgrenzung gegenüber Fremdbestimmung laufen muß, was eine kritische Solidarität einschließt.

Wie kommt ‚mann' in eine Männergruppe?

Da diese sogenannten ‚Emanzipationsbestrebungen' im kleinen und geschützten Kreis vor sich gingen, war es für Männer schwer zu erfahren: wo gibt es in meiner Umgebung eine Männergruppe, der ich mich anschließen könnte, und wie gelange ich in sie hinein?

Die notwendigen Informationen liefen überwiegend über Mundpropaganda oder Kleinanzeigen. Befand sich eine Männergruppe in der Aufbau- und Gründungsphase, so genügte die Tatsache, ein Mann zu sein, um Mitmann werden zu können. Doch war es für Neuankömmlinge schwierig, Anschluß zu bekommen, wenn eine Gruppe schon über eine längere Zeit zusammen war (ein bis vier Jahre).

Wenn ‚mann' probeweise an einem Männergruppenabend teilnehmen durfte, gab es so etwas wie Initiationsriten. Nach dem Abend wurde dem Anwärter, je nach Sympathie und Wellenschlag, aber demokratisch abgestimmt, beschieden, ob er der Gruppe angenehm war oder nicht.

Bei Ablehnung seitens der Gruppe, die allerdings selten war, wurde dem Mann angeraten, doch selber eine neue Männergruppe ins Leben zu rufen, was wiederum einigen Aufwand erforderte.

So bildeten sich in den ersten Jahren Männergruppen mit einem Hauch von Exklusivität und Unnahbarkeit und machten es so anderen Männern, bzw. Frauen schwer, von der bloßen Existenz der Gruppen zu erfahren.

Was treiben Männer in Männergruppen?

Das Treiben läßt sich durch Schlagworte wie ‚Selbsterfahrung' kennzeichnen, wobei vorwiegend mit Anordnungen, die dem Bereich der humanistischen Psychologie entlehnt waren, experimentiert wurde. So wurde zum Beispiel am Beginn eines Treffens die aktuelle Verfassung des einzelnen in Form eines sogenannten Blicklichtes dargestellt, das heißt, jeder mußte in Kurzform über seine momentane Stimmung berichten. Außerdem wurden traditionelle Gesellungsformen wie Tanzen, Kochen, Fußballspielen, Kino- und Theaterbesuche etc. durchgeführt und dabei spielerisch überprüft. Am schwierigsten wurde es, wenn am Männergruppenabend keine klare Struktur vorgegeben war, kein konkretes Thema auf der Abendordnung stand und sich aus einem Durcheinander eine tragfähige Erfahrung für den einzelnen und für die Gruppe entwickeln sollte. Manchmal blieb es amorph, doch oft ergaben sich gerade hieraus die spannendsten Abende, an denen es ansatzweise gelang, ‚neues' und ‚anderes' über sich und die Männer zu erfahren.

Als Folge der Studenten- und Frauenbewegung und im Zusammenhang mit der damit verbundenen Enttäuschung und Verunsicherung fühlten sich einige Männer veranlaßt, sich auf die Suche nach anderen Männervorbildern als den traditionellen zu begeben. Sie bildeten kleine Selbsterfahrungs- und Selbsthilfe-Gruppen, in denen sie ihre alltäglichen Sorgen und Beziehungsprobleme besprechen, wie hier in einer Kölner Guppe um Elis Pilgrim. Seit den achtziger Jahren kreist die Diskussion um das Problem „Männer wenden sich gegen ihre Gewalt". Foto: Isolde Ohlbaum, München.

Hierbei dem ‚Alten' und ‚Gewohnten' seinen notwendigen Platz anzuweisen, zu erleben, wo sind Grenzen und Möglichkeiten – das waren Probleme, die insbesondere beim Thema Homosexualität immer wieder deutlich wurden.

Kam es zur Erörterung der allen Männergruppen zugrunde liegenden latenten Homosexualität, wurde bei den überwiegend heterosexuellen Männern schlagartig die Spannbreite zwischen Homophobie und Homophilie sichtbar. Gräben und Brücken wurden deutlich und damit die möglichen, bzw. unmöglichen Richtungen der Männerbewegung und die Schwierigkeiten männlicher ‚Selbstbestimmung'.

Die Frage war dabei immer wieder: Wieviel Nähe können oder wollen Männer zu Männern zulassen, ohne sozusagen unter dem massivem Druck der Frauenbewegung aus der ‚Zwangsheterosexualität' in die ‚Zwangshomosexualität' zu flüchten?

Ein Freund, ein guter Freund, . . .

Zentrale Themen und Motive, die Männer bewegen, eine Gruppe von Gleichgesinnten aufzusuchen, kreisen um das Problemfeld Sexualität und um die offenkundige Tatsache, daß nur wenige Männer ‚tragfähige und langjährige' Freundschaften zu anderen Männern haben.

„Sehr viele Männer in der Runde lebten entweder ohne befriedigende Beziehungen, fühlten sich von ihrer Partnerin nicht akzeptiert, hatten seit längerer Zeit keine intensivere sexuelle Befriedigung erlebt, hatten erhebliche sexuelle Ängste oder Probleme und/oder – und das empfand ich als besonders tragisch – hatten selten männliche Freunde, mit denen sie über ihre Schwächen reden können. Sex ist zwar bei Männern häufig das Thema Nummer eins; aber über die eigenen sexuellen Schwächen – darüber spricht man nicht" (Barmann 1987: 56).

In der Männergruppe dagegen können Männer über diese Probleme sprechen. Durch das Erkennen, bzw. Bekennen der eigenen Schwächen gewinnen auch die Stärken an Kontur. Das gemeinsame Klagen ist notwendig. Um jedoch vom individuellen Schicksal abzusehen, um ‚positive, neue und andere' männliche Identifikationsbilder leben und vorlegen zu können, muß das therapeutische Konzept des ‚Helfen und Geholfenwerden' zum gesellschaftlichen Konzept weiterentwickelt werden.

Entlassung aus der väterlichen Gewalt?

Ist ‚Männeremanzipation' in einem männlich dominierten System ‚Selbstbefreiung der Privilegierten'? Die neuen Männer können und wollen sich nicht von sich befreien, doch „bei der Artikulation der Ziele der Männerbewegung fällt auf, daß diese gleichzeitig Appell und Forderung zu sein scheinen: Appell an den einzelnen Mann, sich seines emotionalen Korsetts zu entledigen bzw. sein Leben zu ‚humanisieren'; Forderung an die Gesellschaft, eine Rückbesinnung auf das ‚männliche Sein' zu ermöglichen, indem Männern zum Beispiel durch einen weiteren Ausbau der Teilzeit-Arbeitsmöglichkeiten oder der Gewährung von Vaterschaftsurlaub die Möglichkeit geboten wird, neue Lebensformen auszuprobieren. Zu dem Zweck wird auch die gesellschaftlich sanktionierte Gehirnwäsche in Medien, Ausbildungsstätten usw. bekämpft, die dem Mann einhämmern soll, wie ein Mann zu sein hat. Der doppelte Charakter der ‚Emanzipationsbotschaft' dürfte deutlich sein: Zu der ‚therapeutischen' Hilfestellung für den Einzelnen gesellt sich die politische Forderung an die Gemeinschaft. Die individuelle Emanzipation ohne weitreichenden politischen Anspruch gleicht dem Akt eines Pontius Pilatus (der seine Hände in Unschuld wusch), während umgekehrt Emanzipation als politisches Programm sich nur dadurch legitimieren kann, daß die Betroffenen sich mit dem Ziel der Emanzipation identifizieren. Die Verknüpfung von individueller Entwicklung und politischer Agitation ist in der Männerbewegung enger als in anderen Bewegungen" (Herrmann 1986: 18).

Die Maskulisten

Welche Fallen sich auftun können, wenn die individuellen und therapeutischen Aspekte in der Auseinandersetzung mit der eigenen Männlichkeit einseitig im Vordergrund stehen, bzw. überbetont werden, zeigt eine Entwicklung in den USA. Wie in Schweden und Holland begannen hier die Diskussionen über Männerfragen bereits am Ende der sechziger Jahre. „Zahlreiche wissenschaftliche und populärwissenschaftliche Zeitschriften- und Buchveröffentlichungen, Selbsthilfegruppen, Tagungen, Institutionen und Organisationen zeigen vielfältige Auseinandersetzungen mit den Veränderungen der Männerrolle. Seit 1975 finden jährlich große, überregionale Konferenzen *Men and Masculinity* statt, bei denen sich Männer aus den verschiedenen Praxisfeldern über ihre Erfahrung mit Projekten zur Emanzipation von Männern austauschen. Bei der Konferenz in St. Louis (1985) gab es über 120 Veranstaltungen aus den Bereichen Wissenschaft, Sozialarbeit, Therapie, Kultur und Kunst. Die Konferenzen werden von der *National Organization for Changing Men* ausgerichtet, innerhalb derer Sektionen zu Männergewalt, Gesundheit, persönlichen Beziehungen zwischen Männern und Frauen, Männerforschung und anderem arbeiten. Die *National Organization for Changing Men* versteht sich als antisexistische Vereinigung, die sich solidarisch gegenüber Feministinnen verhält. Nach großen Auseinandersetzungen spaltete sich die antifeministische Organisation *Free Men* ab. Diese ‚Maskulisten' forderten unter anderem das Sorgerecht für Väter, mehr Recht an Kindern ohne eine größere Verantwortlichkeit bei den täglichen Arbeiten. Emanzipation ist reduziert auf die individuelle Befreiung von Beschwernissen, die mit der Männlichkeit verbunden sind. Unterdrückung, Ausbeutung, Gewalt der Männer insbesondere an den Frauen wird banalisiert. Typisch ist die unreflektierte Übertragung von der psychischen Ebene (von den Erfahrungen mit der Freundin/Frau) auf die gesellschaftliche Ebene. In der Bundesrepublik Deutschland ist der artikulierte Maskulismus (noch?) selten. Die Beschränkung auf Selbsterfahrung oder Therapie hat allerdings oft die gleiche reaktionäre Funktion" (Brzoska, 1987: 116).

Die zweite Welle

Um nicht Opfer einer derartigen ‚Fehlentwicklung' zu werden, versteht sich die sogenannte zweite Welle der ‚Männerbewegten' in der Bundesrepublik Deutschland, die insbesondere durch die Männertage in Bremen 1985 einen wichtigen Anstoß erhielt, als ‚anders'.

‚Anders' als in den siebziger Jahren, als in den Männergruppen vorwiegend Studenten zusammenkamen, ergaben die Männergruppen

der achtziger Jahre ein sehr gemischtes Bild: Sowohl vom Alter, als auch von der Lebens- und Berufserfahrung her, waren höchst unterschiedliche Männer darunter.

Bildet auch in der Bewegung der achtziger Jahre Selbsterfahrung den Ausgangspunkt, so wird doch jetzt das Streben nach Kontakt und Austausch mit anderen Männergruppen immer stärker, und es tagen die ersten Männergruppen-Versammlungen. Neben diesem Erfahrungsaustausch mit Gleichgesinnten gibt es gleichzeitig Bestrebungen, aus der bis dahin für notwendig erachteten schützenden Isolierung auszubrechen und sich mit anderen Emanzipationsbewegungen zusammenzutun.

So entstehen unter anderem in Göttingen, Bremen, Düsseldorf und Köln ‚Männerbüros', in Frankfurt und München ‚Informationszentren für Männer', in Ludwigshafen die Gruppe ‚Männer helfen Männern' und in Berlin die ‚mannege', Männergruppen, die sich allesamt für die individuelle und gesellschaftliche Veränderung ‚herrschender Männlichkeit' einsetzen. Stellvertretend für alle anderen Gruppen sei das Angebot der ‚mannege' in Berlin erwähnt, in dem psychosoziale und psychotherapeutische Beratung ebenso vorgesehen ist, wie Selbsterfahrungsgruppen, Wochenendworkshops und Arbeitskreise wie zum Beispiel „Männer gegen § 218".

Männer und Gewalt

Ist bei diesen obengenannten Gruppen das Thema ‚Männer und Gewalt' eingebunden in eine breite Palette von Männerthemen, so entwickelte sich in Hamburg, auf Initiative eines einzelnen selbst betroffenen Mannes, die Selbsthilfegruppe ‚Männer gegen Männergewalt'.

Diesen Schwerpunkt wählte sich auch die Fachgruppe ‚Männer und Gewalt' der *ahs*, der Arbeitsgemeinschaft Humane Sexualität, die ‚männerbewegte' Männer mit Frauen und Männern aus anderen Emanzipationsbewegungen Anfang der achtziger Jahre in Hamburg gründeten. Man wollte sich gemeinsam dafür einsetzen, daß die Bedingungen für ein menschenwürdiges Erleben und Gestalten von Sexualität verbessert werden.

Die *ahs* organisierte 1984 die Tagung „Sexuelle Gewalt und strafende Gesellschaft", auf der Männer und Frauen gemeinsam an der Frage arbeiten „Wie kommt die Gewalt in den Mann?", wobei sie sich ausdrücklich auch mit ihren jeweils ganz persönlichen Gewaltanteilen beschäftigen.

Klar wurde bei dieser und anderen Tagungen, daß es bei der Brisanz des Themas für Männer wichtig ist, erstmal unter sich die ambivalenten Dimensionen des Themas zu bearbeiten.

So entwickelt sich seit 1985 zum Thema ‚Männer und Gewalt‘ in der Bundesrepublik Deutschland ein Kreis von ‚männerbewegten‘ Gruppen und anderen Initiativen, wie die *ahs*, Pro Familia etc., die sich ein oder zwei Mal im Jahr treffen und miteinander austauschen. Man könnte dieses Thema als ‚Motor‘ der Männerbewegung bezeichnen, da hier das Heraustreten aus dem privaten Rahmen in die Öffentlichkeit und die konkrete Arbeit bisher am weitesten gediehen sind.

Sollten die Initiativen mit dem Thema ‚Männer wenden sich gegen ihre Gewalt‘, tatsächlich Kristallisationspunkte bestehender und entstehender Männergruppen werden, so daß von einer ‚Männerbewegung‘ gesprochen werden kann, ergeben sich folgende Probleme:

Eine solche Bewegung mit dem zentralen Anliegen ‚Männer und Gewalt‘ droht in der Auseinandersetzung mit den schon bestehenden administrativen, therapeutischen und politischen Diskursen um den Mythos Gewalt, vereinnahmt zu werden.

Eine emanzipatorische und wissenschaftliche Arbeit über Gewalt muß eine Kritik des Mythos Gewalt sein, muß nacherzählen, beschreiben und rekonstruieren, kurz, sie muß zur Sprache bringen, was er verschweigt. Hierbei kann der Sinn einer geschlechtsspezifischen Emanzipationsbewegung vor allem darin liegen, die der Geschlechtsspezifität zugrunde liegenden Bedingungen des Phänomens der (sexuellen) Gewalt, die von Männern ausgeht, zu erkennen und zu behandeln, ohne dabei mögliche geschlechtsübergreifende Bedingungszusammenhänge aus dem Auge zu verlieren.

Um nicht in alle bereitstehenden Fallen zu tappen, muß eine solche ‚Männerbewegung‘ permanent überprüfen, inwieweit es sich bei ihren individuellen wie gesellschaftlichen Veränderungen nicht um eine ‚demonstrierte‘ Veränderung bzw. Verwandlung handelt. Die Gefahr besteht, daß ‚unter der Hand‘ die alten Herrschafts-Verhältnisse restauriert werden und im ‚neuen Glanz‘ erstrahlen.

Die bisherigen Erfahrungen lassen aber die Hoffnung zu, daß eine ‚neue‘ Männerkultur entsteht, die es vermag, in der ‚herrschenden‘ Kultur die notwendigen Veränderungen herbeizuführen.

Bibliographie

89 Appel, Rolf
Freimaurer

Anderson, J. (1723): The Charges of a Freemason. London.

Anderson, J. (1982): „Die Alten Pflichten von 1723." Münster.

Appel, R. u. *J. Oberheide* (Hg.) (1988): „Was ist Freimaurerei?" Münster.

Appel, R. u. *J. Oberheide* (Hg.) (1986): „Freiheit, Gleichheit, Brüderlichkeit – Deutschsprachige Dichter und Denker zur Freimaurerei." Graz.

Appel, R. u. *H. Vorgrimler* (1975): „Kirche und Freimaurer im Dialog." Frankfurt.

Appel, R. (1987): „Theodor Vogel – Der Einiger der deutschen Freimaurerei." Graz.

Appel, R. (1987): „1737–1987 Ein Vierteljahrtausend Freimaurer in Hamburg." Hamburg.

Endres, F. ([9]1978): „Das Gehehimnis des Freimaurers." Hamburg.

Heydrich, R. (1939): Schulungsbrief der NSDAP – Gegen die Freimaurerei. 6. Jg. 7. Folge.

Himmler, H. (1974): Wesen und Aufgaben der SS und der Polizei. In: „Geheimreden". 56–58. Frankfurt.

Kelsch, W. (1981): Gotthold Ephraim Lessing, Ernst und Falk – Gespräche für Freimaurer. Hamburg.

Lessing, G. E. (1778, 1780): „Ernst und Falk – Gespräche für Freimaurer."

64 Becker, Peter
Fußballfans

Arlacchi, P. (1989): Mafiose Ethik und der Geist des Kapitalismus. Frankfurt.

Becker, P. (1990): Alkohol und Action. Zur Emphase des Jetzt und zur Exalation des Rausches in der Fankultur. In: T. Gehrmann (Hg.): Hooligans in Deutschland. Essen.

Becker, P. u. *G. A. Pilz* (1988): Die Welt der Fans. Aspekte einer Jugendkultur. München.

Benke, M. und *R. Utz* (1989): Hools, Kutten, Novizen und Veteranen: Zur Soziologie gewalttätiger Ausschreitungen von Fußballfans. In: Kriminologisches Journal: 85–100.

Bott, D. u. *G. Hartmann* (1986): Die Fans aus der Kurve. Frankfurt.

Frevert, U. (1988a): Bürgerlichkeit und Ehre. Zur Geschichte des Duells in England und Deutschland. In: J. Kocka (Hg.): Bürgertum im 19. Jahrhundert. 3: 101–140. München.

Frevert, U. (1988b): Das reinigende Duell. Bürgerliche Ehre und Satisfaktion im 19. Jahrhundert. In: Emille 1, Heft 2, S. 41–56.

Fürbringer, C. (1988): Metamorphosen der Ehre. Duell und Ehrenrettung im Jahrhundert des Bürgers. In: R. van Dülmen (Hg.): Armut, Liebe, Ehre: Frankfurt: 186–224.

Gehrmann, T. (1990): „Schwul, pervers und altersschwach, das sind die Fans von Offenbach" – Feindbilder in der Fanszene. In: Gehrmann T. (Hg.): Hooligans in Deutschland. Essen.

Gingeleit, F. (1988): Fans als Macht und Ordnungsfaktor. Unveröff. Manuskript.

Lessing, H. u. a. (1986): Lebenszeichen der Jugend. Weinsheim.

Paris, R. (1989): Der kurze Atem der Provokation. In: KZfSS 41: 33–52.

Pilz, G. A. (1988): Noch mehr Gewalt ins Stadion? Zur Problematik ordnungspolitischer ‚Lösungen'. In: Horak, R. (Hg.): „Ein Spiel dauert länger als 90 Minuten", Hamburg: 217–233.

Zinnecker, J. (1981): Jugendliche Subkulturen. In: Zeitschrift für Pädagogik 27: 421–440.

90 Benedict, Burton
Londoner Clubs

Athenaeum, the (1975): Club and Social Life in London 1824–1974. London.

Athenaeum, the (1986): Rules and Regulations. London.

‚Club' (1910): In the Encyclopedia Britannica. Bd. 6: 564–568. Cambridge.

Nevill, R. (1911): London Clubs: Their History and Treasures. London.

Waugh, F. (1968): The Athenaeum Club and its Associations. Herford (erste Ausgabe Ende 19. Jh.).

82 Bohle, Barbara
Homosexualität
Neuguinea

Adam B. D. (1986): Age, Structure and Sexuality: Reflections on the Anthropological Evidence on Homosexual Relations. In: E. Blackwood (Hg.): Anthropology and Homosexual Behavior, S. 19–33. New York.

Biersack, A. (1987): Moonlight Negative Images of Transcendence in Paiela Pollution. In: Oceania 57 (3): 178–195.

Bjerre, J. (1958): Die letzten Kannibalen. Hamburg.

Blackwood, E. (1986): Breaking the Mirror: The Construction of Lesbianism and the Anthropological Discours on Homosexuality. In: E. Blackwood (Hg.): Anthropology and Homosexual Behavior, S. 1–17. New York.

Bleibtreu-Ehrenberg, G. (1980): Mannbarkeitsriten. Zur institutionellen Päderastie bei Papuas und Melanesiern. Frankfurt/M.

Creed, G. W. (1984): Sexual Subordination: Institutionalized Homosexuality and Social Control in Melanesia. In: Ethnology 23 (3): 157–176.

Du Toit, B. M. (1975): Akuna. A New Guinea Village Community. Rotterdam.

Ernst, T. M. (1984): Onabasulu Local Organization. PhD Ann Arbor: University Microfilms International.

Faithorn, E. (1976): Women as persons: aspects of female life and male-female relations among the Kafe. In: P. Brown und G. Buchbinder (Hg.): Man and woman in the New Guinea Highlands. American Anthropological Association, Special Publication 8: 86–95. Washington.

Fitzgerald, T. K. (1977): A critique of anthropological research on homosexuality. In: Journal of Homosexuality 2 (4): 385–397.

Gajdusek, D. u. *J. Farquhar* (Hg.) (1981): Kuru. Early letters and field-notes from the collection of D. Carleton Gajsdusek. New York.

Godeler, M. (1987): Die Produktion der Großen Männer. Frankfurt/M. ([1]1982).

Godelier, M. (1976): Le sexe comme fondement ultimé de l'ordre social et cosmique chez les Baruya de Nouvelle-Guinée: mythe et realité. In: Le problème des formes et des fondements de la domination masculine. Les Cahiers de Centre d'Etudes et de Recherches Marxistes 128: 1–44.

Hallpike, C. R. (1978): Introduction. In: B. Blackwood und C. R. Hallpike (Hg.): The Kukukuku of the Upper Watut. Pitt Rivers Museum. Monograph Series No. 2. Oxford.

Herdt, G. H. (1987a): Guardians of the flutes. Idioms of masculinity. New York (1981).

Herdt, G. H. (1987b): The Sambia. Ritual and gender in New Guinea. New York.

Herdt, G. H. (1986): Aspects of socialization for aggression in Sambia Ritual and Warfare. In: P. Brown und I. Schuster (Hg.): Culture and aggression. Anthropological Quarterly 59 (4): 160–164.

Herdt, G. H. (1984a): Ritualized homosexual behavior in the male cults of Melanesia, 1862–1983: An Introduction. In: G. Herdt (Hg.): Ritualized homosexuality in Melanesia. 167–210. Berkeley.

Herdt, G. H. ((Hg.) (1984b): Ritualized homosexuality in Melanesia. Berkeley.

Herdt, G. H. (1984c): Semen transactions in Sambia culture. In: G. Herdt (Hg.): Ritualized homosexuality in Melanesia. Berkeley.

Herdt, G. H. u. *F. J. P. Poole* (Hg.) (1982): Sexual antagonism: The intellectual history of a concept in New Guinea Anthropology. In: Social Analsysis 12: 3–28.

Herdt, G. H. u. *R. J. Stoller* (1987): Der Einfluß der Subversion auf die ethnographische Praxis. In: H. P. Duerr (Hg.): Die wilde Seele: Zur Ethnopsychoanalyse von Georges Devereux. Frankfurt/M.

Iteanu, A. (1987) Review: G. Herdt (Hg.): Ritualized Homosexuality in Melanesia. Berkeley 1984. In: L'Homme 28 (101): 194–196.

Keesing, R. M. (1982): Introduction. In: G. Herdt (Hg.): Rituals of manhood: Male initiation in Papua New Guinea. 1–43. Berkeley.

Kelly, R. C. (1977): Etoro social structure. A study in structural contradiction. Ann Arbor.

Kelly R. E. (1976): Witchcraft and sexual relations: an exploration in the social and semantic implications of the structure of belief. In: P. Brown und G. Buchbinder (Hg.): Man and woman in the New Guinea Highlands. American Anthropological Association, Special Publication No. 8: 36–53. Washington.

Knauft, B. M. (1987): Homosexuality in Melanesia. In: The Journal of Psychoanalytic Anthropology 10 (2): 155–191.

Kaunft, B. M. (1986): Text and social practice: Narrative 'longing' and bisexuality among the Gebusi of New Guinea. In: Ethos 4 (3): 252–281.

Knauft, B. M. (1985): Good company and violance: Sorcery and social action in a lowland New Guinea society. Berkeley.

Landtmann, G. (1927): The Kiwai Papuans of British New Guinea. London.

Lindenbaum, S. (1984): Variations on a sociosexual theme in Melanesia. In: G. Herdt (Hg.): Ritualized homosexuality in Melanesia. Berkeley.

Menter, U. (1986): Ritualisierte männliche Homosexualität auf Neuguinea. Unveröffentl. Univ. Göttingen.

Mimica, J. (1988): Intimations of infinity. The mythopoeia of the Iqwaye counting system and number. Oxford.

Read, K. E. (1954): Cultures of the Central Highlands, New Guinea. In: Southwestern Journal of Anthropology 10 (1): 1–43.

Schieffelin, E. L. (1982): The "bau a" ceremonial hunting lodge: An alternative to initiation. In: G. Herdt (Hg.): Rituals of manhood. Male Initiation in Papua New Guinea, 155–200. Berkeley.

Schieffelin, E. L. (1976): The sorrow of the lonely and the burning of the dancers. New York.

Schwimmer, E. (1984): Male couples in New Guinea. In: G. Herdt (Hg.): Ritualized homosexuality in Melanesia, 248–291. Berkeley.

Serpenti, L. M. (1965): Cultivators in the swamps social structure and horticulture in a New Guinea society (Frederik-Hendrik Island West New Guinea). Assen.

Sexton, L. (1986): Mothers of money, daughters of coffee. The "Work Meri" movement. Studies in Cultural Anthropology No. 10. Ann Arbor.

Sorum, A. (1984): Growth and decay: Bedamini notions of Sexuality. In: G. Herdt (Hg.): Ritualized Homosexuality in Melanesia, 318–336. Berkeley.

Stagl, J. (1971): Der Geschlechtsantagonismus in Melanesien. Acta Ethnologica et Linguistica Nr. 22, Seeries Oceania 4. Wien.

Strathern, M. (1972): Women in between. Female roles in a male world, Mount Hagen. New Guinea. London.

Van Baal, J. (1966): Dema; Description and analysis of Marind-Anim culture (South New Guinea). The Hague.

Warry, W. (1986): Kafaina: Female wealth and power in Chuave, Papua New Guinea. In: Oceania 57 (1)/4–21.

Weiner, J. F. (1988): Introduction: Looking at the New Guinea highlands from its edge. In: J. F. Weiner (Hg.): Mountain Papuans. Historical and comparative perspectives from New Guinea pringe highlands societies, 1–38. Ann Arbor.

Whitehead, H. (1986): The varieties of fertility cultism in New Guinea. In: American Ethnologist 13 (1): 80–99 (Teil 1), 13 (2): 271–289 (Teil 2).

Williams, F. E. (1936): Papuans of the Trans-Fly. Oxford.

Wirz, P. (1925): Die Marind-anim von Holländisch-Süd-Neu-Guinea. 2. Bd. Hamburg.

Wirz, P. (1928): Dämonen und Wilde in Neuguinea. Stuttgart.

Film:
Godelier, M. und *Treguer M.* (1928): Planète Baruya / Towards Baruya manhood (frz. Version). Regie: Ian Dunlop. Produktion der frz. Version: CNRS/FR3.

53 Burke, Peter
College

Barker, E. (1953): Age and Youth. London.

von Fürer-Haimendorf, C. (1969): The Konyak Nagas. New York.

Mills, J. P. (1926): The Ao Nagas. London.

Sciama, L. (1981): Privacy in Cross-Cultural Perspective. In: S. Ardener: Women and Space, S. 105–111, London.

47 Dreher, Bernd
mighons

Baguenault de Puchese (1920): Vingt-quatre lettres inédites de Henri III à Gilles de Souvré. Paris.

Batiffol, L. (⁶1927): Le siècle de la renaissance. Paris.

Belleval, R. marquis de (1898): Les fils de Henri II. Paris.

Billacois, F. (1986): Le duel dans la société française de XVIe–XVIIe siècles. Essay de psycholosociologie historique. Paris.

Boucher, J. (1970): Henri III mondian ou dévot? Ses retraites dans les monastères de la région parisienne. In: Cahiers d'histoire 15: 113–128.

Boucher, J. (1986): La Cour de Henri III. Rennes.

Brantôme, P. de Bourdeille (1867, 1868, 1869): Les Vies des Grands Capitaines François. In: L. Lalanne (Hg.): Œuvres complètes. Bd. 3, 4, 5. Paris.

Brantôme, P. de Bourdeille (1973): Discours sur les colonels de l'infanterie de France; Hrsg. v. E. Vaucheret. Paris–Montreal.

Burel, J. (1983): Mémoires de Jean Burel. Journal d'un bourgeois ligeur (1564–1603). Hrsg. v. B. u. P. Rivet. 2 Bde. Saint-Vidal.

Cabié, E. (1906): Guerres de religion dans le Sud-ouest et principalement dans le Quercy d'après les papiers des signeurs de Saint-Sulpice de 1561 à 1580. Paris.

Cameron, K. (1974): Henry III: The Anti-christian King. In: Journal of European Studies 4: 152–163.

Capefigue, M. (1964): Les héroïnes de la Ligue et les Mignons de Henri III. Paris.

Champion, P. (1939): La légende des mignons. In: Humanisme et Renaissance 6: 494–528.

Champion, P. (1939, 1942, 1943): La jeunesse de Henri III. Bd. 1: Une âme ardente et vive (1551–1571). Bd. 2: La victoire de Paris et l'échec devant La Rochelle (1571–1574). Bd. 3: Henri III roi de Pologne (1573–1574). Paris.

Chevallier, P. (1985): Henri III, roi shakespearien. Paris.

Cimber, L. u. *F. Danjou* (1834–1848): Archives curieuses de l'histoire de France depuis Louis XI jusqu'à Louis XVIII. 1. Reihe. 30 Bde. Paris.

D'Aubigné, A. (1981): Histoire universelle. Bd. 1. Paris, Genf.

Decrue de Stoutz, F. (1888): La Cour de France et la société au XVIe siècle. Paris.

D'Embry, A. Th. (o. J.): La description de l'isle des Hermaphrodites avec les mœurs, loix, coutumes et ordnonnances des habits d'icelle. o. O.

Dodu, G. (1930): Henri III. In: Revue historique 165: 224–252.

Dodu, G. (1934): Les Valois. Histoire d'une maison royale (1328–1589). Paris.

Dupleix, S. (1630): Histoire générale de France. Bd. 3. Paris.

Dusolier, D. (1895): Psychologie des derniers Valois. Lyon.

De Thou, J.-A. (1740ff.): Histoire universelle. 11 Bde. Den Haag.

De Thou, J.-A. (1733, 1734): Histoire universelle depuis 1543 jusqu'en 1607. Trad. par Prévost, Guyot, Desfonatainces et al. Bde. 7, 13. London.

Erlanger, P. (1971): La Monarchie française 1515–1715. Du Roi-Chevalier au Roi-Soleil. Bd. II: Les guerres de religion I, 1559–1574. Catherine de Médicis. De la tolérance au massacre. Bd. III: Les guerres de religion II, 1574–1598. Le sacrifice de Henri III et le triomphe de Henri IV. Paris.

Erlanger, P. (²1975): Henri III. Le méconnu. Paris.

François, M., B. Barbiche u. *H. Zuber* (Hg.) (1959, 1965, 1972, 1984): Lettres de Henri III, roi de France. Bd. 1–4. Paris.

Frémy, E. (1885): Henri III pénitent. Paris.

Frémy, E.: Heinrich III: Les Comptes et dépenses de Henri III. In: Cimber et Danjou. 1. Folge Bd. 10.

Frémy, E.: Heinrich III: La vie et faits notables de Henry de Valois. In: Cimber et Danjou. Bd. 12: 415ff.

La Fosse, J. de (1865): Journal d'un curé ligeur de Paris sous les trois dernières Valois. Hrsg. v. de Barthélemy. Paris.

Lang, A. (1930): Les trois Henry. Paris.

Le Duchat (1746): Journal des choses mémorables advenues durant le Règne de Henry III. Köln.

L'Estoile, P. de (1825–1826): Mémoires-Journaux. Hrsg. v. M. Momerqué. 5 Bde. Paris.

L'Estoile, P. de (1875–1876): Journal de Henri III. Ed. G. Brunet, A. Champollion et al. Paris.

L'Estoile, P. de (⁷1943): Journal pour le règne de Henri III (1574–1589). Paris.

Lucinge, R. de (1955): Le miroir des princes ou grands de la France, et un bref discours... In: Annuaire-Bulletin de la Société de l'Histoire de France, Années 1954–1955. Paris.

Lucinge, R. de (1963): Dialogue du François et du Savoysien (1593). Genf.

Lucinge, R. de (1965): Lettres de la cour d'Henri III en 1586. Genf.

Mouton, L. (1922): Un demi-roi, le duc d'Épernon. Paris.

Nass, L. (1908): Les névrosés de l'Histoire. Paris.

Orlea, M. (1980): La noblesse aux Etats généraux de 1576 et de 1588. Paris.

Robin, G. (1964): L'Enigme sexuelle d'Henri III. Paris.

Sauvigny, Abbé de (1787): Histoire de Henri III. Paris.

Serres, J. de (1595): Recueil des choses mémorables advenues en France sous le règne de Henri II, François II, Charles IX et Henri III de la maison de Valois. o. O.

Solnon, J.-F. (1987): La cour de France. Paris.

Vaissière, P. de (1926): Messieurs de Joyeuse. Paris.

Varillas (1964): Histoire de Henri III. Paris.

86 Drewermann, Eugen
Kleriker

Assmann, J. (1975): Ägyptische Hymnen und Gebete. Zürich.

Brinktrine, J. (1961–1962): Die Lehre von den heiligen Sakramenten. Bd. 1: 98–101; Bd. 2: 200–202. Paderborn.

Dalai Lama (1962): Mein Leben und Mein Volk. München.

Drewermann, E. (1984): Der Krieg und das Christentum. Regensburg.

Eicher, P. (1984–1985): Hierarchie. In: P. Eicher (Hg.): Neues Handbuch theologischer Grundbegriffe. Bd. 2: 177–196. München.

Gardet, L. (1961): Der Islam. In: Die nichtchristlichen Religionen. Bd. 4. Aschaffenburg.

Haag, K. u. *K. Elliger* (1986): „Stört nicht die Liebe." Die Diskriminierung der Sexualität – ein Verrat an der Bibel. Olten.

Häring, B. (1989): Meine Erfahrungen mit der Kirche. Freiburg.

Hoheisel, L. (Hg.) (1985): Die geistliche Wegweisung der Benediktiner aus dem Jahre 1985. Abtei Gerleve.

Harnack, A. v. (1910): Entstehung und Entwicklung der Kirchenverfassung und des Kirchenrechts in den zwei ersten Jahrhunderten. Urchristentum und Katholizismus. Leipzig.

Jung, C. G. (1971): Über die Energetik der Seele. In: C. G. Jung: Gesammelte Werke. Bd. 8: 1–73, 70ff. Olten–Freiburg.

Jung, C. G. (1971): Die Struktur der Seele. In: C. G. Jung: Gesammelte Werke. Bd. 8: 161–183, 180ff. Olten–Freiburg.

Jung, C. G. (1964): Die Beziehungen zwischen dem Ich und dem Unbewußten. In: C. G. Jung: Gesammelte Werke. Bd. 7: 131–264, 249–264. Olten–Freiburg.

Kaufmann, L. (1987): Ein ungelöster Kirchenkonflikt. Freiburg.

Kerényi, K. (1956): Der göttliche Arzt. Studien über Asklepios und seine Kultstätten. Darmstadt.

Lo Bello, N. (1986): Vatikan im Zwielicht. München.

Maeder, A. (1957): Der mythische Heilbringer und Arzt. In: Der Psychotherapeut als Partner. 19–28. Zürich.

Neuner, P. (1984–1985): Charisma/Amt. In: P. Eicher (Hg.): Neues Handbuch theologischer Grundbegriffe. Bd. 1: 170–175. München.

Papst Paul VI. (o. J.): Enzyklika Humanae vitae.

Rosa, P. de (1989): Gottes erste Diener. München.

Tillich, P. ([8]1987): Systematische Theologie. Bd. 1: 278. Frankfurt.

Tschudi, J. E. u. *F. Renner* (1979): Der heilige Benedikt und das benediktinische Mönchtum. St. Ottilien.

78 Dyckerhoff, Ursula
Azteken

Caso, A. (1959): The Aztecs, people of the Sun. Norman.

Codex Mendoza (1541–42): Manuskript in der Bodleian Library. Oxford.

Colección de Mendoza o Códice Mendocino (1925): F. del Paso y Troncoso u. J. Galindo y Villa (Hg.). Mexiko.

Durán, Fray D. (1867–1880): Historia de las Indias de Nueva España y Yslas de Tierra Firme. 2 Bde. und Atlas. Mexiko.

Dyckerhoff, U. (1970): Die ‚Crónica Mexicana' des Hernando Alvarado Tezozomoc. Eine quellenkritische Untersuchung. Hamburger Reihe zur Kultur- und Sprachwissenschaft, Bd. 7. Hamburg.

Dyckerhoff, U. (1978): La región del Alto Atoyac en la historia. La época prehispánica. In: H. J. Prem: Milpa y Hacienda. Tenencia de la tierra indígena y española en la cuenca del Alto Atoyac, Puebla, Méxcio (1520–1650). Das Mexiko-Projekt der Deutschen Forschungsgemeinschaft 13: 18–34. Wiesbaden.

Hassig, R. (1988): Aztec warfare. Imperial extension and political control. Norman.

Hicks, F. (1979): ‚Flowery War' in Aztec History. In: American Ethnologist 6: 87–92.

Litvak King, J. (1972): La introducción posthispánica de elementos a las religiones prehispánicas: Un problema de aculutración retroactiva. In: J. Litvak King (Hg.): Religión en Mesoamérica. XII Mesa Redonda. Sociedad Mexicana de Antropología, 25–29. Mexiko.

Motolinía, Fray T. de Benavente (1971): Memoriales. Libro de las cosas de la Nueva España y de los naturales de ella. Mexiko.

Piho, V. (1974): La jerarquía militar azteca. In: 40. Internationaler Amerikanistenkongreß 2: 273–288. Genua.

Piho, V. (1976): Esquema provisional de la organización militar mexica. In: 41. Internationaler Amerikanistenkongreß 2: 168–178. Mexiko.

Pomar, J. B. (1964): Relación (1582). In: A. M. Garibay (Hg.): Poesía Náhuatl 1: 149–219. Mexiko.

Sahagún, Fray B. de (1950–1969): Florentine Codex. General history of the things of New Spain. Übersetzung A. J. O. Anderson u. C. E. Dibble. 12 Bde. Santa Fe.

Seler, E. (1902–23): Gesammelte Abhandlungen zur mexikanischen Sprach- und Altertumskunde. 5 Bde. Berlin.

Stenzel, W. (1976): The military and religious orders of ancient Mexico. In: 41. Internationaler Amerikanistenkongreß 2: 179–18. Mexiko.

Tezozomoc, H. A. (1944): Crónica Mexicana. Mexiko.

70 Eikemeier, Dieter
Korea

Bibliographische Notiz
Die umsichtige Arbeit von Richard Rutt stellt nach wie vor die beste Einführung in das Hwarang-Wesen dar und schließt mit Beurteilungen, die hier weitgehend übernommen werden konnten. Der Wert der Arbeit von Ch'oe Chaesŏk liegt in der umfangreichen und wohl auch erschöpfenden Bibliographie. Yi Chaeho stellt einen neu aufgetauchten Text vor, ohne ihn allerdings im vollen Wortlaut abzudrucken bzw. faksimiliert wiederzugeben. Wären nicht erhebliche Zweifel an der Authentizität des Textes als Quelle angezeigt, dann müßte er als der den Erscheinungen zeitlich am nächsten stehende gelten. Der Text selbst wie auch der Zweifel, die an seiner Authentizität angemeldet werden müssen, sind hier allerdings nicht von großem Belang. Der Text gibt in der Hauptsache Einblicke in den Bündnischarakter der Hwarang-Vereinigungen: dieser steht hier aber gerade nicht in Frage.

Rutt, R. (1981): The flower Boys of Silla (Hwarang). Notes on the Sources. In: Transactions of the Royal Asiatic Society, Korea Branch. Bd. 38: 1–66.

Ch'oe Chaesŏk (1987): Sillaŭi hwaranggwa hwarang chiptan. In: Minjok minhwa nonch'ong, Bd. 8: 1–56.

Yi Chaeho (1989): Hwarang segi-ŭi saryojŏk kach'i. Ch'oegŭn palgyŏndoen p'ilsabone taehan kŏmt'o. In: Chŏngsin munhwa yŏn'gu. Bd. 36: 107–123.

81 Fenner, Burkhard
dukduk/Melanesien

Albert, S. M. (1987): Tubuan. Masks and men in Southern New Ireland, Papua New Guinea. In: Expedition 29: 17–26.

Börnstein (1915/16): Ethnographische Beiträge aus dem Bismarckarchipel. In: Baessler-Archiv 5: 229–256.

Brown, G. (1910): Melanesians and Polynesians. Their life-histories described and compared. London.

Burger, G. (1913): Die Küsten- und Bergvölker der Gazellehalbinsel. Ein Beitrag zur Völkerkunde von Neuguinea unter besonderer Hervorhebung rechtlicher und sozialer Einrichtungen. Stuttgart.

Danks, B. (1987/88): On the shell-money of New Britain. In: The Journal of the Anthropological Institute of Great Britain and Ireland 17: 305–317.

Epstein, A. L. (1962/63). The economy of modern Matupit. Continuity and change on the Gazelle Peninsula, New Britain. In: Oceania 33: 182–215.

Epstein, A. L. (1969): Matupit. Land, politics, and change among the Tolai of New Britain. Canberra.

Epstein, A. L. (1970/71): Dispute settlement among the Tolai. In: Oceania 41: 157–170.

Epstein, A. L. (1974): Moots on Matupit. In: A. L. Epstein (Hg.): Contention and dispute. Aspects of law and social control in Melanesia. Canberra.

Epstein, T. S. (1968): Capitalism, primitive and modern. Some aspects of Tolai economic growth. Canberra.

Errington, F. K. (1974): Karavar. Masks and power in a Melanesian ritual. Ithaca.

Finsch, O. (1914): Südseearbeiten. Abhandlungen des Hamburgischen Kolonialinstituts 14, Reihe B: Völkerkunde, Kulturgeschichte und Sprachen 9. Hamburg.

Hahl, A. (1897): Rechtsverhältnisse und Rechtsanschauungen der Eingeborenen. In: Nachrichten über Kaiser-Wilhelms-Land und den Bismarck-Archipel: 68–85.

Kleintitschen, A. (1906): Die Küstenbewohner der Gazellehalbinsel (Neupommern – deutsche Südsee). Ihre Sitten und Gebräuche. Hiltrup bei Münster.

Kleintitschen, A. (1924): Mythen und Erzählungen eines Melanesierstammes aus Paparatava, Neupommern, Südsee. Ethnologische Bibliothek Anthropos 2, 4. St. Gabriel, Mödling bei Wien.

Koch, G. (1982): Iniet. Geister in Stein. Veröffentlichungen des Museums für Völkerkunde Berlin N.F. 39, Abteilung Südsee 11. Berlin.

Laufer, C. (1949): Die Stellung der Mission zum Geheimbundwesen auf Neu-Britannien (Südsee). In: Neue Zeitschrift für Missionswissenschaft 5: 217–227.

Laufer, C. (1962): Kulap Liu oder Kamadukduk. Zur Geschichte der Maskenbünde in Melanesien. In: Jahrbuch des Museums für Völkerkunde zu Leipzig 19: 59–75.

Meier, J. (1930): Kritische Bemerkungen zu J. Winthuis' Buch „Das Zweigeschlechterwesen". In: Anthropos 25: 73–135.

Parkinson, T. (1887): Im Bismarck-Archipel. Erlebnisse und Beobachtungen auf der Insel Neu-Pommern (Neu-Britannien). Leipzig.

Parkinson, R. (1907): Dreißig Jahre in der Südsee. Land und Leute, Sitten und Gebräuche im Bismarck-Archipel und auf den deutschen Salomoinseln. Stuttgart.

Pfeil, J. (1897/98): Duk Duk and other customs as forms of expression of the Melanesians' intellectual life. In: The Journal of the Anthropological Institute of Great Britain and Ireland 27: 181–191.

Pfeil, J. (1899): Studien und Beobachtungen aus der Südsee. Braunschweig.

Powell, W. (1884): Wanderings in a wild country; or, three years amongst the cannibals of New Britain. London.

Ribbe, C. (1910–12): Ein Sammelaufenthalt in Neu-Lauenburg (Duke of York im Bismarck-Archipel). Dresden.

Sack, P. (1972/73): Dukduk and law enforcement. In: Oceania 43: 96–103.

Sack, P. (1974): The range of traditional Tolai remedies. In: A. L. Epstein (Hg.): Contention and dispute. Aspects of law and social control in Melanesia. Canberra.

Salisbury, R. F. (1970): Vunamami. Economic transformation in a traditional society. Berkeley.

Salisbury, R. F. (1979): Politics and shell-money finance in New Britain. In: M. J. Swartz, V. W. Turner u. A. Tuden (Hg.): Political Anthropology. New York.

Schellong, O. (1934): Alte Dokumente aus der Südsee. Zur Geschichte der Gründung einer Kolonie. Erlebtes und Eingeborenenstudien. Königsberg.

Schlesier, E. (1958): Die melanesischen Geheimkulte. Untersuchung über ein Grenzgebiet der ethnologischen Religions- und Gesellschaftsforschung und zur Siedlungsgeschichte Melanesiens. Göttingen.

Schmeltz, J. E. D. (1882): Über einige religiöse Gebräuche der Melanesier. In: Globus 41: 7–10, 24–28, 39–41.

Schnee, H. (1904): Bilder aus der Südsee. Unter den kannibalischen Stämmen des Bismarck-Archipels. Berlin.

Stephan, E. und *F. Graebner* (1907): Neu-Mecklenburg (Bismarck-Archipel). Die Küsten von Umuddu bis Kap St. Georg. Forschungsergebnisse bei den Vermessungsfahrten von S. M. S. Möwe im Jahre 1904. Berlin.

Weisser (1883): Aus einem Brief des Herrn Weisser an Bord S. M. Kbt. „Hyäne" an Herrn Bastian. In: Verhandlungen der Gesellschaft für Erdkunde zu Berlin 10: 289–296.

85 Förster, Till
poro-Bund

Bochet, G. (1959): Le Poro des Dieli. In: Bulletin de l'Institut Français d'Afrique Noire, sér. B, 21 (1–2): 61–101.

Bochet, G. (1965): Les masques Sénoufo, de la forme à la signification. In: Bulletin de l'Institut Fondamental d'Afrique Noire, sér. B, 27 (3–4): 636–677.

Clamens, G. (1955): Une phase de l'initiation à un Poro forgeron Sénoufo. In: Notes Africaines (65): 9–14.

Coulibaly, S. (1978): Le paysan Senoufo. Dakar Abidjan.

Förster, T. (1987a): Glänzend wie Gold. Gelbguß bei den Senufo. Berlin.

Förster, T. (1987b): Gesänge und Xylophonmusik der Senufo, Elfenbeinküste. Berlin.

Förster, T. (1987c): Der Poro-Bund der Senufo heute. In: Baessler Archiv N.F. 35 (1): 191–220.

Förster, T. (1988a): Kunst in Afrika. Köln.

Förster, T. (1988b): Die Kunst der Senufo. Zürich.

Glaze, A. J. (1981): Art and death in a Senufo village. Bloomington.

Glaze, A. J. (1983): The children of Poro: A reexamination of the rhythm-pounder in Senufo art. In: Connaissance des Arts Tribaux 20. Genf.

Jamin, J. (1977): Les lois du silence. Paris.

Knops, P. (1980): Les anciens Sénufo, 1923–1936. Berg-en-Daal.

Maesen, A. (1981): Le masque Korubla chez les Sénoufo centraux. In: Critica d'Arte Africana 46: 85–96.

Prouteaux, M. (1918): Notes sur certains rites magico-religieux de la Haute Côte d'Ivoire. In: L'Anthropologie 29: 37–52.

Richter, D. (1979): Senufo mask classification. In: African Arts 12 (3): 66–73, 93–94.

59 Grieshofer, Franz
Österreich

Burgstaller, E. (1956): Die bäuerlichen Burschenschaften in Oberösterreich. In: Actes du IVe Congrès International des Sciences Anthropologiques et Ethnologiques. 1952. 3: 101–111. Wien.

Burgstaller, E. (1958): Die bäuerlichen Burschenschaften in Oberösterreich. In: Atlas von Oberösterreich. Erläuterungsband zur 1. Lfg. 142–148. Linz.

Burgstaller, E. (1968): Burschenschaftsbrauchtum – das Stehlen. Kommentar zu den Karten von R. Wolfram im Österr. Volkskundeatlas, 3. Lfg. Bd. 45, S. 69.

Burgstaller, E. (1968): Burschenschaftsbrauchtum – termingebundene Unruhnächte. Kommentar zu der Karte von R. Wolfram im Österr. Volkskundeatlas, 3. Lfg. S. 54.

Caduff, G. (1952): Die Knabenschaften Graubündens. Chur.

Dünninger, D. (1967): Wegsperre und Lösung. Berlin.

Erixon, S. (1921): Ynglingalaget. Ein Gengangara i samhället. In: Fataburen. 95–123. Stockholm.

Feilzer, H. (1971): Jugend in der mittelalterlichen Ständegesellschaft. Wien.

Fielhauer, H. (1966): Allerheiligenstriezel aus Stroh. Beiträge zum burschenschaftlichen Jahresbrauchtum im Weinviertel. VdK-Kundliche Beiträge. 21–34. Wien.

Galler, W. (1971): Die Burschenschaften des östlichen und mittleren Weinviertels – Ihre Erscheinung im 20. Jahrhundert. Diss. Wien.

Grieshofer, F. (1974): Faschingsbrauchtum. Karte und Kommentar im Österr. Volkskundeatlas, 5. Lfg. Bl. 90, S. 67.

Haberlandt, M. (1905): Innviertler Raufwerkzeuge. In: Zs. f. österr. VKde., 11: 81–85.

Höfler, O. (1934): Kultische Geheimbünde der Germanen. Frankfurt.

Hoffmann-Krayer, E. (1946): Knabenschaften und Volksjustiz in der Schweiz. In: Kleine Schriften zur Volkskunde. 30: 124–159.

Ivančan, I. (1967): Narodni običaji korčulanksi kumpanija. Agram.

Johannessen, Ch. (1967): Norwegisches Burschenbrauchtum. Kultur und Sage. Diss. Wien.

Jungwirth, H. (1932): Die Zeche des oberösterreichischen Innviertels… eine Burschen-Altersklasse. In: Oberdeutsche Zs. f. Vkde., 6: 28–37.

König-Reis, M. (1938): Bäuerliche Burschenschaften. In: Niederdeutsche Zs., 16: 191–244.

Kraft, J. (1926): Vom Rowisch in Niederösterreich. In: Wiener Zs. f. Vkde. 104–106.

Kramer, K.-S. (1960): Ältere Spuren burschenschaftlichen Brauchtums in Mittelfrankreich. In: Jb. f. Fränkische Landesforschung, 20: 375–392.

Meyer, G. F. (1941): Brauchtum der Jungmannschaften in Schleswig-Holstein. Flensburg.

Moser, O. (1959): Von Tanzburschen und Tanzschaffern. In: Tanz und Brauch. Kärntner Museumsschriften, 19: 137–172.

Peter, I. (1953, [2]1981): Gasslbrauch und Gasslspruch in Österreich. Salzburg.

Petrei, B. (1972): Die Burschenschaften im Burgenland. In: Österr. Zs. f. Vkde., 26/75: 73–93.

Petrei, B. (1974): Die Burschenschaften im Burgenland. In: Wissenschaftl. Arbeiten aus dem Burgenland, Heft 55. Eisenstadt.

Peukert, W.-E. (1951): Geheimkulte. Berlin.

Prankl, A. (1989): Die Innviertler Zechen. Von Burschenkameradschaften, Bräuchen und ländlicher Geselligkeit. In: OÖ. Heimatbll., 43: 93–121.

Queri, G. (1911): Bauernerotik und Bauernfehme in Oberbayern. München.

Ranke, F. (1940): Das Wilde Heer und die Kultbünde der Germanen. Eine Auseinandersetzung mit Otto Höfler. In: Niederdeutsche Zs. 18: 1–33.

Schmidt, L. (1967): Traditionelle Burschenverbände in Niederösterreich. In: Bauernbundkalender. 54–55. Wien.

Schmidt, L. (1966): Volkskunde in Niederösterreich. 114–117. Horn.

Schmidt, L. (1969): Bauernfasching im Burgenland. Aus der Arbeit am Atlas der burgenländischen Volkskunde. In: Österr. Zs. f. Vkde. 23/72: 133–171.

Schurtz, H. (1902): Altersklassen und Männerbünde. Eine Darstellung der Grundformen der Gesellschaft. Berlin.

Wackernagel, H. G. (1956): Altes Volkstum der Schweiz (1932–1951). 117–300.

Weber-Kellermann, I.-Bimmer, Andreas C. (?1985): Einführung in die Volkskunde / europäische Ethnologie. 79: 95–102. Stuttgart.

Weiser, L. (1927): Altgermanische Jünglingsweihen und Männerbünde. Bühl.

Wolfram, R. (1934): Altersklassen und Männerbünde in Rumänien. In: Mitt. d. Anthropol. Gesellschaft Wien. 64: 112–128.

Wolfram, R. (1935): Die Böhmerwälder Faschingsburschen. In: Wiener Zs. f. Vkde. 40: 33–44.

Wolfram, R. (1936): Schwerttanz und Männerbund. Kassel.

Wolfram R. (1956): Zur Frage des Männerhauses in Europa. In: Actes du IVe Congrès International des Sciences Anthropologiques et Ethnologiques. Vienne 1952. 3: 74–75.

Wolfram, R. u. *J. Kretschmer* (Hg.) (1959–1979): Österreichischer Volkskundeatlas unter der Patronanz der Österr. Akademie der Wissenschaften. Wien.

96 Grohsgart, Jürgen
Neue Männer

Baurmann, M. C. (1987): Männergewalt. Erscheinungsformen und Dimensionen. In: Vorgänge (6): 56.

Brzoska, G. u. *G. Hafner* (1987): Männerfragen im Patriarchat. In: J. Ehrenforth u. H. Ernst (Hg.): Gegenstimmen. S. 116, Hamburg.

Hollstein, W. (1989): Nicht Herrscher, aber kräftig. Die Zukunft der Männer. Hamburg.

Honig, M.-S. (1986): Verhäuslichte Gewalt. Frankfurt.

Männerbewegung zwischen Therapie und Politik. In: HerrMann – die falsche Stimme im Männerchor. Mai 1986: 18. Berlin.

Schröder, B. (1987): Die Männerbewegung – im Ritt zwischen Rasierschaum und Messersschneide. In: J. Ehrenforth u. H. Ernst (Hg.): Gegenstimmen. S. 82. Hamburg.

79 Grube, Nikolai
Cruzoob-Maya

Bartolomé, M. A. u. *A. M. Barabas* (1981): La resistencia maya. Relaciones interétnicas en el oriente de la peninsula de yucatán. INAH SEP Pub. 53. Mexiko.

Bricker, V. (1981): The Indian Christ, the Indian King. The historical substrate of Maya myth and ritual. Austin.

Dumond, Don E. (1977): Independent Maya kingdoms of the late nineteenth century: Chiefdoms and power politics. In: G. D. Jones (Hg.): Anthropology and history in Yucatán. 103–138. Austin.

Farriss, N. M. (1984): Maya society under colonial rule. The collective enterprise of survival. Princeton.

Villa Rojas, A. (1945): The Maya of East Central Quintana Roo. Carnegie Institution of Washington. Publication 559. Washington.

Villa Rojas, A. (1977): El proceso de integración nacional entre los mayas de Quintana Roo. América Indígena: 37 (4): 883–906.

Zimmerman, C. (1963): The cult of the holy cross: An analysis of cosmology and catholicism in Quintana Roo. In: History of Religions 3: 60–71.

61 Hüwelmeier-Schiffauer, Gertrud
Männergesangvereine

Freudenthal, H. (1968): Vereine in Hamburg. Hamburg.

Köhle-Hezinger, C. (1978): Gemeinde und Verein. In: Rheinisches Jahrbuch für Volkskunde 22 (2. Hlbbd.): 181–202.

Mauss, M. (1968): Die Gabe. Frankfurt.

Tenfelde, K. (1984): Entfaltung des Vereinswesens (1850–1873). In: Historische Zeitschrift, Beiheft 9 (Vereinswesen und bürgerliche Gesellschaft): 55–114.

67 Johansen, Ulla
Steppennomaden

Barth, F. (1961): Nomads of South Persia. The Basseri Tribe of the Kamseh Confederacy. Oslo.

Bartold, V. V., V. M. Žirmunskij u. *A. N. Kononov* (Hg.) (1962): Kniga moego Deda Korkuta. Moskau, Leningrad.

Ekvall, R. B. (1964): Peace and war among the Tibetan Nomads. In: American Anthropologist 66 (5): 1110–1115.

v. Gabain, A. (1962): Kazaklok. Németh Armağanı. Ankara.

Haenisch, E. (Hg.) (1948): Die Geheime Geschichte der Mongolen. Leipzig.

Hein, J. (Hg.) (1958): Das Buch des Dede Korkut. Zürich.

Heissig, W. (Hg.) (1981): Dschingis Khan. Ein Weltreich zu Pferde. Köln.

Pao, K.-Y. (1965):Studies on the secret history of the Mongols. Uralic and Altaic Series 58. Bloomington.

Pelliot, P. (Hg.) (1949): Histoire secrète des Mongols. Paris.

Plano Caprini, J. de (1930): Geschichte der Mongolen und Reisebericht 1245–1247. Hrsg. von F. Risch. Leipzig.

Salzmann, P. C. (1983): The psychology of nomads. In: Nomadic Peoples, 12.

Stökl, G. (1953): Die Entstehung des Kosakentums. Veröffentlichungen des Osteuropa-Instituts München 3.

Sümer, F., A. E. Uysal und *W. S. Walker* (Hg.) (1972): The Book of Dede Korkut. Austin, London.

Vladimirtsov, B. (1948): Le régime social des Mongols. Paris.

Winter, J. C. u. *U. Johansen* (1977): Altersgruppen als Institutionen zur Kanalisierung jugendlicher Aggressionen und als Auslesemechanismus für Führungspersönlichkeiten: ein Vergleich zwischen Ostafrika und Mittelasien. In: Zur Sprachgeschichte und Ethnohistorie in Afrika. Berlin.

75 Jonaitis, Aldona
Kwakiutl/Nordwestküste

Boas, F. (1897): The social organization and secret societies of the Kwakiutl Indians. United States National Museum Report for 1895.

Boas, F. (1966): Kwakiutl ethnography. Hrsg. von H. Codere. Chicago.

Holm, B. (1977): Traditional and contemporary Kwakiutl winter dance. In: Arctic Anthropology 14: 5–21.

Holm, B. (1983): Smoky-Top: The art and times of Willie Seaweed. Seattle.

Jonaitis, A. (1988): From the land of the totem poles: The Northwest Coast Indian Art Collection at the American Museum of Natural History. New York.

Macnair, P., A. L. Hoover u. *K. Neary* (1980): The legacy: Continuing traditions of Canadian Northwest Coast Indian art. British Columbia Provincial Museum. Victoria.

Powell, J. u. a. (o. J.): Yaxwatlan's: Learning Kwakwala. Series Book 12. U'Mista Cultural Society. Alert Bay, B. C.

Rohner, R. (1969): The ethnography of Franz Boas. Chicago.

Sewid, J. (1969): Guests never leave hungry. Hrsg. von F. Spradley. New Haven.

83 Kempf, Wolfgang
Männerkult Neuguinea

Allen, M. R. (1967): Male cults and secret initiations. Melbourne.

Gewertz, D. B. (1983): Sepik river societies: A historical ethnography of the Chambri and their neighbors. New Haven.

Gewertz, D. B. u. *E. Schieffelin* (Hg.) (1985): History and ethnohistory in Papua New Guinea. Oceania Monograph 28. Sydney.

Gourlay, K. A. (1975): Sound-producing instruments in traditional society: A study of esoteric instruments and their role in male-female relations. New Guinea Research Bulletin 60. Port Moresby.

Henkelmann, F. (1930): Jahresbericht 1930, Station Galek. Archives of Evangelical Lutheran Church of Papua New Guinea, Lae.

Henkelmann, F. (1932): Schwere Lage in Galek. In: Neuendettelsauer Missionsblatt (5): 34–37. Hauptarchiv Evang.-Luth. Missionsanstalt, Neuendettelsau.

Herdt, G. H. (1982): Fetish and fantasy in Sambia initiation. In: G. H. Herdt (Hg.): Rituals of manhood: Male initiation in Papua New Guinea. Berkeley.

Hermann, E. (1987): „Nem bilong ‚kago kalt' em i tambu tru!" Rezeption und Konsequenzen des Konzepts „Cargo Cult" am Fallbeispiel der Yali-Bewegung in der Madang Province, Papua New Guinea. Unpublizierte Magisterarbeit. Tübingen.

Kempf, W. (o.J.): Yong: Das Beschneidungsritual bei den Ngaing und benachbarten Gruppen im Finisterre-Gebirge. In: J. Wassmann (Hg.): Finisterre: Beiträge zur Ethnographie Nordost-Neuguineas. Berlin (in Vorbereitung).

Lacey, R. (1981): Epilogue: Oral sources and the unwritten history of Papua New Guinea. In: D. Denoon u. R. Lacey (Hg.): Oral tradition in Melanesia. Port Moresby.

Langness, L. L. (1974): Ritual, power and male dominance in the New Guinea Highlands. Ethos 2: 189–212.

Lawrence, P. (1964): Road belong cargo. Melbourne.

Lawrence, P. (1965): The Ngaing of the Rai coast. In: P. Lawrence u. M. J. Megitt (Hg.): Gods, ghosts and men in Melanesia. Melbourne.

Lutkehaus, N. (1982): Ambivalence, ambiguity and the reproduction of gender hierarchy in Manam society: 1933–1979. In: F. J. P. Poole u. G. H. Herdt: Sexual antagonism, gender, and social change in Papua New Guinea. Social Analysis (Special Issue) 12: 36–51. Adelaide.

Read, K. M. (1952): Nama cult of the Central Highlands, New Guinea. Oceania 23: 1–25.

Reiner, H. (1986): Beginnings at Madang: The Rhenish Mission. In: H. Wagner u. H. Reiner (Hg.): The Lutheran church in Papua New Guinea: The first hundred years 1886–1986. Adelaide.

Rosaldo, R. (1980a): Ilongot headhunting 1883–1974: A study in society and history. Stanford.

Rosaldo, R. (1980b): Doing oral history. In: K. Brown u. M. Roberts (Hg.): Using oral sources: Vansina and beyond. Social Analysis (Special Issue) 4: 89–90. Adelaide.

Schieffelin, E. u. *D. B. Gewertz* (1985): Introduction. In: D. B. Gewertz u. E. Schieffelin (Hg.): History and ethnohistory in Papua New Guinea. Oceania Monograph 28: 1–6. Sydney.

Schmitz, C. A. (1958): Zur Ethnographie des Jupna-Tales im Nordosten von Neuguinea. Acta Ethnographica 7: 337–386.

Schmitz, C. A. (1960): Historische Probleme in Nordost-Neuguinea. Wiesbaden.

Tuzin, D. F. (1980): The voice of the Tambaran: Truth and illusion in Ilahita Arapesh religion. Berkeley.

Zelenietz, M. und *S. Lindenbaum* (Hg.) (1981): Sorcery and social change in Melanesia. Social Analysis (Special Issue) 8. Adelaide.

63 Klein, Michael
Sportbünde

Alkemeyer, Th. u. *A. Richartz* (1989): Olympia: Vom Weihespiel zur Show. In: Psychologie heute 16 (5): 44–51.

Aufmuth, U. (1979): Die deutsche Wandervogelbewegung unter soziologischem Aspekt. Göttingen.

Aufmuth, U. (1988): Zur Psychologie des Bergsteigens. Frankfurt.

Beisser, A. R. (1967): The Madness in sports. New York.

Bernsdorf, W. (1972): Bund. In: W. Bernsdorf (Hg.): Wörterbuch der Soziologie 1: 138–140. Frankfurt.

Bilden, H. (1989): Geschlechterverhältnis und Individualität im gesellschaftlichen Umbruch. In: H. Keupp u. H. Bilden (Hg.): Verunsicherungen. Das Subjekt im gesellschaftlichen Wandel. Göttingen.

Bourdieu, P. (1987): Sozialer Sinn. Kritik der theoretischen Vernunft. Frankfurt.

Easlea, B. (1986): Väter der Vernichtung. Reinbek.

Elias, N. (1975): Die Genese des Sports als soziologisches Problem. In: K. Hammerich u. K. Heinemann (Hg.): Texte zur Soziologie des Sports. Schorndorf.

Erikson, E. H. (1966): Identität und Lebenszyklus. Frankfurt.

Euler, C. (1894): Encyklopädisches Handbuch des gesamten Turnwesens und der verwandten Gebiete. Bd. 1. Wien.

Gebauer, G. (Hg.) (1988): Körper- und Einbildungskraft. Berlin.

Hölker, G. (1931): Männerbünde. In: A. Vierkandt (Hg.): Handwörterbuch der Soziologie. Stuttgart.

Hortleder, G. u. *G. Gebauer* (Hg.) (1986): Sport – Eros – Tod. Frankfurt.

Klein, M. (Hg.) (1983): Sport und Geschlecht. Reinbek.

Klein, M. (1984): „New Games" – auch ein Weg politischer Bildung? In: Gesellschaftliche Funktionen des Sports. Schriftenreihe der Bundeszentrale für politische Bildung 206: 231–243. Bonn.

Klein, M. (1987): Frauen im Sport – gleichberechtigt? Stuttgart.

Klein, M. (Hg.) (1990): The macho-world of sport – a forgotten realm. In: IRSS 25 (3).

Kruse, L. u. *C. F. Graumann* (1978): Sozialpsychologie des Raumes und der Bewegung. In: K. Hammerich u. M. Klein (Hg.): Materialien zur Soziologie des Alltags. Opladen.

Lämmer, M. (1981): Women and sport in ancient Greece. In: Medicine and Sport: 16–23.

Nöcker, G. u. *M. Klein* (1980): Top-level athletes and idols. In: IRSS 15 (1): 5–19.

Richartz, A. (1988): Turner, Auf zum Streite! Die Bedeutung von Gruppenphantasien für die frühe Turnbewegung. In: G. Gebauer (Hg.): Körper- und Einbildungskraft. Berlin.

Schmalenbach, H. (1922): Die soziologische Kategorie des Bundes. In: Die Dioskuren Bd. 1. München.

Sheard, K. G. und *E. Dunning* (1975): Der Rugby-Club als eine Art „Männer-Reservat" – Einige soziologische Bemerkungen. In: K. Hammerich u. K. Heinemann (Hg.): Texte zur Soziologie des Sports. Schorndorf.

Sutton-Smith, B. (1978): Die Dialektik des Spiels. Schorndorf.

Tiger, L. (1969): Men in groups. London.

Veblen, T. (o.J.): Theorie der feinen Leute. Köln (1899).

66 Kokot, Waltraut
Griechenland

Alexiadis, T. (1988): Rembetiko als Ausdrucksmittel des Wertesystems urbaner Randgruppen in Griechenland und Kleinasien bis 1922. Unveröffentl. Mag.-Schr. Köln.

Blok, A. (1980): Die Mafia in einem sizilianischen Dorf 1860–1960. Frankfurt.

Herzfeld, M. (1985): Ours once more: Folklore, ideology, and the making of modern Greece. Austin.

Holst, G. (1975): Road to Rembetika. Music of a Greek sub-culture. Songs of love, sorrow and hashish. Athen.

Jestel, R. (1982): Rembetika – städtische Volksmusik Griechenlands. In: Informationen zur Ausländerarbeit (2): 131–135.

Koliopoulos, J. S. (1987): Brigands with a cause. Brigandage and irredentism in modern Greece 1821–1921. Oxford.

Lienau, C. (1989): Griechenland. Geographie eines Staates der europäischen Südperipherie. Wissenschaftliche Länderkunden 32. Darmstadt.

Petropoulos, I. (1971): Kaliarnda. Athen. (Lexikon der Geheimsprache der Homosexuellen)

Petropoulos, I. (1980): Ypokosmos Kai Karagiosis. Athen. (Unterwelt und Schattentheater)

Petropoulos, I. (1983): Rembetika Tragoudia. Athen. (Rembetikalieder)

Polyviou, M. (1975): To rembetiko tragoudi kai i kritiki tis aristeras. In: Thourios, Mai 1975. (Rembetika und die Kritik der politischen Linken)

Richter, H. A. (1988): Aspekte der griechischen Zeitgeschichte. In: Das Parlament, Beilage 14–15 (Aus Politik und Zeitgeschichte): 25–35.

Tzitzanis, V. (1979): I zoi mou, to ergo mou. Athen. (Lebensbericht)

Vakalopoulos, A. (1985): Griechische Geschichte von 1204 bis heute. Köln.

Vamvakaris, M. (1978): Avtoviographia. Athen. (Lebensbericht)

Zachos, E. (1962): Lexiko tis Piatzas. Athen. (Lexikon der Sprache der manges und koutzavakides)

72 Kreiner, Josef
Burschen / Japan

Bunka-chô (Hg.) (1972a): Nihon minzoku-chizu III: Shinkô, shakai-seitkatsu. Tokio. (Volkskundeatlas von Japan III: Glaube, gesellschaftliches Leben)

Bunka-chô (Hg.) (1972b): Izu no wakamonogumi no shuzoku. Mukli no minzokushiryô kiroku. Tokio. (Brauchtum der Burschengruppen von Izu)

Hirayama, K. (1984): Nenrei to sei no chitsujo. In: Tsuboi, Y. (Hg.): Mura to murabito. Nihon Minzokubunka taikei 8. Tokio. (Ordnung nach Alter und Geschlecht)

Izumi, S. u. a. (1963): Nihon-bunka no chiiki-ruikei. In: Jinrui-kagaku 15: 105–131. (Regionale Ausprägungen japanischer Kultur)

Kreiner, J. (1965): Akamata-Kuromata. Eindrücke von einem Maskengeheimbund im südlichen Ryûkyû. In: Mitteilungen der Anthropologischen Gesellschaft in Wien 95: 117–123.

Kreiner, J. (1969): Die Kultorganisation des japanischen Dorfes. Wien.

Kreiner, J. (1985): Hochzeit in Japan. Konfuzianistischer Idealtypus und kulturgeschichtliche Entwicklungen. In: Völger, G. u. K. v. Welck (Hg.): Die Braut 2: 734–743. Köln.

Nagashima, N. u. *H. Tomoeda* (Hg.) (1984): Regional differences in Japanese rural culture. Senri Ethnological Studies 14. Osaka.

Nakane, C. (1972): Japanese society. Berkeley.

Oka, M. (1933): Kulturschichten in Alt-Japan. Diss. Wien.

Seki, K. (1962): Nenrei-shûdan. In: Omachi, T. u. a. (Hg.): Shakai to minzoku 1. Nihon Minzokugaku taikei 13. Tokio. (Altersgruppen)

Slawik, A. (1936): Kultische Geheimbünde der Japaner und Germanen. In: Wiener Beiträge zur Kulturgeschichte und Linguistik 4: 675–763.

Suzuki, J. (1957): Toshi to sonraku no shakaigakuteki kenkyû. Tokio. (Soziologische Studien über Großstadt und Dorf)

51 Kugler, Georg
Hoforden

Auer, E. M. (1950): Vom Ordensornat zur Ordensuniform. In: Wiener Geschichtsblätter 5.

Auer, E. M. (1951): Der Maria Theresien-Orden. Von der Ordensgemeinschaft zum Verdienstorden. In: Numismatische Zeitschrift 74.

Auer, E. M. (1951): Die Ordensgarderobe. Ein Beitrag zur Geschichte der kleinen Wiener Hofdienste. In: Festschrift zur Feier des 200-jährigen Bestandes des Haus-, Hof- und Staatsarchivs, Bd. 2.

Fillitz, H. (1956): Die Insignien und Ornate des Kaisertums Österreichs. In: Jahrbuch der kunsthistorischen Sammlungen in Wien 52.

Gerstinger, H. (Hg.) (1934): Das Statutenbuch des Ordens vom Goldenen Vlies. Österreichische Nationalbibliothek, Handschrift 2606. Wien.

Johnston, W. M. (1974): Österreichische Kultur- und Geistesgeschichte. Gesellschaft und Ideen im Donauraum 1848 bis 1938. In: Forschungen zur Geschichte des Donauraums 1. Graz.

Kaindl, F. (1976): Orden und Ehrenzeichen. Katalog zur Sonderausstellung des Heeresgeschichtlichen Museums. Wien.

Kessler-Aurisch, H. (1983): Mode und Malerei in Wien vom Wiener Kongreß bis zum Ersten Weltkrieg. Freiburg/Brsg.

Königlich ungarischer St. Stephans-Orden (1764): Constitutiones insignis ordinis equitum S. Stephani regis apostolici. Wien.

Kugeler, G. u. *H. Haupt* (1983): Katalog der Ausstellung „Uniform und Mode am Kaiserhof. Hofkleider und Ornate, Hofuniformen und Livreen des 19. Jahrhunderts aus dem Monturdepot des Kunsthistorischen Museums“. Schloß Halbturn.

Metropolitan Museum of Art (1980): The Imperial Style: Fashions of the Habsburg Era. New York.

Militär-Maria Theresien-Orden (1759): Statuten des Löblichen Militärischen Maria Theresia Ordens. Wien.

Österreichisch kaiserlicher Leopold-Orden (1808, 1908): Statuten für den erhabenen österreichisch-kaiserlichen Leopold-Orden. Wien.

Österreichisch Kaiserlicher Orden der Eisernen Krone (1816, 1908): Statuten für den österreichisch-kaiserlichen Orden der Eisernen Krone. Wien.

Österreichisch Kaiserlicher Orden der Eisernen Krone (1912): Der österreichisch-kaiserliche Orden der Eisernen Krone und seine Mitglieder. Wien.

Orden vom goldenen Vlies (o. J.): Statuten des Ordens vom Goldenen Vlies. Wien.

Tumler, M. (1954): Der Deutsche Orden im Werden, Wachsen und Wirken bis 1400 mit einem Abriß der Geschichte des Ordens von 1400 bis zur neuesten Zeit. Wien.

49 Kunisch, Johannes
Mittwochsgesellschaft

Altmann, A. (1973): Moses Mendelssohn. A biographical study. London.

Birtsch, G. (1985): Carl Gottlieb Svarez. Mitbegründer des preußischen Gesetzesstaates. In: P. Alter, W. J. Mommsen, T. Nipperdey (Hg.): Geschichte und politisches Handeln. Studien zu europäischen Denkern der Neuzeit, 85–101. Stuttgart.

Birtsch, G. (1987): Die Berliner Mittwochsgesellschaft. In: H. E. Bödeker u. U. Herrmann (Hg.): Über den Prozeß der Aufklärung in Deutschland im 18. Jahrhundert. Personen, Institutionen und Medien, 94–112. Göttingen.

Dann, O. (1976): Die Anfänge politischer Vereinsbildung in Deutschland. In: U. Engelhardt, V. Sellin und H. Stuke (Hg.): Soziale Bewegung und Verfassung, 197–232. Stuttgart.

Dülmen, R. van (1977): Die Aufklärungsgesellschaften in Deutschland als Forschungsproblem. In: Francia 5: 251–275.

Hellmuth, E. (1982): Aufklärung und Pressefreiheit. Zur Debatte der Berliner Mittwochsgesellschaft während der Jahre 1783 und 1784. In: Zeitschrift für Historische Forschung 9: 315–345.

Koselleck, R. (²1959): Kritik und Krise. Ein Beitrag zur Pathogenese der bürgerlichen Welt. Freiburg, München.

Koselleck, R. (1967): Preußen zwischen Reform und Revolution. Allgemeines Landrecht, Verwaltung und soziale Bewegung von 1791 bis 1848. Stuttgart.

Möller, H. (1974): Aufklärung in Preußen. Der Verleger, Publizist und Geschichtsschreiber Friedrich Nicolai. Berlin.

Oncken, H. (1940): Geschichte der Mittwochsgesellschaft.

Scholder, K. (Hg.) (²1982): Die Mittwochsgesellschaft. Protokolle aus dem geistigen Deutschland 1932–1944. Berlin.

80 Lacroix, Michèle
Gran Chaco

Dobrizhoffer, M. (1784): Geschichte der Abiponer, einer berittenen und kriegerischen Nation in Paraguay. 3 Bde. Wien.

Dobrizhoffer, M. (1928): Auf verlorenem Posten bei den Abiponen. Leipzig.

Kersten, L. (1904): Die Indianerstämme des Gran Chaco bis zum Ausgange des 18. Jahrhunderts. Leiden.

Lindig, W. u. *M. Münzel* (³1985): Die Indianer. Bd. 2: Mittel- und Südamerika. München.

Miller, E. S. (1979): Los tobas argentinos. Armonía y disonancia en una sociedad. México.

Núñez Cabeza de Vaca, A. (1942): Naufragios y comentarios. Colección Austral 304. Buenos Aires.

Regehr, W. (1979): Die lebensräumliche Situation der Indianer im paraguayischen Chaco. Humangeographisch-ethnologische Studie zur Subsistenzgrundlage und Siedlungsform akkulturierter Chacovölker. Basel.

Schindler, H. (1983): Die Reiterstämme des Gran Chaco. Berlin.

Schmidel, U. (1962): Wahrhafftige Historien einer wunderbaren Schiffart. Frühe Reisen und Seefahrten in Orginalberichten 1. Graz.

Susnik, B. (1971): El indio colonial del Paraguay. Asunción.

Susnik, B. (1981): Los aborígenes del Paraguay. Etnohistoria de los Chaqueños 1650–1910. Bd. 3I (1). Asunción.

Susnik, B. (1983): Los aborígenes del Paraguay. Ciclo vital y estructura social. Bd. 5. Asunción.

73 Leims, Thomas
Kabuki/Japan

Kawatake, T. (1974): Zoku hikaku engeki gaku (Vergleichende Theaterwissenschaft). Tokio.

Kawatake, T. (1981): Das Barocke im Kabuki – das Kabukihafte im Barocktheater. Übersetzt und mit Anmerkungen versehen von Thomas Leims. Wien.

Leims, T. (1990): Die Entstehung des Kabuki. Transkulturation Europa – Japan im 16. und 17. Jahrhundert. Leiden.

Shively, D. H. (1955): Bakufu versus Kabuki. In: Harvard Journal of Asian Studies. Bd. 18: 326–356.

Shively, D. H. (1978): „The Social Environment of Tokugawa Kabuki. In: Brandon, u. a. (Hg.): Studies in Kabuki. It's Acting, Music and Historical Context: 1–61. Honolulu.

84 Lommel, Andreas
Australien

Kolig, E. (1987): Post-contact religious movements in Australian Aboriginal society. In: Anthropos 82: 251–359.

Lommel, A. (1949): Notes on sexual behavior and initiation, Wunambal tribe, North-Western Australia. In: Oceania 20 (2): 158–168.

Lommel, A. (1952): Die Unambal, ein Stamm in Nordwest-Australien. Hamburg.

Lommel, A. und *K.* (1989): Die Kunst des alten Australien. München.

Petri, H. (1950): Das Weltende im Glauben australischer Eingeborener. In: Paideuma 4: 349–362.

Petri, H. (1950–64): Wandlungen in der geistigen Kultur nordwestaustralischer Stämme. Veröffentlichungen aus dem Übersee-Museum in Bremen. Bremen.

Strehlow, C. (1907–1920): Die Aranda und Loritjy-Stämme in Zentral-Australien. Frankfurt a. M.

Strehlow, T. (1972): Gespräche mit Ray Müller. Drehbuch zu einem Film.

91 Lucius, Robert v.
Studenten

Berger, G. u. *D. Aurand* (1986): ... Weland Bursch zu Heidelberg. Heidelberg.

Brosse, S. de la (9. 11. 1984): Heidelberg – La Romantique. In: Paris Match.

Die Zeit (4. 9. 1987): Edler Prinz, arme Kathie.

Domela, H. (1927, 1979): Der falsche Prinz. Königstein.

Einst und Jetzt. Jahrbuch des Vereins für corpsstudentische Geschichtsforschung (1989): Bd. 34. Stamsried.

Eismann, G. (Hg.) (1971, 1984): Robert Schumann. Tagebücher. Bd. I 1827–38. Leipzig. Frankfurt.

Frankfurter Allgemeine Zeitung (13. 8. 1986): Alt-Heidelberg als Sinnbild des „good old Germany".

Gerhardt, H. (1926): Hundert Jahre Bonner Corps. Frankfurt.

Gregorow, S. (Pseudonym für Wilhelm Meyer-Förster) (1885): Die Saxo-Saxonen. Leipzig.

Helfer, C. (1987): Kösener Brauch und Sitte. Ein corpsstudentisches Wörterbuch. Saarbrücken.

Hohenlohe, A. (1925): Aus meinem Leben. Frankfurt/M.

Howitt, W. (1849): Student Life in Germany. London.

Knowles, L. (1914): Ein Tag mit Corps-Studenten in Deutschland. Königsberg.

Krause, P. (1979): O alte Burschenherrlichkeit. Die Studenten und ihr Brauchtum. Graz, Wien, Köln.

Kromphardt, K. u. a. (1989): Studentenverbindungen und Verbindungsstudenten in Bonn. Haltern.

Mann, G. (1986): Erinnerungen und Gedanken. Eine Jugend in Deutschland. Frankfurt.

Meyer-Förster, W. (1902): Alt-Heidelberg. Schauspiel in fünf Akten. Berlin. Beruht auf Meyer-Förster, W. (1900): Karl Heinrich. Eine Erzählung. Stuttgart/Leipzig.

Münchhausen, B. v. (o. J.): Der falsche Bräutigam und die falsche Braut. Abdruck in: Deutsche Allgemeine Zeitung (1925–1935).

Naso, E. v. (o. J.): Ich liebe das Leben. Erinnerungen aus fünf Jahrzehnten.

Petkanas, C. (1984): In Heidelberg: The Duelists. In: M. Vol. 1 Nr. 10: 110–117. New York.

Powell, N. (1989): Tankards and Sabers. In: The Wall Street Journal/Europa. (22. 7.).

Samarow, G. (Pseudonym für Oskar Meding) (1884/85): Die Saxoborussen. Berlin.

Saxo-Borussia (1958): Beiträge zur Geschichte. Heidelberg.

Senioren-Convent in Heidelberg (Hg.) (1886): Das Corpsleben in Heidelberg. Festschrift zum fünfhundertjährigen Jubiläum der Universität Heidelberg. Heidelberg.

Salins, M. z. (1982): Ein Lebensgang. Marburg.

Thoma, L. (o. J.): Pistole oder Säbel. Kongreß des satisfaktionsfähigen Deutschlands. Schauspiel. München.

Trentler, K. G. v. (1972): Zwischen Staatsraison und Vasallentreue. Berlin.

Tucholsky, K. (1927): Saxo-Borussen. Gedicht. In: Kurt Tucholsky. Gesammelte Werke. Bd. 2. 893ff.

Twain, M. (1967): Mark Twain bummelt durch Europa. Aus den Reiseberichten. 11–27. München.

Westdeutsche Allgemeine Zeitung (1986): Im Sepp'l kneipen die Saxo-Borussen. August.

Zuckmayer, C. (1969): Scholar zwischen gestern und morgen. Anlage zur „Ruperto-Carola". Bd. 42: 12. Heidelberg.

Zuckmayer, C. (1969): Als wär's ein Stück von mir. Horen der Freundschaft. 258ff. Frankfurt/Hamburg.

62 Mesenhöller, Peter
Hahneköppen

Bindernagel, L. u. *A. Carp* (1988): Ein grausames Spiel ‚Spanien: Bei Volksfesten werden Tiere geschunden und getötet'. In: Stern (24): 40–52.

Edelmann, A. (1890): Schützenwesen und Schützenfeste der deutschen Städte vom 13. bis 18. Jahrhundert. München.

Fehrle, E. (1912): Der Hahn im Aberglauben. In: Schweizerisches Archiv für Volkskunde 16: 65–75.

Giese, W. (1937): Über Hahnanschlagen und Verwandtes. In: Niederdeutsche Zeitschrift für Volkskunde 15: 198–201.

Hahneköppen (1986) im Bergischen Land. Eine volkskundliche Dokumentation. Hg. v. Peter Mesenhöller. Solingen.

Harvolk, E. (1978/79): Strangulatio Anserum: Meinungen und Materialien zu einem volkstümlichen Wettkampfspiel. In: Bayerisches Jahrbuch für Volkskunde 20: 95–102.

Höfler, O. (1934): Kultische Geheimbünde der Germanen. Bd. 1. Frankfurt a. M.

Huizinga, J. (1956): Homo ludens. Vom Ursprung der Kultur im Spiel. Hamburg.

Köstlin, K. (1978): Fastnacht und Volkskunde. Bemerkungen zum Verhältnis eines Fachs zu seinem Gegenstand. In: Rheinisches Jahrbuch für Volkskunde 23: 7–22.

Korff, G. (1984): Heraus zum 1. Mai. Maibrauch zwischen Volkskultur, bürgerlicher Folklore und Arbeiterbewegung. In: R. van Dülmen u. N. Schindler (Hg.): Volkskultur. Frankfurt a. M.

Mannhardt, W. (1868): Die Korndämonen. Beitrag zur germanischen Sittenkunde. Berlin.

Mannhardt, W. (1875–77): Wald- und Feldkulte. 2 Bde. Berlin.

Putsch, J. (1985) (Hg.): Vom Handwerk zur Fabrik. Ein Lese- und Arbeitsbuch zur Solinger Industriegeschichte. Anker und Schwert 6. Solingen.

Tornow, H. (1983): Kopf ab zum Volksfest. In: Stern (48): 202.

Ujváry, Z. (1965): Hahnenschlagen und Hahnenschießen in Ungarn. In: Acta Ethnographica Academiae Scientiarium Hungaricae 14: 277–301.

Weber-Kellermann, I. (1965): Erntebrauch in der ländlichen Arbeitswelt des 19. Jahrhunderts auf Grund der Mannhardtbefragung in Deutschland von 1865. Marburg/Lahn.

Zender, M. (1972): Das Kölnische „Niederland" in Gestalt und Sonderart seines Volkslebens. In: Rheinische Vierteljahrsblätter 36: 249–280.

Zender, M. (1960): Gestalt und Wandel der Nachbarschaft im Rheinland. In: Aus Geschichte und Landeskunde. Forschungen und Darstellungen. Franz Steinbach zum 65. Geburtstag. Bonn.

Zender, M. (1977): Glaube und Brauch. Fest und Spiel. In: G. Wiegelmann u. a.: Volkskunde. Eine Einführung. Berlin.

58 Mogge, Winfried
Jugendbewegung

Blüher, H. (1912): Wandervogel. Geschichte einer Jugendbewegung. Teil I: Heimat und Aufgang. Teil II: Blüte und Niedergang. Berlin-Tempelhof.

Blüher, H. (1912): Die deutsche Wandervogelbewegung als erotisches Phänomen. Ein Beitrag zur Erkenntnis der sexuellen Inversion [Teil III zu: Wandervogel. Geschichte einer Jugendbewegung.] Berlin-Tempelhof.

Blüher, H. (1953): Werke und Tage. Geschichte eines Denkers. München.

Brandenburg, H.-C. (1985): Der junge Eberhard Koebel. Materialien zu Biografie eines bündischen Jugendführers. In: Jahrbuch des Archivs der deutschen Jugendbewegung 15: 325–352.

Breuer, H. (1911): Das Teegespräch. In: Wandervogel – Monatsschrift für deutsches Jugendwandern H. 1: 31–38.

Fiedler, G. (1989): Jugend im Krieg. Bürgerliche Jugendbewegung, Erster Weltkrieg und sozialer Wandel 1914–1923. Köln.

Greiff, W. (1989): Hans Dehmel, ein Führer in der deutschen Jugendbewegung. (Puls – Dokumentationsschrift der Jugendbewegung Nr. 1) Witzenhausen.

Grob, M. (1985): Das Kleidungsverhalten jugendlicher Protestgruppen in Deutschland im 20. Jahrhundert am Beispiel des Wandervogels und der Studentenbewegung. Münster.

Habbel, F. L. (1922): Kibbo Kift. Die Waldverwandtschaft. Potsdam.

Hellfeld, M. von (1987): Bündische Jugend und Hitlerjugend. Zur Geschichte von Anpassung und Widerstand 1930–1939. Köln.

Kindt, W. (Hg.) (1968): Die Wandervogelzeit. Quellenschriften zur deutschen Jugendbewegung 1896–1919. (Dokumentation der Jugendbewegung Bd. 2) Düsseldorf/Köln.

Kindt, W. (Hg.) (1974): Die deutsche Jugendbewegung 1920 bis 1933. Die bündische Zeit. (Dokumentation der Jugendbewegung Bd. III.) Düsseldorf/Köln.

Klönne, I. (1985): Mädchen, Mutter, Kameradin. Weiblichkeitsbilder in der bürgerlichen Jugendbewegung. In: Jahrbuch des Archivs der deutschen Jugendbewegung 15: 75–86.

Kneip, R., L. Liebs u. *K.-H. Zimmermann* (1980): Vom Geheimnis Bündischer Führung. Dokumentarische Gespräche mit Hermann Kügler. Frankfurt/Main.

Koebel, E. (1931): Der gespannte Bogen. Eine Flugschrift zur Jungenschaft. Berlin.

Koebel, E. (1933): Die Heldenfibel. Plauen.

Mogge, W. (1981): „Der gepannte Bogen". Jugendbewegung und Nationalsozialismus: Eine Zwischenbilanz. In: Jahrbuch des Archivs der deutschen Jugendbewegung 13: 11–34.

Mogge, W. (1988): Der Freideutsche Jugendtag 1913: Vorgeschichte, Verlauf, Wirkungen. In: W. Mogge und J. Reulecke: Hoher Meißner 1913. Der Erste Freideutsche Jugendtag in Dokumenten, Deutungen und Bildern, 33–62. Köln.

Müller, J. (1971): Die Jugendbewegung als deutsche Hauptrichtung neukonservativer Reform. Zürich.

Musial, M. (1985): Die Mädchenbünde in der Jugendbewegung. Eine Bestandsaufnahme. In: Jahrbuch des Archivs der deutschen Jugendbewegung 15: 13–36.

Noack, U. (1946): Deutschlands neue Gestalt in einer suchenden Welt. Frankfurt/Main.

Reulecke, J. (1985): Männerbund versus Familie. Bürgerliche Jugendbewegung und Familie in Deutschland im ersten Drittel des 20. Jahrhunderts. In: „Mit uns zieht die neue Zeit." Der Mythos Jugend, hg. von Th. Koebner, R.-P. Janz und F. Trommler, 199–223. Frankfurt/Main.

Wald, W. (1980): Inseln der Unantastbarkeit. Erinnerungen an Alfred Schmid und das Graue Corps. Heidenheim.

50 Müller-Mees, Elke
Freimaurer

Appel, R. (1984): Was jeder Freimaurer wissen muß. Münster.

Appel, R. (1984): Von der kleinen Zahl derer, die das Gewissen ansprechen. In: Humanität. Das deutsche Freimaurermagazin (2): 15–19. Lübeck.

Binder, D. (1988): Die diskrete Gesellschaft. Geschichte und Symbolik der Freimaurer. Graz.

A. F. und *A. M. v. D.* (Hg.) (1982): Die Alten Pflichten von 1723. Hamburg.

o. V. (1974): Die Entwicklung der Freimaurerei. Vorläufer und Gründung. Die Blaue Reihe 23. Hamburg.

Fenner, W. u. *J. Schmitt-Sasse* (1982): Die Freimaurer als ‚nationale Kraft' vor 1933. In: Koebner, T. (Hg.): Weimars Ende – Prognosen in der deutschen Literatur und politischen Publizistik 1930–33. Frankfurt a. M.

Frieling, R. (1982): Verfemt, Bewundert: Die Freimaurer. In: Westermanns Monatshefte (12): 44–54. Braunschweig.

Haak, F. (1988): Freimaurer. Münchner Reihe. München.

Holtorf, J. (1985): Verschwörung zum Guten. Geschichtliche Bedeutung und heutige Aufgabe der Freimaurerlogen. Münster.

Horneffer, A. (1954): Das Brauchtum der Freimaurer. Sinn und Werte unserer Symbole. Die Blaue Reihe 1. Hamburg.

Horneffer, A. (1976): Die Aufnahmehandlung. Vor der Schwelle – Die Wanderung – Verpflichtung und Lichtgebung – Die Erkennungszeichen – Der Teppich. Die Blaue Reihe 3. Hamburg.

Hintze, W. (1974): Friedrich Ludwig Schröder. Der Schauspieler. Der Freimaurer. Die Blaue Reihe 22. Hamburg.

Humanität Das deutsche Freimaurermagazin. Jahrgang 1/1987 bis 2/1989. Lübeck.

Humanität spezial Das deutsche Freimaurermagazin 8/1986, 8/1987, 8/1988. Lübeck.

Jung, C. G. (1984): Grundwerk – Archetyp und Unbewußtes. Freiburg im Breisgau.

Mariel, P. (1963): Die wahren Söhne des Lichtes. Das Zeugnis eines Hochgradfreimaurers. Zürich.

Müller, K. (1984): Die bessere und die schlechtere Hälfte. Ethnologie des Geschlechterkonflikts. Frankfurt a. M.

Müller-Mees, E. (1990): Was heißt schon Männersache! Wider die Mechanismen des Machterhalts. München.

Nitsche, K. (1966): Das Mysterienspiel von der Erschaffung der Welt und dem Werden des Menschen im freimaurerischen Ritual. Die Blaue Reihe 16. Hamburg.

Rehländer, J. (1988): Ehrenmanns Bruderbund. In: GEO (2). Hamburg.

Steiner, G. (1987): Freimaurer und Rosenkreuzer – Georg Forsters Weg durch Geheimbünde. Berlin.

Zetsche, H. (1988): Der Meister vom Stuhl – das wichtigste Amt in der Loge. In: Humanität. Das deutsche Freimaurermagazin (6): 5. Lübeck.

52 Müller-Mees, Elke
Service-Club

Boorstein, D. (Hg.) (1958ff.): The Chicago history of American civilization. 7 Bde. Chicago.

Der Rotarier Jahrgang 38, Heft 4, 6, 7 1988 und Jahrgang 39 Heft 1 bis 5 1989. Hamburg.
(In englisch: The Rotarian; in spanisch: Revista Rotaria; außerdem in deutsch: Der Schweizer Rotarier u. a.)

Lions Clubs Governorrat (1982): International Gesamtdistrict 111 – Deutschland: Zusammenarbeit mit der Jugend. Würzburg.

Harris, P. (o. J.): Mein Weg zu Rotary. Rotary International-Publikation Nr. 922-G.

Lerner, M. (1957): America is a civilization. New York (dt. 1960: Amerika. Wesen und Werden einer Kultur. Frankfurt).

Lewis, S. (1988): Babbitt. Reinbek bei Hamburg.

Lion (1989): Offizielle Veröffentlichung von Lions Club International 33 (1).

Lions Club International (o. J.): Das Wichtigste. Die Internationale Vereinigung der Lions Clubs, USA.

Lions Clubs International (o. J.): Die Lions . . . Wir dienen.

Lions Club International (o. J.): Lions are.

Lions Club International (o. J.): Who are the lions?

Müller-Mees, E. (1990): Was heißt schon Männersache! Wider die Mechanismen des Machterhalts. München.

Packard, V. (1959): The Statues Seekers. New York (dt. 1959: Die unsichtbaren Schranken. Düsseldorf).

Rotary International (1987): Schlag nach über Rotary. Zürich.

Rotary International (o. J.): Rotary – sein Aufbau und Wirken. Fragen und Antworten. Zürich.

Rotary International (o. J.): Das ist Rotary.

Rotary International (o. J.): Die ersten Schritte bei Rotary.

Rotary International (o. J.): Die Rotary-Stiftung.

Rotary International (o. J.): Rotary – ein geschichtlicher Überblick. Zürich.

Rotary International: Sing, Rotarians, Sing. Schrift Nr. 33-MU.

Rotary International: The Rotarian Reader.

Rotary International (o. J.): Satzungen des Rotary Clubs.

Rotary International (o. J.): Verfassung des Rotary Clubs.

Sauter, U. (1980): Geschichte der Vereinigten Staaten von Amerika. Stuttgart.

Thomas, H. (1982): Der menschenfreundliche Löwe aus Chicago. Historische Studie über die amerikanische Vaterschaft des Lionismus. Bad Lauterberg im Harz.

Wilpert, F. von (1977): Einer in fünf Zeitaltern. Meilensteine an einem wechselvollen Lebenswege. Bonn.

Wündrich, H. (1986): Service-Club als Lebensform. In: Kiwanis International Europe, Distrikt Österreich–Deutschland (Governor 85/86 Paepcke, Peter): Kiwanis – Was ist das?

68 Pfeffer, Georg
Männerhäuser

Barth, F. (1959): Political leadership among Swat Pathans. London.

Barth, F. (1973): Descent and marriage reconsidered. In: Jack Goody (Hg.): The character of kinship. Cambridge.

Barth, F. (1981): Features of person and society in Swat: Collected essays on Pathans. London.

Honigmann, J. J. (1958): Three Pakistan villages. Institute for Research in Social Science. Chapel Hill.

Meggit, M. (1972): Understanding Australian Aboriginal society: Kinship systems or cultural categories. In: Reining (Hg.): Kinship Studies in the Morgan Centennial Year. Washington D. C.

McDougal, C. W. (1963): The Social Structure of the Hill Yuang. Unveröffentl. Diss. University of New Mexico.

Risley, H. H. (1915): The People of India. Delhi.

Rogers, S. (1981): Women's space in a men's house: The British House of Commons. In: S. Ardener (Hg.): Women and space. Ground rules and social maps. London.

69 Rao, Aparna
Indien

Chaudhuri, S. B. (1955): Civil Disturbances During the British Rule in India (1765–1857). Kalkutta.

Crummey, D. (Hg.) (1986): Banditry, Rebellion and Social Protest in Africa. London.

Foucault, M. (1975): Surveiller et Punir. Paris.

Farquhar, J. N. (³1954): Thags. In: J. Hastings (Hg.) Encyclopaedia of Religion and Ethics. Bd. 12. Edinburgh.

Freitag, S. B. (1985): Collective Crime and Authority in North India. In: A. A. Yang (Hg.): Crime and Criminality in British India. Tucson.

Fuchs, S. (1965): Rebellious Prophets. A Study of Messianic Movements in Indian Religions. London.

Gordon, S. N. (1969): Scarf and Sword: Thugs, Marauders, and State-Formation in 18th Century Malwa. The Indian Economic and Social History Review 6 (4): 403–429.

Guha, R. (Hg.) (1982–83): Subaltern Studies. Writings on South Asian History and Society. Delhi.

Gupta, H. (1959): A Critical Study of the Thugs and their Activities. Journal of Indian History 37.

Hobsbawm, E. J. (1959): Primitive Rebels. Manchester.

Hobsbawm, E. J. (1969): Bandits. Middlesex.

Kolff, D. H. A. (1969): Sannyasi Trader-Soldiers. The Indian Economic and Social History Review 6 (4): 403–429.

Monkkonen, E. H. (1975): The Dangerous Class: Crime and Poverty in Columbus, Ohio, 1860–1885. Cambridge, Mass.

Pouchepadass, J. (1979): Délinquance de fonction et normalisation coloniale: les „tribus criminelles" dans l'Inde britannique. In: Les marginaux et les exclus: 122–154. Paris.

Richards, J. F. u. *V. N. Rao* (1980): Banditry in Mughal India: Historical and Folk Perceptions. The Indian Economic and Social History Review 17 (1): 95–120.

Russel, R. u. *H. Lal* (1916): Tribes and Castes of the Central Provinces of India. London.

Shulman, D. (1980): On South Indian Bandits and Kings. The Indian Economic and Social History Review 17 (3): 283–306.

Sinha, B. K. (1971): The Pindaris 1798–1818. Kalkutta.

Sleeman, J. L. (1934): La Secte secrète des Thugs. Le Culte de l'Assassinat aux Indes. Paris.

Sleeman, Sir W. H. (1836): Ramaseeana. Or A Vocabulary of the Peculiar Language used by the Thugs. Descriptive of the System Pursued by that Fraternity. Calcutta.

Sleeman, Sir W. H. (1837): Illustrations of the History and Practices of the Thugs. And Notices of Some of the Proceedings of the Government of India, for the Suppression of the Crime of Thuggee. London. (zuerst 1844)

Sleeman, Sir W. H. (1915): Rambles and Recollections of an Indian Official. London.

Taylor, P. M. (1986): Confessions of a Thug. Oxford. (zuerst 1839).

Thompson, E. P. (1975): Whigs and Hunters: The Origin of the Black Act. New York.

Van Woerkens-Todorov, M. (1988): Trois Barbares en Asie: Une Enième Histoire des Thugs. In: C. Weinberger-Thomas (Hg.): L'Inde et L'Imaginaire. Collection Puruṣārtha 11. Paris.

Weinberger-Thomas, C. (1988): Les Yeux Fertiles de la Mémoire. Exotisme indien et Représentations Occidentales. In: C. Weinberger-Thomas (Hg.): L'Inde et L'Imaginaire. Collection Puruṣārtha 11. Paris.

Yang, A. A. (Hg.) (1985): Crime and Criminality in British India. Tucson.

71 Ronge, Veronika
Tibetische Mönche

Bell, Ch. (1928): The People of Tibet. Oxford.

Bell, Ch. (1946): Portrait of the Dalai Lama. London.

Dhondup, K. (1986): The Water-Bird and Other Years. New Delhi.

Goldstein, M. C. (1964): A Study of the LDAB LDOB. In: Central Asiatic Journal 9. Wiesbaden.

Harrer, H. (1953): Meine Tibetbilder. Seebruck.

Kawaguchi, E. (1909): Three Years in Tibet. Madras.

Macdonald, D. (1932): Twenty Years in Tibet. London.

Richardson, H. u. *T. Skorupski* (1986) (Hg.): Adventures of a Tibetan Fighting Monk. Bangkok.

Rockhill, W. W. (1891): Land of the Lamas. London.

Schäfer, E. (1950): Das Fest der weißen Schleier.

Snellgrove, D. u. *H. Richardson* (1980): A Cultural History of Tibet. Boulder.

Stein, R. A. (1972): Tibetan Civilization. Stanford.

87 Rosa, Peter de
Christliche Kirche

de Bouvoir, S. (1968): Das andere Geschlecht.

Goldmann-Posch, U. (1985): Unheilige Ehen. München.

Lecky, W. E. H. (³1877): History of European Morals from Augustus to Charlemagne. 2 Bde. London.

Lueg, A. (1985): Ein Sprung in der Kette.

Mill, J. S. (1869): The subjection of women.

Orwell, G. (1949): 1984.

Papst Johannes XXIII. (1963): Pacem in Terris.

Papst Paul VI. (1968): Humanae vitae.

Rice, D. (1990): Shattered vows.

Wouk, H. (1959): This is my God. New York.

88 Roth, Hermann Josef
Zisterzienser

Borst, A. (1988): Lebensformen im Mittelalter. Berlin.

Bredero, A. H. (1982): Das Verhältnis zwischen Zisterziensern und Cluniazensern im 12. Jahrhundert: Mythos und Wirklichkeit. In: K. Elm (Hg.): Die Zisterzienser. Ergänzungsband. Köln.

Bühler, J. (1989): Klosterleben im Mittelalter nach zeitgenössischen Quellen. Frankfurt.

Cant. (1939): Sermones in cantica canticorum. Patrologia latina, Bd. 183. Hg. Migne (u. a.).

Damme, J. B. Van (1982): Novum monasterium. Die Zisterzienserreform und die Regel des hl. Benedikt. In: K. Elm (Hg.): Die Zisterzienser. Ergänzungsband. Köln.

Duby, G. (1981): Der heilige Bernhard und die Kunst der Zisterzienser. Stuttgart.

Duby, G. (1985): Die Kunst des Mittelalters. Bd. 2: Das Europa der Kathedralen 1140–1280. Stuttgart.

Elm, K., P. Joerißen u. *J. H. Roth* (Hg.) (1980): Die Zisterzienser. Ordensleben zwischen Ideal und Wirklichkeit. Köln. Ergänzungsband: Köln (1982).

Frank, K. S. (1975): Grundzüge der Geschichte des christlichen Mönchtums. Darmstadt.

Knowles, D. (1969): Geschichte des christlichen Mönchtums. München.

LeGoff, J. (Hg.) (1989): Der Mensch des Mittelalters. Frankfurt.

Lekai, L. J. (1977): The Cistercians. Ideals and reality. Kent. Ohio.

Manselli, R. (1982): Die Zisterzienser in Krise und Umbruch des Mönchtums im 12. Jahrhundert. In: K. Elm (Hg.): Die Zisterzienser. Ergänzungsband. Köln.

Meyer zu Ermgassen, H. (1983): Congregatio Eberbacensis. Die Eberbacher Klostergemeinde 1136–1250. In: Hessisches Jahrbuch für Landesgeschichte 33: 1–36.

Miccoli, G. (1989): Die Mönche. In: J. LeGoff (Hg.): Der Mensch des Mittelalters. Frankfurt.

Roth, H. J. (1980): Marienfrömmigkeit bei den Zisterziensern. In: Zisterzienser und Heisterbach, Spuren und Erinnerungen: 61–65. Bonn.

Roth, H. J. (1988): Die zisterziensische Bewegung im Rahmen der mittelalterlichen Geistes- und Kirchengeschichte. In: Ehrmann, A., P. Pfister und K. Wollenberg (Hg.): In Tal und Einsamkeit, 725 Jahre Kloster Fürstenfeld. Die Zisterzienser im alten Bayern, Bd. 2: 9–22. München.

Roth, H. J. u. *A. Großmann* (1990): Bernhard von Clairvaux an die Tempelritter. Sinziger theolog. Texte und Studien.

Schneider, A. u. a. (Hg.) (1986): Die Cistercienser. Geschichte, Geist, Kunst. Köln.

Steidle, B. (Hg.) (1975): Die Benediktus-Regel. Lateinisch-deutsch. Beuron.

Vacandard, E. (1897/98): Leben des hl. Bernhard von Clairvaux, 2 Bde. Übers. v. Matth. Sierp. Mainz.

74 Rousselot, Jean-Loup
Eskimo/Alaska

Bogojavlensky, S. (1969): Imaagmiut eskimo careers: Skinboats in Bering Strait. Harvard.

Burch, E. S., Jr. (1980): Traditional eskimo societies in Northwest Alaska. In: Senri Ethnological Studies 4: 253–304. Osaka.

Burch, E. S., Jr. (1981): The traditional eskimo hunters of Point Hope, Alaska: 1800–1875. North Slope.

Chamisso, A. von (1824): Cetaceorum maris kamtscharici imagines ab Aleutis... Verhandlungen der Leopold. Akademie der Naturforscher 12 (1). Bonn.

Choris, L. (1822): Voyage pittoresque autour du monde. Paris.

Dall, W. H. (1878): On the remains of later pre-historic man: Smithsonian contributions to knowledge: (22) 318. Washington.

Duflot de Mofras, E. (1844): Exploration du territoire de l'Oregon, de Californies, et de la mer vermeille... 1840–1842. Paris.

Freeman, M. M. R. (1967): An ecological study of mobility and settlement patterns among the Belcher Island eskimo. In: Arctic 20 (3): 154–176.

Heizer, R. F. (1943): Aconite poison whaling in Asia and America. An aleutian transfer to the new world. In: Smithsonian Institution. BAE Bulletin 133 (24): 415–468.

Lisiansky, U. (1814): A voyage round the world... 1803–06. London.

Moyer, D. S. (1977): Fragmentation and functional differentiation in the eastern Canadian arctic. In: L. Müller-Wille, u.a. (Hg.): Consequences of economic change in circumpolar regions. 137–148. Edmonton.

Pelto, P. J. u. *L. Müller-Wille* (1977): Economic change and its consequences. In: L. Müller-Wille, u. a. (Hg.): Consequences of economic change in circumpolar regions. 251–263. Edmonton.

Pinart, A. L. (1875): La caverne d'Aknanh, Ile d'Ounga. Paris.

Rainey, F. G. (1947): The whale hunters of Tigara. In: Anthropological Papers of the American Museum of Natural History: 41 (2): 231–283. New York.

Rousselot, J.-L. (1975–77): Sachs harbor, North West Territories. Felddaten und Tagebuch. Manuskript.

Rousselot, J.-L., W. W. Fitzhugh u. *A. Crowell* (1988): Maritime economies of the north Pacific rim. In: W. W. Fitzhugh und A. Crowell (Hg.): Crossroads on continents. 151–172. Washington.

Spencer, R. F. (1972): The social composition of the north Alaskan whaling crew. In: Lee Guemble (Hg.): Alliance in eskimo society. Seattle.

VanStone, J. W. (1962): Point Hope. An eskimo village in transition. Seattle.

Worl, R. (1980): The north slope Inupiat whaling complex. Senri Ethnol. Studies 4: 305–320. Osaka.

Wrangell, F. P. von (1839): Statistische und ethnographische Nachrichten über die russischen Besitzungen an der Nordwestküste von Amerika. Beiträge zur Kenntnis des russischen Reiches: 1. St. Petersburg.

77 Sanner, Hans-Ulrich
Pueblo-Indianer

Apte, M. L. (1985): Humor and laugther. An anthropological approach. Ithaca.

Babcock, B. A. (1980): Ritual undress and the comedy of self and other: Bandelier's ‚The delight makers'. In: Discovery. School of American Research: 53–71.

Babcock, B. A. (1984): Arrange me into disorder. Fragments and reflections on ritual clowning. In: J. J. MacAloon (Hg.): Rite drama, festival, spectacle. Rehearsals toward a theory of cultural performance. Philadelphia.

Bandelier, A. F. (1890): The delight makers. New York.

Bandelier, A. F. (1966): The Southwestern journals of A. F. Bandelier, 1880–1882 (Hrsg. v. C. H. Lange und C. L. Riley). Albuquerque.

Bunzel, R. L. (1932): Introduction to Zuñi ceremonialism. In: Smithsonian Institution, 47th Annual Report of the Bureau of American Ethnology for the Years 1929–1930. Washington.

Crumrine, N. R. (1969): Čapakoba, the Mayo easter ceremonial impersonator: explanations of ritual clowning. In: Journal for the Scientific Study of Religion 8: 1–22.

Dozier, E. P. (1970): The Pueblo Indians of North America. New York.

Edelman, S. A. (1979): San Ildefonso Pueblo. In: A. Ortiz (Hg.): Handbook of North American Indians 9: Southwest: 308–316. Washington.

Fewkes, J. W. (1891): A few summer ceremonials at Zuñi Pueblo. In: J. W. Fewkes (Hg.): Journal of American Ethnology and Archaeology 1: 1–61. Boston.

Fewkes, J. W. (1892): A few summer ceremonials at the Tusayan Pueblos. In: J. W. Fewkes (Hg.): A Journal of American Ethnology and Archaeology 2: 1–160. Boston.

Handelman, D. (1981): The ritual-clown: attributes and affinities. In: Anthropos 76 (3/4): 321–370.

Hieb, L. A. (1979): The ritual clown: humor and ethics. In: E. Norbeck u. C. R. Farrer (Hg.): Forms of play of native North Americans. St. Paul.

Hill, W. W. (1982): An ethnography of Santa Clara Pueblo, New Mexiko (Hg. von C. H. Lange). Albuquerque.

Lange, C. H. (1959): Cochiti: A New Mexico Pueblo, past and present. Austin.

McCoy, R. (1988): Bring in the clowns. In: Native Peoples. The Journal of the Heard Museum. Summer 1988: 14–16. Phoenix.

Ortiz, A. (1969): The Tewa world. Space, time, being, and becoming in a Pueblo society. Chicago.

Parsons, E. C. (1929): The social organization of the Tewa of New Mexico. Memoirs of the American Anthropological Association 36. Menasha.

Parsons, E. C. u. *R. L. Beals* (1934): The sacred clowns of the Pueblo and Mayo-Yaqui Indians. In: American Anthropologist 36 (4): 491–514.

Sanner, H.-U. (1987): Symbolik und Funktion des Ritualclowns und der Clownbünde bei den Pueblo-Indianern. Unveröffentl. Magisterarbeit. Frankfurt a. M.

Sanner, H.-U. (1989): Hopi-Feldtagebücher. Manuskripte im Besitz des Verfassers.

Schlegel, A. (1977): Male and female in Hopi thought and action. In: A. Schlegel (Hg.): Sexual stratification. A cross-cultural View. New York.

Sekaquaptewa, E. (1980): One more smile for a Hopi Clown. In: L. Evers (Hg.): The south corner of time. Hopi Navaja Papago Yaqui Tribal Literature. Tucson.

Stevenson, M. C. (1894): The Sia. In: Smithsonian Institution, 11th Annual Report of the Bureau of American Ethnology for the Years 1889–1890: 3–157. Washington.

Stevenson, M. C. (1904): The Zuñi Indians. Their mythology, esoteric fraternities, and ceremonies. In: Smithsonian Institution, 23rd Annual Report of the Bureau of American Ethnology for the Years 1901–1902: 3–634. Washington.

Stirling, M. W. (1942): Origin myth of Acoma and other records. Smithsonian Institution, Bureau of American Ethnology Bulletin 135. Washington.

Tedlock, B. (1979): Boundaries of belief. In: Parabola 4 (1): 70–77).

Tedlock, B. (1982): Der Weg des Clowns. In: D. und B. Tedlock (Hg.): Über den Rand des tiefen Canyons. Lehren indianischer Schamanen. Düsseldorf.

Watson-Franke, M.-B. (1985): Völkerkunde oder Männerkunde? Sexismus und Ethnologie. In: G. Völger und K. v. Welck (Hg.): Die Braut. Geliebt – verkauft – getauscht – geraubt. Zur Rolle der Frau im Kulturvergleich. Köln.

White, L. A. (1932): The Pueblo of San Felipe. Memoirs of the American Authropolopical Association 38. Menasha.

White, L. A. (1935): The Pueblo of Santo Domingo. Memoirs of the American Anthropological Association 43. Menasha.

White, L. A. (1942): The Pueblo of Santa Ana, New Mexico. Memoirs of the American Anthropological Association 60. Menasha.

White, L. A. (1943): New material from Acoma. In: Smithsonian Institution, Bureau of American Ethnology Bulletin 136. Anthropological Paper 32: 301–360. Washington.

Young, M. J. (1987): Women, reproduction and religion in Western Puebloan Society. In: Journal of American Folklore 100 (398): 435–445.

93 Schefold, Karl
Stefan George

Boehringer, R. (1951, ²1968): Mein Bild von Stefan George. Düsseldorf u. München.

Boehringer, R. (1945, ²1965): Ewiger Augenblick. Basel, Düsseldorf u. München.

George, S. (1892): Blätter für die Kunst. Heft 1. Berlin.

George, S. (1895): Die Bücher der Hirten und Preisgedichte, der Sagen und Sänge und der hängenden Gärten. Berlin.

George, S. (1897): Das Jahr der Seele. Berlin.

George S. (1899): Teppich des Lebens und die Lieder von Traum und Tod. Berlin.

George, S. (1903): Tage und Thaten. Berlin.

George, S. (1907): Der siebente Ring. Berlin.

George, S. (1914): Der Stern des Bundes. Berlin.

George, S. (1928): Das neue Reich. Berlin.

Landmann, G. P. (1987): Maximilian Kronberger. Seine Gedichte, Tagebücher und Briefe. Stuttgart.

57 Schnurbein, Stefanie v.
Germanen-Ideologie

Aker, G. (1985): Göttin, ‚Frauwe', ‚Übel Wip'. Zur Konstituierung des neuzeitlichen Frauenbildes im sozialen und literarischen Konflikt. In: Thum, B. (Hg.): Gegenwart als kulturelles Erbe. Ein Beitrag der Germanistik zur Kulturwissenschaft deutschsprachiger Länder. Publikationen der Gesellschaft für interkulturelle Germanistik 2. München.

Birkhan, H. (1988): Otto Höfler. Nachruf. In: Almanach der Österreichischen Akademie der Wissenschaften 138: 385–406. Wien.

Haack, F.-W. (1981): Wotans Wiederkehr. Blut-, Boden- und Rasse-Religion. München.

Hasenfratz, H. P. (1982): Der indogermanische Männerbund. In: Zeitschrift für Religions- und Geistesgeschichte 34: 148–163.

Heusler, A. (1934): Germanentum. Vom Lebens- und Formgefühl der alten Germanen. Heidelberg.

Höfler, O. (1934): Kultische Geheimbünde der Germanen I. Frankfurt a. M.

Höfler, O. (1936): Der germanische Totenkult und die Sagen vom wilden Heer. In: Oberdeutsche Zeitschrift für Volkskunde 10: 33–49.

Höfler, O. (1938): Das germanische Kontinuitätsproblem. In: Historische Zeitschrift 157: 1–26.

Höfler, O. (1940): Volkskunde und politische Geschichte. In: Historische Zeitschrift 162: 1–18.

Höfler, O. (1950): Gemeinschaft und kultische Ordnung. In: Heinrich, W. (Hg.): Die Ganzheit in Philosophie und Wissenschaft. Othmar Spann zum 70. Geburtstag. Wien.

Höfler, O. (1976): Berserker. In: Reallexikon der germanischen Altertumskunde von Johannes Hoops. 2. völlig neubearbeitete und stark erweiterte Auflage. Bd. 2. Berlin.

Hunger, U. (1984): Die Runenkunde im Dritten Reich. Göttingen.

Koppers, W. (1935): Rezension von Otto Höfler: Kultische Geheimbünde der Germanen. In: Anthropos 30: 270–274.

Kuhn, H. (1956): Die Grenzen der germanischen Gefolgschaft. Wiederabdruck. In: Kuhn: Kleine Schriften Bd. 2. Berlin 1971.

Kummer, B. (1927): Midgards Untergang. Leipzig.

Leyen, F. von der (1935): Rezension von Otto Höfler: Kultische Geheimbünde der Germanen. In: Anzeiger für deutsches Altertum und deutsche Literatur 54: 153–165.

Petrikovits, H. von (1981): Chatten. In: Reallexikon der germanischen Altertumskunde von Johannes Hoops. 2. völlig neubearbeitete und stark erweiterte Auflage. Bd. 4. Berlin.

Ranke, F. (1940): Das Wilde Heer und die Kultbünde der Germanen. Eine Auseinandersetzung mit Otto Höfler. (Wiederabdruck in: Ranke, F.: Kleinere Schriften, Bern 1971.)

See, K. von (1961): Berserker. In: Zeitschrift für deutsche Wortforschung 17 (N.F. 2): 129–135. (Wiederabdruck in: See, K. von: Edda, Saga, Skaldendichtung. Aufsätze zur skandinavischen Literatur des Mittelalters. Heidelberg 1981).

See, K. von (1984): Das ‚Nordische' in der deutschen Wissenschaft des 20. Jahrhunderts. In: Jahrbuch für Internationale Germanistik, Jahrgang 15 (2): 8–38.

Siemsen, R. (1942): Germanengut im Zunftbrauch. Berlin.

Vondung, K. (1971): Magie und Manipulation. Ideologischer Kult und politische Religion des Nationalsozialismus. Göttingen.

Weiser, L. (1927): Altgermanische Jünglingsweihen und Männerbünde. Ein Beitrag zur deutschen und nordischen Altertums- und Volkskunde. Bühl.

54 Schultzendorff, Christiane v.
Dilettanti

Allen, B. S. (1969): Tides in English Taste. 2 Bde. London.

Burke, J. (1976): English Art 1714–1800. Oxford.

Clarke, M. u. *N. Penny* (1982): The Arrogant Connoisseur. Richard Payne Knight. London.

Cust, L. u. *S. Colvin* (1898): History of the Society of Dilettanti. London.

Harcourt-Smith, C. (1932): The Society of Dilettanti. London.

Stewart, J. D. (1971): Sir Godfrey Kneller. Katalog der National Portrait Gallery. London.

Vaget, H. R. (1970): Der Dilettant. Eine Skizze der Wort- und Bedeutungsgeschichte. In: Jb. d. Deutschen Schillergesellschaft. 14: 131–158. Stuttgart.

Walpole Correspondence (1945). In: W. S. Lewis, W. H. Smith und G. C. Lam (Hg.): The Yale Edition of Horace Walpoles Correspondence. Bd. 13, 14. April 1743. New Haven.

60 Schwedt, Herbert und Elke
Burschen und Schützen

Bausinger, H. (1985): Traditionale Welten. Kontinuität und Wandel in der Volkskultur. In: Zeitschrift für Volkskunde 81: 173–191.

Brach, R. (1985): Die Bräuche und Feste des Junggesellenvereins Unkel 1775. In: 210 Jahre Junggesellenverein Unkel. Unkel.

Brockpähler, W. (1961): Brauchtum der westfälischen Schützengesellschaften. In: Schützengeschichte von Westfalen und Lippe. Dortmund-Hörde.

Caduff, G. (1932): Die Knabenschaften Graubündens. Chur.

Deres, K. (1938): Ewig junge Junggesellen. Dem Junggesellenverein – Freundschaftsbund Kripp zum 125jährigen Bestehen. In: Heimatjahrbuch Kreis Ahrweiler 40: 154–156.

Dieker, F. (1939): Das rheinische Mailehen nach seinem Wesen, seiner Verbreitung und seiner Stellung in der Gemeinschaft. Wuppertal-Elberfeld.

Dülmen, R. van (Hg.) (1983): Kultur der einfachen Leute. Bayerisches Volksleben vom 16. bis zum 19. Jahrhundert. München.

Dünninger, D. (1967): Wegsperre und Lösung. Formen und Motive des Dörflichen Hochzeitsbrauches. Ein Beitrag zur rechtlich-volkskundlichen Brauchtumsforschung. Berlin.

Ewald, W. (1933): Die Rheinischen Schützengesellschaften. Düsseldorf.

Faber, M. H. (1985): „Zum ersten, zum zweiten und zum dritten." Frauenauktionen im Rheinland. In: Die Braut. Geliebt – verkauft – getauscht – geraubt. Zur Rolle der Frau im Kulturvergleich. Ausstellungskatalog. Hg. v. G. Völger und K. von Welck. Bd. 2: 440–450. Köln.

Faber, M. H. u. *T. Ziegler* (1979/80): Junggesellenvereine und ihre Aktionen im Mai. Ergebnisse empirischer Untersuchungen in drei Stadtteilen des rechtsrheinischen Bonn. In: Rheinisch-westfälische Zeitschrift für Volkskunde 25. 147–197.

Galler, W. (1971): Die Burschenschaften des östlichen und mittleren Weinviertels. Wien.

Gennep, A. van (1909): Les rites de passage. Paris.

Ginzburg, C. (1983): Charivari, Jugendbünde und wilde Jagd. In: Spurensicherungen. Über verborgene Geschichte, Kunst und soziales Gedächtnis. Berlin.

Haberlandt, A. (1962): Die volkstümliche Kultur Europas in ihrer geschichtlichen Entwicklung. In: G. Buschan (Hg.): Illustrierte Völkerkunde in zwei Bänden. Bd. 2. Stuttgart.

Heinzel, H., H. Holzapfel u. *D. von Krakewitz* (1989): Schützenvereine und Schützenfeste im Westerwald. In: H. Schwedt (Hg.): Brauchforschung regional. Mainzer Studien zur Sprach- und Volksforschung 14. Stuttgart.

Hilberath, L. (1931): Der Junggesellenverein in der Eifel. Köln.

Höfler, O. (1934): Kultische Geheimbünde der Germanen. Bd. 1. Frankfurt a. M.

Hoffmann-Krayer, E. (1904): Knabenschaften und Volksjustiz in der Schweiz. In: Schweizerisches Archiv für Volkskunde 8: 81–99, 161–178.

Jungwirth, H. (1932): Die Zeche des oberösterreichischen Innviertels ... eine Burschen-Altersklasse. In: Oberdeutsche Zeitschrift für Volkskunde 6: 28–37.

Klersch, J. (1967): Das deutsche Schützenwesen. Geschichte und Bedeutung. Bibliographie. Bücher des Bundes der Historischen Deutschen Schützenbruderschaften 1. Köln.

König, M. (1938): Bäuerliche Burschenschaften. In: Niederdeutsche Zeitschrift für Volkskunde 16: 191–244.

Köstlin, K. (1976): Gilden in Schleswig-Holstein. Die Bestimmung des Standes durch „Kultur". Göttingen.

Korff, G. (1984): „Heraus zum 1. Mai." Maibrauch zwischen Volkskultur, bürgerlicher Folklore und Arbeiterbewegung. In: R. van Dülmen und N. Schindler (Hg.): Volkskultur. Zur Wiederentdeckung des vergessenen Alltags. Frankfurt a. M.

Kramer, K.-S. (1960): Ältere Spuren burschenschaftlichen Brauchtums in Mittelfranken. In: Jahrbuch für fränkische Landesforschung 20: 375–392.

Kramer, K.-S. (1964): Altersklassenverbände. In: Handwörterbuch zur deutschen Rechtsgeschichte. Bd. 1. Berlin.

Kyll, N. (1972): Schariwari und Eselshochzeit. In: Heimatkalender für den Kreis Bitburg.

LeGoff, J. u. *J. Schmitt* (Hg.) (1981): Le Charivari. Civilisations et Sociétés 67. Paris.

Leweke, W. (1984): Wer dem Vogel „ein stucke abschosse, der sollte könig seyn das gantze Jahr". Historische Schützenbruderschafen, -gilden und -vereine in Deutschland. In: Der Landkreis 8–9: 404f.

Löber, U. (1972): Umfragen zu den dörflichen Burschenvereinigungen in den Gemeinden der „Marburger Landschaft". Diss. Marburg.

Lutz, G. (1960): Sitte, Recht und Brauch. Zur Eselshochzeit von Hütten in der Eifel. In: Zeitschrift für Volkskunde 56: 74–88.

Muchembled, R. (1982): Kultur des Volks – Kultur der Eliten. Die Geschichte einer erfolgreichen Verdrängung. Stuttgart.

Meyer, G. F. (1941): Brauchtum der Jungmannschaften in Schleswig-Holstein. Schriften zur Volksforschung Schleswig-Holsteins. Flensburg.

Michaelis, H.-T. (1985): Schützengilden. Ursprung – Tradition – Entwicklung. Keysers kleine Kulturgeschichte. München.

Müller, J. (1936): Rheinisches Maibrauchtum. In: Westdeutsche Zeitschrift für Volkskunde 33: 12–32.

Neu, H. (1964): Die Stadt St. Vith und ihr Junggesellenverein. Festschrift zur 300jährigen Erinnerungsfeier des St. Vitus Junggesellenvereins. St. Vith.

Osthoff, G. (Bearb.) (1979): Bibliographie zum Schützenwesen in Westfalen. Beiträge zur Volkskultur in Nordwestdeutschland 11. Münster.

Pesch, D. (1982): Schützen im Raum Euskirchen. In: Schützen im Raum Euskirchen. Ausstellungskatalog. Führer und Schriften des Rheinischen Freilichtmuseums für Volkskunde in Kommern 22. Köln.

Petri, B. (1974): Die Burschenschaften im Burgenland. Eisenstadt.

Petzoldt, L. (1983): Volkstümliche Feste. Ein Führer zu Volksfesten, Märkten und Messen in Deutschland. München.

Peuckert, W.-E. (1984): Geheimkulte. Volkskundliche Quellen II. Hildesheim. (Zuerst 1951)

Pfeil, S. Graf von (1975): Schützenwesen und Schützenfeste in Niedersachsen. Göttingen.

Prinz, J. (1961): Aus der älteren Geschichte des westfälischen Schützenwesens. In: Schützengeschichte von Westfalen und Lippe. Dortmund-Hörde.

Prößler, H. (1960): Das Schützenwesen der Neuzeit am Mittelrhein. Die Geschichte der St. Sebastianus-Schützenbruderschaft 1520 e.V. Koblenz-Ehrenbreitstein.

Reintges, T. (1963): Ursprung und Wesen der spätmittelalterlichen Schützengilden. Rheinisches Archiv 58. Bonn.

Sauermann, D. (1985): Volksfeste im Westmünsterland. Bd. 2. Vreden.

Sauermann, D., F. Schepper u. *N. Kirchner* (1983): Schützenwesen im kurkölnischen Sauerland. Ausstellungskatalog. Arnsberg.

Scharfe, M. (1970): Zum Rügebrauch. In: Hessische Blätter für Volkskunde 61: 45–68.

Schmitz, G. (1981/82): Quellenstudien zum Schützenwesen des Münsterlandes. In: Rheinisch-westfälische Zeitschrift für Volkskunde 26/27: 79–116.

Schmitz, H. (1979): 240 Jahre Junggesellenverein Erpel. In: Heimat-Jahrbuch des Landkreises Neuwied.

Schulte, W. (1978): Märkische Volksbräuche und die preußische Regierung im 18. Jahrhundert. In: Der Märker 27: 78–80.

Schurtz, H. (1902): Altersklassen und Männerbünde. Berlin.

Schwedt, H. (1968): Kulturstile kleiner Gemeinden. Volksleben 21. Tübingen.

Schwedt, H. (Hg.) (1984): Migration und Dorfkultur. Untersuchungen in Abwanderungsregionen des Landes Rheinland-Pfalz. Mainzer Studien zur Sprach- und Volksforschung 7. Stuttgart.

Schwedt, H. (Hg.) (1989): Brauchforschung regional. Untersuchungen in Rheinland-Pfalz und im Saarland. Mainzer Studien zur Sprach- und Volksforschung 14. Stuttgart.

Schwedt, H. u. *E.* (1984): Schwäbische Bräuche. Stuttgart.

Schwedt, H. u. *E.* (1989): Bräuche zwischen Saar und Sieg. Zum Wandel der Festkultur in Rheinland-Pfalz und im Saarland. Studien zur Volkskultur in Rheinland-Pfalz 5. Mainz.

Usener, H. (1902): Über vergleichende Sitten- und Rechtsgeschichte. In: Hessische Blätter für Volkskunde 1: 195–228.

Weber, G. u. *R.* (1985): Zendersch. Eine siebenbürgische Gemeinde im Wandel. Münster.

Weber, P. (1988): 900 Jahre Aremberg/Eifel. Aremberg.

Weiser, L. (1927): Altgermanische Jünglingsweihen und Männerbünde. Bühl.

Wolfram, R. (1935): Schwerttanz und Männerbund. Kassel.

Wrede, A. (1922): Rheinische Volkskunde. 2. Aufl. Heidelberg.

Wrede, A. (1960): Eifeler Volkskunde. Volkskunde rheinischer Landschaften 1. 3. Aufl. Bonn.

Zender, M. (1977): Gestalt und Wandel. Aufsätze zur rheinisch-westfälischen Volkskunde und Kulturraumforschung. Veröffentlichungen des Instituts für geschichtliche Landeskunde der Rheinlande an der Universität Bonn. Bonn.

95 Theweleit, Klaus
Kadettenanstalt

Theweleit, K. ([2]1987): Männerphantasien. 2 Bde. Reinbek.

55 Thurn, Hans Peter
Künstlerbünde

Baumgarth, C. (1966): Geschichte des Futurismus. Hamburg.

Berger, R. (1982): Malerinnen auf dem Weg ins 20. Jahrhundert. Kunstgeschichte als Sozialgeschichte. Köln.

Bergmann, E. (1980): Die Präraphaeliten. München.

Bircher, M. u. *von Ingen, F.* (Hg.) (1978): Sprachgesellschaften-Sozietäten-Dichtergruppe. Wolfenbütteler Arbeiten zur Barockforschung 7. Hamburg.

Buchheim, L.-G. (1956): Die Künstlergemeinschaft Brücke. Gemälde, Zeichnungen, Graphik, Plastik, Dokumente. Feldafing.

Busch, G. (1977/78): Zurück zur Natur. Die Künstlerkolonie von Barbizon. Ihre Vorgeschichte und ihre Auswirkung. Bremen.

Cambpell, J. (1981): Der Deutsche Werkbund 1907–1934. Stuttgart.

Gallwitz, K. (Hg.) (1981): Die Nazarener in Rom. Ein deutscher Künstlerbund der Romantik. München.

Greer, G. (1980): Das unterdrückte Talent. Die Rolle der Frauen in der bildenden Kunst. Berlin.

Johann, E. (Hg.) (1966): Reden des Kaisers. Ansprachen, Predigten und Trinksprüche Wilhelms II. München.

Jost, H. U. (1982): Künstlergesellschaften und Kunstvereine in der Zeit der Restauration. In: N. Bernard und Q. Reichen (Hg.): Gesellschaft und Gesellschaften. Bern.

Kastinger Riley, H. M. (1979): Achim von Arnim in Selbstzeugnissen und Bilddokumenten. Reinbek.

Kessler, H. Graf (1904): Der Deutsche Künstlerbund. Berlin.

Kratzsch, G. (1969): Kunstwart und Dürerbund. Ein Beitrag zur Geschichte der Gebildeten im Zeitalter des Imperialismus. Göttingen.

Krichbaum, J. u. *A. Zondergeld* (1979): Künstlerinnen. Von der Antike bis zur Gegenwart. Köln.

Lankheit, K. (1952): Das Freundschaftsbild der Romantik. Heidelberg.

Lipp, W. (1985): Stigma und Charisma. Über soziales Grenzverhalten. Berlin.

Moeller, M. M. (1984): Der Sonderbund. Seine Voraussetzungen und Anfänge in Düsseldorf. Köln.

Motte, M. de la (1976): Dokumente zum deutschen Informell. Bonn.

Nadeau, M. (1965): Geschichte des Surrealismus. Reinbek.

Otto, K. F. (1972): Sprachgesellschaften des 17. Jahrhunderts. Stuttgart.

Pevsner, N. (1931): Gemeinschaftsideale unter den Bildenden Künstlern des 19. Jahrhunderts. In: Deutsche Vierteljahrsschrift für Literaturwissenschaft 9: 125–154.

Pevsner, N. (1986): Die Geschichte der Kunstakademien. München.

Picon, G. (1976): Der Surrealismus in Wort und Bild 1919–1939. Lausanne.

Platte, H. (1966): Matisse und seine Freunde – les Fauves. Hamburg.

Rewald, J. (1965): Die Geschichte des Impressionismus. Schicksal und Werk der Maler einer großen Epoche der Kunst. Köln.

Riegl, A. (1931): Das holländische Gruppenportrait. 2 Bde. Wien.

Rilke, R. M. (1903): Worpswede. Fritz Mackensen, Otto Modersohn, Fritz Overbeck, Hans am Ende, Heinrich Vogeler. Bielefeld.

Rühm, G. (1967): Die Wiener Gruppe. Texte, Gemeinschaftsarbeiten, Aktionen, Reinbek.

Schmied, W. (Hg.) (1965): Zero. Mack, Piene, Uekker. Hannover.

Schneede, U. M. (Hg.) (1982): Cobra 1948–1951. Hamburg.

Seeßelberg, F. (Hg.) (1908): Werdandi. In: Monatsschrift für deutsche Kunst und Wesensart, im Auftrag des Werdandibundes. 1 (1): Leipzig.

Seidler, L. (1962): Erinnerungen der Malerin. Hrsg. von H. Uhde. Weimar.

Thurn, H. P. (1973): Soziologie der Kunst. Stuttgart.

Thurn, H. P. (1983): Die Sozialität der Solitären. Gruppen und Netzwerke in der bildenden Kunst. In: F. Neidhardt (Hg.): Gruppensoziologie. Perspektiven und Materialien. Sonderheft 25 der Kölner Zeitschrift für Soziologie und Sozialpsychologie. Opladen.

Thurn, H. P. (1985): Künstler in der Gesellschaft. Eine empirische Untersuchung. Opladen.

Uhde-Bernays, H. (1956): Künstlerbriefe über Kunst. Bekenntnisse von Malern, Architekten und Bildhauern aus fünf Jahrhunderten. Zweite veränderte und ergänzte Auflage. München.

Vogt, P. (1977): Der Blaue Reiter. Köln.

Wietek, G. (1976): Deutsche Künstlerkolonien und Künstlerorte. München

94 Uhle-Wetter, Franz
Offizierkorps

Bald, D. (Hg.) (1985): Tradition und Reform im Militärischen Bildungswesen.

Benoist-Mechain, J. (1939): Geschichte des deutschen Heeres seit dem Waffenstillstand 1918–1938. Berlin.

Bruce, A. (1980): The purchase system in the British army 1660–1871. London.

Callies, J. (1976): Militär in der Krise – die bayerische Armee in der Revolution 1848/49. Boppard.

Creveld, M van (1981): Fighting power, German military performance 1914–1945. Potomac.

Delbrück, H. (1920): Geschichte der Kriegskunst. 3 Bd. Berlin.

Duffy, Ch. (1986): Friedrich der Große – Ein Soldatenleben. Zürich, Köln.

Demeter, K. ([3]1963): Das deutsche Offizierskorps in Gesellschaft und Staat 1650–1945.

Dupuy, T. N. (1977): A genius for war – The German army and general staff 1807–1945. Englewood Cliffs.

Ferdinandy, M. de (1958): Tschingis Khan. Hamburg.

Fiedler, S. (1985): Kriegswesen und Kriegsführung im Zeitalter der Landsknechte. Boppard.

Fiedler, S. (1986): Kriegswesen und Kriegsführung im Zeitalter der Kabinettenkriege. Koblenz.

Franke, H. (1984): Siege and defence of towns in medievel China.

Franke, H. (1987): Studien und Texte zur Kriegsgeschichte der chinesischen Sung-Zeit. Wiesbaden.

Frey, L. (1984): Friedrich I. Graz.

Hintze, O. (1915, 1980): Die Hohenzollern und ihr Werk. Moers.

Hopkins, H. (1977): The strange death of private White. London.

Janowitz, M. (1975): Military elites and the study of war. In: Ders.: Military conflict – Essays in the institutional analysis of war and peace. London.

Janssen, R. (1980): Frauen ans Gewehr? Köln.

Jany, C. (1928): Geschichte der königlich preußischen Armee bis zum Jahre 1807. Berlin.

Karst, H. (1969): Das Bild des Soldaten. Boppard.

Kielmansegg, J. A Graf v. und *O. Weggel* (1985): China als Militärmacht.

Kunisch, J. (1986): Absolutismus. Göttingen.

Lange, E. (1934): Hauptmann Willy Lange. Diesdorf.

Lippert, E. (1980): Mädchen unter Waffen? Baden-Baden.

Luther, M. (1526): Ob Kriegsleute auch im seligen Stande sein können.

Mac Arthur, D. (1964): Reminiscences. New York.

Martin, G. (1979): Die bürgerlichen Excellenzen. Düsseldorf.

Marwitz, U. (1983): Staatsräson und Landesdefension – Untersuchungen zum Kriegswesen des Herzogtums Preußen 1640–1655. Boppard.

Mendelssohn-Bartholdy, G. ([16]1954): Der König. Bielefeld.

Meng-ta Peu-lu u. *Hei-ta shih-Lüeh* (1980): Chinesische Gesandtenberichte über die frühen Mongolen 1221–1237. Wiesbaden.

Messerschmidt, M. (1964): Offiziere im Bild von Dokumenten. Stuttgart.

Militärgeschichtliches Forschungsamt (Hg.) (1964–1979): Deutsche Militärgeschichte. 6 Bde. München.

Ortenburg, G. (1981): Das Deutsche Bundesheer. Dortmund.

Ortenburg, G. (Hg.) (1984ff.): Heereswesen der Neuzeit. 10 Bde. Koblenz.

Rupp, L. (1978): Mobilizing women for war – German and American propaganda 1939–1945. Princeton.

Schieder, Th. (1983): Friedrich der Große. Frankfurt.

Seidler, F. (1978): Frauen zu den Waffen? Bonn.

Setzer, H. (1973): Wahlsystem und Parteientwicklung in England.

Sprung, G. M. (o. J.): The soldier in our time. Minden.

Tharau, F.-K. (1968): Die geistige Kultur des preußischen Offiziers. Mainz.

Venohr, W. (1988): Der Soldatenkönig. Berlin.

Vries, J. de (1964): Die geistige Welt der Germanen. München.

56 Voß, Ursula
Nazarener

Beutler, E. (Hg.) (1977): Johann Wolfgang Goethe. Gedenkausgabe der Werke, Briefe und Gespräche. Johann Peter Eckermann, Gespräche mit Goethe. Zürich.

Bode, W. (Hg.) (1979): Goethe in vertraulichen Briefen seiner Zeitgenossen. Bd. 2. München.

Galley, E. (1968): Heinrich Heine – Werke.

Gallwitz, K. (Hg.) (1977): Die Nazarener. Ausstellungskatalog des Städel. Frankfurt.

Gallwitz, K. (Hg.) (1981): Die Nazarener in Rom – Ein deutscher Künstlerbund der Romantik. München.

Kügelgen, W. von (1904): Jugenderinnerungen eines alten Mannes. Berlin.

La Peinture Allemande (1976/77): Ausstellungskatalog, Orangerie. Paris.

Mann, T. (1949): Lotte in Weimar. Frankfurt.

Mengden, L. von (Hg.) (1985): Der Schönheit Malerin. Erinnerungen der Eliabeth Vigée-Le Brun. Frankfurt.

Minor, J. (Hg.) (o. J.): Tieck und Wackenroder. In: Deutsche National-Literatur 145. Stuttgart.

Uhde-Bernays, H. (Hg.) (1957): Künstlerbriefe über Kunst. Dresden.

76 Wilderotter, Hans
Plains- und Prairie-Indianer

Hennepin, L. (1698): A new discovery of a vast country in America. London (Hier: Ausgabe Chikago 1904)

Hoebel, E. A. (1936): Associations and the state in the Plains. In: American Anthropologist N. F. 38: 433–438.

Hoebel, E. A. (1960): The Cheyenne. Indians of the Great Plains. New York.

Kramer, F. (1982): Irre Hunde. Indianische Kyniker – Das Spiel um die Ehre. In: Kursbuch 63: 1–8.

Lindig, W. (1970): Geheimbünde und Männerbünde der Prairie- und der Waldindianer Nordamerikas (Studien zur Kulturkunde Band 23). Wiesbaden.

Lowie, R. H. (1913): Societies of the Crow, Hidatsa and Mandan Indians (Anthropological Papers of the American Museum of Natural History, Vol. XI, Part III). New York.

Lowie, R. H. (1915): Societies of the Arikara Indians (Anthropological Papers of the American Museum of Natural History, Vol. XI, Part VIII). New York.

Lowie, R. H. (1916): Plains Indian age-societies: Historical and comparative summary (Anthropological Papers of the American Museum of Natural History, Vol. XI, Part XIII). New York.

Lowie, R. H. (1927): The Origin of the State. New York.

Lowie, R. H. (1951): Beiträge zur Völkerkunde Nordamerikas (Mitteilungen aus dem Museum für Völkerkunde in Hamburg XXIII). Hamburg.

Moore, J. H. (1974): Cheyenne political history, 1820–1894. In: Ethnohistory 21/4: 329–359.

Petersen, K. D. (1964): Cheyenne soldier societies. In: Plains Anthropologist, Vol. 9, No. 25: 146–172.

Wied, M. Prinz zu (1839–1841): Reise in das Innere Nord-America in den Jahren 1832 bis 1834, 2 Bde. Coblentz. (Hier: Ausgabe München 1975)

Wissler, C. (1912): Societies and ceremonial associations in the Oglala division of the Teton-Dakota (Anthropological Papers of the American Museum of Natural History, Vol. XI, Part I). New York.

Wissler, C. (1913): Societies and dance associations of the Blackfoot Indians (Anthropological Papers of the American Museum of Natural History, Vol. XI, Part IV). New York.

46 Winterling, Aloys
Knabenliebe

Bethe, E. (1907): Die dorische Knabenliebe. Ihre Ethik und ihre Idee. In: Rheinisches Museum für Philologie N.F. 62: 438–475 (wieder in: Karsten Siems [Hg.]: Sexualität und Erotik in der Antike. Darmstadt 1988).

Bleibtreu-Ehrenberg, G. (1980): Mannbarkeitsriten. Zur institutionellen Päderastie bei Papuas und Melanesiern. Frankfurt a. M.

Bumke, J. (1986): Höfische Kultur. Literatur und Gesellschaft im hohen Mittelalter. 2 Bde. München.

Burckhardt, J. (1977): Griechische Kulturgeschichte. Bd. 4. München. (Zuerst 1898–1902).

Cartledge, P. (1981): The Politics of Spartan Pederasty. In: Proceedings of the Cambridge Philological Society 207: 17–36.

Clarke, W. M. (1978): Achilles and Patroclus in Love. In: Hermes 106: 381–396.

Dentzer, J. M. (1982): Le motif du banquet couché dans le Proche-Orient et le monde grec du VIIe au IVe siècle avant J.-C. Rom.

Devereux, G. (1968): Greek Pseudo-Homosexuality and the „Greek Miracle". In: Symbolae Osloenses 42: 69–92.

Dirlmeier, F. (1931): ΦΙΛΟΣ und ΦΙΛΙΑ im vorhellenistischen Griechentum. München.

Dover, K. J. (1983): Homosexualität in der griechischen Antike. München (engl. 1978).

Elias, N. (1969a): Über den Prozeß der Zivilisation. Soziogenetische und psychogenetische Untersuchungen. 2 Bde. Bern. (zuerst 1939)

Elias, N. (1969b): Die höfische Gesellschaft. Untersuchungen zur Soziologie des Königtums und der höfischen Aristokratie. Darmstadt.

Hatebur, N. (1987): Antikes Patriarchat und Frauenfeindlichkeit. Entwurf einer nichtpatriarchalischen Kultursoziologie. Münster.

Heuß, A. (1981): Vom Anfang und Ende ‚archaischer' Politik bei den Griechen. In: G. Kurz u. a. (Hg.): Gnomosyne. Festschrift für Walter Marg. München.

Humphreys, S. C. (1983): The Family, Women and Death. Comparative Studies. London.

Hutter, H. (1978): Politics as Friendship. The Origins of Classical Notions of Politics in the Theory and Practice of Friendship. Waterloo, Ontario.

Jaeger, W. (1959): Paideia. Die Formung des griechischen Menschen. Bd. 1. 4. Aufl. Berlin.

Just, R. (1975): Conceptions of women in Classical Athens. In: Journal of the Anthropological Society of Oxford 6: 153–170.

Keuls, E. C. (1985): The Reign of the Phallus. Sexual Politics in Ancient Athens. New York.

Licht, H. (1926): Sittengeschichte Griechenlands. Bd. 2. Dresden.

Luhmann, N. (1981): Gesellschaftsstruktur und Semantik. Studien zur Wissenssoziologie der modernen Gesellschaft. Bd. 2. Frankfurt a. M.

Mason, P. (1984): The City of Men. Ideology, Sexual Politics and the Social Formation. Göttingen.

Meier, C. (1978): Autonomprozessuale Zusammenhänge in der Vorgeschichte der griechischen Demokratie. In: K.-G. Faber und C. Meier (Hg.): Historische Prozesse. München.

Meier, C. (1980): Die Entstehung des Politischen bei den Griechen. Frankfurt a. M.

Meier, C. (1985): Politik und Anmut. Berlin.

Meier, C. (1990): Die Rolle des Kriegs im klassischen Athen. Erscheint in: Historische Zeitschrift.

Mossé, C. (1983): La femme dans la Grèce antique. Paris.

Mühll, P. von der (1976): Das griechische Symposion (1926). In: Ausgewählte Kleine Schriften. Basel.

Murnaghan, S. (1987): Penelope's *agnoia.* Knowledge, Power and Gender in the Odyssey. In: M. Skinner (Hg.): Rescuing Creusa. New Methodological Approaches to Women in Antiquity. Lubbock.

Murray, O. (1982): Das frühe Griechenland. München. (engl. 1980)

Murray, O. (1983a): The Symposion as Social Organisation. In: R. Hägg (Hg.): The Greek Renaissance of the Eigth Century B.C. Tradition and Innovation. Stockholm.

Murray, O. (1983b): The Greek Symposion in History. In: E. Gabba (Hg.): Tria Corda. Scritti in onore di Arnaldo Momigliano. Como.

Murray, O. (1983c): Symposion and Männerbund. In: Concilium Eirene 16 (1): 47–52.

Parsons, T. (1975): Gesellschaften. Evolutionäre und komparative Perspektiven. Frankfurt a. M. (engl. 1966)

Patzer, H. (1981): Der archaische Areté-Kanon im Corpus Theonideum. In: G. Kurz u. a. (Hg.): Gnomosyne. Festschrift für Walter Marg. München.

Patzer, H. (1982): Die griechische Knabenliebe. Wiesbaden.

Peschel, I. (1987): Die Hetäre bei Symosion und Komos in der attisch-rotfigurigen Vasenmalerei des 6.–4. Jh. v. Chr. Frankfurt a. M.

Pomeroy, S. B. (1985): Frauenleben im klassischen Altertum. Stuttgart. (engl. 1975)

Schmitt, H. H. (1988): Art. „Hof". Kleines Wörterbuch des Hellenismus. Wiesbaden.

Schmitt Pantel, P. (1985): Banque et cité grecque. In: Mélanges de l'École Française de Rome/Antiqui té 97: 135–158.

Schneider, C. (1969): Kulturgeschichte des Hellenismus. Bd. 1. München.

Schuller, W. (1985): Frauen in der griechischen Geschichte. Konstanz.

Schurtz, H. (1902): Altersklassen und Männerbünde. Berlin.

Stein-Hölkeskamp, E. (1989): Adelskultur und Polisgesellschaft. Studien zum griechischen Adel in archaischer und klassischer Zeit. Stuttgart.

Thukydides (1977): Geschichte des Peloponnesischen Krieges. Dt. Übers. von G. P. Landmann. 2. Aufl. München.

Villard, P. (1987): Femmes au symposion. In: F. Thelamon (Hg.): Sociabilité, pouvoirs et société. Actes du colloque de Rouen, 24/26 novembre 1983. Rouen.

Vogt, J. (1960): Von der Gleichwertigkeit der Geschlechter in der bürgerlichen Gesellschaft der Griechen. Wiesbaden.

Weber, M. (1976): Wirtschaft und Gesellschaft. 5. Aufl. Tübingen. (zuerst 1922)

Wright, F. A. (1923): Feminism in Greek Literature. From Homer to Aristotle. Washington.

Wunderlich, E. (1839): Claudius Aelianus. Werke. Bd. 1. Stuttgart. (dt. Übers.)

48 Zerwas, Hans-Jörg
Handwerke

Kelter, E. (1932): Die Wirtschaftsgesinnung des mittelalterlichen Zünftler. In: Schmollers Jahrbuch für Gesetzgebung, Verwaltung und Volkswirtschaft im Deutschen Reich, S. 749–775. München/Leipzig.

Klöden, K. F. von (1978): Von Berlin nach Berlin. Berlin.

Schanz, G. u. *Schoenlank, B.* (1909): Artikel Gesellenverbände. In: Handwörterbuch der Staatswissenschaften, Band 4. 3. Auflage, S. 662–673. Jena.

Zerwas, H.-J. (1988): Arbeit als Besitz. Das ehrbare Handwerk zwischen Bruderliebe und Klassenkampf 1848. Reinbek bei Hamburg.

Autoren

Appel, Rolf; geb.: 1920; *Adresse:* Mundsburger Damm 60, 2000 Hamburg 76; *Tätigkeit:* Buchverleger, Redakteur freimaurerischer Zeitschriften, Mitherausgeber der Zeitschrift „humanität" und Redakteur des „Hanseatischen Logenblattes".

Becker, Peter Prof. Dr.; geb.: 1943; *Adresse:* Institut für Sportwissenschaft und Motologie, Barfüßerstr. 1, 3550 Marburg; *Studium:* Sportwissenschaft und Anglistik; *Tätigkeit:* Professor am Institut für Sportwissenschaft und Motologie; *Publikationen* zu sozialwissenschaftlichen Fragestellungen und Fußballfans.

Benedict, Burton Prof.; geb.: 1923; *Adresse:* Lowie Museum of Anthropology, Bancroft Way and College Avenue, Berkeley, CA 94720; *Studium:* A.B. in Department of Social Relations, Ph. D. in Social Anthropology; *Tätigkeit:* Professor of Anthropology, Berkeley; Director, Study Center for the United Kingdom and Ireland, London; Director, Lowie Museum of Anthropology, Berkeley; *Publikationen u. a.:* (1961): Indians in a Plural Society. London. – (1965): Mauritius: The Problems of a Plural Society. London. – (1982): Men, Women and Money in Seychelles. Berkeley and Los Angeles.

Bohle, Barbara; geb.: 1960; *Adresse:* Böcklinstr. 4, Tür 24, A-1090 Wien; *Studium:* Völkerkunde, Philosophie und Psychologie; *Tätigkeit:* Magisterarbeit zum Geschlechterverhältnis in Gesellschaften mit ritualisierter Homosexualität in Papua New Guinea.

Burke, Peter Prof.; geb.: 1937; *Adresse:* Wissenschaftskolleg, Wallotstr. 19, 1000 Berlin 33; *Studium:* Geschichte; *Tätigkeit:* Lehrt Kulturgeschichte am Emmanuel College in Cambridge; *Publikationen u. a.:* (1986): Italienische Stadtkultur zwischen Renaissance und Barock. Berlin.

Dreher, Bernd; geb.: 1949; *Adresse:* Gengerstr. 12, 4000 Düsseldorf; *Studium:* Geschichte, Anglistik und Erziehungswissenschaften; *Tätigkeit:* Stadtkonservator in Köln; *Publikationen* zur Rheinischen Landes- und Stadtgeschichte und zur französischen Geschichte.

Drewermann, Eugen Dr., Priester; geb.: 1940; *Adresse:* Paderwall 7, 4790 Paderborn; *Studium:* Philosophie, Theologie und Psychoanalyse; *Tätigkeit:* Privatdozent für Systematische Theologie an der Katholischen Philosophisch-Theologischen Hochschule Paderborn, Psychotherapeut; *Publikationen u. a.:* Psychoanalyse und Moraltheologie. – Ich steige hinab in das Reich der Sonne. Meditationen zu Tod und Auferstehung.

Dyckerhoff, Ursula Dr.; geb.: 1930; *Adresse:* Rautenstrauch-Joest-Museum, 5000 Köln 1; *Studium:* Altamerikanistik, Völkerkunde und Linguistik; *Tätigkeit:* Wissenschaftliche Referentin am Rautenstrauch-Joest-Museum, Köln.

Eikemeier, Dieter Prof. Dr.; geb.: 1938; *Adresse:* Seminar für Sinologie u. Koreanistik, Universität Tübingen, Herrenbergerstr. 51, 7400 Tübingen 1; *Studium:* Philosophie, Rechtswissenschaften, Soziologie, Japanologie, Koreanistik und Sinologie; *Tätigkeit:* Professor für Koreanistik, Universität Tübingen; *Publikationen u. a.:* (1980): Documents from Changjwa-ri. A further approach towards the analysis of Korean villages. Wiesbaden. – (1987): Getanzte Karikaturen. Traditionelle Maskenspiele in Korea. Stuttgart/Zürich.

Fenner, Burkhard Dr.; geb.: 1952; *Adresse:* Rautenstrauch-Joest-Museum, Ubierring 45, 5000 Köln 1; *Studium:* Ethnologie, Lateinamerikanische Geschichte und Ur- und Frühgeschichte; *Tätigkeit:* Wissenschaftlicher Referent am Rautenstrauch-Joest-Museum; *Publikationen:* (1984): Verwandtenbeziehungen in einem Dorf des rheinischen Braunkohlengebietes. Berlin.

Förster, Till Dr.; geb.: 1955; *Adresse:* Waldsteinring 76, 8580 Bayreuth; *Studium:* Völkerkunde; *Tätigkeit:* z.Zt. Habilitation, Akademischer Rat im Institut für Völkerkunde der Universität Bayreuth.

Grieshofer, Franz Dr.; geb.: 1940; *Adresse:* Österreichisches Museum für Volkskunde, Laudongasse 15–19, A-1080 Wien; *Studium:* Volkskunde, Urgeschichte; *Tätigkeit:* Mitarbeit am österreichischen Volkskundeatlas, Mitarbeit am Österreichischen Museum für Volkskunde, Wien; Lehrtätigkeit an der Universität Wien.

Grohsgart, Jürgen; geb.: 1954; *Adresse:* Friesenstr. 50, 5000 Köln 1; *Studium:* Psychologie, gestalttherapeutische Ausbildung; *Tätigkeit:* Aufbau einer Modelleinrichtung mit Themenschwerpunkt „Männer und sexuelle Gewalt".

Grube, Nicolai Dr., M.A.; geb.: 1962; *Adresse:* Archäologisches Institut, Arbeitsbereich VII, Universität Hamburg, Johnsallee 35, 2000 Hamburg 13; *Studium:* Altamerikanische Sprachen und Kulturen, Völkerkunde und Indologie; *Tätigkeit:* Lehrbeauftragter für altamerikanische Sprache und Kulturen an den Universitäten in Hamburg und Bonn; *Publikationen:* (1988): „Städtegründer" und „Erste Herrscher" in Hieroglyphentexten der Klassischen Mayakultur. Archiv für Völkerkunde 42. Wien. – Zahlreiche Aufsätze zur Maya-Epigraphie.

Hüwelmeier-Schiffauer, Gertrud; geb.: 1956; *Adresse:* Limburger Str. 30, 6395 Weilrod 2; *Studium:* Sozialpädagogik und Ethnologie; *Tätigkeit:* Doktorandin.

Johansen, Ulla Prof. Dr.; geb.: 1927; *Adresse:* Institut für Völkerkunde, Albertus-Magnus-Platz, 5000 Köln 41; *Studium:* Ethnologie, Geschichte, Geographie und Orientalische Disziplinen; *Tätigkeit:* Leiterin des Instituts für Völkerkunde in Köln.

Jonaitis, Aldona Ph. D.; geb.: 1948; *Adresse:* American Museum of Natural History, 79th st. and Central Park West, New York, N.Y. 10024; *Studium:* Art History; *Tätigkeit:* Vice President for Public Programs and Curator of Northwest Coast Indian Art at the Museum of Natural History in New York City; *Publikationen:* (1986): Art of the Northern Tlingit. Seattle. (1988): From the Land of the Totem Poles: the Northwest Coast Indian Art Collection at the American Museum of Natural History. Seattle.

Kempf, Wolfgang M. A.; geb.: 1959; *Adresse:* Brühlhof 1, 7400 Tübingen – Bühl; *Studium:* Ethnologie, Volkskunde und Empirische Kulturwissenschaft; *Tätigkeit:* Feldforschung bei den Ngaing in den Jahren 1985/86 und 1988/89, Arbeit an der Dissertation.

Klein, Michael Dr., Privatdozent; Adresse: Remigiusstr. 41–43, 5000 Köln 1; *Studium:* Soziologie, Pädagogik, Germanistik, Geschichte und Psychologie; *Tätigkeit:* Privatdozent an der C. v. Ossietzky-Universität Oldenburg; *Publikationen u. a.:* (1988): Die Zukunft der Geschlechter: „Genus" oder Androgynität? Oldenburg. – (1989): Sport und soziale Probleme. Reinbek.

Kokot, Waltraud Dr.; geb.: 1952; *Adresse:* Institut für Völkerkunde der Universität Köln, Albertus-Magnus-Platz, 5000 Köln 41; *Studium:* Ethnologie, Linguistik, Sozialpsychologie, Social Science, Cognitive Anthropology; *Tätigkeit:* Wissenschaftliche Mitarbeiterin am Institut für Völkerkunde der Universität Köln; *Publikationen:* z.Z. Habilitation.

Kreiner, Josef Prof. Dr.; geb.: 1940; *Adresse:* Deutsches Institut für Japanstudien, 102 Tokyo, Chiyoda-ku, Kudan-Minami 3-3-6 Nissei Kojimachi Bld.; *Studium:* Völkerkunde, Japanologie und Urgeschichte; *Tätigkeit:* Leiter des Deutschen Instituts für Japanstudien in Tokio; *Publikationen u. a.:* (1964): Beiträge zur Erforschung von Religion und Gesellschaft auf den nördlichen Ryûkû. Beiträge zur Japanologie 2. Wien. – (1969): Die Kulturorganisation des japanischen Dorfes. Wien. – (1987): (mit H.D. Oelschläger): Ainu. Jäger, Fischer und Sammler in Japans Norden. Ethnologica N.F. 12. Köln.

Kugler, Georg Johannes Dr.; geb.: 1935; *Adresse:* Kunsthistorisches Museum, Burgring 5, A-1010 Wien; *Studium:* Geschichte und Kunstgeschichte; *Tätigkeit:* Univ.-Lektor für Museumswesen und Denkmalpflege.

Kunisch, Johannes Prof. Dr.; geb.: 1937; *Adresse:* Universität zu Köln, Albertus-Magnus-Platz, 5000 Köln 41; *Studium:* Geschichte und Kunstgeschichte; *Tätigkeit:* Professor für Mittlere und Neuere Geschichte am Historischen Seminar der Universität zu Köln; *Publikationen u. a.:* (1986): Absolutismus. Europäische Geschichte vom westfälischen Frieden bis zur Krise des ancien régime. Göttingen.

Lacroix, Michèle M.A.; geb.: 1962; *Adresse:* Spichernstr. 4, 5000 Köln 1; *Studium:* Völkerkunde, Romanistik und Germanistik

Leims, Thomas Dr.; geb.: 1953; *Adresse:* Japanologisches Seminar, Regina Pacis Weg 7, 5300 Bonn; *Studium:* Japanologie, Allgemeine und Vergleichende Sprachwissenschaft, Japanese Theatre Arts und europäische Theaterwissenschaft; *Tätigkeit:* Wissenschaftlicher Assistent am Japanologischen Seminar in Bonn; *Publikationen u. a.:* (1985): (mit Manuel Trökes) Kabuki – das klassische japanische Volkstheater. Berlin. – (1990): Die Entstehung des Kabuki. Transkulturation Europa – Japan im 16. und 17. Jahrhundert. Leiden.

Lommel, Andreas Dr.; geb.: 1912; *Adresse:* Bad Brunnthal 4, 8000 München 80; *Studium:* Völkerkunde, europäische und asiatische Kunstgeschichte, Afrikanistik und Ozeanistik; *Tätigkeit:* Direktor des staatlichen Museums für Völkerkunde in München (1957–1977); *Publikationen u. a.:* (1989): (mit Katharina Lommel) Die Kunst des alten Australien. München.

Lucius, Robert von; geb.: 1949; *Adresse:* 6, Rhodes Ave., Parktown 2193, Johannesburg, Rep. Südafrika; *Studium:* Jura und politische Wissenschaften; *Tätigkeit:* Korrespondent der Frankfurter Allgemeinen Zeitung; Herausgeber und Redakteur einer wissenschaftlichen Zeitschrift zu Recht und Politik in Afrika.

Mesenhöller, Peter; geb.: 1956; *Adresse:* Karolingerring 31, 5000 Köln 1; *Studium:* Europäische Ethnologie und Germanistik; *Tätigkeit:* Wissenschaftliche Mitarbeit am Bergischen Museum Schloß Burg a. d. Wupper; z.Zt. Promotion. Veröffentlichungen zur Geschichte des Vormärz, des Reiseberichts sowie der Genese und Vermittlung populärer Fremdbilder im 19. Jahrhundert.

Mogge, Winfried Dr.; geb.: 1941; *Adresse:* Burg Ludwigstein, 3430 Witzenhausen 1; *Studium:* Geschichte, Germanistik und Philosophie; *Tätigkeit:* Leiter des Archivs der Deutschen Jugendbewegung, Burg Ludwigstein; *Publikationen u. a.* zu den Gebieten Landeskunde, Kunstgeschichte und Jugendbewegung.

Müller-Mees, Elke Dr.; geb.: 1942; *Adresse:* Föhrenkamp 31a, 4330 Mülheim; *Studium:* Germanistik, Geschichte und Pädagogik; *Tätigkeit:* freie Autorin; *Publikationen u. a.:* (1976): Das Wasser des Lebens oder der Lebensbrunnen. Aachen. – (1984): Irischer Klee. Berlin. – Was heißt schon Männersache! Wider die Mechanismen des Machterhalts. Genf.

Pfeffer, Georg Prof. Dr.; geb.: 1943; *Adresse:* Freie Universität Berlin, Institut für Ethnologie, Drosselweg 1–3; *Studium:* Rechtswissenschaften, Völkerkunde, Soziologie und Religionsgeschichte; *Tätigkeit:* Professor am Institut für Ethnologie in Berlin; *Publikationen u. a.:* (1982): Status and affinity in Middle India. Wiesbaden.

Rao, Aparna Dr.; geb.: 1950; *Adresse:* Zülpicher Str. 4, 5000 Köln 1; *Studium:* Ethnologie; *Publikationen u. a.:* (1982): Les Gorbat d'Afghanistan. Aspects économiques d'un groupe itinérant „jat". Paris – (1987): (Hg.): The Other Nomads. Peripatetic Minorities in Cross-Cultural Perspective. Köln. – (1988): Entstehung und Entwicklung ethnischer Identität bei einer islamischen Minderheit in Südasien: Bemerkungen zur Geschichte der Bakkarwal im westlichen Himalaya. Berlin

Ronge, Veronika Dr.; geb.: 1945; *Adresse:* Kanterring 35, 5330 Königswinter; *Studium:* Völkerkunde; *Tätigkeit:* Wissenschaftliche Angestelle am Zentralasien Institut der Universität Bonn; Mitarbeiterin in einem Projekt zur Erstellung der Typologie der materiellen Kultur Tibets und der Mongolei; *Publikationen:* (1978): Das Tibetanische Handwerkertum vor 1959. Wiesbaden. – Verschiedene Artikel in: (1982): (Hg.) C.C. Müller und W. Raunig: Der Weg zum Dach der Welt. Innsbruck.

Rosa, Peter de; geb.: 1932; *Adresse:* High Valley, Ashford, Co. Wicklow, Irland; *Studium:* Priesterweihe, Theologie; *Tätigkeit:* Dekan der Theologie am Corpus-Christi-College London; nach Austritt aus dem Priesteramt BBC-Produzent und freier Schriftsteller; *Publikationen u. a.:* (1989): Gottes erste Diener: Die dunkle Seite des Papsttums. München. – (1990): Rebellen: Der Irische Aufstand von 1916.

Roth, Hermann Josef; geb.: 1938; *Adresse:* Postfach 420606, 5000 Köln 41; *Studium:* Philosophie und Theologie, Biologie und Chemie; *Tätigkeit:* Aushilfe in Pfarr- und Jugendseelsorge; Lehrtätigkeit an einem Kölner Gymnasium; Mitglied des Zisterzienserordens. Schriftleiter der „Cistercienser-Chronik", Bregenz; *Publikationen u. a.:* (1980): (Hg. und Autor): Die Zisterzienser. Ordensleben zwischen Ideal und Wirklichkeit. Aachen.

Rousselot, Jean-Loup Dr.; geb.: 1944; *Adresse:* Staatliches Musem für Völkerkunde, Maximilianstraße 42, 8000 München 22; *Studium:* Germanistik und Ethnologie; *Tätigkeit:* Leiter der Abteilung für Nordamerika im Museum für Völkerkunde in München; *Publikationen u. a.:* (mit Schulze-Thulin u. a.) (1983): Inuitkunst. Stuttgart. – (1983): Die Ausrüstung zur Seejagd der westlichen Eskimo. München.

Sanner, Hans-Ulrich M.A.; geb.: 1958; *Adresse:* Frankenallee 201, 6000 Frankfurt; *Studium:* Ethnologie, Kulturanthropologie, Soziologie, Germanistik, Philosophie und Anglistik; *Tätigkeit:* Sechs Monate Feldforschung bei den Hopi, z. Z. Doktorand.

Schefold, Karl Prof. Dr.; geb.: 1905; *Adresse:* Antikenmuseum, St. Albangraben 5, CH-4051 Basel; *Studium:* Altertumswissenschaft; *Publikationen:* viele Veröffentlichungen zu Themen der griechischen Antike.

Schmitz, Lilo Dr. M.A.; geb.: 1953; *Adresse:* Kaiserstr. 42, 5040 Brühl; *Studium:* Sozialpädagogik, Ethnologie; *Tätigkeit:* Jugendgerichtshelferin für türkische Jugendliche in Köln; *Publikationen:* (1985): Frauen und Sexualität in der Türkei. Frankfurt.

Schnurbein, Stefanie von; geb.: 1961; *Adresse:* Waxensteinstr. 78, 8900 Augsburg; *Studium:* Nordische Philologie, Sozial- und Wirtschaftsgeschichte, Neuere deutsche Literatur; *Tätigkeit:* Freie Mitarbeit bei verschiedenen Zeitungen, z. Zt. Doktorandin.

Schümann, Carl-Wolfgang Prof. Dr.; geb.: 1936; *Adresse:* Deutsches Textilmuseum Krefeld, Andreasmarkt 8, 4150 Krefeld; *Studium:* Klassische Archäologie, Kunstgeschichte und Ethnologie; *Tätigkeit:* Direktor des deutschen Textilmuseums in Krefeld; *Publikationen* zum Kunstgewerbe mit dem Schwerpunkt Silberarbeiten und Textilien.

Schultzendorff, Christiane von M.A.; geb.: 1960; *Adresse:* Kurfürstenstr. 46, 5300 Bonn; *Studium:* Kunstgeschichte, Geschichte und Evangelische Theologie; *Tätigkeit:* Freie Mitarbeiterin beim Bonner General-Anzeiger.

Schwedt, Elke Dr.; geb.: 1939; *Studium:* Volkskunde, Kunstgeschichte und Archäologie; *Tätigkeit:* Lektorin; *Publikationen:* Brot-Darstellungen in der Kunst, Volkskunst und Kunstgewerbe; gemeinsame Veröffentlichungen mit Prof. Dr. H. Schwedt.

Schwedt, Herbert Prof. Dr.; geb.: 1934; *Adresse:* Fachbereich 13 Philologie I, Universität Mainz, 6500 Mainz; *Studium:* Volkskunde, Völkerkunde und Germanistik; *Tätigkeit:* Lehrstuhl für deutsche Volkskunde an der Universität Mainz; *Publikationen:* Gemeinsame Publikationen mit Dr. Elke Schwedt u. a. zu schwäbischem Brauchtum, Migration und Dorfkultur, Bräuche zwischen Saar und Sieg.

Theweleit, Klaus; geb.: 1942; *Adresse:* Staudingerstr. 5, 7800 Freiburg; *Studium:* Germanistik und Anglistik; *Tätigkeit:* Publizist; *Publikationen u. a.:* (1980): Männerphantasien. Hamburg.

Thurn, Hans Peter Prof. Dr.; geb.: 1943; *Adresse:* Eiskellerstr. 1, 4000 Düsseldorf 1; *Studium:* Philosophie, Soziologie, Literaturwissenschaft und Kunstgeschichte; *Tätigkeit:* Professor für Soziologie an der Kunstakademie Düsseldorf, Hochschule für Bildende Künste; *Publikationen u. a.:* (1973): Soziologie der Kunst. Stuttgart. – (1985): Künstler in der Gesellschaft. Opladen.

Uhle-Wettler, Franz Dr.; geb.: 1927; *Adresse:* Heerstr. 124, 5309 Meckenheim; *Studium:* Geschichte und Orientalische Sprachen; *Tätigkeit:* Berufsoffizier, zuletzt Kommandeur einer Panzerdivision und Kommandeur der NATO-Verteidigungsakademie in Rom; *Publikationen u. a.:* (1965): Leichte Infanterie im Atomzeitalter. Darmstadt. – (1984): Höhepunkte Deutscher Militärgeschichte. Mainz. – (1989): Die Gesichter des Mars. Erlangen.

Voß, Ursula; geb.: 1933; *Adresse:* Biggestr. 19, 5000 Köln 41; *Studium:* Anglistik, Romanistik und Kunstgeschichte; *Tätigkeit:* Oberstudienrätin, freie Mitarbeiterin bei verschiedenen Tages- und Wochenzeitungen und Zeitschriften; *Publikationen:* (1974): Kindheiten, Köln. – (1977): Die Unbequemen Jahre. Köln. – (1979): Everhard IV. Jabach. Kölner Biographien.

Wilderotter, Hans; geb.: 1949; *Adresse:* Beerenstr. 17, 1000 Berlin 37; *Studium:* Ethnologie; *Tätigkeit:* Aktiv im Ausstellungsbereich an verschiedenen Museen in der Bundesrepublik und in West-Berlin; *Publikationen:* (1986): Edelleute der Natur. Georg Catlin, Carl Bodmer und das Bild des Indianers. Stuttgart; zahlreiche Aufsätze zu ethnologischen und kulturhistorischen Themen in Sammelbänden, Ausstellungkatalogen und Zeitschriften.

Winterling, Aloys Dr.; geb.: 1956; *Adresse:* Akademiestr. 21, 8000 München 40; *Studium:* Geschichte, Germanistik und Klassische Philologie; *Tätigkeit:* Akademischer Rat a. Z. am Institut für Alte Geschichte der Universität München; *Publikationen:* (1986): Der Hof des Kurfürsten von Köln 1688–1794. Eine Fallstudie zur Bedeutung „absolutistischer" Hofhaltung. Bonn.

Zerwas, Hans-Jörg Dr.; geb.: 1950; *Adresse:* Rennbahnstr. 20, 6000 Frankfurt 71; *Studium:* Politische Wissenschaften, Philosophie und Germanistik; *Tätigkeit:* Freie publizistische Tätigkeit; *Publikationen:* (1988): Arbeit als Besitz. Das ehrbare Handwerk zwischen Bruderliebe und Klassenkampf 1848. Reinbek.

Glossar

Quellen:
Brockhaus-Enzyklopädie in 20 Bänden. 17., völlig neu bearb. Aufl. Wiesbaden 1966–1976.
Meyers Enzyklopädisches Lexikon in 25 Bänden. 9., völlig neu bearb. Aufl. Mannheim 1971–1979.
Panoff, M. und M. Perrin: Taschenwörterbuch der Ethnologie., 2., verb. u. erw. Aufl. Berlin 1982.

aborigines (engl.)
australische Ureinwohner

Agnostizismus (griech.)
nicht genau definierter Sammelbegriff für alle philosophischen und theologischen Lehren, die eine rationale Erkenntnis des Göttlichen oder Übersinnlichen leugnen.

akephale Gesellschaft (griech.)
Gesellschaft ohne zentrale politische Führung

Albe (lat.)
knöchellanges, weißes Gewand mit engen Ärmeln unter dem Meßgewand und anderen liturgischen Gewändern zu tragen oder als klerikale Amtstracht über dem Talar.

altruistisch (lat.)
selbstlos, uneigennützig

Amida Buddha
Japanische Bezeichnung für den Buddha Amithaba, „von unermeßlichem Licht". Im Spätbuddhismus ein Buddha, der die ihm gläubig Ergebenen nach dem Tode in sein Paradies aufnimmt.

Anciennitätsprinzip
Rangfolge nach dem (Dienst)alter

androgyn (griech.)
zweigeschlechtlich

Androzentrismus
einseitig auf den Mann bezogene Denkvorstellungen

anthropomorph (griech.)
menschengestaltig, vermenschlicht

Apologet (griech.)
allgemein Verteidiger einer Anschauung

Apologetik (griech.)
Die theologische Lehrdisziplin mit der Aufgabe, die Wahrheit der christlichen Verkündigung gegenüber ihren Gegnern zu vertreten.

Apotheose (griech.)
Erhebung eines Menschen zum Gott, Vergöttlichung eines lebenden oder verstorbenen Herrschers

arcanum (lat.)
Geheimlehre und Kultgeheimnis

atavistisch (lat.)
in Gefühlen, Gedanken usw. einem frühzeitlichen Menschheitsstadium entsprechend

Australophitecus (griech.-lat.)
Bezeichnung für ein Mitglied der eiszeitlichen Subfamilien der Hominiden. Gilt als Übergangsform und gehört einem ausgestorbenen Seitenast des menschlichen Stammbaums an

baudrier (franz.)
Degen- und Waffengehenk

Berserker (altnordisch der Bärenhemdige)
im frühmittelalterlichen Skandinavien wohl der in Bärenfell gehüllte Krieger, der im „Berserksgangr" (Bärenwut) ungewöhnliche Kräfte entwickelt. In altisländischer Sagaliteratur umherziehendes Gesindel, das durch Herausforderung zum Zweikampf die Leute zu erpressen sucht

bilaterale Verwandtschaft
Blutsverwandte der väterlichen und mütterlichen Seite

Carta caritatis (lat.)
wurde 1119 Grundlage der gemäßigt zentralisierten Ordensverfassung, aufbauend auf der Grundlage der Benediktinerregel mit besonderer Betonung der Einheit und Zusammengehörigkeit durch die —> Filiation

Chalkolithikum (griech.)
Kupfersteinzeit, circa fünftes bis viertes Jahrtausend vor Christus

Charisma (griech. = Gnadengabe)
Die besondere Eigenschaft, die Personen aufgrund geglaubter Verbindungen mit transzendenten, schicksalsbestimmten Gewalten zugesprochen wird.

Chiliasmus (griech.-lat.)
(Lehre von der) Erwartung des Tausendjährigen Reiches Christi auf Erden nach seiner Wiederkunft vor dem Weltende

Clan (Klan) (kelt.-engl.)
unilineare Deszendenzgruppe, deren Mitglieder sich als Nachfahren eines gemeinsamen Vorfahren betrachten, ohne die genaue genealogische Verbindung zum Gründerahnen angeben zu können. Klan wird manchmal auch verstanden als unilineare Deszendenzgruppe mit gemeinsamem Wohnsitz ohne die Mitglieder, die aus der eigenen Gruppe weg nach außen geheiratet haben, aber einschließlich der eingeheirateten Ehepartner aus anderen Gruppen

Codex Juris Canonici (lat.)
das Gesetzbuch des katholischen Kirchenrechts

Collane
besonders prächtige, goldene Halskette als Insignie eines Ordensritters

Couvade (franz.)
Männerkindbett. Bei einigen Ethnien übliche Sitte, bei der der Ehemann bei Geburt eines Kindes entweder das Gebaren der Wöchnerin zur Schau trägt oder sich gewissen magischen und rituellen Vorschriften im Interesse des Kindes unterwirft

Crachat
Ordensstern

Derwisch (pers. = Bettler; arab. = Fakir)
eigentlich frommer Mann, dann Angehöriger eines islamischen Ordens, dessen Lehren und Anschauungen auf der islamischen Mystik beruhen —> Sufismus

Deszendenzgruppe
Gruppe von Personen, die einen gemeinsamen männlichen oder einen gemeinsamen weiblichen Vorfahren haben und ihre Gruppenzugehörigkeit allein über dessen männliche oder allein über dessen weibliche Nachfahren ableiten

Donaten (lat.)
im Mittelalter ein einem Kloster zum späteren Eintritt übergebenes Kind oder ein Erwachsener, der sich einem geistlichen oder Ritterorden anschloß, ähnlich wie die —> Oblaten

Dyade (griech.)
Zusammenfassung zweier Einheiten

Einherjer (altnord. ‚Alleinkämpfer')
in der späten altnord. Mythologie Krieger, die nach ihrem Tode in Walhall leben und die von Odin für den Kampf gegen die Götterfeinde gesammelt werden

Endogamie (griech.-lat.)
Heiratsregelung, der zufolge der Ehepartner innerhalb der eigenen Gruppe gewählt werden muß

Epheben (griech.)
Bezeichnung für die im 4. Jahrhundert v. Chr. organisierten athenischen Wehrpflichtigen im Alter zwischen 18 und 20 Jahren

Ethnie (griech.-lat.)
in der Regel endogame Gruppe, deren maßgebliche Konstituenten aus der Vergangenheit selektierte gemeinsame Traditionen sind. Der Begriff E. wird heutzutage dynamisch verstanden, d. h., daß das Selbstverständnis der Mitglieder einer Gruppe abhängig ist vom jeweiligen Kontext, indem sie sich befinden

Eurozentrismus
einseitig europäisch beeinflußte Denkvorstellungen

Exogamie (griech.-lat.)
Heiratsordnung, nach der nur außerhalb des eigenen sozialen Verbandes (Stamm, Sippe) geheiratet werden darf

Exzision (lat.)
Mädchenbeschneidung. Hierbei werden Teile oder die gesamte Klitoris durch einen Schnitt entfernt. Oft auch noch die kleinen Schamlippen

Familiaren (lat.)
Bedienstete, die in der Hausgemeinschaft eines Klosters lebten, aber nicht zum betreffenden Orden gehörten

Fatimiden (lat.)
islamische Dynastie (909–1171) mit Ägypten als eigentlichem Herrschaftsgebiet

Fauves (franz.)
lose Gruppe Pariser Maler, die im frühen 20. Jahrhundert eine Malrichtung der reinen, expressiven Farben und Vereinfachung der malerischen Mittel vertrat

fedayin (arab. fidaiyyun)
schon im Mittelalter im arabischen Orient aufgekommene Bezeichnung für angehörige politischer Untergrundorganisationen. Heute bezeichnen sich arabische Freischärler als Fedayin

Feitl (österr.)
Klappmesser

Fellatio (lat.)
Oral-genitaler Kontakt, bei dem der Penis mit Mund, Zähnen und Zunge gereizt wird

Filiation (lat.)
1. Die Abstammungsbeziehung, die ein Kind mit seiner Mutter (und manchmal deren Verwandten) bzw. mit seinem Vater (und manchmal dessen Verwandten) hat und auf die sich bestimmte Interessen und Rechte wie z. B. Erb- und Nutzungsrechte gründen können. Manchmal wird F. auch als Abstammungsregelung verstanden, die die Zugehörigkeit eines Kindes zur —> Deszendenzgruppe festlegt.
2. Verhältnis von Mutter- und Tochterkloster im Ordenswesen des Mittelalters, auch auf Männerorden übertragen

gerontokratisch (griech.-lat.)
auf der Herrschaft des Ältestenrates beruhend

Gnosis (griech.)
1. die (Gottes)erkenntnis; in der Schau Gottes erfahrene Welt des Übersinnlichen
2. Versuch in der Spätantike, die im Glauben verborgenen Geheimnisse durch philosophische Spekulationen zu erkennen und so zur Erlösung vorzudringen

Hebephrenie (griech.-lat.)
Form der Schizophrenie, die in der Pubertät auftritt

Hohe Pforte
in der türkischen Kanzleisprache die Residenz des Sultans, in erweitertem Sinn Regierung und Außenministerium des Osmanischen Reiches

homöostatisch (griech.-lat.)
in den Modellkonstruktionen der Soziologie ist ein homöostatisches System eine soziale Organisation, die derart strukturiert ist, daß eine hohe soziale Binnenstabilität trotz unterschiedlicher, sich wandelnder Einwirkungen der sozialen Umwelt aufrecht erhalten wird

Ibex
Steinbock

ideorythmisch
freiere Form des orthodoxen Klosterwesens, welche dem Mönch, vom gemeinsamen Gottesdienst abgesehen, die private Gestaltung seines Lebens gestattete

Infibulation
Operation an weiblichen Genitalien. Mädchenbeschneidung, auch pharaonische Beschneidung genannt, die vor allem in Siedlungsgebieten der Ost-Hamiten, in Somalia und Djiboti verbreitet ist. Die oberen zwei Drittel der Vulva werden komplett vernäht.

Initianden (lat.)
„die neu Einzuweihenden"

Initiation (lat.)
von Riten begleitete Einführung eines oder mehrerer Kandidaten in eine Gruppe (z.B. eine Geheimgesellschaft) oder einen neuen sozialen Status

Jhokang (tib.)
Zentraltempel in Lhasa

Jurte (türk.)
rundes Filzzelt mittelasiatischer Nomaden

karma (sanskrit)
Begriff aus dem Hinduismus und Buddhismus: das durch ein bestimmes Handeln in einem früheren Leben bedingte Schicksal

Kazike
indianische Bezeichnung für Häuptling, noch heute in Guatemala und Mexiko Titel der indianischen Ortsvorsteher

Klephten (griech.) Räuber
griechische Freischärler, die während der Türkenherrschaft in Griechenland in den Gebirgen einen Kleinkrieg gegen die Fremdherrschaft, aber auch reinen Straßenraub betrieben

Kohorte (lat.)
Einheit der römischen Truppen, fünfhundert oder tausend Mann Reiterei oder Infanterie

Komitat (lat.)
Begleitung; feierliches Geleit für einen die Universität verlassenden Studenten

Kommende (lat.)
1. eine ohne Amtsverpflichtung übertragene Pfründe
2. Verwaltungsbezirk oder Ordenshaus der Johanniter oder des Deutscherrenordens

Komplet (lat.)
Abendgebet als Schluß der katholischen, kirchlichen Tageszeiten

Komturei (lat.)
Ordenshaus; Verwaltungsbezirk eines geistlichen Ritterordens

Konkordat (lat.)
1) Vertrag zwischen einem Staat und dem Vatikan
2) schweizerischer Vertrag zwischen Kantonen

Konverse (lat.)
Laienbrüder im mittelalterlichen Orden, die grobe Arbeiten verrichten

Konvertit (lat.)
jemand, der zu einem anderen Glauben übergetreten ist

Kosmogonie (griech.)
die Lehre von den Anfängen der Welt, wie sie in mythisch-dichterischer Form bei nahezu allen Völkern auftritt

Lacrosse (franz.)
ein altes Ballspiel, schon im vierzehnten Jahrhundert in Frankreich bekannt

Ladino (lat.-span.)
Nachkommen von Weißen und Indianerinnen

Laizismus (griech.-lat.)
weltanschauliche Richtung, die die radikale Trennung von Kirche und Staat fordert

laterna magica (lat.)
Projektionsapparat

lineage (engl.)
unilineare Deszendenzgruppe, deren Mitglieder sich als Nachfahren eines gemeinsamen Vorfahren betrachten, wobei ihnen ihre genealogische Verbindung zum Gründerahnen bekannt ist (vgl. Clan)

Lykurgos
1. legendärer Gesetzgeber Spartas
2. athenischer Staatsmann und Redner aus dem vierten Jahrhundert v. Chr.

Mammon (ismus) (aram. = Besitz, Habe)
im Sprachgebrauch von Mischna, Talmud sowie im Neuen Testament abschätzige Bezeichnung für Geld und Reichtum

Mana (polynes.)
übernatürliche Macht oder Einwirkung

Marginalisierung (lat.)
Existenz, die an den Rand einer sozialen Gruppe, Klasse gedrängt wird

matrilineare Deszendenzgruppe
Gruppe von Personen, die einen gemeinsamen weiblichen Vorfahren haben und ihre Gruppenzugehörigkeit allein über dessen Nachfahren ableiten

matrilokal ⟶ uxorilokal

Menaden (griech. = die Rasenden)
die ekstatischen Frauen im Gefolge des Dionysos, auch Bacchantinnen genannt

messianistische Revitalisierungsbewegung
Mit Heilserwartungen verbundene Reformbewegungen in Gesellschaften, deren Selbstgefühl durch eine überlegene Fremdkultur erschüttert wurde. Auswege werden in einer Rückkehr zu den Ursprüngen der eigenen Kultur und deren Traditionen und in der Verdrängung des Fremden gesucht

Miliz
1) Bürger- oder Volksheer im Gegensatz zum stehenden Heer
2) in kommunistisch regierten Ländern Polizei mit halbmilitärischem Charakter

Missale (lat.)
amtliches Meßbuch der römisch-katholischen Kirche

moiety (engl.)
Hälfte einer Gesamtgesellschaft, die bei unilinearer Filiation in zwei sich gegenseitig ausschließende Gruppen geteilt ist

Moratorium (lat.)
ein durch Vertrag oder Staatsakt gewährter Aufschub zur Erfüllung fälliger Verbindlichkeiten, insbesondere von Zinsen

murid (arab.)
„Jünger" (eines islamischen Ordens)

mysogyn (griech.)
krankhafte Abneigung gegen Frauen

Neophyt (griech.-lat.)
neu Aufgenommener

Numinosität (lat.)
das Göttliche als unbegreifliche, zugleich Vertrauen und Furcht erweckende Macht

Oblaten (lat.)
Laien, die sich in stets widerruflichem Gehorsamsversprechen einem geistlichen Orden angeschlossen haben

Oligarchie (griech.)
politische Struktur, bei der die ausübende Herrschaft in der Hand kleiner Führungsgruppen oder der Oberschicht liegt

Ostrazismus (griech. Ostrakismos = Scherbengericht)
Maßregel, um einen für die Demokratie gefährlich scheinenden Bürger für fünf bis zehn Jahre, durch die Mehrheit der Bürger entschieden, verbannen zu lassen (in Griechenland 487–416 v. Chr. üblich)

Päderastie (griech.)
erotisch-sexuelle Beziehungen zwischen männlichen Erwachsenen und Jugendlichen gleichen Geschlechts

Pantheon (griech.)
1. antiker Tempel (besonders in Rom) für alle Götter
2. Gesamtheit der Götter eines Volkes

Paraphernalia
Kultgeräte mit symbolischem Gehalt. In Hochkulturen auch Attribute von Gottheiten

Pasquill (ital. = Schmähschrift)
anonyme oder pseudonyme, gegen eine bestimmte Persönlichkeit gerichtete Schmähschrift

pastoralnomadisch
auf Viehnomadismus basierend

patrilinear
in der Erbfolge der väterlichen Linie folgend

peer-Gruppe (engl.)
ein vor allem in der amerikanischen Soziologie gebrauchter Begriff, der die Bezugsgruppe von meist gleichaltrigen Kindern oder Jugendlichen bezeichnet

Philister
allgemein für engherzigen, spießigen Menschen gebraucht

Phratrie (griech. = Bruderschaft)
in der Völkerkunde Bezeichnung für eine aus mehreren Klanen oder Sippen gebildete unilineale Sozialeinheit einer geschlossenen Siedlungsmannschaft, deren Mitglieder sich durch einen oft nur mythischen gemeinsamen Vorfahren verbunden fühlen

Polygamie (griech.-lat.)
Eheform, bei der ein Partner mit mehreren Partnern des anderen Geschlechts dauernd zusammenlebt

Pontifikalien (lat.)
1. liturgische Gewänder und Abzeichen des katholischen Bischofs
2. Amtshandlungen des Bischofs, bei denen er seine Abzeichen trägt

Potala
Palast des Dalai Lama

Professe (lat.)
Anwärter für den —> Profeß

Profeß (lat.)
Ablegung der endgültigen und unwiderruflichen Ordensgelübde

Psychologem
eine These, Behauptung oder Theorie der Psychologie

racketeering (engl.)
Geschäftemacherei mit Gangstermethoden, besonders organisiertes Erpressertum

reconquista
der Kampf der christlichen Bevölkerung Spaniens gegen die arabische Herrschaft im Mittelalter

sakrosankt
hochheilig, unverletzlich

scharia (arab.)
Pflichtenlehre und religiöses Recht des Islams

Schaube
vorn offener, weiter Überrock mit breitem Umschlagkragen und Ärmeln

segmentär
bezieht sich im Falle von Abstammungsgruppen auf die Unterteilung dieser Gruppen in immer kleinere Einheiten (Segmente), die in Opposition zu einander stehen können, sich aber auch zu bestimmten Zwekken zu größeren Einheiten zusammenschließen. Einige Autoren geben fehlende politische Zentralinstanz als zusätzliches Bedeutungsmerkmal an

Seklusion
Absonderung, Ausschluß vom gemeinsamen Leben

Semana Sante (span.)
Osterwoche

Sexismus
geschlechtsbezogene Diskriminierung von Frauen durch Männer

skatologisch (griech.)
von Skatologie, Verwendung verpönter Ausdrücke, die mit Exkrementen in Verbindung stehen

somatisieren (griech.)
psychische Probleme, die sich in verschiedenen körperlichen Zuständen oder Beschwerden ausdrücken

Syssitien (griech.)
Gemeinsame Mahlzeiten der Männer in Sparta und auf Kreta

Theogonie (griech.-lat.)
eine vom Mythos geprägte Lehre vom Entstehen und Werden der Götter. Berühmtestes Beispiel ist die „Theogonie" des Hesiod (um 700 v. Chr.), die eine Genealogie der Götter Griechenlands wiedergibt

Totem (Ojibwa-Spr.)
Bezeichnung für ein Tier, eine Pflanze, einen Gegenstand oder eine Naturerscheinung, zu denen ein Mensch oder eine Gruppe glaubt, in mystischem oder verwandtschaftlichem Verhältnis zu stehen

Totemismus
sozio-religiöser Vorstellungskomplex. Kennzeichnend ist das auf Bindung an ein —> Totem beruhende Zusammengehörigkeitsgefühl einer Gruppe (—> Clan), die sich als blutsverwandt betrachtet und deren Mitglieder deshalb untereinander nicht heiraten dürfen.

tschador (arab.)
Kopf und Teil des Gesichts verhüllendes großes Tuch, das von orthodoxen Mohammedanerinnen getragen wird

unilinear
in einer Richtung verlaufend. Bezeichnet eine der Grundformen der Verwandtschaftsrechnung, bei der die Gesellschaft einseitig —> patrilinear oder —> matrilinear ausgerichtet ist

uxorilokal
Wohnregelung, der zufolge das Paar nach Eheschließung bei den Eltern oder den Verwandten der Braut lebt

Viatikum (lat. Wegzehrung)
dem Sterbenden gereichte letzte Kommunion

Xenodochium (griech.-lat.)
altkirchliche Fremdenherberge, Vorläufer des mittelalterlichen Hospiz, der von Mönchen errichteten Unterkunft für Reisende oder wandernde Mönche

Zingulum (lat.)
breiter Stoffgürtel eines katholischen Geistlichen, dessen Farbe dem Rang des Trägers entspricht

Zölibat (lat.)
Ehelosigkeit des Mannes

Die Aufsätze von ① – ㊺ in Band 1,
die Aufsätze von 46 – 96 in Band 2.
Karte nach Arno Peters.